개정판

행정판례평선

行 政 判 例 評 選

한국행정판례연구회

ADMINISTRATIVE CASES & COMMENTS

박영사

개정판 간행사

우리 행정판례연구회는 행정판례에 대한 체계적인 연구를 집대성하고 그동안의 판례의 흐름을 조망하고 향후의 발전을 제시하기 위하여 2011년 「행정판례평선」을 발간하였다.

「행정판례평선」의 발간작업은 당시 회장이었던 최송화 선생님의 주도하에 2008년 2월 행정판례연구회 정기총회에서 사업을 추진하기로 의결한 후, 94분의 학계와 실무계 인사들이 집필진으로 참여하여 3년의 기간동안 이루어진 방대한 작업이었다. 「행정판례평선」은 우리나라 행정판례의 공동체적 연구의 귀중한 성과물로서 대상 판례 143건, 면수 1,418면으로 가히 한국 행정판례의 집대성이라 할 수 있다. 2012년에는 그 학술적 가치를 높이 평가받아 문화관광부 우수도서로 지정되었으며, 21세기의 행정법학과 행정판례의 발전을 선도하는 중요한 연구서가 되고 있다.

그런데 2011년 6월 발간 이후로 많은 새로운 판례가 나왔고, 중요한 판례변경도 이루어져 「행정판례평선」의 개정작업이 불가피하여졌다. 이에 따라 행정판례연구회에서는 2015년 10월에 「행정판례평선」 개정작업을 추진하기로 결의하고, 개정작업 추진위원회를 구성하였고 2016년 상반기에 개정판을 출간하기로 계획하였다. 그간의 피치 못할 사정 때문에 개정판의 출간이 다소 늦어졌다.

이번 개정작업에서도 초판의 집필진 중 많은 분들이 열정적으로 참여하였다. 특히 이번 개정작업에서는 정남철 출판이사님, 계인국 출판간사님, 이혜진 출판간사님의 노고가 컸으며, 이희정 교수님, 정호경 교수님, 그리고 강현호 교수님은 추진위원으로서 바쁜 일정 속에서도 도움과 수고를 아끼지 않았다. 이분들께 깊은 위로와 감사의 말씀을 드린다. 아울러 이번 개정작업에 참여하여 주신 집필진, 개정판의 출간을 허락하여 주신 박영사의 안종만 회장님, 출간업무를 추진하신 조성호 이사님께 깊은 사의를 드린다.

2016년 9월

사단법인 한국행정판례연구회 회장 정하중

간 행 사

우리나라의 행정판례를 주제별로 정리하여 판례이론의 흐름을 보여주는 「행정판례평선」을 오랜 산고 끝에 출간하게 된 것은 매우 뜻깊은 일이다.

우리나라에서 행정판례에 대한 체계적인 연구의 성과는 일찍이 1970년대의 「주석 한국판례집 공법 I」(서울대학교 법학연구소, 1970)과 「한국행정판례의 조사연구」(한국행정과학연구소, 1975) 그리고 「행정판례집」(상),(중),(하)(한국행정과학연구소, 1976)에까지 거슬러 올라갈 수 있다.

특히 1976년 한국행정과학연구소 편의 「행정판례집」(상),(중),(하)(편집대표 김도창 박사)는 오랜 기간의 작업을 통해 행정 각 분야를 망라한 약 9,000건의 방대한 판례를 채록하였다. 이는 전후 30년간의 행정관계판례를 총결산한 것이라고 할 수 있다. 또한 이 판례집은 그 이전의 행정판례정리가 모두 선고연월일별 또는 관계법조문별로 이루어진 것인데 비하여, 행정관계판례를 행정법의 강학상 체계에 따라 분류하고 편집하였으며, 사건별로 모든 전거를 정리하였고, 아울러 참고자료나 주석 또는 관계외국판례를 필요한 곳에 덧붙였다.

이는 행정법학자들과 법조실무가들의 공동노력으로 사항별 행정판례체계를 일응 완성한 것으로서 이를 통해 행정판례는 물론 행정법학의 차원에서도 새로운 지평이 열렸다고 할 수 있다. 또한 이 「행정판례집」의 발간은 사실상 한국행정판례연구회라는 연구공동체를 배태한 학문적 연대를 이루도록 한 것이기도 하였다.

학계와 실무계가 서로 협력하여 우리나라의 행정판례에 대한 연구를 본격적으로 시작한 것은 한국행정판례연구회의 출범으로부터 비롯되었다고 할 수 있다. 1984년 10월 29일 창립된 한국행정판례연구회는 대학교수, 판사, 변호사, 공무원 등 학계와 실무계를 대표하는 전문가들이 매월 개최되는 월례발표회를 통하여 그때그때의 중요한 쟁점이 되고 있는 우리나라 행정판례에 대하여 발표하고 토론하는 연구모임을 4반세기를 넘어 오늘에 이르기까지 중단 없이 계속하고 있으며, 그 발표와 토론의 산물이 수록된 학회지 「행정판례연구」(한국연구재단의 등재지)를 발간하고 있다. 이와 함께 최근 독일, 프랑스, 일본, 미국을 중심으로 외국행정판례의 동향에 대한 연구도 수행하고 있다.

학계와 실무계는 학계와 실무계간의 단절과 괴리는 법학에 있어서의 중대한 위기라는 비판과 인식에 대하여 공감하고, 법학과 법실무의 연결점이자 만남의 장소라고 할 수 있는 행정판례에서 만나 서로 교류하며 행정판례를 함께 연구하고, 이를 통하여 종래 행정판례에 대한 접근방식에 대하여 '개념법학적 판례비평', '선판례의 기계적 적용', '선례에로의 도피', '행정법원리의 무비판적 답습' 등으로 비판되는 문제상황을 극복함으로써 우리의 행정판례를 올바로 이해하고자 하였다. 이러한 학계와 실무계의 소통과 공동연구는 우리나라 행정판례의 발전과 아울러 우리 법 현실에 자리 잡은 행정법이론의 발전에 기여하였다고 할 수 있다.

그동안 우리나라 행정판례의 경향은 놀랍게 변화하였고 최근 행정판례는 양적으로나 내용적으로나 발전을 거듭하여 왔다.

판례는 "살아있는 구체화된 법"으로서 모든 법분야에서 중요한 법원의 하나이지만, 행정법분야에서는 더욱 중요한 의미를 갖는다. 행정법은 다른 법과 달리 행정법전뿐만 아니라 행정법총칙이 존재하지 않는다. 그리하여 행정판례는 행정법의 일반원칙 및 행정법총칙을 형성하는 임무를 부여받고 있다. 행정법은 형성중에 있는 법으로서 다른 법에서보다도 판례의 법형성기능이 크다고 할 수 있다. 더욱이 행정법에는 법이 흠결된 경우가 많기 때문에 판례의 법형성기능 또는 법정립적 기능이 더욱 크게 요청되고 있다.

그동안 우리나라 행정판례의 발전과정을 보면 신뢰보호의 원칙에 관한 판례를 비롯하여 비례원칙, 재량행위, 행정소송의 대상적격 및 원고적격 등 행정법의 전 분야에 걸쳐서 수많은 쟁점에 관한 판례가 타산지석의 선결례로 축적 · 확립되었으며, 행정판례가 한편으로는 법 이론의 발전의 계기가 되거나 다른 한편으로는 입법의 계기 및 자료가 되었다. 행정판례는 이러한 판례의 축적을 통하여 하나의 법원으로서 판례법으로 발전하고 있으며, 우리나라 행정법의 일반원칙 및 행정법총칙의 형성과 한국적 행정법이론의 토착화에 많은 기여를 하고 있다고 할 수 있다.

그럼에도 불구하고 범 행정법학계 차원의 행정판례에 대한 체계적인 연구의 후속 결과물을 만들어내지 못하였던 것은 커다란 아쉬움의 대상이었다. 이번에 이렇게 학계와 실무계가 하나 된 마음으로 행정판례에 대한 체계적인 연구를 집대성하여 그동안의 판례의 흐름을 조망하고 앞으로의 발전방향을 제시하게 된 것은 1970년대 이후 우리 행정법학계와 실무계의 염원을 실현하는 일이라고 할 수 있다. 그러므로 이번에 발간되는 「행정판례평선」은 우리나라 행정판례연구에 있어 또 하나의 의미 있는 성과물이라고 할 수 있으며 1970년대로부터 시작된 행정판례의 공동체적 연구의 맥을 잇는 귀중한 작업이라 하지 않을 수 없다. 나아가 21세기의 행정법학과 행정판례의 발전을 선도하는 계기가 될 것으로 기대된다.

이번 「행정판례평선」의 발간사업은 한국행정판례연구회가 중심이 되어 다양한 학계와 실무계 인사들이 참여하여 이루어졌다. 동 연구회는 2008. 2. 18. 2008년도 정기총회에서 이 사업(‘주제별 행정판례연구사업’)을 추진하기로 의결하고, 2008. 5. 20. ‘주제별 행정판례연구팀’을 구성하였다.

주제별 행정판례연구팀은 학계의 한견우 교수(출판이사), 박정훈 교수, 김중권 교수, 경건 교수(총무이사)와 실무계의 권순일 부장판사(섭외/연구이사), 안철상 부장판사(기획이사), 박해식 변호사, 임영호 부장판사(대법원재판연구관) 여덟 분, 그리고 박균성 교수(연구이사), 정남철 교수(연구간사), 최송화 교수(회장)로 구성되었다. 연구팀은 동년 6월 30일까지 주제와 주제별 대표판례를 선정하고 이를 기초로 일반회원의 추천과 의견수렴을 거쳐 9월 15일에 주제와 대상판례를 확정하였다.

대상판례는 대법원판례와 헌법재판소판례를 망라하되 확정된 하급심판례도 포함할 수 있도록 하였으며, 소위 선도적 판례(leading case)와 판례변경판례 그리고 인용지수가 높은 판례를 우선으로 하였고, 이미 평석 · 연구된 판례이거나 새로운 법해석을 가져온 판례, 관습법이나 조리, 법의 일반원칙에 관한 판례, 법이론의 발전의 계기가 되었거나 입법의 계기 또는 자료가 된 판례를 비중 있게 고려하였다.

한편, 집필에 참여한 분들은 우리 학계와 실무계를 망라하여 폭넓고 다양하게 선정되었다. 집필자는 우선 한국행정판례연구회 회원으로서 지원자, 해당분야의 기발표자 또는 학회논집 행정판례연구지에의 원고게재자를 우선으로 하는 것으로 하였고 동년 10월 15일 이 기준에 따라 집필자를 선정하였다.

또한 연구팀은 집필양식을 통일하기로 결정하고 집필분량은 200자 원고지 40~60매, A4용지 10매 내외로 하고 목차는 판례개요(사실의 개요, 소송의 경과, 판결요지)와 평석(쟁점정리, 판례의 흐름, 판례의 의미, 판례의 검토, 판례의 전망)으로 하기로 하였다.

본서는 행정판례를 객관적으로 정리하여 소개하는 것을 주된 목적으로 하였고 이론적 검토는 최소화하였다. 이러한 본서의 특성에 미루어 본서는 법실무가에게 업무의 지침이 될 뿐만 아니라 학자에게는 학문적 연구의 기초자료가 되고 나아가서 법학전문대학원이나 법과대학, 공직자교육기관 등에서 필수적인 교육자료가 될 수 있을 것이다.

「행정판례평선」의 발간사업은 많은 분들의 협조에 의해 이루어졌다. 그 과정에서 다소 지연이 있어 당초 계획보다 미루어지기는 하였으나 이 작업이 광범위한 학계와 실무계의 참여와 공동연구에 의해 이루어졌다는 사실이 참으로 소중한 성과로서 우리 학계와 실무계가 서로 존중하고 신뢰를 쌓아가며 협력하면서 행정판례를 연구하는 전통을 이어가는 것이 우리 행정법분야의 DNA같아 마음 흐뭇하다.

이번 이 역사적 작업은 그 규모가 매우 방대한 만큼 많은 참여자들의 헌신적인 수고와 지속적인 관심이 없었다면 이루어질 수 없었다. 먼저 이 사업에 참여해 주신 집필자분들의 성의와 희생적 기여가 없이는 이 사업이 이루어지지 못했을 것이다. 이 지면을 빌어 한분 한분에게 심심한 감사의 말씀을 드린다.

또한 이 연구사업의 기획과 추진을 맡아, 특히, 주제 및 대상판례의 선정, 집필자 선정 등에 열정적 팀워크와 사명감으로 헌신적으로 수고한 주제별 행정판례연구팀 구성원 한분 한분에게 깊은 감사의 말씀을 드린다. 그리고 편집과 출간을 위하여 수고해 준 편집위원장 박균성 교수 및 편집위원 여러분, 특히 편집간사 하명호 교수, 이희정 교수, 실무간사 장경원 교수, 김태호 대법원재판연구관, 최계영 교수에게 깊이 감사드린다.

또한 그동안 한국행정판례연구회의 운영과 여러 가지 행정판례연구사업에 남다른 관심을 가지고 지원을 해 주신 데 이어서 이 연구사업을 추진할 수 있도록 재정적 지원을 흔쾌히 해 주신 재단법인 김앤드홍에 대하여 깊이 감사드린다.

마지막으로 본서의 출판을 허락해 주신 박영사의 안종만 회장님과 본서의 출판을 추진하신 조성호 부장님 그리고 편집을 담당한 나경선 과장님에게도 깊이 사의를 표한다.

오늘과 미래를 위하여 새롭게 다리를 놓아주신 모든 분들께 감사드린다.

2011년 6월

집필대표, 행정판례평선 간행위원회 위원장 최송화

차 례

제 1 편 행정법 총론

제 1 장 행정법 서론

제 1 절 행정과 행정법

제 2 절 행정법의 법원

제 3 절 행정법관계

제 2 장 행정의 행위형식론

제 1 절 행정입법

제 2 절 행정계획

제 3 절 행정행위

제 4 절 행정계약 / 합동행위

제 5 절 사실행위

제 3 장 행정절차 및 정보공개

제 1 절 행정절차법

제 2 절 정보공개법

제 4 장 행정의 실효성 확보수단

제 1 절 행정상 강제집행

제 2 절 행정상 즉시강제

제 3 절 행정조사

제 4 절 행 정 벌

제5절 그 밖의 의무이행확보수단

제2편 행정구제법

제1장 행정상 손해전보

제1절 행정상 손해배상

제2절 행정상 손실보상

제3절 행정상 손해전보제도의 보충

제2장 행정쟁송법

제1절 행정심판

제2절 행정소송

제1항 행정소송의 유형

제2항 행정소송의 소송요건

제3항 행정소송의 가구제

제 3 장 공무원법

제 4 편 개별행정법

제 1 장 경찰행정법

제 2 장 공 물 법

제 3 장 공기업법

제 4 장 개발행정법

집필자 명단

강석훈	강현호	경　건	구욱서	권순일
권은민	금태환	김경란	김광수	김국현
김남진	김남철	김대인	김동희	김민호
김병기	김선욱	김성태	김수진	김연태
김영현	김용섭	김유환	김의환	김종보
김중권	김창조	김철용	김치환	김태호
김해룡	김향기	김현준	노경필	문상덕
박균성	박영만	박윤흔	박해식	박현정
배병호	백윤기	변해철	서기석	선정원
소순무	송진현	신동승	신봉기	안동인
안철상	오준근	유남석	유진식	윤인성
이경운	이계수	이광윤	이상덕	이선희
이은기	이은상	이현수	이희정	임성훈
임영호	임재홍	장경원	전　훈	정남철
정은영	정준현	정하명	정하중	정형식
정호경	조성규	조용호	조원경	조해현
조헌수	최계영	최광률	최봉석	최선웅
최송화	최승원	최정일	하명호	하종대
한견우	허성욱	홍준형	황창근	

94인(가나다 순)

제 1 편

행정법 총론

1. 법률유보의 원칙

— 헌재 1999. 5. 27. 98헌바70 —

최 송 화*

I. 결정개요

1. 사실관계 및 소송경과

(1) 텔레비전방송수신료 부과처분과 취소소송 및 위헌심판제청 신청

한국전력공사는 한국방송공사법(이하 "이 법"이라 한다) 제38조의 규정에 따라 한국방송공사(이하 "공사"라 한다)로부터 텔레비전방송수신료(이하 "수신료"라 한다)의 징수업무를 위탁받아 1998. 2. 2. 원고(A)에 대하여 1998년 2월분 수신료 금 2,500원의 부과처분을 하였다. 원고(A)는 이 수신료 부과처분이 위법하다고 판단하여 1998. 4. 21. 서울행정법원에 한국전력공사를 상대로 위 부과처분의 취소를 구하는 행정소송을 제기하였고(98구4473), 그 소송계속 중 1998. 7. 22. 부과처분의 근거가 된 이 법 제35조, 제36조 제1항이 헌법상의 조세법률주의에 위반된다고 주장하면서 위헌심판제청신청을 하였다(98아310).

(2) 위헌심판제청신청의 기각

서울행정법원은 1998. 8. 20. 이 사건 위헌심판제청신청을 기각하였다. 그 이유는 다음과 같다.

① 이 사건 수신료는 조세와는 구별되는 일종의 인적 공용부담금에 해당하므로 이를 강제 부과·징수할 때 사인의 재산권을 침해한다는 점에서 법률의 근거를 요하기는 하나, 그 실질이 조세와는 구별되므로 조세법률주의와 같은 정도의 엄격한 법률유보를 요하는 것은 아니고, 헌법 제37조 제2항에 근거한 법률유보로서 족하다.

② 수신료의 부과·징수에 관한 이 법 제35조, 제36조 제1항은 헌법 제37조 제2항에 의한 법률유보로서 헌법상 허용된 필요하고도 합리적인 재산권의 제한을 정한 법률이라 할 것이므로 헌법에 위배되지 아니한다.

---

* 서울대학교 명예교수.

(3) 헌법소원심판 청구와 헌법불합치 결정

이에 원고(A)는 1998. 8. 25. 위헌심판제청신청 기각결정을 송달받고, 1998. 9. 8. 헌법재판소법 제68조 제2항에 따른 위헌법률심사형 헌법소원심판을 청구하였다. 이에 대해 헌법재판소는 이 사건 심판에서 이 법 제35조는 헌법에 위반되지 아니하고, 동법 제36조 제1항은 헌법에 위반되나, 1999. 12. 31.을 시한으로 입법자가 개정할 때까지 한시적으로 그 효력을 지속하도록 하는 헌법불합치 결정을 하였다.

이 사건의 심판대상은 이 법(1990. 8. 1. 법률 제4264호로 개정된 것) 제35조, 제36조 제1항의 위헌 여부이고, 그 조항들의 내용은 다음과 같다.

제35조(텔레비전수상기의 등록과 수신료 납부의무) 텔레비전방송을 수신하기 위하여 텔레비전수상기를 소지한 자는 대통령령이 정하는 바에 따라 공사에 그 수상기를 등록하고 텔레비전방송수신료(이하 "수신료"라 한다)를 납부하여야 한다. 다만, 대통령령이 정하는 수상기에 대하여는 그 등록을 면제하거나 수신료의 전부 또는 일부를 감면할 수 있다.

제36조(수신료의 결정) ① 수신료의 금액은 이사회가 심의 · 결정하고, 공사가 공보처장관의 승인을 얻어 이를 부과 · 징수한다.

("공보처장관"은 심판계속중인 1998. 2. 28. 법률 제5529호 정부조직법중개정법률에 의하여 "문화관광부장관"으로 개칭되었다.)

2. 결정 요지

(1) 이 법 제35조 합헌 결정의 요지

이 법 제35조는 수신료 납부의무자의 범위를 누구라도 잘 알 수 있는 명확한 규정으로서, 동 규정이 등록면제 또는 수신료 감면 수상기의 범위에 관하여 아무런 조건 없이 단순히 대통령령이 정하도록 하고 있으나 헌법 제75조에 규정된 포괄위임금지의 원칙에 위반되지 아니한다.

(2) 이 법 제36조 제1항 위헌 결정의 요지

이 법 제36조 제1항은 법률유보원칙(의회유보원칙)에 어긋나는 것이어서 헌법 제37조 제2항과 법치주의원리 및 민주주의원리에 위반된다. 그 논거는 다음과 같다.

① 헌법은 법치주의를 그 기본원리의 하나로 하고 있으며, 법치주의는 행정작용에 국회가 제정한 형식적 법률의 근거가 요청된다는 법률유보를 그 핵심적 내용의 하나로 하고 있다. 오늘날 법률유보원칙은 단순히 행정작용이 법률에 근거를 두기만 하면 충분한 것이 아니라, 국가공동체와 그 구성원에게 기본적이고도 중요한 의미를 갖는 영역, 특히 국민의 기본권실현에 관련된 영역에 있어서는 행정에 맡길 것이 아니라 국민의 대

표자인 입법자 스스로가 그 본질적 사항에 대하여 결정하여야 한다는 요구까지 내포하고 있다(이른바 의회유보원칙). 그리고 행정작용이 미치는 범위가 광범위하게 확산되고 있으며, 그 내용도 복잡·다양하게 전개되는 것이 현대행정의 양상임을 고려할 때, 형식상 법률상의 근거를 갖출 것을 요구하는 것만으로는 국가작용과 국민생활의 기본적이고도 중요한 요소마저 행정에 의하여 결정되는 결과를 초래하게 될 것인바, 이러한 결과는 국가의사의 근본적 결정권한이 국민의 대표기관인 의회에 있다고 하는 의회민주주의의 원리에 배치되는 것이다.

② 입법자가 형식적 법률로 스스로 규율하여야 하는 그러한 사항이 어떤 것인가는 일률적으로 획정할 수 없고, 구체적 사례에서 관련된 이익 내지 가치의 중요성, 규제 내지 침해의 정도와 방법 등을 고려하여 개별적으로 결정할 수 있을 뿐이나, 적어도 헌법상 보장된 국민의 자유나 권리를 제한할 때에는 그 제한의 본질적인 사항에 관한 한 입법자가 법률로써 스스로 규율하여야 할 것이다. 헌법 제37조 제2항의 "법률로써"라고 한 것은 헌법상 보장된 국민의 자유나 권리를 제한하는 행정작용의 경우 적어도 그 제한의 본질적인 사항에 관한 한 국회가 제정하는 법률에 근거를 두는 것만으로 충분한 것이 아니라 국회가 직접 결정함으로써 실질에 있어서도 법률에 의한 규율이 되도록 요구하고 있는 것으로 이해하여야 한다.

③ 공사는 독자적인 행정주체의 하나로서 공사가 수신료를 부과·징수하는 것은 행정작용에 해당한다. 수신료는 특별부담금으로서 국민의 재산권 보장의 측면에서나 공사에게 보장된 방송자유의 측면에서나 국민의 기본권실현에 관련된 영역에 속하고, 수신료금액의 결정은 납부의무자의 범위, 징수절차 등과 함께 수신료에 관한 본질적이고도 중요한 사항이므로, 수신료금액의 결정은 입법자인 국회가 스스로 행하여야 한다. 그런데 이 법 제36조 제1항이 국회의 결정이나 관여를 배제한 채 공사로 하여금 수신료금액을 결정하도록 한 것은, 이에 관하여 공보처장관의 승인을 얻도록 규정하고 있으나, 법률유보원칙(특히 의회유보원칙)에 어긋나는 것으로서 헌법 제37조 제2항과 법치주의원리 및 의회민주주의원리에 위반된다.

Ⅱ. 평　　석

1. 쟁점정리

헌법재판소는 대상결정에서 이 법 제36조 제1항이 수신료의 부과·징수의 법적 근거는 된다고 하면서도, 수신료의 금액의 결정을 공보처장관의 승인을 필요로 하는 외에는 전적으로 공사(공사의 이사회)가 결정하여 부과·징수하도록 한 것은 헌법상의 법률유보원칙(의회유보원칙)에 위반된다고 하고 있는바, 여기서 문제된 법률조항이 과연 법률유보원칙을 위반한 것인지, 위반하였다면 어떤 의미에서 위반한 것인지가 쟁점이다.

그밖에 이 사건에서는 수신료의 법적성격이 무엇인지, 이 법 제35조가 수신료납부의무자의 범위에 관하여 대통령령에 포괄적으로 위임한 것이 헌법 제75조에 규정된 포괄위임금지원칙에 위반되는 것인지 여부, 그리고 헌법소원심판의 결정형식에 관해서도 함께 문제가 되었으나, 본 평석은 법률유보원칙에 한정하여 대상결정의 쟁점을 살피기로 한다.

2. 관련 주요판례

(1) 중학교 의무교육의 구체적 실시의 본질적 사항 여부

중학교 의무교육의 구체적 실시에 대하여 대통령령인 교육법 시행령에 위임한 교육법 제8조의2의 위헌성 여부와 관련하여, 헌법재판소는 "중학교 의무교육 실시 여부 자체라든가 그 연한은 교육제도의 수립에 있어 본질적 내용으로서 국회입법에 유보되어 있어서 반드시 형식적 의미의 법률로 규정되어야 할 기본적인 사항이라 하겠으나, 그 실시의 시기, 범위 등 구체적인 실시에 필요한 세부사항에 관하여는 반드시 그런 것은 아니다."라고 법률유보에 관하여 실질적으로 중요사항유보설(본질성설)과 의회유보를 인정하고 그에 입각하여 판단기준을 제시하였다(헌재 1991. 2. 11. 90헌가27).

(2) 수신료 결정에 관한 방송법 제65조의 법률유보원칙 위배 여부

이 법은 헌법불합치라고 선언한 대상결정 이후 2000. 1. 12. 법률 제6139호 방송법 개정법률로 폐지되고, 공사에 대한 규율을 방송법이 흡수하여 규정하면서, 동법 제65조는 이 법 제36조 제1항에 대한 대상결정의 헌법불합치결정의 취지를 반영하여 다음과 같이 규정하였다.

방송법 제65조(수신료의 결정) 수신료의 금액은 이사회가 심의 · 의결한 후 방송위원회를 거쳐 국회의 승인을 얻어 확정되고, 공사가 이를 부과 · 징수한다.

그런데 위 방송법 제65조가 2008년에 다시 위헌 여부 판단의 대상이 되었는데, 헌법재판소는 이번에는 동 조항은 법률유보원칙에 위반되지 않는다고 결정하였다(헌재 2008. 2. 28. 2006헌바70). 헌법재판소가 그와 같이 판단한 이유는, 이 법 제36조 제1항에 대한 대상결정의 헌법불합치 결정의 취지를 반영하여 수신료의 금액은 공사의 이사회에서 심의 · 의결한 후 방송위원회를 거쳐 국회의 승인을 얻도록 규정하고 있는 등, 수신료의 부과 · 징수에 관한 본질적인 요소들을 방송법에 모두 규정하고 있고, 규정되지 않은 사항들은 국민의 기본권제한에 관한 본질적인 사항이 아니라고 보았기 때문이다. 본 평석에서는 대상결정과 함께 2008년의 이 헌법재판소 결정을 비교대상으로 언급한다(아래 Ⅱ.

3. (2) 참조).

(3) 안마사의 자격요건을 정한 법령의 법률유보원칙 위배 여부

헌법재판소는 의료법 제61조 제1항 및 제4항에서 시각장애인에 한해 안마사의 자격을 인정하는 근거를 법률에서 직접 규정하지 않은 것이 의회유보원칙을 위반한 것인지 여부에 대해서 판단하였는데, ① 헌재 2003. 6. 26. 2002헌가16 결정에 따르면 "입법자는 일단 법률에서 안마사업은 누구나 종사할 수 있는 업종이 아니라 행정청에 의해 자격인정을 받아야만 종사할 수 있는 직역이라고 규정하고 그 자격인정 요건을 정할 수 있는 권한을 행정부에 위임한 것"이므로 이는 기본권의 제한과 관련된 중요하고도 본질적인 사항을 법률에서 직접 규정하지 않고 하위법규에 위임한 것으로서 의회유보원칙에 위반된다 라는 재판관 5인의 위헌의견이 제시되었으나 4인의 합헌의견으로 위헌불선언을 한 반면, ② 위 법에 근거하여 제정된 안마사에 관한 규칙(보건복지부령)을 다툰 헌재 2006. 5. 25. 2003헌마715 결정에서는 법률유보원칙 및 과잉금지원칙에 위배하여 비시각장애인의 직업선택의 자유를 침해한다고 위헌결정을 한 바 있다. ③ 이후 헌재 2008. 10. 30. 2006헌마1098 결정에서는 시각장애인에 한해 안마사의 자격을 인정하고 있는 안마사에 관한 규칙과 동일한 내용을 규정한 의료법에 대하여 헌법재판소는 법률유보원칙에 위반되지 않는다고 보았다.

개별 구체적 사건에서 대상결정에서 취한 법률유보원칙을 실질적으로 적용하는 것은 쉬운 문제가 아니라는 점이 일련의 헌법재판소 결정들에서 잘 드러나고 있다.

(4) 법률유보원칙과 포괄위임입법금지의 원칙의 구별

법률유보원칙이 포괄위임입법금지의 원칙과 구별되는 독자적인 측면을 보여주는 헌법재판소의 결정이 있다(헌재 2006. 3. 30, 2005헌바31). 위 결정에 의하면 "법률(농지개량조합법)이 자치적인 사항(임기 종료된 농지개량조합장에 대하여 필요한 예우)을 (농업기반공사) 정관에 위임할 경우 이것에 원칙적으로 헌법상의 포괄위임입법금지원칙이 적용되지 않는다 하더라도, 그 사항이 국민의 권리 · 의무에 관련되는 것일 경우에는, 적어도 국민의 권리와 의무의 형성에 관한 사항을 비롯하여 국가의 통치조직과 작용에 관한 기본적이고 본질적인 사항은 반드시 국회가 정하여야한다는 법률유보 내지 의회유보의 원칙이 지켜져야 한다"고 판시하고 있다.

(5) 도시정비사업시행인가신청에 관한 도시정비법 제28조 제4항 본문의 법률유보원칙 위배 여부

대법원은 "가령 조합의 사업시행인가신청시의 토지 등 소유자의 동의요건이 비록 토지 등 소유자의 재산상 권리 · 의무에 영향을 미치는 사업시행계획에 관한 것이라고 하더라도, 그 동의요건은 사업시행인가신청에 대한 토지 등 소유자의 사전 통제를 위한

절차적 요건에 불과하고 토지 등 소유자의 재산상 권리 · 의무에 관한 기본적이고 본질적인 사항이라고 볼 수 없으므로 법률유보 내지 의회유보의 원칙이 반드시 지켜져야 하는 영역이라고 할 수 없고, 따라서 개정 도시정비법 제28조 제4항 본문이 법률유보 내지 의회유보의 원칙에 위배된다고 할 수 없다"고 판시하고 있다(대법원 2007. 10. 12. 2006두14476 판결). 대법원은 법률유보원칙에 관해 헌법재판소와 같은 입장을 취하고 있는 것으로 보인다.

3. 판례의 검토

(1) 법률유보원칙의 요청

(가) 법률유보원칙의 발전 과정

법률유보원칙은 법치주의의 핵심적 내용의 하나로서, 행정작용에 국회가 제정한 형식적 법률의 근거가 요청된다는 것을 의미한다. 이는 입법과 행정 사이의 권한을 정하는 원칙이 될 뿐만 아니라, 행정활동이 법률에 그 근거가 마련되어 있지 않으면, 즉 법률에 그 근거가 유보되어 있지 않으면 위법한 것이 된다는 의미를 담고 있다.

법률유보원칙의 근거는 헌법의 특정조항(제37조 제2항 및 제23조, 제38조, 제39조, 제95조 등)에서 구하지 아니하고 헌법의 기본원리인 법치주의의 한 요소로 보거나, 법치국가적 구성원리, 민주주의적 구성원리 및 기본권 보호의 원리와 같은 헌법의 일반원리로부터 도출되는 원칙으로 볼 수도 있다.

문제가 되는 것은 법률유보원칙이 어느 범위까지 적용되느냐 하는 것이다. 법률유보의 범위는 오늘날 헌법상의 의회민주주의 및 법치주의의 원리, 행정기능의 확대, 시민생활의 행정의존도의 증대 등 새로운 상황에 따라, 점차로 "침해유보에서부터 전부유보로"의 이동경향을 보이면서 확대되어 나가고 있다고 할 수 있으나, 법률유보의 범위와 강도에 관하여는 국민생활에 어느 정도 본질적인 임팩트를 주는가를 고려하여 입법부가 개별적으로 판단하도록 하는 것이 좋을 것이다(김도창, 126면 이하).

법률유보원칙의 인정 초기에는 행정활동으로서 국민의 권리와 자유를 제한하거나 의무를 부과하는 권력적 활동(침해행정)에 한정하여 법률의 근거가 필요한 것으로 보는 이른바, 침해유보설(侵害留保說)이 법률유보원칙의 내용을 이루는 것으로 이해되었다. 이러한 이해는 독일과 일본의 종래 통설이었고, 우리나라도 법률유보의 이해를 침해유보설에서 시작하였다고 할 수 있다. 침해유보설은 특히 경찰행정의 법치국가적 제한으로 큰 의의가 있었다.

그러나 오늘날 헌법 제37조 제2항에서 국민의 기본권에 대한 제한은 법률로써 하도록 명문화하고 있는 이상 침해유보설적 관점은 법률유보원칙의 최소한으로서의 의미를 갖는 것이며, 이로부터 좀 더 나아가 가능한 한 넓은 범위의 행정작용에 대해 법률의 근거가 필요하다는 요청이 제기되게 된다. 그 결과 침해행정뿐만 아니라 사회보장행정과 같은 수익적 급부행정에서도 평등한 법적 규율이 필요하다는 인식을 바탕으로 하여 법률유보를 요구하는 급부행정유보설(給付行政留保說)이 제기되었으며, 법률유보원칙을 최대한으로 관철하기 위하여 모든 국가행정활동이 법률에 그 근거가 있어야 한다는 전부유보설(全部留保說)이 제기되기까지 하였다. 그러나 전부유보설의 경우에는 그것이 선언적인 의미는 있을지 모르나 국민을 위한 행정활동의 경우에도 입법의 미비로 인해 행정활동이 불가능해진다는 난점에 부딪히지 않을 수 없어 그 관철이 쉽지 않다고 할 것이다.

결국 오늘날에 와서는 행정활동의 성격을 침익적이냐 수익적이냐 등과 같은 기준으로 구분하여 법률유보가 필요한 것인지를 달리 볼 게 아니고, 개별 구체적인 사안에서 문제되는 행정활동이 국민에게 미치는 영향이 중요하고 본질적인 사항인가 여부에 따라서 법률유보가 요청되는지 여부를 달리 보아야 하지 않는 가라는 견해가 등장하게 되었는바, 이것이 오늘날 우리나라에서 다수설의 지위를 차지하게 된 중요사항유보설(重要事項留保說) 내지 본질성설(本質性說)이다.

(나) 중요사항유보설과 의회유보설

1) 중요사항유보설의 의의와 판단기준

중요사항유보설은 공동체에 중요하고 본질적인 의미를 갖는 행정활동에 대해서는 법률의 근거가 필요하고, 그 중요성의 정도에 비례하여 보다 구체적인 규율이 필요하다는 견해이다. 이 견해는 독일 연방헌법재판소가 채택하고 있는 本質性說(Wesentlichkeitstheorie)과 같은 취지의 주장으로 이해되고, 대상결정 역시 중요사항유보설의 관점을 사건에 적용한 것이다.

그렇다면 법률유보가 필요한 영역으로서 중요사항 또는 본질적 사항이란 어떤 것인가. 이에 대해 선험적으로 획일적 기준은 제시되고 있지 못한 것으로 보인다. 다만 대강의 기준으로 삼을 수 있는 것은, 해당 사안에 대한 법적 규율이 가지는 의미 · 효과 · 중요성 등을 전체적으로 판단하여서 결정해야 한다는 것이고, 그 사안의 의미나 중요성이 클수록 그에 대한 법적 규율의 필요성이 더 커지게 된다는 기준이다. 독일 연방헌법재판소의 경우에는 본질성 여부의 판단에 있어서 헌법상의 기본원리와 기본권 침해의 정도, 정치적 논쟁의 상황, 규율대상의 규율상황 등이 종합적으로 고려되어야 한다(예, BVerfGE 49, 89, 127)고 하고 있는바, 이러한 기준은 우리에게 있어서도 적용될 수 있는 하나의 기준이 될 것이다. 결국 이처럼 중요사항유보설은 개별 구체적 상황과의 관련하에서 중요사항(본질적 사항) 여부가 결정되지 않을 수 없다는 한계를 가지며, 그런 점에서 중요사항유보설이 의회의 규율권한을 강조하는 학설이기는 하나, 그 중요성 여부를 사후적으로 헌법재판소가 '결정'하게 되는 결과가 초래된다는 비판의 여지도 있다.

그럼에도 중요사항유보설은 침해유보설과 비교할 때 국회가 미리 규율하여야 할 대상이 권력적 행정활동에 비해 확대된다는 점, 침해적 내용이 아니라고 하더라도 국가의 중요한 기본적 정책결정에 대해서는 법률에 정할 필요가 있게 되고 이는 행정조직이나 행정절차의 문제에까지 확장된다는 점, 국회에 의해 중요한 사항의 내용을 정할 것을 요구함으로써 정치적 합의가 필요한 영역에서 국회의 입법절차의 중요성이 부각된다는 점에서 법치주의와 의회민주주의의 원칙에 충실한 견해로 보인다. 그 결과 중요사항유보설은 행정에 대한 의회의 사전적 규율을 강화할 것을 요구하는 권력분립적 의의를 갖게 되는 것이다.

2) 중요사항유보설의 내용으로서 의회유보설

중요사항유보설은 그 내용으로 공동체에 매우 중요한 사항 및 국민의 권리 · 의무에 관한 기본적이고 본질적인 사항에 대해서는 이를 국회가 직접 정하여야 한다는 의미를 담고 있다는 점에서 의회유보(議會留保, Parlamentsvorbehalt)의 원칙을 포괄한다. 의회유보의 원칙은 그 중에서도 특별히 중요한 내용에 대해서는 이를 행정입법으로 위임하여서 아니 되고 법률이 직접 규율하여야 한다는 점을 강조하는 데 그 의의가 있다(송동수, 117면). 따라서 이는 '위임금지가 농축된 법률유보'의 원칙이라 할 수 있다(김용섭, 119면).

의회유보원칙이 갖는 의의는 의회에서 결정함이 마땅한 고도의 정치적 사안으로서 기본권 관련성을 가지는 영역에 대하여 이를 행정부에서 결정하는 것은 의회민주주의의 원칙에 부합하지 않는바, 입법부의 임무영역에 속하는 특정사안은 의회가 스스로 규율하여야 하고, 이를 행정부에 내맡겨서는 안 된다는 의미를 담고 있다.

요컨데 중요사항유보설은 중요하고 본질적인 사항에 대해서는 의회가 결정하여야 한다는 의미와 그 주된 내용을 행정입법으로 위임하여서는 아니 된다는 의미를 포괄한다고 할 수 있고, 후자를 일컬어 특히 의회유보원칙이라고 부르는 것이다. 따라서 중요사항유보설은 의회가 어떻든 결정권을 유보하여야 한다는 의미를 담으면서, 한편으로는 행정입법으로의 위임 제한 원칙인 의회유보원칙을 포괄하며, 다른 한편으로는 위헌법률심사의 통제원리인 법률의 명확성 원칙과도 연결된다(김철용, 35면; 한수웅, 572면 이하).

(2) 대상결정에서 나타난 법률유보원칙

대상결정의 사실관계에서 공사가 한국전력공사에 한 수신료징수업무의 위탁은 행정권한 자체의 이전을 의미하는 권한위탁이 아니라 단순한 사무의 위탁으로서 수신료의 부과징수권자는 공사이고 한국전력공사는 위탁계약(공법상 계약)에 의하여 그 사무를 대신해 주는 데 지나지 아니하므로 당해 사건의 처분청(피고)은 공사라고 할 수 있다.

대상결정은 공사는 비록 행정기관이 아니라 할지라도 그 설립목적, 조직, 업무 등에 비추어 독자적인 행정주체의 하나에 해당하며, 수신료는 특별부담금으로서 국민에게 금전납부의무를 부과하는 것이므로 공사가 수신료를 결정하고 부과 · 징수하는 것은 국민의 재산권에 대한 제한을 가하는 행정작용이라고 보고, 수신료금액 결정권을 포괄적으로 수권하고 있는 이 법 제36조 제1항이 헌법원리의 하나인 법률유보원칙에 위반한지에 대해 판단하고 있다.

대상결정은 법률유보원칙의 근거를 헌법의 특정조항(제37조 제2항 등)에서 구하지 아니하고 헌법의 기본원리인 법치주의의 한 요소로 보거나, 법치국가적 구성원리, 민주주의적 구성원리 및 기본권 보호의 원리와 같은 헌법의 일반원리로부터 도출되는 원칙으로 보고 있다고 할 수 있다.

대상결정은 법률유보원칙의 내용으로서 중요사항유보설을 채택하면서 그 핵심내용에 의회유보의 원칙이 있음을 분명히 하고 있다. 이에 따르면 수신료의 부과 · 징수는 국민의 재산권 제한으로서 수신료의 부과 · 징수 권한을 법률에서 정한 것만으로는 충분하지 않고, 수신료의 금액의 결정은 수신료의 부과 · 징수에 있어서 '본질적인' 요소이므로 이를 법률에서 정할 필요가 있다고 보고 있다.

여기서 대상결정이 수신료의 금액의 결정을 법률유보원칙이 요구하는 '본질적' 사안으로 본 것은 방송의 자유에 대한 심층적인 분석은 없으나, 방송의 공공적 성격을 고려할 때 국가나 행정으로부터의 영향력을 제한하기 위하여서도 공영방송의 재정 조달에 대한 법률적 규율이 필요하다는 점을 고려한 것이고, 그 결과 수신료에 관한 사항은 공사가 기본권으로서 방송의 자유를 실현하는 데 있어서 본질적이고도 중요한 사항이라고 본 것이다. 즉, 수신료의 부과 · 징수가 갖는 재산권보장의 측면과 공사에게 보장된 방송의 자유의 측면에서 수신료의 결정에 관한 사항은 국민의 기본권실현에 관련된 영역이고 본질적인 것이어서 법률유보사항이라는 것이다. 그리고 이는 본질적인 내용은 위임 없이 국회가 직접 규율하여야 한다는 의미에서 의회유보를 의미하는 것이기도 하다.

다만 이 경우에 의회유보원칙을 요구한다고 해서 법률로써 수신료의 금액을 어떤 방식으로 어느 정도까지 구체적으로 정하여야 의회유보의 원칙이 충족되는 것인지에 대해서는 다시 이를 개별 구체적으로 판단하지 않을 수 없다. 대상결정에서 헌법재판소도 국회가 수신료금액을 법률로써 직접 규정하는 것에 어려움이 있다면, 그 상한선을 정하고 공사에 위임한다거나, 공사의 예산을 국회에서 승인토록 하는 절차규정을 둘 수도 있고, 또 수신료의 금액의 1차적인 결정권한을 전문성과 중립성을 갖춘 독립된 위원회에 부여하고서 국회가 이를 확정하는 방안도 있을 수 있다고 입법의 방향을 제시하고 있다. 이러한 입장에 따라 공사의 수신료의 결정에 대한 국회의 승인제를 규정한 방송법 제65조에 대한 2008년 헌법소원{위 Ⅱ. 2. (2) 결정 참조} 사건에서 헌법재판소는 대상 법률규정이 수신료의 결정을 국회에서 승인하도록 함으로써 의회유보의 원칙을 관철하고 있다고 보았던 것이다. 이와 같이 의회유보의 원칙이 어느 정도까지 실현되어야 본질적인 내용을 규율한 것이라고 볼 것인지는 개별 구체적인 사안에서 기본권 규제 내지 침해의 정도와 대상 규율의 밀도, 정치적 판단의 필요성 등을 종합적으로 고려하지 않을 수 없다.

한편에서는 방송법 제65조에 대해서 수신료의 결정에 있어서 국회의 승인제도가 적절한 입법방식인지에 대해서도 의문을 가질 수 있다. 사실 국회에 승인권을 부여한다는 것은 실질적으로 수신료의 최종적인 결정을 매번 국회가 하는 것이므로 의회유보의 취지에는 부합하는 입법방식이라고 할 수 있다. 그러나 대상결정에서 문제된 수신료의 결정에 대한 측면만을 한정하여 본다면 방송의 자유가 갖는 기본권적 측면과 제산권 보장의 필요성이 있다는 점에서 방송의 자율성과 중립성의 확보에 역행한다고 할 수 있다(이욱한, 21면). 즉 국회가 수신료의 결정 방식에 대해 정하되 국회승인제도를 두는 것보다 제3의 조직이 결정하도록 하여 방송의 독자성을 보장하여야 하는 것이 아닌가 하는 시각도 있을 수 있다. 그리고 수신료의 금액 결정이 방송정책 차원에서 이뤄진다고 할 때 이것이 반드시 기본권으로서 재산권 보장의 본질적 문제인지에 대해서도 의문이 제기될 수 있을 것이다. 그러나 헌법재판소의 판단은 수신료가 조세로서의 성격을 갖는 것은 아니나 오늘날 대다수의 국민에게 부과 · 징수되고 있다는 점에서 수신료의 결정을 행정이 하는 것보다 국회의 직접적 규율하에 두는 것이 의회유보원칙의 취지와 민주적 정당성의 측면에서 필요하다는 점이 함께 고려된 것으로 생각된다.

4. 판례의 의미와 전망

헌법재판소가 대상결정에 앞서 법률유보에 관하여 실질적으로 중요사항유보설(본질성설)과 의회유보를 인정하고 그에 입각한 판단기준을 제시한 바 있으나(90헌가27), 대상결정은 의회유보원칙을 명시적으로 인정하고 이를 적극적으로 적용한 최초의 결정으로서 법률유보원칙과 관련하여 하나의 이정표가 되는 매우 의미있는 결정으로 평가할 수 있다. 이 결정은 독일에서 정설화된 의회유보이론이 한국에도 정착하는 계기를 마련하였다고 할 수 있다.

대상결정은 법률유보원칙의 내용으로서 의회유보원칙의 관점에서 수신료에 대한 국회의 직접적 규율의 필요성을 정면에서 인정하고 그에 기반하여 위헌 결정을 내린 사건으로서 그 의의를 높이 인정할 수 있다. 또한 이 결정은 의회유보원칙의 적용이라는 이론적인 차원에서 주목될 뿐만 아니라, 방송의 자유를 보장하는 장치로서 수신료의 결정방식에 대한 원칙을 제시하였다는 점에서도 의미가 있는 결정이다.

대상결정에서 취한 법률유보원칙은 여러 후속 결정에서 유지되고 대법원도 같은 입장이나, 앞으로의 과제는 법치주의원칙과 민주주의원칙에 기해 최적의 행정 활동 방식이 어떤 것인가, 법률유보원칙의 위배 여부에 대한 구체적 판단기준을 어떻게 형성할 것인가를 우리 법 현실에 맞게 개별 구체적으로 찾아 나가는 일이다.

〈참고문헌〉

김도창, 일반 행정법론(상), 제4전정판, 1993, 청운사, 126-131면.
김용섭, "텔레비전 방송수신료에 관한 행정법적 논의", 인권과 정의 제363호, 2006. 11. 112-131면.
김철용, 행정법 I, 제13판, 2010, 박영사, 31-35면.
박선영, "TV수신료와 조세법률주의", 헌법규범과 헌법현실, 1999, 법문사, 897-915면.
송동수, "중요사항유보설과 의회유보와의 관계", 토지공법연구 제34집, 2006. 12, 177-138면.
이욱한, "한국방송공사법 제35조 등 위헌소원판결에 관한 소고", 사법행정, 2004. 4, 12-21면.
한수웅, "본질성이론과 입법위임의 명확성원칙", 헌법논총 제14집, 2003. 12, 567-636면.

2. 통치행위

— 대법원 1979. 12. 7. 선고 79초70 재정 —

이 계 수*

Ⅰ. 판결개요

1. 사실관계

피고(A)는 비상계엄 지역 내에서 내란목적살인 등의 죄를 범하여 군법회의에서 재판을 받고 있는 자이다. A가 내란목적살인 등의 죄를 범한 시기는 1979년 10월 26일이고, 비상계엄이 선포된 것은 익일인 1979년 10월 27일이다. A는 자신의 범죄행위가 군법회의의 재판대상이 될 수 없음을 다투면서 재판권쟁의에 관한 재정신청을 하였다. A가 제시한 이유는 다음 두 가지이다.

첫째, 헌법 제54조 제1항에 의하면 대통령은 전시 또는 이에 준하는 국가비상사태시 병력으로써 군사상의 필요 또는 공공의 안녕질서를 유지할 필요가 있을 때 법률이 정하는 바에 따라 계엄을 선포할 수 있도록 규정하고 있다. 또한 계엄법 제4조에 따르면 비상계엄은 전쟁 또는 전쟁에 준하는 사변 시 적의 포위공격으로 인하여 사회질서가 극도로 교란된 지역에 선포할 수 있도록 규정하고 있다. 그런데 1979년 10월 27일에 선포된 비상계엄은 위의 요건의 어느 하나도 현실적으로 갖추지 아니한 채 다만 대통령이 사망하였다는 사유만으로 선포된 것이므로 헌법과 계엄법에 위반되는 당연 무효에 해당한다. 따라서 위 비상계엄선포가 유효함을 전제로 하여 설치된 육군본부 계엄보통군법회의는 자신에 대한 재판권을 행사할 수는 없는 것임이 명백하다.

둘째, 설령 위 비상계엄의 선포가 그 요건을 구비한 유효한 것이라고 하더라도, 민간인인 자신을 군법회의에서 재판하는 것은 헌법과 계엄법에 반한다. 계엄법 제16조는 "비상계엄지역 내에 있어서는 전조 또는 좌기의 죄를 범한 자는 군법회의에서 이를 재판한다."고 규정하고 있다. 그런데 "비상계엄지역 내에 있어서는"이라는 표현에는 비상계엄

---

* 건국대학교 법학전문대학원 교수.

이 선포되어 있는 지역이라는 장소적 개념뿐만 아니라 시간적 개념도 포함되어 있다고 보아야 한다. 아울러 헌법 제24조 제2항은 군인 또는 군속이 아닌 국민의 기본권으로 군법회의의 재판을 받지 아니할 권리를 보장하고 있다. 따라서 군법회의는 군인 또는 군속이 아닌 자신이 위의 비상계엄선포 전에 행한 내란목적살인 등의 죄에 대한 재판권을 가질 수 없다. 만약 위와 같이 해석을 하지 아니한다면, 이는 헌법 제11조 소정의 소급입법금지의 원칙에 저촉된다.

2. 소송경과

전 중앙정보부장이었던 A는 전 대통령 비서실장이었던 소외 B외 6명(이상 7명 모두 일반인)과 함께 육군본부 계엄보통군법회의에서 79보군형공 제88호, 내란목적살인 등으로 군사재판을 받고 있던 중 제1차 공판기일인 1979년 12월 4일, 이 사건을 서울형사지방법원으로 이관하여 달라는 재판권쟁의에 관한 재정신청을 대법원에 하였다. 그러나 대법원은 동년 12월 7일자로 이 신청을 기각하였다. 그 결과 A를 피고인으로 하는 군사재판은 계속 진행되어, 내란목적살인 등의 죄로 기소된 A에 대해 사형을 선고한 육군본부 계엄보통군법회의의 판결은 육군본부 계엄고등군법회의 1980. 1. 28. 선고 79고군형항제550 판결을 거쳐 대법원 1980. 5. 20. 선고 80도306 전원합의체판결로 확정되었다.

3. 판결요지

(1) 국가를 보위하며 국민의 자유와 복리의 증진에 노력하여야 할 국가원수인 동시에 행정의 수반이며 국군의 통수자인 대통령(권한대행)이 제반의 객관적 상황에 비추어서 그 재량으로 비상계엄을 선포함이 상당하다는 판단 밑에 이를 선포하였을 경우, 그 행위는 고도의 정치적, 군사적 성격을 띠는 행위라고 할 것이어서, 그 선포의 당, 부당을 판단할 권한과 같은 것은 헌법상 계엄의 해제 요구권이 있는 국회만이 가지고 있다고 할 것이고, 그 선포가 당연 무효의 경우라면 모르되, 사법기관인 법원이 계엄선포의 요건의 구비 여부나 선포의 당, 부당을 심사하는 것은, 사법권의 내재적인 본질적 한계를 넘어서는 것이 되어, 적절한 바가 못 된다.

(2) 계엄법 제16조는 거기서 열거된 범죄를 범한 자를 비상계엄 지역 내에서 재판하는 경우에는 그 범행자가 군인, 군속이던 아니던 간에 그리고 또 그 범행일시가 비상계엄 선포의 전이건 후이건 간에 모두 군법회의가 그 재판권을 행사함을 원칙으로 한다는 것을 규정한 것이라고 함이 당원의 판례로 하는 견해이다.

Ⅱ. 평 석

1. 쟁점정리

대법원의 이 건 재정신청사건에 대한 결정에서 쟁점은 다음 두 가지로 요약된다.

첫째, 비상계엄령의 위헌여부를 법원이 심사할 수 있는가 하는 점이다. 즉, 계엄선포 요건의 구비 여부나 선포의 "당, 부당"은 이른바 통치행위에 해당하여 법원의 심사 대상에서 제외되는가 하는 점이다. 또한 계엄선포 등을 통치행위로 본다면, 그렇게 보아야 하는 이론적 근거는 무엇인지도 검토대상이다.

둘째, 계엄령 선포 이전에 일반인이 행한 범죄행위에 대해 군법회의가 재판 관할권을 갖고 있는지 여부이다. 이 두 번째 쟁점은 넓게 보면 군사재판관할의 의의와 한계라는 측면에서 검토를 요하는 문제이다. 다만, 여기에서 논의하는 것은 통치행위이므로, 이 쟁점은 계엄령 선포와 기본권(재판청구권) 보호문제로 논의를 국한해도 무방하리라 본다.

2. 관련판례

"당연무효로 판단할 수 없는 계엄에 대하여서는 그 계엄의 선포가 옳고 그른 것은 국회에서 판단하는 것이고 법원에서 판단할 수 없다"는 입장은 '대법원 1964. 7. 21. 선고 64초3 재정' 사건에서 이미 대법원이 취한 태도이다. 이러한 입장은 대상판결에서도 유지되었고, 적어도 계엄에 관한 한 이후로도 일관되게 유지되었다.

3. 판결의 검토

(1) 통치행위의 개념

통치행위란 고도의 정치성을 가진 국가기관의 행위로서 법적 구속력을 받지 아니하며 재판의 대상에서 제외되는 행위를 말한다(김도창, 1967, 53면; 김철용, 8면). 통치행위를 일반 행정 · 입법 · 사법작용과 구별되는 국가지도 작용(제4의 국가작용)으로 보아 실체법적으로 이해하는 경우도 있지만, 국가작용 중 그 성질상 사법적 심사 대상으로 하기에 부적합한 것들만을 통치행위로 보는 것이 일반적 견해이다. 즉, 어떠한 행위가 고도의 정치적, 군사적 성격이라는 '실체법적' 의미를 갖고 있다고 해서 그것이 곧바로 법적인 의미에서 통치행위가 되는 것은 아니다.

실체법적 개념 혹은 정치적 개념으로서 통치행위는 치자와 피치자로 구성된 정치적 공동체가 성립된 이래 존재해왔다고 할 수 있지만, 이것이 오늘날과 같은 법적 의미를 갖기 시작한 것은 자유주의적 법치국가가 확립된 19세기 이후라고 하겠다. 원칙적으로 국가의 모든 공권력 행사가 사법적 심사 대상이 될 수 있을 때에야, 비로소 그러한 사법적 심사로부터 제외되는 행위가 문제될 수 있기 때문이다. 즉, 통치행위가 현실의 문제로 논의되려면 그 전제로 공권력 행사에 대한 사법적 심사가 고도로 발달해 있어야 한다. 법원의 권한이 한정되어 정치성이 강한 행위가 미리 사법심사에서 제외되어 있으면 이 관념을 논할 실익이 없다. 일례로 세계 제2차 대전 전의 독일, 일본에서의 사정이 그러했다.

다만, 행정소송에 대한 개괄주의가 채택되고 있다고 하더라도, 사법소극주의가 지속되는 상황 하에서는 통치행위 관념이 현실적인 문제로 등장하기 어렵다. 대한민국 사법(司法) 60년의 역사에서 통치행위가 사법권의 한계 문제로서 본격적으로 검토되기 시작한 것은 1987년 이후 20년 정도밖에 안 된다. 이는 오랫동안 법원이 행정소송의 운영에서 대체로 사법소극주의로 일관했던 사정과 무관하지 않다.

아무튼 통치행위를 이처럼 사법제도, 사법절차와의 관계 속에서 이해한다면, 어떠한 행위든 그것이 단지 (고도의) 정치적인 성질을 갖고 있다는 이유만으로 사법심사에서 당연히 제외될 수 있는 것은 아니다. 즉, 일종의 사법 절차적 관점에서 이해된 통치행위는 고도의 정치적 성질이라는 실체적 특질 외에 추가적으로 사법심사 제외를 정당화하는 근거를 요구한다. 따라서 통치행위 개념은 처음부터 그것의 인정근거와 밀접하게 연결되어 있는 것이다.

(2) 통치행위관념의 인정근거

법원이 통치행위와 같은 법치국가원리의 예외 개념을 인정하려고 한다면 그러한 개념의 인정근거를 반드시 밝혀야 한다. 고도의 정치적인 성질을 갖고 있기 때문에 통치행위라는 식의 논리는 정치인이나 일반인들도 전개할 수 있다. 법원은 그 이상의 헌법적 논거를 제시해야 하는 것이고, 사실 통치행위론에서 가장 중요한 논의지점도 바로 이 대목에 있다.

대상판결이 나오기 전 통치행위에 관한 중요 선판례는 '대법원 1964. 7. 21. 선고 64초3 재정 등'이었다. '64초3 재정 등' 사건은 쟁점이 된 부분이 대상판례와 거의 같다. 이 사건에서도 계엄선포 요건의 구비 여부나 계엄선포의 당·부당과 계엄령 선포 이전에 일반인이 행한 범죄행위에 대한 군법회의 재판 관할권이 쟁점이었다. 그런데 위 판결은 "당연무효로 판단할 수 없는 계엄에 대하여서는 계엄의 선포가 옳고 그른 것은 국회에서 판단하는 것이고 법원에서 판단할 수 없다고 해석하는 것이 헌법 제75조 제4, 5항의 규정 취지에 부합된다"고만 설시하여, 계엄선포의 당·부당을 법원이 아니라 국회가 판단해야 하는 이유에 대한 적확한 근거제시를 하지 않았다. 다만, 그럼에도 불구하고 이 판결 또한 대상판결과 마찬가지로 통치행위관념의 인정 근거를 권력분립설 내지 내재적 한계설에서 찾았다는 데 이견이 없다.

반면, 대상판결은 "사법기관인 법원이 계엄선포의 요건의 구비 여부나 선포의 당, 부당을 심사하는 것은, 사법권의 내재적인 본질적 한계를 넘어서는 것이 되어, 적절한 바가 못 된다"고 설시하여, 계엄선포와 같은 (통치)행위가 사법심사의 대상이 될 수 없는 이유를 명확히 밝히고 있다. 대상판결 이전부터 통치행위를 긍정하는 논거로 내재적 한계설(권력분립설), 사법자제설, 대권행위설, 재량행위설, 통치행위독자성설 등이 제시되고 있었고(김도창, 1968, 257-259면; 윤세창, 26-27면), 대상판결은 이 중 내재적 한계설의 입장을 취하였다. 내재적 한계설은 권력분립설이라고 명명되기도 하는데(다만, 양자를 구분하여 설명하는 견해도 있다), "정치적으로 중요한 의미를 가지는 행위의 당부는 정치적으로 책임을 지지 않는 법원에 의한 소송절차를 통해 해결할 문제가 아니고, 정부 · 의회 등에 의해 정치적으로 해결되거나 혹은 국민에 의해 민주적으로 통제되어야 한다."(김남진/김연태, 9면)는 취지를 담고 있다.

1964년에 내려진 '64초 3 재정 등' 판례가 미국식 삼권분립원리에 가장 가까운 헌법이었던 제3공화국 헌법 하에서 내려졌다는 사실, 그리고 대상판결이 선판례인 '64초 3 재정 등'을 계승하고 있다는 점에서 내재적 한계설이 통치행위관념의 근거로 제시된 것은 자연스러워 보인다. 미국헌법의 영향 하에 제정된 일본국 헌법 하에서 일본 최고법원이 통치행위의 이론적 근거를 내재적 한계에서 찾고 있는 것도 같은 맥락으로 볼 수 있다. 즉, 동 법원은 '스나가와(砂川) 사건'(1959년)에서 미일안보조약의 합헌여부의 판단은 "법원의 심사에 원칙적으로 적합하지 아니한 것으로, 일견 매우 명백하게 위법무효로 인정되지 않는 한, 위 조약의 체결권을 갖는 내각 및 그에 대하여 승인권을 갖는 의회의 판단에 따라야 하고, 종국적으로는 주권자인 국민의 정치적 판단에 맡겨야 하는 것"이라고 판시하였다(最大判 昭34. 12. 16.). 또한 중의원(衆議院)해산과 관련한 '도마베지(苫米地) 사건'(1960년)에서는 중의원 해산행위에 대한 사법심사의 제약은 "당해 국가행위의 고도의 정치성, 법원의 사법기관으로서의 성격, 재판에 필연적으로 따르는 절차상의 제약 등에 비추어 보아, 특정 명문상의 규정은 없으나, 사법권의 헌법상의 본질에 내재하는 제약으로 이해하여야 할 것"이라고 판시하였다(最大判 昭35. 6. 8.).

그런데 대상판결의 이러한 논거는 1987년 헌법체제 이후 사법자제설로 대체되고 있다. 즉, 대법원은 '대법원 2004. 3. 26. 선고 2003도7878 판결'에서 "입헌적 법치국가의 기본원칙은 어떠한 국가행위나 국가작용도 헌법과 법률에 근거하여 그 테두리 안에서 합헌적 · 합법적으로 행하여질 것을 요구하며, 이러한 합헌성과 합법성의 판단은 본질적으로 사법의 권능에 속하는 것"이라고 하여 통치행위는 사법권의 내재적 한계에 속한다는 이전의 판시내용과는 달리 통치행위에 대해 판단하는 것도 "본질적으로 사법의 권능"이라고 보았다. 그러면서 "법원 스스로 사법심사권의 행사를 억제하여 그 심사 대상에서 제외하는 영역"을 인정하되, 다만 "과도한 사법심사의 자제가 … 법원의 책무를 태만히 하거나 포기하는 것이 되지 않도록 그 인정을 신중하게 하여야 하며 그 판단은 오로지 사법부 만에 의하여 이루어져야 한다"고 판시하였는데, 이는 명백히 사법자제설의 관점을 취한 것으로 이해된다. 물론 이 판결에는 "남북정상회담의 개최는 고도의 정치적 성격을 지니고 있는 행위라 할 것이므로 특별한 사정이 없는 한 그 당부를 심판하는 것은 사법권의 내재적 · 본질적 한계를 넘어서는 것이 되어 적절하지 못하다"고 한 원심판단의 법리를 수긍하는 부분도 있어 대법원이 통치행위의 근거로 사법자제설만을 채택했다고 단정하기는 어렵다(박균성, 31면). 그럼에도 불구하고 이 판결에서 주목할 부분은 위에서 인용한 것처럼 통치행위를 사법자제설의 관점에서 정의내린 대목이라고 하겠다.

사법자제설은 헌법재판소에 의해서도 수용되고 있다. 대표적으로 일반사병 이라크파병 위헌확인 사건(헌재 2004. 4. 29. 2003헌마814)에서 헌법재판소는 "대통령과 국회의 판단은 존중되어야 하고 헌법재판소가 사법적 기준만으로 이를 심판하는 것은 자제되어야 한다."고 하여 통치행위관념의 인정근거를 사법자제설에서 찾았다.

통치행위관념을 인정하는 논거의 변화는 법원(혹은 헌법재판소)이 A라는 입장 혹은 학설 대신에 B라는 입장 혹은 학설을 채택하였다는 단순한 사실 이상의 의미를 갖고 있는 것으로 보아야 한다. 사법자제설 자체가 공권력 행사에 대한 사법적 심사가 상당히 발달되어 있는 상황에서 제기될 수 있는 학설이라는 면모를 갖고 있기 때문이다. 이와 관련해서는 예컨대 "프랑스에서는 행정재판제도가 고도로 발달됨에 따라, 원칙적으로 모든 행정기관의 행위가 행정재판소인 국사원(Counseil d'Etat)의 통제를 받게 되었으나, 국사원은 일군의 정치성이 강한 행위를 합목적성의 고려에서 행정재판의 대상에서 제외하게 되었다. 그러한 행위가 통치행위이며, 판례에 의하여 일찍부터 인정되어 오늘에 이르고 있다. 통치행위를 인정하는 근거는 행정재판소의 법 정책적 견지에서의 자제에 구하고 있다"(박윤흔, 13면)는 식의 설명이 참고가 된다.

이렇게 본다면, '대법원 2004. 3. 26. 선고 2003도7878 판결'에서 법원은 1987년 헌법체제 이후 높아진 국민의 권리구제 욕구에 부응한다는 의미에서, 입헌적 법치국가의 수호자로서 자신의 기능과 역할에 대해 깊은 자의식을 갖고, "어떠한 국가행위나 국가작용"도 "합헌성과 합법성의 판단"을 받아야 하며, 그러한 판단은 "본질적으로 사법의 권능에 속하는 것"이라는 선언을 하고 있다는 해석이 가능하다. 여기에는 그 사이 정비되고 괄목할 만하게 발전한 행정재판제도 등 사법권의 위상 강화가 배경으로 자리 잡고 있다.

(3) 계엄령 선포와 군법회의 실시 — 통치행위와 기본권 보호의 문제

군사독재정부, 유신독재 체제 하에서 법원은 계엄령 선포의 당 · 부당은 물론 계엄선포의 요건구비 여부를 판단할 권한이 "본질적으로 사법의 권능에 속"한다고 선언할 수 있는 상황에 있지 못했다. 그 점에서 "법원은 계엄선포의 당 · 부당에 대하여 심사하지 못할 뿐, 그 요건 구비여부에 대하여는 법원의 심사가 가능하다고 보아야 한다는 점에서 위 판례에 대하여는 의문을 표시하지 않을 수 없다"(김남진/김연태, 11면)는 식의 비판은 현 시점에서는 납득이 가지만, 당대의 상황에 그대로 적용하기는 어려운 면이 있다.

그럼에도 불구하고 위의 비판은 대상판결이 안고 있는 문제의 한 단면을 적절하게 드러내고 있다. 위의 비판은 법원(혹은 헌법재판소)은 통치행위라고 해서 그것을 전면적으로 승인하지 말고, 사법이 개입할 수 있는 여지가 있는 부분에 대해서는 사법적 심사를 진행해야 한다는 취지로 이해된다. 그리고 그러한 취지는 대법원의 '대법원 2004. 3. 26. 선고 2003도7878 판결'과 헌법재판소의 대통령의 긴급재정경제명령 등 위헌확인사건(헌재 1996. 2. 29. 93헌마186)에서 표현된 바 있다. 특히 후자에서 헌법재판소는 통치행위관념을 인정하면서도, "정치적 결단에 의하여 행해지는 국가작용이라고 할지라도 그것이 국민의 기본권 침해와 직접 관련되는 경우에는 당연히 헌법재판소의 심판대상"이 될 수 있다고 판시하였다. 이 판결에서 헌법재판소는 사법자제설의 관점에서 자제해야 할 부분과 자제하지 말아야 할 부분을 기본권을 기준으로 구분해 놓고 있는 셈이다.

이렇게 본다면 일반인에 대한 군사재판을, 그것도 계엄선포 이전의 행위를 대상으로 군사재판을 행하는 것까지 통치행위이론에 기대어 사법적 판단을 사실상 방기한 것은 대상판결 당시의 정치적 상황을 고려하더라도 납득하기 어렵다. 헌재 1996. 2. 29. 93헌마186의 취지에 따른다면, 그와 같은 군사재판이야말로 국민의 기본권 침해와 직접 관련되는 사항이기 때문이다. 1960년대 당시 '대법원 1964. 7. 21. 선고 64초3 재정' 사건을 평석한 글에서도 같은 취지의 비판을 읽을 수 있다. 즉 "우리 법원이 계엄의 선포행위와 그에 따른 개별적 집행행위"를 구분하지 않고 모두 "통치행위라는 이유로 그 심사를 배척한 것"은 문제라는 것이다. 따라서 "앞으로의 법운용에 있어서 계엄선포행위 그 자체는 통치행위로서 사법심사에서 제외하더라도 그 집행행위 및 계엄당국의 포고령 등은 사법심사의 대상이 된다고"(김도창, 1968, 269면) 보아야 한다는 지적이었다. 그러나 대상판결은 그러한 법운용으로 나아가지 못했다.

4. 판결의 의미와 전망

대상 판결이 나왔던 1979년 당시는 물론, 현재의 다수학설도 통치행위라는 관념 그 자체는 부정하지 않는다. 다만, 통치행위라는 관념을 인정한다고 하더라도 어떤 근거에서 그것을 정당화할 것인지에 대해서는 견해가 갈리고 있음은 앞에서 이미 살펴보았다. 대상판결은 통치행위관념을 인정해왔던 기왕의 판례를 계승하면서, 처음으로 통치행위관념을 인정해야 하는 근거를 내재적 한계설의 관점에서 분명하게 제시한 점에 그 의의가 있다. 대상판결 이전의 판결에서도 대법원은 계엄선포의 당·부당에 대한 판단은 국회의 몫이라고 하여 이미 내재적 한계설의 입장에서 도출될 수 있는 논리를 펼친바 있지만, 대상판결은 통치행위 관념을 명시적으로 사법판단의 내재적 한계의 관점에서 근거 지웠다. 대상판례의 이러한 입장이 1987년 헌법체제 이후 사법자제설로 대체되고 있음은 이미 지적하였다.

그런데 대상판례의 입장이 1987년 헌법체제 하에서 사법자제설로 대체되고 있다고 해서 대상판례의 입장을 낡은 것으로 볼 것은 아니다. 사법자제설이 통치행위의 이론적 근거로 제시되는 것 자체가 한국 사법부의 위상 강화와 연결되어 있는 것임은 본문에서도 지적한 바이지만, "법 이론적으로는 당연히 심사할 수 있음에도 불구하고, 법원이 법 정책적 견지에서 스스로의 의사로 심사를 자제한다는 것"은 결국 "심사권의 포기를 주장하는 것으로 그것은 헌법규정에 위배될 뿐만 아니라, 이러한 고의적 심사포기 내지 심사기피는 그 자체가 곧 어느 쪽의 정치적 입장을 대변하는 것"(박윤흔, 16-17면)이라는 비판이 사법자제설에 대해서도 가해지고 있음을 상기할 필요가 있다.

실제로 법원 혹은 헌법재판소는 '일반사병 이라크파병'처럼 국민의 기본권침해와 직접 관련이 있는 사건에 대해 자제하는가 하면, 반대로 민주주의적 정치제도를 통해 충분히 통제될 수 있는 사안에 대해 사법적 판단의 잣대를 동원한다. 어떠한 경우에 "사법적 기준"을 그 판단의 잣대로 동원하고 있는지 혹은 하게 될 것인지도 불명확하다. 이것은 매우 심각한 문제를 야기한다. 법원과 헌법재판소의 '기회주의적' 태도는 그 자체로 사법부의 정치기관화를 초래할 수 있으며, 사법의 신뢰도를 떨어뜨린다. 또한 사법부가 "일단 우리는 모든 문제를 사법적 판단의 소재로 삼을 수 있다"라고 말하는 순간 국회와 대통령 등 정치적 위상과 의의를 갖는 헌법기관들의 기능과 역할은 왜소화되거나 축소되지 않을 수 없다. 그러나 (헌)법의 정치성을 인정하는 바에야, 모든 (헌)법적 쟁점을 규범 혹은 사법적 기준이라는 잣대로만 판단할 수 없음은 너무나 자명한 것이 아닌가. 사법자제설이 안고 있는 이와 같은 문제점들을 생각할 때 법원과 헌법재판소의 헌법적 위상이 높아지는 반면, 정치 혹은 '정치적인 것'의 힘이 약화되고 있는 작금의 현실에서 대상판결이 취한 내재적 한계설의 의의를 재평가해보는 것은 분명 의미가 있는 일이라고 생각한다.

〈관련 참고문헌〉

김남진 · 김연태, 행정법 I 제11판, 법문사, 2007.

김도창, 행정법론(상), 제13개정판, 박영사, 1967.
김도창, 계엄론: 국가긴급권에 관한 일고찰, 박영사, 1968.
김철용, 행정법Ⅰ, 박영사, 제12판, 박영사, 2009.
박균성, 행정법론(상), 제9판, 박영사, 2010.
박윤흔, 행정법강의(상) 개정29판, 박영사, 2004.
서원우, "계엄선포전의 행위에 대한 군법회의의 재판권", 판례월보 139호, 판례월보사, 1982. 4.
윤세창, 행정법총론, 개정판, 박영사, 1969.

3. 국제법규의 국내법상 효력

—대법원 2005. 9. 9. 선고 2004추10 판결—

장　경　원*

Ⅰ. 판결개요

1. 사실관계

전라북도의회는 학생의 건강, 전통식문화에 대한 이해의 증진, 전라북도 지역 농산물의 소비촉진과 수급조절을 목적으로 '전라북도학교급식조례안'을 제정하였다. 이 조례안에 따르면 전라북도에서 생산되는 우수농축산물과 이를 재료로 사용하는 가공식품을 '우수농산물'이라고 정의하고, 학교급식을 위해 전라북도에서 생산되는 우수농산물을 우선적으로 사용하도록 하였다. 전라북도교육감은 이 조례안이 '1994년 관세 및 무역에 관한 일반협정' 제3조상의 내국민대우원칙에 위반되므로 무효라고 주장한다.

2. 소송경과

2003년 10월 30일 피고 전라북도의회가 학교급식을 위해 국내 우수농산물을 사용하는 자에게 식재료나 구입비의 일부를 지원하는 것 등을 내용으로 하는 지방자치단체의 조례안(이하 이 사건 조례안이라 한다)을 의결하여 원고 전라북도교육감에게 이송하였다.

2003년 11월 14일 이 사건 조례안이 '1994년 관세 및 무역에 관한 일반협정(General Agreement on Tariffs and Trade 1994) 제3조 제1항, 제4항 등에 위반된다는 이유로 피고에게 재의를 요구하였으나 피고는 2003년 12월 16일 이 사건 조례안을 원안대로 재의결함으로써 이 사건 조례안은 확정되었다. 이에 원고 전라북도교육감은 이 사건 조례안이 GATT 제3조 제1항, 제4항 등에 위반된다는 이유로 그 무효확인을 구하는 소를 대법원에 제기하였다.

---

* 서울시립대학교 법학전문대학원 교수.

3. 판결요지

(1) 1994년 관세 및 무역에 관한 일반협정(General Agreement on Tariffs and Trade 1994, 이하 GATT라 한다)과 정부조달에 관한 협정(Agreement on Government Procurement, 이하 AGP라 한다)은 각 헌법 제6조 제1항에 의하여 국내법령과 동일한 효력을 가지므로 지방자치단체가 제정한 조례가 이에 위반되는 경우에는 그 효력이 없다.

(2) 특정 지방자치단체의 초 · 중 · 고등학교에서 실시하는 학교급식을 위해 위 지방자치단체에서 생산되는 우수 농수축산물과 이를 재료로 사용하는 가공식품을 우선적으로 사용하도록 하는 등의 내용을 규정한 이 사건 조례안은 내국민대우원칙을 규정한 GATT에 위반되어 그 효력이 없다.

Ⅱ. 평 석

1. 쟁점정리

조례는 법령의 범위 내에서 제정되어야 하므로(헌법 제117조 제1항 후단, 구지방자치법 제15조 본문) 조례가 상위 법령에 위반된 때에는 위법하여 무효가 된다. 특히 본건에서는 WTO협정(GATT)이 조례의 상위법령으로서 기능하는지 문제된다. 즉 WTO협정이 헌법 제6조 제1항 상의 조약이라면, 동규정에 의하여 재판규범으로서 국내 법원에 직접 적용될 수 있는지 검토한다. 헌법 제6조 제1항은 일원론의 태도라고 평가되지만, 이것으로부터 직접적용성(자기집행성)이 바로 긍정되는지 문제된다.

그리고 본건 조례안의 관련 상위법령인 학교급식법, 동시행령, 동시행규칙 위반 여부 즉, 동 조례안이 초과조례인지 여부가 문제된다.

법률유보원칙 위반 여부와 관련하여 본건 조례안이 구지방자치법 제15조 단서의 권리제한 또는 의무부과에 관한 조례인지가 문제되고 이에 해당한다면 우선 구지방자치법 제15조 단서가 위헌인지가 문제된다. 합헌이라고 판단되더라도 본건 조례의 근거가 상위법령에 마련되어 있는지도 검토될 수 있다.

만약 본건 조례안의 내용이 위법하다고 판단된다면, 이는 전체 조례를 무효로 만드는 것인지 여부도 추가적으로 논의될 수 있다.

2. 관련판례

서울행정법원은 인도네시아산 종이제품에 대한 재정경제부의 반덤핑관세 부과처분에 대하여 외국기업에게 원고적격을 인정하고, 반덤핑관세의 관련 국내법인 관세법 및 관세법시행령 이외에도 1994년도 GATT 제6조의 이행에 관한 협정(이하 'WTO반덤핑협정')을 직접 원용한 원고의 청구까지도 일단 받아들인 후 본안심리를 거쳐 기각한 바 있다(서울행정법원 2005. 9. 1. 선고 2004구합5911 판결).

이 판례에서 WTO반덤핑협정이 관계법령이라고 밝히고 협정의 내용을 해석, 적용한 것은 WTO반덤핑협정을 재판규범으로 인정한 것으로 볼 수 있다. 또한 외국기업인 사인이 WTO협정을 원용하여 국내법원에 소를 제기할 수 있음을 간접적으로 인정한 것으로 해석될 수 있다.

3. 판결의 검토

(1) WTO협정의 국내 재판규범으로의 직접적용 가능성

1) 헌법 제6조 제1항과 조약의 직접적용성 · 직접효력 문제

(가) 헌법 제6조 제1항 해석론

헌법 제6조 제1항은 "헌법에 의하여 체결 · 공포된 조약과 일반적으로 승인된 국제법규는 국내법과 같은 효력을 가진다."고 규정하고 있다. 국제법과 국내법의 관계에 관하여는 양자가 별개의 법체계에 속한다고 보는 이원론과 동일한 법체계에 속한다고 보는 일원론의 대립이 있으나(이한기, 122면) 다수설은 헌법 제6조 제1항은 일원론에 따른 것이라고 평가하고 있다(권영성, 174면). 대법원(대법원 2002. 10. 22. 선고 2002다32523 판결)과 헌법재판소(헌재 1998. 7. 16. 97헌바22)도 동일한 취지로 판시하였다. 헌법의 규정에 비추어 볼 때, 이러한 해석은 타당하다고 판단된다.

(나) 일원론 · 이원론과 직접적용성 · 직접효력 논의의 구별

헌법 제6조 제1항이 적법하게 체결 · 공포된 조약은 특별한 변형절차 없이도 국내법이 된다는 일원론을 채택하고 있다고 본다면, 그러한 조약 모두에 대해서 반드시 직접적용성 · 직접효력이 인정되어야 하는지 문제된다. 일원론 · 이원론을 직접적용성 판단의 기준으로 본다면 국제규범이 이행법률 없이 직접 적용되는 것으로 받아들여질 소지가 있기 때문이다(김태호, 316면).

(다) 학설의 입장

헌법 제6조 제1항이 조약의 국내적 효력과 관련한 일원론의 입장을 채택한 것으로서 동 규정에 의해 조약이 국내법으로 편입되었으며 더 나아가 조약을 법률과 같은 지위에 있다고 봄으로써 조약의 직접효력 및 직접적용성을 인정하는 견해(권영성, 178면)와 다만 동 규정은 조약이 체결 · 공포됨으로써 국내법으로서 편입되었음을 인정하는 것일 뿐 국내적으로 직접효력이나 직접적용성까지 인정하고 있는지는 별도의 문제라는 견해(허영, 171면)가 대립하고 있다.

(라) 판례의 태도

우리 법원의 입장은 조약의 국내적 효력과 관련한 헌법 제6조 제1항의 규정에 대한 해석에서 동 규정에 의해 조약이 국내법으로 편입되었으며, 더 나아가 조약을 법률과 같은 지위에 있다고 해석하고 있다. 이처럼 헌법 제6조 제1항 규정의 해석과 관련한 우리 법원의 입장은 일관되게 헌법에 의해 체결·공포된 조약은 국내법상 동일한 효력을 갖는 것으로 보고, 직접효력과 직접적용성을 인정하고 있다는 것이 일반적인 견해이다(헌재 2001. 9. 27. 2000헌바20; 대법원 2004. 7. 22. 선고 2001다58269 판결).

(마) 검　　토

타국의 관행을 보면, 국제법과 국내법의 관계에 있어서 일원론을 채택하고 있는 국가라고 해서 직접적용성·직접효력을 반드시 인정하는 것은 아니고 반대로 이원론을 채택하고 있는 국가라고 해서 이를 전면 부인하는 것은 아니다. 예컨대, 미국 연방헌법 제6조 제2항도 우리 헌법과 같이 일원론을 채택하고 있지만 실제 관행은 자기집행적 조약과 비자기집행적 조약으로 나누어 구별하고 있다. 편입주의를 채택하고 있는 것으로 평가되는 일본 헌법 제98조 제2항도 자기집행적 조약과 비자기집행적 조약의 구별 문제를 안고 있다. 엄격한 이원론을 견지하고 있는 영국에서도 예컨대 전쟁수행, 영토할양에 관한 조약은 이행입법조치가 없이도 자기집행성을 갖는다. 이러한 국가관행을 볼 때 국제법과 국내법의 관계에 있어서 일원론 또는 이원론과 관련한 이론적 논의가 국제조약의 국내적 효력을 결정함에 있어서 법원에 대해 결정적인 영향을 미치는 것은 아니라고 본다(주진열, 31면).

2) 본 사안에서의 WTO협정의 직접적용 여부 판단

(가) 판례의 태도

대법원은 본 사안에서 WTO협정의 국내적 효력에 대해 다음과 같이 판시하였다.

"GATT는 … WTO협정(조약 1265호)의 부속협정(다자간무역협정)이고, ... 헌법 제6조 제1항에 의하여 국내법령과 동일한 효력을 가지므로 지방자치단체가 제정한 조례가 GATT … 에 위반되는 경우에는 그 효력이 없다고 할 것이다."

또한 대법원은 전북급식조례안이 GATT 제3조에 위반되는지 여부에 대해 다음과 같이 판단하였다.

"GATT 제3조 제1항에 의하면 … 수입국이 법률, 규칙 및 요건에 의하여 수입산품에 대하여 국내의 동종물품에 비해 경쟁관계에 불리한 영향을 미칠 수 있는 차별적인 대우를 하여서는 안 된다고 해석된다. 그런데 당해 조례안의 각 조항은 … 결국 국내산품의 생산보호를 위하여 수입산품을 국내산품보다 불리한 대우를 하는 것으로서 내국민 대우원칙을 규정한 GATT 제3조 제1항, 제4항에 위반된다고 할 것이다."

① 직접적용성 인정 여부

당해 판례에 대해, 판례가 WTO협정의 직접적용성과 직접효력을 인정하였으므로 사인이나 외국기업이 WTO규범 위반사실을 주장할 수 있다고 보는 견해와 당해 사건은 사인에 의한 소제기가 아니므로 직접효력을 인정한 것으로는 볼 수 없고, 다만 직접적용성을 인정한 것에 불과하다고 해석하는 견해가 대립하나, 판례가 WTO협정의 직접적용성을 인정했다고 보는 점에서는 견해가 일치한다.

② 직접적용의 인정 범위

특히 직접적용의 '범위'에 대해서는, 판례의 취지를 존중하여 추상적 규범통제일 때는 국가가 부담하는 WTO협정에의 합치의무로서 예외적으로 WTO협정을 직접적용할 수 있다고 보는 견해(주진열, 18면)와 직접적용 가능성의 인정여부가 상위입법과 하위입법의 관계에 따라 달라지는 것은 아니라는 점, 직접적용을 주장하는 견해는 경제적 권리 보장의 흠결 방지를 논거로 하는데, 그렇게 보게 되면 추상적 규범통제는 구체적 규범통제에 있어서보다 직접적용성을 인정할 여지는 더 협소하다는 점을 들어 추상적 규범통제에서도 WTO협정의 직접적용성을 부정해야 한다며 판례의 태도를 비판하는 견해(김태호, 322면)가 대립한다.

(나) 학설의 대립

대상판결이 내려지기 이전부터 WTO협정에 직접적용성, 직접효력을 부인하는 것이 바람직하다는 견해(김대순, 187면), 한국의 경우 WTO협정의 직접적용성이 원칙적으로 가능하다는 견해(주진열, 41면), 조약의 직접적용성 여부에 대한 판단은 법원이 조약의 목적, 내용, 형식 등을 고려하여 결정해야 한다는 견해(성재호, 19면)가 대립하고 있다.

(다) 검　　토

실제로 WTO이행특별법은 직접적용성이나 직접효력에 대해 아무런 언급도 하고 있지 않다. 또한 WTO협정의 성질, 취지, 목적에 비추어 볼 때, WTO협정에 직접적용성, 직접효력이 인정되어야 한다는 법적 근거를 찾아보기는 힘들다.

형식논리적 차원에서만 생각해 볼 때, 헌법 제6조 제1항이 일원론를 채택하고 있고, 조약의 직접적용성, 직접효력 인정 여부는 궁극적으로 사법부의 판단에 달려 있기 때문에, 대법원이 추상적 규범통제뿐만 아니라 일반적 소송사건에서 WTO협정의 직접적용성, 직접효력을 인정한다고 해서 헌법상 어떤 문제가 발생하는 것은 아니다. 그러나 국제통상에 있어서 근본원칙 중의 하나인 상호주의 원칙과 함께 미국, 유럽, 일본, 중국과 같은 한국의 주요교역대상국이 일반적 소송사건에서 WTO협정의 직접적용성, 직접효력을 부인하고 있는 현실을 고려해 본다면, 한국이 상호주의원칙을 떠나 일방적으로 WTO협정의 직접적용성, 직접효력을 인정하는 것이 과연 바람직한지에 관해서는 더 많은 논의가 필요하다.

다만 WTO협정의 직접적용여부를 떠나 국내법령을 통해 본건 조례안의 위법한지에 관하여 다음과 같은 검토가 필요하다.

(2) 관련 상위법령 위반 여부

1) 구지방자치법 제15조 본문

지방자치단체는 법령의 범위안에서 그 사무에 관하여 조례를 제정할 수 있다(헌법 제117조 제1항 후단, 구지방자치법 제15조 본문). 따라서 조례가 상위법령에 위반 된 때에는 위법무효가 된다.

2) 학교급식법, 동시행령, 동시행규칙 위반 여부

(가) 초과조례여부

급식조례의 경우 학교급식법 및 시행령이 정한 범위 내에서 제정된 것인지, 초과조례가 허용될 수 있는지 문제된다. 종래 다수의 견해는 법령의 내용에 조례는 위반되지 않아야 하므로(헌법 117조 1항, 구지방자치법 제15조 본문), 법률이 이미 규율하고 있는 영역에서는 조례가 동일한 목적으로 다른 사항을 규율하거나 더 엄격한 규제를 부과하는 것을 금하는 이른바 법률선점이론을 취하고 있었다. 그러나 최근 개별법령에의 위반 여부에 관하여 유형을 나누어 살펴보는 다음과 같은 견해가 유력하다(홍정선, 138면) 즉, i) 국가의 법령과 규율대상 내지 규율사항을 달리하는 추가조례는 원칙상 당해 법령 위배가 아니나, ii) 침해행정에서 법령상 요건을 넘어선 사항을 조례로 정하는 경우(초과조례), 이러한 조례제정을 인정할 수 없으나 법령의 취지가 최소한의 규제기준을 정하는 것에 그치고 조례에 그 구체적 지역의 특성을 반영할 것을 요구하는 것으로 해석되는 경우 초과조례는 허용될 수 있다고 본다. 조례제정권의 범위를 넓게 해석하려는 판례의 태도(대법원 2000. 11. 24. 선고 2000추29 판결)도 같다.

(나) 사안의 검토

학교급식법 제6조 제2항은 "학교급식의 내용은 학생의 발육과 건강에 필요한 영양을 충족할 수 있는 식품으로 구성되어야 하며, 급식관리에 있어서는 위생과 안전에 철저를 기하여야 한다"고 규정하고, 시행령 제7조 제5항은 지방자치단체의 장은 "학교급식에 품질이 우수한 농산물이 사용될 수 있도록 식품비를 지원할 수 있다"고 규정하고 있다. 따라서 조례가 정하는 학교급식에 사용되는 식품과 식품비의 지원은 이들 규정에 '위반되지 않는 범위 안'(대법원 2000. 11. 24. 선고 2000추29 판결)에서 제정되어야 한다.

급식조례안이 지방자치제도의 제도적 보장을 체현하고 있다는 측면을 고려할 때, 지역 내 근거리 농산물을 이용하도록 하는 정책은 급식의 품질을 높여주는 데 그치지 않고 환경적 요구에 충실한 지방자치 모델로서 지방자치제도를 보장한 헌법의 근본 취지에 부합하는 법정책으로서 허용되어야 할 것이다. 즉 조례의 내용이 학교급식법 및 시행령의 명문 규정에 반하지 않고, 동법령이 학교급식에 대해 통일적인 규율을 의도하고 있지 않으며, 조례의 내용이 주민의 건강과 같은 기본권의 보호를 의도하는 한편으로 지방자치단체의 제도적 보장 취지에 부합하는 것이라면 그 적법성을 인정할 수 있을 것이다(김태호, 325면). 따라서 지역학생들의 심신의 발달과 식생활 개선을 도모하고 지역농산물의 소비촉진을 통해 자립적 경제기반을 구축하려는 동 조례는 이러한 전제가 충족되어 상위 입법에 위반된다고 볼 수 없다.

(3) 법률유보원칙 위반 여부

1) 본건 조례안의 내용

본건 조례안은 지원대상자는 전라북도에서 생산되는 우수농산물을 우선적으로 사용하도록 하고 있는바, 이는 의무부과의 내용에 해당한다고 보인다.

2) 구지방자치법 제15조 단서의 위헌 여부

본 건 조례안 내용이 주민의 의무부과에 관한 것이므로 지방자치법 제15조 단서에 따라 '법률의 위임'이 있어야 한다고 할 수 있다. 그런데 헌법 제117조 제1항은 지방자치단체는 '법령의 범위 안에서' 조례를 제정할 수 있도록 규정하여, 조례 제정시 '법률의 위임'은 요구하고 있지 않다. 따라서 지방자치법 제15조 단서가 법률의 위임을 요하는 것은 헌법이 조례제정시 법률우위만을 요구하면서 자치입법권을 보장하고 있는 취지에 반하여 위헌이 아닌가 문제된다.

㈎ 위 헌 설

이 견해는 지방자치단체는 고유사무에 관한 한 법률우위의 원칙을 어기지 않는 한도 내에서 법률적 위임이 없다 하더라도 조례를 제정할 수 있다고 보아야 하고, 따라서 구지방자치법 제15조 단서는 위헌이라는 것이다. 그 논거로는 헌법상 지방자치단체는 포괄적 자치권과 고유한 입법권을 갖는 민주적 정당성이 있는 행정주체라는 점, 조례는 행정입법과는 달리 국회의 입법권에 대응하는 자주법의 성질을 갖는다는 점 등을 들고 있다.

㈏ 합 헌 설

이 견해는 고유사무라 하더라도 주민의 권리제한, 의무부과, 벌칙과 같은 중요한 사항을 조례로 규율할 때에는 법령의 범위 안에서 법률의 위임을 받아야 하고, 따라서 구지방자치법 제15조 단서는 합헌이라는 것이다. 그 논거로는 지방자치단체의 입법권도 국가가 갖는 전체 입법권에 기초한 것이라는 점, 헌법 제117조는 기본권 제한에 관한 원칙을 규정한 헌법 제37조 제2항에 의해 제한되어야 한다는 점을 들 수 있다.

(다) 판 례

대법원은 구지방자치법 제15조는 원칙적으로 헌법 제117조 제1항의 규정과 같이 지방자치단체의 자치입법권을 보장하면서, 그 단서에서 국민의 권리제한, 의무부과에 관한 사항을 규정하는 조례의 중대성에 비추어 입법정책적 고려에서 법률의 위임을 요구한다고 규정하고 있는 바, 이는 기본권 제한에 대하여 법률유보원칙을 선언한 헌법 제37조 제2항의 취지에 부합하므로 조례제정에 있어서 위와 같은 경우에 법률의 위임근거를 요구하는 것이 위헌성이 있다고 할 수 없다(대법원 1995. 5. 12. 94추28 판결)고 하여 합헌설을 취하고 있다.

3) 본 사안의 경우

본 사안에서 우수농산물을 학교급식에 우선적으로 사용하게 하는 것은 당해 조례가 규율하는 학교급식을 실시하는 학교에 대한 의무부과의 성질을 가지는 것이므로 구지방자치법 제15조 단서가 요구하는 법령의 위임을 필요로 하는 것으로 보아야 할 것이다. 그런데 현행 학교급식법 및 그에 따른 시행령, 시행규칙에는 학교급식에서 사용되는 식재료에 대한 기준을 조례에 위임하는 규정이 없다. 따라서 당해 조례는 상위법령의 위임이 없는 조례에 해당하므로 구지방자치법 제15조 단서에 위배되는 것으로 해석된다.

(4) 조례안의 일부가 위법할 경우 조례안 전체의 무효 여부

1) 판례의 태도

판례는 의결의 일부에 대한 효력 배제는 결과적으로 전체적인 의결의 내용을 변경하는 것이 되어 지방의회의 고유권한을 침해하며, 전체적인 의결 내용을 지방의회의 당초의 의도와는 다른 내용으로 변질시킬 우려가 있다는 점을 근거로 일부무효를 부정한다(대법원 2001. 11. 27. 선고 2001추57 판결).

2) 비판적 견해

일부무효를 인정하는 것이 새로운 조례제정을 위한 지방의회절차의 무용한 반복을 피할 수 있다는 점, 법원에 의한 일부만의 효력배제가 조례의 전체적인 의미를 변질시켰다고 당해 지방의회가 판단하는 경우 조례의 개정을 통해 지방의회 의사를 바로잡을 수 있다는 점을 근거로 판례의 태도는 타당하지 않다고 보는 견해가 있다(홍정선, 149면).

3) 검 토

재의요구가 있을 때에는 이의사항이 의결의 일부에 관한 것이라도 의결 전체의 실효를 가져와 의결의 일부에 대한 재의요구나 수정재의의 요구가 허용되지 않는다는 점을 고려할 때 조례의 일부만이 무효라 할지라도 재의결 전부의 효력을 부인하여야 할 것이므로 조례 전체가 위법하며 무효라고 판단된다.

4. 판결의 의미와 전망

본 대상 판결은 대법원이 조약을 근거로 국내법령을 무효화한 최초의 사례이며, 세계적으로 전례를 찾아보기 힘든 판결로서 앞으로 외국 업체들이 WTO협정의 관점에서 문제가 있다고 고려되는 대통령령을 비롯한 하위 법령 및 정부의 조치를 무효화하는데 있어서 한국 법원을 적극적으로 활용할 가능성이 있는 것으로 보인다.

헌법 제107조 제2항의 구체적 규범통제를 규정하고 있음에도 불구하고 추상적 규범통제의 성격을 갖는 지방자치법 제107조 제3항 상의 조례소송인 이 사건은 국내법과 국제법의 관계문제, 특히 WTO협정의 자기집행성 또는 직접적용성 문제와 관련하여 학계뿐만 아니라 사법부에도 중대한 이슈를 제기하고 있다. 대상판결이 있기 이전에도 대법원은 몇몇 사건에서 조약의 자기집행성 또는 직접적용성에 관한 판단을 내린 적기 있지만, 특히 WTO협정에 있어서 가장 중요한 조항의 하나인 '내국민대우'원칙에 관한 GATT 제3조의 자기집행성 또는 직접적용성에 관한 판단은 대상판결에서 최초로 이루어졌다는 점에서 큰 의미를 갖는다. 헌법 제6조 1항에 따라 WTO협정의 국내적 이행 의무를 지고 있는 정부(지방자치단체장 등)가 WTO협정의 성실한 준수를 위한 노력의 일환으로서 지방의회의 의결이 WTO협정에 위반된다고 판단한 경우에는 지방자치법에 규정된 조례소송제도를 통하여 적법하게 대법원에 소를 제기할 수 있고, 이 때 대법원은 대상판결에서 '추상적 규범통제'의 성격을 가진 조례소송에 있어서만 예외적으로 GATT 제3조의 자기집행성을 인정한 것으로 대상판결을 이해하는 것이 바람직하다.

〈참고문헌〉

권영성, 헌법학원론, 법문사, 2004.

김대순, 국제법론, 제10판, 삼영사, 2005.

김태호, 「경제행정의 세계화 — 행정의 통제규범으로서 WTO협정」『서울대학교 법학』 제46권 제4호, 2005.

성재호, 「조약의 자기집행성」, 『국제법평론』 통권 제8호, 1997.

이한기, 국제법강의, 박영사, 1997.

주진열, 「GATT위반을 이유로 한 지방자치단체 조례 무효판결에 대한 비판적 고찰」, 한국국제법학자대회 발표문(2005. 10. 29).

허 영, 한국헌법론, 박영사, 2001.

홍정선, 행정법원론(下), 박영사, 2008.

4. 행정법의 일반원칙으로서 비례의 원칙

—대법원 1985. 11. 12. 선고 85누303 판결—

정 하 중*

Ⅰ. 판결개요

1. 사실관계

원고는 피고(부산직할시장)로부터 1981. 1. 26. 개인택시운송사업면허를 받아 운송사업을 하여 오던 중 그 채무를 정리하기 위하여 1983. 3. 30. 소외인 A에게 위 사업면허 및 택시를 대금 13,500,000원에 양도하고 피고의 사업양도·양수인가를 받음이 없이 서울로 이사가 버렸는데, 그 후 위 소외인은 자신에게 개인택시운송사업의 결격사유가 있어 그 인가를 받을 수 없음을 알게 되자 1983. 7. 20. 소외인 B에게 위 사업면허 및 택시를 대금 8,300,000원에 양도하여 계약금 3,000,000원을 받고 인도하였으나, 위 소외인 B는 이건 사업을 담보로 한 채무가 있는데다가 그 액수가 과다하다는 이유로 양도계약을 해제하고 계약금을 반환받기로 하고서는 그때까지 위 택시를 그냥 세워둘 수 없다고 하면서 그 무렵부터 같은 해 12. 19.까지 소외인 C를 시켜 대리운전하게 하였다. 원고는 뒤늦게 사건의 수습에 나서서 1984. 1. 21. 사업을 되찾아 정상 운영을 하였다.

피고는 원고가 위 택시를 구 자동차운수사업법 제33조의4, 동법 시행규칙 제15조 제2항이 정한 사유없이 대리운전의 자격요건을 갖추지 못한 사람에게 몰래 대리운전을 시킴으로서 위 법규정을 위반하였음은 물론 위 운송사업면허조건을 위반하였을 뿐 아니라 피고의 인가를 받지 않고 이건 사업을 양도함으로서 동법 제28조 제1항 규정을 위반하였다는 이유로 사업면허취소처분을 하였다.

2. 소송경과

원고는 이 사건 처분이 너무 가혹하여 재량권을 일탈한 위법한 처분이라고 주장하

* 서강대학교 법학전문대학원 명예교수.

면서 원심인 대구고등법원에 취소소송을 제기하였으나 기각판결을(대구고등법원 1985. 3. 13. 선고 84구208 판결) 받았고, 다시 대법원에 상고하였다. 대법원은 이 사건 면허취소처분은 비례의 원칙에 반한 것으로 재량권의 한계를 일탈한 위법한 처분이라는 이유로 원심판결을 파기 환송하였다.

3. 판결요지

(1) 원심판결의 요지

(가) 원고는 신병으로 위 개인택시를 운전할 수 없게 되어 사업을 양도하게 되었고 그 때 소외인 A가 개인택시운송사업자격이 있다고 하기에 그런 줄 믿고 양도하였으며 더욱이 이건 사업 양도 · 양수인가에 필요한 원고 몫의 서류는 다 갖추어주었으므로 이건 사업양도 · 양수에 따른 인가를 받지 않았다는데 대한 책임을 질 수 없다고 주장하고 있으나, 이를 가지고는 원고가 양도인으로서 양수인에게 할 의무를 다 이행한 것으로 볼 수 있을지언정 피고와의 관계에서 이건 사업양도 · 양수에 따른 인가절차를 밟았거나 인가를 받았다고 할 수 없음은 명백하며, 위 소외인이 개인택시운송사업자격을 갖고 있는지를 전혀 확인하지 않고 양도대금을 수령하자 위 소외인이 알아서 사업양도 · 양수에 대한 인가절차를 밟을 것이라고 믿고 서울로 이사를 갔던 것이 장기간에 걸친 불법대리운전의 결과를 낳게 한 원인이 되었고 이에 원고의 상당한 과실을 부정할 수 없다.

(나) 원고가 뒤늦게 수습에 나서서 1984. 1. 1. 이 건 사업을 되찾아 정상회복하였고 그 운영으로 채무금 900만원을 변제하여 가는 일방 가족들의 생계를 겨우 유지하고 있는데 이건 취소처분으로 위 채무상환은 물론 가족들의 생계마저 어렵게 되었으며, 원고가 그간 모범운전사로 많은 표창을 받았던 점과 대리운전에 의한 사고가 없었던 점을 감안하면 이건 취소처분은 너무 가혹하여 재량권을 일탈한 위법이 있다고 주장한다. 그러나 자동차운수사업의 관한 질서를 확립하여 자동차운수사업의 종합적인 발달을 도모하고자 하는 공공이익을 위해 원고주장의 사정에도 불구하고 취소처분은 유지되어야 마땅하고 너무 가혹하여 재량권한계를 일탈한 위법도 없다 할 것이므로 원고의 청구를 기각한다.

(2) 대법원판결의 요지

행정청이 면허취소의 재량권을 갖는 경우에도 그 재량권은 면허취소처분의 공익목적 뿐만 아니라 공익침해의 정도와 그 취소처분으로 인하여 개인이 입게 될 불이익을 비교교량하고 그 취소처분의 공정성을 고려하는 등 비례의 원칙과 평등의 원칙에 어긋나지 않게 행사되어야 할 한계를 지니고 있고 이 한계를 벗어난 처분은 위법하다고 볼 수밖에 없다.

이 사건에서 면허취소사유가 된 원고의 위반행위의 위법성 내지 공익침해의 정도를 살펴보건대, 첫째로 원고는 처음부터 구 자동차운수사업법 제28조 제1항 소정의 인가를 받을 의사가 없이 이 사건 택시운송사업면허를 소외인 A에게 양도한 것이 아니라 사업양도 · 양수인가에 필요한 제반서류를 구비해 주었으나 위 소외인 자신이 면허자격요건을 갖추지 못하여 인가를 받지 못하였음이 명백하므로, 원고가 사업양도 · 양수의 인가가 나온 여부를 확인함이 없이 방치한 잘못은 있다고 하여도 처음부터 인가받을 의사 없이 사업을 양도한 경우에 비하여 그 위법성의 정도가 크다고 보기 어렵고, 둘째로 대리운전도 원고가 사업양도 · 양수인가 절차가 적법히 마쳐졌는지 여부를 확인함이 없이 방치한 탓으로 초래된 결과이기는 하나, 이는 소외인 B가 시킨 것으로서 원고는 이 사실을 모르고 있었음이 명백하며, 그 후 대리운전내용을 알고 사업면허 및 택시를 회수하여 수습을 한 사실에 비추어 보면 스스로 대리운전을 시키거나 대리운전사실을 알면서 방치한 경우보다 그 위법성의 정도가 가볍다고 할 것이다. 이와 같은 원고의 위반행위의 위법성 내지 공익침해의 정도와 위 사업면허와 택시를 다시 회수하여 정상운영을 하면서 900만원의 채무를 변제하고 가족의 생계를 유지하고 있는 원고가 위 사업면허를 박탈당함으로써 입게 될 불이익을 비교하여 볼 때 위 사업면허를 궁극적으로 박탈하는 면허취소처분은 형평을 결여한 것으로서 비례의 원칙에 어긋난 처분이라고 하지 않을 수 없다.

Ⅱ. 평 석

1. 쟁점정리 및 관련판례

대상판결에서는 행정청의 인가를 받지 않고 자동차운송사업면허를 양도한 사업자에게 발하여진 면허취소처분이 비례의 원칙에 반하여 재량권의 한계를 넘는 위법한 처분인지가 문제되고 있다. 대법원은 행정청이 면허취소의 재량권을 갖는 경우에도 그 재량권은 면허취소처분의 공익목적 뿐만 아니라 공익침해의 정도와 그 취소처분으로 인하여 개인이 입게 될 불이익을 비교교량하고 그 취소처분의 공정성을 고려하는 등 비례의 원칙과 평등의 원칙에 어긋나지 않게끔 행사되어야 할 한계를 지니고 있고 이 한계를 벗어난 처분은 위법하다고 볼 수밖에 없다고 판시하고, 원고가 사업양도 · 양수의 인가에 필요한 서류를 소외인 A에게 구비하여 주었다는 점, 대리운전을 직접 시키지 않았던 점, 사후에 사업면허와 택시를 다시 회수하여 정상영업을 하였던 점 등 위법성의 정도가 상대적으로 가볍다는 점과 사업면허를 박탈당함으로서 원고의 생계의 위험이 크다는 점을 형량하여 자동차운송사업의 질서를 확립하여 자동차운수의 종합적인 발달을 도모하고자 하는 공익달성을 위한 자동차운수사업면허취소는 형평을 결여한 것으로 비례의 원칙에 반한 것으로 판시하였다.

이러한 대상판결의 공익과 개인의 법익침해간의 형량의 원칙은 이후의 판결에서 반복되고 있는바, 대법원 1991. 10. 11, 선고 91누1097 판결에서는 담배갑에 흡연경고문구가 표시되지 아니한 외국산 담배를 양수하여 그대로 판매함으로써 담배사업법 관련조항을 위반한 행위에 대하여 시정명령이나 경고를 함이 없이 곧바로 담배소매인지정취소처분을 하였다 하여 그것이 재량권을 남용하여 위법하다고 할 수 없다고 판시하였고, 대법원 1992. 6. 23. 선고 92누2851 판결에서는 관광호텔의 종업원이 투숙객에게 윤락행위를 알선한 데 대하여 한 2개월 간의 영업정지처분이 그 처분에 의하여 달성하려는 선량한 풍속의 유지 등 공익목적보다는 오히려 이용객들에게 심한 불편을 초래하여 관광진흥에 역행하고 위반행위의 정도에 비하여 지나치게 가혹하여 재량권의 범위를 일탈 또는 남용한 것이라고 판시하였으며, 대법원 2000. 4. 7. 선고 98두11779 판결에서는 방사선사가 의사의 지시에 따라 엠알아이(MRI) 검사에 필요한 조영제(造影劑)를 환자에게 주사한 후 환자가 사망한 경우, 의사 및 방사선사에 대한 각 3개월간의 면허자격정지처분이 재량권을 일탈 · 남용한 것이라고 본 원심을 파기하였다.

다음에서는 행정법의 일반원칙인 비례의 원칙에 대하여 보다 상세하게 살펴보고 판례의 공익과 사익의 비교형량의 기준을 보다 구체적으로 검토하기로 한다.

2. 비례의 원칙의 내용

독일에서 과거 경찰권발동의 한계로서 판례에 의하여 형성된 비례의 원칙은 오늘날 모든 국가작용에 적용되는 원칙으로서 헌법상의 법치국가원리에서 도출되고 있다. 개인은 자의적이고 무제한한 국가권력의 대상이 되어서는 안 된다는 법치국가적의 근본적인 요청에 따라 비례의 원칙은 국가작용의 목적은 정당하여야 하며, 그 행사는 추구하는 목적과 관련하여 그 범위와 정도에 있어서 적절하여야 한다는 규범적 내용을 갖고 있다(Herzog, in: Maunz/Dürig/Herzog/Scholz, Art. 20, Rdn, 71). 우리의 경우에도 비례의 원칙은 학설과 판례에 의하여 일반적으로 인정되고 있으며, 그 실정법적 근거로는 기본권제한의 한계를 규정한 헌법 제37조 제2항, 행정지도의 한계를 규정한 행정절차법 제48조 제1항, 경찰권발동의 한계를 규정한 경찰관직무집행법 제1조 제2항, 행정조사의 한계를 규정한 행정조사기본법 제4조 제1항 등을 들 수 있다.

이러한 비례의 원칙은 행정작용에 있어서는 특히 재량권행사의 한계, 부관의 한계, 경찰권발동의 한계, 급부행정의 한계 등에서 중요한 의미를 갖고 있다. 행정목적과 이를 실현하는 수단사이에는 합리적인 비례관계가 있어야 함을 요구하는 비례의 원칙은 적합성의 원칙, 필요성의 원칙, 상당성의 원칙의 세 가지 요소로 구성되고 있다(정하중, 44면).

(1) 적합성의 원칙

적합성의 원칙이란 특정한 행정목적을 실현하기 위하여 사용되는 수단은 행정목적을 달성하기에 적합하여야 함을 의미한다. 여기서 사용된 수단을 통하여 행정목적이 완전하게 달성될 것을 요구하는 것은 아니며, 최소한도 촉진하거나 개선시킬 수 있으면 충분하다. 어떠한 특정한 행정조치의 적합성 여부가 불확실한 경우에는 이미 알려져 있는 수단 또는 이론에 근거하여 그 적합성여부를 심사할 필요가 있으며, 이러한 심사가 행하여졌다면 이 요건은 충족된 것으로 볼 수 있다.

(2) 필요성의 원칙

최소침해의 원칙이라고 불리는 필요성의 원칙은 설정된 행정목적을 실현하기 위하여 사용되는 수단은 필요한 한도 이상으로 행사되어서는 안 된다는 것을 의미한다. 즉 동일한 목적을 실현시킬 수 있는 적합한 수단이 여러 가지가 있는 경우에는 행정의 상대방에게 가장 적은 침해를 주는 수단을 선택하여야 한다.

(3) 상당성의 원칙

좁은 의미의 비례의 원칙이라고도 불리는 상당성의 원칙은 최소로 침해하는 수단을 선택하는 경우에도 행정목적에 의하여 추구되는 공익이 행정의 상대방이 받는 손해보다 커야 함을 의미한다. 구체적인 경우에 행정조치를 취하지 않을 경우에 침해될 공익과 취할 경우에 침해되는 상대방의 이익을 비교형량하여야 한다.

3. 대상판결에서 비례의 원칙의 적용

구 자동차운수사업법 제28조 제1항은 개인택시운송사업면허를 하는 경우에는 관할 행정청에 인가를 받도록 하고 있으며, 아울러 동법 제33조의4, 동법 시행규칙 제15조 제2항은 대리운전의 자격을 갖추지 못한 사람에게 대리운전을 시키는 것을 금지시키고 있으며, 동법 제31조 제1항에서는 이들 규정을 위반한 경우에는 면허취소 및 정지사유로 규정하고 있다. 이들 규정들은 원심판결 및 대상판결에서 설시된 바와 같이 자동차운송사업의 질서를 확립하여 자동차운수의 종합적인 발달이라는 공익을 달성하기 위한 규정이라고 할 것이다. 사실관계에서 원고는 비록 소외인 A에게 사업양도 · 양수의 인가에 필요한 제반서류를 구비하여 주었으나 인가가 나왔는지 여부를 확인함이 없이 방치하였으며 이로 인하여 결과적으로 자격 없는 자의 대리운전을 초래하였는바, 구 자동차운수사업법 제28조 제1항, 동법 제33조의4, 동법 시행규칙 제15조 제2항을 위반하였음을 인정할 수 있다. 이에 대한 제재조치로서 영업정지처분과 영업취소처분이 고려될 수 있는 바, 이러한 두 가지 제재수단들은 위 공익목적의 달성을 위하여 적합한 수단들에 해당될 것이다.

다른 한편 피고는 영업정지처분 대신 영업취소처분을 하였는바, 이것이 필요성의 원칙에 위배되는지 여부가 문제된다. 대상판결에서 설시된 바와 같이, 원고가 처음부터 인가를 받을 의사가 없이 사업을 양도한 것은 아니며, 직접 대리운전을 시키지도 않았으며, 그 후 대리운전내용을 알고 사업면허 및 택시를 회수하여 정상영업을 한 점 등 그 위법성의 정도가 상대적으로 가벼운 점에 비추어 사업면허를 궁극적으로 박탈하는 면허취소처분은 필요성의 원칙에 반한다고 할 것이다.

마지막으로 면허취소처분이 상당성의 원칙에 합치되는지 문제가 되고 있다. 면허취소처분을 통하여 달성하려는 자동차운수사업의 질서확립이라는 공익과 이를 통하여 야기되는 원고의 손해를 비교하면, 원고가 행한 위법행위의 정도에 비하여 본인과 생계상의 위협이라는 불이익이 더 크다고 인정할 수 있을 것이다. 이에 따라 면허취소처분은 필요성의 원칙뿐만 아니라 상당성의 원칙에도 반한다고 할 것이다. 결론적으로 위 처분은 비례의 원칙에 반하여 재량권행사의 남용에 해당하여 위법한 처분이라고 할 것이다.

대법원은 "행정청이 면허취소의 재량권을 갖는 경우에도 그 재량권은 면허취소처분의 공익목적 뿐만 아니라 공익침해의 정도와 그 취소처분으로 인하여 개인이 입게 될 불이익을 비교교량하고 그 취소처분의 공정성을 고려하는 등 비례의 원칙과 평등의 원칙에 어긋나지 않게끔 행사되어야 할 한계를 지니고 있고 이 한계를 벗어난 처분은 위법하다고 볼 수밖에 없다"라고 판시하여 주로 상당성의 원칙의 관점에서 비례의 원칙을 검토하고 있는바, 비례의 원칙의 합치여부가 적합성의 원칙, 필요성의 원칙, 상당성의 원칙의 3단계의 순차적 검토로 이루어진다는 점을 고려할 때 적합성의 원칙과 필요성의 원칙에 관하여 간단한 언급을 하는 것이 보다 바람직하였을 것이다.

〈참고문헌〉

정하중, 행정법개론 제3판, 법문사, 2009.
Herzog, in Maunz/Dürig/Herzog/Scholz, GG. 1997.

5. 비과세의 관행과 신뢰보호

—대법원 1980. 6. 10. 선고 80누6 판결—

홍 준 형*

Ⅰ. 판례개요

1. 사실관계

피고 X행정청은 보세품운송업자인 원고 회사(A)에 대하여 보세운송 면허세의 부과 근거였던 지방세법 시행령이 1973. 10. 1.에 제정되었다가 1977. 9. 20.에 폐지될 때까지 4년 동안 그 면허세를 부과할 수 있는 정을 알면서도 수출확대라는 공익상 필요에서 한 건도 이를 부과하지 않았다. 그러던 중 위 근거법규인 지방세법 시행령이 폐지된지 1년 3개월 후인 1978. 12. 16.에 이르러 X는 원고(A)에게 이미 지나간 4년 동안에 보세운송한 도합 4,749건에 대한 면허세 돈 48,168,800원을 일시에 부과하는 처분을 하였다. 원고 회사(A)는 X가 한 면허세부과처분의 취소를 구하는 소송을 제기하였다.

2. 소송경과

원심은 원고 A의 청구를 기각하였으나 이 사건 상고심에서 대법원은 원심의 판단은 결국 국세기본법 제18조 제2항에 이른바 국세행정의 관행에 대한 해석을 잘못하였거나 아니면 그 관행의 존부에 대한 심리를 다하지 아니한 것이라며, 원심판결을 파기환송하였다.[1]

3. 판결요지

[원심판결의 요지]

1. 물품에 대한 소유자가 아니라고 운송영업인으로서 보세운송의 면허를 받은 것이

---

* 서울대학교 행정대학원 교수.

1) 대법원 1980. 6. 10. 선고 80누6 판결, 공637.12918((7가) 집28(2특). 38).

라면 면허세의 납부의무자가 된다.

2. 지방세법 제161조 1항 단서에 면허의 유효기간이 1년 미만의 경우 년간 1회에 한하여 면허세를 부과한다고 한 규정은 면허처분의 건수를 표준으로 건당 그렇게 한다는 취지이다.

3. 비록 피고가 같은 기간 동안에 그러한 건수의 보세운송 면허처분을 받았다면 비록 근거법규인 지방세법 시행령이 폐지되었다 하더라도 과세요건 성립 당시를 표준으로 하여 그 전부에 대한 세금을 부과할 수 있고 이는 국세기본법 제18조 제2항에 이른바 국세행정의 관행이 일반적으로 납세자에게 받아들여진 경우에는 해당하지 않는다.

[대법원 판결의 요지]

1. 및 2.

- 원심판결 유지 -

3. 국세기본법 제18조 2항의 규정은 징세권력에 대항하는 납세자의 권리를 보장하고 과세관청의 언동을 믿은 일반납세자의 신뢰이익을 보호하려는데 그 목적이 있다 할 것이므로 4년 동안 면허세를 부과할 수 있는 정을 알면서도 피고가 수출확대라는 공익상 필요에서 한 건도 이를 부과한 일이 없었다면 납세자도 그것을 믿을 수밖에 없고 그로써 비과세의 관행이 이루어졌다고 보아도 무방하다.

Ⅱ. 평 석

1. 쟁점정리

이 사건 판결의 쟁점은 첫째, 위탁에 의하여 대리운송을 하는 보세운송영업인에 대한 면허세 부과처분의 적법여부, 둘째, 이 사건 사안과 관련하여 구 국세기본법 제18조 제2항 소정의 일반적으로 납세자에게 받아들여진 국세행정의 관행이 이루어졌다고 볼 수 있는지 여부이다. 이 중 첫 번째 쟁점에 관해 대법원은 '원고가 외국물품에 대한 소유자가 아니라고 하더라도 그 운송영업인으로서 보세운송의 면허를 받은 것이라면 면허세의 납부의무자가 되는 것이고 물품소유자와 사이에 위탁에 의한 대리운송의 관계가 있다고 하더라도 이는 내부관계에 불과하여 그러한 사유로는 과세권자에게 대항할 수 없다.'고 판시하고 있는데, 이에 대해서는 특별히 덧붙여 논의할 여지가 없다고 판단된다. 결국 이 사건 판결의 핵심적 쟁점은 후자, 즉 구 국세기본법 제18조 제2항 소정의 '비과세관행'의 성립 여부에 모아진다.

구 국세기본법 제18조 제2항은 "세법의 해석 또는 국세행정의 관행이 일반적으로 납세자에게 받아들여진 후에는 그 해석 또는 관행에 의한 행위 또는 계산은 정당한 것으로 보며, 새로운 해석 또는 관행에 의하여 소급하여 과세되지 아니한다."고 규정하고 있었다.[2] 이와 관련하여 제18조 제2항 소정의 국세행정의 관행이 일반적으로 납세자에게 받아들여진 경우란 무엇을 의미하는지, 그리고 조세법률관계에 있어서 비과세의 관행이 이루어졌다고 보기 위한 요건은 무엇인지가 문제된다.

2. 관련판례

이 사건 판결에 이어 대법원 1981. 3. 10. 선고 81누16 판결, 대법원 1982. 7. 13. 선고 82누20 판결, 대법원 1982. 10. 26. 선고 81누63 판결, 대법원 1982. 11. 23. 선고 81누21 판결, 대법원 1983. 9. 27. 선고 82누130 판결 등 다수의 판례들이 나왔다. 이들 판례는 과세관청이 과세할 수 있다는 정을 알고 있으면서 또는 알았다고 볼 만한 상황에 있으면서 공익상의 필요 또는 세법의 해석상 상당한 기간(3년 내지 6년) 동안 한 건도 이를 부과한 일이 없었다면 납세자인 원고도 이를 믿을 수밖에 없고 이로써 비과세관행이 이루어진 것이므로 소급과세는 위법한 처분이라는 취지로 판시하고 있다. 한편, 비과세관행의 성립 또는 신뢰보호의 성립을 위한 요건에 관해서도 대법원은, '행정상의 관행을 존중하려는 것은 일정기간 계속된 사실관계를 믿은 납세자의 신뢰를 보호하는데 주안점이 있는 것이므로 상급관청의 유권해석이나 지침시달에 따라 전국세관에서 통일적으로 운용된 사항만이 관세행정상의 관례가 될 수 있다고 할 수 없다'고 판시했고,[3] '비과세관행이 성립하기 위하여는 과세관청이 납세자에 대하여 과세를 하지 아니한다는 명시적인 언동이 요구되지 않으며',[4] '묵시적인 언동 다시 말하면 비과세의 사실상태가 장기간에 걸쳐 계속되는 경우에 그것이 그 사항에 대하여 과세의 대상으로 삼지 아니하는 뜻의 과세관청의 묵시적인 의향표시로 볼 수 있는 경우 등에도 이를 인정할 수 있다'는 판례[5]가 나왔다. 특히 대법원 1984. 12. 26. 선고 81누266 판결은 '신의칙 내지 금반언의 원칙은 합법성의 원칙을 희생하여서라도 납세자의 신뢰를 보호함이 정의에 부합하는 것으로 인정되는 특별한 사정이 있을 경우에 한하여 적용된다'고 전제한 뒤, 그 적용요건으로 (1) 과세관청이 납세자에게 신뢰의 대상이 되는 공적인 견해표명을 하였을 것, (2) 과세관청의 견해표명이 정당하다고 신뢰한 데 대하여 납세자에게 귀책사유가 없을 것, (3) 납세자가 그 견해표명을 신뢰하고, 그에 따라 행위를 하였을 것, (4) 과세관청이 위 견해에 반하는 처

---

2) 이 조항은 1984. 8. 7. 국세기본법 일부개정[법률 제3746호 시행 1985. 1. 1.] 으로 소급과세금지에 관한 제2항이 신설됨에 따라 제3항이 되었으나, 규정내용은 그대로 유지되고 있다.

3) 대법원 1983. 4. 12. 선고 80누203 판결【관세추징부과처분취소】[집31(2) 특, 28; 공1983. 6. 1.(705), 819]).

4) 대법원 1984. 6. 12. 선고 84누53 판결【면허세부과처분취소】[공1984. 8. 15.(734),1302].

5) 대법원 1984. 12. 26. 선고 81누266 판결【법인세부과처분취소】[공1985. 3. 1.(747), 251].

분을 함으로써 납세자의 이익이 침해되는 결과가 초래되었을 것 등을 제시한 바 있었고,[6] 이후 대법원 1985. 4. 23. 선고 84누593 판결에서는 신뢰보호의 성립요건에 관한 그 동안의 판례를 '집대성'[7]하여 다음과 같이 판시하였다.

"구 국세기본법(1984. 8. 7. 법률 제3746호로 개정되기 전의 것) 제18조 제2항 소정의 세법의 해석 또는 국세행정의 관행이 일반적으로 납세자에게 받아들여진 것이라고 함은 특정납세자가 아닌 불특정한 일반납세자에게 그와 같은 해석 또는 관행이 이의없이 받아들여지고 납세자가 그 해석 또는 관행을 신뢰하는 것이 무리가 아니라고 인정될 정도에 이른 것을 말한다.

나. 일반적으로 조세법률관계에 있어서 과세관청의 행위에 대하여 신의성실의 원칙이 적용되기 위한 요건으로서는 첫째로, 과세관청이 납세자에게 신뢰의 대상이 되는 공적인 견해 표명을 하여야 하고 둘째로, 과세관청의 견해 표명이 정당하다고 신뢰한데 대하여 납세자에게 귀책사유가 없어야 하며 셋째로, 납세자가 그 견해표명을 신뢰하고 이에 따라 무엇인가 행위를 하여야 하고 넷째로, 과세관청이 위 견해표명에 반하는 처분을 함으로써 납세자의 이익이 침해되는 결과가 초래되어야 한다."[8]

3. 판례의 검토

이 사건 판결에서 대법원의 다수의견은 (보세운송)면허세를 부과할 수 있는 정을 알면서도 피고가 수출확대라는 공익상 필요에서 한 건도 이를 부과한 일이 없었다면 원고는 그것을 믿을 수밖에 없고 그로써 비과세의 관행이 이루어졌다고 보아야 한다며 근거법규가 폐지된 후 1년 3개월이나 지난 뒤에 이미 지나간 4년 동안의 면허세를 일시에 부과처분한다는 것은 세법상의 신의성실이나 납세자가 받아들인 국세행정의 관행을 무시한 위법한 처분이라고 판단한 데 반하여, 소수의견은 '조세권자는 강행규정인 조세법규가 정한대로 집행해야 한다는 것이 합법성의 원칙이며, 이러한 합법성의 원칙은 납세자의 신뢰보호라는 법적 안정성의 원칙에 우월하는 것'이라고 하면서 다수의견에 반대하였다.

[다수의견]

대법원의 다수의견에 따르면, 지방세법 제65조에 의하면 지방세의 부과와 징수에 있어서도 국세기본법을 준용하게끔 되어 있고 같은 국세기본법 제18조 제2항에 의하면 국세행정의 관행이 일반적으로 납세자에게 받아들여진 후에는 그것에 위반하여 과세를 할 수 없게끔 되어 있는데, 이 기본법 제18조 제2항의 규정은 같은 법 제15조에 규정된 신

6) 대법원 1992. 4. 28. 선고 91누9848 판결【증여세등부과처분취소】[공1992. 6. 15.(922), 1757].

7) 김도창, "신뢰보호에 관한 행정판례의 최근동향," 『행정판례연구』 Ⅲ(서울대학교출판부), 96. 4, 46-49.

8) 대법원 1985. 4. 23. 선고 84누593 판결【법인세부과처분취소】[집33(1)특, 375; 공1985. 6. 15.(754), 800].

의성실의 원칙과 제19조에 규정된 세무공무원의 재량의 한계 등에 관한 것과 함께 이른바 징세권력에 대항하는 납세자의 권리를 보장하고 과세관청의 언동을 믿은 일반납세자의 신뢰 이익을 보호하려는데 그 목적이 있다고 전제한 뒤, 이 사건에서 문제된 보세운송 면허세의 부과근거이던 지방세법 시행령이 1973. 10. 1.에 제정되었다가 1977. 9. 20.에 폐지될 때까지 4년 동안에 그 면허세를 부과할 수 있는 정을 알면서도 피고가 수출확대라는 공익상 필요에서 한 건도 이를 부과한 일이 없었다면 (지방세법 제7조에 의하면 지방자치단체는 공익상 기타의 사유로 과세를 하지 않을 수 있게끔 되어 있다) 납세자인 원고로서도 그것을 믿을 수밖에 없고 그로써 비과세의 관행이 이루어졌다고 보아도 무방하며, 근거법규 자체가 폐지된 지 1년 3개월이나 지난 1978. 12. 16.에 이르러서 이미 지나간 4년 동안에 보세운송한 도합 4,749건에 대한 면허세 돈 48,168,800원을 일시에 부과처분한다는 것은 앞서 나온 세법상의 신의성실이나 납세자가 받아들인 국세행정의 관행을 무시한 위법한 처분이라 할 것이고 이로 인하여 납세자인 원고로서는 그 금액을 물품소유자로부터 변상 받을 수 없는 현재의 사정으로 보아 전혀 예측하지 못한 큰 손해를 입은 것이라고 판시하였다.

대법원은 원심이 이 점과 관련하여 피고가 같은 기간 동안에 그러한 건수의 보세운송 면허처분을 받았다면 비록 근거법규인 지방세법 시행령이 폐지되었다 하더라도 과세요건 성립 당시를 표준으로 하여 그 전부에 대한 세금을 부과할 수 있고 이는 국세기본법 제18조 제2항에 이른바 국세행정의 관행이 일반적으로 납세자에게 받아들여진 경우에는 해당하지 않는다고만 설시하였을 뿐, 위 보세운송면허세의 부과근거 법규 시행기간 동안에 피고가 정을 알고도 공익상 필요에서 이를 부과처분하지 않아서 원고가 그것을 믿어왔던 것인지의 여부에 관하여 별반 조사 심리하지 아니 하였다고 지적하면서, 이러한 원심의 판단은 결국 국세기본법 제18조 제2항에 이른바 국세행정의 관행에 대한 해석을 잘못하였거나 아니면 그 관행의 존부에 대한 심리를 다하지 아니한 것이므로, 원판결을 파기하고 사건을 다시 원심으로 하여금 심리판단케 하기 위하여 환송하기로 판결하였다.

[반대의견]

반면, 대법원판사 이영섭, 대법원판사 주재황, 대법원판사 한환진, 대법원판사 안병수, 대법원판사 이일규, 대법원판사 김용철의 반대의견은 '조세에 관한 법령은 강행규정이므로 과세요건이 충족이 되면 과세관청은 법이 정한 바에 따라 소정세액을 징수하여야 하고 조세의 감면에 관한 구체적인 명문규정이 없는 한 조세권자가 조세의 감면이나 징수의 유예를 할 수 없는 것이며 이렇게 함으로써 조세법의 집행과정에 개재될 수 있는 부정을 배제하고 조세부담의 공평을 기할 수 있는 것'이라고 전제하였다. 그런데, 이러한 의미의 '합법성의 원칙'을 형식적으로 관철하게 되면 과세관청이 일단 조세법규를 해석하고 과세요건 사실을 인정한 후에도 그것이 잘못되었음을 알게 된 때에는 과세관청은 언제든지 정당한 해석과 사실인정으로 바꿀 수 있게 된다는 결론이 되는데 이렇게 되면 과세관청이 한 조세법규에 대한 당초의 해석이나 그 해석을 전제로 시행해 온 국세행정을 신뢰한 납세자에게 불이익을 주게 되니 이러한 납세자를 보호하기 위하여 마련된 것의 하나가 국세기본법 제18조 제2항의 규정이며 그런 의미에서 이를 과세관청의 언동을 믿은 일반납세자의 신뢰이익을 보호하기 위한 조문이라고 본 다수의견을 수긍못 할 바는 아니라고 하였다. 그러면서도, 위의 합법성의 원칙은 납세자의 신뢰보호라는 법적안정성의 원칙에 우월하는 것이므로, 일정기간에 걸친 과세누락이나 이에 준할 불과세의 사실이 있었다는 것만으로는 국세기본법 제18조 제2항 소정의 일반적으로 납세자에게 받아들여진 국세행정의 관행이 있는 것으로 볼 수 없고 과세관청이 납세자에 대하여 불과세를 시사하는 무엇인가의 명시적인 언동이 있고 일정기간에 걸쳐 과세하지 아니함으로써 납세자가 그것을 신뢰하는 것이 무리가 아니라고 인정할만한 사정이 있는 경우라야만 위 법조에서 말하는 일반적으로 납세자에게 받아들여진 국세행정의 관행이 있는 것으로 보아야할 것이라고 지적하였다. 따라서, 다수의견이 설시하는 바와 같이 본건 과세의 근거조문이 제정된 1973. 10. 1.부터 그 조문이 폐지된 1977. 9. 20.까지의 4년동안에 면허세를 부과할 수 있는 정을 알면서 피고가 한 건도 면허세를 부과하지 않는 것이 사실이라고 하더라도 이 사건의 경우는 단순한 과세누락의 경우에 해당하는 것으로 볼 수밖에 없으니 이로써 국세기본법 제18조 제2항 소정의 비과세의 관행 즉 일반적으로 납세자에게 받아들여진 국세행정의 관행이 있는 것이라고 볼 수는 없다는 것이다.

[논 평]

생각건대, 신뢰보호의 원칙은 단순히 행정의 합법성원칙에 대한 침해만은 아니며, 형식적 합법성의 원칙을 희생하여서라도 납세자의 신뢰를 보호하는 것이 실질적 법치주의 내지 법치국가원칙에 부합된다는 견지에서 인정되는 것이므로 오히려 보다 고차적인 법목적에 봉사하는 것이라고 보아야 할 것이다. 대법원 역시 이후의 판례들을 통해 그와 같은 입장을 계속 견지해 오고 있다. 이와 같이 실질적 정의 내지 구체적 타당성을 기하기 위하여 형식적 합법성의 요청을 후퇴시켜야 하는 경우는 죄형법정주의에 따라 보다 엄격한 합법성의 요구가 관철되고 있는 형법에서도 가령 정당행위라든지 위법성조각사유 등과 같은 형태로 시인되고 있음을 볼 수 있다. 따라서 유독 행정법에서만 합법성의 형식논리에 사로잡혀 국민의 보호가치 있는 신뢰를 희생시켜야 한다는 주장은 타당성을 지닐 수 없을 것이다. 물론 신의칙이나 국세기본법 제18조 제3항 소정의 조세관행존중의 원칙은 이와 같이 합법성의 원칙을 희생하여서라도 납세자의 신뢰를 보호함이 정의에 부합하는 것으로 인정되는 특별한 사정이 있을 경우에 한하여 적용된다고 보아야 할 것이다.[9] 그런 뜻에서 행정의 법률적합성의 요청을 법적 안정성 및 그로부터 도출되는 신뢰보호의 요청보다 우선시키는 위 판결의 소수의견은 수긍하기 어렵다.

4. 판례의 의미와 전망

이 판결은 일찍부터 신뢰보호의 원칙에 관한 'leading case'로 주목을 받았다. 즉, 우리나라 행정판례상에 신뢰보호원칙을 확고한 지반 위에 올려놓은 유명한 판례를 남겼다는 평가를 받았고,[10] 행정법의 일반원칙 중 신뢰보호원칙과 관련하여 학설의 주목을 받은 판례의 출발점으로[11] 또는 우리나라 세법상의 신뢰보호원칙을 일반적으로 선언한 분수령적 판결로서 주목되었던 판결로 평가되고 있다.[12]

1990년대에 들어 대법원은 학설의 영향하에 신뢰보호의 요건 등 판례 형성을 더욱 진전시켰다.[13] 대법원은 1992. 5. 26. 선고 91누10091판결(건축허가신청반려처분취소)에서 신뢰보호의 원칙이 적용되기 위하여는 첫째, 행정청이 개인에 대하여 신뢰의 대상이 되는 공적인 견해표명을 하여야 하고, 둘째 행정청의 견해표명이 정당하다고 신뢰한 데 대하여 그 개인에게 귀책사유가 없어야 하고, 셋째 그 개인이 그 견해표명을 신뢰하고 이에 따라 어떠한 행위를 하였어야 하며, 넷째 행정청이 위 견해표명에 반하는 처분을 함으로써 그 견해표명을 신뢰한 개인의 이익이 침해되는 결과가 초래되어야 하며, 이러한 요건을 충족할 때에는 행정청의 처분은 신뢰보호의 원칙에 반하는 행위로서 위법하다고 판시하였다. 이러한 판례는 이후 일관되게 유지되었고,[14] 그와 같은 배경에서 행정법상 일반원칙으로서 신뢰보호의 원칙이 오늘날과 같이 개화하였고, 특히 1996년 12월 31일 제정된 행정절차법 제4조에 확고히 뿌리 내릴 수 있었던 것이다.[15]

---

9) 대법원 1992. 9. 8. 선고 91누13670 판결(강조 인용자). 同旨 대법원 1992. 9. 28. 선고 91누9848 판결; 1992. 3. 31. 선고 91누9824 판결; 1987. 8. 18. 선고 86누537 판결 등.

10) 김도창, "신뢰보호에 관한 행정판례의 최근동향", 『행정판례연구Ⅲ』(서울대학교출판부), 96. 4, 45-54, 46. 같은 글, 46-49에서는 대법원 1981. 3. 10. 선고 81누16판결 등 이 판결 이후 10여년에 걸쳐 계속된 판례동향을 분석하고 있다. 그 밖에 김도창, 판례평석, 법률신문 1980. 6. 23; 김도창, "신뢰보호에 관한 행정판례의 최근동향", 판례월보 186호(86.03) 48-53 등을 참조.

11) 정하중, "한국 행정판례의 성과와 과제", 『행정판례연구』11, 2006. 6.

12) 홍준형, 「행정법총론」, 2001, 한울아카데미, 90.

13) 정하중, 같은 곳.

14) 대법원 1992. 3. 31. 선고 91누9824 판결; 1992. 5. 26. 선고 91누10091 판결; 1993. 6. 11. 선고 92누14021 판결; 1993. 9. 10. 선고 93누5741 판결; 1995. 6. 16. 선고 95누3336 판결; 1996. 2. 23. 선고 95누378 판결; 1997. 9. 12. 선고 96누18380 판결; 1999. 5. 25. 선고 99두1052 판결 등.

15) 홍준형, 앞의 책, 519-520.

〈참고문헌〉

강인애, “조세법률관계에 있어서 신의성실의 원칙(상)”, 『대한변호사협회지』 137호, 대한변호사협회.

강인애, “조세법률관계에 있어서 신의성실의 원칙(하)”, 『대한변호사협회지』 139호, 대한변호사협회.

강의중, “행정법의 불문법원과 법의 일반원리”, 『법학논총』 (춘광이원석박사 정년기념논문집) 8집, 한양대학교 출판원.

강현호, “신뢰보호원칙에 대한 재고찰”, 『성균관법학』 17권3호(2005. 12), 성균관대학교비교법연구소.

금완석, “세법상의 신의성실의 원칙”, 『세무사』 19권 3호(2001. 11), 한국세무사회.

김남진, “신뢰보호요건의 충족과 권리보호, 법률신문 제2762호, 법률신문사.

김도창, “신뢰보호에 관한 행정판례의 최근동향”, 『판례월보』 186호, 판례월보사.

김도창, “새 행정쟁송제도 10년과 헌법재판제도 7년의 회고”, 『행정판례연구』 Ⅲ, 서울대학교출판부.

김도창, “행정법상의 신뢰보호원칙, 「현대민법학의제문제; 청헌김증한박사화갑기념」, 청헌김증한박사화갑기념논문집 편찬위원회.

김도창, “신뢰보호에 관한 행정판례의 최근동향”, 『행정판례연구』 Ⅲ, 서울대학교출판부.

김두형, “조세법에 있어서 신의성실의 원칙의 적용요건”, 『연세법학연구』 제3집, 연세대학교 법과대학 법학연구소.

김백영, “세법상 신의성실원칙에 관한 판례”, 『공법학연구』 제3권 제1호, 영남공법학회.

김성수, “특별부담금의 정당화문제”, 『헌법실무연구』 4권(2003. 12), 헌법실무연구회.

김연태, “조세법에 있어서 법치국가원리”, 『법학논집』 33집, 고려대학교 법학연구소.

김현채, “조세법에 있어서 신의성실의 원칙”, 『사법논집 』 제11집, 법원도서관.

류수현, “관세행정에서 신의성실원칙의 적용에 관한 연구”, 『조세연구』 1집, 세경사.

명재진, “신뢰보호와 헌법”, 『연세법학연구』 제10집 제1권(통권 제15호), 연세법학회.

박균성, “20세기 행정법 분야의 주요 판례의 소개와 해설”, 『인권과 정의』 284호, 대한변호사협회.

박정훈, “행정법의 법원”, 『행정법연구』 4호, 행정법이론실무연구회.

박찬주, “불문법의 법원성에 대한 새로운 이해(하)”, 『법조』 56권 10호 (통권613호) (2007. 10), 법조협회.

백태승, “실효의 원칙에 관한 판례의 태도「현대사회와 법의 발달: 균재 양승두교수 화갑기념논문집Ⅱ」, 균재 양승두교수 화갑기념논문집 간행위원회.

변무관, “신의성실원칙의 재조명”, 『법조』 39권4호(403호), 법조협회.

손경한, “조세법의 해석과 납세자의 신뢰보호”, 법률신문 1533호, 법률신문사.

양승두, “행정상의 신뢰보호의 원칙”, 『고시계』 30권 10호(344호), 국가고시학회.

오준근, “소급처리금지의 원칙”, 『고시계』 47권 5호(통권 543호), 국가고시학회.

임영득, “비과세의 관행〈하〉”, 법률신문 1549호, 법률신문사.

임완규, “조세부과처분의 하자—특히 신의칙의 위반에 인한 하자를 중심으로—”, 『대한변호사협회지』 106호, 대한변호사협회.

장석조, "조례상 면세규정의 불이익 개정과 납세의무자에 대한 신뢰보호의 한계", 『대법원판례해설』 통권 제33호, 법원도서관.

전정구, "조세법상 신의성실의 원칙" 『일한변호사협의회지』 9호, 한일변호사협의회.

전정구, "조세법상 신의성실의 원칙", 『서울지방변호사회 판례연구』 4집, 서울지방변호사회.

전정구, "조세법상 신의성실원칙적용의 한일간 비교", 『조세법의 논점』, 조세통람사.

정인진, "조세와 신의칙", 『법과 정의』(이회창선생 화갑기념), 경사이회창선생 화갑기념논문집 간행위원회.

정하중, "한국 행정판례의 성과와 과제", 『행정판례연구』 11(2006), 3-49.

최송화, "1980년도 행정법판례", 『법학』 23권 3호(51호), 서울대학교법학연구소.

홍정선, "행정판례의 발전에 관한 일고", 『법학논집』 제5권 제6호, 이화여자대학교 법학연구소.

6. 자기구속의 법리와 평등원칙

— 대법원 1993. 6. 29. 선고 93누5635 판결 —

김 향 기*

Ⅰ. 판결개요

1. 사실관계

원고는 1992. 1. 28. 피고 관할청으로부터 대중음식점 영업허가를 받기 전인 1991. 12. 24.부터 5명의 종업원으로 48평 정도의 업소에 투명한 유리칸막이로 4면이 모두 차단된 4평 규모의 방 3개, 반주시설인 이른바 가라오케를 설치하고 주류와 안주를 판매하면서 손님들에게 위 기기를 이용하게 하는 방식으로 영업을 하여 왔다. 그런데 원고가 1992. 2. 11. 00:00경 귀가한 이후에 소외 이 업소 종업원이 위 업소의 뒷문을 열어놓아, 01:00경 위 업소에 놀러온 다른 업소의 종업원들과 술과 안주를 먹고 마시고, 그 밖에 소외 상당수의 손님들에게 술과 안주를 판매함으로써 서울특별시장이 고시한 영업제한시간인 24:00을 초과하여 영업을 하다가 02:10경 단속경찰관에 의하여 적발되었다. 관할청은 원고가 영업시간을 초과하여 시간외 영업을 하고, 3개의 밀실과 가라오케를 설치하여 식품위생법 제21조, 제31조를 위반하였다고 하여 1992. 4. 1. 원고에 대하여 같은 법 제57조, 제58조에 의하여 시설개수명령과 함께 같은 해 4. 5.부터 같은 해 6. 19.까지 위 대중음식점업의 영업정지를 명하였다. 이에 원고는 1992. 2. 11. 24:00까지 영업을 모두 마치고 귀가한 후, 종업원이 그 전에 퇴직한 직원들과 송별식을 한다고 음주하고 있었는데 경찰관에 의하여 단속된 것으로서 시간외 영업이 아니고 밀실설치도 아니하였음으로 위 처분은 위법하며, 가사 그렇지 않다고 하더라도 이 사건 처분은 재량권의 일탈 또는 남용한 것으로서 위법하다고 주장하며 위 영업정지처분 취소소송을 제기하였다.

---

* 성신여자대학교 법과대학 교수.

2. 소송경과

원심은 대중음식점에 가라오케시설을 설치한 점과, 위 업소에서 뒷문을 열어놓고 상당수의 손님을 상대로 시간외 영업을 한 사실이 인정되므로 관할청의 원고에 대한 영업정지처분은 재량권의 일탈 · 남용이 아니라고 하여 소를 기각하였다. 원고가 이에 불복하여 상고하였는바, 대법원은 원심이 인정한 바와 같이 허가업종을 위반하여 유흥접객업을 한 것은 아니라고 할 것인바, 그렇다면 원고에게 2월 15일의 영업정지처분을 한 것은 행정내부의 사무처리준칙인 식품위생법 시행규칙 제53조에 따른 별표 15에 따르지 아니한 것으로서 재량권의 일탈 · 남용으로 위법이라고 하여 원심판결을 파기하였다.

3. 판결요지

(1) 원심판결의 요지

원고가 가라오케시설로써 유흥접객업형태의 영업을 하지 아니한 이상 그 시설이 설치되어 있는 것만으로는 대중음식점의 시설기준에 위반되지 아니한다고 할 것이나, 업종별시설기준에 위반된 방을 설치한 점, 단속당시 상당수의 손님을 상대로 시간외 영업을 한 것을 인정할 수 있다. 따라서 원고가 식품위생법 제21조, 제31조의 각 규정을 위반하여, 위 시행규칙 제53조에 따른 별표 15의 처분기준상으로도 업무정지 및 시설개수명령 사유에 해당하게 되었을 뿐만 아니라, 서울특별시장이 고시한 지정된 영업시간을 초과하거나 시설기준에 위반되는 음식점영업을 하였고 처분사유는 아니지만 영업허가를 받기 1개월 전부터 위 업소를 운영하여 온 점과 위 영업시간 위반이 2시간이나 넘는 점 등에 비추어 보면, 영업정지로 인한 원고의 손해를 감안하더라도 2월 15일간의 영업정지처분은 식품위생법의 위 각 규정 및 그 취지에 부합하는 것으로서 이익교량의 원칙에 위배되지 아니하여 재량권의 일탈 또는 남용으로 볼 수 없어 적법한 처분이다.

(2) 대상판결의 요지

㈎ 식품위생법 시행규칙 제53조에 따른 별표15의 행정처분기준은 형식은 부령이나 성질은 행정기관내부의 사무처리준칙을 규정한 것에 불과하여, 같은 법 제58조 제1항의 규정에 의하여 보장된 재량권을 기속하거나 대외적으로 국민이나 법원을 기속하는 힘이 없다.

㈏ 위 시행규칙 제53조 단서의 식품 등의 수급정책 및 국민보건에 중대한 영향을 미치는 특별한 사유가 없는 한 행정청은 당해 위반사항에 대하여 위 처분기준에 따라 행정처분을 함이 보통이라 할 것이므로, 만일 행정청이 이러한 처분기준을 따르지 아니하고 특정한 개인에 대해서만 위 처분기준을 과도하게 초과하는 처분을 한 경우에는 재

량권의 한계를 일탈하였다고 볼만한 여지가 충분하다.

(다) 위 시행규칙 제53조에 따른 별표 15의 행정처분기준에 따라, 원고가 가라오케시설을 하여 유흥접객업을 한 것은 영업정지 2월, 시간외 영업은 영업정지 1월, 시설기준을 위반한 것은 시설개수명령에 각 해당하는 것으로 보아, 영업정지처분사유 중 중한 처분기준인 위 2월에 나머지 경한 처분인 1월의 2분의 1인 15일을 더하여 원고에 대하여 2월 15일의 영업정지처분과 시설개수명령을 한 사실을 엿볼 수 있다. 원심의 판단과 같이 원고가 허가업종을 위반하여 유흥접객업을 한 것으로 볼 수 없다면, 원고의 나머지 위반사유만으로는 위 행정처분기준에 의하면 1월의 영업정지처분과 시설개수명령에 해당한다고 할 것이어서, 결과적으로 피고는 내부의 사무처리준칙을 따르지 아니하고 원고에 대하여 존재하지 아니하는 위반사유를 추가하여 2월 15일의 영업정지처분과 시설개수명령을 한 셈이 되어, 재량권의 한계를 일탈하거나 재량권을 남용한 위법을 범하였다.

Ⅱ. 평 석

1. 쟁점정리

부령형식의 행정처분기준의 성질에 관하여 행정기관내부의 사무처리준칙을 규정한 행정규칙에 불과하다는 판례의 입장에 대해서는 다툼이 있으나 여기서는 논외로 하기로 한다. 다만, 식품위생법 시행규칙 제53조에 따른 별표 15의 행정처분기준이 행정기관 내부의 사무처리준칙을 규정한 것에 불과하더라도, '시행규칙 제53조 단서의 식품 등의 수급정책 및 국민보건에 중대한 영향을 미치는 특별한 사유가 없는 한 행정청은 당해 위반사항에 대하여 위 처분기준에 따라 행정처분을 함이 보통이라 할 것이므로, 행정청이 이러한 처분기준에 따르지 아니하고 특정한 개인에 대해서만 위 처분기준을 과도하게 초과하는 처분을 한 경우에는 재량권의 한계를 일탈하였다'고 판시한 점을 쟁점으로 검토해 보고자 한다. 학설상 재량권의 행사에 있어서 재량처분기준에 따른 관행이 형성된 경우에는 평등원칙을 매개로 한 행정의 자기구속의 법리가 형성되어 행정청은 그를 정당화하는 특별한 사유가 없음에도 불구하고 당해 관행과 다른 불리한 처분을 하는 경우에는 행정의 자기구속에 반하는 것이 되어 재량권의 일탈 또는 남용으로 위법한 처분이 된다고 한다. 이러한 점에서 위 대법원의 판시부분은 평등원칙을 매개로한 행정의 자기구속의 법리가 표현되어 있지 아니한가 하는 점이다.

2. 관련판례

(1) 대상판결 이전의 판례는 "부령형식의 행정기관내부의 사무처리준칙은 행정기관

의 직무권한행사의 지침을 정하여 주기 위한 행정명령이므로 상위법의 규정에 의하여 보장된 재량권을 기속하거나 대외적으로 국민이나 법원을 기속하는 힘이 있는 것도 아니다."라고 판시해왔다(대법원 1990. 4. 10. 선고 90누271 판결, 대법원 1990. 9. 28. 선고 90누2567 판결, 대법원 1992. 12. 8. 선고 92누14199 판결 등).

(2) 그러나 대상판결에서, 특별한 사유 없이 부령형식의 처분기준에 따르지 아니하고 과도하게 처분기준을 초과하여 한 처분은 재량권을 일탈 또는 남용한 처분이라고 판시하였고, 이러한 내용의 판례는 그 후 이어져왔다(대법원 1997. 5. 30. 선고 96누5773 판결, 대법원 2007. 9. 20. 선고 2007두6946 판결 등). 다만, 종래와 같이 부령형식의 재량준칙에 대하여 행정기관내부의 사무처리준칙인 행정규칙에 불과하여 행정처분이 위 기준에 위반되었다는 사정만으로 바로 그 처분이 위법한 것으로 되는 것은 아니라는 판례도 있다(대법원 1994. 10. 14. 선고 94누4370 판결, 대법원 1995. 2. 24. 선고 94누9146 판결 등).

(3) 이러한 법원의 입장과는 달리 헌법재판소는, "행정규칙을 적용 · 시행하여야 하는 공무원은 법령준수의무 때문에 업무처리를 함에 있어서 행정규칙에 따를 수밖에 없으므로, 결국 행정규칙은 반복 적용될 수밖에 없는 것이고, 행정규칙이 반복 적용되는 경우에는 행정기관은 자기구속을 받는다"고 판시하여 일관되게 행정의 자기구속의 법리를 인정하고 있다(헌재 1990. 9. 3. 90헌마13, 헌재 2001. 5. 31. 99헌마413, 헌재 2004. 10. 28. 99헌바91, 헌재 2005. 5. 26. 2004헌마49, 헌재 2007. 8. 30. 2004헌마670 등).

3. 판결의 검토

(1) 행정의 자기구속의 근거와 평등원칙

(가) 행정의 자기구속의 법리라 함은 행정청이 재량영역에서 그 재량권을 일정한 방향으로 행사한 결과 그에 관한 관행이 형성되어 있는 경우에는 평등의 원칙에 따라 행정청은 동종사안에서 종전의 관행에 따른 처분을 하여야 할 법적 구속을 받게 되는 것을 말한다. 행정의 자기구속은 평등원칙에 근거하여 행정 스스로 설정한 결정기준 내지 비교기준에의 구속이라는 점에서 법률이 정한 일반적 · 추상적 기준에의 영속적 또는 무조건적 구속인 법률구속성과 구별되고, 비교의 문제가 발생하지 않는 행정행위, 행정계약, 행정상 확약 등의 구속성과도 구별된다. 평등원칙은 행정작용에 있어서 특별한 합리적인 사유가 없는 한 상대방을 공평하게 처우하여야 한다는 원칙으로 자의적인 차별의 금지를 말한다. 이러한 평등원칙은 동시적으로 발생한 사안에 적용될 수 있는 데 대하여, 행정의 자기구속은 평등원칙을 매개로 하지만 행정관행의 존재를 전제로 종전의 관행과의 비교의 문제라는 점에 차이가 있다고 할 수 있다.

(나) 행정의 자기구속법리의 이론적 근거로는 평등원칙설과 신뢰보호설이 나뉘고 있

다. 평등원칙설은 행정의 자기구속이 행정의 동등한 재량권행사의 표현으로 보아 헌법상의 평등원칙에서 그 근거를 구하는 입장이다. 헌법 제11조의 '법 앞에 평등'의 원칙은 동종사안을 불평등하게 취급해서는 아니 된다는 것으로서, 불평등취급은 자의적인 것이 된다. 그런데 평등원칙에는 자의금지 · 정의의 최소한이라는 것 외에 법률에 의한 평등 내지 비교사안에 비춘 비합리적 차별금지라는 규제적 기능이 있다고 한다. 그리하여 행정의 자기구속은 자의금지로서의 평등원칙이라기 보다는 규제적 기능인 평등원칙의 기능을 과하고, 이에 평등원칙이 가지는 기능을 충분히 발휘하여 국민의 평등권을 완전하게 보호한다는 의의를 가진다고 한다(Vgl. D.C.Dicke, S. 301).

다음, 신뢰보호원칙설은 행정실무의 존속에 대한 상대방의 신뢰보호에서 행정의 자기구속의 근거를 구하는 입장이다. 즉, 행정의 자기구속은 행정관행의 존재를 요건으로 하는데, 행정관행은 행정실무의 존속으로서의 신뢰와 행정실무가 적용될 것이라는 기대를 잠재적 당사자에게 줄 수 있기 때문이라고 한다. 그런데 신뢰보호원칙을 신의측에 기초한다고 보는 경우에는 행정과 상대방 사이에 구체적인 접촉 · 교섭이 있어야 함을 전제요건으로 하나, 법적 안정성에 기한다고 보는 경우에는 행정과 상대방 사이의 구체적인 접촉 · 교섭이 없어도 또한 행정규칙에 근거한 행정실무를 반드시 개재시키지 않고도 행정규칙의 공표를 통해 행정규칙의 구속성을 인정할 수 있다고 한다(졸고, 행정의 자기구속의 법리, 359면 참조).

생각건대, 행정의 자기구속의 인정근거는 원칙적으로 평등원칙에서 구하는 다수설이 타당하다고 생각한다. 행정의 자기구속은 자유로운 판단이 가능한 영역에서 스스로 제시한 기준에 따라 자신이 그간 행한 행위로부터 특별한 사유가 없는 한 이탈할 수 없음을 의미하는 것이므로, 이로부터 이탈한다면 상대방의 신뢰유무를 불문하고 그것은 바로 불합리한 차별로서 평등의 위반을 뜻하는 것이기 때문이다. 그러나 행정규칙 또는 행정실무가 위법인 경우에 행정의 자기구속을 평등원칙에 기초하면 그 지속적 구속성을 인정하게 되어 그 위법을 승인하는 문제가 있으므로, 행정측과 상대방의 이익의 합리적 비교교량에 의하여 법적 안정성을 기초로 한 신뢰보호원칙에 근거지울 여지도 있다. 헌법재판소도 '평등원칙이나 신뢰보호의 원칙에 따라 자기구속을 당하게 된다'고 함으로써 행정의 자기구속법리의 인정논거를 평등원칙과 신뢰보호원칙의 양쪽에서 구하고 있다(헌재 2007. 8. 30. 2004헌마670, 헌재 2002. 7. 18, 2001헌마605, 헌재 2001. 5. 31, 99헌마413, 헌재 1990. 9. 3, 90헌마13). 대법원은 이에 관한 분명한 태도를 보인 판례는 보이지 않으나, 종래 착오로 한 허가처분을 새로 적법한 지형도에 따라 허가취소한 것은 신뢰보호원칙에 위배된다거나 행정의 자기구속의 법리에 반하다고 할 수 없다고 판시하여(국립공원지정처분부존재확인: 대법원 1992. 10. 13. 선고 92누2325 판결), 행정의 자기구속의 법리를 신뢰보호원칙과도 관련시키고 있는 인상을 주고 있다.

(2) 행정의 자기구속의 성립요건

(가) 재량영역

행정의 자기구속은 행정의 재량영역에서 성립된다. 행정에 재량의 여지가 전혀 없고 법이 정한 대로 행동해야 하는 기속행위에는 행정이 스스로 행위준칙을 정할 여지가 없기 때문이다. 일의적 법개념의 해석에 관한 행정실무에서는 그 후 반복되어도 이는 법률구속성의 효과의 문제이고 행정의 자기구속에는 해당하지 않는다. 이와 같이 재량영역이란 행정의 자기구속의 전형적인 영역이지만, 그 외에도 요건재량, 즉 판단여지 내지 법률로부터 자유로운 행정영역에서도 자기구속은 가능하다고 할 수 있다(D.C. Dicke, S. 295ff). 다만 재량기준적 행정규칙(재량준칙)이나 판단여지기준에 대해서는 행정의 자기구속은 가능하지만, 규범해석적 행정규칙에 있어서는 헌법상 법률의 최종적인 유권해석의 권한은 법원에 있기 때문에 허용하기 곤란하다.

(나) 동종사안에서 행정선례의 존재

1) 행정의 자기구속이 적용되기 위해서는 동종사안에 비교의 대상이 되는 행정선례가 존재해야 한다. 행정기준에 따른 결정이 제3자에게 행해지지 않은 단계에서는 평등원칙위반이라고 할 수 없기 때문이다. 그런데 행정의 자기구속이 적용되기 위해서는 평등원칙이 적용될 수 있는 비교기준이 되는 행정실무가 장기간 계속 반복되어 행정관행으로까지 고양되어야 하는지, 아니면 비교기준이 되는 행정실무가 단 한번만이라도 행해지면 족한 것인지, 또는 행정선례를 매개로 함이 없이 행정규칙 자체만으로도 충분한지에 대해서는 견해의 대립이 있다.

계속적인 행정관행이 필요하다는 통설의 입장에서는 행정이 새로운 행정실무를 행정상의 프로그램에 따라 적용하고 집행하는데 필요한 시간과 기회를 줄 필요가 있기 때문에 다수의 행정결정을 통하여 형성된 행정관행이 존재해야 한다고 한다.

그러나 행정의 자기구속이 인정되기 위해서는 행정실무가 단 1회만이라도 행해졌으면 충분하다는 견해도 유력하다. 과거에 단 1회만이라도 행정실무가 행해졌으면, 거기에 이미 비교의 기준이 정립되어 이 기준에의 적합여부의 판정은 가능하고, 이 경우 평등원칙에 근거한 행정의 자기구속을 인정할 수 있기 때문이다. 그러나 이에 대하여 행정관행을 중시하는 입장에서는 단 1회만의 행정결정에 장래의 결정을 구속시킨다는 것은 행정에게 주어진 자유의 범위 내에서의 필요한 시행착오의 기회와 기간을 행정으로부터 박탈함으로써 행정을 경직화시킨다고 할 수 있고, 또한 행정이 어떤 사안에 대하여 어떠한 방침·기준 하에서 결정했었는가는 '단 1회'만의 행정결정으로부터는 명확히 알 수 없다고 한다. 그런데 과거 행정실무가 단 한 번도 행해지지 않은 경우에 동시적으로 발생한 사안에서 복수의 상대방에 대한 동종사안에서는 직접 평등원칙위반을 근거로 위법판단을 할 수 있으며, 행정의 자기구속의 법리를 원용할 필요가 없다. 따라서 행정의 자기구속은 과거와의 비교문제이며 동시에 발생한 이러한 사안에는 적용되지 않는다고 보아야 할 것이다.

2) 다음, 행정규칙 자체에 행정의 자기구속이 당연히 인정되는지 문제된다. 행정규칙에 대한 행정의 자기구속을 인정하는 방법으로 헌법상 평등조항에 기한 행정규칙의 구속력을 인정하는 방법과, 헌법상 평등조항에 기한 행정실무의 구속력을 통해 간접적으로 행정규칙의 구속력을 인정하는 방법이 있다(Vgl. M. Wallerath, S. 101ff). 여기서 행정선례를 매개로 함이 없이 행정규칙만으로 행정의 자기구속을 인정하는 입장에서는 행정규칙 그 자체로서 자기구속을 예정하고 있는 것이므로 반드시 그 행정규칙에 의한 행정선례의 존재가 필수적인 것은 아니라고 한다. 즉, 행정규칙 그 자체를 '예기관행(豫期慣行)(antizipierte Praxis)' 또는 '선취(先取)된 행정관행'으로 보고, 행정조직 내에서의 복종의무에 따라 행정규칙과 행정관행은 일치할 것으로 추정되므로 원칙적으로 관행은 필요하지 아니하고 행정규칙 위반 그 자체가 평등원칙위반이라고 한다(졸고, 행정규칙의 외부효과, 147-150면 참조). 행정규칙은 모든 사람에게 대해 평등취급을 보장하기 위하여 제정된 것이고, 실제로도 공무원은 특별한 사정이 없는 한 행정규칙에 따라 행정작용을 행할 것이므로 행정규칙의 내용에 적합한 행정실무가 행해질 가능성이 높고, 당해사안의 최초의 사례에서 행정규칙이 정한 요건을 상대방이 실현하고 있음에도 불구하고 행정청이 상대방에 대하여 행정규칙을 적용하지 않는 것은 상대방의 권리보호의 관점에서 보아 의문이 있다고 할 것이다.

그러나 행정의 자기구속을 판단하는 평등심사를 위한 비교대상은 국민에 대한 다수의 행정결정을 통하여 형성된 행정관행이며, 행정규칙은 그에 상응하는 행정관례가 존재한다는 단순한 증빙(Indizien)에 불과하다는 비판이 제기된다. 행정규칙 자체를 직접 비교대상으로 삼아 그와 다른 행정결정을 평등원칙 위반 · 위법이라고 한다면 결국 행정규칙을 실질적으로 법 내지 법적 구속성 있는 규범으로 변질시켜 행정규칙을 법률과 같이 보는 결과로 된다. 따라서 이것은 법치국가적 요건을 상대화하는 것으로 되고, 권력분립원리에 반하게 된다(Vgl. D. C.Dicke, S. 305).

3) 생각건대, 행정규칙은 법규범이 아니며, 행정방침결정의 명확화와 행정의 경직화 방지라는 견지에서 볼 때, 자기구속력의 근거를 일반적으로 행정규칙 자체에 착안한 견해보다는 행정관행에 착안한 견해가 보다 설득력 있다고 하겠다.[1] 헌법재판소도, "행정

---

1) 행정규칙 자체에 의한 구속력의 문제는 행정의 자기구속의 법리에 의해서가 아니라, 법적 안정성에 근거한 신뢰보호의 원칙으로 해결할 수 있을 것이다.

규칙이 재량권행사의 준칙으로서 그 정한 바에 따라 되풀이 시행되어 행정관행으로 성립된다면, 평등원칙이나 신뢰보호원칙에 따라 행정기관은 그 상대방에 대한 관계에서 그 규칙에 따라야할 자기구속을 당하게 되므로"라고 판시하여 행정관행의 존재를 요구하고 있다(헌재 2007. 8. 30. 2004헌마670). 다만 그 효력은 직접적 · 대외적 구속력이 아니라 평등원칙을 매개로 간접적 · 사실적인 효력으로서, 행정의 자기구속의 위반을 이유로 재량권의 일탈 · 남용을 구성하는 것으로 보아야 할 것이다. 헌법재판소도, "행정의 자기구속이 대외적 구속력을 가진다는 의미는 행정규칙 그 자체의 성질이 법규명령 등으로 전환되어 직접 대외적 구속력을 갖게 된다는 의미가 아니라 행정규칙이 국민에 대하여 평등원칙이나 신뢰보호의 원칙 등을 매개로 하여 간접적 그리고 사실적으로 규범력을 가지게 된다는 의미로 받아들여야 할 것"이라고 판시하고 있다(위의 헌법재판소 결정).

(다) 행정선례의 적법성

행정의 자기구속을 엄격히 해석하면 상대방은 제3자에게 행한 행정선례를 차별 없이 평등하게 처리할 것을 요구할 수 있는데, 행정선례가 위법일 경우에도 평등취급을 요구할 수 있다면 행정의 법률적합성과의 충돌이 발생할 수 있다. 행정선례가 위법인 경우에도 평등원칙이 적용되어 동종 행정실무도 위법을 반복해야 하는지에 대하여 학설이 나뉘고 있다. '불법에 평등 없다'는 설에서는, 제3자의 동종사안에서 행정의 결정 등이 위법인 경우에는 행정측으로서는 평등취급을 할 의무는 없고, 상대방에게도 평등취급을 요구할 권리는 없다고 한다.[2] 위법한 행정선례의 반복을 인정하면 위법한 행정선례가 법률적합성원칙보다도 우월한 것이 되어 법률에 의한 행정의 원리에 대한 심각한 침해가 된다. 따라서 일반적으로 종래의 행정선례가 법률에 위반할 때에는 장래에 향해서는 원칙적으로 적법한 행정실무로 변경할 수 있으며, 이것이 평등원칙에 의해 저지되는 것은 아니라고 한다. 이에 대하여, '불법에도 평등 있다'는 설은 평등원칙과 대립하는 것은 법률에 의한 행정의 원리가 아니라 개별의 단순한 법률규정이기 때문에 헌법상의 지위를 지닌 평등원칙에 우위성이 있다고 하여 '불법에도 평등 있다'라는 것을 인정하는 입장이다.

생각건대, 평등원칙으로 위법한 행정관행을 정당화시킬 수 없고, 불법에 평등 없다고 보아야 하므로 위법의 반복을 청구할 수 없다고 할 것이다. 자기구속은 어디까지나 '법률구속'의 결여 · 불충분성을 보충하는 것으로서 그것에 반하지 않는 한도 내에서 가능한 것이기 때문에 행정의 적법성의 유지라는 관점에서 볼 때도 평등성심사를 위한 비

2) 행정의 자기구속의 법리는 행정의 재량영역에서 인정되는 것이기 때문에 '불법에 평등 없다'라는 명제에서 '불법'의 의미에 실정법의 명문규정의 위반보다는 재량권의 일탈 · 남용의 반복을 요구하는 문제가 발생하는 것이 보통일 것이다.

교대상은 당연히 적법한 것이어야 한다. 우리의 판례 역시 위법한 행정관행에 대한 행정의 자기구속을 부인하고 있다.[3] 그러나 행정의 자기구속은 탄력적인 구속이라 할 것이므로, 법률에 의한 행정의 원리와 평등원칙이라는 일반 · 추상적 고려와 동시에 그것의 개별 · 구체적 사정을 비교교량 하여 예외적으로 '불법에도 평등 있다'의 가부를 결정해야 할 경우도 있다.[4]

(3) 대상판결의 검토

(가) 대상판결에서 처분기준을 따르지 아니하고 특정인에게만 위 처분기준을 과도하게 초과하는 처분을 하여 재량권의 일탈하였다는 판시는 자의적인 차별취급이라고 하여 평등원칙위반으로 본 것이라고 할 여지도 없는 것은 아니다. 그러나 동시적으로 발생한 상대방과 제3자와의 비교의 문제라기보다는 위 별표 15의 처분기준이라는 행정규칙 적용상의 문제이므로 행정규칙적용을 행정선례의 여부로 다투어 행정의 자기구속의 법리로 해결함이 바람직하다고 본다.

(나) 식품위생법 제58조 제1항에서 관할청에게 일정한 요건에 해당하는 경우 허가취소, 6월 이내의 영업정지 또는 영업소폐쇄 등을 선택 · 결정할 수 있는 재량권을 부여하고, 같은 조 제4항의 수권에 의하여 같은 법 시행규칙 제53조에 따른 별표 15에서는 구체적인 처분기준을 정하고 있다. 따라서 위 별표 15는 부령인 법규명령의 형식인 재량준칙이고 그에 의거한 처분은 재량영역이라 할 것이다.

(다) 다음, 식품위생법 시행규칙 제53조에 따른 별표 15는 식품위생법이 1991년 12월 14일 법률 제4432호로 개정되기 전인 1989. 11. 30. 이후 일부 개정되어 수년간 적용되어 왔는바, 그 동안 공무원은 공무원법상의 복종의 의무나 법령준수의무에 따라 이에 의거한 처분을 하여 왔을 것이므로 이에 따른 행정선례의 존재를 부정할 수 없을 것이다.

(라) 또한 위 별표 15는 상위 법령인 식품위생법이나 헌법에 위반되어 법적 다툼이 있는 것도 아니므로 그 적법성에 의문이 없다고 할 것이다.

---

3) 대법원은 "착오로 어떠한 처분을 계속한 경우는 행정청이 추후 오류를 발견하여 합리적으로 변경한 것은 신뢰보호원칙이나 행정의 자기구속의 법리에 반하는 것이라고 할 수 없다"고 판시하고 있고(대법원 1992. 10. 13. 선고 92누2325 판결, 대법원 1993. 6. 11. 선고 92누14021 판결 등), 하급심에서도 "위법한 행정처분이 수차례 걸쳐 행해졌다 하더라도 그러한 행정처분이 행정관례 내지 행정준칙으로서 구속력을 갖게 된다고 할 수 없다"든가(서울고법 1989. 2. 15. 선고 88구10178 판결), "위법한 행정처분을 원용하여 원고에 대해서도 등록을 수리해야 한다고 주장하는 것은 결국 피고에 대해 위법한 행정처분을 강요하는 셈이 되어 부당하다"고 판시하고 있다(서울고법 1998. 4. 9. 선고 97구41341 판결).

4) 예컨대 위법한 행정선례로부터 적법한 행정실무로의 이행의 과도기에 있는 경우, 법률에 의한 행정의 원리의 침범이 형식적 또는 가벼운 경우, 또는 반대로 행정이 위법한 결정 등을 반복해온 결과 실질적으로 법률에 의한 행정의 원리를 상대방의 동종사안에서 회복하는 것이 무의미한 경우, 소급적 입법에 의한 위법한 결정 등이 당초에 소급하여 적법화되는 경우 등에는 법률에 의한 행정의 원리라 할지라도 완화되어야 할 것이다.

따라서 위 별표 15에 따른 처분은 행정의 자기구속의 성립요건을 모두 충족하고 있다. 그런데 위 사건의 2월 15일의 영업정지처분은 처분사유로 볼 수 없는 유흥접객영업을 인정하여 2월의 영업정지를 더한 것이며, 또한 위 시행령 제53조 단서에서 정한 특별한 사유가 있다고 볼 여지도 없으므로, 위 처분기준에 의하지 아니하고 과도하게 한 처분으로서 행정의 자기구속의 법리에 위반하여 재량권을 일탈하였거나 재량권을 남용한 위법한 처분이라 할 것이다.

(마) 결국 대상판결에서 "위 시행규칙 제53조 단서에 해당하는 특별한 사유가 없는 한 행정청은 당해 위반사항에 대하여 위 처분기준에 따라 행정처분을 함이 보통이라 할 것이므로, 행정청이 이러한 처분기준에 따르지 아니하였다면 재량권의 한계를 일탈하였다고 볼 만한 여지가 충분하다"는 의미는 행정의 자기구속을 위반하여 재량권을 일탈한 것이라는 의미로 해석할 여지가 있다(동지, 김동희, 15면).

4. 판결의 의미와 전망

헌법재판소는, 공무원은 법령준수의무 때문에 행정규칙에 따를 수밖에 없으므로, 결국 행정규칙은 반복 적용될 수밖에 없는 것이고, 행정규칙이 반복 적용되는 경우에는 행정기관은 자기구속을 받는다고 판시하고 있다. 이와는 달리 대법원은 행정의 자기구속의 법리를 명시적으로 인정하는 판례는 없었으나, 위 대상판결에서 재량준칙인 처분기준에 따르지 아니하고 특정인에게만 위 처분기준을 과도하게 초과하는 처분을 한 것을 재량권의 일탈 · 남용으로 판시한 것은, 바로 행정의 자기구속의 법리를 인정하는 취지로 볼 여지가 있다는 점에서 중요한 의미가 있다. 재량준칙인 행정규칙에 위반되었다는 사정만으로 바로 그 처분이 위법하게 되는 것은 아니라는 판례도 있으나, 대상판결과 같은 내용의 판례가 그 후 이어지고 있어 재량준칙인 행정규칙에 행정의 자기구속을 명시적으로 인정한 판결이 나올 가능성을 열어 놓고 있다고 볼 수도 있다. 다만, 구체적으로 행정의 자기구속의 법리를 동원하여 재량준칙인 행정규칙의 위반이 행정의 자기구속에 위반되어 재량권의 일탈 · 남용을 구성하여 위법이 된다고 설명하지 아니하고, 단순히 재량준칙인 처분기준에 과도하게 위반하여 재량권의 일탈 · 남용이라고 판시한 점은 아쉬움을 남긴다.

〈참고문헌〉

김동희, "대중음식점 영업정지처분취소와 행정의 자기구속원칙", 법률신문 제2287호, 법률신문사, 1994. 2.

김향기, "행정의 자기구속의 법리", 토지공법연구 제25집, 한국토지공법학회, 2005. 2.

김향기, “행정규칙의 외부효과”, 현대공법이론의 전개(허영민 박사 화갑기념), 대성사, 1993.

D.C.Dicke, Der allgemeine Gleichheitssatz und die Selbstbindung der Verwaltung, VerwArch Bd.59, 1968.

M. Wallerath, Die Selbstbindung der Verwaltung, 1968.

7. 기부채납과 부당결부금지의 원칙

— 대법원 1997. 3. 11. 선고 96다49650 판결 —

한 견 우*

Ⅰ. 판결개요

1. 사실관계

원고(A)는 1989. 6.경 X행정청(인천시장)에게 인천 계양구 작전동 10필지상에 아파트 5동 840세대를 건설하기 위한 주택건설사업계획승인 및 건축허가를 신청하여 같은 해 7. 20.경 X행정청으로부터 진입로로 사용하는 도시계획도로는 준공전까지 개설 · 포장 후 공용화 조치할 것 등 31개의 승인조건과 함께 주택건설사업계획승인 및 건축허가를 받았다. 그 후 1990. 12.경 X행정청에게 같은 동 40필지상에 아파트 5동 904세대를 추가하여 아파트 10동 1,744세대를 건설하는 내용의 사업계획변경승인신청을 하여 1990. 12. 27.경 X행정청으로부터 아파트 단지 진입로를 개설 · 포장하는 외에도 단지 북측 광1류6호선에 편입된 원고(A) 소유의 이 사건 토지를 기부채납할 것(이하 이 사건 부관이라 한다) 등의 추가조건과 함께 준공예정일자는 1993. 6.로 한 사업계획변경승인을 받았다.

이에 원고(A)는 X행정청에게 주택건설촉진법 등에 의하여 사업주체가 100호 이상의 집단으로 주택을 건설하는 경우에는 간선시설 중 도로는 주택단지의 기간이 되는 도로로부터 동 단지경계선(단지의 주된 출입구를 말한다)까지의 길이가 200m를 초과하는 경우 그 초과부분은 지방자치단체가 이를 설치하여야 함에도 불구하고 단지 진입로를 개설 · 포장하는 외에 다시 이 사건 부관을 붙인 것은 위법하다는 이유로 이 사건 부관을 취소하여 줄 것을 요구하였으나 X행정청으로부터 이를 거부당하였다.

그 후 원고(A)는 위 아파트 단지 진입로로 총길이 620m, 폭 15m의 도로 2개를 자신의 비용으로 부지를 매수하여 개설 · 포장 후 기부채납하였다. 그리고 원고(A)는 같은 해 12.경 위 아파트 신축공사를 마치고 X행정청에게 사용검사신청을 하였으나, X행정청 소

* 연세대학교 법학전문대학원 교수.

속 공무원은 위 광1류6호선 도로에 편입된 이 사건 토지를 기부채납하지 않으면 사용검사필증을 교부하지 않겠다면서 그 신청서의 접수마저 거부하면서 위 기부채납을 지연하면 원고(A)의 손해만 확대되니 조속히 기부채납절차를 이행하도록 촉구하였다. 위와 같은 사유로 위 아파트에 대한 사용검사가 지연되자 원고(A)로부터 위 아파트를 분양받아 입주한 사람들에 대한 소유권이전등기절차의 이행이 늦어지게 되어 그들이 원고(A)에 대하여 소유권이전등기가 지연되는 사실을 거칠게 항의하며 원고(A)를 폭행하였고, 또한 위 입주한 수분양자들은 원고(A)의 위 분양받은 아파트에 대한 소유권이전등기절차이행이 지연되어 손해를 입었음을 이유로 위 아파트의 수분양자들로서 그 때까지 입주하지 아니한 사람들에 대한 원고(A)의 분양대금채권을 가압류하려고 하는 등의 움직임을 보이자 원고(A)는 자금압박을 피하기 위하여 빨리 위 아파트에 대한 사용검사를 받기로 하고 같은 달 20.경 X행정청과 사이에 이 사건 토지에 관한 증여계약을 체결하였고, 그 후 X행정청은 위 사용검사신청서를 접수하고 같은 달 22.경 이 사건 토지에 관하여 X행정청 명의의 이 사건 등기를 마친 후 같은 달 27.경 원고(A)에게 사용검사필증을 교부하였다.

원고(A)는 이 사건 토지에 관한 X행정청 명의의 위 소유권이전등기가 원인무효이므로 그 말소를 구하는 소송을 제기하였다.

2. 소송경과

(1) 부관무효확인소송(행정소송)의 제기

원고(A)는 서울고등법원 92구26996호로 X행정청을 피고로 하여 이 사건 부관이 무효임을 확인하는 행정소송을 제기하였으나, 즉시 확정할 법률상의 이익이 없다는 이유로 위 행정소송을 각하하는 판결을 선고받았고 그 판결은 확정되었다.

(2) 소유권이전등기말소청구소송(민사소송)의 제기

원고(A)는 인천지방법원 94가합19491호 X행정청을 피고로 하는 소유권이전등기말소청구소송을 제기하여 원고 승소판결을 받았으나, 피고는 이 판결에 불복하여 서울고등법원 96나7801호로 항소하였다. 이에 서울고등법원은 1996. 10. 15. 피고의 항소를 받아들여 원심판결을 취소하고, 원고의 청구를 기각하는 판결을 하였다.

원고(A)는 서울고등법원의 판결에 대하여 대법원 96다49650호로 상고하였으나, 대법원은 1997. 3. 11. 상고를 기각한다는 판결을 하였다.

3. 판결요지

(1) 부관무효확인소송(행정소송)의 판결요지

이 사건 부관이 위 사업계획변경승처분과는 별도로 그 자체가 직접 공법적 의무를 발생시키는 독립적인 행정처분이라고 볼 수 없고, 위 주택건설이 완료된 후 관할관청에서 이 사건 부관의 내용이 이행되지 아니하였음을 사유로 사용검사를 거부하는 경우에 원고가 그 거부처분을 다툴 수 있고, 그 불복절차 내에서 이 사건 부관의 유·무효 여부 등이 심사될 수 있어 즉시 확정할 법률상의 이익이 없다. 따라서 위 행정소송을 각하하는 판결을 선고하였다.

(2) 소유권이전등기말소청구소송(민사소송)의 판결요지

(가) 원심판결

위 증여계약은 인천시장의 원고에 대한 위 사업계획변경승인에 따른 이 사건 부관의 내용을 이행한 것에 불과하다 할 것이므로, 위 증여계약이 현저하게 공정을 잃은 법률행위라 할 수 없고, 원고가 궁박, 경솔, 무경험으로 인하여 위 증여계약을 체결하였다는 점을 인정할 증거도 없으므로,[1] 위 증여의 의사표시가 민법 제104조 소정의 불공정한 법률행위로서 무효이고 따라서 이 사건 등기는 원인무효의 등기이므로 말소되어야 한다는 원고의 주장은 이유 없다.

또한 이 사건 부관의 대상이 되는 토지는 위 광1류6호선에 편입된 이 사건 토지임이 명백하므로 이 사건 부관을 포함한 위 행정처분이 대상이 없는 행정처분이라 할 수는 없으며, 가사 원고 주장과 같이 원고에게는 이 사건 토지를 기부채납할 의무가 없음에도 불구하고 인천시장이 위 주택사업계획변경승인을 하면서 이 사건 부관을 추가하였다 하더라도, 주택건설촉진법에 의한 위 인천시장의 주택건설사업계획승인 및 변경처분은 관계기관이 법령의 범위 내에서 국민의 주거생활의 안정과 주거수준의 향상을 위한 주택공급정책상의 전문적, 기술적 판단을 기초로 하여 그 재량에 의하여 행하여지는 행정처분이라 할 것인데, 이러한 위 주택건설사업계획승인 및 변경처분의 성격에 비추어 보면, 위와 같은 주택건설촉진법등에서 예정한 의무를 초과하여 기부채납할 의무를 부과한 이 사건 부관이 그 하자가 중대하고 외관상 명백하여 무효라고까지 할 수는 없으며 (위 행정처분에 취소사유가 되는 하자가 있느냐의 여부는 별론이다), 또한 원고의 위 증여의 의사표시가 강박에 의한 하자있는 의사표시라는 점을 인정할 증거가 없다.[2] 따라서 인천시장이 위 주택사업계획변경승인을 하면서 이 사건 부관을 추가한 것은 그 하자가 중대하고 명백할 뿐만 아니라 원고의 위 증여의 의사표시는 강박에 의한 하자있는 의사표

---

1) 위에서 본 바와 같이 원고는 주택건설업을 전문적으로 영위하는 자이므로, 위 사업계획변경승인 시 이 사건 부관이 어떤 의미를 가지고 있으며 이를 이행하지 아니하면 어떠한 결과가 발생할 것인지 충분히 예상할 수 있었다 할 것이고, 또한 위 행정소송에서의 같은 법원의 판결 이유와 같이 위 사용검사거부에 대하여 행정소송으로 다투어 볼 수도 있었을 것이다.

2) 위에서 본 바와 같이 피고 소속 공무원이 원고로부터 이 사건 토지를 기부채납받은 행위는 상급관청인 인천시장의 사업변경계획승인에 따라 이 사건 부관의 내용을 집행한 것에 불과하다 할 것이므로, 이러한 위 공무원의 행위를 원고에 대한 강박이라고 할 수는 없다 할 것이다.

시라 할 것이라는 원고의 주장은 이유 없다.

(나) 대법원판결

민법 제104조가 규정하는 현저히 공정을 잃은 법률행위라 함은 자기의 급부에 비하여 현저하게 균형을 잃은 반대급부를 하게 하여 부당한 재산적 이익을 얻는 행위를 의미하는 것이므로, 기부행위와 같이 아무런 대가관계 없이 당사자 일방이 상대방에게 일방적인 급부를 하는 법률행위는 그 공정성 여부를 논의할 수 있는 성질의 법률행위가 아니라 할 것이다(대법원 1993. 3. 23. 선고 92다52238 판결, 대법원 1993. 7. 16. 선고 92다41528 · 41535 판결, 대법원 1993. 10. 26. 선고 93다6409 판결 등 참조). 그러므로 이 사건 증여계약이 불공정한 법률행위로서 무효라는 취지의 논지는 모두 이유가 없다.

수익적 행정행위에 있어서는 법령에 특별한 근거규정이 없다고 하더라도 그 부관으로서 부담을 붙일 수 있으나, 그러한 부담은 비례의 원칙, 부당결부금지의 원칙에 위반되지 않아야만 적법하다고 할 것이다. 원고의 이 사건 토지 중 2,791㎡는 자동차전용도로로 도시계획시설결정이 된 광1류6호선에 편입된 토지이므로, 그 위에 도로개설을 하기 위하여는 소유자인 원고에게 보상금을 지급하고 소유권을 취득하여야 할 것임에도 불구하고, 소외 인천시장은 원고에게 주택사업계획승인을 하게 됨을 기화로 그 주택사업과는 아무런 관련이 없는 토지인 위 2,791㎡를 기부채납하도록 하는 부관을 위 주택사업계획승인에 붙인 것은 부당결부금지의 원칙에 위반되어 위법하다. 그러나 이 사건에서 인천시장이 승인한 원고의 주택사업계획은 금 109,300,000,000원의 사업비를 들여 아파트 1,744세대를 건축하는 상당히 큰 규모의 사업임에 반하여, 원고가 기부채납한 위 2,791㎡의 토지가액은 그 100분의 1 상당인 금 1,241,995,000원에 불과한데다가, 원고가 그 동안 위 부관에 대하여 아무런 이의를 제기하지 아니하다가 인천시장이 업무착오로 위 2,791㎡의 토지에 대하여 보상협조요청서를 보내자 그 때서야 비로소 위 부관의 하자를 들고 나온 사실 등에 비추어 볼 때 위 부관이 그 하자가 중대하고 명백하여 당연무효라고는 볼 수 없다. 그리고 원고로서는 이미 제소기간이 경과되어 확정된 위 부관의 효력을 더 이상 다툴 수 없게 되었다고 할 것이므로, 피고 소속 공무원이 원고가 위 부담을 이행하지 않는다는 이유로 위 사업계획승인에 의하여 건축된 아파트에 대한 사용 검사승인을 거부한 바 있다고 하더라도, 그와 같은 행위가 민법 제109조가 정하는 강박행위가 된다고는 볼 수 없다.

Ⅱ. 평 석

1. 쟁점정리

원심과 대법원의 판결에서 증여의 의사표시인 기부채납에 대하여 민법 제104조 소정의 불공정한 법률행위의 법리를 적용할 수 없다는 논지와 사업계획승인에 의하여 건축된 아파트에 대한 사용 검사승인을 거부한 행위가 민법 제109조가 정하는 강박행위가 된다고는 볼 수 없다는 논지의 판시사항이 있었다. 그러나 이러한 논지는 결론에서는 차이가 없겠지만, 대등하지 않은 법률관계를 전제로 하는 행정사건에 있어서 대등한 법률관계를 전제로 하는 민사법의 원리를 그대로 적용할 수 있을 것인가에 대한 의문이 있다.

따라서 이 사건에서 행정법원리와 관련된 주요쟁점은 기부채납의 한계에 관한 논의이다. 즉 주택건설촉진법 등에 따라 이 사건 토지를 기부채납할 의무가 없음에도 불구하고 X행정청이 위 주택사업계획변경승인을 하면서 이 사건 부관을 추가한 점에 대한 위법성여부이다. 그리고 이 사건 부관의 위법성 판단의 기준을 부당결부금지의 원칙에 의하는 경우에 그 위법성의 정도, 즉 취소사유인지 아니면 당연무효사유인지 문제된다.

2. 관련판례

대법원 1992. 11. 27. 선고 92누10364 판결에서 대법원은 "건축물에 인접한 도로의 개설을 위한 도시계획사업시행 허가처분은 건축물에 대한 건축허가처분과는 별개의 행정처분이므로 사업시행허가를 함에 있어 조건으로 내세운 기부채납의무를 이행하지 않았음을 이유로 한 건축물에 대한 준공거부처분은 건축법에 근거 없이 이루어진 것으로서 위법하다"고 판시하였으나 부당결부금지의 원칙을 적용할 수 있는 사례였다. 그리고 대법원 1997. 5. 16. 선고 97누1310 판결에서 대법원은 "제1종 보통면허나 대형면허는 트레일러 운전과는 아무런 관련이 없는 것이므로, 제1종 특수 · 대형 · 보통면허를 가진 자가 트레일러를 운전하다가 운전면허취소사유가 발생한 경우에는 그 운전자가 가지고 있는 면허 중 특수면허에 대한 취소사유가 될 수 있을 뿐 제1종 보통면허나 대형면허에 대한 취소사유는 되지 아니한다"고 판시한 점 역시 부당결부금지의 원칙을 적용할 수 있는 사례이다.

그리고 대법원 1996. 1. 23. 선고 94다31631 · 31648 판결에서 부당결부금지의 원칙을 이유에서 언급한 적이 있었다.

3. 판례의 검토

(1) 부관의 한계

부관은 행정청의 의사에 의해서 이루어지는 것이긴 하지만, 본체인 행정행위에 종된 의사표시로서 이루어지는 것이기 때문에, 기본적으로 배보다 배꼽이 커서는 안 된다. 따라서 부관의 정도에는 다음과 같이 일정한 한계가 있다. 1) 법령의 테두리 안에서 부관의 내용과 형식에 위배되지 않도록 이루어져야 한다(법령상 한계). 2) 행정행위의 목적을 벗어나거나 행정행위의 본질적 내용을 해하지 않도록 하여야 한다(합목적적 한계). 3) 평등의 원칙, 비례의 원칙, 부당결부금지의 원칙 등의 한계가 있다(일반법원칙상 한계). 그러므로 당해 목적과 무관한 다른 목적을 위한 부관은 위법하다(부당결부금지원칙). 부관은 당해 행위의 목적을 실현하기 위한 최소한도의 것이어야 하며(비례원칙), 내용상 다른 자에 비하여 특정인에게만 불리한 부관을 위법하다(평등원칙).

이러한 입장에서 대법원도 “부관의 내용은 적법하여야 하고 이행가능하여야 하며, 비례의 원칙 및 평등의 원칙에 적합하고 행정처분의 본질적 효력을 해하지 않는 한도의 것이어야 한다”고 대법원은 판시하고 있다(대법원 1985. 2. 8. 선고 83누625 판결, 대법원 1992. 4. 28. 선고 91누4300 판결, 대법원 1997. 3. 14. 선고 96누16698 판결). 그리고 이 사건 대법원 판결에서도 “수익적 행정행위에 있어서는 법령에 특별한 근거규정이 없다고 하더라도 그 부관으로서 부담을 붙일 수 있으나, 그러한 부담은 비례의 원칙, 부당결부금지의 원칙에 위반되지 않아야만 적법하다고 할 것이다”라고 판시하고 있다.

(2) 부당결부금지의 원칙

부당결부금지(不當結付禁止)의 원칙이란 공권력을 행사함에 있어서 부당하게 관련성이 없는 상대방의 반대급부와 결부시키거나 의존해서는 안 된다는 원칙을 말한다. 현대 행정에 있어서 급부행정의 수단과 행정권한의 결부는 법치행정(행정의 예측가능성과 법적 안정성)의 원리와 관련해서 기본권의 침해를 초래할 수 있는 문제점이 있다. 따라서 이러한 행정권한에 결부시키는 행정수단에 일정한 한계를 설정한 것이 부당결부금지의 원칙이다. 따라서 부당결부금지의 원칙을 적용하기 위해서는 1) 행정기관이 권한행사(공권력행사)를 함에 있어서, 2) 상대방의 반대급부와 결부 또는 의존되어 있는 경우에, 3) 공권력행사와 반대급부 사이에 실체적 관련성이 없어야 한다. 여기서 실체적 관련성을 원인적 관련성과 목적적 관련성으로 구분할 수 있다. 첫째, 원인적(原因的) 관련성이란 인과관계 면에서의 관련성을 의미한다. 수익적 내용인 주된 행정행위와 불이익한 의무를 부과하는 부관 사이에 직접적인 인과관계가 있어야 하는 것을 말한다. 이러한 원인적 관련성은 행정기관이 수익적 행정행위를 발령함에 있어서 특정의무의 이행을 부담을 통하여 강제하려는 것을 방지하게 된다. 둘째, 목적적(目的的) 관련성이란 행정목적과의 관련성을 의미한다. 행정기관이 부과하는 부관은 근거법률 및 당해 행정분야의 과업내용에 따라 허용되는 특정목적만을 수행하여야 한다는 것을 말한다. 따라서 목적적 관련성은 다른 행정기관의 권한영역에 속하는 행정목적을 부관을 통하여 수행하는 것을 방지하게 된다.

이 사건 원심판결과 대법원판결에 의하면, 인천시장이 이 사건 사업계획변경승인을 함에 있어서 원고가 기부채납을 하기로 부관으로 정한 토지는 자동차전용도로로 도시계획시설결정이 된 광1류6호선에 편입된 토지이고 이 사건 주택사업과는 아무런 관련이 없는 토지로서, 인천시장이 그 위에 도로개설을 하기 위해서는 그 토지소유자인 원고에게 보상금을 지급하고 소유권을 취득하여야 할 것임에도 원고에게 주택사업계획변경승인을 하게 됨을 기화로 주택사업과 전혀 관련이 없는 그 토지를 기부채납하도록 하는 이 사건 부관을 붙인 것임을 알 수 있다. 따라서 이러한 부관은 실체적 관련성이 없기 때문에 부당결부금지의 원칙에 위반되어 위법하다고 판시하고 있다.

그런데 대법원은 "이 사건에서 인천시장이 승인한 원고의 주택사업계획은 금 109,300,000,000원의 사업비를 들여 아파트 1,744세대를 건축하는 상당히 큰 규모의 사업임에 반하여, 원고가 기부채납한 위 2,791㎡의 토지가액은 그 100분의 1 상당인 금 1,241,995,000원에 불과한" 점을 들고 있는데, 이러한 점은 마치 이 사건 기부채납이 적법한 것으로 오인할 수 있는 측면이 있다. 실체적 관련성이 있는 경우에 일단 기부채납의 부당결부금지원칙에는 반하지 않지만, 사업의 규모와 기부채납액의 비율이 적정한 균형이 유지되지 않는다면 비례원칙여부가 문제되어 기부채납의 위법성을 문제삼을 수 있다. 따라서 대법원 판시와 같이 실체적 관련성이 없기 때문에 기부채납이 위법하다는 판단이 되면 또 다시 사업규모와 기부채납액의 비율을 따질 필요가 없다. 반면에 실체적 관련성이 있는 경우에 기부채납액이 지나친 경우라면 그러한 기부채납도 비례원칙에 반하는 것으로 위법성을 판단하여야 할 것이다.

(3) 위법성의 정도

무효원인인 흠과 취소원인인 흠의 구별기준에 관해서 중대설, 명백설, 중대명백설, 외관상 일견명백설, 조사의무위반설(직무성실의무설), 명백성보충요건설, 흠효과의 개별화이론(구체적가치형량설 · 다원설) 등의 대립이 있다. 이 점에 관해서 우리나라 대법원은 중대명백설을 주류적으로 따르고 있고(대법원 1961. 12. 21. 선고 4294행상6 판결, 대법원 1995. 7. 11. 선고 94누4615 전원합의체판결, 대법원 1995. 8. 22. 선고 94누5694 판결, 대법원 1996. 2. 9. 선고 95누4414 판결, 대법원 1996. 11. 12. 선고 96누1221 판결, 대법원 1997. 3. 14. 선고 96다42550 판결, 대법원 1997. 5. 9. 선고 96다55204 판결, 대법원 1997. 5. 28. 선고 95다15735 판결, 대법원 1997. 6. 19. 선고 95누8669 판결, 대법원 1997. 10. 10. 선고 97다26432 판결, 대법원

2001. 6. 1. 선고 99다1260 판결, 대법원 2001. 7. 10. 선고 2000다24986 판결, 대법원 2002. 2. 8. 선고 2000두4057 판결, 대법원 2002. 12. 10. 선고 2001두4566 판결, 대법원 2003. 6. 13. 선고 2003두1042 판결, 대법원 2004. 11. 26. 선고 2003두2403 판결, 대법원 2005. 6. 24. 선고 2004두10968 판결, 대법원 2006. 2. 24. 선고 2000두5741 판결), 외관상 일견명백설을 따른 경우도 있다(대법원 1987. 6. 23. 선고 85누944 판결, 대법원 1992. 4. 28. 선고 91누6863 판결, 대법원 1996. 12. 20. 선고 95다20379 판결, 대법원 1998. 6. 26. 선고 96누12634 판결). 따라서 하자가 명백하다고 하기 위해서는 그 사실관계 오인의 근거가 된 자료가 외형상 상태성(常態性)을 결여하거나 또는 객관적으로 그 성립이나 내용의 진정을 인정할 수 없는 것임이 명백한 경우라야 한다. 사실관계의 자료를 정확히 조사하여야 비로소 그 하자 유무가 밝혀질 수 있는 경우라면 이러한 하자는 외관상 명백하다고 할 수는 없다(대법원 1985. 11. 12. 선고 84누250 판결, 대법원 1992. 4. 28, 선고 91누6863 판결, 대법원 2004. 4. 16. 선고 2003두7019 판결 등 참조)고 판시하고 있다. 요컨대 대법원은 행정처분이 당연무효라고 하기 위하여서는 그 처분에 위법사유가 있다는 것만으로는 부족하고 그 하자가 중요한 법규에 위반한 것이고 객관적으로 명백한 것이어야 한다고 판시하고 있다. 그리고 하자가 중대하고도 명백한 것인가의 여부를 판별함에 있어서는 그 법규의 목적 · 의미 · 기능 등을 목적론적으로 고찰함과 동시에 구체적 사안 자체의 특수성에 관하여도 합리적으로 고찰함을 요한다.

그런데 이 사건에서 대법원은 위 부관의 하자가 중대하고 명백하여 당연무효라고 볼 수 없는 이유로써 ① 인천시장이 승인한 원고의 주택사업계획은 금 109,300,000,000원의 사업비를 들여 아파트 1,744세대를 건축하는 상당히 큰 규모의 사업임에 반하여, 원고가 기부채납한 위 2,791㎡의 토지가액은 그 100분의 1 상당인 금 1,241,995,000원에 불과한 점, ② 원고가 그 동안 위 부관에 대하여 아무런 이의를 제기하지 아니하다가 인천시장이 업무착오로 위 2,791㎡의 토지에 대하여 보상협조요청서를 보내자 그 때서야 비로소 위 부관의 하자를 들고 나온 점을 들고 있다. 그러나 이러한 대법원의 설시내용은 그 동안 대법원이 당연무효의 구별기준으로 밝히고 있는 "구체적 사안 자체의 특수성에 관한 합리적인 고찰"인지는 의문이다.

4. 판례의 의미와 전망

대법원 1997. 3. 11. 선고 96다49650 판결은 그 동안 행정법이론서에서 논의되어 오던 행정법의 일반법원칙 중 하나인 '부당결부금지의 원칙'을 명시적으로 언급한 최초의 대법원판결이다. 따라서 대법원 2005. 6. 24. 선고 2003두9367 판결에서 토지의 기부채납을 형질변경허가의 조건으로 하기 위해서는 기부채납의 대상이 된 토지에 공공시설을 설치할 필요가 있고, 그 기부채납의 정도가 공익상 불가피한 범위와 형질변경의 이익범위 내에서 이루어져야 한다는 점 외에도 그러한 공공시설설치의 필요성이 당해 토지에 대한 형질변경에 따른 것이어야 한다고 판시한 것은 대법원 1997. 3. 11. 선고 96다49650 판결을 보다 구체적으로 설시한 것으로 기부채납의 한계성을 보다 명확히 하였다고 할 것이다.

따라서 앞으로 '부당결부금지의 원칙'은 기부채납 사건에서뿐만 아니라 부관의 한계, 행정의 실효성확보수단 등과 관련해서 널리 적용될 수 있는 일반법원칙으로서 자리를 잡아갈 것으로 기대한다.

〈관련 참고문헌〉

김남진, "산림형질변경허가와 부관의 한계", 판례월보, 판례월보사, 1999. 4.
김학세, "부당결부금지의 원칙", 판례연구 제15집(상), 서울지방변호사회, 2001. 8.
박정훈, "행정법의 법원", 행정법연구 제4호, 행정법이론실무연구회, 1999. 4.
송영천, "기부채납과 토지형질변경행위허가", 인권과 정의, 제259호, 대한변호사회, 1998. 3.

8. 행정법규의 소급적용금지

— 대법원 2000. 3. 10. 선고 97누13818 판결 —

하 명 호*

Ⅰ. 판결개요

1. 사실관계

원고는 1989. 2. 2. 피고 통상산업부 광업등록사무소장으로부터 이 사건 광업권의 존속기간을 1989. 5. 1.부터 1996. 4. 30.까지로 하는 연장 허가를 받았다. 한편 원고는 관계당국으로부터 1993. 5. 10.부터 1995. 12. 31.까지 이 사건 광업권에 대한 사업휴지인가를 받았다.

그 후 원고는 1996. 1. 30. 피고에게 이 사건 광업권의 존속기간 연장신청을 하였는데 피고는 1996. 2. 1. 휴지인가를 받은 광산은 광업권의 존속기간 연장허가요건에 해당되지 않는다는 이유 등으로 원고의 위 신청을 거부하는 처분(이하 '이 사건 거부처분'이라 한다)을 하였다.

2. 광업법 시행령 개정경과

구 광업법 제14조 제2항의 위임에 따라 광업권 존속기간 연장허가의 요건과 절차를 규정하고 있는 시행령(1994. 12. 8. 대통령령 제14424호로 개정되기 전의 것, 이하 '개정 전 시행령'이라고 한다) 제3조는 그 제1항 제1호 본문에서 '광업권 존속기간의 연장허가 신청일로부터 소급한 3년간의 생산실적이 제34조의 규정에 의한 생산실적에 미달하는 때 또는 법 제99조의 규정에 의한 광물생산보고가 없을 때'에는 원칙적으로 광업권 존속기간 연장허가를 하여서는 아니 되는 것으로 규정하는 한편, 그 단서에서 위와 같은 생산실적의 미달 또는 광물생산보고 미필의 사유가 있더라도 탐광계획의 신고, 탐광실적의 인정, 탐광기간의 연장허가 및 광업권 존속기간 만료 1년 전까지의 사업개시 유예인가와 사업휴

* 고려대학교 법학전문대학원 부교수.

지인가라는 5가지 사유에 해당하면 연장허가가 가능하도록 규정하고 있었다.

그런데, 위 시행령은 1994. 12. 8. 대통령령 제14424호로 개정되어 부칙 제1항에 의하여 1995. 6. 8.부터 시행되었다(이하 위 개정된 시행령을 '개정 시행령'이라고 한다). 이 사건 거부처분 당시에 시행중이던 개정 시행령 제3조에서는 개정 전 시행령에 규정되어 있던 종전의 예외사유를 대부분 삭제하고, 탐광실적의 인정과 채광시설 · 선광시설에 대한 투자 등 소정의 투자실적이 있는 때만을 예외사유로 규정하고, 그에 대한 아무런 경과규정을 두지 않았다.

3. 소송경과

원고는 피고가 이 사건 광업권 존속기간 연장허가신청에 관하여 사업휴지인가를 받을 당시 시행 중이었던 개정 전 시행령 제3조 제1항 제1호를 적용하지 않고 이 사건 거부처분 당시 시행 중이던 개정 시행령을 적용한 것은 헌법상 금지되는 소급입법에 의한 재산권 박탈에 해당한다는 이유 등으로 이 사건 거부처분의 취소를 구하는 소송을 제기하였다.

이에 대하여 제1심인 서울고등법원은 원고의 위 주장을 배척하고 원고 패소판결을 선고하였다(서울고등법원 1997. 7. 24. 선고 96구29283 판결). 이에 원고가 불복하여 대법원에 상고하였으나, 대법원은 원고의 상고를 기각하였다.

3. 판결요지

[원심판결의 요지]

원심은 '이 사건 광업권 존속기간 연장허가 여부는 이 사건 거부처분시의 법령인 개정 시행령 제3조 제1항 제1호를 적용하여야 하고, 개정 전 시행령의 규정에 의하여 생산실적에 관계없이 존속기간 연장허가를 받을 수 있었던 원고가 개정 시행령의 규정에 따라 존속기간 연장허가를 받을 수 없게 되었다 하더라도 광업법의 입법목적과 개정 시행령 제3조 제1항 제1호 단서에서 탐광실적의 인정을 받았거나 채광시설 · 선광시설에 대한 투자 등 통상산업부장관이 인정하는 투자실적이 있는 경우에는 존속기간의 연장허가를 받을 수 있도록 규정하고 있는 사정 등을 종합적으로 참작하면 피고의 이 사건 거부처분이 헌법상 금지되는 소급입법에 의한 재산권의 박탈에 해당된다고 볼 수도 없다'는 취지로 판시하였다.

[대법원 판결의 요지]

대법원은, '광업권자가 광업권을 취득하고 그에 대한 사업휴지인가를 받은 것은 모두 개정 시행령이 시행되기 이전이기는 하나 그 존속기간의 만료는 개정 시행령 시행

이후인 1996. 4. 30.이고, 그 존속기간의 연장신청 역시 그 시행 이후인 1996. 1. 30.자로 이루어졌음이 분명하여 광업권의 존속기간 연장에 대하여 개정 시행령 규정을 적용하는 것이 이미 완성되거나 종결된 사실 또는 법률관계에 대하여 개정 시행령을 소급 적용하는 것이라고 할 수 없고, 광업권 취득과 사업휴지인가시 광업권자가 사업휴지인가를 광업권 존속기간 연장 불허의 예외사유로 규정한 개정 전 시행령 규정의 존속에 대하여 신뢰를 가졌다고 하더라도 그것이 국가에 의하여 유도된 것이라고 할 수 없을 뿐만 아니라 개정 전 시행령 규정에서 정한 예외사유는 광업권자에 대하여 예외적으로 유리한 효과를 부여하는 것이었던 점 등에 비추어 보면, 그러한 광업권자의 신뢰가 개정 시행령 규정의 적용에 관한 공익상의 요구와 비교 · 형량하더라도 더 보호가치가 있는 것이라고 할 수 없다'는 취지로 판시하였다.

Ⅱ. 평　　석

1. 쟁점정리

개정 시행령의 규정상으로는 광업권 존속기간의 연장허가 신청일로부터 소급한 3년간 소정 기준의 생산실적에 미달하거나 법 규정에 따른 광물생산보고가 없었을 때에는 개정 전 시행령과는 달리 탐광실적이나 소정의 투자실적이 인정되지 않는 한 그 기간 중에 사업휴지인가 등으로 광업권자가 탐광 혹은 채광과 관련된 광업법상의 의무가 면제된 기간이 있었는지 여부나 생산실적의 미달 또는 광물생산보고 미필의 사유가 무엇인지 여부를 불문하고 그 존속기간의 연장허가를 할 수 없다고 해석할 수밖에 없다.

그리하여 원고는 이 사건 광업권을 취득하고 그에 대한 사업휴지인가를 받은 것은 모두 개정 시행령이 시행되기 이전이어서, 피고가 이 사건 광업권에 대한 존속기간 연장허가신청에 대하여 개정 시행령을 적용하는 것은 소급입법금지의 원칙에 위반되므로, 개정 전 시행령을 적용할 것을 주장하고 있다. 이에 대하여 대법원은 이 사건 광업권에 대한 존속기간 연장허가 여부를 결정할 때 개정 시행령이 적용되는 것은 이른바 부진정소급적용의 문제로서 소급입법금지의 원칙에 위배되지 않고, 다만 신뢰보호의 원칙에 입각하여 개정 시행령의 적용이 배제되는지를 판단하고 있다.

결국 대상판결은 법령이 개정된 경우 처분을 행할 때 어떠한 법령이 적용되어야 하는지가 주된 쟁점인바, 이를 해결하기 위해서는 개정 시행령 제3조를 적용한 이 사건 거부처분이 소급입법금지의 원칙이나 신뢰보호의 원칙에 위반되는지 여부를 살펴보아야 한다.

2. 관련판례

대상판결이 선고되기 이전부터 이미 헌법재판소는 부진정 소급입법이 신뢰보호의 원칙을 위반하여 위헌인지 여부에 관하여 대상판결과 유사한 법리로 판단하고 있었다. 신뢰보호의 원칙에 위반하여 위헌이라고 판단한 사례로서, 청구인이 조세감면법상 증자소득의 감면조치에 관한 규정에 따라 증자소득의 공제를 기대하고 증자하였는데 사업연도 도중에 법률이 청구인에게 불리하게 개정되었음에도 개정법의 발효일 이전에 도과된 사업연도분에 대하여 구법을 계속 적용하는 경과규정을 두지 아니 한 것은 신뢰보호의 원칙에 위반된다는 결정(헌법재판소 1995. 10. 26. 선고 94헌바12 결정), 기존 특허청 경력공무원 중 일부에게만 구 변리사법 규정을 적용하여 변리사자격이 부여되도록 규정한 변리사법 부칙 제3항이 신뢰이익을 침해하는 것으로서 헌법에 위반된다는 결정(헌법재판소 2001. 9. 27. 선고 2000헌마 208 등 결정) 등을 들 수 있다. 반면에 개정된 교육공무원법이 교육공무원의 정년을 65세로 62세로 단축하되 부칙에서 기존교원들에 대하여 명예퇴직수당의 지급대상 및 지급액에 관하여 종전의 정년을 적용토록 한 경과조치의 존재 등을 고려할 때 신뢰보호의 원칙에 위배되는 것이 아니고(헌법재판소 2000. 12. 14. 선고 99헌마112 등 결정), 공무원의 임용 당시에는 연령정년에 관한 규정만 있었는데 사후에 계급정년규정을 신설하여 정년이 단축되도록 규정한 구 국가안전기획부직원법 제22조 제1항 제2호 및 부칙 제3항이 신뢰보호의 원칙에 위배된다고 할 수 없으며(헌법재판소 1994. 4. 28. 선고 91헌바15 등 결정), 서울대학교의 94학년도 대학입학고사 주요요강에서 인문계열 대학별고사의 제2외국어에 일본어를 제외한 것이 신뢰보호의 원칙에 위반되는 것은 아니라고 결정하였다(헌법재판소 1992. 10. 1. 선고 92헌마68 등 결정).

대법원은 비관리청이 항만공사 시행허가를 받은 이후 항만시설 준공시까지 사이에 비관리청의 항만시설 무상사용권의 범위와 관련된 총사업비에 포함되는 건설이자율에 관한 항만법시행령이 비관리청에게 불리하게 개정된 경우 비관리청의 항만시설 무상사용권의 범위와 관련된 총사업비의 산정은 비관리청의 신뢰보호를 위하여 개정 전 항만법 시행령을 적용하여야 하고(대법원 2001. 8. 21. 선고 2000두8745 판결), 변리사 제1차 시험을 절대평가제에서 상대평가제로 환원하는 내용의 변리사법 시행령 개정조항을 즉시 시행하도록 정한 부칙 부분은 신뢰보호의 원칙에 위배되어 무효이며(대법원 2006. 11. 16. 선고 2003두12899 전원합의체 판결), 한약사 국가시험의 응시자격에 관하여 개정 전의 약사법 시행령 제3조의2에서 '필수 한약관련 과목과 학점을 이수하고 대학을 졸업한 자'로 규정하고 있던 것을 '한약학과를 졸업한 자'로 응시자격을 변경하면서, 그 개정 이전에 이미 한약자원학과에 입학하여 대학에 재학 중인 자에게도 개정 시행령이 적용되게 한 개정 시행령 부칙은 헌법상 신뢰보호의 원칙에 위배되어 허용될 수 없다고 판시하였다(대법원 2007. 10. 29. 선고 2005두4649 전원합의체 판결). 반면에 대상판결과 같이 개정 법령을 적용하는 것이 신뢰보호의 원칙에 위반하지 않는다는 사례로서, 의사가 파산선고를 받고 복권되지 아니한 경우를 임의적 면허취소사유로 규정한 개정 전 의료법하에서 파산선고를 받았으나 같은 경우를 필요적 면허취소사유로 규정한 개정 의료법하에서도 복권되지 아니한 의사에 대하여 개정 의료법을 적용하여야 한다는 판결(대법원 2001. 10. 12. 선고 2001두274 판결), 의무사관후보생의 병적에서 제적된 자가 몇 세부터 징병검사·현역병입영 등의 의무를 면제받는가 하는 점에 관한 관계 법령의 규정이 개정되어 온 경우 위 제적된 자에게 적용될 법령은 제적 당시의 시행법령이라는 판결(대법원 2002. 6. 25. 선고 2001두5125 판결), 채석허가기준에 관한 관계 법령이 개정되었고 경과규정에서 그 적용 범위에 관한 정함이 없는 경우 변경된 법령 및 허가기준을 적용한 것이 위법하지 않다는 판결(대법원 2005. 7. 29. 선고 2003두3550 판결), 건설회사가 종전 국토이용관리법 시행 당시 주택건설사업계획 승인신청을 하였는데 그 후 국토의 계획 및 이용에 관한 법률의 시행으로 국토이용관리법이 폐지됨에 따라 시장이 신법에 의하여 위 신청을 반려한 사안에서 위 반려처분 당시 적용될 법률은 종전 국토이용관리법이 아니라 국토의 계획 및 이용에 관한 법률이라는 판결(대법원 2006. 8. 25. 선고 2004두2974 판결), 건축허가기준에 관한 성남시 도시계획조례가 개정되고 경과규정에서 그 적용 범위에 관하여 정하지 않은 경우 개정 후 조례 조항을 적용하는 것이 신뢰보호원칙에 반하지 않는다는 판결(대법원 2007. 11. 16. 선고 2005두8092 판결) 등을 들 수 있다.

3. 판결의 검토

가. 소급입법금지 원칙의 위반 여부

(1) 소급효의 개념과 종류

법령의 소급효란, 법령을 공포하면서 시행일을 과거의 어느 때라고 명시하거나, 법령의 형식적 시행일은 공포일과 같으나 공포·시행일 전 과거에 발생한 행위를 규율한다고 명시함으로써 해당 법령이 공포일보다 과거로 거슬러 올라가 적용되는 경우 해당 법령이 가지는 효력을 말한다. 통상 소급효는 진정 소급효와 부진정 소급효로 구분하는데, 그 기준은 법령이 이미 종료된 사실관계에 작용하는가 아니면 현재 진행 중인 사실관계에 작용하는가에 따라 구분하는 것이 일반적이고, 헌법재판소의 확립된 판례이다.

진정 소급효는 헌법 제13조 제2항의 소급입법에 의한 재산권 박탈금지 규정에 위반되므로 헌법적으로 허용되지 않는 것이 원칙이나, 국민이 소급 입법을 예상할 수 있었거나 법적 상태가 불확실하거나 혼란스러웠거나 하여 보호할 만한 신뢰의 이익이 적은 경우와 소급 입법에 의한 당사자의 손실이 없거나 아주 경미한 경우, 그리고 신뢰보호의 요청에 우선하는 심히 중대한 공익상의 사유가 소급 입법을 정당화하는 경우 등 특단의 사정이 있는 경우에는 예외적으로 허용된다(헌법재판소 1998. 9. 30. 선고 97헌바38 결정 등 확립된 판례). 따라서, 개정 법령이 진정소급효를 가지는 경우 원칙적으로 위헌 · 무효이므로 처분 당시 적용할 법령은 개정 전 법령이 된다.

반면에 부진정 소급효는 허용되는 것이 원칙이다. 다만 구법의 존속에 대한 국민의 신뢰가 개정 법령의 적용에 관한 공익상의 요구보다 더 보호가치가 있다고 인정되는지 여부에 따라 그 적용이 제한될 수 있다고 할 것이다. 따라서 개정 법령이 부진정 소급효를 가지는 경우 이는 원칙적으로 허용되므로 처분 당시 적용할 법령은 개정 법령이 될 것이나, 입법자는 신뢰보호의 관점에서 경과규정을 둘 수 있다.

(2) 대상판결 사안의 경우

개정 시행령 제3조는 부칙 제1항에 의하여 1995. 6. 8.부터 시행되었는바, 원고가 이 사건 광업권을 취득하고 그에 대한 사업휴지인가를 받은 것은 모두 개정 시행령이 시행되기 이전이지만 이 사건 광업권에 대한 존속기간 연장허가신청에 대한 거부처분은 개정 시행령이 시행된 이후인 1996. 2. 1. 이루어졌다. 따라서 피고가 개정 시행령 제3조를 적용하여 이 사건 거부처분을 발한 것이 소급입법금지의 원칙을 위반하여 재산권을 박탈한 것인지 여부는 그것이 진정 소급적용인지 부진정 소급적용인지 여부에 따라 달라진다.

개정 전후의 시행령 제3조는 광업권에 대한 존속기간 연장요건을 규율하기 위한 규정들인데, 개정 시행령 시행일 전에 이 사건 광업권을 취득하고 사업휴지인가를 받았을 뿐이지 이 사건 광업권 존속기간 연장요건을 이미 갖춘 것이 아니므로, 부진정 소급적용의 문제에 불과하다. 그렇다면 피고가 이 사건 거부처분을 함에 있어서 개정 전 시행령이 아니라 개정 시행령을 적용한 것은 원칙적으로 허용되는 것이므로, 소급입법금지의 원칙을 위반하였다고 볼 수 없다. 따라서 피고가 개정 전 시행령이 아니라 개정 시행령을 적용한 것이 신뢰보호의 원칙에 어긋나는 것인지의 문제만 남게 된다.

나. 신뢰보호의 원칙 위반 여부

(1) 법령의 개정과 신뢰보호의 원칙

(가) 신뢰보호의 구성요건

첫째, 보호필요성의 존재영역이 문제되는데, 변경된 새 법령이 국민의 권리나 자유를 제한하는 것이거나 국민에게 부담을 지우는 것에 한정된다. 신법이 피적용자에게 유리한 경우(이른바 시혜적 소급입법)는 원칙적으로 입법자에게 광범위한 입법형성의 자유가 인정된다(헌법재판소 2002. 2. 28. 선고 2000헌바69 결정 등 다수).

둘째, 어떤 법령이 계속 존재할 것이라는 것에 대한 신뢰가 법적으로 보호받기 위해서는 법령의 존속을 신뢰하고 이를 기초하여 행한 어떤 구체적인 행위가 존재하여야 한다. 그리고 구 법령의 존속에 대한 신뢰행위가 법적으로 보호받을 만한 가치를 가진 신뢰이익을 지니고 있어야 한다.

(나) 신뢰의 보호 여부에 대한 주요한 판단 척도

먼저, 법령개정의 예측가능성 여부이다. 법적 상태의 존속에 대한 개인의 신뢰의 보호가치는 그가 어느 정도로 법적 상태의 변화를 예측할 수 있는지 혹은 예측하였어야 하는지 여부에 따라 상이한 강도를 가진다. 일반적으로 법령은 현실상황의 변화나 입법정책의 변경 등으로 언제라도 개정될 수 있는 것이고 원칙적으로 이에 대한 법령이 사정에 따라 변경될 수 있다는 것을 예측할 수 있다고 설명된다. 그러나 입법자가 법령에 의한 명시적인 존속을 확약한 경우에 그 기간 동안에는 특별한 신뢰보호가 요구된다.

다음으로 위험부담의 분배문제를 생각할 수 있다. 강제적 · 명령적 계획과 같이 법령이 개인의 결정 가능성을 배제하고 국가가 일방적으로 자신의 의사를 사인의 행위기준으로 강요하는 경우에는 국가의 의사에 따라 행동한 사인의 신뢰행사가 더욱 존중되어야 하는바, 이 경우 계획변경의 책임은 전적으로 국가에게 귀속되어야 한다. 또한, 개인의 신뢰 행사가 단지 법령이 반사적으로 부여하는 기회의 활용을 넘어서 법령에 의하여 유발된 특별한 신뢰보호의 요건이 존재한다면, 원칙적으로 개인의 신뢰보호가 국가의 법령개정 이익에 우선해야 한다(유도된 신뢰의 행사).

한편, 입법자는 일정한 생활영역을 중장기적으로 규율하는 질서유지 · 형성적 기능을 하는 경제 · 사회정책적 규범을 제정할 수 있고, 이러한 규범에 있어서는 입법자는 개인이 법령을 자신의 행위와 결정의 기준으로 삼을 가능성을 예견할 수는 있지만 이를 유도하였다고 볼 수는 없을 것이다. 이 경우 개인은 자신의 계획에 따라 행위하면서 단지 법령이 개방하는 기회를 현실화할 뿐이므로, 구법에 대한 신뢰보호가 개정 법령의 공익보다 우선한다고 보기 어려울 것이다. 다만, 개인의 신뢰이익에 대한 손상이 개정 법령이 달성하려는 공익실현의 관점에서도 더 이상 정당화될 수 없을 정도로 과도하다면 그 신뢰이익은 경과규정을 통하여 적절히 고려되어야 한다.

(다) 신뢰보호의 구체적인 실현수단으로서의 경과규정

신뢰이익과 법령개정을 요구하는 공익을 교량하고 양 법익을 조화시키는 과정에서, 개인이 비록 구 법령의 존속을 요구할 수는 없으나 법령개정에 있어서 보호가치 있는 자신의 신뢰이익을 고려해 줄 것을 요구할 수 있다(경과규정의 필요성). 여기에서 경과 규정은 법령개정이 추구하는 공익과 개인의 신뢰이익을 이상적으로 조화시키고 균형점을 찾는 가능성으로 기능한다. 그러나, 적절한 경과 규정이 무엇인지 여부는 헌법의 문제가 아니라 입법논의의 과제이므로, 입법자는 경과 규정의 제정에 있어서 형성의 자유를 부여받았다고 볼 수 있다(입법형성의 문제).

경과규정은 구법의 무제한적인 계속적용, 시간적인 또는 내용적인 제한 하에서의 구법의 계속적용, 적응보조(세제상의 감면혜택, 단기적인 보조금지급 등) 등으로 나타날 수 있다. 개인의 신뢰행사가 단지 법령이 반사적으로 부여하는 기회의 활용을 넘어서 법령에 의하여 의도되고 일정한 방향으로 유발된 것이라면 원칙적으로 개인의 신뢰보호가 국가의 법령개정 이익에 대하여 우위를 차지하므로 구법의 무제한적인 계속적용이 원칙적으로 요구되고, 이러한 경우에 경과규정은 구법에 기한 신뢰이익이 인정되는 자에게 구법을 적용하는 것을 내용으로 하게 될 것이다. 개인의 신뢰행사가 법령이 반사적으로 부여하는 기회의 활용에 불과한 경우라도 신뢰보호가 필요한 경우 적정한 유예기간을 두는 등의 경과규정을 두어야 하는 경우도 있을 것이다.

㈑ 사법심사의 방법 : 비교형량의 문제

입법자가 적절한 경과규정을 두었는지의 문제는 입법형성의 문제이므로, 이에 대한 심사는 입법자가 입법형성의 한계를 일탈하였는지 여부에 대한 판단이 될 것이다.

법령의 개정에 있어서 구 법령의 존속에 대한 당사자의 신뢰가 합리적이고도 정당하고, 법령의 개정으로 야기되는 당사자의 손해가 극심하여 새로운 법령으로 달성하고자 하는 공익적 목적이 그러한 신뢰의 파괴를 정당화할 수 없다면, 입법자는 경과규정을 두는 등 당사자의 신뢰를 보호할 적절한 조치를 하여야 하고, 이와 같은 적절한 조치 없이 새 법령을 그대로 시행하거나 적용하는 것은 허용될 수 없다 할 것인데, 이는 헌법의 기본원리인 법치주의 원리에서 도출되는 신뢰보호의 원칙에 위배되기 때문이다.

대법원과 헌법재판소는 이러한 신뢰보호 원칙의 위배 여부를 판단하기 위한 기준으로, '한편으로는 침해받은 이익의 보호가치, 침해의 중한 정도, 신뢰가 손상된 정도, 신뢰침해의 방법 등과 다른 한편으로는 새 법령을 통해 실현하고자 하는 공익적 목적을 종합적으로 비교 · 형량하여야 한다'고 일관되게 판시하고 있다(대법원 2006. 11. 16. 선고 2003두12899 전원합의체 판결, 헌법재판소 2002. 11. 28. 선고 2002헌바45 결정 등).

(2) 대상판결 사안의 경우

㈎ 신뢰보호의 구성요건 해당 여부

개정 전 시행령 제3조가 개정되지 않았더라면 원고는 이 사건 광업권 존속기간을 연장 받았을 가능성이 있었는데, 개정 시행령 제3조가 시행됨으로써 이제는 그 가능성이 사라졌으므로, 이는 원고에게 권리를 제한하거나 부담을 지우는 것에 해당한다. 또한 원고는 개정 전 시행령 제3조를 신뢰하여 이 사건 광업권 존속기간 연장허가를 받을 수 있으리라는 기대를 가지고 있었으므로 연장허가 신청행위라는 신뢰에 기초한 구체적 행위가 존재하고, 그 신뢰이익도 법적으로 보호받을 만한 가치를 지니고 있다고 볼 수 있다.

(나) 공익과 신뢰이익의 비교형량

원고가 이 사건 광업권 연장허가를 받을 수 있을 것이라는 신뢰를 가지고 있고 그 신뢰가 보호가치가 있다는 등의 신뢰보호의 구성요건이 충족한다고 하여 곧바로 개정 시행령을 적용한 이 사건 거부처분이 위법하다고 단정할 수는 없는 것이고, 나아가 원고의 신뢰이익과 개정 시행령을 적용하는 데에 따른 공익을 비교형량하는 과정이 필요하다.

개정 전 시행령에서 탐광계획의 신고, 탐광실적의 인정, 탐광기간의 연장허가 및 광업권 존속기간 만료 1년 전까지의 사업개시 유예인가와 사업휴지인가라는 5가지 사유를 규정하고 있었던 것과는 달리, 개정 시행령은 탐광실적의 인정과 채광시설 · 선광시설에 대한 투자 등 소정의 투자실적이 있는 때만을 예외사유로 규정하고 있는바, 이처럼 종전의 예외사유를 대부분 삭제한 것은 광업권의 사후관리제도를 실제로 광업을 영위하고자 하는 자 위주로 개선하고 뚜렷한 생산활동 없이 명목상으로만 광업권을 장기간 보유하는 것을 억제함으로써 광물자원의 합리적 개발을 촉진하고자 함에 그 취지가 있다.

또한, 사업휴지인가를 광업권 존속기간 연장 불허의 예외사유로 규정한 개정 전 시행령 규정의 존속에 대하여 원고가 신뢰를 가졌다고 하더라도 그것은 국가에 의하여 유도된 것이라는 등 특별히 더 많은 보호를 해야 할 가치를 가지는 것은 아니고 오히려 개정 전 시행령 규정에서 정한 예외사유는 광업권자에 대하여 예외적으로 유리한 효과를 부여하는 것이다.

아울러 원고가 개정 시행령 제3조가 시행됨에 따라 사업휴지인가라는 예외사유의 적용을 받지 못하더라도 탐광실적의 인정을 받거나 채광시설 · 선광시설에 대한 투자 등 통상산업부장관이 인정하는 투자실적이 있었다면 존속기간의 연장허가를 받을 수 있는 기회가 남아 있었다.

대법원은 대상판결에서 위와 같은 개정 시행령의 입법취지 등 제반 사정을 고려하여 원고의 신뢰가 개정 시행령 규정의 적용에 관한 공익상의 요구와 비교 · 형량하더라도 더 보호가치가 있는 것이라고 할 수 없으므로, 원고의 이 사건 광업권 존속기간 연장허가 신청에 대해서 개정 시행령 규정을 적용한 것이 위법하지 않다고 판시하였던 것이다.

4. 판결의 의미와 전망

이미 헌법재판소에서는 대상판결이 선고되기 이전부터 대상판결과 유사한 법리에 입각하여 소급입법금지의 원칙과 부진정 소급입법에 있어서 신뢰보호의 원칙에 대하여 판단하고 있었다. 그러나 대상판결은 위와 같은 문제를 다룬 최초의 대법원 판결이라는 점에서 큰 의미를 가지고 있다.

대법원은 최근에는 대상판결에서 밝힌 법리를 기초로 하여 좀 더 세밀하고 구체적인 사안의 검토와 법리의 설시를 행하고 있는바, 이는 바람직한 현상이라고 평가할 수 있다. 향후 대법원이 법령이 개정된 경우 개정된 법령을 적용하는 것이 소급입법금지의 원칙이나 신뢰보호의 원칙에 위반되는지 여부에 관하여 대상판결과 같은 법리를 계속적으로 취할 것으로 보인다.

대상판결에서는 개정 시행령을 적용한 이 사건 거부처분이 신뢰보호의 원칙에 위반되는 것이 아니라고 판시하였고, 대상판결과 같이 개정 법령을 적용하는 것이 신뢰보호의 원칙에 위반하지 않는다는 사례가 대부분이다. 그런데, 최근에는 대법원이 특히 시험규정과 같이 사회적으로 상당한 파장이 있는 사안에서 신뢰보호의 원칙을 적용하는데 전향적인 자세를 취하고 있다. 그 예로서 앞서 본 변리사 제1차 시험에 관한 대법원 2006. 11. 16. 선고 2003두12899 전원합의체 판결과 한약사 국가시험에 관한 대법원 2007. 10. 29. 선고 2005두4649 전원합의체 판결을 들 수 있다.

〈참고문헌〉

김경란, '구 약사법 시행령 제3조의2의 개정과 헌법상 신뢰보호원칙 및 평등의 원칙', 대법원 판례해설 제72호, 2007.

정종섭, '법률의 변경에 있어서 신뢰의 보호', 헌법연구 제3권, 2004.

한수웅, '법률개정과 신뢰보호—부진정소급효에 관한 헌법재판소 판례평석을 겸하여—', 인권과 정의 제250호, 1997. 6.

9. 공법관계와 사법관계의 구별

— 대법원 1983. 12. 27. 선고 81누366 판결 —

안 철 상*

Ⅰ. 판결개요

1. 사실관계

원고는 1980. 3. 29. 충북 음성-충주 통신케이블공사의 입찰공고에 따라 60,780,000원을 입찰금액으로 예정하고 이 100분의 10을 초과한 7,000,000원을 같은 해 4. 10. 그 입찰보증금으로 납부하고 같은 달 11. 16:00경 조달청 중앙보급창입찰실에 대리인인 소외 A를 참여시켜 입찰하게 하였다. 그런데 A는 입찰서상 입찰금액란에 60,780,000원을 기재한다는 것이 착오로 육백칠만팔천원(6,078,000원)으로 잘못 기재하여 투찰하였고, 이에 계약담당공무원인 소외 B는 개찰한 결과 위 6,078,000원을 예정가격 이하의 최저입찰금액으로 지정하여 원고를 낙찰자로 선언하였다. 그러자 A는 위 입찰금액의 기재가 60,780,000원의 착오에 인한 기재임을 깨닫고 즉시 개찰현장에서 착오에 인하였음을 고하고 B에게 입찰취소의 의사표시를 하였으나, B는 위 착오에 인한 것임을 인정하지 아니하였다.

한편, 피고(조달청장)는 1980. 4. 12. 및 같은 달 17. 두 차례에 걸쳐서 시한을 정하여 원고에게 본건 공사계약 체결서류의 제출 및 같은 법 시행령 제77조 소정의 계약보증금과 같은 영 제102조 소정의 차액보증금의 지급을 통고하였으나, 원고가 이에 불응하자 원고의 이 사건 공사계약체결서류의 제출 및 계약보증금과 차액보증금의 지급불응을 이유로 원고를 부정당업자로 보고, 원고가 이 사건 공사입찰보증금으로 납부한 7,000,000원을 국고로 귀속시키는 조치를 하고, 또 같은 법 제70조의18, 같은 법 시행령 제89조 제1항 제5호에 따라 원고에게 1980. 4. 26.부터 같은 해 10. 25.까지 6월간 입찰참가자격을 정지(제한)하는 처분을 하였다.

---

* 대전지방법원장.

2. 소송경과

원고는 피고를 상대로 입찰보증금 국고귀속처분과 입찰참가자격정지처분의 취소를 구하는 소를 제기하였다. 원심인 서울고등법원은 "위와 같은 입찰금액의 기재는 시설공사입찰유의서 제10조 제10호 소정의 입찰서에 기재한 중요부분의 착오가 있는 경우에 해당되어 이를 이유로 위와 같이 즉시 입찰취소의 의사표시를 한 이상 피고는 본건 입찰을 무효로 선언함이 마땅하므로 원고가 이건 공사계약체결에 불응하였음에는 정당한 이유가 있고, 따라서 원고를 위와 같이 부정당업자로서 제재한 본건 처분은 피고가 그 재량권을 일탈하여 행사한 것으로서 위법하다."고 판시하면서, 입찰참가자격정지처분을 취소하고, 또 원고가 납부한 입찰보증금 국고귀속조치도 취소하였다.

3. 판결요지

대법원은 다음과 같은 이유로 입찰보증금 국고귀속조치 취소청구에 대하여는 원심판결을 취소하고 이 부분의 소를 각하하였고, 입찰참가자격정지처분 취소청구에 대하여는 상고를 기각하였다.

(1) 예산회계법에 따라 체결되는 계약은 사법상의 계약이라고 할 것이고, 같은 법 제70조의5의 입찰보증금은 낙찰자의 계약체결의무이행의 확보를 목적으로 하여 그 불이행시에 이를 국고에 귀속시켜 국가의 손해를 전보하는 사법상의 손해배상 예정으로서의 성질을 갖는 것이므로, 입찰보증금의 국고귀속조치는 국가가 사법상의 재산권의 주체로서 행위하는 것이지 공권력을 행사하는 것이거나 공권력작용과 일체성을 가진 것이 아니므로, 이에 관한 분쟁은 행정소송이 아닌 민사소송의 대상이 될 수밖에 없다.

(2) 원고의 대리인이 입찰금액을 60,780,000원으로 기재한다는 것이 착오로 6,078,000원으로 잘못 기재한 것은 시설공사 입찰유의서(재무부회계예규 1201, 04-101) 제10조 제10호 소정의 입찰서에 기재한 중요부분의 착오가 있는 경우에 해당되어 이를 이유로 즉시 입찰취소의 의사표시를 한 이상 피고는 이 사건 입찰을 무효로 선언함이 마땅하므로 원고가 이 사건 공사계약체결에 불응하였음에는 정당한 이유가 있다고 할 것이니 원고를 부정당업자로서 6월간 입찰참가자격을 정지한 피고의 처분은 재량권을 일탈하여 위법하다.

Ⅱ. 평 석

1. 쟁점정리

행정법학에서 공법과 사법, 공법관계와 사법관계의 구별 문제는 대륙법계 법질서의 역사적 산물이다. 우리의 법체계도 기본적으로는 대륙법계 제도를 계수하였다고 볼 수 있고, 이러한 점에서 공법과 사법, 공법관계와 사법관계를 구별하는 문제가 등장하게 된다.

대상판결의 사안은 행정조달계약에서 입찰보증금 국고귀속조치와 입찰참가자격정지처분을 다투는 사안이다. 통설은 사법관계의 경우에는 민사소송을, 공법관계의 경우에는 행정소송을 제기하여야 한다고 하고 있으므로, 통설에 따르는 경우 대상판결의 사안이 행정소송인지 민사소송인지 판단하기 위해서는 행정조달계약과 이로 파생된 법률관계가 공법관계인지 사법관계인지 그 법적 성격이 문제된다.

어떠한 법률관계가 공법관계인지 사법관계인지 구별하기 위해서는 공법과 사법의 구별이 전제가 된다고 할 수 있다. 따라서 공법과 사법의 구별에 관한 학설의 태도를 살펴보고, 나아가 대상판결에서 나타난 입찰보증금의 국가귀속조치 및 입찰참가자격제한의 성격과 이를 다투는 소송이 행정소송인지 민사소송인지 여부를 검토하기로 한다.

2. 판결의 검토

가. 공법과 사법의 구별

(1) 종래의 통설은 행정법을 '행정에 특유한 국내공법'으로 정의하여 왔다. 이러한 견해에 따르면, 행정법은 '공법'을 대상으로 하고 있기 때문에 행정법학의 학문적 체계는 공법과 사법의 구별을 전제로 한다고 할 수 있다. 이와 같이 종래의 통설에 의하면, 행정법학에서 공법과 사법의 구별 문제는 중요한 의미를 가지고 있고, 이러한 의미에서의 공법과 사법의 구별을 이론적 구별이라 할 수 있다.

한편, 실정법이 공법과 사법의 이원적 체계로 이루어지고 있음을 전제로 하여 공법과 사법을 구별하려는 태도도 있을 수 있는데 이를 제도적 구별이라 할 수 있다. 제도적 구별의 경우, 먼저 실체법상의 문제로서, 행정법은 헌법, 민법, 형법 등과 같은 법전이 존재하지 않기 때문에 행정이 관여하는 법률관계에 관하여 법을 해석 · 적용하기 위해서는 그 법률관계가 공법관계인지 사법관계인지 결정할 필요가 있고, 이를 위해서는 그 법률관계를 규율하는 법이 공법인지 사법인지 결정할 필요가 있다. 다음으로 소송절차상의 문제로서, 행정소송법은 '공법상의 법률관계'에 관한 소송을 '당사자소송'으로, '공권력 행사에 불복'하는 소송을 '항고소송'으로 하고 있고, 이에 따라 통설은 행정소송과 민사소송은 그 대상이 공법관계인지 사법관계인지에 따라 구별된다고 한다. 공법관계는 공법이 규율하는 법률관계이고, 사법관계는 사법이 규율하는 법률관계이므로, 행정소송과 민사소송의 구별은 공법과 사법의 구별에 귀결된다고 할 수 있다(김철용, 603면, 이홍훈, 468면). 따라서 행정이 관여하는 구체적인 법률관계에 대한 법적 분쟁이 생긴 경우에 그 소송절차를 결정하기 위해서는 그 법률관계를 규율하는 법이 공법인지 사법인지 구별할 필요가 있다.

(2) 공법과 사법의 구별의 기준에 관한 대표적인 학설로는, 법이 실현하고자 하는 이익을 기준으로 하여 공익을 실현하는 법이 공법이고 사익을 실현하는 법이 사법이라는 이익설, 법률관계가 상하관계인가 대등관계인가를 기준으로 하여 상하관계를 규율하는 법이 공법이고 대등관계를 규율하는 법이 사법이라는 성질설(권력설, 종속설, 복종설), 법률관계의 주체를 기준으로 하여 한 쪽 당사자가 국가 기타 행정주체인 법률관계를 규율하는 법이 공법이고 사인 상호간의 법률관계를 규율하는 법이 사법이라는 주체설, 공권력 주체나 그 기관에게만 배타적으로 권리 · 의무가 귀속되는 법이 공법이고 행정주체를 포함한 모든 권리주체에게 권리 · 의무가 귀속되는 법이 사법이라는 신주체설(귀속설) 등이 있다. 어느 하나의 설에 의하더라도 완전히 공법과 사법을 구별하기는 어렵고, 공법 · 사법 이원론을 취하더라도 위 학설을 병용 내지 절충하는 견해가 많다(최송화, 94면).

(3) 한편, 공법 · 사법 일원론의 입장에서 양자의 구별을 부인하는 견해도 있고, 이러한 견해가 일본의 지배적인 견해라 할 수 있는데, 대표적인 견해를 요약하여 소개하면 다음과 같다(塩野宏, 25면 이하).

"① 행정법의 대상과 관련하여, 행정상의 법률관계는 공법관계와 사법관계가 있고, 공법관계에도 민법이 적용되는 경우가 있으므로, 행정법이 '공법'만을 대상으로 하는 것이 아니다. ② 실체법상의 문제와 관련하여, 어떠한 법률관계에 관하여, 명문의 규정이 있는 경우에는 그 규정의 해석이 문제가 될 뿐 공법 · 사법의 문제가 아니고, 명문의 규정이 있지만 법이 공법이라는 개념을 요소로 하고 있는 경우에는 그 규정의 적용에 대하여는 공법 · 사법의 구별이 필요하나 실정법상 이러한 규정이 존재하지 않으며, 아무런 규정이 없는 경우에는 민법을 적용할 것인가 민법 이외의 법을 적용할 것인가가 문제되지만 민법 이외의 법을 적용한다고 하여 그 관계를 민법과 다른 공법관계라고 할 필요는 없다. ③ 소송절차상의 문제와 관련하여, 행정활동 중에서 공권력의 행사에 관하여는 행정사건소송법이 적용되지만, 그렇다 하여 그것이 공법 · 사법의 구별을 명백히 하지 않으면 안 된다든지 그 법이 공법 · 사법의 구별을 당연한 전제로 하고 있다고 할 수는 없다."

(4) 우리나라는 행정소송에 관하여 민사소송과 다른 절차를 규정하고 있는 행정소송법이 별도로 제정되어 있는데, 이러한 행정소송법에서 명문으로 "행정청의 공권력의 행사 또는 그 거부와 이에 준하는 행정작용"에 관한 불복의 소송은 항고소송으로서 민사소송과는 다른 행정소송법의 특수한 규정의 적용을 받도록 하고 있고, 또 "공법상의 법률관계에 관한 소송"으로 당사자소송을 규정하고 있다. 그리고 행정사건을 다루는 행정법원이 별도로 설치되어 있어, 행정법원이 관할하는 사건을 결정하기 위해서는 민사소송

과 행정소송을 구별하는 것이 필수적이다. 따라서 우리의 실정법상 공법과 사법을 구별할 실익이 없다고 할 수 없다. 그리고 이미 실정법상 제도화된 상황에서 공법과 사법의 구별을 부인하는 것은 도리어 혼란을 자아낼 수 있고, 그 구별의 필요성 여부에 초점을 맞춘 논의에서 벗어나 이론적 정합성을 견지하면서 국민의 권익구제에 이바지하는 권리구제체제의 구축이 요구된다(김중권, 455면).

그런데 공법과 사법의 중간에 속하는 법률이 다수 제정되고, 공법과 사법의 구별이 상대화되는 등 공법과 사법의 구별이 쉽지 않은 경우도 많다. 그리고 우리 사회가 고도의 산업사회로 발전·변모함에 따라 행정수요도 양적·질적으로 팽창하고, 이와 관련하여 행정작용도 그 영역이 점점 확대될 것으로 예상할 수 있다. 한편, 공법상의 법률관계에 관한 쟁송은 사건수의 증가와 더불어 특수성, 전문성을 가지지 않을 수 없게 되고, 행정소송법이 일반법원과 구별되는 행정법원을 설치한 취지도 이러한 행정사건의 특수성, 전문성에 대비한 것이라고 할 수 있다. 따라서 행정사건과 민사사건을 판정함에는 공법관계와 사법관계의 구별을 기본으로 하면서 사건의 특수성, 전문성을 고려할 필요가 있다(안철상, 33면 이하).

나. 공법관계와 사법관계

(1) 개 설

일반적으로 법주체 사이의 권리·의무관계를 법률관계라 한다. 행정상 법률관계는 어느 일방이 행정주체인 법률관계를 말하고, 이에는 주로 공법관계가 포함되겠으나 논자에 따라 그 범위는 다르지만 사법관계도 이에 포함되는 것으로 보고 있다. 일반적으로 공법관계는 권력관계, 관리관계로, 사법관계는 행정사법관계, 순수한 사법관계로 분류될 수 있다. 이와 같이 오늘날에는 행정사법 이론의 등장, 국고 개념의 변화 등에 따라 사법관계도 행정법학의 대상이 되고 있지만, 대상판결과 같이 행정소송인지 민사소송인지 구별하기 위해서는 공법관계와 사법관계를 구별할 필요가 있다. 사법관계는 일단 사적자치의 원칙이 적용되는 법률관계로 볼 수 있으나, 공법관계는 이러한 사적 자치의 원칙의 적용이 배제되거나 제한된다.

(2) 공법관계와 사법관계의 구별

독일과 같이 전통적으로 공법과 사법을 구별하여 온 국가의 경우 공법관계는 국가권력의 우월적 지위를 인정하는 지배복종관계, 권력관계를 징표로 하는 것이었다. 반면에 사법관계는 국가권력으로부터 시민계급의 자유로운 영역을 확보하고자 한 것으로서 그 본질적 징표는 당사자 대등관계와 사적자치였다. 이와 같이 공법의 본질적 징표가 권력성에 있었기 때문에 국가의 활동 중 이러한 권력성을 갖지 않는 부분은 사법의 영역으로 분리되었는데 이에 결정적인 역할을 한 것이 국고이론이다. 그 후 행정주체와 사인간의 대등한 법률관계이지만 사법관계와는 달리 공익과 밀접한 관계가 나타나게 되었는데, 이를 관리관계라고 부르고 이것도 공법관계로 분류되었다. 한편, 사법관계 중에서도 행정주체가 사법의 형식을 사용하여 직접적으로 행정목적을 추구하는 경우에 그 목적 때문에 공공적 제약이 과해지는 법률관계가 나타나게 되었는데, 이를 행정사법관계라고 부르고 오늘날 이것도 행정법학의 대상으로 삼고 있다.

한편, 행정은 공익실현의 작용이라는 점에서 행정권은 사인과 같은 의사자치를 향유할 수 없고, 행정작용은 원칙적으로 엄격한 법적 기속을 받는다. 그리고 행정주체의 공권력 발동에도 공정력, 확정력(불가쟁력, 불가변력), 강제력(행정상 강제집행, 행정벌)과 같은 우월한 법적 효력이 인정된다. 공법관계에서는 권리의 이전 · 포기가 제한되는 등 특수성을 가지며, 국가 등 행정작용으로 인하여 국민의 권리 · 이익이 침해되는 경우에 대비하여 특별한 손해전보제도와 쟁송제도가 마련되어 있다. 따라서 공법관계와 사법관계를 구별함에는 이와 같은 행정법관계의 특수성 여부가 중요한 기준으로 작용한다고 할 수 있다.

(3) 행정소송과 민사소송의 구별

㈎ 행정소송법이 규정하고 있는 소송의 종류 중 대표적인 것은 항고소송과 당사자소송이다. 행정소송법은 그 중에서도 공권력의 행사에 대한 불복의 소송인 항고소송을 기본으로 하여 그 일부 규정을 당사자소송에 준용하고 있고, 법원실무에서도 행정소송의 대부분은 항고소송이다.

항고소송과 민사소송은 우선 청구취지에서 확연히 구별되기 때문에 법원에 어떠한 소송이 제기된 경우 그것이 소송요건이나 실체적 요건을 구비하였는지 여부는 별론으로 하고, 양자를 구별하는 것은 어렵지 않다. 즉, 항고소송은 처분의 취소, 무효확인 등을 구하는 소송이라는 점에서 권리관계의 존부에 관한 이행, 형성, 확인을 구하는 민사소송과 다르기 때문에 청구취지와 청구원인만으로 쉽게 구별할 수 있다.

그러나 소송실무에서는 행정기관의 행위와 관련하여 어떠한 법률문제가 발생한 경우 그 구제방법으로 민사소송을 제기하여야 할 것인지, 항고소송을 제기하여야 할 것인지, 또는 양자의 병행제기가 가능한지 먼저 결정하여야 한다. 즉, 변호사로서는 소송의 유형이 결정되어야 소장의 청구취지를 작성할 수 있는데, 행정청의 행위를 처분으로 보아 행정청을 상대로 그 처분에 대한 항고소송으로 제기하여야 할 것인지 그 행위는 처분으로 볼 수 없기 때문에 곧바로 사경제 주체인 행정주체를 상대로 작위 또는 부작위 등을 구하는 민사소송으로 제기하여야 하는지가 문제되고, 또 행정청의 행위가 처분에 해당하는 경우에도 그 처분에 대한 항고소송과 함께 완전한 권리 구제를 위하여 민사소송을 별소로 제기하거나 병합하여 제기할 수 있는지 등이 문제된다.

(나) 일반적으로 당사자소송은 형식적 당사자소송과 실질적 당사자소송의 두 유형으로 구별하여 설명되고 있다. 그 중에서 형식적 당사자소송은 실질적으로는 공정력이 있는 처분 등의 효력을 다투는 소송으로서 법률상 특별한 규정이 있는 경우에 인정되는 것이므로, 민사소송과의 관계가 문제되는 것은 실질적 당사자소송이라고 할 수 있다.

실질적 당사자소송과 민사소송은, 실체법적 접근에 의하면, 당해 소송물이 공법상의 법률관계에 속하는 것인지, 사법상의 법률관계에 속하는 것인지에 의하여 구별된다고 하는 것이 전통적인 견해이다. 즉, 공법에 속하는 법령의 규정, 행정처분 또는 공법상의 계약에 기하여 발생하는 법률관계가 공법상의 법률관계에 해당하고, 사법에 속하는 법령의 규정 또는 사법상의 계약에 기하여 발생하는 법률관계가 사법상의 법률관계에 해당하는 것으로 하여, 당해 법률관계가 공법, 사법의 어느 법률관계에 속하는 것인가에 따라 당사자소송과 민사소송을 구별하여 왔다.

(4) 공법관계와 사법관계의 구별 실익

(가) 공익과 이익형량

우리의 법제는 공법관계와 사법관계의 구별을 전제로 하고 있으므로, 법률관계를 권리의무관계라고 한다면 공법관계, 즉 공법상의 권리의무관계를 어떻게 볼 것인지가 문제로 된다. 이것은 쟁송의 영역에서는 공익과 사익, 공익과 공익 사이의 충돌을 어떻게 해결할 것인가의 문제가 된다. 결국 공익에 관한 이해는 공법적 마인드에 의해 좌우되고, 여기에서 공법적 마인드는 행정쟁송에서 중요한 문제로 대두된다. 그런데 공익이 행정법의 일반원리로 인정될 수 있다고 한다면 행정기관의 공익판단의 한계를 그어주는 원칙이 존재하여야 한다. 일반적으로 공익 위반이 언제나 위법이라는 결과를 가져오지는 않는다는 점에 비추어 볼 때, 공익에 관한 원칙이 법원칙이 되기 위해서는 공익 위반이 위법이라는 결과를 가져오는 것이어야 한다. 이러한 법원칙은 재판통제의 기준이 된다.

지금까지 당사자소송에 해당하는 사건을 민사소송으로 처리해온 판례의 태도는 공법관계를 사법관계와 동일한 관점에서 판단하는 것이라고 할 수 있다. 그러나 공법관계는 공정성, 투명성, 예측가능성 등을 바탕으로 하여, 법치행정의 원리, 신뢰보호원칙, 비례평등원칙, 재량이론, 취소·철회권의 제한 등 많은 특수성이 있다. 그리고 행정이 일반적인 법집행의무를 부담한다고 하여 곧바로 개인이 그에 관한 권리가 인정되는 것은 아닌 경우와 같이 권리와 의무의 대응관계가 불일치하는 경우도 있다. 이러한 공법관계의 특수성은 행정소송에서는 일반 민사소송에서 인정되는 변론주의 대신 직권주의의 채용으로 나타난다.

(나) 행정소송과 공법적 마인드

프랑스에서는 공익을 초역사적, 선험적인 것으로 보고 있고, 이에 따라 행정소송을 담당하는 법관은 일반 민·형사사건을 담당하는 법관과 다른 절차로 선발하고 그 교육과정도 달리하고 있다. 이와 같은 제도 아래서는 공법적 마인드를 독자적으로 배양하는 데는 가장 철저하다고 할 수 있을 것이다. 그러나 우리의 법제는 공익을 선험적인 것으로 보는 입장이 아니라 사회의 여러 가지 이익을 비교·형량하여 그 중에서 공적인 것으로 승인된 이익으로 이해하는 것이 일반적인 견해이므로, 이러한 견해에 따르면 공익과 사익의 구별은 실정법적, 제도적인 것이라고 할 수 있다.

당사자소송이 될 행정사건을 민사소송으로 처리하는 태도의 문제는 행정소송법의 특별규정을 적용하지 못하는 점도 있지만, 더 근본적인 문제는 공법적 마인드에 따른 판단작용을 못하는 점이라고 할 수 있다. 예를 들어, 피용자가 불법행위를 한 경우와 공무원이 불법행위를 한 경우를 비교하면, 사용자책임과 국가배상책임은 유사하다고 할 수 있고, 민사법적 사고에 따라 민사소송으로 국가배상사건을 처리하는 경우에는 양자는 별다른 차이가 없다. 그러나 국가배상책임은 국가 등 행정주체의 위법행위를 억지하는 기능과 사회보험으로서의 기능을 하고 있으므로, 그 결과로 고의·과실과 같은 주관적 요소 완화, 구상권과 관련한 공무원 개인의 책임 제한 등과 같은 사고가 도출된다. 이러한 공법적 사고는 법을 해석하고 판단하는 데 중요하다.

다. 행정조달계약

(1) 공법상 계약과 사법상 계약

행정이 법의 기계적인 집행에만 시종할 수 없다는 점에서 판단여지와 재량이 인정되는 것과 마찬가지로 계약을 통한 행정목적의 수행의 필요성 및 그의 유용성에 대한 인식 또한 점차 높아지고 있다. 이와 같이 행정목적을 수행하기 위한 계약은 이른바 공법상 계약으로서 개인이 행정의 단순한 객체가 아닌 독립한 법주체로서 행정주체의 동반자적 지위에서 행정작용의 수행에 참여하는 민주적 법치국가 시대에 적합한 행위형식에 해당한다고 할 수 있다. 공법상 계약은 일반적으로 "공법적 효과의 발생을 목적으로 하는 복수의 당사자 사이의 반대방향의 의사의 합치에 의하여 성립되는 공법행위"라고 정의되고 있고, 여기에 당사자의 특성을 포함시켜 "행정주체 상호간 또는 행정주체와 사인 간에 공법적 효과의 발생을 목적으로 하는 계약"이라고 정의되기도 한다(김남진, 343면). 한편, 행정주체도 국고의 주체(사법상 재산권의 주체)로서 국민을 대하는 경우에는 사법이 적용되어야 하고, 그에 따른 법률관계는 사법관계가 된다. 따라서 행정주체가 사경제 주체로서 개인과 계약을 체결한 경우에 그 계약은 사법상 계약이 된다. 그리고 행정주체가 당사자로 된 공법상 계약과 사법상 계약을 포함하는 의미로 행정계약 또는 행정상 계약이라는 용어가 사용되기도 한다.

일반적으로 공법상 계약에 따른 법률관계는 행정소송(당사자소송)의 대상이 되고, 사법상 계약에 따른 법률관계는 민사소송의 대상이 된다고 하고 있으므로, 양자의 구별 문제는 실무에서는 소송 형태를 결정하는 기준으로서 중요하다. 그런데 행정계약 중 행정주체와 사인 사이의 계약은 형식적으로는 대등한 관계를 전제로 하여 체결되기 때문에 그것이 공법상 계약인지 사법상 계약인지 구별하는 것이 쉽지 않다. 양자의 구별과 관련하여, 사법상 계약에서는 원칙적으로 쌍방당사자의 의사가 대등한 가치를 갖고 있고, 사법상의 법률효과를 발생시키는 데 반하여, 공법상 계약은 쌍방당사자의 의사가 대등한 가치를 갖고 있지 않은 경우도 적지 않고, 공법상의 법률효과를 발생시키며, 계약대상도 공법적으로 판단할 수 있는 사실관계를 대상으로 한다는 점에서 차이가 존재한다고 설명하기도 한다(정하중, 339면).

(2) 행정조달계약의 법적 성질

행정조달계약이라 함은 국가, 지방자치단체 기타 행정주체가 행정수요의 충족을 위해 사인과 체결하는 물품매매계약과 건축공사 기타 용역에 관한 도급계약이라고 정의할 수 있다. 이는 국가 등이 당사자로 체결하는 계약 중 일부이고, 또 공법상 계약과 사법상 계약의 경계에 있는 것으로서 양자를 포괄하는 행정계약의 하부유형이라고 할 수도 있다(박정훈, 170면).

대상판결은 예산회계법에 따라 체결되는 계약은 사법상의 계약이라고 판시하였고, 이러한 판례의 태도는 그 후에도 계속 이어져 "지방재정법에 의하여 준용되는 국가계약법에 따라 지방자치단체가 당사자가 되는 이른바 공공계약은 사경제의 주체로서 상대방과 대등한 위치에서 체결하는 사법상의 계약으로서 그 본질적인 내용은 사인간의 계약과 다를 바가 없으므로, 그에 관한 법령에 특별한 정함이 있는 경우를 제외하고는 사적자치와 계약자유의 원칙 등 사법의 원리가 그대로 적용된다"(대법원 2001. 12. 11. 선고 2001다33604 판결)고 판시하고 있다. 즉 판례는, 전통적인 학설인 국고이론에 따라 행정조달계약이 사법상의 계약이고 이와 관련한 소송이 민사소송임을 분명히 하고 있다.

(3) 입찰참가자격제한의 법적 성질

앞에서 본 바와 같이 공법관계와 사법관계의 구별은 그 소송이 민사소송인지 행정소송인지 판정하기 위한 중요한 기준이 된다. 계쟁중인 사건의 법률관계가 공법관계인지 사법관계인지 문제되는 것은 그 대상이 되는 법률관계 전반이 아니라 어떠한 법률관계 중 특정한 부분이므로 이를 구별함에는 그 특정 부분이 공법관계인지 사법관계인지를 판단하면 충분하다. 보통 일체로 된 법률관계는 그 전체가 공법관계나 사법관계가 되는 경우가 많겠지만 일부는 공법관계이고 다른 일부는 사법관계이기도 하는 법률관계도 있을 수 있다.

대상판결은 국가나 지방자치단체와의 계약을 위반한 사업자들에 대하여 국가행정청이나 지방자치단체장이 국가를 당사자로 하는 계약에 관한 법률 제27조나 지방자치단체를 당사자로 하는 계약에 관한 법률 제31조에 의하여 가하는 입찰참가자격 제한조치는 공권력적 행위로서 항고소송의 대상이라고 판시하였고, 이러한 판례의 태도는 그 후에도 이어지고 있다(대법원 1994. 8. 23. 선고 94누3568 판결; 대법원 1996. 12. 20. 선고 96누14708 판결 등). 특히 대상판결은 행정조달계약에 따른 법률관계를 사법관계로 보면서도 이로부터 파생된 입찰참가자격 제한조치는 공법관계로서 항고소송의 대상이 되는 처분에 해당한다고 판시하고 있다.

행정조달계약이 공법상 계약인지 사법상의 계약인지에 대하여는 논의의 여지가 있지만, 이를 사법상 계약으로 보면서도 계약 체결 등과 관련한 입찰참가자격제한은 취소소송 등 항고소송의 대상으로 된다고 본 판례의 태도는 개인의 신속한 권리구제와 법률관계의 조속한 안정을 추구한다는 점에서 타당하다고 생각한다. 그리고 같은 이유로 행정조달계약에서 파생된 입찰적격자 선정결정, 낙찰자결정, 계약해제 또는 계약해지와 같은 행정청의 일방적인 조치도 행정청이 일방적으로 계약자 지위의 변동을 가져오는 것으로서 공법적 효과를 초래하는 경우에는 행정처분으로 볼 여지가 있으므로, 이러한 행정청의 조치도 항고소송의 대상이 되는 처분으로 보는 것을 검토할 필요가 있다고 할 것이다(박정훈, 236면).

3. 판결의 의미와 전망

대상판결은 행정조달계약에 따른 법률관계를 사법관계로 보아 이에 관한 소송은 민사소송이라고 하면서도 이러한 계약관계에서 파생된 행정청의 입찰참가자격제한에 대하여는 공법관계에 해당하는 것임을 전제로 하여 이를 행정소송법 소정의 처분으로 보아 이에 관한 소송은 행정소송이라고 판시하였다. 대상판결은 통설과 같이 행정조달계약관계가 사법관계라는 점을 판시한 점에 의의가 있고, 이러한 판례의 태도는 현재까지 유지되고 있다. 그리고 대상판결은 행정조달계약관계에서 파생된 입찰참가자격제한은 행정처분이라고 함으로써 하나의 계약관계에서 파생된 여러 개의 법률관계가 공법관계와 사법관계로 병존할 수 있음을 확인한 점에도 의의가 있다.

〈참고문헌〉

김남진, 행정법 Ⅰ, 법문사(2002).
김중권, "행정법의 대상과 범위(공법과 사법의 구별)", 행정소송(Ⅰ), 한국사법행정학회(2008).
김철용, 행정법 Ⅰ, 박영사(2008).
박정훈, "행정조달계약의 법적 성격", 행정법의 체계와 방법론, 박영사(2005).
안철상, "행정소송과 민사소송", 행정소송(Ⅰ), 한국사법행정학회(2008).

이홍훈, “행정소송과 민사소송”, 한국공법이론의 새로운 전개, 삼지원(2005).
정하중, 행정법개론, 법문사(2007).
최송화, “행정법학에 있어서 공 · 사법 구별론의 사상사적 검토”, 법치행정과 공익, 박영사(2002).
塩野宏, 행정법 Ⅰ, 有斐閣(2005).

10. 특별행정법관계

—대법원 1977. 7. 26. 선고 76다3022 판결—

오 준 근*

Ⅰ. 판례개요

1. 사실관계

원고(A)는 피고(B농지개량조합)의 총무과장이 되여 근무하여 오던 중 1973. 1.경 감사원의 감사 결과로 원고가 총무과장으로서 피고 조합 공금을 횡령하였다고 하는 비위 사실을 적발하고 이를 고발함으로서 원고는 업무상 횡령죄로 형사 입건되어 1974. 1. 30. 대전지방법원에서 벌금 100,000원의 선고 유예의 판결이 선고·확정되었다. 피고(B농지개량조합)는 1974. 11. 11. 원고에게 당시 시행중인 농지개량조합 인사규정(1973. 9. 8. 공고 농수산부 훈령 294호, 이하 인사규정이라 약칭한다) 제8조 제5호 해당사유 발생(1974. 1. 30.자 항소심 판결)으로 동 규정 제67조에 의거 원고를 당연 퇴직으로 처분하였다. 그러나 동 규정의 내용에 의하면 직원의 퇴직 사유로 인사규정 제8조 3,4호에는 금고 이상의 형을 받은 자라고 규정하고 있으므로 벌금형의 선고를 받은 경우가 포함되어 있지 않다.

2. 소송경과

원고(A)는 B농지개량조합을 피고로 하여 대전지방법원 홍성지원에 퇴직무효확인을 청구취지로 하는 민사소송을 제기하였으나 패소하였다(대전지방법원 1975. 4. 22. 선고 74가합307 판결).

원고(A)는 서울고등법원에 항소하였다. 서울고등법원은 대전지방법원의 판결을 취소하고 원고(A)의 청구를 인용하여 원고(A)가 피고(B농지개량조합)의 직원임을 확인하였다(서울고등법원 1976. 11. 19. 선고 76나2294 판결).

피고(B농지개량조합)는 서울고등법원의 판결에 불복하여 대법원에 상고하였다. 대법

---

* 경희대학교 법학전문대학원 교수.

원은 "'원고(A)는 피고(B농지개량조합)의 직원임을 확인한다'는 본건 청구는 특별권력 관계인 공법상의 권리관계의존재확인을 구하는 소송으로서 이는 행정소송법 제1조 후 단에 정한 이른바 당사자 소송"이라 판단하였다. 이에 따라 상고를 각하하였다. 아울러 이를 민사소송으로 지방법원에 제소함으로써 이루어진 제1심 홍성지방법원의 판결과 제2심 서울고등법원의 판결을 부적법함을 이유로 취소하였다.

3. 판결요지

(1) 원심판결

대전지방법원 홍성지원과 서울고등법원은 민사소송으로 원고(A)의 퇴직의 무효여부에 대한 판단을 하였다. 그 요지는 다음과 같다.

첫째, 원고(A)가 벌금형의 선고유예 판결이 확정됨으로서 인사규정 제67조, 제8조 5호에 의하여 피고 조합의 직원으로서 당연 퇴직되어 직원의 지위를 상실하는 것인가에 관한 쟁점에 대한 판단의 내용이다. "농지개량조합인사규정의 내용에 의하면 직원의 퇴직 사유로 인사규정 제8조 3,4호에는 금고 이상의 형을 받은 자라고 규정하고 있으므로 일반적으로 벌금형의 선고유예를 받은 경우는 당연 퇴직 사유로 되어 있지 아니한 사실을 각 인정할 수 있는바, 원고(A)가 위와 같이 벌금형의 선고유예를 받은 사실만으로는 위 인사규정상 당연 퇴직 사유가 발생하였다고 할 수 없으므로 원고에게 다른 특별한 사유가 없는 한 피고 조합의 위 당연퇴직 통지에 불구하고 여전히 피고 조합의 직원인 지위에 영향이 없다고 할 것이다."

둘째, 피고 소송대리인은 "원고(A)를 파면하는 징계처분을 받았는데 원고가 불복하여 중앙징계위원회로부터 비록 동 파면 결의가 취소되었지만 인사규정 제8조 5호에 의하여 형의 선고유예를 받은 자로서 당연 퇴직된 자이므로 징계의 실익이 없다는 이유로 취소 된 것이고 실질적인 징계 사유는 전부 인정하였던 것이고, 또 징계위원회의 동의도 얻은 경우에 해당하여 피고가(B농지개량조합장) 1974. 11. 11. 원고에게 발송한 퇴직 통고로써 직권 면직되었다"는 주장을 하였다. 이에 대하여 서울고등법원은 "피고가(B농지개량조합장) 원고에게 발송한 위 퇴직 통고는 원고에게 농지개량조합 인사 규정 제8조 5호 사유가 발생하여 동 규정 제67조에 의하여 당연 퇴직되었음을 알려주는 행위에 불과하고 어떠한 법률 효과가 발생하는 것이 아니라 할 것이고 이와 같은 통고를 조합장의 면직 처분이라 할 수 없고 달리 원고의 원고에 대하여 인사규정 제68조에 의한 임용권자의 직권 면직처분이 있었다고 인정할 만한 증거가 없으므로 위 주장은 그 이유가 없다."고 판단하였다.

서울고등법원은 위와 같은 판단을 종합하여 "원고(A)는 피고(B농지개량조합)의 직원이 신분을 여전히 가지고 있다고 할 것이므로 이의 확인을 구하는 원고의 본소 청구는 이유 있으므로 이를 인용한다"고 판결하였다.

(2) 대법원판결

"피고조합과 같은 농지개량조합은 농촌근대화촉진법의 제반규정을 종합하여 보면 공법인이라 할 것이고, 같은 법 제36조의 규정에 근거하여 제정된 것으로 여겨지는 농지개량조합 인사규정(농수산부 훈령 제294호, 제312호)에 농지개량조합의 직원은 도지사가 시행하는 공개경쟁채용의 방법으로 임명하도록 되었고(제7조, 제9조) 이러한 직원의 임용자격, 복무상의 의무, 그 신분보장 및 징계처분에 관하여는 공무원에 관한 것과 같은 엄격한 규정을 두고 있는 취지 목적으로 미루어 보면, 농지개량조합과 그 직원과의 관계는 사법상의 근로계약 관계가 아닌 공법상의 특별권력관계로 규율지워지고 있다고 인정된다 할 것이다."

"본건에서 '원고는 피고조합의 직원임을 확인한다'는 본건 청구는 결국 원고와 피고조합과의 사이의 이와 같은 특별권력 관계인 공법상의 권리관계의존재확인을 구하는 소송으로서 이는 행정소송법 제1조 후 단에 정한 이른바 당사자 소송이라 할 것이니 이를 민사소송으로 지방법원에 제소한 본건 소는 부적법하여 각하를 면할 수 없거늘, 이를 간과하고 본안에 관하여 심판한 원판결은 위법하며, 이점을 지적하여 원판결을 비의함은 짐짓 옳고, 다른 상고이유를 따질 나위 없이 원판결은 파기를 못 면한다. 이에 민사소송법 제407조에 따라 자판하는 터이므로 같은 이유로 위법을 남긴 제1심판결도 취소하고 부적법한 본건 소를 각하한다."

Ⅱ. 평 석

1. 쟁점정리

원심은 농지개량조합의 직원으로서 횡령행위를 하여 벌금형의 선고유예를 받은 원고(A)가 위 처벌을 이유로 당연 퇴직하여 직원의 신분을 상실하였는가의 여부를 민사소송절차를 거쳐 확인하였다. 대법원은 위와 같은 원심의 판단에 대하여 "공법상의 특별권력관계"의 개념을 원용한 후, 행정소송절차, 즉 공법상의 당사자소송 절차를 거쳐 판단할 사안에 대하여 민사소송으로 판결한 것은 부적법하다고 판단하고, 상고를 기각하는 한편, 원심의 판결을 모두 취소하였다.

이 사건에 있어 검토되어야 할 핵심 쟁점은, 농지개량조합 직원의 근무관계를 사법상의 계약관계가 아닌 "공법상의 특별권력관계"로 보고, 그 특수성을 인정하여야 하는가라는 점이다.

2. 관련판례

이 판결과 같은 취지의 판결로는 대법원 1995. 6. 9. 선고 94누10870 판결을 들 수 있다. 이 판결은 "농지개량조합과 그 직원과의 관계는 사법상의 근로계약관계가 아닌 공법상의 특별권력관계이고, 그 조합의 직원에 대한 징계처분의 취소를 구하는 소송은 행정소송사항에 속한다. 농지개량조합 고등징계위원회의 재심결정은 일종의 행정심판재결이다"라고 전제하였다. 이를 근거로 "농지개량조합 측에서 징계쟁송중인 조합 직원이 파면처분 후 아무런 이의를 유보함이 없이 퇴직금의 지급청구를 하고 이를 수령하였다고 주장하면서, 징계파면일자를 퇴직일자로 하여 조합 직원으로서의 지위와 양립할 수 없는 조합장 선거에 입후보하였다가 낙선한 사실에 관한 자료를 제출하였다면, 그 직원이 파면처분에 따른 퇴직의 결과를 받아들였음에도 이를 다투는 것은 금반언의 원칙이나 신의칙에 반한다는 취지의 주장을 한 것으로 볼 수도 있으므로, 원심으로서는 석명권을 행사하여 그 주장취지를 명백히 하고 특히 관계법령의 규정과 농지개량조합 임원선거규정 등에 관하여 조사 · 심리하여 본 다음 조합 직원의 조합장 선거에의 입후보가 그 신분에 어떤 영향을 미치는지에 대하여 나아가 심리 · 판단하여야 함에도 그 심리 · 판단 없이 징계파면처분을 취소한 원심판결에는 석명권 불행사로 인한 심리미진 · 판단유탈의 위법이 있다"고 판단하였다.

이 판결과 다른 취지의 판결로는 대법원 1982. 3. 9. 선고 80다2545 판결을 들 수 있다. 이 판결은 "원고 농지개량조합이 농촌근대화촉진법에 의하여 설립된 특수법인이라 하더라도 그가 하는 행위는 전부가 공법적 관계에서 하는 것이 아니고, 경우에 따라서는 사법적 관계에서 일반개인과 같은 자격으로 물건을 매매할 수가 있는 것이며, 이에 관하여 분쟁이 일어나면 민사 재판사항으로 처리되는 것이고, 어떠한 행위가 행정처분으로서 행정소송의 대상이 되며, 어떠한 행위가 민사소송의 대상이 되는가의 구별의 기준은 결국 그 행위의 내용과 방법 및 분쟁이 일어났을 때에 그 해결에 관한 특별규정이 있느냐의 여부에 의하여 정할 문제"라고 전제하였다.

원심판결(서울고등법원 1980. 9. 19. 선고 80나381 판결)에 의하면 원심은, 이 사건 토지는 원고조합에서 공유수면을 매립하여 조성한 약 545정보의 농지의 일부로서 원고 조합이 1973. 4. 7. 및 그달 24., 30.의 3차에 걸쳐 피고들에게 분배하였다가 그해 7. 9. 그 판시와 같은 절차상의 하자를 이유로 위 분배처분을 취소한 사실을 인정한 다음, 농촌근대화촉진법에 의하여 설립된 농지개량조합인 원고는 농지를 개량계발 보전케 함으로써 농업생산력을 증진시키기 위하여 설립된 공권력이 부여된 특수법인으로서 원고가 그 목적을 달성하기 위하여 공유수면의 매립인가를 받아 농지를 조성한 다음 그 농지를 분배하는 행위는 공법상의 행위로 봄이 상당하고, 따라서 원고 조합이 이 사건 매립농지에 대한 분배처분을 취소한 처분이 적법한 행정쟁송의 방법에 의하여 다투어 지지 아니함으로써 확정된 이상, 피고들에 대한 농지분배는 그 효력을 상실하였다고 판시하여, 이 사건 농지분배는 단순한 사법상의 매매계약에 불과하므로 피고들에게 귀책사유가 없는 한 원고가 이를 일방적으로 취소할 수는 없는 것이라는 피고들의 주장을 배척하고 있다.

대법원은 위와 같은 판단을 근거로 "원고조합이 농지개량사업의 시행으로 인하여 조성된 재산 중농지개량사업에 공하지 아니하는 이 사건 매립지를 분배함에 있어서 농촌근대화촉진법에 제한규정이 있다 하더라도 위 분배계약의 내용과 방법 및 위 법에 위 분배계약 체결에 관한 분쟁에 대하여는 이의 등 그 해결에 관한 특별규정이 없는 점 등을 종합 고찰하면 이 사건 토지의 분배행위는 행정 목적달성을 위하여 공권력의 발동으로써 행한 권력행위가 아니고 사법상의 법률행위에 속한다고 할 것이고, 따라서 위 분배처분을 취소한 조치 역시 사법상의 법률행위라고 할 것이다"고 판단하였다.

3. 판례의 검토

(1) 공법상 특별권력관계의 인정여부

대상판결은 농지개량조합과 조합원간의 고용관계를 "공법상의 특별권력관계"라고 판단하고 단순한 사법상의 고용관계와는 다른 특별한 취급이 필요함을 인정하고 있다.

공법상의 특별권력관계는 일반권력관계에 대응하는 개념으로서 "특별한 법률원인에 의하여 성립되어 특별한 공법상의 목적을 위하여 필요한 범위 안에서 포괄적 지배 · 복종을 내용으로 하며 그 범위 내에서 법치행정원리의 적용이 제한을 받는 법률관계"를 말한다(김철용, 110면 참조).

공법상의 특별권력관계이론은 19세기의 독일 입헌군주국가의 유물임을 이유로 현대 민주국가에 있어서도 이를 인정할 것인가를 놓고 학설이 나뉜다. 현재 우리나라의 경우 특별권력관계이론을 전면적으로 긍정하는 학설은 없다. 학설의 경향은 제한적 긍정설과 부정설로 요약될 수 있다. 전자는 종래의 전통적인 특별권력관계이론을 비판하면서도 극히 제한적으로나마 특별권력관계를 긍정한다(제한적 긍정설에 해당하는 입장으로는, 김남진 · 김연태, 112면; 김동희, 113면; 김철용, 111면; 박윤흔, 179면; 정하중, 113면; 홍정선, 114면; 홍준형, 144면 등 참조). 그 반면에 후자는 특별권력관계이론을 개별적 • 실질적으로 부인한다(김도창, 257면 이하에서는 "특별행정법관계"라는 용어를 사용한다; 이상규, 215면). 이에 따라 우리나라의 경우 "특별권력관계"라는 용어를 사용하기 보다는 "특별행정법관계"라는 용어로 바꾸어 사용하는 것이 바람직하다는 의견이 보편적으로 받아들여지고 있는 것으로 보인다.

우리 판례는 “특별권력관계”라는 용어를 사용하기는 하지만, 실제적 의미의 “특별행정법관계”가 존재하며, 단순한 사법상의 법률관계와는 다름을 인정하고 있다는 점에서 부정설과는 다른 입장을 취하고 있다.

이 글에서는 이러한 의미에서 특별행정법관계라고 표현하였다.

(2) 특별행정법관계 내부의 특별권력

특별행정법관계를 제한적으로나마 긍정한다 함은 일반권력관계와는 다른 “특별히 강화된 권력관계”의 존재를 인정함을 의미한다. “특별권력”은 “특별행정법관계의 내부에서 행정주체가 가지는 포괄적 지배권”으로 총칭된다.

포괄적 지배권의 내용으로는 첫째, 명령 · 강제권을 꼽을 수 있다. 특별 행정법 관계의 행정주체는 특별행정법관계의 목적달성에 필요한 포괄적인 명령을 제정할 수 있고, 이에 근거하여 강제를 할 수 있다. 명령은 대상판결에서 보는 바와 같이 훈령과 같은 일반 · 추상성을 띠기도 하고, 직무명령과 같이 개별 · 구체적으로 이루어지기도 한다.

둘째, 포괄적 지배권은 징계권을 수반한다. 특별 명령을 위반한 자에 대한 징계권의 행사가 그것이다. 대상판결에 나타난 바와 같이 피고(B농지개량조합)가 원고(A)에 대하여 명령(훈령)을 위반하였음을 이유로 징계위원회에 회부하였다가, 명령상 당연퇴직사유에 해당한다고 판단하고 이를 철회한 사실을 판례는 특별권력의 행사로 판단하고 있다.

(3) 특별행정법관계와 사법심사

특별행정법관계의 행정주체가 특별행정법관계 내부에서 행한 명령과 명령위반을 이유로 한 징계처분이 사법심사의 대상이 되는가에 대하여 학설이 나뉜다.

특별권력관계를 전면적으로 부정하는 부정설을 취할 경우에는 물론 특별행정법관계 내부의 명령권 또는 징계권의 행사는 전면적으로 사법심사의 대상이 된다.

그 반면에 특별권력관계를 제한적으로 긍정하는 제한적 긍정설을 취할 경우는 상황이 달라진다. 이 경우 전면적 긍정설,[1] 재량권 확장설,[2] 외부행위제한설[3] 등으로 요약할 수 있다.

대상판례의 경우 특별권력관계상의 명령에 따른 퇴직무효를 확인하는 소송을 “공법상 당사자소송”으로 다툴 것을 언급하였다는 점에서 사법심사를 긍정하고 있음을 명확히 하고 있다. 관련판례의 경우에도 마찬가지이다. 조합원에 대한 징계처분의 취소를 구

---

1) 전면적으로 모든 특별행정법관계에서 이루어지는 처분에 대하여 사법심사를 인정하여야 한다는 입장을 말한다. 우리나라의 다수설이다.

2) 특별권력관계에서 이루어지는 명령 및 강제와 징계의 경우 일반권력관계에 비하여 재량권의 확장을 인정하여야 한다는 입장을 말한다. 대표적으로, 김연태, 96면 이하 참조.

3) 특별권력관계에서 이루어지는 행위를 외부행위와 내부행위로 구분하고, 외부행위에 한하여 사법심사의 대상성을 인정하는 입장을 말한다. 대표적으로 박윤흔, 191면 이하 참조.

하는 소송은 "행정소송 사항에 속한다"고 명확히 선언하고 있다.[4)]

4. 판례의 의미와 전망

대법원 1977. 7. 26. 선고 76다3022 판결과, 위에서 인용한 그 이후의 관련판결은 다음과 같은 두 가지의 의미를 지닌다.

첫째, 특별행정법(권력)관계의 존재를 긍정하였다는 점이다. 농지개량조합과 조합원 간의 법률관계가 단순한 사법상의 고용관계와는 다른 특수성이 있음을 "특별권력관계"라는 용어를 사용하여 긍정하였다는 점에서 먼저 그 의의를 찾을 수 있다.

둘째, 특별행정법(권력)관계의 존재를 "사법심사의 특수성"을 인정함에 원용하였다는 점이다. 대법원은 특별권력관계에서 이루어진 징계처분과 특별권력주체와 내부직원 간의 법률관계에 대하여 사법심사가 이루어져야 함을 인정하되, 사법심사의 형식은 민사소송이 아닌 행정소송의 대상이 됨을 선언하였다는 점에서 또 다른 의의를 찾을 수 있다.

대상판결과 그 이후의 관련 판결은 위와 같이 특별행정법(권력)관계의 존재를 긍정하기는 하지만, "특별권력관계이론"이 함유하는 "본질적 특수성"을 인정하지는 아니하였다. 다시 말해서 특별행정법(권력)관계 내부의 행위에 대하여 법치국가원리의 예외를 긍정하지도 아니하였고, 법률의 근거 없이도 기본적 인권을 제한할 수 있음을 허용하지도 아니하였다. 사법심사에 대하여는 그 제한을 긍정한 것이 아니라 행정소송을 통하여야 함을 명확히 하였다. 이와 같은 점은 특별권력관계에 있어 법치국가원리의 준수, 특히 사법심사의 필요성을 긍정한 것으로서 매우 바람직한 것이라 생각하며, 향후에도 이와 같은 입장을 견지할 것으로 전망한다.

<참고문헌>

김남진 · 김연태, 행정법 Ⅰ 제12판, 2008.
김도창, 일반행정법론(상) 제4전정판, 청운사, 1993.
김동희, 행정법 Ⅰ 제14판, 박영사, 2008.
김연태, 행정법사례연습 제4판, 홍문사, 2007.
김철용, 행정법 Ⅰ 제11판, 박영사, 2008.
박균성, 행정법론(상) 제7판, 박영사, 2008.
박윤흔, 최신행정법강의(상) 제30판, 박영사, 2009.
이상규, 신행정법론(상),법문사, 1997

4) 조용호, 134면 이하는 판례가 전면적 긍정설을 취하고 있다고 언급하고 있다. 그러나 김철용, 117면은 "아직 속단하기 이르다"고 하여 판단을 유보하고 있다.

조용호, “항고소송의 대상인 행정처분: 판례를 중심으로”, 재판자료 67집: 행정소송에 관한 제문제(상), 법원행정처, 1995. 5.
정하중, 행정법총론 제3판, 법문사, 2005.
홍정선, 행정법원론(상) 제16판, 박영사, 2008.
홍준형, 행정법총론 제4판, 한울아카데미, 2001.

11. 사인의 공법행위

— 대법원 2001. 8. 24. 선고 99두9971 판결 —

정 준 현*

Ⅰ. 판결개요

1. 사실관계

원고는 1971. 8. 16. A시 소속 지방행정서기보로 임명된 후 A시의 C동사무소에서 근무하던 중 1980. 7. 12. 토요일 08:30경 국가보위비상대책위원회 사회정화분과위원회에 의한 숙정대상자로 분류되어 사직원의 제출을 강요를 받아 이를 거부하다가 09:30경 "사표제출은 형식으로서 추후 선별하여 선처할 것"이라는 상급자의 말을 믿고 10:30 경 가정사정을 사유로 사직서를 제출하고 같은 날 오전 11:00 뉴스를 통해 "사표를 낸 공무원은 모두 숙정되었다"는 소식을 접하자 그 날 밤 관련 담당자 및 구청장 등에게 사표철회의 의사표시를 하였으나 받아들여지지 아니하여 1980. 7. 12. 9급 9호봉의 상태에서 의원면직되었다.

원고는 같은 달 30. 관할 지방공무원소청심사위원회에 소청을 제기하였으나 이마저 경찰서 등의 협박과 회유로 취하하였다. 그 후 대법원 1997. 4. 17. 선고 96도3376 전원합의체 판결에 의해 위 "사회정화분과위원회에 의한 공직자 숙정작업은 강압적으로 추진된 것으로서 내란죄를 구성하는 폭동의 한 사실행위로 인정된다"고 판시되고, 「1980년 해직공무원의 보상등에 관한 특별조치법」(이하 "특별조치법"이라 함) 제4조의 규정에 따라 원고는 1989. 10. 30. 특별채용되어 A광역시 B구청 9급10호봉으로 발령받아 1990. 1. 5. 8급, 1991. 4. 17. 7급, 1996. 7. 29. 6급으로 각 승진되었고 1998. 1. 1.에는 6급 15호봉으로 호봉승급하였다.

---

* 단국대학교 법과대학 교수.

2. 소송경과

원고는 "피고가 원고에 대하여 한 1980. 7. 16.자 면직처분은 무효임을 확인하고, 1989. 10. 30. 9급 9호봉으로 획정한 처분 및 1990. 1. 1.부터 1998. 1. 1.까지 매년 호봉란 기재 호봉으로 승급한 처분은 각 무효임을 확인한다"는 취지의 주위적 청구와 "피고가 1998. 1. 1. 원고에 대하여 6급 15호봉으로 승급한 처분은 취소한다"는 취지의 예비적 청구를 내용으로 하는 소를 서울고등법원에 제기하였으나 받아들여지지 않자 다시 대법원에 상고하였고 대법원은 원고의 상고를 모두 기각하였다.

가. 원고의 주장

원고는 아래의 3가지를 주장하고 있다.

첫째, 사직의 의사표시가 무효인 이상 이 사건 면직처분은 당연무효임을 전제로 피고로서는 원고를 복직시킴에 있어 면직을 전제로 하지 않은 호봉을 부여함에도 불구하고 피고가 면직당시의 호봉인 9급 10호봉으로 획정하고 매년 이를 기초로 정기승급 처분한 것은 그 하자가 중대하고 명백하여 역시 무효이다.

둘째, 위 사직의 의사표시가 무효가 아니라 하더라도 당시 사직원의 선별수리과정에서 사표는 반려될 것이라는 기망에 의한 착오에 빠져 사직의 의사표시를 하였고 사직서를 제출한 다음날 사직의 의사표시를 철회 또는 취소하였으므로 이 사건 면직처분은 무효이다.

셋째, 예비적 청구원인으로 피고가 원고 복직시 부여한 호봉 및 그 이후의 정기승급 처분이 당연무효가 아닐지라도, 원고에 대한 면직처분이 무효인 이상 피고는 면직 당시 호봉을 기초로 매년 정기승급이 시행된 것을 전제로 직급 및 호봉을 부여하여야 하고, 1998. 1. 1.에는 6급 25호봉을 부여하여야 함에도 불구하고 6급 15호봉으로 승급처분한 것은 위법하다.

나. 피고의 주장

이 사건 피고는 "특별조치법에 의한 보상금을 자의로 수령하고 위 법에 의하여 특별채용되어 재직함으로써 어느 정도 위 면직처분으로 인한 경제적 손실과 명예가 회복되었었다고 할 것인데 원고가 해직된 때로부터 17년, 특별채용된 때로부터 8년이 지난 시점에 이르러 이 사건 소를 제기하여 이 사건 처분의 효력을 다투는 것은 신의성실의 원칙과 실효의 원칙에 위배된다"는 주장을 한다.

다. 원심법원과 상고심법원의 판결

원심법원인 서울고등법원은 1999. 8. 19. 원고의 주위적 청구 및 예비적 청구를 모두 기각하였고, 2001. 8. 24. 대법원 역시 원고의 상고를 모두 기각하였다.

3. 대법원의 판결요지

가. 강압 및 비진의 의사표시의 점에 대하여

원고가 그 주장과 같이 일괄 사직원을 제출하였다가 선별수리하는 형식으로 의원면직되었다고 하더라도 … 그 사직원에 따른 의원면직은 그 의사에 반하지 아니하고, 비록 사직원 제출자의 내심의 의사가 사직할 뜻이 아니었다 하더라도 그 의사가 외부에 객관적으로 표시된 이상 그 의사는 표시된 대로 효력을 발하는 것이며, 「민법」 제107조 제1항 단서의 비진의 의사표시의 무효에 관한 규정은 그 성질상 사인의 공법행위에 적용되지 아니하므로 원고의 사직원을 받아들여 의원면직처분한 것을 당연무효라고 할 수 없다.

나. 사직의사의 철회 및 취소의 점에 대하여

공무원이 한 사직 의사표시의 철회나 취소는 그에 터잡은 의원면직처분이 있을 때까지 할 수 있는 것이고, 일단 면직처분이 있고 난 이후에는 철회나 취소할 여지가 없다.

다. 신의칙 및 실효의 점에 대하여

이 부분 원심의 판단은 이 사건 면직처분이 원고의 주장과 같은 이유로 무효임을 전제로 한 것으로, 원고의 무효주장이 이유 없음이 앞에서 판단한 바와 같은 이상 이 부분 원심 판단의 당부는 결론에 영향이 없어 이 부분 상고이유 또한 받아들일 수 없다.

Ⅱ. 평 석

1. 쟁점정리

앞에서 살펴본 바에 의하면, 공무원인 원고가 행한 이 건 사직원의 법적 성질과 이러한 사직원에 대하여 민법이 준용될 수 있는지 여부 및 민법이 적용된다고 할 경우, 직업공무원인 원고가 정치적 강박에 의한 이 건 사직의사에 대해 「민법」 제107조 또는 제110조를 준용하여야 할 것인지의 여부와 그 준용범위 및 신의칙 내지 실효의 법리의 적용여부에 있다고 할 것이다.

가. 공무원 사직원의 법적 성질

공무원의 사직원은 공무원관계를 종료하고자 하는 본인의 의사표시로서 그 자체로서 공무원관계가 해소되는 완결적 효력을 갖지는 아니하고 본인의 사직원에 대해 인사권자의 사직원 수리행위로서 면직처분을 기다려 공무원법상의 권리의무관계의 해소에 이르게 된다. 따라서, 이러한 공무원관계는 공법상의 근무관계에 해당하며, 공법상의 근무관계를 해소하고자 하는 공무원 개인의 의사표시는 공법적 효과의 발생을 목적으로 한다는 점에서 사인의 공법행위에 속하는 것으로 볼 수 있고,[1] 사인의 공법행위 중 공직선거의 투표와 같은 "기관구성원으로서의 공법행위"나 출생신고와 같은 자기완결적 공법행위가 아니라 인사권자의 수리로서 의원면직처분이라고 하는 행위를 요하는 행위요건적 공법행위[2]에 속한다.

나. 사인의 공법행위에 대한 민법규정의 적용여부

(1) 사인의 공법행위와 민법규정

사인의 공법행위와 관련하여 규율하는 법률 또는 법률규정이 없는 경우에 「민법」의 의사표시 및 법률행위에 관한 규정 또는 법원칙이 적용될 수 있는가에 관하여 학설과 판례[3]는 관련 법률에서 별도로 정한 것이 없고 성질상 불가능한 경우를 제외하고는 민법의 규정을 유추하여 적용하여야 한다는 것이 일반적이다.

(2) 사인의 공법행위와 민법의 의사표시 규정

일반적으로 사법상의 의사표시는 행위능력자임을 전제로 하나 공법상의 의사표시는 법상 권한이 있는 기관으로서 자연인에 의한다는 점에서 행위능력에 관한 민법 규정은 원칙적으로 준용될 여지가 없다. 다만, 사인의 신청을 요하는 행정행위와 같이 사인이 공법관계상 의사표시의 주체로 될 경우에는 공법관계의 특성을 해하지 아니하는 범위에서 민법의 의사표시에 관한 규정이 준용될 수 있을 뿐이다.

(3) 사인의 공법행위의 하자와 행정행위의 효력

사인의 공법행위의 하자와 행정행위의 효력에 대하여는 "문제된 사인의 공법행위가 행정행위를 위한 동기인가 아니면 전제요건인가로 나누어 전자의 경우에 행정행위는 영향을 받지 아니하나 후자의 경우에는 그 행정행위가 무효로 된다"고 하는 취지의 다수설[4]과 다수설의 후자문제와 관련하여 "사인의 공법행위에 하자가 있는 때에는 그에 의한 행정행위는 취소할 수 있는 것이 됨을 원칙으로 ① 법이 개별적으로 상대방의 동의를 행정행위의 효력발생요건으로 정하고 있는 경우에 그 동의가 없는 경우, ② 행정행위가 공문서의 교부를 통하여 행하여지는데 상대방이 그의 수령을 거부하는 경우 및 ③ 신청을 요하는 행정행위에 있어 신청의 결여가 명백한 경우 등은 무효로 봄이 타당하다"는 취지의 견해[5] 및 "행정행위의 전제요건으로서 사인의 신청이나 동의 등 공법행위에

---

1) 홍정선, 「행정법원론(상)」, 박영사, 2008, 176쪽; 박균성,「행정법강의」, 박영사, 2008, 114쪽; 오준근, 「행정절차법」, 삼지원, 1998, 435쪽.

2) 김동희 교수는 공무원본인의 신청을 요건으로 하는 쌍방적 행정행위로 보기도 한다. 「행정법Ⅱ」, 박영사, 2008, 149쪽.

3) 김남진/김연태, 「행정법Ⅰ」, 126쪽; 김철용, 「행정법Ⅰ」, 135-136쪽; 유지태, 「행정법신론」, 신영사, 2007, 102쪽; 홍준형, 「행정법총론」, 제4판, 165쪽; 대법원, 1978. 7. 25. 76누276 판결: 대법원, 1954. 2. 2. 4286행상11판결 등 참조.

4) 김동희, 「행정법Ⅰ」, 박영사, 2008, 126쪽; 유지태, 앞의 책, 103쪽.

5) 김남진/김연태, 「행정법Ⅰ」, 130-131쪽.

존재하는 흠이 하자의 일반론에 따라 무효로 되는 경우에는 해당 행정행위를 무효로, 그러하지 않고 사인의 공법행위가 단순위법에 해당하는 경우에는 사인은 행정행위가 행하여지기 전에는 언제든지 사인의 공법행위를 취소 또는 철회할 수 있으나, 행정행위가 행하여진 후에는 사인의 공법행위를 취소 또는 철회할 수 없고 해당 행정행위의 취소를 구하여야 한다"는 취지의 견해[6]가 대립하나, 사익의 보호와 공법관계의 법적 안정성이라는 두 가지 측면에서, 사인의 공법행위에 민법의 의사표시에 관한 규정상 무효의 흠에 해당하는 경우에는 해당 행정행위를 무효로, 그러하지 않고 취소의 흠에 불과한 경우에는 사인은 행정행위가 행하여지기 전에는 언제든지 그 의사표시를 취소 또는 철회할 수 있으나,[7] 그 의사표시를 전제로 후행 행정행위가 행하여진 후에는 원칙적으로 해당 행정행위의 취소를 구할 수 있을 뿐인 것으로 새겨야 한다.

다. 민법상 진의 아닌 의사표시

넓은 의미의 '진의 아닌 의사표시'에 관한 규정은 「민법」 제107조에서 제110조에서 규정하고 있고, 진의 아닌 의사표시를 하게 된 동기가 외부의 영향력의 유무를 기준으로 할 경우에는 좁은 의미의 '비진의 의사표시'(제107조)와 '사기, 강박에 의한 의사표시'(제110조)로 구별된다. 그런데, 민법관계와 달리 고도의 법적 안정성이 요구되는 공법관계의 특성에 비추어 볼 때 이 건 사직원과 같이 외관주의에 반하는 사인의 공법행위로서 의사표시에 대하여는 「민법」 제107조의 준용가능성은 없고 「민법」 제110조의 준용문제만 남게 된다. 물론, 강박의 정도가 극심하여 의사결정의 자유가 완전히 박탈된 상태에서 이루어진 경우라면 의사표시 자체가 부존재하는 것으로서 무효로 보아야 하고,[8] 그렇지 않다면 「민법」 제110조의 취소할 수 있는 의사표시로 보아야 할 것이다.[9]

라. 직업공무원제도와 「민법」 제110조

국가 또는 공공단체와 공법상 근무관계를 맺고 공무를 담당하는 기관구성자인 공무원은 헌법상 국민 전체에 대한 봉사자로서 국민에 대하여 책임을 지도록 하는(「헌법」 제7조 제1항) 한편, 이러한 책무수행자인 공무원으로 하여금 직무수행의 공정성과 그에 대한 국민의 신뢰를 유지하기 위하여 공무원의 신분과 정치적 중립성을 보장(제7조 제2항)함으로써 직업공무원을 제도적으로 보장하고 있다.

---

6) 박균성, 「행정법강의」, 116-117쪽 참조; 홍정선 교수도 이러한 취지에 입각한 것으로 보인다. 「행정법원론(상)」, 180쪽.

7) 참조: 사인의 공법상 행위가 명문으로 금지되거나 성질상 불가능한 경우가 아닌 한 그에 의거한 행정행위가 행하여질 때까지 보정이 가능하다(대법원 2005. 3. 11. 선고 2004두138 판결).

8) 박동진, "강박에 의한 의사표시와 비진의 의사표시와의 관계, 제103조와의 관계", 「Jurist」, 제409호, 363쪽.

9) 박동진, 앞의 글, 365; 이재홍, 앞의 글, 16쪽; 대법원 1993. 7. 16. 선고 92다41528, 92다41535(병합) 판결 등 참조.

따라서, 의사표시에 관한 민법 규정이 공무원관계에 액면 그대로 준용될 수는 없지만, 공무원의 정치적 중립성을 보장하고 있는 헌법취지를 감안할 때 정치적 강박에 의한 공무원의 사직 의사표시에 대하여는 「민법」 제110조를 준용하여 그 의사표시에 대한 취소권을 인정하여야 할 것이다.[10)]

마. 신의칙 내지 실효의 법리

「민법」 제2조 제1항의 신의성실의 원칙은 「행정절차법」 제4조에서도 명문화된 것으로 계속적 효과를 갖는 수익적 행정법관계에 대한 직권 취소·철회에 대한 제한법리인 실권의 법리(대법원 1988. 4. 27. 선고 87누915 판결 참조)와 함께 행정법관계에서 일반적으로 적용되는 법원칙으로, 본래 권리행사의 기회가 있음에도 불구하고 권리자가 장기간에 걸쳐 그의 권리를 행사하지 아니하였기 때문에 의무자인 상대방은 이미 그의 권리를 행사하지 아니할 것으로 믿을 만한 정당한 사유가 있게 되거나 행사하지 아니할 것으로 추인케 할 경우에 새삼스럽게 그 권리를 행사하는 것이 신의성실의 원칙에 반하는 결과가 될 때 그 권리행사를 허용하지 않는 것을 의미한다.[11)]

2. 관련판례

가. 사인의 공법행위에 대한 민법규정의 적용여부와 범위

대법원 1978. 7. 25. 선고 76누276 판결은 "민법의 법률행위에 관한 규정은 대등한 당사자간의 거래를 대상으로 하여 서로의 이해를 조정함으로 목적으로 하는 규정이므로 형식적 확실성을 중히 여기며 행위의 격식화를 특색으로 하는 공법행위에 당연히 적용된다고 말할 수 없으니 사인의 공법행위인 재개업신고는 민법의 법률행위에 관한 규정의 규율범위 밖에 있다"고 하여 소극적인 입장을 취하다가 대법원 1990. 11. 27. 선고 90누257 판결 및 대법원 1992. 8. 14. 선고 92누909 판결에 이르러 "공무원이 사직의 의사표시를 하여 의원면직처분을 하는 경우 그 사직의 의사표시는 … 비록 사직원제출자의 내심의 의사가 사직할 뜻이 아니었다고 하더라도 진의 아닌 의사표시에 관한 「민법」 제107조는 그 성질상 사직의 의사표시와 같은 사인의 공법행위에는 준용되지 아니한다"고 하여 구체적인 사안과 관련하여 준용할 수 없는 민법 규정을 제시하고 있다.

다른 한편, 대법원 1997. 12. 12. 선고 97누13962 판결은 "사직서의 제출이 상급기관이나 상급관청 등의 강박에 의한 경우에는 그 정도가 의사결정의 자유를 박탈할 정도에 이른 것이라면 그 의사표시가 무효로 될 것이고 그렇지 않고 의사결정의 자유를 제한하

10) Vgl., 합리적인 이유없이 임명권자의 후임자 임명이라는 처분에 의하여 그 직을 상실하도록 한 것은 임기만료나 정년시기까지는 그 신분이 보장된다는 직업공무원제도의 본질적 내용을 침해한다. 헌법재판소 1989. 12. 18. 89헌마32 등 참조.

11) 김남진/김연태, 앞의 책, 54·123쪽; 김철용, 앞의 책, 67쪽 등.

는 정도에 그친 경우라면 그 성질에 반하지 아니하는 한 의사표시에 관한 「민법」 제110조의 규정을 준용하여 그 효력을 따져보아야 할 것이다"고 하여 「민법」 제110조에 대하여는 그 적용가능성을 제한적으로 인정하고 있다.

나. 강박에 의한 사직의사표시와 비진의 의사표시

대법원 1988. 5. 10. 선고 87다카2578 판결이나 대법원 1991. 7. 12. 선고 90다11554 판결은 재입사를 전제로 하거나 민사관계의 근로자의 내심에 반하는 사직원은 비진의 의사표시로서 무효[12]에 해당한다고 하면서도 대법원 2001. 8. 24. 선고 99두9971 판결 등은 공무원의 사직원에 대하여 내심의 의사가 아닌 외부에 표시된 의사를 기준으로 비진의 의사표시에 관한 「민법」 제107조의 준용을 부인한다.

즉, 판례는 강박에 의한 의사표시가 의사결정의 자유 자체를 박탈할 정도의 무효에 해당하지 아니하는 한 공무원에 대하여는 외부적 · 객관적으로 표시된 의사를 기준으로 「민법」 제110조에 터잡아 그 효력의 유 · 무효여부만을 판단하고, 공무원이 아닌 근로자의 경우에는 「민법」 제107조에 근거하여 진의 아닌 의사표시인지 여부를 판단하는 2중의 기준을 제시하고 있다.

다. 사직원철회의 시점

대법원 1993. 7. 27. 선고 92누16942 판결은 "공무원이 한 사직의 의사표시는 그에 터잡은 의원면직처분이 있을 때까지는 원칙적으로 이를 철회할 수 있는 것이지만, 다만 의원면직처분이 있기 전이라도 사직의 의사표시를 철회하는 것이 신의칙에 반한다고 인정되는 특별한 사정이 있는 경우에는 그 철회는 허용되지 아니한다"고 하여 의사표시의 하자에 따른 「민법」 제146조의 규정을 배제하고 있다.

라. 의원면직과 신뢰보호 내지 실효의 법리

대법원 1989. 12. 12. 선고 88누8869 판결은 "원고가 이 사건 징계처분에 위와 같은 흠이 있음을 알면서도 퇴직시에 지급되는 퇴직금등 급여를 지급받으면서 위 징계처분에 대하여 위 흠을 들어 항고하였으나 곧 취하하고 그 후 5년 이상이나 위 징계처분의 효력을 일체 다투지 아니하다가 위 비위사실에 대한 공소시효가 완성되어 더 이상 형사소추를 당할 우려가 없게 되자 새삼 위 흠을 들어 이 사건 소를 제기하기에 이르렀고 한편 피고로서도 오랜 기간동안 원고의 퇴직을 전제로 승진, 보직 등 인사를 단행하여 신분관계를 설정하였던 사실이 인정되는바, 사정이 이와 같다면 원고가 이제 와서 위 흠을 내세워 이 사건징계처분의 무효확인을 구하는 것은 신의칙에 반한다"고 하여 사실상 당해

---

12) 재고용의 형식이 아닌 의원면직처분에 관한 이웃 일본의 판례를 훑어보면, 위 무효사유(즉 "사직의 의사표시가 진의 아님을 알았거나 이를 알 수 있었을 경우")를 인정한 예는 존재하지 않는다. 장원찬, 앞의 글, 20쪽(『注解民法 3卷』, 有斐閣, 129면 참조).

행위의 유효성을 추인하는 외관행위를 갖추었다가 상당기간이 경과한 후에 상반되는 주장을 한 경우에는 모두 신의칙 내지 실효의 법리에 따라 그 상반되는 주장을 배척하고 있음을 볼 수 있다.

3. 판결의 검토

가. 강압 및 비진의 의사표시의 점에 대하여

원심법원에 의한 확정사실에 따르면, 원고의 사직의사는 그 강박의 정도가 의사결정의 자유 자체를 침해할 정도는 아니지만 의사결정과정에 외부적 강박이 작용하였다는 점에서 판지와 같이 「민법」 제107조 제1항의 적용문제가 아니라 「민법」 제110조의 문제로 인식한 것은 타당하다.

나. 사직의 의사표시에 대한 철회 또는 취소의 점에 대하여

이 건과 같은 정치적 강박에 의한 사직원에 있어서는 직업공무원제도를 보장하고 있는 헌법의 취지와 "그 성질에 반하지 아니하는 한 민법의 의사표시에 관한 규정을 준용할 수 있다"는 학설과 판례의 취지를 고려할 때 「민법」 제110조 제1항의 취소권을 인정할 수 있고, 그 취소권 행사의 기간은 공법관계의 특성상 「민법」 제146조가 준용되는 것이 아니라, 사인은 행정행위가 행하여지기 전에는 언제든지 그 의사표시를 취소 또는 철회할 수 있으나 그 의사표시를 전제로 후행 행정행위가 행하여진 후에는 원칙적으로 해당 행정행위의 취소를 구할 수 있을 뿐인 것으로 보아야 한다. 특히, 이 건과 같이 해당 공무원에 대한 별도의 형사소추 없었다는 점과 그 처분의 취소를 다투기 어려운 정치적 강박이 지속되고 있었던 점을 고려하여, 정치적 강박이 객관적으로 소멸되어 권리행사가 가능한 특별채용 당시를 전후해서 「행정소송법」 제20조가 정한 기간 내에 취소권을 행사할 수 있는 것으로 보아야 한다.

따라서, 그 취소 내지 철회의 시점에 대하여는 특별한 사유가 없는 한 판지와 같이 사직원의 수리(의원면직처분)가 있기 전까지만 가능한 것으로 획일적이고 제한적인 판단을 할 것이 아니라, 강박에 의한 사직원에 근거한 의원면직처분에 대하여는 「행정소송법」 제20조가 정한 기간 내에 취소권을 행사할 수 있는 것으로 판단하여야 할 것이다.

다. 신의칙 및 실효의 문제

이에 대하여는 구체적인 판단을 하고 있지는 아니하나, 따져본다면 다음과 같이 판단할 수 있다. 즉, 이 사건 원고가 사직원제출 후 수리가 있기 전에 그 사직원을 취소하지 못한 것은 별론으로, 이 건 면직처분이 있은 후 선행하는 사직 의사표시의 흠을 이유로 하는 면직처분의 취소를 구하지 않았을 뿐 아니라, 정치적 강박상태가 법상 완전히 해소된 1989. 10. 30. 특별조치법에 의해 특별채용된 날을 전후하여서는 객관적으로 명백하게 권리

행사가 가능함에도 불구하고 별다른 이의를 제기하지 아니하여 취소가능한 의사표시를 사후 추인한 외관(대법원 1997. 12. 12. 선고 95다38240 판결 참조)을 갖추었다는 점에서 특별채용된 때로부터 8년, 법률행위가 있은 때부터 17년이 경과한 후에 의원면직처분의 무효 등을 주장하는 것은 신의칙 내지 실효의 법리에 반한다고 판단하였어야 할 것으로 보인다.

4. 판결의 의미와 전망

가. 대상판결의 의의

이 건 판결은 사인의 공법행위에 대하여 「민법」 제107조의 준용성을 부인하고 제110조의 준용가능성을 인정한 대법원 1997. 12. 12. 선고 97누13962 판결 및 사직 의사의 철회시점에 관한 대법원 1993. 7. 27. 선고 92누16942 판결을 종합적으로 분명히 한 점에서 그 의의를 찾을 수 있으나, 이 건 직업공무원에 대하여 행하여진 정치적 강박에 의한 의사표시의 취소시점과 실효의 법리를 주장할 수 없는 부분에 대한 법리적 검토는 다소 부족한 것이 아니었나 생각된다.

나. 행정법 이론상의 의의

이 건 판결은 "사인의 신청을 요하는 행정행위와 같이 사인이 공법관계상 의사표시의 주체로 될 경우에는 공법관계의 특성을 해하지 아니하는 범위에서 민법의 의사표시에 관한 규정이 준용될 수 있을 뿐이다"는 다소 추상적인 학설에 대해 구체적으로 준용할 수 있는 민법의 규정과 그 한계를 명시한 점에서 그 의의를 찾을 수 있으나, "사인의 공법행위에 흠이 있는 경우 행정행위가 행하여지기 전에는 그 의사표시를 언제든지 취소 또는 철회할 수 있지만, 그 의사표시를 전제로 행정행위가 행하여진 경우에는 그 행정행위에 대한 쟁송제기기간 내에 그 처분을 다툴 수 있다"고 하는 입장에 대한 당부의 판단이 이루어지지 못한 점은 아쉬움으로 남는다.

특히, 공무원의 비리에 대한 사법적 심판은 별론으로 직업공무원의 정치적 중립성을 보장하기 위하여 정치적 강박에 의한 사직원의 취소성과 취소의 시점에 대한 보충적 판단이 부족한 것으로 사료된다.

다. 향후의 전망

사인에 의한 공법행위와 민법의 행위능력 및 의사표시의 하자에 관한 규정의 준용 여부에 대하여는 다음과 같은 실무상의 정리가 기대된다.

첫째, 사인이 행정기관을 이루는 구성원인 경우에는 민법상 행위능력에 관한 규정이 준용되지 아니하나, 사인이 공법상 의사표시의 주체로서 행위를 하는 경우에는 원칙적으로 민법의 행위능력에 관한 규정이 준용된다.

둘째, 특히 이건과 같이 공직수행에 대해 고도의 공정성과 그에 대한 국민의 신뢰를 요구하는 공법상 근무관계의 특성을 고려할 때, 사인의 공법행위에 있어서의 의사표시는 민사관계와 달리 내심의 의사보다는 외관상 표시된 의사를 존중하여야 할 것이고, 의사표시에 하자가 있는 경우에도 공법관계의 신속한 확정을 통한 공공질서의 안정을 도모해야 한다는 점에서 「민법」 제107조나 제109조를 비롯하여 「민법」 제146조 등은 원칙적으로 사인의 공법행위에 준용되지 아니한다.

다만, 정치적 강박에 의한 의사표시는 그 강박의 정도가 의사결정의 자유를 박탈할 정도에 이르러 의사 자체가 부존재하는 것으로 판단되면 무효로 되고,[13] 그러하지 않다면 직업공무원을 제도적으로 보장하고 있는 현행 헌법을 고려하여 「민법」 제110조 각항을 준용하되, 그 취소권의 행사는 공법관계의 신속한 확정성에 비추어 「민법」 제146조가 아니라 행정소송법 제20조에 의한 제소기간의 제한을 받는 것으로 보아야 할 것이다.

끝으로, 신의칙 내지 실효의 법리는 취소할 수 있는 행위에 대해 그 취소권을 행사할 수 있음에도 불구하고 유효성을 추인하는 소극적 또는 적극적 외관행위를 갖추었다가 상당기간이 경과한 후에 상반되는 주장을 하는 때 적용된다는 점과 관련한 사법의 적극적 판단을 기대하고자 한다.

〈관련 참고문헌〉

김현채, "사인의 공법행위에 대한 민법의 법률행위규정의 적용여부", 한국사법행정학회, 「사법행정」, 제20권 제8호.

박동진, "강박에 의한 의사표시와 비진의 의사표시와의 관계, 제103조와의 관계", 청림인터렉티브, 「Jurist」, 제409호.

엄동섭, "하자있는 의사표시에 관한 판례분석", 청헌법률문화재단, 「사법연구」, 제6집.

이재홍, "상급자의 지시에 의한 사직서제출과 진의 아닌 의사표시(대법원 1991. 7. 12. 선고 90다1154판결), 민사판례연구회, 「민사판례연구」, 제15집.

장원찬, "일괄사표의 강요와 선별수리의 무효판례에 관하여", 중앙경제사, 「노동법률」, 제7호.

홍일표, "사직원제출을 둘러싼 문제점 고찰", 인천지방변호사회, 「인천법조」, 제4집.

김남진/김연태, 「행정법 Ⅰ」, 「행정법 Ⅱ」, 법문사, 2005.

김철용, 「행정법 Ⅰ」, 「행정법 Ⅱ」, 박영사, 2008.

박균성, 「행정법강의」, 박영사, 2008.

석종현, 「일반행정법(상)」, 삼영사, 2005.

유지태, 「행정법신론」, 신영사, 2007.

정하중, 「행정법총론」, 법문사, 2007.

홍정선, 「행정법원론(상)」, 「행정법원론(하)」, 박영사, 2008.

---

13) 박동진, "강박에 의한 의사표시와 비진의 의사표시와의 관계", 「Jurist」, 제409호, 365쪽; 대법원 2002. 12. 10. 선고 2002다56031 판결 등 참조.

12. 신고의 법적 성질

—대법원 2011. 1. 20. 선고 2010두14954 전원합의체 판결; 2011. 7. 28. 선고 2005두11784 판결; 2012. 4. 19. 선고 2010도6388 전원합의체 판결—

김 중 권*

I. 판례개요

* 대법원 2011. 1. 20. 선고 2010두14954 전원합의체 판결(이하 '대상판결 I')

1. 사실의 개요와 소송의 경과

원고가 낙찰을 받은 토지 위에 연면적 합계 29.15㎡인 건물 2동을 건축한다는 내용의 건축신고를 하였으나, 피고는 이에 대해 "이 사건 토지는 인접토지에 건축물 신축허가시 당시 소유자로부터 토지의 사용승낙을 득하여 현재까지 현황도로로 사용하고 있는 토지이며, 타 부지로 진입이 불가한 상태로서 건축법 제2조 제1항 제12호 규정에 의한 현황도로로 인정된 부지에 건축물이 건축될 경우 기존 건축물로의 진출입이 차단된 다는 것"을 이유로 건축신고 수리가 불가하다고 통보하였다. 이에 원고는 신축하고자 하는 건축물은 '연면적의 합계가 100㎡ 이하의 건축물'로서 건축법상 건축허가를 받을 필요없이 단순한 건축신고의 대상에 불과하고, 건축신고의 경우 그 실체적인 요건을 심사함이 없이 이를 당연히 수리하여야 함에도 이 사건 토지가 인근 주민의 통행로로 사용되는 사실상의 도로라는 이유로 건축신고를 수리거부한 것은 위법하다고 주장하였다. 대상판결의 원심인 서울고등법원 2010. 7. 1. 선고 2010누1042 판결은 대상판결과 동일한 입장을 견지하였고, 대상판결은 아래와 같이 이를 확인하였다.

---

* 중앙대학교 법학전문대학원 교수.

2. 대상판결의 요지

[1] [다수의견] 건축법에서 인 · 허가의제 제도를 둔 취지는, 인 · 허가의제사항과 관련하여 건축허가 또는 건축신고의 관할 행정청으로 그 창구를 단일화하고 절차를 간소화하며 비용과 시간을 절감함으로써 국민의 권익을 보호하려는 것이지, 인 · 허가의제사항 관련 법률에 따른 각각의 인 · 허가 요건에 관한 일체의 심사를 배제하려는 것으로 보기는 어렵다. 왜냐하면, 건축법과 인 · 허가의제사항 관련 법률은 각기 고유한 목적이 있고, 건축신고와 인 · 허가의제사항도 각각 별개의 제도적 취지가 있으며 그 요건 또한 달리하기 때문이다. 나아가 인 · 허가의제사항 관련 법률에 규정된 요건 중 상당수는 공익에 관한 것으로서 행정청의 전문적이고 종합적인 심사가 요구되는데, 만약 건축신고만으로 인 · 허가의제사항에 관한 일체의 요건 심사가 배제된다고 한다면, 중대한 공익상의 침해나 이해관계인의 피해를 야기하고 관련 법률에서 인 · 허가 제도를 통하여 사인의 행위를 사전에 감독하고자 하는 규율체계 전반을 무너뜨릴 우려가 있다. 또한 무엇보다도 건축신고를 하려는 자는 인 · 허가의제사항 관련 법령에서 제출하도록 의무화하고 있는 신청서와 구비서류를 제출하여야 하는데, 이는 건축신고를 수리하는 행정청으로 하여금 인 · 허가의제사항 관련 법률에 규정된 요건에 관하여도 심사를 하도록 하기 위한 것으로 볼 수밖에 없다. 따라서 인 · 허가의제 효과를 수반하는 건축신고는 일반적인 건축신고와는 달리, 특별한 사정이 없는 한 행정청이 그 실체적 요건에 관한 심사를 한 후 수리하여야 하는 이른바 '수리를 요하는 신고'로 보는 것이 옳다.

[대법관 박시환, 대법관 이홍훈의 반대의견] 다수의견과 같은 해석론을 택할 경우 헌법상 기본권 중 하나인 국민의 자유권 보장에 문제는 없는지, 구체적으로 어떠한 경우에 수리가 있어야만 적법한 신고가 되는지 여부에 관한 예측 가능성 등이 충분히 담보될 수 있는지, 형사처벌의 대상이 불필요하게 확대됨에 따른 죄형법정주의 등의 훼손 가능성은 없는지, 국민의 자유와 권리를 제한하거나 의무를 부과하려고 하는 때에는 법률에 의하여야 한다는 법치행정의 원칙에 비추어 그 원칙이 손상되는 문제는 없는지, 신고제의 본질과 취지에 어긋나는 해석론을 통하여 여러 개별법에 산재한 각종 신고 제도에 관한 행정법 이론 구성에 난맥상을 초래할 우려는 없는지의 측면 등에서 심도 있는 검토가 필요한 문제로 보인다. 그런데 다수의견의 입장을 따르기에는 그와 관련하여 해소하기 어려운 여러 근본적인 의문이 제기된다. 여러 기본적인 법원칙의 근간 및 신고제의 본질과 취지를 훼손하지 아니하는 한도 내에서 건축법 제14조 제2항에 의하여 인 · 허가가 의제되는 건축신고의 범위 등을 합리적인 내용으로 개정하는 입법적 해결책을 통하여 현행 건축법에 규정된 건축신고 제도의 문제점 및 부작용을 해소하는 것은 별론으로

하더라도, '건축법상 신고사항에 관하여 건축을 하고자 하는 자가 적법한 요건을 갖춘 신고만 하면 건축을 할 수 있고, 행정청의 수리 등 별단의 조처를 기다릴 필요는 없다'는 대법원의 종래 견해(대법원 1968. 4. 30. 선고 68누12 판결, 대법원 1990. 6. 2. 선고 90누2468 판결, 대법원 1999. 4. 27. 선고 97누6780 판결, 대법원 2004. 9. 3. 선고 2004도3908 판결 등 참조)를 인·허가가 의제되는 건축신고의 경우에도 그대로 유지하는 편이 보다 합리적인 선택이라고 여겨진다.

[2] [다수의견] 일정한 건축물에 관한 건축신고는 건축법 제14조 제2항, 제11조 제5항 제3호에 의하여 국토의 계획 및 이용에 관한 법률 제56조에 따른 개발행위허가를 받은 것으로 의제되는데, 국토의 계획 및 이용에 관한 법률 제58조 제1항 제4호에서는 개발행위허가의 기준으로 주변 지역의 토지이용실태 또는 토지이용계획, 건축물의 높이, 토지의 경사도, 수목의 상태, 물의 배수, 하천·호소·습지의 배수 등 주변 환경이나 경관과 조화를 이룰 것을 규정하고 있으므로, 국토의 계획 및 이용에 관한 법률상의 개발행위허가로 의제되는 건축신고가 위와 같은 기준을 갖추지 못한 경우 행정청으로서는 이를 이유로 그 수리를 거부할 수 있다고 보아야 한다.

[대법관 박시환, 대법관 이홍훈의 반대의견] 수리란 타인의 행위를 유효한 행위로 받아들이는 수동적 의사행위를 말하는 것이고, 이는 허가와 명확히 구별되는 것이다. 그런데 다수의견에 의하면, 행정청이 인·허가의제조항에 따른 국토의 계획 및 이용에 관한 법률상 개발행위허가 요건 등을 갖추었는지 여부에 관하여 심사를 한 다음, 그 허가요건을 갖추지 못하였음을 이유로 들어 형식상으로만 수리거부를 하는 것이 되고, 사실상으로는 허가와 아무런 차이가 없게 된다는 비판을 피할 수 없다. 이러한 결과에 따르면 인·허가의제조항을 특별히 규정하고 있는 입법 취지가 몰각됨은 물론, 신고와 허가의 본질에 기초하여 건축신고와 건축허가 제도를 따로 규정하고 있는 제도적 의미 및 신고제와 허가제 전반에 관한 이론적 틀이 형해화될 가능성이 있다.

*** 대법원 2011. 7. 28. 선고 2005두11784 판결**(이하 '대상판결 Ⅱ')

1. 사실의 개요와 소송의 경과

전통 민간요법인 침·뜸행위를 온라인을 통해 교육할 목적으로 인터넷 침·뜸 학습센터를 설립한 갑이 구 평생교육법(2007. 10. 17. 법률 제8640호로 개정되기 전의 것) 제22조 제2항 등에 따라 평생교육시설로 신고하였으나 관할 행정청이 교육 내용이 의료법에 저촉될 우려가 있다는 등의 사유로 이를 반려하는 처분을 한 사안이다. 원심(서울고법 2005. 8. 25. 선고 2004누13426 판결)은, 이 사건 평생교육을 통하여 교육하고 학습하게 될 침 · 뜸행위는 의료행위에 해당하므로 이 사건 교육의 결과 그 교육을 받은 사람들이 이러한 행위를 하는 경우 원고와 같이 의료법 시행 전에 종전 규정에 의하여 의료유사업자의 자격을 받은 자 외에는 모두 무면허 의료행위로 처벌될 것이 명백한 점, 이 사건 교육과정 중에 행해질 것으로 예상되는 실습행위가 무면허 의료행위로서 처벌의 대상이 될 것으로 보이는 점, 침 · 뜸행위는 실제 그 실행과정에서 여러 가지 부작용이 발생할 위험성이 큰 점, 이 사건 평생교육으로 침 · 뜸 관련과목을 교육받은 수강생들은 자신들이 교육받은 침 · 뜸행위를 실제 실행하려 할 것으로 예상되는데도 원고가 각 단계별 교육과정을 이수한 자에게 수료증까지 발급함으로써 결과적으로 무면허 의료행위를 조장하게 될 수 있는 점을 종합하여 보면, 피고로서는 신고서에 첨부된 운영규칙에 기재된 교육과정의 내용이 의료법에 저촉되는지 여부, 신고에 따른 교육이 실제 이루어짐으로써 발생할 것으로 예상되는 부작용을 고려하여 이 사건 신고를 반려할 수 있다고 보았으며, 신고반려처분은 적법하다고 판시하였다.

2. 대상판결의 요지

[1] 구 평생교육법(2007. 10. 17. 법률 제8640호로 개정되기 전의 것, 이하 '법'이라 한다) 제22조 제1항, 제2항, 제3항, 구 평생교육법 시행령(2004. 1. 29. 대통령령 제18245호로 개정되기 전의 것) 제27조 제1항, 제2항, 제3항에 의하면, 정보통신매체를 이용하여 학습비를 받지 아니하고 원격평생교육을 실시하고자 하는 경우에는 누구든지 아무런 신고 없이 자유롭게 이를 할 수 있고, 다만 위와 같은 교육을 불특정 다수인에게 학습비를 받고 실시하는 경우에는 이를 신고하여야 하나, 법 제22조가 신고를 요하는 제2항과 신고를 요하지 않는 제1항에서 '학습비' 수수 외에 교육 대상이나 방법 등 다른 요건을 달리 규정하고 있지 않을 뿐 아니라 제2항에서도 학습비 금액이나 수령 등에 관하여 아무런 제한을 하고 있지 않은 점에 비추어 볼 때, 행정청으로서는 신고서 기재사항에 흠결이 없고 정해진 서류가 구비된 때에는 이를 수리하여야 하고, 이러한 형식적 요건을 모두 갖추었음에도 신고대상이 된 교육이나 학습이 공익적 기준에 적합하지 않는다는 등 실체적 사유를 들어 신고 수리를 거부할 수는 없다.

* 대법원 2012. 4. 19. 선고 2010도6388 전원합의체 판결(이하 '대상판결Ⅲ')

1. 사실의 개요와 소송의 경과

피고인 전국교직원노동조합 대전지부 소속 교사 20여 명이 2009. 6. 29. 14:05경부터 청운동사무소 앞 인도에서 '표현과 양심의 자유 징계, 법적 징계 없다'라고 적힌 플래카드 1개와 '민주주의 죽이지 말라', '표현의 자유 보장하라'라는 등의 구호가 적힌 피켓 4개를 들고, 마이크 1개와 스피커 등을 동원하여 '표현의 자유 보장하라'는 등의 구호를 제창하는 등 미신고집회를 주최하였다. 이들의 집단적 의사표현행위가 국가공무원법 제66조 제1항에서 금지하는 '공무 외의 일을 위한 집단행위'에 해당한다는 점과 미신고집회를 주최하였고 해산명령에 대해 불응한 점을 이유로 기소된 사건이다. 전자와 관련해서는 제1심(대전지방법원 2010. 2. 25. 선고 2009고단2786 판결)은 공익에 반한다거나 직무전념의무의 위배 또는 직무기강의 저해에 해당하지 않는다는 이유로 무죄를 선고한 데 대해서 제2심(대전지방법원 2010. 5. 14. 선고 2010노618 판결)과 대상판결의 다수의견은 반대의 입장을 개진하였다. 후자와 관련해서 제1심은 "집시법 제20조 제1항 제2호에 따른 해산명령은 같은 항 제3호에 준하여 '교통 소통 등 질서 유지에 직접적인 위험을 명백하게 초래한 때'에 한하여 발할 수 있는 것이라고 한정하여 해석해야 할 것인 바, 이 사건 집회는 참가인원이 20여 명에 불과하였고, 구호를 외친 것 이외에 아무런 폭력이나 물리력이 동원되지 않았으며, 인도를 벗어나 차량의 교통을 방해하지도 아니하여 교통 소통 등 질서 유지에 직접적인 위험을 명백하게 초래하였다고 볼 수 없으므로, 이에 대하여 단순히 미신고 집회라는 이유만을 들어 과잉대응하여 해산명령을 발한 것은 위법하고, 위법한 해산명령에 응하지 아니하였더라도 죄가 성립하지 않는다."고 판시하여, 무죄를 선고하였다. 이에 대해 제2심은 다른 판단을 내렸는데, 대상판결 역시 마찬가지이다.

2. 대상판결의 요지

[3] [다수의견] 집회의 자유가 가지는 헌법적 가치와 기능, 집회에 대한 허가 금지를 선언한 헌법정신, 옥외집회 및 시위에 관한 사전신고제의 취지 등을 종합하여 보면, 신고는 행정관청에 집회에 관한 구체적인 정보를 제공함으로써 공공질서의 유지에 협력하도록 하는 데 의의가 있는 것으로 집회의 허가를 구하는 신청으로 변질되어서는 아니되므로, 신고를 하지 아니하였다는 이유만으로 옥외집회 또는 시위를 헌법의 보호 범위를 벗어나 개최가 허용되지 않는 집회 내지 시위라고 단정할 수 없다. 따라서 집회 및 시위에 관한 법률(이하 '집시법'이라고 한다) 제20조 제1항 제2호가 미신고 옥외집회 또는 시위를 해산명령 대상으로 하면서 별도의 해산 요건을 정하고 있지 않더라도, 그 옥외집회 또는 시위로 인하여 타인의 법익이나 공공의 안녕질서에 대한 직접적인 위험이 명백하게 초래된 경우에 한하여 위 조항에 기하여 해산을 명할 수 있고, 이러한 요건을 갖춘 해산명령에 불응하는 경우에만 집시법 제24조 제5호에 의하여 처벌할 수 있다고 보아야 한다.

[대법관 전수안의 반대의견] 미신고 집회에 대한 해산명령은, 그 집회로 인하여 타

인의 법익이나 기타 공공의 안녕질서에 대한 직접적이고 명백하며 현존하는 구체적 위험이 발생하는 경우에만 허용되어야 하고, 무엇보다도 그러한 미신고 집회에 대한 해산명령의 적법 여부가 문제되는 개별 사안에서 그 기준을 엄격하게 적용하는 것이 중요하며, 위험이 발생할 수 있다는 개연성만으로 위와 같은 기준을 충족하는 것처럼 운용되어서는 안 된다.

Ⅱ. 평 석

1. 쟁점정리와 대상판결의 의미

일반적으로 기왕의 유형에 따른 자기완결적 신고의 경우엔 그 신고가 적법하면 행정청의 수리 여부에 관계없이 신고의 효과가 발생한다고 본다. 즉, 신고가 적법한 이상, 접수하지 않고 반려(수리 거부)하더라도 신고의 효과가 저지될 수 없다고 본다. 대법원 1999. 4. 27. 선고 97누6780 판결 역시 기왕의 자신의 입장을 견지하는 연장에서, 신고의 적법성에 의거하여 바로 신고의 법효과 발생을 도출하고, 그에 따라 여기선 수리거부의 처분성은 물론 하등의 법적 의미를 부인하는 식의 논증을 하였다. 한편 대법원 1993. 6. 8. 선고 91누11544 판결은 영업양도에 따른 지위승계신고의 수리를 행정처분으로 봄으로써, 이른바 '수리를 요하는 신고'에 관한 시원(始原)이 되었다. 그런데 '대상판결Ⅰ'은 건축법상의 건축신고를 자기완결적 신고로 본 종래의 입장을 수정하여 이른바 '수리를 요하는 신고'로 접근하였다. '대상판결Ⅱ'의 경우 평생교육시설의 신고의 법적 성질을 구체적으로 밝히지 않으면서 그것의 수리거부의 취소소송대상적격을 인정하였다. 그리고 '대상판결Ⅲ'은 집회신고의 법적 성질과 관련해서 '정보제공적 신고'에 해당한다는 것을 처음으로 명확히 하였다.

2. 판례 및 문헌상의 흐름

(1) 신고유형에 관한 기왕의 논의: "자기완결적 신고"와 "수리를 요하는 신고"

사인의 공법행위는 의사표시의 방향성을 기준으로 일방당사자의 의사표시만으로 법률효과를 발생하는 것(단독행위, 자기완결적 공법행위)과 쌍방당사자의 의사의 합치에 의해 법률효과를 발생하는 것(쌍방적 행위, 행정요건적 공법행위)으로 나뉜다(한편 사인의 공법행위로서의 신고를 준법률행위의 차원에서 접근하거나(장태주), 신고 자체를 행정행위로 설정하여 '준법률행위적 행정행위'로 접근하는(김학세; 김재협) 입장도 있다). 이런 나눔과 연계해서 대부분의 행정법 문헌은 신고를 자기완결적(自己完結的) 공법행위로서의 신고(수리를 요하지 않는 신고, 전형적 신고)와 행정요건적 공법행위로서의 신고(수리를 요하는 신고,

변형적 신고, 수리를 요하는 신고)로 나눈다. 판례 역시 기본적으로 이런 구분의 기조를 바탕으로 한다. 즉, "자기완결적 신고(自己完結的 申告)"와 관련해선, 그것의 수리와 수리거부 모두 법적 구속력을 발휘하지 않아서 행정처분이 될 수 없지만, "수리를 요하는 신고(受理必要的 申告)"의 경우엔 정반대로 그것의 수리와 수리거부 모두가 행정처분이 된다고 한다(한편 행정절차법 제40조가 규정한 신고의 유형이 문제되는데, 일부는 수리를 요하는 신고라면, 그것이 통용되지 않는다고 보지만(김남진/김연태; 김철용), 일부 문헌은 동조 제3항과 제4항이 수리를 요하는 신고에도 유추(준용)된다고 본다(홍정선; 박균성)).

(2) 수리를 요하는 신고의 본질에 관한 논의

이런 분류에 따른 법적 결과에 관해서는 대부분의 문헌이 이상과 같은 입장을 취하지만, 그것의 구체적 구별기준은 물론, 특히 수리를 요하는 신고의 본질과 관련해서는 통일되지 못한다. 여기에는 두 가지 접근이 있다. 일설은 실정법(예: 정기간행물법 제15조 제1항)의 등록제에 따른 등록신청을 수리를 요하는 신고로 본다. 즉, 등록제가 수리를 요하는 신고제를 의미하는 것으로 본다. 그리하여 허가제의 경우엔 요건에 관한 형식적 심사뿐만 아니라 실질적 심사까지 행해지는 반면에, 수리를 요하는 신고제인 등록제의 경우엔 형식적 심사에 그친다고 한다(대표적으로 홍정선). 그리하여 개별법령(예: 체육시설법)이 신고와 등록을 구분하여 규정하고 있지 않는 한, 당해 법령의 목적과 관련조문에 대한 합리적, 유기적 해석을 통해 구분할 수밖에 없다고 한다. 또 다른 일설은 신고요건에 초점을 맞춰, 신고요건이 형식적 요건만인 경우에는 자기완결적 신고로, 형식적 요건과 함께 실질적 요건도 포함하는 경우엔 수리를 요하는 신고로 본다(박균성). 이 주장에 대해선, "실질적 요건을 신고요건의 한 부분으로 한다고 하여도 입법자가 이를 수리를 요하지 않는 신고로 규정할 수도 있는바, 양자의 구별은 신고요건의 성질이 아니라, 입법자의 객관적인 의사를 기준으로 판단하여야 한다"고 비판이 가해진다(홍정선). 한편 김용섭 교수는 자기완결적 신고를 단순한 통고 내지 통보로, 수리를 요하는 신고를 인허가나 등록의 신청으로 인식하면서, 전자의 경우엔 형식적 심사권이, 후자에 대해선 형식적 심사권뿐만 아니라, 실질적 심사권도 허용된다고 본다(김용섭).

(3) 판례의 흐름

신고를 '자기완결적 신고제'와 '수리를 요하는 신고제'를 구분하는 논증의 방식은 별다른 의문 없이 공고화(鞏固化)되어 버렸다. 즉, 전자와 관련해서는, 대법원 1999. 12. 24. 선고 98다57419 판결, 대법원 1995. 3. 14. 선고 94누9962 판결, 대법원 1993. 7. 6.자 93마635 결정, 대법원 1992. 9. 22. 선고 92도1839 판결, 대법원 1990. 2. 13. 선고 89누3625 판결, 대법원 1985. 4. 23. 선고 84도2953 판결 등에서 그 경향이 확인된다. 후자와 관련해서는, 대법원 2000. 5. 26. 선고 99다37382 판결이 "수리를 요하는 신고"의 존재를 처음으로 명시적으로 인정하였고, 대법원 2002. 4. 12. 선고 2001두9288 판결은 '종묘생산어업수리불가처분취소'란 사건 이름처럼 그와 같은 맥락에 서 있으며, 아울러 대법원은 건축주명의변경신고의 경우에도 이것의 수리거부를 처분으로 본다(대법원 1992. 3. 31. 선고 91누4911 판결). 그리고 대법원은 '구 노인복지법에 의한 유료노인복지주택의 설치신고를 받은 행정관청이 그 수리 여부를 결정하기 위하여 심사할 대상의 범위'와 관련해서, "그 유료노인복지주택의 시설 및 운영기준이 위 법령에 부합하는지와 아울러 그 유료노인복지주택이 적법한 입소대상자에게 분양되었는지와 설치신고 당시 부적격자들이 입소하고 있지는 않은지 여부까지 심사하여 그 신고의 수리 여부를 결정할 수 있다"고 판시하였다(대법원 2007. 1. 11. 선고 2006두14537 판결). 여기서의 신고 역시 수리처분을 전제로 한 수리를 요하는 신고에 해당한다. 결국 이런 상황에서 양자의 신고유형 특히 "수리를 요하는 신고"는 별다른 이론(異論)없이 하나의 법제도로 정착되기에 이르렀다.

(4) 신고에 관한 새로운 분류: "금지해제적 신고"와 "정보제공적 신고"

행정법상의 금지유형에 관한 논의를 전제하면서, 허가제(허가의무)에 대비시켜 "금지해제적 신고"를 설정하고, 이것과 본질적으로 다른 차원에서 "정보제공적 신고"를 정립하려는 시도가 있다(이하의 논의는 졸저, 행정법기본연구, 109면 이하; 행정법, 222면 이하가 바탕이 되었음을 밝혀둔다). 통설과 판례는 행정청의 심사를 부정하거나 —형식적 차원에— 제한하는 것을 논의의 출발점으로 삼지만, 새로운 유형론에서는 행정청의 심사를 배제하지 않는다(심사의무). 또한 수리 자체는 의미를 두지 않지만(금지의 자동적 해제), 수리거부는 금지하명처분으로 본다. 그리고 수리를 요하는 신고제는 신고제의 범주에 들어가지 않는다고 강변한다. 한편 영업개시와 동시에 또는 사전에 행하는 영업신고의 경우처럼, "정보제공적 신고"는, 예방적 금지를 해제시키는 동인(動因) · 근거가 아니라, 영업개시 이후에 지속적인 감시를 확고히 하기 위하여 영업수행을 행정청에게 단지 알리는 데 기여한다. 정보제공적 신고에서의 신고의무는 예방적 · 형식적 금지와 결합되어 있지 않고, 신고된 활동의 형식적 허용성이 신고의무의 이행에 좌우되지 않는다. 따라서 —금지해제적 신고에서와는 달리— 이들 신고의무의 위반만으로 관련 행위의 금지를 정당화시키진 못한다. 이런 정보제공적 신고는, 건축법상의 신고절차상의 건축신고와는 달리 직접적인 법적 효과를 당연히 발생시키지 않는다.

한편 박균성 교수는 기왕의 신고유형을 따르되, 사실파악형신고와 규제적 신고의 유형도 추가로 제시하면서, 전자를 '행정청에게 행정의 대상이 되는 사실에 관한 정보를 제공하는 기능을 갖는 신고'로, 후자를 '사적 활동을 규제하는 기능을 갖는 신고'로 설정하며, 아울러 이들을 정보제공적 신고와 금지해제적 신고에 비견시킨다. 다만 박균성 교수는 신고를 전적으로 새로운 유형에서 접근하지는 않고, 여기에 기왕의 유형을 접목시킨다. 즉, 정보제공적 신고의 경우 항상 자기완결적 신고에 해당하지만, 금지해제적 신고의 경우엔 자기완결적 신고는 물론 이른바 수리를 요하는 신고에도 해당할 수 있다고 한다.

3. 대상판결의 문제점 및 검토

(1) '대상판결 Ⅰ'

종전에 판례는 건축법 제14조의 건축신고를 전적으로 자기완결적 신고로 보아왔는데, '대상판결 Ⅰ'은 이를 — 건축법 제11조 제5항에 의해 — 인 · 허가의제 효과를 수반하는 건축신고와 일반적인 건축신고로 나누어 전자가 수리를 요하는 신고에 해당한다고 명시적으로 판시하였다. 종래 논의에서 자기완결적 신고의 경우 수리 및 수리거부의 처분성이 부인된다는 점에서 행정청의 심사를 당연히 상정하지 않았다. 그런데 '대상판결 Ⅰ'을 통해 실질적 심사에 기하여 수리를 요하는 신고를 정립함으로써 새로운 국면에 들어섰다. 대법원 2014. 4. 10. 선고 2011두6998 판결 역시 — 반려의 대상적격의 인정을 전제하면서 — 행정관청은 해당 단체가 노동조합법 제2조 제4호 각 목에 해당하는지 여부를 실질적으로 심사할 수 있다고 판시하였다. 결국 수리를 요하는 신고의 경우 실질적 심사를 전제로 하여 그에 기하여 수리거부를 할 수 있다는 것이다.

허가제에 대비된 — 절차적 민간화에 해당하는 — 신고제의 본질은, 행정법관계의 형성에서 행정은 일단 뒤로 빠지고 私人에게 먼저 이니셔티브를 인정한 것(私人主導)이다. 수리 그 자체가 관련 법관계의 형성을 좌우한다면, 그것은 본연의 신고제가 아니라, 변형된 허가제이다. 수리에 비중을 두는 한, 결코 그것은 신고제가 될 수 없다. 대법원 2010두14954 전원합의체 판결의 반대의견이 지적하듯이, 수리를 요하는 신고의 정체는 다름 아닌 허가라 하겠다.

수리를 요하는 신고와 같은 명실불부(名實不副)한 법제도는, 일반인은 물론 전문가조차도 그것의 존재를 쉽게 이해할 수 없거니와, 그 해당성 여부가 전적으로 판례에 맡겨져 있다는 것은 다른 차원의 규제장벽인 동시에 법치국가원리적 문제이다. 나아가 대법원 2010두14954 전원합의체 판결의 다수의견은 건축신고의 인 · 허가의제 효과와 결부시켜 그것을 수리를 요하는 신고로 접근하였는데, 이는 증폭의제와 중복의제와 같은 법치국가원리적 문제점과는 별도로 법관의 법형성기능을 넘어선 것이고 법관의 법(律)구속의 원칙에 반할 수 있다(인 · 허가의제 효과와 결부시켜 건축신고를 처음으로 수리를 요하는 신고로 접근한 서울행법 2009구합1693 판결에 대해 필자는 일찍이 비판을 가하였다(법률신문 제3837호(2010. 5. 3.)).

그런데 신고제에서의 행정청의 심사는 가능성이지 의무가 아니다. 허가제와 대비하여 보건대, 신고의 형식적 요건과 관련해선, 당연히 행정청의 심사의무가 성립하나, — 의제대상규정을 포함한 — 그 밖의 공법규정과의 위배에 대해선 허가제처럼 심사의무는 성립하진 않지만, 심사가능성이 전혀 배제되진 않는다. 즉, 행정청의 재량에 그친다(이른바 심사선택). 만약 행정청의 실질적 심사가 필요하다고 하면, 즉, 심사의무로 설정하려면 입법적으로 그에 맞는 제도 즉, 허가제로 전환을 하여야 한다(名實相符). '대상판결 Ⅰ'이 신고제에서 허가제와의 구별되지 않게 실질적 심사의무를 요구한 것은 문제이다. 사실 대법원 2010두14954 전원합의체 판결은 건축신고에서 행정청의 심사를 완전히 배제하고, 수리거부의 법적 의미를 부정한 그간의 판례의 바람직하지 않은 반작용이라 할 수 있다.

(2) '대상판결 Ⅱ'

이른바 자기완결적 신고와 관련해서, 판례의 대응은 통일적이지 않다. 일부는 수리 및 수리거부의 무의미성을 견지한다. 적법한 요건을 갖춘 신고의 경우에는 행정청의 수리처분 등 별단의 조처를 기다릴 필요 없이 그 접수시에 신고로서의 효력이 발생하는 것이므로 그 수리가 거부되었다고 하여 무신고 영업이 되는 것은 아니다(대법원 1999. 12. 24. 선고 98다57419 판결; 1998. 4. 24. 선고 97도3121 판결; 1995. 3. 14. 선고 94누9962 판결; 1993. 7. 6.자 93마635 결정; 1990. 2. 13. 선고 89누3625 판결; 1985. 4. 23. 선고 84도2953 판결 등 참조). 반면 일부는 수리거부의 위법성을 추가하여 적극적으로 논증하거나(대법원 1999. 4. 27. 선고 97누6780 판결), — '대상판결 Ⅱ'처럼 — 수리거부의 위법성만을 적극적으로 논증하기도 한다(대법원 1997. 8. 29. 선고 96누6646 판결 등). 그런데 이른바 자기완결적 신고에서 수리 및 수리거부의 무의미성을 견지하기 위해서는, 법원은 애써 수리거부의 처분성을 부인하고, 신고 그 자체로서 대상평생교육의 적법한 실시라는 형성적 효과가 발생한다고 판시하여야 했으며, 또한 대상적격의 부인에 따라 각하했어야 하는데, '대상판결 Ⅱ'에서는 마치 그것이 이른바 수리를 요하는 신고인양 수리거부의 처분성을 전제로 그것의 위법성을 적극적으로 논증하였다. 즉, '대상판결 Ⅱ'는 처음부터 형식적 심사만이 허용된다는 전제에서, 실질적 심사의 가능성 자체를 배제하였으며, 이에 그것을 신고수리거부의 위법성에 연결시켰다. 나아가 수리거부의 처분사유에 대해서도 원심과 다른 입장을 취하였다. 이런 접근은 이른바 자기완결적 신고와 이른바 수리를 요하는 신고의 구별도식(수리의 비처분성 ⇒ 수리의 거부의 비처분성, 수리의 처분성 ⇒ 수리거부의 처분성)을 무색케 한다(수리거부를 금지하명으로 보면 기왕의 틀에 포획되지 않는다).

(3) '대상판결 Ⅲ'

집화신고를 수리를 요하는 신고로 보는 것은 '대상판결 Ⅲ'이 분명히 지적하듯이 헌법상 집회에 대한 허가제가 일절 허용되지 않는다는 점과는 맞지 않는다. 자기완결적 신고의 경우 그에 관한 기왕의 이해는 수리거부(반려)의 가능성 및 그 법적 의미를 부인하는 것이 특징이다. 즉, 수리거부(반려)에도 불구하고 적법한 신고를 한 이상 대상행위에 대한 조치는 아무런 의미를 갖지 않게 된다. 그에 의하면 집회신고에 대한 — 집시법 제8조상의 집회금지 · 제한과 같은 — 소극적 대응 자체가 봉쇄되거나 무의미해지는, 현행 법제상 수긍하기 힘든 결과가 빚어진다. 결국 기왕의 신고의 유형(자기완결적 신고와 수리를 요하는 신고)은 집회신고의 경우에는 주효할 수 없거니와, 기왕의 유형의 치명적 결함이 드러난다. '대상판결 Ⅲ'은 물론 후속판결(대법원 2013. 3. 28. 선고 2011도2393 판결)은 집회신고가 허가대체적 즉, 금지해제적 신고로 변질되어서는 아니 되고, 그것이 정보제공의 의미를 가짐을 강조한다(집회사전신고제의 합헌성을 인정한 헌법재판소의 판례 역시 비록 분명히 표현은 하지 않았지만 정보제공적 의의를 앞세운다. 헌재 2009. 5. 28. 2007헌바22). 요컨대 집회신고의 본질은 다름 아닌 정보제공적 신고라 하겠다. 대외적 영향을 발휘하는 옥외집회에 대해서는 특별한 사전조치가 요구되는 것은 당연하지만, 집회허가제가 헌법상 금지된 이상, 정보제공적 신고제는 자명하게 집회자유에 대한 국가적 개입의 최대한에 해당한다. 일찍부터 판례는 명문의 실정법(집시법 제22조 제2항)과 맞지 않게 미신고 옥외집회 또는 시위를 한 것만으로는 옥외집회 또는 시위의 주최자를 처벌할 수 없다고 보았고, 집회미신고만으로 해산명령의 사유로 삼지 않고, 해산명령을 위해 '타인의 법익이나 공공의 안녕질서에 대한 직접적인 위험이 명백하게 초래될 것'을 추가적으로 요구하였는데(대법원 2012. 4. 26. 선고 2011도6294 판결 등), 이는 판례가 집회자유의 헌법적 의의를 반영하여 허용된 법형성기능을 정당하게 발휘한 것이다.

4. 판례의 전망: 기존 논의의 문제점

신고(제)를 둘러 싼 혼란의 원인(原因)은 바로 그것을 '자기완결적 신고'와 '수리필요적 신고'로 나눔에 있다. 왜냐하면 양자에 있어 공통분모라곤 '신고'라는 용어사용일 뿐, 법적으로 전혀 이질적으로 다루어지고 있으며, 특히 후자는 행정행위에 대한 '신청'과 다를 바 없기 때문이다. 종래 사적 영역에 대한 국가적 개입모델로서의 신고제의 참뜻을 간과한 채, 사인의 행정요건적 공법행위에 관한 논의를 바로 신고제에 대입(代入)한 것이 지금의 난맥을 야기하였다. 무릇 신고제가 허가제를 대치(代置)한 개시통제의 수단임을 긍정한다면, 그것의 유형을 (예방적) 금지해제적 신고와 정보제공적 신고로 나누는 것이 그것의 본연의 모습에 부합한다. 특히 금지해제적 신고의 존재가 아직 보편화되지 않은 채 기왕의 분류를 고수하다 보니, 행정통제의 제도적 틀이 손상되곤 한다. 신청과 신고는 구별하여야 한다. 한편 실정법은 물론 판례상으로도 '수리'에 관한 바른 이해조차도 형성되어 있지 않다.

(예방적) 금지해제적 신고(의무)로서의 신고제의 참뜻은, 신고자 스스로 자신의 의사

에 의해서 주도적으로 다시 말해, 자기완결적으로 (전제된) 금지를 해제시키는 데 있다. 이런 입장에 서면, 행정청의 수리 여부에 금지해제가 좌우되는 '수리를 요하는 신고'를 신고의 범주에 넣을 수 없음은 자명하다. 이 점에서 등록제를 '수리필요적 신고제'로 보고자 하는 입장에 나름의 일리가 있을 수 있다. 그러나 등록제를 자기완결적 신고와 허가제의 중간 영역으로 설정하는 이러한 태도에 과연 문제가 없는가? 규제완화의 요구로 석유사업법 등에서 종전에 허가로 규정한 것을 '등록'이란 용어로 대체하였으나, 규제완화의 핵심사항인 허용요건의 완화는 그다지 이루어지지 않았다. 허가제를 행정규제의 대표로 인식한 여론의 추이에 좇아서 단지 용어만을 변경하는 데 지나지 않음을 여실히 보여준다. '등록제'란 본질적으로 '허가제'와 다름이 아니다. 다시 말해, 그것은 "변형적 허가제"일 뿐이다.

생각건대 (예방적) 금지해제적 신고(의무)로서의 신고제의 참뜻은, 신고자 스스로 자신의 의사에 의해서 주도적으로 다시 말해, 자기완결적으로 (전제된) 금지를 해제시키는 데 있다. 신고가 아닌 그것의 수리에 무게 중심이 주어질 경우엔, 그것은 더 이상 신고제의 범주에 속하지 않기에, 신고제의 범주에 속하기 위해선 "신고"가 중심추가 되어야 한다. 기실 기왕의 자기완결적 신고와 수리를 요하는 신고의 틀은 신고제가 허가제의 대체제도인 점을 전혀 인식하지 못한 채, 사인의 공법행위에 관한 논의와 전거(典據)가 의심스런 ― 이른바 준법률행위적 행정행위로서의 ― 수리에 관한 논의를 단순 결합시킨 결과물이다. 결론적으로 전거가 의심스런 수리를 요하는 신고에서 하루바삐 벗어나야 한다.

<참고문헌>

강현호, "행위개시통제수단으로서의 건축신고에 대한 고찰", 행정판례연구 제17집 제2호, 2012. 12.

김남진, "건축신고반려행위의 법적 성질", 법률신문 제3910호, 2011. 2

김남진/김연태, 행정법 I, 법문사, 2015.

김동희, 행정법 I, 박영사, 2015.

김세규, "행정법상의 신고에 관한 재론", 동아법학 제33호, 2003. 12.

김용섭, "행정법상 신고와 수리, 판례월보 제352호", 2000. 1.

김재협, "공법상 신고에 관한 고찰—건축법상 건축신고를 중심으로—", 특별법연구 제6권, 2001. 2.

김중권, "건축법 제14조상의 건축신고가 과연 수리를 요하는 신고인가?", 특별법연구 제9권, 2011. 5. 13.

김중권, "정보제공적 신고로서의 집회신고의 공법적 의의에 관한 소고", 안암법학 제43호, 2014. 1. 31.

김중권, "이른바 자기완결적 신고가 과연 존재하는가?", 법률신문 제3984호, 2011. 11. 17.

김중권, "행정법상의 신고와 통보", 행정소송(편집대표 조해현), 한국사법행정학회, 2008.

김중권, 행정법, 법문사, 2013.
김중권, 행정법기본연구 I, 법문사, 2008.
김철용, 행정법, 고시계사, 2015.
김학세, "행정법상 신고제도", 변호사 제32집, 서울지방변호사회, 2002. 1.
김향기, "집중효를 수반하는 건축신고가 「수리를 요하는 신고」인지의 여부", 고시계 제56권 제7호, 2011. 7.
박균성, 행정법론(상), 박영사, 2015.
박해식, "납골시설설치신고 반려처분 중 부대시설에 관한 신고반려부분의 행정처분성", 대법원판례해설 제55호, 2005. 2.
유지태/박종수, 행정법신론, 박영사, 2011.
이상규, "신고의 성질과 기본행위의 무효를 원인으로 한 신고수리무효확인소송", 판례월보 제281호, 1994. 2.
장태주, 행정법개론, 법문사, 2009.
정남철, "건축신고와 인인보호: 독일 건축법제와의 비교법적 고찰을 겸하여", 법조 제645호, 2010. 6.
조만형, "행정법상 신고의 유형과 해석기준에 관한 소고", 공법연구 제39집 제2호, 2010. 12.
조성규, "사인(私人)의 신고행위와 처분성", 자치행정 제274호, 2011. 1.
채우석, "행정절차법에 있어서의 신고", 고시계 제42권 제7호(제485호), 1997. 7.
최계영, "건축신고와 인·허가의제", 행정법연구 제25호, 2009. 12.
홍정선, 행정법원론(상), 박영사, 2015.
홍준형, "사인의 공법행위로서 신고에 대한 고찰", 공법연구 제40집 제4호, 2010. 2.

13. 공법상 부당이득반환청구권의 독자성

— 대법원 2013. 6. 15. 선고 2011다95564 판결 —

정 하 중*

Ⅰ. 판결개요

1. 사실관계

신탁회사인 원고는 2009. 3. 11. 시행사와 파주 ○○ 하우스 신축분양사업 시행을 위한 관리형 토지신탁계약을 체결하면서, 시행사로부터 위 사업과 관련하여 발생하는 부가가치세환급청구권을 양도받기로 약정하였다. 원고는 2009. 4. 15. 시행사를 대리하여 파주세무서장에게 "시행사가 신탁등기일(2009. 3.) - 신탁종료일(2012. 1.) 기간 중 발생한 부가세환급금 청구채권 일체를 원고에게 양도하였다"는 내용의 채권양도 통지를 하였다.

그럼에도 파주세무서장은 2010. 3. 24. 부가가치세환급금 확정신고에 대한 경정청구분 2008년 2기 24,525,000원, 2009년 1기 3,558,270원, 2009년 2기 5,400,000원을 환급하기로 하는 결정을 하고, 그 다음날 위 환급금 합계 33,483,270원을 시행사에 지급하였으며, 2010. 1.경 2009년 2기 부가가치세환급 확정신고를 받아 2010. 2. 11. 환급금 812,490,750원을 2010. 4.경 2010년 1기 부가가치세환급 예정신고를 받고 2010. 5. 7. 환급금 530,773,030원을 역시 시행사에 지급하였다. 시행사 대표는 이를 임의 인출하여 자신의 사업경비와 생활비 등으로 써버렸고, 그러한 범죄사실 등으로 징역 2년의 실형을 선고받았다. 원고의 채권양도통지를 무시하고 위와 같이 환급금이 시행사에 지급되었음을 알게된 원고는 2010. 7. 29. 서울지방법원에 피고(대한민국)를 상대로 원고가 채권을 양수한 위 부가가치세환급금 합계 1,376,747,050원을 지급하라는 민사소송을 제기하였다.

2. 소송경과

제1심 서울지방법원은 국세환급금이 일종의 민사상 부당이득반환청구권에 해당한다

* 서강대학교 법학전문대학원 명예교수

고 보고, 채권양도 당시 목적 채권의 채권액이 확정되어 있지 아니하였다 하더라도 채무의 이행기까지 이를 확정할 수 있는 기준이 설정되어 있다면 그 채권의 양도는 유효한 것으로 보아야 한다고 판단한 다음, 부가가치세 환급세액의 경우에는 납세의무자와 조세부담자가 달라지는 전가세의 성격상 매입세액이 매출세액을 초과하는 경우의 환급은 조세채권의 성립 · 확정과 유사한 구조를 갖게 되어 납세자의 신고나 과세관청의 결정에 따라 발생하게 되므로 부가가치세 환급금채권은 신고분의 경우에는 신고시에 경정청구분의 경우에는 경정결정시에 발생하는데, 이는 원고가 양수한 2009. 3.부터 2012. 1.까지 발생한 부가가치세 환급금채권에 해당된다고 보아 원고 승소판결을 하였다(서울중앙지방법원 2010. 12. 15. 선고 2010가합78901 판결). 이에 대하여 피고가 항소하였는데 항소심 서울고등법원은 제1심 판결을 취소하고 관계행정청인 파주세무서장의 소재지를 관할하는 의정부지방법원으로 이송하는 판결을 선고하였다(서울고등법원 2011. 9. 7. 선고 2011나4102 판결).

3. 판결요지

(1) 원심판결의 요지

부가가치세법상 당해 과세기간의 매출세액에서 매입세액을 공제한 금액을 부가가치세의 납부세액으로 하도록 규정되어 있으므로, 부가가치세법에서의 환급은 이러한 조세법령에 의하여 발생되는 것으로서, 납부세액을 계산함에 있어 과세기간의 매입세액이 매출세액을 초과하는 때에 그 초과하는 금액을 환급세액으로 하여 납세의무자에게 되돌려주는 것을 말한다. 이러한 부가가치세법상 환급세액은 이른바 부(-)의 세액으로서 공법인 부가가치세법령에 의해 발생될 뿐만 아니라 세액의 '확정'을 그 행사요건으로 하고 있다. 이는 공법상의 원인에 기하여 환급되는 것이므로, 세액 확정행위 등의 무효 · 취소로 인하여 법률상 원인이 없는 부당이득의 반환으로서 이루어지는 과오납금 반환과는 그 성격을 달리한다. 이러한 점을 감안하면, 위 부가가치세액의 환급에 있어서는 사인간의 경제적 이해조정을 위한 제도인 사법상의 부당이득반환청구권과는 달리 납세자가 국가에 대하여 공법적 성격을 지닌 환급세액 반환청구권을 갖게 된다고 봄이 상당하다.

한편 이와 관련하여 제1심 판결이 원용하고 있는 대법원 2008. 1. 10. 선고 2007다79534 판결은, 조세채무가 처음부터 존재하지 않거나 그 후 소멸하였음에도 불구하고 국가가 법률상 원인 없이 수령하거나 보유하고 있는 이득에 관한 것으로서 이 사건과는 사안을 달리하는 것으로 이를 그대로 이 사건에 원용하는 것은 부적절하다. 그리고 환급세액의 성질이 민법상 부당이득반환청구권이라는 취지의 대법원 1989. 6. 15. 선고 88누6436 전원합의체 판결은 소득세법상의 과오납금 반환에 관한 것이고, 그 이후 위 전원합의체 판결을 원용하고 있는 대법원 1991. 7. 9. 선고 91다13342 판결, 1996. 4. 12. 선고 94다34005 판결, 1996. 9. 6. 선고 95다4063 판결, 1997. 10. 10. 선고 97다26432 판결 등은 환급세액 반환청구권의 성질에 대하여 일반론 내지 방론으로 판단한 것에 불과할 뿐만 아니라, 행정소송법상 당사자소송이 확대 · 강화되기 이전에 형성된 법리여서 부가가치세 환급세액 반환청구권의 성질에 대한 우리 판례의 입장이 아직 명확하게 정립되어 있다고 할 수 없다. 결국 부가가치세법상의 환급세액은 부(-)의 세액으로서 조세법적인 원리가 그대로 적용되고 있으므로 환급세액의 반환청구소송은 전문법원인 행정법원에서 공법상 당사자소송으로 심리 · 판단함이 타당하다(서울고등법원 2011. 9. 7. 선고 2011나4102 판결).

(2) 대법원판결의 요지

[다수의견]

부가가치세법령이 환급세액의 정의 규정, 그 지급시기와 산출방법에 관한 구체적인 규정과 함께 부가가치세 납세의무를 부담하는 사업자(이하 '납세의무자'라 한다)에 대한 국가의 환급세액 지급의무를 규정한 이유는, 입법자가 과세 및 징수의 편의를 도모하고 중복과세를 방지하는 등의 조세 정책적 목적을 달성하기 위한 입법적 결단을 통하여, 최종 소비자에 이르기 전의 각 거래단계에서 재화 또는 용역을 공급하는 사업자가 그 공급을 받는 사업자로부터 매출세액을 징수하여 국가에 납부하고, 그 세액을 징수당한 사업자는 이를 국가로부터 매입세액으로 공제 · 환급받는 과정을 통하여 그 세액의 부담을 다음 단계의 사업자에게 차례로 전가하여 궁극적으로 최종 소비자에게 이를 부담시키는 것을 근간으로 하는 전단계세액공제 제도를 채택한 결과, 어느 과세기간에 거래징수된 세액이 거래징수를 한 세액보다 많은 경우에는 그 납세의무자가 창출한 부가가치에 상응하는 세액보다 많은 세액이 거래징수되게 되므로 이를 조정하기 위한 과세기술상, 조세 정책적인 요청에 따라 특별히 인정한 것이라고 할 수 있다. 따라서 이와 같은 부가가치세법령의 내용, 형식 및 입법 취지 등에 비추어 보면, 납세의무자에 대한 국가의 부가가치세 환급세액 지급의무는 그 납세의무자로부터 어느 과세기간에 과다하게 거래징수된 세액 상당을 국가가 실제로 납부받았는지와 관계없이 부가가치세법령의 규정에 의하여 직접 발생하는 것으로서, 그 법적 성질은 정의와 공평의 관념에서 수익자와 손실자 사이의 재산상태 조정을 위해 인정되는 부당이득 반환의무가 아니라 부가가치세법령에 의하여 그 존부나 범위가 구체적으로 확정되고 조세 정책적 관점에서 특별히 인정되는 공법상 의무라고 봄이 타당하다. 그렇다면 납세의무자에 대한 국가의 부가가치세 환급세액 지급의무에 대응하는 국가에 대한 납세의무자의 부가가치세 환급세액 지급청구는 민사소송이 아니라 행정소송법 제3조 제2호에 규정된 당사자소송의 절차에 따라야 한다.

[박보영 대법관의 반대의견]

행정소송법 제3조 제2호는 당사자소송의 정의를 "행정청의 처분 등을 원인으로 하는 법률관계에 관한 소송 그 밖에 공법상의 법률관계에 관한 소송으로서 그 법률관계의 한쪽 당사자를 피고로 하는 소송"이라고 추상적으로 규정함으로써 구체적인 소송의 형식과 재판관할의 분배를 법원의 해석에 맡기고 있다. 따라서 그 권리의 법적 성질에 공법적인 요소가 있다는 이유만으로 반드시 당사자소송의 대상으로 삼아야 할 논리필연적 당위성이 존재한다고는 볼 수 없다. 오히려 부가가치세 환급세액은, 사업자가 매입 시 지급한 부가가치세(매입세액)가 매출 시 받은 부가가치세(매출세액)보다 많을 때, 국가는 사업자가 더 낸 부가가치세를 보유할 정당한 이유가 없어 반환하는 것으로서 그 지급청구의 법적 성질을 민법상 부당이득반환청구로 구성하는 것도 가능하다. 또한 어느 사업자로부터 과다하게 거래징수된 세액 상당을 국가가 실제로 납부받지 않았다고 하더라도, 그 사업자의 출연행위를 직접적인 원인으로 하여 국가가 그 거래징수를 한 사업자에 대한 조세채권을 취득하기 때문에 손실과 이득 사이의 직접적 연관성 및 인과관계가 존재한다고 규범적으로 평가하고, 부가가치세법 제24조 제1항, 부가가치세법 시행령 제72조 제1항 등의 규정을 부당이득의 성립요건 중 국가의 이득 발생이라는 요건을 완화시키는 부당이득의 특칙으로 이해할 수도 있다. 결국 본래 부당이득으로서 국가가 이를 즉시 반환하는 것이 정의와 공평에 합당한 부가가치세 환급세액에 관하여 부가가치세법령에 요건과 절차, 지급시기 등이 규정되어 있고 그 지급의무에 공법적인 의무로서의 성질이 있다는 이유로, 그 환급세액 지급청구를 반드시 행정법원의 전속관할로 되어 있는 행정소송법상 당사자소송으로 하여야 한다고 볼 것은 아니다.

Ⅱ. 평 석

1. 쟁점정리

대법원은 종래 조세환급금은, 그것이 과오납금 환급이든 또는 부가가치세 환급이든, 국가가 법률상 원인 없이 수령하거나 보유하고 있는 부당이득에 해당한다는 이유로 민사상의 부당이득반환청구소송으로 다루어 왔다. 그러나 위 원심판결과 대법원 판결에 따르면 국가의 부가가치세 환급세액 지급의무는 부가가체세법령의 규정에 의하여 직접 발생한 것으로서, 세액 확정행위 등의 무효 · 취소로 인하여 법률상 원인이 없는 부당이득의 반환으로 이루어지는 과오납금의 반환과 그 법적 성질을 달리한다고 한다. 부가가치세액 환급의무는 정의와 공평의 관념에서 수익자와 손실자 사이의 재산상태 조정을 위해 인정되는 부당이득 반환의무가 아니라 부가가치세법령에 의하여 그 존부나 범위가 구체적으로 확정되고 조세 정책적 관점에서 특별히 인정되는 공법상의 의무로서 그 지급청구는 민사소송이 아니라 행정소송법 제3조 제2호에 규정된 당사자소송의 절차에 따라야 한다는 입장을 취하고 있다. 위 대법원 전원합의체 판결에서 판시하고 있는 바와 같이 과연 조세환급제도에 있어서 일반 과오납금환급과 부가가체세 환급은 성질상 본질을 달리하고 있다고 보아야 하는가? 부당이득반환관계는 사법관계(私法關係)뿐만 아니라 행정법관계에서도 성립되는바, 이러한 행정법관계에서 발생되는 부당이득반환청구권도 사권(私權)의 성격을 갖기 때문에 판례가 일관되게 취하여 온 입장과 같이 민사소송의 대상이 되어야만 하는가? 다수학설은 행정법관계에서 발생되는 부당이득반환청구권을 판례의 입장과는 달리 당사자소송으로 다루어야 할 것으로 주장하여 왔다. 부가가치세액 환급의무는 공법상의 의무로서 그 지급청구는 당사자소송으로 다루어야 한다고 판시하고 종전의 판례를 변경한 대상판결은 공법상 부당이득반환청구권의 독자성에 대한 근본적인 재고(再考)의 계기를 마련하고 있다. 다음에서는 공법상 부당이득반환청구권의 의의, 법적 성격과 근거, 그 요건과 반환범위를 고찰한 후에 대상판결에 대한 평석을 하기로 한다.

2. 공법상 부당이득반환청구권의 의의

부당이득반환이란 법률상 원인이 없이 타인의 재산 또는 노무로 인하여 이익을 얻고 이로 인하여 타인에게 손해를 가한 자는 그 이익을 반환하여야 하는 제도를 의미한다(민법 제741조). 로마법 이래의 원상회복적 정의사상에서 나오는 이러한 부당이득반환제도는 사법상의 법률관계뿐만 아니라 행정법관계에 있어서도 요구되고 있음은 말할 나위가 없다. 학설에서는 행정법관계에서 성립하는 부당이득반환청구권을 사법상의 부당이득반환청구권과 구별하여 공법상 부당이득반환청구권이라고 부르고 있는데, 이러한 공법상 부당이득반환청구권에는 세 가지 유형이 있다.

첫째는 행정주체가 부당이득의 수익자가 되는 경우인바, 이는 각종 공과금부과처분과 관련하여 발생하는 부당이득(예: 국세기본법 제51조-제54조, 지방세기본법 제76조-제79조, 관세법 제46조-제48조, 산지관리법 제19조의2, 국토의 계획 및 이용에 관한 법률 제69조 제4항, 하천법 제68조, 도로법 제70조 등)과 도로 등 공공시설의 설치 등으로 인한 사유지의 무단점유와 같은 사실행위로 인한 부당이득으로 구분할 수 있다(대법원 2008. 2. 1. 선고 2007두8914 판결; 1997. 7. 22. 선고 96다14227 판결; 1995. 11. 21. 선고 95다36268 판결; 1995. 6. 29. 선고 94다58216 판결).

둘째는 개인이 부당이득의 수익자가 되는 경우인바, 공무원연금의 과다 및 과오지급(공무원연금법 제31조 제1항), 부정한 방법에 의한 보조금의 수령 및 용도 이외의 사용(보조금의 관리에 관한 법률 제30조, 제31조), 국세환급금의 과다 및 과오지급(관세법 제47조),

공법상 계약이 해제되거나 무효인 경우에 계약상대방인 개인에게 이행한 급부의 반환 등을 그 예로 들 수가 있다.

셋째는 특정 지방자치단체가 다른 지방자치단체에 사무를 위탁하면서 지방자치법 제141조에 따라 그 처리비용을 지급하지 않는 경우나, 행정절차법 제8조 제6항이나 소방법 제76조 제4항에서 규정하는 바와 같이 특정 지방자치단체가 재해 등이 발생하는 경우에 다른 지방자치단체의 행정응원을 받고 이로부터 발생되는 경비를 지급하지 않는 경우 등과 같이 행정주체 상호간에도 부당이득의 문제가 발생될 수 있다.

그러나 구체적인 경우에 공법상의 부당이득반환청구권을 적용할 것인지 또는 사법상의 부당이득반환청구권을 적용할 것인지 문제가 발생할 수 있다. 이러한 경우에는 이득자와 손실자가 각각 당사자로 되는 법률관계가 공법관계인지 또는 사법관계에 해당하는지 여부에 따라 판단하면 될 것이다. 일반적으로 부당이득의 원인행위가 공법행위인지 또는 사법행위인지 여부에 따라 판단하면 그 구별에 있어서 큰 어려움이 발생하지 않을 것이다(Ossenbühl, S. 416).

3. 공법상 부당이득반환청구권의 법적 성격

(1) 사권설(私權說)

일부 학설은 행정법관계에서 발생하는 공법상 부당이득반환청구권의 법적 성격을 민법상의 부당이득반환청구권과 동일하게 보아 특별한 규정이 없는 한 민법상의 부당이득에 관한 법규정이 그대로 적용되며 이에 대한 소송은 민사소송절차에 의하여야 한다는 입장을 취하고 있다. 부당이득의 문제는 공법상(公法上)이나 사법상(私法上)이냐를 가릴 것 없이 아무런 법률상 원인이 없이 타인의 재산이나 노무로 인하여 이익을 얻고 그로 인하여 상대방이 손해를 입음으로써 생기는 것이기 때문에, 위법한 행정행위로 인하여 부당이득의 문제가 생기는 경우에도 관련 행정행위가 무효이거나 취소됨으로써 부당이득이 비로소 발생하는 것이므로 부당이득이 문제가 되고 있는 때에는 아무런 법률원인도 없는 것이라는 것이다. 또한 부당이득은 오로지 재산적 이해관계의 조정에서 인정되는 것이라는 점에서 공법상의 부당이득반환청구권을 사법상의 것과 구별할 이유가 없다는 견해를 주장하고 있다(이상규, 240면).

(2) 공권설(公權說)

이에 대하여 다수설은 공법상의 부당이득반환청구권은 행정법관계에서 공법적 원인에 의하여 발생하기 때문에 사인 상호간의 재산적 이익을 조정하는 민법상의 부당이득반환청구권과 달리 행정주체와 사인간의 재산적 이익을 조정하는 독자적인 성격을 갖는 제도로 이해하고 있다. 이에 따라 다수설은 공법상 부당이득반환청구권은 공권의 성격을 갖고 있으며, 그에 관한 소송절차도 행정소송법 제3조 제2호의 당사자소송으로 다툴 것을 주장하고 있다(김남진/김연태, 601면; 박윤흔/정형근, 182면; 김철용, 116면; 정하중, 604면).

생각건대, 행정법관계에서 발생하는 공법상 부당이득반환청구권은 공권의 성격을 갖고 이에 따라 공법상의 당사자소송으로 다루는 것이 타당할 것이다. 사인 상호간의 이익조정을 목적으로 하는 민법관계와는 달리 공익이 압도적인 역할을 하는 행정법관계에서 발생되는 부당이득의 반환문제는 민법상의 부당이득에 관한 법률을 유추 또는 직접 적용하는 경우에는 해결하기 어려운 법적 문제를 발생시키며, 이에 따라 그 청구권의 요건과 반환범위에 있어서 현저한 차이가 날 수밖에 없다. 또한 공법상 부당이득반환청구권을 민사소송으로 다루는 경우 소송법상으로 적지 않은 문제점이 발생할 수 있다. 예를 들어 공법상 계약의 해지 또는 무효 등에 관련하여 법적 분쟁이 발생하는 경우에는 당사자소송의 대상이 되나, 그로부터 발생하는 부당이득의 반환문제를 다시 민사소송으로 다루는 것은 동일한 법적 분쟁을 이원적 소송절차에 의하여 다룬다는 것을 의미한다. 참고로 독일의 경우에는 공법상 부당이득반환청구권을 민법상의 부당이득반환청구권(ungerechtfertigte Bereicherung)과 달리 “Öffenlliche-rechtlicher Erstattungsanspruch”라고 표현하여 그 독자성을 나타내고 있다.

(3) 판례의 입장

판례는 다수설과는 달리 행정법관계에서 발생되는 부당이득반환청구권의 법적 성격을 민법상의 부당이득반환청구권과 동일하게 보아 특별한 법규정이 없는 한 민법상의 법규정이 직접 적용되며 이에 대한 소송은 민사소송절차에 의하여야 한다는 입장을 취하여 왔다. 예를 들어 대법원은 1991. 2. 6. 선고 90프2 판결에서는 “조세부과처분이 무효임을 전제로 하여 이미 납부한 세금의 반환을 청구하는 것은 민사상의 부당이득반환청구권으로서 민사소송절차에 따라야 한다”고 판시하였고, 1995. 12. 22. 선고 94다51253 판결에서 “개발부담금 부과처분이 취소된 이상 그 후의 부당이득으로서의 과오납금 반환에 관한 법률관계는 단순한 민사관계에 불과한 것이고, 행정소송절차에 따라야 하는 관계로 볼 수 없다”고 판시하였다. 대법원은 또한 국세환급금 사건에서 “이미 존재와 범위가 확정되어 있는 과오납부액이나 환급세액은 납세자가 부당이득의 반환을 구하는 민사소송으로 그 환급을 청구할 수 있다”고 판시하여 공법상 부당이득반환청구권의 독자성을 부인하고 민법상의 부당이득반환청구권과 동일하게 다루어 왔다(대법원 1990. 2. 13. 선고 88누6610 판결; 1996. 4. 12. 선고 94다34005 판결; 1996. 9. 6. 선고 95다4063 판결). 아울러 판례는 행정법상의 부당이득관계에 있어서도 민법 제748조를 직접 적용하여 수익자의 악의와 선의에 따라 반환범위를 구별하여 왔다(대법원 1995. 12. 22. 선고 94다51253 판결; 1998. 5. 8. 선고 95다30390 판결).

그러나 근래에 판례의 변화가 나타나기 시작하였다. 대법원은 2009. 9. 10. 선고 2009다11808 판결에서 조세환급금은 국가가 법률상 원인없이 수령하거나 보유하고 있는 부당이득에 해당하고 환급가산금은 법정이자로서의 성질을 갖는 것으로서 환급가산금은 수익자인 국가의 선의·악의에도 불구하고 그 가산금에 관한 각 규정에서 정한 기산일과 비율에 의하여 확정된다고 하여 민법 제748조의 적용을 배제하였다. 또한 대법원 2012. 3. 15. 선고 2011다17328 판결에서는 보조사업자가 허위의 신청이나 기타 부정한 방법으로 보조금의 교부를 받은 경우에 그 반환을 다루고 있는바, 이 사건에서 대법원은 "중앙관서의 장이 가지는 반환하여야 할 보조금에 대한 징수권은 공법상 권리로서 사법상 채권과는 성질을 달리하므로, 중앙관서의 장으로서는 보조금을 반환하여야 할 자에 대하여 민사소송의 방법으로는 반환청구를 할 수 없다고 보아야 한다"고 판시하였다. 종전의 판례에 따르면 당연히 민사상의 부당이득사건으로 보아 민사소송으로 다루었을 것이다.

4. 공법상 부당이득반환청구권의 법적 근거

이러한 공법상 부당이득반환청구권의 법적 근거에 대하여 견해가 대립하고 있다. 일설은 민법상의 부당이득반환청구권을 유추하여 발전된 제도라는 입장을 취하고 있으나 (BVerwG, DVBL 1980, S. 686; OVG NW, DÖV 1967, S. 271). 이러한 견해는 부당이득의 반환범위 등 일부 민법규정을 유추적용할 시에 발생하는 문제점 때문에 비판 받고 있다. 지배적인 견해는 부당이득반환 등 일련의 민법규정은 법질서 전체에 적용되는 일반적인 법사상의 표현에 해당하며, 이러한 법사상은 공법에도 직접 적용되어 공법상의 부당이득반환청구권의 근거가 된다고 한다(BVerwG 71, 85; H. Weber, S. 29; Wolff/Bachof/Stober, S. 239; Ossenbühl, S. 423; Wallerath, S. 221). 현행법상 공법상 부당이득반환청구권에 대한 일반법적 규정이 없으며, 국세기본법 제51조 내지 제54조, 지방세기본법 제76조 내지 제79조, 관세법 제46조 내지 제48조, 산지관리법 제19조의2, 국토의 계획 및 이용에 관한 법률 제69조 제5항, 하천법 제68조, 도로법 제70조, 공무원연금법 제31조 제1항, 보조금의 관리에 관한 법률 제30조, 제31조 등 다수의 개별법률들에서 규정되고 있다. 공법상 부당이득반환청구권에 대하여 개별법이 있는 경우에는 특별법우선의 원칙에 따라 개별법이 적용되어야 하나, 개별법이 없는 경우에는 일반적인 공법상 부당이득반환청구권의 법리에 따라 해결되어야 할 것이다.

5. 공법상 부당이득반환청구권의 요건과 반환범위

법률상 원인이 없는 재산적 이동의 조정은 행정주체가 부당이득자인 경우와 개인이 부당이득자인 경우에 각각 이익평가는 다르며 이에 따라 부당이득반환청구권의 요건과 이득의 반환범위는 차이를 나타내고 있다. 다음에서는 공법상 부당이득반환청구권의 요건과 반환범위를 행정주체가 부당이득자인 경우와 개인이 부당이득자인 경우로 구분하여 다루기로 한다.

(1) 행정주체가 부당이득자인 경우

㈎ 부당이득반환청구권의 요건

행정주체가 개인으로부터 취하는 부당이득의 형태는 위법한 공과금부과처분에 의하여 징수된다든지, 또는 공법상 계약이 해지되거나 무효인 경우라든지, 또는 공공시설의 설치에 의하여 개인의 사유지가 점유되는 것과 같이 다양한 방식으로 이루어진다. 여기서 행정처분이 재산적 이동의 법률상 원인이 되는 경우에 특별한 고찰을 필요로 한다. 위법한 공과금부과처분에 의하여 행정주체에게 재산적 이득이 발생된 경우에는 그것이 부당이득이 되기 위하여는 당해 행정처분이 직권 또는 쟁송에 의하여 취소되거나 실효되어야 한다. 왜냐하면 위법한 행정행위는 그것이 무효가 아닌 한 공정력에 의하여 취소되거나 실효되기 전까지는 유효성을 인정받으며, 적법한 행정행위와 동일한 효력을 갖고 재산적 이동에 대한 법률상 원인이 되기 때문이다. 즉 위법한 공과금부과처분은 그것이 당연무효가 아니한 그것이 취소 또는 실효되어야 비로소 부당이득반환청구권이 성립하는 것이다(Söhn, S. 92 ff).

판례 역시 “조세의 과오납이 부당이득이 되기 위하여는 납세 또는 조세의 징수가 실체법적으로나 절차법적으로 전혀 법률상의 근거가 없거나 과세처분의 하자가 중대하고 명백하여 당연무효이어야 하고, 과세처분의 하자가 단지 취소할 수 있는 정도에 불과할 때에는 과세관청이 이를 스스로 취소하거나 항고소송절차에 의하여 취소되지 않는 한 그로 인한 조세의 납부가 부당이득이 된다고 할 수 없다”고 판시하고 있다. 아울러 공과금부과처분이 중대하고 명백한 하자로 인하여 무효인 경우에는 그로 인한 부당이득반환청구권의 소멸시효의 기산점은 오납이 있었던 때를 기준으로 하나, 단순한 취소사유에 그치는 경우에는 취소시로 하여야 한다는 입장을 취하고 있다(대법원 1994. 11. 11. 선고 94다28000 판결; 1987. 7. 7. 선고 87다카54 판결).

㈏ 부당이득의 반환범위

민법 제748조는 부당이득의 반환범위에 관련하여 선의와 악의의 수익자로 구분하여 선의의 수익자는 그 받은 이익이 현존하는 범위 내에서 반환할 책임이 있으며, 악의의 수익자는 그 받은 이익에 이자를 붙여 반환하고 손해가 있으면 이를 배상하여야 한다고 규정하고 있다. 행정법관계에서 발생되는 부당이득반환청구권을 민법상의 부당이득반환청구권으로 보는 판례는 민법 제748조를 직접 적용하는 것으로 보인다. 대법원은 1995.

12, 22. 선고 94다51253 판결에서 "개발부담금 부과처분이 취소된 경우, 그 과오납금에 대한 부당이득반환청구권은 개발부담금 부과처분의 취소로 개발부담금 채무가 소멸한 때에 확정되고 「개발이익환수에 관한 법률시행령」 제17조 제3항에 의하여 비로소 발생하는 것은 아니므로, 그 징수자는 악의의 수익자로서 수령한 금원에 대하여 민법 소정의 연 5푼의 법정이자를 지급할 책임이 있다"고 판시하였다. 아울러 대법원 1995. 12, 22. 선고 94다51253 판결에서는 "부과 관청이 관계 법령을 잘못 해석하여 개발이익의 실제 수익자인 주택조합의 조합원들에게 직접 개발부담금을 부과하고 이에 터잡아 징수된 부담금의 일부가 부당하게 국가에게 귀속되었다고 하더라도 국가가 처음부터 법률상의 원인이 없음을 알고 이를 수익하였다고 볼 수 없고 달리 피고가 악의의 수익자라고 인정할 증거가 없다"고 판시하였다. 또한 대법원은 재개발사업의 청산금연체료 반환청구사건에서 "부당이득의 수익자가 이익을 받은 후 그 이익이 법률상 원인 없음을 안 때에는 그 때부터 받은 이익에 민법 소정의 연 5%의 이자를 붙여 반환하여야 하고, 이와 같은 수익자의 악의는 구체적인 사건에서 증거에 의하여 개별적으로 인정할 성질의 것이라고 할 것이나, 행정청이 부과처분에 의하여 어떠한 급부를 받은 후 사후에 그 부과처분의 전부 또는 일부를 직권으로 취소하였다면 그 행정청이 속한 행정주체는 특별한 사정이 없는 한 적어도 그 부과처분의 취소 당시에는 그 처분에 의하여 받은 이익이 법률상 원인이 없음을 알았다고 보아야 할 것이다"라고 판시하였다(대법원 2000. 4. 11. 선고 99다4238 판결).

그러나 공법상의 부당이득관계에서는 민법 제748조가 직접 또는 유추적용될 수 없다는 것이 지배적인 학설의 견해이다(정하중, 606면; H. Weber, S. 29; Ossenbühl, S. 435; Mutius, S. 413). 국가 등 행정주체는 행정의 법률적합성의 원칙에 따라 엄격한 재정법의 기속에 따라 재정을 관리하여야 하며, 잉여금은 채무의 변제 및 여타의 재정수요에 사용하여야 하기 때문에 이득의 낭비라는 개념은 존재하지 않는다. 개인에 대하여 비교할 수 없이 강력한 재정적 지위를 갖고 있는 행정주체가 민법 제748조 제1항을 유추적용하여 선의의 수익자임을 주장한다면 원상회복적 정의를 목적으로 하는 부당이득반환청구권의 의미는 전적으로 훼손되고 말 것이다. 판례는 취소시점부터 행정주체는 악의의 수익자가 되어 5%의 법정이자를 부과한다는 입장을 취하고 있는바, 이러한 입장은 공과금을 오납 또는 과오납한 날부터 환급가산금을 포함하여 환급하도록 규정하고 있는 국세기본법 제52조, 관세법 제48조, 지방세법 제46조, 개발이익환수에 관한 법률시행령 제20조 제3항 등 현행 법률과도 합치되지 않는다. 비록 부당이득반환청구권은 행정행위의 취소판결에 의하여 성립하나, 취소판결의 소급효 때문에, 즉 법률상 원인이 소급하여 사라지기 때문에 그 성립시점은 오납 또는 과오납부시로 되며, 그 시점부터 오납금 및 과오납금에 환급가산금을 포함하여 반환하여야 할 것이다. 다만 부당이득반환청구권의 소멸시효는 법률상의 장애 때문에 취소시점부터 기산하여야 할 것이다.

(2) 개인이 부당이득자인 경우

개인이 행정주체로부터 부당이득을 취하는 형태도 다양한 방식으로 일어난다. 부당이득이 보조금지급결정, 연금지급결정, 조세환급결정과 같이 수익적 행정행위의 발급에 의하여 발생하는 경우가 있으며, 공법상 계약이 해지되거나 무효인 경우에도 발생할 수 있으며, 공공시설의 무단사용과 같이 사실행위에 의하여 발생하는 경우도 있다. 여기서 개인의 부당이득이 수익적 행정행위에 의하여 발생하는 경우에, 행정주체의 부당이득반환청구권이 성립하기 위하여는 행정행위가 중대하고 명백한 하자로 인하여 무효가 아닌 한 행정청의 직권취소나 철회를 전제로 한다. 여기서 이득자인 개인의 신뢰보호가 고려된다. 개인이 위법한 수익적 행정행위의 존속과 적법성을 신뢰하고 그 신뢰가 보호가치가 있는 경우에는 직권취소는 일반적으로 배제된다. 이 경우에 위법한 행정행위는 재산적 이동에 대한 법률상 원인이 되기 때문에 부당이득반환청구권 자체가 성립하지 않는다. 비록 개인에게는 재산적 이득이 현존하고 있다고 할지라도 개인이 이에 대하여 이미 처분을 하여 그것을 반환하는 경우에는 기대가능하지 않은 손실을 입게 되는 경우에는 신뢰보호의 원칙에 따라 부당이득의 반환은 배제된다(BVerwG 25, 72). 반면, 수익적 행정행위의 적법성과 존속에 대한 개인의 신뢰가 없는 경우, 즉 부정한 행위에 의하여 수익적 행정행위의 발급을 받았거나, 그의 위법성을 알거나 중대한 과실로 모르는 경우에는, 행정행위의 직권취소는 소급적으로 가능하며, 이 경우에 개인은 법정이자를 포함하여 부당이득을 반환하여야 한다. 즉 개인이 수익자인 경우에는 신뢰보호의 원칙은 민법 제748조의 기능을 수행하며, 이러한 원칙은 행정행위의 직권취소의 허용 여부, 즉 부당이득반환청구권의 성립여부에 결정적으로 작용한다(Ossenbühl, S. 434; Maurer, S. 796; Mutius, S. 413).

공법상 부당이득반환관계에 민법 제748조 대신에 신뢰보호의 원칙을 적용하는 것은 한편으로 개인에게 수익적 효과를, 다른 한편으로 불이익한 효과를 발생시킨다. 한편으로 개인에게 재산적 이익이 현존하고 있다고 하더라도 신뢰보호의 원칙에 의하여 반환할 필요가 없는 경우가 발생할 수가 있다. 다른 한편으로 민법 제748조 제2항의 악의는 법률상 원인이 없이 재산적 이익이 발생되었음을 인식한 경우를 의미하는바, 신뢰보호의 원칙을 적용을 하는 경우에는 수익적 행정행위의 위법성을 인식한 경우 뿐만 아니라, 중대한 과실로 인식하지 못한 경우에도 이자를 포함하여 그 이득을 반환하여야 한다. 이와 관련하여 학설은 오히려 민법 제748조 제2항이 입법정책적인 하자에 해당된다고 지적하고 있다. 누구든지 자신에게 법률상 원인이 없는 이득이 발생되었다는 의심이 생기는 경우에는 이에 대하여 조사를 하여야 할 의무가 있기 때문이다(Ossenbühl, S. 434; H. Weber, S. 35).

한편 보조금 지급과 관련하여 수령자가 보조금을 목적에 위배하여 사용하였다든지 또는 보조금 지급결정에 부가한 부담에 위반하여 사용한 경우에는 행정주체의 보조금지급결정의 철회가 고려된다. 여기서 철회는 원칙적으로 장래효를 갖기 때문에, 이미 지급되어 사용된 보조금에 대한 부당이득반환청구권을 발생시키지 못한다(Nöll, S. 181 ff.). 이러한 문제점을 해결하기 위하여 현행법은 철회의 소급효를 인정하여 이미 사용된 보조금의 반환을 규정하고 있다(보조금의 관리에 관한 법률 제30조·제31조, 학술진흥 및 학자금대출 신용보증 등에 관한 법률 제12조). 물론 이 경우에도 보조금 지급시점부터 이자를 계산하여 반환하여야 할 것이다.

개인의 부당이득이 행정주체의 처분이 아니라 사실행위에 의하여 발생된 경우에도(예: 법률에 근거가 없는 금전지급 및 물적 지원행위), 신뢰보호의 원칙이 개입된다. 개인이 자신에게 부여된 재산적 이득의 적법성과 존속을 신뢰하고 이를 이미 사용한 경우에는 일반적으로 부당이득반환청구권이 성립하지 않는다. 여기서 신뢰보호의 원칙은 행정처분을 매개로 하는 재산적 이동과는 달리 "법률상 원인이 없음"의 요건과 무관하게 독자적인 권리장애적인 기능을 한다.

6. 공법상 부당이득반환청구권의 소멸시효

공법상 부당이득반환청구권은 법에서 별도로 규정하고 있는 경우를 제외하고는 민법의 소멸시효(10년)와는 달리 그 소멸시효는 행정상의 금전채권의 소멸시효의 예에 따라 5년으로 한다(국가재정법 제96조 및 지방재정법 제82조).

7. 결어 및 대상판결의 검토

종래 판례는 행정법관계에서 발생되는 공법상의 부당이득반환청구권을 민법상의 부당이득반환청구권과 동일하게 보아 민사소송으로 다루어 왔다. 그러나 공익이 압도적으로 작용하며, 대부분의 재산적 이동이 공권력의 직접적 또는 간접적 행사를 통하여 발생하는 행정법관계에서 민법상의 부당이득반환청구권을 직접 또는 유추적용하는 경우에는 적지 않은 법리상의 문제점이 발생한다. 공법상의 부당이득반환청구권은 그 요건과 반환범위 및 그 소멸시효에 있어서 민법상 부당이득반환청구권과 차이가 나고 있다. 이에 따라 공법상 부당이득반환청구권을 사인 상호간의 재산적 이익을 조정하는 민법상의 부당이득반환청구권과는 달리 행정주체와 사인간의 재산적 이익을 조정하는 독자적 제도로 이해하는 것이 바람직하다. 공법상 부당이득반환관계에 있어서 행정주체가 이득자가 되는 경우와 개인이 부당이득자가 되는 경우에 각각 이익평가는 달라질 수밖에 없으며, 그 재산적 이동의 조정은 상이하게 이루어진다.

행정주체가 부당이득자가 되는 경우에는 민법 제748조가 직접 또는 유추적용되지 않으며 그 이득에 대하여는 어떠한 신뢰보호가 적용되지 않기 때문에 이득이 발생되는 시점부터 이자를 포함하여 반환할 의무가 있다. 반면 개인이 부당이득자인 경우에는 민법 제748조 대신에 신뢰보호의 원칙이 적용된다. 개인이 수익적 행정처분에 의하여 부당이득자가 되는 경우에 신뢰보호의 원칙은 직권취소의 허용여부에 대하여 결정적으로 작용한다. 위법한 수익적 행정행위의 적법성과 존속에 대한 개인의 신뢰가 보호가치가 있는 경우에는, 위법한 수익적 처분의 직권취소는 제한되며, 이에 따라 행정처분은 계속 재산적 이동에 대한 법률상 원인이 되기 때문에 부당이득반환청구권은 성립하지 않는다. 개인이 행정주체의 사실행위를 통하여 이득자가 되는 경우에는 신뢰보호의 원칙은 "법률상 원인이 없음"의 요건과 별도로 독자적인 권리장애적 기능을 수행한다.

근래에 판례의 의미있는 변화가 나타나고 있다. 대법원 2012. 3. 15. 선고 2011다17328 판결은 보조사업자가 허위의 신청이나 기타 부정한 방법으로 보조금의 교부를 받은 경우에 그 반환을 다루고 있다. 대법원은 "보조금의 관리에 관한 법률 제31조 제1항에서 중앙관서의 장은 보조금의 교부결정을 취소한 경우에 취소된 부분의 보조사업에 대하여 이미 교부된 보조금의 반환을 명하여야 한다고 규정하고 있으며, 제33조 제1항에서 위와 같이 반환하여야 할 보조금에 대하여는 국세징수의 예에 따라 이를 징수할 수 있도록 규정하고 있으므로, 중앙관서의 장이 반환하여야 할 보조금에 대한 징수권은 공법상 권리로서 사법상 채권과는 성질을 달리하므로, 중앙관서의 장으로서는 보조금을 반환하여야 할 자에 대하여 민사소송으로 반환청구를 할 수 없다고 보아야 한다"고 판시하고 원고의 청구를 부당이득반환청구권으로 보아 민사소송으로 다룬 원심법원의 판결(광주고법 2011. 1. 14. 선고 2010나5358 판결)을 파기하였다. 반환되어야 할 보조금에 대한 중앙관서의 장의 징수권이 공법상의 권리로 보아 당사자소송으로 다루어야 한다는 대법원의 판결을 적극 지지하나, 여기서 대법원은 이러한 징수권이 공법상 부당이득반환청구권에 근거하고 있음을 설시하였다면 보다 바람직하였을 것이다.

대상판결에서 대법원은 "국가의 부가가치세 환급세액 지급의무는 부가가치세법령의 규정에 의하여 직접 발생하는 것으로서, 그 법적 성질은 정의와 공평의 관념에서 수익자와 손실자 사이의 재산상태 조정을 위해 인정되는 부당이득 반환의무가 아니라 부가가치세법령에 의하여 그 존부나 범위가 구체적으로 확정되고 조세 정책적 관점에서 특별히 인정되는 공법상 의무라는 이유로, 국가에 대한 납세의무자의 부가가치세 환급세액 지급청구는 민사소송이 아니라 행정소송법 제3조 제2호에 규정된 당사자소송의 절차에 따라야 한다고 판시하고, 이와 배치되는 종전의 판례들을 변경하였다. 대상판결은 부가가치세 환급세액 지급청구가 납세자와 과세주체 사이의 민사적인 법률관계가 아닌 공법상의 환급금의 존부와 범위에 관한 행정법관계의 다툼이라는 점을 인정하고 수십년간 지속되어 왔던 판례를 변경하였다는 데 큰 의미가 있다. 부가가치세 환급세액 지급청구는 민사소송이 아니라 당사자소송의 절차로 다루어야 한다는 대상판결에 적극 찬성을 하나, 부가가치세 환급세액 지급의무는 단순히 부가가치세법령에 의하여 그 존부나 범위가 구체적으로 확정되고 조세 정책적 관점에서 특별히 인정되는 공법상 의무가 아니라, 사업자가 매입 시 지급한 부가가치세(매입세액)가 매출 시 받은 부가가치세(매출세액)보다 많을 때, 국가는 사업자가 더 많이 납부한 세액을 보유할 정당한 권원이 없기 때문에 반환하는 것으로서 그 실질은 반대의견이 적절하게 지적하였듯이 부당이득반환에 해당된다고 할 것이다. 대상판결이 대법원 2012. 3. 15. 선고 2011다17328 판결과 같이 공법상의 부당이득반환청구권의 표현을 피하고 있는 것은 부당이득반환청구권을 당연히 민법상의 권리로 관념하는 데 기인하고 있는 것처럼 보이는바, 이러한 입장은 향후 개선되어야 할 것으로 보인다. 대상판결은 여타의 조세과오납금반환청구권에 대한 부가가치세 환급세액 지급청구권의 독자성을 부각시켜 이를 당사자소송으로 다루어야 한다는 입장을 취하고 있으나, 여타의 조세과오납금반환청구권도 공법상의 부당이득반환청구권에 해당되기 때문에 당사자소송으로 다루어야 할 것이다. 그렇지 않으면 조세환급금 지급청구소송은 유형별로 소송절차를 달리하게 되기 때문에 소송실무 뿐만 아니라 국민의 권리구제 관점에서도 큰 혼란이 야기 될 것이다.

2013년 2월에 입법예고된 법무부 행정소송법 개정안 제3조 제2호는 당사자소송을 "행정상 손실보상·손해배상·부당이득반환이나 그 밖의 공법상 원인으로 발생하는 법률관계에 관한 소송으로서 그 법률관계의 한쪽 당사자를 피고로 하는 소송"으로 정의하여 행정상 부당이득반환을 당사자소송의 대상으로 하고 있는바, 입법이 실현되는 경우에는 이러한 불명확성은 해소되리라 믿는다.

〈참고문헌〉

1. 국내문헌

김남진/김연태, 행정법 I, 2015.
김철용, 행정법 I, 2010.
박윤흔/정형근, 최신행정법강의(상), 2009.
이상규, 신행정법론(상), 1993.

정하중, 행정법개론, 2015.
정하중, 공법상 부당이득반환청구권의 독자성, 행정판례연구 15집 1호, 2010. 6, 3면 이하.

2. 외국문헌

Maurer, Allgemeines Verwaltungsrecht, 2004, 15. Aufl.
Mutius, Rückforderung übergezahlter Beamtenbezüge - zu Voraussetzung und Umfang des öffentlich-rechtlichen Erstattungsanspruchs, VerwArch 1980, 413 ff.
Nöll, Die Rückforderung fehlgeschlagener Subventionen, 1987, S. 181 ff.
Ossenbühl, Staatshaftungsrecht, 1998, 5. Aufl.
Söhn, Steuerrechtliche Folgenbeseitgung durch Erstattung, 1973.
Wallerath, Das System der öffentlich-rechtlichen Erstattungsandprüche, DÖV 1072, S. 221.
H. Weber, Der öffentlichrechtliche Erstattungsanspruch, JuS 1986, S. 29 ff.
Wolff/Bachof/Stober, Verwaltungsrecht Ⅱ, 2000, 6. Aufl.

14. 부담금에 관한 위임입법의 한계

—대법원 2007. 10. 26. 선고 2007두9884 판결—

유 남 석*

I. 판결개요

1. 사실관계와 소송경과

원고는 도시 및 주거환경정비법(이하 '도시정비법'이라 한다)에 의하여 이 사건 토지에 공동주택(아파트, 오피스텔 154실과 근린, 문화/집회시설) 1동의 건축물을 신축하는 도시환경정비사업을 시행하기 위하여 2005. 12. 23. 관할 행정청인 피고로부터 그 시행인가를 받았다. 이와 같이 도시환경정비사업의 시행자가 그 사업시행인가를 받은 때에는 도시정비법 제32조 제1항 제2호의 규정에 의하여 건축법 제8조의 규정에 의한 건축허가를 받은 것으로 간주된다.

피고는 같은 날 원고에게 구 대도시 광역교통관리에 관한 특별법(2007. 1. 19. 법률 제8251호로 개정되기 전의 것, 이하 '구 특별법'이라 한다) 제11조 제6호 및 그 위임에 따른 같은 법 시행령(2007. 4. 20. 대통령령 제20021호로 개정되기 전의 것) 제15조 제2항에 근거하여 광역교통시설부담금의 부과처분을 하였다.

이에 원고는 위 부담금부과처분의 취소를 구하는 소송을 제기하였는데, 제1심인 서울행정법원은 구 특별법 제11조 제6호, 같은 법 시행령 제15조 제2항은 위 건축물 신축사업에 대한 부담금 부과의 근거규정이 될 수 없다는 이유로 위 처분을 취소하였다(서울행정법원 2006. 8. 18. 선고 2006구합9634 판결).

피고가 항소하자 서울고등법원은 원고의 위 건축물 신축사업은 위 법령에 의하여 광역교통시설부담금의 부과대상에 해당한다는 이유로 제1심판결을 취소하고 원고의 청구를 기각하였다(서울고등법원 2007. 4. 20. 선고 2006누22028 판결).

원고가 상고하면서 구 특별법 제11조 제6호에 대하여 위헌법률심판제청을 신청하였

* 서울고등법원 부장판사.

으나, 대법원은 그 상고와 위헌제청신청을 모두 기각하였다.

2. 대법원 판결의 요지

(1) 위임입법의 경우 그 한계는 예측가능성인바, 이는 법률에 이미 대통령령으로 규정될 내용 및 범위의 기본사항이 구체적으로 규정되어 있어서 누구라도 당해 법률로부터 대통령령 등에 규정될 내용의 대강을 예측할 수 있어야 함을 의미하고, 이러한 예측가능성의 유무는 당해 특정조항 하나만을 가지고 판단할 것은 아니고 관련 법조항 전체를 유기적 · 체계적으로 종합 판단하여야 하며 각 대상법률의 성질에 따라 구체적 · 개별적으로 검토하여 법률조항과 법률의 입법 취지를 종합적으로 고찰할 때 합리적으로 그 대강이 예측될 수 있는 것이라면 위임의 한계를 일탈하지 아니한 것이다.

(2) 구 특별법 제11조는 광역교통시설부담금 납부대상에 관하여 포괄적으로 시행령에 위임한 것이 아니라, 제1호 내지 제5호에서 그 납부대상이 되는 사업을 구체적으로 적시한 다음, 같은 조 제6호에서 '기타 제1호 내지 제5호의 사업과 유사한 사업으로 대통령령이 정하는 사업'을 시행하는 자도 그 납부대상으로 정해질 수 있다는 점을 명시한 것으로서, 그 규정 취지는 제1호 내지 제5호의 경우와 비교하여 객관적으로 이와 유사한 사업에 해당한다는 기준을 설정하여 위임의 범위를 한정한 다음, 이에 관한 세부적인 사항은 그때그때의 사회 · 경제적 상황에 따라 탄력적으로 대통령령으로 정할 수 있도록 한 것으로 보아야 한다. 그렇다면 같은 조 제6호는 법률에서 그 대강의 내용을 규정한 다음 대통령령에 의하여 부분적인 보충을 할 수 있도록 하는 입법방식을 취한 것으로서, 같은 조 제1호 내지 제5호에 적시된 구체적 사례들을 통하여 대통령령에 의하여 보충될 내용의 대강을 예측할 수 있으므로, 이를 포괄위임금지의 원칙에 관한 헌법 제75조에 위배된다고 볼 수는 없다.

(3) '건축법 제8조의 규정에 의한 건축허가를 받아 주택 외의 시설과 20세대 이상의 주택을 동일건축물로 건축하는 사업'은 대도시권 내의 교통수요 등에 영향을 미치는 측면에서 구 특별법 제11조 제1호 내지 제5호의 경우와 객관적으로 유사한 사업에 해당하므로, 이러한 사업시행자를 광역교통시설부담금 납부대상으로 규정한 같은 법 시행령 제15조 제2항은 수권법률인 같은 법 제11조 제6호가 정한 위임의 범위를 넘어서지 않는다.

Ⅱ. 평 석

1. 쟁점정리

헌법 제75조는 "대통령은 법률에서 구체적으로 범위를 정하여 위임받은 사항 … 에 관하여 대통령령을 발할 수 있다"고 규정하여 위임명령의 근거를 마련함과 동시에 위임은 '구체적으로 범위를 정하여' 하도록 함으로써 그 한계를 제시하고 있다. 이에 따라 법률의 위임은 반드시 구체적이고 개별적으로 한정된 사항에 대하여 행해져야 한다. 만약 일반적이고 포괄적인 위임을 한다면 이는 사실상 입법권의 백지위임과 다를 것이 없어 의회입법의 원칙과 법치주의를 부인하는 것이 될 뿐만 아니라, 행정권의 부당한 자의와 기본권에 대한 침해를 초래할 우려가 있다. 따라서 입헌민주국가에서는 포괄적 위임입법은 금지된다. 그런데 여기에서 위임입법의 한계로 제시된 기준인 '구체적으로 범위를 정하여' 라는 문언이 무엇을 의미하는지, 어느 정도로 구체적으로 정해야 하는 것인지, 그리고 그 판단은 어떻게 해야 하는 것인지 등이 분명하지 아니하여 해석의 여지가 있다.

이 사건에서는 특히 부담금의 부과요건을 대통령령에 위임함에 있어서 요구되는 구체성 · 명확성의 정도가 쟁점이 되었다.

2. 판결의 검토

(1) 위임입법의 한계에 관한 일반적 기준

(가) 판례의 경향

헌법 제75조는 위임의 한계를 정하기 위하여 '구체적으로 범위를 정하여'라는 표현을 사용하고 있다. 헌법재판소는 위 규정이 행정부에 입법을 위임하는 수권 법률의 명확성 원칙에 관한 것으로서 법률의 명확성 원칙이 행정입법에 관하여 구체화된 특별규정이라고 본다(헌재 1999. 4. 29. 94헌바37, 헌재 2007. 4. 26. 2004헌가29).

헌법재판소는 위임입법의 한계에 대하여 일관된 입장을 보이고 있다. 이에 따르면, 입법을 위임할 경우에는 법률에 미리 대통령령으로 규정될 내용 및 범위의 기본사항을 구체적으로 규정하여 둠으로써 행정권에 의한 자의적인 법률의 해석과 집행을 방지하고 의회입법과 법치주의의 원칙을 달성하고자 하는 헌법 제75조의 입법취지에 비추어 볼 때, '구체적으로 범위를 정하여'라 함은 법률에 대통령령 등 하위법규에 규정될 내용 및 범위의 기본사항이 가능한 한 구체적이고도 명확하게 규정되어 있어서 누구라도 당해 법률 그 자체로부터 대통령령 등에 규정될 내용의 대강을 예측할 수 있어야 함을 의미한다고 할 것이고, 그 예측가능성의 유무는 당해 특정조항 하나만을 가지고 판단할 것은 아니고 관련 법조항 전체를 유기적 · 체계적으로 종합하여 판단하여야 하며, 각 대상법률의 성질에 따라 구체적 · 개별적으로 검토하여야 한다(헌재 1995. 11. 30. 91헌바1 등, 헌재 1996. 6. 26. 93헌바2, 헌재 2001. 11. 29. 2000헌바23). 이와 같이 헌법재판소는 위임입법의 한계에 관하여 우선 예측가능성이라는 기준과 일반적인 법률해석을 통하여 예측가능성의 유무를 판단할 것을 제시하였다. 따라서 위임규정 자체에 위임의 구체적 범위를 명확히 규정하고 있지 아니하여 외형상으로는 일반적 · 포괄적으로 위임한 것처럼 보이더라도, 그 법률의 전반적인 체계와 취지 · 목적, 당해 위임조항의 규정형식과 내용 및 관련 법규를 살펴 이에 대한 해석을 통하여 그 내재적인 위임의 범위나 한계가 객관적으로 분명히 확정될 수 있는 것이라면 이를 일반적 · 포괄적인 위임에 해당하는 것으로 볼 수는 없다(대법원 1996. 3. 21. 선고 95누3640 판결, 헌재 1997. 12. 24. 95헌마390).

한편 위임의 구체성 · 명확성이 요구되는 정도는 그 규율대상의 종류와 성격에 따라 달라질 것이지만, 특히 처벌법규나 조세법규 등 국민의 기본권을 직접적으로 제한하거나 침해할 소지가 있는 법규에서는 구체성 · 명확성의 요구가 강화되어 그 위임의 요건과 범위가 일반적인 급부행정법규의 경우보다 더 엄격하게 제한적으로 규정되어야 하는 반면에, 규율대상이 다양하거나 수시로 변화하는 성질의 것일 때에는 위임의 구체성 · 명확성의 요건이 완화되어야 할 것이라고 판시하여(헌재 1998. 3. 25. 96헌바57, 헌재 2002. 6. 27. 2000헌가10), 규율의 효과 및 규율대상의 특성에 따라 심사정도가 달라져야 한다는 입장을 밝혔다. 즉 위임에 의하여 제정된 행정입법이 국민의 기본권을 제한하는 성격이 강할수록 구체성 · 명확성의 요구가 강화되고, 한편 다양한 형태의 사실관계를 규율하거나 규율대상인 사실관계가 상황에 따라 자주 변화하리라고 예상되는 경우에는 규율대상인 사실관계의 특성을 고려하여 구체성 · 명확성에 대한 요구가 완화된다는 것이다.

대법원도 규율 대상의 종류와 성격에 따라서는 요구되는 구체성의 정도가 달라질 수 있으나, 국민의 기본권을 제한하거나 침해할 소지가 있는 사항에 관한 위임에 있어서는 구체성 내지 명확성이 보다 엄격하게 요구된다고 판시한 바 있다(대법원 2000. 10. 19. 선고 98두6265 판결).

(나) 학계의 입장

학계에서는 대체로 판례의 입장을 수긍하는 것으로 보인다. 즉 위임입법은 위임의 목적 · 내용 · 범위와 그 위임에 따른 행정입법에서 준수해야 할 목표 · 기준 등의 요소를 미리 규정하여야 하는데, 이러한 요소를 규정함에 있어서 예측가능성을 확보하여야 한다는 것이다(정종섭, 978면; 박균성, 171면 참조).

한편 판례의 입장에 대하여 비판적인 입장으로 다음과 같은 견해가 제시되어 있다(한수웅, 622면). 즉 위임의 명확성 여부는 예측가능성의 기준에 일방적으로 의존하던 것으로부터 벗어나 우선적으로 '입법자가 행정부에 입법권을 위임함에 있어서 위임의 방향과 목적을 스스로 정함으로써 위임된 입법권행사의 기본적 방침을 제시하고 있는가'의 기준에 의하여 판단되어야 하고, 이 과정에서 한편으로는 입법권의 위임을 제한하는 관점인 기본권적 중요성과 의회입법절차의 필요성, 다른 한편으로는 입법권의 위임을 정당화하는 관점인 사안의 특성을 함께 종합적으로 고려하여 위임의 명확성 여부를 결정해야 한다는 것이다.

(2) **광역교통시설부담금 부과요건에 관한 위임의 구체성 · 명확성의 정도**

광역교통시설부담금은 대도시권 내의 각종 개발사업 등으로 인하여 급증하는 교통수요에 대비하여 원인제공자 내지 수익자에게 교통시설 설치비의 일부를 부담시킴으로써 대도시권의 교통문제를 해결하기 위한 광역교통시설의 건설 및 개량에 소요되는 재원을 확보하고자 하는 제도이다(특별법 제1조, 제2조, 제11조 등 참조). 이는 부담금관리기본법의 적용을 받고, 광역교통시설의 개선이라는 특정한 공익적 과제의 필요에 충당하기 위하여 교통에 부담을 유발하는 사업을 하는 자에게만 강제적으로 부과 · 징수되므로, 성질상으로도 부담금에 해당한다.

헌법재판소는 법률이 부담금의 부과대상의 범위에 관하여 규정하면서 하위법령에 위임하는 것에 대하여, 그러한 위임이 합헌인지 여부를 포괄위임입법금지원칙에 따른 위임의 필요성 및 예측가능성의 심사기준에 의해 판단해 왔다(헌재 1999. 5. 27. 98헌바70, 헌재 2000. 8. 31. 99헌바104, 헌재 2001. 11. 29. 2000헌바23, 헌재 2004. 6. 24. 2004헌바23, 헌재 2008. 2. 28. 2006헌바70 참조). 한편 부담금관리기본법 제4조는 "부담금부과의 근거가 되는 법률에는 부담금의 부과 및 징수주체 · 설치목적 · 부과요건 · 산정기준 · 산정방법 · 부과요율 등(이하 '부과요건 등'이라 한다)이 구체적이고 명확하게 규정되어야 한다. 다만, 부과요건 등의 세부적인 내용은 당해 법률이 구체적으로 범위를 정하여 위임한 바에 따라 대통령령 · 총리령 · 부령 또는 조례 · 규칙으로 정할 수 있다."라고 규정하고 있는데, 이는 부담금부과의 근거 법률에 관하여 헌법상 요구되는 명확성의 원칙 내지 포괄위임금지의 원칙을 풀어서 규정한 것에 지나지 않는다.

부담금은 재화 또는 용역의 제공과 관계없이 특정 공익사업과 관련하여 법률이 정하는 바에 따라 부과하는 조세 이외의 금전지급의무로서, 납부의무자의 재산권을 제한하는 것이다. 따라서 법률이 부담금의 부과에 관한 사항을 대통령령에 위임할 때에는 그 위임의 요건과 범위가 일반적인 급부행정의 경우보다는 더 엄격하고 제한적으로 규정될 필요가 있다. 그러나 한편 대도시권의 교통에 영향을 미치는 개발사업의 종류와 형태는 매우 다양하므로 광역교통시설부담금 제도의 입법목적을 달성하기 위하여 구체적으로 어떠한 사업까지 부담금 납부대상으로 할 것인지는 구체적인 교통수요나 경제사정 등의 변화에 따라 달라질 수밖에 없고, 그 세부적인 사항을 모두 법률에 빠짐없이 규정하도록 요구하는 것은 부적당하기 때문에 위임의 필요성이 크다. 이는 또한 광역교통시설부담금 제도의 규율대상인 사실관계가 매우 다양할 뿐만 아니라 수시로 변화하는 성질을 가지고 있음을 의미하고, 이 점에서는 구체성 · 명확성의 요건이 완화될 수 있을 것이다.

결국 광역교통시설부담금 부과요건에 관한 위임입법이 그 한계를 벗어난 것인지 여부를 판단함에 있어서는 위 두 가지 상반되는 요청, 즉 국민의 기본권을 제한하는 것이므로 구체성 · 명확성의 요구가 강화되어야 하는 측면과 규율대상이 다양하고 수시로 변화하는 성질을 가지고 있으므로 구체성 · 명확성의 요구가 완화되어야 하는 측면을 모두 고려하여야 할 것이다.

(3) 구 특별법 제11조 제6호의 규정이 위임입법의 한계를 벗어난 것인지 여부

구 특별법 제11조는 제1호 내지 제5호에서 그 납부대상이 되는 사업을 구체적으로 적시한 다음, 같은 조 제6호에서 '기타 제1호 내지 제5호의 사업과 유사한 사업으로 대통령령이 정하는 사업'을 시행하는 자도 그 납부대상으로 정해질 수 있다는 점을 명시하고 있다. 그 규정 취지는 제1호 내지 제5호의 경우와 비교하여 객관적으로 이와 유사한 사업에 해당한다는 기준을 설정하여 위임의 범위를 한정한 다음, 이에 관한 세부적인 사항은 그때그때의 사회 · 경제적 상황에 따라 탄력적으로 대통령령으로 정할 수 있도록 한 것으로 보인다.

그런데 위임입법이 명확한지 여부는 당해 법률조항만이 아니라 관련법 조항의 체계적인 해석을 통하여 판단하여야 하고, 특히 이 경우 수권의 목적으로부터 수권의 내용이 구체화될 수 있으며, 이로써 수권의 범위가 어느 정도 예측될 수 있기 때문에 수권의 목적, 즉 당해 법률조항의 입법목적이 중요한 의미를 가진다(헌재 2003. 7. 24. 2002헌바82). 따라서 대도시권의 교통문제를 광역적 차원에서 효율적으로 해결하고자 하는 입법목적에 비추어 볼 때, 구 특별법 제11조 제1호 내지 제5호의 사업과 유사한 사업'이란 '대도시권의 광역교통에 영향을 미칠만한 형태 및 규모의 개발사업으로서 그 원인 제공 내지 수익의 정도가 제1호 내지 제5호에 객관적으로 유사한 사업'이 될 것이라는 점을 어렵지 않게 예측할 수 있을 것이다.

결국 구 특별법 제11조 제6호는 그 조항 자체 및 구 특별법 전체의 체계적 해석을 통하여 하위법령에 규정될 내용의 대강을 예측할 수 있도록 한 위임규정이고, 포괄위임금지의 원칙에 관한 헌법 제75조에 위배된다고 볼 수는 없다.

(4) 구 특별법 시행령 제15조 제2항이 수권법률의 위임 범위를 벗어난 것인지 여부 등

(가) 구 특별법 시행령 제15조 제2항은 "법 제11조 제6호에서 대통령령으로 정하는 사업이라 함은 건축법 제8조의 규정에 의한 건축허가를 받아 주택 외의 시설과 20세대

이상의 주택을 동일건축물로 건축하는 사업을 말한다."고 규정하고 있다. 구 특별법의 관련 규정에 비추어 볼 때, 이러한 사업은 교통수요의 유발 측면에서 본 개발사업의 형태와 규모라는 관점에서 구 특별법 제11조 제1호 내지 제5호의 경우와 객관적으로 유사한 사업에 해당한다.

따라서 이러한 사업시행자를 광역교통시설부담금 납부대상으로 규정한 구 특별법 시행령 제15조 제2항은 수권법률인 구 특별법 제11조 제6호가 정한 위임의 범위를 준수한 것으로 판단된다.

(나) 대상판결은 나아가, 도시정비법 소정의 도시환경정비사업 시행인가를 받아서 건축허가가 있은 것으로 의제되는 경우, 구 특별법 시행령 제15조 제2항의 규율대상에 포함되는지 여부에 대하여 판시하고 있다.

즉, 구 특별법 제11조의2 제1항이 제1호 내지 제5호에서 도시정비법에 의한 주거환경개선사업 등을 비롯한 광역교통시설부담금 면제대상을 구체적으로 열거하면서도 도시정비법에 따른 도시환경정비사업을 그 면제대상으로 규정하지 아니하였다는 점, 도시정비법에 따른 도시환경정비사업의 사업시행자가 그 사업시행인가를 받은 경우 같은 법 제32조 제1항 제1호의 규정에 의하여 건축법 제8조의 규정에 의한 건축허가를 받은 것으로 간주되는데, 사업시행자가 위와 같은 건축허가의 의제를 받고자 하는 경우 사업시행인가를 신청하면서 건축법이 정하는 관계 서류를 함께 제출하여야 하고(도시정비법 제32조 제3항), 이를 접수한 관할 행정관청은 미리 관계행정기관의 장과 협의하여야 하며, 이 경우 관계 행정기관의 장은 건축법에서 규정한 허가 등의 기준에 위반하여 협의에 응하여서는 아니된다는 점(같은 조 제4항) 등을 종합하여 보면, 도시정비법 소정의 도시환경정비사업 시행인가를 받아서 건축허가가 있은 것으로 의제되는 경우 역시 구 특별법 시행령 제15조 제2항의 규율대상에 포함된다는 것이다.

3. 판결의 의미

헌법 제75조에서 정한 위임입법의 한계에 관하여는 이미 여러 차례 대법원과 헌법재판소의 판결이 있었고, 이에 관한 기본법리는 판례상으로는 확립되어 있는 상태라고 할 수 있다. 대상판결은 이른바 부담금에 관하여도 이러한 기본법리가 적용되는 것임을 확인한 대법원 판결이다.

대상판결이 광역교통시설부담금의 경우 그 규율대상이 다양하고 수시로 변화하는 성질을 가지고 있어서 위임입법의 구체성 · 명확성의 정도가 완화될 수 있는 측면을 고려했는지 여부는 분명하지 않으나, 구 특별법 제11조 제6호의 경우 그 예측가능성에 특별한 의문이 없었을 것이다.

대상판결이 선고된 후 헌법재판소도 2009. 2. 26.에 선고된 2007헌바112 등에서 구 특별법 제11조 제6호는 그 조항 자체 및 특별법 전체의 유기적 · 체계적 해석을 통하여 하위법령에 위임할 내용의 대강을 예측할 수 있도록 구체적으로 범위를 정하여 위임한 규정이므로 포괄위임입법금지 원칙에 위반되었다고 볼 수 없다고 판단하였다.

〈참고문헌〉

김시철, "부담금에 관한 위임입법의 한계와 명확성의 원칙", 대법원판례해설 제73호, 법원도서관, 2008. 7.

박균성, 행정법론(상) 제8판, 박영사, 2009.

정종섭, 헌법학원론, 박영사, 2006.

지성수, "위임입법에 있어서의 명확성 원칙: 헌법재판소 결정에서 나타난 문제점을 중심으로", 헌법재판소, 헌법논총 제15집, 2004. 12.

한수웅, "본질성이론과 입법위임의 명확성원칙", 헌법논총 제14집, 헌법재판소, 2003. 12.

15. 제재적 처분기준의 효력

—대법원 1990. 1. 25. 선고 89누3564 판결—

문 상 덕*

Ⅰ. 판결개요

1. 사실관계

원고(A)의 소유인 서울 7아1156호 화물자동차의 운전자인 소외인(B)가 자동차를 운전하여 매시 약 60킬로미터의 속도로 진행하던 중 같은 구 범일동에 있는 항만계량사 앞에 이르렀는바, 그곳은 오른쪽에서 부산신시장으로 이어지는 편도 3차선의 도로와 접하는 삼거리 교차로임에도 불구하고 오른쪽 도로에서 교차로로 진입하여 오는 차량이 있는지의 여부와 그 동태를 살피지 아니한 채 계속 같은 속도로 진행한 과실로 말미암아, 때마침 소외인(C)가 운전면허를 받지도 않고 80cc 오토바이를 운전하여 교차로 쪽을 제대로 살펴보지도 아니한 채 과속으로 오른쪽 도로에서 위 자동차가 진행하는 앞쪽으로 우회전하여 들어오는 것을 미처 피하지 못하고 위 자동차의 오른쪽 뒷바퀴와 적재함 부분으로 들이받아 소외인(C)와 오토바이 뒤에 타고 있던 소외인(D) 등 2명을 사망하게 한 사실, 위 망인들이 모두 안전모를 쓰지 아니한 사실, 피고인 X행정청은 위 교통사고를 일으킨 원고(A)가 자동차운수사업법 제31조 제1항 제5호에 규정된 "중대한 교통사고로 인하여 많은 사상자를 발생하게 한 때"에 해당한다고 보고 위 규정 및 자동차운수사업법 제31조등의 규정에 의한 사업면허의취소등의 처분에 관한 규칙(1987. 3. 11. 개정 교통부령 제853호) 제3조 제2항 [별표3] "중대한 교통사고를 일으킨 경우의 처분기준"(1개의 교통사고로 2인 이상 9인 이하 사망의 경우에는 위반차량사업면허취소)에 따라 위 교통사고를 일으킨 위 자동차에 대하여 자동차운송사업면허취소처분을 하였다.

---

* 서울시립대학교 법학전문대학원 부교수.

2. 소송경과

원고(A)가 제기한 소에서 원심인 서울고등법원은 1989. 4. 24. 선고 88구10154 판결을 통하여 원고 승소판결을 하였고, 이에 불복한 피고 X행정청이 대법원에 상고하였으나 본 판결에서 본 바와 역시 원고(A)가 승소하였다.

3. 판결요지

(1) 원심판결의 요지

원심은, 이 사건 교통사고는 위 자동차운전자의 과실 이외에도 위 오토바이 운전자인 소외인(C)가 운전면허도 없이 오토바이를 운전하여 삼거리 교차로로 진입함에 있어서 우선통행권이 있는 위 자동차에게 진로를 양보하지 아니하고 그 동태도 잘 살피지 아니한 채 과속으로 진입한 과실 및 위 망인들이 안전모를 쓰지 아니한 과실 등이 경합하여 발생하였는바, 이와 같은 위 자동차운전자 및 피해자들의 과실의 정도와 앞서 본 이 사건 교통사고의 발생경위 · 피해상황 등을 종합하여 고찰할 때, 이 사건 교통사고는 자동차가 교차로를 통과할 때 통상 발생할 수 있는 것일 뿐 자동차운수업법 제31조 제1항 제5호 소정의 면허취소사유인 "중대한 교통사고"에 해당하지 않는다고 봄으로써, 이 사건 운송사업면허취소처분은 행정청에게 주어진 재량권의 범위를 벗어난 위법한 처분으로 보았다.

(2) 대법원판결의 요지

대법원은, 문제가 된 교통사고가 "중대한 교통사고"에 해당하는지의 여부는 단순히 사상자의 숫자만을 기준으로 하여 판단할 것이 아니라, 교통사고를 일으킨 사람의 과실의 정도는 물론, 피해자의 과실, 사고의 경위, 피해상황, 그 사고가 일반사회에 미친 영향 등 교통사고의 내용과 결과를 고루 살펴보아 그와 같은 교통사고가 통상 발생할 수 있는 것이 아니라, 자동차운송업자로 하여금 운송사업을 계속하게 하거나 면허나 등록을 그대로 보유하게 하는 것이 부적당하다고 인정될 정도로 "중대한" 것인지의 여부에 따라 판단하여야 할 것이라고 하고, 자동차운수사업법 제31조등의 규정에 의한 사업면허의 취소등의 처분에 관한 규칙(1987. 3. 11. 개정 교통부령 제853호)은 부령의 형식으로 되어 있으나 그 규정의 성질과 내용이 자동차 운송사업 면허의 취소처분 등에 관한 사무처리기준과 처분절차 등 행정청 내의 사무처리준칙을 규정한 것에 불과하므로 교통부장관이 관계행정기관 및 직원에 대하여 그 직무권한행사의 지침을 정하여 주기 위하여 발한 행정조직 내부에 있어서의 행정명령의 성질을 가지는 것이라 할 것이고, 따라서 이 규칙은 행정조직 내부에서 관계행정기관이나 직원을 구속함에 그치고 대외적으로 국민이나 법원을 구속하는 것은 아니라고 할 것이므로, 자동차운송사업면허취소 등의 처분이 위 규칙에서 정한 기준에 적합한 것이라고 하여 바로 그 처분이 적법한 것이라고는 할 수 없고, 그 처분이 적법한 것인지의 여부는 위 규칙에 적합한 것인지의 여부 만에 따라 판단할 것이 아니라 자동차운수사업법의 규정과 그 취지에 적합한 것인지의 여부에 따라 판단하여야 할 것이라고 보는 것이 대법원의 확립된 판례라고 하면서, 원심이 확정한 사실관계와 이를 기초로 한 원심의 판단을 자동차운수사업법의 규정이나 대법원의 판례에 비추어 정당한 것으로 수긍하였다.

Ⅱ. 평 석

1. 쟁점정리

이 판결에서의 쟁점은 크게 두 가지로 정리될 수 있다. 첫째는 사실관계에 관한 것으로서, 자동차운송사업면허취소처분의 원인이 되는 위 교통사고가 법령상의 요건인 "중대한 교통사고"에 해당하는지의 판단기준이 무엇인지 하는 점과, 둘째는 위 취소처분의 실정법적 근거가 된 「자동차운수사업법 제31조등의 규정에 의한 사업면허의 취소등의 처분에 관한 규칙」이 대법원의 판단(법해석)과 같이 행정조직 내부에 있어서의 행정명령(행정규칙)의 성질을 가지는 것에 불과한 것인지 하는 점이다. 두 번째 쟁점은 특히 그동안 행정법학계와 실무계에서 '법규명령 형식의 행정규칙'의 문제로서 오랫동안 논의되어 온 문제이기도 하다.

2. 관련판례

본 판결의 주요 쟁점인 "중대한 교통사고"의 판단기준과 「자동차운수사업법 제31조등의 규정에 의한 사업면허의 취소등의 처분에 관한 규칙」의 성질에 대해서는, 이미 대법원이 대법원 1984. 2. 28. 선고 83누551 판결에서 판시한 바 있고, 본 판결은 위 83누551판결을 그대로 확인한 것이라고 할 수 있다. 대법원은 83누551 판결 이후 본 판결이 나오기 이전에도 일련의 판결에서 위와 같은 입장을 유지하고 있었고 본 판결 이후에도, 대법원 1990. 4. 24. 선고 90누1267 판결을 비롯한 여러 판결에서 동일한 입장을 고수하여 왔다. 그리고 자동차운수사업법 관련 판결 이외에도, 동일 내지 유사한 법구조를 배경으로 한 다른 많은 사건에 있어서도, 특히 두 번째 쟁점인 제재적 처분의 기준을 정한 부령의 성질에 대하여 줄곧 행정기관 내부의 행정명령(행정규칙)의 성질을 가지는 것으로 보았다(예: 공중위생법과 관련된 대법원 1991. 3. 8. 선고 90누6545 판결, 식품위생법과 관련된 대법원 1989. 4. 11. 선고 88누773 판결, 풍속영업규제에 관한 법률과 관련된 대법원 1994. 4. 12.

선고 94누651 판결, 유기장업법과 관련된 대법원 1990. 7. 13. 선고 90누2284 판결, 의료법과 관련된 대법원 1996. 2. 23. 선고 95누16318 판결 등 다수).

한편, 대법원은 대법원 1997. 12. 26. 선고 97누15418 판결에서는, 부령의 형식이 아닌 제재적 처분기준을 정한 대통령령(주택건설촉진법시행령 제10조의3 제1항 [별표1])에 관하여 "주택건설촉진법 제7조 제2항의 위임규정에 터 잡은 규정형식상 대통령령이므로 그 성질이 부령인 시행규칙이나 또는 지방자치단체의 규칙과 같이 통상적으로 행정조직 내부에 있어서의 행정명령에 지나지 않는 것이 아니라 대외적으로 국민이나 법원을 구속하는 힘이 있는 법규명령에 해당한다"고 본 바 있어 학계의 또 다른 논란을 야기한 바 있다. 이후 대법원은 대법원 2001. 3. 9. 선고 99두5207 판결에서도 과징금처분의 기준을 정한 청소년보호법시행령(1999. 6. 30. 대통령령 제16461호로 개정되기 전의 것) 제40조 [별표6]의 기준에 대하여 그 성질을 "법규명령"으로 보면서 동 규정상의 과징금기준 액수를 최고한도액으로 본 바 있다.

3. 판결의 검토

(1) "중대한 교통사고"의 의미

본 사건에 있어서 자동차운송사업면허취소처분의 원인이 되는 "중대한 교통사고"의 의미에 관하여는, 대법원이 판단한 것과 같이 단순히 사상자의 숫자만을 기준으로 하여 판단할 것이 아니라, 교통사고를 일으킨 사람의 과실의 정도는 물론, 피해자의 과실, 사고의 경위, 피해상황, 그 사고가 일반사회에 미친 영향 등 교통사고의 내용과 결과를 고루 살펴보아 그와 같은 교통사고가 통상 발생할 수 있는 것이 아니라 자동차운송업자로 하여금 운송사업을 계속하게 하거나 면허나 등록을 그대로 보유하게 하는 것이 부적당하다고 인정될 정도로 "중대한" 것인지의 여부에 따라 판단하여야 할 것이라는 점에서, 이에 대한 특별한 논란은 없는 것으로 보인다. 원심도 같은 판단기준에 따라 자동차운전자인 소외인(B)의 과실 이외에도 위 오토바이 운전자인 소외인(C)가 운전면허도 없이 오토바이를 운전하여 삼거리 교차로로 진입함에 있어서 우선통행권이 있는 위 자동차에게 진로를 양보하지 아니하고 그 동태도 잘 살피지 아니한 채 과속으로 진입한 과실 및 위 망인들이 안전모를 쓰지 아니한 과실 등이 경합하여 발생한 점을 인정하고, 이와 같은 자동차운전자 및 피해자들의 과실의 정도와 이 사건 교통사고의 발생경위 · 피해상황 등을 종합하여 고찰할 때, 이 사건 교통사고는 자동차가 교차로를 통과할 때 통상 발생할 수 있는 사고로서 본 법 소정의 사업면허취소사유인 "중대한 교통사고"에 해당하지 않는다고 보았는바, 이러한 법원의 판단기준과 결론에는 특별한 이의가 없다고 하겠다.

(2) 제재적 처분의 기준을 정한 부령의 법적 성질

제재적 처분의 기준을 정한 부령(자동차운수사업법제31조등의 규정에 의한 사업면허의 취소등의 처분에 관한 규칙)의 법적 성질에 관해서는, 이를 행정조직 내부에 있어서의 행정명령(행정규칙)에 불과하다고 본 대법원 판결을 둘러싸고 그동안 학계와 실무계에서 적지 않은 논란이 이루어져 왔다.

(가) 본 사안을 둘러싼 연혁적 배경

그동안 자동차운수사업법 제31조는 일정한 법정 사유 내지 본 법에 의한 명령이나 처분 등에 위반한 사업자에 대하여는 행정청이 6개월 이내의 기간을 정하여 사업의 정지를 명하거나 면허 등을 취소할 수 있다고 하여 제재적 처분을 할 수 있는 폭넓은 재량권을 부여하고 있었다. 이에 대하여, 교통부장관은 관련 공무원들의 재량 판단의 미숙함을 보완하고 처분의 통일성과 일관성 및 형평성을 도모하며 재량권 행사를 둘러싼 비리나 부조리 등을 예방할 목적으로, 재량적 제재처분의 기준을 정한 「자동차운수사업법 제31조 등에 관한 처분요령」(1980. 2. 18. 교통부훈령 제655호)을 장관 훈령으로 발령하였다. 그런데 훈령 발령 후 그 규정에 따른 제재적 처분에 대하여 제기된 취소의 소에서, 대법원은 교통부장관의 위 훈령은 훈시적인 규정에 지나지 않은 것으로서 관계행정청의 재량권을 기속하는 것이라고 할 수 없음은 물론 법원을 기속하는 성질의 것도 아니라고 하여 법규성을 부인하고, 처분의 위법 여부는 위 훈령상의 기준에의 부합 여부가 아닌 재량권을 부여한 법률의 규정과 취지에 비추어 재량권의 일탈 · 남용 여부를 심사하여야 한다고 판단하였다(대법원 1981. 4. 14. 선고 80누172 판결, 대법원 1982. 9. 28. 선고 82누156 판결 등 참조). 따라서 위 훈령상의 기준에 따른 제재처분이라 하더라도 구체적 상황에 따라서는 재량권을 일탈 · 남용한 위법한 처분으로서 취소될 수 있다고 보았다.

이에 교통부장관은 법원에 대한 처분기준의 구속력을 확보하기 위하여 훈령을 대신하여 부령(집행명령)인, 「자동차운수사업법 제31조등의 규정에 의한 사업면허의 취소등의 처분에 관한 규칙」(1982. 7. 31. 교통부령 제724호)을 발령하였다. 그런데 이러한 부령상의 기준에 따른 처분의 취소의 소에서도 대법원은 역시 위 규칙은 부령의 형식으로 되어 있으나 그 규정의 성질과 내용이 자동차운수사업면허의 취소처분 등에 관한 사무처리기준을 규정한 것에 불과한 것이므로 이는 행정조직 내부에 있어서의 행정명령의 성질을 가지는 것이라고 하여 부령의 법규적 효력을 부인하였다(대법원 1984. 2. 28. 선고 83누551 판결).

이에 행정부에서는 모법인 자동차운수사업법의 개정을 추진하여, 동 법 제31조에 제2항을 신설, 제재적 처분기준의 법률적 위임근거를 신설하기에 이르렀다(1986. 12. 31, 자동차운수사업법 제31조 제2항 “제1항의 규정에 의한 처분의 기준과 절차 기타 필요한 사항은 교통부령으로 정한다"). 그리고 이 제2항에 따라 위임명령인 「자동차운수사업법 제31조등의 규정에 의한 사업면허의 취소 등의 처분에 관한 규칙(교통부령)」을 정하게 된 것이다.

본 사안은 바로, 법률의 위임에 의해 제정된 부령상의 기준에 따른 면허취소처분의 취소 여부가 문제된 사안으로서, 처분이 그 이전의 훈령이나 집행명령인 부령과는 또 다른, 위임명령인 부령의 기준에 따라 이루어졌음에도 불구하고, 대법원은 이전과 마찬가지의 논리에 기하여 부령 형식의 규범의 법규적 효력을 부인하고 이를 행정조직 내부에 있어서의 행정명령에 지나지 않는 것으로 본 것이다.

(나) 대법원의 논지의 정리

대법원의 입장은, 원래 행정 내부의 훈령으로 정해져 있었던 사항을 부령의 형식으로 담더라도 그 법적 성질이나 효력이 달라질 수는 없다고 보면서, 법률이 행정청에게 제재적 처분에 관한 재량권을 부여하였음에도 행정청이 위 부령상의 처분기준에 따라 이를 기계적으로 집행하여서는 안 된다는 것을 전제로 하여 위 부령의 대외적 구속력을 부인함으로써 재량심사의 가능성을 열어놓고, 이를 통하여 국민의 권리구제를 강화한다는 취지에서, 가혹하거나 구체적 타당성을 잃은 제재적 처분은 비록 부령상의 처분기준에 부합한 것이라 하더라도 이를 취소할 수 있는 것으로 본 것이라고 판단된다. 또한 대법원은 법률이 행정청에게 부여한 재량권이 처분기준에 대한 부령제정권으로 무력화되는 것을 회피하고자 한 것으로 보인다. 이러한 입장은, 부령이 제정절차 면에서 국무회의의 심의나 대통령의 재가 없이도 행정각부의 장관이 관계부처와의 협의와 법제처의 심사를 거쳐 관보에 게재함으로써 공포하면 정해질 수 있다는 점에서, 그 실질적인 내용에 따라 이를 행정규칙으로 보고 부령의 대외적 효력을 부인할 수 있다고 판단했을 가능성도 있는 것으로 보인다(홍준형, 46-47면).

그렇다고 하여 대법원이 헌법상 위임입법의 한 형식인 부령 자체의 법규적 효력을 일반적으로 부정한 것은 아닌 것 같다. 비록 제재적 처분의 기준을 정한 것은 아니지만 법률의 위임에 따라 인가처분의 기준 등을 정한 구 여객자동차운수사업법시행규칙(부령)에 대하여는 이를 행정규칙으로 보지 않고 법규명령적 효력을 갖는 것으로 인정하고 있고(대법원 1997. 5. 16. 선고 97누2313 판결, 대법원 2006. 6. 27. 선고 2003두4355 판결), 제재적 처분의 절차나 처분서면주의를 규정한 도로교통법시행규칙(부령)에 대하여도 그 법규적 효력을 인정한 사례가 있기 때문이다(대법원 1996. 6. 14. 선고 95누17823 판결, 대법원 1997. 5. 16. 선고 97누2313 판결). 즉 대법원은 처분의 기준을 정한 부령이라 하더라도 그 실질적인 내용에 따라 그 법규적 효력을 부인하거나 인정하고 있는 것으로 보이고, 부령 일반의 법규적 효력을 부인하는 것은 아닌 것으로 분석된다는 것이다.

(다) 대법원 판결의 비판적 검토

그러면 이와 같은 대법원의 논리는 타당한 것이라고 할 수 있는 것인가. 대법원의 이러한 입장에 대하여는, 학계와 실무계에서 이를 옹호하는 견해와 비판하는 견해가 모두 제시된 바 있다. 옹호하는 견해는, 주로 처분기준을 정한 규범이 그 내용상 행정내부적 사무처리기준을 정한 것에 불과하다면 비록 부령과 같은 법규의 형식으로 정하였더라도 이는 행정규칙에 지나지 않는 것으로서 그 대외적 구속력은 부인되어야 한다는 소극설(비법규설)에 기한 것이고, 비판하는 견해는 적극설(법규설)의 입장에서, 법규명령은 일반공권력을 근거로 하여 제정되는 것으로서, 헌법상 인정된 법규의 형식(부령)으로 제정된 이상 법규적 성질을 인정하여야 하고, 따라서 당해 부령을 단순히 행정규칙에 불과한 것으로 보는 대법원의 논리에는 문제가 있다는 것이다.

그러면 대법원과 같이 규범의 형식과는 상관없이 그 실질적 내용만을 기준으로 하여 법규적 성질 내지 효력을 부인하거나 인정하는 태도는 옳은 것인가? 대법원의 입장과 해석은 다음과 같은 몇 가지의 측면에서 비판될 수 있다고 본다.

첫째, 먼저 대법원이 보고 있는 바와 같이 위 규칙(부령)상의 처분기준이 단순히 행정 내부적인 사무처리기준에 불과한 것인가 하는 점에 대하여 검토해 보자. 법규 위반자에 대한 제재적 처분의 기준은 인 · 허가 등의 취소나 정지 여부 내지 그 정도를 구체적으로 정하고 있다는 점에서, 당해 행정청에게 있어서는 사무 처리의 기준이 되는 것이지만, 처분의 상대방이 될 국민의 입장에서는 사업면허나 영업허가와 같은 수익적 처분을 박탈 내지 정지할 수 있는 제재적 처분의 기준이 된다는 점에서 그 권리나 자유에 직접적인 영향을 미치는 것이라고 할 수 있다. 따라서 부령상 규정된 제재적 처분의 기준은 그 실질에 있어서 단순한 행정사무처리기준 이상의 의미를 가지는 것이다. 국민의 권리나 자유를 직접 침해할 수 있는 기준을 단순한 행정규칙에 지나지 않는 것으로 보는 것은 타당하다고 할 수 없을 것이다.

둘째, 위 시행규칙은 법률의 명시적 위임에 의한 것이고 그것이 적어도 위임의 법리에 반하지 않는 이상은, 위임명령으로서 헌법적 근거를 가지는 법규라고 보아야 할 것이다. 대법원은 개별 사안에 있어서 구체적 타당성을 중시한 권리 구제에 집중한 나머지, 입법권의 배분에 관한 국가법체계의 기본원칙을 경시한 측면이 강한 것이 아닌가 한다. 당해 처분기준이 법률의 위임 없이 훈령으로 정해졌다면 그 법규성이 부인되는 것이 옳고, 또한 위임근거 없이 집행명령의 방식으로 정해졌다면 국민의 권리의무와 직결되는 입법사항을 법률의 위임 없이 정한 것으로 보아 당해 부령의 위법성을 논할 수 있을 것이지만, 법률의 명시적 위임에 기하여 그 위임 범위 안에서 헌법상 인정되는 법규형식(부령)으로 정해진 기준이라면, 이는 헌법상 부여된 교통부장관의 정당한 입법권 행사의 결과로 보아야 할 것이고, 그러하다면 위 부령의 법규적 성질 내지 효력은 인정되는 것이 옳다고 생각된다. 대법원이 헌법상의 정당한 입법권의 행사 자체를 부인하는 태도는, 입법권의 배분에 관한 국법의 체계를 오해하였거나 소홀히 한 결과로 볼 수 있을 것이다.

셋째, 대법원이 사안의 구체적 타당성을 고려하여 가혹한 제재처분으로부터 국민의 권리구제의 가능성을 모색하고자 한 것에 대하여는 수긍이 가지만, 그 절차와 방식에는 문제가 있는 것으로 보인다. 즉, 법률은 제1항에서 행정청에게 제재적 처분에 관한 재량권을 부여하면서도 다른 한편으로는, 별개의 항을 통하여 처분의 구체적 기준을 장관으로 하여금 부령으로 정하도록 위임하고 있으므로, 이와 같은 두 조항은 모두 입법자의 의사로서 존중되어야 하고 두 조항은 상호 조화롭게 해석되었어야 할 것이다. 그런데 대법원은 정당한 위임에 기한 부령의 법규적 효력을 부정함으로써, 구체적인 처분기준을 부령으로 정하도록 한 입법자의 의사를 묵살하고 말았다. 법률의 명시적 위임에 의한 부령상의 처분기준은, 내용적으로 개별 위반사유에 비해 과도한 제재기준을 정하였다거나(비례원칙 위반) 법률에 의하여 부여된 처분청의 재량권을 사실상 박탈 또는 과도하게 제한하는 것과 같이 법률의 입법취지나 위임의 법리를 위반하는 경우 이외에는, 일반적으로 법규명령으로서의 그 존재와 효력을 부인하여서는 안 될 것이다. 그것은 헌법에 의하여 용인되고 법률에 의하여 부여된 정당한 입법권의 행사의 결과이기 때문이다. 따라서 부령이 법률상의 위임 근거에 기하여 구체적 제재기준을 정하면서, 예외적인 경우에는 사안의 정상을 참작하여 일정한 범위 안에서(예컨대 1/2 이내) 처분기준을 가중 또는 감경할 수 있도록 하여 재량의 여지를 부여하고 있다면, 이러한 부령은 대체로 재량권을 부여한 법률의 취지에 반하는 것으로는 보기 어렵다고 생각된다.

그리고 만일, 부령이 법률의 규정이나 입법 취지에 반하는 위법한 것이라고 판단되는 경우에는, 법원은 위 판례에서와 같이 당해 부령의 법규적 성질을 부정할 것이 아니라, 헌법 제107조 제2항과 행정소송법 제6조에 기하여, 당해 사건에 한하여 문제된 부령의 적용을 거부하고(적용배제), 모법의 규정과 취지에 따라서만 재량권의 일탈 · 남용 여부를 심사함으로써, 위법한 부령으로 인한 권리침해에 대하여 사법구제를 가능하게 할 수 있을 것이다. 대법원이 그동안 이러한 구체적 규범통제의 방식을 활용하지 않은 점은 아쉬움으로 남는다.

마지막으로, 대법원은 대법원 1997. 12. 26. 선고 97누15418 판결에서 제재적 처분기준을 대통령령(주택건설촉진법시행령 제10조의3 제1항 [별표1])으로 정한 경우에 대하여는 별다른 논거나 설명 없이 "위임규정에 터 잡은 규정형식상 대통령령이므로 그 성질이 부령인 시행규칙이나 또는 지방자치단체의 규칙과 같이 통상적으로 행정조직 내부에 있어서의 행정명령에 지나지 않는 것이 아니라 대외적으로 국민이나 법원을 구속하는 힘이 있는 법규명령에 해당한다."고 보았고, 또한 그 연장선상에서 역시 대통령령인 과징금부과처분의 기준을 정한 청소년보호법시행령(1999. 6. 30. 대통령령 제16461호로 개정되기 전의 것) 제40조 [별표6]의 기준에 대하여도 이를 법규명령으로 보았는바(대법원 2001. 3. 9. 선고 99두5207 판결), 이러한 판례 태도에 대하여도, 동일한 속성(법률에 의한 위임명령)의 처분기준에 대하여 부령이 아닌 대통령령으로 정한 경우에만 이를 법규명령으로 보는 것은 논리적 설득력이 부족하고(법률에서 대통령령에 위임하느냐 바로 부령에 위임하느냐에 관하여는 입법자의 입법적 선택의 문제라고 보아야 할 것이므로, 헌법적으로 채택된 법형식의 상이에 기하여 그 법규적 효력의 유무 자체를 판단하는 것은 설득력이 없다는 것이다), 부령의 법규성을 부인하고 있는 종래의 대법원의 판례 태도와도 스스로 모순되는 결과를 초래하고 있다고 비판되고 있다. 즉 앞에서와 같이 부령의 법규성을 부인할 때는 '사무처리기준'이라는 규범의 실질적 내용을 기준으로 하였으면서도 동일 내지 유사한 처분기준을 정한 대통령령의 법규성을 인정할 때는 '대통령령'이라는 형식에 근거하여 판단하고 있기 때문이다. 우리 헌법상의 법령체계에 있어서, 대통령령과 부령이 상호 상하관계에 있는 것은 인정되지만 그 근본적 성질이 다르다고 보는 것은 잘못된 인식이라고 생각된다. 이러한 관점에서 볼 때, 위와 같은 판례의 태도는 문제의 소지가 있다. 사법부는 법률이 행정청에게 재량권을 부여한 취지 못지않게 그 처분기준을 부령으로 정하도록 하여 재량권을 제한할 수 있는 여지를 둔 취지 또한 존중하였더라면 좋았을 것이다(홍준형, 54면).

4. 판결의 의미와 전망

법원이, 제재적 처분의 기준을 정한 규칙(부령)의 법규성을 부인하고 문제가 된 처분의 위법 여부를 법률의 규정과 취지를 기준으로 판단함으로써, 규칙상의 처분기준에 일단 부합하는 제재처분에 대하여도 재량권의 일탈 · 남용이라는 위법성 심사를 통하여 국민의 권익을 적극적으로 보호하고자 한 의도는 평가할만하다.

하지만, 법률의 명시적 위임에 따라 헌법상 인정된 법규형식인 부령으로 처분기준을 정한 경우에는, 이를 법규명령으로서 인정하는 것이 현행법에 대한 올바른 해석이라고 본다. 다만 만일 당해 부령이 재량권을 부여한 법률의 규정이나 취지를 위반하거나 위임의 한계를 벗어나는 것으로서 상위법 위반의 문제가 있는 것인 경우에는, 법원은 구체적 규범통제의 방식을 사용하여 위법한 부령의 당해 사건에의 적용을 거부함으로써, 국민의 권리구제를 도모함과 함께 행정입법에 대한 사법적 통제도 달성할 수 있을 것이다.

이러한 관점에서 대법원이 법률의 위임에 의하여 제재적 처분의 기준을 정한 시행령(대통령령)의 법규성을 인정한 대법원 1997. 12. 26. 선고 97누15418 판결 등에 대하여는 그 결론에 동의하고자 한다. 다만 향후 그러한 결론에 이르게 된 합당한 논거와 설명이 제시되었으면 하고, 다른 한편으로는 위 시행령과 유사한 속성을 가진 시행규칙(부령)에 대하여도 대법원이 동일한 논거와 결론을 채택하여 그 법규성을 인정하는 결단(판례변경)을 내릴 것을 희망하는 바이다. 그리고 그러한 과정을 통하여, 오랜 기간 동안 행정실무와 사법부 사이에 초래된 법규정과 해석의 괴리로 인한 혼선을 말끔히 씻어버렸으면 한다.

〈참고문헌〉

김동희, "제재적 재량처분의 기준을 정한 규범의 법적 성질", 한국공법이론의 새로운 전개, 삼지원, 2005. 6.

류상현, "행정처분의기준의 법적 성격에 관한 실무적 관점에서의 검토와 앞으로의 과제", 법제 통권 제490호, 법제처, 1998. 10.

정남철, "행정처분기준의 현황 및 정비방향에 관한 소고", 법제 통권 제604호, 법제처, 2008. 4.

홍정선, "제재적 행정처분의 기준—법규명령인가, 행정규칙인가", 법제 통권 제491호, 법제처, 1998. 11.

홍준형, "법규명령과 행정규칙의 구별—제재적 행정처분의 기준을 정한 시행규칙 · 시행령의 법적 성질을 중심으로—", 법제 통권 제488호, 법제처, 1998. 8.

16. 행정입법부작위에 대한 행정소송

—대법원 1992. 5. 8. 선고 91누11261 판결—

임 영 호*

I. 판례개요

1. 사실관계

1976년 안동지역에 안동댐이 건설되었고, 원고는 안동지역에 거주하는 사람으로서 안동지역댐 피해대책위원회 위원장의 직책을 맡고 있었다.

원고를 포함한 안동지역주민들은 안동댐이 건설된 이후 급격한 기상, 환경변화로 인체 · 농작물 피해, 대기 · 수질오염. 생태계 파괴, 건축물과 각종 생활필수품 등의 부식 · 부패 등으로 엄청난 손실을 입어 왔다고 주장하고 있다.

특정다목적댐법 제41조는 "다목적댐건설로 인하여 농지 · 임야 · 가옥 등이 수몰되거나 기타의 손실을 받은 자가 있을 때에는 건설부장관은 적정한 보상을 하여야 한다"고 규정하고 있고, 동법 제42조는 "이 법의 시행에 관하여 필요한 사항은 대통령령으로 정한다"라고 규정하고 있다. 그런데, 특정다목적댐의 건설로 인한 손실의 보상의 기준, 절차 및 방법을 정하는 대통령령이 규정되지 않고 있었다.

원고 등은 그들이 받은 손실의 보상을 청구하였지만 손실보상의 절차와 방법을 정하는 시행령이 제정되어 있지 않다는 이유로 손실보상청구가 거부되었다. 이에 원고는 피고(대통령)가 손실보상청구절차 및 방법을 정하지 아니한 것은 행정입법부작위처분에 해당하는 것으로서 위법하다고 주장하면서 이 사건 부작위위법확인소송을 제기하였다.

2. 소송경과

원고는 서울고등법원 91구10086호로 피고를 상대로 피고가 특정다목적댐법 제42조에 따라 위 법41조에 정한 손실보상금청구절차 및 방법 등에 관한 필요한 사항을 대통

* 법무법인 다담 변호사.

령령으로 정하지 아니한 행정입법부작위처분은 위법임의 확인을 구하는 소송을 제기하였다. 이에 서울고등법원은 1991. 10. 1. 피고가 특정다목적댐법 제42조에 따른 시행령으로서의 대통령령의 제정을 하지 아니한 것을 원고가 부작위위법확인소송이 대상으로 삼은 것은 행정소송의 대상이 아닌 사항을 대상으로 하여 제기한 부적법한 소라는 이유로 이 사건 소를 각하였다.

원고는 서울고등법원의 위 판결에 대하여 대법원 91누11261호로 상고하였으나, 대법원은 1992. 5. 8. 상고를 기각한다는 판결을 하였다.

3. 판결요지

행정소송은 구체적 사건에 대한 법률상 분쟁을 법에 의하여 해결함으로써 법적 안정을 기하자는 것이므로 부작위위법확인소송의 대상이 될 수 있는 것은 구체적 권리의무에 관한 분쟁이어야 하고 추상적인 법령에 관하여 제정의 여부 등은 그 자체로서 국민의 구체적인 권리의무에 직접적 변동을 초래하는 것이 아니어서 그 소송의 대상이 될 수 없다.

Ⅱ. 평 석

1. 쟁점정리

특정다목적댐법 제41조가 다목적댐건설로 인하여 손실을 받은 자가 있을 때에는 건설부장관은 적정한 보상을 하여야 한다고 규정하고 있고, 동법 제42조에서 동법의 시행에 관하여 필요한 사항은 대통령령으로 정한다고 규정하고 있는 상황에서, 안동댐 건설 이후 손실을 입고 있는 안동지역주민들이 대통령령이 제정되지 않아 실질적으로 특정다목적댐법이 기능하지 않음을 이유로, 동법 제41조에 정한 손실보상금청구절차 및 방법 등에 관한 필요한 사항을 대통령령으로 정하지 아니한 행정입법부작위가 위법하다는 확인을 구하는 소송을 제기한 사안이다. 대상판결에 나타난 사안은 대법원에서 행정입법의 부작위를 직접적으로 다룬 첫 케이스로서 의의가 있는 판결이다.

일반적으로 행정입법은 대외적으로 구속력이 있는 법규명령이나 조례, 행정청 내부에서 대내적 효력을 갖는데 불과한 행정규칙을 통칭하는 개념이다. 이 사건은 이와 같은 행정입법이 제정되지 않아 원고가 손실을 입고 있다고 주장하는 경우 이를 다툴 수 있는 구제수단이 무엇인지가 쟁점이 되는 사안이다. 우선 생각할 수 있는 것이 행정소송인데, 행정소송으로 이를 다툴 수 있다고 하는 경우에도 어떻게 다툴 수 있는지가 문제된다. 특히 이를 행정소송으로 다툴 수 있다고 할 경우 행정입법이 행정소송의 대상이 되는 처분인지도 논의될 필요가 있다. 또한 원고가 제기한 것처럼 행정입법이 부작위위법확인소송의 대상이 되는지도 문제된다. 만약 행정입법부작위가 행정소송의 대상이 되지 않는다고 한다면 헌법소원으로 다툴 수 있는지도 문제된다. 이하에서는 위와 같은 쟁점을 토대로 대상판결을 검토하고자 한다.

2. 판례의 검토

(1) 행정입법과 처분

행정소송법 제19조는 취소소송의 대상이라는 표제 하에, "취소소송은 처분등을 대상으로 한다. 다만, 재결취소소송의 경우에는 재결 자체에 고유한 위법이 있음을 이유로 하는 경우에 한한다"고 규정하고 있으므로, 취소소송의 대상은 "처분등", 즉 처분과 재결이 된다. 행정소송법 제2조 제1항 제1호에서는 처분등의 의미를 보다 구체화하여 "처분등"이라 함은 행정청이 행하는 구체적 사실에 관한 법집행으로서의 공권력의 행사 또는 그 거부와 그밖에 이에 준하는 행정작용(이하 "처분"이라 한다) 및 행정심판에 대한 재결을 말한다고 규정하고 있다. 이와 같은 행정소송법상의 처분 개념을 반영하여 일반적으로 처분의 요건을 분설함에 있어서 '① 행정청의 행위, ② 공권력적 행위, ③ 구체적 집행행위, ④ 국민의 권리의무에 직접 영향이 있는 법적용 행위, ⑤ 처분으로서의 외형 존재, ⑥ 행정소송 이외의 특별불복절차가 따로 마련되어 있지 않을 것'이라는 내용을 들고 있고, 판례 역시 위 요건을 충족하지 못하는 경우 대체적으로 처분성을 부인하고 있다. 특히 판례는 행정소송법상의 처분 개념에 충실하여, 항고소송의 대상이 되는 행정처분에 관하여 행정청의 공법상의 행위로서 특정사항에 대하여 법규에 의한 권리의 설정 또는 의무의 부담을 명하거나 기타 법률상 효과를 발생하게 하는 등 국민의 구체적인 권리의무에 직접적 변동을 초래하는 행위를 말하는 것이라고 정의하고 있다(대법원 2004. 10. 27. 선고 2003두13311 판결 등).

그런데 판례는 행정청의 공법상의 행위 중 그 자체로서 국민의 구체적인 권리의무에 직접적인 변동을 초래케 하는 것이 아닌 일반적, 추상적인 법령 또는 내부적 내규 및 내부적 사업계획에 불과한 것 등은 항고소송의 대상이 되는 처분이라 할 수 없다고 하고 있다(대법원 1994. 9. 10. 선고 94두33 판결).

그러나 처분법규(처분적 법령), 즉 그 효력이 다른 집행행위의 매개 없이 그 자체로서 직접 국민의 구체적인 권리의무나 법률관계를 규율하는 성격을 가질 때에는 행정소송법상의 처분에 해당한다고 한다. 즉 판례는 조례가 집행행위의 개입 없이도 그 자체로서 직접 국민의 구체적인 권리의무나 법적 이익에 영향을 미치는 등의 법률상 효과를 발생하는 경우 그 조례는 행정처분에 해당하고(대법원 1996. 9. 20. 선고 95누8003 판결), 또한 고시와 관련하여, 어떠한 고시가 일반적 · 추상적 성격을 가질 때에는 법규명령 또는 행정규칙에 해당할 것이지만, 다른 집행행위의 매개 없이 그 자체로서 직접 국민의 구체적인 권리의무나 법률관계를 규율하는 성격을 가질 때에는 항고소송의 대상이 되는 행정처분에 해당한다고 하였고(대법원 2003. 4. 25. 자 2003무2 결정, 대법원 2003. 10. 9. 자 2003무23 결정, 대법원 2004. 5. 12. 자 2003무41 결정 등), 나아가 산업자원부 고시인 공장입지기준 제5조는 산업자원부장관이 공업배치 및 공장설립에 관한 법률 제8조의 위임에 따라 공장입지의 기준을 구체적으로 정한 것으로서 법규명령으로서 효력을 가지고, 김포시 고시 공장입지제한처리기준 제5조 제1항은 김포시장이 위 산업자원부 고시 공장입지기준 제5조 제2호의 위임에 따라 공장입지의 보다 세부적인 기준을 정한 것으로서 상위명령의 범위를 벗어나지 아니하므로 그와 결합하여 대외적으로 구속력이 있는 법규명령으로서 효력을 가진다고 함으로써(대법원 2004. 5. 28. 선고 2002두4716 판결), 법령보충적 행정규칙인 고시의 위임에 의한 고시 역시 대외적 구속력이 있을 수 있음을 밝히고 있다. 한편, 처분적 명령에 대한 항고소송의 형식에 대하여는 위법한 법규명령은 무효이므로 처분적 명령에 대하여는 무효확인소송을 제기하여야 한다는 견해, 당해 명령의 위법이 무효사유에 해당하는지 취소사유에 해당하는지 여부에 따라 취소소송 또는 무효확인소송을 제기하여야 한다는 견해, 법규명령은 위법하더라도 법질서의 공백을 막기 위하여 효력을 유지하므로 취소소송을 제기하여야 한다는 견해로 나뉘고 있다. 판례의 입장은 지방의회가 의결한 조례안이나 처분적 조례 자체에 대한 효력을 다투는 방식으로 무효확인소송을 채용하고 있다.

어쨌든 판례의 태도에 의하면 법규명령이 처분성을 갖는 경우에 한하여 항고소송의 대상이 되는데, 이러한 판례의 태도에 대하여는 다음과 같은 반론이 있다. 즉 법규명령은 법률과 다르고, 법률의 집행작용으로서 행정작용으로 보는 것이 타당하므로 입법론으로는 법규명령이 직접 · 구체적으로 국민의 권익에 영향을 미치는 경우에는 일반적으로 행정소송의 대상이 되는 것으로 하는 것이 타당하다는 것이다. 행정소송법 제2조 제1항 제1호에서 처분의 요소 중에 "그 밖에 이에 준하는 행정작용"을 포함하고 있어서 행정입법을 그 개념 속에 포함할 수 있고, 판례도 일정한 경우에는 쟁송법적 개념설에 입각하여 처분 개념을 확대하고 있는 상황인데다가 현대 행정국가에서 행정이 행정입법을 통하여 과도하게 행정권을 행사하고 있어서 사법이 이를 규제하여야 할 필요성이 증대되고 있으므로 이제는 행정입법을 처분으로 보는 것이 타당하다고 생각된다. 행정입법의 경우 미국, 프랑스, 영국에서는 취소소송, 독일에서는 규범폐지소송의 대상이 된다고 한다. 이처럼 법규명령을 항고소송의 대상으로 삼게 되면 헌법소원의 보충성 원칙에 따라 기왕에 헌법소원의 대상이 되었던 법규명령이 헌법소원의 대상에서 제외되게 된다.

(2) 행정입법부작위에 대한 부작위위법확인소송의 가능성

행정청에게 행정입법을 제정하거나 개정 또는 폐지할 법적 의무가 있음에도 불구하고 상당한 기간이 경과한 이후에도 아무런 합리적인 이유 없이 이러한 의무를 이행하지 않는 것을 행정입법부작위라고 한다. 이러한 행정입법부작위가 부작위위법확인소송의 대상이 되는 행정소송법 소정의 부작위에 해당하는지가 문제된다. 이 문제는 행정입법을 처분으로 볼 수 있는가의 문제와도 맞물려 있다. 왜냐하면 행정입법이 처분에 해당한다고 보면 신청인이 적극적인 처분(행정입법)을 발급(제정)하여 줄 것을 신청한 데 대하여 행정청이 아무런 응답을 하지 않는 경우 처분(행정입법)부작위위법확인소송으로 권리구제를 받을 수 있기 때문이다.

부작위위법확인소송은 행정청이 당사자의 신청에 대해 상당한 기간 내에 일정한 처분을 하여야 할 법률상의 의무가 있음에도 불구하고 이를 행하지 않는 경우에 그 부작위가 위법함의 확인을 구하는 소송이다(행정소송법 제2조 제1항 제2호 · 제4조). 부작위위법확인소송은 처분의 신청을 한 자로서 부작위의 위법의 확인을 구할 법률상 이익이 있는 자만이 제기할 수 있다(행정소송법 제36조). 따라서 처분의 신청을 현실적으로 한 자만이 제기할 수 있고, 처분의 신청을 하지 않은 제3자 등은 제기할 수 없다. 이처럼 부작위가 성립하려면 당사자의 신청이 있었어야 한다.

여기서 신청권의 의미가 문제되는바, 이에 대하여는 신청권이 소송요건의 문제라는 소송요건설과 본안의 문제라는 본안설로 견해가 나뉘고, 소송요건설은 다시 원고적격설과 대상적격설로 나뉜다. 판례는, 부작위위법확인의 소는 행정청이 당사자의 법규상 또는 조리상의 권리에 기한 신청에 대하여 상당한 기간 내에 신청을 인용하는 적극적 처분 또는 각하하거나 기각하는 등의 소극적 처분을 하여야 할 법률상 응답의무가 있음에도 불구하고 이를 하지 아니하는 경우 그 부작위가 위법하다는 것을 확인함으로써 행정청의 응답을 신속하게 하여 부작위 또는 무응답이라고 하는 소극적 위법상태를 제거하는 것을 목적으로 하는 제도이고, 이러한 소송은 처분의 신청을 한 자로서 부작위가 위법하다는 확인을 구할 법률상의 이익이 있는 자만이 제기 할 수 있는 것이므로, 당사자가 행정청에 대하여 어떠한 행정처분을 하여 줄 것을 요청할 수 있는 법규상 또는 조리상의 권리를 갖고 있지 아니하거나 부작위의 위법확인을 구할 법률상의 이익이 없는 경우에는 항고소송의 대상이 되는 위법한 부작위가 있다고 볼 수 없거나 원고적격이 없어 그 부작위위법확인의 소는 부적법하다고 하고 있다(대법원 1992. 6. 9. 선고 91누11278 판결, 대법원 1999. 12. 7. 선고 97누17568 판결, 대법원 2000. 2. 25. 선고 99두11455 판결). 이처럼 판례는 신청권의 존부를 대상적격의 문제로 보는 동시에 원고적격의 문제로 보고 있는바, 이는 소송요건설의 범주에 포함할 수 있을 것이다.

행정입법부작위에 대하여 부작위위법확인소송이 가능한가에 대하여는 긍정설과 부정설의 입장이 있다. 대상판결에서는 추상적인 법령에 관하여 제정의 여부 등은 그 자체로서 국민의 구체적인 권리의무에 직접적인 변동을 초래하는 것이 아니어서 행정소송의 대상이 될 수 없다는 취지로 판시하였는바, 판례의 입장은 행정입법부작위는 부작위위법확인소송의 대상이 될 수 없다는 부정설의 입장에 서 있다고 할 수 있다. 이는 행정입법을 원칙적으로 처분으로 보지 않는 판례의 일관된 흐름에 따른 것이라고 볼 수 있다.

이에 대하여 시행명령제정신청에 대한 부작위로 직접 구체적으로 권익침해를 당한 경우 당해 행정입법부작위는 행정소송법상 부작위위법확인소송의 대상이 되는 부작위라고 보고 부작위위법확인소송이 제기될 수 있다는 견해가 있다. 또한 긍정설에서는 처분적 명령도 항고소송의 대상이 되므로 처분성이 있는 행정입법의 부작위도 부작위위법확인소송의 대상이 된다는 점을 논거로 든다. 그 외 행정소송의 대상이 되는 부작위의 요건인 “일정한 처분을 하여야 할 법률상의 의무”란 행정입법부작위의 경우에는 일정한 행정입법을 제정할 법적 의무를 의미하므로 대상적격이 충족된다고 한다. 다만 긍정설에 의하더라도 시행명령제정을 신청하고 행정청이 이를 보류 또는 거부한 경우에만 그 거부처분이나 부작위에 대하여 항고소송이 인정된다고 한다. 긍정설은 대상판결 사안의 경우 특정다목적댐법 제41조가 “다목적댐건설로 인하여 농지 · 임야 · 가옥 등이 수몰되거나 기타의 손실을 받은 자가 있을 때에는 건설부장관은 적정한 보상을 하여야 한다”고 규정하고 있으므로 보상의 대상과 적정한 보상의 원칙은 법률에서 확정 되고 있고, 보상의 범위와 기준만이 시행명령에 맡겨져 있으므로, 대통령은 보상의 기준과 방법 등을 정하는 시행명령을 제정할 의무가 있고, 따라서 원고는 동법 제41조에 의해 추상적인 보상청구권을 취득하고 있고, 시행명령의 제정에 의해 구체적인 보상청구권을 취득하게 되는 것이므로 시행명령제정청구권을 갖는다고 볼 수 있다고 한다. 한편, 앞서 보았듯이 원고가 행정입법의 제정을 신청하는 것이 부작위위법확인소송의 제기요건이 되기 때문에 대상판결의 사안에서 원고가 행정입법(시행령)의 제정을 신청한 바 없었다면 긍정설을 취하더라도 부작위위법확인소송을 제기할 수는 없을 것이다. 한편, 긍정설을 취하는 경우에도 모든 행정입법부작위가 부작위위법확인소송의 대상이 된다고 볼 것은 아니고, 행정청에게 입법의무가 인정되고 특정 국민에게 입법청구권이 인정되는 경우 행정권의 입법이 없음으로 인하여 구체적인 권리침해를 받게 되는 경우에는 행정입법부작위에 대하여 부작위위법확인소송이 제기할 수 있다고 보도록 하는 것이 타당하다.

(3) 행정입법부작위와 거부처분취소소송

신청인이 행정입법 제정신청을 한 후 행정청이 이를 거부한 경우 행정입법 제정신청 거부처분 취소소송을 제기할 수 있는지의 문제이다.

항고소송의 대상이 되는 거부처분이 되기 위해서는 거부행위가 신청인의 권리의무에 영향을 미치는 공권력 행사여야 하고, 국민에게 그러한 신청을 할 법규상 또는 조리상 권리가 있어야 한다는 것이 판례의 확립된 입장인바, 판례에 따르면 신청인에게 행정입법 제정신청권이 우선 인정되어야 한다. 이는 부작위위법확인소송에서의 신청과 거의 같은 의미가 될 것인바, 부작위위법확인소송에서의 신청의 의미에 대하여는 이미 본 바와 같다. 거부처분취소소송 긍정설에서는 이러한 신청권이 있어야만 비로소 그 취소소송을 제기할 수 있다고 보게 된다. 이에 반하여, 거부처분의 성립요소로서 법규상 또는 조리상의 신청권을 들고 있는 판례의 입장에 대하여, 행정청의 거부행위의 처분성에 대한 판단의 기준은 그것이 공권력행사의 거부인가의 여부와 그 거부나 인용이 법적 영향이 있는가 하는 점에서 찾아져야 할 것이고, 법규상, 조리상의 권리침해의 문제는 원고적격에 관련된 판단으로 이해하여야 한다는 이유로 이를 반대하는 견해가 있다. 이 견해에 따르면 신청권 유무에 관계없이 신청인은 행정입법 제정신청을 하고 행정청이 이를 거부할 경우 거부처분 취소소송을 제기할 수 있다고 보게 되고, 원고적격 단계에서 신청인에게 그러한 신청권이 있는지 여부를 따지게 된다고 보게 될 것이다.

그렇지만 대상판결이나 행정입법에 관한 판례의 일관된 입장을 유지하게 되면 행정청의 행정입법 제정신청 거부행위는 처분성을 인정받기 어려울 것이다.

(4) 수익적 처분의 거부 또는 부작위에 대한 항고소송

행정청이 시행명령이 마련되지 않았다는 것을 이유로 수익적 처분을 거부하는 경우가 적지 않다. 행정입법부작위에 대하여 행정입법부작위위법확인소송이나 행정입법제정신청 거부처분 취소소송을 통하지 않고, 법률에 근거하여 곧바로 행정청에게 수익적 처분의 발급을 신청하는 경우를 상정할 수 있다. 이 때 행정청이 행정입법이 제정되어 있지 않음을 들어 그 신청을 거부하는 경우 신청인이 그 거부처분의 취소소송을 통하여 행정입법부작위를 다툴 수 있는지가 문제된다. 행정청이 아무런 응답을 하지 않는 경우 부작위 사유가 특정되어 있지 않아 문제지만 부작위위법확인소송을 통하여 행정입법부작위를 다툴 수 있는지도 역시 문제된다.

이에 대하여는 시행명령이 없어도 상위법령만으로 집행이 가능한 경우에는 시행명령이 제정되지 않았다는 이유로 수익적 처분을 거부 또는 보류한 것은 위법한 것이 되고, 따라서 거부처분의 취소소송 또는 부작위위법확인소송을 통하여 구제받을 수 있다는 견해가 있다. 시행명령의 제정이 없이는 이미 제정된 상위법령이 집행될 수 없는 경우에 관하여는 행정처분의 근거가 되는 법령이 없기 때문에 행정기관은 처분을 행할 의무가 없고, 따라서 처분의 거부 또는 부작위는 항고소송의 대상이 되는 처분조차 아니라고 보는 견해와 상위법령에 의해 부여된 수익적 처분을 신청할 권리는 구체적 권리이며 시행

명령은 단지 수익적 처분의 내용만을 결정할 수 있을 뿐 상위법령에 의해 부여된 권리를 부정할 수는 없으므로 상당한 기간이 지났음에도 시행명령이 제정되지 않았다고 하여 수익적 처분을 거부하거나 보류한 것은 위법한 처분 또는 부작위에 해당한다고 보고, 이에 대하여 거부처분의 취소소송 또는 부작위위법확인소송을 제기할 수 있다는 견해로 나뉠 수 있다. 다만, 긍정설을 취하는 경우 인용판결이 있다고 하여도 당장 행정청에게 처분의무가 생기는 것은 아니고, 인용판결의 기속력에 의해 시행명령의 제정권자에게는 시행명령의 제정의무가 생기고 처분청에게는 시행명령이 제정되면 그에 따라 처분을 행할 의무가 생긴다고 보게 될 것이다.

이처럼 행정입법이 제정되어 있지 않음을 들어 처분의 발급을 거부하는 경우 수익적 거부처분의 취소소송을 통하여 행정입법부작위를 다툴 수 있고 실제로 이를 다투어 신청인이 승소하더라도 행정입법이 제정되기 전까지는 수익적 처분을 발급받을 수 없으므로 이러한 방법은 우회적인 방법이라고 할 수 있다. 보다 직접적으로 구제받을 수 있는 방법은 행정입법부작위 자체를 다투어 행정입법의 제정 자체를 실현한 것이다.

다만 수익적 거부처분 취소소송이든 부작위위법확인소송이든 신청인에게 그러한 수익적 처분을 신청할 수 있는 신청권이 있어야 할 것이다. 법률에서 대상자들에게 수익적 처분을 할 수 있도록 규정하고 있다면 비록 하위 행정입법에서 구체적인 신청절차 등에 대하여 규정하고 있지 않고 있더라도 일응 신청권이 인정된다고 할 수 있을 것이다. 다만 법률에서 대상자들에게 수익적 처분을 행할 수 있도록 규정하고 있는 경우 신청권 인정 여부는 관계법령의 합리적 해석에 의하여 도출하여야 할 것이다. 순전히 선언적 내지 지침적 규정이라면 그 규정만으로 신청권이 인정되기는 곤란할 것이다. 또한 본안에서도 처분을 할 수 있음이 행정청의 재량 영역에 놓여 있는 경우라면 그 재량이 영(0)으로 수축되지 않는 한 신청인이 본안에서 승소하기는 곤란할 것이다.

한편, 공간된 판결은 아니지만 개발제한구역에서 주유소를 개설하고자 하는 자는 시장 등의 허가를 받아야 하는데 개발제한구역의 지정 및 관리에 관한 특별조치법 및 동법시행령과 시행규칙에 의한 주유소 배치계획(대법원 2006. 9. 22. 2006두7430 판결, 대법원 2005. 11. 24. 2005두7617 판결은 주유소 배치계획은 법령보충적 행정규칙으로서 법규명령으로서의 성질을 가지고 있다고 한다)이 수립되어 있지 않은 경우에 허가관청으로서는 배치계획 미수립 그 자체만을 이유로 자동차용 액화석유가스 충전사업허가신청을 반려할 수는 없고 그 허가신청이 주유소 배치계획의 수립기준을 제시하고 있는 관계법령의 규정 및 취지에 적합한지 여부를 개별적, 구체적으로 판단하여 그 허부를 결정정하여야 한다는 판결(대법원 2006. 4. 14. 2005두8795 판결)이 있는바, 이 판결이 이례적인 판결이 아니라면 미제정 행정입법의 상위법령 자체에 구체적인 집행 기준이 규정되어 있다면 상위법령만을 적용하여 처분의 발급신청에 대한 당부를 판단할 수 있을 것이다.

(5) 행정입법부작위와 헌법소원

헌법소원은 공권력의 행사 또는 불행사로 인하여 헌법상 보장된 기본권을 침해받은 자가 헌법재판소에 당해 공권력의 위헌심사를 청구하는 제도이다(헌법재판소법 제68조). 행정입법부작위에 대하여 헌법소원을 제기하는 것이 가능한가의 문제에 대하여는 긍정설과 부정설의 대립이 있다. 긍정설은 행정입법 제정의 거부나 부작위도 '공권력의 행사 또는 불행사'이고 명령이 헌법소원의 대상이 되므로 당연히 헌법소원의 대상이 된다고 본다. 부정설은 헌법이 법률에 대한 위헌심판권은 헌법재판소에 부여하고 명령 · 규칙의 위헌심판권은 배타적으로 법원에 부여하였으므로(헌법 제107조 제2항) 명령제정의 거부나 부작위에 대한 위헌심판권도 법원에 속한다고 보게 될 것이다. 부정설에 대하여는 헌법 제107조 제2항은 이미 제정된 명령 · 규칙의 위헌 · 위법심판권만을 법원에 부여하는 등 명령 · 규칙에 대한 구체적 규범통제제도를 규정한 것으로서 명령 · 규칙제정권의 불행사에 대한 통제제도를 포함하는 것이라고 보는 것은 타당하지 않다는 반론이 있다.

한편, 헌법소원의 대상이 되는 공권력의 불행사란 공권력이 행사될 법적 의무가 있음에도 공권력이 행사되지 않는 것을 말하므로 국민의 신청을 전제로 하지 않는다. 따라서, 행정입법의 제정이 합리적인 기간을 넘도록 지체된 경우에는 행정입법 제정신청을 하지 않고 행정입법 제정의 불행사에 대하여 헌법소원을 제기할 수 있다. 이 점에 있어서 항고소송에 있어서는 행정입법의 제정을 신청하고 행정청이 이를 거부 또는 부작위가 있는 경우 비로소 그 처분이나 부작위에 대하여 항고소송을 제기하여야 하는 것과 다르다.

헌법소원은 헌법소원의 보충성의 원칙에 따라 다른 구제절차가 있는 경우에는 그 절차를 모두 마친 후에만 가능하다.

헌법재판소는 행정입법부작위에 대한 구제절차와 관련하여 다음과 같이 판시하고 있다. 입법부작위에 대한 행정소송의 적법여부에 관하여 대법원은 "행정소송은 구체적 사건에 대한 법률상 분쟁을 법에 의하여 해결함으로써 법적 안정을 기하자는 것이므로 부작위위법확인소송의 대상이 될 수 있는 것은 구체적 권리의무에 관한 분쟁이어야 하고, 추상적인 법령에 관하여 제정의 여부 등은 그 자체로서 국민의 구체적인 권리의무에 직접적 변동을 초래하는 것이 아니어서 행정소송의 대상이 될 수 없다"고 판시하고 있으므로, 피청구인 보건복지부장관에 대한 청구 중 위 시행규칙에 대한 입법부작위 부분은 다른 구제절차가 없는 경우에 해당한다. 삼권분립의 원칙, 법치행정의 원칙을 당연한 전제로 하고 있는 우리 헌법 하에서 행정권의 행정입법 등 법집행의무는 헌법적 의무라고 보아야 한다. 왜냐하면 행정입법이나 처분의 개입 없이도 법률이 집행될 수 있거나 법률의 시행여부나 시행시기까지 행정권에 위임된 경우는 별론으로 하고, 이 사건과 같이 치과전문의제도의 실시를 법률 및 대통령령이 규정하고 있고 그 실시를 위하여 시행규칙의 개정 등이 행해져야 함에도 불구하고 행정권이 법률의 시행에 필요한 행정입법을 하지 아니하는 경우에는 행정권에 의하여 입법권이 침해되는 결과가 되기 때문이다. 따라서 보건복지부장관에게는 헌법에서 유래하는 행정입법의 작위의무가 있다(헌재 1998. 7. 16. 96헌마246).

(6) 국가배상 또는 손실보상

행정입법 제정의 부당한 지체로 인하여 손해를 입은 국민은 국가배상법에 근거하여 국가배상 청구소송을 제기할 수 있을 것이다.

판례는 입법부가 법률로써 행정부에게 특정한 사항을 위임했음에도 불구하고 행정부가 정당한 이유 없이 이를 이행하지 않는다면 권력분립의 원칙과 법치국가 내지 법치행정의 원칙에 위배되는 것으로서 위법함과 동시에 위헌적인 것이 되는바, 구 군법무관임용법(1967. 3. 3. 법률 제1904호로 개정되어 2000. 12. 26. 법률 제6291호로 전문 개정되기 전의 것) 제5조 제3항과 군법무관임용등에 관한 법률(2000. 12. 26. 법률 제6291호로 개정된 것) 제6조가 군법무관의 보수를 법관 및 검사의 예에 준하도록 규정하면서 그 구체적 내용을 시행령에 위임하고 있는 이상, 위 법률의 규정들은 군법무관의 보수의 내용을 법률로써 일차적으로 형성한 것이고, 위 법률들에 의해 상당한 수준의 보수청구권이 인정되는 것이므로, 위 보수청구권은 단순한 기대이익을 넘어서는 것으로서 법률의 규정에 의해 인정된 재산권의 한 내용이 되는 것으로 봄이 상당하고, 따라서 행정부가 정당한 이유 없이 시행령을 제정하지 않은 것은 위 보수청구권을 침해하는 불법행위에 해당한다고 하였다(대법원 2007. 11. 29. 선고 2006다3561 판결).

행정입법의 부당한 지체에 대하여 앞서 본 바와 같은 행정소송이나 헌법소원이 인정될 수 있다하여도 항고소송이나 헌법소원을 통한 법적 구제에는 한계가 있으므로, 행정입법의 부당한 지체에 대한 법적 구제책으로는 국가배상청구가 효율적이라고 할 수 있다. 다만 위와 같은 국가배상소송에서는 행정입법 제정 지체의 위법과 행정청의 과실을 입증하는 것이 관건이라고 할 것이다. 이 점과 관련하여 객관적으로 보아 행정입법의 제정을 위하여 필요한 합리적 기간을 지난 경우에는 위법과 과실을 추정하고, 이에 대한 반증은 행정청의 책임으로 하는 것이 타당하다는 견해가 있다.

또한 행정입법 제정의 지체에 대하여 국가배상책임을 인정하더라도 행정입법 제정의 지체에 위법 · 과실이 입증되지 못하는 경우에는 손실보상의 법리를 적용하여 국민이 입은 손해의 전보를 할 수 있다는 견해가 있다. 이 견해는 객관적으로 보아 행정입법 제정에 필요한 합리적인 기간이 지났음에도 공익적인 사유 등 정당화 사유에 의해 행정입법이 제정되지 않고, 그로 인하여 이해관계 있는 국민이 손해를 입고 있다면 이는 공공의 필요에 의한 적법한 행위에 의해 국민이 희생을 당한 것이라고 볼 수 있다고 한다. 다만 이 견해에 의하더라도 적법한 행위로 인하여 손해가 발생한 모든 경우에 손실보상이 인정되는 것은 아니고, 국민이 입은 손실이 특별한 희생에 해당하여야 할 것이다. 행정입법 제정의 지체로 인하여 발생한 손해가 특별한 희생이 된다고 보기 위해서는 행정입법 제정의 지체가 합리적인 기간을 넘고 있어야 하고, 그로 인하여 발생한 손해가 피해자가 감수할 수 없을 정도로 중대한 것이어야 할 것이다.

3. 판례의 의미와 전망

대상판결은 행정입법부작위에 대한 첫 사건으로서 당시 행정입법부작위에 대한 연구가 많지 않은 상황에서 나온 판결이었다. 그럼에도 대상판결은 행정입법부작위에 대한 확립된 판례로 자리잡았고 하급심 판결에 지대한 영향을 미침으로써 행정입법부작위에 관한 케이스가 대법원에서 더 이상 심도있게 검토되지 못하게 하는 단초를 제공하였다. 그 결과 행정입법부작위가 쟁점이 된 사건은 모두 헌법재판소 관할로 인식되기에 이르렀고 실제 헌법재판소에서 이와 관련한 다수의 결정이 선고되고 있다.

대상판결이 선고되던 상황과는 달리 현재는 행정입법부작위에 대한 연구와 성과물이 많이 나와 있고 독일이나 프랑스 등의 입법례에 대하여도 많은 검토가 이루어졌으므로 이를 토대로 대법원은 대상판결을 여전히 유지할 것인지 고민하여야 할 때가 되었다고 본다. 아울러서 일부 예외적인 경우를 제외하고는 행정입법은 처분이 아니라는 판례의 입장도 변경할 필요가 있는지에 대하여도 조심스럽게 검토되어야 할 단계가 되었다고 본다.

어쨌든 대상판결은 행정입법부작위가 일반적으로 행정소송의 대상이 될 수 없다는 전제하에 시행령에서 손실보상의 절차와 방법을 정하지 않고 있는 것이 부작위위법확인소송의 대상이 되는 부작위에 해당하지 않는다고 봄으로써 행정입법부작위에 대하여 검토될 수 있는 더 이상의 후속적인 쟁점들을 외면하는 상황을 초래하였다. 법원은 대상판결을 불변의 판례라고 단정하지 말고 처분성을 확대하고 있는 최근의 경향을 반영하여 행정입법에 대하여도 처분성을 인정하는 한편 행정입법부작위를 헌법소송에서 행정소송의 대상으로 끌어들이는 방향으로 해석할 필요가 있다. 헌법소원은 단심으로 끝나고 구두변론도 제한되어 있으며 증거조사도 미흡한 반면 행정소송은 사실심과 법률심을 두루 거치면서 증거조사를 충실하게 하는 등 국민의 권리구제에 보다 더 유용한 시스템이라고 보이기 때문이다. 앞으로 행정입법부작위에 대한 법원의 적극적인 법해석을 기대해 본다.

〈참고문헌〉

박균성, 행정법론(상) 제7판, 박영사, 2008.
박균성, "행정입법부작위에 관한 고찰", 인권과 정의 225호, 한국변호사협회, 1995. 5.
박정훈, "행정입법부작위에 대한 행정소송", 판례실무연구 Ⅵ, 박영사, 2003.

17. 법령보충적 행정규칙

—대법원 1987. 9. 29. 선고 86누484 판결—

최 정 일*

Ⅰ. 판결개요

1. 사실관계

(1) 원고는 1983년 3월 28일 서울시 영등포구 여의도동 소재 대지 450평을 매도하고, 기준시가에 의한 양도차익 예정신고와 함께 그에 따른 양도소득세를 자진 납부하였는데, 피고 세무서장은 원고의 위 거래가 구「재산제세사무처리규정」 제72조 제3항 제5호의 투기거래에 해당한다고 하여 구 「소득세법」(1990. 12. 31. 법률 제4281호로 개정되기 전의 것) 제23조 제4항 단서, 제45조 제1항 제1호 단서, 「같은 법 시행령」 제170조 제4항 제2호와 위 「재산제세사무처리규정」(1989. 8. 1. 대통령령 제12767호로 개정되기 전의 것) 조항을 적용하여 피고의 조사로 확인된 실지거래가액에 의한 양도차익과 세액을 산출하여 신고납부액과의 차액을 추가로 결정 고지하였다.

(2) 그런데 구「소득세법」 제23조 제4항, 제45조 제1항 제1호 각 본문은 양도소득세의 양도차익 계산은 기준시가에 의할 것을 원칙으로 하되 대통령령이 정하는 경우에는 실지거래가액에 의하도록 단서에 규정하였고, 그 시행령 제170조 제4항 제2호는 실지거래가액에 의할 경우의 하나로 "국세청장이 지역에 따라 정하는 일정규모 이상의 거래 기타 부동산투기억제를 위하여 필요하다고 인정되어 국세청장이 지정하는 거래에 있어서 양도 또는 취득 당시의 실지거래가액을 확인할 수 있는 경우"라고 규정하여 적용요건 일부를 국세청장이 정하도록 하였으며, 국세청장은 「재산제세사무처리규정」(훈령 제888호) 제72조 제3항에서 위 소득세법 시행령 제170조 제4항 제2호의 국세청장이 지정하는 거래를 부연하고 있다.

---

* 동국대학교 법과대학 교수.

2. 소송경과

원고가 위 추가적 양도소득세부과처분에 대하여 행정소송을 제기하여 서울고등법원에서 승소하였으나(서울고등법원 1986. 6. 11. 선고 85구441 판결: 양도소득세 부과처분취소), 피고 세무서장이 상고하였으며 대법원에서는 원심판결을 파기하고 사건을 원심법원에 파기환송하였다.

3. 판결요지

(1) 원심판결의 요지

원심판결은 피고 세무서장이 원고의 1983년 3월 31일자 기준시가에 의한 양도차익 예정신고 내용을 인정하지 않고 구 「소득세법」 제23조 제4항 단서, 제45조 제1항 제1호 단서, 같은 법 시행령 제170조 제4항 제2호 및 국세청 훈령인 「재산제세사무처리규정」 제72조 제3항 제5호를 적용하여 이 사건 부동산의 취득 및 양도당시의 실지거래가액에 의한 양도차익을 계산한 다음 이를 바탕으로 이 사건 양도소득세부과처분을 한 것은 그 과세의 근거로 삼고 있는 위 재산제세사무처리규정 조항이 그 성질상 하급행정청인 지방국세청장과 세무서장에 대한 조세행정의 운용방침 또는 법령의 해석적용에 관련된 행정규칙에 불과하여 행정조직 내부에서만 구속력이 있을 뿐 납세의무자인 국민이나 법원을 기속하는 것은 아니므로 비록 위 사무처리규정이 위 시행령 제170조 제4항 제2호에서 규정한 양도소득세의 실지거래가액이 적용되는 경우의 실체법상 과세요건을 구체적으로 열거하고 있다 할지라도 대외적 · 일반적인 구속력을 가지는 것으로는 볼 수 없다고 판시하였다.

(2) 대법원판결의 요지

1) 상급행정기관이 하급행정기관에 대하여 업무처리지침이나 법령의 해석적용에 관한 기준을 정하여서 발하는 이른바 행정규칙은 일반적으로 행정조직 내부에서만 효력을 가질 뿐 대외적인 구속력을 갖는 것은 아니지만, 법령의 규정이 특정 행정기관에게 그 법령내용의 구체적 사항을 정할 수 있는 권한을 부여하면서 그 권한행사의 절차나 방법을 특정하고 있지 않은 관계로 수임행정기관이 행정규칙의 형식으로 그 법령의 내용이 될 사항을 구체적으로 정하고 있다면 그와 같은 행정규칙, 규정은 행정규칙은 행정규칙이 갖는 일반적 효력으로서가 아니라, 행정기관에 법령의 구체적 내용을 보충할 권한을 부여한 법령규정의 효력에 의하여 그 내용을 보충하는 기능을 갖게 된다 할 것이므로 이와 같은 행정규칙, 규정은 당해 법령의 위임한계를 벗어나지 않는 한 그것들과 결합하여 대외적인 구속력이 있는 법규명령으로서의 효력을 갖게 된다.

2) 이 사건의 경우 비록 위 재산제세사무처리규정이 국세청장의 훈령형식으로 되어 있다 하더라도 이에 의한 거래지정은 소득세법시행령의 위임에 따라 그 규정의 내용을 보충하는 기능을 가지면서 그와 결합하여 대외적 효력을 발생하게 된다 할 것이므로 그 보충규정의 내용이 위 법령의 위임한계를 벗어났다는 등 특별한 사정이 없는 한 양도소득세의 실지거래가액에 의한 과세의 법령상의 근거가 된다.

Ⅱ. 평 석

1. 쟁점정리

(1) 대상판결의 첫 번째 쟁점은 국세청 훈령인「재산제세사무처리규정」제72조 제3항이 양도소득세의 실지거래가액에 의한 과세의 법령상 근거가 될 수 있는지 여부가 행정규칙인 훈령의 대외적 효력과 관련하여 문제로 되는 점이다. 즉 행정규칙의 형식으로 제정된 규정이 일정한 조건하에서는(행정규칙이 상위법령에 근거를 둔 경우에는) 법규적 효력을 가지는지 여부이다.

(2) 대상판결의 두 번째 쟁점은 상위법령에 근거를 둔 행정규칙(법령보충적 행정규칙)에 대하여 법규적 효력을 인정하는 것이 헌법상 허용되는지 여부이다.

(3) 대상판결의 세 번째 쟁점은 인정된 법령보충적 행정규칙이 독일 행정법에서의 규범구체화행정규칙과 같은 성질의 것인지 여부이다.

2. 관련판례

(1) 제1쟁점에 관한 관련판례

1) 대상판결(대법원 1987. 9. 29. 선고 86누484 판결) 이전의 주류적 대법원 판례는 행정규칙에 대하여 대외적 효력(법규로서의 효력)을 인정하지 않았다. 예를 들면 다음과 같다. “대금업을 하는 거주자임을 대외적으로 표방하고 불특정다수인을 상대로 금전을 대여하는 경우에만 대금업으로 본다는「소득세법기본통칙」은 행정청 내부를 규율할 뿐, 국가와 국민사이에 효력을 가지는 법규가 아니므로 법원이나 일반개인에 대한 법적 구속력이 없다.”[1)]

2) 다만, 대상판결 이전의 대법원 판례 중 다음의 판례는 행정규칙에 의거하여 처분의 적법여부를 판단하여 위 판례들과 반대취지인 것처럼 보였으나,[2)] 그 뒤의 판례들은

---

1) 대법원 1987. 5. 26. 선고 86누96 판결.

2) 정덕모, “국세청장훈령인 재산재세조사사무처리규정의 대외적 효력 인정여부”, 국민과 사법(윤관대법원장퇴임기념논문집), 박영사, 330쪽.

이런 경우에 다시 그 법규성을 부인하는 것으로 바뀌었다. "「건축사사무소의 등록취소 및 폐쇄처분에 관한 규정」(1976. 9. 6. 건설부훈령 제447호)이 관계행정청이 건축사사무소의 등록취소처분을 함에 있어서 당해 건축사들을 사전에 청문하도록 한 법제도의 취지는 위 행정처분으로 인하여 건축사사무소의 기존 권리가 부당하게 침해받지 아니하도록 등록취소사유에 대하여 당해 건축사에게 변명과 유리한 자료를 제출할 기회를 부여하여 위법사유의 시정가능성을 감안하고 처분의 신중성과 적정성을 기하려 함에 있다고 할 것이므로 관계행정청이 위와 같은 처분을 하려면 반드시 사전에 청문절차를 거쳐야 한다."[3)]

3) 헌법재판소는 대상판결 이후의 결정에서 행정규칙 중 재량준칙에 대하여는 다음과 같이 그 준법규성을 인정하고 있다. 즉 헌법재판소는 「전라남도 교육위원회 1990학년도의 인사원칙(중등)」에 대한 헌법소원사건에서, "이른바 행정규칙은 일반적으로 행정조직 내부에서만 효력을 가지는 것이고 대외적인 구속력을 가지는 것은 아니다. 다만, 재량권행사의 준칙인 규칙이 그 정한 바에 따라 되풀이 시행되어 행정관행이 이룩되게 되면 평등의 원칙이나 신뢰보호의 원칙에 따라 행정기관은 그 상대방에 대한 관계에서 그 규칙에 따라야 할 자기구속을 당하게 되는 경우에는 대외적인 구속력을 가지고 된다"고 판시하고 있다.[4)]

4) 대법원은 대상판결 이후에는 법령에 근거만 있으면, 그것이 상위법령의 위임한계를 벗어나지 않는 한, 행정기관이 발하는 행정규칙도 법원을 기속하는 의미에서의 법규적 효력을 가진다고 다음과 같이 일관되게 판시하고 있다. 즉 대법원은, "「산지관리법」 제18조 제1항 및 제4항에서 산지전용허가기준의 세부기준을 대통령령으로 정하도록 위임하고 있고, 같은 법 시행령 제20조 제4항 [별표4]는 그 세부기준을 정하면서 다시 세부기준을 적용하는 데 필요한 세부적인 사항은 산림청장이 정하여 고시하도록 위임하고 있으며, 이에 따라 산림청장이 법령에 따른 구체적인 기준으로서 「산지전용허가기준에 관한 규정」 제2조 [별표3] (바)목 가.의 규정을 정하고 있는바, 이 규정은 산지관리법령이 위임한 바에 따라 그 법령의 내용이 될 사항을 구체적으로 정한 것으로서, 당해 법령의 위임한계를 벗어나지 않으므로 그것과 결합하여 대외적으로 구속력이 있는 법규명령으로서의 효력을 가진다고 판시하고 있다.[5)]

5) 헌법재판소도 대법원과 같이 대상판결 이후에 법령에 근거만 있으면, 그것이 상위법령의 위임한계를 벗어나지 않는 한, 행정기관이 발하는 행정규칙도 법원을 기속하는

---

3) 대법원 1984. 9. 11. 선고 82누166 판결.

4) 헌법재판소 1990. 9. 3. 선고 90헌마13 결정.

5) 대법원 2008. 4. 10. 선고 2007두4841 판결; 이와 같은 취지의 판결로는 대법원 1999. 7. 23. 선고 97누6261 판결과 대법원 2003. 9. 26. 선고 2003두2274 판결과 대법원 2012.7.5. 선고 2010다72076 판결 등이 있다.

의미에서의 법규적 효력을 가진다고 다음과 같이 일관하게 판시하고 있다. 즉 헌법재판소는 「공무원임용령」 제35조의2 등에 대한 헌법소원사건에서, "「대우공무원 및 필수실무요원의 선발지정 등 운영지침」(총무처예규)에 관하여, 법령의 직접적인 위임에 따라 수임행정기관이 그 법령을 시행하는데 필요한 구체적 사항을 정한 것이라면, 그 제정형식을 비록 법규명령이 아닌 고시, 훈령, 예규 등과 같은 행정규칙이더라도, 그것이 상위법령의 위임을 벗어나지 않는 한, 상위법령과 결합하여 대외적인 구속력을 가지는 법규명령으로서 기능하게 된다"고 판시하고 있다.[6]

(2) 제2쟁점에 관한 관련판례

이에 대하여 우리 헌법재판소는, "오늘날 의회의 입법독점주의에서 입법중심주의로 전환하여 일정한 범위 내에서 행정입법을 허용하게 된 동기가 사회적 변화에 대응한 입법수요의 급증과 종래의 형식적 권력분립주의로는 현대사회에 대응할 수 없다는 기능적 권력분립론에 있다는 점 등을 감안하면, 헌법이 인정하고 있는 위임입법의 형식은 예시적인 것으로 보아야 할 것이고, 법률이 어떤 사항을 행정규칙에 위임하는 경우에 그 행정규칙은 위임된 사항만을 규율할 수 있는 것이므로, 국회입법의 원칙과 상치되지 않는다. 다만, 행정규칙은 법규명령과 같은 엄격한 제정 및 개정절차를 요하지 않으므로, 기본권을 제한하는 작용을 하는 법률이 입법위임을 할 때에는 대통령령, 총리령, 부령 등 법규명령에 위임함이 바람직하고, 고시와 같은 형식으로 입법위임을 할 때에는 적어도 「행정규제기본법」 제4조 제2항 단서에서 정한 바와 같이 법령이 전문적 · 기술적 사항이나 경미한 사항으로서 업무의 성질상 위임이 불가피한 사항에 한정된다 할 것이고, 그러한 사항이라 하더라도 포괄위임금지의 원칙상 법률의 위임은 반드시 구체적 · 개별적으로 한정된 사항에 대하여 행하여져야 한다"고 판시하고 있다.[7]

3. 판결의 검토

(1) 제1쟁점에 대한 검토

1) 법령보충적 행정규칙이 그 자체 법규명령인지, 아니면 단지 행정규칙의 일종에 불과한 것인지의 여부

이 문제에 대한 견해는 크게 다음의 두 가지로 나뉜다.

① 법규명령(위임명령)설

이 견해는, 대법원이 법령보충적 행정규칙에 대하여 대외적 구속력, 즉 법규성을 인

6) 헌법재판소 1992. 6. 26. 선고 91헌마25 결정; 같은 취지로 헌법재판소 1990. 9. 3. 선고 90헌마13 결정.
7) 헌법재판소 2008. 7. 31. 선고 2005헌마667 · 2006헌마674(병합) 전원재판부; 같은 취지로는 헌법재판소 2004. 10. 28. 선고 99헌바91 결정; 헌법재판소 2006. 12. 28. 선고 2005헌바59 결정.

정하고 있는 것은 법령보충적 행정규칙은 어느 경우에나 소관 행정청에 대하여 그 법령의 내용을 구체적으로 보충할 수 있는 권한을 부여하고 있는 근거법령의 명시적 수권 또는 위임에 기하여 발하여진 것이라는 점에 근거하고 있기 때문에 법령보충적 행정규칙은 실질적으로는 법규명령으로서의 위임명령에 해당한다고 보고 있다.[8)]

② 행정규칙설

㉠ 이 견해는, 대상판결은 상위법령에 근거만 있으면, 행정규칙은 상위법령을 내용상으로 보완하는 의미에서 법원을 기속하는 의미에서의 법규적 효력을 가지는 것으로 판시한 것이라고 보고 있다.[9)] 즉 이 견해는, 대상판결 및 그 취지를 같이하는 다수 판례가 법령보충적 행정규칙이 법규명령이라고 명시적으로 선언하지 않고, "법규명령으로서의 효력"이나 "법규명령과 같은 효력"이라는 표현을 굳이 사용하고 있는 이유로서 법령보충적 행정규칙이 법규명령은 아니지만 법규명령에 유사한 대외적인 구속력을 가진다는 것을 나타내주려는 데 있다고 보고 있다.[10)] 또한, 이 견해는 법령보충적 행정규칙을 법규명령으로 본다면, 이에 대하여 무효선언을 할 경우에는 「법원조직법」상 소부(小部)가 아닌 전원합의체에서 심판해야 할 것인데도, 대법원은 법령보충적 행정규칙에 대하여 무효선언을 하면서 전원합의체가 아닌 소부에서 판결하고 있는 것도 법령보충적 행정규칙이 법규명령이 아님을 보여주는 간접적 증거라고 할 수 있다고 한다.

㉡ 한편, 이 견해 중에는 독일의 규범구체화 행정규칙(normkonkretisierende Verwaltungsvorschriften)과 같은 성질의 것이라고 보는 견해가 있어서, 우리나라에서는 이 문제에 관한 논의가 되고 있는데, 그것은 뒤에서 다시 보기로 한다.

㉢ 결　어

법규명령과 행정규칙의 구별기준은 크게 실질적 기준설(상위법령의 위임유무, 법적 대외적 효력유무, 수명자와의 관계유무, 의회 또는 행정부의 기능영역설 등)과 형식적 기준설(법규명령의 형식으로 제정되었는지, 아니면 행정규칙의 형식으로 제정되었는지 여부)로 나누어지는데, 필자는 실질설(기능영역설)이 이론적으로는 타당하다고 생각하나, 그것에 의하여 법령보충적 행정규칙이 법규명령인지, 아니면 행정규칙인지를 구별하는 것은 또 다른 논쟁의 대상이 될 수 있으므로, 실무적 · 객관적으로 가장 문제가 적다고 생각되는 형식적 기준설에 찬성한다. 따라서 대상판결은 법령보충적 행정규칙은 행정규칙이지만 법적 대외적 효력을 가진다는 취지일 뿐, 위 규정자체가 바로 법규명령이 된다고 인정한 것은

8) 김동희, 행정법 I, 2008, 176쪽; 박윤흔, 최신행정법강의(상), 2004, 62쪽.
9) 김도창, "훈령(행정규칙)과 부령의 효력", 행정판례연구 2집, 한국행정판례연구회, 79쪽; 권영성, 헌법학원론, 법문사, 2008, 1004쪽.
10) 임영호, "판례를 중심으로 본 법령보충적 행정규칙의 법적 성질", 행정판례연구 12집, 박영사, 53쪽.

아니라고 본다.[11)]

2) 대상판결에 대하여 법규적 효력을 인정한 것에 대하여는 그 타당성 여부에 관하여 다음과 같이 학설이 크게 다투어지고 있다.

① 긍정적 견해(다수의견)

㉠ 대상판결은 행정규칙의 법규성을 예외적으로 인정한 것이라고 보는 입장에서의 긍정적 견해: 이 견해는 재산제세조사사무처리규정은 조세행정영역에서, 양도소득세 부과를 통한 부동산투기억제라는 행정목적을 위하여 투기적 부동산거래의 구체적 유형을 정한 것으로서 실질적 사법심사가 어려운 전문적 · 기술적 사항일 뿐만 아니라, 공익실현을 위한 행정의 고유한 역할과 책임에 기하여 행정의 자율성을 존중할 필요가 있는 사항이고, 결국 이러한 사항에 관하여 행정규칙의 대외적 법적 구속력을 인정함으로써 실질적 사법심사를 자제한 것이라고 본다.[12)]

㉡ 대상판결은 법규명령(위임명령)으로 본 것이라는 입장에서의 법령보충적 행정규칙을 긍정한 견해: 이 견해는, 대상판결은 행정규칙은 법규가 아니라는 종래의 대법원의 기본입장에 대한 예외를 구성하는 것이 아니며, 단지 법령보충적 행정규칙이 실질적으로는 법규명령으로서의 위임명령에 해당함을 판시한 것(즉 법령보충적 행정규칙은 그 행정규칙적 형식에도 불구하고 법규명령으로서의 성질을 가짐)으로 보고 있다.[13)]

㉢ 대상판결은 법령보충적 행정규칙을 독일 행정법에서의 규범구체화행정규칙으로 인정한 것이라고 보는 긍정적 견해: 이 견해는 대상판결이 행정규칙 가운데 대외적 구속력을 가지는 것이 있음을 명백히 판시하였음은 획기적인 일로서 높이 평가할 만하지만, 그것을 "법규명령으로서의 효력을 가진다"라고 표현하기보다는, 최소한 "그의 형식은 행정규칙이나 그의 실질에 있어서는 법규명령적(법규유사적) 구속력을 가진다"고 표현했어야 한다고 보고 있다(법규명령과 행정규칙의 구별에 관한 형식적 기준설에 입각해서 볼 때 그렇다는 뜻임).[14)]

② 부정적 견해(소수의견)

㉠ 부정적 견해는 법령보충적 행정규칙을 행정규칙의 일종에 불과하다고 보는 입장에서 제기되고 있다.

㉡ 부정적 견해의 논거는 크게 다음의 두 가지이다.[15)]

---

11) 같은 취지의 글: 정덕모, "국세청장훈령인 재산재세조사사무처리규정의 대외적 효력 인정여부", 국민과 사법(윤관대법원장퇴임기념논문집), 박영사, 334쪽.

12) 박정훈, "행정법", 법학의 이해(집필대표 김문환), 길안사, 1998, 269쪽.

13) 김동희, 행정법 I, 2008, 176쪽; 김동희, "규범구체화행정규칙", 법학 제39권 제4호(통권 109호), 1999, 서울대학교 법학연구소.

14) 김남진, "재산제세조사무처리규정의 법적 성질", 법률신문, 1989. 10. 2.

15) 김도창, "훈령(행정규칙)과 부령의 효력", 행정판례연구 2집, 한국행정판례연구회, 80~81쪽. 이 견

ⓐ 법령보충적 행정규칙을 포함하여 모든 행정규칙의 법규성설은 전통적인 입헌주의 · 의회주의 · 권력분립주의에서 이탈하고 있다. 우리나라와 같은 성문경성헌법 아래에서는 국회입법원칙(헌법 제40조)에 대하여 예외를 인정하는 것은 엄격해석에 따라야, 즉 헌법 자신이 명문으로 인정하는 경우에 한해야지 법률 기타 하위법단계가 헌법이 예상하지 않은 예외적 입법형식을 창설할 수 없고, 창설해도 무효라고 보아야 한다.

ⓑ 위임입법의 형식적 한계로서는, 헌법에 명시된 위임입법형식(예: 대통령령 · 총리령 · 부령 등)만 허용된다고 보아야 한다. 예컨대 법률이 헌법에 근거가 없는 원령 · 처령 · 청령 등에 위임할 수 없는 것과 같은 논리로 훈령 등 행정규칙에 위임할 수 없고, 법규명령으로는 더욱 더 그런 위임은 허용될 수 없다. 대상판결의 경우에는 조세법률주의의 취지를 살려야 한다는 점에서도 더욱 더 그렇다.

3) 결　어

필자는 비록 우리나라의 법령보충적 행정규칙이 독일 행정법에서의 규범구체화행정규칙과 많은 차이점을 나타내고 있기는 하지만, 그 실질적 논거에 있어서는 박정훈 교수의 견해에서 나타나 있듯이, 규범구체화행정규칙에 대한 논거에서 받아들일 수 있는 측면이 많다고 생각한다. 따라서 대상판례가 이왕 일정한 예외적 경우에 법령을 보충하는 행정규칙에 대하여 대외적 효력을 인정하는 입장이라면, 솔직하게 그 직접적 · 법적 · 대외적 효력을 인정하는 방향으로 이론구성을 해 나가는 것이 법적 현실(Wirklichkeit)과 첨단과학기술 등 전반적인 고도산업사회의 사회적 발전에 부응하는 적절한 자세라고 본다.

(2) 제2쟁점에 대한 검토

1) 제2쟁점은 법령보충적 행정규칙에 대하여 법규적 효력을 인정하는 것이 헌법상 허용되는지 여부인데, 이 문제는 이미 앞의 김도창 박사님의 논문에서도 이미 그 비판적 입장에서 검토되어 있다. 여기서는 2004년 · 2006년 및 2008년의 헌법재판소의 다수의견의 입장을 주로 살펴보기로 한다.

2) 헌법재판소의 다수의견

헌법재판소의 다수의견은 앞의 관련판례에 상세히 제시된 바와 같이, 법률이 입법사항을 대통령령이나 부령이 아닌 행정규칙의 형식으로 위임하는 것이 허용되는지 여부에 관하여, 한정적극의 입장을 제시하고 있다. 즉 그런 것은, 기능적 권력분립론에 비추어 볼 때, 국회입법의 원칙과 상치되지 않지만, 법령보충적 행정규칙의 형식으로 입법위임을 할 때에는 적어도 「행정규제기본법」 제4조 제2항 단서에서 정한 바와 같이 법령이 전문적 · 기술적 사항이나 경미한 사항으로서 업무의 성질상 위임이 불가피한 사항에 한

해는 헌법재판소 2008. 7. 31. 선고 2005헌마667 · 2006헌마674(병합)(전원재판부) 결정에서의 재판관 김종대 · 목영준의 반대의견에 잘 반영되어 있다.

정된다고 판시하고 있다.

3) 헌법재판소의 반대의견

① 이 반대의견은 기본적으로 김도창 박사님의 견해를 채용한 것으로 볼 수 있다. 즉 국민의 권리 · 의무에 관한 법규적 사항을 헌법상 열거된 법규명령이 아닌 행정규칙에 위임하는 것은 헌법 제40조, 제75조, 제95조 등에 위배되며, 현실적으로도 행정규칙은 그 생성과정에 있어서 타 기관의 심사 · 수정 · 통제 · 감시를 받지 않고, 또 국민에 의한 토론 · 수정 · 견제 · 반대 등에 봉착함이 없이 은연중에 성립되는 것이 가능한 점도 문제라는 것이다.

② 나아가, 반대의견은 탄력적 대응이 필요한 경우에는 곧바로 법령보충적 행정규칙에 위임하지 않고도 헌법합치적인 단계적 위임에 의하여 충분히 해결할 수 있다고 판단하고 있다.

4) 결 어

① 필자는 헌법재판소의 다수의견이 판시한 대로, 기능적 권력분립론에 비추어 볼 때, 법령보충적 행정규칙은 헌법 제40조, 제75조, 제95조 등에 위반되지 않는다고 생각한다.

② 다만, 필자의 생각으로는 위 헌재결정의 다수의견은 헌법이 인정하고 있는 위임입법의 형식(대통령령 · 총리령 · 부령)은 예시적이고, 위임입법은 행정규칙에 대하여도 제한된 경우(입법자에게 상세한 규율이 불가능한 것으로 보이거나 극히 전문적인 식견에 좌우되는 영역)에는 행해질 수 있으며, 그 경우에는 동 행정규칙은 법규(위임입법)로서의 지위를 인정받을 수 있다는 것을 판시하고 있다고 생각된다. 또한 필자가 보기에는 위 헌법재판소의 결정(다수의견)은 통설이 법령보충적 행정규칙을 위임명령(법규명령)으로 보는 것과는 달리, 법령보충적 행정규칙을 형식적 기준에 의해 행정규칙으로 분류하되, 다만 법적 · 대외적으로 효력을 가지는 예외적인 행정규칙의 하나로 보고 있다고 생각한다. 따라서 위 헌법재판소결정(다수의견)에 따르면 위임입법은 대통령령 · 총리령 · 부령 등 법규명령 형식에 의한 위임입법(위임명령인 법규명령)과 훈령 · 예규 · 고시 등의 행정규칙형식에 의한 위임입법(법령보충적 행정규칙)으로 크게 나뉘게 된다.

③ 또한 위 헌법재판소결정(다수의견)은 법령보충적 행정규칙은 행정규칙의 일종이지만 상위법령과 결합하여 일체가 되는 한도 내에서 상위법령의 일부가 됨으로써 대외적 구속력을 가지게 된다는 대상판결에서의 대법원의 이론구성을 그대로 따르고 있다. 그런데 필자가 보기에는, 법령보충적 행정규칙에 대하여 그 자체가 직접적 대외적 구속력을 가지는 행정규칙으로 보는 이론구성을 헌법재판소가 여전히 취하지 않고 있는 것은 "행정규칙은 그 성격상 직접적 · 대외적 구속력을 가지지 못한다"는 경직된 법 이론적 도그마에서 아직도 완전하게 탈피하지 못하고 있는 증거로 보여진다.

④ 한편, 필자가 보기에는 헌법재판소의 소수의견 중 "헌법합치적인 단계적 위임론", 즉 법률이 헌법에 정해진 법규명령에 대하여 위임을 하고, 다시 법규명령이 구체적 범위를 정하여 행정규칙에 위임하는 형식을 갖춤으로써 헌법적 결단에 합치하면서도 국가의 적극적 기능을 확보할 수 있다는 논거는, 결국은 법령보충적 행정규칙의 불가피성을 인정하는 결과가 될 뿐만 아니라, 김도창 박사님이 법률의 위임에 의한 법령보충적 행정규칙의 경우에서 보다 더욱 강력하게 비판하신 "법규명령의 위임에 의한 법령보충적 행정규칙"의 법규적 효력을 인정하는 논리적 자체 모순을 품고 있다고 생각된다.

(3) 제3쟁점에 대한 검토

1) 독일에서의 논의

독일의 전통적 이론에 의하면, 행정규칙은 법원을 구속하지 않고, 행정규칙에 대하여 그 법규성을 인정하는 것은 법률유보의 원칙에 위배된다고 보았다. 이러한 기존의 이론에 충실한 다수 판례가 있는 가운데, 기술적 안전법 · 환경법 분야에서 독일연방행정법원은 1985년 12월 19일 빌(Wyhl)판결에서 "연방 내무부장관의 원자력법 관련 행정규칙은 규범구체화행정규칙으로서 법률이 설정한 한계 안에서 법원에 대하여 구속력이 있다"고 판시한 것이다.[16] 이 판결에 대한 학설로는 구체화 수권설(기준설정수권설), 판단수권설, 행정부의 독자적 기능영역설 등이 대다수 견해로 나타났고, 그 반대학설(소수설)로는 법률유보원칙위배설이 나타났다.[17]

2) 한국에서의 논의

① 긍 정 설

그 대표적 견해로서, 김남진 교수님은 위 국세청훈령에 대한 가장 적합한 명칭은 규범구체화행정규칙이며, 대상판결은 특정 행정규칙을 규범구체화행정규칙으로 인정하여 그의 대외적 구속력을 명시적으로 인정한 최초의 판결례로 보고 있다.[18]

② 부 정 설

그 대표적 견해로서, 김동희 교수님은, 그 논거로서 첫째로 독일에서는 규범구체화행정규칙의 법리는 환경법 · 기술적 안전법 특히 원자력법 등의 고도의 전문적 지식과 판단을 요하는 제한적 법영역에서만 인정되고 있고, 둘째로 독일에서 판례상 환경법 또는 원자력법 등의 분야에서 규범구체화행정규칙에 대하여 외부적 효력을 인정하고 있는

16) BVerwGE 72, 300.

17) 상세한 것은 필자의 1995년의 서울대학교 법학박사학위논문(독일에서의 행정규칙의 법적성질 및 효력—특히 규범구체화행정규칙을 중심으로)을 참조할 것. 즉 규범구체화행정규칙의 경우에는 독일의 학계에 있어 대다수 견해와 소수설의 역전현상이 나타난 것이다.

18) 김남진, "재산제세조사사무처리규정의 법적 성질", 법률신문, 1989. 10. 2.

것은 근거법령의 명시적 수권에 의한 것이 아니라는 점을 들고 있다.[19)]

5) 결 어

필자는 독일행정법의 규범구체화행정규칙과 달리, 우리나라에서의 법령보충적 행정규칙은 ① 불확정개념에 대하여 예외적으로 인정된 판단여지를 일반적으로 행사하여 만든 것이 아니라는 점, ② 독일 판례의 태도와 같이 기술적 안전법 등 기술적 · 전문적인 사항에 한정된 것이 아니고, 거의 모든 법 분야에서 인정되고 있다는 점 등에 비추어, 독일 빌 판결에서의 규범구체화행정규칙과는 그 성질이 다르다고 본다. 다만, 우리의 행정규칙은 독일의 오센뷜 교수님이 분류한 "광의의 규범보충규칙, 규범구체화규칙"과는 크게 다르지 않다고 본다.[20)] 또한, 빌 판결에서의 규범구체화행정규칙의 실질적 논거는 우리의 법령보충적 행정규칙의 이론구성에 많은 도움이 될 수 있다고 본다.[21)]

4. 대상판결의 의미와 방향

(1) 대상판결의 의미

1) 대상판결의 의미에 관한 여러 가지 견해

① 대상판결은 일정요건 하에 행정규칙이 대외적 효력을 가진다는 것을 인정한 최초의 판결이다.[22)]

2) 대상판결은 행정규칙이 당해 위임법령과 결합하여 대외적인 구속력이 있는 법규명령으로서의 효력을 갖게 된다는 점을 좀 더 명확히 설시하고 있다. 즉 행정규칙이 상위법령에 근거를 둔 경우에는 그것을 내용상으로 보완하는 의미에서 법규적 효력이 있고, 상위법령에 근거가 없는 경우에는 종전대로 법규적 효력이 없다는 입장이다. 대상판결은 행정규칙에 대하여 법령에 위임이 있는 것을 조건으로 법규성을 인정하고 있다.[23)]

3) 대상판결은 행정규칙의 형식으로 제정된 규정을 법규명령의 효력을 갖는 것으로 본 리딩케이스이다. 즉 대법원은 일정 조건하에 행정규칙이 법규명령의 효력을 갖는다고 보고 있다.[24)]

---

19) 김동희, "규범구체화행정규칙", 법학 제39권 제4호(통권 109호), 서울대학교 법학연구소, 215~216쪽.
20) 자세한 것은 Ossenbühl, Verwaltungssvorschriften und Grundgesetz, 1968, 394쪽 이하.
21) 같은 취지로서 정덕모, "국세청장훈령인 재산재세조사사무처리규정의 대외적 효력 인정여부", 국민과 사법(윤관대법원장퇴임기념논문집), 박영사, 336쪽.
22) 정덕모, "국세청장훈령인 재산재세조사사무처리규정의 대외적 효력 인정여부", 국민과 사법(윤관대법원장퇴임기념논문집), 박영사, 330쪽.
23) 김도창, "훈령(행정규칙)과 부령의 효력", 행정판례연구 2집, 한국행정판례연구회, 78~79쪽.
24) 박균성, "20세기 행정법분야의 주요 판례의 소개와 해설", 인권과 정의 284호(2000. 4), 대한변호사협회, 61쪽.

4) 결 어

① 대상판례가 행정규칙의 법규성문제에 대하여 대법원 차원에서 이 문제에 관한 종전의 대법원의 태도와 달리 일정한 행정규칙의 경우에는 법규성(법적 · 직접적 · 대외적 구속력)이 인정된다는 점을 최초로 가장 명백하게 판시한 전환점이 되는 중요한 판례임은 의문이 없다.

② 대상판례에서는 법령보충적 행정규칙의 형식적 인정근거(인정요건)만 판시하고 있을 뿐, 그 실질적 근거는 제시하지 않고 있다. 이러한 실질적 근거문제에 관하여는 독일행정법에서의 규범구체화행정규칙에 관한 논의가 많은 시사점을 던져줄 수 있을 것이라고 본다. 김도창 박사님은 대상판결에서와 같이 보충적 법규성을 인정받는 행정규칙은 독일에서의 최근의 이른바 규범구체화적 행정규칙론의 영향을 받은 듯하다고 논하신 바 있다.[25]

(2) 대상판결의 전망

1) 「행정의 독자성과 효율성의 존중이라는 측면에서 행정규칙에 대하여도 일정범위 내에서 대외적인 효력을 인정하는 것은 불가피하다고 볼 것이고(평등원칙 등을 매개로 하여 간접적인 대외적 효력을 인정하는 준법규설도 기존의 이론 범위 내에서 이런 불가피성을 반영한 것으로 생각된다), 대상판결이 행정규칙에 대하여 직접적으로 대외적 효력을 인정하는 물꼬를 튼 것은 긍정적으로 평가해야 할 것이다. 대상판결에 대해 비판적 태도를 취하는 견해들도 우리의 행정현실이 어떤 단계에 있는지에 대한 인식(평가)의 차이에서 나온 것이고, 동일한 차원에서의 이론적 대립은 아니라고 본다. 다만, 조세법률주의원칙에서의 엄격한 지배를 받고 있는 조세행정분야에서 행정규칙의 대외적 효력을 인정하는 것이 타당한 것인지는 의문이 있다」[26]라는 정덕모 전 대법원 재판연구관의 주장논지에 대하여는 많은 공감을 하면서도, ㉠ 이 문제에 대한 학설의 대립에 있어서는 행정현실에 대한 인식(평가)의 차이 외에도 이론적 대립(헌법해석의 차이)도 중요한 의미가 있다는 점과, ㉡ 조세행정 등 특정분야에서는 행정규칙이 대외적 효력을 인정하기 어렵다는 의견에 대하여는 특정분야를 제외시키기보다는 각 규율사항의 성격에 따라 그 규율밀도와 위임의 특정성 등에 있어서 더욱 세밀한 규율을 하고, 그 통제의 밀도를 높이거나, 입법절차의 정비(사전심사나 공포절차의 정비 등)를 통하여 대처하여야 할 것이라는 점과, ㉢ 행정규칙의 대외적 효력 인정여부는 "분야"가 아니고, "행정규칙의 종류"가 그 기준이 되어야 한다고 본다.

---

25) 김도창, "훈령(행정규칙)과 부령의 효력", 행정판례연구 2집, 한국행정판례연구회, 79쪽.

26) 정덕모, "국세청장훈령인 재산재세조사사무처리규정의 대외적 효력 인정여부", 국민과 사법(윤관 대법원장퇴임기념논문집), 박영사, 333~334쪽.

2) 헌법학자인 권영성 교수님도, 「최근에 이르러 행정규칙의 법규성을 인정하려는 경향이 강하게 대두하고 있다. 대법원은 법령보충적 행정규칙에 관한 판례에서 예외적으로 행정규칙의 법규성을 인정한 바 있고, 헌법재판소도 헌법 제117조 제1항에서 규정하고 있는 법령에는 법률 · 법규명령 외에 법규명령으로서 기능하는 행정규칙도 포함된다고 판시하고 있다」고[27] 지적하고 있다.

3) 필자는 대상판결의 결론에는 찬성하면서도(법령보충적 행정규칙에 대해 법규성을 인정한 것), 그 이론적 구성에는 미흡한 점이 있다고 생각한다(이 점은 우리 헌법재판소의 결정에 대하여도 같다). 즉 "행정규칙은 그 성격상 일반적으로 대외적 효력을 가지지 않는다"는 법 이론적 도그마에서 분명하게 벗어나서 법률유보의 대상이 아니거나, 법률유보의 대상이라고 하더라도 명시적 · 묵시적으로 입법위임이 있는 경우에는 행정규칙에 대하여도 그 종류에 따라서(예: 재량준칙, 법령보충적 행정규칙 등) 직접적 · 대외적 효력을 인정하되, 그 효력의 정도에 있어서는 법규명령과 달리 신축적 효력을 인정하는 것이 첨단기술의 시대, 전문화의 시대, 입법부와 행정부의 협력의 시대, 공공부문과 민간부문의 협력의 시대라는 시대의 흐름에 맞는 이론구성이라고 생각하며 우리 대법원 판례와 헌법재판소결정에서의 이론적 구성의 재검토와 변경을 촉구한다.

〈참고문헌〉

강종쾌, "법규적 효력이 있는 행정규칙", 대법원판례해설 9호, 법원도서관, 1989.

김도창, "훈령(행정규칙)과 부령의 효력", 행정판례연구 2집, 박영사, 1996.

김동희, "규범구체화행정규칙", 법학 39권 4호(109호), 서울대학교 법학연구소, 1999.

김백영, "국세청훈령의 성질과 효력", 판례월보 214호, 1988.

문상덕, "법령의 수권에 의한 행정법규(고시)의 법적 성격과 그 통제", 행정법연구, 행정법이론실무연구회, 1997.

박균성, "20세기 행정법 분야의 주요 판례의 소개와 해설", 인권과 정의 284호, 대한변호사협회, 2000.

백윤기, "법규적 내용의 행정규칙과 법규명령형식의 행정규칙", 재판과 판례 4집, 대구판례연구회, 1995.

선정원, "바다이야기와 법령보충규칙의 통제", 사회과학논총 제26집, 명지대 사회과학연구소, 2006.

이동흡, "구 재산제세조사사무처리규정(1987. 1. 26. 국세청훈령 제980호) 제72조 제3항 제8호가 조세법률주의원칙에 위배되는 무효의 규정인지 여부", 국민과 사법(윤관대법원장 퇴임기념 퇴임기념논문집), 박영사, 1999.

27) 권영성, 헌법학원론, 법문사, 2008, 1004~1005쪽.

이호원, "국세청훈령 제888호 재산제세조사사무처리규정 제72조 제3항 제5호의 투기거래인정여부", 대법원판례해설 제14호, 법원도서관, 1991.

임영호, "판례를 중심으로 본 법령보충적 행정규칙의 법적 성질", 행정판례연구 12집, 박영사, 2007.

정남철, "법령보충적 성격의 행정규칙의 정비방향과 위임사항의 한계", 행정판례연구 12집, 박영사, 2007.

정덕모, "국세청장훈령인 재산재세조사사무처리규정의 대외적 효력 인정여부", 국민과 사법(윤관대법원장퇴임기념논문집), 박영사, 1999.

최정일, "행정규칙의 법규성문제를 또 생각하며", 행정작용법(김동희교수정년기념논문집), 박영사, 2005.

최정일, 독일에서의 행정규칙의 법적 성질 및 효력—특히 규범구체화행정규칙을 중심으로, 서울대학교 박사학위논문, 1995.

A. Leisner, Verwaltungsgesetzgebung durch Erlasse, JZ 2002.

F. Ossenbühl, Autonome Rechtsetzung der Verwaltung, in: Handbuch des Staatsrechts BD.Ⅲ (Hrsg). Isensee und P. Kirchhof, C.F.Müller, 1996.

F. Ossenbühl, Der verfassungsrechtliche Rahmen offener Gesetzgebung und konkretisierender Rechtsetzung, DVBI 1999.

H. Jarass, JuS 1999, Bindungswirkung von Verwaltungsvorschriften.

J. Saurer, Verwaltungsvorschriften und Gesetzesvorbehalt, DÖV 2005.

S. Seidel, Die Praxis der Verordnungsgebung, Peter Lang, 2005.

18. 고시에 대한 사법적 통제

—대법원 1994. 3. 8. 선고 92누1728 판결—

최 봉 석*

Ⅰ. 판례개요

1. 사실관계

보건사회부 고시에 따르면 보존음료수제조업의 허가조건으로 "전량수출 또는 주한 외국인에 대한 판매에 한함"이라는 조건이 부과되어 있었다. 구 식품위생법 제7조 제1항은 보건사회부장관이 국민보건상 필요가 있다고 인정한 때에는 판매를 목적으로 하는 식품 등의 제조방법 등에 관한 기준과 그 성분에 관한 규격을 정하여 고시할 수 있다고 규정하고 있고, 같은 조 제4항은 위 기준과 규격에 맞지 않는 식품 등의 판매를 제한하고 있으며, 같은 법 제58조는 그 위반에 대하여 허가의 취소 등을 할 수 있다고 규정하고 있었다.

원고들이 피고 보건사회부장관으로부터 "1976. 1. 23.부터 1987. 6. 23.까지 사이에 전량수출 또는 주한외국인에 대한 판매에 한함"이라는 조건(다만 원고 주식회사 A는 제품을 전량수출에 한함이라는 조건)하에 각 보존음료수제조업(광천수 또는 지하수를 음용에 적합하도록 정수 처리하는 영업으로서 1991. 3. 11. 식품위생법시행령 제7조 제1호 너.목이 개정됨에 따라 보존음료수제조업은 광천음료수제조업으로 그 명칭과 내용이 변경되었다)의 허가를 받았는데, 원고들은 1990. 7. 각기 위 허가조건을 위반하여 그들이 제조한 보존음료수를 내국인에게 판매하다가 적발되었고, 원고 B음료주식회사와 원고 주식회사 C는 같은 해 6월경 실시된 수질검사결과 그 제조 판매한 보존음료수에서 일반세균수가 허용기준치인 1㎖당 100마리 이하보다 많이 검출되었으며, 이에 따라 피고는 1990. 8. 30. 원고들에 대하여 각기 영업정지 4월에 갈음하여 과징금을 부과하는 이 사건 과징금부과처분을 하였다.

* 동국대학교 법과대학 교수.

2. 소송경과

원고들은 피고 보건사회부장관의 과징금부과처분의 취소를 구하는 소를 제기하였지만 서울고등법원은 90구20611 판결로 원고들의 청구를 기각하였다. 이에 원고들은 대법원에 상고하였고 대법원은 원심을 파기하고 사건을 서울고등법원으로 환송하였다.

3. 판결요지

가. 원심(서울고등법원) 판결요지

구 식품위생법(1986. 5. 10. 법률 제3823호로 전문 개정되기 전의 것) 제23조의3 제4호는 공익상 그 허가를 제한할 필요가 있다고 인정되어 보건사회부장관이 지정하는 영업 또는 품목에 해당되는 때에는 영업의 허가 또는 품목제조의 허가를 할 수 없다고 규정하고 있고, 이에 근거한 구 식품제조영업허가기준(1975. 9. 1. 보건사회부 고시 제34호로 개정된 것) 제2조 제11호 제4조 제1호는 보존음료수제조업의 신규허가는 하지 아니하되 다만 전량수출 및 외자도입법에 의하여 합작 또는 기술제휴하는 경우에는 신규허가를 할 수 있다고 규정하고 있으며, 구 식품제조영업허가기준(1984. 5. 28. 보건사회부 고시 제84-38호로 개정된 것) 제1조 제6호 제2조 제4호는 보존음료수제조업을 구 식품위생법 제23조의3 제4호의 규정에 의한 허가제한영업으로 규정하면서 다만 전량수출을 목적으로 하거나 주한외국인에게 판매를 목적으로 하는 경우에는 그 허가를 할 수 있다고 규정하고 있으므로, 피고 보건사회부장관이 보존음료수제조업의 허가를 하면서 붙인 전량수출 또는 주한외국인에 대한 판매에 한함이라는 위 허가조건은 법령이 직접 특정한 행정행위의 효과 또는 효력을 제한하기 위하여 부과한 이른바 법정부관으로서 처분청이 재량으로 붙이는 부관과는 그 성질을 달리하므로 부관부과에 관한 목적한계, 비례 · 평등의 한계일탈이라는 문제는 생기지 않으며, 이 조건은 헌법에 위반되지도 않는다고 판시하였다.

식품위생법 제7조 제1항은 보건사회부장관은 국민보건 상 필요가 있다고 인정하는 때에는 판매를 목적으로 하는 식품 등의 제조방법 등에 관한 기준과 그 성분에 관한 규격을 정하여 고시할 수 있다고 규정하고, 같은 조 제4항은 위 기준과 규격에 맞지 않는 식품 등의 판매를 제한하고 있으며, 같은 법 제58조는 그 위반에 대하여 허가의 취소 등을 할 수 있다고 규정하고 있으므로, 위 원고들이 제조 판매한 보존음료수에서 공중위생법 제30조 제2항 수도법 제4조 등의 규정에 근거하여 마련된 음용수의 수질기준 등에 관한 규칙(1984. 3. 31. 보건사회부령 제744호)에서 정한 일반세균의 허용기준치를 초과하는 일반세균이 검출된 이상 이는 영업정지 등 행정처분의 대상이 되며, 원고들의 위반에 대하여 영업정지 4월에 갈음하는 과징금을 부과한 것은 재량권을 일탈하거나 남용한 것이라고는 볼 수 없다고 판시하였다.

나. 대법원 판결요지

(1) 대상판결에서는 '고시'를 실질적으로 법의 규정내용을 보충하는 기능을 가지면서 대외적으로 구속력이 있는 법규명령의 성질을 가진 것이라고 판시하고, 이 고시가 헌법상의 기본권을 침해하는 경우에는 당연히 효력이 없음과 동시에 그에 따라 위 고시의 의무를 이행하지 않았다는 이유로 부과된 과징금부과처분 역시 위법하다고 할 수 있다고 보았다.

(2) 헌법 제15조가 보장하고 있는 직업선택의 자유는 직업을 선택할 수 있는 자유뿐 아니라 선택한 직업에 종하사면서 그 활동에 관해서도 자유롭게 결정할 수 있는 직업활동의 자유도 포함된다고 할 수 있다. 이에 보존음료수의 국내판매를 금지하여 잠재적인 판매시장의 대부분을 폐쇄한다는 것은 직업선택의 자유와 영업의 자유를 심하게 제한하는 것이라고 본다. 또한 보존음료수의 국내판매를 금지하는 것이 수돗물에 대한 국민의 불안감을 해소시키기 위한 필요하고도 적절한 방법이라고 할 수 없으므로 보존음료수의 국내판매를 금지하는 것은 보존음료수제조업의 허가를 받은 자의 헌법상 보장된 기본권인 직업의 자유를 침해하는 것으로서 헌법에 위반될 뿐 아니라 식품위생법의 목적에 비추어 보더라도, 위 고시를 발한 것이 질서유지나 공공복리를 위하여 꼭 필요하고 합리적인 것이라고 볼 수도 없으므로 위 고시는 효력이 없다고 보았다. 그리고 인간이 마시고 싶은 음료수를 자유롭게 선택할 수 있는 것은 행복추구권의 중요한 내용이므로 이를 제한하는 고시는 허용될 수 없다고 보았다.

Ⅱ. 평 석

1. 쟁점정리

대상판결은 다양한 법적 논점과 관련되어 있는 만큼, 명확한 이해와 평가를 위해서는 복합적인 고려가 필요하다고 할 수 있다. 그러나 본 고(稿)에서는 그 쟁점 범위를 논제와 같이 '고시의 법규성'에 관한 영역으로 한정하고자 한다. 대상판결은 '고시'가 헌법상 보장된 기본권을 침해하는 것으로 헌법에 위반될 때에는 효력이 없는 것으로 보는 것이 당연하므로 헌법상 보장된 보존음료수제조업자의 직업의 자유와 먹고 싶은 음료수를 선택할 수 있는 행복추구권을 제한하므로 위헌으로서 무효이고, 이에 위헌이어서 무효인 고시에 의하여 부과된 과징금부과처분 역시 위법하다고 보고 있다. 위헌인 고시는 그 효력이 부정되는 것이 당연하다.[1] 그러나 단순히 '고시'의 내용이 헌법에 위반된 것

1) 최봉석, 행정입법의 규율적 특성과 규범통제, 비교공법연구 제7권 제2호, 2006. 6., 357면.

이므로 무효라고 보는 것은 고시의 법형식 및 관련 법리를 간과한 것이 아니냐는 평가가 제기될 수 있다. 헌법 제37조 제2항에 의해 국민의 모든 자유와 권리는 법률로써 제한할 수 있고, 그 경우에도 자유와 권리의 본질적인 내용은 침해할 수 없으므로, 설령 위 고시가 국가안전보장 · 질서유지 · 공공복리를 위해 필요하다고 인정되더라도 그 제한은 행정규칙, 또는 행정규칙형식의 법규명령이 아니라 반드시 '법률'에 의해도록 하는 것이 헌법의 법정(法定)이다. 이 사건의 경우 법률, 적어도 그 위임을 받은 시행령이 법적 근거가 되어야 했음에도 불구하고 주무장관의 고시라는 대외적 구속력을 가지지 않는 행정규칙이 불이익처분의 법적 근거가 되고 있다.

2. 관련판례

가. 대법원의 입장

대법원은 고시나 훈령 등 행정규칙의 대외적 구속력을 인정함에 있어서 종래 그 이유를 구체적으로 설시하고 있지는 않으나, 고시 · 훈령 등 행정규칙의 법규성을 인정함에 있어서 대체로 상위법령의 위임에 의하고 구체적인 처분의 재량준칙이 되는 경우에 이러한 상위법령과 결합하여 대외적 구속력을 가지는 것으로 보아 왔다.[2] 예외적으로 법규성이 인정되는 경우는 ① 훈령에 청문절차가 규정된 경우와 ② 행정규칙형식의 법규명령[3]으로 본 대상판결이 여기에 해당한다.

(1) 행정규칙의 대외적 효력 인정

판례에서는 행정규칙은 법령의 규정이 특정행정기관에게 그 법령내용의 구체적 사항을 정할 수 있는 권한을 부여하면서 그 권한행사의 절차나 방법을 특정하고 있지 않은 관계로 수임행정기관이 행정규칙의 형식으로 그 법령의 내용이 될 사항을 구체적으로 정하고 있다면 그와 같은 행정규칙은 행정기관에 법령의 구체적 내용을 보충할 권한을 부여한 법령규정의 효력에 의하여 그 내용을 보충하는 기능을 갖게 된다 할 것이므로 당해 법령의 위임한계를 벗어나지 아니하는 한 대외적인 구속력이 있는 법규명령으로서의 효력을 갖게 된다고 함과 동시에 소득세법의 위임규정에 따라 국세청장이 재산제세사무처리규정 제72조 제3항에서 양도소득세의 실지거래가액이 적용될 부동산투기억제를 위하여 필요하다고 인정되는 거래의 유형을 열거한 것에 의한 거래지정은 소득세법시행령의 위임에 따라 그 규정의 내용을 보충하는 기능을 가지면서 그와 결합하여 대외적 효력을 발생한다고 보았다.[4]

---

2) 정남철, '고시'형식의 법규명령의 내용 및 법적 문제점, 고시연구 2006. 7, 19~20면.
3) 대판 1984. 9. 29, 86누484, 대판 1993. 11. 23, 93도662, 대판 1994. 3. 8, 92누1728.
4) 대판 1987. 9. 29, 86누484 참조.

(2) 행정규칙형식의 법규명령

판례는 독점규제 및 공정거래에 관한 법률 제23조에 의한 불공정거래행위의 유형 및 기준, 구 공업배치 및 공장설립에 관한 법률 제8조의 규정에 따라 공장입지의 구체적 기준을 정한 공장입지기준고시, 보건복지부 고시인 의료보험잔료수가기준 중 수탁검사실시기관인정등기준, 건설교통부장관의 훈령인 개발제한구역관리규정, 상공부장관의 수입선자변화품목지정 · 고시, 보건복지부장관이 발한 노인복지사업지침, 구 지가공시 및 토지 등의 평가에 관한 법률 제10조의 시행을 위한 국무총리 훈령인 개별토지가격합동조사지침, 국세청장의 훈령인 주류도매면허제도개선업무처리지침, 식품제조업영업허가기준, 국세청장의 훈령인 재산제세사무처리규정을 법규명령으로 보고 있다.

나. 헌법재판소의 입장

헌법재판소는 법률이 입법사항을 부령이 아닌 고시와 같은 행정규칙의 형식으로 위임하는 것을 합헌이라고 보았다. 입법자에게 상세한 규율이 불가능한 것으로 보이는 영역이라면 행정부에게 필요한 보충을 할 책임이 인정되고 극히 전문적인 식견에 좌우되는 영역에서는 행정기관에 의한 구체화의 우위가 불가피한 경우에 있어 행정규칙에 대한 위임입법이 제한적으로 인정될 수 있고, 법령의 직접적인 위임에 따라 위임행정기관이 그 법령을 시행하는 데 필요한 구체적 사항을 정한 것이면, 그 제정형식은 비록 법규명령이 아닌 고시, 훈령, 예규 등과 같은 행정규칙이더라도 그것이 상위법령의 위임한계를 벗어나지 아니하는 한, 상위법령과 결합하여 대외적인 구속력을 갖는 법규명령의 성질을 가진다고 보았다.[5]

3. 판례의 검토

가. 사건 고시가 행정규칙형식의 법규명령인지의 여부

(1) 행정규칙형식의 법규명령의 의의 및 내용

행정규칙형식의 법규명령은 헌법에서 명시적으로 인정하는 대통령 · 총리령 · 부령의 형식 등에 의하지 않고 '훈령'이나 '고시' 등의 형식으로 제정되었지만 그 수범자가 행정내부에 그치지 않고 국민인 경우로서 국민의 권리와 의무의 범위를 규율한다는 점에서 실질적으로 법규명령과 동일한 기능을 하고 있는 것을 의미한다.[6] 이에 행정규제기본법

5) 헌재 1992. 6. 26. 91헌마25, 2004. 10. 28. 99헌바91 참조; 99헌바91의 반대의견은 법률 또는 그 이하의 입법형식으로써 헌법상 원칙에 대한 예외를 인정하여 고시와 같은 행정규칙에 입법사항을 위임할 수는 없다. 우리 헌법을 이렇게 해석한다면 위임에 따른 행정규칙은 법률의 위임 없이도 제정될 수 있는 집행명령(헌법 제75조 후단)에 의하여 규정할 수 있는 사항 또는 법률의 의미를 구체화하는 내용만을 규정할 수 있다고 보아야 하는 것이고 새로운 입법사항을 규정하거나 국민의 새로운 권리 · 의무를 규정할 수는 없다는 것이다.

6) 고영훈, 법규명령형식의 행정규칙과 행정규칙형식의 법규명령의 문제점과 개선방안, 공법학연구

에서도 규제는 법률에 직접 규정하되 규제의 세부적인 내용은 법률 또는 상위법령이 구체적으로 범위를 정하여 위임한 바에 따라 대통령령 · 총리령 · 부령 또는 조례 · 규칙으로 정할 수 있고, 다만 법령이 전문적 · 기술적 사항이나 경미한 사항으로서 업무의 성질상 위임이 불가피한 사항에 관하여 구체적으로 범위를 정하여 위임한 경우에는 고시 등으로 정할 수 있다고 규정하여 법규명령으로의 보충규칙을 인정하고 있다.

(2) 법적 성질

학설은 행정규칙형식의 법규명령이 법규명령이라는 견해, 행정규칙이라는 견해, 규범구체와 행정규칙이라는 견해와 법률의 수권여부에 따라 수권이 있으면 법규명령, 없으면 행정규칙이라는 견해로 나뉜다. 또 행정규칙형식의 법규명령은 위헌무효라는 견해도 있다.

이에 대하여 판례는 원칙적으로 행정규칙에 법규성이 없다고 보고 있지만 예외적으로 법규성을 인정하고 있다. 대법원은 고시나 훈령 등 행정규칙의 대외적 구속력을 인정함에 있어서 그 이유를 구체적으로 설시하고 있지는 않으나, 고시 · 훈령 등 행정규칙의 법규성을 인정함에 있어서 대체로 상위법령의 위임에 의하고 구체적인 처분의 재량준칙이 되는 경우에 이러한 상위법령과 결합하여 대외적 구속력을 가지는 것으로 본다.[7] 예외적으로 법규성이 인정되는 경우는 ① 훈령에 청문절차가 규정된 경우와 ② 행정규칙형식의 법규명령[8]으로 본 대상판결이 여기에 해당한다.

헌법재판소는 법률이 입법사항을 부령이 아닌 고시와 같은 행정규칙의 형식으로 위임하는 것을 합헌이라고 보았다. 입법자에게 상세한 규율이 불가능한 것으로 보이는 영역이라면 행정부에게 필요한 보충을 할 책임이 인정되고 극히 전문적인 식견에 좌우되는 영역에서는 행정기관에 의한 구체화의 우위가 불가피한 경우에 있어 행정규칙에 대한 위임입법이 제한적으로 인정될 수 있고, 법령의 직접적인 위임에 따라 위임행정기관이 그 법령을 시행하는 데 필요한 구체적 사항을 정한 것이면, 그 제정형식은 비록 법규명령이 아닌 고시, 훈령, 예규 등과 같은 행정규칙이더라도 그것이 상위법령의 위임한계를 벗어나지 아니하는 한, 상위법령과 결합하여 대외적인 구속력을 갖는 법규명령의 성질을 가진다고 보았다.[9]

제5권 제3호, 2004, 472면.

7) 정남철, 위의 논문, 19~20면.

8) 대판 1984. 9. 29. 86누484; 대판 1993. 11. 23. 93도662; 대판 1994. 3. 8. 92누1728.

9) 헌재 1992. 6. 26. 91헌마25; 2004. 10. 28. 99헌바91 참조. 99헌바91의 반대의견은 법률 또는 그 이하의 입법형식으로써 헌법상 원칙에 대한 예외를 인정하여 고시와 같은 행정규칙에 입법사항을 위임할 수는 없다. 우리 헌법을 이렇게 해석한다면 위임에 따른 행정규칙은 법률의 위임 없이도 제정될 수 있는 집행명령(헌법 제75조 후단)에 의하여 규정할 수 있는 사항 또는 법률의 의미를 구체화하는 내용만을 규정할 수 있다고 보아야 하는 것이고 새로운 입법사항을 규정하거나 국민의 새로운

(3) 외국의 입법례

(가) 유 럽

독일의 경우 연방의 법규명령의 제정에 있어서 1차적인 제정권자는 연방정부, 주정부에 한정하고 있고 법규명령에는 반드시 법률의 근거를 명시해야 하고, 법규명령의 제정을 위임할 때는 위임의 내용과 목적, 범위를 명시해야 하는 등 법규명령의 남용을 방지하고 있다.[10)]

행정규칙은 행정작용의 내부적인 조종을 위한 것이고 그렇기 때문에 법원에 의한 해석이나 적용을 받는 법규범이 아니었다. 그러나 전문적이고 기술적인 사항과 관련된 행정규칙에 법규적 성질을 부여하는 예외가 인정되기 시작했는데, 이에 '규범구체화 행정규칙(Normkonkretisierende Verwaltungsvorschriften)'의 개념이 나타나게 되었다. 그러나 유럽재판소는 예외적으로 법규성이 인정되는 규범구체화 행정규칙을 전면 부정하면서 유럽지침을 법규성이 없는 행정규칙을 통해 전환시킨 것이 위법하다고 판시하였다.[11)]

1) 규범구체화 행정규칙과 '뵐(Whyl)판결'

행정규칙에 예외적으로 대외적 구속력이 인정되는 규범구체화 행정규칙을 최초로 인정한 판례는 독일 연방행정재판소(Bundesverwaltungsgericht)의 Whyl판결로, 독일 원자력법(Atomgesetz) 제7조는 원자로시설의 설치허가요건으로 과학과 기술수준에 따른 사전배려를 요구하면서 그 구체화는 법규명령에 의할 것을 예정하고 있다. 이에 방사능보호령이 제정되었지만 당시에 제21조에서 방사능피해는 가능한 한 억제되어야 한다는 원칙 외에 허용방사능량에 대한 구체적인 기준을 제시하지 않고 있었다. 이에 Whyl원자력발전소의 건설허가처분에 앞서 관할행정청은 연방내무부장관이 제정한 "방사능유출피해의 일반적 산정기준"이라는 행정규칙에 따라 처분을 행하였다. 이후 원자력 발전소의 건설허가처분취소소송이 제기됨에 따라 제1심법원은 사전배려를 충족시키지 못했으므로 위법, 항소심에서는 적법하다고 판단하였다.[12)]

연방행정재판소에서는 방사능유출피해의 일반적 산정기준은 원자력법 제7조의 내용을 구체화시킨 행정규칙으로 규범에 의해 정해진 범위 안에서 행정재판소에도 구속력을 갖는 규범구체화 행정규칙이라고 판시하였다.[13)]

2) 유럽재판소의 판결내용

유럽재판소가 독일의 행정규칙에 대해 법적 판단을 하게 된 계기는 유럽연합에게

권리 · 의무를 규정할 수는 없다는 것이다.

10) 고영훈, 위의 논문, 478~479면 참조.

11) 송동수, 규범구체화 행정규칙과 법규범체계의 재정비, 토지공법연구 제39집, 2008. 2, 290면.

12) 최봉석, 행정법총론의 이해, 한국법제연구원, 2008, 220~221면 참조.

13) 송동수, 위의 논문, 292면.

주어진 입법권의 대표적인 수단 중 하나인 지침의 전환에 있다. 지침(Richtlinie/Guide Line)은 달성하려고 하는 목적에 관하여는 각 회원국에 구속력이 있지만 근본적으로 각 회원국이 실행을 위해 국내법으로 전환을 시켜야 한다. 이 과정에 있어 ① 지하수유럽지침, ② 아황산가스 유럽지침 및 납유럽지침, ③ 먹는 물 유럽지침이 문제되었다. ①의 경우 지하수유럽지침이 법적 구속력이 있는 법규에 의해 전환되어야 함에도 불구하고 연방수자원관리법보다 우선하여 적용되는 각 주의 물 관리법이 규정되어 있고 이에 행정규칙을 통하여 시행하고 있다는 점이 문제가 되었다. 이에 유럽재판소는 이러한 개인의 권리와 의무에 대한 내용을 법규가 아닌 행정규칙의 형식으로 규정하는 것이 타당하지 않다고 판시하였다. ②의 경우 연방이미시온방지법(Bundes Imissionschutzgesetz)에 대한 구체적인 환경기준은 행정규칙에 규정되어 있었는데, 유럽재판소는 이에 대해 규범구체화 행정규칙이므로 법규성을 가진다고 판시하였던 연방행정재판소의 입장과 다르게 위 행정규칙이 유럽지침을 전환하기에 적절하지 않다고 하였다. ③의 경우 역시 각 주의 물 관리법에 근거한 행정규칙을 통해 전환시킨 것은 위법하다고 판시하였다.

(나) 일 본

일본에서는 고시형식의 법규명령을 인정하고 있는데, 일본최고재판소는 원칙적으로 훈령 등이 행정기관을 구속하기 위한 것이지 일반 국민을 직접 구속하는 것은 아니므로 항고소송의 대상이 될 수 없다고 판시하였으나, 문부성고시의 형식으로 발령된 학습지도요령에 대하여 법적 구속력을 인정한 바 있다.[14]

(4) 검 토

구 식품위생법(1986. 5. 10. 법률 제3823호로 전문 개정되기 전의 것) 제23조에서는 제22조의 규정에 의한 영업을 하고자 하는 자(제5항에 해당하는 자는 제외한다)는 대통령령의 정하는 바에 의하여 보건사회부장관 또는 서울특별시장, 도지사의 허가를 받아야 하고(구 식품위생법 제23조 제1항), 보건사회부장관 또는 서울특별시장 · 부산시장 또는 도지사는 제1항의 규정에 의한 허가를 할 때에는 필요한 조건을 부할 수 있다(같은 법 같은 조 제2항)고 규정하고 있었다. 또한 공익상 또는 식품첨가물의 수급 조절상 그 허가를 제한할 필요가 있다고 인정되어 보건사회부장관이 지정하는 영업 또는 품목에 해당될 때 영업의 허가를 제한할 수 있다. 일부 학설은 법규명령사항을 행정규칙으로 정하는 경우에 관해 기본권을 제한하는 침해적 성질의 것이 고시 · 훈령의 형식으로 발령되었다면 이는 행정규칙에 불과하지만, 수익적 사항인 경우에는 예외적으로 법규성을 가질 수 있다고 한다. 물론 행정규칙형식이라고 하더라도 법령의 위임을 받은 경우에는 그것이 침해적 · 수익적인 성질인지와 상관없이 법규성을 가진다고 보고 있다. 이에 본 대상판결의 내용

14) 정남철, 위의 논문, 20면 참조.

이 되는 '고시'는 침해적 성질인 것이 틀림없고 행정규칙의 형식으로 발령되었지만 국민의 기본권을 제한하는 사항임에도 불구하고 법령의 위임 없이 주무부장관이 제정한 고시에 불과하므로 행정규칙형식의 법규명령에는 해당하지 않는다.

나. 헌법 제37조 제2항의 문제

대상판결에서는 법률이 아닌 고시를 통해 헌법에서 보장하고 있는 직업선택의 자유와 행복추구권 등을 제한하고 있다. 규범구체화 행정규칙의 존재를 인정하고 그 법규성을 인정한다고 하여도 대상판결 상의 위 고시와 같이 법률의 직접적인 위임을 결(缺)하고 있는 고시는 규범구체화 행정규칙(내지 행정규칙 형식의 법규명령)에 해당하지 않는 무효인 고시에 불과하다. 또한 대상판결과 같이 그 내용이 위헌에 해당하는 무효인 고시에 의해 발하여진 과징금부과처분은 위법하다는 논리의 전개에는 당해 처분의 법적 기초 내지 법적 근거에 대한 사법판단을 흠결하고 있는 오류에 해당한다고 할 수 있다. 기본권을 제한할 때는 필요한 경우 법률로써 제한해야 하는 것이고, 여기서의 법률은 국회가 제정한 형식적 의미로서의 법률을 의미하므로 위의 내용으로 보존음료수제조업을 제한하려면 법률에 의해야 하는 것이다. 물론 법률적 근거를 갖추었다고 하여도 자유와 권리의 본질적인 내용을 침해하고 있다면 헌법에 위반된다. 이 사건에서 고시가 설령 법률의 위임에 의한 것이었어도 그 내용이 기본권의 본질적 내용을 제한하고 있는 만큼, 헌법에 위반되어 무효이며, 이에 따라 발해진 과징금부과처분 역시 위법한 것이 된다.

4. 판례의 의미와 전망

행정규칙형식의 법규명령이 법규성을 가지는지에 대해서는 학설의 대립이 있고, 엄격한 형식과 절차를 거치지 않은 행정규칙의 형식으로 국민의 자유와 권리를 제한하는 경우도 존재하고 있다. 이에 대하여 행정규칙형식의 법규명령이 법규성을 가질 수 없다고 단정하기에는 행정의 탄력성과 효율성 등의 가치가 아쉬울 것이다. 본 대상판결에서는 위 고시가 실질적으로 법의 규정내용을 보충하는 기능을 지니면서 그것과 결합하여 대외적으로 구속력이 있는 법규명령의 성질을 가진 것이라고 판시하고 있어 고시형식의 법규명령에 대하여 법규성을 인정하고 있는 판례 중 하나로 평가되고 있다. 물론 고시의 경우에도 법률상의 근거를 갖추었다면 대외적 구속력을 인정하는 것이 학설과 판례의 주된 흐름인 것으로 보인다. 또한 본 대상판결은 위 고시가 영업의 범위를 제한하여 직업의 자유를 침해함과 동시에 마시고 싶은 음료수를 자유롭게 선택할 수 있는 국민의 행복추구권을 제한하므로 헌법에 위반되어 위헌이고 무효이며, 무효인 고시에 의해 발하여진 과징금부과처분 역시 위법하다는 실질적 위헌론에 머무르고 있다. 그러나 헌법 제37조 제2항에서는 국민의 자유와 권리는 필요한 경우에 한하여 '법률'로써 제한할 수 있으며, 제한하는 경우에도 자유와 권리의 본질적인 내용을 침해할 수 없다고 규정하고 있는바, 위 사건에서 주무행정청의 처분이 국민의 기본권을 제한하는 것이라면, 이는 국회에 의해 제정된 형식적 의미의 법률에 근거하여야 한다. 하지만 본 사건에서는 형식적 의미의 법률이 아닌 법규성(대외적 구속력) 없는 행정규칙으로 국민의 기본권을 제한하고 있는바, 이는 또한 형식적 위헌에 해당한다고 할 것이다. 물론 유럽법원과 같은 규범구체화행정규칙이라는 이름의 행정편의적 우회입법(행정규칙형식의 법규명령)을 통해 법치행정을 훼손하는 관행을 척결하는 혁신적인 판결을 기대하기는 어려울지 모른다. 다만, 대상판결과 같이 관련 법리를 간과함으로써, 법률심으로서의 과업에 충실하지 못하는 오류는 지양되어야 할 것이다.

〈참고문헌〉

단 행 본

김남진 · 김연태, 「행정법 I」, 법문사, 2010.

김동희, 「행정법 I」, 박영사, 2008.

최봉석, 「행정법총론」, 한국법제연구원, 2010.

홍정선, 「행정법원론(上)」, 박영사, 2008.

홍정선, 「행정법특강」, 박영사, 2010.

논 문

고영훈, '법규명령형식의 행정규칙'과 '행정규칙형식의 법규명령'의 문제점과 개선방안, 공법학연구 제5권 제3호, 2004.

김동건, 법규적 효력을 갖는 행정규칙에 대한 소고, 연세법학연구 제9권 제2호, 2003. 2.

김호정, 법규명령과 행정규칙, 외법논집 제19집, 2005. 8.

석종현, 행정규칙의 법적 성질에 관한 검토, 토지공법연구 제30집, 2006. 3.

송동수, 규범구체화 행정규칙과 법규범체계의 재정비—독일 행정규칙이론과 유럽재판소 판결을 중심으로—, 토지공법연구 제39집, 2008. 2.

정남철,'고시'형식의 법규명령의 내용 및 법적 문제점, 고시연구, 2006. 7.

최봉석, 행정입법의 규율적 특성과 규범통제, 비교공법연구 제7권 제2호, 2006. 6.

최철호, 행정처분기준설정의 법적 쟁점에 관한 연구—식품위생법상의 행정처분기준을 중심으로—, 토지공법연구 제39집, 2008. 2.

황도수, 법규명령으로서의 부령—법규명령과 행정규칙의 구별기준—, 행정법연구 제18호, 2007.

19. 도시계획결정과 형량명령

―대법원 1996. 11. 29. 선고 96누8567 판결―

정 남 철*

Ⅰ. 판결개요

1. 사실관계

(1) 서울 X구 ㅇㅇ동 산 73의 2(1994. 12. 27. 분할 전)에 소재하는 당해 사건의 임야 38,037㎡(이하 이 사건 '임야'라고만 한다)는 1982. 10. 27. 공유물분할로 원고(A)가 5분의 1 지분, 원고(B)와 소외인(F)이 각각 5분의 2지분을 소유하다가 위 소외인(F)이 1986. 3. 5. 원고(C)에게 38,037분의 7,607.4지분, 원고(D)에게 38,037분의 4,564.44지분, 원고(E)에게 38,037분의 3,049.96지분을 각 증여하여 같은 달 12. 위 원고들 앞으로 각 소유권이전등기가 경료되었다.

(2) 서울 X구 소재 ㅇㅇ로와 △△로를 연결하는 도로가 없어 1989. 8. 17. 이 사건 임야를 가로질러 위 양 도로를 연결하는 폭 15m, 길이 186m의 직선도로 개설계획이 입안·공고되었으나, 1990. 12. 14. 서울시 도시계획위원회는 위 직선도로가 공원 부지를 관통하게 되어 도로개설이 불합리하다는 이유로 이를 부결하였다.

(3) 피고(X구청장)는 1994. 5. 16. 이 사건 임야 및 위 같은 동 산 75의 1 임야에 걸쳐 위 양 도로를 연결하는 폭 12m, 길이 400m의 별지도면과 같은 U자형의 우회도로(이하 이 사건 '우회도로'라고만 한다)를 개설하기 위하여 도시계획시설 입안 공람공고를 한 후, 같은 해 11. 19. 위 도시계획시설(도로)결정(이하 이 사건 '결정'이라고만 한다)을 하여 X구 고시 제1994-48호로 같은 달 29.자 관보에 게재하였고, 같은 해 12. 16. 위 도시계획시설(도로)에 대한 도시계획사업 실시계획을 인가(이하 이 사건 '인가'라고만 한다)하여 X구 고시 제1994-53호로 공고하였다.

---

* 숙명여자대학교 법과대학 교수.

2. 소송경과

이 사건 원고들은 X구청장의 시설결정 및 인가처분에 대하여 1995. 5. 25. 행정심판을 청구한 후, 서울고등법원에 행정소송을 제기하였으나 패소하였다(서울고등법원 1996. 5. 16. 선고 95구14949 판결). 이에 원고들은 대법원에 상고하였으나, 이 사건 시설결정 및 인가처분의 무효확인을 구하는 주위적 청구는 기각되고, 그 취소를 구하는 예비적 청구는 부적법 각하되었다.

3. 판결요지

[원심판결의 요지]

(1) 주위적 청구에 대한 판단

(가) 절차상 하자의 위법여부

피고가 이 사건 도시계획시설결정안을 입안하여 공고를 함에 있어 도로의 형태가 우회도로임을 특정하여 명시하지 아니하였다고 하여, 이 사건 시설결정 및 인가처분에 절차상의 하자가 있다고 볼 수 없다.

(나) 재량권 일탈 · 남용 여부

도시계획결정은 고도의 재량성을 띠는 행정행위이며, 재량권을 일탈 · 남용하여서는 아니 된다. 이 사건에서 피고(X구청장)가 이 사건 도시계획시설결정에 이르게 된 경위와 그 필요성, 도로의 형태를 결정하는 과정에서 고려된 지역적 여건, 공사비와 정토량 등의 공사여건 등 여러 가지 사정들, 이 사건 결정을 통하여 달성하고자 하는 목적 등 여러 사정에 비추어 보면, 이 사건 결정은 그 과정에서 객관적으로 정당하고 충분한 이익형량을 거친 것이라고 아니할 수 없고, 이 사건 결정으로 인하여 원고들의 이 사건 임야에 관한 이용관계가 달라지는 점을 감안한다 하더라도 이는 재산권의 제한에 따른 정당한 보상으로 해결되어야 할 것이고, 그보다는 이 사건 결정에 의하여 달성하려고 하는 공익의 정도가 현저히 크다 아니할 수 없으므로, 결국 이 사건 결정 및 인가처분이 재량권의 범위를 현저히 일탈 · 남용하여 위법한 것으로서 무효라고 할 수는 없다.

(2) 예비적 청구에 대한 판단

이 사건에 있어서 '결정'의 고시는 1994. 11. 29.자 관보에 게재되고, '인가'처분은 같은 해 12. 16. 고시된 사실, 그리고 원고들이 1995. 5. 25. 이 사건 결정 및 인가에 대하여 행정심판을 제기한 사실은 앞서 인정한 바와 같으므로, 원고들의 이 사건 결정 및 인가에 대한 행정심판청구는 청구기간을 지나 제기된 것이 명백하여 부적법하다.

[대법원판결의 요지]

(1) 도시계획법 제16조의2 제2항, 같은 법 시행령 제14조의2 제6항 각 규정의 내용과 취지에 비추어 보면, 도시계획안의 내용을 일간신문에 공고함에 있어서는 도시계획의 기본적인 사항만을 밝히고 구체적인 사항은 공람절차에서 이를 보충하면 족하다.

(2) 행정계획이라 함은 행정에 관한 전문적 · 기술적 판단을 기초로 하여 도시의 건설 · 정비 · 개량 등과 같은 특정한 행정목표를 달성하기 위하여 서로 관련되는 행정수단을 종합 · 조정함으로써 장래의 일정한 시점에 있어서 일정한 질서를 실현하기 위한 활동기준으로 설정된 것으로서, 도시계획법 등 관계 법령에는 추상적인 행정목표와 절차만이 규정되어 있을 뿐 행정계획의 내용에 대하여는 별다른 규정을 두고 있지 아니하므로 행정주체는 구체적인 행정계획을 입안 · 결정함에 있어서 비교적 광범위한 형성의 자유를 가진다고 할 것이지만, 행정주체가 가지는 이와 같은 형성의 자유는 무제한적인 것이 아니라 그 행정계획에 관련되는 자들의 이익을 공익과 사익 사이에서는 물론이고 공익 상호간과 사익 상호간에도 정당하게 비교교량하여야 한다는 제한이 있는 것이고, 따라서 행정주체가 행정계획을 입안 · 결정함에 있어서 이익형량을 전혀 행하지 아니하거나 이익형량의 고려 대상에 마땅히 포함시켜야 할 사항을 누락한 경우 또는 이익형량을 하였으나 정당성 · 객관성이 결여된 경우에는 그 행정계획결정은 재량권을 일탈 · 남용한 것으로서 위법하다.

Ⅱ. 평 석

1. 쟁점정리

대상판결은 행정계획의 주체가 계획을 입안 · 결정함에 있어 광범위한 형성의 자유를 가진다는 점을 인정한 최초의 판례이다. 즉 대법원은 계획행정청이 '계획재량'을 가진다는 점을 확인하고 있다.

또한 대법원은 도시계획시설결정의 위법성을 판단함에 있어 절차적 위법성과 실체적 위법성으로 구분하고 있다. 그러나 대상판결은 형량명령이나 계획재량 등 행정계획의 특성을 간과하고, 행정재량과 혼동하여 소위 "재량하자론"에 의해 당해 도시계획시설결정의 실체적 위법성을 판단하고 있다. 따라서 목적 · 수단의 정식 내지 목적프로그램에 기초한 계획규범의 본질과 특수성에 대해 검토하도록 한다.

그리고 이 사건에서 도시계획시설결정의 절차적 위법성, 즉 공고 · 공람 절차의 하자를 판단함에 있어서 어느 정도의 사항을 특정해야 하는지가 문제된다. 절차상 하자의 위법성에 대해서는 학설이 대립하고 있으며, 판례의 입장도 다소 유동적인 측면을 가진다.

따라서 어느 정도의 절차상 하자만을 가지고 당해 도시계획시설결정을 위법하다고 판단해야 하는지가 문제된다. 그 밖에 절차상 하자의 치유가능성과 시기 등에 대해서도 고찰하도록 한다.

2. 관련판례

대법원은 그 후 일련의 판례에서 대상판결과 동일한 판시를 되풀이하였다(대법원 1997. 9. 26. 선고 96누10096 판결, 대법원 2000. 3. 23. 선고 98두2768 판결, 대법원 2005. 3. 10. 선고 2002두5474 판결). 그러나 행정재량과 계획재량의 차이점을 간과하고, 행정계획(도시계획결정)의 위법성을 재량의 일탈 · 남용에 의해 판단한 것은 명백한 법리오해라는 학계의 비판이 계속해서 제기되었다.

이에 대법원은 울산도시계획시설(학교)결정에서 "행정주체가 행정계획을 입안 · 결정함에 있어서 이익형량을 전혀 행하지 아니하거나 이익형량의 고려대상에 마땅히 포함시켜야 할 사항을 누락한 경우 또는 이익형량을 하였으나 정당성과 객관성이 결여된 경우에는 그 행정계획결정은 형량에 하자가 있어 위법하다"고 판시하여(대법원 2006. 9. 8. 선고 2003두5426 판결), 종래의 '재량하자론' 대신 '형량하자론'을 분명히 하고 있다. 이러한 새로운 판례의 입장은 1980년 후반에 국내에 도입되어 답보상태에 있던 계획법의 이론을 법리적으로 보다 정치하게 만들었다고 평가할 만하며, 오늘날 대법원 판례의 주류를 이루고 있다(대법원 2007. 1. 25. 선고 2004두12063 판결, 대법원 2007. 4. 12. 선고 2005두1893 판결 참조). 다만, 대법원은 완충녹지지정의 해제신청에 대한 거부처분의 취소를 구하는 소에서 형량명령의 법리를 적용하여 거부회신의 위법성을 판단하고 있다(대법원 2012. 1. 12. 선고 2010두5806 판결). 그러나 이러한 해석은 형량명령의 법리에 관한 오해이다.

한편, 헌법재판소는 구 택지개발촉진법 위헌소원사건에서 명확성원칙의 위배 여부를 심사하면서, 행정의 독자적 판단권을 전제하는 이른바 '규범적 수권이론'(normative Ermächtigungslehre)을 적용하고 있다. 나아가 위 사건에서 헌법재판소는 행정계획의 특성을 언급하면서 '계획재량'의 개념을 인정하고 있다. 즉 "행정계획에 있어서는 다수의 상충하는 사익과 공익들의 조정에 따르는 다양한 결정가능성과 그 미래전망적인 성격으로 인하여 그에 대한 입법적 규율은 상대적으로 제한될 수밖에 없다. 따라서 행정청이 행정계획을 수립함에 있어서는 일반 재량행위의 경우에 비하여 더욱 광범위한 판단여지 내지는 형성의 자유, 즉 계획재량이 인정되는바, 이 경우 일반적인 행정행위의 요건을 규정하는 경우보다 추상적이고 불확정적인 개념을 사용하여야 할 필요성이 더욱 커진다"고 결정하고 있다(헌재 2007. 10. 4. 2006헌바91). 나아가 위 결정에서 헌법재판소는 '판단여지'(Beurteilungsspielraum)의 개념을 전향적으로 인정하고 있다. 통상적인 행정재량(법효과재량)과 판단여지를 부인하고 있는 대법원 판례에 비하여, 행정의 독자적 판단권의 하나인 '판단여지'이론을 인정하고 있음은 매우 의미 있다.

3. 판결의 검토

(1) 문제의 제기

우리 대법원은 독일입법례의 영향으로 행정계획에 있어서 계획재량과 형량명령을 인정하고 있으나, 1980년대 도입 당시의 수준을 극복하지 못하고 오랫동안 정체상태에 있었다. 즉 대법원은 대상판결을 효시(嚆矢)로 하여 행정주체가 구체적인 행정계획을 입안 · 결정함에 있어서 비교적 광범위한 형성의 자유, 즉 계획재량을 가진다는 점을 인정하면서도, 그 행정계획의 실체적 위법성의 판단은 '재량하자론'을 적용하고 있었다. 즉 "행정주체가 행정계획을 입안 · 결정함에 있어서 이익형량을 전혀 행하지 아니하거나 이익형량의 고려 대상에 마땅히 포함시켜야 할 사항을 누락한 경우 또는 이익형량을 하였으나 정당성 · 객관성이 결여된 경우에는 그 행정계획결정은 재량권을 일탈 · 남용한 것으로서 위법하다"고 되풀이해서 판시하였다. 그러나 이러한 판시내용은 계획법규 내지 계획규범의 본질을 간과한 것이며, 계획재량을 행정재량으로 오해하거나 동일시할 수 있는 법리적 오류를 범하고 있다.

이하에서는 행정재량과 계획재량의 차이점, 구분필요성 등 행정계획의 특수성을 고찰하고, 도시계획시설결정의 실체적 · 절차적 위법성판단기준에 대해 검토하도록 한다.

(2) 행정계획의 특수성

오늘날 의회민주주의의 원리에 따라 의회의 우위가 강조되고 의회의 결정이 다른 국가권력기관의 결정보다 중요한 해석척도가 되고 있다. 그러나 권력분립의 원리와 복잡다기한 현대행정의 특성에 비추어, 고도의 전문성과 기술성이 요구되는 행정의 독자영역을 간과할 수 없다. 이러한 점은 사법심사에 있어서도 그대로 적용된다. 그러나 이러한 사고가 행정작용에 대한 사법심사의 전면적 배제를 의미하는 것은 아니며, 오늘날 논의의 핵심은 오히려 행정과 사법(司法)의 긴장관계에 기초한 행정에 대한 사법심사의 '강도' 내지 '밀도'에 있다.

행정의 독자성이 강조되는 대표적 영역은 '재량'으로, 일반적으로 "행정재량" 또는 "법효과재량"이라고 부른다. 재량은 구미(歐美)의 각국에서도 인정되고 있다. 그러나 우리 행정법의 골격에 큰 영향을 준 독일의 다수설 및 판례는 행정재량뿐만 아니라, 국토계획이나 도시계획법 분야에서 계획행정청에 인정되는 광범위한 형성의 자유, 즉 계획재량(Planungsermessen)을 별도로 인정하고 있다. 즉 행정재량은 조건프로그램에 기초하고 있으나, 계획재량은 목적프로그램에 근거하고 있다는 점에서 양자는 구분된다는 것이다.

또한 행정재량은 '포섭'에 의해 재량권이 발동되나, 계획재량은 다양한 이해관계를 전제로 하므로 관련된 공 · 사 제이익을 모두 '형량'하여야 한다는 점에서도 차이가 있다. 특히 행정재량의 경우에는 포섭에 의해 일정한 사실이 구성요건에 해당하면 자동적으로 법효과가 발생하는 '가언명제(假言命題)의 정식'(Wenn-Dann-Schema)인 반면, 복잡하고 다원적인 법률관계를 전제로 하는 행정계획에 있어서는 형량이 매우 중요한 역할을 수행한다.

그러나 대법원은 2002두5474 사건에서 계획재량을 행정재량과 동일시하여 종전의 입장과 배치되는 판시를 하고 있다. 즉 "용도지역지정행위나 용도지역변경행위는 전문적 · 기술적 판단에 기초하여 행하여지는 일종의 행정계획으로서 재량행위"라고 판시하였다. 이러한 판시는 계획재량의 독자성 내지 특수성을 인정한 종전의 입장에서 후퇴하여 계획재량을 행정재량과 완전히 동일시하고 있다.

한편, 행정계획의 법적 성질을 둘러싸고 학설상 대립이 있었다. 그러나 오늘날에는 행정계획은 독자적인 행위형식의 하나로 다루어지고 있으며, 다양한 법형식이 존재할 수 있다는 점이 인정되고 있다. 즉 행정계획은 행정처분 이외에도 법률, 조례, 내부적 결정 등의 법형식으로 존재할 수 있다. 그러나 입법정책적으로는 독일입법례와 같이 행정계획(특히 도시계획)의 법적 성질을 법령에 명시하는 것이 법치국가원리(예측가능성, 명확성원칙)에 비추어 바람직하다.

(3) 도시계획시설결정의 실체적 위법성심사기준으로서 형량명령

형량명령(衡量命令)은 법치국가적 계획의 중심을 이루는 명령으로 평가되고 있다. 이러한 형량명령은 도시계획결정의 실체적 위법성을 판단하는 중요한 척도가 되고 있다. 즉 도시계획결정을 함에 있어 이러한 형량명령을 간과한 경우에는 당해 계획결정은 위법하게 된다. 즉 계획결정을 함에 있어서 형량을 전혀 하지 않거나(형량의 불행사), 형량을 해야 할 제 이익의 요소 중 일부를 누락하거나(형량의 흠결), 또는 그러한 제 이익의 형량을 잘못한 경우(오형량), 그리고 형량의 결과가 비례의 원칙에 위반되는 경우(형량의 불비례)에는 당해 도시계획결정은 위법하게 된다. 이를 소위 '형량하자론'이라고 한다. 이러한 형량하자의 유형은 독일연방행정법원에서 연유하고 있다. 물론 형량하자의 유형은 '형량불비례'를 제외한 3유형으로 구분될 수도 있으나, 형량의 '과정'과 형량의 '결과'를 구별하는 입장에서는 4유형으로 구분되는 것이 타당하다.

그러나 대상판례의 내용을 살펴보면, 계획재량을 통상적인 행정재량과 혼돈하고 있거나 양자를 동일시하고 있다. 이 점은 2002두5474 사건에서 더욱 분명하다. 행정재량과 계획재량을 구별하지 않고 도시계획결정의 위법성을 재량하자론에 의해 판단함으로써 법원에 의한 사법심사의 결과가 동일하거나 유사할 수 있다. 특히 법원은 재량의 일탈 ·

남용을 판단하는 경우에 비례원칙을 혼용해서 사용하므로 계획결정의 위법성판단에 있어서도 형량하자와 유사한 단면을 보일 수 있다. 그러나 양자는 법리적으로나 질적으로 서로 다르며, 사법심사의 결론에 있어서도 항상 동일하다고 단정할 수 없다. 요컨대 양자는 서로 구조적 차이점을 가지고 있으며, 성질을 달리하는 유형을 동일한 카테고리에 포함시킬 수 없다. 특히 계획'재량'이라는 표현은 '(행정)재량'의 하위유형으로 오해될 수 있다. 그러한 이유에서 독일연방행정법원은 계획재량이라는 표현대신 "계획의 형성적 자유"(planerische Gestaltungsfreiheit)라고 표현하기도 한다.

(4) 절차적 위법성판단기준과 그 한계

대법원은 도시계획결정의 위법성판단에 있어서 대체로 절차적 기준을 엄격히 적용하고 있다. 즉 대법원은 도시계획수립에 있어서 공청회를 개최하지 아니하고 관계 법규의 소정의 입주대책을 수립하지 아니한 경우 절차상 하자로서 취소사유에 해당한다고 판시하였으며(대법원 1990. 1. 23. 선고 87누947 판결), 환경영향평가의 흠결을 이유로 당해 계획결정(사업승인)을 위법 · 무효로 판단한 바 있다(대법원 2006. 6. 30. 선고 2005두14363 판결).

대상판결에서 원고는 상고이유에서 피고가 이 사건 도시계획시설결정안을 입안하여 공고한 내용만으로는 도로가 U자형의 도로임을 도저히 알 수 없는 이상 위 공람공고는 적법한 것이라고 할 수 없다고 주장하나, 대법원은 "구 도시계획법 제16조의2 제2항, 같은 법 시행령 제14조의2 제6항 각 규정의 내용과 취지에 비추어 보면, 도시계획안의 내용을 일간신문에 공고함에 있어서는 도시계획의 기본적인 사항만을 밝히고 구체적인 사항은 공람절차에서 이를 보충하면 족하다"고 하여, 절차적 하자를 부인하고 있다.

다만, 대상판결은 공고절차의 하자를 경미한 것으로 보아 당해 도시계획시설결정의 절차적 위법성을 부인한 것인지, 아니면 사후에 공람절차 등을 통하여 절차적 하자의 치유가 가능한 것인지 여부를 명확히 하고 있지 않다. 대법원은 행정행위의 성질이나 법치주의 관점에서 볼 때 하자 있는 행정행위의 치유는 원칙적으로 허용될 수 없다고 보면서도, 예외적으로 행정행위의 무용한 반복을 피하고 당사자의 법적 안정성을 위해 이를 허용하는 때에도 국민의 권리나 이익을 침해하지 않는 범위에서 구체적 사정에 따라 합목적으로 인정할 수 있다고 판시하고 있다(대법원 2002. 7. 9. 선고 2001두10684 판결).

그 밖에 행정행위의 하자의 치유의 시한에 대하여, 행정쟁송 이전에 가능하다는 견해, 쟁송단계에서의 하자의 추완이나 보완이 가능하다는 견해 등이 주장되나, 행정쟁송의 제기이전까지 가능하다는 견해가 지배적이다.

4. 판결의 의미와 전망

대상판결은 '계획규범'(Planungsnormen)의 특성을 인지한 최초의 판례라는 점에서 의미가 있다. 그러나 대법원은 위 대상판례 이후 도시계획시설결정의 실체적 위법성판단에 있어서 '재량하자론'에 따라 판단하는 법리적 오류를 범하였다. 그러나 다행스럽게도 대법원은 울산도시계획시설결정 취소소송(2003두5426 사건)에서 종전의 입장을 수정하여 '형량하자론'에 의해 판단하고 있다. 이러한 판례는 종래 답보상태에 있던 계획규범이론에 발전의 전기(轉機)를 마련하였고, 논리일관(論理一貫)되게 판례이론을 수정 · 보완하였다는 점에서 매우 진취적이고 전향적인 판단이었다고 높게 평가할 수 있다. 그러나 대법원판례는 여전히 초기의 계획규범의 특성과 법리를 더 이상 발전시키지 못하고 단순도식화하고 있다. 따라서 개별사안의 판단에 있어서 형량하자 중 어느 단계에서 형량이 위법한지 여부를 구체적으로 규명하는 노력이 경주될 필요가 있다.

〈참고문헌〉

김해룡, "도시계획변경청구권의 성립요건", 행정판례연구Ⅳ, 박영사, 1999. 8.

신봉기, "형량하자 있는 행정계획에 대한 사법심사", 행정판례연구Ⅴ, 박영사, 2000. 10.

신봉기, "한국 행정판례에 있어서 형량하자론의 도입과 평가", 행정판례연구XIII, 박영사, 2007.

정남철, "이익충돌의 문제해결수단으로서 계획법상의 최적화명령", 공법연구 제31집 제5호, 한국공법학회, 2003. 6.

정남철, "도시계획변경결정의 위법성판단 및 사법적 통제기준", 법률신문 제3460호(2006. 5. 22).

정남철, "도시계획결정과 사법심사기준", 현대공법학의 발견: 현안과 쟁점, 송윤강구철교수화갑기념논문집, 2007.

정남철, "명확성원칙의 판단기준과 사법심사의 한계", 법조 통권 제624호, 2009.

정남철, "계획변경청구권의 법적 문제: 도시계획변경신청권의 예외적 인정에 대한 비판적 고찰", 토지공법연구 제48집(2010. 2).

정남철, "계획변경신청거부의 허용에 관한 문제점", 법률신문 제4334호(2015. 7. 13).

20. 행정계획의 변경청구권

— 대법원 1984. 10. 23. 선고 84누227 판결 —

김 해 룡*

Ⅰ. 판결개요

1. 사실관계

대법원판결만으로는 다툼의 구체적인 내용인 사실관계가 불명하다. 이에 대구고등법원의 원심판결(대구고법 1984. 2. 16. 선고 81구184 판결)을 찾아 사실관계를 구성하였다.

소외회사(B)는 1975년 3월 피고 X행정청(부산시장)에게 부산시 동래구 소재 토지 377평에 대하여 시장 및 아파트지구로 결정해 줄 것을 신청을 하였다. 이에 X행정청은 구도시계획법 제12조, 제10조 등의 규정에 따라 부산시도시계획위원회의 의결을 거쳐 그 중 345평을 시장 및 아파트지구로 하는 도시계획결정을 하였다.

X행정청은 1975년 4월 도시계획사업시행자인 소외 B회사로부터 상기 토지에 대하여 도시계획사업실시계획 인가신청을 받아 동 실시계획을 인가하였다. 이에 소외 B회사는 1976년 도시계획사업을 완료하였고, X행정청은 이를 공고하였다. 그 후 소외 B회사는 1977년 2월 건축허가를 얻어 시장. 아파트 건축에 착수하여 동년 8월에 이를 준공하였다. 소외 B회사는 시장, 아파트 건축을 하면서 도시계획시설지구내의 대지 일부(56평)에 있는 기존건물은 그대로 두었는바, 그 후 1979년 5월 원고(A)에게 그 건물을 매도하였다.

원고(A)는 그가 매입한 건물의 대지에 기존 건물을 철거하고 시장, 아파트 건물이 아닌 여타의 건축물을 신축하고자 하였으나 그 대지 역시 당초 도시계획시설(시장, 아파트)지구로 결정이 되어 있다는 이유로 건축허가를 받을 수 없게 되자(건축허가를 신청하였는지는 불명함), 그의 소유 대지를 도시계획결정에서 제외해 달라는 내용의 도시계획시설결정변경신청을 하였고, X행정청은 기존의 도시계획시설의 변경이 불가하다는 내용의 통지를 하였다. 1981년 7월 원고는 X행정청에게 동일한 내용의 신청을 다시 하였고, 이

* 한국외국어대학교 법학전문대학원 교수.

에 X행정청은 1981년 8월 원고(A)에게 앞에서 든 이유와 함께 도시계획변경은 건축법시행령 제 167조 제 1항 등에 저촉된다는 이유로 도시계획변경불가 통지를 하였다.

2. 소송경과

이에 원고(A)는 대구고등법원에 X행정청의 도시계획변경불가 통지의 취소를 구하는 소송을 제기하였으나, 아래와 같이 원심의 각하판결을 받고 대법원에 상고하였다.

3. 판결요지

[원심(대구고등법원) 판결요지]

대구고등법원은 이 사건에서 다음과 같은 요지의 각하판결을 하였다.

"원고 소유의 대지에 대한 도시계획결정은 이미 확정되었고, 원고로서 확정된 도시계획결정의 변경을 구할 법적 근거가 없어 원고에게 도시계획결정에 대한 변경신청권이 없다고 할 것이다. 그러므로 피고의 불가통지로써 원고의 권리(신청권 등) 이익을 침해하였거나 새로운 의무를 부과한 것이 아니다. 따라서 이를 행정소송이 되는 행정처분이라 할 수 없다."

[대법원 판결요지]

대법원은 이 사건에서 원심의 판결과 법리적으로 동일한 취지의 판결을 내렸다. 그 요지를 보면 다음과 같다.

"국민의 신청에 대한 행정청의 거부처분이 항고소송의 대상이 되는 행정처분이 되기 위하여는, 국민이 행정청에 대하여 그 신청에 따른 행정행위를 해줄 것을 요구할 수 있는 법규상 또는 조리상의 권리가 있어야 하는 바 도시계획법상 주민이 도시계획 및 그 변경에 대하여 어떤 신청을 할 수 있음에 관한 규정이 없을 뿐만 아니라, 도시계획과 같이 장기성 · 종합성이 요구되는 행정계획에 있어서는 그 계획이 일단 확정된 후에 어떤 사정의 변동이 있다고 하여 지역주민에게 일일이 그 계획의 변경을 청구할 권리를 인정해 줄 수도 없는 이치이므로 도시계획시설변경신청을 불허한 행위는 항고소송의 대상이 되는 행정처분이라고 볼 수 없다."

Ⅱ. 평 석

1. 쟁점정리

이 평석대상 사건에서 원심과 대법원 판결의 쟁점을 정리하면 다음과 같다.

첫째, 개인은 계획변경을 신청할 청구할 법규상 조리상의 근거가 없다.

둘째, 도시계획과 같이 장기성, 종합성이 요구되는 행정계획에 있어서 그 계획이 일단 확정된 후에 사정변동이 있다고 하여 지역주민에게 일일이 그 계획의 변경을 청구할 권리를 인정할 수 없다.

셋째, 개인은 계획변경청구권이 없고, 따라서 그 청구를 불허한 행위는 개인의 권리를 침해한 것이 아니기 때문에 행정처분이 아니며, 따라서 항고소송의 대상이 되지 않는다는 것이다.

2. 관련 판례

도시계획의 변경신청에 대한 대법원의 판결에서 적용된 이와 같은 법리는 다른 사건들에서도 한결같다.

- 대법원 1994. 1. 28. 선고 93누22029 판결(도시계획시설폐지 및 변경신청거부처분취소)[1)]

"행정청이 국민으로 부터 신청을 받고서 한 거부행위가 행정처분이 되기 위하여는 국민이 행정청에 대하여 신청에 따른 행정행위를 해줄 것을 요구할 수 있는 법규상 또는 조리상 권리가 있어야 하는 것이며, 이러한 근거없이 한 국민의 신청을 행정청이 받아들이지 아니하고 거부한 경우에는 이로 인하여 신청인의 권리나 법적 이익에 어떤 영향을 주는 것이 아니므로 이를 행정처분이라 할 수 없다." "도시계획법상 주민이 행정청에 대하여 도시계획 및 그 변경에 대하여 어떤 신청을 할 수 있다는 규정이 없고, 도시계획과 같이 장기성, 종합성이 요구되는 행정계획에 있어서 그 계획이 일당 확정된 후 어떤 사정의 변경이 있다하여 지역주민에게 일일이 그 계획의 변경을 청구할 권리를 인정해 줄 수도 없는 것이므로 그 변경 거부행위를 항고소송의 대상이 되는 행정처분에 해당한다고 볼 수 없다."

- 대법원 1994. 12. 9. 94누8433 판결(도시계획시설변경결정신청거부처분취소)

"행정청이 국민으로부터 신청을 받고서 한 거부행위가 행정처분이 되기 위하여는 국민이 행정청에 대하여 신청에 따른 행정행위를 해 줄 것을 요구할 수 있는 법규상 또는 조리상 권리가 있어야 하는 것이며, 이러한 근거없이 한 국민의 신청을 행정청이 받

---

1) 이 사건에서 원고들은 慶尙北道 慶山市 백천동 115의 1에 거주하는 자들로서 〈경산시가 이 사건 도시계획도로 개설을 내용으로 하는 도시계획을 입안한 것은 이 사건 도시계획도로의 종점 부근에 건립될 문명고등학교에로의 진입로를 마련하기 위한 것이었으며, 이 사건 도시계획결정이 고시된 후 문명고등학교 교사가 신축되면서 국유지인 경산시 백천동 553 구거 1177평 중 일부가 복개되어 사실상 문명고등학교 진입로 구실을 하고 있기 때문에 위 구거의 지목을 도로로 변경하여 동 학교의 진입도로 사용하면 족하다고 주장하고 구태여 원고들의 소유 토지를 관통하게 되는 이 사건 도시계획도로의 신설은 필요 없게 되었으므로 경산시장은 이 사건 도시계획도로를 폐지하거나 위 구거를 관통하는 새로운 도시계획도로를 신설하는 내용으로 도시계획을 변경할 것을 청구한 사건이다.
이 사건 피고 경산시장은 원고들의 상기 신청을 거부하였고, 이에 원고들은 경산시장을 피고로 하여 이 거부행위가 위법한 것이므로 그 취소를 구하는 소를 제기하였다.

아들이지 아니하고 거부한 경우에는 이로 인하여 신청인의 권리나 법적 이익에 어떤 영향을 주는 것이 아니므로 이를 행정처분이라 할 수 없는 것이다. 도시계획법상 주민이 행정청에 대하여 도시계획 및 그 변경에 대하여 어떤 신청을 할 수 있음에 관한 규정이 없고, 도시계획과 같이 장기성 · 종합성이 요구되는 행정계획에 있어서 그 계획이 일단 확정된 후에 어떤 사정의 변동이 있다고 하여 지역주민에게 일일이 그 계획의 변경 또는 폐지를 청구할 권리를 인정해 줄 수도 없는 것이므로 지역주민에게 도시계획시설(여객자동차정류장)의 변경 · 폐지를 신청할 조리상의 권리가 있다고도 볼 수 없다."

- 대법원 2008. 7. 10. 선고 2007두10242 판결(도시관리계획변경결정취소)

"행정처분에 관한 취소소송을 제기하기 위해서는 행정처분의 취소를 구할 법률상 이익이 있어야 하는데, 그 법률상 이익은 당해 처분의 근거 법률에 의하여 보호되는 직접적이고 구체적인 이익이 있는 경우를 말하고 간접적이거나 사실적, 경제적 이해관계를 가지는 데 불과한 경우는 여기에 해당되지 아니한다(대법원 2001. 7. 10. 선고 2000두2136 판결 등 참조).

그런데 이 사건 토지는 이 사건 도시관리계획변경결정 전후를 통하여 개발제한구역으로 지정된 상태에 있으므로 이 사건 도시관리계획변경결정으로 인하여 그 소유자인 원고가 위 토지를 사용 · 수익 · 처분하는 데 새로운 공법상의 제한을 받거나 종전과 비교하여 더 불이익한 지위에 있게 되는 것은 아니다."

3. 판결의 검토

여기서는 대법원 판결의 문제점과 함께 이와 최근 유사한 사건에 대한 하급심판결과 헌법재판소의 결정 등에 대하여 논의하고자 한다.

(1) 계획변경신청에 대한 거부행위의 행정처분성 여하

대법원이 도시계획의 변경을 요구하는 원고의 청구를 거부한 행정청의 의사에 대하여 행정처분성을 부인한 논거는 "국민이 행정청에 대하여 신청에 따른 행정행위를 요구할 수 있는 법규상, 조리상의 권리가 있어야 하는 것이며, 그러한 권리를 가지지 못하는 개인의 신청을 행정청이 거부한 경우에는 이로 인하여 신청인의 권리나 법적 이익에 어떤 영향을 주는 것이 아니므로 이를 행정처분이라 할 수 없다"는 것이다.

그러나 필자가 생각하건데, 행정처분성 여부에 관한 판단은 행정청의 고권적 의사표시로 인하여 그의 법상 보호된 이익(권리)의 침해가능성이 있다면 행정처분성을 인정해야 할 것으로 생각된다. 그 침해결과 여부는 본안심리에서 다루어질 것이기 때문이다. 원고가 주장하는 바와 같이 침해된 법률상 이익이 명확히 존재하여야만 소송의 문이 열리는 것이 아니라, 그러한 법률상 이익의 침해 개연성이 있으면 이를 재판을 통하여 다툴 수 있다고 해야 할 것이다. 다시 말하면 행정청의 고권적 의사표시가 원고가 주장하는 법상 이익에 영향을 줄 수 있는 개연성이 있다면 행정처분성이 인정된다는 법리의 확립이 요구된다. 항고소송의 대상적격을 인정하는 주된 요건인 행정처분성은 행정청의 고권적 의사표시가 상대방의 법적 이익에 침해를 야기하는 개연성이 있는가 하는 점을 검토하는 것으로 족하고 그 상대방의 법률상 이익을 실제로 침해하였는가 하는 점은 본안심리를 통하여 가려진다고 할 것이다.

(2) **원고들의 도시계획폐지 내지 변경청구권 성립여부**

대법원은 주민이 행정청에 대하여 도시계획의 폐지나 변경을 요청할 수 있는 근거조항이 도시계획법과 같은 개별 법령에 존재하지 않는다는 것과 도시계획과 같이 장기성, 종합성이 요구되는 행정계획에 있어서 그 계획이 일단 확정된 후 어떤 사정의 변동이 있다고 하여 주민에게 일일이 그 변경을 청구할 권리를 인정해줄 수 없다는 논거로 원고들의 청구를 각하하고 있다.

이와 같은 판결의 논지는 다음과 같은 이유에서 문제가 있다고 생각된다.

행정계획의 법적 성질은 각 계획의 내용과 그 구속성의 정도에 따라 구분된다는 점에서 우선 도시계획시설의 건설을 위해 수립되는 도시계획의 내용이 어떤 사람에게 특히 어떠한 관련성을 지니는가 하는 점들을 따져보아야 할 것이다. 도시계획법(현재는 국계법)에 의거 수립되는 도시계획은 도시지역에서의 주거안정 및 도시의 균형발전을 위하여 범지역적(überortliche)이고 개괄적(übergeordnete)이며 종합적(zusammenfassende)인 내용을 지닌 종합계획(Gesamtplan)임과 동시에, 다른 한편으로는 동법 제2조 나항 다호에서 열거하고 있는 도시계획시설들의 건설을 위한 행정결정(Bauplanung)으로서의 의미를 갖는다(독일에 있어서 전문계획에 비유됨).[2)]

도시(관리)계획의 이와 같은 양면적 내용에 비추어 그것이 개인의 권리, 의무에 대하여 직접적인 영향을 미친다는 점에서 대법원도 오래 전부터 그것에 대하여 행정처분성을 인정하고 있는 것이다.[3)]

이와 같은 도시계획시설에 관한 결정은 어떤 지역공간에 대한 종합적인 계획과는 달리 개인(원고들)의 권리에 대하여 직접적이고 구체적인 침해를 수반한다. 시장, 아파트의 건설지구 또는 도로개설사업의 추진에 따라 그 시설부지의 소유자들은 재산권행사상

---

2) 독일에 있어서의 경우 우리나라의 도시계획에 해당되는 지방자치단체의 지구상세계획(Bebauungsplan)을 조례(Satzung)로 정하도록 규정하고 있으나, 특정사업목적물의 건설과 관련된 전문계획들의 법적 성질은 행정행위(VA)로 보고 있다.

3) 도시계획의 행정처분성은 특히 개별 도시계획시설의 경우에는 도시계획결정 그 자체가 바로 당해 시설물의 입지선정 및 기본적인 건설제원에 대한 결정을 의미하고 그것의 실시계획이 수립과 인가를 거쳐 그대로 건설사업이 시행되는 것이기 때문에 관련 당사자의 권리에 대한 침해가 직접적으로 초래된다고 할 것이다.

직접적인 제한을 받는다. 이 사건에서의 대법원이 〈계획의 장기성과 종합성〉을 언급하며, 〈계획결정 후의 사정변경이 있다고 하여 일일이 주민에게 그 변경을 요구할 권리를 인정할 수도 없다〉고 피력하는 것은 모든 행정계획을 모두 동일한 법적 성질을 가지는 것으로 보는 태도이다. 행정계획은 그 내용에 따라 관련 당사자의 권리침해의 구체성 달라지는 것임에도 불구하고 대법원이 〈일일이 주민에게 그 변경을 요구할 권리를 인정할 수도 없는 이치〉 라고 인식하고 있는 것은 문제가 있는 것이다. 이 사건에서의 경우 시장 및 아파트시설지구지정에 관한 도시계획의 폐지나 변경을 요청할 수 있는 자의 문제는 "모든 주민을 그 대상으로 하는 문제가 아니라 당해 도시계획의 결정 내지 그 존속으로 인하여 자신의 공법상의 권리(더 구체적으로는 재산권)가 불필요하게 제한당하는 당사자(Planbetroffene)에게 한정되는 것이다. 도시기반시설의 설치를 위한 도시계획결정을 감내하지 않을 수 없는 것은 그것이 공익과 사익들의 비교형량 결과 공익이 우선한다는 이유로 사익(개인의 재산권)의 희생이 정당화되는 것이기 때문이다. 그러나 도시계획의 결정 이후 사정변경이 발생하여 그 당해 도시계획이 더 이상 존속될 필요가 없는 사정이라면, 당해 계획으로 인하여 재산권의 실질적 침해를 받고 있는 당사자들은 그 도시계획의 폐지나 변경을 요구하여 그 도시계획으로 인해 제한되었던 자신의 재산권을 회복할 법적인 이익(방해제거청구권)이 있다고 해야 할 것이다. 이와 같은 개인의 이익은 법적으로 보호되어야 하는 것으로서 개별법 규정에 그 청구권이 명시되어 있지 않는 경우에는 조리로부터 도출되는 권리라고 아니할 수 없다. 이와 같은 청구권은 본질적으로 개인의 재산권보호를 위한 것이므로 헌법상의 기본권조항으로부터도 도출될 수 있다고 할 것이다.

이와 같은 논거에서 볼 때 계획변경청구권은 그것이 도시계획법과 같은 실정법에 직접적으로 규정하고 있지 않다는 이유로 전적으로 부인하는 것은 옳지 않다고 할 것이다. 특히 그 조성 내지 유지가 불필요하게 된 도시계획시설에 관한 도시계획으로 인하여 재산권의 제한을 받고 있는 토지의 소유자에게 그와 같은 제한을 해소해 주어야 할 공법적인 의무가 행정청에 있다고 해야 할 것이다.

도시계획의 존속 필요성이 사실상 없어진 사안에 있어서 당해 도시계획의 폐지나 변경의 의무가 행정청에게 있다고 할 때, 이는 법리적으로 부담적 행정처분의 철회제도와 유사한 것이라고 할 것이다.

도시계획의 폐지나 변경을 요구할 수 있는 자의 범위는 당해 계획으로 인하여 법상 보호된 이익(재산권)이 불필요하게 계속 침해 내지 제한당하고 있는가에 따라 판단되어야 할 것이다.

이와 같은 계획변경청구권 인정범위에 관한 논리는 우리나라에서도 인정되는 계획

보장청구권의 성립에 관한 법리와 매우 유사한 것이라고 할 수 있다. 계획보장청구권은 모든 행정계획에 대하여 인정되는 것이 아니고 개인에게 구체적이고 개별적인 영향을 미치는 계획들에 대해서만 인정되는 것이기 때문이다. 즉 어떤 계획의 존속 시에 건축허가를 받은 자에 대해서는 새로운 행정계획에 의할 경우에는 건축이 불가능한 경우라도 당해 행정계획의 존속을 신뢰한 자에 대해서는 구 행정계획에 따라 행해진 건축행위를 할 수 있어야 한다는 것이 전형적인 계획보장청구권의 인정 사례라고 할 수 있다. 행정계획의 보장청구권을 아무에게나 인정하는 것이 아니라 그것이 인정될 수 있는 개별적인 사유가 있는 자에 한정되는 것임을 알 수 있다. 행정계획의 폐지, 변경청구권 역시 개별적이고 구체적인 경우에 행정계획으로 불필요하게 재산권의 침해를 당하는 자에게 인정할 수 있다는 필자의 논지 역시 이와 유사한 것이다.

이러한 점에서 행정계획의 필요전제가 되었던 사실관계가 변경된 경우, 특히 개별 시설물 조성을 위한 계획(도시계획사업을 위한 도시계획결정)에 있어서는 당해 계획의 수립의 통해 달성하고자 했던 시설물의 조성이 불요하게 된 경우에는 당해 계획에 의해 재산권 등의 제한을 받았던 자는 당연히 그 계획의 폐지나 변경을 청구할 수 있다고 보는 것이 헌법상의 재산권보장조항 및 조리에 부합된다. 대법원이 행정계획의 변경청구권 문제와 관련하여서 행정계획이 가지는 장기성, 종합성을 지적하면서 법규상 '계획변경청구권'이 규정되어 있지 아니하는 한, 국민에게 일일이 그 변경의 청구를 인정할 수 없다고 판시한 점은 재고를 요한다.

다른 한편 대법원은 대법원 2004. 4. 28. 선고 2003두1806 판결(도시계획시설변경입안의제안거부처분취소) 사건에서 구도시계획법의 개정 조항들에 근거하여 "도시계획시설결정으로 인한 개인의 재산권행사의 제한을 줄이기 위하여 … 도시계획 입안권자인 특별시장 · 광역시장 · 시장 또는 군수로 하여금 5년마다 관할 도시계획구역 안의 도시계획에 대하여 그 타당성 여부를 전반적으로 재검토하여 정비하여야 할 의무를 지우고, 도시계획입안제안과 관련하여서는 주민이 입안권자에게 '1. 도시계획시설의 설치 · 정비 또는 개량에 관한 사항 2. 지구단위계획구역의 지정 및 변경과 지구단위계획의 수립 및 변경에 관한 사항'에 관하여 '도시계획도서와 계획설명서를 첨부'하여 도시계획의 입안을 제안할 수 있고, 위 입안제안을 받은 입안권자는 그 처리결과를 제안자에게 통보하도록 규정하고 있는 점 등과 헌법상 개인의 재산권 보장의 취지에 비추어 보면, 도시계획구역 내 토지 등을 소유하고 있는 주민으로서는 입안권자에게 도시계획입안을 요구할 수 있는 법규상 또는 조리상의 신청권이 있다고 할 것이고, 이러한 신청에 대한 거부행위는 항고소송의 대상이 되는 행정처분에 해당한다"는 판결을 내린 바 있다. 이와 같은 판결은 비록 개별법규정에 주민의 도시계획입안에 관한 제안을 허용하고 있는 규정을 근거로 그 개인의 도시계획입안제안권을 인정하였다고 해도 그 판시하는 바와 같이 헌법상 보장된 개인의 재산권 보장취지에 비추어 도시계획구역내 토지등을 소유하고 있는 주민으로서 도시계획입안을 요구할 수 있는 … 조리상의 신청권이 있다고 판시한 점은 도시계획의 결정 후 중요한 사정변경으로 인하여 당해 도시계획의 존속이 불필요한 사정이 발생한 경우, 당해 토지의 소유자가 청구하는 도시계획폐지 내지 변경신청도 새로운 도시계획의 입안을 신청하는 행위로 해석될 수 있는 근거가 될 수 있을 것이라는 점에서 의미를 지닌다고 할 것이다. 뿐만 아니라 그와 같은 사정에서는 당해 토지의 소유자가 더 이상 존속이 불필요한 도시계획에 의해 그 자신의 재산권이 침해되고 있는 경우에는 일반인들과 동일한 법적 지위에서가 아니라 특별히 재산권 침해방지를 위해서도 그 폐지 내지 변경을 요구할 신청권을 인정하는 것이 조리에 부합한다고 하는 법리를 도출하는데 있어 참고할 가치가 충분하다.

(3) 하급심(서울행정법원) 판례의 새로운 관점

다행히 필자가 앞에서 주장하는 이상과 같은 논지와 유사한 법리를 개발 적용한 하급심 판례가 보인다. 서울행법 2003. 2. 11. 선고 2002구합35550 판결(도시계획시설폐지거분취소)이 그것이다.

사건의 개요를 간략히 보면 다음과 같다.

소외 흥기운수는 1982. 8월경 원고 소유의 땅을 시내버스정류장으로 임차하였다. 흥기운수는 피고인 서울시장에게 동 토지를 시내버스여객자동차 정류장으로 사용할 수 있도록 도시계획시설결정 및 지적 승인을 요청하였고, 서울시장은 1982년 12월 동 토지에 대하여 도시계획으로 도시계획시설결정을 하였다.

흥기운수는 동 토지에 대한 원고들과의 임대차기간이 만료되자 1990년 다른 토지를 매입하여 새로이 정류장으로 사용하고자 도시계획시설결정을 요청함과 동시에 원고들의 토지에 대하여는 도시계획시설을 폐지할 것을 신청하였다. 피고인 서울시장은 구로구청장에게 원고들의 토지와 기존의 도로를 연결하는 도시계획을 입안할 것과 도로에 편입되는 토지부분에 대하여 원고들로 부터 기부채납을 받는 것을 검토하라는 지시를 한 바 있으나,[4] 여타 토지부분에 대하여는 도시계획시설결정을 폐지하지 아니하였다.

이에 원고는 서울시장이 동 도시계획폐지신청을 거부한 데 대하여 "이 사건 토지에 관한 도시계획시설결정은 흥기운수의 버스정류장으로 사용하기 위한 것이었는데, 흥기운수가 이 사건 토지에서 다른 곳으로 버스정류장을 이전한 이래 이 사건 토지는 더 이상 여객자동차 정류장으로 사용되지 아니하고 방치되어 있으므로 이 사건 토지에 관한 도시계회결정은 사정변경으로 폐지되어야 함에도 불구하고 그 요청을 거부한 것은 위법하

4) 그 후 도로에 편입되는 토지부분에 대하여는 손실보상을 대가로 도로로 편입시킨 바 있다.

다는 이유로 그 취소를 구하는 소송을 제기하였다.

이에 대하여 서울행정법원은 다음과 같이 판시하면서 조리상 도시계획폐지신청권을 인정하였기에 주목된다.

"사인의 사유토지에 대한 도시계획결정은 그 토지 소유자의 권리 내지 법률상 이익을 개별적이고 구체적으로 규제하는 효과를 행정청의 일방적인 부담적 행정처분이지만 도시지역의 규형발전 등을 보호하고 추구하여야할 공익적 요소가 토지소유자의 재산권 보호라는 사익적 요소보다 우월하다는 이익형량에 따라 재산권 침해에 대한 헌법적 정당성을 획득하는 것인데, 계획 확정 후에 사익침해를 수인하게 하는 전제조건인 공익적 요소가 소멸되었다고 볼만한 특별한 사정이 생겼을 경우에는 도시계획결정은 결정 당시의 정당성을 사후에 상실하게 되는 반면 도시계획결정의 존속으로 인하여 그 결정과 관련된 사인들의 법익이나 권리를 계속 침해하게 되는 위법상태가 초래되는 것인 바, 도시계획이 장기간 존속함에 따라 발생하는 부작용을 방지하기 위한 구 도시계획법 제20조, 제41조 등의 규정에 비추어 보면, 당초 도시계획시설결정에서 예정되었던 사익침해를 정당화 하는 공익적 요소가 사정변경으로 인하여 소멸하였는데도 그 도시계획결정이 변경되거나 폐지되지 않고 계속 존속함으로써 재산권 침해가 계속적으로 이루어지고 있는 경우에는 위 규정의 취지와 헌법의 재산권보호규정의 취지에 따라 공익적 요소가 소멸한 도시계획시설결정의 존속으로 인하여 구체적으로 법익이나 권리침해를 받는 당사자에게는 조리상 도시계획시설결정 폐지를 신청할 수 있고, 행정청은 폐지신청된 도시계획결정의 공익적 요소를 재검토하여 폐지여부에 대하여 응답을 하여야할 의무가 발생한다."

서울행정법원의 동 판결에 대해서는 피고가 항소하지 아니하여 확정됨으로써 당해 사건에 대한 상급법원의 견해가 나오지 아니하였으나, 그 판결요지는 〈도시계획시설결정에 대한 도시계획이 더 이상 존속할 필요가 없게 된 경우에는 당해 도시계획시설결정의 존속으로 인해 구체적으로 법익이나 권리침해를 받는 당사자(즉 도시계획시설 부지의 소유자와 같은 특정한 이해당사자)에게는 도시계획시설결정 폐지를 신청할 조리상의 신청권이 인정되어야 한다는 것〉이다. 이와 같은 입장은 〈도시계획과 같이 장기성 · 종합성이 요구되는 행정계획에 있어서는 그 계획이 일단 확정된 후에 어떤 사정의 변동이 있다고 하여 지역주민에게 일일이 그 계획의 변경을 청구할 권리를 인정해 줄 수도 없는 이치이므로 도시계획시설변경신청을 불허한 행위는 항고소송의 대상이 되는 행정처분이라고 볼 수 없다〉는 대법원의 판결과 본질적으로 견해가 다른 것이라고 할 것이다.

이와 같은 서울행정법원의 입장은 전술한 바와 같이 어떤 행정계획의 중요한 요소가 사정변경으로 인하여 그 수립될 당시에 고려되었던 중요한 형량적 요소를 소명하였다면, 당해 계획의 존속으로 인하여 재산권 등에 침해를 받는 특정한 자는 조리상 그 폐지나 변경을 청구할 수 있는 권리가 인정되어야 하고, 비록 그에 대한 명문의 규정이 없다고 해도 이와 같은 청구권은 최소한 헌법상의 재산권 보장조항으로 부터 도출된다고 보아야 할 것이라는 필자의 견해와 본질적으로 동일하다고 평가된다.

다른 한편 최근 서울고등법원은 경기도지사가 2004. 9. 4. 남양주시 개발제한구역 중 조안면 진중리 169-6 일원 44,440㎡ 외 24개 취락을 개발제한구역에서 해제하는 내용의 '남양주 도시관리계획변경의 결정 · 고시'를 하였는데, 원고 소유의 토지 중 주택부지 330㎡가 남양주시의 개발제한구역 해제지침상 개발제한구역 해제대상에 포함하도록 되어 있음에도 불구하고 담당공무원의 업무착오로 인하여 개발제한구역 해제대상에서 누락된 사안에서 원고00가 개발제한구역에서 해제된 다른 토지의 소유자들과 마찬가지로 자신의 소유 토지 중 주택부지 부분도 개발제한구역에서 해제지 아니한 것은 헌법상 평등의 원칙 및 재산권보장의 원칙에 위반한다고 주장하면서 위 도시관리계획변경결정의 취소를 청구한 데 대하여 헌법상 평등의 원칙 및 재산권보장의 원칙에 비추어 원고가 취소소송을 제기할 의 법률상 이익이 있다고 판시한 바 있다(서울고법 2007. 4. 19. 선고 2006누19633 판결).

이와 같은 서울고법의 판결에 대하여 대법원은 "행정처분에 관한 취소소송을 제기하기 위해서는 행정처분의 취소를 구할 법률상 이익이 있어야 하는데, 그 법률상 이익은 당해 처분의 근거 법률에 의하여 보호되는 직접적이고 구체적인 이익이 있는 경우를 말하고 간접적이거나 사실적, 경제적 이해관계를 가지는 데 불과한 경우는 여기에 해당되지 아니한다"고 전제하고 "원고의 토지는 도시관리계획변경결정 전후를 통하여 개발제한구역으로 지정된 상태에 있으므로 이 사건 도시관리계획변경결정으로 인하여 원고가 그의 토지를 사용 · 수익 · 처분하는 데 새로운 공법상의 제한을 받거나 종전과 비교하여 더 불이익한 지위에 있게 되는 것은 아니며, 원고의 청구취지와 같이 이 사건 도시관리계획변경결정 중 중리취락 부분에 대한 개발제한구역 지정해제조치가 취소된다면, 이는 도시관리계획변경결정으로 개발제한구역에서 해제된 제3자 소유의 토지들이 종전과 같이 개발제한구역으로 남게 되는 결과가 될 뿐, 원고 소유의 이 사건 토지가 개발제한구역에서 해제되는 것도 아니다"[5]라는 이유로 "원고에게 제3자 소유의 토지에 관한 이 사건 도시관리계획변경결정의 취소를 구할 직접적이고 구체적인 이익이 있다고 할 수 없다"고 판시하였다.

이와 같은 대법원의 판결은 개발제한구역의 해제 역시 도시계획결정으로 하는 행해지는 것으로서 그 해제결정은 그 대상지역에 대한 개발제한구역 해제가 공익과 사익간의 비교형량에 따라 이루어져야 한다는 점에서 문제가 있다고 할 것이다. 원고는 자신의

---

5) 판결문 일부분은 필자가 개필하였음.

토지 역시 정당한 형량이 이루어졌더라면 당연히 개발제한구역에서 해제되어야 하고, 따라서 그의 토지가 개발제한구역해제대상에서 배제 내지 누락된 것은 위법한 행정계획결정이라고 주장하는 것이므로, 대법원이 타인의 토지(중리취락지구)에 대한 개발제한구역 해제조치가 취소된다고 해도 원고 자신의 토지가 계속적으로 개발제한구역으로 남아있는 것이라는 논거를 들어 원고의 법률상 이익을 부인하고 있는 점은 논리적으로나 법리적으로 타당하지 않다고 할 것이다. 이 사건에서는 원심(서울고법)의 견해가 타당한 것이라 할 것이다.

도시개발제한구역 해제청구권은 기존의 도시계획결정 폐지 변경청구권과 본질적으로 동일한 것이라고 할 때, 도시개발제한구역 지정해제결정(이것도 도시계획으로 행해짐)에 대한 개별 토지소유자의 도시개발구역 해제신청권을 인정한 원심의 견해는 대법원의 논지, 즉 행정계획의 내용을 고려하지 아니하고 모든 행정계획에 대하여 장기성과 종합성이 요구된다는 이유로 일일이 개인에게 그 변경청구권을 인정할 수 없는 것이라고 보는 입장을 극복한 것으로 평가된다.

(4) 헌법재판소 결정과의 관련성

도시계획시설 결정인 도시계획의 폐지 내지 변경청구권을 인정할 수 있는 법리는 최근 헌법재판소의 결정에서도 찾을 수 있다(헌재 2002. 5. 30. 2000헌바58).

[헌법소원사건의 개요]

청구인 소유의 서울 송파구 잠실동 소재 토지에 도시계획시설인 도로를 설치하고자 하는 도시계획결정 및 지적승인이 있었고, 그 후 도시계획사업 실시계획의 인가 및 고시가 행해졌으며 실시계획변경인가로 사업기간이 상당기간(약 5년) 연기되었으나, 당해 토지에 대한 서울특별시 지방토지수용위원회의 재결과 토지보상이 이루어졌다.

청구인은 당해 토지에 대한 도로건설사업이 아직 시행되지 아니하였다는 이유로 이 사건 토지에 대한 도시계획결정을 취소하여 달라고 신청하였고, 이에 서울시장은 '이 사건 토지에 대하여는 1955. 4. 송파구 고시 제11호로 도시계획사업 실시계획인가가 내려져 단계적으로 도로개설공사가 진행중에 있고, 도시계획선에 맞추어 인근 토지위에 건물들이 세워져 있으므로 도시계획시설결정을 취소하는 것은 곤란하다는 내용의 회신을 하였다.

이에 청구인은 서울행정법원에 서울시장을 상대로 이 사건거부처분의 취소를 구하는 소송을 제기하면서, 구 도시계획법 제12조 내지 제14조가 헌법에 위반된다는 위헌여부심판제청신청을 하였다. 동 법원이 위 취소소송과 위헌법률심판제정신청을 모두 각하하자 청국인은 이사건 헌법소송을 청구한 것이었다.

동 헌법소원에서 청구인들의 주장요지는 "입법자는 국민의 소유 토지가 행정청에 의하여 도로로 지정된 후 도시계획시설의 시행이 합리적 이유 없이 지연되는 경우, 첫째, 해당 토지소유자가 헌법상 보장된 재산권으로 부터 도출되는 방어권에 기하여 도시계획결정의 해제 또는 취소를 요구할 수 있도록 하는 규정을 마련하거나 … 셋째, 도시계획시설결정 이후 행정청이 실제로 도로를 개설하지 않은 채 일정한 기간이 경과한 후에는 자동적으로 실효되도록 하거나 토지소유자가 도시계획시설결정의 취소를 청구할 수 있는 규정을 마련하는 등의 조치를 취하여야 한다 … 청구인의 소유 토지가 행정청으로부터 1978. 4. 29. 도로로 지정된 후에도 20년이 넘도록 도로개설이 되지도 아니하고 보상도 받지 못하는 재산권의 침해를 당하고 있는데도 위 도시계획법조항들은 이를 방지하거나 구제할 세부적인 절차규정을 두고 있지 아니하므로 이들 조항은 헌법에 위반한다"고 주장하였다.

이 헌법소원사건에서 헌법재판소는 "위 조항들에 대하여 위헌취지의 결정을 한다고 하더라도 이에 따라 새로이 개정될 법은 도시계획의 성질상 도시계획사업이 시행되고 있지 아니한 토지들에 대하여 취소청구권 또는 해제청구권을 부여할 수 있을 뿐이지 이미 사업이 시행된 토지에 대하여는 그 취소나 해제를 요구할 권리를 인정할 수 없다"고 판시하여 장기미집행토지의 소유자에 대한 재산권침해성과 그것을 방지하기 위한 입법적 필요성을 인정하였다.

이와 같은 헌법재판소의 견해는 행정계획이 집행되지 아니한 상태에서 당해 계획의 집행필요성이 없는 경우에는 당해 계획의 존속으로 인하여 재산권 등의 침해가 발생하는 관련 토지소유자에게는 재산권침해성에 대한 방어권으로서 행정계획의 폐지 내지 변경청구권이 인정될 수 있다는 논리를 깔고 있다고 할 것이다.

다른 한편 헌법재판소는 장기간 미집행상태에 있는 도시계획시설결정에 대하여 토지소유자의 토지매수청구와 시설결정의 실효 등을 인정하는 입법의 필요성을 강조한 점은 주지하는 바이다(헌재 1999. 10. 21. 97헌바26). 이에 따라 구도시계획법 제40조는 10년 이상 미집행 상태의 도시계획시설 중 지목이 "대"인 토지는 토지소유자가 당해 시설을 계획은 시장, 군수에게 매수청구를 할 수 있도록 하는 등의 규정을 신설하였다.

이와 같은 입법례에 비추어 도시계획시설결정에 관한 행정계획이 그 계획의 수립에 있어 중요한 요소였던 사실관계가 사정변경으로 인하여 상실하였을 때 당해 계획의 존속으로 인하여 재산권 등의 제약을 받는 이해관계인은 그 계획의 폐지나 변경을 청구할 수 있는 권리를 인정하는 것이 타당하다고 할 것이다. 이와 같은 청구권을 행사할 수 있는 자의 범위는 개별화, 특정화됨은 물론이다. 그리고 그와 같은 청구권의 인용 여부는 중요한 사정변경이 있는 경우에도 당해 계획의 존속이 필요한가에 관한 별도의 판단에 따라 내려줄 것임은 물론이다.

4. 판결의 의미와 전망

- 평석대상 판결에서의 쟁점은

첫째, 행정계획은 장기성, 종합성을 지닌 것으로서 개인에게 일일이 그 폐지나 변경을 청구할 수 있는 권리를 인정할 수 없는 것이라는 점,

둘째, 법규범이 개인에 대하여 행정청에 대하여 어떤 청구를 할 수 있다는 권리를 규정하고 있지 아니하는 한 행정청이 그에 대한 요청을 거부하여도 개인의 권리에의 침해가 발생하지 아니한다는 점,

셋째, 개인의 권리를 침해하지 아니하는 행정청의 의사표시는 행정처분이 아니라는 점으로 요약되는 데 이 세 가지 쟁점에서 향후 판례의 변경이나 법리의 명확한 정립이 기대된다고 할 것이다. 그 기대내용은 다음과 같이 정리할 수 있다.

첫 번째 쟁점과 관련해서 보면, 이 사건은 행정계획이 비록 장기성, 종합성의 특성을 지니고 있지만, 모든 행정 계획이 개인에게 미치는 영향은 모두 동일한 것이 아니라 도시기반시설의 설치와 관련된 도시계획결정은 그 시설물 건설부지의 토지소유자에 대하여 특히 구체적이고 직접적인 권리침해를 발생시키는 것이다. 따라서 앞으로 법원은 모든 행정계획의 내용을 모두 동일한 것으로 보는 인식을 탈피하여 소위 범지역적, 종합적 계획과 일정한 시설물의 건설과 관련된 전문계획의 경우를 구분하여 법리를 전개야 할 것이다. 그리고 이 평석에서의 도시계획시설결정에 과 같은 행정계획은 후자의 예로서 당해 계획의 결정 후 사정변경이 있을 경우 그에 대한 변경청구권 내지 행정청의 변경의무에 관한 법리의 정립이 요구되는 사안이라고 할 것이다.

두 번째 쟁점과 관련하여 보면, 도시계획(기반)시설결정과 같은 행정계획의 경우 당해 시설물의 설치를 위한 실제적인 사정(당해 계획결정의 정당성 요소)이 변경되어 당해 계획의 존속 필요성이 상실되었다고 할 때에는 당해 계획의 존속으로 인하여 재산권 등이 계속적으로 제한을 받는 특정 개인들에게 대하여 당해 행정계획의 폐지나 변경을 요구할 수 있는 권리를 인정하여야 할 것이다. 이는 비록 개별적인 법규정이 없다고 해도 헌법상의 재산권보장조항으로 도출될 수 있을 뿐만 아니라 조리로 부터도 도출된다는 법리의 확립이 요구된다. 이미 하급심법원에서 이와 같은 법리를 도입한 점은 전술한 바와 같다. 서울행정법원에서 다루어진 사건이 항소 및 상고되어 상급법원들에서 다루어졌다면 어떤 결과가 나왔을지 의문이다. 향후 이와 같은 사건에서의 대법원 판결의 귀추가 주목된다.

셋째 쟁점과 관련하여 보면, 행정처분의 항고소송 대상성은 행정청의 고권적 의사표시로 인해 상대방의 법률상 이익이 침해된 것이어야 할 것이라기보다는 그 침해의 개연

성만으로 족하고, 원고의 법률상 이익의 침해여부는 본안심리에서 다루어진다는 법리로 확립되었으면 한다.

〈참고문헌〉

김해룡, "계획확정절차에 관한 소고", 한창규박사화갑논문집, 삼영사, 1993.

김해룡, "행정상 미래예측(Prognose)의 법리", 공법연구 제21집, 한국공법학회, 1993.

홍정선, 행정법원론(상) 제17판, 박영사, 2009.

정하중, 행정법총론, 법문사, 2008.

Blümel, W., Planung und Verwaltungsgerichtsbarkeit, DVBl. 1975, 695 ff.

Hoppe/Schlarmann, Rechtsschutz bei der Planung von Straßen und anderen Verkehrsanlagen, 2. Aufl. 1981.

Maurer, H., Allgemeines Verwaltungsrecht, 12. Aufl. 1999.

Ronellenfitsch, Einführung in das Planungsrecht, 1986.

Wahl, R.,Rechtsfragen der Landesplanung und Landesentwicklung, 2. Bd. 1978.

Koch, Das Abwägungsgebot im Planungsrecht, DVBl. 1993.

21. 기속행위와 재량행위의 구별기준

— 대법원 2001. 2. 9. 선고 98두17593 판결 —

안 동 인*

Ⅰ. 판결개요

1. 사실관계

원고는 1996. 7. 18.자 이축허가에 의하여 개발제한구역에 속한 이 사건 토지상에 주택과 창고 등을 신축하였는데, 1997. 11. 24. 피고 행정청에게 이 사건 건물의 용도를 주택에서 취사용 가스판매장(액화석유가스 취급소)으로 변경하기 위한 용도변경허가신청을 하였다. 이에 대해서 피고 행정청은 1997. 12. 3. 그와 같은 용도변경은 ① 피고가 추진 중인 'LPG 판매업소 외곽이전 공동화 사업'의 취지와 목적에 적합하지 않고, ② 이 사건 주택에 대한 이축허가는 농업 종사와 농촌소득 증대를 목적으로 한 것이어서 이를 취사용 가스판매장으로 용도변경하는 것은 당초 이축허가의 목적상 적합하지 않다는 이유로 원고의 이 사건 용도변경허가신청을 반려하였다. 이에 원고는 그 불허가처분의 취소를 구하는 이 사건 소송을 제기하였다.

2. 소송경과

원심인 광주고등법원은 원고의 청구를 받아들여 피고가 1997. 12. 3. 원고에 대하여 한 건축물용도변경허가거부처분을 취소하였다(광주고등법원 1998. 10. 2. 선고 98누99 판결). 그러나 이에 대한 상고심에서 대법원은 원심판결을 파기하고 이를 다시 광주고등법원으로 환송하였다(대법원 2001. 2. 9. 선고 98두 17593 판결).

---

* 영남대학교 법학전문대학원 전임강사.

3. 판결요지

[원심판결의 요지]

개발제한구역 안에서의 건축물용도변경허가는 개발제한구역의 지정목적에 위배되는지를 고려하여 공익성과 합목적성에 따라 할 수 있는 기속재량행위에 속하고, 이 경우 허가권자는 자신의 재량으로 공익상의 필요가 있는지를 판단할 수 있으나, 그 재량권은 허가를 제한하여 달성하려는 공익과 이로 인하여 상대방이 받게 되는 불이익을 교량하여 신중히 행사되어야 된다. 이 사건 주택을 취사용 가스판매장으로 용도변경을 하는 것은 개발제한구역 내에 거주하는 주민들의 생활환경 개선에 필요한 것으로서 개발제한구역의 지정목적과 시행령 및 시행규칙의 용도변경허가에 관한 규정 취지에 어긋나지 아니한다. 피고가 내세우고 있는 공동화사업은 개발제한구역의 유지 · 관리와는 직접 관련이 없는 사항에 관한 행정지도에 불과하고, 인근에 아무런 부락이나 가옥이 없는 이 사건 주택 소재지의 경우 가스누출이나 폭발에 따른 위험이 적다고 할 수 있으므로, 이 사건 주택을 취사용 가스판매장으로 용도변경하는 것을 불허할 공익상의 특별한 필요가 있다고 보기도 어렵다. 그러므로 위 공동화사업 및 본래의 이축목적을 내세워 이 사건 용도변경허가 신청을 반려한 이 사건 불허가처분은 재량권의 범위를 일탈한 것으로 위법하다.

[대법원 판결의 요지]

이른바 기속행위 내지 기속재량행위와 재량행위 내지 자유재량행위의 구분은 당해 행위의 근거가 된 법규의 체재 · 형식과 그 문언, 당해 행위가 속하는 행정 분야의 주된 목적과 특성, 당해 행위 자체의 개별적 성질과 유형 등을 모두 고려하여 판단하여야 하고, 이렇게 구분되는 양자에 대한 사법심사는, 전자의 경우 그 법규에 대한 원칙적인 기속성으로 인하여 법원이 사실인정과 관련 법규의 해석 · 적용을 통하여 일정한 결론을 도출한 후 그 결론에 비추어 행정청이 한 판단의 적법 여부를 독자의 입장에서 판정하는 방식에 의하게 되나, 후자의 경우 행정청의 재량에 기한 공익판단의 여지를 감안하여 법원은 독자의 결론을 도출함이 없이 당해 행위에 재량권의 일탈 · 남용이 있는지 여부만을 심사하게 되고, 이러한 재량권의 일탈 · 남용 여부에 대한 심사는 사실오인, 비례 · 평등의 원칙 위배, 당해 행위의 목적 위반이나 동기의 부정 유무 등을 그 판단대상으로 한다.

구 도시계획법(2000. 1. 18. 법률 제6243호로 전문 개정되기 전의 것)의 관련 규정의 체재와 문언 및 개발제한구역 지정의 목적상 개발제한구역 내에서는 건축물의 건축이나 그 용도변경은 원칙적으로 금지되고, 다만 구체적인 경우에 구역 지정의 목적에 위배되지 아니할 경우 예외적으로 허가에 의하여 그러한 행위를 할 수 있게 되어 있음이 분명한 한편, 이러한 건축물의 용도변경에 대한 예외적인 허가는 그 상대방에게 수익적인 것에 틀림이 없으므로, 이는 그 법률적 성질이 재량행위 내지 자유재량행위에 속하는 것이라고 할 것이고, 따라서 그 위법 여부에 대한 심사는 재량권 일탈·남용의 유무를 그 대상으로 한다.

이와 같이 개발제한구역 내에서의 건축물 용도변경에 대한 허가가 가지는 예외적인 허가로서의 성격과 그 재량행위 내지 자유재량행위로서의 성격에 비추어 보면, 그 용도변경의 허가는 개발제한구역에 속한다는 것 이외에 다른 공익상의 사유가 있어야만 거부할 수가 있고 그렇지 아니하면 반드시 허가를 하여야만 하는 것이 아니라, 그 용도변경이 개발제한구역의 지정 목적과 그 관리에 위배되지 아니한다는 등의 사정이 특별히 인정될 경우에 한하여 그 허가가 가능한 것이고, 또한 그에 관한 행정청의 판단이 사실오인, 비례·평등의 원칙 위배, 당해 행위의 목적위반이나 동기의 부정 등에 해당하지 아니하면 이를 재량권의 일탈·남용이라고 하여 위법하다고 할 수가 없다.

따라서 이 사건 불허가처분은 사실오인 혹은 목적위반이 있다고 할 수 없고, 비례·평등원칙 등에 위배된 것이라고도 할 수 없으므로 재량권 일탈·남용의 위법한 처분으로 단정하기 어렵다.

Ⅱ. 평 석

1. 쟁점정리

이 사건에서 구체적으로 문제되었던 것은 구 도시계획법상의 개발제한구역 내에 위치한 건축물의 용도변경허가의 법적 성질 및 그 위법 여부에 대한 사법심사의 대상이 무엇인지, 그리고 그와 같은 용도변경허가의 기준 및 그 위법 여부에 대한 사법심사의 기준이 무엇인지에 대한 것이었다. 이는 곧 당해 용도변경허가가 기속행위인지 재량행위인지 여부에 따라 결정되는 것이라 할 수 있다. 그리고 이에 대한 판단을 위해서는 우선 기속행위와 재량행위의 구별기준 및 그 각각에 대한 사법심사방식의 차이 등을 살펴보아야 할 것이다. 따라서 아래에서는 이에 대한 내용을 검토해 보고, 나아가 기속재량행위의 법적 성격, 기속행위와 재량행위의 구별실익 및 재량과 판단여지의 관계 등에 대해서 살펴보기로 한다.

2. 관련판례

종래 대법원은 기속행위와 재량행위의 구별기준에 대하여 “어느 행정행위가 기속행위인지 재량행위인지 나아가 재량행위라고 할지라도 기속재량행위인지 또는 자유재량에 속하는 것인지 여부는 이를 일률적으로 규정지을 수는 없는 것이고, 당해 처분의 근거가 된 규정의 형식이나 체재 또는 문언에 따라 개별적으로 판단하여야 한다."라고 판시하면서(대법원 1995. 12. 12. 선고 94누12302 판결; 1997. 12. 26. 선고 97누15418 판결; 1998. 4. 28. 선고 97누21086 판결; 1998. 9. 8. 선고 98두8759 판결 등), 재량행위를 다시 기속재량행위와 자유재량행위로 구분하여 살펴왔다.

3. 판결의 검토

(1) 재량권과 재량행위

현대 행정의 목적 내지 존재의의는 공익실현에 있다고 할 수 있다. 그리고 이를 위하여 행정에 대해서는 일정한 범위 내에서 합목적성을 추구하기 위한 선택과 결정의 자유가 부여되어 있다. 이를 우리는 재량권이라고 한다. 그리고 이와 같은 재량권의 행사에 의한 행정행위, 즉 행정결정에 있어 행정청에게 선택의 자유가 인정되는 행정행위를 재량행위라 한다. 반면에 행정행위의 요건 및 효과가 일의적으로 명확하게 규정되어 있어서 법을 집행함에 있어서 행정청에게 어떠한 선택의 자유도 인정되지 않고 단지 법을 기계적으로 적용하는 행정행위를 기속행위라고 한다.

그런데 역사적으로 재량행위가 사법심사의 예외적인 영역에 놓여 있었던 시기도 있었으나, 자유민주적 법치주의가 보편화된 현대에 이르러서는 재량행위라 할지라도 전적으로 재판통제에서 배제되는 것은 아니다. 즉 이른바 '재량하자론'의 발달에 따라 과거 행정소송의 대상적격의 차원에서 논해지던 재량행위의 구별문제는 작금에 이르러서는 법원의 본안에서의 심사강도의 문제로 전화(轉化)되었다고 할 수 있다. 우리 행정소송법 역시 제27조에서 "행정청의 재량에 속하는 처분이라도 재량권의 한계를 넘거나 그 남용이 있는 때에는 법원은 이를 취소할 수 있다."라고 규정하고 있으며, 이에 따라서 재량행위라 하더라도 본안심사과정에서 그 재량권 행사의 적법성에 대한 본격적인 사법심사가 이루어질 수 있게 된다.

다만 문제가 되는 행정행위가 기속행위인지 재량행위인지 여부에 따라서 법원의 사법심사방식과 대상이 달라지고, 그 밖에도 양자를 구별할 실익으로 제시되고 있는 내용들이 있으므로, 우선적으로 기속행위와 재량행위의 적절한 구별기준을 정립할 필요성이 있다 할 것이다.

(2) 기속재량행위와 자유재량행위의 구별

대상판결은 기속행위와 기속재량행위를 같은 것으로 보고, 재량행위와 자유재량행위를 같은 것으로 보고 있다. 그리고 일반적으로 기속재량은 무엇이 법인가의 재량으로 그 재량을 그르친 경우에는 위법이 되는 데 반하여, 자유재량은 무엇이 공익에 합치되는가의 여부에 관한 재량으로 그 재량을 그르치더라도 한계를 벗어나지 않는 한 위법하지 않고 부당에 그친다고 설명된다.[1] 이와 같은 이분론에 따르면 기속재량행위를 인정하는 범위만큼 재량행위 자체가 축소되어 결과적으로 사법심사의 대상과 강도가 확대된다.

그런데 관련판례 부분에서 볼 수 있는 바와 같이 대상판결 이전의 판례는 기속재량행위가 재량행위에 속하는 것으로 파악하고 있었다(대법원 1997. 12. 26. 선고 97누15418 판결 등). 이로부터 기속재량행위의 법적 성격 내지 체계적 지위와 관련하여 대상판결이 종전의 판례와 상호 모순되는 것은 아닌지 여부에 대한 의문이 제기될 수 있다.

그러나 대상판결 이전의 판례들이 기속재량행위를 재량행위의 일종으로 구분하였을지라도, 기속재량행위에는 부관을 붙일 수 없다고 파악한 것과 같이 내용적으로는 기속행위와 같은 것으로 보았다(대법원 1988. 4. 27. 선고 87누1106 판결 등). 이는 결국 전통적인 견해와 같이 재량행위의 일부를 기속재량행위로 구분하고 이를 기속행위와 같은 것으로 보아 재량행위에 대한 사법심사의 폭을 넓히고자 하였던 것이라고 볼 수 있다.[2] 그리고 대상판결은 이와 같은 태도를 보다 분명하게 하여 기속재량행위와 기속행위를 같은 것으로 보고, 기속재량행위에 대해서는 법원의 전면적인 재판통제가 가능하다고 명시적으로 밝힌 것으로 볼 수 있다. 그렇다면 그 표현형식에도 불구하고 기속재량행위의 법적 성격에 관하여 대상판결과 기존의 판례가 모순되는 것이라고 보기는 어렵다 할 것이다. 또한 대상판결을 통하여 기존의 판례들이 변경된 것도 아니었다.

오히려 종래 대다수의 학설은 오늘날에는 재량행위라 할지라도 그 일탈 · 남용의 경우에는 일반적으로 재판통제의 대상이 되고 있으므로 사법심사의 범위를 확대하기 위한 측면에서의 기속재량행위는 그 기능적 의의를 상실하였다고 보고, 사실상 기속재량행위와 기속행위를 구별할 실익도 없음을 강조하면서 기속재량과 자유재량의 구별에 대해서 비판적인 입장을 취하여 왔던바, 대상판결은 바로 이와 같은 학설의 지배적인 입장을 수용한 것이라고도 볼 수 있다.

(3) 기속행위와 재량행위의 구별기준

1) 요건재량설과 효과재량설

기속행위와 재량행위의 구별기준으로 전통적으로 제시되어 온 것이 요건재량설과 효과재량설이다. 우선 요건재량설은 행정법규가 요건부분과 효과부분으로 구분됨을 전제로 하여, 재량의 본질이 법규의 요건부분에 있다고 본다. 그리하여 법규가 요건에 대해서 아무런 규정을 두고 있지 않거나(공백규정), 종국목적(공익목적)만을 두고 있는 경우를 재량행위로, 그리고 개개의 행정활동에 특유한 중간목적을 두고 있는 경우를 기속행위로 파악한다. 그런데 행정재량은 주로 효과의 선택에서 인정될뿐더러, 실제적으로 행정법규

---

1) 이에 대한 판례로는 대법원 1973. 10. 10. 선고 72누121 판결 참조.

2) 김동희, "판례상의 기속재량에 관한 일고", 행정판례연구 Ⅷ, 박영사, 2003, 57-58면.

상 공백규정이나 종국목적 규정은 드물고 거의 대부분은 중간목적 규정이므로, 요건재량설은 사실상 요건부분에서의 재량을 부정하게 되는 결과에 이르게 된다.

이로부터 새롭게 등장한 것이 효과재량설로서 이는 법률의 요건부분에 대한 판단은 법인식작용으로서 불확정개념 또는 공백규정에 대해서도 전체 법질서 하에서 올바른 단 하나의 법인식이 가능하다는 것을 근거로 하여, 행정재량은 법률효과의 선택에 있어서 인정된다고 본다. 즉 행위 여부에 대한 결정재량과 다수의 행위에 대한 선택재량을 인정하는 것이다. 그리고 법에서 특별히 규정하고 있는 경우를 제외하고는 기본적으로 문제되는 행위의 성질이 기준이 된다고 보아, 침익적 행정행위는 기속행위이고 수익적 행정행위는 재량행위라고 파악한다. 그러나 이에 대해서는 요건부분의 판단여지가 인정될 수 있음을 간과하였고, 행정행위의 성질이 기속행위와 재량행위 구별의 결정적인 기준이 될 수 없다는 비판이 가해진다.

2) 최근의 학설 경향

오늘날에 이르러서는 일반적으로 위와 같이 일률적인 구별기준을 설정하는 것은 지양하고 있다. 즉 전통적인 요건재량설과 효과재량설에는 모두 상당한 약점이 존재하므로 보다 종합적인 견지에서 구별기준을 찾고 있다.

먼저 근거법규가 행정행위의 요건 · 내용 · 절차 등에 관하여 일의적 규정을 두고 있는 경우에는 그 행정행위의 성질 여하에 관계없이 이는 기속행위로 본다.

이와 달리 행정청에게 법효과에 대한 선택의 여지가 있는 경우에는 우선 법률규정을 일차적 기준으로 삼아 그 문리적 표현과 관련규정, 입법취지 및 입법목적으로 고려하여 기속행위와 재량행위를 구별하여야 한다고 본다. 즉 근거법령에서 효과규정을 "… 할 수 있다."라고 규정하고 있는 경우에는 원칙적으로 재량행위로 파악하고, "… 하여야 한다. / … 하여서는 아니 된다."라고 규정하고 있는 경우에는 원칙적으로 기속행위로 보는 것이다. 그러나 법률이 위와 같이 규정되어 있지 아니하거나 경우에 따라서는 그 규정형식과 달리 해석하여야 할 경우도 있는데, 이와 같이 법령의 규정이 명확하지 않은 경우에는 당해 법령의 규정과 함께 문제가 되는 행위의 성질, 기본권 관련성 및 공익관련성을 종합적으로 고려하여야 한다고 본다. 이에 따르면 문제되는 행위가 자연적 자유의 회복을 내용으로 하는 강학상 허가에 해당하는 경우에는 기속행위로 파악될 가능성이 크고, 반면에 새로운 권리를 설정해 주는 것으로 내용으로 하는 강학상 특허에 해당하는 경우에는 재량행위로 파악될 가능성이 크다고 볼 수 있다. 또한 헌법상 자유권과 같이 국민의 중대한 기본권이 관련되는 경우에는 기본권의 최대한의 보장이라는 요청에 따라서 기속행위로 파악될 가능성이 높으나, 반면에 공익실현이 보다 중요한 영역에서는 효과적인 공익실현을 위한 행정청의 판단을 보장해 준다는 측면에서 재량행위로 파악될

가능성이 높다 할 것이다.[3)]

그리고 행정행위의 요건 부분에 불확정개념이 사용되고 있는 경우, 이는 원칙적으로 사법심사의 대상이 되나, 행정청의 전문적 · 기술적 판단을 존중해 줄 필요가 있는 일정한 경우에는 판단여지의 문제로 연결된다.

3) 판례의 경향

대법원은 종래 재량행위 여부를 판정하면서 일반음식점허가, 건축허가 등과 같이 문제되는 행정행위가 강학상 허가에 해당하는 경우에는 "… 성질상 일반적 금지의 해제에 불과하므로 허가권자는 허가신청이 법에서 정한 요건을 구비한 때에는 허가하여야 하고 관계법령에서 정하는 제한사유 외에 공공복리 등의 사유를 들어 허가신청을 거부할 수는 없고, …"라고 하여 이를 기속행위로 파악해 왔다(대법원 1995. 12. 12. 선고 95누9051 판결; 2000. 3. 24. 선고 97누12532 판결 등). 그러나 개인택시운송사업면허, 대지조성사업계획승인, 주택건설사업계획승인 등과 같이 문제되는 행정행위가 허가가 아닌 수익적 행정행위일 경우에는 "이는 상대방에게 권리나 이익을 부여하는 효과를 수반하는 이른바 수익적 행정처분으로서 행정처분의 요건에 관하여 일의적으로 규정되어 있지 아니한 이상 행정청의 재량행위에 속한다."라고 하여 일반적으로 재량행위로 파악하여 왔다(대법원 1997. 10. 24. 선고 97누10772 판결; 1997. 12. 9. 선고 97누4999 판결; 1999. 5. 25. 선고 99두1052 판결 등). 즉 일정 부분 효과재량설의 입장에 따랐던 예가 없지 않았다.

그러나 다른 한편으로는 "어느 행정행위가 기속행위인지 재량행위인지 나아가 재량행위라고 할지라도 기속재량행위인지 또는 자유재량에 속하는 것인지 여부는 이를 일률적으로 규정지을 수는 없는 것이고, 당해 처분의 근거가 된 규정의 형식이나 체재 또는 문언에 따라 개별적으로 판단하여야 한다."라고 하여 근거법규의 규정형식에 따라서 기속행위인지 재량행위인지 여부를 판단해 왔다(대법원 1997. 12. 26. 선고 97누15418 판결 등).

그리고 대상 판결에 이르러 비로소 법규의 체재 · 형식 및 문언과 문제되는 행정행위의 성질과 목적 등 제반사정을 종합적으로 고려하여 기속행위인지 재량행위인지 여부를 판정하여야 한다는 구별기준을 제시하기에 이르렀다. 이에 따라 대상판결은 이 사건에서 문제된 구 도시계획법상의 개발제한구역 내의 건축물 용도변경은 원심에서 판단하였던 것처럼 공익상의 필요에 따라서만 예외적으로 거부할 수 있는 기속재량행위가 아니라, 재량행위 내지 자유재량행위에 속하는 것이라고 판단하였다.

---

3) 김동희, 행정법 I (제16판), 박영사, 2010, 264-266면; 김철용, 행정법 I (제13판), 박영사, 2010, 219면; 박균성, 행정법론(상)(제9판), 박영사, 2010, 303-305면; 홍정선, 행정법원론(상)(제18판), 박영사, 2010, 317-319면 참조.

(4) 기속행위와 재량행위의 구별실익

위에서 살펴본 구별기준에 따라서 기속행위와 재량행위를 구별할 때, 우선 기속행위의 경우 법률에서 정하고 있는 요건이 충족되면 법에서 정하고 있는 효과가 반드시 부여되어야 하나, 재량행위의 경우에는 설령 법에서 정하고 있는 요건이 충족되었다 할지라도 행정청이 공익과의 이익형량을 통하여 일정한 경우 법에서 정하고 있는 효과를 부여하지 않을 수도 있다는 점에서 양자는 구별된다. 그리고 이 외에도 몇몇 측면에서 양자는 구별할 필요성이 있다고 검토되어 왔으므로, 그 각각의 내용을 살펴보기로 한다.

1) 사법심사(재판통제)의 범위와 방식

기속행위와 재량행위를 구별하는 실익은 무엇보다 그 각각에 대하여 사법심사(재판통제)의 범위와 방식이 다르기 때문이라 할 수 있다. 우선 기속행위에 대해서는 법원의 재판통제범위에 제한이 없으나, 재량행위에 대해서는 재량권행사에 하자가 없는 한, 즉 재량권의 일탈 · 남용이 없는 한 법원이 재판통제를 할 수 없게 된다.

또한 사법심사방식과 관련하여 기속행위에 대해서는 법원이 행정청의 판단과 결정 모두를 심사대상으로 하여 자신의 판단을 행정청의 판단에 대체하여 행정청의 행위의 위법성 여부를 판단하는 완전심사방식 혹은 판단대체방식에 의하여 사법심사를 하게 되나, 재량행위에 대해서는 행정청의 재량에 기한 공익판단의 여지를 감안하여 당해 행위에 재량권의 일탈 · 남용이 있는지 여부만을 심사하고, 법원의 판단으로 행정청의 판단을 대체하는 방식의 사법심사는 하지 않게 된다.

대상판결은 이에 대해서 명확히 구분하고 있다. 그리고 이에 따라서 대상판결은 재량행위인 이 사건 용도변경허가에 대해서는 행정청의 판단에 대해서 법원이 독자적으로 내린 판단으로 대체하여 전면적으로 심사할 수는 없고, 단지 재량권의 일탈 · 남용의 유무가 있는지 여부만을 심사하여야 한다고 결론짓고 있다.

2) 부관의 허용성

종래 다수의 견해 및 판례(대법원 1988. 4. 27. 선고 87누1106; 1995. 6. 13. 선고 94다56883 판결 등)는 일반적으로 부관은 재량행위에 한하여 붙일 수 있고, 기속행위에는 부관을 붙일 수 없으며 설령 붙였다 하더라도 그것은 무효라고 보고 있다. 그러나 현재에는 재량행위의 경우에도 부관이 제한 없이 인정되는 것은 아니고 행정법상의 일반원칙에 의한 한계는 있으며, 기속행위의 경우에도 법률에 근거가 있는 경우나 행정행위의 요건을 충족시키는 이른바 법률요건충족적 부관의 경우에는 부관을 붙일 수 있는 것이기 때문에 부관의 허용성 여부로 기속행위와 재량행위를 구별하는 것은 더 이상 큰 의미가 없다는 견해가 강하다.

그러나 법률에서 명문으로 허용하고 있는 경우에는 문제될 것이 없으며, 또한 일반적으로 부관은 법률요건충족적 부관 이외에 행위의 효과를 제한하는 기능을 하는 것을 의미한다고 본다면 전통적인 견해와 새로운 견해가 상충하는 것은 아니라고 볼 수 있다.

3) 공권의 성립 여부

이외에 전통적으로 기속행위와 재량행위의 구별실익으로 인정되어 왔던 것 가운데 하나가 바로 공권의 성립 여부에 대한 것이었다. 즉 재량행위에 대해서는 기속행위에 대해서 인정되는 것과 같은 청구권, 즉 특정행위발급청구권이 인정되지 않는다는 것이다. 그러나 재량행위의 경우에는 무하자재량행사청구권이 인정되고 있고 이 또한 공권으로 볼 수 있는 것이므로, 이러한 측면에서는 구별의 실익이 인정되지 않는다 할 것이다.

(5) 재량과 판단여지

앞서 살핀 바와 같이 전통적인 효과재량설에 따를 때에는 법규의 요건부분에 대해서는 재량이 인정되지 않는 결과 불확정개념의 해석 · 적용에 대해서 법원의 전면적인 사법심사가 미치게 된다. 그렇지만 일정한 경우에는 법원이 행정청의 판단에 개입하는 것이 적절하지 않은 경우가 있다. 이를테면 ① 공무원의 근무평정, 국가시험 등과 같은 '비대체적 결정', ② 문화재지정, 청소년유해도서 판정 등과 같은 전문가로 구성된 독립된 합의제기관이 내리는 '구속적 평가결정', ③ 환경행정 · 경제행정 등의 영역에서 장래의 발생할 위험 등의 사태를 예상하여 내리는 '예측결정', ④ 경제 · 사회 · 문화 등을 일정한 방향으로 유도하기 위한 '정책적 · 형성적 결정'과 같은 경우 등이 그 대표적인 예라 할 수 있다.[4] 그리고 이와 같은 일정한 조건 하에서는 행정청에게 판단여지가 인정됨으로써 법원의 전면적 심사가 제한되는 경우가 있다는 것이 바로 판단여지설이다. 따라서 판단여지설은 어디까지나 효과재량설을 전제로 하는 것이라 하겠다.

그런데 이와 같은 요건부분의 불확정개념의 해석 · 적용에 관하여 인정되는 판단여지를 법규의 효과부분에 관하여 인정되는 재량과 구별하여 별개의 것으로 파악할 것인지 여부에 대해서는 견해가 나뉘고 있다. 불확정개념으로 정해진 요건의 판단은 법인식의 문제로서 하나의 판단만이 옳은 것이므로 선택의 자유는 인정될 수 없고 예외적으로 판단의 여지만이 인정될 수 있기 때문에, 판단여지는 의지의 작용으로서 선택의 자유를 의미하는 재량과 구분하여야 한다는 이원론과 판단여지와 재량은 현대 행정이 갖는 적극적 기능과 자율적 책임성에 의거한 사법심사의 한계로부터 비롯되고 양자는 모두 입법자의 의사에 의해 부여된다는 점에서 양자를 구별할 실익이 없다고 파악하는 일원론의 대립이 바로 그것이다.[5]

---

4) 박정훈, "불확정개념과 판단여지", 행정작용법(중범 김동희교수 정년기념논문집), 박영사, 2005, 256-257면.

5) 박정훈, 위의 논문, 264-265면.

그리고 우리 판례는 요건부분의 판단에 관하여 행정청의 전문성을 인정하여 전면적인 사법심사를 회피하고자 하는 경우 그 판단이 행정청의 재량에 속한다고 하거나(예컨대, 공무원 임용을 위한 면접전형에서의 판단에 관한 것으로 대법원 2008. 12. 24. 선고 2008두8970 판결 등), 혹은 사법심사가 미치는 범위가 재량권의 일탈 또는 남용에 그친다고 판시하여(예컨대, 교과서검정에 있어서의 사법심사범위에 관한 것으로 대법원 1988. 11. 8. 선고 86누618 판결; 1992. 4. 24. 선고 91누6634 판결 등), 양자를 같은 차원에서 파악하는 일원론의 입장에 따르고 있다.

4. 판결의 의미와 전망

종전의 판례들이 기속행위와 재량행위의 구별기준으로서 단편적으로 규정의 형식이나 문언만을 제시하거나, 혹은 효과재량설의 견지에서 주로 문제되는 행정행위의 성질만을 주목하였던 것에 비하여, 대상판결은 여기서 진일보하여 문제되는 행위의 근거법규의 체재 · 형식과 그 문언뿐만 아니라 당해 행위가 속하는 행정 분야의 주된 목적과 특성, 당해 행위 자체의 개별적 성질과 유형 등을 모두 종합적으로 고려하여 기속행위인지 재량행위인지 여부를 판단할 것을 제시하고 있다. 그리고 사법심사방식과 관련하여 기속행위에 대해서는 이른바 완전심사 혹은 판단대체방식이 적용되고, 재량행위에 대해서는 부분심사방식이 적용됨을 명시적으로 천명하고 있다. 이와 같이 대상판결은 기속행위와 재량행위의 구별기준에 관하여 종합적이면서도 다각적인 척도를 세분하여 제시하고, 그 사법심사방식의 차이점을 명시적으로 밝혀 구분한 최초의 판결이라는 점에 우선적인 의의가 있다.

또한 대상판결은 그 이전까지 기속재량행위를 재량행위의 일종으로 파악해 왔던 것과는 달리 기속재량행위는 기속행위와 동일시할 수 있음을 명시적으로 확인한 것이기도 하다.

〈관련 참고문헌〉

김동건, "대법원 판례상의 재량행위: 기속행위와 재량행위의 구분과 그에 대한 사법심사방식을 중심으로", 행정판례연구Ⅶ, 박영사, 2002. 12.

김용섭, "기속행위, 재량행위, 기속재량사건의 표시", 판례연구(제15집 하권), 서울지방변호사회, 2001. 12.

선재성, "예외적 허가의 재량행위성과 그 재량권 일탈 · 남용 여부에 관한 법원의 심사방법", 대법원판례해설(통권 제36호), 법원도서관, 2001. 4.

김동희, "판례상의 기속재량에 관한 일고", 행정판례연구 Ⅷ, 박영사, 2003. 12.

오준근, "개발제한구역내 행위허가 기간연장과 재량행위판단기준에 관한 쟁점 검토", 행정판례연구 XI, 박영사, 2006. 6.

이상철, "기속행위와 재량행위", 법제(532호), 법제처, 2002. 4.

박정훈, "불확정개념과 판단여지", 행정작용법(중범 김동희교수 정년기념논문집), 박영사, 2005.

김동희, 행정법 I (제16판), 박영사, 2010.

김철용, 행정법 I (제13판), 박영사, 2010.

박균성, 행정법론(상)(제9판), 박영사, 2010.

홍정선, 행정법원론(상)(제18판), 박영사, 2010.

김철용 · 최광률(편집대표), 주석 행정소송법, 박영사, 2004.

22. 병역소집처분의 기속행위성

— 대상판결 : 대법원 2002. 8. 23. 선고 2002두820 판결 —

조　헌　수*

Ⅰ. 판결개요

1. 사실 관계

가. 원　　고

원고는 1969. 9. 15.생으로서 1988. 2. 15. 징병신체검사에서 신체등위 2급 판정을 받아 현역입영대상처분을 받았다. 그런데 원고는 1989. 5. 8.부터 1995. 12. 22.까지 병무청장으로부터 국외여행허가를 받아 유학을 이유로 국외에 체재 또는 거주하면서 입영을 연기하였다.

원고는 1995. 12. 22. 병역법 제65조 제1항 제1호에 의한 질병으로 인한 병역처분변경원서를 제출하여 1996. 1. 6. 재신체검사 및 1996. 2.경 정밀신체검사를 받은 결과 신체등위 5급 판정을 받아 1996. 3. 6. 제2국민역 편입처분을 받았다.

한편 원고는 변론종결일 현재 가족으로 처와 3살 된 아들 1명이 있으며, 현재 싸이클론엔터테인먼트 주식회사에 이사로 근무하고 있다.

나. 피　　고

피고는 2000. 5. 12. 병역비리합동수사본부로부터 병역비리사건 수사 결과 원고에 대한 제2국민역 편입처분이 신체검사 판정 군의관 등에 대한 원고의 아버지의 청탁 및 금품제공(이하 '이 사건 뇌물사건'이라 함)으로 위법 · 부당하게 이루어진 것이라는 통보를 받고, 2000. 5. 30. 원고에 대한 제2국민역 편입처분을 취소함과 아울러 원고에게 2000. 6. 20.에 재신체검사를 받을 것을 통보하였다.

원고가 2000. 6. 20. 재신체검사에서 신체등위 4급 판정을 받자 피고는 2000. 8. 24. 원고에 대하여 보충역 편입처분을 한 후 2000. 9. 7. 병역법 제29조에 의하여 원고에게

---

* 변호사.

"2000. 10. 16. 13:00까지 경기 양주군 광적면에 있는 육군 제26사단에 입영하라"는 내용의 공익근무요원 소집처분(이하 '이 사건 처분'이라 함)을 하였다.

2. 소송경과

가. 원심판결(서울고등법원 2001. 12. 18. 선고 2001누5387 판결)

원고는 원심 재판 과정에서 원고의 공익근무요원 소집의무는 31세부터 면제되므로 이 사건 처분은 위법하며(첫 번째 주장), 가사 이 사건 처분이 원고의 공익근무요원 소집의무가 면제되기 전에 이루어진 것이라고 하더라도 이 사건 처분은 재량권을 일탈 · 남용한 것으로서 위법하다고 주장하였다(두 번째 주장).

이에 대하여 원심판결은 원고의 경우 공익근무요원 소집의무이행 연령은 병역법 제71조 제1항 제6호의 규정에 따라 35세까지 연장되었다고 판단하여 원고의 첫 번째 주장을 배척하였다.

그러나 원심판결은 원고의 두 번째 주장에 대하여는 이를 받아들여 이 사건 처분은 재량권을 일탈 · 남용한 것으로서 위법하다고 판단하여 원고의 청구를 인용하였다.

즉, 원심판결은 피고가 원고에게 상대적으로 유리한 1996. 3. 6.자 제2국민역 편입처분을 취소하고 2000. 8. 24. 보충역 편입처분을 한 후 이에 터잡아 한 이 사건 처분이 재량권을 일탈 · 남용하였는지 여부는 이 사건 처분의 공익적 필요성, 이 사건 처분을 하게 된 경위, 원고가 입게 될 기득권 침해의 정도 등 제반 사정을 비교 · 형량하여 판단하여야 한다고 전제한 후, 병역의무는 국가 수호를 위해 모든 국민에게 과하여진 헌법상의 의무로서 그 의무를 부과함에 있어 형평성을 유지하여야 함은 물론 그 면탈을 방지하여야 할 공익적 필요성이 매우 크다고 하면서도, 이 사건의 경우에는 다음과 같은 사정을 고려하면 이 사건 처분은 재량권을 일탈 · 남용하여 위법하다고 판단하였다.[1]

① 피고가 이 사건 처분을 하게 된 계기인 이 사건 뇌물사건은 그 주체가 원고가 아닌 원고의 아버지이며, 원고가 이에 가담하였다는 아무런 증거가 없고, 판정 군의관에게 뇌물을 주었다고 하여 반드시 원고에 대한 신체검사 판정이 잘못된 것이라고 단정할 수 없는 점

② 원고에 대한 1996. 3. 6.자 제2국민역 편입처분 당시 이루어진 정밀 신체검사에서 확인된 병명과 그로부터 4년 3월이 경과된 뒤 이루어진 이 사건 재신체검사의 결과에서 확인된 원고의 질병이 근본적으로는 차이가 없는 점

---

1) 원심이 설시한 일탈 · 남용의 근거는 이 사건 처분이 재량행위임을 전제로 할 경우에는 매우 설득력 있는 근거이나, 이 사건 처분이 대법원 판결처럼 기속행위라고 보는 경우에는 별로 필요하지 않는 근거이다. 그러나 사안의 이해를 돕기 위하여 원심이 설시한 판결이유를 옮겨보기로 한다.

③ 원고의 공익근무요원 소집의무 면제 연령이 31세로부터 36세로 연장된 사유는 원고가 적법하게 허가를 받고 외국유학을 간 경력에 기인한 것이지, 신체검사 등을 기피하거나 불법으로 출국한 것이 아닌 점

④ 원고가 1996. 3. 6. 제2국민역 편입처분을 받은 후 결혼하여 단란한 가정을 꾸리면서 밖으로는 직장생활을 통하여 여러 사람들과 직접, 간접으로 각종 관계를 맺어 왔는데, 그로부터 4년 7월이라는 비교적 오랜 기간이 지난 후에 이 사건 처분이 이루어져, 가정생활이나 직장생활에 심한 타격이 생길 우려가 있는 점.

나. 대법원 판결(대상판결)

위와 같은 원심판결에 대하여 피고는 공익근무요원 소집처분은 기속행위인데 원심이 위 처분이 재량행위임을 전제로 이 사건 처분이 재량권을 일탈 · 남용한 것이라고 판단한 것은 잘못되었다는 이유로 대법원에 상고를 제기하였다.

대법원은 이에 대하여 피고의 상고이유를 받아들여 원심판결을 파기 환송하였는바, 대법원 판결의 요지는 다음과 같다.

“행정행위가 재량행위인지 여부는 당해 행위의 근거가 된 법규의 체제 · 형식과 그 문언, 당해 행위가 속하는 행정분야의 주된 목적과 특성, 당해 행위 자체의 개별적 성질과 유형 등을 모두 고려하여 판단하여야 하고(대법원 2001. 2. 9. 선고 98두17593 판결 참조),[2] 한편, 병역법 제26조 제2항은 보충역을 같은 조 제1항 소정의 업무나 분야에서 복무하여야 할 공익근무요원으로 소집한다고 규정하고 있는바, 위 법리와 병역법 제26조 제2항의 규정 취지에 비추어 보면 원고가 보충역에 해당하는 이상 지방병무청장으로서는 관련 법령에 따라 원고를 공익근무요원으로 소집하여야 하는 것이고, 이와 같이 보충역을 공익근무요원으로 소집함에 있어 지방병무청장에게 재량이 있다고 볼 여지는 없다.

그럼에도 불구하고 원심이 이 사건 처분이 재량행위라는 전제하에 이 사건 처분이 재량권을 일탈 · 남용한 위법이 있다고 판단한 것은 공익근무요원 소집이나 재량행위 등에 관한 법리를 오해하여 판결에 영향을 미친 위법이 있다.”

Ⅱ. 평 석

1. 쟁점정리

이 사건의 유일한 쟁점은 공익근무요원 소집처분이 기속행위이냐 재량행위이냐의

2) 위 판례와 동일한 요지의 판례는 그 이전에도 여러 개가 더 있다. 1984. 1. 31. 선고 83누451 판결, 1995. 12. 12. 선고 94누12302 판결, 1997. 12. 26. 선고 97누15418. 판결, 1998. 4. 28. 선고 97누21086 판결 등.

여부이다.

행정행위는 주체를 기준으로 하거나 구성요소를 기준으로 하거나 그 내용 또는 형식을 기준으로 하거나 혹은 기타의 기준에 의하여 각종으로 분류를 할 수 있으나, 법규의 기속을 기준으로 하여 기속행위와 재량행위로 나눌 수 있으며,[3] 위와 같은 구별의 주된 실익은 당해 행정행위가 실정법상 행정소송(사법심사)의 대상이 되느냐의 여부를 결정하는 것에 있다고 한다.

행정행위가 미리 행정법규가 정한 바에 의하여 기계적으로 이루어진 경우에는 기속행위라 하고, 행정청의 판단과 선택에 의하여 이루어진 경우에는 재량행위라고 하며, 기속행위의 위반 시에는 위법의 문제가 발생하지만, 재량행위의 위반 시에는 부당의 문제가 생길 뿐이어서 원칙적으로 행정소송의 대상이 되지 않는다는 것이다.

그러나 기속행위와 재량행위는 그 사이에 결코 본질적인 차이가 있는 것이 아니며, 법에 대한 관계에 있어서 질적 차이가 있는 것이 아니고 양적 차이가 있음에 지나지 않는다고 보는 것이 학설과 판례의 공통된 의견이다.

따라서 재량행위라고 하더라도 그 재량권의 법적 한계를 일탈하거나 또는 법이 부여한 목적을 위반하여 남용된 경우에는 비단 부당에 그치는 것이 아니라 기속행위와 마찬가지로 위법을 구성하게 되며, 사법심사의 대상이 되는 것이다.

재량행위와 기속행위를 구별하는 기준에 관하여는 학설상 요건재량설(재량을 행정행위의 요건에 관한 사실인정과 인정사실의 요건 해당 여부에 관한 판단에 있다고 보는 견해), 효과재량설(재량을 어떠한 법률 효과의 선택에 있다는 견해), 판단여지설(행정법규가 불확정개념을 써서 행정행위의 요건을 정하고 있는 경우에도 그 불확정의 개념은 다수의 판단의 가능성 간의 선택의 여지라는 재량을 의미하는 것이 아니라 유일한 정당한 결정을 내려야 하는 법 적용이라고 하면서도 타면에 있어서 일정한 경우에 그에 관한 행정청의 판단에 대하여 법원의 심리에 갈음하는 판단여지 내지는 대체가능성을 인정하여야 한다는 견해)[4] 등 여러 학설이 있으나, 실재에 있어서는 어떤 행정행위가 기속행위에 해당하느냐 아니면 재량행위에 해당하느냐의 여부를 판단하는 것은 매우 어려운 일이다.

그래서 이 사건의 경우에도 원심판결은 공익근무요원 소집처분을 재량행위로 보았지만 대법원 판결은 이를 기속행위로 판단한 것이다.

따라서 이하에서는 재량행위와 기속행위에 대한 종래의 대법원의 판례를 검토해 보

---

3) 재량행위는 기속재량행위와 자유재량행위로 다시 구분하는 것이 통설 · 판례의 입장이다.

4) 판단여지설이 요건재량설과 다른 것은, 요건재량설의 경우에는 불확정개념은 처음부터 권한 상 사법심사에서 배제되어 있는 재량개념인데 대하여, 판단여지설의 경우에는 불확정개념은 재량 개념이 아닌 법 개념으로서 그에 관한 해석이나 판단은 전면적인 사법심사의 대상이 될 법률문제로 보고, 다만 일정한 경우 사법심사가 배제되는 데 불과하다는 데 있는 것이라고 한다.

고, 이 사건 판결의 의의를 알아보도록 하겠다.

2. 관련 판례

대법원은 종래부터 행정행위를 기속행위와 재량행위, 그리고 재량행위는 다시 기속재량행위와 자유재량행위로 구분하면서도 그 각각의 구분기준에 대하여는 사안별로 각각 다른 기준을 제시하여 왔으며 명확한 구분 기준은 제시하지 못하고 있는 편이다.

대법원은 기속행위와 재량행위의 구별기준에 대하여는 종래 효과재량설에 입각한 태도를 유지하여 왔다.

즉, 대법원은 1963. 8. 31. 선고 63누111 판결에서 "행정청이 한번 어떠한 허가를 함으로써 국민에게 어떠한 이익을 주었을 때에 나중에 그 허가처분을 취소 또는 철회함으로써 그 수익자에게 불이익을 줄 경우에는 그 허가처분 중에 취소 또는 철회에 관하여 일정한 부관이 있거나 없거나를 가리지 않고 그때 행정청이 가지는 재량은 기속재량행위라 할 것이다"라고 판시하였고, 위와 같은 태도는 오랫동안 계속되었다.

한편 대법원은 기속행위와 재량행위의 구분의 일반적인 원칙은 제시하여 왔는바, 그 대표적인 판결은 1995. 12. 12. 선고 94누12302 판결이다.

즉, 위 판결은 "어느 행정행위가 기속행위인지 재량행위인지 나아가 재량행위라 할지라도 기속재량행위인지 또는 자유재량행위에 속하는 것인지 여부는 이를 일률적으로 규정지을 수 없는 것이고, 당해 처분의 근거가 된 규정의 형식이나 체제 또는 문언에 따라 개별적으로 판단하여야 한다."라고 판시하였으며, 위와 같은 판단은 그 후 1997. 12. 26. 선고 97누1548 판결, 1998. 4. 28. 선고 97누21086 판결, 1998. 9. 8. 선고 98두8759 판결 등에서도 그대로 유지되었다.

그 후 2001. 2. 9. 선고 98두17593 판결[5]에서는 당해 행위의 근거가 된 법규의 체제 · 형식과 그 문언 이외에도 당해 행위가 속하는 행정 분야의 주된 목적과 특성, 당해 행위 자체의 개별적 성질과 유형 등을 모두 고려하여야 한다고 판시하여 종전 판례보다 좀 더 자세한 구분기준을 제시하고 있다.

3. 대상판결의 검토

가. 공익근무요원 소집처분이 재량행위인지 기속행위인지에 대하여 직접적인 판단을 한 대법원 판례는 없다.

다만 유사한 사건으로서 대법원 1996. 5. 31. 선고 95누10617 판결이 있는바, 위 판결은 "구 병역법(1994. 12. 31. 법률 제4840호로 개정되기 전의 것) 제35조 제2항, 제3항의 각

5) 이 사건 대상판결이 판결문에서 인용하는 판례임.

규정에 의하면 병무청장은 공중보건의사가 통산 8일 이상의 기간 근무지역을 이탈한 때에는 공중보건의사로의 편입을 취소하고, 편입취소 된 사람은 편입되기 전의 신분으로 복귀하여 현역병으로 입영하게 하거나 공익근무요원으로 소집하여야 하도록 규정하고 있는바, 원고가 공중보건의사로 편입되기 전의 신분은 현역병 입영대상자이었다는 것이므로 지방병무청장은 공중보건의사에의 편입이 취소된 원고를 현역병으로 입영하게 하여야 하고, 위와 같은 편입취소 및 현역병 입영명령은 함에 있어 병무청장에게 재량이 있다고 볼 여지는 없다"라고 판시하여 공중보건의사의 편입취소 및 현역병 입영처분은 재량행위가 아닌 기속행위라고 밝힌 사례가 있다.

나. 대상판결은 공익근무요원 소집처분이 재량행위가 아니라 기속행위라고 판단하였으나, 그와 같은 판단 이유에 대하여는 자세한 근거를 제시하지는 않고 단지 행정행위가 재량행위인지 여부는 당해 행위의 근거가 된 법규의 체제 · 형식과 그 문언, 당해 행위가 속하는 행정 분야의 주된 목적과 특성, 당해 행위 자체의 개별적 성질과 유형 등을 모두 고려하여 판단하여야 한다는 일반론과 더불어 병역법 제26조 제2항은 보충역을 같은 조 제1항 소정의 업무나 분야에서 복무하여야 할 공익근무요원으로 소집한다고 규정한 법 규정의 취지만을 근거로 설시하고 있다.

위와 같이 대상판결이 그 결론에 이르는 판단 근거의 설시에는 다소 미흡한 면이 있으나, 그 결론 자체는 타당하다고 생각되며, 그 이유들을 보충하여 보면 다음과 같다.

(1) 병역법은 '제5장 보충역의 복무, 제1절 공익근무요원의 복무'라는 제목 하에 제26조 제2항은 '제1항 소정의 업무나 분야에 복무하여야 할 공익근무요원은 보충역에 대하여 소집한다.'는 취지로 규정함으로써 보충역에 대하여는 공익근무요원으로 소집할 수 있음을 규정하면서도 원심판결이 이 사건 처분이 재량권을 일탈 · 남용하였다는 근거로 들고 있는 사유(이하 '원심판결 사유'라 함) 등이 있는 경우에는 지방병무청장이 공익근무요원 소집처분을 하지 않을 수도 있다는 취지의 규정을 들고 있지 아니한 점

(2) 병역법은 제60조부터 제68조의 규정 등에서 '병역의무의 연기 및 감면'에 관하여 규정하면서도 원심판결사유 등이 있는 경우에 공익근무요원 소집처분을 하지 않을 수 있다고 해석할 여지가 있는 규정을 전혀 두고 있지 아니한 점

(3) 병역법 제3조 제1항은 '대한민국 국민인 남자는 헌법과 이 법이 정하는 바에 따라 병역의무를 성실히 수행하여야 한다.'고 규정하면서 제2항은 '이 법에 의하지 아니하고는 병역의무에 대한 특례를 규정할 수 없다.'고 규정하고 있는바, 이러한 규정의 취지를 살펴보면 원심판결사유와 같이 병역법에서 규정하고 있지 않은 사유를 근거로 지방병무청장이 공익근무요원 소집처분을 하지 않을 수 있다고는 해석할 수 없는 점

(4) 병역의무는 국가 수호를 위해 전 국민에게 과하여진 헌법상의 의무로서 그 의무

를 부과함에 있어서는 형평성을 유지하여야 함은 물론 그 면탈을 방지하도록 하여야 할 공익적 필요성이 매우 크다. 따라서 병역처분으로 인하여 입게 된 당사자의 불이익보다도 병역면탈방지라는 일반 예방적 측면이 더욱 강조되어야 할 것인바(대법원 1995. 2. 28. 선고 94누7713 판결[6] 등 참조), 이러한 병역의무의 공정성과 형평성의 관점에서 보더라도 공익근무요원 소집처분의 재량행위성을 인정하기 어렵다고 보이는 점.

4. 판결의 의의와 전망

이 사건 대상판결은 병역비리사건과 관련하여 원고에게 내려진 이 사건 공익근무요원 소집처분이 원고 개인에게는 원심판결사유가 설시한 바와 같이 다소 억울한 면이 있다고 하더라도, 병역의무의 공정성과 형평성을 보다 강조하여 이 사건 처분은 지방병무청장에게 재량이 있다고 볼 수 없는 기속행위임을 명백히 선언하였다는데 그 의의가 있다고 할 것이고, 그 점에서 타당한 결론이라고 할 것이다.

그리고 병역처분과 관련된 행정행위에 대하여는 병역의무의 공정성과 형평성을 강조하고 그에 따라 그 행위의 재량성을 부인하는 위와 같은 판례의 태도는 우리나라의 남북 분단의 현실이 존재하고 병역의무의 수행에는 성역이 없다는 국민적인 공감대가 형성되어 있는 한 앞으로도 당분간 유지될 것으로 보인다.

〈참고문헌〉

김용찬, 행정행위가 재량행위인지 여부의 판단기준 및 지방병무청장의 공익근무요원소집처분이 재량행위인지 여부, 대법원 판례해설 제43호(2002 하반기), 130~138쪽.

김동건, 대법원 판례상의 재량행위—기속행위와 재량행위의 구분과 그에 대한 사법심사방식을 중심으로—, 행정판례연구 Ⅶ, 박영사, 49~77쪽.

김도창, 일반 행정법론(상), 1990. 청문사, 338~366쪽.

한견우, 행정법(Ⅰ), 홍문사, 1994, 417~437쪽.

6) 위 판결은 귀국 지연을 이유로 한 지방병무청장의 특례보충역편입 취소처분에 재량권 일탈의 위법이 없다고 본 사례임.

23. 재량과 판단여지의 구분

—대법원 1988. 11. 8. 선고 86누618 판결—

조 원 경*

Ⅰ. 판결개요

1. 사실관계

원고들은 1984학년도부터 사용할 중학교 1, 2, 3학년용 및 고등학교용 미술교과서를 공동저작하여 피고에게 검정신청하였는바, 피고는 검정 1차심사에서 1983. 3. 2.자로 중학교 1, 2, 3학년용 미술교과서에 대하여는 15종의 검정신청 미술교과서 중 1순위로, 고등학교용 미술교과서에 대하여는 14종의 검정신청 미술교과서 중 4순위로 각 적격판정을 하면서, 원고들에게 위 검정신청 교과서들에 대한 교사용 지도서심사본을 제출케 하였다.

이에 원고들은 위 교과서들에 대한 각 교사용 지도서를 저작하여 피고에게 검정신청하였으나 피고는 1983. 7. 11.자로 중학교 및 고등학교 교사용 지도서 모두에 대하여 부적판정을 하였다.

2. 소송경과

원고들은 피고의 위 중 · 고등학교 교사용 지도서 1차심사결과 부적판정처분의 취소를 구하는 소송을 제기하였는데, 제1심인 서울고등법원은 원고들이 검정신청한 교사용 지도서가 부적한 도서가 아니라는 감정인의 감정의견에 따라 피고의 위 처분이 위법하다고 하며 이를 취소하였다(서울고등법원 1986. 8. 12. 선고 83구910 판결).

이에 피고가 대법원에 상고하였는바, 대법원은 원심판결을 파기하고 이를 서울고등법원에 환송하였다.

---

* 서울동부지방법원 판사.

3. 판결요지

[원심판결의 요지]

(1) 우리 헌법이 국민의 교육을 받을 권리와 교육의 자주성을 보장하는 한편(헌법 제29조), 학문의 자유, 출판의 자유를 보장하고 있으며(헌법 제21조, 제20조), 교육법은 교육의 자주성, 자율성을 보장하기 위하여 부당한 간섭을 배제하고 있고(교육법 제5조, 제14조), 따라서 학문의 연구자는 교육을 위하여 학문연구의 성과를 교과용 도서를 집필, 출판하는 형태로 전달할 수 있는 교과용 도서집필, 출판의 자유가 있다.

(2) 교과용 도서검정에 있어서 심사는 원칙적으로 오기, 오식 기타 객관적으로 명백한 잘못, 제본 기타 기술적 사항에 그쳐야 하며 저자의 교육적 견해 등의 당부는 국민 및 교육을 담당한 교사들에 의하여 평가되어야 할 것이며 행정당국의 판단에 맡겨져서는 안 된다.

[대법원 판결의 요지]

(1) 학문을 연구하는 자가 그 학문연구의 성과를 집필, 출판하는 자유가 있는 것은 분명하지만, 그렇다고 해서 중·고등학교 교과용도서의 검정에 있어서 피고의 심사는 원칙적으로 오기, 오식 기타 객관적으로 명백한 잘못, 제본 기타 기술적 사항에 그쳐야 한다고 하는 것은 부당하다. 피고가 시행하는 검정은 그 책을 교과용 도서로 쓰게 할 것인가 아닌가를 정하는 것일 뿐 그 책을 출판하는 것을 막는 것은 아니며 현행 교육제도 하에서는 피고가 중·고등학교 교과용 도서를 검정함에 있어서 그 저술한 내용이 교육에 적합한 여부를 심사할 수 있다고 하여야 한다.

(2) 피고가 교과용 도서 및 지도서를 검정함에 있어서는 법령과 심사기준에 따라야 하는 것은 물론이지만 그 판단이 사실적 기초가 없다거나 또는 사회통념상 현저히 부당하다는 등 현저히 재량권의 범위를 일탈한 것으로 보이지 않는 한 그 처분을 위법시할 수 없다고 할 것이고, 법원이 그 검정에 관한 처분의 위법 여부를 심사함에 있어서는 피고와 동일한 입장에 서서 어떠한 처분을 하여야 할 것인가를 판단하고 그것과 피고의 처분과를 비교하여 그 당부를 논하는 것은 불가하고, 피고가 관계법령과 심사기준에 따라서 처분을 한 것이면 그 처분은 유효한 것이고 그 처분이 현저히 부당하다거나 또는 재량권의 남용에 해당한다고 볼 수밖에 없는 특별한 사정이 있는 때가 아니면 피고의 처분을 취소할 수 없다.

Ⅱ. 평 석

1. 쟁점정리

교과서 검인정 제도 자체의 위헌 여부라는 쟁점은 배제하고, 대상판결 자체의 행정법적 쟁점은 두 가지로 정리할 수 있다.

첫째, 법원은 교과서 검정에 있어서의 행정청의 판단을 어느 정도까지 심사할 것인가, 즉 법원은 행정청의 판단을 존중하고 단지 그 판단의 한계 일탈 여부를 심사하는 데 그칠 것인가, 아니면 법원이 행정청의 판단을 대체한 전면적으로 새로운 판단을 할 수 있는가 하는 문제가 있다. 이는 대상판결의 직접적 쟁점으로서 원심과 대법원은 이에 대하여 입장을 달리 하고 있다.

둘째, 교과서 검정과 같은 일정한 사안에 있어서, 법원이 법률요건에 있어서의 사실인정 또는 인정사실을 포섭하는 법적 평가에 관한 행정청의 판단을 존중하고 그 판단의 한계 일탈 여부만을 심사할 수 있다고 볼 때, 행정청의 이와 같은 최종적 판단권한을 개념상 '재량'으로 파악할 것인가, '판단여지'로 파악할 것인가의 문제가 있다.

2. 관련판례

(1) 대상판결 이전 대법원 판례는 각종 시험의 채점기준과 관련한 사안에 있어서 요건규정에 대한 행정청의 판단을 존중하고 그 판단권한은 행정청의 자유재량에 속한다는 입장을 취해 왔다. 대법원 1972. 11. 28. 선고 72누164 판결은 '공무원임용시험령 제12조 제4항이 규정한 3급을류 공개경쟁 채용방법에 있어서 제3차 시험은 면접시험 또는 실기시험에 의하여 전문지식과 그 응용능력 및 적격성을 검증하게 되어 있는데 이 면접시험에서 위에서 본 바와 같은 지식 또는 적격성의 판단은 그 시험위원의 고도의 교양과 학식, 경험에 기초한 자율적 판단에 의존하는 것이며, 전문지식의 유무 내지 적격성의 적부판단은 오로지 시험위원의 자유재량에 속하는 것'이라고 판시하였다.

(2) 또한 대상판결 이후 대법원 1992. 4. 24. 선고 91누6634 판결은, 유사한 교과서 검정에 관한 사안에서, 대상판결과 같이 행정청의 판단을 존중하는 근거는 '고도의 학술상, 교육상의 전문적인 판단을 요하는 교과서 검정의 특성'에 있다고 판시하였다.

3. 판결의 검토

(1) 법률요건 판단에 대한 사법심사의 제한

(가) 문제 제기

'교과서 검정'행위는 검정신청한 교과서가 교육용으로 적정한지 여부에 대한 판단행위로서 사실인정 또는 인정사실의 포섭작용이라 할 수 있다. 이와 같은 사실인정 또는 인정사실의 포섭행위는 법해석 또는 법적용행위로서 원칙적으로 법원에 의한 사법심사 대상이 된다 할 것이지만, 일정한 경우, 행정청의 이와 같은 작용에 대하여는 사법심사가 제한된다. 다만, 이와 같이 사법심사가 제한되는 근거와 영역, 제한정도에 대하여는 비교법적으로 볼 때 각 나라마다 차이를 가진다.

(나) 비교법적 고찰

가장 큰 입장 차이를 보인다고 할 수 있는 독일과 미국에서의 법률요건 판단에 대한 사법심사강도에 관하여 간단히 살펴보기로 한다.

1) 독 일 독일의 경우 요건부분의 법률요건 중 불확정개념의 해석 · 적용에 관해서는 재량이 있을 수 없고 재량은 오직 효과부분에만 존재한다는 '효과재량설'이 통설, 판례로 확립되어 있고, 이에 의하면 모든 불확정개념의 해석 · 적용에 관해서는 전면적 사법심사가 가능하며 법원의 판단으로 행정청의 판단을 대체할 수 있다는 결론에 이르게 된다. 이를 시정하기 위하여 '판단여지설'이 주장되었는바, 불확정개념에 관한 재량은 있을 수 없지만, 일정한 조건 하에서 행정청에게 판단여지가 인정됨으로써 법원의 전면적 사법심사가 제한된다는 것이다.

독일 판례상 판단여지가 인정된 예외적인 경우는 ① 공무원의 근무평정, 국가시험과 같이 그 상황 하에서 관계자만이 내릴 수 있는 '비대체적 결정', ② 문화재지정, 청소년유해도서 판정과 같이 전문가로 구성된 독립된 합의제기관이 내리는 '구속적 평가결정', ③ 환경행정, 경제행정 등 영역에서 장래 발생할 위험 등의 사태를 예상하여 내리는 '예측결정', ④ 경제, 사회, 문화 등을 일정한 방향으로 유도하기 위해 행해지는 '정책적 내지 형성적 결정'의 경우 등이다.

물론 이와 같이 판단여지가 인정되는 행정청의 판단도 ① 절차규정의 위반, ② 기초사실의 부정확성, ③ 일반적 평가기준 위반, ④ 평가요소의 착오, ⑤ 자의적 판단, ⑥ 평등원칙위반 등 그 한계를 일탈하였다면 판단여지의 하자가 성립되어 위법하게 되고 법원이 이를 취소할 수 있다.

2) 미 국 미국에서는 법률요건 중 불확정개념에 관한 해석, 사실인정, 포섭의 문제가 모두 '재량'의 관점에서 설명된다. 사실문제에 관하여는 원칙적으로 전면적인

사법심사가 제한되므로, 사실인정에 관하여는, 행정절차법상, 최소한 보충적으로 행정청의 사실인정이 임의적, 자의적인 것으로 재량남용에 해당하는지 여부만을 심사하는 단계, 공식적 처분절차 또는 규칙제정절차에 의거한 사실인정에 대하여는 그것이 실질적 증거에 의하여 뒷받침되는지 여부를 심사하는 단계, 그리고 전면적 재심사가 이루어지는 단계로 사법심사의 강도가 구분되고 있다. 또한 불확정개념의 해석 및 포섭에 있어서도, 판례가 입법자의 명료한 의미가 도출되지 않는 경우에는 행정청의 해석이 자의적이지 않고 합리적인 한 법원이 이를 번복하지 못하는 것으로 보고 있으므로, 역시 이에 대한 사법심사가 제한되고 사실인정에 대한 심사방식이 준용된다.

㈐ 학설의 검토

우리나라 학설 역시 일정한 경우 행정청의 법률요건 중 불확정개념에 대한 사법심사가 제한된다는 점에 대하여는 모두 인정하고 있으며, 특히 교과서 검정에 관한 행정청의 판단에 대하여 그 사법심사가 제한된다는 대상판결의 구체적 결론 자체도 대부분 지지하고 있는 것으로 보인다. 다만, 후술하는 바와 같이 이와 같은 행정의 자율적, 최종적 판단권한을 '판단여지'가 아닌 '재량'으로 파악하고 있는 대상판결의 논거에 대하여는 비판적인 견해가 많다.

㈑ 대상판결의 검토

원심은, 원고들이 검정신청한 교과서가 교육용으로 부적정한 것이 아니라는 감정인의 감정결과에 따라 행정청의 부적판정처분이 위법하다고 판단함으로서, 교과서 검정에 있어서 행정청의 판단의 자율권을 인정하지 않고, 전면적으로 법원의 판단으로 행정청의 판단을 대체하였다. 원심은 이와 같은 판단을 함에 있어서 교과서 검정제도 자체가 헌법이 보장하는 국민의 교육을 받을 권리와 교육의 자주성, 학문의 자유, 출판의 자유와 상충하는 면이 있다고 판단하고 이를 고려한 것으로 보인다.

그러나 대법원은 교과서 검정에 있어서 행정청의 판단이 사실적 기초가 없다거나 사회통념상 현저히 부당하다는 등의 특별한 사정이 있는 때가 아니면 이를 취소할 수 없다고 판단함으로써 교과서 검정에 있어서는 행정청의 자율적 판단권이 존중되고 법원의 판단으로 행정청의 판단을 대체할 수 없으며 그 판단의 한계 일탈 여부를 심사할 수 있을 뿐임을 명시적으로 밝혔다.

교과서 검정제도의 헌법적 문제점을 배제하고 본다면, 고도의 학술적, 교육적 전문성이 요구되는 교과서 검정의 특수성을 고려할 때, 교과서 검정에 있어서 행정의 자율적 판단권을 존중한 대상판결의 태도는 타당하다 할 것이다. 다만, 행정의 자율적 판단권도 그 한계를 일탈한다면 취소될 수 있는바, 특히 교과서 검정과 같이 그 제도의 헌법적 문제점이 제기되고 있는 사안이라면, 그와 같은 한계 일탈 여부, 즉, ① 심사과정에서 절차적인 하자가 없었는지, ② 심사의 전제가 되는 인정사실이 실질적인 증거에 의하여 뒷받침되고 있는지, ② 심사에 있어서 심사위원의 자의적, 임의적인 기준이나 부당한 의도가 개입된 바는 없는지 여부에 관하여도 좀 더 구체적으로 엄격하게 심사되어야 할 것으로 본다.

(2) 재량과 판단여지의 구분

(가) 학설의 검토

일정한 경우 행정청에게 인정되는 법률요건 중 불확정개념에 대한 최종적, 자율적 판단권한을 '재량'으로 파악할 것인가, '판단여지'로 파악할 것인가에 대하여는 학설이 대립한다.

1) 구 별 설 독일 '판단여지'설의 영향을 받아 법률효과 부분에 있어서의 '재량'과 법률요건 부분에 있어서의 '판단여지'는 엄격히 구별되어야 한다는 견해이다. 그 논거로는 ① 법인식의 문제인 요건판단과, 법률효과를 결정, 선택하는 의지의 문제는 개념상 구별될 수밖에 없고, ② 법치국가원리상 요건충족의 판단은 예견가능한 것이어야 하므로 요건부분에 재량을 부여할 수는 없으며, ③ '재량'은 입법자에 의해 주어진 것이지만, '판단여지'는 사법부에 의해 인정되는 것이라는 점을 들고 있다.

2) 비구별설 법률효과 부분에 있어서의 '재량'과 법률요건 부분에 있어서의 '판단여지'는 '재량'이라는 동일한 범주에 속하는 것으로 보는 견해이다. 그 논거로는 ① 양자 모두 입법자의 명시적, 묵시적 의사에 의해 부여되는 것으로 볼 수 있고, ② 요건규정에 대한 행정청의 판단을 법인식작용으로 보면서도 이에 대해 예외적으로 사법심사의 가능성을 부정하는 것은 모순이며, ③ 현대행정에 있어서 요건판단과 효과결정 양자 모두에 인식적, 의지적, 평가적 요소가 함께 작용하는 것으로 보아야 하고 따라서 법이론적으로 반드시 양자를 인식의 문제와 의지의 문제로 양분할 수 있는 것은 아니며, 실무적으로도 행정소송에 있어서의 대상적격, 원고적격이 확대될 경우 본안판단단계에서 일정한 경우 법률요건 판단에 대한 행정의 '재량'을 인정하고, 그에 맞는 심사강도를 설정하는 것이 바람직하다는 점 등을 들고 있다.

(나) 대상판결의 검토

앞에서 본 바와 같이 대상판결은 '교과서검정'행위를 행정청에게 자율적인 판단권한이 주어진 '재량'행위로 파악하고 있고, 관련판례에서도 보듯이 시험분야에 있어서의 행정청의 판단행위가 자유재량에 속한다고 판시하는 등 '재량'과 '판단여지'를 구별하지 않고 있다. 이와 같이 판례가 요건부분에 관하여 재량을 부정하지 않고 있는 상황에서, 독일처럼 요건부분에 대하여 전면적으로 재량을 부정하는 이론이 확립되어 있다고 보기 어려운 우리나라의 경우, ① 일정한 경우 요건부분에 불확정개념을 사용함으로써 행정에게 독자적, 자율적인 판단권한을 부여하려는 입법부의 의도는 효과재량을 부여하는 경우와 본질적으로 구별되는 차이가 있다고 보기 어렵고, ② 행정의 전문성, 특수성, 능동성을 감안하였을 경우 그 판단권은 행정에게 부여된 '재량'으로서 판단권한의 행사가 그 한계를 벗어났을 경우에 위법성을 인정할 수 있다고 보아도 큰 무리가 없고, 오히려 현대행정의 실정에 더 부합한다고 볼 여지도 있으며, ③ 판단권한의 행사가 그 한계를 일탈하였는가 여부를 사후적으로 엄격히 통제한다면 행정의 판단권한을 재량으로 파악한다고 하여 법치국가적 원리 및 국민의 권리보호원칙도 지켜질 수 있다는 점에서, 별도의 '판단여지' 개념을 도입할 것인지 여부는 좀 더 신중하게 논의되어야 할 것으로 본다.

그렇다면 앞으로, 위와 같은 논의와 함께, ① 개별구체적으로 어떠한 행정법 영역에서 그 영역의 어떠한 특징에 따라 이와 같은 행정청의 요건재량 내지 판단여지가 인정될 수 있을 것인가, ② 또한 불확정개념이 사용된 법규 자체의 구조, 법규취지의 검토를 통한 입법자의 의도, 국민의 권리보호 필요성 등을 감안하여 어떠한 경우에 행정청의 요건재량 내지 판단여지가 인정될 수 있을 것인가, ③ 그리고 그 요건재량 내지 판단여지는 각 사안에서 사실인정, 법규해석, 구체적 포섭작용 중 어느 단계까지 인정될 수 있을 것인가, ④ 마지막으로 요건재량 내지 판단여지가 인정되는 경우일수록 그 판단의 한계일탈을 방지하기 위한 사법심사는 큰 의의를 갖는다 할 것인데, 이와 같은 사법심사는 어떠한 구체적 기준에 의하여 어느 정도까지 이루어져야 할 것인가에 대하여, 대법원 판례 및 하급심 판결의 동향, 각국 판례의 태도의 검토를 통한 연구도 계속 이루어져야 할 것으로 본다.

4. 판결의 의미와 전망

대상판결은 '교과서 검정'에 있어서 법원은 행정청의 판단을 존중하여야 하고 자신의 판단으로 행정청의 판단을 대체할 수 없으며 단지 그 판단의 한계 일탈 여부를 심사할 수 있을 뿐이라는 입장을 밝힌 최초의 판결이다. 교과서 검정은 교과서가 교육용으로 적합한지 여부에 대한 사실인정 또는 인정사실의 포섭(법적 평가) 작용이므로, 대상판결은 일정한 경우 법률효과가 아닌 법률요건 판단에 있어서도 사법심사가 제한됨을 인정한 판결이라 볼 수 있다.

다만, 대상판결은 교과서 검정행위를 재량행위로 설시하고 있는바, 사법심사가 제한된다는 결과에 있어서는 차이가 없으나, 교과서 검정은 법률요건에 대한 판단행위로서 이와 같은 판단에 재량이 부여된다고 볼 수 없고, 단지 행정청의 교과서 검정에 대하여는 그 전문성, 대체불가능성 때문에 '판단여지'가 인정될 뿐이라는 견해와는 다른 입장을 취하고 있다.

앞으로 대상판결과 관련하여서, 이론적으로는 법률요건에 대하여 행정청의 최종적인 판단권이 인정되는 경우 '재량'과 구별되는 '판단여지'라는 법개념을 도입할 것인가에 관한 신중한 논의가 이루어져야 할 것이다. 그리고 실무적으로 더욱 중요한 것은 ① 구체적으로 어떠한 경우에, 어떠한 영역에서, 어느 정도까지 법률요건에 대한 행정청의 판단에 대한 사법심사가 제한된다고 볼 수 있는 것인가, ② 또한 이와 같이 사법심사가 제한되는 경우라 하더라도 행정청이 그 판단권한의 한계를 일탈하였는지 여부에 대한 사법심사는 가능한 것인바, 그와 같은 심사는 어떠한 기준으로, 어느 정도까지 인정되어야 하는가에 대한 계속적인 연구가 이루어져야 한다는 점일 것이다.

〈참고문헌〉

고영훈, "재량과 판단여지", 과학기술법연구 제9집 제2호, 한남대학교 과학기술법연구원, 2003. 12.
김남진, "중고등학교교과서검정의 적부", 법률신문 제1838호, 법률신문사, 1989. 4.
박정훈, "불확정개념과 판단여지", 행정작용법(김동희교수정년기념논문집), 박영사, 2005.
배영길, "재량이론의 현대적 정리", 공법연구 제26집 제1호, 한국공법학회, 1998. 5.
양 건, "교과용도서의 검정과 국민의 교육권", 법률신문 제1840호, 법률신문사, 1989. 5.
홍정선, "중학교2종교과서검정처분취소청구사건", 사법행정 제35권 제7호, 한국사법행정학회, 1994. 7.

24. 허가와 인가의 구별

—대법원 1991. 12. 24. 선고 90다12243 전원합의체 판결—

선 정 원*

I. 판결개요

1. 사실관계

이 글에서 다루는 대상판결은 민사법원에서 나온 판결로서 소송당사자도 모두 사인들이었다. 그럼에도 행정법이론, 특히 허가와 인가의 구별과 관련하여 매우 중요한 판단을 내린 전원합의체판결로서 행정법학의 입장에서도 귀중한 판례이다.

이 사건에서 원고는 전남 순천시 소재의 토지를 피고로부터 매수하기로 하는 매매계약을 체결하였다. 이 토지는 구 국토이용관리법상 토지 등의 거래계약에 대하여 허가를 받아야 하는 규제지역에 속하여 있었기 때문에 허가를 얻어야 하지만 아직 허가를 받지 아니하고 있었다. 피고는 허가취득이전에 매매대금의 완불을 주장하면서 토지거래허가절차에 협력하지 않아 원고는 행정청으로부터 토지거래허가를 얻을 수 없었다. 그래서 원고는 피고의 협력을 얻어 토지거래허가를 획득하고 소유권이전등기를 하고자 소유권이전등기청구소송을 제기하게 되었다.

2. 소송경과

원심인 광주고등법원은 구 국토이용관리법 제21조의3 제7항의 규정, 즉 관할관청의 허가 없이 체결한 매매계약은 그 효력을 발생하지 않는다는 규정의 의미는 매매계약 체결 당시 토지거래허가가 없다 하여 채권계약인 당사자 간의 매매계약 자체까지도 무효로 돌아가는 것은 아니고, 매매계약에 따른 당사자 간의 권리의무는 위 법 목적에 배치되지 않는 한 계약내용대로 발생하되 다만 위 법 목적의 달성에 장애가 되는 매도인의 소유권등기이전의무는 관할 관청의 토지거래허가가 있기까지는 발생하지 않는다는 취지

* 명지대학교 법과대학 교수.

로 새겨야 할 것이므로, 위 토지거래허가를 받지 않은 채 위 매매계약에 기하여 이 사건 부동산에 대한 소유권이전등기절차이행을 구하는 원고의 주위적 청구는 이유 없다고 판단하여 이를 배척하고 나서, 한편 국토이용관리법상 규제지역에 위치한 이 사건 토지를 매도한 피고는 위 매매계약의 효력으로서 매수인인 원고에게 토지거래허가신청절차에 협력할 의무, 즉 토지거래허가신청을 원고와 공동으로 할 의무가 있고 관할 관청의 허가가 있으면 소유권이전등기절차를 이행할 의무가 있다고 판단하여 위 협력의무와 조건부 소유권이전등기절차의 이행을 구하는 원고의 예비적 청구를 인용하였다.

3. 판결요지

(1) 대법원은 원심이 인용한 예비적 청구의 내용 중 토지거래허가신청절차에 협력할 의무는 피고에게 인정하였으나 다른 부분, 즉, 조건부 소유권이전등기절차의 이행을 할 의무는 부인하였다.

대법원의 판지는 "원고와 피고 사이에 체결된 이 사건 토지의 매매계약은 처음부터 허가를 배제하거나 잠탈하는 내용의 계약이 아니라 허가를 전제로 한 계약이라고 보이므로 계약의 쌍방 당사자는 공동허가신청절차에 협력할 의무가 있고, 따라서 원고의 예비적 청구 중 피고에 대하여 토지거래허가신청절차의 이행을 구하는 부분을 인용한 원심판결은 정당"하다는 것이다.

그러나 원고의 예비적 청구 중 허가가 있을 것을 조건으로 하여 소유권이전등기절차의 이행을 구하는 부분은 "비록 이 사건 토지의 매매계약이 허가받을 것을 전제로 한 계약이라고 할지라도 허가받기 전의 상태에서는 아무런 효력이 없어 권리의 이전 또는 설정에 관한 어떠한 이행청구도 할 수 없다고 보아야" 한다는 것이다. 이러한 입장에서 "매매계약은 관할 관청으로부터 토지거래허가를 아직 받지 못하였으므로 그 계약내용대로의 효력이 있을 수 없는 것이어서 원고로서도 아직 그 계약내용에 따른 대금지급의무가 있다고 할 수 없다." 그러므로 "계약상 원고의 대금지급의무가 피고의 소유권이전등기의무에 선행하여 이행하기로 약정되어 있었다고 하더라도, 국토이용관리법상의 허가를 받기까지는 원고에게 그 대금지급의무가 없음은 마찬가지여서 피고로서는 그 대금지급이 없었음을 이유로 계약을 해제할 수는 없는 것"이라고 했다.

이러한 다수의견에 대해서 소수의견으로서 반대의견을 다음과 같이 제시하였다.

"관계 규정을 종합하면 거래계약 당사자가 공동으로 허가신청을 하였다 하더라도 그 허가 여부는 오로지 관할 도지사의 재량에 맡겨져 있고 설사 거래 당사자에게 허가협력의무를 명하는 판결이 있다 하더라도 그 판결은 그에 따른 공동허가신청만을 강제하거나 공동허가신청과 같은 효력만을 낳을 뿐 그 허가 여부는 여전히 관할 도지사의 재량에 맡겨지기는 마찬가지라 할 것이며 그렇게 하여 허가가 났다 한들 허가 전의 '토지 등의 거래계약' 자체의 성립이 법률상 부인되는 바에야 어차피 허가 후에 다시 '토지 등의 거래계약'을 맺어야 되는데 그 때 당사자의 한 쪽이 그 계약체결에 불응해 버리면 그 계약은 성립할 여지가 없게 되어 그 허가협력의무의 이행만으로는 아무런 권리변동의 효력을 가져 올 수 없음이 분명하므로 이렇게 본다면 허가협력을 소송으로 청구하는 것은 아무런 이익이 없다."

(2) 대상판결은 토지거래허가의 법적 성격에 관하여, "규제지역 내의 모든 국민에게 전반적으로 토지거래의 자유를 금지하고 일정한 요건을 갖춘 경우에만 금지를 해제하여 계약체결의 자유를 회복시켜 주는 성질의 것이라고 보는 것은 위 법의 입법취지를 넘어선 지나친 해석이라고 할 것이고, 규제지역 내에서도 토지거래의 자유가 인정되나 다만 위 허가를 허가 전의 유동적 무효상태에 있는 법률행위의 효력을 완성시켜 주는 인가적 성질을 띤 것이라고 보는 것이 타당하다"고 하였다.

대법원은 대상판결의 이유에서 토지거래허가를 강학상 허가가 아니라 인가라고 성격 규정한다. 이러한 입장에서 "규제지역 내의 모든 국민에게 전반적으로 토지거래의 자유를 금지하고 일정한 요건을 갖춘 경우에만 금지를 해제하여 계약체결의 자유를 회복시켜 주는 성질의 것"으로 이해해서는 안 된다는 것이다. 행정법학 상 허가는 영업활동의 자유를 일반적으로 금지하고 요건을 갖춘 자에게만 상대적으로 그 자유를 회복시켜 주는 것으로 개념정의하고 있는 것에 비추어 대법원의 이 표현은 허가를 설명하는 것으로 볼 수 있을 것이다. 한편 대법원은 강학상 인가에 대한 이해와 마찬가지로 "유동적 무효상태에 있는 법률행위의 효력을 완성시켜 주는" 행위로 인가를 이해하고 있음을 알 수 있다.

하지만, 이러한 다수의견과는 달리 토지거래허가를 강학상의 허가로 이해한 별개의견도 주장되었다.

"다수의견이 토지 등의 거래계약허가와 관련된 국토이용관리법상의 판시 금지규정, 효력규정, 처벌규정과 그 법률의 입법목적, 기본이념 등에 터 잡아 허가를 받지 않고 맺은 '토지 등의 거래계약'이 채권계약으로서는 물론 물권계약으로서도 절대무효라고 본 견해에는 이론이 없으나 토지 등의 거래계약허가는 다수의견과 같이 '토지 등의 거래계약'의 성립을 인정하는 바탕 위에서 그 거래계약의 효력을 완성시키는 인가적 성질을 갖는 것이 아니라 허가 없는 거래계약의 일반적 금지에 대한 개별적 해제인 허가적 성질을 갖는다고 하여야 할 것이며 결국 국토이용관리법상 허가 전의 '토지 등의 거래계약'은 성립을 용인할 수 없으며 이에 위반한 거래계약은 절대적으로 무효라는 점에서 허가를 조건으로 한 소유권이전등기청구권은 발생할 여지가 없다."

Ⅱ. 평 석

1. 쟁점정리

이 판결은 학계에 큰 파장을 불러 일으켜 이미 여러 차례 수많은 민사법학자와 공법학자들에 의하여 연구 분석되었고 다양한 세부 논점들이 있었다. 대상판결에서 허가와 인가의 구별문제는 직접적인 쟁점이 되지는 않았지만 과거 행정법학에서 허가와 인가의 구별징표로 들어지던 기준들이 서로 혼합되어 사용된 결과 토지거래허가의 법적 성격이 학자들에게는 상당한 관심의 대상이 되었고 더불어 인가의 본질적인 특징이 무엇이고 허가와는 어떻게 구별될 수 있는가를 생각해보는 계기가 되었다.

행정법학에서 허가를 받지 못하더라도 대상행위의 효력에 영향을 미치지는 않으나 일반적으로 금지되어 있는 행위이기 때문에 제재의 대상이 된다고 이론을 구성하고 있다. 이에 비하여 인가를 받지 못하면 대상행위의 효력이 발생하지 못한다고 이론구성하고 있다. 그런데, 토지거래허가의 경우 그 허가를 받지 못하면 거래행위의 효력이 발생하지 못할 뿐만 아니라 제재의 대상이 되도록 규정하고 있었다. 즉, 판결이유에 기재된 그 당시의 실정법제의 내용에 따르면, 국토이용관리법 제21조의2 제7항은 허가를 받지 않고 체결한 토지 등의 거래계약은 그 효력을 발생하지 아니한다고 규정하고 있었고, 동법 제31조의2는 허가 없이 토지 등의 거래계약을 체결하거나 사위 기타 부정한 방법으로 토지 등의 거래허가를 받은 자에 대하여 징역 또는 벌금에 처하는 벌칙을 규정하고 있었다. 이 법의 입법취지는 허가 없이는 당사자를 구속하는 계약의 효력이 발생하는 것을 금지하려는 데에 있다고 해석했다.

위와 같이 토지거래허가의 경우 행정법학에서 허가와 인가의 구별징표로 들어지던 기준들이 서로 혼합되어 사용되어진 결과 그의 법적 성격이 무엇인지 논쟁이 발생하게 된 것이다. 대상판결에서 대법원은 행정 법학상 허가와 인가의 주요 특징으로 거론되던 징표들 중 대상행위의 효력을 직접적 통제의 대상으로 삼는가 여부, 즉 허가나 인가가 없다면 해당 행위는 완전한 효력을 발생하지 못하는가 여부를 기준으로 허가와 인가를 구별하는 태도를 취하였다. 대법원의 다수의견은 토지거래허가에 대해 “허가 전의 유동적 무효상태에 있는 법률행위의 효력을 완성시켜 주는 인가 적 성질을 띤 것”이라고 하여 제재가 가해질 수 있는가의 여부는 고려하지 않았다.

유동적 무효의 의미나 이 상태에서 당사자가 지는 권리의무에 대하여 다음과 같이 판시하였다.

“국토이용관리법상의 규제구역 내의 토지에 대하여 허가받을 것을 전제로 체결한 거래계약의 효력은 확정적 무효나 유효와 다른 유동적 무효라는 것이고, 이 경우 허가

후에 새로이 거래계약을 체결할 필요는 없다는 것이다. 규제구역 내의 토지에 대하여 거래계약이 체결된 경우 계약을 체결한 당사자 사이에 있어서는 그 계약이 효력 있는 것으로 완성될 수 있도록 서로 협력할 의무가 있으므로 쌍방 당사자는 공동으로 관할관청의 허가를 신청할 의무가 있고, 허가신청절차에 협력하지 않는 상대방에 대하여 그 협력의무의 이행을 소송으로써 구할 이익이 있다는 것이다. 또, 관할 관청으로부터 토지거래허가를 받기까지는 매매계약이 그 계약내용대로의 효력이 있을 수 없는 것이어서 매수인으로서도 그 계약내용에 따른 대금지급의무가 있다고 할 수 없다."

이에 대하여 별개의견은 토지거래허가를 강학 상 허가의 성질을 가진 것으로 보아 다음과 같이 주장하였다.

"토지 등의 거래계약허가는 다수의견과 같이 '토지 등의 거래계약'의 성립을 인정하는 바탕 위에서 그 거래계약의 효력을 완성시키는 인가 적 성질을 갖는 것이 아니라 허가 없는 거래계약의 일반적 금지에 대한 개별적 해제인 허가 적 성질을 갖는다고 하여야 할 것이며 결국 국토이용관리법상 허가 전의 '토지 등의 거래계약'은 성립을 용인할 수 없으며 이에 위반한 거래계약은 절대적으로 무효라는 점에서 허가를 조건으로 한 소유권이전등기청구권은 발생할 여지가 없다."

별개의견에서는 특히 계약과 같은 법률행위에 대해 허가와 인가가 모두 가능하다는 전제위에서 인가는 "거래계약'의 성립을 인정하는 바탕 위에서 그 거래계약의 효력을 완성시키는" 행위이지만, 허가는 거래계약의 성립 자체를 일반적으로 금지시키는 성질을 갖는 것으로 보아 허가이전에 계약은 성립할 수가 없는 것으로 구별하였다.

2. 관련판례와 대상판결이전 학설의 동향

대법원이 토지거래허가에 있어 전원합의체판결인 대상판결을 통해 유동적 무효의 법리를 채택하기 전에 판례는 인가를 성립요건이자 효력발생요건으로 파악하여 인가를 받지 못한 상태에서 당사자의 행위는 단순무효라고 보았다. 학설은 토지거래허가의 성질에 관하여 허가설, 인가설(김상용, 30면; 이주흥, 46-48면), 허가 · 인가합체설(양승두, 379면) 등이 대립되고 있었으나 인가설이 다수설이었다.

대상판결을 통해 판례를 변경하기 이전 대법원은 국토이용관리법상 토지거래허가제의 취지는 "관할도지사의 거래허가 전에 당사자사이에 채권적 구속력을 가지는 계약의 체결을 금지하여 투기억제, 지가폭등의 진정 등의 목적을 달성하기 위한 것"이라고 하면서, 관할도지사의 허가를 받기 전의 계약은 효력이 없다고 했는데(대법원 1990. 12. 11. 선고 90다8121 판결), 이 뜻은 도지사의 허가를 받기 전 계약의 체결은 금지된다는 것, 따라서, 행정청의 허가 전에는 계약체결의 준비행위만 가능하고 허가를 받은 후 계약을 체결해야 하며, 계약과 허가는 함께 계약의 성립요건이라는 입장의 근거가 되었다.

대상판결이 등장하기 전에 이미 학설 중에서도 유동적 무효의 이론을 주장하며 인가의 대상은 본 계약이라는 입장도 있었는데(이주흥, 47면), 그 이유는 관할관청의 인가의 대상이 계약준비행위와 같은 사실행위라면 효력통제를 할 수 없어 토지거래허가의 인가적 성격과 맞지 않고, 인가가 나면 그제야 그 인가에 맞추어 계약을 체결한다는 것도 이상할 뿐만 아니라, 인가가 나더라도 당사자가 그에 맞추어 계약을 체결하지 않아도 되므로 인가라는 것은 아무런 의미가 없는 행정행위가 될 수 있기 때문이라고 한다. 인가의 대상이 본 계약인 경우임을 지지하는 입장 중에서도 채권행위는 인가의 대상에서 제외되고 물권행위만이 인가의 대상이라는 입장도 있었다. 농지매매증명에 관한 대법원판례가 이 입장이었다(대법원 1964. 9. 15. 선고 64다617 판결, 대법원 1964. 10. 1. 선고 64다563 전원합의체 판결).

3. 판결 및 학설의 검토

(1) 토지거래허가의 법적 성격에 관한 학설의 불일치는 대상판결로 정리되게 된다. 우선, 토지거래의 본 계약 그 자체가 인가의 대상이 되고 행정개입행위의 성격도 인가로서 성격을 더 명확하게 하게 되었다. 대상판결의 논리에 따를 때 토지거래계약의 성립과 효력의 문제는 구별되어야 한다. 인가를 받기 전 토지거래계약은 성립하였지만 유동적 무효상태에 있다. 유동적 무효인 법률행위는 유효도 무효도 아닌 상태에 있는 것은 아니며, 지금은 무효인데 장차 유효로 될 가능성이 있는 상태에 있는 것에 불과하다. 무효는 그 제도의 취지상 확정적 무효가 원칙이고, 다만 인가나 허가, 추인 등의 요건을 충족한 경우 소급적으로 효력을 인정하고자 하는 유동적 무효는 예외적인 것이다. 인가와 관련하여 유동적 무효의 법리는 공익보호를 위하여 법률행위에 대한 행정개입가능성을 보장하면서도 인가를 받음으로써 무효이던 법률행위가 효력을 발생하도록 할 필요성과 가능성을 뒷받침하기 위한 것이다. 유동적 무효의 상태가 확정적 무효의 경우와 다른 점은 신의성실의 원칙에 따라 인가절차에 협력할 의무나 일방당사자가 계약이행을 방해하거나 해제할 경우 손해배상 등의 문제가 발생한다는 점이다.

우리나라에서 토지거래허가와 관련하여 유동적 무효의 법리가 이론과 판례상 지지받게 된 것은 물권행위뿐만 아니라 채권계약까지 무효로 함으로써 토지투기를 억제하는데 효과적이면서도, 다른 한편으로는 인가를 받지 않고 있는 상태에서도 계약을 체결한 당사자들이 인가절차에의 협력의무나 손해배상의무를 지고 인가를 받으면 계약 성립 시로 계약의 효력이 소급하여 발생한다고 함으로써 계약당사자들 사이의 최소한의 신뢰관계도 보호하고 거래의 필요에도 부합할 수 있는 장점을 가지기 때문이다. 이러한 입장에서 판례도 "토지거래허가구역내의 토지에 대한 매매계약 체결 시 당사자 사이에 당사자 일방이 토지거래허가를 받기 위한 협력 자체를 이행하지 아니하거나 허가신청에 이르기 전에 매매계약을 철회하는 경우 상대방에게 일정한 손해액을 배상하기로 하는 약정을 유효하게 할 수 있다"고 한다(대법원 1994. 4. 15. 선고 93다39782 판결).

판례에 따를 때, 행정청의 인가를 받기 전에도 유동적 무효가 아니라 확정적 무효인 계약도 있다. ① 허가를 배제하거나 허가를 잠탈하는 내용의 계약을 체결한 경우와 관할관청에 의하여 불허가 된 경우(대법원 1991. 12. 24. 선고 90다12243 판결), ② 당사자 일방이 허가신청협력의무의 이행거절의사를 명백히 표시한 경우(대법원 1993. 6. 22. 선고 91다21435 판결, 대법원 1995. 6. 9. 선고 95다2487 판결), ③ 당사자 쌍방이 허가신청을 하지 아니하기로 의사표시를 명백히 한 경우(대법원 1993. 7. 27. 선고 91다3376 판결) 대법원은 확정적 무효로 판시하고 있다.

(2) 통설과 대상판결에 따를 때, 인가의 적극적 징표는 법률행위의 유효요건으로서 법률행위의 효력을 완성시켜주는 보충행위이고 인가 전 법률행위는 유동적 무효상태에 있는 것이 된다. 그 이외에 인가를 받지 않고 한 행위에 대해서 행정 벌 등 제재처분이 가해지는가 여부는 인가의 요건에 포함된다고 볼 수 없다. 하지만, 이러한 내용의 통설과 대상판결은 인가의 대상인 법률행위의 성격에 관해서는 어떤 구체적 논의도 하지 않아 상당한 의문이 존재해 왔다.

인가의 대상행위의 성질을 기존의 통설과 마찬가지로 사법행위와 공법행위 전반에 대해서 가능한 것으로 파악하되 계속적 법률행위와 일시적 성질의 법률행위로 나누어 재량행위여부, 부관의 허용여부에 대해 다르게 접근하여야 한다는 견해가 등장했다(선정원, 199-205면). 이 견해는 우리나라 인가 론의 형성배경이 되었던 독일과 일본의 초기논의들과 우리 판례(대법원 1995. 12. 12. 선고 94누12302 판결)를 분석하여 조합설립행위의 인가와 같이 계속적 법률관계를 창설하는 법률행위의 인가의 성질을 재량행위로 이해하여 부관을 붙일 수 있는 것으로 보고, 일시적 성질의 법률행위의 인가에 대해서는 기속행위로 보아 부관을 붙일 수 없는 것으로 보는 것으로 파악하면서 인가 론이 유형적으로 발전되어야 한다고 본다.

또 다른 견해는 공법상의 법률행위에 대한 인가도 가능하다고 설명해온 통설과 달리 독일 행정법학의 논의를 수용하여 공법상의 법률행위에 대한 행정청의 개입행위의 성격을 인가로 파악해서는 안 된다는 입장이 등장했다(김중권, 133-136면). 예를 들어, 통설이 인가로 인해하고 있는 조합설립행위에 대한 행정청의 개입행위는 허가로 보아야 한다. 이 견해에 따르면, 인가는 사법상의 법률행위에 대해서만 가능하므로 사권 형성적 행정행위, 그 중에서도 공동적 사권 형성적 행정행위로 파악해야 한다.

인가에 관한 새로운 견해들이 인가와 허가의 구별문제를 포함하여 우리 행정법학에 어떤 영향을 미칠지 주목된다.

4. 판결의 의미

대상판결을 통해 인가를 받기 전에 법률행위는 성립을 하게 되고 그 법률행위는 유동적 무효상태에 있게 된다. 대상판결이 출현하기 전까지 행정법학에서 인가 론은 연구되지 않은 상태에 있었기 때문에 인가가 있기 전에 성립된 법률행위는 어떤 상태에 있는가에 관한 논의도 없었다. 따라서 대상판결을 통해 행정법학에서도 인가 전 법률행위의 법적 효력의 문제가 논의될 수 있는 계기가 마련되었다고 할 수 있는데, 대상판결이후 인가에 관해 글을 발표한 행정법학자들에 의해서도 인가 전 법률행위의 상태에 관해 대상판결과 같이 유동적 무효상태에 있다는 것에 반대의견을 제시하지는 않고 있다.

<참고문헌>

김상용, “토지거래허가 · 신고제의 검토”, 사법행정, 한국사법행정학회, 1989. 6.

김중권, “행정법상 인가의 인정여부와 관련한 문제점에 관한 소고”, 저스티스 91호, 한국법학회, 2006. 06.

선정원, “인가론의 재검토”, 행정법연구 10, 행정법이론실무학회, 2003.

양승두, “행정행위의 내용상 분류에 관한 고찰—국토 이용관리법상의 허가의 성질을 중심으로—”, 현대행정과 공법이론(서원우교수 화갑기념), 남하서원우교수화갑기념논문집간행위원회, 1991.

이주흥, “토지거래허가를 받지 아니한 토지매매계약의 효력(상)”, 법조, 법조협회, 1990. 6.

25. 예외적 승인

— 대법원 2001. 2. 9. 선고 98두17593 판결 —

장 경 원*

Ⅰ. 판결개요

1. 사실관계

원고는 개발제한구역에 속한 토지에서 농업종사와 농촌소득 증대 목적으로 피고로부터 1996. 7. 18.자 이축허가를 받아 주택을 신축한 후 1997. 11. 24. 이 사건 주택에 관하여 피고에게 그 용도를 취사용 가스판매장으로 변경하기 위한 용도변경 허가 신청을 하였으나, 피고는 피고가 당시 추진하여 온 '엘피지판매업소 외곽이전 공동화사업'의 취지와 목적에 적합하지 아니하고 또 당초 이 사건 주택에 대한 이축허가의 목적상 적합하지 아니하다는 이유를 들어 1997. 12. 3. 불허가처분을 하였다.

2. 소송경과

이에 원고는 위 불허가처분의 취소를 구하는 소를 제기하여, 1998. 10. 2. 원심에서 원고의 취소 청구를 인용하였으나, 피고는 상소를 제기하여 2001. 2. 9. 대법원은 원심판결 파기 · 환송하기에 이르렀다.

3. 판결요지

[원심판결의 요지]

"이 사건 주택을 취사용 가스판매장으로 용도 변경하는 것을 허용할 경우 신속한 가스배달이 가능하게 되어 인근 주민들의 편익이 증대되는 등 그 용도변경을 불허할 공익상의 이유가 없음에도, 개발제한구역의 지정 · 관리와 관계가 없고 피고 측의 행정지도 방침에 불과한 가스판매장 공동화사업과 당초 이축허가의 목적을 들어, 다른 구역의 경

* 서울시립대학교 법학전문대학원 교수.

우 허가된 예가 있는 그 용도변경을 유독 원고에 대하여만 불허한 것은 비례 · 평등의 원칙에 위배되었다는 것을 이유로 재량권의 일탈 · 남용에 해당한다"(광주고법 1998. 10. 2. 선고 98누99 판결).

[대법원 판결의 요지]

[1] 행정행위가 그 재량성의 유무 및 범위와 관련하여 이른바 기속행위 내지 기속재량행위와 재량행위 내지 자유재량행위로 구분된다고 할 때, 그 구분은 당해 행위의 근거가 된 법규의 체재 · 형식과 그 문언, 당해 행위가 속하는 행정 분야의 주된 목적과 특성, 당해 행위 자체의 개별적 성질과 유형 등을 모두 고려하여 판단하여야 하고, 이렇게 구분되는 양자에 대한 사법심사는, 전자의 경우 그 법규에 대한 원칙적인 기속성으로 인하여 법원이 사실인정과 관련 법규의 해석 · 적용을 통하여 일정한 결론을 도출한 후 그 결론에 비추어 행정청이 한 판단의 적법 여부를 독자의 입장에서 판정하는 방식에 의하게 되나, 후자의 경우 행정청의 재량에 기한 공익판단의 여지를 감안하여 법원은 독자의 결론을 도출함이 없이 당해 행위에 재량권의 일탈 · 남용이 있는지 여부만을 심사하게 되고, 이러한 재량권의 일탈 · 남용 여부에 대한 심사는 사실오인, 비례 · 평등의 원칙 위배, 당해 행위의 목적 위반이나 동기의 부정 유무 등을 그 판단 대상으로 한다.

[2] 도시의 무질서한 확산을 방지하고 도시주변의 자연환경을 보전하여 도시민의 건전한 생활환경을 확보하기 위하여 지정되는 개발제한구역 내에서는 구역 지정의 목적상 건축물의 건축이나 용도변경은 원칙적으로 금지되고, 다만 구체적인 경우에 위와 같은 구역 지정의 목적에 위배되지 아니할 경우 예외적으로 허가에 의하여 그러한 행위를 할 수 있게 되어 있음이 관련 규정의 체재와 문언 상 분명한 한편, 이러한 건축물의 용도변경에 대한 예외적인 허가는 그 상대방에게 수익적인 것에 틀림이 없으므로, 이는 그 법률적 성질이 재량행위 내지 자유재량행위에 속하는 것이라고 할 것이고, 따라서 그 위법 여부에 대한 심사는 재량권 일탈 · 남용의 유무를 그 대상으로 한다.

[3] 구 도시계획법상의 개발제한구역 내에서의 건축물 용도변경에 대한 허가가 가지는 예외적인 허가로서의 성격과 재량행위로서의 성격에 비추어 보면, 그 용도변경의 허가는 개발제한구역에 속한다는 것 이외에 다른 공익상의 사유가 있어야만 거부할 수가 있고 그렇지 아니하면 반드시 허가를 하여야만 하는 것이 아니라 그 용도변경이 개발제한구역의 지정 목적과 그 관리에 위배되지 아니한다는 등의 사정이 특별히 인정될 경우에 한하여 그 허가가 가능한 것이고, 또 그에 관한 행정청의 판단이 사실오인, 비례 · 평등의 원칙 위배, 목적위반 등에 해당하지 아니하면 의를 재량권의 일탈 · 남용이라고 하여 위법하다고 할 수가 없다.

[4] 구 도시계획법상의 개발제한구역 내의 주택에 대하여 농업종사 등의 목적으로

이축허가를 받아 이를 신축한 후 취사용 가스판매장으로 용도변경신청을 하자 행정청이 당시 추진하여 온 '엘피지(LPG) 판매업소 외곽이전 공동화사업'과 그 주택에 대한 당초의 이축허가 목적 등에 적합하지 아니하다는 사유로 불허가처분을 한 경우, 재량권의 일탈 · 남용의 위법한 처분으로 단정하기 어렵다.

Ⅱ. 평 석

1. 쟁점정리

본 사안에서는 개발제한구역내 용도변경 허가의 법적성질을 어떻게 파악할 것인가에 관해 재량행위와 기속행위의 구별의 실익 및 기준과 그 각각에 대한 사법심사 방식이 문제된다고 볼 수 있다. 따라서 구도시계획법상 개발제한구역 내의 건축물 용도변경 허가의 법적성질(예외적 승인 또는 예외적 허가)에 대한 검토가 필요하며, 재량행위로 파악할 경우 재량하자에 대한 통제방식을 주된 쟁점으로 파악할 수 있다.

2. 관련판례

허가는 일반적으로 기속행위의 성격을 갖지만 예외적 승인은 일반적으로 재량행위를 갖는다고 본다. 기존의 판례는 대체로 재량행위로 파악하고 있는 것으로 보이며(대법원 1998. 9. 8. 선고 98두8759 판결; 대법원 1984. 1. 31. 선고 83누451 판결; 대법원 1995. 12. 12. 선고 94누12302 판결; 대법원 1997. 12. 26 선고 97누15418 판결; 대법원 1998. 4. 28. 선고 97누21086 판결; 대법원 1997. 6. 24. 선고 96누1313 판결), 최근의 판례도 다음과 같이 재량행위로 파악하고 있는 것으로 보인다. "구 도시계획법 제21조와 같은 법 시행령 … 및 같은 법 시행규칙 제7조 제1항 제1호 (가)목 등의 규정을 종합하여 보면, 개발제한구역 안에서는 구역 지정의 목적상 건축물의 건축 등의 개발행위는 원칙적으로 금지되고, 다만 구체적인 경우에 이와 같은 구역 지정의 목적에 위배되지 아니할 경우 예외적으로 허가에 의하여 그러한 행위를 할 수 있게 되어 있음이 그 규정의 체제와 문언상 분명하고, 이러한 예외적인 건축허가는 그 상대방에게 수익적인 것에 틀림이 없으므로 그 법률적 성질은 재량행위 내지 자유재량행위에 속하는 것이다"(대법원 2003. 3. 28. 선고 2002두11905 판결) 이러한 일련의 관련 판례는 대체로 본 대상판결과 같은 맥락에서 개발제한구역 내에서의 용도변경을 예외적 승인(허가)로 보고 재량행위로 파악하고 있다.

3. 판결의 검토

(1) 예외적 승인

1) 예외적 승인의 의의 및 법적 성질

예외적 승인은 절대적 금지가 아닌 억제적인 금지를 예외적으로 해제하는 것을 말한다. 즉 예외적 승인은 일반적으로 금지를 예정하면서 예외적으로 금지를 해제하는 경우를 말한다. 반면, 허가는 일반적으로 해제가 예정되어 있는 경우의 금지를 해제하는 것을 의미한다. 예외적 승인은 사회적으로 유해한 행위를 대상으로 하는 반면 허가는 위험방지를 대상으로 한다. 따라서 제도의 취지가 서로 다르며, 다만 금지의 해제라는 점에서 공통점이 있다(김철용, 200면; 홍정선, 319면).

종래 허가는 일반적으로 기속행위의 성격을 갖지만 예외적 승인(예외적 허가)은 일반적으로 재량행위를 갖는다고 본다. 판례 역시 재량행위로 파악하고 있다(대법원 2001. 2. 9. 선고 98두17593 판결).

2) 예외적 승인과 허가 및 특허와의 관계

예외적 승인의 개념은 허가의 개념과 대비하여 설명되고 있다. 그러나 예외적 승인과 특허가 서로 어떠한 관계에 있는지에 대해서는 분명하지 않다. 다만, 이 세 가지 행정행위를 도식적으로 구분하자면, 허가는 원칙적으로 기속행위로서 국민에게 발급청구권이 존재하며, 특허는 제3자에 대한 관계에서 독점적 지위를 보장받고, 예외적 승인은 재량행위라는 점에서 특허와 같으나 독점적 지위(배타적 지위)가 없다는 점에서 허가와 동일하다. 그러나 이러한 분류는 이들 3자의 개념을 파악하기 위한 단순한 도식적인 관계설정에 불과하다. 허가권에 재량이 부여되고, 특허에 기속적 요소가 부여될 수 있으며, 예외적 승인으로 부여받은 권리도 독점적 성격을 가지는 경우가 많을 뿐만 아니라, 허가로 인한 권리에도 독점적 지위가 부여될 수 있기 때문이다. 강학상의 개념과 실정법상 사용되는 개념의 불일치를 해소하는 방안으로서 생각해 볼 수 있는 것은 다양한 기준에 따라 여러 유형을 세분화하여 개별적인 성격과 효과를 파악하는 것이다. 따라서 각 행정행위의 종류에 구애됨이 없이 기속행위와 재량행위에 대한 일반적인 검토가 요청된다(이원우, 133-135면).

(2) 기속행위와 재량행위의 구별

1) 기속행위와 재량행위의 개념

기속행위는 법규상 구성요건에서 정한 요건이 충족되면 행정청이 반드시 어떠한 행위를 발하거나 발하지 말아야 하는 행위, 즉 법의 기계적인 집행으로서의 행정행위를 말한다(대법원 1984. 9. 11. 선고 83누658 판결). 이에 반해 재량행위는 행정청에 수권된, 합목적성의 고려 하에 이루어지는 선택과 결정의 자유에 따른 행정행위를 말한다. 재량은 법상 수권의 내용에 따라 행정청이 어떠한 처분을 할 것인가 아니할 것인가의 재량인 결정재량과 법상 허용된 많은 가능한 처분 중에서 어떠한 처분을 할 것인가의 재량인 선택재량의 두 가지가 있으며 이 두 가지가 결합하기도 한다.

2) 기속행위와 재량행위의 구별필요성

(가) 사법심사의 범위와 한계

기속 행위와 재량행위의 구별은 사법심사의 범위와 한계를 정하기 위해 필요하다. 과거 행정의 독자적인 판단권을 우선시 하던 전통적 행정법 이론에서는 기속행위만이 사법심사의 대상이 되었고 재량행위는 이에서 제외되었다. 그러나 법치행정의 원리가 확립된 현대 행정법 하에서는 양자 모두 사법심사의 대상이 되고, 다만 사법심사의 범위 등과 관련하여 행정소송에서의 위법성 인정범위에서 차이가 생길 수 있다. 행정소송법은 위법한 처분에 대해서만 소송의 대상으로 할 수 있기 때문에 기속행위의 경우가 주로 문제된다. 재량행사의 흠이 있는 경우에는 원칙적으로 부당의 문제에 그치기 때문이다. 그러나 행정소송법이 행정청의 재량에 속하는 처분이라도, 재량권의 한계를 넘거나 그 남용이 있는 때에는 법원은 이를 취소할 수 있다(제27조)고 규정한 것은 재량행위도 재량의 일탈 · 남용의 경우에는 위법의 문제가 되어 행정소송의 대상이 되고, 다만 그 위법성의 인정범위와 관련하여 법원의 상이한 심사기준이 적용될 뿐이다. 즉, 기속행위의 경우 법원은 행정결정의 판단과 실체적 결정 모두를 전면적으로 심사하나, 재량행위의 경우 재량권의 일탈 · 남용 여부만을 제한적으로 심사하게 된다.

또한 행정소송에서의 입증책임의 분배와 관련하여서도 양자는 구별된다. 기속행위의 경우 법 위반사실에 대한 적법성 입증은 원칙적으로 피고인 행정청이 지나, 재량행위의 경우 재량의 일탈 · 남용은 원고가 입증하게 된다.

(나) 부관의 가부

기속행위에는 부관을 붙일 수 없고 재량행위에는 붙일 수 있다는 것이 종래의 다수견해이다. 이 점에서 기속행위와 재량행위를 구별할 필요가 있다. 그러나 부관이 법의 전제요건을 충족한 경우에는 기속행위도 부관을 붙일 수 있고, 재량행위라도 항상 부관을 붙일 수 있는 것은 아니라는 입장도 있다(김동희, 264면; 홍정선, 211면)는 점에서 양자의 구별 실익은 크지 않다.

(다) 공권의 성립과의 관계

기속행위의 경우에는 행정청은 그에 따라 행위를 할 의무를 갖는다. 따라서 상대방은 기속행위를 해줄 것을 요구할 수 있는 청구권(공권)이 생긴다. 재량행위에 대해서는 행정청은 행위를 할 것인가에 대하여 재량을 가지고 있으므로, 상대방은 원칙적으로 재량행위에 대해서는 청구권을 가질 수 없다. 다만, 재량행위의 경우에도 무하자재량행사청구권이나 행정개입청구권이라는 공권이 성립될 수 있기 때문에 이 점에서 양자를 구별할 필요성은 크지 않다(김동희, 264면; 박균성, 233면).

3) 기속행위와 재량행위의 구별기준

(가) 종래의 학설

가) 요건재량설

행정법규가 요건규정과 효과규정으로 구분되는 것을 전제로 행정행위에 대한 요건규정에 중점을 두어 기속행위와 재량행위를 구별하는 견해이다. 이 견해에 따르면 행정법규가 행정처분에 관한 수권규정만 두고 처분의 요건에 관하여 아무런 규정을 두지 아니한 경우나, 단지 공익상 필요와 같은 종국목적만을 규정한 경우에는 재량이 인정된다고 한다. 그러나 이 견해는 행정행위의 종국목적과 중간목적의 구분이 불명확하고 법률문제인 요건인정을 재량문제로 오인하고 있으며, 법률효과의 실현이 행정의 합목적성, 편의성에 따른 재량의 대상임을 간과하고 있다는 비판이 있다.

나) 효과재량설

이 견해는 법률효과의 선택과 관련하여 재량이 인정된다는 입장이다. 따라서 개인의 권리나 자유를 침해, 제한하거나 의무를 부과하는 부담적 행정행위는 기속행위이고 개인에게 권리를 설정하거나 이익을 제공하는 수익적 행정행위와 개인의 권리, 의무에 직접 영향이 없는 행위에는 원칙적으로 재량이 인정된 것으로 본다. 그러나 이 견해는 복리행정의 발달로 수익적 행정행위에도 그 요건이 명확하게 규정되어 기속행위로 되거나 부담적 행정행위의 경우에도 재량이 인정되기 때문에 행정행위의 효과에 따라 양자를 구별하는 것은 문제가 있다는 비판이 따른다.

(나) 판 례

대법원은 개인택시사업면허는 권리, 이익을 부여하는 행위이므로 재량행위라고 판시(대법원 1993. 10. 12. 선고 93누4243 판결)하여 수익적 처분은 원칙적으로 재량이라고 하고, 효과재량설 중 성질설의 입장을 취하는 유형(대법원 2005. 4. 15. 선고 2004두10883 판결; 대법원 2004. 3. 25. 선고 2003두12837 판결; 대법원 2005. 4. 28. 선고 2004두8910 판결)들이 나타나기는 하나, 기본적인 판례의 입장은 당해 행위의 근거법규의 체재, 형식과 그 문언, 당해 행위가 속하는 행정 분야의 주된 목적과 특성, 당해 행위의 성질과 유형 등을 모두 고려하여 그 사안에 따라 개별적으로 판단해야 한다(대법원 2001. 2. 9. 선고 98두17593 판결)는 것으로 보인다.

(다) 검토(종합설)

법문의 표현이 분명한 경우에는 기속행위와 재량행위 구별의 기준을 우선적으로 법규정의 표현에서 찾아야 한다. 법규정이 '… 하여야 한다' 또는 '… 한다'등의 형식을 취하면 그에 의거한 행정행위는 일반적으로 기속행위라고 본다. 그러나 법규정이 '… 할 수 있다'는 가능규정의 표현형식을 취한 경우에는 재량행위라 할 수 있을 것이다. 하지만, 법문의 표현이 불분명한 경우에는 헌법 제10조와 제37조 2항 및 행정행위의 내용, 성질에서 기준을 찾아야 한다(홍정선, 215면). 즉, 기본권의 최대한 보장이라는 헌법상의 명령과 행정행위의 공익성을 재량행위와 기속행위의 구분기준으로 삼아야 할 것이다. 기본권의 보장이 보다 강하게 요청되는 경우에는 사인의 기본권 실현에 유리하게 판단하고, 공익실현이 보다 강하게 요청되는 경우에는 공익실현에 유익하도록 판단하여야 한다.

(3) 재량하자

1) 의 의

행정청에게 재량이 주어지는 경우에도 일정한 한계 내에서 행사되어야 하며 이러한 한계를 넘는 경우에는 위법한 재량행사가 되어 사법심사의 대상이 된다. 반면 행정청의 재량행사가 재량의 목적과 한계 내에서 행사되는 경우에는 당 부당의 문제가 되며 행정심판의 대상은 되나 위법의 문제는 생기지 않는다.

2) 유 형

재량하자의 유형에는 재량의 일탈, 재량의 남용, 재량의 불행사 등을 들 수 있다. 판례는 재량하자의 유형을 엄밀히 구분하지 않고 단지 "재량의 일탈 · 남용이 있다"고만 판시하고 있다.

(가) 재량 일탈

일반적으로 재량의 일탈이라 함은 행정청이 행정법규가 허용한 재량권 범위의 외적 한계를 벗어난 경우를 말한다. 구체적인 예로, 영업취소처분을 행하여야 할 대상자에게 정지기간을 심사하여 일정한 영업정지처분을 하거나 영업정지처분과 선택적으로 부과할 수 있는 과징금부과처분을 하는 경우 등을 들 수 있다.

(나) 재량 남용

행정청이 재량권을 부여한 입법목적에 위반하거나 평등원칙 · 비례원칙 · 신뢰보호원칙 · 부당결부금지원칙을 비롯한 헌법원칙 및 행정법 일반원칙과 조리상의 원칙에 위반하는 등 재량권의 내적 한계를 벗어난 경우를 말한다. 구체적인 예로, 재량권을 부여한 입법목적과는 다른 정치적 · 개인적 목적으로 재량행사를 한 경우를 들 수 있다.

(다) 재량 불행사

행정청이 재량을 전혀 행사하지 않은 경우로서 재량행위를 기속행위로 오인하여 재량행사에 필요한 형량을 전혀 하지 않은 경우가 대표적이다.

3) 재량권에 대한 통제

(가) 입법적 통제

간접적 수단으로 입법을 통해 국회가 재량권의 근거를 부여하거나 제한하는 경우와 각종의 국정감시권 발동을 예로 볼 수 있다.

(나) 행정적 통제

상급행정청은 하급행정청의 위법한 재량권 행사뿐만 아니라 부당한 재량권 행사에 대하여도 취소 또는 변경을 요구하는 등 통제를 가할 수 있다.

(다) 사법적 통제

재량권의 행사가 한계를 넘지 않으면 재량행위는 위법한 행위가 되지 않고 법원에 의한 통제의 대상이 되지 않는다. 그러나 재량권의 한계를 넘어 위법하게 되는 재량처분은 취소소송에 의해 취소된다. 재량권의 한계를 넘지 않았지만 재량권의 행사를 그르친 경우 당해 재량행위는 부당한 행위로 볼 수 있다. 부당한 재량행위는 취소소송의 대상은 되지 않지만 행정심판에 의해 취소될 수 있다. 재량행위에 대하여 최소소송이 제기되어 재량권의 일탈 · 남용이 다투어지는 경우에 법원은 재량권의 일탈남용이 없는지 여부에 관하여 본안심사를 하여 재량권의 일탈 · 남용이 있으면 최소판결을 내리고, 재량권의 일탈 · 남용이 없으면 각하판결을 하는 것이 아니라 기각판결을 하게 된다.

4) 예외적 승인의 재량권 일탈 · 남용 여부 판단

예외적 승인(허가)이 위법한지에 관한 판단기준으로서 사실오인, 비례원칙 · 평등원칙 위해, 목적위반 · 동기의 부정 내지 타사고려의 유무 등을 따져 재량권의 일탈 · 남용이 없는지를 판단하여야 할 것이며 그 심사기준을 적용함에 있어 특히 행정청의 재량에 기한 공익판단의 여지를 감안하여 가급적 행정청의 의사 또는 판단을 존중할 것이 요구된다(대법원 1996. 10. 29. 선고 96누8253 판결, 대법원 2000. 10. 27. 선고 99두264 판결).

(4) 본 사안에의 적용

1) 구도시계획법상 개발제한구역 내의 건축물 용도변경허가의 법적 성질

앞서 살펴본 재량행위와 기속행위의 구별기준에서 학설의 입장과 판례의 기본적인 구분 기준에 따를 때, 구 도시계획법 제21조와 같은법시행령 제20조 제1, 2항 및 같은 법 시행규칙 제7조 제1항 제6호 (다)목 등의 규정을 살펴보면, 법문표현상 "시장 · 군수는 ~허가 할 수 있다"라고 표현되고 있다. 또한 앞서 살펴보았듯이 예외적 승인과 통상의 허가와 구분된다고 할 경우, 도시계획법상의 개발제한구역 내에서의 건축물 건축이나 그 용도변경행위에 대한 허가는, 일반 도시계획구역 내에서의 같은 행위에 대한 허가와는 달리, 개발제한구역제도의 목적상 원칙적으로 금지된 것을 소정의 요건을 갖춘 경우에만 예외적으로 허용하는 것인 점에서, 그 법적 성질은 예외적 승인에 속하는 것이라고 할

수 있다. 따라서 이는 재량행위에 속하는 것이라 볼 수 있다.

2) 이 사건 용도변경불허가처분의 일탈 · 남용 여부

원심(광주고법 1998. 10. 2. 선고 98누99 판결)은 이 사건 주택을 취사용 가스판매장으로 용도 변경하는 것을 허용할 경우 신속한 가스배달이 가능하게 되어 인근 주민들의 편익이 증대 되는 등 그 용도변경을 불허할 공익상의 이유가 없음에도, 개발제한구역의 지정 · 관리와 관계가 없고 피고 측의 행정지도방침에 불과한 가스판매장 공동화사업과 당초 이축허가의 목적을 들어, 다른 구역의 경우 허가된 예가 있는 그 용도변경을 유독 원고에 대하여만 불허한 것은 비례 · 평등의 원칙에 위배되었다는 것을 이유로 재량권의 일탈 · 남용에 해당한다고 하였으나, 용도변경행위가 예외적으로 허용되기 위하여는 그러한 행위가 개발제한구역 내에서 허용되어도 그 지정 목적에 아무런 해가 없고 또 그 용도변경행위의 필요성이 크다는 것이 적극적으로 주장 · 입증이 되어야 할 것인데, 이 사건 주택을 취사용 가스판매장으로 용도 변경하는 것은 그 성질 자체가 개발제한구역 내에서의 영농 등의 생업 유지상 필요한 것이 아니라 새로운 상행위를 하기 위한 것이고, 이 사건 주택지를 취사용 가스판매장으로 하지 아니한다고 하여 인근 주민들에 대한 가스 공급에 커다란 차질이 초래된다고 볼 수 도 없다. 따라서 그 사유의 면에서 사실오인 혹은 목적위반이 있다고 할 수가 없는 한편, 원심이 들고 있는 사정을 모두 고려하더라도 이 사건 불허가처분이 비례 · 평등의 원칙에 위배된 것이라고는 하기 어렵다고 본다.

3) 소 결

구 도시계획법상 개발제한구역 내의 건축물 용도변경허가의 법적 성질은 예외적 승인이며 행정청의 재량권이 인정된다. 이 사건 불허가 처분에 대하여 재량의 일탈 · 남용이 있다고 볼 수 없다. 따라서 원심 판결을 파기 환송한 대법원의 판결은 타당한 것으로 보인다.

4. 판결의 의미와 전망

본 대상 판결은 이른바 행정법상 억제적 금지와 그에 대한 예외적 승인의 법리에 관하여 명시적으로 판시한 대표적인 판결이다. 아울러 예외적 승인의 경우 행정청에게 어느 정도 광범위한 행정재량을 부여하는 것은 불가피하므로, 그 불허가처분이 위법한지의 여부, 즉 재량권의 일탈 · 남용의 판단에 있어서 법원은 독자의 결론을 도출하는 방식이 아니라 행정청의 재량에 기한 공익 판단의 여지를 감하여 신중히 판단하여야 함을 재확인한 점에서 그 의의가 있다.

대법원이 재량행위와 기속행위의 구별기준으로 당해 행위의 근거가 된 법규의 체재 · 형식과 그 문언, 당해 행위가 속하는 행정 분야의 주된 목적과 특성, 당해 행위 자체의 개별적 성질과 유형 등을 모두 고려하여 판단하고 있는 점에서는 타당하지만, 판결요지에서 당해 건축물의 용도변경에 대한 예외적인 허가(예외적 승인)는 그 상대방에게 수익적인 것에 틀림이 없으므로 그 법적 성질이 재량행위 내지 자유재량행위에 속하는 것이라 한 점에서는 비판의 여지가 있다. 수익적 행정행위가 반드시 재량행위인지에 대한 논거를 찾아 볼 수 없기 때문이다. 수익적 행정행위인가 부담적 행정행위인가는 취소 또는 철회의 제한 등을 논함에 있어 의미를 가지는 것이지, 재량행위 여부를 구별하는데 있어 기준으로 삼기에는 곤란한 측면이 있기 때문이다.

본 판결은 행정법상 억제적 금지와 그에 대한 예외적 승인의 법리에 관하여 설시한 점에서는 그 의미가 있지만 재량행위를 기속재량행위와 자유재량행위로 나누는 기존의 판례와 전통적인 견해의 입장에 대하여는 가해지는 비판에도 불구하고 이에 관한 언급이 없다는 점에서 아쉬움으로 남는다.

〈참고문헌〉

김동희, 행정법 Ⅰ, 박영사, 2007.

김철용, 행정법 Ⅰ, 박영사, 2009.

박균성, 행정법강의 6판, 박영사, 2009.

이원우, 허가 · 특허 · 예외적 승인의 법적 성질 및 구별, 행정작용법, 중범 김동희교수 정년기념 논문집, 2005.

홍정선, 행정법특강, 박영사, 2008.

26. 허가 등의 조건존속기간

— 대법원 1995. 11. 10. 선고 94누11866 판결, 대법원 2004. 3. 25. 선고 2003두12837 판결 —

이 경 운*

Ⅰ. 판결개요

1. 대법원 1995.11.10. 선고 94누11866 판결

(1) 사실관계

원고 A는 피고 X행정청으로부터 성산대교 남쪽 88올림픽대로변에 설치기간을 1990. 10. 17.부터 1993. 10. 16.까지 3년으로 하는 광고물표시허가를 받아 지주이용 야립간판 3개를 설치 이용하여 오다가 허가기간이 지난 후인 1994. 1. 11. X행정청에게 위 야립간판의 표시허가기간을 연장해 줄 것을 신청하였다. X행정청은 이 신청이 허가기간 종료 후 3개월 가까이 지나고 나서야 신청한 것이고 또한 이 사건 간판은 개정된 옥외광고물등관리법시행령이 정하는 규격을 초과하는 위법한 광고물이라는 이유로 같은 달 22. 위 허가연장신청을 거부하였으므로 거부처분의 취소를 구한 사건이다.

(2) 소송경과

옥외광고물등표시허가연장거부처분취소청구가 원심(서울고등법원 1994. 8. 18. 선고 94구4648 판결)에서 기각되었기 때문에 원고가 상고한 사건이다(상고기각).

(3) 판결요지

[원심판결 및 대법원판결의 요지]

행정행위인 허가 또는 특허에 붙인 조항으로서 종료의 기한을 정한 경우, 허가 또는 특허된 사업의 성질상 부당하게 짧게 정한 경우에는 그 기한은 그 허가 또는 특허의 조건의 존속기간을 정한 것이며 그 기한이 도래함으로써 그 조건의 개정을 고려한다는 뜻

---

* 전남대학교 법학전문대학원 교수.

으로 해석하여야 할 것이다. 그러나 기간연장허가를 받지 아니한 경우에는 그 허가는 특단의 사정이 없는 한 기한이 도래함으로써 별도의 행위를 기다릴 것 없이 당연히 효력이 상실되는 것이므로 원고가 종전 허가의 유효기간이 지나서 신청한 기간연장신청은 종전의 허가처분과는 별도의 새로운 허가를 내용으로 하는 행정처분을 구하는 것이라고 보아야 할 것이어서, 허가권자는 허가요건의 적합 여부를 새로이 판단하여 그 허가 여부를 결정하여야 한다.

2. 대법원 2004. 3. 25. 선고 2003두12937 판결

(1) 사실관계

원고 B는 행정청 Y로부터 1978년 12월, 5년의 기한으로 개발제한구역 내에 레미콘 등 생산시설 설치허가를 받고 대규모 레미콘 생산공장을 설치하였는데, 한강종합개발사업에 따른 골재채취와 병행하여 그 골재를 원료로 레미콘을 생산하기 위한 것이었다. 1984년과 1989년 2차례에 걸쳐 각 5년간 허가기간이 연장되었으나, 1994년도 이후에는 한강종합개발사업이 마무리되어 가고 채취할 골재 또한 감소됨에 따라 행정청 Y는 1년씩 5차례에 걸쳐 허가기간을 연장하다가, 최종적으로 위 허가기간을 1999년말까지로 연장해 주면서 "연장허가기간 종료 후에는 공장가동 및 영업을 할 수 없다"라는 내용의 안내사항을 부기하였다. B는 위 연장기간이 만료될 무렵에 허가기간을 다시 2년간 연장해 줄 것을 신청하였으나, 피고행정청 Y가 허가를 거부하였으므로 그 거부처분의 취소를 구한 사건이다.

(2) 소송의 경과

제1심에서는 청구를 인용하였으나 원심(서울고등법원 2003. 10. 14. 선고 2002누17899 판결)은 기각하였기 때문에, 원고가 상고한 사건이다(상고기각).

(3) 판결 요지

[제1심판결의 요지]

레미콘 생산시설은 대규모 공장시설이어서 그 가동은 장기계속성을 예정하고 있다고 봄이 일반의 관념에 부합하므로, 그 허가에 부가된 기한은 허가의 존속 내지 유효기간이 아니라 허가내용의 갱신 내지 개정기간으로 보아야 하고, 그 허가기간이 만료된 경우 허가의 내용을 변경함과 아울러 다시 허가기간을 정함은 별론으로 하고 허가 자체를 거부할 수 없다.

[원심판결의 요지]

허가의 존속기간을 붙이고 이를 연장해 온 이 사건 허가는 기한의 도래로 실효되었으므로 그 기간연장신청에 대해서도 새로운 허가신청의 경우와 같이 관련 규정에 의하여 허가요건의 적합 여부를 새로이 판단하여 그 허가 여부를 결정하여야 한다.

[대법원판결의 요지]

당초의 기한을 허가 자체의 존속기간이 아니라 허가조건의 존속기간으로 보더라도 그 후 연장된 기간을 포함한 존속기간 전체가 더 이상 부당하게 짧은 경우에 해당하지 않게 된 때에는 허가 여부의 재량권을 가진 행정청으로서는 허가조건의 개정만을 고려하여야 하는 것은 아니고 더 이상의 기간연장을 불허가할 수도 있는 것이며, 이로써 허가의 효력은 상실된다.

Ⅱ. 평 석

1. 쟁점정리

행정행위에 붙여진 기한의 본래적 의미는 그 행정행위의 효력존속기간이라 할 수 있다. 그런데, 그 기한이 당해 행정행위의 성격에 비추어 지나치게 짧게 정해진 경우에는 효력의 존속기간이 아니라, 조건의 존속기간으로 보아야 한다는 논리가 판례에서 사용되고 있다. 그러나 조건의 존속기한이라 볼 수 있는 경우의 범위가 문제될 뿐 아니라, 그 기한이 도래한 경우에 어떠한 효과가 발생하는지에 대하여도 판례 자체로서는 분명하지 않다.

2. 관련판례

① 대법원 1962. 2. 22. 선고 4293행상42 판결

허가 또는 특허에 붙인 조항으로서 종기의 기한에 관하여는 일률적으로 기한이 왔다고 하여 당연히 그 행정행위의 효력이 상실된다고 할 것이 아니고, 그 기한이 허가 또는 특허된 사업의 성질상 부당하게 짧은 기한을 정한 경우에 있어서는 그 기한은 그 허가 또는 특허의 조건의 존속기한을 정한 것이며 그 기한이 옴으로써 그 조건의 개정을 고려한다는 뜻으로 해석하여야 한다.

② 대법원 1992. 10. 23. 선고 92누4543 판결

구 "복표발행 · 현상 기타 사행행위단속법"의 규정에 비추어 보면 사행행위의 허가는 그것이 비록 갱신허가라 하더라도 종전 허가에 붙여진 기한의 연장에 불과하여 관련 법령의 변동이나 위법한 사유가 새로 발생하는 등 사정의 변화가 없는 한 반드시 갱신하여야 하는 것은 아니고, 위 법조 소정의 허가요건이나 그 밖에 다른 법령에 저촉되는가의 여부 및 공익 등을 고려하여 허가 여부를 결정하여야 한다.

③ 대법원 2004. 11. 25. 선고 2004두7023 판결

사도개설허가는 사도를 개설할 수 있는 권한의 부여 자체에 주안점이 있는 것이지 공사기간의 제한에 주안점이 있는 것이 아닌 점 등에 비추어 보면 위 허가에 명시된 공사기간은 변경된 허가권자에게 공사기간을 준수하여 공사를 마치도록 하는 의무를 부과하는 일종의 부담에 불과한 것이지, 사도개설허가 자체의 존속기간(즉, 유효기간)을 정한 것이라 볼 수 없다. 그러므로 허가권자가 정해진 공사기간 내에 사도로 준공을 받지 못하였다 하더라도, 이를 이유로 행정관청이 새로운 행정처분을 하는 것은 별론으로 하고, 위와 같은 사정만으로 사도개설허가가 당연히 실효되는 것은 아니다.

④ 대법원 2007. 10. 11. 선고 2005두12404 판결

허가에 붙은 기한이 허가된 사업의 성질상 부당하게 짧은 경우에는 이를 그 허가 자체의 존속기간이 아니라 허가요건의 존속기간으로 보아 기한이 도래함으로써 그 조건의 개정을 고려한다는 뜻으로 해석할 수는 있지만, 그와 같은 경우라 하더라도 허가기간이 연장되기 위하여는 종기가 도래하기 전에 허가기간의 연장에 관한 신청이 있어야 하며, 만일 그러한 연장신청이 없는 상태에서 허가기간이 만료하였다면 그 허가의 효력은 상실된다.

3. 판결의 검토

(1) 행정행위의 부관으로서의 기한

행정행위의 부관이란 행정행위의 주된 내용에 붙여진 종된 규율이라 할 수 있다. 부관은 당해 행정행위에 의하여 형성되는 상대방의 법적 지위에 대하여 일정한 제한 또는 의무를 부가하는 것이다. 판례는 재량행위의 경우에 법령의 명시적 근거 없이도 부관을 붙일 수 있다고 본다.

대상 사건들에서 문제되는 기한이란 행정행위의 효력의 발생 · 소멸을 장래 도래하는 것이 확실한 사실에 의존하게 하는 부관을 말하며, 기한의 도래에 의하여 행정행위의 효력이 발생하는 것을 시기(始期)라 하고, 기한의 도래에 의하여 효력이 소멸하는 것을 종기(終期)라 한다. 시기(始期)인 기한은 그 시기로부터 행정행위의 효력이 발생하며, 종기(終期)인 기한은 종기의 도래로 그 행정행위의 효력이 소멸함이 원칙이다. 하나의 행정행위에 시기와 종기가 모두 부가되어 있거나 효력의 발생이 기간으로 정하여져 있는 경우에도 역시 기한이다.

종기(終期)는 변화하는 법률 및 사실관계를 고려하여 일정 기간 경과 후 법령 및 공익에 합당한지 여부의 요건재심사의 필요성에 부응하는 제도라 할 수 있다.

(2) '조건존속기간' 개념의 인정 여부

(가) 조건존속기간과 갱신기간의 의미

허가 등 수익적 행정행위에 붙인 기한이 목적사업의 성질상 부당하게 짧은 경우 그 기한은 허가 등의 존속기간이 아니라 허가 등에 붙인 '조건의 존속기간'이라는 관념은 위 참고판례 ①에서부터 인정되기 시작한 것이다. 침몰선박의 해철노양(解撤撈揚)허가에, '허가일로부터 3개월 이내에 완전 해철노양하여야 하며, 허가일 내에 해철노양을 완료치 못할 경우에는 본 허가를 취소한다'는 부관이 있었지만, 침몰장소의 악조건과 해철노양 작업의 성질에 비추어 그 3개월의 기한 경과로 허가의 효력이 소멸하지 않는다고 판시하였다. 이 사건에서의 부관을 단순한 기한으로서의 종기가 아니라 철회권의 유보로 보았어야 했다는 비판적 견해(이상규, 208면)도 주장되었으나, 학설의 대세는 효력기간과 구별되는 조건존속기한이 있다는 판례의 입장에 찬성하고 있다(박균성, 248면). 대상판결들도 일단 이 조건존속기간으로서의 기한이라는 개념을 유지하고 있는 것이다.

조건존속기간과 유사한 개념으로, 허가 등의 연장 내지 반복이 예정되어 있는 경우의 기간을 가리켜 갱신(更新)기간이라 부르기도 한다. 기간을 정한 공물사용허가, 기간제로 임용된 공무원의 재임용, 외국인에게 단기간의 체류허가를 반복하는 경우 등에서 허가갱신 또는 갱신허가라는 용어도 널리 사용된다. 그렇다면 갱신기간은 판례에서의 조건존속기간보다 넓은 개념으로 사용될 가능성이 높다. 실제로 일부 법령(예컨대, '인체조직안전 및 관리 등에 관한 법률' 제14조)이나 위 참고판례 ②를 포함한 많은 판례에서 사용하는 갱신기간도 대상판결에서의 조건존속기간보다 넓게 사용되고 있는 것이다. 대상판례에서의 조건존속기간은 '사업의 성격상 부당하게 짧은 기한'이라는 한정을 하고, 그 점에서 기간이 만료된 후의 취급이 달라야 한다는 점에 별도로 취급할 의미가 있다면, 재심사기간이 정해져 있어 재심사 후 연장을 반복하는 경우에 일반적으로 사용될 수 있는 갱신기간과 구별하는 것이 좋으리라 생각한다.

(나) 조건존속기간에서의 '조건'의 의미

판례에서 '조건의 존속기간'이라 할 때의 '조건'이 무엇인지 문제된다. 부관으로서의 본래적 의미의 조건은 발생이 불확실한 장래의 사실에 행정행위의 효력을 매이게 하는 것으로, 여기에서의 기한을 조건이라고 한다면 행정행위의 효력의 소멸을 매이게 하는 해제조건으로 본 것인지 검토할 수 있겠다. 그러나 부당하게 짧게 정해진 기간이라도 그것의 도래는 확실한 것이기 때문에 좁은 의미의 조건 내지 해제조건은 아니라고 보아야 할 것이다.

그렇다면 통상의 용례처럼 부관 일반을 의미하는 조건인데 그 중에서 기한과 좁은 의미의 조건을 제외한다면, 주요한 것으로 부담과 철회권의 유보가 남게 된다. 대상판결들에서의 기한을 그 기한 도래로 효력이 자동 소멸하는 것이 아니라, 행정청은 사업목적의 달성 여부 또는 가능성을 판단하여 철회할 권한을 갖게 된다는 점을 유보한 것으로 본다면, 철회권 행사의 시기(始期)이며 이 경우의 철회권 행사가 상대방에게 형성된 신뢰 때문에 제한을 받는다는 해석도 가능할 것이다. 그러나 대상판결들에서는 처음부터 연장이 예정된 기한이었다는 점에서 이러한 해석은 설득력이 낮은 것이라 하겠다.

참고판례 ①에 대하여, 이를 철회권의 유보로 본 입장이 있음은 위에서 보았고, ③ 판결에서는 부가된 기간을 부담으로 해석하고 있는데, 일반적으로는 부담과 혼용되는 경우가 가장 많은 것으로 이해된다.

㈐ 조건존속기간으로 보는 근거

판례에서 조건존속기간으로 보는 논리적 근거가 분명하게 제시되지는 않고 있으나, 허가관청의 잘못으로 부당하게 짧은 허가기간이 붙여졌음에도 그 기한의 도래로 당연히 허가의 효력이 상실된다는 것은 정의 관념에 반하며, 잘못이 없는 상대방을 보호할 필요성이 있고, 허가조건의 존속기간이라는 의미로 그 의사를 해석할 수 있다고 한다(이태섭, 19면).

그러나 비판적 견해에 의하면, 부관은 본체인 행정행위의 목적과 성질에 비추어 필요하고 상당하다고 인정되는 것이 아니면 아니 되는바, 만일 종기인 기한이 본체인 행정행위의 성질이나 내용에 비추어 부당하게 짧은 것인 때에는 그 종기는 부관의 한계를 벗어난 하자 있는 기한이라 하지 않을 수 없으므로 판례는 결국 그 부관을 하자 있는 부관으로 인정한 것이라고 본다(이상규, 208면).

하자로 볼 경우, 부담을 제외한 행정처분의 부관만을 다투는 것을 인정하지 않는 판례에 따르면 결국 수익적 행정처분 자체의 거부를 다투어야 한다는 점에서, 처분의 상대방 입장에서는 갱신기간으로 인정하는 것이 유리하다. 다만, 일률적으로 해결할 것은 아니고 사안에 따라 행정행위의 내용과 목적 및 부관의 취지 등을 종합하여 기한을 조건의 존속기한으로 보아 그 연장을 인정하는 것이 합리적으로 보이는 경우에는 예외적으로 인정함이 상당할 것이다(석호철, 230면).

당사자의 의사해석의 문제로 보는 것도, 사법질서에서와는 달리 합법성 원칙에 지배되는 행정행위의 한 내용인 부관이 당사자의 의사해석에 좌우된다는 결과가 되어 설득력에 한계가 있을 수밖에 없다. 그러나 현실적으로 부관이 부가되는 상황은 계약에 유사한 반대급부의 실질을 갖고 그 내용도 발령 전의 당사자 간 협의에 의해 결정되는 경우가 많다는 점을 고려하면, 부관의 의미를 해석하는 데 당사자의 의사를 무시할 수는 없을 것이다.

(라) 조건존속기간으로 보는 범위

효력존속기한이 아니라 조건존속기간으로 보게 되는 '부당하게' 짧은 기한이란 어느 정도의 기간을 말하는 것인지가 문제된다. 물론, 그것은 허가 목적사업과의 관계에서 판단되어야 할 것이다.

참고 판례들에서 보면, ①에서는 해철노양사업의 3개월, ③에서는 사도개설허가에서의 5개월의 공사기간, ④에서는 주택건설사업을 위한 보전임지전용허가기간을 1년으로 설정한 것을 목적 사업에 비추어 지나치게 짧은 기간이라 보았다. 그러나 대상판결 1의 옥외광고물은 3년의 기간이 부당하게 짧은 것이 아니라고 보았으며, 대상판결 2에서는 개발행위제한구역에서의 레미콘공장 설치를 위한 행위허가기간 5년이 짧은 기한이지만 그것이 계속 연장되어 그것을 전체로 볼 때 문제된 시점에서는 더 이상 짧지 않게 되었다는 판단을 하고 있다.

(3) 조건존속기한 도래의 효과

(가) 기한이 도래하면 허가의 효력이 소멸하는지 여부

효력존속기간으로서의 종기 도래의 효과를 잘 보여준 것으로, 6 · 25의 발발과 같은 불가항력이 있더라도 기한이 도래하면 토석채취허가의 효력은 당연히 소멸한다는 판례(대법원 1956. 3. 10. 선고 4288민상495, 496 판결)가 있다. 이와 달리 ①판결은 종료의 기한이 도래한 경우라도 그 기한이 '허가된 사업의 성질상 부당하게 짧은 기한'인 경우에는 허가의 효력이 당연히 소멸하는 것은 아니라 하였고, ③판결에서도 사도개설허가기간을 부담으로 해석하여 그 기간의 경과에도 불구하고 효력이 소멸하지 않는다고 보았다. 즉, 조건존속기간이 붙은 허가 등의 경우에는 허가기간의 만료 후에도 바로 허가의 효력이 소멸하는 것이 아니고, 다만 그 허가에 붙은 부담 등 부관을 다시 정할 수만 있는 것으로 본 것이다.

그러나 조건존속기간이 만료한 경우에 그 허가 등의 효력은 '당연히' 지속되는 것인지, 언제까지 지속되는 것인지 등에 관하여 이 개념을 최초로 인정한 ①판결 및 ③판결로부터는 명백한 기준을 찾기가 어렵고, 이후의 판례가 반드시 일관하여 온 것도 아니다. 대상판결 1에서는 3년의 허가기간을 조건존속기간으로 볼 수 없다고 하면서도 허가기간이 종료함으로써 그 허가는 '특단의 사정'이 없는 한 효력이 소멸된다는 점을 강조하고 있다. 대상판결 2에서는 당초의 허가기간 5년이 사업의 목적에 비추어 짧은 기한으로서 조건존속기간에 해당하지만, 그것이 계속 연장되어 문제된 시점에 와서는 통산기간이 더 이상 짧지 않게 되었으므로 연장허가를 거부할 수 있고, 거부함으로써 그 허가의 효력은 소멸한다고 보고 있다.

판결④에서는 한 걸음 더 나아가 조건존속기간의 경우에도 종기가 도래하기 전에 기간연장의 신청 없이 기간이 만료한 경우에는 그 허가의 효력은 소멸하였다고 본다. 이에 따르면 기간 만료 전의 연장허가신청이 있었는지 여부가 중요한 기준이며, 조건존속기간이라 하여 그 효력이 당연히 유지되는 것은 아니라는 결론이 된다. 대상판결 1에서 기간 도과 후의 연장신청을 새로운 허가신청과 같은 것으로 취급하여 (재)허가당시의 법령과 사실상태에 따라 허가 요건의 적합 여부를 판단하여야 한다고 판시한 것도 같은 논리이다.

허가가 갱신되기 전의 법위반사항을 이유로 갱신 후의 허가를 취소할 수 있다는 판례(대법원 1982. 7. 27. 선고 81누174 판결)가 여기에도 타당함은 물론이다. 조건존속기간의 경우에는 당초 허가와 연장된 허가의 동일성을 더 강하게 추정할 수 있기 때문이다.

(나) 연장(갱신)허가에서의 재량권

일반적인 효력존속기한의 경우에 기한을 붙인 허가 등은 수익적 행정행위이므로 기한부 행정행위의 발령 여부에 허가관청의 재량권이 있는 경우가 원칙적일 것이다. 마찬가지로 갱신허가 발령 여부에 관하여도 허가관청에 재량권이 있다고 할 것이지만, 그 행정행위의 지속성에 대한 신뢰가 형성되는 것이 보통이어서 법령의 개정이나 사실상태의 현저한 변화, 상대방의 의무위반 등 특별한 사정이 없는 한, (거부할) 재량권은 축소되는 것이 보통일 것이다. 그 재량권의 행사는 실질적으로 수익적 행정처분의 취소와 같은 것이므로 재량권 행사의 일탈·남용에 대한 사법적 통제는 엄격한 기준을 적용하여야 할 것이라거나(오준근, 138면), 갱신허가시 허가요건의 변경 등 사정변경이 있는 경우, 신뢰보호이익과 공익을 비교형량하도록 요구하는 판례(대법원 2000. 3. 10. 선고 94누11866 판결)도 같은 취지라 하겠다.

대상판결 2의 제1심은 조건존속기한에 해당한다는 이유로 연장허가에서의 허가관청의 재량권을 부정하였지만, 대법원은 당초의 기간을 조건존속기간으로 보더라도 그 후 연장된 기간을 포함한 기간 전체가 더 이상 부당하게 짧은 경우에 해당하지 않게 된 때에는 허가 여부의 재량권을 가진 행정청으로서는 더 이상의 기간연장을 불허가할 수도 있는 것이라 하였다. 또한 대상판결 1에서는, 조건존속기간으로서의 기한이 부가된 행정행위에 대하여 기한 연장신청이 있으면 특별히 기한을 연장하는 것이 타당하지 아니하다고 인정되는 경우를 제외하고는 기한의 갱신을 거부할 수 없다고 한다. 그러므로 대상판결의 취지는 조건존속기간이 붙은 허가 등의 연장 여부에 관한 재량권이 축소되기는 하지만 당연히 배제되지는 않는다는 점을 분명히 한 것이라 하겠다. 그렇게 본다면, 효력존속기간과 조건존속기간의 차이는 상대적인 것이 된다.

4. 판결의 의미와 전망

사업의 목적에 비하여 부당하게 짧은 기한이 붙어 있는 경우에는 허가기간이 종료한 후에도 허가가 당연히 소멸하는 것이 아니라 단지 조건의 존속기한으로만 보아야 한다는 ①판결과 달리, 대상판결 1은 허가기간의 종료 전에 연장을 신청하지 않으면 허가의 효력은 소멸하는 것이라 하고, 대상판결 2에서는 일정한 경우에 허가관청은 허가조건의 갱신뿐만 아니라, 기간연장을 불허하는 재량권을 여전히 가질 수 있다고 하였다. 즉, 당사자의 의사나 목적사업과의 연관이라는 실질적 관점에서 본 초기의 판례 논리와는 달리, 대상판결들은 조건존속기간의 관념을 유지하면서도 기한의 원래적 효력을 보다 강조하여 초기 판례보다 그 의미를 제한하고 있다.

④판결은 더 나아가 기간이 정해져 있는 행정행위는 기간의 만료로 소멸하는 것이고, 기간연장은 새로운 허가의 부여로 볼 수밖에 없다는 기한 일반의 논리가 조건존속기간의 경우에도 관철된다는 점을 분명히 하였다. 이러한 판례의 변화는 조건의 존속기간이라는 개념을 인정하는 이유를 약화시켜 일반적 효력존속기간들에서의 허가 등의 연장 여부에 대한 재량권의 한계와 상대화시킨 것이라고도 해석할 수 있다. 그러므로 판례는 기한과 관련하여서는 엄격한 합법성원칙 내지 형식주의를 우선하는 입장을 강화해 가고 있다.

〈참고문헌〉

박균성, 행정법강의, 박영사, 2016(제13판).
석호철, “행정행위의 부관”, 재판자료 제68집: 행정소송에 관한 제문제(下), 법원행정처, 1995. 5.
오준근, “개발제한구역내 행위허가 기간연장과 재량행위 판단기준에 관한 쟁점 검토”, 행정판례연구 제11집, 박영사, 2006. 6.
이상규, (주석)판례행정법 I, 삼영사, 1977.
이태섭, “행정처분에 붙은 기한의 성격과 기간연장”, 대법원판례해설 제50호, 법원도서관, 2004. 12.
조용호, “건설회사 상호간의 합병에 따른 행정법상의 몇 가지 문제에 대하여”, 대법원판례해설 제22호, 법원도서관, 1995. 5.

27. 위법한 부관의 효력과 그에 대한 항고소송

—대법원 2001. 6. 15. 선고 99두509 판결—

정 하 중*

Ⅰ. 판결개요

1. 사실관계

서울시는 1978년경 과천시 일대 총 200만평에 동식물원 88만평, 위락시설 25만평, 청소년문화시설 6만평을 포함한 대단위 공원인 서울대공원을 조성할 계획을 세우고 그 중 위락시설 및 관리시설은 순수민간자본을 유치하여 조성하기로 함에 따라 1985. 8. 22. 소외 A회사를 위락시설지구(놀이동산) 조성 민간사업자로 선정하고 1986. 6. 3. 위 소외 회사에 도시계획사업허가를 하였다. 위 소외 회사의 자회사인 원고는 그 무렵 위 소외회사로부터 위 위락시설지구 조성사업시행에 관한 일체의 권리 · 의무를 승계하고 1988. 11. 2. 위락시설물을 준공하고 서울시에 기부채납한 다음 무상사용기간을 16년 2개월로 정하여 이 시설물을 무상사용하여 왔다.

원고는 1990. 4. 20. 다시 서울시로부터 위 놀이동산에 대한 추가적인 도시계획사업시행허가를 받아 건축물 20동, 연못, 주차장시설 등을 설치하였는데, 위 허가 당시 원고는 모든 시설물을 서울시에 기부채납하고 일정기간 무상사용하기로 하되 그 기간과 조건은 투자비회수가 가능한 범위 내에서 사업자의 의견을 수렴하여 서울시가 정하는 것을 허가조건으로 하였다. 원고는 이 사건 2차 시설물을 기부채납하면서 무상사용승인을 신청하였고, 피고는 1997. 3. 14. 20년을 기간으로 하는 무상사용 · 수익허가를 하였다. 이에 대하여 원고는 허가기간의 산정이 위법하다고 하면서, 주위적으로 이 사건 허가 중 원고가 신청한 사용 · 수익 허가기간 40년 가운데 20년간만 허가기간으로 인정하고 그 나머지 기간에 대한 신청을 받아들이지 않은 부분의 취소를 구하고, 예비적으로 이 사건 허가전부의 취소를 구하는 취소소송을 서울고등법원에 제기하였다.

* 서강대학교 법학전문대학원 명예교수.

2. 소송경과

원심인 서울고등법원은 지방자치단체가 기부채납받은 공유재산을 기부자에게 무상사용하도록 허가하거나 그 무상사용기간을 정하는 행위는 사경제주체로서 상대방과 대등한 입장에서 행하는 사법상의 행위라는 이유로 주위적 청구 및 예비적 청구 모두 부적법하다고 하면서 취소소송을 각하하였다(서울고등법원 1998. 12. 17. 선고 97구34589 판결). 이에 대하여 원고는 상고를 하였으며 대법원은 원심판결 중 예비적 청구부분을 파기환송하고 나머지 상고에 대하여는 기각판결하였다.

3. 판결요지

(1) 원심판결의 요지

지방재정법 제75조의 규정에 따른 기부채납은 기부자가 그의 소유재산 중 지방자치단체의 공유재산으로 증여하는 의사표시를 하고 지방자치단체가 이를 승낙하는 의사표시를 함으로서 성립하는 사법상의 증여계약이고(대법원 1996. 11. 8. 선고 96다20581 판결), 한편 지방자치단체가 동법 시행령 제83조 제1항의 규정에 따라 기부채납받은 공유재산을 무상으로 기부자에게 사용을 허용하는 행위는 사경제주체로서 상대방과 대등한 입장에서 하는 사법상의 행위이지 행정청이 공권력의 주체로서 행하는 공법상의 행위가 아니다(대법원 1994. 1. 25. 선고 93누7365 판결). 그러므로 기부자가 기부채납한 물건에 대한 무상사용기간을 정하는 행정청의 행위도 단순한 사법상의 행위일 뿐 행정처분 기타 공법상 법률관계에 있어서의 행위라고 할 수 없다. 따라서 피고가 위 시설물의 무상사용기간을 20년으로 결정하고 이를 통지하였다고 하더라도 이는 항고소송의 대상이 되는 행정처분이라고 볼 수 없으므로, 그 취소를 구하는 이 사건 소는 주위적 및 예비적 청구 모두 부적법하다.

(2) 대법원판결의 요지

공유재산의 관리청이 하는 행정재산의 사용 · 수익에 대한 허가는 순전히 사경제주체로서 행하는 사법상의 행위가 아니라 관리청이 공권력을 가진 우월적 지위에서 행하는 행정처분이라고 보아야 할 것인바, 행정재산을 보호하고 그 유지 · 보존 및 운용 등의 적정을 기하고자 하는 지방재정법 및 그 시행령 등 관련 규정의 입법 취지와 더불어 잡종재산에 대해서는 대부 · 매각 등의 처분을 할 수 있게 하면서도 행정재산에 대해서는 그 용도 또는 목적에 장해가 없는 한도 내에서 사용 또는 수익의 허가를 받은 경우가 아니면 이러한 처분을 하지 못하도록 하고 있는 구 지방재정법(1999. 1. 21. 법률 제5647호로 개정되기 전의 것) 제82조 제1항, 제83조 제2항 등 규정의 내용에 비추어 볼 때 그 행정재산이 구 지방재정법 제75조의 규정에 따라 기부채납받은 재산이라 하여 그에 대한 사용·수익허가의 성질이 달라진다고 할 수는 없다.

행정행위의 부관은 부담인 경우를 제외하고는 독립하여 행정소송의 대상이 될 수 없는바, 기부채납받은 행정재산에 대한 사용·수익허가에서 공유재산의 관리청이 정한 사용·수익허가의 기간은 그 허가의 효력을 제한하기 위한 행정행위의 부관으로서 이러한 사용·수익허가의 기간에 대해서는 독립하여 행정소송을 제기할 수 없다.

Ⅱ. 평 석

1. 쟁점정리

위 대법원판결에서 문제가 되고 있는 것은 행정재산의 사용·수익허가의 사용의 법적 성격과 행정행위의 부관으로서 사용·수익허가의 기간에 대하여 독립하여 행정소송을 제기할 수 있는지 여부가 문제가 되고 있다.

(1) 행정재산의 사용·수익허가의 법적 성격

행정재산의 사용·수익허가의 법적 성격, 즉 행정재산의 목적외사용의 성격에 대하여는 종래 사법관계설과 공법관계설로 대립되어 왔다. 사법관계설은 행정재산의 목적외사용은 오로지 사용·수익자의 사적 이익을 도모한다는 이유에서 사법상의 계약관계로 보고 있다. 이에 대하여 공법관계설은 행정재산의 목적외사용의 법률관계의 발생·소멸은 행정행위에 의하여 이루어지므로 공법관계라고 한다. 구 국유재산법 및 구 지방재정법은 행정재산의 사용·수익허가에 관하여 잡종재산의 대부에 관한 규정을 준용하고 있어 당시의 다수설과 판례는 사법관계설을 취하였다(대법원 1994. 1. 25. 선고 93누7365 판결). 그러나 1976년에 개정된 국유재산법과 2005년에 제정된 공유재산 및 물품관리법은 행정재산의 사용·수익허가에 대하여는 잡종재산의 대부에 관한 규정을 준용하지 않고, 그 허가, 사용료, 강제징수, 허가의 취소·철회에 관한 독자적인 규정을 두고 있다. 이에 따라 사법관계설은 그 근거를 상실하였다고 보아야 할 것이며, 판례 역시 이러한 법률의 개정에 따라 종래의 입장을 변경하고 행정재산의 수익·사용허가는 행정처분의 성격을 갖는다는 입장을 취하고 있다(대법원 1998. 2. 27. 선고 97누1105 판결). 이에 따라 위 대법원판결은 변경된 판례의 입장을 재확인하는 성격을 갖는다고 할 것이다.

(2) 부관에 대한 항고소송

대법원은 자신의 종래의 입장에 따라 행정행위의 부관은 부담인 경우를 제외하고는 독립하여 행정소송의 대상이 될 수 없는바, 기부채납받은 행정재산에 대한 사용·수익허가에서 공유재산의 관리청이 정한 사용·수익허가의 기간은 그 허가의 효력을 제한하기 위한 행정행위의 부관으로서 이러한 사용 · 수익허가의 기간에 대해서는 독립하여 행정소송을 제기할 수 없다고 판시하고 있다.

행정행위에 부관이 부가된 경우에 부관이 위법하여 개인의 법률상 이익이 침해된 경우에 부관만을 항고소송의 대상으로 하여 다툴 수 있는지 학설에서는 논쟁이 되고 있다. 이와 관련하여 세 가지 문제가 제기되고 있는바, 첫째 위법한 부관의 효력문제와, 둘째 부관이 위법한 경우 부관만을 독립하여 취소소송의 대상으로 할 수 있는지, 셋째 부관이 항고소송의 대상이 된 경우, 즉 가쟁성이 인정된 경우에 본안에서 주된 행정행위를 그대로 두고 부관만을 일부 취소할 수 있는지 문제가 된다. 다음에서는 이들에 대하여 보다 상세하게 다루기로 한다.

2. 위법한 부관의 효력

부관이 법령에 위반하여 하자가 있는 경우에 그 효력에 대하여는 행정행위의 하자의 법리가 준용된다는 것이 학설의 일반적인 견해이다. 즉 부관의 하자가 중대하고 명백하면 무효에 해당하고 그 밖에 하자는 취소할 수 있다고 한다. 부관이 하자가 있는 경우에 주된 행정행위에 어떠한 효력을 미치는가는 부관에 대한 항고소송과 관련하여 중요한 문제가 되고 있다. 지배적인 견해는 부관이 중대하고 명백한 하자로 인하여 무효인 경우에 행정행위의 일부무효의 법리에 따라 부관의 내용이 주된 행정행위에 본질적이라 행정청이 부관없이는 주된 행정행위를 발하지 않을 것이라 인정된다면 주된 행정행위도 무효가 된다는 입장을 취하고 있다(독일 행정절차법 제44조 제1항은 독일민법 139조(우리 민법 제137조)를 본따서 "행정행위의 무효인 부분이 매우 본질적이라 행정청이 무효인 부분이 없이는 행정행위를 발하지 않을 것이라고 인정된다면 행정행위 전체는 무효가 된다"라고 행정행위의 일부무효에 대하여 규정하고 있다). 여기서 행정청의 주관적인 의사가 아니라, 구체적인 경우에 객관적이고 합리적으로 판단하는 행정청의 의사에 초점을 두어야 한다는 것이 일반적인 견해이다. 부관의 내용이 행정행위에 본질적인 의미를 갖고 있는지 여부에 초점을 두는 이러한 입장은 행정행위의 무효와 취소의 상대적인 차이에 비추어 취소할 수 있는 행정행위에도 적용된다는 것이 독일의 일반적인 견해이다(이른바 행정절차법 제44조 제4항의 유추적용)(참고: 정하중, 165면 이하).

이에 따라 위법한 부관이 주된 행정행위에 매우 본질적이라 행정청이 부관없이는 주된 행정행위를 발하지 않을 것이라고 판단된다면, 주된 행정행위도 위법하게 된다는 명제가 성립된다.

3. 부관에 대한 가쟁성

부관이 위법하여 하자가 있는 경우에 부관만을 대상으로 하여 취소소송 내지는 무효등확인소송을 제기할 수 있는지 문제가 제기된다. 취소소송이 항고소송의 대부분을 차지하고 있는 점에 비추어 여기서는 취소소송에 한정시켜 다루고자 한다. 학설과 판례에서는 이와 관련하여 다음과 같은 견해가 제시되고 있다.

(1) 학설의 견해

㈎ 부관의 종류에 따른 구별

종래의 전통적인 견해는 부관에 대한 취소소송의 제기가능성의 문제를 부관의 종류에 따라 구별하고 있다. 부담인 경우에는 그 자체로 행정행위의 성격을 갖고 있기 때문에 주된 행정행위와 분리하여 독립적으로 취소소송을 제기할 수 있다고 한다(진정일부취소소송(眞正一部取消訴訟)). 반면 기한, 조건, 철회권유보와 같은 부관은 그 자체가 행정행위의 성격을 갖지 않고, 주된 행정행위의 일부에 해당하기 때문에 부관만을 대상으로 취소소송을 제기할 수 없으며, 부관부 행정행위 전체를 대상으로 취소소송을 제기하여야 한다고 한다. 단지 이들이 주된 행정행위와 불가분적 관계에 있지 않은 경우, 또는 행정행위의 중요한 요소가 아닌 경우에는 부관부 행정행위 전체를 취소소송의 대상으로 하되, 행정소송법 제4조 제1호에 근거하여 부관만의 일부취소를 구하는 취소소송을 제기할 수 있다는 견해를 취하고 있다(부진정일부취소소송(不眞正一部取消訴訟))(김도창, 278면). 그러나 이러한 견해는 부관이 언제 주된 행정행위와 불가분의 관계가 있는지 또는 언제 주된 행정행위의 중요한 요소가 되는지 명확하게 밝히지 않고 있다.

㈏ 부관의 분리가능성에 다른 구별

이에 대하여 일부학설은 부관이 독립하여 취소소송이 될 수 있는지 여부는 부관의 종류, 즉 부관이 부담인지 또는 부담 이외의 부관에 해당하는지에 따라 결정되는 것이 아니라, 주된 행정행위로부터 부관의 분리가능성에 초점을 맞추어, 부관이 분리가 가능하고 하자가 있는 경우에는 부관만을 대상으로 하여 취소소송을 제기할 수 있다고 한다. 그러나 부관이 주된 행정행위의 본질적인 요소를 이루고 있는 한, 부관부 행정행위 전체를 대상으로 하여 취소소송을 제기하여야 한다고 한다(김철용, 235면). 그러나 이 견해는 언제 부관이 주된 행정행위로부터 분리가능한지에 대한 구체적인 기준을 제시하고 있지 않을 뿐 아니라, 분리가능성은 본안에서의 부관만의 독립취소가능성과 관련하여 판단되는 문제라고 비판을 받고 있다.

㈐ 모든 부관에 대한 취소소송의 가능성

또 다른 견해는 부담을 포함하여 모든 부관은 주된 행정행위와 분리가능하기 때문에 취소소송의 대상이 될 수 있으며, 여기서 소송형태는 부관의 종류에 무관하게 부진정일부취소소송이 된다고 한다(김남진, 289면; 이일세, 665면 이하). 이러한 견해는 부담의 행정행위의 성격을 부인하고, 이에 따라 모든 부관에 대하여 동일하게 부진정일부취소소송을 제기할 수 있다고 한다.

(2) 판례의 입장

판례는 지금까지 일관되게 부담과 여타의 부관을 구분하여, 부담은 처분성이 인정되기 때문에 주된 행정행위로부터 독립하여 취소소송의 대상이 될 수 있지만, 기한, 조건, 철회권유보 등은 주된 행정행위의 불가분적 요소를 이루기 때문에, 독립하여 취소소송의 대상이 될 수 없고, 부관부 행정행위 전체를 대상으로 하여 취소소송을 제기하여야 한다는 입장을 취하고 있다(대법원 1985. 6. 25. 선고 84누579 판결, 대법원 1986. 8. 19. 선고 86누202 판결, 대법원 1992. 1. 21. 선고 91누1264 판결). 행정재산에 대한 사용 · 수익허가에서 공유재산의 관리청이 정한 사용 · 수익허가의 기간은 그 허가의 효력을 제한하기 위한 행정행위의 부관으로서 이러한 사용 · 수익허가의 기간에 대해서는 독립하여 행정소송을 제기할 수 없다고 판시한 위 대법원판결은 이와 같은 판례의 입장을 고수하고 있는 것이라고 보아야 할 것이다.

그러나 이러한 판례의 입장은 원고의 권리구제의 관점에서 심각한 이의를 발생시키고 있다. 즉 기한, 조건, 철회권유보 등에 대하여는 원고가 부관부 행정행위 전체를 대상으로 하여 취소소송을 제기하여 승소한다고 할지라도, 자신이 원하는 수익적 행정행위 자체도 상실하는 결과가 되어 버린다. 원고는 승소 후에 다시 위법한 부관이 붙여지지 않은 수익적 행정행위에 대한 신청을 하여야 하며, 여기서 행정청이 다른 사유를 들어 이를 거부하는 경우에는 다시 거부처분취소소송을 제기하여야 하는 번거로움이 발생된다(정하중, 11면; 이일세, 653면).

그런데 주목할 사실은 조건이나 기한 등이 부가된 행정행위의 상대방이 조건이 부가되지 않은 행정행위로 변경신청하거나 또는 기한이 종료되기 전에 연장신청을 하고 행정청이 이를 거부한 경우에 판례는 이에 대한 취소소송을 인정하고 있다는 점이다. 예를 들어 대법원 1990. 4. 27. 선고 89누6808 판결에서 대법원은 운반성, 등선 등 부속선을 사용할 수 없는 조건으로 어업면허를 받은 상대방이 행정청에 대하여 조건없는 행정행위로 변경처분을 하여줄 것을 행정청에게 신청을 한 후 행정청이 이를 거부한 경우에 이에 대한 상대방의 거부처분취소소송을 받아들였다. 또한 대법원 행정행위에 부가된 기한에 대한 연장신청에 대한 거부에 대하여 거부처분취소소송을 인정하여 왔다(대법원 1991. 8. 27 선고 90누7920 판결, 대법원 2004. 3. 25. 선고 2005두12837 판결). 결과적으로 판례는 부담 이외에 조건 등 여타의 부관에 대하여는 직접 이를 다툴 수 없으나, 부관부 행정행위를 부관없는 행정행위로 변경신청을 한 후에, 이에 대한 불허가처분이 있는 경우에 취소소송을 제기할 수 있다고 하여 상대방에 대한 권리구제의 길을 열어놓고 있다고 보아야 할 것이다.

(3) 결　어

생각건대 모든 부관에 대하여 취소소송의 제기를 허용하는 것이 타당할 것이다. 여기서 부관의 종류에 따라 구별되어야 하는바, 부담은 그 자체로 하나의 행정행위를 이루기 때문에 주된 행정행위와 독립하여 그에 대하여 직접 취소소송을 제기할 수 있다고 보아야 할 것이다(진정일부취소소송). 반면 조건, 기한, 철회권 유보는 그 자체가 주된 행정행위의 본질적인 요소를 이루고 있기 때문에 부관부 행정행위 전체를 대상으로 하여 취소소송을 제기하되, 부관부분만의 일부취소를 구할 수 있다고 할 것이다(부진정일부취소소송). 우리 행정소송법 제4조 제1호는 위법한 처분 등의 변경을 구하는 변경을 구하는 경우에도 취소소송이 허용된다고 규정하고 있는바, 여기서 변경의 의미해석은 논란의 여지는 있으나 일부취소가 포함된다는 데 대하여는 이론이 없다. 판례 역시 외형상 하나의 행정처분이라 하더라도 가분성이 있거나 그 처분대상의 일부가 특정될 수 있다면 일부만의 취소도 가능하고 그 일부의 취소는 당해 취소부분에 관하여 효력이 생긴다고 한다고 일부취소를 구하는 취소소송을 인정하고 있다(대법원 1995. 11. 16. 선고 95누8850 판결). 조건이나 기한과 같은 부관 역시 그 자체가 독립된 처분성을 갖고 있지 않으나 주된 행정행위로부터 가분성이 있을 뿐 아니라 특정화될 수 있기 때문에 일부취소를 구하는 취소소송이 허용되어야 할 것이다. 부담에 대하여만 그것이 처분의 성격을 갖고 있다는 이유 하에 취소소송을 허용하고, 다른 부관에 대하여는 그것이 처분성이 없다는 이유로 부관부 행정행위 전체에 대하여 취소소송을 제기하여야 한다는 판례의 입장은 원고가 원하는 수익적 행정행위까지 취소하게 되는 결과를 가져와 원고의 권리구제에 전혀 도움이 되지 않는 해결방안이다. 일부 판례는 조건부 행정행위에 대하여 조건이 없는 행정행위로 변경을 신청하거나, 기한부 행정행위에 대하여 기한을 연장하는 신청을 한 후, 이것이 거부당한 경우에 거부처분취소소송을 허용하고 있으나, 이는 상대방에게 매우 우회적이고 번거로운 해결방법일 뿐 아니라, 결과적으로는 기한이나 조건과 같은 부관도 주된 행정행위와 분리하여 다툴 수 있다는 것을 의미한다.

일설은 독일의 일부견해와 같이(Laubinger, S. 357 ff.; Schenke, S. 182) 부담의 행정행위성에 대하여 의문을 제기하고, 종류에 관계없이 모든 부관에 대하여 부진정일부취소소송을 제기할 수 있다고 하나, 부담은 기한이나 조건과는 달리 주된 행정행위에 부가되어 상대방에게 일정한 작위, 부작위, 수인의 의무를 부과하는 고유한 내용적인 규율로서 행정행위에 해당한다. 이에 따라 부담과 여타의 부관의 기능상의 차이를 인정하여 전자에 대하여는 진정일부취소소송을 제기할 수 있고, 후자에 대하여는 부진정일부취소소송을 제기할 수 있다고 보아야 할 것이다. 위 대상판결에서 원고는 서울대공원 시설물에 대하여 20년간의 무상수익허가를 받자, 허가기간의 산정이 위법하다고 하면서, 주위적으로 원고가 신청한 사용 · 수익허가기간 40년 가운데 20년간만 허가기간으로 인정하고 그 나머지 기간에 대한 신청을 받아들이지 않은 부분의 취소를 구하고, 예비적으로 이 사건 전체의 취소를 구하는 소송을 제기하였다. 대법원은 주위적 청구에 관하여 행정행위의 부관은 부담인 경우를 제외하고는 독립하여 행정쟁송이 대상이 될 수 없기 때문에 이 사건 사용 · 수익허가의 기간에 대하여 독립하여 취소소송을 제기할 수 없다고 판시하고, 부관부 행정행위 전체의 취소를 구하는 예비적 청구를 인정하고 이에 관한 원심판결을 파기 · 환송하였다. 생각건대 여기서 원고는 신청한 40년 기간 중, 거부당한 20년 기간에 대하여 독립하여 거부처분취소소송을 제기하기 보다는 부관부 행정행위(20년 기간의 사용 · 수익허가) 전체를 대상으로 하여 취소소송을 제기하되, 20년 허가기간의 취소를 구하는 부진정일부취소소송을 제기하는 것이 보다 바람직하였을 것이다.

4. 본안에 있어서 부관의 독립취소가능성

모든 부관에 대하여 취소소송의 제기가 가능함에 따라 본안심리가 이루어져 부관의 위법성이 인정된다면, 법원이 부관만을 본체인 행정행위와 분리하여 독립적으로 취소할 수 있는지 문제가 된다. 이에 대하여 부관에 대한 가쟁성과 같이 학설의 대립이 있다.

(1) 기속행위와 재량행위

일설은 기속행위와 재량행위로 나누어 기속행위인 경우 또는 재량이 영으로 수축된 경우에만 부관만의 독립취소의 가능성을 인정하고 있다(박윤흔, 398면; 김동희, 299면). 기속행위의 경우 상대방의 신청이 법률요건을 충족시키는 경우에는, 신청인은 관계법이 정하는 대로의 수익적 행정행위의 발급청구권이 있기 때문에 부관만을 분리하여 취소할 수 있다고 한다. 한편 법률요건 충족적 부관인 경우에 법원이 부관의 위법성을 인정하여 취소한다면, 행정청은 행정의 법률적합성의 원칙에 따라 위법한 행정행위를 직권취소할 수 있다고 한다. 반면 재량행위의 경우에는 부관만을 취소하여 본체인 행정행위를 유지시키는 것은 결국 행정청에 부관없이는 그가 발하기를 원하지 않는 행정행위를 강요하는 결과가 되기 때문에 권력분립의 원칙의 관점에서 독립취소가 허용되지 않는다고 한다. 그러나 이러한 견해는 재량행위의 경우에 결국 상대방은 위법한 부관이 부가된 행정행위를 수인하든지 또는 부관부 행정행위 전체를 취소소송의 대상으로 할 수밖에 없어 그나마 발급된 수익적 행정행위 자체도 상실하는 결과가 된다. 더욱이 부관은 대부분 재량행위에 부가되기 때문에 이러한 견해에 따르면 부관에 대한 행정소송은 실질적으로 유명무실하게 되는 문제가 발생된다(이 견해는 재량행위에 있어서 부관만의 일부취소를 인정하지 않는 독일의 일부학설의 견해를 따르고 있는 것으로 보인다. 이러한 독일학설은 법원의 기각판결에 대비하여 원고는 예비적으로 부관이 붙지 않은 주된 행정행위의 발급에 대한 의무이행소송을 제기하거나 또는 의무이행소송으로 소의 변경을 할 수 있다고 제안하고 있으나 우리의 경우, 아직 의무이행소송이 인정되지 않기 때문에 이러한 해결방안은 무리가 있다고 보아야 할 것이다).

(2) 주된 행정행위와 부관과의 연관관계

또 다른 견해에 따르면 부관의 하자가 있는 경우에 부관만을 독립취소할 수 있는지의 문제는 부관이 취소된 경우에도 주된 행정행위가 적법하게 존속할 수 있는지 여부에 의존한다고 한다. 즉 부관의 위법성이 잔여 행정행위를 감염시키지 않는 경우에 가능하다고 한다(Schenke, S. 185; Lange, S. 350; 김용섭, 51면). 부관의 내용이 행정행위에 매우 본질적이라 행정청이 부관없이는 주된 행정행위를 발하지 않았을 것이라 판단된다면 부관의 위법성은 주된 행정행위의 위법성으로 이끈다. 이러한 경우에는 부관만이 아니라 주된 행정행위 역시 위법하게 된다. 원고는 그가 위법한 부관을 취소한다고 할지라도 위법한 수익적 행정행위를 얻게 되는바 이는 행정의 법률적합성의 원칙에 위배된다고 한다. 그러나 이러한 견해 역시 위법한 부관이 주된 행정행위를 위법하게 만드는 경우에, 원고는 부관부 행정행위를 수인하여야 하든지 또는 부관부 행정행위 전체에 대하여 취소소송을 제기할 수밖에 없어 권리구제에 미흡하게 된다(이 경우에도 독일의 일부학설은 청구기각에 대비하여 예비적으로 부관이 없는 주된 행정행위의 발급에 대한 의무이행소송을 제기하거나 또는 취소소송절차 중에 의무이행소송으로 소의 변경을 제안하고 있다).

3) 부관만의 일부취소가능성

생각건대 오늘날 독일의 다수설이 주장하는 바와 같이(Hufen, S. 269; Laubinger, S. 368; Obermayer, Rdn. 45 ff.) 본안에서 부관이 위법한 경우에는 부관만의 일부취소를 제한없이 인정하는 것이 바람직할 것이다. 종류에 관계없이 모든 부관은 주된 행정행위에 부가된 규율이기 때문에 주된 행정행위로부터 분리가능하며, 이에 따라 부관이 위법한 경우에는 일부취소가 허용된다고 할 것이다. 여기서 주된 행정행위의 재량성 여부, 부관의 제거 후에 남은 주된 행정행위의 위법성 여부는 어떠한 역할을 하지 못한다. 법원은 원고의 청구취지에 따라 부관이 위법하다고 판단하면 부관을 취소하여야 한다. 왜냐하면 주된 행정행위의 적법성 여부는 소송물에 속하지 않기 때문이다. 이 경우에 부관부 행정행위의 수범자는 부관에 대한 취소소송을 통하여 자신에게 불이익이 되는 부관을 제거하고 위법하거나 또는 행정청이 발하기를 원하지 않는 수익적 행정행위를 누리게 된다는 문제점이 나타날 수 있다. 그러나 이 경우에 처분청은 주된 행정행위를 취소 및 철회할 수 있으며, 또는 새로운 부관을 붙여 전체 행정행위를 적법하게 할 수가 있다. 주된 행정행위는 소송물이 되지 않기 때문에 법원의 판결의 기판력은 행정청에 의한 취소나 철회에 장애가 되지 않는다. 여기서 취소나 철회는 경우에 따라 신뢰보호의 원칙에 따라 제한된 수 있으며, 사후부관의 부가를 통하여 자신의 목적을 실현시킬 수 있다면 비례의 원칙에 따라 가능한 이를 선택하여야 할 것이다. 이 점에서 사후부관과 관련된 대법원 1997. 5. 30. 선고 97누2627 판결은 매우 고무적이다. 대법원은 "행정처분에 이미 부담이 부가되어 있는 상태에서 그 의무의 범위 또는 내용을 변경하는 부관의 사후변경은, 법률의 명문의 규정이 있거나 그 변경이 미리 유보되어 있는 경우 또는 상대방의 동의가 있는 경우에 한하여 허용되는 것이 원칙이지만, 사정변경으로 인하여 당초에 부담을 부가한 달성할 수 없게 된 경우에도 그 목적달성에 필요한 범위 내에서 예외적으로 허용된다"고 판시하고 있다.

이미 위에서 설명한 바와 같이 판례는 부담의 경우에는 진정일부취소소송을 인정하고 있고, 본안에서 부담이 위법한 경우에는 그의 일부취소를 하여 왔다. 반면 기한, 조건 등 여타의 부관에 있어서는 부관부 행정행위 전체를 취소소송의 대상으로 하고 부관이 위법한 경우에는 부관부 행정행위 전체를 취소하여 왔다. 이러한 판례의 입장은 원고의 권리구제의 관점에서 심각한 문제점이 있음은 이미 위에서 지적하였다. 대상 판결에서 원고가 20년 허가기간의 취소를 구하는 부진정일부취소소송을 제기하는 경우에, 본안심리과정에서 20년 허가기간의 위법성이 드러난다면 법원은 이를 취소하면 될 것이다. 이후 행정청은 적법한 허가기간을 내용으로 하는 기한을 부가하면 될 것이다.

〈참고문헌〉

김남진, 행정법 I 제6판, 법문사, 2000.

김도창, 일반행정법론(상) 제3전정판, 청운사, 1990.

김동희, 행정법 I 제12판, 박영사, 2006.

김용섭, "위법한 부관에 대한 행정소송", 특별법연구 제10권(전수안 대법관 퇴임기념), 2012. 6.

김철용, 행정법 I 제11판, 박영사, 2008.

박윤흔, 최신행정법강의(상) 개정29판, 박영사, 2004.

이일세, "행정행위의 부관과 행정쟁송", 계희열교수화갑기념논문집, 1995. 6.

정하중, "부관에 대한 행정소송", 행정판례연구 Ⅵ, 박영사, 1999.

Hufen, Verwaltungsprozeßrecht, 5. Aufl., 2003.

Laubinger, Die Anfechtbarkeit von Nebenbestimmungen, VerwArch. 73, 1982.

Lange, Die isolierte Anfechtbarkeit von Auflagen unter besonderer Berücksichtigung der Rechtsprechung des BVerwG zur modiefizierenden Auflage, AöR 1977.

Obermayer, VwVfG, 3. Aufl., 1999.

Schenke, Rechtschutz gegen Nebenbestimmungen, JuS 1983.

28. 기부채납의 흠과 기부채납의 효력

— 대법원 1999. 5. 25. 선고 98다53134 판결 —

정 은 영*

Ⅰ. 판결개요

1. 사실관계

원고는 1974. 전답이었던 서울 영등포구 신길동 433 등 일대의 토지에 대한 매립공사를 완공하고 그 때부터 이를 사실상 대지로 사용하여 오던 중, 1992. 11. 19. 위 일대의 토지상에 주유소를 건축하기 위하여 토지형질변경행위 허가신청을 하였고, 피고 행정청은 1992. 12. 5. 당시 구 서울특별시토지의형질변경등행위허가사무취급요령(1994. 5. 6. 서울시예규 제586조로 개정되기 전의 것) 제12조{(공공용지의 확보) 건축물의 건축을 목적(이하 “대지조성”이라 할 수 있음)으로 토지의 형질변경을 하고자 하는 자는 다음 각호의 기준에 따른 공공용지를 확보하여 이를 무상으로 그 시설을 관리할 주체에 따라 행정청에 귀속시켜야 한다. 1. 도로, 어린이공원(놀이터 포함) 및 기타의 공공용지는 신청토지면적을 기준하여 20% 이상으로 확보하여야 한다}에 따라 위 신청 토지 중 약 22%를 공공용지로 기부채납하도록 하는 내용의 부관을 붙여 토지형질변경허가를 하였다. 원고는 이에 따라 위 기부채납 대상 토지 중 일부인 도합 11필지를 피고 행정청에게 증여하고 1993. 1. 4. 피고에게 위 11필지에 관하여 위 증여를 원인으로 한 소유권이전등기를 마쳤다.

이후 원고가 위 토지형질변경행위허가의 변경승인을 신청함에 따라 피고 행정청은 1995. 3. 10. 개정된 사무취급요령{1994. 5. 6. 서울시예규 제586조, 제12조(공공시설의 확보) 행정청이 아닌 자가 도시계획법 제4조의 규정에 의한 토지의 형질변경을 하고자 하는 경우에는 다음 각호의 기준에 따른 공공시설을 확보하여 그 시설을 관리할 주체에 따라 행정청에 무상으로 귀속시켜야 한다. 1. 신청토지 내에서 도로 · 공원 등 도시계획시설에 저촉된 토지는 우선 확보하여야 한다}에 의하여, 원고의 주유소 건축부지를 포함한 일부 토지 중 도시계획상

---

* 수원지방법원 성남지원 판사.

도로 등 도시계획시설에 저촉되는 부분인 변경승인신청 대상 토지의 약 11%를 도로 등 공공용지로 기부채납하도록 하는 내용의 부관을 붙이는 등으로 종전 토지형질변경행위 허가를 변경하는 처분을 하였다. 피고 행정청은 이에 따라 그 명의로 소유권이전등기가 경료된 위 11필지 토지 중 변경승인에 따라 기부채납 대상 토지에서 제외된 2필지의 토지에 관하여 피고 행정청 명의의 소유권이전등기를 말소하여 원고에게 소유권을 환원하여 주었고, 원고는 같은 달 17. 토지형질변경행위 준공검사를 받았다.

2. 소송경과

원고는, 피고 행정청이 토지형질변경허가시 부가한 기부채납의 부관에 따라 원고가 피고 행정청에게 위 토지 9필지(이하 '이 사건 토지'라 한다)를 증여한 것은 착오에 의한 의사표시이므로 이를 취소하고 위 증여에 기한 소유권이전등기의 말소를 구하는 소를 제기하였는바, 제1심 법원(서울지방법원 남부지원)에서는 원고의 청구를 기각하였고, 제2심 법원(서울지방법원)에서는 원고의 청구를 인용하였으며, 대법원에서는 원심판결을 파기하고 사건을 서울지방법원 본원 합의부에 환송하였다.

3. 판결요지

[원심판결의 요지]

원고가 토지형질변경행위허가를 신청한 토지들은 1974.경부터 사실상 대지로 사용되어 오던 것으로서 새로이 성토 또는 정지작업을 할 필요 없이 용도변경허가신청을 통하여 지목을 '대'로 변경하기만 하면 되는 것이고, 피고 행정청이 용도변경허가를 함에 있어서는 기부채납의 조건을 붙일 수 있는 근거가 없음에도 원고가 피고 행정청 직원의 지시에 따라 용도변경신청이 아닌 토지형질변경행위허가신청을 하고 그 허가에 부가된 부관을 이행하기 위하여 이 사건 토지를 증여하였는바, 이는 원고가 피고 행정청 직원의 잘못된 업무집행으로 인하여 착오에 빠져 증여계약을 체결한 것이고, 이러한 착오는 증여계약의 중요부분에 관한 것이라 할 것이므로, 이 사건 토지의 증여계약은 원고의 취소의 의사표시로써 적법하게 취소되었다.

[대법원 판결의 요지]

① 토지소유자가 토지형질변경행위허가에 붙은 기부채납의 부관에 따라 토지를 국가나 지방자치단체에 기부채납(증여)한 경우, 기부채납의 부관이 당연무효이거나 취소되지 아니한 이상 토지소유자는 위 부관으로 인하여 증여계약의 중요부분에 착오가 있음을 이유로 증여계약을 취소할 수 없다.

② 토지의 형질변경등행위허가기준등에관한규칙(이하 '토지형질변경허가 등 규칙'이라

한다) 제2조 제1호상 형질변경에서 제외되는 ‘조성이 완료된 기존 대지’라 함은 그 토지가 이미 건축에 적합한 상태로 대지화되어 있어 그 형질을 외형상으로 사실상 변경시킴이 없이 건축 부분에 대한 허가만을 받아 그 설치를 위한 토지의 굴착만으로 건설이 가능한 경우를 가리킨다.

③ 도시계획법 제4조, 같은 법 시행령 제5조의2, 토지형질변경허가 등 규칙 제5조의 규정 형식이나 문언 등에 비추어 볼 때, 형질변경행위의 허가를 함에 있어서 공익상 또는 이해관계인의 보호를 위하여 부관을 붙일 필요가 있는지의 유무 등을 판단함에 있어서는 행정청에 재량의 여지가 있다.

④ 서울특별시토지의형질변경등행위허가사무취급요령(1994. 5. 6. 서울특별시예규 제586호)은 법규로서의 효력이 없는 행정청 내부의 사무처리준칙에 불과하지만, 행정청이 이에 근거하여 토지형질변경 허가처분을 함에 있어서 그 토지의 일정 부분을 기부채납하도록 부관을 붙였다면, 그 내용이 이행가능하고 비례의 원칙 및 평등의 원칙에 적합함과 아울러 그 행정처분의 본질적 효력을 해하지 않는 한 적법하다.

Ⅱ. 평　　석

1. 쟁점정리

원심판결은 첫째, 이 사건 형질변경행위 허가신청 대상 토지가 토지형질변경허가 등 규칙상 ‘조성이 완료된 기존 대지’에 해당하여 토지형질변경허가가 필요 없이 용도변경 허가만 받으면 되는 토지임에도, 둘째, 행정청의 잘못된 업무집행으로 인하여 토지형질변경허가에 부가된 기부채납 부담에 근거하여 기부채납의무를 이행한 것은 법률행위의 중요부분에 관한 착오에 해당한다고 보아, 토지 형질변경 요부 및 기부채납 부담의 흠과 기부채납의 효력 두 가지 쟁점에 관하여 대상판결과 판단을 달리하고 있다.

대상판결의 판시내용 중 토지 형질변경 요부, 형질변경행위허가 기준설정이 행정청의 재량에 속하는지 여부, 서울특별시토지의형질변경등행위허가사무취급요령의 법적 성질 및 위 사무취급요령에 근거한 기부채납 부관부 토지형질변경 허가처분이 적법하기 위한 요건 등의 쟁점에 관한 내용은 기존 판례의 태도와 일관된 내용을 설시하고 있다 할 것이므로, 본고에서는 기부채납 부담의 흠과 기부채납의 효력 특히 기부채납에 착오가 있음을 이유로 이를 다툴 수 있는지 여부에 한정하여 검토하기로 한다.

검토를 위한 전제로서 대상판결 이전의 관련판례의 경향을 정리해 보고, 기부채납의 법적 성격에 관한 논의를 간단히 개관한 후, 기부채납 부담의 흠과 기부채납의 효력과의 관계에 대하여 살펴보기로 한다.

2. 관련판례

(1) 판례는 기부채납을 '개인이 국가 또는 지방자치단체에게 그 소유재산을 국·공유재산으로 증여하는 기부의 의사표시를 하고, 국가 또는 지방자치단체는 이를 승낙하는 채납의 의사표시를 함으로써 성립하는 사법상의 증여계약'으로 파악하는 전제하에(대법원 1992. 12. 8. 선고 92다4031 판결 등), 기부채납 부담에 하자가 있는 경우 기부채납의 효력에 관하여 기부채납 부담의 하자가 기부채납에 이르게 된 동기의 착오에 해당한다고 일관되게 판시하고 있다.

(2) 한편 위와 같이 기부채납에 동기의 착오가 있는 경우(명시하지는 않았으나 당사자 사이에 그 동기를 법률행위의 내용으로 삼은 것이라고 전제한 것으로 보인다), 그 동기가 증여행위의 중요부분을 이룬다면 그 증여계약을 취소할 수 있다고 판시한 다음의 두 초기판결을 찾아볼 수 있다.

① 귀속해제된 토지인데도 귀속재산인 줄로 잘못 알고 국가에 증여를 한 경우(대법원 1978. 7. 11. 선고 78다719 판결).

② 시로부터 공원휴게소 설치시행허가를 받음에 있어 담당공무원이 법규오해로 인하여 잘못 회시한 공문에 따라 동기의 착오를 일으켜 법률상 기부채납의무가 없는 휴게소부지의 16배나 되는 토지 전부와 휴게소건물을 시에 증여한 경우(대법원 1990. 7. 10. 선고 90다카7460 판결).

→ 위 두 판결에서는, 중요부분에 관한 착오에 해당하는지 여부를 판단하기 위한 기준으로, ⅰ) 동기를 제공한 것이 관계 공무원이고, 그러한 동기의 제공이 없었더라면 해당 토지를 선뜻 국가에게 증여하지는 않았을 것으로 인정되는 경우(위 ①, ② 판결), ⅱ) 기부채납하도록 한 것에 대하여 아무런 합리적 이유를 찾을 수 없는 경우(위 ② 판결), ⅲ) 기부채납할 것을 조건으로 한 부분은 피고 행정청의 재량권의 범위를 일탈한 것이라고 인정되는 경우(위 ② 판결)를 들고 있다.

(3) 그런데, 이후에 이루어진 판결들 중에는 '기부채납 부담의 하자가 기부채납을 함에 있어 증여의 의사표시의 효력에 영향을 미치지 아니한다'는 취지로 판시함으로써 중요부분의 착오에 해당하는지 여부에 대한 판단 없이 바로 원고의 소유권이전등기 말소청구를 기각한 예들이 있다.

① 기속행위 내지 기속적 재량행위인 건축허가에 기부채납 조건을 붙인 것은 무효이나, 그 기부채납을 이행함에 있어 위 허가조건은 증여의사표시를 하게 된 하나의 동기 내지 연유에 불과한 것이고, 기부채납하여야만 시공한 건축물의 준공검사가 나오는 것으로 믿고 증여계약을 체결하여 피고 행정청 명의로 소유권이전등기를 경료하여 주었다면

이는 일종의 동기의 착오로서 그 허가조건상의 하자가 증여의사표시 자체에 직접 영향을 미치는 것은 아니므로, 이를 이유로 하여 피고 행정청 명의의 소유권이전등기의 말소를 청구할 수는 없다(원고는 이 사건 허가조건에 따른 증여계약이 당연무효라고 주장하였다. 대법원 1995. 6. 13. 선고 94다56883 판결).

→ 위 판결은 증여의 의사표시의 동기가 법률행위의 내용으로 되었다고 보지 않는 듯한 취지의 판시내용을 보여주고 있다.

② 주택건설사업계획 승인에 붙여진 기부채납의 조건에 하자가 있다고 하더라도 그 하자가 기부채납의 조건을 당연무효로 할 만한 사유에 해당한다고 볼 수는 없고, 또 그와 같은 행정처분의 부관에 근거한 기부채납 행위가 당연무효이거나 취소될 사유는 못된다(대법원 1996. 1. 23. 선고 95다3541 판결).

→ 기부채납의 조건에 당연무효가 아닌 하자가 있는 경우, 동기의 착오에 대한 언급 없이 바로 기부채납의 효력에 영향이 없다고 보고 있다.

③ 기속행위 내지 기속적 재량행위 행정처분에 부담인 부관을 붙인 경우 일반적으로 그 부관은 무효라 할 것이지만, 그러한 사유는 그 처분을 받은 사람이 그 부담의 이행으로서의 증여의 의사표시를 하게 된 동기 내지 연유로 작용하였을 뿐이므로 취소사유가 될 수 있음은 별론으로 하여도 그 의사표시 자체를 당연히 무효화하는 것은 아니다(대법원 1998. 12. 22. 선고 98다51305 판결).

→ ①과 같은 취지로 보이며, 취소사유에 해당하는지 여부에 대한 판단은 유보하고 있다.

3. 판결의 검토

(1) 기부채납의 법적 성격

㈎ 판 례

판례는 기부채납에 관하여 일관되게 사법상의 증여계약으로 파악한다(대법원 1996. 11. 8. 선고 96다20581 판결 등).

㈏ 학 설

① 판례와 동일하게 사법상의 증여계약으로 보는 견해, ② 공법상 법률행위로 보는 견해, ③ 기부의무가 부관으로 부가되는 경우와 행정청의 반대급부행위의 전제행위인 경우 중 기부약정을 통하여 기부채납 시설물의 무상사용 효과가 발생하는 경우는 사법상 증여계약이고, 기부약정을 통하여 기부채납 시설물의 점용허가나 통행료 징수권한이 설정되는 효과가 발생하는 경우에는 공법상 계약으로 보는 견해가 있다.

(2) 기부채납 부담의 흠과 기부채납의 효력

㈎ 기부채납 부담에 관하여 착오가 있었던 경우 그 의무이행으로서 행한 기부채납의 효력에 관하여 다음과 같은 논의가 있다.

① 제1설 : 기부채납 부담에 무효이든 단순위법이든 흠이 있더라도 그 부관은 증여의 의사표시의 동기에 불과하므로, 동기의 착오를 이유로 기부채납을 취소할 수 없다.

② 제2설 : 기부채납 부담에 흠이 있으면, 무효사유이든 취소사유이든 모두 중요부분의 착오가 되어 착오를 이유로 기부채납을 취소할 수 있다.

③ 제3설 : 중요부분의 착오에 해당하는지 여부는 기부채납 부담의 흠이 무효사유이거나 취소사유인지를 불문하고 민사적 관점에 따라 판단하되, 그 기준에 따라 중요부분에 대한 착오로 판단되더라도 그 기부채납 부담이 당연무효이거나 (직권 또는 쟁송) 취소되지 않는 한 행정행위의 공정력과의 관계에서 그 기부채납을 취소할 수 없다.

④ 제4설 : 기부채납을 공법상 법률행위로 보는 전제하에, 혹은 판례와 동일하게 사법상 법률행위로 보더라도, 기부채납의 부담에 당연무효인 흠이 있는 경우 원칙적으로 중요부분에 착오가 있다고 인정할 수 있고, 단순위법인 흠이 있는 것에 불과한 경우에는, 당사자가 제소기간 내에 이를 행정쟁송으로 다투지 아니하여 여전히 기부채납의무를 부담하고 있는 한, 착오에 기하여 기부채납을 이행하였다고 하더라도 그러한 사정은 '중요부분의 착오'가 되지 않는다.

⑤ 제5설 : 기부채납 부담의 흠이 무효사유인지 취소사유인지와 무관하게(행정행위의 공정력과는 무관하게) 중요부분의 착오 판단에 관한 주관적 · 객관적 요건에 따라 중요부분에 관한 착오인지 여부에 대해 결정하여야 한다.

㈏ 위와 같은 다양한 논의들은 기부채납이라는 문제에 공법영역과 사법영역 중 어느 부문의 가치판단, 논리체계를 도입할 것인지에 관한 입장의 차이에서 비롯된 것이라 할 것이다.

살피건대 기부채납이 개인이 국가나 지방자치단체에게 공공시설용 토지 또는 공공시설 등을 무상으로 양도하고 국가나 지방자치단체가 이를 양수하여 국 · 공유재산으로 하는 것으로서, 그 동기가 되는 기부채납의 부담이 통상 행정목적을 달성하기 위한 조건으로 부가되고, 기부채납된 토지 등 역시 공익적 목적을 위해 사용된다는 점에서 기부채납은 순수한 사법상 증여와는 분명 구별된다. 이와 같이 공법상의 동기인 기부채납 부담에 흠이 있는 경우 기부채납의 효력을 정함에 있어서는, 한편으로 행정청이 기부채납의 부담을 부과함으로써 달성하고자 하는 공익과 다른 한편으로 개인의 재산이 무상으로 국가에 귀속되고 그 부담을 이행하는 것을 조건으로 개인이 시행하게 되는 개발사업 등과 관련한 사익을 조정하고 형량하는 것이 중요하다. 따라서 기부채납 부담의 공정력과 조화를 이룰 수 있도록 기부채납의 효력을 결정하는 입장이 타당하다고 할 것이다.

(다) 대상판결의 경우 판시내용의 반대해석상 기부채납 부담에 당연무효의 흠이 있거나, 단순위법의 흠이 있어 직권으로 또는 소송에 의하여 기부채납 부담이 취소된 경우에는 증여계약의 중요부분에 착오가 있음을 이유로 이를 취소할 수 있다고 할 것인바, 위 ③, ④의 견해는 논증과정에 있어 차이가 있으나 결론에 있어 대상판결과 입장을 같이하고 있다.

4. 판결의 의미와 전망

대상판결은 기부채납 부담에 흠이 있는 경우 착오를 이유로 기부채납을 취소하기 위한 요건으로 기존의 판례에서와 같이 '중요부분의 착오'에 해당해야 한다는 점을 다시 확인하면서, 그 중요부분의 착오를 판단하기 위한 기준에 관하여는 이전 판례와 달리 행정행위의 공정력과 연관하여 설시한 최초의 판결이라는 데에 의의가 있다고 할 것이다. 다만 기부채납 부담의 흠의 정도 또는 취소 여부가 중요부분의 착오를 인정하는 것과 어떠한 관련이 있는지, 그 결론에 이르게 된 논증과정에 대하여 아무런 언급이 없는바, 향후 그에 관한 구체적이고 분석적인 논리를 제시함으로써 위에서 본 다양한 견해들을 정리하고 기부채납에 관한 쟁점 일반에 관하여 통용될 수 있는 체계를 정립할 필요가 있다.

〈참고문헌〉

김학세, "부당결부금지의 원칙", 판례연구 15집, 서울지방변호사회, 2001. 8.
류지태, "기부채납행위에 대한 현행 판례검토", 토지공법연구 11집, 한국토지공법학회, 2001. 2.
박정훈, "기부채납 부담과 의사표시의 착오", 민사판례연구 XX, 박영사, 1998. 6.
송영천, "기부채납과 토지형질변경행위허가", 인권과 정의 259호, 한국변호사협회, 1998. 3.

29. 행정행위의 공정력

— 대법원 1993. 6. 25. 선고 93도277 판결과 대법원 1999. 2. 5. 선고 98도4239 판결 —
(대법원 2002. 11. 8. 선고 2002도4597 판결, 대법원 2008. 1. 31. 선고 2007도9220 판결 참조)

김 중 권*

Ⅰ. 판례개요

1. 사실의 개요와 소송의 경과

(1) 대법원 1993. 6. 25. 선고 93도277 판결(이하 '대상판결Ⅰ')

피고인은 영업정지기간 중에 대중음식점 영업행위를 하였다는 이유로 1991. 6. 13. 그 영업허가가 취소되었다. 그럼에도 불구하고, 피고인은 동생과 함께 1991. 7. 1. 해당 업소에서 대중음식점 영업행위를 하던 차에 적발이 되어 식품위생법에 규정된 무면허영업의 죄로 기소되었다. 이에 원심(서울형사지방법원 1992. 12. 23. 선고 92노3896 판결)은 위 피고인이 영업정지기간 중에 위 업소에서 영업하였다는 이유로 같은 해 6. 13. 위 업소의 영업허가가 취소되었으나, 위 영업허가취소처분은 식품위생법 소정의 청문절차를 거치지 아니하여 위법하다는 이유로 같은 해 10. 1. 서울특별시의 재결에 의하여 취소된 사실을 인정하면서도, 그와 같은 취소의 효력은 소급효가 없고, 단지 장래에 한하여 미칠 뿐이므로 그 취소재결 이전에 피고인이 한 이 사건 영업행위가 취소재결에 의하여 적법한 것으로 되는 것은 아니라는 취지로 판단하여 피고인에 대한 이 사건 공소사실을 유죄로 인정하였다.

(2) 대법원 1999. 2. 5. 선고 98도4239 판결(이하 '대상판결Ⅱ')

1997. 3. 1. 행정청으로부터 자동차 운전면허취소처분을 받은 피고인이 1997. 11. 18.에 차량을 운전을 하였다는 이유에서 도로교통법에 규정된 무면허운전의 죄로 기소되었다. 그런데 피고인이 처분청을 상대로 운전면허취소처분의 취소소송을 제기하여 1997. 11. 27. 서울고등법원에서 승소판결(서울고등법원 1997. 11. 27. 선고 97누20658 판결)을 받았고,

---

* 중앙대학교 법학전문대학원 교수.

이것이 대법원의 상고기각 판결(대법원 1998. 2. 25. 선고 97누20243 판결)로 확정되었다. 이에 제1심판결(수원지법 1998. 7. 1. 선고 98고단2431 판결)은 취소판결의 확정으로 자동차운전면허취소처분이 처분시에 소급하여 소멸되었음을 이유로 피고인이 1997. 11. 18. 자동차를 운전한 행위가 도로교통법에 규정된 무면허운전의 죄에 해당하지 아니한다고 판시하였다. 이에 대해 검사가 공정력을 내세워 항소하였지만, 원심(수원지법 1998. 11. 12. 선고 98노2169 판결)은 제1심판결을 유지하였다.

2. 판결의 요지

(1) 대상판결 I

영업의 금지를 명한 영업허가취소처분 자체가 나중에 행정쟁송절차에 의하여 취소되었다면 그 영업허가취소처분은 그 처분시에 소급하여 효력을 잃게 되며, 그 영업허가취소처분에 복종할 의무가 원래부터 없었음이 확정되었다고 봄이 타당하고, 영업허가취소처분이 장래에 향하여서만 효력을 잃게 된다고 볼 것은 아니므로 그 영업허가취소처분 이후의 영업행위를 무허가영업이라고 볼 수는 없다.

(2) 대상판결 II

피고인이 행정청으로부터 자동차 운전면허취소처분을 받았으나 나중에 그 행정처분 자체가 행정쟁송절차에 의하여 취소되었다면, 위 운전면허취소처분은 그 처분시에 소급하여 효력을 잃게 되고, 피고인은 위 운전면허취소처분에 복종할 의무가 원래부터 없었음이 후에 확정되었다고 봄이 타당할 것이고, 행정행위에 공정력의 효력이 인정된다고 하여 행정소송에 의하여 적법하게 취소된 운전면허취소처분이 단지 장래에 향하여서만 효력을 잃게 된다고 볼 수는 없다.

II. 평 석

1. 쟁점정리

행정행위에 대해선 공정력이 인정되어, 비록 하자가 있다 하더라도 그 정도가 무효사유(중대하고 명백한 하자)에 이르지 않는 한, 행정행위의 효력(내용적 구속력)이 발생하고 유지된다. 행정행위의 공정력 자체는 그동안 별다른 의문 없이 행정법도그마틱의 하나로 받아들여졌다. (나중에 밝혀질) 위법한 행정행위를 근거로 새로운 법사실이 발생하지 않은 상황에서, 권한있는 기관(처분청, 감독청, 행정심판위원회, 법원)이 그 행정행위를 취소하면, 취소에 따른 (일반적으로) 소급효적 소효(消效)로 인해 그 행정행위는 처분당시로 소급하여 효력을 상실한다. 즉, 그것이 마치 존재하지 않은 양 되어버려서, 처분시와 취소시 사이에 발생한 법관계는 처분 이전의 상태로 환원된다. 여기선 취소의 소급효와 공정력의 충돌이 생기지 않는다. 반면 사안처럼 처분시점과 취소시점 그 사이에 일정한 법사실(사안에선 영업정지처분과 운전면허취소처분의 불응)에 따른 법효과(행정벌의 과함)가 발생한 경우에는 다르다. 통상 부담적 행정행위의 직권취소는 물론, 행정심판에서의 취소심판재결과 행정소송에서의 취소판결은 소급효를 갖기에, 이런 메커니즘을 그대로 대입하면 의당 원처분 이후에 전개된 모든 법관계를 원처분 당시로 되돌려 놓아야 한다. 여기선 행정행위의 공정력과 취소의 원칙적인 소급효간에 충돌의 문제가 발생하고, 그 결과 행정법도그마틱의 핵심인 공정력의 이해는 물론 존재이유에 혼란이 빚어진다.

2. 판례의 흐름

행정심판재결과 행정소송의 취소판결의 소급효에 착안점을 둔 대상판결은 후속 판례(대법원 2002. 11. 8. 선고 2002도4597 판결, 대법원 2008. 1. 31. 선고 2007도9220 판결)에 그대로 계승되고 있다. 즉, 대법원 2002. 11. 8. 선고 2002도4597 판결은, 「원심판결(대구지방법원 2002. 8. 14. 선고 2001노4482 판결)과 원심이 유지한 제1심판결에서 적법하게 확정한 바와 같이, 피고인에 대하여 음주운전을 이유로 2000. 11. 3. 자동차운전면허가 취소되었다가 피고인이 음주운전자가 아닌 사실이 밝혀져 2001. 7. 10. 그 운전면허취소처분이 철회되었다면, 그 처분이 행정쟁송절차에 의하여 취소된 경우와 마찬가지로 운전면허취소처분은 그 처분시에 소급하여 효력을 잃게 되고, 피고인은 그 처분에 복종할 의무가 당초부터 없었음이 후에 확정된 것이라고 보아야 할 것이다(대법원 1999. 2. 5. 선고 98도4239 판결 등 참조). 같은 취지에서, 피고인이 2000. 11. 6.에 한 자동차운전행위를 무면허운전죄로 공소제기한 이 사건 범행을 무죄로 판단한 원심의 조치는 정당하고, 거기에 상고이유로 주장하는 바와 같은 법리오해의 위법이 있다고 할 수 없다」고 판시하였고, 대법원 2008. 1. 31. 선고 2007도9220 판결은 「피고인이 특정범죄 가중처벌 등에 관한 법률 위반(도주차량)의 범행을 저지른 사실이 없음을 이유로 전라남도지방경찰청장이 이 사건 운전면허취소처분을 철회하였다면, 이 사건 운전면허취소처분은 행정쟁송절차에 의하여 취소된 경우와 마찬가지로 그 처분시에 소급하여 효력을 잃게 되고, 피고인은 그 처분에 복종할 의무가 당초부터 없었음이 후에 확정되었다고 봄이 타당하다(대법원 2002. 11. 8. 선고 2002도4597 판결 참조). 따라서 피고인이 2007. 4. 9.에 한 자동차운전행위는 무면허운전에 해당하지 않는다」고 판시하여 원심(광주지법 2007. 10. 18. 선고 2007노1453 판결)과 다른 입장을 취하였다. 이들은 대상판결의 기조를 그대로 수용하여 취소심판재결 및 취소판결의 소급효적 관점을 부담적 처분의 철회에 연계시켜 철회의 소급효를 논증하였다. 그런데 이들 판례들이 취한 철회적 접근은 의문스럽다. 왜냐하면 당해사안에서 문제된 것은 원처분당시에 이루어진 사실관계의 포섭이다. 사실관계를 제대로 확인하였더라면, 운전면허취소처분이 내려지지 않았을 것이다. 존재하지 않는 사실관계를 출발점으로 삼았기에, 성립당시에 이미 그것은 위법하였다. 요컨대 사안은 행정행위취소의 철회의 차원이 아닌 행정행위취소의 취소의 차원에서 접근하여야 한다. 최근 동종의 사안에서 취소로 표현되어 있음에도 불구하고 철회적 접근을 강구한 하급심이 존재한다(부산지법 2008. 10. 14. 선고 2008고정1174 판결). 대상판결은 공히 취소판결의 소급효를 행정행위의 공정력에 관한 논의에 그대로 대입한 결과이다.

3. 판결의 의미

대상판결은 행정행위의 공정력에 취소심판재결 및 취소판결의 소급효를 곧바로 대입하여 전자를 공동화(空洞化)하였다. 대법원 2002. 11. 8. 선고 2002도4597 판결 등은 이런 기조를 부담적 행정행위의 취소에까지 확대시켰다. 그 결과 행정행위의 공정력이 전적으로 절차적 의미만을 지닌다고 지적되기도 한다. 그런데 판례의 이런 기조가 이미 행정법도그마틱상으로 확고히 굳어졌다고 할 것 같으면, 행정법문헌상의 행정행위의 공정력에 관한 일반적 논의는 지극히 공허할 수밖에 없고, 획기적인 방향전환이나 자기부정을 하지 않으면 아니 된다. 나아가 취소소송의 성질까지도 통설에서 벗어나 확인소송으로 봄직한 전조(前兆)가 된다. 즉, 박정훈 교수는 대상판결을 통한 판례의 흐름과 더불어 독일 행정절차법 제43조 제2항과 같은 조항의 부재(不在)를 들어, 취소소송의 성격을 종전의 일반적 이해인 형성소송적 성격과 배치되게 확인소송적 성격이라고 주장한다(대표적으로 박정훈, 행정법의 체계와 방법론, 105면 이하; 박정훈, 행정소송의 구조와 기능, 382면 이하 참조). 공정력의 본질과 이해의 난맥(亂脈)이 초래되었다는 점과는 별도로, 무엇보다도 공권력행사에 대한 개인의 대응양상에 따른 법질서의 왜곡이 빚어질 수 있다. 가령 부담적 처분을 무시하고 범법행위를 저지르며 그것의 위법성을 다툰 자가, 부담적 처분을 따르면서 그것의 위법성을 다툰 자에 비하면 결과적으로 이익을 누리는 셈이 된다. 이 같은 결과를 전자가 후자에 비해 확고한 권리의식을 지녔다는 식으로 치부할 순 없다. 준법으로 인한 불이익의 초래는 자칫 법적 아노미와 법적 안정성의 붕괴로 이어질 수 있다. 또한 대법원 1992. 8. 18. 선고 90도1709 판결 이래로, 판례는 처분이나 시정명령의 위반을 이유로 처벌(행정형벌)을 과하기 위해서는 그 처분(조치명령)이 적법할 것이 요구되고 있으며, 그리하여 그 처분이 당연무효가 아니라 하더라도 위법한 것으로 인정되는 한 위반죄가 성립될 수 없다고 본다(동지: 대법원 2007. 2. 23. 선고 2006도6845 판결; 2008. 2. 29. 선고 2006도7689 판결 등). 단순위법에 그치는 처분의 위반까지도 포함되어 공정력의 존재가 무색하게 되었다.

4. 판결의 검토

(1) 공정력의 문제

(가) 공정력의 이해

공정력의 이해에서 그것의 지향성을 두고서(가령 상대방 및 이해관계인만을 상대로 할 것인지, 아니면 이들은 물론 다른 행정기관 및 법원까지도 상대로 할 것인지) 접근의 차이가 있긴 하지만, 공통된 점은 행정행위가 위법하더라도 (권한이 있는 기관에 의해) 취소되기까지는 유효하게 통용된다는 것(대법원 1994. 4. 12. 선고 93누21088 판결), 즉 부인할 수 없다는 것이다. 법 준수를 보장하는 가장 간단한 수단이 위법한 그 법적 행위를 법적으로 부인하는 것이다. 즉, 적법성과 유효성(법효과발생)의 연계이다. 반면 공정력의 존재는 행정행위의 적법성과 행정행위의 유효성(법효과발생)간에 분리를 인정한 것이다. 공적 안정력을 의미하는 공정력의 개념은, 다시 말해 "하자(또는 적법성)와 무관한 효력(유효성)"의 개념이다(이런 취지를 더욱 극명하게 나타내는 것이 바로 프랑스에서의 공정력에 대응한 개념 즉, 예선적 특권의 개념이다). 이 점이 바로 강행규정에서 법률행위의 적법성과 유효성을 연계시키는 민법(제103조, 제104조)의 메커니즘과 다르다. 요컨대 공정력은 위법한 행정행위에 대해 일종의 통용상의 특권 또는 존속상의 특권을 부여한 것이다.

(나) 공정력의 인정근거

한편 공정력의 이해를 둘러싸고, 절차법적 효력인지, 실체법적 효력인지 또한 적법성의 추정인지 유효성의 추정인지 여부가 논란이 되는데, 전자의 물음은 대상판결이 등장한 이후에 불거졌고, 후자의 물음은 취소소송에서의 입증책임과 관련한 전통적 이슈이다. 오늘날 공정력과 입증책임이 무관하다는 것에 이론(異論)이 없는 이상, 후자의 물음은 그다지 많은 지명을 할애할 필요가 없는 연혁적 잔흔(沿革的 殘痕)이다. 전자의 물음은 공정력의 인정근거의 물음이기도 하다(후술).

(다) 공정력의 인정근거

공정력의 인정근거 및 그에 따른 내용이 문제된다. 왜냐하면 적법성과 무관한 법효과의 발생 그 자체는 법치국가적 원리에 대한 도발(挑發)이기 때문이다. 독일 행정절차법 제43조 제2항 —"행정행위는 직권취소 · 철회 또는 다른 방법으로 폐지되지 않거나, 시간의 경과나 다른 방법으로 실효되지 않는 한, 유효함에 변함이 없다."— 에 상응한 규정을 갖고 있지 않은 우리로선, 공정력의 인정에서 가장 걸림돌은 명시적인 실정법적 근거의 부재이다. 대부분의 문헌들은 취소쟁송제도를 뒷받침하는 실정법상의 규정(행정심판법 제4조, 행정소송법 제4조)을 — 간접적인 — 근거로 든다(한편 김성수 교수는 원래 공정력이론은 실정법적 근거와는 무관하게 전개되어 온 것이어서 행정쟁송제도의 반사적 효과로 공정력을 인정하는 것은 결과적으론 이해되지만 그것의 근거를 실정법에서 찾고자 하는 기교적 해석론이라고 지적한다). 나아가 행정행위의 직권취소를 인정하는 규정은 물론, 현행법상의 집행부정지의 원칙(행정심판법 제18조 · 제21조, 행정소송법 제20조 · 제23조)을 들기도 한다. 그리고 실정법상의 근거와 별도로, 이론상의 근거로 자기확인설, 국가권위설, 예선적 특권설, 법적 안정설 등을 든다. 그런데 이런 식의 접근은 자칫 공정력 자체를 간접적 · 반사적 · 부수적 법제도로 인식하게 할 소지가 있다. 대상판결에 의해 사실상 공정력이 공동화(空洞化)됨에도 불구하고, 이제까지 별 다른 이론(異論)이 제기되지 않았던 소이(所以)도 여기에 있을 수 있다.

공정력의 문제는 궁극적으로 —(상대방으로선) 위법하다고 여길 법한 부담적 행정행위에 대한— 복종의무의 문제이다. 여기서는 일반행정절차법에 (실체적) 공정력의 근거규정이 마련되기 전 독일에서의 논의상황을 참고할 만하다. 과거 그들의 초기입헌주의시대에 국법학(國法學)은 사소한 형식상 하자까지도 고권적 행위를 무효로 만든다고 보았다(무효원칙). 하지만 V. Mohl이 회고적 관점에서 미래적 관점에로의 관점상의 변화를 개진한 다음, Zöpfl과 Zacharia는 법효과도그마틱과 권리보호(권리구제) 사고간의 상관관계를 설정하였다. 즉, 적법성이 의문스러운 고권적 행위에 대한 제소권은, 잠정적인 복종의무의 인정과 불복종의 명백히 위법한 —무효인— 행정행위에로의 국한에 합치한다고 하였다. 법규범과 행정행위의 하자효과에서의 이런 차별적 접근은 18세기 중반 이후에 이미 독일 공법학의 지배적 도그마틱이 되었다. 이런 맥락에서 O. Mayer는 "관헌적 행위가 실제론 그것(관헌적 행위)이 결코 아니고 단지 그런 것의 외관만을 지닐 뿐인 경우에 비로소 무효가 된다. … 이 밖의 경우엔 행정행위가 그 자체상으로 존재한다. 행위가 그의 힘을 법률로부터 차용하지 않는다는 것은 가장 분명하게 드러난다.", "개개 시민의 법률행위(권리창설행위)는 적법성을 입증하지 못하면 효력이 없는 반면, 행정청이 자신의 일반적인 권한 안에서 결정을 내리면 행정청과 아울러 그의 행위의 유효성(유효함, Gültigkeit)을 위한 특별한 요건이 주어져 있다는 점을 확인한다. 이러한 자기확인(Selbstbezeugung)과 그로 인한 행위의 효력발생(Wirksamkeit)은 상위의 권한에 의해서만 극복될 수 있다."고 하였다(자기확인설(自己確認說)). 행정행위의 이러한 존속력은 후대에 와서 심지어 기본법하에서도 의문시되지 않았거니와, 도그마틱적으로 논리정연하게 근거가 지워지지도 않았다. 행정행위론의 상당 부분이 행정절차법을 통해 실정법화되기 전에, 판례에서 전개된 행정법의 일반적 원칙들이 통용되었는데, 행정행위의 효력과 그것의 적법성의 무관함 역시 그러하였다. 대표적으로 Forsthoff는, "행정행위는 그것의 적법성이나 하자있음에도 불구하고 언제나 국가권위의 표명이고, 그 자체로서 준수에 관한 청구권을 갖는다. … 행정행위는 그것이 규범의 방사(放射)이어서 통용되는 것이 아니라, 국가적 권위가 그것에 통용을 부여하였기 때문이다. 따라서 법률과 합치하지 않는 행정행위 역시 하자있긴 해도 반드시 무효는 아니다"라고 기술하였다(국가권위설). 또한 Wolff/Bachof는, "행정행위는 객관적인 법의 해석과 적용에 관한 권위 있는 결정을 포함한다. 이런 결정이 형식상으로 현존하는 한, 누구든 법적 안정성을 위하여 그것의 신빙성을 신뢰하여야 한다. 위법한 행정행위의 (잠정적인) 유효성의 원칙은 법치국가에선 이런 점에 근거를 둔다"고 기술함으로써, 법치국가원리의 발현인 법적 안정성에 공정력의 법적 근거를 두었다(한편 Forsthoff가 주장한 국가권위설과 여기서의 법적 안정설은 전체적으로 비슷한 맥락에 있다고 한다: 홍정선). 특히 J. Ipsen은 행정절차법 이전에 공정력을 아무런 의문 없이 긍정한 판례와 문헌의 일반적 태도를 두고서, 과거 O. Mayer가 주장한 자기확인설(자기증명설)을 기저(基底)에 두고 있다는 점과 그런 상황이 심지어 불문법적으로 인정되어 왔다는 점을 지적하고 있다. 요컨대 독일 일반행정절차법 제43조 제2항은 이런 흐름을 확인하였을 따름이다(이상의 논의는 졸고, "행정행위의 공정력과 취소판결의 소급효간의 충돌에 관한 소고" 참조).

㈑ 소 결

독일의 일반행정절차법과 같이 행정법의 일반이론에 해당하는 규정을 성문화한 법제가 마련되지 않은 우리로선, 공정력의 명시적 근거에 관한 입법적 결여상황은 당연하다. 그런데 명시적 근거가 직접적 근거로 되긴 하지만, 명시적 근거의 부재를 곧바로 직접적 근거의 부재, 즉 간접적 근거의 인정가능성으로 치환(置換)하는 것은 곤란하다. 공정력의 이론적 근거를 바탕으로 그것의 실정법적 근거를 전체 공법체제에서 적극적으로 강구할 필요가 있으되, 이들 이론적 근거를 맥락적 · 연혁적으로 접근해야 하지 분절적으로 접근하여선 곤란하다. 이상에서 본 독일의 전개상은 공정력의 근거에 관한 논의에서 결정적인 의미를 갖는다. 요컨대 판례 · 문헌 · 실정법상으로 공고화된 행정행위의 하자론(瑕疵論)과 더불어 행정쟁송상의 구분된 구제가능성(즉, 취소쟁송과 무효확인쟁송의 구분)은 공정력의 인정을 전제한 것인데, 그 기저(基底)는 바로 법치국가원리의 파생인 법적 안정성이다. 관건은 그것의 본질인데, 만약 행정쟁송취소의 반사적 효과라는 점이 강조되어 그것이 순전히 절차적인 데에 그친다면, 행정행위의 폐지 이전 그 중간에 발생한 법사실은 자칫 법외적 사건으로 치부될 우려가 있다. 나아가 취소소송과 무효확인소송간의 제도적 구별이유도 없어진다. 따라서 당연히 행정행위의 공정력은 행정행위 그 자체가 형식상으로 현존한다는 의미를 넘어서, —여하의 복종의무를 성립시키는— 실체적 성격을 지닐 수밖에 없다. 한편 행정결정의 위법이 무효로 여겨지는 영국에서조차 무효가 사법적으로 확고히 되지 않는 한, 일정한 상황 하에 결정의 통용이 받아들여지고 있다 (Craig, Administrative Law, 5th. 2003, S.693f., 698f.).

(2) 취소(재결 · 판결)의 소급효의 문제

취소는 그 자체 소급효가 원칙이며, 쟁송취소의 경우에도 변함이 없다. 종래 쟁송취소의 소급효의 원칙과 관련해서 예외적 상황이 전혀 거론되지 않았다. 그런데 쟁송취소의 ―예외 없는 원칙을 주장한다는 의미에서― 묵수적(墨守的) 소급효가 과연 현행법상의 집행부정지의 원칙 하에서 아무런 문제점 없이 조화로울 수 있는지 곱씹어 보아야 한다. 자칫 취소재결 · 판결의 소급효의 기계적 적용은 결과적으로 공정력의 형해화, 취소소송의 확인소송적 시도, ―그로 인한― 취소소송의 (무효확인소송에 대한) 존재이유의 반감(半減)을 초래할 수도 있다. 그렇지만 판례는 쟁송취소의 소급효의 예외상황을 전혀 상정하지 않고 있다(대부분의 문헌 역시 그러한데, 다만 박균성 교수는 소급효의 제한가능성을 긍정한다). 하지만 쟁송취소의 효력을 예외적으로 제한할 필요가 있는 상황이 일어날 수 있다. 가령 행정처분 이후에 그 행정처분을 위법하게 만드는 법규범이 발효되었을 땐, 취소판결은 그 법규범의 발효시점부터 효력을 발생하여야 한다. 이밖에 소급효가 발생할 것 같으면, 취소판결이 공공복리, 제3자의 중요한 법익이나 수익자에 대한 수인불가한 불이익을 초래할 것 같은 경우엔, 취소판결의 시간적 효과를 판결시점부터(미래효, ex nunc)나 장래의 일정시점으로 제한할 수 있다. 요컨대 비록 공정력에 관해 명문의 규정이 없다 하더라도, 취소판결의 효력을 독일처럼 원칙/예외의 관계에서 접근하였으면, 사안처럼 중간에 일정한 법사실이 생겼더라도 이상에서 지적한 법적 평가상의 불합리한 불평등을 피할 수 있었을 것이다. 우리의 경우 독일과는 달리 집행부정지의 원칙을 채택하기에 더욱 그러하다. 한편 이례적으로 대법원 2012. 3. 29. 선고 2008다95885 판결은 취소판결소급효의 예외인정의 가능성을 시사하였다.

5. 판례의 전망: 입법적 개선방안

대상판결을 비롯한 판례가 취한 이상의 기조는 핵심적인 행정법도그마틱을 전도(顚倒)시킨다. 즉, 행정행위론(行政行爲論)의 근간인 공정력의 본질 및 행정행위의 존재이유를 훼손하는 것이거니와, 항고소송의 법적 성질까지도 논란에 봉착케 한다. 그럼에도 불구하고 대부분의 행정법문헌에서 대상판결 등이 소개조차 되고 있지 않아서, 행정행위의 공정력은 마치 하단부가 갈라진 빙판 위를 걸어가는 것과 다를 바 없다. 그런데 근원적으로 공정력의 인정에 대한 대응기제로 집행정지의 원칙이 채용되었으면, 애당초 불복종의 일이 생기지 않아 사안의 전개가 전혀 달랐을 것이다. 통상 행정소송법상 집행정지의 원칙의 채용을 입법정책의 문제로 본다. 여러 번의 행정소송법개정의 움직임에서도 종래의 집행부정지의 원칙은 여전히 고수되고 있다. 그러나 이를 입법정책적 차원에서 접근하는 기왕의 태도가 획기적으로 바뀌어야 한다. 헌법상의 재판청구권(제27조)의 기능이란 포괄적인 사법적 권리보호의 보장에 있는, 즉 그것을 통해 효과적인 권리보호의 보장이 강구되어야 한다. 사법통제가 지닌 사후적, 진압적 권리구제로 인해, 권리보호의 실효성은 결과적으로 의문시될 수밖에 없다(독일 연방헌법재판소는 집행정지효의 원칙을 공법쟁송의 근본원칙으로 보아, 집행정지와 집행부정지가 원칙과 예외의 관계에 놓이며, 만약 이런 관계를 역전시키는 행정실무는 위헌이라고 판시하였다(BVerfG NJW 1974. 227, NJW 1980. 35(36)). 법치국가원리적 의문점과는 별개로 집행부정지의 원칙은, 사안에서처럼 법치국가원리에 입각한 행정법도그마틱의 전개를 방해하기도 한다. 사실 공정력의 존재론적 의문점을 소송법상의 집행정지원칙이 완화시킨다(Bader/Ronellenfitsch, VwVG 2010, §35 Rn.6.). 금번 행정소송법개정움직임에서 집행정지요건의 완화가 강구된 점은 호평할 만하나, 법치국가원리에 기하여 발본적(拔本的) 해결책을 도모하는 것이 바람직하다. 입법정책적 고려가 법치국가원리를 좌절시킬 순 없다. 결론적으로 대상판결은 공정력, 취소재결 · 판결의 효력 그리고 집행정지와 관련한 제반 문제점을 다시 성찰할 계기를 제공한 셈이다. 사실 대법원 1992. 8. 18. 선고 90도1709 판결의 사안에서 실제로 무단 형질변경을 하지 않은 토지소유자를 상대로 하였기에 처음부터 일종의 법적 불능의 문제로 접근하면 그 시정명령은 무효가 되어 공정력이 부인되어 어려움 없이 위반죄가 성립하지 않을 수 있었다. 섬세한 접근의 결여로 후속판례에서 공정력의 존재가 무색하게 되어 버렸다.

〈참고문헌〉

김성수, 일반행정법, 홍문사, 2014.

박균성, 행정법론(상) 박영사, 2015.

박정훈, 행정법의 체계와 방법론, 박영사, 2005.

박정훈, 행정소송의 구조와 기능, 박영사, 2006.

홍정선, 행정법원론(상) 박영사, 2015.

김중권, 행정법기본연구Ⅰ, 법문사, 2008.

김중권, 행정법, 법문사, 2013.

김중권, "행정행위의 공정력과 취소판결의 소급효간의 충돌에 관한 소고," 법률신문 3634호, 법률신문사, 2008. 3. 17.

30. 행정행위의 무효의 판단기준

— 대법원 1995. 7. 11. 선고 94누4615 전원합의체 판결 —

김 유 환*

Ⅰ. 판결개요

1. 사실관계

피고인 X구청장은 건설업자인 원고가 그가 도급받은 건설공사를 일괄하여 다른 건설업자에게 하도급하였다는 이유로 구 건설업법[1)] 제50조 제2항 제3호, 제22조, 같은 법 시행령[2)] 제32조에 의하여 원고에 대하여 4개월의 영업정지처분을 하였다.

그런데 당시 건설부장관은 구 건설업법 제57조 제1항, 같은 법 시행령 제53조 제1항 제1호에 의하여 영업정지 등의 처분권한을 시·도지사에게 위임하였고 서울특별시장은 위임자인 건설부장관의 승인을 얻어 구 정부조직법 제5조 제1항,[3)] 행정권한의 위임 및 위탁에 관한 규정[4)] 제4조에 의거하여 서울시 행정권한위임조례[5)] 제5조 제1항 별표에 의하여 그 권한을 구청장에게 재위임하였다.

이에 원고는 구 건설업법 제50조 제2항 제3호, 제22조의 영업정지 등 처분권한은 건설부장관이 시·도지사에 위임하였을 뿐 구청장등에게 위임할 근거규정이 없고 행정권한의 위임 및 위탁에 관한 규정 제4조에 의하여 재위임한다고 하더라도 "규칙"으로 재위임하여야 할 사항이지 "조례"로 재위임할 사항이 아니므로 재위임은 무효이고 따라서 이 사건 처분은 권한없는 자에 의하여 행하여진 것으로서 무효라고 주장하여 건설업영업정지처분의 무효확인을 구하는 이 사건 소를 제기하였다.

---

* 이화여자대학교 법학전문대학원 교수.

1) 1994 법률 제4724호로 개정되기 전의 것.
2) 1994. 8. 23. 대통령령 제14366호로 개정되기 전의 것.
3) 1998. 2. 28 법률 제5529호로 전부개정되기 전의 것.
4) 1982. 12. 11 대통령령 제10955호로 전문개정된 것.
5) 1990. 10. 8 조례 제2654호로 개정된 것.

2. 소송경과

원심[6]은 건설업영업정지등에 관한 사무는 국가사무로서 서울시장이 건설부장관으로부터 이를 위임받은 것은 지방행정기관으로서 위임받은 것에 불과한 것이므로 이를 조례로 다시 구청장에게 재위임한 것은 조례제정권의 범위를 벗어나는 국가사무를 대상으로 한 것이어서 무효이고 따라서 이 사건 처분은 권한없는 피고에 의하여 그 명의로 행해진 것으로서 당연무효라고 하여 원고의 청구를 인용하여 문제되는 건설업영업정지처분의 무효를 확인하였다. 서울시 X구청장은 이에 불복하여 상고하였고 상고심인 대법원 전원합의체는 이 사건에 대한 판결[7]에서 국가사무를 위임한 조례가 무효라는 점에 대해서는 원심과 뜻을 같이 하였으나 그에 근거한 처분의 하자는 중대하지만 명백하지 않은 하자라고 하여 당연무효가 아니라고 판시하고 원심판결을 파기하고 사건을 원심법원에 환송하였다. 그러나 이러한 다수의견에 대한 반대의견은 이 사건 영업정지처분은 그 처분의 성질이나 하자의 중대성에 비추어 그 하자가 외관상 명백하지 않더라도 당연무효라고 보아야 할 것이라고 하였다.

3. 판결요지

(1) 원심판결의 요지

① 법상 영업정지 등의 처분권은 건설부장관에게 속하고 그 권한을 시 · 도지사 등에게 위임할 수 있는 규정이 있을 뿐 이를 재위임할 수 있는 근거규정이 없다고 하더라도 구 정부조직법 제5조 제1항, 그리고 이에 근거한 행정권한의 위임 및 위탁에 관한 규정 제4조가 정하는 행정권한의 재위임의 요건에 합치되는 한 재위임은 가능하다.

② 법상 영업정지 등 건설업규제에 관한 사무는 국가사무로서 지방자치단체가 처리할 수 없는 것이고 이 사건에서 서울특별시장이 건설부장관으로부터 처분권한을 위임받은 것은 지방행정기관으로서 위임받은 것에 불과하여 행정권한의 위임 및 위탁에 관한 규정 제4조에 따라 수임권한을 재위임할 경우 재위임에 관한 사항은 규칙으로 정할 수 있을 뿐이고 조례에 의하여 정할 수는 없다. 따라서 재위임에 관한 규칙을 제정하지 아니하고 조례가 정하는 바에 따라 재위임한 권한을 행사한 이 사건 처분은 권한없는 피고에 의하여 그 명의로 행해진 것으로서 당연무효이다.

(2) 대법원 전원합의체 판결의 요지

① 구 건설업법 제57조 제1항, 같은 법 시행령 제53조 제1항 제1호에 의하면 건설부

---

6) 서울고등법원 1994. 2. 16. 선고 9구20643 판결.
7) 대상판결인 대법원 1995. 7. 11. 선고 94누4615 전원합의체 판결.

장관의 권한에 속하는 같은 법 제50조 제2항 제3호 소정의 영업정지 등 처분권한은 시·도지사에게 위임되었을 뿐 시·도지사가 이를 구청장·시장·군수에게 재위임할 수 있는 근거규정은 없으나 구 정부조직법 제5조 제1항과 이에 기한 행정권한의 위임 및 위탁에 관한 규정 제4조에 재위임에 대한 일반적인 근거규정이 있으므로 재위임이 가능하다.

② 이 사건에서 문제되는 영업정지 등 처분에 관한 사무는 국가사무로서 지방자치단체의 장에게 위임된 이른바 기관위임사무이므로 시·도지사가 지방자치단체의 조례에 의하여 이를 구청장 등에게 재위임할 수는 없고 행정권한의 위임 및 위탁에 관한 규정 제4조에 의하여 위임기관의 승인을 얻은 후 지방자치단체의장이 제정한 규칙이 정하는 바에 따라 재위임하는 것만이 가능하다.

③ 하자있는 행정처분이 당연무효가 되기 위하여는 그 하자가 법규의 중요한 부분을 위반한 중대한 것으로서 객관적으로 명백한 것이어야 하며 하자가 중대하고 명백한 것인지 여부를 판별함에 있어서는 그 법규의 목적, 의미, 기능 등을 목적론적으로 고찰함과 동시에 구체적 사안 자체의 특수성에 관하여도 합리적으로 고찰함을 요한다(다수의견). —행정행위의 무효사유를 판단하는 기준으로서의 명백성은 행정처분의 법적 안정성 확보를 통하여 행정의 원활한 수행을 도모하는 한편 그 행정처분을 유효한 것으로 믿은 제3자나 공공의 신뢰를 보호하여야 할 필요가 있는 경우에 보충적으로 요구되는 것으로서 그와 같은 필요가 없거나 하자가 워낙 중대하여 그와 같은 필요에 비하여 처분 상대방의 권익을 구제하고 위법을 시정할 필요가 훨씬 더 큰 경우라면 그 하자가 명백하지 않더라도 그와 같이 중대한 하자를 가진 행정처분은 당연무효라고 보아야 한다(반대의견).

④ 조례제정권의 범위를 벗어나 국가사무를 대상으로 한 무효인 서울특별시 행정권한위임조례의 규정에 근거하여 처분을 한 경우 그 처분은 결과적으로 위임없이 권한없는 자에 의하여 행하여진 것과 마찬가지로 그 하자가 중대하나, 지방자치단체의 조례와 규칙은 조례가 보다 상위규범이라 할 수 있고 또한 헌법 제107조 제2항의 규칙에는 지방자치단체의 조례와 규칙이 모두 포함되는 등 이른바 규칙의 개념이 경우에 따라 상이하게 해석되는 점에 비추어 위 처분의 위임과정의 하자가 객관적으로 명백한 것이라고 할 수 없으므로 이로 인한 하자는 결국 당연무효 사유는 아니라고 봄이 상당하다(다수의견). —첫째로, 구청장의 건설영업정지처분은 소극적으로 허가된 행위를 할 수 없도록 금지 내지 정지함에 그치고 있어 그 처분의 존재를 신뢰하는 제3자의 보호나 행정법질서에 대한 공공의 신뢰를 고려할 필요가 크지 않고, 둘째로, 처분권한의 위임에 관한 조례가 무효이어서 결국 처분청에 권한이 없다는 것은 극히 중대한 하자로 보아야 할 것이며, 셋째로, 지방자치의 전면적 실시와 행정권한의 하향분산화 추세에 비추어 이와 같은

성격의 하자를 가지는 행정처분이 늘어날 것이므로 이에 대한 법원의 태도를 엄정하게 유지하여 행정의 법적합성과 국민의 권리구제 실현을 도모하여야 할 현실적인 필요성이 적지 않다는 점에 비추어 위 영업정지처분은 그 성질이나 하자의 중대성에 비추어 그 하자가 외관상 명백하지 않더라도 당연무효로 보아야 한다(반대의견).

Ⅱ. 평 석

1. 쟁점정리

이 사건의 쟁점은 단순한 듯하지만 복잡하게 얽혀 있다. 대법원 판결은 그 판결요지를 네가지로 나누어서 설시하고 있으나 그 네 가지의 설시가 모두 이 사건의 쟁점을 독자적으로 제시하고 있다고 할 수는 없다. 또한 대법원 판결에서 분명히 나타나지 않은 숨은 쟁점도 존재한다고 본다. 종합적으로 보아 이 사건에서 현재의 학설과 판례상 다툼 없는 부분을 제외하면 다음과 같은 다섯 가지의 쟁점이 문제된다고 본다.

(1) 권한의 위임과 재위임의 법적 근거는 무엇인가? 대법원 판결은 정부조직법 제6조 제1항(1998. 2. 28 법률 제5529호로 전부개정되기 이전에는 제5조 제1항)과 이에 기한 행정권한의 위임 및 위탁에 관한 규정 제4조가 일반적인 재위임의 근거가 될 수 있다고 하고 있으나 이 부분에 대해서는 반대의견이 존재한다.[8)]

(2) 구 건설업법 제50조 제2항 제3호, 제22조의 영업정지 등 처분에 관한 사무는 자치사무인가 아니면 기관위임사무인가? 대법원은 이사무가 위임, 재위임되어 구청장의 권한으로 되었지만 건설업법상 원래 건설부장관의 사무로 되어 있음을 근거로 국가사무, 즉 기관위임사무라고 하고 있으나 일부 하급심판례에서는 다른 의견도 존재한다.[9)]

(3) 조례로서 국가사무의 처리에 대해 규정하는 것은 전혀 허용되지 않는가? 대법원은 당연히 국가사무는 조례로 정할 사항이 아니라 규칙으로 정할 사항이라고 판시하고 있으나 국가사무에 대해서도 지방의회의 권한이 완전히 부인되지는 않는다는 점에서 그렇게 단순히 결론내릴 수 있는 사안은 아니라고 본다.

(4) 무효와 취소의 구별기준은 어떻게 정하여야 하는가? 대상판결에서 대법원의 다수의견은 중대명백설을 견지하고 있으나 반대의견은 명백성 요건에 대하여 완화된 적용을 하여야 한다는 견해를 가지고 있다. 또한 근본적으로 무효와 취소의 구별기준을 법적으로 어떻게 정리하여야 할 것인가 하는 점은 지속적인 이론적 난점에 해당한다.

8) 예컨대, 김남진, "기관위임사무의 재위임의 근거 등—대상판결: 대법원 1995. 8. 22. 선고 94누5694 판결—", 『판례월보』 제301호(1995), 41-43면 참조.
9) 예컨대 서울고등법원 1994. 3. 30. 선고 92구13075 판결.

(5) 무효인 조례에 근거한 행정행위의 효력은 어떠한가? 무효와 취소의 구별기준에 대한 어떠한 원칙이 확립되었다 하더라도 구체적으로 무효인 조례에 근거한 행정행위의 효력에 대하여 어떠한 법적 판단을 할 것인가 하는 점은 또 다른 독자적 판단을 요구하는 사안이다. 대법원은 이를 단순히 명백성의 문제로 풀고 있으나 이 문제를 명백성의 관점에서만 파악하는 것이 온당한 것인지에 대해서는 재검토가 필요하다고 본다.

2. 관련판례

(1) 종래 대법원은 처분의 근거법령에 재위임에 대한 규정이 없다 하더라도 구 정부조직법 제5조 제1항과 이에 기한 행정권한의 위임 및 위탁에 관한 규정 제4조의 규정이 재위임에 대한 일반적인 근거가 될 수 있다고 판시해 왔고[10] 이러한 태도는 대상판결에서도 그대로 유지되고 있다.

(2) 법령이 국가기관의 권한으로 규정하고 있는 사항이 위임, 재위임되어 지방자치단체장이 권한을 가지게 된 경우, 대상판결이 나오기 전 하급심 판결은 견해가 일치하지 않고 있었다. 그리하여 대상판결의 원심판결과 같이 대상판결과 동일한 결론을 내려, 그러한 경우는 국가사무로서 기관위임사무라고 하는 경우와, 서울고등법원 1994. 3. 30. 선고 92구13075 판결처럼 설사 법령이 국가기관의 권한으로 규정하고 있더라도 그 사무의 성격을 다시 검토하여 자치사무로 인정한 사례가 모두 존재한 바 있었다. 그러나 92구13075 판결의 상고심 판결인 대법원 1995. 8. 22. 선고 94누5694 판결은 대상판결과 동일한 결론을 취하여 이를 국가사무로 인정하여 현재로서는 판례이론은 이러한 경우를 국가사무 즉 기관위임사무로 인정하고 있다고 보는 것이 타당할 것 같다.

(3) 지방자치단체가 조례로 제정할 수 있는 사항에 대하여 대법원 1992. 7. 28. 선고 92추31 판결은 지방자치단체의 고유사무인 자치사무와 개별 법령에 의하여 자치단체에 위임된 이른바 단체위임사무 만이 조례로 제정할 수 있는 사항이고, 국가사무로서 지방자치단체의 장에 위임된 이른바 기관위임사무에 관한 사항은 조례제정의 범위 밖이라고 판시한 바 있다.

(4) 무효와 취소의 구별기준에 대하여 판례는 중대명백설의 입장에 서 왔다. 그리고 판례는 하자가 중대하고도 명백한 것인가의 여부를 판별함에 있어서는 그 법규의 목적, 의미, 기능 등을 목적론적으로 고찰함과 동시에 구체적 사안자체의 특수성에 관하여도 합리적으로 고찰함을 요한다라고 판시한 바 있다.[11] 그런데 대상판결의 소수의견은 행정처분의 무효여부의 판단에 있어 명백성의 요건을 완화하여 적용하는 이른바 명백성보

10) 대법원 1990. 2. 27. 선고 89누5287 판결; 대법원 1990. 7. 27. 선고 89누6846 판결 등.
11) 대법원 1985. 7. 23. 선고 84누419 판결 참조.

충요건설의 입장에 서고 있다. 이와 관련하여 대법원 2009. 2. 12. 선고 2008두11716 판결은 하자가 중대하지만 명백하지 않은 신고행위를 무효로 판단하기도 하였다.

(5) 무효인 조례에 근거한 행정처분의 효력에 대하여는 대상판결 이외에도 대법원 1995. 8. 22. 선고 94누5694 판결이 대상판결과 동일한 결론을 내고 있다. 즉, 중대명백설의 입장에서 무효인 조례에 근거한 행정처분이 중대한 하자를 가지는 것은 사실이지만 명백하다고 인정할 수 없다면 무효가 될 수는 없다는 것이다. 이러한 판례의 태도는 대법원 1994. 10. 28. 선고 92누9463 판결에서 나타난 위헌법률에 근거한 행정처분의 효력에 대한 논리전개와 무관하지 않다. 이 판결에서는 행정처분의 근거가 되는 법률이 위헌일지라도 위헌선언이 있기 전에는 명백하지 않은 것이므로 위헌선언이 있기 이전에 사후에 위헌으로 판명된 법률에 근거한 행정처분도 중대한 하자를 가졌으나 그 하자가 명백하지 않으므로 무효일 수 없다는 입장을 견지하고 있다. 헌법재판소도 위헌법률에 근거한 행정처분에 대하여 대법원과 비슷한 판시를 하였으나 위헌선언이 있기 이전에 사후에 위헌으로 판명된 법률에 근거한 행정처분 가운데 그를 무효로 하더라도 법적 안정성을 크게 해치지 않는 반면에 그 하자가 중대하여 그 구제가 필요한 경우에 대하여서는 그 예외를 인정하여 당연무효사유로 볼 수 있음을 천명하고 있다.[12] 그리고 헌법재판소의 이러한 입장은 바로 대상판결의 소수의견의 입장과 일맥상통한다고 할 수 있다.

3. 판결의 검토

(1) 권한의 위임과 재위임의 법적 근거

대상판결에서도 나타났듯이 대법원은 일관되게 개별법령의 구체적인 위임근거규정이 없어도 정부조직법 제6조 제1항 그리고 행정권한의 위임 및 위탁에 관한 규정 제3조 및 제4조에 근거하여 일반적으로 권한의 위임과 재위임이 가능하다고 판시하여 왔다. 그러나 판례의 이러한 입장에 대해 학설은 동의하지 않는 견해가 많다.[13] 특정한 행정권한이 어느 행정청에 속하는가 하는 것은 중요한 사항이며 이것은 법령으로 정함이 마땅하다. 또한 일단 배분된 행정권한을 위임, 위탁하는 경우에 이것은 입법자의 의사를 변경시키는 것이므로 별도의 구체적 입법적 근거를 통하여야 한다고 보아야 한다. 정부조직법 제6조 제1항, 그리고 행정권한의 위임 및 위탁에 관한 규정 제3조 또는 제4조에 의하여 일반적으로 행정권한의 위임이나 위탁이 가능하다고 하면 이것은 행정각부의 직무범위를 법률로 정하도록 하고 헌법이 지방자치를 제도적으로 보장하고 있는 것에 비추어 문제가 있다. 특정한 행정권한이 어느 기관에 속하였는가를 분명히 하는 것이 행정각

---

12) 헌법재판소 1994. 6. 30. 선고 92헌바23 결정.
13) Supra. (주 8) 및 김성수, "판례평석: 권한없는 자의 행정행위," 법률신문 1995. 9. 11. 제14면. 등.

부의 직무범위를 법률로 정하도록 하고 있는 헌법의 취지라고 하면 구체적 규정없이 일반적인 위임이 가능하도록 한 것은 이 취지에 반하는 것이고, 독자적인 행정주체인 지방자치단체에 대한 권한의 위임(권한의 위임은 동시에 업무부담의 전가일 수도 있다)이 구체적인 법적 근거없이 일반적인 위임근거규정 만으로 일방적으로 이루어질 수 있다는 것은 지방자치의 제도적 보장을 저해할 위험성이 있는 것이다.

요컨대, 일반적인 위임규정도 행정권한의 위임, 재위임의 법적 근거가 될 수 있다고 하는 판례이론은 오늘의 행정현실을 정당화하는 데 도움이 될 수 있을지 모르지만 다음과 같은 이유로 지양되어야 한다고 생각한다.

첫째, 행정권한의 위임과 재위임을 법적 근거 하에 행하라고 한 것은 구체적 사안과 필요성에 따라 행정권한을 법으로서 재분배하라는 뜻이지 단순히 일반적인 방향을 선언한 규정에 입각하여 자유롭게 행정권한을 재분배하라는 뜻은 아니라고 보아야 한다. 이처럼 행정권한의 재분배를 구체적인 법규로 규정하는 것은 행정조직법정주의에서 비롯된 것으로서 존중되어야 한다.

둘째, 일반적인 위임규정으로 행정권한의 위임, 재위임이 가능하다고 하는 이론은 지방자치의 제도적 보장에도 우려할 만한 위협요인이 될 수 있다. 과거 지방자치가 유명무실하던 시대에는 행정권한의 재분배를 중앙정부가 일반적인 규정을 근거로 임의로 결정하는 관행이 문제가 없을지 모르나, 참된 지방자치를 구현하기 위해서는 행정권한의 재분배가 구체적인 상황을 고려한 입법적 의사에 의해 결정되고 공시될 필요성이 있다.

이러한 관점에서 대상판결이 종래의 판례이론을 답습하여 정부조직법 제6조 제1항, 행정권한의 위임 및 위탁에 관한 규정 제4조 등을 위임, 재위임의 근거로 충분하다고 판시하고 있는 것은 재검토의 여지가 있다고 본다.

(2) 자치사무와 기관위임사무의 구별

대상판결은 법령으로 국가기관의 사무로 규정된 사무가 지방자치단체장에게 위임한 경우 이를 자치사무로 볼 것인가 기관위임사무로 볼 것인가에 대하여 법령이 이를 원래 국가기관의 사무로 정하고 있었다고 하는 형식적인 측면을 중요시하여 이를 국가사무 즉 기관위임사무로 판시하고 있다. 그러나 이처럼 법령이 원래 그 사무를 국가기관의 관할에 속하는 것이었다고 하더라도 그것이 지방자치단체의 장에게 위임된 이상 그 사무가 자치사무인가 위임사무인가를 판단함에 있어서는 그 사무의 성질을 검토하여 따로 판단한 서울고등법원 1994. 3. 30. 선고 92구13075 판결과 같은 입장도 있다. 자치사무인지 위임사무인지를 구별하는 기준 가운데 가장 기본적인 것이 법령이 어떻게 그에 대하여 규정하고 있는가라는 점이라는 사실을 감안하면 법령이 그 사무를 원래 국가기관의 권한에 속하는 사무로 규정한 경우 별도의 논증없이 그 사무의 성격을 국가사무로 이해하는 것도 일리가 있다. 그러나 위임사무인가 자치사무인가에 대한 판단을 그와 같은 원래의 관할권 규정만으로 결정하는 것이 모든 경우에 다 적합한 것인지에 대하여는 생각해 볼 여지가 있다고 본다. 헌법해석론상 자치사무에 해당하는 것으로 하여야 할 것을 법률로 국가기관의 사무로 규정한 경우에는 이는 위헌이라고 하여야 할 것이기 때문이다.[14)]

(3) 조례의 제정범위

위에서 언급한 바와 같이 대법원 1992. 7. 28. 선고 92추31 판결은 지방자치단체의 고유사무인 자치사무와 개별 법령에 의하여 자치단체에 위임된 이른바 단체위임사무 만이 조례로 제정할 수 있는 사항이고, 국가사무로서 지방자치단체의 장에 위임된 이른바 기관위임사무에 관한 사항은 조례제정의 범위 밖이라고 판시한 바 있다. 그러나 기관위임사무는 전혀 지방의회가 논할 수 없는 사항이고 조례로서 그에 대해 규정할 수 없는 사항인가에 대해서 반드시 결론이 명확한 것만은 아니라는 점을 밝혀두고 싶다. 지방자치법 제41조는 기관위임사무에 대해서도 지방의회의 감사 및 조사권이 미침을 규정하고 있는데 이에 비추어 보면 지방의회가 자치사무만을 다룰 수 있고 기관위임사무에 대해서는 관할권이 없다는 것도 절대적인 원칙이라고 보기 어렵다. 예컨대 기관위임사무에 대한 지방의회의 감사 및 조사권의 집행에 대해서 조례로 규정하는 것은 불가능하다고 말할 수 없다고 할 것이다.

물론 이 사건의 경우에는 이와 같이 법률이 특별히 기관위임사무에 대해 지방의회의 관할권을 인정하고 있는 경우가 아니므로 조례로 규율할 수 없다고 함이 타당하다고 본다. 그러나 단순히 기관위임사무이기 때문에 조례로 규율할 수 없다고 말할 수는 없을 것이다.

(4) 행정행위의 무효와 취소의 구별기준

대상판결의 다수의견은 중대명백설의 타당성을 인정하여 이 사건의 경우 명백하지 않은 점을 들어 무효가 아니라고 하나 행정행위의 무효와 취소를 구별하는 목적이 무엇인가를 생각해 보면 단순히 중대명백설을 가감없이 적용하는 것이 반드시 옳지는 않다고 생각한다.

무효와 취소의 구별기준에 대해 여러 가지 학설이 나오고 있으나[15)] 이 사건과 같은

14) 오진환, "조례의 무효와 그 조례에 근거한 행정처분의 당연무효 여부—지방자치단체의 사무와 조례제정권—대법원 1995. 7. 11. 선고 94누4615 전원합의체 판결(공 1995, 2633), 특별법연구 제5권(1997), 155면 참조.

15) 중대명백설 이외에도 조사의무위반설, 명백성보충요건설, 중대설, 구체적가치형량설 등이 주장되고 있다. 김성태, "무효인 조례에 근거한 권한없는 행정청의 행정행위의 효력—대법원 전원합의체 1995년 7월 11일 선고 94누4615 건설업영업정지처분무효확인—," 행정법연구 1997년 상반기(1997), 298-300면 참조.

경우 결국 이론적으로 다듬어진 구별기준에서 구체적인 상황을 얼마나 고려할 것인가 하는 점이 문제로 된다고 본다. 중대명백설의 관점에서도 구체적 타당성의 관점에서 명백성의 인정여부에 대하여 융통성있는 판단을 할 수 있겠지만 근본적으로 소수의견이 지적하고 있는 바와 같이 행정행위의 무효사유를 판단하는 기준으로서의 명백성은 행정처분의 법적 안정성 확보를 통하여 행정의 원활한 수행을 도모하는 한편 그 행정처분을 유효한 것으로 믿은 제3자나 공공의 신뢰를 보호하여야 할 필요가 있는 경우에 요구되는 것이므로 그러한 요구가 크지 않거나 흠이 워낙 중대하여 그와 같은 필요에 비하여 처분 상대방의 권익을 구제하고 위법을 시정할 필요가 훨씬 더 큰 경우라면 그 흠이 명백하지 않더라도 그와 같이 중대한 흠을 가진 행정처분은 당연무효라고 보는 것이 목적론적으로 더 타당한 결론이 아닌가 생각한다.

한편, 대법원은 이 사건에서 흠의 명백성이 없다는 점을 논증하는 과정에서 조례가 규칙의 상위규정이라고 말하고 있으나 국가사무에 관한 규정인 한 조례와 규칙 사이에 상하관계가 존재한다고 말할 수는 없다는 점을 간과하고 있다.

(5) 무효인 조례에 근거한 행정처분의 효력

무효인 조례에 근거한 행정처분의 효력의 문제는 위헌법률에 근거한 행정처분의 효력과 유사한 문제상황을 가진다고 본다. 무효인 조례라고는 하지만 이 사건과 같은 경우 그 무효임이 선언되기 전에 행정처분이 행해진 것이기 때문이 위헌이 선언되기 전에 사후적으로 위헌으로 판정된 법률에 근거한 행정처분의 효력 문제와 본질적으로 유사한 문제점을 가진다. 그런데 이 사건 판결의 대법원 소수의견의 견해처럼 헌법재판소는 위헌선언이 있기 이전에 사후에 위헌으로 판명된 법률에 근거한 행정처분은 원칙적으로 취소의 대상이 됨에 불과하지만 그를 무효로 하더라도 법적 안정성을 크게 해치지 않는 반면에 그 흠이 중대하여 그 구제가 필요한 경우에 대하여서는 그 예외를 인정하여 당연무효사유로 볼 수 있음을 천명하고 있다.[16] 앞서 무효와 취소의 구별기준에 있어서 무효, 취소 구별론의 제도적 목적에 착안한다면 헌법재판소와 대법원의 소수의견과 같은 융통성있는 법적용이 더 큰 타당성을 가지는 것이 아닌가 생각한다.

4. 판결의 의미와 전망

(1) 행정권한의 위임 및 재위임에 대한 근거에 대한 해석론에 있어서 대상판결이 종례의 판례이론에 비해 새로운 점은 없고 종래의 판례이론을 다시 한 번 확인하고 있을 뿐이다.

(2) 원래 국가기관에 속하는 권한이 지방자치단체의 장에게 위임된 경우 이 판결이

16) 헌법재판소 1994. 6. 30. 선고 92헌바23 결정.

있기 전 하급법원의 판결은 이 판결의 취지와 같이, 그 위임된 사무는 기관위임사무로서 국가사무라고 판단한 경우와 그 구체적인 사무의 성질을 따져서 원래 국가기관에 속하는 사무였다 하더라도 자치사무로 인정한 판결이 있었다. 그러나 이 판결로써 이러한 경우에 해당되는 사무는 국가사무로서 기관위임사무라고 하는 것이 확인되었다.

(3) 무효와 취소의 구별기준에 대하여 종래의 판례이론인 중대명백설이 다시 한 번 확인되었다. 그러나 소수의견이 명백성 요건을 보충적으로 이해하고 무효 판정에 있어서 보다 구체적인 타당성이 존중되어야 한다는 입장을 보인 것은 판례이론의 중요한 발전이라고 생각된다. 이러한 판례이론에 힘입어 2009년에는 흠이 중대하지만 명백하지 않은 행위를 무효로 선언하는 대법원 2009. 2. 12. 선고 2008두11716 판결이 등장하기도 하였다.

(4) 무효인 조례에 근거한 행정처분의 효력에 대해서도 이 판결은 종래의 대법원 판결의 판례이론을 고수하였다. 그러나 소수의견은 헌법재판소가 취하던 보다 유연하고 구체적 타당성을 고려한 입장을 취함으로서 역시 향후의 판례이론의 발전에 중요한 물꼬를 터놓았다고 생각한다. 무효와 취소의 구별기준에 대하여 소수의견의 취지를 수용한 듯한 2008두11716 판결이 등장하는 것처럼 향후에 대법원의 소수의견의 취지를 반영한 판례가 등장할 것이 기대된다.

〈참고문헌〉

김남진, 기관위임사무의 재위임의 근거 등—대상판결: 대법원 1995. 8. 22. 선고 94누5694 판결—, 판례월보 제304호(1995), 판례월보사

금성수, 권한없는 자의 행정행위/법률신문 2437호(95. 09) 14-15 1995 법률신문사

오진환, 조례의 무효와 그 조례에 근거한 행정처분의 당연무효 여부: 지방자치단체의 사무와 조례제정권/특별법연구 5권(97. 06) 136-183 1997 박영사

금성태, 무효인 조례에 근거한 권한없는 행정청의 행정행위의 효력/행정법연구 창간호(1997. 상반기)(97. 06) 290-303 1997 행정법이론실무학회

홍준형, 위법한 조례에 의한 처분의 효력/판례행정법 (99. 01) 514-532 1999 두성사

나 현, 위헌(위법)인 법률, 명령, 규칙(조례)에 근거한 행정행위의 효력: 이른바 '중대명백설'에 대한 비판을 부하여/사법연구자료 23집(96. 12) 381-415 1996 법원행정처

이혁우, 행정행위의 무효사유: 하자의 중대 · 명백성과 관련하여/대법원판례해설 28호(97년 상반기)(97. 12) 413-425 1997 법원도서관

宋永天, 가. 위법 · 무효인 시행령의 규정을 적용하여 한 행정처분의 효력 나. 위법 · 무효인 시행령의 제정에 관여한 공무원의 불법행위성립 여부/대법원판례해설 28호(97년 상반기)(97. 12) 426-446 1997 법원도서관

정지승, 조례제정권의 범위와 한계/판례연구 1998(99. 01) 1-29 1999 전주지방법원

금남진, '중대 · 명백설'의 맹종에서 벗어나야/법률신문 3207호(2003. 10) 13-13 2003 법률신문사
이상원, 조례의 유 · 무효 판단기준/대법원판례해설 72호(2007 하반기)(2008. 07) 741-816 2008 법원도서관

31. 위헌 · 위법인 법령에 근거한 처분의 집행력

— 대법원 2002. 8. 23. 선고 2001두2959 판결 —

허 성 욱*

Ⅰ. 판례개요

1. 사실관계

(1) 피고(서울특별시 서대문구청장)는 원고에게 부과된 1993년도분 택지초과소유부담금("부담금") 30,824,160원, 1994년도분 부담금 33,344,640원, 1995년도분 부담금 50,803,350원이 각 체납되었다는 이유로 구 택지소유상한에 관한 법률(1998. 9. 19. 법률 제5,571호로 폐지되기 전의 것, "택상법") 제30조, 국세징수법 제24조 등의 규정에 따라 위 각 부담금에 대한 체납처분절차의 일환으로 1996. 3. 12. 원고가 소유하는 부동산("이 사건 부동산")을 압류한 후 1996. 3. 15. 권리자를 "국"으로 하여 압류등기를 마쳤다("이 사건 압류").

(2) 한편, 피고는 그 후 1996. 8. 27. 원고에게 1996년도분 부담금 45,950,720원을 부과하였다.

(3) 원고는 1993년 내지 1995년도분 부담금부과처분에 대한 취소소송을 제기하면서 근거법률인 택상법에 대하여 위헌심판제청신청을 하였다가 그 기각결정을 받자 헌법재판소법 제68조 제2항에 의하여 헌법재판소에 헌법소원을 제기하였고, 헌법재판소는 1999. 4. 29. 원고가 제기한 헌법소원사건 등을 병합한 94헌바37 외 66건에 대한 결정에서 헌법재판소법 제45조 단서에 따라 택상법 전부에 대하여 위헌결정을 하였다.

(4) 원고는 1993년 내지 1995년도분 부담금부과처분에 대한 취소소송에서 모두 패소판결을 선고받아 각 판결이 확정되었다가, 원고가 헌법재판소법 제75조 제7항에 따라 위 각 패소확정판결에 대한 재심청구를 하여, 1999. 6. 25. 서울고등법원 99재누128 판결에 의해 1995년도분에 관하여, 1999. 8. 20. 대법원 99재두108 판결에 의해 1993년도분에 관하여, 1999. 8. 20. 대법원 99재두115 판결에 의해 1994년도분에 관하여 각 부담금부과처

---

* 서울대학교 법학전문대학원 교수.

분이 취소되었다.

(5) 원고는 2000. 3. 9.경 건설교통부장관에게 이 사건 압류의 해제를 신청하였고, 건설교통부장관은 피고에게 위 신청을 이송하였는데, 피고는 2000. 4. 11. 국세징수법상의 압류가 같은 법 제47조 제2항에 의하여 압류등기 이후에 발생한 체납액에 대하여도 그 효력이 미치는데, 원고에 대한 1996년도분 부담금 45,950,720원이 체납되어 있어 이 사건 압류의 효력이 위 체납부담금에 미친다는 이유로, 원고의 압류해제신청을 거부하는 취지의 회신("이 사건 처분")을 하였다.

2. 판결요지

(1) 대법원 판결의 요지

㈎ 구 택지소유상한에 관한 법률(1998. 9. 19. 법률 제5571호로 폐지) 제30조는 "부담금의 납부의무자가 독촉장을 받고 지정된 기한까지 부담금 및 가산금 등을 완납하지 아니한 때에는 건설교통부장관은 국세체납처분의 예에 의하여 이를 징수할 수 있다"고 규정함으로써 국세징수법 제3장의 체납처분규정에 의하여 체납 택지초과소유부담금을 강제징수할 수 있었으나, 1999. 4. 29. 같은 법 전부에 대한 위헌결정으로 위 제30조 규정 역시 그 날로부터 효력을 상실하게 되었고, 나아가 위헌법률에 기한 행정처분의 집행이나 집행력을 유지하기 위한 행위는 위헌결정의 기속력에 위반되어 허용되지 않는다고 보아야 할 것인데, 그 규정 이외에는 체납부담금을 강제로 징수할 수 있는 다른 법률적 근거가 없으므로, 그 위헌결정 이전에 이미 부담금 부과처분과 압류처분 및 이에 기한 압류등기가 이루어지고 위의 각 처분이 확정되었다고 하여도, 위헌결정 이후에는 별도의 행정처분인 매각처분, 분배처분 등 후속 체납처분절차를 진행할 수 없는 것은 물론이고, 특별한 사정이 없는 한 기존의 압류등기나 교부청구만으로는 다른 사람에 의하여 개시된 경매절차에서 배당을 받을 수도 없다.

㈏ 택지초과소유부담금은 국세의 일종이 아니라 구 택지소유상한에 관한 법률(1998. 9. 19. 법률 제5571호로 폐지)이 정한 의무위반에 대한 제재로서 부과하는 금전적 부담으로서 같은 법의 목적을 실현하기 위한 이행강제수단에 불과하므로 국세와 서로 성질을 달리하여 국세에 관한 법 규정을 위 부담금에 대하여 함부로 준용 또는 유추적용할 수 없음이 원칙이지만, 같은 법에 대한 헌법재판소의 위헌결정에 따라 같은 법 제30조의 효력이 상실되었다는 이유를 들어 체납부담금에 기한 압류처분에 대한 압류를 해제함에 있어서 같은 법 제30조에서 인정하였던 국세징수법 제53조 제1항의 규정에 의한 압류해제를 인정하지 아니한다면 위헌결정이 있기 이전의 상태보다 더 헌법질서에 반하는 결과를 초래하게 되므로, 위헌결정의 취지에 따라 체납 부담금에 대한 징수가 불가능하게

되어 압류처분을 해제함에 있어서는 압류해제에 관한 국세징수법 제53조 제1항을 유추 적용하여 압류를 해제하여야 한다.

(다) 국세징수법 제53조 제1항 제1호는 압류의 필요적 해제사유로 '납부, 충당, 공매의 중지, 부과의 취소 기타의 사유로 압류의 필요가 없게 된 때'를 들고 있는바, 여기에서의 납부 · 충당 · 공매의 중지 · 부과의 취소는 '압류의 필요가 없게 된 때'에 해당하는 사유를 예시적으로 열거한 것이라고 할 것이므로 '기타의 사유'는 위 법정사유와 같이 납세의무가 소멸되거나 혹은 체납처분을 하여도 체납세액에 충당할 잉여가망이 없게 된 경우는 물론 과세처분 및 그 체납처분절차의 근거 법령에 대한 위헌결정으로 후속 체납처분을 진행할 수 없어 체납세액에 충당할 가망이 없게 되는 등으로 압류의 근거를 상실하거나 압류를 지속할 필요성이 없게 된 경우도 포함하는 의미라고 새겨야 한다.

(2) 원심판결의 요지

이 사건 대법원 판결은 기본적으로 원심법원의 판단을 정당한 것으로 인정하는 판결이고, 쟁점의 대부분에 대한 판단의 취지가 동일하므로 별도로 원심판결의 요지는 기재하지 않기로 한다.

Ⅱ. 평 석

1. 쟁점정리

이 사건에서는 본안에 관하여 ① 위헌인 법률에 근거한 행정처분의 집행이 가능한지 여부, ② 택지초과소유부담금 체납으로 인한 압류에 대한 해제신청 거부처분이 적법한지 여부가 주된 쟁점이 되었다.

그 외 소송요건에 관한 쟁점으로 항소심에서 피고적격, 대상적격, 전치절차 등에 관한 판단이 이루어졌으나, 행정법이론의 관점에서 특별히 비중이 있는 쟁점이 다투어진 것은 아니라고 판단되므로 그에 관한 검토는 생략하기로 한다.

2. 판례의 검토

(1) 위헌법률에 근거한 행정처분의 당연무효 여부

위헌결정된 택상법에 근거하여 이루어진 택지초과소유부담금 부과처분 또는 그 체납으로 인한 압류처분의 당연무효 여부가 문제된다.

(가) 대법원과 헌법재판소의 입장

이 점에 관해서 대법원은 대법원 1994. 10. 28. 선고 92누9463 판결에서 "법률에 근거하여 행정처분이 발하여진 후에 헌법재판소가 그 행정처분의 근거가 된 법률을 위헌으로 결정하였다면 결과적으로 행정처분은 법률의 근거가 없이 행하여진 것과 마찬가지가 되어 하자가 있는 것이 되나, 하자 있는 행정처분이 당연무효가 되기 위하여는 그 하자가 중대할 뿐만 아니라 명백한 것이어야 하는데, 일반적으로 법률이 헌법에 위반된다는 사정이 헌법재판소의 위헌결정이 있기 전에는 객관적으로 명백한 것이라고 할 수 없으므로 헌법재판소의 위헌결정 전에 행정처분의 근거되는 당해 법률이 헌법에 위반된다는 사유는 특별한 사정이 없는 한 그 행정처분의 하자는 취소소송의 전제가 될 수 있을 뿐 당연무효 사유는 아니라고 봄이 상당하다"라고 판시[1]하여 근거 법률의 위헌은 행정처분의 취소사유에 해당할 뿐 당연무효사유는 아니라는 입장을 취한 이래 다수의 판례(대법원 1995. 3. 3. 선고 92다55770 판결, 대법원 1995. 9. 26. 선고 94다54160 판결, 대법원 1998. 4. 10. 선고 96다52359 판결, 대법원 2000. 6. 9. 선고 2000다16329 판결 등)가 같은 입장을 취하고 있다.

또한 헌법재판소도 헌재 1999. 9. 16. 92헌바9에서 "원칙적으로 행정처분의 근거가 된 법률이 헌법재판소에서 위헌으로 선고되었다고 하더라도 그 전에 이미 집행이 종료된 행정처분이 당연무효가 되지는 않으므로 쟁송기간이 경과한 후에는 행정처분의 근거법률이 위헌임을 이유로 무효확인소송 등을 제기하더라도 행정처분의 효력에는 영향이 없다."라고 판시하여 근거 법률의 위헌은 행정처분의 취소사유에 지나지 않는다는 입장을 취하고 있다.

한편 헌법재판소는 헌재 1994. 6. 30. 92헌가18의 다수의견에서 "행정처분의 집행이 이미 종료되었고 그것이 번복될 경우 법적 안정성을 크게 해치게 되는 경우에는 후에 행정처분의 근거가 된 법규가 헌법재판소에서 위헌으로 선고된다고 하더라도 그 행정처분이 당연무효가 되지는 않음이 원칙이라고 할 것이나, 행정처분 자체의 효력이 쟁송기간 경과 후에도 존속 중인 경우, 특히 그 처분이 위헌법률에 근거하여 내려진 것이고 그 행정처분의 목적달성을 위하여는 후행 행정처분이 필요한데 후행 행정처분은 아직 이루어지지 않은 경우와 같이 그 행정처분을 무효로 하더라도 법적 안정성을 크게 해치지 않는 반면에 그 하자가 중대하여 그 구제가 필요한 경우에 대하여서는 그 예외를 인정하여 이를 당연무효사유로 보아서 쟁송기간 경과 후에라도 무효확인을 구할 수 있을 것이라고 보아야 할 것이다"라고 판시하여 행정처분이 위헌법률에 근거해서 이루어졌다는 사정은 원칙적으로 취소사유에 해당하지만 예외적으로 무효사유에 해당할 수 있다고 판

1) 한편 위 사건에서 대법원은 "위헌인 법률에 근거한 행정처분이 당연무효인지 여부는 위헌결정의 소급효와는 별개의 문제로서, 오히려 이미 취소소송의 제기기간을 경과하여 확정력이 발생한 행정처분에는 위헌결정의 소급효가 미치지 않는다고 보아야 한다"라고 판시하여 근거 법률의 위헌으로 인한 행정처분의 당연무효 여부의 문제와 위헌결정의 소급효의 문제가 서로 별개의 문제임을 분명히 하고 있다.

시한 바 있다.

(나) 이 사건에서 법원의 판단

이 사건의 원심판결에서는 "1996년도분 부담금부과처분은 원고가 이를 행정소송의 대상으로 삼지 아니한 채 확정되어 불가쟁력이 발생하였고, 위 부과처분의 기초가 된 택상법에 대하여 그 후 헌법재판소의 위헌결정이 선고되었다고 하여 위 부과처분을 당연무효라고 볼 수는 없으므로, 국세징수법 제47조 제2항에 따라 이 사건 압류는 그 등기를 한 후에 발생한 1996년도분 체납액에 대하여도 효력이 미친다"라고 판시하여 기존의 대법원의 입장을 따랐고, 이 사건 대법원 판결에서도 위 원심판결의 판단을 인정하였다.

(2) 위헌 법률에 근거한 행정처분의 집행 허용 여부

(가) 서 설

위헌 법률에 근거한 행정처분을 당연무효라고 보지 않고 단지 취소사유에 해당하는 하자가 있는 행정처분으로 보는 경우 이 사건 1996년도 부담금 부과처분 및 그 체납을 이유로 한 압류처분과 같이 이미 제소기간을 도과하여 불가쟁력이 발생한 처분을 위헌결정 이후에 집행할 수 있는지 여부가 문제된다.

이러한 해석상의 문제가 발생하는 이유는 우리나라는 독일 연방헌법재판소법 제79조 제2항[2]과 같이 위헌법률에 근거한 처분의 집행 여부에 관한 명시적 규정을 두고 있지 않기 때문이다.

이 문제는 결국 법적 안정성의 확보와 실체적 정의 사이에서의 선택의 문제로 귀결된다.

(나) 학 설

1) 집행부정설　　위헌법률에 근거한 행정처분의 집행을 부정하는 것이 더 우세한 학설의 입장이라고 할 수 있다. 다만, 집행을 부정하는 근거에 관해서는 입장의 차이를 보이고 있다.

① 헌법재판소법 제47조 제1항이 정하고 있는 기속력에서 도출되는 결정준수의무를 근거로 국가기관이 위헌결정 이후에 위헌법률에 근거한 처분(결국 위헌인 처분)을 집행하는 것은 결정준수의무에 위반되는 것으로 볼 수 있고, 위헌법률에 근거한 처분의 집행처분이 위헌결정의 기속력에 위반된다고 보는 이상, 이는 선행처분의 하자가 승계되는지 여부와는 관계없이 후행처분 자체의 고유의 위법사유가 된다는 견해(이동흡, 67면), ② 헌법재판소법 제47조 제2항의 수정해석론에 따른 입장으로서 위 조항은 당연무효설을 취하고

---

2) 위 조항의 취지는 다음과 같다.
"… 무효라고 선언된 규범에 근거한, 더 이상 다툴 수 없는 결정은 영향을 받지 아니한다. 이러한 결정에 근거한 집행은 허용되지 아니한다. … 부당이득을 이유로 하는 청구는 허용되지 아니한다."

있는 서독 기본법과 서독 헌법재판소법을 참고하여 확정된 재판이나 행정처분 등은 무효결정에 의하여 영향을 받지 않도록 하고, 부당이득반환청구권도 배제되며 무효인 법률에 기한 집행은 더 이상 허용되지 않도록 한다는 취지에서 규정된 것이므로 위헌법률은 당연 · 소급무효라고 볼 것이나, 위 조항을 헌법합치적으로 해석하여 이미 확정된 재판이나 처분은 위헌결정에 영향을 받지 아니하되, 그러한 확정된 재판이나 처분에 의한 집행은 더 이상 허용되지 않으며, 또한 위헌법률의 소급무효로 인한 부당이득반환청구도 허용되지 않는다는 취지로 해석하여야 한다는 견해(이강국, 377면), ③ 규범은 무효라고 할지라도 그에 기한 개별행위는 개별행위 독자성의 원칙의 관점에서 위헌법률에 기한 처분의 문제에 관해 위헌결정시점 이전에 형성된 법률관계에 관련해서는 과거의 상태를 그대로 유지시켜줄 수밖에 없지만, 결정시점 이후에는 더 이상 위헌법률의 적용상태를 그대로 방치해서는 안 된다는 시각에서 위헌법률에 기한 행정처분의 집행력을 배제하여야 한다는 견해(남복현, 434면)[3] 등이 대표적인 집행부정설의 견해라고 할 수 있다.

2) 집행긍정설 위헌법률에 근거한 행정처분이라고 하더라도 일단 취소소송의 제소기간이 경과하여 불가쟁력이 발생하였다면 더 이상 다툴 수 없게 되는데, 이는 행정처분의 확정력이라는 법리에 근거한 것으로서 근거법률이 위헌인지 여부와는 관계없는 것이고, 따라서 이러한 처분의 집행을 허용하는 것은 위헌결정의 기속력과는 관계가 없는 것이며, 입법론은 별론으로 하고 해석론으로는 명문의 규정이 없는 이상 독일 연방헌법재판소법 제79조 제2항과 같이 해석할 수는 없고, 이러한 경우의 구제는 위법성 승계이론의 범위 안에서 이루어질 수밖에 없다고 보는 견해(윤진수, 헌법재판소 위헌결정의 소급효, 627면 이하)[4]이다.

한편, 위헌법률에 기초하였다는 과세처분의 하자와 단순한 위법사유가 있다는 과세처분의 하자를 구별할 이유가 없으므로 집행배제론은 타당하지 않다는 견해(장석조, 685-709면)가 있다.

---

3) 관련 문헌에서는 이 견해를 ①, ②의 견해와 구별되는 별개의 견해로 다루고 있으나(장석조, 683-684 참조), 남복현 위 논문 435면의 위 ③ 견해에 대한 설명부분인 "그리고 근거법률의 위헌결정 이후에도 위헌법률에 기한 처분을 계속 유효한 것으로 집행되도록 보장하는 것은 합리성을 결여한 것으로 지적하면서, 이는 헌법재판소법 제47조 제1항의 위헌결정의 기속력과 같은 조 제2항의 위헌결정의 효과로서의 일반적인 적용배제에 어긋나는 것으로 본다"는 표현에 비추어 보면 이 견해는 기본적으로 ①, ②의 견해에 바탕을 두고 있는 것으로 보는 것이 타당하다고 본다.

4) 이 견해에 따르면 후속 집행행위의 가능여부는 하자의 승계론에 의해 해결되므로 선행처분과 후행처분이 결합하여 하나의 법률효과를 완성하는 경우에는 선행처분의 하자가 후행처분에 승계될 것이어서 선행처분이 위헌법률에 근거하고 있다는 사유를 들어서 후행처분의 집행을 막을 수 있으므로 엄격하게 보면 이 견해를 집행긍정설이라고 표현하는 것은 정확한 표현이 아닌 것으로 보인다. "하자승계론" 정도로 표현하는 것이 적절하다고 판단되나, 관련 문헌들의 일반적인 용례에 따라 집행긍정설이라고 해두기로 한다.

(다) 판례의 태도

이 사건에서 대법원은 "… 나아가 위헌법률에 기한 행정처분의 집행이나 집행력을 유지하기 위한 행위는 위헌결정의 기속력에 위반되어 허용되지 않는다고 보아야 할 것인데, 그 규정 이외에는 체납부담금을 강제로 징수할 수 있는 다른 법률적 근거가 없으므로, 그 위헌결정 이전에 이미 부담금 부과처분과 압류처분 및 이에 기한 압류등기가 이루어지고 위의 각 처분이 확정되었다고 하여도, 위헌결정 이후에는 별도의 행정처분인 매각처분, 분배처분 등 후속 체납처분절차를 진행할 수 없는 것은 물론이고, 특별한 사정이 없는 한 기존의 압류등기나 교부청구만으로는 다른 사람에 의하여 개시된 경매절차에서 배당을 받을 수도 없다"라고 판시하여 헌법재판소법 제47조 제1항이 정하고 있는 기속력에서 도출되는 결정준수의무를 근거로 집행력을 배제하는 입장을 취하였다.

(라) 검 토

먼저 하자승계론으로 이 문제를 해결하려는 견해는 이미 위헌 판단을 받은 법률의 내용에 따른 집행을 허용하는 결과가 발생할 수 있으므로 받아들이기 어렵다고 본다. 또한 헌법재판소법 제47조 제2항의 수정해석론은 법문언보다는 입법의 연혁이나 입법자의 의사의 사후적 추단에 바탕을 둔 법률해석방법론으로서 그 과정에서 여러 가지 왜곡이 발생할 수 있다는 점에서 받아들이기 어렵다고 생각한다. 결국 헌법재판소법 제47조 제1항의 기속력에서 도출되는 결정준수의무를 근거로 하는 것이 결론은 물론이고 논리전개의 과정에서 가장 무리가 없는 견해라고 생각하고 이 사건에서 대법원이 그와 같은 입장을 따른 것에 찬성한다.

(3) 부담금 체납으로 인한 압류에 대한 해제신청 거부처분의 적법여부

국세징수법 제53조 제1항 제1호는 "납부, 충당, 공매의 중지, 부과의 취소 기타의 사유로 압류의 필요가 없게 된 때"를 압류의 필요적 해제사유로 규정하고 있는 바, 이 사건의 경우와 같이 택상법에 대한 위헌결정 이전에 부담금 체납으로 인하여 재산에 대한 압류처분을 당하였는데, 그 압류처분에 대한 제소기간이 이미 지난 경우, 위 국세징수법 조항에 근거하여 압류해제신청을 할 수 있는지 여부가 문제가 된다.

국세징수법기본통칙 3-8-1 … 53에서는 위 '기타의 사유'에 관하여 1. 압류된 타재산을 매각하여 그 대금으로 당해 체납액이 전액 충당된 경우, 2. 교부청구에 의하여 교부받은 금액으로 압류에 관계된 체납액을 전액 충당한 경우, 3. 기타 법률규정의 변경 등으로 인하여 압류에 관계된 체납액 전액이 면제된 경우 등의 사유를 열거하고 있었으나, 이를 제한적 열거라고 볼 수는 없고, 체납액의 징수가 불필요하게 되었거나 불가능하게 된 경우 전반을 의미하는 것으로 보는 것이 타당하다로 할 것이다(이동흡, 71-72면).

한편, 이 사건 대법원 판결 선고 이전에 일부 하급심 판결(서울행정법원 1999. 12. 23.

선고 99구27183 판결)은 "피고로서는 이미 확정된 위 각 압류처분에 기한 공매, 청산 등의 환가절차를 진행시킬 수 있다고 봄이 상당하고, 설사 환가절차에 나아갈 수 없다고 하더라도 일반적으로 압류는 시효중단, 처분금지 등의 효력이 있는 것이므로 곧바로 압류의 필요가 소멸하였다고 단정할 수 없으며, 또한 위 압류를 그대로 유지한다고 하더라도 위 각 부담금을 체납한 원고에게 가혹하다 할 수 없으므로 위 위헌결정은 국세징수법 제53조 제1항 제1호 소정의 압류해제사유에 해당한다고 볼 수 없다"라고 판시한 바 있다.

그러나 이 사건에서 대법원은 "국세징수법 제53조 제1항 제1호는 압류의 필요적 해제사유로 '납부, 충당, 공매의 중지, 부과의 취소 기타의 사유로 압류의 필요가 없게 된 때'를 들고 있는바, 여기에서의 납부 · 충당 · 공매의 중지 · 부과의 취소는 '압류의 필요가 없게 된 때'에 해당하는 사유를 예시적으로 열거한 것이라고 할 것이므로 '기타의 사유'는 위 법정사유와 같이 납세의무가 소멸되거나 혹은 체납처분을 하여도 체납세액에 충당할 잉여가망이 없게 된 경우는 물론 과세처분 및 그 체납처분절차의 근거 법령에 대한 위헌결정으로 후속 체납처분을 진행할 수 없어 체납세액에 충당할 가망이 없게 되는 등으로 압류의 근거를 상실하거나 압류를 지속할 필요성이 없게 된 경우도 포함하는 의미라고 새겨야 한다."라고 판시하면서 "국세징수법 제47조 제2항에 의하여 압류등기 이후에 발생한 체납액에 대하여도 그 효력이 미치므로 이 사건 압류의 효력이 그 압류등기 이후에 발생한 이 사건 체납 부담금에 미치지만, 택상법에 대한 위헌결정으로 이전에 이미 부담금 부과처분과 압류처분에 확정력이 발생하였다고 하여도 위헌결정 이후에는 체납 부담금을 징수하기 위하여 공매처분 등 후속 체납처분절차를 진행할 수는 없는 것은 물론, 특별한 사정이 없는 이 사건에서 기존의 압류등기나 교부청구만으로는 다른 사람에 의하여 개시된 경매절차에서 배당을 받을 수도 없고, 이러한 경우 압류로 인한 처분금지의 효력을 지속시킴으로써 납세자에게 임의이행을 사실상 강제하는 것은 허용되지 아니한다는 등의 이유로 이 사건 체납 부담금의 강제징수가 불필요하거나 불가능하게 된 이상, 피고는 이 사건 압류를 해제할 의무가 있다"고 판단한 원심의 판단을 정당하다고 판단하였다.

부담금체납으로 인한 압류는 택상법에 대한 위헌결정으로 인하여 체납부담금의 강제징수가 불가능하게 됨에 따라 더 이상 존속의 필요가 사라졌다고 할 것이고, 이는 국세징수법 제53조 제1항 제1호의 필요적 압류해제사유에 해당한다고 할 것이므로 위 대법원의 판단은 타당하다고 본다(이동흡, 73면도 같은 취지임).

4. 판례의 의미와 전망

이 사건 대법원 판결이 선고되기 전까지 위헌 법률에 근거한 행정처분의 집행여부에 관해서 대법원의 명시적인 판단은 없었고, 하급심 판결도 일관되지 않은 입장을 취하고 있었다.

대법원 2002. 4. 12. 선고 2002다2294 판결에서는 "따라서 위헌결정 이전에 이미 택지초과소유부담금 부과처분과 압류처분 및 이에 기한 압류등기가 이루어지고 각 처분이 확정되었다고 하여도, 위헌결정 이후에는 별도의 행정처분인 공매처분 등 후속 체납처분 절차를 진행할 수 없는 것은 물론이고, 별도의 채무명의가 없는 한 기존의 압류등기만으로는 다른 사람에 의하여 개시된 임의경매절차에서 배당을 받을 수도 없다고 할 것이다."라고 판시하여 별도의 채무명의를 받으면 집행이 가능한 듯한 판시를 한 바 있다.

하급심 판결은 집행부정설에 따른 판례가 주류였던(장석조, 685면) 반면, 일부 하급심 판결은 집행허용설의 입장을 취하고 있었는데, 앞에서 본 서울행정법원 1999. 12. 23. 선고 99구27183 판결에서는 "위헌인 법률에 근거한 행정처분이 당연무효인지 여부는 위헌결정의 소급효와는 별개의 문제로서, 위헌결정의 소급효가 인정된다고 하여 위헌인 법률에 근거한 행정처분이 당연무효가 된다고는 할 수 없으며 오히려 이미 취소소송의 제기기간을 경과하여 확정력이 발생한 행정처분에는 위헌결정의 소급효가 미치지 않는다(대법원 1994. 10. 28. 선고 92누9463 판결 등). 따라서 헌법재판소의 위헌결정이 내려지기 전에 이미 이 사건 각 부담금 부과처분 및 압류처분이 확정되어 불가쟁력이 발생한 이상 그에 대하여는 위 위헌결정의 소급효가 미치지 않는다고 할 것이다. 위와 같은 법리에 비추어 볼 때 이 사건 압류처분의 근거 규정인 택지소유상한에 관한 법률 제30조가 위 위헌결정에 따라 무효가 되었다고 하더라도 이미 확정되어 불가쟁력이 발생한 이 사건 압류처분의 효력에 아무런 영향을 미치지 못한다 할 것이므로 피고로서는 이미 확정된 위 각 압류처분에 기한 공매, 청산 등의 환가절차를 진행시킬 수 있다고 봄이 상당하다"라고 판시하여 위헌법률에 근거한 행정처분의 집행이 가능한 것으로 판단하였다. 위 사건의 항소심인 서울고등법원 2000. 6. 9. 선고 2000누835 판결은 원고의 항소를 기각하였고, 그에 대한 상고가 제기되지 않아서 그대로 확정되었다. 서울행정법원 1999. 9. 1. 선고 99구18875 판결도 같은 취지로 판단하였다(이동흡, 68-69면).

이 사건 대법원 판결은 이처럼 혼란된 모습을 보이고 있던 종전 판례들의 입장을 집행부정설의 입장에서 정리한 판결이라고 할 수 있다.

이 사건 이후 대법원은 2002. 11. 22. 선고 2002다46102 판결에서 "구 택지소유상한에 관한 법률(1998. 9. 19. 법률 제5571호로 폐지) 소정의 택지초과소유부담금은 조세의 일종이 아니라 위 법이 정한 의무위반에 대한 제재로서 부과하는 금전적 부담으로서 위 법의 목적을 실현하기 위한 이행강제수단에 불과하므로 법률적인 근거 없이는 체납 택지초과소유부담금을 국세징수법에 따라 강제로 징수할 수는 없다 할 것인데, 위 법 폐지 전에는 그 제30조에서 "택지초과소유부담금의 납부의무자가 독촉장을 받고 지정된 기한까지 택지초과소유부담금 및 가산금 등을 완납하지 아니한 때에는 건설교통부장관은 국세체납처분의 예에 의하여 이를 징수할 수 있다”고 규정함으로써 국세징수법 제3장의 체납처분규정에 의하여 체납 택지초과소유부담금을 강제징수할 수 있는 길을 열어 놓았으나, 1999. 4. 29. 위 택지소유상한에 관한법률 전부에 대한 위헌결정으로 위 제30조 규정 역시 그 날로부터 효력을 상실하게 되었고, 위 규정 이외에는 체납 택지초과소유부담금을 강제로 징수할 수 있는 다른 법률적 근거가 없으므로, 위 위헌결정 이전에 이미 택지초과소유부담금 부과처분과 압류처분 및 이에 기한 압류등기가 이루어지고 각 처분이 확정되었다고 하여도, 위헌결정 이후에는 별도의 행정처분인 공매처분 등 후속 체납처분 절차를 진행할 수 없고, 만일 그와 같은 절차를 진행하였다면 그로 인한 공매처분은 법률의 근거 없이 이루어진 것으로서 그 하자가 중대하고도 명백하여 당연무효라고 할 것이며, 그 공매처분에 기하여 이루어진 소유권이전등기 역시 원인무효의 등기라고 할 것이다.”라고 판시한 바 있고, 대법원 2003. 9. 2. 선고 2003다14348 판결에서는 “구 택지소유상한에 관한 법률(1998. 9. 19. 법률 제5571호로 폐지)에 대한 위헌결정 이전에 부담금 등에 대한 수납 및 징수가 완료된 경우에는 법적 안정성의 측면에서 부득이 과거의 상태를 그대로 유지시켜 그 반환청구를 허용할 수 없다고 하더라도, 위헌결정 이후에는 국민의 권리구제의 측면에서 위헌법률의 적용상태를 그대로 방치하거나 위헌법률의 종국적인 실현을 위한 국가의 추가적인 행위를 용납하여서는 아니 되므로, 위헌결정 이전에 이미 부담금 부과처분과 그 징수를 위한 압류처분이 확정되었다고 하더라도, 위헌결정 이후에는 부담금 등의 납부의무가 없음을 알면서도 압류해제거부로 인한 사실상의 손해를 피하기 위하여 부득이 부담금 등을 납부하게 된 경우 등 그 납부가 자기의 자유로운 의사에 반하여 이루어진 것으로 볼 수 있는 사정이 있는 때에는 납부자가 그 반환청구권을 상실하지 않는다”라고 판시하여 집행부정설의 입장을 확실하게 정리해 나갔다.

〈참고문헌〉

김남진 · 김연태, 행정법 I 제12판, 법문사, 2008.

김동희, 행정법 I 제13판, 박영사, 2007.

김유환, “위헌법률에 근거한 행정처분의 효력: 판례이론의 중대명백설 이해에 대한 비판과 대안”, 고시연구 제26권 제2호, 고시연구사, 1999. 2.

남복현, “위헌법률에 기한 처분의 집행력 허용여부에 관한 검토”, 헌법실무연구 제1권, 헌법실무연구회, 2000. 9.

윤진수, “위헌인 법률에 근거한 행정처분의 당연무효 여부”, 대법원판례해설 제22호, 법원도서관, 1995. 5.

윤진수, “헌법재판소 위헌결정의 소급효”, 헌법문제와 재판(상): 재판자료 제75집, 법원행정처, 1997. 6.
이강국, “위헌법률의 효력”, 공법학의 현대적 지평(심천 계희열박사 화갑기념논문집), 박영사, 1995.
이동흡, “위헌법률에 근거한 처분에 대한 집행력 허용 여부”, 행정판례연구 제5집, 박영사, 2000. 10.
장석조, “위헌 법률에 기초한 과세처분의 집행력: 구 택지소유상한에관한법률에 대한 위헌 결정에 따른 부담금 부과처분의 집행문제를 포함하여”, 사법논집 제34집, 대법원 법원행정처, 2002. 12.

32. 행정행위의 흠의 승계

—대법원 1994. 1. 25. 선고 93누8542 판결—

선 정 원*

Ⅰ. 판결개요

1. 사실관계

이 사건에서 원고는 1986. 1. 21. 경기도 하남시 풍산동 소재 토지의 일부 지분을 두 사람에게 서로 다른 시기에 매도하고 소유권이전등기를 경료하여 주었다. 이에 피고 행정청은 원고에 대하여 양도 당시의 기준시가로서 이 건 토지의 개별공시 지가에 지분에 해당하는 면적을 곱한 금액을 양도가액으로 하여 산출한 양도소득세와 방위세를 부과고지하였다.

2. 소송경과

원심인 고등법원에서는 공부상 지목이 전인 토지 중 일부에 주택이 건립되어 있으나 나머지 부분은 사실상 전으로 이용되고 있는 경우 토지의 개별공시지가를 결정함에 있어 전으로 이용되고 있는 부분에 대하여는 그 표준지로 유사한 이용가치를 지닌다고 인정되는 지목이 전인 표준지를 선정하여야 할 것임에도 토지 전체가 대지로 이용되고 있다고 보아 전으로 이용되고 있는 부분에 대하여도 지목이 대지인 표준지를 선정하여 개별공시지가를 결정한 것은 위법하다고 판시했다. 나아가 위법하게 결정된 개별공시지가를 기준시가로 보고 한 이 사건 양도세부과처분은 위법하다고 판시했다.

3. 판결요지

대상판결의 쟁점은 첫째, 한 필지의 토지의 용도 또는 지목이 여러 가지이고 명확히 다른 경우는 각 용도 또는 지목별로 다른 표준지를 선정하여 개별공시지가를 결정해야

* 명지대학교 법과대학 교수.

하는가, 아니면 반드시 토지 전체를 하나의 용도나 지목으로 이용된다고 보고 개별공시지가를 결정해야 하는가 하는 점과, 둘째, 위법하게 결정된 개별공시지가를 기준시가로 보고 내린 양도소득세처분이 위법한가 하는 점이었다.

원심에서는 주로 첫 번째 논점만이 다루어졌는데, 원심은 토지 전체가 대지로 이용되고 있다고 보아 전으로 이용되고 있는 부분에 대하여도 지목이 대지인 표준지를 선정하여 개별공시지가를 결정한 것은 위법하다고 판시했다. 대법원도 이 판단에는 동의했다. 두 번째 논점은 이 글의 검토주제인 흠의 승계에 관한 것인데 원심에서는 특별한 검토 없이 위법하게 결정된 개별공시지가를 기준시가로 보고 한 이 사건 양도세부과처분은 위법하다고 판시했다. 대법원은 흠의 승계논리를 사용하며 양도세부과처분의 위법논리를 명확히 하였다. 그 내용은 다음과 같이 판단하였다.

"개별공시지가결정은 이를 기초로 한 과세처분 등과는 별개의 독립된 처분으로서 서로 독립하여 별개의 법률효과를 목적으로 하는 것이나, 개별공시지가는 이를 토지소유자나 이해관계인에게 개별적으로 고지하도록 되어 있는 것이 아니어서 토지소유자 등이 개별공시지가결정 내용을 알고 있었다고 전제하기도 곤란할 뿐만 아니라 결정된 개별공시지가가 자신에게 유리하게 작용될 것인지 또는 불이익하게 작용될 것인지 여부를 쉽사리 예견할 수 있는 것도 아니며, 더욱이 장차 어떠한 과세처분 등 구체적인 불이익이 현실적으로 나타나게 되었을 경우에 비로소 권리구제의 길을 찾는 것이 우리 국민의 권리의식임을 감안하여 볼 때 토지소유자 등으로 하여금 결정된 개별공시지가를 기초로 하여 장차 과세처분 등이 이루어질 것에 대비하여 항상 토지의 가격을 주시하고 개별공시지가결정이 잘못된 경우 정해진 시정절차를 통하여 이를 시정하도록 요구하는 것은 부당하게 높은 주의의무를 지우는 것이라고 아니할 수 없고, 위법한 개별공시지가결정에 대하여 그 정해진 시정절차를 통하여 시정하도록 요구하지 아니하였다는 이유로 위법한 개별공시지가를 기초로 한 과세처분 등 후행 행정처분에서 개별공시지가결정의 위법을 주장할 수 없도록 하는 것은 수인한도를 넘는 불이익을 강요하는 것으로서 국민의 재산권과 재판받을 권리를 보장한 헌법의 이념에도 부합하는 것이 아니라고 할 것이므로, 개별공시지가결정에 위법이 있는 경우에는 그 자체를 행정소송의 대상이 되는 행정처분으로 보아 그 위법 여부를 다툴 수 있음은 물론 이를 기초로 한 과세처분 등 행정처분의 취소를 구하는 행정소송에서도 선행처분인 개별공시지가결정의 위법을 독립된 위법사유로 주장할 수 있다고 해석함이 타당하다."

Ⅱ. 평 석

1. 쟁점정리

대상판결은 흠의 승계론을 적용하여 개별공시지가결정의 위법사유를 후행 양도소득세부과처분에서 주장할 수 있다는 것을 긍정한 것이다. 이 판결에서 처음으로 다수설에서 흠의 승계의 적극적 요건으로 주장했던 두 개의 처분이 '연속적으로 행하여지는 경우'와 '서로 결합하여 하나의 효과를 완성하는 경우'이어야 한다는 점 이외에 '수인가능성'과 '예측가능성'이라는 요건이 추가되었는데, 이것이 판례가 다수설을 폐기하고 소수설을 따른 것으로 볼 수 있는가 하는 점이 주요 쟁점이었다.

이 판결의 본문이나 평석논문들에서 드러나지는 않았지만 다른 관련쟁점들도 몇 개 존재했다. 첫째, 선행처분의 행정청과 후행처분의 행정청이 다르거나 적용법률이 다른 경우에도 흠의 승계론은 적용되는가? 둘째, 선행처분과 후행처분은 상호 어떤 관계를 맺고 있을 때 흠의 승계론은 적용되는가? 두 개의 처분이 '연속적으로 행하여지는 경우'와 '서로 결합하여 하나의 효과를 완성하는 경우'라는 표현만으로는 두 개의 처분 상호간의 관계, 예를 들어 주종관계 등이 명확해지지 않는데, 이 부분과 관련하여 대상판결이 그 이전의 흠의 승계를 긍정한 판결들과의 관계에서 어떤 의미를 갖는지를 음미할 필요가 있다.

2. 관련판례

우리나라에서 흠의 승계를 명시적으로 긍정한 판례들은 그렇게 많지 않다. 대집행과 관련하여 계고처분, 영장의 통지, 실행, 비용납부명령에 관한 판결(대법원 1993. 11. 9. 선고 93누14271 판결, 대법원 1996. 2. 9. 선고 95누12507 판결)과 암매장분묘개장명령과 후행계고처분(대법원 1961. 12. 21. 선고 4293행상31 판결)이 있다. 이들은 처분청이 동일한 경우이다. 안경사시험합격무효처분과 안경사면허처분(대법원 1993. 2. 6. 선고 92누4567 판결), 개별공시지가와 조세처분에 관한 판례들의 경우 처분청이 달랐다.

그 외, 교과서 등에서 흠의 승계를 긍정한 사례들로 들어지는 귀속재산의 임대처분과 후행매각처분(대법원 1963. 2. 7. 선고 92누315 판결), 독촉과 가산금, 중가산금징수처분(대법원 1986. 10. 28. 선고 86누147 판결), 한지의사시험자격인정과 한의사면허처분(대법원 1975. 12. 9. 선고 75누123 판결) 기준지가고시처분과 토지수용처분(대법원 1979. 4. 24. 선고 78누227 판결) 등은 판례를 면밀히 읽어본 결과 적어도 명시적으로는 흠의 승계와 관련된 사례라고 할 수 없는 것으로 보인다.

개별공시지가결정과 관련된 판례들을 제외하고 한국에서 명시적으로 흠의 승계를 긍정한 판례들이 5개가 채 안되었다. 하지만 이러한 사정은 1994년 양도소득세부과처분과 관련하여 개별공시지가결정의 흠이 승계된다는 판례가 나온 이후 크게 바뀐다. 대법원은 대상판례까지 포함하여 개별공시지가결정과 관련하여 무려 6개의 판결에서 흠의 승계를 긍정한 것이다. 흠의 승계를 긍정한 오랜 세월 동안의 판례숫자보다 더 많은 판례들이 개별공시지가결정과 관련하여 나오고 있는 것이다.

양도소득세부과처분의 위법여부의 판단에 있어 선행하는 개별공시지가결정의 위법성을 주장할 수 있다고 하여 흠의 승계를 인정하는 대상판결(대법원 1994. 1. 25. 선고 93누8542 판결)이 나온 후, 개별공시지가결정과 관련하여 흠의 승계를 인정하는 여러 판결들이 나왔다. 토지특성평가의 잘못에 기인한 개별공시지가결정의 위법을 토지초과이득세부과처분의 취소소송에서 주장할 수 있다는 판결(대법원 1994. 10. 7. 선고 93누15588 판결), 토지초과이득세부과처분의 취소소송에서 흠의 승계를 인정하면서도 개별공시지가결정방식에 있어 단수절사방식을 따른 것이 위법은 아니라는 판결(대법원 1996. 5. 14. 선고 93누10118 판결), 토지초과이득세부과처분의 취소소송에서 흠의 승계를 인정하면서 개별공시지가결정에 있어 비교표준지의 산정이나 가감율의 결정 등에 흠이 없다는 판결(대법원 1996. 6. 25. 선고 93누17935 판결), 개발부담금부과처분의 취소소송과 관련하여 개별공시지가결정에 있어 표준지 선정을 잘못하였거나 현저하게 불합리한 위법이 있다 하여 흠의 승계를 인정한 판결(대법원 1997. 4. 11. 선고 96누9096 판결), 흠의 승계론을 적용하여 선행행위인 개별공시지가결정의 위법을 이유로 후행행위인 개발부담금부과처분의 취소를 긍정한 판결(대법원 2001. 6. 26. 선고 99두11592 판결) 등이 있었다.

다만, 개별공시지가 결정에 대하여 한 재조사청구에 따른 조정결정을 통지받고서도 더 이상 다투지 아니한 경우는 예측가능성과 수인기대가능성이 있다고 보아 흠의 승계를 부인했다. 즉, 양도소득세 산정의 기초가 되는 개별공시지가 결정에 대하여 한 재조사청구에 따른 조정결정을 통지받고서도 더 이상 다투지 아니한 경우까지 선행처분인 개별공시지가 결정의 불가쟁력이나 구속력이 수인한도를 넘는 가혹한 것이거나 예측불가능하다고 볼 수 없어, 개별공시지가 결정의 위법을 이 사건 과세처분의 위법사유로 주장할 수 없다고 판시했다(대법원 1998. 3. 13. 선고 96누6059 판결).

3. 판결의 검토

(1) 학설과 대상판결의 입장

흠의 승계론은 불가쟁력이 발생한 행정처분에 대해서 더 이상 그 위법에 관한 다툼이 발생하지 않아야 행정의 실효성이 확보되고 법적 안정성이 보장될 수 있지만 위법한 선행행위에 구속받아 후행행위가 이루어짐으로써 권리침해가 발생하는 것을 방지할 필요도 있다는 점을 함께 고려하고 절충한 끝에 나온 이론인데, 선행처분과 후행처분의 관계에서 위법성의 승계 등에 관해 특별한 법률규정이 없고 선행처분이 무효가 아닌 경우에 적용된다.

흠의 승계가 허용되는 경우가 언제인가에 관하여 학설은 나뉘어져 있다. 다수설은 선행행위와 후행행위가 결합하여 하나의 효과를 완성하는 경우에는 선행행위의 흠이 후행행위에 승계되는 반면에 선행행위와 후행행위가 서로 독립하여 별개의 효과를 발생시키는 경우에는 그 흠이 후행행위에 승계되지 않는다고 한다.

소수설은 둘 이상의 행정행위가 동일한 법적 효과를 추구하고 있는 경우에 선행행위는 후행행위에 대하여 일정한 범위에서 구속력을 미치고, 그 구속력이 미치는 범위 안에서 후행행위에 있어서 선행행위의 효력을 다툴 수 없다고 한다. 그리고 구속력이 미치는 한계로 사물적 한계, 대인적 한계 및 시간적 한계를 제시하고, 그 한계도 수인기대가능성이 없는 경우에는 구속력이 미치지 않는다고 한다. 또, 기본권보호의 필요성도 그 요건으로 내세우고 있다(김남진, 253면 이하).

오랫동안 통설과 판례의 위치를 차지해 온 다수설에 대해 제기된 핵심적인 비판은 다수설이 제시한 기준이 지나치게 단순하고 형식적이라는 점이었다. 소수설은 위법의 관점이 아니라 효력의 관점이라는 새로운 관점에서 흠의 승계문제를 바라보았다는 성과이외에 예측가능성과 수인기대가능성의 관점에서 흠의 승계여부를 판단할 수도 있다는 시사점을 주었고 이 점은 개별공시지가결정에 관한 판례의 출현에 일정한 영향을 미친 것으로 보인다.

대상판결은 소수설에서 새롭게 제시한 관점인 선행행위의 효력의 관점과 예측가능성과 수인기대가능성의 관점 중에서 전자의 관점은 명백히 거부하고 후자의 관점만을 지지했다고 볼 수 있다. 다수설과 관련해서는 위법성의 관점은 지지했다고 볼 수 있다. 즉, 대상판결의 이유에서 대법원이 "위법한 개별공시지가결정에 대하여 그 정해진 시정절차를 통하여 시정하도록 요구하지 아니하였다는 이유로 위법한 개별공시지가를 기초로 한 과세처분 등 후행 행정처분에서 개별공시지가결정의 위법을 주장할 수 없도록 하는 것은 수인한도를 넘는 불이익을 강요하는 것으로서 국민의 재산권과 재판받을 권리를 보장한 헌법의 이념에도 부합하는 것이 아니라고 할 것"이라고 한 부분에서 이러한 입장은 명시적으로 드러났다고 볼 수 있을 것이다.

이 부분에서 드러난 대법원의 고민은 다수설과 마찬가지로 선행행위의 관점에서 후행행위를 평가하는 것이 아니라 계속중인 소송대상인 후행행위의 관점에서 선행행위를 평가하되 다수설에서 제시한 기준이 너무나 막연하여 구체적 기준으로 작용할 수 없었다는 점이었고, 그 때문에 소수설에서 제시한 기준인 수인기대가능성이라는 기준을 빌린 것으로 볼 수 있을 것이다.

이렇게 볼 때, 대법원의 입장은 행정소송과 민사소송, 행정소송과 형사소송 사이에서 선결문제의 처리방식에서 보이듯 어떤 처분의 효력문제에 대해서는 판단하거나 상관하지 않고 그 행위의 위법문제는 독자적으로 판단하려는 태도를 고수했으나, 학계에 대해서는 흠의 승계에 대해서 판단할 조금 더 구체적인 기준을 제시해야 한다는 주문을 한 것으로 이해할 수 있을 것이고, 이것은 다수설과 소수설의 장점은 수용하면서도 그 약점을 분명히 지적한 것으로 볼 수 있을 것이다. 따라서, 이 판결이 핵심쟁점에 관하여 어느 설을 전적으로 배척하거나 전적으로 긍정한 것으로 이해할 수는 없을 것이다.

현재 학자들도 다수설과 소수설을 근간으로 하면서도 개별공시지가결정과 같은 새로운 판례를 분석하기 위하여 세부적으로 뉘앙스가 약간씩 다른 견해들을 제시하고 있다. '내부적인 관련성'이 추가적으로 필요하다고 보는 견해(류지태, 140-143면), 또, 기초가 되는 선행처분의 적법성이 후행처분의 전제가 되는 경우와 선행처분에 대한 쟁송수단이 없거나 출소기간 내에 다투는 것이 현실적으로 곤란한 경우(김용섭, 45-46면), 중간단계 내지 수단으로서의 선행절차와 종국적인 후행처분의 관계에 있는 경우(박해식, 213면)를 추가적 요건으로 제시하기도 한다.

(2) 대상판결 이전의 판례들과 대상판결의 입장의 비교분석

1994년 대상판결이 나온 이후 흠의 승계에 관한 판례들은 대부분 개별공시지가결정에 관한 것들이었다. 때문에 이 판례의 입장은 다른 유형의 흠의 승계에 관한 판례들과 어떤 관계에 있는지, 그리고 다른 유사 사건들의 경우에도 흠의 승계가 인정될 수 있는가에 대해 학계는 큰 관심을 가지게 되었다. 이것은 결국 흠의 승계에 관한 새로운 구체적 세부기준들에 대한 관심으로 연결되었다.

(가) 대상판결 이전 판례들의 분석

대상판결 이전 흠의 승계를 긍정한 판례들을 두 그룹으로 분류할 수 있다.

첫째, 선행행위와 후행행위의 적용법률이 동일한 경우 판례는 우선적으로 흠의 승계를 긍정하고 있는 것으로 보인다. 이 때, 선행처분과 후행처분의 처분청이 달라야 하는가 하는 점이 문제된다. 대집행과 관련하여 계고처분, 영장의 통지, 실행, 비용납부명령(대법원 1993. 11. 9. 선고 93누14271 판결, 대법원 1996. 2. 9. 선고 95누12507 판결), 암매장분묘개장명령과 후행계고처분(대법원 1961. 12. 21. 선고 4293행상31 판결) 등의 경우 처분청이 동일했다. 또한, 선행처분이 처분의 실체적 내용을 결정하고 후행처분은 선행처분의 집행을 내용으로 하여 선행처분이 주된 기능을 수행하고 있다. 때문에 우리 판례에 따를 때, 흠의 승계가 인정되기 위해서는 상호간의 관계에서 후행처분이 주된 기능을 수행하여야 한다는 입장은 타당하지 않게 된다.

처분청이 동일한 경우는 소수설에 따를 때 선행처분의 구속력이 미치는 전형적인 경우로서 특별히 예외적으로 수인기대가능성이 없지 않는 한 법원은 선행행위를 한 행정청의 판단에 구속되어 독자적으로 선행행위의 위법을 심사할 수 없으므로 흠의 승계는 인정될 수 없는 것이다. 그럼에도 불구하고 이상의 세 판례의 경우는 흠의 승계를 긍정하고 있는데, 그 이유는 이 당시 우리 판례가 처분청의 동일성 여부가 아니라 적용법률의 동일성을 흠의 승계의 판단기준으로 삼고 있었기 때문인 것으로 보인다. 즉, 처분청의 동일성여부와 상관없이 암묵적으로 흠의 승계여부가 문제된 "복수의 행위들에 대해 적용되는 법률이 동일할 것을 요구"하고 있었고, 지배적 또는 결정적 행위가 있고 이것과 통일적 목적 또는 결과를 위해 유기적으로 결합된 다른 행위들 상호간에 흠의 승계를 인정했던 것으로 보인다.

우선 흠의 승계의 전형적 사례로 들어지는 철거명령과 대집행절차내의 행위의 관계를 살펴보면, 철거명령 자체는 다른 개별실체법에 의하여 그 근거가 주어지는 것이고 오직 대집행에 대해서만 행정대집행법상의 절차에 따라 집행되게 되어 있다. 즉, 행정대집행법 제2조에 의해 법률에 의하여 "직접명령"되었거나 또는 "법률에 의거한 행정청의 명령에 의한 행위"라는 법문을 통로로 하여 연결되어 있을 뿐이다. 때문에, 철거명령과 대집행절차내의 행위는 적용되는 법률이 달라 법률효과도 다르다고 보게 되었다고 추론할 수 있는 것이다. 다수설에서도 철거명령과 대집행절차내의 행위들은 법률효과를 달리하는 것으로 보고 있다. 하지만, 대집행절차내의 행위들에 관한 것을 보면, 대집행절차는 결국 대집행의 실행행위를 지배적 행위로 하여 그 전후에서 일련의 행위들이 결합되어 통일적 목적을 추구하고 있다고 할 수 있다.

또, 흠의 승계에 관한 전형적 사례로서 들고 있는 것이 조세체납절차내의 일련의 행위들이다. 이 때, 조세부과처분과 조세체납절차내의 행위들 사이에 흠의 승계는 부인된다. 판례도 "조세의 부과처분과 압류 등의 체납처분은 별개의 행정처분으로서 독립성을 가지므로 부과처분에 하자가 있더라도 그 부과처분이 취소되지 아니하는 한 그 부과처분에 의한 체납처분은 위법이라고 할 수 없"다고 하고 있다(대법원 1988. 6. 28. 선고 87누1009 판결). 조세부과처분은 법인세인가 소득세인가 등에 따라 각각 조세에 관한 개별실체법이 있고 그에 따라 부과되지만, 조세징수행위는 국세징수법에 따라 집행되고 있다. 특히, 체납절차에 관해서는 국세징수법 제3장(제24조 이하)에서 규정한 바에 따르고 있다. 때문에, 조세부과처분과 국세징수절차내의 행위들은 적용되는 법률이 달라 법률효과도 다르다고 이해할 수 있을 것이다. 하지만, 다수설과 판례가 흠의 승계를 긍정하기 위해 동일한 법률 내에서도 처분의 근거규정까지 동일한 것을 요구했었다고 이해한다면 그것은 종래의 다수설의 입장을 지나치게 협소하게 파악한 것이 될 것이다.

두 번째, 적용법률이 달라지는 경우에도 판례는 초기부터 흠의 승계를 인정한 예가 있다. 그것이 암매장분묘개장명령과 후행계고처분에 관한 판결(대법원 1961. 12. 21. 선고 4293행상31 판결)이다.

1961년 12월 시점에서 암매장분묘개장명령의 근거법조문은 '매장 등 및 묘지 등에 관한 법률' 제16조 제1항이었는데, "서울특별시장 또는 도지사는 묘지이외의 토지 또는 설치자의 승낙없이 타인의 묘지에 매장된 시체 또는 유골에 대하여는 일정한 기간 공고를 한 후 그 매장자 기타 연고자에게 개장을 명할 수 있다"고 규정하고 있다. 한편, 이 판결(대법원 1961. 12. 21. 선고 4293행상31 판결)이유에서 나타나 있듯이 후행 계고처분의 근거법조문은 이미 1954년 3월 18일 제정시행되고 있던 행정대집행법 제3조 제1항이었다. 다만, 암매장분묘개장명령을 하는 행정청과 계고처분의 처분청은 동일한 행정청이었다.

따라서, 암매장분묘개장명령의 근거법률과 계고처분의 근거법률은 다른 법률인 것이다. 이 판례는 적용법률이 다른 경우에도 흠의 승계론이 좀 더 확장될 필요가 있음을 인정한 효시적인 판례이었다고 할 수 있을 것이다. 이 경우에도 선행처분이 처분의 실체적 내용을 결정하고 후행처분은 선행처분의 집행을 내용으로 하여 선행처분이 주된 기능을 수행하고 있고 하나의 법률효과를 목표로 하고 있다고 이해할 수 있을 것이다.

개별공시지가결정과 관련된 흠의 승계에 관한 판례들을 제외한 채 우리 판례에 나타난 가장 단순한 형태의 흠의 승계의 요건을 정리해보면 처분청이 동일여부와 상관없이 적용법률이 동일한 경우로서 두 개 이상의 행정처분이 연속적으로 행하여지고 선행처분과 후행처분이 서로 결합하여 하나의 법률효과를 완성하는 때라고 할 수 있을 것이다. 이 때 핵심적인 요건은 '하나의 법률효과'를 추구한다는 것, 후행처분은 선행처분의 집행행위에 불과하다는 점이었다.

㈏ 대상판결 및 다른 개별공시지가에 관한 판결들에 나타난 특징

대상판결 이후 흠의 승계론은 전혀 다른 경우에 적용되게 된다.

첫째, 개별공시지가와 조세처분에 관한 판례들에서 처분청은 서로 다르고, 적용되는 법률들도 서로 다르다. 개별공시지가를 결정 · 고시하는 행정청은 "시장, 군수 또는 구청장"이지만 조세처분은 세무서장이 부과한다. 안경사시험합격무효처분과 안경사면허처분(대법원 1993. 2. 6. 선고 92누4567 판결)의 경우에도 처분청이 다르다.

둘째, 개별공시지가결정이나 안경사합격에 관한 처분은 확인적 행정행위이다. 선행행위가 확인행위일 것은 독일 조세소송에서 선행행위의 구속력을 부인하기 위해 요구하고 있고 프랑스 행정판례는 적어도 새로운 권리를 창설하거나 기득권을 침해하는 행위가 아닐 것을 요구하고 있다(선정원, 173-185면).

셋째, 후행처분인 조세부과처분이나 개발부담금부과처분 또는 안경사면허처분과, 선

행처분을 비교해보면 적어도 처분의 상대방인 사인 자신에게는 후행처분이 훨씬 직접적으로 중요하고 본질적인 처분이라 할 수 있다.

넷째, 수인기대가능성과 예측가능성이 없는 경우에는 선행처분과 후행처분이 서로 독립하여 별개의 효과를 목적으로 하는 때에도 흠의 승계는 인정된다는 입장을 취했다. 이러한 판결이유로 인해 선행행위가 개별공시지가결정의 경우처럼 인식가능성 또는 예견가능성이 있는 것인지 아닌지가 흠의 승계여부를 판단하는데 중요한 기준이 되었다. 즉, "개별공시지가는 이를 토지소유자나 이해관계인에게 개별적으로 고지하도록 되어 있는 것이 아닌" 것이라는 점이 중요했으므로 개별통지방식인지 아니면 공고방식인지 하는 것이 문제된 것이다. 때문에, 판례는 개별공시지가결정에 대하여 한 재조사청구에 따른 조정결정을 통지받고서도 더 이상 다투지 아니한 경우는 예측가능성과 수인기대가능성이 있다고 보아 흠의 승계를 부인했다(대법원 1998. 3. 13. 선고 96누6059 판결).

㈐ 두 그룹의 비교와 흠의 승계의 개념의 새로운 정의

개별공시지가결정과 관련된 판례그룹(B)과 이전의 판례그룹(A)들을 비교하면 중대한 차이가 드러난다. 첫째, 선행처분과 후행처분 상호간에 주종관계가 바뀌어 있다. A그룹에서는 선행처분이 실체적 내용을 결정하고 후행처분은 집행기능만을 담당하여 선행처분이 주된 기능을 수행하지만, B그룹에서는 선행처분은 확인적 처분에 불과하고 후행처분이 명령적 행정행위나 형성적 행정행위로서 후행처분이 주된 기능을 담당한다. 둘째, A그룹에서는 양 처분은 '하나의 법률효과'를 추구하지만, B그룹에서는 '별개의 법률효과'를 추구한다.

이와 같이 두 그룹 간에 중대한 차이가 있음에도 불구하고 흠의 승계론으로 통일적으로 설명되고 규율되기 위해서는 흠의 승계론이 다른 방식으로 정의되지 않으면 안 된다. 우선 A그룹의 판례에서 핵심적 기능을 수행했던 두 개의 처분이 '하나의 법률효과'를 목표로 해야 한다는 부분은 폐기되어야 한다. 대상판결은 "선행처분과 후행처분이 서로 독립하여 별개의 효과를 목적으로 하는 경우"이지만 양도소득세부과처분과의 관계에서 선행행위의 위법성을 주장할 수 있다고 보았다. 즉, 다수설에서 말하는 것과 같이 선행처분과 후행처분이 '하나의 효과'를 목표로 해야 한다는 요건도 채택하지 않았다. 서로 독립하여 별개의 효과를 목적으로 하는 경우임에도 흠의 승계가 인정된다고 했다. 그렇다면, 선행처분과 후행처분은 상호 어떤 관계에 있어야 하는가? 별개의 효과를 목적으로 하더라도 두 행위는 통일적 목적(결과) 또는 공통된 목적(결과)을 추구하는 것으로 이해하면 두 그룹들 사이의 충돌은 해소될 수 있을 것이다. 예를 들어 개별공시지가결정과 양도세부과처분은 그 효과는 세부적으로 서로 다른 내용을 담고 있지만 양도세부과처분의 상대방은 개별공시지가결정에서 판단된 지가를 기초로 양도소득세가 부과되기 때문에 두 처분은 내적으로 관련되어 있고 양도소득세의 부과라는 목적을 위해 결합되어 있다고 볼 수 있다. 이러한 이유로 다수설에서 하나의 효과를 추구한다는 기준은 폐기하고 통일적 목적 내지 공통된 목적을 추구한다는 것으로 대체되어야 한다.

이러한 입장에서 흠의 승계의 개념을 새롭게 정의해보기로 한다. "선행행위와 후행행위가 내적으로 결합하여 통일적 목적 또는 결과를 실현시키지만 선행행위의 존재를 인식하기 어렵고 그 효과를 그대로 수인하도록 기대하기 어려울 때 선행행위의 하흠을 후행행위에 관한 소송에서 주장할 수 있는 반면에, 통일적 목적 또는 결과를 실현시키지 않고 예측가능성과 수인기대가능성이 있는 경우에는 선행행위가 당연 무효가 되지 않는 한, 선행행위의 흠을 후행행위에 대한 소송에서 주장할 수 없다. 달리 말해, 하나의 행정행위가 다른 하나의 또는 복수의 행정행위들과 내적으로 결합하여 통일적 결과를 만들어내는 경우, 선행행위의 존재를 예측하기 어렵고 그 효과를 수인하도록 기대가능하지 않다면 후행행위에 대한 취소소송에서 선행행위의 위법을 법원이 다시 심사할 수 있다."

4. 판결의 의미와 전망

1994년 대상판결이 출현하면서 흠의 승계에 관한 기존의 학설인 다수설은 물론 소수설은 이 판결의 형성에 기여했지만 다른 측면에서는 지나치게 단순하고 형식적이라는 비판을 면하기 어렵게 되었다. 이 판결 이후 개별공시지가결정과 관련된 다수의 판례가 출현함으로써 처분청의 동일여부와 상관없이 흠은 승계될 수 있고 적용법률이 다른 경우에도 흠은 승계될 수 있다는 것이 확립되었다. 하지만, 이 판결에 의해 명시적으로 흠의 승계가 긍정되기 위해 선행처분과 후행처분이 '하나의 법률효과'를 추구할 필요는 없다는 점이 명확하게 되었지만 다수설은 이 점을 명확하게 받아들이지 않고 있다. 이 점에서 대상판결은 아직도 의미를 갖는다.

대상판결이 등장한 지 이미 15년 이상이 지났고 개별공시지가결정에 관한 다수의 판례가 축적되었으나, 판례상의 기준은 더 구체적으로 발전하지 못하고 있어 다른 유사사건들을 다루기 위한 기준이 되지 못하고 있다. '인식불가능성' 내지 '예측불가능성'이라는 기준은 처분이 개별통지되지 않고 공고되는 경우가 전형적으로 해당되는 경우라고 볼 수 있겠지만 다른 경우에도 이 기준에 해당되는 경우가 있을 수 있는가 의문이 남는다. 또, 조세체납절차나 대집행절차내의 각 행위들 사이에서 흠의 승계가 인정되고 있으나 선행행위가 공고되는 경우는 아니다.

선행처분의 효과를 알거나 예측하기 어렵고, 또, 선행처분의 제소기간 내에 소를 제기하여 다투는 것을 기대하기 어렵거나 불가피하게 소를 제기하지 못한 경우임에도 피해가 회복불가능한 때에 '수인기대불가능성'이라는 기준은 중요한 판단근거가 될 수 있을 것이다. 조세체납절차나 대집행절차내의 각 행위들 사이에서 흠의 승계의 인정은 예측불가능성의 기준보다는 수인기대불가능성의 기준에 따를 때 설명하기가 쉬워진다.

그렇다면 선행처분의 존재사실을 인식했지만 수인기대가능하지 않은 경우나 그 피해가 회복불가능하지는 않지만 선행처분의 존재를 인식한 경우 등과 같이 인식불가능성의 기준과 수인기대불가능성의 기준 중 어느 하나만 충족한 경우에도 흠의 승계는 인정될 수 있을 것인가 의문이 제기될 수 있다.

더 나아가, 선행처분과 후행처분의 상호역할과 관계의 문제는 물론 선행처분의 위법사유가 실체적 사유인지 아니면 절차적 사유인지에 따라 흠의 승계론에 어떤 영향을 미치는지도 해명되지 않았다. 행정행위 개념이 점차 확대되고 있는 추세에 맞추어 흠의 승계에 관해 보다 상세한 세부기준들이 학설과 판례에 의해 제시되기를 기대한다.

〈참고문헌〉

김남진, "선행처분의 후행처분구속력과 한계", 고시연구 21권 9호(249호), 고시연구사, 1994. 8.

김용섭, "행정행위의 하자승계론의 재검토, 행정판례의 분석을 중심으로(하)", 판례월보 331호, 판례월보사, 1998. 4.

류지태, "개별공시지가 결정행위의 하자의 승계에 관한 판례: 하자승계논의에 관한 새로운 해결시도", 고려대 판례연구 7집, 고려대학교 법학연구소, 1995. 9.

박해식, "하자의 승계", 대법원판례해설 43호, 법원도서관, 2003. 7.

선정원, "하자승계논의 몇 가지 쟁점에 관한 검토", 행정판례연구 10집, 박영사, 2005. 6.

33. 철회의 제한

— 대법원 1987. 9. 8. 선고 87누373 판결 —

이 현 수*

Ⅰ. 판결개요

1. 사실관계

A씨는 1971. 자동차운전면허를 받고, 1979.부터 소외 B 운수주식회사의 운전기사로 위 회사소속 서울 2라○○○○호 택시를 운전하던 중 1983. 3. 29 차선위반으로 적발되어 그해 4. 4.부터 4. 23.까지 20일간 운전면허정지의 행정처분을 받게 되었다. 그럼에도 불구하고 A씨는 그 면허정지기간중인 1983. 4. 5. 08:30경 위 차를 운전하다가 또다시 적발되었는바, 이에 대해 관할행정청 X는 그로부터 3년여가 지난 후인 1986. 7. 7.에 와서 A씨에 대하여 위 운전면허정지중의 운전을 이유로 운전면허를 취소하는 이 사건 행정처분을 하였다.

2. 소송경과

이에 대하여 A씨는 관할행정청 X를 상대방으로 하여 운전면허취소처분의 취소를 구하는 행정소송을 제기하였으나 패소하였고 이에 다시 대법원에 상고하게 되었다.

3. 판결요지

[원심판결의 요지]

원고 A씨의 위반행위 당시 시행중이던 도로교통법 제65조 제6호(1980. 12. 31. 개정 법률 제3346), 동법시행규칙 제55조 제1항 별표18(1981. 5. 6. 개정 내무부령 제347호) 운전면허행정처분의 기준 중 "나" 취소처분기준 일련번호 6에 의하면, 운전면허정지처분기간중의 운전에 대하여는 운전면허를 취소하도록 규정되어 있으니, 이에 따라 피고 X가 운전

* 건국대학교 법학전문대학원 조교수.

면허정지처분기간 중에 운전을 한 원고 A씨에 대하여 면허취소처분을 하였음은 당연한 것이고, 단지 그 행정처분이 위 위반일로부터 3년여가 경과한 시점에 이르러 행하여졌다거나, 또 위반한 운전경위와 위반행위 이후의 정황에 있어 원고 X씨의 주장과 같은 사정이 있다 하여 피고 X의 위 행정처분을 그 재량권의 남용으로 보거나 또는 행정법상의 신뢰보호의· 원칙에 위배하는 것으로 볼 수 없다.

[대법원 판결의 요지]

(1) 구 도로교통법(1980. 12. 31. 개정 법률 제3346호) 제65조에 의하면 관할관청은 운전면허를 받은 자가 동조 제2호 내지 제6호에 해당하는 위반행위를 하였을 때에는 그 운전면허를 취소하거나 그 효력을 정지(1년 이내)하는 행정처분을 할 수 있도록 규정하고 있는바, 위와 같은 행정처분은 그 성질상 행정청의 재량행위에 속하는 것이므로 행정청이 운전면허를 취소하는 행정처분을 함에 있어서는 그 위반행위의 정도를 감안하여 운전면허를 취소하고자 하는 공익목적과 그 취소처분에 의하여 상대방이 입게 될 불이익을 비교형량하여야 한다.

(2) 택시운전사가 1983. 4. 5. 운전면허정지기간 중의 운전행위를 하다가 적발되어 형사처벌을 받았으나 행정청으로부터 아무런 행정조치가 없어 안심하고 계속 운전업무에 종사하고 있던 중 행정청이 위 위반행위가 있은 이후에 장기간에 걸쳐 아무런 행정조치를 취하지 않은 채 방치하고 있다가 3년여가 지난 1986. 7. 7.에 와서 이를 이유로 행정제재를 하면서 가장 무거운 운전면허를 취소하는 행정처분을 하였다면 이는 행정청이 그간 별다른 행정조치가 없을 것이라고 믿은 신뢰의 이익과 그 법적 안정성을 빼앗는 것이 되어 매우 가혹할 뿐만 아니라 비록 그 위반행위가 운전면허취소사유에 해당한다 할지라도 그와 같은 공익상의 목적만으로는 위 운전사가 입게 될 불이익에 견줄 바 못된다 할 것이다.

Ⅱ. 평　　석

1. 쟁점정리

사례에서는 첫째, 운전자의 의무위반을 이유로 하는 운전면허취소처분의 법적 성질을 어떻게 볼 것인가와 관련하여 행정행위의 직권취소와 철회의 구별문제가 제기된다. 둘째, 직권취소 혹은 철회를 통한 수익적 행정행위의 폐지가능성에 대한 제약원리로서 신뢰보호원칙 혹은 실권의 법리가 문제된다.

2. 관련판례

대상판결 이후 행정행위의 취소사유와 철회사유의 구별기준에 관하여 밝히고 있는 판결로 대법원 2006. 5. 11. 선고 2003다37969 판결이 있다. 수익적 행정처분에 대한 취소, 철회가 재량행위로서 폐지를 통해 달성하려는 공익과 상대방이 입을 불이익과의 비교 · 교량이 필요함을 재차 확인하고 있는 판결로는 대법원 2004. 7. 22. 선고 2003두7606 판결이 있다. 한편 철회와 법적 근거의 문제에 관하여 대법원 2004. 11. 26. 선고 2003두10251, 10268 판결에서는 별도의 법적 근거 없이도 철회가 가능하다는 근거 불요설의 입장을 보여주고 있다. 한편 대상판결 이후 나온 대법원 1988. 4. 27. 선고 87누915 판결에서는 실권 혹은 실효의 법리에 관하여 그것이 신의성실의 원칙에 바탕을 둔 파생원칙이라는 점과 공법관계 가운데 관리관계는 물론 권력관계에도 적용되어야 함을 밝힘으로써 대상판결에서 태동하기 시작한 실권 혹은 실효의 법리에 관하여 보다 구체적인 모습을 부여하고 있다.

3. 판결의 검토

(1) 행정행위의 직권취소와 철회

유효하게 성립한 행정행위를 폐지하는 별도의 행정행위로서 직권취소와 철회가 있다. 행정행위의 직권취소는 일단 유효하게 성립한 행정행위를 그 행위에 위법 또는 부당한 하자가 있음을 이유로 소급하여 그 효력을 소멸시키는 별도의 행정처분이고, 행정행위의 철회는 적법요건을 구비하여 완전히 효력을 발하고 있는 행정행위를 사후적으로 그 행위의 효력의 전부 또는 일부를 장래에 향해 소멸시키는 행정처분이다. 철회는 학문상의 용어이며 실정법상으로는 취소로 불리기도 한다. 행정행위의 취소사유는 행정행위의 성립 당시에 존재하였던 하자를 말하고, 철회사유는 행정행위가 성립된 이후에 새로이 발생한 것으로서 행정행위의 효력을 존속시킬 수 없는 사유를 말한다(대법원 2006. 5. 11. 선고 2003다37969). 위 사안에서 문제된 운전면허의 취소는 적법하게 발급된 운전면허처분을 후발적 사유, 즉 면허소지자의 관련 법령 혹은 명령위반행위를 이유로 하여 장래를 향해 소멸시키는 행위로서 강학상 철회에 해당한다고 보아야 할 것이다. 철회는 한편으로는 행정으로 하여금 법적 사실적 상황의 변경이나 새로운 인식 혹은 새로운 고려에 대응하여 유연하게 활동할 수 있도록 하는 도구로서의 의미를 가지고 있으며 다른 한편으로는 관련 사인의 의무의 불이행에 대한 제재도구로서의 모습도 가지고 있다.

(2) 철회 사유와 철회의 제한

처분청이 철회권을 행사하기 위해서는 개별적인 법률의 명시적 근거가 있어야 하는지에 관해서 의견이 나누어진다. 근거불요설에 따르면 행정법규가 완벽하지 않은 상태에서 철회에 일일이 법률의 근거를 요한다고 하면 중대한 공익상의 요청이 있는 경우에도 철회할 수 없다는 결론이 되는바, 이는 불합리한 결론이라고 본다. 반면 근거필요설에서는 부담적 행위의 철회는 법률의 근거 없이도 가능하지만 수익적 행위의 철회에는 법률의 근거가 필요하다고 본다. 우리 판례는 근거불요설을 취하여, 행정행위를 한 처분청은 비록 그 처분 당시에 별다른 하자가 없었고, 또 그 처분 후에 이를 철회할 별도의 법적 근거가 없다 하더라도 원래의 처분을 존속시킬 필요가 없게 된 사정변경이 생겼거나 또는 중대한 공익상의 필요가 발생한 경우에는 그 효력을 상실케 하는 별개의 행정행위로 이를 철회할 수 있다고 보고 있다(대법원 2004. 11. 26. 선고 2003두10251, 10268 판결). 근거불요설의 입장에서 보면, 철회의 사유는 철회라는 제도가 갖는 기능상 기존의 행정행위를 위법 또는 비합목적적으로 만드는 사후적인 새로운 사정이라고 할 것이다.

한편 철회사유가 존재하는 경우에도 철회가 언제나 자유로운 것은 아니다. 이 문제는 부담적 행위의 경우와 수익적 행위를 경우를 나누어 살펴보는 것이 바람직하다. 부담적 행정행위에 철회사유가 있는 경우, 철회는 상대방에 대한 관계에서 불이익을 제거하는 것이므로 행정청은 신뢰보호원칙의 제한을 받지 않고 원칙적으로 이를 철회할 수 있다고 보는 반면 적법한 수익적 행정행위의 경우에는 신뢰보호의 원칙이 더 강하게 적용되어야 하기 때문에 수익적 행위의 철회는 일정한 사유가 있을 때에만 가능하다고 보는 것이 일반적인 견해이다. 그러한 사유로서는 대개 수익적 행정행위에 부가된 부담을 상대방이 이행하지 아니하는 경우, 부관으로써 철회권이 유보되어 있는 경우, 법상태 혹은 사실상태의 변화로 말미암아 본래의 수익적 처분을 존속하게 하는 것이 공익에 위태로운 경우 등을 들 수 있으며 더 나아가 그 밖에도 행정행위를 존속시킬 수 없는 중대한 공익상 사유가 있을 때에는 철회가 허용된다 할 것이다.

현재 우리 판례는 철회를 재량행위로 보고 재량권행사에 있어서 철회를 통하여 확보되는 공익과 상대방이 입게 되는 불이익의 비교형량을 요구하고 있는 대상판결의 입장에서 더 나아가 "수익적 행정처분을 취소 또는 철회하거나 중지시키는 경우에는 이미 부여된 그 국민의 기득권을 침해하는 것이 되므로, 비록 취소 등의 사유가 있다 하더라도 그 취소권의 행사는 기득권의 침해를 정당화할 만한 중대한 공익상의 필요 또는 제3자의 이익보호의 필요가 있는 때에 한하여 상대방이 받는 불이익과 비교 · 교량하여 결정하여야 하고, 그 처분으로 인하여 공익상의 필요보다 상대방이 받게 되는 불이익 등이 막대한 경우에는 재량권의 한계를 일탈한 것으로서 그 자체가 위법하다"고 판시하고 있다(대법원 2004. 7. 22. 선고 2003두7606 판결).

평석대상 사례에서는 도로교통법상에 운전자의 명령위반에 대한 제재처분으로서 운전면허의 취소가 규정되어 있었으므로 위 철회에 관하여 명시적 법규정이 마련되어 있는 경우에 해당한다. 그런데 법에서 규정하고 있는 철회사유가 발생하였다 하더라도 행정청에게 철회의 자유가 무제한하게 주어지는 것은 아니며 신뢰보호원칙, 비례원칙 등 일반적 법원칙에 따라 철회권의 행사는 제약된다.

또한 철회권의 행사는 실권(失權) 혹은 실효(失效)의 법리(法理)에 의하여 제약된다는 것이 지배적 견해인바, 이에 따르면 수익적 행정행위와 관련하여 철회사유가 발생한 경우에도 행정청이 일정기간 철회권을 행사하지 않은 경우, 행정청은 그 행위를 철회할 수 없다고 본다. 우리 대법원에서는 행정법관계에서의 실권 또는 실효의 법리에 관하여 다음과 같이 설시한 바 있다. "실권 또는 실효의 법리는 법의 일반원칙인 신의성실의 원칙에 바탕을 둔 파생원칙인 것이므로 공법관계 가운데 관리관계는 물론이고 권력관계에도 적용되어야 함을 배제할 수는 없다 하겠으나 그것은 본래 권리행사의 기회가 있음에도 불구하고 권리자가 장기간에 걸쳐 그의 권리를 행사하지 아니하였기 때문에 의무자인 상대방은 이미 그의 권리를 행사하지 아니할 것으로 믿을 만한 정당한 사유가 있게 되거나 행사하지 아니할 것으로 추인케 할 경우에 새삼스럽게 그 권리를 행사하는 것이 신의성실의 원칙에 반하는 결과가 될 때 그 권리행사를 허용하지 않는 것을 의미한다(대법원 1988. 4. 27. 선고 87누915 판결)."

한편 이처럼 철회권의 행사와 관련한 시간적 제약을 명문화한 입법례로 독일 연방행정절차법을 들 수 있는데 동법에서는 비수익적 행정행위의 철회는 기간에 상관없이 허용되는 반면 수익적 행정행위의 철회의 경우에는 수익적 행정행위의 직권취소의 기간에 관한 규정이 상응하게 적용되는 것으로 규정하고 있다. 즉, 행정청은 철회를 정당화하는 사실의 존재를 안 후로부터 1년 이내에만 철회를 할 수 있을 따름이다. 단, 수익자가 악의적인 사기 또는 강박이나 뇌물에 의하여 행정행위의 발급을 유도한 때에는 기간의 제한을 받지 아니한다(동법 제49조 제2항, 제48조 제4항). 더 나아가 독일의 학계에서는 이러한 제척기간의 제한과는 상관없이, 즉 제척기간 도과 전이라 할지라도 행정청이 신의성실에 반하여 상대방에 대한 관계에서 문제의 철회권을 행사하지 않을 것이라는 법적 외관을 야기하거나 혹은 그러한 법적 외관을 존속하도록 한 경우에는 실권할 수 있다고 해석하고 있다.

4. 판결의 의미와 전망

대상판결은 강학상의 철회의 제한법리 가운데 하나인 실권의 법리를 명시적으로 확인하고 있다는 점에서 의미가 있다. 다만 행정청에 의한 철회권 행사가 어느 정도의 오랜 기간 동안 이루지지 않았을 때 비로소 "그 상대방이 별다른 행정조치가 없을 것이라고 믿은 신뢰의 이익과 그 법적 안정성을 빼앗는 것이 되어 매우 가혹"하게 되는지의 문제에 대해서는 학설과 판례가 협동하여 일관성 있는 지침을 마련하여야 할 것이다.

〈참고문헌〉

김길중, "자동차운전면허 취소처분과 신뢰이익 및 법적 안정성", 대법원판례해설 8호, 법원도서관, 1988. 12.

김남진, "자동차운전면허 철회의 취소사건", 법률신문 1705호, 법률신문사, 1987. 11.

이관형, "공법관계에 있어서 실권 또는 실효의 법리", 대법원판례해설 11호, 법원도서관, 1990. 7.

34. 확약과 사전결정

— 대법원 1995. 1. 20. 선고 94누6529 판결 —

신 봉 기*

Ⅰ. 판결개요

1. 사실관계

피고보조참가인은 종전부터 6개의 구어업권(면허번호 제2호 내지 제7호) 합계 55ha를 보유해오던 자인바, 수산업법이 전면개정되어 보유어장의 면적이 30ha를 초과하게 되는 경우에는 면허를 받을 수 없도록 규정하자, 위 구어업권의 유효기간 만료 후의 어업권을 재신청함에 있어서 개인보유상한면적을 규정하고 있는 법 제10조 제3호, 시행령 제12조 제1항 제2호의 규정을 잠탈하기 위하여 1992. 4. 1. 자신과 친인척관계 내지 친분관계가 있는 소외인(B, C, D, E)에게 위 6개 구어업권 중의 각 일부지분을 양도하는 형식으로 어업권변경등록을 하였다. 피고보조참가인은 소외인들에게 구어업권의 각 일부지분을 양도하는 형식으로 구어업권변경등록을 하기 전에는 물론 그 후에도 단독으로 구어업권 전부를 행사하여 왔다.

그 후 피고보조참가인은 구어업권의 유효기간 만료일이 다가오자 1992. 10. 19. 위와 같은 경위로 변경등록된 어업권 등록원부 등을 자료로 첨부하여 자신 및 위 소외인들의 공동명의로 새로운 어업권면허를 신청하였다.

X행정청은 1993. 1. 12. 신어업권(원심판결 별지 제1어업권란 기재 6개의 어업권, 면허번호 제1915호 내지 제1920호)의 대상어장에 대하여 피고보조참가인 및 소외인들을 제1순위자로, 원고(A)를 제2순위자로 하는 우선순위결정을 하고, 같은 해 4. 30. 위 우선순위결정에 따라 피고보조참가인 등에게 공동명의로 6개의 신어업권면허처분을 하였다(총어장면적 55ha). 이에 A는 위 우선순위결정의 취소 및 자신이 제1순위자임의 확인을 구하고자 한다.

---

* 경북대학교 법학전문대학원 교수.

2. 소송경과

A는 같은 해 5. 6. 위 우선순위결정의 취소 및 A가 제1순위자임의 확인을 구하는 소를 제기하였다가, 같은 해 6. 18. 위 우선순위결정의 취소를 구하는 부분을 위 6개의 신어업권면허처분의 취소를 구하는 소로 변경하고, 이어서 1994. 1. 31. 병합되어 있던 확인청구의 소만을 취하하였는바, 원심이 A의 청구를 기각하자(대전고등법원 1994. 4. 15. 선고 93구614 판결) A는 대법원에 상고하였고, 대법원은 이를 기각하였다.

3. 판결요지

(1) 어업권면허에 선행하는 우선순위결정은 행정청이 우선권자로 결정된 자의 신청이 있으면 어업권면허처분을 하겠다는 것을 약속하는 행위로서 강학상 확약에 불과하고 행정처분은 아니므로, 우선순위결정에 공정력이나 불가쟁력과 같은 효력은 인정되지 아니하며, 따라서 우선순위결정이 잘못되었다는 이유로 종전의 어업권면허처분이 취소되면 행정청은 종전의 우선순위결정을 무시하고 다시 우선순위를 결정한 다음 새로운 우선순위결정에 기하여 새로운 어업권면허를 할 수 있다.

(2) 수산업법 제35조 제1호의 규정에서 말하는 "허위 기타 부정한 방법으로 어업의 면허를 받은 경우"라고 함은 정상적인 절차에 의하여는 어업의 면허를 받을 수 없는 경우임에도 불구하고 위계 기타 사회통념상 부정이라고 인정되는 모든 행위를 사용하여 면허를 받은 경우를 뜻하는 것으로서 적극적 및 소극적 행위를 사용한 경우를 모두 포함한다.

(3) 수익적 처분이 있으면 상대방은 그것을 기초로 하여 새로운 법률관계 등을 형성하게 되는 것이므로, 이러한 상대방의 신뢰를 보호하기 위하여 수익적 처분의 취소에는 일정한 제한이 따르는 것이나, 수익적 처분이 상대방의 허위 기타 부정한 방법으로 인하여 행하여졌다면 상대방은 그 처분이 그와 같은 사유로 인하여 취소될 것임을 예상할 수 없었다고 할 수 없으므로, 이러한 경우에까지 상대방의 신뢰를 보호하여야 하는 것은 아니라고 할 것이다.

Ⅱ. 평 석

1. 쟁점정리

본 사건에서는 어업권면허처분에 선행하는 우선순위결정의 성질이 특히 문제되며,그 밖에 제소기간 준수 여부, 소의 이익 존부, 피고보조참가인 및 소외인들의 수산업법 제

35조 제1호 소정의 "허위 기타 부정한 방법으로 어업의 면허를 받은 경우"의 해당 여부, 수익적 처분이 상대방의 허위 기타 부정한 방법으로 행하여진 경우에도 그 상대방의 신뢰를 보호하여야 하는지 여부 등이 문제된다. 여기에서는 확약의 문제를 중심으로 검토하기로 한다.

2. 관련판례

(1) 대법원 1996. 6. 11. 선고 95누10358 판결

수산업법 제13조는 도지사가 어장의 이용계획을 수립하여 수산청장의 승인을 얻은 다음 그 계획의 범위 안에서 같은 법 제8조에 의한 어업의 면허를 하는 경우 다른 사람보다 우선적으로 면허를 받을 수 있는 자의 순위를 규정한 것이고, 구 수산업법시행령 제6조 제1항 내지 제3항의 규정에 의한 우선순위결정은 행정청이 우선권자로 결정된 자의 신청이 있으면 그에게 면허를 하지 아니할 만한 다른 사유가 없을 경우 다른 사람에 우선하여 면허처분을 하겠다는 것을 약속하는 행위로서 강학상 확약에 불과한 것이며, 같은 법 시행령 제6조 제4항의 규정은 같은 법 시행령 제6조 제1항 내지 제3항의 절차에 의하여 우선순위자로 결정된 자로부터 면허신청을 받은 행정청이 그에게 면허를 하지 아니할 만한 사유가 없을 때에는 지체없이 면허를 하여야 한다는 취지의 규정으로 해석하여야 한다.

(2) 대법원 2008. 10. 9. 선고 2008두6127 판결

시의 도시계획과장과 도시계획국장이 도시계획사업의 준공과 동시에 사업부지에 편입한 토지에 대한 완충녹지 지정을 해제함과 아울러 당초의 토지소유자들에게 환매하겠다는 약속을 했음에도, 이를 믿고 토지를 협의매매한 토지소유자의 완충녹지지정해제신청을 거부한 것은, 행정상 신뢰보호의 원칙을 위반하거나 재량권을 일탈·남용한 위법한 처분이다.

(3) 대법원 1996. 8. 20. 선고 95누10877 판결

행정청이 상대방에게 장차 어떤 처분을 하겠다고 확약 또는 공적인 의사표명을 하였다고 하더라도, 그 자체에서 상대방으로 하여금 언제까지 처분의 발령을 신청을 하도록 유효기간을 두었는데도 그 기간 내에 상대방의 신청이 없었다거나 확약 또는 공적인 의사표명이 있은 후에 사실적·법률적 상태가 변경되었다면, 그와 같은 확약 또는 공적인 의사표명은 행정청의 별다른 의사표시를 기다리지 않고 실효된다.

(4) 대법원 1998. 9. 4. 선고 97누19588 판결

(가) 원자력법 제11조 제3항 소정의 부지사전승인제도는 "원자로 및 관계 시설을 건설하고자 하는 자가 그 계획중인 건설부지가 원자력법에 의하여 원자로 및 관계 시설의

부지로 적법한지 여부 및 굴착공사 등 일정한 범위의 공사(이하 '사전공사'라 한다)를 할 수 있는지 여부에 대하여 건설허가 전에 미리 승인을 받는 제도"이다. 위 부지사전승인 제도는 "원자로 및 관계 시설의 건설에는 장기간의 준비 · 공사가 필요하기 때문에 필요한 모든 준비를 갖추어 건설허가신청을 하였다가 부지의 부적법성을 이유로 불허가될 경우 그 불이익이 매우 크고, 또한 원자로 및 관계 시설 건설의 이와 같은 특성상 미리 사전공사를 할 필요가 있을 수도 있어" 건설허가 전에 미리 그 부지의 적법성 및 사전공사의 허용 여부에 대한 승인을 받을 수 있게 함으로써, 그의 경제적 · 시간적 부담을 덜어 주고 유효 · 적절한 건설공사를 행할 수 있도록 배려하려는 데 그 취지가 있다고 할 것이다.

(나) 원자로 및 관계 시설의 부지사전승인처분은 그 자체로서 건설부지를 확정하고 사전공사를 이용하는 법률효과를 지닌 독립한 행정처분이므로 취소소송의 대상이 되지만, 건설허가 전에 신청자의 편의를 위하여 미리 그 건설허가의 일부 요건을 심사하여 행하는 사전적 부분 건설허가처분의 성격을 갖고 있는 것이어서 "나중에 건설허가처분이 있게 되면 그 건설허가처분에 흡수되어 독립된 존재가치를 상실함으로써" 그 건설허가처분만이 쟁송의 대상이 되는 것이므로, 부지사전승인처분의 위법성은 나중에 내려진 건설허가처분의 취소를 구하는 소송에서 이를 다투면 된다. 원자로시설부지사전승인처분의 근거법률인 구 원자력법 제11조 제3항에 근거한 원자로 및 관계 시설의 부지사전승인처분은 "원자로 등의 건설허가 전에 그 원자로 등 건설예정지로 계획중인 부지가 원자력법의 관계 규정에 비추어 적법성을 구비한 것인지 여부를 심사하여 행하는 사전적 부분 건설허가처분의 성격을 가지고 있는 것"이므로, 원자력법 제12조 제2호, 제3호로 규정한 원자로 및 관계 시설의 허가기준에 관한 사항은 건설허가처분의 기준이 됨은 물론 부지사전승인처분의 기준으로도 된다.

(5) 대법원 1998. 4. 24. 선고 97누1501 판결

주택건설촉진법 제33조 제1항이 정하는 주택건설사업계획의 승인은 이른바 수익적 행정처분으로서 행정청의 재량행위에 속하고, 따라서 그 전 단계로서 같은 법 제32조의4 제1항이 정하는 주택건설사업계획의 사전결정 역시 재량행위라고 할 것이다. 따라서 사전결정을 받으려고 하는 주택건설사업계획이 관계 법령이 정하는 제한에 배치되는 경우는 물론이고, 그러한 제한사유가 없는 경우에도 공익상 필요가 있으면 처분권자는 그 사전결정 신청에 대하여 불허가결정을 할 수 있다.

(6) 헌재 2009. 2. 26. 2008헌마371 · 373 · 374(병합)

예비인가제도는 법학전문대학원을 설치하고자 하는 대학이 자신이 수립한 법학전문대학원의 설치계획 및 준비 중인 시설 등이 법학전문대학원을 설치함에 있어 충분한지

여부에 대하여 본인가 전에 미리 승인을 받는 제도이다. 그러므로 예비인가 대상으로 선정된 대학들은 '입학전형계획 개요 발표'를 통해 법학전문대학원의 개원을 위한 준비작업에 착수할 수 있고, 설치인가 신청서를 수정 · 보완할 수 있으며, 법학전문대학원 협의회에 가입할 수 있는 등 본인가를 받기 위한 절차를 진행할 수 있다. 이에 반하여, 예비인가를 받지 못한 대학들은 본인가를 위한 신청서의 수정 · 보완, 이행점검이나 현지조사 등 후속절차에 참여할 수 있는 기회를 박탈당하여 사실상 법학전문대학원 설치인가를 받을 수 없게 된다. 이처럼 이 사건 예비인가 거부결정(피청구인이 2008. 2. 4. 청구인들에 대하여 한 법학전문대학원 설치 예비인가 거부결정)은 법학전문대학원 설치인가 이전에 청구인들의 법적 지위에 영향을 주는 것으로 법학전문대학원 설치인가 거부결정과는 구별되는 별도의 독립한 처분이므로, 행정청이 행하는 구체적 사실에 관한 법집행으로서의 공권력 행사의 거부(행정소송법 제2조 제1항 제1호)에 해당한다.

3. 판결의 검토

(1) 확약의 의의 및 법적 성질

확약이라 함은 일정한 행정작용을 하거나 하지 않을 것을 내용으로 하는 행정청의 구속력 있는 약속을 말한다. 독일에서는 확약(Zusicherung)을 행정주체가 사인에 대해 장차 일정한 행정작용을 하거나 하지 않겠다는 것을 내용으로 하는 공법상 일방적인 자기구속적 의사표시를 의미하는 확언(Zusage)의 한 특별한 유형으로 보고 있다(홍정선, 1330-1331면). 그러나 우리나라에서는 확약과 확언을 엄격히 구분하지 않고 있으며, 다만 '행정청의 자기구속적 의사'를 그 핵심적 요소로 이해하고 있다.

확약의 법적 성격에 대하여는 학설의 대립이 있는바, 독일의 입장에 따라 행정행위성을 긍정하는 견해와 독자적 행위형식을 긍정하는 견해로 나뉜다. 전자의 입장과 관련하여, 독일 연방행정절차법 제38조 제1항 및 제2항이, 행정행위의 확약이 효력을 갖기 위해서는 문서의 형식을 요한다고 하면서 확약의 경우에 행정행위에 관한 일정규정을 준용하도록 하고 있다는 점 및 동조 제3항에서 "확약을 행한 후 사실상태나 법적 상황에 변화가 있었고, 또한 행정청이 그러한 사후적으로 발생한 변화를 알았더라면 확약을 하지 않았으리라고 인정될 경우 또는 그 변화가 법적 이유에서 확약할 수 없었을 것으로 인정될 경우에는, 행정청은 더 이상 확약에 구속되지 아니한다."는 명문의 규정에 비추어 볼 때 이는 확약의 행정행위성을 전제로 한 것으로 파악되나, 이러한 규정을 갖지 않는 우리나라의 경우에는 단순히 독일의 근거규정만으로 확약이 행정행위의 성질을 갖는 것으로 단정할 수 없다는 점을 지적할 수 있다. 행정행위성을 긍정하는 입장이 다수설이다. 그러나 판례는 본 사건에서 보듯이 확약의 처분성을 부정하고 있다.

확약에 대하여는 1987년 행정절차법안 제25조 제1항에서 근거규정을 두고 있었으나, 1998년 시행된 현행 행정절차법에서는 확약규정이 삭제된 채로 제정되었다. 행정행위의 확약은 예컨대, 각종의 인·허가의 발급약속(내인가·내허가), 공무원임용의 내정, 양도소득세 등을 자진신고한 자에게는 일정률 이하의 과세를 하겠다는 약속, 주민에 대한 개발사업의 약속, 행정청이 무허가건물의 자진철거자에게는 아파트입주권을 주겠다는 약속을 하는 경우 등이 이에 해당한다.

(2) 확약과 사전결정

확약은 행정행위 이전단계로서의 사전적 행위인바, 유사행위로서 사전결정 등 이른바 다단계행정결정이 있다. 다단계행정결정에는 사전결정(예비결정·예비허가), 가행정행위(잠정적 행정행위), 부분허가(부분인허) 등이 포함된다. 사전결정(Vorentscheid)이란 건축허가신청에 앞서 당해 건축이 제반 법률에 의해 허용되는지 여부에 대한 사전승인(건축법 제8조제3항) 등과 같이 행정처분시 요구되는 다수의 요건 중 개개의 요건에 대한 행정청의 확정적 결정을 말한다. 예비결정이라고도 한다. 주택건설사업계획사전승인, 원자력법상의 부지사전승인, 폐기물관리법상의 폐기물처리업 허가전의 사업계획에 대한 적적통보, 법학전문대학원설치예비인가결정 등이 이에 해당한다. 장래의 종국적인 행정행위 등에 대한 약속을 의미하는 확약과 달리, 사전결정은 그 자체가 하나의 완결적 행정행위로서의 성질을 가진다.

가행정행위(Vorläufiger Verwaltungsakt)란 납세자의 과세표준 신고에 의한 잠정적 세액결정이나 사회보장기관에 의한 가급부결정 등과 같이 확정적 행정행위가 있기 이전에 잠정적으로 행하여지는 규율을 말한다. 독일의 경우 다수의 실정법에 규정되어 있으며(조세법전·사회법전 등), 연방헌법재판소는 명문의 근거가 없는 경우에도 보조금지급결정에 대하여 가행정행위에 해당함을 긍정한 바 있다(BVerfGE 67, 99). 가행정행위는 확정적 결정이 발하여질 때까지만 적용되는 것인바, 이는 가행정행위가 확정적 결정에 의하여 대체됨으로써 효력을 상실한다는 것을 말하는 것이지 그 자체가 취소되는 것은 아니다.

부분허가(Teilgenehmigung)란 원자력법상 원전건설허가 등에 있어서 많이 있을 수 있는 것으로서, 원전사업의 장기성·대규모성, 영향의 광대·광범성으로 인하여 전체시설의 건설 및 운영상 부지승인·공사승인·사용전 검사·운영허가 등과 같은 단계적 결정이 요구되는바, 이들 하나하나에 대한 개별적 결정을 말한다. 부분인허라고도 한다.

(3) 확약의 허용성

확약의 근거에 대하여 명시적인 규정이 있는 경우에는 문제가 없으나, 명시적인 근거규정이 없는 경우에는 그 근거를 신의성실원칙 또는 신뢰보호원칙에서 구하거나(독일 판례의 입장) 당해 본처분 그 자체에 확약을 발할 권한도 내재되어 있는 것으로 보기도

한다(학설). 행정청이 일정한 권한을 부여받고 있는 경우에 상대방에 대하여 장차 행하고자 하는 본처분의 내용에 대하여 확약을 한다는 것은 본처분권과는 다른 별개의 행위가 아니라 당해 권한행사의 일부를 이루는 행위이며 본처분권의 사전처리작용이라 할 수 있다. 따라서 법이 본처분의 권한을 행정청에게 부여한 경우에는 일반적으로 이에 대한 확약의 권한도 아울러 부여하고 있다고 보는 것이 타당할 것이다.

(4) 확약의 요건

확약은 정당한 권한을 가진 행정청에 의해 행하여져야 하며, 확약이 적법하기 위해서는 그 대상인 행정행위가 적법한 것이어야 한다. 따라서 확약의 내용인 본처분을 위하여 일정한 절차적 요건을 규정하고 있는 경우에는 확약에 있어서도 그 절차를 거쳐야 한다. 특히 행정청은 확약하는 행정처분이 다른 행정청의 동의 또는 승인을 요하는 것인 때에는 미리 당해 행정청의 동의 또는 승인을 얻어야 한다(1987년 법안 제25조 제2항).

(5) 확약의 효력

적법한 확약의 경우, 행정청은 상대방에게 확약된 행위를 하여야 할 자기구속적인 의무를 갖게 되고, 상대방은 그 확약된 내용의 이행을 청구할 수 있는 권리(이행청구권)를 갖게 된다고 할 수 있다. 그러나 행정청은 확약의 내용을 이행할 수 없을 정도로 사실상태 또는 법률상태가 변경된 경우에는 확약에 기속되지 않는다(1987년 법안 제25조 제4항). 따라서 확약된 내용의 의무를 행정청이 이행하지 않는 경우에는, 상대방은 의무이행심판이나 부작위위법확인소송 등의 행정쟁송을 통하여 그 의무의 이행을 구할 수 있다고 할 것이다.

확약은 정당한 권한을 가진 행정청에 의해 행하여지지 않거나 확약이 중대한 하자를 지니고 있는 경우에는, 그 하자에 대하여 관계된 제반사정을 합리적으로 평가하여야 하며, 그 결과 확약이 지닌 하자가 명백하다고 판단되는 경우에는 그 확약은 무효가 되는 것으로 볼 수 있다.

(6) 확약의 취소 · 철회

확약이 위법한 경우에는 취소의 문제가 생기나, 상대방의 신뢰보호의 관점에서 취소권제한의 법리가 적용된다(1987년 법안 제25조 제3항, 제31조). 행정청이 위법한 확약을 취소하고자 할 때에는 취소에 의해 달성하고자 하는 공익과 상대방이 기득한 권익의 보호, 제3자의 신뢰보호 및 법률생활안정 등의 요청을 비교형량하여 결정하여야 한다. 부담적 내용의 확약의 취소는 원칙적으로 자유이나, 수익적 내용의 확약의 취소는 비례의 원칙 · 신뢰보호의 원칙 등을 고려하여 개별적으로 비교형량하여 취소 여부를 결정하여야 한다. 확약이 적법한 경우에는 철회의 문제가 생기나, 상대방의 신뢰보호의 관점에서 철회권제한의 법리가 적용된다(1987년 법안 제25조 제3항, 제32조). 철회권의 제한 등에 대하여는 확약의 취소에 관한 내용이 그대로 적용된다.

(7) 본 사안의 경우

먼저 어업권면허처분에 선행하는 우선순위결정의 성질이 문제된다. 우선순위결정은 그 자체로서 어업권면허를 부여하는 것은 아니나 우선순위결정에 하자가 있는 등 특별한 사정이 없는 한 그 결정된 우선순위에 따라 면허를 부여하겠다는 내용의 확약에 해당한다고 할 것이다. 판례도 이미 어업권면허에 선행하는 우선순위결정을 행정청이 우선권자로 결정된 자의 신청이 있으면 어업권면허처분을 하겠다는 것을 약속하는 행위로서 강학상 확약이라는 점을 긍정하고 있다. 한편 본 판례는 확약이 행정처분인지 여부에 대하여 확약은 행정처분이 아니라는 점, 확약인 우선순위결정에는 공정력 · 불가쟁력과 같은 효력이 인정되지 않는다는 점 및 우선순위결정이 잘못되었다는 이유로 종전의 어업권면허처분이 취소되면 행정청은 종전의 우선순위결정을 무시하고 다시 우선순위를 결정한 다음 새로운 우선순위결정에 기하여 새로운 어업권면허를 할 수 있다는 점을 분명히 한 것은 의미가 있다.

4. 판결의 의미와 전망

본 사건에서 확약의 성질을 행정행위가 아니라고 판례의 입장을 분명히 한 것은 큰 의미가 있다. 그러나 이론적으로는 확약의 행정행위성을 긍정하게 되면 처분상대방의 신뢰보호를 더욱 공고히 하는 측면이 있기 때문에 권리구제적 차원에서는 보다 효과적이라고 할 수 있다. 즉, 신의성실원칙 또는 신뢰보호원칙의 차원이나 본행정행위에 대한 국민의 예견가능성에는 확약도 포함되는 것이라는 헌법상 이념의 차원에서, 그리고 본행정행위의 권한에는 확약의 대상이 되는 본행정행위를 확약할 수 있는 권한까지 포함된다는 논리에서 볼 때, 이를 부정할만한 명확한 논거를 제시하기 어려운 것이 사실이다. 물론 확약의 처분성을 긍정하기 위한 독일과 같은 명문의 법적 근거가 없고, 이론적으로 이를 긍정하게 되면 사후의 본처분과의 관계에서 법리적으로 많은 부조화가 발생할 수 있다는 점을 부정하는 것은 아니다. 그러나 이러한 확약을 둘러싼 각종 논란을 해결하기 위해서는 확약의 처분성을 긍정할 수 있는 법적 근거를 명시적으로 규정함이 바람직하다고 할 것이다. 그 입법례로는 독일 행정절차법 제38조가 좋은 모델이 될 수 있을 것이다.

〈참고문헌〉

김경호, “행정청의 확약과 신뢰침해로 인한 손해배상”, 판례연구 제17집, 부산판례연구회, 2006. 2.
김남욱, “단계적 행정결정에 있어서의 확약”, 법학논총 제7집, 조선대학교 법학연구소, 2001. 11.
김남진, “어업면허의 우선순위결정의 법적 성질 등”, 법률신문 제2412호, 법률신문사, 1995. 6.

김용섭, “내인가의 법적 문제”, 현대공법학의 과제(청담 최송화 교수 화갑기념논문집), 박영사, 2002. 6.

김태우, “어업권우선순위결정의 법적 성질”, 대법원판례해설 제22호, 법원도서관, 1995. 5.

송희성, “행정법상 확약”, 고시계 제45권 제12호(제526호), 국가고시학회, 2000. 12.

홍정선, 행정법원론(상) 제16판, 박영사, 2008.

35. 시립무용단원 위촉의 법적 성질

—대법원 1995. 12. 22. 선고 95누4636 판결—

백　윤　기*

Ⅰ. 판결개요

1. 사실관계

원고(A)는 피고 Y시 산하 세종문화회관장으로부터 Y시 시립무용단원으로 위촉된 자이다. 피고 Y시는 시립무용단원의 결원이 있거나 새로 뽑을 경우 일반적으로 일간지 등에 모집공고를 내고 응시원서를 제출받아 실기 및 면접시험을 치른 후 합격한 사람에게 최종적인 합격통지를 하고 단원으로 위촉해 왔다. 원고(A)는 위촉된 이래 시립무용단 기획담당 단원으로서 기획 · 제작 · 대본 집필 등의 업무에 종사하여 왔고, 그 위촉기간 1년이 만료되면 같은 기간 단위로 재위촉을 받아 계속 같은 업무에 종사하여 왔다. 그런데 원고(A)가 시립무용단의 공연과 관련하여 단원에게 지급할 급량비를 횡령하였을 뿐만 아니라 이에 대한 경위서 제출을 요구받고도 불응하였다는 이유로, 세종문화회관장은 Y시립예술단체운영규칙을 적용하여 원고(A)를 해촉하였고, 원고(A)는 시립무용단원 위촉이 공법상의 채용계약임을 전제로 하여 이러한 해촉행위가 효력이 없다는 확인을 구하는 행정소송을 제기하였다.

2. 소송경과

고 Y시는 원고(A)의 소제기에 대하여 본안전 항변으로, 시립무용단원은 「지방공무원법」상의 공무원에 해당하지 않기 때문에 시립무용단원의 위촉은 공법상의 채용계약이 아니라 사법상의 고용계약에 불과하고 그 해촉 역시 사법상의 고용계약의 해지의 의사표시로 보아야 하므로 이 사건 해촉이 공법상의 채용계약의 해지의 의사표시임을 전제로 하는 이 사건 소는 부적법하여 각하되어야 한다고 주장하였다. 이에 대해 원심은 시립무

* 아주대학교 법학전문대학원 교수.

용단원의 위촉은 공법상의 근로관계의 설정을 목적으로 하여 체결된 공법상의 계약으로 보아야 할 것이며, 이와 같은 공법상의 계약의 해지에 관한 소송은 공법상 계약의 효력에 관한 것이므로 원고(A)는 그 권리주체인 피고를 상대로 하여 당사자소송을 제기할 수 있다고 판시하면서 본안에서 원고(A)의 청구를 인용하였다. 이에 대해 대법원에서는 원심의 판단을 정당하다고 인정하였다.

3. 판결요지

지방자치법 제9조 제2항 제5호 (라)목 및 (마)목 등의 규정에 의하면, Y시립무용단원의 공연 등 활동은 지방문화 및 예술을 진흥시키고자 하는 Y시의 공공적 업무수행의 일환으로 이루어진다고 해석될 뿐 아니라, 단원으로 위촉되기 위하여는 일정한 능력요건과 자격요건을 요하고, 계속적인 재위촉이 사실상 보장되며, 공무원연금법에 따른 연금을 지급받고, 단원의 복무규율이 정해져 있으며, 정년제가 인정되고, 일정한 해촉사유가 있는 경우에만 해촉되는 등 Y시립무용단원이 가지는 지위가 공무원과 유사한 것이라면, Y시립무용단 단원의 위촉은 공법상의 계약이라고 할 것이고, 따라서 그 단원의 해촉에 대하여는 공법상의 당사자소송으로 그 무효확인을 청구할 수 있다.

Ⅱ. 평 석

1. 쟁점정리

이 사건에서는 시립무용단원 위촉의 법적 성질이 문제되었다. 즉 시립무용단원 위촉의 법적 성질이 공법상의 계약에 해당하는지, 아니면 사법상의 계약에 해당하는지를 확정할 필요가 있다. 그래야만 위촉해지의 효력을 당사자소송의 형식으로 다투고 있는 이 사건 소가 적법한 것인지 결정되기 때문이다.

이 사건에서는 시립무용단원 위촉에 따른 복무관계의 법적 성질이 공법상 계약관계(공법상 근무관계)인지 사법상 계약관계(사법상 고용관계)인지를 가리기 위한 구별준거로서 단원으로서 수행하는 업무가 공무에 해당하는가와 단원의 지위에 공법적 성격이 있는지가 쟁점으로 되었다.

덧붙여 시립무용단원 위촉이 공무원의 임용과 같은 행정처분인지는 하급심에서는 검토되었으나 상고심의 쟁점은 아니었다.

2. 관련판례

(1) 대법원 1993. 9. 14. 선고 92누4611 판결

시경찰국 산하 대공전술연구소 연구위원이 시를 상대로 채용계약 해지의 효력을 당사자소송의 형식으로 다툰 것을 적법하다고 한 사례.

현행 실정법이 지방전문직공무원 채용계약 해지의 의사표시를 일반공무원에 대한 징계처분과는 달리 항고소송의 대상이 되는 처분 등의 성격을 가진 것으로 인정하지 아니하고, 지방전문직공무원규정 제7조 각호의 1에 해당하는 사유가 있을 때 지방자치단체가 채용계약관계의 한쪽 당사자로서 대등한 지위에서 행하는 의사표시로 취급하고 있는 것으로 이해되므로, 지방전문직공무원 채용계약 해지의 의사표시에 대하여는 대등한 당사자간의 소송형식인 공법상 당사자소송으로 그 의사표시의 무효확인을 청구할 수 있다.

(2) 대법원 1996. 5. 31. 선고 95누10617 판결

공중보건의사가 도지사를 상대로 전문직공무원 채용계약해지처분의 취소를 항고소송의 형식으로 구한 것을 부적법하다고 한 사례.

전문직공무원인 공중보건의사의 채용계약의 해지가 관할 도지사의 일방적인 의사표시에 의하여 그 신분을 박탈하는 불이익처분이라고 하여 곧바로 그 의사표시가 관할 도지사가 행정청으로서 공권력을 행사하여 행하는 행정처분이라고 단정할 수는 없고, 공무원 및 공중보건의사에 관한 현행 실정법이 공중보건의사의 근무관계에 관하여 구체적으로 어떻게 규정하고 있는가에 따라 그 의사표시가 항고소송의 대상이 되는 처분 등에 해당하는 것인지의 여부를 개별적으로 판단하여야 할 것인바, 농어촌등 보건의료를 위한 특별조치법 제2조, 제3조, 제5조, 제9조, 제26조와 같은 법 시행령 제3조, 제17조, 전문직공무원규정 제5조 제1항, 제7조 및 국가공무원법 제2조 제3항 제3호, 제4항 등 관계 법령의 규정내용에 미루어 보면 현행 실정법이 전문직공무원인 공중보건의사의 채용계약 해지의 의사표시는 일반공무원에 대한 징계처분과는 달라서 항고소송의 대상이 되는 처분 등의 성격을 가진 것으로 인정되지 아니하고, 일정한 사유가 있을 때에 관할 도지사가 채용계약 관계의 한쪽 당사자로서 대등한 지위에서 행하는 의사표시로 취급하고 있는 것으로 이해되므로, 공중보건의사 채용계약 해지의 의사표시에 대하여는 대등한 당사자간의 소송형식인 공법상의 당사자소송으로 그 의사표시의 무효확인을 청구할 수 있는 것이지, 이를 항고소송의 대상이 되는 행정처분이라는 전제하에서 그 취소를 구하는 항고소송을 제기할 수는 없다.

(3) 대법원 2001. 12. 11. 2001두7794 판결

시립합창단원이 시문화예술회관장을 상대로 합창단재위촉거부처분의 취소를 항고소

송의 형식으로 구한 것을 부적법하다고 한 사례.

시립합창단의 활동은 지방문화 및 예술을 진흥시키고자 하는 시의 공공적 업무수행의 일환으로 이루어진다고 해석될 뿐 아니라 그 단원으로 위촉되기 위하여는 공개전형을 거쳐야 하고, 지방공무원법 제31조의 규정에 해당하는 자는 단원의 직에서 해촉될 수 있는 등 단원은 일정한 능력요건과 자격요건을 갖추어야 하며, 상임단원은 일반공무원에 준하여 매일 상근하고 단원의 복무규율이 정하여져 있으며, 일정한 해촉사유가 있는 경우에만 해촉되고, 단원의 보수에 대하여 지방공무원의 보수에 관한 규정을 준용하는 점 등에서는 단원의 지위가 지방공무원과 유사한 면이 있으나, 한편 단원의 위촉기간이 정하여져 있고 재위촉이 보장되지 아니하며, 단원에 대하여는 지방공무원의 보수에 관한 규정을 준용하는 이외에는 지방공무원법 기타 관계 법령상의 지방공무원의 자격, 임용, 복무, 신분보장, 권익의 보장, 징계 기타 불이익처분에 대한 행정심판 등의 불복절차에 관한 규정이 준용되지도 아니하는 점 등을 종합하여 보면, 피고의 단원 위촉은 피고가 행정청으로서 공권력을 행사하여 행하는 행정처분이 아니라 공법상의 근무관계의 설정을 목적으로 하여 광주광역시와 단원이 되고자 하는 자 사이에 대등한 지위에서 의사가 합치되어 성립하는 공법상 근로계약에 해당한다고 보아야 할 것이므로, 시립합창단원으로서 위촉기간이 만료되는 원고들의 재위촉 신청에 대하여 피고가 실기와 근무성적에 대한 평정을 실시하여 재위촉을 하지 아니한 것을 항고소송의 대상이 되는 불합격처분이라고 할 수는 없다.

(4) 대법원 2002. 11. 26. 2002두5948 판결

국방일보의 발행책임자인 국방홍보원장이 대한민국을 상대로 채용계약 해지의 효력을 당사자소송의 형식으로 다툰 것을 적법하다고 한 사례.

계약직공무원에 관한 현행 법령의 규정에 비추어 볼 때, 계약직공무원 채용계약해지의 의사표시는 일반공무원에 대한 징계처분과는 달라서 항고소송의 대상이 되는 처분등의 성격을 가진 것으로 인정되지 아니하고, 일정한 사유가 있을 때에 국가 또는 지방자치단체가 채용계약 관계의 한쪽 당사자로서 대등한 지위에서 행하는 의사표시로 취급되는 것으로 이해되므로, 이를 징계해고 등에서와 같이 그 징계사유에 한하여 효력 유무를 판단하여야 하거나, 행정처분과 같이 행정절차법에 의하여 근거와 이유를 제시하여야 하는 것은 아니다.

3. 판결의 검토

(1) 행정상 법률관계에 따른 행위형식과 소송형태

행정주체가 당사자의 일방으로 되는 법률관계는 공권력주체로서 사인보다 우월한

지위에서 이루어지는 공법관계와 공행정수행의 주체로서 사인과 대등한 관계에서 이루어지는 공법관계 및 사인의 지위에서 이루어지는 사법관계로 나눌 수 있다. 통상 전자의 공법관계를 권력관계라 부르고 행정행위의 형식으로 행해지며 후자의 공법관계를 관리관계(비권력관계)로 칭하며 공법상의 계약의 형식으로 행해지고, 사법관계는 사법상의 계약의 형식으로 행해지는 것이 일반적이다.

행정청이 어떤 사안에 대한 행위형식을 결정하기 이전에 당해 행위를 행정행위의 형식으로 할 것인지 아니면 계약의 형식으로 할 것인지를 검토하여 결정할 것이지만, 계약의 형식을 취할 경우 그것이 공법상 계약인지 사법상 계약인지를 별도로 의식하지는 않을 것으로 보인다. 왜냐하면 외부적으로는 그 형식에 있어 차이가 없기 때문이다. 따라서, 일단 행정청이 계약의 형식으로 행위를 한 경우에는 사후에 그것이 공법상 계약인지 사법상 계약인지 가려야 하는 문제가 발생할 수 있다.

또한, 행정실무상 특히 공법상 근무관계 등과 같은 경우에는 공법상 계약관계를 설정함에 있어서도 명확하게 계약 형태를 취하지 아니할 수도 있기 때문에 외부 행위태양만으로 행정행위인지 공법상 계약관계인지를 최종적으로 판단할 수는 없고 법률관계의 내용을 따져보아야 할 것이다.

이러한 법률관계의 성질 여하에 따라 분쟁을 해결하는 소송형태가 원칙적으로 공정력 있는 행정행위에 대하여는 항고소송, 공법상 계약관계에 대하여는 당사자소송, 사법상 계약관계에 대해서는 민사소송으로 각각 달라지게 된다.

(2) 행정주체가 당사자가 되는 근로관계의 종류 및 법적 성질

널리 국가, 지방자치단체, 공공기관 등에 채용 내지 고용되어 대가를 받고 일정한 용역을 수행하는 근무관계 내지 근로관계로는 일반직공무원이 대표적인 예이고 계약직 공무원 등 기간제 종사자들이 있을 수 있고 또한 공공근로 형태의 일용직도 있을 수 있다.

그 근무형태 내지 근로형태에 따라 공법관계와 사법관계로 나눌 수 있음은 물론 공법관계 중에서도 신분보장의 강도 내지 처우의 내용에 따라 권력관계 또는 비권력관계로 구분해 볼 수 있을 것이다.

국가공무원법 제2조 및 지방공무원법 제2조에 의하면 공무원을 경력직과 특수경력직으로 나누고 다시 전자에는 일반직, 특정직, 기능직으로 후자에는 정무직, 별정직, 계약직, 고용직으로 나누고 있으며, 계약직공무원은 국가(지방자치단체)와의 채용 계약에 따라 전문지식 · 기술이 요구되거나 임용에 신축성 등이 요구되는 업무에 일정 기간 종사하는 공무원을 뜻하는 것이라고 정의하고 있다.

대부분의 공무원은 권력관계의 범주에 속하고 국가 또는 지방자치단체의 기관장에 의하여 일방적으로 임명된다고 하겠으나(판례는 일반공무원의 임명행위를 “임용처분”이라

하여 행정처분으로 파악한다. 대법원 1987. 4. 14. 선고 86누459 판결 등), 계약직 공무원은 계약에 의하여 채용되고 채용기간에도 제한이 있다는 점에서 권력관계의 영역에는 속하지 아니하는 것으로 볼 것이다.

그밖에도 국가 또는 지방자치단체나 공공기관에 의해 채용되더라도 공무원의 신분을 취득하지 아니하는 경우도 있을 수 있으며(「지방공기업법」이 적용되는 서울지하철공사직원의 근무관계는 사법관계에 속한다. 대법원 1989. 9. 12. 선고 89누2103 판결), 단순히 일시적인 근로를 위한 계약체결 대상이 될 수도 있을 것이다.

(3) 행정주체가 당사자가 되는 근로관계의 법적 성질 구분 기준

(가) 쌍방적 행정행위와 공법상 계약의 구별

행정행위와 공법상 계약은 모두 공법영역에서 외부적 효과를 지닌 행정청의 행정작용이라는 점에서 공통점을 가지고 있다(송동주, 276면). 그러나 그 성립방법에서는, 행정행위는 행정청의 구속력 있는 일방적 의사표시에 의하여 성립하는데 반하여 공법상 계약이 양 당사자의 의사표시의 합치에 의해 성립되는 점에서 근본적 차이가 있다. 한편 이러한 행정행위와 공법상 계약의 구별은 상대방의 협력을 요하는 쌍방적 행정행위와의 관계에서 더 문제가 되는데, '상대방의 협력을 요하는 행정행위'도 '동의'나 '신청'이라는 상대방의 의사표시를 그 요소로 하고 있어 공법상 계약과 유사한 모습을 하고 있기 때문이다. 그러나 상대방의 협력을 요하는 행정행위에서의 '동의'나 '신청'은 상대방이 원하지 않는 행정행위를 방지하려는 목적을 가진 행정행위의 효력발생요건에 불과하고 행정행위의 성립과 내용에 영향을 끼치지 못한다는 점에서 공법상 계약과 구별되어야 한다. 예컨대, 공무원 임용행위는 임용주체의 의사와 공무원이 되고자 하는 자의 의사가치가 반드시 대등하다고 보기 어려운 점, 한편으로 공무원이 되고자 하는 자의 의사는 필수적인 것으로 도외시되기 어렵다는 점에서 협력을 요하는 행정행위라고 볼 수 있다(홍정선, 973면).

(나) 공법상 계약과 사법상 계약의 구별

공법상 계약은 당사자 사이의 의사의 합치라는 점에서는 사법상의 계약과 동일하지만 그 대상이 공법상의 법률관계의 설정, 변경 또는 소멸에 밀접하게 연관되어 있는 것으로 "공법적 효과"의 발생을 목적으로 하며 이러한 점에서 사법적 효과의 발생을 목적으로 하는 사법상 계약과 다르다.

특정 계약관계가 공법관계인가 사법관계인가를 구별하기 위해서는 우선 적용될 관련법규정이 공법인가 사법인가에 따라 결정하여야 할 것이다.

그렇지만 당해 법규가 공법인지 사법인지 자체가 불명확할 수도 있고, 일부 공법적 사항이 적용된다 하여 반드시 공법관계로 되는 것으로 볼 수도 없기 때문에(행정상 강제

징수가 적용된다 하여 공법관계로 되는 것은 아니다. 대법원 1993. 12. 7. 선고 91누11612 판결) 결국 당해 법률관계의 성질을 기준으로 구별하여야 할 것이고 이 경우 공법과 사법의 구별에 관한 학설이 그대로 타당하다고 할 수 있다.

공사법구별에 관한 학설로는 종래 국가 등 행정주체가 일방당사자일 때에는 공법이고 사인간의 관계를 규율할 때에는 사법이라는 주체설, 공익을 실현하는 것이 공법이고 사익을 실현하는 것이 사법이라는 이익설, 불평등한 지배종속관계를 규율하는 것은 공법이고 대등관계를 규율하는 것은 사법이라는 종속설(권력설), 오로지 공권력주체와 그 기관에만 권리의무를 귀속시킬 수 있는 법이 공법이고 모든 시민이 권리의무의 귀속주체가 될 수 있는 법이 사법이라는 귀속설(신주체설) 등이 제기되었으나 근래 대부분의 학자들은 위 학설들을 모두 종합 고려하여 구체적인 적용영역별로 결정하여야 한다고 보고 있다.

(4) 시립무용단원 위촉의 법적 성질

㈎ 행정행위인지 여부

상고심에서는 상고이유로 삼지 않았기 때문에 다투어지지 않았으나, 원심에서는 시립합창단원은 외형상으로는 피고의 위임을 받은 세종문화회관장이 위촉하므로 세종문화회관장의 일방적인 처분으로 보이지만 단원이 되고자 하는 사람이 응시원서를 내고 소정의 전형을 치러 합격한 경우에 단원으로 위촉한 것으로 그 실질은 단원이 되고자 하는 사람과 세종문화회관장 사이에 의사가 합치되어 성립되는 일종의 채용계약이라고 하면서 단원 위촉이 행정행위가 아님을 판시한 바 있다.

시립합창단원은 공무원이 아니어서 신분상 완전한 상하관계에 있는 것은 아니라는 점에서 계약직공무원(종전의 전문직공무원)과 유사하므로 대등한 관계에서 채용되었다고 보아야 할 것이므로 그 위촉이나 해촉을 행정행위로 볼 수 없다고 하였음은 타당하고 대상 판결 이전에 선고된 대법원 1993. 9. 14. 선고 92누4611 판결의 취지와도 부합된다고 볼 것이다.

㈏ 공법상 계약인가 사법상 계약인가

원심은 Y시립무용단원의 공연 등 활동이 개인적 차원에서의 예술적 성취나 영리를 목적으로 하는 것이 아니고 지방문화 및 예술을 진흥시키고자 하는 지방자치단체인 Y시의 공공적 업무수행의 일환으로 이루어진다는 점에서 시립무용단의 구성, 운영은 「지방자치법」 제9조 제2항 제5호 (라)목의 '지방문화 예술의 진흥' 혹은 (마)목의 '지방문화 예술단체의 육성'에 해당하고 Y시립무용단원이 수행하는 공연 및 이에 부수되는 보조활동은 지방자치단체의 공무에 해당된다고 판단하였고 대법원도 같은 취지로 판시하였다.

또한 대법원은 시립무용단원으로 위촉되기 위하여는 일정한 능력요건과 자격요건을 요하고(공무원 임용결격사유가 있는 경우에는 해촉할 수 있다), 계속적인 재위촉이 사실상 보장되며(위촉기간은 1년 단위), 공무원연금법에 따른 연금을 지급받고(공무원연금법 제3조 제1항 제1호, 동법시행령 제2조 제4호), 단원의 복무규율이 정해져 있으며(복무선서의무, 복종의무, 품위유지의무, 겸직금지의무 등), 정년제가 인정되고(무용단원의 정년은 50세, 기획담당 및 지도단원의 정년은 60세), 일정한 해촉사유(병역징집자, 업무상 지시 또는 법령규칙을 위반한 자, 관장승인 없이 외부공연에 출연한 자, 품위손상자, 단체활동방해자, 배역출연거부자 등)가 있는 경우에만 해촉되는 등 그 지위가 공무원과 유사하다고 판시하였다.

결론적으로 대법원은 위와 같이 Y시립무용단원이 공공적 업무를 수행하고 그 지위가 공무원과 유사하다 하여, Y시립무용단원의 위촉을 공법상 계약에 해당한다고 보았다.

대법원은 시립무용단원 근무관계가 공법상 계약관계인지 사법상 계약관계인지를 가림에 있어 그 계약체결의 목적이나 효과가 공법적인 것인가를 염두에 두고 시립무용단의 설치 목적과 활동 내용, 시립무용단원 채용계약관계의 규율하는 시립예술단체운영규칙의 내용을 중심으로 단원의 업무 및 지위의 공공성을 검토 · 분석하여 공법관계 판별의 기준으로 삼고 있다.

대법원의 이러한 판단방법은 종래 학계에서 주장해온 공사법 구별기준에 관한 종합고려설과도 별반 다른 입장이 아니라고 할 수 있다. 즉 시립무용단의 활동이 지방문화예술의 진흥에 해당한다는 점은 이익설을, 복무규율, 자격요건, 해촉사유 등은 종속설이나 귀속설을 반영한 것으로도 볼 수 있다.

4. 판결의 의미와 전망

대상 판결은 다양한 공법상 근무관계에 있어서 법률관계의 성질을 결정하는 준거를 제시하였을 뿐 아니라 특히 항고소송의 대상이 되는 행정처분인지 여부가 문제된 다른 판례들과는 달리 시립무용단원 근무관계의 근거가 공법상 계약인지 사법상 계약인지를 주된 쟁점으로 삼으면서, 공사법관계 구별기준에 관하여 종래 제기된 주체설, 이익설, 종속설, 귀속설 등을 모두 고려하여 구체적 사항에서 법률관계의 성질을 판단해야 한다는 학설의 주류적 입장을 그대로 확인하고 있다는 점에 의의가 있다고 하겠다.

최근, 전문지식이나 기술 등을 가진 자들을 공무원이나 공무원에 준하는 신분을 가진 자로 채용 내지 고용함에 있어서 계약 형식이 활발하게 활용되고 있다. 이처럼 공무원 고용계약 등이 활성화되고 있는 이유는 근무상황과 업무수행실적을 평가하여 계약의 변경 · 연장 또는 해지 시 이를 반영함으로써 행정의 효율성을 높임과 동시에, 탄력적인 인사관리를 통해 재정적 효율성을 높일 수 있을 것으로 기대되기 때문이다(김대인, 376면). 이러한 경향은 행정의 효율성제고라는 점에서는 긍정적일 수 있으나, 이로 인해 공무원 신분의 불안정, 그에 따른 엽관제의 폐단, 정당이나 단체의 후견, 지도력 상실에 따른 행정의 불안정화 등 부정적 측면이 나타날 가능성도 적지 않다.

이러한 폐단을 방지하기 위해서는 사안에서와 같은 시립무용단원 등을 포함한 전문계약직 종사자들의 고용계약 등에서 "공법상 계약"의 성질이 강조될 필요가 있다. 왜냐하면 이들이 담당하는 업무는 공공성을 유지하면서도 경쟁원리에 따라 운영하는 것이 바람직한(책임운영기관의 설치 · 운영에 관한 법률 제2조 제1호 참조) 국가사무인 경우가 많기 때문이다. 따라서 이러한 계약을 공법상의 계약으로 보고, 채용계약의 해지 등에 있어서 보다 엄격한 통제, 즉 채용계약의 해지 등의 사유에 해당하는지의 여부를 판단함에 있어 재량권의 일탈, 남용이 없는지에 대해 법원의 통제가 가능하도록 할 필요가 있는 것이다.

이러한 점에서 대상 판결이 공무원이 아닌 시립무용단원에 대한 위촉의 법적 성질을 공법상 계약에 해당한다고 확인해 줌으로써 전문계약직 공무원의 고용계약과 마찬가지로 공법상 당사자소송을 통해 다툴 수 있게 한 데 큰 의의가 있다고 할 것이다. 이러한 판결 취지는 그 이후에 선고된 시립합창단원의 위촉행위에 대한 판단에서도 동일하게 나타나고 있어 공법상 계약의 대상이 되는 고용계약의 한 형태로 유형화 되었다고도 볼 수 있으며 향후 계속적인 판례의 축적이 기대된다.

〈참고문헌〉

김대인, "행정계약법의 이해", 경인문화사, 2007.

박균성, "행정사건과 민사사건의 구분과 관계에 관한 연구" 경희법학 제34권 제1호, 경희대학교, 1999. 12.

백윤기, "전문직공무원 채용해지에 대한 쟁송", 재판의 한 길: 김용준 헌법재판소장 화갑기념논문집, 박영사, 1998. 11.

송동주, "행정계약의 현대적 재조명", 토지공법연구 제10집, 한국토지공법학회, 2000. 8.

홍정선, 행정법특강 제8판, 박영사, 2009.

36. 행정지도와 부당한 공동행위합의 추정의 번복

— 대법원 2005. 1. 28. 선고 2002두12052 판결 —

유 진 식*

Ⅰ. 판례개요

1. 사실관계

원고(A 등)는 10개의 보험회사들로서 자동차보험료의 가격결정과 관련하여, ① 2000. 4. 1.부터 시행되는 자동차보험료(기본보험료)를 종전수준으로 유지하고, ② 5개 자동차보험종목{개인용(플러스 포함) · 업무용(플러스 포함) · 영업용 · 이륜 · 운전자보험}의 2000. 8. 1.자 시행분에 관해서는 평균 3.8% 인상하며, ③ 1999. 9. 15.부터 1999. 10. 25. 사이에 1999. 11. 1.부터 책임이 개시되는 자동차보험 계약분에 대하여 특별할증률을 4그룹으로 나누어 종전보다 10%씩 동일하게 인상하기로 하고 이를 금융감독원에 신고하고 위의 내용대로 실행하였다.

이에 대하여 공정거래위원회는 위의 각 행위가 독점규제 및 공정거래에 관한 법률(이하 '법'이라 한다) 제19조 제5항, 제1항 제1호 소정의 부당한 공동행위에 해당한다고 보고, 2006. 6. 18. 원고들에게 법제21조, 제22조의 규정을 적용하여 원고에게 시정명령, 법위반사실 공표명령 및 과징금납부명령을 하였다(그 후 과징금의 조정 등으로 처분의 내용에 변경이 있었으나 본 주제의 논의에 직접 영향을 미치지 않으므로 이 점에 대해서는 생략한다).

이에 대하여 원고는 이 사건 각 행위는, 「금융감독원이 2000. 8. 1. 보험료조정이 예정되어 있고, 보험료의 잦은 조정으로 보험계약자의 혼란이 초래될 우려가 있으므로 보험료율을 종전 예정손해율 수준으로 책정하라는 행정지도를 함에 따라 원고들은 종전과 동일하게 보험료를 결정하여 신고한 것이고, 이 사건 2000. 8. 1.자 보험료결정과 관련하여서는, 금융감독원이 순보험료율 인상률을 3.8%만 인상하도록 행정지도함에 따라 원고들은 순보험료와 연관되어 책정되어지는 부가보험료의 인상률 역시 같은 수준으로 인상

---

* 전북대학교 법학전문대학원 부교수.

하게 된 것으로 비록 위 2000. 4. 1.자 및 2000. 8. 1.자 각 보험료결정행위가 외형상 동일한 보험료로 유지, 변경한 결과가 초래되었다 하더라도 이는 위와 같은 금융감독원의 적법한 행정지도에 따른 것으로 위법성이 조각되거나 정당한 사유가 있어 부당한 공동행위로 볼 수」 없으며 설령 부당한 공동행위에 해당된다고 하더라도 이 사건 처분은 재량권을 일탈 · 남용하는 등으로 위법하다고 주장하였다.

2. 소송경과

원심(서울고등법원 2002. 10. 17. 선고 2001누10716 판결)은 「국내자동차보험시장에서 절대적인 시장점유율을 점유하고 있는 원고들이 2000. 4. 1.자 및 2000. 8. 1.자로 자동차보험료를 동일하게 인상 또는 유지한 행위」는 「법 제19조 제5항에서 규정하고 있는 '2이상의 사업자가 일정한 거래분야에서 법 제19조 제1항 제1호 소정의 가격을 결정, 유지하는 행위를 하고 있는 경우'에 해당」할 뿐만 아니라 「국내자동차보험시장의 가격결정에 영향을 미치거나 미칠 우려가 있는 상태를 초래하는 이상 경쟁을 실질적으로 제한하는 행위」로써 법 제19조 제5항의 규정에 의하여 같은 조 제1항 제1호의 '부당한 공동행위'로 추정된다고 판시하였다.

그러나 「원고들의 이 사건 2000. 4. 1. 및 2000. 8. 1. 보험료 결정행위는 원고들이 보험료 변경 인가권자인 금융감독원의 위와 같은 행정지도에 따라 순보험료 및 예정사업비율이 결정되어지고 그에 따라 이루어지는 보험료산정방식에 의하여 산정된 기본보험료를 결정하여 신고하다보니 위 2000. 4. 1.자 및 2000. 8. 1.자 기본보험료가 동일하게 유지 또는 인상된 것으로 판단되고, 여기에 국내 자동차보험시장의 특성과 현황, 자동차보험료의 결정구조, 당시 자동차보험료가 국내 경제에 미치는 영향, 당시의 경제정책적 배경 등을 종합적으로 고려해 볼 때, 보험료 인상률이 동일하게 유지 또는 변경되었다는 사정만으로 원고들 사이에 보험료의 유지 · 변경에 관한 공동합의가 있었다고 추정하기에는 거래통념상 합리성이 없다고 판단되므로 결국, 이 사건 보험료의 유지 · 변경에 관한 원고들의 합의추정은 복멸된다」고 판단하여 원고들의 주장을 받아들였다.

결국, 「원고들에 대한 이 사건처분중 위 2000. 4. 1.자 및 2000. 8. 1.자 보험료결정행위가 부당한 공동행위임을 전제로 한 시정명령부분 및 그 부분에 해당하는 공표명령 부분, 그리고 역시 위 2000. 8. 1.자 보험료결정행위가 부당한 것임을 전제로 이루어진 과징금납부명령(2000. 8. 22.자 과징금 증액처분 포함)은 모두 위법하다」고 판시하였다.

3. 판결요지

(1) 2000. 4. 1.자 보험료결정행위에 대하여

(가) 법 제19조 제5항에 따라 공동행위의 합의추정을 받는 사업자들로서는 외부적으로 드러난 동일 또는 유사한 행위가 실제로는 아무런 합의 없이 각자의 경영판단에 따라 독자적으로 이루어졌음에도 마침 우연한 일치를 보게 되는 등 공동행위의 합의가 없었다는 사실을 입증하거나, 또는 외부적으로 드러난 동일 또는 유사한 행위가 합의에 따른 공동행위가 아니라는 점을 수긍할 수 있는 정황을 입증하여 그 추정을 복멸시킬 수 있다 할 것이다(대법원 2003. 12. 12. 선고 2001두5552 판결 등 참조).

그리고 구 보험업법(2003. 5. 29. 법률 제6891호로 전문 개정되기 전의 것) 제7조에 의하면 보험사업자가 보험료산출방법서를 변경하기 위하여는 금융감독위원회로부터 인가를 받아야 하고 금융감독위원회가 위 변경을 인가함에 있어서 필요하다고 인정할 때에 금융감독원의 심사를 거치도록 할 수 있다고 규정하고 있어 금융감독원장에게 위 변경에 관한 인가권이 있는 것은 아니지만, 같은 법 제22조 및 금융감독원의 손해보험상품관리규정(1999. 3. 12. 개정된 것) 제2조, 제6조, 제7조와 보험상품관리규정(2000. 2. 25. 개정된 것) 제2조, 제6조, 제12조는 보험사업자가 금융감독원장에게 위 변경을 신고한 후 소정의 기간 내에 수리가 거부되지 아니하면 인가가 의제되는 것으로 규정하고 있으므로, 비록 법 제63조 제1항이 정한 피고와의 협의가 없었다고 하더라도 보험사업자의 위 신고에 대한 심사과정에서 금융감독원장이 행정지도를 통하여 사실상 보험료결정에 관여하였고 그 결과 보험료가 동일하게 유지되었다면, 위와 같은 사정은 공동행위의 합의추정을 복멸시킬 수 있는 정황으로서 참작될 수 있다고 할 것이다.

(나) 원심이 적법하게 확정한 사실관계에 의하면, 원심이 판시한 행위는 법 제19조 제1항 제1호가 규정한 가격유지행위로서 법 제19조 제5항에서 규정한 공동행위의 합의가 있었던 것으로 추정되지만, 한편 원심이 적법하게 인정한 바와 같이 금융감독원장이 자동차손해배상보장법시행령의 개정에 따라 2000. 8. 1.자로 책임보험요율 조정이 예정되어 있는 점과 보험료의 잦은 조정으로 보험계약자의 혼란이 초래될 수 있다는 점 등을 이유로 2000. 8. 1.까지 부가보험료 자유화조치를 유예하고 순보험료도 종전 보험료에 대한 예정손해율(73%) 수준으로 유지하기로 방침을 정하여, 보험개발원으로 하여금 위 예정손해율에 해당하는 만큼의 순보험료만을 분리하도록 하였고 원고들에게는 보험개발원이 제시하는 참조순보험료율에 따른 순보험료와 종전 예정사업비율에 따른 부가보험료를 책정하여 이를 합산한 금액을 기본보험료로 신고하도록 행정지도한 사실을 알 수 있으며, 달리 위 행정지도에 앞서 원고들 사이에 기본보험료에 대한 별도의 합의를 하였다

거나 또는 위 행정지도를 기화로 기본보험료를 동일하게 유지하기로 하는 별도의 합의를 하였다고 볼 자료도 없으므로, 원고들의 판시 행위는 원고들 사이의 의사연락에 의한 것이 아니라고 할 것이니 공동행위의 합의가 있었다는 추정은 복멸되었다고 할 것이다.

원심이 금융감독원에 보험료산출방법서 변경에 관한 인가권이 있다고 판시한 것은 잘못이나 금융감독원장이 행정지도를 통하여 사실상 보험료변경에 관여하였고 공동행위의 합의가 있었다는 추정이 복멸되었다고 한 증거의 취사선택과 사실인정 및 판단은 옳고, 거기에 상고이유로 주장하는 바와 같은 채증법칙 위배 및 이유불비, 법률상 추정규정의 성격과 그 추정의 복멸에 관한 법리오해, 보험료산출방법서 등 변경의 인가권과 행정지도의 적법성에 관한 법리오해 등의 위법이 있다고 할 수 없다.

(2) 2000. 8. 1.자 보험료결정행위에 대하여

기록에 의하면, 원고들은 앞서 본 5개 자동차보험종목의 2000. 8. 1.자 시행분 자동차보험료(기본보험료)를 평균 3.8% 수준(원고들별로 평균 3.2 내지 4.3%)으로 인상하기로 결정하여 이를 금융감독원장에게 신고 · 실행하였고, 피고는 원고들의 판시 행위에 대하여 각 자동차업무부장에 대한 진술조서(을 제2호증의 1 내지 16)와 쌍용화재해상보험 주식회사 직원 이창용 등이 작성한 자동차업무부장회의 결과보고 등(을 3호증의 1 내지 4)에 기하여 원고들 사이에 가격인상의 합의가 있었다고 보고 법 제19조 제1항을 처분의 근거조항으로 하여 시정명령 및 과징금납부명령 등에 이르렀음을 알 수 있다.

그런데 피고가 합의의 증거로 내세운 위 증거들은 원고들이 금융감독원장으로부터 물가 및 소비자보호 등을 이유로 부가보험료산정과 관련하여 예정사업비율을 초과하는 사업비를 감축하라는 행정지도를 받고 이를 이행하는 과정에서 실무자인 자동차업무부장들 사이에 세부적인 사항에 관한 의견을 교환한 사실을 뒷받침할 뿐 위 행정지도에 앞서 원고들 사이에 위 인상률에 대한 별도의 합의를 하였다거나 또는 위 행정지도를 기화로 위 인상률을 동일하게 하기로 하는 별도의 합의를 하였음을 입증하기에는 부족한 반면, 기록에 의하면 금융감독원장은 당초 보험개발원이 원고들의 손해율 등 통계자료에 기하여 인상요인 5.4%를 반영한 참조순보험료율을 작성하였음에도 불구하고, 물가 및 소비자보호 등을 이유로 이를 평균 3.8%로 억제하도록 하였고 원고들에게도 앞서 본 바와 같은 행정지도를 하여, 원고들은 보험개발원이 재작성한 평균 3.8% 인상된 참조순보험요율에 회사별 수정계수를 곱하여 순보험료를 산출하였고 부가보험료는 각 회사의 가입자특성, 판매비, 보험모집원 수당 등을 반영한 실적사업비율을 적용하지 아니한 채 부가보험료자유화 이전의 예정사업비율에 따른 LCM계수를 적용하여 기본보험료를 평균 3.8% 수준으로 인상하게 된 것임을 알 수 있으므로, 결국 원고들의 판시 행위는 공동행위에 대한 합의의 입증이 부족하여 법 제19조 제1항이 정한 부당한 공동행위에 해당한다고 볼 수 없다.

Ⅱ. 평 석

1. 쟁점정리

대법원은 원고들의 2000. 4. 1.자 보험료결정행위는, 2000. 8. 1.자 보험료결정행위와는 달리, 법 제19조 제1항 제1호가 규정한 가격유지행위로서 법 제19조 제5항에서 규정한 공동행위의 합의가 있었던 것으로 추정되지만 금융감독원의 행정지도에 의해 이들의 공동행위의 합의가 있었다는 추정은 복멸된다고 판시하였다. 여기에서의 쟁점은 행정지도에 의하여 공동행위의 합의의 추정이 복멸되는가 하는 점이다.

2. 관련판례

대법원 2003. 2. 28. 선고 2001두946 · 1239 판결 및 대법원 2003. 3. 14. 선고 2001두939 판결에서 대법원은 맥주 3사의 법 제19조 제1항 제1호의 공동행위에 관한 사건판결에서 3사의 공동행위는 추정되지만, "① 맥주회사가 맥주가격을 인상하는 경우 재정경제원이나 국세청과 사전협의를 하거나 사전승인을 받도록 하는 법령상의 명문의 규정은 없으나, 재정경제원은 물가지수에 미치는 영향이 크다는 이유로, 국세청은 주세법 제38조, 주세사무처리규정 제70조 등에 따른 국세청장의 가격에 관한 명령권 등에 의하여 각 행정지도를 함으로써 사실상 맥주가격의 인상에 관여하여 왔는데, 재정경제원과 국세청은 맥주 3사의 가격인상 요구에 훨씬 미치지 못하는 인상률만을 허용함으로써 맥주 3사는 허용된 인상률 전부를 가격인상에 반영할 수밖에 없게 되어 맥주 3사의 맥주가격인상률이 동일해질 수밖에 없는 점, ② 국세청은 가격 선도업체와 협의된 종류별, 용량별 구체적인 가격인상 내역을 다른 맥주 제조업체에게 제공하고, 다른 업체가 이를 모방한 인상안을 제시하면 그대로 승인하여 왔고, 그 인상시점 또한 국세청의 지도에 따라 결정되는데, 이 사건 가격인상도 마찬가지 방식으로 이루어진 점, ③ 이 사건 가격인상과 관련하여 국세청과 협의를 앞두고, 맥주 3사 간에 인상률에 대한 별도의 합의를 한 후 국세청과 협의에 임하였다거나, 또는 국세청과의 인상률에 대한 협의를 기화로 그 행정지도에 따른 인상률을 동일하게 유지하기로 하는 별도의 합의를 한 것으로는 인정되지 않는 점 등을 종합하여 볼 때, 맥주 3사의 이 사건 가격인상은 결과적으로 맥주 3사의 가격인상률이 동일하게 되었다고 하더라도 맥주 3사 간의 의사의 연락에 의한 것이 아니므로 맥주 3사 사이에 부당한 공동행위의 합의가 있었다는 추정은 복멸된다"고 판단한 원심판결을 지지하여 공정거래위원회의 상고를 기각하였다.

3. 판례의 검토

(1) 행정지도와 법적 함의(含意)

행정지도란「행정기관이 그 소관사무의 범위 안에서 일정한 행정목적을 실현하기 위하여 특정인에게 일정한 행위를 하거나 하지 아니하도록 지도 · 권고 · 조언 등을 하는 행정작용」(행정절차법 제2조 제3호)이다. 이러한 행정지도는 비권력적인 사실행위로서 법적으로 상대방에 대하여 법적인 구속력을 갖지 않는 것이 보통이다. 즉, 상대방이 행정청의 행정지도를 받아들이지 않는 한 어떠한 법적 효과도 발생하지 않기 때문에 법적으로는「무(無)」라고 할 수 있다.

그러나 행정지도는 어떠한 행정과정에서, 어떠한 컨텍스트 속에서 행해지느냐에 따라서 법적으로 접점을 갖는 경우가 있으며 본 사례의 경우도 전형적인 예에 속한다고 할 수 있다. 이러한 까닭에 행정절차법에서 행정지도절차를 법적으로 규율하고 있는 것이다. 따라서 행정지도에 대한 법적 논의는 일률적으로 논할 수 없고 어떠한 컨텍스트 속에서 어떠한 법적인 접점을 이루고 있는가에 대하여 행해져야 한다.

본건의 경우에는 금융감독원의 행정지도에 의해서 사업자의 공동행위의 합의의 추정이 복멸되는가 하는 점이다.

(2) 행정지도와 공동행위 합의추정의 복멸

이 사건 대법원 판결은 금융감독원의 행정지도에 의해서 원고들의 공동행위의 합의 추정이 복멸된다고 판시하고 있다. 그러나 대법원 판결이 간과하고 있는 것은 금융감독원의 행정지도가 독점금지법상 허용될 수 있는 것인가에 대한 판단이다. 왜냐하면 위법한 행정지도는 독점금지법을 제정하여 운용하는 취지를 무의미하게 하기 때문이다. 따라서 이 점에 대한 구체적인 판단을 하지 않고 단지 행정기관의 행정지도가 있었다는 사실만으로 공동행위 합의의 추정을 복멸을 인정하는 것은 본말이 전도되었다고 말하지 않을 수 없다.

이 사건과 관련하여 위의 행정지도의 허용성 여부는 다음과 같은 두 가지 점에서 살펴보아야 한다. 즉, 행정지도가 관련법에 비추어 볼 때 허용되는가 하는 점(형식적 요건)과 만약 허용될 경우 그 한계는 어디까지인가(실질적 요건) 하는 점이 그것이다. 이하 항(項)을 바꾸어 살펴보기로 하자.

㈎ 형식적 요건

행정지도는 비권력적 사실행위이기 때문에 이른바 침해유보설을 취하더라도 소관사무의 범위 안에서는 법률의 근거 없이 행해질 수 있다(행정절차법 제2조 제3호 참조). 그러나 문제는 일반적인 행정지도가 아니라 담합을 유도하기 쉬운 경제행정에서의 행정지도는 '담합의 대용물'로 악용될 염려가 있으며 또 독점금지법을 경제운영의 기본법으로 하는 현행 경제법체계와 원래 맞지 않는 성격을 띠고 있기 때문에 이러한 종류의 행정지도를 위법시하는 학설도 많다. 따라서 경제행정에 있어서 행정지도는 일반적인 행정지도와는 달리 관련법에서 행정지도를 허용하고 있는가에 대하여 엄격하게 해석하여야 한다.

본 사건에서 대법원은 위와 같은 인식을 함이 없이 앞에서 간단히 소개한 것처럼 구 보험업법(2003. 5. 29. 법률 제6891호로 전문 개정되기 전의 것) 제7조, 제22조 및 금융감독원의 손해보험상품관리규정(1999. 3. 12. 개정된 것) 제2조, 제6조, 제7조와 보험상품관리규정(2000. 2. 25. 개정된 것) 제2조, 제6조, 제12조를 언급하고 보험사업자의 위 신고에 대한 심사과정에서 금융감독원장이 행정지도를 통하여 사실상 보험료결정에 관여하였고 그 결과 보험료가 동일하게 유지되었다면, 위와 같은 사정은 공동행위의 합의추정을 복멸시킬 수 있는 정황으로서 참작될 수 있다고 판시하고 있다.

그러나 과연 대법원의 위와 같은 논지는 타당하다고 할 수 있는가? 구보험업법 제7조에 따르면 보험사업자가 보험료산출방법서를 변경하기 위하여는 금융감독위원회로부터 인가를 받아야 하고 금융감독위원회가 위 변경을 인가함에 있어서 필요하다고 인정할 때에 금융감독원의 심사를 거치도록 할 수 있다고 규정하고 있다. 그리고 동법 제17조는 다음과 같이 규정하고 있다.

> 제17조(상호협정) ① 보험사업자는 그 사업에 관한 공동행위를 하기 위하여 상호협정을 하고자 할 때에는 재정경제부령이 정하는 바에 의하여 금융감독위원회의 인가를 받아야 한다. 이를 변경 또는 폐지하고자 할 때에도 또한 같다.
> ② 금융감독위원회는 공익 또는 보험사업의 건전한 발전을 위하여 특히 필요하다고 인정하는 때에는 보험사업자에 대하여 제1항의 협정의 변경 · 폐지 또는 새로운 협정의 체결을 명하거나 보험사업자에 대하여 그 협정의 전부 또는 일부에 따를 것을 명할 수 있다.
> ③ 금융감독위원회는 제1항 또는 제2항의 규정에 의하여 상호협정의 체결 또는 변경의 인가를 하거나 명령을 하고자 할 때에는 미리 공정거래위원회와 협의하여야 한다.

위의 규정에서 알 수 있듯이 보험사업자가 공동행위를 하는 경우 상호협정의 형식으로 금융감독위원회의 인가를 받도록 되어 있고 또 이 경우에는 공정거래위원회와 협의를 하도록 되어 있다(협정의 변경 · 폐지 또는 새로운 협정을 체결하는 경우에도 마찬가지). 이것은 달리 말하면 보험사업자가 공동행위를 하기 위해서는 법률에 규정된 엄격한 절차에 따라서 행해져야 한다는 의미라고 할 수 있을 것이다. 즉, 바꾸어 말하면 위의 규정을 우회하기 위한 행정지도는 탈법적인 것으로서 허용되지 않는다고 해야 할 것이다.

(나) 실질적 요건

앞서 살펴본 것처럼 보험사업자의 공동행위는 상호협정의 형식으로 공정거래위원회와의 협의를 거쳐 금융감독위원회의 인가를 얻어 행하도록 규정하고 있기 때문에 극히 예외적인 경우를 제외하고는 행정지도의 형식에 의한 공동행위는 위법하다고 할 것이다. 여기서 극히 예외적인 경우가 무엇을 의미하는 가에 대해서는 각 사례별로 구체적인 검토가 필요하겠지만 일반적으로 긴급피난적인 경우가 이에 해당하며 그 밖의 경우는 원칙적으로 허용되지 않는다고 하여야 할 것이다.

(3) 대상판례의 검토

행정지도가 행해진 결과 독점금지법상 금지되고 있는 부당한 공동행위의 합의의 추정이 복멸되는가에 대한 판단을 함에 있어서 중요한 논점은 당해 행정지도가 독점금지법상 허용되는가의 여부이다. 당해 행정지도가 독점금지법상 허용되기 위해서는 형식적인 요건과 실질적인 요건을 충족시켜야 하는데, 본건에서 대법원은 위와 같은 판단작업을 거치지 아니하고 행정지도에 의한 공동행위의 합의의 추정의 복멸을 인정하고 있다. 그러나 대상판결이 공동행위의 합의의 추정의 복멸의 근거로 삼은 본건에서 행해진 행정지도에서는 구보험업법 등의 실정법에 근거한 형식적요건과 긴급피난과 같은 실질적인 요건을 갖추었다고 볼만한 결정적인 내용을 찾아볼 수 없다. 대상판례는 단지 감독행정기관에 의하여 행해진 행정지도라는 단순한 이유로 당해 행정행위를 부당한 공동행위에 대한 위법성조각사유로 인정하는 오류를 범하고 있다.

4. 판례의 의미와 전망

본 사건에 대하여 대법원은 앞서 살펴본 것처럼 보험업자의 공동행위에 대하여 구보험업법에 관련규정이 명문으로 규정되어 있음에도 불구하고 단지 금융감독위원회의 행정지도가 있었다는 이유만으로 보험업자들의 공동행위 합의추정이 복멸된다고 판시한 것은 문제가 있다고 하지 않을 수 없다. 따라서 위의 실정법상의 규정에 근거하여 행정지도가 허용되는 범위에 대하여 면밀한 재검토가 이루어져야 할 것이다.

〈참고문헌〉

유진식, “행정지도”, 행정작용법(중범 김동희교수 정년기념논문집), 박영사, 2005.

이재우, “제도적 경쟁제한요인 연구—공동행위 심결사례 분석을 중심으로—”, 경영학연구 제47집 제2호, 한국경제학회, 1999. 6.

조성국, “보험사들의 부당한 공동행위에 대한 판례평석”, 법학논문집 제30집 제2호, 중앙대학교 법학연구소, 2006. 12.

최승재, “게임이론을 통한 행정지도의 권력성과 부당한 공동행위의 추정의 복멸: 권력적 사실행위 도그마에 대한 비판적 검토”, 경쟁법연구 제12권 제1호, 한국경쟁법학회, 2005. 8.

畠山武道, “石油カルテル判決と行政指導”, ジュリスト813号, 有斐閣, 1984. 5.

37. 행정절차법 위반의 효과

— 대법원 2000. 11. 14. 선고 99두5870 판결 —

오 준 근*

Ⅰ. 판례개요

1. 사실관계

원고(A)는 1996. 7. 27. 피고(울주군수)로부터 그 소유의 울산 울주군 소재 토지 지상 근린생활시설(지하1층, 지상2층, 일반목욕장) 연건평 494.15㎡ 규모의 신축공사에 관하여 건축허가를 받았다.

원고(A)는 임의로 일부 지하수 개발시설을 설치하여 그 지하수를 위 건물 신축공사에 사용하다가, 1997. 3. 27. 피고(울주군수)에게 위 토지 중 1.95㎡에 관하여 토출관 직경 25mm, 양수능력 1일 50㎥, 용도 생활용수로 하는 지하수 개발 · 이용신고를 하고, 1997. 4. 25. 개발 지하수에 대하여 생활용수로서 적합하다는 판정을 받아 1997. 8. 20. 위 건물에 대한 준공검사를 마쳤다.

그런데, 피고(울주군수)는 위 토지가 소외 지가 1989. 6. 12. 온천법에 의하여 온천지구로 지정 · 고시한 울산 울주군 등 일원 1,771,405㎡에 위치하고 있어 온천법 제12조에 의하여 지하수 개발이 허용되지 아니함에도 이러한 사실을 미처 발견하지 못한 채 1997. 3. 29. 지하수 개발 · 이용신고를 수리하였다.

원고(A)는 1997. 12. 16. 위 건물에 가정용 상수도를 설치하고, 위 원고의 처(소외 B)는 1997. 12. 20. 피고(울주군수)에게 목욕장업 영업신고를 하였는데, 그 무렵 뒤늦게 위와 같은 사실을 발견한 피고(울주군수)는 같은 해 12. 23. 위 원고의 처(소외 B)에게 위 토지가 온천지구로 지정고시된 지역으로서 지하수 개발이 제한되어 있으므로, 목욕장 영업에 필요한 취수량을 확보할 수 있는 상수도를 설치하여 목욕장업 영업신고를 하도록 보완요구하는 한편, 1998. 1. 12. 울산광역시 상수도사업본부 울주사업소장에 대하여 온천지구

---

* 경희대학교 법학전문대학원 교수.

내에서 위 원고(A)의 위 지하수개발 · 이용신고를 수리한 위법이 있어 이를 취소하고 원상회복명령 처분을 하고자 하는데, 그러할 경우 기존 상수도(지름 13mm)로는 위 목욕장의 용수가 부족하므로, 급수관 증설이 필요하다는 내용으로 협조 요청을 하였다.

피고(울주군수)는 1998. 1. 24. 위 보완요구 사항이 완료되자 위 B의 목욕장 영업신고를 수리하고, 같은 해 2. 4. 위 원고(A)에 대하여 지하수 개발 · 이용신고수리취소 및 원상복구명령 처분(이하 이 사건 처분이라 한다)을 하였다.

2. 소송경과

원고(A)는 울주군수를 피고로 하여 이 사건 처분의 취소를 구하는 소송을 제기하였다.

제1심(울산지방법원 1998. 7. 29. 선고 98구376 판결)에서 원고(A)는 승소하였다(다만, 지하수 개발 · 이용신고를 마친 대지 및 그 지상 건물의 양수인인 원고(B)에 대하여는 "위 처분의 상대방도 아니고, 위 처분의 근거법률로써 보호되는 직접적이고 구체적인 이익이 있다고도 할 수 없음"을 이유로 각하하였다. 원고(B)에 대한 각하판결은 이 글의 쟁점과 무관하므로 평석에서 제외한다).

피고(울주군수)는 울산지방법원의 판결에 불복하여 부산고등법원에 항소하였으나 기각되었고(부산고등법원 1999. 4. 16. 선고 98누3273 판결), 이어 부산고등법원의 판결에도 불복하여 대법원에 상고하였으나 기각되었다.

3. 판결요지

(1) 원심판결

당사자들의 주장은 다음과 같다.

"피고가, 이 사건 처분은 관계법령의 정당한 적용에 의하여 한 것으로서 적법하다고 주장함에 대하여, 위 원고는 첫째, 피고가 한 위 지하수 개발 · 이용신고 수리행위는 준법률행위적 행정행위이므로, 신고가 요건에 맞지 아니할 경우 거부처분 내지는 반려는 할 수 있으나, 일단 수리가 되어 그대로의 법률효과가 발생하였다면, 이를 취소할 수 없다. (나머지 주장은 다음과 같다. "둘째, 피고가 위 원고의 지하수 개발 · 이용신고를 권유하고, 아무런 제동없이 수리하였기 때문에 위 토지가 지하수개발이 허용되지 아니하는 지역임을 몰랐던 위 원고는 이를 신뢰하여 1,000만원 이상의 비용을 들여 지하수 개발시설을 하였고, 또한 피고가 뒤늦게 위와 같은 사실을 알았다면, 그 시점에서 곧바로 위 원고에게 상수도 시설만 이용할 수 있고 지하수는 이용할 수 없다는 사실을 주지시켰더라면 영업의 계속 여부를 신중히 고려할 수 있었음에도 위 원고가 지하수와 상수도 시설을 다 갖추고 목욕업장 영업신고를 한 후에야 이 사건 처분을 한 것은 신뢰보호 원칙에도 어긋나고, 그로 인하여 입게 되는 위 원고의 불이익이 유지할 공익에 비하여 현저히 크므로, 이 사건 처분은 재량권을 일탈하였거나 남용한 위법한 처분이며, 셋째, 지하수법 제15조 제3항 제2호를 근거로 한 원상복구명령은 부당하고, 위 조항에 따라 원상복구명령처분을 할 수 있다고 하더라도 피고는 원고에 대하여 지하수법 소정의 청문 절차를 거칠 기회를 제공하지 아니한 위법이 있고, 넷째, 위 원고는 지하수개발 · 이용신고를 한 바 있으므로, 지하수법 제15조 제1항 단서 및 같은 법 시행령 제23조를 적용하여 원상복구의 예외로서 취급하여야 하며 …라고 주장한다".)

위와 같은 주장에 대하여 울산지방법원은 다음과 같이 판결하였다.

"위 원고의 첫째 주장에 관하여 살피건대, 위 관계법령의 규정을 종합하여 보면, 구 지하수법(1997. 1. 13 법률 제5286호로 전문개정되기 전의 것) 제7조에 의한 지하수개발 · 이용신고를 수리하는 허가관청의 행위는 단순히 사실의 신고를 접수하는 행위에 그치는 것이 아니라, 실질에 있어서는 신고인으로 하여금 적법히 위 지하수개발 · 이용을 할 수 있는 법규상의 권리를 설정하여 주는 행정행위에 해당한다고 할 것이고, 하자 있는 행정행위를 한 행정청으로서는 법률의 규정이 없어도 특별한 사정이 없는 한 이를 취소할 수 있으므로, 위 원고의 첫째 주장은 이유 없다".

그러나 특별한 점은 울산지방법원이 행정절차법의 위반여부를 직권으로 판단하여 처분의 위법성을 인정하였다는 점이다.

부산고등법원은 원심판결의 취지를 그대로 받아들이면서도, 이유의 제시에 있어 행정절차법 위반에 대한 판단을 다음과 같이 보완하고 있다. 이를 인용하면 다음과 같다. "그러나, 위 원고의 나머지 주장에 관한 판단에 앞서 직권으로 살피건대, 행정절차법은 앞서 본 바와 같이 일정한 예외적인 경우를 제외하고는 행정청이 당사자에게 의무를 과하거나 권익을 제한하는 처분을 하는 경우에 그 소정의 절차에 따른 사전통지를 하고 의견제출의 기회를 주어야 하는 것으로 규정하고 있는바, 피고가 이 사건 처분을 함에 있어서 원고에게 위 행정절차법 소정에 따른 사전통지를 하거나 의견제출의 기회를 제공하였다는 점을 인정할 증거가 없고, 피고가 주장하는 행정지도방식에 의한 사전고지나 그에 따른 원고의 자진 폐공의 약속 등의 사유만으로는 그것이 위 사전통지 등을 하지 않아도 되는 위 법 소정의 예외의 경우에 해당한다고 볼 수도 없으므로, 위와 같은 절차를 흠결한 피고의 이 사건 처분은 나머지 점에 관하여 더 나아가 살펴 볼 필요 없이 위법하다 할 것이다."

(2) 대법원판결

"행정절차법 제21조 제1항, 제4항, 제22조 제1항 내지 제4항에 의하면, 행정청이 당사자에게 의무를 과하거나 권익을 제한하는 처분을 하는 경우에는 미리 처분하고자 하는 원인이 되는 사실과 처분의 내용 및 법적 근거, 이에 대하여 의견을 제출할 수 있다는 뜻과 의견을 제출하지 아니하는 경우의 처리방법 등의 사항을 당사자 등에게 통지하여야 하고, 다른 법령 등에서 필요적으로 청문을 실시하거나 공청회를 개최하도록 규정하고 있지 아니한 경우에도 당사자 등에게 의견제출의 기회를 주어야 하되, 당해 처분의 성질상 의견청취가 현저히 곤란하거나 명백히 불필요하다고 인정될 만한 상당한 이유가 있는 경우 등에는 처분의 사전통지나 의견청취를 하지 아니할 수 있도록 규정하고 있으므로, 행정청이 침해적 행정처분을 함에 있어서 당사자에게 위와 같은 사전통지를 하거나 의견제출의 기회를 주지 아니하였다면 사전통지를 하지 않거나 의견제출의 기회를 주지 아니하여도 되는 예외적인 경우에 해당하지 아니하는 한 그 처분은 위법하여 취소를 면할 수 없다고 할 것이다.

원심판결 이유에 의하면, 원심은, 피고가 온천지구임을 간과하고 1997. 3. 29. 원고의 지하수개발 · 이용신고를 수리하였다가 1998. 2. 4. 위 신고수리처분을 취소하고 원상복구명령을 발한 이 사건 처분에 대하여, 피고가 이 사건 처분을 함에 있어서 원고에게 행정절차법에서 정한 사전통지를 하거나 의견제출의 기회를 제공하였다는 점을 인정할 증거가 없고, 행정지도방식에 의한 사전고지나 그에 따른 원고의 자진 폐공의 약속 등의 사유만으로는 그것이 위 사전통지 등을 하지 않아도 되는 위 법 소정의 예외의 경우에 해당한다고 볼 수도 없다는 이유로 이 사건 처분의 취소를 구하는 원고의 청구를 인용하고 있다.

기록과 앞서 본 법리에 비추어 보면, 원심의 이러한 조치는 정당한 것으로 수긍이 가고 거기에 상고이유에서 주장하는 바와 같은 행정절차법상의 사전통지나 의견제출 기회제공에 관한 법리오해나 심리미진 등의 위법이 있다고 할 수 없다.

그리고 이 사건 처분은 행정절차법이 시행되고 난 이후에 이루어진 처분이지 위 법 시행 당시 진행 중인 처분이 아니었음이 분명하므로 이 사건 처분에 위 법 부칙 제2항이 적용된다고는 할 수 없어 원심판결에 위 법 부칙 제2항에 관한 법리오해의 위법이 있다고도 할 수 없다."

Ⅱ. 평 석

1. 쟁점정리

원심은 당사자의 주장은 배척하거나, 검토를 생략한 반면, 직권으로 행정절차법의 위반 여부를 검토하고, 이를 기초로 처분의 위법성을 판단하였다. 대법원은 위와 같은 원심의 판단에 대하여 심리미진이나 법리오해의 위법이 없음을 확인하였다.

이 사건에 있어 검토되어야 할 핵심 쟁점은, 사전통지나 의견제출의 기회를 주지 아니하고 불이익처분을 한 경우 사안의 경중, 특히 실체적 관계의 위법성 여부에 대한 판단과 무관하게 무조건적으로 처분의 위법성을 인정하여 취소판결을 하여야 하는가라는 점이다.

위의 쟁점과 함께 검토가 필요한 점은 “행정절차법이 규정하는 사전통지나 의견제출의 기회부여가 무엇인가”에 대한 판단이다. 행정절차법 위반이 문제가 될 경우 행정청은 어떠한 모습으로든 이미 “소통”이 되었으므로 사전통지가 이루어졌다고 주장하고자 한다. 이 사례는 바로 이러한 경우에 해당한다. 이와 함께 사전통지 내지는 의견진술 기회 부여의 예외사유를 인정할 것인가, 인정한다면 어떤 범위에서 어떻게 인정할 것인가의 쟁점도 검토되어야 할 것이다.

2. 관련판례

행정절차법은 1998년 1월 1일부터 시행되었다. 이 사건 원심의 판결은 울산지방법원에서 1998년 7월 29일에 이루어졌다. 따라서 행정청이 행정절차법을 위반하였음을 이유로 처분의 위법성을 인정한 첫 판결 중의 하나에 해당한다고 할 수 있다. 대법원판결은 원심의 판단을 존중하여 행정절차법 위반을 이유로 처분을 취소한 최초의 판결이 되었다. 따라서 이 판결 이전의 행정절차에 관한 판결은 행정절차법의 적용과는 직접 관련되지 아니한 것이어서 다른 의미를 가진다. 그 반면, 이후의 재판에서 이 판결은 행정절차법의 해석과 적용에 관한 “시금석”으로 작용하고 있다.

자주 인용되는 판결로는 대법원 2004. 5. 28. 선고 2004두1254 판결을 들 수 있다.[1] 대법원은 “행정청이 당사자에게 의무를 과하거나 권익을 제한하는 처분을 함에 있어서 당사자에게 행정절차법상의 사전통지를 하거나 의견제출의 기회를 주지 아니한 경우, 그 처분이 위법함”을 전제한 후, “건축법상의 공사중지명령에 대한 사전통지를 하고 의견제출의 기회를 준다면 많은 액수의 손실보상금을 기대하여 공사를 강행할 우려가 있다는 사정이 사전통지 및 의견제출절차의 예외사유에 해당하지 아니한다”고 판단하였다.

보다 적극적으로 행정절차법을 적용한 사례로는 대법원 2001. 4. 13. 선고 2000두3337 판결이 인용된다.[2] 대법원은 구 공중위생법상 유기장업허가취소처분을 함에 있어서 두 차례에 걸쳐 발송한 청문통지서가 모두 반송되어 온 경우, 행정절차법 제21조 제4항 제3호에 정한 청문을 실시하지 않아도 되는 예외 사유에 해당한다고 단정하여 당사자가 청문일시에 불출석하였다는 이유로 청문을 거치지 않고 이루어진 위 처분이 위법하지 않다고 판단한 원심판결을 파기하였다.

---

1) 건축공사 중지명령 취소 공2004. 7. 1.(205), 1088
2) 영업허가취소처분취소 집49(1)특, 643; 공2001. 6. 1.(131), 1143

3. 판례의 검토

(1) 사전통지나 의견진술의 기회 부여

행정절차법 제21조는 "행정청이 당사자에게 의무를 과하거나 권익을 제한하는 처분을 하는 경우 사전통지를 하여야 한다"고 규정하고 있다. 사전통지는 불이익처분에 있어 행정청의 의무이며, "절차적 요건"에 해당한다. 사전통지는 의견진술의 기회를 부여함을 목적으로 한다. 대법원은 이 점 때문에 "사전통지"와 "의견진술의 기회부여"를 같은 의미로 판단하고 있다.

사전통지의무의 대상이 되는 처분은 당사자에게 의무를 과하는 처분과 권익을 제한하는 처분이다. 이 사건의 전제가 된 처분은 지하수 개발이용 신고수리 취소처분과 원상복구명령이다.

"지하수 개발이용 신고수리 취소처분"은 당사자의 권익을 박탈하는 처분이며,[3] "원상복구명령"은 당사자에게 의무를 과하는 처분이다.

이 사례에서 피고(울주군수)가 본 건 처분을 함에 있어 당사자에게 사전통지를 하지 아니하거나 의견진술의 기회를 부여하지 아니하였다면 행정절차법 제21조를 위반한 것이어서 절차적으로 위법한 처분이 된다.

(2) 사전통지를 하지 아니할 수 있는 예외적인 경우의 판단

행정절차법 제21조 제4항은 사전통지를 하지 아니할 수 있는 예외적인 경우로서 "① 공공의 안전 또는 복리를 위하여 긴급히 처분을 할 필요가 있는 경우, ② 법령등에서 요구된 자격이 없거나 없어지게 되면 반드시 일정한 처분을 하여야 하는 경우에 그 자격이 없거나 없어지게 된 사실이 법원의 재판등에 의하여 객관적으로 증명된 때, ③ 당해 처분의 성질상 의견청취가 현저히 곤란하거나 명백히 불필요하다고 인정될 만한 상당한 이유가 있는 경우" 등 세 가지를 열거하고 있다.

대법원은 이들 예외적 사유를 매우 엄격히 해석하고 있다. 단순히 청문통지서가 2회 반송되었다는 사정은 사전통지를 하지 아니하고 처분을 강행할 수 있는 예외적인 사유에 해당하지 아니한다.[4] 많은 액수의 손실보상금을 기대하여 공사를 강행할 우려가 있음을 이유로 하여 사전통지를 생략했다면 처분은 위법하다.[5] 사전통지의 예외가 행정절

3) 부산고등법원은 "지하수개발 · 이용신고를 수리하는 허가관청의 행위는 단순히 사실의 신고를 접수하는 행위에 그치는 것이 아니라, 실질에 있어서는 신고인으로 하여금 적법히 위 지하수개발 · 이용을 할 수 있는 법규상의 권리를 설정하여 주는 행정행위에 해당한다"고 하여 이 경우 신고의 수리는 "권리설정행위"라고 판단하였으며, 이 행위의 성질상 이 판단의 타당성이 인정된다. 따라서 신고수리의 취소는 "권리박탈행위"에 해당한다.

4) 대법원 2001. 4. 13. 선고 2000두3337 판결(영업허가취소처분취소) 집49(1)특, 643; 공2001. 6. 1. (131), 1143.

차법의 적용제외 범위와 관련되는 경우도 마찬가지이다. 군인사법령에 의하여 진급예정자명단에 포함된 자에 대하여 의견제출의 기회를 부여하지 아니한 채 진급선발을 취소하는 처분을 한 것은 절차상 하자가 있어 위법하다.[6]

"엄격한 해석"이 강조된 가장 주목할 판결로는 서울행정법원 2005. 2. 2. 선고 2004구합19484 판결을 꼽을 수 있다.[7] 서울행정법원은 "행정절차법의 목적과 사전통지 및 의견제출의 기회부여절차를 두게 된 취지에 비추어 보면, 사전통지 및 의견제출의 기회부여절차는 엄격하게 지켜져야 할 것이므로 그 예외사유도 엄격하게 해석하여야 함"이라고 확인하였다. 이에 기초하여 행정절차법 제21조 제4항 제3호의 내용의 해석규정으로 작용하였던 종전 행정절차법시행령 제13조가 무효임을 선언하였다. 이 판결이 확정됨에 따라 효력을 잃은 위 규정은 2008년 12월 24일의 시행령 개정으로 삭제되었다.[8]

(3) 독자적 취소 가능성의 문제

대상판결(대법원 2000. 11. 14. 선고 99두5870 판결)은 피고(울주군수)가 행한 불이익처

---

5) 대법원 2004. 5. 28. 선고 2004두1254 판결(건축공사 중지명령 취소) 공2004. 7. 1.(205), 1088

6) 대법원 2007. 9. 21. 선고 2006두20631 판결(진급낙천처분취소[공2007. 10. 15.(284), 1682])은 "행정과정에 대한 국민의 참여와 행정의 공정성, 투명성 및 신뢰성을 확보하고 국민의 권익을 보호함을 목적으로 하는 행정절차법의 입법목적과 행정절차법 제3조 제2항 제9호의 규정 내용 등에 비추어 보면, 공무원 인사관계 법령에 의한 처분에 관한 사항 전부에 대하여 행정절차법의 적용이 배제되는 것이 아니라 성질상 행정절차를 거치기 곤란하거나 불필요하다고 인정되는 처분이나 행정절차에 준하는 절차를 거치도록 하고 있는 처분의 경우에만 행정절차법의 적용이 배제된다"고 전제한 후 위와 같은 취지로 판결하고 있다.

7) 과밀부담금부과처분취소(각공2005. 4. 10.(20), 575) 이 판결은 피고인 서울특별시장의 항소 포기로 확정되었다. 이 판결에서 서울행정법원은 "수도권정비계획법령에서 정하고 있는 과밀부담금의 부과대상, 부과절차 등에 비추어 볼 때, 과밀부담금 부과처분은 다수의 사람에게 대량으로 행하여지는 처분이 아닐 뿐만 아니라, 그 처분을 함에 있어 사전통지 및 의견제출의 기회부여를 한다고 하더라도 행정청의 능률을 저해한다고 볼 수 없고, 수도권정비계획법상의 과밀부담금은 그 부과대상이 되는 인구집중유발시설 중 일정한 건축물에 해당하는지 여부 등 그 산정에 다툼의 여지가 많을 것으로 보이므로 부과관청으로서도 부과처분을 하기 이전에 부과대상자의 의견을 들어 자기시정의 기회를 가질 수 있을 뿐만 아니라, 부과대상자 역시 사전에 부과처분의 내용을 알고 의견을 제출하는 절차를 거치거나 이에 승복함으로써 장차 부과처분이 있은 이후 분쟁이 발생할 소지를 없앨 수 있으므로 과밀부담금 부과처분은 '그 처분의 성질상 의견청취가 명백히 불필요하다고 인정될 만한 상당한 이유가 있는 경우'에 해당한다고 볼 수 없다"고 판단하였다.

8) 서울행정법원은 "행정절차법시행령 제13조는 행정절차법 제21조 제4항 제3호의 내용을 보충하는 것으로서 그 각 호에 규정된 사유가 있으면 행정청이 국민에게 의무를 가하거나 권익을 제한하는 처분을 하는 경우에 사전통지절차와 의견제출의 기회부여절차를 거치지 않을 수 있게 함으로써 행정처분을 받는 국민의 권리를 제한하고 있음에도 불구하고, 같은 법 시행령의 모법인 행정절차법에 같은 법 제21조 제4항 제3호가 규정하고 있는 '당해 처분의 성질상 의견청취가 현저히 곤란하거나 명백히 불필요하다고 인정될 만한 상당한 이유가 있는 경우'에 포함될 수 있는 경우에 관하여 대통령령에 위임한다는 아무런 근거규정을 찾아볼 수 없고, 행정처분의 상대방의 권리를 제한하는 같은 법시행령 제13조의 규정을 법률을 현실적으로 집행하는 데 필요한 세부적인 사항에 관한 집행명령의 범주에 포함되는 것이라고 볼 수도 없으므로, 같은 법 시행령 제13조의 규정은 법률의 위임이 없는 무효인 규정이다"라고 선언하였다.

분을 행정절차법을 위반하였음을 이유로 취소한 것이다.

이 판결과는 달리 학계에서는 독자적 취소의 가능성에 관한 논쟁이 있다. 즉 "처분에 절차상의 흠이 있는 경우에 처분에 실체적인 흠이 있는 경우와 마찬가지로 쟁송의 원인이 되는 독립적인 위법사유가 될 수 있는가"에 관한 다툼이다. 취소가능성을 부정하는 학설은 "절차의 흠만으로 당해 처분을 취소하는 것은 행정경제에 반함"을 그 근거로 제시한다. 우리나라에 있어 부정설이 주장될 수 있는 이유는 독일행정절차법 제46조가 규정한 사항이 우리나라의 경우에도 그대로 적용됨이 바람직한가의 논란과 관련이 있다.[9] 그러나 우리나라의 경우 독일과는 달리 행정절차법은 취소가능성의 부정여부에 관한 명문의 규정을 두고 있지 아니할 뿐만 아니라 특히 불이익처분의 사전통지 등을 "하여야 한다"고 규정함으로써 행정청의 의무임을 명시하고 있다.[10]

대법원은 지속적으로 행정절차법을 위반한 경우 "위법"한 행정처분이 됨을 확인하고 있으며, 절차상의 위법성만을 이유로 처분을 취소하고 있다. 이와 같은 대법원의 판결동향은 행정청에게 "행정과정에 대한 국민의 참여와 행정의 공정성, 투명성 및 신뢰성을 확보하고 국민의 권익을 보호함을 목적으로 하는 행정절차법의 입법목적을 준수할" 의무를 지속적으로 환기시키고 있다는 점에서 매우 타당하다 할 것이다.

4. 판례의 의미와 전망

대법원 2000. 11. 14. 선고 99두5870 판결은 행정절차법이 제정되어 시행된 이후, 이 법률을 위반한 처분을 취소한 최초의 판결 중의 하나이다. 특히 이 판결은 당사자가 행정절차법 위반에 따른 절차상의 위법을 다투지 아니하였음에도 불구하고 법원이 직권으로 이를 인정하여 처분을 취소하였다는 점에서 매우 중요한 의미가 있다.

이 판결 이후로 "행정절차법의 위반 여부"는 특히 행정청의 불이익처분의 위법성을 판단함에 있어 가장 중요한 "독자적 쟁점" 중의 하나가 되었다. 아울러 이 판결은 "절차상의 위법"이 있으면 "처분은 취소된다"는 법원의 전통을 확립한 "시금석"이 되었다.

특히 대법원과 각급 법원이 행정절차법의 적용이 배제되는 경우를 매우 엄격하게 한정적으로 해석하는 전통을 확립해 감에 따라 행정청은 행정절차법을 존중하고 신중하게 절차를 밟아서 처분을 하여야 할 부담을 지게 되었고, 이로써 행정절차법은 "행정과

9) 독일의 경우 "무효에 해당하지 아니하는 행정행위는 위법사실이 행정결정에 실체적으로 영향을 미치지 아니하였음이 명백한 경우 절차에 관한 규정을 위반하여 성립되었다는 이유만으로 그 폐지를 요구할 수 없다"고 규정한다. 독일행정절차법 제46조의 번역에 대하여는, 오준근, 독일연방행정절차법의 변혁, 80쪽 이하 참조. 이 규정의 해석과 그 구체적 내용에 관하여는, Kopp, VwVfG, §46, Rdn. 1 ff.; Sodan, Unbeachtlichkeit und Heilung von Verfahrens- und Formfehlern, DVBl. 1999, S. 729 ff. 등 참조.

10) 김철용, 행정법 Ⅰ, 박영사, 413쪽 이하 참조.

정에서 국민의 권익을 보호"하는 일반법으로서의 위치를 확고히 하게 되었다.

이와 같은 법원의 판례 동향은 매우 바람직한 것으로서 앞으로도 지속적으로 보완되고 발전될 것으로 기대한다.

〈참고문헌〉

김광수, "절차하자의 법적 효과", 행정작용법(김동희 교수 정년기념), 2005, 887쪽.

김유환, "행정절차 하자의 법적 효과: 유형론과 절차적 권리의 관점에서의 검토", 한국공법이론의 새로운 전개(김도창 박사 팔순기념), 2005, 73쪽.

오준근, "처분기준을 설정 · 공표하지 아니한 합의제 행정기관의 행정처분의 효력", 인권과 정의 제378호, 2008.

오준근, "행정절차법", 삼지원, 1998, 340쪽.

윤형한, "사전통지의 대상과 흠결의 효과", 행정판례연구 제10집, 2005, 219쪽.

38. 거부처분과 사전통지

— 대법원 2003. 11. 28. 선고 2003두674 판결 —

강 현 호*

Ⅰ. 판결개요

1. 사실관계

인천대학교 및 인천전문대학의 설립자가 변경되면서 인천광역시는 임용심사대상자에 대하여 재임용절차를 밟도록 하였다. 재임용절차에서는 연구실적물 심사만을 실시하여 특별임용하기로 하고, 인천전문대학은 '미'가 2개로서 평균이 '우' 미만이라든가, 심사대상 논문이 타인의 연구 실적을 위조 · 변조한 것이라거나, 타인의 연구실적물을 표절한 것이라는 이유 등으로 각 임용 또는 임용제청대상에서 제외하였고, 인천대학교도 연구실적물 심사대상자 5인 중 1인을 평균 '우' 이하로서 심사기준에 미달한다는 이유로 교원임용제청대상에서 제외하였다. 재임용에서 제외된 교원들은 교육인적자원부 교원징계재심위원회에 재심신청을 하였으나 기각되자, 각각 인천전문대학장 및 인천광역시장을 피고로 하여 이 사건 소를 제기하였다. 원고 등은 이 건 처분은 특히 "논문의 게재 여부를 결정하고, 논문집의 편집 기타 논문집 발간에 관련된 사항을 주관하는 논문편집위원회의 심의결과에 따라 논문들이 표절되거나 위조되었다고 단정하여 이루어진 것인바, 논문분야에 대한 전문가들로 구성되지 아니하여 심사자격이나 권한이 없는 논문편집위원회가 당사자에게 변명의 기회조차 주지 아니한 위법한 심사절차를 통하여 내린 위조, 표절결정을 토대로 이루어진 것이어서 위법하다"고 주장하였다.

2. 소송경과

제1심에서 원고들의 청구는 기각되었으며, 제2심인 원심에서도 원고패소판결이 내려졌다. 그리고 상고심인 대법원에서도 원고들의 청구는 기각되었다.

* 성균관대학교 법학전문대학원 교수.

3. 판결요지

[원심(고등법원)판결의 요지]

피고들의 이 사건 각 처분은 적법하다고 하면서, 특히 원고의 주장에 대하여 "달리 전문적인 표절판정기관이 없고 전문가에게 이를 의뢰할 시간이 없는 상황에서 논문의 투고나 심사에 관한 일을 다루는 학내 유일한 상설 전문기관인 논문편집위원회로 하여금 심사 대상 논문의 위조 · 변조 · 표절 여부를 심사하도록 위촉한 결정은 정당하다 할 것이고, 논문 심사과정에서 당사자에게 통지하는 등 충분한 소명이나 반박자료를 제출할 기회가 주어지지 않았다 하더라도 논문에 존재하는 하자가 중대하여 그 자체만으로 임용을 거부할 만한 사유를 구성하는 것임이 명백한 이상 이 사건 처분에 이를 취소할 만한 위법이 있다고 보기 어렵다"고 판시하였다(서울고법 2002. 11. 14. 선고 판결).

[상고이유의 요지]

피고는 만일 원고 등의 연구 실적물이 표절 내지 변조된 것이라는 판단을 하려면 당연히 당사자 등에게 그 뜻을 통지하여 그에 관한 의견개진 등 충분한 소명의 기회를 주어야 함이 적법절차의 요구임에도 불구하고(행정절차법 제21조 참조) 그에 이르지 않은 채, 만연히 표절 또는 변조의 판정을 한 위법이 있음에도 불구하고, 원심은 "이 사건 논문 심사과정에서 당사자에게 통지하는 등 충분한 소명이나 반박자료를 제출할 기회가 주어지지 않았다 하더라도, 위 논문에 존재하는 하자가 중대하여 그 자체만으로 임용을 거부할 만한 사유를 구성하는 것임이 명백"한 것이라고 판단한 것을 필경 이유불비의 위법이 있다.

[대법원 판결의 요지]

행정절차법 제21조 제1항은 행정청을 당사자에게 의무를 과하거나 권익을 제한하는 처분을 하는 경우에는 미리 처분의 제목, 당사자의 성명 또는 명칭과 주소, 처분하고자 하는 원인이 되는 사실과 처분의 내용 및 법적 근거, 그에 대하여 의견을 제출할 수 있다는 뜻과 의견을 제출하지 아니하는 경우의 처리 방법, 의견제출기관의 명칭과 주소, 의견제출기한 등을 당사자 등에게 통지하도록 하고 있는바, 신청에 따른 처분이 이루어지지 아니한 경우에는 아직 당사자에게 권익이 부과되지 아니하였으므로 특별한 사정이 없는 한 신청에 대한 거부처분이라고 하더라도 직접 당사자의 권익을 제한하는 것은 아니어서 신청에 대한 거부처분을 여기에서 말하는 "당사자의 권익을 제한하는 처분"에 해당한다고 할 수 없는 것이어서 처분의 사전통지대상이 된다고 할 수 없다고 할 것이다.

Ⅱ. 평　　석

1. 쟁점정리

본 사안에서는 신청에 대한 거부처분이 행정절차법상의 "당사자에게 의무를 과하거나 권익을 제한하는 처분"으로서의 불이익처분에 해당하는가의 문제가 쟁점이다. 물론 판결에 있어서 신뢰보호의 원칙이나 재량권의 남용도 쟁점이 될 수는 있겠으나, 본고에서는 전자만을 다루기로 한다.

2. 관련판례

현재까지 사전통지와 관련되어 나타난 판결은 많지 아니하며, 그 중에서도 대다수는 침익적 처분과 관련된 사안들이다. 대법원의 계속되는 판결에 의하면 "행정청이 침해적 행정처분을 함에 있어서 당사자에게 행정절차법이 정한 바에 따라 사전통지를 하거나 의견제출의 기회를 주지 아니하였다면 사전통지를 하지 않거나 의견제출의 기회를 주지 아니하여도 되는 예외적인 경우에 해당하지 아니하는 한 그 처분은 위법하여 취소를 면할 수 없다."라고 판시하였다(대법원 2004. 10. 28. 선고 2003두9770 판결). 침익적 처분에 대해서는 행정절차법에서 명문으로 사전통지를 규정하고 있으므로 이러한 절차의 예외적 사유에 해당하지 아니하는 한 사전통지를 하여야 할 것이고 이러한 사안 외에는 사전통지와 관련하여 다른 판결들을 찾아보기 어렵다. 다만 대법원은 "도로법 제25조 제3항이 도로구역을 결정하거나 변경할 경우 이를 고시에 의하도록 하면서, 그 도면을 일반인이 열람할 수 있도록 한 점 등을 종합하여 보면, 도로구역을 변경한 이 사건 처분은 행정절차법 제21조 제1항의 사전통지의 대상이 되는 처분은 아니라고 할 것이다"라고 판시하였는데(대법원 2008. 6. 12. 선고 2007두1767 판결), 동 판결은 사전통지와 관련하여 도로구역의 변경처분에 있어서 이것이 상대방에게 침익적인 효과를 가져오기는 하지만 다수의 당사자가 관련되어 있으므로 공람하면 족하고 개별적으로 사전통지까지 할 필요는 없다고 보았다. 이러한 판시는 행정절차법 제21조 제4항 제3호에 근거를 두고 있다고 볼 수 있을 것이다.

3. 판결의 검토

[서　　설]

국민이 행정청에게 특정한 처분을 발급하여 줄 것을 신청하였고, 행정청은 신청된 대로의 처분을 거부하는 경우에 사전통지를 하여야 하는가와 관련하여 대법원은 신청에 따른 처분이 이루어지지 아니한 경우에는 아직 당사자에게 권익이 부과되지 아니하였으므로 행정절차법 제21조 제1항에 따라서 사전통지를 요하는 불이익처분으로 볼 수 없다고 판시하였다. 이러한 대법원의 판시에 대해서 먼저 우리나라의 학설을 고찰하여 보고, 나아가 이미 이러한 문제에 대해서 많은 논의를 하여 오고 있는 독일의 법제를 살펴본 후에 대법원의 판시에 대해서 평석을 하고자 한다.

[우리나라에 있어서의 견해]

거부처분이 사전통지의 대상에 포함되는가와 관련하여 다음과 같은 견해들이 주장되고 있다.

[대상포함설]

신청에 대한 거부처분이 사전통지의 대상인 '당사자에게 의무를 과하거나 권익을 제한하는 처분'에 해당한다는 견해이다.

김철용 교수는 "헌법 제12조의 적법절차의 내용 및 헌법상의 법치국가원리에 적합하게 해석한다면 권익을 제한하는 처분은 가능한 한 확대될 것이 요청된다. 그러나 그렇다고 해서 수익적 처분까지 확대하는 것은 행정절차법 제21조 제1항의 문언에 반한다. 반대로 권익을 제한하는 처분을 '현상태에서 감소상태로 변화'한 경우만으로 해석하는 것은 행정절차법 제1조의 목적규정에 부합되지 아니한다. 그렇다면 권익을 제한하는 처분은 부담적 처분으로 이해하는 것이 의견청취제도의 목적에 맞는 무리하지 아니하는 견해로 보인다. … 우리나라 행정절차법 제21조 제1항을 해석함에 있어서 사전통지의 대상으로 '직접' 당사자의 권익을 제한하는 처분으로 한정하는 것은 명문의 규정에도 반할 뿐만 아니라 우리 헌법규정에도 합치되지 아니하고 행정절차법 제1조의 목적규정과도 합치되지 아니한다. … 우리 입법자가 이처럼 입법정책적 판단을 한 바 없음에도 불구하고 판례가 사전통지의 대상을 '직접' 당사자의 권익을 제한하는 처분으로 판시한 것은 사법부가 입법정책적 판단을 한 것이 된다"라고 주장한다(김철용, 143면 이하).

정하중 교수는 "오늘날 급부행정국가에서 상대방의 신청을 거부하는 처분은 침익적 처분 못지않게 상대방의 권익을 침해하고 있는 현실을 고려하여 거부처분도 사전통지의 대상이 되도록 하는 것이 바람직할 것이다"는 견해를 제시하고 있다.

오준근 교수는 논거로서 "신청에 대한 거부처분은 분명히 당사자의 권익을 제한하는 처분에 해당한다. 당사자가 신청을 한 경우, 신청에 따라 긍정적인 처분이 이루어질 것을 기대하며, 거부처분을 기대하지는 아니하고 있으므로, 거부처분의 경우에도 사전통지가 필요하다. 일본의 경우와는 달리 우리 행정절차법은 신청에 의한 처분과 일반적 불이익처분을 전혀 구분하지 아니하고 포괄적으로 규정하고 있다. 따라서 일본의 경우에 대한 해석을 우리나라에 적용하여서는 아니 될 것이다"라고 주장하고 있다(오준근, 339면).

윤형한 변호사는 "신청에 대한 거부처분이 행정절차법 제21조 제1항의 사전통지의 대상에 포함되지 아니한다고 판단한 것은 행정절차법상의 사전통지나 의견청취절차의 대상에 관한 법문규정을 근거 없이 확대해석한 것이라고 생각된다. 실체적 요건이 구비되어 있어서 흠결된 절차를 다시 이행하여 재처분을 하더라도 종전의 처분과 동일한 내용의 처분을 하게 될 것이라고 예상되는 경우라고 하더라도, 그러한 재처분으로 인하여 당사자들이 입게 될 불이익은 당사자들이 이를 수용할 것인지를 판단·결정하면 될 것이고, 행정청의 재처분으로 인한 비용의 증가 등의 불이익은, 엄격한 행정절차의 준수로 인하여 얻을 행정의 공정화·민주화라고 하는 이익보다 더 크다고 하기는 어렵다고 생각된다"라고 주장한다(윤형한, 229면 이하).

[대상불포함설]

신청에 대한 거부처분이 사전통지의 대상인 '당사자에게 의무를 과하거나 권익을 제한하는 처분'에 해당하지 아니한다는 견해이다.

홍정선 교수는 "처분의 사전통지는 의무를 부과하거나 권익을 제한하는 경우에만 적용되고, 수익적 행위나 수익적 행위의 거부의 경우에는 적용이 없다. 수익적 행위의 거부도 침익적 성질을 갖는다고 볼 때, 수익적 행위의 거부의 경우에 사전통지제도의 적용이 없는 것은 문제이다"라고 주장한다(홍정선, 507면).

박균성 교수는 "거부처분을 권익을 제한하거나 의무를 부과하는 처분으로 볼 수 없고, 거부처분의 전제가 되는 신청을 통하여 의견제출의 기회를 준 것으로 볼 수 있으므로 부정설이 타당하다. 다만, 갱신허가거부처분의 경우에는 '권익을 제한하는 처분'으로 보아 사전통지와 의견진술기회부여의 대상이 된다고 보아야 한다"라고 주장하고 있다(박균성, 440면).

그 외에도 대상불포함설의 논거로서 주장될 수 있는 것으로는 "① 거부처분의 경우 신청과정에서 행정청과 대화를 하고 있는 상태이므로 따로 사전통지를 요하지 아니한다는 점, ② 일본 행정절차법도 신청에 의한 처분절차와 일반적 불이익 처분절차를 따로 구분하여 규정하고 있으며, 이 경우 일반적 불이익 처분에는 거부처분을 포함하지 아니하는 것으로 해석한다는 점 등이 그 근거로 제시될 수 있다"라고 한다(오준근, 339면).

[중 간 설]

최계영 교수는 원칙적으로는 거부처분이 사전통지의 대상이 되지 아니하지만, 다만 신청인의 예측가능성을 기준으로 하여 다음의 경우에는 사전통지의 절차가 요청된다고 주장한다(최계영, 289면 이하): ① 신청서에 기재하지 않은 사실을 근거로 거부하고자 하는 경우, ② 신청서에 기재한 사실을 인정할 수 없다는 이유로 거부하고자 하는 경우, ③ 신청인이 자료를 제출하지 아니하였다는 이유로 거부하고자 하는 경우, ④ 신청인이 제출한 자료가 위조·변조되었거나 허위라는 이유로 거부하고자 하는 경우, ⑤ 법령과

처분기준이 추상적이고 불명확한데 이를 신청인에게 불리하게 해석하여 거부하고자 하는 경우.

[소 결]

이상에서 우리나라의 견해는 원칙적으로 거부처분도 경우에 따라서는 사전통지의 대상이 될 수 있다는 입장이 주류로 보인다. 이러한 주장의 근거로는 대상불포함설의 입장에서도 충분한 근거를 제시하지는 못하고 있으며 또한 거부처분이 어느 정도의 침익적인 성격을 가지므로 사전통지의 대상이 될 수 있다는 것을 인정하고 있기 때문이다. 예를 들면 홍정선 교수는 근거를 제시하고 있지는 않지만, 수익적 행위의 거부도 침익적 성질을 갖는다는 점을 인정하고 있고, 박균성 교수도 원칙적으로는 갱신허가거부처분의 경우에는 '권익을 제한하는 처분'으로 보아 사전통지의 대상이 된다고 주장하고 있다. 대법원도 "특별한 사정이 없는 한 신청에 대한 거부처분이라고 하더라도 직접 당사자의 권익을 제한하는 것은 아니어서"라고 판시하고 있는바, 그렇다면 특별한 사정이 있다면 거부처분도 권익을 제한하는 처분이 될 수 있다는 가능성을 열어 두고 있다. 이렇게 본다면 우리나라의 학설의 주류적인 입장은 대상불포함설이라기 보다는 중간설적인 입장 아니면 대상포함설의 입장이라고 볼 수 있을 것이다. 다만 이러한 주장을 함에 있어서 아직까지는 그 논거를 뒷받침할 수 있는 근거 제시가 다소 미약한 수준에 있다.

[독일에 있어서 논의]

독일에서의 논의는 우리나라의 주장에 있어서 결여되어 있는 주장근거를 비교적 충분하게 제시해 주고 있어서 많은 도움이 된다. 독일 연방행정절차법 제28조는 당사자의 청문이라는 제목 하에 제1항에서 "당사자의 권리를 침해하는 행정행위가 발급되기 전에, 당사자에게 결정을 위해서 중요한 사실들을 표명할 기회가 주어져야 한다"라고 규정하고 있다. 동조항이 의견표명의 대상이 되는 행정행위와 관련하여 '당사자의 권리를 침해하는 행정행위'라고 하여 그 대상을 비교적 한정하고 있음에도 불구하고, 행정청이 신청을 거부한 경우에도 의견표명의 기회를 부여하여야 하는가가 하나의 쟁점이 되어 오고 있다. 즉 신청을 거부하는 처분이 당사자의 권리를 침해하는 행정행위에 해당되는가가 문제로 되어 있다.

[부 정 설]

Detterbeck 교수에 의하면 "신청의 거부를 통해서 그의 권리의 존속에 대한 침해는 없다. 신청된 급부에 대한 법적 청구권이 존재하는 한 거부가 위법한 경우에만 침해가 있다. 이에 반하여 청구권이 실제로 존재하지 않기 때문에 거부되었다면 당사자의 권리에 대한 침해는 없다. 그러므로 신청에 대한 거부처분의 경우에 문제가 되는 유일한 경우로서, 즉 위법한 거부는 청문의 문제에 대해서 실제적으로 문제될 가능성이 없다. 왜냐하면 행정청이 고의적으로 위법하게 행동하지는 않기 때문이다. 따라서 신청의 거부의 경우에 이루어지는 청문은 반대로 해석하면 위법성의 승인이 될 것이다. 또한 제28조의 문언이나 제정이유를 보아도 신청의 거부에까지 확장하여 적용할 수는 없다. 여기서 행정행위를 신청하는 국민은 이미 그에게 매우 중요하게 보이는 문제들에 대해서 의견을 제출할 기회를 가진다는 것이 고려되어져야 한다. 이 기회로 인해서 제28조 제1항의 청문의 요청을 충족한다. 다만 행정청이 신청의 거부를 신청인이 아직 제시하지 아니하였던 상황에 기초하는 경우에만 법치국가적인 기능 때문에 제28조 제1항을 유추적용할 수 있을 것이다"라고 주장한다(Detterbeck, Rn 943).

Bonk 교수에 의하면 "연방행정절차법 제28조 제1항에서 말하는 청문의 기회가 주어져야만 하는 '당사자의 권리를 침해하는 행정행위'의 범위는 동법 제49조 제1항의 수익적 행정행위의 대칭개념인 부담적 행정행위보다 좁다. 제28조의 초안에서는 제1항 제2문에서 "행정행위의 발급을 대상으로 하는 신청이 거부된 경우에는" 청문의 권리를 규정하였었다. 그러나 이러한 내용이 제정과정에서 의도적으로 탈락되었다(Stelkens/Bonk/Sachs, § 28 Rn 28). 당사자에게 권리침해가 있기 위해서는 '당사자의 현존하는 권리의 영역이 행정결정에 의하여 침해를 받게 된 경우, 즉 현상태로부터 감소상태로의 변화의 경우'가 되어야 한다. 제28조 제1항의 주된 적용범위는 침해행정에 있어서의 행정행위이며, 신청의 거부는 다수의 경우 이 조항에 포함될 수 없다"고 주장한다(참조: 김철용, 135면).

[긍 정 설]

Ule 교수는 연방행정절차법 제28조 제1항의 당사자의 권리를 침해하는 행정행위에는 "수익적 행정행위의 거부도 포함된다고 본다. 이는 신청인이 수익적 행정행위의 발급과 관련하여 청구권을 가지는가라는 문제와는 무관하다. 신청에 대한 결정이 행정청의 재량에 놓여 있더라도 행정청은 결정에 중요한 사실들을 들어야만 한다. 재량결정의 경우에 있어서는 더욱 더 신청인에게 알려지지는 않았으나 결정에 영향을 끼치는 사실들이 중요하다"라고 주장한다(Ule/Laubinger, § 24 Rn 2).

Wolff/Bachof/Stober 교수에 의하면 "기본권과 결부된 허가유보부 금지에 있어서 신청절차는 특정한 공익을 미리 보호하자는 목적이 있다. 그러므로 허가의 거부는 법적으로 침해적 행정행위의 하나인 금지처분의 발급과 동일시된다. 따라서 기본권향유자의 관점에서 볼 때 허가의 거부는 미리 설치된 허가절차를 통하여 이루어지는 기본권침해를 의미한다. 절차의 선택이 법치국가적 보장을 허무는 방향으로 나아가서는 아니 된다. 이에 대해서는 약간의 부연설명이 필요한데, 즉 허가유보부 금지의 경우에는 원칙적으로 기본권으로서 자연적 자유에 속하는 것이므로 국민은 이를 당연한 권리로서 향유할 수 있는 것이다. 그런데 행정청은 공익보호차원에서 선재적으로 금지를 하고 있는 것인데 만약에 이를 금지할 필요성이 사라졌음에도 불구하고 행정청이 국민의 신청에 대해서 허가거부를 한다면 이는 국민에게는 금지처분을 발급하는 것과 동일한 효과를 가져오는 것이라는 의미이다. 그리고 이러한 자연적 자유는 미리 금지를 하지 말고 처음에는 자유로서 허용하고 추후에 공익적 필요가 있는 경우에만 금지하면 될 것이라는 관점에서 국가가 어떠한 규제절차를 취하는가에 따라서 국민에게 커다란 영향을 미친다는 것이며, 그렇다면 규제절차를 법치국가적인 관점에서 선택함에 있어서 국민의 기본권을 축소하는 방향으로 선택하여서는 아니 된다는 의미이다. 행청절차에서 당사자는 이미 그의 관점을 표명할 기회를 가진다는 주장은 근거가 충분하지 못하다. 왜냐하면 청문은 행정청이 당사자의 의견표명을 따르지 않을 때 즉 행정청의 견해가 다를 때 보다 의미가 있기 때문이다. 나아가 청문은 사안의 탐구 후에 행정청의 종국적 결정이 예측가능한 시점에 이르러서 비로소 실시되어야 하기 때문이다. 당사자의 권리에 대한 침해는 결과적으로 신청이 거부되고 이를 통해서 예를 들면 기본권과 관련된 허가유보부 금지의 경우처럼 전적으로 심사절차의 유보 하에서 제한된 현재의 지위가 확정적으로 제한된다면 존재할 수 있다. 물론 신청된 행정행위를 통하여 주관적 법적 지위에 대한 침해가 없이 자신의 권리의 영역을 확장하는 국가의 급부를 구하는 경우라면 다를 수도 있다"라고 주장한다(Wolff/Bachof/Stober, § 60 Ⅱ 2 Rn 66).

Kopp 교수에 의하면, "제28조 제1항의 의미에서의 침해란 침해행정영역에서 침해행위만이 아니라, 제2항 제3호를 통해서 확인되듯이 모든 부담적인 당사자의 법적으로 보호된 지위를 침해하는 행정행위들이다. 여기에는 행정행위의 취소나 철회와 같은 수익을 제한하거나 포기하는 행정행위들도 포함된다(Kopp, § 28 Rn 10). 다만 당사자에게 급부나 그 밖의 수익을 거부하는 행정행위 특히 수익적 행정행위의 전체적 혹은 부분적 거부에 대해서는 견해의 대립이 있다. 국민을 법적 불이익으로부터 보호하여야 한다는 규정의 목적상, 특히 규정의 법치국가의 내용상, 수익의 거부 그리고 특히 수익적 행정행위의 발급신청의 거부도 제28조 제1항의 침해에 해당된다. … 이것은 이러한 경우에는 당사자의 권리가 침해되기 때문이다. 왜냐하면 행정청의 결정이 재량에 속하거나 혹은 판단여지를 가지는 경우에는 적어도 무하자재량행사에 대한 형식적 주관적 권리를 갖기 때문이다"라고 주장한다(Kopp, § 28 Rn 10).

P. Badura 교수는 "연방행정절차법 제28조 제1항에서 말하는 '당사자의 권리를 침해하는 행정행위'를 좁게 해석하는 견해에 대하여 납득할 수 없다. 결정이 단지 법적지위를 보장하는, 즉 좁은 의미에 있어서 이미 존재하는 권리를 침해하는 것이 아닐지라도, 예를 들어 허가나 급부승인에 대하여 결정함으로써 이러한 결정이 법적으로 보호된 당사자의 이익을 규율하는 것이다. 그 한도 내에서 당사자는 절차에 있어서 그들의 권리를

주장할 수 있지 않으면 아니 된다. 결정에 중요한 사실들을 표명할 권리는 법치국가의 최소한을 설정한다"라고 주장한다(Badura in Erichsen/Ehlers, § 37 Rn 15).

Maurer 교수는 "거부처분과 침해적 행정행위의 구분이 거의 불가능하다는 점을 도외시하더라도, 거부처분(예를 들면, 보조금 교부나 생활부조의 거부)은 당사자에게 종종 침해적 행정행위와 같다. 예컨대 건축허가나 영업허가의 거부처럼 예방적 통제에 이바지하는 허가의 거부는 연방행정절차법 제28조 제1항에서 말하는 침해적 행정행위에 속한다. 그렇지만 행정행위의 거부 전에 행하는 청문이 실무상 커다란 의미를 갖지는 못한다. 왜냐하면 거부 전에 통상적으로 신청이 행해지며, 신청자는 이미 신청과 신청의 근거로서 그의 의견표명의 기회를 갖기 때문이다. 그러나 그것이 그 밖의 청문원칙들의 고려(행정청을 통한 의견표명의 인지와 고려, 경우에 따라서 보충질의)를 배제하는 것은 아니다. 나아가 당사자는 본질적인 법적문제에 대하여 입장을 밝힐 수 있는 기회를 가져야만 한다. 법적문제와 사실문제는 밀접하게 관련되어 있기 때문에 (청문에 있어서) 법적인 관점에로의 확대가 자연스럽게 이루어지게 되어 있다. … 그러므로 행정절차법 제28조의 헌법합치적 해석을 통하든지 아니면 제28조를 보충하든지 아무튼 반복하여 헌법적인 기초로 돌아가야 한다. 그렇다면 신청된 수익에 대한 거부처분도 포함하여 모든 부담적 행정행위에 대한 청문의 확장은 경우에 따라서는 헌법합치적 해석을 통하여서 근거지워질 수도 있다. 청문에 대한 제한을 규정하는 제28조 제2항과 제3항은 헌법적인 관점에서 좁게 해석되어야 한다"라고 주장한다(Maurer, § 19 Rn 20). 학설에 있어서는 긍정설이 다수 학자의 견해이다.

[연방행정법원의 판례]

연방행정법원의 판례는 거부처분에 대하여 청문을 하여야 하는가와 관련하여 부정적인 입장을 취하고 있다. 연방행정법원에 의하면 "연방행정절차법 제28조 제1항을 적용함에 있어서 당사자의 현재까지의 법적 지위가 '현상태로부터 감소상태로 변화'한 경우에만 '당사자의 권리를 침해하는 행정행위'가 있다고 보고, 이제 막 법적 지위를 부여하려는 행정행위의 거부의 경우에는 침해가 존재한다고 보기 어렵다"고 판시하였다(BVerwG Urteil vom 14. 10. 1982).

[소 결]

독일에서는 상기의 견해들을 고찰할 때 부정설을 주장하는 학자들은 연방행정법원의 입장과 마찬가지로 연방행정절차법 제28조 제1항에서 말하는 청문의 기회가 주어져야만 하는 '당사자의 권리를 침해하는 행정행위'의 범위는 '당사자의 현존하는 권리의 영역이 행정결정에 의하여 침해를 받게 된 경우, 즉 현상태로부터 감소상태로의 변화의 경우'라고 주장한다. 그렇지만 부정설의 입장에서도 예외적인 상황 하에서는 행정절차법상의 청문을 긍정하는데, Detterbeck 교수에 의하면 행정청이 신청의 거부를 신청인이 아직 제시하지 아니하였던 상황에 기초하는 경우이다. 긍정설의 입장에서는 신청에 대한 거부도 연방행정절차법 제28조 제1항에서 말하는 청문의 기회가 주어져야만 하는 '당사자의 권리를 침해하는 행정행위'에 포함된다고 본다. 왜냐하면 첫째로, 행정청은 그 결정에 중요한 사실들을 들어야만 하기 때문이고, 둘째로, 기본권과 결부된 허가유보부 금지에 있어서 허가의 거부는 법적으로 침해적 행정행위의 하나인 금지처분의 발급과 동일시되며, 셋째로, 청문은 행정청이 당사자의 의견표명을 따르지 않을 때 즉 행정청의 견해가 다를 때 보다 의미가 있으므로, 신청절차에서 당사자는 이미 그의 관점을 표명할 기회를 가진다는 주장은 근거가 충분하지 못하기 때문이며, 넷째로, 국민을 법적 불이익으로부터 보호하여야 한다는 규정의 목적상, 특히 규정의 법치국가의 내용상, 수익의 거부 그리고 특히 수익적 행정행위의 발급신청의 거부도 제28조 제1항의 침해에 해당되기 때문이며, 다섯째로, 오늘날 기본권의 활용에 있어서 국가의 급부에 의존하고 있는 사실로 볼 때 이러한 급부의 거부는 실제적으로 기본권활용의 방해에 해당하기 때문이다.

[검　　토]

이상의 논의를 바탕으로 하여 우리나라에 있어서 거부처분이 '당사자에게 의무를 과하거나 권익을 제한하는 처분'에 해당하는가에 대해서 고찰하기로 한다.

먼저 우리나라의 대상불포함설의 입장에 서있는 학자들이 주장하는 내용에 대해서 보다 깊이 있는 근거를 독일 학자들의 견해를 통해서 찾아볼 수 있다. 예를 들면 홍정선 교수는 "수익적 행위의 거부도 침익적 성질을 갖는다고 볼 때"라고 주장하고, 박균성 교수는 "신청을 통하여 의견제출의 기회를 준 것으로 볼 수 있으므로"라고 주장하였으나 그 근거를 제시하고 있지 아니한바, 독일 학자들은 기본권 향유자의 관점에 볼 때 특히 허가유보부 예방적 금지에 있어서 허가거부는 기본권 침해에 해당됨을 근거로 제시하고 있다. 또한 신청을 통한 의견제출의 기회와 관련하여서도 독일의 부정설의 입장에서도 이미 "신청인이 제시하지 아니하였던 상황에 기초하는 경우"에는 그 기회가 없었음을 긍정하고 있다. 김철용 교수가 적절히 지적하는 바와 같이 본 사안에서 피고가 원고에게 교수임용거부처분을 하면서 그 이유로서 연구실적물평가가 교원으로서의 적격판정에 미달한다는 것이고 그 속에서 피고는 원고의 연구실적물이 표절 내지 변조된 것으로 판정하고 있는바, 논문의 표절 내지 위조 여부가 연구실적물평가에 있어서 가장 중요한 요소임에도 불구하고 피고는 그에 대한 원고의 의견진술의 기회를 준 바가 없다. 그리고 독일의 논의를 고찰해 보면 우리나라의 대상불포함설에서 주장되고 있는 논거들은 상당부분 극복되었음을 알 수 있다.

그러므로 거부처분도 당사자의 권익을 제한하는 처분에 해당된다고 보아야 할 것이다. 이러한 주장의 이유로는 첫째로, 당사자는 거부처분을 발급받기 전에 자신의 주장을 밝힐 수 있어야 하고 행정청은 그 결정을 내림에 있어서 결정을 내리기 전에 중요한 사실들을 들어야만 하기 때문인데 이는 헌법적인 요청에 해당되는 것이고, 둘째로, 기본권과 결부된 허가유보부 금지에 있어서 허가의 거부는 법적으로 볼 때 이미 보장되어 있는 기본권에 대한 행사를 제한하는 의미에서 전형적인 침해적 행정행위로 평가될 수 있으며, 셋째로, 신청인이 신청을 할 때에는 거부처분과 관련된 모든 중요한 사실적 법적 상황에 대해서 의견을 표명할 기회를 갖지 못하며, 넷째로, 행정청이 새로운 사실이나 법적 기초에 근거하여 거부하려고 하는 경우에는 신청자가 고려하지 못한 것이므로 이에 대해서 의견을 진술할 기회를 가져야 하며, 넷째로, 오늘날 기본권의 의미는 국가의 급부에 크게 의존하고 있기 때문이다.

대법원은 "신청에 따른 처분이 이루어지지 아니한 경우에는 아직 당사자에게 권익이 부과되지 아니하였으므로 특별한 사정이 없는 한 신청에 대한 거부처분이라고 하더라도 직접 당사자의 권익을 제한하는 것은 아니어서 신청에 대한 거부처분을 여기에서 말하는 '당사자의 권익을 제한하는 처분'에 해당한다고 할 수 없는 것이어서 처분의 사전통지대상이 된다고 할 수 없다"라고 판시하고 있는바, 이러한 대법원의 판시는 정확한 법리적 근거를 따져 봄이 없이 막연히 행정절차의 대상을 넓히는 경우에 행정의 수행에 지장을 초래하지나 않을까 하는 행정편의주의적인 입장을 대변하고 있다고 사료된다. 특히 대법원이 근거로 제시하는 '신청에 따른 처분이 이루어지지 아니한 경우에는 아직 당사자에게 권익이 부과되지 아니하였으므로'와 관련하여 신청인이 이미 가지고 있는 권익에 대한 고려가 없다는 문제가 있다. 이에 대해서 독일의 학자들이 기본권과 관련시켜서 적절히 지적하고 있으며, 우리나라의 학자들도 예방적 금지로서의 허가를 설명함에 있어서 국민이 가지는 기본권과 결부하여서 설명하고 있음에도 우리 대법원이 이에 대해서 다루지 아니한 것은 문제이다.

4. 판결의 의미와 전망

대상판례는 지금까지는 우리나라에서는 문제가 되지 아니하였던 거부처분의 경우에 사전통지를 하여야 하는가에 대해서 하나의 기본적인 방향을 제시하는 선구적인 판례로서의 의미를 가진다. 본 판례에서 거부처분이 왜 당사자의 권익을 제한하는 처분이 아닌가와 관련하여 충분한 이유를 설시하지 못한 점이 아쉬운 점이다. 다만, 대법원은 "신청에 따른 처분이 이루어지지 아니한 경우에는 아직 당사자에게 권익이 부과되지 아니하였으므로 '특별한 사정이 없는 한' 신청에 대한 거부처분이라고 하더라도 직접 당사자의 권익을 제한하는 것은 아니어서 신청에 대한 거부처분을 여기에서 말하는 '당사자의 권익을 제한하는 처분'에 해당한다고 할 수 없는 것이어서 처분의 사전통지대상이 된다고 할 수 없다"라고 판시하고 있는바, 그렇다면 특별한 사정이 있다면 거부처분도 권익을 제한하는 처분이 될 수 있다는 가능성을 열어 두고 있는 점에서 긍정적으로 바라볼 수 있다. 여기서 '직접'이라는 문구는 그 자체로 당연한 말을 표시한 것에 지나지 않는다. 왜냐하면 당사자의 권익을 간접적으로 제한하는 처분은 사물의 본질상 포함될 수 없기 때문이다. 즉 권익을 제한하는 처분의 범위를 제한할 필요가 있음은 당연하며 그 범위로서 '직접' 제한하는 처분으로 한정하는 것이며 이러한 직접성은 법문언에는 포함되어 있지 아니할지라도 사물의 본질상 당연한 것인바, 판례는 다만 이를 표현한 것에 지나지 않는다. 독일 연방행정법원의 판례도 행정행위의 거부의 경우에는 당사자의 권리를 침해하는 행정행위가 있다고 보기 어렵다고 판시하였는바, 당분간은 이러한 입장으로부터 급선회하기란 어렵다고 보인다. 다만, 우리 대법원이 가능성으로 열어두고 있는 '특별한 사정'에 대해서 사안별로 논리를 접근할 필요가 있다고 사료된다.

〈참고문헌〉

김동희, 행정법 I 제11판, 박영사, 2008.

김철용, "거부처분과 행정절차법 제21조", 한국공법이론의 새로운 전개, 삼지원, 2005. 6.

박균성, 행정법강의 제5판, 박영사, 2008.

오준근, 행정절차법, 삼지원, 1998.

윤형한, "사전통지의 대상과 흠결의 효과", 행정판례연구 10집, 박영사, 2005. 6.

정하중, 행정법개론, 법문사, 2007.

최계영, "거부처분의 사전통지—법치 행정과 행정의 효율성의 조화—", 행정법연구 18호, 행정법이론실무학회, 2007. 8.

홍정선, 행정법원론(상) 제14판, 박영사, 2006.

Badura in Erichsen/Ehlers, AllgVerwR, De Gruyter Recht · Berlin, 2002.

Clausen, in: Knack, VwVfG, Kommentar, Carl Heymanns, 2004.

Detterbeck, AllgVerwR, 3. Aufl., C.H.Beck, 2005.

Kopp, VwVfG, 6. Aufl., C.H.Beck, 1996.

Maurer, AllgVerwR, 16. Aufl., C.H.Beck, 2006.

Stelkens/Bonk/Sachs, VwVfG, Kommentar, 7. Aufl, C.H. Beck , 2008.

Ule/Laubinger, VwVfR, 4. Aufl., Carl Heymanns, 1995.

Wolff/Bachof/Stober VerwR Band 2, C.H.Beck, 2000.

39. 청문의 흠이 있는 처분의 효과

— 대법원 2001. 4. 13. 선고 2000두3337 판결 —

김　광　수*

Ⅰ. 판결개요

1. 사실관계

원고 갑은 유기장을 운영하면서 손님에게 유기기구를 이용하여 사행행위를 하게 하였다. 피고 구청장은 원고의 행위가 (구)공중위생법에 위반되었음을 이유로 행정처분을 하고자 하였다. 이법 제12조는 유기장업자는 손님에게 유기시설 또는 유기기구를 이용하여 도박 기타 사행행위를 하게 하거나 이를 하도록 내버려두어서는 아니 된다고 규정하고 있었으며, 제23조에서는 영업자등이 이 법 또는 이 법에 의한 명령에 위반한 때에는 그 영업허가의 취소 또는 폐쇄명령을 하거나 6월 이내의 기간을 정하여 영업정지를 명할 수 있다고 규정하고 있었다.

피고 구청장은 1998년 12월 원고 갑에 대하여 그 주소지 및 유기장업소로 두 차례에 걸쳐 청문통지서를 발송하였으나 수취인 부재 및 수취인 미거주를 이유로 청문통지서가 반송되어 오자 행정절차법의 규정에 의하여 1998년 12월 28일에, 1999년 1월 21일 11시에 청문을 실시한다는 내용의 청문통지의 공고를 하였다. 원고는 공고된 청문일시에 출석하지 아니하였고, 피고는 청문을 실시하지 않고 1월 25일 원고의 유기장 영업허가를 취소하는 처분을 하였다. 원고는 이에 대하여 청문을 실시하지 않고 한 유기장 영업허가의 취소처분은 위법하다고 주장하였다.

2. 소송경과

이 사건에서 원고는 법령상 청문을 거치도록 규정하고 있음에도 청문을 거치지 않은 본 사건 처분은 위법하여 취소의 대상이 된다고 주장하였다. 원심인 서울고등법원에

---

* 서강대학교 법학전문대학원 교수.

서는 원고의 청구를 기각하였는데 이에 대하여 원고가 상고하였다.

3. 판결요지

"이러한 청문절차에 관한 각 규정과 행정처분의 사유에 대하여 당해 영업자에게 변명과 유리한 자료를 제출할 기회를 부여함으로써 위법사유의 시정 가능성을 고려하고 처분의 신중과 적정을 기하려는 청문제도의 취지에 비추어 볼 때, 행정청이 침해적 행정처분을 함에 즈음하여 청문을 실시하지 않아도 되는 예외적인 경우에 해당하지 않는 한 반드시 청문을 실시하여야 하고, 그 절차를 결여한 처분은 위법한 처분으로서 취소 사유에 해당한다."

Ⅱ. 평 석

1. 쟁점정리

행정절차법의 실시에 따라서 처분을 하기 전에는 의견청취 절차를 거쳐야 한다. 의견청취 절차에는 의견제출, 청문 및 공청회가 포함된다. 불이익 처분시에는 적어도 의견제출의 기회를 부여하여야 하며 법률상 청문을 하도록 규정하였거나 행정청이 필요하다고 인정하는 경우에는 청문을 하여야 한다. 그런데 이 사안과 같이 법률상 청문을 실시하도록 규정하고 있음에도 청문을 거치지 않아도 되는 경우 그 법적인 효력이 문제된다. 아울러 일정 처분을 하기 전에 거쳐야 하는 청문 절차의 내용에 관해서도 검토가 필요하다.

2. 관련판례

대법원 1983. 6. 14. 선고 83누14 판결
대법원 1991. 7. 9. 선고 91누971 판결
대법원 1992. 2. 11. 선고 91누11575 판결
대법원 2000. 11. 14. 선고 99두5870 판결
대법원 2004. 5. 28. 선고 2004두1254 판결
대법원 2004. 7. 8. 선고 2002두8350 판결
대법원 2007. 11. 16. 선고 2005두15700 판결

3. 판결의 검토

대법원의 판례는 절차상 흠의 효과에 대하여 독립적인 취소사유로 보는 입장을 채택하고 있다. 청문에 관한 요건을 결한 행정처분의 효력에 관하여 대법원이 내린 판결을

일별해 보면 다음과 같다. 먼저, 관계법령에 청문에 관한 규정이 있을 때에는 청문을 거치지 않고 내린 행정처분은 위법하다고 보고 있다.

식품위생접객업소 영업정지명령 취소 등 사건에서 대법원은 "식품위생법 제64조 같은 법 시행령 제37조 제1항 소정의 청문절차를 전혀 거치지 아니하거나 거쳤다고 하더라도 그 절차적 요건을 제대로 준수하지 아니한 경우에는 가사 영업정지사유등 위 법 제58조등 소정의 사유가 인정된다 하더라도 그 처분은 위법하여 취소를 면할 수 없다"고 판시하였다(대법원 1991. 7. 9. 선고 91누971 판결. 같은 취지(영업소폐쇄명령 처분취소): 대법원 1983. 6. 14. 선고 83누14 판결).

건축허가취소처분 취소 사건에서 대법원은, "시장 또는 군수가 미리 청문절차를 거치지 아니한 채 건축허가를 취소한 처분은 건축법 제42조의3 단서 소정의 예외적인 경우가 아닌 한 위법한 것이다"(대법원 1990. 1. 25. 선고 89누5607 판결)고 판시하였다.

그러나 법률에서 청문을 규정하고 있으나 당해 규정에서 직접 예외사유를 인정하고 있는 경우에는 그렇지 아니하다. 운전면허취소등 처분취소 사건에서 대법원은, "개인택시 운전자가 음주측정결과에 의하여 음주운전의 내용을 직접 확인한 이상, 관할 관청이 이를 이유로 개인택시 운송사업면허를 취소함에 있어서 운전자의 의견을 듣지 아니하였다 하여 그 절차에 위법이 있다고 할 수 없다"고 판시하였다(대법원 1989. 12. 26. 선고 89누5669 판결. 같은 취지(중고자동차 매매사업 허가취소처분 취소): 대법원 1992. 7. 14. 선고 91누12080 판결). 이 경우는 도로운송사업법 제31조의3이 청문을 거칠 것을 규정하면서도 단서 조항을 두어 예외를 인정하고 있는 경우이다.

그러나 관계 법률에서 직접 청문을 할 것을 규정하고 있지 아니한 경우에는 청문을 거치지 아니한 행정처분의 효력에 관하여 대법원은 일관된 태도를 보이지 않고 있다.

관계규정에서 청문절차를 규정하고 있지 아니한 경우에 대법원은 청문을 거치지 않아도 당해 처분은 원칙적으로 적법하다고 본다(대법원 1994. 3. 22. 선고 93누18969 판결). 주택조합설립인가 취소처분 취소청구사건에서 대법원은 "관계법령에서 청문절차를 시행하도록 규정하지 않고 있는 경우에는 그 행정처분이 위법하게 되는 것이 아니라고 할 것"이라는 내용의 판결을 하였다.

한편으로는 유형문화재지정 고시처분 취소사건에서 대법원은 "행정절차운영지침에 의하면 행정청이 공권력을 행사하여 국민의 구체적인 권리 또는 의무에 직접적인 변동을 초래하게 하는 행정처분을 하고자 할 때에는 미리 당사자에게 행정처분을 하고자 하는 원인되는 사실을 통지하여 그에 대한 의견을 청취한 다음 이유를 명시하여 행정처분을 하여야 한다고 규정되어 있으나 이는 대외적 구속력을 가지는 것이 아니므로, … 위법한 것이라고 할 수 없다"라고 판시하였다(대법원 1994. 8. 9. 선고 94누3414 판결).

대법원은 지가결정에 관한 의견진술에 관하여, "이해관계인에게의 의견진술 기회부여라는 절차는 위 지침 제6조 5, 6호에서 그 밖에 토지평가위원회의 심의와 건설부장관의 확인 등 지가결정의 정당성을 담보하기 위한 다른 절차를 두고 있는 점에 비추어 지가결정행위의 정당성을 확보하기 위해 필수불가결한 절차로는 보여지지 아니하므로 그와 같은 절차위반의 하자가 있다 하여 지가결정처분 자체가 당연무효가 되는 것은 아니다"라는 취지의 판결을 하였다(대법원 1994. 2. 8. 선고 93누111 판결).

대법원은 위에서 보듯이 과거 행정절차 운영지침에 의한 청문의 경우도 그것이 법에 규정되어 있지 않았다는 이유로 하여, 그것의 대외적 효력을 부인하는 입장에 서 있었다. 그러나 이는 헌법의 적법절차 조항을 너무 좁게 보는 것이며, 제12조의 적법절차는 적어도 국민의 자유권적 기본권에 대해서는 그 적용이 있는 것으로 봐야 할 것이다. 나아가 우리 헌법이 그 이념으로 하고 있는 법치국가 원리에 의하면 불이익 처분을 할 때에는 처분의 상대방에 대하여 의견청취의 기회를 부여하는 것이 헌법상 요청된다고 보겠다. 행정절차법 제22조의 의견청취에서 '행정청이 당사자에게 의무를 과하거나 권익을 제한함에 있어서는 의견제출의 기회를 주어야 한다'는 취지에서 볼 때, 그러한 기회를 주지 않는 입법이나 처분은 위헌 혹은 위법임을 면치 못한다고 볼 것이다. 그러나 이러한 처분의 효과에 있어서는 반드시 취소대상이 되는가의 문제는 또 따로 평가·판단되어야 할 문제이다.

이 사안과 같이 청문을 하도록 규정하고 있음에도 불구하고 이를 결여한 행위에 대해서는 우선 청문을 하지 않을 정당한 사유가 있는지 확인하여야 한다. 청문을 하지 않을 정당한 사유는 사전통지가 생략되는 이유와 동일하다. 즉, 1. 공공의 안전 또는 복리를 위하여 긴급히 처분을 할 필요가 있는 경우, 2. 법령등에서 요구된 자격이 없거나 없어지게 되면 반드시 일정한 처분을 하여야 하는 경우에 그 자격이 없거나 없어지게 된 사실이 법원의 재판등에 의하여 객관적으로 증명된 때 그리고 3. 당해 처분의 성질상 의견청취가 현저히 곤란하거나 명백히 불필요하다고 인정될 만한 상당한 이유가 있는 경우에는 청문을 하지 않을 수 있다. 또한 당사자가 의견진술의 기회를 포기한다는 뜻을 명백히 표시한 경우에는 의견청취를 아니할 수 있다(행정절차법 제22조 제4항 후문).

의견청취 절차를 경유하는 경우에도 어느 만큼의 절차적 보장이 있어야 하는지에 대한 견해에 따라서 절차상 흠이 있었느냐를 판단하는 태도가 달라질 수 있다. 의견제출절차가 명실상부한 절차보장으로 작용하기 위하여 청문과 함께 부수적으로 필요한 절차적인 조건들을 살펴본다. 이러한 조건들은 특별한 규정이 있는 경우에는 그러한 규정에 의하겠으나 그렇지 않은 경우에는 행정절차법의 규정에 따르므로 여기서는 일반적인 절차를 위주로 기술한다.

우선 사전통지가 있다. 당사자가 자기에게 유리한 사실을 진술하고 증거를 제출하기 위해서 적당한 기간을 둔 통지는 의견청취 절차에서 필수적인 요건으로 본다. 특별한 청문을 실시하고자 하는 경우에는 10일 전까지 당사자 등에게 통지하여야 한다(법 제21조 2항). 의견제출기한은 의견제출에 필요한 상당한 기간을 고려하여 통지하여야 한다(동조 제3항). 공청회의 경우에는 공청회 개최 14일 전까지 각호의 사항을 당사자 등에게 통지하고, 관보·공보 또는 일간신문 등에 공고하는 등의 방법으로 널리 알려야 한다.

둘째로는 공정성의 보장이다. 공정성은 투명성과 함께 행정절차법의 제1의 목표사항으로 규정되어 있다(법 제1조). 공정성을 보장함에 있어서는 청문주재자 선정에서의 공정, 청문진행에서의 공정, 공청회 진행의 공정 그리고 발표자 선정의 공정 등(법정사항)이 특히 중요하다.

셋째로는 실질적인 의견진술 기회의 보장이다. 이를 위해서는 처분의 사전통지시에는 특히 처분하고자 하는 원인이 되는 사실과 처분의 내용 및 법적 근거를 기재하여야 할 것이다(법 제21조 1항 3호). 또한 청문시에는 당사자의 의견진술권 및 증거제출권, 참고인·감정인에 대한 질문권이 보장되어야 한다. 공청회의 경우에는 발표자의 발표가 끝난 후에 발표자 상호간에 질의 및 답변을 할 수 있도록 하여야 하며, 방청인에게도 의견을 제시할 기회를 주어야 한다(법 제39조 4항). 방청인의 의견도 발표자의 발표내용에 대한 찬성 및 반대 의견을 균형 있게 청취하여야 한다. 실질적인 기회보장을 위해 중요한 당사자의 권한은 제37조에 의한 문서열람권이다. 여기에 해당되는 문서에는 당해 사안의 조사결과에 관한 문서 기타 당해 처분과 관련되는 문서이다.

마지막으로는 의견청취 결과를 최종처분에 반영하는 일이 중요하다. 의견제출에 대하여 행정청은 처분을 함에 있어서 당사자 등이 제출한 의견을 성실히 고려하여야 한다(법 제27조 5항). 청문의 종결시에는 청문주재자가 청문조서 기타 관계서류를 행정청에 제출하고, 행정청은 제출받은 청문조서 기타 관계서류 등을 충분히 검토하고, 상당한 이유가 있다고 인정하는 경우에는 이를 처분에 적극 반영하여야 한다(법 제39조 4-5항). 공청회에서 제시된 사실 및 의견이 상당한 이유가 있다고 인정되는 경우에 행정청은 처분을 함에 있어서 이를 반영하여야 한다(법 제39조 5항). 의견청취 결과가 얼마나 반영 혹은 고려되었나를 알기 위해서는 의견청취 기록이 잘 작성되고 기록 및 증거가 잘 보관되어야 할 것이다. 당사자 등이 구술로 의견제출을 한 경우에 행정청은 서면으로 그 진술의 요지와 진술자를 기록해 두어야 한다(법 제27조 3항). 청문주재자는 당사자 등의 진술의 요지 및 제출된 증거 등이 기재된 청문조서를 작성하여야 한다(법 제34조 1항). 당사자 등은 청문조서의 기재내용을 열람·확인할 수 있으며, 이의가 있을 때에는 그 정정을 요구할 수 있다(동조 2항).

법원은 이 사안에서 청문통지서가 반송되어 온 경우에도 이를 공고하고, 당사자가 불출석 한 경우 청문 없이 처분을 한 경우에 위법하여 취소의 대상이 되는 것으로 보았는데, 타당한 결정인 것으로 생각한다.

4. 판결의 의미와 전망

행정절차에 대한 관점은 두 가지로 나누어진다. 우선 많이 통용되는 관점은 절차를 행정행위가 현실화되도록 하는 수단으로 보는 것이다. 그러나 여기에 대한 반론도 많이 있다.

행정절차의 흠의 효과는 절차의 성질에 따라서 달리 판단하여야 할 것이라고 보는 견해는 오래 전부터 많은 지지를 얻고 있다. 한 견해에 따르면, (1) 절차가 대립하는 당사자의 공정한 조건을 위하여 혹은 이해관계인의 권리 · 이익을 보호하기 위하여 필요불가결한 중요한 절차인 때에는 행위의 유효요건이고, (2) 절차가 그 정도로 중요하지 않고, 다만 행정의 원활성과 능률성, 적정한 행정판단을 위한 참고 등을 위한 편의 정절차인 때에는 그것을 결여하여도 취소대상에 그치거나 효력에 영향이 없는 것으로 본다. 법률상 필요한 상대편의 신청 또는 동의를 결여한 행위, 필요한 공고 또는 통지를 결여한 행위, 필요한 이해관계인의 참여 또는 협의를 결여한 행위 그리고 필요한 공청 또는 변명의 기회를 주지 아니한 행위는 중대한 절차위반으로 원칙적으로 무효로 본다.

절차의 효력에 관한 다른 견해에 의하면 어떤 절차적 요건인가에 따라서 그 효과를 나누어서 판단하고 있다. 가령 청문절차와 이유부기를 서로 다른 범주로 보고 이유부기에 대해서는 청문보다 절차상 흠에 대해서 엄격한 제재를 가할 필요가 있다고 한다. 또 청문절차의 경우에도 그것이 의무위반을 이유로 한 제재처분에 있어서 변명의 기회를 부여하기 위한 것인가, 아니면 문화재보호법에 의한 문화재지정을 하면서 그 대상물의 소유자에게 의견제출의 기회를 부여하기 위한 것인가에 따라서 그 효과를 다르게 평가하여야 할 것으로 본다.

행정절차법은 행정처분의 적정성, 민주성 그리고 효율성의 확보를 위하여 중요한 의미를 가진다. 만일 행정절차를 처분의 보조적인 수단으로만 간주하면 절차위반에 대한 적절한 제재수단을 확보하기 어려울 것이다. 행정절차 가운데서도 중요한 사전통지, 이유제시, 의견청취 절차, 행정상 입법예고절차 등은 국민의 권익보호를 위해서 중요하다. 따라서 이들 절차 위반이 수반되는 처분에 대해서는 원칙적으로 위법하여 취소사유가 존재하는 것으로 보아야 한다. 다만 이 사안과 같이 법률의 적용상 어느 정도의 절차를 거쳐야 하는 것인지 모호한 경우가 발생하게 되는데 이때에도 절차의 종류와 취지, 행정청에서 어느 정도로 상대방의 절차적인 권익보호를 위한 노력의 유무 등을 이유로 판단하여야 할 것이다.

청문의 불이익 처분의 상대방에게 유리한 자료를 제출할 수 있는 기회를 보장해 주는 의미를 가진다. 즉, 당사자의 권리로서 인정되는 것이기 때문에 당사자가 청문권 행사의 기회를 포기한다는 뜻을 명백히 표시한 경우에는 이를 행하지 않을 수 있다. 사안에서는 두 차례에 걸친 청문통지서 발송이 반송되어 오자 청문통지를 공고하고 당사자의 출석이 없는 상태에서 영업허가를 취소하였다. 즉, 청문을 실시하지 아니하고 불이익처분을 하였다. 따라서 쟁점은 수취인 불명으로 인한 우편물의 반송이 청문불실시의 사유가 될 것인지의 여부이다. 원심과는 다르게 대법원은 행정절차법을 엄격하게 해석하여 청문불실시의 예외적인 사유가 되지 아니한다고 판시하였다. 이는 타당한 법해석이라고 판단된다. 유기장업소에서 영업행위가 이루어지고 있는 이상 사전통지를 할 수 있는 방법이 있을 것으로 판단된다. 다만 행정청으로서는 동일 사유에 대하여 다시 사전통지 및 청문을 거쳐서 유기장 영업허가를 취소할 수 있을 것이다.

〈참고문헌〉

최송화, 절차상 흠 있는 행정행위의 법적 효과—청문을 중심으로—, 고시계 제40권 제5호, 1995. 5.;

법치행정과 공익, 박영사, 2002. 6.

선정원, “행정절차법상 처분절차의 개정방향”, 공법연구 제30집 제4호, 한국공법학회, 2002. 6.

윤형한, “사전통지의 대상과 흠결의 효과”, 행정판례연구 제10집, 박영사, 2005. 6.

조춘, 취소소송에 있어서 행정행위의 취소사유에 관한 연구—프랑스 행정법상의 월권소송을 중심으로-, 서울대학교, 2001.

김용찬, “행정절차법에 의한 청문을 실시하지 않고 행한 침해적 행정처분의 효력(행정절차법 제21조 제4항 제3호의 의미)”, 대법원판례해설 제36호, 법원도서관, 2001. 12.

오준근, “행정절차법 시행 이후의 행정절차관련 행정판례의 동향에 관한 몇 가지 분석”, 행정판례연구 제7집, 박영사, 2002. 12.

40. 처분의 근거 · 이유제시의 정도

— 대법원 2002. 5. 17. 선고 2000두8912 판결 —

김 철 용*

Ⅰ. 판결개요

1. 사실관계

(1) 원고 A는 1996. 3. 28. 대전광역시 유성구 용산동 산 23의 1 임야 10,742㎡(이하 이 사건 임야라 한다)를 소외인 C로부터 취득하여 소유하고 있다.

(2) 피고(B구청장)는 1996. 11. 27. 원고에게 밤나무를 베어내고 대추 · 호두나무를 심기 위한 임목벌채허가를 하였다.

(3) 원고는 1996. 12. 1.-31. 밤나무를 베어냈다.

(4) 원고는 1997. 4. 4. 대추나무 340그루와 호두나무 60그루를 심었다. 피고는 이들 나무들이 원고가 관리를 소홀히 함으로써 고사되었다고 주장하였다. 이에 대하여 원고는 조림의무를 이행하였고, 과태료 처분을 받은 사실이 없다고 주장하였다.

(5) 피고는 1998. 3. 9. 및 같은 해 4. 30. 원고에게 나무를 심을 것을 촉구하였다. 원고가 나무를 심었다는 기록은 없다.

(6) 1998. 3. 26. 원고로부터 이 사건 임야 중 10,742분의 1,000 지분을 이전 받은 소외인은 개발제한구역 내 주택의 이축허가를 받아 이 사건 임야 중 330㎡에 터파기 작업을 마쳤다.

(7) 원고와 소외인 D는 1998. 11. 12. 이 사건 임야 중 4,600㎡에 대하여 과수재배를 위한 형질변경허가를 신청하였다.

(8) 피고는 1998. 12. 4. 형질변경불허가처분을 하였다. 피고는 이 사건 처분을 하면서, 그 근거 · 이유로서 "관계 법령 및 현지여건 등을 종합적으로 검토한바, 1996년도 입목벌채허가한 바와 같이 현지상태에서 조림목적 이용함이 타당할 것으로 판단되어 불허

* 건국대학교 명예교수.

가 통보하오니 그리 아시기 바랍니다"라고 하였다.

(9) 원고 및 소외인 D는 이 사건 처분을 받은 후 피고에게 관계 법령 및 현지여건의 명확한 내용을 밝힐 것을 요구하면서 거듭 재고를 요청하였다.

(10) 피고는 1998. 12. 15. "본 위치는 경제수 식재를 위한 입목벌채허가를 1996. 12. 29.(이는 1996. 12. 27.의 오기로 보인다) 득한 자력조림지로서 도시계획법 등 관계법 및 현지여건 등을 종합적으로 검토한 결과, 현 지형상태에서 당초 목적대로 조림지로 이용함이 바람직할 것으로 판단되어 불허처분 하였음을 알려드립니다"라고 회신하였다. 이 점에 대하여 원심판결은 인정사실에서 "피고는 1998. 12. 15. 원고에게 이 사건 처분에 대한 명확한 관계규정은 도시계획법시행령 제20조(개발제한구역 안에서의 행위 제한) 제1항이고, 이 사건 임야는 1996. 12. 29. 경제수 식재를 위한 입목벌채 허가를 득한 자력 조림지로서 도시계획법 등 관계법 및 현지여건 등을 종합적으로 검토한 결과, 임야를 훼손하는 토지형질변경(개간)하여 토지를 이용하기 보다는 이미 허가를 득한 바와 같이 현지 상태에서 당초 목적대로 조림지로 이용함이 개발제한구역관리 및 산림의 보호측면에서 합리적일 것으로 판단되어 이 사건 처분을 하였다는 취지로 통보하였다(갑 제5호증, 을 제3호증의 4)"고 판시하고 있으나, 대법원은 "기록에 의하니, 피고가 1998. 12. 15. 원고의 요청에 대한 회신을 함에 있어 '도시계획법'이라고만 하였을 뿐 '도시계획법시행령 제20조'를 명시하지 아니하였던 사실"을 알 수 있다고 하여 원심판결의 인정사실이 잘못되었다는 점과 원심판결이 들고 있는 을 제3호증의 4 문서가 원고에게 송달되었던 문서가 아니었음을 밝히고 있다.

2. 행정심판 및 소송의 경과

(1) 원고는 1999. 1. 15. 행정심판을 제기하였다. 원고가 제기한 행정심판에서 피고는 비로소 불허처분의 근거법령을 도시계획법시행령 제20조를 들었고, 원고의 과수원 개간을 위한 토지형질변경행위는 당초 산림이었던 자연지형에 벌채허가를 얻어 조림을 한 후 당초 조림목적을 위한 허가목적대로 임야를 이용하기보다는 의도적으로 산림 내 입목본수도를 15% 미만으로 산정되도록 하여 개발제한구역 내 토지형질변경허가요건을 갖추기 위한 행위로 판단되며, 원고가 이 사건 임야를 개간하기 위해 자연지형을 성토 및 절토의 토목공사로 형질을 병결할 경우 도시주변의 자연을 보전하여 도시민의 건전한 생활환경을 확보하기 위하여 지정된 개발제한구역 지정목적에 위배된다고 보아 불허처분을 하였다고 주장하였다.

(2) 행정심판은 기각재결되어 1999. 4. 3. 재결서가 원고에게 송달되었다.

(3) 원고는 1999. 6. 5. 이 사건 소를 제기하였다. 이 사건 소송에서 피고는 근거법령

을 도시계획법시행령 제20조와 동시에 도시계획법 제4조를 들었고, 원고가 경제수 조림을 목적으로 입목벌채허가를 득한 후 의무조림을 제대로 이행하지 않아 고사되었다 하여 개간목적의 형질변경허가를 신청한 것에 대하여 허가를 하여 준다면 탈법행위를 조장하고 산림을 훼손하여 무분별한 개발을 방조하는 것이고, 일반적으로도 형질변경허가 신청에 대하여 형식적으로 판단하여 모두 허가를 하여 준다면 무분별한 산림훼손, 개간을 통한 농경지화를 막을 방법이 없으므로, 이는 개발제한구역 지정목적에 위배되는 것이라고 주장하였다.

(4) 2000. 1. 14. 제1심 판결(대전지방법원 2000. 1. 14. 선고 99구1985 판결)이 있었고, 2000. 10. 20. 원심 판결(대전고등법원 2000. 10. 20. 선고 2000누442 판결)이 있었다. 원심 판결 중 처분 근거 · 이유 제시의 판시 부분만 적기하면 다음과 같다. 즉, "피고는 이 사건 처분시 '관계규정 및 현지여건 등을 종합적으로 검토한 1996년도 입목벌채허가한 바와 같이 현재 상태에서 조림목적 이용함이 타당할 것으로 판단되어 불허가 통보한다'고 처분사유를 밝힌 사실, 이 사건 처분 이후 원고가 피고에 대하여 위 '관계규정 및 현지여건'의 명확한 내용을 밝힐 것을 요구함에 대하여 피고는 이 사건 처분일로부터 11일밖에 지나지 아니한 1998. 12. 15. 원고에게 이 사건 처분의 근거규정은 도시계획법시행령 제20조이고, 이 사건 임야의 현지여건은 1996. 12. 29. 경제수 식재를 위한 입목벌채 허가를 득한 자력 조림지라고 밝히고, 이 사건 임야를 형질변경(개간)하기보다는 이미 허가를 득한 당시의 목적대로 조림지로 이용함이 합리적이라고 판단하였다고 통보한 사실은 앞서 인정한 바와 같다. 그렇다면, 비록 피고가 이 사건 처분 당시 그 근거를 제시함에 있어 "관계규정"이라는 다소 불명확한 용어를 사용하였다고 하더라도, 피고로부터 이 사건 임야에 관하여 이미 입목벌채허가를 얻은 원고로서는 이 사건 처분의 통보(갑 제3호증) 기재만으로도 피고가 어떠한 근거와 사유로 이 사건 처분을 한 것인지를 알 수 있었다고 할 것이고, 가사 피고가 이 사건 처분 당시 그 근거를 제시하지 아니하였다고 하더라도(갑 제3호증의 기재에 의하면 이 사건 처분에는 그 이유는 제시되어 있다) 이러한 흠결은, 그 뒤에 피고가 원고의 재고요청에 대한 회신의 형식으로 이 사건 근거규정이 도시계획법시행령 제20조라고 통보함으로써 치유되었다고 할 것이므로 위 주장도 이유 없다"고 하였다.

(5) 원고는 원심판결에 불복하여 상고하였다. 여러 가지 상고이유 중 '처분의 구체적 사유' 부분만 보면 다음과 같다. 즉, 개발제한구역 내에서의 토지형질변경은 법령상 금지된 것을 예외적으로 허가하는 수익적 행정행위로서 수익적 행정행위의 취소를 명하는 처분문서에 버금가도록 처분의 이유제시의무는 엄격히 지켜져야 하고 그 정도는 피처분자가 처분 당시 그 취지를 알고 있었다거나 그 후 알게 되었다고 하여 치유될 수 없는 것이다.

3. 판결요지

(1) 원심판결의 요지

피고가 이 사건 처분 당시 그 근거를 제시함에 있어 "관계규정"이라는 다소 불명확한 용어를 사용하였다고 하더라도, 피고로부터 이 사건 임야에 관하여 이미 입목벌채허가를 얻은 원고로서는 이 사건 처분의 통보(갑 제3호증) 기재만으로도 피고가 어떠한 근거와 사유로 이 사건 처분을 한 것인지를 알 수 있었다고 할 것이고, 가사 피고가 이 사건 처분 당시 그 근거를 제시하지 아니하였고 하더라도(갑 제3호증의 기재에 의하면 이 사건 처분에는 그 이유는 제시되어 있다) 이러한 흠결은, 그 뒤에 피고가 원고의 재고요청에 대한 회신의 형식으로 이 사건 처분의 근거규정이 도시계획법시행령 제20조이라고 통보함으로써 치유되었다.

(2) 상고심판결의 요지

행정절차법 제23조 제1항은, 행정청은 처분을 하는 때에는 당사자에게 그 근거와 이유를 제시하여야 한다고 규정하고 있는바, 일반적으로 당사자가 근거규정 등을 명시하여 신청하는 인 · 허가 등을 거부하는 처분을 함에 있어 당사자가 그 근거를 알 수 있을 정도로 상당한 이유를 제시한 경우에는 당해 처분의 근거 및 이유를 구체적 조항 및 내용까지 명시하지 않았더라도 그로 말미암아 그 처분이 위법한 것이 될 수 없다.

Ⅱ. 평 석

1. 쟁점정리

대상 판결은 행정절차법이 새로이 제정 · 시행된 후 최초로 행정절차법 제23조 제1항에서 말하는 처분 근거와 이유제시의 정도를 밝힌 대법원 판결이다. 이 판결에는 여러 쟁점이 있을 수 있다. 그 중에서 중요한 쟁점으로 다음 두 가지를 들 수 있다.

첫째 쟁점은 행정절차법 제23조 제1항에 규정되어 있는 처분 근거와 이유제시의 정도이다. 이 쟁점의 전제가 되는 것이 행정절차법 제23조 제1항이 규정하고 있는 근거와 이유제시의 의미이다. 근거와 이유제시의 의미를 밝히기 위해서는 행정절차법 제23조 제1항의 규정뿐만 아니라 행정절차법의 모든 규정, 헌법을 비롯한 행정소송법 등 관련규정, 처분 근거 · 이유제시의 기능, 행정과 사인 간의 관계변화에 대한 오늘날의 추이 등을 모두 검토하여야 한다.

둘째 쟁점은 거부처분의 근거 · 이유제시의 정도와 거부처분 이외의 처분(특히 거부처분 이외의 불이익처분)의 근거 · 이유제시의 정도가 과연 다른 것인가의 문제이다. 왜냐하면 평석의 대상인 대법원의 판결이 거부처분의 근거 · 이유제시의 정도는 완화된다고 판시하고 있기 때문이다. 더욱이 대법원은 거부처분의 근거 · 이유제시 정도의 완화를 후술하는 바와 같이 유형화(schematisieren)하고 있다.

2. 관련 판례

대상판결인 대법원 2002. 5. 17. 선고 2000두9812 판결은 모두(冒頭)에서 이미 밝힌 바와 같이 행정절차법이 제정 · 시행된 후 행정절차법 제23조 제1항에서 규정하고 있는 처분 근거 · 이유제시의 정도를 밝힌 최초의 판결이며 동시에 거부처분 근거 · 이유제시의 정도를 밝힌 최초의 판결이다. 이 판결 이후 판결들은 거부처분의 근거 · 이유제시의 정도에 관한 것인 한, 대상판결의 판시를 앵무새처럼 되풀이하고 있다. 예컨대, 주택건설사업계획승인신청서반려처분취소사건의 원심판결인 서울고등법원 2005. 9. 14. 선고 2004누19653 판결 및 이 사건에 대한 상고심인 대법원 2007. 5. 10. 선고 2005두13315 판결은 거부처분 근거 · 이유제시의 정도에 관하여 대상판결과 글자 하나 틀리지 아니하는 판시를 되풀이 하고 있다.

행정절차법 제정 이전의 판결에는 처분요건을 되풀이하는 것과 같은 일반적 · 추상적인 것만으로는 불충분하고, 상대방에게 처분 근거 · 이유가 이해될 수 있고, 권리구제를 강구할 수 있을 정도의 구체성 · 상세성을 가져야 한다고 판시한 것들이 있었다. 예컨대, 대법원 1984. 7. 10. 선고 82누551 판결은 "허가의 취소처분에는 그 근거가 되는 법령과 처분을 받은 자가 어떠한 위반사실에 대하여 당해 처분이 있었는지를 알 수 있을 정도의 사실의 적시를 흠결한 하자는 그 처분 후 적시되어도 이에 의하여 치유될 수 없다"고 하였고, 대법원 1990. 9. 11. 선고 90누1786 판결은 "면허의 취소처분에는 그 근거가 되는 법령이나 취소권 유보의 부관 등을 명시하여야 함은 물론 처분을 받은 자가 어떠한 위반사실에 대하여 당해 처분이 있었는지를 알 수 있을 정도로 사실을 적시할 것을 요하며, 이와 같은 취소처분의 근거와 위반사실의 적시를 빠뜨린 하자는 피처분자가 처분 당시 그 취지를 알고 있었다거나 그 후 알게 되었다 하여도 치유될 수 없다고 할 것이다"고 하였다.

3. 판례의 검토

(1) 처분 근거 · 이유제시의 정도에 관한 견해

행정절차법 제정 이후에 제시된 처분 근거 · 이유제시의 정도에 관한 견해를 요약하여 보면, 이유제시의 정도를 밝히지 아니한 학자도 없지 아니하나(김남진, 행정법 Ⅰ, 455면; 김동희, 374면), 한결 같이 사실적 · 법적 근거를 구체적으로 제시하여야 한다는 것이다. 구체적으로 예시하여 보면, 사실적 근거에 관하여는 "당해 처분이 구체적인 근거법령의 적용에 이르게 된 포섭경위 및 재량고려과정"을 요구한다든가(류지태, 50면; 한견우, 573면) 또는 "당사자 등이 처분의 이유가 되는 실체적 사실을 분명히 알 수 있도록 육하원칙에 입각하여 제시할 것"을 요구하며(오준근, 354면), 법적 근거에 관하여는 "당해 처분의 발령근거가 되었던 구체적인 근거 법령 및 개별적인 조문의 제시"를 요구한다든가(류지태, 50면; 한견우, 573면), 또는 "법령의 명칭, 근거 법조문과 그 제목, 해당 항목, 호수 등을 상세히 기술할 것"을 요구한다(오준근, 354면). 학자에 따라서는 우리 행정절차법 제23조 제1항이 독일 연방행정절차법 제39조의 내용과 같음을 이유로 근거 · 이유제시의 정도를 독일 연방행정절차법 제39조에 따라 제시하기도 한다(김성수, 573면).

그 어느 견해를 취하고 있던 거부처분과 거부처분을 제외한 불이익처분의 근거 · 이유제시의 정도에 차이를 두고 있는 견해는 없다.

(2) 처분 근거 · 이유제시의 기능

행정절차법 제23조가 규정하고 있는 처분 근거 · 이유제시의 기능에 관하여는 여러 기능을 들고 있으나, 중요한 기능은 다음과 같다. 이 점에 관하여는 학자들 간에 이견이 없으며, 이들 기능이 복합적으로 작용한다.

㈎ 행정청으로 하여금 이유제시를 하게 함으로써 행정청의 자의(恣意)를 억제시키고 판단의 근거를 알림과 동시에 처분의 결정과정을 공개시키며 행정절차를 보다 투명하게 하는 데 기여한다(자의 억제 · 결정과정공개 · 투명성향상).

㈏ 당사자뿐만 아니라 제3자도 처분의 이유를 검토할 기회를 갖기 때문에 행정청으로서는 행정결정에 가일층 신중하게 된다(신중성 확보).

㈐ 당사자 등은 법적 · 사실적 문제의 소재를 명확히 파악할 수 있어 불복신청에 도움이 된다(불복 편의).

㈑ 마찬가지 이유로 당사자 등은 처분이 정당한 것으로 수긍될 때에는 무익한 쟁송을 피하게 된다(설득기능)(김철용, 행정법 Ⅰ, 400면).

(3) 당해 판결에 대한 기존 평석들

㈎ 조해현 부장판사의 평석

조해현 부장판사는 '대상판결의 의미'라는 제목으로 대법원 2002. 5. 17. 선고 2000두9812 판결을 평석하고 있는바, 행정절차법 제정 이전의 대법원 1984. 7. 10. 선고 82누551 판결과 대법원 1987. 5. 26. 선고 86누788 판결 등의 판시를 소개한 후, 이들에 비하여 대상판결의 판시는 "이유제시의 정도를 처분 상대방의 이해 여부에 초점을 맞추어 보다 완화한 것으로도 볼 수 있지만, 이는 전자의 판결이 허가의 취소라는 불이익처분에 관한 것인 데 비하면, 대상 판결은 수익적 행정행위의 거부처분에 관한 것이어서, 전자의 판결이 행정청의 자의방지라는 기능을 보다 중시한 데 비하여, 대상 판결은 처분상대방의 이해라는 측면을 보다 중시한 것으로 풀이할 수 있다"라고 평석하고 있다(조해현, 144면).

(나) 김남진 교수의 평석

김 교수는 대상 판결이 첫째로 이중적 모순을 범하고 있고, 둘째로 '처분사유의 추가 · 변경과의 균형을 상실하고 있다'고 하면서, 첫째의 점에서는 피고가 근거규정을 '도시계획법'이라고만 표시하고 있다는 점과 동시에 피고가 '그 뒤 이 사건의 근거가 도시계획법 시행령 제20조라고 통보함으로써 그 하자가 치유'된 점을 무시 또는 간과하고 있다는 점을 들고, 부연해서 "법원은 '이유보완을 통한 하자의 치유'의 법리로써 문제를 간단히 해결할 수 있음에도 불구하고, 무리하게 다른 논리를 펴고 있다고 하는 것이 필자의 판단이다"라고 기술하고 있으며, 둘째의 점에서는 "우리 법원이 '행정소송에서의 이유보완의 성격을 지니는 처분사유의 추가 · 변경'을 폭넓게 인정하면서—이 사건에서 보는 바와 같이—, '행정과정에서의 이유보완(처분사유의 추가 · 변경)에 대하여는 왜 그토록 무관심한지 필자로서는 이해하기 어렵다"라고 평석하고 있다(김남진, 이유보완을 통한 하자의 치료, 참조). 요컨대 김 교수의 견해는 피고가 처분의 근거 · 이유제시로서 도시계획법이라고만 표시한 것은 위법이지만 그 뒤 근거규정이 도시계획법 시행령 제20조라고 통보한 이상 하자는 치유된 것이므로 피고로서는 행정절차법상의 근거 · 이유제시 의무를 다한 것인데, 대법원이 왜 무리하게 처분의 근거 · 이유제시의 정도에 관한 판시를 할 필요가 있는지 이해할 수 없다는 취지의 것으로 보인다. 그러나 처분 근거 · 이유제시의 흠의 치유가 가능한 것인가의 문제를 차치하고라도, 위의 사실관계에서 본 바와 같이 처분청이 원고에게 근거규정이 도시계획법 시행령 제20조라고 통보한 사실이 없었으며(대법원은 원심의 이유설시가 다소 부적절하다고 판단하고 있다), 상고인 상고 이유는 처분청이 제시한 처분의 근거 · 이유가 추상적이어서 행정절차법 제23조, 제24조의 법리오해 또는 판례위반 등의 위법이 있다는 것이었다.

(다) 하명호 교수의 평석

하명호 교수의 평석의 요지는 다음과 같다.[1] 평석의 요지는 셋 부분으로 나눌 수 있다. 첫째 부분은 "가장 이상적인 이유제시의 정도는 처분서의 기재 자체로 보아 사실적 · 법적 근거가 명확하고 구체적으로 기재되어 있는 것이라 할 수 있다"라는 부분이다. 둘째 부분은 "그러나 현실의 실무관행상 과연 사실적 · 법적 근거를 구체적이고 상세하게 제시한 처분이 얼마나 되는지 의문이고, 그러한 처분서면의 기재 자체로 보아 사실

---

1) 대법원판례해설 제64호 2006년 하, 법원도서관, 2007, 190쪽 이하에 게재되어 있는 글을 인용하였다. 같은 취지의 평석은 안암법학 제25호, 고려대학교 법학연구소, 2008에 게재되어 있는 논문에도 있다.

적 · 법적 근거가 구체적이고 상세하게 제시되지 않았다고 하여 이를 모두 위법하다는 이유로 취소하는 것이 전적으로 타당한 것인가도 의문이다"라는 부분이다. 셋째 부분은 "필자가 보기에는, 대법원이 이유제시의 정도에 대하여 가장 중요하게 본 판단기준은 처분상대방이 당해 처분을 받았을 때 그에 대하여 적절히 대처할 수 있었는지 여부라고 생각된다. 이유제시의 기능에 관하여 권리구제기능 외에도 행정의 자기통제기능, 당사자 만족기능, 명확성확보기능 등등이 있다. 그런데 이유제시의 하자가 문제되는 것은 보통 행정쟁송의 단계라고 할 것이고, 대법원도 그 단계에서 이유제시의 정도를 판단하게 된다. 쟁송의 단계에서는 처분의 상대방이나 법원으로서는 행정의 자기통제기능, 당사자만족기능, 명확성확보기능 등등은 이미 그 역할을 종료하였거나 큰 의미가 없는 것이기 때문에, 분쟁을 해결하는 것과 관련된 권리구제기능에 초점을 맞출 수밖에 없다고 생각된다. 따라서, 대법원이 당사자의 방어권의 보장과 같은 측면에서 이유제시의 정도를 살펴보려고 시도하는 것은 당연하다. 이러한 관점에서 보면, 근거법령만 기재되었더라도 당해 규정에 해당하는 사실관계까지도 당연히 알 수 있는 경우, 처분서면 등에 기재된 처분사유가 다소 추상적이거나 함축적인 용어로 되어 있다 할지라도 처분상대방이 자신의 경험이나 지식 또는 처분의 전체 과정을 통하여 그 의미하는 바를 명확히 인식할 수 있어 불복 여부를 결정하고 불복 대상을 확정하는 데 별 지장이 없는 경우에는 위법하다 할 수 없다는 등 처분상대방의 불복 신청에 지장을 줄 염려가 없다고 볼 만한 사정이 있는 경우 위법하지 않다고 판단할 수 있다. 나아가, 최근의 대법원의 판결에서 보는 바와 같이 당해 처분이 이루어진 과정에서 이미 구체적인 처분사유와 그 근거가 제시되고, 처분상대방이 이를 알았거나 알 수 있는 경우 근거 법령이나 사실관계가 불실하게 기재되어 있더라도 위법하지 않다고 한 판단도 이해할 수 있다. 인 · 허가 등을 거부하는 처분의 경우에는 신청 단계에서 이미 당사자가 근거 법령이나 사실관계를 명시하였으므로, 거부처분을 함에 있어 다소 이유제시가 불실하였다 하더라도 당사자의 방어권의 보장이나 권리구제에 별다른 영향을 미친다고 볼 수 없다고 판단할 수 있으므로, 이러한 의미에서 대법원 2002. 5. 17. 선고 2000두8912 판결은 이해할 수 있다"라는 부분이다(하명호, 221-223면).

(4) 우리 행정절차법상의 처분 근거 · 이유제시의 정도

우리나라 행정절차법은 처분과 근거 · 이유제시의 동시성에 관한 규정이 있을 뿐 독일 연방행정절차법 제45조와 같은 절차의 흠의 치유에 관한 별도의 규정이 없으며, 따라서 별도의 처분 근거 · 이유의 치유에 관한 별도의 규정이 없다.

처분 근거 · 이유제시제도와 그 정도는 직접 처분 근거 · 이유제시를 정한 규정들이 어떻게 규율하고 있는가가 첫째 판단 기준이 되는 것임은 말할 나위가 없다. 그러나 이

에 한정되지 아니한다. 그 밖에 행정절차법의 다른 규정들과의 관계, 나아가서 행정소송법을 비롯한 다른 법률 규정들과의 관계도 기준이 된다. 예컨대 독일의 경우 처분 근거·이유제시제도와 그 정도를 판단하는 기준(Kennzeichnung)으로는 연방 행정절차법 제39조 외에 제28조(관계인의 의견청취), 제45조(절차와 형식의 흠의 치유), 제46조(절차와 형식의 흠의 효과), 제47조(흠 있는 행정행위의 전환) 등, 기본법 제19조 제4항(출소의 보장), 제103조(법정심문) 제1항 등, 행정재판소법 제44a조(행정청의 절차행위에 관한 쟁송), 제86조(직권탐지주의), 제91조(소 변경의 허용), 제113조(판결 내용) 제1항, 제114조(재량결정의 심사 가능성), 제144조(상고의 재판) 제4항 등이 동시에 판단 기준이 된다. 독일에서는 이들 규정들을 바탕으로 근거·이유제시의 정도에 관하여 두 견해가 대립되어 있다(김철용, 처분의 이유제시의 정도, 107면 이하 참조).

우리나라 행정절차법은 행정청의 처분 근거·이유제시의무를 규정함과 더불어 처분과 그 근거·이유제시의 동시성을 규정하면서 그 동시성의 예외를 규정하고, 그 시행령에서 처분의 원인이 되는 사실과 근거가 되는 법령 또는 자치법규의 내용을 구체적으로 명시하도록 규정하고 있다(제14조의2). 행정절차법은 그 외에도 다른 국가의 행정절차법에서는 찾아 볼 수 없는 처분기준의 설정·공표(제20조), 제출의견의 반영(제27조의2), 청문결과의 반영(제35조의2), 공청회 및 전자공청회 결과의 반영(제39조의2) 등을 규정하고 있다. 행정법의 도그마(법이론)는 행정실정법의 바탕 위에서 형성된다. 그렇다면 독일의 다수설이 전제하고 있는 논의들, 예컨대 이유제시의 절차적 기능과 실체적 기능의 절단 등은 우리나라 행정절차법과 행정소송법에서는 도출될 수 없다.

우리 행정절차법 제23조가 규정하고 있는 처분 '근거와 이유'가 무엇을 의미하는지를 구체적으로 밝히고 있지는 않다. 그러나 동법 시행령 제14조의2가 "행정청은 법 제23조의 규정에 의하여 처분의 이유를 제시하는 경우에는 처분의 원인이 되는 사실과 근거가 되는 법령 또는 자치법규의 내용을 구체적으로 명시하여야 한다"라고 규정한 것으로 미루어 보면 행정청은 처분을 할 때 모든 근거와 이유를 제시하라는 것이므로 '행정청이 처분을 할 때에는 처분의 상대방에 대하여 처분의 동인(動因)을 알 수 있도록 그 근거와 이유를 제시하라'는 의미로 해석하여야 한다고 생각한다. 따라서 행정절차법 제23조에서 말하는 근거는 처분의 사실상 근거와 법적 근거를 모두 포함하며, 이유는 조사에서 시작하여 일정한 과정을 거쳐 행정청이 도달한 최종적 판단을 정당화하는 논리적 뒷받침을 의미한다(김철용, 행정법Ⅰ, 401면). 이와 같이 새기는 것이 처분 근거·이유제시의 기능, 행정과 사인 간의 관계변화에 대한 오늘날의 추이와 부합한다고 생각한다(김철용, 처분의 이유제시의 정도, 111면 이하 참조).

요컨대 우리 행정절차법상의 근거·이유제시의 정도는 처분의 동인을 알 수 있을 정도의 모든 근거와 이유라고 보아야 한다.

(5) 거부처분과 거부처분 외의 불이익처분의 근거 · 이유제시의 정도

우리 행정절차법은 거부처분과 그 밖의 불이익처분을 구분하지 아니하며, 근거 · 이유제시의 근거에 있어서도 동일하다. 우리나라 학자들의 어느 누구도 처분 근거 · 이유제시의 정도를 논하면서 거부처분과 그 밖의 불이익처분을 구분하지 아니 한다.[2] 그 이유는 거부처분과 그 밖의 불이익처분 간에 근거 · 이유제시의 기본이념과 그 구체적인 기본적 자세에 차이가 없기 때문이다. 일본 행정수속법은 처분을 거부처분과 불이익처분으로 나누고, 제8조에서 거부처분의 이유제시를, 제14조에서 불이익처분의 이유제시를 각각 규정하고 있다. 조해현 부장판사의 판례평석에 의하면 극히 일부이기는 하지만 일본 행정수속법 시행 이후에 나온 판결에서 거부처분의 이유제시 정도와 불이익처분의 이유제시 정도 간에 차이가 없는 모양이다. 이는 일본이 행정수속법을 제정하면서 제2장을 신청에 대한 처분, 제3장을 불이익처분으로 나누어 규정하다 보니 이유제시를 각각 규정하게 된 것이고, 그렇다고 해서 양자 간에 이유제시의 기본이념 및 구체적인 기본적 자세라는 관점에서 차이가 있는 것이 아니므로 당연한 결과로 여겨진다.

(6) 대상 판결의 문제점

(가) 원심판결의 문제점

원심판결의 문제점은 당해 사건에 대한 대법원판결에서 밝혀진 바와 같이 피고가 처분 당시에 밝힌 이유(갑 제3호증) 및 토지형질변경불허가재고요청에 대한 통보(갑 제5호증)에서 이 사건 처분의 근거 규정이 도시계획법시행령 제20조라고 통보한 바가 없음에도 불구하고 통보하였다고 사실을 잘못 인정하였다는 점, 처분일자를 1996. 12. 29.로 잘못 기재하고 있다는 점, 처분이유와 처분사유를 구별하지 못하고 있다는 점, 스스로 '피고가 이 사건 처분 당시 그 근거를 제시함에 있어 관계 규정이라고 다소 불명확한 용어를 사용하였다고 한' 처분통고 기재만으로도 행정절차법 제23조가 정한 행정청의 의무를 이행한 것으로 본 것은 행정절차법 제23조의 의의와 취지를 전혀 이해하지 못하고 있다는 점, 우리 행정절차법에는 규정을 두고 있지 아니함에도 불구하고 마치 규정이 있는 것처럼 처분 근거 · 이유제시의 흠의 치유를 인정하고 있다는 점 등이다.

(나) 상고심판결의 문제점

상고심판결의 문제점은 첫째 거부처분과 그 밖의 불이익처분의 근거 · 이유제시의 기본이념과 그 구체적인 기본적 자세에 차이가 없음에도 불구하고 양자 간에 근거 · 이유제시의 정도에 차이를 두고 있다는 점이다. 우리 행정절차법이 거부처분과 그 밖의 불

2) 거부처분과 불이익처분의 대비는 적절하지 않다. 거부처분도 불이익처분의 개념에 포함되기 때문이다. 이에 관하여는 김철용, 행정법 I, 392쪽 참조.

이익처분을 구분하지 아니하며, 위에서 본 바와 같이 우리나라 학자의 어느 누구도 처분 근거 · 이유제시를 논하면서 구별하지 아니하는 이유도 여기에 있다고 생각한다.

만일 대법원이 거부처분에 있어서의 근거 · 이유제시의 정도를 거부처분 이외의 불이익처분에 있어서의 근거 · 이유제시의 정도보다 완화하려고 한다면, 행정절차법의 제정 · 시행 후 처분 근거 · 이유제시의 정도에 관한 최초의 판결인 점에 비추어 행정절차법 제23조의 근거 · 이유제시 규정의 의미를 먼저 밝히고, 거부처분의 근거 · 이유제시와 거부처분 이외의 불이익처분의 근거 · 이유제시 간의 기본이념과 그 구체적인 기본적 자세의 차이를 설시하는 것이 정도(正道)이다. 그렇게 하지 아니한 대법원의 판시는 자의적인 판시라는 비난을 면할 수 없다고 생각한다.

당해 사건을 보면 피고의 1998년 12월 4일자 처분문서에는 관계 법령을 명시하지 아니하였고, 원고가 처분문서에 관계 법령이 누락되어 있으니 원고의 토지형질변경이 어느 법규 어느 조항에 근거해 불허가 되었는지 알려 달라고 하는 요청에 대하여 피고는 도시관계법 등 관계법이라고 회신하였다. 대법원은 이를 행정절차법 제23조가 규정하고 있는 요건(행정청의 처분 근거 · 이유제시의무)을 충족한 것으로 본 것이다. 비록 행정절차법 제정 이전의 판결이기는 하지만, 대법원은 불이익처분의 이유제시에 대하여 구체성 · 상세성을 가져야 한다고 판시하였고, 처분사유에 대한 처분상대방의 인식은 행정청의 이유제시의무 위반에 원칙적으로 영향을 미치지 아니한다고 하였다. 이들 종래 판결들과 행정절차법 시행 후에 행하여진 대상 대법원의 판결과는 판이한 차이가 있다. 그렇다면 대법원으로서는 자의적이라는 비난을 듣지 않기 위하여 새로 제정된 행정절차법 제23조의 근거 · 이유제시 규정, 거부처분과 그 외의 불이익처분 간의 기본이념과 그 구체적인 기본적 자세의 차이를 밝히지 않으면 아니 된다.

둘째로, 대상 대법원 판결이 처분 근거 · 이유제시의 정도를 '일반적으로'라는 말로 유형화하고 있는 점이다. 이 점은 이치에 맞지 않다. 그것은 처분 근거 · 이유제시의 정도는 사안에 따라 달라져야 하는 것이지, 거부처분이라는 유형에 의하여 일률적으로 달라져서는 아니 되기 때문이다. 독일 학자들이 유형화의 위험(die Gefahren der Schematisierung)을 경고하고 있는 것은 그 까닭이다. 유형화의 위험은 이미 대법원 2007. 5. 10. 선고 2005두13315 판결에서 나타나고 있다(대법원 2002. 5. 17. 선고 2000두8912 판결 사건과 대법원 2007. 5. 10. 선고 2005두13315 판결 사건은 거부처분이라는 점이 동일하지만 사안이 다르다. 그럼에도 판시는 판에 박은 듯이 꼭 같다). 처분 근거 · 이유제시의 정도를 명확하고 구체적으로 기재할 것을 요구하는 것은 처분의 동인을 밝혀내기 위한 것이다. 처분 근거 · 이유제시가 유형화되어서는 처분의 동인을 밝혀낼 수가 없다. 독일 학자들이 구체적인 사안에서 이유제시명령이 완화되는 이유를 설명하지 아니하고 정해진 문구(Formel)로 이유제시하는 것(Formeln ohne Fallbezug)은 이유제시명령에 위반된다고 하는 것은 이 까닭이다 (Friedhelm Hufen, S. 200).

현실의 실무관행이 행정청의 근거 · 이유제시의무가 완화되는 이유가 될 수 없는 것은 말할 나위가 없다. 실무관행이 그것을 시정하기 위해서 제정된 법률에 맞지 아니하면 수정하여야 하는 것이 당연하다.

또한 처분의 근거 · 이유제시의 정도를 행정청의 입장에서 정하여서도 아니 된다. 처분의 근거 · 이유제시가 어느 정도로 행하여지는가는 국민에게 주는 영향에 엄청난 차이를 가져오게 될 뿐 아니라 부적절한 근거 · 이유제시는 국민에게 매우 위험하다. 행정공무원과 판사가 국가의 주인이 아니라 국민이 국가의 주인임을 유념할 필요가 있다.

Ⅲ. 대법원 2000두8912 판결 이후 판결

대법원 2000두8912 판결 이후 처분 근거와 이유제시의 정도를 밝힌 판결로는 대법원 2009. 12. 10. 선고 2007두20362 판결이 있다. 이 판결은 "처분서에 기재된 내용과 관계 법령 및 당해 처분에 이르기까지의 전체적인 과정 등을 종합적으로 고려하여, 처분 당시 당사자가 어떠한 근거와 이유로 처분이 이루어진 것인지를 충분히 알 수 있어서 그에 불복하여 행정구제절차로 나아가는 데에 별다른 지장이 없었던 것으로 인정되는 경우에는 처분서에 처분의 근거와 이유가 구체적으로 명시되어 있지 않았다 하더라도 그로 말미암아 그 처분이 위법한 것으로 된다고 할 수는 없다"라고 판시하고 있다. 이 판결에 대하여는 다음과 같은 두 가지 점을 지적할 수 있다. 첫째로는 행정절차법이 규정하고 있는 처분의 근거와 이유제시의 기능을 오로지 불복 편의에 두고 있다는 점이다. 그러나 앞의 처분 근거와 이유제시 기능에서 본 바와 같이 처분의 근거와 이유제시 기능이 불복 편의에만 있는 것이 아니라는 것에 대하여는 이의가 없다. 이 점에 대하여는 국내외의 학자들의 견해가 일치되어 있다. 더욱이 우리나라와 같이 불신이 팽배하여 절차적 정의의 실현이 시급한 나라에 있어서는 자의 억제, 투명성 향상, 설득 기능 등이 보다 중요하다. 따라서 판결이 처분 근거와 이유제시의 기능을 오로지 불복 편의에 두고 있는 것은 행정절차법이 제정되게 된 행정과 사인의 관계변화라는 시대적 상황을 인식하고 있지 못하고 있다는 비판이 가능하다. 둘째로는 2007두20362 판결에 대하여 노경필 판사가 "행정절차법에서 처분의 이유제시 의무를 규정하고 있는 취지가 몰각되지 않는 범위 내에서 이를 지나치게 엄격하게 적용할 경우 야기될 수 있는 무용한 절차반복을 방지할 필요성을 고려한 판결로 보인다"("최근 행정판례의 주요 동향", 2010. 6. 25. 개최된 한국공법학회와 한국법제연구원의 공동학술대회 발표문 "법제도 선진화를 위한 공법적 과제",

533쪽)는 평석을 한 바 있다. 이 평석이 처분청의 처분서에 기재된 처분 근거와 이유제시의 정도가 어떠한 것이었는지를 짐작해주고 있다. 그런데 여기서 주목해야할 대목은 '엄격하게 적용할 경우 야기될 수 있는 무용한 절차반복'이다. 이 대목이 이 판결의 행정절차에 대한 이해도를 나타내주기 때문이다. 행정절차법 제23조와 제24조 및 행정절차법시행령 제14조의2는 행정청이 처분을 할 때에는 처분서에 처분의 원인이 되는 사실과 근거가 되는 법령 등을 구체적으로 명시하도록 규정하고 있다. 판결의 평석에 의하면 행정절차법의 규정대로 근거와 이유를 구체적으로 밝히는 것이 무용한 절차의 반복이 된다. 행정법에는 법치행정원칙이 철저히 적용되어야 한다. 특히 행정청이 불이익 처분을 행하는 경우에는 더욱 그러하다. 행정절차법 어디에도 무용한 절차의 반복이 되는 경우에는 이유제시의 정도를 완화해도 된다는 규정이 없다. 헌법이나 행정법 어디에도 법원에게 이유제시의 정도를 완화해도 된다는 법 창조의 권한을 부여하고 있지 않다. 따라서 법원은 행정청이 처분을 하면서 법이 정하고 있는 요건을 엄격하게 지키고 있는지를 통제하여야 하고, 이를 지키고 있지 아니하는 처분은 취소하여야 한다.

〈참고문헌〉

김남진, 행정법 I 제6판, 법문사, 2001.
김남진, "이유보완을 통한 하자의 치료", 법률신문 제3200호, 법률신문사, 2003. 9.
김동희, 행정법 I 제15판, 박영사, 2009.
김성수, 행정법 I 제2판, 법문사, 2000.
김철용, 행정법 I 제5판, 고시계사, 2016.
김철용, "처분의 이유제시의 정도", 인권과 정의, 대한변호사협회, 2009. 8.
류지태, "행정절차로서의 이유부기의무", 고시계 제42권 제7호(485호), 국가고시학회, 1997. 6.
오준근, 행정절차법, 삼지원, 1998.
조해현, "행정처분의 근거 및 이유제시의 정도", 행정판례연구 Ⅷ, 박영사, 2003.
최송화, "행정처분의 이유부기의무", 행정판례연구 Ⅲ, 박영사, 1996.
한견우, 현대행정법 I 제2판, 도서출판 인터벡, 2000.
하명호, 대법원판례해설 제64호 2006년 하반기, 법원도서관, 2007.
하명호, 안암법학 제25호, 안암법학회, 2008.
Friedhelm Hufen, Fehler im Verwaltungsverfahren, 4 Aufl., Nomos, 2002.

41. 정보공개청구권의 근거

—대법원 1999. 9. 21. 선고 97누5114 판결—

경 건*

Ⅰ. 판결개요

1. 사실관계

대한민국 정부는 1996년 3월 5일부터 모두 세 차례에 걸쳐 주미 한국대사관을 통하여 미국 정부로부터 3천여 건의 문서를 전달받은 후 이를 대외비 문서로 분류하여 보관중이었다. 이 문서들은 1979년 12월 12일 군사반란 및 1980년 5월 18일 광주항쟁에 관련하여 당시 미국정부(국무부, 국방부 및 중앙정보부)와 주한 미대사관 사이 및 한국정부(주미대사관 포함)와 미국정부(주한 미대사관 포함) 사이에서 작성 · 수수된 전문 기타 서류로서 비밀이 해제된 것이며, 거기에는 위 기간 동안 한국내의 정치과정에 대한 미국정부의 시각과 역할을 이해하는 데 도움이 될 수 있는 내용이 포함되어 있었다.

원고인 '민주사회를 위한 변호사모임'은 1996년 3월 21일 소속 회원변호사의 연구 · 조사에 제공하고 진행 중인 소송의 수행에 참고하고자 한다는 목적을 들어 열람 및 사본교부의 방법에 의해 위 문서의 공개를 외무부에 청구하였다.

외무부는 이 문서공개청구에 대하여, 1996년 3월 29일 이 문서는 당초 미국 정부에서 작성 · 생산된 정보로, 이를 획득하기 위해서는 미국의 정보공개법에 따라 미국정부의 해당 부처에 상업적 목적이 아니라는 점과 구체적인 청구자료 내역을 명시하여 신청하게 되면 해당 부처는 이를 심사하여 신청인에게 제공하게 되는바, 이렇게 미국정부로부터 얻을 수 있는 정보를 우리 정부가 사본을 제공하는 등의 방법으로 직접 공개하는 것은 외교적으로 적절치 않으며, 또한 미국 정보공개법의 규정을 존중하지 않는 결과가 될 것으로 판단한다는 이유로 이를 거부하는 처분을 하였다.

한편, 미국 국무부는 미국내 일간지인 「Journal of Commerce」의 1990년 요청에 따

* 서울시립대학교 법학전문대학원 교수.

라 이 문서에 대한 비밀해제 여부를 심사한 후 이를 제공하기로 하고, 1993년 9월부터 1994년 4월 사이에 그 사본을 공개하여 1996년 2월 27일 위 일간지에 이 문서의 내용이 보도되었으며, 그 후 「시사저널」, 「한겨레21」 등 국내 대다수의 언론기관 및 광주시가 미국 국무부에 공개요청을 하여 미국 정보공개법에 따라 이 문서의 사본을 제공받았고, 위 문서를 제공받은 일부 언론기관은 이를 번역하여 국내에 보도한 바 있다. 외무부는 위 문서 등의 내용이 위 신문 등에 보도된 후 우리 국내의 관심과 동 내용을 파악하는 것이 중요한 점을 감안하여 외교채널을 통하여 미 국무부 측에 한 · 미정부간 협조차원에서 비밀해제된 동 문서의 사본을 제공하여 줄 것을 요청하였고, 이를 교부받은 후, 이를 특별외교사료로 취급하여 외무부 외교사료실에서 별도 분류 · 보관하고 있었다.

2. 소송경과

원고는 피고의 1996년 3월 29일자 정보공개거부처분을 취소하는 소송을 제기하였는데, 제1심인 서울고등법원은 피고의 정보공개거부처분은 원고의 알 권리를 침해한 것으로 위법하다고 하며 그를 취소하였다(서울고등법원 1997. 2. 20. 선고 96구13943 판결).

피고인 외무부장관은 서울고등법원 판결에 상고하였으나, 대법원은 그를 기각하였다.

3. 판결요지

[원심판결의 요지]

“국민의 알 권리는 소극적인 정보의 자유뿐 아니라 국가가 취득 · 관리 · 보유하고 있는 정보를 공개해 달라고 요청할 수 있는 적극적 정보공개청구권을 포함한다. … 국민주권주의를 취하는 우리 헌법 하에서 선거로 선출된 정부가 취득 · 보유하는 모든 정보는 국민의 것이며, 정부가 이 문서를 공개하지 않는 것은 국민의 알 권리와 적극적 정보공개청구권을 침해한 위법한 행위이다.”

[대법원 판결의 요지]

“국민의 알 권리, 특히 국가정보에의 접근의 권리는 우리 헌법상 기본적으로 표현의 자유와 관련하여 인정되는 것으로 그 권리의 내용에는 일반 국민 누구나 국가에 대하여 보유 · 관리하고 있는 정보의 공개를 청구할 수 있는 이른바 일반적인 정보공개청구권이 포함되고, 이 청구권은 「공공기관의 정보공개에 관한 법률」(1996. 12. 31. 법률 제5242호)이 1998. 1. 1. 시행되기 전에는 「사무관리규정」(1991. 6. 19. 대통령령 제13390호로 제정되어 1997. 10. 21. 대통령령 제15498호로 개정되기 전의 것) 제33조 제2항과 「행정정보공개운영지침」(1994. 3. 2. 국무총리 훈령 제288호)에서 구체화되어 있었다.”

Ⅱ. 평 석

1. 쟁점정리

정보공개청구권은 종래 알 권리의 본질적 구성요소의 하나로 인식되어 왔는데, 헌법상 명문의 규정이 없기 때문에 알 권리와 그 본질적 내포인 정보공개청구권의 헌법적 근거를 어디에서 찾을 것인지, 또 「공공기관의 정보공개에 관한 법률」(이하 '정보공개법'이라 한다)이 제정(2006. 12. 31.), 시행(2008. 1. 1.)되기 전까지는 구체적 정보공개청구권을 헌법직접적 권리로서 개별 국민이 누리는 주관적 공권으로 인정할 수 있는지에 대하여 견해가 나뉘어 왔다.

2. 관련판례

이 대상판결이 있기 훨씬 이전부터 헌법재판소는 국민의 정보공개청구권을 인정하는 법률이 없는 상황에서 정당한 이익을 가지는 국민의 공문서열람·복사신청에 대해 국가기관이 불응하는 것은 알 권리를 침해하는 것이라 판시함으로써(헌재 1989. 9. 4. 88헌마22(이 결정 및 후술하는 헌법재판소의 90헌마133 결정에 대해서는 한수웅, "헌법상의 '알권리': 헌법재판소 주요결정에 대한 판례평석을 겸하여", 법조 제51권 제8호, 법조협회, 2002. 8. 참조)), 정보공개청구권을 헌법상 보장되는 기본권의 연장선상에서 인정하였다. 헌법에 알 권리에 관한 명문의 규정은 없지만, 헌법재판소는 주로 헌법 제21조의 언론·출판의 자유 보장을 알 권리 인정의 근거로 삼았다. 또한 대법원도 청주시의회의 행정정보공개조례의 합법성을 인정하는 과정에서 알 권리 개념을 받아들인 바 있다(대법원 1992. 6. 23. 선고 92추17 판결(이 판결에 대해서는 백윤기, "행정정보공개조례(안) 재의결 취소 등", 국민과 사법(윤관 대법원장 퇴임기념 논문집), 박영사, 1999. 1. 참조)).

3. 판결의 검토

(1) 알 권리의 성격과 내용

(가) 학설의 입장

알 권리의 성격과 내용에 관해 우리 학계의 다수의견은 (판례의 입장과 마찬가지로) 알 권리를 국가나 다른 사인에 의하여 방해받지 않고 일반적으로 접근(입수)할 수 있는 정보원으로부터 자유로이 정보를 얻을 수 있는 정보의 자유(소극적 측면)와 국가나 사회에 대하여 정보를 공개해 달라고 요청할 수 있는 정보공개청구권(적극적 측면)을 포함하는 포괄적 권리로 이해하고 있다.

(나) 판례의 입장

학설이 대체로 정보의 자유를 중심으로 알 권리를 파악하는 데 비해, 헌법재판소는 오히려 정보공개청구권을 알 권리의 핵심으로 파악하면서 정보의 자유(정보수령방해배제청구권)도 알 권리의 한 내용으로 인정하는 입장을 취하고 있었다(헌재 1991. 5. 13. 90헌마133).

대법원은 종래에는 (알 권리라는 표현은 사용하지 않고) 주로 정보공개청구권이라는 개념만을 사용하여 공문서열람청구사건에 관해 판단을 내려 왔으나, 대상판결에서는 알 권리라는 표현을 사용하였을 뿐 아니라, 알 권리를 '국가정보에의 접근의 권리', 즉 정보공개청구권을 중심으로 파악하고, 아울러 그에는 일반적 정보공개청구권이 포함됨을 명시적으로 밝히고 있다.

(2) 알 권리의 헌법적 근거

(가) 학설의 입장

알 권리를 정보의 자유와 동일시하는 견해에서는 알 권리의 헌법상 근거를 헌법 제21조의 표현의 자유에서 찾고 있으며, 알 권리를 포괄적 또는 종합적 성격의 권리로 이해하는 견해에서는 그 헌법상 근거를 헌법 제10조에서 나오는 인격권에서 찾거나, 표현의 자유(제21조 제1항)를 중심으로 하면서도 국민주권의 원리(제1조), 인간의 존엄성 존중과 행복추구권(제10조), 인간다운 생활을 할 권리(제34조 제1항) 등 복합적 근거를 제시하고 있다.

한편, 알 권리의 구성요소들, 즉 정보의 자유와 정보공개청구권을 각각 개별적인 헌법적 근거로부터 도출하고자 하는 견해도 있다. 이 입장은 소극적 방어권인 정보의 자유는 헌법 제21조 제1항에 의해 보장되지만, 적극적 이행요구권인 개별적 정보공개청구권은 헌법 제21조가 아니라 헌법 제10조의 인격권에서 찾을 수밖에 없으며, 일반적 정보공개청구권에 관해서는 입법자의 형성의 자유도 존중되어야 하기 때문에 이를 헌법 제1조의 국민주권주의로부터 직접 도출하기에는 이론상 무리가 따른다고 하여, 일반적 정보공개청구권의 헌법적 근거에 관해서는 회의적인 태도를 취하고 있다.

(나) 판례의 입장

헌법재판소는 처음부터 확고하게 알 권리의 헌법적 근거를 헌법 제21조 표현의 자유에서 찾고 있다. 대법원은 종래 정보공개청구권의 헌법적 근거에 대해서는 명시적 표현을 하지 않았으나, 대상판결에서는 적극적으로 그 헌법적 근거가 표현의 자유에 있음을 밝히고 있다.

(3) 정보공개청구권의 헌법직접적 권리성 여부

(가) 판례의 입장

정보공개법이 제정 · 시행되기 이전에도 헌법재판소는 헌법상의 알 권리에 기하여 직접 문서열람 · 복사청구권을 행사할 수 있다고 함으로써, 알권리를 구체화하는 별도의 법률이 없는 상황에서 헌법해석론만으로 국민에게 적극적인 정보공개청구권을 인정하였다(헌재 1989. 9. 4. 88헌마22).

대법원은 정보공개청구권의 헌법적 근거에 대해서 명시적 표현을 하고 있지는 않으나, 헌법재판소와 동일한 입장을 취하고 있었던 듯하다. 그것은 "일반적으로 국민은 국가기관에 대하여 … 문서의 열람 · 복사를 신청할 수 있다"(대법원 1989. 10. 24. 선고 88누9312 판결(이 판결에 대해서는 김남진, "공문서복사신청거부조치의 취소청구", 법률신문 2079호, 법률신문사, 1991. 11. 참조))고 한 것은, 정보공개법이 아직 제정되지 않았던 당시의 상황에서 보면, 헌법규정 자체가 정보공개청구권의 근거가 된다는 것과 헌법규정에 기하여 직접 정보공개청구권을 행사할 수 있다는 것을 표현한 것으로 해석할 여지가 많기 때문이다.

(나) 학계의 반응

헌법재판소의 이러한 해석론에 대해서는 "국민의 기본권보호라는 결론을 내는 데 치중하여 국민의 구체적인 정보공개청구권을 헌법이론적 근거없이 인정하는 이론적 불비가 있다"든지, "언론의 자유와 같은 자유권조항으로부터는 침해배제청구권과 같은 방어권은 발생할 수 있으나, 적극적인 이행청구권을 발생할 수 없다"는 등의 비판이 제기되었다.

이러한 비판들은 정보공개청구권을 부정하고자 하는 데 그 근본적 의도가 있었다기보다는 정보공개청구권의 헌법이론적 근거를 좀 더 명확히 정립하고 나아가 정보공개청구권을 보장하는 구체적 법률의 제정을 촉구하고자 하는 것이 근본목적이었던 것으로 이해된다.

(4) 검　　토

알 권리는 소극적 방어권(정보수집방해배제청구권)과 적극적 이행청구권(정보공개청구권)을 모두 포함하는 것으로 이해되고 있는데, 실정헌법상 명문으로 보장되고 있지 않은 권리(알 권리)를 이처럼 복합적으로 이해하면서 그 헌법적 근거를 언론 · 출판의 자유 하나의 조문에서 도출하는 것은 무리인 것으로 판단된다. 따라서 알 권리를 그 내용에 따라 분해하여 각각의 구성요소별로 헌법적 근거와 구체적 권리성을 논의하는 것이 적절할 것으로 생각된다.

우선 헌법재판소 1991. 5. 13. 선고 90헌마133 결정의 소수의견이 분명히 밝히고 있는 바와 같이, 알 권리를 그 내용에 따라 세분하면, ① 소극적 방어권인 정보수집의 자유 또는 권리 및 ② 적극적 이행청구권인 정보공개청구권(즉, '정보를 구할 권리' 중 공공기관이 보유하고 있는 정보의 공개를 요구할 권리)으로 나눌 수 있는데, ①의 정보수집권(또는 정보의 자유)은 ②의 정보공개청구권이 논의되기 이전부터 표현의 자유의 보호영역으로 인식되어 왔으며, 정보의 자유가 헌법 제21조 제1항에 의해 보장된다는 해석은 그 자체 전혀 무리가 없다.

한편, 적극적인 정보공개청구권을 헌법 제21조에서 도출하는 헌법재판소 등의 입장은 찬동하기 어렵다. 우리나라에서 정보공개청구권의 헌법적 근거는 헌법 제10조와의 관련하에 제37조 제1항에 의하여 보장되는 인격권에서 찾는 것이 보다 명확할 것으로 생각된다. 우리 헌법 제10조는 기본권보장의 목적 내지 이념으로서 인간으로서의 존엄과 가치(및 행복추구권)를 보장하고, 헌법 제37조 제1항은 인간으로서의 존엄과 가치를 누리기 위해 필요한 것임에도 불구하고 헌법에 열거되지 아니한 자유와 권리도 헌법에 의해 보장되는 권리로 승인하고 있다. 알 권리의 근거도 이처럼 인격권에 바탕을 둔 것으로 보는 것이 우리 헌법체계에 더 합치되는 해석이며, 고유한 보호영역을 가지는 표현의 자유에 대한 기존의 이해를 손상하지 않는 결과가 될 것이다.

다음으로, 공공기관이 보유하고 있는 정보의 공개를 요구할 수 있는 정보공개청구권은 개별적 정보공개청구권과 일반적 정보공개청구권으로 나눌 수 있는데, (개인의 자유로운 인격발현에 필요하거나 유용한 정보에 대해 이해관계 있는 특정 개인이 당해 정보의 공개를 요구하는) 개별적 정보공개청구권을 일반적 인격권 중 자기인격의 발현영역을 자주적으로 결정하고 수행하며, 그 인격발현에 필요한 정보를 조사하고 수집할 권리의 보호영역에 넣어 인정하는 것은 어렵지 않으며, 따라서 개별적 정보공개청구권은 기본권의 직접적 효력에 의해 관련 법률의 제정이 없더라도 국가기관을 구속할 수 있을 것이다.

그러나 일반적 정보공개청구권이 인간으로서의 존엄과 가치를 보장하기 위해 필수불가결한 권리로서 헌법이 직접 열거하지 않았음에도 불구하고 당연히 보장되어야 할 주관적 공권인지에 대해서는 의문이 있다. 개인의 자유로운 인격발현에 필요하거나 유용한 정보를 넘어서는 공공기관의 일반적 정보의 공개를 모든 국민이 청구할 수 있는 권리는 헌법 제1조의 국민주권주의나 헌법 제10조에 근거한 일반적 인격권 또는 헌법 제21조 제1항의 표현의 자유로부터 직접 나오는 것은 아니며, 이 영역에 관해서는 입법자가 광범한 형성의 자유를 가지기 때문이다.

정보공개법이 가지는 의의는 바로 이와 같이, 헌법에 의해 보장되며 국가권력에 대해 직접적 효력을 가지는 개별적 정보공개청구권으로서는 보호되지 못하는 일반적 정보공개청구권을 입법자가 새로이 형성하였다는 점에 있다. 정보공개법에 의해 추가적으로 보장된 일반적 정보공개청구권은 헌법이 직접 보장하는 알 권리의 단순한 구체화가 아니라 헌법상 기본권의 보호영역 밖에 있었던 영역에까지 알 권리를 확장한 것으로 이해해야 할 것이다.

4. 판결의 의미와 전망

대상판결은 정보공개법이 시행되기 이전의 처분을 대상으로 한 것이자, 청구인과 청구정보 사이에 특별한 이해관계를 찾아보기 힘든, 이른바 일반적 정보공개청구권의 문제를 다룬 최초의 대법원판결이다. 과거에도 하급심에서는 청구인의 개인적 이해관계와 직접적 관련 없는 정보의 공개가 문제된 사안이 있었으나, 하급심을 포함해 대부분의 사건은 청구인의 개인적 이해관계와 관련된 이른바 개별적 정보공개청구권이 문제된 것이었다.

대상판결은 정보공개청구권의 근거를 헌법상의 표현의 자유에 기초한 국민의 알 권리에서 찾고 있으며, 그 연장선상에서 정보공개청구권의 침해 여부(내지 공개거부처분의 적법성 여부) 역시 기본권의 한계론 또는 기본권의 충돌의 문제로 다루고 있다.

1996년 12월 31일 정보공개법이 제정되고 1998년 1월 1일부터 시행됨으로써 공공기관에 대한 정보공개청구권은 (헌법이 보장하는 기본권으로서가 아닌) 법률상의 권리로서도 확립되어 있으므로 정보공개청구권의 헌법적 근거 및 그 구체적 권리성을 둘러싼 기존의 헌법차원의 논의들은 그 의미가 반감된 것도 사실이다. 그러나 정보공개법 제정 이전까지의 정보공개청구권의 도출근거 및 그에 관한 논의의 전개과정, 헌법재판소 및 대법원의 판례의 태도를 검토해 보는 것은 정보공개법의 체계적 이해 및 올바른 해석을 위해서 여전히 의미가 있다.

〈참고문헌〉

경　건, “정보공개청구권의 헌법적 근거와 그 제한”, 행정판례연구 제5집, 박영사, 2000. 10.
김용찬, “정보공개청구사건에서의 몇 가지 쟁점”, 법조 제52권 제9호, 법조협회, 2003. 9.
박균성, “현행 정보공개법의 문제점과 개선방안”, 단국대학교 법학논총 제24집, 단국대학교, 2000. 12.
박종보, “공공정보공개제도와 알 권리의 헌법적 근거”, 공법연구 제28집 제1호, 한국공법학회, 1999. 10.
설계경, “행정정보공개제도에 관한 고찰”, 한국외국어대학교 외법논집 제19집, 한국외국어대학교 법학연구소, 2005. 8.

42. 정보공개의무기관

—대법원 2006. 8. 24. 선고 2004두2783 판결—

하 명 호*

Ⅰ. 판결개요

1. 사실관계

원고는 A 대학교 교수이고, 피고는 학교법인 B가 설치·운영하는 고등교육법 제2조 제1호 소정의 사립대학교인 A 대학교의 총장이다.

원고는 2001. 12. 5. 피고에 대하여 '행정감시 및 쟁송'을 사용목적으로 「1998. 3. 1.부터 1999. 2. 28.까지 지출한 피고의 특별업무추진비와 기관운영판공비의 지출결의서(지출내역 및 증빙 포함) 및 자금운영계산부」(이하, '이 사건 정보'라 한다)에 대한 사본 및 출력물의 교부를 요구하는 정보공개를 청구하였다.

구 공공기관의 정보공개에 관한 법률(2004. 1. 29. 법률 제7127호로 전문개정되기 전의 것, 이하 '정보공개법'이라 한다) 제9조 제4항에서는, 정보공개를 청구한 날부터 30일 이내에 공공기관이 공개 여부를 결정하지 아니한 때에는 비공개의 결정이 있는 것으로 간주하고 있는바, 피고는 원고가 이 사건 정보공개를 청구한 날인 2001. 12. 5.로부터 30일이 지나도록 아무런 결정을 하지 않아, 2002. 1. 5. 피고의 비공개 결정이 있은 것으로 간주되었다.

2. 소송경과

제1심인 대구지방법원은 피고의 2002. 1. 5.자 정보공개청구 거부처분을 모두 취소하는 원고 승소판결을 선고하였다(대구지방법원 2003. 6. 20. 선고 2002구합167 판결). 항소심인 대구고등법원은 피고의 항소를 일부 받아들여, 이 사건 정보 중 개인정보 등에 해당하는 일부분에 대하여 원고의 청구를 기각하고, 나머지 부분은 인용하였다(대구고등법원

* 고려대학교 법학전문대학원 부교수.

2004. 1. 30. 선고 2003누1067 판결). 피고는 항소심 판결에도 불복하여 대법원에 상고하였으나, 대법원은 상고를 기각하였다.

3. 판결요지

[원심판결의 요지]

원심은 '학교의 공공성과 학교재정에 관한 제 법령의 규정취지와 아울러 정보공개법의 목적에 비추어, 사립대학교에 대한 국비의 지원이 한정적 · 일시적 · 국부적이라는 점을 고려하더라도, 정보공개의무를 지는 공공기관의 하나로 사립대학교를 들고 있는 정보공개법 시행령 제2조 제1호가 모법인 정보공개법의 위임범위를 벗어났다거나 사립대학교가 국비의 지원을 받는 범위 내에서만 공공기관의 성격을 가진다고 해석하여야 한다고 볼 수 없다'는 취지로 판시하였다.

[대법원 판결의 요지]

대법원은, '정보공개 의무기관을 정하는 것은 입법자의 입법형성권에 속하고, 이에 따라 입법자는 정보공개법 제2조 제3호에서 정보공개 의무기관을 공공기관으로 정하였는바, 공공기관은 국가기관에 한정되는 것이 아니라 지방자치단체, 정부투자기관, 그 밖에 공동체 전체의 이익에 중요한 역할이나 기능을 수행하는 기관도 포함되는 것으로 해석되고, 여기에 정보공개의 목적, 교육의 공공성 및 공 · 사립학교의 동질성, 사립대학교에 대한 국가의 재정지원 및 보조 등 여러 사정을 고려해 보면, 사립대학교에 대한 국비 지원이 한정적 · 일시적 · 국부적이라는 점을 고려하더라도, 같은 법 시행령 제2조 제1호가 정보공개의무를 지는 공공기관의 하나로 사립대학교를 들고 있는 것이 모법인 구 공공기관의 정보공개에 관한 법률의 위임 범위를 벗어났다거나 사립대학교가 국비의 지원을 받는 범위 내에서만 공공기관의 성격을 가진다고 볼 수 없다'고 판시하였다.

Ⅱ. 평　　석

1. 쟁점정리

정보공개법 시행령 제2조 제1호에서는 '초 · 중등교육법 및 고등교육법 기타 다른 법률에 의하여 설치된 각급학교'를 정보공개 의무기관인 공공기관의 범주에 포함시키고 있다. 이에 대하여 피고는, 정보공개법 제1조에서 국민의 알권리의 대상은 정보공개와 관련하여 '국정'에 한정된다고 명시하고 있는바, 그 대상을 국정과 관계없는 부분까지 확대한다면 '알권리'와 '사생활보호'라는 양가치의 조화는 균형을 잃어버리게 되므로, 정보공개법 시행령 제2조 제1호에서 사립대학교를 정보공개대상으로 정한 것은 모법을 위반하여 무효이거나 학교법인이 부담하는 비용의 범위 내에서 정보제공의 의무가 없다고 제한적으로 해석하여야 한다고 주장하였다.

그 밖에도 피고는 원고의 정보공개청구가 신의칙 및 권리남용에 해당한다거나 공개대상 정보가 특정되지 않았다는 등의 주장을 하고 있지만, 대상판결에서의 가장 큰 쟁점은 '사립대학교를 정보공개의무자로 규정한 시행령 제2조 제1호의 효력 및 제한해석 여부'에 있으므로, 아래에서는 위 쟁점에 한정하여 살펴보기로 한다.

2. 관련판례

사립대학교가 정보공개 의무기관에 해당하는지 여부를 쟁점으로 하는 대법원 판결은 대상판결 이외에는 찾아보기 어렵다. 최근 하급심 판결에서 학교법인이 정보공개 의무기관에 속하는 '특별법에 의하여 설립된 특수법인'에 해당한다고 판시한 것이 있다(대전지방법원 2007. 1. 31. 선고 2006구합3324 판결). 위 하급심 판결은 학교법인이 정보공개법 시행령 제2조 제3호에 해당하는지 여부가 쟁점이 된 것이고 대상판결은 같은 조 제1호가 문제가 된 사안이어서 엄밀히 말하자면 관련판례에 해당한다고 단정하기 어렵지만, 정보공개 의무기관의 범주에 관한 것이라는 점에서 대상판결의 쟁점과 유사하고 그 판시내용도 대상판결의 취지를 반영하고 있으므로, 참조할만한 판결이다.

3. 판결의 검토

(1) 우리나라의 정보공개 의무기관에 관한 입법형성의 내용

(가) 입법형성의 문제

정보공개제도는 원래 행정기관의 정보공개를 주종으로 하고 있으므로, 정보공개법제의 일반적 경향도 행정정보공개법의 형태를 취하고 있다. 미국 · 프랑스 · 캐나다 등도 행정기관을 중심으로 한 정보공개제도를 취하고 있으나, 우리나라와 스웨덴은 의회와 법원을 정보공개대상기관에 포함시키고 있다.

국가별로 정보공개 의무기관의 범위가 서로 다른 것에서 보는 바와 같이 정보공개 의무기관을 정하는 것은 입법자의 입법형성의 범위 내에 있다고 볼 수 있으므로, 입법자는 그것을 행정부에 한정할 것이지 입법부와 사법부로 확대할 것인지 여부, 국가기관에 한정할 것인지 그 외의 기관으로 확대할 것인지 여부를 결정할 수 있다.

우리나라의 정보공개법 제정과정을 살펴보면, 정보공개의 대상이 지나치게 넓어져 청구처리를 위해 국가의 재원이 낭비되는 것은 아닌가라는 의견도 있었지만, 행정의 투명성을 확보하는 쪽이 바람직하다는 입장에서 비교적 광범하게 규정하게 되었고, 정보공개의무를 지는 공공기관의 범주도 시행령에서 공공적 성격의 업무를 수행하는 기관에까지 가급적 확대할 필요가 있다는 의견이 반영되었다.

그리하여 우리나라 정보공개법제는 정보공개 의무기관의 범위를 국가영역에 속하는 기관뿐만 아니라 대통령령으로 정하는 기관도 포함하였는바, 이는 정보공개제도의 취지를 구현하도록 하기 위하여 국민의 알 권리의 대상이 되는 정보를 산출하고 보유하는 기관들이 되도록 넓게 그 대상기관에 포함되도록 국가기관뿐만 아니라 공공적 성격의 업무를 수행하는 기관에까지 그 범위를 확대한 것이다. 즉, 생산 · 보유된 정보가 국가영역뿐만 아니라 공동체 전체의 이익에 중대한 몫을 차지하는 사회영역에 들어 있는 기관에까지 정보공개의 대상기관으로 확대한 것이라 할 수 있다.

㈏ 우리나라에서의 정보공개 의무기관(공공기관)

대상판결이 적용한 구 정보공개법(2004. 1. 29. 법률 제7127호로 전문개정되기 전의 것) 제2조 제3호에서는 공공기관을 국가, 지방자치단체, 정부투자기관관리기본법 제2조의 규정에 의한 정부투자기관 기타 대통령령이 정하는 기관으로 정의하고, 구 법 시행령(2004. 3. 17. 대통령령 제18312호로 개정되기 전의 것) 제2조에서는 '기타 대통령령이 정하는 기관'을 초 · 중등교육법 및 고등교육법 기타 다른 법률에 의하여 설치된 각급학교, 특별법에 의하여 설립된 특수법인, 공무원연금법 제47조 제2호 내지 제4호의 규정에 의한 퇴직연금의 지급정지대상기관으로 정하고 있었다.

정보공개법이 1996. 12. 31. 제정되고 1998. 1. 1. 시행된 이래 몇 차례 개정이 되었으나 정보공개 의무기관에 대해서는 특별한 변경사항은 없었고, 사립대학교와 같은 각급학교는 정보공개법 제정이후 현재까지 정보공개 의무기관으로 지정되어 있다. 참고로 현행 정보공개법 제2조 제1호에 따르면, 공공기관은 국가행정기관, 지방자치단체, 그 밖의 공공단체 중 대통령령이 정하는 기관이고, 현행 정보공개법 시행령 제2조에서는 공공단체 중 대통령령이 정하는 기관으로, 초 · 중등교육법 및 고등교육법, 그 밖의 다른 법률에 따라 설치된 각급 학교, 공공기관의 운영에 관한 법률 제4조에 따른 공공기관, 특별법에 의하여 설립된 특수법인, 공공기관의 운영에 관한 법률 제4조에 따른 공공기관 등을 열거하고 있다.

(2) 정보공개법 제2조 제1호의 포괄위임금지의 원칙 위반 여부

㈎ 포괄위임금지의 원칙과의 관계

우리 헌법 제75조의 규정 취지는 사실상 입법권을 백지위임하는 것과 같은 일반적이고 포괄적인 위임은 의회입법과 법치주의를 부인하는 것이 되어 행정권이 자의적으로 기본권 행사에 대한 무제한적 침해를 초래할 위험이 있기 때문에, 법률의 위임은 반드시 구체적 · 개별적으로 한정된 사항에 대하여 행하여져야 하는바, 이를 어길 경우 그 해당 법률은 위헌이 되고 그에 터잡은 위임명령도 효력을 잃을 것이다.

그런데, 구 정보공개법 제2조 제3호에서 '공공기관'이라 함은 국가, 지방자치단체, 정부투자기관관리기본법 제2조의 규정에 의한 정부투자기관 기타 대통령령이 정하는 기관을 말한다고 규정하고 있어서, 법률에서 위임의 범위와 한계를 개별적 · 구체적으로 규정하지 않은 것 아니냐는 논의가 있을 수 있다. 이 문제는 '공공기관'이라는 개념을 어떻게 확정하느냐와 관련되어 해결되어야 한다. 즉, 공공기관의 개념 속에 이미 사립대학교를 포괄하는 요소를 가지고 있다면, 대통령이 사립대학교를 공공기관의 하나로 정하였다고 하여 이를 두고 포괄위임금지의 원칙에 위반된다고 단정할 수는 없을 것이다.

(나) 공공기관의 범주

공공기관에 관하여 법률에서 정의한 규정은 찾아볼 수 없지만, 국어사전에 의하면, '공공(公共)'이라 함은 사회 일반이나 공중에 관계되는 것이라고 풀이되고, '기관'은 어떤 목적을 이루기 위하여 설치된 조직이므로, 결국 '공공기관'의 사전적 의미는 '사회 일반이나 공중에 관계되는 조직' 또는 '공공적 성격의 업무를 수행하는 기관' 정도로 풀이할 수 있다.

행정법 분야에서의 적용대상기관은 일반적으로 '행정청', '행정기관' 등의 용어를 사용하고 있다. 그러나, '공공기관'은 그 사전적 의미를 고려해보면 국가기관(입법, 행정, 사법을 포괄) 외에도 '공공적 성격의 업무를 수행하는 기관'으로서 사회영역에 있는 기관도 포함하는 것으로 해석되므로, '행정청'이나 '행정기관'보다는 범주가 넓은 개념이다.

참고로 정보공개법 이외에도 공공기관을 규율대상으로 하는 공공기관의 방화관리에 관한 규정(대통령령 제20443호) 제2조 제5호, 공공기관의 정보공개에 관한 법률 시행령(대통령령 제20707호) 제2조 제1호, 공공기록물 관리에 관한 법률 시행령(대통령령 제21214호) 제3조 제4호에서는 공공기관의 범주에 '초 · 중등교육법 및 고등교육법 그 밖의 다른 법률에 따라 설치된 각급 학교'를 포함시키고 있다.

(다) 사립대학교가 공공기관의 범주에 포함되는지 여부

1) 정보공개의 목적과 관련하여 정보공개법은 제1조에서 그 입법목적을 '공공기관이 보유 · 관리하는 정보의 공개의무 및 국민의 정보공개청구에 관하여 필요한 사항을 정함으로써 국민의 알권리를 보장하고 국정에 대한 국민의 참여와 국정운영의 투명성을 확보함을 목적으로 한다'고 규정하고 있다.

위와 같이 정보공개법 제1조에서 국민의 알권리의 대상은 정보공개와 관련하여 '국정'에 한정된다고 명시하고 있으므로, 국정과 관계없는 사립대학교를 정보공개 의무기관으로 지정한 것은 모법의 취지를 벗어난 것인지 의문이 들 수 있다. 정보공개법 제1조 소정의 '국정'의 사전적 의미는 '국가의 정치에 관한 일'이기 때문이다.

그러나, 정보공개법은 정보공개의 목적, 공공기관의 정보공개의무를 정하는 것도 정보공개법의 입법목적 중의 하나로 하면서(제1조) 정보공개 의무기관을 공공기관으로 하여 국가기관만을 지정한 것이 아니고 지방자치단체, 정부투자기관 등도 정보공개 의무기관으로 지정한 점(제2조 제3호), 지방자치단체에 의한 자치사무에 대해서도 정보공개의 대상이 되는 점(제4조 제2항), 국민뿐만 아니라 외국인도 정보공개를 청구할 수 있는 점(제6조 제2항) 등을 감안하면, 정보공개법 제1조 소정의 '국정'의 개념은 국가영역뿐만 아니라 공동체 전체의 이익에 중대한 몫을 차지하는 사회영역까지 포괄하는 것으로 해석하여야 할 것이다.

2) 학교교육의 공공성과 공 · 사립학교의 동질성과 관련하여 현대국가에서 교육의 공공성이 한층 강조되고 국 · 공립의 교육제도가 확대되는 경향이 있지만, 자유민주주의사회는 다양한 가치관과 능력을 가진 사람들의 창의적이고 자발적인 노력이 모여 균형과 조화를 이루는 것을 주요한 특징으로 하므로 교육의 자주성 · 다양성 · 창의성은 매우 주요한 과제이다.

일반적으로 국 · 공립학교는 보편적인 교육이념과 교육의 기회균등 원칙에 따라 표준화된 교육을 실시하여야 할 책무가 있으므로 학교 나름의 특성을 개발 · 배양하는 데 본질적인 한계가 있는 반면에, 사립학교는 그 설립자의 특별한 설립이념을 구현하거나 독자적인 교육 방침에 따라 개성 있는 교육을 실시할 수 있을 뿐만 아니라 공공의 이익을 위한 재산출연을 통하여 정부의 공교육실시를 위한 재정적 투자능력의 한계를 자발적으로 보완해 주는 역할을 담당한다. 따라서 사립학교가 그 물적 · 인적시설을 운영함에 있어서 어느 정도 자율성을 확보해 주어야 하는 것이 상당하고 또 바람직하다고 할 수 있다.

그러나 사립학교가 공교육의 일익을 담당한다는 점에서 국 · 공립학교와 본질적인 차이가 있을 수 없기 때문에 공적인 학교제도를 보장하여야 할 책무를 진 국가가 일정한 범위 안에서 사립학교의 운영을 감독 · 통제할 권한과 책임을 지는 것 또한 당연하다. 또한, 우리 교육법제는 그 설립 · 경영의 주체에 따라 국 · 공립학교와 사립학교를 구별하고는 있지만, 교육의 내적 조건인 교육목적 · 교육과정 · 교과서 등에 있어서 국 · 공립학교와 사립학교 사이에 별다른 차이가 없고, 교육의 외적 조건인 인적 · 물적 조건 정비에 있어서도 차별을 두고 있지 않다(헌재 1991. 7. 22. 89헌가106 참조).

3) 결론적 고찰 일반적 정보공개청구권을 규정하는 것은 입법자의 입법형성권에 속하는 것이라는 점, 그에 따라 우리나라 정보보호법은 정보공개 의무기관을 공공기관으로 설정하였다는 점, 공공기관의 개념은 국가기관에 한정되는 것이 아니라 지방자치단체, 정부투자기관, 그밖에 공동체 전체의 이익에 중대한 몫을 차지하는 사회영역에 속한 기관도 포함될 수 있다는 점, 정보공개의 목적, 우리나라에서의 교육의 공공성 및

공 · 사립학교의 동질성을 감안하면 사립대학교도 공공기관에 포함될 수 있다는 점, 공공기관을 규율대상으로 하는 다른 법률에서도 정보보호법과 마찬가지로 사립대학교를 포함하고 있다는 점 등을 감안하면, 사립대학교를 정보공개 의무기관으로 정한 정보공개법 시행령 제2조가 모법에 위반되어 무효라고 볼 수 없다는 대상판결의 논지는 충분히 수긍할 수 있다.

(3) 사립대학교의 기본권을 침해하는 것인지 여부

정보공개 의무기관을 국정과 관계없는 부분까지 확대한다면 '알권리'와 '사생활보호'라는 양가치의 조화는 균형을 잃어버리게 되는 것이 아닌지를 논의할 필요가 있다. 즉, 사립대학교가 정보공개 의무기관으로 정해져 있기는 하나, 사립대학교는 국가기관 등과 달리 기본권의 주체가 될 수 있다는 점에서 다르고 그 기본권으로서 프라이버시권 및 정보의 자기결정권이 제한되는 것이 사실이기 때문이다.

그러나 정보공개제도의 목적과 취지, 공개를 청구할 수 있는 정보는 앞으로의 행동을 결정하는 장래를 향한 정보가 아니라 이미 지나간 일에 대한 정보로서 보호의 가치가 상대적으로 작은 점, 정보공개법의 각 규정에 비추어 보면 개인정보는 원칙적으로 공개하지 않아도 된다는 등 정보공개 의무기관에 대한 프라이버시권 및 정보의 자기결정권의 본질적인 내용을 침해하지 않도록 제도적 장치가 마련되어 있는 점 등을 감안하면, 사립대학교에게 정보공개의무를 부과하는 것이 사립대학교의 기본권을 과도하게 침해하는 것이라 보기 어렵다.

(4) 제한적 해석을 하여야 하는지 여부

한편 사립대학교의 경우 특정목적을 위한 특정분야에 한정하여 국비가 지원되고, 나머지 분야의 경비는 모두 학교법인이 부담하고 있으므로, 국비가 지원되는 범위 내에서만 정보제공을 하고, 학교법인이 부담하는 비용의 범위 내에서는 정보제공의 의무가 없다고 제한적으로 해석하여야 하는지도 검토할 필요가 있다.

국가 등의 재정지원은 사립대학교의 공공성을 판별하는 하나의 징표에 불과할 뿐이고 재정지원이 의무의 부과와 반드시 대가관계에 있다고 볼 수 없는 점, 피고는 A 대학교의 운영비를 마치 학교법인이 부담한다고 주장하나 실상은 2005회계연도 운영수입 중 등록금 수입이 전체의 76.7%를 차지하고 있고, 전입 및 기부금 수입은 전체의 10.4%를 차지하는데 국고보조금, 부속병원전입금과 산학협력단전입금으로 구성되어 있고 경상비 전입금은 한 푼도 없는 점에 비추어 보면, A 대학교의 운영비는 대부분 학생들의 등록금으로 충당되므로, 학교구성원들의 알권리를 충족시켜 대학의 투명성을 확보할 필요성이 있다.

따라서, 사립대학교에 대한 국비의 지원이 한정적 · 일시적 · 국부적이라는 점을 고려하더라도, 사립대학교가 국비의 지원을 받는 범위 내에서만 공공기관의 성격을 가진다고 해석하여야 한다고 볼 수는 없다.

4. 판결의 의미와 전망

대상판결은 사립대학교가 정보공개의무기관인지 여부와 그 지정의 위헌 · 위법 여부를 다룬 최초의 판례이다. 대법원은 대상판결에서 정보공개법 소정의 공공기관을 해석함에 있어 국가기관, 지방자치단체, 정부투자기관 등에 한정하지 아니하고, 그 밖에 공동체 전체의 이익에 중요한 역할이나 기능을 수행하는 기관도 포함되는 것이라고 함으로써, 사립대학교가 정보공개의무를 지는 공공기관에 포함된다는 점을 명확히 하였다는데 큰 의의가 있다.

〈참고문헌〉

강경근, "정보공개법 시안상의 정보공개범위와 그 문제점", 인권과 정의 제221호, 대한변호사협회, 1995. 1.

경 건, "정보공개청구제도에 관한 연구", 서울대학교 법학박사 논문, 서울대학교, 1998.

성낙인, "정보공개법제의 비교법적 검토", 인권과 정의 제221호, 대한변호사협회, 1995. 1.

하명호, "구 공공기관의 정보공개에 관한 법률 시행령 제2조 제1호가 정보공개의무를 지는 공공기관의 하나로 사립대학교를 들고 있는 것이 모법의 위임범위를 벗어났다거나 사립대학교가 국비의 지원을 받는 범위 내에서만 공공기관의 성격을 가진다고 볼 수 있는지 여부", 대법원 판례해설 제64호, 법원도서관, 2007. 7.

43. 정보공개대상의 판단기준

— 대법원 2003. 3. 11. 선고 2001두6425 판결 —

김 의 환*

Ⅰ. 판결개요

1. 사실관계

원고는 경북 칠곡군에 거주하는 주민으로서, 1999. 4. 28. 피고 칠곡군수에게 1995. 7. 1.부터 1999. 3. 31.까지의 업무추진비 세부항목별 집행내역 및 그에 관한 영수증 등 증빙서류(여기에는 행사에 참여하거나 금품을 수령한 공무원이나 개인의 이름과 주민등록번호 등이 포함되어 있었다. 이하 '이 사건 정보'라 한다)에 대한 정보공개를 청구하였다. 이에 대하여 피고는 1999. 5. 6. 원고에게 이 사건 정보에는 개인 등 특정인에 관한 정보가 많아 구 공공기관의 정보공개에 관한 법률(2004. 1. 29. 법률 제7127호로 전부개정되기 전의 것, 이하 '구법'이라 하고, 개정된 법을 '신법'이라 한다) 제7조 제1항 제6호, 제7호 소정의 비공개대상정보에 해당한다는 이유로 이의 공개를 거부하는 이 사건 처분을 하였다.

2. 소송경과

원고는 이 사건 처분에 불복하여 피고를 상대로 이 사건 처분의 취소를 구하는 소송을 제기하였는데, 제1심 법원은 이 사건 정보는 구법 제7조 제1항 제6호, 제7호 소정의 비공개대상정보에 해당하지 않는다는 이유로 2000. 12. 14. 원고 승소판결을 하였다(대구지법 2000. 12. 14. 선고 99구7884 판결).

피고는 이에 불복하여 항소하면서, 원고가 이 사건 정보에 관하여 구체적인 이해관계를 가지고 있지 않아 이 사건 처분으로 말미암아 직접적인 이익을 침해당한 바가 없음에도 불구하고 오로지 권리행사를 구실로 피고를 괴롭힐 목적으로 그 공개를 요구하고 있는 것이어서 권리의 남용에 해당한다는 주장을 추가하였는바, 원심법원은 피고의

* 서울고등법원 부장판사.

위 주장을 배척하고, 1심 판결이유를 원용하여 피고의 항소를 기각하였다(대구고법 2001. 7. 6. 선고 2001누190 판결).

이에 피고는 대법원에 원심판결에는 구법 제18조 제1항 소정의 법률상의 이익이나 권리남용에 관한 법리가 있고, 구법 제7조 제1항 제6, 7호 소정의 비공개대상정보에 관한 법리오해가 있다는 이유로 상고하였던바, 대법원은 아래 판결요지 기재와 같은 이유로 원심판결을 파기환송하였다[환송심은, 이 사건 정보 중 공무원이 직무와 관련하여 행사에 참석한 경우를 제외한 행사참석자정보와 사인 또는 공무원에 대한 금품수령자정보로서, 이름·주민등록번호 등에 의하여 특정인을 식별할 수 있는 개인에 관한 정보를 제외한 나머지 부분에 대한 정보공개거부처분을 취소하고, 나머지 청구를 기각한다고 판결하였다(대구고법 2003. 11. 7. 선고 2003누675 판결)].

3. 판결요지

[제1심 판결 및 원심판결의 요지]

(1) 이 사건 정보공개청구가 권리남용에 해당하는지 여부

피고의 이 사건 처분에 의하여 원고는 법률에 의하여 보장되는 정보공개청구권을 침해받았고, 따라서 당연히 법률상의 이익을 침해받았다 할 것이고, 나아가 원고가 오로지 피고를 괴롭힐 목적으로 위 권리를 행사하고 있음을 인정할 증거도 없다.

(2) 구법 제7조 제1항 제6호 소정의 '비공개대상정보'에 해당하는지 여부

① 업무추진비 집행의 합법성과 효율성 여부를 판단할 수 있는 기초자료들이 포함되어 있는 이 사건 정보는, 헌법 및 구법 제7조 제1항 제6호 다목에 의하여 보장된 국민의 알권리 보장과 예산집행의 합법성, 효율성 확보라는 공익을 실현하고 국민들의 행정에 대한 관심과 참여정신을 고양하여 지방자치제도의 활성화를 도모하는 한편 업무추진비가 사적인 용도에 집행되거나 낭비되고 있을지도 모른다는 국민들의 의혹을 해소하고 행정절차의 투명성을 제고한다는 측면에서도, 이를 일반 국민에게 공개할 필요성이 크다고 할 것이고, ② 이 사건 정보에 개인에 관한 정보가 일부 포함되어 있다 하더라도, 그러한 경우에는 그 해당자들의 성명, 주민등록번호 등 특정인을 식별할 수 있는 사항을 삭제하고 그 해당자들에 대한 업무추진비 집행명세만을 열람하게 하거나 그 사본을 교부하는 등 제한공개방식에 의한 공개가 가능하다 할 것이므로, 피고가 주장하는 개인에 대한 정보보호라는 사정만으로 위와 같은 공개의 필요성을 배제하고 이 사건 정보의 공개를 거부할 근거가 될 수 없다.

(3) 구법 제7조 제1항 제7호 소정의 '비공개대상정보'에 해당하는지 여부

이 사건 정보가 법인 등의 영업상 비밀에 관한 정보를 포함하고 있어 구법 제7조

제1항 제7호의 비공개사유에 해당한다고 볼 수는 없다.

[대법원 판결의 요지]

대법원은, 국민의 정보공개청구권은 법률상 보호되는 구체적인 권리이므로, 공공기관에 대하여 정보의 공개를 청구하였다가 공개거부처분을 받은 청구인은 행정소송을 통하여 그 공개거부처분의 취소를 구할 법률상의 이익이 있고, 원고의 청구가 권리남용이 해당하지 않는다고 판단한 원심판결을 수긍하였다.

그러나 대법원은 구법 제7조 제1항 제6호 단서 (다)목 소정의 '공개하는 것이 공익을 위하여 필요하다고 인정되는 정보'에 해당하는지 여부는 비공개에 의하여 보호되는 개인의 사생활 보호 등의 이익과 공개에 의하여 보호되는 국정운영의 투명성 확보 등의 공익을 비교 · 교량하여 구체적 사안에 따라 신중히 판단하여야 할 것인데, 이 사건 정보 중 개인에 관한 정보는 특별한 사정이 없는 한 그 개인의 사생활 보호라는 관점에서 보더라도 위와 같은 정보가 공개되는 것은 바람직하지 않으며 위 정보의 비공개에 의하여 보호되는 이익보다 공개에 의하여 보호되는 이익이 우월하다고 단정할 수도 없으므로, 이는 '공개하는 것이 공익을 위하여 필요하다고 인정되는 정보'에 해당하지 않는다고 봄이 상당하다고 한 끝에, 원심이 개인에 관한 정보를 포함한 이 사건 정보를 전부 공개함이 타당하다는 취지로 판단한 것이라면, 이는 구법 제7조 제1항 제6호 소정의 비공개대상정보에 관한 법리를 오해한 것이라고 판단하였다.

한편, 대법원은 법원이 행정청의 정보공개거부처분의 위법 여부를 심리한 결과 공개를 거부한 정보에 비공개대상정보에 해당하는 부분과 공개가 가능한 부분이 혼합되어 있고 공개청구의 취지에 어긋나지 아니하는 범위 안에서 두 부분을 분리할 수 있음을 인정할 수 있을 때에는, 위 정보 중 공개가 가능한 부분을 특정하고 판결의 주문에 행정청의 위 거부처분 중 공개가 가능한 정보에 관한 부분만을 취소한다고 표시하여야 한다고 전제한 후, 원심은 그 판결 이유에서 이 사건 정보 중 개인에 관한 정보를 제외한 나머지 부분만의 정보를 공개함이 타당하다는 취지로 판단하면서도 주문에서는 피고의 이 사건 처분 전부를 취소하고 있으니, 이는 이 사건 정보 중 비공개대상정보에 해당하는 부분과 공개가 가능한 부분이 구별되고 이를 분리할 수 있는지 여부 등에 관하여 심리를 다하지 아니하였거나, 판결주문기재 방법 또는 구법 제12조에 관한 법리를 오해하여 판결에 영향을 미친 위법을 저지른 것이라고 판단하였다.

Ⅱ. 평 석

1. 쟁점정리

대상판결의 쟁점은, ① 어떠한 경우에 정보공개거부처분 취소소송을 제기할 법률상의 이익이 있고, 어떠한 경우에 정보공개청구가 권리남용에 해당한다고 볼 것인지 여부, ② 구법 제7조 제6호는 '당해 정보에 포함되어 있는 이름 · 주민등록번호 등에 의하여 특정인을 식별할 수 있는 개인에 관한 정보'를 비공개대상정보로 규정하면서도 다시 단서 (다)목에서 '공공기관이 작성하거나 취득한 정보로서 공개하는 것이 공익 또는 개인의 권리구제를 위하여 필요하다고 인정되는 정보'(이 조항은 신법 제9조 제1항 제6호에서 "당해 정보에 포함되어 있는 이름 · 주민등록번호 등 개인에 관한 사항으로서 공개될 경우 개인의 사생활의 비밀 또는 자유를 침해할 우려가 있다고 인정되는 정보. 다만, 다음에 열거한 개인에 관한 정보는 제외한다. 다. 공공기관이 작성하거나 취득한 정보로서 공개하는 것이 공익 또는 개인의 권리구제를 위하여 필요하다고 인정되는 정보"로 개정되었다)를 비공개대상정보에서 제외하고 있는바, 이는 어떠한 판단기준에 의하여야 하는 것이고, 이 사건 정보는 비공개대상정보인지 여부, ③ 정보공개대상정보에 일부 비공개해야 할 부분이 있는 경우 판결에서 주문을 어떻게 낼 것인지 등이라고 할 것이다.

2. 관련판례

첫 번째 쟁점과 관련하여 대법원은 대상판결에서 청구인이 공공기관에 대하여 정보공개를 청구하였다가 거부처분을 받은 것 자체가 구법 제18조 제1항 소정의 법률상의 이익의 침해에 해당한다고 판시한 이래 대법원 2003. 3. 11. 선고 2002두2918 판결, 대법원 2003. 12. 11. 선고 2003두8395 판결, 대법원 2003. 12. 12. 선고 2003두8050 판결, 대법원 2004. 8. 20. 선고 2003두8302 판결 등에서 같은 태도를 유지하였다. 한편, 대법원은 대상판결 이래 대법원 2004. 6. 25. 선고 2004두1506 판결, 대법원 2004. 9. 23. 선고 2003두1370 판결, 대법원 2006. 8. 24. 선고 2004두2783 판결 등에서 정보공개청구가 권리남용에 해당하지 않는다고 판시하였다.

두 번째 쟁점과 관련하여 대법원은 대상판결을 필두로 대법원 2003. 3. 11. 선고 2001두724 판결, 대법원 2003. 3. 11. 선고 2002두2918 판결, 대법원 2003. 12. 26. 선고 2002두1342 판결, 대법원 2004. 5. 28. 선고 2001두3358 판결 등에서 같은 판지를 내놓았다.

세 번째 쟁점과 관련하여 대법원은 대상판결 이후 대법원 2003. 10. 10. 선고 2003두7767 판결, 대법원 2004. 12. 9. 선고 2003두12707 판결 등에서 같은 취지로 판시하였다.

3. 판결의 검토

(1) 정보공개거부처분 취소소송을 제기할 법률상의 이익, 정보공개청구와 권리남용

(가) 정보공개거부처분 취소소송을 제기할 법률상의 이익의 의미

정보공개청구권을 행사하는 자가 해당 정보와 어떤 관련성을 가질 필요가 있는지 여부가 문제되었다. 이는 구법 제18조 제1항에서 "청구인이 정보공개와 관련하여 공공기관의 처분 또는 부작위로 인하여 법률상 이익의 침해를 받은 때에는 행정소송법이 정하는 바에 따라 행정소송을 제기할 수 있다"라고 규정됨으로써 마치 법률상의 이익을 침해받은 경우에 한하여 행정소송을 제기할 수 있는 원고적격이 있는 것처럼 규정됨에 따라 '법률상 이익'의 침해가 있어야 정보공개소송을 제기할 수 있는 것으로 해석될 여지가 있었기 때문에 빚어진 문제였다. 이에 관하여 여기에서의 침해된 '법률상의 이익'이란 정보공개청구권 자체 이외에 정보가 공개됨으로써 청구인의 사법상 또는 공법상 권리의 실현 등에 이익을 가지는 경우를 말한다는 견해도 있었다(한위수, 490-494면 참조). 그러나 대법원은 대상판결로써 청구인이 공공기관에 대하여 정보공개를 청구하였다가 거부처분을 받은 것 자체가 법률상 이익의 침해에 해당한다고 판시함으로써 정보공개청구권을 행사하는 자가 해당 정보와 어떤 관련성을 가질 필요가 없다는 점을 분명히 하였다. 그 후 2004. 1. 29. 전문 개정된 신법은 제20조 제1항에서 "청구인이 정보공개와 관련한 공공기관의 결정에 대하여 불복이 있는 때에는 행정소송법이 정하는 바에 따라 행정소송을 제기할 수 있다"고 규정하여 '법률상 이익'이라는 용어를 삭제함으로써, 이 점에 관한 논란은 종지부를 찍었다.

(나) 정보공개청구와 권리남용

어떠한 경우에 정보공개청구가 권리남용이 되는지가 문제된다. 정보공개법에는 신의칙 위반이나 권리남용에 관한 특별한 규정이 없으므로, 일반이론에 의할 수밖에 없다.

일반적으로 권리행사가 신의칙 위반이나 권리남용에 해당한다고 할 수 있으려면, 주관적으로 그 권리행사의 목적이 오직 상대방에게 고통을 주고 손해를 입히려는 데 있을 뿐 행사하는 사람에게 아무런 이익이 없는 경우이어야 하고, 객관적으로는 그 권리행사가 사회질서에 위반된다고 볼 수 있어야 하며, 이와 같은 경우에 해당하지 않는 한 비록 그 권리의 행사에 의하여 권리 행사자가 얻는 이익보다 상대방이 잃을 손해가 현저히 크다 하여도 그러한 사정만으로는 이를 신의칙 위반이나 권리남용이라 할 수 없을 것이다.

살피건대, 모든 국민은 정보의 공개를 청구할 권리가 있고, 공공기관이 보유 · 관리하고 있는 정보는 정보공개법에 따라 공개하여야 하며, 정보공개청구의 목적이나 횟수에 특별한 제한이 있다고 할 수 없으므로 정보공개청구인이 오로지 정보를 보관하고 있는 공공기관이나 이해관계인을 괴롭힐 목적으로 정보공개를 구하고 있다는 등의 특별한 사정이 없는 한 정보공개청구를 권리남용이라고 할 수는 없을 것이다. 대법원도 이러한 관점에서 대상판결에서 원고가 오로지 피고를 괴롭힐 목적으로 정보공개청구권을 행사하고 있음을 인정할 증거가 없다는 이유로 피고의 권리남용주장을 배척하고 있는 것으로 보인다. 대법원의 이러한 태도는 그 이후의, ① 사본열람 방법에 의한 공개만으로도 학술연구와 행정감시 등 원고의 사용목적을 달성할 수 있다거나, 피고가 앞으로도 이 사건과 유사한 수많은 반복청구에 계속 응하여야 하는 불이익과 모순이 발생할 수 있다는 등의 사정만으로 권리남용이라 할 수 없고(대법원 2004. 6. 25. 선고 2004두1506 판결), ② 정보공개를 청구한 목적이 손해배상소송에 제출할 증거자료를 획득하기 위한 것이었다면 위 소송이 이미 종결되었다고 하더라도 권리남용이라 할 수 없으며(대법원 2004. 9. 23. 선고 2003두1370 판결), ③ 원고가 행정감시의 목적 없이 오로지 대학교총장 개인에 대한 비위사실을 포착하여 형사고발사건에 악용할 목적만으로 이 사건 정보공개청구를 하였다거나 공개대상 문서가 공개되면 원고가 이를 왜곡·과장할 것이라고 인정할 명백한 증거도 없는 이상 권리남용이 아니라고 한 판결(대법원 2006. 8. 24. 선고 2004두2783 판결) 등에서 그대로 유지되고 있다. 아직 대법원이나 하급심에서 정보공개청구를 권리남용이라고 인정한 사례는 찾아볼 수 없다.

(2) 개인식별정보 공개의 판단기준

(가) 위 규정의 의미와 취지

구법 제7조(신법 제9조) 제6호는 헌법적 가치를 갖는 두 개의 상충하는 권리, 즉 알 권리와 사생활비밀보호의 측면에서 공익과 사익의 조화를 기하고자 하는 규정이다. 대법원은 위 규정의 취지는 "개인의 사생활의 비밀과 자유의 존중 및 개인의 자신에 대한 정보통제권을 보장하는 등 정보공개로 인하여 발생할 수 있는 제3자의 법익침해를 방지하고자 함에 있다"고 하였다(대법원 2006. 1. 13. 선고 2004두12629 판결).

(나) 개인식별정보 공개의 판단기준

실무상 주로 문제가 되는 것은, 개인식별정보이지만 공익이나 개인의 권리의 구제를 위하여 필요하다고 볼 수 있어 공개를 하여야 할 것인지 여부인바, 위 규정은 비공개에 의하여 보호되는 이익과 공개에 의하여 보호되는 이익을 비교형량한 결과 후자가 전자보다 우월하다고 인정되는 경우에만 공개할 의무를 지우는 규정이라고 해석된다. 비공개로 인하여 보호되는 이익 중에는 고도로 민감한 부분과 그렇지 아니한 경우가 있을 수 있고, 공개에 의하여 보호되는 이익에도 생명, 신체 등 인격권적 법익과 재산적 법익과는 보호의 정도에 차이가 있을 수 있으므로 비교교량을 할 경우에도 이러한 각 이익의 구체적 성격을 신중히 검토하여야 할 것이다.

대법원은 대상판결에서 "비공개에 의하여 보호되는 개인의 사생활 보호 등의 이익과 공개에 의하여 보호되는 국정운영의 투명성 확보 등의 공익 또는 개인의 권리구제 등의 이익을 비교 · 교량하여 구체적 사안에 따라 개별적으로 판단하여야 한다"고 판시함으로써 그 판단기준을 제시하였다.

(다) 업무추진비 집행내역 등의 이 사건 정보가 비공개대상정보인지 여부

업무추진비지출관계서류 등에 포함된 개인에 관한 정보에 관하여, 대상판결이 나오기 전의 하급심 판결(서울고법 2000. 9. 1. 선고 99누16056 판결, 부산지법 2000. 12. 21. 선고 2000구796 판결, 서울고법 2001. 5. 8. 선고 2000누8693 판결, 광주고법 2001. 5. 17. 선고 2000누1446 판결 등)의 주류적 태도는 개인의 성명, 주민등록번호 등도 이를 공개하라는 것이었다.

이는 주로 ① 국민의 알권리 보장과 예산집행의 합법성 · 효율성 확보라는 공익을 실현하고 국민들의 행정에 대한 관심과 참여정신을 고양하여 지방자치제도의 활성화를 도모하는 한편 업무추진비가 사적인 용도에 집행되거나 낭비되고 있을지도 모른다는 국민들의 의혹을 해소하고 행정절차의 투명성을 제고한다는 측면에서도 이를 일반 국민에게 공개할 필요성이 크다고 할 것인 점, ② 예산집행에 관한 증빙내용 중에 수령자나 참석자의 성명이 기재된 부분은 세항과목에 대한 실제지출 여부를 담보하는 핵심적인 부분일 뿐 아니라 행정절차의 투명성과 책임성을 제고하려는 정보공개제도의 목적과 취지에 비추어 볼 때, 공개되지 않는다면 정보공개제도의 본지를 현저히 훼손할 정도로 본질적인 사항으로 보이는 점, ③ 그와 같은 사항이 공개됨으로 인하여 사생활 침해에 대한 반감으로 시정참여를 기피한다거나 지방자체단체 당국으로서 공개를 의식하여 업무추진의 효율성이 떨어진다는 사정을 인정할 만한 아무런 증거가 없는 점 등을 종합하여 보면 공개를 통하여 달성하고자 하는 공익이 비공개를 통한 개인의 사생활의 비밀과 자유의 보호라는 이익을 압도하고도 남는다는 것을 논거로 한 것이었다. 대상판결의 원심판결도 같은 논거를 채용한 것이라고 할 수 있다.

그러나 대법원은 대상판결을 필두로 그 이후의 판결에서 업무추진비지출관계서류 등에 포함된 개인(공무원 제외)에 관한 정보나 행사참석자정보 또는 금품수령자정보는 특별한 사정이 없는 한 그 개인의 사생활 보호라는 관점에서 보더라도 위와 같은 정보가 공개되는 것은 바람직하지 않으며 위 정보의 비공개에 의하여 보호되는 이익보다 공개에 의하여 보호되는 이익이 우월하다고 단정할 수도 없으므로 '공개하는 것이 공익을 위하여 필요하다고 인정되는 정보'에 해당하지 않는다고 하면서, 위 하급심 판결들을 파기하고 개인식별정보를 제외하고 부분공개를 하라고 판시하였다(대법원 2003. 3. 11. 선고 2002두2918 판결, 2003. 3. 14. 선고 2001두4610 판결, 2003. 3. 14. 선고 2002두6439 판결, 2003. 5. 16. 선고 2001두4702 판결, 2003. 5. 30. 선고 2002두8381 판결). 나아가 대법원은 어떤 개인

이 공공기관으로부터 격려금 등 금품을 수령한 경우 그 격려금이 그 개인의 영업과 관련되어 있다 하더라도 그 수령사실은 구법 제7조 제1항 제7호에 규정된 영업상 비밀에 해당되는데 그치는 것이 아니라 개인의 사생활에 속하는 사항으로서 보호되어야 할 필요가 있으므로 이에 관한 정보는 영업비밀정보가 아닌 개인식별정보에 해당한다고 봄이 상당하다고 하였다(대법원 2003. 3. 11. 선고 2001두724 판결).

다만, 대법원은 그 개인이 공무원인 경우는 약간 달리 보고 있다. 그리하여 행사참석자정보인 경우 그 공무원이 직무와 관련하여 행사에 참석한 경우의 정보는 '공개하는 것이 공익을 위하여 필요하다고 인정되는 정보'에 해당하지만, 그 공무원이 직무와 관련 없이 개인적인 자격 등으로 행사에 참석한 경우의 정보는 그 공무원의 사생활 보호라는 관점에서 '공개하는 것이 공익을 위하여 필요하다고 인정되는 정보'에 해당하지 않는다고 하고(대법원 2003. 3. 11. 선고 2001두724 판결, 2003. 12. 12. 선고 2003두8050 판결, 2004. 8. 20. 선고 2003두8302 판결 등), 금품수령자정보인 경우 그 공무원이 직무와 관련하여 금품을 수령한 정보는 '공개하는 것이 공익을 위하여 필요하다고 인정되는 정보'에 해당하지만, 그 공무원이 직무와 관련 없이 개인적인 자격 등으로 금품을 수령한 경우의 정보는 그 공무원의 사생활 보호라는 관점에서 '공개하는 것이 공익을 위하여 필요하다고 인정되는 정보'에 해당하지 않는다고 하였다(대법원 2003. 3. 11. 선고 2001두724 판결, 2003. 4. 25. 선고 2002두5412 판결, 2003. 12. 12. 선고 2003두8050 판결 등).

이러한 대법원의 태도에 대하여는 하급심보다 후퇴한 판결이라는 비판이 있을 수 있으나, 반드시 개인의 성명과 주민등록번호 등의 개인정보를 공개하여야 알권리가 보장되고 행정의 투명성이 확보되는 것은 아니므로 대법원의 태도를 지지한다.

(3) 부분공개와 판결의 주문 기재방법

㈎ 구법 제12조나 신법 제14조에 의하면 공개청구한 정보가 비공개대상정보와 공개가 가능한 부분이 혼합되어 있는 경우에는 공개청구의 취지에 어긋나지 아니하는 범위 안에서 두 부분을 분리할 수 있는 때에는 비공개대상정보 부분을 제외하고 공개하여야 한다고 규정되어 있다. 이를 둘러싸고 실무상 1개의 정보 또는 문서에 대하여 공개청구하였다가 거부되었으나 부분공개함이 타당하다고 판단되는 경우 어떠한 주문을 낼 것인지 관하여, ① 거부처분(비공개결정)에 가분성이 있다고 보고 공개할 부분과 비공개할 부분을 구체적으로 구별하여 전자에 대하여만 인용하고 후자에 대하여는 기각하는 주문을 내어야 한다는 견해(제1견해, 한애라, 294면)와 ② 법원으로서는 공개할 부분과 비공개할 부분을 구별하는 기준을 이유에서 표시하고, 주문에서는 당해 정보에 대한 공개거부처분(전부)을 취소한다는 표시만을 함(즉, 청구의 전부 인용)이 타당하다고 보는 견해(제2견해, 한위수, 483-484면)가 대립되었다.

(나) 살피건대, ① 판결주문은 간결하고 명확하여야 하며 주문 자체로 내용이 특정될 수 있어야 하는바, 제2견해에 따를 경우의 주문기재는 정보공개거부처분이 어느 범위에서 위법한 것인가를 특정할 수 없고 따라서 청구기각되는 부분도 분간할 수 없어 그러한 주문은 판결로서 갖추어야 할 명확성을 잃어 위법하다 할 것인 점, ② 실질적으로 원고가 일부 승소한 것임에도, 주문상 전부 승소한 것으로 표시되는 것은 바람직하지 않은 점, ③ 제2견해에 따라 법원이 '공개할 부분'과 '비공개할 부분'을 구별하는 기준을 이유에서 표시하고, 주문에서는 당해 정보에 대한 공개거부처분(전부)을 취소한다는 표시만을 한 경우(즉, 청구를 전부 인용한 경우), 원고가 위 판결이유에서 표시한 '비공개할 부분'에 관하여 불복할 의향이 있다 하더라도 상소할 수 없게 되는 결과가 되어, 원고의 권리보호에 미흡한 결과가 초래되는 점 등에 비추어 보면 제1견해가 타당하다고 생각된다.

대법원은 대상판결에서 제1견해를 취함으로써 엇갈리던 하급심의 실무례를 통일하였다.

4. 판결의 의미와 전망

정보공개법이 1996. 12. 31. 법률 제5242호로 제정되어 1998. 1. 1.부터 시행된 이래 정보공개법을 적용한 많은 하급심 판결이 생산되었다. 대법원은 2003. 3. 11. 정보공개법을 적용한 최초의 대법원 판결 3개를 선고하였다. 그 중 1개의 공개된 판결이 대상판결인바, 앞서 검토한 3가지 쟁점에 관한 대법원의 태도를 최초로 밝힌 판결로서 이러한 대법원의 입장이 현재까지도 그대로 유지되고 있다는 점에서 그 역사적인 가치와 의의가 매우 큰 판결이라고 할 것이다.

다만, 업무추진비지출관계서류 등에 포함된 개인에 관한 정보가 비공개대상정보라는 판시 부분은 행정에 대한 감시와 행정의 투명성을 강조하는 입장이 더욱 중시될 경우 언젠가는 새로운 도전에 직면할 수도 있을 것으로 전망된다.

<참고문헌>

김용찬, "정보공개청구사건에서의 몇 가지 쟁점", 법조 52권 9호(통권 564호), 법조협회, 2003. 9.

김의환, 정보공개관련소송, 행정소송의 이론과 실무, 사법연구지원재단, 2008.

박해식, 정보공개청구사건에 관한 최근 대법원 판례의 개관(상)(하), 법률신문 제3233,4호, 법률신문사, 2004. 1.

한애라, "정보공개사건에서... 일부 공개시의 주문과 이유 설시방법", 행정재판실무편람: 자료집, 서울행정법원, 2001.

한위수, "정보공개청구사건의 심리와 재판에 있어서의 몇 가지 문제", 행정재판실무편람(Ⅱ), 서울행정법원, 2002.

44. 행정대집행과 민사소송의 관계

— 대법원 2000. 5. 12. 선고 99다18909 판결 —

이 상 덕*

Ⅰ. 판결개요

1. 사실관계

경남 고성군 마암면 두호리 일대는 1996. 7. 1. 공포된 '고속국도노선지정령'(고속국도법 제3조에 의한 대통령령)에 의해 대전-통영간 고속국도 제17호선의 노선으로 지정되었다. 건설교통부장관은 위 토지에 관하여 도로법 제25조에 의한 도로구역결정을 하고, 1997. 5. 1. 그 결정을 고시하였으며, 1997. 7.경 토지소유자들로부터 위 토지를 협의취득하고 그 무렵 국가 명의로 소유권이전등기를 마쳤다.

그런데, 두호리의 농민 A는 1997. 1.경 그 일대의 논을 토지소유자들로부터 임차한 후 1997. 2. 20.경부터 화훼작물 재배를 위한 비닐하우스 설치공사를 시작하였고, 이에 한국도로공사(건설교통부장관으로부터 대전-통영간 고속국도의 설치 및 유지에 관한 업무 및 제반 권한을 위임받은 도로관리청)가 1997. 3.경 A에게 위 공사의 중지를 요청하였음에도 불구하고 A는 위 공사를 계속하여 (도로구역결정이 고시된 1997. 5. 1. 이후에) 비닐하우스 설치공사를 완료하였다.

도로법, 토지수용법의 제반 규정에 의하면, 도로관리청은 도로구역결정이 고시된 후에 도지사의 허가를 받지 아니하고 공작물을 축조하고 물건을 부가한 자에 대하여 법위반행위로 인해 생긴 유형적 결과의 시정을 명하는 행정처분을 할 수 있음에도, 한국도로공사는 A를 상대로 민사법원에 공사중지가처분을 신청하여 1997. 5. 20. 가처분결정을 받았고, 곧 이어 '도로구역 내에 있는 비닐하우스를 철거하고, 그 안에 있는 동산을 취거하며, 해당 토지를 인도할 것'을 청구하는 본안소송을 제기하였다.

---

* 판사/대법원 재판연구관/법학박사.

2. 소송경과

제1심에서는 '행정청의 지위에 있는 원고가 행청처분권한을 행사하지 아니하고 민사소송을 제기하는 것이 허용되는가'는 쟁점화되지 아니하였고, 'A가 설치한 수십 동의 비닐하우스 중 도로구역결정이 고시된 1997. 5. 1. 이전에 설치완료된 부분은 어느 부분이고, 그 이후에 설치완료된 부분은 어느 부분인가'만이 쟁점으로 다투어졌으며, 제1심 법원은 전자에 대해서는 원고의 청구를 기각하고, 후자에 대해서만 원고의 청구를 인용하는 판결을 선고하였다.

항소심에서 비로소 A는 '한국도로공사가 행정대집행, 행정벌에 관한 규정에 의하여 행정상대방에게 의무의 이행을 강제하여야 할 것임에도 그러한 절차에 의하지 아니하고 일반 민사소송을 제기하는 것은 부적법하다'는 본안전항변을 하였으나, 항소심 법원은 "비록 원고가 피고 주장의 각 수단을 이용하지 아니하고 바로 이 사건 소송을 제기하였다고 하더라도 행정청의 처분 등을 원인으로 하는 법률관계의 실현을 위하여 도로법 등의 의무위반자인 피고들에 대하여 제기한 이 사건 소송이 부적법하게 되는 것은 아니"라고 간단히 설시하면서 위 본안전항변을 배척하고 A의 항소를 기각하는 판결을 선고하였다.

이에 A는 항소심 판결에 대해 '행정법상의 의무이행강제에 관한 법리를 오해하였다'라고 주장하면서 상고하였다.

3. 대법원 판결 요지

(1) 구 토지수용법 제18조의2 제2항에 의하면 사업인정의 고시가 있은 후에는 고시된 토지에 공작물의 신축, 개축, 증축 또는 대수선을 하거나 물건을 부가 또는 증치하고자 하는 자는 미리 도지사의 허가를 받도록 되어 있고, 한편 구 도로법 제74조 제1항 제1호에 의하면 관리청은 같은 법 또는 이에 의한 명령 또는 처분에 위반한 자에 대하여는 공작물의 개축, 물건의 이전 기타 필요한 처분이나 조치를 명할 수 있다고 되어 있으므로 토지에 관한 도로구역 결정이 고시된 후 구 토지수용법 제18조의2 제2항에 위반하여 공작물을 축조하고 물건을 부가한 자에 대하여 관리청은 이러한 위반행위에 의하여 생긴 유형적 결과의 시정을 명하는 행정처분을 하여 이에 따르지 않는 경우에는 행정대집행의 방법으로 그 의무내용을 실현할 수 있는 것이고, 이러한 행정대집행의 절차가 인정되는 경우에는 따로 민사소송의 방법으로 공작물의 철거, 수거 등을 구할 수는 없으므로, 이 부분 청구는 부적법하다.

(2) 그러나 원고의 토지 인도청구에 대하여는 민사소송 외에 따로 이를 실현할 수

있는 절차와 방법이 없으므로 민사소송을 제기하는 것은 적법하다.

Ⅱ. 평 석

1. 쟁점정리

이 사건에서 국가는 1997. 7.경 토지의 소유권을 취득하였고, 토지임차인 A는 종전 소유자와의 토지임대차계약으로 새로운 소유자인 국가에게 대항할 수 없으므로, A는 국가에게 지장물을 철거하고 토지를 인도할 사법상 의무를 부담한다. 그러나 한국도로공사는 국가로부터 고속도로에 관한 행정권한을 위임받은 행정청의 지위에 있을 뿐 국가의 사법상 권리를 행사할 지위에 있지 아니하므로, 단지 행정청의 지위에서 행정상대방인 A의 공법상 의무의 이행을 어떻게 확보할 것인가가 문제된다.

여기에서 쟁점은 공법상 의무의 불이행에 대하여 행정상 강제집행수단이 법정되어 있는 경우에 민사소송 · 집행의 방법으로 의무이행을 확보하는 것이 허용되는가, 행정상 강제집행수단이 법정되어 있지 않다면 민사소송 · 집행의 방법으로 의무이행을 확보하는 것은 허용되는가 여부이다. 우리나라의 현행법상으로 공법상 의무의 확보를 위한 행정상 강제수단이 일반적으로 규정되어 있지 않고, 개별 법률에서 단편적으로 규정되어 있을 뿐이며, 행정상 강제수단이 규정되어 있지 않은 법률도 여럿 존재한다는 점에서 이 문제는 행정실무상 큰 의미를 갖는다.

2. 관련판례

이 사건 판결 이전에도 동일 쟁점에 관한 대법원의 판결이 꾸준히 있어왔으며, 이 사건 대법원 판결은 이전의 판결 취지를 재확인하는 의미를 갖는다.

대법원 판례의 주류적인 경향은 공법상 의무의 이행을 확보하기 위하여 행정상의 강제집행수단이 법정되어 있는 경우에는 민사소송의 제기를 허용하지 않는 것이다. 감사원법에 의하여 변상을 명하는 판정이 확정된 경우에는 국세징수법 중 체납처분의 규정에 의하여 위 판정을 집행할 수 있으므로 그 판정된 변상금의 배상을 구하는 민사상 손해배상청구는 권리보호의 필요가 없으며(대법원 1970. 4. 14. 선고 67다2138 판결, 同旨: 대법원 1962. 9. 27. 선고 62다381 판결), 회계관계 직원의 그 직무상의 의무위반으로 인한 변상책임은 감사원의 변상판정에 의하지 않고 민사상 소구하여 그 책임을 물을 수 없다(대법원 1971. 11. 23. 선고 71다2050 판결, 同旨: 대법원 1968. 11. 19. 선고 68다651 판결, 대법원 1975. 12. 6. 선고 75다385 판결, 대법원 1980. 2. 26. 선고 79다2241 판결). 국유재산의 무단사용자가 국유재산법에 의한 변상금을 체납한 경우에는 관리청은 관할 세무서장 또는 지방자치단체장에게 위임하여 국세징수법의 체납처분에 관한 규정에 의하여 징수할 수 있도록 되어 있으므로, 변상금 부과처분을 근거로 한 변상금의 청구를 민사소송의 방법에 의할 수는 없다(대법원 2000. 11. 24. 선고 2000다28568 판결). 근로복지공단이 산업재해보상보험법에 의하여 과오급된 보험급여를 국세체납처분의 예에 의하여 강제징수하는 권한은 공법상의 권리로서 사법상의 채권과는 그 성질을 달리하므로, 공단으로서는 과오급된 보험급여를 받은 자에 대하여 민사소송의 방법으로 민법상의 부당이득반환청구를 할 수 없다(대법원 2005. 5. 13. 선고 2004다8630 판결). 행정대집행법 제6조 제1항은 “대집행에 요한 비용은 국세징수법의 예에 의하여 징수할 수 있다.”라고 규정함으로써 대집행비용의 징수에 관하여 민사소송절차에 의한 소송이 아닌 간이하고 경제적인 특별구제절차를 마련해 놓고 있으므로, 대집행비용의 상환을 민사소송으로 구하는 것은 부적법하다(대법원 2011. 9. 8. 선고 2010다48240 판결). 「보조금의 예산 및 관리에 관한 법률」에 의하여 중앙관서의 장은 부정한 방법으로 보조금을 교부받은 사업자에 대하여 보조금교부결정 취소처분을 하고, 취소된 부분의 보조금 반환명령을 한 다음, 국세체납처분의 예에 의하여 강제징수를 할 수 있을 뿐, 민사소송의 방법으로는 반환청구를 할 수 없다(대법원 2012. 3. 15. 선고 2011다17328 판결).

또한, 도시재개발조합의 정관에 ‘조합원은 사업시행구역내에 있는 자기소유의 건축물 등 지장물을 30일 이내에 철거하여야 한다’고 규정하였어도 이로써 당해조합과 조합원간에 철거에 관한 사법상의 권리의무가 발생하는 합의가 있었다고 볼 수 없을 뿐만 아니라 공법상의 어떤 권리의무를 설정하는 효력이 있다고 할 수 없고, 이는 도시재개발법 제36조의 규정을 주의적으로 표현한 것에 불과하므로, 조합이 같은 법조 소정의 행정대집행의 방법에 의하여 건물을 철거하지 않고 민사소송의 방법으로 건물의 철거를 구할 수는 없다(대법원 1989. 5. 23. 선고 88다카17822 판결, 同旨: 대법원 1990. 11. 13. 선고 90다카23448 판결).

위와 같은 주류적 판례 경향에서 벗어난 예외적 판례도 찾아볼 수 있다. 양곡관리법 제7조의 규정에 의하여 비록 피고의 재산에 체납처분을 할 수 있다고 하여서 원고가 피고에 대하여 청구하는 급부의 내용에 관하여 무슨 기판력이나 확정력이 있는 것이 아니므로 원고로서는 급부청구권의 확정을 위하여 이를 소구할 수 있다고 판시하여(대법원 1967. 4. 18. 선고 67다416 판결) 공법상 납부의무에 관한 체납처분절차가 규정되어 있음에도 민사소송을 긍정한 약 50년 전의 사례가 있다. 최근에는, 국가로부터 국유 일반재산의 관리권한을 위탁받은 한국자산관리공사가 국유재산의 무단점유자에 대하여 국유재산법에 따라 변상금 부과처분을 하고 국세체납처분 규정에 의하여 강제징수할 수 있음에도 그렇게 하지 아니하고 민사상 부당이득반환청구의 소를 제기하였던 사안에서, 변상금은 민사상 부당이득금과 액수가 다르고 성립요건도 일치하지 아니하므로, 변상금 부과 · 징수권의 행사와는 별도로 민사상 부당이득반환청구의 소를 제기할 수 있다고 판시하였다(대법원 2014. 7. 16. 선고 2011다76402 전원합의체 판결). 이 전원합의체 판결에서는 종전의 판례를 변경한다는 점을 명시적으로 밝히지 않았고, 공법상 금전지급의무와 사법상 금전지급의무의 액수와 성립요건이 다르다는 점을 강조하면서 양자를 별개로 행사할 수 있다고 판시하였다는 점에서, 이러한 판단이 향후 판례의 발전과정에서 변상금이 아닌 다른 유형의 공법상 금전지급의무로 확대될 것인지는 의문스럽다.

최소한 분명한 것은, 관계법령상 행정처분에 의해서 공법상 금전지급의무가 성립 · 확정되고 체납처분규정에 의해 강제징수할 수 있도록 규정된 경우에는 공법상 금전지급의무를 민사소송 · 집행의 방식으로 이행을 강제하는 것은 허용되지 않는다는 주류적 판례는 여전히 유효하다는 점이다.

3. 판결의 검토

(1) 공법과 사법의 관계설정

공법상 의무의 관철을 위하여 민사소송과 민사집행을 이용할 수 있느냐의 문제는 공 · 사법 이원론이라는 이론적 문제와 결부되어 있다.

행정법의 성립 초기에는 행정의 공권력성 · 우월성을 강조하면서 우월한 행정과 그에 종속되어 있는 사인 간의 관계에 대해 적용되는 공법은 대등한 사인들 사이의 관계에 대해 적용되는 사법과 선험적 · 본질적으로 구별되며, 공법은 완결적인 체계로서 공법관계에는 공법만이 적용되어야 하고, 사법규정의 적용은 배제되어야 한다는 견해가 대두되었다(공 · 사법의 이념적 · 절대적 구별).

그러나, ⅰ) 민법은 이미 19세기에 거의 완벽한 규정을 정비한 반면에, 행정법 영역에서는 20세기 초까지도 고작 몇몇의 단편적인 법률이 제정되었으며, 그것도 대부분 권한규정에 한정된 것이었기 때문에, 실무적으로 신의성실의 원칙과 같이 법의 일반원칙에 해당하거나, 기간, 시효와 같이 법기술적인 규정에 해당하는 사법규정의 원용이 불가피하였고, ⅱ) 급부행정영역에서 행정이 광범위하게 사법의 조직 · 작용형식을 사용함으로써 공 · 사법의 융화 내지 상대화 현상이 일어났고, ⅲ) 제2차 세계대전 후에는 나치즘에 대한 반성으로 더 이상 행정의 공권력성 · 우월성이 강조될 수 없게 되자, 행정의 우월성을 의식적으로 축소하기 위하여 행정과 시민 사이의 대등한 법관계를 전제로 하는 사법의 적용이 확대됨으로써, 공법과 사법의 엄격한 구별은 이론적으로 포기되었고, 공 · 사법 구별을 역사적 · 제도적 · 상대적 구별로 파악하고, 논쟁의 초점이 공법적인 방식에 의한 행정수행과 사법적인 방식의 행정수행 간의 효율성 논쟁과 같이 보다 실용적이고 현실적인 방향으로 전이되었다(공 · 사법의 제도적 · 상대적 구별).

위 관련판례들을 살펴보면 주류적 경향의 판례이건 예외적인 판례이건 모두 '소의 이익(권리보호필요성)'의 관점에서 접근하고 있음을 알 수 있다. 대법원 판례는 일관되게 행정상 강제집행수단을 민사적 강제수단의 특별절차로 인식하고 있는 것이다. 이는 공법과 사법을 서로 본질적으로 다른 것으로서 절대적으로 구별되어야 할 것이 아니라, 일반법과 특별법의 관계로 파악하고 있음을 의미한다.

대법원을 정점으로 하는 일원적 사법체계에서 민사소송에서의 변론주의, 형사소송에서의 검사의 기소재량주의에 익숙한 판사들은 일반법과 특별법의 관계를 '반드시 일반법에 우선하여 특별법이 적용되어야 하는 관계'가 아니라 '소송당사자의 임의적인 선택에 따라 둘 중 아무 것이라도 적용할 수도 있는 관계'로 파악하곤 한다. 한국도로공사의 청구를 쉽사리 인용한 이 사건 제1 · 2심 판결은 공법과 사법의 관계를 단순한 일반법과 특별법의 관계로 오인한 데서 비롯되었다고 할 수 있다. 그러나, 대법원 판례는 공법과 사법의 관계가 '소송당사자의 임의적인 선택에 따라 어느 것을 적용할 수도 있는 관계'가 아니라, '적용될 공법의 규정이 존재한다면 반드시 공법의 규정이 먼저 적용되어야 하는 관계'로 파악하고 있다. 이러한 의미에서 공법과 사법의 관계는 민사법이나 형사법에서의 일반법과 특별법의 관계와는 분명히 다른 것이므로 특별한 주의를 요한다.

(2) 행정법상 의무의 민사적 강제의 가능성

이론적으로 공 · 사법 구별이 상대화된 후로는 이 문제에 관하여 이념적 · 선험적 · 법본질적으로 접근하는 견해는 찾아보기 어렵고, 실용적으로 접근하는 견해가 주류를 이룬다.

(가) 행정상 강제집행수단이 별도로 법정되어 있는 경우에 민사소송 · 집행의 방법을 이용하는 것이 허용되어서는 아니 된다는 점에 관하여 학설과 판례에 광범위한 견해의 합치가 존재한다. 다만, 그 논거는 실용적인 관점에서 서로 상이하다.

일반적으로 민사소송법학에서는 법률이 통상의 소송이 아닌 특별한 구제방법을 두고 있을 때에는 소의 이익이 없는 것으로 설명되고 있는데, 행정대집행을 사용할 수 있는 경우와 없는 경우를 나누어 판단하는 이 사건 대법원 판결이 이러한 관점으로부터 강한 영향을 받았을 것이라는 점을 쉽게 짐작할 수 있다.

이에 대해 행정법학자들은, 일반적으로 행정상 강제집행수단은 당해 의무의 공공성 등의 특성을 고려하여 신속하고 실효적인 이행확보를 위한 수단을 내용으로 하고 있는 것으로서 이러한 행정상 강제집행수단이 마련되어 있음에도 민사상의 강제집행수단에 의하여 그 의무를 확보하려고 하는 것은 행정상 강제집행수단을 규정한 관계 법률의 취지에 반한다는 점, 행정이 행정상 강제집행수단을 사용할 수 있음에도 민사상 강제집행수단을 이용하는 것은 평등의 원칙에 위배된다는 점, 행정이 두 가지 수단을 병용하게 되면 지나치게 행정권이 강화된다는 점, 행정이 민사적 강제집행수단을 이용할 경우 법원의 부담이 가중된다는 점 등을 논거로 들고 있다(김동희, 480면; 김철용, 440면; 이상규, 533면; 최세영, 243면. 또한 대법원 2014. 7. 16. 선고 2011다76402 전원합의체 판결의 소수의견 참조).

(나) 행정상 강제집행수단이 별도로 법정되어 있지 않은 경우에 민사소송 · 집행의 방법을 이용하는 것이 허용될 수 있는가에 관해서도 대체적으로 긍정하는 입장이 다수를 이룬다. 공법과 사법의 관계를 일반법과 특별법의 관계로 파악하는 관점에서는 특별법(행정상 강제집행수단)이 부존재할 경우 일반법(민사상 강제집행수단)을 적용하는 것을 당연하게 생각한다. 그 밖에도, 민사상 강제집행은 양 당사자의 대등성을 바탕으로 하는 것으로서 행정상대방에 불이익한 것은 아니라는 점, 행정권력이 의무는 부과할 수 있으나 그 의무를 강제할 수단이 존재하지 않는다는 것은 불합리하다는 점, 행정의 지위를 사인보다 더 불리하게 할 합리적 이유는 없다는 점이 거론된다(김동희, 481면; 김철용, 441면; 박윤흔, 594면).

반면, 공 · 사법을 구별하고 있는 현행 법제에서는 법률의 명문의 근거가 없는 한 공법상 의무를 민사적 강제집행의 방법으로 실현하는 것은 허용되지 않는다는 견해도 있다(최세영, 247면).

허용성을 판단함에 있어서도 반드시 유형별로 개별적인 검토가 필요하다. 긍정하는 견해는 공법상 금전지급의무에 대해 체납처분이라는 강제징수절차가 법률에 규정되어 있지 않은 경우를 염두에 두고 있는 것으로 보이고, 이 경우에는 민사소송 · 집행을 허용하여도 큰 문제는 없어 보인다. 그러나 공법상 부대체적 의무에 대해 민사 간접강제를 허용하는 것은 문제가 있다. 행정상 강제수단으로서 이행강제금은 우리나라에 비교적 최근에 도입되었으며 개별 법률에 규정된 예가 많지 않은데, 공법상 부대체적 의무에 대해 민사 간접강제의 방법을 허용하는 것은 이행강제금을 법률에 의하지 아니하고 일반적으로 도입하는 것이어서 바람직하지 않다. 이행강제금을 규정한 개별법령에서는 부과금액의 상한 및 산정방법, 반복부과회수 등에 관하여 상세히 규정하여 행정청의 재량과 처분의 침익성 정도에 대해 엄격한 한계를 설정하고 있지만, 민사 간접강제에서는 배상금의 액수, 일시금과 정기금의 선택이 법원의 전적인 재량에 맡겨져 있으며, 정기금을 택할 경우 이행강제금을 무한정 반복부과하는 것과 같은 결과를 가져올 수 있다는 점에서 중대한 차이가 있다.

한편, 판례는 금전채권의 발생 원인이 공법적인 성질의 것이라 할지라도 관계 법률에 행정상 강제집행수단(체납처분절차)이 규정되지 않으면 그 금전채권의 성질을 사법상의 채권으로 파악하고 있으므로(대법원 2005. 5. 13. 선고 2004다8630 판결), 이에 대해 민사소송 · 집행을 적용하는 것에 이론적인 갈등을 느끼지 아니한다.

(3) 공작물 철거의무에 부수한 토지인도의무를 강제하기 위해 별도의 민사적 강제수단이 필요한가의 문제

'불법적으로 설치된 공작물은 행정대집행의 방법으로 철거할 수 있지만, 공작물 소유자의 토지점유를 배제하기 위해서는 민사소송 외에는 따로 이를 실현할 수 있는 방법이 없다'는 이 사건 대법원 판결은 일견 논리적으로는 정합성이 있는 것처럼 보이지만, 신속히 불법시설을 철거하고 그 토지에 고속도로 신설공사를 진행하여야 하는 행정청에게 이원적인 절차를 모두 거쳐야 하는 부담을 지우고 있다는 점에서 합목적성을 결여하였다고 평가할 수 있다.

공법상 토지 · 건물의 인도의무는 직접적인 실력행사가 필요한 것이지 대체적 작위의무에 해당하지 않으므로 행정대집행의 대상이 될 수 없다는 것이 대법원의 확립된 판례이며(대법원 1998. 10. 23. 선고 97누157 판결, 대법원 2005. 8. 19. 선고 2004다2809 판결), 우리 법제도에서는 행정상 직접강제에 관해서는 일반 규정이 없다. 따라서 소수의 개별 법률에 단편적으로 규정되어 있는 행정상 직접강제가 적용될 수 있는 경우가 아닌 한, 공법상 토지 · 건물 인도의무는 민사소송 및 민사적 직접강제 외에는 이를 실현할 수 있는 수단이 없다는 결론에 이르게 된다. 그러나 위 판례들의 사안은 모두 토지 · 건물의 인도만이 문제될 뿐이고 건물 · 공작물의 철거는 문제되지 않은 경우였고, 토지 · 건물의 인도의무가 건물 · 공작물의 철거의무와 결부되어 있는 경우에는 사안의 성질이 다르다.

민법집행법에서 토지 · 건물의 인도 의무는 '주는 채무'라고 하여 원칙적으로 직접강제의 방법에 의하는 반면, 건물 · 공작물의 철거의무는 대체성이 있는 '하는 채무'에 해당하므로 대체집행의 방법에 의한다. 예를 들어 토지의 임대인이 임대차기간이 만료된 후에 임차인을 상대로 건물철거와 토지인도를 구하는 경우에, 먼저 소유자는 임차인을 상대로 건물철거와 토지인도를 구하는 본안소송에서 승소한 다음, 강제집행단계에서 건물철거를 위해서는 대체집행을 신청하고 토지인도를 위해서는 직접강제를 신청하여야 한다.

그러나 실무적으로 이러한 사안에서 토지인도를 위한 직접강제를 별도로 신청하는 경우는 찾아보기 어렵다. 실무상 철거대상 건물에 임차인이 존재하고 있고 건물철거의 대체집행에 방해가 되는 경우, 집행관은 (경찰관의 조력을 받아) '실력을 행사하여' 임차인을 그 건물에서 퇴거시킨 후 건물철거집행을 실행하는데(이러한 실력행사의 근거로는 경찰관직무집행법상의 위험발생방지조치 또는 형법상의 공무집행방해죄의 범행방지 내지 현행범 체포를 거론할 수 있으며, 행정대집행의 경우도 마찬가지이다), 그 과정에서 임차인은 건물에 대한 점유뿐만 아니라 토지에 대한 점유도 상실한다. 그렇기 때문에 실무상 건물이 철거되는 경우에 토지인도를 위한 별도의 직접강제가 신청되지 않는 것이다. 임차인의 토지점유는 토지상의 건물의 존재에 의해 표상되는 것으로서, 건물이 철거되면 임차인의 토지점유도 그 즉시 소멸하였다고 평가함이 타당하며, 건물이 철거된 후에도 임차인이 그 토지에서 자신의 점유권을 행사하려고 하는 경우는 실상 거의 발생하지 않는다.

즉, 실무상으로 민사적 대체집행이건 행정대집행이건 간에 건물 · 공작물 철거 집행이 이루어지는 경우 건물 · 토지의 인도(점유배제)는 부수적으로 실현되고 있다. 점유는 점유물에 대한 사실상의 지배를 상실함으로써 소멸하므로(민법 제192조 제2항), 건물 · 공작물에 대한 철거집행이 이루어지면 건물 · 공작물의 권리자는 건물 · 토지에 대한 점유도 상실한다. 따라서, 건물 · 공작물의 권리자의 건물 · 토지에 대한 점유를 배제하기 위해서 별도의 인도소송이 필요하지는 않다고 보아야 한다. 이 사건에서 공작물 철거를 위한 대집행과 별도로 토지 인도의 확보를 위해 민사소송 및 민사적 직접강제가 필요하다는 대법원 판시는 이러한 현실과는 맞지 않는 측면이 있다.

(4) 행정대집행에서의 민사집행법 규정의 준용 가능성

9개의 조문으로 구성되어 있는 현행 「행정대집행법」은 내용이 매우 빈약하여 행정대집행 과정에서 발생할 수 있는 문제점들을 완전하게 규율하고 있지는 못하다. 예를 들어, 건물철거 대집행 과정에서 건물 내에 있는 철거의무자의 유체동산을 어떻게 처리하여야 하는지가 문제된다. 민사강제집행에서도 동일한 문제가 발생하는데, 「민사집행법」 제258조는 부동산 · 선박의 인도청구권을 강제집행하는 과정에서 집행의 목적물이 아닌 동산이 있지만 그것을 인도받을 자격이 있는 사람이 현장에 없을 경우 집행관이 일단 보관을 하도록 하고, 그 후 채무자가 그 동산의 수취를 게을리할 때, 집행관이 집행법원의 허가를 받아 그 동산을 매각하고 비용을 뺀 뒤 나머지 대금을 채무자를 위하여 공탁하도록 규정하고 있다.

행정대집행의 과정에서 건물철거의무자가 현장에서 동산을 건네받지 않을 경우, 행정청은 통상 그 동산을 임시로 창고에 보관시키지만, 동산소유자가 장기간 이를 찾아가지 아니하여 발생하는 창고비용 때문에 상당한 부담을 느끼고 있다. 「행정대집행법」에서 대집행비용의 강제징수를 규정하고 있기는 하나, 철거의무자들에게는 강제징수를 할 재산이 없는 경우가 많다. 이러한 상황에서 행정청이 민사법원에 「민사집행법」 제258조에 의한 동산매각허가를 신청하는 경우가 있다. 창고비용을 절약하고자 하는 행정청의 입장에서 임의로 동산을 매각하는 것은 민원 발생의 소지가 있으므로 사실상 실행하기 어렵고, 대신에 자신의 책임을 면하기 위하여 법원의 '결정'을 받고 싶어 하는 것이다.

그러나, 「민사집행법」 제258조에 의한 동산매각은 소유자의 의사에 의하지 아니하고 소유물의 존재형태를 유체물에서 교환가치로 변경하는 것으로서, 법률에 의해 특별히 허용된 소유권의 제한에 해당하므로, 명시적인 준용 근거규정 없이 행정대집행절차에 준용하는 것은 바람직하지 못하다.

4. 판결의 의미와 전망

이 사건의 쟁점에 관하여 이 판결 이전에도 대법원은 여러 차례 기본 입장을 판시한 바 있고, 판례의 주류적 경향은 한 동안 변화하지 않을 것이라 보인다(이 판례의 입장은 대법원 2009. 6. 11. 선고 2009다1122 판결에서도 계속 유지된 바 있다). 그럼에도 불구하고 이 사건에서 한국도로공사가 대법원 판례에 어긋나는 민사소송을 제기한 것은 자신이 도로관리청의 지위에서 위법한 공작물의 제거를 명하고 이에 불응할 경우 행정대집행을 진행할 권한이 있다는 사실을 제대로 자각하고 있지 못함에 기인한다고 보인다. 민사소송이 불필요하게 진행되어 소중한 시간과 노력이 낭비되는 것을 예방하기 위하여 행정청과 법원 모두에게 행정상 강제수단의 존재 이유에 대한 특별한 각성이 필요하다. 민사법원도 공공단체나 행정기관이 행정업무수행과 관련하여 어떤 민사소송을 제기하였을 때, 우선적으로 적용하여야 할 행정처분 관련 규율이 관계법령에 있지는 않은가에 대해 특별한 주의를 기울여야 할 것이다.

〈참고문헌〉

김동희, 행정법 Ⅰ 제20판, 박영사, 2014.
김철용, 행정법 Ⅰ 제12판, 박영사, 2009.
박윤흔, 최신 행정법강의(상) 개정29판, 박영사, 2004.
이상규, 신행정법론(상) 제5전정판, 1993.
정호경, "공 · 사법 구별의 역사와 의미에 관한 일 고찰", 법학논총 제23집 제1호, 한양대, 2006. 6.
최세영, "행정상 강제집행론", 사법연구자료 제12집, 법원행정처, 1985. 4.

45. 행정대집행 계고의 요건

—대법원 1994. 10. 28. 선고 94누5144 판결—

한 견 우*

Ⅰ. 판결개요

1. 사실관계

1970년 소외 C가 제빙공장으로 건축한 지상 철근조 스라브지붕 공장 1, 2층을 1985년부터 1987년 사이에 당시 소유자인 소외 D가 건축법에 의한 허가를 받지 않고 기존 1층에 1개 층 181.32㎡를, 기존 2층에 1개 층 60㎡를 무단증축하고 기존 2층의 공장용도 85.32㎡를 주거시설로 용도개조(이하 이 사건 위법건축물이라 한다)하여 사용하다가 1990. 9. 11. A · B가 이를 매수하여 사용하였다. X행정청[추자면장]은 수차에 걸쳐 A · B에게 이 사건 위법건축물의 자진철거를 종용하였으나 A · B는 이에 응하지 아니하던 중 1991. 4. 17. A에게 이 사건 위법건축물에 대하여 15일 이내에 자진철거를 하지 아니하면 행정대집행을 하겠다는 내용의 계고처분을 하였다. 그럼에도 불구하고 위 기간 내에 A · B는 자진철거를 이행하지 않자 같은 해 5. 4. 다시 A에게 제2차 계고처분을 하였는데 A는 가사정리 및 철거준비 형편상 같은 해 6. 17.까지 처리를 유보하여 달라고 요청하여 X행정청이 이를 받아들였음에도 불구하고 그때까지도 자진철거가 이루어지지 않았다. 행정대집행이 실시되지 않은 상태에서, 1993. 6. 24. A · B는 이 사건 건물의 무허가 증축 및 용도개조 내용과 2회에 걸쳐 자진철거하도록 계고처분을 받은 바 있음에도 자진철거하지 않았다는 내용의 시인서와 이 사건 위법건축물에 대하여 같은 해 7. 20.까지 자진철거하겠으니 위 기간 내에 철거하지 못할 시는 어떠한 법적조치도 감수하겠다는 내용의 각서를 X행정청에게 제출하였다. 그러나 위 기간 내에도 자진철거가 이루어지지 아니하여 X행정청이 1993. 7. 23. A · B에게 최종적으로 이 사건 계고처분을 하였다.

---

* 연세대학교 법학전문대학원 교수.

2. 소송경과

이 사건에서 A와 B는 X행정청[추자면장]을 피고로 하여 광주고등법원에 소송을 제기하였으나, 원심에서 패소하고 대법원에 상고하였다. 대법원은 원심판결 중 원고 B 부분에 대한 상고는 이유 있으므로 이 부분에 대한 원심판결을 파기하여 사건을 원심법원인 광주고등법원에 환송하고, 원고 A 부분에 대한 상고는 이유 없으므로 이를 기각하고 이 부분의 상고비용은 패소자의 부담으로 하기로 하여 관여 법관의 일치된 의견으로 판결하였다.

3. 판결요지

(1) 원심판결의 요지

원심(광주고등법원 1994. 3. 24. 선고 93구2451 판결)은 다음과 같이 판결하였다 : 원고 A · B의 이 사건 위법건축물에 대한 행정대집행법상의 철거의무는 위 1991. 4. 17.자 제1차 계고처분으로 이미 발생하였다. 이 사건 계고처분 및 1991. 5. 4.자 제2차 계고처분은 그로 인하여 원고 A · B에게 새로운 철거의무를 부과하는 것이 아니라 제1차 계고처분에 따른 건물철거의무의 이행을 원고 A · B에게 거듭 촉구하고 종용하면서 대집행에 착수할 시기를 유예하여 준 기한의 연기통지에 불과한 것이다. 그러므로 이 사건 계고처분 및 제2차 계고처분이 독립된 행정처분으로서 항고소송의 대상이 될 수 없는 것이어서 이 사건 소는 부적법하여 이를 각하한다.

(2) 대법원 판결의 요지

대법원은 원심판결에 대하여 원고 A에 대한 부분과 원고 B에 대한 부분을 다음과 같이 각각 나누어 판결하였다 :

(가) 원고 A 부분에 대하여

행정청이 행정대집행법 제3조 제1항에 의한 대집행계고를 함에 있어서는 의무자가 스스로 이행하지 아니하는 경우에 대집행할 행위의 내용 및 범위가 구체적으로 특정되어야 한다. 그런데 대집행할 행위의 내용 및 범위는 반드시 대집행계고서에 의하여서만 특정되어야 하는 것이 아니고 계고처분 전후에 송달된 문서나 기타 사정을 종합하여 행위의 내용이 특정되면 족하다고 할 것이다. 원심이 확정한 사실관계에 비추어 보면 대집행의무자인 원고 A로서는 그 이행의무의 내용과 범위를 충분히 알 수 있다 할 것이므로 이 사건 계고처분은 대집행할 행위의 내용 및 범위가 구체적으로 특정되지 않았다고 할 수 없다. 한편, 피고 X행정청이 이 사건 건물의 공유자의 1인인 원고 A에게 이 사건 위법건축물을 일정기간까지 철거할 것을 명함과 아울러 불이행할 때에는 대집행한다는 내용의 철거대집행 계고처분을 고지한 후 원고 A · B가 불응하자 다시 제2차, 제3차 계고서를 발송하여 일정기간까지의 자진철거를 촉구하고 불이행하면 대집행을 한다는 뜻을 고지하였다면 위 원고 A의 행정대집행법상의 건물철거의무는 제1차 철거명령 및 계고처분으로써 발생하였고 제2차, 제3차의 계고처분은 위 원고A에게 새로운 철거의무를 부과한 것이 아니고 다만 대집행기한의 연기통지에 불과하므로 행정처분이 아니다(대법원 1991. 1. 25. 선고 90누5962 판결, 대법원 1983. 7. 26. 선고 83누1 판결 등 참조). 같은 취지의 원심판결은 정당하고 거기에 소론과 같은 법리오해 내지 이유불비의 위법이 있다고 할 수 없다.

(나) 원고 B 부분에 대하여

위법한 건물의 공유자 1인에 대한 계고처분은 다른 공유자에 대하여는 그 효력이 없다 할 것인 바, 원심이 확정한 사실에 의하면 제1차 및 제2차의 각 계고처분은 이 사건 건물의 공유자 중 원고 A만을 상대방으로 하였을 뿐 다른 공유자인 원고 B에 대하여는 이를 발한 바 없다. 그러므로 위 각 계고처분은 원고 B에 대하여는 아무런 효력이 없다고 할 것이고, 따라서 원심으로서는 원고 B도 상대방으로 한 위 1993. 7. 23.자 통보를 위 원고 B에 대한 최초의 계고처분으로 보아 본안에 나아가 그 처분의 적법성 여부를 심리판단하였어야 할 것임에도, 원심은 원고 A에 대한 제1차 계고처분의 효력이 당연히 원고 B에게도 미치는 것으로 보고 그 설시와 같은 이유에서 이 사건 소를 전부 각하하였으니, 원심판결에는 원고 B 부분에 관한 한 계고처분의 효력이 미치는 상대방에 관한 법리를 오해한 위법이 있다고 할 것이다.

Ⅱ. 평 석

1. 쟁점정리

첫째, 대집행계고를 함에 있어 대집행할 행위의 내용 및 범위가 대집행계고서에 의하여서만 특정되어야 하는지 여부, 둘째, 위법건축물에 대한 철거명령 및 계고처분에 불응한 경우 제2차, 제3차로 행한 계고처분의 법적 성질과 관련해서 행정소송의 대상인 행정처분인지 여부, 그리고 셋째, 위법한 건물의 공유자 1인에 대한 계고처분이 다른 공유자에 대하여 효력이 있는지 여부 등이 대상판결의 주요한 쟁점이다.

2. 관련판례

첫째, 대집행계고를 함에 있어 대집행할 행위의 내용 및 범위가 대집행계고서에 의하여서만 특정되어야 하는지에 관해서 대법원은 대상판결 이전에 이미 대집행 계고처분의 내용의 특정과 관련해서 논의가 있었다. [대법원 1980. 10. 14. 선고 80누351 판결], [대법원 1983. 7. 26. 선고 83누20 판결]에서는 개별적인 계고처분의 내용의 특정에 관해서 논의가 있었으나, [대법원 1985. 11. 12. 선고 85누631 판결]에서는 '건물철거대집행 목적물의 특정여부의 판단기준'을 제시하였고, [대법원 1985. 12. 24. 선고 85누314 판결]에서는 '대집행할 행위의 내용과 범위의 특정방법'을 제시하였다. 이러한 대법원의 입장은 [대법원 1986. 11. 25. 선고 86누599 판결], [대법원 1987. 3. 10. 선고 86누684 판결], [대법원 1990. 1. 25. 선고 89누4543 판결], [대법원 1991. 3. 12. 선고 90누10070 판결], [대법원 1992. 2. 25. 선고 91누4607 판결], [대법원 1992. 3. 10. 선고 91누4140 판결], [대법원 1992. 5. 12. 선고 91누8623 판결], [대법원 1992. 6. 12. 선고 91누13564 판결]에서도 확인되어 대상판결에 이르렀고, 다시 [대법원 1996. 10. 11. 선고 96누8086 판결], [대법원 1997. 2. 14. 선고 96누15428 판결]로 그 맥을 이어가고 있다,

둘째, 제1차, 제2차, 제3차 계고처분으로 연이어지는 경우에 행정대집행법상의 부작위에 대한 제거의무(예, 건물철거의무)가 어느 시점에서 발생하는가에 관한 대상판결이 나타나기 전에 대법원은 [대법원 1983. 7. 26. 선고 83누1 판결]에서 계고기일의 연기통보의 법적 성질과 [대법원 1991. 1. 25. 선고 90누5962 판결]에서는 제2차 계고서 발송의 법적 성질을 각각 취소소송의 대상이 되는 독립한 행정처분이 아니라고 판시하였다. 이러한 대법원의 논리를 바탕으로 대상판결이 나타났고, 그 후 [대법원 1995. 4. 7. 선고 94누12531 판결], [대법원 2000. 2. 22. 선고 98두4665 판결] 등에서 그 논리흐름을 이어갔으며, [대법원 2004. 6. 10. 선고 2002두12618 판결]에서는 중복된 계고처분의 경우뿐만 아니라 대집행계고서에 기재된 자진철거 및 원상복구명령도 취소소송의 대상이 되는 독립한 행정처분이 아니라고 판시하였다.

그리고 계고처분에 관한 것은 아니지만 [대법원 1988. 9. 13. 선고 88누6061 판결]에서 경찰서장의 차량사용정지명령의 집행시기만을 변경한 것과 [대법원 1994. 2. 22. 선고 93누21156 판결]에서는 노동조합에 대한 반복된 자료제출요구, 그리고 [대법원 1999. 7. 13. 선고 97누119 판결]에서는 보험자 또는 보험자단체의 의료기관에 대한 부당이득금 또는 가산금의 납부의 중복된 독촉의 법적 성질에 관하여 항고소송의 대상이 되는 행정처분이라 할 수 없다고 판시하였다.

셋째, 공유자 1인에 대한 계고처분이 다른 공유자에 대하여 효력이 있는지 여부에 관해서 대법원은 대상판결 이전에 [대법원 1992. 5. 12. 선고 91누8623 판결]에서 건물을 매수하여 그의 처와 공동 명의로 등기를 한 후 무단증축한 경우 증축부분에 대한 철거대집행계고처분을 함에 있어 남편만을 이행의무자로 삼은 조치가 적법하다고 판시한 사건이 있다.

3. 판결의 검토

(1) 행정대집행의 계고

행정대집행이란 행정법상 대체적 작위의무를 행정객체가 이행하지 않을 경우, 행정청이 이를 이행하거나[자기집행] 또는 제3자로 하여금 이를 이행하게 하는 수단[타자집행]을 말한다(통설). 이러한 대집행은 계고, 대집행영장에 의한 통지, 대집행의 실행 그리고 대집행비용의 징수라는 절차로 행해진다.

행정대집행에 있어서 계고(戒告)는 대집행의 사전절차로서 대집행이 행하여진다는 사실을 미리 의무자에게 알려줌으로써 스스로 의무를 이행하도록 촉구하는 기능을 한다. 이러한 계고의 법적 성질에 관해서, 하명으로 보는 견해도 있으나, 통설 · 판례는 준법률행위적 행정행위로서 통지(通知)이고 문서로써 행하는 요식행위이다. 따라서 계고는 단순한 통지행위가 아니고 계고처분 자체만으로 행정적 법률효과를 발생하는 것은 아니지만 대집행영장교부의 기초가 되는 법적행위로서 독자적 의미가 있는 행정처분으로서 행정소송의 대상이 된다(대법원 1962. 10. 28. 선고 62누117 판결).

(2) 행정대집행할 행위의 내용과 범위의 특정방법

계고처분은 대집행이 행하여진다는 사실을 미리 의무자에게 알려줌으로써 스스로 의무를 이행하도록 촉구하는 기능을 하기 때문에, 대집행을 할 행위의 내용과 범위가 객관적 · 구체적으로 특정되어야 한다. 더욱이 이러한 계고처분은 불이익한 처분이기 때문에 구체적으로 특정되지 않은 계고처분은 위법하다고 할 것이다. 그런데 행정대집행할 행위의 내용과 범위는 반드시 철거명령서나 대집행계고서에 의하여서만 특정되어야 하는 것은 아니고, 그 처분 전후에 송달된 문서나 기타 사정을 종합하여 이를 대집행의무자가 특정할 수 있으면 족하다고 할 것이다.

이러한 행정대집행할 행위의 내용과 범위를 특정하는 문제와 관련해서 대상판결 이전에도 논의가 있었다. 예컨대 [대법원 1980. 10. 14. 선고 80누351 판결]에서는 대집행 계고처분의 내용이 단순히 "건물의 증축부분을 철거하라"는 것이라면 그러한 표시만으로는 구체적으로 어느 부분의 얼마만큼을 철거하라는 것인지 처분내용이 확정되지 아니한 것이므로 위법이라고 판시하였고, [대법원 1983. 7. 26. 선고 83누20 판결]에서는 계고서상에 철거대상 건물부분의 표시를 "전면 커피숍 2층 증축분"이라고 기재한 것만으로도 철거대상 건물부분을 특정한 것으로 볼 것이라고 판시하였다. 이러한 개별적 판단에서 떠나 [대법원 1985. 11. 12. 선고 85누631 판결]에서는 '건물철거대집행 목적물의 특정여부의 판단기준'을 제시하였는데, "건물철거대집행 목적물의 특정여부는 실제건물의 위치, 구조, 평수, 용도 및 허가관계 등을 계고서의 표시와 대조 검토하여 대집행의무자가 그 이행의

무의 범위를 알 수 있는지 여부에 의하여 판단할 것이다"라고 판시하였다(같은 내용의 판결: 대법원 1986. 11. 25. 선고 86누599 판결, 대법원 1991. 3. 12. 선고 90누10070 판결, 대법원 1992. 2. 25. 선고 91누4607 판결, 대법원 1992. 6. 12. 선고 91누13564 판결). 그리고 [대법원 1985. 12. 24. 선고 85누314 판결]에서는 "행정대집행할 행위의 범위 및 내용은 반드시 대집행계고서에 의하여서만 특정되어야 하는 것이 아니고 계고처분 전후에 송달된 문서나 기타 사정을 종합하여 행위의 내용이 특정되면 족하다"고 판시함으로써 '대집행할 행위의 내용과 범위의 특정방법'을 제시하였다(같은 내용의 판결: 대법원 1987. 3. 10. 선고 86누684 판결, 대법원 1990. 1. 25. 선고 89누4543 판결, 대법원 1992. 3. 10. 선고 91누4140 판결, 대법원 1992. 5. 12. 선고 91누8623 판결). 그런데 [대법원 1996. 10. 11. 선고 96누8086 판결]에서는 '건물철거대집행 목적물의 특정여부의 판단기준'과 '대집행할 행위의 내용과 범위의 특정방법'를 함께 묶어 "행정대집행할 행위의 내용 및 범위는 반드시 대집행계고서에 의하여서만 특정되어야 하는 것이 아니고, 계고처분 전후에 송달된 문서나 기타 사정을 종합하여 행위의 내용이 특정되거나 실제건물의 위치, 구조, 평수 등을 계고서의 표시와 대조 · 검토하여 대집행의무자가 그 이행의무의 범위를 알 수 있을 정도로 하면 족하다"고 판시하였다(같은 내용의 판결: 대법원 1997. 2. 14. 선고 96누15428 판결).

따라서 "준공검사후 그 준공건물과 연결하여 무단증축한 브록조 스레트즙 점포 약 12평방미터(3평)에 대하여, 계고처분을 함에 있어서 그 계고서에 위치 부산 동래구 거제3동 574의 6, 구조 브록스레트, 용도, 점포, 건평 12평방미터, 종별 증축이라고 기재한 사실을 인정한 경우는 이 사건 계쟁건물은 무단증축한 것이라는 사실을 대집행의무자가 그 이행의무의 법위를 알 수 있기 때문에 이 계고처분은 그 철거, 대집행의 내용이 특정되었다고 할 것이다"(대법원 1986. 11. 25. 선고 86누599 판결). 그리고 행정청이 자진철거 및 대집행의 대상을 "서울 마포구 도화동 203의 13, 14, 15 지상에 증축중인 건축물의 위반사항"이라고 표시하여 한 계고처분이 종전에 위반사항을 지적하여 그 시정을 명령한 경우는 대집행의무자로서 그 이행의무의 내용과 범위를 충분히 알 수 있는 것이어서 대집행할 행위의 내용과 범위가 구체적으로 특정되었다고 할 것이다(대법원 1992. 2. 25. 선고 91누4607 판결).

대상판례의 경우에도 X행정청[추자면장]은 수차에 걸쳐 A · B에게 건축법에 의한 허가를 받지 않고 기존 1층에 1개층 181.32㎡를, 기존 2층에 1개층 60㎡를 무단증축하고 기존 2층의 공장용도 85.32㎡를 주거시설로 용도개조(이하 이 사건 위법건축물이라 한다)의 자진철거를 종용하였던 점, A가 가사정리 및 철거준비 형편상 처리를 유보하여 달라고 요청한 점, 그리고 A · B는 이 사건 건물의 무허가 증축 및 용도개조 내용과 2회에 걸쳐 자진철거하도록 계고처분에 대하여 자진철거하지 않았다는 내용의 시인서와 이 사건 위법건축물에 대하여 기간 내에 자진철거하지 못할 시는 어떠한 법적조치도 감수하겠다는 내용의 각서를 X행정청에게 제출한 점 등을 미루어 보면, 대집행의무자는 그 이행의무의 내용과 범위를 충분히 알 수 있다 할 것이므로 이 사건 계고처분은 대집행할 행위의 내용 및 범위가 구체적으로 특정되었다고 판단한 것은 정당하다.

(3) 중복된 계고처분의 효력

계고처분에 있어서 대상판례의 경우와 같이 "건물의 소유자에게 위법건축물을 일정기간까지 철거할 것을 명함과 아울러 불이행할 때에는 대집행한다는 내용의 철거대집행 계고처분을 고지한 후 이에 불응하자 다시 제2차, 제3차 계고서를 발송하여 일정기간까지의 자진철거를 촉구하고 불이행하면 대집행을 한다는 뜻을 고지하는 경우가 있다. 이러한 경우에 행정대집행법상의 건물철거의무는 제1차 철거명령 및 계고처분으로 발생하는가, 아니면 제2차, 제3차의 계고처분으로 발생하는가가 문제된다.

대법원은 [대법원 1983. 7. 26. 선고 83누1 판결]에서 계고기일의 연기통보는 대집행 착수시기를 유예하여 준 것에 불과하여 항고소송이 대상이 되는 새로운 계고처분이 아니라고 판시하였다. 그리고 계고처분에 관한 것은 아니지만 [대법원 1988. 9. 13. 선고 88누6061 판결]에서 대법원은 경찰서장이 차량에 대하여 집행시기를 정하여 일정기간의 사용정지명령을 하였다가 그 집행시기만을 변경한 것은 사용정지명령의 집행시기만을 유예한 것에 불과하여 항고소송의 대상이 되는 독립된 새로운 행정처분에 해당한다고 할 수 없다고 판시하였다. [대법원 1991. 1. 25. 선고 90누5962 판결]에서는 제1차 철거명령 및 계고처분에 불응하여 다시 철거촉구 및 대집행의 뜻을 제2차 계고서 발송으로 고지한 경우 제2차 계고서 발송이 행정처분이 아니라고 판시하였다. 또한 [대법원 1994. 2. 22. 선고 93누21156 판결]에서는 행정관청이 노동조합에 대하여 자료제출요구를 한 뒤 이에 불응하자 2, 3차로 다시 제출요구를 한 경우, 2, 3차 자료제출요구는 그것이 동일한 내용의 요구를 반복하는 것인 경우에는 다른 특별한 사정이 없는 한 종전의 제출요구를 철회하고 상대방에게 별개의 새로운 제출요구를 하는 것이 아니라 그 제출을 독촉하거나 그 제출기한을 연기해 주는 통지로서의 의미를 가지는 것에 불과하다고 볼 것이므로, 이와 같은 경우에는 독립적인 행정처분이라 할 수 없다고 판시하였다.

이러한 대법원의 논리를 바탕으로 대상판결이 나타났고, 그 후 [대법원 1995. 4. 7. 선고 94누12531 판결], [대법원 2000. 2. 22. 선고 98두4665 판결] 등에서 그 논리흐름을 이어갔다. 그리고 [대법원 1999. 7. 13. 선고 97누119 판결]에서는 보험자 또는 보험자단체가 의료기관에게 부당이득금 또는 가산금의 납부를 독촉한 후 다시 동일한 내용의 독촉을 한 경우, 후에 한 동일한 내용의 독촉은 민법상의 단순한 최고에 불과하여 국민의 권리의무나 법률상의 지위에 직접적으로 영향을 미치는 것이 아니므로 항고소송의 대상이 되는 행정처분이라 할 수 없다고 판시하였다. [대법원 2004. 6. 10. 선고 2002두12618 판결]에서는 중복된 계고처분의 경우뿐만 아니라 제1차로 창고건물의 철거 및 하천부지에 대한 원상복구명령을 하였음에도 이에 불응하므로 대집행계고를 하면서 다시 자진철거 및 토사를 반출하여 하천부지를 원상복구할 것을 명한 경우, 대집행계고서에 기재된 자진철거 및 원상복구명령도 취소소송의 대상이 되는 독립한 행정처분이 아니라고 판시하였다.

따라서 대상판결에 있어서 X행정청이 이 사건 건물의 공유자의 1인인 A에게 이 사건 위법건축물을 일정기간까지 철거할 것을 명함과 아울러 불이행할 때에는 대집행한다는 내용의 철거대집행 계고처분을 고지한 후 원고들이 불응하자 다시 제2차, 제3차 계고서를 발송하여 일정기간까지의 자진철거를 촉구하고 불이행하면 대집행을 한다는 뜻을 고지하였다. 여기서 A의 행정대집행법상의 건물철거의무는 제1차 철거명령 및 계고처분으로써 발생하였고 제2차, 제3차의 계고처분은 A에게 새로운 철거의무를 부과한 것이 아니고 다만 대집행기한의 연기통지에 불과하므로 취소소송의 대상이 되는 독립한 행정처분이 아니라고 할 것이다. 이러한 대상판례의 판시내용은 그 동안 이어져 온 대법원의 논리에 합당하며 정당하다고 할 것이다.

(4) 공유자에 대한 계고처분

위법한 건물의 소유자가 공유형태로 되어 있는 경우에 그 공유자 1인에 대한 계고처분은 다른 공유자에 대해서도 효력이 있는가가 문제된다. 공유란 목적물에 대한 각 공유자의 지배권한이 완전히 자유 · 독립적이며, 다만 목적물이 동일하기 때문에 그 행사에 제약을 받는 데 지나지 않는 것을 말한다. 따라서 공유는 공동소유자 사이에는 아무런 인적 결합관계가 없는 매우 개인주의적인 소유형태이다.

"대집행의 상대방은 대집행의 대상이 되는 의무를 부담하는 자이기 때문에, 위법한 건물이 공유인 경우에는 그 공유자 1인에 대한 계고처분은 다른 공유자에 대하여 그 효력이 없다"(대법원 1994. 10. 28. 선고 94누5144 판결)고 판시한 대법원의 논리는 공유의 법리에 충실한 것으로 정당하다고 할 것이다. 따라서 대법원이 설시하는 바와 같이, 공유자가 있는 위법한 건물에 대한 계고처분은 공유자중 누구에 대하여 행한 것인지에 따라 그 효력여부가 문제되기 때문에 계고처분의 적법성여부를 판단함에 있어 간과해서는 안된다고 할 것이다.

그런데 대상판례에 앞선 판결로서 "건물을 매수하여 그의 처와 공동 명의로 등기를 한 후 무단증축한 경우 증축부분에 대한 철거대집행계고처분을 함에 있어 남편만을 이행의무자로 삼은 조치가 적법하다"(대법원 1992. 5. 12. 선고 91누8623 판결)는 판결이 있다. 이 판결에서 대법원은 "건물을 매수하여 그의 처와 공동 명의로 등기를 한 후 무단증축한 경우 남편에게도 증축부분에 대한 철거의무가 있다 할 것이어서 철거대집행계고처분에 있어 남편만을 이행의무자로 삼은 조치가 적법하다"고 판시하였다. 이 사건에서 남편에 대해서만 계고처분을 한 경우에 처에 대해서도 계고처분이 효력이 있다는 판시는 하지 않았다. 이러한 판결에서 설시하는 바와 같이 "철거의무가 있기 때문에 남편만을 계고처분의 대상으로 한 것은 적법하다"는 판단 이외에, 부부관계라는 특수성 즉 긴밀도를 고려해서 남편만을 계고처분대상자로 한 것이 적법하다는 단계까지 나아갔었으면 하는 기대가 있다. 따라서 아무리 형식적으로 부부 공동소유의 위법한 건물의 경우도 실질적으로 부부의 긴밀도가 없는 경우는 일방의 공유자인 남편에 대해서만 계고처분을 하였다면 타방의 공유자인 처에 대해서는 적법한 계고처분이라고 할 수 없다고 할 것이다. 이러한 점에서 1992년 판례와 1994년 대상 판결은 그 논리적 흐름을 같이 한다고 할 것이다.

4. 판결의 의미와 전망

[대법원 1994. 10. 28. 선고 94누5144 판결]은 첫째, 대집행계고를 함에 있어 대집행할 행위의 내용 및 범위가 대집행계고서에 의하여서만 특정되어야 하는지에 대해서 이전에 이미 확립된 대법원의 판례를 다시 확인하는 의미가 있다. 둘째, 위법건축물에 대한 철거명령 및 계고처분에 불응한 경우 제2차, 제3차로 행한 계고처분의 법적 성질에 대해서도 이미 확립되어 온 대법원의 기존 입장을 재차 확인하고 있다.

셋째 쟁점인 위법한 건물의 공유자 1인에 대한 계고처분이 다른 공유자에 대하여 효력에 관한 판시사항은 기본적으로 공동소유자 사이에는 아무런 인적 결합관계가 없는 매우 개인주의적인 소유형태인 공유의 법리를 일치시킨 판례이다. 그러나 [대법원 1994. 10. 28. 선고 94누5144 판결]과 이전의 [대법원 1992. 5. 12. 선고 91누8623 판결]의 판시부분을 종합한 결론을 공유자 1인에 대한 계고처분이 다른 공유자에 대한 효력 여부에 적용되어야 한다. 요컨대 공유자 1인에 대한 계고처분이 다른 공유자에 대해서 효력이 있는지 여부는 '공유관계'라는 형식적 논리뿐만 아니라 '공유자의 긴밀도'라는 실질적 논리를 근거로 판단하여야 할 것이다.

46. 공매통지의 흠과 공매처분의 효력

— 대법원 2008. 11. 20. 선고 2007두18154 전원합의체 판결 —

임 영 호*

Ⅰ. 판례개요

1. 사실관계

원고는 2003. 10. 2. 부동산임의경매 절차에서 이 사건 부동산을 낙찰받아, 2003. 10. 28. 원고 앞으로 이 사건 부동산에 관한 소유권이전등기를 마쳤다.

양산시는 2003. 12. 10.경 원고에게 취득세 등을 부과하였으나 원고가 이를 체납하자, 2004. 10. 25. 및 같은 해 12. 29. 체납세액 3,072,060원(가산금 포함)에 대해 원고 소유의 이 사건 부동산을 압류하였다.

피고는 2005. 1. 21.경 양산시로부터 이 사건 부동산에 대한 공매대행을 의뢰받고, 2005. 1. 25.경 원고에게 공매대행통지를 하였는데, 원고가 2005. 3. 3. 체납세액 중 일부인 2,000,000원을 납부하자, 2005. 3. 4. 기한을 2005. 5. 31.까지로 하여 공매를 보류하였다.

한편, 원고는 1999. 11. 15.경 이 사건 부동산의 소재지인 양산시 상북면 석계리 ○○번지로 주민등록 전입신고를 하여 그곳에서 어머니인 소외 갑(甲)과 함께 거주하다가, 원고 혼자 2005. 3. 31. 부산 부산진구 전포동 ○○번지로 주소를 옮겼다가, 다시 2005. 9. 1. 같은 구 부암동 ○○번지로 전입하여 원심 변론종결시까지 그곳에서 거주하고 있고, 갑(甲)은 원고가 전포동 ○○번지로 주소를 옮긴 후에도 이 사건 부동산에서 거주해 왔다.

피고는 원고가 위 공매보류기간까지 나머지 체납세액을 납부하지 아니하자, 2005. 8. 3. 원고의 이전 주소지인 석계리 ○○번지로 공매대행속행통지서를 발송한 다음, 2005. 9. 7. 위와 같이 이 사건 부동산에 대한 공매공고를 거쳐 위와 같은 주소로 원고에게 이 사건 부동산에 대한 공매통지서를 발송하였는데, 당시 그곳에 살고 있던 갑(甲)이 위 공매통지서를 수령하였다.

* 법무법인 다담 변호사.

한편, 피고는 이 사건 처분 당일인 2005. 11. 9. 11:00경 원고에게 전화를 통하여 이 사건 부동산에 대한 매각결정이 있었다는 사실과 함께 그 다음날인 2005. 11. 10. 14:00까지 체납세액 및 체납처분비용을 납부하면 매각결정이 취소될 수도 있다는 사실을 알려주었는데, 원고는 그 다음날 14:00까지 이를 납부하지 아니하였다.

결국 피고는 공매절차를 진행하여 2005. 11. 9. 이 사건 부동산을 낙찰자인 소외 을(乙)에게 매각한다고 결정(이하 '이 사건 처분'이라 한다)하였다.

한편, 원고는 2005. 12. 15.경 체납세액 전액을 양산시에 납부하였으나, 이 사건 부동산에 관하여 같은 달 22. 을(乙) 앞으로 공매를 원인으로 한 소유권이전등기가 마쳐졌다가 2006. 7. 11. 병(丙) 앞으로 매매를 원인으로 한 소유권이전등기가 마쳐졌다.

원고는 이 사건 처분은 원고에게 적법한 공매통지 없이 이루어진 것이므로 위법하여 취소되어야 한다고 주장하면서 이 사건 처분의 취소를 구하는 이 사건 소송을 제기하였다.

2. 소송경과

원고는 부산지방법원 2006구합1365호로 행정청인 피고를 상대로 이 사건 처분의 취소를 구하는 소송을 제기하여 원고 승소 판결을 받았고, 피고는 이 판결에 불복하여 부산고등법원 2006누4394호로 항소하였다. 이에 부산고등법원은 2007. 7. 20. 원고에게 공매통지서가 적법하게 송달되었음을 인정할 증거가 없으므로 이 사건 처분이 위법하다는 이유로 피고의 항소를 기각하였다.

원고는 부산고등법원의 위 판결에 대하여 대법원 2007두18154호로 상고하였으나, 대법원은 2008. 11. 20. 상고를 기각한다는 판결을 하였다.

3. 판결요지

국세징수절차에 따라 압류재산을 환가하는 공매는 체납자나 납세담보물 소유자(이하 '체납자 등'이라 한다)의 의사에 반하여 체납자 등의 재산권을 상실시키는 중요한 처분이므로 국세징수법(2006. 10. 27. 법률 제8055호로 개정되기 전의 것, 이하 같다)이 정한 방법과 절차에 따라 진행되어야 한다. 특히 공매는 체납자 등의 재산권을 상실시키는 데 그 목적이 있는 것이 아니고 체납된 조세를 징수하려는 데 그 목적이 있다고 할 것이어서 그 목적 범위를 넘어서서 체납자 등에게 불이익을 주어서는 아니 되므로 체납자 등을 보호하기 위하여 정하여진 절차는 더욱 엄격하게 준수되어야 한다.

국세징수법은 세무서장이 공매를 하고자 할 때에는 매수대금의 납부기한, 공매재산의 명칭 · 소재 · 수량 · 품질 · 매각예정가격 기타 중요한 사항, 입찰 또는 경매의 장소와 일시, 개찰의 장소와 일시, 보증금을 받을 때에는 그 금액 등의 사항을 공고하여야 하고(제67조 제2항), 세무서장이 위와 같은 공고를 한 때에는 즉시 그 내용을 체납자, 납세담보물 소유자와 그 재산상에 전세권 · 질권 · 저당권 기타의 권리를 가진 자에게 통지하도록(제68조) 규정하고 있다.

비록 체납자는 국세징수법 제66조에 의하여 직접이든 간접이든 압류재산을 매수하지 못함에도 불구하고, 이와 같이 국세징수법이 압류재산을 공매할 때에 공고와 별도로 체납자 등에게 공매통지를 하도록 한 이유는, 체납자 등으로 하여금 공매절차가 유효한 조세부과처분 및 압류처분에 근거하여 적법하게 이루어지는지 여부를 확인하고 이를 다툴 수 있는 기회를 주는 한편, 국세징수법이 정한 바에 따라 체납세액을 납부하고 공매절차를 중지 또는 취소시켜 소유권 또는 기타의 권리를 보존할 수 있는 기회를 갖도록 함으로써, 체납자 등이 감수하여야 하는 강제적인 재산권 상실에 대응한 절차적인 적법성을 확보하기 위한 것으로 봄이 상당하다.

따라서, 체납자 등에 대한 공매통지는 국가의 강제력에 의하여 진행되는 공매에서 체납자 등의 권리 내지 재산상의 이익을 보호하기 위하여 법률로 규정한 절차적 요건이라고 보아야 하며, 공매처분을 하면서 체납자 등에게 공매통지를 하지 않았거나 공매통지를 하였더라도 그것이 적법하지 아니한 경우에는 절차상의 흠이 있어 그 공매처분은 위법하다고 할 것이다.

다만 공매통지의 목적이나 취지 등에 비추어 보면, 체납자 등은 자신에 대한 공매통지의 하자만을 공매처분의 위법사유로 주장할 수 있을 뿐 다른 권리자에 대한 공매통지의 하자를 들어 공매처분의 위법사유로 주장하는 것은 허용되지 않는다고 할 것이다.

Ⅱ. 평　　석

1. 쟁점정리

우선 공매통지가 처분인지 여부가 문제된다. 만약 공매통지의 처분성을 인정할 수 있다면 공매통지 자체를 결여한 상태에서 후행의 공매처분이 이루어진 경우 하자의 승계 문제로 접근할 수 있을 것이다.

공매통지의 처분성을 긍정할 수 없다면 공매통지가 결여된 공매처분의 효력이 위법한 것인지, 위법한 것이라면 그와 같은 공매처분은 취소사유에 해당하는지 아니면 당연무효사유에 해당하는지 여부가 문제된다. 그런데 종래 판례는 이 점에 관하여 명백하지 않은 측면이 있어서 판례의 입장을 둘러싸고 혼선이 있어 왔다. 이 점은 공매통지가 공매의 요건이 되는지 여부와 관련되어 있다.

2. 판례의 검토

(1) 조세징수절차에서 공매가 차지하는 위치

납세의무는 과세요건의 충족에 의하여 성립하고 이는 추상적 의무로서 그것이 구체적 채무가 되기 위해서는 과세표준과 세액이 확정되어야 하는데, 이러한 과세표준과 세액의 확정절차를 조세확정절차라고 하고, 조세채무의 확정방식으로는 신고세방식, 부과과세 방식, 자동확정방식이 있다.

납세의무는 통상은 납세의무자의 납부에 의하여 소멸하지만 자발적인 납부가 없는 경우 조세채권자인 국가 또는 지방자치단체는 납세자의 재산을 압류하여 이를 공매에 붙여 조세채권의 강제적 만족을 얻는 권한을 부여받고 있고, 이를 체납처분 또는 강제징수라고 부르며, 이 일련의 절차, 즉 조세의 납부 내지 징수절차를 조세징수절차라고 부른다. 강제징수는 납세고지→독촉→체납처분(압류→압류재산의 환가→환가대금의 충당)으로 이루어지는 것이 전형적인바, 국세 전반에 관하여 체납처분절차를 중심으로 징수처분을 규율하는 법률이 국세징수법이다.

공매란 공기관에 의하여 소유자의 의사에 관계없이 강제적으로, 매수의 기회를 일반에게 공개하여 행하는 매매를 의미하는데, 체납처분으로서의 공매는 매수의 기회를 일반에게 공개하여 강제적으로 매각 또는 환가하는 처분으로서 체납처분절차 중의 한 단계를 이루고 있으며 그 방법은 입찰 또는 경매에 의한다.

공매는 세무서장이 하는 것을 원칙으로 하고, 다만 필요한 경우 한국자산관리공사로 하여금 공매를 대행시킬 수 있다(국세징수법 61조 1항). 한국자산관리공사가 하는 공매절차를 간략히 요약하면, 매각예정가격의 결정→공매기일의 지정→공매공고와 공매통지→공매보증금의 납부→입찰 또는 경매의 매수신청→매각결정→매각결정통지서 교부와 매매대금 납부기한의 지정→매수대금의 납부→매각재산의 권리이전절차 이행→배분절차의 순서로 진행된다.

공매절차 중 압류재산을 공매하고자 할 때에는 일정한 사항(공고사항)을 공고하여야 하는데, 공고사항은 매수대금의 납부기한, 공매재산의 명칭 · 소재 · 수량 · 품질 · 매각예정가격 기타 중요한 사항, 입찰 또는 경매의 장소와 일시(기간입찰의 경우에는 그 입찰기간), 개찰의 장소와 일시, 보증금을 받을 때에는 그 금액, 공매재산이 공유물의 지분인 경우 공유자(체납자를 제외한다)에게 우선매수권이 있다는 사실 등이다(국세징수법 67조).

또한 공매통지와 관련하여서는 세무서장은 위와 같은 공매공고를 한 때에는 즉시 그 내용을, 체납자, 납세담보물소유자, 공매재산이 공유물의 지분인 경우 공유자, 공매재산에 전세권 · 질권 · 저당권 그 밖의 권리를 가진 자에게 통지하여야 한다(국세징수법 68

조). 이 사건에서 피고가 원고에게 보낸 공매통지서에는, ① 체납자인 원고의 주소와 주민등록번호, ② 공매재산인 원고 소유의 대지와 건물의 표시, ③ 공매기일(1회부터 6회까지의 각 인터넷입찰기간 및 각 개찰일시), ④ 1회부터 6회까지의 각 매각예정가격, ⑤ 공매의 장소(www.onbid.co.kr), ⑥ 공매의 방법(일반경쟁입찰), ⑦ 압류에 관계된 체납액의 내용{세목(취득세외 3건)과 체납세액, 납부기한}, ⑧ 매각결정 통지 전에 체납자 또는 제3자가 체납액을 완납하는 경우 국세징수법 71조의 규정에 의하여 공매가 중지된다는 내용 등이 기재되어 있었다.

매각결정이란 세무서장이 공매에 있어서의 낙찰자 또는 경락자나 수의계약에 의한 매각에 있어서 매수인이 될 자(이하 최고청약자라 한다)에 대하여 매수의 청약을 한 재산을 그에게 매각하기로 결정하는 것을 말한다(국세징수통칙 75-0-1).

(2) **공매통지가 처분인지 여부**

우선 공매처분의 개념이 무엇인지가 문제된다. 시간적 순서로 체납자 등에게 송달되는 서면은, ① 공사가 공매의 방법 등에 관하여 공고를 한 경우에 그 내용을 체납자 등에게 통지하는 공매통지서, ② 입찰절차를 거친 후 매각결정을 한 때에는 매수인에게 매수대금의 납부기한을 정하여 교부하는 매각결정통지서, ③ 그 외 압류해제의 통지, 공매참가제한의 통지, 매각결정취소의 통지, 국 · 공유재산의 매각통지 등이 있고, 그 외 공사가 하는 행위로는 ① 매각예정가격의 결정, ② 공매공고, ③ 매각결정행위 등이 있다. 위와 같이 일련의 절차로 진행되는 공매과정 중의 어느 것을 공매처분이라고 하여 항고소송의 대상으로 삼을 것인지가 문제된다.

매각결정은 행정처분의 일종이므로 쟁송의 대상이 되나 그 효과는 체납자에 귀속하여 체납자와 최고 청약자간에 매매계약이 성립하는 효과를 발생시키며, 최고청약자, 즉 매수인은 대금납부의무를 지게 된다고 보는 것이 유력한 견해이다. 공매절차의 종국적 목적이 매각을 위한 것이라는 점에서 매각결정을 처분으로 보는 위 견해가 타당한 것으로 생각된다. 이에 대하여는, 매각결정 이전의 공매절차에도 실체상 절차상의 위법사유가 있을 수 있고, 매각예정가격의 결정, 공매취소사유의 간과 등의 사유를 매각결정처분이 있은 후에 체납자 등이 제3자로서 그 위법사유를 주장하라고 하는 것은 처분성 인정에 인색하다는 느낌이 들 뿐만 아니라 이 경우에는 낙찰받은 제3자가 있어서 법률관계가 더욱 복잡해지는 측면도 있고, 이런 사정을 종합할 때 공매절차에서 매각결정 이외에는 법률상 효과를 발생하게 하는 처분이 없다고 하기보다는 오히려 공매결정, 공매통지를 행정청의 공권력 행사로서 처분이라고 보는 것이 타당하다는 견해도 있다. 그러나 이 견해는 공매처분은 공매절차 과정에서 행해지는 행정처분을 통칭하는 의미로 해석하고 있어서 공매처분의 개념이 애매해진다는 문제가 있다.

판례는 과세관청이 체납처분으로서 행하는 공매는 우월한 공권력의 행사로서 행정소송의 대상이 되는 공법상의 행정처분이며 공매에 의하여 재산을 매수한 자는 그 공매처분이 취소된 경우에 그 취소처분의 위법을 주장하여 행정소송을 제기할 법률상 이익이 있다고 하고 있으나(대법원 1984. 9. 25. 선고 84누201 판결), 판례가 공매 중의 어느 부분을 특히 처분이라고 하는지 명확하지는 않은 면이 있다. 그런데 대법원 1998. 6. 26. 선고 96누12030 판결에서는 피고가 위 사건 부동산을 1993. 10. 21. 공매하기로 한 결정 자체는 내부적인 의사결정에 불과하여 항고소송의 대상이 되는 행정처분이라고 볼 수는 없고, 피고가 1993. 9. 15.에 한 공매통지는 공매의 요건이 아니고 공매사실 그 자체를 체납자에게 알려주는데 불과한 것으로서 이것 역시 행정처분에 해당한다고 할 수 없으며, 달리 피고의 행위 중에 행정처분에 해당한다고 볼만한 것이 없으므로 위 사건 소는 부적법하다고 판단하고 있는바, 만약 피고의 행위 중에 매각결정행위가 있었다면 처분으로 보았을 가능성이 있는 점(원심이 본안판결 선고시까지 공매처분을 정지한다는 공매처분집행정지결정을 함으로써 더 이상 공매절차가 진행되지 않아 매각결정행위에 나아가지 않았으나, 매각결정행위를 외부에 공표하였다면 이는 처분으로 볼 여지가 있다)에 비추어 보아 판례가 공매가 처분이라고 하는 것은 매각결정행위의 처분성을 긍정하기 때문인 것으로 보인다. 공매절차 과정 중에서 매각결정으로 인하여 체납자와 최고 청약자 간의 권리의무가 최종적으로 확정된다는 점에서 공매결정을 처분으로 보는 것이 타당하므로 판례의 태도가 정당하다고 생각된다.

(3) 공매통지가 공매의 요건인지 여부

압류재산의 공매공고를 함에 있어 그 공고와 동시에 체납자에게 공매의 기일, 장소, 방법 등을 통지하도록 되어 있다 하더라도, 이러한 통지는 공매의 요건이 아니고 국가가 강제집행법상의 압류채권자와 비슷한 지위에 서서 공매사실 그 자체를 체납자에게 알려주는 데 불과하다고 보는 것이 판례의 태도였다(대법원 1971. 2. 23. 선고 70누161 판결, 대법원 1996. 9. 6. 선고 95누12026 판결, 대법원 1998. 6. 26. 선고 96누12030 판결 등).

일본의 경우, 국세징수법이 1961. 12. 8. 개정되기 전에는 공매통지에 관한 규정이 없었고, 이에 따라 공매통지는 법률상 규정이 없으므로 공매의 요건이 아니라는 판결이 있었으나 그 이후 공매통지에 관한 규정이 신설되자 공매통지는 단순한 행정편의적인 것이 아니고 공매절차실시의 요건이라고 판례를 변경하였다.

일반적으로 법률행위의 요건이라 함은 일반적으로 실체적 요건과 절차적 요건을 의미하는데, 공매의 절차적 요건이란 공매를 진행하는 과정에서 앞서 본 일련의 절차를 거치는 것을 말한다고 할 것이다. 따라서 공매의 과정 중 위와 같은 일련의 절차 중 전부 또는 일부가 누락된 경우 공매의 절차적 요건에 흠결이 있다고 할 것이다. 이에 대하여 공매의 실체적 요건이란 체납자가 체납하였을 것 등을 의미할 것이다. 이처럼 공매통지는 공매의 절차적 요건, 즉 공매가 적법 유효하기 위한 절차적 요건에 해당한다고 할 것이고, 국세징수법에서 체납자에게 공매공고 사실을 통지하도록 한 것은 체납자를 보호하기 위한 규정으로 해석되고, 실제로 한국자산관리공사가 보내는 공매통지서에는 공매기일과 공매장소, 체납세액 등 체납자를 보호하기 위한 각종 내용을 기재하여 보내고 있음에도, 위와 같은 기재 내용이 담긴 공매통지가 공매의 요건이 아니라서 위 통지를 체납자에게 하지 않아도 된다고 해석하는 것은 국세징수법의 규정을 무시하면서까지 체납자를 보호하지 않겠다는 것으로 오인될 가능성이 있었다.

또한 경매절차와 관련하여서도 공매통지는 공매의 요건으로 보는 것이 타당하다. 2개의 공적 매매, 즉 집행법상의 경매나 징수법상의 공매절차는 모두 3단계 절차로 구성되는바, 1단계는 압류의 단계, 2단계는 환가(현금화)의 단계, 3단계는 환가한 현금을 배당(배분)하는 단계가 있고, 부수절차로서 소유권이전절차의 단계가 있다. 경매개시결정이 공매통지에 곧바로 대응되는 개념인지는 명확하지 않지만, 경매절차에 있어서 경매개시결정이 당사자에게 고지되지 않으면 유효하게 경매절차를 속행할 수 없고 이는 낙찰허가결정에 대한 항고사유가 된다는 판례(대법원 1997. 6. 10. 자 97마814 결정)의 입장에 비추어 볼 때, 공매절차의 하나를 이루는 공매통지 없이 유효하게 공매절차가 진행된다고 보기는 곤란할 것이다. 또한 위법공고를 간과하고 집행을 속행하면 매각허가에 대한 이의 및 매각불허가사유(민사집행법 제121조 제7호, 제123조 제2항)가 되며, 매각허가결정에 대한 항고사유(민사집행법 제129조, 제130조)가 되는바, 집행법상 위법공고시 경매절차의 위법사유가 되는 점에 비추어 보아 공매공고나 공매통지 없이 이루어진 공매절차도 적법하다고 볼 수는 없을 것이다.

공매통지는 공매의 요건이 아니라는 판례의 태도가 시정되어야 할 필요성이 높아진 상태에서 공매통지는 공매의 절차적 요건이 된다는 대상판결이 선고되었는바, 이는 지극히 타당한 결론이라고 할 것이다.

다만 위 판결에서는 체납자 등은 자신에 대한 공매통지의 하자만을 공매처분의 위법사유로 주장할 수 있을 뿐 다른 권리자에 대한 공매통지의 하자를 들어 공매처분의 위법사유로 주장하는 것은 허용되지 않는다고 하여, 향후 공매통지의 흠결을 둘러싸고 발생할 수 있는 쟁송의 한계를 명확히 함으로써 논란의 여지를 없앴다.

(4) 위법성의 정도

공매통지를 하지 아니한 채 이루어진 공매처분이 위법이라고 할 경우 그러한 공매처분이 당연무효 사유에 해당하는지 취소사유에 해당하는지 여부가 문제된다. 판례는 그동안 공매통지를 하지 아니한 채 공매처분을 한 경우, 그 공매처분이 위법이라 할 수 없다거나(대법원 1971. 2. 23. 선고 70누161 판결) 당연무효라고는 할 수 없다고 하여(대법원 1966. 7. 26. 선고 66누63 판결, 대법원 1965. 3. 9. 선고 64누141 판결, 대법원 1966. 9. 27. 선고 66다1303 판결, 대법원 1974. 5. 28. 선고 74누96 판결, 대법원 1996. 9. 6. 선고 95누12026 판결 등) 혼선이 있었다. 다만 대법원 1974. 5. 28. 선고 74누96 판결 요지에서는 공매통지를 하지 아니한 공매처분은 당연무효의 행정처분이라고는 할 수 없고 취소할 수 있는 행위에 불과하다고 하고 있으나 취소할 수 있는 행위에 불과하다는 표현은 판결 본문에는 판시되지 않은 사항이어서 이것이 판례의 입장이라고 할 수는 없을 것이다.

이와 같이 공매통지를 하지 아니한 공매처분이라도 당연무효로 볼 수 없다는 것이 주류적 판례의 태도였다. 그런데 당연무효로 볼 수 없다는 것은 뒤집어서 표현하면 공매통지를 흠결한 공매처분이라도 적법한 처분이라고 이해될 수도 있고, 그러한 공매처분은 취소사유에 해당한다고 이해될 수도 있어서 논란이 있어 오던 차에 대상판결에서는 공매통지를 하지 아니한 채 이루어진 공매처분은 위법하다고 판시함으로써 논란을 어느 정도 해소하였다. 다만 여전히 공매통지를 결여한 공매처분이 당연무효 사유에 해당하는지 아니면 취소사유에 해당하는지에 대하여는 명확히 해결되지 않은 측면이 있지만 대상판결에 나타난 사안에서는 원고가 공매처분의 취소를 구하였고, 1심과 원심이 이러한 처분은 위법하여 취소되어야 한다고 판시하였으며, 대법원이 피고의 상고를 기각함으로써 판례의 태도가 최소한 취소사유에는 해당한다는 법리를 확인한 것이라고 할 수 있다. 다만 공매통지 없이 이루어진 공매처분이라도 당연무효 사유는 아니라는 종전의 판례들이 대상판결에 의하여 폐기됨으로써 공매통지 없이 이루어진 공매처분은 어느 경우라도 당연무효는 아니라는 등식은 성립할 수 없는 것이 아닌가 하는 의문이 있을 수 있다. 그러나 절차의 하자도 독립된 취소사유가 된다는 것이 판례의 입장이고, 절차의 하자는 그 중요도에 따라 무효사유 또는 취소사유가 되며 경미한 하자는 효력에 영향을 미치지 않는 경우도 있을 것인바, 이러한 문제는 구체적 사안에 따라 해결될 수 있을 것으로 예상된다. 일견 공매통지를 아예 하지 아니한 경우에는 당연무효 사유에 해당한다고 볼 여지가 있는 반면, 공매통지를 하기는 하였지만 일부 통지하여야 할 사항이 누락된 경우 그 누락된 사항의 중요성에 따라 무효사유가 될 수도 있고 취소사유에 해당하는 경우도 있을 것으로 생각된다. 이 점은 앞으로 구체적 사안이 축적됨에 따라 자연스레 해결될 것으로 생각된다.

대상판결에 나타난 사안에서는 이 사건 부동산에 대한 공매통지 당시 원고가 양산시 상북면 석계리 ○○번지가 아닌 전포동 ○○번지에 주민등록을 하고 있었는데, 피고는 주민등록표 등에 의하여 원고의 주소이전사실을 확인하지 아니한 채 원고의 종전 주소지인 석계리 ○○번지로 공매통지서를 발송하였고, 이를 원고의 어머니가 수령하였다.

석계리 ㅇㅇ번지는 관계 법령에서 말하는 원고의 주소나 거소, 영업소, 사무소 중 어느 곳에도 해당한다고 볼 수 없어 적법한 송달장소로 볼 수 없고, 석계리 ㅇㅇ번지에서 공매통지서를 송달받은 자가 원고의 어머니라 하더라도 원고와 그 주소지를 달리하는 이상 관계 법령에서 말하는 사용인 기타 종업원 또는 동거인에 해당한다고 볼 수도 없다. 따라서 피고가 원고에게 한 공매통지는 위법하므로, 적법한 공매통지 없이 한 이 사건 처분은 위법하여 취소되어야 한다고 본 대상판결은 타당하다고 생각한다.

3. 판례의 의미와 전망

공매통지가 흠결된 공매처분의 효력과 관련하여, 체납자에게 적법한 공매통지를 하지 아니한 채 공매처분을 한 경우에는 위법이라고 볼 수 없다는 판례(대법원 1971. 2. 23. 선고 70누161 판결)와 공매통지는 공매의 요건이 아니고, 국가가 강제집행법상의 압류채권자와 비슷한 지위에 서서 공매사실 그 자체를 체납자에게 알려주는데 불과하여 당연무효로 볼 수 없다는 판례(대법원 1996. 9. 6. 선고 95누12026 판결 등)가 병존하고 있고, 후자의 판례가 대법원의 주류적 입장으로 이해되고 있는 상황에서 대법원 2008. 11. 20. 선고 2007두18154 판결은 공매통지는 공매의 절차적 요건이 된다고 할 것이므로, 공매처분을 함에 있어서 공매통지가 이루어지지 않았거나 공매통지가 있었더라도 그것이 적법하지 아니한 상태에서 이루어진 경우 그 공매처분은 위법하다고 함으로써 공매통지의 흠결과 공매처분의 관계에 대하여 오랫동안 지속되어 온 혼란을 종식시켰다. 또한 국세징수법에서 체납자에 대한 공매통지를 하도록 하는 등 체납자에 대한 절차적 보호 규정을 두고 있음에도 이러한 절차를 지키지 않고 진행된 공매처분의 효력을 인정하고 있던 종전의 해석을 변경함으로써 체납자의 권리구제를 도모하고 있는 판결로 평가할 수 있다.

다만 공매통지를 결여한 공매처분이 당연무효 사유에 해당하는지 아니면 취소사유에 해당하는지에 대하여는 대상판결만으로 완전히 해결되지 않은 측면이 있지만 공매통지 없이 이루어진 공매처분은 최소한 취소사유에는 해당한다는 것을 확인하여 주었다. 나아가 경우에 따라서는 그러한 흠이 당연무효 사유에 해당하는 경우도 있을 것인바, 이는 추후 사례의 축적에 따라 자연스레 해결될 수 있을 것으로 생각된다.

〈참고문헌〉

임승순, 조세법, 박영사, 2008.

권은민, "공매결정 · 통지의 처분성 및 소송상 문제점", 인권과 정의 280호, 대한변호사협회, 1999. 12.

47. 이행강제금의 승계

—대법원 2006. 12. 8. 자 2006마470 결정—

김 향 기*

Ⅰ. 판결개요

1. 사실관계

서울특별시 X구청장은 재항고인에게 신축건물의 면적증가로 일조권저촉, 5층 옥탑 면적증가 및 사전입주 등의 건축법위반사항이 있다고 하면서 이를 시정할 것을 명하였으나, 재항고인이 시정기간 내에 이에 응하지 아니하자 2002. 7. 29. 이행강제금 15,820,240원을 부과하였다. 이에 재항고인이 이의제기를 하자 비송사건절차법에 따라 1심은 2003. 12. 16. 건축법위반사실을 인정하면서도 제반사정을 참작하여 이행강제금 1,000만원으로 결정하였다. 이에 불복하여 재항고인이 항고하였으나 항고심 절차 중 2004. 8. 21. 유방암으로 사망하였는데 원심은 2006. 4. 14. 제1심 결정을 변경하여 이행강제금을 700만원으로 변경 · 결정을 하였다. 이에 대해 재항고인 명의로 대법원에 재항고하였다.

2. 소송경과

재항고인은 1심에서 1000만원, 원심에서 700만원으로 각각 이행강제금의 감액 · 결정을 받았다. 이에 불복하여 재항고인 명의로 재항고 하자 대법원은, 재항고인이 제1심 결정이 있은 후 원심결정이 있기 전에 이미 사망을 하였으므로, 상속인 등에게 승계될 수 없는 성질인 이행강제금의 부과를 내용으로 하는 처분이나 결정은 당연무효라 할 것이므로 원심결정은 당연무효이고, 이미 사망한 재항고인의 이름으로 제기된 이 사건 재항고는 보정할 수 없는 흠결이 있는 것으로서 부적법하다고 하여 각하하였다.

* 성신여자대학교 법과대학 교수.

3. 판결요지

(1) 원심결정의 요지

일조권의 저촉부분이 시정완료되었거나 사후적으로 면적증가부분이 적법하게 되었다고 볼 수 없으나, 이 사건 건축물에 대한 일부 변경공사로 진정인과 합의한 점, 위법한 건축면적, 항고인에게 중병이 있는 사정 등을 종합하여 보면 1심이 정한 금액은 다소 무거워 보이므로 이행강제금 700만원으로 변경 · 결정한다.

(2) 대법원의 결정요지

(가) 구 건축법(2005. 11. 8. 법률 제7696호로 개정되기 전의 것)상의 이행강제금 납부의무는 상속인 기타의 사람에게 승계될 수 없는 일신전속적인 성질의 것이므로 이미 사망한 사람에게 이행강제금을 부과하는 내용의 처분이나 결정은 당연무효이고, 이행강제금을 부과받은 사람의 이의에 의하여 비송사건절차법에 의한 재판절차가 개시된 후에 그 이의한 사람이 사망한 때에는 사건 자체가 목적을 잃고 절차가 종료된다.

(나) 구 건축법 이행강제금을 부과받은 사람이 이행강제금사건의 제1심결정 후 항고심결정이 있기 전에 사망한 경우, 항고심결정은 당연무효이고, 이미 사망한 사람의 이름으로 제기된 재항고는 보정할 수 없는 흠결이 있는 것으로서 부적법하다.

Ⅱ. 평 석

1. 쟁점정리

구 건축법상의 이행강제금 납부의무는 상속인 기타의 사람에게 승계될 수 없는 일신전속적인 성질의 것이므로 이미 사망한 사람에게 이행강제금을 부과하는 내용의 처분이나 결정은 당연무효인지, 그리하여 비송사건절차법에 의한 재판절차 중 이의신청인이 사망하면 절차가 종료되는지 문제된다. 비송사건 절차진행 중 이행강제금을 부과받은 이의신청인이 사망한 경우에 절차가 종료되는지 여부는 이행강제금납부의무가 상속인에게 승계될 수 있는지의 여부에 달렸다고 할 것이다. 따라서 문제의 핵심은 구 건축법상의 이행강제금이 행정제재처분의 효과로서 그 상속인 등에게 승계될 수 없는지 여부라고 할 것이다.

2. 관련판례

행정제재처분효과의 승계에 관한 법적 근거와 상관없이 권리의무의 승계에 관한 규정을 적용하여 행정제재처분효과의 승계를 인정하거나 영업허가처분이나 행정제재처분의 효과가 대물적 처분인 경우에는 그 행정제재처분효과의 승계를 인정하고 있다(대법원 1986. 7. 22. 선고 86누203 판결, 대법원 1991. 11. 8. 선고 91누100 판결, 대법원 1995. 2. 24. 선고 94누9146 판결, 대법원 1998. 6. 26. 선고 96누18960 판결, 대법원 2001. 6. 29. 선고 2001두1611 판결, 대법원 2003. 10. 23. 선고 2003두8005 판결 등). 이와 같이 판례는 행정제재처분효과의 성질과 그 승계의 법적 근거에 의해서가 아니라, 지위승계규정에 근거해 또 제재처분효과 이외에 영업허가 등 원처분의 성질에 의해서도 행정제재처분효과의 승계여부를 판단해 왔다. 다만, 승계가능성이 인정되는 경우에도 처분사유가 존재하였다는 사실을 몰랐다는 점은 참작되어야 한다고 하여 선의의 양수인에게는 승계되지 아니할 수 있다는 판결도 있다(대법원 1992. 2. 25. 선고 91누13106 판결, 대법원 1991. 11. 8. 선고 91누4973 판결 등).

3. 판결의 검토

(1) 건축법상 이행강제금의 법적 성질

이행강제금은 일정한 기한까지 행정상 의무를 이행하지 아니할 때에는 일정한 금전벌을 과할 뜻을 미리 계고함으로써 의무자에게 심리적 압박을 주어 장래에 그 의무를 이행하게 하려는 간접적인 강제집행수단이다. 건축법의 경우, 건축물의 허가권자는 제79조 제1항에 의거하여 이 법령에 위반되면 이 법에 따른 허가 또는 승인을 취소하거나 공사의 중지, 건축물의 철거 · 개축 · 수선 등 필요한 조치를 명할 수 있다. 그런데 위 시정명령을 상당한 이행기한까지 이행하지 아니하면 허가권자는 이 법 제80조 제1항에 의거하여 건축주등에게 이행강제금을 부과한다. 이행강제금은 1년에 2회의 범위에서 그 시정명령이 이행될 때까지 반복하여 부과 · 징수할 수 있으며(같은 조 제4항), 이행강제금을 납부기한까지 내지 아니하면 지방세체납처분의 예에 따라 징수한다(같은 조 제6항). 이와 같이 이행강제금은 국민의 자유와 권리를 제한한다는 의미에서 행정상 간접강제의 일종인 이른바 침익적 행정행위에 속하기는 하나, 위법건축물의 방치를 막고자 행정청이 시정조치를 명하였음에도 건축주 등이 이를 이행하지 아니한 경우에 행정명령의 실효성을 확보하기 위하여 시정명령 이행시까지 지속적으로 부과함으로써 건축물의 안전과 기능, 미관을 향상시켜 공공복리의 증진을 도모하기 위한 것이다(대법원 2002. 8. 16. 자 2002마1022 결정). 따라서 이행강제금은 시정명령을 이행시키기 위한 간접적인 행정상 강제집행수단으로서 금전지급의무를 부과하는 침익적 행정행위인 행정제재처분이라 할 것이다.

(2) 행정제재처분효과의 승계여부

이행강제금은 행정제재처분의 일종인바, 행정제재처분이란 상대방이 행정법규를 위반하거나 불이행 한 경우에 당해 행정법규의 실효성을 확보하기 위하여 법규위반자에 대하여 작위 · 부작위 · 급부 · 수인 등의 일정한 의무를 부과하거나 처벌을 하는 것을 말한다. 이와 같이 행정제재처분은 상대방이 행정법규를 위반 또는 불이행 한 경우에 발할 수 있는데, 순서상 먼저 행정법규위반이 있는 경우에 그에 따른 행정제재처분이 행해질 수 있는 것이므로 행정제재처분의 효과는 행정법규위반과 별도로 존재하게 된다고 할 것이다.

행정제재처분효과의 승계문제는, 행정법규위반자에게 아직 행정제재처분이 행해지지 않은 단계에서 그 법적 지위를 승계한 자에게 행정제재처분을 행할 수 있는가 하는 문제와, 행정제재처분을 받은 자의 지위를 승계한 자가 진행 중인 또는 종료된 당해 행정제재처분의 효과도 승계 받게 되는가 하는 문제로 나누어 볼 수 있다(졸고, 163면 이하 참조). 전자의 경우, 관계법령의 위반자에 대하여 제재처분을 부과할 수 있는 상태, 즉 그 가능성이 양수인 등 그 법적 지위의 승계자에게도 미완성 법상태로 이미 행해진 제재처분의 효과와 마찬가지로 승계될 수 있는지의 문제이다. 물론 이 경우 승계인의 의무적 지위는 그에 대한 지급명령이 발급되기 이전에는 아무런 내용적 윤곽을 가지고 있지 못하므로 단지 의무부과의 가능성에 불과하다(이현수, 154면). 후자의 경우, 영업정지 등 부작위의무 또는 과태료 등 금전지급의무 등의 진행 중에 당해 영업을 승계한 자에게 위 의무도 승계되며, 영업정지기간의 만료 등 제재처분의 종료의 경우에도 위 제재처분의 전력이 당해 영업의 승계인에게 가중적 제재처분의 효과로 승계될 수 있는지의 문제이다. 만일 행정제재처분효과의 승계를 부인하면 수차례의 법규위반을 이유로 제재처분을 받을 지위에 있는 자가 행정청의 제재처분이 있기 직전에 영업을 타인에게 양도하는 경우에는 양도인이나 양수인 누구에게도 위반행위에 대한 책임을 물을 수 없게 되며, 따라서 행정법규위반자가 법망을 교묘히 피하여 응분의 제재처분을 받지 않게 됨으로써 행정법상의 여러 의무를 강제하기 위한 제재수단을 무력화시키는 불합리한 결과가 초래한다. 반대로 승계를 인정하면 악의의 양도자가 위반사항이 있는 사업을 이러한 사실을 모르는 선의의 제3자에게 처분해 버림으로써 처분을 면하는 반면, 선의의 양수자가 응분의 처분을 받음으로써 정의에 반하는 결과를 초래하게 된다. 따라서 행정제재처분효과의 승계여부는 이러한 모순을 고려하여 일률적으로 판단할 수 없고 제재처분의 근거법규, 제재처분효과의 성질 및 구체적인 사정 등을 고려하여 개별적으로 판단할 문제이다.

(3) 행정제재처분효과의 승계요건(법적 근거)

행정제재처분효과의 승계여부를 결정짓는 요소는 법적 근거가 있느냐 하는 승계요건(Nachfolgetatbestand, 승계의 구성요소)과 승계될 수 있는 성질의 것이냐 하는 승계적성(Nachfolgefähigkeit, 승계가능성)이라 하겠다. 즉, 행정제재처분효과가 승계되려면 우선 법률유보의 원칙상 그 승계에 관한 법적 근거가 있어야 하고, 다음 행정제재처분의 성질상 양수인 등 승계인에게 이전될 수 있는 성질을 지니고 있어야 한다. 다시 말하면 승계요건이란 승계적성을 활성화하는 계기(Moment)를 말하며, 승계적성이란 승계여부를 결정짓는 행정제재처분의 성질을 말한다고 할 수 있는바, 행정제재처분의 승계가 일어나려면 우선 그 법적 근거인 승계요건에 충족하여야 한다.

그런데 행정법상의 지위승계에 관하여는 행정절차법 제10조에 일반적 규정을 두고 있으나 행정제재처분효과의 승계에 관해서는 일반적·통칙적 규정이 없다. 따라서 행정제재처분효과의 승계를 허용하는 명문의 개별법규가 있어야 하는지, 또는 유사 사법규정이나 공법상 지위승계(또는 권리의무의 승계) 규정을 직접적용 또는 유추적용 할 수 있는지, 아니면 법률의 규정이 없어도 승계적성이 인정되는 것으로 족한지에 관하여 다툼이 있다. 즉, ① 직접규정필요설에서는 법률유보의 원칙상 행정제재처분효과의 승계를 허용하는 명문규정이 직접 근거법률에 있어야 승계될 수 있다고 한다. 이에 대해, ② 직접적용설에서는 민법 제1005조(재산상속), 민법 제449조(채권양도) 제1항과 제453조(계약에 의한 채무인수) 및 상법 제235조(합병 후 회사의 권리의무승계) 등 사법규정이나, 공법상의 영업자의 권리의무의 승계규정을 직접적용 할 수 있다고 한다. 그리하여 승계적성을 갖추고 있는 한 이들 규정에 의거하여 행정제재처분의 효과도 승계된다고 한다. ③ 유추적용설에서는 위 사법규정이나, 공법상의 영업자의 권리의무의 승계규정 등을 유추적용하여 행정제재처분효과의 승계를 인정할 수 있다고 한다. 사법과 공법은 성질을 달리하는 것으로서 사법규정은 그 성질상 공법에 직접 적용할 수 없고 일정한 범위에서 공법에 유추적용 될 수 있을 뿐이라고 한다. 또한, ④ 명문규정불요설에서는 승계의 법적 근거는 문제삼지 않고 당해 행정제재처분의 승계적성만 있으면 승계될 수 있다고 한다. 구체적인 승계요건의 법령상 존재여부와는 상관없이 그 요건이 대물적 성질의 것이라면 그 성질상 자유로이 승계되며(임병수, 272면), 법령상 승계를 규정하고 있다고 하더라도 이는 확인적 규정에 불과하다고 한다(박윤흔, 355면).

판례는 행정제재처분효과의 승계를 허용하는 명문규정이 없어도 근거법규의 지위승계 규정을 준용하여 대물적 처분이라는 승계적성을 갖추면 승계되는 것으로 판시하고 있다.[1]

생각건대, 승계요건을 특정하는 개별적·구체적인 법적 근거 없이 승계적성만으로 그 승계를 인정한다든가, 막연히 사법상 또는 행정법상의 지위승계의 규정만으로 행정제재처분효과의 승계를 인정하는 것은 법적 안정성을 해하고 아울러 법치행정의 원칙의

---

1) "운송사업을 원고들에게 양도하였더라도 구 자동차운수사업법 제28조 제4항의 규정에 의하여 자동차운송사업을 양수한 양수인은 그 운송사업면허에 기인한 권리의무를 모두 승계하는 것이어서 그 양도·양수 후에라도 그 이전에 발생한 양도인에 대한 운송사업면허취소사유를 이유로 양수인에 대하여 양수인의 운송사업면허를 취소할 수 있다"(대법원 1998. 6. 26. 선고 96누18960 판결), 동지(同旨): 대법원 2005. 8. 19. 선고 2003두9817, 9824 판결, 대법원 2003. 10. 23. 선고 2003두8005 판결, 대법원 2001. 6. 29. 선고 2001두1611 판결 등.

핵심인 법률유보의 원칙에도 어긋난다고 할 것이다. 행정제재처분은 침익적이고 불이익처분에 속하는 전형적인 공권력의 침해행정분야이므로 승계가능성이 인정되는 대물적 성질의 것이고 그 승계규정의 흠결이 있는 경우라 하더라도 사법상의 승계규정을 직접 또는 유추적용을 통하여 승계요건의 문제를 해결하는 것은 포괄승계이든 개별승계이든 법치행정의 원리인 행정의 법률적합성의 원칙 내지 법률유보의 원칙에 저촉된다고 할 것이다. 그리고 행정절차법 제10조(지위의 승계) 의 규정이나, 하천법 제5조(권리의무의 승계 등) 등 각 개별행정법상의 지위승계(또는 영업의 승계, 권리의무의 승계) 규정이 행정제재처분의 승계에도 직접 또는 유추적용될 수 없다고 할 것이다. 이러한 지위승계의 규정은 양수인으로 하여금 별도의 허가를 받지 않고도 허가받은 사업자로서의 지위, 또는 인허가 · 등록 · 신고 시의 권리의무 내지 인허가 등의 조건 및 부담 등을 승계취득 하도록 한다는데 그 의의가 있음은 분명한데(관광진흥법에 관한 대법원 1999. 6. 8. 선고 98두1727 판결, 대법원 1999. 6. 8. 선고 97다30028 판결, 일반유흥음식점에 관한 대법원 1995. 2. 24. 선고 94누9146 판결 등), 나아가 이러한 규정이 인허가 후의 양도인의 범법행위로 인한 제재처분사유가 양수인에게 승계된다고 해석하는 것은 입법취지를 지나치게 확대해석 하는 것이라고 할 것이다. 구 석유사업법이나 구 공중위생관리법 등 과거 제재처분효과의 승계규정이 없이 영업자의 지위승계규정만 두고 있을 당시 판례는 대물적 처분인 경우에는 제재처분효과의 승계도 인정되는 것으로 판시하고 있었다(대법원 2003. 10. 23. 선고 2003두8005 판결, 대법원 1986. 7. 22. 선고 86누203 판결 등). 그러나 석유사업법은 2004. 10. 22. 법률 제7240호로 석유 및 석유대체연료사업법으로 대체되면서, 또한 공중위생관리법은 2002. 8. 26. 법률 제6726호로 개정되면서 영업자의 지위승계 또는 영업의 승계규정과는 별도로 행정제재처분효과의 승계규정을 신설하여 따로 두고 있는 바, 현재에는 이와 같이 행정제재처분효과의 승계규정을 따로 두는 것이 보통이다.[2] 이와 같은 입법경향은 바람직한 현상이라고 할 것인바, 행정제재처분효과의 승계는 법률유보의 원칙상 우선 이

2) 도로법 제6조(권리 · 의무의 승계 등), 수질 및 수생태계보전에 관한 법률 제36조(권리 · 의무의 승계), 어장관리법 제19조(영업의 승계), 여객자동차운수사업법 제14조 ④ (운송사업자 지위승계), 자연공원법 제74조(권리 · 의무의 승계) 등 지위승계의 규정만 두고 있는 경우도 있으나, 건강기능식품에 관한 법률 제11조(영업의 승계)와 제34조(행정제재처분효과의 승계), 골재채취법 제17조(골재채취업의 양도)와 제45조(처분등의 효력의 승계), 공중위생관리법 제3조의2(공중위생영업의 승계)과 제11조의3(행정제재처분효과의 승계), 도시가스사업법 제7조(사업의 승계 등)와 제7조의2(처분효과의 승계), 먹는물관리법 제25조(영업의 승계)와 제49조(행정처분효과의 승계), 사행행위등 규제 및 처벌특례법 제9조(영업의 승계)와 제23조(행정처분효과의 승계), 소음진동규제법 제10조(권리 · 의무의 승계)와 제50조(행정처분효과의 승계), 식품위생법 제25조(영업의 승계)와 제61조(행정제재처분효과의 승계), 잡지등 정기간행물의 진흥에 관한 법률 제22조(영업자의 지위 및 행정처분효과의 승계), 토양환경보전법 제23조의12(권리의무의 승계)와 제23조의13(행정처분효과의 승계), 환경범죄의 단속에 관한 특별조치법 제14조(행정처분효과의 승계) 등 행정제재처분효과의 승계규정을 따로 두고 있는 경우가 보통이다.

를 허용하는 법률의 명문규정을 요건으로 한다고 할 것이다.

(4) 행정제재처분의 승계적성(승계가능성)

(가) 승계적성은 행정제재처분효과의 성질에 의하여 승계가능성을 인정할 수 있느냐 하는 문제이다. 행정제재처분효과가 승계되려면 승계를 허용하는 법률의 규정이 있어야 하는 외에 당해 제재처분이 승계에 적합한 성질을 지닌 것이어야 한다. 여기서 제재처분효과의 성질이란 원래의 허가처분의 성격 여부에 의해서가 아니라 귀책사유인 범법행위의 성질 및 이로 인한 제재처분효과의 성질을 말한다.[3] 승계적성과 관련한 제재처분효과의 성질로는 대물적 성질의 여부, 일신전속성의 여부, 대체가능성의 여부 및 행위책임과 상태책임의 여부 등이 문제된다.

(나) 일반적으로 대물적 성질의 제재처분효과는 승계가능성이 있다고 할 것이다. 처분의 대상인 물건이나 물적 설비 등의 객관적인 사정에 변화가 없다면 승계인에 대하여 동일한 제재처분을 행하지 않을 수 없을 것이므로, 그 제재처분의 승계를 인정함으로써 불필요한 이중행정을 막고 행정의 실효성을 확보할 수 있다는 점에서 의미가 있다. 다만, 허가처분과 제재처분은 별개의 독립한 행정처분이므로, 대물허가라는 이유만으로 당연히 제재처분의 효과도 양수인에게 승계된다고 단정 지을 수 없다.

(다) 일신전속적 제재처분은 특정인이 이행하여야 하는 의무를 위반함으로써 당해 특정인에게 과하여지는 제재처분을 말하며, 당해 특정인만이 제재처분에 따른 의무를 이행할 수 있는 성질의 처분이다. 이에 대하여 비전속적 제재처분은 특정한 물적 설비에 부과된 의무의 불이행의 경우에 당해 시설에 대하여 과하여지는 제재처분이다. 일신전속성을 지닌 제재처분은 특정인의 개인적 사정에 의한 것이므로 다른 사람에게 이전 등 승계가능성이 없다고 할 것이다. 대인적 성격의 제재처분의 경우에는 보통 일신전속성을 지녀 대체가능성이 희박하므로 위반행위자에게 전속되고 양수인에게 승계되지 않으나, 대물적 성격의 제재처분은 일신전속성이 약하고 처분의 효과가 처분의 명의인에게 그치지 아니하고 승계인에게도 미쳐 대체가능성이 인정될 수 있다는 점에서 승계를 인정할 수 있다. 일반적으로 일신전속성을 승계가능성여부의 기준으로 보는 것이 보통인데, 일신전속성은 승계가능성에 관한 필요·충분조건이 될 수 있지만, 그 반대로 비전속성은 승계가능성의 필요조건은 되나 충분조건은 되지 못한다고 하면서 권리의무자(공법상 지위)로부터 분리가능성을 기준으로 제시하고, 또한 의무의 대체가능성이 없는 경우에는 일신전속성이 긍정되나, 반면에 의무가 대체가능성이 있는 경우에는 의무의 일신전속성

3) 따라서 "석유판매업허가는 소위 대물적 허가의 성질을 갖는 것이어서 그 사업의 양도도 가능하고 권리의무가 양수인에게 이전되면 양도인의 위법사유를 이유로 양수인에게 응분의 제재조치를 취할 수 있다"(대법원 1986. 7. 22. 선고 86누203 판결)는 판례는, 제재처분효과의 성질이 아니라 허가의 성질에 의하여 승계가능성을 판단한 것이라고 할 수 있어 문제된다고 할 것이다.

이 부정된다는 증빙에 지나지 않는다는 주장도 있다(김중권, 53면).

(라) 행위책임은 특정인의 행위에 대한 평가와 관련되기 때문에 일신전속적이라는 것이 종래의 통설이다. 그러나 경찰상의 행위책임도 그 위험 · 장해발생의 범법행위가 직접 책임자의 인적요소(전문지식, 능력 등)에 의해 생긴 것이 아닌 한 다른 사람에 의해서도 그 위험 · 장해를 제거할 수 있는 경우에는 비전속적이라고 할 수 있다. 이와 같이 행위책임자에게 요구되는 행위가 대체가능하다면 승계가능성을 인정할 수 있다. 일반적으로 상태책임은 물건의 상태와 관련되기 때문에 일반적으로 그 상태의 이전과 더불어 상태책임이 승계된다고 할 수 있다.

(마) 행정제재처분은 그 수단에 따라 이행강제금(집행벌)을 포함한 행정상 강제집행, 행정형벌, 행정질서벌인 과태료, 과징금, 가산세, 공표, 시정조치명령, 영업장폐쇄, 면허취소 · 정지 등으로 구분할 수 있다. 위와 같은 제재처분의 수단은 특정인에게 부과되는 경우도 있고 특정한 물적 시설에 부과되는 경우도 있다. 따라서 그 제재처분의 수단의 승계가능성의 문제는 당해 제재처분의 성질에 의하여 판단하여야 할 것이다.

(6) 행정제재처분효과의 승계의 한계

행정제재처분의 효과가 승계요건과 승계적성을 갖추고 있다고 하더라도, 행정제재처분에 의하여 달성하고자 하는 공익에 비하여 지나치게 개인의 사익을 침해하여 비례원칙에 반한다든가 신뢰보호의 원칙에 반해서는 아니 되고, 또한 시간적으로 제한되는 일정한 제재처분효과의 승계의 한계가 있다. 즉 첫째, 제재처분효과의 승계는 비례원칙에 의하여 제한을 받는다. 행정제재처분의 승계에 관한 비례의 원칙이라 함은 행정청이 구체적인 제재처분의 목적을 실현함에 있어서 그 목적실현과 제재처분이라는 수단 사이에 합리적인 비례관계가 유지되어야 한다는 것이다. 행정제재처분효과의 승계를 규정하고 있는 법률이 비례원칙에 위배된다고 판단되는 경우에는 위헌심판의 문제가 될 것이고, 명령이나 재량처분이 비례원칙에 위배되는 경우에는 위법의 문제가 발생할 수 있다.

둘째, 행정제재처분효과의 승계는 선의의 제3자의 신뢰보호를 해치지 않아야 한다. 승계가 인정되는 경우에도 양도인의 위법행위로 인하여 제재처분을 받았다는 사실을 모르고 양수한 양수인의 처지를 참작하지 아니하고 한 제재처분은 재량권일탈 · 남용이라는 판례도 있다(대법원 1991. 11. 8. 선고 91누4973 판결, 대법원 1990. 11. 23. 선고 91누5146 판결 등). 입법적으로도 위반사실을 모르는 선의의 제3자의 신뢰를 보호하여 제재처분효과의 승계를 제한하고 있는 규정도 있다.[4)]

---

4) 예컨대, 식품위생법 제61조, "… 행정제재처분의 효과는 양수인 등에 승계되며, … 다만 양수인 또는 합병 후 존속하는 법인이 양수 또는 합병 시에 그 처분 또는 위반사실을 알지 못하였음을 증명하는 때에는 그러하지 아니하다."

셋째, 제재처분효과의 승계는 일정한 기한의 제약을 받는다. 행정제재처분의 승계를 인정하는 경우에도 일정한 기간의 제한이 없이 시간적으로 무한정 인정한다는 것은 법적 안정성과 상대방의 신뢰보호의 원칙상 문제가 있으므로 일정한 시간적 제한이 필요하다. 입법적으로 보통 승계기간을 1년으로 정하고 있다.[5)]

(7) 대상판결의 검토

구 건축법은 현행 건축법과 마찬가지로 건축주등의 지위승계규정이나 행정제재처분효과의 승계에 관한 규정을 두고 있지 않다. 건축주등의 지위승계에 대해서는 행정절차법 제10조를 적용할 여지가 있겠으나, 건축주등의 지위와 행정제재처분은 각각 별개의 성질과 효과를 지니고 있고, 행정제재처분은 침익적인 공권력작용이라는 점에서 설령 법률의 흠결이라 하더라도 위 법규를 적용할 수 없고 개별적인 근거규정이 있어야 한다고 본다. 따라서 X구청장의 재항고인에 대한 이행강제금의 승계는 법적 근거가 없어 승계요건을 결함으로써 더 나아가 승계적성 등을 살필 것도 없이 상속인 등에게 승계될 수 없다고 할 것이다.

승계적성을 살피더라도, 재항고인에 대한 이행강제금은 일신전속적 성질의 제재처분이라고 할 수 있어 승계가능성이 없다고 할 수 있다. 재항고인에 대한 시정명령은 재항고인에게 발한 것이라는 점에서 대인적 처분성이 인정될 수 있으나 건축법위반의 상태를 제거하는 것이 그 목적 · 효과이므로 토지관련성과 사물관련성을 지닌다고 할 수 있다. 그러나 재항고인에 대한 이행강제금은 건축법규를 위반하여 건축법 제69조(위반건축물에 대한 조치)에 의한 시정명령을 받았으나 상당한 이행기한까지 시정명령을 이행하지 아니하여 부과된 것이다. 이와 같은 재항고인에 대한 이행강제금은 당해 건축물에 대하여 과하는 제재처분이 아니고, 재항고인이 이행해야 하는 의무를 이행하지 아니하였다는 재항고인의 개인적 사정에 의해 재항고인에게 과하여지는 행정제재처분이다. 따라서 재항고인에 대한 이행강제금부과는 위반행위자인 재항고인에게 전속하는 제재처분이므로 일신전속적 제재처분이며 대체가능성이 희박한 대인적 성질의 처분이라 할 것이므로 상속인 등에게 승계될 수 없는 성질의 행정제재처분이라 할 것이다. 재항고인에 대한 이행강제금 부과가 비례의 원칙이나 신뢰보호의 원칙 또는 기한의 제약에 반한다는 특별한 사정은 보이지 않는다. 따라서 상속인에게 이행강제금이 승계될 수 없다고 할 것이므로 위반건축물의 상속인에게 다시 시정명령을 내리고 그 불이행에 대하여 이행강제금을 부과하는 방법으로 해야 할 것이다.

---

5) 예컨대, 석유 및 석유대체연료사업법 제8조(처분효과의 승계)는, "제7조의 규정에 의하여 석유정제업자의 지위승계가 있는 때에는 종전의 석유정제업자에 대한 제13조 제1항의 규정에 의한 사업정지처분(사업정지에 갈음하여 부과하는 과징금 포함)의 효과는 처분기간이 만료된 날로부터 1년간 그 지위를 승계 받은 자에게 승계되며 …"

결국 재항고인에 대한 이행강제금은 승계적성을 결하여 승계가능성이 없다고 할 수 있다는 점에서, 대상판결이 "이행강제금 납부의무는 상속인 등에게 승계될 수 없는 일신전속적인 성질의 것"이라는 판단은 타당하다고 할 것이나, 그 승계적성 이전에 이행강제금의 승계에 관한 법적 근거가 없어 승계요건을 결했다는 부분에 대한 판단이 없다는 점은 아쉬움으로 남는다.

비송사건에서 신청인, 항고인 또는 상대방이 절차진행 중에 사망한 경우에는 당해 사건에서 신청인 또는 항고인이 추구하는 권리가 상속의 대상이냐의 여부에 따라 승계 또는 절차의 종료가 결정된다(김수일, 611면 참조). 이 사건의 경우, 이행강제금납부의무가 상속인에게 승계될 수 없는 것이므로 이행강제금을 부과받은 재항고인의 이의신청에 의하여 진행된 비송사건 항고심 재판절차 중에 그 재항고인이 사망하였으므로 이 사건 자체가 목적을 잃고 절차가 종료되었다고 할 것이므로, 항고심결정은 당연무효이고 재항고 또한 보정할 수 없는 흠결이 있는 것으로서 부적법하다는 결론에 이르게 된다.

4. 판결의 의미와 전망

대상판결은 행정제재처분인 이행강제금이 일신전속적 성질이어서 상속인등에게 승계될 수 없다고 함으로써 행정제재처분효과의 승계에 관한 종래의 판례의 입장을 유지하고, 이미 사망한 사람에게 이행강제금을 부과하는 내용의 처분이나 결정은 당연 무효이므로 사망한 자의 이름으로 제기된 재항고는 보정할 수 없는 흠결이 있어 부적법하다는 점을 명백히 한 점에서 의미가 있다고 할 것이다.

그러나 대상판결이 이행강제금의 승계적성만을 고려하여 승계여부를 판단한 것은 아쉬움으로 남는바, 행정제재처분효과의 승계여부에 관한 판결에서 승계요건에 대한 판단에 이어 승계적성과 승계의 한계문제를 종합적으로 고려한 판례를 기대해 본다.

〈참고문헌〉

김수일, "비송사건절차법에 의한 이행강제금재판절차가 개시된 후 위반자가 사망한 경우 이행강제금사건의 종료여부," 대법원판례해설 제63호(하), 법원도서관, 2007. 7.

김중권, 행정법기본연구 I, 법문사, 2008.

김향기, "행정제재처분의 승계", 토지공법연구 제33집, 한국토지공법학회, 2006. 11.

박윤흔, 행정법강의(하), 박영사, 2001.

이현수, "영업양도와 제재처분상의 지위승계", 행정판례연구 X, 박영사, 2005. 6.

임병수, "영업양도등에 따른 허가등 효과의 승계에 관한 기준연구", 법제연구총서 제5집, 법제처, 2000. 12.

48. 행정상 즉시강제와 영장제도

—헌재 2002. 10. 31. 2000헌가12—
(대법원 1997. 6. 13. 선고 96다56115 판결 참조)

박 균 성*

Ⅰ. 판결 개요

1. 사실의 개요

(1) 문화관광부장관은 서울지방검찰청 동부지청으로부터 게임물 제작업자가 1998. 4. 8. 위 게임물을 '램프식'으로 검사받은 다음 이와는 전혀 다른 형태의 '릴식'게임기로 불법 제조하여 유통하고 있다는 통보를 받고, 1999. 12. 21. 각 시·도에 게임제공업주 책임하에 '릴식 트로피' 게임물을 2000. 1. 15.까지 자진하여 폐기하도록 조치하고, 위 기한 이후부터는 구 음반·비디오물 및 게임물에 관한 법률(2001. 5. 24. 법률 제6473호로 개정되기 전의 것) 제24조 제3항 제4호의 규정에 의하여 위 게임기의 기판을 수거·폐기하도록 조치하라는 내용의 공문을 보냈다(이하 문화관광부장관의 위 행위를 "이 사건 지시"라 한다).

(2) 이에 울산광역시 중구청장은 2000. 5. 1. 그 소속 공무원으로 하여금 제청신청인 경영의 위 게임장을 단속하게 하여, 그곳에 있던 제청신청인 소유의 '릴식 트로피' 기판 7대를 '등급분류를 받지 아니하거나 등급분류를 받은 게임물과 다른 내용의 게임물'이라는 이유로, 위 법률조항에 의하여 수거하게 하였다(이하 울산광역시 중구청장의 위 행위를 "이 사건 수거처분"이라 한다).

(3) 이에 제청신청인은 컴퓨터 게임장을 운영하면서, '트로피'라는 게임물을 설치하여 영업하고 있던 중 이 사건 단속에 따라 수거조치를 당한 자인데, 2000. 5. 18. 서울행정법원 2000구14510호로 문화관광부장관과 울산광역시 중구청장을 피고로 하여, 우선 문화관광부장관과 울산광역시 중구청장이 함께 이 사건 수거처분을 하였음을 전제로, 주위적으로는 문화관광부장관의 이 사건 지시, 문화관광부장관과 울산광역시 중구청장의 이

---

* 경희대학교 법학전문대학원 교수.

사건 수거처분의 각 무효확인을 구하고, 예비적으로는 울산광역시 중구청장의 이 사건 수거처분의 취소를 구하는 본안소송을 제기하는 한편, 위 법률조항 중 게임물에 관한 규정 부분(제24조 제3항 제4호 중 게임물에 관한 규정 부분)에 대하여 위헌제청신청을 하였고(같은 법원 2000아1105), 같은 법원은 이를 받아들여 이 사건 위헌법률심판제청을 하였다.

2. 소송의 경과

헌법재판소는 음반 · 비디오물 및 게임물에 관한 법률 제24조 제3항 제4호 중 게임물에 관한 규정 부분(불법게임물을 영장없이 즉시 수거 · 폐기할 수 있도록 한 규정)이 위헌이 아니라는 결정을 내렸다.

제1심에서 원고들의 청구는 기각되었으며, 제2심인 원심에서도 원고패소판결이 내려졌다. 그리고 상고심인 대법원에서도 원고들의 청구는 기각되었다.

3. 결정요지

(1) **비례의 원칙 위반 여부** : ① 이 사건 법률조항의 입법목적은 등급분류를 받지 아니하거나 등급분류를 받은 게임물과 다른 내용의 게임물(이하 "불법게임물"이라 한다)의 유통을 방지함으로써 게임물의 등급분류제를 정착시키고, 나아가 불법게임물로 인한 사행성의 조장을 억제하여 건전한 사회기풍을 조성하기 위한 것으로서 그 입법목적의 정당성이 인정되고, 이 사건 법률조항에서 불법게임물을 즉시 수거 · 폐기할 수 있도록 하는 행정상 즉시강제의 근거를 규정한 것은 위와 같은 입법목적을 달성하기 위한 적절한 수단의 하나가 될 수 있다.

② 불법게임물은 불법현장에서 이를 즉시 수거하지 않으면 증거인멸의 가능성이 있고, 그 사행성으로 인한 폐해를 막기 어려우며, 대량으로 복제되어 유통될 가능성이 있어, 불법게임물에 대하여 관계당사자에게 수거 · 폐기를 명하고 그 불이행을 기다려 직접강제 등 행정상의 강제집행으로 나아가는 원칙적인 방법으로는 목적달성이 곤란하다고 할 수 있으므로, 이 사건 법률조항의 설정은 위와 같은 급박한 상황에 대처하기 위한 것으로서 그 불가피성과 정당성이 인정된다. 또한 이 사건 법률조항은 수거에 그치지 아니하고 폐기까지 가능하도록 규정하고 있으나, 이는 수거한 불법게임물의 사후처리와 관련하여 폐기의 필요성이 인정되는 경우에 대비하여 근거규정을 둔 것으로서 실제로 폐기에 나아감에 있어서는 비례의 원칙에 의한 엄격한 제한을 받는다고 할 것이므로, 이를 두고 과도한 입법이라고 보기는 어렵다. 따라서 이 사건 법률조항은 피해의 최소성의 요건을 위반한 것으로는 볼 수 없고, 또한 이 사건 법률조항이 불법게임물의 수거 · 폐기에 관한 행정상 즉시강제를 허용함으로써 게임제공업주 등이 입게 되는 불이익보다는 이를

허용함으로써 보호되는 공익이 더 크다고 볼 수 있으므로, 법익의 균형성의 원칙에 위배되는 것도 아니다.

③ 결국 이 사건 법률조항에 의한 행정상 즉시강제의 허용은 과잉금지의 원칙의 위배 여부를 판단함에 있어 고려되어야 할 목적의 정당성, 방법의 적정성, 피해의 최소성 및 법익의 균형성 등 모든 요건을 충족하였다고 보여지므로, 위 법률조항이 과잉금지의 원칙에 위배하여 청구인의 재산권을 침해하였다고 볼 수 없다.

⑵ **재판청구권 침해 여부**: 재판청구권은 권리보호절차의 개설과 개설된 절차에의 접근의 효율성에 관한 절차법적 요청으로서, 권리구제절차 내지 소송절차를 규정하는 절차법에 의하여 구체적으로 형성·실현되며, 또한 이에 의하여 제한되는 것인바, 이 사건 법률조항은 행정상 즉시강제에 관한 근거규정으로서 권리구제절차 내지 소송절차를 규정하는 절차법적 성격을 전혀 갖고 있지 아니하기 때문에, 이 사건 법률조항에 의하여는 재판청구권이 침해될 여지가 없다.

⑶ **영장주의 위배 여부**: 영장주의가 행정상 즉시강제에도 적용되는지에 관하여는 논란이 있으나, 행정상 즉시강제는 상대방의 임의이행을 기다릴 시간적 여유가 없을 때 하명 없이 바로 실력을 행사하는 것으로서, 그 본질상 급박성을 요건으로 하고 있어 법관의 영장을 기다려서는 그 목적을 달성할 수 없다고 할 것이므로, 원칙적으로 영장주의가 적용되지 않는다고 보아야 할 것이다. 만일 어떤 법률조항이 영장주의를 배제할 만한 합리적인 이유가 없을 정도로 급박성이 인정되지 아니함에도 행정상 즉시강제를 인정하고 있다면, 이러한 법률조항은 이미 그 자체로 과잉금지의 원칙에 위반되는 것으로서 위헌이라고 할 것이다. 이 사건 법률조항은 앞에서 본바와 같이 급박한 상황에 대처하기 위한 것으로서 그 불가피성과 정당성이 충분히 인정되는 경우이므로, 이 사건 법률조항이 영장 없는 수거를 인정한다고 하더라도 이를 두고 헌법상 영장주의에 위배되는 것으로는 볼 수 없다.

⑷ **적법절차의 원칙 위배 여부**: 이 사건 법률조항은 위 구 음반·비디오물및게임물에관한법률 제24조 제4항에서 관계공무원이 당해 게임물 등을 수거한 때에는 그 소유자 또는 점유자에게 수거증을 교부하도록 하고 있고, 동조 제6항에서 수거 등 처분을 하는 관계공무원이나 협회 또는 단체의 임·직원은 그 권한을 표시하는 증표를 지니고 관계인에게 이를 제시하도록 하는 등의 절차적 요건을 규정하고 있으므로, 이 사건 법률조항이 적법절차의 원칙에 위배되는 것으로 보기도 어렵다.

⑸ **재판관 권성, 재판관 주선회의 반대의견**: 행정상 즉시강제에 관한 실정법상의 근거를 둠에 있어서는 가능하면 그 허용범위를 최소한도로 하여 규정하여야 하므로, 행정상 즉시강제 중 대물적 강제의 근거조항을 설정함에 있어서 그 범위를 수거만이 아니

라 폐기까지 확장하는 것이 정당화되려면 그 대상물을 즉시 폐기해야 할 필요성, 즉 폐기 자체의 독자적인 긴급성이 인정되어야만 한다. 이 사건의 경우 행정상 즉시강제의 발동을 요구하는 행정목적의 실현은 불법게임물의 수거만으로도 충분히 가능함에도 불구하고, 행정상 즉시강제의 근거조항에서 폐기까지 가능하도록 규정하고 있는 부분은 피해의 최소성의 요건에 위배되는 과도한 입법으로서 헌법에 위반된다.

Ⅱ. 평 석

1. 쟁점정리

이 사건에서는 관계행정청이 등급분류를 받지 아니하거나 등급분류를 받은 게임물과 다른 내용의 게임물을 발견한 경우 관계공무원으로 하여금 이를 수거 · 폐기하게 할 수 있도록 한 구 음반 · 비디오물 및 게임물에 관한 법률(2001. 5. 24. 법률 제6473호로 개정되기 전의 것) 제24조 제3항 제4호 중 게임물에 관한 규정 부분(이하 "이 사건 법률조항"이라 한다)이 재산권 및 재판청구권을 침해하는지 여부와 이 사건 법률조항이 영장주의와 적법절차의 원칙에 위배되는지 여부가 문제되었다.

이 글에서는 불법게임물의 수거 · 폐기와 같은 행정상 즉시강제에서의 영장주의의 적용 여부만을 고찰하기로 한다.

헌법 제12조 제3항과 헌법 제16조는 형사사법권의 행사에 있어서의 영장주의를 규정하고 있다. 즉, 헌법 제12조 제3항은 "체포 · 구속 · 압수 또는 수색을 할 때에는 적법한 절차에 따라 검사의 신청에 의하여 법관이 발부한 영장을 제시하여야 한다. 다만, 현행범인인 경우와 장기 3년 이상의 형에 해당하는 죄를 범하고 도피 또는 증거인멸의 염려가 있을 때에는 사후에 영장을 청구할 수 있다"라고 규정하고 있고, 헌법 제16조는 "주거에 대한 압수나 수색을 할 때에는 검사의 신청에 의하여 법관이 발부한 영장을 제시하여야 한다"라고 규정하고 있다. 헌법 제12조 3항 및 제16조의 영장제도는 원칙상 형사절차상의 인신의 구속 등에 적용되는 것이다. 행정목적을 위한 구속 · 압수 · 수색에 있어서 영장주의가 적용되는지에 관하여 헌법상 명문의 규정이 없다.

이 사건 법률조항은 행정상 즉시강제인 등급분류를 받지 아니하거나 등급분류를 받은 게임물과 다른 내용의 게임물(이하 '불법게임물'이라 한다)의 수거에 영장주의가 적용되는지 여부에 관하여 아무런 규정을 두지 아니하면서, 법 제24조 제4항 및 제6항에서 '수거증 교부' 및 '증표 제시'에 관한 규정을 두고 있는 점으로 미루어 보아 영장제도를 배제하고 있는 취지로 해석되므로, 이 사건 법률조항이 헌법원칙인 영장주의에 위배되는지 여부가 문제된다.

2. 판례의 흐름

판례는 사전영장주의는 사법작용뿐만 아니라 행정작용에도 적용된다는 것을 전제로 행정작용에 대한 사전영장주의의 적용예외에 관하여 논하고 있다.

즉 대법원 판례에 의하면 사전영장주의는 인신보호를 위한 헌법상의 기속원리이기 때문에 인신의 자유를 제한하는 모든 국가작용의 영역에서 존중되어야 하지만, 헌법 제12조 제3항 단서도 사전영장주의의 예외를 인정하고 있는 것처럼 사전영장주의를 고수하다가는 도저히 행정목적을 달성할 수 없는 지극히 예외적인 경우에는 형사절차에서와 같은 예외가 인정되므로, 구 사회안전법(1989. 6. 16. 법률 제4132호에 의해 '보안관찰법'이란 명칭으로 전문 개정되기 전의 것) 제11조 소정의 동행보호규정은 재범의 위험성이 현저한 자를 상대로 긴급히 보호할 필요가 있는 경우에 한하여 단기간의 동행보호를 허용한 것으로서 그 요건을 엄격히 해석하는 한, 동 규정 자체가 사전영장주의를 규정한 헌법규정에 반한다고 볼 수는 없다(대법원 1997. 6. 13. 선고 96다56115 판결).

또한 헌법재판소 판례는 행정상 즉시강제는 상대방의 임의이행을 기다릴 시간적 여유가 없을 때 하명 없이 바로 실력을 행사하는 것으로서, 그 본질상 급박성을 요건으로 하고 있어 법관의 영장을 기다려서는 그 목적을 달성할 수 없다는 이유로 행정상 즉시강제에는 원칙적으로 영장주의가 적용되지 않는다고 본다(헌재 2002. 10. 31. 2000헌가12).

3. 결정의 검토

행정상 즉시강제는 사람의 신체 또는 재산에 물리력을 행사하는 행위이며 법치주의의 요청인 예측가능성을 침해하는 행위이므로 국민의 기본권을 보장하기 위하여 엄격한 요건 하에서 인정되어야 하며 또한 엄격한 한계가 설정되어야 한다. 행정상 즉시강제에 대한 한계에는 실체법적 한계와 절차법적 한계가 있다. 실체법적 한계로는 비례의 원칙이 중요하며 절차법상 한계로는 영장주의와 적법절차의 원칙이 중요하다.

이하에서는 행정상 즉시강제에 대한 영장주의의 적용 여부만을 검토하기로 한다.

(1) 학 설

헌법원칙인 영장주의가 행정상 즉시강제에 대해 적용될 것인가에 대하여 다음과 같이 학설이 대립되고 있다.

(가) 부정설(영장불요설)

이 설은 헌법상의 영장제도는 본래 형사사법권의 남용을 방지하기 위하여 채택된 것이라는 점, 급박한 경우에 행해지는 즉시강제에 영장주의를 요구하는 것은 즉시강제를 부정하는 것이 된다는 점 등을 이유로 행정상 즉시강제에는 영장주의가 원칙적으로 적용되지 않는다고 주장한다.

(나) 긍정설(영장필요설)

이 설은 헌법상 영장제도의 취지가 기본권 보장에 있다는 점, 형사사법작용과 행정상 즉시강제는 신체 또는 재산에 대한 실력의 행사인 점 등을 이유로 명문의 규정이 없는 한 행정상 즉시강제에도 영장제도가 적용되어야 한다고 주장한다.

(다) 절 충 설

이 설은 영장제도의 취지인 기본권보장을 위해서는 영장주의가 행정상 즉시강제에도 원칙상 적용되어야 하지만, 긴급한 필요 등 영장 없는 즉시강제를 인정하여야 할 합리적 이유가 존재하는 경우에는 영장주의가 적용되지 않는다고 한다. 이 설이 다수설이다(김철용, 461면).

이 설에 의하면 긴급한 필요가 있는 경우가 아니라 성질상 그 의무를 명하는 것으로는 행정목적을 달성할 수 없어 행해지는 즉시강제에 있어서는 원칙적으로 사전영장이 요구된다(김남진 · 김연태, 457면).

(라) 개별결정설

이 설은 헌법상 영장주의가 행정상 즉시강제에 대해 적용될 것인가에 대하여 일반적으로 가부의 결론을 내리는 것은 타당하지 않고 다음과 같이 행정상 즉시강제마다 개별적으로 논하여야 한다고 주장한다. ① 행정상 즉시강제에 대해 헌법상 영장주의가 요구되는가 하는 것은 중요한 법익에 대한 중대한 침해가 행해지는 경우(인신의 구속, 압수, 수색에 해당하는 경우)에 한하여 문제된다. 인신의 구속, 압수, 수색에 해당하는 즉시강제에 의해 신체의 자유 등 매우 중대한 기본권이 침해되는 경우에는 영장주의(사법기관의 결정)가 요구된다. 다만, 이 경우에도 즉시강제를 행할 긴급한 필요가 있고, 중대한 공익의 보호필요가 있는 경우에는 이익형량을 통하여 영장주의는 적용되지 않는 것으로 볼 수 있다. ② 성질상 의무를 명하여서는 행정목적을 달성할 수 없는 경우에 인정되는 즉시강제의 경우에는 급박한 경우가 아니므로 사전영장이 요구된다고 보아야 한다. ③ 영장주의의 본질은 기본권의 보호를 위하여 사법기관의 결정에 의해 인신의 구속이나 압수, 수색이 행해지도록 하는 데 있으므로 기본권에 대해 영장주의의 취지에 비추어 법령상 실체적, 절차적으로 충분한 보호가 규정되어 있는 경우에는 반드시 영장(사법기관의 결정)이 요구되는 것으로 볼 것은 아니다. 그 예로 전문가로 구성된 준사법적 기관에 의해 행정상 즉시강제가 행해지고, 당해 즉시강제에 대해 사전적 · 사후적 권리구제제도가 충실히 마련되어 있어 기본권보장이 가능한 경우에는 영장주의(사법기관의 결정)가 반드시 요구되는 것은 아니라고 보아야 한다(박균성, 행정상 인식구속에 대한 법적 통제, 498-499면).

(2) 결정의 검토

대법원이나 헌법재판소가 헌법에 명문의 규정이 없음에도 사전영장주의가 행정목적을 위한 체포, 압수, 수색에 적용된다고 보고 있는 것은 사전영장제도의 취지 및 헌법상의 국민의 기본권 보장에 비추어 타당하다. 다만, 영장주의의 본질은 기본권의 보호를 위하여 인신의 구속이나 압수, 수색을 사법기관의 사전결정에 의해 행하도록 하는 데 있으므로 영장주의가 적용되지 않는 것으로 규정되어 있더라도 법령상 행정목적을 위한 인신의 구속이나 압수, 수색에 있어서 충분한 기본권 보호가 규정되어 있는 경우에는 반드시 영장(사법기관의 결정)이 요구되는 것으로 볼 것은 아니다.

헌법재판소는 행정상 즉시강제는 그 본질상 급박성을 요건으로 하고 있어 법관의 영장을 기다려서는 그 목적을 달성할 수 없다고 할 것이므로, 원칙적으로 영장주의가 적용되지 않는다고 보면서 급박한 상황에 대처하기 위한 것으로서 그 불가피성과 정당성이 충분히 인정되는 경우에는 영장 없는 불법게임물의 수거를 인정한다고 하더라도 이를 두고 헌법상 영장주의에 위배되는 것으로는 볼 수 없다고 보았다. 그러나, 행정상 즉시강제는 급박한 행정상의 장해를 제거할 필요가 있는 경우에 미리 의무를 명할 시간적 여유가 없을 때뿐만 아니라 아주 급박하지는 않지만 성질상 의무를 명하여 가지고는 목적달성이 곤란한 때에도 인정된다. 전자의 경우에는 사전영장을 요구하면 행정상 즉시강제의 목적을 달성하는 것이 곤란하지만, 후자의 경우에는 사전영장을 요구하여도 행정상 즉시강제의 목적을 달성하는 데에 큰 지장을 받지 않는 경우도 있다. 따라서, 후자의 경우에는 사전영장주의를 적용하는 것이 타당함에도 행정상 즉시강제가 항상 급박한 경우에 인정된다는 전제하에 행정상 즉시강제에 원칙상 사전영장주의가 적용되지 않는 것으로 본 것은 문제가 있다.

그리고 헌법재판소는 불법게임물의 수거에는 항상 영장없는 수거를 인정할 불가피성과 정당성이 충분히 인정되는 것으로 일반적인 결론을 내리고 있는데, 이에 관하여도 재검토를 요한다. 불법게임물이 사행성이 강하거나 청소년에 대한 위해가 심각한 경우 사전영장을 청구할 시간적 여유가 없을 수도 있지만, 그렇지 않은 경우에는 사전영장을 청구하도록 하여도 행정목적의 달성에 큰 지장을 주지 않는 경우도 있다. 대상판결의 사안에서 압수된 것은 게임물 제작업자가 '램프식'으로 검사받은 게임물을 '릴식'게임기로 불법 제조하여 유통한 게임물로서 사전영장을 청구할 시간적 여유가 있었다고 볼 수도 있는 것이었다. 사전영장을 청구할 시간적 여유가 있었는지 여부는 불법게임물을 압수할 공익상 필요성 및 급박성과 상대방의 불이익을 이익형량하여 결정하여야 할 것이다.

4. 판례의 의미 및 전망

판례는 사전영장주의가 행정목적을 위한 압수, 수색에도 적용된다는 것을 전제로 하면서도 영장주의는 행정상 즉시강제의 본질상 행정상 즉시강제에는 적용되지 않는다고 보고 있다. 즉, 행정상 즉시강제는 상대방의 임의이행을 기다릴 시간적 여유가 없을 때 하명 없이 바로 실력을 행사하는 것으로서, 그 본질상 급박성을 요건으로 하고 있어 법관의 영장을 기다려서는 그 목적을 달성할 수 없다고 보면서 원칙적으로 영장주의가 적용되지 않는다고 보고 있다. 또한, 영장주의를 배제할 만한 합리적인 이유가 없을 정도로 급박성이 인정되지 아니함에도 행정상 즉시강제를 인정하고 있다면, 이러한 법률조항은 이미 그 자체로 과잉금지의 원칙에 위반되는 것으로서 위헌이라고 보고 있다. 그리고, 불법게임물의 수거에 관한 이 사건 법률조항은 급박한 상황에 대처하기 위한 것으로서 그 불가피성과 정당성이 충분히 인정되는 경우이므로, 이 사건 법률조항이 영장 없는 수거를 인정한다고 하더라도 이를 두고 헌법상 영장주의에 위배되는 것으로는 볼 수 없다고 하고 있다.

그러나 행정목적을 위한 압수, 수색에 있어서의 기본권 보장을 영장주의에 의해서만 달성할 수 있는지에 관한 검토가 필요하다. 또한, 행정상 즉시강제 중에서도 침해되는 기본권을 고려할 때 사전영장을 받을 시간적 여유가 있다고 볼 수 있는 경우도 있는 것이 아닌지 재검토하여야 할 것이다.

현행 헌법상 행정목적을 위한 인신의 구속이나 압수, 수색에 영장이 요구된다는 명문의 규정이 없는데, 헌법개정시에는 이에 관한 명문의 규정을 둘 것인지에 관하여 고민하여야 할 것이다. 그리고, 행정작용에서의 영장의 청구는 반드시 검사가 하여야 하는 것은 아니며 행정목적을 위해 체포, 압수, 수색을 행하는 행정기관이 청구할 수 있는 것은 아닌지 검토할 필요가 있다.

〈참고문헌〉

김남진 · 김연태, 행정법 I 제10판, 법문사, 2006.
김철용, 행정법 I 제12판, 박영사, 2009.
박균성, 행정법론(상) 제8판, 박영사, 2010.
박균성, “행정상 인식구속에 대한 법적 통제”, 공법학의 제문제: 김영훈교수화갑기념논문집, 법문사, 1995.
박균성, “행정상 즉시강제의 통제: 비례원칙, 영장주의, 적법절차의 원칙 관련하여”, 행정판례연구 제11집, 박영사, 2006. 6.

49. 위법한 행정조사에 근거한 처분의 흠

— 대법원 1985. 11. 12 선고 84누250 판결 —

이 희 정*

Ⅰ. 판결개요

1. 사실관계

원고 A는 1972년부터 1976년까지 과세연도 기간 중 한국중등교과서주식회사, 고등교과서주식회사, 한국검정실업교과서주식회사 및 한국교과서주식회사의 주주 겸 임원으로 있었다. 1977년 2월경 위 4개 회사의 위 과세기간 중 법인세등 포탈사실이 적발되자[1] 국세청은 연합조사반을 편성하여 위 4개 회사의 매출누락액을 조사한 결과 8,711,942,531원을 매출누락으로 인정하여 이를 익금에 가산하고, 위 익금가산한 전금액을 주식수에 비례하여 모든 주주에 대한 배당 및 주주 겸 임원(원고 A 포함)에 대한 상여로 처분하여 배당 또는 소득이 귀속되었다고 인정하였다. 그 후 국세청 연합조사반은 주주별 소득내용을 확정한 각 연도별, 주주별, 소득별 원천징수액 내용표를 작성하여 주주들에게 제시하고 그 내용대로 종합소득세 과세표준확정신고를 하고 자진납부토록 종용하면서 이에 응하지 않는 경우에는 주주들을 형사입건하거나 세무사찰을 하겠다고 위협하였다. 또한 위 회사들에게 주주들로부터 각자의 원천징수불이행세액을 확인하고 이를 회사에 상환할 것과 이에 대한 담보를 제공하겠다는 내용의 각서를 제출받도록 지시하였다. 이에 1977년 6. 30.경 원고 A를 포함한 위 4개 교과서주식회사의 모든 주주들은 할 수 없이 국세청의 위와 같은 요구에 따라 위 귀속액에다가 이미 각 과세연도에 자진신고납부한

---

* 고려대학교 법학전문대학원 교수.

1) 4개 교과서회사에 대한 세칭 검인정교과서 부정사건(조세포탈)에 대한 조사가 1977. 2. 24.부터 치안본부에서 시작되어 동 회사의 간부들이 연금되는 등 1개월 간에 걸쳐 강압적인 수사가 강행되는 중에 동 간부들은 그들의 의사에 반하여 회사가 1971. 12. 11.부터 1977. 11. 30.까지 사이에 탈세하였다는 내용의 확인서, 진술서 등을 작성하였다. 치안본부장이 그 무렵 이를 국세청장에게 통보하자, 국세청에서는 곧 원고 회사에 세무조사반을 투입하여 세무조사를 실시하였다.

소득을 합쳐 위 주주별 소득액표대로 종합소득세에 대한 소득금액신고 및 자진납부계산서를 작성 · 제출하였고, 피고 B(세무서장)는 위 신고내용에 따라 원고 A를 포함한 위 3개 회사의 전주주들의 1972년부터 1976년까지의 과세연도의 종합소득금액에 대한 과세표준을 경정결정하여 그 세액을 산출한 후 여기에서 기납부세액과 주주들이 위 4개 회사에게 원천징수당할 원천징수세액을 공제한 나머지 세액에 대하여 종합소득세 부과처분을 하였다.

2. 소송경과

원심판결인 서울고등법원 1985. 2. 29. 선고 78구407 판결에서는 원고가 패소하였다. 상고심인 대법원 1985. 11. 12. 선고 84누250 판결에서는 원심판결을 파기 환송하였다.

3. 판결요지

[원심판결(서울고등법원 1985. 2. 29. 선고 78구407 판결)]

원심판결은 피고 B가 위 4개 회사의 익금에 산입한 금액을 처분함에 있어서 주주와 임원에게 배당 및 상여로 처분될 것이 명백한 금원을 제외하고는 그 귀속이 불분명함에도 불구하고, 명확한 자료없이 주주 또는 임원에게 배당 및 상여로 귀속된 것으로 보아 이 사건 부과처분을 한 것은 과세소득을 오인한 하자가 있어 위법하기는 하나 종합소득세의 과세표준 중 소득없는 부분에 대한 부과처분만을 따로 떼어 그 하자가 중대하고 명백하다고 할 수 없으므로 원고의 무효확인청구를 이유없다고 배척하였다.

[대법원 판결(대법원 1985. 11. 12. 선고 84누250 판결)의 요지]

과세소득이 없는데도 과세관청이 잘못된 과세자료를 근거로 과세소득이 있는 것으로 사실관계를 오인하여 과세처분을 한 경우, 행정처분의 하자의 일반법리에 따라 하자가 중대할 뿐만 아니라 객관적으로도 명백한 경우에 한하여 그 처분은 당연무효가 된다. 사실관계 오인의 근거가 된 과세자료가 외형상 상태성을 결여하거나 또는 객관적으로 그 성립이나 내용의 진정을 인정할 수 없는 것임이 명백한 경우에는 이러한 과세자료만을 근거로 과세소득을 인정하여 행한 과세처분은 그 하자가 중대할 뿐 아니라 객관적으로도 명백하여 무효라고 보아야 한다. 이 사건 부과처분의 근거가 된 원고의 종합소득세 신고서나 각서가 과세관청 내지 그 상급관청의 일방적이고 억압적인 강요로 말미암아 원고의 자유로운 의사에 반하여 별다른 합리적이고 타당한 근거도 없이 작성제출된 것이라면, 이러한 신고서나 각서는 그 작성경위에 비추어 성립과 내용이 진정한 과세자료라고 볼 수 없으므로, 이러한 과세자료에 터잡은 이 사건 부과처분의 하자는 중대한 하자임은 물론이거니와 위와 같은 과세자료의 성립과정에 직접 관여하여 그 경위를 잘 아는 과세관청에 대한 관계에서는 객관적으로 명백한 하자라 할 것이므로 그 과세처분은 무효이다. 또한 과세관청이 인정한 과세소득 중 일부는 명백히 인정되나 그 나머지 소득은 인정할 만한 적법한 과세자료가 없는 경우에 그러한 허무의 과세소득에 관한 부문은 당연무효라고 보아 일부 무효확인을 할 수 있다.

Ⅱ. 평 석

1. 쟁점정리

대상판결에 있어 주된 쟁점은 행정조사과정에서 위법이 있었던 경우, 그러한 행정조사의 결과에 근거하여 이루어진 행정처분의 효력에 어떠한 영향을 미치는가 하는 것이다. 행정조사의 위법이 행정처분의 효력에 영향을 미치는 경우는 주로 행정처분의 요건사실을 확인하거나 재량적 효과를 선택할 때 고려해야 할 사실관계들을 확인하기 위해 행정조사활동이 이루어지는 경우일 것이다. 따라서 이러한 행정조사활동의 위법은 사실관계의 오인으로 이어질 가능성이 높지만, 아래와 같이 행정조사의 위법의 태양에 따라 반드시 사실관계의 오인으로 귀착되지 않을 수도 있다.

행정조사의 위법의 태양은 주체의 위법, 실체적 위법과 절차적 위법으로 구분해 볼 수 있다. 주체의 위법은 당해 사안에 대해 행정조사권한이 없는 기관이 수집한 정보에 근거한 경우를 생각할 수 있다. 실체적 위법은 행정조사를 통해 확인된 사실이 허위인 경우로서 행정처분의 근거사실이 정확성을 결하고 있는 경우이다. 절차적 위법은 확인된 사실의 진위를 불문하고 강압에 의하여 행정조사가 이루어지고 이를 통해 수집된 사실에 근거하여 행정처분이 이루어진 경우이다. 대상판결에서 인정한 것은 실체적 위법과 절차적 위법이라 할 수 있다. 과세자료가 피고 행정청 내지 그 상급관청의 강요로 원고의 자유로운 의사에 반하여 작성 · 제출된 것이므로 그 성립의 진정을 인정할 수 없다는 점은 절차적 위법에 해당된다. 행정청이 합리적인 근거 없이 매출누락액이 주주들에게 귀속되었다고 단정하고 이를 과세자료로 작성토록 하였으므로 그 내용의 진정을 인정할 수 없다는 점은 실체적 위법에 해당된다.

대상판결은 명시적으로 '행정조사'의 위법에 관해 언급하고 있지는 않고, 이를 '사실관계의 오인'의 문제로 기술한다. 행정처분의 근거가 된 사실관계의 오인이 있다면 이는 행정처분에 내재된 하자이고, 이 하자가 중대하고 객관적으로 명백하면 그 처분은 당연무효라 전제한 후, 이 사안에서 위법한 행정조사를 통해 작성·제출된 잘못된 과세자료를 근거로 한 과세처분은 처분의 근거사실에 대한 중대하고 명백한 오인에 해당되므로 당연무효사유에 해당한다고 판결하였다.

따라서 이 판결은 행정처분의 근거에 대한 행정조사가 위법한 경우 중에도, 원칙적으로 '사실관계의 오인'이라는 실체적 흠이 존재하는 경우로 그 의미가 제한될 것으로 보인다.

'사실관계의 오인'이 행정처분의 위법사유임에서 나아가, 취소사유인지 당연무효사유인지를 구분하는 기준으로 대상판결은 "사실관계 오인의 근거가 된 과세자료가 외형상 상태성을 결여하거나 또는 객관적으로 그 성립이나 내용의 진정을 인정할 수 없는 것임이 명백한 경우"를 들고 있다. 따라서 명백성의 인정기준도 별도의 쟁점으로 볼 수 있다.

'위법한 행정조사에 근거한 처분의 하자'의 문제를 더 일반적으로 보자면, 행정조사의 위법이 사실관계의 오인으로 귀결되지 않더라도, 행정조사가 강압적으로 행해지거나 법률이 정한 행정조사의 적법요건을 위반하여 행해졌다는 사실만으로 이를 통해 수집된 자료를 근거로 행정처분의 효력에 영향을 미칠 수 있는가의 문제가 검토되어야 한다. 또한 과세소득 중 일부에 그러한 흠이 있는 경우 일부무효확인청구를 인정할 수 있는가 여부도 원심판결과 대법원판결이 견해를 달리 하는 쟁점이 되고 있다.

2. 관련판례

(1) 이전 판례

대상판례와 유사하게 과세처분에 사실관계를 오인한 하자가 인정되나 그 하자가 외형상 객관적으로 명백하다고 볼 수 없어 동 과세처분은 취소할 수 있으나 당연무효는 아니라고 인정한 것으로 대법원 1984. 9. 25. 선고 84누286 판결이 있다. 이 사안에서는 원고의 아들이 회사를 설립하면서 원고의 승낙이나 동의를 받지 않고 원고의 인감도장을 부정사용하여 원고가 주주인 것처럼 주주명부에 등재하고, 이 회사와 관련된 각종 문서에 날인한 경우로서, 원고의 인감도장 인영과 부정사용된 인영이 육안으로 식별가능할 정도로 상이하고, 원고가 위 회사를 상대로 주주명부말소등청구소송을 제기하여 인낙조서가 작성되었음에도 불구하고, 원고가 과점주주임을 전제로 제2차 납세의무자로 지정처분을 한 경우이다. 이 판결은 "사실관계의 오인이 잘못된 과세자료에 기인한 경우에 그 과세자료가 외형상 상태성을 결여하고 객관적으로 그 성립이나 내용의 진정을 의심할만한 소지가 있는 것이라면 모르되 그렇지 않은 한 그 과세자료에 기인한 사실관계의 오인을 외형상 객관적으로 명백한 하자라고 보기는 어렵다"고 판시하고 있다.

(2) 이후 판례

대법원 1986. 12. 9. 선고 85누881 판결에서는 "세무관청이 소득세를 부과하고자 할 때에는 소득세법이 규정하는 바의 자진신고, 실지조사, 서면조사, 추계조사 등의 방법에 따라 얻은 정확한 근거에 바탕을 두어 과세표준액을 결정하고 세액을 산출해야 하며, 위와 같은 조사방법 등을 완전히 무시해 버리고 아무런 근거도 없이 막연한 방법으로 과세표준액과 세액을 결정, 부과하였다면 이는 그 하자가 중대하고도 명백하여 당연 무효라 할 것이나, 그와 같은 조사결정절차에 있어서 단순한 과세대상의 오인, 조사방법의 잘못된 선택, 세액산출의 잘못 등의 위법이 있음에 그치는 경우에는 취소사유에 그친다"고 하여, 행정조사의 위법사유를 취소사유와 무효사유로 구분하고, 그 각각의 위법사유가 이에 근거한 행정처분의 취소사유와 무효사유로 됨을 말하고 있다. 이 사안에서는 치안본부장이 조세범처벌법 위반사건을 조사한 결과 국세청장에게 통보한 조세포탈자료통보서만을 근거로 하여 과세처분이 이루어진 경우, 이는 "소득세법상의 조사결정방법을 완전히 무시해버리고 아무런 근거 없이 처분의 근거를 결정한 것이 아니라, 통보자료만에 의한 조사도 소득세법 제118조에 정한 실지조사의 방법으로 적법한 것으로 오인하여 조사방법을 잘못 선택한 것이므로 취소사유에 해당된다"고 본 것이다.

위법한 조사 방식을 선택함으로써 이를 근거로 한 과세처분의 효력에 영향을 미친 또 다른 예로 법률상 '서면조사'에 의하도록 규정되어 있음에도 불구하고 '실지조사'를 행하여 이를 근거로 과세처분을 한 경우 이는 그 과세처분의 취소사유가 된다는 판결이 다수 존재한다. 대법원 1995. 12. 8. 선고 94누11200 판결에 따르면, "법령이 정하는 소득세납세의무자에 한하여 그들이 세무사 등이 작성한 조정계산서를 첨부하여 소득세확정신고서를 제출한 경우에 과세표준과 세액을 서면조사로 결정하도록 한 것은 서면조사결정 대상자와 세무사를 신뢰하여, 세무사 등에게 과세표준조사서와 소득금액계산서에 의하여 과세표준확정신고서의 기재내용이 정확하다는 것을 확인한 조정계산서를 작성 · 제출케 함으로써 정부가 하여야 할 실지조사를 대행하게 한 것으로서, 징세행정의 능률을 올리는 한편 납세의무자의 편의를 도모하는 데 그 의의가 있으므로, 조정계산서가 증빙서류 등의 근거없이 전혀 허위 · 가공으로 작성되었음이 명백하거나, 수입금액이 전혀 신고내용에 포함되지 아니하고 처음부터 탈루되었음이 명백하거나, 수입금액이 신고되었으나 그 신고내용 자체에 의하여 탈루 또는 오류를 범한 것임이 객관적으로 명백한 경우 등과 같이 과세표준과 세액을 서면조사만으로 결정하도록 하는 것이 부당하다고 인정되는 경우에는 서면조사로 결정하지 아니하고 실지조사 또는 추계조사로 결정할 수 있으나, 그렇지 아니한 경우에는 과세표준확정신고서와 조정계산서의 기재내용을 기초로 결정하여야 하고, 그 신고내용 자체를 부인하고 그와 다른 내용의 사실을 인정하거나, 이를 위하여 소득세법 제100조 제5항의 규정에 기하여 증빙서류의 제출을 요구하는 것과 같은 보정요구는 실지조사나 추계조사를 허용하는 결과가 되어 이를 할 수 없다." 이 사안에서는 서면조사결정 대상자인 원고가 종합소득세확정신고를 한 데 대하여 피고 세무서장이 그 진위를 확인하기 위해 장부와 증빙서류의 제출을 요구하고, 원고가 이를 분실하여 제출할 수 없다고 회신하자, 종합소득세를 서면조사결정하지 아니하고 추계조사결정하여 과세하였다.

또한 대법원 2006. 6. 2. 선고 2004두12070 판결에서는 과세처분의 근거사실을 밝혀낸 세무조사가 위법한 중복조사라는 점을 근거로 과세처분의 위법성을 인정하여 취소판결을 하였다. 그 사안은 1998. 11.경 피고 세무서장이 원고의 부동산임대사업과 관련한 부가가치세의 탈루 여부에 대하여 세무조사를 한 결과 임대수입의 일부 누락 사실 등을 밝혀내고 그 세무조사 결과에 따라 같은 해 12.경 부가가치세 증액경정처분을 하였는데, 이후 1999. 11.경 서울지방국세청장이 원고의 개인제세 전반에 관하여 특별세무조사를 한다는 명목으로 이미 부가가치세 경정조사가 이루어진 과세기간에 대하여 다시 임대수입 누락여부, 매입세액의 부당공제 여부 등에 대해 세무조사를 한 결과 부가가치세액을 증액하는 재경정처분을 하였다. 판결이유에서 문제된 재경정처분의 근거사실인 임대수입누락여부가 실체적 진실에 부합하는가 여부는 적시되지 않고, 다만 세무조사가 위법한 중복조사라는 점만을 근거로 과세처분의 위법성을 판단하고 있다는 점에서, 이는 행정조사라는 별도의 행위의 위법성이 이후의 과세처분의 효력에 미치는 영향이 좀 더 명확하게 인정된 경우라 할 것이다.

최근 대법원 2014. 6. 26. 선고 2012두911 판결에서는 국세기본법 제81조의5가 정한 세무조사대상 선정사유가 없음에도 세무조사대상으로 선정하여 과세자료를 수집하고 그에 기하여 과세처분을 하는 것은 적법절차의 원칙을 어기고 국세기본법 제81조의5와 제81조의3 제1항을 위반한 것으로서 특별한 사정이 없는 한 과세처분은 위법하여 취소한다고 판결하였다. 이 판례에서 주목할 판시사항으로 첫째, 2002년 개정된 국세기본법의 세무조사에 대한 일반적 규정이 소득세법과 부가가치세법 등 개별 세법에 근거한 공무원의 질문 · 조사권의 요건과 한계를 정한다고 해석한 점, 둘째, 헌법 제12조 제1항에서 규정하고 있는 적법절차의 원칙이 행정조사의 일종인 세무조사권의 행사에 대해서도 마땅히 준수되어야 한다고 선언한 점, 셋째, 세무조사대상 선정사유가 없음에도 위법하게 개시된 세무조사를 기초로 하였다는 점만으로 과세처분의 위법을 인정함으로써 위법한 행정조사에 기초한 행정처분의 위법성 판단에 대한 명확한 입장을 밝혔다는 점이 있다.

한편, 과세처분이 아닌 다른 종류의 처분에 대해 그 근거로서의 사실관계의 오인에 대해 대상판결과 유사한 기준을 제시하고 있는 대법원 1992. 4. 28. 선고 91누6863 판결이 있다. 이 사안은 피고 도지사가 실시한 한약업사 시험에 응시한 자가 약사법 시행령 제27조 소정의 응시자격 중 학력을 증명하는 서류로 응시원서에 첨부한 졸업증명서에 대해 피고가 위 학교의 교장에 대하여 위 졸업증명서의 발급사실을 조회하여 그 확인을 받고 동인을 합격자로 결정하는 처분을 하였는데, 제3자가 동인이 위 학교를 정상적으로

졸업한 사실이 없어 위 졸업증명서는 진실에 반하며, 이에 근거한 합격처분은 위법하다고 주장하였다. 이에 대법원은 당해 졸업증명서가 진실에 반함에도 피고가 이를 진실로 오인하여 합격처분을 한 것이라 하더라도, 이러한 하자는 사실관계를 정확히 조사하여야만 비로소 밝혀질 수 있는 것으로서 그 하자가 비록 중대하긴 하나 외관상 명백하다고 할 수는 없다고 하여 이를 당연무효인 처분으로 볼 수 없다고 하였다.

병역법상 병역처분 또는 국가유공자예우등에 관한 법률상 상이등급결정을 하기 위해 신체검사를 실시하는 것 역시 행정처분의 근거를 확인하기 위한 행정조사의 한 유형으로 볼 수 있다. 서울행정법원 1999. 10. 14. 선고 99구18059 판결에서는 병역처분을 받은 자의 부모가 그 신체검사와 관련하여 관할 병무청 직원과 담당 군의관에게 청탁 명목의 금품을 준 사실이 밝혀지자 관할 지방병무청장이 위 병역처분을 취소한 사안에서 위 병역처분의 취소에 대한 중대한 공익상의 필요성이 인정된다는 이유로 위 취소처분이 적법하다고 보았다.

3. 판결의 검토

(1) 행정조사의 위법과 행정처분의 위법

행정처분의 근거를 확인하기 위한 행정조사활동에 위법한 요소가 있었을 경우 이는 행정처분의 효력에 어떤 영향을 미치는가? 달리 말하면, 행정조사의 위법이 이를 근거로 한 행정처분의 흠으로 되는가?

이에 관한 이론적 견해들은 엄격성의 정도에 있어서 차이를 보여준다. 공권력주체는 어떠한 경우에도 적법하고 정당한 절차를 거쳐 행정결정을 하여야 한다는 엄격한 관점에서는 행정조사가 어떤 행정처분에 필수적으로 요구되는 경우뿐만 아니라 단지 예비적인 작용인 경우에도 행정조사의 위법이 행정처분에 승계된다고 본다(홍정선, 627면). 다음으로, 행정조사는 행정행위와 독자적 제도로서 성질을 갖는다는 점을 지적하면서도, 행정조사와 행정행위가 하나의 과정을 구성한다거나 절차적으로 관련이 있으므로 적법절차의 관점에서 행정조사가 위법한 경우 이를 거쳐 행하여진 행정행위도 위법하게 된다는 관점이다(김철용, 356면). 이를 특히 행정조사에 중대한 위법사유가 있을 때 또는 법이 요구하는 요건을 무시하여 조사로 볼 수 없을 정도의 위법한 행정조사인 경우로 다소 제한적으로 기술하는 견해도 있다(김동희, 466면; 김남진 · 김연태 413면).

대상판결은 과세처분의 근거인 과세자료는 원고가 과세관청 등의 강요에 의해서 합리적인 근거 없이 작성 · 제출한 것이므로 그 성립과 내용이 진정한 것으로 볼 수 없다는 점이 이를 근거로 한 과세처분의 중대 · 명백한 하자라고 판단하고 있다. 이에 대한 평석에 따르면, 대법원은 과세자료가 과세관청의 일방적이고 억압적인 강요로 작성자의 자유로운 의사에 반하여 작성되었다는 점에서 세무조사와 관련된 절차적 측면을, 합리적이고 타당한 근거 없는 단정에 의해 작성되었다는 점에서 근거과세의 원칙과 관련된 실체적 측면을 지적하고 있다. 또한 이 판례에서 직접적으로 명시하는 법리는 행정조사의 위법보다는 "과세관청이 사실관계를 오인한 경우" 행정처분의 효력의 문제라 할 수 있다.

엄밀히 보면, 행정처분이 잘못된 사실 인식에 근거함으로 인한 위법은 행정처분의 전제가 된 행정조사에 위법이 있는 경우의 문제와는 구별된다. 그 구별의 기준은 '행정조사'의 의미를 어떻게 파악하는가에 따라 달라진다. 만약 '행정조사'의 개념에 행정처분의 사실적 근거를 확인하기 위한 모든 일반적 활동을 포함하는 것으로 본다면, 따라서 요건사실의 확인이 필요한 모든 행정처분은 이러한 의미의 행정조사가 없이는 이루어질 수 없다고 한다면, 대부분의 사실관계의 오인은 '위법한 행정조사'를 구성할 수도 있을 것이다. 예컨대, 허위의 졸업증명서에 기초한 한약업사시험합격자선정처분의 효력을 다룬 대법원 1992. 4. 28. 선고 91누6863 판결의 경우, 졸업증명서를 발급한 학교기관에 그 진위를 확인한 행위 자체에는 별도의 위법요소는 보이지 않고, 다만, 그 졸업증명서의 내용이 허위라는 사실만이 있을 경우에도, 이를 '위법한 행정조사'라고 볼 수 있을 것이다.

이렇게 보는 경우 행정처분과 구별되는 행정작용으로서의 '행정조사'의 독자적 의미는 잘 드러나지 않게 된다. '위법한 행정조사에 근거한 행정처분의 하자'의 문제가 더 독자적인 의미를 갖는 것은 '위법한 행정조사에 근거하였다는 사유'가 '사실관계의 오인'과 관계없이 행정처분의 독자적인 위법사유가 될 수 있는가의 문제가 제기될 경우이다. 그러한 점에서 대상판결은 위법한 행정조사에 근거한 처분이 위법할 수 있다는 점은 판시하고 있지만, '사실관계의 오인'과 상관없이 행정조사 자체의 위법 —주체 또는 절차상의 위법— 만으로도 당해 행정처분이 위법하게 되는지에 대해서는 명확히 판시하고 있지 않다. 따라서 위법한 행정조사의 유형별로 이를 분리하여 볼 필요가 있다.

(2) 행정조사의 위법의 유형에 따른 효과

1) 사실관계의 오인과 별도의 행정조사의 절차적 위법 사실관계의 오인에 이르렀는가와 별도로 행정조사 자체의 위법은 주로 행정조사의 주체의 위법과 방식 · 절차 등에 있어서의 위법일 것이다.

대상판결에 대한 평석[2]에 따르면, 세무조사절차에 위법이 있는 경우 과세처분의 효력은 절차위배의 내용과 정도에 따라 달라지나, 전체적으로 납세자의 권익보호의 측면에서 절차위배의 위법성을 보다 강조하는 견해와 반대로 과세행정의 공익성과 안정성을 보다 강조하는 견해로 나뉜다. 전자의 입장은 헌법상의 적정절차에 관한 원칙과 영미법의

2) 임승순, 과세처분의 무효확인—상태성을 결여한 과세자료에 기한 과세처분의 효력—, 조세판례백선, 144-45면.

경우와는 달리 행정조사과정에 법원이 사전에 개입하는 제도가 없는 우리 법제에서는 그러한 과세처분의 효력을 인정한다면 위법한 조사에 대한 사후구제도 사실상 없게 될 위험이 있다는 점을 강조한다. 후자의 입장은 세무조사절차는 과세관청이 과세요건의 내용이 되는 구체적 사실의 존부를 조사하기 위한 절차로서 그 조사절차에 위법이 있어도 그 위법이 극히 중대하여 처분의 내용에 영향을 미칠 정도의 경우가 아닌 한 그 자료에 기한 과세처분은 객관적인 소득에 합치하는 한에 있어서 적법하다고 한다. 이러한 설명에 따르면, 일반적인 행정절차의 위법에 관한 논의가 행정조사의 위법에도 유사하게 적용되는 것으로 보인다. 그렇다면 그 전제는 행정처분의 근거가 되는 행정조사는 행정처분과 하나의 과정을 구성한다든가, 절차적으로 관련이 있다는 위의 이론적 분석과 일치하는 것으로 보인다. 행정조사는 행정처분의 절차의 일부를 구성하고, 행정조사의 위법은 행정처분의 절차의 위법과 마찬가지로 취급되는 것으로 보인다. 다시 말하면, 절차적 흠의 효과에 관한 일반론에서와 같이 절차의 흠을 실체적 흠과 마찬가지로 독립적이고 엄격한 처분의 위법사유로 볼 것인지, 아니면 일정한 형량을 거쳐 최종적인 법률효과가 결정되는 위법사유로 볼 것인지와 유사하게 행정조사의 위법도 취급된다는 의미이다.

한편, 위에서 본 관련판례 중 '사실관계의 오인' 여부에 관계없이 행정조사의 방식 또는 절차의 흠만에 근거하여 행정처분의 위법을 인정하는 판례들이 있다. 과세처분의 근거가 되는 세무조사가 위법한 중복조사라는 점을 근거로 과세처분의 위법성을 인정한 대법원 2006. 6. 2. 선고 2004두12070 판결, 법령상 '서면조사'에 의하도록 규정되어 있음에도 불구하고 '실지조사'를 행하여 이를 근거로 하였다는 이유로 과세처분의 위법성을 인정한 대법원 1995. 12. 8. 선고 94누11200 판결이 그것이다. 다만, 이는 과세처분의 근거가 되는 행정조사 즉, 세무조사에 관하여 세법상 납세자의 권리를 보호하기 위한 명확한 기준을 정하고 있는 경우에 해당된다. 이러한 판례가 법령상 행정조사의 명확한 기준을 정한 경우가 아닐 경우에 어떤 의미를 갖는지는 별도로 검토해 보아야 한다.

2) 개별법령상 행정조사의 목적 · 방식 등을 명시한 규정을 위반한 경우 행정조사 중 특히 세무조사에 관해서는 그 사전적 통제의 필요성이 중요한 문제도 대두되어 국세기본법은 1996. 12. 30. 개정 시에 법 '제7장의 2'에 "납세자의 권리"에 관한 장을 신설하여, 세무조사절차에 있어서 납세자의 권리보호에 필요한 법적 통제에 관한 규정들을 마련하였다. 동일한 세목 · 동일한 과세기간에 대하여 중복조사를 받지 않을 권리는 그 중 하나이다. 대법원 2006. 6. 2. 선고 2004두12070 판결은 이 사건 세무조사가 중복조사에 해당하여 위법하다면 실체적인 위법사유가 없어도 과세처분이 위법하여 취소되어야 한다는 점을 전제로 하고 있다.[3] 법령상 서면조사에 의할 것인지, 실지조사에 의할 것인

3) 강석훈, 이 사건 세무조사가 같은 세목 및 같은 과세기간에 대한 중복 세무조사에 해당하는지 여

지를 명확히 규정하고 있는 경우, 국세기본법상 세무조사대상 선정사유를 명확히 규정하고 있는 경우도 그 위반을 처분의 독자적인 위법사유로 판단하고 있다.

세법 이외의 영역에서는 행정조사의 방식 중 하나인 '출석', '자료제출', '현장조사' 등에 관한 판례가 있으나, 위법한 출석명령이나 자료제출명령에 의해 수집한 정보에 근거한 처분의 효력이 명확히 쟁점이 된 경우는 거의 없는 것으로 보인다.

3) 행정조사기본법을 위반한 경우 개별법상 행정조사에 관한 명문의 규정을 위반한 것은 아니지만, 행정조사과정에 강요, 뇌물수수 등이 있는 경우에는 이를 금지하는 별도의 규정이 없더라도 행정조사의 일반원리나 형법 등에 비추어 위법하다고 할 수 있다. 위에서 본 관련판례들은 행정조사기본법이 제정되기 이전의 판례들이다.

그러나 행정조사기본법이 제정되어 있는 현재, 행정조사기본법을 위반하여 이루어진 행정조사를 근거로 한 행정처분의 효력은 어떻게 보아야 할 것인가? 세무조사와 같이 개별법상 명확한 규정이 아니라 모든 행정조사에 적용되는 행정조사기본법의 규정을 위반한 경우에는 추가적인 형량이 필요할 것으로 생각된다.

(3) 행정처분의 위법의 효과

1) 사실관계 오인이 있는 경우 위와 같이 행정조사의 위법으로 인한 행정처분의 위법이 인정된다 하더라도, 그 위법이 취소사유에 해당되는지, 무효사유에 해당되는지의 문제가 남아있다.

대상판결은 일반적 기준으로서, 사실관계의 오인에 있어 과세관청 및 상급행정청의 강요에 의한 과세자료에 근거한 부과처분의 흠은 중대한 하자임은 물론이거니와 위와 같은 과세자료의 성립과정에 직접 관여하여 그 경위를 잘 아는 과세관청에 대한 관계에서는 객관적으로 명백한 흠이라 할 것이므로 그 과세처분은 무효라고 한다.

과세처분이외의 처분에 대한 기준으로서, 대법원은 당해 졸업증명서가 진실에 반함에도 피고가 이를 진실로 오인하여 합격처분을 한 것이라 하더라도, 이러한 하자는 사실관계를 정확히 조사하여야만 비로소 밝혀질 수 있는 것으로서 그 하자가 비록 중대하긴 하나 외관상 명백하다고 할 수는 없다고 하여 이를 당연무효인 처분으로 볼 수 없다고 하였다.

2) 사실관계의 오인과 별도의 행정조사의 위법 또 다른 기준으로는 사실오인과 관계없이 행정조사의 방식상의 위법인 경우, 법령에서 정한 조사방법 등을 완전히 무시해 버리고 아무런 근거도 없이 막연한 방법으로 과세표준액과 세액을 결정, 부과하였

부(2006. 6. 2. 선고 2004두12070 판결), 대법원판례해설, 441-42면, 이에 따르면 국세심판원은 위법한 중복조사에 기초하여 이루어진 과세처분은 과세처분 자체에 실체적인 위법사유가 있는지 여부를 불문하고 위법하다는 점을 분명히 하고 있다고 한다. 2000. 7. 10.자 국심 2000서987 참조.

다면 이는 그 흠이 중대하고도 명백하여 당연 무효라 할 것이나, 그와 같은 조사결정절차에 있어서 단순한 과세대상의 오인, 조사방법의 잘못된 선택, 세액산출의 잘못 등의 위법이 있음에 그치는 경우에는 취소사유에 그친다고 한다.

4. 판결의 의미와 전망

대상판결은 행정조사의 위법이 행정처분의 위법사유가 될 수 있음을 판시하고 있다. 다만, 이는 행정조사 자체의 절차적 위법뿐만 아니라 행정조사의 결과가 실체적 진실과도 달라서 과세처분의 실체적 위법사유가 된다는 점에서 순수한 의미의 행정조사의 절차적 위법의 경우에 그 적용이 제한될 수 있다는 점이 있다. 이후 대법원 판례는 세법상 납세자의 권리보호 차원에서 명문의 관련규정을 위반한 세무조사에 근거한 과세처분의 위법성을 그 실체적 위법성과 상관없이 인정해 왔다. 강압이나 뇌물수수의 경우와 같이 극단적이고 명백한 위법이 있는 경우에는 별도의 근거법령이 없어도 되지만, 행정조사기본법상 행정조사에 관한 일반규정을 위반한 경우 행정처분의 효력은 어떻게 보아야 할 것인지에 대해서는 향후 판례를 기다려 보아야 할 것이다. 아마도 이는 절차와 실체의 양면에서 행정조사로부터 국민을 보호해야 한다는 이념과 이익형량적 사고에 근거하여 그 효력이 결정되지 않을까 생각된다.

〈참고문헌〉

임승순, 과세처분의 무효확인—상태성을 결여한 과세자료에 기한 과세처분의 효력—, 조세판례백선.
강석훈, 이 사건 세무조사가 같은 세목 및 같은 과세기간에 대한 중복 세무조사에 해당하는지 여부(2006. 6. 2. 선고 2004두12070 판결), 대법원판례해설.
김세진, 등기부상 토지의 소유자가 아닌 자를 소유자로 오인하여 한 종합토지세부과처분이 당연무효인지 여부(적극)(1999. 10. 12. 선고 98두13140 판결), 대법원판례해설.
김영조, 세무조사의 법적 한계 및 현행 세무조사제도의 개선방안, 조세연구, 세경사.
선정원, 행정조사의 법적 구조와 과제, 행정소송(Ⅰ), 재판실무연구(4), 한국사법행정학회.

50. 지방자치단체의 형벌대상성

—대법원 2005. 11. 10. 선고 2004도2657 판결—

전 훈*

Ⅰ. 판결개요

1. 사실관계

(1) 사안의 경과

지방자치단체인 피고인(A) 소속 공무원 B는 2003. 7. 29. 10:16경 A의 업무를 위해 압축트럭 청소차를 운전하여 부산 서구 암남동을 출발해서 남해고속도로를 운행 중 한국도로공사 서부산영업소 진입도로에서 제한축중 10톤을 초과하여 위 차량 제3축에 1.29톤을 초과적재 운행함으로써 도로관리청의 차량운행제한을 위반하였다.

(2) 적용법조

가. 구 도로법(2008. 3. 21. 전부개정 전 법률) 제86조(양벌규정)

법인의 대표자나 법인 또는 개인의 대리인·사용인 기타의 종업원이 그 법인 또는 개인의 업무에 관하여 제81조 내지 제85조의 규정에 의한 위반행위를 한 때에는 그 행위자를 벌하는 외에 그 법인 또는 개인에 대하여도 각 해당 조의 벌금형을 과한다.

제83조(벌칙)

① 다음 각 호의 1에 해당하는 자는 1년 이하의 징역 또는 200만 원 이하의 벌금에 처한다. 〈개정 1966. 8. 3., 1970. 8. 10., 1993. 3. 10., 1995. 1. 5., 2004. 1. 20.〉

1. 생략
2. 제54조 제1항의 규정에 의한 운행제한을 위반한 자 또는 위반을 지시·요구한 자(화주를 포함한다)

제54조(차량의 운행제한)

① 관리청은 도로의 구조를 보전하고 운행의 위험을 방지하기 위하여 필요하다고 인정하는

* 경북대학교 법과대학 행정학부 교수.

때에는 대통령령이 정하는 바에 의하여 차량(자동차관리법 제2조의 규정에 의한 자동차 및 건설기계관리법 제2조의 규정에 의한 건설기계를 말한다. 이하 같다)의 운행을 제한할 수 있다. 다만, 차량의 구조 또는 적재화물의 특수성으로 인하여 관리청의 허가를 받아 운행하는 경우에는 그러하지 아니하다. 〈개정 1993. 6. 11.〉

나. 구 도로법 시행령 제28조의3(차량의 운행제한)

① 생략
② 관리청이 법 제54조에 따라 운행을 제한할 수 있는 차량은 다음 각 호와 같다.
  1. 축하중(축하중)이 10톤을 초과하거나 총중량이 40톤을 초과하는 차량.
  2. 이하 생략.

2. 소송경과

(1) 약식기소 및 정식재판 회부

부산지방 검찰청은 도로법 위반죄로 A와 B에 대해 각 벌금 30만원의 약식명령을 청구하였다. 약식명령 담당재판부는 사건을 정식재판에 회부하였다.

(2) 1심 판결(공소기각)-검사의 항소(유죄 인정)-피고인의 상고(상고기각)

1심 법원은 A에 대해서는 공소기각, B에 대해서는 벌금 30만원을 선고하였다(부산지방법원 2003. 12. 5. 선고 2003고단8004 판결). 검사는 A에 대한 공소기각 부분에 대하여 항소하였고, 원심법원은 1심 법원의 판결을 파기하고 A에 대해 유죄를 인정하여 벌금 30만원을 선고하였다(부산지방법원 2004. 4. 22. 선고 2003노4401 판결). A는 원심판결에 대해 상고하였으나, 대법원은 피고인의 상고에 대해 원심판단의 법리오해의 위법은 없다고 하였다(대법원 2005. 11. 10. 선고 2004도2567 판결).

3. 판결요지

(1) A가 구 도로법 제86조의 양벌규정 적용대상이 되는 법인에 포함되는지 여부

헌법 제117조, 지방자치법 제3조 제1항, 제9조, 제93조, 구 도로법 제54조, 제83조, 제86조의 각 규정을 종합하여 보면, 국가가 본래 그의 사무의 일부를 지방자치단체의 장에게 위임하여 그 사무를 처리하게 하는 기관위임사무의 경우에는 지방자치단체는 국가기관의 일부로 볼 수 있는 것이지만, 지방자치단체가 그 고유의 자치사무를 처리하는 경우에는 지방자치단체는 국가기관의 일부가 아니라 국가기관과는 별도의 독립한 공법인이므로, 지방자치단체 소속 공무원이 지방자치단체 고유의 자치사무를 수행하던 중 구 도로법 제81조 내지 제85조의 규정에 의한 위반행위를 한 경우에는 지방자치단체는 구

도로법 제86조의 양벌규정에 따라 처벌대상이 되는 법인에 해당한다.

(2) A가 처리하는 사무는 국가사무와 구별되는 자치사무인가 여부

원심과 같이 이 사건 도로법위반 당시 A 소속 공무원 B가 수행하고 있던 업무는 지방자치단체 고유의 자치사무 중 주민의 복지증진에 관한 사무를 규정한 지방자치법 제9조 제2항 제2호 (자)목에서 예시하고 있는 '청소, 오물의 수거 및 처리'에 해당되는 업무라고 할 것이므로 지방자치단체인 피고인(A)은 도로법 제86조의 양벌규정에 따른 처벌대상이 된다.

Ⅱ. 평 석

1. 쟁점정리

상고이유의 요지는 지방자치단체는 형벌권의 주체인 국가기관의 일부로서, 형벌권의 대상이 될 수 없는 특수한 공법인이기 때문에 사건의 구 도로법상의 양벌규정의 적용대상이 아니며 따라서 원심판단에 법리의 오해가 있다는 것이다.

이에 대해 대상판결은 (1) 국가의 주권면책 이론을 지방자치단체에 대해서도 주장할 수 있는가 하는 점이 검토될 수 있고 (2) 지방자치단체는 공법인(지방자치법 제3조)이지만 구 도로법 제86조상의 처벌대상인 법인과 구별되거나 제외되지 않고, 자치업무를 수행하는 경우에는 국가기관의 일부가 아니라 별도의 독립한 공법인으로서 벌금형의 대상이 된다는 점을 확인하였다.

(1) 주권면책(主權免責)과 공법인(지방자치단체)의 형사책임

형벌권의 주체가 국가인 이상 국가를 형사처벌 하는 것은 자기처벌의 모순된 상황을 초래하므로 국가 자신은 형벌권의 대상이 될 수 없다. 외국의 입법례를 보면 프랑스 형법은 국가의 형사책임 배제에 관한 명문 규정{형법전, 법률편 제121-2조(Code pénal, art. L. 121-2) 제1항}을 두고 있으며, 영국의 경우 국왕면책(Crown immunity)의 법리가 아직도 유지되고 있으며, 미국의 경우 각 주(State)를 연방법원의 관할법원에서 배제한 연방수정헌법 제11조를 명시적 근거로 볼 수 있고, 독일은 민사상 주권면책의 법리는 인정되지 않고 국가의 배상책임을 배제하는 개별법령은 위헌이라고 한다(박재완, 202-203면).

주권면책의 문제, 다시 말해, 국가가 형벌권의 대상이 될 수 없다는 주장은 제1심 법원이 A에 대한 공소기각 판결을 하면서 "지방자치법 제3조가 지방자치단체의 법인성에 관한 규정을 둔 것은 중앙정부와 구별되는 독립된 권리의무의 주체로서 법인격을 부여한다는 것이며 일반 민법상의 법인이 된다는 것을 의미하지는 않는다"고 한 것과 같은 맥락이라 할 수 있다.

국가의 형벌대상의 인정여부에 관한 주권면책에 대한 논의는 정책적 판단에 관한 것이며, 비록 평등원칙에 근거하여 이를 부정하고 국가의 형사책임을 인정한다고 하더라도 현실적으로 국가에 대해 신체형이나 자유형을 부과할 가능성은 없으며, 선고받은 벌금형의 금액이 국고에서 나갔다가 다시 들어오기 때문에 형벌 목적에 별다른 기여가 없다는 점에서 국가를 형벌권의 대상으로 보기는 어렵다(박재완, 205면).

지방자치단체가 형벌권의 대상이 되는가에 관한 문제는 국내에서도 그동안 별다른 논의가 없었다고 할 수 있다. 형사법상 법인은 범죄능력이 부인되고(법인의 범죄능력에 관해서는 부정설, 긍정설, 부분적 긍정설이 있으나, 통설과 판례는 부정설을 취한다고 한다: 박재완, 207면) 범죄행위자만 처벌되기 때문에 행정법상 행정법규의 실효성을 확보하기 위해 소속 행위자와 법인을 모두 처벌하는 양벌규정을 두기도 한다(홍정선, 행정법원론(상), 569면). 법률에 양벌규정이 규정된 경우(구 도로법 제86조)에 헌법이 보장하는 자치권을 가진 공법인인 지방자치단체도 적용대상이 되는가의 문제는 법인의 범죄능력에 관한 논의와는 구별되며 지방자치단체에 대한 과태료의 부과대상에 관한 논리를 행정형벌의 적용대상에 적용하기에는 어려움이 있다(2005년 판결 당시 지방자치단체의 과태료 부과대상 여부에 관한 선례가 될 만한 대법원 판례는 없으며, 하급심의 실무상 국가와는 달리 지방자치단체는 과태료 부과대상이 되는 것으로 처리한다고 한다: 박재완, 208-209면). 따라서 양벌규정의 적용대상으로서 지방자치단체에 대한 검토는 형벌적용 대상이 되지 않는 국가와 구별되는 공법인이 처리하는 업무로서의 성격파악에 비중이 주어진다.

(2) 지방자치단체의 사무의 종류와 형벌권의 대상 여부

지방자치단체의 사무에는 자치사무, 단체위임사무가 있다. 실제로 지방자치단체가 처리하는 사무의 상당부분은 국가나 상급 지방자치단체의 사무인 기관위임 사무이지만 사건의 경우처럼 '청소, 오물의 수거 및 처리'는 주민의 생활에 가장 근접한 사무로서 자치사무라는 데 큰 이의는 없다고 본다.

상고인(A)은 폐기물관리법 제4조, 제13조, 동법 시행규칙 제9조에 의하면 국가에게도 폐기물의 처리 등에 관한 책무를 명시하고 있으므로 소속공무원(B)이 담당한 쓰레기 운반 사무는 지방자치단체(A)의 사무인 동시에 국가사무인 기관위임사무에 해당한다고 주장하였다. 그러나 지방자치법 제9조, 제10조 제3항, 제11조에 나타난 지방자치단체의 사무배분에 관한 기본원칙이라 할 수 있는 보충성원칙(subsidiarité)(주민생활과 근접성을 갖는 기초지방자치단체가 우선적으로 처리하지 못하는 사무를 광역자치단체가, 차후에는 국가가 수행하도록 해야 한다는 의미로 이해할 수 있다: 전훈, 365면)에 비추어 볼 때 생활폐기물(쓰레기)의 처리는 가장 일상적이고 기초적인 사무라 할 수 있다.

또한 상고인(A)이 주장하는 국가사무로서의 성질의 근거가 되는 폐기물관리법(2007.

4. 11. 전부개정 전 법률) 제4조, 제13조 및 동법 시행규칙 제9조는 폐기물처리시설의 운영, 폐기물처리사업을 지방자치단체장의 권한으로 하고 있다. 다만 국가는 폐기물처리가 적정하게 될 수 있도록 필요한 조치를 취하거나 권고를 하고, 재정지원 및 조정역할을 수행하는 것으로 정하고 있지만 관련 규정과 지방자치법 제11조를 종합해 볼 때 이를 국가사무로 인정하기는 어렵다.

2. 판결의 검토

대상(형사)판결은 쟁점이 복잡하거나 인용된 관련판결이 많은 것은 아니지만 학계에서 논의되는 법인의 형사책임과 양벌규정에 관한 내용 중 특히 공법인이며 헌법상 자치권이 보장되는 지방자치단체의 형사책임을 인정한 첫 판례라는 점에 의의를 가진다고 할 수 있다. 대법원이 대상판결에서 지방자치단체도 양벌규정의 적용대상이 되는 법인에 해당한다고 처음으로 인정하였다는 점에서 리딩(leading) 판례로 꼽을 수 있다.

(1) 양벌규정의 적용대상이 되는 지방자치단체

프랑스와 같이 지방자치단체에 대해 "공공서비스의 위탁계약(la convention de délégation de service public)활동 수행과정에서 범한 위반행위에 대해서만" 형사책임을 인정하는 규정(art. L. 121-2)이 없는 우리의 경우 종래 이 문제를 국가의 형벌권면책에 관한 주권면책(Souvereign immunity)으로 설명해왔다.

학설이나 판례에서 지방자치단체를 사법상 혹은 공법상의 다른 법인과 구별해서 취급하고 있는 점을 고려한다면 대법원은 어느 정도 입장을 정리한 것이라 볼 수 있다. 종래 학설은 지방자치단체는 법인이기 때문에 행위능력을 전제로 다른 사법인과 구별할 이유가 없고, 사법인에 대해서 벌금형의 부과절차에 관한 형법총칙의 적용문제나 과태료 등의 행정질서벌의 부과절차 등에서 공법인인 지방자치단체를 예외로 해야 할 어떤 근거도 발견되지 않기 때문에 긍정적으로 보는 입장(임영호, 570-571면: 다만 구체적인 주장자는 소개되어 있지 않다)과 지방자치단체는 형법에 따른 범죄능력, 형사법상의 책임능력을 가지지 아니하나 질서위반과 관련하여 양벌규정이 있는 경우에는 과태료의 부과대상이 된다는 부정적 입장(홍정선, 행정법원론(하), 79면)이 있다.

지방자치단체의 양벌규정 대상여부는 지방자치단체의 법적 성격을 통해 양벌규정 문제를 해결하기보다는 실정법상의 규정방식에 대한 해석론에 맡겨야 하는 것이 타당하며, 대상판결은 그 기준으로 지방자치단체의 처리사무의 성격을 제시하고 있다는 점에서 종래 지방자치법학 분야에서 꾸준히 논의되어 왔던 자치사무와 기관위임사무에 대한 논의를 환기시키고 있다. 그리고 대상판결에서는 기관위임사무를 처리하는 지방자치단체를 국가기관의 일부로 파악하고, 양벌규정에 의한 처벌대상이 아님을 전제로 하고 있다.

(2) 자치사무를 수행하는 지방자치단체의 형사책임의 인정

지방자치단체는 일반권한조항을 가지고 지방사무(les affaires locales)(지방분권의 요소인 지방사무는 국가의 이익과 구별되는 지방의 이익에 관해서 공법인인 지방자치단체가 스스로 사무의 내용이나 방식을 결정할 수 있어야 한다는 두 가지 의미를 가지는 점에서 국내의 통설이 말하는 자치사무의 의미와 유사하다고 할 수 있다)에 대한 자유로운 처리를 보장받는데, 지방자치법은 '자치사무'와 '법령에 의하여 지방자치단체에 속하는 사무'를 인정하고 있다. 사건에서 문제된 '쓰레기운반' 사무는 고유의 자치사무 지방자치법 제9조 제2항 제2호 (자)목에서 예시하는 '청소, 오물의 수거 및 처리'에 해당되는데, 대상판결이나 원심법원 판결에서도 이에 대한 특별한 논증 없이 B가 수행하고 있던 업무는 자치사무에 속하는 업무라고 판시하고 있다.

3. 판결의 의미와 전망

대상판결은 지방자치단체 소속 공무원이 지방자치단체의 사무를 행하는 중에 형벌법규를 위반하고, 또한 자연인과 아울러 자연인이 속한 법인을 처벌하는 양벌규정이 있는 경우, 지방자치단체도 양벌규정의 적용대상이 되는 법인에 해당한다고 밝힌 첫 대법원 판례라는 점에 의의를 가진다(박재완, 215면).

대법원은 동 판결에서 지방자치단체 소속 공무원이 지방자치단체의 고유의 자치사무를 수행하던 중 구 도로법 제81조 내지 제85조 규정에 의한 위반행위를 한 경우에는 해당 지방자치단체는 구 도로법 제86조의 양벌규정에 따라 처벌대상을 인정함으로써 법인의 양벌규정의 적용여부에 대한 기준을 제시하고 있다(임영호, 577면).

대법원은 우선 국가는 형벌권의 대상이 아니라고 전제하고, 쓰레기 운반과 같은 일상생활 근접성을 가진 지방자치단체의 자치사무의 수행에 관한 법적 효과는 지방자치단체에게 귀속하기 때문에 국가와는 구별되는 공법인으로서 개별법(구 도로법)상의 양벌규정의 대상이 된다고 하였다. 고유의 자치사무를 수행하는 분권화된 지방자치단체는 국가의 기관위임 사무처리 기관으로의 법적 지위와 구별된다. 지방자치제도를 보장하고 지방자치단체에 독립한 법인격과 자치권을 부여한 헌법과 지방자치법의 기본이념에 비추어 볼 때 자치사무를 처리하는 지방자치단체는 국가와 구별되는 공법인이고 개별 법률에서 규정하고 있는 양벌규정의 대상이 된다고 할 수 있다.

〈참고문헌〉

김용섭, "양벌규정의 문제점 및 개선방안", 행정법연구 제17호, 행정법이론실무학회, 2007. 5.

박재완, "지방자치단체가 양벌규정의 적용대상이 되는 법인에 해당하는지 여부에 대한 고찰", 법조 제55권 제8호(통권 제599호), 법조협회, 2006. 8.

임영호, "지방자치단체가 도로법 제86조에 따른 양벌규정의 적용대상이 되는 법인에 해당하는지 여부", 대법원판례해설 제59호, 법원도서관, 2006. 7.

전훈, "프랑스에서의 보충성 원칙(le principe de subsidiarite) 논의", 성균관법학 제16권 제2호, 성균관대학교 비교법연구소, 2004. 12.

홍정선, 행정법원론(상), 제17판, 박영사, 2009.

홍정선, 행정법원론(하), 제17판, 박영사, 2009.

http://www.legifrance.com(프랑스 법령검색)

51. 통고처분

―헌재 2003. 10. 30. 2002헌마275―

김 치 환*

I. 판례개요

1. 사실관계

청구인(A)은 2002. 3. 23. 경부고속도로에서 진출로를 불과 20여 미터 남겨둔 상태에서 진행방향의 도로가 극심한 정체를 보이자 갓길을 통행하여 진출로로 빠져나갔다. 이 모습을 민간인이 사진으로 찍어 신고하였고 이를 근거로 서울 남부경찰서장은 갓길통행을 이유로 같은 해 4. 4. 범칙금 6만원을 납부하라는 통고처분을 발하였다. 그러나 청구인(A)은 이에 불응하여 범칙금을 납부하지 않았다. 이에 서울 남부경찰서장은 즉결심판을 청구하였고, 청구인은 즉결심판의 결과에 불복하여 법원에 정식재판을 청구하였다.

이와는 별도로 청구인(A)은 민간인의 신고만에 근거하여 이루어지는 통고처분은 단속공무원에 의한 통고처분의 경우와 비교하여 (i) 현장성이 확보되지 않는 점, (ii) 피의자의 의견진술권이 보장되지 않는 점, (iii) 정당한 사유나 부득이한 사유가 있는 경우에도 단속이 이루어지게 되는 점에서 불리한 차별을 가하게 되므로 평등권을 침해한다는 점과 (iv) 민간인이 보상금을 받기 위하여 찍은 사진만에 근거하여 이루어지는 통고처분은 경찰청 예규에만 그 근거가 있으므로 법률상의 근거 없이 국민의 기본권을 제한한 것으로 법치국가원리에 반한다는 점, 그 밖에 통고처분에는 부득이 통고처분에 응하게 되는 사실상의 강제력이 수반되는 결과 경찰청장이 실질적으로 형사처벌을 결정하게 되어 국민의 재판청구권 등의 기본권을 침해하고, 권력분립원칙, 적법절차원칙 등에 위배된다는 점, 도로교통법 제117조 제3항이 범칙금의 액수에 관한 기본적인 사항을 구체적으로 범위를 정하지 아니한 채 대통령령에 위임하고 있어 포괄위임입법금지원칙에 반하고, 벌금에 상응하는 처벌의 종류와 범위를 법률로 명확히 규정하지 않았으므로 죄형법

* 영산대학교 법과대학 부교수.

정주의에 위배된다는 이유로 위 통고처분 및 그 근거법률인 도로교통법 제117조 제3항, 제118조, 제119조, 제120조의 위헌확인을 구하여 2002. 4. 24. 이 사건 헌법소원을 청구하였다. 다만, 제117조 제3항에 대하여는 2002. 8. 29.에 청구취지 추가의 형식으로 심판청구를 하였다.

2. 소송경과

헌법재판소는 청구인(A)이 위헌확인을 청구한 도로교통법의 각 조문 가운데 제117조 제3항의 경우에는 포괄위임입법이 문제된 동항 후단의 규정만을 심판의 대상으로 삼았고, 제118조 내지 제120조의 경우에는 제118조 본문만이 통고처분제도 자체의 원천적 근거조항이고 그 외의 나머지 조항은 제118조 본문의 존립을 전제로 한 규정들인데다가 청구인은 이들 나머지 조항들에 고유한 위헌성을 주장하고 있지도 않다는 이유로 제118조 본문만을 심판대상으로 하였다.

그런데 제117조 제3항 후단에 대한 위헌확인을 구하는 헌법소원은 2002. 8. 29.에야 비로소 청구취지 추가의 형식으로 심판이 청구되었으므로 청구인이 서울 남부경찰서장으로부터 통고처분을 받은 2002. 4. 4.로부터 90일이 지나 청구기간을 도과하였다는 이유로 각하되었다.

청구인은 헌법소원에서 이 사건 통고처분의 취소도 구하였으나, 청구인은 앞서 통고처분에 불응하여 즉결심판을 거쳐 정식재판을 제기하였으므로 청구인에 대한 이 사건 통고처분은 그 효력을 상실하게 되는데, 이미 효력을 상실한 통고처분의 취소를 구하는 것은 권리보호의 이익이 없어 부적법하다는 이유로 이 사건 통고처분의 취소를 구하는 부분의 헌법소원도 각하되었다.

결국 위헌여부에 관한 헌법소원심판을 받은 것은 도로교통법 제118조 본문에 한정되었다. 헌법재판소는 2003. 10. 30. 기각결정을 하였다.

3. 결정요지

헌법은 통고처분에 대한 불복방법에 관하여 직접적인 규정을 두고 있지 않다. 따라서 통고처분을 인정할 것인지 또는 통고처분에 대하여 어떤 형식과 불복제도를 둘 것인가의 문제는 헌법원리에 위배되지 않는 한 입법자가 정하여야 할 입법정책의 문제로서 그의 재량에 맡겨져 있다.

도로교통법상의 통고처분은 처분을 받은 당사자의 임의의 승복을 발효요건으로 하고, 행정공무원에 의하여 발하여지는 것이지만 통고처분에 따르지 않고자 하는 당사자에게는 정식재판의 절차가 보장되어 있다.

통고처분 제도는 경미한 교통법규 위반자로 하여금 형사처벌절차에 수반되는 심리적 불안, 시간과 비용의 소모, 명예와 신용의 훼손 등의 여러 불이익을 당하지 않고 범칙금 납부로써 위반행위에 대한 제재를 신속·간편하게 종결할 수 있게 하여준다.

통고처분에 의하여 부과되는 범칙금은 재정적 손실을 초래한다는 점에서는 벌금과 유사한 면이 있지만 명예에 대한 중대한 훼손이 없는 등 형사처벌로서의 진지성의 면에서 어디까지나 벌금과는 다른 제재이다.

통고처분 제도는 교통법규 위반행위가 홍수를 이루고 있는 현실에서 행정공무원에 의한 전문적이고 신속한 사건처리를 가능하게 하고, 검찰 및 법원의 과중한 업무 부담을 덜어 준다. 이러한 점에서 통고처분 제도는 형벌의 비범죄화 정신에 접근하는 제도이다. 범죄행위와 비범죄행위를 구분하는 것은 결국 입법자의 몫인 바, 비록 '범칙행위'의 대상이 되고 있는 도로교통법 위반행위들을 체계적으로 완전히 비범죄화한 것은 아니지만, 도로교통법 제118조 등의 관련 조항을 통하여 입법자는 당사자의 승복을 조건으로 절차와 효과를 범죄행위와 달리하는 범칙금 통고처분 제도를 구성함으로써 간접적·제한적이나마 비범죄화를 구현한 것이다.

민간인이 찍은 사진만에 근거하여 이루어지는 통고처분의 경우 담당 공무원에 의하여 이루어지는 통고처분에 비하여 현장성 확보나 피의자의 방어권 보장상 미흡한 문제가 있기는 하지만 그러한 문제점들은 즉결심판절차나 정식재판절차 과정에서 법원의 사실인정과 법률해석을 통하여 충분히 고려되고 해소될 수 있는 사항이므로 이유가 없다.

결론적으로, 통고처분 제도의 근거규정인 도로교통법 제118조 본문이 적법절차원칙이나 사법권을 법원에 둔 권력분립원칙에 위배된다거나, 재판청구권을 침해하는 것이라 할 수 없다.

Ⅱ. 평 석

1. 쟁점정리

이 사건은 도로교통법상의 통고처분제도 자체의 위헌 문제와 민간인이 찍은 사진만에 근거하여 이루어지는 통고처분의 위헌 문제의 두 가지가 다투어진다. 전자의 문제에 대하여는 그 동안 학계에서의 논의도 있으며(원혜욱/김찬, 123-148면; 김성돈, 297-316면 등), 판례에서도 다루어진 예가 있는 반면에 후자의 문제에 대하여는 전혀 새로운 문제제기로 생각되며 흥미롭다. 이하에서는 이 두 가지 점에 대하여 검토한다. 한편, "범칙금의 액수는 범칙행위의 종류·지역·차종에 따라 대통령령으로 정한다"는 도로교통법(이 사건 당시의 도로교통법) 제117조 제3항 후단의 규정이 포괄위임입법금지의 원칙에 위배되고 있는가도 쟁점이 될 수 있는데 이 부분이 심판요건을 갖추지 못하여 헌법재판소의 견해를 들어 볼 수 없는 것은 아쉽다.

2. 관련판례

관세법상의 통고처분의 위헌여부가 문제된 헌재 1998. 5. 28. 96헌바4(이 사건에 대한 평석으로는 김치환, 209-243면)에서 헌법재판소는 "통고처분은 상대방의 임의의 승복을 그 발효요건으로 하기 때문에 그 자체만으로는 통고이행을 강제하거나 상대방에게 아무런 권리의무를 형성하지 않으므로 행정심판이나 행정소송의 대상으로서의 처분성을 부여할 수 없고, 통고처분에 대하여 이의가 있으면 통고내용을 이행하지 않음으로써 고발되어 형사재판절차에서 통고처분의 위법 · 부당함을 얼마든지 다툴 수 있기 때문에 관세법 제38조 제3항 제2호가 법관에 의한 재판받을 권리를 침해한다든가 적법절차의 원칙에 저촉된다고 볼 수 없다"고 판시하여 관세법상의 통고처분제도의 위헌성을 부인하였다.

헌재 2003. 10. 30. 2002헌마518에서는 자동차운전자에게 좌석안전띠 착용을 강제하는 제도의 위헌여부가 주로 심리되었지만 착용의무 위반시 범칙금을 통고하는 제도 자체에 관하여도 검토가 이루어졌다. 동 결정에서는 위의 헌재 1998. 5. 28. 96헌바4의 결정내용을 인용한 후에 "교통범칙금의 통고처분은 강제집행에 의하여 실현되지 않고 범칙자는 그 처분에 따르기를 거부할 자유를 가지며, 결국 형사소송법에 의거한 정식재판을 받을 권리를 박탈당하지 아니한다. 자동차의 격증으로 인해 혼란이 격심해지고 법규위반사례가 격증하고 있는 현실에서 위반행위에 대한 제재를 오직 법관만 다룬다면 과중한 업무부담으로 인해 산적한 범칙사건의 처리가 곤란 내지 정체되어 범칙행위의 억제력도 상실되고 교통사고의 방지가 곤란해진다고 할 것"이라고 하며 통고처분제도의 위헌성을 부인하였다.

교통사고처리특례법과 관련하여 이미 범칙금을 납부한 범칙행위와 같은 일시 · 장소에서 이루어진 별개의 형사범죄행위에 대하여 범칙금의 납부로 인한 불처벌의 효력이 미치는지가 문제된 사안에서 대법원 2007. 4. 12. 선고 2006도4322 판결은 "범칙자가 경찰서장으로부터 범칙행위를 하였음을 이유로 범칙금 통고를 받고 그 범칙금을 납부한 경우 다시 벌 받지 아니하게 되는 행위는 범칙금 통고의 이유에 기재된 당해 범칙행위 자체 및 그 범칙행위와 동일성이 인정되는 범칙행위에 한정된다고 해석함이 상당하므로, 범칙행위와 같은 때, 같은 곳에서 이루어진 행위라 하더라도 범칙행위와 별개의 형사범죄행위에 대하여는 범칙금의 납부로 인한 불처벌의 효력이 미치지 아니한다"고 판시하고 있는데 통고처분과 형사범죄행위와의 관계규명을 통하여 통고처분의 법적 성질을 엿보게 하는 사례이다.

3. 판례의 검토

(1) 통고처분제도의 위헌여부

통고처분은 범칙행위자에 대하여 행정청이 범칙금이라는 금전적 제재를 통고하는 행위를 말한다. 통고처분이 주로 논의되는 것은 행정청의 통고하는 행위 그 자체에 있지 아니하다. 통고처분이 의미를 갖는 것은 그러한 통고행위에 부여되는 다양하고 묘미가 있는 효과에 있다. 이것은 통고처분의 특징이자 통고처분제도의 존재의의 내지 필요성이라고도 할 수 있다.

우선 통고처분의 첫 번째 특징은 통고받은 사항(즉 범칙금의 납부)의 이행여부가 전적으로 당사자의 임의에 맡겨져 있다는 점이다. 통고처분이 문제된 대다수의 사건에서 당사자의 '임의의 승복'이라 표현하고 있는 것이 그것이다. 이는 일반적인 행정처분인 인허가 등이 이른바 공정력을 향유하여 권한 있는 기관에 의하여 취소될 때까지는 그에 따르지 않을 수 없는 것, 즉 강제되는 것과 상이하다.

두 번째로, 통고처분을 이행하지 않으면 형사사법절차로 이행하게 된다는 점이다. 형사사법절차는 형벌을 부여하게 되는 범죄행위에 대하여 적용되는 것이므로 통고처분이 그 불이행시에 형사절차로 이행하게 된다는 것은 행정의 영역이던 것이 한 순간에 형사법의 영역으로 전환된다는 것을 의미한다(질적 변화). 이는 통고처분제도가 활용되는 영역인 범칙행위가 행정질서위반(과태료처분)으로서의 성격과 형사법상의 범죄행위로서의 성격을 모두 조금씩 대유하는 그 중간적 성격임을 시사한다. 바꾸어 말하면 과태료가 부과되는 단순한 질서위반행위보다는 중하고 형법상의 형벌이 부과되는 명백한 범죄행위보다는 경미한 법규위반행위가 범칙행위로서 규율되고 있다고 할 수 있다(김성돈, 309면 이하 참조).

세 번째로 상대방이 통고된 내용을 임의로 이행하면 형사사법절차로 이행함이 없이 행정의 영역에서 절차는 종료되며, 동일한 범칙행위에 대하여는 다시 처벌 받지 아니하는 효력이 주어지는데 여기에는 확정재판의 효력에 준하는 효력이 인정된다(대법원 1986. 2. 25. 선고 85도2664 판결, 대법원 2002. 11. 22. 선고 2001도849 판결).

행정질서벌도 아니고 그렇다고 형벌도 아닌 범칙행위에 대한 통고처분제도는 조세범, 전매범 등 국가의 재정작용과 관련된 범죄행위에 대하여 신속 · 간편한 행정절차에 의한 재정수입의 확보차원에서 도입된 제도였다. 그러나 그 후 출입국관리사범에 대하여 이 제도를 원용하였고, 1970년대에 들어와서는 사회적 비난의 강도가 낮고 빈번하게 발생할 소지가 있는 도로교통사범과 경범죄에까지 이 제도가 도입됨으로써 비범죄화와 관련된 문제로서 인식되게 되었다(김대희, 137면). 즉, 도로교통법의 경우를 보면, 교통법규

위반행위가 넘쳐나고 있는 현실에서 이들을 모두 형사처벌하는 경우에 생기는 인권침해 문제와 이로 인하여 국민 대다수가 전과자가 되는 사회적 문제를 해소하기 위한 방안으로 그 적용분야가 확대되어 온 것이다.

현행법상으로는 도로교통법, 관세법, 출입국관리법, 경범죄처벌법, 가축전염병예방법, 자동차관리법, 자동차손해배상보장법, 자전거이용활성화에 관한 법률 등에 통고처분이 규정되어 있다.

그런데 이상하게도 통고처분은 행정처분이라고 하면서도 통상의 행정처분을 행정심판이나 소송으로 다툴 수 있음에 반하여 통고처분은 이를 행정쟁송으로 다툴 수는 없다는 것이 지금까지의 판례의 일관된 태도이다(대법원 1955. 8. 14. 선고 4288행상77 판결, 대법원 1969. 6. 10. 선고 69도685 판결, 대법원 1976. 1. 27. 선고 75누40 판결, 대법원 1982. 7. 22. 선고 82마210 판결, 대법원 1995. 6. 29. 선고 95누4674 판결, 헌재 1998. 5. 28. 96헌바4 등). 그 이유는 단 하나 통고처분에 불복하면 그 이행을 임의로 거부하여 행정청에 의하여 고발되거나 즉결심판에 회부되어 법원의 판단을 구할 수 있도록 되어 있다는 점이 들어진다. 이에 대하여는 (i) 그러한 불복절차가 통고처분행위와 일체로써 마련되어 있는 통고처분에 대한 유일한 불복절차이기 때문에 그에 대하여 행정쟁송을 할 수 없다고 이해할 수도 있고, (ii) 행정쟁송에 의하여도 다툴 수 있는 것이지만 별도의 불복절차가 구비되어 있으므로 굳이 행정쟁송에 의하여 다툴 필요가 없다는 의미로 이해할 수도 있다. 판례와 통고처분에 대한 행정쟁송을 부인하는 견해들은 전자의 입장에 서 있는 것으로 보인다.

판례가 통고처분에 대하여 행정처분의 개념징표에 의거하여 그 처분성을 검토한 결과 처분의 요건을 결하여 처분이 아니라는 이유로 행정쟁송을 허용하지 아니하는 것이 아니라, 통고처분에 대하여는 고발과 형사사법절차나 즉결심판 등의 별도의 불복장치 내지 재판을 받을 수 있는 장치가 법상 마련되어 있다는 이유에서 그에 대한 행정쟁송을 허용하지 아니하는 것인데 이것이 과연 바람직한지 의문이다. 이와 같은 판례의 태도에 의하면 설령 통고처분이 처분의 개념요소를 충족하여 처분에 해당한다고 하더라도 그에 대하여는 다른 일반의 처분의 경우와 달리 행정쟁송이 불가하고 형사소송에서의 권리구제만이 가능하다고 이해하는 것이 되는데 이는 논리의 문제가 아니라 입법정책이나 제도형성상의 문제로서 통고처분에 대한 행정쟁송을 허용하지 아니하는 판례의 태도를 비난하기 어렵다(검사의 공소에 대하여 행정소송으로 그 취소를 구하는 것이 가능한지와 관련하여 대법원 2000. 3. 28. 선고 99두11264 판결은 "행정소송법 제2조 소정의 행정처분이라고 하더라도 그 처분의 근거법률에서 행정소송 이외의 다른 절차에 의하여 불복할 것을 예정하고 있는 처분은 항고소송의 대상이 될 수 없다"고 하고 있다). 이 경우에는 통고처분에 대하여 행정쟁송을 허용하지 아니하는 취지에서 마련된 별도의 불복절차가 과연 재판을 받을 권리와 같은 국민의 기본권을 침해하여 위헌 또는 위법이 되지 않는가가 검토될 필요가 있다.

종례 판례가 취하여 온 처분개념에 대한 엄격한 해석에 의하면(대법원 1996. 3. 22. 96누433 판결, 대법원 1995. 3. 14. 선고 94누9962 판결 등) 통고처분은 상대방의 임의의 승복이 가능한 행정청의 행위이므로 당해 통고처분에 의하여 항상 상대방의 법률상의 지위에 직접적인 변동이 발생한다고 보기 어렵다. 상대방이 통고처분에 따를 경우에만 그의 법률상의 지위의 변동이 발생한다고 볼 수 있기 때문이다. 행정청의 통고처분만으로는 아직 아무것도 변화되는 것은 없다고 할 수 있다. 통고처분에 따라야 할 의무가 존재하는 것도 아니므로 통고처분은 의무의 부담을 명하는 효과도 가지지 아니한다. 그렇다면 통고처분은 종래의 판례의 해석상 처분이 아닐 수도 있다. 처분이 아니므로 항고소송에서 다툴 수 없는 것은 당연한 결과가 된다. 그럼에도 불구하고 통고처분에 대하여 항고쟁송을 부정하는 판례들은 직접 이러한 논구를 하기보다 통고처분에 대한 별도의 법적 불복절차의 존재만을 언급하는 듯하다(다만, 관련판례에서 소개한 헌재 1998. 5. 28. 96헌바4 에서는 통고처분의 처분성에 관하여 검토하였고 처분이 아니라고 보았다.).

반면에 처분에 대한 다소 관대한 해석(대법원 1993. 12. 10. 선고 93누12619 판결, 대법원 1992. 1. 17. 선고 91누1714 판결 등), 즉 '국민의 권리의무에 직접 영향을 미치는 행위'인지 여부, 또는 '법적 근거도 없이 객관적으로 국민에게 불이익을 주는 행정처분과 같은 외형을 갖추고 있고 그 행위의 상대방이 이를 행정처분으로 인식할 정도'라는 기준에 의하면 통고처분은 처분으로서 항고쟁송의 대상이 되는 것도 불가능하지만은 않다고 생각된다. 그 경우에는 처분이지만 법에서 따로 불복절차를 마련하고 있으므로 행정쟁송에 의할 수 없다와 같이 설시하는 것이 보다 명쾌할 것이다.

통고처분제도는 이 사건 결정요지에서 설시하는 것처럼 그 존재의의가 충분히 있다. 그리고 이 사건 결정이유가 적절히 지적하고 있는 것처럼 통고처분을 어떻게 제도적으로 구성할 것인지는 기본적으로 입법자의 재량영역이다. 행정쟁송이 불가하다고 이해되고 있으므로 피통고인이 직접 통고처분의 위법을 재판으로 구하는 것은 안 되지만 수동적이기는 해도 행정청의 고발이나 행정청에 의한 즉결심판청구를 기다려 재판을 받을 길이 열려 있다. 그 점에서 통고처분의 위헌성을 부정하는 이 사건 결정과 그 판시이유에는 기본적으로 이의가 없다.

다만, 통고처분에 대하여 항고쟁송을 불허하는 것이 과연 상대방의 권리구제에 충실할 수 있을까는 의문으로 남는다. 행정청이 통고처분제도를 통하여 달성하려는 여러 가지 이익(통고처분제도의 장점)이 피통고인이 통고처분을 받음으로써 감내해야 하는 고충 또는 통고처분에 의하여 침해되는 이익을 능가하는 동안에는 현행 통고처분과 그에 대한 불복제도는 유지될 수 있을 것이다.

(2) 민간인에 의한 신고만에 근거한 통고처분의 위헌여부

이 사건 통고처분은 당해 처분의 근거자료가 오로지 민간인이 찍어 보낸 사진이라고 하는 점에서 흥미롭고 여타 통고처분에 관한 다툼의 경우와 차이가 있다. 이 사건 헌법소원에서 청구인이 주장한 여러 논거들은 사실 일면 타당성이 있다. 민간인의 신고만에 근거하여 이루어지는 통고처분이 공무원의 단속에 근거하여 이루어지는 통고처분의 경우와 비교하여 여러 가지 면에서 불리한 것이 사실이다. 공무원의 현장에서의 단속에 대하여는 정당한 사유가 있는 경우 자신의 특수한 사정을 호소하여 즉시에 처분을 면할 수 있는 여지가 있음에 반하여(현장성, 피의자의 의견진술권 등) 민간인의 신고만에 근거하여 추후에 이루어지는 통고처분에 대하여는 그와 같은 대응이 불가능하기 때문이다. 이 사건 결정이유에서도 그러한 청구인의 주장을 모두 수긍하고 있지만 그럼에도 불구하고 그 불이익의 정도를 가볍게 평가하고 있고 즉결심판절차나 정식재판절차에서의 심리과정에서 충분히 해소될 수 있는 것으로 이해한다.

사실 이 사건 통고처분의 근거가 된 민간인이 찍어 보낸 사진이라고 하는 것은 청구인(A)이 어느 지점에서 갓길로 통행하였다는 사실을 객관적으로 입증하는 데에는 전혀 부족함이 없을 것이다. 따라서 같은 통고처분이라고 하여도 예를 들어 관세법상의 통고처분이 담당공무원의 전문적인 판단을 개재하여야만 가능한 것과 다르다.

그러나 도로교통법상의 통고처분의 경우에도, 그 통고처분을 위하여 단속하는 경찰공무원에게는 본래의 목적에서 벗어나 직무상의 권한을 함부로 남용하여서는 아니 되는 의무가 부과되어 있다(현행 도로교통법 제166조). 그러나 단속근거를 제공한 민간인에게는 그러한 의무가 적용될 리 없다. 청구인은 이 점도 주장하였지만 이에 관하여는 심리된 내용이 없다. 나아가 청구인은 민간인이 보상금을 받기 위한 목적으로 찍은 사진만에 근거하여 이루어지는 통고처분이 경찰청예규에 근거해 있을 뿐이므로 법률상의 근거 없이 국민의 기본권을 제한하는 부분을 지적하고 있는데 이에 관하여도 결정이유는 별다른 답을 해주고 있지 않다. 이상의 점에서 결정이유는 다소 부족한 점이 있다. 이 사건 결정은 아마도 사정 여하에 관계없이 법규위반사실은 명확하고 청구인의 개별적인 참작사유는 추후의 즉결심판이나 정식재판에서 충분히 고려되어 구제될 수 있는 점을 중시하여 청구인의 주장에 별로 귀를 기울이지 않은 것으로 보인다.

생각건대 신고한 국민에게 보상금을 지급하는 것은 불이익처분을 가하는 것이 아니므로 반드시 법률에 근거해야 한다고 볼 필요는 없고, 그러한 신고내용에 기초하여 행정청이 신고내용의 적부를 판단한 후 통고처분을 발하는 것이므로 민간인이 처분을 발하는 것도 아니어서 역시 별도의 법률의 근거는 요구되지 않는다고 할 것이다.

한편 청구이유에서는 주장되지 않았지만 경찰공무원의 현장단속에 기한 통고처분의 경우에는 상대방에게 장차 통고처분이 발하여질 것이라는 예측가능성이 주어짐에 반하여 민간인이 사적으로 찍어 신고한 사진에 근거한 통고처분은 상대방이 예기치 않게 이루어지는 점도 문제일 수 있다. 통고처분이 범죄에 대한 형벌의 성격을 가지는 경우라면 몰라도 행정처분의 성질을 가진다고 하면 처분의 상대방에 대하여 행정의 예측가능성을 부여하는 것은 적법절차의 관점에서도 중요한 가치라고 생각된다.

4. 판례의 의미와 전망

이 사건 결정은 통고처분제도의 위헌여부를 정면으로 다루고 있다는 점에서 한 가지 의의를 찾을 수 있다. 위의 관련판례에서 소개한 헌재 1998. 5. 28. 96헌바4의 사건은 통고처분 그 자체의 위헌여부보다도 통고처분에 대하여 행정쟁송으로 다툴 수 없는 점의 위헌성을 주로 다루고 있는 것과 다르다. 어느 쪽이든 결론에 있어서 통고처분제도는 위헌이 되지 아니하는데 이러한 판단은 앞으로도 지속될 것이라 생각된다.

다른 한편으로 민간인의 신고만에 근거한 통고처분의 위헌여부가 다투어진 것은 이 사건이 처음이라 생각된다. 민간인이 직접 통고처분을 하는 것이 아니고 행정청이 행하는 통고처분의 근거자료를 제공하는 데 그치는 정도로는 아무런 법률이나 헌법의 위배 문제는 발생하지 않는다고 할 것이다. 법규위반자에 대한 신고는 오히려 시민의 정당한 의무이다. 보상금을 노린 민간인의 신고가 남발되어 사회문제화되는 것은 통고처분제도와는 별개의 문제일 것이다.

〈참고문헌〉

김대희, "교통법규 위반과 통고처분제도", 국회보 제379호, 국회사무처, 1998. 5.

김성돈, "도로교통법상의 범칙금과 명칭사기," 비교형사법연구 창간호, 한국비교형사법학회, 1999. 9.

김치환, "통고처분에 대한 행정쟁송," 윤명선 · 임정평 교수 정년 퇴임기념 고황법학 제5권, 고황법학교수회, 2006.

원혜욱/김찬, "교통범죄의 비범죄화와 그 방안으로서의 통고처분제도," 형사정책연구 제13권 제1호(통권 제49호), 한국형사정책연구실, 2002. 3.

52. 공정거래법상 과징금 제도의 합헌성

—대법원 2004. 3. 12. 선고 2001두7220 판결—

정 호 경*

Ⅰ. 판례개요

1. 사실관계

원고는 같은 대규모 기업집단 A에 소속되었다가 계열분리된 회사 소외 C[1]의 기업어음을 금융회사 소외 B를 통하여 우회적인 방법으로 정상할인율 수준보다 현저히 낮은 할인율로 인수하여 소외 C에게 과다한 경제적 이익을 제공함으로써 소외 C가 속한 관련시장에서의 공정한 거래를 저해하거나 저해할 우려가 있는 부당한 지원행위를 하였다는 이유로, 피고 공정거래위원회로부터 독점규제 및 공정거래에 관한 법률(1999. 12. 28. 법률 제6043호로 개정되기 전의 것 이하 "공정거래법"이라 한다) 제24조, 제24조의2에 의거 금 98,000,000원의 과징금 부과처분을 받고 이에 불복하여 취소소송을 제기하였다.[2]

2. 소송경과

원고는 원심인 서울 고등법원에 피고의 과징금 부과처분 등에 관하여 취소소송을 제기하였으나 기각되었고(서울고등법원 2001. 7. 24. 선고 2000누11064 판결), 이에 위 과징금 부과처분의 근거조항인 공정거래법 제24조의2가 헌법에 위반된다는 주장을 추가하여 대법원에 상고하였다.

---

* 한양대학교 법학전문대학원 교수.

1) 공정거래위원회의 심결례에 의하면 이와 같은 소외 회사 C를 "친족독립경영회사"라 하는데, 이러한 친족독립경영회사가 부당지원행위 금지규정의 대상인 '특수관계인'에 해당하는지 여부가 이 사건의 공정거래법상 쟁점중의 하나이다.

2) 공정거래위원회는 과징금 납부명령외에 시정명령 및 법위반사실 공표명령을 하였다. 그러나 시정명령 및 법위반사실 공표명령은 본 평석의 쟁점이 아니므로 사실관계의 정리에서 생략한다.

3. 판결요지

[대법원 판결의 요지]

부당지원행위에 대한 과징금은 부당지원행위 억지라는 행정목적을 실현하기 위한 행정상 제재금으로서의 기본적 성격에 부당이득환수적 요소도 부가되어 있는 것으로서, 이중처벌금지원칙에 위반된다거나 무죄추정의 원칙에 위반된다고 할 수 없고, 구 공정거래법 제24조의2가 지원주체에 대하여 과징금을 부과하도록 정한 것은 입법자의 정책판단에 기한 것이고, 반드시 지원객체에 대하여 과징금을 부과하는 것만이 입법목적 달성을 위한 적절한 수단이 된다고 할 수 없으며, 과징금액의 산정에 있어서 지원주체의 매출액에 대한 일정한 비율의 한도 내에서 과징금을 부과하도록 하고 있으나, 공정거래위원회로서는 같은 법 제55조의3 제1항에 정한 각 사유를 참작하여 개별 부당지원행위의 불법의 정도에 비례하는 상당한 금액의 범위 내에서만 과징금을 부과할 의무가 있다는 점 등을 고려하면, 비례원칙에 위배된다고도 할 수 없다.

Ⅱ. 평　　석

1. 쟁점정리[3)]

공정거래법 제24조의2에서 규정하는 부당지원행위에 대한 과징금이 헌법상 이중처벌금지원칙, 무죄추정의 원칙 및 비례원칙에 위반되는지 여부가 이 사건의 쟁점이다.

2. 관련판례

한편 이 사건이 선고되기 전에 헌법재판소는 다른 관련 사건에서 대상판결의 적용 법규인 공정거래법상 부당지원행위에 대한 과징금 제도가 헌법에 위반되는지 여부에 관하여 아래와 같이 판시하였다(헌재 2003. 7. 24. 선고 2001헌가25 결정).

[헌법재판소 결정의 요지]

1. 구 독점규제 및 공정거래에 관한 법률 제24조의2에 의한 부당내부거래에 대한 과징금은 그 취지와 기능, 부과의 주체와 절차 등을 종합할 때 부당내부거래 억지라는 행정목적을 실현하기 위하여 그 위반행위에 대하여 제재를 가하는 행정상의 제재금으로서의 기본적 성격에 부당이득환수적 요소도 부가되어 있는 것이라 할 것이고, 이를 두고

3) 소송경과에서 보듯이 이 사건에서는 부당지원행위에 대한 과징금 제도의 합헌성 문제 외에도 공정거래법상의 구체적 법률문제가 다수 쟁점으로 되어 있으나, 이 글의 목적은 과징금 제도의 합헌성을 논하는 것이므로 구체적인 공정거래법상의 쟁점들에 대하여는 논하지 아니한다.

헌법 제13조 제1항에서 금지하는 국가형벌권 행사로서의 '처벌'에 해당한다고는 할 수 없으므로, 공정거래법에서 형사처벌과 아울러 과징금의 병과를 예정하고 있더라도 이중처벌금지원칙에 위반된다고 볼 수 없으며, 이 과징금 부과처분에 대하여 공정력과 집행력을 인정한다고 하여 이를 확정판결 전의 형벌집행과 같은 것으로 보아 무죄추정의 원칙에 위반된다고도 할 수 없다.

2. 위 과징금은 부당내부거래의 억지에 그 주된 초점을 두고 있는 것이므로 반드시 부당지원을 받은 사업자에 대하여 과징금을 부과하는 것만이 입법목적 달성을 위한 적절한 수단이 된다고 할 수 없고, 부당지원을 한 사업자의 매출액을 기준으로 하여 그 2% 범위 내에서 과징금을 책정토록 한 것은, 부당내부거래에 있어 적극적 · 주도적 역할을 하는 자본력이 강한 대기업에 대하여도 충분한 제재 및 억지의 효과를 발휘하도록 하기 위한 것인데, … 그렇다면 부당내부거래의 실효성 있는 규제를 위하여 형사처벌의 가능성과 병존하여 과징금 규정을 둔 것 자체나, 지원기업의 매출액을 과징금의 상한기준으로 삼은 것을 두고 비례성원칙에 반하여 과잉제재를 하는 것이라 할 수 없다.

3. 과징금의 부과 여부 및 그 액수의 결정권자인 위원회는 합의제 행정기관으로서 그 구성에 있어 일정한 정도의 독립성이 보장되어 있고, 과징금 부과절차에서는 통지, 의견진술의 기회 부여 등을 통하여 당사자의 절차적 참여권을 인정하고 있으며, 행정소송을 통한 사법적 사후심사가 보장되어 있으므로, 이러한 점들을 종합적으로 고려할 때 과징금 부과 절차에 있어 적법절차원칙에 위반되거나 사법권을 법원에 둔 권력분립의 원칙에 위반된다고 볼 수 없다.[4]

3. 대상판결의 검토

대상판결에서의 쟁점은 공정거래법상 부당지원행위에 대한 과징금이 헌법에 위반되는지 여부이다. 개별적인 과징금 제도가 헌법에 위반되는지 여부를 판단하기 위해서는 먼저 과징금 제도 일반이 헌법적으로 어떠한 문제를 가지고 있는지 여부를 검토할 필요가 있다. 이하에서는 먼저 과징금 제도 일반의 헌법적 문제에 관해 고찰하고, 이어서 대상판결에서 문제된 부당지원행위에 대한 과징금제도가 헌법에 위반되는지 여부를 살펴본다.

(1) 과징금의 의의와 유형

과징금이란 행정법상의 의무를 위반한 자로부터 일정한 금전적 이익을 박탈함으로써 의무이행을 확보하려는 제재수단이다.[5] 원래 과징금제도는 행정법상의 의무를 위반

4) 한편 위 결정에는 공정거래법상 부당지원행위에 대한 과징금이 자기책임 원리 및 적법절차 원칙에 위배된다는 재판관 4인의 반대의견과 그에 더하여 이중처벌금지원칙 및 무죄추정원칙에도 위반된다는 재판관 1인의 반대의견이 있다.

5) 김철용, 행정법 Ⅰ, 박영사, 2008, 454면. 과징금은 실정법상으로 여러 법률에 다양한 유형과 요건

함으로써 그 위반자에게 경제적 이익이 발생하게 되는 경우에 그 이익을 박탈하기 위하여 그 이익액에 따라 과하여지는 일종의 금전적 제재금이었으나(본래적 과징금),[6] 국민의 일상생활이 특정사업에 크게 의존하고 있기 때문에 사업자가 의무를 위반한 때에도 사업의 취소 · 정지 등을 행하는 것이 곤란한 경우에 취소 · 정지에 갈음하여 제재를 가하는 수단으로도 이용되고(변형 과징금), 최근에는 의무위반이 있으면 경제적 이득을 취득하였을 것이라는 추정 아래 그 추정적 이득금액을 과징금으로 부과하는 제도도 증가하고 있는 추세이다.

과징금의 유형은 위에서 본 바와 같이 크게 행정법규 위반으로 취득한 불법적인 이득을 환수하는 의미의 본래적 과징금과 공공성이 강한 사업의 인 · 허가 취소 · 정지에 갈음하여 부과하는 변형 과징금으로 2분하는 견해가 일반적이나, 그 외에 이러한 유형에 더하여 그 제도적 성격이 과징금과 유사한 '부과금' 등의 제도를 과징금에 포함시켜 3분하는 견해도 있고, 나아가 실정법상의 다양한 유형의 과징금을 다원적 기준에 따라 분류하는 견해도 있다.

(2) 과징금의 법적 성격과 헌법적 문제점들

과징금의 법적 성격에 관해서는 부당이득환수설, 행정제재(制裁)설, 양자의 성격을 모두 지닌다는 겸유(兼有)설 등이 있다. 과징금의 법적 성격을 논하는 이유는 그 법적 성격을 어떻게 규명하는가에 따라 과징금에 대한 법적 판단에 차이를 가져올 수 있기 때문이다. 가령 어떤 과징금이 부당한 경제적 이익의 환수라는 성격은 없고 오로지 행정제재적(制裁的) 성격만을 가질 경우, 당해 과징금과 더불어 행정형벌이 함께 규정되어 있다면 당해 과징금이 헌법상의 이중처벌금지원칙이나 과잉금지원칙에 저촉될 우려가 있다. 또한 구체적인 과징금 부과액수와 관련하여 부당이득환수적 성격의 과징금의 경우에는 그 부당이득의 환수라는 성격상 부과할 수 있는 과징금의 액수는 법위반행위로 실제로 취득한 부당이득이 기준이 되어야 할 것이므로, 제재적 성격의 과징금에 비해 행정청의 과징금 부과액수에 대한 재량이 인정될 여지가 줄어들 것이기 때문이다.

(가) 이중처벌금지 및 무죄추정원칙 위배 여부

헌법 제13조 제1항은 "모든 국민은 … 동일한 범죄에 대하여 거듭 처벌받지 아니한다"고 규정하여 이중처벌금지를 명문으로 선언하고 있다. 이 조항에서 규정하는 '처벌'의

으로 규정되어 있어서 엄밀한 의미에서 과징금의 개념에 대한 통일적인 정의는 아직 없다고 할 수 있다. 실정법에 도입된 다양한 유형의 과징금과 그 운용실태에 관해서는 박영도 · 김호정, 『과징금제도의 운용실태 및 개선방안』, 한국법제연구원, 2002 참조.

6) 1980년 "독점규제 및 공정거래에 관한 법률"에 의해 과징금제도가 도입되었는데, 동법은 경제기획원장관의 가격인하명령에 불응한 시장지배적 사업자에게 그 가격인상의 차액에 해당하는 금액을 국고에 납부하도록 명하는 제도를 규정하였다.

의미가 무엇인지에 따라 행정법규 위반행위에 대해 행정형벌과 행정질서벌, 나아가 과징금도 이와 함께 병과될 수 있는지 여부가 결정된다.

헌법재판소는 동 조항에서 금지하는 이중처벌은 거듭된 국가의 형벌권의 행사를 금지하는 것일 뿐, 형벌권 행사에 덧붙여 일체의 제재나 불이익의 금지를 의미하는 것은 아니라고 판시하면서, '제재를 통한 억지'는 행정규제의 본원적 기능이라 볼 수 있는 것이고, 따라서 어떤 행정제재의 기능이 오로지 제재(및 이에 결부된 억지)에 있다고 하여 이를 헌법 제13조 제1항에서 말하는 '처벌'에 해당한다고 할 수 없다고 판시하였다.[7] 나아가 공정거래법상 부당지원행위에 대한 과징금을 행정상의 제재금으로서의 기본적 성격에 부당이득환수적 요소도 부가되어 있는 것으로 보면서도, 이는 헌법 제13조 제1항에서 금지하는 '처벌'에 해당하지 아니하고, 따라서 공정거래법에서 형사처벌과 아울러 과징금의 병과를 예정하고 있더라도 이중처벌금지원칙에 위반된다고 볼 수 없으며, 이 과징금 부과처분에 대하여 공정력과 집행력을 인정한다고 하여 이를 확정판결 전의 형벌집행과 같은 것으로 보아 무죄추정의 원칙에 위반된다고도 할 수 없다고 판시하였다.[8] 대법원도 행정법상의 질서벌인 과태료와 형사처벌은 그 성질이나 목적을 달리하는 별개의 것이므로 행정법상의 질서벌인 과태료를 납부한 후에 형사처벌을 한다고 하여 이를 일사부재리의 원칙에 반하는 것이라고 할 수는 없다고 보고 있다.[9]

이에 반하여 '벌(罰)'의 의미를 넓게 '의무불이행에 대해 부과하는 불이익 내지 제재'로 이해하고, 협의의 행정벌인 행정형벌과 행정질서벌외에 의무위반에 대한 제재로서의 수익적 행정행위의 취소·효력제한과 새로운 의무이행확보수단인 과징금, 위반사실의 공표, 공급거부, 허가사업의 제한 등을 '광의의 행정벌'로 파악하여, 이러한 광의의 행정벌도 본질적으로 벌이므로 헌법 제12조 제1항에서 말하는 적법절차원리에 따라 협의의 행정벌에 관해 확립된 법치주의적 안전장치들이 적용되어야 한다는 견해가 있다.[10] 이에

---

7) 그리하여 부당 또는 불법의 이득을 환수 내지 박탈한다는 측면과 위반행위자에 대한 제재로서의 측면을 함께 가지고 있다고 본 부동산실권리자명의등기에 관한 법률상의 과징금을 형사처벌과 동시에 병과하는 것이 이중처벌에 해당하는지가 문제된 사건에서, 이는 이중처벌금지원칙의 문제라기보다 과잉금지원칙의 문제로 그 위헌여부를 판단하여야 한다고 판시하였다(헌재 2001. 5. 31. 선고 99헌가18 결정 등).

8) 헌재 2003. 7. 24. 선고 2001헌가25 결정. 무죄추정원칙은 행정처분으로서의 과징금 부과처분에 인정되는 공정력 및 집행력과 관련하여 문제되는데, 헌법재판소는 "과징금은 형사처벌이 아닌 행정상의 제재이고, 행정소송에 관한 판결이 확정되기 전에 행정청의 처분에 대하여 공정력과 집행력을 인정하는 것은 이 사건 과징금에 국한되는 것이 아니라 우리 행정법체계에서 일반적으로 채택되고 있는 것이므로, 과징금 부과처분에 대하여 공정력과 집행력을 인정한다고 하여 이를 확정판결 전의 형벌집행과 같은 것으로 보아 무죄추정의 원칙에 위반된다고 할 수 없다"고 판시하였다.

9) 대법원 1996. 4. 12. 선고 96도158 판결.

10) 박정훈, "협의의 행정벌과 광의의 행정벌", 행정법의 체계와 방법론, 박영사, 2005, 323면 이하. 여기서 법치주의적 안전장치라 함은 대표적으로는 형벌의 부과에서 준수되는 고의, 위법성, 책임 등에

따르면 공정거래법상 과징금이 어떠한 추상적인 경제적 이득의 가능성도 상정할 수 없음에도 부과되는 경우에는 경제적 이득의 환수라는 요소는 전혀 없고 단지 의무위반에 대한 처벌의 요소만 존재하므로 처벌에 있어서 법치주의적 안전장치의 확보라 할 적법절차원리 및 (형벌과 병과되는 경우에는) 이중처벌금지 원칙에 위반되는 것으로 위헌적 제도라고 본다.[11] 위 관련판례에서 제시된 헌법재판소의 반대의견도 순수한 제재적 성격의 과징금은 응보와 억지의 목적만을 가진 실질적 형사제재이므로 행정형벌과 병과하는 것은 이중처벌금지에 위반되며 공정력과 집행력을 고려할 때 무죄추정원칙에도 반한다고 판단하였다.[12]

(나) 적법절차원칙 및 권력분립원칙 위배 여부

헌법재판소는 헌법 제12조 제1항의 적법절차원칙은 형사소송절차에 국한되지 아니하고 모든 국가작용 전반에 대하여 적용되지만, 이 원칙이 구체적으로 어떠한 절차를 어느 정도로 요구하는지는 일률적으로 말하기 어렵고, 규율되는 사항의 성질, 관련 당사자의 사익(私益), 절차의 이행으로 제고될 가치, 국가작용의 효율성, 절차에 소요되는 비용, 불복의 기회 등 다양한 요소들을 형량하여 개별적으로 판단해야 한다고 판시하면서, 공정거래법상 과징금 부과 주체인 공정거래위원회와 그 절차에 관하여 공정거래위원회의 구성에 일정한 정도의 독립성이 보장되고, 과징금 부과절차에서도 통지, 의견진술 기회 부여 등 당사자의 절차적 참여권을 인정하며, 사후적인 사법심사가 보장되어 있으므로 적벌절차원칙에 위배되지 않는다고 판시하였다.[13]

과징금 부과에서의 적벌절차원칙 및 권력분립원칙 준수여부는 일차적으로는 과징금이 헌법 제13조 제1항의 '처벌'에 해당하는지 여부와 관련된다. '처벌'에 해당할 경우에는 기본적으로 형벌에 준하는 법치주의적 안전장치들이 과징금 부과절차에도 적용되어야 할 것이다. 오로지 제재적 성격만을 가진 과징금의 경우에는 그 실질에 비추어 원칙적으로 소송절차를 거쳐 중립적이고 독립적 기관인 법원에 의해 부과되어야 할 것이지만, 그러나 행정법규위반에 대한 행정의 실효성 확보수단의 하나라는 관점에서 반드시 형사소송절차에 의해야만 적벌절차를 준수하는 것은 아니라고 할 것이다. 적벌절차의 보장이라

관한 형법의 제 규정들과 과벌절차에서 보장되는 형사소송법상의 권리들을 의미하며, 나아가 행정청에 의한 부과를 긍정하더라도 부과여부 결정기관의 독립성과 공정성 및 과징금의 처벌적 성격에 비추어 형벌의 과벌절차에 준하는 절차적 보장을 의미한다.

11) 박정훈, 위의 글, 372-373면.

12) 헌재 2003. 7. 24. 선고 2001헌가25 결정에서 김영일 재판관의 반대의견.

13) 헌재 2003. 7. 24. 선고 2001헌가25 결정. 이에 반하여 위 결정에서 재판관 4인의 반대의견은 과징금 부과여부의 결정주체로서의 공정거래위원회는 조사기관과 심판기관이 분리되어 있지 아니하고, 전문성과 독립성이 미흡하며, 증거조사와 변론 절차가 준사법절차의 기준에 미달하므로, 공정거래위원회의 과징금부과절차는 판단주체의 전문성, 독립성, 중립성에 대한 보장과 실체적 진실발견절차에 대한 보장이 모두 크게 미흡하여 적법절차의 원칙에 위배된다고 판시하였다.

는 관점에서 현행법상 과징금은 공익성이 강한 사업에 관한 변형과징금과 순수하게 부당이득환수적 성격을 가진 과징금을 제외하고는 모두 행정질서벌로 변경하여야 한다는 견해가 있다.[14)]

(다) 입법 및 행정의 재량권 문제

과징금이 부당이득환수적 성격만을 갖는 것이라면 과징금 부과대상은 법위반행위로 경제적 이득을 얻은 자가 될 것이며, 부과액수는 부당이득액과 같은 액수가 될 것이므로, 과징금 부과액이나 과징금 부과여부에 관한 입법이나 행정의 재량은 매우 제한될 것이다. 반면에 제재적 성격의 과징금은 그 부과대상이 반드시 부당하게 경제적 이득을 취한 자에게 국한되지 아니하고 제재의 효과를 가장 잘 발현할 수 있는 자가 될 수 있고, 부과액수 또한 반드시 부당이득액과 균형을 이룰 것이 요구되는 것은 아니므로 과징금 부과 대상이나 부과여부에 관하여 결정권자는 재량을 가지게 될 것이다. 과징금이 부당이득환수적 성격과 제재적 성격을 겸유하는 경우에는 과징금산정에서 참작하여야 할 사정은 부당이득환수적 성격이 주가 되는 경우에는 부당이득의 액수일 것이고, 제재적 성격이 주가 되는 경우에는 법위반행위 자체의 위법성이 될 것이므로 과징금부과에 있어 재량권 남용여부를 판단함에 있어서 이러한 점이 고려될 것이다.[15)]

(3) 검 토

(가) 과징금의 법적 성격과 헌법적 심사기준

과징금의 법적 성격의 차이가 헌법적 심사기준의 차이를 가져오는가? 위에서 본 바와 같이 헌법재판소는 과징금의 법적 성격을 불문하고 (제재적 성격의 과징금이라 하더라도) 과징금은 비형벌적 제재이므로 이중처벌금지 원칙은 심사기준이 되지 않지만, 제재의 총합이 비례원칙을 준수하여야 한다고 설시하였다. 다만 입법자는 필요한 경우 여러 제재수단간의 선택가능성을 열어놓되 그 병과를 금지함으로써 부당한 과잉제재로부터 국민을 보호할 수 있는 법적 장치를 마련할 수도 있음을 언급하고 있다. 동일한 취지에서 대상판결도 부당지원행위에 대한 과징금은 비형벌적 제재이므로 이중처벌금지나 무죄추정원칙에 저촉되지 아니한다고 판시한 후, 비례원칙에 입각하여 그 위헌 · 위법성을 판단하였다.

그러나 이에 대해서는 공공성이 전혀 없는 영업에 대해 영업정지에 갈음하여 부과

---

14) 박정훈, 앞의 글, 373면. 이에 의하면 금전적 제재는 일단 행정청에 의해 부과되고 일정기간 당사자의 이의가 없으면 확정되고 행정상 강제징수절차가 개시될 수 있지만, 당사자의 이의제기가 있으면 부과처분이 실효되어 비송사건절차법에 의한 재판절차로 이행하게 될 것이다.

15) 박해식, "공정거래법상 부당지원행위를 한 자에게 부과하는 과징금의 법적 성격", 경쟁법 연구, 2002, 한국경쟁법학회, 246-247면. 이 글에서는 과징금 부과여부와 부과액수에 대해서 행정청의 재량을 논하고 있지만, 부과대상에 있어서도 같은 논의를 할 수 있을 것이다.

하는 변형과징금은 결국 벌금 · 과태료가 과징금으로 둔갑한 것이므로 위헌이라거나,[16] 행정제재라 하더라도 그것이 제재적 성격만을 가지며 형벌과 병과할 필요성이 크지 않을 경우에는 이중처벌에 해당한다는 견해가 유력하다.[17]

제재적 성격의 과징금이 갖는 실질적 의미에서의 '벌'로서의 성격, 과징금이 국민에게 미치는 효과가 벌금이나 과태료와 거의 동일한 점을 생각할 때, 헌법 제13조 제1항의 '처벌'을 오로지 형벌제재에 국한시키는 것은 지나친 형식논리가 아닌가 생각된다. 우리 과징금 제도의 원형이라 할 수 있는 미국의 민사금전벌(civil penalty) 제도 또한 금전벌의 부과여부에 대한 최종 결정권자는 법원이라는 점을 고려할 때, 제재의 목적으로 부과되는 과징금에 대해서는 형벌에 준하는 수준의 법치주의적 보호장치가 마련되어야 한다. 따라서 헌법 제13조 제1항의 이중처벌금지 및 무죄추정원칙 등은 비례원칙과 더불어 마땅히 제재적 성격의 과징금에 대한 헌법적 심사기준이 되어야 할 것이다.

이러한 견해에 의할 때 부당이득환수적 성격의 과징금은 비례원칙에 의한 심사를 받는 데 반하여, 제재적 성격의 과징금은 비례원칙외에 이중처벌금지, 무죄추정원칙 및 강화된 적법절차원칙과 같은 헌법원칙들이 함께 심사기준이 되므로 과징금의 법적 성격에 대한 규명이 상대적으로 심사기준의 판단에 중요한 역할을 하게 된다. 그러나 과징금에 대한 법적 성격의 규명이 중요하다고 해서 이것이 부당이득환수적 성격과 제재적 성격의 엄격한 2분론적 구분이 필요함을 의미하는 것은 아니다.[18] 왜냐하면 이 견해의 핵심은 과징금에 대한 2분론적 구분을 전제하는 것이 아니라, 개별 과징금이 제재적 성격만을 가지거나 제재적 성격이 주를 이루는 경우에는 그러한 제재적 성격에 비례하는 법

16) 박정훈, 앞의 글, 361면, 371면. 법규위반에 대한 제재로서의 허가취소나 정지는 행정벌과 아울러 전형적인 제재수단으로서 비교법적으로 볼 때 법원의 판결에 의해 행정벌에 대한 부가형에 의하도록 하는 경우가 많고, 영업정지처분 자체가 오직 '처벌'로서의 성격만을 갖고 있어 위헌의 소지가 있는데, 벌금 · 과태료와 내용적으로 동일한 과징금으로 대체하여 행정처분의 형식으로 부과하는 것은 더욱 위헌의 소지가 있으며, 따라서 공공성이 전혀 없는 영업에 대해 영업정지에 갈음하여 부과하는 변형과징금은 결국 벌금 · 과태료가 과징금으로 둔갑한 것으로 위헌이라고 한다.

17) 박해식, 앞의 글, 254면. 헌재 2003. 7. 24. 선고 2001헌가25 결정에서 김영일 재판관의 반대의견도 대체로 이와 같다.

18) 법경제학적인 관점에서 위반행위에 대한 억제효과라는 과징금의 적절한 기능확보를 중시하는 견해가 있는데, 이는 기본적으로 과징금의 법적 성격 규명에 내재하는 이러한 어려움을 극복하려는 시도로 생각된다. 이 견해는 과징금의 주된 목적을 사업자가 경제적 이익을 추구하는 과정에서 초래된 위반행위를 대상으로 이를 억제하는 것으로 보고, 그러한 억제의 목적을 달성하기 위한 방법으로서 어느 정도는 경제적 이익을 환수하는 방법에 의하고 어느 정도는 위반행위자를 단순히 제재하는 방법에 의할 것인가 하는 것은 한계적 억제(marginal detrrrence)의 관점에서 정책선택의 조합 문제로 본다. 즉 어떠한 정책조합이 억제의 목적 달성에 보다 비례적이고 실효성 있는 방법인가의 관점에서 보는 것이다. 홍대식, "공정거래법상 과징금 제도의 현황과 개선방안", 행정법연구 2007. 08, 행정법이론실무학회, 135면 이하. 다만 이 견해도 규범적인 관점에서 과징금의 비형사적 성격을 전제하고 있는데, 제재적 성격의 과징금의 실질과 그에 비례하는 법치주의적 보호장치의 확보라는 관점은 충분히 고려되지 않은 것으로 생각된다.

치주의적 보호장치를 마련해야 하고, 그에 걸맞는 부과 요건과 절차가 구비되어야 한다는 것이기 때문이다. 이러한 수준의 구분은 대법원과 헌법재판소 모두 기본적으로 과징금의 위헌 · 위법성을 본격적으로 판단하기 전에 당해 과징금이 어떠한 법적 성격을 가진 것인지에 관해 먼저 판단 · 설시해 왔다는 점에서 전혀 새로운 것은 아니다. 문제는 그 구별기준을 어떻게 더 구체화하고 적절하게 수립할 것인가에 있는데, 이는 장차 판례의 발전과 유형화를 통해 극복할 수 있으리라 생각한다.

(나) 이 사건 과징금의 위헌 여부에 관한 판단

대상판결은 이 사건 과징금이 "부당지원행위 억지라는 행정목적을 실현하기 위한 행정상 제재금으로서의 기본적 성격에 부당이득환수적 요소도 부가되어 있는 것으로서, 이중처벌금지원칙에 위반된다거나 무죄추정의 원칙에 위반된다고 할 수 없"으며, "과징금액의 산정에 있어서 지원주체의 매출액에 대한 일정한 비율의 한도 내에서 과징금을 부과하도록 하고 있으나, 피고로서는 법 제55조의3 제1항에 정한 각 사유를 참작하여 개별 부당지원행위의 불법의 정도에 비례하는 상당한 금액의 범위 내에서만 과징금을 부과할 의무가 있다는 점 등을 고려하면, 비례원칙에 위배된다고도 할 수 없다"고 판시하고 있다.

그러나 이 사건 과징금의 경우 부당지원행위를 한 사업자에 대하여 과징금을 부과하고 있는데, 기본적으로 부당지원행위로 인해 경제적 이득을 취득하게 되는 것은 부당지원행위자가 아니라 부당지원을 받은 사업자이고, 부당지원행위를 한 사업자가 일정 정도의 경제적 이득을 얻는다고 하더라도 그 경제적 이득은 불명확하고 불확정적인 것일 뿐만 아니라, 과징금의 부과기준 또한 위반행위로 취득한 이득이 아닌 부당지원행위자의 매출액의 일정 비율로 규정하고 있는 점에 비추어, 이 사건 과징금은 오로지 제재적 성격이거나 제재적 성격이 주를 이루는 과징금으로 볼 수 있다. 그렇다면 이 사건 과징금에 대해서는 비례원칙에 대한 구체적 판단에 나아가기 전에 이중처벌금지원칙이나 무죄추정원칙, 그밖에 당해 과징금의 제재적 성격에 부합하는 적법절차에 대한 검토가 이루어져야 하고,[19] 위에서 검토한 바와 같은 위헌의 소지가 있으므로, 합헌적 부과 요건과 절차를 수립하는 방향으로 과징금 부과 제도가 정비되어야 할 것으로 본다.

4. 판례의 의미와 전망

이 사건 판례는 공정거래법상 부당지원행위에 대한 과징금제도가 비례원칙에 위반

---

19) 헌재 2003. 7. 24. 선고 2001헌가25 결정에서 재판관 4인의 반대의견은 이 사건 과징금의 부과대상 및 부과기준에 관한 위와 같은 요소를 들면서 헌법상의 책임원칙에 반한다고 지적하였고, 대상판결에서는 이러한 점들을 비례원칙의 판단요소로 고려하고 있다.

되지 않음을 확인한 판례이다. 그러므로 이 사건 판례가 과징금 일반에 대한 합헌·합법을 선언한 판례로 확대해석되어서는 안 될 것이다. 공정거래법에만도 성격이 다른 다양한 과징금제도가 규정되어 있고, 그 외에도 영업법, 환경법을 비롯한 각종의 법률에 다양한 유형의 과징금 제도가 마련되어 있으며, 과징금을 규정하는 입법이 점점 증가하고 있는 추세이다. 이러한 과징금 중에는 행정의 실효성 확보수단을 위한 입법체계에 부합하지 않는 과징금이 다수 있다는 지적도 존재할 뿐만 아니라,[20] 과징금 제도가 자칫 국민의 기본권보장을 위해 마련된 절차적 보장 장치들을 회피하는 행정편의주의적인 수단으로 오용될 우려도 있다. 특히 이 사건 과징금은 그 부과대상 및 부과기준에 비추어 기본적으로 제재적 성격의 과징금이라는 점에 대하여 헌법재판소와 대법원의 판례가 일치하므로, 국민의 기본권 보호를 위한 법치주의적 보호장치의 확보라는 관점에서 장래 대법원과 헌법재판소의 신중한 검토를 기대한다.

〈참고문헌〉

김철용, 『행정법 Ⅰ』, 박영사, 2008.

박영도·김호정, 『과징금제도의 운용실태 및 개선방안』, 한국법제연구원, 2002.

박윤흔, "과징금 제도가 분별없이 도입되고 있다.", 고시계 2006. 6.

박정훈, "협의의 행정벌과 광의의 행정벌", 『행정법의 체계와 방법론』, 박영사, 2005.

박해식, "공정거래법상 부당지원행위를 한 자에게 부과하는 과징금의 법적 성격", 경쟁법 연구 2002, 한국경쟁법학회.

홍대식, "공정거래법상 과징금 제도의 현황과 개선방안", 행정법연구 2007. 08, 행정법이론실무학회.

20) 박윤흔, "과징금 제도가 분별없이 도입되고 있다.", 고시계 2006. 6, 12-13면.

제 2 편

행정 구제법

53. 공무원 개인의 배상책임

— 대법원 1996. 2. 15. 선고 95다38677 전원합의체판결 —

김 동 희*

Ⅰ. 사실의 개요

공군 방포사 제277대대 소속 운전병으로 근무하던 피고가 1991. 7. 29. 그 지휘관 중령 홍종권의 지휘 아래 공군 제38연대의 견학을 가기 위하여 군용 버스에 소속 군인들을 태우고 그날 11시경 충남 서천군 마서면 송내리 소재 국도상 철길 건널목 부근 1차선을 시속 50km의 속도로 진행하고 있었는데, 그곳 전방에는 철길건널목이 있어서 이런 경우 피고는 버스의 속력을 줄이고 전방을 잘 살펴 진로의 안전함을 확인하고 진행하여 사고를 미리 방지하여야 할 주의의무가 있음에도 이를 게을리 한 채 그대로 진행하던 중, 철길건널목 일단정지선 부근에서 정지하여 신호대기 중이던 위 홍정권이 탄 군용지프차를 약 6m 전방에서 뒤늦게 발견하고 급히 제동하려 하였으나 미치지 못하여 이 지프차의 뒤를 들이받아 이 지프차는 그 충격으로 앞에서 서행하던 봉고트럭을 들이받고 다시 그 곳을 운행 중이던 열차와 충돌하여 이 차에 타고 있던 홍종권이 즉사하였다. 이에 망인의 처와 아들들이 위 운전병을 상대로 손해배상청구소송을 제기하였다.

이 사건에서 제1심(서울지방방법원 북부지원 1995. 5. 12. 선고 94가13163 판결)과 원심(서울고등법원 1995. 7. 28. 선고 95나21817 판결)은 공무원의 직무상 불법행위로 인하여 손해를 받은 사람은 국가 또는 공공단체를 상대로 하여 손해배상을 청구할 수 있을 뿐 공무원 개인이 피고에 대하여 직접 손해배상을 청구할 수 없다는 이유로 원고들의 청구들의 청구를 기각하였으나, 원고들의 상고에 대하여 대법원은 전원합의체 판결에서 원심을 파기하고 그와 저촉되는 이전의 두 개의 판결을 모두 변경하는 내용의 판결을 하였다(대법원 1972. 10. 10. 선고 69다701 판결, 대법원 1994. 4. 12. 선고 93다11807 판결).

---

* 서울대학교 명예교수.

Ⅱ. 예비적 검토

이 사건은 국가배상법 제2조의 적용에 있어 공무원 개인도 피해자에 대하여 배상책임을 지는가의 문제에 관한 것이다. 따라서 대상 판결의 구체적 검토에 앞서 이 문제에 관한 학설과 판례를 먼저 간단히 살펴보기로 한다.

1. 학 설

학설상으로는 이 문제는 국가배상책임의 성질과 관련하여 검토되고 있는바, 이에 관한 학설로서는 대위책임설, 자기책임설 및 중간설이 주창되고 있다.

(1) 대위책임설

이 설은 국가배상법 제2조상의 배상책임은 국가 자신의 책임이 아니고 원래 공무원의 책임을 국가가 대신하여 지는 대위책임이라고 본다.

이 설에서는 원래 피해자에 대한 공무원의 책임을 국가가 대신하여 지는 것이므로, 피해자는 공무원 개인에 대하여는 배상을 청구할 수 없다고 본다.

(2) 자기책임설

이 설은 국가배상법 제2조상의 국가의 배상책임은 공무원의 책임을 국가가 대신하여 지는 것이 아니라 기관(공무원)의 행위라는 형식을 통하여 국가가 직접 지는 자기책임으로서, 민법상의 불법행위책임에 해당한다고 본다. 국가의 배상책임을 민법상의 불법행위책임에 해당하는 것으로 보는 입장에서는, 국가의 배상책임과 공무원 개인의 배상책임은 상호 무관한 것으로서 양립할 수 있으므로, 피해자는 선택적 청구권을 가지고 국가뿐만 아니라 공무원 개인에 대하여도 배상을 청구할 수 있다고 본다. 전술한 내용의 자기책임 외에 근래에는 위험책임설적 논거에 따른 자기책임설도 주장되고 있다 이 설은 행정은 국민에게 손해를 야기할 위험을 내포하고 있는 것으로서, 이러한 위험이 현실적으로 발생하는 경우에는 국가는 배상책임을 진다고 보는 것이다. 이것은 일본에서 주창되고 있는 것이나, 여기서는 더 이상 그 내용을 검토하지 않기로 한다.

(3) 중 간 설

이 설은 공무원의 위법행위가 경과실에 기한 것인 때에는 국가의 배상책임은 자기책임으로, 고의 · 중과실에 기한 것인 때에는 대위책임으로 본다. 이러한 중간설에서는 피해자의 선택적 청구권은 인정되지 않는 것으로 본다.

이에 대하여 뒤에서 보는 바와 같이 대상 판례가 입각하고 있는 "절충설"이론에서는 공무원의 고의 · 중과실의 행위로 손해가 발생한 경우에도 일정한 경우 피해자에는 선택적 청구권이 인정된다는 점에서, 그것은 중간설과 기본적 차이가 있는 것이다. 중간설은 대체로 1940년대까지의 프랑스의 행정상 손해배상제도로서 과실의 경합이론(cumul des fautes)을 그 기초로 하고 있는 것이다. 과실의 중복이론에서는 개인에 대한 하나의 가해행위가 내용적으로는 공무원의 개인과실과 역무과실이 결합되어 있는 경우에는 피해자는 그 손해액 전부를 국가에 대하여 청구할 수 있고 그 경우 국가는 공무원에 대하여 개인과실에 따른 손해에 상응하는 배상금액을 구상할 수 있다고 보는 것이다.

기본적으로 판례에 의하여 정립된 프랑스의 손해배상제도에 의하여 공무원의 행위에 경과실 정도의 하자가 있는 경우에는 그것은 여전히 국가의 기관행위로 되어 그 불법행위적 효과도 국가에 귀속된다고 본다. 이에 대하여 공무원의 행위에 고의 · 중과실이 있는 경우에는 그것은 이미 기관행위로서의 품격을 상실하여 당해 행위는 개인인 공무원의 불법행위로 되어 그에 따른 손해배상의 책임은 공무원 개인이 진다고 보고 있다. 앞의 중간설이나 후술하는 "절충설"에서 공무원에 경과실이 있는 경우에는 국가의 기관행위로 되어 그 불법행위적 효과도 국가에 귀속된다고 하는 것은, 이러한 경우 공무원 개인의 행위는 전적으로 국가기관의 행위로 되어 공무원 개인의 불법행위책임이 제기될 여지는 없다고 보는 것이다.

중간설 이후 행정 판례는 기본적으로 피해자의 실효적 구제의 관점에서는 공무원의 고의 · 중과실의 행위도 그것이 역무와 무관하지 아니한 한도에서도 피해자와의 관계에서는 이러한 행위도 기관행위로 인정된다고 보아서, 이러한 경우에는 피해자의 선택적 청구권이 인정된다고 보는 배상책임의 경합이론(cumul des responsabilités)이 정립되었던 것이다. 이 이론이 현재의 대상판결의 이론적 기초가 되고 있는 것으로서, 이를 "절충설"이라고 한다면, 이러한 절충설은 이전의 중간설과는 그 입론을 달리 하고 있다는 점에 유의하여야 할 것이다.

필자는 위의 프랑스의 배상책임의 경합이론을 기초로 하여 우리 국가배상법 제2조상의 공무원의 책임에 관한 해석론을 제시하여 보았으나, 이 이론에 대하여는 별다른 명칭을 붙이지 아니하고 있었으나, 기본적으로 같은 논리에 따르고 있는 공무원의 성질에 관한 대상판결의 이론을 "절충설"이라고 하고 있으므로, 필자도 이러한 일반적 호칭을 채택하기로 하였다(졸고, 한국과 프랑스의 국가배상제도의 비교고찰; 졸저, 행정법 I, 534-536면).

2. 판　　례

직무집행상의 불법행위로 인한 공무원 개인의 배상책임에 관하여 우리 대법원은 초기에는 공무원의 개인책임은 전면적으로 인정하는 긍정설의 입장을 취하고 있었다. 울산시 소속 공무원들이 토지수용법에 의한 기업자인 경상남도지사의 명령에 따라 분묘 3기를 발급하여 이기한 행위에 대하여 피해자들이 공무원들을 상대로 손해배상청구를 한 사안에서 원심은 이를 부정하였으나, 대법원은 공무원 자신도 민사상의 손해배상책임을 저야 한다고 판시하면서 이를 파기하였다(대법원 1972. 10. 10. 선고 69다701 판결). 그러나 이후 금산경찰서 경비과장으로 재직 중이던 공무원이 서장의 승낙을 얻어 관용트럭의 적재공무원방위병을 태우고 운행하다가 교통사고로 그 방위병에게 손해를 입힌 사건에서는 대법원은 공무원의 직무상 불법행위로 인하여 손해를 받은 사람을 그 공무원 개인을 상대로 손해배상을 청구할 수 없다고 판시하여(대법원 1994. 4. 12. 선고 93다11807 판결), 종전의 입장과는 다른 부정설을 취함으로써 대법원 판례에는 상반적인 판결이 병존하게 되었던바, 이것이 바람직한 현상이 아닌 것임은 물론이다.

따라서 대법원은 대상판결인 전원합의체 판결로서 위의 상반적인 판결을 변경하고 공무원책임에 관한 대법원의 입장을 분명히 밝히고 있다.

Ⅲ. 판결의 검토

전원합의체판결인 이 판결에서 대법원은 절충설에 입각하여 국가 등의 손해배상책임과 공무원 개인의 배상책임의 성질이나 그 범위 등에 관하여 기본입장을 밝히고 그에 따라 이와 상치되는 종전의 판례의 판례를 변경한 것으로서, 이러한 내용의 대상판결은 행정상 손해배상에 관한 leading Case가 될 것으로서, 이 판결의 요지는 다음과 같다.

공무원이 직무수행 중 불법행위로 타인에게 손해를 입힌 경우에 국가 등이 국가배상책임을 부담하는 외에 공무원 개인도 고의 또는 중과실이 있는 경우에는 불법행위로 인한 손해배상책임을 진다고 할 것이지만, 공무원에게 경과실뿐인 경우에는 공무원 개인을 손해배상책임을 부담하지 아니한다고 해석하는 것이 헌법 제29조 제1항 본문과 단서 및 국가배상법 제2조의 입법취지에 조화되는 올바른 해석이라 할 것이다. 이러한 법리는 피해자가 헌법 제29조 제2항, 국가배상법 제2조 제1항 단서 소정의 공무원으로서 위 단서 조항에 의하여 법률에 정해진 보상 외에는 국가배상법에 의한 배상을 청구할 수 없는 경우라고 하여 달리 볼 것은 아니다.

이 판결에서는 다수의견에 대하여 4인의 대법관의 별개의견과 2인의 대법관의 반대의견이 개진되어 있는바, 각 의견에서는 그 논거가 매우 구체적이고 상세하게 제시되어 있는바, 다수의견은 물론이고 별개의견이나 반대의견도 단지 헌법이나 국가배상법의 관련규정의 구체적 해석문제를 넘어서 종래의 관련 학설을 기초로 한 국가 또는 공무원의 배상책임에 관한 본질론적 논의가 개진되어 있는 것이어서, 다음에서는 이들 3개 의견의 내용을 모두 살펴보기로 한다.

1. 다수의견

(1) 다수의견의 논거

다수의견의 논거는 대체로 다음과 같다.

(가) 헌법 제29조 제1항 단서는 공무원이 한 직무상 불법행위로 인하여 국가 등이 배상책임을 진다고 할지라도 그 때문에 공무원 자신의 민·형사책임이나 징계책임이 면제되지 아니한다는 원칙을 규정한 것이나, 그 조항 자체로 공무원 개인의 구체적인 손해배상책임의 범위까지 규정한 것으로 보기는 어렵다.

(나) 국가배상법 제2조 제1항 본문 및 제2항의 입법취지는 공무원의 직무상 위법행위로 타인에게 손해를 끼친 경우에는 변제자력이 충분한 국가 등에게 손해배상책임을 부담시켜 국민의 재산권을 보장하되, 공무원이 직무를 수행함에 있어 경과실로 타인에게 손해를 입힌 경우에는 그 직무수행상 통상 예기할 수 있는 흠이 있는 것에 불과하므로, 이러한 공무원의 행위는 여전히 국가 등의 기관의 행위로 보아 그로 인하여 발생한 손해에 대한 배상책임도 전적으로 국가 등에만 귀속시키고 공무원 개인에게 그로 인한 책임을 부담시키지 아니하여 공무원의 공무집행의 안전성을 확보하고, 반면에 공무원의 위법행위가 고의·중과실에 기한 경우에는 비록 그 행위가 그의 직무와 관련된 것이라고 하더라도 그와 같은 행위는 그 본질에 있어서 기관행위로서의 품격을 상실하여 국가 등에 그 책임을 귀속시킬 수 없으므로 공무원 개인에게 불법행위로 인한 손해배상책임을 부담시키되, 다만 이러한 경우에도 그 행위의 외관을 객관적으로 관찰하여 공무원의 직무집행으로 보여질 때에는 피해자인 국민을 두텁게 보호하기 위하여 국가 등이 공무원 개인과 중첩적으로 배상책임을 부담하되, 국가 등이 배상책임을 지는 경우에는 공무원 개인에게 구상할 수 있도록 함으로써 궁극적으로 그 책임이 공무원 개인에 귀속되도록 하려는 것이라 봄이 합당하다.

(다) 공무원의 직무상 위법행위가 경과실에 의한 경우에는 국가배상책임만 인정하고 공무원 개인의 손해배상책임을 인정하지 아니하는 것이 피해자의 국민의 입장에서 보면 헌법 제23조가 보장하고 있는 재산권에 대한 제한이 될 것이지만, 이는 공무수행의 안정성이란 공공의 이익을 위한 것이라는 점과 공무원 개인책임이 인정되지 아니하더라고 충분한 자력이 있는 국가에 의한 배상책임이 인정되고 국가배상책임의 인정 요건도 민법상 사용자책임에 비하여 완화하고 있는 점 등에 비추어 볼 때, 헌법 제37조 제2항이 허용하는 기본권 제한 범위에 속하는 것이라고 할 것이다.

(라) 전술한 법리는 피해자가 헌법 제29조 제2항, 국가배상법 제2조 제1항 단서 소정

의 공무원으로서 위 단서 조항에 의하여 법률에 정해진 보상 외에는 국가배상법에 의한 배상을 청구할 수 없는 경우라고 하여 달리 볼 것은 아니다. 왜냐하면 헌법 제29조 제2항은 군인, 군무원, 경찰공무원, 기타 법률이 정한 공무원의 경우 전투, 훈련 등 직무집행과 관련하여 받은 손해에 대하여 법률이 정하는 보상 외에 국가 등에 대하여 공무원의 직무상 불법행위로 인한 배상을 청구할 수 없도록 규정하고 있고, 국가배상법 제2조 제1항 단서도 이를 받아 이를 구체화하고 있지만, 이는 군인 등이 전투, 훈령 등과 관련하여 받는 손해에 한하여는 국가의 배상책임을 인정하지 아니하고 법률이 정한 보상만을 인정함이 타당하다는 헌법적 결단에 의한 것이기 때문이다.

(2) **다수의견의 논거의 검토**

다수의견의 논거의 기본적 내용은 다음과 같이 요약될 수 있을 것이다.

공무원은 국가 등의 기관의 지위에서 행위를 하는 것이므로, 그 효과는 국가에 귀속된다. 공무원의 직무집행행위에 통상적으로 예기될 수 있는 정도의 흠결이 있는 경우에도 그것은 국가 등의 기관의 행위로 되어 그 불법행위의 효과는 국가에 귀속되어 국가가 배상책임을 지는 것이다. 그러나 그 흠결이 중대한 것인 때에는 그 행위는 기관행위로서의 품격을 상실하게 되는 것으로서, 따라서 공무원의 위법행위가 고의 · 중과실에 기인한 것인 때에는 공무원 개인의 책임만이 문제되게 된다. 다만, 공무원의 고의 · 중과실에 기한 위법행위도 그것이 직무와 전혀 무관하지 아니하여 직무행위로서의 외형을 갖추고 있는 한, 피해자와의 관계에서는 이러한 행위도 국가 등의 기관행위로 보아 국가책임을 인정할 수 있게 되는 것이다. 따라서 공무원의 위법행위에 고의 · 중과실이 있는 경우에는 국가와 공무원 개인은 피해자에 대하여 중첩적으로 배상책임을 지게 되는 것이다.

이러한 내용의 다수의견은 기본적으로 프랑스의 행정상 손해배상제도에 있어서의 배상책임의 경합이론을 기초로 하고 있는 점은 부인할 수 없을 것으로 보이는바, 이와 관련하여서는 다음의 점에 대하여는 특히 주의를 환기하고자 한다. 그것은 프랑스의 행정상 손해배상제도는 민법상의 불법행위책임과는 다른 것으로서 공법으로서의 행정법의 독자적 법리에 입각하고 있다는 점이다. 이러한 프랑스의 손해배상제도에서는 국가의 배상책임은 공무원의 불법행위에 대하여 국가가 이를 대신하여 지는 대위책임이 아니라, 그것은 국가의 자기책임으로서 공무원의 불법행위가 통상 예기될 수 있는 정도의 것인 때에는 그것은 국가 등의 행위로 되어 국가 등이 배상책임을 지며, 이 경우 공무원 개인의 불법행위책임이 거론될 여지는 없다고 보는 것이다.

국가 등의 배상책임에 대하여 대위책임의 법제를 취하지 아니하고 한 위법한 국가작용에 대하여도 국가 자신의 책임이 인정된다고 보는 한에서는 공무원의 행위에 국가 등의 기관행위로서의 품격이 상실될 정도의 흠이 있는 것이 아니어서, 당해 행위가 국가 등의 기관행위로 인정되는 경우에는 그 불법행위로 인한 배상책임은 당연히 국가 등이 지게 되고, 그러한 한도에서는 공무원 개인의 배상책임이 거론될 여지는 없다고 보는 것은 자기책임설의 당연한 귀결이라고 본다.

다수의견은 경과실로 인한 위법행위에 대하여 본질론적 관점에서 그것은 직무수행상 통행 예기할 수 있는 흠이 있는 것에 그치는 것이므로 이러한 공무원의 행위는 여전히 국가 등의 기관의 행위로 볼 수 있다는 점에 대하여도 거론하고 있기는 하나, 기본적으로는 이러한 경과실의 경우에 공무원이 책임이 면제되는 것은 공무집행의 안정을 확보하기 위한 입법정책적 고려에 따른 것이라고 하고 있다.

2. 별개의견

(1) 별개의견의 요지

별개의견은 공무원이 직무상 불법행위로 타인에게 손해를 입힌 때에는, 고의 · 중과실의 경우는 물론이고 경과실의 경우에도 공무원 개인은 피해자에 대하여 배상책임을 진다고 하고 있다.

(2) 별개의견의 논거 및 검토

별개의견도 다수의견과 같이 헌법 제29조 제1항 단서가 규정하는 공무원의 책임에는 민사상의 불법행위 책임이 포함되어 있다고 보고 있다. 그러나 다수의견이 이 단서규정이 공무원 개인의 배상책임의 범위까지 규정한 것으로 볼 수는 없다고 하고 있는데 대하여, 별개의견은 이 단서의 공무원 개인책임은 그 본문과 연관하여 보면 이는 직무상 불법행위를 한 공무원 개인의 불법행위책임이 분명하며 여기서의 불법행위의 개념은 법적인 일반개념으로서 그것은 고의 또는 과실로 인한 위법행위로 타인에게 손해를 가한 것을 의미하고 이 때의 과실은 중과실과 경과실을 구별하지 않는다는 일반론에 의문이 없다고 보아서, 헌법 제29조 제1항 단서에 따라 공무원은 고의 · 중과실의 경우에는 물론이고 경과실의 경우에도 피해자에 대한 배상책임을 진다고 하고 있다.

전술한 입장에서 다수의견은 하위법인 국가배상법의 입법취지에 따라 헌법의 명문규정을 제한적으로 해석하고 있는 문제점이 있다고 하고 있다.

별개의견은 경과실이 경우에도 공무원의 배상책임을 인정한다면 이는 피해자의 임의적 선택에 따라 그 배상책임의 궁극적 귀속자가 달라지게 되어 불합리하다는 다수의견의 지적에 대하여는 궁극적으로 이러한 불합리한 현상이 발생하더라도 그것은 국가 등이 공무원에게 그 배상금액을 보상하는 방법으로 해결할 것이라고 하고 있다. 그러나 이에 대하여는 반대의견에서는 과실 있는 공무원에 대하여 과실도 없는 국가 등에 구상할 수 있는 근거에 대하여 의문을 제기하고 있다.

위와 같은 내용의 별개의견은 국가배상법상의 국가 등의 배상책임을 민법상의 불법행위책임에 상응하는 것으로서 보는 전통적 자기책임설에 입각하고 있는 것이다. 이에 대하여 다수의견의 기본적 이론구성은 이러한 전통적 자기책임설과는 다른 것으로서의 공법상의 독자적 배상책임의 법리에 입각한 것이라고 할 것으로서, 그에서는 공무원의 위법행위에 경과실 정도의 과오가 있는 경우에는 그것은 여전히 국가의 기관행위로 되어 공무원의 위법행위로 인한 책임도 국가의 책임으로 흡수되어 공무원 개인의 배상책임을 거론할 여지는 없게 된다고 보는 것이다(鹽野 宏, 298면; 이상규, 19면).

3. 반대의견

(1) 요지 및 논거

반대의견은 불법행위를 한 공무원의 피해자에 대한 직접적 배상책임을 부인하고 있는바, 그 구체적 논거는 대체로 다음과 같다.

헌법 제29조 제1항 및 국가배상법 제2조 제1항의 규정이 공무원의 직무상 불법행위에 대하여 자기의 행위에 대한 책임에서와 같이 국가 또는 공공단체의 무조건적인 배상책임을 규정한 것은 오로지 변제자력이 충분한 국가 또는 공공단체로 하여금 배상하게 함으로써 피해자 구제에 만전을 기한다는 것에 그치는 것이 아니라, 더 나아가 공무원들로 하여금 보다 적극적이고 능동적으로 공무를 수행하게 하기 위하여 공무원 개인의 배상책임을 면제한다는 것에 그치는 것이 아니라, 더 나아가 국민 전체에 대한 보상자인 공무원들로 하여금 적극적이고 능동적으로 공무를 수행하게 하기 위하여 공무원 개인의 변상책임을 면제하려는 것이다.

따라서 공무원이 직무상 불법행위를 한 경우에 국가 또는 공공단체만이 피해자에 대하여 국가배상법에 의한 손해배상책임을 부담할 뿐, 공무원 개인은 고의 또는 중과실이 있는 경우에도 피해자에 대하여 손해배상책임을 부담하지 않는 것으로 보아야 한다. 공무원이 공무수행 중 국민에게 손해를 가한 경우, 국민의 봉사자인 공무원이 보상 대상이 되는 피해자인 국민과 직접 소송으로 그 시비와 손해액을 가리도록 갈등관계를 방치하는 것 보다는 국가가 나서서 공무원을 대위하여 그 손해배상책임을 지고, 국가가 다시 내부적으로 공무원의 직무상 의무의 불이행 내용에 따라 고의 · 중과실이 있는 경우에만 구상의 형태를 그 책임을 물어 공무원의 국가에 대한 성실의무와 직무상 의무의 이행을 제도적으로 확보하겠다는 것이 헌법 제29조 제1항 단서와 국가배상법 제2조 제2항의 취지라고 할 것이다.

(2) 반대의견의 검토

위에서 본 바와 같이 반대의견에서는 대위책임설적 입장에서 공무원의 피해자에 대한 배상책임을 부인하고 있다. 대위책임설은 주권무류사상이나 주권면책사상을 배경으로 하고 있는 것으로서, 국가배상법 관계법에 그에 관한 명문의 규정이 있지 아니한 한 당해 법률에 기한 배상제도를 대위책임으로 해석할 것은 아니라고 할 것이다. 대위책임제를 취하고 있는 대표적 법제가 독일의 국가배상제도로서, 이 경우는 국가공무원책임법에서 국가는 "공무원에 대신하여" 배상책임을 진다는 명문의 규정을 두고 있다.

이에 대하여 우리 헌법 제29조 제1항 단서는 "공무원의 책임은 면제되지 아니한다"라고 규정하고 있는바, 이 규정은 연혁적으로는 제헌헌법에서 "단 공무원 자신의 민사상이나 형사상의 책임이 면제되는 것은 아니다"라고 규정되어 있던 것을 1962년의 제3공화국 헌법에서 현재와 같은 내용으로 개정된 것으로서, 그러한 점에서는 이 단서가 단지 내부관계에서 공무원의 국가에 대한 책임이 면제되지 아니하는 것으로 규정하고 있는 것으로 보는 것은 이 규정을 지나치게 축소해석하게 되는 문제점이 있다고 본다.

Ⅳ. 판결의 의미와 전망

위에서 대상 판결상의 다수의견, 별개의견 및 반대의견을 살펴보았거니와, 여기서는 이러한 검토내용을 종합하고 그와 관련하여 필자의 견해를 몇 가지 제시하는 것으로써 이 판결에 대한 검토를 마치기로 한다.

이 판결에서 다수의견은 공무원의 직무상 위법행위로 타인에게 손해를 끼친 경우에, 공무원에 경과실만이 있는 경우에는 그것은 직무수행상 통상 예기할 수 있는 흠이 있는 것에 불과하므로, 이러한 공무원의 행위는 여전히 국가 등의 기관의 행위로 되어 그로 인하여 발생한 손해에 대한 배상책임도 전적으로 국가 등에만 귀속시키고 공무원 개인은 그로 인한 책임을 부담하지 아니하는 데 대하여, 공무원의 위법행위가 고의 · 중과실에 기한 경우에 비록 그 행위가 그의 직무와 관련된 것이라고 하더라도 그와 같은 행위는 그 본질에 있어서 기관행위로서의 품격을 상실하여 국가 등에게 그 책임을 귀속시킬 수 없으므로, 공무원 개인이 불법행위로 인한 손해배상책임을 부담하되, 다만 이러한 경우에도 그 행위가 외관상 공무원의 직무집행으로 보여질 때에는 피해자인 국민을 두텁게 보호하기 위하여 국가 등이 공무원 개인과 중첩적으로 배상책임을 지게 된다.

다수의견은 요컨대 공무원의 위법행위에 경과실만이 있는 경우에는 그것은 여전히 국가 등이 기관행위의 행위로 되어 국가만이 배상책임을 지는 데 대하여, 그 위법행위가 고의 · 중과실에 기한 것인 때에는 그것이 직무와 관련된 것이라고 하더라도 그것은 기관행위로서의 품격을 상실하여 그로 인한 손해에 대하여는 공무원 개인이 그 배상책임을 지게 되는 것이나, 그 행위가 외관상 직무집행행위로 보여질 때에는 피해자를 두텁게 보호하기 위하여 국가 등이 공무원 개인과 중첩적으로 배상책임을 진다고 보고 있는 것이다. 따라서 고의 · 중과실에 기한 위법행위의 경우에는 피해자는 공무원 개인에 대하여 손해배상을 청구할 수도 있고, 국가에 대하여 배상을 청구할 수도 있게 된다. 피해자가 국가에 대하여 배상을 청구한 경우에는, 당해 위법행위는 피해자와의 관련에서는 일단 국가의 행위로 되나, 그 본질에 있어서는 공무원 개인의 위법행위에 그치는 것이므로, 국가는 공무원에 대하여 구상할 수 있게 되는 것이다. 이러한 다수의견은 프랑스 손해상 제도상의 국가책임과 공무원의 개인책임에 관한 역무과실과 개인과실의 구분 및 양자의 관계에 있어서의 배상책임의 경합의 이론을 기초로 하고 있는 것으로 보인다. 프랑스의 손해배상제도에 있어서는 공무원의 과실 있는 행위를 그 내용에 따라 역무과실과 개인과실로 구분하고 있는바, 개인과실이란 당해 위 흠결행위가 직무집행과 관련하여 행하여진 경우에도 그것이 국가기관의 흠결이 중대한 것이어서 이를 국가의 기관행위로는 볼 수 없는 경우를 말한다. 이 경우 역무과실과 개인과실의 구별은 매우 복잡하고 어려운 것임은 물론이거니와, 판례는 대체로 고의 · 중과실이 있는 경우에는 이를 개인과실로 보아, 이러한 경우에는 원칙적으로 공무원 개인만이 민사상의 배상책임을 지는 데 그친다고 본다. 다만, 이러한 개인과실적 행위도 그것이 직무와 전혀 무관하지 아니한 경우에는 피해자 구제에 만전을 기한다는 관점에서, 당해 행위는 피해자와의 관계에서는 일단 기관행위로서의 성격도 동시에 인정되어, 그에 따라 피해자는 국가 또는 공무원에 대하여 선택적 청구권을 가지게 된다고 본다(André de Laubadère, 953-971면).

필자는 다음의 이유에 따라 다수의견의 타당성이 타당하다고 본다.

국가는 자연인인 공무원을 통하여 행위를 하는 것으로서, 그에 따라 공무원의 행위는 국가기관의 행위로 되는 것이다. 손해배상제도에 있어 국가의 손해배상책임을 국가 자신의 책임으로 보는 자기책임설을 취하는 경우에는, 공무원의 위법한 행위도 그것이 통상적으로 예기될 수 있는 정도의 경과실에 기한 경우에는 그것은 국가 기관의 행위로 인정되게 되는 것이다. 그러하지 아니하면 국가의 배상책임은 결국 대위책임으로 파악할 수밖에 없게 될 것이기 때문이다. 이처럼 경과실에 그치는 공무원의 위법행위도 국가 기관의 행위로 인정되는 한에서는 위법행위로 인한 책임도 국가의 배상책임으로 흡수되어 공무원 개인의 책임이 문제될 여지는 없게 되는 것이다. 따라서 손해배상책임에 있어 공법상의 자기책임설의 관점에서는 경과실의 경우에 공무원 개인의 민사상의 배상책임이 문제되지 아니하는 것은 당연한 것으로 된다.

이에 대하여 공무원의 위법행위에 고의 · 중과실이 있는 경우에는 설혹 그 행위가 직무와 관련된 것이라고 하더라도, 그것은 이미 국가기관의 행위로서의 품격을 상실하여 그 행위는 공무원 개인의 불법행위로 되고 이에 대하여는 공무원 개인이 민사상의 책임을 지는 데 그치는 것이 원칙이다. 다만, 우리 국가배상법은 외형설을 취하고 있고 보면, 당해 행위가 직무행위로서의 외형을 갖추고 있는 경우에는 피해자 구제의 만전을 기하기 위하여 그 행위는 피해자와의 관계에서는 일단 국가기관의 행위로 되어 피해자는 국가에 대하여도 배상을 청구할 수 있게 되는 것이다.

다수의견에서도 경과실의 경우에 공무원의 배상책임이 면제되는 이유에 대하여 이러한 경우는 그 직무수행상 통상 예기할 수 있는 흠이 있는 것에 불과하여 여전히 국가 등의 기관행위로 본다고 하여 경과실로 인한 국가책임의 본질론적 설시도 하고 있으나, 이 설에서는 이러한 경우 공무원의 배상책임을 면제하는 것은 공무집행의 안정성을 확보하기 위한 입법정책적 고려라는 점에 대한 설시가 보다 부각되고 있다.

필자는 앞에서 국가의 배상책임을 국가 등의 자기책임으로 보는 한에서는 경과실의 경우는 국가만이 배상책임을 지는 것은 이러한 자기책임제도의 본질에 따른 당연한 귀결이라고 한 바 있다. 필자의 견해로는 우리 국가배상법의 해석에 있어서도 이러한 공법상의 자기책임설의 시각에서 경과실의 경우에는 국가만의 책임이 문제되는 것이라고 하여도 별다른 해석상의 무리는 없을 것으로 보인다. 그러나 다수의견은 공무원의 면책이유로서는 입법취지나 입법정책적 사유를 내세우고 있다.

위와 같은 내용의 다수의견에 대하여 별개의견에서는 다수의견은 경과실의 경우에 공무원의 개인책임을 부인하고 있는 것은 하위법인 국가배상법의 입법취지에 따라 상위법인 헌법규정의 내용을 제한하고 있는 오류가 있다고 하고 있다. 다수의견이 공무원의 면책이유로서 공무집행의 안정성의 확보라는 입법취지를 들고 있는 한, 별개의견의 위와 같은 지적은 일단 타당하다. 그러나 필자의 견해로는 경과실의 경우에 공무원이 책임이 부인되는 것은 국가배상법의 입법취지가 아니라, 이러한 경우에는 국가의 책임만이 문제되기 때문이라고 할 것이고 보면, 그러한 한에서는 별개의견의 지적은 적절하지 않다고 할 것이다. 기술한 바와 같이 별개의견은 민사상의 불법행위책임에 상응하는 것으로서의 (전통적인) 자기책임설에 입각하고 있으므로, 그러한 관점에서는 공무원은 경과실의 경우에도 민사상의 배상책임을 지는 것으로 보게 된다. 이에 대하여 다수의견은 이와는 다른 것으로서 공법상의 독자적인 배상책임이론에 입각하고 있다고 할 것으로서, 기술한 바와 같이 이러한 독자적 공법상의 배상책임제도에서는 경과실에 정도의 위법한 공무원의 행위는 여전히 국가의 기관행위로 인정되어 국가 자신이 배상책임을 지고 이러한 경우 당해 행위는 전적으로 국가 기관의 행위로 되어 공무원의 개인적 불법행위책임이 거론될 여지는 없다고 보는 것이다.

이상에서 대상판결을 검토하여 보았거니와, 이 판결에서의 다수의견은 헌법 제29조

제1항 단서 및 국가배상법 제2조의 합리적 해석의 범위 내에서 적절한 해결방안을 제시한 것으로 긍정적으로 평가할 만하다고 본다.

〈참고문헌〉

김동희, 행정법 I 제12판, 박영사, 2009.

김동희, "한국과 프랑스 행정법의 국가배상제도의 비교고찰", 서울대 법학 제26권 제1호, 서울대학교 법학연구소, 1985. 10.

조창학, "직무와 관련된 불법행위에 있어서 공무원개인의 책임", 재판과 판례 제6집, 대구판례연구회, 1997. 12.

이상규. "공무원의 직무상 불법행위로 인한 가해공무원 개인의 배상책임", 판례연구 제11집, 서울지방변호사회. 1998. 1.

鹽野 宏, 行政法 II 第4版(補訂), 有斐閣, 2008.

Hartmut Maurer, Allgemeines Verwaltungsrecht, 16. Auflage, 2006.

André de Laubadère, Traité de droit administratif, vol.1 15e éd.

54. 군인에 대한 공동불법행위자의 국가에 대한 구상

— 대법원 2001. 2. 15. 선고 96다42420 전원합의체 판결 —

임 성 훈*

Ⅰ. 판례개요

1. 사실관계

의무경찰대원 A는 순찰업무를 위하여 오토바이 뒷좌석에 동료인 의무경찰대원 B를 태우고 오토바이를 운행하던 중 민간인(C)이 운전하던 트럭과 충돌하는 사고가 발생하였다. 그 사고로 피해자(B)는 중상을 입게 되었는데, 위 트럭의 보험자인 원고는 피해자(B)가 입은 손해액 전액을 지급한 후, A의 사용자인 국가를 상대로 구상금 청구를 하였다.

2. 소송경과

이에 대하여 제1, 2심 법원은 모두 민간인이 직무집행중인 군인이나 경찰공무원과의 공동불법행위로 직무집행 중인 다른 군인이나 경찰공무원에게 공상을 입혀 그 피해자에게 손해를 배상한 경우에도 공동불법행위자인 군인 등의 귀책부분에 관하여 국가에 대하여 구상권을 행사할 수 있다고 하면서, 트럭 운전자(C)와 오토바이 운전자(A)의 과실비율을 3:1로 판단하여, 과실비율에 따라 원고의 피고에 대한 구상권을 인정하였다.

이에 피고는 원심판결이 종전의 대법원 판결에 배치된다는 이유 등으로 상고하였는바, 대법원은 아래와 같은 이유로 원심판결을 파기하였다.

3. 판결요지

헌법 제29조 제2항 및 국가배상법 제2조 제1항 단서의 입법 취지를 관철하기 위하여는, 민간인이 자신의 귀책부분을 넘어서 손해를 배상한 경우에도, 국가 등은 피해 군인 등에 대한 국가배상책임을 면할 뿐만 아니라 나아가 민간인에 대한 국가의 귀책비율

* 김 · 장 법률사무소 변호사.

에 따른 구상의무도 부담하지 않는다고 하여야 할 것이다.

그러나 한편 위와 같은 경우, 민간인은 여전히 공동불법행위자 등이라는 이유로 피해 군인 등의 손해 전부를 배상할 책임을 부담하도록 하면서 국가 등에 대하여는 귀책비율에 따른 구상을 청구할 수 없도록 한다면, 민간인으로서는 자신이 손해발생에 기여한 귀책부분을 넘는 손해까지 종국적으로 부담하는 불이익을 받게 될 것이고, 가해 공무원에게 고의 또는 중과실이 있는 경우에도 그의 무자력 위험을 사용관계에 있는 국가 등이 부담하는 것이 아니라 오히려 민간인이 감수해야 하는데, 이는 위 헌법과 국가배상법의 규정에 의하여도 정당화될 수 없는 부당한 결과이다.

이러한 부당한 결과를 방지하면서 위 헌법 및 국가배상법 규정의 입법 취지를 관철하기 위하여, 공동불법행위자 등이 부진정연대채무자로서 각자 피해자의 손해 전부를 배상할 의무를 부담하는 공동불법행위의 일반적인 경우와 달리 예외적으로 민간인은 피해 군인 등에 대하여 그 손해 중 국가 등이 민간인에 대한 구상의무를 부담한다면 그 내부적인 관계에서 부담하여야 할 부분을 제외한 나머지 자신의 부담부분에 한하여 손해배상의무를 부담하고, 한편 국가 등에 대하여는 그 귀책부분의 구상을 청구할 수 없다고 해석함이 상당하다.

Ⅱ. 평 석

1. 쟁점정리

헌법 제29조 제2항은 "군인 · 군무원 · 경찰공무원 기타 법률이 정하는 자가 전투 · 훈련 등 직무집행과 관련하여 받은 손해에 대하여는 법률이 정하는 보상 외에 국가 또는 공공단체에 공무원의 직무상 불법행위로 인한 배상은 청구할 수 없다."고 규정하고, 이를 근거로 한 국가배상법 제2조 제1항 단서는 "군인 · 군무원 · 경찰공무원 또는 향토예비군대원이 전투 · 훈련 기타 직무집행과 관련하거나 국방 또는 치안유지의 목적상 사용하는 시설 및 자동차 · 함선 · 항공기 기타 운반기구 안에서 전사 · 순직 또는 공상을 입은 경우에 본인 또는 그 유족이 다른 법령의 규정에 의하여 재해보상금 · 유족연금 · 상이연금 등의 보상을 지급받을 수 있을 때에는 이 법 및 민법의 규정에 의한 손해배상을 청구할 수 없다"고 규정함으로써, 우리 법은 군인 등이 직무상 입은 손해에 대한 국가배상책임을 제한하고 있다.

그런데, 이와 같이 군인 등이 입은 손해가 다른 군인 등과 일반 민간인의 공동불법행위에 의하여 야기되었을 경우 위와 같은 국가배상책임의 제한이 공동불법행위에 따른 손해배상책임 및 공동불법행위자 사이의 구상관계에 어떤 영향을 미치게 되는지가 문제된다.

다시 말하면, (1) 군인 등과 민간인의 공동불법행위로 인한 손해가 발생하였을 경우, 피해자는 국가배상과 별도로 민간인에 대하여 손해 전액에 대한 손해배상을 구할 수 있는지(국가배상법 제2조 제1항 단서 규정에 의한 책임제한이 상대적 효력을 가지는지 절대적 효력을 가지는지 여부 및 절대적 효력을 가진다고 할 경우 그 효력범위), (2) 민간인이 피해자에게 자신의 부담부분을 넘어 손해배상을 하였을 경우 민간인이 국가에 대하여 구상청구를 할 수 있는지(국가배상법 제2조 제1항 단서 규정이 공동불법행위자인 민간인의 구상권까지 제한하는 것으로 해석되는지 및 그러한 해석의 정당성 여부)가 문제되는데, 특히 위 (2)번 쟁점과 관련하여 종래 대법원 판례와 헌법재판소 결정은 서로 다른 입장에 서 있었는바, 그에 따른 법적 혼란을 조화롭게 해결하기 위하여 대상판결이 나오게 되었다.

2. 관련판례

(1) 종래 대법원 판례

종래 대법원은 국가배상법 제2조 제1항 단서에 해당하는 사건의 공동불법행위자로 된 민간인도 피해 군인 등에 대한 부진정연대채무자로서 그 손해 전부를 배상할 의무가 있는 전제 하에, 민간인의 구상권과 관련하여 "국가배상법 제2조 제1항 단서에 의하면 군인 등이 직접 국가에 대하여 손해배상청구권을 행사할 수 없음은 물론 국가와 공동불법행위책임이 있는 자가 그 배상채무를 이행하였음을 이유로 국가에 대하여 구상권을 행사하는 것은 허용되지 않는다"라고 일관되게 판시하여 오고 있었다(대법원 1983. 6. 28. 선고 83다카500 판결, 대법원 1992. 2. 11. 선고 91다12738 판결, 대법원 1993. 10. 8. 선고 93다14691 판결, 대법원 1994. 5. 27. 선고 94다6741 판결 등).

이와 같은 대법원의 종전 판례는 국가배상법 제2조 제1항 단서 규정에 의한 책임제한이 상대적 효력을 가지는 것이고, 위 규정에 의하여 군인 등의 국가배상청구권뿐만 아니라 민간인의 구상권까지도 제한된다는 입장에 입각한 것이었다.

(2) 헌법재판소 결정

피해자에 대하여 손해배상을 한 민간인(보험회사)이 국가에 대하여 구상금청구소송을 진행하던 중 "국가배상법 제2조 제1항 단서에 의하여 민간인이 국가에 대하여 구상권을 행사할 수 없다고 해석하는 한 국가배상법 제2조 제1항 단서는 헌법에 위반된다"고 하면서 법원에 위헌제청신청을 하였으나, 법원이 이를 기각하여 그에 관한 헌법소원을 제기하였는데, 이에 대하여 헌법재판소는 "국가배상법 제2조 제1항 단서를 구상권을 제한하는 것으로 해석한다면, 이는 위 단서 규정의 헌법상 근거규정인 헌법 제29조가 구상권의 행사를 배제하지 아니하는데도 이를 배제하는 것으로 해석하는 것으로서 합리적인 이유 없이 일반국민을 국가에 대하여 지나치게 차별하는 경우에 해당하므로 헌법 제11

조, 제29조에 위반되며, 또한 국가에 대한 구상권은 헌법 제23조 제1항에 의하여 보장되는 재산권이고 위와 같은 해석은 그러한 재산권의 제한에 해당하며 재산권의 제한은 헌법 제37조 제2항에 의한 기본권제한의 한계 내에서만 가능한데, 위와 같은 해석은 헌법 제37조 제2항에 의하여 기본권을 제한할 때 요구되는 비례의 원칙에 위배하여 일반국민의 재산권을 과잉제한하는 경우에 해당하여 헌법 제23조 제1항 및 제37조 제2항에도 위반된다"라고 함으로써 한정위헌결정을 하였다(헌재 1994. 12. 29. 93헌바21).

이러한 헌법재판소의 결정은 국가배상법 제2조 제1항 단서 규정에 의한 책임제한이 상대적 효력을 가지는 것이라면, 민간인의 구상권은 재산권으로서 헌법상 보호되어야 하는 것이고, 위 규정은 민간인의 구상권까지 제한하는 것으로 해석될 수 없다고 함으로써, 종전 대법원 판례와 상반되는 입장을 보였다(그런데, 대법원은 이와 같은 헌법재판소의 한정위헌결정의 구속력을 부인함으로써 구상금청구소송의 재심사건에서 청구를 기각한 바 있다, 대법원 2001. 4. 27. 선고 95재다14 판결).

3. 판례의 검토

(1) 판례의 분석

결국 공동불법행위에 있어 국가배상법 제2조 제1항 단서와 관련하여 민간인의 국가에 대한 구상권을 인정할 것인지 여부는, 기본적으로는 공동불법행위의 경우 군인 등에 대한 국가배상책임의 제한으로 인한 부담을 최종적으로 가해자인 국가, 민간인 또는 피해자 중 누구에게 지울 것인가라는 문제로 귀착된다.

종전 대법원 판례의 입장과 같이 민간인에게 손해 전액의 배상의무를 부과하면서도 국가에 대한 구상권을 제한할 경우에는 국가배상책임의 제한으로 인한 부담을 민간인이 부담하게 되는 결과가 되는 것인데, 이러한 결과는 국가배상법 제2조 제1항 단서의 입법취지를 고려하더라도, 공동불법행위의 경우 민간인에게 지나치게 과중한 부담을 부과하는 것이라 아니할 수 없다(국가배상법 제2조 제1항 단서의 입법취지에 따르더라도, 공동불법행위에 있어 국가배상 제한에 따른 최종적인 부담이 국가에 전가되지 않도록 하면 되는 것이지, 위 규정이 민간인에게 최종적인 부담을 부과하는 것을 예정하고 있는 것은 아니다. 오히려 위 규정은 피해자 등의 국가배상청구권을 제한하는 것으로서 피해자가 최종적인 부담을 지는 것은 예정하고 있다고 보아야 한다). 이에 관하여 대상판결도 "국가 등이 군인 등에 대한 피해보상제도를 운영하여, 직무집행과 관련하여 피해를 입은 군인 등이 간편한 보상절차에 의하여 자신의 과실 유무나 그 정도와 관계없이 무자력의 위험부담이 없는 확실하고 통일된 피해보상을 받을 수 있도록 보장하는 대신에, 피해 군인 등이 국가 등에 대하여 공무원의 직무상 불법행위로 인한 손해배상을 청구할 수 없게 함으로써, 군인 등의 동일한 피해에 대하여 국가 등의 보상과 배상이 모두 이루어짐으로 인하여 발생할 수 있는 과다한 재정지출과 피해 군인 등 사이의 불균형을 방지하고, 또한 가해자인 군인 등과 피해자인 군인 등의 직무상 잘못을 따지는 쟁송이 가져올 폐해를 예방하려는 것"이라고 설명하고 있다.

한편, 헌법재판소 결정과 같이 민간인이 국가에 대하여 구상권을 행사할 수 있다고 한다면, 일응 국가가 국가배상책임의 제한으로 인한 부담을 떠안게 되므로, 이는 국가배상법 제2조 제1항 단서의 입법취지에 어긋나는 결과에 이르게 된다. 즉 군인 등의 제3자에 대한 손해배상청구와 제3자의 구상권 행사라는 우회로를 통하여 국가책임 제한의 입법목적이 근본적으로 위협받을 우려가 있는 것이고, 그에 따라 대상판결도 민간인이 우회적인 경로를 통하여 군인 등의 국가 등에 대한 손해배상청구를 배제한 헌법적 결단의 취지가 몰각될 수 있음을 지적하고 있다.

그에 따라 민간인의 구상권을 헌법상 보장된 재산권으로서 보장하면서도 국가배상법 제2조의 입법취지를 살리기 위한 해석론이 필요하게 되었는데, 대상판결은 이를 위하여 민간인의 국가에 대한 구상권을 인정하지 않는 종전 대법원 판례의 입장을 고수함으로써 국가배상책임 제한의 입법취지는 살리는 한편, 공동불법행위에 있어 민간인의 손해배상책임 범위에 관한 종전의 입장을 변경하여 국가배상법 제2조 제1항 단서 규정에 의한 책임제한에 관하여 민간인의 부담부분으로 손해배상책임을 제한하는 절대적 효력을 인정함으로써 결과적으로 국가배상책임의 제한으로 인한 부담을 민간인이 아니라 피해자에게 부담시키는 방법으로, 종전 대법원 판례의 문제점을 해소한 것이다.

한편 헌법재판소의 해석론에 따라 민간인에게 국가에 대한 구상권을 인정하더라도, 국가가 피해자에게 재구상을 하는 방식으로 국가배상책임의 제한으로 인한 부담을 국가가 아니라 피해자에게 종국적으로 부담시킬 수 있는 방안도 생각할 수 있으나, 불필요한 청구의 순환을 막고, 3당사자 간의 법률관계를 간명하게 해결하며, 국가가 구상소송에 노출됨에 따라 쟁송에서 가해자인 군인의 직무상 잘못을 따지는 것을 방지한다는 점에서 대상판결이 채택한 방식이 보다 효율적일 뿐만 아니라 국가배상법 제2조 제1항 단서의 입법취지에도 더 잘 부합한다.

(2) 기존의 공동불법행위 이론과 대상판례의 관계

그런데, 위와 같은 대상판결에 대하여는 피해자가 공동불법행위자 각자에게 손해 전부를 청구할 수 있다고 하는 종래 공동불법행위에 있어서의 책임관계(부진정연대채무)에 관한 통설·판례의 입장과 달리 결과적으로 부분책임을 인정함으로써 기존의 공동불법행위책임의 일반원칙과 이론적으로 어떻게 조화시킬 것인가가 문제될 수 있다.

그러나, 법률에 의하여 책임제한이 규정되어 있는 경우 일률적으로 통상의 민사법적 공동불법행위에서의 법리가 그대로 적용되어 위 책임제한이 항상 상대적 효력을 가진다고 할 수는 없고, 그와 같은 책임제한이 절대적 효력을 가지는지 상대적 효력을 가지는지는 당해 규정의 입법취지 및 관련 이해관계의 형량 등을 종합한 법해석에 따라 결정되는 것으로 보아야 할 것이다. 특히 국가배상법 제2조 제1항 단서에 의한 국가배상책임의 제한과 관련하여 국가의 부담부분에 관하여 절대적 효력을 인정할 것인지 여부는 단순히 일반 민사법의 논리에 따라 해석될 문제가 아니라 기본적으로 공법의 영역에 속하는 문제로서 국가배상법 제2조 제1항 단서의 입법취지의 달성 및 3당사자 관계(가해자인 국가 등과 민간인 및 피해자인 군인 등)를 둘러싼 이해관계의 공평한 해결 등을 고려하여 판단되어야 하는 것으로, 위 규정에 따른 책임제한이 국가의 부담부분의 범위에서 절대적 효력을 가지는 것으로 대상판결이 판단한 것은 국가배상에서의 특수성을 충분히 감안한 대법원의 정당한 법률해석으로 볼 수 있을 것이다.

특히 종전의 통설 · 판례가 피해자의 손해 전부를 배상하도록 한 것은, 손해배상청구권이 가해자별로 분할되는 경우 어느 가해자의 무자력으로 인한 위험과 가해자별로 그 책임범위를 입증하고 소구하여야 하는 절차적 어려움에서 피해자를 벗어나게 하고, 가해자들의 이해관계는 그들 내부에서 조정하게 함으로써 피해자를 두텁게 보호하기 위한 것인데, 대상판결과 같이 부분책임만을 인정할 경우에는 피해 군인 등은 국가보상과 민간인으로부터의 부분적 배상이라는 2원적 절차를 거쳐야만 손해를 회복할 수 있다는 점 및 국가보상액이 손해액 중 국가 등의 귀책부분에 미달할 경우에는 피해자가 손해의 완전한 회복을 할 수 없게 된다는 점에서 피해자에게 불리한 측면이 전혀 없는 것은 아니지만, 이러한 점은 국가배상법 제2조 제1항 단서가 이미 예정하고 있는 것일 뿐만 아니라, 국가배상을 제한하는 대신 간편한 보상절차에 의하여 자신의 과실 유무나 그 정도와 관계없이 국가로부터 무자력의 위험부담이 없는 확실하고 통일된 피해보상을 받을 수 있도록 보장함으로써 일반적인 공동불법행위에서 문제되는 가해자의 무자력 및 절차적 어려움이 해소되었다는 점에서, 대상판결과 같이 부분책임만을 인정한다고 하더라도 전부책임을 인정할 때와 비교하면 피해자에게 부당하게 불리한 것도 아니다.

(3) 국가에 대한 보상청구권과 민간인에 대한 손해배상청구권의 관계

이에 관하여는 전체 손해배상액 중에서 피해자에게 지급되는 보상액의 범위 내에서 부진정연대채무관계가 존재하며, 이를 넘어서는 부분에 대해서는 민간인은 보상액을 제외한 나머지 부분에 대해서만 단독책임을 진다고 보는 견해가 있다(송덕수, 40면). 이러한 견해에 의하면, 국가는 최종적으로 "보상액×국가의 부담비율"을 부담하고, 민간인은 "전체손해×민간인의 부담비율"을 부담하게 되므로, 결국 피해자는 언제나 최종적으로 "(전체손해-보상액)×국가의 부담비율"만큼은 보상받지 못하게 된다(예를 들면, 가해공무원과

민간인의 과실비율이 1:1이고 국가에 의해서 지급되는 보상금이 4/5라고 한다면, 국가와 민간인 가해자는 4/5에 대해서 부진정연대채무를 부담하며, 나머지 1/5의 50%, 즉 1/10에 대해서는 민간인 가해자의 단독채무가 성립하게 되어, 나머지 1/10에 대하여는 피해자는 보상받지 못하게 된다).

그러나, 국가배상법 제2조 제1항 단서의 취지는 국가배상청구권을 배제하는 대신 국가에 대한 보상청구권을 인정한다는 것일 뿐으로, 그러한 입법취지가 충족되는 한도에서는 가능한 한 피해자의 손해 전부에 대한 배상을 받을 수 있도록 법해석이 이루어져야 할 것이다(이러한 점은 공무원연금법 또는 군인연금법의 입법취지가 공무원 또는 군인의 퇴직 또는 사망과 공무로 인한 부상 · 질병 등에 대하여 적절한 급여를 실시함으로써, 공무원 및 그 유족의 생활안정과 복리향상에 기여함을 목적으로 하고 있고, 따라서 공무원 또는 군인 자신의 과실 유무나 그 정도에 상관없이 지급된다고 하는 점을 고려해 볼 때 명백하다). 따라서, 피해자가 손해 전부에 대하여 배상받지 못하였음에도 불구하고 피해자에 대한 국가의 최종적 부담을 "보상액×국가의 부담비율"의 범위로 축소하는 것은, 국가배상법 제2조 제1항 단서가 예정하고 있는 것보다 국가의 이익을 과도하게 보호하고 피해자의 권리를 지나치게 제한하는 것이라 아니할 수 없다. 따라서 피해자로서는 국가에 대하여는 보상액 전액을, 민간인 가해자에 대하여는 대상판결의 판시에 따라 민간인의 부담부분에 해당하는 손해배상을 구할 수 있으나, 다만 피해자 자신이 입은 손해 이상으로 배상 또는 보상을 받을 수는 없으므로, 국가로부터 이미 보상을 받은 경우에는 손익상계의 법리에 따라 전체손해에서 국가로부터의 보상액을 공제한 나머지 금액만을 민간인에게 소구할 수 있고(이 경우 민간인이 부담할 손해배상액이 전체손해에서 국가보상액을 공제한 금액보다 클 경우 국가는 그 차액을 공무원연금법 제33조 제2항, 군인연금법 제41조 제2항에 따라 민간인에게 구상청구할 수 있다. 대법원 2002. 3. 21. 선고 2000다62322 판결도 산업재해가 산재보험가입자 또는 그 소속 근로자와 제3자의 공동불법행위로 인하여 발행한 경우 근로복지공단의 제3자에 대한 구상권의 범위에 관하여 "피해자가 배상받을 손해액 중 보험가입자의 과실비율 상당액을 보험급여액에서 공제하고 차액이 있는 경우에 한하여 그 차액에 대하여만 근로복지공단이 제3자로부터 구상할 수 있다"고 판단한 바 있다), 민간인으로부터 민간인의 부담부분에 해당하는 손해배상을 받은 경우에는 국가로서는 국가보상액 중 "전체손해×국가의 부담비율"을 초과하는 부분에 관하여는 공무원연금법 제33조 제3항, 군인연금법 제41조 제3항에 따라 보상금을 지급하지 않게 된다(앞에서 제시한 예에 따르면, 피해자는 국가로부터 4/5의 보상 및 민간인 가해자로부터 1/2의 배상을 받을 수 있으나, 국가로부터 4/5의 보상을 받은 경우 민간인 가해자에 대하여는 1/5의 배상만을 받을 수 있고, 이 경우 국가는 민간인 가해자에 대하여 3/10의 구상청구를 할 수 있게 된다. 만약 피해자가 민간인 가해자로부터 1/2의 배상을 받은 경우 국가는 피해자에 대하여 1/2의 보상만 지급하면 된다).

4. 판례의 의미와 전망

대상판결은 군인 등에 대한 국가배상을 배제한 헌법 제29조 제2항 및 국가배상법 제2조 제1항 단서의 해석과 관련하여 종래 대법원과 헌법재판소가 민간인의 국가에 대한 구상권에 관하여 그 견해를 달리하고 있는 상황에서, 공동의 가해자인 국가와 민간인 및 피해자인 군인 등의 3당사자 관계를 둘러싼 이해관계를 공평하게 고려하는 새로운 해석론을 전개하여 종전의 논란을 해결하고 군인 등에 대한 공동불법행위에서의 법적 불안정성을 해소하였다.

그 과정에서 대상판결은 국가배상법 제2조 제1항 단서의 책임제한과 관련하여 국가의 부담부분에 대하여 절대적 효력을 인정하고 민간인에게 부분책임을 부담시킴으로써 공동불법행위에 있어 부진정연대채무에 관한 종전의 민사법 법리와는 다른 해석론을 전개하였는바(이에 따라 민간인이 국가에 대하여 구상권을 행사할 경우가 사실상 없게 되었는바, 대상판결은 종전에 헌법재판소와 대법원 사이에서 서로 다르게 판단하였던 민간인의 국가에 대한 구상권 인정 여부가 더 이상 문제되지 않게 하는 해석론을 채택함으로써 종전의 논란을 우회적으로 해소한 것으로 평가할 수 있다), 이는 국가배상법의 특수한 입법취지 및 구체적인 이해관계를 전제로 한 것으로서, 다른 공동불법행위에 일반적으로 적용될 수 있는 것은 아니지만, 법률에 의한 책임제한의 경우 당해 법률에 관한 개별 · 구체적인 해석론을 통하여 부진정연대채무에 관한 일반 민사법원리와 달리 부분책임 및 절대적 효력이 인정될 수 있음을 보여준다는 점에서도 의미가 있다.

〈참고문헌〉

김남진, "민간인 · 군인의 공동불법행위와 구상권 등", 고시연구 제30권 제5호(제350호), 고시연구사, 2003. 5.

김동희, "공무원이 직무집행 중 불법행위로 타인에게 손해를 입힌 경우, 공무원의 개인책임 성립 여부", 판례월보 제309호, 판례월보사, 1996. 6.

박윤흔, "국가배상법 제2조 제1항 단서에 대한 헌법재판소의 한정위헌결정 및 그 기속력을 부인한 대법원 판례에 대한 평석", 행정판례연구 제7권, 박영사, 2002.

박정훈, "행정판례 반세기 회고", 행정판례연구 제11권, 박영사, 2006.

송덕수, "법률상 책임이 감경된 공동불법행위자에 대한 구상관계 시론", 고시계 제46권 제11호(제537호), 국가고시학회, 2001. 11.

유남석, "군인 등에 대한 국가배상의 배제가 공동불법행위자의 법적 지위에 미치는 영향", 21세기 사법의 전개(송민최종영대법원장 재임기념), 박영사, 2005. 9.

55. 국가배상법상 "법령위반"의 의미

—대법원 1993. 2. 12. 선고 91다43466 판결—

박 균 성*

Ⅰ. 판결 개요

1. 사실의 개요

(1) 제1심 공동피고 1, 2는 총톤수 24t, 선박길이 20.72m, 폭 3.85m, 선원을 포함한 여객정원 87명의 유람선인 기선의 실제소유자로서 이를 공동으로 관리, 운영하면서 소외 1을 선장으로 소외 2를 기관장으로 고용하여 위 유람선을 이용하여 충무항에서 한산도 제승당을 거쳐 해금강까지 왕복하는 노선에서 관광객들을 상대로 하여 위 유람선을 항행하면서 유선업에 종사하고 있었다.

(2) 1987. 6. 16. 11:00경 충무시 항남동 소재 선착장과 제승당에서 위 유람선에 관광객인 소외 허숙자 등 88명과 승무원 2명 도합 90명을 태우고 거제도 해금강 주변을 선회관광하고 시속 13노트로 귀항하던 중, 같은 날 14:50 경 거제군 남부면 다포리 소뚜껑섬 남방 30m 지점 해상에 이르렀던바, 약 4시간 동안 무리하게 과속으로 운항하여 노후된 기관이 과열되고 기관으로부터 약 1.3m 떨어진 배기관에 직경 2.6cm, 0.8cm, 0.3cm 되는 파공이 3개소에 생기게 되고 그 파공을 통해 발화성 배기가스와 불씨 등이 튀어나와 인근의 기름이 묻은 선체벽에 불이 붙어 화재가 발생하였는데, 그 때 위 유람선의 기관장인 소외 2 등이 소화기로 진화코자 하였으나 소화기의 안전핀이 뽑히지 아니하여 조기에 진화하지 못한 까닭에 위 유람선에 타고 있던 이숙자 등 36명을 물에 빠져 익사 또는 소사케 하였다.

(3) 피고 대한민국 산하 마산지방해운항만청 충무출장소 직원인 소외 3, 4는 1987. 3. 13. 위 유람선에 대하여 선박안전법 제5조 제1항에 의한 제1종 중간검사를 시행함에 있어, 소외 3은 갑판부검사를, 소외 4는 기관부검사를 담당하게 되었는데, 그 당시 위 유람

* 경희대학교 법학전문대학원 교수.

선에는 선박용 엔진이 설치되지 아니하고 폐차된 자동차에 부착되었던 260마력짜리의 아주 노후된 자동차엔진이 설치되어 있었으므로 배기열의 과중한 발생으로 기관이 과열될 염려가 있었고, 나무로 된 기관실바닥과 측면에는 경유와 엔진오일 등의 유류가 흠뻑 젖어 유류냄새가 심하게 날 정도였으며, 발전기 및 시동모터의 성능이 좋지 아니하여 운항시 과열현상을 발생케 할 우려가 있었고, 배기관이 직선으로 설치되지 아니하고 굴곡지게 설치되어 곡각지점부분이 열을 많이 받아 심하게 부식되어 있었을 뿐만 아니라 방열장치인 석면이 감겨 있지 아니하였으며 선내에 비치된 소화기에 녹이 슬어 안전핀이 뽑히지 아니할 우려가 있었음에도, 소외 3, 4는 위와 같은 결함과 노후상태를 제대로 검사하지도 아니한 채 중간검사에 합격하였다면서 선박검사증서를 교부하였다.

(4) 피고 충무시의 시장은 1986. 12. 30. 당시 위 유람선의 경영자인 제1심 공동피고 1에게 유선업경영신고필증을 교부함에 있어, 1985. 4. 19.자 마산지방해운항만청장 발행의 선박검사증서상에 안전운행요건으로서의 항해예정시간이 1.5시간 미만으로 되어 있는 것을 간과하고 총소요시간이 3 내지 4시간 정도 되는 항해구간의 경영신고서를 수리하여 그 신고필증을 교부하였고, 위 유람선은 1980. 7.경 진수되어 7년 정도 운항한 까닭에 많이 노후되어 불량한 기관이 많았고, 부식으로 용접을 하거나 고장이 잦는 등 그 밖에 앞서 본 바와 같이 그 유람선의 운항에 위해가 있었음에도 위 유람선의 운항의 지도감독자인 피고 충무시의 시장은 그 소속의 공무원들로 하여금 유선의 안전운항, 단속상 필요한 배의 노후, 부식침수 여부 기타 위험방지상 필요한 시설상황 등을 점검하고, 유선의 안전관리 기타 위해방지에 필요한 임검 등을 하여 위와 같은 위해사실을 시정케 하거나, 유선의 수선, 사용 또는 운항의 제한 등을 명하여야 함에도 이를 이행하지 아니하였다.

2. 소송의 경과

(1) 나영택 외 24인 원고들은 국가, 충무시, 유람선의 소유자 및 공동관리운영자를 상대로 손해배상청구소송을 제기하였다.

(2) 원심인 대구고등법원은 피고들은 위 사고로 인하여 사망한 사람들 및 그와 일정한 신분관계에 있는 원고들의 재산적, 정신적 손해를 배상할 의무가 있다고 하면서 피고들의 손해배상책임을 인정하였다(대구고등법원 1991. 10. 24. 선고 91나1531 판결).

(3) 피고인 대한민국과 충무시는 상고를 하였으나 대법원은 이를 기각하였다.

3. 대법원 판결요지

(1) 공무원에게 부과된 직무상 의무의 내용이 단순히 공공 일반의 이익을 위한 것이거나 행정기관 내부의 질서를 규율하기 위한 것이 아니고 전적으로 또는 부수적으로 사

회구성원 개인의 안전과 이익을 보호하기 위하여 설정된 것이라면, 공무원이 그와 같은 직무상 의무를 위반함으로 인하여 피해자가 입은 손해에 대하여는 상당인과관계가 인정되는 범위 내에서 국가가 배상책임을 지는 것이고, 이때 상당인과관계의 유무를 판단함에 있어서는 일반적인 결과발생의 개연성은 물론 직무상 의무를 부과하는 법령 기타 행동규범의 목적이나 가해행위의 태양 및 피해의 정도 등을 종합적으로 고려하여야 할 것이다.

(2) 선박안전법이나 유선및도선업법의 각 규정은 공공의 안전 외에 일반인의 인명과 재화의 안전보장도 그 목적으로 하는 것이라고 할 것이므로 국가 소속 선박검사관이나 시 소속 공무원들이 직무상 의무를 위반하여 시설이 불량한 선박에 대하여 선박중간검사에 합격하였다 하여 선박검사증서를 발급하고, 해당 법규에 규정된 조치를 취함이 없이 계속 운항하게 함으로써 화재사고가 발생한 것이라면, 화재사고와 공무원들의 직무상 의무위반행위와의 사이에는 상당인과관계가 있다.

(3) 선박 중에서 유선업에 제공되는 선박에 관하여는 유선및도선업법에 의한 규율을 받도록 하되, 그 중 총톤수가 일정기준 이상인 선박에 대한 선박안전검사 등에 관하여는 보다 엄격하게 규정되어 있는 선박안전법에 의한 안전검사를 받도록 하고 그 대신 유선및도선업법에 규정되어 있는 안전검사는 받지 않아도 되는 것으로 일부 적용배제규정을 두고 있는 등 선박안전검사 등에 관하여 일부 선박안전법에 의한 규율을 받는다고 해서 유선및도선업법에 의한 규율이 전면적으로 배제되는 것은 아니다.

(4) 유선업경영신고 또는 변경신고를 받은 시장, 군수가 유선및도선업법 제3조 제3항에 따라 지방해운항만청장에게 통지를 하였다고 하여 유선의 지도 운항 감독에 관하여 관할 시장, 군수에게 부여된 모든 감독책임이 국가 산하의 해운관청으로 이전되는 것이라고 보기는 어렵다.

Ⅱ. 평 석

1. 쟁점정리

대상판결에서 주된 쟁점은 공무원의 직무상 의무위반으로 인한 국가배상책임의 인정문제이다. 판례는 공무원에게 부과된 직무상 의무의 내용이 단순히 공공 일반의 이익을 위한 것이거나 행정기관 내부의 질서를 규율하기 위한 것이 아니고 전적으로 또는 부수적으로 사회구성원 개인의 안전과 이익을 보호하기 위하여 설정된 것인 경우에 한하여 국가배상책임이 인정된다고 한다. 이를 직무상 의무의 사익보호성(개인적 이익보호성)이라 하는데, 이 요건을 위법성의 요소로 볼 것인지 아니면 인과관계의 요소로 볼 것인지 아니면 손해의 요소로 볼 것인지 이론상 대립이 있다. 이에 관한 검토에 앞서 국가배상법상의 법령위반(위법)의 의미에 관하여 고찰 할 필요가 있다.

대상판결에서는 총톤수가 일정기준 이상인 선박에 대한 선박안전검사 등에 관하여 선박안전법에 의한 규율 이외에 유선및도선업법에 의한 규율도 행해지는지와 유선의 지도 · 운항에 대한 지방해운항만청장과 시장 · 군수의 감독책임의 경합 여부가 또한 쟁점이 되었지만, 여기에서 이에 관한 논의는 하지 않기로 한다.

2. 판례의 흐름

판례는 국가배상법상의 '법령위반'은 위법을 의미하는 것으로 본다(대법원 1973. 1. 30. 선고 72다2062 판결).

국가배상법상의 위법이 가해행위의 법에의 위반이라는 행위위법인지 아니면 피해자와의 관계에서 상대적으로 위법성이 인정되는 상대적 위법인지에 관하여 판례는 명확한 입장을 표명하고 있지 않다. 판례는 행위위법설을 취한 경우도 있고, 상대적 위법성설을 취한 경우도 있다. 행위위법설을 취한 예를 들면, 판례는 "국가배상책임은 공무원의 직무집행이 법령에 위반한 것임을 요건으로 하는 것으로서, 공무원의 직무집행이 법령이 정한 요건과 절차에 따라 이루어진 것이라면 특별한 사정이 없는 한 이는 법령에 적합한 것이고 그 과정에서 개인의 권리가 침해되는 일이 생긴다고 하여 그 법령적합성이 곧바로 부정되는 것은 아니다"라고 판시하고 있다(대법원 2000. 11. 10. 선고 2000다26807, 26814 판결). 권한의 불행사가 직무상 의무를 위반하면 위법이라는 판결도 행위위법설에 입각한 것으로 보인다(대법원 1998. 8. 25. 선고 98다16890 판결). 상대적 위법성설을 지지한 것으로 보이는 판결도 적지 않다. 예를 들면, "행정처분의 담당공무원이 보통 일반의 공무원을 표준으로 하여 볼 때 객관적 주의의무를 결하여 그 행정처분이 객관적 정당성을 상실하였다고 인정될 정도에 이른 경우에 국가배상법 제2조 소정의 국가배상책임의 요건을 충족하였다고 봄이 상당할 것이며, 이때에 객관적 정당성을 상실하였는지 여부는 피침해이익의 종류 및 성질, 침해행위가 되는 행정처분의 태양 및 그 원인, 행정처분의 발동에 대한 피해자 측의 관여의 유무, 정도 및 손해의 정도 등 제반 사정을 종합하여 손해의 전보책임을 국가 또는 지방자치단체에게 부담시켜야 할 실질적인 이유가 있는지 여부에 의하여 판단하여야 한다."라고 판시한 판례가 있는데(대법원 2000. 5. 12. 선고 99다70600 판결), 이 판시내용 중 "객관적으로 정당성을 상실한 것"이 국가배상법상의 위법을 지칭하는 것으로 보인다.

판례상 국가배상법상 위법행위의 유형은 다양하다. 공권력 행사 그 자체가 위법한 경우, 가해행위는 적법하나 집행방법상 위법이 있는 경우, 직무상 의무 위반으로서의 위법, 부작위의 위법, 재량권의 일탈 · 남용으로서의 위법 등이 그것이다(박균성, 669-676면).

판례는 명문이 규정이 없는 경우에도 일정한 경우 조리상 공무원의 직무상 손해방지의무 또는 안전배려의무를 인정하고, 그 위반을 위법으로 보고 있다(대법원 2001. 10. 23. 선고 99다36280 판결, 대법원 2001. 5. 29. 선고 99다37047 판결). "국민의 생명, 신체, 재산 등에 대하여 절박하고 중대한 위험상태가 발생하였거나 발생할 우려가 있어서 국민의 생명, 신체, 재산 등을 보호하는 것을 본래적 사명으로 하는 국가가 초법규적, 일차적으로 그 위험 배제에 나서지 아니하면 국민의 생명, 신체, 재산 등을 보호할 수 없는 경우에는 형식적 의미의 법령에 근거가 없더라도 국가나 관련 공무원에 대하여 그러한 위험을 배제할 작위의무를 인정할 수 있을 것이지만, 그와 같은 절박하고 중대한 위험상태가 발생하였거나 발생할 우려가 있는 경우가 아니라면 원칙적으로 공무원이 관련 법령을 준수하여 직무를 수행하였다면 그와 같은 공무원의 부작위를 가지고 '고의 또는 과실로 법령에 위반'하였다고 할 수는 없을 것이므로, 공무원의 부작위로 인한 국가배상책임을 인정할 것인지 여부가 문제되는 경우에 관련 공무원에 대하여 작위의무를 명하는 법령의 규정이 없다면 공무원의 부작위로 인하여 침해된 국민의 법익 또는 국민에게 발생한 손해가 어느 정도 심각하고 절박한 것인지, 관련 공무원이 그와 같은 결과를 예견하여 그 결과를 회피하기 위한 조치를 취할 수 있는 가능성이 있는지 등을 종합적으로 고려하여 판단하여야 할 것이다"(대법원 1998. 10. 13. 선고 98다18520 판결, 대법원 2005. 6. 10. 선고 2002다53995 판결).

명문의 규정이 없는 직무상 손해방지의무는 경찰행정에서 많이 인정되고 있다(대법원 2000. 11. 10. 선고 2000다26807, 26814 판결, 대법원 2005. 7. 22. 선고 2005다27010 판결). "경찰은 범죄의 예방, 진압 및 수사와 함께 국민의 생명, 신체 및 재산의 보호 등과 기타 공공의 안녕과 질서유지도 직무로 하고 있고, 그 직무의 원활한 수행을 위하여 경찰관직무집행법, 형사소송법 등 관계 법령에 의하여 여러 가지 권한이 부여되어 있으므로, 구체적인 직무를 수행하는 경찰관으로서는 제반 상황에 대응하여 자신에게 부여된 여러 가지 권한을 적절하게 행사하여 필요한 조치를 취할 수 있는 것이고, 그러한 권한은 일반적으로 경찰관의 전문적 판단에 기한 합리적인 재량에 위임되어 있는 것이나, 경찰관에게 권한을 부여한 취지와 목적에 비추어 볼 때 구체적인 사정에 따라 경찰관이 그 권한을 행사하여 필요한 조치를 취하지 아니하는 것이 현저하게 불합리하다고 인정되는 경우에는 그러한 권한의 불행사는 직무상의 의무를 위반한 것이 되어 위법하게 된다"(대법원 2004. 9. 23. 선고 2003다49009 판결).

판례는 입법작용과 사법작용의 위법에 관하여 법률이 위헌이거나 판결이 파기된 것이 위법이 아니라 직무상 의무위반을 위법으로 보며 그 위법을 다른 공권력 행사의 위법에 비하여 제한적으로 인정하고 있다. 즉, "국회의원의 입법행위는 그 입법 내용이 헌법의 문언에 명백히 위반됨에도 불구하고 국회가 굳이 당해 입법을 한 것과 같은 특수한 경우가 아닌 한 국가배상법 제2조 제1항 소정의 위법행위에 해당된다고 볼 수 없다" (대법원 1997. 6. 13. 선고 96다56115 판결). "법관이 행하는 재판사무의 특수성과 그 재판과정의 잘못에 대하여는 따로 불복절차에 의하여 시정될 수 있는 제도적 장치가 마련되어 있는 점 등에 비추어 보면, 법관의 재판에 법령의 규정을 따르지 아니한 잘못이 있다 하더라도 이로써 바로 그 재판상 직무행위가 국가배상법 제2조 제1항에서 말하는 위법한 행위로 되어 국가의 손해배상책임이 발생하는 것은 아니고, 그 국가배상책임이 인정되려면 당해 법관이 위법 또는 부당한 목적을 가지고 재판을 하는 등 법관이 그에게 부여된 권한의 취지에 명백히 어긋나게 이를 행사하였다고 인정할 만한 특별한 사정이 있어야 한다고 해석함이 상당하다"(대법원 2001. 4. 24. 선고 2000다16114 판결).

3. 판결의 검토

(1) 국가배상법상의 위법에 관한 학설

학설은 일반적으로 국가배상법상의 '법령 위반'이 위법 일반을 의미하는 것으로 보고 있다. 그러나, 국가배상법상의 위법의 구체적 의미, 내용에 관하여 학설은 대립하고 있다. 위법의 대상 및 판단기준을 무엇으로 보느냐에 따라서 국가배상법상의 위법 개념의 정의 및 내용이 다르게 이해될 수 있다.

㈎ 행위위법설

행위위법설은 국가배상법상의 위법은 행위의 '법규범'에의 위반을 의미한다고 보는 견해이다. 그런데, 행위위법설은 광의와 협의의 둘로 나누어 이해되어야 한다.

1) 협의의 행위위법설 협의의 행위위법설은 국가배상법상의 위법성을 항고소송에서의 위법성과 같이 공권력 행사(행위) 자체의 '법'에의 위반으로 이해한다(김철용, 483-487면).

2) 광의의 행위위법설 광의의 행위위법설은 국가배상법상의 위법을 행위 자체의 법에의 위반뿐만 아니라, 행위의 태양(방법)의 위법, 즉 명문의 규정이 없더라도 공권력 행사의 근거법규(특히 권한근거규정), 관계법규 및 조리를 종합적으로 고려할 때 인정되는 공무원의 '직무상의 손해방지의무'의 위반을 포함하는 개념으로 이해하는 견해이다. 광의의 행위위법설에 의하면 국가배상에서의 위법 개념은 행위의 "법"에의 위반을 의미한다는 점에서 항고소송에서의 위법 개념과 동일하지만, 처분이 아닌 공권력 행사의 위법도 인정되고, 행위 자체의 위법뿐만 아니라 손해방지의무 위반으로서의 위법도 포함한다는 점에서 인정범위가 항고소송에서보다 넓다.

(나) 상대적 위법성설

상대적 위법성설은 국가배상법상의 위법성을 행위 자체의 적법 · 위법뿐만 아니라, 피침해이익의 성격과 침해의 정도 및 가해행위의 태양 등을 종합적으로 고려하여 행위가 피해자에 대한 손해배상의 관점에서 객관적으로 정당성을 결여한 경우를 의미한다고 보는 견해이다. 상대적 위법성설은 일본의 다수설과 판례의 입장이다. 상대적 위법성설은 국가배상책임은 손해전보에 중점이 있으므로 국가배상법상 위법의 판단에서는 피침해이익을 고려하여야 한다는 데 근거한다.

우리나라의 경우 상대적 위법성설을 명시적으로 주장하는 견해는 없지만, 다음과 같이 과거의 다수설은 상대적 위법성설과 유사한 견해를 취하였었다. 즉, 국가배상법상의 위법은 가해행위가 성문법원과 불문법원뿐만 아니라 사회질서 · 공서양속 또는 조리 등을 포함하여 객관적으로 정당하지 못한 것을 의미하는 것으로 이해하는 견해이다(김도창, 629면).

(다) 직무의무위반설

이 견해는 국가배상법상의 위법을 대국민관계에서의 공무원의 직무의무 위반으로 보는 견해이다. 공무원의 직무의무는 기본적으로 국가에 대한 공무원의 내부의무이므로 직무의무 위반만으로는 위법하다고 할 수 없고, 그 직무의무가 국민의 이익에 기여하는 경우에 한하여 그 위반이 위법한 것이 된다고 한다. 즉, 직무의무의 사익보호성을 국가배상법상 위법의 요소로 본다(류지태 · 박종수, 488-491면).

(라) 검　　토

종래의 통설은 상대적 위법성설에 유사한 견해를 취하였지만, 오늘날의 다수견해는 행위위법설을 취하고 있다. 즉, 위법이라 함은 행위가 법규범에 위반한 것을 의미하는 것으로 이해하여야 한다고 본다.

(2) 판　　례

판례는 국가배상법상의 '법령 위반'이 위법 일반을 의미하는 것으로 보고 있다(대법원 1973. 1. 30. 선고 72다2062 판결).

판례는 행위위법설을 취한 경우도 있고, 상대적 위법성설을 취한 경우도 있다. 공권력 행사 자체의 위법이 문제되거나 직무상 의무가 법령에 명시적으로 규정된 경우에는 행위위법설에 의해 국가배상법상의 위법성을 판단하고, 명문의 규정이 없음에도 공무원의 직무상 손해방지의무를 인정하고 그 위반을 위법으로 보는 경우에는 판례가 상대적 위법성설을 취하는 경우가 있다.

상대적 위법성설에 입각한 것으로 보이는 판례는 다음과 같다. 즉, 판례는 어떠한 행정처분이 행정심판이나 행정소송에서 위법을 이유로 취소되었다는 사실만으로 그 취소된 처분이 국가배상법상 위법하다거나 공무원에게 과실이 있다고 볼 수 없다고 하면서, "그 행정처분의 담당공무원이 보통 일반의 공무원을 표준으로 하여 볼 때 객관적 주의의무를 결하여 그 행정처분이 객관적 정당성을 상실하였다고 인정될 정도에 이른 경우에 국가배상법 제2조 소정의 국가배상책임의 요건을 충족하였다고 봄이 상당할 것이며, 이 때에 객관적 정당성을 상실하였는지 여부는 피침해이익의 종류 및 성질, 침해행위가 되는 행정처분의 태양 및 그 원인, 행정처분의 발동에 대한 피해자측의 관여의 유무, 정도 및 손해의 정도 등 제반 사정을 종합하여 손해의 전보책임을 국가 또는 지방자치단체에게 부담시켜야 할 실질적인 이유가 있는지 여부에 의하여 판단하여야 한다"고 판시하였다(대법원 2000. 5. 12. 선고 99다70600 판결). 이 판시내용 중 '객관적으로 정당성을 상실한 것'이 국가배상법상의 위법을 지칭하는 것으로 보인다. 다만, 이 사건에서 국가배상법상 위법보다는 과실의 존재 여부가 직접 문제가 된 것이므로 국가배상법상의 위법 개념에 관한 이 판결의 의미는 제한적일 수밖에 없다.

그리고 판례는 명문의 규정이 없는 경우에도 일정한 경우 공무원의 직무상 손해방지의무를 인정하고 있다(대법원 2000. 11. 10. 선고 2000다26807 판결, 대법원 1998. 8. 25. 선고 98다16890 판결).

(2) 직무상 의무의 사익보호성

(가) 학 설

직무상 의무위반으로 인한 손해에 대해 국가배상책임이 인정되기 위해서는 당해 직무상 의무가 공익의 보호뿐만 아니라 국민 개개인의 이익의 보호도 목적으로 하고 있어야 하는지, 그리고 이를 긍정하는 경우 직무상 의무의 사익보호성이 국가배상법상 위법성의 요소인지 아니면 상당인과관계의 요소인지 아니면 손해의 요소인지에 관하여 견해가 대립하고 있다.

학설 중 국가배상책임의 인정에 있어 직무상 의무의 사익보호성이 요구된다고 하면서 직무상 의무의 사익보호성은 위법성의 요건으로 보는 것이 타당하다고 하고, 그 근거를 취소소송의 위법성과 국가배상법의 위법성을 이원적으로 판단할 이유가 없으며, 또한 반사적 이익이 침해된 경우에는 국가배상의 필요성을 인정하기 어렵다는 점에서 찾고 있는 견해가 있다(정하중, 506면). 이에 대하여 직무상 의무위반으로 인한 손해에 대해 국가배상책임이 인정되기 위해서는 당해 직무상 의무가 공익의 보호뿐만 아니라 국민 개개인의 이익의 보호도 목적으로 하고 있어야 하는 것은 아니며 법상의 직무상 의무 위반이면 가해행위의 위법이 인정된다고 보고(박균성, 668-669면), 단순한 반사적 이익이 침해된 경우에는 손해가 발생하지 않은 것으로 보아야 한다고 하면서 직무상의무의 사익보호성은 손해의 문제로 보아야 한다는 견해도 있다(김남진 · 김연태, 508면).

상당인과관계는 직무상 의무의 사익보호성과는 별개의 문제라고 보는 견해가 있다(홍준형, 736면).

(나) 판 례

판례는 직무상 의무위반으로 인한 손해에 대해 국가배상책임이 인정되기 위해서는 당해 직무상 의무가 공익의 보호뿐만 아니라 국민 개개인의 이익의 보호도 목적으로 하고 있어야 한다고 본다. 다만, 직무상 의무는 법령의 명시적인 근거가 없는 경우에도 조리상 인정될 수 있다고 한다.

그런데, 판례 중에는 직무상 의무의 사익보호성을 위법성의 문제로 보고 있는 것으로 보이는 판례와 상당인과관계의 문제로 보고 있는 것으로 보이는 판례가 있다.

① 위법성의 문제로 본 것으로 보이는 판례 : 구 도시계획법(2000. 1. 28. 법률 제6243호로 전문 개정되기 전의 것), 구 도시계획법시행령(2000. 7. 1. 대통령령 제16891호로 전문 개정되기 전의 것), 토지의형질변경등행위허가기준등에관한규칙 등의 관련 규정의 취지를 종합하여 보면, 시장 등은 토지형질변경허가를 함에 있어 허가지의 인근 지역에 토사붕괴나 낙석 등으로 인한 피해가 발생하지 않도록 허가를 받은 자에게 옹벽이나 방책을 설치하게 하거나 그가 이를 이행하지 아니할 때에는 스스로 필요한 조치를 취하는 직무상 의무를 진다고 해석되고, 이러한 의무의 내용은 단순히 공공 일반의 이익을 위한 것이 아니라 전적으로 또는 부수적으로 사회구성원 개인의 안전과 이익을 보호하기 위하여 설정된 것이라 할 것이므로, 지방자치단체의 공무원이 그와 같은 위험관리의무를 다하지 아니한 경우 그 의무위반이 직무에 충실한 보통 일반의 공무원을 표준으로 할 때 객관적 정당성을 상실하였다고 인정될 정도에 이른 경우에는 국가배상법 제2조에서 말하는 위법의 요건을 충족하였다고 봄이 상당하고, 허가를 받은 자가 위 규칙에 기하여 부가된 허가조건을 위배한 경우 시장 등이 공사중지를 명하거나 허가를 취소할 수 있는 등 형식상 허가권자에게 재량에 의한 직무수행권한을 부여한 것처럼 되어 있더라도 시장 등에게 그러한 권한을 부여한 취지와 목적에 비추어 볼 때 구체적인 사정에 따라 시장 등이 그 권한을 행사하여 필요한 조치를 취하지 아니하는 것이 현저하게 불합리하다고 인정되는 경우에는 그러한 권한의 불행사는 직무상의 의무를 위반하는 것이 되어 위법하게 된다(대법원 2001. 3. 9. 선고 99다64278 판결). 일본의 판례도 직무상 의무의 사익보호성을 위법성의 문제로 보고 있다.

② 상당인과관계의 문제로 본 것으로 보이는 판례 : 공무원이 법령에서 부과된 직무상 의무를 위반한 것을 계기로 제3자가 손해를 입은 경우에 제3자에게 손해배상청구권이 발생하기 위하여는 공무원의 직무상 의무 위반행위와 제3자의 손해 사이에 상당인과관계가 있지 아니하면 아니 되는 것이고, 상당인과관계의 유무를 판단함에 있어서는 일

반적인 결과발생의 개연성은 물론 직무상 의무를 부과한 법령 기타 행동규범의 목적이나 가해행위의 태양 및 피해의 정도 등을 종합적으로 고려하여야 할 것인바, 공무원에게 직무상 의무를 부과한 법령의 보호목적이 사회 구성원 개인의 이익과 안전을 보호하기 위한 것이 아니고 단순히 공공일반의 이익이나 행정기관 내부의 질서를 규율하기 위한 것이라면, 가사 공무원이 그 직무상 의무를 위반한 것을 계기로 하여 제3자가 손해를 입었다 하더라도 공무원이 직무상 의무를 위반한 행위와 제3자가 입은 손해 사이에는 법리상 상당인과관계가 있다고 할 수 없다(대법원 2001. 4. 13. 선고 2000다34891 판결). 최근 판례의 경향은 직무상 의무의 사익보호성을 상당인과관계의 문제로 본다(대법원 2015. 5. 28. 선고 2013다41431 판결 등).

㈐ 판례의 검토

판례는 국가배상법상의 위법 개념에 관하여 행위위법설을 취하면서도, 일부는 상대적 위법성설을 취하기도 하여 일관성 있는 입장을 보이고 있지 못하다. 이에 대하여 현행 판례는 상대적 위법성설을 취하고 있다고 보는 견해도 있다(김남진 · 김연태, 504면). 그러나, 학설의 다수견해가 지지하듯이 국가배상법 위법 개념에 관하여 행위위법설이 타당하다. 행위위법설의 논거는 다음과 같다. ① 본래 위법이란 행위의 법에의 위반을 의미한다. ② 공법관계에서는 특히 행위위법설이 타당하다. 법률에 의한 행정의 원칙상 공권력 행사가 법률에 의하여 규율되고 있으므로 제1차적으로 공권력 행사의 요건법규에의 적합성 여부를 판단하여야 한다. ③ 법률에 의한 행정의 원칙 하에서 국가배상소송을 항고소송과 함께 행정통제(감시)기능을 갖는 제도로 이해하기 위해서는 행위위법설을 취하는 것이 타당하다(박균성, 663-664면).

그리고, 판례는 명문이 규정이 없는 경우에도 일정한 경우 조리상 공무원의 손해방지의무 또는 안전배려의무를 인정하고, 그 위반을 위법으로 보고 있다. 이 견해는 학설에 의해 대체로 지지되고 있다. 이러한 견해(광의의 행위위법설)의 논거는 다음과 같다. 국가배상에 있어서는 행위 자체의 관계법령에의 위반뿐만 아니라 행위의 태양의 위법, 즉 피침해이익과 관련하여 객관적 특수법질서상 요구되는 공무원의 '직무상 손해방지의무 위반'으로서의 위법도 문제가 되어야 한다. 법률에 의한 행정의 원리의 실질적 내용을 이루는 인권보장의 측면에서 볼 때 공무원에게 직무상의 일반적 손해방지의무를 인정하는 것이 타당하다.

판례가 직무상 의무의 사익보호성을 국가배상책임의 인정요건으로 보고 있는 것에 대하여는 비판적 견해가 있다(박균성, 668-669면). 직무상 의무가 법적 의무인 한 그 위반은 위법한 것이다. 또한, 인과관계는 기본적으로 사실의 문제인데, 공무원에게 직무상 의무를 부과한 법령의 보호목적이 사회 구성원 개인의 이익과 안전을 보호하기 위한 것이 아니고 단순히 공공일반의 이익이나 행정기관 내부의 질서를 규율하기 위한 것이라는 이유만으로 공무원이 직무상 의무를 위반한 행위와 제3자가 입은 손해 사이에 상당인과관계를 부정하는 것은 타당하지 않다(홍준형, 736면). 다만, 단순한 반사적 이익이 침해된 경우에는 손해가 발생하지 않은 것으로 보아 국가배상책임을 부정할 수 있다. 그렇다고 하더라도 직무상 의무를 정하는 법규범이 공익의 보호만을 목적으로 하고 있다는 것과 침해된 이익이 반사적 이익이라는 것과는 일단 별개의 문제이다.

4. 판례의 의미 및 전망

명문의 규정이 없음에도 손해방지를 위한 직무상 의무를 인정한 점은 의의가 있다. 다만, 앞으로 명문의 규정이 없는 경우에도 손해방지를 위한 직무상 의무를 인정하여야 하는 법적 근거와 그 기준을 보다 구체적으로 명확히 하여야 할 것이다.

판례가 직무상 의무위반으로 인한 손해에 대하여 국가배상책임이 인정되기 위해서는 당해 직무상 의무가 공익뿐만 아니라 국민 개개인의 이익을 보호목적으로 하고 있어야 한다고 한 것은 재검토를 요한다. 우선 직무상 의무의 사익보호성이 위법성의 요소인지, 인과관계의 요소인지, 손해의 요소인지 이론적 검토를 통하여 명확히 하여야 할 것이다. 직무상 의무의 사익보호성을 위법성이나 인과관계의 문제로 보는 것은 이론상 문제가 있다.

〈참고문헌〉

김남진 · 김연태, 행정법 I 제9판, 법문사, 2005.
김도창, 일반행정법론(상) 제4전정판, 청운사, 1993.
김동희, 행정법 I 제13판, 박영사, 2007.
김철용, 행정법 I 제12판, 박영사, 2009.
류지태 · 박종수, 행정법신론 제15판, 박영사, 2011.
박균성, 행정법론(상) 제8판, 박영사, 2009.
손지열, "국가배상에 있어서의 위법성과 인과관계", 민사판례연구 16권, 박영사, 1994. 5.
정하중, 행정법개론 제3판, 법문사, 2009.
홍준형, "직무상 의무와 인과관계", 판례행정법, 두성사, 1999. 1.

56. 국가배상법상 과실의 의미

— 대법원 1987. 9. 22. 선고 87다카1164 판결 —

송 진 현*

Ⅰ. 판결개요

1. 사실관계

소외인 A는 1975. 2. 4. 사망하여 같은 해 3. 3. 사망신고가 됨으로써 제적되었는데, 소외인 B가 대전지방법원 천안지원에서 위 망인과 1973. 11. 1.부터 1975. 2. 3.까지 사실상 혼인관계에 있었음을 확인한다는 심판을 받아 이에 기하여 1979. 4. 3. 천안시 호적공무원에게 위 망인과의 혼인신고를 하고 그 호적공무원이 위 혼인신고를 수리하여 위 망인의 제적부에 위 B와의 혼인을 기재하고 위 망인의 호주 상속인인 소외인 A'의 호적부에 B를 계모로 기재하였으며 위 B가 1979. 4. 16. 위 제적등본과 호적등본을 첨부하여 위 망인의 소유인 이 사건 각 부동산에 관하여 재산상속으로 인한 소유권이전등기신청을 하였고 대전지방법원 천안지원 등기공무원이 위 등기신청을 수리하여 이 사건 부동산에 대한 위 망인의 소유권 또는 공유지분 중 각 5분의 1 지분에 관하여 위 B 명의로 재산상속을 원인으로 한 공유지분이전등기를 하였으며, 소외인 C는 1979. 12. 1.위 B로부터 이사건 부동산에 대한 위 B의 공유지분에 관하여 이전등기를 경료받았다.

상호신용금고인 원고(X)는 1983. 9. 10. 소외인 C'에게 금100,000,000원을 대출하면서 그 담보로서 이 사건 부동산 중 위 C의 각 공유지분에 대하여 근저당권을 설정받았는데 위 C'가 대출원리금을 변제하지 아니하여 1984. 5. 이 사건 부동산에 대한 임의경매절차를 진행하던 중에 위 망인의 재산상속인인 소외인 A', A"의 신청으로 인한 임의경매 절차정지 가처분결정에 의하여 경매절차가 정지되었고, 위 A', A"가 원고(X)를 상대로 이 사건 부동산에 대한 원고(X) 명의의 각 근저당권설정등기의 말소등기청구소송을 제기하여 이 사건 부동산 중 재산상속으로 인한 위 B 명의의 각 공유지분이전등기는 원인무효

---

* 법무법인(유) 로고스 변호사.

의 등기이므로 이에 터잡아 이루어진 원고(X) 명의의 위 각 근저당권설정등기 역시 무효라는 이유로 그 말소등기절차를 이행하라는 판결을 받았고 이 판결이 확정됨으로써 위 담보권을 상실하고 이 담보권을 믿고 대출하였던 위 대출금의 회수가 불가능하게 되어 대출원리금에 해당하는 금액 상당의 손해를 입었다.

2. 소송경과

원고(X)는 서울민사지방법원에 국가를 상대로 위 대출원리금과 그 지연손해금 상당의 손해를 배상하라는 손해배상 청구의 소를 제기하였으나 패소 판결을 받았고, 이에 서울고등법원에 항소하였으나 항소기각의 패소 판결을 받았다.

원고(X)는 서울고등법원의 판결에 대하여 대법원 87다카1164호로 상고허가신청을 하여 허가를 받고 상고하였으나 대법원은 1987. 11. 15. 상고를 기각한다는 판결을 하였다.

3. 판결요지

(1) 원심판결

사실상 혼인관계에 있어서 배우자가 사망하였을 경우에 검사를 상대로 하여 사실상 혼인관계 존재확인 심판청구를 하고, 그 심판에 기하여 혼인신고(나아가서 재산상속)를 할 수 있는지에 관하여 대법원의 판례도 명확하지 아니하고 학자들의 견해도 대립되어 있어서 이에 대한 법령의 해설이 복잡하고 어려우며, 이 건의 경우 가사 원고 주장과 같이 위 B와 망인이 과거에 사실상 혼인관계에 있었음을 확인한다는 위 심판(그 이유 설시로 미루어볼 때 B가 위 심판에 기하여 혼인신고 및 재산상속을 하는 것을 긍정하는 취지로 보인다)에 기하여 호적공무원이 B와 망인의 혼인신고를 접수하여 주고 또 이에 기하여 등기공무원이 이 사건 부동산에 대하여 B 명의로 재산상속으로 인한 각 공유지분이전등기를 하여 주었다고 하더라도 호적법(당시) 제76조의2, 법시행령 제50조 제1항, 제62조 제1항 및 부동산등기법 제53조, 제55조, 제40조, 제41조의 각 규정에 의하면, 호적공무원이나 등기공무원은 혼인신고서나 등기신청서를 접수하는 경우에는 일정한 절차를 밟은 다음, 그 신청서류에 대하여 형식적인 심사를 하여 요건을 구비하였다면 지체없이 호적부나 부동산등기부에 등재할 의무가 있다 할 것인즉, 위 각 공무원들이 이 건 혼인신고 및 재산상속으로 인한 소유권이전등기 신청을 형식적인 요건을 갖추었다고 보고 받아들였다 하여 그 사실만으로는 위 공무원들의 직무집행상 과실에 기하였다고는 볼 수 없고 달리 위 공무원들에게 위의 직무집행상 잘못이 있다고 인정할 아무런 증거가 없다.

그렇다면 위 호적공무원 및 등기공무원의 직무집행상의 과실을 전제로 한 원고의 이 사건 청구는 이유 없다.

(2) 대법원 판결

공무원의 직무집행상의 과실이라 함은 공무원이 그 직무를 수행함에 있어 당해 직무를 담당하는 평균인이 보통(통상) 갖추어야 할 주의의무를 게을리한 것을 말한다.

시, 구, 읍, 면의 호적공무원의 호적신고에 대한 심사는 신고인이 제출하는 법정의 첨부서류 만에 의하여 법정의 요건을 구비하고 있는지, 절차에 부합하는지의 여부를 형식적으로만 심사하는 것이고 그 신고사항의 실체적 진실과의 부합여부를 탐지하여 심사하여야 하는 것은 아니며, 등기공무원도 등기신청이 있는 경우에 당해 등기원인의 실질적 요건을 심사함이 없이 다만 그 외의 형식적 요건만을 심사하여 그것이 구비되어 있으면 가사 실질적 등기원인에 하자가 있다 하더라도 그 등기신청을 받아들여 등기하여야 한다.

호적공무원은 형식상 확정판결(심판)이 있어 그 호적신고를 수리하고 등기공무원은 형식상 위와 같은 호적등본이 있어 그 등기신청을 수리한 것이므로 그들의 업무처리가 결과적으로 잘못된 것이기는 하나 이를 두고 굳이 그 직무집행상의 과실이라고 볼 수는 없다.

Ⅱ. 평　　석

1. 쟁점정리

이 대법원 판결이 나왔을 당시의 헌법 제28조 제1항에서는 "공무원의 직무상 불법행위로 손해를 받은 국민은 법률이 정하는 바에 따라 국가 또는 공공단체에 정당한 배상을 청구할 수 있다. 그러나 공무원 자신의 책임은 면제되지 아니한다."고 규정하고 있었고, 이 대법원 판결이 나오고 약 한 달이 지난 후 1987. 10. 29. 공포되어 시행되고 있는 현행 헌법 제29조 제1항에서는 위 문구 중 '그러나' 부분이 '이 경우'로 바뀐 것 외에는 종전과 같이 규정하고 있다. 한편 이러한 헌법적 근거에 의하여 제정된 국가배상법 제2조 제1항은 그 본문에서 "국가 또는 지방자치단체는 공무원이 그 직무를 집행함에 당하여 고의 또는 과실로 법령에 위반하여 타인에게 손해를 가하거나, 자동차손해배상보장법의 규정에 의하여 손해배상의 책임이 있는 때에는 이 법에 의하여 그 손해를 배상하여야 한다."고 규정하고 있다. 헌법에서 '공무원의 직무상 불법행위'로 표현된 부분이 국가배상법에서는 '공무원이 그 직무를 집행함에 당하여 고의 또는 과실로 법령에 위반하여'로 구체화되어 있다고 할 수 있다.

국가배상책임(지방자치단체의 배상책임도 같다)의 성질이 국가가 자기의 행위에 따른 국가작용의 흠으로 인하여 피해자에게 직접 책임을 지게 되는 자기책임이냐, 원래는 공무원만이 책임을 져야 할 것인데 피해자구제를 위하여 가해 공무원을 대위하여 책임을 지는 것이냐 하는 점이 다투어져 왔는데, 현재 우리나라의 국가배상법의 규정은 이른바 대위책임적인 구조로 되어 있다는 데 행정법 학자들의 견해가 대체로 일치하고 있어 직무상 '불법행위를 저지른' 또는 '그 직무를 집행함에 당하여 고의 또는 과실로 법령에 위반한' 공무원 개인이 그 행위로 인하여 손해를 입은 피해자에게 책임을 진다고 평가될 경우에만 국가배상책임이 성립되게 되며, 따라서 여기에서 '공무원이 그 직무를 집행함에 당하여 … 과실로 법령에 위반 …'하였다는 것이 무엇을 의미하는 지가 이론상 논의되고 있다.

이 대법원 판결은, 공무원의 직무집행상의 과실이라 함은 공무원이 그 직무를 수행함에 있어 당해직무를 담당하는 평균인이 보통(통상) 갖추어야 할 주의의무를 게을리 한 것을 말하는 것이라고 판시하여 국가배상법상의 과실을 상당히 객관화된 추상적 과실로 보고 있는 듯하다. 그리하여 이 사건에서는 결과는 부당하지만 사무를 처리한 담당 호적 공무원이나 등기공무원에게 위 판시와 같은 정도의 과실이 인정되지 않는다 하여 국가배상책임을 부정한 원심 판결을 유지하였다.

따라서 이 사건에서의 쟁점은 결과적으로 부당하게 된 공무원의 사무처리로 인하여 피해를 당한 피해자에 대한 국가의 배상책임의 유무라고 하겠다.

2. 관련판례

이 사건 이전에 국가배상법상의 과실에 관하여 판시한 판례로는, 대법원 1978. 8. 22. 선고 78다877 판결에서 "서울시가 토지구획정리사업의 일부로 한 매립공사를 시행함에 있어 설계변경으로 저지대가 생기게 하고 그 저지대에 형성된 웅덩이에 대하여 배수시설이나 위험방지시설을 전연 하지 아니한 채 방치한 관계로 그 웅덩이에서 주민이 실족익사하였다면 그 담당공무원에게 과실이 있다 할 것이다"고 한 것이 보인다. 대상 판결 이후에 이 판례의 취지를 따라 국가배상책임을 부정한 판결을 보면, 대법원 1997. 7. 11. 선고 97다7608 판결에서 "행정청이 관계 법령의 해석이 확립되기 전에 어느 한 설을 취하여 업무를 처리한 것이 결과적으로 위법하게 되어 그 법령의 부당집행이라는 결과를 빚었다고 하더라도 처분 당시 그와 같은 처리 방법 이상의 것을 성실한 평균적 공무원에게 기대하기 어려웠던 경우라면 특별한 사정이 없는 한 이를 두고 공무원의 과실로 인한 것이라고는 할 수 없기 때문에, 그 행정처분이 후에 항고소송에서 취소되었다고 할지라도 당해 행정처분이 곧바로 공무원의 고의 또는 과실로 인한 불법행위를 구성한다고 단정할 수는 없다(자동차정비업에 대한 허가신청을 받은 행정관청이 주민들의 민원이 해소되지 않았다는 이유로 내린 허가거부처분이 후에 항고소송으로 취소된 경우, 그 거부처분을 행한 경위에 비추어 담당 공무원에게 직무상 과실이 없다고 한 사례)"고 한 것과 대법원 1997. 8. 26. 선고 96다33143 판결에서 "새로이 지정항만으로 개항한 지역에 대하여 수로측량을 하지 아니하고 기왕의 수로조사성과에 따라 해도를 발간함으로써 암초가 해도에 표시되지 않아 그 암초에 의하여 선박이 손해를 입은 사안에서, 전국에 산재한 항만의 수로측량에는 막대한 비용과 시간이 소요되는 것이어서 법에서도 장기계획에 따라 연차적으로 이를 시행하도록 규정되어 있고, 이건 항구에 대하여도 장기계획에 따라 수로측량이 예정되어 있었던 점을 고려한다면 새로운 측량을 하지 아니하고 기왕의 수로조사성과에 따라 해도를 발간한 것이 위법하다고 할 수 없다"는 이유로 국가배상책임의 성립을 부정한 사례가 있으며, 대법원 2005. 2. 25. 선고 2003다13048 판결에서, "등기관은 등기신청에 대하여 부동산등기법상 그 등기신청에 필요한 서면이 제출되었는지 여부 및 제출된 서면이 형식적으로 진정한 것인지 여부를 심사할 권한을 갖고 있으나 그 등기신청이 실체법상의 권리관계와 일치하는지 여부를 심사할 실질적인 심사권한은 없으므로, 등기관으로서는 오직 제출된 서면 자체를 검토하거나 이를 등기부와 대조하는 등의 방법으로 등기신청의 적법 여부를 심사하여야 할 것이고, 이러한 방법에 의한 심사 결과 형식적으로 부진정한, 즉 위조된 서면에 의한 등기신청이라고 인정될 경우 이를 각하하여야 할 직무상의 의무가 있다고 할 것이지만, 등기관은 다른 한편으로 대량의 등기신청사건을 신속하고 적정하게 처리할 것을 요구받기도 하므로 제출된 서면이 위조된 것임을 간과하고 등기신청을 수리한 모든 경우에 등기관의 과실이 있다고는 할 수 없고, 위와 같은 방법의 심사 과정에서 등기업무를 담당하는 평균적 등기관이 보통 갖추어야 할 통상의 주의의무만 기울였어도 제출 서면이 위조되었다는 것을 쉽게 알 수 있었음에도 이를 간과한 채 적법한 것으로 심사하여 등기신청을 각하하지 못한 경우에 그 과실을 인정할 수 있다"고 이 사건 대법원 판결을 인용하여 전제한 다음, "판결서를 첨부 서면으로 한 등기신청을 접수한 등기관으로서는 등기신청에 필요한 서면이 모두 제출되었는지 여부, 그 서면 자체에 요구되는 형식적 사항이 구비되었는지 여부, 특히 확정된 판결서의 당사자 및 주문의 표시가 등기신청의 적법함을 뒷받침하고 있는지 여부 등을 제출된 서면과 등기부의 상호 대조 등의 방법으로 모두 심사한 이상 그 형식적 심사의무를 다하였다고 할 것이고, 위 판결서에 법률이 정한 기재 사항이 흠결되어 있거나 조잡하게 기재되어 있는 등 그 외형과 작성 방법에 비추어 위조된 것이라고 쉽게 의심할 만한 객관적 상황도 존재하지 않는 경우, 등기관이 판결서의 기재 사항 중 신청된 등기의 경료와 직접적으로 관련되어 있는 것도 아니고, 그 기재 방법의 차이로 인하여 판결의 효력에 어떠한 영향도 주지 않는 기재 사항까지 일일이 검토하여 그것이 재판서양식에 관한 예규 및 일반적인 작성 관행 등에서 벗어난 것인지 여부를 파악한 다음 이를 토대로 그 위조 여부에 관하여 보다 자세한 확인을 하여야 할 주의의무가 있다고는 할 수 없다"고 한 뒤, "등기신청의 첨부 서면으로 제출한 판결서가 위조된 것으로서 그 기재 사항 및 기재 형식이 일반적인 판결서의 작성 방식과 다르다는 점만을 근거로 판결서의 진정성립에 관하여 자세한 확인절차를 하지 않은 등기관의 직무상의 주의의무위반을 이유로 국가배상책임을 인정한 원심판결을 파기환송하였다.

한편 국가배상책임을 긍정한 사례로는 대법원 2000. 9. 5. 선고 99다40302 판결에서, "원래 구 국공유재산처리임시특례법(1962. 7. 14. 법률 제1098호, 1965. 6. 30. 실효) 제5조 제1항 단서 제2호에 의하여 제1심 및 원심 공동피고 사찰에게 수의매각된 이 사건 부동산에 관하여 사찰이 아니라 당시 그 주지이던 소외인 개인 앞으로 소유권이전등기가 마쳐진 것은 소외인의 신청에 의하여 매도증서를 다시 작성하여 주었던 피고 산하 논산세무서의 성명불상 공무원이 허위의 소유권이전등기가 마쳐지지 않도록 이 사건 부동산의 진정한 매수인이 누구인지를 잘 살펴 매수인을 정확하게 표시한 매도증서를 작성하여 줄 주의의무에 위반하여 이를 제대로 확인하지 아니하고 소외인 개인을 매수인으로 표시한 매도증서를 작성하여 준 과실로 인한 것이라고 판단한 것은 수긍이 가고"라고 판시한 것이 보인다.

3. 판결의 검토

(1) 과실 개념의 객관화

위법성이 국가배상책임의 객관적 책임요건인 데 대하여 고의 또는 과실은 국가배상책임의 주관적 책임요건이라고 설명되고 있는 것이 보통이다.

이 때의 과실은 민법 제750조의 그것과 다르지 않다고 주장하는 학자(윤세창, 286면)도 있지만 통설은 공무원의 위법행위로 인한 국가작용의 흠(김도창, 572면), 또는 당해 직무를 담당하는 공무원이 통상 갖추어야 할 주의의무를 해태한 것을 의미한다고 한다. 이 사건 대법원 판결이 공무원의 직무집행상의 과실이라 함은 공무원이 그 직무를 수행함에 있어 당해 직무를 담당하는 평균인이 보통(통상) 갖추어야 할 주의의무를 게을리 한 것을 말하는 것이라고 판시한 것은 통설의 입장과 같이 과실의 개념을 추상적 과실로 보고 있다고 하겠다. 즉 당해 가해공무원의 주의능력을 기준으로 하여 판단하는 것이 아니라 당해 직무를 담당하는 평균적 공무원의 주의능력을 기준으로 판단하므로 당해 공무원이 행위능력이나 책임능력을 갖지 아니한 경우에도 국가배상책임을 인정할 수 있으며, 나아가 가해 공무원을 구체적으로 특정할 필요도 없다. 또한 공무원 개개인에게 어떠한 과실이 있다고 평가할 수는 없으나 결과적으로 국가 행정작용에 흠이 있었다고 인정되는 경우, 특히 인적, 물적 뒷받침이 제대로 되지 아니한 구조상의 문제점이 있는 경우 등에도 과실 있음을 인정하여 국가배상책임을 긍정하는 쪽으로 해석할 필요가 있을 것이다.

(2) 위법, 무과실의 경우와 국가배상책임

판례는 과실을 국가배상책임의 주관적 책임요건으로 보고, 그 의미를 공무원이 그 직무를 수행함에 있어 당해 직무를 담당하는 평균인이 보통(통상) 갖추어야 할 주의의무를 게을리한 것을 말한다고 하고 "법령에 대한 해석이 복잡 미묘하여 워낙 어렵고 이에 대한 학설 · 판례조차 귀일되지 못하여 의심이 없을 수 없는 경우에 공무원이 그 나름대로 신중을 다하여 합리적인 근거를 찾아 그 중 어느 한 설을 취하여 내린 해석이 대법원이 가린 바 그것과 같지 않아 결과적으로 잘못된 해석에 돌아가고 그에 따른 처리가 역시 결과적으로 위법하게 되어 그 법령의 부당집행이란 결과를 빚었다고 하더라도 그와 같은 처리방법 이상의 것을 성실한 평균적 공무원에게 기대하기란 어려운 일이므로 다른 특별한 사정이 없으면 그러한 설을 취한 처리가 공무원의 과실에 의한다고 일컬을 수 없다 할 것이다"고 판시(대법원 1973. 10. 10. 선고 72다2583 판결)하여 위법, 무과실의 행위로 인한 피해자의 손해에 대하여는 국가배상책임을 부정하고 있으며, 이 사안의 경우도 결국 위법, 무과실의 행위로 인한 손해발생이므로 국가배상책임은 없다는 결론이다.

고의 또는 과실에 인한 위법행위로 법익침해를 받은 피해자는 국가배상에 의하여 구제 받을 수 있고, 법령에 의한 적법한 행정작용으로 인하여 재산권침해를 받은 피해자는 손실보상의 규정이 있는 경우에 한하여 행정상 손실보상을 받을 수 있다. 그런데 이 사안과 같이 위법, 무과실에 인한 행정작용에 의하여 법익침해가 발생한 경우에는 피해자가 그 손해를 배상이나 보상 받을 방법이 없고 피해자가 그 손해를 감수하여야 한다는 결론이다. 현행 국가배상법의 해석론적으로는 이러한 결론이 타당한 것인지 모르나 피해자 구제의 측면에서는 불합리하고 부당하다고 하지 않을 수 없다. 이러한 불합리성이나 부당성은 법령에 보상규정을 두지 아니한 적법한 행정작용에 의하여 재산권침해가 발생한 경우에도 생긴다. 이때는 헌법의 규정에 따라 직접 보상 내지 배상 받을 수 있느냐가 논의된다.

이러한 위법, 무과실의 경우도 국가배상책임이 성립되도록 하기 위하여 과실을 주관적 책임요건으로 파악하지 아니하고 객관적 관념으로 파악하여 이를 한마디로 표현하여 국가작용의 흠으로 정의할 수 있을 것으로 본다는 견해가 있다(김동희, 국가배상법에 있어서의 과실관념에 관한 일고; 박균성 국가배상법상의 위법과 과실: 판례를 중심으로).

그러나 위법한 법익침해가 발생되기만 하면 공무원의 과실 유무를 떠나 언제나 당연히 국가배상책임이 있다고 보는 것도 지나친 면이 있으므로 그와 같이 해석한다 하더라도 손실보상에서의 특별한 희생의 개념을 행정상 손해배상의 경우에도 도입하여 제한할 필요가 있지 않을까 생각해 보기도 한다.

4. 판결의 의미와 전망

대법원 1987. 9. 22. 선고 87다카1164 판결은 국가배상법상의 책임요건으로서의 과실을 주관적 책임요건으로 보되 평균적인 공무원의 주의의무를 게을리 한 것이라고 하는 통설의 입장에 따라 추상화 시키고 있다. 대법원 2005. 2. 25. 선고 2003다13048 판결은 이 판결의 입장을 따르는 것이라고 하겠다.

법령의 해석이 복잡하고 이에 관한 학설이 여러 갈래며 판례도 확립되어 있지 아니한 경우 어느 한 학설을 취하여 법령을 집행한 공무원의 처리가 대법원의 견해와 달라 결과적으로 잘못 되었다고 하더라도 이를 공무원의 과실이라고 볼 수는 없다는 대법원 판결은 과실을 여전히 국가배상책임의 주관적 책임요건으로 파악하고 이러한 경우 공무원에게 과실을 인정하는 것은 그 공무원에 대하여 가혹한 것이라는 생각에서 나온 것이 아닌가 한다. 그러나 이러한 경우에 국가배상책임을 부정하면 그로 인해 피해를 입은 피해자는 정말 억울하기 짝이 없을 것이다. 그러므로 이 경우에 국가배상책임을 인정하면서 그 공무원에 대한 구상권을 인정하지 아니하면 앞에서 본 불합리성이나 부당성이 생기지 아니하고 형평의 관념에도 적합하므로 이러한 방향으로 나아가야 될 것이고 그렇게 기대해 본다.

〈참고문헌〉

김남진, 행정법 Ⅰ 제3판, 법문사, 1990.
김도창, 일반행정법론(상) 제4전정판, 청운사, 1993.
김동희, 행정법 Ⅰ, 박영사, 1991.
김동희, "국가배상법에 있어서의 과실관념에 관한 일고", 법무자료 141집: 국가배상제도의 제문제, 법무부법무국, 1991. 6.
류지태, 행정법신론 제7판, 신영사, 2003.
박균성, "국가배상법상의 위법과 과실: 판례를 중심으로", 단국대 법학논총 18집, 단국대학교, 1992. 10.
박균성, "국가배상법상의 위법과 과실에 관한 이론과 판례", 행정법연구 창간호, 행정법이론실무연구회, 1997. 6.
박균성, "현행 행정상 손해전보제도의 흠결과 보충", 법무자료 141집: 국가배상제도의 제문제, 법무부법무국, 1991. 6.
변재옥, "국가배상법 제2조의 몇 가지 문제점", 고시연구 23권 1호(262호), 고시연구사, 1995. 12.
윤세창, 행정법총론, 박영사, 1972.

이상규, 신행정법론(상) 제6전정판, 법문사, 1988.

이상규, "국가배상책임요건으로서의 과실과 위법성", 변호사: 법률실무연구 23집, 서울지방변호사회, 1993. 1.

임욱빈, "국가배상책임과 등기공무원 개인책임에 관한 소고", 사법연구자료 23집, 법원행정처, 1996. 12.

57. 국가배상법상 "직무를 집행하면서"의 판단기준

—대법원 1966. 6. 28. 선고 66다781 판결—

유 남 석*

Ⅰ. 판결개요

1. 사실관계 및 소송경과

공무원인 소외 1의 총기 오발행위로 인하여 소외 2가 사망하였다. 소외 2의 유족인 원고가 국가를 피고로 하여 배상청구를 하였는데, 원심(서울고등법원)은 1966. 3. 23. 원고의 청구를 기각하는 판결을 선고하였다. 이에 원고가 상고를 하였고, 대법원은 1966. 6. 28. 원심이 국가배상법의 법리를 오해하였다는 이유로 원심판결을 파기환송하였다.

2. 판결요지

[원심판결의 요지]

"소외 1의 총기 오발행위는 사용을 위한 행위로서, 그 직무의 집행에 종사한 것이 아님이 명백하고, 소외 2(죽은 피해자)가 그와 같은 사정을 알고 있는 이상, 비록 소외 1이 공무원이었고, 외견상 공무집행 행위와 밀접한 관계가 있었다하더라도, 소외 2의 사망에 관하여 피고(국가)가 책임을 부담하는 것으로 볼 수 없다."

[대법원 판결의 요지]

"국가배상법 제2조 제1항에서 말하는 '직무를 행함에 당하여'라는 취지는 공무원의 행위의 외관을 객관적으로 관찰하여 공무원의 직무행위로 보여질 때에는 비록 그것이 실질적으로 직무집행행위이거나 아니거나 또는 행위자의 주관적 의사에 관계없이 그 행위는 공무원의 직무집행행위로 볼 것이요, 이러한 행위가 실질적으로 공무집행행위가 아니라는 사정을 피해자가 알았다 하더라도 그것을 국가배상법 제2조 제1항에서 말하는 '직무를 행함에 당하여'라고 단정하는 데 아무러한 영향을 미치는 것은 아니다(대법원

* 서울고등법원 부장판사.

1966. 3. 22. 선고 66다117 판결 참조). 이러한 점에서 볼 때 원심이 소외 1의 총기오발행위를 객관적인 기준에서 평가한 흔적은 전혀 보이지 아니한 채 막연히 소외 1의 총기오발행위가 실질적인 면에서 볼 때 사용을 위한 행위이므로 그 직무집행에 종사한 것이 아니라고 단정한 것은 잘못이라 할 것이다."

Ⅱ. 평 석

1. 쟁점정리

국가배상법 제2조 제1항 본문은 "국가나 지방자치단체는 공무원이 직무를 집행하면서 고의 또는 과실로 법령을 위반하여 타인에게 손해를 입히거나, 자동차손해배상 보장법에 따라 손해배상의 책임이 있을 때에는 이 법에 따라 그 손해를 배상하여야 한다."고 규정하고 있다. 따라서 공무원의 불법행위에 의해 타인에게 가해진 손해에 대하여 국가가 배상책임을 지기 위해서는 그 공무원의 불법행위가 '직무를 집행하면서' 행해졌을 것을 요건으로 한다. 다만 자동차손해배상 보장법에 따른 배상책임이 성립하기 위하여는 국가 또는 지방자치단체가 '자기를 위하여 자동차를 운행하는 자'의 지위에 있으면 충분하고, 이와 별도로 '직무를 집행하면서'의 요건을 필요로 하지 않는다. 그렇지만 자동차 중 군수품에 대하여는 자동차손해배상 보장법이 적용되지 않는다(같은 법 제2조 제1항, 자동차관리법 제2조 제1호 단서, 군수품관리법 제2조 등 참조).

국가배상책임의 요건인 공무원의 직무에는 권력적 작용만이 아니라 비권력적 작용도 포함되며 단지 행정주체가 사경제주체로서 하는 활동만 제외된다(대법원 1999. 11. 26. 선고 98다47245 판결, 대법원 2001. 1. 5. 선고 98다39060 판결). 여기에서 '직무를 집행하면서'(국가배상법이 2008. 3. 14. 전문개정되기 전에는 '그 직무를 집행함에 당하여'라고 되어 있었음)의 판단기준에 관하여는, 실질설, 외형설 등 여러 가지 견해가 제기되었다.

2. 관련판례

대상판결은 국가배상법 제2조 소정의 '직무를 집행함에 당하여'의 판단기준에 관하여 직전에 내려진 미공간의 대법원 1966. 3. 22. 선고 66다117 판결의 판시내용을 그대로 원용하고 있다. 위 판결은 육군 부대의 병장이 하급자인 트럭 운전병에게 권유하여 공휴일에 관리책임 장교 몰래 트럭을 보관장소에서 마음대로 꺼내어 온천장에 갔다가 소주를 마시게 하고 유흥하다가 돌아오는 도중 운전병의 운전부주의로 인한 교통사고로 위 병장이 사망한 사안에 관한 것인데, 원심은 위 트럭운행이 주관적으로나 객관적으로나 공무집행이 아니고 오직 사용을 위하여 행하여진 것이며 그와 같은 사정을 피해자가 알고 있었으니 이러한 경우의 차량운행은 공무원이 '직무를 행함에 당하여' 일어난 사고가 될 수 없다는 견해로 국가배상책임을 부정하였다. 이에 대하여 대법원은 위에서 설시한 판단기준에 비추어 본건 군용트럭 운전행위 그 자체가 공무가 아니라고 단정할 수 없다고 함으로써 원심의 위 판단이 잘못되었음을 지적하고, 그렇지만 본건에서 피해자 스스로가 군용트럭에 대한 국가의 관리권 행사를 침해한 것으로 피해자 스스로의 행위에 의하여 손해발생의 결과를 초래한 것이라는 이유로 국가배상책임을 부정하였다.

3. 판례의 검토

(1) '직무를 집행하면서'의 판단기준

(가) 학설의 입장

국가배상법 제2조 제1항의 '직무를 집행하면서'라 함은 직무행위 자체는 물론 직무수행의 수단으로 행한 행위 또는 부수적 행위 등 직무와 밀접히 관련된 행위를 포함한다고 보는 것이 일반적인 견해이다. 그리고 그 판단에 있어서는 당해 행위가 현실적으로 공무원의 정당한 권한 내의 것인지 또는 공무원이 주관적으로 직무집행의 의사를 갖고 있는지의 여부와는 관계없이 객관적으로 직무행위의 외형을 갖추고 있는지의 여부에 따라 판단하여야 한다는 것이 통설의 입장이다. 이러한 견해는 사용자책임을 규정한 민법 제756조 소정의 '사무집행에 관하여'에 대한 판단과 그 궤를 같이 한다. 민법상 사용자책임의 근거가 피용자의 행위에 의하여 그만큼 사회적 활동이 확장되어 있다는 점에 있는 만큼 '사무집행에 관하여'라는 요건은 객관적으로 사무의 범위 내라고 인정되는 것을 의미한다는 견해가 외형표준설 또는 객관주의라고 불리는 것으로 통설이 되었다. 따라서, 직무집행이란 객관적으로 직무행위의 외형을 갖추고 있으면 충분하고 사실상 가해 공무원이 가졌던 개인적인 목적이나 사적인 의도를 묻지 않으며, 그 행위가 실질적으로 공무집행행위가 아니라는 사실을 피해자가 알았다고 하더라도 무방하다.

이러한 통설에 대하여, 최근에 '직무를 집행하면서'는 국가 등의 배상책임의 범위를 정하는 책임요건의 하나이므로 위험책임의 이론에 근거하여 실질적 직무관련을 기준으로 판단하는 것이 타당하다는 견해(박균성, 행정법론(상), 658-661면)가 제기되었다. 이에 따르면, 실질적 직무관련은 직무와 공무원의 불법행위 사이의 내용면에서의 관련 여부와 시간적 · 장소적 · 도구적 관련 등을 종합적으로 고려하여 구체적인 경우에 직무가 공무원의 불법행위에 원인을 제공하였다고 볼 수 있는지 여부가 그 판단기준이 된다고 한다.

(나) 판례의 입장

대법원은 1960년대의 여러 판결에서 국가배상책임의 요건인 '직무를 집행함에 당하여'의 판단기준에 관하여 대상판결과 같은 취지의 판시를 반복함으로써 외형설과 같은 입장을 확립하였다(대법원 1966. 5. 31 선고 66다664 판결, 대법원 1966. 7. 19. 선고 66다316 판결, 대법원 1968. 4. 23 선고 68다376 판결, 대법원 1968. 6. 25 선고 68다826 판결 등).

그 후 지금까지 '직무를 집행함에 당하여'라 함은 직접 공무원의 직무집행행위이거나 그와 밀접한 관계에 있는 행위를 포함하고, 이를 판단함에 있어서는 행위 자체의 외관을 객관적으로 관찰하여 공무원의 직무행위로 보여질 때에는 비록 그것이 실질적으로 직무행위가 아니거나 또는 행위자로서는 주관적으로 공무집행의 의사가 없었다고 하더라도 그 행위는 공무원이 직무를 집행함에 당하여 한 것으로 보아야 한다고 거듭 판시해 오고 있다(대법원 1981. 1. 13. 선고 80다777 판결, 대법원 1995. 4. 21. 선고 93다14240 판결, 대법원 2001. 1. 5. 선고 98다39060 판결, 대법원 2005. 1. 14. 선고 2004다26805 판결, 대법원 2008. 6. 12. 선고 2007다64365 판결). 민법상 사용자책임의 요건인 '사무집행에 관하여'라는 뜻도 피용자의 불법행위가 외형상 객관적으로 사용자의 사업활동 내지 사무집행행위 또는 그와 관련된 것이라고 보일 때에는 행위자의 주관적 사정을 고려함이 없이 이를 사무집행에 관하여 한 행위로 본다는 것이라고 판시하고 있다(대법원 1999. 1. 26. 선고 98다39930 판결, 대법원 2008. 1. 18. 선고 2006다41471 판결 참조).

(2) **구체적 사례**

(가) 총기사고

군인이나 경찰관이 총기를 사용하다가 고의 또는 과실로 타인의 생명 · 신체 등에 손해를 가한 경우 군인 등의 총기발사행위가 "직무를 집행하면서" 한 것인지의 여부를 판단하기 곤란한 경우가 많다.

군내무반원이 잠꼬대로 욕설을 하는 것을 내무반 순찰직무를 수행하던 주번부관이 자신에게 욕설하는 것으로 오인하여 그 자를 사살하였다면 징계하려고 한 것이 그 정도를 초과하여 살해하기에 이른 것이라고 보아 직무수행에 관련된 행위라고 하였고(대법원 1971. 7. 20. 선고 70다474 판결), 순경이 식당의 시간외 영업행위단속의 근무집행 중 민간인과 시비하고 그 일로 선임순경으로부터 망신을 당하자 격분하여 지서의 무기고에서 칼빈총을 가지고 식당에 다시 돌아와 민간인을 살해한 사안에서는 직무집행행위와 밀접한 관련이 있는 행위라고 보았으나(대법원 1981. 1. 13. 선고 80다777 판결), 군인이 사사로운 감정 때문에 총기를 가지고 소속부대를 무단이탈하여 민간인을 찾아가 총기를 발사한 경우에는 직무관련성을 부정하였다(대법원 1980. 4. 22. 선고 80다200 판결).

한편 피해자가 불법행위에 가담하고 있는 경우에는 일반적으로 그 직무집행성을 부정하는 경향이 있다. 수색중대 경비병들이 석식준비를 위하여 식수를 가지러 가다가 노루를 발견하고 이를 잡으려고 하다가 이 사냥에 가담한 일행 중 일명을 노루로 오인 발사하여 사망케 한 경우에 이를 공무에 당한 사고라 할 수 없다고 하였고(대법원 1966. 12.

6 선고 66다1785 판결), 피해자의 권유에 의하여 사격훈련장을 벗어나서 영점사격을 하다가 오발사고가 발생한 경우 사격통제관의 허락을 받지 않고 영점사격을 한 것이라면 피해자의 행위는 이 위법행위에 가담한 것이어서 총기오발행위를 공무집행 행위라고 볼 수 없다고 하였다(대법원 1969. 3. 18 선고 69다44 판결).

군인이 총기를 가지고 장난을 하다가 오발사고가 발생한 경우에도 피해자인 군인이 그 장난에 가담한 경우에는 직무관련성을 부정하였으나(대법원 1967. 4. 25. 선고 67다292 판결, 대법원 1967. 10. 4. 선고 67다1549 판결, 대법원 1968. 11. 26 선고 68다1920 판결, 대법원 1971. 9. 28. 선고 71다1543 판결), 경비중인 헌병이 외출부탁을 하는 피해자에 대하여 정당한 직무집행의 일환으로 그 외출부탁을 거절하면서 일방적인 장난의 의사로 권총을 꺼내어 피해자를 향하여 내미는 순간 발사되어 피해자가 즉사한 경우에는 직무관련성을 긍정하였다(대법원 1967. 7. 4 선고 67다974 판결).

(나) 차량운행

군용차량의 운행과 관련한 손해의 유형은 크게 두 가지로 나눌 수 있다. 그 하나는 타인이 군용차에 치어 손해를 입은 경우이고, 다른 하나는 타인이 군용차에 동승하였다가 교통사고로 인하여 손해를 입은 경우이다.

전자의 경우에는 실제로 군용차량의 운행목적이 무엇이었는지 관계없이 국가배상책임을 인정하는 경향을 보이고 있다. 판례를 보면, 경찰서에 파견근무 중이던 군용차량 운전병이 무단운행하여 서울 시내를 돌아다니다 교통사고를 일으킨 경우(대법원 1971. 8. 31. 선고 71다13 판결), 군용차량의 운전수가 차량을 운전하고 식사차 서울 시내를 배회하다가 그의 누님 집으로 가던 중 교통사고를 일으킨 경우(대법원 1972. 4. 25. 선고 71다2804 판결) 등에 있어 위 차량운행행위는 비록 그 주관적인 면에서는 공무집행중이라 할 수 없다 할지라도 외관상 군공무원의 공무수행을 위한 행위로 볼 수 있다고 판시하였다.

후자의 경우에는 군용차에 동승한 사람이 군용차의 불법운행사실을 알면서도 이에 가담하였는지의 여부를 기준으로 하거나 또는 무단운전시부터 이를 알고 동승하였다가 무단운전구간에서 사고를 입었는지 여부를 중시하고 있다. 판례를 보면, 극장관람이라는 사적 용무로 군용차량을 운행한다는 사실을 알면서 그 차량에 승차하였다가 사고를 당한 군인은 차량불법운행에 가담하였다 할 것이고 이로 인한 손해를 국가에 대하여 청구할 수 없다고 판시하고(대법원 1967. 9. 19. 선고 67다1395 판결), 결혼식 참석을 위하여 군차량을 운행한 경우 일반적으로 군공무원의 직무행위라고 할 수 없으므로 군인이 그 불법운행사실을 알면서 이에 승차하였다가 사고로 피해를 입은 경우에는 국가배상을 청구할 수 없다고 판시하였다(대법원 1967. 11. 21. 선고 67다2107 판결). 이 판례들은 피해자인 군인들이 가해자의 불법운행을 알고 이에 가담하였다고 보이는 경우에 자기 스스로의 불법행위로 인하여 초래된 손해를 국가에 대하여 청구할 수 없다는 취지인 것으로 보인다. 또한 운전병이 상관이 마실 약수를 뜬 후 귀대하는 길에 민간인 친구들을 만나 사적 목적을 위하여 무단운행한다는 사실을 처음부터 알면서도 조수석에 동승하였다가 무단운행하는 구간에서 민간인이 사고를 당한 사건에서, 위와 같은 무단운행내용을 알고 동승한 민간인과의 관계에서는 운전병의 운전행위를 직무집행과 관련된 행위라고 볼 수 없는 것이라고 판시하였는바(대법원 1993. 2. 23. 선고 92다36915 판결), 이러한 경우에 국가배상책임을 인정하는 것은 형평의 관념에 반한다고 본 것 같다. 한편 군차량의 운행이 불법인 줄을 모르고 이에 동승하였다가 사고로 부상을 입은 군인은 그 차량운행이 공무집행에 즈음하여 한 행위라고 주장할 수 있다고 하였다(대법원 1967. 8. 29. 선고 67다1414 판결).

(다) 기 타

상급자가 같은 소대에 새로 전입한 하급자에 대하여 암기사항에 관한 교육을 실시하던 중 암기상태가 불량하다는 이유로 그 하급자를 훈계하다가 도가 지나쳐 폭행을 하기에 이른 경우, 그 상급자의 교육 · 훈계행위는 적어도 외관상으로는 직무집행으로 보여지고 교육 · 훈계 중에 한 폭행도 그 직무집행과 밀접한 관련이 있는 것이므로 결국 그 폭행은 공무원이 직무를 집행함에 당하여 한 행위로 볼 수 있다고 한 사례(대법원 1995. 4. 21. 선고 93다14240 판결), 세관에서 인사업무를 담당하면서 공무원증 및 재직증명서 발급업무를 하는 공무원이 다른 공무원의 공무원증 등을 위조하는 행위는 비록 그것이 실질적으로는 직무행위에 속하지 아니한다 할지라도 적어도 외관상으로는 공무원증과 재직증명서를 발급하는 행위로서 직무집행으로 보여진다고 한 사례(대법원 2005. 1. 14. 선고 2004다26805 판결), 경찰서 감식실의 근무 경찰관이 그곳에서 대기하던 범죄피해자에게 모욕적인 발언을 한 것은 외관상 객관적으로 보아 직무집행행위이거나 그와 밀접한 관련이 있는 행위라고 한 사례(대법원 2008. 6. 12. 선고 2007다64365 판결) 등이 있다.

(3) 검 토

원래 국가는 그의 기관의 지위에서는 공무원을 통하여 행위를 하며 공무원이 그 직무상 한 행위의 효과는 국가에 귀속되지만, 공무원이 직무수행 중 불법행위를 저질러 타인에게 손해를 입힌 경우에도 그 효과, 즉 배상책임이 당연히 국가에게 귀속될 것인지가 문제가 된다. 우리 헌법 제29조 제1항은 공무원으로 하여금 직무에 종사하게 하였고 그 직무행위로 빚어진 이익의 귀속주체인 지위에 있으며 충분한 배상자력을 가지고 있는 국가가 피해자에 대하여 손해배상책임을 부담하도록 함으로써 국민의 재산권을 보장하려는 취지라고 할 것이고 이를 구체적으로 실현하기 위하여 제정된 것이 국가배상법이다(대법원 1996. 2. 15. 선고 95다38677 판결 참조). 한편 민법상의 사용자책임을 규정한 민법 제756조 제1항 단서에서 사용자가 피용자의 선임감독에 무과실인 경우에는 면책되도록 규정한 것과는 달리 국가배상법은 이러한 면책규정을 두지 아니함으로써 국가배상책임이 용이하게 인정되도록 하고 있다. 위와 같은 국가배상법의 입법취지에 비추어 보면, 공무원의 행위의 외관을 객관적으로 관찰하여 공무원의 직무집행으로 보여질 때에는 피해자인 국민을 두텁게 보호하기 위하여 국가가 배상책임을 지도록 함이 상당할 것이다. 따라서 직무행위 그 자체 및 이와 관련하여 일체불가분의 관계에 있는 것뿐만 아니라 행위자의 의사에 불구하고 직무행위와 견련성이 있고 객관적으로 보아 사회통념상 직무의 범위에 속하는 것이라고 보이는 행위를 포함하여야 할 것이다.

그런데 통설 · 판례가 들고 있는 '행위의 외관' 내지 '객관적으로 관찰하여 공무원의 직무행위로 보여지는 행위'라는 것은 상당히 개괄적인 기준이다. 따라서 판례를 검토하여 보면 위 판단기준의 실제 적용에 있어서는 사례별로 개별화의 경향을 보이기도 하며, 당시의 시대상황이나 일반인의 법감정을 고려한 법관의 형평감각이 중요한 역할을 하고 있는 것이 아닌가 하는 생각이 든다.

4. 판결의 의미

대상판결은 대법원이 공무원의 "직무를 집행하면서"의 판단기준을 외형설에 입각하여 설시한 최초의 공간된 판례인데, 같은 해에 선고되었으나 미공간의 관련판례에서 제시한 기준을 그대로 따르고 있다. 이로써 당시 빈번하게 발생하였던 군용차량사고 및 총기사고와 관련하여 "직무를 집행하면서"의 일반적 판단기준이 분명하게 제시되기 시작하였다.

특히 이 판결 및 관련판례에서 공무원의 불법행위가 외관상 직무행위로 보여지지만 실질적으로 직무집행행위가 아니라는 사정을 피해자가 알았다고 하더라도 "직무를 집행하면서"에 해당하는 데에 아무런 영향을 미치지 않는다고 판시한 점은 주목할만 하다. 다만 대법원은 이러한 일반적인 판단기준을 그대로 유지하면서도 피해자가 직무집행행위가 아니라는 사정을 인식한 경우에는 피해자의 가담정도 및 스스로 자초하거나 유발한 행위인지 여부를 참작하여 국가배상책임의 유무를 달리 판단한 사례가 다수 발견된다. 이는 대법원이 구체적 사례에서 불법행위법의 기본원리인 공평을 고려한 결과로 보인다.

〈참고문헌〉

김철용, "국가배상법 제2조에 관한 약간의 고찰", 저스티스 제10권 제1호, 한국법학원, 1972. 12.
민경도, "군용차량에 탑승하였다가 사고를 당한 자에 대한 국가의 손해배상책임", 대법원판례해설 제19호, 법원도서관, 1993.
박균성, 행정법론(상) 제8판, 박영사, 2009.

박균성, "국가배상법 제2조상의 「직무를 집행함에 당하여」—판례를 중심으로—", 국가배상제도의 제문제, 법무자료 제141집, 법무부, 1991.

이일세, "국가배상법상의 「공무원이 직무를 집행함에 당하여」에 관한 고찰(하)", 사법행정 제438호, 한국사법행정학회, 1997. 5.

58. 국가배상법상 대외적 배상책임자

—대법원 1994. 12. 9. 선고 94다38137 판결—

이 은 상*

Ⅰ. 판결개요

1. 사실관계

피고(X시)의 대표자인 X시장은 1979. 12. 20. 원고 운송회사(A)에게 완전 직영으로 경영하는 것 등을 조건으로 하여 10대의 차량으로 X시 일원에서 사업용 용달화물 자동차운송사업을 할 수 있도록 자동차운송사업면허를 발급하여 주었고, 그 후 15대를 추가로 증차하는 사업계획변경을 인가해 주어, 원고 운송회사(A)는 1987. 9. 경 총 25대의 차량으로 자동차운송사업을 영위하고 있었다.

X시장은 1987. 9. 18. 원고 운송회사(A)가 소외 B 등 20명으로부터 위 차량 25대 중 20대를 지입받아 '지입제'로 운영하여 위 자동차운송사업면허조건에 위반하였다는 이유로, 원고 운송회사(A)에 대하여 위 25대의 차량 중 지입차량 20대에 관하여 자동차운송사업면허를 취소(일부 사업면허취소, 이하 '감차처분'이라 한다)함과 동시에 위 B 등 20명의 개별 지입차주에 대하여 각 지입차량에 관한 개별운송사업면허를 내어 주었다(그 후 20대 중 1대에 대하여는 위 감차처분을 취소하였다).

2. 소송경과

원고 운송회사(A)는 1987. 1. 1.부터는 완전 직영제로 운영하였는데도, X시장이 지입제로 운영하였다고 인정하여 이 사건 감차처분을 하였고, 또한 이 사건 감차처분시 청문절차도 거치지 않았으며, 행정심판을 청구할 수 있음을 고지하지도 않았으므로, 이 사건 감차처분은 위법한 처분이고, 따라서 X시장이 소속된 피고(X시)에서는 이로 인하여 원고 운송회사(A)가 입은 손해를 배상할 의무가 있다고 주장하며, 피고(X시)를 상대로 손

* 서울중앙지방법원 판사, 법학박사(행정법).

해배상청구 소송을 제기하였다.

이에 대하여 제1심(대전지방법원 천안지원 1993. 6. 25. 선고 92가합971 판결), 2심(대전고등법원 1994. 7. 12. 선고 93나4203 판결) 모두 국가에 대한 손해배상청구는 별론, 지방자치단체에 불과한 피고(X시)에 대하여는 그 배상을 구할 수 없다는 이유로 원고 운송회사(A) 패소판결을 하였다.

그러나, 대법원은 아래 판결요지와 같이 피고(X시)에 대한 손해배상청구가 가능하다는 이유로 원심을 파기환송하였다.

3. 판결요지

[원심판결의 요지]

이 사건 감차처분 당시에 시행되던 구 자동차운수사업법(1986. 12. 31. 법률 제3913호)에 의하면 자동차운송사업을 경영하고자 하는 자는 사업계획을 제출하고 교통부장관의 면허를 얻어야 하고(위 법 제4조 제1항), 교통부장관은 면허조건에 위반한 때에는 면허의 일부 또는 전부를 취소할 수 있으며(위 법 제31조 제1항), 위 법에서 규정하는 그 권한의 일부를 대통령령이 정하는 바에 의하여 도지사 또는 소속기관의 장에게 위임할 수 있고(위 법 제69조 제1항), 도지사는 위 규정에 의하여 교통부장관으로부터 위임받은 권한의 일부를 교통부장관의 승인을 얻어 시장, 군수 또는 구청장에게 재위임할 수 있다(위 법 제69조 제2항)고 규정하고 있는바, 이에 의하면 자동차운송사업의 면허 및 그 취소는 교통부장관이 관장하는 국가행정사무로서, 원고 운송회사(A)에 대하여 내려진 이 사건 감차처분이나 B 등에 대하여 내려진 위 개별운송사업면허처분은 X시장이 교통부장관으로부터 위임받은 도지사로부터 재위임받아 지방자치단체의 장이 아닌 국가행정기관의 지위에서 한 것이라 할 것이므로, 그 처분이 위 주장과 같이 위법, 부당하여 불법행위를 구성한다고 하더라도 원고 운송회사(A)는 그 처분기관이 소속하고 있는 국가에 대하여 이로 인한 손해배상을 구할 수 있을지언정 자동차운송사업의 면허 및 그 취소업무(이 사건 감처처분 및 개별운송사업면허처분에 관련된 사무)와 관련이 없는, 지방자치단체에 불과한 피고(X시)에 대하여 그 배상을 구할 수는 없다.

[대법원 판결의 요지]

(1) 국가배상법 제6조 제1항에는 같은 법 제2조, 제3조에 의하여 국가 또는 지방자치단체가 손해를 배상할 책임이 있는 경우에 공무원의 선임, 감독을 하는 자와 공무원의 봉급, 급여 기타의 비용을 부담하는 자가 동일하지 아니한 경우에는 그 비용을 부담하는 자도 손해를 배상할 의무가 있다고 규정하고 있고, 위 제6조 제1항 소정의 '공무원의 봉급, 급여 기타의 비용'이란 공무원의 인건비만을 가리키는 것이 아니라 당해사무에 필요

한 일체의 경비를 의미한다고 할 것이며, 적어도 대외적으로 그러한 경비를 지출하는 자는 경비의 실질적, 궁극적 부담자가 아니더라도 그러한 경비를 부담하는 자에 포함된다고 할 것이다.

(2) 구 지방자치법(1988. 4. 6. 법률 제4004호로 전문 개정되기 전의 것) 제131조는 '지방자치단체는 그 자치사업수행에 필요한 경비와 위임된 사무로서 부담된 경비를 지출할 의무를 진다. 단 국가행정사무 및 자치단체사무를 위임할 때에는 반드시 그 경비는 이를 위임한 국가 또는 지방자치단체에서 부담하여야 한다'고 규정하고 있고, 구 지방재정법(1988. 4. 6. 법률 제4006호로 전문 개정되기 전의 것) 제16조 제2항은 '국가가 스스로 행하여야 할 사무를 지방자치단체 또는 그 기관에 위임하여 수행하는 경우에 소요되는 경비는 국가가 그 전부를 당해 지방자치단체에 교부하여야 한다'고 규정하고 있으므로, 지방자치단체의 장이 기관위임된 국가행정사무를 처리하는 경우 그에 소요되는 경비의 실질적, 궁극적 부담자는 국가라고 하더라도 당해 지방자치단체는 국가로부터 내부적으로 교부된 금원으로 그 사무에 필요한 경비를 대외적으로 지출하는 자이므로, 이러한 경우 지방자치단체는 국가배상법 제6조 제1항 소정의 비용부담자로서 공무원의 불법행위로 인한 위 법에 의한 손해를 배상할 책임이 있다고 할 것이다.

(3) 이 사건 감차처분 및 개별운송사업면허처분에 관련된 사무가 X시장에게 재위임된 국가행정사무이어서 국가배상법 제2조에 의한 공무원의 선임, 감독자로서의 손해배상책임은 국가에 있다고 하더라도, 위 사무에 소요되는 경비는 피고(X시)가 지출하였을 것이므로, X시장이 위 사무를 처리함에 있어서 원고 운송회사(A)의 주장과 같은 불법행위를 저질렀다면, 피고(X시)는 위 법 제6조 제1항 소정의 비용부담자로서 이로 인한 손해를 배상할 책임이 있는 것이고, 따라서 원심으로서는 X시장이 위 처분을 함에 있어서 원고 운송회사(A) 주장과 같은 불법행위를 저질렀는지의 여부에 관하여 나아가 판단하였어야 할 것이다.

Ⅱ. 평 석

1. 쟁점정리

국가배상법 제2조, 제5조에 의한 국가배상책임에 관하여, 우리나라의 학설 및 판례(대법원 1994. 1. 11. 선고 92다29528 판결 등 참조)는 '사무의 귀속관계'에 의하여 배상책임자가 결정된다고 보고 있고, 또한 그 배상책임의 주체가 당해 공권력의 귀속주체 내지 당해 사무의 귀속주체라고 해석하는 것이 일본의 학설과 판례이기도 하다{홍승면, "국가와 지방자치단체간의 배상책임의 분장관계", 민사판례연구(제18집), 민사판례연구회, 356-357

쪽 참조}.

그러나, 국가배상법 제6조 제1항은 같은 법 제2조, 제3조 및 제5조의 규정에 의하여 국가 또는 지방자치단체가 손해를 배상할 책임이 있는 경우에 '공무원의 선임 · 감독 또는 영조물의 설치 · 관리를 맡은 자(다시 말해서, 당해 사무의 귀속주체)'와 '공무원의 봉급 · 급여 기타의 비용 또는 영조물의 설치 · 관리의 비용을 부담하는 자(다시 말해서, 비용부담자)'가 동일하지 아니한 경우에는 그 비용을 부담하는 자도 손해를 배상하여야 한다고 규정하여, 피해자는 당해 사무의 귀속주체뿐만 아니라 비용부담자에 대하여도 손해배상청구를 할 수 있는 길을 열어주고 있다.

평석대상판결은 X시는 대외적으로 비용을 지출하므로 국가배상법 제6조 제1항 소정의 비용부담자에 해당한다고 하고 판시하고 있는바, 위 규정에 의한 '비용부담자'의 의미는 무엇인지가 문제 된다{또한 평석대상판결은 X시장이 행한 자동차운송사업면허취소사무가 대한민국으로부터 X시장에게 순차로 기관위임된 국가행정사무라고 판시하고 있는바, 위 사무가 기관위임사무(국가사무)로 판단되는 근거가 무엇인지라는 '지방자치단체의 사무와 기관위임사무의 구별'의 문제도 쟁점이 될 수는 있으나, 이는 '자치사무와 기관위임사무의 판단기준'에 관한 대법원 2003. 4. 22. 선고 2002두10483 판결의 평석 및 연구과제로 맡기는 것으로 하고, 여기에서는 자세한 논의는 생략한다}.

2. 관련판례

평석대상판결과 같이 국가배상법 제6조 제1항 소정의 '비용부담자'의 손해배상책임에 관하여 구체적으로 판시한 대법원 판결례는 아래와 같다.

(1) 평석대상판결이 있기 전에도, 기관위임된 사무에 대하여 위임을 받은 지방자치단체가 비용부담자로서 국가배상책임이 있다는 취지의 대법원 1993. 1. 26. 선고 92다2684 판결이 있었다. 그러나 동 판결은 기관위임된 국도의 유지 · 관리사무에 관한 것으로서 지방자치단체를 비용부담자로 인정한 근거를 국가배상법 제6조 제1항이 아닌 도로법 제56조의 규정에서 찾고 있었다{마찬가지 취지에서 기관위임된 도로유지 · 관리사무에 관한 사안으로서 대법원 1995. 2. 24. 선고 94다57671 판결 참조. 따라서, 위 판결례들은 평석대상판결처럼 일반적으로 기관위임의 경우에 그 사무를 위임받은 지방자치단체가 국가배상법 제6조 제1항 소정의 '비용부담자'로서 손해배상책임을 진다는 점을 설시한 판례로 보기에는 부족하다(같은 취지로, 홍승면, 372-373면 참조)}.

(2) 대법원 1994. 1. 11. 선고 92다29528 판결은 "군수가 도지사로부터 사무를 기관위임받은 경우 사무를 처리하는 담당공무원이 군 소속이라고 하여도 군에게는 원칙적으로 국가배상책임이 없지만, 위 담당공무원이 군 소속 지방공무원으로서 군이 이들에 대한

봉급을 부담한다면 군도 국가배상법 제6조 소정의 비용부담자로서 국가배상책임이 있다"고 판시하였다. 그러나 동 판결은 지방자치단체가 부담하는 비용 중 '봉급'에 한정된 사안이었다는 점에서 평석대상판결과는 차이가 있다.

(3) 대법원 1999. 6. 25. 선고 99다11120 판결은, 지방자치단체장이 설치하여 관할 지방경찰청장에게 관리권한이 위임된 교통신호기의 고장으로 인하여 교통사고가 발생한 경우, 당해 사무의 귀속주체인 지방자치단체뿐만 아니라, 교통신호기를 관리하는 지방경찰청장 산하 경찰관들에 대한 봉급을 부담하는 국가도 국가배상법 제6조 제1항에 의한 손해배상책임을 부담한다고 판시하였다.

3. 판결의 검토

(1) 실무상의 문제점

공무원의 위법한 직무집행이나 공공영조물의 설치 · 관리상 하자로 인하여 손해를 입은 피해자는 국가배상법 제2조 또는 제5조에 따라 그 공무원의 선임 · 감독자 또는 영조물의 설치 · 관리를 맡은 국가 또는 지방자치단체, 즉 당해 사무의 귀속주체를 상대로 국가배상청구를 할 수 있다.

그런데, 현대 행정의 복잡 · 다양화로 인하여 공무원이 담당하는 업무도 다양해졌을 뿐만 아니라, 적지 않은 사무가 위임 · 위탁 등에 의하여 수행되는 등의 복잡한 행정현실에 있어서, 피해자가 당해 행정작용의 수행에 관여한 국가, 상급지방자치단체 및 그 단체의 장, 하급지방자치단체 및 그 단체의 장 중 누구를 당해 사무의 귀속주체로 보고 그를 피고로 삼아 손해배상청구를 할 것인지를 결정하는 일은 매우 어려운 문제이다.

피고를 잘못 선정하여 국가배상청구 소송을 제기한 경우, 손해배상청구권이 소멸시효에 걸리게 되고, 소송비용을 중복하여 부담하게 되는 등의 문제가 발생할 수 있고, 이러한 위험을 회피하기 위하여 피해자는 국가와 지방자치단체를, 또는 복수의 지방자치단체를 공동피고로 하여 소송을 제기하는 경우가 실무상 적지 않다. 이러한 경우, 공동피고 중 어느 한 쪽이 불필요하게 소송에 참여하게 되는 소송불경제의 문제가 생길 뿐만 아니라, 원고로서는 어느 일방에 대하여 승소하여 만족할 만한 판결을 받은 경우에도 패소한 상대방이 상소하는 경우에는 나머지 상대방에 대하여 함께 상소를 제기해 두어야 하는 부담이 있다(왜냐하면 상급심에서 하급심과는 의견을 달리하여 다른 배상책임자를 인정하는 경우, 기판력에 의하여 아예 배상청구권을 행사할 수 없는 경우도 발생할 수 있기 때문이다).

(2) 국가배상법 제6조 제1항의 취지

평석대상판결 사안을 살펴보면, 자동차운송사업의 면허 및 그 취소업무(이 사건 감차처분)는 원래 국가행정사무로서, 도지사에게 기관위임되었다가 다시 X시장에게 재위임된 경우이다. 따라서 국가배상법 제2조에 의하면 자동차운송사업의 면허 및 그 취소업무의 최종적인 귀속주체인 국가가 배상책임의 주체가 되어야 할 것이다. 하지만, 이 사건 감차처분이 위법하다고 주장하면서 국가배상을 청구하는 원고 운송회사(A)로서는, 위 자동차운송사업의 면허 및 그 취소업무가 국가행정사무인지의 여부보다는, X시장이 이 사건 감차처분을 직접 발한 행정청이라는 점에 착안하여 X시장이 속하는 권리주체인 X시를 배상책임이 있는 피고로 보고 소를 제기하였던 것으로 보인다(이때 피고(X시)는 자동차운송사업의 면허 및 그 취소업무의 순차적 위임관계에 놓여 있지 않아 그 사무의 귀속주체인지 여부는 문제되지 않고, 다만 X시장이 이 사건 감차처분을 함에 있어 필요한 경비를 지출하였는지 여부에 따라 '비용부담자'의 지위에 해당될 여지가 있을 따름이다).

이러한 기관위임사무의 예와 같이, 당해 사무의 귀속주체와 비용부담자가 동일하지 않은 경우, 피해자로서는 양자 중 누구를 피고로 삼아 국가배상청구의 소를 제기해야 할 것인지가 분명하지 않을 수 있고, 이때 피해자를 보호하는 차원에서 피해자에 대한 관계에서는 피고선택의 부담을 완화하여, 당해 사무의 귀속주체나 비용부담자 모두가 똑같이 전액에 대하여 책임을 지는 것(양자의 채무는 부진정연대관계로 해석된다. 대법원 1993. 1. 26. 선고 92다2684 판결 등 참조)으로 정한 것이 바로 국가배상법 제6조 제1항의 입법취지이다.

국가배상법 제6조 제1항 소정의 '공무원의 봉급, 급여 기타의 비용'이라 함은 인건비에 한정하지 않고, 보다 널리 당해 사무의 수행에 필요한 경비를 의미한다. 그러나, 이러한 비용의 실제 부담관계는 지방자치단체가 수행하는 사무의 구별과 그에 따른 현행법상의 경비부담의 원칙에 따라 좀 더 복잡한 양상을 띤다. 즉, 기관위임사무와 같이 그 비용을 최종적으로 위임자가 부담하게 되는 경우(교부금, 지방재정법 제21조 제2항), 단체위임사무와 같이 그 비용을 원칙적으로 국가와 지방자치단체(또는 상급 및 하급지방자치단체)가 분담하는 경우(부담금, 지방재정법 제21조 제1항)가 있고, 또한 지방자치단체의 재정상태를 감안하여 국가나 상급지방자치단체가 보조금을 지급하는 경우(협의의 보조금, 지방재정법 제23조)가 있다. 이때 지방자치단체는 대외적으로 일단 사무를 집행하고 비용을 부담하지만(다시 말해서 '형식적 비용부담'), 그 비용은 다시 국가나 상급지방자치단체로부터 그 전부 또는 일부를 지급받게 된다(따라서 실질적 비용부담은 국가 또는 상급지방자치단체가 하게 된다).

(3) 국가배상법 제6조 제1항 소정의 '비용부담자'의 의미

국가배상법 제6조 제1항에서 말하는 '비용부담자'의 의미에 관하여는 아래와 같이 학설상 논의가 대립되어 있다.

(가) 형식적 비용부담자설

국가배상법 제6조 제1항 소정의 '비용부담자'란 그 실질적 비용부담관계를 고려함이 없이 대외적으로 비용을 지출하는 자, 즉 '형식적 비용부담자'를 말한다고 보는 견해이다. 이 견해는 누가 대외적으로 경비를 지출하는가라는 기준에 의하여 비용부담자 여부를 결정해야 한다는 것으로, 행정내부관계에서 실질적으로 비용을 부담하는 자(다시 말해서 '실질적 비용부담자')와 대외적으로 비용을 부담하는 자가 다를 수 있음을 전제로, 실질적 비용부담자는 국가배상법 제6조 제1항 소정의 비용부담자에 해당하지 않는다고 보는 견해이다.

(나) 실질적 비용부담자설

국가배상법 제6조 제1항 소정의 '비용부담자'에는 형식적 비용부담자 뿐만 아니라, 피해자보호의 견지에서 일정한 경우에는 '실질적 비용부담자'를 포함시킬 수 있다는 견해이다{국가배상법 제6조 제1항 소정의 비용부담자는 '실질적 비용부담자'만을 의미한다고 보는 순수한 실질적 비용부담자설은 일본에서도 학설, 판례상 찾아볼 수 없다. 따라서, 위와 같이 '비용부담자'에 형식적 비용부담자뿐만 아니라 실질적 비용부담자까지 포함시키는 학설을 (실제로 주장하는 자도 없는 '실질적 비용부담자설'을 상정한 후 이와 대비하여) 소위 '병합설'로 구별할 것이 아니라, 이를 그냥 '실질적 비용부담자설'로서 지칭하는 것이 보다 적합할 것으로 생각된다. 위 견해는 일본에서 대표적 리딩케이스(leading case)로 인용되는 熊野市國立公園事件判決(最判 昭和 50年 1975. 11. 28. 民集 29卷 10號, 1754面 이하)에서 판시된 견해로도 이해된다}. 피해자의 배상책임 주체의 오인가능성 및 그로 인한 배상책임자 선택의 곤란을 제거할 필요성은 행정내부적으로 법령상 경비부담부분이 구분되어 있는 경우에도 마찬가지이고, 비용부담자의 배상책임이 종국적으로 인정되기 위해서는 국가배상법 제2조 또는 제5조의 일반 국가배상책임의 요건이 충족되어야 한다는 점에서 배상책임의 범위가 무한정 확대되는 것도 아니기 때문에, 적어도 법률상 비용부담의무가 정해져 있는 경우를 비용부담자로부터 제외시켜야 할 이유가 없다는 점을 근거로 한다.

(다) 검 토

비록 당해 사무의 귀속주체와 비용부담자가 다르다고 하더라도, 형식적 비용부담자와 실질적 비용부담자가 일치하는 경우에는 양 학설 간에 결과적인 차이는 없게 된다. 실제로 실질적 비용부담자의 배상책임이 문제가 되는 사안으로서 위와 같은 학설의 대립이 드러난 사안은, '협의의 보조금'을 지급하는 경우 그 보조금의 지급이 실질적인 사무비용부담으로 인정되어 보조금의 지급주체가 국가배상법 제6조 제1항 소정의 '비용부담자'가 될 수 있는지에 관한 문제였다(熊野市國立公園事件判決(最判 昭和 50年 1975. 11. 28. 民集 29卷 10號, 1754面 이하)의 사안 참조. 동 판결에 관한 자세한 내용으로는 이재철, 487면 이하 참조).

아직까지 이에 관한 명시적인 대법원 판례는 보이지 않는다. 그러나, 국가배상법 제

6조 제1항의 입법취지를 고려할 때, 비용부담자의 의미를 해석함에 있어서는 '피해자보호의 관점'이 중심이 되어야 할 것이고, 따라서 비용부담자의 의미를 형식적 비용부담자에 한정할 필요는 없다고 할 것이다. 더구나 실제에 있어서 부담금과 보조금이 '국고보조금'으로 통칭되어 교부되고 있고, 법령이나 예산운영에서 명확히 구별되어 사용되지 않는 경우가 태반인 실정이므로, 결국 구체적인 사안에서 보조금이라는 명목으로 국고보조금이 지급된 경우에는 당해 보조금이 지급된 이유와 목적, 지급된 사무의 내용, 보조금의 성질이나 다과 등 여러 사정을 종합적으로 판단하여, 그 보조금 지급주체가 국가배상법 제6조 제1항 소정의 비용부담자에 해당하는지 여부를 결정하여야 할 것이다.

(4) **평석대상판결 사안의 검토**

(가) 평석대상판결의 사안에서 문제가 된 자동차운송사업면허 및 그 취소에 관한 사무(이 사건 감차처분 및 개별운송사업면허처분에 관련된 사무)는 국가행정사무로서, 도지사에 기관위임이 되었다가, 다시 X시장에게 재위임된 사무이다. 따라서 X시장은 국가행정기관의 지위에서 이 사건 감차처분 등을 한 것이므로, 원칙적으로 피고(X시)는 당해 사무의 귀속주체가 아니어서 국가배상법 제2조의 배상책임자가 되지는 않는다.

(나) 하지만, X시장이 이 사건 감차처분 등을 함에 있어서는 피고(X시)에서 통상 이에 필요한 경비를 대외적으로 지출하였다고 보이므로, 비록 X시장의 이 사건 감차처분 등이 국가사무에 해당한다고 하더라도, 원고 운송회사(A)의 주장과 같이 X시장의 이 사건 감차처분 등이 고의 또는 과실에 의한 불법행위를 구성한다면, 피고(X시)는 국가배상법 제6조 제1항 소정의 '비용부담자'로서 배상책임이 있다고 할 것이다. 여기서 피고(X시)는 형식적 비용부담자에 해당하므로, 학설의 대립과 관계없이 '비용부담자'로서 배상책임이 있다고 할 것이다.

(다) 따라서 위 사무가 국가사무라는 이유만으로 바로 원고 운송회사(A)의 청구를 배척할 수는 없고, 원고 운송회사(A) 주장의 불법행위가 성립하여 국가배상책임이 인정되는지 여부에 관하여 나아가 심리할 필요가 있을 것이다. 따라서 평석대상판결의 취지는 타당하다.

4. 판결의 의미와 전망

평석대상판결은 국가배상법 제6조 제1항 소정의 '비용부담자'의 의미 및 범위를 명시적으로 설시한 최초의 판결로서, 특히 특별한 사정이 없는 한 지방자치단체의 장에게 기관위임된 국가사무를 단체장이 행정처분의 형식으로 처리하는 경우에도 일정한 경비가 지출되었음을 전제로, 지방자치단체가 그 경비를 대외적으로 지출하는 비용부담자로서 국가배상법 제6조 제1항에 의하여 손해배상책임이 있음을 분명히 판시함으로써, 비용

부담자로서의 배상책임자를 폭넓게 인정하였다는 점에서 그 의미가 크다{다만, 평석대상 판결의 사안이 있었을 당시에는 지방자치단체의 장을 선거에 의하여 선출하지 않고 임명직으로 하고 있었기 때문에 지방자치단체의 장(시장, 군수)이 국가공무원이었고, 지방자치단체의 장에 대한 봉급 등은 국가에서 직접 지출되어 지방자치단체는 봉급지급자로서의 비용부담자는 될 수 없었다. 그러나, 현재는 지방자치단체의 장이 임명직이 아닌 주민의 선거에 의한 선출직으로 바뀌게 됨에 따라, 지방자치단체는 당연히 지방자치단체의 장에게 봉급을 지급하게 되고, 따라서 지방자치단체는 지방자치단체의 장의 봉급지급자로서도 국가배상법 제6조 제1항 소정의 비용부담자로 인정될 수 있게 되었다}.

따라서, 평석대상판결을 통하여 국가배상청구사건에서 지금까지 흔히 문제가 되어온 점들이 상당 부분 해소될 수 있다. 즉, ① 피해자로서는 국가배상청구의 소를 제기할 당시 당해 사무의 성질과 그 귀속주체를 명확히 알 수 없는 상태인 경우가 통상적일 것이므로, 피고선택의 부담이 없이 당해 사무를 처리하는 일선 행정청이 속하는 지방자치단체만을 피고로 하여 국가배상청구 소송을 제기하면 족하고, 다만 그 청구원인으로서 사무의 귀속주체 또는 비용부담자로서의 책임을 선택적으로 주장하면 충분하게 되며, ② 이에 따라 그 동안 문제가 되어 온 국가배상책임의 주체를 잘못 파악하여 소송이 무위로 돌아가는 사태가 방지되고, 국가와 지방자치단체가 불필요하게 공동피고로 지정되어 동시에 소송에 참가하여야 하는 소송불경제 등도 대부분 해결될 수 있을 것으로 보인다.

〈참고문헌〉

류지태, “국가배상법 제6조의 해석”, 판례연구 제9집, 고려대학교 법학연구소, 1998.

박균성, “국가배상법상 사무관리주체와 비용부담주체의 배상책임”, 판례실무연구 제2권, 박영사, 1998.

박해성, “국가배상법 제6조 소정의 비용부담자로서의 국가배상의무를 부담하는 자”, 대법원판례해설 제22호, 법원도서관, 1995. 5.

설계경, “국가배상법 제6조의 배상책임자”, 공법연구(제31집 제2호), 한국공법학회, 2002. 12.

이재철, “국가와 지방자치단체간의 배상책임의 교착—국가배상법 제6조를 중심으로—”, 사법논집 제24집, 법원도서관, 1993.

홍승면, “국가와 지방자치단체간의 배상책임의 분장관계”, 민사판례연구 제18집, 민사판례연구회, 1996.

59. 국가배상법상의 최종책임자

— 대법원 1998. 7. 10. 선고 96다42819 판결 —

서 기 석*

Ⅰ. 판례개요

1. 사실관계

(1) 소외 A는 1992. 6. 30. 20:50경 화물자동차를 운전하여 광주 북구 삼소동 소재 일반국도 13호선을 진행하던 중 위 도로의 갓길로부터 위 편도 1차선 도로의 절반 지점까지에 걸쳐 쌓여져 있는 페아스콘 더미를 피하기 위하여 중앙선을 침범하여 진행하다가 마침 반대차선에서 마주 오던 소외 B 운전의 화물자동차를 충격하여 위 B가 사망하였다.

(2) 위 페아스콘은 위 교통사고 지점 인근마을 주민들의 요청으로 소외 주식회사 광주고속에서 이 사건 교통사고가 발생한 날 오후에 적치하여 두었던 것인데, 마을주민들이 임시로 도로 갓길 쪽으로 아스콘을 쳐 올려 놓았으나 흘러내려 위와 같이 1차선 도로의 절반 정도를 차지하게 되었으며, 한편 위 교통사고 당시 위 도로상에 위와 같은 장애물이 있음을 알리는 경고판이나 위험표지판 등은 세워져 있지 아니하였다.

(3) 위 A 운전의 화물자동차의 보험자인 소외 회사는 위 망인의 유족들에게 손해배상금으로 84,615,120원을 지급한 후 광주지방법원에 위 국도의 관리, 유지에 대한 비용부담자인 원고(광주광역시)와 위 국도의 관리업무에 대한 관리감독자인 피고(대한민국)를 상대로 구상금청구소송을 제기하였고, 이에 위 법원은 1995. 3. 31. 원고와 피고는 각자 소외 회사에게 청구금액의 40%에 해당하는 33,846,048원 및 이에 대한 지연손해금을 지급하라는 판결을 선고하였으며, 위 판결은 그 무렵 확정되었다. 그 후 원고는 1995. 8. 11. 위 판결문상의 인용금액인 40,800,710원(지연손해금 포함)을 소외 회사에게 지급하였다.

(4) 피고 산하 이리지방국토관리청은 1991. 12. 30. 광주시 비아동-담양군 대전면 간 일반국도 13호선을 포장하는 공사를 완공하고, 1992. 1. 30. 원고시 관할구역 내의 도로인

* 헌법재판소 헌법재판관.

광산구 비아동에서 담양군 대전면 응용리까지의 구간(이하 '이 사건 도로'라 한다)을 원고에게 인계인수요청하였는데, 위 교통사고 지점도 인수대상에 포함되어 있었다.

(5) 위와 같은 인수요청을 받은 원고는 이리지방국토관리청에 이 사건 도로와 함께 일괄하여 인수요청을 받은 광주-장성 간 일반국도 1호선 도로포장공사 시설물 인계인수와 관련한 자료의 송부를 요청하였고, 이에 따라 이리지방국토관리청은 1992. 4. 11. 원고시에 광주-장성 간 도로시설물 인계인수 자료를 송부하였으며, 원고는 1992. 12. 3. 일반국도 1호선 중 광주-장성 간 부분과 이 사건 도로를 도로시설물로 인수한다는 의사를 이리지방국토관리청에 표시하고 인계인수서 2부를 송부함과 동시에, 피고 산하의 각 구청에 위 각 도로를 인수하였음을 통보하고 유지, 관리에 철저를 기하라고 통보하였고, 원고로부터 인계인수서를 송부받은 위 이리지방국토관리청은 1992. 12. 11. 원고에게 시설물 인계인수서 1부를 송부하였다.

2. 소송경과

(1) 원고는, 이 사건 사고에 관하여 원고는 도로의 관리 · 유지책임자로서, 피고는 도로의 관리업무의 감독자로서 각 책임을 분담하여야 하는데, 피고가 70%를 분담하여야 한다고 주장하면서 원고가 소외 회사에게 지급한 40,800,710원의 70%인 28,560,500원의 지급을 구하는 조정신청을 하였다.

(2) 이에 조정담당판사가, 피고는 원고가 소외 회사에게 지급한 금액의 50%인 20,400,355원을 지급하라는 조정에 갈음하는 결정을 하였다.

(3) 이에 대하여 피고는, 피고가 1992. 1. 30. 이 사건 도로를 원고에게 인수요청하였고, 그 때부터 사실상 원고가 이 사건 도로를 인수하여 공중의 통행에 제공하면서 관리하였으며, 이 사건 사고는 도로의 설치상의 하자가 아니라 관리상의 하자로 발생한 것이고, 인계인수지연책임도 원고에게 있으므로 이 사건 사고로 인한 배상책임은 전적으로 원고에게 있다고 주장하면서, 위 결정에 대하여 이의신청을 하였다. 원고는 이의신청을 하지 않았다.

(4) 이에 1심 법원은, 이 사건 사고는 도로의 설치상의 하자가 아니라 관리상의 하자로 발생한 점, 이 사건 도로의 인수가 늦어진 경위 등 제반 사정을 참작할 때 원 · 피고 사이의 이 사건 사고로 인한 내부적인 책임분담비율은 원고 70%, 피고 30%로 봄이 상당하다고 판결하였고, 이에 대하여 원고만 항소하였고 피고는 항소하지 않았다.

(5) 원심법원은, 이 사건 사고는 이 사건 도로의 관리상의 하자를 그 하나의 원인으로 하여 발생되었고, 한편 피고로부터 원고로의 이 사건 도로에 대한 관리이관은 인계인수절차가 완료된 1992. 12. 11.경 이루어졌다 할 것인데, 도로의 관리이관이 이루어지지

아니한 상태에서는 이 사건 도로의 포장공사를 한 피고가 위 도로를 계속 점유하고 있었다고 할 것이므로, 피고는 이 사건 도로의 점유자 및 관리책임자로서 관리이관이 이루어지기 전에 발생한 이 사건 사고로 인한 손해배상액 전부에 대한 구상의무를 부담한다고 판단하여, 그 중 원고가 구하는 금액 전액의 지급을 명하였다.

(6) 대법원은 다음과 같은 이유로 원심판결을 파기환송하였고, 파기 후 원심법원은 위 1심 법원과 동일한 내용의 판결을 선고하였으며, 위 판결은 그 무렵 확정되었다.

3. 판결요지

(1) 도로법상 일반국도의 관리청은 원칙적으로 건설교통부장관으로 되어 있으나(제22조 제1항), 이 사건 도로와 같이 광역시 관할구역 안에 있는 일반국도의 경우에는 그 관리청이 광역시장으로 되어 있으며(제22조 제2항), 도로의 신설, 개축 및 수선에 관한 공사와 그 유지는 법률에 특별한 규정이 없는 한 당해 도로의 관리청이 이를 행하도록 되어 있고(제24조), 도로에 관한 비용도 법률에 특별한 규정이 없는 한 관리청이 속하는 지방자치단체가 부담하는 것으로 되어 있다(제56조). 다만 상급관청은 특히 필요하다고 인정할 때에 대통령령이 정하는 바에 의하여 관계행정청이 관리하는 도로공사를 대행할 수 있는데(제27조 제1항), 위 공사의 대행에 의하여 도로관리청이 변경되는 것이 아니고 상급관청이 관리청의 권한 중의 일부를 대행하는 것에 불과하다(도로법 제37조, 도로법 시행령 제22조).

(2) 원래 광역시가 점유 · 관리하던 일반국도 중 일부 구간의 포장공사를 건설교통부 국토관리청이 시행하고, 이를 준공한 후 광역시에 이관하려 하였으나, 서류의 미비 기타의 사유로 이관이 이루어지지 않고 있던 중 도로의 관리상의 하자로 인한 교통사고가 발생하였다면 광역시와 국가가 함께 그 도로의 점유자 및 관리자로서 손해배상책임을 부담한다.

(3) 도로법 제56조 본문은 "도로에 관한 비용은 이 법 또는 다른 법률에 특별한 규정이 있는 경우를 제외하고는 건설교통부장관이 관리하는 도로에 관한 것은 국고의, 기타의 도로에 관한 것은 관리청이 속하는 지방자치단체의 부담으로 한다"고 규정하고 있고, 도로법 제55조, 도로법 시행령 제30조 제1항은 도로법상의 도로에 관한 비용으로 도로에 관한 공사에 요하는 비용, 도로의 유지에 요하는 비용, 도로에 관한 용지의 매수나 보상에 요하는 비용, 그 밖에 도로의 관리에 요하는 비용 등을 규정하고 있는바, 도로관리의 하자로 인한 손해배상금도 도로의 관리에 요하는 비용에 해당한다.

(4) 원래 광역시가 점유 · 관리하던 일반국도 중 일부 구간의 포장공사를 국가가 대행하여 광역시에 도로의 관리를 이관하기 전에 교통사고가 발생한 경우, 광역시는 그 도로의 점유자 및 관리자, 도로법 제56조, 제55조, 도로법 시행령 제30조에 의한 도로관리

비용 등의 부담자로서의 책임이 있고, 국가는 그 도로의 점유자 및 관리자, 관리사무귀속자, 포장공사비용 부담자로서의 책임이 있다고 할 것이며, 이와 같이 광역시와 국가 모두가 도로의 점유자 및 관리자, 비용부담자로서의 책임을 중첩적으로 지는 경우에는, 광역시와 국가 모두가 국가배상법 제6조 제2항 소정의 궁극적으로 손해를 배상할 책임이 있는 자라고 할 것이고, 결국 광역시와 국가의 내부적인 부담 부분은, 그 도로의 인계 · 인수 경위, 사고의 발생 경위, 광역시와 국가의 그 도로에 관한 분담비용 등 제반사정을 종합하여 결정함이 상당하다.

Ⅱ. 평 석

1. 쟁점정리

이 사건의 쟁점은 이 사건 사고 당시 이 사건 도로의 관리자는 누구인지, 비용부담자는 누구인지 하는 문제와 이 사건 사고로 인한 손해배상책임의 최종책임자는 누구인지 하는 문제이다.

2. 관련판례

대상판결이 나오기 전까지 위에서 본 쟁점 중 후자에 관하여는 관련판례가 없었고, 전자에 관하여 대법원 1992. 11. 10. 선고 92다38041 판결은 시가 관리 · 점유하던 국도 중 일부 구간의 확 · 포장공사를 건설부 국토관리청이 시행하고 이를 준공한 후 시에 이관하려 하였으나 서류 등의 미비로 이관이 이루어지지 않고 있던 중 도로의 설치보존상 하자로 인한 교통사고가 발생하였다면, 국가가 도로의 점유자로서 손해배상책임을 부담한다고 하였다. 비용부담자가 누구인지에 관한 판례는 뒤에서 보는 바와 같이 이미 다수 있었다.

대상판결이 나온 후 후자의 쟁점에 관하여 대법원 2001. 5. 15. 선고 2001다14856 판결과 대법원 2015. 4. 23. 선고 2013다211834 판결이 선고되었는데, 그 구체적 내용은 뒤에서 본다.

3. 판례의 검토

(1) 이 사건 사고 당시 이 사건 도로의 점유자 · 관리자

국가배상법 제5조 소정의 영조물의 설치 · 관리자라 함은 법령에 의하여 설치 · 관리의 주체로 되어 있는 자를 말한다. 따라서 국도에 관하여는 도로법상 관리청이 원칙적으로 국토해양부장관으로 되어 있으므로(제22조 제1항), 이러한 국도를 도지사 등이 관리하

는 경우(제24조 제1항 단서) 이는 국가의 기관으로서 기관위임사무를 처리하는 것이므로 관리자는 국가이고, 국가는 도로관리상의 하자로 인한 손해배상책임을 면할 수 없다. 다만 광역시 관할구역 안에 있는 일반국도의 경우에는 그 관리청이 광역시장으로 되어 있으므로(제22조 제2항), 이러한 국도를 광역시장이 관리하는 경우에는 광역시가 관리자로서 도로관리상의 하자로 인한 손해배상책임을 진다. 한편 도로의 신설, 개축 및 수선에 관한 공사와 그 유지는 법률에 특별한 규정이 없는 한 당해 도로의 관리청이 이를 행하도록 되어 있으며(제24조), 도로에 관한 비용도 법률에 특별한 규정이 없는 한 관리청이 속하는 국가 또는 지방자치단체가 부담하는 것으로 되어 있고(제56조), 다만 상급관청은 특히 필요하다고 인정할 때에 대통령령이 정하는 바에 의하여 관계행정청이 관리하는 도로공사를 대행할 수 있는데(제27조 제1항), 위 공사의 대행에 의하여 도로관리청이 변경되는 것이 아니고 상급관청이 관리청의 권한 중의 일부를 대행하는 것에 불과하므로(제37조, 시행령 제22조), 원래 광역시가 점유 · 관리하던 일반국도 중 일부 구간의 포장공사를 국토해양부 국토관리청이 시행하고, 이를 준공한 후 광역시에 이관하려 하였으나, 서류의 미비 기타의 사유로 이관이 이루어지지 않고 있던 중 도로의 관리상의 하자로 인한 교통사고가 발생하였다면 광역시와 국가가 함께 그 도로의 점유자 및 관리자로서 손해배상책임을 부담한다. 도로관리청이 현실적으로 당해 도로를 인수하여 점유자 또는 관리자로서 관리 · 유지에 착수하지 않은 경우에는 당해 도로공사를 대행한 상급관청의 관리책임은 계속되는 것으로 보아야 하기 때문이다.

따라서 이 사건의 경우 이리지방국토관리청은 도로법 제27조 제1항에 의하여 이 사건 도로의 포장공사를 대행한 것이므로, 위 공사에 의하여 위 도로의 관리청이 변경된 것이 아니고, 위 공사를 시작한 때부터 위 공사를 완료하여 이관이 이루어질 때까지는 광주광역시와 대한민국이 이 사건 도로의 점유자 및 관리자로 된다고 할 것이다. 그럼에도 불구하고 원심이 마치 위 공사를 완료하여 이 사건 도로에 대한 인계 · 인수절차가 마쳐질 때까지는 대한민국만이 이 사건 도로의 점유자 및 관리자라고 인정한 것은 잘못이라 할 것이다.

(2) 이 사건 사고 당시 이 사건 도로의 비용부담자

㈎ 국가배상법 제6조 제1항 소정의 비용부담자라 함은 단지 내부관계에 있어서 비용을 부담하는 자에 지나지 않는 자는 포함되지 아니하고 대외적으로 비용을 지출하는 자(형식적 비용부담자)만을 말한다는 견해와 형식적 비용부담자뿐만 아니라 내부관계에 있어서 비용을 부담하는 자(실질적 비용부담자)도 포함된다는 견해(다수설)가 대립하고 있다. 이 점에 관하여 판례는 형식적 비용부담자(대법원 1999. 6. 25. 선고 99다11120 판결)뿐만 아니라, 실질적 비용부담자(대법원 2015. 4. 23. 선고 2013다211834 판결)도 비용부담자에

포함된다고 보고 있다. 일본의 통설 · 판례도 마찬가지이다(鈴木康之, 星野雅紀, 451면).

(나) 국가배상법 제6조 제1항 소정의 "공무원의 봉급 · 급여 기타의 비용"이란 공무원의 인건비만을 가리키는 것이 아니라, 해당 사무에 필요한 일체의 경비를 의미한다(대법원 1994. 12. 9. 선고 94다38137 판결).

(다) 도로법 제56조 본문은 "도로에 관한 비용은 이 법 또는 다른 법률에 특별한 규정이 있는 경우를 제외하고는 국토해양부장관이 관리하는 도로에 관한 것은 국고의, 기타의 도로에 관한 것은 관리청이 속하는 지방자치단체의 부담으로 한다"고 규정하고 있고, 도로법 제55조, 도로법 시행령 제30조 제1항은 도로법상의 도로에 관한 비용으로서, 도로에 관한 공사에 요하는 비용, 도로의 유지에 요하는 비용, 도로에 관한 용지의 매수나 보상에 요하는 비용, 그 밖에 도로의 관리에 요하는 비용 등을 규정하고 있는바, 도로관리의 하자로 인한 손해배상금도 도로의 관리에 요하는 비용에 해당한다(대상판결). 따라서 이 사건의 경우 광주광역시는 도로법 제56조, 제55조, 도로법 시행령 제30조에 의한 도로관리비용 등의 부담자로서의 책임이 있다. 그리고 대한민국은 이리지방국토관리청이 도로법 제59조 제1항에 의하여 국고의 부담으로 이 사건 도로의 포장공사를 대행한 것이므로, 포장공사비용 부담자로서의 책임이 있다.

(3) 이 사건 손해배상책임의 최종책임자

(가) 관리자 또는 비용부담자 중 어느 누군가 배상금을 지급한 때에는 최종책임자에게 구상권을 행사할 수 있다(국가배상법 제6조 제2항). "내부관계에서 그 손해를 배상할 책임이 있는 자"가 최종책임자라 할 것이나, 누가 이에 해당하는지에 관하여는 국가배상법이 이를 규정하고 있지 아니하다.

(나) 학설의 입장

이 문제에 대하여는 학설이 나뉘어 있는데, 먼저 손해배상의 본질이 재산적 전보에 있고, 또한 비용부담자의 비용 속에는 영조물(예컨대 도로)의 관리상의 하자로 인한 손해배상금까지 포함하는 것으로 이해하여야 하므로, 최종책임자는 비용부담자라는 견해(비용부담자설)가 있다. 우리나라의 소수설(서원우, 23면; 이충상, 221-225면)이며, 일본의 다수설(鈴木康之, 星野雅紀, 453면)이다. 이 견해의 논거는, 사무 또는 영조물의 관리비용에는 손해배상금도 포함된다는 점, 입법연혁[1]에 부합한다는 점, 일반국도(고속일반국도가 아님)

---

1) 국가배상법 제6조는 日國家賠償法 제3조를 계수한 것인바, 일본의 경우 당초 정부 제출의 원안에는 제2항이 없이 제1항의 말미부분이 "… 부담하는 자가 동일하지 아니한 때에는 비용을 부담하는 자가 그 손해를 배상하여야 한다."고 되어 있었다고 한다. 이는 당시의 유력한 학설(美濃部說)에 따라 손해배상은 결국 비용의 일부로 볼 수 있는 것으로서, 비용부담자가 배상책임의 부담자이므로 당사자(피해자의 상대방)도 비용부담자만으로 하려는 취지였다. 이 안은 중의원에서 가결되었으나, 참의원에서 피해자 보호의 견지에서 현행의 규정과 같이 수정되었고, 중의원도 그 수정을 받아들였다고 한다. 이 수정에 의하여 피해자로서는 편리하게 되었으나, 손해배상의 최종책임자가 누구인지 하

중 특별시 · 광역시 또는 시 관할구역 안에 있는 것은 주로 그 시민이 이용하므로, 그 관리상의 하자로 인한 손해는 그 지방자치단체로 하여금 배상하게 하는 것이 수익자부담 원칙에 부합하고, 또한 이렇게 하여야 그 도로를 일선에서 현실적으로 관리하는 지방자치단체가 사고방지를 위하여 노력을 하게 된다는 점, 지방자치단체의 재정능력은 법률적으로는 고려할 사항이 아니며, 지방자치단체의 재정이 아주 어려운 때에는 국가가 도로법 제72조의 비용보조(임의적인 것임)를 할 수도 있는 점, 명색이 '일반국도'인데 지방자치단체에게 최종적인 책임을 지우는 것에 대한 거부감이 드는 것은 사실이나, 법률로 지방자치단체가 비용을 부담하도록 한 이상 도리가 없다는 점 등이다. 비용부담자설의 장점은 비용의 공동부담의 경우에 손해배상의 최종적인 분담액을 쉽고 객관적으로 정할 수 있다는 데 있다. 그러나 이 견해에 대하여는, 비용부담자가 부담하는 비용에 손해배상금도 포함된다는 것은 결론을 가지고 이유를 삼는 것일 뿐 아니라, 국가배상법 제6조의 입법취지가 손해배상금도 비용에 포함시키려는 것이었다면 다른 어떤 비용보다 고액이 될 손해배상금을 따로 빼어내어 적지 아니하고 "기타 비용"에 함몰시켜 규정할 것은 아니었으며, 실무상의 편의(용이함) 때문에 책임의 일반원칙을 무너뜨리는 것은 정당한 논리전개가 아니라는 비판이 있다(박균성, 179면; 송영천, 71면).

다음으로 손해가 직접적으로는 관리에 있어서의 과실 또는 하자에 기인하여 생기므로 최종책임자는 관리자라는 견해(관리자설)가 있다. 우리나라의 다수설(김도창, 이상규, 김동희, 김철용, 홍정선, 송영천 등)이며, 일본의 소수설이다. 이 견해의 논거는, 손해가 직접적으로는 관리상의 과실 또는 하자에 기인하여 발생한다는 점 외에도, 국가배상법 제6조 제1항이 "그 비용을 부담하는 자도 손해를 배상하여야 한다"고 규정하고 있는데 그 문구 중 '도'라는 조사는 사무의 귀속자가 원칙적 배상책임자라는 전제하에 비용부담자를 예외적으로 추가한 것으로 보아야 한다는 점, 지방자치단체가 지불하는 비용 중에는 불법행위로 인한 손해배상까지 포함되었다고는 생각되지 않는다는 점, 비용부담자에게 손해배상책임을 부담시킬 경우 지방자치단체의 재정을 위태롭게 한다는 점 등이다. 이 견해에 대하여는, 공무원의 불법행위로 인한 책임, 즉 국가배상법 제2조의 책임에는 타당하지만, 관리공무원의 과실을 요건으로 하지 않는 일종의 위험책임이라고 여겨지는 영조물의 하자로 인한 책임, 즉 국가배상법 제5조의 책임에는 항상 타당한 것은 아니고, 또한 손해의 발생 원인이 비용부담자로부터 제공된 비용의 부족에 있는 경우 손해발생의 책임이 있는 자는 비용부담자로 보아야 하므로 이 경우 관리주체를 종국적 책임자로 보는 것은 타당하지 않다는 비판이 있다(박균성, 178면).

는 문제는 해결되지 않은 채 남게 되었다고 한다{鈴木康之, 星野雅紀, 日新版注解交通損害賠償法①, 青林書院(1997), 447면; 田中二郎, 行政上の損害賠償及び損失補償, 酒井書店(1954), 163면}.

마지막으로 손해발생의 기여도에 응하여 부담자를 정하여야 한다는 견해(기여도설)가 있다. 책임의 원리 및 배상의 원리에 비추어 볼 때 사무귀속자이건 비용부담자이건 실제의 사안에서 손해의 발생에 기여한 자가 최종적인 배상책임을 지고, 기여한 자가 여러 명인 경우에는 기여도에 비례하여 책임을 분담하여야 한다는 것이다. 사안에 따라서는 관리주체와 비용부담자 중 일방에게 손해발생에 책임이 있는 경우가 있을 수 있으며, 이 경우에는 손해발생책임이 있는 관리자 또는 비용부담자가 전적으로 최종적인 배상책임을 지고, 반면에 관리자와 비용부담자가 공동으로 손해의 발생에 기여한 경우에 손해발생에 대한 기여의 정도에 비례하여 최종적인 배상책임을 분담하며 그 분담에 관하여 합의에 이르지 못하는 경우에는 법원이 결정하게 된다고 한다(박균성, 181-183면; 설계경, 531-532면; 강구철, 101면). 이 견해의 논거는, 손해발생을 방지할 수 있는 자에게 책임을 지움으로써 책임의 원칙에 합치하고, 손해의 발생에 기여한 만큼의 배상책임을 지도록 함으로써 배상의 원리에도 합치한다는 점이다. 이 견해에 대하여는, 통상 불법행위로 인한 손해배상책임자가 다수여서 부진정연대관계에 있는 경우에 그들간의 분담관계를 과실비율에 따라 정하는 것처럼, 국가배상에서도 마찬가지로 손해발행에 기여한 비율에 따라 그들 간의 분담관계를 정하면 될 것이라는 점에서 일응 타당한 면이 있으나, 이는 최종책임자가 복수의 사무귀속주체(관리주체)이거나 복수의 비용부담자로 되는 경우에 그 처리에 관하여 유용한 것일 뿐, 그에 앞서 사무귀속주체와 비용부담자 중 과연 최종책임자가 누구냐를 정하는 데에는 전혀 유용한 이론이 아니라는 비판이 있다(송영천, 71면).

(다) 판례의 입장

대상판결이 선고되기 전까지 이 점에 관한 판례는 없었다. 대상판결에서도 이 점을 명시적으로 판시하지 않아 대상판결이 관리자설을 지지한 것이라는 견해(송영천, 71-72면), 기여도설에 가까운 것으로 평가하는 견해(박균성, 홍정선), 비용부담자설을 지지한 것이라는 견해(이충상, 225면)로 나뉘어 있다. 대상판결이 "도로관리의 하자로 인한 손해배상금도 도로의 관리에 요하는 비용에 해당한다"고 설시하고 있는 점에 비추어 적어도 관리자설을 지지한 것으로 보기는 어렵지 않은가 한다.

대상판결이 선고된 후 대법원 2001. 5. 15. 선고 2001다14856 판결과 대법원 2015. 4. 23. 선고 2013다211834 판결이 선고되었는데, 위 2001다14856 판결은, 교통신호기 고장으로 발생한 교통사고 손해배상과 관련하여 국가가 국가배상법 제6조의 비용부담자로서 손해배상책임을 부담한 후, 관리자 겸 비용부담자인 대전광역시를 상대로 구상금청구를 한 사안에서, "이 사건 신호등의 관리사무는 피고(대전광역시)가 도로교통법과 동 시행령의 규정에 의하여 충남지방경찰청장에게 그 권한을 위임한 사무로서, 그와 같은 사무를 처리하던 원고(국가) 소속 경찰공무원들은 피고의 사무를 처리하는 지위에 있으므로 피고가 그 사무에 관하여 선임 · 감독자에 해당한다고 할 것이고, 위 교통신호기시설은 지방자치법 제132조 단서의 규정에 따라 피고의 비용으로 설치 · 관리되고 있으므로 피고는 신호기의 설치 · 관리의 비용을 실질적으로 부담하는 비용부담자의 지위도 아울러 지닌다고 할 것인 반면에, 원고는 단지 그 소속 경찰공무원에게 봉급만을 지급하고 있었을 뿐이므로, 원고와 피고 사이에 있어서 이 사건 손해배상의 궁극적인 책임은 전적으로 피고에게 있다"고 판시하였는바, 이 판결에 대하여도 관리자설을 취하였다고 보는 견해(송영천, 71-72면; 설계경, 523-524면)와 기여도설을 취하였다고 보는 견해(강구철, 100-101면)로 나뉘어 있다.

그리고 위 2013다211834 판결은, 망인의 유족들이 국가하천에서 발생한 익사사고와 관련하여, 하천 관리사무의 귀속주체이자 비용부담자인 국가와 비용부담자인 지방자치단체를 상대로 제기한 국가배상청구소송에서 국가와 지방자치단체가 패소하자(부진정연대책임 인정), 국가가 그 손해배상금을 지급한 다음 지방자치단체를 상대로 구상금을 청구한 사안에서, "국가하천의 유지 · 보수 사무가 지방자치단체의 장에게 위임된 경우, 지방자치단체의 장은 국가기관의 지위에서 그 사무를 처리하는 것이므로, 국가는 국가배상법 제5조 제1항에 따라 영조물의 설치 · 관리 사무의 귀속주체로서 국가하천의 관리상 하자로 인한 손해를 배상하여야 한다. 국가가 국가하천의 유지 · 보수비용의 일부를 해당 시 · 도에 보조금으로 지급하였다면, 국가와 해당 시 · 도는 각각 국가배상법 제6조 제1항에 규정된 영조물의 설치 · 관리 비용을 부담하는 자로서 손해를 배상할 책임이 있다. 이와 같이 국가가 사무의 귀속주체 및 보조금 지급을 통한 실질적 비용부담자로서, 해당 시 · 도가 구 하천법 제59조 단서에 따른 법령상 비용부담자로서 각각 책임을 중첩적으로 지는 경우에는 국가와 해당 시 · 도 모두가 국가배상법 제6조 제2항 소정의 궁극적으로 손해를 배상할 책임이 있는 자에 해당한다"고 판시하였다. 위 사안에서 관리자설에 따르면 국가만이 최종적인 배상책임자에 해당하는데 이 판결이 지방자치단체의 책임도 인정하였다는 점에서 관리자설을 취하지 않은 것은 분명하나, 비용부담자설, 기여도설 중 어느 견해를 취하였는지는 여전히 불분명하다.

㈑ 검 토

위에서 본 관리자설과 비용부담자설에 따른 여러 가지 문제점, 책임의 원칙 및 배상의 원리 등에 비추어 볼 때, 어느 일방을 최종적인 배상책임자로 미리 정해 두는 것보다 당해 사안별로 손해발생의 원인을 제공한 자에게 배상책임을 묻고, 배상책임자가 복수인 경우에는 손해발생에 기여한 정도에 따라 배상책임을 분담하도록 하는 기여도설이 타당하다고 생각된다. 따라서 원고와 피고가 각각 관리자로서의 책임과 비용부담자로서의 책임을 함께 지는 경우에는 모두가 최종적인 배상책임자에 해당하며, 그 내부적인 책임분담은 원·피고 간의 비용부담비율뿐만 아니라, 사고발생 경위 등 제반사정을 참작하여 손해발생에 기여한 정도에 따라 결정하여야 할 것이다.

4. 판례의 의미와 전망

대상판결은 국가배상법 제6조에 관련된 다양한 쟁점을 다루고 있는데, 그 중에서도 특히 국가배상법상 최종적인 배상책임자가 누구인지에 관한 쟁점을 다룬 최초의 판례라는 데에 그 의미가 있다. 아쉽게도 최종적인 배상책임자가 누구인지에 관하여 명시적으로 판시하고 있지 않고 있고, 아직까지 이 쟁점에 관하여 명시적으로 판시한 판례가 나오지 않고 있다. 그러나 실무에 있어서는 이 사건에서처럼 국가 또는 지방자치단체가 관리자로서의 책임과 비용부담자로서의 책임을 함께 지는 경우가 많으므로 최종적인 배상책임자에 대하여 구상금을 청구하는 사건에서 지침이 될 것으로 생각된다.

〈참고문헌〉

강구철, "국가배상책임자에 관한 연구", 법학논총 제18집, 국민대학교 법학연구소, 2006. 2.

박균성, "국가배상법상 사무관리주체와 비용부담주체의 배상책임", 판례실무연구〔Ⅱ〕, 박영사, 1998.

서원우, "국가배상법의 입법론상의 제문제", 국가배상제도의 제문제, 법무자료 제141집, 법무부, 1991.

설계경, "국가배상법 제6조의 배상책임자", 공법연구 제31집 제2호, 한국공법학회, 2002.

송영천, "지방자치제 시행과 관련한 각종 쟁송의 제문제", 저스티스 통권 69호, 한국법학원, 2002. 10.

이충상, "도로법 제27조 제1항에 의한 상급관청의 공사대행의 성격 및 … 국가배상법 제6조의 사무귀속자(영조물관리자)와 비용부담자가 다를 경우 최종적 구상의무자는 누구이며 사무귀속자도 비용의 일부를 부담하고 있는 경우에는 최종적 구상을 어떻게 할 것인가", 판례실무연구〔Ⅱ〕, 박영사, 1998.

鈴木康之, 星野雅紀, 日 新版注解交通損害賠償法①, 青林書院, 1997.

60. 영조물 설치 · 관리상의 흠(하자)으로 인한 배상책임의 성질

—대법원 1994. 11. 22. 선고 94다32924 판결—

이 광 윤*

Ⅰ. 판결개요

1. 사실관계

오○○은 택시를 운행하던 중 도로의 지하에 매설되어 있는 상수도관에 균열이 생겨 그 틈으로 새어 나온 물이 도로 위까지 유출되어 노면이 낮은 기온으로 인하여 결빙되어 있는 사실을 모른 채 위 지점을 지나가다가 미끄러지면서 중앙선을 넘어가 마침 반대차선에서 오던 화물차와 충돌하여 사망하였다. 이에 오○○의 가족은 위 상수도를 설치, 관리하고 위 도로도 관리하고 있는 정주시를 상대로 하여 위 도로의 관리 및 위 상수도관의 설치 및 관리상의 하자로 인하여 이 사건 사고를 발생하게 하였다 하여 손해배상을 청구하였다. 이에 대하여 정주시는 위 상수도관은 내구연한이 20년 이상인 피.브이.씨.관으로 1986. 7. 23. 설치된 것이고, 상하수도관리를 위하여 복구차량 등 충분한 장비를 보유하고 비상연락망체계를 확립하여 운영하여 왔으며, 이 사건 사고 직전인 1992. 11. 28.에도 이 사건 상수도관에 대하여 점검한 사실 있다고 주장하면서 이 사건 상수도관에 대한 설치, 관리상의 과실이 없다고 항변하였다.

2. 소송경과

(1) 정주시를 상대로 하여 국가배상법 제5조에 의한 영조물의 설치 · 관리상의 하자로 인한 손해배상을 청구하는 민사소송을 전주지방법원 정읍지원에 제기하여 원고일부승소판결을 받음.

---

* 성균관대학교 법학전문대학원 교수.

(2) 항소. 원고일부 승소 판결(광주고등법원 1994. 6. 1. 선고 94나8565 판결).

(3) 상고.

(4) 상고기각.

3. 판결요지

가. 국가배상법 제5조 소정의 영조물의 설치 · 관리상의 하자라 함은 영조물의 설치 및 관리에 불완전한 점이 있어 이 때문에 영조물 자체가 통상 갖추어야 할 안전성을 갖추지 못한 상태에 있는 것을 말하는 것이다.

나. 지방자치단체가 관리하는 도로 지하에 매설되어 있는 상수도관에 균열이 생겨 그 틈으로 새어 나온 물이 도로 위까지 유출되어 노면이 결빙되었다면 도로로서의 안전성에 결함이 있는 상태로서 설치 · 관리상의 하자가 있다.

다. 국가배상법 제5조 소정의 영조물의 설치 · 관리상의 하자로 인한 책임은 무과실책임이고 나아가 민법 제758조 소정의 공작물의 점유자의 책임과는 달리 면책사유도 규정되어 있지 않으므로, 국가 또는 지방자치단체는 영조물의 설치 · 관리상의 하자로 인하여 타인에게 손해를 가한 경우에 그 손해의 방지에 필요한 주의를 해태하지 아니하였다 하여 면책을 주장할 수 없다.

라. 영조물의 설치 또는 관리상의 하자로 인한 사고라 함은 영조물의 설치 또는 관리상의 하자만이 손해발생의 원인이 되는 경우만을 말하는 것이 아니고, 다른 자연적 사실이나 제3자의 행위 또는 피해자의 행위와 경합하여 손해가 발생하더라도 영조물의 설치 또는 관리상의 하자가 공동원인의 하나가 되는 이상 그 손해는 영조물의 설치 또는 관리상의 하자에 의하여 발생한 것이라고 해석함이 상당하다.

Ⅱ. 평 석

1. 쟁점정리

(1) 영조물의 설치 · 관리상의 흠(하자)의 정의와 무과실책임

판결문은 “국가배상법 제5조 소정의 영조물의 설치 · 관리상의 하자라 함은 영조물의 설치 및 관리에 불완전한 점이 있어 이 때문에 영조물 자체가 통상 갖추어야 할 안전성을 갖추지 못한 상태에 있는 것을 말하는 것”이라고 정의하고 있으면서 또한 판결문은 “국가배상법 제5조 소정의 영조물의 설치 · 관리상의 하자로 인한 책임은 무과실책임”이라고 판단하고 있다. 따라서 “영조물 자체가 통상 갖추어야 할 안전성을 갖추지 못한 상태”에 대한 책임이 무과실 책임인가의 여부가 문제된다.

과실을 입증정도에 따라 분류해보면:

(가) 입증과실(faute prouvée)

과실책임의 전형적인 예로 손해배상을 청구하는 피해자가 국가의 과실을 명백히 입증한 경우로 이 경우 입증된 과실이 '하자'에 해당함은 달리 설명을 요하지 않는다.

(나) 추정과실(faute présumée)

피해자 쪽에서 국가의 행위로 손해가 발생한 것을 입증하면 이에 대하여 국가는 과실이 없음을 입증하여야 하고 과실에 대한 입증책임이 피해자로부터 국가로 전환되어 국가가 과실이 없음을 입증하지 못하게 되면 주관적 요소인 과실이 객관화하여 국가의 과실이 추정(présomption)된다. '하자'는 이러한 추정된 과실을 포함한다.

(다) 무과실(sans faute)

과실이 입증되거나 추정되지 않는 경우에도 '하자'는 성립될 수 있다. 피해자는 비정상적인 손해의 발생을 입증하고 그 손해와 국가의 행위사이의 인과관계를 증명하기만 하면 국가의 과실이 추정되지 않고도 국가의 배상책임이 인정될 수 있다.

이러한 분류에 따르면 판결은 국가배상법 제5조의 책임을 무과실책임으로 보고 있으므로 피해자는 비정상적인 손해의 발생을 입증하고 그 손해와 국가의 행위사이의 인과관계를 증명하기만 하면 국가의 과실이 추정되지 않고도 국가의 배상책임이 인정되는 경우에 해당한다. 한편 "통상 갖추어야 할 안전성을 갖추지 못한 상태"라 함은 객관적인 안전성을 말하는 것으로 완전무결성을 말하는 것이 아니므로 정상적인 유지를 하였다는 것을 증명함으로써 면책될 수 있는 것으로, 프랑스 법에서 말하는 '정상적 유지의 흠결'(défaut d'entretien normal)과 내용상의 차이를 발견 할 수 없고, 프랑스의 '정상적 유지의 흠결'이론에서의 정상적 유지에 의한 상태와 다른 것으로는 해석되지 않는다. 정상적 유지의 흠결이란 공공 공사물(公共 工事物)의 이용자에게 발생한 손해에 대한 책임의 대상이 되는 국가의 추정과실(faute présumée)을 말한다(Agathe Van Lang; Geneviève Godouin; Véronique Inserguet-Brisset, Dictionnaire de Droit administratif, Armand Colin, 1997, 105면) 국가는 공공 공사물(公共 工事物)을 정상적으로 설치 또는 유지하였다는 것을 증명함으로써 면책된다((Agathe Van Lang; Geneviève Godouin; Véronique Inserguet-Brisset, Dictionnaire de Droit administratif, Armand Colin, 1997). 따라서 '하자'의 정의에 대하여는 과실책임(정확히는 추정과실 책임)에 입각하여 정의하면서 "국가배상법 제5조 소정의 영조물의 설치 · 관리상의 하자로 인한 책임은 무과실책임"이라고 판단하고 있는 것은 모순이다.

(2) 무과실 책임과 면책 사유

무과실 책임의 경우는 피해자의 과실이 있거나 불가항력인 경우에는 면책된다. 이에 비하여 정상적 유지의 흠결(défaut d'entretien normal)은 국가가 공물을 정상적으로 설치 또는 유지하였다는 것을 증명함으로써 면책된다. 판결은 "국가배상법 제5조 소정의 영조물의 설치, 관리상의 하자로 인한 책임은 무과실책임이고, 나아가 민법 제758조 소정의 공작물의 점유자의 책임과는 달리 면책사유도 규정되어 있지 않으므로 국가 또는 지방자치단체는 영조물의 설치, 관리상의 하자로 인하여 타인에게 손해를 가한 경우에 그 손해의 방지에 필요한 주의를 해태하지 아니하였다 하여 면책을 주장할 수도 없다"고 하고 있으므로 정주시에게 무과실 책임을 묻고 있다.

(3) 한국과 일본 학설(객관설, 주관설 등)들과의 비교(이광윤)

영조물의 '설치 · 관리의 하자'의 의미와 관련하여;

(가) 객관설은 위험책임이론에 입각하여(原田尙彦) 객관적으로 보아 물적 상태에 통상 갖추어야 할 안전성의 결함이 있는지의 여부에 주목하는 것으로 객관적 · 물적 결함설이라고(박윤흔)도 한다.

(나) 주관설은 영조물의 설치 · 관리자가 안전확보의무 내지 사고방지의무에 위반한 관리자의 주관적 귀책사유가 있어야 한다는 견해이다. 이러한 의무위반설에 서면서도 관리자의 안전확보의무를 고도화 · 객관화된 의무로 파악하여 과실책임으로 보는 견해도 있다(김동희).

(다) 절충설은 '하자'의 의미를 객관적인 물적 결함이 있는 경우는 물론, 공물관리자의 안전관리의무의 위반이 있는 경우를 추가시키고 있어 '하자'의 범위를 객관설 보다 확대시킨다고(천병태; 박윤흔)한다.

(라) 위법 · 무과실 책임설은 '하자'를 교통안전의무 위반으로 보면서, 교통안전의무는 공무원의 주관적인 과실과는 아무 관계가 없는 행정주체의 법적의무로 파악하여, 이 경우의 국가책임을 위법 · 무과실 책임으로 본다(정하중; 김남진).

한국과 일본의 다수설은 '하자'를 무과실 책임으로 보고 있으면서도, 동시에 '통상적인 물적 안전성의 결여'라고 하는 객관적인 추정과실과 혼동하여 '통상적인 물적 안전성의 결여'를 무과실인 위험책임으로 해석하는 오류를 범하고 있다. 국가배상법 제5조의 '하자'가 무과실 책임이라는 것은 과실을 필요 요건으로 하지 않고 무과실 책임까지를 질 수 있다는 것이기 때문에 어떤 사안에서 국가가 과실책임을 질 것인지 아니면 무과실 책임을 질 것 인지의 책임여부를 판단하는 아무런 준거가 되지 않는다. 그럼에도 불구하고 객관설은 '하자'가 곧 '통상적인 물적 안전성의 결여'만을 의미하는 것으로 해석하는 오류를 범하고 있으며, 주관설 또한 '하자'가 과실책임만을 의미하는 것으로 해석하는 오류를 범하고 있다. 객관설이건 주관설이건 이 두 학설은 모두가 도로의 이용자에 대한 과실책임을 인정하는 기준이며, 절충설 역시, 과실 책임의 범위를 벗어 날 수 없다.

한편, 위법 · 무과실책임설은 객관적 법규범에 대한 위반의 문제와 책임의 대상이 되는 불법행위의 문제는 독립된 별개의 문제임을 간과하고 있으며, '하자'를 무과실 책임으로 해석한다면 특정 사안에서 국가가 구체적으로 어떤 책임을 질 것인지에 대한 아무런 해답이 될 수 없고, '하자'가 무과실 책임만을 진다고 해석하면 국가는 피해자의 과실이 있거나 불가항력인 경우를 제외하고는 무조건적인 책임을 져야 한다는 말이 되므로 비현실적이다. 모든 객관적 법규범을 위반한 행위는 과실에 해당한다. 그러나 객관적 법규범을 위반한 과실행위라고 하여 모두 책임의 대상이 되는 것은 아니고 배상할 만한 손해가 발생하여야 하고 배상할 만한 이유가 있어야만 책임의 대상이 된다. 예를 들면 형식상의 흠 때문에 취소된 징계처분은 책임의 대상이 되지 않으며 동기에 비추어 정당화될 수 있는(먼저 공소인들이 폭력사태에 이르게 된 점, 실력행사의 정도, 결과 등을 감안) 직무범위를 일탈한 경찰권의 행사도 책임의 대상이 되지 않는다(동경고판 1978. 10. 17. 판례시보 916호, 35면; 서원우, "위법성의 상대화론과 법률에 의한 행정의 원리"). 한편, 공무원의 서투른 운전이나 주의력이 부족한 간호사의 태도 등은 객관적 법규범을 위반한 행위는 아니지만 —법령위반을 요건으로 하지 않는다면— 책임의 대상이 되는 과실인 행위다. 또한 무과실 책임의 대상이 되는 행위는 모두가 객관적 법규범에 적법한 행위다.

2. 관련판례

(1) 국가배상법 제5조의 무과실책임을 인정한 판례

㈎ 대구지법 1995. 1. 26. 선고 94가합4985 판결

고속국도 추월선 상에 각목이 떨어져 있는데도 이를 미처 발견하지 못하고 역과하다가 일어난 사고에 관하여, 각목이 방치되어 있는 사실 자체로서 고속도로가 본래 갖추어야 할 안전성을 갖추지 못한 것으로 도로 관리상의 흠(하자)이 있는 경우에 해당한다 하여, 한국도로공사에게 도로 관리자로서의 손해배상 책임이 있다고 본 사례.

한국도로공사는 대한민국(건설부장관)의 위임에 의하여 고속국도의 신축, 개축, 유지 및 수선에 관한 공사의 시행과 관리 등의 업무를 행하면서 고속국도에 관한 건설부장관의 권한을 대행하는 범위 내에서 고속국도의 관리청이므로, 헌법 제29조에서 들고 있는 배상의무의 주체가 되는 '공공단체'에 해당되고, 도로관리자로서의 지위와 공공성, 관리하고 있는 영조물의 성질 및 피해자 보호의 필요성, 각종 도로의 등급과 안전성에 따른 적정한 책임귀속 및 분배의 요청에 따르는 법적용의 형평성에 비추어 국가배상법 제5조의 규정을 유추적용하여 국가나 지방자치단체의 경우와 마찬가지로 민법 제758조 제1항 단서를 원용하는 면책항변을 허용하지 아니함이 옳다.

(2) '하자'를 주관적 귀책사유로 해석한 판례

(가) 서울중앙지법 2005. 8. 26. 선고 2001가합57360 판결

국가배상법 제5조 제1항 소정 공공의 영조물 설치 · 관리상의 하자라 함은 영조물이 용도에 따라 통상 갖추어야 할 안전성을 갖추지 못한 상태에 있음을 말하는 것으로서, 이와 같은 안전성의 구비 여부를 판단함에 있어서는 당해 영조물의 설치 · 보존자가 그 영조물의 위험성에 비례하여 사회통념상 일반적으로 요구되는 정도의 방호조치의무를 다하였는지 여부를 기준으로 삼아야 할 것이다.

(나) 대법원 1998. 2. 13. 선고 95다44658 판결

국가가 하천에 설치하는 다목적댐의 규모와 시설은 당해 하천의 특성, 그 유역의 강우상황, 유수량, 지형 기타 자연적 조건, 유역 부근 토지의 이용 상황 기타 사회적 조건 및 댐의 용도와 댐 공사의 경제성 등 여러 관점을 종합적으로 참작하여 결정하는 것이므로, 홍수조절과 관련하여 다목적댐의 규모와 시설에 설치상 하자가 있다고 하기 위하여는, 댐의 설치 당시 여러 관점을 종합하여 볼 때 홍수조절을 위하여 댐 규모, 수위의 조정 등의 조치가 필요불가결한 것임에도 불구하고 이를 하지 아니하였음이 댐 설치의 일반기준 및 사회통념에 비추어 명백하다고 볼 만한 사정이 인정되어야 한다.

댐이 건설되면 정도의 차이는 있으나 댐의 상류로부터 저수지에 토사가 유입, 퇴적되어 시간이 경과함에 따라 저수지의 저수용량이 점차 감소되는 것은 불가피한 현상이라고 할 것인바, 이와 같이 댐의 저수용량이 감소되는 경우 홍수조절과 관련하여 댐 관리에 하자가 있다고 하기 위하여는 댐의 저수용량의 감소로 인하여 수해발생의 위험성이 현저히 증가하였음에도 불구하고 위험성을 배제하거나 감소시키기 위하여 상당한 조치를 하지 아니하였음이 댐 관리의 일반수준 및 사회통념에 비추어 명백하다고 볼 만한 사정이 인정되어야 한다.

(3) 하자를 '정상적 유지 흠결' 이론에 의한 추정과실로 본 판례

(가) 대법원 1998. 2. 10. 선고 97다32536 판결

도로의 설치 또는 관리 · 보존상의 하자는 도로의 위치 등 장소적인 조건, 도로의 구조, 교통량, 사고 시에 있어서의 교통 사정 등 도로의 이용 상황과 그 본래의 이용 목적 등 제반 사정과 물적 결함의 위치, 형상 등을 종합적으로 고려하여 사회통념에 따라 구체적으로 판단하여야 하는바, 도로의 설치 후 제3자의 행위에 의하여 그 본래의 목적인 통행상의 안전에 결함이 발생한 경우에는 도로에 그와 같은 결함이 있다는 것만으로 성급하게 도로의 보존상 하자를 인정하여서는 안 되고, 당해 도로의 구조, 장소적 환경과 이용 상황 등 제반 사정을 종합하여 그와 같은 결함을 제거하여 원상으로 복구할 수 있는데도 이를 방치한 것인지 여부를 개별적 · 구체적으로 심리하여 하자의 유무를 판단하

여야 한다.

편도 2차선 도로의 1차선상에 교통사고의 원인이 될 수 있는 크기의 돌멩이가 방치되어 있는 경우, 도로의 점유·관리자가 그에 대한 관리 가능성이 없다는 입증을 하지 못하는 한 이는 도로의 관리·보존상의 하자에 해당한다고 한 사례.

(나) 대법원 1997. 5. 16. 선고 96다54102 판결

영조물의 설치·보존의 하자라 함은 영조물이 그 용도에 따라 통상 갖추어야 할 안전성을 갖추지 못한 상태에 있음을 말하는 것이고, 영조물의 설치 및 보존에 있어서 항상 완전무결한 상태를 유지할 정도의 고도의 안전성을 갖추지 아니하였다고 하여 영조물의 설치 또는 관리에 하자가 있는 것으로는 할 수 없는 것이므로, 따라서 영조물의 설치자 또는 관리자에게 부과되는 방호조치의무의 정도는 영조물의 위험성에 비례하여 사회통념상 일반적으로 요구되는 정도의 것을 말한다.

고등학교 3학년 학생이 교사의 단속을 피해 담배를 피우기 위하여 3층 건물 화장실 밖의 난간을 지나다가 실족하여 사망한 사안에서 학교 관리자에게 그와 같은 이례적인 사고가 있을 것을 예상하여 복도나 화장실 창문에 난간으로의 출입을 막기 위하여 출입금지장치나 추락위험을 알리는 경고표지판을 설치할 의무가 있다고 볼 수는 없다는 이유로 학교시설의 설치·관리상의 흠(하자)이 없다고 본 사례.

3. 판결의 검토

이 판결은 "국가배상법 제5조 소정의 영조물의 설치, 관리상의 하자로 인한 책임은 무과실책임이고, 나아가 민법 제758조 소정의 공작물의 점유자의 책임과는 달리 면책사유도 규정되어 있지 않으므로 국가 또는 지방자치단체는 영조물의 설치, 관리상의 하자로 인하여 타인에게 손해를 가한 경우에 그 손해의 방지에 필요한 주의를 해태하지 아니하였다 하여 면책을 주장할 수도 없다"고 하면서도 국가배상법 5조상의 '하자'를 "영조물 자체가 통상 갖추어야 할 안전성을 갖추지 못한 상태에 있는 것"이라고 정의 하여 '추정과실'로 해석하는 오류를 범하고 있다. 이 점은 대법원 2007. 6. 28. 선고 2007다10139 판결 등(대법원 2000. 1. 14. 선고 99다39548 판결 등)이 "민법 제758조 제1항에서 말하는 공작물의 설치·보존상의 하자라 함은 공작물이 그 용도에 따라 통상 갖추어야 할 안전성을 갖추지 못한 상태에 있음을 말하는 것으로서"라고 하자를 정의하면서, "이와 같은 안전성의 구비 여부를 판단함에 있어서는 당해 공작물의 설치·보존자가 그 공작물의 위험성에 비례하여 사회통념상 일반적으로 요구되는 정도의 방호조치의무를 다하였는지의 여부를 기준으로 판단하여야 하고"라고 하여 '정상적 유지 흠결 이론'에 따른(과 마찬가지로) 추정과실책임을 묻고 있는 데 비하여 무과실 책임이라고 보고 있는 국가

배상법 제5조의 하자를 민법 제758조 제1항과 똑같이 정의하고 있음은 모순이다.

4. 판결의 의미와 전망

이와 같이 판결이 국가배상법 제5조의 책임을 민법 제758조 제1항과는 달리 무과실 책임이라고 하면서도 '하자'의 정의를 추정과실책임을 뜻하는 '통상 갖추어야 할 안전성을 갖추지 못한 상태'라고 대법원 2007. 6. 28. 선고 2007다10139 판결 등이 민법 제758조 제1항에서 말하는 공작물의 설치 · 보존상의 하자와 동일하게 정의하고 있는 것은 대법원의 고질적인 관행에 불과하며, 판결과는 달리 국가배상법 제5조의 하자를 '주의의무위반'으로 보아 과실책임만으로 볼 위험성이 있으므로(실제, 서울중앙지법 2005. 8. 26. 선고 2001가합57360 판결, 대법원 1998. 2. 13. 선고 95다44658 판결 등이 그러함) '하자'에 대한 정의를 무과실 책임을 포함하도록 "국가배상법 제5조 제1항 소정의 영조물의 설치 또는 관리의 하자라 함은 영조물의 설치 및 관리에 불완전한 점(무과실을 포함)이 있거나 영조물 자체가 통상 갖추어야 할 안전성을 갖추지 못한 상태(추정과실)에 있는 것을 말하는 것으로서"로 변경하거나 또는 "국가운영상의 흠(무과실을 포함)을 말하는 것으로서"로 변경하여 제3자 등에 대하여 무과실 책임을 인정할 수 있는 가능성을 열어두는 한편, 이 사건과 같은 도로의 이용자에 대한 배상책임에 관하여는 '통상 갖추어야할 안전성', 즉 추정과실(faute présumée)책임여부에 대하여 판단하여야 할 것이다.

〈참고문헌〉

김남진, 행정법 I 제6판, 법문사, 2000.

김동희, 행정법 I 제6판, 박영사, 2000.

이광윤, "국가배상법 제5조 제1항의 공공의 영조물의 설치. 관리상의 하자의 의미 및 그 판단기준 —도로통행자의 경우—", 행정판례연구 V, 서울대학교 출판부, 2000.

이현수, "국가배상법 제5조의 도로보존상의 하자—제3자에 의하여 발생한 도로의 결함으로 인한 사고—", 공군법률논집 제4집(통권 18호), 2000.

박윤흔, 최신 행정법강의(上) 개정26판, 박영사, 2000.

서원우, "위법성의 상대화론과 법률에 의한 행정의 원리", 고시계 통권 제337호, 고시계사, 1985. 3.

정하중, "국가배상법 제5조의 영조물의 설치 · 관리에 있어서의 하자의 의미와 배상책임의 성격", 행정판례연구 Ⅲ, 한국행정판례연구회, 1996.

Agathe Van Lang; Geneviève Godouin; Véronique Inserguet-Brisset, Dictionnaire de Droit administratif, Armand Colin, 1997.

原田尙彦, 行政法要論, 學陽書房, 1991.

61. 행정입법부작위로 인한 국가배상

— 대법원 2007. 11. 9. 선고 2006다3561 판결 —

황 창 근*

Ⅰ. 판결개요

1. 사실관계

원고들 12명은 사법시험 및 군법무관시험에 합격하여 군법무관에 임용되었던 자들이고 피고는 대한민국이다.

구군법무관임용법(1967. 3. 3. 법률 제1904호로 개정되고, 2000. 12. 26. 법률 제6291호로 전문개정되기 전의 것) 제5조 제3항은 '군법무관의 대우는 법관 및 검사의 대우에 준하여 대통령령으로 정한다'고 규정하고 있고, 「군법무관 임용 등에 관한 법률」(2000. 12. 26. 법률 제6291호로 개정된 것) 제6조는 '군법무관의 봉급과 그 밖의 보수는 법관 및 검사의 예에 준하여 대통령령으로 정한다'고 규정하고 있다.

위와 같은 규정에도 불구하고, 피고의 행정입법 담당공무원은 구법 제정시부터 현재까지 38년동안 군법무관의 봉급과 그 밖의 보수에 관한 대통령령을 제정하지 않고 있다. 이와 같이 대통령령이 제정되지 않았으므로, 원고들은 위 복무기간 동안 일반 군인에게 적용되는 군인보수법에 따른 보수만을 지급받았다.

이에 원고들은 피고가 군법무관의 보수에 관한 시행령을 제정하지 않음으로써 원고들이 군법무관으로 복무하는 동안 법관 및 검사 보다 적은 보수만을 받게 되는 손해를 입었는바, 이와 같은 재산상의 손해는 피고의 행정입법 담당공무원의 군법무관 보수에 관한 시행령의 미제정으로 인한 것이므로 국가는 손해배상의 책임이 있다는 주장을 하고 있다.

---

* 홍익대학교 법과대학 부교수.

2. 소송경과

원고들은 피고 대한민국을 상대로 주위적으로는 군법무관법을 근거로 임금청구를 하고, 예비적으로 입법부작위로 인한 손해배상청구 소송을 제기하였는데, 1심에서는 원고들이 일부승소하였고(서울중앙지법 2005. 1. 14. 2004가합25623 판결), 이에 쌍방이 항소하여 원고들이 일부승소하였고(서울고법 2005. 12. 9. 2005나19059 판결), 피고가 상고한 대법원에서 원심의 판단을 대부분 인용하고 다만 손해액 산정과 관련하여 원심을 파기하는 판결을 하였다. 파기환송심에서는 당사자간 화해로 종결되었다.

이 사건은 원래 2001년 헌법재판소의 헌법소원사건으로 거슬러 올라간다. 당시 군법무관 4명은 헌법재판소에 입법부작위 위헌확인 헌법소원을 제기하였는데 이에 대하여 헌법재판소는 군법무관의 보수에 관한 시행령을 제정하지 아니한 행정입법부작위가 위헌임을 확인하는 결정을 하였다(헌재 2004. 2. 26. 2001헌마718). 그때부터 다수의 전 · 현직 군법무관들은 국가를 상대로 군법무관보수에 대한 청구소송을 전국 각지에서 제기하게 되었다. 그러나 하급심에서는 군법무관들의 청구를 인용하는 판결을 선고하는 것도 있는가 하면, 반대로 이를 기각하는 판결도 다수 있게 되었다. 그러다가 2007. 11. 29. 이건 대상판결이 선고된 이후에는 각급 법원은 대법원 판결취지에 따라 현행 군법무관수당규정 등을 참조하여 개인당 약 3백만원에서 2천여만원 이상까지 복무기간의 장단에 따라 국가의 손해배상책임을 인정하는 판결을 거듭 선고하고 있다(참고로 대상판결의 원고와 헌법소원 사건의 청구인은 동일인이 아니다).

그 외에도 다수의 전 · 현직 군법무관들은 위 대법원판결의 취지에 따라 국가배상심의회에 위 보수금손해에 관한 국가배상신청을 제기하여 놓은 상태이다.

3. 판결요지

[대법원 판결의 요지]

입법부가 법률로써 행정부에게 특정한 사항을 위임했음에도 불구하고 행정부가 정당한 이유 없이 이를 이행하지 않는다면 권력분립의 원칙과 법치국가 내지 법치행정의 원칙에 위배되는 것으로서 위법함과 동시에 위헌적인 것이 되는바, 구 군법무관임용법(1967. 3. 3. 법률 제1904호로 개정되어 2000. 12. 26. 법률 제6291호로 전문 개정되기 전의 것) 제5조 제3항과 군법무관임용 등에 관한 법률(2000. 12. 26. 법률 제6291호로 개정된 것) 제6조가 군법무관의 보수를 법관 및 검사의 예에 준하도록 규정하면서 그 구체적 내용을 시행령에 위임하고 있는 이상, 위 법률의 규정들은 군법무관의 보수의 내용을 법률로써 일차적으로 형성한 것이고, 위 법률들에 의해 상당한 수준의 보수청구권이 인정되는 것이므로, 위 보수청구권은 단순한 기대이익을 넘어서는 것으로서 법률의 규정에 의해 인정된 재산권의 한 내용이 되는 것으로 봄이 상당하고, 따라서 행정부가 정당한 이유 없이 시행령을 제정하지 않은 것은 위 보수청구권을 침해하는 불법행위에 해당된다(헌재 2004. 2. 26. 2001헌마718 결정).

한편, 피고가 주장하는 '다른 의무복무자들과의 형평성' 문제는 법률의 개선을 추구하는 계기가 될 수는 있으나 시행령 제정을 거부할 정당한 사유가 될 수 없고, 통상 상위 법령을 시행하기 위해 하위 법령을 제정하거나 필요한 조치를 함에 있어서는 상당한 기간을 필요로 하며 합리적인 기간 내의 지체를 위헌적인 부작위로 볼 수 없으나, 이 사건의 경우 구법 조항이 신설된 1967년부터 2005년까지 38년여 동안 행정입법 부작위의 상태가 지속되었으므로, 이를 가리켜 합리적인 기간 내의 지체라고 볼 수는 없다(위 헌재 2001헌마718 결정 참조).

Ⅱ. 평 석

1. 쟁점정리

입법불법과 국가배상의 문제는 그동안 법률의 입법상 불법문제를 중심으로 논의하여 왔고, 전통적으로는 부인론부터 최근 긍정론으로 견해의 변경이 있어 왔다. 다만 현실적으로 과연 입법불법에서 국가배상책임을 인정하는 경우를 구체적으로 상정할 수 있는지에 대하여 약간의 의문이 제기되어 왔고 실제 관련 사례도 축적되어 있지 않다. 특히 이건 대상 판결과 같이 행정입법부작위와 관련한 불법문제와 국가배상문제는 충분한 논의가 있지는 않았던 것으로 보인다.

국가배상법 제2조의 공무원의 위법한 직무행위로 인한 손해배상에 있어서 위 직무행위에 입법행위도 포함되는지, 포함된다면 입법부 또는 입법소속 공무원을 공무원으로 볼 수 있는지, 고의·과실책임은 어떻게 인정할 것인지가 문제가 된다. 또 입법불법에 있어서 국가배상소송의 수소법원은 입법부작위의 위헌성을 선결문제로 취급하여야 하는지 문제가 된다.

2. 관련판례

이 대상판결이전에는 행정입법부작위로 인한 국가배상책임을 인정한 사례는 없었고, 다만 국회의 입법불법과 관련하여 국가배상책임을 논한 대법원판결이 있다.

먼저 대법원 1997. 6. 13. 선고 96다56115 판결은 입법행위의 위법성을 인정하지 않은 판결이다. 즉 구사회안전법(1975. 7. 16 법률 제2769호 제정된 법률) 소정의 보안처분에 관한 입법행위가 국가배상법상 위법행위에 해당되는지에 관하여 "국회의원의 입법행위는 그 입법 내용이 헌법의 문언에 명백히 위반됨에도 불구하고 국회가 굳이 당해 입법을 한 것과 같은 특수한 경우가 아닌 한 국가배상법 제2조 제1항 소정의 위법행위에 해당된다고 볼 수 없다"라고 판시하였다.

한편 평석대상 판결 이후에 선고된 대법원 2008. 5. 29. 선고 2004다33469 판결은 국회의 입법부작위의 위법성을 인정하지 않은 판결인데 위 대법원 96다56115 판결과 같은 맥락이다. 즉 거창사건 희생자들의 신원이나 보상 등을 위한 특별법의 제정과 관련하여 "특별법을 제정할 것인지 여부는 입법정책적인 판단문제로서 이에 관하여 피고 국가가 구체적인 입법의무를 부담한다고 보기 어렵기 때문에, 피고 국가가 현재까지 이러한 특별법을 제정하지 아니하였다는 사정만으로는 거창사건 이후 유족들에 대한 관계에서 부작위에 의한 불법행위가 성립한다고 볼 수 없다"라고 판시하였다. 이러한 대법원판결 취지는 하급심의 판결에도 영향을 미치고 있다(인천지법 2006. 11. 2. 선고 2006가합3895 판결).

국회 입법불법의 국가배상책임을 인정한 사례로 하급심 판결이 있는데, 서울민사지법의 1992. 8. 28. 선고 91가합84035 판결이 그것이다. 이 판결은 비록 하급심 판결이지만 국회의 입법상 불법으로 인한 손해배상책임을 인정한 판결로 유명하다. 동 판결은 1989. 12. 18. 헌법재판소로부터 위헌결정을 받은 국가보위입법회의법 부칙 제4항에 근거하여 면직처분을 받은 국회사무처 등의 직원에게 위헌결정의 효력을 인정하여 국가배상책임을 인정하였는데, 하급심이지만 국회의 입법의 위헌 · 위법성을 이유로 국가배상책임을 인정한 드문 사례라고 할 것이다.[4]

이와 반대로 국회 입법불법책임을 인정하지 않은 하급심판결도 있다. 즉 1998년 IMF 사태이후 여야간의 정국대처 때문에 수차례의 임시국회가 공전됨으로 인하여 법안 등의 입법부작위 내지 입법해태에 대한 손해배상청구소송에서 이와 같은 국회의 입법부작위가 위법한 것으로 보지 아니하였다(서울지법 남부지원 1999. 2. 25. 선고 98가합15904 판결).

3. 판결의 검토

(1) 국회의 입법부작위와 국가배상책임

입법부작위는 입법불법의 한 내용으로 논의되는데, 작위에 의한 입법불법에 대응하는 행위태양이다. 입법부작위는 그 행위주체에 따라 국회에 의한 입법부작위와 행정청의 입법부작위로 나뉜다. 국회의 입법부작위에 대한 국가배상책임을 인정할 것인지 여부에 대하여 과거에는 이를 부인하는 견해가 우세하였다. 즉 권력분립의 원칙, 입법재량성, 법

---

4) 자세한 내용은 정하중, 1993. 3, "입법상의 불법에 대한 국가책임의 문제, 특히 서울 민사지법 42부 판결 91가합84035에 관련하여", 사법행정(1993. 3), 한국사법행정학회.

률의 일반적 · 추상적 성격 등으로 인하여 구체적인 권리침해에 대응한 국가배상제도에 친하지 않는 것으로 여겼다. 그러나 오늘날 처분법적인 법률이 다수 등장함에 따라 기존의 이론에 대한 수정이 요구되고, 적어도 이론상으로는 국회의 입법부작위에 대한 국가배상책임의 성립을 부인하는 견해를 찾기는 어렵다.

국회의 입법부작위 책임을 인정하는 경우에도 그 범위는 좁게 인정하는 것이 학설과 판례의 입장이다. 즉 헌법에서 명시적으로 기본권보장을 위한 입법위임을 하였거나 아니면 헌법해석상 특정인에게 구체적인 기본권이 인정되는 경우에 이를 보장하기 위한 국가의 작위의무 내지 보호의무가 발생하였음에도 불구하고 입법자가 아무런 입법조치의무를 이행하지 않은 경우에 한하여 그 작위의무를 인정하는 것이 학설과 헌법재판소 판례의 입장이다(헌재 1993. 3. 11. 89헌마79; 1996. 6. 13. 93헌마276; 1989. 3. 17. 88헌마1; 1989. 9. 29. 89헌마13; 1994. 12. 29. 89헌마2; 1998. 7. 16. 96헌마246; 2003. 5. 15. 2000헌마192 등 다수).

국가배상책임의 성립요건에 따라 논의를 정리하면, 국회의 입법부작위의 위법성에 대하여는 국회 또는 국회의원의 직무상 위법성을 인정할 수 있는가 하는 문제가 핵심적인 쟁점이 된다. 헌법이나 국가배상법상 공무원의 범위에 입법공무원을 제외하는 규정이 없는 이상 이론상 공무원에 해당된다고 할 것이고, 직무상 위법행위에 관하여도 우리 국가배상법이 입법행위를 직무행위에서 배제하는 규정을 두지 않고 있는 이상 직무행위에 포함되지 않는다고 보기도 어렵다, 참고로 독일 국가배상법 제5조에서는 “사법 및 입법상 책임”이라는 제목으로 입법상 불법책임을 직접적으로 명시하고 있는 점을 들어 우리 법도 입법론으로 이를 해결하는 것이 바람직하다고 한다.[5)]

다음으로 국회 또는 국회의원의 고의 · 과실책임을 어떻게 인정할 수 있는가 하는 점이다. 헌법 및 국회법상 법률의 제 · 개정은 엄격한 절차적 통제하에 있기에 비록 위헌적인 법률로 선고된 것이라고 하더라도 입법과정상 국회의 고의책임을 인정하기는 곤란하다. 또한 국회의 입법과정은 결국 입법자의 정책적 판단의 재량에 바탕을 두고 있는 만큼 고도의 주의의무의 위반을 뜻하는 과실책임을 인정하기도 현실적으로 쉽지 않다. 결국 국회의 입법부작위로 인한 손해배상책임의 성립은 사실상 불가능하다는 논의로 집약될 수 있다. 이와 같은 난점을 해결하기 위하여 헌법재판소에 의하여 위헌법률로 인정이 되는 경우에는 입법상의 과실이 추정되고 입법자가 그 과실없음을 입증하여야 한다는 입증책임의 전환이 논의되기도 한다.[6)] 그러나 국회의 과실책임을 현실적으로 인정하기 어렵다는 것은 별론으로 하고, 이를 이유로 입법불법의 국가배상책임성을 부인하는

---

5) 정남철, 2004. 11, “규범상 불법에 대한 국가책임”, 공법연구 제33집 제1호, 한국공법학회, 560면.

6) 이덕연, 1995. 6, “입법불법에 대한 국가책임—독일에서의 논의를 중심으로—, 사법행정, 한국사법행정학회, 18면 각주3)

논거로 될 수는 없다. 법률의 제 · 개정과정이 헌법 및 국회법에 따라 엄격히 통제되고 있는 법현실을 감안하면 당해 법률이 위헌으로 인정되는 경우에는 입법절차 또는 입법 내용의 형성에 있어서 과실은 일응 추정된다고 보는 것이 합리적인 해석이고, 이는 입법권에 대한 사법권의 견제논리로서도 가능한 해석이라고 본다. 다만 입법부작위의 경우에는 헌법상 명문 또는 해석상 작위의무를 위배하여 아무런 입법조치를 취하지 아니한 사실에 있어서도 국회의 넓은 입법형성의 자유와의 관계상 주의의무의 위배를 인정할 수 있는 여지는 작위에 의한 입법불법에 비하여 작다고 볼 수 있다.

실무상 국회의 입법부작위의 위헌문제가 대두된 경우에 그 피해를 입은 국민의 입장에서 피해를 회복하는 적절한 수단으로는 헌법재판제도, 즉 위헌법률심사와 법률에 대한 헌법소원으로 해결되고 있다. 그러나 이와 같은 헌법재판적 통제수단만으로는 국민의 권익구제에 만전을 기대하기 어렵다고 할 것이므로, 법원에 의한 국가배상소송 등 구체적인 권리구제방법이 강구되어야 한다.

우리나라 판례의 입장은 국회의 입법부작위로 인한 국가배상의 책임을 인정하지 않는 것이 주된 것으로 보인다(기술한 관련 판례 참조).

(2) 행정입법부작위와 국가배상책임

행정입법부작위에 있어서 일반적으로 논의되는 권리구제방법으로는 부작위위법확인소송, 헌법소원, 국가배상제도가 있다. 이중 부작위위법확인소송에 관하여는 구체적 권리의무에 관한 분쟁이 아니므로 대상성을 인정할 수 없다는 것이 대법원판례의 입장이다(대법원 1992. 5. 8. 91누11261 판결). 헌법재판소는 행정입법부작위의 경우 헌법소원의 대상으로 인정하고 있다. 이건 대상판결의 전제가 된 헌법소원사건에서(헌재 2004. 2. 26. 2001헌마718) "우리 헌법은 국가권력의 남용으로부터 국민의 자유와 권리를 보호하려는 법치국가의 실현을 기본이념으로 하고 있고, 자유민주주의 헌법의 원리에 따라 국가의 기능을 입법 · 행정 · 사법으로 분립하여 견제와 균형을 이루게 하는 권력분립제도를 채택하고 있어, 행정과 사법은 법률에 기속되므로, 국회가 특정한 사항에 대하여 행정부에 위임하였음에도 불구하고 행정부가 정당한 이유 없이 이를 이행하지 않는다면 권력분립의 원칙과 법치국가의 원칙에 위배된다"고 판시한 것이 그 예이다(같은 취지의 결정 헌재 1998. 7. 16. 96헌마246).

행정입법부작위에 의한 국가배상책임의 논의도 위 국회 입법불법의 경우와 대부분 유사하다.

먼저 행정청에게 행정입법의 작위의무가 존재하여야 한다. 행정입법은 법률의 구체적인 위임에 따른 위임명령과 법률의 집행을 위하여 필요한 집행명령에 근거하는 것이다. 헌법판례에 의하면 행정입법의 부작위가 위헌 · 위법이라고 하기 위하여는 행정청에게 행정입법을 하여야 할 작위의무를 전제로 하고 그 작위의무가 인정되기 위하여는 행정입법의 제정이 법률의 집행에 필수불가결한 것이어야 하고, 만일 하위 행정입법의 제정 없이 상위 법령의 규정만으로도 집행이 이루어질 수 있는 경우라면 하위 행정입법을 제정하여야 할 작위의무는 인정되지 아니한다고 한다(헌재 2005. 12. 22. 선고 2004헌마66 결정 등 참조). 대법원 판례 중에는 같은 취지에서 사법시험령 제15조 제8항은 행정자치부장관에게 제2차시험 성적을 포함하는 종합성적의 세부산출방법 기타 최종합격에 필요한 사항을 정하는 것을 위임하고 있지만, 위 법률의 규정만으로 집행이 이루어짐에 지장이 없다는 이유로 행정자치부장관에게 위 규정을 제정할 작위의무를 인정하기 어렵다고 본 사례가 있다(대법원 2007. 1. 11. 2004두10432 판결).

다음 입법부작위 상태에 대하여 행정청이 정당한 사유가 존재한다는 항변을 제기할 경우의 문제이다. 만일 입법부작위 내지 입법해태의 정당한 사유가 있다면 이와 같은 상태를 위법이라고 할 수 없다. 주로 논의되는 사유로는 입법부작위상태의 기간과 예산상의 제약 문제이다. 어느 정도의 기간을 입법을 위한 상당한 기간으로 볼 수 있는지에 대하여는 사례별로 해석할 수밖에 없는데, 이건 대상판결에서는 구군법무관임용법 제정 이후부터 38년이 도과된 점은 합리적인 기간 내의 지체로 볼 수 없다고 하였고, 전문의자격시험 불실시 위헌확인사건에서는 법률 제정후 20년이 지나도록 대통령령을 제정하지 아니한 것은 합리적인 지체로 보이지 않는다고 판시하였다(헌재 1998. 7. 16. 96헌마246). 또 행정청으로서는 예산상 제약을 많이 항변하는바, 예산상의 심의 · 확정권은 국회가 가지고 있다고 보는 한 법률의 위임 또는 집행을 위한 행정입법의 경우 이를 이유로 입법부작위를 정당화할 수는 없다(헌재 2004. 2. 26. 2001헌마718).

다음 불법행위책임의 주관적 성립요건인 고의 · 과실책임에 있어서는 국회의 입법불법과는 명백한 차이가 있다고 본다. 국회의 입법재량권과 달리 행정청의 행정입법의무는 헌법과 법률에 기속된다. 따라서 행정입법 담당 공무원이 정당한 이유없이 법률의 위임 내지 집행을 위한 행정입법을 하지 않는 경우에는 고의 내지 과실책임을 인정하지 않을 수 없는 것이다. 이런 점에서 입법불법 책임에 있어서 현실적으로 국회의원의 과실책임을 인정하기 곤란하다는 주장은 적어도 행정입법부작위의 경우에는 타당하지 않는 것이다.

한편, 행정입법부작위에 있어서 국가배상청구소송 절차상 위헌문제의 선결성 유무에 대한 논의가 있다. 입법부작위를 이유로 손해배상청구의 소에 있어서 그 입법부작위의 위헌성여부가 선결문제로 제기될 경우에는 수소법원에서는 위헌성유무를 심사할 수 없어 원고의 청구를 배척하거나 아니면 당사자에게 헌법소원 제기를 촉구할 것이 바람직하다는 견해가 있다.[7] 그러나 법률에 대한 위헌심사 권한은 헌법재판소가 보유하고 있

7) 방영철, 2000. 12. 공무원의 직무상 위법한 부작위로 인한 국가배상책임, 한양대 박사학위논문,

지만, 명령 · 규칙 등 행정입법에 대한 위헌심사권한은 법원에 속하는 이상 위헌심사의 대상이 법률인지 아니면 행정입법인지 여부에 따라 수소법원의 입장은 차이가 있는 것이다. 따라서 국회의 입법불법에 관한 국가배상 판단은 법률의 위헌판단을 전제로 하는 것이므로 당연히 헌법재판소의 위헌판단이 있은 연후에만 국가배상책임을 논할 수 있는 것이다. 이에 반하여 행정입법부작위의 경우에는 그것이 위헌성의 불법문제라고 하여도 수소법원으로서 스스로 위헌여부를 판단할 수 있는 것이고, 더욱이 상위법률의 위임취지 등의 위법문제에 그치는 것이라고 한다면 수소법원은 스스로 위법성 유무를 판단할 수 있는 것이다. 따라서 행정입법부작위의 경우에 그 손해배상소송을 제기하기 위하여는 반드시 사전에 헌법재판소의 위헌판단을 받아야 하는 것은 아닌 것이다. 대상판결의 경우에는 다행히 그 이전에 군법무관보수에 관한 시행령 제정의무를 이행하지 아니한 입법부작위가 위헌이라는 헌법재판소의 판단이 있었기 때문에 손해배상소송을 헌법재판 이후에 제기하였을 뿐이다.

4. 판결의 의미와 전망

대상판결은 행정입법부작위가 위헌인 동시에 위법이 되고, 그로 인하여 청구인의 보수청구권이라는 재산권을 침해함으로써 불법행위를 구성하여 국가배상의 대상이 됨을 확인한 최초의 대법원판결로서 의미가 있다. 그동안 행정입법부작위에 대한 헌법재판소의 결정례는 다수 있었지만, 사실 헌법재판소의 위헌결정이 있다고 하더라도 입법기관이나 행정부의 추가적인 조치가 있지 않는 한 직접적으로 구체적인 분쟁해결에 도움이 되는 통제수단이 아니고, 특히 위헌적인 행정입법부작위로 인하여 재산권을 침해당한 것이라는 주장에는 재산권의 전보의 취지가 포함되어 있다는 사정까지 감안한다면, 그간의 숱한 헌법재판소의 위헌결정만으로는 구체적 권리구제의 기능을 다하지 못하는 한계가 있다. 그런 사정에서 헌법재판소의 행정입법부작위의 위헌성 판단에 터잡아 보수청구권이라는 재산권을 침해한 불법행위임을 인정하여 손해배상책임을 인정한 판결은 구체적인 권리구제수단으로서 큰 의미가 있다고 할 것이다.

대상판결은 행정입법부작위중에서 진정부작위의 사례를 인정한 것으로서, 행정입법권자가 입법시에 준수하여야 할 의무 다시 말하면 입법을 하지 않을 정당한 사유에 대한 일단의 판단을 한 것도 주목된다. 즉 피고는 위와 같은 군법무관의 보수에 관한 대통령령을 제정하지 않은 이유에 대하여 "다른 의무복무자들과의 형평성"을 들고 있으나 그와 같은 사유만으로는 헌법 및 법률에 의하여 위임된 대통령령을 제정하지 않은 정당한 이유가 되지 못함을 판단하고 있다. 또 시행령의 제정을 얼마간 지체하면 위헌 · 위법적

20면.

인 부작위로 볼 것인지 그동안 이론적으로는 많은 논의가 있었는데, 이 사건 군법무관의 보수 관련 법령에서는 38년간의 행정입법의 부작위상태가 지속되었다는 이유로 합리적인 기간내의 지체라고 보기 어렵다고 인정하였다. 또 일반적으로 국가배상사건에서 국가의 항변사유로 주장되는 재정적 항변에 대하여는 국회가 법률을 제정할 때 그 예산상의 조치에 관하여까지 고려한 것이므로 재정적 항변은 이유없는 것으로 판단한 것도 주목할 만하다. 따라서 앞으로 이와 유사한 행정입법부작위 사건에서 주요 쟁점인 행정청의 입법부작위의 정당성 항변사유에 관한 선례적인 의미가 있는 것으로 보인다.

또 비록 대상판결에는 군법무관의 보수에 관한 대통령령을 제정하는 공무원 즉 대통령의 고의 · 과실 등 주관적 요건에 관한 설시가 보이지 않지만, 군법무관의 보수청구권을 침해한 불법행위에 해당한다는 판시 내용으로 보아 그와 같이 38년간의 장기간동안 위헌적 · 위법적인 상태가 지속되었다면 당연히 주관적 요건을 인정함에 족하다는 것으로 보인다. 왜냐하면 법률입법의 부작위는 사실 헌법상 명문 또는 해석상 작위의무가 인정되기 이전에는 광범위한 입법재량이 인정된다는 점에서 그 부작위에 관한 주관적 구성요건을 선뜻 인정하기 어렵겠지만, 행정입법의 부작위의 경우에는 헌법 및 법률에서 이미 구체적인 사항을 위임한 사정이기 때문에 상당한 지체기간이 도과되었다고 한다면 그 부작위에 대하여 고의 내지 과실을 인정하는 것에 무리가 없다. 그런 점에서 입법부작위에 관한 국가배상사건에서 공무원의 고의 · 과실을 인정하기 곤란하다는 주장은 적어도 행정입법부작위의 경우에는 타당하지 않다고 보이고, 대상판결은 바로 그런 점을 인정한 것으로 보인다.

대상판결은 행정입법부작위에 관한 국가배상청구소송에서 수소법원이 입법부작위의 위헌성 내지 위법성을 직접 판단한 것으로서도 의미가 있다. 비록 이 대상판결 이전에 헌법재판소에서 동일한 내용에 대하여 위헌판단을 한 이후에 제기된 손해배상사건이긴 하지만, 만일 그와 같은 헌법판단이 없다고 하더라도 행정입법부작위의 경우에는 헌법문제가 선결문제는 아니라고 본다. 이러한 해석은 행정입법부작위로 인한 국가배상사건에 있어서 수소법원이 입법부작위의 위헌성과 위법성을 적극적으로 판단하여 국민의 권리구제에 만전을 기하여야 한다는 요청에 부합된다.

오늘날 행정입법의 중요성이 강조되는 이때에 행정입법을 해태하고 불완전하게 하는 행정청의 행위를 통제하기 위하여 국가배상제도는 아주 중요한 역할을 할 것으로 기대된다. 그러한 때 대법원판결로서 최초로 행정입법부작위의 위법성을 확인하고 국가배상책임을 인정한 선례를 남긴 것은 행정청의 행정입법상 의무를 다시 한 번 강조한 것으로서 의미가 있다.

〈참고문헌〉

강구철, "입법 · 사법상의 불법과 국가배상에 관한 연구", 국민대 법학논총 제16집, 2004.
방영철, 공무원의 직무상 위법한 부작위로 인한 국가배상책임, 한양대 박사학위논문, 2000. 12.
이덕연, "입법불법에 대한 국가책임—독일에서의 논의를 중심으로—", 사법행정, 1995. 6.
정남철, "규범상 불법에 대한 국가책임", 공법연구 제33집 제1호, 2004. 11.
정하중, "입법상의 불법에 대한 국가책임의 문제, 특히 서울 민사지법 42부 판결 91가합84035에 관련하여", 사법행정. 1993. 3.

62. 개발제한구역지정과 손실보상

—헌재 1998. 12. 24. 89헌마214, 90헌바16, 97헌바78(병합) 전원재판부—

정 남 철*

I. 판결개요

1. 사실관계

(1) 89헌마214 사건

청구인(A), 청구인(B) 및 청구인(C)은 구 도시계획법(1971. 1. 19. 법률 제2291호로 제정되어 1972. 12. 30. 법률 제2435호로 개정된 것) 제21조 제1항에 따라 1972. 8. 25. 건설부 고시 제385호에 의하여 개발제한구역으로 지정된 토지 위에 관할관청의 허가를 받지 아니하고 1978.경부터 1980.경까지 사이에 건축물을 건축하여 소유하고 있었다.

(2) 90헌바16 사건

청구인(D)은 구 도시계획법 제21조에 따라 1972. 8. 25. 건설부 고시 제385호에 의하여 개발제한구역으로 지정된 토지 위에 관할관청의 허가를 받지 아니하고 1982.경부터 건축물을 건축하여 소유하고 있었다.

(3) 97헌바78 사건

별지 제3명단 기재 청구인들은 구 도시계획법 제21조에 의하여 건설교통부장관이 1971. 7. 30.부터 같은 해 12. 4.까지 사이에 개발제한구역으로 지정한 지역 내에 위치한 토지를 소유하고 있었다.

2. 소송경과

(1) 89헌마214 사건

청구인(A), 청구인(B) 및 청구인(C)은 X구청장으로부터 위 건축물에 대한 철거대집행계고처분 등을 받고, 서울고등법원에 위 X구청장을 상대로 위 건축물철거대집행계고

* 숙명여자대학교 법과대학 교수.

처분 등의 취소를 구하는 행정소송(89구1928)을 제기하였다. 청구인들은 위 소송계속 중 서울고등법원에 구 도시계획법 제21조가 재판의 전제가 된다고 주장하면서 위헌심판제청을 신청하였으나 기각되자, 1989. 9. 19. 이 사건 헌법소원심판을 청구하였다.

(2) 90헌바16 사건

청구인(D)은 Y구청장으로부터 위 건축물에 대한 철거대집행계고처분을 받고, 서울고등법원에 위 Y구청장을 상대로 건물철거대집행계고처분의 취소를 구하는 행정소송(88구2894)을 제기하였으나 그 청구가 기각되었다. 청구인(D)은 이에 불복하여 대법원에 상고한 후 그 소송계속 중(89누770) 구 도시계획법 제21조 제1항 및 제2항이 재판의 전제가 된다고 주장하면서 그 위헌심판제청을 신청하였다. 그러나 1990. 5. 8. 위 신청이 기각되자, 청구인은 같은 달 21. 이 사건 헌법소원심판을 청구하였다.

(3) 97헌바78 사건

청구인들은 별지 제4명단 기재 청구인들을 선정당사자로 선정하였고, 위 선정당사자들은 국가를 상대로 서울지방법원에 청구인들(선정자들)이 위 개발제한구역의 지정에 의하여 입은 손실 중 일부로 청구인 1인당 각 금 300,000원씩을 보상하라는 내용의 소송(96가합90820)을 제기하였다. 위 선정당사자들은 위 소송계속 중 구 도시계획법 제21조(1972. 12. 30. 법률 제2435호로 개정된 것)가 재판의 전제가 된다고 하여 위 법원에 위헌심판제청을 신청하였으나, 위 법원은 1997. 10. 1. 위 신청을 기각하였고(97카기3279), 청구인들은 같은 달 19. 그 결정문을 송달받고 같은 달 29. 이 사건 헌법소원심판을 청구하였다.

3. 판결요지

(1) 헌법상의 재산권은 토지소유자가 이용가능한 모든 용도로 토지를 자유로이 최대한 사용할 권리나, 또는 가장 경제적 또는 효율적으로 사용할 수 있는 권리를 보장하는 것을 의미하지는 않는다. 입법자는 중요한 공익상의 이유로 토지를 일정 용도로 사용하는 권리를 제한할 수 있다. 따라서 토지의 개발이나 건축은 합헌적 법률로 정한 재산권의 내용과 한계 내에서만 가능한 것일 뿐만 아니라 토지재산권의 강한 사회성 내지는 공공성으로 말미암아 이에 대하여는 다른 재산권에 비하여 보다 강한 제한과 의무가 부과될 수 있다.

(2) 개발제한구역을 지정하여 그 안에서는 건축물의 건축 등을 할 수 없도록 하고 있는 구 도시계획법 제21조는 헌법 제23조 제1항, 제2항에 따라 토지재산권에 관한 권리와 의무를 일반·추상적으로 확정하는 규정으로서 재산권을 형성하는 규정인 동시에 공익적 요청에 따른 재산권의 사회적 제약을 구체화하는 규정인바, 토지재산권은 강한 사회성·공공성을 지니고 있어 이에 대하여는 다른 재산권에 비하여 보다 강한 제한과 의

무를 부과할 수 있으나, 그렇다고 하더라도 다른 기본권을 제한하는 입법과 마찬가지로 비례성원칙을 준수하여야 하고, 재산권의 본질적 내용인 사용·수익권과 처분권을 부인하여서는 아니 된다.

(3) 개발제한구역 지정으로 인하여 토지를 종래의 목적으로도 사용할 수 없거나 또는 더 이상 법적으로 허용된 토지이용의 방법이 없기 때문에 실질적으로 토지의 사용·수익의 길이 없는 경우에는 토지소유자가 수인해야 하는 사회적 제약의 한계를 넘는 것으로 보아야 한다.

(4) 개발제한구역의 지정으로 인한 개발가능성의 소멸과 그에 따른 지가의 하락이나 지가상승률의 상대적 감소는 토지소유자가 감수해야 하는 사회적 제약의 범주에 속하는 것으로 보아야 한다. 자신의 토지를 장래에 건축이나 개발목적으로 사용할 수 있으리라는 기대가능성이나 신뢰 및 이에 따른 지가상승의 기회는 원칙적으로 재산권의 보호범위에 속하지 않는다. 구역지정 당시의 상태대로 토지를 사용·수익·처분할 수 있는 이상, 구역지정에 따른 단순한 토지이용의 제한은 원칙적으로 재산권에 내재하는 사회적 제약의 범주를 넘지 않는다.

(5) 구 도시계획법 제21조에 의한 재산권의 제한은 개발제한구역으로 지정된 토지를 원칙적으로 지정 당시의 지목과 토지현황에 의한 이용방법에 따라 사용할 수 있는 한, 재산권에 내재하는 사회적 제약을 비례의 원칙에 합치하게 합헌적으로 구체화한 것이라고 할 것이나, 종래의 지목과 토지현황에 의한 이용방법에 따른 토지의 사용도 할 수 없거나 실질적으로 사용·수익을 전혀 할 수 없는 예외적인 경우에도 아무런 보상 없이 이를 감수하도록 하고 있는 한, 비례의 원칙에 위반되어 당해 토지소유자의 재산권을 과도하게 침해하는 것으로서 헌법에 위반된다.

(6) 구 도시계획법 제21조에 규정된 개발제한구역제도 그 자체는 원칙적으로 합헌적인 규정이다. 다만, 개발제한구역의 지정으로 말미암아 일부 토지소유자에게 사회적 제약의 범위를 넘는 가혹한 부담이 발생하는 예외적인 경우에 대하여 보상규정을 두지 않은 것에 위헌성이 있는 것이다. 보상의 구체적 기준과 방법은 헌법재판소가 결정할 성질의 것이 아니라 광범위한 입법형성권을 가진 입법자가 입법정책적으로 정할 사항이다. 입법자가 보상입법을 마련함으로써 위헌적인 상태를 제거할 때까지 위 조항을 형식적으로 존속케 하기 위하여 헌법불합치결정을 하는 것인바, 입법자는 되도록 빠른 시일 내에 보상입법을 하여 위헌적 상태를 제거할 의무가 있다. 행정청은 보상입법이 마련되기 전에는 새로 개발제한구역을 지정하여서는 아니 되며, 토지소유자는 보상입법을 기다려 그에 따른 권리행사를 할 수 있을 뿐 개발제한구역의 지정이나 그에 따른 토지재산권의 제한 그 자체의 효력을 다투거나 위 조항에 위반하여 행한 자신들의 행위의 정당성을

주장할 수는 없다.

(7) 입법자가 구 도시계획법 제21조를 통하여 국민의 재산권을 비례의 원칙에 부합하게 합헌적으로 제한하기 위해서는, 수인의 한계를 넘어 가혹한 부담이 발생하는 예외적인 경우에는 이를 완화하는 보상규정을 두어야 한다. 이러한 보상규정은 입법자가 헌법 제23조 제1항 및 제2항에 의하여 재산권의 내용을 구체적으로 형성하고 공공의 이익을 위하여 재산권을 제한하는 과정에서 이를 합헌적으로 규율하기 위하여 두어야 하는 규정이다. 재산권의 침해와 공익간의 비례성을 다시 회복하기 위한 방법은 헌법상 반드시 금전보상만을 해야 하는 것은 아니다. 입법자는 지정의 해제 또는 토지매수청구권제도와 같이 금전보상에 갈음하거나 기타 손실을 완화할 수 있는 제도를 보완하는 등 여러 가지 다른 방법을 사용할 수 있다.

Ⅱ. 평 석

1. 쟁점정리

헌법재판소는 구 도시계획법 제21조에 대한 위헌소원사건에서 헌법상 '재산권'조항에 관한 의미 있는 결정을 내렸다. 이 결정으로 재산권조항의 해석에 초석을 놓았고, 헌법 제23조의 구조와 그 의미에 대해 새로운 해석가능성을 열어 주었다.

종래 대법원판례는 개발제한구역의 지정으로 인한 재산권의 제약을 재산권의 사회적 기속으로 보고 합헌으로 판단하였다. 그러나 헌법재판소는 개발제한구역제도 그 자체는 원칙적으로 합헌으로 보면서도 개발제한구역의 지정으로 말미암아 일부 토지소유자에게 사회적 제약의 범위를 넘는 가혹한 부담이 발생하는 예외적인 경우에 보상규정을 두지 않은 것에 위헌성이 있다고 보아 헌법불합치결정을 내렸다. 여기에서 헌법재판소는 보상의 구체적 기준과 방법을 헌법재판소가 결정할 성질이 아니라 광범위한 입법형성권을 가진 입법자가 정할 사항임을 강조하고 있다. 즉 대상판결은 보상의 기준과 방법을 사법부가 아닌 입법부가 결정할 사항임을 확정하고 있다.

또한 대상판결은 무보상부 재산권의 내용한계규정과 보상부 공용수용의 구별기준으로 분리이론(Trennungstheorie)을 채택하였다. 이와 관련하여 종래 학설은 경계이론(Schwellentheorie)의 입장에 서서 '특별한 희생'에 의해 보상여부를 결정하였으나, 헌법재판소는 대상판결을 통해 재산권의 내용한계규정과 공용수용의 구별기준을 구체적으로 설시하고 있다. 특히 재산권의 내용한계규정에 해당하는 경우에도 사회적 제약의 범위를 넘는 가혹한 부담이 발생하는 예외적인 경우에는 보상규정을 두어야 하며, 이러한 영역은 입법자의 형성적 자유에 맡기고 있다. 이러한 영역은 소위 "조정적 보상을 요하는 내용한계규정" 내지 "조정적 보상부 내용한계규정(ausgleichspflichtige Inhalts- und Schranken-bestimmung)"으로서, 보상을 요하는 공용수용과 무보상부 재산권의 내용한계규정 사이의 보상의 간극(間隙)을 메울 수 있는 것으로 보고 있다. 즉 보상을 요하는 공용수용과 보상을 요하지 아니하는 재산권의 내용한계규정 사이의 엄격한 이분법에서 발생하는 보상의 흠결문제를 해결할 수 있다.

이하에서는 개발제한구역지정에 의한 재산권제약의 법적 성질, 재산권의 내용한계규정과 공용수용의 구별기준의 정립 그리고 소위 "조정적 보상을 요하는 내용한계규정"의 인정과 그 기준 등에 대해 검토하도록 한다.

2. 관련판례

(1) 대법원판례

대법원은 "도시계획법 제21조의 규정에 의하여 개발제한구역 안에 있는 토지의 소유자는 재산상의 권리 행사에 많은 제한을 받게 되고 그 한도 내에서 일반 토지소유자에 비하여 불이익을 받게 됨은 명백하지만, '도시의 무질서한 확산을 방지하고 도시주변의 자연환경을 보전하여 도시민의 건전한 생활환경을 확보하기 위하여 또는 국방부장관의 요청이 있어 보안상 도시의 개발을 제한할 필요가 있다고 인정되는 때'(도시계획법 제21조 제1항)에 한하여 가하여지는 그와 같은 제한으로 인한 토지소유자의 불이익은 공공의 복리를 위하여 감수하지 아니하면 안 될 정도의 것이라고 인정되므로, 그에 대하여 손실보상의 규정을 두지 아니하였다 하여 도시계획법 제21조의 규정을 헌법 제23조 제3항, 제11조 제1항 및 제37조 제2항에 위배되는 것으로 볼 수 없다"고 하여, 개발제한구역의 지정을 규정하고 있는 구 도시계획법 제21조가 합헌이라고 판시하였다(대법원 1996. 6. 28. 선고 94다54511 판결; 대법원 1990. 5. 8.자 89부2 결정).

(2) 헌법재판소의 결정례

헌법재판소는 대상판결 후 택지소유상한에 관한 법률 제2조 제1호 나목에 대한 위헌소원사건에서, "헌법 제23조에 의하여 재산권을 제한하는 형태에는, 제1항 및 제2항에 근거하여 재산권의 내용과 한계를 정하는 것과, 제3항에 따른 수용 · 사용 또는 제한을 하는 것의 두 가지 형태가 있음을 인정하고 있다. 전자는 '입법자가 장래에 있어서 추상적이고 일반적인 형식으로 재산권의 내용을 형성하고 확정하는 것'을 의미하고, 후자는 '국가가 구체적인 공적 과제를 수행하기 위하여 이미 형성된 구체적인 재산적 권리를 전면적 또는 부분적으로 박탈하거나 제한하는 것'을 의미한다. 그런데 법은, 택지의 소유에 상한을 두거나 그 소유를 금지하고, 허용된 소유상한을 넘은 택지에 대하여는 처분 또는 이용 · 개발의무를 부과하며, 이러한 의무를 이행하지 아니하였을 때에는 부담금을 부과하는 등의 제한 및 의무부과 규정을 두고 있는 바, 위와 같은 규정은 헌법 제23조 제1항 및 제2항에 의하여 토지재산권에 관한 권리와 의무를 일반·추상적으로 확정함으로써 재산권의 내용과 한계를 정하는 규정이라고 보아야 한다"고 결정하였다(헌재 1999. 4. 29. 94헌바37 외 66건(병합) 전원재판부). 이는 해당 규정을 재산권의 내용한계규정으로 보면서 분리이론의 입장을 보다 명확히 한 것이다.

또한 구 도시계획법 제83조 제2항 전단부분 등에 관한 위헌제청사건에서, 헌법재판소는 행정청이 아닌 시행자가 도시계획사업을 시행하여 새로이 설치한 공공시설은 그 시설을 관리할 국가 또는 지방자치단체에 무상으로 귀속되도록 한 구 도시계획법 제83조 제2항 전단 부분을 준용하는 구 주택건설촉진법 제33조 제6항(제8항)이 재산권을 보장한 헌법 제23조에 위배되지 않는다고 결정하였다. 이 결정에서 헌법재판소는 "이 사건 조항은 그 규율형식의 면에서 개별·구체적으로 특정 재산권을 박탈하거나 제한하려는 데 그 본질이 있는 것이 아니라, 일반·추상적으로 사업지구 내의 공공시설과 그 부지의 이용 및 소유관계를 정한 것이라 할 것이고, 그 규율목적의 면에서도 사업주체의 법적 지위를 박탈하거나 제한함에 있는 것이 아니라, 다수인의 이해관계가 얽혀 있는 주택건설사업의 시행과정에서 불가피하게 재산권의 제약을 받는 사업주체의 지위를 장래를 향하여 획일적으로 확정함에 그 초점이 있다고 할 것이어서 헌법 제23조 제1항, 제2항에 근거하여 재산권의 내용과 한계를 정한 것이다"라고 하여(헌재 2003. 8. 21. 2000헌가11, 2001헌가29(병합) 전원재판부), 공공시설무상귀속에 관한 해당규정을 재산권의 내용한계규정으로 보았다. 다만, 당해 조항을 입법수용으로 본 소수의견이 있었음은 주목할 만하다.

3. 판결의 검토

(1) 개발제한구역의 지정에 의한 재산권제한의 법적 성격

헌법재판소는 "개발제한구역을 지정하여 그 안에서는 건축물의 건축 등을 할 수 없도록 하고 있는 도시계획법 제21조는 헌법 제23조 제1항, 제2항에 따라 토지재산권에 관한 권리와 의무를 일반·추상적으로 확정하는 규정으로서 재산권을 형성하는 규정인 동시에 공익적 요청에 따른 재산권의 사회적 제약을 구체화하는 규정(이다)"라고 결정하였다. 대상판결은 개발제한구역의 지정에 의한 재산권제한을 원칙적으로 재산권의 내용한계규정으로 보고 있는 것이다.

헌법상 재산권은 토지소유자가 이용가능한 모든 용도로 토지를 자유로이 최대한 사용할 권리나 가장 경제적·효율적으로 사용할 수 있는 권리를 보장하는 것을 의미하지 않으며, 토지의 개발이나 건축도 법률이 정한 재산권의 내용과 한계 내에서만 가능하다. 즉 재산권은 강한 사회성 내지 공공성을 가진다는 점을 전제로 하고 있는 것이다.

(2) 재산권의 내용한계규정과 공용수용의 구별기준

대상판결은 독일연방헌법재판소의 '분리이론'을 채택하여, 보상을 요하지 아니하는 재산권의 내용한계규정과 보상을 요하는 공용수용을 구별하고 있다. 재산권을 완전히 박탈하는 경우에 대해서는 이견(異見)이 없으나, 재산권을 제한하는 경우에는 사회적 제약을 구체화하고 있는 재산권의 내용한계규정(헌법 제23조 제1항, 제2항)에 해당하는지, 또는 보상을 요하는 공용제한 내지 공용사용(헌법 제23조 제3항)에 해당하는지가 문제될 수 있다.

종래 학설은 독일 연방통상법원의 판례에 근거한 '경계이론'의 입장에 서서, 재산권 제한의 정도에 따라 이를 구별하고 있다. 경계이론을 주장하는 견해는 보상의 기준으로 '특별한 희생'을 강조하고 있다. 그러나 그 의미에 대해 형식적 기준설(개별행위설, 특별행위설) 및 실질적 기준설(수인가능성설, 보호가치성설, 사적효용설, 목적위배설, 상황구속성설, 중대성설) 등이 제기되고 있다. 그러나 특별한 희생의 개념 그 자체는 여전히 모호하고 불명확하며, 보상기준에 대한 해법은 여전히 미궁(迷宮) 속에 있다.

대상판결은 개발제한구역의 지정을 기본적으로 헌법 제23조 제1항 제2문의 내용한계규정으로 이해하면서, 예외적으로 사회적 제약의 범위를 넘는 가혹한 부담이 발생한 경우에 이를 감수하도록 하는 것은 비례의 원칙에 위반되어 토지소유자의 재산권을 과도하게 침해하는 것으로 보고 있다는 점에서 기본적으로 분리이론의 입장에 서 있다고 평가할 수 있다. 그러나 대상판결은 재산권의 내용한계규정과 공용수용의 구별에 관한 기준을 명확히 제시하고 있지 않다. 다만, 헌법재판소는 택지소유상한에 관한 법률 제2조 제1호 나목에 관한 위헌소원에서, "헌법 제23조에 의하여 재산권을 제한하는 형태에는, 제1항 및 제2항에 근거하여 재산권의 내용과 한계를 정하는 것과 제3항에 따른 수용 · 사용 또는 제한을 하는 것의 두 가지 형태가 있다. 전자는 '입법자가 장래에 있어서 추상적이고 일반적인 형식으로 재산권의 내용을 형성하고 확정하는 것'을 의미하고, 후자는 '국가가 구체적인 공적 과제를 수행하기 위하여 이미 형성된 구체적인 재산적 권리를 전면적 또는 부분적으로 박탈하거나 제한하는 것'을 의미한다"고 하여(헌재 1999. 4. 29. 94헌바37외 66건(병합) 전원재판부), 비교적 상세한 구별기준을 제시하고 있다. 즉 헌법재판소는 헌법 제23조 제3항의 공용침해의 개념요소를 크게 재산권의 '박탈'과 '제한'으로 구별하고, 재산권의 내용한계규정과 공용수용 · 제한을 재산권 침해의 형태와 목적에 의해 구분하고 있다.

그 밖에 분리이론과 경계이론의 다툼에 있어서 해석상 가장 논란이 되는 부분은 헌법 제23조 제3항에 규정된 '공용사용'과 '공용제한'의 해석문제이다. 즉 우리 헌법 제23조 제3항에서는 "공공필요에 의한 재산권의 수용 · 사용 또는 제한 및 그에 대한 보상은 법률로써 하되, 정당한 보상을 지급하여야 한다"고 규정하여, 공용수용 이외에 공용사용과 공용제한을 규정하고 있다. 이를 포괄하는 용어로 '공용침해'라는 개념이 사용되고 있다. 한편, 경계이론을 주장하는 견해는 대체로 '사용'과 '제한'을 일반적인 용어례에 따라 각각 "재산권의 박탈에 이르지 아니한 일시적 · 강제적 사용", "소유권자 기타 권리자에 의한 사용 · 수익의 제한" 등으로 정의하고, 보상의 범위를 넓게 해석하는 경향을 보인다. 이에 대해 공용'사용'은 "토지재산권 중 사용권의 부분적 박탈"로, 공용'제한'은 "토지재산권 중 분리될 수 있는 다른 부분적 권리의 박탈이나 그 외의 제한"으로 정의하는 견해도 유력하다. 공용사용은 대체로 공용제한의 일종이다. 생각건대 헌법 제23조 제3항의 핵심은 보상을 요하는 '공용수용'에 있으며, 공용제한은 공용수용에 준하여 판단해야 한다. 즉 공용제한은 공용수용에 준하는 재산권의 '제한'으로서 재산권의 효용이 현저히 상실 내지 감소하였거나 사용 · 수익이 사실상 불가능하게 되는 것으로 이해해야 된다.

분리이론은 재산권의 존속보장을 강조하고 있으며, 재산권의 내용한계규정과 공용수용이 서로 단절된 것으로 이해하고 있다. 특히 재산권의 내용한계규정과 공용수용의 구별을 위해, 공용수용의 요건과 그 한계를 명확히 하고 있다. 즉 공용수용의 요건을 충족하지 않으면, 보상을 요하지 않는 재산권의 내용한계규정으로 보는 것이 일반적이다. 한편, 우리 헌법재판소는 분리이론을 채택하면서도, 공용수용의 요건을 충분히 검토하고 있지 않다. 다만, 하천법 제2조 제1항 제2호 다목 위헌소원사건에서, 헌법재판소는 공용수용을 "공공필요에 의한 재산권의 공권력적 · 강제적 박탈"이라고 정의하면서, ① 국민의 재산권을 그 의사에 반하여 강제적으로라도 취득해야 할 공익적 필요성이 있을 것, ② 법률에 의거할 것, ③ 정당한 보상을 지급할 것을 그 요건으로 제시하고 있을 뿐이다(헌재 1998. 3. 26. 93헌바12 참조). 그러나 이러한 제 요건들은 대체로 정당한 '보상'을 위한 요건이다. 이는 재산권침해 후의 사후적 조치로서 가치보장의 성격을 가질 뿐이다.

한편, 독일의 학설 및 판례는 공용수용의 개념을 공식화하고, 이에 근거하여 공용수용의 요건으로서 재산권에 대한 고권적 법률행위에 해당할 것, 재산권의 전면적 또는 부분적 박탈행위일 것, 공적 과제의 수행을 목적으로 할 것 등을 제시하고 있다(소위 "형식적 수용개념"). 이에 의하면 공용수용행위는 재산권에 대한 의도된 고권적 '법률행위'이므로, 사실행위는 여기에서 배제된다. 종래에는 사실행위에 의한 재산권침해를 비롯하여 손실보상의 흠결이 발생할 수 있는 재산권제한에 대해 소위 수용유사침해 및 수용적 침해이론에 의해 해결하였다. 또한 공용수용의 한계로서 적법성, 비례성, 공익성 등을 고려하고 있다. 이와 같이 존속보장을 위해 공용수용의 요건을 엄격히 하면서도, 그 제한에 있어서도 충분한 통제장치를 마련함으로써 재산권보장을 두텁게 하고 있다.

이상의 고찰과 헌법재판소의 결정 및 학설을 바탕으로, 공용수용의 개념을 "재산권에 대한 공권력적 · 강제적 박탈행위"로 정의할 수 있다. 또한 공용수용의 요건으로 재산권에 대한 의도된 공권력적 · 강제적 박탈행위일 것, 공공필요를 목적으로 할 것, 그리고 직접 법률에 의하거나 법률에 근거할 것 등을 고려할 수 있다.

(3) 조정적 보상을 요하는 내용한계규정

헌법재판소는 대상판결에서 개발제한구역에 의한 재산권의 제약이 기본적으로 재산권의 사회적 기속에 해당하는 경우에도, "종래의 지목과 토지현황에 의한 이용방법에 따른 토지의 사용도 할 수 없거나 실질적으로 사용 · 수익을 전혀 할 수 없는 예외적인 경우에 아무런 보상 없이 이를 감수하도록 하고 있는 한, 비례의 원칙에 위반되어 당해 토지소유자의 재산권을 과도하게 침해하는 것으로 헌법에 위반된다"고 결정하고 있다. 즉 헌법재판소는 명시적 표현을 사용하고 있지는 않으나, 분리이론의 입장에 기초한 이른바 "조정적 보상을 요하는 내용한계규정"을 인정하고 있다. 이를 "보상의무 있는 내용제한규정"으로 표현하는 경우도 있으나, 재산권의 내용한계규정에 기초하고 있는 '조정적 보상'은 공용수용에 대한 손실보상과 구별되어야 한다. 전자는 헌법 제23조 제1항 제2문에 근거하고 있는 반면, 후자는 헌법 제23조 제3항에 근거하고 있다. 이러한 조정적 보상을 요하는 내용한계규정의 기원은 독일 연방헌법재판소의 '납본의무결정'에 기원하고 있다.

4. 판결의 의미와 전망

대상판결은 이후의 헌법재판소 결정들에서 재산권조항의 해석과 관련하여 중요한 시사점을 던져 주었다. 특히 헌법재판소는 대상판결에서 재산권의 존속보장을 강조하는 분리이론을 채택함으로써, 재산권의 내용한계규정과 공용수용을 독립된 것으로 판단하고 있다. 나아가 재산권의 내용한계규정과 공용수용의 엄격한 이분법에 의해 보상의 범위가 좁아지는 문제점을 극복하기 위해 소위 "조정적 보상을 요하는 내용한계규정"을 인정하고 있다.

그러나 헌법상 재산권조항을 둘러싼 문제들은 여전히 불명확하고 미해결의 상태로 남아 있다. 특히 보상을 요하지 아니하는 재산권의 내용한계규정과 보상을 요하는 공용수용을 구분하기 위해서는 재산권의 침해형태와 목적을 기준으로 하되, 공용수용의 요건을 명확히 하는 노력이 선행되어야 한다. 또한 최근 문제가 되고 있는 사인(私人)을 위한 공용수용의 문제에 있어서도, 이러한 선행연구는 필수적이다.

한편, 헌법재판소는 지역균형개발 및 지방중소기업 육성에 관한 법률 제18조 제1항 등 위헌소원사건에서 종전과 달리 '공공필요'의 개념을 엄격히 해석하여 헌법불합치결정을 내린 바 있다(헌재 2014. 10. 30. 2011헌바172 등). 다만, 이 결정에서 헌법재판소는 '공공필요'의 개념을 '공익성'과 '필요성'이라는 요소로 구성되어 있다고 보고 있다. 그러나 공익성과 비례성이 서로 밀접한 관련을 가진 것은 사실이나, '공공필요'의 개념은 그 자체 고유한 의미를 가지며 가분적(可分的) 개념이 아니다.

〈참고문헌〉

계희열, 헌법학(중) 신정판, 박영사, 2004.

박상희, "공용침해의 요건에 관한 연구", 고려대학교 박사학위논문, 1993.

이홍훈, "공용지하사용과 간접손실보상", 행정판례연구 Ⅷ, 박영사, 2003.

정남철, "재산권의 사회적 구속과 수용의 구별에 관한 독일과 한국의 비교법적 고찰: 이른바 조정적(조절적) 보상의무 있는 내용규정의 도입가능성", 공법연구 제32집 제3호, 한국공법학회, 2004. 2.

정남철, "공용수용의 요건 및 한계에 관한 재검토", 법조 제54권 5호(통권 제584호), 법조협회, 2005. 5.

정남철, "보상부 공용수용과 무보상부 내용한계규정의 구별: 소위 경계이론과 분리이론, 그리고 미해결의 문제를 중심으로", 강원법학 제31권, 강원대학교 비교법학연구소, 2010. 10.

정남철, "민간기업에 의한 공용수용의 위헌성 판단과 '공공필요'의 개념해석", 법률신문 제4312호 (2015. 4. 20), 13면.

정남철, 행정구제의 기본원리, 제1전정판, 법문사, 2015.

한수웅, "재산권의 내용을 새로이 형성하는 법규정의 헌법적 문제", 저스티스 제32권 제2호, 한국법학원, 1996. 6.

63. 잔여지 매수 및 수용청구와 소송형태

— 대법원 2004. 9. 24. 선고 2002다68713 판결 —

김 국 현*

Ⅰ. 판결개요

1. 사실관계

(1) 피고를 대행한 한국도로공사가 1999. 3. 24. 경부고속도로 비룡-옥천간 선형개량 및 6차로 확장공사를 위해 도로구역변경결정의 고시를 하고, 1999. 8. 24. 원고로부터 위 도로구역에 포함된 원고 소유의 충북 옥천읍 삼양리 131-1 등 8필지 합계 8,766㎡(이하 '분할 전 토지'라 한다)를 분할한 8필지 합계 7,015㎡(이하 '편입토지'라 한다)를 협의취득함에 따라,

(2) 분할 전 토지 중 편입토지를 제외한 나머지 토지는 편입토지를 중심으로 양쪽으로 분리되면서 상행선 부지에 연접한 삼각형 모양의 일단의 토지 1,035㎡와 하행선부지에 연접한 길쭉한 모양의 일단의 토지 716㎡가 남게 되었다.

(3) 원고는, 위 나머지 토지는 편입토지의 잔여지로서 종래의 목적대로 사용함이 현저히 곤란하게 되었다고 주장하며, 피고를 상대로 주위적으로 잔여지 매수청구 및 손실보상을, 예비적으로 잔여지에 대한 매매대금의 지급을 구하는 민사소송을 제기하였고,

(4) 피고는 이 사건 편입토지는 토지수용법에 의해 협의매수된 것이므로 원고로서는 토지수용법이 정한 절차에 따라 관할 토지수용위원회에 잔여지의 손실보상을 구하여야 하고, 민사소송의 방법으로 잔여지의 매수청구 및 손실보상금의 지급을 구할 수 없다고 본안전 항변을 하였다.

---

* 서울행정법원 부장판사.

2. 소송경과

제1심인 대전지방법원은 주위적 청구 부분의 소를 각하하고, 예비적 청구를 기각하였으며(대전지방법원 2001. 6. 21. 선고 99가합11124 판결), 원심인 대전고등법원은 원고 청구를 일부 인용하고 그 부분에 해당하는 제1심 판결을 취소하였으나(대전고등법원 2002. 10. 25. 선고 2001나5089), 대법원(대상판결)은 원심판결을 파기환송하였고, 환송 후 원심(대전고등법원 2004나9020)에서 양 당사자가 법원의 화해권고결정을 수용함으로써 종결되었다.

3. 판결요지

[제1심 판결의 요지]

(1) 주위적 청구 : 피고는 도로구역변경결정에 의한 사업인정으로 수용권을 취득하고 토지수용법이 정한 절차에 따라 편입토지를 수용하였으므로, 원고의 주위적 청구는 토지수용법에 의한 토지를 수용당한 자로서 잔여지에 대한 매수청구를 하는 것이고, 이는 공공용지의 취득 및 손실보상에 관한 특례법에 의한 기업자의 협의취득요청에 응한 자가 같은 법에 의한 잔여지에 대한 매수청구권을 행사하는 경우와 성격을 달리하여 반드시 토지수용법에 정해진 절차를 거쳐야 하고, 이 사건과 같이 민사소송의 방법으로 구할 수 없으므로 부적법하다.

(2) 예비적 청구 : 원고와 피고 사이에 잔여지에 대한 매수협의가 이루어졌음을 인정할 증거가 부족하다.

[원심 판결의 요지]

(1) 피고는 1999. 8. 24. 원고와 사이에 편입토지에 대한 공공용지취득협의서를 작성하였으나 토지수용법 제25조의2에 따른 협의성립확인절차를 거치지 아니하고 매매계약을 체결하는 절차를 거쳤을 뿐이므로 이 사건 편입토지를 공공용지의 취득 및 손실보상에 관한 특례법에 정한 절차에 따라 협의취득하였다고 봄이 상당하다고 할 것이고, 위 특례법에 따라 그 사업에 필요한 토지를 협의취득하는 행위는 사경제주체로서 행하는 사법상의 매매행위에 지나지 아니하므로, 원고는 민사소송의 방법으로 피고를 상대로 잔여지 매수청구 및 손실보상을 구할 수 있다.

(2) 이 사건 잔여지만으로는 원고가 당초에 사용하려던 아파트 부지로 이용하는 것이 현저히 곤란하게 되었다고 봄이 상당하다고 할 것이므로, 피고는 이 사건 잔여지의 매수청구에 따라 원고에게 잔여지에 대한 정당한 보상을 할 의무가 있다,

나아가 위 잔여지의 정당한 보상액에 관하여 보건대, (중간 생략) 이 사건 잔여지의 정당한 보상액은 위 특례법 시행규칙 제24조 제1항에 따라 일단의 분할 전 토지 및 지

장물의 전체가격에서 이 사건 편입토지 및 지장물의 보상금을 차감한 금 ○○원이 된다.

[대법원 판결의 요지]

[1] 구 토지수용법(2002. 2. 4. 법률 제6656호로 폐지되기 전의 것) 제48조 제1항은 공익사업을 위해 기업자에 의한 토지의 강제취득에 따라 남게 된 일단의 토지의 일부를 종래의 목적에 사용하는 것이 현저히 곤란한 경우에는 당해 토지소유자에게 형성권으로서 잔여지 수용청구권을 인정하고 있고, 이에 따라 잔여지에 대한 수용청구를 하려면 우선 기업자에게 잔여지매수에 관한 협의를 요청하여 협의가 성립되지 아니한 경우에 한하여 그 일단의 토지의 일부 수용에 대한 토지수용위원회의 재결이 있기 전까지 관할 토지수용위원회에 잔여지를 포함한 일단의 토지 전부의 수용을 청구할 수 있고, 그 수용재결 및 이의재결에 불복이 있으면 재결청과 기업자를 공동피고로 하여 그 이의재결의 취소 및 보상금의 증액을 구하는 행정소송을 제기하여야 하며, 곧바로 기업자를 상대로 하여 민사소송으로 잔여지에 대한 보상금의 지급을 구할 수는 없다.

[2] 구 공공용지의 취득 및 손실보상에 관한 특례법(2002. 2. 4. 법률 제6656호로 폐지되기 전의 것)은 사업시행자가 토지 등의 소유자로부터 토지 등의 협의취득 및 그 손실보상의 기준과 방법을 정한 법으로서, 이에 의한 협의취득 또는 보상합의는 공공기관이 사경제주체로서 행하는 사법상 매매 내지 사법상 계약의 실질을 가진다.

[3] 구 토지수용법(2002. 2. 4. 법률 제6656호로 폐지되기 전의 것)이 제25조에서 기업자의 협의취득을 규정하고 있지만 관할 토지수용위원회의 그 협의성립확인은 재결로 간주되는 점에서 구 공공용지의 취득 및 손실보상에 관한 특례법(2002. 2. 4. 법률 제6656호로 폐지되기 전의 것)에 의한 협의취득과 다르며, 위 특례법은 잔여지에 관하여 제4조(보상시기 · 방법 및 기준) 제6항에서 '사업시행자는 잔여지 소유자의 청구에 의하여 이를 취득할 수 있다.'고 규정한 후 그 시행규칙 제26조에서 잔여지에 대한 평가방법을 규정하고 있을 뿐인바, 이와 같은 위 특례법과 구 토지수용법의 관계, 공공용지의 사법상 매수취득 절차 및 그 보상기준과 방법을 규정하고 있는 위 특례법의 특질, 구 토지수용법이 토지소유자에게 형성권으로서 잔여지 수용청구권을 인정하고 있는 근거와 취지, 잔여지에 관한 위 특례법의 규정형식, 이른바 형성권의 의의와 특질을 종합하면, 위 특례법이 토지소유자에게 그 일방적인 의사표시에 의하여 매매계약을 성립시키는 형성권으로서 잔여지 매수청구권을 인정하고 있다고 볼 수는 없고, 위 특례법에 의한 협의취득절차에서도 토지소유자가 사업시행자에게 잔여지 매수청구를 할 수 있음은 의문이 없으나, 이는 어디까지나 사법상의 매매계약에 있어 청약에 불과하다고 할 것이므로 사업시행자가 이를 승낙하여 매매계약이 성립하지 아니한 이상, 토지소유자의 일방적 의사표시에 의하여 잔여지에 대한 매매계약이 성립한다고 볼 수 없다.

Ⅱ. 평 석

1. 쟁점정리

이 사건에서 원고는, 원고 소유의 일단의 토지 중 일부 토지가 협의취득된 후 나머지 잔여지에 대해 사업시행자를 상대로 민사소송을 제기하여 그 보상금의 지급을 구하였다[당시 시행되던 법률은 구 토지수용법(2002. 2. 4. 법률 제6656호로 폐지되기 전의 것)과 구 공공용지의 취득 및 손실보상에 관한 특례법(2002. 2. 4. 법률 제6656호로 폐지되기 전의 것, 이하 '공특법'이라 한다)이었다].

제1심은 원고가 토지수용법에 의해 토지를 수용당한 자로서 잔여지 매수청구를 하고 있는바, 그에 대한 보상은 토지수용법에 의해야 하므로 행정소송이 아닌 민사소송으로 그 보상을 구하는 것은 부적법하다고 하였으나, 원심은 원고가 공특법에 의해 잔여지 매수청구를 하고 있는바, 공특법에 의한 보상은 사법상의 매매이므로 민사소송에 의해 그 보상을 구할 수 있다고 하면서 보상금의 지급을 명하였다.

대법원은 대상판결에서, 토지수용법에 의한 잔여지 수용청구권의 성질, 행사방법 및 불복절차를 판시하면서, 공특법에 의한 잔여지 매수청구권은 그 성질이 형성권이 아님을 밝히고, 공특법에 의한 매수청구는 매매계약의 청약에 불과하여 그것만으로 보상금의 지급을 명할 수 없다고 보아 원심 판결을 파기하였다.

대상판결은 공특법에 의한 잔여지 매수청구권은 형성권이 아니라는 점을 원심 파기의 주된 논거로 삼고 있으나, 결국 잔여지 매수청구가 있다는 것만으로 민사소송에 의해 손실보상금의 지급을 명할 수는 없다는 취지를 밝히고 있다.

2. 관련판례

대법원은 대상 판례 이전에 이미 토지수용법상 잔여지 수용청구권은 그 요건이 구비한 때에는 토지수용위원회의 특별한 조치를 기다릴 것 없이 그 수용청구에 의하여 수용의 효과가 발생하므로 형성권적 성질을 가지는바(대법원 2001. 9. 4. 선고 99두11080 판결), 수용청구를 하려면 우선 기업자에게 잔여지매수에 관한 협의를 요청하여 협의가 성립하지 아니한 경우에 관할 토지수용위원회에 잔여지를 포함한 일단의 토지 전부의 수용을 청구할 수 있고, 그 수용재결 및 이의재결에 불복이 있으면 재결청과 기업자를 공동피고로 하여 그 이의재결의 취소 및 보상금의 증액을 구하는 행정소송을 제기하여야 하며 곧바로 기업자를 상대로 민사소송으로 잔여지에 대한 보상금의 지급을 구할 수는 없다(대법원 2001. 6. 1. 선고 2001다16333 판결)고 판시하였다.

한편, 대법원은 공특법에 의한 손실보상협의는 공공기관이 사경제주체로서 행하는 사법상 계약의 실질을 가지는 것이라고 하면서(대법원 2000. 9. 8. 선고 99다26924 판결 등), 토지수용법이나 공특법 등에서 사업인정 고시 이후에 기업자가 토지수용법에서 정한 방법 이외의 방법으로 토지를 취득하는 것을 금지하고 있지 아니할 뿐만 아니라, 사업인정 고시가 있다고 하더라도 토지수용법의 협의에 관한 규정에 의한 제한에 따르지 아니하고 당사자 사이의 자유로운 의사에 따라 성립하는 계약에 의하여 기업자가 토지를 취득하는 것을 금지하여야 할 아무런 이유가 없으므로, 기업자는 사업인정 고시가 있은 후에도 공특법에 의한 협의취득의 방법으로 그 사업에 필요한 토지를 취득할 수도 있다(대법원 2002. 6. 14. 선고 2001다24112 판결)고 판시하였다.

3. 판결의 검토

(1) 협의취득의 이원적 규율

2003. 1. 1. 공익사업을 위한 토지 등의 취득 및 보상에 관한 법률(이하 '공익사업법'이라 한다)이 시행되기 이전에 공공사업의 시행자가 그 사업시행에 필요한 토지 등을 취득하기 위해서는 공특법에 의한 협의취득(공특법 제2조 제4호 등), 토지수용법에 의한 협의취득(토지수용법 제25조 제1항), 토지수용법에 의한 재결수용(토지수용법 제25조 제2항)의 3가지 방법이 있었다. 토지수용법은 사업인정고시가 있은 이후를 그 규율대상으로 하면서 협의취득 전치주의를 채택하고 있었고(제25조 제1항), 공특법에 의한 협의취득이 사업인정고시 이후라고 하여 금지되는 것이 아니었으므로(대법원 2002. 6. 14. 선고 2001다24112 판결), 공익사업에 필요한 토지의 협의취득에는 공특법에 의한 것과 토지수용법에 의한 것이 가능하였다.

토지수용법에 의한 협의취득의 경우 협의성립 후 토지수용위원회의 협의성립확인을 받도록 되어 있으나(제25조의2, 확인을 받으면 재결을 받은 것과 같은 효력을 가짐), 확인을 받지 못하였을 때에 대해 판례(대법원 1996. 2. 13. 선고 95다3510 판결, 대법원 1997. 7. 8. 선고 96다53826 판결)는 '그 취득행위는 어디까지나 사경제 주체로서 행하는 사법상의 취득으로서 승계취득한 것'이고, '토지소유권을 취득하기 위해서는 법률행위로 인한 부동산물권변동의 일반원칙에 따라 소유권이전등기를 마쳐야 한'다고 하면서도, '토지수용법에 의하여 그 사업에 필요한 토지를 취득한 경우 그것이 협의에 의한 취득이고 토지수용법 제25조의2의 규정에 의한 협의 성립의 확인이 없는 이상'이나 '토지수용법 제25조가 정하는 협의가 성립하였으나 기업자가 같은 법 제25조의2가 정하는 바에 따라 협의성립에 관하여 관할 토지수용위원회의 확인을 받지 아니한 경우에'라고 하는 판시를 포함하였다. 이는 토지수용위원회의 협의성립확인을 받지 못한 경우도 토지수용법에 의한 취득임을 인정하는 취지라고 보인다.

(2) 토지수용법에 의한 잔여지 매수청구 및 수용청구

토지수용법 제48조 제1항은, 잔여지를 종래의 목적에 사용하는 것이 현저히 곤란한 경우에 토지소유자는 "기업자에게 일단의 토지의 전부를 매수청구하거나, 관할 토지수용위원회에 일단의 토지의 전부의 수용을 청구할 수 있다"고 함으로써, 기업자에 대한 잔여지 매수청구와 토지수용위원회에 대한 잔여지 수용청구를 병렬적으로 규정하여, 토지수용위원회에 대한 잔여지 수용청구와 별도로 기업자에 대한 매수청구권의 성질 및 그 행사방법 등에 대한 논란이 있을 수 있었다. 그런데 대법원 2001. 6. 1. 선고 2001다16333 판결은 토지수용법 제48조 제1항에 의한 잔여지 수용청구를 하려면 ① 우선 기업자에게 잔여지매수에 관한 협의를 요청하고, 그 협의가 성립되지 아니한 경우에 ② 법 소정의 기간 내에 관할토지수용위원회에 토지 전부에 대한 수용청구를 하여야 하고, ③ 형성권인 수용청구권의 행사로 수용재결 및 이의재결이 있은 후 이에 대한 불복으로 재결청과 기업자를 공동피고로 하여 이의재결의 취소 및 보상금의 증액을 구하는 행정소송을 제기하여야 하며, ④ 곧바로 기업자를 상대로 하여 민사소송으로 잔여지에 대한 보상금의 지급을 구할 수 없다고 판시함으로써, 토지수용법에 의해 기업자에 대한 잔여지 매수청구권을 행사하였음 이유로 곧바로 민사소송의 방법으로 보상금의 지급을 구할 수 없고, 수용청구권을 행사한 후 이의재결의 취소와 보상금의 증감을 구하는 행정소송에 의하여야 함을 분명히 하였다.

한편, 재결청과 기업자를 공동피고로 하여 제기된 이러한 행정소송의 성격에 대해 특수한 형태의 항고소송설, 형성소송과 급부확인소송의 병합설, 당사자소송의 형태와 항고소송의 형태가 결합된 특수한 형태의 소송설, 변형된 형식적 당사자소송설 등 학설의 대립이 있었다.

(3) 공특법에 의한 잔여지 매수청구

공특법 제4조(산정시기 · 방법 및 지준) 제6항에서 "(사업시행자는) 동일한 토지등의 소유자에 속하는 토지의 일부가 취득됨으로 인하여 잔여지를 종래의 목적대로 사용함이 곤란할 때에는 토지등의 소유자의 청구에 의하여 이를 취득할 수 있으며"라고 규정하여 토지소유자가 잔여지의 매수청구를 할 수 있도록 하고 있으나 이 때의 매수청구의 성격에 대한 의문이 있었다. 대상 판결은 공특법과 토지수용법과의 관계, 공공용지의 사법상 매수취득절차 및 그 보상기준과 방법을 규정하고 있는 공특법의 특질, 토지수용법이 토지소유자에게 형성권으로서 잔여지 수용청구권을 인정하고 있는 근거와 취지, 잔여지에 대한 공특법의 규정형식, 이른바 형성권의 의의와 특질을 종합하여 공특법에 의한 잔여지의 매수청구는 형성권으로 볼 수 없고, 따라서 사법상 매매계약의 청약에 불과하여 사업시행자가 이를 승낙하여 매매계약이 성립하지 아니한 이상, 공특법에 의한 매수청구만으로는 보상금의 지급을 명할 수는 없다고 판시함으로써, 결국 공특법에 의한 잔여지 매수청구를 이유로 민사소송에 의해 손실보상을 구할 수는 없다는 취지를 선언하였다고 할 수 있다.

(4) **평 가**

대상판결은 당해 사안의 편입토지에 대한 협의취득이 토지수용법에 의한 것인지, 공특법에 의한 것인지와 원고의 잔여지 매수청구에 대해 어느 법률이 적용되는지를 밝히지 않은 점은 있으나, 잔여지에 대한 손실보상은 토지수용법의 문언에 불구하고 잔여지 매수청구권의 독립적인 행사와 그를 이유로 한 민사소송에 의해 보상금의 지급을 구할 수는 없고, 잔여지 수용청구권의 행사를 통한 재결의 취소와 보상금의 증액을 구하는 행정소송의 방법에 의하여야 한다는 점과 공특법에 의한 협의취득이 사법상 계약의 실질을 가진다는 기존의 판례의 입장을 확인하면서, 그 논리적 연장선에서 공특법에 의한 잔여지 매수청구 또한 그것만을 이유로 민사소송으로 손실보상을 구할 수 없다는 결론에 이른 것으로, 잔여지 손실보상은 재결의 취소와 보상금을 증감을 구하는 행정소송에 의해야 하는 점을 보다 분명히 밝힌 측면에 그 의의를 찾을 수 있다고 보인다.

4. 판결의 의미와 전망

공특법과 토지수용법은 2003. 1. 1. 공익사업을 위한 토지 등의 취득 및 보상에 관한 법률로 통합되면서, 각 법률에 의한 협의취득이 '제3장 협의에 의한 취득 또는 사용(제14조 내지 제18조)'과 '제4장 수용에 의한 취득 또는 사용(제19조 내지 제48조)'으로 나누어 규정되었고, 잔여지 등의 매수청구 및 수용청구에 대해서는 제74조에 규정되었다. 이와 같은 법률의 변동에도 불구하고 대상 판결이 밝힌 잔여지 수용청구권의 성질, 그 행사요건 및 행사 절차, 잔여지 매수청구와 잔여지 수용청구와의 관계, 잔여지에 대한 손실보상을 구하는 소송형태로서의 행정소송 등은 여전히 유의미하다.

다만, 공익사업법 제85조 제2항은 제기하고자 하는 행정소송이 보상금의 증감에 관한 소송인 경우 당해 소송을 제기하는 자가 토지소유자 또는 관계인인 때에는 사업시행자를, 사업시행자인 때에는 토지소유자 또는 관계인을 각각 피고로 한다고 규정함으로써 재결청을 피고로부터 제외시켰고, 이에 대해 형식적 당사자소송을 명문화한 것으로 보는 것이 일반적이다.

이와 같이 보상금증감소송에서 재결청이 피고에서 제외됨으로써, 잔여지에 대한 손실보상을 구하는 행정소송 또한 사업시행자만을 피고로 하여 보상금의 증액을 구하는 보상금증액청구소송에 의하게 되고(대법원 2010. 8. 19. 선고 2008두822 판결 참조), 그 성질은 이행 · 확인소송이라고 봄이 타당하다고 생각된다(이설 있음).

〈참고문헌〉

김남진, 김연태, 행정법Ⅰ 제12판, 법문사, 2008.

김동희, 행정법Ⅰ 제13판, 박영사, 2007.

박균성, 행정법론(상) 제7판, 박영사, 2008.

석종현, 손실보상법론 제2판, 삼영사, 2005.

홍정선, 행정법원론(상) 제16판, 박영사, 2008.

안철상, "당사자소송", 행정소송(1), 한국사법행정학회, 2008.

64. 이주대책에 의한 수분양권의 법적 성질

— 대법원 1994. 5. 24. 선고 92다35783 전원합의체 판결 —

서 기 석*

Ⅰ. 판례개요

1. 사실관계

(1) 피고(대한주택공사)는 1987. 9. 10. 광명시 하안동 일원 2,097,280㎡에 대하여 택지개발촉진법 제3조에 의하여 광명하안지구 택지개발계획인가를 받았다.

(2) 그 시경부터 피고공사는 위 택지개발사업을 시행함에 있어 손실보상 및 이주대책을 수립하기 위하여 위 사업지구 내 토지 및 지장물에 대하여 그 소유자 등을 조사하여 토지조서, 물건조서(지장물세목조서) 및 이주대상자 기초조사표를 작성하였는데, 이때 위 사업지구 내에 있는 무허가, 과세대장 미등재인 이 사건 건물이 A의 소유로 조사되었다.

(3) 이에 피고공사는 위 이주대상자 기초조사표를 토대로 구 공공용지의 취득 및 손실보상에 관한 특례법(2002. 2. 4. 법률 제6656호로 폐지됨, 이하 '공특법' 또는 '법'이라 함) 제8조 소정의 이주대책을 수립하여 1987. 12. 28. 이를 이주대상자에게 개별통보하는 한편, 일간신문에 이주대책시행공고를 하였는데, 그 공고내용은, 이주대상자 선정기준일을 1987. 8. 27.로 하고, 신청자격을 위 기준일 현재 사업지구 내 거주세대나 사업지구 내에 토지나 가옥을 소유하고 사업지구 외 거주하는 무주택세대주로 하였으며, 신청기간을 1987. 12. 29.부터 1988. 2. 29.까지로 정하면서, 해당자는 그 기간 내에 피고공사가 수립한 이주대책에 따른 신청을 할 것이고, 그 때까지 이주대책신청을 하지 아니하면 신청의사가 없는 것으로 간주처리하겠다는 것이었다.

(4) 한편 위 A는 위 신청기간을 경과한 1988. 6. 14. 위 이주대책신청을 하였음에도, 피고공사는 이를 심사한 후 위 A에게 이 사건 무허가건물의 소유자로서 피고공사가 수

* 헌법재판소 헌법재판관.

립, 시행하는 이주대책상의 이주대상자임을 확정하여 주었으며, 그 후 추첨의 방법에 의하여 위 A는 이 사건 아파트의 수분양권자로 확정되어 그 소유권이전등기까지 마쳤는데, 원고는 이 사건 건물이 원고의 소유이고 위 A는 임차인에 불과하다고 주장하면서 이 사건 소를 제기하였다.

2. 소송경과

(1) 원고는, 제1심에서는 A 및 피고공사를 상대로 하여, 위 건물에 관하여 1987. 12. 2.자 피고공사의 지장물세목조서상 아파트분양권자의 명의를 원고 명의로 변경하는 절차를 이행하라는 청구를 하였으나, 제1심은 소의 이익이 없다는 이유로 이를 각하하였다.

(2) 원고는, 항소심에서는 청구취지를 변경하여, 주위적으로는 피고공사로부터 위 아파트를 분양받을 권리가 원고에게 있음의 확인을 구하고, 예비적으로는 위 공특법상의 손실보상청구권이 원고에게 있음의 확인을 구하였다.

원심은, 위 가옥의 소유자는 원고인데 착오로 A가 소유자로 잘못 조사되었다고 인정하고, 위 아파트에 대한 특별분양권은 원고에게 있다고 하여 원고의 주위적 청구를 인용하였다.

(3) 이에 대하여 피고공사만이 상고하였다.

대법원은, 다음에서 보는 다수의견에 따라, 민사소송으로써 이주대책에 의하여 공급된 이 사건 아파트를 특정하여 그에 대한 수분양권이 원고에게 있다는 취지의 확인을 구하는 이 사건 주위적 청구는 부적법하여 각하를 면할 수 없음에도, 원심이 이를 적법한 것으로 보아 본안에 들어가 판단한 것은 공특법상의 이주대책에 관한 법리를 오해한 위법을 범한 것이라는 이유로, 원심판결을 파기환송하였다.

3. 판결요지

[다수의견]

가. 법 제8조 제1항이 사업시행자에게 이주대책의 수립 · 실시의무를 부과하고 있다고 하여 그 규정 자체만에 의하여 이주자에게 사업시행자가 수립한 이주대책상의 택지분양권이나 아파트 입주권 등을 받을 수 있는 구체적인 권리(수분양권)가 직접 발생하는 것이라고는 도저히 볼 수 없으며, 사업시행자가 이주대책에 관한 구체적인 계획을 수립하여 이를 해당자에게 통지 내지 공고한 후, 이주자가 수분양권을 취득하기를 희망하여 이주대책에 정한 절차에 따라 사업시행자에게 이주대책대상자 선정신청을 하고 사업시행자가 이를 받아들여 이주대책대상자로 확인 · 결정하여야만 비로소 구체적인 수분양권이 발생하게 된다.

나. 위와 같은 사업시행자가 하는 확인 · 결정은 곧 구체적인 이주대책상의 수분양권을 취득하기 위한 요건이 되는 행정작용으로서의 처분인 것이지, 결코 이를 단순히 절차상의 필요에 따른 사실행위에 불과한 것으로 평가할 수는 없다. 따라서 수분양권의 취득을 희망하는 이주자가 소정의 절차에 따라 이주대책대상자 선정신청을 한 데 대하여 사업시행자가 이주대책대상자가 아니라고 하여 위 확인 · 결정 등의 처분을 하지 않고 이를 제외시키거나 또는 거부조치한 경우에는, 이주자로서는 당연히 사업시행자를 상대로 항고소송에 의하여 그 제외처분 또는 거부처분의 취소를 구할 수 있다고 보아야 한다.

다. 이러한 수분양권은 위와 같이 이주자가 이주대책을 수립 · 실시하는 사업시행자로부터 이주대책대상자로 확인 · 결정을 받음으로써 취득하게 되는 택지나 아파트 등을 분양받을 수 있는 공법상의 권리라고 할 것이므로, 이주자가 사업시행자에 대한 이주대책대상자 선정신청 및 이에 따른 확인 · 결정 등 절차를 밟지 아니하여 구체적인 수분양권을 아직 취득하지도 못한 상태에서 곧바로 분양의무의 주체를 상대방으로 하여 민사소송이나 공법상 당사자소송으로 이주대책상의 수분양권의 확인 등을 구하는 것은 허용될 수 없고, 나아가 그 공급대상인 택지나 아파트 등의 특정부분에 관하여 그 수분양권의 확인을 소구하는 것은 더더욱 불가능하다고 보아야 한다.

[반대의견]

가. 공특법에 의한 이주대책은 학설상 이른바 생활보상으로서 실체적 권리인 손실보상의 한 형태로 파악되고 있으며, 대법원 판례도 이를 실체법상의 권리로 인정하여, 민사소송으로 이주대책에 의한 주택수분양권의 확인소송을 허용하였었다. 이주대책은 경우에 따라 택지 또는 주택의 분양이나 이주정착금으로 보상되는바, 이주정착금이 손실보상금의 일종이므로 통상의 각종 보상금처럼 실체적 권리가 되는 것을 부정할 수 없을 것이고, 그렇다면 같은 취지의 택지 또는 주택의 수분양권도 실체적인 권리로 봄이 마땅하며, 가사 이를 권리로 보지 못한다 하더라도 적어도 확인소송의 대상이 되는 권리관계 또는 법률관계로는 보아야 한다.

나. 이주자가 분양신청을 하여 사업시행자로부터 분양처분을 받은 경우 이러한 사업시행자의 분양처분의 성질은 이주자에게 수분양권을 비로소 부여하는 처분이 아니라, 이미 이주자가 취득하고 있는 수분양권에 대하여 그의 의무를 이행한 일련의 이행처분에 불과하고, 이는 이주자가 이미 취득하고 있는 수분양권을 구체화 시켜주는 과정에 불과하다. 이를 실체적 권리로 인정해야 구체적 이주대책 이행을 신청하고 그 이행이 없을 때 부작위위법확인소송을 제기하여 그 권리구제를 받을 수 있고, 그 권리를 포기한 것으로 볼 수 없는 한 언제나 신청이 가능하고 구체적 이주대책이 종료한 경우에도 추가 이주대책을 요구할 수 있게 된다.

다. 이와 같이 이주대책에 의한 분양신청은 실체적 권리의 행사에 해당된다 할 것이므로 구체적 이주대책에서 제외된 이주대책대상자는 그 경위에 따라 분양신청을 하여 거부당한 경우 권리침해를 이유로 항고소송을 하거나 또는 자기 몫이 참칭 이주대책대상자에게 이미 분양되어 다시 분양신청을 하더라도 거부당할 것이 명백한 특수한 경우 등에는 이주대책대상자로서 분양받을 권리 또는 그 법률상 지위의 확인을 구할 수 있다고 보아야 하며, 이때에 확인소송은 확인소송의 보충성이라는 소송법의 일반법리에 따라 그 확인소송이 권리구제에 유효 적절한 수단이 될 때에 한하여 그 소의 이익이 허용되어야 함은 물론이다.

Ⅱ. 평　　석

1. 쟁점정리

이 사건의 쟁점은 법 제8조[1]에 따라 이주대책이 수립된 경우 이주자에게 이주대책상의 택지분양권이나 아파트분양권 등을 받을 수 있는 구체적인 권리(수분양권)가 발생하는지 여부와 이 경우 이주자가 공법상 당사자소송으로 이주대책상의 수분양권의 확인을 구할 수 있는지 여부이다.

2. 관련판례

대상판결이 나오기 전에는 위 쟁점에 관하여 대상판결의 다수의견과 같이 항고소송으로 거부처분의 취소를 구하여야 한다는 대법원 1992. 11. 27. 선고 92누3618 판결과 반대의견과 같이 확인소송으로 수분양권의 확인을 구할 수 있다는 대법원 1992. 7. 28. 선고 92다14908 판결(다만 민사소송으로 가능하다고 한 점에서는 반대의견과 다름)이 엇갈려 있었으나, 대상판결이 나온 이후에는 대법원은 대상판결의 다수의견에 따라, 항고소송으로 제외처분 또는 거부처분의 취소를 구하거나 확인 · 결정 등의 취소처분의 취소를 구하면 될 것이며, 곧바로 민사소송 또는 공법상 당사자소송으로 이주대책상의 수분양권의 확인 등을 구하는 것은 허용될 수 없다고 하고 있다(대법원 1994. 10. 25. 선고 93다46919 판결; 대법원 1996. 5. 10. 선고 96누2118 판결).

나아가 대법원은 이주대책계획을 수립하여 공고하였다면, 이주대책대상자라고 하면서 선정 신청을 한 자에 대해 대상자가 아니라는 이유로 거부한 행정처분에 대하여 그 취소를 구하는 것은 이주대책대상자라는 확인을 받는 의미도 있는 것이며 사업시행자가

---

1) 현행 '공익사업을 위한 토지 등의 취득 및 보상에 관한 법률' 제78조에 해당하나, 대상판결에 대한 이해의 편의를 위하여 이하 공특법 등 대상판결 선고 당시의 법령 조항을 설시한다.

하는 확인, 결정은 이주대책상의 택지분양권이나 아파트 입주권 등을 받을 수 있는 구체적인 권리를 취득하기 위한 요건에 해당하므로 현실적으로 이미 수립, 실시한 이주대책 업무가 종결되었고, 그 사업을 완료하여 이 사건 사업지구 내에 더 이상 분양할 이주대책용 단독택지가 없다 하더라도, 보상금청구권 등의 권리를 확정하는 법률상의 이익은 여전히 남아 있는 것이므로, 그러한 사정만으로 이 거부처분의 취소를 구할 법률상 이익이 없다고 할 것은 아니라고 하고 있다(대법원 1999. 8. 20. 선고 98두17043 판결).

3. 판례의 검토

(1) 관련 법규정

법 제8조 제1항, 령(1989. 1. 24. 대통령령 제12609호로 개정되기 전의 것) 제5조 제5항, 규칙(1989. 1. 24. 건설부령 제444호로 개정되기 전의 것) 제27조를 종합하여 보면, 사업시행자는 동법 소정의 이주대책대상자에 대하여는 원칙적으로 이주대책을 수립하여야 하고, 이주대책을 수립하지 아니하여도 되는 경우(이주희망자 30호 미만의 경우)에는 이주정착금을 지급하도록 규정하고 있다.

(2) 공특법상 이주대책의 내용

(가) 이주대책대상자

법 제8조 소정의 이주대책대상자는 공공사업시행으로 공공사업의 시행에 필요한 토지 등을 제공함으로써 생활의 근거를 상실한 자를 말한다.

(나) 이주대책대상자 확정절차

대상판결사건에서 피고공사가 이주대책을 수립, 실시하면서 적용한 '용지업무규정시행세칙', '용지업무규정'에 의하면, 「이주대책 수립 → 개별서면통보 및 공고(일반인이 보기 쉬운 장소 및 2개 일간신문 1회 이상) → 이주대상자의 신청접수(실무상은 정해진 신청기간으로부터 2-3년 후가 되는 분양절차 완료 전까지 신청하면 분양계약에 응하고 있었음) → 이주대상자의 확정」의 절차를 거치고 있었다.

(3) 공특법상 이주대책의 성격

댐 건설, 신도시개발사업 등 대규모 공공사업에 의하여 생활의 근거를 송두리째 잃고 이주하여야 할 영세민들에게는 종래의 물적보상만으로는 종전의 생활유지가 불가능하게 되었다. 이에 생존권적 기본권 보장이라는 사회복리국가의 이념에서, 수용이 없었던 재산상태로 회복시키는 것만으로는 부족하고, 수용이 없었던 것과 같은 생활상태로 원상회복을 시켜야 한다는 생활보상의 관념이 생기게 되었다. 이러한 관념은 1960대 초기 일본에 도입되어 1962. 6. 17. '公共用地の取得に關する特別措置法'이 제정되면서 그 제47조에 '생활재건축을 위한 조치'라는 이름으로 입법화되었으나, 위 생활재건축조치는 행

정관청에 노력의무만을 규정하였음에 불과하였다. 한편 이러한 관념은 1970년대 초기 우리나라에도 도입되어 1976. 7. 1. 법 제8조에 입법화되었는데, 일본의 그것이 노력의무규정임에 비하여 우리나라에서는, 현금보상을 일본보다 철저하게 하지 아니하는 대신, 이주민들의 협조를 유도하고 집단적인 민원발생을 미연에 방지하기 위하여 이주대책을 사업시행자에게 의무로서 규정하였다. 우리나라 학자들은 공특법상의 이주대책을 손실보상의 하나인 생활보상(생활재건축)으로 소개하고 있다.

(4) 각종 이주대책대상자의 지위

(가) 헌법적 근거

이주대책의 헌법적 근거에 관하여 헌법 제23조설, 헌법 제34조설, 헌법 제23조 · 제34조 통일설, 복합적 근거설 등으로 그 견해가 대립하고 있다(자세한 내용은 전광식, 418-425면 참조). 어느 견해에 의하든 이주대책은 헌법에 근거하여 직접 청구할 수 없으므로, 그 구체적 내용은 근거법령(예컨대 토지수용법, 공특법, 주택건설촉진법 등)에 정하는 바에 따라 이루어진다. 따라서 공공사업의 시행에 따라 공용수용 등이 이루어진 경우, 그 구체적인 보상내용은 이를 일률적으로 말할 수는 없고, 각 그 근거법령에 의하여, 재산상 손실보상만 시행할 것인지, 나아가 이주대책까지 시행할 것인지, 이주대책을 시행하는 경우에도 이를 의무적으로 시행할 것인지, 은혜적인 배려로 시행할 것인지가 결정된다.

(나) 서울특별시 무허가건물정비사업보상금지급조례 등

1) 대법원은 서울특별시가 도시정비사업으로 철거되는 무허가건물의 소유자 또는 세입자 중 철거보상협의에 응한 자에게 시영아파트 특별분양혜택을 부여하도록 한 '서울특별시 무허가건물정비사업보상금지급조례' 및 그에 따른 '철거민에 대한 시영아파트 특별분양개선지침'은 서울특별시 내부에 있어서의 행정지침에 불과하고, 그 지침 소정의 사람에게 공법상의 분양신청권이 부여되는 것이 아니라는 이유로 시영아파트의 입주권제외통보 또는 분양불허의 의사표시는 항고소송의 대상이 되는 행정처분으로 볼 수 없다고 하였다(대법원 1989. 4. 29. 선고 88누5389 판결; 대법원 1993. 5. 11. 선고 93누2247 판결 등).

2) 위 서울특별시 무허가건물정비사업보상금지급조례는 행정지침에 불과하여 국민과 법원을 구속하는 법규명령이 아니므로, 법률에 의하여 사업시행자에게 그 시행의무를 규정한 공특법상의 이주대책과는 그 성질을 달리한다.

(다) 주택건설촉진법 및 주택공급에 관한 규칙

1) 대법원 1992. 1. 21. 선고 91누2649 판결은, "주택건설촉진법은 주택이 없는 국민의 주거생활의 안정을 도모하고 모든 국민의 주거생활의 향상을 기하기 위하여 주택의

건설, 공급과 이를 위한 자금의 조달, 운용 등에 관하여 필요한 사항을 규정함을 목적으로(제1조) 제정되었는데, 주택의 공급질서를 유지하기 위하여 사업주체가 주택을 공급함에 있어 따라야 할 주택의 공급조건, 방법 및 절차 등의 사항을 건설부장관이 정하도록 위임하였고(제32조), 이 위임에 따라 제정된 주택공급에 관한 규칙은 적용대상(제3조), 공급대상(제4조), 청약저축제도(제5조), 입주자모집에 관한 절차(제7조 내지 제11조) 등을 규정하고 주택의 공급을 일반공급, 특별공급, 단체공급으로 분류하여 규정하면서(제12조 내지 제15조의2), 위 규칙 제15조 제1항에서 국가, 지방자치단체 등이 건립한 국민주택의 일부를 일정한 자격을 갖춘 무주택세대주(제1호 내지 제11호)에게 특별공급할 수 있도록 하고 있는바, 그 중 제5호는 당해 주택건설사업의 원활화를 기하기 위하여 당해 주택건설사업에 협조한 자에게 당해 주택을 공급할 때에 한하여 특별공급의 기회를 부여하는 것으로서 이 조항의 취지는 단순히 사업주체로 하여금 그러한 대상자들에게 특별분양을 할 수 있는 권능을 부여하는데 그치는 것이 아니라 그와 같은 요건을 갖추기 위하여 공공사업에 협력한 자에게 법적인 이익을 부여하고 있는 것이라고 보아야 할 것이니 그들에게 특별공급신청권(이는 특별공급을 받을 권리와는 다른 개념이다)이 인정된다고 해석하여야 할 것이다. 그렇다면 피고가 주택공급규칙 제15조 제1항 제5호에 해당함을 이유로 특별분양을 요구하는 원고에게 입주권부여를 거부한 행위는 항고소송의 대상이 되는 거부처분이라 할 것이다"라고 하였다.

2) 위 관련 법 규정을 종합하여 보면 사업주체는 특별공급주택의 수량, 특별공급대상자의 선정 등에 있어 재량권을 가지고, 특별공급신청자에게 반드시 특별공급이 된다고 할 수 없으므로, 위 판결이, 그 대상자가 가지는 권리는 어디까지나 특별공급신청권일 뿐 특별분양을 받을 권리자체라고는 할 수 없다고 판시하였음은 지극히 당연한 결론이다. 이에 비하여 법 제8조 소정의 이주대책대상자에 대하여는 이주희망자가 30호 이상인 이상 그 사업주체가 누구이든지, 그 이주대책대상자의 수가 얼마이든 반드시 택지(또는 아파트) 수분양권을 부여하도록 규정하고 있으므로, 공특법상 이주대책에 의한 주택공급은 주택공급에관한규칙 소정의 특별공급과 그 성격을 달리하며, 또한 일반인에게 분양하는 일반공급 및 주택조합원에게 분양하는 단체공급과도 그 성격을 달리함은 명백하므로, 주택을 특별공급, 일반공급 및 단체공급함에 있어 적용하는 주택공급에 관한 규칙은 법 제8조 소정의 이주대책대상자에게 주택을 공급하는 경우에는 원칙적으로 적용될 수 없다.

㈑ 공 특 법

1) 견해의 대립 : 당시 학자들 사이에는 논의가 없었고, 대법원재판연구관들 사이에는 항고소송만이 허용된다는 항고소송설과 일정한 경우에는 당사자소송도 허용된다는

병존설로 나뉘어 있었다.

2) 항고소송설

① 사업시행자가 아파트 등의 수분양권을 신청할 수 있도록 이주대책을 수립, 시행한다 하더라도, 이는 주택공급에 관한 규칙에 의한 특별공급의 경우와 마찬가지로, 법 제8조에 의하여 당연히 수분양권을 취득하는 것이 아니라, 사업시행자가 공공사업에 협력한 자에게 은혜적으로 특별공급의 기회를 요구할 수 있는 법적인 이익을 부여하고 있음에 불과하므로 항고소송만 허용된다는 견해이다(대법원 1992. 11. 27. 선고 92누3618 판결).

② 논 거 : 첫째, 법논리상으로 당사자소송의 보충성에 입각하여 항고소송으로 해결할 수 있는 구제수단이 있는 한, 당사자소송을 인정할 수 없고, 둘째, 정책적인 면에서 항고소송에 있어서는 전심절차의 이행 및 제소기간의 준수 등 그 소송을 제기함에 있어 여러 가지 제약이 따르는 데 반하여 당사자소송은 이러한 제약이 없는바, 만일 당사자소송을 인정한다면 위와 같은 전심절차 및 제소기간을 준수하지 아니한 자들에게 편법적인 구제를 인정해주는 결과가 되어 부당할 뿐만 아니라, 이주대책에서는 이주대책대상자 선정결과통지 및 이에 대한 불복절차를 둠으로써 당사자의 권리구제를 위함은 물론 부적격자가 이주대책대상자로 선정되는 것을 방지하기 위한 제도적 장치를 마련하고 있는데, 만일 당사자소송을 인정한다면 위와 같은 이해관계인의 불복 또는 이의신청을 봉쇄하거나 이를 회피하게 되어, 경우에 따라서는 부적격자가 대상자로 확인받는 불합리한 사태가 발생할 우려가 있다.

③ 병존설에 대한 비판 : 당사자소송을 허용하게 되면, 첫째, 당사자소송이 확인소송인 경우에는 이주대책을 수립하기 전에는 물론, 이주대책을 수립한 후에도 대상자선정신청조차 해보지 아니한 채로 막바로 수분양자지위확인을 구할 수 있게 되어 남소의 우려가 있고, 둘째, 제소기간의 적용이 없어 분양신청기간 내에 분양신청을 하지 아니하여 수분양권을 포기한 것으로 간주된 후는 물론, 분양절차가 완료된 후에도 무기한으로 쟁송을 가능케 함으로써 공공사업의 조기실현을 꾀하고자 하는 이주대책의 또 하나의 제도적 취지에 어긋날 뿐만 아니라, 각 단계마다 이론의 일관성을 유지할 수 없는 문제점이 있으며, 셋째, 이주대책대상자는 공공사업에 협력한 자로서 특별공급의 기회를 요구할 수 있는 법적인 이익, 즉 사업시행자에 대한 특별공급신청권만이 부여되고 있을 뿐, 특별분양을 받을 권리까지 인정되는 것은 아니므로, 그 권리는 추상적인 것이지 구체적인 것은 아니어서 그 확인을 구하는 당사자소송은 허용될 수 없다.

3) 병 존 설

① 공특법상의 이주대책은 공공사업의 원활한 수행을 기하기 위하여 공공사업에 협

력한 자에게 정책적인 배려에서 인정된 것이기는 하나, 주택공급에 관한 규칙에 의한 특별공급과는 달리, 이에 그치지 아니하고 영세이주자에 대한 생활보상이라는 차원에서 인정된 공법상 손실보상의 하나로서, 공특법 제8조에 의하여, 사업시행자는 이주대책을 수립, 실시할 의무를 지게 되는 한편, 이주대책대상자는, 사업시행자에게 대물보상에 있어서 재산적 손해에 대한 손실보상을 청구할 수 있는 것과 마찬가지로, 사업시행자에 대하여 사업시행자가 수립, 시행하는 이주대책에 따른 택지 또는 주택에 대한 수분양권을 사업시행자의 분양처분을 기다리지 아니하고 당연히 취득한다는 견해이다(대법원 1992. 7. 28. 선고 92다14908 판결).

그러나 사업시행자가 이주대책을 수립조차 하지 아니하고 있는 때에는, 사업시행자에게 이주대책을 수립, 실시할 것을 청구하여 사업시행자가 이를 거부하거나 방치하는 경우에는 부작위위법확인을 구할 수는 있으나, 아직 위 수분양권이 추상적인 권리에 불과하고 구체적으로 확정되었다고 볼 수 없으므로(예컨대 택지수분양권인지, 아파트수분양권인지, 그 규모는 어느 정도인지 등), 그 확인의 이익이 있다 할 수 없어 당사자소송으로서 수분양권확인을 구할 수는 없다(대법원 1961. 9. 28. 선고 4292행상제50호 판결).

사업시행자가 이주대책을 수립한 이후에는, 이주대책대상자의 추상적인 수분양권이 그 이주대책이 정하는 바에 따라 구체적 권리로 바뀌게 되므로, 구체적 이주대책에서 제외된 이주대책대상자는 위와 같은 수분양권에 터잡은 분양신청(이른바 실체적 신청권의 행사)을 하여 거부당한 경우에는 이를 실체적 신청권을 침해하는 거부처분으로 보아 그 취소를 구할 수 있고, 이 사건과 같이 신청기간을 도과한 경우, 사업시행자가 미리 수분양권을 부정하거나 이주대책에 따른 분양절차가 종료되어 분양신청을 하더라도 거부당할 것이 명백한 경우, 또는 분양신청을 묵살당한 경우, 기타 확인판결을 얻음으로써 분쟁이 해결되고 권리구제가 가능하여 그 확인소송이 권리구제에 유효 적절한 수단이 될 수 있는 특별한 사정이 있는 경우에는, 당사자소송으로 수분양권 또는 그 법률상의 지위의 확인을 구할 수도 있다. 즉 위와 같은 경우에는 이주대책대상자의 선택에 따라, 거부처분을 받아 항고소송을 제기하든지, 막바로 당사자소송을 제기할 수 있다. 항고소송과 당사자소송을 2중으로 제기한 경우에는 당사자소송은 그 확인의 이익이 없으므로 각하되어야 한다.

한편 공특법상의 이주대책대상자가 취득한 권리는 아파트를 무상으로 공급받을 수 있는 권리가 아닌 수분양권(일종의 공급계약체결권)에 불과하므로, 위 이주대책대상자가 사업시행자로부터 공고의 방법이 아닌 개별통보에 의하여, 공급신청기간 내에 공급신청을 하지 아니하면 그 권리를 포기한 것으로 간주하겠다는 취지의 공급신청통보를 받고도 그 신청기간 내에 신청을 하지 아니하면, 그 기간이 상당하지 아니하다는 등 특단의 사정이 없는 한, 그 기간이 경과함으로써 그 수분양권은 포기(수분양권에 기한 공급신청권도 당연히 상실됨)된 것으로 보아야 할 것이므로(대법원 2008. 11. 27. 선고 2007두21402 판결), 그 이후부터는 사업시행자가 원고의 공급신청을 거부하였다 하더라도 이를 거부처분으로 보아 항고소송으로 그 취소를 구할 수 없을 뿐만 아니라, 당사자소송으로 그 수분양권확인도 구할 수 없다. 그러나 공특법상의 이주대책대상자에 대하여는 주택공급에관한규칙 제9조(입주자모집공고)의 규정이 적용되지 아니하므로, 사업시행자가 공고만에 의하여 일정한 신청기간 내에 신청하지 아니하면 그 수분양권을 포기한 것으로 본다는 의사표시를 한 경우에는 가사 그 공급신청기간이 경과하더라도 위 수분양권은 포기된 것으로 볼 수 없을 것이다. 위 입주자모집공고에 관한 규정은 주택공급에관한규칙 제15조 제5항에 의하여 은혜적으로 특별공급을 받는 자에게만 적용되는 것이고, 공특법 제8조에 의하여 수분양권을 취득하는 동법상의 이주대책대상자에게는 적용될 수 없으며, 공특법상에는 사업시행자가 공고에 의하여 그러한 의사표시를 할 수 있는 근거규정이 없기 때문이다.

② 논 거 : 첫째, 공공사업의 원활한 수행과 영세이주자에 대한 생활보상이라는 공특법상의 이주대책의 입법목적에 부합하는 이론이고, 둘째, 공특법상의 이주대책은 주택건설촉진법(주택공급에관한규칙)상의 특별공급과는 그 목적, 사업주체 및 성격이 전혀 다름에도 항고소송설은 사업시행자의 편의만을 고려하여 이를 동일시함으로써 특별공급신청권만을 인정하는 것은 법이론상으로도 그 근거가 미약하며, 셋째, 병존설과 항고소송설이 결과에 있어서 가장 다른 점은 개별통보를 받지 못함으로써 공급신청기간 내에 공급신청을 하지 아니한 경우 그 권리를 상실하느냐 않느냐의 문제인데, 이러한 경우까지 그 권리를 상실한다고 함은 가혹하고(결국 병존설을 취할 경우 정당한 권리자의 보호에 충실하게 됨), 넷째, 병존설의 입장에서도, 항고소송설이 우려하는 대부분의 경우에는 그 확인의 이익이 없다 하여 당사자소송을 허용하지 아니하고, 특히 항고소송설에서 병존설에 대하여 공공사업의 조기실현을 방해하고 각 단계마다 이론의 일관성이 없다고 비판하나, 병존설에서도 이주대책대상자가 적법한 개별통보를 받고도 공급신청기간 내에 공급신청을 하지 아니한 경우에는 수분양권이 포기된 것으로 간주되어 그 이후에는 항고소송은 물론 당사자소송도 허용하지 아니할 뿐만 아니라, 이주대책은 사업시행자가 시행하는 그 본래의 공공사업(택지개발사업 등)과 동시에 시행되기는 하지만, 이와는 별도로 진행되기 때문에 가사 이주대책에 관하여 분쟁이 발생한다 하더라도 그 본래의 공공사업의 수행에는 전혀 지장을 초래하지 아니하며, 또한 병존설이 얼핏 보기에는 각 단계마다 논리의 일관성이 없는 것처럼 보이나, 이는 확인의 소에 있어서 확인의 이익이 있어야 한다는 것 때문이지, 논리의 일관성이 없는 것은 아니다.

(5) 검 토

대체로 대상판결의 다수의견은 위에서 본 항고소송설를 취한 것이고, 반대의견은 병존설의 입장을 취한 것이다. 홍준형 교수님(1308면)은 항고소송설을, 김남진(27면), 박균성 교수님(632-634면)은 병존설을 각 취하고 계신다. 병존설이 타당하다.[2)] 당초 항고소송설과 병존설의 가장 큰 차이점은 이주대책대상자가 사업시행자가 정한 절차에 따라 선정신청하지 않은 경우 그 신청권이 소멸한다고 볼 것인지, 이주대책업무가 종결되고 사업이 종료된 후에도 이주대책을 청구할 수 있는지 하는 문제이었는데, 다수의견에서 위에서 본 항고소송설을 그대로 받아들이지 않고 "이주자인 원고는 특별히 사업시행자로부터 이주대책대상자 선정신청을 하라는 개별통지를 받지 못하고 공고사실도 알 수 없어서 소정의 신청기간 내에 그 선정신청을 하지 못하게 된 사정을 엿볼 수 있는바, 만일 사실이 그러하다면 원고가 이미 위와 같이 이주대책대상자 선정신청기간을 도과하였다는 이유만으로 이주자의 지위에서 전혀 다툴 길이 없다고 다루어서는 곤란하고, 이제라도 원고는 본래의 이주대책상의 정해진 절차에 따라 사업시행자에 대하여 이주대책대상자 선정신청을 하고 그에 대한 사업시행자의 응답에 대응하여 그 조치가 위법한 것인한, 사업시행자가 이를 거부한 경우에는 그 거부처분의 취소를, 그 신청에 대하여 아무런 응답이 없는 경우에는 부작위위법의 확인을 각 소구함으로써 적정한 구제를 받을 수도 있다고 여겨진다"고 하였을 뿐만 아니라, 더 나아가 앞서 본 바와 같이 대법원 1999. 8. 20. 선고 98두17043 판결은 이주대책업무가 종결되고, 사업을 완료하여 사업지구 내에 더 이상 분양할 이주대책용 단독택지가 없는 경우에도 거부처분의 취소를 구할 수 있다고 봄으로써 권리구제의 면에서는 사실상 병존설과 차이가 없게 되었다. 다수의견이 이주대책대상자의 지위를 단순히 사업시행자가 정한 절차에 따라 자신을 이주대책대상자로 선정하여 달라고 신청할 수 있는 지위에 불과하다고 보는 이상, 위에서 본 항고소송설이 주장하는 바와 같이 사업시행자가 정한 절차에 따라 선정신청을 하지 않았다면 그 신청권이 소멸하며, 이주대책업무가 종결되고 사업을 완료하여 사업지구 내에 더 이상 분양할 이주대책용 단독택지가 없는 경우에는 거부처분의 취소를 구할 수 없다고 봄이 그 논리가 일관된다고 할 것이다. 현재 대법원이 취하고 있는 위와 같은 결론들은 병존설을 취할 때 보다 잘 설명될 수 있음은 물론이다.

4. 판례의 의미와 전망

대상판결은 공특법상의 이주대책 전반에 관한 법리를 자세하게 판시하여 종래 엇갈려 있던 대법원 판례를 정리하였다는 점에 그 의미가 있다. 다만 대상판결의 다수의견은

---

2) 자세한 논거는 반대의견의 보충의견 참조.

그 논리가 일관하지 못한 면이 있다. 대상판결은 이미 폐지된 공특법 제8조 소정의 이주대책에 관한 것이기는 하나, 이는 '공익사업을 위한 토지 등의 취득 및 보상에 관한 법률' 제78조에 그대로 승계되었으므로 앞으로도 계속 유효한 판례로서 유사한 사안에서 해석의 지침이 될 것으로 생각된다.

〈참고문헌〉

김남진, "공특법상 이주자의 법적지위", 판례월보 제291호, 판례월보사, 1994. 12.

박균성, 행정법론(상), 박영사, 2005.

전광식, "공익사업의 시행에 따른 이주대책 및 생활대책", 사법논집 제49집, 법원도서관, 2009.

조용호, "공공용지의취득및손실보상에관한특례법상 이주자의 지위", 국민과 사법; 윤관대법원장 퇴임기념, 박영사, 1999.

홍준형, "공용용지의 취득 및 손실보상에 관한 특별법상 이주자의 법적 지위", 판례행정법, 두성사, 1999. 1.

65. 간접손실의 보상가능성

— 대법원 1999. 10. 8. 선고 99다27231 판결 —

박 윤 흔*

Ⅰ. 판결개요

1. 사실관계

원고인 경기남부수산업협동조합은 경기도 화성군에 거주하는 어업인을 조합원으로 하여 그 조합원들이 포획·채취한 수산물의 판매를 위탁받아 판매하는 수산물위탁판매장을 운영하면서 그 판매액의 4%에 해당하는 위탁판매수수료를 지급받아왔다. 한편 피고인 농어촌진흥공사는 1991. 3. 30. 농림수산부장관으로부터 경기도 화성군과 옹진군 일대에 대한 공유수면매립면허(그 고시는 같은 해 4. 1.자로 되었고, 1993. 12. 18.에 변경 고시되었다)를 받고 그 사업을 시행하게 되었는데, 위 매립사업 시행으로 인하여 그 사업대상지역에서 어업활동을 하던 원고의 조합원들의 조업이 불가능하게 되자, 원고는 그가 운영하던 위탁판매장 중 조암과 사강위탁판매장에서의 위탁판매사업을 중단하였다가 1996. 경에는 그 위탁판매장을 각 폐쇄하였다. 원고의 그 위탁판매장 운영에 대하여서는 구 수산자원보호령(1991. 3. 28. 대통령령 제13333호로 개정되기 전의 것) 제21조 제1항에 의하여 공유수면매립면허의 고시 당시에 그 대상지역에서의 독점적 지위가 보장되어 있었다.

원고는 1996. 2. 6.에 피고에게 조암·사강 위탁판매장에서의 위탁판매사업 중단에 따라 상실하게 된 위탁판매수수료 수입 손실에 대한 보상청구를 하였으나, 피고로부터 보상대상인 영업손실에 해당하지 않는다는 이유로 보상청구에 불응하고 협의조차 거부하였으며, 같은 해 9. 23.에 피고에게 위탁판매수수료 수입 상실의 손실보상에 관하여 토지수용법 제25조의3 제1항에 기한 재정신청을 토지수용위원회에 하여 줄 것을 청구하였으나 피고는 이 역시 거부하여 재결신청을 하지 아니하였다.

* 전 대구대학교 총장.

2. 소송경과

이에 원고는 피고에 대하여 원고의 손실보상청구권 상당의 손해배상청구소송을 수원지방법원에 제기하였으나 기각 당하였고(수원지법 1997. 7. 22. 선고 96가합26889 판결), 이에 원고는 서울고등법원에 항소하였는바, 서울고등법원은 제1심판결을 취소하고 '피고는 원고에게 금 277,771,546원 및 이에 대한 1996. 10. 9.부터 1999. 4. 14.까지는 연 5푼의, 그 다음날부터 완제일까지는 연 2할 5푼의 각 비율에 의한 금원을 지급하라'는 판결을 하였으며(서울고법 1999. 4. 14. 선고 97나41938 판결), 피고가 대법원에 상고하였는바 대법원은 상고를 기각하였다(대법원 1999. 10. 8. 선고 99다27231 판결).

3. 판결요지

[제1심판결요지]

수산업협동조합 수행사업의 비영리적 성격을 고려할 때, 위탁판매사업도 조합원 등에 대한 봉사적 성격을 띠고 있는 것이어서 비영리적 업무에 해당하는 것이고, 조합원으로부터 징수하는 위탁판매수수료도 그 사업 수행에 소요되는 필요경비를 징수하는 것에 불과하고, 위탁판매사업의 수행에 따른 수익으로 볼 수는 없다.

따라서 원고가 이 사건 매립사업으로 인하여 위탁판매사업을 수행할 수 없게 되어 위탁판매수수료를 징수할 수 없게 되었다고 하더라도 위탁판매사업 수행에 소요되는 비용을 징수할 수 없게 된 것에 불과하여 이로 인하여 원고가 공유수면매립법 등에 근거하여 피고에 대하여 그 위탁판매수수료 상당의 손실보상청구권을 갖게 되었다고 할 수 없다.

더욱이 원고조합이 어업인 등의 공동이익을 증진하여 그 경제적 · 사회적 지위를 향상시키기 위하여 행하는 위탁판매사업을 특례법시행규칙 제23조의5에서 보상대상으로 삼고 있는 영업의 범위에 포함시킬 수도 없어, 특례법시행규칙 제23조의5, 6을 유추적용하여 보상해 주어야 할 대상이라고 볼 수 없다.

특히 이 사건 매립사업은 1994년 착공된 후 약 30% 정도의 사업만 수행되었을 뿐이며, 원고 조합이 여전히 위탁판매사업을 수행하고 있는 사실, 또한 1995. 3. 6. 수산청고시가 변경되어 김 · 꽃게 등 31개 품목이 위탁판매장소 이외의 장소에서 매매, 교환이 가능한 자유판매범위로 변경되었고, 1996. 8. 1. 조합의 위탁판매사업의 가장 큰 비중을 차지하고 있는 바지락 등 26개 품목이 추가로 자유판매 범위로 변경되었으며, 1997. 7. 1.부터 수산물이 전면적으로 자유판매가 가능하게 된 사실에 의하면 이 사건 매립사업으로 인한 원고주장의 위탁판매수수료의 감소에 따른 피해의 범위를 확정할 수 없다.

[제2심법원판결요지]

제1심판결을 취소한다.

(1) 원고조합과 같은 비영리법인이라 하더라도 그 목적달성에 필요한 범위 내에서 주된 목적인 비영리사업에 부수하여 영리사업을 수행할 수 있는 것이며, 원고가 위탁판매장을 운영하면서 얻은 위탁판매수수료 수입의 상실은 간척매립사업으로 인한 직접적인 영업손실이 아니고 간접적인 영업손실이라 하더라도 원고가 공공의 이익을 위하여 당연히 수인하여야 할 재산권에 대한 제한의 범위를 넘어 원고의 영업상의 재산이익을 본질적으로 침해하는 이른바 특별한 희생에 해당할 뿐만 아니라, 피고는 공유수면매립사업에 있어서의 사전보상의 원칙을 선언한 공유수면매립법 제17조, 제16조 제1항의 규정에 비추어 볼 때 피고가 공유수면매립면허 고시일인 1991. 4. 10. 당시 간척매립사업으로 인하여 원고에게 위탁판매수수료 상당의 영업손실이 발생하리라는 것을 상당히 확실하게 예측할 수 있었고 그 손실의 범위도 구체적으로 확정할 수 있으므로, 원고의 위탁수수료 수입 손실은 헌법 제23조 제3항에서 규정한 손실보상의 범위에 포함된다고 봄이 상당하다.

(2) 실정법상 원고의 영업손실에 관한 직접적인 보상규정이 없어도 손실보상청구가 가능하다. 공유수면매립법 제17조, 제16조 제1항의 규정에 의하면 공유수면매립면허를 받은 사업자는 보상을 받을 권리자에게 손실을 미칠 공사에 착수하기 전에 손실보상금을 지급하거나 손실방지시설을 하여야 한다는 내용의 사전보상의 원칙을 규정하고 있는데 여기서의 보상을 받을 해당 공유수면에 관한 권리자란 어업권자 또는 입어자만을 의미하므로, 원고와 같이 사업시행지구인 공유수면 밖에서 위탁판매사업을 영위하다가 영업의 폐지에 따라 간접적인 영업손실을 입은 자는 공유수면에 관한 권리자에 해당하지 아니한다. 따라서 원고는 공유수면매립법이나 그 밖의 실정법상으로도 원고의 위와 같은 간접적인 영업손실에 관한 보상청구를 허용하는 직접적인 보상규정을 찾아 볼 수는 없다.

그러나 공유수면매립법의 입법당시 입법자의 의사가 원고의 위와 같은 간접적인 영업손실을 공공의 이익을 위하여 원고가 당연히 수인하여야 할 법익의 침해로 예정하였다기보다는 미처 이러한 손실의 발생을 예상하지 못하고 그에 관한 보상규정을 두지 못한 것이라고 봄이 상당하므로 아래와 같이 관계법령의 유추적용에 의하여 그에 관한 손실보상을 허용하는 것이 타당하다 할 것이다.

즉, 토지수용법 제2조, 제45조 제1항, 제51조, 제57조의2는 토지 등을 수용 또는 사용함으로 인하여 토지소유자 또는 관계인이 입은 손실은 이를 보상하여야 하고, 손실보상액의 산정방법 및 기준 등에 관하여는 같은 법에 규정된 것을 제외하고는 공공용지의 취득 및 손실보상에 관한 특례법(이하 특례법이라고만 한다) 제3조의2, 제4조 및 제8조의 규정을 준용한다는 내용을 규정하고, 특례법시행규칙 제23조의5는 '댐 수몰선 밖에서 관계법령에 의하여 면허 또는 허가를 받아 영업을 하고 있는 자로서 댐 건설로 인하여 그 배후지의 3분의 2 이상이 상실되어 영업을 할 수 없는 경우에는 제24조 및 제25조의 규정에 따라 그 손실액을 평가하여 보상한다.'고 규정하며, 제23조의6은 '위 제23조의5의 규정은 공공사업 중 일단의 주택지조성사업, 일단의 공업단지조성사업 또는 신도시개발사업으로 인하여 대상물건이 그 본래의 기능을 다할 수 없게 된 경우 그 보상에 관하여 이를 준용한다.'고 규정하는 한편 폐지하는 영업의 종류에 따라 그 손실을 평가하는 기준을 규정하고 있는데, 위 제반규정의 내용에 헌법 제23조 제3항, 특례법 제3조 제1항의 각 규정내용과 취지를 종합하여 보면, 원고의 위탁판매수수료 수입상실에 따른 간접적인 영업손실에 관하여 공유수면매립법 또는 그 밖에 법령에 직접적인 보상규정이 없더라도 특례법시행규칙 제23조의5, 6의 각 규정을 유추적용하여 그에 관한 보상을 인정하는 것이 타당하다 할 것이다.

그렇다면 피고는 원고에게 위탁판매수수료 수입상실에 따른 간접적인 영업손실에 관하여 특례법시행규칙 제24조에 의하여 평가한 영업폐지에 따른 손실보상금을 지급할 의무가 있다고 할 것이다.

[대법원판결요지]

피고의 상고를 기각하고 제2심판결을 받아들였다.

Ⅱ. 평　　석

1. 쟁점정리

공공사업의 시행결과 그 공공사업의 시행이 사업지 밖에 미치는 간접손실도 헌법 제23조 제3항에 의한 보상의 대상이 되는지의 여부, 보상의 대상이 된다면 어떤 범위의 간접손실을 보상대상으로 할 것인지, 그리고 보상의 대상이 되는 것으로 판단되는 간접손실의 보상에 관한 직접적인 명문의 규정이 없는 경우에는 관계법령을 유추적용하여 보상을 행할 수 있는지 여부이다.

2. 관련판례

간접손실의 보상에 관련하여 대법원판결에서 다루어진 사례로는 공특법시행규칙 제23조의5(영업의 간접보상)에 관한 것이 대부분이고, 같은 시행규칙 제23조의6(공작물 등의 간접보상), 제23조의2(농경지 등에 대한 간접보상)에 관한 것이 몇 건 있으며, 그 밖의 규정에 관한 사례는 없는 것 같다.

관련판례로는 이 사건 판결에서 제시한 예견가능성과 특정가능성을 들어 간접손실의 보상을 인용하거나 기각한 판례가 있고, 공특법시행규칙상의 요건을 충족하지 못하였다는 이유로 기각한 판례 그리고 간접손실을 인정하면서도 공특법시행규칙 중 유추적용할 만한 규정이 없다는 이유로 기각한 판례가 있다. 다만 명백하지는 않으나, 이 사건 판례에서 든 예측가능성과 특정가능성은 그 자체를 독자적인 보상요건으로 본 것이 아니고 공특법시행규칙의 관련 규정을 유추적용하기 위한 전제요건으로 든 것이라고 하겠다. 그것은 예측가능성과 특정가능성이 있는 경우에도 공특법시행규칙상의 요건이 구비되지 못하였다 하여 보상을 인정하지 않은 사례가 있는 것으로 보아 알 수 있다 하겠다. 여기에서는 간접손실의 보상의 가능성과 직접 관련판례만을 들어보기로 한다.

예견가능성과 특정가능성이 있고 공특법시행규칙의 간접보상에 관한 규정을 유추적용할 수 있다고 하여 보상청구를 인용한 사례로는, 원고 농지개량조합은 분당신도시 지역에 인접한 분당저수지와 낙생저수지를 소유, 관리하여 왔는바, 피고가 분당신도시 택지개발사업을 시행하면서, 그 사업구역 외에 위치한 위 각 저수지의 부지와 시설을 취득하지는 아니하였으나, 그 몽리농지 중 택지개발 사업구역 내에 편입된 부분(분당저수지: 몽리농지전부, 낙생저수지: 전체몽리농지 중 54.78%)을 택지부지로 취득하였는데, 이 사건 각 저수지가 몽리답에 대한 농업용수의 공급을 위하여 설치 · 관리되고 있음으로 사업시행자인 피고로서는 몽리답에 대한 택지개발사업의 시행으로 인하여 이 사건 각 저수지의 소유자인 원고에게 저수지시설로서 그 본래의 기능을 수행할 수 없게 되는 손실이 발생하리는 것을 쉽게 예견할 수 있을 뿐만 아니라, 그 손실의 범위도 택지로 편입된 몽리답의 비율에 따라 비교적 쉽게 확정할 수 있으므로, 이 사건 각 저수지의 기능상실로 인한 손실보상에 관하여는 공특법 시행규칙 제23조의6 등을 유추적용할 수 있다고 하였다(대법원 1999. 6. 11. 선고 97다56150 판결).

예견가능성과 특정가능성이 없어 공특법시행규칙의 간접보상에 관한 규정을 유추적용할 수 없다고 하여 보상청구를 기각한 사례로는, 원고는 참게 축양장(콘크리트조 유수식)을 만든 다음, 어민들이 금강유역에서 채포한 참게를 사들여 4개월 정도 길러서 판매하는 참게 축양장을 하여 왔는바, 원고가 참게 축양장업을 계속할 수 없게 되고 원고소유의 참게축양장시설이 기능을 상실하게 된 원인은, 이 사건 공공사업의 시행결과 공유수면의 지류에서 용수를 끌어 쓸 수 없게 된 것이 아니라 금강유역 어민들이 참게를 더 이상 채포할 수 없게 되고 임진강을 제외한 전국의 다른 하천에서도 참게가 잘 잡히지 않게 되었기 때문이라는 것이므로, 원고가 입게 된 위와 같은 손해는 이 사건 공공사업의 기업지 밖에서 일어난 간접손실에 불과하다. 나아가 원고가 입은 위의 간접손실은 그 발생을 예견하기가 어렵고 그 손실의 범위도 쉽게 확정할 수 없으므로 공특법시행규칙의 간접보상에 관한 규정을 준용 또는 유츄적용하여 사업시행자인 피고에 대하여 그 손실보상청구권을 인정할 수도 없다고 하였다(대법원 1998. 1. 20. 선고 95다29161 판결).

예측가능성과 특정가능성이 있으나 공특법시행규칙상의 요건을 충족하지 못하였다는 이유로 보상청구를 기각한 사례로는, 원고 농업기반공사가 화용지구우정단지 간척사업의 시행으로 간척사업지구 밖에서 김 가공공장 또는 김 종묘배양장을 운영하는 원고들이 입은 손실은 공공사업시행지구 밖에서 일어난 간접손실에 해당되고 그러한 손실발생은 예견가능성 및 특정가능성이 있으나, 공특법시행규칙 제23조의5의 규정에서는 영업배후지의 3분의 2이상이 상실되어 영업을 할 수 없는 경우에 한하여 손실보상의 대상이 되도록 하고 있는바, 이 사건 간척사업으로 인한 영업배후지 상실률은 이에 미치지 못하므로 손실보상의 대상이 되지 않는다고 하였다(대법원 2004. 10. 27. 선고 2004다27020, 27037 판결).

간접손실의 존재를 인정하면서도 공특법시행규칙 중 유추적용할 만한 규정이 없다는 이유로 기각한 사례로는, 원고가 그 소유대지 지상에 근린생활시설에 관한 건축허가를 받고 가시설물 등을 시공하는 등 공사준비에 착수하였는데, 위 대지 중 일부가 도로부지에 편입되어 사업시행자와 손실보상의 협의를 마쳤고, 그 후 원고는 당초 건축면적을 602.16m²를 484.14m²로 변경하는 건축설계변경허가를 받았으며, 이에 원고는 위 가시설물 등의 설치비용상당액과 설계변경비용의 보상을 구하였는바, 원심은 이를 모두 인정하였으나, 대법원은 가시설물 등의 상당부분은 변경된 건축허가에 따라서도 여전히 사용가능한 것으로 볼 여지가 있으므로, 그 전부가 본래의 기능을 다할 수 없게 되었는지 따져볼 필요가 있고, 이 사건 공공사업의 시행으로 인하여 원고가 건축설계비용 상당의 손실을 입었다고 하더라도, 간접손실에 관하여 규정하고 있는 공특법시행규칙 제23조의2 내지 7의 각 규정 중 원고의 건축설계변경비용을 간접손실로 보고 유추적용할 만한 규정이 없다고 하여 원심판결을 파기하였다(대법원 2004. 9. 23. 선고 2004다25581 판결).

3. 판결의 검토

(1) 개 관

어떤 손실을 사업손실 또는 간접손실로 볼 것인가에 대하여서는 견해가 갈리지 마는, 보통 '공공사업의 시행 또는 완성 후의 시설이 사업시행지구 외에 미치는 손실을 말한다.'고 정의하고 있다.

그런데 우리 헌법은 제23조 제3항에서 '공공필요에 의한 재산권의 수용·사용 또는 제한 및 그에 대한 보상은 법률로써 하되, 정당한 보상을 지급하여야 한다.'고 규정하고 있어, 직접손실에 대한 보상이든 간접손실에 대한 보상이든 그 손실이 보상의 대상이 되어 보상을 받기 위하여서는, 실정 법률에서 손실보상의 대상으로 정하고 있어야 한다(대법원 1993. 7. 13. 선고 93누2131 판결 참조).

그리하여 간접손실보상에 대하여서도, 2003. 1. 1.부터 시행된「공익사업을 위한 토지 등의 취득 및 보상에 관한 법률(이하 "토지취득 및 보상법"이라 한다) 제79조 제2항에서 '공공사업이 시행되는 지역 밖에 있는 토지 등이 공익사업의 시행으로 인하여 본래의 기능을 다 할 수 없게 되는 경우에는 국토해양부령으로 정하는 바에 따라 그 손실을 보상하여야 한다.'고 규정하고, 동조 제3항에서는 '사업시행자는 제2항에 따른 보상이 필요하다고 인정하는 경우에는 제15조에 따라 보상계획을 공고하는 때에 보상을 청구할 수 있다는 내용을 포함하여 공고하거나 대통령령으로 정하는 바에 따라 제2항에 따른 보상에 관한 계획을 공고하여야 한다.'고 규정하고 있다. 그리고 위의 "토지취득 및 보상법"제79조 제2항의 위임에 따라 동법 시행규칙은 제7장(제59조 내지 제65조)에서 '공익사업시행지구 밖의 토지 등의 보상' 즉, 간접손실의 보상에 관하여 규정하고 있다.

그러나 토지취득 및 보상법 시행 전까지 토지 등의 취득 및 손실보상에 관한 일반법인 토지수용법에서는 간접손실의 보상에 관한 규정을 두지 않았으며, 이는 수용에 의한 토지 등의 취득에 있어서 간접손실의 보상을 인정하지 아니한 것으로 해석되었다(대법원 1998. 1. 20. 선고 95다29161 판결, 대법원 1999. 6. 11. 선고 97다56150 판결 등 참조). 토지수용법이 간접손실의 보상에 대하여 규정을 두지 아니한 것은, 토지수용법은 오래된 법률이어서 동법이 시행될 당시에는 공공사업을 위한 토지 등의 취득이 주로 소규모 공공사업이어서 간접손실이 발생하는 경우가 거의 없어 간접손실을 손실보상의 대상으로 보지 않았기 때문으로 여겨진다. 그러나 1970년대에 들어와 국가개발을 위한 댐, 공업단지, 대규모간척사업 등이 자주 시행됨으로써 간접손실이 빈번히 발생하게 되어 간접손실의 보상에 관한 사항이 우리 법령에 규정되게 되었는바, 그 때에는「수용」으로 인한 토지 등의 취득에 있어서 발생하는 간접손실의 보상에 대하여 직접적인 근거규정으로 도입된 것이 아니고, 당사자 간에 토지 등의 취득과 보상에 관하여 협의가 이루진 경우에, 간접손실의 보상액의 평가기준으로 도입되게 되었다. 즉 공공용지의 취득 및 손실보상에 관한 특례법은 1975. 12. 31.에 제정되고 1976. 7. 1.에 시행되었는바, 동법은 '공공사업에 필요한 토지 등의「협의에 의한 취득 또는 사용」과 이에 따르는 손실보상에 관한 기준과 방법을 정함'을 목적으로 한 법률이며, 이 법률에 근거하여 1980. 8. 1.부터 시행된 동법시행규칙 제5장의6(제23조의2 내지 제23조의6) '수몰로 인한 간접보상'에서 간접손실의 보상에 관하여 처음으로 규정하게 되었다. 이때에 간접손실의 보상에 관한 규정을 토지수용법에 규정하지 아니하고 공특법에 규정하게 된 것은, 간접손실의 보상에 관한 필요성은 절실하게 되었으나, 그것을 토지수용법에 규정하기에는 아직 연구가 미진하였기 때문에,

잠정적으로 취득과 보상에 관하여 당사자 간에 협의가 이루어 진 경우에 보상기준과 방법만을 정하는 특례법에 규정하여 실험적으로 운영하려고 한 것이라 하겠다. 그리하여 이러한 간접보상에 관한 규정은 간접손실의 보상에 대하여 당사자 간에 합의가 된 경우에 그 보상의 기준이 되는 데 그치며, 간접손실의 보상에 관하여 당사자 간에 협의가 되지 아니한 경우에, 간접손실을 입은 자가 그 보상을 청구할 수 있는 규정, 다시 말하면 보상청구권을 발생시키는 근거규정은 되지 못하였던 것이다(대법원 1998. 1. 20. 선고 95다29161 판결, 1997. 5. 16. 선고 97다9345 판결 등).

여기에서 똑같은 공공사업의 시행으로 인하여 간접손실을 당하였다고 하더라도 당사자 간에 협의가 이루어진 경우에는 보상을 받을 수 있고, 협의가 이루어지지 아니한 경우에는 보상을 받을 수 없다고 하는 문제가 제기되었다. 이 사건 판례는 바로 그러한 문제를 해결하는 하나의 사례라고 할 것이다. 이 사건에 대한 판결은 똑같은 손실이 발생하였는데도 당사자 간에 협의가 되지 아니하여, 법령상 근거규정이 없어 보상을 받을 수 없는 경우에, 이 경우에도 협의가 된 경우에 보상평가의 기준을 정하고 있는 특례법 시행규칙의 규정을 유추적용하여 보상을 받을 수 있게 한 것이다. 그런데 현재는 토지취득 및 보상법에서 이 사건에서 문제가 된 협의가 이루어지지 아니한 간접손실에 대하여서도 위에서 본 바와 같이 보상을 하도록 하는 규정을 두어 입법적으로 해결을 하였으므로 현행법 아래서는 이 사건 판례의 의미는 이 사건에서 문제된 사례와 관련하여서는 없어지게 되었다고 하겠다. 그리하여 이 사건에 대한 판례는 당시 우리 실정법상 전혀 인정되지 아니한 간접손실에 대하여 유추적용을 통하여 보상을 인정한 사례가 아니고, 단지 협의가 된 경우에 보상을 인정하고 있는 법령규정을 협의가 이루어지지 아니한 경우에도 유추적용을 인정하였다는 점에서, 실정법상 전혀 인정하지 아니한 간접손실의 보상에 관하여 보상을 인정한 새로운 측면을 개척한 판례는 아닌 것이며, 간접손실의 보상에 대한 사례로서는 커다란 의미를 갖는 것은 아니라고 하겠다.

그러나 이 사건에 대한 판례는 현행법 아래서도 입법이 현실을 따라가지 못하여 실정법에서 아직 직접적으로 보상규정을 두지 아니한 간접손실이 계속하여 발생할 수 있다고 할 것이므로 이러한 간접손실에 대하여 판례에서 유추적용을 통하여 우선 보상을 인정할 수 있는 길을 열었다는 점에서는 커다란 의미를 갖는 판례라고 하겠다. 이러한 전제 아래에서 아래에서는 이 판례의 의미를 쟁점 중심으로 살펴보기로 한다.

(2) 간접손실을 헌법 제23조 제3항의 「공공필요에 의한 재산권의 수용」으로 인한 손실로 인정

이 사건 판례는 "공공사업의 시행결과 그 공공사업의 시행이 기업지 밖에 미치는 간접손실에 관하여 그 피해자와 사업시행자 사이에 협의가 이루어지지 아니하고 그 보상에 관한 명문의 근거법령이 없는 경우라고 하더라도, 헌법 제23조 제3항은 '공공필요에 의한 재산권의 수용. 사용 또는 제한 및 그에 대한 보상은 법률로써 하되, 정당한 보상을 지급하여야 한다'고 … 규정하고 있는 점에 비추어, 공공사업의 시행으로 인하여 그러한 손실이 발생하리라는 것을 쉽게 예견할 수 있고 그 손실의 범위도 구체적으로 이를 특정할 수 있는 경우라면" 보상을 하여야 한다고 하여, 간접손실을 헌법 제23조 제3항의 「공공필요에 의한 재산권의 수용」으로 인한 손실로 인정하고 있다. 이것은 오늘날에 와서는 당연한 것으로 여겨지지마는, 과거에는 간접손실은 직접손실과는 다른 것으로 보아 헌법 제23조 제3항의 공공필요에 의한 재산권의 수용으로 인한 손실에 포함시키지 아니하려는 것이 오히려 일반적인 경향이었다고 하겠다. 그리하여 당시까지는 학자들도 사업손실에 대한 보상은 직접손실에 대한 보상의 항목에서 설명하지 아니하고, 이와는 별도로 「보상개념의 확장」이라는 항목에서 설명하는 것이 일반적 경향이었으며, 그것은 외국의 경우도 비슷하였다. 당시까지는 공공사업이 주로 이른바, 점선적(點線的)인 소규모사업이어서 간접손실이 생기는 일이 거의 없었으며, 간접손실을 인정하는 실정법도 없었고, 따라서 실제 현장에서도 별로 문제되는 일이 없었기 때문에 학계에서도 직접손실과는 다른 차원에서 다루었다고 생각된다.

그러나 오늘날에 와서는 이른바 면적(面的)사업인 대규모 공공사업이 대대적으로 시행됨에 따라 간접손실이 발생하는 것이 일반적이어서, 그것을 직접손실과 똑같이 헌법 제23조 제3항의 공공필요에 의한 재산권의 수용으로 인한 손실에 포함시키게 된 것이다. 우리 실정법도 위에서 본바와 같이 종전의 토지수용법은 간접손실의 보상에 관한 근거규정을 두지 아니하였으나, 현행의 토지취득 및 보상법은 이에 관한 규정을 두었다.

이 사건 판례도 명시적인 것은 아니지마는 이러한 추세를 받아들여, 간접손실을 헌법 제23조 제3항의 공공필요에 의한 재산권의 수용으로 인한 손실에 포함시키는 것이 당연한 것으로 받아들인 것이라고 할 것이다. 따라서 이제는 간접손실은 직접손실과 보상에 있어서 동일하게 다루어야 지게 되었다고 하겠다.

(3) 간접손실에 대한 유추적용의 전제요건으로 「예견가능성과 특정가능성」 제시

(가) 예측가능성과 특정가능성 요건의 제시의 의미

이 사건 판례는 공유수면매립면허 고시일 당시에 '공공사업의 시행으로 인하여 그러한 손실이 발생하리라는 것을 쉽게 예견할 수 있고 그 손실의 범위도 구체적으로 이를 특정할 수 있는 경우'라면 그 손실의 보상에 관하여 공특법시행규칙의 관련규정 등을 유추적용할 수 있다고 해석함이 상당하다고 하여, 간접손실에 대하여 보상을 인정하기 위한 요건으로 예견가능성과 특정가능성을 요한다고 하였다. 그러나 이 사건의 경우에도 보상의 요건은 유추되는 법령의 규정에 따라 판단하여야 하기 때문에, 판례가 이

러한 요건을 제시한 것은 별도의 독자적인 보상의 요건을 정한 것은 아니라고 할 것이다. 그것은 우리의 통설과 판례는 우리 헌법해석상 공공사업의 시행으로 손실을 받은 자가 보상을 청구하기 위하여서는 실정법령에 근거가 있어야 한다고 보고 있어, 손실의 예측가능성과 특정가능성이 있다고 하여 바로 보상을 청구할 수 있는 것은 아니기 때문이다. 그러한 뜻에서 우리 판례도 예측가능성과 특정가능성이 있는 경우에도 유추할 법령규정이 없거나(대법원 2004. 9. 23. 선고 2004다25581 판결) 또는 유추할 법령규정의 요건을 갖추지 못한 경우(대법원 2004. 10. 27. 선고 2002다21967 판결 등)에는 손실의 보상을 부정하고 있다.

그리하여 이 사건의 경우에 판례가 손실의 예측가능성과 특정성을 들고 있는 것은 이 사건의 간접손실의 보상에 관하여 정하고 있는 직접적인 근거법령이 없기 때문에 유추적용할 법령을 찾아야 하는데, 그러기 위하여서는 우선 그 전제로서 간접손실의 예측가능성과 특정가능성이 필요하기 때문이라고 할 것이다. 공공사업시행으로 인한 손실에 대하여 보상을 받기 위하여서는 우선 그것이 직접손실이건 간접손실이건 간에 손실이 있음이 인정되어야 할 것인데, 예측가능성과 특정가능성은 손실을 인정하기 위한 하나의 방법을 제시한 것이라고 할 것이다. 그것은 이 사건과 관련하여 살펴보면 원고는 수산물위탁판매사업을 중단하게 되어 영업상의 손실을 받았음을 전제로 그에 대한 보상을 피고에게 청구하고 있는데, 그러한 보상청구를 인정할 것인지의 여부를 결정하기 위하여서는 우선 그러한 손실이 있는 것이 인정되어야 할 것인데, 그러한 손실의 발생, 즉 특별희생을 받았는지의 여부를 인정하는 방법은 여러 가지 방법이 있다고 할 것이다. 공공사업에 필요한 토지 등의 협의에 의한 취득의 경우에는 손실의 유무와 범위는 당연히 당사자 간의 합의에 의하여 정하여진다고 할 것이며, 당사자 간에 협의가 이루어지지 아니하여 수용에 의하여 강제 취득되는 경우에는 손실유무와 그 범위는 토지수용위원회 또는 법원에 의하여 정하여질 것이다. 그런데 이 사건의 경우의 간접손실과 같이 당해 사안에 대한 손실의 보상에 관하여 근거법령이 확실하지 아니하고 손실의 유무에 관하여 당사자 간에 합의가 이루어지지 아니하여 법원에 소송으로 보상이 청구된 경우에는 법원으로서는 우선 청구된 손실이 있는지의 여부를 결정하여야 그러한 손실의 보상에 관한 근거법령을 정하여 보상여부를 결정할 수 있을 것이라고 할 것이다. 따라서 이 사건 판례에서 제시한 예측가능성과 특정가능성은 모든 보상청구사건에서 요구되는 일반적인 요건이며, 이 사건 간접손실보상에 관한 특별한 요건은 아니라고 할 것이다. 다만 직접적인 손실보상청구사건이나 간접손실의 보상청구사건이라고 하더라도 그에 관한 직접적인 근거규정이 있는 경우에는 손실의 유무는 별로 문제되지 않으며, 손실의 범위 내지는 금액만이 주로 문제되기 때문에 손실의 유무가 다투어지는 경우는 많지 않을 것으로 생각되지마는, 이 사건에 있어서와 같이 그 간접손실의 보상에 관하여 적용할 직접적인 근거규정이 없는 경우에는 손실의 유무가 우선 문제되는 경우가 많다고 할 것이다. 이 사건 판례에서 예측가능성과 특정가능성을 보상의 요건으로 내세운 것은 바로 그러한 이유에서라고 할 것이다. 그러나 이 사건에 있어서도 간접보상의 요건은 이 사건에 대하여 유추적용하기로 한 공특법시행규칙 제23조의5에서 정하고 있는 것이며, 따라서 예측가능성과 특정가능성은 직접적인 요건이 되는 것은 아니라고 할 것이다.

(나) 예측가능성과 특정가능성요건의 제시의 문제점

이 사건 판례에서 간접손실을 인정하기 위한 요건으로 들고 있는 예측가능성과 특정가능성의 요건은 구체적인 특정사건을 해결하기 위한 요건으로서는 타당하다고 할 수도 있다. 이 사건 판결을 전후하여 꽤 많은 판결에서 예측가능성과 특정가능성을 간접손실을 인정하는 요건으로 제시하고 있는 것(예측가능성과 특정가능성이 없다는 이유로 기각한 판결 — 대법원 2001. 3. 27. 선고 2000다55729 판결, 대법원 2001. 3. 13. 선고 2000다18080 판결, 대법원 1998. 1. 20. 선고 95다29161 판결, 특정가능성이 없다는 이유로 기각한 판결 — 대법원 2002. 11. 26. 선고 2001다44352 판결, 대법원 1999. 12. 24. 선고 98다57419, 57426 판결 등)을 보면 예측가능성과 특정가능성을 간접손실을 인정하기 위한 일반적 전제요건으로 삼고 있는 것 같이 보이는바, 이들 요건을 간접손실을 인정하기 위한 일반적 전제요건으로 삼는 것은 타당하다고 볼 수 없다고 할 것이다. 왜냐하면 이 판례에서는 사업면허 고시일 당시에 원고에게 그러한 간접손실이 발생할 것이 예측가능하고 특정가능성이 있어야 한다고 하였는데, 오늘날의 대형 공공사업은 장기간에 걸쳐서 단계적으로 행하여지는 경우가 대부분이며 그러한 사업의 경우에는 사업면허 고시일 당시에는 예측할 수도 없고 따라서 특정할 수도 없는 손실도 많을 것이기 때문이다. 공공사업의 현실에서는 처음에는 전혀 예상하지 못한 손실이 사업이 진척됨에 따라 현실화되는 경우도 허다한 것이다. 유추되는 법령규정이 정하는 보상의 요건만 갖추어 졌고 사업면허일 당시에 원고들이 영업을 수행하고 있었다면, 사업면허고시일 당시에 간접손실의 발생이 예측되지 못한 경우에도 손실보상을 청구하여 당해 손실의 발생에 대하여 협의를 하거나 또는 협의가 되지 아니하여 토지수용위원회에 재결이 신청되거나 법원에 소송이 제기되어 재결이나 판결로 보상여부를 결정할 때 손실의 발생을 특정할 수 있으면 손실의 발생을 인정할 수 있는 것이다. 물론 예측가능성과는 달리 특정가능성은 손실을 인정하기 위하여 당연히 필요하다고 할 것이나 사업면허고시일 당시에 특정가능성이 있어야 할 필요는 없다고 할 것이다.

간접손실을 헌법 제23조 제3항의 「공공필요에 의한 재산권의 수용」으로 인한 손실로 인정한다면 간접손실의 경우에도 직접손실의 경우와 마찬가지로, 손실보상의 청구가 있으면 근거법령이 정하는 손실의 존재여부를 판단하면 되는 것이지, 추가적인 전제요건으로 예측가능성과 특정가능성 요건을 요구할 것은 아니라고 본다. 이 사건의 경우에는 간접손실의 보상청구근거를 정한 직접적인 근거법령규정이 없고, 유사한 손실에 대하여 보상을 인정하고 있는 법령을 유추적용하여야 하기 때문에 유추적용할 법령을 정하기 위한 전제요건으로 예측가능성과 특정가능성을 제시하고 있다고 할 것이다. 그러나 위에서 본 바와 같이 사업면허고시 당시에 미리 예측가능성과 특정가능성이 없는 경우에도 협의 시 또는 재결이나 판결 시 손실을 특정할 수 있으면 그 때에 유추적용할 법령을 정하면 되는 것이라고 할 것이기 때문에 유추적용할 법령을 정하기 위하여 언제나 그러한 전제요건이 필요하다고 말할 수도 없다고 할 것이다.

3. 공특법시행규칙 제23조의5의 유추적용

이 사건의 경우, 보상청구를 인정하는 직접적인 근거규정을 찾을 수 없기 때문에, 유사한 손실에 대한 보상의 근거규정인 공특법시행규칙 제23조의5의 규정을 유추적용하여 보상을 인정하였다. 유사한 손실이라고 하였지마는 실제로는 동일한 손실이다. 유사한 손실이라고 표현한 것은 단지 유추적용이라는 해석을 뒷받침하기 위한 것이다. 이 사건의 경우에는 형식적으로는 유추적용이지마는 실질적으로는 적용이라고 말할 수도 있겠다. 그것은 그러한 손실에 대하여 당사자 간에 협의가 된 경우에 보상을 인정한 법령규정인 공특법시행규칙 제23조의5를, 동일한 손실에 대하여 당사자 간에 협의가 이루어지지 아니한 경우에 유추적용하는 것이기 때문이다. 따라서 유추적용에 있어서는 별다른 어려움이 없었을 것으로 예상된다. 위에서 본 바와 같이 현재에는 이 사건에서의 손실에 대하여 당사 간에 협의가 이루어진 경우는 물론이고 협의가 이루어 지지 아니한 경우에도 동일하게 토지취득 및 보상법시행규칙 제64를 적용하여 손실을 보상하도록 되어 있기 때문에, 이 사건의 간접손실의 보상에 대하여 유추적용의 문제는 발생하지 아니하게 되었다. 이렇게 보면 이 사건의 경우에 유추적용은 커다란 의미를 가진 것은 아니라고 할 것이다. 그것은 그때 당시의 우리 실정법에서 전혀 인정하지 아니고 있는 간접손실에 대하여 판례에서 유추적용이라는 법해석을 통하여 새로이 손실보상을 인정한 것이 아니고, 동일한 간접손실에 대하여 당사자 간에 협의가 이루어진 경우에는 보상을 인정하는 법규정은 법제화가 되어 있고, 당사자 간에 협의가 이루어지지 아니한 경우에는 아직 보상을 인정하는 법규정은 법제화가 되어 있지 아니한 시점에서, 이 사건 판례는 단지 간접손실을 인정하는 법제화의 시간차로 생기는 틈을 매우는 것이라고 할 것이기 때문이다. 이 사건을 전후하여 토지취득 및 보상법시행규칙이 시행되기 전까지 간접손실에 대하여 유추적용을 통하여 보상을 인정하는 많은 판례가 있었는데, 그 모두가 이 사건 판례와 같이, 간접손실에 대하여 당사자 간에 협의가 이루진 경우에 보상을 인정하고 있는 공특법시행규칙의 규정을, 당사자 간에 협의가 이루어지지 아니한 경우에 유추적용하는 사례이다. 따라서 이들 판례는 모두가 당시의 실정법에서 인정하지 않고 있는 새로운 간접손실에 대하여 유추해석을 통하여 보상을 인정한 것으로는 볼 수 없고, 단지 간접손실을 인정하는 법제화의 시간차로 생기는 틈을 매우는 것이었다고 하겠다. 따라서 지금까지의 판례는 유추적용이라는 해석기법을 통하여 실정법에서 인정하지 않고 있는 간접손실에 대한 보상을 인정할 수 있는 가능성을 열었다는 점에서는 의미가 있다고 할 것이나, 현실적으로 실정법이 인정하지 않는 간접손실에 대하여 보상을 인정하지는 못하였다. 그것은 간접손실을 인정하면서도 판결 당시의 간접손실보상을 인정하고 있는 공특법시행규칙에서 유추적용할 만한 규정이 없다는 이유로 보상을 인정하지 아니한 판결, 즉 「원고가 건축설계비용 상당의 손실을 입었다고 하더라도, 간접손실에 관하여 규정하고 있는 공특법시행규칙 제23조의2 내지 7의 각 규정 중 원고의 건축설계변경비용을 간접손실로 보고 유추적용할 만한 규정이 없으므로, 이에 대하여 손실보상청구권을 인정할 수 없다」(대법원 2004. 9. 23. 선고 2004다25581 판결)는 판시를 보아도 명백하게 알 수 있다고 하겠다.

그러나 유추해석의 기법은, 법제화의 지연으로 아직 현행법제상 인정되지 않고 있는 간접손실에 대하여 유추적용을 통하여 보상청구를 인정함으로써 보상을 받을 수 있는 간접손실의 범위를 확대시키는 데 그 의미가 있다고 할 것이다.

헌법 제23조 제3항은 '공공필요에 의한 재산권의 수용·사용 또는 제한 및 그에 대한 보상은 법률로써 하되,'라고 규정하여, 공용침해와 함께 그에 대한 보상도 법률로써 정하도록 하고 있는바, 통설과 판례는 이 규정은 어떤 손실에 대하여 보상을 청구하기 위하여서는 반드시 실정법에 근거규정이 있어야 한다고 보고 있다. 그런데 간접손실은 오늘날 대규모사업의 시행이 확대됨에 따라 계속 증가하고 있기 때문에 그것을 그때그때 모두 예측하여 실정법령에 규정하는 것은 매우 어렵다. 그리하여 현실적으로 발생하는 간접손실의 보상에 대하여 적용법규가 마련되어 있지 아니한 경우가 빈번하게 발생할 수 있으며, 판례는 이러한 경우에 유사한 손실에 대하여 보상을 인정하고 있는 법령규정을 유추적용하여 보상을 인정하여야 손실보상의 본래의 뜻에 따라, 적법한 공용침해로 인한 국민의 재산권을 사전적으로 적정하게 보장하고, 공적부담을 모든 국민에게 고르게 조정하여 주는 역할을 충실하게 수행할 수 있을 것이다.

4. 판결의 의미와 전망

위에서 본 바와 같이 이 사건판결은 당시 동일한 내용의 간접보상을 인정하고 있는 공특법시행규칙을 유추적용하고 있기 때문에 그 자체만으로는 제한적 의미만을 갖는다고는 할 것이다. 그것은 이 사건 판례는 우리 실정법령에서 전혀 인정하지 않고 있는 간접손실에 대하여 유추적용이라는 해석을 통하여 보상청구를 인정한 것이 아니고, 당사자 간에 협의가 이루어진 간접손실에 대하여 보상을 인정하고 있는 공특법시행규칙 제23조의5의 규정을 당사자 간에 협의가 이루어지지 아니한 간접손실에 대하여 유추적용하여 보상을 인정하고 있는 판례이기 때문이다. 따라서 이 사건 판례는 실질적으로 보면 청구된 간접손실의 보상에 대하여 당시 시행되고 있던 공특법시행규칙을 그대로 적용하는 것이나 다름없는 판례라고도 하겠다. 그리고 이 사건의 관련판례에서 보는 바와 같이 간접손실을 인정하면서도 간접손실의 보상에 대하여 정하고 있는 공특법시행규칙에서 유추적용할 규정을 찾을 수 없다고 하여 보상청구를 인정하지 아니한 판례를 보면 지금까지의 우리 판례는 유추적용할 법령규정을 공특법시행규칙에서만 찾고 있음을 더욱 뚜렷이 알 수 있다고 하겠다. 그러나 판례가 커다란 의미를 갖기 위하여서는 당해 간접손실에 대하여 보상을 인정하는 실정법규가 아직 없는 경우에, 관련법규를 유추적용하여 보상을 새롭게 인정하는 것이어야 할 것으로 본다.

그러나 이 판례에서 도입한 유추적용에 있어서, 유추되는 법령의 폭을 넓혀간다면 간접손실에 대하여 아직 실정법령에서 보상을 인정하지 않고 있는 경우에, 관련법규를 폭넓게 유추적용하여 보상청구권을 인정할 수도 있다고 할 것이므로, 그러한 방향으로 발전하여 간다면 이 판례는 앞으로 새로이 발생하는 간접손실에 대한 보상을 가능하게 할 것이며, 그렇게 되면 커다란 의미를 갖게 될 것이다.

그것은 우리 헌법 제23조 제3항의 해석으로는 직접손실이건 간접손실이건 실정법령에서 그 보상에 관한 근거규정을 두지 아니하면 보상청구를 할 수 없다고 할 것인데, 아무리 보상에 관한 실정법령을 잘 정비하여 간다고 하더라도, 공공사업으로 발생하는 모든 손실에 대하여 그때그때 빠짐없이 실정법령에 근거를 마련하는 것은 불가능하다고 할 것이고 특히 간접손실의 경우에는 더욱 그러하다 할 것이다.

간접손실의 개념 내지는 범위에 대하여는 견해가 일치되어 있는 것은 아니지마는, 간접손실이라 함은 공공사업의 시공 또는 완성 후의 시설이 사업시행지구 외에 미치는 손실을 말한다고 할 것인데, 그러한 손실은 물리적 내지는 기술적 손실과 경제적 내지는 사회적 손실로 나누어 볼 수 있다고 할 것이다. 기술적 손실이란 공사 중의 소음, 진동이나 완성된 시설에 의한 일조(日照) 또는 전파에 의한 장해, 기후변화 등 직접적 영향이며, 넓은 의미에서 공해에 해당하며, 사회적 손실이란 예컨대 댐건설에 따라 생산체계와 유통구조가 변화되고 대부분의 주민이 이전함으로써 생기는 지역경제의 영향이나 어업권의 소멸에 따라 어업활동 등이 쇠퇴하여짐으로써 생기는 경제활동에의 영향 등 지역

사회의 변동을 통하여 개인에게 미치는 간접적 영향이다. 이와 같이 볼 때 공공사업으로 인하여 발생할 수 있는 간접손실의 범위는 대단히 광범하다 하겠다.

여하튼 이러한 간접손실에 대한 현행법상의 보상은 공공사업현장에서 발생하는 문제를 해결하기 위한 그때그때의 필요에 쫓겨 단편적으로 도입 · 입법화된 것이어서 극히 미비되고 비체계적이며, 또한 주로 사회적 손실에 관한 것이다. 따라서 앞으로 간접손실에 대한 보상의 입법은 계속하여 재검토하여 정비하여 나아가야 할 것이다. 그러나 입법화가 현실적 필요를 따라가는 것은 사실상 불가능하다고 할 것이며, 법령은 그 일반적 성격 때문에 더욱 그러하다.

여기에서 간접손실의 보상에 관한 판례의 역할이 중요하다 할 것인바, 공공사업현장에서 발생하는 간접손실에 대하여 적용할 실정법규가 없는 경우에, 이 사건 판례에서 제시한 예측가능성과 특정가능성 그리고 유추적용을 통하여 우선 새로이 문제되는 간접손실에 대하여 개별적으로 보상청구권을 인정하고 그러한 판례가 어느 정도 축적되기를 기다려 입법화를 하여 나아가는 것이, 간접손실에 대한 보상의 문제를 해결하는 가장 바람직한 방안이 될 것으로 생각한다. 다만 예측가능성은 그것을 엄격하게 적용하여서는 안 되며, 예측가능성이 없는 경우에도 특정가능성만 있으면 간접손실을 인정할 수 있는 것이며, 또한 특정가능성도 사업면허고시 당시에 특정가능할 필요는 없고, 토지수용위원회 또는 법원에서 간접손실의 유무를 결정할 당시에 특정할 수 있으면 된다고 할 것이다. 그리고 유추적용에 있어서도 이 사건 판례에 있어서와 같이 유추적용할 법령을 정하는데 있어서 간접손실보상에 관한 법령에서만 찾아서는 아니 되고, 그것이 직접손실의 보상에 관한 것이든 간접손실의 보상에 관한 것이든 손실에 대한 보상을 인정하고 있는 모든 실정법령규정 중에서 찾아야 할 것이다.

〈참고문헌〉

김현철, "보상규정없는 재산권제약법률에 대한 헌법적 심사", 헌법논총 45집, 2004. 12.

안원모, "공유수면매립사업과 관련한 영업의 간접보상—대법원 1999. 10. 8. 선고 99다27231 판결", 법조 50권 3호(통권534호), 2001. 3.

이홍훈, "공용지하사용과 간접손실보상", 행정판례연구 Ⅷ, 박영사, 2003.12.

채동원, "공공사업의 시행으로 인한 간접손실과 손실보상청구권의 유무를 판달할 기준점—사법상 회사분할과 소송의 당연승계", 대법원판례해설 42호(2002 하반기), 2003. 7.

하종대, "간접손실의 보상에 관한 법리", 특별법연구 제8권, 박영사, 2006.

66. 재결의 기속력의 내용으로서의 재처분의무

— 대법원 2003. 4. 25. 선고 2002두3201 판결 —

김　병　기*

Ⅰ. 판결개요

1. 사실관계 및 소송의 경과

(1) 원고는 대형할인점업을 영위할 목적으로 2000. 5. 23. 도시계획법상의 준주거지역인 이 사건 토지상에 'A마트 J점(이하 '이 사건 할인점'이라 한다)'을 신축하고자 건축허가신청을 하였는데, 피고 행정청은 같은 해 6. 1. "인근에 이미 도시계획법에 따라 규모, 위치, 인구 등 종합적인 입지조건 등을 고려하여 도시계획시설로 결정한 J농업협동조합 농산물공판장이 설치 · 운영 중이어서 이 사건 신청을 허가할 경우 유통시설편중의 부작용과 균형적인 도시발전에 지장을 초래하며, 도시행정의 공신력 제고에 문제가 발생한다"는 사유 등을 들어 불허가처분(1차 불허가처분)을 하였다.

(2) 원고는 행정청의 불허가처분에 대하여 건축불허가처분 취소심판을 제기하였고,[1)]

---

* 중앙대학교 법학전문대학원 교수.

1) 청구인(원고)의 권익구제의 실효성을 위해서는 의무이행심판의 제기가 더욱 바람직하다고 볼 수 있다. 왜냐하면, 거부처분에 대하여는 의무이행심판 뿐만 아니라 취소심판도 제기할 수 있는데, 거부처분에 대한 취소심판청구를 인용하는 재결에 대하여는 처분청의 재처분의무를 인정하는 명문의 규정이 없기 때문이다(행정심판법 제37조 제2항 참조). 견해에 따라서는 거부처분취소심판의 인용재결이 있는 경우에도 처분청에 대하여 재처분의무가 인정된다고 주장하지만, 적어도 문리해석에 의할 때 거부처분취소심판인용재결에 재처분의무를 인정할 여지는 없다. 나아가, 행정소송의 경우 의무이행소송이 인정되지 않는 결과 판결이 일정한 법률관계를 단순히 확정함에 그치고 행정청에게 적극적인 의무를 부과하지 않으므로 판결의 실효성을 보장하기 위하여 재처분의무를 부과하고 있지만, 행정심판의 경우에는 의무이행심판의 인용재결과 그 담보규정을 통하여 재결의 실효성이 직접적으로 보장되기 때문에 굳이 취소심판에도 이를 인정할 법정책적 필연성은 없다. 한편, 독일의 경우 행정청의 부작위는 의무이행심판의 대상이 아니라 바로 의무이행소송으로 다투어야 하고(독일행정법원법 제75조 제1문) 거부처분에 대하여는 원칙적으로 의무이행심판을 제기하도록 되어 있으므로(동법 제68조 제2항), 거부처분취소심판이 제기되는 경우는 실질적으로 상정하기 어렵고 따라서 당해 취소재결의 기속력 문제도 발생하지 않는다.

재결청은 "이 사건 신청은 시장(이 사건의 경우에는 대형유통점)을 주간선도로의 교차지점 또는 과밀화지역에 설치하지 아니하도록 정한 '도시계획시설기준에 관한 규칙'의 적용을 받지 아니하는 등 건축법 기타 관련 규정상의 제한이나 저촉사유가 없으므로, 유통시설의 중복과 편중 · 유사업체와의 분쟁과 손실이 발생할 것으로 예상된다는 등의 사유를 들어 이 사건 신청을 불허가한 피고의 처분에는 재량권을 일탈 · 남용한 위법이 있다."는 이유로 인용재결을 하였다(경남행심 2000. 9. 2. 제2000-334호 재결). 그럼에도 불구하고 피고 행정청은 2000. 10. 14. "이 사건 토지의 입지조건에 비추어 교통과밀화가 우려되고 도시계획시설기준에 관한 규칙이 정한 시장결정기준에 부적합하며, 종전에 이 사건 토지상에 농산물공판장을 건립하려던 J농업협동조합으로 하여금 위치변경을 유도하여 도시계획시설결정을 한 바 있음에도 이 사건 신청을 받아들이는 것은 행정의 형평성이나 신뢰성에 어긋난다."는 이유로 재차 불허가처분(2차 불허가처분)을 하였다.

(3) 이에 따라 원고는 관할 행정청이 행한 2차 불허가처분은 재결의 기속력에 반할 뿐만 아니라 당해 불허가 사유는 관계 법령에서 정한 제한사유에도 포함되지 않는 것이므로 위법하다고 주장하면서 동 불허가처분의 취소를 소송상 청구하였다.

부산고등법원은 원심판결을 통하여 관할 행정청의 불허가처분은 위법하다고 판결하였고, 피고 행정청은 대법원 2002두3201호로 상고하였으나, 대법원은 2003. 4. 25. 상고를 기각한다는 판결을 하였다.

2. 판결요지

(1) 원심판결

원심 관할법원인 부산고등법원은 2차 거부처분의 사유는 이로부터 불과 4개월 여 전에 이루어진 1차 거부처분사유와 동일 내지는 그 사유들 중 이 사건 할인점 개설로 인하여 초래될 교통혼잡문제를 구체적으로 적시한 것에 불과한 것이거나, 재결사유 즉, 이 사건 할인점이 도시계획법상 시장에 해당하긴 하나 위 법상의 도시계획시설결정 하에 건축하여야 하는 도시계획시설은 아니므로 이 사건 신청 허가여부의 판단에 있어 도시계획시설기준에 관한 규칙이 적용될 수 없고, 이 사건 토지는 도시개발구역으로 지정된 바 없으므로 이 사건 할인점 건축에 대하여는 건축법 등 관계법령상의 제한이나 저촉사유가 없다는 재결청의 판단에 저촉된다고 보아 피고 행정청의 항소를 기각하였다(부산고등법원 2002. 3. 15. 선고 2001누2904 판결).

(2) 대법원판결

대법원은 행정심판법 제37조가 정하고 있는 재결은 당해 처분에 관하여 재결주문 및 그 전제가 된 요건사실의 인정과 판단에 대하여 처분청을 기속하며, 행정청이 당해 처분에 관하여 위법한 것으로 재결에서 판단한 사유와 기본적 사실관계에 있어 동일성이 인정되는 사유를 내세워 다시 동일한 내용의 처분을 하는 것은 허용되지 않는다는 전제 하에, "원심판결에 나타난 사실인정과 판단은 정당한 것으로 수긍이 가고, 거기에 상고이유의 주장과 같이 필요한 심리를 다하지 아니하여 사실을 오인하거나, 재결의 기속력이나 공공의 이익 및 행정의 형평성과 신뢰성 위반에 관한 법리를 오해한 위법이 없다."고 판시하였다. 즉, 피고 행정청의 1차 불허가처분과 2차 불허가처분의 사유는 각각 기본적 사실관계에 있어 동일성이 인정되므로 2차 불허가처분은 재결의 기속력에 반하는 위법한 처분이라 판단한 것이다.[2)]

Ⅱ. 평 석

1. 쟁점정리

행정심판법 제37조 제1항은 "재결은 피청구인인 행정청과 그밖의 관계행정청을 기속한다."고 하여 재결의 기속력에 관하여 규정함으로써 인용재결의 실효성 확보를 위해 행정청이 재결에 따라 행동할 실체법적 의무를 지우고 있다. 동조 제2항 제1문에서는 의무이행심판의 인용재결의 기속력에 관하여 규정하면서, 이행을 명하는 재결이 있는 경우에는 행정청은 재결의 취지에 따라 원래의 신청에 따른 처분을 하도록 규정하여 행정청에게 재결의 취지에 따른 재처분의무를 지우고 있다. 통설 · 판례에 의할 때 재결의 기속력에 따른 재처분의무의 내용을 판결의 기속력 논의에서와 동일하게 파악하고 있는 바, 구체적으로는 원처분의 사유와 기본적 사실관계에 있어서의 동일성이 인정되는지 여부에 따라 판단하고 있으며, 이는 또한 처분사유의 추가 · 변경과 표리의 관계에 있다. 따라서 대상판결에서의 '처분의 동일성' 판단의 타당성 검토가 우선 쟁점이라 할 수 있다.

그러나 보다 근본적으로는 의무이행재결의 기속력으로서 재처분의무를 논함에 있어 판결의 기속력에서 논의되는 기속력의 객관적 · 시간적 범위에 관한 논의가 재결의 경우에도 동일하게 적용되는지 여부 또한 검토되어야 한다. 행정심판의 경우 상급 감독청으로서의 행정심판위원회가 원칙적으로 하급 행정청인 처분청에 일정한 처분을 하도록 명령할 수 있음을 전제로 하여 도입된 의무이행심판의 제도적 취지를 살펴보건대,[3)] 재처

2) 본고의 직접적 고찰 대상은 아니지만 대법원은 이 사건 판결에서 건축허가권자가 관계 법령에서 정하는 제한사유 이외의 사유를 들어 허가신청을 거부할 수 있는지 여부에 관하여, "중대한 공익상의 필요가 없음에도 불구하고 요건을 갖춘 자에 대한 허가를 관계 법령에서 정하는 제한 사유 이외의 사유를 들어 거부할 수 없다."고 하여 이전의 판례에 나타난 소위 기속재량행위 개념을 확인한 바 있다.

3) 행정심판법의 개정(법률 제8871호, 2008. 2. 29.)으로 재결청 개념은 삭제되고 모든 행정심판위원회에 재결권한을 부여함으로써, 행정심판의 준사법적 절차화가 보다 강화되었다. 자세히는 拙稿, 행정

분의무의 준수 여부에 대한 실질적 판단기준인 '처분사유의 동일성'을 광의로 해석하여 재결의 기속력이 미치는 처분사유의 범위(정확히는 개별 위법사유의 범위)를 넓게 보아야 하지 않은가라는 의문이 제기되기 때문이다.

2. 관련판례

뒤에서 살피는 바와 같이 재결의 기속력의 범위 내지 재처분의무의 한계는 처분사유의 추가 · 변경과 밀접한 관련이 있다. 대법원은 이들 문제의 해결은 처분의 동일성 유무에 좌우되며, 구체적으로는 종전 처분에 관하여 위법한 것으로 재결에서 판단된 사유와 기본적 사실관계에 있어 동일성이 인정되는지 여부가 관건이라고 한다.[4] 더 나아가 재결 및 판결 각각의 기속력의 범위를 확정하기 위한 처분의 동일성 유무 판단에 있어 차이를 두지 않고 동일한 기준에 터 잡고 있다.

한편, 기본적 사실관계의 동일성 인정 여부에 관한 대법원 판례를 소개하면 아래 각주(脚註)와 같다.[5]

개혁법제의 쟁점과 전망—행정쟁송제도의 개혁을 중심으로—, 167면 이하 참조.

4) 대법원 2005. 12. 9. 선고 2003두7705 판결 : "재결의 기속력은 재결의 주문 및 그 전제가 된 요건사실의 인정과 판단, 즉 처분 등의 구체적 위법사유에 관한 판단에만 미친다고 할 것이고, 종전 처분이 재결에 의하여 취소되었다 하더라도 종전 처분시와는 다른 사유를 들어서 처분을 하는 것은 기속력에 저촉되지 않는다고 할 것이며, 여기에서 동일 사유인지 다른 사유인지는 종전 처분에 관하여 위법한 것으로 재결에서 판단된 사유와 기본적 사실관계에 있어 동일성이 인정되는 사유인지 여부에 따라 판단되어야 한다."

대법원 1995. 12. 12. 선고 95누9051 판결 : "행정처분의 취소를 구하는 항고소송에 있어서는 실질적 법치주의와 행정처분의 상대방인 국민에 대한 신뢰보호라는 견지에서 처분청은 당초 처분의 근거로 삼은 사유와 기본적 사실관계에 있어서 동일성이 인정되는 한도 내에서만 새로운 처분사유를 추가하거나 변경할 수 있을 뿐 기본적 사실관계와 동일성이 인정되지 않는 별개의 사실을 들어 처분사유로 주장하는 것은 허용되지 아니하며 법원으로서도 당초의 처분사유와 기본적 사실관계의 동일성이 없는 사실은 처분사유로 인정할 수 없다."

5) 〈동일성을 인정한 판례〉

【정기간행물등록신청거부처분취소】 "구정기간행물의 등록에 관한 법률 및 그 시행령 소정의 첨부서류가 제출되지 아니하였다는 주장은 발행주체가 불법단체라는 당초의 처분사유와 비교하여 볼 때 발행주체가 단체라는 점을 공통으로 하고 있어 기본적 사실관계에 동일성이 있는 주장으로서 소송에서 처분사유로 추가 · 변경할 수 있다"(대법원 1998. 4. 24. 선고 96누13286 판결)

【석유판매업(주유소)불허가처분취소】 "석유판매업허가신청에 대하여 '주유소 건축 예정 토지에 관하여 도시계획법 제4조 및 구토지의 형질변경등 행위허가기준등에 관한 규칙에 의거하여 행위제한을 추진하고 있다'는 당초의 불허가처분사유와 항고소송에서 주장한 이 신청이 토지형질변경허가의 요건을 갖추지 못하였다는 사유 및 도심의 환경보전의 공익상 필요라는 사유는 기본적 사실관계에 있어서 동일성이 인정된다"(대법원 2001. 9. 28. 선고 2000두8684 판결)

【종합소득세등부과처분취소】 "과세관청이 종합소득세부과처분의 정당성을 뒷받침하기 위하여 합산과세되는 종합소득의 범위 안에서 그 소득의 원천만을 달리 주장하는 것은 처분의 동일성이 유지되는 범위 내의 처분사유의 변경에 해당하여 허용된다고 할 것인 바 …. 과세관청이 과세대상 소득에 대하여 이자소득이 아니라 대금업에 의한 사업소득에 해당한다고 처분사유를 변경한 것은 처분의 동일성이 유지되는 범위 내에서의 처분사유 변경에 해당하여 허용되며, …"(대법원 2002. 3. 12.

3. 판결의 검토

(1) 처분사유의 추가 · 변경의 인정 범위

행정청은 처분시에 처분의 근거와 이유를 밝혀야 함이 원칙이므로(행정절차법 제23조), 행정처분 발령 당시 처분사유로 삼지 않은 사실상 이유와 법적 근거를 추후 행정쟁송절차에서 처분의 적법성의 근거로 제시 · 주장할 수 있는지 여부가 문제되는데 이를 '처분사유의 추가 · 변경'의 문제라 한다. 처분사유의 추가 · 변경은 처분시에 존재하였지만 처분사유로 제시하지 않았던 사실상의 이유와 법적 근거에 대한 사후적 고려이므로 처분 후에 발생한 법령의 개정 등 새로운 사정의 고려와는 이론적으로 구별되며, 이러한 점은 위법성 판단의 시점과 기속력의 시간적 범위가 처분시인 것과 궤를 같이한다 하겠다. 또한, 원처분사유를 구체화하기 위해 변론 종결시 내지 심리 종결시까지 입증자료를 제출하거나 처분의 기초사실을 변경하지 않으면서 단지 그 처분의 근거법령만을 추가 · 변경하는 것은 처분사유의 추가 · 변경에 해당하지 않기 때문에 쟁송절차상 제한 없이 인정된다. 처분사유의 추가 · 변경의 한계와 관련하여 다수설과 판례는 실질적 법치주의와 행정처분의 상대방인 국민에 대한 신뢰보호라는 견지에서 당초의 처분사유와 기본적 사실관계의 동일성이 인정되는 한도 내에서만 처분사유를 추가하거나 변경할 수 있다고 한다.

(2) '기본적 사실관계의 동일성' 인정에 관한 판례의 입장

행정쟁송절차에서에서 행정청은 당초 처분의 근거로 삼은 사유와 기본적 사실관계에 있어 동일성이 인정되는 한도 내에서만 다른 사유를 추가하거나 변경할 수 있을 뿐, 기본적 사실관계가 동일하다고 인정되지 않는 별개의 사실은—비록 당해 사유가 처분시부터 존재하는 것이더라도— 처분사유로 주장할 수 없다는 것이 판례의 입장임은 전술한 바와 같다. 그리고 여기서의 '기본적 사실관계의 동일성' 여부에 대한 판단기준은 일반적으로 원처분과의 시간적 · 장소적 근접성, 행위의 태양 · 결과 등의 제반 사정을 종합적으

선고 2000두2181 판결)

〈동일성을 부정한 판례〉

【종합주류도매업면허처분취소】 "주류면허 지정조건 중 제6호 무자료 주류판매 및 위장거래 항목을 근거로 한 면허처분취소처분에 대한 항고소송에서, 지정조건 제2호 무면허판매업자에 대한 주류판매를 새로이 그 취소사유로 주장하는 것은 기본적 사실관계가 다른 사유를 내세우는 것으로서 허용될 수 없다"(대법원 1996. 9. 6. 선고 96누7427 판결)

【부정당업자제재처분취소】 "입찰참가자격을 제한시킨 당초의 처분사유인 정당한 이유 없이 계약을 이행하지 않은 사실과 항고소송에서 새로 주장한 계약의 이행과 관련하여 관계 공무원에게 뇌물을 준 사실은 기본적 사실관계의 동일성이 없다"(대법원 1999. 3. 9. 선고 98두18565 판결)

【의료보험요양기관지정처분취소】 "의료보험요양기관 지정처분취소의 당초의 처분사유인 구의료보험법 제33조 제1항이 정하는 본인부담금 수납대장을 비치하지 아니한 사실과 항고소송에서 새로 주장한 처분사유인 같은 법 제33조 제2항이 정하는 보건복지부장관의 관계서류 제출명령에 위반하였다는 사실은 기본적 사실관계의 동일성이 없다"(대법원 2001. 3. 23. 선고 99두6392 판결)

로 고려하여 판단하여야 할 것인바 사안에 따라 구체적으로 해결할 수밖에 없을 것이다(석호철, 268면).

한편, 판결의 기속력과 관련된 대법원 판례를 분석해 보면 사안의 변경 없이 단지 법률상 근거만을 변경하거나 추상적 또는 불명확한 사유를 구체화 · 명확화 하는 경우에 한정하여 '기본적 사실관계의 동일성'을 인정한다. 즉, 기본적 사실관계의 동일성 유무를 처분사유에 대한 법률적 평가 이전에 구체적인 사실에 착안하여 그 기초가 되는 사회적 사실관계가 기본적인 점에서 동일한지 여부에 따라 결정함으로써 인정 범위를 엄격하게 한정함을 알 수 있다(대법원 1999. 3. 9. 선고 98두18565 판결; 대법원 2001. 9. 28. 선고 2000두8684 판결). 이러한 판례의 입장에 대하여는 이유제시의무제도의 실질적 의의를 존중한다는 점에서 일응 찬성할 수 있다. 그러나 이는 또한 판결의 기속력이 미치는 객관적 범위를 지나치게 좁힘으로써, 결과적으로는 기본적 사실관계의 동일성이 부인되어 처분사유의 추가 · 변경이 허용되지 않았던 새로운 사유에 의한 동일한 내용의 거부처분의 발령 가능성을 확대하여 유보하는 것이므로 분쟁의 일회적 해결, 소송경제 및 원고의 효율적인 권리구제에 실질적 도움을 줄 수 없다는 문제점도 야기한다. 또한 판례의 이러한 입장은 행정청으로 하여금 행정절차 단계에서 가능한 한 많은 거부사유를 발견하도록 유도하지 못하여 결과적으로 행정절차의 활성화를 저해한다는 지적도 경청할 만하다.[6)]

(3) 인용재결에 따른 재처분의무의 구체적 내용

의무이행심판 인용재결의 효력으로서의 재처분의무는 행정청에게 재결의 취지에 따라 이전의 신청에 대한[7)] 새로운 처분을 할 적극적 의무를 지워 청구인의 실질적인 권리구제를 도모하고자 하는 취지라 평가된다. 그러나 이전의 신청에 대한 재처분이 언제나 청구인이 신청한 내용대로의 처분을 의미하는 것은 아니라는데 견해는 일치하고 있으며, 결국 이 문제는 '재결의 취지에 따른 재처분'의 해석에 좌우된다 하겠다. 재결의 기속력의 내용으로서의 재처분의무의 취지는 구체적으로 나타난 '당해 처분사유에 따른 처분'의 반복을 방지하고자 하는 것이지 처분결과가 같은 것은 어떠한 처분사유를 내세우더라도 금지하려는 것은 아니라는 것이 통설 · 판례의 입장이다.[8)] 따라서 종전의 거부처분

6) 박정훈, 상호관련적 법구체화절차로서 행정절차와 행정소송, 233면. 한편, 처분사유의 추가 · 변경의 범위 확대의 필요성은 행정심판절차에서 더욱 절실한데 이에 관하여는 拙稿, 재결의 기속력과 처분재결(상), 14면 이하 참조.

7) 따라서 원거부처분의 상대방은 원칙적으로 거부처분 취소판결 확정 후 재처분을 위한 새로운 신청을 할 필요가 없다. 다만, 원처분 발령 후 법령개정 등으로 허가 등 수익적 처분의 요건이 추가된 경우 등에는 수익적 처분을 득하기 위해 요건을 갖추어 새로이 신청을 하여야 함은 물론이다.

8) 이런 의미에서, 예컨대 행정처분이 절차나 방법에 있어서 위법하다는 이유로 취소판결이 난 경우에는 판결에 적시된 대로 그 절차나 방법을 보완하여 동일한 내용의 처분을 하더라도 기속력에 배치되는 것은 아니다(행정소송법 제30조 제3항).

사유와 전혀 다른 사유라면 심리 종결시 이전에 존재하였던 사유라도 이를 들어 거부처분을 할 수 있는 것이다. 구체적으로 볼 때 원거부처분사유와 기본적 사실관계에 있어 동일성이 인정되지 않는 사유를 들거나 —이는 곧 처분사유의 추가 · 변경이 허용되지 않는 사유이기도 하다— 원거부처분 이후 행정심판 계속 중 발생한 새로운 사유(예컨대 법령개정의 경우)에 터 잡아 재차 거부처분을 할 수 있으며 이는 인용재결의 취지에 저촉되는 것은 아니다. 다만, 인용결과 재처분 사이에 법령개정이 있었지만 당해 법령에서 종전의 규정에 의한다는 경과규정을 두었다면, 재처분을 행할 행정청은 이전의 법령에 따라 신청대로의 인용처분을 하여야함은 물론이다.

한편, 다수설에 의할 때 처분청은 기속행위의 경우에는 재처분의무의 이행으로서 신청인의 이전의 신청내용에 따른 인용처분을 하여야 한다고 하지만, 이는 당해 거부처분사유가 하나이거나 존재하는 모든 거부처분사유가 기본적 사실관계에서 동일성이 인정되어 행정심판절차에서 전부 제시된 경우, 혹은 처분시와 재처분사이에 법령개정 등의 변경이 없는 경우를 상정한 것이므로, 그렇지 않은 경우에는 기속행위에 대한 의무이행판결이 확정되더라도 처분청은 재처분으로서 새로운 거부처분을 할 수 있다고 보아야 한다(拙稿, "재결의 기속력과 처분재결(상)", 20면 이하).

(4) 재결의 기속력과 처분사유의 추가 · 변경의 관계

재결의 기속력은 인용판결의 실효성을 도모하기 위하여 인정되는 효력이므로 재결주문 및 그 전제로 된 요건사실의 인정과 효력의 판단에만 미치고 재결의 결론과 직접 관계없는 방론이나 간접사실에는 미치지 아니한다. 또한 기속력이 미치는 객관적 범위는 판결의 기판력과는 달리 재결에서 위법한 것으로 판단된 처분에 대한 개개의 위법사유에 한한다. 여기서 '재결에서 위법으로 판단된 개개의 위법사유'는 원거부처분사유 및 그와 기본적 사실관계의 동일성이 인정되어 처분사유의 추가 · 변경이 허용되었고 행정심판 심리과정에서도 그에 대하여 판단한 사유를 의미한다. 이로부터 원거부처분사유와 동일성이 인정되지 않아 추가 · 변경이 허용되지 않은 사유에는 재결의 기속력이 미치지 않으므로 이를 들어 재차 거부처분을 하는 것은 기속력 위반이 아니라는 결론을 도출할 수 있다. 결국 원처분 사유와 행정심판절차에서 추가 · 변경하려는 처분사유에 있어서 기본적 사실관계의 동일성이 인정된다면 처분청으로서는 처분사유의 추가 · 변경은 할 수 있으나 재처분시 기속력에 의한 제한을 받게 될 것이고, 만일 동일성이 부정된다면 처분청은 처분사유로서 추가 · 변경은 할 수 없으나 기속력이 미치지 않는 새로운 처분사유로서 인용재결 이후 그에 기한 새로운 거부처분을 재차 발령할 수 있는 것이다. 요컨대, 처분사유의 추가 · 변경은 기본적 사실관계의 동일성이 인정되는 범위 내에서만 허용되고 기속력도 처분의 동일성이 있는 범위 내의 사유에만 미친다는 점에서 양자는 표리관

계(表裏關係)에 있다고 요약할 수 있다.

(5) 직권심리주의와 재처분의무

재결에 따른 재처분의무를 위와 같이 이해하는 경우 의무이행심판의 본질과 관련하여 문제가 발생할 여지가 있다. 거부처분 취소판결이나 취소재결과는 달리 의무이행재결로서 처분명령재결은 특정처분의 발령을 명하는 경우(기속행위나 재량의 0으로의 수축의 경우)이므로, 이러한 이행재결에도 불구하고 처분청이 또 다른 사유를 내세워 거부처분을 행할 수 있음은 국민의 재결에 대한 신뢰보호 차원뿐만 아니라 의무이행심판의 제도적 존재의의를 해할 우려도 있다. 이러한 문제의 해결점은 행정심판의 심리에 관한 기본원칙인 직권심리주의에서 찾아야 할 것이다.

직권심리주의란 당사자주의에 대한 것으로서, 심리의 진행을 심리기관(행정심판위원회)의 직권으로 행함과 동시에 심리에 필요한 자료를 당사자가 제출한 것에만 의존하지 아니하고 직권으로 수집 · 조사하는 제도를 말한다.[9] 행정심판법에 의한 직권심리는 단지 직권에 의한 심리의 진행만을 의미하는 것이 아니고 나아가 직권탐지의 실질을 가진다. 따라서 행정심판위원회는 심리과정에서 처분청에 의한 처분사유의 추가 · 변경을 사실관계의 동일성 여부에 한정하여 인정할 것이 아니라 이를 가능한 한 널리 인정하거나 직권으로 모든 처분사유를 검증함으로써 분쟁의 일회적 해결을 도모하여야 할 것이다.[10] 따라서, 강화된 직권심리주의를 전제로 하여 의무이행재결이 내려진 때에는 처분청은 예외없이 재결이 명하는 바에 따라 신청대로의 처분을 하여야 한다. 이러한 논의는 특히, 기속행위에 대하여 처분재결이 내려진 경우와 처분명령재결이 내려진 경우에 있어 재결 이후의 상이(相異)한 법률관계의 발생이라는 불합리를 방지할 수 있는 장점도 있는 것이다.

그러나, 행정심판위원회의 직권탐지는 필요한 경우에 재량으로 증거를 수집 · 조사할 수 있다는 것이지 증거수집 · 조사의 의무를 지는 것은 아니므로 엄격한 의미에서의 직권탐지주의는 아니다. 또한 행정심판 실무상 상정 가능한 모든 거부처분사유에 대한 심도 있는 심사를 기대하기도 어려운 실정이다. 따라서, 거부처분 사유에 대한 망라적(網羅的) 심사가 이루어지지 않은 경우 실체적 적법성에 대한 법적 판단이 미진할 소지가 있

---

9) 이와 관련하여 행정심판법은 위원회가 필요하다고 인정한 때에는 당사자가 주장하지 아니한 사실에 대하여도 심리할 수 있고(법 제26조 제1항), 직권으로 당사자 · 참고인을 신문할 수 있으며, 전문가에게 감정 · 검증 등을 명할 수 있다(법 제28조 제1항)고 규정하고 있다.

10) 이와 관련하여 독일연방행정절차법 제45조에서는 당해 처분이 절대적 무효사유에 해당하지 않는 한 처분사유의 추가 · 변경을 행정소송절차 종료시점까지 넓게 인정함으로써 분쟁의 일회적 해결을 도모하고 있다. 한편, 국내의 다수설에 의하면 동조가 이유제시의무하자의 치유시점을 말한 것이므로 쟁송법상 처분사유의 추가 · 변경과는 다르다고 한다. 그러나 이유제시의무의 하자란 이유제시(처분사유의 제시)가 전혀 없는 경우뿐만 아니라 부적절 또는 미진한 경우도 포함하는 것이므로 처분사유의 추가 · 변경은 이유제시의무 하자치유의 한 유형이라 보아도 무방할 것이다.

고, 이 경우 재결의 강화된 기속력에 의하여 법령상 거부사유가 존재함에도 불구하고 신청대로의 인용처분을 할 수밖에 없다면, 이는 행정책임에 대한 위험부담을 처분청에게 전속적으로 부담시키는 결과가 되어 행정의 법률적합성의 원칙 및 행정을 통한 공익실현에 현저한 지장을 초래할 우려가 있는 것이다.[11] 또한 결과에 있어 판결의 기속력 보다 강한 기속력을 약식쟁송절차인 행정심판의 재결에 인정하는 것도 논란의 여지가 있을 것이다.

4. 판결의 의의와 전망

대법원 2003. 4. 25. 선고 2002두3201 판결은 그간 대법원이 견지하여 온 재결 및 판결의 기속력의 적극적 효력으로서의 재처분의무의 범위에 관한 입장을 재차 확인한 것으로 평가할 수 있다.

즉 대법원의 입장에 의할 때 기속력의 객관적 범위를 결정 지우는 '기본적 사실관계의 동일성'을 여전히 협소하게 판단하는 것이 주류적 입장이지만, 이 사건의 경우 원처분과의 시간적·장소적 근접성, 행위의 태양·결과 등의 제반 사정을 종합적으로 고려하여 볼 때, 2차 거부처분사유로 제시된 사항들은 1차 거부처분이 추상적 또는 불명확한 사유에 근거하고 있어 이를 구체화·명확화 하는 경우에 해당하므로[12] '처분의 동일성'을 인정할 수 있어 이 사건 2차 거부처분은 재결의 기속력에 반하는 위법한 처분으로 판단하였다.

물론 대상 판결은 그 결과에 있어서는 타당하지만, 최근 유력하게 개진되고 있는 '재결의 기속력과 판결의 기속력의 구분 논의'에 대해서 구체적으로 언급하지 않은 점은 다소간 아쉽다 할 것이다. 행정심판이 국민의 권리구제절차로서의 기능을 다하여야 하는 것에는 이론의 여지가 없지만, 그렇다고 하여 행정소송절차를 그대로 답습하는 것도 행정절차의 연장선상에 있는 행정심판제도의 본질에 부합하는 것은 아니다(拙稿, "행정개혁 법제의 쟁점과 전망 ―행정쟁송제도의 개혁을 중심으로―", 167면 이하). 전술한 바와 같이 실체적 진실 발견에의 용이성 및 확대된 직권심리주의의 적용이라는 행정심판제도의 속

11) 행정심판 실무에 있어서도 처분명령재결에 불복하여 기초자치단체가 재차 거부처분을 하거나 부작위로 방치하는 경우를 흔히 찾아볼 수 있다. 또한 재결청이 처분재결을 하는 경우에도 처분청이 후속 허가절차 등을 해태하여 국민의 권익구제가 원만히 이루어지지 않고 기초자치단체와 재결청간의 갈등의 골만 깊어가는 사례가 빈번함은 문제라 아니할 수 없다. 더구나, 자치사무 영역에서의 갈등인 경우에는 그 심각성이 더하다 할 것이다.

12) 경남행심 제2000-334호 : "이 건 신청지는 준주거지역으로서 건축법 등 관련 규정상 영업 및 판매시설 용도의 건축에는 제한 규정 및 허가요건 저촉사유가 없는데도 불구하고, 피청구인이 건축허가 제한사유가 아닌 농협 농산물공판장의 설치·운영, 유통시설의 특정지역 편중, 유사업체와의 분쟁발생 및 손실예상 등 막연하고 추상적인 사유로 청구인의 건축허가 신청을 불허가한 것은 재량을 일탈·남용한 처분으로 보지 않을 수 없다."

성, 분쟁의 일회적 해결 및 재결에 대한 국민의 신뢰 제고 등을 고려하여 재결의 기속력의 객관적 범위를 결정짓는 '기본적 사실관계의 동일성'에 대한 인정기준을 전향적으로 확대하는 판결을 기대해 본다.

<참고문헌>

김병기, "행정개혁법제의 쟁점과 전망—행정쟁송제도의 개혁을 중심으로—", 법제연구 제34호, 한국법제연구원, 2008.

김병기, "보완요구의 부작위성과 재결의 기속력", 행정법연구 제8호, 행정법이론실무학회, 2002. 9.

김병기, "재결의 기속력과 처분재결(상)", 고시연구 통권 제343호, 고시연구사, 2002. 10.

박정훈, "상호관련적 법구체화절차로서 행정절차와 행정소송", 서울법대&Freiburg법대간 공동심포지엄 발표문, 2002. 10. 11.

석호철, "기속력의 범위로서의 처분사유의 동일", 행정판례연구 V, 서울대학교 출판부, 2000.

F. Hufen, Verwaltungsprozeß recht, 6.Aufl., 2005.

W. R. Schenke, Verwaltungsprozessrecht, 10.Aufl., 2005.

67. 하천법상 손실보상청구권의 확인을 구하는 소송의 유형

— 대법원 2006. 5. 18. 선고 2004다6207 전원합의체 판결 —

경　　건*

Ⅰ. 판결개요

1. 사실관계

경기도 파주군 교하면에 소재하는 원고들의 공동상속재산인 이 사건 토지는 1990. 7. 5. 건설교통부가 변경고시한 한강하천정비기본계획에 따라 1984년 개정 하천법 제2조 제1항 제2호 가목("하천의 유수가 계속하여 흐르고 있는 토지 및 지형과 당해 토지에 있어서의 초목생장의 상황 기타의 상황이 하천의 유수가 미치는 부분으로서 매년 1회 이상 상당한 유속으로 흐른 형적을 나타내고 있는 토지의 구역")에 해당하여 하천구역으로 편입되었다. 이 사건 토지는 편입 당시 소유권보존등기가 경료되지 아니한 채 미등기상태로 있다가 1996. 7. 27. 국가소유로 소유권보존등기가 이루어졌다.

2. 소송경과

원고들은 그들 소유의 토지가 1984. 12. 31. 이전에 하천구역으로 편입되었음을 이유로, 대한민국을 피고로 하여 이 사건 토지가 국유화됨에 따른 보상청구권이 원고들에게 있음의 확인을 구하는 민사소송을 제기하였다. 이에 대해 피고들은 이 사건 토지는 특별조치법에 의한 손실보상대상토지가 아니어서 원고들의 청구에 응할 수 없다고 주장하였으며, 특히 피고 대한민국은 특별조치법상의 손실보상의무자가 아니라고 다투었다.

제1심(서울지방법원 2003. 5. 20. 선고 2002가합75594 판결)과 원심(서울고등법원 2004. 1. 14. 선고 2003나35545 판결)은, 특별조치법 제2조 소정의 손실보상청구권의 확인은 민사소

* 서울시립대학교 법학전문대학원 교수.

송의 대상임을 전제로 민사소송의 절차와 방법에 의하여 심리 · 판단한 후 원고들의 청구를 모두 기각하였다.

반면, 상고심인 대법원은, 제1심 및 원심과는 달리, 특별조치법 제2조 소정의 손실보상청구권의 확인은 민사소송이 아니라 공법상의 당사자소송의 대상이라고 판단한 후, 직권으로 원심판결을 파기하고 제1심판결을 취소하는 동시에, 사건을 다시 심리 · 판단하게 하기 위하여 관할법원인 서울행정법원으로 이송하였다.

3. 판결요지

[대법원 판결의 요지]

“하천법 부칙(1984. 12. 31.) 제2조 제1항 및 「법률 제3782호 하천법 중 개정법률 부칙 제2조의 규정에 의한 보상청구권의 소멸시효가 만료된 하천구역 편입토지 보상에 관한 특별조치법」 제2조 제1항에서 정하고 있는 손실보상청구권은 모두 종전의 하천법 규정 자체에 의하여 하천구역으로 편입되어 국유로 되었으나 그에 대한 보상규정이 없었거나 보상청구권이 시효로 소멸되어 보상을 받지 못한 토지들에 대하여, 국가가 반성적 고려와 국민의 권리구제 차원에서 그 손실을 보상하기 위하여 규정한 것으로서, 그 법적 성질은 하천법 본칙이 원래부터 규정하고 있던 하천구역에의 편입에 의한 손실보상청구권과 하등 다를 바가 없는 것이어서 공법상의 권리임이 분명하므로 그에 관한 쟁송도 행정소송절차에 의하여야 한다.

위 규정들에 의한 손실보상청구권은 1984. 12. 31. 전에 토지가 하천구역으로 된 경우에는 당연히 발생하는 것이지, 관리청의 보상금지급결정에 의하여 비로소 발생하는 것은 아니므로, 위 규정들에 의한 손실보상금의 지급을 구하거나 손실보상청구권의 확인을 구하는 소송은 행정소송법 제3조 제2호 소정의 당사자소송에 의하여야 한다.”

Ⅱ. 평 석

1. 쟁점정리

이 사건의 핵심적인 쟁점은 하천법에 따라 하천구역에 편입된 토지에 대한 손실보상청구권은 공법상의 권리인지 아니면 사법상의 권리인지, 즉 손실보상청구권의 법적 성질 그리고 그러한 손실보상청구권의 확인을 구하는 소송은 공법상의 당사자소송인지 아니면 민사소송인지, 즉 손실보상청구소송의 형태 등 두 가지이다. 이러한 쟁점은 공법상 당사자소송과 민사소송의 구별이 필요한지, 구별한다면 무엇을 기준으로 하여 구별할 것인지 등의 쟁점을 전제로 한다.

2. 관련판례

(1) 종래의 대법원판례

1971년 하천법의 시행으로 하천구역으로 편입된 토지의 소유자는 1984년 개정 하천법 부칙 제2조가 신설되기 전까지는 하천법 제74조 소정의 절차 및 행정소송을 통해 손실보상을 청구하였다. 그리고 1984년 개정 하천법 부칙 제2조가 신설된 이후에는 대법원은 손실보상청구권을 사법상의 권리로 보고 그 지급을 구하는 소송은 민사소송으로 다루어 왔다.

"제외지 안의 토지가 국유로 됨으로써 하천법 부칙(1984. 12. 31.) 제2조 제1항에 의하여 발생하는 손실보상청구권은 그 권리의 발생원인이 행정처분이 아닌 법률의 규정으로서, 그 성질이 사법상의 권리라고 보는 것이 상당하므로, 이 사건 손실보상금청구의 소는 민사소송으로 제기하여야 할 것을 행정소송으로 제기한 것으로서 부적법하다"(대법원 1990. 12. 21. 선고 90누5689 판결).

"하천법(법률 제3782호) 부칙 제2조 제1항 소정의 손실은 사법상의 권리에 대한 손실을 본질적 내용으로 하는 것으로서 국가 등에 대하여 위 조항 소정의 손실보상금의 지급을 구하는 권리는 사법상의 권리이고 이의 지급을 구하는 소송은 민사소송이라 할 것이다"(대법원 1991. 4. 26. 선고 90다8978 판결).

(2) 대법원판례의 변경

이와 같은 종래의 대법원판례는 대법원 2006. 5. 18. 선고 2004다6207 전원합의체 판결에 의해 변경되게 되었다.

"하천구역 편입토지 보상에 관한 특별조치법에 정한 하천편입 토지소유자의 보상청구권에 기하여 손실보상금의 지급을 구하거나 손실보상청구권의 확인을 구하는 소송의 법적 성질은 행정소송법 제3조 제2호의 당사자소송이다"(대법원 2006. 11. 9. 선고 2006다23503 판결).

3. 판결의 검토

하천법에 따라 하천구역에 편입된 토지에 대한 손실보상과 관련하여, 하천법 본칙이 원래부터 규정하고 있던 하천구역에의 편입과 관련한 소송은 항고소송으로 본 반면, 대법원 2006. 5. 18. 선고 2004다6207 전원합의체 판결 이전에는, 대법원은 1984년 개정 하천법 부칙 제2조나 특별조치법 제2조에 의한 손실보상청구권을 사법상의 권리로 보았고, 이를 근거로 손실보상청구권의 확인을 구하는 소송을 민사소송으로 취급하였다. 2004다6207 전원합의체 판결은 1984년 개정 하천법 부칙 제2조 및 특별조치법 제2조에 의한 손실보상청구권을 공법상의 권리로 보았고, 이를 근거로 관련되는 소송도 공법상 당사자소송으로 취급하였다. 이를 통해 하천법에 따라 국유화된 토지의 손실보상에 관한 소송은 모두 행정소송으로 통합되게 되었다.

(1) 현행법령상 손실보상금 결정방식과 불복방법

현재 손실보상금 결정방식 및 불복방법에 관한 통칙적 규정은 없다. 관계법에서 개별적으로 규정하고 있는 손실보상금 결정방식과 불법방법은 다음의 몇 가지 유형으로 나눌 수 있다.

㈎ 재결 — 형식적 당사자소송

토지수용위원회의 재결(보상금결정)에 대해 보상금을 지급할 자를 피고로 하여 보상금증감의 소(형식적 당사자소송)를 제기하는 방식이다. 「공익사업을 위한 토지 등의 취득 및 보상에 관한 법률」 제40조, 제83조 내지 제85조 소정의 절차 및 방법에 의하게 된다. 「국토의 계획 및 이용에 관한 법률」, 도시개발법, 1999년 개정 이후 공유수면매립법, 1999년 개정 이후 하천법 등 다수의 법이 「공익사업을 위한 토지 등의 취득 및 보상에 관한 법률」을 준용하고 있다.

㈏ 행정결정(재결) — 항고소송

행정청이 일방적으로 보상금액을 결정하도록 하면서(당사자 사이에 협의를 거친 후 협의불성립시 재결신청에 기하여 토지수용위원회 등이 재결하도록 한 경우를 포함한다), 그 결정(재결)에 대한 불복방법을 특별히 규정하지 아니한 경우에 적용되는 방식이다. 행정청(또는 토지수용위원회)의 보상금결정(재결)의 취소를 구하는 항고소송으로 불복하여야 한다. 도로법, 항만법, 수도법, 도시재개발법, 전염병예방법, 1999년 개정 이전 공유수면매립법, 1999년 개정 이전 하천법 등이 이에 해당한다.

㈐ 보상금지급청구소송

법률에서 재산권침해와 그에 대한 보상의무에 대해서만 규정하고 있을 뿐 보상금의 결정방법이나 그에 대한 불복절차에 관해 아무런 규정을 두지 않은 경우가 있다. 소방법, 문화재보호법, 수산업법, 산림법, 광업법, 특정다목적댐법 등 다수의 법률이 이에 해당한다. 판례는 곧바로 민사소송으로 보상금지급청구소송을 제기할 수 있다고 보는 반면, 학설은 공법상 당사자소송으로 보고 있다.

(2) 공법상 당사자소송과 민사소송의 구별

㈎ 공법상 당사자소송의 의의

행정소송법 제3조 제2호는 당사자소송을 "행정청의 처분 등을 원인으로 하는 법률관계에 관한 소송 그 밖의 공법상의 법률관계에 관한 소송으로서 그 법률관계의 한쪽 당사자를 피고로 하는 소송"으로 정의하고 있다. 공법상의 당사자소송도 민사소송의 경우와 마찬가지로 이행소송, 확인소송 등 다양한 형태의 소송유형이 허용된다고 보고 있다.

통설은 당사자소송을 다시 실질적 당사자소송과 형식적 당사자소송으로 나누어 설명하고 있다. 형식적 당사자소송은 개별법에 특별한 규정이 있는 경우에만 허용되는 특수한 소송유형이고, 결국 민사소송과의 구별이 문제되는 것은 실질적 당사자소송이다.

(나) 공법상 당사자소송과 민사소송의 구별의 실익

민사소송과 항고소송은 피고적격을 비롯하여 그 절차상의 차이가 확연히 드러나지만, 공법상 당사자소송의 경우에는 대등한 당사자 사이의 소송이라는 점에서 외관상 민사소송과 다를 바 없다.

1) 공법상 당사자소송과 민사소송을 구별할 실익

우리 법체계가 개념적으로 공법과 사법을 구별하고 있으며, 행정사건의 처리에 전문성이 인정된다는 의미에서 별도의 행정법원을 설치하였을 뿐 아니라 심리절차상으로도 ① 공법상 당사자소송과 항고소송 사이에는 소변경이 가능하지만 민사소송과 항고소송 사이에는 소변경을 할 수 없고, ② 공법상 당사자소송에서는 관련 민사소송청구를 병합할 수 있지만 민사소송에서는 관련 공법상 당사자소송을 병합할 수 없으며, ③ 공법상 당사자소송에서는 행정청이 참가할 수 있지만 민사소송에서는 불가능하고, ④ 공법상 당사자소송에서는 직권심리주의가 적용되는 반면 민사소송에서는 변론주의가 적용되고, ⑤ 공법상 당사자소송의 판결의 기속력은 당해 행정주체 산하의 행정청에게도 미치지만 민사소송에서는 당사자에게만 판결의 효력이 미치는 등 구별의 실익이 있다.

2) 실무에서 공법상 당사자소송의 활용이 저조했던 이유

종래의 대법원판례는 손실보상, 공법상 부당이득반환, 국가배상, 행정주체 상호간의 비용상환 등의 청구를 둘러싼 소송을 공법상 당사자소송으로 처리하는 데에 대체로 소극적이었다.

이처럼 공법상 당사자소송이 실무에서 잘 활용되지 않았던 것은 공법과 사법이 상대화하는 경향이 있고 공법과 사법의 구별기준이 명확하지 않다는 점, 민사소송절차에서도 석명권 행사 등을 통해 법원의 후견적 관여가 가능하고 이익형량과정에서 공익에 대한 배려가 강화되는 추세에 있으므로 양 소송절차 사이에 차이가 크지 않다는 점, 행정주체나 상대방 모두 실체적 권리의 존부와 범위에 관심이 있을 뿐 그 소송방식에 큰 의미를 두지는 않는다는 점, 그 동안의 실무관행을 바꾸는 데 많은 비용과 시간이 소요된다는 점 등 현실적 이유에서 비롯한 것으로 보인다.

(다) 공법상 당사자소송과 민사소송의 구별기준

1) 학　설

공법상 당사자소송과 민사소송의 구별에 관하여 소수설은 소송물을 기준으로 하여,

소송물이 공법상의 권리이면 공법상 당사자소송이고, 사법상의 권리이면 민사소송이라고 보고 있다. 반면에 다수설은 소송물의 전제가 되는 법률관계를 기준으로 하여, 그것이 공법상의 법률관계이면 공법상 당사자소송이고, 사법상의 법률관계이면 민사소송이라는 견해를 취하고 있다. 예컨대, 소수설은 소유권확인은 그 원인을 묻지 않고 민사사건으로 보는 반면, 다수설은 동일한 소유권확인이더라도 농지매수처분의 무효를 이유로 할 때에는 행정사건(공법상의 당사자소송)으로, 매매계약의 무효를 이유로 할 때에는 민사사건으로 본다. 즉, 소수설은 공법상의 권리 또는 법률관계 그 자체를 소송물로 하는 경우에만 공법상 당사자소송으로 보는 반면, 다수설은 소송물의 전제가 되는 권리 또는 법률관계가 공법상의 권리 또는 법률관계라면 공법상 당사자소송으로 본다.

2) 판　　례

행정소송(공법상 당사자소송)과 민사소송의 구별기준에 대하여 명시적 언급을 하고 있지는 않지만, 손실보상청구, 국가배상청구, 공법상 부당이득반환청구(조세과오납금반환), 연금등지급청구 등을 모두 민사소송으로 다루고 있는 것으로부터 볼 때, 판례는 대체로 학설의 소수설과 궤를 같이하는 것으로 판단된다.

3) 검　　토

우리 행정소송법 제3조 제2호의 문언("… 공법상의 법률관계에 관한 소송으로서 그 법률관계의 한쪽 당사자를 피고로 하는 소송")에 비추어 볼 때, 공법상의 권리가 소송물이 된 경우에만 공법상 당사자소송의 대상이 된다고 해석하기는 어렵다. 종래 대법원이 좁게, 공법상의 권리 그 자체가 소송물이 되는 경우에만 공법상의 당사자소송으로 보는 태도를 취했던 것은 1998년 3월 1일 새로운 행정소송법이 시행되기 이전에는 공법상 당사자소송(행정소송)이 2심으로 되어 있어, 민사소송에 비해 권리구제에 미흡한 것으로 여겨졌기 때문으로 보인다.

특별한 사정이 없는 한 법문에 충실하게 해석해야 하는 것이고, 이제는 공법상 당사자소송(행정소송)도 민사소송과 같이 3심으로 운영되고 있으며, 공법상의 법률관계에 관한 소송에 대해서는 공법에 특유한 이론을 적용할 필요가 있으므로, 공법상 당사자소송을 활성화한다는 측면에서도, 학설의 다수설과 같이, 소송물의 전제가 되는 권리 또는 법률관계가 공법상의 권리 또는 법률관계라면 공법상 당사자소송으로 보는 것이 옳다(하명호, "1984. 12. 31. 전에 하천구역으로 편입된 토지에 대한 손실보상청구의 소송형태", 427면).

(3) 하천구역의 결정 및 보상구조에 관한 하천법의 개정 연혁

(가) 1927년 조선하천령(1927. 1. 22. 제령 제2호)

이는 하천에 관한 최초의 법령이다. 이에 따르면 하천구간(하천의 종적 구역)은 조선총독의 지정으로 결정되고, 하천구역(하천의 횡적 구역)은 관리청의 고시 및 통지로 결정된다.

(나) 1961년 제정 하천법(1961. 12. 30. 법률 제892호)과 하천구역결정고시제도

1961년 제정 하천법은 관리청의 하천구역 결정과 건설부장관의 고시로 하천구역을 지정하도록 하고 있었다. 하천구역의 지정으로 인한 손실의 보상과 관련해서는 토지수용위원회의 재결절차를 규정하고 있었다.

(다) 1971년 하천법(1971. 1. 19. 법률 제2292호)과 하천구역법정주의

하천구역법정주의를 채택한 1971년 하천법 제74조는 관리청이 지정하는 토지에 대해서만 손실보상제도를 두고 유수지, 하천부속물 부지, 제외지 등에 대해서는 보상 여부 및 절차에 관해 아무런 규정을 두지 않았고, 이로 인해 위헌이라는 주장이 제기되었다.

이에 대해 대법원은 1971년 하천법 시행으로 인하여 하천구역에 편입됨으로써 국유화가 된 토지의 소유자에 대하여도 1971년 하천법 제74조를 '유추적용'하여 관리청은 손실을 보상해야 한다고 판시하였으며(대법원 1987. 7. 21. 선고 84누126 판결), 협의에 의한 보상이 성사되지 않는 경우 토지수용위원회의 재결과 재결에 대한 행정소송을 통해 보상을 하도록 하였다.

(라) 1984년 개정 하천법(1984. 12. 31. 법률 제3782호)

대법원이 1971년 하천법의 시행으로 하천구역에 편입된 토지의 소유권을 상실한 사람들이 1971년 하천법 제74조에 따라 손실보상을 받을 수 있다고 판시하였음에도 불구하고, 1971년 하천법에 명문의 규정이 없는 점이 계속 문제되자, 1984년 하천법을 개정하여 제74조 제2항에 '유수지'의 경우에도 보상을 한다는 규정이 추가되었다.

그리고 1984년 개정 하천법 부칙 제2조에서는 '1984년 개정 하천법 시행 이전에 유수지에 해당되어 하천구역으로 편입된 토지'와 '1971년 하천법 시행으로 제외지가 국유로 된 경우'에 손실을 보상하되(제1항), 그 손실보상은 민사소송에 의하도록(제2항) 규정하였다.

1984년 개정 하천법에 의해서도 제방부지 등 하천부속물 부지 등의 보상에 대해서는 명문의 규정이 없었지만, 대법원은 1984년 개정 하천법 부칙 제2조를 유추적용하여 손실보상의 대상이 되는 것으로 판시하였다.

(마) 특별조치법의 제정과 개정

1984년 개정 하천법 부칙 제2조에 의한 손실보상청구권자들이 그 규정의 취지를 모르거나 홍보의 부족 등으로 손실보상 실적이 저조하자, 청구권이 시효로 소멸한 사람들을 구제하기 위하여 정부는 1999년 「법률 제3782호 하천법 중 개정법률 부칙 제2조의 규정에 의한 보상청구권의 소멸시효가 만료된 하천구역 편입토지 보상에 관한 특별조치법」(1999. 12. 28. 법률 제6065호)을 제정하였으며, 2002년에는 「하천구역 편입토지 보상에

관한 특별조치법」(2002. 12. 11. 법률 제6772호)으로 명칭을 변경하였다.

(4) 판결의 평가

(가) 1984년 개정 하천법 부칙 제2조 및 특별조치법 제2조 소정의 손실보상청구소송의 유형

1984년 개정 하천법 부칙 제2조 및 특별조치법 제2조 소정의 손실보상청구소송은 공법상 당사자소송과 민사소송의 구별에 관한 다수설의 견해를 따른다면, 손실보상청구권의 전제가 되는 법률관계가 공용수용으로서 공법관계이므로 당연히 공법상 당사자소송이 되어야 할 것이며, 설사 소송물을 그 구별의 기준으로 삼는 소수설이나 기존의 판례의 입장을 따르더라도 손실보상청구권 자체가 공법상 권리이므로 공법상 당사자소송으로 보아야 한다.

왜냐하면, 손실보상청구권은 수용, 사용, 제한 등 공용수용이라는 적법한 공권력행사로 인한 재산권침해에 대하여 헌법 제23조 제3항에 따라 인정되는 공법관계에 특유한 청구권으로서 전형적인 공법상 권리에 해당하기 때문이다. 또한, 행정처분이든 법률규정이든 모두 공권력행사에 해당하므로 처분을 통해 수용하든 처분을 거치지 않고 법률의 규정에 근거해 바로 수용하든 그로 인하여 발생하는 손실보상청구권의 성질이 달라진다고 볼 수는 없다. 나아가, 침해받은 권리가 사권인지 아니면 공권인지 여부보다는 적법한 공권력행사로 인하여 손실이 발생하였다는 점이 더 중요하다. 사권에 대한 손실보상과 공권에 대한 손실보상의 소송형태를 달리 취급할 아무런 합리적 이유는 없다. 이는 오히려 권리구제를 복잡하고 혼란스럽게 할 뿐이다(하명호, "1984. 12. 31. 전에 하천구역으로 편입된 토지에 대한 손실보상청구의 소송형태", 438-439면).

(나) 공법상 당사자소송과 민사소송의 구별기준

종래의 대법원판례에 따르면, 소송물을 기준으로 공법상 당사자소송과 민사소송을 구별하기 때문에 손실보상청구를 비롯한 공법상 금전급부청구소송을 대부분 민사소송절차에서 처리해 왔다. 그러나 학계의 다수설처럼, 소송물의 전제가 되는 법률관계를 기준으로 판단하는 것이 현행 행정소송법의 해석과 입법취지에 부합한다. 이렇게 해석함으로써 실무상 활용되지 않고 있는 공법상 당사자소송을 활성화할 수 있는 가능성이 열릴 뿐 아니라, 행정법원을 설치하여 전문적인 법관으로 하여금 행정사건을 다루게 하려는 입법자의사와 행정사건의 통일적 소송체계의 확립이라는 관점에서도 바람직하다(하명호, "공법상 당사자소송과 민사소송의 구별과 소송상 취급", 52면).

참고로 일본의 경우에도, 종래 최고재판소는 우리 대법원과 같이, 소송물을 기준으로 공법상 당사자소송과 민사소송을 구별하는 견해를 취하고 있었으나, 1981년의 이른바 오사카공항소송(일본 최고재판소 1981. 12. 16. 전원합의체 판결)에서 공사법 이원론에 의한

전통적 구별론을 부정하고, 당사자소송활성화론의 입장에서 양 소송의 구별을 일종의 기능론적 관점에서 접근하고 있다고 한다. 즉, 행정소송법이 공법상 당사자소송에 대해 직권소송참가, 직권증거조사, 판결의 구속력 등의 규정을 준용하도록 한 것은 공법관계에서의 분쟁을 합리적으로 해결함으로써 행정운영의 적정과 국민의 권리보장을 달성하는데 그 이유가 있는 것이므로 공법상 당사자소송과 민사소송의 구별은 행정소송법의 그와 같은 규정을 준용하는 것이 당해 소송을 합리적으로 처리할 수 있는지 여부에 따라 결정해야 한다는 것이다.

4. 판결의 의미와 전망

1971년 하천법의 시행으로 하천구역으로 편입된 토지의 소유자는 1984년 개정 하천법 부칙 제2조가 신설되기 전에는 하천법 제74조의 절차 및 행정소송으로 손실보상을 청구하였다. 1984년 개정 하천법 부칙 제2조가 신설된 이후 대법원은 손실보상청구권을 사법상의 권리로 보고 그 지급을 구하는 소송은 민사소송으로 다루어 왔다.

대법원은 대법원 2006. 5. 18. 선고 2004다6207 전원합의체 판결을 통해 대법관 전원일치의 의견으로 1984년 개정 하천법 부칙 제2조 및 특별조치법 제2조 소정의 손실보상청구를 민사소송으로 다루어야 한다는 기존 대법원판례를 변경하고 공법상 당사자소송으로 처리하여야 한다는 획기적인 판결을 선고하였다.

종래의 대법원판례에 따르면, 토지소유자는 하천구역으로 편입된 시점이 1984년 12월 31일 이전이면 1984년 개정 하천법 부칙 제2조 또는 특별조치법 제2조에 따라 민사소송으로, 그 이후이면 1984년 개정 하천법 제74조 등에 따라 행정소송으로 손실보상을 구해야 했는데, 2004다6207 전원합의체 판결로 인하여, 하천구역 편입토지의 손실보상청구권에 대한 소송절차가 모두 행정소송으로 일원화하여 사법질서의 통일을 기할 수 있게 되었다(하명호, “1984. 12. 31. 전에 하천구역으로 편입된 토지에 대한 손실보상청구의 소송형태”, 442면).

이를 통해 손실보상을 구하는 토지소유자는 소송절차나 방법에 관하여 고민할 필요없이 같은 행정소송절차 내에서 각 청구원인을 일시에 주장하거나 청구의 병합 등을 통해 한꺼번에 판단을 받을 수 있게 되었다. 또한, 행정소송사건을 전담하는 법관으로 구성된 전문법원인 행정법원에 소를 제기하고, 그 재판절차에서 관할, 관련사건의 병합, 소의 변경과 피고경정, 행정심판기록의 제출명령, 직권심리와 같은 민사소송절차와는 다른 행정소송절차상의 여러 특칙을 활용하여 보다 효과적이고 능률적으로 권리실현을 도모할 수 있게 되었다.

〈참고문헌〉

박해식, "손실보상청구권의 법적 성질과 소송유형", 법조 제56권 제6호, 법조협회, 2007. 6.

안철상, "행정소송과 민사소송의 관계", 법조 제57권 제1호, 법조협회, 2008. 1.

하명호, "1984. 12. 31. 전에 하천구역으로 편입된 토지에 대한 손실보상청구의 소송형태", 특별법연구 제8권, 2006. 9.

하명호, "공법상 당사자소송과 민사소송의 구별과 소송상 취급", 인권과 정의 제380호, 대한변호사협회, 2008. 4.

68. 민주화운동보상금의 지급을 구하는 소송의 유형

— 대법원 2008. 4. 17. 선고 2005두16185 전원합의체 판결 —

조 해 현*

Ⅰ. 판결의 개요

1. 사실관계

A는 대학재학 중이던 1972년 무렵 교련반대시위를 주동하고 친구들에게 불온유인물을 보여줌으로써 반국가단체인 북한의 활동을 찬양·고무하여 북한을 이롭게 하였다는 이유로 경찰에 체포되어 조사를 받는 과정에서 고문을 당한 후, 1993년에 사망하였다. 민주화운동관련자 명예회복 및 보상등에 관한 법률(이하 "법"이라고 한다)이 2000년에 제정·시행되자 A의 처인 원고는 2002. 5. 3.에 이르러 A가 고문후유증으로 전신마비와 경련증세를 보였고 이는 법 제2조 제2호 나., 다.목 소정의 민주화운동관련자의 상이질병 혹은 그 후유증에 해당한다고 주장하면서 민주화운동관련자명예회복및보상심의위원회(이하 "위원회"라고 한다)에 보상금지급 신청을 하였다. 이에 대하여 위원회는 2004. 8. 16. A의 전신마비와 경련증세가 고문후유증이라고 보기 어렵다는 이유로 원고의 신청을 기각하는 결정을 하였다.

2. 소송의 경과

원고가 위 결정의 취소를 구하는 취소소송을 제기하자, 1심(서울행정법원 2005. 3. 24. 선고 2004구합35196 판결)은 보상금 등의 지급 요건 내지 자격에 관한 법상의 위원회의 결정에 대하여는 항고소송으로 다투어야 한다는 입장을 취하여 대한민국을 상대로 당사자소송을 제기하여야 한다는 본안전 항변을 배척하고 본안 판단을 하여 원고의 청구를 인용하였고, 항소심(서울고등법원 2005. 12. 1. 선고 2005누8254 판결)도 같은 입장에서 위원회의 항소를 기각하였다. 이에 대한 위원회의 상고에 대하여 대법원 2008. 4. 17. 선고

* 서울고등법원 부장판사.

2005두16185 전원합의체 판결(이하 '대상 판결'이라고 한다)도 제1심 · 항소심과 같은 입장에서 위원회의 상고를 기각하였다. 이에 대하여는 당사자소송에 의하여야 한다는 반대의견이 있었다.

3. 판결의 요지

(1) 대상판결의 판시 요지는 다음과 같다.

○ 법 제2조 제2호 가.목은 민주화운동과 관련한 피해유형을 추상적으로 규정한 것에 불과하여 법 제2조 제1호에서 정의하고 있는 민주화운동의 내용을 함께 고려하더라도 그 규정들만으로는 바로 법상의 보상금 등의 지급대상자가 확정된다고 볼 수 없다. 위원회에서 심의 · 결정을 받아야만 비로소 보상금 등의 지급대상자로 확정될 수 있다. 이와 같은 위원회의 결정은 국민의 권리의무에 직접 영향을 미치는 행정처분에 해당한다.

○ 위원회가 관련자 해당 요건의 전부 또는 일부를 인정하지 아니하여 보상금 등의 지급 신청을 기각하는 결정을 한 경우에는 신청인은 위원회를 상대로 그 결정의 취소를 구하는 소송을 제기하여 보상금 등의 지급대상자가 될 수 있다.

○ 광주민주화운동보상법은 적용대상, 법률 규정의 문언에 있어 서로 달라서 그에 관한 해석이 법의 경우에도 그대로 타당하다고 할 수 없다.

○ 법 제17조에서 말하는 보상금 등의 지급에 관한 소송은 위원회의 보상금 등의 지급신청에 관하여 전부 또는 일부를 기각하는 결정에 대한 불복을 구하는 소송이므로 위에서 본 취소소송을 의미한다고 보아야 한다.

○ 법 제17조 후단에서 보상금 등의 지급신청이 있은 날부터 90일이 경과한 때에는 그 결정을 거치지 않고 소송을 제기할 수 있게 되어 있는 것은 관련자 등에 대한 신속한 권리구제를 위하여 위 기간 내에 보상금 등의 지급 여부 등에 대한 결정을 받지 못한 때에는 지급 거부 결정이 있는 것으로 보아 곧바로 법원에 위원회를 상대로 취소소송을 제기할 수 있다는 것을 밝힌 것이다.

(2) 이에 대하여 당사자소송설을 취한 반대의견의 요지는 다음과 같다.

○ 법에 정한 보상금 등을 지급받을 수 있는지 여부는 법 제2조 제2호 각목에 정한 자에 해당하는지 여부이고, 그에 대한 최종적인 심판권한은 당연히 법원에게 있다. 반드시 위원회의 심의 · 결정을 거쳐야만 보상금 등의 지급을 받을 수 있는 것이 아니다.

○ 법 제2조 제2호에서 '위원회에서 심의 · 의결된 자'라고 정하고 있는 것은 법 제17조에서 정하고 있는 결정전치주의, 즉 보상금 등의 지급을 위한 사전심사로서의 위원회의 전치절차를 염두에 둔 것일 뿐이다. 대법원 1981. 2. 10. 선고 80누317 판결은 구 국가배상법 제9조 전단의 배상심의회의 배상금지급 또는 기각의 결정에 관하여 이는 국가

배상청구를 하기 전의 전치요건에 불과하고, 행정처분에 해당하지 않는다고 보았다.

○ 광주민주화운동보상법도 전반적인 체계와 위원회의 기능, 보상금 등의 신청절차가 같고, 또 결정전치주의에 관한 규정은 완전히 동일한 내용인데, 대법원은 광주민주화운동보상법상의 지급신청에 대한 보상심의위원회의 결정에 불복하는 경우의 소송형태를 국가를 피고로 하는 당사자소송으로 보아야 한다고 판시한 바 있다(대법원 1992. 12. 24. 선고 92누3335 판결).

○ 법 제7조 후단에서 보상금 등의 지급 신청이 있는 날부터 90일이 경과한 때에는 '위원회의 결정이 없더라도' 소송을 제기할 수 있다고 규정하고 있는데, 아무런 결정이 없음에도 항고소송을 제기할 수 있다고 보는 것은 자연스럽지 못한 해석론이다.

○ 법 제18조 제1항의 규정상 위원회의 보상금 지급결정에 대하여 신청인이 동의를 하면 재판상 화해가 성립된 것으로 보지만 동의를 하지 아니하면 법적으로는 아무런 효력도 발생하지 않게 되어 있는 것도 위원회의 결정이 행정처분에 해당하지 않는다는 유력한 근거가 된다.

○ 다수의견에 따를 경우 소송을 제기하는 당사자의 입장에서 분쟁이 1회적으로 해결되지 않고 반복될 가능성이 있는 반면, 당사자소송에 의하게 되면 실질적으로 1회에 해결될 수 있으므로 당사자소송에 의하는 것이 국민들의 권익침해 해소에 가장 유효하고도 적절한 수단이 된다.

Ⅱ. 검 토

1. 과거사청산법률의 제정 · 시행과 그 내용

1990년에 '광주민주화운동 관련자 보상 등에 관한법률'[1)]이 제정된 이래 이른바 과거사청산법률들이 순차적으로 제정 · 시행되었다. 연도별로 살펴보면 다음과 같다.

○ 1995년 — 5 · 18 민주화운동 등에 관한 특별법
○ 1996년 — 거창사건 등 관련자의 명예회복에 관한 특별조치법
○ 2000년 — 제주4 · 3사건 진상규명 및 희생자 명예회복에 관한 특별법
○ 2004년 — 삼청교육 피해자의 명예회복 및 보상에 관한 법률
특수임무수행자 보상에 관한 법률
특수임무수행자 지원에 관한 법률
노근리사건 희생자 심사 및 명예회복에 관한 특별법

1) 2006. 3. 24. "5 · 18민주화운동 관련자 보상 등에 관한 법률"로 개정되었다. 이하 '광주민주화운동보상법'이라고 한다.

위와 같은 법률 중 법은 민주화운동 전반에 대한 보상법[2]으로 제정된데 비하여 나머지 법률들은 대개 개개의 역사적 사건을 중심으로 한 보상법이라 할 수 있고, 또 그 체계나 개별 규정들이 서로 유사하기도 하지만, 보상대상자에 대한 규정 등에서는 차이를 보이기도 한다. 주요 내용들을 비교하여 보면 대략 아래와 같다.

법률 / 주요내용	법	제주4·3사건진상규명및희생자명예회복에관한특별법	노근리사건희생자심사및명예회복에관한특별법	특수임무수행자보상에관한법률	광주민주화운동보상법	거창사건관련자의명예회복에관한특별조치법	삼청교육피해자의명예회복및보상에관한법률
목적	민주화운동과 관련하여 희생된 자와 그 유족에 대한 명예회복 및 보상(§1)	4·3사건 진상규명, 희생자 및 유족 명예회복(§1)	노근리사건의 희생자 및 그 유족의 명예회복(§1)	특별한 희생을 한 특수임무수행자와 그 유족에 대한 보상(§1)	1980년 5월18일을 전후한 광주민주화운동과 관련하여 사망하거나 행발불명된 자 상이를 입은자(관련자)와 그 유족에 대한 명예회복, 실질적 보상(§1)	거창사건 등 관련사망자와 유족 명예회복(§1)	삼청교육피해자 및 유족명예회복, 실질적 보상
대상자	민주화운동관련자로 위원회에서 심의결정된 자(§2,2호)와 유족	희생자로 위원회에서 결정된 자(§2,2호)와 유족	희생자로 결정된 자(§2,2호)	특수임무수행자로 인정된 자(§2-2호)	관련자 및 유족(§1,2)	거창사건희생자 및 유족(§1,2)	삼청교육피해자 및 유족(§2)
보상원칙	희생의 정도에 따라 보상하되, 그 생활정도를 고려하여 보상정도차등(§6)	·	·	근무시기·근무기간 및 복무형태 등에 따라 등급정해보상금지급(§6)	·	·	·
보상내용	보상금(§7), 의료지원금(§8), 생활지	의료지원금, 생할지원금(§9) 등	의료지원금(§9) 등	보상금(§6), 특별공로금(§7), 특별위	보상금(§5), 생활지원금(§7) 등	명예회복, 묘지단장, 위령제례, 위령탑	보상금(§4) 의료지원금(§5)

2) 2000년 제정당시에는 1969. 8. 7.(3선 개헌 발의일)이후의 민주화운동을 대상으로 하였으나, 2007. 1. 26. 개정으로 1964. 3. 24.이후의 민주화운동으로 그 대상을 확대하였다. 이는 민주화운동의 시기를 앞당겨 6·3 학생운동에 주도적으로 참여하여 국민의 기본권을 침해한 권위주의적 군사통치에 항거함으로써 민주 헌정질서의 확립에 기여한 자를 민주화운동자에 포함시킬 수 있도록 하기 위한 것이었다.

	원금(§9) 등			로금(§8)		건립(§3), 재정지원(§8)	
결정전치주의	위원회의 결정거쳐 소송제기, 지급신청후 90일 경과시 예외(§17①)	법과 동일(§13①)	·	위원회결정후 소송제기, 신청후 5월 경과시 예외(§17①)	법과 동일(§15①)	·	위원회결정후 소송제기, 신청후 5월 경과시 예외(§15①)
재판상화해의제	보상금지급결정에 동의시 재판상화해의제(§18②)	·	·	법과 동일(§17의2)	법과 동일(§16②)	·	·

2. 민사소송·항고소송·당사자소송

(1) 구분기준에 관한 일반론

어떠한 법률관계에 관한 소송이 민사소송 사안인지, 행정소송 사안인지, 행정소송 사안인 경우 항고소송 사안인지 당사자소송 사안인지의 구분이 사안에 따라서는 쉽지 않은 경우가 있다. 예를 들면 ① 대법원 1997. 8. 26. 선고 96누6707 판결은 토지초과이득세 예정결정기간 납부세액이 정기과세기간에 대한 결정세액을 초과함에 따른 납세자의 국세환급금지급청구가 문제된 사안에서 이를 민사소송 사안으로 본 반면,[3] ② 대법원 1999. 11. 26. 선고 97다42250 판결은 구 의료보호법상의 진료기관의 진료비지급청구에 문제된 사안에서 진료기관의 보호비용청구에 대하여 보호기관이 그 지급을 거부한 경우 지급거부결정의 취소를 구하는 항고소송을 제기하는 방법으로 구제받아야 한다고 보았고,[4] ③ 대법원 1999. 1. 26. 선고 98두12598 판결은 폐광근로자의 재해위로금지급청구가 문제된 사안에서 당사자소송 사안이라고 보았는데,[5][6] 같은 금전급부청구권의 행사에 대

3) 과세관청이 환급세액이 있다하여 이를 환급하기로 결정하였다고 하더라도 그 환급금결정은 과세관청의 내부적인 사무처리절차를 규정한 국세기본법 제51조, 제52조의 규정에 따른 것으로서 납세의무자가 가지는 환급청구권의 존부나 범위에 구체적이고 직접적인 영향을 미치는 처분이 아니어서 항고소송의 대상이 되는 처분이 아니고, 납세의무자가 국세환급금 결정을 구한 신청에 대하여 부당하게 환급거부를 당한 경우에도 항고소송의 대상이 되는 처분이 있었다고 할 수 없으므로, 납세자는 직접 민사소송으로 그 환급을 구할 수 있다고 본 사안이다.

4) 진료기관의 보호기관에 대한 진료비지급청구권은 계약 등의 법률관계에 의하여 발생하는 사법상의 권리가 아니라 법에 의하여 정책적으로 특별히 인정되는 공법상의 권리로서, 법령의 요건에 해당하는 것만으로 바로 구체적인 진료비지급청구권이 발생하는 것이 아니라 보호기관의 심사결정에 의하여 비로소 구체적인 청구권이 발생하므로 진료기관의 보호비용 청구에 대하여 보호기관이 심사결과 지급을 거부한 경우에는 곧바로 민사소송은 물론 공법상의 당사사소송으로도 지급청구를 할 수 없고, 지급거부결정의 취소를 구하는 항고소송을 제기하는 방법으로 구제받을 수밖에 없다고 본 사안이다.

5) 폐광대책비의 일종으로서의 재해위로금 지급청구권은 사회보장적인 차원에서 인정되는 공법상의

하여 위와 같이 소송형태가 각기 달라지는 기준 내지 이유 · 근거가 언제나 분명한 것만은 아닌 것이다. 기본적으로는 행정처분의 발동을 둘러싼 법률관계에 관한 소송은 항고소송, 그 외의 공법관계에 관한 소송은 당사자소송, 사법관계에 관한 소송은 민사소송에 해당한다고 할 수 있고, 이러한 구분에서 가장 중요한 의미를 갖는 것은 처분성의 인정 여부라고 할 수 있지만,[7] 사안에 따라서는 쉽게 결론을 내릴 수 없는 경우도 있다.

(2) **대법원 판례**

이에 관한 대법원 판례를 대략 정리하여 보면 다음과 같다.

(가) 민사소송으로 본 사안

① 대법원 1981. 2. 10. 선고 80누317 판결 — 공무원의 직무상 불법행위로 인한 손해배상청구사안[8]

② 대법원 2000. 5. 12. 선고 99다70600 판결 — 행정처분인 개간허가취소처분의 위법으로 인한 국가배상청구 사안

③ 대법원 1981. 5. 26. 선고 80다2542 판결 — 징발법상의 손실보상청구 사안[9]

④ 대법원 1996. 7. 26. 선고 94누13848 판결 — 수산업법상 어업면허 취소 또는 유효기간 연장이 불허가에 따른 손실보상청구 사안[10]

⑤ 대법원 1989. 6. 15. 선고 88누6436 전원합의체 판결 — 국세환급금 지급청구 사안[11]

권리이고, 그 지급에 관한 폐광대책비지급규정은 내부적인 사무처리준칙에 불과하여 그에 기하여 지급이 거부된 경우에도 이는 사실상 · 법률상 의견을 밝힌 것에 불과하므로 재로위로금지급이 거부된 경우 그 지급 거부에 대한 항고소송이 아니라 직접 그 지급을 구하는 공법상의 당사자소송을 제기하여야 한다고 본 사안이다.

6) 고종주, 행정주체에 대한 금전급부청구권의 행사방법—소송방식의 선택기준에 관한 판례와 이론의 검토—, 판례연구 12집(2001. 6.), 부산판례연구회, 372-374면은 3건의 위 대법원 판례를 제시하면서 행정주체에 대한 금전급부청구권의 행사가 어떠한 기준에서 민사소송 · 항고소송 · 당사자소송 사안으로 구분되는지에 관한 논의를 풀어나가고 있다.

7) 김상균, 행정소송과 민사소송, 행정실무편람(1998), 서울고등법원 재판실무개선위원회, 36면.

8) 국가배상법은 민법의 특별법이라고 보고 있다. 대법원 1998. 7. 10. 선고 96다38971 판결도 국사배상청구소송이 민사소송임을 전제로 하면서, 국가배상법이 정한 배상청구의 요건인 공무원의 직무에는 권력적 작용만이 아니라 행정지도와 같은 비권력적 작용도 포함되며 단지 사경제주체로서의 활동만 제외된다고 보았다.

9) 대법원 1969. 6. 10. 선고 68다2389 판결, 대법원 1970. 3. 10. 선고 69다1886 판결도 같은 취지이다.

10) 대법원 1998. 2. 27. 선고 97다46450 판결, 대법원 2000. 5. 26. 선고 99다37382 판결, 대법원 2001. 6. 29. 선고 99다56468 판결도 같은 취지이다.

11) 국세환급금 결정이나 그 결정을 구하는 신청에 대한 환급거부결정 등은 납세의무자가 갖는 환급청구권의 존부나 범위에 구체적으로 영향을 미치는 처분이 아니어서 항고소송의 대상이 되는 처분이라고 볼 수 없으므로 민사소송인 부당이득반환 청구의 소에 의하여야 한다고 본 것이다. 대법원 1997. 8. 26. 선고 96누6707 판결(대법원 1997. 7. 25. 선고 96누2132도 같은 사안임)도 같은 취지임은 앞서 본 바와 같다. 민사사건에 대한 판례로는 대법원 1997. 10. 10. 선고 97다26432 판결이 있다.

⑥ 대법원 1995. 4. 28. 선고 94다55019 판결 ― 과세처분의 당연무효를 전제로 한 납부세금 반환 청구 사안[12)]

⑦ 대법원 1989. 9. 12. 선고 88누9763 판결 ― 시유지 분양예정지 매수 후, 분양처분에 따른 대금액조정 관련 사안

⑧ 대법원 1993. 12. 7. 선고 91누11612 판결 ― 국유임야의 대부계약에 기한 대부료 부과 사안

(나) 항고소송으로 본 사안

① 대법원 1990. 9. 25. 선고 90누592 판결 ― 1980년해직공무원보상등에관한특별조치법 소정의 보상금지급거부처분에 관한 사안

② 대법원 1991. 2. 12. 선고 90다10827 판결 ― 국가유공자예우등에관한법률 등에 따른 유족연금지급청구의 발생요건으로서의 보훈심사위원회의 결정에 관한 사안

③ 대법원 1995. 9. 15. 선고 93누18532 판결 ― 군인연금법에 의한 상이연금 등의 급여를 받을 권리에 관한 사안[13)]

④ 대법원 1996. 12. 6. 선고 96누6417 판결 ― 구 공무원연금법 소정의 급여를 받을 권리와 공무원연금관리공단의 급여에 관한 결정에 관한 사안

⑤ 대법원 1996. 4. 12. 선고 94다34005 판결 ― 구 국세기본법상의 수정신고에 따른 경정거부처분 사안

⑥ 대법원 1996. 4. 23. 선고 95다53775 판결 ― 조세법처벌절차법상의 자료제공자에 대한 교부금지급거부처분 사안

⑦ 대법원 1993. 7. 13. 선고 92다47564 판결 ― 국가 · 지방자치단체 근무 청원경찰에 대한 징계처분 관련 사안

⑧ 대법원 1989. 9. 12. 선고 88누9763 판결 ― 도시재개발법상의 종전 토지소유자에 대한 분양처분에 관한 사안

⑨ 대법원 1994. 5. 24. 선고 92다35783 전원합의체 판결 ― 공공용지취득및손실보상에관한특례법상의 공공사업 시행에 따른 이주대책 관련 사안

⑩ 대법원 1995. 3. 3. 선고 93다55296 판결 ― 구 농촌근대화촉진법 소정의 농지개량사업 등의 시행으로 인한 손실보상청구 사안[14)]

---

12) 조세감면규제법상 부가가치세 면제 여부가 문제된 사안에서, 과세처분이 당연무효인 경우 민사소송 사안임을 밝힌 것이다.

13) 대법원 2003. 9. 5. 선고 2002두3522 판결은 구 군인연금법상의 퇴역연금 등의 지급에 관한 같은 취지의 판례이다.

14) 구 농촌근대화촉진법 제156조(1994. 12. 22. 법률 제4823호 농어촌정비법 부칙에 의하여 삭제) 소정의 농지개량사업 또는 농가주택개량사업의 시행으로 인하여 손실을 받은 이해관계인은 같은 법 제157조 제1항과 제2항에 정한 절차에 따라서 손실보상을 청구하고, 농림수산부장관의 재결에 대하

⑪ 대법원 1996. 2. 15. 선고 94다31235 전원합의체 판결 — 구 도시재개발법 상의 관리처분계획과 분양거부처분 관련 사안

(다) 당사자소송으로 본 사안

① 대법원 1992. 12. 24. 선고 92누3335 판결 — 광주민주화운동관련자 보상 등에 관한 법률상의 보상금 지급청구에 관한 사안

② 대법원 2006. 5. 18. 선고 2004다6207 전원합의체 판결 — 하천구역 편입 토지에 대한 손실보상청구에 관한 사안

③ 대법원 2003. 9. 5. 선고 2002두3522 판결 — 군인연금법상의 퇴역연금 변경지급에 관한 사안[15]

④ 대법원 2000. 9. 8. 선고 99두276 판결 — 납세의무부존재확인 사안

⑤ 대법원 1993. 9. 14. 선고 92누4611 판결 — 공무원채용계약해지 무효확인 사안[16]

⑥ 대법원 2001. 8. 24. 선고 2001두2485 판결 — 항만기설의 무상사용기간에 관한 권리범위확인에 관한 사안[17]

⑦ 대법원 1998. 12. 23. 선고 97누5046 판결 — 석탄산업법상의 재해위로금 지급에 관한 사안[18]

(라) 정　　리

위와 같은 대법원 판례를 보면 대법원도 기본적으로 문제된 법률관계가 사법관계인지, 공법관계인지 여부와 처분성 유무 등 따져 민사소송 · 항고소송 · 당사자소송 사안을 구분하고 있기는 하지만, 그런 중에도 강학상으로는 공법상의 법률관계에 해당한다고 보

여도 불복일 때에는 시 · 도지사를 상대로 항고소송에 의하여 공법상의 처분인 시 · 도지사의 결정의 취소를 구하여 그 결과에 따라 손실보상을 받을 수 있을 뿐이고, 곧바로 민사소송으로 농지개량사업 또는 농가주택개량사업의 시행자를 상대로 하여 손실보상금청구를 할 수 없다고 본 사안이다.

15) 공무원연금법상 퇴직연금에 관한 대법원 2004. 7. 8. 선고 2004두244 판결과 2004. 12. 24. 선고 2003두15195 판결도 같은 취지이다. 연금청구권의 발생에 관한 것은 항고소송의 대상이지만, 그 지급액의 변경은 당사자소송의 대상이라고 보는 것이다.

16) 공법상 신분이나 지위, 자격 등의 확인을 구하는 소송을 공법상의 당사자소송으로 본 예는 이외에도 공중보건의사에 관한 대법원 1996. 5. 31. 선고 95누10617 판결, 서울시립무용단원에 대한 대법원 1995. 12. 22. 선고 95누4636 판결, 지방사무원으로서의 공무원지위에 대한 대법원 2000. 9. 8. 선고 99두2765 판결, 광주시립합창단원에 대한 대법원 2001. 12. 11. 선고 2001두7794 판결, 국방홍보원장에 대한 대법원 2002. 11. 26. 선고 2002두5948 판결 등을 들 수 있다.

17) 대법원 2001. 9. 4. 선고 99두10148 판결도 같은 취지이다. 그 외 권리의 존재 내지 범위 확인 소송의 예로는, 훈기부상 태극무공훈장을 수여받은 자임의 확인에 관한 대법원 1990. 10. 23. 선고 90누4440 판결, 연금수혜대상자 확인에 관한 대법원 1991. 9. 24. 선고 90누9292 판결(단 위 두 판례는 공법상 당사자소송에 해당한다는 것을 가정적으로 판시하고 있다)을 들 수 있다.

18) 대법원 1999. 1. 26. 선고 98두12598 판결과 대법원 2002. 3. 29. 선고 2001두9592 판결도 같은 취지이다. 대법원 1993. 10. 12. 선고 93누13209 판결도 폐광대책비 지급청구가 공법상의 당사자소송에 해당하는 것을 전제로 한 판결이다.

는 사안에서 민사소송에 의하여야 한다고 본 예가 많은 점이 특징적이라고 할 수 있다. ① 대법원 2000. 5. 12. 선고 99다70600 판결에서 행정처분인 개간허가취소처분의 위법으로 인한 국가배상청구가 민사소송 사안임을 전제로 하고 있는 것이나 ② 징발법상의 손실보상에 관한 대법원 1981. 5. 26. 선고 80다2542 판결,[19] ③ 과세처분의 무효를 전제로 한 과오납금환급청구소송과 같은 공법상의 부당이득청구에 관한 대법원 1995. 4. 28. 선고 94다55019 판결, ④ 그 외 행정주체 상호간의 비용상환청구에 관한 대법원 1998. 7. 10. 선고 96다42819 판결이나 ⑤ 공법상 계약에 관한 대법원 2001. 12. 11. 선고 2001다33604 판결[20] 등이 그 예이다. 주로 연혁적인 이유에서 비롯된 것이라고 볼 수 있지만, 이론적으로 따져보면, 공법관계와 사법관계의 구분기준에 관하여 ⅰ) 소송물을 기준으로 그것이 공법상의 권리이면 당사자소송이고, 사법상의 권리이면 민사소송이라는 입장과 ⅱ) 소송물의 전제가 되는 법률관계를 기준으로 양자를 구분하는 입장이 있고, 대부분의 행정법학자들은 후자의 입장을 지지하고 있는 반면, 대법원은 전자의 입장(이른바 민사소송 지향형)을 취하고 있는 것이라고 볼 수도 있다.[21] 현재 국회에 계류 중인 대법원의 행정소송법 개정안에서 당사자소송을 「행정상 손실보상, 처분 등의 위법으로 인한 손해배상 · 부당이득반환, 그 밖의 공법상의 법률관계에 관한 소송으로서 그 법률관계의 한쪽 당사자를 피고로 하는 소송」으로 정의하고 있고, 또 앞서 본 대법원 2006. 5. 18. 선고 2004다6207 전원합의체 판결에서 하천구역으로 편입된 토지에 관한 손실보상청구권이 공법상의 권리임을 전제로 하여 그에 관한 이행청구 또는 확인청구는 모두 공법상 당사자소송의 대상이라고 판시한 것을 보면, 대법원 판례상 종래 민사소송 사안이라고 보아온 것이 앞으로 당사자소송의 대상으로 변경되는 경우가 점차 늘어날 것으로 예측해 볼 수 있다.

(3) 항고소송 · 당사자소송의 절차적 특징

현행 행정소송법상 항고소송의 대표적 형태인 취소소송과 당사자소송에 관한 절차적 규정을 대략 살펴보면 다음과 같다.

	취소소송	당사자소송
원고적격	처분 등의 취소를 구할 법률상 이익이 있는 자(§12)	별도 규정 없음. 민사소송과 동일
피고적격	처분 등을 위한 행정청(§13-1)	국가 · 공공단체, 그 밖의 권리주체(§39)

19) 대법원 1969. 6. 10. 선고 68다2389 판결, 대법원 1970. 3. 10. 선고 69다1886 판결도 같은 취지이다.
20) 대법원 2006. 4. 28. 선고 2004다50129 판결도 같은 취지이다.
21) 김상균, 전게논문, 전게서, 39면.

피고 경정	피고를 잘못 지정한 경우 신청에 따른 결정으로 피고 경정(§14-1)	취소소송 규정 준용(§44)
제3자의 소송참가	소송결과에 따라 권리 · 이익 침해받을 제3자가 있을 경우 당사자 또는 제3자의 신청, 직권에 의한 결정으로 소송 참가(§16-1)	취소소송 규정 준용(§44)
행정청의 소송참가	다른 행정청을 소송참가시킬 필요 있있을시 당사자 또는 당해 행정청의 신청, 직권에 의한 결정으로 소송참가(§17-1)	취소소송 규정 준용(§44)
행정심판과의 관계	행정심판을 거치지 않은 경우에도 제기 가능, 다른 법률 규정 있을 경우 예외(§18-1)	·
제소기간	처분 등이 있음을 안날로부터 90일(§20-1), 처분 등이 있은 날로부터 1년(§20-2)	법령에 제소기간 규정시 적용, 그 기간은 불변기간(§41)
소의 변경	취소소송에서 당사자소송, 다른 항고소송으로 신청에 따른 결정에 의하여 변경(§21-1)	당사자소송을 항고소송으로 변경시 준용(§42)
처분변경으로 인한 소의 변경	소송 대상인 처분이 소 제기후 변경된 때 신청에 따른 결정에 의하여 변경허가 가능(§22-1), 처분변경안날로부터 60일 이내(§22-2)	취소소송 규정 준용(§44)
집행정지	일정한 요건 하에 집행정지 가능(§23-2)	·
행정심판기록의 제출명령	당사자 신청시 결정으로 재결행정청에 대하여 행정심판기록 제출명령(§25-1)	취소소송 규정 준용(§44)
직권심리	필요하다고 인정될 때 직권 증거조사, 당사자가 주장하지 아니한 사실 판단 가능(§26)	취소소송 규정 준용(§44)
입증책임	법률요건 분류설, 원칙적으로 처분청	민사소송과 동일
사정판결	청구이유 있는 경우에 공공복리 따져 청구 기각 가능(§28)	·
판결의 효력	제3자 효(§29)	·
기속력	당사자인 행정청과 관계 관계 행정청 기속(§30-1), 재처분(§30-2)	취소소송의 기속력 규정(§30-1) 준용(§44)
강제집행	신청에 따른 결정으로 간접강제명령 가능(§34-1)	민사집행법 준용(§8-2)

위와 같은 행정소송법의 규정을 보면, 항고소송 중 취소소송과 당사자소송은 심리절차에서는 크게 차이가 없다고도 할 수 있지만 원 · 피고 적격과 일반적 제소기간의 유무 및 판결의 제3자효와 기속력의 내용 등에서 차이를 보이고 있고, 취소소송이 주로 형성소송인데 비하여 당사자소송은 이행소송의 경우도 있어서 분쟁의 1회적 해결에는 당사자소송이 보다 직접적일 수 있다고 할 수 있다. 민사소송과 당사자소송 사이에서는 그 구별의 실익이 그다지 크지 않다고 보는 견해도 없는 것은 아니지만,[22] 피고의 경정, 관

22) 유사한 규정을 가진 일본 행정소송법상의 당사자소송에 관하여, 실질적 당사자소송의 경우 행정

련사건의 병합, 제3자와 행정청의 소송참가, 소의 종류의 변경과 처분변경으로 인한 소의 변경, 행정심판기록의 제출명령, 직권심리, 판결의 기속력, 소송비용 등의 특칙 규정이 적용되고 관할법원도 달리하므로 민사소송에 의하는 경우 보다도 당사자소송에 의하는 편이 심리의 전문성과 효율성 등을 제고할 수 있다는 것이 대체적인 견해이다.[23]

3. 법상의 보상금지급에 관한 소송형태에 관한 논의

(1) 종전의 논의

법 상의 보상금 지급에 관한 소송의 형태도 일단은 위에서 본 바와 같은 여러 과거사청산법률의 법률적 성격과 규정 내용, 민사소송 · 항고소송 · 당사자소송의 구분 기준에 관한 논의를 전제로 하여 살펴보아야 할 것이다. 이에 관하여는 종래 당사자소송설과 항고소송설로 입장이 나뉘어져 있었다.

(2) 당사자소송설[24]

㈎ 법의 각 규정 내용을 광주민주화운동보상법 및 국가배상법과 같은 취지로 파악하여 법 상의 보상금 지급에 관한 소송의 형태는 당사자소송이라고 보는 입장이라고 보는 입장으로서 그 구체적 논거는 다음과 같다.

① 법 제2조 제2호는 법이 그 모델로 삼은 광주민주화운동보상법 제1조 중 "… 1980년 5월 18일을 전후한 광주민주화운동과 관련하여 사망하거나 행방불명된 자 또는 상이를 입은 자(이하 '관련자'라 한다)"를 참고하면서, 광주민주화운동과 달리 민주화운동은 그 범위가 시기적으로나 내용적으로 방대하고 따라서 그 대상자의 범위도 비교할 수 없을 정도로 클 것이라는 점에서 위 제2조 제1호로 "민주화운동"의 정의를, 제2조 제2호로 "민주화운동관련자"의 정의를 내린 것이라 볼 수 있다. 따라서 위 제2조 제2호 소정의 '위원회에서 심의 · 결정된 자'라는 의미도 심의위원회의 기능을 앞당겨 규정한 것에 불과하다.

② 대개 어떠한 행정처분에 대하여 취소소송이 허용된다고 할 경우 그 취소소송의 근거를 마련하여 두는 것이 일반적임에도 법 및 그 시행령에는 보상금등의 지급(기각)결정 자체에 불복하는 취소소송뿐만 아니라 다른 불복방법도 마련하여 두고 있지 아니하다.

소송법상의 특칙규정이 적용되는 예가 많지 않아 민사소송과의 구별이 그다지 실익이 없다고 보기도 한다(南 博方, 條解 行政事件訴訟法 第3版(2006年), 弘文堂, 122面(山田 洋 執筆部分).

23) 백윤기, 당사자소송의 대상, 행정판례연구 제4지1, 박영사(1999. 8.), 359면; 안철상, 공법상의 당사자소송에 관한 연구, 건국대학교 대학원 박사학위논문(2004. 2), 171-172면; 하명호, 공법상 당사자소송과 민사소송의 구별과 소송상 취급, 인권과 정의 380호(2008. 4.), 대한변호사협회, 62면.

24) 김동석, 민주화운동관련자명예회복및보상등에관한법률에 기한 행정소송에 있어서의 몇 가지 문제, 인권과 정의 307호(2002년), 대한변호사협회, 60~63면.

③ 오히려 법 제17조는 결정전치주의라는 제목으로 '보상금등의 지급에 관한 소송'의 형태라는 불복방법만을 마련하여 두고 있는바, 위 문구상의 '보상금등의 지급에 관한'이라는 의미는 특별한 사정이 없는 이상 '보상금등의 지급을 구하는'이라는 의미 이외에 다른 의미로 새기는 곤란하다. 따라서 위 조항의 '보상금등의 지급에 관한 소송'이라는 것은 법이 당사자소송의 형태로 보상금등의 지급을 신청한 자가 위원회의 보상금등의 지급(기각)결정에 대해 불복할 수 있는 방법을 마련한 것으로 보아야 하고, 그 결과 법상 '심의위원회의 보상금등의 지급(기각)결정' 자체에 대하여는 불복방법을 마련할 필요조차 없으므로, 위 결정 자체에 대하여 취소소송과 같은 항고소송의 방법으로 소를 제기할 수는 없다.

④ 취소소송의 대상이 되는 행정처분에 관하여 대법원은 일관되게 "공권력의 행사 또는 이에 준하는 행정작용"이라고 판시하고 있는데, 어떠한 행정작용에 대하여 항고소송의 대상으로 인정되기 위해서는 그로 인해 신청인 등의 권리관계에 변동이 초래되어야 함이 요구된다 할 것인데, 위원회의 보상금등의 지급(기각)결정이라는 행정작용은 그 자체만으로는 신청인에게 어떠한 권리관계의 변동이 초래된다고 보기 어렵고, 신청인이 위 결정에 동의를 할 경우에만 그 동의에 재판상의 화해와 동일한 효력이 부여되는 것이라 할 것이므로(법 제18조 제2항), 위원회의 결정 자체가 항고소송의 대상이 될 수 있다고 보기 어렵다.

⑤ 보상금등의 지급(기각)결정 자체가 어떠한 행정처분에 해당하는가가 문제되나, 결론적으로, 지급(기각)결정에 구애받지 아니하고 또 그 결정 자체를 다투지 않고서도 법원에 보상금등의 지급에 관한 소송을 제기할 수 있을 뿐만 아니라, 법원으로서도 위원회의 보상금등의 지급결정에서 판단 · 결정한 사항에 기속됨이 없이 자유롭게 대상자의 관련자 해당 여부, 상이의 정도, 보상금등의 액수 등을 판단할 수 있는 점에 비추어 볼 때, 보상금등의 지급결정은 보상금등의 지급신청에 대한 심의위원회의 사실적 또는 법률적 판단에 불과하고 그 판단 자체에 어떤 형태로의 기속력을 인정할 여지도 없는 것이어서, 이를 행정처분이라 파악하기는 곤란하고(대법원 1981. 2. 10. 선고 80누317 판결은 국가배상심의위원회의 결정이 행정처분이 아니라고 판시하였다), 또 그럴 필요성도 없다.

(나) 법상의 보상금 지급에 관한 소송의 형태를 당사자소송으로 파악하는 또 다른 견해는 종래 실무상 문제된 행정작용의 처분성 유무를 항고소송과 당사자소송의 구분기준으로 삼아(이른바 처분성기준설), 처분성이 인정되면 항고소송의 대상이 되고 당사자소송이 허용되지 않는다고 보는 것은, 처분성이라는 것이 선험적인 것이 아니라 항고소송의 대상을 설정하기 위한 기능적인 개념인 점 등에서 볼 때 불합리하고, 경우에 따라서는 항고소송과 당사자소송의 병존을 허용할 수도 있다는 입장을 취하면서,[25] 법이나 광주

민주화운동보상법 등의 특별보상법들 자체가 그 규정 내용으로 볼 때 당사자소송을 예정하고 있는 것으로 해석될 뿐만 아니라 특별보상법들에 의한 보상금 등 지급청구권은 그 법률적 성질이 '특수한 국가배상청구권'에 가까운 것이어서 보상분쟁에 관한 소송형태도 국가배상청구의 경우에 준하도록 할 필요가 있다고 보아[26] 법상의 보상금 지급에 관한 소송도 광주민주화운동보상법과 마찬가지로 당사자소송에 의하여야 할 것이라고 본다.

(3) 항고소송설

(가) 위와 같은 당사자소송설에 대하여, 법상의 보상금 지급 등의 법률적 성질과 위원회 결정의 처분성에 비추어 법상의 보상금 등 지급에 관한 소송은 항고소송의 대상이라고 보는 입장도 있었다. 그 구체적 논거를 살펴보면 다음과 같다.

① 1990년 이래 순차 제정된 이른바 과거사청산법률들의 해석과 적용에 있어서는 무엇보다도 각각의 법들이 국가배상, 손실보상, 희생보상, 더 나아가 사회보상 등으로 체계화된 국가책임법 영역에서 차지하고 있는 위치를 확인할 필요가 있다.

② 위와 같은 법률들을 체계적으로 이해하기 위하여는 책임의 구성요건뿐만 아니라 법률효과로서의 급부의 성격도 종합적으로 고찰되어야 한다. 왜냐하면 이들 법률들이 한편으로는 과거 국가의 공권력에 의하여 저질러진 불법의 피해자에 대한 배상책임으로서의 성격을 가지는 경우와 다른 한편으로는 민주화운동과 관련한 유공자보상으로서의 성격에 이르기까지 그 법적 성격에 있어서 다양한 편차를 보이고 있기 때문이다.

③ 어떠한 구제조치가 헌법 제29조의 문제로서의 성격, 즉 이미 저질러진 불법에 대한 회고적인 배상으로서의 성격을 가진다면 우리의 공법체계상 그와 같은 구제조치는 국가배상책임을 지배하는 법치국가원리의 지배를 받게 되고, 따라서 배상범위에 있어서도 완전배상 즉 불법행위와 상당인과관계가 있는 모든 손해가 배상대상이 된다.

④ 반면 어떠한 구제조치가 헌법 제30조, 제32조 제6항, 제34조를 관통하는 사회보장적 급부로서의 성격을 가진다면 그러한 조치는 사회국가원리에 토대하여 규율되어야 하는 것으로서 입법자에게 비교적 넓은 형성의 여지가 부여되어 있고, 사회적 보호의 원리 내지 합목적성의 고려에 의하여 일정 부분 영향을 받을 수 있다.

⑤ 그러므로 법이 이 중 어디에 위치하고 있는가를 살펴보면, 원인이라는 측면에서 보면 법은 피해를 야기한 행위의 적법·불법 여부를 묻고 있지 아니하며 더 나아가 가해자가 반드시 공적 주체일 것을 요구하고 있지도 아니할 뿐만 아니라 더 나아가 피해

25) 정욱도, 각종 특별보상법상의 보상분쟁에 관한 소송형태—항고소송과 당사자소송 사이의 선택—, 행정재판실무연구 Ⅱ, 재판자료 제114집(2007), 법원도서관, 204, 209-210면.
26) 정욱도, 전게 논문, 전게서, 223-224면.

가 민주화운동이라고 하는 공공의 이익을 위한 자발적 내지는 의지적 헌신 내지는 특별희생일 것도 요구하지 않고, 다만 민주화운동과 관련한 피해일 것만을 요구하고 있을 따름이며, 책임내용 내지 책임범위와 관련하여서도 원인과 상당인과관계 있는 손해 혹은 희생으로 인한 손실을 구제하되 그와 더불어 개개의 민주화운동관련자가 처한 보호의 상태도 고려하도록 규정하고 있다.

⑥ 그러므로, 결국 법상의 책임은 인과성에 토대한 국가배상책임(법치국가원리) 혹은 사회보상책임(사회국가원리)으로서의 성격뿐만 아니라 합목적성에 토대를 둔 사회부조책임(사회국가원리)으로서의 성격도 아울러 가진다고 할 수가 있다.

⑦ 이러한 입장에서 보면 법상의 민주화운동관련자 여부와 그에 대한 보상금등의 심의 · 결정(법 제2조, 제4조 제2항 제1호, 제3호)은 단순히 절차적 의미만을 가지는 것이 아니라 실체적 확정력을 가지는 것이라고 할 수 있고 법이 이러한 결정이 필요한 것으로 규정한 것은 민주화운동관련자에 대한 보상이 가지는 위와 같은 사회보상 내지 사회부조로서의 성격을 고려하여 (완전배상을 전제로 하는 국가배상책임에 있어서와는 달리) 행정청에 1차적 판단권을 부여하고자 한 것으로 풀이할 수 있다.[27]

⑧ 법의 규정을 보더라도, 광주보상법이 보상금, 의료지원금액의 산정에 있어 국가배상법상 배상액의 산정기준과 대동소이한 규정을 마련하고 그 급부액의 산정에 있어 아무런 재량의 여지없이 기계적인 법집행만을 인정하고 있는 데 비하여, 법 제6조는 관련자의 희생의 정도에 따라 보상하되 그 생활정도를 고려하여 보상의 정도를 달리 정할 수 있는 것으로 규정하여 보상액의 결정에 일정한 범위의 재량판단의 여지를 인정하고 있는 점에서 그러한 결정에 대한 불복은 항고소송에 의하여야 한다는 근거가 될 수 있다.[28]

(나) 항고소송설을 취한 또 다른 견해는 다음과 같은 세 가지 관점에서 법상의 보상금 지급에 관한 소송은 항고소송의 대상이라고 본다.

① 이론적으로 볼 때 법상의 명예회복이나 보상금 지급이 국가의 불법행위로 인한 손해배상의 성질을 갖는다고 해석할 여지가 없는 것은 아니지만, 법률의 명칭에서도 보상이라고 되어 있고, 보상금 산정의 요소가 복잡한 점 등에 비추어 볼 때 법 상의 보상금의 지급 등은 행정이 자신의 채무를 이행하는 것이 보다는 법률을 집행하는 것으로 봄이 타당하고, 따라서 보상금청구권은 법률의 규정에 따라 곧바로 발생하는 것이 아니라 행정권의 선결권 내지 1차적 판단권에 따른 결정에 따라 발생한다.

---

27) 이상의 설명은, 이현수, 민주화보상법상 금전적 구제의 법적 성격—보상심의위원회의 심의결정의 법적 성격 및 이에 대한 소송유형을 중심으로—, 공법연구 34집 1호(2005. 11), 한국공법학회, 201-203, 208-211면.

28) 이현수, 전게 논문, 전게서, 206면.

② 법의 규정에 비추어 볼 때 법 제2조 제2호가 '위원회에서 심의 · 결정된 자'로 정의하고 있는 것은 민주화운동관련자의 해당 여부가 법령의 규정에서 바로 도출될 수 없을 정도로 광범위하여 이를 확정하기 위하여는 위원회의 심의 · 결정이 필요하다.

③ 어느 편이 국민에서 유익한지의 관점에서 보더라도 당사자소송으로 보는 경우에는 청구취지와 청구원인의 특정 곤란, 청구금액에 따른 인지첩부 부담 등의 문제가 있어 항고소송으로 보는 것이 국민에게 유리하다고 할 수 있다.[29]

4. 대상 판결의 이해

(1) 대상 판결의 의미

위와 같이 법 상의 보상금 등 지급에 관한 소송의 형태에 관하여 견해가 갈리고 하급심의 실무도 통일되지 못하고 있었던 중에[30] 대상 판결이 선고되어 항고소송설의 입장을 분명히 함으로써,[31] 그동안의 혼선을 일단 정리하였고, 그에 이어 대법원 2008. 12. 11. 선고 2008두6554 판결 등이 앞서 본 바와 같이 법과 그 규정 내용이 거의 같은 특수임무수행자 보상에 관한 법률상의 보상금지급에 관한 소송에 관하여 항고소송설의 입장을 다시 확인하였다. 대상판결은 요컨대, 민주화운동관련자에 대한 법 제2조 제2호 소정의 위원회의 결정은 광주민주화운동보상법에서와는 달리 포괄적으로 규정되어 있는 법 규정상의 대상자 해당성 등을 구체적 사안에서 확정하는 행정처분에 해당하므로, 그에 대한 불복은 취소소송의 대상이라고 본 것이다. 아래에서 이 점을 광주민주화운동보상법과의 비교를 통하여 구체적으로 살펴본다.

(2) 법상 위원회 결정의 처분성

㈎ 법의 규정

㈀ 법은 제2조에서 제1호로 먼저 민주화운동을 정의한 후, 제2호에서 법의 적용 대상이 되는 민주화운동관련자를 정의하면서 위원회에서 그 해당자로 심의 · 결정된 자라

---

29) 이상의 설명은, 안철상, 행정소송의 대상, 행정소송의 이론과 실무(2008. 1.), 사법연구지원재단, 85-87면.

30) 정욱도, 전게 논문, 전게서, 198면.

31) 대상 판결이 나오기 전의 사안인 대법원 2007. 5. 11. 선고 2006두20228 판결에서도 법상의 명예회복신청기각 결정에 대한 항고소송을 인정하고 있었다. 대상 판결과 비슷한 논의구조를 가진 사안으로는 대법원 1994. 5. 24. 선고 92다35783 전원합의체 판결을 들 수 있다. 이 판결에서 다수의견은, 공공용지의 취득 및 손실보상에 관한 특례법상의 이주대책은, 그 본래의 취지에 있어 이주자들에게 종전의 생활상태를 원상으로 회복시키면서 동시에 인간다운 생활을 보장하여 주기 위한 이른바 생활보상의 일환으로 국가의 적극적이고 정책적인 배려에 의하여 마련된 제도로서, 그에 따라 이주택지 수분양권을 취득하기 위하여는 사업시행자가 이주대책대상자로 확인 · 결정하여야만 하고, 따라서 그에 대하여 불복이 있을 경우 항고소송에 의하여 그 제외처분 또는 거부처분의 취소를 구하여야 하지, 막바로 당사자소송으로 수분양권의 확인 등을 구할 수는 없다고 보았다. 반면 반대의견은 경우에 따라 항고소송뿐만 아니라 당사자소송도 허용하여야 한다고 보았다.

고 규정하고 있다. 이는 앞서 본 바와 같이 여러 과거사청산법률 중 제주4 · 3사건 진상규명 및 희생자명예회복에 관한 특별법, 노근리사건 희생자 심사 및 명예회복에 관한 특별법 및 특수임무수행자보상에 관한 법률과 같고, 광주민주화운동보상법, 거창사건 관련자 명예회복에 관한 특별조치법, 삼청교육 피해자의 명예회복 및 보상에 관한 법률과 다르다.

(ㄴ) 법에서 이와 같이 민주화운동관련자 해당자 여부에 대한 결정이 필요한 것으로 규정하고 있는 것은 우선 법 자체가 개개의 역사적 사건에 대한 보상을 위한 것이 아니라 민주화운동 일반에 대한 보상법으로 제정된 것이어서, 그 규정 자체로는 다수의견이 지적하고 있듯이 그 해당자인 여부가 분명하지 않고 보상금 특히 생활지원금 등의 지급에 있어서의 재량성이 인정되기 때문이라고 할 수 있다. 반면 광주민주화운동보상법은 1980. 5. 18.을 전후한 광주민주화운동이라는 특정 역사적 사건의 희생자를 보상 대상으로 하고 있어 그 정의 규정에서 별도의 심의 · 결정을 규정하고 있지 않다.

(ㄷ) 일반적으로 어떠한 법령상의 급부청구권을 행사하기 위하여는 그 청구권의 확정이 선행되어야 하는데, 그 확정이 근거 법령 자체에서 이루어지는 경우(이때는 그 근거법령이 실체법적 규정이 된다)가 아니라 근거 법령에서는 확정방식만을 정하고 있어 별도의 확정절차가 필요하고(이 때는 그 법령은 절차법적 규정이 된다), 이 때 확정절차로 행정주체의 결정이 규정되어 있을 경우 그 결정은 행정처분이 된다고 볼 수 있다.[32] 이러한 관점에서 보면 법 제2조 제2호에서 민주화운동관련자에 관한 위원회의 결정을 규정하고 있는 것은 법이 그 적용 대상자의 확정방식을 절차법적 방식으로 규정한 것으로서 여기서 말하는 위원회의 결정은 행정처분에 해당하는 반면, 광주민주화운동보상법은 법 규정 자체에서 그 대상자를 규정함으로써 대상자의 확정방식에서는 실체법적 방식을 취한 것이라고 할 수 있고, 거기서는 별도로 행정주체의 결정이 개재될 여지가 없다고 할 수 있다.

(ㄹ) 이렇게 법 규정에서 민주화운동관련자에 관한 위원회의 심의 · 결정을 규정한 것은 요컨대, 행정청에 1차적 판단권을 부여하고자 한 것으로서 그 결정은 대외적 확정력을 가지는 행정처분에 해당한다고 할 수 있다.[33]

(나) 결정의 주체

(ㄱ) 한편, 법은 민주화운동관련자에 관한 결정의 주체를 국무총리 소속하에 설치된 위원회[34]로 규정하고 있다. 이 위원회는 대통령이 임명한 9인의 위원으로 구성되고, 그

32) 고종주, 전게 논문, 전게서, 416면.
33) 이윤환, 민주화운동보상법의 공법적 문제점, 법학연구 27집(2007. 8.), 38면. 이현수, 전게 논문, 전게서, 203면.
34) 민주화운동관련자명예회복및보상심의위원회.

중 3인은 국회의장이 추천한 자를, 3인은 대법원장이 추천한 자를 임명하게 되어 있다(법 제5조). 이 위원회가 독립한 행정주체가 될 수 있는 것에는 별다른 의문이 없다.

㈏ 반면, 광주민주화운동보상법에서는 관련자 및 그 유족에 대한 보상등을 지원하기 위하여 국무총리소속하에 5 · 18민주화운동관련자보상지원위원회를 설치하는 한편(§3), 이와는 별도로 관련자 및 유족에 대한 사실심사 기타 보상 등의 심의 · 결정을 위하여 광주광역시에 광주민주화운동관련자보상심의회를 설치하여(§4 ①) 이 위원회에서 관련자 또는 그 유족에 해당하는지 여부의 심사 · 결정을 하도록 규정하고 있는데(§4 ②), 이 위원회는 광주광역시장을 위원장으로 하게 되어 있다(§4 ②). 말하자면 광주민주화운동보상법에서의 보상심의회는 법과는 달리 실무기구로서 설치되어 있고,[35] 이 실무기구에서 관련자 여부의 심사 · 결정을 하도록 규정하고 있는 것인데, 대법원 1992. 12. 24. 선고 92누3335 판결은 이 위원회의 결정에 대하여 보상금 지급에 관한 소송을 제기하기 위한 전치요건에 불과하고 취소소송의 대상이 되는 행정처분이라고 할 수 없다고 본 것은, 이러한 결정 주체의 성격에서도 타당한 것이라고 할 수 있다. 말하자면 광주민주화운동보상법상의 심의위원회의 심사 · 결정은 보상금 지급 등에 관한 실무상의 업무방식으로서의 결정이지 대외적으로 확정력을 가지는 처분이라고 볼 수가 없는 것이다.

㈐ 그러므로 광주민주화운동보상법에서의 심의위원회의 심사 · 결정을 행정처분으로 볼 수 없다고 하여, 결정주체의 법적 성격이 다른 법상의 위원회의 결정을 행정처분으로 볼 수 없다는 근거가 되지는 못한다.

㈐ 보상의 법적 성격

㈎ 한편, 법상의 보상의 법적 성격은 법 제6조(보상원칙)에서 「관련자와 그 유족에 대하여는 관련자의 희생의 정도에 따라 보상하되, 그 생활정도를 고려하여 보상의 정도를 달리할 수 있다」고 규정하고 있는 점에서 볼 때, 인과성에 토대한 국가배상책임(법치국가원리) 혹은 사회보상책임(사회국가원리)에 기한 것뿐만 아니라 합목적성에 토대를 둔 사회부조책임(사회국가원리)으로서의 성격도 아울러 가지고 있다고 할 수 있고, 법은 위와 같은 사회보상 내지 사회부조로서의 성격을 고려하여 완전배상을 전제로 하는 국가배상책임에 있어서와는 달리[36] 행정청에 1차적 판단권을 부여하고자 위원회의 심의 · 결정을 규정하고 있는 것이라 볼 수 있다.

㈏ 반면, 광주민주화운동보상법상의 보상책임에 관하여는 5 · 18민주화운동등에관한

35) 앞서 본 과거사청산법률 중 제주4 · 3사건진상규명및희생자명예회복에관한특별법, 노근리사건희생자심사및명예회복에관한특별법, 거창사건관련자의명예회복에관한특별조치법에서도 별도의 실무위원회를 시 · 도지사소속하에 설치하는 것으로 규정하고 있다.

36) 이윤환, 전게 논문, 전게서, 45면. 이현수, 전게 논문, 전게서, 212면. 명재진, 민주화운동관련자명예회복및보상등에관한법률의 헌법적 문제점, 공법연구34집1호(2005. 11), 한국공법학회, 194면.

특별법(1995. 12. 21. 법률 제5029호) 제6조에서 "광주 민주화운동 관련자 보상 등에 관한 법률의 규정에 의한 보상은 배상으로 본다"는 배상의제 규정을 둠으로써 국가배상책임으로서의 성격이 법률로 명시되었다. 그러므로 여기서는 국가배상법과 마찬가지로 애당초 완전배상이 문제될 뿐이고, 행정주체에 의한 결정의 여지는 없다.

(ㄷ) 결국 광주민주화운동보상법에 관한 대법원 1992. 12. 24. 선고 92누3335 판결에서 심의위원회 결정의 처분성을 부정한 것은 타당하지만, 그렇다고 하여 법상의 위원회 결정의 처분성을 부정할 수는 없는 것이다.

(3) 형식적 당사자소송과의 관계

(가) 이렇게 법상의 위원회 결정에 처분성을 인정하여야 한다고 보면 그에 대한 불복은 항고소송이 될 수밖에 없다. 위원회 결정의 처분성에도 불구하고 당사자소송을 제기할 수 있다고 하면 이는 결국 처분을 다투는 당사자소송 즉 형식적 당사자소송이 될 수밖에 없다.

(나) 그런데 형식적 당사자소송을 개별 법률의 규정없이 행정소송법 상 일반적으로 인정할 수 있는지에 관하여는 긍정설도 있지만, 부정설이 통설이다.[37] 즉 형식적 당사자소송이 인정되기 위하여는 개별 법률에 근거 규정이 있어야 하는 것이다.

(다) 우리 실정법상 형식적 당사자소송을 규정하고 있는 예로는 ① 공익사업을 위한 토지등의 취득 및 보상에 관한 법률 제85조 제2항과 전기통신기본법 제40조의2 제5항 제6항이 들어지는데, 위 규정들은 소송의 상대방을 전자의 경우 사업시행자 또는 토지소유자 · 관계인으로 후자의 경우 다른 당사자로 명시하여 증감청구를 할 수 있는 것으로을 규정하고 있다. 이에 비하여 법은 위원회의 결정에 대하여 불복이 있을 경우 국가를 상대로 그 보상의 지급을 구할 수 있다는 명시적 규정을 두고 있지 않다. 결국 법상으로는 형식적 당사자소송이 인정될 근거가 없는 것이다.

(4) 법 제17조(결정전치주의), 제18조(재판상 화해의제)와의 관계

(가) 이렇게 법상 위원회의 결정을 처분으로 보고, 그에 대한 불복은 항고소송 즉 취소소송으로 제기하여야 한다고 보면, 법 제17조에서 원칙적으로 위원회의 결정을 거쳐야 소송을 제기할 수 있다고 하면서 일정한 기간이 경과한 후에는 위원회의 결정이 없는 경우에도 소송을 제기할 수 있다고 규정하고 있는 것이나, 제18조에서 위원회의 보상 등의 지급결정에 대하여 신청인이 동의한 때에는 재판상 화해가 성립된 것으로 본다는 규정을 두고 있는 것이 무슨 의미인지를 설명하기가 곤란한 것은 분명하다.

(나) 결국 위 규정들은 원래 법상의 위원회 결정이 국가배상법이나 광주민주화운동보상법에서 와는 달리 처분성을 가지는 것으로 규정하면서도 그에 따른 소송형태에 대한

37) 안철상, 전게 박사학위 논문, 36-37면.

분명한 인식없이 위 법률들의 예에 따라 보상절차에 관한 규정으로 위 규정들을 두게 된 것이라고 볼 수밖에 없다. 다만 위와 같은 규정들이 해석상 의문점을 낳고 있기는 하지만, 위원회의 결정을 처분으로 보고 그에 대한 불복을 항고소송, 취소소송으로 다투는데 적극적인 장애가 된다고까지는 할 수 없다.

(5) 정　　리

법이 민주화운동 일반에 대한 보상법으로서 제정된 점과 그 보상의 성격이 국가배상과 사회보장적 성격뿐만 아니라 사회부조적 성격까지 가지는 점, 그리고 법문 자체에서 행정주체로서의 위원회의 결정을 명시하고 있는 점에서 대상판결이 국가배상법적 성격을 가지는 것으로 법률상 규정된 광주민주화운동보상법에서와는 달리 위원회의 결정을 처분으로 보고 그에 대한 불복은 항고소송으로 다투어야 한다고 판시한 것은 이론상으로나 법 해석상으로나 타당한 것이라고 할 수 있다. 다만 이렇게 대상판결에서 명시적 판단이 나오기까지 소송실무에서 여러 혼선이 있었던 것은 무엇보다 법 자체에서 그 성격에 부합되지 않고 일관되지 않는 규정들이 혼재하고 있는 탓이라고 할 수 있고, 이는 기본적으로 앞서본 여러 과거사청산법률의 법적 성격 등에 따른 소송형태에 대하여 기본적인 인식이 불분명한데서 기인한 것이라고 할 수 있다. 대상판결을 계기로 향후 입법적 정리가 이루어질 것이 요망된다.

69. 처분성의 판단기준

— 대법원 2007. 6. 14. 선고 2005두4397 판결 —

김 창 조*

Ⅰ. 판례의 개요

1. 사실관계

원고(X)는 2002년 8월경부터 인터넷사이트(이하 본건 인터넷사이트라 칭한다)를 개설 운영하고 있었다. 피고(Y)는 2003년 4월 15일 본건 인터넷사이트에서 제공하는 관련 정보가 청소년의 건전한 인격성장과 생활태도에 부정적인 영향을 끼칠 수 있다는 이유로 본건 인터넷사이트를 청소년유해매체물로 결정하였다. 피고는 2003년 4월 16일 이 사건 결정을 원고에게 통보함과 아울러 청소년보호위원회에 이 사건의 결정의 고시를 요청하였고, 이에 2003년 5월 1일 청소년보호위원회가 본건 인터넷사이트를 청소년유해매체물로 고시하였다. 이에 원고는 당해 결정(본건 인터넷사이트의 청소년 유해매체물 결정)에 불복하여 그 취소를 구하는 소를 제기하였다.

2. 소송의 경과

이 사건에 대하여 원심인 서울고등법원 2005년 3월 31일 판결은 당해 결정의 처분성을 부정하여 소를 각하하였다. 이에 불복하여 상고한 것이 본건 판결이다. 대법원은 계쟁 결정처분의 처분성을 인정하여 원심판결을 파기하고 사건을 서울고등법원에 환송하였다.

* 경북대학교 법학전문대학원 교수.

3. 판결요지

[원심판결요지]

서울고등법원 2005년 3월 31일 판결(서울고법 2005. 3. 31. 선고 2004누3283 판결)은 「피고의 이 사건 결정이 있음으로써 바로 청소년유해매체물이 되어 청소년보호법상의 의무가 생기는 등 권리관계에 변동이 초래되는 것이 아니라, 청소년보호위원회의 고시가 있어야 비로소 청소년유해매체물이 됨으로써 청소년보호법상의 표시의무, 포장의무, 판매금지의무 등 각종 법률상의 의무가 생기고 그와 같은 의무의 이행을 확보하기 위한 수단으로 청소년보호위원회의 수거 · 파기명령, 시정명령 등이 가능하며 청소년보호법상의 의무위반자에 대하여 형사처벌을 하도록 되어 있는 점에 비추어 심의기관인 피고의 이 사건 결정 자체만으로 본건 인터넷사이트가 청소년유해매체물이 되고 그에 따라 원고에게 청소년유해물 표시의무 등 청소년보호법상의 각종 의무가 생긴다든가 그 밖에 원고의 권리의무에 직접적인 법률상의 변동이 초래되는 것이 아니므로 이 사건 결정은 항고소송의 대상이 되는 행정처분이라고 볼 수 없다」고 하였다.

[대법원판결요지]

대법원은 「행정청의 어떤 행위를 행정처분으로 볼 것인가의 문제는 추상적 · 일반적으로 결정할 수 없고 구체적인 경우 행정처분은 행정청이 공권력의 주체로서 행하는 구체적 사실에 관한 법집행으로서 국민의 권리의무에 직접적으로 영향을 미치는 행위라는 점을 염두에 두고 관련 법령의 내용 및 취지와 그 행위가 주체 · 내용 · 형식 · 절차 등에 있어서 어느 정도로 행정처분으로서의 성립 내지 효력요건을 충족하고 있는지 여부, 그 행위와 상대방 등 이해관계인이 입는 불이익과의 실질적 견련성, 그리고 법치행정의 원리와 당해 행위에 관련한 행정청 및 이해관계인의 태도 등을 참작하여 개별적으로 결정하여야 할 것이다. … 이 사건 결정은 피고 명의로 외부에 표시되고 이의가 있는 때에는 피고에게 결정취소를 구하도록 통보하고 있어 객관적으로 이를 행정처분으로 인식할 정도의 외형을 갖추고 있는 점, 피고의 결정에 이은 고시요청에 기하여 청소년보호위원회는 실질적 심사 없이 청소년유해매체물로 고시하여야 하고 이에 따라 당해 매체물에 관하여 구 청소년보호법상의 각종의무가 발생하는 점, 피고는 이 사건 결정을 취소함으로써 구 청소년보호법상의 각종의무를 소멸시킬 수 있는 권한도 보유하고 있다는 점 등 관련 법령의 내용 및 취지와 사실관계에 비추어 볼 때, 피고의 이 사건 결정은 항고소송의 대상이 되는 행정처분에 해당한다」고 판시하였다.

Ⅱ. 평 석

1. 쟁점정리

인터넷사이트에 대한 정보통신윤리위원회의 청소년유해매체물 결정이 행정처분에 해당하는가 여부가 문제된 사건이다. 청소년유해매체물로써 인터넷 사이트의 규제행정은 정보통신윤리위원회의 청소년유해매체물 결정처분과 당해 결정에 따른 청소년보호위원회의 고시로 구성되어 있다. 이들 행정과정 중 이전 단계의 결정을 포착하여 공격대상으로 할 수 있는가 여부가 문제된 사건이다. 취소소송의 대상을 획정하는 것은 위법한 행정작용에 대한 소송을 통한 구제과정에 있어서 취소소송이 담당하는 적용범위를 확정하는 것이다. 행정활동을 둘러싼 사법적 분쟁해결시스템으로써 현행법은 항고소송과 공법상 당사자소송 또는 민사소송의 이원제도를 취하고 있다. 항고소송의 일종인 취소소송의 대상에 대해서 행정소송법 제2조 제1항 1호는 「처분등이라 함은 행정청이 행하는 구체적 사실에 관한 법집행으로서의 공권력의 행사 또는 그 거부와 그 밖에 이에 준하는 행정작용 및 행정심판에 대한 재결을 말한다」라고 규정하고 있다. 취소소송의 소송요건의 하나인 처분성은 상이한 두 가지 성격의 문제를 포함하고 있다. 그 하나는 법적 쟁송이 법원조직법 제2조의 「법률상쟁송」에 해당하는가의 문제이고, 다른 하나는 당해 법적 쟁송이 「법률상쟁송」에 해당하는 경우에, 그 소송절차로써 취소소송과 당사자소송 또는 민사소송 중 어느 것에 의해야 하는가라는 소송절차의 선택문제이다. 이 사건은 전자와 관계된 사건이다.

2. 관련판례

고시와 관련된 판례에서 쟁점이 되는 것은 행정행위 고지의 한 가지 방법으로서 고시를 이용할 경우, 당해 행정처분의 성립시기를 언제로 볼 것인가의 문제와 규범적 성격의 고시의 처분성 인정 여부의 문제이다.

행정행위의 효력발생을 위한 고지의 하나의 방법으로 고시가 선택된 경우(일반처분)에 판례는 그 효력발생에 대하여 「통상 고시 또는 공고에 의하여 행정처분을 하는 경우에는 그 처분의 상대방이 불특정 다수인이고 그 처분의 효력이 불특정 다수인에게 일률적으로 적용되는 것이므로, 행정처분에 이해관계를 갖는 자가 고시 또는 공고가 있었다는 사실을 현실적으로 알았는지 여부에 관계없이 고시가 효력을 발생하는 날에 행정처분이 있음을 알았다고 보아야 할 것이다」라고 하였다(대법원 2001. 7. 27. 선고 99두9490 판결).

그러나 이 사건에서는 고시 자체가 쟁점이 된 것이 아니고 고시할 것인가의 여부를 결정하는 것이 그 전제가 되어 행정작용의 처분성이 문제되었다. 인터넷상 청소년유해매체물에 대한 규제행정은 정보통신윤리위원회의 청소년유해매체물 결정처분과 당해 결정에 따른 청소년보호위원회의 고시로 중층적 행정과정이 구성되어 있다. 이들 행정과정에서 최종적 행정작용인 고시를 포착하여 공격하지 않고 그 이전 단계인 정보통신윤리위원회의 청소년유해매체물 결정에 대한 취소를 구한 사건으로 이와 같은 사안에 대한 판례의 축적은 거의 없는 것 같다.

그리고 규범적 성격의 고시의 처분성 인정여부와 관련하여 판례는 다음의 기준을 제시하고 있다. 즉 「어떠한 고시가 일반적 · 추상적 성격을 가질 때에는 법규명령 또는 행정규칙에 해당할 것이지만, 다른 집행행위의 매개 없이 그 자체로서 직접 국민의 구체적인 권리의무나 법률관계를 규율하는 성격을 가질 때에는 행정처분에 해당한다고 할 것이다」고 하였다(대법원 2001. 1. 19. 선고 99두9674 판결).

3. 판례의 검토

(1) 처분개념 범위에 관한 학설의 입장

어떤 행정작용이 행정처분에 해당하는가를 판단하는 방법으로 당해 행정작용이 행정처분의 개념요소를 갖추었는지 여부를 확인함으로써 처분성 존부를 결정하는 견해와 이러한 개념적 요소의 존부뿐만 아니라 소송법상 분쟁해결시스템 상호관계까지 고려하여 기능적 측면에서 처분성을 결정하는 견해로 나눌 수 있다.

㈎ 개념범주적 접근론(실체적 행정처분론)

이 견해는 취소소송의 적용범위를 설정하는 처분개념의 범위를 강학상의 행정행위 개념과 일치시키는 입장으로 처분성유무를 판단하는 기본적 판단구조는 다음과 같다.

첫째, 실체적 행정처분론은 행정작용의 성질론 즉, 당해 행정작용이 권력적인가의 여부를 통해서 처분성을 판단하려 한다. 그리고 행정작용의 권력성유무는 당해 행정작용이 공정력을 가지는가의 여부를 통해서 판단할 수 있다고 한다. 그러나 공정력은 행정작용이 취소소송의 대상이 되기 전에 존재하는 것이 아니고, 취소소송의 대상이 된 결과, 발생하는 현상이므로 취소소송의 대상이 되는가의 여부, 즉 처분성존부의 판단기준으로서는 타당성을 결하고 있다고 판단된다. 이러한 의미에 있어서 행정소송법상의 「공권력」의 개념은 취소소송이 존재하는 결과로서의 권력성(공정력 · 불가쟁력)과 구별하여 파악할 필요가 있다(김동희, 685면).

둘째, 처분성에 대한 실체법적 행정처분론에 따르면, 행정작용에 의한 국민의 법익침해는 원칙적으로 공법상 당사자소송 또는 민사소송에 의해서 구제되지만, 공법상 당사자소송 또는 민사소송의 적용범위가 비권력적 행정작용에 한정되기 때문에, 취소소송은 당사자소송 또는 민사소송이 미치지 않는 권리구제의 공백상태를 없애는 보충적 소송이라고 이해한다. 즉, 취소소송은 공정력을 가지는 행정행위의 효력을 배제하는 특별하고 예외적 소송으로 관념한다(이 제도를 설계할 당시 이러한 관념에 기초하여 제도가 입안되었다고 한다(김창조, 316면)).

셋째, 실체법적 행정처분론은 취소소송의 적용가능성에 대해서 행정행위개념을 통하여 개념범주적으로 대응하려 한다. 즉, 처분성이 인정되는 범위를 강학상의 행정행위개념과 일치시켜 판단하려 하는 것이다. 이와 같은 사고는 행정기관이 행하는 각종행위가 취소소송을 제기할 수 있는 처분과 그 밖의 것으로 범주적으로 구분될 수 있다는 것 및 처분성의 유무는 법령의 별단의 규정이 없는 한 이론상의 행정행위개념과 일치시켜 판단해야 하는 것을 전제로 하여, 취소소송제도를 행정행위의 심사를 위한 제도로서 한정적으로 파악하는 취소소송제도의 전통적 이해에 기초하고 있다.

이상과 같이 실체적 행정처분론은 처분성문제에 대해서 개념범주적으로 대응하여 정식화된 행정처분개념에 해당하지 않는 행정작용에 대해서 처분성을 인정하는데 소극적 입장을 견지하고 있다.

(나) 기능적 접근론(쟁송법적 행정처분론)

쟁송법적 행정처분론은 비권력적 행정활동에 대한 국민의 권리 · 이익의 구제를 확충한다는 견지에서 처분성확대를 추구하는 사고이다. 이러한 사고는 취소소송의 배타적 관할이 작용되지 않는 비권력적 행정활동을 형식적 · 기술적으로 행정청의 공권력행사에 해당하는 행위로 구성하여 취소소송의 활용가능성을 승인하려 한다. 쟁송법적 행정처분은 당해 행위가 권력적인가, 비권력적인가를 불문하고 위법한 행정활동에 의해서 국민이 불이익을 받을 때, 그 위법상태를 배제하는 원칙적 소송으로써 취소소송을 위치시키려고 한다. 이와 같은 사고의 근저에는 행정작용의 성질을 불문하고 그 구제와 사법적 통제의 수단으로써 취소소송이 가장 적절하다는 것이 전제되어 있다(김창조, 319-320면).

이와 같이 쟁송법적 행정처분론은 법익구제의 면에 있어서, 취소소송이 당사자소송 또는 민사소송에 대해서 기능적 우위성을 갖고 있다는 것을 전제하고 있지만, 다음과 같은 점을 고려할 때 그 이론적 타당성에 대해서는 의문이다.

비권력적 행정활동을 형식적 행정처분으로 구성하여 처분성을 부여할 경우, 당해 행위가 취소소송의 배타적 관할에 속하는 것이 되어 공정력과 불가쟁력을 수반하게 된다는 것은 부정하기 어렵다. 이것은 결과적으로 비권력적 법률관계에 공정력, 불가쟁력 등의 권력적 요소를 도입하는 것이 되어, 국민의 권리구제 면에 있어서는 오히려 제한적 의미를 갖게 된다. 그리고 취소소송은 공법상의 당사자소송 또는 민사소송과 비교할 때, 권리보호의 측면에서 다음과 같은 단점을 가진다. 즉 취소소송은 제소기간이 제한되어 있으며(행정소송법 제20조), 사정판결제도(동법 제28조)가 인정되고, 가구제절차로써 집행정지인정(동법 제23조)의 엄격성 등이 승인되고 있다고 할 수 있다. 이상과 같은 취소소송의 권리구제상의 역기능을 고려할 때, 무조건적 처분성확대가 권리구제확대와 바로 연결되지는 않는다는 것을 알 수 있다. 한편 취소소송이 공법상 당사자소송 또는 민사소송과 비교하여 권리구제상의 순기능의 역할을 하는 것으로써 조기의 권리보호, 기성사실발생의 방지기능, 분쟁의 일거해결기능, 행위규범적 통제기능 등을 들 수 있다. 이들 기능이 역할하는 이익상황에서는 처분성의 확대가 사인의 권리구제의 확대와 직결된다고 할 수 있다.

(다) 취소소송의 기능과 처분성판단기준

실체법적 행정처분론과 같이 엄격한 개념론 · 성질론에 의존하여 처분성을 확정할 경우, 사법적 구제기회가 부당하게 제한될 우려가 있다. 따라서 취소소송의 기능과 행정처분에 의해서 야기된 이익상황을 고려하여 취소소송과 공법상 당사자소송 또는 민사소송의 역할분담이라는 기능적 관점에서 취소소송의 적용범위를 획정하는 것이 필요할 것이다. 기능적 측면에서 취소소송의 적용범위를 검토함에 있어서는 취소소송제도가 보장하는 행정권의 각종 특권의 객관적 인식과 취소소송의 역기능과 순기능, 취소소송과 공법상 당사자소송 또는 민사소송의 역할분담의 존재형태, 문제가 되고 있는 행정활동이 행정과정에서 차지하고 있는 역할과 위치 및 당해 행정작용이 가져오는 이익상황 등을 고려하는 것이 필요하다.

행정처분으로서의 개념요소를 갖춘 행정작용에 대하여 처분성을 인정하는 데에는 학설상 이론이 없을 것이다. 그러나 이러한 개념요소의 완비가 불완전한 경우의 처분성 인정에 있어서는 구체적 이익상황을 전제로 당해 이익상황에서 취소소송의 순기능이 역할하는 경우에는 처분성을 확대하는 것이 바람직하고, 취소소송의 역기능이 역할하는 경우에는 처분성확대를 제한하는 것이 바람직하다(김창조, 322면).

(2) **처분개념 범위에 관한 판례의 동향**

종래의 판례는 어떤 행정작용이 처분성을 갖는가 여부를 판단함에 있어서 원칙적으로는 본건 판시에서 설시하듯이 당해 행정작용이 행정행위로서의 개념요소를 구비하고 있는가 여부를 검토하여 결정하고 있는 것 같다. 즉, 「행정청의 어떤 행위를 행정처분으로 볼 것인가의 문제는 추상적 · 일반적으로 결정할 수 없고 구체적인 경우 행정처분은 행정청이 공권력의 주체로서 행하는 구체적 사실에 관한 법집행으로서 국민의 권리 · 의무에 직접적으로 영향을 미치는 행위라는 점을 염두에 두고 관련법령의 내용 및 취지와 그 행위가 주체 · 내용 · 형식 · 절차 등에 있어서 어느 정도로 행정처분으로서의 성립 내지 효력요건을 충족하고 있는지 여부, 그 행위와 상대방 등 이해관계인이 입는 불이익과의 실질적 견련성, 그리고 법치행정의 원리와 당해 행위에 관련한 행정청 및 이해관계인의 태도 등을 참작하여 개별적으로 결정하여야 할 것이다」라고 하고 있다. 그러나 전형적인 행정행위에 해당하지 않는 행정작용에 대해서도 판례는 점차로 처분성의 확대를 도모하는 것 같다. 예컨대 조례(대법원 1996. 9. 20. 선고 95누8003 판결) 또는 행정규칙(대법원 2006. 9. 22. 선고 2005두2506 판결), 행정계획(대법원 1982. 3. 9. 선고 80누105 판결), 사전결정(대법원 2004. 11. 26. 선고 2003두10251, 10268 판결), 공시지가결정(대법원 1995. 3. 28. 선고 94누12920 판결) 등을 들 수 있다.

이러한 처분성확대에 관한 판례의 의미를 취소소송의 기능적 측면에서 검토하여 보면 다음과 같다.

㈎ 조기의 권리보호, 기성사실발생의 방지기능

취소소송은 공법상 당사자소송 또는 민사소송에 의해서는 다툴 수 없는 이익상황에서도 기능할 수 있는 분쟁해결시스템이다. 행정과정에서 법적 분쟁이 발생하고 당해 행정과정이 진행됨으로써 침해의 발생이 예측되는 상황에서, 조기단계에서 법적 분쟁의 계기가 된 행정작용의 위법성을 확인하여 두지 않을 경우, 관계된 분쟁이 심화되어 기성사실의 발생에 의해서 실효성 있는 구제가 곤란한 경우가 있다.

대법원 1996. 12. 6. 선고 95누8409 판결은 「택지개발촉진법 제3조에 의한 건설교통부장관의 택지개발예정지구의 지정은 그 처분의 고시에 의하여 개발할 토지의 위치, 면적과 그 행사가 제한되는 권리내용 등이 특정되는 처분인 반면에, 같은 법 제8조에 의한 건설교통부장관의 택지개발계획 시행자에 대한 택지개발계획의 승인은 당해 사업이 택지개발촉진법상의 택지개발사업에 해당함을 인정하여 시행자가 그 후 일정한 절차를 거칠 것을 조건으로 하여 일정한 내용의 수용권을 설정하여 주는 처분으로서 그 승인고시에 의하여 수용할 목적물의 범위가 확정되는 것이므로, 그 두 처분은 후자가 전자의 처분을 전제로 하는 것이기는 하나 각각 단계적으로 별개의 법률효과를 발생하는 독립한 행정처분이다」고 한다. 이 건에서 당해 택지개발예정지구의 지정이 가져오는 이익상황과 관련시켜 처분성이 인정되게 된 의미를 검토하여 보면, 당해 택지개발예정지구의 지정이 확정되면 그 후의 절차는 이것에 따라서 기계적으로 추진된다. 그러므로 당해 지정행위에 대한 위법성을 확정할 기회를 부여하지 않을 경우, 이에 기초하여 절차가 진행되어 당해 사업계획의 위법성이 승계되는 것을 전제로 하여 제기된 후속행위를 다투는 소송의 단계에서는 기성사실의 발생에 의한 적절한 법적 구제가 곤란하게 된다. 취소소송은 이와 같이 권리 · 이익의 침해형태가 기성사실의 발생이 예측되는 상황에 있어서, 당해 행정작용의 위법성의 확인을 행하는 것에 의해 조기의 권리보호를 도모하여 기성사실의 발생을 방지하는 역할을 수행하고 있다.

(나) 분쟁의 일거해결기능

취소소송은 개개의 법률관계의 형성원인인 행정작용을 판단의 대상으로 하여 그 위법성을 확정하는 것에 의해 당해 행정작용의 유효성을 전제로 하여 형성된 법률관계를 둘러싼 법적 분쟁을 일거에 해결하는 역할을 수행하고 있다.

대법원은 보험약가인하취소소송에서 어떠한 고시가 일반적 · 추상적 성격을 가질 때에는 법규명령 또는 행정규칙에 해당할 것이지만, 다른 집행행위의 매개 없이 그 자체로서 직접 국민의 구체적인 권리 · 의무나 법률관계를 규율하는 성격을 가질 때에는 행정처분에 해당한다고 하면서 보건복지부 고시인 약제급여 · 비급여목록 및 급여상한금액표(보건복지부 고시 제2002-46호로 개정된 것)는 다른 집행행위의 매개 없이 그 자체로서 국민건강보험가입자, 국민건강보험공단, 요양기관 등의 법률관계를 직접 규율하는 성격을 가지므로 항고소송의 대상이 되는 행정처분에 해당한다고 판시하였다(대법원 2006. 9. 22. 선고 2005두2506 판결). 만약, 이 사건에 있어서 당해 보건복지부 고시의 처분성이 부정될 경우에는, 원고인 제약회사는 약제비산정과 관련하여 문제가 될 때마다 요양기관을 상대로 그 효력을 다투어야 하고, 요양기관 또는 국민건강보험가입자는 약제비의 산정과 또는 약제비의 상환 시마다 국민건강보험공단상대로 그 효력을 다투어야 한다. 그러나 이와 같은 해결방법은 현실적으로 분쟁의 당사자 간의 부분적이고 한정적인 해결에 머물게 된다. 이와 같은 이익상황에 있어서 취소소송은 당해 민사적 법률관계의 기초가 되어 있는 법률관계를 다투는 것에 의해서 분쟁을 일거에 해결하는 기능을 수행하고 있다.

(다) 행위규범적 통제기능

취소소송은 통상의 민사소송과 같이 권리주체상호 간의 권리 · 의무 그 자체를 직접 쟁송의 대상으로 하는 것이 아니고, 행정행위의 위법성을 다투는 행위소송의 형태를 취하고 있다. 즉, 통상의 민사소송이 당사자 간에 존재하는 사법상의 권리관계를 다투는 것을 통해서 분쟁해결을 도모하는 것에 반하여, 취소소송은 공권력행사인 행위 그 자체를 포착하여 그것의 위법성을 다투는 것을 통해서 분쟁해결을 행하고 있다(공법상 당사자소송 또는 민사소송에서는 타인의 행위에 의하여 야기된 권리침해가 문제되지만, 취소소송에서는 당해 행정행위 또는 위법성 그 자체가 심리의 대상이 되고 그것을 규율하는 법규와의 적합성이 심사된다). 취소소송은 행정청이 행하는 행위의 위법성의 존부의 확인을 통해서 분쟁해결을 행하고 있기 때문에, 취소소송으로써 행정행위의 위법성을 다투기 위해서는 행정청이 행위규범에 따라서 행한 행위가 존재할 필요가 있다. 즉, 취소소송의 대상이 되는 행정활동은 적법 · 위법의 판단이 가능한 행위규범적 통제를 받고 있는 행정활동이라고 할 수 있다. 행위규범에 따른 행정행위에 의한 권리 · 이익의 침해에 대해서 민사소송에 의한 구제는 어렵지만, 취소소송에 의한 구제가 허용되는 경우가 있다. 이와 같은 의미에서 취소소송은 행위규범적 통제기능을 행하고 있다고 할 수 있다.

대법원 2004. 4. 22. 선고 2003두9015 판결은 지적공부 소관청의 지목변경신청 반려행위가 항고소송의 대상이 되는 행정처분에 해당하는지 여부에 대해서 「구 지적법(2001. 1. 26. 법률 제6389호로 전문 개정되기 전의 것) 제20조, 제38조 제2항의 규정은 토지소유자에게 지목변경신청권과 지목정정신청권을 부여한 것이고, 한편 지목은 토지에 대한 공법상의 규제, 개발부담금의 부과대상, 지방세의 과세대상, 공시지가의 산정, 손실보상가액의 산정 등 토지행정의 기초로서 공법상의 법률관계에 영향을 미치고, 토지소유자는 지목을 토대로 토지의 사용 · 수익 · 처분에 일정한 제한을 받게 되는 점 등을 고려하면, 지목은 토지소유권을 제대로 행사하기 위한 전제요건으로서 토지소유자의 실체적 권리관계에 밀접하게 관련되어 있으므로 지적공부 소관청의 지목변경신청 반려행위는 국민의 권리관계에 영향을 미치는 것으로서 항고소송의 대상이 되는 행정처분에 해당한다」고 하였다. 권리 · 의무관계가 불분명한 이러한 사건은 분쟁당사자 간의 실체적 권리 · 의무관계의 존재를 전제하여 분쟁해결을 도모하는 공법상 당사자소송 또는 민사소송에 의해서 해결함을 기대하는 것이 적합하지 못할 것이다. 이러한 상황에서 원고는 지목변경신청 반려행위의 취소소송을 통해서, 당해 행위의 위법성을 확인하고 불이익의 배제를 도모하고 있다. 이 사안에서 취소소송은 지목변경신청 반려행위라고 하는 행위의 위법성을 확정하는 것을 통해서 당해 분쟁의 해결을 행하고 있다. 행위규범에 따라서 행하여진 행정활동을 둘러싼 법적 분쟁은 이와 같은 취소소송의 행위규범적 통제기능이 작용할 여지가 있다고 볼 수 있다.

(3) 검 토

대상판결에서 처분성판단의 기본적 틀은 행정행위에 대한 개념요소의 구비여부를 확인함으로써 처분성존부를 확정하는 판례법상 정립된 일반적 기준에 입각하고 있다. 그러나 구체적으로 처분성 존부를 판단함에 있어서 당해 「결정은 피고 명의로 외부에 표시되고 이의가 있는 때에는 피고에게 결정취소를 구하도록 통보하고 있어 객관적으로 이를 행정처분으로 인식할 정도의 외형을 갖추고 있는 점」 등을 아울러 고려함으로써 엄격한 개념 범주적 접근방법에 한정하지 않고 사인의 권리구제의 확장이라는 점에서 유연하게 처분성을 판단하고 있다. 아울러 고시 없이 그 이전단계인 결정단계에서 처분이 성립됨을 긍정하고 있다. 이 사건에 대하여 논자에 따라서는 청소년유해매체물 결정처분과 당해 결정에 따른 청소년보호위원회의 고시를 합하여 하나의 행정처분으로 구성하는 것도 가능할 것이다. 그러나 이러한 견해를 취할 경우 본건 처분에 대하여 제3자가 다툴 경우에는 큰 문제가 되지 않지만, 본건과 같이 처분의 상대방이 다툴 경우에는 고시가 행하여질 때까지 기다려서 당해 결정을 다투어야 하는 불합리함이 발생할 수 있다. 이 경우에는 당해 인터넷사이트가 청소년유해매체물로 지정되었다는 점이 불특정다수에게 알려지게 되어 설령 당해 결정에 대한 최종적 취소판결을 받는다고 하더라도 이미 형성된 당해 인터넷사이트에 대한 부정적 이미지를 완전히 제거하기는 힘들 것이다. 이러한 점을 고려하면 대상판결은 실질적으로 취소소송의 조기의 권리보호 내지 기성사실발생의 방지기능이 행하여지고 있다고 할 수 있다.

4. 판결의 의미와 전망

대상판결은 서로 다른 행정작용이 결합하여 하나의 행정과정을 구성하고 있을 때, 어느 단계의 행정작용을 포착하여 취소소송을 제기할 것인가와 관련된 사건이다. 이러한 문제는 분쟁의 일회적 해결을 위한 합리적 분쟁해결단위의 설정과 분쟁해결시스템 상호 간의 적절한 역할분담의 관점에서 문제해결의 실마리를 찾아야 한다. 대상판결은 이러한 측면에서 그 이유 설시의 정교함이 결하고 있는 측면도 없지 않지만, 전체로서의 결론에 있어서는 취소소송의 조기의 권리보호 내지 기성사실발생의 방지기능이 역할할 수 있도록 판시하고 있다는 측면에서 긍정적으로 평가된다. 이러한 문제에 관하여 충분한 판례의 축적이 없는 관계로 대상판결은 관련문제의 선례로서 중요한 의미를 가질 수 있다. 권리구제의 확장과 소송시스템 상호 간의 적절한 역할분담이라는 측면에서 향후의 관련문제해결에 대해서도 법원의 적극적 역할을 기대한다.

〈참고문헌〉

권순일, “재정경재부령에 의한 덤핑방지관세부과조치의 처분성재론”, 행정판례연구 XII, 박영사, 2007.

김동희, 행정법 I 제12판, 박영사, 2006.

김종보, “도시계획변경거부의 처분성”, 행정소송(I) 재판실무연구(4), 한국사법행정학회, 2008.

김창조, “취소소송의 대상”, 행정판례연구 XIII, 박영사, 2008.

선정원, “공부변경 및 그 거절행위의 처분성”, 행정판례연구 VII, 박영사, 2002.

임영호, “항고소송의 대상이 되는 처분의 범위”, 행정소송(I) 재판실무연구(4), 한국사법행정학회, 2008.

70. 법령에 대한 사법심사

—대법원 1987. 3. 24. 선고 86누856 판결—

최 승 원*

Ⅰ. 판례개요

1. 사실관계

원고는 국유재산법시행규칙(1980. 4. 29. 재무부령 제1432호) 제58조 제1항이 국유재산법시행령(1977. 6. 13. 대통령령 제8598호) 제58조 제2항에 위반하여 무효이므로 그 확인을 구한다는 소를 제기하였다. 법원은 이것이 행정소송법 제3조 제3호에 규정한 민중소송이고 동법 제45조에 의하여 법률이 정하는 경우에 한하여 제기될 수 있으므로, 원고의 주장은 재무부령이 그 상위법인 대통령령에 저촉되어 무효라는 취지로 이해된다고 하고, 항고소송의 대상이 될 수 있는가 여부를 심리하였다.

2. 소송경과

원심(서울고법 1986. 8. 25. 선고 86구351 판결)은 당해 국유재산법시행규칙이 그 자체로서 국민의 구체적인 권리의무에 직접적인 변동을 초래하는 것이 아니라고 판단하였으며, 재무부령 자체의 무효확인을 구하는 원고의 청구는 행정소송의 대상이 아닌 사항에 대한 것으로서 부적법하다 하여 소를 각하하였다. 대법원에서는 원심의 위와 같은 판단은 정당하고 심리미진이나 이유불비의 위법이 없으며 행정소송법 제3조 제3호에 규정된 민중소송에 관한 법리를 오해한 위법이 없다고 보았다.

---

* 이화여자대학교 법학전문대학원 교수.

3. 판결요지

[대법원 판결의 요지]

"행정소송의 대상이 될 수 있는 것은 구체적인 권리의무에 관한 분쟁이어야 하고 일반적 추상적인 법령 그 자체로서 국민의 구체적인 권리의무에 직접적인 변동을 초래하는 것이 아닌 것은 그 대상이 될 수 없으므로 구체적인 권리의무에 관한 분쟁을 떠나서 재무부령 자체의 무효확인을 구하는 청구는 행정소송의 대상이 아닌 사항에 대한 것으로서 부적법하다."

Ⅱ. 평 석

1. 쟁점정리

구 국유재산법시행규칙 제58조 제1항 규정을 행정소송의 대상으로 삼을 수 있는지가 문제되는바, 행정소송의 처분의 개념 및 행정입법의 사법심사에 대한 논의를 중심으로 살펴보고자 한다.

2. 관련판례

(1) 대법원 1983. 4. 26. 선고 82누528 판결: 대일수출염장미역가공물량배정처분무효확인

대일수출 염장미역 가공물량 배정권한이 군수에게 없다는 내용의 확인이 행정소송의 대상이 될 수 있는지 여부가 문제되었는데, '행정소송의 대상이 될 수 있는 것은 구체적인 권리의무에 관한 분쟁이어야 하고 일반적, 추상적인 법령 또는 내부적 내규이거나 내부적 사업계획 등 그 자체로서 국민의 구체적인 권리의무에 직접적인 변동을 초래케 하는 것이 아닌 것은 그 대상이 될 수 없는 것이므로 피고(완도군수)에게 대일수출 염장미역 가공물량 배정권한이 없다는 확인을 구하는 것은 행정청의 일반적, 추상적인 권한의 유무를 가려 달라는 것으로서 행정소송의 대상이 될 수 없다'고 보았다.

(2) 대법원 1987. 11. 24. 선고 87누761 판결: 대의원회소집권자지명처분취소

노동부장관의 임시대의원회소집권자 지명처분이 항고소송의 대상인 행정처분인지의 여부가 문제되었는데, '행정소송의 대상이 되는 행정처분은 행정청의 공법상의 행위로서 특정사항에 대하여 법률에 의하여 권리를 설정하고, 의무를 명하며, 기타 법률상 효과를 발생케 하는 등 국민의 권리, 의무에 직접관계가 있는 행위를 말한다 할 것인즉 노동부장관의 임시대의원회소집권자지명처분은 임시대의원회를 개최하기 위한 일련의 절차 중

의 하나를 이루는 것에 불과하고그 자체로서 어떠한 권리, 의무를 설정하거나 법률상의 이익에 직접적인 변동을 초래케 하는 행정처분이라고 할 수 없으므로 이는 행정소송의 대상이 되는 행정처분이라 할 수 없다'고 보았다.

(3) 대법원 1993. 4. 12. 자 93두2 결정 : 예산편성지침통보처분효력정지

경제기획원장관의 정부투자기관관리기본법 제21조에 의한 예산편성지침통보가 취소소송의 대상이 되는 행정처분인지 여부가 문제되었는데, '행정소송법상 취소소송의 대상이 되는 행정청의 처분이라 함은 행정청의 공법상의 행위로서 특정사항에 대하여 법규에 의한 권리의 설정 또는 의무의 부담을 명하거나 기타 법률상의 효과를 직접 발생하게 하는 등 국민의 권리 의무에 직접 관계가 있는 행위'를 말하며, '경제기획원장관이 정부투자기관관리기본법 제21조에 의하여 하는 정부투자기관의 예산편성에 공통적으로 적용되는 사항에 대한 지침통보는 성질상정부의 정부투자기관에 대한 관리, 감독작용에 해당할 뿐 지침통보로 국민의권리 의무나 기타 법률상의 효과에 직접적인 변동을 가져오는 것이 아니므로취소소송의 대상이 되는 행정처분이라고 할 수 없다'고 판시하였다.

(4) 대법원 1994. 9. 10. 선고 94두33 판결 : 대학입시기본계획철회처분효력정지

대학입시기본계획 내의 내신성적산정지침이 항고소송의 대상인 행정처분성을 갖는지의 여부가 쟁점이었으며, '항고소송의 대상이 되는 행정처분은 행정청의 공법상의 행위로서 특정사항에 대하여 법률에 의하여 권리를 설정하고 의무를 명하며, 기타 법률상 효과를 발생케 하는 등 국민의 권리의무에 직접관계가 있는 행위이어야 하고, 그 자체로서 국민의 구체적인 권리의무에 직접적인 변동을 초래케 하는 것이 아닌 일반적, 추상적인 법령 또는 내부적 내규 및 내부적 사업계획에 불과한것 등은 그 대상이 될 수 없다'고 보았고, 따라서 '교육부장관이 내신성적 산정기준의 통일을 기하기 위해 대학입시기본계획의 내용에서 내신성적 산정기준에 관한 시행지침을 마련하여 시 · 도 교육감에서 통보한 것은 행정조직 내부에서 내신성적 평가에 관한 내부적 심사기준을 시달한 것에 불과하며, 각 고등학교에서 위 지침에 일률적으로 기속되어 내신성적을 산정할 수밖에 없고 또 대학에서도 이를 그대로 내신성적으로 인정하여 입학생을 선발할 수밖에 없는 관계로 장차 일부 수험생들이 위 지침으로 인해 어떤 불이익을 입을 개연성이 없지는 아니하나, 그러한 사정만으로서 위 지침에 의하여 곧바로 개별적이고 구체적인 권리의 침해를 받은 것으로는도저히 인정할 수 없으므로, 그것만으로는 현실적으로 특정인의 구체적인 권리의무에 직접적으로 변동을 초래케 하는 것은 아니라 할 것이어서 내신성적 산정지침을 항고소송의 대상이 되는 행정처분으로 볼 수 없다'고 하였다.

3. 판례의 검토

(1) 항고소송의 대상으로서 행정처분 개념

행정소송법 제2조에 의하면 항고쟁송의 대상인 '처분'은 "행정청이 행하는 구체적 사실에 관한 법집행으로서의 공권력의 행사 또는 그 거부와 그 밖에 이에 준하는 행정작용"으로 정의되고 있다.

통설이 취하는 실체법상의 행정행위 개념은 '행정청이 행하는 구체적 사실에 대한 법집행으로서의 공법상의 권력적 단독행위'라는 개념적 징표로 정리된다. 여기서 행정청이란 일반적으로 행정주체의 의사를 외부적으로 결정, 표시할 수 있는 권한을 가진 기관으로 이해되며, 기능적으로 행정임무를 수행하는 경우를 말한다. 또한 관련자가 개별적이고 규율대상이 구체적이어야 하며, 직접적인 법효과를 의도하는 의사표시여야 한다. 행정행위는 공법상 일방적인 법률행위이다.

(2) 행정입법이 항고소송의 대상이 되는 경우

행정입법이란 일반적으로 국가 등의 행정주체가 일반추상적인 규범을 정립하는 작용 또는 그에 따라 정립된 규범을 의미한다. 통설은 국가행정권에 의한 입법을 다시 법규의 성질을 갖는 법규명령과 법규의 성질을 갖지 않는 행정규칙으로 구분한다. 법규명령은 헌법, 법률 등 법령상의 근거를 갖고 제정된 것으로서, 법규의 성질을 갖는 행정입법을 의미한다. 전통적 견해는 '법령의 근거'와 '법규성(국민관계에서의 구속성)'을 법규명령개념의 필수요소로 본다. 전통적 견해에 따르면, 법령의 위임에 근거하여 제정되었으나 법규성을 갖지 아니하는 것은 법규명령에 해당하지 아니한다. 법규명령은 일반추상성을 기본적인 속성으로 갖는바, 구체적 사실에 관한 법집행으로 볼 수 없다고 할 것이고, 따라서 법규명령은 행정소송법상 처분으로 볼 수 없다. 그러나 행정행위의 개념적 징표인 관련자의 개별성과 규율성의 구체성을 가짐으로써 행정행위의 성질을 갖는 경우, 행정소송법상 처분에 해당하여 항고소송의 대상이 된다.

한편 기본적으로는 행정규칙은 법규성이 없어 재판규범으로 될 수 없으나, 예외적으로는 대외적인 구속력을 갖는 법률대외적 행정규칙, 법률보충적 행정규칙의 경우에는 재판의 기준이 된다고 본다. 종래의 판례는 행정규칙 그 자체는 처분성의 결여로 행정소송의 대상이 아닐뿐더러, 법규성의 결여로 행정규칙이 재판의 기준이 될 수도 없다고 하였으며, 학설상으로는 행정규칙 그 자체가 국민의 권리 · 의무와 직접 관련되는 사항을 규정하고, 또한 그러한 규칙에 의거 국민의 권익이 침해되고, 국민이 행정규칙 그 자체를 다투지 아니하고서는 도저히 구제를 받을 수 없는 특별한 사정이 있는 경우에는 행정규칙의 처분성을 인정하여 그것을 직접 다투는 행정쟁송을 제기할 수 있다고 주장되기도

하였다.

사안에서 구 국유재산법시행령(대통령령 제8598호, 1977. 6. 13.) 제58조 제1항에서 지방자치단체 이외의 자가 발견하여 신고한 은닉재산등의 국가귀속이 확정된 때에는 그 신고자에 대하여 당해 재산가격의 100분의 20의 범위안에서 보상금을 지급한다고 규정하고 2항에서 그 보상금은 천만원을 한도로 하여 은닉재산등의 종류별로 그 보상율과 최고액을 재무부령으로 정한다고 하였다. 그런데, 구 국유재산법시행규칙(재무부령 제1432호, 1980. 4. 29.)에서는 은닉재산등의 보상한도를 필지별로 500만원으로 하여, 시행령이 정한 천만원의 범위보다 감소하여 규정하였다.

원고는 당해 시행규칙이 근거규정인 시행령에 저촉되어 무효라고 주장하였는데, 행정소송의 대상이 되기 위해서는 당해 국유재산법 시행규칙이 직접 국민의 권리를 침해하는지 여부가 문제된다. 구 국유재산법 시행규칙 제58조 제1항은 구 국유재산법 시행령 제58조 제2항 규정에 근거한 것으로 법령보충적 행정규칙으로서 법규성을 가진 행정규칙이다. 사안에서 법원은 구 국유재산법 시행규칙 제58조 제1항의 500만원 보상금 한도는 그 자체로서 국민의 구체적인 권리의무나 법률관계에 직접적인 변동을 초래하지 아니하지는 아니한다고 보았다. 당해 국유재산법시행규칙은 보상금 지급의 행정작용의 직접적인 근거규정이 되지만 은닉된 국유재산의 신고 보상금의 지급은 비권력적 작용으로서 "행정청이 행하는 구체적 사실에 관한 법집행으로서의 공권력의 행사"로 보기 어려운 것이다.

(3) 추상적 규범통제 및 객관소송의 가능성 논의

한국에서 행정입법에 대한 사법통제는 구체적 규범통제에 한정되어 있다. 구체적 규범통제란 구체적인 처분에 대한 다툼에 있어서 법규명령의 위헌 · 위법여부가 재판의 전제가 되는 경우에 한하여 선결문제로서 법규명령의 위헌 · 위법여부를 다투는 것을 의미한다. 현재 다수설은 행정소송이 구체적 사건이라는 법적 분쟁에 대한 행정법령의 해석 · 적용을 의미하므로, 구체적 사건과 무관하게 추상적 법령의 효력을 다투는 추상적 규범통제는 법률상 쟁송에 해당되지 않는다고 보고, 헌법은 구체적 규범통제를 규정하고 있으므로(헌법 제107조 제1항, 제2항) 구체적 사건에서 처분의 근거법령의 위헌 · 위법여부가 재판의 전제가 된 경우에만 법령의 효력 · 해석에 관하여 다툴 수 있다고 본다.

한편 취소소송의 객관소송으로서의 성질을 인정하는 입장에서는, 취소소송의 대상을 시민의 구체적인 권리의무를 발생 · 변경 · 소멸시키는 직접적 법적효력을 갖는 규율에 한정할 필요가 없다. 널리 행정의 적법성 통제의 대상이 되는 행위이면 족하므로 행정입법에 대한 보다 폭넓은 사법적 통제가 가능하게 된다. 현대의 행정에서 개별적 처분은 거의 대부분의 경우 법령상 부과된 의무의 이행확보를 위한 수단에 불과하므로, 행정입법이 처분에 해당하지 않는다 하여 항고소송의 대상에서 제외한다면 “행정”소송이 행정에 대한 통제를 포기하는 것이나 다름없다.

사안의 경우 판례는, 구 국유재산법시행규칙 제58조 제1항의 500만원 보상금 한도가, 수권법령인 구 국유재산법시행령 제58조 제2항의 1000만원 보상금 한도 이내의 것으로 상위법령을 위반한 것으로 보기 어렵다고 하였으며, 구체적인 권리의무에 관한 분쟁을 떠나서 재무부령 자체의 무효확인을 구하는 원고의 청구는 행정소송의 대상이 아니라고 보았다.

4. 판례의 의미와 전망

본 판례는 행정입법에 대한 사법심사를 다룬 것으로, 행정입법 중에서도 법규성을 갖는 행정규칙이 행정소송의 대상성을 갖는가에 대한 종래의 입장을 확인한 데에 그 의의가 있다. 그러나, 판례와 같이 구체적 규범통제에 머무르는 경우 국민의 실효적 권익보호를 도모하기 어렵다. 위법가능성이 현저하고 사후적 구제만으로는 회복하기 어려운 손해가 우려되는 경우 등, 적어도 예외적으로라도 추상적 규범통제가 허용될 필요가 있다. 행정소송은 주관적 권익보호와 객관적 적법성 보장의 양기능을 갖는다. 행정은 이해조절적 공익실현작용이다. 행정소송의 객관소송화에 주목하는 이유가 여기에 있다.

〈관련 참고문헌〉

김동희, 행정법Ⅰ, 2010.
김철용, 행정법Ⅰ, 2010.
홍정선, 행정법원론(상), 2010.
박윤흔, 최신행정법강의(상), 2004.
박정훈, 행정소송의 구조와 기능, 2008.

71. 두밀분교폐지조례의 처분성

—대법원 1996. 9. 20. 선고 95누7994 · 95누8003 판결—

김 중 권*

Ⅰ. 판례개요

1. 사실의 개요

경기도 교육감은 1993. 12. 11. 경기도교육위원회에 경기도립학교설치조례(1993. 3. 4. 경기도조례 제2367호) 제2조(도립학교의 명칭과 위치)의 [별표 1] 가평군란 중 "상색초등학교 두밀분교장"란을 삭제하며, 이를 공포한 날로부터 시행하고 1994학년도부터 적용한다는 내용의 개정조례안을 제출하였고, 동 개정조례안은 같은 달 23. 위 교육위원회에서 원안과 같이 의결되어 경기도 교육감에게 이송되었으며, 경기도 교육감은 1994. 1.경 위 개정조례안을 경기도의회에 제출하여 같은 해 2. 22. 위 개정조례안이 경기도의회에서 원안과 같이 의결되어 경기도 교육감에게 이송되었다. 경기도 교육감은 위 개정조례안이 경기도의회에서 의결된 날인 같은 해 2. 22. 교육부에 위 개정조례의 공포예정을 보고하고, 같은 달 28. 이를 공포하는 한편 같은 날 두밀분교의 폐교와 두밀분교에 재학하고 있던 원고들을 포함한 학생들의 상색초등학교에의 편입에 따라 같은 해 3. 1.부터 급식학교를 두밀분교에서 상색초등학교로 변경하는 급식학교의 변경지정을 하였고, 경기도 가평교육청 교육장은 같은 달 24.과 25. 두밀분교의 교사들과 기능직 기사들을 같은 해 3. 1.자로 다른 학교로 인사발령을 하였다. 이에 주민들은 두밀분교의 폐교조치에 반발하여 학생들을 상색초등학교에 등교시키지 않는 등 일종의 저항을 하였다.

그리고 원고(학생)들은 경기도 교육감을 상대로 하여, 이 사건 주위적 청구로서 경기도 교육감 산하의 하급교육행정기관인 경기도 가평교육청교육장이 1994. 2. 24.과 같은 달 25. 두밀분교의 교사들과 기능직 기사들을 같은 해 3. 1.자로 다른 학교로 인사발령하고, 같은 달 28. 급식학교를 같은 해 3. 1.부터 두밀분교에서 상색초등학교로 변경하는 급식

* 중앙대학교 법학전문대학원 교수.

학교의 변경지정을 하며, 같은 달 28. 두밀분교를 경기도립학교에서 삭제하는 내용의 개정조례안을 공포하는 등 경기도 교육감의 1994. 2. 28.자 폐교처분에 의하여 두밀분교가 폐교(두밀분교의 직원조직과 시설이 해소되는 것)되었음을 전제로 그 폐교처분의 취소를 구하고, 예비적 청구로서 경기도 교육감이 1994. 2. 28. 공포한 경기도립학교설치조례중개정조례(경기도 조례 제2445호) 중 제2조(도립학교의 명칭과 위치) [별표 1] 가평군란 중 "상색초등학교 두밀분교장"란을 삭제하는 내용의 개정조례에 의하여 두밀분교가 폐교되었음을 이유로 그 개정조례의 무효확인을 구하였다('대상판례 I'). 아울러 동일한 원고는 경기도의회를 상대로 하여, 이 사건 청구로서 경기도의회가 1994. 2. 22. 의결한 경기도립학교설치조례중개정조례(경기도 조례 제2445호) 중 제2조(도립학교의 명칭과 위치) [별표 1] 가평군란중 "상색초등학교 두밀분교장"란을 삭제하는 내용의 개정조례에 의하여 두밀분교가 폐교되었음을 이유로 그 개정조례의 무효확인을 구하였다('대상판례 II').

2. 소송의 경과

'대상판례 I'의 원심인 서울고법 1995. 5. 16. 선고 94구11554 판결에서, 「학교의 설치 또는 폐지 결정 그 자체는 어디까지나 지방자치단체가 조례의 개폐라는 방식에 의하여야 할 것이다. 원고들은 피고 산하의 하급교육행정기관인 경기도 가평교육청 교육장이 1994. 2. 24. 및 같은 달 25. 두밀분교의 교사들과 기능직 기사들을 같은 해 3. 1.자로 다른 학교로 인사발령하고 피고가 같은 달 28. 급식학교를 같은 해 3. 1.부터 두밀분교에서 상색초등학교로 변경하는 급식학교의 변경지정을 하며 같은 달 28. 두밀분교를 경기도립학교에서 삭제하는 내용의 개정조례안을 공포하는 등 피고의 일련의 행위에 의하여 두밀분교가 폐교되었는바, 위와 같은 피고의 일련의 행위가 행정소송의 대상인 행정처분으로서의 "폐교처분"에 해당한다는 취지로 주장하나, 위에서 본 바와 같이 두밀분교의 폐지 그 자체는 위 조례의 개정 및 공포만에 의하여 완결되는 것이고, 그 후에 피고가 한 두밀분교장의 폐쇄, 직원에 대한 인사이동 및 급식학교의 변경지정 등 일련의 행위는 두밀분교의 폐지가 조례의 개정, 공포에 의하여 이미 완결되어 효력이 발생한 것을 전제로 그 폐지에 따르는 사후적인 사무처리를 한 것에 불과할 뿐이므로 독립하여 항고소송의 대상이 되는 행정처분으로서의 폐교처분이라고는 볼 수 없다」고 하여 원고들의 이 사건 주위적 청구의 소는 항고소송의 대상인 행정처분이 아닌 것을 대상으로 하는 것으로서 부적법하다고 하여 이를 각하하였고, 반면 경기도 교육감을 상대로 한 행정처분무효확인소송으로서의 조례무효확인을 구하는 원고들의 이 사건 예비적 청구의 소는 적법하긴 하나, 헌법 제31조 제1항을 비롯한 관련 법률에 위배된다고 보기 어려워 그 이유가 없다고 하여 이를 기각하였다.

한편 '대상판례Ⅱ'의 원심인 서울고법 1995. 5. 16. 선고 94구26631 판결에서, 「항고소송의 일종인 행정처분무효확인소송에 있어서의 피고 적격은 원칙적으로 그 처분 등을 행한 행정청이고(행정소송법 제38조 제1항, 제13조), 이는 조례무효확인소송에 있어서도 마찬가지라 할 것인바, 지방의회는 지방자치단체의 내부적인 의결기관으로 지방자치단체의 장에게 집행권을 부여하기 위한 내부의사를 결정하는 기관에 불과하고 직접적으로 외부에 대한 처분적 효력 자체를 목적으로 하는 곳이 아니기 때문에 이 사건 조례에 관한 행정청이 될 수 없다 할 것이다. 그리고 비록 조례의 제정권이 지방자치단체에 있다 하더라도(지방자치법 제15조) 조례무효확인소송에 있어서의 피고 적격은 행정주체인 지방자치단체나 내부적인 의결기관이 아니라 그 집행기관에 있다고 할 것인데, 교육에 관한 조례는 지방의회의 의결을 거쳐서 시, 도의 교육감의 공포행위에 의하여 그 효력을 발생하고(지방자치법 제35조 제1항 제1호, 제19조, 「지방교육자치에 관한 법률」 제14조) 또 교육감은 시, 도의 교육에 관한 사무의 집행기관이므로, 이 사건과 같은 교육에 관한 조례무효확인소송의 정당한 피고는 당해 시, 도의 교육감이라고 할 것이다(원고들은 이 사건 조례에 관하여 당원에 별소(서울고법 1995. 5. 16. 선고 94구11554 판결)로 경기도교육감을 상대로 조례무효확인을 구하면서 그 소송에서는 이 사건과 다르게 원고들 스스로 위해 기재한 것과 같은 이유로 경기도교육감이 피고가 되어야 한다고 주장하고 있다)」라고 하여 경기도의회를 상대로 하는 원고들의 이 사건 소는 피고적격결여로 부적법하다고 하여 이를 각하하였다.

3. 대상판결의 요지

(1) 대법원 1996. 9. 20. 선고 95누7994 판결('대상판례Ⅰ'원심: 서울고법 1995. 5. 16. 선고 94구11554 판결)의 요지

[1] 구 지방자치법(1994. 3. 16. 법률 제4741호로 개정되기 전의 것) 제15조, 제19조, 제35조 제1항 제1호, 제135조 제1항, 제2항, 구 「지방교육자치에 관한 법률」(1995. 7. 26. 법률 제4951호로 개정되기 전의 것) 제2조, 제41조, 구 교육법(1995. 12. 29. 법률 제5069호로 개정되기 전의 것) 제8조 제4항 등의 규정들을 종합하면, 공립초등학교는 공공시설로서 그 설치 · 폐지에 관하여는 다른 법령에 규정이 없는 경우 지방자치단체인 시 · 도가 제정하는 조례의 형식으로 정하여야 하고, 그러한 학교의 설치 · 폐지는 지방의회에 의한 조례의 의결 및 그 공포로써 효력이 발생하여 완결되는 것이며, 구 「지방교육자치에 관한 법률」 제27조 제1호, 제5호에서 조례안의 작성 및 학교의 설치 · 폐지에 관한 사항을 교육감의 관장 사무로 규정하고 있더라도 그 규정을 시 · 도 교육감이 학교의 설치 · 폐지에 관한 결정 자체를 할 권한이 있는 것이라고 볼 수 없다.

[2] 공립초등학교 분교의 폐지는 지방의회가 이를 폐지하는 내용의 개정 조례를 의결하고 교육감이 이를 공포하여 그 효력이 발생함으로써 완결되고, 그 조례 공포 후 교육감이 하는 분교장의 폐쇄, 직원에 대한 인사이동 및 급식학교의 변경지정 등 일련의 행위는 분교의 폐지에 따르는 사후적인 사무처리에 불과할 뿐이므로, 이를 독립하여 항고소송의 대상이 되는 행정처분으로서의 폐교처분이라고 할 수 없다.

[3] 경기도 가평군 상색초등학교 두밀분교의 폐지로 인한 교육조건 및 통학 조건의 변화, 학교의 적정 규모, 폐교로 인하여 지역 사회에 미치는 영향 등의 제반 사정을 검토한 후, 두밀분교의 아동들이 상색초등학교에서 교육을 받음으로써 발생하는 긍정적인 교육효과를 고려한다면 분교의 폐지로 인한 통학조건이 다소 악화되는 등의 부정적인 효과는 그다지 크다고 할 수 없으므로, 경기도의회의 두밀분교 통폐합에 관한 조례는 재량권의 범위를 일탈한 것이라거나 분교 학생들의 교육을 받을 권리 또는 의무교육을 받을 권리를 침해한 것이라고 볼 수 없다고 한 원심판결을 수긍한 사례.

[4] 도서벽지의 의무교육을 진흥함을 목적으로 하는 도서 · 벽지교육진흥법의 취지는 도서벽지지역에 학교가 존속함을 전제로 그 학교에 교재, 교구, 통학, 교원의 우대 등 그 시설설비와 교원을 타에 우선하여 조치하고 그 경비를 지원한다는 것일 뿐이고, 그 법률에 의하여 도서벽지지역 학교로 지정된 학교를 폐지할 수 없다거나 또는 교육부가 그 지정학교에 대한 폐지권한을 부여받았다고 할 수 없다.

(2) 대법원 1996. 9. 20. 선고 95누8003 판결('대상판례Ⅱ'원심 : 서울고법 1995. 5. 16. 선고 94구26631 판결)의 요지

[1] 조례가 집행행위의 개입 없이도 그 자체로서 직접 국민의 구체적인 권리의무나 법적 이익에 영향을 미치는 등의 법률상 효과를 발생하는 경우 그 조례는 항고소송의 대상이 되는 행정처분에 해당하고, 이러한 조례에 대한 무효확인소송을 제기함에 있어서 행정소송법 제38조 제1항, 제13조에 의하여 피고적격이 있는 처분 등을 행한 행정청은, 행정주체인 지방자치단체 또는 지방자치단체의 내부적 의결기관으로서 지방자치단체의 의사를 외부에 표시한 권한이 없는 지방의회가 아니라, 구 지방자치법(1994. 3. 16. 법률 제4741호로 개정되기 전의 것) 제19조 제2항, 제92조에 의하여 지방자치단체의 집행기관으로서 조례로서의 효력을 발생시키는 공포권이 있는 지방자치단체의 장이다.

[2] 구 「지방교육자치에 관한 법률」(1995. 7. 26. 법률 제4951호로 개정되기 전의 것) 제14조 제5항, 제25조에 의하면 시 · 도의 교육 · 학예에 관한 사무의 집행기관은 시 · 도 교육감이고 시 · 도 교육감에게 지방교육에 관한 조례안의 공포권이 있다고 규정되어 있으므로, 교육에 관한 조례의 무효확인소송을 제기함에 있어서는 그 집행기관인 시 · 도 교육감을 피고로 하여야 한다.

Ⅱ. 평 석

1. 쟁점정리와 대상판결의 의미

대법원 1996. 9. 20. 선고 95누7994 · 95누8003 판결은 동일한 원고가 동일한 사안에 대해서 제기한 소에 대해 동일한 재판부(원심포함)가 내렸다. 단지 후자에서 피고를 달리하여 청구취지가 부분적으로 다를 뿐, 쟁점이 동일하다. 그동안 존재의 가능성만이 엿보인(대법원 1954. 8. 19. 선고 4286행상37(53누37) 판결) 조치적(이른바 처분적) 조례(법규명령)란 법형식이 처음으로 판례를 통해 공식적으로 인정받기에 이르렀다(한편 관성적 이해를 교정하기 위해선, 곧바로 처분성이 인정되는 양 오해(誤解)를 낳는 '처분적' 명령(조례)이란 용어는 우선 하루바삐 시정되어야 한다. 참고로 일인학자(日人學者)(山田 晟)의 "ドイツ法律用語辭典"(1984)에서도 'Maßnahmegesetz'을 조치법(措置法)으로 바르게 옮겨 놓고 있다(251면).). 다시 말해, 두 판결은 "두밀분교폐지조례"를 — 비록 표현은 하지 않았지만 — 조치적 조례로 보는 기본입장에서 동 조례의 위법성 여부를 검토하였다. 관련 법률이 공립국민학교의 설치 · 폐지에 관하여 다른 법령에 규정이 없으면 지방자치단체인 시 · 도가 제정하는 조례의 형식으로 정하도록 분명히 규정하고 있음에도 불구하고, 과연 법원이 법형식으로서의 조례를 조치적 조례란 형태를 통해서 행정처분(행정행위)으로 갈음할 수 있는지가 문제된다. 아울러 이러한 조치적(개별사건규율적(個別事件規律的)) 조례가 법규범과 행정처분의 합성적 작용의 일종으로서 기존의 행정작용형식체계에서 새로운 작용형식의 하나로 자리를 잡았다고 할 수 있는지가 문제된다. 대상판결에 함축된 이런 문제는 조치적 조례(명령)의 인정의 차원을 넘어, 궁극적으로 행정작용형식의 가늠잣대에 관한 물음을 제기한다. 즉, 행정작용에서 형식과 내용(실질)간에 괴리가 발생할 때 무엇을 잣대로 삼아 그 행정작용의 법적 성질을 가늠할 것인가에 관한 것이다. 아울러 학교폐쇄(의 결정)의 조직행위적 법적 성질과 관련해서 법률유보적 측면도 문제된다.

2. 판례의 흐름

대상판결을 통해서 법원으로선 법규헌법소원심판에 대해 처분성확대를 내세워 크로스카운터 펀치를 날린 셈이었다. 이런 기조는 그대로 후속 판례에 이어져서 서울행정법원 제1부 2005. 9. 1. 선고 2004구합5911 판결이 등장하였다. 즉, 당 법원은 「… 관세법 제53조 제1항은 재정경제부장관은 덤핑방지관세의 부과 여부를 결정하기 위한 조사가 종결되기 전이라도 그 물품과 공급자 또는 공급국 및 기간을 정하여 잠정적으로 추계된 덤핑차액에 상당하는 금액 이하의 잠정덤핑방지관세를 추가하여 부과할 것을 명하거나 담보의 제공을 명하는 조치(잠정조치)를 할 수 있다고 규정하고 있고, 관세법 제54조 제1항, 제2항은 당해 물품의 수출자 또는 재정경제부장관은 덤핑으로 인한 피해가 제거될 정도의 가격수정이나 덤핑수출의 중지에 관한 약속을 제의할 수 있고, 위 약속이 수락된 경우 재정경제부장관은 잠정조치 또는 덤핑방지관세의 부과 없이 조사가 중지 또는 종결되도록 하여야 한다고 규정하는 등 관세법은 조사대상공급자에게 덤핑방지관세의 부과 절차상 잠정조치의 대상 또는 협상 상대방으로서의 법적 지위를 부여하고 있는 점 및 관세법 제50조 제1항 소정의 관세율표에 의한 기본세율 및 잠정세율과는 달리 덤핑방지관세는 덤핑으로 인하여 국내산업에 실질적인 피해가 있다고 인정되는 경우에 그 물품과 공급자 또는 공급국을 지정하여 당해 물품에 대하여 부과되는 것이기 때문에 그 물품의 우리나라에 대한 수출에 직접적인 영향을 미친다는 점 등을 종합하여 보면 이 사건 규칙은 항고소송의 대상이 되는 행정처분에 해당한다고 봄이 상당하다」고 판시하였다(동지문헌 : 권순일, 191면 이하. 비판문헌 : 김중권, "이른바 처분적 시행규칙의 문제점에 관한 소고", 한편 정하중 교수는 해당 재정경제부령이 집행적 법규명령인 점을 들어, 처분적 법규명령으로서의 두밀분교폐지조례와는 달리 처분성이 부인되어야 한다고 주장한다. 정하중, "집행적 법규명령과 처분적 법규명령의 개념").

3. 유사조문형식의 고시(처분)의 문제

한편 대법원 2006. 9. 22. 선고 2005두2506 판결은 물론, 대법원 2003. 10. 9.자 2003무23 결정(이에 대한 평석으로 박해식, 642면-658면, 정성태, 3면-18면)과 대법원 2004. 5. 12.자 2003무41 결정은 「어떠한 고시가 일반적 · 추상적 성격을 가질 때에는 법규명령 또는 행정규칙에 해당할 것이지만, 다른 집행행위의 매개 없이 그 자체로서 직접 국민의 구체적인 권리의무나 법률관계를 규율하는 성격을 가질 때에는 행정처분에 해당한다」고 판시하였다. 유사조문형식의 고시의 처분성을 인정한 리딩판결인 대법원 2003. 10. 9.자 2003무23 결정에서 비롯된 이들은, 대상판결에서의 판시와 외양상 흡사하기에, 행정입법적 고시를 전제로 한 것처럼 비쳐질 수 있다(박균성 교수는 해당 고시를 법령보충적 고시로서 처분적 법규명령으로 접근하는데, 동시에 (처분성이 부인된다는) 집행적 법규명령의 접근도 용인한다. 박균성, 234면. 반면 장태주 교수는 동고시를 일반적 · 구체적 규율로서의 일반처분으로 파악한다. 장태주, 363면). (대법원 2006. 9. 22. 선고 2005두2506 판결에서의) "보건복지부장관이 제1항의 규정에 의한 요양급여대상을 급여목록표로 정하여 고시한 것"(약제급여 · 비급여목록및급여상한금액표)의 법적 성질이 문제된다. 그것의 별표 1.에서 보듯이 그 자체상으로 코드, 품명, 업소명, 규격 단위, 상환금액 등이 구체적으로 적시되어 있다. 요컨대 '약제급여 · 비급여목록 및 급여상한금액표'는 그 자체가 전형적인 개별구체적인 규율로서의 행정처분으로 보는 데, 하등의 문제점이 없다(김중권, "조문형식을 띤 고시(告示)의 처분성 인정에 따른 문제점에 관한 소고", 286면 이하 참조). (대법원 2003. 10. 9.자 2003무23 결정에서의) '항정신병 치료제의 요양급여 인정기준에 관한 보건복지부 고시(보건복지부 고시 제2002-57호)' 역시 마찬가지이다. 이들 사안에서 고시의 처분성을 논증할 때, 조치적(이른바 처분적) 명령에서의 논증을 동원하는 것은, 불필요하거니와 도리어 행정법도그마틱의 왜곡을 가져다 줄 수 있다. 공고문서인 고시가 지시문서인양 조문형식을 가져서 오해가 빚어졌다.

4. 대상판결의 검토

대상판결은 행정법문헌상으로 아무런 이의(異議)없이 처분성확대의 예로 받아들여졌다. 그와 더불어 조치적 법규명령의 처분성의 인정기준과 관련해선 최협의설, 협의설, 광의설, 최광의설이 제시된다(학설의 현황에 관해선, 박균성, "법규명령에 대한 항고소송의 제문제", 231면-232면). 판결당시에도 이미 조치적 명령의 하자효과 문제가 앞으로 연구 · 검토되어야 한다고 지적되었지만(김동희, 27면), 그와 아울러 아래와 같이 검토되어야 할 문제점이 너무나 많다(이하의 내용은 김중권, 행정법기본연구 I, 434면-462면이 바탕이 되었음을 밝혀둔다).

(1) 행정작용형식의 가늠잣대 — 형식인가 실질인가?

작용형식을 정한다 함은, 해당 행정작용을 지배하고 그에 대한 법적 판단을 내리는 법제도를 선택한다는 것을 의미한다. 그런데 법형식과 실질(실체)이 교착(交錯)할 때 무엇이 가늠자가 되어야 하는가? 대상판결은 물론 이른바 '법규명령형식의 행정규칙'을 통해서 알 수 있듯이, 우리의 판례는 기본적으로 실질에 절대적 비중을 둔다. 독일에선, 형식과 실질의 불일치의 문제가 — 우리나 일본에서와는 다른 의미에서 — 형식적 행정행위 개념이 통용되어야 할지 아니면 실질적 행정행위 개념이 통용되어야 할지를 둘러싸고 논의가 전개되었다. 독일의 과거 지배적 입장은 실질을 규준으로 삼았지만, 오늘날의 지배적 입장은 형식을 규준으로 삼는다. 그리하여 행정행위와 같은 '개별사건적 규율'이 법률, 법규명령, 조례의 형식으로 발해진 경우에 내용적으론 행정행위에 해당할 순 있겠지만, 결코 형식적(공식적)으로는(formell) 행정행위가 아니며, 따라서 행정행위처럼 쟁송취소의 대상은 될 수가 없고, 규범통제의 방법을 취해야 한다고 한다. 반면 만약 법규명령으로 발해야 할 것을 잘못하여 법규명령 대신에 행정행위로 발하였다면, (위법한 행정행위로서) 그것의 쟁송취소가 허용되고 이유있게 된다고 한다. 즉, 행정행위와 명령의 구분을 위해선, 우선적으로 문제의 규율의 외부적 형식에 좌우되어야 하되, 다만 그 형식이 다의적이거나 —형식선택의 자유를 전제로 하여— 권리보호를 제한하기 위한 명백한 형식남용이 있는 경우에만 규율의 실질을 목표로 삼아야 한다고 주장된다.

행정부는 물론 사법부도, 형식남용 등의 이유로 관련 법규정의 합헌성이 다투어지지 않는 한, 입법자가 정한 법형식을 간과해선 아니 된다. 입법자는 그가 택한 법형식을 통해서 사법적 권리보호의 방도를 정한 셈이다. 따라서 입법자가 공인된 명령의 일종인 조례에 의한 형식을 규정한 이상, 당해 조례의 적법성은 취소소송이 아닌 규범통제의 방법에 의하여 검토해야 한다. 또한 규정된 법형식이 담을 내용에 상부(相符)하는지 여부는 해당 법규정의 정당성 나아가 합헌성의 물음이지, 해당 행정활동의 법적 성질에 관한 논의와는 전혀 무관하다.

(2) **학교폐쇄조치의 법적 성질**

이상에서 본 대로 법원의 견해와는 달리 규범통제의 방법으로 대상사안을 접근할 때, 현행의 구체적 규범통제 제도 하에서 요구되는 것은 ‘재판의 전제성’과 관련한 대상적격의 물음이다. 비록 원심과 상고심이 두밀분교의 “폐교”, “급식학교의 변경지정”, “인사발령” 등의 일련의 후속조치에 대해서 독립적 의의를 부정하고, 조치적 조례에 따르는 사후적인 사무처리를 한 것에 불과하다고 판시하였지만, 여기서의 폐쇄 등은 집행기관으로서의 교육감의 지위에서 행하였다는 점을 염두에 둔다면 독립된 의미를 지닌 법적 행위로서의 “폐쇄조치(결정)”로 봄직 하다.

학교폐쇄조치는, 행정담당자(행정주체)와 행정조직에 관한 설치, 변경, 폐지를 하는 권능을 의미하는 조직권(Organisationsgewalt)에 의거한 조직행위이다. 조직행위는 결코 통일된 법적 성질을 갖지 않기에, 그것은 행하는 형식과 그에 결부된 법효과의 발생에 따라서, 행정행위, 법률하위적 규범, 또는—특정 구체적인 행정청의 설치 · 폐지 · 이전처럼— 전적으로 행정내부사항일 수 있다. 요컨대 행정청의 모든 조직행위는, 행정행위의 여타의 개념적 징표가 충족된 한에 있어서, 행정내부영역에 영향을 미칠 뿐만 아니라 동시에 시민이나 기타의 권리주체의 권리에도 직접적으로 관련이 있는 경우에는 그 시민과의 관계에서 행정행위로 여겨져야 한다. 그런데 학교폐쇄조치는 조직행위로서의 특징 말고도, 그것의 직접적인 수범자가 학생이나 학부모와 같은 사람이 아니라, 학교라는 사물인데 또 다른 특징이 있다. 이런 대물적 행위의 처분성을 열어 준 것이 바로 일반처분이다. 학교폐쇄조치가 행정내부영역을 넘어서 학생과 학부모의 학교 내지 학교운영주체(지방자치단체)와의 법관계에 직접적으로 영향을 미치는 점은 자명하다(이 점에서 원심(서울고법 1995. 5. 16. 선고 94구11554 판결)이 비록 조례를 대상으로 삼았지만, 학교폐지로 인해 그 학교를 이용할 취학아동의 이익이 상실하게 된 점을 그것의 처분성의 인정논거로 정당하게 들었다). 따라서 두밀분교폐지조례에 따른 학교폐쇄조치(결정) 역시 당연히 행정처분이 된다.

(3) 학교폐쇄조치의 위법성 여부

경기도 교육감이 내린 학교폐쇄조치의 위법성을 가늠하기 위한 잣대가, 당시는 물론 현행의 지방자치법, 구 「지방교육자치에 관한 법률」(이하 '지교법'이라 한다), 구 교육법, 초 · 중등교육법 등에 전혀 없고, 없었다. 이 점에서 법원이 당해 조례의 위법성을 심도는 있지만 오로지 법률우위적 측면에서 검토하였음은 무리가 아니다. 그러나 판례도 확인하였던 것처럼, 학교폐쇄조치는 국민인 학생과 학부모에게 심대한 침익적 효과를 가져다준다. 그렇다면 그것의 위법성 검토의 첫 단추는 법률유보의 원칙에서 찾아야 한다. 법률유보의 원칙을 둘러싸고 여러 이론이 전개되나, 아직까지도 논란이 잔존하는 '본질사항유보이론'에 의하지 않더라도 가장 전통적인 '개입(이른바 침해)유보이론'에 의하더라도 학교폐쇄조치에 관한 법적 근거가 당연하게 필요하다. 이런 형식고수적 주장에 대해선, 「시 · 도의 교육 · 학예에 관한 사무의 집행기관으로 시 · 도에 교육감을 둔다」고 규정한 구 '지교법' 제25조와, '학교 기타 교육기관의 설치 · 이전 및 폐지에 관한 사항'을 교육감의 사무관장에 포함시킨 구 '지교법' 제27조 등을 들어 반론을 제기할 법하다. 그러나 이는 권한 내지 임무규정이기에, 침익적 조치에 관한 수권(권능)규정으로 삼을 순 없다. 민주적 정당성을 보장하기 위한 법률유보의 본래의 뜻은 바로 입법자의 의사가 수권규정을 통해서 담겨져야 한다는 것이다.

한편 학교폐쇄조치의 바탕인 당해 조례의 위법성 · 위헌성은 규범심사절차에서 검토되어야 한다. 조례제정은 법치국가적 원리에 입각한 의회유보와 법률유보의 요청으로부터 완전히 자유로울 수가 없거니와, 자칫 그 자체로서도 이들 요청의 제외를 충분하게 정당화시키지 못할 것이다. 그리고 독일 연방헌법재판소가 "전문의판결"(BVerfGE 33, 125(158))에서 명확히 하였듯이, 기본권에 개입하거나 기본권행사를 "본질적으로" 특징지우는 조례를 위해선, 입법자로선 (조례제정권의 내용과 범위를 추론할 수 있게 하는) 특별한 수권요건을 사용하지 않으면 아니 된다. 이 점이 바로 지방자치법 제15조의 단서의 존재이유이다. 이상에서 본 바대로 그리고 원심이 처분성논증에서 확인한 것처럼, 학교폐쇄조치가 지닌 심각한 침익성(侵益性)은 그것이 지방자치법 제15조 단서상의 '주민의 권리제한에 관한 사항'임을 분명히 한다. 따라서 입법자의 아무런 방향설정 없이 그러한 침익적 성격의 조례를 제정하는 것은, 조례제정권의 바탕인 전권한성의 원칙과 자기책임성의 원칙을 동원하더라도 정당화될 수 없다.

4. 이른바 처분적(조치적) 행정입법의 인정과 그 확대의 구체적 문제점

i) 전체 공법질서의 측면: 공법질서와 공법제도는 규범과 법집행행위를 구분한 것

을 토대로 하는데, 양자간의 구별 해소는 자칫 전체 공법질서와 공법제도를 난맥에 처하게 할 수 있다. ii) 법원론적 측면: 법원론은 전적으로 법형식에 의거하여 구축된 것인 점에서, 법형식이 아니라 —법관의 판단에 전적으로 가늠되는— 실질에 맞춰 접근하면 자칫 법원론 자체가 붕괴될 수 있다. iii) 행정작용법론적 측면: 입법자가 법정의 법규범(법률, 명령, 조례, 규칙)을 선택하였음에도 불구하고, 법관의 판단에 의해 그것의 법적 성질이 다르게 되는 것은 입법자의 의사를 무시한 것이다. 법형식을 도외시한 것은 행정작용법론 및 행정의 작용형식의 체계을 난맥에 처하게 한다. iv) 하자효과의 측면: 하자와 관련해서 단순 위법인지 무효인지 원칙의 차원에서 통일된 결론이 모아지기 힘들거니와, 단순 위법의 원칙을 취할 때 중대명백성설을 어떻게 관철할 것인지의 물음에서도 필연적으로 소모적 논쟁이 유발될 것이다. v) 절차법적 요청의 측면: 통상 부담적 처분에 대해 요구되는 절차법적 요청(사전통지, 의견청취, 이유제시 등)이 통용되는지 여부가 논란이 된다. vi) 행정상 강제집행의 측면: 조치적(이른바 처분적) 행정입법이 하명에 해당하면, 집행행위를 게재시키지 않고 불이행에 대해 곧바로 대집행을 강구할 수 있지만, 법령의 수범자가 원칙적으로 불특정다수인 점에 비추어 자칫 대집행의 남용을 가져다줄 우려가 있다. vii). 소송법적 측면: 행정입법에 대한 독립된 소송유형이 도입되지 않은 이상, 이런 행정입법에 대해 항고소송의 차원에서 취소소송과 무효확인소송을 공히 아무런 문제없이 강구할 수 있는지 여부가 다투어진다. 나아가 여기서의 항고소송의 법적 성격이 과연 규범통제소송인지 아니면 항고소송인지 여부가 논란이 되는데, 이는 헌법 제107조 제2항을 둘러싼 쟁점거리이기도 하다(상론은 졸고, 이른바 *處分的* 행정입법의 문제점에 관한 소고, 공법연구 제42집 제4호(2014. 6. 30.), 285면 이하 참조).

5. 판례의 전망: 기존 논의의 문제점

애써 관련 판례가 많지 않다거나 행정작용형식의 체계에 반한다거나 하여 공박할 수 있긴 해도, '조치적 명령'이 대상판결이후 10년 만에 압도적인 행정법문헌과 판례에서 사실상 공인된 행정작용형식의 하나(법규범형식의 행정처분)로 자리매김하고 있는 점은 부인할 수 없다. 이를 두고서 결과적으로 법규에 대한 헌법재판의 가능성을 축소하긴 했지만, 법원이 전향적으로 처분성확대를 도모하였다고 호평할 수 있다. 그렇지만, 현행의 공법질서 특히 규범체계로서는 심각한 난맥상에 처하게 되었다. 입법자가 선택한 규범으로서의 법적 성격이 법원의 판단에 의해서 부인되는 결과가 빚어진 것이다. 종래 법형식의 선택이 법적으로 특히 권리구제의 측면에서 어떤 법적 결과를 초래하는지, 그리고 법형식과 그 실질이 불일치할 때 무엇이 최종적인 가늠자가 되는지에 관한 활발한 논의가 태무(殆無)하였다. 결론적으로 권리구제의 확대를 도모하기 위한 처분성의 확대인정 자체는 이론(異論)이 있을 수는 없지만, 법집행행위를 무색케 만드는 과도한 처분성인정은 규범통제의 항고소송화는 물론, 규범과 집행행위의 구분을 소멸시켜 행정작용법론의 기능부전까지도 초래할 수 있다. 법규범의 형식을 갖는 한, 그것의 법적 취급은 시종 법규범으로서의 위상에 맞추어야 한다(동지: 김남진, 22면).

〈참고문헌〉

권순일, "재정경제부령에 의한 덤핑방지관세부과조치의 처분성 재론—기능적 관점에서—", 행정판례연구 XII, 박영사, 2007.

김남진, "초등학교의 폐지조례 및 폐지조치와 권리보호", 고시연구 제343호, 2002. 10.

김남진, "행정상 확인소송의 가능성과 활용범위", 고시연구 제374호, 2005. 5.

김동희, "조례(법규명령)의 처분성", 판례월보 제322호, 1997. 7.

김중권, 행정법기본연구 I, 법문사, 2008.

김중권, 행정법, 법문사, 2013.

김중권, "이른바 처분적 시행규칙의 문제점에 관한 소고", 법률신문 제3478호, 2006. 7. 27.

김중권, "조문형식을 띤 고시의 처분성 인정에 따른 문제점에 관한 소고", 저스티스 제98호, 2007. 6.

김중권, "이른바 처분적 행정입법의 문제점에 관한 소고", 공법연구 제42집 제4호, 2014. 6. 30.

박균성, "법규명령에 대한 항고소송의 제문제", 행정소송(I) 재판실무연구(4), 한국사법행정학회, 2008.

박해식, "고시의 처분성과 제약회사의 당사자적격", 대법원판례해설 제47호, 2004. 7.

장태주, 행정법개론 제7판, 법문사, 2009.

정성태, "법규명령의 처분성", 행정판례연구 X, 박영사, 2005.

정하중, "집행적 법규명령과 처분적 법규명령의 개념", 법률신문 제3482호, 2006. 8. 17.

72. 행정규칙에 근거한 운수권배분의 처분성

―대법원 2004. 11. 26. 선고 2003두10251, 10268 판결―

하 종 대*

Ⅰ. 대상판결 및 원심판결의 요지

1. 대상판결

항고소송의 대상이 되는 행정처분이라 함은 원칙적으로 행정청의 공법상 행위로서 특정 사항에 대하여 법규에 의한 권리의 설정 또는 의무의 부담을 명하거나 기타 법률상 효과를 발생하게 하는 등으로 일반 국민의 권리의무에 직접 영향을 미치는 행위를 가리키는 것이지만, 어떠한 처분의 근거가 행정규칙에 규정되어 있다고 하더라도, 그 처분이 상대방에게 권리의 설정 또는 의무의 부담을 명하거나 기타 법적인 효과를 발생하게 하는 등으로 그 상대방의 권리의무에 직접 영향을 미치는 행위라면, 이 경우에도 항고소송의 대상이 되는 행정처분에 해당한다고 보아야 할 것이다.

기록에 의하면, 대한민국 정부와 중국 정부 사이에 1994. 10. 31. 체결된 조약인 대한민국 정부와 중화인민공화국 정부 간의 민간항공운수에 관한 잠정협정(이하 '이 사건 잠정협정'이라고 한다)을 근거로 대한민국과 중국 항공당국 사이에 특정 항공노선을 개설하기로 하는 협약을 체결한 다음 쌍방 항공당국이 당해 노선에 취항할 국적항공사를 지정하여 상대방 국가에게 통보하면, 위와 같이 지정된 항공사(이하 '지정항공사'라고 한다)는 상대방 국가로부터 일정한 조건하에 부당한 지체 없이 적절한 운항허가를 받을 수 있고, 허가를 받으면 합의된 업무를 할 수 있으며, 당해 노선상의 합의된 업무를 운영함에 있어 정해진 항로를 따라 상대방 국가의 영역을 통과하는 무착륙 비행, 쌍방 항공당국 간 합의된 상대방 국가의 영역 내 제 지점에서의 비운수목적의 착륙 등 제 권리를 가지게 되는 점, 국제선 정기항공운송사업에 관한 서울/계림, 서울/무한, 서울/곤명, 부산/청도, 대구/청도, 서울/우룸치, 서울/천진 노선(다만, 서울/천진 노선은 화물운송사업에 관한 노선이고, 나머지 노선은 여객운송사업에 관한 노선임, 이하 '이 사건 각 노선'이라고 한다)은 양국 항공

* 법무법인 바른 변호사.

당국이 1997. 11. 7. 이 사건 잠정협정의 부속서로서의 성격을 가지는 비밀양해각서(이하 '이 사건 비밀양해각서'라고 한다)를 체결하면서 개설하기로 합의된 노선으로서 그 지정항공사는 취항에 선행하여 상대국 지정항공사와 상무협정을 체결하고 양국 항공당국의 승인을 받도록 되어 있는 점, 피고는 1998. 1. 24. 이 사건 잠정협정 및 비밀양해각서와 노선배분에 관한 원칙과 기준을 정한 피고의 내부지침인 국적항공사경쟁력강화지침(1994. 8. 27.자 교통부예규 194호, 이하 '이 사건 지침'이라고 한다)을 근거로 이 사건 각 노선에 대한 운수권을 원고에게 배분하고 이를 중국 항공당국에 통보한 점을 각 알 수 있다.

이러한 점에 비추어 보면, 노선을 배분받은 항공사는 중국 항공당국에 통보됨으로써 이 사건 잠정협정 및 비밀양해각서에 의한 지정항공사로서의 지위를 취득하고, 중국의 지정항공사와 상무협정을 체결하는 등 노선면허를 취득하기 위한 후속절차를 밟아 중국 항공당국으로부터 운항허가를 받을 수 있게 되며, 추후 당해 노선상의 합의된 업무를 운영함에 있어 중국의 영역 내에서 무착륙비행, 비 운수목적의 착륙 등 제 권리를 가지게 되는 반면, 노선배분을 받지 못한 항공사는 상대국 지정항공사와의 상무협정 체결 등 노선면허 취득을 위한 후속절차를 밟을 수 없을 뿐만 아니라 중국 항공당국으로부터 운항허가를 받을 수도 없는 지위에 놓이게 된다.

위에서 본 법리에 비추어 보면, 이 사건 각 노선에 대한 운수권배분처분은 이 사건 잠정협정 등과 행정규칙인 이 사건 지침에 근거하는 것으로서 상대방에게 권리의 설정 또는 의무의 부담을 명하거나 기타 법적 효과를 발생하게 하는 등으로 원고의 권리의무에 직접 영향을 미치는 행위로서 항고소송의 대상이 되는 행정처분에 해당한다고 할 것이다.

2. 원심판결의 요지: 아래와 같은 이유로 운수권배분의 처분성을 인정하였다

1. 국제정기항공노선의 운항은 운수권(traffic right)의 존재를 전제로 하고, 노선면허를 받기 위해서는 운수권의 배분이 선행되어야 한다.

2. 운수권의 배분 또는 그 취소는 특정항공사에게 해당노선의 운항을 위한 면허에 관한 권리를 설정하거나 제한하는 행위이고, 운수권이 없는 경우 면허신청 자체를 제한하는 처분행위이다.

3. 해당노선에 대한 면허가 이루어진 경우 운수권 배분처분은 독자적인 의의를 상실하고 그 노선면허처분에 흡수되나, 면허처분까지 나아가지 아니한 동안에는 독자적인 의의를 가진다.

Ⅱ. 사안의 개요

1. 대한민국 정부와 중국정부 사이

가. 1994. 7. 27. 서울/북경 노선을 제외하고는 각각의 특정노선에 오직 각 1개 항공사만을 지정하기로 하는 내용의 비밀양해각서 체결

나. 1994. 10. 31. 민간항공운수에 관한 잠정협정 체결

다. 1997. 11. 7. 서울/계림(주 3회), 서울/무한(주 3회), 서울/곤명(주 2회), 서울/우룸치(주 3회), 부산/청도(주 3회)/, 대구/청도(주 3회), 서울/천진(화물, 주 2회) 간 국제항공노선(이하 '이 사건 각 노선'이라고 한다)을 비롯한 18개 여객노선 및 4개 화물노선에 관하여 노선개설에 관한 비밀양해각서 체결

2. 피　　고

가. 1998. 1. 24. 원고에 대하여 '한 · 중 항공노선 배분'이라는 공문을 통하여 이 사건 각 노선을 원고에게 배분[1]하면서 노선면허신청, 사업계획 변경인가 신청, 상무협정의 변경 및 체결 등 필요한 절차를 취하도록 하였다.

나. '한 · 중 항공노선 운항항공사 지정통보'라는 공문을 통하여 외무부장관에게 한 · 중 항공협정 제3조에 의하여 우리 측의 노선별 지정운항항공사의 지정사실을 중국 측에 서면으로 통보하도록 요청하였다.

다. 1998. 2. 13. 중국 민용항공총국으로부터 중국 측 지정항공사를 다음과 같이 지정하였다는 통보를 받았다.

(1) 서울/계림, 서울/무한 노선: 남방항공공사

(2) 서울/곤명 노선: 운남항공공사

(3) 부산/청도, 대구/청도 노선: 국제항공공사

(4) 서울/우룸치 노선: 신강항공공사

3. 원　　고

가. 1999. 11. 3. 남방항공공사와 서울/계림 노선에 대한 상무협정을 체결한 다음, 피고에게 서울/계림 노선에 대한 상무협정 인가신청, 국제선 정기항공운송사업(여객) 노선면허신청을 하였다.

---

1) 노선배분 당시, ①원고에게 이 사건 각 노선 및 서울/상해(화물, 주 4회) 노선이 배분되었고, ② 보조참가인에게 서울/장춘(주 5회), 서울/광주(주 3회), 서울/하얼빈(주 3회), 서울/연대(주 3회), 서울/서안(주 3회), 서울/중경(주 2회), 제주/상해(주 3회), 서울/북경(화물, 주 4회), 서울/남경(화물, 주 2회), 서울/심천(화물, 주 3회) 노선이 배분되었다.

나. 1999. 12. 2. 중국 민항총국으로부터 위 노선에 대한 경영허가를 취득하고, 같은 달 7. 취항허가를 취득하였다.

4. 피 고

가. 1999. 12. 10. 서울/계림 노선에 대한 원고의 상무협정 인가신청과 노선면허신청을 반려하였다(사유: 원고가 운수권을 배분받은 후 1년 이내에 이를 행사하지 아니하여 그 배분의 효력이 상실되었다).

나. 1999. 12. 16. 원고에게 국제항공노선 운수권배분 실효통보를 하였다.[2)]

Ⅲ. 검 토

1. 관계법령 및 협정 등의 규정내용

가. 항공법의 규정

항공법은 제112조 제1항에서 "정기항공운송사업을 경영하고자 하는 자는 노선별로 건설교통부장관의 면허를 받아야 한다"고 규정하고, 제113에서 그 면허기준을, 제114조에서 면허의 결격사유를 규정하고 있을 뿐, 운수권 배분(또는 노선배분)에 관하여 아무런 규정을 두고 있지 않다.

나. 대한민국 정부와 중국 정부간의 민간항공운수에 관한 잠정협정

(1) 제2조(제권리의 부여)

제1항: 각 체약당사자는 타방 체약당사자의 지정항공사들이 부속서에 규정된 노선에서의 국제항공업무(이하 각각 "합의된 업무" 및 "특정노선"이라 한다)를 개설하고 운영할 수 있도록 타방 체약 당사자에게 이 협정에 규정된 제권리를 부여한다.

제2항에서는 지정항공사들에 대하여 합의된 업무를 운영함에 있어서 타방 체약당사자의 영역을 통과하는 무착륙비행, 영역 내 특정노선상 제지점에서의 비운수목적의 착륙, 영역 내 특정노선상 제지점에서의 착륙 등의 권리를 부여하고 있다.

(2) 제3조(항공사의 지정 및 허가)

제1항: 각 체약당사자는 타방 체약당사자에게 특정노선에서 합의된 업무를 운영할 항공사들을 서면으로 지정하거나 이러한 지정을 철회 또는 변경할 권리를 가진다.

제2항 및 제3항: 지정된 항공사들의 실질적 소유와 실효적 지배가 체약당사국 또는 그 국민에 속해야 하며, 국제항공업무의 운영에 적용하는 법령에 규정된 조건들을 이행

2) 내용: 이 사건 등 배분된 국제항공노선 운수권 중 1년이 경과하도록 취항하지 않은 노선에 대해서는 노선배분의 효력이 상실되었다는 취지의 통지임.

할 능력이 있음을 요구할 수 있다는 내용을 규정하고 있다.

제4항: 타방 체약당사자는 상기 지정을 접수하는 즉시 이 조 제2, 3항의 규정에 따를 것을 조건으로 동 지정항공사들에 대하여 부당한 지체 없이 적절한 운항허가를 부여한다.

제5항: 상기에 따라 지정되고 허가된 항공사는 이 협정의 관련규정에 따라 양 체약당사자의 항공당국간 합의된 일자부터 합의된 업무를 시작할 수 있다.

다. 대한민국 정부와 중국 정부간의 1994. 7. 27.자 정기편 운항에 대한 비밀양해각서

(1) 제5조: 특정노선에 대한 운항 항공사 수

합의한 노선의 질서있는 발전을 도모하기 위해 양국 대표는 각 체약 당사자가 서울/북경 노선을 제외한 각각의 특정노선에 오직 각 1개 항공사만을 지정하기로 합의한다.

(2) 제8조: 상무협정[3)]

동등한 기회와 상호 이익을 달성키 위한 목적과 한국/중국 노선의 항공업무 취항을 위한 세부조건을 위해 양 체약 당사자의 지정항공사간 체결되는 상무협정(대리점 계약이 아닌)은 체약당사자의 항공당국의 승인을 받아야 한다. 체약당사자의 항공당국은 본 잠정 항공협정 가서명 후 1달 이내에 지정 항공사간 상무협정을 체결하도록 격려하여야 한다.

라. 대한민국 정부와 중국 정부간의 1997. 11. 7.자 비밀양해각서

⑴ 이 사건 노선을 비롯하여 관련사건에서 문제된 서울/무한(주 3회), 서울/곤명(주 2회), 서울/우룸치(주 3회), 부산/청도(주 3회), 대구/청도(주 3회), 서울/천진(화물, 주 2회) 노선에 대하여 개설합의를 하였다.

⑵ 위 다.항의 비밀양해각서 중 5, 8조 등의 유효성을 인정하였다.

마. 국적항공사경쟁력강화지침(교통부예규 194호)

제4조(신규노선의 배분)

① 신규노선은 교통부장관이 국적항공사간 균형적으로 배분한다.

② 교통부장관은 필요하다고 인정하는 경우, 신규노선 배분결정 절차 및 배분기준에 관하여 별도로 정할 수 있다.

④ 특정 국적항공사에 배분한 신규노선권에 대하여 노선권을 행사할 수 있는 날로부터 1년 이내에 이를 행사하지 않는 경우 당해 노선배분은 무효로 한다.

---

3) 위와 같이 상무협정을 노선취항의 조건으로 하는 내용은 2002년경 변경되어 현재는 상무협정이 노선취항의 전제로 되지 않는다고 한다.

2. 한·중 간 항공노선에 대한 운수권의 배분

가. 노선개설에 관한 절차

(1) 일반적으로 국제항공노선이 개설되려면 사업계획을 수립하고, 항공교통의 안전을 확보하기 위하여 필요한 조치를 취하는 데 상당한 시간과 비용 · 노력이 소요되고, 특히 이 사건과 같이 정부간에 체결된 양해각서 등 부속문서에 상무협정 등 세부사항에 관한 조건이 설정되어 있는 경우에는 이를 충족하지 못하면 사실상 취항이 불가능하기 때문에, 통상 다음과 같은 일련의 과정을 거쳐 노선면허가 부여되어 취항하게 된다고 할 수 있다.

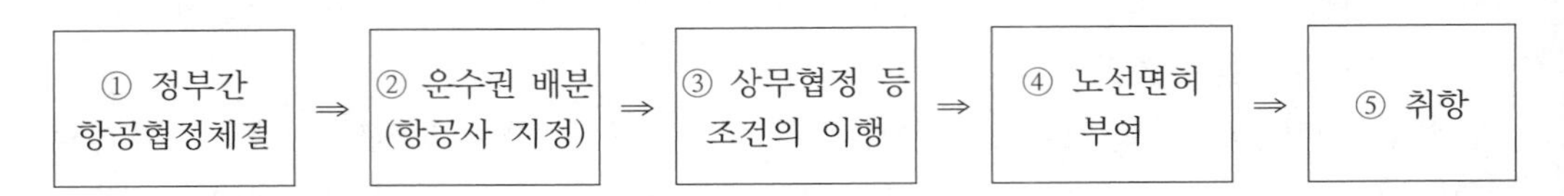

① 1944년의 시카고조약(국제민간항공협약, 대한민국은 1947년도에 가입하고, 중국은 80년대에 가입하였다고 함)에서 2국간 항공협정의 표준방식이 채택되고, 1946년 위 조약을 기초로 한 버뮤다협정(미 · 영 양국이 체결한 항공협정)이 체결되었다{위 협정의 부속서에는 항공노선과 운수권의 내용, 항공사의 지정, 공항의 사용요금, 항공연료 등에 대한 면세, 감항증명 등의 상호 인정 등이 포함되어 있음}.

그 후 각국은 대체로 버뮤다협정을 기준으로 하여 항공협정을 체결하는데, 대한민국 정부와 중국정부 사이에 체결된 위 민간항공운수에 관한 잠정협정도 위 협정을 전제로 하고 있다고 할 수 있다.

② 항공협정을 체결하였더라도, 체약국의 항공사가 협정에 따른 업무를 개시하려면 자국의 항공사를 지정하여 상대국으로부터 협정업무를 하기 위한 허가를 받아야 하는데, 이러한 항공사의 지정은 시카고조약, 버뮤다협정(1946년)에 따라 대부분의 항공협정에서 채택하고 있는 제도라고 한다.

위 1. 나.의 잠정협정(제3조)도 이러한 항공사의 지정에 관한 규정을 두고 있고(따라서, 지정되고 허가된 항공사만이 그 업무를 할 수 있게 된다), 특히, 위 1. 다.의 비밀양해각서(제5조)에서는 서울/북경 이외의 노선에 대해서는 1개 항공사만을 지정할 수 있도록 하고 있다.

③ 상무협정 등 조건이 있는 경우 그러한 조건을 이행하여야 한다.

위 1. 다.의 비밀양해각서(제8조)에서 양 체약 당사자의 지정항공사간 체결되는 상무협정(대리점 계약이 아닌)은 체약당사자의 항공당국의 승인을 받도록 하고 있다.

④ 지정항공사는 상대체약국에 대하여 통상적인 외교의 경로를 통해 운영허가를 신청하여야 하고, 체약국은 자국의 국내법에 따라 이를 허가한다.

(2) 위와 같이 우리 정부와 중국 정부간의 잠정협정, 비밀양해각서 등에 따르면, 이 사건 각 노선의 경우 오직 1개 항공사만이 위 협약 및 양해각서에 따른 지정항공사로 지정될 수 있고, 이러한 지정항공사만이 중국의 지정항공사와 상무협정을 체결하여 항공당국의 승인을 받은 다음, 자국의 국내법에 따른 허가 등의 절차를 거쳐 취항할 수 있는 것으로 요약할 수 있을 것이다.

(3) 실무상 노선배분의 절차 및 고려사항

(가) 노선배분의 절차

① 노선이 확보되면, 쌍방 항공사(대한항공 및 아시아나항공)에게 노선이 확보되었음을 알리고, 노선배분에 관한 의견을 제시할 것을 요청하여 의견을 제시받는다.

② 쌍방 항공사의 실무자 등을 만나 협의를 한 다음, 쌍방 항공사 사이에 합의가 되면 그에 따라 노선을 배분하나, 실제 그러한 합의가 성립되는 경우는 거의 없었다고 한다.

③ 협의가 성립되지 않으면, 다음과 같은 여러 사정을 참작하여 노선을 배분하게 된다.

(나) 노선배분시 고려사항 : 각 항공사의 노선 및 운송능력, 노선개척에 기여한 정도, 노선의 시장상황 및 노선배분시의 활용도, 안전 위주의 경영유도, 무리한 노선확정 억제, 공정경쟁 여건조성(후발항공사에 대한 배려) 등을 고려하여 정책적으로 결정한다.

(4) 노선배분과 노선면허의 관계

(가) 노선을 배분받은 항공사가 노선면허를 신청하는 경우 상무협정과 같은 항공협정상의 요건이 갖추어져 있는지 여부를 중점적으로 보고, 항공법시행규칙 제278조 제3항[4]의 관련서류를 제출하도록 하는데, 노선배분 이후라도 특히 항공사의 안전상 결함, 운항

---

4) 항공법시행규칙 제278조(정기항공운송사업 면허) ③ 제2항의 규정에 의한 정기항공운송사업의 면허를 받은 자가 법 제112조의 규정에 의하여 새로운 노선을 개설하고자 하는 때에는 별지 제67호 서식의 노선 개설면허 신청서에 다음 각호의 서류를 첨부하여 건설교통부장관에게 제출하여야 한다.
1. 당해노선을 개설하고자 하는 취지를 설명하는 서류
2. 당해신청이 법 제113조 면허기준에 적합함을 증명 또는 설명하는 서류
3. 다음 각목의 사항을 포함하는 사업계획서
가. 당해노선의 기점 · 기항지 및 종점과 각 지점간의 거리
나. 신청당시 사용하고 있는 항공기의 수와 당해노선의 개설로 항공기의 수 또는 형식에 변경이 있는 경우에는 그 내용
다. 당해노선에 있어서의 운항횟수 및 출발 · 도착일시
라. 당해노선을 개설하기 위하여 필요한 자금의 내역과 조달 방법
마. 당해노선의 개설로 정비시설 또는 운항관리시설에 변경이 있는 경우에는 그 내용
바. 당해노선의 개설로 자격별 항공종사자의 수에 변경이 있는 경우에는 그 내용
사. 당해노선에 있어서의 여객 · 화물의 취급예정수량 및 그 산출기초
아. 당해노선을 포함한 예상사업수지
4. 최근 3년 동안의 영업실적보고서

승무원의 운항시간 초과운항 등의 문제가 발생하면 노선면허가 거부될 수 있다.

(나) 그러나, 실제 노선배분 후 지정항공사가 신청한 노선면허가 거부된 사례(중국노선 포함)는 이 사건 노선 중 서울/계림 노선에 대한 경우(1999. 12. 10. 노선배분 후 1년이 훨씬 경과되었음을 이유로 한 것임 — 관련사건인 2003두3123 사건의 사례임) 외에는 없는 것으로 보인다.

(다) 노선배분을 받지 않았음에도 노선면허를 받은 사례로는, ① 항공협정만 체결되어 있을 뿐 당해 노선에 관한 개설합의가 없음에도 불구하고, 항공사가 상대국의 항공사와 상무협정 체결 등을 통하여 그 노선에 취항할 수 있는 조건을 갖추어 면허를 신청하여 허용된 사례, ② 노선개설에 관한 협정이 있어 노선은 확보되었으나, 배분절차가 없는 상태에서 상대국과의 협의 등을 통하여 그 노선에 취항할 수 있는 조건을 갖추어 면허를 신청하였고, 면허를 해 주는 것이 국익에 도움이 된다고 보아 면허가 허용된 사례가 있었다고 한다.

반면, 노선배분을 받은 항공사가 있음에도 불구하고, 노선배분을 취소하지 않은 상태에서 다른 항공사에게 노선면허를 해 준 사례는 없다고 한다.

나. 이 사건 각 노선 등에 대한 노선배분의 의미

(1) 피고가 이 사건 각 노선 등 한·중 노선에 대한 노선배분을 한다는 것은 중국 정부와 체결한 협약에 의하여 개설하기로 합의된 노선에 취항할 항공사를 지정하여 이를 중국 정부에게 통보하는 행위를 의미한다고 할 것이므로, 이러한 항공사로 지정되면 앞서 든 잠정협정 제3조의 지정항공사로서의 지위를 취득하여 ① 중국의 항공당국로부터 일정한 조건 하에 부당한 지체 없이 적절한 운항허가를 받을 수 있고, 허가를 받으면 합의된 업무를 할 수 있으며(위 잠정협정 제3조 4, 5호), ② 중국의 지정항공사와 사이의 상무협정 체결 등 조건을 이행하고 쌍방 항공당국으로부터 그 승인을 받을 수 있게 된다(1994. 7. 27.자 비밀양해각서 제8조 및 1997. 11. 7.자 비밀양해각서).

즉, 항공사로서는 이러한 노선배분을 받아야 위 협약 등이 요구하는 조건을 갖추고, 국내법에 따른 노선면허 등의 절차를 거쳐 중국노선에 취항할 수 있게 된다.

(2) 그러나, 이러한 노선배분을 받지 못한 항공사로서는 위 협약상의 지정항공사로서의 지위에 있지 아니하므로, 이를 전제로 한 중국의 지정항공사와의 상무협정 체결 및 그 승인의 절차를 밟을 수 없고, 이러한 절차를 밟을 수 없는 이상 위 노선에 취항할 수 없다.

(3) 즉, 중국노선에 있어서 노선배분은 그 노선에 취항하기 위하여 미리 갖추어야 할 구비요건으로서의 의미를 가진다고 볼 수 있다.

3. 행정처분에 해당하는지 여부

가. 행정처분의 의미

(1) 행정소송법 제2조에 의하면, 행정쟁송의 대상인 처분은 "행정청이 행하는 구체적 사실에 관한 법집행으로서의 공권력의 행사 또는 그 거부와 그 밖에 이에 준하는 행정작용"으로 정의하고 있다.

즉, 행정쟁송법상의 처분은 "행정청의 구체적 사실에 대한 법집행으로서의 공권력 행사 및 그 거부"와 "이에 준하는 행정작용"을 포함한다.

(2) 판례의 태도

㈎ 항고소송의 대상이 되는 행정처분이라 함은 "원칙적으로 행정청의 공법상 행위로서 특정 사항에 대하여 법규에 의한 권리의 설정 또는 의무의 부담을 명하거나 기타 법률상 효과를 발생하게 하는 등으로 일반 국민의 권리의무에 직접 영향을 미치는 행위"를 의미하고, 특별한 사정이 없는 한 특별한 사정이 없는 한 행정권 내부에서의 행위나 알선, 권유, 사실상의 통지 등과 같이 상대방 또는 기타 관계자들의 법률상 지위에 직접적인 법률적 변동을 일으키지 아니하는 행위 등은 항고소송의 대상이 되는 행정처분이라고 볼 수 없다{대법원 2002. 5. 17. 선고 2001두10578 판결, 대법원 1999. 6. 25. 선고 98두15863 판결 등}.

㈏ 또한, 어떠한 처분의 근거나 법적인 효과가 행정규칙에 규정되어 있다고 하더라도, 그 처분이 행정규칙의 내부적 구속력에 의하여 상대방에게 권리의 설정 또는 의무의 부담을 명하거나 기타 법적인 효과를 발생하게 하는 등으로 그 상대방의 권리 의무에 직접 영향을 미치는 행위라면, 이 경우에도 항고소송의 대상이 되는 행정처분에 해당한다거나, 항고소송의 대상이 되는 행정처분이라 함은 행정청의 공법상의 행위로서 특정사항에 대하여 법규에 의한 권리의 설정 또는 의무의 부담을 명하거나 기타 법률상 효과를 발생하게 하는 등 국민의 구체적인 권리의무에 직접적 변동을 초래하는 행위를 말하는 것으로서, 그 주체, 내용, 절차, 형식에 있어서 어느 정도 성립 내지 효력요건을 충족하느냐에 따라 개별적으로 결정하여야 한다는 등{대법원 2002. 12. 27. 선고 2001두2799 판결, 1993. 12. 10. 선고 93누12619 판결 등}, 항고소송의 대상이 되는 행정처분의 범위를 확대할 수 있는 여지를 남겨두고 있다고 볼 수 있다.

㈐ 특히 대법원 2002. 7. 26. 선고 2001두3532 판결은 불문경고조치[5]가 법률상의 징

---

5) 지방공무원법 제48조에 정한 성실의무를 위반하였다는 징계사유를 들어, 함양군지방공무원징계양정에관한규칙에 규정된 '징계양정기준'에 의하여 위와 같은 비위사실에 대하여는 견책으로 징계를 하여야 할 것이지만, 함양군규칙에 규정된 '징계양정감경기준'에 따라 원고에게 표창을 받은 공적이 있음을 이유로 그 징계를 감경하여 불문으로 하되, 다만 원고에게 경고할 것을 권고하는 의결을 하

계처분은 아니라 하더라도, 위 처분에는 적어도 이를 받지 아니하였다면 차후 다른 징계처분이나 경고를 받게 될 경우 징계감경사유로 사용될 수 있었던 표창공적의 사용가능성을 소멸시키는 효과와 1년 동안 인사기록카드에 등재됨으로써 그 동안은 장관표창이나 도지사표창 대상자에서 제외시키는 효과 등이 있음을 이유로 항고소송의 대상이 되는 행정처분에 해당하는 것으로 보아야 한다고 판시하였다.

(3) 이와 관련하여 학설은 행정쟁송법상의 처분의 개념에 관하여 실체법상의 행정행위의 개념보다 넓은 독자적인 개념으로 파악하는 쟁송법적 개념설이 우세하다고 볼 수 있다. 이에 따르면, 행정처분에는 강학상의 행정행위에 해당하지 않는 행정작용이라고 할지라도 행정행위에 준하여 국민생활을 규율하는 행위로서 다른 불복절차를 발견하기 어려운 경우에는 소송의 대상으로 삼아 구제의 길을 열어야 한다는 것으로서, 권력적 성격을 갖는 행정지도 등 권력적 사실행위, 일반적 기준설정행위, 사회보장적 급부결정, 보조금교부결정 등이 거론되고 있다고 한다.

나. 이 사건의 경우

(1) 대한민국과 중국 당국 사이의 위 각 협약의 성격

민간항공운수에 관한 잠정협정은 대한민국 정부와 중국 정부 사이에 국제항공업무에 관한 일반적인 사항을 정한 조약으로서 법규적 성격을 가진다.

1997. 11. 7.자 비밀양해각서는 양국 항공당국이 이 사건 노선 등을 개설하기로 합의한 행정협정으로서 위 잠정협정의 부속서로서의 성격을 가진다고 할 수 있다.

따라서, 이러한 노선에 대하여 운수권배분처분을 받으면, 조약인 위 민간항공운수에 관한 잠정협정 제3조의 지정항공사로서의 지위를 취득하게 됨으로써, ① 중국 지정항공사와 상무협정 체결 등 노선면허를 취득하기 위한 후속절차(위 잠정협정 및 비밀양해각서에 정해진 요건을 갖추기 위한 절차)를 밟을 수 있게 되고, ② 중국에서 합의된 업무를 위한 무착륙비행 등의 권리를 가지게 된다.

(2) 절차적 측면

① 이 사건 노선 등의 배분은 행정규칙으로서의 성격을 가진 위 국적항공사경쟁력 강화지침 제4조에 근거한 것이기는 하나, 피고는 협약 등을 통하여 배분할 노선이 확보되면, 각 항공사의 노선 및 노선배분시의 활용도, 운송능력, 노선의 상황 및 노선개척에 기여한 정도, 공정경쟁 여건조성 등 여러 사정을 참작하여 쌍방 항공사 중 어느 항공사로 하여금 취항하도록 할 것인지 여부를 결정하고 있고, 이 단계에서 항공기의 안전운항, 사업의 재정적 기초 등 면허요건의 상당부분이 심사된다고 볼 수 있다.

였고, 이에 따라 피고가 1999. 10. 12. 원고를 지방공무원법상 징계의 종류로 규정되어 있지 아니한 '불문경고'에 처한 사안임.

② 노선을 배분받은 항공사는 당해 노선에 대한 시장조사, 사업계획의 수립, 중국의 지정항공사와 상무협정의 체결, 중국당국으로부터의 허가 등을 위하여 많은 노력과 시간을 소요하게 되고, 노선배분 후 위와 같은 조건을 갖추어 신청한 면허가 거부된 사례는 거의 없다.

③ 결국 이러한 경우의 노선면허는 노선배분과 협약에 따른 조건의 충족 여부에 그 중점을 두고 있다고 볼 수 있다.

(3) 현실적 필요성

① 노선배분은 지정항공사에게 노선면허를 받을 수 있는 배타적인 권리를 주는 행위(노선을 배분받지 못한 항공사로서는 위 노선에서 면허를 취득할 수 있는 기회 자체가 봉쇄됨)이므로 이러한 행정청의 행위에 대하여 타방 항공사로 하여금 다툴 수 있는 기회를 제공함으로써 재량남용행위 등에 대한 통제의 필요성이 있고, 이 단계에서 취소되는 것이 면허처분 단계에서 면허가 부여되지 않는 경우에 비하여 국가적 위신의 손상 등의 피해가 적다고 볼 수 있다.

② 노선배분을 받지 못한 항공사로서도 노선배분의 잘못에 대하여 직접 다툴 수 있게 되면, 조기에 잘못된 노선배분의 효력을 상실시켜 자신이 노선배분을 받을 수 있는 기회가 생긴다.

③ 노선배분을 받은 항공사로서도 시장조사, 상무협정 체결을 위한 노력 등의 투자를 하지 않은 상태에서 그 효력이 부인되므로, 그 노선에 추가적인 노력과 비용을 투자하지 않게 되어 손해를 줄일 수 있다.

(4) 결 론

결국, 이 사건 각 노선에 대한 운수권 배분처분은 노선배분에 관한 항공정책적인 여러 요소를 종합적으로 고려하여 피고가 중국과 사이의 위 각 협약에 따라 확보된 위 노선에 대하여 면허를 받을 수 있는 항공사를 사전에 지정하는 행위로서, 그 처분의 근거가 법규가 아닌 행정규칙에 규정[6]되어 있지만, 이러한 노선배분을 받은 항공사로서는 조약으로서 법규성이 있는 위 민간항공운수에 관한 잠정협정 제3조의 지정항공사로서의 지위를 취득하여 상대방 지정항공사와 상무협정을 체결하는 등 노선면허를 취득하기 위한 후속절차를 밟을 수 있는 지위를 취득하고, 추후 합의된 업무를 운영함에 있어 중국의 영역 내에서 무착륙비행 등의 권리를 가지게 되므로 항공사의 구체적인 권리의무에 직접 영향을 미치는 행위로서 항고소송의 대상이 되는 행정행위로서의 성격을 가지고

6) 한국 정부와 중국 정부 사이에 체결된 잠정협정을 그 근거규정으로 볼 여지도 없는 것은 아니나, 이는 양 정부 사이의 권리의무에 관한 규정이고, 노선배분의 직접적인 근거는 국적항공사경쟁력강화지침으로 보아야 할 것이다.

있다고 할 것이다.

4. 판결의 의의

불문경고에 관하여 처분성을 인정한 대법원 2002. 7. 26. 선고 2001두3532 판결에 이어 처분의 근거가 법령이 아닌 행정규칙에 규정되어 있다고 하더라도, 그것이 법규성이 있는 조약 등 관계규정에 기하여 상대방의 권리의무에 직접 영향을 미치는 경우라면 항고소송의 대상이 되는 행정처분에 해당된다는 점을 다시 한번 분명히 함으로써 행정처분의 대상이 될 수 있는 행위의 범위를 확대하였고, 이러한 취지에 따라 교통부 예규인 국적항공사경쟁력강화지침에 근거한 노선배분행위가 행정처분으로서의 성격을 가질 수 있다는 점을 분명히 하였다는 점에 그 의의가 있다.

〈참고문헌〉

김재협, "국제항공노선면허처분의 효력정지를 구할 법률상의 이익 여부", 대법원판례해설 통권 제35호.

송효경, 김재환. "종합항공법정해"

김의환, "행정규칙에 의한 징계처분이 항고소송의 대상이 되는 행정처분인지 여부", 법원판례해설 43호(2002 하반기).

73. 문책경고의 처분성

— 대법원 2005. 2. 17 선고 2003두14765 판결(2003두13687, 2001두3532) —

김 치 환*

Ⅰ. 판례개요

1. 사실관계

원고(A)는 1999. 3. 12.부터 2002. 3. 30.까지 여신전문금융회사인 소외 신용카드사(B)의 대표이사로 재직하였다.

X행정청(금융감독원장)은 2002. 2. 27.부터 같은 해 3. 15.까지 소외 신용카드사(B)를 비롯한 8개 전업신용카드사와 17개 겸영카드사를 대상으로 검사를 실시하였다. 그 결과 원고(A)가 구 여신전문금융업감독규정(2002. 7. 4. 금융감독위원회공고 제2002-40호로 개정되기 전의 것. 이하 '감독규정'이라 한다) 제24조 제2항과 제3항을 위반한 사실을 적발하였다.

① 감독규정 제24조 제2항에 의하면 신용카드업자가 신용카드를 발급하고자 하는 경우에는 신청인이 본인임과 함께 신용카드를 발급받을 의사 및 소득이 있음을 확인하여야 한다. 그럼에도 불구하고, 원고(A)는 그러한 확인을 게을리 하여 2001. 8. 1. 이후 타인의 명의를 도용하여 신용카드발급신청을 한 180명에게 신용카드를 발급하고, 2001. 12. 19.부터 2002. 1. 21.까지 소득이 없는 미성년자 30명에게 신용카드를 발급하였다.

② 또한 감독규정 제24조 제3항에 의하면, 신청인이 미성년자인 때에는 신용카드를 발급함과 동시에 법정대리인에게 그 발급사실을 통지하여야 한다. 그러나 원고(A)는 2001. 12. 19.부터 2002. 1. 21.까지 미성년자 171명에게 신용카드를 발급한 뒤, 검사착수일인 2002. 2. 27.까지 법정대리인에게 그 발급사실을 통지하지 아니하거나, 그 발급 후 21일 내지 52일이 지나서야 위 통지를 하였다.

이에 따라 X행정청은 같은 해 3. 26. Y행정청(금융감독위원회)에 소외 신용카드사(B)에 대하여 업무일부정지 1.5월을 명하도록 건의함과 동시에 금융기관검사및제재에관

---

* 영산대학교 법과대학 부교수.

한규정(2001. 2. 28. 금융감독위원회공고 제2001-10호로 개정된 것, 이하 '제재규정'이라 한다) 제18조 제1항 제3호, 제2항에 의거하여 원고(A)에 대하여 이 사건 문책경고처분을 하였다. Y행정청은 같은 해 3. 26. 소외 신용카드사(B)에 대하여 업무일부정지 1.5월을 명하였다.

원고(A)는 X행정청의 이 사건 문책경고처분이 법률상의 근거 없이 이루어지거나 재량권을 일탈 · 남용한 것으로 위법하다고 하며 그 취소를 구하는 소송을 제기하였다.

2. 소송경과

원고(A)는 서울행정법원 2002구합21872호로 X행정청을 피고로 하여 이 사건 문책경고처분을 취소하라는 행정소송(대표자문책경고처분취소소송)을 제기하여 원고 승소판결을 받았으나 피고는 이 판결에 불복하여 서울고등법원 2002누20192호로 항소하였다. 그러나 서울 고등법원도 2003. 11. 7. 원심의 이유와 결론을 유지하고 피고의 항소를 기각하는 판결을 하였다.

항소심에서 피고는, 이 사건과 유사한 상황에서 종래 문책경고처분이 실무상 빈번히 이루어져왔음을 들어, 가사 이 사건 문책경고처분이 법률상의 근거가 없는 위법한 처분이라고 하여도 이를 취소하게 되면 현저하게 공공복리에 반하는 결과를 초래하게 된다고 하며 1심에서는 주장하지 않았던 사정판결도 요구하였으나 받아들여지지 않았다.

피고 X행정청은 서울고등법원의 판결에 대하여 대법원 2003두14765호로 상고하였으나, 대법원은 2005. 2. 17. 상고를 기각한다는 판결을 하였다.

3. 판결요지

(1) 원심판결

제재규정 제22조는 금융기관의 임원이 문책경고를 받은 경우에는 금융업관련법 및 당해 금융기관의 감독관련규정에서 정한 바에 따라 일정기간 동안 임원선임의 자격제한을 받는다고 규정하고 있고, 은행법 제18조 제3항의 위임에 기한 구 은행업감독규정(2002. 9. 23. 금융감독위원회공고 제2002-58호로 개정되기 전의 것) 제17조 제2호 다목, 제18조 제1호는 문책경고를 받은 자로서 문책경고일로부터 3년이 경과하지 아니한 자는 은행장, 상근감사위원, 상임이사, 외국은행지점 대표자가 될 수 없다고 규정하고 있어서, 문책경고를 받은 자는 문책경고일부터 3년간 은행의 임원으로 선임될 수 없으므로, 문책경고는 그 상대방에 대하여 직업선택의 자유를 직접 제한하는 효과를 가진다.

따라서 피고가 문책경고처분을 하기 위해서는 법률에 그 근거가 있어야 할 것인데 금융감독기구의 설치등에 관한 법률(이하 '감독기구설치법'이라 한다) 제17조 제1호, 제3호와 제37조 제1호, 제2호는 금융감독위원회(이하 '금감위'라 한다) 또는 금융감독원(이하 '감독원'이라 한다)의 직무범위를 규정한 조직규범(組織規範)에 불과하여 법률유보원칙에서 말하는 '법률(수권규범)의 근거에 해당하지 않으므로 위 각 규정은 문책경고의 법률상 근거가 되지 못한다. 감독기구설치법 제38조 제9호도 감독원의 검사를 받는 기관 중 하나로 여신전문금융회사를 들고 있는 데 불과하여 문책경고의 법률상 근거가 될 수 없다.

감독기구설치법 제42조는 금융기관의 임원이 감독기구설치법 또는 그 법에 의한 규정·명령 또는 지시를 고의로 위반한 때에는 피고가 당해 임원의 해임을 임면권자에게 권고할 수 있고, 당해 임원의 업무집행의 정지를 명할 것을 금감위에 건의할 수 있다고 규정할 뿐, 당해 임원에 대하여 문책경고를 함으로써 은행의 임원으로 선임 될 자격을 제한할 수 있다고 규정하고 있지 않다. 더구나 피고가 직접 당해 임원에 대하여 그러한 조치를 취할 수 있다고 규정하고 있지 않다. 그리고 제재규정 제18조 제1항 제3호는 문책경고의 사유를 해임권고 및 업무집행정지건의의 사유보다 넓게 규정하고 있으며, 특히 금융관련법규위반 등에 대한 고의를 요구하지 않고 있어서, 문책경고는 해임권고 및 업무집행정지건의와 그 효과는 물론 요건마저 달리하는 별개의 제재이다. 따라서 감독기구설치법 제42조가 피고에게 해임권고 및 업무집행정지건의의 권한을 주었다고 하여, 문책경고의 권한까지 함께 주어진 것으로 보기 어려워 감독기구설치법 제42조도 문책경고의 법률상 근거가 될 수 없다.

그 밖에 여신전문금융업법 제53조, 제53조의2는 금감위 또는 피고가 여신전문금융회사 및 겸영여신업자에 대하여 행하는 감독 또는 검사에 관한 규정일 뿐이므로 위 각 규정에 의하여 피고에게 문책경고의 권한이 주어졌다거나 피고가 위 각 규정을 보충 또는 집행하기 위하여 문책경고를 할 수 있다고 보기는 어려우며, 은행법 제54조 제1항이 일정한 경우에 피고가 은행의 임원에 대하여 경고를 할 수 있다거나 금융감독위원회 또는 피고가 금융기관에 대하여 그 임원에 대한 경고를 요구할 수 있다고 규정하고 있지만 여신전문금융업법 제52조에 따라 여신전문금융회사에 대하여는 은행법이 적용되지 않으므로 위 규정 역시 문책경고의 법률상 근거가 될 수 없다.

증권거래법 제53조 제5항 제2호, 증권거래법시행령 제36조의5 제3호, 보험업법 제20조 제1항 제1호, 상호저축은행법 제24조 제1항 제1호, 신용협동조합법 제84조 제1항 제3호는 일정한 경우에 피고가 금융기관의 임원에 대하여 경고를 할 수 있다거나 금융감독위원회 또는 피고가 금융기관에 대하여 그 임원에 대한 경고를 요구할 수 있다고 규정하고 있으나, 여신전문금융회사는 위 각 법률의 적용대상이 아니므로, 적어도 여신전문금융회사의 임원에 대한 관계에서는 위 각 법률규정이 문책경고의 근거가 될 수 없다.

따라서 적어도 여신전문금융회사의 임원에 대한 관계에서는, 문책경고가 아무런 법률상의 근거 없이 행하여지는 것으로서 법률유보원칙에 위배된다.

(2) 대법원판결

금융기관의 임원에 대한 금융감독원장의 문책경고는 그 상대방에 대한 직업선택의 자유를 직접 제한하는 효과를 발생하게 하는 등 상대방의 권리의무에 직접 영향을 미치는 행위로서 항고소송의 대상이 되는 행정처분에 해당한다. 여신전문금융회사의 임원에 대한 금융감독원장의 문책경고는 아무런 법률상의 근거 없이 행하여진 것으로서 위법하다.

Ⅱ. 평 석

1. 쟁점정리

이 사건 판결에서 다투어진 쟁점은 두 가지로 요약할 수 있다. 문책경고의 처분성, 즉 항고소송의 대상이 되는지 여부에 관한 문제와 문책경고가 처분이며 항고소송의 대상이 된다고 한다면 그에 관한 법적 근거가 실정법상 존재하는가의 문제, 즉 법률유보의 원칙을 준수하고 있는가의 문제가 그러하다. 이 사건 문책경고가 처분이 아니라고 하면 원고(A)가 이 사건 문책경고의 취소를 구하는 것 자체가 불가능해지며, 설령 처분이어서 본안판단이 가능하다고 하여도 이 사건 문책경고가 법률상의 근거에 의하여 뒷받침되고 있다고 한다면 법률유보의 원칙을 위반함이 없어 원고에 대한 이 사건 문책경고는 위법하지 않다고 하게 된다.

단순한 경고가 과연 상대방의 권리의무에 직접적인 영향을 주는 처분이 될 수 있는지 처분개념에 관한 종래의 논의(실체법상 처분개념, 쟁송법상 처분개념)를 포함하여 판례의 태도에 대한 검토가 요구된다. 일반적으로 '경고'라고 하면 불합리한 행위가 반복되지 않도록(회피하고자 하는 결과가 발생하지 않도록) 경계하여 알리는 것으로(부산고법 2001. 3. 30. 선고 2000누3634 판결) '경고' 그 자체 만에 의하여는 이론상 당장에 아무런 법률상의 권리의무의 제한이나 변동이 발생할 수 없다. 따라서 경고 일반의 경우에 대한 처분성의 문제와 이 사건 문책경고의 처분성을 구별하여 살펴볼 필요가 있다.

다음으로 이 사건 문책경고의 경우에 그에 대한 법률상의 근거가 있는지가 검토될 필요가 있으나(법률유보의 문제) 적어도 이에 관한 이 사건 판결에 있어서의 판단에는 이의가 없으며, 본 평석의 주제가 문책경고의 처분성인 만큼 법률유보원칙관련 쟁점에 관하여는 필요시 간단히 언급하는데 그친다.

참고로 서울행정법원 2005. 12. 8. 선고 2004구합36106 판결은 금융감독원장의 금융기관 임원에 대한 제재에 관한 조항인 구 '금융기관 검사 및 제재에 관한 규정' 제18조 제1항 제3호(문책경고)가 "보험업법 제134조 제1항 제1호에 근거하여 금융감독원장이 금융기관인 보험회사의 임원에 대하여 취할 수 있는 제재의 종류 및 사유를 구체적으로 명확히 한 것이므로, 위 제재규정이 법률의 근거가 없는 것으로서 법률유보원칙에 위배된 것은 아니"라고 판단한다.

2. 관련판례

대법원 2002. 7. 26. 선고 2001두3532 판결(이 판결에 대한 평석으로는 金義煥, "행정규칙에 의한 징계처분이 항고소송의 대상이 되는 행정처분인지 여부," 대법원판례해설 43號(2002 하반기)(2003. 7) 239-254 2003 大法院 法院行政處; 김중권, "'불문경고조치'의 법적 성질과 관련한 문제점에 관한 소고," 人權과 正義 336號(2004. 8) 125-140 2004 大韓辯護士協會가 있다)에서 대법원은 지방공무원징계양정에 관한 규칙에 근거하여 내려진 불문경고처분의 처분성과 관련하여 "이들 규칙이나 예규 및 지침 등은 법규명령이 아니라 행정조직 내부에서 행정의 사무처리기준으로 제정된 일반적 · 추상적 규범인 행정규칙이어서, 일반 국민이나 법원에 대한 대외적인 구속력은 없지만 행정조직 내부에서는 구속력 있는 규범으로 적용되고 있는바, 이들 규칙이나 예규 및 지침 등에 의하면, 이 사건 처분이 비록 법률상의 징계처분은 아니라 하더라도, 이 사건 처분에는 적어도 이 사건 처분을 받지 아니하였다면 차후 다른 징계처분이나 경고를 받게 될 경우 징계감경사유로 사용될 수 있었던 표창공적의 사용가능성을 소멸시키는 효과와 1년 동안 인사기록카드에 등재됨으로써 그 동안은 장관표창이나 도지사표창 대상자에서 제외시키는 효과 등이 있"으므로 그 처분성을 인정하고 있는 것과 유사하다.

이에 반하여 대법원 2004. 4. 23. 선고 2003두13687 판결은 마찬가지로 행정규칙에 근거하여 공무원에 대하여 이루어진 경고처분에 대하여 "구 서울특별시교육 · 학예에관한감사규칙(1999. 1. 15. 교육규칙 제540호로 개정되고 2002. 6. 25. 교육규칙 제605호로 폐지된 것) 제11조, '서울특별시교육청감사결과지적사항및법률위반공무원처분기준'에 정해진 경고는, 교육공무원의 신분에 영향을 미치는 교육공무원법령상의 징계의 종류에 해당하지 아니하고, 인사기록카드에 등재되지도 않으며, '2001년도정부포상업무지침'에 정해진 포상추천 제외대상이나 교육공무원징계양정등에 관한 규칙 제4조 제1항 단서에 정해진 징계감경사유 제외대상에 해당하지도 않을 뿐만 아니라, '서울특별시교육청교육공무원평정업무처리요령'에 따라 근무평정자가 위와 같은 경고를 이유로 경고를 받은 자에게 상위권 평점을 부여하지 않는다고 하더라도 그와 같은 사정은 경고 자체로부터 직접 발생되는 법률상 효과라기보다는 경고를 받은 원인이 된 비위사실이 인사평정 당시의 참작사유로 고려되는 사실상 또는 간접적인 효과에 불과한 것이어서 교육공무원으로서의 신분에 불이익을 초래하는 법률상의 효과를 발생시키는 것은 아니라"고 하며 불문(경고)과는 달리, 항고소송의 대상이 되는 행정처분에 해당하지 않는다고 판시하고 있다.

3. 판례의 검토

(1) 처분개념에 대한 판례일반의 태도

행정소송법은 '처분'에 대하여 "행정청이 행하는 구체적 사실에 대한 법집행으로서의 공권력의 행사 또는 그 거부와 이에 준하는 행정작용"(행정소송법 제2조 제1호)으로 정의하고 있다. 그러나 이는 매우 추상적인 정의가 아닐 수 없으므로 실제 사안에 있어서는 이 정의규정에 해당하는지를 판단하기 위한 별도의 설명 내지 기준이 요구되어 왔다. 예를 들어 "법규에 의한 권리의 설정 또는 의무의 부담을 명하거나 기타 법률상 효과를 발생하게 하는 등 국민의 권리 · 의무에 직접 관계가 있는 행위" 라든지 "상대방 기타 관계자들의 법률상 지위에 직접적인 변동을 일으키는 행위"이어야 한다는 등의 부연설명이 그것이다(대법원 1996. 3. 22. 선고 96누433 판결). 이른바 실체법상 개념설(일원설)과 쟁송법상 개념설(이원설)의 대립논쟁(김동희, 660면 이하; 김철용, 560면 이하; 박균성, 765면 이하; 박윤흔, 941면 이하 등 참조)도 위와 같은 처분개념에 대한 광범위하고 추상적인 정의에 기인하고 있다고 본다. 결국 개개의 사안에 있어서 처분인가 아닌가의 판단은 판례에 맡겨져 있다.

주지하듯이 학설의 다수설은 행정소송법의 정의규정의 문언이나 입법취지에 비추어 보아 쟁송법상으로는 강학상의 행정행위개념과는 상이한 독자적인 처분개념이 존재한다고 이해하는데 이러한 처분개념은 강학상의 행정행위보다는 넓은 적용범위를 가진다. 학설은 처분개념에 관한 판례의 태도에 대하여도 일원설과 이원설의 어디에 속하는지를 논구하려고 하며 따라서 판례의 태도에 대하여도 일원설로 보는 견해, 이원설로 보는 견해 등의 대립이 존재한다(박균성, 767면). 다만, 판례의 태도가 항상 처분개념을 엄격하게 해석하고 있지 않은 것만은 분명하다. 그것을 '예외현상'으로 볼 것인지, '판례의 기본입장'으로 볼 것인지의 차이가 있을 뿐이다.

처분개념에 대한 판례의 관대한 태도에 대하여는 엄격한 해석과 비교하여 일관성이 없다거나 처분개념을 오히려 혼란케 한다는 비판, 또는 행정행위의 공정력배제가 목적인 취소소송의 존재의의를 상실케 한다는 비판 등이 가능할 수도 있으나 현재로서는 비판보다는 긍정적인 평가가 더 많은 것으로 보인다. 처분개념에 관한 행정소송법의 규정문언이 광범위한 때문이기도 하겠지만 국민의 권익침해에 대한 '구제'라는 정책적인 관점을 고려한 때문이다. 가급적 구제의 길을 열어주기 위한 해석론을 고민하는 과정에서 처분개념에 관한 판례의 판단기준도 보다 세밀하고 정치해지는 면을 엿볼 수 있다.

판례 중에 위에서 언급한 기존의 판단기준 외에 "행정청의 어떤 행위를 행정처분으로 볼 것이냐의 문제는 추상적 · 일반적으로 결정할 수 없고 … 국민의 권리의무에 직접 영향을 미치는 행위라는 점을 고려하고 행정처분이 그 주체, 내용, 절차, 형식에 있어서 어느 정도 성립 내지 효력요건을 충족하느냐에 따라 개별적으로 결정하여야 할 것이며, 행정청의 어떤 행위가 법적 근거도 없이 객관적으로 국민에게 불이익을 주는 행정처분과 같은 외형을 갖추고 있고 그 행위의 상대방이 이를 행정처분으로 인식할 정도라면 그로 인하여 파생되는 국민의 불이익 내지 불안감을 제거시켜 주기 위한 구제수단이 필요한 점에 비추어 볼 때 행정청의 행위로 인하여 그 상대방이 입는 불이익 내지 불안이 있는지 여부도 그 당사에 있어서의 법치행정의 원리와 국민의 권리의식수준 등은 물론 행위에 관련한 당해 행정청의 태도도 고려하여 판단하여야 할 것"(대법원 1993. 12. 10. 선고 93누12619 판결, 대법원 1992. 1. 17. 선고 91누1714 판결 등)이라고 한 것은 처분개념에 관한 관대한 해석을 한 것이라 할 수 있다. 이를 문언대로 이해하면 판례는 명확히 처분이 아니라 처분과 '같은' 행위도 행정소송의 대상으로 삼겠다는 의미가 아닐까 생각된다. 다른 말로 하면 처분은 아니지만 처분과 유사한, 처분에 '준하는' 행위도 처분으로 다루겠다는 것이다.

(2) 경고의 처분성과 이 사건 판례의 태도

경고는 장차의 위해를 경계하여 알리는 행위이다. 그런 점에서 기본적으로 장래에만 의미가 있고 당장의 효력은 없다. 더욱이 '알리는 행위'라는 것에 주안점을 두면 경고에 의하여 당장에 누군가의 권리의무에 직접적인 영향을 주는 것은 인정하기 어렵다. 따라서 종래의 판례의 태도에 의하면 경고는 '국민의 법률상의 지위에 직접적인 변동을 일으키지 아니므로' 처분이 될 수 없다. 당사자로서는 경고 이후에 그 경고에 따른 구체적인 침익처분이 내려진 때에 그 처분을 다툴 수 있을 것이다. 반면에 처분에 대한 관대한 해석을 도입하면, 행정청이 행하는 경고는 '객관적으로 국민에게 불이익을 주는 행정처분과 같은 외형을 갖추고 있고, 그 행위의 상대방이 이를 행정처분으로 인식할 정도'가 되어 처분이 될 수도 있다.

그런데 행위의 의도된 효력이 아니라 행위의 존재사실 자체가 중요한 의미를 가지기도 한다. 이 사건에서와 같은 문책경고의 경우에는 문책경고를 받은 사실만으로 은행의 임원으로 선임될 자격이 일정기간 제한되는 불이익이 법령상 규정되어 있다. 이는 직업선택의 자유를 제한하는 효과를 수반하므로 '국민의 권리의무에 직접 관계가 있는 행위'라거나 국민의 '법률상의 지위에 직접적인 법률적 변동을 일으키는 행위'라고 보지 못할 바가 없다. 따라서 처분개념에 대한 종래의 엄격한 판례의 태도에 의하여도 이 사건 문책경고처분은 처분성을 인정할 수 있을 것으로 생각한다.

다만, 이 사건 판결의 경우에는 '상대방의 권리의무에 직접 영향을 미치는 행위'라고 하며 그 처분성을 가볍게 긍정하고 있다. 처분성을 판단함에 있어서 심각하게 고민한 흔적이 없다. 이는 이 사건 문책경고가 깊은 고민이 필요할 정도로 그 처분성 판단이 애매하지는 않기 때문일 것이다. 단지 '상대방의 권리의무에 직접 영향을 미치는 행위'라는 판시의 표현으로 보아 이 사건 판결은 처분에 대한 관대한 해석입장에 입각하고 있는 것으로 이해된다.

위의 관련판례에서 소개한 불문경고조치에 관한 사건에서도 해당 경고조치가 서면의 기록으로 남아 1년간 당사자에게 불이익을 주게 되는 점 등에 착안하여 불문경고조치는 '상대방의 권리 의무에 직접 영향을 미치는 행위'로서 행정처분이라고 판시하고 있는 것(대법원 2002. 7. 26. 선고 2001두3532 판결)은 그 표현상으로나 판시의 취지에 있어 이 사건 판결의 경우와 같은 입장이라 하겠다.

주의할 것은 행위의 존재사실 자체가 장차 일정한 권리제한 등의 효과를 수반하는 경우와 그 행위의 존재사실 자체에 대하여는 아무런 효과가 수반되지 아니하고 그 행위의 원인이 된 사실이 추후의 권리의무에 영향을 주는 경우를 구분해 볼 필요가 있다는 점이다. 앞의 관련판례에서 소개한 대법원 2004. 4. 23. 선고 2003두13687 판결의 사례가 그러하다. 위의 불문경고조치사건의 1심과 2심(부산고법 2001. 3. 30. 선고 2000누3634 판결)의 판시도 마찬가지이다. 즉, 불문경고를 받았다는 사실 그 자체보다는 그 원인이 된 비위사실이 승진이나 호봉승급 등 인사평정상의 참작사유로 고려되는 경우에는 그러한 인사상의 불이익은 불문경고처분으로부터 직접적으로 발생하는 법률상 효과가 아니라 사실상 또는 간접적인 효과에 불과하여 불문경고처분의 처분성은 부인된다.

한편, 금융기관의 임원의 현직에서의 위법부당행위에 대하여 그의 퇴직 후 '만일 현직에 있었더라면 문책경고에 상당하다'는 의미에서 문책경고장(상당)을 보낸 사안에서 원고가 당해 문책경고의 취소를 구한 사건에서는 "문책경고의 법적 효력이 있다고 오해할 것이라고 보기 어려우며, 달리 위 통보행위로 인하여 이미 소외 주식회사로부터 퇴직한 후의 원고의 권리의무에 직접적 변동을 초래하는 하등의 법률상의 효과가 발생하거나 그러한 법적 불안이 존재한다고 할 수 없"다고 하여 처분성을 부인한 판례가 있다(대법원 2005. 2. 17. 선고 2003두10312 판결). 여기서는 '권리의무에 직접적 변동을 초래하는'이라는 엄격한 판단과 (원고에게) '그러한 불안이 존재한다고 볼 수 없다'고 하는 관대한 판단이 함께 고려된 것이 아닌가 생각된다.

4. 판례의 의미와 전망

대법원 2005. 2. 17. 선고 2003두14765 판결에서 보인 행정처분 여부의 판단기준(필자가 본문에서 '관대한 해석'이라 언급한)은 이 판결에서 처음으로 선보인 독창적인 기준은 아니며 그 동안에도 간혹 있어왔던 관대한 해석기준을 원용한 것에 불과하다. 사실 이 사건 문책경고처분의 1심과 2심에서는 문책경고의 법적 근거 여부가 법률유보원칙과 관련하여 집중적으로 심리되었을 뿐 문책경고의 처분성이 별도로 다투어지지는 않았다. 이 사건 문책경고처분의 처분성에 관한 판단은 상고심에 이르러 비로소 언급되고 있다. 이는 피고 X행정청이 승소가능성이 없자 이 사건 문책경고처분 자체의 처분성을 문제 삼아 사태를 반전시켜 보려한 시도에서 비롯된 것이 아닌가 추측되는데 이 사건 문책경고처분에 수반되는 법령상의 효력을 감안하면 이 사건 문책경고처분의 처분성이 의심될 여지는 없다고 생각된다. 오히려 앞서 잠시 언급한 문책경고상당조치(대법원 2005. 2. 17. 선고 2003두10312 판결)에 대하여 처분성을 인정하였다면 그것이야말로 흥미로운 판결이 되지 않았을까 생각된다.

특정 행정작용에 대하여 처분성을 인정할 것인지 여부에 대하여 당해 행정작용이 상대방의 권리의무에 직접 변동을 야기하지 않더라도 무언가의 불이익한 영향을 미치는 경우에는 당해 행정작용을 상대방이 어떻게 인식하고 있는지, 상대방이 당해 행정작용으로 인하여 불안을 느끼고 있는지 등 상대방의 주관적인 감정도 고려하여 종합적으로 판단하려는 판례의 일부태도는 국민의 권익구제의 기회를 확대하려는 법원의 애틋한 노력으로 받아들여진다. 다만, 그 과정에서 처분성의 판단과 소익의 판단이 혼동되는 일은 없는지, 또 본안에서 판단되어야 할 법률유보의 문제가 본안전인 행정작용의 처분성판단에서까지 영향을 주는 것은 아닌지 유의해야 할 부분이라 생각된다.

〈참고문헌〉

김동희, 행정법Ⅰ 제9판, 박영사, 2003.

김의환, "행정규칙에 의한 징계처분이 항고소송의 대상이 되는 행정처분인지 여부," 대법원판례해설 제43호, 법원도서관, 2003. 07.

김중권, "'불문경고조치'의 법적 성질과 관련한 문제점에 관한 소고," 인권과 정의 336호, 대한변호사협회, 2004. 8.

김중권, "근거규정의 성질과 처분성 여부의 상관관계에 관한 소고," 법률신문 제3375호, 법률신문사, 2005. 7. 4.

김철용, 행정법Ⅰ 제6판, 박영사, 2003.

박균성, 행정법론(상) 제4판, 박영사, 2005.

박윤흔, 최신행정법강의(상) 개정29판, 박영사, 2004.

74. 인 · 허가의제 및 처분사유와 처분의 존재

—대법원 2001. 1. 16. 선고 99두10988 판결—

노 경 필*

Ⅰ. 판결개요

1. 사실관계

원고는 1998. 6. 19. 관할청인 피고에게 지목이 답인 이 사건 토지상에 지상 2층, 지하 1층의 장례식장을 신축하는 내용의 건축허가신청을 하고 동시에 토지형질변경허가신청과 농지전용허가신청도 하였다. 피고는 소속 건축과장을 통해 소속 도시과장과 산업과장에게 토지형질변경 및 농지전용허가에 대한 의견을 요청하였고, 그들은 이 사건 토지상에 장례식장이 들어설 경우 주위 농경지에 악영향이 예상된다면서 농지전용이 불가하다는 통보를 하였다. 이에 따라 피고는 인근 토지나 주변 현황에 비추어 볼 때 장례식장으로서 부적합하다는 등을 이유로 하여 원고의 건축허가신청을 반려하는 이 사건 처분을 하였다.

2. 소송경과

원고는 피고의 이 사건 건축불허가처분 취소를 구하는 이 사건 소송을 제기하였는데, 제1심은 토지형질변경이나 농지전용을 불허가할 사유가 없고 또 건축허가 제한사유도 존재하지 않는다는 이유로, 이 사건 건축불허가처분이 위법하다고 판단하였다.

피고는 항소심에서 이 사건 건축불허가처분에는 당연히 토지형질변경신청 반려처분과 농지전용허가신청 반려처분도 포함되어 있는데, 원고가 건축불허가처분에 대해서만 취소소송을 제기하였기 때문에, 토지형질변경신청 반려처분과 농지전용허가신청 반려처분에 대해서는 불가쟁력이 발생하였고, 그러한 이상 이 사건 처분사유인 '토지형질변경 및 농지전용이 허용되지 아니한다'는 점에 대해서는 이 사건 소송에서 더 이상 다툴 수

---

* 광주고등법원 부장판사.

없다는 취지의 주장을 하였다.

이에 대해 원심은 이 사건 처분으로써 토지형질변경신청 반려처분이나 농지전용허가신청 반려처분이 행하여진 것으로 볼 수는 없다고 하여 피고의 주장을 받아들이지 않았다. 피고는 위와 같은 내용을 상고이유로 삼아 대법원에 상고를 제기하였다.

3. 판결요지

대법원은 다음과 같이 판시함으로써 피고의 상고이유 주장을 배척하였다.

구 건축법(1999. 2. 8. 법률 제5895호로 개정되기 전의 것) 제8조 제1항, 제3항, 제5항에 의하면, 건축허가를 받은 경우에는 구 도시계획법(2000. 1. 28. 법률 제6243호로 전문 개정되기 전의 것) 제4조에 의한 토지의 형질변경허가나 농지법 제36조에 의한 농지전용허가 등을 받은 것으로 보며, 한편 건축허가권자가 건축허가를 하고자 하는 경우 당해 용도 · 규모 또는 형태의 건축물을 그 건축하고자 하는 대지에 건축하는 것이 건축법 관련 규정이나 같은 도시계획법 제4조, 농지법 제36조 등 관계 법령의 규정에 적합한지의 여부를 검토하여야 하는 것일 뿐, 건축불허가처분을 하면서 그 처분사유로 건축불허가 사유뿐만 아니라 형질변경불허가 사유나 농지전용불허가 사유를 들고 있다고 하여 그 건축불허가처분 외에 별개로 형질변경불허가처분이나 농지전용불허가처분이 존재하는 것이 아니므로, 그 건축불허가처분을 받은 사람은 그 건축불허가처분에 관한 쟁송에서 건축법상의 건축불허가 사유뿐만 아니라 같은 도시계획법상의 형질변경불허가 사유나 농지법상의 농지전용불허가 사유에 관하여도 다툴 수 있는 것이지, 그 건축불허가처분에 관한 쟁송과는 별개로 형질변경불허가처분이나 농지전용불허가처분에 관한 쟁송을 제기하여 이를 다투어야 하는 것은 아니며, 그러한 쟁송을 제기하지 아니하였어도 형질변경불허가 사유나 농지전용불허가 사유에 관하여 불가쟁력이 생기지 아니한다.

Ⅱ. 평 석

1. 쟁점정리

이 사건 쟁점은 건축불허가처분시 그 처분사유로 건축법상 불허가사유 외에 토지형질변경 불허가사유나 농지전용 불허가사유를 포함하고 있는 경우 건축불허가처분 외에 토지형질변경불허가처분이나 농지전용불허가처분이 따로 존재한다고 볼 수 있는지 여부이다. 특히 이 사건에서는 건축허가를 받을 경우 건축법상 토지형질변경허가나 농지전용허가를 받은 것으로 의제되고, 또 원고가 건축허가신청 외에 토지형질변경허가신청과 농지전용허가신청을 함께 하였기 때문에 더욱 문제된다.

이하에서는 먼저 인 · 허가가 의제되는 경우 주된 인 · 허가처분과는 별도로 의제대상이 되는 인 · 허가처분이 존재한다고 볼 수 있는지 여부를 살펴보고, 이어 처분사유에서 본래의 불허가사유(예: 건축불허가 사유) 외에 다른 불허가사유(예: 농지전용 불허가 사유)를 들고 있고 있는 경우 그 불허가사유에 상당하는 불허가처분(예: 농지전용불허가처분)이 따로 존재하는 것으로 볼 수 있는지 여부를 살펴봄으로써 대법원판결의 타당성 여부를 검토해 보기로 한다.

2. 판결의 검토

(1) 인 · 허가 의제제도와 처분의 존재

㈎ 인 · 허가 의제제도의 의의

건축법은 건축허가를 받은 경우 토지형질변경과 같은 개발행위허가나 농지전용허가 등을 받은 것으로 의제하는 인 · 허가 의제제도를 두고 있다. 이러한 인 · 허가 의제제도는 사업 시행을 위해 관련 법규에서 규정하고 있는 여러 인 · 허가를 각각 따로 받아야 하는 민원인의 불편을 해소하고자 하는 목적에서 마련된 제도라는 것이 일반적인 설명이다(인 · 허가의제 제도에 관한 자세한 내용은 정태용, 3면 이하 참조).

㈏ 의제된 인 · 허가처분이 별개로 존재하는지 여부

예를 들어 건축허가를 받음으로써 농지전용허가를 받은 것으로 의제되는 경우 건축허가처분 외에 별도로 농지전용허가처분이 존재한다고 볼 수 있을까? 이는 특히 주된 인 · 허가처분이 있은 후 의제대상 인 · 허가에 취소사유가 발생하였을 때 그 취소대상은 주된 인 · 허가처분인지 아니면 의제대상이 된 인 · 허가인지와 관련하여서도 문제된다.

인 · 허가 의제제도는 존재하지 않는 인 · 허가처분을 존재하는 것으로 의제하는 제도이므로, 그 말 자체에서 이미 외형상으로는 주된 인 · 허가처분만 존재함을 전제로 한다고 할 수 있고 또 실제로도 그러하다. 따라서 법률의 규정에 의해 주된 인 · 허가처분으로 의제대상인 인 · 허가를 받은 것으로 의제된다고 하더라도 이는 그와 같은 법률효과가 발생한다는 것이지 의제된 인 · 허가처분의 존재 자체가 인정된다고 보기는 어렵다. 이와 같이 본다면, 위의 물음에 대한 답은 주된 인 · 허가처분이 됨은 자명하다(같은 견해로는 정태용, 16면-17면, 박균성, 565면).

㈐ 거부처분인 경우

이처럼 주된 인 · 허가처분이 있는 경우에도 의제대상인 인 · 허가처분이 따로 존재하는 것이 아니라면, 주된 인 · 허가신청에 대한 반려처분인 경우에도 달리 볼 이유가 없다. 이는 이 사건에서처럼 설령 신청인이 주된 인 · 허가신청 외에 의제대상이 되는 인 · 허가신청도 함께 하였더라도 마찬가지라고 생각된다. 외형상 처분이 존재하지 않는다는 점에서는 같기 때문이다.

대상판결은 바로 이러한 법리에 바탕을 두고 있는 것으로서 타당한 것으로 보인다.

(2) 처분사유와 처분의 존재

(가) 처분이 존재한다고 볼 수 있는지 여부

이 사건에서 피고는 소속 건축과장을 통해 토지형질변경 및 농지전용 업무를 담당하는 도시과장과 산업과장에게 의견을 구한 다음, 그들이 제시한 불허가의견을 이 사건 건축불허가의 처분사유로 삼았다. 이와 같이 하나의 처분에서 본래의 처분인 건축불허가 처분 고유의 처분사유 외에 다른 처분사유, 즉 토지형질변경불허가사유나 농지전용불허가사유를 포함하고 있는 경우 이로써 토지형질변경불허가처분 또는 농지전용불허가처분(의제되는 처분인지에 관계없이)이 행하여진 것으로 인정할 수 있는지 여부가 문제된다.

이 점에 관하여 대상판결은 그와 같은 경우 건축불허가처분 외에 별개로 형질변경불허가처분이나 농지전용불허가처분이 존재하는 것이 아니라는 점을 명백히 하였다. 그리고 이러한 대상판결의 태도는 2004. 10. 15. 선고된 대법원 2003두6573 판결에서도 그대로 이어지고 있다(이 판결에 대한 해설은 임영호, 440면 이하 참조).

외관상 건축불허가처분만 존재하고 있고, 또 도시과장 및 산업과장은 처분권자가 아니어서 그들의 의견 제시는 행정청 내부의 의사결정과정에 불과하다는 점 등을 고려하면 대상판결의 입장은 타당한 것으로 생각된다(같은 견해로는 박종문, 586면-587면).

(나) 쟁송방법

위와 같이 건축불허가처분의 처분사유에 토지형질변경 불허가사유나 농지전용 불허가사유를 포함하고 있다고 하더라도 건축불허가처분 외에 토지형질변경 또는 농지전용 불허가처분이 따로 존재하는 것은 아니므로, 이를 다투고자 할 때에는 건축불허가처분을 다툴 수밖에 없다.

따라서 원고로서는 건축불허가처분을 다투면서 본래의 건축불허가 사유 외에 토지형질변경 불허가사유나 농지전용 불허가사유에 대해서도 다툴 수 있다고 하여야 한다.

이러한 의미에서 대상판결이, 건축불허가처분을 받은 사람은 그 건축불허가처분에 관한 쟁송에서 건축법상의 건축불허가 사유뿐만 아니라 구 도시계획법상의 형질변경불허가 사유나 농지법상의 농지전용불허가 사유에 관하여도 다툴 수 있는 것이며, 건축불허가처분에 관한 쟁송과는 별개로 형질변경불허가처분이나 농지전용불허가처분에 관한 쟁송을 제기하여 다투어야 하는 것은 아니라고 판시한 것은 옳다고 생각된다.

(다) 불가쟁력 유무

이 사건의 경우 건축불허가처분 외에 토지형질변경불허가처분 등이 따로 존재하는 것은 아니므로, 그에 대해 불가쟁력이 발생할 여지가 없음은 명백하다. 따라서 건축불허가처분에 대해서만 취소소송을 제기하고, 토지형질변경불허가처분이나 농지전용불허가처분에 대해서는 취소소송을 제기하지 않았다 하여 건축불허가사유에 포함된 토지형질변경 불허가사유나 농지전용 불허가사유에 불가쟁력이 발생할 수는 없다. 이에 관한 대상판결의 판시도 정당한 것으로 보인다.

3. 판결의 의의

대상판결은 주된 인 · 허가처분에 의해 인 · 허가가 의제되거나 혹은 처분사유에 본래의 불허가처분사유 외에 다른 불허가처분사유를 포함하고 있는 경우, 주된 인 · 허가처분 외에 다른 처분이 별도로 존재하는지 여부와 그에 대한 쟁송방법 및 불가쟁력 발생 유무에 관하여 최초로 판시하여 이를 정리하였다는 점에서 그 의의를 찾을 수 있을 것으로 생각된다.

<참고문헌>

박종문, "건축불허가처분시 그 처분사유로 형질변경불허가 등 사유가 포함된 경우 쟁송에서 다툴 수 있는 사유", 대법원판례해설 2001년 상반기(통권 제36호), 법원도서관, 2001. 12.

박균성, 행정법론(상) 제7판, 박영사, 2008.

임영호, "건축불허가 사유의 하나로서 보완이 용이한 소방서장의 건축부동의 의견과 건축불허가처분에 있어서의 재량권 남용 여부", 대법원판례해설 2004년 하반기(통권 제52호), 법원도서관, 2005. 6.

정태용, "인 · 허가의제제도에 관한 고찰", 법제 제530호, 법제처, 2002. 2.

75. 국가지정문화재 현상변경신청 거부행위의 처분성

— 대법원 2004. 4. 27. 선고 2003두8821 판결 —

김 경 란*

Ⅰ. 판결개요

1. 사실관계

피고는 문화재보호법(2000. 1. 12. 법률 제3133호로 개정된 것, 이하 같다) 제12조 제1항, 제4항, 제58조에 의하여 도지정문화재 또는 보호구역의 지정 및 해제권한을 가지고 있다.

피고는 안산시의 도문화재 지정신청에 따라 1991. 10. 19. 안산시 수암동 산 ○ 일대의 안산읍성과 관아지터를 경기도기념물 제127호로 지정 · 고시하고, 1992. 6. 8. 주변 환경의 훼손으로부터 이 사건 문화재를 보호하기 위하여 경기도문화재위원회의 심의 · 의결을 거쳐 안산읍성 내부 전체 및 성곽기단으로부터 외향 10m까지의 총 50필지 52,122㎡를 문화재보호구역(이하 '이 사건 문화재 보호구역'이라고 한다)으로 지정 · 고시하였다.

원고들은 이 사건 문화재 보호구역 내에 위치한 토지를 소유한 자들로서 2001. 7. 14. 및 9. 28. 피고에게 재산권행사의 제약 등을 이유로 원고들 소유 토지에 대한 문화재 보호구역 지정을 해제하여 줄 것을 신청하였다.

피고는 관계 문화재위원의 현지조사와 경기도문화재위원회의 심의를 거쳐 2001. 10. 5. 문화재보호구역 지정해제가 불가하다는 이 사건 회신을 하였다.

2. 판결 요지

(1) 제1심 판결 — 소 각하

이 사건 회신이 항고소송의 대상이 되는 행정처분이라고 하려면, 원고들에게 법규상 또는 조리상 신청권이 있어야 하는데, 문화재보호법 및 경기도 문화재 보호 조례에서 개인이 문화재 보호구역 지정의 취소 또는 해제를 신청할 수 있다는 근거규정이 없어 법

---

* 서울동부지방법원 부장판사.

규상 신청권이 없고, 위 법령에서 개인에게 신청권을 부여하지 않은 취지가 도지사로 하여금 개인의 신청에 구애됨이 없이 문화재의 보존이라는 공익적 견지에서 판정하도록 함에 있으므로 조리상의 신청권이 있다고 할 수 없다.

따라서 이 사건 회신은 항고소송의 대상이 되는 행정처분에 해당하지 않는다.

(2) 원심 판결 — 항소 기각

제1심판결을 그대로 인용하면서, 가사 문화재 보호구역 지정해제 신청권을 인정한다고 하더라도 지정 이후의 특별한 사정변경이 있는 경우에 한정되어야 할 것이고, 원고들의 주장처럼 당초부터 지정의 필요성이 없었다는 등의 사유로 해제신청권을 인정할 경우 최초의 지정처분에 대하여 제소기간의 제한 없이 다툴 수 있는 것이 되어 행정법 관계의 안정을 해치게 되므로, 어느 모로 보나 원고들이 주장하는 신청권을 인정할 것이 아니라는 판단을 덧붙였다.

(3) 대법원 판결 — 파기환송

문화재보호법은 문화재를 보존하여 이를 활용함으로써 국민의 문화적 생활의 향상을 도모함과 아울러 인류문화의 발전에 기여함을 목적으로 하면서도, 문화재 보호구역의 지정에 따른 재산권행사의 제한을 줄이기 위하여, 행정청에게 보호구역을 지정한 경우에 일정한 기간마다 적정성 여부를 검토할 의무를 부과하고, 그 검토사항 등에 관한 사항은 문화관광부령으로 정하도록 위임하였으며, 검토 결과 보호구역의 지정이 적정하지 아니하거나 기타 특별한 사유가 있는 때에는 보호구역의 지정을 해제하거나 그 범위를 조정하여야 한다고 규정하고 있고, 법 제8조 제3항의 위임에 의한 법 시행규칙 제3조의2 제1항은 그 적정성 여부의 검토에 있어서 당해 문화재의 보존 가치 외에도 보호구역의 지정이 재산권 행사에 미치는 영향 등을 고려하도록 규정하고 있다. 위와 같은 사정과 헌법상 개인의 재산권 보장의 취지에 비추어 보면, 문화재보호구역 내에 있는 토지소유자 등으로서는 위 보호구역의 지정해제를 요구할 수 있는 법규상 또는 조리상의 신청권이 있다고 할 것이고, 이러한 신청에 대한 거부행위는 항고소송의 대상이 되는 행정처분에 해당한다고 할 것이다.

Ⅱ. 평 석

1. 쟁점정리

대법원은, '국민의 적극적 행위신청에 대하여 행정청이 그 신청에 따른 행위를 하지 않겠다고 거부한 행위가 항고소송의 대상이 되는 행정처분에 해당하는 것이라고 하려면, 그 신청한 행위가 공권력의 행사 또는 이에 준하는 행정작용이어야 하고 그 거부행위가 신청인의 법률관계에 어떤 변동을 일으키는 것이어야 하며, 그 국민에게 그 행위발동을 요구할 법규상 또는 조리상의 신청권이 있어야만 한다'고 판시하여 왔다(대법원 1998. 7. 10. 선고 96누14036 판결, 대법원 2002. 11. 22. 선고 2000두9229 판결, 대법원 2007. 10. 11. 선고 2007두1316 판결 등).

따라서 이 사건 피고의 지정해제 불가 회신이 항고소송의 대상이 되는 거부처분에 해당하기 위해서는, ① 지정해제가 공권력의 행사 또는 이에 준하는 행정작용, 즉 행정처분이어야 하고, ② 지정해제의 거부로 인하여 원고들의 법률관계에 어떤 변동이 초래되어야 하며, ③ 원고들에게 지정해제를 요구할 법규상 또는 조리상의 신청권이 있어야 한다는 요건을 충족하여야 할 것이다.

제1심과 원심은 모두 원고들에게 문화재 보호구역 해제를 구할 법규상 또는 조리상의 신청권이 없으므로 피고의 거부행위는 행정처분이 되지 않는다고 하였고, 이에 반하여 대법원은 관계 법령의 해석 및 헌법상 기본권에 비추어 법률상 또는 조리상의 신청권이 있다고 하였으므로 이 판결의 쟁점은 문화재 보호법령상 문화재 보호구역 내의 토지 소유자에게 문화재 보호구역 해제를 구할 법률상 또는 조리상 신청권이 있는지 여부 및 신청권이 있다면 어떤 요건이 필요한지가 될 것이다.

2. 관련판례

(1) 대법원 1992. 10. 27. 선고 92누5867 판결

문화재보호법과 문화재보호법의 위임규정에 따라 제정된 군포시향토유적보호조례를 보아도 시장인 피고가 유형, 무형의 기념물, 민속자료 등 향토유적으로 가치가 있는 것을 군포시향토유적보호위원회의 자문을 거쳐 지정하도록 규정하고 있을 뿐이고, 비록 이 사건 묘역에 안양군파 선조들의 묘가 있어 안양군파종중의 재산관리 및 보존을 위하여 설립된 원고법인으로서는 위 묘역을 관리할 필요성이 크다 하여도 이 점만으로 원고가 피고에게 이 사건 묘역을 향토유적으로 지정하여 줄 것을 요구할 수 있는 신청권이 있다 할 수 없고 또 조리상 그러한 신청권이 있다고 보이지도 않는다고 하면서 결국 피고가 원고의 작위의무이행을 구하는 위 신청을 받아들이지 아니하였다고 해서 이를 가리켜 항고소송의 대상인 위법한 부작위에 해당한다고 할 수 없다고 하여 원고의 이 사건 소는 부적법하다고 한 원심판단을 수긍하였다.

(2) 대법원 1993. 6. 29. 선고 91누6986 판결

문화재 보호구역의 지정으로 인하여 문화재 보존, 관리를 위한 사업을 하는 경우 보호구역 내의 토지를 수용 또는 사용할 수 있게 되고, 현상 변경 및 보존에 영향을 미칠 우려가 있는 행위시 문화공보부장관 내지 시 · 도지사의 허가를 받아야 하고, 문화재 관리, 보호상 필요시 문화공보부장관이 필요한 행위의 금지 또는 제한 기타 필요한 조치를 명할 수도 있고, 보호구역 내 토지 소유자나 토지 소유자의 주소 변경이 있는 때 신고할 의무가 있으므로 국가지정문화재나 시 · 도지정문화지의 보호구역 지정은 보호구역 내에 있는 토지소유자에 대하여 권리행사의 제한이나 의무부담을 가하는 행정처분에 해당되고, 당해 보호구역 내 토지의 소유자 등 권리 내지 법률상의 이익이 침해된 자는 위 처분의 취소를 구할 법률상 이익이 있다고 하였다.

(3) 대법원 2001. 9. 28. 선고 99두8565 판결

문화재보호법과 조례에서 개인이 도지사에 대하여 그 지정의 취소 또는 해제를 신청할 수 있다는 근거규정을 별도로 두고 있지 아니하므로 법규상으로 개인에게 그러한 신청권이 있다고 할 수 없고, 같은 법과 같은 조례가 이와 같이 개인에게 그러한 신청권을 부여하고 있지 아니한 취지는, 도지사로 하여금 개인의 신청에 구애됨이 없이 문화재의 보존이라는 공익적인 견지에서 객관적으로 지정해제사유 해당 여부를 판정하도록 함에 있다고 할 것이므로, 어느 개인이 문화재 지정처분으로 인하여 불이익을 입거나 입을 우려가 있다고 하더라도, 그러한 개인적인 사정만을 이유로 그에게 문화재 지정처분의 취소 또는 해제를 요구할 수 있는 조리상의 신청권이 있다고 할 수 없다.

3. 판결의 검토

(1) 문화재 보호구역 지정의 의미

문화재 보호구역은 지상에 고정되어 있는 유형물이나 일정한 지역이 문화재로 지정된 경우 당해 지정문화재의 점유면적을 제외한 지역으로서 당해 지정문화재를 보호하기 위하여 지정된 구역을 말하는 것으로서, 문화재를 보존하여 민족문화를 계승하고 이를 활용할 수 있도록 함으로써 국민의 문화적 향상을 도모함과 아울러 인류문화발전에 기여함을 목적으로 하는 문화재보호법의 취지를 구현하기 위하여, 소유자의 의사와는 관계없이 일방적으로 지정된다.

시 · 도지정 문화재로 지정하게 되면, ① 문화재보호구역의 현상을 변경하거나 그 보존에 영향을 미칠 우려가 있는 행위로서 문화관광부령이 정하는 행위는 시 · 도지사의 허가를 받아야 하고, ② 시 · 도지사 또는 지방자치단체의 장이 보호구역의 관리 · 보호상 필요하다고 인정하여 소유자에 대하여 일정한 행위의 금지 또는 제한 기타 필요한 조치를 명한 경우에는 이에 따라야 하며, ③ 지정문화재 보호구역 내 토지 소유자에 변경이 있거나 소유자의 주소에 변경이 있는 때에는 조례가 정하는 바에 의하여 그 사실 및 경위를 시도지사에게 신고하여야 하고, ④ 보호구역 토지의 소유자가 변경된 때에는 새 소유자가 이 법 또는 이 법에 의하여 시도지사가 행하는 명령 · 지시 기타 처분으로 인한

전소유자의 권리의무를 승계하며, ⑤ 시·도지사는 문화재의 보존, 관리를 위하여 필요한 때에는 지정문화재의 보호구역 안에 있는 토지 등을 수용하거나 사용할 수 있고, 그 수용 또는 사용에 관하여는 토지수용법을 적용하도록 하고, ⑥ 법 제82조(도굴 등의 죄), 90조(행정명령위반 등의 죄) 등 위반행위에 대하여 벌칙이 부과되는 등 문화재 보호구역 내 토지소유자는 권리행사나 의무부담의 제한을 받게 된다.

위 대법원 1993. 6. 29. 선고 91누6986 판결은 이러한 이유로 위 보호구역의 지정은 보호구역 내에 있는 토지소유자에 대하여 권리행사의 제한이나 의무부담을 가하는 행정처분에 해당되고, 당해 보호구역 내 토지의 소유자 등 권리 내지 법률상의 이익이 침해된 자는 위 처분의 취소를 구할 법률상 이익이 있다고 한 것이다.

그러나 위 보호구역지정의 처분성을 인정한다고 하더라도 행정소송법 제20조 소정의 제소기간의 제한을 받게 되고, 이 사건에서 위 보호구역은 1992. 6. 8. 지정고시 되었으므로 이로부터 9년여가 경과한 시점에서 위 지정처분의 취소를 구하는 소로써는 위 지정처분을 다툴 수 없게 되었다.

그리고 위 보호구역의 지정은 문화재 공익적 견지에서 행하는 공용제한의 일종으로서, 보호구역으로 지정되었다는 것 자체만으로는 보상의 대상이 되지 않는다. 이는 공용제한의 대표적인 예인 개발제한구역의 지정에 있어서 그 구역 내 토지 소유자는 재산상 권리행사에 많은 제한을 받게 되고 그 한도 내에서 일반토지소유자에 비하여 불이익을 받게 되었음은 명백하지만 위와 같은 제한은 공공복리에 적합한 합리적인 제한으로서 법률에 특별한 규정이 없는 한 손실보상을 청구할 수 없는 점(대법원 1996. 6. 28. 선고 94다54511 판결 참조)에 비추어 당연하다.

다만, 법 제75조는 행정청이 문화재의 보존·관리를 위하여 필요한 때에는 지정문화재의 보호구역 안에 있는 토지 등을 수용하거나 사용할 수 있으며, 그 수용 또는 사용에 관하여는 토지수용법을 적용한다고 규정하고 있으므로, 보호구역 내 토지소유자들로서는 토지수용단계에서 보상을 받을 수 있을 뿐이다.

(2) 문화재 보호구역 해제 신청권 인정 여부

보호구역 해제에 관해서 2000. 1. 12. 개정 전 법은 시·도지사가 지정한 문화재가 지정문화재로서의 가치를 상실하거나 기타 특별한 사유가 있는 때에는 문화재위원회의 심의를 거쳐 그 지정을 해제할 수 있다고 규정하고 있을 뿐, 보호구역의 해제에 대하여는 아무런 규정을 두지 아니하였다.

그러나 위 개정에서는 문화재 보호구역을 지정한 경우에 일정한 기간을 두고 그 지정의 적정성 여부를 검토하여야 할 의무를 부과하고, 시·도지사가 그 검토결과 보호구역의 지정이 적정하지 아니하거나 기타 특별한 사유가 있는 경우의 보호구역의 지정을 해제하거나 그 범위를 조정할 의무를 부과하는 조항을 신설하였다.

관보에 의하면, 이는 문화재 보호구역의 지정에 따른 재산권행사의 제한을 줄이기 위한 개선책이라고 개정이유를 설명하고 있다.

즉, 문화재의 지정은 문화재심의위원회의 심의를 거쳐야 하고, 그 지정해제에 있어서도 지정문화재로서의 가치를 상실하거나 기타 특별한 사유가 있는 때에 한하여 문화재위원회의 심의를 거쳐 그 지정을 해제할 수 있는 점에 비추어 전문성 · 기술성에 기한 판단과 문화재 보존이라는 공익적 견지가 중시된다고 할 수 있다.

반면, 문화재 보호구역의 지정 및 해제에 있어서는 ① 지정된 문화재의 보호상 필요한 경우에는 이를 위한 보호구역의 지정 또는 보호물을 설치할 수 있다고 규정할 뿐 문화재심의위원회의 심의를 거칠 것을 요구하지 않는 점, ② 행정청으로 하여금 보호구역의 지정에 있어서 일정한 기간(시행규칙 제3조의2 제2항에 의하면 지정 후 매 10년이 되는 날 이전)마다 적정성 여부를 검토하도록 의무화하고, 그 적정성 여부의 검토에 있어서는 당해 문화재의 보존 가치 외에도 보호구역의 지정이 재산권 행사에 미치는 영향 등을 고려하도록 한 점, ③ 행정청으로 하여금 자연적 조건 · 인위적 조건 기타 특수한 사정으로 특히 필요하다고 인정할 때에는 보호구역의 지정기준을 확대 또는 축소할 수 있도록 한 점, ④ 지정해제에 있어서도 '지정이 적정하지 아니하거나 기타 특별한 사유가 있는 때'에는 보호구역의 지정을 해제하거나 그 범위를 조정하여야 한다고 하여 해제사유 및 해제의무의 기속성 여부에 관하여 문화재의 경우와는 달리 규정하고 있는 점 등에 비추어 보면 문화재의 경우보다 개인의 재산권보호라는 측면이 강조되고 있다고 할 수 있다.

또한, 판례가 문화재 자체의 지정 또는 지정해제에 관하여 조리상 신청권을 부정하고 있는 것은, 문화재의 지정은 '문화재를 보존하여 이를 활용함으로써 국민의 문화적 향상을 도모함과 아울러 인류문화의 발전에 기여함을 목적으로 하여' 행하여지는 것이고 고도의 전문적 식견에 의한 판단에 기하는 것이므로, 당해 문화재에 대한 개인 또는 단체의 개별적인 재산적 이익이나 명예감정 등 보다는 문화재 보존이라는 공익적인 견지에서의 객관적 판단이 중요하다는 점에 기한 것으로 보이지만, 이와 같은 논리가 문화재의 경우에 비하여 개인의 재산권보호를 강조하고 있는 문화재 보호구역의 지정 및 지정해제에 있어서도 동일하게 적용된다고는 볼 수 없을 것이고, 따라서 문화재 보호구역의 지정해제에 있어서는 그 취지에 비추어 별도로 검토하여야 할 필요가 있다.

물론 문화재보호법과 경기도 문화재 보호 조례에서는 도지사가 문화재 보호구역의 지정을 해제하는 것에 관해서만 규정하고 있을 뿐, 개인이 지정해제를 요구할 수 있는지에 관하여 아무런 규정을 두고 있지 아니다. 그러나 법령에 명시적인 규정이 없다고 하더라도, 우리 법은 일본의 문화재보호법과 같이 총칙에 재산권존중규정(일본 문화재보호법에서는, 정부 및 지방공공단체는 이 법률을 집행함에 있어서 관계자의 소유권 그 밖의 재산권을 존중하지 않으면 안 된다고 규정하고 있다)을 두고 있지는 않지만, 앞에서 본 바와 같이 보호구역의 지정에 관한 규정들에서 개인의 재산권 보호라는 헌법상 기본원리를 반영하고 있고, 특히 개정법이 문화재 보호구역의 지정에 따른 재산권행사의 제한을 줄이기 위한 개선책으로서, 문화재 보호구역을 지정한 경우에 행정청으로 하여금 일정한 기간을 두고 당해 문화재의 보존 가치 및 보호구역의 지정이 재산권 행사에 미치는 영향 등을 고려하여 그 지정의 적정성 여부를 검토하여야 할 의무를 부과하고, 그 검토결과 보호구역의 지정이 적정하지 아니하거나 기타 특별한 사유가 있는 경우에 보호구역의 지정을 해제하거나 그 범위를 조정할 의무를 부과하는 조항을 신설한 점에 비추어 보면, 문화재보호법의 해석상 보호구역 내 토지소유자 등에게 위 보호구역의 지정해제를 요구할 수 있는 법규상 또는 조리상의 신청권을 인정한 것으로 보아야 한다.

특히 당초 보호구역을 지정하여 그 보호구역 내 토지소유자로 하여금 문화재 보호 등 공익상의 이유로 제한을 감수하도록 것이 비례의 원칙에 위배되지 않는다고 하더라도, 그 후 사정변경 등으로 인하여 보호구역의 지정이 적정하지 아니하거나 그 구역 내 토지소유자들의 재산권을 과도하게 침해하는 등 종전에 지정된 보호구역을 그대로 두는 것이 타당하지 않다고 볼 특별한 사유가 있는 경우에는 토지소유자 등의 해제신청권을 인정할 필요가 더 크다고 할 수도 있다.

이에 대하여, 신청한 행정처분이 그 자신의 구체적인 권리·의무와 밀접한 관련이 있고 그 거부로 인하여 받게 되는 불이익이 현실적이거나 큰 경우로서 법규상 신청권을 인정하였어야 마땅하다고 생각되는 정도에 해당하는 경우라면 인정된다고 할 것이나, ① 관련되는 여러 사람 사이의 이해조정이 필요한 경우, ② 추상적인 법률관계와 관련되는 경우, ③ 그러한 신청권을 인정하는 것이 오히려 혼란을 초래할 우려가 있는 경우 등 일반적인 경우에는 부정하여야 할 것이고 ④ 다만, 조리상 신청권을 인정하여 그 거부행위에 대하여 항고소송으로 다투는 이외에 다른 권리구제방법이 없는 경우에는 적극적으로 해석할 필요가 있다는 입장이 있을 수 있다. 그리고 위 입장에서 이 사건을 보면, 문화재 보호구역의 지정은 무엇보다도 공익적 견지에서의 문화재를 지정하고 그 문화재 보호를 위하여 특히 필요하다는 이유로 이루어지는 것으로서, ① 그 문화재를 향유하는 일반 국민 또는 지역주민이나 그 일대에 재산권으로서 토지 등을 소유한 자 등 여러 사람 사이의 이해의 조정이 필요하고, ② 문화재 이익이라는 추상적인 법률관계에 관련되며, ③ 만일 재산권 보장이라는 이유를 들어서 위 지정해제신청권을 인정한다고 한다면, 재산권을 제약하는 각종 공용제한 또는 행정계획 등과 관련하여 같은 유형의 신청권을 인정하지 않을 수 없을 것이며, 그 범위는 사실상 무제한으로 확장되어 혼란을 초래할 수 있는데다가, ④ 위 지정처분 자체에 대하여 다투는 방법이 있고, 더 나아가 행정청이 지정문화재 또는 보호구역의 관리 · 보호상 필요하다고 인정하여 보호구역 내 일정한 행위의 금지 또는 제한, 수리나 필요한 시설의 설치 또는 장애물의 제거 및 기타 필요한 조치 등의 행정명령을 한 경우에 그 불복으로 항고소송의 제기가 가능하며, 위 보호구역 내 건축을 하고자 하는 자의 건축허가신청이 반려된 경우라면 위 건축허가신청반려처분의 취소청구의 소를 제기할 수 있고, 특히 이 사건에 있어서는 협의매수가격의 절충단계에서 가격결정의 불만에 기인한 것으로 보이는데 이는 매수협의 단계에서 조정하거나 협의가 되지 아니하여 토지수용절차로 나아간 후 수용가액에 대한 불복 등의 절차를 통하여야 다툴 수 있으므로 다른 권리구제방법이 없다고 할 수 없다는 등의 이유로 위 해제신청권을 부정하여야 한다고 할 수도 있을 것이다.

그러나 문화재보호법이 특히 개정을 통하여 개인의 재산권 보장을 위한 규정을 두고 있어 그 취지에 비추어 신청권을 인정함이 마땅하고, 개별법에 근거가 없는 각종 공용제한 또는 행정계획 등에 대하여도 같은 유형의 신청권을 인정한다는 취지는 아니어서 이 사건 신청권을 인정한다고 하여 행정의 혼란을 초래한다고는 할 수 없으며, 법 제25조에 의한 행정명령이나 건축허가신청의 반려, 토지수용 단계에서의 불복이 가능하다고 하더라도 위 해제신청권을 인정함으로써 분쟁의 근원을 조기에 해결할 수 있다는 장점에 비추어 볼 때 신청권을 인정함이 타당하다.

다만, 그 신청권을 인정하는 요건에 관해서는 견해가 대립될 수 있는데, 이 사건 원심의 가정적 판단처럼 문화재 보호구역 내 토지소유자들로서는 제소기간 내에 지정처분 자체의 취소를 구할 수 있음에도 불구하고 무제한적으로 위 해제신청권을 인정하게 되면 행정법관계의 안정을 해칠 수도 있을 것이라는 이유로, 신청 당시의 주장 자체로 보아 아무런 사정 변경이 없음에도 불구하고 단지 당초의 보호구역의 지정 자체의 적정성을 다투는 취지임이 분명하다면 신청권을 인정하지 않아야 한다는 견해와 행정청이 보호구역지정을 해제할 의무를 부담하는 경우, 즉 문화재보호법 제12조 제4항이 정한 '보호구역의 지정이 적정하지 아니하거나 기타 특별한 사유가 있는 때'로 신청권을 한정하자는 견해 등이 있을 수 있다.

4. 판결의 의미와 전망

문화재 보호구역의 지정은 행정행위 중 행정계획에 해당한다. 판례는 종전부터 구속적인 행정계획의 처분성은 인정하여 행정소송의 대상적격을 인정하여 왔다. 그러나 행정계획 그 자체를 다투는 것 외에 기존의 행정계획을 해제 또는 변경할 것을 신청하였으나 이를 거부한 경우 이 사건 이전에 처분성을 인정하여 취소소송의 대상이 된다고 본 사례는 없었다.

그러므로 본 사건은 당해 법령과 헌법상의 권리에서 행정계획의 해제 또는 변경에 관한 법률상 또는 조리상의 신청권을 끌어내어 인정한 최초의 판결이라고 할 수 있고(송동수, "계획변경청구권과 취소소송의 소송요건"), 이 사건 이후 도시계획구역 내 토지 등을 소유하고 있는 주민에게 도시계획입안을 요구할 수 있는 법규상 또는 조리상의 신청권이 있고, 이러한 신청에 대한 거부행위는 항고소송의 대상이 되는 행정처분에 해당한다고 한 대법원 2004. 4. 28. 선고 2003두1806 판결의 토대가 되는 판결이라고 할 수 있다. 따라서 이 판결은 단순히 이미 결정된 행정계획의 해제 또는 일부 해제의 의미로서의 변경이 아닌 행정계획 변경에 관한 신청권까지 인정함으로써 행정계획에 관한 국민의 권리 수준을 한 단계 더 올려놓은 판결이라고 할 수 있다.

〈참고문헌〉

송동수, "계획변경청구권과 취소소송의 소송요건", 헌법판례연구, 박영사, 2004. 11.

76. 중앙해난심판원의 재결의 처분성

—대법원 1993. 6. 11. 선고 92추55 판결—

김 의 환*

I. 판결개요

1. 사실관계

가. 사안의 개요

원고가 선장으로 조선하는 화물선 태룡호와 소외 A가 조선하는 유조선 남성호가 해상에서 농무로 시계불량한 상태에서 충돌한 사건으로 이에 대한 중앙해난심판원의 재결 중 사고원인규명부분과 원고에 대한 징계부분의 취소를 구하는 사안이다.

나. 사실관계

① 사고당시 기상: 초속 10 내지 12m의 남동풍이 불고 파도의 높이는 1.5 내지 2m, 야간, 짙은 안개로 가시거리 약 200 내지 300m 정도.

② 조류: 남성호의 선수 우현 쪽에 역류, 태룡호를 뒤에서 밀어주는 방향.

③ 사고장소: 폭 약 0.5마일의 협수로.

④ 원고의 조치: 레이더로 약 1.5마일 전방에서 상대선박이 접근하여 오는 것을 발견하고 조타가능한 범위 내에서 최저속도인 시속 4놋트로 감속하고 좌현 대 좌현으로 교행하기 위하여 우현변침하여 운항하였고, 기적으로 무중신호를 보냈으며, 2명의 승무원을 선수에 견시로 배치한 다음, 육안으로는 약 200 내지 300m 전방에서 상대선박의 진행상황을 발견하고 상대선박이 진행방향 그대로 운항한다면 좌현 대 좌현으로 교행할 수 있을 것으로 판단하고 상대선박의 동태를 주시하면서 항해.

⑤ A의 조치: 협수로의 좌측으로 붙어 항해하면서 무중신호 또는 견시배치를 하지 아니한 채 약 100m 전방에서 상대 선박이 좌현전침 항해하는 것으로 잘못 판단하여 좌현전타로 운항하여 상대선박의 진행방향을 가로 막음.

* 서울고등법원 부장판사.

⑥ 원고는 이를 피하기 위하여 즉시 태룡호의 기관을 정지하고 후진하려 하였으나 태룡호 선수우현 부분으로 남성호 선저 우측 중앙부분을 충돌함.

2. 소송경과

가. 원재결 : 중앙해난심판원 1992. 3. 30.자 중해심 제92-6호 재결

나. 원재결의 내용

(1) 사고원인규명재결: 이 사건 충돌사고는 남성호 측이 안전속력 미준수, 경계소홀, 좌측 통항, 박근상태에서 좌전타함으로써 발생된 것이나, 태룡호 측이 경계소홀, 조기에 피항협력동작을 취하지 못한 것도 일인(一因)이 된다.

(2) 징계재결: 원고의 항해사업무를 3월, A의 항해사업무를 9월 정지한다.

다. 원고의 소제기

원고는 위 충돌사고는 A의 전적인 과실에 의하여 발생하였을 뿐 원고에게는 아무런 과실이 없음에도 이와 다른 전제에서 한 원재결은 위법하다고 주장하면서 원재결 중 사고원인규명재결과 원고에 대한 징계재결부분의 취소를 구하는 소를 제기하였다.

3. 판결요지

가. 중앙해난심판원의 사고원인규명재결이 행정처분인지 여부(소극)

해난심판법 제74조 제1항에 규정한 중앙해난심판원의 재결에 대한 소는 행정소송의 일종으로서 행정처분의 취소청구소송에 속한다 할 것이므로 소의 대상이 되는 재결의 내용은 행정청의 권력적 행정행위와 같이 국민의 권리의무를 형성하고 제한하는 효력을 갖는 내용이어야 하는바, 원재결의 주문 중 사고원인규명 부분의 재결은 해난심판법 제5조 제1항 및 제3항의 징계재결이나 권고재결과는 달리 그 자체로는 국민의 어떤 권리의무를 형성하거나 확정하는 효력을 가지는 행정처분으로 볼 수 없으므로 행정소송의 대상이 되지 않는다.

나. 원고의 과실 여부(소극)

상대선박을 미리 발견하여 무중신호를 보내고 견시를 배치하였으며 우현변침하여 태룡호를 협수로의 우측에 붙여 운항하는 등 해상교통안전법이 요구하는 항해의 안전을 위한 제반 조치를 다하여 조선한 원고에게 원재결이 지적하는 경계를 소홀히 하고 조기에 피항협력동작을 하지 아니하였다는 과실이 있다고 볼 수 없으므로 원고를 징계에 처한 원재결은 위법하여 취소되어야 한다.

Ⅱ. 평 석

1. 쟁점정리

대상판결의 쟁점은, ① 중앙해난심판원의 재결 중 행정처분성이 있어 행정소송의 대상이 될 수 있는 것은 어떤 것인지, 특히 사고원인규명재결은 행정소송의 대상이 될 수 있는지 여부, ② 이 사건에서 원고에게 과실이 있는지 여부 및 과실이 없는데도 과실이 있는 것으로 보고 한 원재결에 대하여 대법원이 취할 조치는 무엇인지 등이라고 할 것이다.

2. 관련판례

대법원은 대상판결 이전에도 1977. 7. 26. 선고 76후16 판결을 비롯하여 1978. 9. 26. 선고 77후21 판결, 1984. 1. 24. 선고 81추4 판결, 1991. 12. 10. 선고 91추10 판결 등에서 원인규명재결은 행정청의 권력적 행위인 행정처분이라고 할 수 없다고 판시하여 왔고, 대상판결 이후에도 2000. 6. 9. 선고 99추16 판결 등에서 이러한 태도를 그대로 유지하였다. 다만, 대법원은 2005. 9. 28. 선고 2004추65 판결 등에서는 징계재결에 대한 취소소송에서 그 재결의 적법성을 다투는 전제로서 원인규명재결의 사실인정과 법령적용을 다툴 수 있다고 하였다.

3. 판결의 검토

가. 들어가는 말

우리나라에서는 1961. 12. 6. '해난심판법'이 제정되어 시행되었는바, '해난심판'이란 내수면이나 바다에서 선박과 관련하여 일어나는 각종의 사고에 대하여 해난관계인을 출석시켜 심판에 의해 해난의 원인을 정확히 규명하여 재결하고 이를 해난방지에 관한 국가시책에 반영하도록 함으로써 해난방지에 기여하고, 아울러 해난사고를 일으킨 해난관계인을 징계 또는 권고하여 해난에 대한 경각심을 높이는 것을 목적으로 하는 행정심판이다. 그런데 '해난심판법'이 1999. 2. 5. '해양사고의 조사 및 심판에 관한 법률'로 법명이 변경·개정되면서 관련 용어들도 '해난' 또는 '해난사고'가 '해양사고'로, '해난심판원'이 '해양안전심판원' 등으로 변경되었다. 아래에서는 특별한 사정이 없는 한 현행의 해양사고의 조사 및 심판에 관한 법률(이하 '법'이라 한다)을 인용하여 서술하기로 한다.

나. 일 반 론

(1) 해양안전심판 절차와 해양안전심판 및 재결의 종류

(가) 심판 절차

1) 심판의 청구

해양 및 내수면에서 선박의 구조 · 설비 또는 운용과 관련하여 사람이 사망 또는 실종되거나 부상을 입은 사고 등 5가지의 사고를 '해양사고'라고 하는데(법 제2조 제1호 가. 내지 마.목), 해양사고 사건에 대한 심판은 각 심판원에 소속된 조사관(법 제16조)이 해양수산관서 혹은 영사 등의 통보나 이해관계인의 사실조사 요구(법 제31조 내지 제33조) 또는 조사관 자신의 인지에 의하여 사실조사와 증거수집을 행하여(법 제34조), 그 결과 사건을 심판에 붙여야 할 것으로 인정하여 심판을 청구하면(법 제38조) 그로써 개시된다(법 제40조).

2) 심판기관 및 관할

해양안전심판원(이하 '심판원'이라 한다)에는 제1심 심판기관인 '지방해양안전심판원'(이하 '지방심판원'이라 한다)과 제2심 심판기관인 '중앙해양안전심판원'(이하 '중앙심판원'이라 한다)이 있고(법 제8조 제1항, 제21조), 지방심판원이 증거조사를 거쳐(법 제48조) 심판청구에 대한 기각재결이나 원인규명과 징계 또는 권고에 관한 본안의 재결을 한 데 대하여(법 제52조, 제54조) 조사관 · 해양사고관련자(법 제2조 제3호, 제39조)가 불복이 있을 경우 중앙심판원에 제2심의 청구를 할 수 있으며(법 제58조), 이에 대하여 중앙심판원도 청구기각의 재결과 본안의 재결을 할 수 있다(법 제62조 내지 제65조).

(나) 해양안전심판의 종류

해양안전심판은 형식적으로는 사법기관인 법원의 행위가 아닌 점에서 재판은 아니지만 실질적으로는 해양안전심판청구사건에 관하여 사실인정, 법령적용에 관한 법적 판단 또는 판단에 입각한 의사표시로서 그 내용에 따라 법률효과를 발생하는 심판절차로서 행정처분의 성질을 가지면서 재판과 같은 의미를 가진다(이성범, 100면). 재결에 대하여는 행정심판법 기타 법령에 의한 행정심판의 청구 또는 이의신청을 할 수 없다(법 제87조).

1) 실체심판과 형식심판

이는 해양안전심판을 성질에 따라 구분한 것이다. 실체심판이라 함은 사건의 실체를 판단함으로써 심판절차를 종결시키는 심판을 말하는바, 심판조건이 구비된 이상 심판원은 반드시 실체에 대한 심리를 하여 본안의 재결을 하여야 한다(법 제54조, 제65조). 이 실체심판은 뒤에서 보는 바와 같은 원인규명심판, 징계심판, 권고심판 등으로 분류될 수 있다.

이에 대하여 형식심판이라 함은 사실 자체에 대한 심판이 없이 심판개시의 유효성을 판단하여 사실심리에 들어갈 수 없는 때에 사건을 형식적으로 종결하는 심판이다.

2) 재결과 결정

이는 해양안전심판을 형식에 따라 구분한 것이다. 재결은 실체심판으로서 원칙적으로 구두변론을 거쳐서 주문을 표시하고 이유를 붙여야 하지만(법 제45조, 제53조), 결정은 해양사고관련자의 진술 없이도 할 수 있다. 재결에 대한 불복은 중앙심판원에 대한 2심청구와 대법원에 대한 제소의 방법으로 이루어짐에 반하여, 결정에 대한 불복은 이의신청의 방법으로 할 수 있다(법 제67조).

(다) 재결의 종류

1) 청구인용재결

① 원인규명재결

심판원은 심판을 함에 있어, ㉮ 사람의 고의 또는 과실로 인하여 발생한 것인가의 여부, ㉯ 선박승무원의 인원수 · 자격 · 기능 · 근로조건 또는 복무에 관한 사유로 인하여 발생한 것인가의 여부, ㉰ 선체 또는 기관의 구조 · 재질 · 공작이나 또는 선박의 의장이나 성능에 관한 사유로 인하여 발생한 것인가의 여부, ㉱ 수로도지 · 항로표지 · 선박통신 · 기상통보 또는 구난시설 등의 항해보조시설에 관한 사유로 인하여 발생한 것인가의 여부, ㉲ 항만 또는 수로의 상황에 관한 사유로 인하여 발생한 것인가의 여부, ㉳ 화물의 특성 또는 적재에 관한 사유로 인하여 발생한 것인가의 여부에 관하여 원인을 규명하여야 하고(법 제4조 제1항), 재결로써 그 결과를 명백하게 하여야 한다(법 제5조 제1항). 이러한 사고의 원인을 규명함에 있어서 해양사고의 발생에 2인 이상이 관련되어 있는 경우에는 각 관련자에 대하여 원인의 제공 정도를 밝힐 수 있다(법 제4조 제2항). 이는 해양사고원인의 규명을 구하는 조사관의 심판청구에 대한 답으로서 구두변론을 거쳐 해양사고의 역사적인 일련의 사실을 증거에 의하여 확정하고 그 원인을 명확히 하여 이를 설시하여 심판하는 심판원의 공적인 의견표시의 재결로서 해양안전심판 중 실체재결의 본질이라고 할 수 있다.

② 징계재결

심판원은 해양사고의 원인이 해기사 또는 도선사의 직무상 고의 또는 과실로 인하여 발생한 것으로 인정할 때에는 재결로써 이를 징계하여야 한다(법 제5조 제2항). 징계의 종류에는 면허의 취소, 1월 이상 1년 이하의 업무의 정지, 견책의 3종류가 있다(법 제6조 제1, 2항). 징계재결을 할 때 사고발생 원인비율을 반드시 명시하여야 할 필요는 없다(대법원 2007. 7. 13. 선고 2005추93 판결).

③ 시정 등 재결

㉮ 심판원은 필요할 때에는 해기사 또는 도선사 이외의 자로서 해양사고의 원인에 관계있는 자에 대하여 시정 또는 개선을 권고하거나 명하는 재결을 할 수 있다(법 제5조 제3

항). 이를 통상 권고재결이라고도 하나, 이는 시정권고재결, 시정명령재결, 개선권고재결, 개선명령재결의 4종류의 재결로 세분될 수 있다. 행정기관에 대하여는 시정 또는 개선을 권고하는 재결을 할 수는 있으나 이를 명하는 재결은 할 수 없다(법 제5조 제3항 단서).

㈏ 법 제5조의2에 의하면, '시정 등의 요청'이라는 조문명 아래 "심판원은 심판의 결과 해양사고의 방지를 위하여 시정 또는 개선할 사항이 있다고 인정할 때에는 해양사고 관련자가 아닌 행정기관이나 단체에 대하여 해양사고의 방지를 위한 시정 또는 개선조치를 요청할 수 있다"고 규정하고 있는바, 실무상 '이 시정 등의 요청'과 '시정 등 재결'과의 관계를 어떻게 볼 것인지가 문제된다.

살피건대, 법은 근본적으로 심판원의 재결을 원인규명재결, 징계재결, 권고재결이라는 3가지 유형만을 한정하고, 뒤에서 보는 바와 같이 그 중 행정처분성을 갖는 징계재결과 권고재결에 대하여만 출소를 허용하고 있으므로 법 제5조의2 소정의 개선조치요청은 재결의 형식으로 할 수 없다고 할 것이다.

그리하여 개선조치요청의 상대방이 일반해양사고관련자로 지정이 되었건 그렇지 않건, 개선조치요청이 재결과 함께 내려진 것이건 독립해서 내려진 것이건, 개선조치요청이 지방심판원에서부터 이루어진 것이건 중앙심판원에서 처음으로 이루어진 것이건 가리지 않고 개선조치요청은 행정처분으로 보아야 하고, 관할이나 원고적격, 제소기간 등의 문제는 모두 행정소송의 일반원칙에 따라 판단되어야 한다(이동신, 759면).

대법원은, 심판원은 법 제5조 제3항에서 정한 '제2항에 규정된 자 외의 자로서 해양사고의 원인에 관계있는 자'에 대하여 법 제5조 제3항에 의한 '시정 등 권고재결'은 물론 법 제5조의2에 의한 '시정 등의 요청'도 할 수 있다고 전제한 후 심판원이 해기사 또는 도선사 외의 자로서 해양사고의 원인에 관계있는 자에 대한 재결의 주문을 '권고한다'가 아닌 '요청한다'라고 표현하였지만, 그 재결의 성격을 법 제5조 제3항의 '개선권고 재결'이라고 봄이 상당하다고 하였다(대법원 2006. 10. 26. 선고 2004추58 판결).

2) 청구기각재결

심판원이 해양안전심판사건에 대하여 심리한 결과, ① 사건에 대하여 심판권이 없을 때, ② 심판의 청구가 법령에 위반하여 제기되었을 때, ③ 법 제7조 소정의 일사부재리의 원칙에 의하여 심판할 수 없을 때에는 재결로써 심판청구를 기각하여야 한다(법 제52조).

(2) 중앙심판원의 재결에 대한 소

㈎ 소의 제기 등

중앙심판원의 재결에 대하여도 불복이 있는 경우에는 재결서를 송달받은 날로부터 30일 이내에 중앙심판원장을 피고로 하여 그 재결의 취소를 구하는 소송을 제기할 수 있는바(법 제74조, 제75조), 이에 대하여 대법원은 청구이유가 있다고 인정되는 때에는 판결로써 재결을 취소하여야 하고, 중앙심판원은 재결의 취소판결이 확정된 때에는 다시 심리를 하여 재결하여야 하며, 재결취소의 이유가 되는 판단은 그 사건에 대하여 중앙심판원을 기속한다(법 제77조 제1 내지 3항).

한편, 법에 따른 중앙심판원의 재결에 관한 소송에는 이 법에서 규정하는 사항 외에는 행정소송법을 준용하도록 규정한다(법 제77조 제4항).

(나) 소의 의의

해양안전심판은 소송적 절차에 의한 2심 제도를 가지고 행하여지는 준사법적 작용이지만, 행정기관인 심판원에 의하여 행하여지기 때문에 국민은 헌법 제27조 제1항, 제102조 등에 따른 법관으로 구성된 법원에 의하여 재판을 받을 수 있는 권리가 있다는 헌법적 요청상 중앙심판원의 재결을 종심으로 할 수는 없다. 중앙심판원의 재결에 대한 불복의 소를 대법원에 제기하도록 하였으나 그 사유를 법령에 위반된 경우로 제한하지 않았기 때문에 법령적용의 오해뿐만 아니라 사실인정의 오인도 당연히 불복사유로 삼을 수 있다고 할 것이다(이성범, 104면). 대법원은 같은 취지에서 법 제74조 제1항에 대한 위헌법률심판제청신청을 기각하였다(대법원 1999. 8. 20. 선고 98추33 관련 위헌제청심판사건).

(다) 소의 대상으로 되는 재결

앞서 본 바와 같이 중앙심판원의 재결에는 원인규명재결, 징계재결, 권고재결이 있는바, 법 제74조 제1항에서 규정한 중앙심판원의 재결에 대한 소는 이 3가지 재결이 모두 소의 대상으로 되는지가 문제된다. 법에는 이에 관한 아무런 제한 규정이 없다. 따라서 재결이 위법하다면 모두 사법심사의 대상으로 된다고 볼 여지도 있다.

그러나 대법원은 중앙심판원의 재결 중 징계재결과 권고재결은 행정처분성이 있어 취소소송의 대상이 될 수 있지만, 원인규명재결은 처분성이 없어 취소소송의 대상이 되지 않는다고 판시하여 왔다. 즉, 대법원은 해난심판법 시절의 1977. 7. 26. 선고 76후16 판결을 비롯하여 대상판결인 1993. 6. 11. 선고 92추55 판결은 물론, 1995. 2. 28. 선고 93추137 판결 등에서, "중앙심판원의 재결에 대한 소는 행정소송의 일종으로서 행정처분의 취소청구소송에 속하므로 소의 대상이 되는 재결의 내용은 행정청의 권력적 행정행위와 같이 국민의 권리의무를 형성하고 제한하는 효력을 갖는 내용이어야 하는바, 중앙심판원 재결의 주문 중 해난사고 원인규명 부분의 재결은 해난심판법상의 징계재결이나 권고재결과는 달리 그 자체로는 국민의 어떤 권리의무를 형성하거나 확정하는 효력을 가지는 행정처분으로 볼 수 없으므로 행정소송의 대상이 되지 않는다"고 보았고, 또 대법원 1987. 4. 28. 선고 86추2 판결은, 해난심판청구를 기각한 지방심판원의 재결에 불복하여 제기된 제2심의 청구를 기각하는 내용의 중앙심판원의 재결도 행정처분에 해당하지 아니하므로 그에 대한 취소소송은 허용되지 않는다고 보았으며, 이러한 태도는 해난심판법이 해양사고의 조사 및 심판법에 관한 법률로 바뀐 이후의 대법원 2000. 6. 9. 선고 99추16 판결 등에서도 그대로 유지되어 확립되었다.

(라) 원고적격

법에는 원고적격에 대하여는 별도의 규정을 두고 있지 아니하다. 징계재결이나 권고재결을 받은 해양사고관련자는 당연히 그 재결에 대한 취소소송의 원고적격이 있다 할 것이다. 판례는 심판청구자인 조사관에게도 원고적격을 인정하나(대법원 2002. 9. 6. 선고 2002추54 판결), 침몰선박의 부보 보험회사에게는 징계재결의 취소를 구할 원고적격을 부정하였다(대법원 2002. 8. 23. 선고 2002추61 판결).

다. 쟁점에 대한 검토

(1) 원인규명재결의 취소소송 대상성 여부

징계재결은 해기사 또는 도선사에 대한 면허를 취소하거나 업무정지를 명하는 것 등으로서 국민의 권리의무에 영향을 미치는 것이므로 행정소송의 대상이 된다고 보는 것에 별다른 의문이 없다.

시정 등 재결 중 시정명령재결 · 개선명령재결을 받은 자는 그 취지에 따라 필요한 조치를 취하고 수석조사관이 조치내용의 통보를 요구하는 경우에는 그 조치내용을 통보하여야 하며(법 제84조 제1항), 재결을 이행하지 아니한 경우 200만원 이하의 과태료에 처하게 되어 있으므로(법 제90조 제1항 제1호), 국민의 권리의무에 직접 영향을 미치는 것이어서 행정소송의 대상이 된다고 할 것이고, 다만 시정권고재결 · 개선권고재결인 경우 도의적 의무에 지나지 않고 법률적 구속력이 없으므로 행정소송의 대상이 되지 아니한다는 견해도 있을 수 있으나(일본 最高裁 經理 36. 3. 15. 大法廷 判決의 소수의견), 이러한 권고재결을 받은 자는 그 내용이 관보에 공고되고, 국토해양부장관에게 보고되며 신문에 공고될 수도 있어(법 제83조) 권고받은 자의 명예와 신용에 영향을 미치는 점을 참작하면 이러한 권고재결에 대하여도 행정소송의 대상이 된다고 함이 타당하다고 생각되고, 확립된 판례도 마찬가지이다.

문제가 되는 것은 원인규명재결인바, 다음과 같이 견해가 대립한다.

(가) 소극적 견해

이 견해는, 원인규명재결은 해양사고의 원인을 공적으로 표시하는 것으로서 공권적 의견을 발표하는 것에 불과할 뿐 재결 자체가 어느 특정인의 법률상의 권리를 구속하는 것과 같은 법률효과를 발생하지 아니하므로, 행정처분이라고 할 수 없어 행정소송의 대상이 될 수 없다고 한다(이성범, 105면).

(나) 적극적 견해

이 견해는, 사고원인규명재결은 소송절차와 유사한 절차로 이루어지고 재결을 심판원 스스로 철회할 수 없으며, 고의 또는 과실이 있다는 심판을 받은 자에 대하여는 권리 또는 의무에 영향을 미치므로 행정소송의 대상이 될 수 있다고 한다(정병윤, 364면).

(다) 사 견

생각건대, 법 제74조에 따라 소가 제기된 경우 그 청구이유가 있다고 인정되는 때에는 판결로써 재결을 취소하여야 한다는 법 제77조 제1항, 중앙심판원은 재결의 취소판결이 확정된 때에는 다시 심리를 하여 재결하여야 한다는 법 제77조 제2항, 이 법에 따른 중앙심판원의 재결에 관한 소송에는 이 법에서 규정하는 사항 외에 행정소송법을 준용한다는 법 제77조 제4항의 규정 등을 종합하면, 법 제74조 제1항에서 규정한 중앙심판원의 재결에 대한 소는 행정소송의 일종으로서 행정처분의 취소소송(항고소송)에 속한다고 할 것이다. 한편, 취소소송의 대상인 행정처분에 관하여 행정소송법 제2조 제1호는, "'처분 등'이라 함은 행정청이 행하는 구체적 사실에 관한 법집행으로서의 공권력의 행사 또는 그 거부와 그 밖에 이에 준하는 행정작용 및 행정심판에 대한 재결을 말한다"고 규정하고 있고, 판례는 "행정청이 공권력의 행사로서 행하는 처분 중 국민의 권리의무에 직접적으로 법률상 영향을 미치는 것"으로 한정하고 있다.

원인규명재결이 취소소송의 대상이 되는 것으로 볼 것인지는 확정된 원인규명재결이 관련 민·형사사건에 어떠한 구속력이 있는가의 문제와 밀접한 관련이 있다고 할 수 있다. 법에는 중앙심판원의 원인규명재결이 다른 소송사건에 어떠한 구속력이 있다는 명문의 규정이 없으므로, 중앙심판원의 확정된 원인규명재결도 다른 소송사건에 대하여 구속력을 가지지 못한다고 보아야 할 것이다. 그러므로 법원은 관련 민·형사소송에서 중앙심판원의 원인규명재결에 의하여 인정된 사실을 증거로서 채용하지 않아도 되고 반증이 허용되며, 해양사고관련자의 고의·과실의 유무에 관하여는 독자적 입장에서 사실인정을 할 수 있다. 결국, 심판원의 원인규명재결은 민·형사재판과의 관계에 있어서는 감정인의 감정서 정도의 효과밖에 없다고 할 수 있다. 이러한 관점에서 볼 때, 물론 원인규명재결도 취소소송의 대상으로 삼자는 견해의 논거도 경청할 만한 것이기는 하나, 원인규명재결은 그 자체로는 국민의 권리의무에 간접적인 사실상의 영향을 미칠 수 있음은 별론으로 하고 직접적인 영향을 미친다고는 할 수 없으므로 행정처분으로 볼 수 없어 행정소송의 대상이 되지 않는다고 봄이 상당하다고 할 것이다. 다만, 중앙심판원의 징계재결에 대한 취소소송에서 그 재결의 적법성을 다투는 전제로서 원인규명재결의 사실인정과 법령적용을 다툴 수 있을 것임은 물론이다(대법원 2005. 9. 28. 선고 2004추65 판결 등).

(2) 이 사건에서의 원고의 과실 유무 및 대법원 조치의 당부

위 사실관계에 의하면, 이 사건 충돌사고는 A의 과실에 의하여 발생한 것이고, 원고는 해상교통안전법이 요구하는 항해의 안전을 위한 제반 조치를 다하여 조선하였으므로,

원고에게 원재결이 지적하는 경계를 소홀히 하고 조기에 피항협력동작을 하지 아니하였다는 과실은 없다고 보인다. 따라서 같은 취지에서 원재결 중 원고에 대한 징계재결을 취소하고, 사건을 중앙심판원에 환송한 대법원의 조치는 정당하다고 판단된다.

4. 판결의 의미와 전망

대법원은 종전부터 법 제74조에서 규정한 중앙심판원의 재결에 대한 소는 행정처분의 취소소송에 속한다고 전제하고, 취소소송의 대상이 되기 위하여는 그 재결의 내용이 행정처분성을 가져야 하는데, 원인규명재결은 그 자체로는 국민의 권리의무에 영향을 미치지 아니하므로 행정처분으로 볼 수 없어 행정소송의 대상이 되지 않는다고 하였는바, 대상판결은 이러한 대법원의 종전입장을 다시 한 번 확인한 것이고, 대상판결 이후 현재까지도 대법원의 태도는 그대로 유지되고 있다. 이는 항고소송의 대상이 되는 행정처분의 의미에 관하여 취한 대법원의 확립된 태도에 따른 것으로서 판례로서 확고히 굳어진 것이고, 이렇게 보는 것에 어떠한 실무상의 문제점도 없으므로 더 이상 그 타당성에 관하여 의문을 가질 필요는 없다고 본다.

한편, 이 사건은 대부분의 다른 징계재결에 관한 소송과는 달리 징계재결을 받은 자의 과실이 인정되지 않는다는 이유로 대법원이 징계재결을 취소한 것이라는데 그 의의가 있다 하겠다(이진성, 108면).

〈참고문헌〉

이진성, "중앙해난심판원의 재결에 대한 소의 성질", 대법원판례해설 제19-2호, 법원도서관(1993).

이성범, "해난심판취소소송", 사법연구자료 20집, 법원행정처(1993).

이동신, "해양사고의 조사 및 심판에 관한 법률 제5조의2에 의한 '시정 등의 요청'과 제5조 제3항의 '개선권고 재결'의 관계 등", 대법원판례해설 64호, 법원도서관(2006 하반기).

정병윤, "해상법상의 판례의 형성과 변천", 법학연구 제39권 제1호, 부산대학교 법학연구소(1998).

김의환, "침몰선박의 부보 보험회사가 중앙해양안전심판원의 재결의 취소를 구할 법률상의 이익이 있는지 여부", 대법원판례해설 43호, 법원도서관(2002년 하반기).

77. 행정심판재결에 대한 항고소송

— 대법원 1997. 12. 23. 선고 96누10911 판결 —

김 용 섭*

Ⅰ. 판례개요

1. 사실관계

(1) 경상북도 성주군은 가야산국립공원구역 및 국립공원보호구역 내 임야 등에 체육시설인 27홀 규모의 골프장을 설치하기 위하여 보호구역중 일부를 공원구역으로 편입하는 내용의 가야산국립공원계획 변경결정고시를 건설교통부 장관으로부터 받았다. 그 후 민자유치를 위하여 1990. 12. 11. 원고(A) 주식회사를 위 국립공원개발사업자로 지정하였다.

(2) 원고(A)는 국립공원관리대행업무를 수행하는 국립공원관리공단으로부터 1991. 6. 19. 위 국립공원 내 체육시설(골프장)공원사업의 시행허가를 받고, 1992. 12. 12. 환경부로부터 골프장조성의 환경영향평가에 대하여 협의 · 승인을 받았다. 1993. 1. 14. 그 사업계획승인신청서를 대중골프장 조성비 30억 원을 납부하는 조건으로 성주군을 경유하여 경상북도지사에게 제출하였는데, 원고(A)가 대중골프장 조성비 납부 대신 대중골프장(6홀)을 병설하겠다는 계획변경을 이유로 경상북도지사에게 위 신청서의 반송을 요청하자 경상북도지사는 1993. 4. 15. 이를 반려하였다. 1994. 12. 5. 원고(A)가 골프장사업계획승인을 재신청하여 오자 경상북도지사는 같은 달 16. 국립공원관리공단과 위 사업계획(변경)신청에 대하여 협의한 후 같은 달 24. 위 골프장사업계획에 대한 승인을 하였다.

(3) 이 사건 사업계획승인지역 인근에 거주하는 주민들인 피고보조참가인들은 위 골프장사업계획에 대한 승인처분 절차에 중대한 하자가 있고, 자연공원법시행령 제2조에는 공원시설의 종류로 골프장을 규정하고 있지 않음에도 골프장의 건설을 목적으로 보호구역을 공원구역으로 변경한 국립공원계획변경결정과 이에 근거한 사업계획승인은 위법하고 또한 골프장이 건설운영될 경우 토사유출로 인한 홍수피해, 자연생태계의 파괴, 농작

---

* 전북대학교 법학전문대학원 교수.

물 및 수질의 오염, 식수 및 용수 부족 등 인근주민들의 생활환경이 크게 침해받는다는 등의 3가지 사유를 내세워 사업계획승인처분이 위법하다고 주장하면서 취소심판을 소관 감독행정기관인 X행정청에게 청구하였다.

(4) 이에 X행정청은 1995. 7. 15. 위 행정심판 청구에 대하여 경상북도지사의 위 골프장 사업계획승인처분은 적법 · 타당한 면도 있으나, 국민정서 및 변화된 행정의 합목적성 차원에서 자연환경보호라는 공익이 현저히 크다는 이유로 주민들인 피고보조참가인들의 심판청구를 받아들여 위 사업계획승인을 취소하는 인용재결(이하 "이 사건 재결"이라 한다)을 하였다.

2. 소송경과

원고(A)는 1995. 8. 24. 재결청인 문화체육부장관을 피고로 하여 이 사건 재결취소의 소를 서울고등법원에 제기(위 행정심판청구인인 주민들을 비롯한 인근 주민들이 행정소송에 피고보조참가인으로 참가함)하였는데, 제1심인 서울고등법원은 1996. 6. 19. 경상북도지사의 이 사건사업계획승인은 적법 · 타당하다고 판단하면서 국민정서와 변화된 정책의 합목적성의 차원에서 자연환경보호라는 공익이 현저히 크다는 이유로 원처분을 취소하는 이 사건 인용재결을 한 사실을 인정한 다음, 피고가 이 사건재결에서 그 원처분의 취소사유로 들고 있는 위와 같은 사유는 행정심판법이 규정하는 일반적인 처분취소사유가 아닐 뿐만 아니라, 비록 그 일반적인 처분취소사유에 해당된다고 하더라도 위와 같은 사유만으로는 이 사건 원처분이 위법 또는 부당한 처분이 된다고도 할 수 없다는 취지로 판단하고서 이 사건 재결은 위법하다고 하여 이를 취소하여 결국 원고(A)가 승소판결을 선고받았다(서울고등법원 1996. 6. 19. 선고 95구24052 판결).

피고 문화체육부장관은 서울고등법원의 판결에 불복하여 상고하였으나, 대법원은 이를 기각하였다.

3. 판결요지

(1) 원심판결

㈎ 이른바 복효적 행정행위, 특히 제3자효를 수반하는 행정행위에 대한 행정심판 청구에 있어서 그 청구를 인용하는 내용의 재결로 인하여 비로소 권리 이익을 침해받게 되는 자, 가령 제3자가 행정심판 청구인인 경우의 행정처분의 상대방은 재결의 당사자가 아니라고 하더라도 재결청을 상대로 그 인용재결의 취소를 구하는 소를 제기할 수 있고, 이 경우 그 행정심판 청구에 참가할 것을 고지받고도 그 심판절차에 참가하지 아니하였다 하여 이와 달리 볼 것은 아니다.

(나) 행정심판의 대상인 국립공원 내 골프장 건설 허가 처분 자체는 위법하거나 부당하지는 아니하다고 인정하면서도 국민정서와 변화된 정책의 합목적성의 차원에서 자연환경 보호라는 공익이 현저히 크다는 이유로 원처분을 취소하고 있다면, 이는 결국 행정심판법 소정의 처분을 취소할 사유가 처분 자체에 존재하지 아니함에도 처분 자체에 내재하지 아니하는 처분 외적 사유인 국민정서와 변화된 정책의 합목적성이라는 같은 법이 규정하지 아니하는 별개의 사유를 들어 원처분을 취소하는 것이라고 해석할 수밖에 없다는 점에서, 그 재결은 위법하다.

(2) 대법원판결

(가) 이른바 복효적 행정행위, 특히 제3자효를 수반하는 행정행위에 대한 행정심판청구에 있어서 그 청구를 인용하는 내용의 재결로 인하여 비로소 권리이익을 침해받게 되는 자는 그 인용재결에 대하여 다툴 필요가 있고, 그 인용재결은 원처분과 내용을 달리하는 것이므로 그 인용재결의 취소를 구하는 것은 원처분에는 없는 재결에 고유한 하자를 주장하는 셈이어서 당연히 항고소송의 대상이 된다.

(나) 당해 재결과 같이 그 인용재결청인 문화체육부장관 스스로가 직접 당해 사업계획승인처분을 취소하는 형성적 재결을 한 경우에는 그 재결 외에 그에 따른 행정청의 별도의 처분이 있지 않기 때문에 재결 자체를 쟁송의 대상으로 할 수밖에 없다.

Ⅱ. 평 석

1. 쟁점정리

이 사건 판결에서 행정청이 제3자효가 있는 복효적 행정행위에 해당되는 골프장사업계획승인처분을 받게 되자, 처분의 상대방이 아닌 제3자(인근주민)가 행정심판을 제기하여 재결청에 의하여 원처분이 취소되는 인용재결이 있게 된 경우 그 원처분의 상대방이 인용재결의 취소를 구하는 항고소송을 제기할 수 있는지 여부가 쟁점이 된다.

먼저 행정심판의 재결이 어느 범위에서 행정소송의 대상이 될 것인가와 관련하여 행정심판의 재결의 의미와 원처분주의와 재결주의의 논의를 선행적으로 밝힐 필요가 있다.

재결을 취소소송으로 제기하는 경우 우선 “재결 자체의 고유한 위법”의 의미를 어떻게 이해할 것인지, 이와 관련하여 복효적 행정행위에 있어서 인용재결의 경우처럼 제3자라든가 처분의 상대방이 최초로 권익침해를 입게되는 경우에 재결자체의 내용상의 위법으로 볼 것인지 처분의 일종으로 파악할 것인지 논란이 제기된다.

2. 관련판례

(1) 복효적 행정행위에 관련된 판례로는 다음의 대법원판례를 들 수 있다. 대법원은 복효적 행정행위에 있어서 인용재결로 인하여 최초로 침해를 받게 되는 경우에는 인용재결이 원처분과 다른 것으로 재결 자체의 내용상의 하자에 속한다는 것을 밝히고 있다. 대법원 1995. 6. 13. 선고 94누15592 판결에서는 “이른바 복효적 행정행위, 특히 제3자효를 수반하는 행정행위에 대한 행정심판청구에 있어서 그 청구를 인용하는 내용의 재결로 인하여 비로소 권리이익을 침해받게 되는 자(예컨대, 제3자가 행정심판청구인인 경우의 행정처분 상대방 또는 행정처분 상대방이 행정심판청구인인 경우의 제3자)는 재결의 당사자가 아니라고 하더라도 그 인용재결의 취소를 구하는 소를 제기할 수 있으나, 그 인용재결로 인하여 새로이 어떠한 권리이익도 침해받지 아니하는 자인 경우에는 그 재결의 취소를 구할 소의 이익이 없다”고 판시하였다. 아울러 대법원 1998. 4. 24. 선고 97누17131 판결에 의하면 “원처분의 상대방이 아닌 제3자가 행정심판을 청구하여 재결청이 원처분을 취소하는 형성재결을 한 경우에 그 원처분의 상대방은 그 재결에 대하여 항고소송을 제기할 수밖에 없고, 이 경우 재결은 원처분과 내용을 달리 하는 것이어서 재결의 취소를 구하는 것은 원처분에 없는 재결 고유의 위법을 주장하는 것이 된다”고 판시하였다, 한편 대법원 2001. 5. 29. 선고 99두10292 판결에서는 행정청이 골프장 사업계획승인을 얻은 자의 사업시설 착공계획서를 수리한 것에 대하여 인근 주민들이 그 수리처분의 취소를 구하는 행정심판을 청구하자 재결청이 그 청구를 인용하여 수리처분을 취소하는 형성적 재결을 한 경우, 그 수리처분 취소 심판청구는 행정심판의 대상이 되지 아니하여 부적법 각하하여야 함에도 위 재결은 그 청구를 인용하여 수리처분을 취소하였으므로 재결 자체에 고유한 하자가 있다고 보면서 “이른바 복효적 행정행위, 특히 제3자효를 수반하는 행정행위에 대한 행정심판청구에 있어서 그 청구를 인용하는 내용의 재결로 인하여 비로소 권리이익을 침해받게 되는 자는 그 인용재결에 대하여 다툴 필요가 있고, 그 인용재결은 원처분과 내용을 달리하는 것이므로 그 인용재결의 취소를 구하는 것은 원처분에는 없는 재결에 고유한 하자를 주장하는 셈이어서 당연히 항고소송의 대상이 된다”고 판시하였으며,

(2) 재결자체의 고유한 위법이 있는 경우에 관한 판례로는 다음의 판례를 들 수 있다. 판례는 재결자체의 고유한 위법'이란 재결자체의 주체, 절차, 형식 또는 내용상의 위법이 있는 경우를 의미하는 것임을 명백히 하고 있다.

먼저 대법원 1997. 9. 12. 선고 96누14661 판결에서는 “행정소송법 제19조에서 말하는 ‘재결 자체에 고유한 위법’이란 원처분에는 없고 재결에만 있는 재결청의 권한 또는

구성의 위법, 재결의 절차나 형식의 위법, 내용의 위법 등을 뜻하고, 그 중 내용의 위법에는 위법 · 부당하게 인용재결을 한 경우가 해당한다"고 판시하였으며, 대법원 2001. 7. 27. 선고 99두2970 판결에서 "행정소송법 제19조에 의하면 행정심판에 대한 재결에 대하여도 그 재결 자체에 고유한 위법이 있음을 이유로 하는 경우에는 항고소송을 제기하여 그 취소를 구할 수 있고, 여기에서 말하는 '재결 자체에 고유한 위법'이란 그 재결자체에 주체, 절차, 형식 또는 내용상의 위법이 있는 경우를 의미하는데, 행정심판청구가 부적법하지 않음에도 각하한 재결은 심판청구인의 실체심리를 받을 권리를 박탈한 것으로서 원처분에 없는 고유한 하자가 있는 경우에 해당하고, 따라서 위 재결은 취소소송의 대상이 된다"고 판시하여 행정심판청구가 부적법하지 않음에도 각하한 재결은 원처분에 없는 고유한 하자가 있는 경우에 해당하고 그 재결은 취소소송의 대상이 됨을 명백히 하고 있다.

3. 판례의 검토

(가) 행정심판의 재결의 의의와 항고소송의 대상

행정심판의 재결이란 처분에 대한 불복을 전제로 행해지는 행정심판의 청구에 대한 재결, 결정 기타의 판단행위를 말한다. 행정심판법 제2조 제1항 제3호에서 재결에 관한 용어 정의 규정을 두고 있는바, 재결이라 함은 행정심판의 청구에 대하여 제5조에 따른 행정심판위원회가 행하는 판단을 말한다고 되어 있다. 행정심판법 제5조에 의하면 행정청의 처분 또는 부작위에 대한 행정심판의 청구를 심리 · 재결하는 기관으로 행정심판위원회를 두도록 하고 있다. 2008. 2. 29. 행정심판법이 개정되어 행정심판위원회가 종전의 심리 · 의결기관에서 심리 · 재결기관으로 변경되었다.

여기서 말하는 재결에는 행정심판법의 규정에 의한 형식적 의미의 행정심판의 재결뿐만 아니라 개별법에 규정된 특별행정심판의 경우에 발하는 재결도 포함하여 파악하는 것이 적절하다.

행정심판의 재결이 취소소송의 대상이 되는 경우는 일반적으로 다음의 2가지의 경우이다. 첫째로, 본래 원처분주의로 인하여 취소소송의 대상은 원처분이나 예외적으로 재결 그 자체의 고유한 위법이 있는 경우에 그 재결이 독립하여 취소소송의 대상이 될 수 있다. 둘째로, 노동위원회의 처분에 대한 재심판정(처분)이라든가 감사원의 변상판정에 대한 재심의 판정의 경우와 같이 법률에서 재결주의를 명문화한 경우이다. 여기서 다루려고 하는 복효적 행정행위의 경우 통설 및 판례에 의하면 재결의 고유한 위법이 있는 경우에 해당한다고 보고 있으나, 복효적 행정행위에 있어 제3자의 행정심판의 청구에 따라 형성적 내용의 인용재결이 내려진 경우에 이로 인해 최초로 법익침해를 받은 당초

처분의 상대방은 인용재결 그 자체를 대상으로 하여 독립하여 취소소송을 제기할 수 있는바, 이 경우는 내용상의 위법으로 보기보다는 그 자체가 처분적 성질을 지닌다고 보는 것이 적절하다고 할 것이다.

(2) 원처분주의와 재결주의

행정소송법은 행정처분과 행정심판의 재결을 항고소송의 대상으로 하고 있다. 이와 같이 원처분과 이에 대한 행정심판의 재결은 모두 행정청의 공권력의 행사에 해당하는데 만약에 양자를 소송의 대상으로 삼게 될 경우에 판결의 모순 저촉 내지 소송경제에 반하는 문제가 있으므로 원처분을 소송의 대상으로 할 것인가 아니면 재결을 항고소송의 대상으로 삼을 것인가를 둘러싸고 원처분주의와 재결주의가 대립하고 있다.

원처분주의란 원처분과 재결 모두 항고소송을 제기할 수 있으나, 항고소송의 대상이 되는 것은 원처분으로 보고 원처분의 위법은 원처분의 취소소송 또는 무효확인소송에서만 주장할 수 있고, 재결을 취소하는 이른바 재결취소소송 또는 재결무효확인소송에서는 원처분의 하자를 주장할 수 없고 재결에 고유한 하자에 대하여만 주장할 수 있다는 입장이다.

이에 반하여 재결주의란 원처분에 관하여는 소송제기가 허용되지 않고 재결에 관하여만 소송제기를 허용하는 입장으로, 재결에 고유한 하자뿐만 아니라 원처분의 위법도 그 소송에서 주장할 수 있는 입장을 말한다.

어느 입장을 취할 것인가는 각국의 입법 정책에 따라 다르다. 우리 현행 행정소송법은 제19조에서 "취소소송은 처분등을 대상으로 한다. 다만, 재결취소소송의 경우에는 재결 자체에 고유한 위법이 있음을 이유로 하는 경우에 한한다"고 규정하고 있음에 비추어 원처분주의를 채택하였다고 할 것이다.

다만, 행정소송법 제2조 제1항 제1호에서 "처분등"이라 함은 행정청이 행하는 구체적 사실에 관한 법집행으로서의 공권력의 행사 또는 그 거부와 그 밖에 이에 준하는 행정작용(이하 "처분"이라 한다) 및 행정심판에 대한 재결을 말한다는 용어의 정의규정과 더불어 동법 제19조 본문에서 취소소송의 대상을 "처분 등"으로 한다는 규율을 하고 있는데다가, 동법 제19조 단서가 일반적 · 추상적으로 행정심판에 대한 재결이 취소소송의 대상이 될 수 있다는 것을 선언하고 있기 때문에, 재결자체의 고유한 위법이 있는 경우에 한하여 재결을 다툴 수 있는 것이다. 동조 단서에서 보는 바와 같이 기본적으로 재결은 그 자체의 고유한 위법이 있을 때에 취소소송의 대상이 되는 것이다. 행정소송법 제19조 단서의 규정에 불구하고 중앙노동위원회의 재심판정(처분), 감사원의 변상판정에 대한 재심의 판정등 재결주의를 명문화한 경우 등에는 재결을 독립하여 항고소송의 대상으로 삼는 것을 방해하지는 않는다고 할 것이다.

(3) 재결 자체에 대한 고유한 위법

(가) 재결자체의 고유한 위법의 의미

재결취소소송은 재결 자체에 고유한 위법이 있음을 이유로 하는 경우에 한하여 허용된다. 행정소송법 제19조 단서에서 재결취소소송의 경우에는 재결자체에 고유한 위법이 있음을 이유로 하는 경우에 한한다고 규정하고 있다. 여기서 말하는 재결 자체에 고유한 위법이 있다는 뜻은 원처분의 하자 유무에 관계없이 재결자체에 주체, 절차, 형식, 내용에 관한 위법이 있는 경우를 말한다. 재결취소소송은 통상 기각재결에 대하여 다투고 인용재결을 받은 경우에는 상대방은 권리보호의 필요성이 없고, 단지 그 인용재결의 경우는 복효적 행정행위의 경우에 한하여 문제가 되는데, 이때 인용재결은 형식은 재결이지만 실질에 있어서는 처분에 해당한다고 볼 것이다. 따라서 인용재결의 제3자 또는 처분의 상대방은 인용재결 그 자체를 처분으로 보아 취소소송을 허용하여도 원처분과의 판결의 모순·저촉 등 법률관계를 복잡하게 할 가능성이 없다.

(나) 재결에 고유한 위법사유

1) 주체, 절차 또는 형식의 위법　　먼저 주체의 위법으로 재결권한이 없는 자가 재결을 한 경우나 재결주체의 구성 내지 절차에 하자가 있는 경우로서 재결청이 권한을 넘어 재결을 한 경우, 재결을 하여야 할 상급 행정청이 아닌데 재결을 한 경우 등이 이에 해당한다.

다음으로 절차의 위법은 재결기관의 구성상의 하자가 있는 경우라든가 행정심판법 소정의 절차와 방식을 준수하지 아니한 경우, 정해진 공개심리를 지키지 아니한 경우, 송달을 하지 아니한 경우, 법령상 요구되는 청문절차를 결여한 경우가 이에 해당된다. 그러나 행정심판법 제34조에서 정하고 있는 행정심판재결을 준수하지 않은 경우 등 단순한 훈시규정을 위반한 경우나 행정규칙에서 정하는 절차규정의 위반의 경우는 여기에 해당되지 아니한다고 본다.

나아가, 형식의 위법은 서면에 의하지 아니한 재결, 주문만 기재되어 있고 이유를 결한 경우, 재결서에 기명날인을 하지 아니한 경우가 이에 해당된다.

2) 내용상의 위법　　재결자체에 내용상의 위법이 있다 함은 원처분이 위법하다는 사유가 아닌 재결의 내용에 있어 하자가 있는 경우로서, 재결이 주체, 절차 또는 형식의 위법이 있는 경우가 아닌 실체적 하자가 있는 경우를 말한다.

각하재결의 경우 심판청구가 부적법하지 않음에도 실체심리를 하지 아니한 채 각하한 경우에는 실체심리를 받을 기회를 박탈하게 되므로 이는 재결에 고유한 내용상의 하자가 있는 경우에 해당된다. 한편 기각재결의 경우에는 원처분을 정당하다고 유지하고 기각하는 경우에는 원처분에 대하여 바로 항고소송을 제기할 수 있으므로 기각재결을 다툴 실익이 없으나, 행정심판은 부당의 경우에도 인용재결을 할 수 있으므로 기각재결 그 자체를 원처분에 대한 항고소송과 관련청구로 병합할 수 있다. 기각재결의 경우에도 내용상 위법의 경우는 원처분보다 불이익하게 재결하여 결국 부가적 · 독립적 침해가 수반된 경우를 말한다. 따라서 행정심판의 결과 불고불리의 원칙과 불이익변경의 금지원칙에 반하여 당사자에게 불이익하게 결정을 한 경우가 이에 해당된다. 재결에 이유모순의 위법이 있거나, 행정심판청구가 적법함에도 실체심리를 하지 아니한 채 각하한 경우, 부당하게 사정재결한 경우도 재결자체의 내용상 위법이 있는 경우에 해당한다.

인용재결과 관련하여서는 일반적으로 당사자는 인용재결을 받으면 권리보호의 필요성이 없으므로 항고소송의 제기는 허용되지 않는다. 인용재결로 항고소송을 제기하는 경우는 복효적 행정행위의 경우에 한정된다. 가령 골프장 착공계획서 수리가 처분성이 없어 행정심판의 대상이 되지 아니함에도 처분으로 보아 취소재결을 내린 경우에 재결자체의 내용상 하자가 있는 예가 이에 해당한다고 볼 수 있다.

복효적 행정행위에 있어서 인용재결의 항고소송의 제기가능성과 관련하여 견해의 대립이 있다. 대법원 1997. 9. 12. 선고 96누14661 판결에서 "행정소송법 제19조에서 말하는 '재결 자체에 고유한 위법'이란 원처분에는 없고 재결에만 있는 재결청의 권한 또는 구성의 위법, 재결의 절차나 형식의 위법, 내용의 위법 등을 뜻하고, 그 중 내용의 위법에는 위법 · 부당하게 인용재결을 한 경우가 해당한다"고 판시하고 있다. 통설은 위와 같은 판례와 같은 맥락에서 복효적 행정행위의 경우 잘못된 인용재결에 의하여 제3자의 권리가 침해된 때에 당해 제3자가 인용재결의 당부를 다투는 취소소송을 재결 자체의 고유한 위법이 있는 것으로 본다. 이에 대하여 복효적 행정행위에 있어서 인용재결로 최초로 침해를 받은 경우에 이를 재결의 내용상의 하자로 보기보다는 복효적 행정행위의 경우에 재결이 처분성을 지니는 데서 비롯되는 독자적인 범주로 보아 항고소송의 대상이 되는 것으로 보는 견해(김용섭, 192면)도 있다. 이러한 견해의 대립은 복효적 행정행위에 있어서의 인용재결은 항고소송의 대상과 관련하여 행정소송법 제19조 단서의 재결에 해당하는지 아니면 동조 본문에 해당하는지 여부에 따라 결론이 달라지게 된다. 통설 및 판례에 의하면 행정소송법 제19조 단서의 적용문제로 보는 데 반하여 처분으로 보는 견해는 형식은 재결이지만 실질이 처분이라고 보기 때문에 행정소송법 제19조 본문에서 말하는 처분으로 보게 된다.

4. 판례의 의미와 전망

이 판결에서는 이른바 복효적 행정행위, 특히 제3자효를 수반하는 행정행위에 대한 행정심판청구에 있어서 그 청구를 인용하는 내용의 재결로 인하여 비로소 권리이익을 침해받게 되는 자는 그 인용재결에 대하여 다툴 필요가 있고, 그 인용재결은 원처분과 내용을 달리하는 것이므로 그 인용재결의 취소를 구하는 것은 원처분에는 없는 재결에 고유한 하자를 주장하는 셈이어서 당연히 항고소송의 대상이 된다고 하여 복효적 행정행위에 있어서의 재결자체에 대한 항고소송의 대상적격을 명확히 하고 있다. 이 판결의 의미를 행정소송법 제19조 단서의 '원처분에는 없는 재결 자체에 고유한 위법'의 의미를 명확히 하고, 위와 같은 인용재결에 대한 항고소송이 허용되는 데에 관하여 그 법률적 근거를 명백히 제시하고 있는 점에서 선례적 의미가 있는 판결이라 점을 강조하기도 하지만(정종식, 147면). 복효적 행정행위와 관련하여서는 대법원 1995. 6. 13. 선고 94누15592 판결이 오히려 선례적 가치가 있으므로 기존의 대법원의 입장을 확인한 측면이 있다.

복효적 행정행위의 경우 인용재결이 내려진 경우에는 종전의 통설 및 판례와 같이 재결 자체의 내용상 위법이 있는 경우로 볼 것이 아니라, 복효적 행정행위의 경우 인용재결이 갖는 특수성에 비추어 이에 대한 법원의 통제 법리를 더욱 발전시켜 나갈 필요가 있다.

〈참고문헌〉

김용섭, "행정심판의 재결에 대한 취소소송", 법조 제508호, 법조협회, 1999. 1.

김향기, "재결의 내용에 대한 취소소송", 행정판례연구 Ⅹ, 박영사, 2005.

이영동, "행정심판의 대상이 되지 아니하는 골프장착공계획서 수리처분을 취소한 재결을 한 경우, 재결 자체에 고유한 하자가 있다고 볼 수 있는지 여부", 대법원판례해설 제36호, 법원도서관, 2001.

이일세, "행정심판재결에 대한 행정소송", 강원법학 제44권, 2015.

정종식, "제3자효를 수반하는 행정행위에 대한 행정심판청구를 인용하는 재결에 대한 항고소송의 허부", 21세기 사법의 전개: 송민 최종영 대법원장 재임기념, 박영사, 2005.

한양석, "행정소송법 제19조 소정의 '재결 자체의 고유한 위법'의 의미 및 적법한 행정심판청구를 각하한 재결은 재결 자체에 고유한 위법이 있는 경우에 해당하는지 여부", 대법원판례해설 제38호, 법원도서관, 2002.

78. 취소소송의 원고적격

—대법원 1999. 12. 7. 선고 97누12556 판결—

김 창 조*

I. 판례개요

1. 사실관계

피고(X)는 1996년 4월 26일 건축법 제35조 및 동법 시행령 제30조에 의거하여 본건에서 쟁점이 된 도로폐지허가처분을 행하였다. 이에 원고(Y)는 이 사건 도로에 대하여 무상통행권을 가지고 있기 때문에 본인의 동의를 받지 않고 행한 이 사건 처분이 위법하다고 주장하면서 당해 처분의 취소를 구하는 소를 제기하였다.

2. 소송의 경과

원심인 1997년 6월 5일 부산고등법원판결은 원고의 원고적격을 긍정하였으나, 본안판단에 있어서 당해 처분이 위법하지 않다고 하여 청구를 기각하였다. 이에 불복하여 상고한 것이 본건이다. 대법원은 원고적격을 부정하여 원심을 파기하고 소를 각하하였다.

3. 판결요지

[원심판결요지]

1997년 6월 5일 부산고등법원판결(부산고법 1997. 7. 10. 선고 96구14623 판결)은 「원고가 종전에는 이 사건 도로를 무상통행할 권리를 갖고 있었다 하더라도 1992년경의 하천복개공사로 원고의 집에서 이 사건 도로를 통하지 않고 바로 공로로 나갈 수 있게 되었고 이 사건 도로 중 계쟁부분을 취득한 피고보조참가인도 그러한 상황의 변화를 전제로 계쟁부분을 매수한 이상, 원고가 새로운 소유자인 피고보조참가인에게 이 사건 도로에 대한 무상통행권을 주장할 여지는 없게 되었다 할 것이다. 그러므로 이 사건 도로에 대

* 경북대학교 법학전문대학원 교수.

하여 여전히 무상통행권이 있음을 전제로 이 사건 도로폐지의 이해관계인인 원고의 동의 없이 이루어진 도로폐지결정은 위법하다는 원고의 주장은 이유 없다」고 하여 청구를 기각하였다.

[대법원판결]

대법원은 「행정처분의 직접 상대방이 아닌 제3자라도 당해 행정처분의 취소를 구할 법률상의 이익이 있는 경우에는 원고적격이 인정된다고 할 것이나, 여기서 말하는 법률상의 이익은 당해 처분의 근거법률에 의하여 보호되는 직접적이고 구체적인 이익이 있는 경우를 말하고 다만 공익보호의 결과로 국민일반이 공통적으로 가지는 추상적 · 평균적 · 일반적 이익과 같이 간접적이거나 사실적 · 경제적 이해관계를 가지는데 불과한 경우는 여기에 포함되지 않는다. … 이 사건 처분 이전에 이 사건 도로에 대하여 건축법 제34조, 제36조, 제37조가 적용됨으로써 원고가 갖고 있던 이 사건 도로에 대한 통행의 이익이 이 사건 처분에 의하여 상실되었다고 하더라도 앞서 본 사실관계에서 나타난 사정에 비추어 볼 때 이러한 원고의 이 사건 도로에 대한 통행의 이익은 법에 의한 공익보호의 결과로 국민 일반이 공통적으로 가지는 추상적 · 평균적 · 일반적 이익과 같이 간접적이거나 사실적 · 경제적 이익에 불과하고 이를 법에 의하여 보호되는 직접적이고 구체적인 이익에 해당한다고 보기도 어렵다. 또한 원고가 종전에 갖고 있던 이 사건 도로에 대한 주위토지통행권은 새로운 도로가 개설됨으로써 이 사건 처분 당시에는 이미 소멸하였을 뿐만 아니라, 이 사건 처분 당시에는 이 사건 도로의 소유자인 피고보조참가인에게 이 사건 도로에 대한 독점적 · 배타적 사용수익권이 있다고 할 것이어서 그 제한을 전제로 한 원고의 이 사건 도로에 대한 무상통행권도 인정되지 않는다고 할 것이므로 이 사건 처분으로 인하여 원고가 이 사건 도로에 대한 사법상의 통행권을 침해받았다고 볼 수도 없고 달리 이 사건 처분으로 인하여 원고의 법률상 이익이 침해되었다고 할 수 없다」고 판시하여 소를 각하하였다.

Ⅱ. 평 석

1. 쟁점정리

대상판결은 도로폐지결정의 취소소송에 있어서 제3자의 원고적격을 긍정할 것인가 여부가 쟁점이 된 사건이다. 취소소송의 원고적격은 처분의 상대방에 대하여 원고적격이 문제되는 경우는 거의 없으며 제3자의 경우에 어떠한 기준을 기초로 하여 어떠한 범위에서 인정할 것인가 여부가 문제로 제기된다. 취소소송의 원고적격은 행정행위의 효력을 둘러싼 일정한 법적 분쟁이 존재했을 때, 당해 소의 제기를 누구에게 인정할 것인가의 문제이다. 원고적격의 제도적 의미는 소제기 주체와 관계에서 주관적 측면에서 취소소송제도의 이용여부의 가부를 선별하는 데 있다. 원고적격의 획정은 취소소송제도의 목적 · 기능을 어떻게 볼 것인가에 따라서 그 획정기준을 달리할 수 있다.

2. 관련판례

국유도로의 공용폐지처분 무효확인소송에서 대법원(대법원 1992. 9. 22. 선고 91누13212 판결)은 도로폐지처분과 관련하여 다음과 같이 제3자의 원고적격의 인정범위를 설시하였다. 즉 「일반적으로 도로는 국가나 지방자치단체가 직접 공중의 통행에 제공하는 것으로서 일반국민은 이를 자유로이 이용할 수 있는 것이기는 하나, 그렇다고 하여 그 이용관계로부터 당연히 그 도로에 관하여 특정한 권리나 법령에 의하여 보호되는 이익이 개인에게 부여되는 것이라고까지는 말할 수 없으므로, 일반적인 시민생활에 있어 도로를 이용만 하는 사람은 그 용도폐지를 다툴 법률상의 이익이 있다고 말할 수 없지만, 공공용재산이라고 하여도 당해 공공용재산의 성질상 특정개인의 생활에 개별성이 강한 직접적이고 구체적인 이익을 부여하고 있어서 그에게 그로 인한 이익을 가지게 하는 것이 법률적인 관점으로도 이유가 있다고 인정되는 특별한 사정이 있는 경우에는 그와 같은 이익은 법률상 보호되어야 할 것이고, 따라서 도로의 용도폐지처분에 관하여 이러한 직접적인 이해관계를 가지는 사람이 그와 같은 이익을 현실적으로 침해당한 경우에는 그 취소를 구할 법률상의 이익이 있다. … 행정처분의 직접 상대방이 아닌 제3자라도 당해 행정처분의 취소를 구할 법률상의 이익이 있는 경우에는 원고적격이 인정된다 할 것이나, 여기서 말하는 법률상의 이익은 당해 처분의 근거법률 등에 의하여 보호되는 직접적이고 구체적인 이익이 있는 경우를 말하고, 간접적이거나 사실적 · 경제적 이해관계를 가지는 데 불과한 경우는 여기에 포함되지 아니한다 할 것이다」라고 하였다.

상기 판결의 판시 중에서 「용도폐지를 다툴 법률상의 이익이 있다고 말할 수 없지만 … 성질상 특정개인의 생활에 개별성이 강한 직접적이고 구체적인 이익을 부여하고 있어서 그에게 그로 인한 이익을 가지게 하는 것이 법률적인 관점으로도 이유가 있다고 인정되는 특별한 사정이 있는 경우에는 그와 같은 이익은 법률상 보호되어야 할 것이고, 따라서 도로의 용도폐지처분에 관하여 이러한 직접적인 이해관계를 가지는 사람이 그와 같은 이익을 현실적으로 침해당한 경우에는 그 취소를 구할 법률상의 이익이 있다」고 판시한 부분과 대상판결은 그 내용상 서로 충돌될 여지가 있다고 볼 수 있다. 그러나 상기 판결에서 제3자의 원고적격을 판별하는 또 다른 기준으로 제시하는 부분 즉, 「여기서 말하는 법률상의 이익은 당해 처분의 근거법률 등에 의하여 보호되는 직접적이고 구체적인 이익이 있는 경우」를 말한다는 기술부분을 동시에 고려하여 대상판결과 비교하여 보면, 대상판결은 도로폐지에 관한 종래의 대법원판결의 흐름과 일치된 판결이라고 할 수 있다.

3. 판례의 검토

(1) 원고적격에 대한 학설의 입장

원고적격에 대한 학설은 권리설, 법률상보호이익설, 보호가치이익설과 처분의 적법성보장설 등으로 분류할 수 있다. 이들 제 견해의 내용을 감안하여 검토하여 보면 학설 대립의 핵심은 법률상보호이익설, 보호가치이익설의 대립에 있다.

㈎ 법률상보호이익설

대상판결이 기초하고 있는 법률상보호이익설은 취소소송을 법률이 국민을 위해서 보호하고 있는 이익이 위법한 행정처분에 의해서 침해당한 경우의 방위수단이라고 이해하여, 침해당한 이익이 법률에 의해서 보호되고 있다고 이해되는 자에게 원고적격이 인정된다고 한다. 이 설에 의할 경우, 고유의미의 권리를 행정처분에 의해서 침해당한 자뿐만 아니라, 권리라고 할 수 없는 법률상 보호된 이익을 침해당하는 자에게도 원고적격을 인정하기 때문에, 원고적격이 인정되는 자의 범위는 일반적으로 권리향수회복설에 의할 경우보다도 넓어지게 된다. 다시 말해 그 이익이 법률에 의해서 보호되고 있다고 해석되지 않는 한, 어떠한 사실상의 불이익을 받는다고 하더라도 그것은 반사적 이익의 침해에 지나지 않는다고 하며, 그러한 불이익을 이유로 원고적격이 인정되지 않기 때문에, 원고적격이 인정되는 범위는 보호가치이익설에 의할 경우보다는 좁다. 법률상보호이익설의 주요 내용은 다음과 같다.

첫째, 항고소송은 행정처분의 공정력을 배제하여 국민의 권리 · 이익의 보호를 본래의 목적으로 하는 제도로, 행정의 적법성보장 또는 법질서의 적정성의 확보는 국민의 권리 · 이익의 구제를 통하여 얻어지는 결과에 지나지 않는다고 볼 수 있다.

둘째, 행정소송법 제12조의 원고적격에 대해서 「법률상 이익을 가지는 자」라고 규정하고 있는데, 동조의 문리해석상 동조는 권리에 한정하지 않는다는 개념을 사용하여, 법률상 보호이익까지 보호된다고 하고 있지만, 사실상 · 경제상의 이익을 가지는데 지나지 않는 자의 원고적격을 부정하고 있다고 볼 수 있다.

셋째, 주관소송으로서 규정된 취소소송의 원고적격에 대해서 실정법규정을 단서로 하여 법률상 이익을 고찰한다는 한정을 설정함으로써, 법원의 운영에 객관적 기준을 부여하여 재판을 안정시키고, 관계자의 법적 안정성을 보장함과 더불어 원고적격이 무한하게 확대되어, 취소소송이 객관소송으로 되는 것을 방지할 수 있다는 것 등을 들고 있다.

그러나 법률상보호이익설을 취할 경우 다음의 점이 문제될 수 있다.

첫째, 법률상보호이익설에 의할 경우, 원고가 주장하는 이익이 법률이 보호하는 이익이 아닐 경우, 그것은 반사적 이익에 지나지 않는다고 하여 원고적격이 부정되게 됨으로 실정법규가 만능이라는 것이 되어, 국민이 위법한 처분에 의해서 어떠한 불이익을 받는다고 하더라도 원고적격이 인정되지 않게 된다.

둘째, 개개의 실정법규의 규정을 중시하는 결과, 실정법 제정 이후에 발생하는 새로운 상황에 대응하여 실정법규가 개정되지 않으면, 새로운 생활상의 권리 · 이익은 보호를 받지 못하게 된다.

셋째, 실정법규의 규정이 원고의 이익을 보호하지 않는 한, 원고적격이 인정되지 않는다고 하는 것은 결국 실체법상의 열기주의 내지 위장된 열기주의가 된다.

넷째, 실정법규별로 보호되는 이익이 분단되며, 또한 행정과정이 분단되어 행정과정의 실효성 있는 통제가 곤란하게 된다.

다섯째, 법률상보호이익설을 취하면서 새로운 생활상의 권리 · 이익을 기초로 하여 원고적격을 인정하려고 할 경우, 문리에 반하는 기교적 해석을 요하게 되어 요건심리에 많은 노력이 필요하게 된다.

(나) 보호가치이익설

보호가치이익설은 원고적격의 판정을 엄격한 실정법의 해석으로부터 일정한 정도 해방시켜 국민이 행정처분에 의해서 받는 불이익자체를 평가하여 원고적격을 판정하려 한다. 이 설은 원고가 처분에 의해서 직접적으로 불이익을 받고 있고, 그 불이익이 일반국민과 구별될 수 있는 원고 고유의 이익으로 재판에 의해 보호될 가치가 있는 것이면 원고적격이 인정되어야 한다고 한다. 이 학설의 주요 내용은 다음과 같다.

첫째, 현대사회에서는 질서유지행정으로부터 급부행정으로 행정의 기본적 성격이 전환됨에 따라서 행정수단의 다양화, 행정개입의 증대, 계획행정의 확대, 사인의 공행정의 의존성증대 등을 가져와서 행정처분에 의한 권리 · 이익의 침해가 발생하는 사태가 증가하고 있다. 이러한 침해로부터 국민의 권리 · 이익을 보호하고 위법한 행정처분을 시정할 적절한 수단이 강구되어야 하는데, 그 수단으로 항고소송의 적절한 활용을 위해서 원고적격의 확대가 필요하다.

둘째, 복잡한 행정수단이 조합된 행정작용이 복잡한 과정을 거쳐서 사인의 생활에 영향을 미치기 때문에, 법률상보호이익설에서 말하는 일반적 공익과 개인적 사익의 구별이 모호하게 될 수 있기에, 이것을 피침해이익의 성질을 고려하여 실질적으로 판단할 필요가 있다.

셋째, 법치행정원리가 실현되기 위해서는 행정과정에 시민참가를 확대할 필요가 있다. 이러한 점을 고려할 경우, 전통적인 개인의 기득권보호라는 시점 이외에 적절한 행정개입의 실현을 구하는 공중적 이익도 배려하여 원고적격을 재구성할 필요가 있다.

보호가치이익설에 대해서는 다음과 같은 문제점을 지적할 수 있다.

첫째, 보호가치있는 이익에 해당하는가의 여부판정이 불명확하다. 보호가치이익설에 의하면 원고적격은 처분의 구체적 위법사유와 별도로 판정되어야 한다고 한다. 그러나 어떤 사람이 타인의 행위에 의해서 불이익을 받게 될 경우에, 단순히 불이익을 받게 되었다는 것만으로 법적 구제를 구하기는 어려울 것이다. 이러한 불이익이 보호할 가치있는 이익인가를 평가할 수 있기 위해서는 다른 요소가 필요하게 된다. 이러한 것 때문에, 보호가치이익설에서 설정한 개념은 피침해이익의 직접성, 중대성이다. 그러나 구체적 위법사유를 고려하지 않고, 불이익의 중대성, 직접성만을 가지고 원고적격을 판정하는 것의 타당성에 대해서 의문의 여지가 있을 수 있다.

둘째, 본안승소와 원고의 권리 · 이익의 구제와의 관계이다. 일반적으로 보호가치이익설에 따를 경우, 법률상보호이익설에 의할 경우보다 비교적 간단한 심리로써 폭넓게 원고적격이 인정되게 된다. 그러나 폭 넓게 원고적격이 인정된다는 것과 권리 · 이익의 본래적 구제는 반드시 연결되어 있다고 볼 수 없다. 예컨대, 주변주민의 환경상 이익은 보호가치있는 이익으로 원고적격이 인정된다고 하더라도, 그와 같은 환경보호가 처분요건으로 되어 있다고 해석되지 않는다면, 최종적으로 구제가 보장된다고 단정할 수 없다.

셋째, 처분과정과 쟁송과정의 정합성의 문제이다. 행정청이 처분을 행함에 있어서 고려되어야 할 혹은 고려될 수 있는 사항은 법규정의 해석에 한정되게 된다. 이것은 배려되어져야 할 혹은 배려될 수 있는 이익의 범위가 한정되어지는 것을 의미하며, 그러한 이익 이외의 이익은 역으로 배려되어서는 안 된다는 것을 의미한다. 예컨대, 일반영업허가의 경우에는, 경쟁업자가 당해 허가에 의해서 영업상의 손해를 받는가의 여부는 고려할 필요가 없고 또한 고려되어서는 안 될 것이다. 처분을 행함에 있어서 배려되어야 할 혹은 배려가능한 이익의 범위는 법률상 한정되어 있는 것이기 때문에, 이러한 이익의 귀속자가 처분이 위법하지만 불복을 제기하지 않는 경우에, 당해 이익의 귀속자 이외의 자에게 제소를 허용하는 것이 타당한가에 대해서 의문의 여지가 있다.

㈐ 원고적격에 관한 제 학설과 대상판결

처분의 요건법규를 전제한 법률상보호이익설(법률상보호이익설도 법률의 범위를 어떻게 볼 것인가에 따라서 그 내용을 달리하는데, 이에 대해서는 후술한다)에 따를 경우 대상판결에 대한 원고적격은 대상판결에서와 같이 부정될 수 있다. 그러나 「법률상이익」을 규정하는 법률의 개념을 관련법규 일반이나 실정법 전체로 파악할 경우에는 그 결론이 달라질 수 있다. 보호가치이익설에 따를 경우는 법률상보호이익설을 취할 경우보다 대상판결에 대한 원고적격을 인정할 수 있는 논리를 쉽게 도출할 수 있을 것이다.

(1) 원고적격에 관한 판례의 동향

(가) 근거법규가 보호하는 법률상이익을 기준으로 원고적격을 획정한 판례

상수원보호구역변경처분등취소소송에 있어서 대법원(대법원 1995. 9. 26. 선고 94누14544 판결)은 원고적격에 대하여 「행정처분의 직접 상대방이 아닌 제3자라도 당해 행정처분의 취소를 구할 법률상의 이익이 있는 경우에는 원고적격이 인정되는데, 여기서 말하는 법률상의 이익은 당해 처분의 근거 법률에 의하여 보호되는 직접적이고 구체적인 이익이 있는 경우를 말하고, 다만 공익보호의 결과로 국민 일반이 공통적으로 가지는 추상적 · 평균적 · 일반적인 이익과 같이 간접적이나 사실적 · 경제적 이해관계를 가지는데 불과한 경우는 여기에 포함되지 않는다」고 하여 원고적격의 판단을 요건법규가 보호하는 법률상이익에 한정하여 엄격하게 판단하고 있다.

(나) 근거법규의 범위에 일부 관련법규까지 포함시켜 원고적격을 획정한 판례

공원사업시행허가처분취소소송에서 대법원(대법원 1998. 4. 24. 선고 97누3286 판결)은 「자연공원법령뿐 아니라 환경영향평가법령도 이 사건 변경승인 및 허가처분에 직접적인 영향을 미치는 근거 법률이 된다고 볼 수밖에 없고, 환경영향평가에 관한 위 자연공원법령 및 환경영향평가법령의 규정들의 취지는 집단시설지구개발사업이 환경을 해치지 아니하는 방법으로 시행되도록 함으로써 집단시설지구개발사업과 관련된 환경공익을 보호하려는 데에 그치는 것이 아니라 그 사업으로 인하여 직접적이고 중대한 환경피해를 입으리라고 예상되는 환경영향평가대상지역 안의 주민들이 개발 전과 비교하여 수인한도를 넘는 환경침해를 받지 아니하고 쾌적한 환경에서 생활할 수 있는 개별적 이익까지도 이를 보호하려는 데에 있다 할 것이므로, 위 주민들이 이 사건 변경승인 및 허가처분과 관련하여 갖고 있는 위와 같은 환경상의 이익은 단순히 환경공익 보호의 결과로 국민일반이 공통적으로 가지게 되는 추상적 · 평균적 · 일반적인 이익에 그치지 아니하고 주민 개개인에 대하여 개별적으로 보호되는 직접적 · 구체적인 이익이라고 보아야 할 것이다」라고 하여 본건처분의 직접적 근거법규뿐만 아니라 관련법규(환경영향평가법령)를 근거법규에 포함시켜서 원고적격의 범위를 실질적으로 확장하였다.

(다) 처분의 근거법규 및 관련법규가 보호하는 법률상이익을 기준으로 원고적격을 획정한 판례

새만금간척종합개발사업을 위한 공유수면매립면허처분과 농지개량사업 시행인가처분의 무효확인소송에서 대법원(대법원 2006. 3. 16. 선고 2006두330 판결)은 「행정처분의 직접 상대방이 아닌 제3자라 하더라도 당해 행정처분으로 인하여 법률상 보호되는 이익을 침해당한 경우에는 그 처분의 무효확인을 구하는 행정소송을 제기하여 그 당부의 판단을 받을 자격이 있다 할 것이며, 여기에서 말하는 법률상 보호되는 이익이라 함은 당해

처분의 근거 법규 및 관련 법규에 의하여 보호되는 개별적 · 직접적 · 구체적 이익이 있는 경우」를 말한다고 판시하여 명문으로 원고적격의 범위획정을 근거법규 이외에 관련법규가 보호하는 법률상이익까지 감안하여 판정함으로써 원고적격의 범위를 확장시키고 있다.

㈑ 판례상 원고적격의 확대경향

이상의 판례의 변화에서 볼 수 있듯이 종래의 판례는 처분의 근거법규에 의거한 법률상보호이익설에서 처분의 근거 법규 및 관련 법규가 보호하는 법률상보호이익설[1]로 원고적격의 범위를 확장하고 있다. 이와 더불어 판례에서 피침해이익의 성질에 대해서는 직접적으로 원고적격의 획정기준으로 채택하고 있지는 않지만, 이익침해의 직접성 · 중대성 등을 판시 중에서 언급함으로써 향후 이와 관련한 법리의 발전가능성을 열어놓고 있다.

(3) 검 토

대상판결은 도로의 공용폐지에 관한 종래의 판례가 사도의 경우에 어떻게 적용될 것인가가 문제되었으나 대상판결에서 보여지는 바와 같이, 판례상의 원고적격에 대한 판단구조는 공익과 개별적 이익의 이분론과 그것의 결정기준으로 피침해이익이 근거법률에 의해서 규율되는가의 여부를 판단하여 원고적격의 인정여부를 결정하고 있다. 이러한 대상판결의 태도는 원고적격을 판정하는 법률상이익의 존부를 처분의 근거법규에 한정하여 판시한 것으로 원고적격의 확대화를 도모하는 판례법이 형성되기 이전의 원고적격에 대한 종래의 판례의 일반적 흐름에 따른 판결이라고 평가된다.

4. 판례의 의미와 전망

대상판결은 처분의 근거법규에 기초하여 제3자의 원고적격의 유무를 판단할 수 있다는 것을 전제하여 이에 대한 판단을 행하고 있다. 그러나 제3자의 원고적격을 인정하

---

1) 법률상보호이익설을 취할 경우에도 행정소송법 제12조의 「법률상이익」의 의미는 법률의 의미를 어떻게 이해하는가에 따라서 차이가 있다. 이러한 기준에 따라 분류하면 다음과 같이 분류하는 것도 가능하다.
   (1) 당해 처분의 근거법에 의해서 보호된 이익이라고 볼 경우
   첫째, 당해 처분의 근거가 되는 실체요건법규에 의해서 보호된 이익을 지칭한다고 하는 견해
   둘째, 당해 처분의 근거가 되는 실체요건법규 및 절차요건법규에 의해 보호된 이익을 지칭한다고 하는 견해
   셋째, 당해 처분의 근거가 된 모든 법률의 목적, 개개 조문의 전체취지에 의해서 보호된 이익을 지칭한다는 견해
   (2) 당해 처분의 근거법 이외의 법이 보호하는 이익도 포함한다는 입장
   첫째, 헌법을 비롯한 다른 실정법에 의해서 보호되는 이익도 포함한다는 견해
   둘째, 실정법과 관습법 혹은 법질서전체에 의해서 보호되는 이익도 포함한다는 견해

고 있다고 해석되는 근거법규의 규정은 극히 일부에 불과하다. 따라서 근거법규의 규정만을 원고적격의 실마리로 하는 것은 적절하지 않다. 개개의 법령규정을 보는 것만으로는 충분하지 않고 관련 법령 또는 그것에 의해서 형성되고 있는 법제도의 취지까지 고려하는 것이 필요하다고 할 것이다. 전술한 대법원의 일부 판례들은 제3자의 원고적격의 존부에 대한 판단방법으로 이미 이러한 것을 채용하고 있다고 할 것이다.

그러나 근거법규와 관련법규가 미처 그 배려의 대상으로 하지 못한 권리·이익에 대해서도 경우에 따라서는 재판에 의해 보호되어져야 할 경우가 있을 수 있다. 이러한 경우에는 법령의 규정 이외에도 피침해이익의 성질 등을 감안하여 유연하게 원고적격을 인정할 필요가 있을 것이다.

대상판결의 처분의 근거법규에 한정하여 제3자에 대한 원고적격을 판정하는 논리구조는 제3자의 원고적격을 한정적으로 파악하던 종래의 판례를 반영한 것으로 향후의 관련문제의 해결기준으로 기능하기에는 한계가 있다고 할 수 있다.

〈참고문헌〉

김용찬, "환경행정소송에 있어서 원고적격", 행정소송(Ⅰ) 재판실무연구(4), 한국사법행정학회, 2008.

김창조, "도시계획사업인가처분 등의 취소소송에 있어서 사업지주변 거주자 등의 원고적격", 행정판례연구 Ⅵ, 서울대학교 출판부, 2001.

이선희, "처분으로서 고시와 원고적격", 행정판례연구 XIII, 박영사, 2008.

임영호, "항고소송의 대상이 되는 처분의 범위", 행정소송(Ⅰ) 재판실무연구(4), 한국사법행정학회, 2008.

79. 허가양수인의 원고적격

—대법원 2003. 7. 11. 선고 2001두6289 판결—

홍 준 형*

Ⅰ. 판례개요

1. 사실관계

소외인(B)은 1996. 10. 8.경 피고로부터 이 사건 임야에 대하여 그 판시와 같은 채석허가(이하 '이 사건 채석허가'라 한다)를 받아 이 사건 임야 상에서 채석장을 운영해 오고 있었다. 원고 회사(A)는 1998. 6. 중순경 B로부터 이 사건 채석허가를 받은 자의 지위를 승계하고 위 채석장 운영권을 양수하여 그 무렵부터 이를 운영하면서도, 그 동안 피고행정청 X에게 구 산림법 제90조의2 제1항, 산림법시행규칙 제95조의2에 정해져 있는 채석허가를 받은 자의 명의변경신고는 하지 않았다. X는 2000. 5. 24. 소외인 B에 대하여, 그가 이 사건 임야 중 김○○ 소유 지분을 사용·수익할 수 있음을 증명할 서류를 제출하지 않았고 산림복구비용을 추가로 예치하지 않았음을 이유로, 이 사건 채석허가를 취소하는 처분(이하 '이 사건 처분'이라 한다)을 하였다. 이에 원고 회사(A)는 이 사건 처분의 취소를 구하는 소송을 제기하였다.

2. 소송경과

원고는 이 사건 처분 취소소송의 제1심판결(창원지방법원 2001. 2. 1. 선고 2000구2157 판결)에서는 승소했으나, 환송전 원심판결(부산고등법원 2001. 7. 6. 선고 2001누861 판결)에서는 소 각하 판결을 받았다. 원심은 비록 원고 회사(A)가 이 사건 처분 이전에 소외인(B)으로부터 이 사건 채석허가권 등을 사실상 양수받았다 하더라도, 특별한 사정이 없는 한, 원고 회사는 이 사건 처분으로 인하여 직접적으로 어떤 법률상 이익을 침해당하였다고 할 수 없으므로, 원고 회사에게는 이 사건 처분의 취소를 구할 당사자 적격이 없다고

---

* 서울대학교 행정대학원 교수.

판단하여 이 사건 소를 각하하였다. 그러나 대법원은 원심판결이 산림법령에 정해져 있는 명의변경신고와 행정소송법 제12조에 정해져 있는 원고적격에 관한 법리를 오해하여 판결에 영향을 미친 위법이 있다고 판시하여 원심판결을 파기하고, 사건을 원심법원에 환송하였다. 환송후 원심판결(부산고등법원 2004. 1. 16. 선고 2003누2977 판결)은 다시 소각하 판결을 내렸다.

3. 판결요지

[원심판결의 요지]

원고 회사(A)가 이 사건 처분 이전에 소외인(B)로부터 이 사건 채석허가권 등을 사실상 양수받았다 하더라도, 특별한 사정이 없는 한, 원고 회사(A)는 이 사건 처분으로 인하여 직접적으로 어떤 법률상 이익을 침해당하였다고 할 수 없으므로, 원고 회사(A)에게는 이 사건 처분의 취소를 구할 당사자 적격이 없다.

부산고법 2001. 7. 6. 선고 2001누861 판결.

[대법원 판결의 요지]

[1] 산림법 제90조의2 제1항, 제118조 제1항, 같은법시행규칙 제95조의2 등 산림법령이 수허가자의 명의변경제도를 두고 있는 취지는, 채석허가가 일반적 · 상대적 금지를 해제하여 줌으로써 채석행위를 자유롭게 할 수 있는 자유를 회복시켜 주는 것일 뿐 권리를 설정하는 것이 아니어서 관할 행정청과의 관계에서 수허가자의 지위의 승계를 직접 주장할 수는 없다 하더라도, 채석허가가 대물적 허가의 성질을 아울러 가지고 있고 수허가자의 지위가 사실상 양도 · 양수되는 점을 고려하여 수허가자의 지위를 사실상 양수한 양수인의 이익을 보호하고자 하는 데 있는 것으로 해석되므로, 수허가자의 지위를 양수받아 명의변경신고를 할 수 있는 양수인의 지위는 단순한 반사적 이익이나 사실상의 이익이 아니라 산림법령에 의하여 보호되는 직접적이고 구체적인 이익으로서 법률상 이익이라고 할 것이다.

[2] 채석허가가 유효하게 존속하고 있다는 것이 양수인의 명의변경신고의 전제가 된다는 의미에서 관할 행정청이 양도인에 대하여 채석허가를 취소하는 처분을 하였다면 이는 양수인의 지위에 대한 직접적 침해가 된다고 할 것이므로 양수인은 채석허가를 취소하는 처분의 취소를 구할 법률상 이익을 가진다.

Ⅱ. 평 석

1. 쟁점정리

이 사건 판결의 쟁점은 첫째, 구 산림법상 채석허가의 법적 성질(특히 대물적 허가인지 여부) 여하, 둘째, 구 산림법령상 수허가자 명의변경제도의 취지, 셋째, 채석허가를 받은 자에 대한 관할 행정청의 채석허가 취소처분에 대하여 수허가자의 지위를 양수한 양수인에게 그 취소처분의 취소를 구할 법률상 이익이 있는지 여부이다.

2. 관련판례

이 사건 판결에서처럼 원고적격에 관한 것은 아니지만, 구 산림법상 채석허가의 대물적 허가로서의 성질 및 채석허가 명의변경신고 관련규정의 취지에 관한 이 사건 판결을 따른 판례로 대법원 2005. 8. 19. 선고 2003두9817, 9824 판결이 있다. 이 판결에서 대법원은 "구 산림법(2001. 5. 24. 법률 제6477호로 개정되기 전의 것) 제90조의2 제1항, 구 산림법 시행규칙(2001. 11. 10. 농림부령 제1405호로 개정되기 전의 것) 제95조의2는 채석허가를 받은 자(이하 '수허가자'라 한다)의 지위를 승계한 자는 단독으로 관할 행정청에의 명의변경신고를 통하여 수허가자의 명의를 변경할 수 있는 것으로 규정하고, 같은 법 제4조는 법에 의하여 행한 처분 등은 토지소유자 및 점유자의 승계인에 대하여도 그 효력을 미치도록 규정하고 있는 점, 채석허가는 수허가자에 대하여 일반적·상대적 금지를 해제하여 줌으로써 채석행위를 자유롭게 할 수 있는 자유를 회복시켜 주는 것일 뿐 권리를 설정하는 것이 아니라 하더라도, 대물적 허가의 성질을 아울러 가지고 있는 점 등을 감안하여 보면, 수허가자가 사망한 경우 특별한 사정이 없는 한 수허가자의 상속인이 수허가자로서의 지위를 승계한다고 봄이 상당하다"고 판시하였다.

한편, 직접 관련된 판례는 아니지만, 주택건설사업의 양수인이 사업주체의 변경승인 신청을 한 이후에 행정청이 양도인에 대하여 그 사업계획변경승인의 전제로 되는 사업계획승인을 취소하는 처분을 한 경우, 양수인은 위 처분의 취소를 구할 법률상의 이익을 가진다고 본 대법원 2000. 9. 26. 선고 99두646 판결(주택건설사업계획승인취소처분취소[공2000. 11. 15.(118), 2228])도 참조해 볼 만하다.

3. 판례의 검토

(1) 구 산림법상 채석허가의 법적 성질 여하

이 사건 판결에서 대법원은 채석허가가 대물적 허가의 성질을 아울러 가지고 있다고 설시하고 있다. 먼저, 구 산림법상 채석허가의 법적 성질을 어떻게 볼 것인지, 특히 이를 대물적 허가로 볼 수 있는지를 검토해 보기로 한다.

(가) 허가의 종류

일반적으로 강학상 허가는 그 문제되는 영역에 따라 경찰허가 · 재정허가 · 군정허가 등으로 구별되며 허가의 대상에 따라 대인적 허가(운전면허) · 대물적 허가(차량검사합격처분) · 혼합적 허가(전당포영업허가, 주유소영업허가)로 나누어진다. 특히 후자의 구분은 그 이전성의 유무를 판단함에 있어 의미가 있는데 대인적 허가의 이전이나 양도는 금지되며, 이전성은 원칙적으로 대물적 허가에 관해서만 인정된다. 혼합적 허가는 보통 허가대상의 물적 기준과 아울러 허가출원자의 인적 결격사유가 규정되어 있는 경우로서, 이 경우에는 원칙적으로 이전성이 인정되지 않는다. 관계법에 따라서는 영업의 양도가능성을 인정하되 관계행정청에 대한 신고의무가 부과되는 경우가 있다(자동차관리법 55조).

일례로 식품위생법의 경우를 살펴보기로 한다. 식품위생법은 제38조 제1항에서 제37조 제1항에 따른 영업허가를 발급하여서는 안 되는 경우로 물적 기준과 함께 인적 결격사유를 규정하고 있는데 이 영업허가는 혼합적 허가에 해당한다고 볼 수 있다.

한편, 식품위생법 제39조 제1항에서는 영업자가 영업을 양도하거나 사망한 경우 또는 법인이 합병한 경우에는 그 양수인 · 상속인 또는 합병 후 존속하는 법인이나 합병에 따라 설립되는 법인은 그 영업자의 지위를 승계하며, 다만, 영업자의 지위를 승계한 자는 보건복지가족부령으로 정하는 바에 따라 1개월 이내에 그 사실을 관할관청(식품의약품안전청장 또는 특별자치도지사 · 시장 · 군수 · 구청장)에게 신고하도록 하고 있다.

반면, 이와는 달리 같은 법 제39조 제2항은 같은 법 제29조 제2항 각 호에서 규정하는 절차, 즉 「민사집행법」에 따른 경매, 「채무자 회생 및 파산에 관한 법률」에 따른 환가, 「국세징수법」, 「관세법」 또는 「지방세법」에 따른 압류재산의 매각, 그 밖에 이들에 준하는 절차 중 어느 한 절차에 따라 영업 시설의 전부를 인수한 자는 그 영업자의 지위를 승계하며, 그 경우 종전의 영업자에 대한 영업허가 또는 그가 한 신고는 그 효력을 잃는다고 규정하고 있다.

여기서 특히 식품위생법 제39조 제1항의 규정에 의한 영업자 지위의 승계가 그 영업허가의 승계까지도 포함하는지 여부가 문제된다. 생각건대, 영업허가와 허가의 객관적 대상이 되었던 영업 자체는 서로 구별되어야 하지만, 같은 법 제39조 제2항에서처럼 '종전의 영업자에 대한 영업허가 또는 그가 한 신고는 그 효력을 잃는다'는 점을 명시하지 않은 이상, 특별한 사정이 없는 한 종전의 영업허가도 영업양도 등과 함께 유효하게 이전된다고 보아야 할 것이다.

한편 대법원은 "석유판매업(주유소)허가는 소위 대물적 허가의 성질을 갖는 것이어서 그 사업의 양도도 가능하고, 이 경우 양수인은 양도인의 지위를 승계하게 됨에 따라 양도인의 위 허가에 따른 권리의무가 양수인에게 이전되는 것이므로 만약 양도인에게 그 허가를 취소할 위법사유가 있다면 허가관청은 이를 이유로 양수인에게 응분의 제재조치를 취할 수 있다 할 것이고, 양수인이 그 양수 후 허가관청으로부터 석유판매업허가를 다시 받았다 하더라도 이는 석유판매업의 양수도를 전제로 한 것이어서 이로써 양도인의 지위승계가 부정되는 것은 아니라 할 것이다"라고 판시한 바 있다(대법원 1986. 7. 22. 선고 86누203 판결; 동지 대법원 1979. 10. 30. 선고 79누190 판결). 그러나 이러한 대법원 판결의 타당성은 의심스럽다. 원심이 적절히 지적한 바와 같이 석유사업법 제12조 제3항, 제5조에서 인적 결격사유가 규정되고 있는 점(대인적 허가)과 동법 제12조 제2항, 동법시행령에 따른 물적 시설기준이 요구되고 있는 점(대물적 허가)을 고려할 때 '석유판매업허가는 혼합적 허가의 성질을 갖는 것이고, 이러한 경우 대물적 허가사항의 효과는 물적 사항에 변경이 없는 한 이전성이 인정되나 대인적 허가사항의 효과는 일신전속적인 것으로 포괄승계의 경우를 제외하고는 원칙적으로 그 이전성이 인정되지 아니한다'고 봄이 옳다(동지 김남진, 856면 이하).

대법원은 양도인에 대한 사유로 양수인에 대하여 영업정지처분을 할 수 있는지 여부에 대하여 "공중위생관리법 제11조 제5항에서 영업소 폐쇄명령을 받은 후 6개월이 지나지 아니한 경우에는 동일한 장소에서는 그 폐쇄명령을 받은 영업과 같은 종류의 영업을 할 수 없다고 규정하고 있는 점 등을 고려하여 볼 때 영업정지나 영업장 폐쇄명령은 모두 대물적 처분으로 보아야 할 것이므로, 양수인이 그 양수 후 행정청에 새로운 영업소 개설 통보를 하였다 하더라도, 그로 인하여 영업양도 · 양수로 영업소에 관한 권리 · 의무가 양수인에게 이전하는 법률효과까지 부정되는 것은 아니므로, 만일 어떠한 공중위생 영업에 대하여 그 영업을 정지할 위법사유가 있다면, 관할 행정청은 그 영업이 양도 · 양수되었다 하더라도 그 업소의 양수인에 대하여 영업정지처분을 할 수 있다"고 판시함으로써 영업장 폐쇄명령의 대물적 처분성을 근거로 그 이전가능성을 시인한 바 있다(대법원 2001. 11. 9. 선고 2001두5064 판결(영업정지처분취소 (마) 파기환송). 이 판결은 행정제재적 처분을 받은 후 영업장을 양도하는 방법으로 행정처분의 효력을 면탈하여 행정처분을 받은 영업장에 대한 이권을 환수하거나 영업을 계속하는 관행을 근절시키기 위한 배경에서 나온 것으로서, 공중위생영업에 대한 행정처분을 대물적 처분으로 보고 그 이전성을 인정한 것이다.

한편 이 같은 배경에서 공중위생관리법은 2002년 8월 26일의 개정법에서 제11조의3을 신설하여 행정제재처분효과의 승계를 명문화하기에 이른다. 이에 따라, ① 공중위생영업자가 그 영업을 양도하거나 사망한 때 또는 법인의 합병이 있는 때에는 종전의 영업자에 대하여 법 제11조 제1항의 위반을 사유로 행한 행정제재처분의 효과는 그 처분기간이 만료된 날부터 1년간 양수인 · 상속인 또는 합병후 존속하는 법인에 승계되고, ② 공중위생영업자가 그 영업을 양도하거나 사망한 때 또는 법인의 합병이 있는 때에는 법 제11조제1항의 위반을 사유로 하여 종전의 영업자에 대하여 진행중인 행정제재처분 절차를 양수인 · 상속인 또는 합병 후 존속하는 법인에 대하여 속행할 수 있게 되었다.

(나) 채석허가의 성질

이 사건에서 문제된 채석허가는, 구 산림법 제90조의2 제1항의 규정(2002. 12. 30 법률 제6841호로 삭제되기 전의 것)에 따라 발급되는 강학상의 허가에 해당한다고 볼 수 있다. 먼저, 구 산림법 제90조의2의 규정을 검토한다. 이에 따르면 산림 안에서 구 산림법 제2조 제1항 제2호 나목의 토석 중 건축용 · 석공예용 · 쇄골재용 또는 토목용으로 사용할 가치가 있는 암석(이하 "석재"라 한다)을 굴취 · 채취하고자 하는 자는 농림부령이 정하는 바에 따라 시장 · 군수의 채석허가를 받아야 하며, 허가받은 사항을 변경하고자 하는 때에도 또한 같다. 구 산림법은 이러한 채석허가에 대하여 같은 조 제6항에서 시장 · 군수는 다음 각호의 1에 해당하는 경우에는 그 허가를 하여서는 아니 된다고 규정하고 있다.

1. 허가를 신청받은 지역이 국토 및 자연의 보전, 문화재 및 국가의 중요한 시설의 보호 기타 공익상 허가를 하여서는 아니 될 지역으로서 대통령령이 정하는 지역
2. 제4항의 규정에 의한 전문조사기관의 평가결과 채석의 타당성이 없다고 판단된 경우
3. 농림부령이 정하는 바에 따라 현지조사 및 주민의견을 수렴한 결과 재해발생이 우려되는 등 허가함이 타당하지 아니하다고 판단되는 경우
4. 경사도 · 입목축적 등 농림부령이 정하는 채석허가기준에 적합하지 아니한 경우

구 산림법 제90조의2, 특히 허가제를 규정한 제1항과 채석허가금지사유를 열거한 제6항의 규정에 비추어 볼 때 채석허가는 강학상 허가에 해당한다고 판단된다. 구 산림법 제90조의4 제2항에서 시장 · 군수가 제90조의2 제1항의 채석허가를 취소할 수 있는 사유를 제시하고 있으나, 이는 어디까지나 일단 발급된 채석허가를 사후적으로 취소할 수 있는 권한을 부여한 것에 불과하며, 채석허가의 법적 성질을 추론할 수 있는 근거가 되지는 못한다. 대법원 역시 채석허가가 일반적 · 상대적 금지를 해제하여 줌으로써 채석행위를 자유롭게 할 수 있는 자유를 회복시켜 주는 것일 뿐 권리를 설정하는 것이 아니라고 판시함으로써 이를 강학상 허가로 보았다.

둘째, 구 산림법상 채석허가가 대물적 허가인지 여부에 관해 살펴본다면, 우선 구 산림법 제90조의2 제1항과 채석허가 금지사유를 열거한 제6항의 규정에 비추어 볼 때 허가요건으로서 물적 기준만이 문제될 뿐 인적 기준은 규정되어 있지 않고, 그 밖에 구

산림법상 관계규정에 비추어 채석허가의 요건에 인적 결격사유를 정한 규정은 없다는 점에서, 채석허가를 대물적 허가의 성질을 가진다고 보아도 무방할 것이다. 이 사건 판결에서 설시한 바와 같이 구 산림법 제90조의2 제1항 및 구 산림법시행규칙 제95조의2에서 채석허가를 받은 자로부터 그 허가자 지위를 양수한 자가 단독으로 관할 행정청에의 명의변경신고를 통하여 수허가자의 명의를 변경할 수 있도록 규정하고 있는 것도 채석허가가 대물적 허가라는 것을 전제로 한 것이라 볼 여지가 충분하고 또 그 점을 간접적으로 추지할 수 있게 해 주는 근거라 할 수 있다.

(2) 산림법령상 수허가자 명의변경제도의 취지

대법원은 이 사건 판결에서 쟁점이 된 보호규범을 채석허가의 요건에 대한 규정이 아니라 수허가자의 명의변경제도를 둔 산림법령(구 산림법 제90조의2 제1항, 산림법시행규칙 제95조의2)에서 찾았다. 그리고 산림법령이 수허가자의 명의변경제도를 두고 있는 취지를 채석허가가 대물적 허가의 성질을 아울러 가지고 있고, 수허가자의 지위가 사실상 양도 · 양수되는 점을 고려하여 수허가자의 지위를 사실상 양수한 양수인의 이익을 보호하고자 하는 데 있는 것으로 해석하였다. 따라서 강학상 허가로서 채석허가의 법적 성질, 즉, 일반적 · 상대적 금지를 해제하여 줌으로써 채석행위를 자유롭게 할 수 있는 자유를 회복시켜 주는 것일 뿐 권리를 설정하는 것이 아니므로 관할 행정청과의 관계에서 수허가자의 지위의 승계를 직접 주장할 수는 없다는 법리적 결과가 그러한 산림법령의 사익보호규범성을 방해하지 않는다는 점을 분명히 했다.

(3) 수허가자에 대한 채석허가 취소처분과 그 지위 양수인의 원고적격 유무

이 사건 판결에서 대법원은 이미 앞에서 본 바와 같이 채석허가가 대물적 허가의 성질을 가지는 점, 그리고 수허가자의 지위가 사실상 양도 · 양수되는 점에 비추어, 산림법령상 수허가자 명의변경제도의 취지를 수허가자의 지위를 사실상 양수한 양수인의 이익을 보호하고자 하는 데 있는 것으로 해석하고, 따라서 수허가자의 지위를 양수받아 명의변경신고를 할 수 있는 양수인의 지위는 단순한 반사적 이익이나 사실상의 이익이 아니라 산림법령에 의하여 보호되는 직접적이고 구체적인 이익으로서 법률상 이익이라고 판단하였다. 따라서 채석허가가 유효하게 존속하고 있다는 것이 양수인의 명의변경신고의 전제가 된다는 의미에서 관할 행정청이 양도인에 대하여 채석허가를 취소하는 처분을 하였다면 이는 양수인의 지위에 대한 직접적 침해가 된다고 할 것이므로 양수인은 채석허가를 취소하는 처분의 취소를 구할 법률상 이익을 가진다고 판시한 것이다.

4. 판례의 의미와 전망

이 사건 판결은 우리 행정소송법상 원고적격의 인정요건인 '법률상 이익'의 판단에 관한 대법원의 전향적인 자세를 보여준 사례로 주목된다.

이 판결에 대하여 일설은 처분의 위법사유와 무관하게 원고의 법적 지위에만 의거하여 원고적격을 인정하였다는 점에서 위법성 견련성을 전제로 하는 독일의 보호규범이론과는 거리가 멀다고 하면서 이 사건 판결 역시 '비록 법규의 보호목적을 문제삼고 있으나, 그 법규가 위법성의 준거가 되는 법규가 아니라 원고의 법적 지위에 관한 것이기 때문에 마찬가지'라고 지적하고 있다(박정훈, 행정소송의 구조와 기능, 271면). 이 사건 판결을 독일의 보호규범이론을 충실히 따른 것이라고 볼 것인지 여부는 이론적으로 흥미있는 문제이지만, 여기서는 다루지 않는다. 다만 분명한 것은 이 사건 판결에서 대법원이 초점을 맞춘 것은 채석허가 자체에 관한 법규정이나 구 산림법에 의해 채석허가를 받은 자의 법적 지위가 아니라 수허가자의 명의변경제도를 둔 산림법령의 관계규정들이었다. 즉, 대법원은 채석허가가 일반적 · 상대적 금지를 해제하여 줌으로써 채석행위를 자유롭게 할 수 있는 자유를 회복시켜 주는 것일 뿐 권리를 설정하는 것이 아니어서 관할 행정청과의 관계에서 수허가자의 지위의 승계를 직접 주장할 수는 없다는 점을 인정하였다. 그러나 대법원은 명의변경과 그 신고에 관한 구 산림법령, 즉 명의변경신고에 관한 구 산림법 제90조의2 제1항, 구 산림법시행규칙 제95조의2, 산림법령에 의하여 행한 처분 · 신청 · 신고 기타의 행위의 효력 확장에 관한 구 산림법 제4조, 명의변경신고의 무불이행에 대한 벌칙을 정한 구 산림법 제118조 제1항 등과 같은 관계법규정들이 수허가자의 명의변경제도를 두고 있는 취지에 의거하여 양수인, 즉 이 사건 원고가 가지는 이익의 법적 성질을 판단하였다. 즉, 대법원은 이들 관계법규정의 취지에 초점을 맞춰 그 사익보호규범성 여하를 판단한 것이다. 이 때 대법원은 채석허가가 대물적 허가의 성질을 아울러 가지고 있고 수허가자의 지위가 사실상 양도 · 양수되는 점을 고려하여, 수허가자의 명의변경제도를 둔 법취지는 수허가자의 지위를 사실상 양수한 양수인의 이익을 보호하고자 하는 데 있는 것이라고 해석하였고, 따라서 수허가자의 지위를 양수받아 명의변경신고를 할 수 있는 양수인의 지위는 단순한 반사적 이익이나 사실상의 이익이 아니라 구 산림법령에 의하여 보호되는 직접적이고 구체적인 이익으로서 법률상 이익이라고 보았다.

여기서 주목해야 할 점은 대법원이 이 사건에서 피고 행정청이 양도인을 상대방으로 하여 한 채석허가 취소처분이 수허가자의 지위를 양수받아 명의변경신고를 할 수 있는 양수인의 지위를 직접적으로 침해하는 결과가 되기 때문에 양수인은 그 처분의 취소를 구할 법률상 이익을 가진다고 보았다는 점이다. 즉, 대법원은 채석허가가 유효하게 존속하고 있다는 것이 양수인의 명의변경신고의 전제가 된다는 의미에서 관할 행정청이 양도인에 대하여 채석허가를 취소하는 처분을 하였다면 이는 양수인의 지위에 대한 직접적 침해가 된다고 할 것이므로 양수인은 채석허가를 취소하는 처분의 취소를 구할 법률상 이익을 가진다고 판시하였다. 결국 이 사건에서 문제된 채석허가취소처분에 의해 침해될 가능성이 있다고 판단된 법규는 채석허가 명의변경 관련규정들이었던 것이다.

이렇게 본다면 대법원은 이 사건 판결에서 사익보호규범으로서 채석허가 명의변경 관련규정들의 침해가능성을 전제로 원고의 법률상 이익을 인정한 것이라고 볼 수 있을 것이다. 이러한 법리적 판단을 토대로 원고가 이 사건 채석허가 취소처분으로 인하여 직접적으로 어떤 법률상 이익을 침해당하였다고 할 수 없다는 이유로 그 취소를 구할 원고적격이 없다고 판단한 원심을 파기환송한 이 사건 판결이 타당함은 두말할 나위도 없다(그러나 이 사건 환송후 원심인 부산고등법원은 2004. 1. 16. 선고 2003누2977 판결에서 이 사건 변론종결일(2003. 12. 12.) 현재 이 사건 채석허가의 허가기간이 경과하였음이 역수상 명백하므로, 이 사건 채석허가는 이미 실효되었다고 판시하여 소를 각하하였다.).

〈참고문헌〉

김남진, 행정법의 기본문제 제4판, 법문사, 1996.

김재환, "산림 내에서의 건축용 토석의 채취 불허처분에 관하여 적용되는 법령", 대법원판례해설 제64호, 법원도서관, 2007. 7.

박정훈, "취소소송에서의 협의의 소익", 특별법연구 제8권, 박영사, 2006. 9.

박정훈, 행정소송의 구조와 기능(행정법연구 2), 박영사, 2006.

박해식, "수허가자의 지위를 양수받아 명의변경신고를 할 수 있는 양수인의 지위", 대법원판례해설 제47호, 법원도서관, 2004. 7.

선재성, "사업주체변경의 주택건설사업계획변경승인신청이 있은 후 행정청이 주택건설사업계획승인취소처분을 한 경우 변경승인신청을 한 자가 그 취소를 구할 법률상의 이익을 가지는지 여부(적극)", 대법원판례해설 제35호, 2001. 6.

안정호, "온천발견신고자 명의변경을 구하는 이행의 소 및 확인의 소에 있어서의 소의 이익", 민사판례연구 XXVIII, 박영사, 2006. 2.

임영호, "채석허가기간의 만료와 채석허가취소처분에 대한 소의 이익", 행정판례연구 XII, 박영사, 2007. 6.

80. 제재기간이 경과한 제재처분에 대한 소의 이익

—대법원 2006. 6. 22. 선고 2003두1684 전원합의체 판결—

박 해 식*

Ⅰ. 판결개요

1. 사실관계

(1) 경인지방환경관리청장은 원고(설계감리전문업체)에 대하여 환경영향평가서를 부실하게 작성하였다는 이유로 구 환경영향평가법(2001. 1. 1.부터 시행된 환경 · 교통 · 재해 등에 관한 영향평가법 부칙 제2조에 의하여 폐지되기 전의 것) 제13조 제1항 제6호 등의 규정에 의하여 환경영향평가대행 업무정지 1월의 처분(이하 '이 사건 처분'이라고 한다)을 하였다.

(2) 그 업무정지기간은 2001. 2. 2.부터 진행되다가 같은 해 2. 8. 제1심법원의 효력정지결정(수원지방법원 2002. 2. 8.자 2002아26 결정)으로 중단되었고, 제1심판결(수원지방법원 2002. 3. 22. 선고 2001구700 판결) 선고일 다음날인 2002. 3. 23.부터 다시 진행되어 2002. 4. 13.경 1개월의 기간이 모두 경과하였다.

(3) 한편 원고는 제1심판결 선고일인 2002. 3. 22.부터 같은 해 4. 22. 사이에 3건의 환경영향평가 대행계약을 체결하였는데 이 사건에서 제재기간이 도과하였더라도 환경영향평가법 제12조, 그 시행규칙 제10조 별표에 정해진 처분기준에 의하여 평가대행자가 업무처분기간 중 신규계약에 의하여 환경영향평가대행업무를 한 경우에 해당되어 적어도 업무정지 6개월의 추가적인 제재처분을 받게 될 위험에 놓여 있었다(환경영향평가법 제12조, 그 시행규칙 제10조 별표에 정해진 처분기준에 의하면 평가대행자가 업무처분기간 중 신규계약에 의하여 환경영향평가대행업무를 한 경우 1차 위반시 업무정지 6개월, 2차 위반시 등록취소를 각 명하도록 규정하고 있었다).

---

* 법무법인 율촌 변호사.

2. 소송경과

(1) 제1심법원의 경우 2002. 2. 8. 이 사건 처분의 효력을 제1심법원 판결선고일까지로 정하였기 때문에 처분에서 정한 기간 1개월의 경과로 인한 법률문제는 생기지 아니하였는데, 제1심법원이 2002. 3. 22. 원고 승소의 본안판결을 하면서 직권으로 효력정지를 하지 아니하였고, 원고 역시 별도로 효력정지신청을 하지 아니하였다.

(2) 제1심법원의 판결 정본이 송달되고 항소기간 중인 2002. 4. 13. 제재기간이 도과하였고, 제1심소송에서 패소한 피고는 제재기간이 경과한 2002. 4. 17. 서울고등법원에 항소를 제기하였다.

(3) 서울고등법원은 1월의 업무정지처분은 위 업무정지기간이 모두 도과함으로써 그 효력을 상실하였다 할 것이고, 따라서 위 업무정지기간이 외형상 잔존함으로 인하여 원고에게 어떠한 법률상 이익의 침해가 있다고 볼만한 별다른 사정이 엿보이지 않는 이 사건에서 이 사건 소는 소의 이익이 소멸되어 부적법하게 되었다고 판결하였다(서울고등법원 2002. 12. 26. 선고 2002누5360 판결).

3. 판결요지

[대법원 판결의 요지]

[다수의견] 제재적 행정처분이 그 처분에서 정한 제재기간의 경과로 인하여 그 효과가 소멸되었으나, 부령인 시행규칙 또는 지방자치단체의 규칙(이하 이들을 '규칙'이라고 한다)의 형식으로 정한 처분기준에서 제재적 행정처분(이하 '선행처분'이라고 한다)을 받은 것을 가중사유나 전제요건으로 삼아 장래의 제재적 행정처분(이하 '후행처분'이라고 한다)을 하도록 정하고 있는 경우, 제재적 행정처분의 가중사유나 전제요건에 관한 규정이 법령이 아니라 규칙의 형식으로 되어 있다고 하더라도, 그러한 규칙이 법령에 근거를 두고 있는 이상 그 법적 성질이 대외적 · 일반적 구속력을 갖는 법규명령인지 여부와는 상관없이, 관할 행정청이나 담당공무원은 이를 준수할 의무가 있으므로 이들이 그 규칙에 정해진 바에 따라 행정작용을 할 것이 당연히 예견되고, 그 결과 행정작용의 상대방인 국민으로서는 그 규칙의 영향을 받을 수밖에 없다. 따라서 그러한 규칙이 정한 바에 따라 선행처분을 받은 상대방이 그 처분의 존재로 인하여 장래에 받을 불이익, 즉 후행처분의 위험은 구체적이고 현실적인 것이므로, 상대방에게는 선행처분의 취소소송을 통하여 그 불이익을 제거할 필요가 있다. 또한, 나중에 후행처분에 대한 취소소송에서 선행처분의 사실관계나 위법 등을 다툴 수 있는 여지가 남아 있다고 하더라도, 이러한 사정은 후행처분이 이루어지기 전에 이를 방지하기 위하여 직접 선행처분의 위법을 다투는 취소소

송을 제기할 필요성을 부정할 이유가 되지 못한다. 그러한 쟁송방법을 막는 것은 여러 가지 불합리한 결과를 초래하여 권리구제의 실효성을 저해할 수 있기 때문이다. 오히려 앞서 본 바와 같이 행정청으로서는 선행처분이 적법함을 전제로 후행처분을 할 것이 당연히 예견되므로, 이러한 선행처분으로 인한 불이익을 선행처분 자체에 대한 소송에서 사전에 제거할 수 있도록 해 주는 것이 상대방의 법률상 지위에 대한 불안을 해소하는 데 가장 유효적절한 수단이 된다고 할 것이고, 또한 그 소송을 통하여 선행처분의 사실관계 및 위법 여부가 조속히 확정됨으로써 이와 관련된 장래의 행정작용의 적법성을 보장함과 동시에 국민생활의 안정을 도모할 수 있다. 이상의 여러 사정과 아울러, 국민의 재판청구권을 보장한 헌법 제27조 제1항의 취지와 행정처분으로 인한 권익침해를 효과적으로 구제하려는 행정소송법의 목적 등에 비추어 행정처분의 존재로 인하여 국민의 권익이 실제로 침해되고 있는 경우는 물론이고 권익침해의 구체적 · 현실적 위험이 있는 경우에도 이를 구제하는 소송이 허용되어야 한다는 요청을 고려하면, 규칙이 정한 바에 따라 선행처분을 가중사유 또는 전제요건으로 하는 후행처분을 받을 우려가 현실적으로 존재하는 경우에는, 선행처분을 받은 상대방은 비록 그 처분에서 정한 제재기간이 경과하였다 하더라도 그 처분의 취소소송을 통하여 그러한 불이익을 제거할 권리보호의 필요성이 충분히 인정된다고 할 것이므로, 선행처분의 취소를 구할 법률상 이익이 있다고 보아야 한다.

[별개의견] 다수의견은, 제재적 행정처분의 기준을 정한 부령인 시행규칙의 법적 성질에 대하여는 구체적인 논급을 하지 않은 채, 시행규칙에서 선행처분을 받은 것을 가중사유나 전제요건으로 하여 장래 후행처분을 하도록 규정하고 있는 경우, 선행처분의 상대방이 그 처분의 존재로 인하여 장래에 받을 불이익은 구체적이고 현실적이라는 이유로, 선행처분에서 정한 제재기간이 경과한 후에도 그 처분의 취소를 구할 법률상 이익이 있다고 보고 있는바, 다수의견이 위와 같은 경우 선행처분의 취소를 구할 법률상 이익을 긍정하는 결론에는 찬성하지만, 그 이유에 있어서는 부령인 제재적 처분기준의 법규성을 인정하는 이론적 기초 위에서 그 법률상 이익을 긍정하는 것이 법리적으로는 더욱 합당하다고 생각한다. 상위법령의 위임에 따라 제재적 처분기준을 정한 부령인 시행규칙은 헌법 제95조에서 규정하고 있는 위임명령에 해당하고, 그 내용도 실질적으로 국민의 권리의무에 직접 영향을 미치는 사항에 관한 것이므로, 단순히 행정기관 내부의 사무처리준칙에 지나지 않는 것이 아니라 대외적으로 국민이나 법원을 구속하는 법규명령에 해당한다고 보아야 한다.

Ⅱ. 평 석

1. 쟁점정리

본건의 쟁점은, 부령인 시행규칙 등 행정규칙의 형식으로 정한 제재적 처분기준에서 선행처분의 존재를 후행처분의 가중사유나 전제요건으로 정하고 있는 경우 선행처분인 제재적 행정처분이 그 처분에서 정한 제재기간의 경과로 인하여 그 효과가 소멸된 경우에도 선행처분의 취소를 구할 수 있는 소의 이익이 있는지 여부이지만, 별개의견이 거론하고 있는 부령인 시행규칙 등 행정규칙의 형식으로 정한 제재적 처분기준의 법적 성질이 무엇인지 여부도 논의할 수 있을 것이다. 그러나 이는 소의 이익이 있는지 여부에 대한 결론을 직접 좌우하지는 않고 또한 대상판결이 직접 판단의 대상으로 삼지 않았기 때문에 여기에서는 더 이상 논의를 하지 않기로 한다.

2. 관련판례

(1) 제재적 처분기준의 법적 성질과 관련한 판례의 변천

대법원은 제재적 처분기준에 관하여 그 규정형식이 대통령령으로 규정되어 있으면 법규성을 인정하였으나(대법원 1997. 12. 26. 선고 97누15418 판결, 대법원 1998. 12. 8. 선고 98두14174 판결, 대법원 2001. 3. 9. 선고 99두5207 판결 등), 그 규정형식이 부령으로 규정된 경우에는 그 처분기준은 행정청 내부의 사무처리준칙을 규정한 것에 불과하므로 대외적 구속력이 없어 재판규범이 되지 못하고 법원은 이에 구속될 필요가 없다는 입장을 확고히 견지하고 있다(대법원 1990. 1. 25. 선고 89누3564 판결, 대법원 1997. 5. 30. 선고 96누5773 판결, 대법원 1998. 3. 27. 선고 97누20236 판결 등). 다만 대법원은 대통령령으로 정한 제재적 처분기준에서의 제재는 최고한도, 즉 상한선이라는 입장을 취하고 있다(대법원 2001. 3. 9. 선고 99두5207 판결).

(2) 제재적 처분에 있어서의 소의 이익과 관련한 판례의 변천

선행의 제재적 처분이 장래에 다시 제재적 처분을 받을 경우의 전제요건 또는 가중요건이 되는 소위 가중적 제재사유와 관련하여, 종래의 대법원은 가중적 제재사유가 법률 또는 대통령령에 규정되어 있는 경우에는, 그에 따라 향후 가중된 제재적 처분을 받을 우려가 있으므로, 비록 제재적 처분에서 정한 제재기간이 경과하였다고 하더라도, 그로 인한 법률상의 지위에 대한 위험이나 불안을 제거하기 위하여 처분의 취소를 구할 법률상 이익이 있다고 하였으나(대법원 1990. 10. 23. 선고 90누3119 판결, 대법원 1991. 8. 27. 선고 91누3512 판결, 대법원 1999. 2. 5. 선고 98두13997 판결, 대법원 2005. 3. 25. 선고 2004두14106 판결 등), 가중적 제재사유가 부령에 규정되어 있는 경우에는, 그것은 행정청 내부

의 사무처리준칙에 불과하므로 행정청이 그에 따라 가중된 제재적 처분을 하더라도 법원은 거기에 구속됨이 없이 근거 법률의 규정 및 취지에 따라 가중된 제재적 처분의 적법 여부를 심리 · 판단할 수 있는 것이고, 따라서 제재적 처분을 받은 전력이 가중사유로 규정되어 있다고 하더라도 그로 인한 불이익은 사실상의 불이익에 지나지 아니하므로 그 제재기간이 경과하였다면 취소를 구할 법률상 이익이 없다는 입장을 고수하여 왔다 (대법원 1992. 7. 10. 선고 92누3625 판결, 대법원 1995. 10. 17. 선고 94누14148 전원합의체 판결, 대법원 1997. 9. 30. 선고 97누7790 판결, 대법원 2002. 3. 15. 선고 2001두10622 판결, 대법원 2003. 10. 10. 선고 2003두6443 판결 등).

3. 판결의 검토

(1) 제재적 행정처분에 있어서의 소의 이익

행정소송법 제12조는 '취소소송은 처분등의 취소를 구할 법률상 이익이 있는 자가 제기할 수 있다. 처분등의 효과가 기간의 경과, 처분등의 집행 그 밖의 사유로 인하여 소멸된 뒤에도 그 처분등의 취소로 인하여 회복되는 법률상 이익이 있는 자의 경우에는 또한 같다.'고 규정하고 있는바, 위 제12조 원고적격에 관한 규정이고, 후문은 권리보호의 필요에 관한 규정이다. 원고적격은 당해 처분에 의하여 처분상대방이 어떠한 이익이 침해되고 그 취소에 의하여 그가 어떠한 이익을 얻게 되는가라고 하는 처분과 처분상대방과의 긴밀도 내지 밀접도로서 주관적 측면에서의 고찰인 반면, 권리보호의 필요는 구체적인 사실관계에에 비추어 소를 제기 또는 유지함으로써 처분상대방이 어떠한 이익을 얻게 되는가라고 하는 처분 자체의 유지 내지 존속에 의한 이익으로서 객관적 측면에서의 고찰이라고 할 수 있다.

(2) 권리보호의 필요에 관한 종전 판례의 입장

행정소송법 제12조 후문, 즉 권리보호의 필요에 관한 종래 대법원의 태도는 대법원 1995. 10. 17. 선고 94누14148 전원합의체 판결을 통하여 분명하게 확인되었고 그 이후에 이러한 태도는 일관되어 왔다. 즉 위 전원합의체판결은 법률상 이익이란 당해처분의 근거법률에 의하여 보호되는 직접적이고 구체적인 이익이 있는 경우를 말하고 간접적이거나 사실적, 경제적 이해관계를 가지는 데 불과한 경우는 여기에 해당하지 아니한다고 하고, 나아가 부령에서 정한 제재적 행정처분기준은 행정처분 등에 관한 사무처리기준과 처분절차 등 행정청 내의 사무처리준칙을 규정한 것에 불과하므로 행정조직 내부에 있어서의 행정명령의 성격을 지닐 뿐 대외적으로 국민이나 법원을 구속하는 힘이 없다고 한 다음, 제재적 행정처분에 있어서 그 제재기간이 경과된 후에도 그 처분의 효력을 다툴 소의 이익이 있는지 여부에 관하여 일반적으로 행정처분에 효력기간이 정하여져 있는 경우 그 처분의 효력 또는 집행이 정지된 바 없다면 위 기간의 경과로 그 행정처분의 효력은 상실되므로 그 기간의 경과 후에는 그 처분이 외형상 잔존함으로 인하여 어떠한 법률상 이익이 침해되고 있다고 볼만한 별다른 사정이 없는 한 그 처분의 취소를 구할 법률상 이익이 없다고 하며, 더구나 제재적 행정처분에 있어서 그 제재기간이 경과된 후에도 그 처분의 효력을 다툴 수 있는지 여부에 관한 문제는 법률상 이익의 개념, 부령에 규정된 제재적 행정처분기준에 관한 법적 성질 등에 관한 판례상의 이론과 유기적으로 관련되어 있을 뿐 아니라 행정청이 그 가중요건의 규정에 따라 가중된 제재처분을 하였더라도 법원은 이에 구속됨이 없이 그 근거법률의 규정 및 취지에 따라 가중된 제재처분의 적법여부를 심리, 판단할 수 있으므로 가중된 제재처분이 적법한지 여부를 심리, 판단하는 기회에 선행처분상의 사실관계로 가중된 제재처분이 적법한지 여부를 심리, 판단하는 기회에 선행처분상의 사실관계 등을 심리한 후 이를 종합하여 가중된 제재처분의 적법 여부를 판단할 수 있어서 실질적으로 선행처분상의 사실관계를 다툴 수 있는 길도 열려 있는 것이라고 덧붙이고 있다.

(3) 대법원 1995. 10. 17. 선고 94누14148 전원합의체 판결에 대한 비판

위 전원합의체판결에 대한 비판은 위 전원합의체판결의 반대의견에 의하여 잘 나타나고 있다. 위 전원합의체판결은 당시 다수의견과 소수의견이 7대6으로 팽팽하였던 것은 그 만큼 반대의견도 설득력을 가지고 있었음을 스스로 반증하는 것이라고 할 것이다.

실제 반대의견은 그 후 대상판결의 중요한 이유가 되기도 하였다. 반대의견은 가중요건을 내용으로 한 규칙의 규정에 따라 실제로 가중된 제재처분을 받은 경우는 물론 그 가중요건의 존재로 인하여 장래 가중된 제재처분을 받을 위험이 있는 경우, 선행처분을 받은 당사자가 그 처분의 존재로 인하여 받았거나 장래에 받을 불이익은 직접적이고 구체적이며 현실적인 것으로서 결코 직접적이거나 사실적인 것이라고 할 수 없다 할 것이고, 따라서 그 처분을 당한 국민에게는 그 처분의 취소소송을 통하여 불이익을 제거할 현실적 필요성이 존재하는 것이라 할 것이라고 하고, 나아가 가중된 제재처분을 심리, 판단할 때에 선행처분의 사실관계 등을 다툴 여지가 남아 있다고 하더라도, 가중요건의 적용 이전에 이를 회피하기 위하여 직접 선행처분의 위법을 다투는 쟁송방법을 막을 필요는 없는 것이고, 또 이와 같은 소송을 허용하는 것이 제반 자료가 일실되기 전에 소송을 할 수 있는 이점이 있고 분쟁을 조속히 해결하여 국민생활의 안정을 도모하는 길이 될 것이라고 하였다.

(4) 대법원 1995. 10. 17. 선고 94누14148 전원합의체 판결의 보완

위 전원합의체판결에서 법률상 이익을 당해 처분의 근거법률에 의하여 보호되는 직접적이고 구체적인 이익이라고 하였으나 그 후 대법원은 법률상 이익의 범위를 확대하

기 위하여 법률상 이익을 당해 처분의 근거법규는 물론 관련법규에 의하여 보호되는 개별적 · 직접적 · 구체적 이익이 있는 경우를 말한다(대법원 2007. 2. 27. 선고 2005두9651 판결 등 참조)고 하였으나 근본적인 틀은 그대로 유지하여 왔다.

(5) 대법원 1995. 10. 17. 선고 94누14148 전원합의체 판결의 폐기와 대상판결의 등장

(가) 위 대법원 94누14148 전원합의체 판결이 나온 이후 10여년이 지나서 다시 대법원은 전원합의체판결을 통하여 위 대법원 94누14148 전원합의체판결의 반대의견을 그대로 받아들여 제재적 행정처분의 가중사유나 전제요건에 관한 규정이 법령이 아니라 규칙의 형식으로 되어 있다고 하더라도, 그러한 규칙이 법령에 근거를 두고 있는 이상 그 법적 성질이 대외적 · 일반적 구속력을 갖는 법규명령인지 여부와는 상관없이, 그러한 규칙이 정한 바에 따라 선행처분을 받은 상대방이 그 처분의 존재로 인하여 장래에 받을 불이익, 즉 후행처분의 위험은 구체적이고 현실적인 것이므로, 상대방에게는 선행처분의 취소소송을 통하여 그 불이익을 제거할 권리보호의 필요가 있다는 부분에 있어서는 만장일치의 의견으로 위 대법원 94누14148 전원합의판결을 비롯한 같은 취지의 판결을 폐기하였다.

(나) 다만 다수의견은 별개의견이 제시하는 부령도 대외적 · 일반적 구속력을 갖는 법규명령에 해당한다는 의견에도 불구하고 이에 대하여 아무런 의견을 표명하지 않았다는 점에 대해서는 아쉬움이 남는다.

4. 판결의 의미와 전망

대상판결의 다수의견은 행정소송법 제12조 후문에서 권리보호의 필요와 관련된 '법률상 이익'을 해석함에 있어 대법원 1995. 10. 17. 선고 94누14148 전원합의체 판결에 대한 그 동안의 줄기찬 학계와 실무계의 비판을 받아들여 법률상 이익의 범위를 확대함으로써 국민의 권익구제에 한 걸음 더 다가섰다는 점에서 실로 커다란 의의가 있다고 할 것이다.

다만 이미 앞에서도 언급하였듯이 대상판결의 다수의견보다 더 의미가 있는 부분은 별개의견이다. 비록 대상판결에서 반드시 부령인 제재적 행정처분기준의 법규성 여부를 논의하여야만 하는가 하는 점에 있어서는 별개의견이 적절하게 지적하는 바와 같은 이론적 필연성은 없을지라도 별개의견은 그 동안 지속적으로 학계와 실무계에서 제기되어 온 바와 같이 부령인 제재적 처분기준의 법규성 여부에 관하여 그 동안 대법원이 취한 태도의 이론적 결함을 대법원 판결로서 지적하고 있다는 점에서 실로 그 의미가 적지 않다고 할 것이다.

〈참고문헌〉

김중권, “실효한 행정처분에 대한 권리구제에 관한 소고”, 법률신문 제3507호, 법률신문사, 2006. 11. 20.

성금석, “업무정지처분이 정지기간의 경과 등으로 실효된 경우 그 처분 취소소송의 소의 이익”, 판례연구 제19집, 부산판례연구회, 2008. 2.

이준명, “제재적 행정처분의 법적 성질 및 제재기간의 경과에 따른 소의 이익 문제”, 대전지방변호사회지 제4호, 대전변호사회, 2007.

81. 학교법인 임원취임승인 취소처분에 대한 소의 이익

—대법원 2007. 7. 19. 선고 2006두19297 전원합의체 판결—

유 진 식*

Ⅰ. 판결개요

1. 사실관계

(1) 원고들은 학교법인 A학원의 이사와 감사들이었다. A학원이 운영하는 ○○대학교의 총장 손○○이 교수임용대가로 거액의 금품을 받았다는 혐의로 2004년 4월 27일 구속된 것을 계기로 피고 교육인적자원부장관은 2004년 6월 21일부터 같은 해 7월 8일까지 A학원과 ○○대학교에 대한 감사를 실시한 후 2004년 9월 15일 A학원에 거액의 교비자금의 법인회계로의 전출 등 여러 위법행위들이 있음을 지적하고 2004년 11월 1일까지 피고가 요구하는 시정사항을 이행하고 위 기일까지 이행하지 않을 경우 임원취임승인을 취소할 것임을 계고하였다.

(2) 피고는 2004년 12월 24일 A학원이 일부 시정 요구사항에 대하여는 이행하였지만 대부분의 시정요구사항이 이행되지 아니하였다는 이유로, 사립학교법 제20조의2에 의하여 원고들에 대한 임원취임 승인을 취소하고, 사립학교법 제25조에 의하여 소외 김△△, 박△△, 오△△, 윤△△, 이△△, 최△△을 A학원의 임시이사로 임명하였다.

2. 소송경과

원고들은 피고가 지시요구한 사항 중 상당한 부분은 단기간 내에 이행하기 어려운 것들로 불가능한 조치를 요구한 피고의 시정요구는 부당하며, 설령 피고의 시정요구가 적법하다 하더라도 원고들은 피고의 시정요구를 가능한 범위 내에서 모두 성실히 이행하였으며, 이 사건 교비회계의 불법집행은 원고들이 아닌 총장에 의하여 이루어졌을 뿐 아니라, 원고들은 가능한 범위 내에서 시정요구사항을 성실히 이행한 점 등을 고려할 때

* 전북대학교 법학전문대학원 부교수.

임원취임 승인취소처분에는 재량권을 일탈 · 남용한 위법이 있다고 주장하였다. 원고들은 임원취임취소처분 및 임시이사선임처분에 대하여 서울행정법원에 취소소송을 제기하였으나 기각판결을 받았고(대법원 2006. 1. 18. 선고 2005구합3943 판결) 서울고등법원에 항소하였으나 마찬가지로 기각판결을 받았다(대법원 2006. 11. 14. 선고 2006누5177 판결). 이에 대하여 원고들은 대법원에 상고를 하였다. 원고들은 원심변론종결일 이전 또는 상고심에 이르러 모두 정식이사의 임기가 만료되었으며, 임시이사들 역시 원심변론종결일 이전에 임기가 만료되어 새로운 임시이사로 교체되었다.

3. 판결요지

(1) 학교법인의 이사나 감사 전원 또는 그 일부의 임기가 만료되었다고 하더라도, 그 후임이사나 후임감사의 선임이 없거나 또는 그 후임이사나 후임감사의 선임이 있었다고 하더라도 그 선임결의가 무효이고 임기가 만료되지 아니한 다른 이사나 감사만으로는 정상적인 학교법인의 활동을 할 수 없는 경우, 임기가 만료된 구 이사나 감사로 하여금 학교법인의 업무를 수행케 함이 부적당하다고 인정할 만한 특별한 사정이 없는 한, 민법 제691조를 유추하여 구 이사나 감사에게는 후임이사나 후임감사가 선임될 때까지 종전의 직무를 계속하여 수행할 긴급처리권이 인정된다고 할 것이며(대법원 1982. 3. 9. 선고 81다614 판결, 대법원 1996. 1. 26. 선고 95다40915 판결 등 참조), 학교법인의 경우 민법상 재단법인과 마찬가지로 이사를 선임할 수 있는 권한은 이사회에 속하여 있으므로, 임기가 만료된 이사들의 참여 없이 후임 정식이사들을 선임할 수 없는 경우 임기가 만료된 이사들로서는 위 긴급처리권에 의하여 후임 정식이사들을 선임할 권한도 보유하게 된다(대법원 1963. 4. 25. 선고 63다15 판결, 대법원 1967. 2. 21. 선고 66다1347 판결 등 참조).

위와 같은 법리에 비추어 볼 때, 비록 취임승인이 취소된 학교법인의 정식이사들에 대하여 원래 정해져 있던 임기가 만료되고 임원결격기간마저 경과하였다 하더라도, 구 사립학교법상 임원취임승인취소처분이 위법하다고 판명되고 나아가 위 취소처분의 취소청구와 동일한 소송절차 또는 별도의 소송절차 등에 의하여 임시이사 선임처분의 효력을 다툰 결과 그 처분에 의하여 선임된 임시이사들의 지위가 부정되어 직무권한이 상실되면, 학교법인으로서는 후임이사 선임시까지 이사가 존재하지 않게 되어 정상적인 활동을 중단하지 않을 수 없는 상태에 처하게 되므로, 결국 그 이사들은 후임이사 선임시까지 민법 제691조의 유추적용에 의하여 직무수행에 관한 긴급처리권을 가지게 되고, 이에 터잡아 후임 정식이사들을 선임함으로써 위법하게 상실된 사학의 자율성을 회복하고 시정할 수 있게 되는바, 위 긴급처리권의 법리는 감사의 경우에도 마찬가지로 적용된다.

(2) 뿐만 아니라, 제소 당시에는 권리보호의 이익을 모두 갖추었는데 제소 후 취소

대상 행정처분이 기간의 경과 등으로 그 효과가 소멸한 때, 즉 제재적 행정처분의 기간 경과, 행정처분 자체의 효력기간 경과, 특정기일의 경과 등으로 인하여 그 처분이 취소되어도 원상회복이 불가능하다고 보이는 경우라 하더라도, 동일한 소송 당사자 사이에서 그 행정처분과 동일한 사유로 위법한 처분이 반복될 위험성이 있어 행정처분의 위법성 확인 내지 불분명한 법률문제에 대한 해명이 필요하다고 판단되는 경우, 그리고 동일한 행정목적을 달성하거나 동일한 법률효과를 발생시키기 위하여 선행처분과 후행처분이 단계적인 일련의 절차로 연속하여 행하여져 후행처분이 선행처분의 적법함을 전제로 이루어짐에 따라 선행처분의 하자가 후행처분에 승계된다고 볼 수 있어 이미 소를 제기하여 다투고 있는 선행처분의 위법성을 확인하여 줄 필요가 있는 경우(대법원 1993. 2. 6. 선고 92누4567 판결, 대법원 1994. 1. 25. 선고 93누8542 판결 등 참조) 등에는 행정의 적법성 확보와 그에 대한 사법통제, 국민의 권리구제의 확대 등의 측면에서 여전히 그 처분의 취소를 구할 법률상 이익이 있다고 보아야 한다.

만약, 임시이사 선임처분에 대하여 취소를 구하는 소송이 적법하게 제기된 후 그 소송의 계속 중 임기만료 등의 사유로 새로운 임시이사들로 교체된 경우(이하 교체된 임시이사들을 '후행 임시이사'라고 하고, 그 이전의 임시이사들을 '선행 임시이사'라고 함) 선행 임시이사 선임처분의 효과가 소멸하였다는 이유로 그 취소를 구할 법률상 이익이 없다고 보게 되면, 원래의 정식이사들로서는 계속 중인 소를 취하하고 후행 임시이사 선임처분을 별개의 소로 다툴 수밖에 없게 되며, 또한 그 별소 진행 도중 관할청이 다시 임시이사를 교체, 선임하게 되면 그 소송 역시 소의 이익을 잃게 되어 또 새로운 별소를 제기하여야 하는 등 무익한 처분과 소송이 반복될 가능성이 있으므로, 이러한 경우 법원이 선행 임시이사 선임처분의 취소를 구할 법률상 이익을 긍정하여 그 위법성 내지 하자의 존재를 판결로 명확히 해명하고 확인하여 준다면 위와 같은 구체적인 침해의 반복 위험을 방지할 수 있을 뿐 아니라, 후행 임시이사 선임처분의 효력을 다투는 소송에서 기판력에 의하여 최초 내지 선행 임시이사 선임처분의 위법성을 다투지 못하게 함으로써 그 선임처분을 전제로 이루어진 후행 임시이사 선임처분의 효력을 쉽게 배제할 수 있어 국민의 권리구제에 도움이 된다.

(3) 그러므로 취임승인이 취소된 학교법인의 정식이사들로서는 그 취임승인취소처분 및 임시이사 선임처분에 대한 각 취소를 구할 법률상 이익이 있고, 나아가 선행 임시이사 선임처분의 취소를 구하는 소송 도중에 선행 임시이사가 후행 임시이사로 교체되었다고 하더라도 여전히 선행 임시이사 선임처분의 취소를 구할 법률상 이익이 있다고 봄이 상당하다.

Ⅱ. 평 석

1. 쟁점정리

소송이 진행되는 동안 원고들의 이사 및 감사로서의 임기 및 임원결격기간이 모두 종료하고 임시이사가 새로이 교체된 이 사건에서 원고들이 자신들에 대한 임원취임승인 취소처분 및 당초의 임시이사 선임처분의 각 취소를 구하는 청구 모두 법률상 이익이 부정되어야 하는가 하는 점이 쟁점이다.

2. 관련판례

종래 대법원은, 학교법인의 임원취임승인취소처분의 취소를 구하는 소송에서 이사의 임기가 만료되고 거기다가 구 사립학교법 제22조 제2호의 임원결격기간까지 경과되었다면 임원취임승인취소처분의 취소를 구하는 소는 법률상 이익이 없어 부적법하고, 임시이사 선임처분의 취소를 구하는 소 역시 법률상 이익이 없다고 판시하여 왔으며(대법원 1995. 3. 10. 선고 94누8914 판결, 대법원 1997. 4. 25. 선고 96누9171 판결, 대법원 1999. 6. 11. 선고 96누10614 판결, 대법원 2003. 3. 14.자 2002무56 결정, 대법원 2003. 3. 14. 선고 2002두10568 판결, 대법원 2003. 10. 24. 선고 2003두5877 판결 등 참조), 또한 학교법인의 이사에 대한 취임승인이 취소되고 임시이사가 선임된 경우 그 임시이사의 재직기간이 지나 다시 임시이사가 선임되었다면 당초의 임시이사 선임처분의 취소를 구하는 것은 법률상 이익이 없어 부적법하다고 판시한 바 있다(대법원 2002. 11. 26. 선고 2001두2874 판결).[1]

3. 판결의 검토

(1) 문제의 소재

행정소송에서 행정청의 행위가 처분성이 있고 원고적격이 인정된다고 하더라도, 당해 처분을 현실적으로 취소해야 할 필요성이 없으면 그 소송은 각하된다. 이 점에 대하여 행정소송법 제12조는 「취소소송은 처분등의 취소를 구할 법률상 이익이 있는 자가 제기할 수 있다. 처분등의 효과가 기간의 경과, 처분등의 집행 그 밖의 사유로 인하여 소멸된 뒤에도 그 처분등의 취소로 인하여 회복되는 법률상 이익이 있는 자의 경우에는 또한 같다.」라고 규정하고 있다. 여기에는 여러 가지 유형이 있으며, 특히 문제가 되는 것은 동조 제2문의 「회복되는 법률상의 이익」을 어떻게 해석할 것인가이다.

본고에서는 지면관계상 본 사건과 관련이 있는 「기간의 경과에 의해 처분의 효과가 완료」되는 경우에 한정하여 살펴보기로 한다.

---

1) 본건 판례에서 인용함.

(2) 기간의 경과와 협의의 「소(訴)의 이익」

기간의 경과에 의해 처분의 효과가 완료되는 경우에 「회복되는 법률상의 이익」과 관련하여 문제되는 사안은 다음과 같은 유형을 들 수 있다.

(가) 부수적인 불이익한 결과의 배제

기간의 경과에 의해 처분의 효과가 완료되는 경우가 흔히 있다. 이 경우에 부수적인 불이익한 결과가 남아 있는 경우에 이 부수적인 불이익한 결과를 배제하기 위하여 당해 행정처분을 취소할 이익이 존재하는가의 문제이다. 이 점에 대하여 대법원은, 징계처분으로 감봉처분이 있은 후 그 처분이 취소됨이 없이 자진퇴직 하여서 공무원의 신분이 상실된 후 위의 징계처분의 취소를 구하는 소송에서, 「… 공무원이 위법한 징계처분에 의하여 신분적으로 또는 재산적으로 그 이익의 일부 또는 전부가 박탈된 경우에 있어서 그와 같은 징계처분으로 인한 본래적인 또는 부수적인 불이익한 결과를 처분당시에 소급해서 제거하고 그와 같은 처분이 없었던 것과 마찬가지의 법적상태를 회복시키고 그의 위법한 처분에 대하여 구제를 받기 위해서 그 취소가 필요하다면 그 징계처분의 위법을 주장하고 그 취소를 구할 실익이 있다고 하여야 할 것이고 그를 위해서 소송이 적절하고 합리적인 방법이라면 단순히 공무원의 신분이 상실되었다는 그것만의 이유로서 소의 이익이 없다고 논단할 수 없을 것」(대법원 1977. 7. 12. 선고 74누147 판결)이라고 판시하고 있다.

(나) 명예 · 신용 등

위의 부수적인 불이익한 결과의 배제와 관련하여 명예 · 신용 등과 같은 이익도 포함시켜야 한다는 견해(김도창)와 법적 가치나 의미가 없는 단순한 명예 · 신용 등의 사회적 이익은 포함되지 않는다는 견해(김유환)가 있다.

대법원은 「원고는 피고의 동 자격정지처분에 명시된 자격정지기간이 이미 경과 되었음을 스스로 인정하고 있으므로 위와 같이 자격정지기간이 경과되므로 인하여 피고의 동처분은 다시 집행할 수 없는 상태에 이르렀음이 분명하다 할 것이니, 원고로서는 그 정지기간이 경과된 지금에 와서는 설사 그 처분이 취소된다고 하더라도 이미 그 정지기간이 경과된 이상 동 처분의 효력이 소멸되어 다시금 그 자격정지기간이 경과되지 아니하였던 상태로 회복될 수는 없는 이치이므로 이미 그 처분의 취소를 구할 이익이 없다고 보아야 할 것이고 설사, 피고의 동 처분으로 인하여 원고의 명예, 신용 등 인격적인 이익이 침해되어 그 침해상태가 자격정지기간 경과 후에도 잔존하는 불이익이 있다고 하더라도 이와 같은 불이익은 동 처분의 직접적인 효과였다고는 할 수 없고 …」(대법원 1978. 5. 23. 선고 78누72 판결, 대법원 1991. 4. 26. 선고 91누179 판결)이라고 하여 원칙적으로 명예 · 신용 등의 침해는 부수적인 불이익한 결과로 보고 있지 않는 것처럼 보이지만 예외적으로 인정하는 경우로 볼만한 사례도 존재한다. 즉, 고등학교에서 퇴학처분을 당한 후 고등학교졸업학력검정고시에 합격한 경우, 퇴학처분의 취소를 구할 소의 이익 유무가 다퉈진 사례에서, 「고등학교졸업이 대학입학자격이나 학력인정으로서의 의미밖에 없다고 할 수 없으므로 고등학교졸업학력검정고시에 합격하였다 하여 고등학교 학생으로서의 신분과 명예가 회복될 수 없는 것이니 퇴학처분을 받은 자로서는 퇴학처분의 위법을 주장하여 그 취소를 구할 소송상의 이익이 있다」(대판 1992. 7. 14. 선고 91누4737 판결)라고 판시하고 있다.

형식적으로 보면 명예 · 신용 등의 침해는 사실상의 것으로 법효과의 취소를 목적으로 하는 취소소송제도의 취지에 부합하는 것은 아니다. 그러나 사실상의 이익이라고 하더라도 위법한 처분에 의해서 침해를 입은 경우에는 그 침해가 구제를 받아야 할 정도의 것이라면 이를 구제하는 것이 법치주의의 이념에 비추어 볼 때 당연하다 할 것이다. 다만, 이 경우의 구제는 국가배상제도로 처리해야 한다는 견해가 있을 수 있다. 그러나 국가배상청구권이 성립하기 위해서는 공무원의 주관적 요건이 필요한 외에 처분의 위법성 그 자체가 심리의 대상이 되지 않을 수도 있기 때문에 구제를 국가배상에 한정하는 것은 적절하지 않다는 점도 고려되어야 할 것이다(塩野).

㈐ 장래에 발생하는 불이익의 방지

위법한 처분이 장래의 불이익처분에 있어 요건사실이 되는 경우에는 기간의 경과 뒤에도 그 처분의 취소를 구할 소의 이익이 인정된다고 할 것이다(김동희). 다만, 이 점과 관련하여 대법원은 불이익처분의 근거규정이 시행규칙으로 되어 있는 경우에는 소의 이익을 인정하지 않다가 2006년 6월 전원합의체 판결(대법원 2006. 6. 22. 선고 2003두1684 판결)에 의하여 이를 번복하게 되었는데 이점에 대해서는 여러 곳에서 소개하고 있으므로 여기서는 생략하기로 한다.

㈑ 반복되는 동종(同種)의 처분의 방지

기간 경과 후 소(訴)의 이익의 소멸원칙을 형식적으로 적용하면 반복해서 동종의 처분이 행해지게 될 때에는 처분의 취소를 구할 수 있는 기회를 잃게 된다. 이것은 행정소송법 제12조 제2문의 취지에 맞지 않기 때문에 소의 이익을 인정해야 할 것이다. 대법원도 원상회복이 불가능한 경우의 사례이기는 하지만 「동일한 소송 당사자 사이에서 그 행정처분과 동일한 사유로 위법한 처분이 반복될 위험성이 있어 행정처분의 위법성 확인 내지 불분명한 법률문제에 대한 해명이 필요하다고 판단되는 경우 등에는 행정의 적법성 확보와 그에 대한 사법통제, 국민의 권리구제의 확대 등의 측면에서 여전히 그 처분의 취소를 구할 이익이 있다고 보아야 한다」라고 판시하고 있다(대법원 2008. 2. 14. 선고 2007두13203 판결).

(3) 대상판례의 검토

앞서 소개한 관련판례에서 볼 수 있는 사례에 대하여 대법원이 이른바「협의의 소(訴)의 이익」을 인정하지 않는 입장을 견지해 온 까닭은 취소소송제도는 처분의 효력을 배제하기 위하여 존재하는 것이라고 이해하고 있었기 때문이라고 할 수 있다. 그러나 처분의 효력이 장래에 향하여 소멸하는 경우(이른바 철회), 처분이 적법하였다는 전제하에서 형성된 법률관계는 그대로 남게 되기 때문에 앞에서 살펴본 것과 같은 상대방 등에게 불이익한 결과 등이 발생한다. 그렇기 때문에 이론적으로는 대법원과 같은 취소소송에 대한 이해의 방법도 가능하지만 이러한 입장이 소송법 전체의 체계 속에서 합리성을 갖기 위해서는 처분을 전제로 하여 발생한 불이익 등을 회복하기 위한 소송이 별도로 정비되어 있어야 한다(古城). 그러나 이미 다 알고 있는 것처럼 우리나라의 소송법체계는 취소소송 중심주의를 취하고 있으며, 특히 대상판례에서와 같이 처분과 관련하여 남겨진 불이익한 법률관계를 자유롭게 공격할 수 있는 소송제도는 완비되어 있지 않다.

본건의 경우 원고들의 임기가 만료되었다 하더라도 원고들에게 내려진 처분이 취소됨으로써 원고들에게는 민법 제691조에서 규정하고 있는 긴급처리권 등이 회복되는 이익이 있고, 또 원고들에게 불리한 동종의 처분, 즉 후임임원의 선임처분이 반복될 위험성이 있기 때문에 원고적격을 인정한 대법원의 판지는 타당하다고 할 수 있다.

4. 판결의 의미와 전망

본판결은 임원승인처분취소처분과 관련하여 부인되던 이른바「협의의 소(訴)의 이익」을 새로운 법해석을 통하여 인정하게 되었다는 점에 의의가 있다. 다만, 이 판결로 인하여 대법원이 본판결에서 취한 입장을 지금까지 인정하지 않았던 다른 사안에까지 확대해 갈 것인가에 대해서는 아직 확답할 수 없는 상황이라고 할 수 있다. 그러나 가장 바람직한 방법은 앞서 잠시 언급한 것처럼「협의의 소(訴)의 이익」으로 표현되는 이익을 회복하기 위한 소송제도를 행정소송법 전체에 대한 검토 속에서 정비하는 일일 것이다.

〈참고문헌〉

김도창, 일반행정법론(상) 제4전정판, 청운사, 1992.
김동희, 행정법Ⅰ 제14판, 박영사, 2009.
김유환, "취소소송에 있어서의 권리보호의 필요", 고시연구 통권 제260호, 고시연구사, 1995. 11.
塩野宏, 行政法Ⅱ〔第四版〕, 有斐閣, 2005.
古城誠, 訴えの利益—九条カッコ書きを中心に—, ジュリスト925号.

82. 단계적 처분과 소의 제기요건

—대법원 2004. 12. 10. 선고 2003두12257 판결—

권 순 일*

Ⅰ. 판결개요

1. 사실관계

(1) 원고는 1995. 2. 14. 징병신체검사를 받은 결과 신체등위 1급으로 현역병 입영대상편입처분을 받았으나, 그 후 재신체검사에서 신체등위 4급 판정 및 그에 따른 보충역편입처분을 받고, 1999. 3. 8.부터 공익근무요원으로 소집되어 복무하였다.

(2) 피고는 2001. 3. 19. 원고의 아버지가 원고로 하여금 신체등위 4급판정을 받도록 하기 위하여 담당 공무원 등에게 뇌물을 공여하였음을 이유로 위 보충역편입처분을 취소('제1처분')하는 처분 및 공익근무요원복무중단처분('제2처분')을 하였다.

(3) 원고는 2001. 3. 30. 재신체검사에서 신체등위 3급 판정 및 그에 따른 현역병입영대상편입처분('제3처분')을 받았으며, 같은 해 5. 21. 현역병입영통지처분('제4처분')을 받았다.

(4) 원고는 2001. 5. 30. 보충역편입처분취소처분(제1처분)의 취소를 구하는 소를 제기하였고, 제1심 소송계속중에 현역병입영통지처분(제4처분)의 취소를 구하는 청구를 추가하였으며, 이어서 현역병입병대상편입처분(제3처분)의 무효확인을 구하는 청구를 예비적으로 추가하였다.

(5) 원고는 제2심 계속중에 현역병입영대상편입처분을(제3처분)의 취소를 구하는 청구를 추가함과 아울러 위 예비적 청구를 취하하였고, 이어서 공익근무요원복무중단처분('제2처분')의 취소를 구하는 청구를 추가하였다.

---

* 대법관.

2. 소송경과

(1) 제1심(부산지방법원 2002. 4. 11. 선고 2001구합3686 판결)

보충역편입처분취소처분(제1처분)은 후행 처분인 현역병입영대상편입처분(제3처분)에 의하여 이미 철회 내지 취소되어 효력이 상실되었고 후행 처분이 취소되거나 당연무효가 아닌 이상 선행 처분의 효력을 되살릴 수 없으므로 그 취소를 구할 소의 이익이 없다. 후행 처분인 현역병입영통지처분(제4처분)의 취소 청구는 제소기간을 도과하여 부적법하다.

(2) 원심(부산고등법원 2003. 9. 26. 선고 2002누1816 판결)

(가) 당초의 보충역편입처분은 보충역편입처분취소처분(제1처분)에 의하여 실효된 것이지 그 후행 처분인 현역병입영대상편입처분(제3처분)에 의하여 실효된 것은 아니어서 종전의 보충역 지위를 회복하려는 원고로서는 현역병입영대상편입처분(제3처분)의 취소와 함께 보충역편입처분취소처분(제1처분)의 취소를 구할 소의 이익이 있다.

(나) 변경 후의 청구가 변경 전의 청구와 소송물이 실질적으로 동일하거나 밀접한 관계에 있어 변경 전의 청구에 이미 변경 후의 청구까지 포함되어 있다고 볼 수 있는 특별한 사정이 있는 때에는 당초의 소 제기시를 기준으로 제소기간의 준수여부를 살펴야 한다. 이 사건에서 소변경으로 추가된 청구는 소제기 시에 한 최초의 청구와 그 소송물이 밀접한 관계에 있어 최초의 청구에 변경 후의 추가 청구까지 포함되어 있다고 볼 수 있는 특별한 사정이 있는 경우에 해당하므로, 당초의 소제기 시를 기준으로 하면 추가청구도 제소기간을 준수하였다고 보아야 한다.

3. 판결요지

(1) 공익근무요원복무중단처분, 현역병입영대상편입처분 및 현역병입영통지처분은 보충역편입처분취소처분을 전제로 한 것이기는 하나 각각 단계적으로 별개의 법률효과를 발생시키는 독립된 행정처분으로서 하나의 소송물로 평가할 수 없고, 보충역편입처분취소처분의 효력을 다투는 소에 공익근무요원복무중단처분, 현역병입영대상편입처분 및 현역병입영통지처분을 다투는 소도 포함되어 있다고 볼 수 없다고 할 것이므로, 공익근무요원복무중단처분, 현역병입영대상편입처분 및 현역병입영통지처분의 취소를 구하는 소의 제소기간의 준수 여부는 각 그 청구취지의 추가·변경신청이 있은 때를 기준으로 개별적으로 살펴야 할 것이지, 최초에 보충역편입처분취소처분의 취소를 구하는 소가 제기된 때를 기준으로 할 것은 아니다.

(2) 현역병입영대상편입처분은 보충역편입처분취소처분과는 별개의 법률효과를 발생

시키는 독립된 행정처분으로서 제소기간이 경과하여 처분의 위법성을 다툴 수 없게 되었을 뿐 아니라 당연무효라고 볼 수도 없는 이상, 이 사건 보충역편입처분취소처분이 취소되어 확정된다고 하더라도 원고로서는 현역병입영대상편입처분에 터잡은 현역병입영통지처분에 따라 현역병으로 복무하는 것을 피할 수 없고, 따라서 이 사건 보충역편입처분취소처분의 취소를 구할 법률상의 이익이 없다.

Ⅱ. 평 석

1. 쟁점정리

둘 이상의 행정행위가 일련의 절차로 연속하여 행하여지는 경우에 그 위법을 다투어 권리구제를 받으려는 당사자로서는 어떠한 행정행위를 행정소송의 대상으로 삼을 것인지 나아가 그 위법사유를 어떻게 주장할 것인지 하는 문제에 부닥치게 된다.

단계적 처분과 관련하여 행정소송 실무에서 흔히 문제가 되는 것은 선행 행정행위가 위법하지만 제소기간이 경과되어 불가쟁력이 발생한 경우에 당사자가 후행 행정행위에 대한 소송에서 후행 행정행위 자체는 위법하지 아니하더라도 선행 행정행위의 위법을 이유로 후행 행정행위의 위법을 주장할 수 있는지 여부이다(강학상 하자승계론의 문제).

그런데 역으로, 최초에 행해진 행정행위를 대상으로 그 제소기간 내에 행정소송을 제기한 당사자가 소송 계속중에 후행 행정행위들에 대한 소의 추가적 · 교환적 변경을 할 필요가 있는 경우가 있다. 이러한 경우에 단계적으로 행해진 일련의 행정행위가 일정한 행정목적 달성을 위하여 밀접한 관계에 있다고 한다면 최초에 제기된 소의 제기시를 기준으로 후행 행정행위에 대한 제소기간의 준수 여부를 판단할 수 있는지가 문제된다. 대상판결은 이 문제에 대한 대법원의 입장을 최초로 보여주는 판결이다.

2. 판결의 검토

(1) 소의 변경과 제소기간

취소소송의 제기기간에 관하여 행정소송법은 처분 등이 있음을 안 날부터 90일, 처분이 있은 날부터 1년 이내로 규정하고 있다(제20조). 행정소송법이 제소기간을 둔 것은 행정처분은 처분의 상대방뿐만 아니라 일반공공의 이해에 관계되는 경우가 많기 때문에 행정법관계를 조속히 안정시키기 위한 것이다.

제소기간의 준수 여부는 취소소송의 대상이 되는 개개의 처분마다 독립적으로 판단하는 것이 원칙이다(대법원 2004. 11. 25. 선고 2004두7023 판결). 그러나 행정처분 등으로 말미암아 불이익을 받은 자가 그에 불복할 의사를 표시하여 소를 제기하였음에도 불구하고 법률의 부지 등으로 말미암아 소송형식을 잘못 택하였거나 청구취지 변경 등을 늦게 하였다는 이유로 제소기간을 도과한 부적법한 소라고 보는 것은 당사자에게 가혹한 경우가 적지 않다. 이 때문에 행정소송법은 제소기간의 소급을 인정하는 몇 가지 구제규정을 두고 있는데, 이를 살펴보면 다음과 같다.

첫째로, 원고가 피고를 잘못 지정한 때에 법원의 허가를 얻어 피고를 경정할 수 있는데, 이 경우 새로운 피고에 대한 소송은 처음에 소를 제기한 때에 제기된 것으로 보므로(제14조 제4항), 제소기간 준수 여부는 처음의 피고를 상대로 한 제소시를 기준으로 한다. 필수적 공동소송인 중 탈루된 일부를 추가하는 경우에도 추가된 당사자에 대한 소송은 처음의 소가 제기된 때에 제기된 것으로 보므로(민사소송법 제68조 제3항), 마찬가지로 처음의 소 제기시를 기준으로 제소기간의 준수 여부를 판단하여야 한다.

둘째로, 원고가 법원의 허가를 얻어 무효등확인소송이나 부작위위법확인소송을 취소소송으로 변경하거나 당사자소송을 취소소송으로 변경하는 경우 및 항고소송을 당사자소송으로 변경하는 경우, 새로운 소송은 처음에 소를 제기한 때에 제기된 것으로 보므로(제14조 제4항, 제21조 제4항, 제37조, 제42조), 변경전 소제기 당시를 기준으로 제소기간 준수 여부를 판단하여야 한다.

문제는 행정소송법상의 소변경이 아닌 민사소송법의 준용에 의한 청구의 변경을 한 때에도 특별한 사정이 있는 경우에는 행정소송법 제21조를 유추적용하여 제소기간의 소급을 인정할 수 있는지 여부이다.

이 점에 관하여 변경 후의 청구가 변경 전의 청구와 소송물이 실질적으로 동일하거나 밀접한 관계가 있어 변경 전의 청구에 이미 변경 후의 청구까지 포함되어 있다고 볼 수 있는 등 특별한 사정이 있는 때에는 당초의 소 제기시를 기준으로 제소기간의 준수 여부를 판단하는 것이 옳다는 견해가 있다(사법연수원, 193면). 이 견해에 의하면, 환지예정지의 지정이 불공평하게 되었음을 이유로 그 예정지지정처분의 취소를 구하는 소가 계속중에 환지예정지대로 환지처분이 이루어진 경우 환지예정지 지정처분의 취소를 구하는 취지 중에 그 예정지대로 이루어진 환지처분에 대한 불복의 의사도 포함되어 있다고 볼 수 있으므로, 비록 환지처분의 취소를 구하는 취지로의 소의 변경이 늦게 이루어졌다고 하더라도 적법한 소의 변경으로 보아야 한다고 한다.

이 견해를 취하는 입장에서는, 과세처분의 취소소송 계속중 감액경정처분이 이루어진 경우 그 감액된 과세처분으로 소변경을 하는 것은 이미 당초의 과세처분에 대한 소가 제소기간을 준수한 것인 이상 소변경의 시기에는 제소기간 내에 하여야 한다는 제약이 없다고 본 사례(대법원 1982. 11. 23. 선고 81누393 판결), 과세처분의 취소소송 계속중에 증액경정처분이 이루어진 경우 그 주장하는 위법사유가 당초 처분에 대한 것과 동일하다면 원고는 따로 전심절차를 거칠 필요 없이 청구취지를 변경하여 경정처분의 취소를 구할 수 있고, 또 청구취지변경시를 기준으로 제소기간 준수 여부를 따로 따질 필요가 없다고 한 사례(대법원 1982. 2. 9. 선고 80누522 판결) 등을 근거로 기존 판례도 이러한 견해를 지지하는 것으로 볼 수 있다고 한다. 그러나 전자는 대법원이 감액경정처분은 당초 부과처분과 별개 독립의 과세처분이 아니고 그 실질은 당초의 부과처분의 일부 취소에 불과하므로 소송물 자체는 동일하다고 본 것에 불과하고, 후자는 증액경정처분에 대하여는 주장하는 위법사유가 동일한 경우이므로 실질적으로 동일한 소송물로 본 데에 불과하므로, 기존의 판례가 이러한 견해를 지지하고 볼 수 있는지는 의문이다.

이 사건에서, 원심은 최초의 처분인 보충역편입처분취소처분의 취소를 구하는 소가 제기되어 그 소송이 계속중에 추가적 병합이 이루어진 공익근무요원복무중단처분, 현역병입영대상편입처분, 현역병입영통지처분 등의 취소청구는 모두 그 소송물이 밀접한 관계에 있어 최초의 청구에는 추가된 청구까지 포함되어 있다고 볼 수 있다는 이유로 제소기간의 소급을 인정하였음에 반하여, 대상판결은 위의 후행 처분들은 최초의 처분을 전제로 한 것이기는 하지만 각각 단계적으로 별개의 법률효과를 발생시키는 독립된 행정처분이라는 점을 중시하여 제소기간의 준수 여부는 각 그 청구취지의 추가 · 변경신청이 있은 때를 기준으로 개별적으로 판단하여야 한다는 입장을 택하였다.

(2) 소의 이익 상실 여부

취소소송은 위법한 처분 등에 의하여 발생한 위법상태를 배제하여 원상으로 회복시킴으로써 그 처분으로 침해되거나 방해 받은 권리와 이익을 구제하고자 하는 소송이므로, 처분 등의 효력이 존속하고 있어야 하고, 그 취소로서 원상회복이 될 수 있어야 소의 이익이 인정되는 것이 원칙이다.

그런데 선행처분과 후행처분이 단계적으로 연속하여 이루어진 경우에 후행처분에 불가쟁력이 발생하는 등 처분 후의 사정에 의하여 선행처분이 취소되더라도 당사자로서는 원상회복이 불가능하게 되는 경우가 생긴다. 대상판결은 보충역편입처분취소처분이 취소되어 확정된다고 하더라도 원고로서는 현역병입영대상편입처분에 터잡은 현역병입영통지처분에 따라 현역병으로 복무하는 것을 피할 수 없으므로, 이 사건 보충역편입처분취소처분의 취소를 구할 법률상의 이익이 없다고 보았다. 소의 이익에 관한 종래의 판례 흐름을 재확인하는 판결이다. 같은 취지의 판결로는, 공익근무요원 소집해제신청이 거부된 후 계속 공익근무요원으로 복무함에 따라 복무기간만료를 이유로 소집해제처분을 받으면 그 소집해제거부처분의 취소를 구할 소의 이익이 없게 되었다고 본 판결(대법원 2005. 5. 13. 선고 2004두4369 판결)이 있다.

처분 후의 사정에 의하여 당사자의 권리와 이익의 침해 등이 해소된 경우에도 그 처분의 취소를 구할 소의 이익은 없게 된다. 이러한 취지의 판결로는, 현역병입영대상처분을 받은 후에 국외여행허가신청 부결처분과 현역병입영통지처분을 받고 위 각 처분의 취소를 구하는 소송이 계속중에 상고심에 이르러 제2국민역편입처분이 되었다면 이로써 위 현역병입영대상병역처분은 취소 또는 철회되어 그 효력이 소멸하였고 이제는 허가 없이도 국외여행이 가능하게 되었으므로 위 각 처분의 취소를 구할 소의 이익이 없게 되었다고 본 판결(대법원 2007. 3. 29. 선고 2005두2155 판결)이 있다.

3. 판결의 의의

대상판결은 행정행위의 하자 문제는 둘 이상의 행정행위가 일련의 절차를 거쳐 단계적으로 행하여진 경우에도 개개 행정행위마다 독립적으로 판단하는 것이 원칙이고, 행정행위에 불가쟁력을 인정하는 취지가 행정상 법률관계의 조속한 확정을 통하여 법적 안정성을 기하려는 데에 있는 점에 비추어 볼 때 이미 불가쟁력이 발생한 행정행위를 다른 행정행위에 관한 소송에서 다투는 것은 허용되지 않는다는 종래 판례의 입장을 재확인하는 의미를 가진다.

그러나 이 사건과 같이 원고가 최초의 행정행위에 대하여 제소기간 내에 그 취소를 구하는 소를 제기하였고 그 후에 후행 행정행위들의 취소를 구하는 소를 추가 · 병합하였는데 이들 청구들 상호간에 밀접한 관계가 있다고 보여지는 경우에는 법원으로서는 법적 안정성의 요청에 비해 예외적으로 개인의 권리구제요청에 더 비중을 두어 제소기간의 소급을 인정할 특별한 사정이 있다고 볼 수도 있지 않았을까 하는 아쉬움이 있다.

〈참고문헌〉

김석, "병역처분에 있어서의 하자승계논의", 재판과판례 12집, 대구판례연구회
박해식, "단계적 처분과 제소기간 준수의 기준시", 대법원판례해설 통권 제52호, 법원도서관, 2005.
사법연수원, 행정구제법, 사법연수원편집부, 2008.
안철상, "행정소송에서의 소의 변경과 새로운 소의 제기기간", 행정판례연구 XI, 박영사, 2006. 6.
하명호, "원고가 현역병입영대상처분을 받은 후에 국외여행허가신청 부결처분과 현역병입영통지처분을 받고 위 각 취소를 구하는 소송계속중에 상고심에이르러 현역병입영대상자에게 제2국민역편입자로 신분이 변경된 경우 그 취소소송이 소의 이익이 있는지 여부", 대법원판례해설 통권 제68호, 법원도서관, 2007.

83. 성업공사의 피고적격

—대법원 1996. 9. 6. 선고 95누12026 판결, 대법원 1997. 2. 28. 선고 96누1757 판결—

이　광　윤*

Ⅰ. 판결개요

1. 사실관계

두 판결은 세금을 체납한 자에 대하여 세무서장이 체납된 재산을 압류하고 성업공사로 하여금 체납·압류된 재산을 공매케 하였는데 이에 대하여 세무서장을 상대로 하여 공매에 불복하는 취소소송이 제기된 경우이다.

2. 소송경과

1) 항소심 원고승소 2) 상고심 각하(양 판결 모두 원심에서는 세무서장의 피고적격을 인정하였다. 이에 대하여 대법원은 위임청인 세무서장은 피고적격이 없고 수임청인 성업공사에게 피고적격이 있다고 함).

3. 판결요지

성업공사가 압류재산을 공매하는 것은 세무서장의 공매권한 위임에 의한 것으로 보아야 할 것이므로, 성업공사가 한 공매처분에 대한 취소 등의 항고소송을 제기함에 있어서는 수임청으로서 실제로 공매를 행한 성업공사를 피고로 하여야 할 것이고, 위임청인 세무서장은 피고적격이 없다고 보아야 할 것이다(대법원 1989. 10. 13. 선고 89누1933 판결 등 참조). 따라서 세무서장을 상대로 성업공사가 한 공매처분의 취소를 구하는 이 사건 소는 피고적격 없는 자를 상대로 한 부적법한 소라 할 것이고, 이러한 경우 원심으로서는 석명권을 행사하여 원고로 하여금 피고를 처분청인 성업공사로 경정하게 하여 소송을 진행하였어야 할 것임에도(대법원 1990. 1. 12. 선고 89누1032 판결 등 참조) 이러한 조치

* 성균관대학교 법학전문대학원 교수.

를 취하지 아니한 채 본안에 들어가 판단하였으니, 결국 원심판결에는 항고소송에서의 피고적격 등에 관한 법리를 오해한 위법이 있다.

Ⅱ. 평 석

1. 쟁점정리

우리나라 행정소송법은 처분 등을 행한 행정청을 피고로 하여 소송을 제기하도록 규정(행정소송법 제13조 제1항)되어 있다. 한편 행정소송법 제2조 제2항에서는 "행정청에는 법령에 의하여 행정권한의 위임 또는 위임을 받은 행정기관, 공공단체 및 그 기관 또는 사인이 포함된다"고 규정하고 있으므로 성업공사가 행정청인지, 또 '법령에 의하여 행정권한의 위임 또는 위임'을 받았는지 여부가 문제된다. 행정소송법에 행정청에 관한 직접적인 정의 규정은 없으나 행정절차법에서는 "행정청"이라 함은 행정에 관한 의사를 결정하여 표시하는 국가 또는 지방자치단체의 기관 기타 법령 또는 자치법규(이하 "법령등"이라 한다)에 의하여 행정권한을 가지고 있거나 위임 또는 위탁받은 공공단체나 그 기관 또는 사인을 말한다(행정절차법 제2조 제1호). 따라서 성업공사는 국가 또는 지방자치단체의 기관이 아니므로 1. 성업공사가 법령에 의하여 행정권한을 가지고 있는지. 2. 법령에 의하여 행정권한을 위임 또는 위탁받은 공공단체나 그 기관 또는 사인인지 문제된다.

법령에 의하여 행정권한을 가지고 있는 경우란 기관의 설립법령에서 직접 행정권한을 부여하고 있는 경우로 해석된다. 즉 공법인을 창설하는 법령이 그 공법인에게 직접 행정권한을 부여하고 있는 경우인데, 국가나 지방자치단체는 일반적 권한을 행사하는데 비해 국가나 지방자치단체를 제외한 나머지 공법인은 창설 목적에 따라 특정된 업무에 관한 권한을 행사하므로, 한국연구재단법에 의한 한국연구재단과 같이 그 특정된 사무가 행정사무일 때는 법령에 의해 직접 행정권한을 부여받는다. 그러나 공법인이라 할지라도 한국철도공사법에 의한 한국철도공사와 같이 그 특정된 업무가 행정업무가 아닌 상공업적 업무일 때는 설립법령에 의하여 행정권한을 부여 받은 것이 아니며 이러한 공법인이 특정 업무에 관하여 행정처분을 하기 위해서는 법령에 의하여 행정권한을 위임 또는 위탁을 받아야만 한다. 국가나 지방자치 단체가 시영버스나 지하철 전차 등의 사업을 그 소속 행정기관으로 하여금 직접 경영할 때는 국가나 지방자치단체가 사법형식으로 경영을 하게 된다. 그러나 특정 공법인을 창설하여 그 공법인으로 하여금 이러한 상공업적 사업을 경영할 때는 그 특정한 공법인은 원칙적으로 사법적 활동을 하게 되며, 행정적 목적으로 특정 공법인을 설립하여 행정을 하게 하면 그 특정 공법인은 설립목적에 따라 원칙적으로 공법적 활동을 하게 된다. 이원우 교수는 "공법상의 법인격을 가진 정부투자기관은 행정청에 해당한다(이원우, "한국공법이론의 새로운 전개")," 하는데 상행위에 종사하는 기관은 원칙적으로 사법의 지배를 받음이 자명하므로 '정부투자기관의 행정주체성'을 주장하는 견해에 동의할 수 없다. 성업공사는 구 한국산업은행법 제53조의3과 이에 근거한 성업공사령에 의해 설립된 기관으로 그 업무는(성업공사령 제12조);

1. 한국산업은행으로부터 승계 또는 이관된 채권의 보전과 추심
2. 한국산업은행이 그 채권의 변제를 받기 위하여 인수한 물건으로서 한국산업은행으로부터 승계 또는 이관된 재산의 관리와 처분
3. 금융기관 · 보험회사 · 단기금융회사 기타 이와 유사한 기관으로부터 회수의 위임을 받은 채권의 보전과 추심
4. 제3호의 기관으로부터 매각의 위임을 받은 비업무용재산의 처분과 그 대금의 추심
5. 제1호 내지 제4호의 업무에 부대하는 업무로서 재정경제원장관의 승인을 얻은 업무

이므로 설립 법령에 의해 직접 행정권한을 부여받은 것으로 볼 수 없다.

따라서 성업공사가 피고가 되기 위한 행정청이 되기 위하여 법령에 의하여 행정권한을 위임 또는 위탁받아야만 한다.

국세징수법 제61조 제1항은 "제61조(공매) ① 세무서장은 압류한 동산 · 유가증권 · 부동산 · 무체재산권과 제41조 제2항의 규정에 의하여 체납자에게 대위하여 받은 물건(통화를 제외한다)을 대통령령이 정하는 바에 의하여 공매에 붙인다. 다만, 세무서장은 압류한 재산의 공매에 전문지식이 필요하거나 기타 특수한 사정이 있어 직접 공매하기에 적당하지 아니하다고 인정되는 때에는 대통령령이 정하는 바에 따라 한국산업은행법 제53조의3의 규정에 의하여 설립된 성업공사(이하 "성업공사"라 한다)로 하여금 이를 대행하게 할 수 있으며 이 경우의 공매는 세무서장이 한 것으로 본다"고 규정하고 있다. 따라서 성업공사는 법령의 위임에 의하여 행정권한을 부여 받았기 때문에 공매처분이라는 행정처분을 한 행정청으로서 피고적격을 갖는다고 볼 것이나, "이 경우의 공매는 세무서장이 한 것으로 본다"는 규정으로 인하여 행정청이 아닌 단순한 행정청의 수족으로 볼 수도 있다. 양 판결은 모두 성업공사를 수임청으로 보고 있으나 명문의 규정에 반한다는 문제가 있다.

2. 관련판례

(1) 대법원 1989. 10. 13. 선고 89누1933 판결

성업공사는 세무서장으로부터 의뢰받은 국세압류재산의 공매에 관하여 세무서장의 지휘감독을 받지 아니하고 자기의 권한으로 공매를 할 수 있으므로 공매처분무효확인소

송에 있어서 공매처분을 대행한 성업공사의 피고적격을 긍정한 것은 정당하다.

(2) 대법원 1992. 11. 27. 선고 92누3618 판결

항고소송은 행정청의 처분 등이나 부작위에 대하여 처분 등을 행한 행정청을 상대로 이를 제기할 수 있고 행정청에는 처분 등을 할 수 있는 권한이 있는 국가 또는 지방자치단체와 같은 행정기관뿐만 아니라 법령에 의하여 행정권한의 위임 또는 위탁을 받은 행정기관, 공공단체 및 그 기관 또는 사인이 포함되는바 특별한 법률에 근거를 두고 행정주체로서의 국가 또는 지방자치단체로부터 독립하여 특수한 존립목적을 부여받은 특수한 행정주체로서 국가의 특별한 감독하에 그 존립목적인 특정한 공공사무를 행하는 공법인인 특수행정조직 등이 이에 해당한다.

대한주택공사의 설립목적, 취급업무의 성질, 권한과 의무 및 택지개발사업의 성질과 내용 등에 비추어 같은 공사가 관계법령에 따른 사업을 시행하는 경우 법률상 부여받은 행정작용권한을 행사하는 것으로 보아야 할 것이므로 같은 공사가 시행한 택지개발사업 및 이에 따른 이주대책에 관한 처분은 항고소송의 대상이 된다.

(3) 대법원 1995. 2. 28. 자 94두36 결정

행정소송의 대상이 되는 행정처분이라 함은 행정청 또는 그 소속기관이나 법령에 의하여 행정권한의 위임 또는 위탁을 받은 공공단체가 국민의 권리의무에 관계되는 사항에 관하여 직접효력을 미치는 공권력의 발동으로서 하는 공법상의 행위를 말하며, 그것이 상대방의 권리를 제한하는 행위라 하더라도 행정청 또는 그 소속기관이나 권한을 위임받은 공공단체의 행위가 아닌 한 이를 행정처분이라고 할 수 없는 것이다.

한국토지개발공사법의 규정에 의하여 설립된 자본금 전액 정부투자법인일 뿐인 한국토지개발공사가 행정소송법 소정의 행정청 또는 그 소속기관이거나 이로부터 일정기간 입찰참가자격을 제한하는 내용의 부정당업자제재처분의권한을 위임받았다고 볼 만한 아무런 법적 근거가 없으므로, 한국토지개발공사가 한 그 제재처분은 행정소송의 대상이 되는 행정처분이 아니라 단지 상대방을 그 공사가 시행하는 입찰에 참가시키지 않겠다는 뜻의 사법상의 효력을 가지는 통지행위에 불과하고, 또한 그 공사의 이와 같은 통지행위가 있다고 하여 상대방에게 예산회계법 제95조 제2항, 지방재정법 제62조 제2항에 의한 국가 또는 지방자치단체에서 시행하는 모든 입찰에의 참가자격을 제한하는 효력이 발생한다고 볼 수도 없으므로 그 상대방이 한국토지개발공사를 상대로 하여 제기한 부정당업자제재처분 효력정지신청의 본안소송은 부적법하다.

(4) 대법원 1999. 11. 26. 자 99부3 결정

행정소송의 대상이 되는 행정처분이라 함은 행정청 또는 그 소속기관이나 법령에 의하여 행정권한의 위임 또는 위탁을 받은 공공단체가 국민의 권리의무에 관계되는 사

항에 관하여 직접효력을 미치는 공권력의 발동으로서 하는 공법상의 행위를 말하며, 그 것이 상대방의 권리를 제한하는 행위라 하더라도 행정청 또는 그 소속기관이나 권한을 위임받은 공공단체의 행위가 아닌 한 이를 행정처분이라고 할 수는 없다.

한국전력공사는 한국전력공사법의 규정에 의하여 설립된 정부투자법인일 뿐이고 위 공사를 중앙행정기관으로 규정한 법률을 찾아볼 수 없으며, 예산회계법 제11조의 규정에 의하여 정부투자기관의 예산과 회계에 관한 사항을 규정한 구 정부투자기관관리기본법(1997. 8. 28. 법률 제5376호로 개정되기 전의 것)에 구 국가를당사자로하는계약에관한법률(1997. 12. 13. 법률 제5453호로 개정되기 전의 것) 제27조 또는 같은 법 시행령(1997. 12. 31. 대통령령 제15581호로 개정되기 전의 것) 제76조를 준용한다는 규정도 없으므로 위 공사는 위 법령 소정의 '각 중앙관서의 장'에 해당되지 아니함이 명백하고, 위 공사가 입찰참가자격을 제한하는 내용의 부정당업자제재처분의 근거로 삼은 정부투자기관회계규정 제245조가 정부투자기관의 회계처리의 기준과 절차에 관한 사항을 재무부장관이 정하도록 규정한 구 정부투자기관관리기본법 제20조에 의하여 제정된 것임은 분명하나 그 점만으로 위 규정이 구 정부투자기관관리기본법 제20조와 결합하여 대외적인 구속력이 있는 법규명령으로서의 효력을 가진다고 할 수도 없다 할 것이므로, 따라서 위 공사가 행정소송법 소정의 행정청 또는 그 소속기관이거나 이로부터 위 제재처분의 권한을 위임받았다고 볼 만한 아무런 법적 근거가 없다고 할 것이므로 위 공사가 정부투자기관회계규정에 의하여 행한 입찰참가자격을 제한하는 내용의 부정당업자제재처분은 행정소송의 대상이 되는 행정처분이 아니라 단지 상대방을 위 공사가 시행하는 입찰에 참가시키지 않겠다는 뜻의 사법상의 효력을 가지는 통지행위에 불과하다.

3. 판결의 검토

판결은 성업공사가 압류재산을 공매하는 것은 세무서장의 공매권한 위임에 의한 것으로 보아 성업공사를 행정권한을 부여 받은 수임청으로 보고 있으나, "이 경우의 공매는 세무서장이 한 것으로 본다"는 규정을 무시한 데에 대한 아무런 설명도 없다. 이 규정을 존중한다면 성업공사의 지위는 행정청이 아닌 행정의 수족으로 세무서장의 원천징수를 대행하는 사인(사법인)과 같은 지위에 서기 때문에 피고적격이 없다고 볼 수 있다.

4. 판결의 의미와 전망

양 판결은 성업공사의 법적 성격에 대하여는 논하지 않고 성업공사를 세무서장의 공매권한 위임에 의한 수임청으로 보고 있다. 법령에 의한 권한의 위임여부에 따라 행정청 여부를 판단하고 있는 점에서 대법원 1992. 11. 27. 선고 92누3618 판결, 대법원 1995. 2.

28.자 94두36 결정, 대법원 1999. 11. 26.자 99부3 결정 등에 나타난 대법원의 판례태도에는 일관성이 있다. 양 판결은 대법원의 이러한 판례태도를 계승하고 있으나 다른 한편으로는 대법원 1992. 11. 27. 선고 92누3618 판결, 대법원 1995. 2. 28.자 94두36 결정, 대법원 1999. 11. 26.자 99부3 결정들에서 대한주택공사, 한국토지개발공사 및 한국전력공사의 법적 지위에 대하여도 검토를 하고 있는바, 성업공사의 경우에도 법령에 의한 권한의 위임 여부를 검토하기 전에 설립법령에 의하여 직접행정권한을 부여받고 있는지의 여부에 대하여 먼저 검토하여야 할 것이다. 물론 성업공사는 상공업적 공법인으로 설립 법령에 의하여 직접 행정권한을 부여받고 있지는 않다.[4)]

〈참고문헌〉

강일원, "공매통지의 처분성과 공매절차의 집행정지", 행정소송실무연구, 서울고등법원.
권은민, "공매결정 · 통지의 처분성 및 소송상 문제점", 행정판례연구 Ⅴ, 서울대학교 출판부, 2003.
김기진, "공무수탁사인에 관한 연구", 법학연구 제15권 제4호, 연세대학교 법학연구소, 2005. 12.
김찬돈, "가. 공매절차가 개시되어 매각결정이 있은 후 매수인이 매수대금을 납부하기 전에 체납자가 체납국세 등을 완납한 경우, 매각결정을 취소하여야 하는지 여부(적극), 나. 세무서장이 한국자산관리공사에 매각결정 취소하여야 할 의무가 있는지 여부(소극)", 대법원판례해설 통권 제39호, 법원도서관, 2002.
이원우, 한국공법이론의 새로운 전개, 삼지원, 2005. 6.

4) 성업공사는 2000년 1월 한국자산관리공사로 명칭이 변경되었고, 2011년 기획재정부의 공공기관의 분류에 의하면 준정부기관으로, 공공기관의 운영에 관한 법률(2007. 1. 19) 제39조에 의하여 입찰참가자격제한 권한이 부여되어 있다. 그러나 절대 다수를 차지하는 기타 공공기관의 경우에는 마찬가지 문제가 발생한다.

84. 항고소송의 제소기간

—대법원 2004. 11. 25. 선고 2004두7023 판결—

정 형 식*

Ⅰ. 판례개요

1. 사실관계

(1) 1996. 5. 7. 사도개설허가(원고)

원고는 1990. 2. 7. 경 X행정청으로부터 골프장업 사업계획승인을 받고, 원주시 문막읍 궁촌리 산 47-5일대에 K골프장 등의 건설에 착수하였으며, 1996. 5. 7.골프장 진입로로 이용하기 위하여 원주시 문막읍 궁촌리 산 40-1외 43필지에 대하여 토지소유자들의 토지사용승낙서를 첨부하여 피고행정청으로부터 사도개설허가를 받았다.

(2) 2000. 8. 5. 사도변경허가(피고 보조참가인) — 이 사건 제1처분

원고는 자금난으로 골프장 건축을 계속할 수 없게 되자, 1999. 9. 15. 피고 보조참가인에게 공사 중인 위 골프장 부지 및 시설과 골프장 사업과 관련된 인 · 허가권 등 사업권 일체를 양도하였고, 같은 날 피고 보조참가인에게 이 사건 진입도로부지에 대한 실질적인 사용승낙권자로서 토지사용승낙서를 작성하여 주었다. 피고 보조참가인은 X행정청에게 체육시설업승계 및 골프장사업계획변경 신고를 하고, 2000. 8. 5. 피고행정청으로부터 피허가자를 보조참가인으로 변경하는 사도변경허가를 받았다.

(3) 2002. 6. 26. 사도개설허가취소신청 거부처분(원고) — 이 사건 제2처분

원고는 2000. 9. 15.경 보조참가인이 위 사업권양도계약을 위반하였다는 이유로 피고 보조참가인에게 이 사건 진입도로부지 등에 대한 토지사용승낙을 취소한다고 통고하고, 2001. 6. 25. 경 피고 보조참가인을 상대로 사업권반환등 청구의 소를 제기하는 한편 2002. 6. 20. 경 피고행정청에 대하여 위 양도계약이 무효이고, 사도개설허가의 유효기간이 경과하였다는 등의 이유로 위 사도개설허가의 취소를 신청하였으나 피고행정청은

* 서울고등법원 부장판사.

2002. 6. 26. 원고의 위 신청을 거부하였다.

2. 소송경과

(1) 제1심(춘천지방법원 2002구합1319)

원고는 2002. 7. 24. 피고행정청을 상대로 이 사건 제2처분의 취소를 구하는 소를 제기하였다가 2002. 9. 9. 이 사건 제1처분의 취소를 구하는 것으로 청구취지를 교환적으로 변경하였고, 1심 법원은 2003. 7. 24. 제소기간 도과를 이유로 변경된 청구취지에 따른 이 사건 소를 각하하였다.

(2) 제2심(서울고등법원 2003누14682)

원고는 위 판결에 불복하여 항소하였고, 2003. 9. 23. 다시 선택적으로 이 사건 제1 처분의 실효확인 또는 이 사건 제2처분의 취소를 구하는 것으로 청구취지를 교환적으로 변경하였는데, 2심 법원은 2004. 5. 28. 제소기간 도과를 이유로 이 사건 제2처분의 취소를 구하는 부분의 소를 각하하고, 이 사건 제1처분의 실효확인청구부분의 소를 각하하였다.

(3) 제3심(대법원 2004. 11. 25. 선고 2004두7023 판결)

원고가 다시 상고하였으나 대법원은 2004. 11. 25. 원고의 상고를 기각하였다.

3. 판결요지

(1) 원심판결(서울고등법원 2003누14682 판결)의 요지

이 사건 제2처분의 취소를 구하는 소를 제소기간 내에 적법하게 제기하였다가 원심에서 이 사건 제1처분의 취소를 구하는 것으로 청구취지를 교환적으로 변경하였고, 당심 계속 중 다시 청구취지를 교환적으로 변경하여 이 사건 제2처분의 취소청구를 선택적 청구의 하나로 하고 있는바, 당심의 청구취지 변경은 제소기간이 도과된 후에 이루어진 것이어서 이 사건 제2처분에 관한 취소청구 부분의 소는 부적법하다

(2) 대법원 판결의 요지

취소소송은 처분 등이 있음을 안 날부터 90일 이내에 제기하여야 하고, 처분 등이 있은 날부터 1년을 경과하면 제기하지 못하며(행정소송법 제20조 제1항, 제2항), 청구취지를 변경하여 구소가 취하되고 새로운 소가 제기된 것으로 변경되었을 때에 새로운 소에 대한 제소기간의 준수 등은 원칙적으로 소의 변경이 있은 때를 기준으로 하여야 한다.

… 이 사건 제1처분의 취소를 구하는 소에 이 사건 제2처분의 취소를 구하는 취지까지 그대로 남아 있다고 볼 수도 없다.

Ⅱ. 평 석

1. 쟁점정리

이 사건 제2처분에 대한 취소소송은 원래 적법한 제소기간 내에 제기된 것이었다. 1심 진행 중 원고가 이 사건 제2처분에 대한 취소를 이 사건 제1처분에 대한 취소로 청구취지를 교환적으로 변경하였다가 1심에서 제소기간 도과를 이유로 소 각하 판결을 받게 되자 항소심에서 청구취지를 다시 이 사건 제2처분의 취소를 구하는 것으로 교환적으로 변경하였다. 이와 같이 취소소송에서 청구취지의 교환적 변경이 있은 경우 새로운 소에 대한 제소기간 준수여부를 어느 시점을 기준으로 할 것인지가 문제된다(이 사건 제2처분에 대한 1심 취소소송은 적법한 제소기간 내에 이루어 졌으나, 1심에서 청구취지의 교환적 변경으로 일단 그 부분 소가 취하되었다가 2심에서 청구취지의 교환적 변경으로 인하여 다시 심판대상이 되었다).

2. 관련판례

대법원 1974. 2. 26. 선고 73누171 판결: 청구취지를 변경하여 구소가 취하되고 새로운 소가 제기된 것으로 변경되었을 때 새로운 소에 대한 제소기간의 준수 등은 원칙적으로 소의 변경이 있은 때를 기준으로 하여야 한다.

대법원 2004. 12. 10. 선고 2003두12257 판결:

사안: 보충역편입처분을 받고 공익근무요원으로 복무하던 원고에 대하여, 원고의 아버지가 신체검사담당공무원에게 뇌물을 주었다는 이유로 보충역편입처분취소처분(①처분), 공익근무요원복무중단처분(②처분)이 있었고, 그 후 새로운 신체검사를 통하여 현역병입영대상편입처분(③처분) 및 현역병입영통지처분(④처분)이 있었다. 이에 대하여 원고가 제소기간 내에 ①처분에 대해서만 취소처분을 구하였다가 제소기간이 경과한 후 ②, ③, ④처분에 대하여도 취소청구를 추가하였다.

“공익근무요원복무중단처분, 현역병입영대상편입처분 및 현역병입영통지처분은 보충역편입처분취소처분을 전제로 한 것이기는 하나 각각 단계적으로 별개의 법률효과를 발생시키는 독립된 행정처분으로서 하나의 소송물로 평가할 수 없고, 보충역편입처분취소처분의 효력을 다투는 소에 공익근무요원복무중단처분, 현역병입영대상편입처분 및 현역병입영통지처분을 다투는 소도 포함되어 있다고 볼 수는 없다고 할 것이므로, 공익근무요원복무중단처분, 현역병입영대상편입처분 및 현역병입영통지처분의 취소를 구하는 소의 제소기간의 준수 여부는 각 그 청구취지의 추가 · 변경신청이 있은 때를 기준으로 개별적으로 살펴야 할 것이지, 최초에 보충역편입처분취소처분의 취소를 구하는 소가 제기

된 때를 기준으로 할 것은 아니라고 할 것이다

- 소의 추가적 변경의 경우에도 새로운 소에 대한 제소기간 준수 등은 원칙적으로 소의 변경이 있은 때를 기준으로 하여야 한다고 하고 있다.

3. 판례의 검토

(1) 행정소송에서의 소의 변경

(개) 행정소송법 제21조의 소의 변경

행정소송법(이하 '법'이라 약칭함) 제21조 제1항은 "법원은 취소소송을 당해 처분 등에 관계되는 사무가 귀속하는 국가 또는 공공단체에 대한 당사자소송 또는 취소소송 외의 항고소송으로 변경하는 것이 상당하다고 인정할 때에는 청구의 기초에 변경이 없는 한 사실심의 변론종결시까지 원고의 신청에 의하여 결정으로써 소의 변경을 허가할 수 있다"고 규정하고, 이 규정을 당사자소송, 취소소송외의 항고소송에 준용하고 있다.

이와 같은 소의 변경은 원고의 신청과 법원의 허가결정을 요하고, 법원의 허가결정이 있으면 변경된 새로운 소는 제소기간 준수의 소급효가 인정된다(법 제21조 제4항, 제14조 제4항).

(내) 행정소송법 제22조의 소의 변경

법 제22조 제1항은 "법원은 행정청이 소송의 대상인 처분을 소가 제기된 후 변경한 때에는 원고의 신청에 의하여 결정으로써 청구의 취지 또는 원인의 변경을 허가할 수 있다"고 규정하고 있다.

이러한 규정을 둔 이유에 관하여, 행정소송의 계속 중에 소송의 대상인 처분이 처분청이나 재결청에 의하여 변경될 수 있고, 이러한 경우에 소송목적물의 변경으로 청구의 기초에 변경이 생기게 되어 청구의 변경을 허용하기 어렵게 되기 때문이라고 설명하고 있다(주석 행정소송법 631면, 류지태 집필부분).

처분변경으로 인한 소의 변경은 취소소송 외에 무효확인소송이나 당사자소송에서도 인정되지만(법 제38조 제1항, 제44조 제1항), 취소소송을 다른 취소소송으로 변경하는 경우가 많을 것이다. 이러한 소의 변경은 처분변경이 있음을 안날로부터 60일 내에 하도록 하고 있다. 이에 따라 소제기 후 처분변경이 있는 경우 60일 이내에 변경된 처분을 대상으로 하는 소 변경을 하여야 하고, 그 기간을 도과한 경우에는 90일 내에 별소를 제기하여야 한다고 설명하고 있다.

(대) 민사소송법에 의한 청구의 변경

행정소송에서도 민사소송법에 의한 청구의 변경을 인정하고 있다. 원고는 소송절차를 현저히 지연시키는 경우가 아닌 한 청구의 기초가 바뀌지 아니하는 한도 안에서 사실심의 변론 종결시까지 청구의 취지 또는 원인을 변경할 수 있다(법 제8조 제2항, 민사소송법 제262조, 제263조). 따라서 취소소송을 다른 취소소송으로 변경하는 경우로서 법 제22조에 의한 것이 아닌 형태의 소의 변경은 민사소송법 제262조의 요건에 따라 인정된다.

민사소송법상 소를 제기한 후에 청구의 변경이 있는 경우 새로운 청구에 관한 시효의 중단 또는 법률상 기간준수 여부는 원칙적으로 청구변경시를 기준으로 한다(민사소송법 제265조).

따라서 취소소송을 다른 취소소송으로 변경한 경우에도 행정소송법에 특별규정이 없기 때문에 민사소송법의 원칙에 따라 소변경시를 기준으로 새로운 청구의 제소기간 준수여부를 판단하게 된다.

(2) 행정소송에서의 소의 변경과 새로운 소의 제소기간

(개) 앞서 본 바와 같이 행정소송에 있어서의 소의 변경은, 법이 특별히 규정하고 있는 형태의 변경(법 제21조, 제22조, 제37조, 제42조)과 민사소송법 제262조에 의한 변경이 있다.

법 제21조에 의한 소의 변경의 경우 변경된 새로운 소는 법의 규정에 따라 처음에 소를 제기한 때에 제기한 것으로 보도록 되어 있어 소급효가 인정되고, 법 제22조에 의한 소의 변경의 경우에는 변경된 새로운 소는 처분의 변경이 있음을 안날로부터 60일 내(별소 제기의 경우 90일 내)에 하도록 되어 있으나 소송계속 중에 처분 변경이 이루어지는 경우여서 제소기간이 문제되는 경우를 상정하기 어렵다.

민사소송법 제262조에 의한 소의 변경의 경우 변경된 새로운 소의 제소기간 준수여부의 기준시점은 청구변경시여서 제소기간의 소급효는 원칙적으로 인정되지 아니한다.

(내) 소급효의 문제

법은 제21조에 의한 소변경의 경우에는 제소기간의 소급효를 인정하고 있을 뿐 민사소송법 제262조에 의한 소변경의 경우에는 제소기간의 소급효를 인정하고 있지 아니하다.

그러나 실무에서 가장 많이 이루어지는 소변경은 소의 종류의 변경보다도 취소소송 사이의 교환적, 추가적 소변경이라 할 수 있는데, 이 경우에 민사소송법 제265조에 따라 일률적으로 제소기간을 소변경시로 보게 되면 부당한 결과를 가져오는 경우가 있을 수 있다. 이러한 경우와 관련하여 학설은 변경 전후의 청구가 밀접한 관계가 있어 변경 후의 청구가 변경전의 청구와 소송물이 실질적으로 동일하거나 아니면 밀접한 관계에 있어 변경 전의 청구에 이미 변경 후의 청구까지 포함되어 있다고 볼 수 있는 등 특별한 사정이 있는 때에는 당초의 소 제기시를 기준으로 제소기간의 준수 여부를 살핌이 상당하다고 하고 있다(주석 행정소송법 629면, 윤영선 집필부분).

대상판결은 앞에서 본 바와 같이 "소의 변경 경우에 있어서 새로운 소에 대한 제소기간 준수 등은 원칙적으로 소의 변경이 있은 때를 기준으로 하여야 한다"고 하면서도 "이 사건 제1처분의 취소를 구하는 소에 이 사건 제2처분의 취소를 구하는 취지까지 그대로 남아 있다고 볼 수도 없다"라고 설시하여, (제1심에서) 소변경으로 취하된 이 사건 제2분의 취소를 구하는 취지가 이 사건 제1처분의 취소를 구하는 소에 그대로 남아 있다면, (원심에서) 다시 소의 교환적 변경으로 심리의 대상이 된 이 사건 제2처분의 취소를 구하는 소의 제소기간을 소의 변경이 있은 때가 아닌 최초의 소제기시를 기준으로 볼 수 있음을 간접적으로 시사하고 있다.

이는 학설과 그 견해를 같이 하는 것으로서 앞의 대법원 2004. 12. 10. 선고 2003두12257 판결에서 "보충역편입처분취소처분의 효력을 다투는 소에 공익근무요원복무중단처분, 현역병입영대상편입처분 및 현역병입영통지처분을 다투는 소도 포함되어 있다고 볼 수는 없다고 할 것이므로"라고 설시함으로써 다시 확인된다.

4. 판례의 의미와 전망

대법원 2004. 11. 25. 선고 2004두7023 판결은 법제8조 제2항에 의하여 준용되는 민사소송법 제262조에 의한 소의 교환적 변경이 있는 경우에 새로운 소에 대한 제소기간의 준수 등은 원칙적으로 소의 변경이 있은 때를 기준으로 하여야 한다고 함으로써 민사소송법 제265조의 원칙을 확인한 것이라 볼 수 있다. 그런데 주된 판시는 아니었으나 종전의 청구에 교환된 청구의 취지가 포함되어 있다면 이를 달리 볼 수 있다는 여지를 남겨 두었고, 이러한 견해는 그 후의 대법원 2004. 12. 10. 선고 2003두12257 판결에서 바로 확인된다.

실무에서 자주 일어나는 취소소송 사이의 소의 교환적변경의 경우 원칙적으로는 소변경시를 기준으로 제소기간 준수여부를 가리게 되나, 이러한 원칙만을 강조하게 되면 실질적으로 국민의 권리구제에 소홀하게 되는 경우가 생길 수 있다. 즉, 취소소송에서 소의 대상인 처분에 해당하는 지 여부와 어느 처분을 소송대상으로 삼아야 하는지 여부를 판단하는 것은 어려운 경우가 많고, 행정처분 등으로 말미암아 불이익을 받은 자가 그에 불복할 의사로 소제기까지 하였으나 청구취지변경을 늦게 하였다는 이유로 제소기간 도과를 이유로 각하하는 것은 당사자에게 가혹한 경우가 적지 않기 때문이다.

대상판결은 취소소송을 다른 취소소송으로 교환적으로 변경하는 경우에 새로운 소에 대한 제소기간 준수를 소의 변경이 있은 때를 기준으로 한다는 원칙을 선언하면서도 제소기간 준수의 소급효를 인정할 수 있는 경우에 대한 단초를 제공하였다고 할 것이다.

따라서 앞으로 행정소송에 있어서 민사소송법에 의한 소의 변경의 경우 제소기간 준수의 소급효와 관련하여 구체적인 사례가 축적됨으로써 하나의 원칙이 자리잡아 가기를 기대해 본다.

〈참고문헌〉

김철용 · 최광률 편집, 주석 행정소송법, 박영사, 2004.
안철상, "행정소송에서의 소의 변경과 새로운 소의 제소기간", 행정판례연구 XI, 박영사, 2006.
안철상, "행정소송에서의 소의 변경과 제소기간", 행정소송(Ⅰ), 한국사법행정학회, 2008.

85. 관리처분계획 취소소송 제소기간의 기산점

—대법원 1995. 8. 22. 선고 94누5694 판결—

권 은 민*

Ⅰ. 판례개요

1. 사실관계

소외 주택개량재개발조합(A)은 1990. 4.경 제1차 관리처분계획을 작성하여 1990. 5. 4.부터 인가신청을 위한 공람절차에 들어갔으나, 피고 구청장(Y)은 위 관리처분계획이 피고의 명령을 이행하지 아니하여 무효임을 이유로 공람을 정지시켰고, 이에 조합(A)은 제2차 관리처분계획을 작성하여 1991. 1. 11.부터 같은 해 2. 10.까지 공람을 시켰다. 그 기간 중 원고들(X)이 이의신청을 하였던바 피고(Y)는 그 내용 중 일부 재검토 및 보완을 요구하여 1991. 8. 7. 조합으로부터 내용의 일부를 수정한 제3차 관리처분계획을 제출받아 검토한 후 1991. 8. 24. 이를 인가하는 이 사건 처분을 하였다. 관리처분계획에 대한 인가고시는 1991. 9. 2.에 있었다.

2. 소송경과

원고들은 1992. 2. 20.에 관리처분계획인가처분의 취소를 구하는 행정심판을 제기하였으나 기각되었고, 그 후 행정소송을 제기하였다.

원심인 서울고등법원은, 이 사건 처분은 피고가 서울특별시행정권한위임조례에 의하여 서울특별시장으로부터 재위임 받은 권한의 범위 내에서 한 것으로서 정당하다고 판단한 후, 이어서 전치절차에 대하여 직권으로 판단한 결과 원고들의 행정심판청구는 인가고시가 있은 날부터 60일이 경과하였음이 명백한 1992. 2. 20.임을 알 수 있으므로 원고들의 행정심판청구는 청구기간을 지나 제기된 것으로 부적법하다고 판단하였다.

이에 원고들이 상고하였으나, 대법원은 원고들의 상고를 기각하였다.

---

* 김·장 법률사무소 변호사.

3. 판결요지

통상 고시 또는 공고에 의하여 행정처분을 하는 경우에는 그 처분의 상대방이 불특정다수인이고, 그 처분의 효력이 불특정다수인에게 일률적으로 똑같이 적용됨으로 인하여 고시일 또는 공고 일에 그 행정처분이 있음을 알았던 것으로 의제하여 행정심판청구기간을 기산하는 것이므로, 관리처분계획에 이해관계를 갖는 자는 고시가 있었다는 사실을 현실적으로 알았는지 여부에 관계없이 고시가 효력을 발생하는 날인 고시가 있은 후 5일이 경과한 날에 이 사건 처분이 있음을 알았다고 보아야 할 것이고, 따라서 이 사건 처분에 대한 행정심판은 그날로부터 60일 이내에 제기하여야 할 것이다.

Ⅱ. 평 석

1. 쟁점정리

관리처분계획과 같이 고시로 행해지는 행정처분은 다수의 이해관계자가 존재하는바, 이 경우 행정처분 제소기간의 기산점을 어떻게 정할 것인지에 대하여는 의문이 있다. 여기서는 행정소송 제소기간의 기산점 산정에 관한 법률과 판례를 살펴보고 대상판결을 검토한다.

판례에서 말하는 고시 · 공고의 의미에 대하여 살펴본다. 대통령령으로서 행정기관의 사무관리를 규율하는 '사무관리규정'은 공문서의 종류를 구분하면서, 고시 · 공고 등 행정기관이 일정한 사항을 일반에게 알리기 위한 문서를 '공고문서'라 하고(제7조 제3호), 동 시행규칙은 이를 보다 자세히 구분하여 고시를 '법령이 정하는 바에 따라' 일정한 사항을 일반에게 알리기 위한 문서라 하고, 공고는 일정한 사항을 일반에게 알리는 문서라고 구분한다(제3조 제3호). 결국 고시 · 공고는 법령에 근거를 두는지 여부에 따른 차이가 있을 뿐이고 행정청이 일반에게 일정한 사항을 알리는 방법이라는 점은 공통된다. 따라서 그 알리는 대상이 행정처분이 되면 해당 고시가 행정처분이 된다. 일반에게 알린다는 측면에서 불특정다수인을 대상으로 하는 것이다. 고시 또는 공고의 법적 성질에 대하여는, 일률적으로 판단될 것이 아니라 고시에 담겨진 내용에 따라 구체적인 경우마다 달리 결정된다고 보아야 한다는 헌법재판소 결정(헌재 1998. 4. 30. 97헌마141)이 있다. 즉 고시가 일반 추상적 성격을 가질 때는 법규명령 또는 행정규칙에 해당하지만, 고시가 구체적인 규율의 성격을 갖는다면 행정처분에 해당한다.

2. 관련판례

(1) 관리처분계획이 행정처분인지 여부에 대하여도 논란이 있었으나, 대법원 1996. 2. 15. 선고 94다31235 전원합의체 판결에서 대법원은 "재개발조합은 조합원에 대한 법률관계에서 적어도 특수한 존립목적을 부여받은 특수한 행정주체로서 국가의 감독 하에 그 존립 목적인 특정한 공공사무를 행하고 있다고 볼 수 있는 범위 내에서는 공법상의 권리관계에 있다"는 전제하에 "분양신청 후에 정하여지는 관리처분계획의 내용에 관하여 다툼이 있는 경우에는 그 관리처분계획은 토지 등의 소유자에게 구체적이고 결정적인 영향을 미치는 것으로서 조합이 행한 처분에 해당하므로 항고소송에 의하여 관리처분계획…등의 취소를 구할 수 있"다고 판시함으로써 관리처분계획이 행정처분이고, 이에 대하여 취소소송이 허용된다는 점을 분명히 하였다.

이와 관련하여 새롭게 정비된 『도시 및 주거환경정비법』에 의하면, 재건축사업도 관리처분계획을 수립하여 행정청의 인가를 받도록 제도가 개편되었고(동법 제48조), 관리처분계획에 대하여는 취소소송이 허용되므로 재건축사업의 비용부담이나 권리배분에 관한 사항에 대해 불만이 있는 자가 행정소송을 제기할 수 있는 길이 열렸다(김종보, 349면). 동법 부칙 제6조에 따라 구법에 의해 조합설립인가를 받은 재건축사업의 경우에도 위 법률에 의해 사업시행계획을 인가받은 경우라면 마찬가지다.

(2) 고시로 행해진 행정처분에 대한 판례 등

(가) 대법원 1993. 12. 24. 선고 92누17204 판결(대법원 1993. 12. 24. 선고 92누17204 판결도 같은 취지)에서, "개별토지가격 결정의 효력은 각각의 토지 또는 각각의 소유자에 대하여 각 별로 효력을 발생하는 것이므로 개별토지가격 결정의 공고는 공고 일부터 그 효력이 발생하지만 처분 상대방인 토지소유자 및 이해관계인이 공고 일에 개별토지가격 결정처분이 있음을 알았다고까지 의제할 수는 없어 특별히 위 처분을 알았다고 볼 만한 사정이 없는 한 개별토지가격결정에 대한 행정심판청구는 행정심판법 제18조 제3항 소정의 처분이 있은 날로부터 180일 이내에 행정심판을 제기할 수 있다"고 한다. 위 판례에 대하여는, 위 사안은 개별공시지가의 고지방법 등이 법률에 명시되어 있지 않고 훈령에 규정되어 있던 때의 것으로, 1995. 12. 29. 법률 제5108호로 개정된 『지가공시 및 토지 등의 평가에 관한 법률』은 개별공시지가를 공시하도록 하면서, 개별공시지가에 대하여 이의가 있는 자는 개별공시지가의 결정공시일로부터 30일 내에 이의를 신청하도록 명시하고 있으므로, 개정된 법률 하에서 위 판례가 그대로 유지될지는 의문이라는 견해(법원실무제요 행정, 158면)가 있다.

개별공시지가와 관련된 다른 판례로는, 대법원 1995. 8. 25. 선고 94누13121 판결이 있는데, "행정심판의 청구기간은 그 처분의 상대방이 실제로 그 처분이 있음을 안 날로부터 기산하여야 하므로 … 구청장이 상대방에 대하여 별도의 고지절차를 취하지 않는 경우에는 원칙적으로 특별히 그 처분을 알았다고 볼 만한 사정이 없는 한 개별공시지가에 대한 행정심판청구는 처분이 있은 날로부터 180일 이내에 이를 제기하면" 된다고 판시하였다. 위 판결은 대상판결이 선고된 후 3일 만에 선고되었으나 판시가 다른 점에 비추어 대상판결과의 관계가 충분히 검토되었는지 의문이 든다.

(나) 대법원 2006. 4. 28. 선고 2005두14851 판결에서, "행정소송법 제20조 제1항 소정의 제소기간 기산점인 '처분이 있음을 안 날'이라 함은 당사자가 통지, 공고 기타의 방법에 의하여 당해 처분이 있었다는 사실을 현실적으로 안 날을 의미하는바, 특정인에 대한 행정처분을 주소불명 등의 사유로 송달할 수 없어 관보 공보 게시판 일간신문 등에 공고한 경우에는, 공고가 효력을 발생하는 날에 상대방이 그 행정처분이 있음을 알았다고 볼 수는 없고, 상대방이 당해 처분이 있었다는 사실을 현실적으로 안 날에 그 처분이 있음을 알았다고 보아야 한다"고 판시하면서 대상판결과 관련하여서는 "94누5694 판결은 통상 고시 또는 공고에 의하여 불특정 다수인에 대하여 행정처분을 하는 경우에 있어서의 제소기간의 기산점에 관한 것으로서, 이 사건과는 사안을 달리하여 적절한 선례가 될 수 없다"고 판단하였다. 위 판결은 고시로 행해진 행정처분에 대한 것은 아니지만 대상판결과 비교해 볼 수 있다. 즉 행정처분 상대방이 특정되었는지 여부에 따라 대법원의 태도를 달리하는 것을 확인할 수 있으나, 특정인과 불특정인의 경우를 달리 취급하여야 하는 이유에 대한 설명은 없다. 또한 위 판결은 송달이 불가능한 경우에는 행정절차법상 공고의 방법으로 행정처분이 효력을 발생한다는 점을 분명히 한 것이며, 당사자가 현실적으로 알았는지 여부는 행정처분의 효력발생과는 무관하다는 점을 명백히 하였다는 점에서 의미가 있다.

(다) 대상판결과 같은 취지의 판례로는, 대법원 2006. 4. 14. 선고 2004두3847 판결, 2007. 6. 14. 선고 2004두619 판결, 2000. 9. 8. 선고 99두11257 판결 등이 있다. 위 2004두3847 판결에서는 "고시가 그 효력을 발생하는 날에 행정처분이 있음을 알았다고 보아야 할 것이고, 따라서 그에 대한 취소소송은 그 날로부터 90일 이내에 제기하여야 한다"고 하며, 위 2004두619 판결은 "처분의 효력이 불특정 다수인에게 일률적으로 적용되는 것이므로, 그 행정처분에 이해관계를 갖는 자가 고시 또는 공고가 있었다는 사실을 현실적으로 알았는지 여부에 관계없이 고시가 효력을 발생하는 날 행정처분이 있음을 알았다고 보아야 한다"고 판시한다. 또한 위 판결은 "법 시행령 제5조 제1항에서 청소년유해매체물의 표시 · 포장의무자에게 그 의무의 준수를 위하여 심의기관의 결정을 통보할 의무를 부과하고 있더라도 이러한 통보에 의하여 효력을 발생하는 것이 아니라 관보에 고시

함으로써 고시에서 정한 효력발생일로부터 효력이 발생"한다고 설시한다. 위 판례에 대하여는, 법령에서 처분의 효력을 받을 대상자에게 우편으로 처분사실을 통보할 의무를 부과하고 있는 경우까지도 고시의 효력발생 일을 기준으로 제소기간을 산정하는 것이 타당한지 의문을 제기할 수 있다.

(라) 헌법재판소 1998. 4. 30. 97헌마141 결정에서, "관보 등에의 고시의 방법으로 효력이 발생하도록 되어 있는 행정처분은 외부에 그 의사를 표시함으로써 효력이 불특정 다수인에 대하여 동시에 발생하고 제소기간 또한 일률적으로 진행하게 된다"고 판시하였으나, 기산점의 기준에 대한 직접적인 판단은 없다. 2001. 1. 27. 선고 99헌마123 결정은 지방고등고시 시행계획공고가 있은 날로부터 60일이 경과하고 180일은 되지 아니한 시점인 1999. 3. 8. 제기된 헌법소원사건에서 기간도과로 각하하지 않고 위헌결정을 하였다. 헌법재판소는 고시에 의한 일반처분에 대한 헌법소원의 청구기간과 관련하여 "사유가 있음을 안 날"은 당해 공권력이 효력을 발생한 날이 아니라 실제로 그러한 사유가 있음을 안 날이라는 입장을 취하고 있다는 견해(이원, 87-88면)가 있다.

(마) 행정심판의 재결례(국행심 1996. 3. 18. 자 96-42 의결)에서는 고시 또는 공고에 의하여 행정처분을 하는 경우에도 개별통지 등에 의하여 당사자가 처분이 있은 것을 알지 않는 한 공고가 효력을 발생하는 날을 행정심판법상의 처분이 있은 날(고시에 의한 처분의 효력이 발생하는 날)로 보아 그 때부터 180일 이내에 행정심판을 할 수 있다고 보고 있다.

3. 판례의 검토

판례의 검토에 앞서, 제소기간에 관한 법령과 고시로 행해진 행정처분의 제소기간 기산점에 관한 견해를 살펴본다.

(1) 제소기간에 관한 법률 규정 등

불복기간은 현행법에 의하면 두 가지로 나뉜다.

첫째, 취소소송은 처분 등이 있음을 안 날로부터 90일 이내에 제기하여야 한다(행정소송법 제20조 제1항, 이를 "주관적 기준"이라 한다). '처분이 있음을 안 날'이란 당해 처분의 존재를 현실적으로 알게 된 날을 말한다. 즉 처분서가 상대방에게 직접 교부된 날이 처분이 있었음을 안 날로 된다. 처분서가 우편으로 송달된 경우에는 상대방이 그것을 수령한 때에 처분이 있었음을 알았다고 볼 것이나, 그것은 처분의 내용을 처리할 권한을 위임받은 자가 처분서를 수령한 때에도 마찬가지이다. 공시송달의 경우에는 서면이 상대방에게 도달된 것으로 간주되는 날이다. 사실행위의 경우에는 상대방에 대한 고지절차가 없는 것이 보통이므로, 그 행위가 있었고 그것이 자기의 권익을 침해하고 있음을 인식하게 된 날이 곧 처분이 있음을 안 날이라 할 것이다(김도창, 708면). 판례도 "처분이 있음을 안 날이라 함은 당사자가 통지 · 공고 기타의 방법에 의하여 당해 처분이 있었다는 사실을 현실적으로 안 날을 의미하고, 추상적으로 알 수 있었던 날을 의미하는 것이 아니다"고 한다(대법원 1991. 6. 28. 선고 90누6521 판결, 대법원 1998. 2. 24. 선고 97누18226 판결).

둘째, 취소소송은 처분이 있은 날로부터 1년이 지나면 이를 제기하지 못한다(행정소송법 제20조 제2항, 이를 "객관적 기준"이라 한다). '처분이 있은 날'이란 처분이 통지에 의하여 외부에 표시되고 그 효력이 발생한 날을 말한다. 판례도 '처분이 있은 날'이란 당해 처분의 효력발생 일을 말한다고 판시한다(대법원 1977. 11. 22. 선고 77누195 판결, 대법원 1990. 7. 13. 선고 90누2284 판결).

위의 두 기간은 선택적인 것이 아니므로, 그 어느 기간이 만료되면 제소기간은 종료된다. 제소기간의 도과여부는 법원의 직권조사사항이다. 한편 제소기간을 둔 이유를 살펴보면, 공법상의 법률관계는 일반 공중의 이해와 관련된 것으로서 장기간 불안정한 상태에 두는 것은 바람직하지 않으므로, 행정처분의 하자가 있더라도 그 효력을 다툴 수 있는 기간을 제한함으로써 행정법관계의 조속한 안정을 꾀할 필요가 있다. 제소기간을 어떻게 정하느냐는 입법정책의 문제이나 지나치게 짧은 제소기간은 사실상 재판의 거부로서 헌법이 보장하는 재판청구권을 침해하여 위헌의 문제가 발생할 수 있다(법원실무제요 행정, 154면). 즉, 제소기간은 권리구제와 관련된 것이므로 함부로 제한할 수는 없을 것이다. 제소기간은 행정행위의 불가쟁력과 관련하여 의미를 가지며, 하자승계논의의 전제가 된다. 한편 단계적으로 발전하는 행정처분에서도 제소기간은 각 행정처분을 기준으로 판단한다(대법원 2004. 12. 10. 선고 2003두12257 판결). 독일의 경우를 살펴보면, 단기간의 제소기간(송달일로부터 1개월)을 규정하되, 제소기간은 처분이나 재결에서 제소법원과 제소기간 등을 문서로 고지한 경우에만 진행하고, 이를 알리지 아니하였거나 불충분하게 알린 경우에는 1년의 제소기간을 적용한다(독일행정재판소법 제58조, 제74조). 이런 태도는 처분의 상대방이 알았을 경우에는 비록 그 기간이 짧은 경우에도 일정한 기간으로 정할 수 있을 것이나, 처분의 존재를 알지도 못한 상태에서 제소기간이 도과하는 것은 결과적으로 재판청구권을 침해할 우려가 있으므로 신중히 하자는 것으로 이해된다.

(2) 고시로 행해진 행정처분의 제소기간 기산점에 대한 견해

이 문제에 대하여는 학계에서 본격적으로 논의된 바는 없고, 실무계를 중심으로 대상판결에 반대하는 견해가 있다.

(가) 주관적 기준설(대상판결과 같은 취지)을 적극 지지하는 견해는 발견하지 못하였다. 일본 최고재판소 판결(昭和 61년 1986. 6. 19. 판결, 판례시보 1206호)은 위 견해를 취한다. 건축기준법에 근거한 벽면선 지정의 취소를 구한 사건에서 "벽면선의 지정은 이해관

계인 전원에 대해 획일적이고 동시에 인가의 효력을 발생시키는 것이 불가결하지만 … 특정 행정청이 어떤 시점에 이해관계인 전원의 주소, 성명을 전부 아는 것이 도저히 불가능한 것이므로 공고에 의해 그 효력을 발생시키는 것이라고 해석"되며, "공고라고 하는 제도의 성질상 이해관계인이 현실적으로 위 공고를 알았는지 어떤지에 관계없이 위 공고의 익일을 기산일로 하여 불복신청기간이 진행하는 것이라고 해석함이 상당"하다고 한 사건이다. 일본 판례의 논거는 처분의 획일적 · 동시적인 효력확정이 필요하고, 해당 처분은 대물적 처분으로 특정의 개인을 대상으로 한 것이 아니며, 불특정 다수인을 대상으로 한 일반처분의 경우에는 효력발생일을 안 날로 의제할 필요가 있다는 것으로 이해된다. 이에 대한 비판은 아래 객관적 기준설의 논거와 같다.

(나) 객관적 기준설(김계홍, 28면; 김용섭, 239-240면; 김학세, 43-45면; 박평균, 28-30면; 이원, 89-94면; 이재권, 22-24면)의 논거는 다음과 같다(최계영, 122-123면). 첫째, 고시의 효력발생일을 처분이 있음을 '안 날'로 보는 것은 행정소송법등 규정의 '안 날'이라는 문언에 반한다. 둘째, 처분의 효력을 이해관계인 전원에게 일률적으로 미치게 할 필요성이 있다고 하여 반드시 고시 또는 공고가 있은 날에 현실적으로 이해관계인이 그 고시나 공고에 의한 처분이 있음을 안 것으로 의제하여야 할 논리적 필요성이 있는 것은 아니다. 효력발생시기와 제소기간의 기산점은 분리될 수 있고, 효력발생시기를 일률적으로 정하는 것만으로도 충분하다. 셋째, 고시에 의한 경우에는 실제로 그 내용을 알기 어려움에도 불구하고 안 것으로 의제하는 것은 개별적인 통지에 의한 처분과 균형이 맞지 않는다. 넷째, 행정소송법이 제소기간을 두 가지로 구분하는 것은 행정법 관계의 조기 확정이라는 공익과 국민의 재판청구권을 조화시키고자 하는 것인데, 대상판결의 논리에 따르면 귀책사유가 없는 상대방에게 단기간의 제소기간을 적용하는 것은 재판청구권을 침해할 우려가 있다.

(다) 이와 별도로 행정처분의 성질에 따라 구분되어야 한다는 견해(최계영, 123-130면)가 있다. 이 견해는 고시로 행해지는 행정처분의 성질상 조기에 확정시킬 필요가 있는 경우에는 단기의 제소기간인 주관적 기준의 적용을 정당화할 수 있고, 그렇지 않은 경우에는 원칙적으로 객관적 기준에 따라야 한다. 이에 따르면 후속집행행위가 예정되어 있는 경우{대상판결인 관리처분계획 인가, 도시계획시설결정과 도시계획사업 실시계획인가(대법원 1996. 11. 29. 선고 96누8567, 대법원 1998. 11. 27. 선고 96누13927, 대법원 2000. 9. 8. 선고 99두11257), 군사시설법상의 실시계획승인(대법원 2006. 4. 14. 선고 2004두3847)}에는 대상판결의 적용이 가능하나, 후속의 집행행위가 예정되어 있지 않은 청소년유해매체물결정처분의 경우에는 객관적 기준이 적용되어야 한다.

(3) 행정처분의 효력발생요건

제소기간의 시점과 관련하여, 행정처분이 언제부터 효력을 발생하는지를 살펴본다. 행정절차법에 의하면, 행정처분은 송달되어야 하고, 송달은 다른 법령 등에 특별한 규정이 있는 경우를 제외하고는 송달받을 자에게 도달됨으로써 그 효력이 발생하고(제15조 제1항), 송달받을 자의 주소 등을 통상의 방법으로 확인할 수 없는 경우와 송달이 불가능한 경우에는 송달받을 자가 알기 쉽도록 관보 등에 공고하여야 하고(제14조 제4항), 이 경우 다른 법령에 특별한 규정이 있는 경우를 제외하고는 공고 일부터 14일이 경과한 때에 그 효력이 발생한다(제15조 제3항). 한편 '사무관리규정'은 문서는 수신자에게 도달됨으로써 그 효력이 발생한다는 원칙을 정하고, 다만 공고문서의 경우에는 공고문서에 특별한 규정이 있는 경우를 제외하고는 그 고시 등이 있은 후 5일이 경과한 날부터 효력을 발생한다(제8조 제2항). 따라서 행정처분은 원칙적으로 상대방에게 도달됨으로써 효력이 발생하고, 예외적으로 다른 법령에서 고시 등의 방법에 의하는 것이 허용되는 경우에는 고시로써 효력이 발생한다. 행정청이 고시를 하면서 효력발생시기를 명시하는 경우에는 그 명시된 시점에 효력이 발생한다. 즉 행정처분은 원칙적으로 송달되어야 하나, 개별 법령에서 고시 등의 방법으로 하도록 정해진 경우에는 고시가 가능하고, 이 경우에는 고시가 있은 날부터 5일이 경과함으로써 효력이 발생하는 것이다. 앞서 본 2005두14851 사건은 특정인에 대한 송달이 불가능하여 공고를 한 경우이므로, 처음부터 고시로 행해진 행정처분이 아니라는 점에서 대상판결과 직접 관련은 없다.

(4) 대상판결에 대한 검토의견

고시로 행해지는 행정처분의 제소기간에 대한 대상판결의 논리를 살펴보자. ① 고시에 의한 행정처분의 상대방은 불특정 다수인이다. ② 처분의 효력이 불특정 다수인에게 일률적으로 똑같이 적용된다, ③ 이로 인하여 고시일 또는 공고 일에 그 행정처분이 있음을 알았던 것으로 의제한다. ④ 따라서 관리처분계획에 이해관계를 갖는 자는 고시가 있었다는 사실을 현실적으로 알았는지 여부에 관계없이 고시가 효력을 발생한 날인 고시가 있은 후 5일이 경과한 날에 행정처분이 있음을 알았다고 보아야 한다는 구조로 결론을 내리고 있다.

이 문제를 검토함에 있어서는 처분의 상대방인 국민이 처분사실을 통지받지 못한 경우에 제소기간을 어떻게 산정할 것인지를 고려하여야 한다. 실제 소송(위 2004두3847)에서 원고들이 "피고로부터 이 사건 처분사실을 통지받지 못하였으므로 이 사건 처분에 대한 취소소송의 제소기간이 진행하지 않는다"고 주장한 사례가 있다. 대상판결의 논거를 살펴보면, 논거 ① ②는 불특정 다수인에게 행해지는 고시라는 형식의 행정처분에 대한 일반적인 특성에 관한 것이다. 즉 고시는 처분의 상대방이 불특정 다수인 경우에 행해지는 행정처분이며, 개별적으로 통지를 하지 않는 고시의 형식상 일률적인 기준에 따라 효력이 발생한다는 의미이다. 그런데 처분의 효력발생일과 제소기간의 기산점은 구별되는 개념이라 할 것이다. 논거 ③은 그 판단의 근거를 밝히고 있지 않은 점에서 논리의 비약이 있고, 개별공시지가에 관한 위 92누17204 판결과도 명시적으로 배치된다. 따라서 대상판결의 논거만으로는 판결의 결론에 동의하기 어렵다.

필자는 대상판결에 반대하며, 객관적 기준설이 타당하다고 생각한다. 제소기간 산정의 기산점은 처분의 상대방인 국민이 당해 처분의 존재를 알았는지 여부를 기준으로 하여야 할 것인데, 고시의 경우에는 효력발생일에 국민이 당해 처분을 알았다고 보기는 어렵기 때문이다. 알았는지 여부는 사실의 문제일 뿐이고, 법령에서 별도로 의제하는 규정을 두지 않는 한 실제 발생한 사실을 기준으로 하여야 할 것이기 때문이다. 또한 법령의 문언에 비추어 보더라도 '안 날'과 '있은 날'은 분명히 구분되며, 이러한 구분을 하고 있는 행정소송법의 목적과 입법취지는 존중되어야 할 것이다. 또한 고시로 행해지는 행정처분이 개별 송달에 의한 행정처분보다 불리하게 취급되어야 할 근거도 없다. 다만 고시로 행해진 행정처분의 경우에도 행정청이 처분상대방이 고시를 알았다는 사실을 입증할 경우에는 고시를 안 날로부터 제소기간이 진행되는 것은 별개의 문제이다.

4. 판례의 의미와 전망

이 판례는 고시 등에 의한 행정처분의 경우에 제소기간을 정하는 기준을 제시하고 있다. 대상판결은 고시에 의한 행정처분의 효력발생시기와 제소기간의 기산점을 동일시한 잘못이 있으므로 판결에 반대한다. 다만 이 문제가 그 동안 본격적으로 논의되지 않았던 것은, 제소기간 자체가 정책적인 문제이며 지극히 실무적인 논의라는 점과 고시로 행해진 행정처분의 조기 확정이 가지는 공익성 등이 고려된 것으로 이해된다. 향후 실무상 이 문제가 본격적으로 거론될 경우에는 고시로 행해지는 행정처분의 제소기간 문제에 대한 깊이 있는 논의를 통하여 보다 분명한 기준이 제시되기를 희망한다.

<참고문헌>

김계홍, "행정심판청구기간에 관한 판례의 비판적 고찰", 법제, 한국법제처, 1991. 1.
김도창, 일반행정법론(상), 청운사, 1993.
김동희, 행정법 Ⅰ, 박영사, 2008.
김용섭, "행정행위의 효력발생요건으로서의 통지", 행정법연구 5호, 행정법이론실무연구회, 1999.
김종보, "재건축창립총회의 이중기능", 재판실무연구 행정소송(Ⅱ), 한국사법행정학회, 2008.
김철용, 행정법 Ⅰ, 박영사, 2006.

김학세, “행정쟁송의 제기기간 등에 관한 논의와 최근의 동향”, 변호사 제33집, 서울지방변호사회, 2003.

박균성, 행정법강의, 박영사, 2008.

박평균, “특정인에 대한 행정처분을 주소불명 등의 이유로 송달할 수 없어 관보 등에 공고한 경우, 상대방이 그 처분이 있음을 안 날”, 대법원 판례해설 제61호, 법원행정처, 2006.

법원실무제요(행정), 법원행정처, 1997.

이재권, “고시 · 공고에 의하여 이루어지는 처분에 대한 제소기간 기산일”, 행정재판실무편람, 서울행정법원, 2001.

이원, “행정소송법상 취소소송의 제척기간 제한에 관한 법리—고시 · 공고에 의한 처분관련 일본과 한국의 판례분석”, 중앙법학 제6집 제1호, 중앙법학회, 2004.

최계영, “행정소송의 제소기간에 관한 연구”, 서울대 박사학위논문, 서울대학교 대학원, 2008.

홍정선, 행정법원론(상), 박영사, 2007.

홍정선, 행정법특강, 박영사, 2008.

86. 무효확인소송의 소의 이익

—대법원 2008. 3. 20. 선고 2007두6342 전원합의체 판결—

윤 인 성*

Ⅰ. 판결개요

1. 사실관계

(1) 한국토지공사는 수원영통지구에서 택지개발사업을 시행하던 중, 1995. 12. 15. 피고인 수원시장과 사이에 계획급수인구를 103,000명으로, 1일 계획 최대오수량을 47,380㎥으로 각 산정한 후 이를 기초로 하수처리장 건설비용 분담협약(이하 '이 사건 협약'이라 한다)을 체결하였다. 그런데 위 계획급수인구에 해당하는 계획오수발생량은 수원영통지구에서 발생하는 총 오수발생량을 의미하는 총량적인 개념으로서 주택용지뿐만 아니라 상업용지 등 용도지역별 발생 오수량을 모두 포함한 것이다.

(2) 한국토지공사는 이 사건 협약에 따라 피고에게 하수처리장 건설사업비의 분담금 등을 모두 납부하였다.

(3) 원고는 1998. 5. 16. 한국토지공사로부터 수원영통지구 소재 일부 대지를 매수한 후, 2003. 6. 21. 지상 6층 근린생활시설(이하 '이 사건 건물'이라 한다)에 대한 건축허가를 받아 이 사건 건물을 신축하였다.

(4) 피고는 이 사건 건물에 대한 사용승인 신청이 있게 되자, 2004. 5. 13. 원고에게 하수도원인자부담금(이하 '원인자부담금'이라 한다) 14,932,620원의 납입고지서를 발부하였고(이하 '이 사건 처분'이라 한다), 원고는 2004. 5. 14. 이를 납부하였다.

(5) 원고는, 피고가 한국토지공사로부터 하수도법(2006. 9. 27. 법률 제8014호로 전부 개정되기 전의 것, 이하 같다) 제32조 제2항에 따른 원인자부담금을 모두 지급받았음에도 이 사건 건물의 사용승인과 관련하여 원고에게 다시 하수도법 제32조 제4항에 따른 원인자부담금을 부과한 이 사건 처분은 이중 부과에 해당하여 위법할 뿐만 아니라 그 하자가

---

* 김·장 법률사무소 변호사.

중대명백하다고 주장하면서, 주위적으로 이 사건 처분의 취소를 구하고, 예비적으로 이 사건 처분의 무효확인을 구하였다.

2. 소송경과

제1심은, 이 사건 소 중 주위적 청구에 대하여는 취소소송의 제소기간이 도과되었다는 이유로 이를 각하하였으나, 이 사건 처분의 무효확인을 구하는 예비적 청구에 대하여는 이를 인용하였으며, 원심 역시 같은 취지로 피고의 항소를 기각하였다.

3. 판결요지

행정소송은 행정청의 위법한 처분 등을 취소 · 변경하거나 그 효력 유무 또는 존재 여부를 확인함으로써 국민의 권리 또는 이익의 침해를 구제하고 공법상의 권리관계 또는 법 적용에 관한 다툼을 적정하게 해결함을 목적으로 하므로, 대등한 주체 사이의 사법상 생활관계에 관한 분쟁을 심판대상으로 하는 민사소송과는 목적, 취지 및 기능 등을 달리한다. 또한 행정소송법 제4조에서는 무효확인소송을 항고소송의 일종으로 규정하고 있고, 행정소송법 제38조 제1항에서는 처분 등을 취소하는 확정판결의 기속력 및 행정청의 재처분 의무에 관한 행정소송법 제30조를 무효확인소송에도 준용하고 있으므로 무효확인판결 자체만으로도 실효성을 확보할 수 있다. 그리고 무효확인소송의 보충성을 규정하고 있는 외국의 일부 입법례와는 달리 우리나라 행정소송법에는 명문의 규정이 없어 이로 인한 명시적 제한이 존재하지 않는다. 이와 같은 사정을 비롯하여 행정에 대한 사법통제, 권익구제의 확대와 같은 행정소송의 기능 등을 종합하여 보면, 행정처분의 근거 법률에 의하여 보호되는 직접적이고 구체적인 이익이 있는 경우에는 행정소송법 제35조에 규정된 '무효확인을 구할 법률상 이익'이 있다고 보아야 하고, 이와 별도로 무효확인소송의 보충성이 요구되는 것은 아니므로 행정처분의 무효를 전제로 한 이행소송 등과 같은 직접적인 구제수단이 있는지 여부를 따질 필요가 없다고 해석함이 상당하다.

Ⅱ. 평 석

1. 서론 — 쟁점정리 및 검토방향

이 사건처럼 취소소송의 제소기간이 도과된 경우에는 처분의 취소를 구하는 소가 각하되게 된다. 종래의 판례에 의하면, 이미 원인자부담금을 납부한 원고로서는 이 사건 처분의 당연무효를 전제로 한 부당이득반환소송을 제기하여야 함에도 원고는 주위적으로 이 사건 처분의 취소를 구하고, 예비적으로 이 사건 처분의 무효확인을 구하였다. 이에 이 사건에서는 직권조사사항에 해당하는 무효확인소송의 소의 이익 존재 여부가 문제되었다.

소의 이익이란 원고가 소송을 수행하여 본안판결을 얻을 수 있느냐의 문제로서 소송수행의 이익을 의미한다. 이를 통해 피고는 불필요한 소송에 응소하지 않으면 안 되는 불이익을 제거할 수 있고, 동시에 법원도 소송상의 부담을 경감하여 본안판결을 필요로 하는 소송에만 심리를 집중할 수 있다. 따라서 이러한 소의 이익은 소송제도상의 필연적 요청이라 할 수 있는데, 행정소송법 제35조에서는 '무효등확인소송은 처분 등의 효력 유무 또는 존재 여부의 확인을 구할 법률상 이익이 있는 자가 제기할 수 있다'고 규정하고 있다.

이와 관련하여 무효확인소송에 있어서의 법률상 이익과 취소소송에 있어서의 법률상 이익을 동질적으로 보는 것이 기존의 통설이고(편집대표 김철용 · 최광률, 1041면), 이에 의하면 무효확인소송에서도 취소소송에서 논해지는 소의 이익이 요구된다. 무효확인소송의 경우에도 소송에 내재하는 소송요건인 '권리보호의 필요'가 반드시 필요하다고 할 수 있는데, 그 중 일부에 해당하는 보충성에 관한 확인의 이익(이하 편의상 '확인의 이익'이라 약칭한다)이 필요한지 여부에 관하여는 양설이 대립되고 있으며, 종래의 판례는 뒤에서 보는 바와 같이 긍정설을 취하고 있었다. 그러나 다수의 학자는 종래 판례의 입장을 비판하며, 부정설을 지지하고 있었다.

이 문제는 결국 행정소송과 민사소송의 관계, 무효확인소송의 성질 등을 바탕으로 판단할 문제라 하겠으나, 입법 정책적 결단과도 관련이 있다. 왜냐하면 소의 이익을 원고나 법원의 어느 일방의 관점에서 과도하게 좁히거나 넓힐 때에는 당사자가 가지는 재판청구의 기회를 부당하게 좁히게 되거나 남소의 결과를 초래하게 되어 법원의 적정한 재판권의 행사를 곤란하게 할 위험이 있기 때문이다. 이하에서는 이러한 문제인식 하에 각 국의 태도, 학설 등을 살펴본 이후 위 쟁점을 여러 고려요소의 측면에서 나누어 검토하기로 한다.

2. 각국의 태도

(1) 독 일

행정법원법

제43조[확인의 소]

① 원고가 즉시확정에 관한 정당한 이익을 가지는 경우에 법률관계의 존재 · 부존재 또는 행정행위의 무효확인을 구하는 소송을 제기할 수 있다.

② 원고가 형성의 소 또는 이행의 소에 의하여 자기 권리의 구제를 구할 수 있거나

또는 구할 수 있었던 경우에는 확인을 구할 수 없다. 다만, 행정행위의 무효확인을 구하는 경우에는 그러하지 아니하다.

독일에서는 행정행위 무효확인소송을 확인소송의 형태로 규정하고 있으나, 분쟁의 본질은 취소소송에 유사한 것으로 보고 있으며, 행정행위 무효확인소송에 대하여는 보충성을 요구하지 아니한다.

(2) 일 본

행정사건소송법

제36조(무효등확인의 소의 원고적격)

무효등확인의 소는 당해 처분 또는 재결에 따르는 처분에 의하여 손해를 입을 우려가 있는 자, 기타 당해 처분 또는 재결의 무효등의 확인을 구함에 있어서 법률상의 이익을 가지는 자로서, 당해 처분이나 재결의 존부 또는 그 효력의 유무를 전제로 한 현재의 법률관계에 관한 소에 의하여 목적을 달할 수 없는 경우에 한하여 제기할 수 있다.

일본에서의 무효등확인소송은 행정사건소송특례법이 아닌 판례법에 의해 창조 발전되어온 것이라고 한다. 행정사건소송특례법 입법자의 의도는 처분의 무효를 전제로 한 현재의 법률관계에 관한 소송을 제기해 그 구제를 요청하면 충분하다는 입장을 취하고 있었던 것으로 보이나, 그 의도와는 달리 국적관계사건(전시 중 국적회복허가에 의해 일본국적을 취득한 일본계 미국시민이 그 국적회복허가의 무효를 주장하는 사건) 등에서 무효확인소송이 많이 제기되었다고 한다. 그런데 하급심에서 이러한 소송형태에 관하여 특별한 검토 없이 이를 인정하여 왔고, 최고재판소도 나중에는 이것을 시인하게 되었는데, 그 후 이와 같은 소송을 인정하는 근거 및 성질 등에 관한 여러 논의가 이어졌고, 이와 같은 소송을 입법화함에 있어 준취소소송설과 민사소송 이론과의 타협의 산물로서 그 원고적격을 현저하게 제한하게 되었다고 한다.

3. 학 설

(1) 부정설(법적 이익보호설)

행정소송법이 취소판결의 기속력 조항을 무효확인소송에도 준용하고 있어, 무효확인판결 자체만으로도 판결의 기속력에 의해 그 실효성을 확보할 수 있으므로 민사소송에서와 같이 분쟁의 궁극적 해결을 위한 확인의 이익 여부를 논할 필요가 없다는 견해이다.

이 견해에서는, 행정소송은 공익을 추구하는 행정작용에 대하여 특수한 취급을 기하기 위해 별도로 마련된 소송제도이므로 민사소송에서의 확인의 이익에 관한 이론이 그대로 적용될 수 없다고 본다. 또한 행정소송법이 무효확인소송을 항고소송의 일종으로 규정하고 있는 점을 보아도 무효확인소송은 본질에 있어서 행정청의 처분을 다투는 항고소송인 것이며, 단지 다투는 형식에 관하여 확인소송의 형식을 취하고 있을 뿐이라고 본다.

특히 행정소송법에는 원고적격에 관하여 '법률상의 이익'만을 규정하고 있으므로, 명문의 규정도 없는 확인소송의 보충성을 행정처분의 무효확인소송에까지 적용하여 원고적격을 좁게 해석할 이유가 없으며, 무효확인소송에서의 확인의 이익은 민사소송에서와 달리 입법 정책의 문제로 파악함이 타당하다고 한다.

종래의 판례는 결국 행정소송법 제35조를 '확인의 이익'에 관한 규정으로 보고 있는 것이나, 위 조항의 해석으로부터 무효확인소송의 보충성은 도출되지 않으며 '법률상 이익'이라는 명문의 규정을 무시하고 이를 확인의 이익이라는 취지로 한정하는 것은 부당할 뿐만 아니라, 일본과 달리 원고적격을 확대한 행정소송법의 입법취지에도 반하는 것이라고 주장한다.

(2) 긍정설(즉시확정이익설)

무효확인소송이 실질적으로 확인소송으로서의 성질을 가지고 있으므로 확인소송의 일반적 소송요건인 확인의 이익(즉시확정의 이익)이 요구된다는 견해이다.

이 견해에 의하면, 보다 실효적인 구제수단(예를 들어, 처분의 무효를 전제로 한 이행소송)이 가능하면 무효확인소송은 인정되지 않는다. 따라서 무효인 행정처분이 집행되지 않은 경우에는 집행의무를 면하기 위하여 처분의 무효확인을 받을 이익이 있지만, 무효인 행정처분이 이미 집행된 경우에 그에 의해 형성된 위법상태의 제거를 위한 직접적인 소송방법이 있을 때에는 그 원인인 처분의 무효확인을 구하고 행정청이 그 무효확인판결을 존중하여 그 위법상태를 제거하여 줄 것을 기대하는 것은 간접적인 방법이므로, 행정처분의 무효확인을 독립한 소송으로 구할 소의 이익이 없다고 본다.

4. 판례의 태도

종래의 판례는 무효확인소송의 보충성을 전제로 확인의 소가 원고의 법적 지위의 불안 또는 위험을 제거하기 위하여 가장 유효적절한 수단일 경우에만 허용되고, 보다 발본색원적인 수단이 있는 경우에는 허용되지 않는다고 보고 있었다.

대표적으로 대법원 1976. 2. 10. 선고 74누159 전원합의체 판결에서는, 원고가 무효임을 주장하는 부과처분에 따른 세액을 이미 납부한 이상 그 처분이 무효라는 이유로 그 납부세금에 의한 부당이득금 반환청구를 함은 별문제로 하고 그 처분의 무효확인을 독립한 소송으로 구할 확인의 이익이 없다고 판시하였다.

그 이후에도 판례는 계속 같은 입장에서, 소유자 아닌 다른 사람이 행정청으로부터 건물에 대한 사용승인의 처분을 받아 이를 사용 · 수익함으로써 소유자의 권리행사가 방해를 받고 있는 경우 사용승인의 처분이 그러한 침해행위까지 정당화하는 것은 아니므로, 건물의 소유자로서는 사용승인처분에 대한 무효확인의 판결을 받을 필요 없이 직접 민사소송을 제기하여 소유권에 기한 방해의 제거나 예방을 청구함으로써 그 소유물에 대한 권리를 보전하려는 목적을 달성할 수가 있어 그 사용승인처분에 대하여 무효확인을 구하는 것은 소의 이익이 없고(대법원 2001. 9. 18. 선고 99두11752 판결), 과세처분과 압류 및 공매처분이 무효라 하더라도 직접 민사소송으로 체납처분에 의하여 충당된 세액에 대하여 부당이득으로 반환을 구하거나 공매처분에 의하여 제3자 앞으로 경료된 소유권이전등기에 대하여 말소를 구할 수 있는 경우에는 위 과세처분과 압류 및 공매처분에 대하여 소송으로 무효확인을 구하는 것은 분쟁해결에 직접적이고 유효 · 적절한 방법이라 할 수 없어 소의 이익이 없다고 판시하였다(대법원 2006. 5. 12. 선고 2004두14717 판결).

5. 여러 고려요소에 따른 검토

(1) 행정소송과 민사소송의 관계

먼저 행정소송과 민사소송의 관계라는 측면에서 살펴본다. 1951년에 제정된 행정소송법은 행정청 또는 그 소속기관의 위법에 대한 처분의 취소 또는 변경에 관한 소송 기타 공법상의 권리관계에 관한 소송만을 인정하고 행정소송의 종류, 요건 등에 관하여 별도의 규정을 두지 않음으로써 민사소송법에 대한 특례를 규정한 특별규정으로서의 성격을 벗어나지 못하였으며, 그 내용 및 적용상 많은 문제점이 있다는 지적을 받아 왔다. 이러한 문제점을 시정하기 위하여 1984년에 행정소송법이 전문 개정되었는데, 이 법에서 비로소 취소소송 등과 구분되는 항고소송의 한 유형으로 무효확인소송을 인정하여 민사소송법과는 다르게 이에 관한 별도의 규정을 둠으로써 무효확인소송이 독립된 행정소송으로 자리 잡게 되었다(이홍훈, 459면). 따라서 이러한 행정소송법의 개정연혁 등을 고려할 때, 무효확인소송이 확인소송적 성질을 가지고 있다고 하여 보충성에 관한 확인의 이익이 무효확인소송에서도 반드시 요구된다고 단정할 수는 없다.

민사소송에 있어 소송의 대상인 분쟁은 관념적인 판결만으로는 해결될 수 없으며 그 판결을 실효성 있게 하는 현실적인 힘이 필요한데, 이행의 소는 그 이행판결을 집행권원으로 한 강제집행을 예정하고 있다. 즉 이행판결에 의한 분쟁해결의 실효성은 현실적인 강제집행의 가능성에 의하여 담보되는 것이고, 그것만으로도 그 분쟁해결은 확실하고 직접적인 것이 된다. 이에 반해 확인의 소는 현실적인 강제집행의 뒷받침이 없기 때문에 이를 분쟁해결의 한 방법으로 인정하기 위해서는 그러한 방법에 의해서도 분쟁해결이라는 소송제도의 목적을 달성할 수 있어야 하며, 이것이 바로 확인의 소에 있어서 소의 이익으로 작용하는 것이다.

그러나 이와 달리 행정소송 제도는 민사소송 등 일반적인 사법 제도로서는 처리하기 어려운 행정작용에 대하여 특수한 취급을 하기 위해 별도로 마련된 소송제도로서 민사소송과는 그 목적과 취지를 달리한다. 특히 소익의 문제는 그 소송제도를 마련한 취지에 따라 입법 정책적으로 결정되어질 성질의 것이라고 할 때 민사소송에서의 확인의 이익 이론이 행정소송에서 그대로 타당하다고 보기는 어렵다. 실질적 법치주의의 진전에 따라 종래 사법심사의 대상에서 배제되었던 행정작용에 대해서도 그 적법성에 관한 사법적 통제를 요구하게 되었고, 그 요구에 따라 기존의 소송제도와는 별도로 행정소송 제도를 마련한 측면에서도 그러하다.

결론적으로 권리구제를 직접적인 목적으로 하는 민사소송과 달리 행정소송은 처분 등의 위법 여부, 효력 유무 또는 존재 여부를 확인하는 것을 주된 목적으로 하는 것이며, 행정소송은 공익을 추구하는 행정작용에 대하여 특수한 취급을 기하기 위해 별도로 마련된 소송제도이므로 민사소송에서의 확인의 이익에 관한 이론이 그대로 적용될 필요는 없다.

(2) 무효확인소송의 법적 성질

무효확인소송의 법적 성질에 관하여는 그 본질과 형식을 어떻게 보느냐에 따라 다양한 이론이 제시될 수 있으나, 행정소송법 제4조에서는 무효확인소송을 취소소송, 부작위위법확인소송 등과 함께 항고소송의 일종으로 규정하고 있다.

앞에서 본 긍정설에서는 무효확인소송이 실질적으로 확인소송으로서의 성질을 가지고 있으므로 확인소송에서의 일반적 소송요건인 확인의 이익이 요구된다고 주장하나, 이에 대하여는 행정소송법이 무효확인소송을 항고소송의 일종으로 규정하고 있는 점을 보아도 무효확인소송은 본질에 있어서 행정청의 처분을 다투는 항고소송인 것이며, 단지 다투는 형식에 관하여 확인소송의 형식을 취하고 있을 뿐이라는 반론도 가능할 수 있다.

한편, 항고소송은 원칙적으로 민사소송에서의 강제집행 등과 같은 방법에 의한 실효성 담보라는 문제를 남기지 않는다. 물론 항고소송도 권익구제의 기능을 담당하고 있으므로 항고소송의 판결에 의하여 실현되어야 할 절차가 있는 경우도 있다. 그러나 행정소송법상 기속력 및 재처분 의무에 관한 규정 등을 통해 항고소송 판결 자체만으로도 판결의 실효성을 확보할 수 있으며, 설령 권익구제를 위해 다른 소송을 제기해야 할 경우가 있다고 하더라도 이는 항고소송에서 예상한 원칙적인 구제수단은 아니다. 왜냐하면, 항고소송은 처분 등을 취소·변경하는 형성작용 또는 처분 등의 효력 등에 관한 공적 선언을 통해 그 대상인 처분 등의 효력을 다투는 소송으로서, 이행소송을 원칙적인 소송유형으로 인정하고 있는 민사소송과는 달리, 처분 등에 의하여 발생한 위법상태의 배제나 그 확인을 통해 결과를 제거함으로써 처분 등으로 침해되거나 방해받은 국민의 권리와 이익을 보호 · 구제하려는 것이기 때문이다.

결국 이러한 측면에서도 무효확인소송을 제기함에 있어 보충성에 관한 확인의 이익이 반드시 요구된다고 해석하는 것은 타당하지 않다.

(3) 각국의 태도 — 입법 정책적인 선택의 문제

독일, 일본의 입법례에서 살펴본 바와 같이, 이 문제는 논리 필연적인 문제가 아니라 다분히 입법 정책적인 선택의 문제라고 볼 수 있는 측면이 강하다.

일본에서의 무효확인소송은 판례법에 의해 창조 발전되어온 것이며, 이를 입법화함에 있어 타협의 산물로서 그 원고적격을 현저히 제한하는 취지에서 무효확인소송의 보충성을 요구하게 되었다고 한다. 일본에서는 이러한 명문의 규정이 있음에도 불구하고, 이로 인한 불합리를 시정하기 위한 하급심 판결들이 등장하였고, 결국 일본 최고재판소도 환원불능설에서 직절 · 적절기준설(直截 · 適切基準說)을 취하기에 이르렀다.

우리의 경우에는 일본과 달리 무효확인소송의 보충성에 관한 명문의 규정이 없다. 따라서 이 문제는 전적으로 해석에 맡겨져 있고, 목적론적 관점에서 권리구제 등의 측면을 고려한 탄력적인 해석이 가능함에도, 종래의 판례는 앞에서 본 바와 같이 긍정설을 취하고 있었고, 이 점에 많은 비판이 가해졌다.

(4) 남소 가능성 및 권익구제 강화

행정처분의 무효는 흔히 있는 현상이 아니기 때문에 무효확인소송의 보충성을 요구하지 않는다고 하여 남소 가능성이 커진다고 단정하기 어렵다. 또한 분쟁의 유형에 따라서는 행정처분에 관한 무효확인소송이 보다 적절한 구제수단이 될 수도 있으며, 법원은 권리보호의 필요 요건의 해석을 통해 남소에 대한 제한을 가할 수도 있다.

그러므로 행정처분에 의하여 불이익을 받은 상대방에게 소송형태에 관한 선택권을 부여하여 부당이득반환청구의 소 등의 제기 가능성 여부와 관계없이 행정처분에 관한 무효확인소송을 바로 제기할 수 있도록 함으로써 양 소송의 병존가능성을 인정하는 것이 국민의 권익구제 강화라는 측면에서 도움이 될 수 있다.

6. 결론 — 대상판결의 의미

결국 이 문제는 행정소송법 제35조에 규정된 '무효확인을 구할 법률상 이익'에 관한 해석론에 대한 것으로서, 행정청의 위법한 처분 등으로 인하여 권리 또는 이익의 침해를 입은 국민에게 무효확인소송의 길을 열어 주는 것이 적절한 구제방안인가라는 목적론적 관점에서 앞에서 본 바와 같은 여러 사정을 고려하여 합리적으로 접근해야 될 성질의 것이다.

그런데 앞에서 본 바와 같은 여러 사정, 특히 명문의 규정이 있음에도 불구하고 권리구제 강화의 측면에서 이를 완화해서 해석하려는 일본 최고재판소의 판례 태도 및 독일 법의 내용, 행정소송과 민사소송과의 관계, 남소 가능성 및 권익구제 강화 등의 측면을 종합하면, 행정소송의 목적을 달성할 수 있고 소송경제 등의 측면에서도 타당하며, 항고소송에서 소의 이익을 확대하고 있는 판례의 경향에도 부합되는 해석이 가능한 부정설이 보다 우위에 있는 것으로 보인다. 따라서 이러한 전제에 서 있는 대상판결에 대하여는 긍정적인 평가가 가능할 것이다(박정훈, 46면).

종래의 판례가 행정소송법 제35조에 규정된 '무효확인을 구할 법률상 이익'의 해석과 관련하여 행정처분의 무효를 전제로 한 이행소송 등과 같은 구제수단이 있는 경우에는 원칙적으로 소의 이익을 부정하여 왔던 것에 대하여, 대상판결은 행정처분의 근거 법률에 의하여 보호되는 직접적이고 구체적인 이익이 있는 경우에는 행정소송법 제35조에 규정된 '무효확인을 구할 법률상 이익'이 있다고 보아야 하고, 이와 별도로 무효확인소송의 보충성은 요구되지 않는다는 새로운 해석론을 택하였다. 그 결과 행정청의 위법한 처분 등으로 인하여 권리 또는 이익의 침해를 입은 국민에게 소송형태에 관한 선택권을 부여하여 부당이득반환청구의 소 등의 제기 가능성 여부와 관계없이 행정처분에 관한 무효확인소송을 바로 제기할 수 있도록 양 소송의 병존가능성을 인정함으로써 국민의 권익구제 강화라는 측면에서 상당한 진전이 예상된다는 점 등에서 대상판결은 큰 의의가 있다.

〈참고문헌〉

김남진 · 김연태, 행정법Ⅰ, 제14판, 법문사, 2010.

김동희, 행정법Ⅰ 제16판, 박영사, 2010.

김철용 · 최광률 편집, 주석 행정소송법, 박영사 2004.

김희수, "무효등확인소송에서의 소의 이익", 대구법학 제2호, 대구대학교 법과대학, 2000.

박균성, 행정법론(상) 제9판, 박영사, 2010.

박정훈 · 이계수 · 정호경, "사법부의 어제와 오늘, 그리고 내일—행정재판편", 대한민국 사법 60주년 기념 학술 심포지엄 주제발표문, 2008.

이홍훈, "행정소송과 민사소송", 한국공법이론의 새로운 전개, 삼지원, 2005.

최송화, "무효등확인소송에서의 소의 이익", 고시계, 1993.; 법치행정과 공익, 2002.

홍정선, 행정법원론(상), 제18판, 박영사, 2010.

87. 무효인 과세처분에 대한 납세자의 권리구제수단

—대법원 1995. 4. 28. 선고 94다55019 판결;
2008. 6. 12. 선고 2008두3685 판결을 중심으로—

소 순 무*

Ⅰ. 판결의 개요

1. 대법원 1995. 4. 28. 선고 94다55019 판결

(1) 사실관계

원고들은 건설부장관의 다가구용 단독주택의 건축기준에 따라 건축허가를 받아 건물을 신축하였다. 위 건물의 구조는 실제로는 세대별로 구획되어 있고(세대별 면적은 40.625㎡~43.38㎡이었음), 세대별로 주거공간이 마련되어 각각 독립된 주거생활을 할 수 있도록 되어 있었다. 건물의 대지 · 벽 · 계단 · 복도 기타 설비 등도 각 세대가 공동으로 사용하도록 설계 · 건축되어 있었다. 원고들은 건물의 세대별 구획을 여러 매수인에게 분양 · 매도하면서 전체 건물면적에 대한 세대별 면적 비율을 이전하는 방식으로 소유권이전등기를 마쳤고(이 때 각 지분표시 뒤에 1층 2호, 2층 2호 등으로 각 호수를 표시하였음), 매수인들은 세대별로 입주하여 각각 독립된 주거생활을 영위하고 있다. 과세관청은 위 건물의 세대별 구획이 아닌 건물 자체가 구 조세감면규제법 제74조 제1항 제1호의 국민주택에 해당하지 않음을 이유로 원고들에게 부가가치세를 부과하였고, 원고들은 위 부가가치세를 모두 납부하였다. 이후 원고들은 대한민국을 상대로 부가가치세 상당액에 대한 부당이득반환청구소송을 제기하였다. 그 근거는 과세관청이 위 건물의 실질을 간과한 채 구 조세감면규제법 제74조 제1항 제1호를 적용하지 아니한 것은 부가가치세 부과처분의 당연무효에 해당한다는 것이었다.

(2) 소송경과

원심 판결은 원고들이 택한 소송절차방식이 적법하지 않음을 이유로 원고들의 위

* 법무법인 율촌 변호사, 법학박사.

부당이득반환청구소송을 각하하였다. 즉, 위 부가가치세 부과처분이 무효임을 전제로 피고에 대하여 그 오납금의 환급을 구하는 소송은 공법상의 권리를 그 내용으로 하는 것이므로 행정소송의 대상인 당사자소송의 대상이 될지언정 민사소송의 대상이 될 수 없다는 점이 그 판시 이유였다.

(3) 판결 요지

위 대법원 1995. 4. 28. 선고 94다55019 판결은, 원고의 청구를 각하한 원심 판결이 조세오납금의 환급을 구하는 부당이득에 관한 법리를 오해하여 위법하다고 판시하였다. 위 대법원 94다55019 판결은 그 판단 근거로 대법원 1989. 6. 15. 선고 88누6436 전원합의체 판결 등 대법원의 확립된 입장을 들었는데, 이에 따르면 조세부과처분이 당연무효임을 전제로 하여 이미 납부한 세금의 반환을 청구할 경우 민사상의 부당이득반환청구로서 민사소송절차에 따라야 한다는 것이다.

2. 대법원 2008. 6. 12. 선고 2008두3685 판결

(1) 사실관계

과세관청은 원고 회사의 국세 체납을 이유로 원고 회사의 토지 소유권 지분을 압류하고, 한국자산관리공사에게 위 지분에 대한 공매를 의뢰하였다. 이에 한국자산관리공사는 위 토지 소유권 지분에 대한 공매 절차를 진행하여 제3자를 매수자로 하는 매각결정을 하였다. 위 제3자는 매각대금을 납부하고 소유권이전등기를 마쳤다. 이와 같은 과세관청의 압류처분 및 한국자산관리공사의 매각처분에 대하여 원고는 위 압류처분 및 매각처분이 무효임을 확인하는 압류처분등무효확인소송을 제기하였다.

(2) 소송경과

원심 판결은 원고의 압류처분등무효확인소송을 각하하면서, 그 판시 근거로 위 압류처분 및 매각처분에 대하여 무효확인을 구할 소의 이익이 없다는 점을 들었다. 보다 구체적으로 살펴 보면, 위 매각처분에 의하여 매각대금이 완납되고 매수인에게 소유권이전등기까지 경료된 이상 원고로서는 직접 민사소송으로 매각처분에 의하여 충당된 세액에 대하여 국가를 상대로 부당이득반환을 구하거나 매수인을 상대로 매각처분에 의하여 경료된 소유권이전등기의 말소를 구하는 것이 분쟁해결에 있어 직접적이고도 유효 · 적절한 방법이므로 결국 압류처분등무효확인소송을 제기할 확인의 이익이 인정되지 않는다는 것이다.

(3) 판결 요지

위 대법원 2008. 6. 12. 선고 2008두3685 판결은, 원고의 청구를 각하한 원심 판결이 항고소송인 무효확인소송의 '무효확인을 구할 법률상 이익' 법리를 오해하여 위법하다고 판시하였다. 위 대법원 2008두3685 판결은 판시 이유로 대법원 2008. 3. 20. 선고 2007두6342 전원합의체 판결의 법리를 원용하였다. 이에 따르면 행정처분의 근거 법률에 의하여 보호되는 직접적이고 구체적인 이익이 있는 경우에는 행정소송법 제35조에 규정된 '무효확인을 구할 법률상 이익'이 있다고 보아야 하고, 이와 별도로 무효확인소송의 보충성이 요구되지는 않는다. 따라서 위 압류처분등무효확인소송에서도 원고에게 부당이득반환청구의 소나 소유권이전등기말소청구의 소로써 직접 원고가 주장하는 위법상태의 제거를 구할 수 있는지 여부와 관계없이, 원고는 압류처분 및 매각처분의 근거법률에 의하여 보호되는 직접적이고 구체적인 이익(즉, 행정소송법 제35조에 규정된 '무효확인을 구할 법률상 이익')을 가지고 있으므로 항고소송인 무효확인소송을 제기하더라도 적법한 것이다.

Ⅱ. 평 석

1. 쟁점 정리

납세자가 스스로의 신고행위나 과세관청의 부과처분 또는 징수처분에 의하여 조세를 납부하였으나 그 신고행위 · 부과처분 · 징수처분이 처음부터 무효인 경우, 과세권자는 납부 · 징수된 세액을 보유할 법적인 근거를 잃게 된다. 이처럼 납부 또는 징수의 기초가 된 신고행위나 부과처분 또는 징수처분이 부존재하거나 당연무효임에도 불구하고 납부 또는 징수된 세액을 오납액이라고 부른다(대법원 1997. 10. 10. 선고 97다26432 판결 등 다수).

그런데 이와 같이 법적인 근거를 갖지 않음에도 불구하고 과세관청 또는 국가가 해당 세액을 계속 보유하는 것은 법치원리에 비추어 허용될 수 없으므로, 우리 세법은 무효인 과세처분으로 인하여 징수된 오납액을 납세자에게 환급하도록 규정하고 있다. 예컨대, 국세기본법 제51조 제1항은 납세의무자가 국세 · 가산금 또는 체납처분비로서 납부한 금액 중 오납액이 있을 때 즉시 그 오납액을 국세환급금으로 결정하여야 한다고 규정하고 있으며, 관세법 제24조와 지방세법 제45조 제1항에서도 과세관청으로 하여금 오납금을 지체 없이 납세자에게 환부하도록 하고 있다.

문제는 각종 명문 규정에도 불구하고 과세관청이 오납액을 즉시 환급하여 주지 않을 경우 납세자로서는 어떠한 방법으로 권리구제를 받을 수 있는가 하는 점이다. 이에 대하여 종래 대법원 판례는 일관된 입장을 견지하여 왔는데, 그 구체적인 내용을 살펴보면 ① 납세자는 국가에 대한 부당이득반환청구소송을 통하여 오납액을 환급받을 수 있고 ② 이처럼 부당이득반환청구소송을 제기할 수 있는 이상 각종 과세처분 등에 대한 무효확인소송은 확인의 이익이 부정되어 부적법하다는 것이다. 요컨대, 과세처분이 무효임에도 불구하고 이미 해당 세액이 납부 또는 징수된 경우 납세자로서는 오로지 민사소송인 부당이득반환청구소송을 통해서만 구제를 받을 수 있다는 점이 대법원의 종래 입장이라고 할 수 있다.

그러나 위와 같은 종래 대법원 판례는 그 동안 납세자에게 많은 불편을 야기함과 동시에 실무상 여러 가지 불합리한 결과를 초래하였다. 그 결과 학계는 물론 실무계 역시 종래 대법원 판례를 비판하여 왔고, 급기야 대법원 2008. 6. 12. 선고 2008두3685 판결은 기존의 두 가지 일관된 입장 중 하나인 "부당이득반환청구소송을 제기할 수 있는 이상 각종 과세처분에 대한 무효확인소송은 부적법하다"라는 입장을 변경함으로써 부당이득반환청구소송이 가능하더라도 무효확인소송을 제기할 수 있도록 허용하였다. 이 글에서는 먼저 기존 대법원 판례 입장의 구체적인 내용 및 문제점을 살펴 본 후, 위 대법원 1995. 4. 28. 선고 94다55019 판결 및 대법원 2008. 6. 12. 선고 2008두3685 판결을 중심으로 향후 실무의 개선 방향을 전망하기로 한다.

2. 종래 대법원 판례의 구체적인 내용 및 문제점

(1) 종래 대법원 판례의 구체적인 내용과 그 근거

앞서 본 종래 대법원 판례의 구체적인 내용과 근거는 다음과 같다. 먼저 납세자가 행정소송법 제3조 제2호의 당사자소송이 아니라 민사소송인 부당이득반환청구소송을 제기하여 오납액을 환급받아야 한다는 점은 대법원 1969. 12. 9. 선고 69다1700 판결과 대법원 1989. 6. 15. 선고 88누6436 전원합의체 판결 이래 여러 대법원 판례에서 확인되고 있고(대법원 1990. 2. 13. 선고 88누6610 판결, 대법원 1991. 2. 6. 자 90프2 결정 등 다수), 이 글에서 논하는 대법원 판결 중 하나인 대법원 1995. 4. 28. 선고 94다55019 판결 역시 같은 선상에 있다. 이러한 대법원의 입장은 (오납세액에 대한) 조세환급청구권을 사권(私權)으로 파악하는 것에서부터 비롯되는데, 예를 들어 대법원 1989. 6. 15. 선고 88누6436 판결은 "원고들은 무효인 조세부과처분에 의하여 그 세금을 피고에게 납입하였으니 이것을 도로 내놓으라는 것이 이 사건 청구원인이다. 이러한 청구는 민사소송으로 가능한 것이지 굳이 행정소송으로 소구할 성질의 것은 아니다"라고 판시한 바 있다.

다음으로 "납세자가 부당이득반환청구소송을 제기할 수 있는 이상 각종 과세처분에 대한 무효확인소송은 확인의 이익이 없어 부적법하다"라는 입장은 대법원 1963. 10. 22. 선고 63누122 판결과 대법원 1976. 2. 10. 선고 74누159 전원합의체 판결 이후 일관되게 이어져 오고 있었다(대법원 1989. 10. 10. 선고 89누3392 판결, 대법원 1992. 9. 8. 선고 92누4383 판결, 대법원 1998. 9. 22. 선고 98두4375 판결, 대법원 2006. 5. 12. 선고 2004두14717 판결 등). 대법원이 위와 같은 입장을 취한 근거로는 ① 조세의 부과처분에 따라 납세자가 이미 세금을 납부하였다면 그 부과처분에 따른 조세채무는 소멸하여 존재하지 아니하므로 그 부과처분에 대한 무효확인청구는 확인의 이익이 없는 점(대법원 1992. 9. 8. 선고 92누4383 판결), ② 납세자가 이미 납부한 세금에 대해 무효확인을 구하는 것은 납부한 세금의 반환을 구하는 간접적인 방법일 뿐 아니라 민사소송에 의한 부당이득반환청구로써 직접 그 위법 상태를 제거할 수 있으므로 분쟁해결에 직접적이고도 유효한 방법이라고 볼 수 없는 점(대법원 1989. 10. 10. 선고 89누3392 판결, 대법원 1998. 9. 22. 선고 98두4375 판결 등) 등이 있다.

(2) 종래 대법원 판례의 문제점

이러한 대법원의 종래 입장은, 무효인 과세처분에 대한 납세자의 권리구제수단을 부당이득반환청구소송으로 일원화함으로써 납세자로 하여금 보다 익숙한 민사소송 절차를 통하여 구제받을 수 있도록 한 것으로 이해될 수도 있다. 그러나 오히려 위와 같은 대법원 입장은 아래에서 보듯이 납세자의 입장에서 해결하기 어려운 여러 가지 문제를 야기하였다.

주지하다시피 과세처분을 포함한 행정처분 일반이 무효 사유에 해당하기 위해서는 과세처분의 하자가 중대하고도 명백하여야 하고, 하자의 중대성과 명백성 가운데 어느 하나라도 구비하지 못 하면 취소 사유에 불과하게 된다(대법원 1998. 6. 26. 선고 96누12634 판결 등 다수). 그런데, 어떠한 하자가 중대하면서도 명백한지 여부는 상대적인 것으로서 관점에 따라 달리 판단할 수 있으므로, 결국 무효와 취소의 구별은 개개의 경우마다 법원의 구체적 판결에 의할 수밖에 없다. 문제는 이처럼 무효와 취소의 구별이 쉽지 않음에도 불구하고 양자에 대한 법적 취급은 전혀 다르다는 점이다. 즉, 어떠한 과세 관련 행정처분이 무효라면 처음부터 법률 효과를 발생하지 않으므로 시효에 걸리지 않은 한 시기에 관계없이 민사소송 등에서 선결문제로서 행정행위의 효력을 다툴 수 있을 수 있는 반면, 취소 사유에 해당할 경우에는 과세처분에 의하여 일단 공정력이 생기고 권한 있는 행정기관 또는 법원에 의하여 취소될 때까지는 효력을 가지므로 취소소송의 배타적 관할에 속하게 되는 것이다(임승순, 327면). 이러한 점은 조세환급청구권을 행사할 때에도 마찬가지인데, 앞서 보았듯이 과세처분이 무효인 오납금의 경우에는 민사소송으로서 부당이득반환청구를 하여야 한다(대법원 1989. 6. 15. 선고 88누6436 전원합의체 판결 등 다수). 이에 반하여 과세처분이 취소 사유에 해당한다면 먼저 조세환급청구권을 확정하기 위하여 부과 또는 징수처분취소소송을 제기함으로써 처분의 공정력을 제거하는 방법으로만 이미 납부한 세금을 환급받을 수 있다(대법원 1962. 10. 18. 선고 62다540 판결, 1977. 2. 22. 선고 76다2520 판결, 1994. 11. 11. 선고 94다28000 판결 등).

그리하여 납세자의 입장에서는 과세처분의 하자가 무효 사유인지 취소 사유인지조차 정확히 알기 어려운 상태에서 민사소송 또는 행정소송 중 어느 하나를 택일하여야 하므로, 결국 정당한 관할법원에 대한 예측가능성을 확보하지 못 하게 된다(졸고(拙稿), “조세환급청구소송의 성질론”, 50면). 그리고 이러한 문제점은 비단 관할법원의 선택에만 한정되지 않는데, 소송수행 과정에서 과세처분의 하자가 당초 납세자의 예상과 다르게 판명되더라도 납세자가 절차적으로 구제받기 어렵기 때문이다. 예컨대 당초 납세자가 과세처분이 무효라고 판단하여 국가를 상대로 납부세액 상당의 부당이득반환청구소송을 제기하였다가 소송 과정에서 해당 과세처분의 하자가 취소 사유에 해당함이 밝혀진 경우를 가정해 보자. 이 때 납세자는 위법한 과세처분에 대하여 사실상 구제 받을 여지가 없게 된다. 우선 부당이득반환청구소송에서 과세처분의 하자가 제대로 규명될 정도라면 이미 취소소송의 제소기간 90일(행정소송법 제20조)이 도과되었을 가능성이 높다. 또한 해당 과세처분이 직권으로 또는 별도의 취소소송에 의하여 취소되지 않는 이상 과세처분의 공정력으로 인하여 법률상의 근거를 부정할 수 없어 부당이득 요건을 충족시키지 못하므로 부당이득반환청구소송에서는 청구기각 판결이 선고될 수밖에 없다(하명호, 62면, 안철상, “행정소송과 민사소송의 관계”, 339면, 拙稿, “조세환급청구소송의 성질론”, 67면). 나아가 민사소송법 제262조에서 규정하는 청구의 변경은 동종의 절차에서 심리될 수 있는 청구에 대해서만 허용되고 취소소송으로의 변경은 필연적으로 국가에서 과세관청으로의 피고의 변경을 수반하므로(대법원 법원행정처, 209면), 부당이득반환청구소송을 과세처분 취소소송으로 소 변경하기도 쉽지 않다고 보인다(하명호, 63면).

이 때 납세자로서는 부당이득반환청구소송과 항고소송(무효확인소송 또는 취소소송)을 병렬적으로 제기한 다음 행정소송법 제10조에 따라 관련청구를 병합하는 방안을 생각해 볼 수도 있다. 그러나 앞서 보았듯이 무효확인소송에서 확인의 이익 요건을 엄격하게 적용하고 있는 종래 대법원 입장 아래에서는 이미 해당 세액을 납부한 이상 확인의 이익이 없어 무효확인소송 자체가 부적법하게 되고, 이처럼 무효확인소송이 부적법하여 각하 대상인 이상 여기에 민사소송인 부당이득반환소송을 병합할 수는 없는 노릇이다(拙稿, “조세환급청구소송의 성질론”, 67면, 안철상, “행정소송과 민사소송의 관계”, 339면). 이러한 점은 과세처분 취소소송에서도 마찬가지인데, 과세처분 취소소송을 제기하면서 그 취소를 전제로 해당 세액의 반환을 구하는 민사소송을 제기하더라도 그 취소가 확정되지 아니하는 한 부당이득 자체가 성립하지 아니하므로 기각을 면할 수 없어 사실상 행정소송법 제10조의 관련청구 병합 규정이 적용될 여지는 거의 없게 된다(拙稿, “조세환급청구소송의 성질론”, 67면, 안철상, “행정소송과 민사소송의 관계”, 340면).

요컨대, 앞서 본 대법원의 종래 입장은 한편으로는 납세자에게 정당한 관할법원에 대한 예측가능성을 전혀 보장하지 않으면서도 다른 한편으로는 구체적인 쟁송 방법을 부당이득반환청구소송으로 한정시켜 버리고 말았다. 그 결과 경우에 따라서는 과세처분의 위법 사유가 엄연히 존재함에도 불구하고 관할법원의 선택이라는 납세자의 절차상 실수로 인하여 실체적으로 전혀 구제를 받지 못 할 수도 있게 되었는바, 법치주의 국가에서 이러한 결론이 부당하다는 점은 달리 설명할 필요가 없다.

3. 관련 두 판결에 대한 검토

(1) 대법원 2008두3685 판결에 대한 검토 — 오납액에 대한 부당이득반환청구소송과 과세처분 무효확인소송의 선택 가능성

앞서 본 종래 대법원 판례의 문제점은 대법원 2008. 6. 12. 선고 2008두3685 판결을 통하여 어느 정도 해결되었는데, 위 대법원 2008두3685 판결로 인하여 납세자는 오납액에 대한 부당이득반환청구소송 외에 과세처분 무효확인소송을 제기할 수 있게 되어 관할법원이나 쟁송 방식을 선택할 수 있게 되었기 때문이다(신만중, 376면).

위 대법원 2008두3685 판결은 대법원 2008. 3. 20. 선고 2007두6342 전원합의체 판결의 법리를 과세처분의 무효확인소송에 그대로 적용한 것이다. 위 대법원 2007두6342 전원합의체 판결은, 기존의 대법원 입장(즉, 부당이득반환청구소송 등을 통하여 직접 위법상태를 제거할 수 있는 이상 그 행정처분에 대하여 무효확인을 구하는 것은 종국적인 분쟁 해결을 위한 필요하고도 적절한 수단이라고 할 수 없어 소의 이익이 부정된다는 입장)을 변경한 leading case이다. 위 대법원 2007두6342 전원합의체 판결에 따르면, 행정처분의 근거 법률에 의하여 보호되는 직접적이고 구체적인 이익이 있는 경우에는 행정소송법 제35조에 규정된 '무효확인을 구할 법률상 이익'이 인정되고, 이와 별도로 무효확인소송의 보충성이 요구되는 것은 아니므로 행정처분의 무효를 전제로 한 이행소송 등과 같은 직접적인 구제수단이 있는지 여부를 따질 필요가 없다. 위 대법원 2007두6342 전원합의체 판결은 그 판시 근거로 ① 행정소송과 민사소송은 그 목적이나 취지 또는 기능 등이 다른 점, ② 무효확인소송 역시 항고소송의 일종으로서 확정판결의 기속력 및 행정청의 재처분의무가 그대로 준용되는 점, ③ 외국 입법례와 달리 우리 행정소송법에서는 무효확인소송의 보충성에 관한 명문의 규정이 없는 점 등을 들었다.[1)]

이러한 대법원 2008두3685 판결과 대법원 2007두6342 전원합의체 판결은 대법원의 종래 입장에서 분명 한 걸음 더 나아간 판결로서(신만중, 389면; 백승재, 57면), 기존 대법원 판례가 가졌던 여러 가지 문제점을 상당 부분 해결할 것으로 보인다. 특히 오납액에 대한 부당이득반환청구소송 외에 과세처분에 대한 무효확인소송을 제기할 수 있게 됨으로써 납세자로서는 ① 조세법률관계에 대하여 보다 전문성을 가지는 행정법원에서 과세

---

1) 대법원 2008. 3. 20. 선고 2007두6342 전원합의체 판결에 대한 상세한 소개는 신만중, 앞의 글을 참고하기 바란다.

처분의 무효 여부에 대하여 심리를 받을 수 있고, ② 원고승소 판결이 확정될 경우 과세처분의 무효 자체에 대하여 기판력이 발생하며, ③ 행정소송법 제38조 제1항에 규정된 확정판결의 기속력은 물론 행정청의 재처분의무도 적용받게 되었는바, 위 대법원 판결들은 향후 납세자의 권리구제와 조세행정에 대한 사법통제를 한결 강화하는 중요한 계기가 되리라 생각한다.

돌이켜 보건대 종래 대법원 1989. 6. 15. 선고 88누6436 전원합의체 판결에서 이재성 대법관이 유일하게 소수의견으로 위 판결과 같이 부당이득반환청구라는 민사소송 이외에 행정소송도 허용되어야 함을 역설하였다. 이러한 소수의견이 대법원의 견해로 채택되는데 20년 가까이 걸렸다. 사법작용의 보수적 성격과 엄격성을 엿보게 한다. 국민의 사법적 권리구제절차에서 절차적 통제는 최소화하여야 한다.

(2) 대법원 94다55019 판결에 대한 검토 — 당사자소송을 통한 오납액 반환 가능성에 대한 입법론적 시도

위에서 자세히 살펴보았듯이 대법원 2008두3685 판결과 대법원 2007두6342 전원합의체 판결이 종래 대법원 입장에서 분명 진일보한 판결이기는 하나, 앞서 살펴본 종래 대법원 판례의 문제점을 완전히 해결하였다고는 볼 수 없다. 대법원 94다55019 판결을 비롯한 기존의 대법원 판례처럼 오납액에 대한 조세환급청구소송을 당사자소송이 아닌 민사소송으로 파악하는 이상, 이는 조세환급청구권의 법적 성질에도 반할 뿐 더러 앞서 본 여러 가지 문제점을 근본적으로 해결하기 어렵기 때문이다.

먼저 조세환급청구권의 법적 성질에 관하여 보면, 대법원 94다55019 판결을 포함한 기존의 대법원 판례는 오납액에 대한 조세환급청구권이 사권(私權)임을 전제로 민사소송인 부당이득반환청구소송을 통하여 구제를 받아야 한다는 입장에 있다. 특히 대법원 1989. 6. 15. 선고 88누6436 전원합의체 판결은, "국세기본법 제51조 제1항 소정의 오납액이라 함은 납부 또는 징수의 기초가 되는 신고 또는 부과처분이 부존재하거나 당연무효임에도 불구하고 납부 또는 징수된 세액을 말하며, 이는 국가가 법률상 원인 없이 수령한 부당이득에 해당하는바 이러한 부당이득의 반환을 구하는 국세환급청구소송은 행정소송이 아닌 민사소송사항이다"라고 명확히 판시하였다. 그러나 그 동안 여러 차례 지적된 바와 같이 공법상 원인에 기하여 발생한 부당한 금전급부는 근본적으로 공법상의 원인 유무에 관한 판단과 밀접한 관계가 있을 뿐 아니라 반환하여야 할 이득의 범위 등 여러 가지 점에서 오로지 사인 사이의 경제적 이해조정을 위한 사법상 부당이득과 구별되고, 결국 이에 대한 환급청구권은 사권(私權)이 아닌 공권(公權)으로 보아야 한다(조세환급청구권의 법적 성질이 공권(公權)이라는 통설적 견해에 관한 상세한 설명 및 그 근거는 拙著, 조세소송, 498면). 예컨대, 조세법률관계에서의 부당한 금전급부는 ① 비채변제의 법리

가 적용되지 않고(대법원 1995. 2. 28. 선고 94다31419 판결), ② 그 소멸시효도 5년이며, ③ 과세관청이나 국가의 선의 또는 악의를 불문하고 납세자가 부당하게 납부한 세액 및 이에 대한 일정한 법정이자를 지급하여야 하는 등 민사법률관계에서의 부당이득과 여러 가지 점에서 다르다(하명호, 380면). 그렇다면 오납액에 대한 조세환급청구소송은 민사소송이 아닌 당사자소송으로 파악함이 타당하다.

또한 실제 소송실무의 관점에서도 오납액에 대한 조세환급청구소송은 당사자소송으로 보아야 한다. 기술하였듯이 납세자는 물론 법률 전문가의 입장에서도 과세처분의 하자가 무효 사유인지 취소 사유인지를 명확히 판단하기가 어려우므로, 소송수행 과정에서 과세처분의 하자가 당초 납세자의 예상과 다르게 판명될 수도 있다. 이러한 상황에서 오납액에 대한 조세환급청구소송을 민사소송인 부당이득반환소송으로 본다면, 앞서 설명한 바와 같이 납세자로서는 소송수행 도중에 청구 변경이나 관련청구 병합 등의 절차를 통하여 구제받기 어렵게 된다. 반면, 조세환급청구소송을 당사자소송으로 볼 경우, 납세자는 행정법원에 과세처분에 관한 항소소송을 병합하여 제기하거나, 과세처분의 취소를 구함과 동시에 처분의 무효를 전제로 조세환급청구를 예비적으로 병합하거나(행정소송법 제10조 제2항 제28조 제3항), 취소소송의 심리 결과 과세처분의 무효가 밝혀질 때 피고를 경정함과 동시에 소의 변경을 통하여 당사자소송으로 변경할 수 있게 되는 등 오납액 환급에 관련된 소송을 모두 행정법원에 제소함으로써 한 번에 해결할 수 있다(拙稿, "조세환급청구소송의 성질론", 66면, 안철상, "행정소송과 민사소송의 관계", 341면). 나아가 순수한 사인 간의 소송이 아닌 국가 또는 과세관청을 당사자로 하는 소송을 행정소송화함으로써 행정법원에서 전문화된 재판을 받는 등의 절차상 편의나 소송경제를 확보할 수 있음은 물론이다(안철상, "행정소송과 민사소송의 관계", 338면).

이상의 점을 종합한다면, 조세환급청구권이 사권임을 전제로 부당이득반환청구소송을 통하여 구제를 받아야 한다는 기존 대법원 판례는 조세환급청구권의 구체적 법률관계를 도외시하고 납세자의 권리구제에 소홀하다는 점에서 부당하고, 기존 대법원 판례를 따르고 있는 위 대법원 94다55019 판결 역시 이러한 비판에서 벗어나기 어렵다. 따라서 대법원의 기존 입장은 별론, 적어도 입법론의 관점에서는 오납액에 대한 조세환급청구소송을 부당이득반환청구소송이 아닌 당사자소송으로 봄이 타당하다.

4. 대법원 94다55019 판결 및 대법원 2008두3685 판결의 의미와 전망

대법원 2008. 6. 12. 선고 2008두3685 전원합의체 판결은, 오납액에 대한 조세환급청구소송을 오로지 부당이득반환청구소송으로만 한정하였던 종래 대법원 판례의 문제점을 시정하고 납세자에게 오납액에 대한 부당이득반환청구소송과 과세처분 무효확인소송을 선택할 수 있도록 하였다는 점에서 매우 의미 있는 판결이라고 생각한다. 다만 위 대법원 2008. 6. 12. 선고 2008두3685 전원합의체 판결만으로는 그 동안 지적되었던 종래 대법원 판례의 문제점을 완전히 해결하지 못하였는데, 대법원 1995. 4. 28. 선고 94다55019 판결에서 확인할 수 있듯이 대법원은 오납액에 대한 조세환급청구소송을 당사자소송이 아닌 민사소송으로 보기 있기 때문이다. 이러한 한계를 극복하기 위해서는 이미 학계에서 통설로서 논의되고 있는 것처럼 조세환급청구소송을 기존의 민사소송에서 당사자소송으로 변경하여야 한다.

다만 이와 같은 개선 논의는 궁극적으로 입법을 통하여 해결하는 것이 효율적이다. 기존의 대법원 판례가 엄연히 존재하는 이상 납세자나 하급심으로서는 오납액에 대한 조세환급청구소송을 부당이득반환청구소송 절차에 따라 진행하여야 하고, 대법원 판례 변경을 통하여 갑작스레 당사자소송으로 볼 경우 유사 사건에 관한 하급심 판결을 대거 파기할 것인가 하는 등의 법리상의 문제 해결이 쉽지 않으며 여러 혼란의 발생이 예견되기 때문이다. 따라서 오납액에 대한 조세환급청구소송을 당사자소송으로 처리하도록 하기 위해서는 행정소송법의 개정을 통하여 당사자소송의 유형을 보다 명확히 규정함이 타당하며(안철상, "행정소송과 민사소송의 관계", 362면), 2007. 11.경 법무부가 국회에 개정안 제3조 제2호[2]는 이러한 개정 논의의 좋은 시발점이 될 수 있다고 생각한다(안철상, "행정소송과 민사소송의 관계", 363면, 하명호, 63면). 이미 지적하였지만 대상판결은 이재성 전 대법관의 20년 전의 전향적 소수의견을 다시금 떠올리게 한다. 납세자에게 어떠한 사법적 구제방법을 허용할 것인가는 그것이 법적 안정성과 과세행정의 비효율을 크게 해하지 않는 이상 과거의 틀에서 벗어나는 새로운 접근방법이 옳다고 생각한다.

〈참고문헌〉

백승재, "무효확인소송에서의 소의 이익", 「판례연구」, 서울지방변호사회, 2008.
소순무, "조세환급청구소송의 성질론", 조세법연구 제4집, 세경사, 1998.
______, 조세소송 개정4판, 영화조세통람, 2008.
______, "조세신고납부 경우의 부당이득반환청구권", 사법논집 제26집, 법원도서관, 1995.
신만중, "과세처분 무효확인소송과 무효확인을 구할 법률상 이익", 조세법연구 14-3, 세경사, 2009.
안철상, "행정소송과 민사소송의 관계", 법조 통권 제616호, 법조협회, 2008. 1.
______, "과세처분 무효확인소송", 재판자료 제61집, 법원행정처, 1993.
이동식, "세금을 과다 납부한 납세자의 구제방법", 경북대 법학논고 제17집, 경북대학교 법학연구

2) 법무부의 행정소송법 개정안 제3조 제2호는 당사자소송을 "행정상 손실보상, 처분 등의 위법으로 인한 손해배상 · 부당이득반환, 그 밖의 공법상 원인에 의해 발생하는 법률관계에 관한 소송으로서 그 법률관계의 한쪽 당사자를 피고로 하는 소송"이라고 정의하였다.

소, 2001.

이전오, "과오납조세에 대한 구제방법", 법과 행복의 추구: 청암 정경식 박사 화갑기념 논문집, 박영사, 1997.

이창희, 세법강의 제7판, 박영사, 2008.

임승순, 조세법, 박영사, 2008.

전정구, "판례에서 본 조세법상의 부당이득반환청구권에 관한 제문제", 한국조세법의 제문제, 조세통람사, 1989.

최형기, "과오납금청구소송의 법적 성격—실질적 당사자소송과 쟁점소송과의 구별", 재판자료 제60집, 법원행정처, 1993.

하명호, "공법상 당사자소송과 민사소송의 구별과 소송상 취급", 인권과 정의 제380호, 대한변호사협회, 2008. 4.

88. 인가행위의 보충성과 무효확인소송의 소익

— 대법원 2000. 9. 5. 선고 99두1854 판결 —

박 해 식*

Ⅰ. 판결개요

1. 사실관계

재건축조합의 조합원인 원고가 재건축조합의 설립행위가 그 설립을 위한 결의에 상가동 구분소유자들의 동의가 전혀 없고 일부 동의 경우 재건축에 동의한 구분소유자의 수가 동 전체 구분소유자의 5분의 4에 미달한다는 이유로 주택조합설립인가처분권자인 X행정청(기초지방자치단체장)을 상대로 주택조합설립 인가처분 무효확인 청구를 하였다. 재건축조합이 피고를 돕기 위하여 보조참가를 하였다.

2. 소송경과

원심인 서울고등법원 1998. 12. 29. 선고 98누11146 판결은, 원고가 X행정청을 피고로 하여 제기한 주택조합설립 인가처분 무효확인 청구의 소는 재건축조합의 설립행위가 그 설립을 위한 결의에 상가동 구분소유자들의 동의가 전혀 없고 일부 동의 경우 재건축에 동의한 구분소유자의 수가 동 전체 구분소유자의 5분의 4에 미달하여 효력이 없다는 이유는 인가처분자체의 하자가 아닌 그 기본행위의 효력에 관하여 다투면서 그에 대한 인가처분의 무효확인을 구하는 것이어서 소구할 법률상 이익이 없어 부적법하다고 각하하였다. 이에 대하여 원고가 대법원에 상고하였다.

3. 판결요지

주택건설촉진법에서 규정한 바에 따른 관할시장 등의 재건축조합설립 인가처분은 불량·노후한 주택의 소유자들이 재건축을 위하여 한 재건축조합설립행위를 보충하여

* 법무법인 율촌 변호사.

그 법률상 효력을 완성시키는 보충행위일 뿐이므로 그 기본되는 조합설립행위에 하자가 있을 때에는 그에 대한 인가처분이 있다 하더라도 기본행위인 조합설립이 유효한 것으로 될 수 없고, 따라서 그 기본행위는 적법유효하나 보충행위인 인가처분에만 하자가 있는 경우에는 그 인가처분의 취소나 무효확인을 구할 수 있을 것이지만 기본행위인 조합설립행위에 하자가 있는 경우에는 민사쟁송으로써 따로 그 기본행위의 취소 또는 무효확인 등을 구하는 것은 별론으로 하고 기본행위의 불성립 또는 무효를 내세워 바로 그에 대한 감독청의 인가처분의 취소 또는 무효확인을 소구할 법률상 이익이 있다고 할 수 없다.

Ⅱ. 평 석

1. 쟁점정리

기본행위는 적법유효하나 보충행위인 인가처분에만 하자가 있는 경우에는 그 인가처분의 취소나 무효확인을 구할 수 있음에 대해서는 현재로서는 특별한 논란이 없으나 기본행위에 하자가 있는 경우 기본행위의 불성립 또는 무효를 내세워 바로 그에 대한 감독청의 인가처분의 취소 또는 무효확인을 소구할 법률상 이익이 있는가, 아니면 일단 민사쟁송으로써 따로 그 기본행위의 취소 또는 무효확인 등을 구한 다음에 그것을 이유로 인가처분의 취소나 무효확인을 구할 수 있을 뿐인가 하는 것에 대하여는 논란이 있다. 특히 이 점과 관련하여 문제되는 것은 수리행위에 대하여도 인가처분과 같은 법리가 관철되는가 여부이다. 왜냐하면 행정행위 가운데에는 사인의 유효한 기본행위의 존재를 전제로 하는 것으로 법률행위적 행정행위는 인가이고, 준법률행위적 행정행위는 수리이기 때문이다.

2. 관련판례

(1) 기본행위의 무효와 인가처분 또는 수리처분의 효력

인가처분의 대상인 기본행위가 존재하지 아니하거나 무효인 때 인가처분의 효력이 어떻게 되는가 하는 점에 관하여, 대법원 판례는 초기 약간의 혼선이 있었으나 곧 전원합의체판결에 의하여 하나로 통일된 이래 현재까지 같은 태도를 유지해 오고 있다. 즉 기본행위에 하자가 있다면 인가처분에도 하자가 있다는 판결(대법원 1967. 2. 28. 선고 66누8 판결, 대법원 1977. 8. 23. 선고 77누38 판결)과 인가처분 자체에 하자가 없다면 기본행위에 하자가 있다 하여 그 인가처분에 하자가 있는 것이라 할 수 없다는 판결(대법원 1969. 11. 11. 선고 66누146 판결)이 양립하고 있었으나, 대법원 1979. 2. 13. 선고 78누428 전원합의체 판결로 기본행위에 하자가 있다면 인가처분에도 하자가 있다고 하여 전자의 견해를 취하였다.

한편 수리행위에 대해서도 대법원 판례는 대법원 1979. 2. 13. 선고 78누428 전원합의체 판결과 같이 취지에서 기본행위에 하자가 있다면 수리처분에도 하자가 있다고 판단하였다(대법원 1990. 10. 30. 선고 90누1649 판결, 대법원 1993. 6. 8. 선고 91누11544 판결).

(2) 기본행위의 무효를 이유로 인가처분 또는 수리처분의 취소 또는 무효확인의 소를 구할 법률상 이익이 있는지 여부

(가) 기본행위에 하자가 있으면 인가처분에도 하자가 있다는 견해를 취하더라도 기본행위에 하자가 있다는 이유로 곧바로 인가처분의 취소 또는 무효확인을 소구할 법률상 이익이 있다고 볼 것인가, 아니면 민사쟁송으로서 그 기본행위의 취소나 무효확인의 확정판결을 받은 후 비로소 인가처분의 취소 또는 무효확인을 구할 수 있는가에 대하여 논란이 있을 수 있다.

(나) 이에 대하여 대법원 1979. 2. 13. 선고 78누428 전원합의체 판결은 기본행위가 적법·유효하고 보충행위인 승인처분 자체에만 하자가 있다면 곧바로 그 승인처분의 무효확인이나 그 취소를 주장할 수 있지만, 기본행위에 하자가 있다는 이유로 기본행위의 효력에 관하여 다툼이 있는 경우에는 민사쟁송으로서 그 기본행위의 무효확인을 구하는 등의 방법으로 분쟁을 해결할 것이지 그 기본행위에 대한 보충행위로서 그 자체만으로는 아무런 효력이 없는 인가처분만의 취소나 무효확인을 구하는 것은 특단의 사정이 없는 한 분쟁해결의 유효적절한 수단이라 할 수 없으므로 인가처분의 취소나 무효확인을 구할 법률상 이익이 없다고 하여, 기본행위가 확정판결로서 무효확인되었다면 행정청이 기본행위에 관하여 한 인가처분도 마땅히 시정되어야 할 것이므로 행정청이 그 사정에 응하지 않은 경우 인가처분의 무효확인을 구할 이익이 있다고 한 이래 이러한 대법원의 태도는 현재까지 그대로 유지되어 오고 있다(대상판결 전에 대법원 1987. 8. 18. 선고 86누152 판결(이사장취임승인처분 무효확인, 이사취임승인처분 무효확인), 1991. 6. 14. 선고 90누1557 판결(학교법인 임원취임승인취소), 1993. 4. 23. 선고 92누15482 판결(이사회 소집승인처분취소), 1994. 10. 14. 선고 93누22753 판결(주택개량사업관리처분계획 인가처분취소)이 있었고, 대상판결 후 대법원 2001. 12. 11. 선고 2001두7541 판결(관리처분계획변경인가 처분무효확인), 2002. 5. 24. 선고 2000두3641 판결(임시이사선임처분 등 취소), 2004. 10. 28. 선고 2002두10766 판결(정관변경인가처분취소) 등 많은 판결이 있다).

대상판결은 대법원 1979. 2. 13. 선고 78누428 전원합의체 판결의 취지를 따른 것으로서 기본행위인 재건축조합의 설립행위와 보충행위인 재건축조합설립인가처분 사이의 관계를 밝힌 최초의 판결이다.

(다) 반면 기본행위와 수리처분 사이의 관계에 관하여 위 대법원 1990. 10. 30. 선고 90누1649 판결은 식품위생법에 따른 영업허가명의의 변경은 적법한 영업권의 양도가 있었음을 전제로 하여 하는 것으로서, 양수인에 대한 영업권 양도행위에 무효의 사유가 존재한다면 위 무효의 전제행위에 터잡아 이루어진 행정청의 영업권 명의변경처분(즉, 수리처분) 역시 하자 있는 처분이 된다고 하여 비록 그 전제행위가 무효라는 확정판결이 없다 하더라도 마찬가지라고 판시하고, 위 대법원 1993. 6. 8. 선고 91누11544 판결도 허가관청의 사업양수에 의한 지위승계신고의 수리는 적법한 사업의 양도가 있었음을 전제로 하는 것이므로 사업의 양도행위가 무효라고 주장하는 양도자는 민사쟁송으로 양도행위의 무효를 구함이 없이 막바로 허가관청을 상대로 하여 행정소송으로 위 신고수리처분의 무효확인을 구할 법률상 이익이 있다고 하여 선례판결을 그대로 따르고 있다.

(라) 한편 학교법인 기본재산교환과 감독청의 허가처분과의 관계에 대하여, 학교법인이 그 소유의 부동산에 관하여 교환계약을 체결하고 이사회 의결이 없었음에도 그 회의록을 위조하여 위 계약에 대한 감독관청의 허가를 받은 경우에 감독관청의 허가 당시 이사회 의결이 부존재하였다는 사유만으로써 감독관청의 허가가 당연무효라고는 볼 수 없다고 하였으나(대법원 1979. 1. 30. 선고 77다1586 판결), 대법원 1984. 2. 28. 선고 81누275 전원합의체 판결은 감독청의 허가처분은 중대하고 명백한 하자가 있어 당연무효라고 판단하여 위 대법원 1979. 1. 30. 선고 77다1586 판결을 변경하였다.

3. 판결의 검토

(1) 대상판결은 인가행위는 사인의 일정한 법적 행위에 대한 효력보충적인 행위인 까닭에 그에 의한 효력보충의 대상인 기본행위를 떠나 그것만으로써 유효하게 존립할 수 없고, 인가행위의 대상인 기본행위가 부존재이거나 무효인 때에는 그러한 기본행위를 대상으로 한 인가행위는 대상이 없는 행위로서 무효가 된다고 본다. 이러한 법리 또는 관념을 기초로 대상판결은 재건축조합설립 인가처분은 기본행위인 재건축조합설립행위를 보충하여 그 법률상 효력을 완성시키는 보충행위일 뿐이므로 그 기본행위인 조합설립행위에 하자가 있을 때에는 그에 대한 인가처분이 있다 하더라도 기본행위인 조합설립이 유효한 것으로 될 수 없고, 따라서 그 기본행위는 적법유효하나 보충행위인 인가처분에만 하자가 있는 경우에는 그 인가처분의 취소나 무효확인을 구할 수 있을 것이지만 기본행위인 조합설립에 하자가 있는 경우에는 민사쟁송으로써 따로 그 기본행위의 무효확인 등을 구하는 것은 별론으로 하고 기본행위의 불성립 또는 무효를 내세워 곧바로 그에 대한 감독청의 인가처분의 취소 또는 무효확인을 소구할 법률상 이익이 있다고 할 수 없다고 하였다. 이러한 판례의 태도는 일단 논리상으로는 다툼의 여지가 없이 완벽하다.

(2) 그런데 한편으로 대법원 1984. 2. 28. 선고 81누275 전원합의체 판결은 인가처분과 논리적 구조가 같은 학교법인 기본재산교환 허가처분 등의 경우에는 기본행위에 하자가 있으면 그것이 민사판결에 의하여 확정되지 아니하여도 곧바로 보충행위인 허가처분의 취소 또는 무효확인을 구할 법률상 이익이 있다고 하여 보충행위의 취소 또는 무효확인의 법률상 이익에 관하여 대법원 78누428 전원합의체 판결과 다른 태도를 취하면서도 그 이유를 설시하지 아니하고 있을 뿐 아니라 그를 폐기하지도 아니하였다. 이에 대하여는 대법원 81누275 전원합의체 판결이 위법한 교환허가신청에 기하여 된 감독청의 허가처분 역시 당연무효라고 본 이론적 배경에 대하여는 여러 가지 각도에서 추측해 볼 수 있겠지만 그에 대한 이유설시가 없는 이상 이 점에 대하여는 더 이상 논급하지 아니하기로 한다고 한 재판연구관의 언급이 겨우 있을 뿐 아무런 논의가 없다.

(3) 나아가 대법원은 수리처분은 사인의 행정청에 대한 일정한 행위를 유효한 것이라고 하여 수령하는 수동적인 행위이기 때문에, 수리처분은 그 수리처분의 대상인 사인의 행위, 즉 기본행위가 무효인 때에는 수리처분을 하였다고 하더라도 그 수리처분은 유효한 대상이 없는 것으로서 당연히 무효라고 보고 있다. 그러나 수리처분이나 인가처분 모두 기본행위에 대한 보충행위로서의 성질은 동일한데도 불구하고 수리처분에 있어서는 인가처분에 있어서는 달리 보는지, 거꾸로 말하면 인가처분의 경우에 한하여 기본행위에 하자가 있더라도 원칙적으로 기본행위의 하자가 민사판결에 의하여 무효 등으로 확정되어야만 비로소 보충행위인 인가처분의 취소 또는 무효확인을 구할 법률상 이익이 있다고 좁게 해석하고 있는지에 대한 특별한 근거를 제시하지 아니하고 있다.

(4) 인가행위의 취소 또는 무효확인을 구할 법률상 이익과 관련한 대상판결은 다음과 같은 점에서 법리적인 측면에서 학계 및 실무계의 분발을 요한다.

(가) 먼저, 분쟁해결의 신속성과 일회성의 원칙이라는 관점에서 대상판결은 재고를 요한다. 현실적으로 보면 기본행위의 무효확인판결을 받는 데까지 몇 년이 걸리는 것이 다반사이다. 특히 이러한 유형의 사건은 쟁점도 많고 관여자도 많은 경우가 일반적이어서 더욱 그러하다. 그런데 이러한 기본행위에 대한 무효확인판결을 받아 다시 인가행위의 취소 또는 무효확인판결을 받기 위하여 새로운 쟁송을 벌여 인가행위에 대한 취소 또는 무효확인판결을 받는데 또한 상당한 기간이 소요된다는 점이다. 사실 보충행위인 인가행위 자체에 고유한 하자가 없다면 결국 인가행위의 효력은 기본행위의 효력에 달려있는 것이므로 기본행위의 효력을 판단받는 기회에 인가행위의 효력 역시 함께 판단받게 한다고 하여 법리상으로 이상할 것도 없는 것이 아닌가 생각한다. 만약 기본행위의 효력을 판단하는 기회에 인가행위의 효력도 판단할 수 있게 된다면 소송경제, 신속성과 판결의 모순저촉을 피할 수 있게 될 것이다.

(나) 다음, 기본행위와 관련한 보충행위로서 수리, 인가, 허가 사이에 본질적인 차이가 없다는 점이다. 구체적으로 수리행위, 인가행위, 허가행위 자체의 법적 성질과 내용은 차이가 있을 수 있지만, 기본행위를 보충하여 기본행위의 법률상 효력을 완성시키는 보충행위라는 측면에서는 모두 동일하다는 점이다. 실제로도 수리처분이나 학교법인 기본재산교환 허가처분 등의 경우가 인가처분과 어떤 점에서 차이가 있는 것인지 분명하지 않다는 점이다. 기본행위와 보충행위의 관계에 관한 법리구성에 일관성을 갖도록 할 필요성이 있다.

(다) 이러한 모든 점을 아울러 보면, 인가처분에 있어서도 수리처분이나 학교법인 기본재산교환 허가처분과 같이 원칙적으로 기본행위에 하자가 있으면 그것이 민사판결에 의하여 확정되지 아니하여도 보충행위인 인가처분의 취소 또는 무효확인을 구할 법률상 이익이 있다고 하는 것이 타당한 해석방법이 아닌가 생각된다. 이 점에서 대상판결은 재고의 소지가 있다.

4. 판결의 의미와 전망

대상판결이 취하고 있는 기본행위와 인가처분과의 관계에 관한 이론은 종래 전원합의체 판결에서 정립한 이론을 재건축조합설립인가와 재건축조합설립행위에도 적용시킨 것이고, 이러한 판례의 태도는 현재에 까지 그대로 유지되어 오고 있다. 그러나 법률적인 관점은 물론 소송경제나 분쟁의 일회성 및 판결의 모순의 회피 등의 관점에서도 대상판결의 태도를 굳이 유지하여야 하는가 하는 점에 심히 의문이 든다. 판례는 법원을 통하여 이루어지는 것이지만 청구 없이 법원 스스로 판례를 형성하거나 변경시킬 수 없는 법이다. 그러나 판례를 통하여 법원이 변할 수 있는 동인을 마련해 주는 것이 필요하다. 즉 법원 스스로 문제의식을 가지고 문제를 해결할 수 있는 이니셔티브를 제공하는 것이야 말로 학계와 실무계의 역할이라고 할 것임은 다언을 요하지 않을 것이다. 대상판결은 학계와 실무계에게 중요한 연구과제를 던져주고 있다는 또 다른 의미가 있다고 하지 않을 수 없다.

<참고문헌>

김학대, “기본행위의 하자와 인가처분의 효력”, 대법원판례해설 제6호, 법원도서관, 1987.
서원우, “인가처분의 기초가 되는 기본행위의 하자를 이유로 하여 인가처분 자체의 무효 또는 취소를 구하는 행정소송을 제기할 수 있는지 여부”, 판례회고 제7호, 서울대학교, 1979.
이강국, “행정행위의 하자와 치유”, 대법원판례해설 제3호, 법원도서관, 1985.
이상규, “기본행위의 취소와 인가의 효력”, 공법연구 제7집, 한국공법학회, 1979. 6.

이상규, “신고의 성질과 기본행위의 무효를 원인으로 한 신고수리무효확인소송”, 판례월보 제281호, 판례월보사, 1994. 2.

전민기, “식품위생법상의 영업권의 양도가 적법히 이루어지지 않은 경우에 있어서의 이에 대한 행정청의 영업허가권명의변경처분의 효력 여부”, 대법원판례해설 제14호, 법원도서관, 1991.

89. 부작위위법확인소송의 요건[1)]

— 대법원 2000. 2. 25. 선고 99두11455 판결 —

김 연 태*

Ⅰ. 판례개요

1. 사실관계

국회의원인 원고는 특임공관장으로 임용되어 미합중국 주재 대사로 재직하고 있는 A가 외무공무원법 제22조에 따라 정년에 도달하여 당연퇴직되었으므로 대통령 및 피고(외교통상부장관)에게 A에 대하여 미합중국 주재 대사관과 관저의 사용을 금지시키고 급여 등의 지급을 중단하도록 요구하였으나, 피고 및 대통령이 원고의 요구에 관하여 아무런 조치도 취하지 않자, 피고가 A의 직을 계속 보유하게 하여서는 아니 된다는 원고의 요구에 대하여 아무런 조치를 취하지 아니한 부작위는 위법임을 확인하는 소송을 제기하였다.

2. 소송경과

제1심인 서울행정법원은 원고에게는 대통령 및 피고의 특임공관장에 대한 인사권 행사 등과 관련하여 위와 같은 요구를 할 수 있는 법규상·조리상 신청권이 있다고 할 수 없으므로 이 사건 소를 각하하였다(서울행정법원 1996. 6. 10. 선고 99구7974 판결).

이에 불복하여 원고는 항소하였으나, 서울고등법원은 원고의 항소를 기각하였으며(서울고등법원 1999. 10. 27. 선고 99누8529 판결), 서울고등법원의 판결에 대한 원고의 상고에 대하여 대법원은 이를 기각하였다(대법원 2000. 2. 25. 선고 99두11455 판결).

---

* 고려대학교 법학전문대학원 교수.

1) 이 글은 졸고, 처분의 발급을 구하는 소송유형, 고려법학 제39호, 2002에 실린 글을 기초로 하여 작성된 것임을 밝힌다.

3. 판결요지

(1) 행정소송법 제4조 제3호가 정하는 부작위위법확인의 소는 행정청이 당사자의 법규상 또는 조리상의 권리에 기한 신청에 대하여 상당한 기간 내에 신청을 인용하는 적극적 처분 또는 각하하거나 기각하는 등의 소극적 처분을 하여야 할 법률상 응답의무가 있음에도 불구하고 이를 하지 아니하는 경우 그 부작위가 위법하다는 것을 확인함으로써 행정청의 응답을 신속하게 하여 부작위 또는 무응답이라고 하는 소극적 위법상태를 제거하는 것을 목적으로 하는 제도이고, 이러한 소송은 처분의 신청을 한 자로서 부작위가 위법하다는 확인을 구할 법률상의 이익이 있는 자만이 제기 할 수 있는 것이므로, 당사자가 행정청에 대하여 어떠한 행정처분을 하여 줄 것을 요청할 수 있는 법규상 또는 조리상의 권리를 갖고 있지 아니하거나 부작위의 위법확인을 구할 법률상의 이익이 없는 경우에는 항고소송의 대상이 되는 위법한 부작위가 있다고 볼 수 없거나 원고적격이 없어 그 부작위위법확인의 소는 부적법하다.

(2) 외무공무원의 정년 등을 규정한 외무공무원법상 일반 국민이나 국회의원 등이 외무공무원의 임면권자에 대하여 특임공관장의 임면과정이나 지위 변경 등에 관하여 어떠한 신청을 할 수 있다는 규정이 없을 뿐 아니라, 나아가 국회의원은 헌법이 부여한 권한에 따라 국정감사 · 조사권, 국무위원 등의 국회출석요구권 · 질문권, 국무위원 등의 해임건의권 등의 다양한 권한행사를 통하여 행정부의 위법 · 부당한 행위를 통제할 수 있고, 또한 국회법상 국회 통일외교통상위원회는 외무공무원의 인사에 관한 사항 등 외교통상부 소관에 속하는 의안과 청원의 심사 등의 직무를 행하도록 규정되어 있기는 하지만, 이러한 규정들에 의하여 국회의원이 국무위원인 외교통상부장관에 대하여 정치적인 책임을 물을 수 있음은 별론으로 하고 국회의원 개개인에게 특임공관장의 인사사항에 관한 구체적인 신청권을 부여한 것이라고 할 수 없어서, 국회의원에게는 대통령 및 외교통상부장관의 특임공관장에 대한 인사권 행사 등과 관련하여 대사의 직을 계속 보유하게 하여서는 아니 된다는 요구를 할 수 있는 법규상 신청권이 있다고 할 수 없고, 그 밖에 조리상으로도 그와 같은 신청권이 있다고 보이지 아니한다.

Ⅱ. 평　　석

1. 쟁점정리

부작위위법확인소송은 행정청의 부작위가 위법하다는 것을 확인하는 소송이다(행정소송법 제4조 제3호). 여기에서 '부작위'라고 함은, 행정청이 당사자의 신청에 대하여 상당한 기간 내에 일정한 처분을 하여야 할 법률상 의무가 있음에도 불구하고 이를 하지 아니하는 것을 말한다(행정소송법 제2조 제1항 제2호).

부작위위법확인소송은 '공권력 행사로서의 행정청의 처분'의 부작위를 그 대상으로 하는 것이므로, 취소소송이나 무효등확인소송과 마찬가지로 항고소송에 해당한다(행정소송법 제4조). 한편 부작위위법확인소송은 법률관계를 변동하는 것이 아니라, 부작위에 의하여 외형화 · 현실화된 법상태가 위법임을 확인하는 것이므로 확인소송으로서의 성질을 갖는다. 그리하여 부작위위법확인소송에 있어서의 판결은 행정청의 부작위의 위법 여부를 확인하는 데 그치고, 적극적으로 행정청에 대하여 일정한 처분을 할 의무를 직접 명하지는 않는다.

이와 같은 부작위위법확인소송에 있어서는 특히 소송의 대상으로서의 부작위 개념, 원고적격 및 심리범위와 관련하여 해석론상의 문제와 그에 따른 제도의 실효성 등이 논란이 되고 있다.

우선 대법원은 부작위가 항고소송의 대상이 되기 위하여는 당사자가 행정청에 대하여 어떠한 행정처분을 하여 줄 것을 요청할 수 있는 법규상 또는 조리상의 권리가 있어야 한다고 한다. 신청권과 관련하여 소송의 대상과 원고적격의 구분이 무시되고 있다는 비판이 있는데, 신청권의 의미를 어떻게 이해해야 하는지가 밝혀져야 한다.

행정소송법은 '일정한 처분을 하여야 할 법률상 의무'를 이행하지 않은 것이 부작위라고 정의하고 있다. 이와 관련하여 이러한 개념정의에 의하면 부작위의 성립 자체가 위법하게 되는데, 본안에서 밝혀져야 할 위법의 문제를 소송요건의 단계에서 심사하게 되는 점에서 비판되고 있다(홍준형, 712-713면).

또한 판례는 부작위위법확인소송의 심리범위를 단순한 응답의무가 있는지를 확인하는데 그치는 것으로 보고 있는데(대법원 1990. 9. 25. 선고 89누4758 판결), 이와 같이 볼 때 부작위위법확인소송은 소송요건의 단계에서 신청권이 인정되는 이상 본안에서 기각되는 사례는 없게 되는 기이한 결과가 발생하는 문제점도 지적된다(백윤기, 88면).

그 밖에 판례의 입장은 부작위와 거부처분의 구별의 불명확성과 권리구제에 있어서의 불균형, 소송경제 및 전심절차를 거친 경우 의무이행심판과의 관련성 등에서 문제가 있다.

3. 판례의 검토

(1) 부작위위법확인소송의 대상으로서 부작위의 개념

대법원은 항고소송의 대상이 되는 위법한 부작위가 있다고 볼 수 있기 위하여는 당사자가 행정청에 대하여 어떠한 행정처분을 하여 줄 것을 요청할 수 있는 법규상 또는 조리상의 권리(신청권)가 있어야 한다고 하여, 신청권을 항고소송의 대상의 문제로 파악하고 있다. 그런데 여기서 대법원이 신청권을 어떠한 의미로 사용하고 있는지 살펴보아야 한다.

신청권은 실질적 신청권과 형식적 신청권으로 구별해 볼 필요가 있다. 일반적으로 실질적인 권리란 특정한 급부 또는 행위를 청구하는 것을 내용으로 하는 것을 의미한다. 그에 대하여 형식적 권리란 특정한 행정결정을 요구할 수 있는 것이 아니라 단지 하자 없는 적법한 결정을 요구할 수 있다는 의미로 파악해야 한다. 이러한 의미에서 실질적 신청권이란 원고가 신청한 특정의 처분을 해 달라는 권리를 말하며, 형식적 신청권이란 원고의 신청에 대한 단순한 응답요구권을 말한다.

대법원은 1990. 5. 25. 선고 89누5768 판결에서 법규상 또는 조리상의 권리에 따른 신청을 받아들이지 않은 것이 신청인의 권리나 법적 이익에 영향을 주는 전제가 되는 것으로 보고 있는데, 이로부터 대법원은 법규상 또는 조리상의 권리를 실질적 신청권을 의미하는 것으로 이해하고 있는 것이 아닌지 의문이 든다. 더욱이 부작위위법확인소송의 대상을 '위법한 부작위'로 보아 행정청에게 신청에 따른 행정처분을 하여 줄 법률상 의무가 있음에도 신청을 받아들이지 않을 것을 소송의 대상의 문제로 요구한다. 즉 소송의 대상을 '위법한 부작위'로 보기 때문에 여기서의 신청권은 실질적 신청권을 의미하는 것이 아닌가 하는 생각은 더욱 강해진다.

이와 같이 대법원이 신청권의 의미를 어떻게 이해하고 있는지는 분명하지 않았었는데, 다음의 두 판결(거부처분의 취소소송에 대한 판결이지만, 그 내용은 부작위위법확인소송에 그대로 적용될 수 있다)에서는 신청권을 형식적 의미로 이해하고 있음을 명확히 하였다. 대법원은 1991. 2. 12. 선고 90누5825 판결에서 법령상 검사임용신청 및 그 처리의 제도에 관한 명문의 규정이 없어도 조리상 원고에게 임용신청에 대하여 임용 여부의 응답을 받을 권리가 있다고 할 것이며, 임용권자가 임용 여부에 관하여 어떠한 내용의 응답을 할 것인지는 임용권자의 자유재량에 속하지만 원고에게는 재량권의 한계일탈이나 남용이 없는 적법한 응답을 요구할 권리(응답신청권)가 있으므로 거부처분이 행정소송의 대상이 된다고 판시하였다. 이 판결에서 대법원은 신청권을 형식적인 내용의 권리로 파악하고 있는 것으로 해석된다. 일반적으로 이 판결은 학문적으로 논의되고 있는 무하자재량행사청구권의 법리를 받아들인 것으로 평가되고 있다. 그런데 무하자재량행사청구권을 적극적으로 일정한 행정결정을 요구할 수 있는 것이 아니라 단지 하자 없는 적법한 결정을 요구할 수 있다는 의미에서 형식적인 권리라고 이해하는 것과 관련하여 볼 때, 이 판결에서 거부처분의 취소를 구하기 위하여 요구되는 신청권은 형식적인 내용의 것으로 보아야 할 것이다. 이는 대법원이 이 판결에서 임용거부처분의 항고소송대상으로서 처분성을 인정하면서도 검사의 임용 여부는 임용권자의 자유재량에 속하는 사항이기 때문에 원고에게 자신의 임용을 요구할 권리(실질적 내용의 권리)는 없다고 판시하고 있는 점에서 분명해진다.

또한 대법원은 “거부처분의 처분성을 인정하기 위한 전제요건이 되는 신청권의 존부는 구체적 사건에서 신청인이 누구인가를 고려하지 않고 관계 법규의 해석에 의하여 일반 국민에게 그러한 신청권을 인정하고 있는가를 살펴 추상적으로 결정되는 것이고, 신청인이 그 신청에 따른 단순한 응답을 받을 권리를 넘어서 신청의 인용이라는 만족적 결과를 얻을 권리를 의미하는 것은 아니다. 따라서 국민이 어떤 신청을 한 경우에 그 신청의 근거가 된 조항의 해석상 행정발동에 대한 개인의 신청권을 인정하고 있다고 보여지면 그 거부행위는 항고소송의 대상이 되는 처분으로 보아야 할 것이고, 구체적으로 그 신청이 인용될 수 있는가 하는 점은 본안에서 판단하여야 할 사항인 것이다”(대법원 1996. 6. 11. 선고 95누12460 판결)라고 판시하여 신청권을 형식상의 단순한 응답요구권의 의미로 이해하는 것이 대법원의 입장임을 명확히 하였다. 이와 같이 신청권을 형식적 의미로 이해하고, 그것을 소송의 대상, 즉 처분성 인정의 문제로 보는 대법원의 입장은 타당하다.

한편, 행정소송법은 부작위를 「행정청이 당사자의 신청이 대하여 상당한 기간 내에 일정한 처분을 하여야 할 법률상 의무가 있음에도 불구하고 이를 하지 아니하는 것」이라고 정의하고 있다. 여기서 ‘일정한 처분을 하여야 할 법률상 의무’에서 일정한 처분의 의미가 특정한 처분을 말하는 것인지 또는 특정되지 않은 어떠한 처분을 의미하는 것인지 명확하지 않지만, 특정한 처분으로 해석한다면 그러한 처분을 하여야 할 법률상 의무를 부작위의 성립의 단계에서 논하는 것은 문제가 있다. 특정한 처분을 하여야 할 법률상 의무를 이행하지 않은 것이 부작위라 한다면 부작위의 성립 자체가 위법하게 되는 것이다(홍준형, 712-713면). 즉 특정한 처분을 하여야 할 법률상 의무의 유무는 부작위의 성립과 관련이 있는 것이 아니라, 위법의 문제로서 본안판단의 문제인 것이다.

그러나 특정되지 않은 어떠한 처분을 하여야 할 법률상 의무, 즉 응답할 의무를 부작위의 성립과 관련하여 요구하는 것은 처분을 공권력의 행사로서 신청인의 권리나 법적 이익에 영향을 미치는 행위로 이해하는 것과 일맥상통하는 것이다. 행정청의 응답의무가 없는 경우에 당사자의 신청에 대하여 아무런 대응을 하지 않은 것은 법적으로 문제되지 않는다.

그런데 처분을 공권력의 행사로서 신청인의 권리나 법적 이익에 영향을 미치는 행위로 이해하는 경우 신청의 대상, 다시 말하면 부작위의 대상이 처분에 해당한다면, 그에 대한 형식적 신청권은 항상 긍정된다고 볼 수 있다. 따라서 부작위의 대상이 처분성에 해당하는지를 검토하는 이외에 별도로 형식적 신청권을 요구할 필요성이 있는지는 의문이다. 신청의 대상이 된 행위가 권리 · 의무관계에 영향이 있는 것인 한, 그에 대한 형식적 신청권은 항상 인정될 수 있다.

(2) 원고적격

행정소송법은 「부작위위법확인소송은 처분의 신청을 한 자로서 부작위의 위법의 확인을 구할 법률상 이익이 있는 자만이 제기할 수 있다」(제36조)고 규정하여, 부작위위법확인소송에 있어서 원고적격을 인정하기 위해서는 '처분의 신청을 한 자'와 '법률상 이익'의 두 가지 요소를 충족하여야 한다.

여기서 '처분의 신청을 한 자'의 의미에 대하여는 ① 현실적으로 일정한 처분의 신청을 한 것으로 족하고, 그 자가 법령에 의한 신청권을 가졌는지의 여부는 가릴 것이 없다는 견해, ② 현실적으로 처분을 신청한 자이면 원고적격을 가지며, 법령에 의하여 신청권이 인정된 자에 한하지 않는다고 하면서도, 신청권이 없는 자는 결국 청구가 기각될 것이라는 견해, ③ '처분의 신청을 한 자'라고 보기 위해서는 현실적으로 신청을 한 것만으로는 부족하고 신청권이 있는 자가 신청을 하였을 것이 필요하다는 견해(다수설) 등이 주장된다.

이와 같이 '처분의 신청을 한 자'의 의미에 대하여 학설의 대립이 있으나, 현실적으로 신청을 한 것으로 족하고, 형식적이든 실질적이든 신청권을 가졌는지 여부는 원고적격과 관련해서 판단할 것이 아니라, 소송대상의 측면에서(형식적 신청권에 대하여) 또는 본안심리에서(실질적 신청권에 대하여) 판단할 사항이다. 물론 현실적으로 처분의 신청을 하였더라도 응답요구권에 해당하는 형식적 신청권이 없다면 본안판단에 들어가지 않고 소는 각하될 것이다. 그러나 형식적 신청권은 대법원이 밝혔듯이 관계 법규의 해석에 의하여 객관적인 사정에 따라 판단되는 것이므로 주관적 관련성을 요구하는 원고적격의 문제와 구별하여야 한다.

그 밖에 부작위위법확인소송의 원고적격을 인정하기 위하여는 '처분의 신청을 한 자' 이외에 법률상 이익이 있어야 한다. 여기서 법률상 이익은 신청에 따른 처분을 해줄 것을 요구할 수 있는 권리, 즉 실질적 신청권과의 주관적 관련성을 의미한다고 보아야 한다. 부작위위법확인소송의 심리범위에 있어서 신청의 실체적 내용이 이유 있는 것인지에 대하여 심리한다고 본다면, 여기서 실질적 신청권이란 신청의 대상인 특정 처분을 청구하는 것을 내용으로 한다. 그에 대하여 다수설과 판례의 입장처럼 부작위위법확인소송을 신청에 대하여 법률상 응답의무가 있음에도 불구하고 그것을 방치할 경우에 있어서 그 부작위의 위법성을 확인하여 내용이 어떠하든 응답의무를 지움으로써, 그 부작위로 말미암아 형성된 위법한 법상태를 제거하고자 하는 것으로 이해한다면, 법률상

이익은 처분의무의 존재 여부, 즉 응답의무에 대한 주관적 관련성을 의미하게 될 것이다. 그런데 다수설 및 판례의 입장처럼 부작위위법확인소송의 심리범위를 단순한 응답의무가 있는지를 확인하는 데 그친다고 본다면, 부작위위법확인소송은 소송요건의 단계에서 모든 심사가 끝나고 본안판단에서 심리할 내용은 없으며, 따라서 본안에서 기각되는 사례는 없게 되는 기이한 결과가 발생하게 된다.

(3) 심리범위

부작위위법확인소송은 신청에 대하여 법률상 응답의무가 있음에도 불구하고 그것을 방치할 경우에 있어서 그 부작위의 위법성을 확인하여, 내용이 어떠하든 응답의무를 지움으로써, 그 부작위로 말미암아 형성된 위법한 법상태를 제거하는 것을 목적으로 한다고 보는 것이 다수설 및 판례의 입장이다. 따라서 법원의 심리는 그 부작위의 위법성 여부를 확인하는 데 그칠 뿐, 행정청이 행할 처분의 내용에까지 미칠 수는 없다고 새긴다.

다수설 · 판례는 소송에서 부작위의 위법성이 판결로 확인되는 경우, 행정청은 이전의 부작위상태를 종식시키고 상대방의 신청에 대하여 처분을 하여야 하는바, 이 경우 행정청은 (기속행위의 경우에도) 거부처분을 할 수 있는데, 이러한 거부처분에 대하여는 다시 취소소송을 제기함으로써 개인은 자신이 신청한 처분을 발급받을 수 있다고 한다(대법원 1990. 9. 25. 선고 89누4758 판결).

그러나 이러한 견해는 소송경제상 문제가 있다. 원고는 소송을 계속 이어가야 하는 경우가 발생할 수 있으며, 결국에 거부처분 취소소송에 의하여 원고가 원하는 처분을 받을 수 있다고 하더라도 적시에 처분을 발급받지 못한다면 무의미해지는 경우에는 권리구제에 큰 결함을 나타내게 된다. 또한 이러한 견해는 소송을 통하여 신청한 처분을 발급 받고자 하는 원고의 의도에 반하는 것이다. 이 견해에 따르면 부작위위법확인소송은 그 자체로는 소송의 중요한 기능인 개인의 권리구제적 기능을 충실히 발휘하지 못하는 문제점을 갖고 있다.

다수설 · 판례의 견해에 의하면, 부작위위법확인소송은 단지 행정청이 국민의 신청에 대하여 응답할 의무가 있는지 여부에 대한 심리에 한정된다는 것이다. 신청의 실체적 내용이 이유 있는 것인지는 심리하지 않는다고 한다. 이와 관련하여 신청의 대상행위가 기속행위인 경우와 재량행위인 경우를 나누어 살펴볼 필요가 있다.

다수설 · 판례에 따르면 법원은 상대방의 신청에 대하여 어떠한 처분을 하여야 할 의무가 있는지 여부를 판단하여야 하는데, 신청된 처분이 기속행위에 해당하는 경우, 법정요건의 충족 여부에 따라 처분의 내용이 달라질 뿐 처분을 하여야 할 의무는 항상 존재하는 것이다. 기속행위 여부에 대하여는 신청의 실체적 내용과 관계없이 법령의 해석 또는 행위의 성질, 기본권과의 관련성 등에 의해서 판단된다. 따라서 이 견해에 의하면 부작위위법확인소송의 경우 법원은 추상적으로 관계 법규 등을 해석하는 데 그치므로, 구체적 사안에 관한 법적 분쟁을 해결하여 구체적 타당성을 구한다는 사법의 본질에 반한다고 할 것이다.

재량행위인 경우에 행정청에게 부여된 재량이 선택재량에만 해당하는 경우에도 행정청은 어떠한 내용이든 응답할 의무는 있는 것이다. 따라서 다수설 · 판례에 의하면 행정청의 응답할 내용에 대한 실체적 심리 없이 부작위위법확인소송은 항상 인용될 것이다.

행정청에게 인정된 재량이 결정재량에 해당하는 경우에 신청에 대하여 응답할 것인지 여부 자체도 행정청의 재량사항이라고 할 수는 없을 것이다. 따라서 이와 같은 경우 응답의무가 있는지는 구체적 사안과 관련하여 판단하여야 한다. 그러나 결정재량이 영으로 수축된 때에만 응답의무가 인정될 수 있는 경우라면, 법원은 구체적인 사안에서 재량권이 영으로 수축되어 신청에 따른 처분을 하는 것만이 적법한 재량권의 행사로 인정되는지의 여부에 대하여 판단하여야 하는데, 이는 신청의 실체적 내용에 대한 판단을 전제로 하는 것이다. 이 경우 행정청의 부작위가 위법하다는 판결은 결국 신청에 따른 처분을 하는 것이 적법하다는 판단을 내재하고 있는 것이다. 실체적 내용에 대하여 심리하였고 그에 따라 부작위가 위법하다는 판단을 하였음에도 행정청에게 어떠한 내용이든 응답만 하면 된다는 것은 소송경제, 권리구제의 실효성에 반한다.

(4) 거부처분과 부작위의 구별의 불명확성 및 권리구제의 불균형

현행법상으로는 신청에 대한 거부처분이 있었는지 또는 부작위의 상태로 있는지에 따라 소송상 권리구제에 있어서 상당한 차이가 있다. 거부처분과 부작위 사이에 권리구제에 있어서 차이가 있어야 하는지도 의문이지만, 양자의 구별이 불명확하다는 것은 이러한 문제점을 더욱 심화시키는 것이다. 행정청이 명시적인 거부의사를 표명하지 않았더라도 다른 사유 등에 의하여 거부하겠다는 의사를 표시한 것으로 판단될 때에는 거부처분이 있는 것으로 보게 되는데, 실제에 있어서 부작위인지 또는 거부처분을 행한 것인지를 구별할 수 없는 경우가 많을 것이다. 이와 같이 부작위와 거부처분의 구별이 어렵고, 신청인의 입장에서는 원하는 처분을 발급받지 못한 점에서 별 차이가 없음에도 권리구제 방법 및 정도에 있어서 다르게 취급하는 것은 불합리하다고 생각된다.

(5) 행정심판과의 관계

부작위위법확인소송에 대응하는 행정심판은 의무이행심판이다. 행정심판이 임의적 전치주의로 바뀌었지만, 청구인의 선택에 의하여 행정심판을 거쳐 행정소송을 제기하거나 또는 법률에 의하여 반드시 행정심판의 재결을 먼저 거쳐야 하는 경우에는 의무이행심판을 거쳐 부작위위법확인소송을 제기하게 된다. 그러나 의무이행심판은 이행심판이며, 부작위위법확인소송은 확인소송이므로 양자 간에는 청구의 취지, 심리의 범위, 재결

과 판결의 효력 등에 있어서 상당한 차이가 존재한다(김동희, "부작위위법확인소송과 의무이행심판", 23면).

의무이행심판의 경우 재결청은 처분청에게 처분의무가 존재하는지에 대하여 판단하여, 그에 따라 처분청에 대하여 당해 처분을 발급할 것을 명할 수 있다. 그런데 의무이행심판의 재결에 대하여 불복하여 부작위위법확인소송을 제기하는 경우, 법원은 다만 부작위상태의 위법성만을 확인할 수 있을 뿐, 실체법상의 처분의무의 내용에까지 심리 · 판단할 수 없으므로 기속행위의 경우에도 그 실체법상의 법적 의무에 따르는 특정 처분을 명할 수는 없게 된다. 전심절차인 행정심판과 그에 대한 불복쟁송인 행정소송 간에 이러한 차이점이 있는 것은 불합리하다.

4. 판례의 의미와 전망

대법원이 부작위위법확인소송에 있어서 요구하는 신청권의 의미를 형식적으로 이해하고, 그것을 소송의 대상, 즉 처분성 인정의 문제로 보는 점, 원고적격과 관련하여 처분의 신청을 한 자로서 부작위가 위법하다는 확인을 구할 법률상의 이익이 있는 자만이 제기할 수 있다고 보는 점 등은 타당하다. 그러나 부작위위법확인소송의 심리범위를 단순한 응답의무가 있는지를 확인하는 데 그치는 것으로 보는 대법원의 입장에 의하면, 부작위위법확인소송은 소송요건을 충족하는 한 본안에서 기각되는 사례는 없게 되는 기이한 결과가 발생한다. 또한 심리범위를 부작위의 위법성 여부를 확인할 뿐 행정청이 행할 처분의 내용에까지 미칠 수 없다고 보는 대법원의 입장은 소송경제, 원고의 권리구제적 기능, 거부처분과의 권리구제의 불균형, 행정심판과의 관계 등에 있어서 문제가 있다고 본다.

위와 같은 대법원의 판례가 의무이행소송을 받아들이지 않고 소극적이고 우회적인 부작위위법확인소송을 도입한 현행 행정소송법의 규정상 불가피한 해석론이라고 한다면, 소송의 권리구제의 실효성이라는 측면에서 입법적 개선과 그에 따른 판례의 변화가 있어야 할 것이다.

〈참고문헌〉

김동희, "부작위위법확인소송과 의무이행심판", 고시연구 통권 제144호, 고시연구사, 1986. 3.

김동희, "행정처분의 발급을 구하는 쟁송제도", 균제 양승두교수 화갑기념논문집(Ⅰ), 서울대학교 법학연구소, 1994.

백윤기, "항고소송의 대상이 되는 거부처분—처분성 인정요건으로서의 신청권에 대하여—", 사법연구자료 제20집, 법원행정처, 1990.

홍준형, 행정구제법 제4판, 한울, 2001.

90. 집행정지의 실체적 요건

—대법원 2004. 5. 7.자 2004무6 결정—

최 광 률*

Ⅰ. 판결개요

1. 사실 관계

신청인 A는 J시에서 시내버스 운송사업을 하는 회사이고, 그 일부 운행노선은 J시의 경계를 넘어 인접한 P광역시의 외곽지점까지 미치고 있다. 한편 피고보조참가인 B는 P광역시에서 시내버스 운송사업을 하는 회사이고, 그 일부 운행노선은 P광역시의 경계를 넘어 인접한 J시의 외곽지점까지 미치고 있다. 결국 J시와 P광역시의 경계 부근에서는 A회사와 B회사의 운행노선이 일부 겹쳐지고 있는 셈이다.

피신청인인 P광역시장은 참가인 B로부터 그 운행노선을 J시의 외곽지점으로부터 J시의 중심부 쪽으로 약 2km가량 더 들어가도록 운행노선을 변경하는 사업계획변경인가신청을 받고, 당시의 건설교통부 여객자동차운송사업 조정위원회의 조정을 거쳐 2003. 7. 18. 신청인 B의 신청을 인용하는 사업계획변경인가처분(이하 "이 사건 처분"이라 한다)을 하였다. 그 결과 B회사는 버스운행노선이 J시의 중심부 쪽으로 좀더 깊숙이 연장되어 A회사와 사이에 승객 확보를 위한 경쟁을 더욱 치열하게 벌이게 되었다.

그러자 신청인 A는 피신청인을 상대로 이 사건 처분이 위법하다고 주장하여 그 취소를 구하는 본안소송을 제기하고, 이 사건 처분으로 상당한 경제적 손실을 입어 사업운영에 중대한 영향을 받거나 심각한 경영상의 위기를 맞을 염려가 있다고 주장하여 행정소송법 제23조의 규정에 의한 집행정지신청을 하였다. 한편 B회사는 위 본안소송사건 및 집행정지신청사건에 피신청인을 돕기 위한 보조참가신청을 하였다.

* 동양합동법률사무소 변호사.

2. 소송 경과

제1심 법원은 신청인 A의 집행정지신청을 받아들이는 결정을 하였고, 피신청인 은 이에 불복하여 원심법원에 항고를 제기하였다.

원심법원은 피신청인의 항고가 이유없다고 하여 항고를 기각하는 결정을 하였고, 피신청인은 다시 대법원에 재항고를 제기하였다.

이에 대법원은 피신청인의 재항고가 이유없다고 하여 재항고를 기각하는 결정(이하 "대상결정"이라 한다)을 하였다.

3. 결정 요지

가. 원심결정 요지

① 피신청인의 이 사건 처분은 여객자동차운수사업법 및 같은 법 시행규칙 소정의 절차를 위반하였거나, 위 규칙 제96조 제1항에서 정한 조정기준을 충족하지 못하여 위법하게 될 여지가 많으므로, 이 사건은 '본안 청구가 이유 없음이 명백하지 않은 경우'에 해당한다.

② 판시사실에 나타난 여러 사정 및 본안 청구의 심리과정에 상당한 기간이 소요될 것으로 보이는 점 등에 비추어 보면, 이 사건 처분으로 인한 운행의 장기화로 신청인은 상당한 경제적 손실을 입어 여객자동차 운송사업 자체에 중대한 영향을 받거나 심각한 경영상의 위기를 맞을 수도 있다. 반면 참가인은 아무런 손실 없이 운송수입의 증가라는 이익을 얻음과 동시에 변경된 노선의 운행을 기정 사실화하게 됨으로써, 본안 판단에 있어 신청인이 불리한 지위에 놓일 가능성이 있다. 이는 신청인에게 참고 견디기가 현저히 곤란한 유형 · 무형의 손해로서 행정소송법 제23조 제2항의 '회복하기 어려운 손해'에 해당하여, 이 사건 처분의 효력을 정지할 긴급한 필요가 있다.

③ 주민들이 종래와 같은 1회 換乘의 방법으로 신청인 운행버스와 참가인 운행버스를 순차 이용함으로써 추가비용의 발생이 생긴다고 하여 반드시 공익에 중대한 해가 되는 경우에 해당된다고 보기도 어렵다. 더욱이 신청인으로서는 배차간격의 단축, 운행시간의 연장 등 교통편의를 위한 나름의 조치를 취하고 있으므로, 이 사건 처분의 효력을 정지하더라도 공공복리에 중대한 영향을 미칠 우려가 있다고 할 수도 없다.

나. 대상결정 요지

① 행정처분의 효력정지나 집행정지제도는 신청인이 본안소송에서 승소판결을 받을 때까지 그 지위를 보호함과 동시에 후에 받을 승소판결을 무의미하게 하는 것을 방지하려는 것이어서, 본안소송에서 처분의 취소가능성이 없음에도 처분의 효력이나 집행의 정

지를 인정한다는 것은 제도의 취지에 반한다. 그러므로 효력정지나 집행정지사건 자체에 의하여도 신청인의 본안 청구가 이유 없음이 명백하지 않아야 한다는 것도 효력정지나 집행정지의 요건에 포함시켜야 한다(대법원 1999. 11. 26.자 99부3 결정, 1992. 6. 8.자 92두14 결정 등 참조).

② 행정소송법 제23조 제2항에서 정하고 있는 집행정지 요건인 '회복하기 어려운 손해'라 함은 특별한 사정이 없는 한 금전으로 보상할 수 없는 손해로서, 금전보상이 불능인 경우 내지는 금전보상으로는 사회관념상 행정처분을 받은 당사자가 참고 견딜수 없거나 또는 참고 견디기가 현저히 곤란한 경우의 유형, 무형의 손해를 일컫는다 할 것이다(대법원 1986. 3. 21.자 86두5 결정, 2003. 4. 25.자 2003무2 결정 등 참조). '처분등이나 그 집행 또는 절차의 속행으로 인하여 생길 회복하기 어려운 손해를 예방하기 위하여 긴급한 필요'가 있는지 여부는 처분의 성질과 태양 및 내용, 처분상대방이 입는 손해의 성질·내용 및 정도, 원상회복·금전배상의 방법 및 難易 등은 물론 본안 청구의 승소가능성의 정도 등을 종합적으로 고려하여 구체적·개별적으로 판단하여야 한다.

③ 행정소송법 제23조 제3항에서 규정하고 있는 집행정지의 장애사유로서의 '공공복리에 중대한 영향을 미칠 우려'라 함은 일반적·추상적인 공익에 대한 침해의 가능성이 아니라, 당해 처분의 집행과 관련된 구체적·개별적인 공익에 중대한 해를 입힐 개연성을 말하는 것이다. 이러한 집행정지의 소극적 요건에 대한 주장·소명책임은 행정청에게 있다(대법원 2004. 5. 12.자 2003무41 결정 참조).

Ⅱ. 판례평석

1. 쟁점 정리

행정소송법 제23조가 규정하는 집행정지는 행정소송의 제기에 따른 부수적 조치로서, 그 처분등의 집행으로 인하여 회복하기 어려운 손해가 생길 염려가 있는 경우에, 당사자(원고)의 권리 또는 이익을 보전하기 위하여 법원이 당사자의 신청 또는 직권에 의하여 처분등의 효력이나 집행 또는 절차의 속행의 전부 또는 일부를 잠정적으로 정지하는 절차이다. 이러한 집행정지제도는 행정소송에 관련되는 임시구제절차로서 대단히 중요한 의미를 지니고 있으며, 소송실무에서도 대단히 활발하게 이용되고 있다.

집행정지절차에서 가장 문제가 되는 것은 집행정지의 요건을 어떻게 볼 것인가 함이다. 종래의 일반적 견해에 의하면, 집행정지의 요건은 ① 적법한 본안소송이 제기되어 있을 것, ② 본안소송에서 패소할 가망이 없을 것, ③ 회복하기 어려운 손해를 예방하기 위하여 긴급한 필요가 있을 것, ④ 공공복리에 중대한 영향을 미칠 염려가 없을 것 등의

4가지라고 한다. 그 중 ①은 절차적 요건이고, ②~④는 실체적 요건이다. 또한 ①과 ③은 적극적 요건이고, ②와 ④는 소극적 요건이다.

대상결정은 집행정지의 4가지 요건 중 실체적 요건인 위 ②~④의 3가지 요건을 모두 판시한 최초의 대법원 결정이다. 그러므로 여기서 검토의 대상이 되는 쟁점은 위 대상결정요지에 적힌 순서대로 ① 본안패소의 가망(소극), ② 긴급 보전의 필요 및 ③ 공익위반의 염려(소극)의 3가지이다.

2. 관련 판례

대상결정은 집행정지의 실체적 요건에 관하여 최초로 대법원의 입장을 밝힌 것은 아니고, 종래에 단편적으로 밝혀 온 판례의 입장을 종합 정리한 것에 불과하다. 그러나 3가지 실체적 요건을 한꺼번에 판시한 것으로는 대상결정이 최초의 것이라고 할 수 있다. 이하에서 3가지 요건에 관련되는 종래의 판례들을 살펴본다(밑줄 부분은 이 사건 대법원 결정에서 '참조판례'로서 인용하고 있는 것들이다).

첫째, 대상판결의 첫번째 판시사항인 '본안 패소의 가망'과 관련되는 대법원 판례로서는 다음 7가지를 들 수 있다. ① 1992. 6. 8.자 92두14 결정, ② 1992. 8. 7.자 92두30 결정, ③ 1994. 10. 11.자 94두23 결정, ④ 1995. 2. 28. 선고 94두36 판결, ⑤ 1999. 11. 26.자 99부3 결정, ⑥ 2008. 5. 6.자 2007무147 결정, ⑦ 2008. 8. 26.자 2008무51 결정.

둘째, 대상판결의 두 번째 판시사항인 '긴급 보전의 필요'와 관련되는 대법원 판례로서는 다음 16가지를 들 수 있다. ① 1986. 3. 21.자 86두5 결정, ② 1994. 1. 17.자 93두79 결정, ③ 1994. 10. 11.자 94두35 결정, ④ 1995. 3. 30.자 94두57 결정, ⑤ 1995. 6. 7.자 95두22 결정, ⑥ 1995. 11. 23.자 95두53 결정, ⑦ 1997. 2. 26.자 97두3 결정, ⑧ 1997. 9. 9.자 97두29 결정, ⑨ 1998. 3. 10.자 97두63 결정, ⑩ 1999. 4. 27.자 98무57 결정, ⑪ 1999. 12. 20.자 99무42 결정, ⑫ 2001. 10. 10.자 2001무29 결정, ⑬ 2003. 4. 25.자 2003무2 결정, ⑭ 2003. 10. 9.자 2003무23 결정, ⑮ 2004. 5. 12.자 2003무41 결정, ⑯ 2008. 5. 6.자 2007무147 결정.

셋째, 대상판결의 세번째 판시사항인 '공익 위반의 염려'와 관련되는 대법원 판례로서는 다음 4가지를 들 수 있다. ① 1994. 10. 11.자 94두23 결정, ② 1999. 12. 20.자 99무42 결정, ③ 2004. 5. 12.자 2003무41 결정, ④ 2008. 5. 6.자 2007무147 결정.

3. 판결의 검토

가. 본안 패소의 가망(소극)

대상결정의 첫번째 판시사항은 집행정지의 3가지 실체적 요건 중 소극적 요건의 하나인 "본안소송에서 패소할 가망이 없을 것"에 관한 것이다. 대상결정은 행정소송법 제23조에는 아무런 명시가 없음에도 불구하고 이를 집행정지의 실체적 요건으로 자리매김을 하고 있다. 이는 종래의 판례태도를 답습하면서도 그것이 확고한 요건임을 재삼 확인한 것이다.

'본안패소의 가망'을 집행정지의 요건으로 볼 것인지 여부에 관하여는 3가지 견해가 대립된다. 제1설은 집행정지절차는 임시적 · 잠정적 구제절차이어서 집행정지의 단계에서 굳이 본안에 관한 이유의 유무를 따질 필요가 없으므로, 본안 패소의 가망을 집행정지의 요건으로 볼 필요가 없다는 견해이다. 제2설은 본안에서 승소할 가망이 전혀 없는데도 불구하고 집행정지를 하는 것은 제도의 취지에 어긋나므로, 본안패소의 가망을 집행정지의 소극적 요건으로 보아야 한다는 견해이다. 제3설은 본안에 관한 이유의 유무는 민사집행법상의 가처분에 관한 요건인 피보전권리와 같은 것이므로, 오히려 본안 승소의 가능성을 집행정지의 적극적 요건으로 보아야 한다는 견해이다.

본안 이유의 유무나 본안 패소의 가망을 집행정지의 요건과 관계없다고 보는 제1설의 입장은 행정소송법의 문리에는 충실한 해석이라고 할른지 모르나, 집행정지제도의 이념에 반하고 그 권리보전적 성격에 모순된다고 할 수 있으므로 부당하다. 또한 본안이유의 존재를 집행정지의 적극적 요건으로 볼 때에는 그 주장과 소명의 책임을 신청인측이 부담하여야 할 것이어서, 현실적으로 곤란하고 국민의 권리구제에도 지장이 생길 염려가 있으므로 제3설도 쉽사리 긍정하기 어렵다. 이를 소극적 요건으로 새기는 제2설이 가장 옳다고 생각한다.

대상결정은 "신청인의 본안 청구가 이유 없음이 명백하지 않아야 한다"는 것도 "효력정지나 집행정지의 요건에 포함시켜야 한다"라고 판단하여 제2설의 입장을 지지하고 있다. 다만, 종래의 판례 중에는 집행정지신청사건에 있어서는 행정처분 자체의 적법 여부는 심판 대상이 아니고, 행정소송법 제23조 제2항 · 제3항에 정한 집행정지 요건의 존부만이 심판 대상이 된다는 판례가 적지 않게 있어서, 종래에는 제1설을 지지한 것으로 오해할 소지가 있다. 그러나 그것은 원칙론을 피력한 것일 뿐이지, 제1설을 지지한 것이 아님이 다른 판례의 판시에 비추어 명백하다(대법원의 위 94두23 결정 참조).

문제는 어떠한 경우에 본안 패소의 가망이 있다거나, 본안 청구가 이유없음이 명백하다고 볼 것인가 함이다. 이에 관하여는 대상결정에서 아무런 판시가 없으나, 일반적으로 인정되는 것은 ① 신청인의 주장 자체에 의하여 그것이 명백한 경우, ② 신청인이 그것에 관하여 전혀 소명하지 못하는 경우, ③ 상대방(행정청)의 주장 · 소명에 의하여 그것이 명백하게 밝혀진 경우 등이다.

또한 집행정지 신청사건에서 어느 정도까지 본안의 패소 가망 즉 본안의 이유의 유무에 관하여 심리 · 판단할 것인가 함이 문제된다. 집행정지 신청사건에서 본안의 패소가망에 관하여 너무 허술하게 심리 · 판단하면 집행정지 제도의 보전적 성격을 일탈할 염려가 있고, 너무 엄격하게 심리 · 판단하면 집행정지 신청사건을 本案化하여 집행정지 제도의 취지를 몰각할 염려가 있다. 2가지 측면을 조화시켜 슬기롭게 판단하여야 할 것이다.

나. 긴급 보전의 필요

대상결정의 두 번째 판시사항은 집행정지의 실체적 요건 중 적극적 요건이라고 할 수 있는 "회복하기 어려운 손해를 예방하기 위하여 긴급한 필요가 있을 것"에 관한 것이다. 이 부분에 관한 대상결정의 판단 설시도 역시 종래의 판례 입장을 답습 확인한 것이라고 볼 수 있다.

대상결정은 먼저 집행정지의 요건인 '회복하기 어려운 손해'라 함은 특별한 사정이 없는 한 금전으로 보상할 수 없는 손해로서 금전보상이 불능인 경우 내지는 금전보상으로는 사회관념상 행정처분을 받은 당사자가 참고 견딜 수 없거나 또는 참고 견디기가 현저히 곤란한 경우의 유형, 무형의 손해를 일컫는다고 할 것이라고 판시하고 있다. 결국 금전배상불능의 손해는 물론이고, 설사 금전보상이 가능한 손해일지라도 그 손해의 성질 · 정도 · 내용에 따라 *受忍不能* 또는 수인곤란의 손해도 포함한다고 새기고 있다.

여기서 말하는 손해는 현재 발생한 것뿐만 아니라 장차 발생할 가능성이 있는 것도 포함한다. 다만 손해는 현실적 · 구체적인 손해일 것을 요하고 추상적인 손해는 포함되지 않는다. 또한 그 손해는 반드시 현저하게 큰 것이어야 할 필요는 없으나, 수인성과의 관계에서 볼 때 적은 것은 포함되지 않는다고 본다. 그리고 여기서 말하는 손해는 신청인의 개인적 손해를 가리키고, 제3자의 손해나 공공의 손해는 포함되지 않는 것으로 새긴다.

대상판결은 또한 보전의 필요성 요건과 관련하여 "처분등이나 그 집행 또는 절차의 속행으로 인하여 생길 회복하기 어려운 손해를 예방하기 위하여 긴급한 필요가 있는 여부는 처분의 성질 · 태양 및 내용, 처분 상대방이 입는 손해의 성질 · 내용 및 정도, 원상회복 · 금전배상의 방법 및 난이 등은 물론 본안 청구의 승소가능성의 정도 등을 종합적으로 고려하여 구체적 · 개별적으로 판단하여야 한다고 판시하고 있다. 결국 보전의 필요성은 시간적으로 급박하거나 손해의 발생이 계속중이어서 본안 판결을 기다릴 여유가 없음을 뜻한다고 한다(대법원의 위 93두79 결정 참조).

대상결정이 판시하는 집행정지의 요건인 '회복곤란한 손해의 예방'과 '긴급한 필요'는 서로 떨어진 별개의 요건이 아니라, 함께 결합된 1개의 요건으로 파악하는 것이 행정소송법 제23조 제2항의 규정취지와 입법 경위에 부합하는 해석이라고 할 것이다.

다. 공익 위반의 염려(소극)

대상결정의 세번째 판시사항은 집행정지의 또다른 소극적 요건이라고 할 수 있는 "공공복리에 중대한 영향을 미칠 우려가 없을 것"에 관한 것이다. 이 부분에 관한 대상결정의 판단 설시도 역시 위 관련 판례에서 든 종래의 판례 입장을 답습 확인한 것이다.

먼저 대상결정은 행정소송법 제23조 제3항에서 규정하고 있는 "공공복리에 중대한 영향을 미칠 우려"를 집행정지의 '장애사유'라고 판시하여 여기서 거론하는 공익위반의 염려가 집행정지의 소극적 요건임을 분명하게 밝히고 있다. 그러므로 이 요건은 위에서 본 적극적 요건인 "긴급보전의 필요"와는 별개의 제3요건임을 유념하여야 할 것이다.

또한 대상결정은 "공공복리에 중대한 영향을 미칠 우려"는 일반적 · 추상적인 공익에 대한 침해의 가능성이 아니라 당해 처분의 집행과 관련된 구체적 · 개별적인 공익에 중대한 해를 입힐 개연성을 말하는 것이라고 판시하고 있다. 이는 모든 행정처분이 공익을 목적으로 하는 것이라고 할 수 있으므로, 이 요건은 처분의 집행으로 인하여 신청인이 입을 손해와의 관계에서 개별적 · 구체적으로 공익 위반의 염려를 따져야 한다는 뜻으로 이해된다. 결국 사익과 공익을 비교하는 기준은 쌍방의 손해의 정도를 견주어 상대적으로 판단하여야 하는데, 신청인이 처분의 집행으로 입는 손해가 클수록 이를 희생시킬 수 밖에 없다고 할 만치 중대한 공익상의 필요가 있는 경우에만 집행정지를 불허하여야 할 것이다.

끝으로 대상결정은 이 요건에 대한 주장 · 소명책임은 행정청에 있음을 판시하고 있다. 이는 이 요건이 소극적 요건이라는 성질에 비추어 당연한 귀결이라고 볼 수 있다.

4. 의미와 전망

대상결정은 행정소송법 제23조 제2항 및 제3항에 규정한 집행정지의 실체적 요건에 관한 종래의 수많은 판례를 종합정리하여 1건의 판례로서 집약한 최신의 판례이다. 또한 대상결정은 ① 본안 패소의 가망(소극), ② 긴급 보전의 필요 및 ③ 공익 위반의 염려(소극)라는 3가지 요건을 모두 망라하여 1건으로 판시한 최초의 판례이기도 하다.

대상결정은 집행정지의 실체적 요건 중 첫번째 요건인 '본안 패소의 가망이 없을 것'에 관하여 소극적 요건설을 채택함으로써, 세 갈래로 나누어졌던 학설대립을 한목에 해결한 점을 높이 평가할 만하다. 다만, 어떠한 경우에 본안 패소의 가망이 있다고 볼 것인가에 관한 기준의 제시가 없고, 그에 관한 심리 · 판단의 정도를 제시하지 않고 있는 점은 미흡하다고 보여진다.

대상결정은 집행정지의 실체적 요건 중 두 번째 요인인 '긴급 보전의 필요가 있을 것'에 관하여 금전배상 불능의 경우를 원칙적 기준으로 제시하면서 그 요건의 완화를 위한 해석론으로서 수인불능 내지 수인곤란의 경우를 추가한 것은 종래의 판례입장을 답습하는 수준에서 크게 벗어나지 못하고 있다. 그러나 긴급보전의 필요라는 요건과 관련하여 행정소송법 제23조 제2항의 法文이 '회복하기 어려운 손해'라는 표현을 고집하고 있고, 종래의 판례도 회복불능 내지 회복곤란의 범주를 크게 뛰어넘지 못하고 있는 점에서 미흡한 느낌을 지울 수 없다. 보다 과감하게 그 범위를 넓혀 집행정지의 요건을 완화할 필요가 있을 것으로 생각된다. 집행정지제도에 관하여 우리와 비슷한 법제를 가지고 있는 일본국의 경우에는 최근 행정사건 소송법을 개정하여 ① '회복하기 곤란한 손해'를 '중대한 손해'로 고치고, ② 중대한 손해인지 여부를 판단함에 있어서 회복곤란의 정도, 손해의 성질 및 정도, 처분의 내용 및 성질 등을 고려 또는 참작하도록 배려하고 있다. 우리나라에서도 이러한 입법정비를 시도하든지, 아니면 판례 변천을 통하여 긴급 보전의 요건을 더욱 완화하는 배려를 하도록 하였으면 하는 바람이다.

대상결정은 집행정지의 실체적 요건 중 세 번째 요건인 '공공복리에 중대한 영향을 미칠 우려가 없을 것'에 관하여도 그것이 소극적 요건임을 명시하고, 그러한 공익위반의 염려가 구체적 · 개별적인 것임을 강조하며, 그에 대한 주장 · 소명의 책임이 피신청인(행정청)에 있음을 분명하게 밝히고 있다. 이 역시 종래의 판례 입장을 답습한 것이기는 하나, 재삼 확인한 점에서 의미가 있다고 할 수 있다.

〈참고문헌〉

최광률, "행정소송상의 집행정지제도", 건국대학교대학원 논문집 제24집, 1987. 259~286면.

최광률, "집행정지의 요건과 본안이유와의 관계", 한국행정판례연구회, 행정판례연구 제1집, 1992, 195-204면.

윤영선, "행정소송에 있어서의 가구제 제도", 법원행정처, 재판자료 제67집, 1995, 375~410면.

윤형한, 행정소송법 제23조, 주석 행정소송법(편집대표, 김철용 · 최광률), 2004, 657~687면.

박해식, "회복하기 어려운 손해의 의미와 본안의 승소가능성", 법원도서관, 대법원판례해설, 통권 제50호, 2004, 39~87면 .

법원행정처, 전정증보 법원실무제요(행정), 1997. 213~236면.

91. 민사소송의 행정소송으로의 변경

—대법원 1999. 11. 26. 선고 97다42250 판결—

안 철 상*

I. 판결개요

1. 사실관계

생활보호(자활보호) 대상자인 A는 방위병으로 근무하던 중 1991. 10. 11. 오토바이를 무면허로 운전하다가 교통사고 일으켜 도로를 횡단하던 B를 사망에 이르게 하고, 자신은 우측 쇄골골절 등의 상해를 입고 1991. 10. 15. 의료기관인 원고 병원에 전원되어 입원치료를 받았다. 의료보호법상 제3차 진료기관인 원고(전북대학교병원)는 A가 생활보호 대상자로서 의료보호법에 정해진 의료보호대상자에 해당한다고 판단하여 1991. 10. 16. A에 대한 의료보호기관인 피고(전주시)에게 A가 원고 병원에 입원하여 진료받고 있는 사실을 통보하였다.

그 후 원고는 피고의 산하기관인 전주시 완산구청장에게 A에 대한 진료비 35,555,080원의 지급을 청구하였으나, 완산구청장은 1995. 8. 21. 의료보호 적용 여부를 조사한 결과 의료보호 제한사유에 해당한다는 이유로 원고에게 진료비 지급청구를 거부하였다.

이에, 원고는 1995. 8. 29. 완산구청장에게 진료비 지급거절 통보에 대하여 구체적인 급여제한 사유를 밝히도록 요청하였고, 1995. 9. 29. 완산구청장이 원고에게 급여제한 사유로 무면허운전, 음주운전은 사고 이전에 행정법위반으로 범죄행위에 해당하여 의료보호 제한사유에 해당한다는 취지의 통지를 하자, 1995. 12. 19. 전주시를 상대로 진료비지급을 구하는 이 사건 민사소송을 제기하였다.

* 대전지방법원장.

2. 소송경과

제1심은 이 사건이 민사소송인지 행정소송인지에 대하여는 아무런 판단도 하지 아니한 채, 원고에게 진료비지급청구권이 없다는 이유로 원고의 청구를 기각하였고(전주지방법원 1996. 12. 20. 선고 95가합9579 판결), 항소심도 다음과 같은 이유로 원고의 항소를 기각하였다(광주고등법원 1997. 8. 21. 선고 97나798 판결).

"의료보호법 제12조 제1호에 의하면 '보호대상자가 자신의 범죄행위나 고의로 사고를 발생시켜 의료보호가 필요하게 된 경우에는 의료보호를 행하지 아니하되, 다만 보건사회부장관이 의료보호의 필요가 있다고 인정하는 경우에는 그러하지 아니하다'고 규정하고 있는바, 오토바이 운전면허 없이 오토바이를 운전하던 중 위와 같은 상해를 입은 A는 도로교통법위반이라는 자신의 범죄행위로 인하여 의료보호가 필요하게 된 경우에 해당하므로 의료보호법상 의료보호의 대상자가 아니라 할 것이고, 나아가 보건사회부장관이 의료보호의 필요가 있다고 인정하였음을 인정할 증거도 없다. 그리고 A가 범죄행위로 상해를 입었음이 밝혀진 이상 A가 그 상해경위를 속여 원고가 이를 믿고 치료를 하였다고 하여 피고에게 진료비 지급의무가 발생한다고 볼 수 없다. 또 의료보호법 제19조는 의료보호기관이 진료기관에게 사위 기타 부정한 방법으로 진료를 받은 자에 대한 진료비를 이미 지급한 경우에 그와 같이 지급한 진료비를 받은 자로부터 부당이득으로서 징수할 수 있음을 규정한 것에 불과하고, 의료기관이 위 규정을 근거로 미지급 진료비의 지급을 구할 수는 없다."

3. 판결요지

대법원은 아래에서 보는 바와 같이 민사소송으로 제기된 이 사건 진료비 청구를 적법한 것으로 보아 본안에 관하여 판단한 원심의 처리는 잘못이라는 이유로, 원심판결을 파기하고 사건을 원심법원에 환송하였다.

(1) 구 의료보호법(1995. 8. 4. 법률 제4974호로 개정되기 전의 것) 제1조, 제4조, 제6조, 제11조, 제21조, 같은 법 시행령(1997. 2. 19. 대통령령 제15279호로 개정되기 전의 것) 제17조 제1항, 제2항, 제21조, 같은 법 시행규칙(1997. 9. 1. 보건복지부령 제55호로 개정되기 전의 것) 제28조, 제29조에 따른 의료보호의 목적, 의료보호대상자의 선정절차, 기금의 성격과 조성방법 및 운용절차, 보호기관의 심사결정의 내용과 성격, 진료기관의 보호비용의 청구절차 등에 비추어 볼 때, 진료기관의 보호기관에 대한 진료비지급청구권은 계약 등의 법률관계에 의하여 발생하는 사법상의 권리가 아니라 법에 의하여 정책적으로 특별히 인정되는 공법상의 권리라고 할 것이고, 법령의 요건에 해당하는 것만으로 바로 구

체적인 진료비지급청구권이 발생하는 것이 아니라 보호기관의 심사결정에 의하여 비로소 구체적인 청구권이 발생한다고 할 것이므로, 진료기관은 법령이 규정한 요건에 해당하여 진료비를 지급받을 추상적인 권리가 있다 하더라도 진료기관의 보호비용 청구에 대하여 보호기관이 심사 결과 지급을 거부한 경우에는 곧바로 민사소송은 물론 공법상 당사자소송으로도 지급 청구를 할 수는 없고, 지급거부 결정의 취소를 구하는 항고소송을 제기하는 방법으로 구제받을 수밖에 없다.

(2) 행정소송법 제7조는 원고의 고의 또는 중대한 과실 없이 행정소송이 심급을 달리하는 법원에 잘못 제기된 경우에 민사소송법 제31조 제1항(현행 제34조 제1항)을 적용하여 이를 관할 법원에 이송하도록 규정하고 있을 뿐 아니라 관할 위반의 소를 부적법하다고 하여 각하하는 것보다 관할 법원에 이송하는 것이 당사자의 권리 구제나 소송경제의 측면에서 바람직하므로, 원고가 고의 또는 중대한 과실 없이 행정소송으로 제기하여야 할 사건을 민사소송으로 잘못 제기한 경우 수소법원으로서는 만약 그 행정소송에 대한 관할도 동시에 가지고 있는 경우라면, 행정소송으로서의 전심절차 및 제소기간을 도과하였거나 행정소송의 대상이 되는 처분 등이 존재하지도 아니한 상태에 있는 등 행정소송으로서의 소송요건을 결하고 있음이 명백하여 행정소송으로 제기되었더라도 어차피 부적법하게 되는 경우가 아닌 이상, 원고로 하여금 항고소송으로 소변경을 하도록 하여 그 1심법원으로 심리 · 판단하여야 한다. 원심은 이 사건에 관한 항고소송에 대한 관할권을 가지고 있음을 알 수 있는바, 따라서 원심으로서는 당사자 권리 구제나 소송경제의 측면에서 원고로 하여금 항고소송으로 소변경을 하려는 취지인지를 석명권을 행사하는 등으로 명확히 하여 항고소송으로 변경되면 그에 대한 제1심법원(당시 우리 행정소송제도는 2심제를 취하여 고등법원을 제1심 관할법원으로 하고 있었다)으로서 그 사건을 심리 · 판단하였어야 옳았을 것이다.

Ⅱ. 평　　석

1. 쟁점정리

대상판결은, 진료기관의 진료비지급청구권은 보호기관의 심사결정에 의하여 구체적으로 발생하므로, 보호기관의 심사결과 그 지급을 거부한 경우에는 그 거부 결정의 취소를 구하는 항고소송을 제기하는 방법으로 구제받아야 하고, 이와 같이 항고소송으로 제기하여야 하는데도 민사소송을 제기한 경우 법원으로서는 항고소송으로 소변경을 하도록 하여 이를 심리 · 판단하여야 한다고 판시하였다.

따라서 이 사건에서의 쟁점은, 먼저 진료기관의 보호기관에 대한 진료보수청구권의 법적 성질과 이에 관한 소송 형태가 문제되고, 다음으로 민사소송을 행정소송으로 변경하는 것이 가능한지, 그것이 가능하다면 민사소송의 제기 당시에 소급하여 제소기간을 준수한 효과를 받을 수 있는지, 그리고 이러한 경우 법원으로서는 어떠한 조치를 취하여야 하는지 등이 문제된다.

2. 관련판례

(1) 대법원 1988. 3. 22. 선고 87다카1509 판결

의료보험법에 기하여 보험자가 한 보험급여, 보험급여비용 등에 관한 처분에 불복이 있는 자는 의료보험심사위원회 및 재심사위원회의 심사결정을 거쳐 당초 처분에 관하여 행정소송을 제기하도록 규정하고 있어 보호기관의 진료비수액결정이나 지급거부처분은 항고소송의 대상이 되는 행정처분이다.

(2) 대법원 1996. 2. 15. 선고 94다31235 전원합의체 판결

항고소송으로 제기하였어야 할 민사소송을 심리하는 항소심 법원이 동시에 제1심 항고소송의 관할 법원인 경우에는 당사자 권리구제나 소송경제의 측면에서 항고소송에 대한 제1심법원으로서 사건을 심리·판단하여야 한다.

(3) 대법원 1997. 5. 30. 선고 95다28960 판결

행정소송에 대한 관할을 가지고 있지 아니하다면 당해 소송이 이미 행정소송으로서의 전심절차 및 제소기간을 도과하였거나 행정소송의 대상이 되는 처분 등이 존재하지도 아니한 상태에 있는 등 행정소송으로서의 소송요건을 결하고 있음이 명백하여 행정소송으로 제기되었더라도 어차피 부적법하게 되는 경우가 아닌 이상 이를 부적법한 소라고 하여 각하할 것이 아니라 관할 법원에 이송하여야 한다.

3. 판결의 검토

가. 공법상 급부청구권과 이를 다투는 소송 형태

(1) 우리나라는 행정소송에 관하여 민사소송과 다른 절차를 규정하고 있는 행정소송법이 별도로 제정되어 있고, 행정사건을 다루는 행정법원이 별도로 설치되어 있기 때문에, 행정법원이 관할하는 사건을 결정하기 위해서는 민사소송과 행정소송을 구별하는 것이 필수적이다. 결국, 행정사건과 민사사건의 구별은 기본적으로는 공법관계와 사법관계의 구별 문제이고, 또 이는 공법과 사법의 구별 문제에 귀결된다고 할 수 있지만, 다른 한편으로는 사건의 특수성, 전문성에 입각하여 결정할 필요도 있다(안철상, 33-71면 참조).

다만, 어떤 사건에 대하여 공법관계인지 사법관계인지 그 판정이 문제로 되는 것은 판정의 대상이 되는 법률관계의 전반은 아니고 어떠한 법률관계 중 특정한 부분이므로

그 특정 부분에 대하여 공법관계인지 사법관계인지를 판단하면 된다. 일체로 된 법률관계는 그 전체가 공법관계이거나 사법관계이거나 한 경우가 일반적이지만, 전체의 법률관계 중에서 일부는 공법관계이고 다른 일부는 사법관계인 경우도 있기 때문에 이를 구별하는 것이 어려운 경우도 있다.

(2) 의료보호법에 의한 진료기관의 보호기관에 대한 진료보수청구권의 법적 성질이 공법관계인지 사법관계인지 문제된다. 의료보호는 생활보호의 하나에 해당하나 그 보호의 특별성이 인정되어 생활보호법이 아닌 의료보호법에 의하여 규율되지만 그 성질은 생활보호법상의 각종 보호비용 등의 청구와 마찬가지로 볼 것이므로, 그 성질은 공법관계에 속한다고 할 것이다(김재협, 220면). 따라서 의료보호진료기관이 보호기관에 대하여 의료보호진료비청구에 관한 소송은 민사소송이 아닌 행정소송으로 봄이 상당하다.

한편, 이와 같이 사회보장관계 법률에 따른 급부청구권이 있음에도 행정청이 급부를 거부하는 경우, 수급권자는 관계규정에 따라 직접 급부를 청구하는 소송(당사자소송)을 제기할 수 있는지, 아니면 행정청의 거부처분의 취소를 구하는 소송을 제기하여야 하는지 문제된다.

학설과 판례(대법원 1995. 9. 15. 선고 93누18532 판결 등)는 각종 사회보장관계 법률에 따라 급부를 받기 위해서는 당사자의 신청과 이에 대한 행정청의 심사를 거친 인용결정에 의하도록 규정하고 있어 법령의 요건에 해당하는 것만으로 바로 구체적 청구권이 발생하는 것이 아니라 행정청의 인용결정에 의하여 비로소 구체적 청구권이 발생하는 것으로 보고 있다. 즉, 일반적으로 사회보장급여와 같이 사인의 금전급부청구권의 존부 및 범위가 법률 자체에 의해 정해지지만 행정이 그 법률의 해석 및 요건 충족 여부에 관한 결정을 하는 경우에는 그 행정결정은 공권력행사로서 처분에 해당한다. 따라서 행정청이 거부결정을 한 경우에는 거부결정을 다투는 항고소송을 제기하여야 한다. 다만, 행정청이 급여결정을 한 이후에 그에 따른 금전급부를 하지 않을 때에는 민사소송 또는 당사자소송의 대상이 된다.

위와 같은 통상의 경우와 달리, 어떤 공법상의 급부청구권이 근거 법령상 행정청의 1차적 판단 없이 곧바로 구체적 청구권이 발생하는 것으로 해석할 수 있는 경우에는, 행정청의 인용결정을 기다릴 필요 없이 바로 당사자소송으로 이행을 구할 수 있다.

나. 민사소송의 행정소송으로의 변경

(1) 개　　설

일반적으로 공법관계와 사법관계의 구별을 전제로 공법관계의 경우에는 행정소송, 사법관계의 경우에는 민사소송을 제기하여야 한다고 하고 있다. 그러나 실제에 있어서는 어떠한 법률관계가 공법관계인지 사법관계인지 구별이 어려운 경우가 많다. 이러한 관계로 행정소송을 제기하여야 할 사건에 대하여 민사소송을 제기하는 경우도 있다.

그런데 행정소송 중 당사자소송은 권리주체를 상대방으로 하는 것으로서 특별한 경우가 아닌 한 청구취지나 청구원인이 민사소송의 경우와 같아서 관할법원의 선택 관계로 이송 여부의 문제만 발생할 뿐 당사자나 청구취지 · 청구원인을 변경하는 소변경의 문제가 발생한다고 할 수 없다. 그러나 항고소송은 행정주체가 아닌 행정청이 피고적격을 가지는 관계로 민사소송을 항고소송으로 변경하는 경우에는 피고를 경정하여야 하고, 또 처분 등에 대한 불복소송인 관계로 청구취지와 청구원인도 변경하여야 한다.

(2) 소변경 허용 여부

일반적으로 민사소송법상 청구의 변경은 같은 종류의 소송절차에 의하여 심판될 수 있을 것을 그 요건으로 하고 있다. 이러한 법리에 따르면 민사소송을 행정소송으로 소변경하는 것은 허용되지 않는다고 할 수 있다. 그러나 소송경제와 국민의 권리구제를 위해서는 민사소송을 행정소송으로 소변경하거나 그 반대의 경우에도 허용함이 타당하다. 행정소송법 제21조에 따른 소의 종류의 변경이 있는 경우에는 처음에 소를 제기한 때에 제기된 것으로 간주되는데, 행정소송법 제21조가 민사소송을 취소소송으로 변경하는 경우에도 적용되는지에 대하여는 논의의 여지가 있으나, 이 경우 민사소송을 당사자소송으로 선해한다면 이를 적용할 수 있다고 할 것이다(송평근, 101면).

이와 같이 소변경이 가능하다고 보는 견해는 민사소송이 행정소송으로 변경됨에 따라 관할이 달라지는 경우 관할법원으로 이송할 것을 전제로 하는 견해라 할 수 있다. 왜냐하면 변경된 행정소송에 대한 관할이 없는 경우에는 소변경하더라도 부적법하여 소각하 판결을 면할 수 없기 때문이다. 판례도 원고가 고의 또는 중대한 과실 없이 행정소송으로 제기하여야 할 사건을 민사소송으로 잘못 제기한 경우 그 행정소송에 대한 관할을 가지고 있지 아니하다면 당해 소송이 이미 행정소송으로서의 전심절차 및 제소기간을 도과하였거나 행정소송의 대상이 되는 처분 등이 존재하지도 아니한 상태에 있는 등 행정소송으로서의 소송요건을 결하고 있음이 명백하여 행정소송으로 제기되었더라도 어차피 부적법하게 되는 경우가 아닌 이상 이를 부적법한 소라고 하여 각하할 것이 아니라 관할 법원에 이송하여야 한다고 판시하고 있다(대법원 1997. 5. 30. 선고 95다28960 판결). 이러한 판례의 태도는 행정소송으로 제기하여야 할 사건을 민사소송으로 잘못 제기한 경우 행정소송법 제7조를 유추적용하여 이송을 인정한 것이라고 할 수 있다. 그러나 행정소송법 제7조는 민사소송과 행정소송 상호간에도 민사소송법 제34조 제1항에 따라 이송이 가능하다고 보는 경우에는 불필요한 규정이고, 나아가 소송유형과 전속관할 위반을 판단하는 것은 법원의 법해석의 문제인 점을 고려할 때 '원고의 고의 또는 중대한 과실'을 이송의 소극적 요건으로 하고 있다는 점에서 이송의 범위를 제한하는 작용을 하는 것이어서 문제로 지적될 수 있다.

(3) 법원의 허가 필요 여부

행정소송법 제21조의 소의 종류의 변경에는 법원의 허가결정이 필요하다. 따라서 민사소송을 항고소송으로 소변경하는 경우에도 법원의 허가결정이 필요하다고 할 수 있다. 대상판결은 이 점에 대하여 아무런 판시를 하지 않고 있다. 그러나 행정소송 실무에서는 피고의 변경이 수반되는 소의 변경이 아닌 경우에는 민사소송에서와 마찬가지로 소변경신청서를 제출하여 진술함으로써 특별한 사정이 없는 한 소변경이 이루어진 것으로 처리하고 있고, 소변경 허가결정을 하는 예는 드문 것으로 보인다. 이와 같이 행정소송법 제21조 소정의 소변경의 경우에 해당하지만 피고의 변경이 수반되지 않는 소변경의 경우에는 법원의 허가결정이 없었다고 하더라도 법원이 변경된 소에 대하여 판단을 하였다면 묵시적으로 허가결정을 한 것으로 볼 것이다(대법원 1992. 12. 24. 선고 92누3335 판결 참조).

(4) 법원의 석명의무

행정소송 사건을 민사소송으로 제기한 경우 그 처리방법은 당사자소송과 항고소송 사이에 차이가 있다고 할 수 있다. 즉, 항고소송의 경우에는 청구취지에서 행정소송인지 민사소송인지 형식적으로 구별이 가능하므로, 그 사안이 항고소송으로 제기하여야 하는 것인 경우 민사소송의 청구취지를 항고소송 형식에 맞게 변경할 필요가 있다. 이에 반하여 당사자소송의 경우에는 민사소송과 청구취지에서는 차이가 없는 경우가 일반적이므로, 통상은 청구취지를 변경할 필요가 없다.

따라서 행정소송 형식에 맞게 청구취지를 변경하는 것은 주로 항고소송의 경우에 해당하게 되는데, 이러한 경우에 법원에 석명의무가 있는지 문제된다. 석명권은 소송관계를 분명하게 하기 위하여 당사자에게 질문하고 증명 촉구하고 당사자가 간과한 법률상 사항을 지적하여 바로잡을 기회를 주는 법원의 권능을 말하는바, 석명의무의 범위는 그 권능으로서의 범위보다 좁다고 할 것이지만 석명권 행사를 게을리하여 당사자의 권리구제가 현저히 어렵게 된 경우에는 석명의무 위반으로 위법하여 상고이유가 된다고 할 것이다.

행정소송은 제소기간이 정해져 있는 경우가 많으므로 민사소송으로 제기하였다가 그 사건이 행정소송임을 알고 다시 행정소송을 제기하는 경우에는 이미 제소기간이 지나게 된다. 그런데 행정소송법 제21조에 의한 소의 종류의 변경에는 제소기간 준수의 소급효가 인정되므로, 민사소송의 행정소송으로의 변경도 소의 종류의 변경으로 보면 제소기간 준수의 효과를 인정받을 수 있게 된다. 대상판결에서 "행정소송으로 제기되었더라도 부적법하게 되는 경우가 아닌 이상"이라는 표현을 하고 있는 것은 제소기간 준수의 소급효를 인정하는 취지로 보인다. 그리고 대상판결은 원고가 1995. 8. 21.자 거부처분에 대하여 1995. 8. 29. 행정심판 청구를 하였고, 이에 대한 1995. 9. 29.자 행정청의 통지를 행정심판의 재결로 보아 1995. 12. 19. 제기한 이 사건 소는 제소기간을 준수한 것으로서 적법하다고 판단한 것으로 보인다. 이러한 판례의 태도에 비추어보면 법원으로서는 석명권을 행사하여 당사자로 하여금 민사소송을 행정소송으로 변경하도록 유도할 필요가 있다. 그런데 대상판결은 나아가 법원이 행정소송에 해당하는 사안임에도 이에 대한 석명을 하지 아니한 경우에는 석명의무 위반으로 위법하다고 한 것이다.

다. 행정소송을 민사소송으로 제소한 경우 법원이 취할 조치

행정소송법은 제소의 편의를 위하여 항고소송이나 당사자소송의 토지관할을 전속관할로 규정하지 아니하고 있지만, 행정소송은 행정법원 등 행정사건을 관할할 수 있는 법원에 전속적으로 귀속된다. 따라서 서울 지역의 서울행정법원을 제외한 각 지방법원과 서울 외의 지역의 지방법원 지원은 행정소송 자체의 관할권이 없으므로 합의관할, 변론관할 등이 생길 여지도 없고, 이와 같이 행정법원 관할권이 없는 지방법원 또는 지방법원 지원에 제기된 행정사건은 관할법원으로 이송할 수밖에 없다.

행정소송에 관한 관할이 없는 법원에 행정소송이 민사소송으로 잘못 제기된 경우 또는 민사소송 계속중 행정소송으로 소를 변경한 경우에, 항고소송은 민사소송과 쉽게 구별되기 때문에 법원은 행정사건 관할법원으로 이송하여야 할지 여부를 판단하는 데 별다른 어려움이 없다. 그러나 당사자소송은 청구취지나 청구원인이 민사소송과 같거나 유사하기 때문에 법원은 이를 민사사건으로 보아 판결하는 경우가 있을 수 있다. 그리고 행정사건을 처리할 수 있는 법원에서도 원고가 항고소송이나 당사자소송을 민사소송으로 잘못 제기하여 민사부에 사건이 배당된 경우 심리과정에서 이것이 행정사건임을 알게 되었다면 즉시 행정부로 재배당함으로써 해결할 수 있지만, 민사부에서 판결까지 선고하는 경우도 있을 수 있다. 이와 같이 행정사건을 처리할 수 없는 법원이 판결을 한 경우나 행정사건을 처리할 수 있는 법원이지만 행정부가 아닌 민사부에서 판결을 한 경우에 상소심으로서는 어떠한 조치를 취하여야 할 것인지가 문제된다.

(1) 제1심 법원의 경우

서울행정법원을 제외한 서울 관내 각 지방법원, 서울지역이 아닌 지방법원 지원 중 춘천지방법원 강릉지원을 제외한 각 지원은 행정사건을 처리할 수 없으므로, 민사소송을 행정소송으로 변경한 경우 당연히 이송의 문제가 발생한다. 그러나 서울행정법원, 서울지역 이외의 각 지방법원 본원, 춘천지방법원 강릉지원은 행정사건을 처리할 수 있으므로, 민사소송을 행정소송으로 변경한 경우 민사 재판부는 당해 법원이 그 행정소송에 관한 토지관할이 있는 경우에는 행정 재판부로 재배당할 것이고, 그 행정소송에 관한 토지

관할이 없는 경우에는 관할 법원으로 이송할 것이다.

(2) 항소심 법원의 경우

서울중앙지법 등 서울행정법원을 제외한 서울 관내 법원, 서울지역이 아닌 지방법원의 지원은 행정사건을 처리할 수 없으므로, 이러한 법원이 처리한 행정사건은 모두 전속적 관할위반이 된다. 따라서 이 경우 항소심 법원은 제1심 판결을 취소하고 관할법원으로 이송하여야 한다. 그러나 서울 지역 이외의 각 지방법원 본원, 춘천지방법원 강릉지원의 경우에는 행정사건을 처리할 수 있으므로, 행정소송 사건을 민사부나 민사단독판사가 처리한 경우 그 효력이 문제된다.

우선, 행정사건을 처리할 수 있는 법원의 경우 행정소송의 관할을 임의관할로 보는 이상, 항소심에서는 관할위반이 문제될 수 없다. 그리고 지방법원 본원의 행정부가 처리할 사건을 같은 법원 민사부가 처리하였다는 것은 사건부호를 행정사건 부호(구합)가 아닌 민사사건 부호(가합)를 붙이고, 또 판결 표제에 행정부가 아닌 민사부를 기재하였다는 것이 되는데, 사건부호는 내부적 사건처리의 방식에 불과하고, 또 행정소송법이나 민사소송법상 재판부의 표시를 필요적 기재사항으로 하고 있지도 않으므로(민소법 제208조 참조), 이러한 사유만으로 제1심 판결을 취소할 사유가 되지는 않는다고 생각한다.

(3) 대법원의 경우

항소심에서도 행정소송을 민사소송으로 알고 판결을 한 경우에 상고심인 대법원은 제1심 법원이 행정사건을 처리할 수 없는 법원인 경우에는 그 자체로 전속적 관할위반에 해당하므로 원심판결을 파기하고 제1심판결을 취소하여 사건을 제1심 관할법원으로 이송하여야 할 것이다. 그러나 제1심 법원이 행정사건을 처리할 수 있는 법원인 경우에는 비록 행정소송 사건을 민사부나 민사단독판사가 처리한 경우라 하더라도 그 자체로 위법한 것은 아니라고 할 것이다.

한편, 행정사건을 처리할 수 없는 법원의 단독판사가 행정소송을 민사소송인 것으로 처리하였고, 항소심인 지방법원 본원 합의부에서도 이를 간과하여 그대로 처리한 경우에는 원심판결을 파기하고, 제1심 판결을 취소하여 사건을 관할법원으로 이송함이 타당하다. 그리고 행정사건을 처리할 수 있는 법원의 단독판사가 행정소송을 민사소송인 것으로 처리하였고, 항소심인 지방법원 본원 합의부에서도 이를 간과하여 그대로 처리한 경우에는, 앞에서 본 바와 같이 제1심 민사단독판사가 행정단독사건을 처리하였다고 위법하다고 볼 것은 아니지만, 항소심이 고등법원이 되어야 함에도 지방법원이 한 것이 되어 심급관할 위반으로 원심판결을 파기하고, 사건을 관할 고등법원으로 이송함이 타당하다.

라. 민사소송을 행정소송으로 제소한 경우 법원이 취할 조치

행정소송을 민사소송으로 제기한 경우와는 반대로, 민사소송을 행정소송으로 제기한

경우에는 법원이 어떠한 조치를 취하여야 하는지 문제된다. 이에 대하여, 판례(대법원 2006. 3. 10. 선고 2003두4751 판결)는 민사소송으로 변경해 달라는 신청이 없는 행정소송을 석명권을 행사하여 소변경의 기회를 주지 아니한 것은 위법하지 않다고 하고 있다. 소송의 종류를 선택하는 것은 당사자의 책임에 속하고, 또 민사소송을 제기하여야 함에도 항고소송을 제기한 경우에는 항고소송과 같은 제소기간의 제한 없이 민사소송을 다시 제기할 수 있으므로, 이러한 점을 고려하면 위 판례는 수긍할 수 있다.

한편, 판례(대법원 2013. 2. 28. 선고 2010두22368 판결)는, 민사소송을 서울행정법원에 제기하였는데도 피고가 제1심법원에서 관할위반이라고 항변하지 아니하고 본안에 대하여 변론을 한 사안에서, 행정사건(당사자소송)인지 민사사건인지 여부는 이를 구별하기가 어려운 경우가 많고 행정사건의 심리절차에 있어서는 행정소송의 특수성을 감안하여 행정소송법이 정하고 있는 특칙이 적용될 수 있는 점을 제외하면 심리절차면에서 민사소송절차와 큰 차이가 없는 점 등에 비추어 보면, 행정소송법 제8조 제2항, 민사소송법 제30조에 의하여 제1심법원에 변론관할이 생겼다고 봄이 상당하다고 판시하고 있다. 이러한 판시는 당사자소송의 활성화를 위해서는 고무적인 것이라고 할 수 있다. 그동안 판례는 행정사건을 민사소송으로 처리한 경우에는 전속관할 위반에 해당한다는 이유로 예외 없이 파기하여 그 사건을 행정사건 관할법원으로 이송하고 있지만, 민사사건을 행정법원에서 처리한 경우 그 관할위반의 문제를 판시한 사례를 찾아볼 수 없었다. 그런데 이 판례는 민사사건을 행정소송으로 제기한 경우에도 변론관할의 성립을 인정함으로써 당사자나 대리인이 행정사건인지 민사사건인지 구별이 쉽지 않은 경우에는 행정소송으로 소를 제기하면 일단 전속적 관할위반의 위험을 피할 수 있다는 것을 말해준다. 이러한 판례의 태도는, 행정소송, 특히 당사자소송의 확대에 도움을 준다고 할 수 있다. 나아가 이 판례의 취지에 따르면, 행정법원에 제기된 민사사건은 임의관할 위반에 해당하기 때문에 상대방이 관할위반이라고 주장하는 경우에도 법원이 관할위반이 아니라고 판단하여 판결하면 상소심에서는 관할위반의 주장을 할 수 없게 된다.

4. 판례의 의미와 전망

대상판결은 민사소송으로 제기하였던 진료기관의 의료보호비용 지급청구에 관하여 행정소송(항고소송)을 제기하여야 한다고 판시함으로써 사회보장관계 법률에 따른 급부청구에서 법령의 요건에 해당하는 것만으로 바로 구체적 청구권이 발생하는 것이 아니라 행정청의 인용결정에 의하여 비로소 구체적 청구권이 발생하는 것으로 보는 종래의 학설 · 판례의 태도를 재확인한 것으로서 의의를 가진다고 할 수 있다. 그리고 행정소송을 민사소송으로 잘못 제기한 경우 행정소송으로 소변경을 하도록 법원이 석명할 의무가 있다는 점을 판시한 것은 국민의 권리구제와 소송경제의 점에서 큰 의의가 있다.

〈참고문헌〉

김재협, “의료보호법상 의료보호진료기관의 보호기관에 대한 의료보호진료비 지급청구의소의 성질(항고소송)”, 대법원판례해설 33호, 법원도서관, 1999.

송평근, “행정소송과 민사소송 사이의 소변경”, 행정재판실무편람(Ⅲ), 서울행정법원, 2003.

안철상, “행정소송과 민사소송”, 행정소송(Ⅰ), 한국사법행정학회, 2008.

92. 행정소송법상 직권심리의 범위

— 대법원 1985. 2. 13. 선고 84누467 판결 —

최 선 웅*

Ⅰ. 판례개요

1. 사실관계

원고 A운수주식회사(이하 '원고회사'라 한다) 소유 택시의 운전사 A1은 1983. 8. 17. 11:50경 위 택시 앞좌석에는 B(여, 22세)와 그의 딸 B1(2세), B2(3세) 등 3명을 태우고, 뒷좌석에는 어린이용 자전거를 가진 그의 남편 C를 태워 제주 애월읍 소재 시내버스 정류장 앞을 운행 중, 앞서 가던 시내버스의 운행상태 및 정류장표시를 잘 살피지 아니하고, 그 시내버스와의 안전거리를 확보하지 아니한 채, 과속으로 그 시내버스 왼편으로 추월하려고 하다가, 그 시내버스가 위 정류장에 정거하자, 이를 발견하지 못하고 택시 앞 범퍼로 그 시내버스 뒷 범퍼를 그대로 들이받아 위 B와 그의 딸 B1, B2 등 3명을 두개골골절로 인한 뇌출혈 또는 뇌좌상으로 현장에서 사망하게 하고, 위 C에게 전치 2주일이 걸리는 상해를 입게 하는 교통사고(이하 '위 교통사고'라 한다)를 일으켰다.

행정청인 제주도지사 X는 1983. 10. 13. 위 교통사고를 구 자동차운수사업법(1986. 12. 31. 법률 제3913호로 개정되기 전의 것, 현행 여객자동차 운수사업법 제85조 참조) 제31조[1] 제3호에서 정한 "공공복리에 반하는 행위를 한 때" 또는 그 제5호의 "중대한 교통사고 또는 빈번한 교통사고로 인하여 많은 사상자를 발생하게 한 때"에 해당한다고 하여 원고

---

* 충북대학교 법학전문대학원 조교수.

[1] 구 자동차운수사업법(1986. 12. 31. 법률 제3913호로 개정되기 전의 것, 현행 여객자동차 운수사업법 제85조 참조) 제31조 (사업면허의 취소등) "자동차운송사업자가 다음 각 호의 1에 해당할 때에는 교통부장관은 6월 이내의 기간을 정하여 사업의 정지를 명하거나 면허의 일부 또는 전부를 취소할 수 있다. 1. 이 법 또는 이 법에 의거한 명령이나 처분 또는 면허, 허가나 인가에 부한 조건에 위반한 때, 2. 허가 또는 인가를 얻은 사항을 정당한 사유 없이 실시하지 아니한 때, 3. 공공복리에 반하는 행위를 한 때, 4. 사업경영의 불확실 또는 자산상태의 현저한 불량 기타 사유로써 사업을 계속함에 적합하지 아니할 때, 5. 중대한 교통사고 또는 빈번한 교통사고로 인하여 많은 사상자를 발생하게 한 때

회사의 운수사업면허를 취소하였다.

2. 소송경과

(1) 원심법원

원고회사는 위 A1이 위 교통사고 당시, 택시에 승객 4명을 태우고 제한속도로 운행중, 앞서 가는 시내버스가 정류장 아닌 곳에서 갑자기 정거함으로써 급제동 조취를 취하였으나 미치지 아니하여 그 시내버스 뒷 범퍼를 들이받아 택시 앞좌석에 타고 있던 위 3명을 사망하게 한 것인데, 위 교통사고는 그 시내버스 운전수의 과실이 경합되어 발생된 사고이고, 위 B가 어린애를 안고 타지 아니하였더라면 인명피해는 보다 적었을 것이며, 또한 원고회사에서는 평소에 교통사고 방지를 위한 일일점검 등 정비관리와 운전수에 대한 안전교육을 철저히 하여 지금까지 한 건의 교통사고를 일으킨 적이 없을 뿐만 아니라, 원고회사가 보유한 10대의 택시 중 이 사건 택시에 대한 면허가 취소된다면 원고회사의 존립에 영향을 미치게 될 사정이 있는바, 위와 같은 여러 가지 사정을 고려하여 보면, 행정청인 제주도지사 X의 운수사업면허취소처분은 재량권의 한계를 벗어난 위법한 처분이라고 주장하면서, 광주고등법원에 운수사업면허취소처분의 취소를 구하는 소를 제기하였다.

원심법원인 광주고법은 광주고법 1984. 5. 29. 선고 83구106 판결에서 원고회사의 청구를 기각하였다.

(2) 대 법 원

이에 원고회사는 위 광주고법 1984. 5. 29. 선고 83구106 판결에 대하여, 행정청인 제주도지사 X의 원고회사에 대한 운수사업면허취소처분은 재량권의 한계를 벗어난 위법한 처분이라는 점, 원심법원인 광주고등법원이 행정소송법에서 정한 직권심리의 범위를 넘어서 판단하였다는 점 등을 이유로 상고하였으나, 대법원은 대법원 1985. 2. 13. 선고 84누467 판결에서 원고회사의 상고를 기각하였다.

3. 판결요지

(1) 원심법원

원심법원인 광주고법은 위 교통사고는 원고회사 소유 택시의 운전사 A1이 택시를 운행함에 있어서, 승객의 승차방법을 잘못 선택하였고, 전방주시를 태만히 하고, 속도를 위반하고 특히 앞차와의 안전거리를 확보하지 아니하는 등의 중대한 과실에 기인한 사고라 할 것이고, 이로 인하여 사람 3명이 사망하는 중대한 결과가 일어났고, 피해자측과 화해가 이루어지지 아니하였고, 위 A1이 실형의 확정판결을 받았으며 원고회사 보유차량이 자주 교통사고를 냈던 점 등 여러 가지 사정을 종합 고찰하여 보면 원고회사에서 평소에 교통사고방지를 위한 일상점검 등 정비관리와 운전수에 대한 안전교육을 철저히 하여 왔고, 원고회사가 보유한 10대의 택시 중 1대에 대한 면허취소로 인한 수입 감소로 원고회사가 손해를 입게 된다는 점 등의 사정을 감안한다 하더라도, 위 교통사고는 통상 발생할 수 있는 교통사고라고 볼 수 없고 구 자동차운수사업법 제31조 제5호에서 정한 중대한 교통사고로 또는 빈번한 교통사고로 인하여 많은 사상자를 발생하게 한 때 또는 같은 조 제3호에서 정한 공공복리에 반하는 행위를 한 때에 해당한다고 보여지므로 행정청인 제주도지사 X가 같은 조항에서 정하는 처분 중 이 사건 택시에 대한 면허취소의 행정처분을 선택한 것은 공공복리의 증진을 위한 자동차운수행정의 목적수행상 필요하고도 적절하였다고 보여지고, 그 재량권의 한계를 벗어난 위법을 저질렀다고 인정되지 아니한다는 이유로 원고회사의 청구를 기각하였다.

(2) 대 법 원

1) 재량행위인 운수사업면허취소처분의 사법심사

행정청에 부여된 재량권이 기속재량이던 자유재량이던 간에 그 행사가 부당함을 넘어 위법하다고 할 수밖에 없어 사법심사의 대상이 되는 재량권의 범위를 일탈하였다고 할 것이나 위 교통사고가 흔히 있을 수 있는 사고이며 사고의 경위에 있어서도 원고회사 소유 택시의 운전사 A1의 과실이 경미하고 원고회사 보유차량의 연간 교통사고 회수가 빈번한 교통사고로 인하여 많은 사상자를 발생한 경우에 해당하지 아니하며 사고 후 피해자와의 배상문제에 화해가 이루어지지 않은 것은 원고회사에 책임을 물을 수 없는 사정에 인한 것이라는 점 등 및 원고회사의 보유차량 10대 중 이 사건 차량 1대에 대한 사업면허가 취소되면 원고회사의 사활에 직결되는 문제가 발생할 것이라는 사정 등만으로서는 행정청인 제주도지사 X의 원고회사에 대한 운수사업면허취소처분이 재량권의 범위를 일탈하여 위법이라고는 할 수 없다.

2) 행정소송법상 법원의 직권심리 범위

구 행정소송법(1984. 12. 15. 법률 제3754호로 전문 개정되기 전의 것) 제9조(현행 행정소송법 제26조 참조)[2]는 "법원은 필요한 경우에 직권으로써 증거조사를 할 수 있고 또 당사자가 주장하지 않는 사실에 관하여도 판단할 수 있다"고 규정하고 있어 이는 행정소송

---

2) 1951년 8. 24. 법률 제213호로 제정된 행정소송법 제9조는 "법원은 필요한 경우에 직권으로써 증거조사를 할 수 있고 또 당사자가 주장하지 않는 사실에 관하여도 판단할 수 있다"라고 규정하고 있었으나, 1984. 12. 15. 법률 제3754호로 전문 개정된 행정소송법 제26조에서 (직권심리)라고 하는 제하에서 "법원은 필요하다고 인정할 때에는 직권으로 증거조사를 할 수 있고, 당사자가 주장하지 아니한 사실에 대하여도 판단할 수 있다"라고 규정하여 별다른 수정 없이 현행 행정소송법에 규정되고 있다.

의 특수성에서 연유하는 당사자주의 변론주의의 일부 예외규정이라고 볼 것이나 그렇다고 하여 법원은 아무런 제한 없이 당사자가 주장하지 않는 사실을 판단할 수 있는 것은 아니고 일건 기록에 나타난 사실에 관하여서만 이를 직권으로 심리조사하고 이를 기초로 하여 판단할 수 있을 따름이라 할 것이므로, 행정청인 제주도지사 X의 원고회사에 대한 운수사업면허취소처분은 인명사고를 사유로 구 자동차운수사업법 제31조에 의한 것임이 분명하여 원고주장의 사유와 동일할 뿐만 아니라 피고 행정청인 제주도지사 X는 1983. 11. 29.자 원심 제1차 변론기일에서 진술한 1983. 11. 25.자 답변서와 변론 및 입증자료 등에 의하여 원고회사 소유 택시의 운전사 A1이 위 교통사고로 유죄판결이 확정되어 복역중에 있고 원고회사는 그 보유차량이 1982. 11. 14.부터 위 교통사고 발생일인 1983. 8. 17.에 이르는 기간 중 10건의 교통사고를 일으켰으며 위 교통사고 후 피해자측과 손해배상문제에 관하여 아무런 합의도 하지 아니한 사실 등을 주장 입증하고 있는 바이니 원심이 이와 같은 점에 관하여 심리판단을 하였다고 하여 아무런 위법도 있다고 할 수 없다.

Ⅱ. 평 석

1. 쟁점정리

먼저 원고회사 소속의 택시가 일으킨 위 교통사고가 통상 발생할 수 있는 교통사고라고 볼 수 없어서 자동차운수사업법 제31조 제5호 소정의 중대한 교통사고로 또는 빈번한 교통사고로 인하여 많은 사상자를 발생하게 한 때 또는 같은 조 제3호 소정의 공공복리에 반하는 행위를 한 때에 해당한다고 보아 행정청인 제주도지사 X가 원고회사의 면허를 취소한 행정처분이 재량권의 한계를 벗어난 위법한 처분인지 여부가 문제된다.

다음으로 법원이 행정청인 제주도지사 X의 원고회사에 대한 운수사업면허취소처분을 심사함에 있어서, 피고 행정청인 제주도지사 X가 1983. 11. 29.자 원심 제1차 변론기일에서 진술한 1983. 11. 25.자 답변서와 변론 및 입증자료 등에 의하여 현출된 원고회사 소유 택시의 운전사 A1이 위 교통사고로 유죄판결이 확정되어 복역중에 있고 원고회사는 그 보유차량이 1982. 11. 14.부터 위 교통사고발생일인 1983. 8. 17.에 이르는 기간 중 10건의 교통사고를 일으켰으며 위 교통사고 후 피해자측과 손해배상문제에 관하여 아무런 합의도 하지 아니한 사실 등을 법원이 심리판단을 할 수 있는지 여부 즉 행정소송법상 법원의 직권심리 범위가 문제된다.

행정청에 부여된 재량권이 비록 자유재량이라고 하더라도 무제한의 재량권의 행사는 있을 수 없으므로 당연히 사법심사의 대상이 된다는 것은 학설 · 판례상 별다른 이견

없이 일반적으로 받아들여지고 있다. 따라서 행정청인 제주도지사 X의 운수사업면허취소처분은 재량권의 한계를 벗어난 위법한 처분인지 여부는 당연히 사법심사의 대상이 된다. 문제는 이와 같은 법원이 행정청인 제주도지사 X의 운수사업면허취소처분을 심사하는 행정소송에 있어서, 법원이 필요하다고 인정할 때에는 직권으로 증거조사를 할 수 있고, 당사자가 주장하지 아니한 사실에 대하여도 판단할 수 있다고 하는 행정소송법 규정에 따라서, 어느 정도 직권으로 심리할 수 있는가라고 하는 것인데 이것이 행정소송법상 법원의 직권심리 범위의 문제이다.

2. 관련판례

대상판결과 관련된 판결들을 시대별로 분류하면, 대법원 1954. 6. 8. 선고 4286민상177 판결, 대법원 1955. 9. 9. 선고 55누34 판결(집2(5)행, 14), 대법원 1961. 11. 2. 선고 4294행상23 판결(집9, 행42), 대법원 1975. 5. 27. 선고 74누233 판결(공1975, 8467), 대법원 1986. 6. 24. 선고 85누321 판결(공1986, 948), 대법원 1988. 4. 27. 선고 87누1182 판결(공1988, 926), 대법원 1991. 11. 8. 선고 91누2854 판결(공1992, 130), 대법원 1992. 3. 10. 선고 91누6030 판결(공1992, 1327), 대법원 1994. 10. 11. 선고 94누4820 판결(공1994하, 3014), 대법원 1995. 2. 14. 선고 94누5069 판결(공1995상, 1345), 대법원 1997. 10. 28. 선고 96누14425 판결(공1997하, 3698), 대법원 1999. 5. 25. 선고 99두1052 판결(공1999하, 1301), 대법원 2000. 5. 30. 선고 98두20162 판결(공2000하, 1561), 대법원 2001. 10. 23. 선고 99두3423 판결(공2001하, 2581) 등을 들 수 있다.

3. 판례의 검토

(1) 행정소송법상 법원의 직권심리 범위

행정소송법상 법원의 직권심리 범위는 현행 행정소송법 제26조(구 행정소송법 제9조)에 관한 해석의 문제로서, 이는 행정소송에 있어서 소송자료의 수집책임의 분배에 관한 심리원칙으로 변론주의 또는 직권탐지주의의 채택 여부에 관한 견해의 대립이라고 할 수 있다. 이러한 해석의 문제가 발생하게 되는 계기는 행정소송법 제8조 제2항[3]에 의하여 준용되는 민사소송법 제292조[4]와 행정소송법 제26조가 의미하는 바가 동일한가 여부

---

3) 행정소송법 제8조 제2항 행정소송에 관하여 이 법에 특별한 규정이 없는 사항에 대하여는 법원조직법과 민사소송법 및 민사집행법의 규정을 준용한다.

4) 민사소송법상 직권증거조사에 관한 규정은 1960. 4. 4. 법률 제547호로 제정된 민사소송법 제265조(직권증거조사)에서 "법원은 당사자의 신청한 증거에 의하여 심증을 얻을 수 없거나 기타 필요하다고 인정한 때에는 직권으로 증거조사를 할 수 있다"라고 규정하여 오다가, 2002. 1. 26. 법률 제6626호로 전문 개정된 현행 민사소송법 제292조에서 자구의 수정이 있을 뿐 거의 그대로 규정되고 있다. 현행 민사소송법 제292조(직권에 의한 증거조사) 법원은 당사자가 신청한 증거에 의하여 심증을 얻

가 분명하지 않다는 점이다. 다시 말해서 행정소송법 제26조의 의미가 최소한으로는 행정소송법 제8조 제2항에 의하여 준용되는 민사소송법 제292조에 규정된 보충적 직권증거조사와 실질적으로 동일한 의미로 한정하여 해석될 수 있다. 그뿐만 아니라, 그 의미가 최대한으로는 독일 행정소송법 제86조 제1항[5]에 규정된 바와 같이 원칙적인 직권탐지주의의 채택 근거로도 해석될 여지가 있다는 점이다.

(2) 학설의 내용

직권증거조사주의설 또는 변론보충설은 행정소송에 있어서 소송자료의 수집책임분배에 관한 심리원칙으로는 민사소송과 마찬가지로 변론주의를 원칙으로 하고 공익을 이유로 민사소송법 제292조상의 보충적 직권증거조사가 인정된다고 하는 설로서 행정소송법 제26조가 의미하는 내용이 실질적으로는 민사소송법 제292조상 보충적 직권증거조사의 내용과 사실상 동일하다는 것이다.

절충설은 행정소송에 있어서 변론주의가 인정된다는 전제하에서 변론주의를 보충하는 보충적 직권증거조사가 인정된다고 하는 점은 보충적 직권증거조사주의설과 같이 하면서도 여기에서 그치는 것이 아니라 행정소송법 제26조 후단에 규정된 '당사자가 주장하지 아니한 사실에 대하여도 판단할 수 있다는 의미'에서의 '직권탐지주의'가 보충 내지는 가미된다고 하는 설이다.

최근 특히 실무가 일부에서 우리나라 행정소송법 제26조가 독일 행정소송법 제86조 제1항의 규정과 유사한 규정으로서 우리나라 행정소송에 있어서 원칙적인 직권탐지주의를 정면으로 선언하여 인정한 규정이라고 하고, 이와 같이 해석하는 것이 행정소송의 특질과 시대의 조류에 부합하는 것이고, 우리나라 행정소송법을 개정할 경우 독일 행정소송법 제86조 제1항과 같은 규정으로 개정할 것도 제안하기도 한다.

대체적으로 학설의 주류적인 경향은 변론주의와 직권탐지주의 간의 절충적인 입장을 취하고 있는 것이 일반적이라고 할 수 있다.

(3) 판례의 경향

대법원의 주류적인 판단에 의하면, 행정소송법 제26조가 법원은 필요하다고 인정할 때에는 직권으로 증거조사를 할 수 있고, 당사자가 주장하지 아니한 사실에 대하여도 판단할 수 있다고 규정하고 있지만, 이는 행정소송의 특수성에 연유하는 당사자주의, 변론

을 수 없거나, 그 밖에 필요하다고 인정한 때에는 직권으로 증거조사를 할 수 있다.

5) 독일 행정소송법 제86조 제1항 [직권탐지주의] "법원은 사실관계를 직권으로 조사하여야 한다; 이 경우 관계인을 참여시켜야 한다. 법원은 관계인의 주장과 증거신청에 구속되지 아니한다." 이 규정의 원문은 다음과 같다. § 86 I VwGO [Untersuchungsgrundsatz]: Das Gericht erforscht den Sachverhalt von Amts wegen; die Beteiligten sind dabei heranziehen. Es ist an das Vorbringen und an die Beweisanträge der Beteiligten nicht gebunden.

주의에 대한 일부 예외규정일 뿐 법원이 아무런 제한 없이 당사자가 주장하지 아니한 사실을 판단할 수 있는 것은 아니고, 일건 기록에 현출되어 있는 사항에 관하여서만 직권으로 증거조사를 하고 이를 기초로 하여 판단할 수 있을 따름이고, 그것도 법원이 필요하다고 인정할 때에 한하여 청구의 범위 내에서 증거조사를 하고 판단할 수 있을 뿐이라고 한다.[6]

(4) 구체적 판단 기준—일건 기록에 현출된 사항

전술한 판례에서 보는 바와 같이, 우리나라 대법원은 '행정소송법 제26조는 행정소송의 특수성에 연유하는 당사자주의, 변론주의에 대한 일부 예외규정일 뿐'이라 전제하여 위 규정은 법원이 '당사자가 주장하지 아니한 사실'도 판단할 수 있다고 규정하고 있지만 그렇다고 하여 법원이 '아무런 제한 없이 당사자가 주장하지 아니한 사실을 판단할 수 있는 것은 아니'라고 한다. 이 경우 대법원은, "일건 기록에 현출되어 있는 사항에 관하여서만 직권으로 증거조사를 하고 이를 기초로 하여 판단할 수 있을 따름이고, 그것도 법원이 필요하다고 인정할 때에 한하여 청구의 범위 내에서 증거조사를 하고 판단할 수 있을 뿐이다"라고 판시하여, '법원이 필요하다고 인정할 때', '청구범위 내에서'라고 하는 기준과 함께 특히 '일건 기록에 현출된 사항'이라고 하는 구체적 판단 기준을 일관되게 제시하여 왔다.

(5) 검　　토

대상판결인 대법원 1985. 2. 13. 선고 84누467 판결에서 대법원은 구 행정소송법 제9조(현행 행정소송법 제26조)상 직권심리에 관한 법리로서 변론주의와 직권탐지주의 간의 절충적인 입장을 설시하고 있다. 이어서 대법원은 이러한 직권심리의 법리하에서 직권심리의 범위에 관하여 '일건 기록에 현출된 사항'이라고 하는 구체적인 기준을 제시하고 있다. 이러한 대상판결의 태도는 종래 학설 · 판례의 입장과 동일한 것이라고 할 수 있다.

대상판결을 구체적으로 검토하여 보면, 원고회사 소유 택시의 운전사 A1이 위 교통사고로 유죄판결이 확정되어 복역중에 있고 원고회사가 그 보유차량이 1982. 11. 14.부터 위 교통사고 발생일인 1983. 8. 17.에 이르는 기간 중 10건의 교통사고를 일으켰으며 위 교통사고 후 피해자측과 손해배상문제에 관하여 아무런 합의도 하지 아니한 사실 등이 피고 행정청인 제주도지사 X가 1983. 11. 29.자 원심 제1차 변론기일에서 진술한 1983.

---

6) 대법원 1994. 10. 11. 선고 94누4820 판결(공1994하, 3014); 이와 같은 취지의 판결은 다음과 같다. 대법원 1986. 6. 24. 선고 85누321 판결(공1986, 948), 대법원 1987. 11. 10. 선고 86누491 판결(공1988, 102), 대법원 1988. 4. 27. 선고 87누1182 판결(공1988, 926), 대법원 1991. 11. 8. 선고 91누2854 판결(공1992, 130), 대법원 1992. 3. 10. 선고 91누6030 판결(공1992, 1327), 대법원 1992. 7. 10. 선고 92누3199 판결(공1992, 2434), 대법원 1995. 2. 14. 선고 94누5069 판결(공1995상, 1345), 대법원 1997. 10. 28. 선고 96누14425 판결(공1997하, 3698), 대법원 1999. 5. 25. 선고 99두1052 판결(공1999하, 1301).

11. 25.자 답변서와 변론 및 입증자료 등에 의하여 주장 · 입증하고 있으므로 원심이 이와 같은 점에 관하여 심리판단을 하였다고 하여 아무런 위법도 있다고 할 수 없다고 판시하고 있다. 즉 대상판결에 따르면, 피고 행정청인 제주도지사 X의 답변서와 변론 및 입증자료에 의하여 현출된 위의 여러 사실들이, 종래부터 판례가 행정소송법상 직권심리의 범위 획정에 관한 구체적 기준으로서 제시된, '일건 기록에 현출된 사항'에 해당하므로, 법원은 이러한 사실들을 직권으로 심리하는 것은 위법이 아니라고 판시하고 있다.

4. 판례의 의미와 전망

대상판결인 대법원 1985. 2. 13. 선고 84누467 판결은 행정소송법상 직권심리에 관하여 변론주의와 직권탐지주의 간의 절충적인 법리와 그 구체적 판단 기준으로서 '일건 기록에 현출된 사항'이라고 하는 기준을 명시적으로 언급한 판례이다.

이러한 판례의 기본적인 태도는, 전술한 관련 판례에서 보는 바와 같이, 우리나라 행정소송법이 1951. 8. 24. 법률 제213호로 제정되고 1984. 12. 15. 법률 제3754호로 전문 개정된 이후 현재까지 일관되게 유지되어 왔음은 물론이고 앞으로도 별다른 큰 변화가 없이 유지될 것으로 전망된다.

다만 앞으로 특히 판례에서 종래부터 직권심리의 범위를 획정하는 구체적 판단 기준으로서 제시하여 오고 있는 '일건 기록에 현출된 사항'이라고 하는 기준 자체의 당부 여부는 물론이고 그 구체적인 내용을 보다 명확히 하기 위해서 많은 판례의 축적이 기대된다.

〈참고문헌〉

강영호, "행정소송법 제26조[직권심리]에 대한 검토", 행정재판실무편람(Ⅲ), 서울행정법원, 2003.

권오봉, "행정소송에 있어서의 주장 · 입증책임", 행정소송에 관한 제문제(상)(재판자료 제67집), 법원행정처, 1995.

이혁우, "행정소송에서의 직권심리범위—행정소송법 제26조의 해석과 관련하여—", 특별법연구(제5권), 법문사, 1997.

최선웅, "행정소송법 제26조의 해석에 관한 일 고찰—우리나라 행정소송의 독자성을 모색하며—", 행정법연구(제10호), 2003.

최선웅, 행정소송의 원리[행정법연구 1], 진원사, 2007.

허상수, "항고소송의 법리", 행정소송에 관한 제문제(상)(재판자료 제67집), 법원행정처, 1995.

93. 처분사유의 추가 · 변경

—대법원 2006. 1. 13. 선고 2004두12629 판결—

배 병 호*

I. 판례개요

1. 사실관계

소외 망 A, B(이하 '피해자들'이라 한다)는 2002. 6. 13. 10:45경 경기 양주군 광적면 효촌리 535 소재 56번 지방도로(편도 1차선 오르막 언덕길, 노폭 약 3m 30㎝)의 갓길을 이용하여 파주 방면에서 양주 방면으로 걸어가다가, 훈련차 위 도로를 같은 방면으로 진행 중이던 미합중국 제2사단 제44공병대대 소속 미군 운전의 부교 운반용 장갑차(폭 3m 65㎝)의 오른쪽 바퀴에 역과되어 그 자리에서 각 사망하였다. 그러자 위 피해자들의 아버지 등은 서울지방검찰청 의정부지청에 2002. 6. 27. 위 장갑차의 운전병 및 관제병, 소속 부대 부대장 등 미군 6명을 업무상과실치사 혐의로 고소한 후 같은 해 7. 18. 소속 부대 중대장을 같은 혐의로 추가고소하였다(최초 고소사건에 부여된 사건번호가 위 지청 2002형제47545호이며, 추가고소사건에 부여된 사건번호가 위 지청 2002형제54481호이며, 위 2002형제54481호 수사기록은 위 2002형제47545 수사기록에 병합되어 있다).

서울지검 의정부지청은 2002. 8. 5. 위 사고는 통신장비의 점검을 소홀히 하여 통신장애를 야기한 위 장갑차 운전병과 관제병, 위 피해자들을 뒤늦게 발견하고 당황하여 사고방지를 위한 보다 적극적인 조치를 취하지 못한 관제병의 업무상 과실로 인하여 발생하였으며, 나머지 피고소인들인 소속 부대 지휘관 등에 대하여는 업무상과실이 있다고 보기 어렵다는 내용의 보도자료를 통하여 수사결과를 발표하고, 미합중국 군당국이 형사재판권을 포기하는 경우 위 장갑차 운전병과 관제병을 업무상과실치사죄로 기소하겠다는 방침을 세우고 있었으나, 미합중국 군당국은 같은 달 7. 위 장갑차 운전병과 관제병에 대하여 형사재판권을 행사하기로 결정, 통보한 후 위 장갑차 운전병과 관제병을 과실

* 성균관대학교 법학전문대학원 교수, 변호사, 법학박사.

치사죄로 기소함으로써 이들에 대하여 미합중국 법률에 따른 군사재판이 진행되었으나, 미합중국 군사법원은 같은 해 11. 21. 및 같은 달 22.에 배심원단의 각 무죄평결에 따라 각 무죄를 선고하여 그들에 대한 형사재판은 각 종결되었다.

원고인 '민주사회를 위한 변호사모임'은 2002. 12. 4. 피고인 서울지방검찰청 의정부 지청장에게 별지 제1목록 기재 정보에 대하여 정보공개청구를 하였고, 피고는 같은 달 17. 별지 제1목록 기재 정보는 진행 중인 범죄의 수사에 관한 사항으로서 공개될 경우 그 직무수행을 현저히 곤란하게 할 수 있고, 외교관계 등 국가의 중대한 이익을 해할 우려가 있으며, 진술조서 등 당해 정보에 포함되어 있는 이름, 주민등록번호 등에 의하여 특정인을 식별할 수 있는 개인에 관한 정보로서, "공공기관의정보공개에 관한 법률(이하 '정보공개법'이라 한다)"제7조 제1항 제2호, 제4호, 제6호 본문 소정의 비공개대상정보에 해당한다는 이유로 그 공개를 거부하였다.

2. 소송경과

이에 원고는 피고의 정보공개거부처분을 취소하는 소송을 제기하였고 소송계속 중에 피고가 2002. 12. 17.에 별지 제1목록 기재 정보전체에 관하여 한 거부처분 가운데 별지 제2목록 기재 정보(이하 '이사건 각 정보'라 한다)에 관한 거부처분에 대하여만 그 취소를 구하는 것으로 이 사건 청구취지를 감축하였다. 피고는 소송계속 중에 이 사건 각 정보가 정보공개법 제7조 제1항 제1호 소정의 비공개대상정보인 "다른 법률 또는 법률에 의한 명령에 의하여 비밀로 유지되거나 비공개사항으로 규정된 정보"에 해당하므로 이를 공개하지 아니할 수 있다는 취지로 처분사유를 추가하였다. 제1심인 서울행정법원은 피고의 소송계속 중에 추가한 처분사유인 정보공개법 제7조 제1항 제1호 소정의 사유는 당초의 처분사유인 정보공개법 제7조 제1항 제2호, 제4호, 제6호와 그 기초가 되는 사회적 사실관계가 기본적인 점에서 동일하다고 할 수 없으므로 허용되지 않는다고 하여 판단하지 않고, 정보공개법 제7조 제1항 제2호, 제4호, 제6호 에 대하여 판단한 후 별지 제2목록 기재 정보 중 별지 제3, 4목록 기재 각 정보를 제외한 나머지 정보는 비공개대상정보에 해당하지 않는다고 하였다. 이에 피고가 패소 부분을 취소하고 그 부분에 해당하는 원고의 청구를 기각한다는 취지의 항소를 하였으나 서울고등법원은 피고의 항소를 기각하였다(서울고등법원 2004. 10. 22. 선고 2003누23006 판결). 피고가 상고하였으나 대법원은 피고의 상고를 기각하였다.

3. 판결요지

(1) 원심(서울고등법원)판결

행정처분의 취소를 구하는 항고소송에서 처분청은 당초 처분의 근거로 삼은 사유와 기본적 사실관계가 동일성이 있다고 인정되는 한도 내에서만 다른 사유를 추가하거나 변경할 수 있을 뿐, 기본적 사실관계와 동일성이 인정되지 않는 별개의 사실을 들어 처분사유로 주장함은 허용되지 아니하고, 여기서 기본적 사실관계의 동일성 유무는 처분사유를 법률적으로 평가하기 이전의 구체적인 사실에 착안하여 그 기초가 되는 사회적 사실관계가 기본적인 점에서 동일한지 여부에 따라 결정되는 것인바, 이 사건 각 정보가 정보공개법 제7조 제1항 제2호, 제4호, 제6호 본문의 비공개대상정보에 해당한다는 것과 추가 처분사유인 이 사건 각 정보가 정보공개법 제7조 제1항 제1호의 비공개대상정보에 해당한다는 것은 그 기초가 되는 사회적 사실관계가 기본적인 점에서 동일하다고 할 수 없으므로, 위와 같은 처분사유의 추가는 허용되지 아니한다고 판단하고, 당초의 처분 사유인 정보공개법 제7조 제1항 제2호("공개될 경우 국가안전보장 · 국방 · 통일 · 외교관계 등 국가의 중대한 이익을 해할 우려가 있다고 인정되는 정보"), 제4호("진행 중인 재판에 관련된 정보와 범죄의 예방, 수사 등에 관한 사항으로서 공개될 경우 그 직무수행을 현저히 곤란하게 할 만한 상당한 이유가 있는 정보"), 제6호("당해 정보에 포함되어 있는 이름 · 주민등록번호 등에 의하여 특정인을 식별할 수 있는 개인에 관한 정보")를 각 판단하면서 피고의 항소를 기각하였다.

(2) 대법원 판결

행정처분의 취소를 구하는 항고소송에 있어서, 처분청은 당초 처분의 근거로 삼은 이유와 기본적 사실관계가 동일성이 있다고 인정되는 한도 내에서만 다른 사유를 추가하거나 변경할 수 있고, 여기서 기본적 사실관계의 동일성 유무는 처분사유를 법률적으로 평가하기 이전의 구체적인 사실에 착안하여 그 기초인 사회적 사실관계가 기본적인 점에서 동일한지 여부에 따라 결정되며, 이와 같이 기본적 사실관계와 동일성이 인정되지 않는 별개의 사실을 들어 처분사유로 주장하는 것이 허용되지 않는다고 해석하는 이유는 행정처분의 상대방의 방어권을 보장함으로써 실질적 법치주의를 구현하고 행정처분의 상대방에 대한 신뢰를 보호하고자 함에 그 취지가 있고, 추가 또는 변경된 사유가 당초의 처분시 그 사유를 명기하지 않았을 뿐 처분시에 이미 존재하고 있었고 당사자도 그 사실을 알고 있었다고 하여 당초의 처분사유와 동일성이 있는 것이라 할 수 없다.

구 정보공개법(2004. 1. 29. 법률 제7127호로 전문개정되기 전의 것) 제7조 제1항 제1호와 같은 항 제2호, 제4호, 제6호는 비공개대상정보로 한 근거와 입법취지가 다를 뿐 아니라 그 내용과 범위 및 요건이 다른 점 등 여러 사정을 합목적적으로 고려하여 보면 피고가 처분사유로 추가한 위 제7조 제1항 제1호에서 주장하는 사유는 당초의 처분 사유인 같은 항 제2호, 제4호, 제6호에서 주장하는 사유와는 기본적 사실관계가 동일하지 않고, 추가로 주장하는 위 제1호에서 규정하고 있는 사유가 이 사건 처분 후에 새로 발생한 것을 토대로 한 것이 아니라 당초의 처분 당시에 이미 존재한 사실에 기초한 것이라 하여 달리 볼 것은 아니다.

Ⅱ. 평 석

1. 쟁점정리

행정소송법에 처분사유의 추가 · 변경에 관한 명문의 규정이 없으나 대법원은 행정처분의 취소를 구하는 항고소송에서, 처분청이 당초 처분의 근거로 삼은 사유와 기본적 사실관계가 동일성이 있다고 인정되는 한도 내에서만 처분사유를 추가하거나 변경할 수 있도록 해석하는 것은 행정처분의 상대방의 방어권을 보장함으로써 실질적 법치주의를 구현하고 행정처분의 상대방에 대한 신뢰를 보호하고자 함에 있다는 것을 거듭 밝혔다. 또한 추가 또는 변경된 사유가 처분시에 이미 존재하고 있었고 당사자도 그 사실을 알고 있었다 하여도 당초의 처분사유와 동일성이 있는 것이라 할 수 없다고 하였다. 이에 대해 행정절차법상의 이유제시제도의 도입이유를 강조하는 입장에서 행정소송법상 명문의 규정도 없는 처분사유의 추가 등을 비판적으로 볼 수 있다. 문제는 대법원판결을 근거로 원고가 정보공개를 다시 청구하였으나 피고가 동일성이 인정되지 않았던 추가사유를 들어 거부하여 그 거부처분에 대하여 새로운 재판을 해야 한다면 소송의 목적인 소송경제나 분쟁의 일회적 해결 또는 원고의 실질적인 의사 및 이익에 부합하는가이다. 먼저 처분사유의 추가 · 변경에 관한 허용범위에 관한 학설과 판례를 검토하고 대상판례에 관한 쟁점을 살펴보고자 한다.

2. 처분사유의 추가 · 변경에 관한 학설과 판례

(1) 행정소송의 계속 중에 처분의 근거변경을 허용할 것인가에 대해 행정소송법에 명문의 규정이 없으나 학설과 판례는 인정하고 있다. 비교법적으로 볼 때 독일에서는 '처분사유의 사후변경'이라고 하여 판례를 형성되어 온 것을 1997년 행정법원법 제114조 제2문에서 명문화하였고, 프랑스에서는 '처분의 법적 근거와 사실적 이유의 대체'로 개념화되어 있다. 판례와 같이 처분의 상대방의 보호와 소송경제의 요청을 고려하여 기본적인 사실관계의 동일성이 유지되는 한도 내에서 인정되어야 한다는 제한적 긍정설이 다

수설이고, 소송의 유형에 따라 허용범위를 달리해야 한다는 개별적 결정설(박정훈, 류지태, 박균성)과 처분사유의 추가·변경을 허용하는 법적 근거에 대한 근본적인 탐구가 필요하다는 견해(김철용) 등이 있다.

(2) 대상판결과 같은 취지의 정보공개법 관련 판결로 대법원 2003. 12. 11. 선고 2001두8827 판결(배병호, 473-492면)과 대법원 2003. 12. 11. 선고 2003두8395 판결(오문기, 797-846면) 등을 들 수 있다. 전자는 원고(민주사회를 위한 변호사모임)가 대통령의 1999. 8. 13.자 국무회의의결을 거친 사면권행사와 관련된 사면건의서 및 사면심의에 관한 국무회의 안건자료 등의 공개를 청구한 것에 대하여 피고(법무부장관)가 정보공개법 제7조 제1항 제4호와 제6호를 이유로 거부하였다가 1심 소송계류 중에 처분사유의 추가로 정보공개법 제7조 제1항 제5호를 추가한 것이다. 후자는 2000. 8. 14.자 대통령의 사면 및 복권으로 원고(언론개혁시민연대)가 법무부장관에게 신문사사장으로 구속 기소되어 유죄판결을 받은 '갑'과 방송사의 사장으로 구속 기소되어 유죄판결을 받은 '을'에 대한 사면대상 판결의 죄명, 선고형량 등 사면·복권에 대한 구체적인 정보의 공개를, 서울지검검사장에게 갑, 을에 대한 서울지검의 수사기록, 각급 법원의 공판기록 일체의 공개를 청구하자, 서울지검장은 2000. 10. 18. 원고에게 갑, 을의 벌금 또는 추징금 납부에 관한 정보를 공개함과 아울러 '검찰보존사무규칙 제20조에 의거하여 신청권자가 아니라는 이유로 나머지 정보의 공개를 거부하였다가 1심법원 소송계류 중에 당초 처분 사유 외에 정보공개법 제7조 제1항 제2호, 제3호, 제4호, 제6호, 제7호의 사유를 추가한 것이다.

(3) 기본적 사실관계의 동일성을 부정한 사례로 ① 충전소설치허가신청에 대하여 설치예정지로부터 100미터 내에 있는 건물주의 동의가 없다는 반려사유와 설치예정지역 인근도로가 낭떠러지에 접한 S자 커브의 언덕길로 되어 있어서 교통사고로 인한 충전소 폭발위험이 있다는 추가사유(대법원 1992. 5. 8. 선고 91누13274 판결), ② 이주대책자선정신청에 대하여 사업지구 내 가옥소유자가 아니라는 처분사유와 실기한 이주대책신청이라는 추가사유(대법원 1999. 8. 20. 선고 98두17043 판결), ③ 규정 온도가 미달되어 온천에 해당되지 않는다는 당초 처분사유와 온천으로서의 이용가치, 기존의 도시계획 및 공공사업에의 지장여부 등의 추가사유(대법원 1992. 11. 24. 선고 92누3052 판결), ④ 석유판매업허가신청에 대한 관할부대장의 부동의와 토지의 탄약창 인접으로 인한 위험의 추가사유(대법원 1991. 11. 8. 선고 91누70 판결), ⑤ 의료보험요양기관 지정취소처분취소사건에서 구 의료보험법 제33조 제1항이 정하는 본인부담금 수납대장 불비치 사실과 같은 법 제33조 제2항이 정하는 보건복지부장관의 관계서류 제출 명령 위반사실(대법원 2001. 3. 23. 선고 99두6392 판결), ⑥ 구청위생과 직원인 원고가 당구장이 정화구역외인 것처럼 허위표시를 함으로써 정화위원회의 심의를 면제하여 허가처분하였다는 당초의 징계사유와 정부문서

규정에 위반하여 이미 결재된 당구장허가처분서류의 도면에 상사의 결재를 받음이 없이 거리표시를 하였다는 원심인정의 비위사실(대법원 1983. 10. 2. 선고 83누396 판결), ⑦ 입찰참가자격을 제한한 당초의 처분사유인 정당한 이유 없이 계약을 이행하지 않은 사실과 계약의 이행과 관련하여 관계공무원에게 뇌물을 준 사실(대법원 1993. 3. 9. 선고 98두18565 판결) 등을 들 수 있다.

(4) 기본적 사실관계의 동일성을 인정한 사례로 ① 명의이용금지 위반을 이유로 구 여객자동차운수사업법 제76조 제1항 단서 중 제8호에 의한 자동차운송사업면허취소처분사유와 근거규정이 위헌결정되자 효력이 유지되고 있는 같은 조 제1항 본문 및 제8호로 그 법률상 근거를 변경한 사유(대법원 2005. 3. 10. 선고 2002두9285 판결), ② 주취 중 운전으로 교통사고를 내어 자동차운전면허가 취소된 것을 이유로 자동차운수사업법 제31조 제1항 제3호 소정의 면허취소사유를 적용한 개인택시운송사업면허취소처분사유와 적용법조로 같은 법 제31조와 같은 법 시행규칙 제15조를 추가하여 통고한 사유(대법원 1988. 1. 19. 선고 87누603 판결), ③ 버스 6대를 지입제로 운영하는 행위를 자동차운수사업법 제26조의 명의금지위반사유에 위반된다고 한 운송사업면허일부취소처분사유와 직영으로 운영하기로 한 면허 및 인가조건위반을 이유로 한 같은 법 제31조 제1항 제1호의 면허취소사유(대법원 1992. 10. 9. 선고 92누213 판결), ④ 원고가 제출한 건축허가신청에 대하여 공유수면이 포락지로서 현 상태로는 건축부지로 이용이 불가하여 반려한 사유와 허가될 수 있는 건축물에 해당하지 아니한다는 추가사유(대법원 2004. 5. 28. 선고 2002두5016 판결), ⑤ 국립공원에 인접한 미개발지의 합리적인 이용대책 수립시까지 토지형질변경허가를 유보한다는 사유와 국립공원 주변의 환경 · 풍치 · 미관 등을 크게 손상시킬 우려가 있으므로 원형유지의 필요가 있다는 추가사유(대법원 2001. 9. 28. 선고 2000두8684 판결), ⑥ 당초의 정보공개거부처분사유인 검찰보존사무규칙 제20조 소정의 신청권자에 해당하지 않는다는 사유와 정보공개법 제7조 제1항 제6호(당해 정보에 포함되어 있는 이름 · 주민등록번호 등에 의하여 특정인을 식별할 수 있는 개인에 관한 정보)의 추가사유(대법원 2003. 12. 11. 선고 2003두8395 판결), ⑦ 주택신축을 위한 산림형질변경허가신청에 대하여 준농림지역에서의 행위제한이라는 사유와 자연경관 및 생태계의 교란, 국토 및 자연의 유지와 환경보전 등 중대한 공익상의 필요라는 추가사유(대법원 2004. 11. 26. 선고 2004두4482 판결) 등을 들 수 있다.

(5) 감액경정거부처분취소소송 등과 거부사유

통상의 과세처분취소소송과 같이 감액경정거부처분취소소송 역시 그 거부처분의 실체적 · 절차적 위법사유를 취소사유로 하는 것으로서 그 심판의 대상은 과세표준신고서에 기재된 과세표준 및 세액의 객관적인 존부이고 경정청구가 이유없다고 내세우는 개개의 거부처분사유는 과세표준신고서에 기재된 과세표준 및 세액이 세법에 의하여 신고하여야 할 객관적으로 정당한 과세표준 및 세액을 초과하는 것이 아니라고 주장하는 공격방어방법에 불과하므로 과세관청은 당초 내세웠던 거부처분사유 이외의 사유도 그 거부처분 취소소송에서 새로이 주장할 수 있다(대법원 2008. 12. 24. 선고 2006두13497 판결). 과세처분무효확인소송의 경우 소송물은 권리 또는 법률관계의 존부확인을 구하는 것이며, 이는 청구취지만으로 소송물의 동일성이 특정되며 청구원인에서 주장하는 개개의 주장은 공격방어방법에 불과하다(대법원 1992. 2. 25. 선고 91누6108 판결)

(6) 판례는 처분사유의 추가 · 변경에 대하여 일관되게 기본적 사실관계의 동일성여부를 기준으로 판단하고 있으나 기본적 사실관계의 동일성 여부를 구체적으로 유형화할 정도의 명확한 기준은 없는 것으로 보인다. 대법원은 일관되게 정보공개청구소송에서 추가되는 정보공개법상 각 비공개사유는 그 입법취지와 내용 및 요건 등이 다르다고 하면서 기본적 사실관계의 동일성이 없다는 이유로 배척하고 있다. 그러나 정보공개소송에서 패소한 행정청이 처분당시 존재하고 있던 사유이나 기본적 사실관계의 동일성이 없다는 이유로 다시 거부한다면 원고 입장에서도 불편하다고 할 것이다. 그러므로 정보공개법의 취지와 당사자의 방어권 그리고 소송경제 등을 감안할 때 각 비공개사유는 처분당시에 이미 존재하고 있었던 것이므로 기본적 사실관계의 동일성이 인정되는 단순한 거부처분의 적용법조의 추가 · 변경이나 공격방어방법의 추가 · 변경이라고 보는 것이 합당할 것이다. 처분사유의 추가 · 변경에 있어서 일반 행정처분에 대한 취소소송과 과세처분에 대한 취소소송을 달리 취급할 이유가 없다.

3. 판례의 검토

(1) 취소소송과 처분사유의 추가 또는 변경

처분사유의 추가 또는 변경이란 취소소송이 제기된 경우에 처분행정청인 피고가 그 적법성을 유지하기 위하여 처분시 객관적으로 존재하였으나 처분사유로 삼지 않았던 것을 처분사유로 추가하거나 또는 당초의 처분사유와 대체하는 것이다. 처분사유란 행정청이 처분할 당시 존재하였던 처분의 사실적 기초와 법적 근거를 말한다. 그러므로 처분사유의 추가 또는 변경은 취소소송의 소송물과 관련이 있다. 원고는 처분의 위법을 주장하면서 피고의 처분사유를 거론하고 피고는 처분의 적법성을 방어하기 위하여 소송계속중에 처분사유의 추가나 변경을 하게 된다.

대상판결과 같은 정보공개청구의 경우에는 정보공개법에 비공개결정을 할 때 문서로 비공개이유, 불복방법 및 불복절차를 구체적으로 명시하도록 규정하고 있으므로 청문이나 공청회 또는 의견제출 등이 적용되는 행정절차법상의 불이익처분과 다르다. 정보공개법에 비공개대상정보라는 제목으로 비공개이유를 규정하고 있어 원고가 정보공개를 요구할 때 충분히 비공개이유를 검토할 수 있으므로 당초의 처분사유로 인한 신뢰보호 문제는 크지 않다고 할 것이다.

처분사유의 추가 또는 변경은 절차적 적법성 또는 상대방의 신뢰보호라는 이익과 행정의 실체적 적법성 또는 공익성이라는 가치판단의 문제로서 행정소송에서의 소송물의 범위, 행정판결의 기판력 및 기속력 등과 관련된다.

(2) 취소소송의 소송물과 피고의 방어수단

(가) 취소소송의 소송물에 대해서는 행정소송법상 명문의 규정이 없지만 확정판결이 있게 되면 소송물의 범위 내에서 기판력이 발생하므로 소송물과 동일한 범위 내에서 중복제소가 금지되고 소의 변경과 청구의 병합이 가능하며 처분권주의의 위배 여부에 대한 판단도 하게 된다. 문제는 피고인 행정청이 한 처분의 적법성을 어디까지 허용할 수 있는가이다. 정보공개청구의 경우에는 정보공개를 목적으로 하는 것으로 원고도 피고가 내세우는 정보공개법의 각 비공개사유 자체의 위법성을 다투는 것이 아니라고 한다면 정보공개법에 명문화되어 있는 피고의 추가 처분사유를 무작정 배척할 것은 아니라고 할 것이다.

(나) 민사소송 및 형사소송과의 비교

민사소송법상 소송물은 절차의 개시 면에서 토지관할, 사물관할의 유무, 청구의 특정과 그 범위 등 결정, 절차의 진행과정에서 청구의 병합, 청구의 변경, 중복소송, 처분권주의 위배, 절차의 종결과정에서 기판력의 범위, 재소금지의 범위, 실체법상으로 소제기에 의한 시효 중단, 제척기간 준수의 효과 등을 따지는 기준이 된다(이시윤, 202면).

형사소송법에서도 소송물 즉 재판의 대상이 무엇인가라는 문제는 대단히 중요하다. 현재 판례와 다수설은 공소장에 기재된 사실이 현실적 심판의 대상이고 공소사실과 동일성이 인정되는 사실이 잠재적 심판의 대상이라는 이원설이다(이재상, 381면; 정웅석, 657면). 공소장에 기재된 '공소사실 및 적용법조'가 소송물을 특정하는 기준인데(조두영, 5면) 형사소송에서는 피고인의 방어권행사와 국가형벌권의 적정한 행사라는 가치의 조화를 추구하고 있다. 형사소송은 불고불리의 원칙에 따라 법원이 피고인에 대한 공소사실을 심리하면서 시작되고 피고인이 공소사실을 방어하고 검사가 입증하는 절차인바, 공소장변경은 재판의 동적, 발전적 성격에 대처함으로써 실체적 진실발견에 기여하고 동시에 재판의 대상을 한정하여 피고인의 방어준비를 용이하게 하는 것이다(대법원 1987. 12. 8. 선고 87도2297 판결; 윤윤수, 164면). 공소장변경과 관련한 공소사실의 동일성개념(형사소송법 제298조 제1항)은 공소제기의 효력과 기판력이 미치는 범위를 결정할 뿐 아니라 심판의 범위를 결정하는 기능을 가지고 있다. 공소사실의 동일성이란 공소사실의 단일성과 협의의 동일성을 포함하는 개념으로 이해하고 그 기준으로 '공소사실을 그 기초가 되는 사회적 사실로 환원하여 그러한 사실사이에 다소 차이가 있더라도 기본적인 점에서 동일하면 동일성이 있다'는 기본적 사실동일설이 다수설이다(이재상, 384면). 판례는 "공소사실이나 범죄사실의 동일성은 형사소송법상 개념이므로 이것이 형사절차에서 가지는 의미나 소송법적인 기능을 고려해야 할 것이고, 따라서 두 죄의 기본적 사실관계가 동일한가 여부는 그 규범적 요소를 전적으로 배제한 채 순수하게 사회적·전 법률적인 관점에서만 파악할 수는 없고 그 자연적·사회적 사실관계나 피고인의 행위가 동일한 것인가 외에 그 규범적 요소도 기본적 사실관계의 동일성의 실질적 내용의 일부를 이루는 것이라고 보는 것이 상당하다"(대법원 1994. 3. 22. 선고 93도2080 판결, 대법원 2006. 1. 13. 선고 2004도6390 판결)고 한다.

취소소송에서 행정청의 처분사유의 추가·변경의 한계인 "기본적 사실관계의 동일성"이란 용어가 형사소송에서의 검사의 공소장변경에서의 "기본적 사실관계의 동일성"과 유사하나 형사소송에서는 사실의 동일성이 갖는 법률적 기능을 염두에 두고 피고인의 행위와 그 사회적인 사실관계를 기본으로 하면서 규범적 요소 또한 고려하여 판단하므로 그 차이가 있다. 행정소송과 형사소송은 기본적인 소송원리, 소송구조가 다르고 공격방어의 주체와 법원의 역할도 다르다는 점에서 행정실정법의 개혁, 이유제시의 기능, 국민·주민과 행정과의 관계변화에 대한 행정책임의 증대 등에 부합하는 기준인지에 대한 의문을 제기하는 견해도 있다(김철용, 702면). 그러나 공익실현이라는 관점에서 볼 때 검사의 공소장변경과 행정청의 처분사유의 추가 또는 변경은 유사하므로 기본적 사실관계의 동일성도 탄력적으로 해석할 수 있을 것이다.

㈐ 취소소송의 소송물에 관한 학설

행정소송법에 소송물에 관한 명문의 규정이 없고 이에 관한 학설은 아래와 같다.

즉, 처분의 위법성 그 자체로 보는 견해(김동희, 674면; 박윤흔, 906면; 정하중, 695면; 장태주, 708면; 김태우, 68면), 당초처분 및 이와 동일한 규율인 처분의 위법성 일반으로 보는 견해(박정훈, 411면), 처분 등이 위법하고 또한 자기의 권리를 침해한다는 원고의 법적 주장으로 보는 견해(김남진, 747면; 홍준형, 525면; 홍정선, 845면; 박균성, 921면) 처분의 객관적 위법성은 당사자의 법적 주장 자체와는 관계없다는 이유로 처분을 통해 자신의 권리가 침해되었다는 원고의 법적 주장으로 보는 견해(류지태, 519면), 위법상태의 배제라는 견해(김도창, 745면; 김학세, 46면), 등이다.

㈑ 판 례

대법원은 "취소판결의 기판력은 소송물로 된 행정처분의 위법성 존부 그 자체에만 미치는 것이므로 전소와 후소가 그 소송물을 달리 하는 경우에는 전소확정판결의 기판력이 후소에 미치지 아니하는 것"(대법원 1996. 4. 26. 선고 95누5820 판결)이라고 하며 "과세처분취소소송의 소송물은 그 취소원인이 되는 위법성 일반이고 그 심판의 대상은 과세처분에 의하여 확인된 조세채무인 과세표준 및 세액의 객관적 존부(대법원 1990. 3. 23. 선고 89누5386 판결)라고 하므로 행정행위의 위법성 일반이라는 견해를 취하고 있다.

(마) 소 결

취소소송은 위법한 처분등을 취소 또는 변경하는 소송(행정소송법 제4조 제1항)으로 그 소송물도 행정처분의 위법성 일반이라고 해야 할 것이므로 피고가 처분의 적법성을 주장하는 처분사유의 추가나 변경을 허용해주고 피고가 고의나 과실로 당초의 처분사유를 부실하게 제시하였다면 관련 담당자에게 책임을 물어 예방하는 것이 제도의 취지에 맞다고 할 것이다(배병호, 491면). 새로운 사유에 의한 재처분의 제한이론(오문기, 843면; 석호철, 274면)이 제기되나 처분사유의 추가 등으로 처분의 적법성이 인정됨에도 불구하고 당초 제시되지 않았다는 이유로 위법한 것이 된다는 것은 소송의 취지와 공익에 반하는 것이라고 할 것이다.

(3) 기속력과 처분사유의 추가 · 변경의 관계

(가) 기속력의 의의

행정소송법은 "취소판결등의 기속력"이란 제목 하에 제30조 제1항에서 "처분등을 취소하는 확정판결은 그 사건에 관하여 당사자인 행정청과 그 밖의 관계행정청을 기속한다"고 규정하고, 제2항에서 "판결에 의하여 취소되는 처분이 당사자의 신청을 거부하는 것을 내용으로 하는 경우에는 그 처분을 행한 행정청은 판결의 취지에 따라 다시 이전의 신청에 대한 처분을 하여야 한다"고 규정하고 있다.

기속력은 취소판결의 실효성 확보를 위해 행정청이 판결에 따라 행동할 실체법적 의무를 지운 것이다. 거부처분취소판결의 간접강제(행정소송법 제34조)는 이를 보강하기 위한 것이다. 기속력의 성질에 관한 학설도 기판력설이 아닌 특수효력설인 것이 통설(김남진, 김연태, 738면)이다.

(나) 기속력과 처분사유의 추가 또는 변경

기속력의 내용으로 반복금지효와 재처분의무가 있다. 반복금지효는 동일한 사실관계에 대하여 동일한 사유로 취소된 처분과 동일한 처분을 못하게 하는 것이다. 동일한 사유가 아니면 위 기속력과 무관하므로 그를 근거로 한 처분을 할 수 있다는 것이 판례다. 즉, 재결의 기속력은 재결의 주문 및 그 전제가 된 요건사실의 인정과 판단, 즉 처분등의 구체적 위법사유에만 미친다고 할 것이고, 종전 처분이 재결에 의해 취소되었다 하더라도 종전 처분시와는 다른 사유를 들어서 처분을 하는 것은 기속력에 저촉되지 않는다고 할 것이며, 여기에서 동일사유인지 다른 사유인지는 종전 처분에 관하여 위법한 것으로 재결에서 판단된 사유와 기본적 사실관계에 있어 동일성이 인정되는 사유인지 여부에 따라 판단되어야 한다(대법원 2005. 12. 9. 선고 2003두7705 판결). 또한 광업권출원각하처분취소송에서 종전 확정판결의 행정소송과정에서 한 주장 중 처분사유가 되지 아니하여 판결의 판단대상에서 제외된 부분을 행정청이 그 후 새로이 행한 처분의 적법성과 관련하여 새로운 소송에서 다시 주장하는 것이 위 확정판결의 기판력에 저촉되지 않는다(대법원 1991. 8. 9. 선고 90누7326 판결)고 하였으므로 대상판결에서 피고는 동일성이 없어 판단대상에서 제외되었던 추가 처분사유로 다시 원고의 정보공개청구를 거부할 수 있다.

㈐ 소 결

행정소송법에서 기속력을 인정한 이유가 국민의 권익구제를 실질적으로 보장하기 위한 것이라면, 법원은 행정소송사건을 심리하면서 실정법에 반하지 않는 한 비공개이유와 관련된 행정실무와 국민의 권리구제의 실효성을 감안하여 합리적인 해석을 해야 할 것이다. 특히 비공개결정간주의 경우 즉각 공개한다는 명문의 규정이 없는 이상 그 적법성을 심리할 때 법원에서 주장하는 피고의 비공개사유를 배척할 수 없다고 할 것이다. (김의환, 503면) 처분사유의 동일성을 인정함에 있어서 형사소송의 경우와 같이 동일성이 갖는 법률적 기능과 규범적 요소를 감안하여 소송에서 추가로 제시된 처분사유도 함께 판단하여 넓게 인정하는 것이 정보공개청구제도에 부합할 것이다.

4. 판례의 의미와 전망

대상판결은 정보공개법 시행 후 제기된 처분사유의 추가에 관한 기존의 입장을 재확인한 것이다. 비공개사유 규정의 각 호에 기재된 사유가 서로 동일성이 없다는 것을 판시하고 있다. 그러나 정보공개법이 처분의 이유를 제시할 것을 규정하고 추후에 처분사유를 추가하지 못하도록 규정하고 있지 않는 이상 신속한 분쟁해결을 위해 처분 당시 존재하고 있던 정보공개법상의 비공개사유를 추가로 주장할 수 있도록 하는 것이 바람직하다고 할 것이다. 그렇지 않으면 행정청은 처음부터 여러 개의 비공개사유를 기재할 것이다. 정보공개청구권자 역시 법률에 있는 비공개사유에 대한 사전 검토가 가능하다. 국민의 알권리와 관련하여 행정청의 처분사유의 추가 등이 특별히 불의타(不意打)가 되지 않는 이상 기본적 사실관계의 동일성에 대한 엄격한 해석은 바뀌어야 할 것이다.

〈참고문헌〉

김남진, 행정법Ⅰ 제6판 수정판, 법문사, 1998.
김남진, 김연태, 행정법Ⅰ 제12판, 법문사, 2008.
김도창, 일반 행정법론(상) 제4전정판, 청운사, 1992.

김동희, 행정법Ⅰ 제14판, 박영사, 2008.
김의환, "정보관련소송", 행정소송의 이론과 실무, 사법연구지원재단, 2008.
김철용, 행정법Ⅰ 제12판, 박영사, 2009.
김태우, "취소소송에 있어서 처분사유의 추가 · 변경", 특별법연구 제5권, 박영사, 1997.
김학세, 행정소송의 체계, 일조각, 1995.
류지태, 행정법신론 제11판, 신영사, 2005.
박균성, 행정법론(상) 제8판, 박영사, 2009.
박윤흔, 행정법강의(상) 개정28판, 박영사, 2002.
박정훈, 행정소송의 구조와 기능, 박영사, 2007.
배병호, "정보공개청구소송에서 비공개사유의 추가", 성균관법학 제20권 제2호, 성균관대학교 법학연구소, 2008. 8.
석호철, "기속력의 범위로서의 처분사유의 동일", 행정판례연구Ⅴ, 서울대학교 출판부, 2000.
오문기, "정보공개거부처분과 관련된 처분사유의 추가 · 변경", 재판과 판례 제16집, 대구판례연구회, 2007. 12.
윤윤수, "권리행사와 공갈죄, 기본적 사실관계의 동일성 등", 형사재판의 제문제 제2권, 박영사, 1999.
이시윤, 신민사소송법, 박영사, 2002.
이재상, 신형사소송법, 박영사, 2007.
장태주, 행정법개론 제6판, 현암사, 2008.
정웅석, 형사소송법 제3판, 대명출판사, 2006.
조두영, 소송물론, 박영사, 2005.
홍정선, 행정법원론(상) 제17판, 박영사, 2009.
홍준형, 행정구제법 제4판, 한울아카데미, 2001.

〈별 지〉

제1목록

서울지방검찰청 의정부지청 2002형제47545호 미군 장갑차 운전병 및 관제병 등에 대한 수사기록 일체(위 수사기록에 병합된 2002형제54481호 수사기록도 포함하는 취지로 보인다)

제2목록

제1목록 기재 정보 중 고소장(수사기록, 이하 같다, 6쪽-16쪽), 출국금지요청신청서(17쪽-21쪽), 지청장면담요청서(22쪽), 의견서(38쪽-47쪽), 진상조사중간결과발표(48쪽-62쪽), 변호인선임신고서(63쪽-64쪽), 추가 고소장(65쪽-70쪽), 수사보고(미군수사기록첨부보고, 72쪽), 미군수사기록(73쪽-245쪽), 수사보고(보도자료 첨부보고, 328쪽), 보도자료(329쪽-333쪽), 수사보고(국가배상금 지급확인보고, 334쪽), 각 인터넷민원(352쪽-363쪽), 수사보고(2002. 11. 21.자, 무죄평결 신문보도내용

첨부보고, 370쪽), 각 신문보도내용(371쪽-373쪽), 수사보고(2002. 11. 23.자, 무죄평결 신문보도내용 첨부보고, 374쪽), 각 신문보도내용(375쪽-377쪽), 수사보고(2002. 11. 27.자, 무죄평결 신문보도내용 첨부보고, 378쪽), 신문보도내용(379쪽), 수사보고(민변에서의 이건 수사기록에 대한 정보공개청구에 대한 비공개결정사본서 첨부, 402쪽), 정보공개청구서(403쪽), 정보비공개결정통지서(404쪽), 수사보고(고소인등의 이건 수사기록에 대한 정보공개청구에 대한 부분공개결정사본서 등 첨부, 406쪽), 정보공개청구서(407쪽), 정보부분공개결정통지서(408쪽)를 각 제외한 나머지 정보.

제3목록

장갑차 운전병과 관제병에 대한 군사재판 요약원고 사본(수사기록 390쪽-401쪽)

제4목록

제2목록 기재 정보에 나타나는 모든 사람(다만 피해자 신효순, 심미선은 제외)의 성명, 주민등록번호, 연령, 생년월일, 주거, 본적, 국적, 직업, 전화번호, 소속, 숙소, 형벌관계, 입출국관계, 학력, 가족관계, 한국내주소, 재산 및 월수입, 종교, 훈장 기타 연금수령관계, 정당 · 사회단체 가입여부, 건강상태 등의 인적 사항에 관한 정보. 끝.

94. 항고소송에 있어서 입증책임

―대법원 1983. 9. 13. 선고 83누288 판결―

구 욱 서*

Ⅰ. 판결개요

1. 사실관계

원고(A)는 1982. 5. 17. 피고 행정청(X)에 이 사건 토지인 경북 고령군 다산면 평리동 272의 7 잡종지 370㎡ 지상에 벽돌부록조 스레트즙 1층 건물(건평 153.2㎡)을 신축하기 위하여 건축허가 신청을 하였다. X는 그 달 19. 이 사건 토지는 X의 소유로서 다산시장 부지로 사용 관리하고 있다는 이유를 내세워 건축허가 신청을 반려하였다.

2. 소송 경과

A는 대구고등법원에 이 사건 건축허가 반려처분 취소소송을 제기하면서 이 사건 토지는 A의 소유라고 주장하였다. 즉, 이 사건 토지는 경북 고령군 다산면 평리동 272의 5 잡종지 749㎡에서 분할된 토지로서 원래 B의 소유였는데, B는 1976. 6. 10. C에게 이 사건 토지를 매도하여 그달 15. C 명의로 소유권이전 등기가 되었고, A는 1982. 5. 13. C로부터 이 사건 토지를 매수하여 A 명의로 소유권이전등기를 마쳤다고 주장하였다.

반면, X는 이 사건 토지의 원래 소유자인 B는 1945. 11. 1. 甲에게, 甲은 乙에게 각 매도하였고, 乙은 1949. 7. 1. X 산하 다산면장에게 이를 매도함으로써, 다산면장은 이 사건 토지를 매수한 이래 다산시장 부지로 현재에 이르기까지 사용하여 왔고, 6.25사변으로 이 사건 토지에 대한 매매관계 서류가 소실되었던 관계로 X앞으로 소유권이전등기를 넘기지 못하였을 뿐이다. 그런데 B는 소유명의가 그에게 있음을 기화로 1979. 6. 10. 그의 아들 친구인 C에게 매도하였다. C는 이 사건 토지의 소유자가 X이고, 30년 이상 시장부지로 사용하여 온 사정을 잘 알고 있고, 그가 매수한 이래 이 사건 토지의 인도나 임료

---

* 법무법인 다래 변호사.

를 청구한 사실이 없었으므로, B와 C 사이의 이 사건 토지에 관한 매매계약은 통정 허위표시에 의하여 이루어진 것으로서 무효라고 주장하였다.

또한, B는 1945. 11. 1. 甲에게 이 사건 토지를 매도하고서도 소유권이전 등기의무를 이행하지 아니한 채 다시 C에게 매도함으로써 배임행위를 하였고, C도 그러한 사정을 알고서 배임행위에 적극 가담하여 이건 토지를 매수하였으므로 그 매수행위는 반사회적 법률행위로서 무효이고, C 명의로 경료된 소유권이전 등기와 이를 기초로 넘어간 A 명의의 소유권이전등기 역시 무효라고 주장하였다.

3. 판결 요지

(1) 원심 판결의 요지

원심(대구고등법원 1983. 4. 12. 선고 82구129 판결)은, X 주장과 같이 C 명의의 소유권이전등기가 원인무효이라는 점에 관하여는 인정할 증거가 없다고 배척하고, 나아가 행정청으로서는 자유재량에 의하여 당해 건축허가가 공공복리의 증진이라는 목적을 위하여 적절한 경우인지를 판단하여 그 허가 여부를 결정하여야 하는데, 행정청인 X가 공공복리의 증진을 위하여 그 건축을 제한할 특별한 사정이 없는데도 이 사건 건축허가 신청을 반려하였음은 그 재량의 범위를 일탈한 것으로서 위법하다고 판단하였다.

(2) 대법원 판결의 요지

㈎ X가 이 사건 건축허가신청을 반려한 주된 이유인 건축부지는 A 명의로 소유권이전등기가 마쳐진 토지로서 A 소유로 추정되고, X 주장과 같이 그 등기가 무효라고 볼 만한 증거가 없다는 원심의 판단은 정당하다.

㈏ 피고의 이 사건 건축허가신청서 반려이유 가운데는, 이 사건 토지가 현재 시장부지로 사용되고 있으므로, 건축허가의 대상이 안 된다는 취지도 포함되어 있다. 그러나 행정처분이 위법함을 내세워 그 취소를 구하는 항고소송에 있어서 그 처분의 적법성에 대한 주장 · 입증책임은 처분청에 있는바, 다산시장이 시장법에 의하여 개설된 시장인지의 여부를 알 아무런 자료도 없고, 나아가 시장 내에서 자기소유 대지 위에 건축을 하는 것이 건축법령이나 기타 법령의 어떠한 건축 제한 규정에 저촉된다는 것인지 납득할 만한 아무런 주장이 없으므로, X는 이 사건 반려처분의 적법성을 뒷받침할 만한 주장 · 입증을 다하였다고 볼 수 없다.

Ⅱ. 평 석

1. 쟁점 정리

대상판결은 항고소송, 그 중에서 취소소송의 경우에 입증책임은 누가 부담하는가에 관한 문제이다. 행정소송은 법원이 행정법규의 적용에 관한 분쟁을 판단하는 쟁송으로서 당사자의 권리·이익의 구제와 행정법규의 정당한 적용을 기능으로 한다. 행정소송은 항고소송·당사자소송·민중소송·기관소송으로 구분되고(행소법 3조), 항고소송은 취소소송·무효 등 확인소송·부작위위법확인소송으로 구분한다(행소법 4조).

그런데 행정소송은 개인의 권리구제와 함께 행정작용의 합법성과 타당성이라는 행정목적 확보를 목적으로 한다. 따라서 행정소송에서 소송자료의 제출이나 주장을 당사자에게만 맡기면 이러한 목적을 쉽게 달성할 수 없게 되므로, 변론주의가 지배하는 민사소송과는 달리 어느 정도 직권주의가 인정될 수밖에 없다(행소법 26조 참조).

입증책임은 사실의 존부 불명을 이유로 재판을 거부할 수 없는 모든 소송에 공통적으로 요청되는 개념이므로, 변론주의 아래에서뿐만 아니라 직권탐지주의가 적용되는 소송은 물론 행정소송에서도 입증책임에 따라 구체적으로 어느 당사자에게 불이익을 줄 것인지의 문제는 생긴다. 다만, 행정소송 중 기관소송과 민중소송은 법률에서 특히 예외적으로 인정하고 있어 그 예가 드물고, 당사자소송의 입증책임 문제는 민사소송의 원칙에 의하면 별 문제가 없으며, 행정소송에서 입증책임이 특히 문제가 되는 것은 항고소송 중에서 취소소송이다.

이하에서는 취소소송을 중심으로 입증책임의 분담문제를 살피고, 나머지 항고소송인 무효 등 확인소송과 부작위위법확인소송에 대하여 간단히 언급하기로 한다.

2. 관련 판례

대상판결이 선고되기 이전에는 항고소송에서의 입증책임에 관한 대법원의 판결은 서로 모순되는 것으로 보였다.

즉, 대법원은 한 때 ① "행정행위는 그 공정력 원리에 비추어, 특별한 사유가 없는 한, 적법 유효한 것으로 볼 것인바, … 그 행정처분에 관하여는 그 위법성에 대한 원고의 확고한 주장·입증이 없는 바임으로 …"라고 하여(대법원 1961. 3. 27. 선고 4291행상45 판결), 행정행위는 적법성이 추정되므로, 그 처분이 위법하다는 입증책임은 행정처분에 대하여 불복을 신청한 원고가 부담한다는 입장을 취하였으나, ② 그 뒤 "일정한 행정처분에 의하여 국민이 일정한 이익과 권리를 취득하였을 경우에 기존의 행정처분을 취소하는 행정처분은 이미 취득된 국민의 기존이익과 권리를 박탈하는 별개의 행정처분으로 그 취소될 행정처분에 있어서의 하자 또는 취소하여야 할 공공의 필요가 있어야 할 것이며, 그 하자 또는 취소하여야 할 필요성에 대한 입증책임은 기존의 이익과 권리를 침해하는 처분을 한 그 행정청에게 입증책임이 있다고 해석하여야 할 것(대법원 1964. 5. 26. 선고63누142 판결)"이라거나, "항고소송에 있어서는 그 처분이 적법하였다고 주장하는 피고에게 그가 주장하는 적법사유에 대한 입증책임이 있다고 하는 것이 당원 판례의 견해이고(대법원 1965. 7. 20. 선고 65누72 판결 등이 있다), 그 견해를 행정처분의 공정력을 부정하는 것이라고는 할 수 없다(위 입증책임과 처분의 공정력은 전연 별개의 문제이다(대법원 1966. 10. 18. 선고 66누134 판결))"고 한 이래, 계속하여 "과세처분에 관한 행정소송에 있어서 과세원인 및 과세표준금액 등 과세요건이 되는 사실에 관하여는, 다른 특별한 사정이 없는 한, 과세관서에 입증책임이 있다(대법원 1981. 5. 26. 선고 80누521 판결)"고 판시함으로써, 위 ①의 입장을 취한 판결은 사실상 폐기되었다.

3. 판결의 검토

(1) 취소소송에서의 입증책임의 분배

(가) 학설의 개요(권오봉, 316-320면 및 주석 행정소송법, 753-757면 참조)

행정소송법은 행정소송에 관하여 법에 특별한 규정이 없는 경우에는 법원조직법과 민사소송법 및 민사집행법의 규정을 준용한다고 규정하면서(행소법 8조 2항), 직권증거조사의 규정(26조)을 두어 증거조사에 관하여 민사소송으로부터의 상대적 독자성을 분명하게 하고 있다.

행정소송, 특히 취소소송에 관한 입증책임의 문제도 크게 보아, 민사소송에서의 입증책임의 법리를 행정소송에서도 적용 내지 준용한다고 하는 민사소송 법리의 적용설과 민사소송으로부터의 독자성을 강조하여 민사소송 법리의 준용을 부정하는 불적용설로 갈라져 있다.

이래에서 보는 법률요건분류설(규범설)이 적용설의 대표적인 것이고, 개별구체설과 권리제한 · 확장구분설 등이 불적용설의 대표적인 것이다.

1) 적법성추정설(원고귀속설) 행정처분은 당연무효인 경우를 제외하고는 법률상 적법성의 추정을 받아 그것이 적법하게 취소될 때까지는 공정력을 가지므로, 취소소송을 제기하여 이에 불복하는 자는 스스로 위법사유의 입증책임을 부담한다고 하는 견해이다. 공정력추정설이라고도 한다.

이 견해는 행정청의 구성원은 엄격한 감독관계에 있으며 개인에 비하여 사무에 익숙하기 때문에 과오가 적다는 것 또는 행정청이 적법성에 대한 입증책임을 지게 되면, 제소기간이 도과되어 형식적으로 확정된 행정처분과 소송에 의하여 다투어지는 행정처분과의 사이에 불균형이 생긴다는 것 등을 근거로 내세우고 있다.

2) 적법성담보설(피고귀속설) 이 견해는 법치주의의 원칙으로부터 입증책임의 분배를 파악하고 있다. 즉, 행정처분의 적법성을 담보할 책임이 있는 행정청으로서는 그 행정처분의 적법성이 다투어지고 있는 경우에는 이를 적극적으로 입증하지 않으면 안 되고, 따라서 원고는 당해 행정처분이 위법함을 주장하기만 하면 되고, 그 처분의 적법성을 이루는 개개의 구체적 사실에 대한 입증책임은 행정청인 피고가 부담하게 된다고 한다.

3) 법률요건분류설(규범설) 이 견해는 민사소송에서의 입증책임 분배에 관한 통설인 법률요건분류설(규범설)을 행정소송에서 그대로 적용 내지 준용하는 입장이다. 즉, 처분의 근거인 행정법규는 당사자 간에 권리의무를 실체적으로 정하고 있는 것이 아니라, 행정청의 권한행사의 요건을 규정하고 있기 때문에, 실체법인 행정법의 여러 규정을 권한행사 규정과 권한불행사 규정으로 2분하여, 전자의 요건사실의 존재는 그 처분권한의 행사를 주장하는 자에게, 후자의 요건사실의 존재는 처분권한의 불행사를 주장하는 자에게 각각 그 입증책임이 분배된다는 입장으로서 우리나라의 통설이다.

이 설에 의하면, 행정처분은 위법하더라도 유효한 것이 법률상의 원칙이고, 그 위법이 중대하고 명백하여 당연무효로 되는 것은 법률상의 예외에 해당하는 것으로 보아 무효원인인 중대 · 명백한 위법사유는 예외규정의 요건사실에 해당하게 되므로, 행정처분의 무효확인소송에서 그 무효사유의 입증책임은 이를 주장하는 원고에게 귀속되게 되고, 재량권의 일탈 · 남용도 원칙에 대한 예외로서 원고가 입증책임을 부담하게 된다.

4) 개별구체설 이 견해는 행정소송에서의 입증책임은 당사자의 공평 · 사안의 성질 · 사물에 관한 입증의 난이 등에 의하여 구체적 사안에 관하여 어느 당사자의 불이익으로 판단할 것인가를 정하여야 한다는 견해이다. 이는 법률요건분류설에 대한 비판적 입장에서 제기된 것으로, 구체적 사안설이라고도 부른다(박윤흔, 969면; 정인진, 87면).

이 견해는, 문제된 사안이 양 당사자 중 어느 쪽의 지배영역 내에 있는가, 양 당사자의 어느 쪽이 증거에 더 가까이 있는가 하는 점은 사안에 따라서 미리 일반적으로 결정할 수 있고, 입증책임의 분배를 결정함에 있어서 입증이 용이한 측이 아니라 입증이 곤란한 측에 책임을 분배하면, 그것만으로 소송의 결과를 좌우하게 되므로, 입증책임의 귀속을 결정함에 있어서 이와 같은 고려를 하는 것은 입증이라는 사안의 성질상 필요하다고 설명한다.

5) 권리제한 · 확장구분설 이 견해는, 국민의 자유를 제한하고, 국민에게 의무를 과하는 행정행위(침해처분)의 취소를 구하는 소송에서는 항상 행정청이 그 행위가 적법하다는 것에 대한 입증책임을 부담하고, 국민 측으로부터 국가에 대하여 자기의 권리

영역 · 이익영역을 확장하는 것을 구하는 청구의 각하처분(수익처분의 거부)의 취소를 구하는 경우에는 원고가 그 청구권의 근거가 된 사실에 관하여 입증책임을 부담한다고 한다(최세영, 488면). 이 설도 법률요건분류설을 비판하면서 제기된 것으로서, 헌법질서귀납설 또는 침해처분 · 수익처분 구분설이라고도 한다.

(나) 사 견

1) 적법성추정설은 행정행위의 공정력과 처분의 내용의 적법 · 위법과는 관계가 없고, 또 처분의 적법 · 위법이 다투어지고 있는 소송단계에서 처분의 적법성을 추정한다는 것은 대립 당사자의 균형을 고려하고 형평과 정의에 바탕을 둔 입증책임 분배의 원칙과 모순된다는 점에서 찬성할 수 없다. 또한, 적법성담보설에 대하여도 모든 입증책임을 피고 행정청에게 귀속시키는 것은 입증책임 제도의 이념인 공평의 원칙에 반한다는 점에서 찬성할 수 없다.

입증책임의 소재가 누구에게 있느냐의 문제는 법원에는 소송지휘의 지표가 되고 당사자에게는 입증활동의 목표가 되므로, 법원에게는 물론 당사자에 대하여도 그 분배의 원칙이 명확하여야 하고 또한 예측이 가능해야 된다는 점에서 보면, 법률요건분류설이 비교적 명확한 분배기준을 제공하여 준다.

그러나 사법법규는 재판규범으로서 이해 조정이라는 입장에서 입증책임의 합리적 분배의 원리를 예정하여 입법되지만, 공익과 사익의 조정을 목적으로 하는 행정법규는 재판규범으로서의 의미보다는 국가의 행동을 규율하고 행정기관에 대한 행위규범으로서의 성격이 강하다는 점에서, 또한 행정법규의 문언 형식이 법률에 따라 다양하여 권한행사규정인지, 권한불행사규정인지 명확하지 않다는 점에서, 법률요건분류설을 그대로 준용하기에는 문제가 있다.

개별구체설에 대하여는, 입증책임 분배는 원래 추상적 · 일의적으로 정하여져야 하는 것으로서 법적 안정성이라는 소송법상의 의의가 없어져 법원이 당해 사건에 있어서 어느 쪽에 입증책임이 있다고 할 것인가에 대한 예측이 곤란하고, 그 이외에 구체적 사안의 특성이 고려되면 때때로 행정의 편의가 강조될 염려가 있다는 비판이 있다. 입증책임 분배의 원칙이 궁극적으로는 정의와 형평의 이념에 근거하고 있다는 점을 고려하면 개별구체설의 타당성을 부인할 수는 없지만, 이 설이 내세우는 고려는 입증책임의 소재를 정하는 기준으로서가 아니라 당사자 사이의 공평, 증거와의 거리 등 개개의 구체적 사안을 참작하여 본래 어느 당사자에게 지워져 있는 입증책임을 상대방에게 전환시키거나 사실상의 추정에 의하여 입증의 필요를 전환함으로써도 충분히 달성할 수 있게 된다.

권리제한 · 확장구분설에 대하여는, 어떤 사람에게는 침해처분이지만 다른 사람에 있어서는 수익처분이 되는 소위 이중효과적 행정처분에 있어서는 어떻게 적용할 것인지가 불명확하게 된다는 비판이 있다.

2) 위에서 본 바와 같이, 입증책임의 분배에 있어서 어느 당사자 일방에게 부담시키는 원고귀속설이나 피고귀속설은 입증책임 분배의 원칙이 정의와 형평의 이념에 근거를 두고 있다는 점에서 이를 수긍할 수 없고, 그 나머지 견해들은 입증책임의 분배에 있어 고려할 사항들을 나름대로 강조하고 있어 그 일면의 타당성을 부인할 수 없기 때문에 어느 하나의 기준에 따라서만 입증책임의 소재를 결정하는 것은 옳다고 단정할 수 없다.

그러나 행정법은 구체화된 헌법이라고 할 수 있고 행정법 분야에 있어서의 정의와 형평의 이념은 결국 국민의 자유 존중 및 실효적인 권리보호에 있으므로, 행정소송에 있어서 입증책임의 분배를 결정함에 있어서 가장 기본적으로 고려해야 할 사항은 기본적 인권의 보장과 법치주의라는 헌법상의 원칙을 중시해야 한다.

따라서 항고소송에서의 입증책임의 분배는 기본적으로는 이와 같은 이념에 근거를 둔 권리제한 · 확장구분설에 따르되, 법률요건분류설을 그 보조 수단으로 채용하여 입증책임의 분배를 결정하고, 이와 같이 결정된 입증책임의 소재를 구체적 사안에 당면하여서는 재판에 의한 정의와 형평을 달성할 수 있도록 개별구체설이 내세우는 기준에 의하여, 입증책임을 전환시키거나 입증의 필요를 상대방에게 넘기는 방법이 가장 옳다고 생각된다(주석 행정소송법, 761면 참조).

(다) 대상판결의 검토

1) 대상판결은 건축허가신청 거부처분에 대한 취소소송에 관한 것이다. 건축허가신청은 경찰허가에 속하고, 이에 대한 거부처분은 국민의 권리와 자유를 제한하는 침해적인 행정처분이므로, 권리제한 · 확장구분설에 따라 행정청이 그 적법성의 근거로 되는 사실에 대하여 입증책임을 부담하게 된다.

그러나 대상판결이 취소소송에서의 입증책임에 관하여 권리제한 · 확장구분설에 따르고 있다고 단정할 수는 없다. 오히려 판례 중에는 ① "민사소송법의 규정이 준용되는 행정소송에 있어서, 입증책임은 원칙적으로 민사소송의 일반원칙에 따라 당사자 간에 분배되고, 항고소송의 경우에는 그 특성에 따라 당해 처분의 적법을 주장하는 피고에게 그 적법사유에 대한 입증책임이 있다 할 것(대법원 1984. 7. 24. 선고 84누124 판결)"이라고 하거나, ② "입증책임은 당사자에 분배되는 것이 원칙이고, 실체법상 법률효과의 발생에 장애가 되는 규정, 즉 권리장애 규정의 요건사실에 대하여는 그 효과를 다투는 당사자에게 입증책임이 돌아가는 것(대법원 1985. 5. 14. 선고 84누786 판결)"이라고 하여, 항고소송에서도 법률요건분류설에 따라 입증책임을 정한다고 읽을 소지가 있다.

2) 위와 같은 입증책임 분배에 관한 판례의 입장에 대하여, 특히 위 84누124 판결(①)을 인용하여 법률요건분류설의 견해를 따르고 있다고 보는 견해(김동희, 683면; 권오

봉, 321면)와 행정소송법 독자분배설의 입장을 취한 것으로 보는 견해(박윤흔, 969면)로 나뉘고 있다.

그런데 84누786 판결(②)은 법률관계의 당사자인 대한민국을 상대로 '침사자격확인'을 구한 당사자소송에 관한 것으로서 민사소송에서와 같이 법률요건분류설의 입장에 있다고 본 것에 아무런 의문이 없다.

그러나 84누124 판결(①)은 과세처분 취소소송에 있어서 조세부과처분의 적법성에 대한 입증책임은 과세관청에 있되, 그 입증은 일응의 입증으로 족하다고 하여 소위 증명도(입증의 정도)를 완화하고 있는 대표적인 판결이다.

이는 그 판시 내용 중 "항고소송의 경우에는 그 특성에 따라" 당해 처분의 적법을 주장하는 피고에게 그 입증책임이 있다고 한 점과 그 이후의 판례 중에는 위 판결의 전반부와 같은 판시 내용이 반복되지 않는 점에 비추어 보면, 행정소송의 경우에도 행정소송법 제8조 제2항에 의하여 당사자소송의 경우와 같이 민사소송법을 준용할 수 있는 사항에 대하여는 민사소송법상의 입증책임의 분배이론에 따를 것이되, 다만 항고소송의 경우에는 그 특성상 민사소송법상의 분배이론에 따를 수 없고, 항고소송 독자적인 입장(과세처분은 국민에게 의무를 부과하는 침해적인 행정처분이므로, 권리제한 · 확장구분설)에서 원칙적으로 피고에게 그 입증책임이 있다고 판시한 것으로 읽을 여지도 충분하다고 생각한다(주석 행정소송법, 763면 참조).

즉, 위 ①②의 판결도 대상판결과 같이, 행정소송 중 취소소송에서의 입증책임을 민사소송법상의 분배이론에 따라서 정하여야 한다는 취지를 판시한 것으로는 볼 수 없고, 굳이 구별하자면 권리제한 · 확장구분설의 입장과 배치되지 않는다고 본다.

(2) 무효확인소송 및 부작위위법확인소송에서의 입증책임

㈎ 무효확인소송의 입증책임에 관하여도 크게 나누어, 취소소송과 구별하여 원고가 행정처분의 무효사유에 대한 입증책임이 있다는 견해(원고귀속설)와 취소소송과 구별하지 않고 행정청이 행정처분의 적법요건에 대하여 입증책임이 있다는 견해(피고귀속설)가 대립하고 있는바, 우리나라에서는 피고귀속설이 다수설이고(김철용, 539-540면; 김동희, 705면; 정인진, 94면), 원고귀속설이 소수설이다(박윤흔, 992면).

판례는 대법원 1976. 1. 13. 선고 75누175 판결에서 "행정처분의 당연무효를 주장하여 그 무효 확인을 구하는 소송과 그 무효 확인을 구하는 뜻에서 그 처분의 취소를 구하는 소송에 있어서는 그 무효를 구하는 사람(원고)에게 행정처분에 존재하는 하자(위법성)가 중대하고 명백하다는 것을 주장 · 입증할 책임이 있다고 할 것이다"고 판시한 이래 이후 같은 견해를 유지하고 있다(대법원 1984. 2. 28. 선고 82누154 판결; 대법원 1992. 3. 10. 선고 91누6030 판결; 대법원 2000. 3. 23. 선고 99두11851 판결 등).

(나) 부작위위법확인소송은 "처분의 신청을 한 자"로서 부작위의 위법확인을 구할 법률상 이익이 있는 자만이 제기할 수 있고(행소법 36조), 행정청에 대하여 어떠한 행정처분을 하여 줄 것을 요청할 수 있는 법규상 또는 조리상의 권리를 갖고 있지 아니한 경우에는 원고적격이 없어 그 부작위위법확인의 소는 부적법하게 된다. 따라서 원고적격의 근거되는 사실, 즉 법령상 또는 조리상의 권리에 근거하여 처분을 신청한 사실과 행정청의 응답의무가 정하여져 있는 법령상의 기간 또는 상당한 기간이 경과하였다는 사실에 대하여는 원고가 그 입증책임을 부담하고, 상당한 기간이 경과한 것을 정당화할 특별한 사정에 대하여는 행정청이 입증책임을 부담한다(김철용, 546면).

4. 판결의 의미와 전망

항고소송에서 입증책임의 분배가 어떻게 되느냐에 대하여는, 대상판결이 선고되기 전에 한 때 공정력추정설에 따라 원고가 입증책임을 진다는 판례가 있기는 하였으나, 그 뒤 판례는 대상판결과 함께 피고 처분청이 처분의 적법성에 대한 입증책임을 진다고 하여 공정력추정설에 따른 판례를 사실상 폐기하게 되었다.

또한, 대상판결이 항고소송에서의 입증책임의 분배에 관한 학설 중 어느 견해에 근거를 둔 것인지는 분명하지 않지만, 필자는 원칙적으로 권리제한 · 확장구분설에 따른 것으로 생각한다. 대상판결 이후에 소위 법률요건분류설에 따른 것으로 볼 수도 있는 판례가 있기는 하였으나(위 84누124 및 84누786 판결), 앞서 검토한 바와 같이, 그 판결 자체에서 항고소송에서는 그 특성에 따라 피고가 적법성에 대한 입증책임을 진다고 한 점에서, 우리 판례가 법률요건분류설에 입각하여 입증책임을 분배하고자 하는 것은 아니라고 본다.

다만, 항고소송에서 어느 기준에 따라 입증책임을 분배할 것인가는 어느 하나의 학설에 의하여 논할 수는 없다고 할 것이다. 전술한 바와 같이, 입증책임 분배는 재판에 의한 정의의 실현을 확보하고, 대립 당사자 사이의 실질적 형평을 도모하는 데에 있고, 행정에서 정의와 형평은 국민의 자유존중과 실질적 권리보호에 의하여 달성될 것이란 점에서, 항고소송에서의 입증책임은 원칙적으로 권리제한 · 확장구분설에 따르되, 법률요건분류설을 보조수단으로 하여 그 분배를 결정하고, 나아가 개별구체설이 내세우는 기준에 의하여 입증책임 또는 입증필요의 전환을 인정하는 것이 옳고, 실무의 대세(침해처분에 해당하는 조세부과처분취소소송에서는 입증책임이 원칙으로 과세관청에 있다고 하면서도, 과세요건사실과 관련된 사실과 자료 등에 대한 거리 등을 고려하여 입증이 용이한 측에게 입증책임 내지 입증필요를 전환하는 사례가 많다)도 이와 같은 입장이 아닌가 생각한다.

일반 행정소송의 경우에도, 예컨대 건물철거 대집행을 하기 위한 요건에 대한 입증책임은 처분을 한 행정청에 있다는 판례(대법원 1996. 10. 11. 선고 96누8086 판결 등)와 공무상 상이의 요건으로서의 상당인과관계에 대한 입증책임은 이를 주장하는 자에게 있다고 하는 판례(대법원 2003. 9. 23. 선고 2003두5617 판결 등)도, 국민의 권리를 제한하는 경우에는 처분청에, 이를 확장하는 경우에는 권리를 주장하는 측에 입증책임이 있다는 취지로서, 기본적으로는 권리제한 · 확장구분설에 따른 것으로 보인다.

〈참고문헌〉

김동희, 행정법 I 제6판, 박영사, 2000.
김철용, 행정법 I 제7판, 박영사, 2004.
김철용 · 최광률 편집, 주석 행정소송법, 박영사, 2004.
박윤흔, 최신 행정법강의 상 개정26판, 박영사, 2000.
정인진, “세무소송에 있어서의 입증책임과 입증의 정도”, 사법논집 제22집, 법원도서관, 1991.
권오봉, “행정소송에 있어서의 주장 · 입증책임”, 재판자료 제67집, 법원도서관, 1995.
최세영, “행정소송에서의 입증책임”, 사법논집 제12집, 법원도서관, 1981.

95. 취소소송에 있어서 처분의 위법판단기준시

—대법원 1996. 12. 20. 선고 96누9799 판결—

정 하 중*

Ⅰ. 판결개요

1. 사실관계

(1) 원고는 1984. 5. 25. 미합중국의 이민허가를 받아 영주권을 취득한 후, 병역의무가 발생하는 18세부터 국외이주 사유로 징병검사를 연기받아 오던 중 1990년에는 교포특례입학제도에 의하여 국내 교육기관인 ○○대학교 음대에 입학하였으나 바로 휴학하고 1991년에는 1년간은 수학하였으나 1992. 5. 27.에 다시 휴학하였고 1994. 1학기에 제적당하였다.

(2) 원고는 1989. 4. 13.부터 1993. 9. 4.까지 4년 4개월여 동안 국내에 귀국하여 체류기간 1년이 경과하기 직전 미국이나 일본 등으로 8회에 걸쳐 1회 2-3일씩 반복적으로 잠시 출국하여 다시 입국하는 등 위 기간 동안 한 달 미만의 기간만 국외에서 체류하고 나머지 기간의 대부분은 국내에 체류하였으며 1993. 12. 22. 다시 출국하였다.

(3) 피고보조참가인(대전지방병무청장)은 원고의 부모와 형제가 현재 한국에 거주하고 있고 특히 원고의 부(父)는 한국에서 종합병원을 운영하고 있으며, 원고가 미국에 이주할 당시는 원고의 모(母)와 같이 이민을 갔으나 그 후 모는 원고를 남겨두고 영주귀국하여 거주하는 등 부모 및 형제가 국내에 거주하고 있고, 원고가 1992. 5. 27. 휴학하고 6개월이 경과한 후에도 출국하지 아니하고, 미국 아닌 제3국으로 출국, 재입국만 되풀이 하였다는 이유만으로 병역법 시행령 제94조에 의하여 원고가 영주할 목적으로 귀국한 것으로 보아 1993. 12. 22. 국외여행허가를 취소하고, 징병검사를 명하는 처분을 동시에 하였다. 징병검사통지서는 1994. 1. 28. 원고의 부에게 통지되었고 동인은 이 통지서를 받자 1994. 2. 1. 원고의 징병검사기일연기원을 제출하였다. 피고는 원고에 대하여 다시 1994.

---

* 서강대학교 법학전문대학원 명예교수.

5. 12. 징병검사명령처분을 하였다.

(4) 피고보조참가인은 원고에 대한 국외여행허가 및 징병검사연기처분의 취소처분을 이 사건 징병검사명령처분이 송달된 날보다 후인 1994. 11. 8.에 이르러 이를 서면으로 통지하였다.

2. 소송경과

원고는 1993. 12. 22. 징병검사명령처분은 원고에게 법이 정한 적법한 기간 내에 송달되지 않았으며, 또한 1994. 5. 12. 징병검사명령처분은 징병검사연기 및 국외여행허가취소처분을 원고에게 고지하지도 아니한 채 발하였으므로 피고가 한 징병검사명령처분은 위법하다는 이유 하에 제1심인 대전고등법원에 취소소송을 제기하였다. 대전고등법원은 1994. 5. 12. 징병검사명령처분을 병역의무부과의 전제가 되는 국외여행허가취소처분이 원고에게 고지하지 않은 상태에서 발하여졌다는 이유로 위법하다고 하면서 취소하였다(대전고법 1996. 5. 17. 선고 94구3450 판결). 피고인 대전광역시 중구청장은 대법원에 상고하였으나 기각되었다.

3. 판결요지

(1) 원심판결의 요지

병역법 시행령 제95조 제1항은 국외여행허가를 받고 국외에 체재 또는 거주하고 있는 자는 병역법 제52조의 규정에 의하여 징병검사가 연기된 것으로 규정하고 있고 동조 제4항은 영주할 목적으로 귀국하거나 1년 이상 국내에서 취업 또는 체류하고 있는 경우에는 징병검사 연기처분과 국외여행허가를 취소하고 병역의무를 부과할 수 있다고 규정하고 있는 점에 비추어 보면 국외 거주자에 대하여는 국외여행허가를 취소하여야 비로소 병역의무를 부과할 수 있다.

또한 상대방있는 처분은 객관적으로 보아 상대방이 양지할 수 있는 상태하에 두는 방법을 고지함으로써 비로소 그 효력을 발생하는 것이고(대법원 1976. 6. 8. 선고 75누63 판결), 행정처분이 상대방에게 고지되지는 않았으나 위와 같은 고지 이외의 방식으로 그 처분이 있은 사실을 알았다는 이유로 상대방에 대하여 그와 같은 처분의 효력이 발생하였다고 할 수 없다.

이 사건에서 보건대, 피고 보조참가인이 원고에 대한 국외여행허가 및 징병검사연기처분의 취소처분의 통지를 이 사건 징병검사명령통지가 송달된 후인 1994. 11. 8. 비로소 서면으로 송달되었는바, 그렇다면 징병검사명령은 그 병역의무부과의 전제가 되는 국외여행허가가 취소되어 원고에게 고지되지 않은 상태에서 발하여진 것으로 위법하다고 할 것이다.

1993. 12. 22.자 국외여행허가취소처분은 원고에게 정식으로 고지됨이 없이 그 처분의 상대방이 아닌 원고의 부에 구두 또는 질의에 대한 회신의 형식으로 알려진 것이고, 원고는 주 '아가나' 총영사관을 통하여 자신에 대한 국외여행허가취소처분이 발하여졌음을 알았던 것으로 추정될 뿐인바, 비록 父나 원고가 위 처분이 발하여졌음을 알았다 하더라도 이로서 위 처분이 원고에게 적법하게 고지되었다고 할 수는 없다 할 것이므로 이와 반대의 견지에서 하는 피고의 주장은 이유없다.

그렇다면 이 사건 처분은 원고의 주장에 대하여 다 나아가 살펴봄이 없이 위법하므로 취소되어야 할 것이다.

(2) 대법원판결의 요지

가. 상대방 있는 행정처분에 있어서는 특별한 규정이 없는 한, 그와 같은 처분을 하였음을 그 상대방에게 서면으로 고지하여야만 그 상대방에 대하여 그와 같은 행정처분의 효력이 발생한다 할 것이다(대법원 1972. 4. 11. 선고 71누201 판결).

원심이 같은 취지에서 이 사건 국외여행허가 취소처분은 원고에게 정식으로 고지됨이 없이 그 처분의 상대방이 아닌 부(父)에게 구두 또는 질의에 대한 회신의 형식을 통하여 알려진 것이고, 원고도 판시와 같은 경위로 영사관을 통하여 자신에 대한 위 국외여행허가 취소처분이 발하여졌음을 알았던 것으로 추정될 뿐이므로 위 처분이 1993. 12. 22.이나 1994. 1.경에 원고에게 적법하게 고지된 것으로 볼 수 없다고 판시한 조치는 옳다고 여겨지고 거기에 상고이유 주장과 같은 위법이 있을 수가 없다.

나. 행정처분의 적법여부는 특별한 사정이 없는 한 그 처분 당시를 기준으로 판단하여야 하고 처분청이 처분 이후에 추가한 새로운 사유를 보태어 처분 당시의 흠을 치유시킬 수 없다고 할 것이다(대법원 1987. 8. 18. 선고 87누235 판결). 따라서 피고의 1994. 5. 12. 원고에 대한 이 사건 징병검사명령은 그 병역의무부과의 전제가 되는 국외여행허가가 취소되어 원고에게 고지되지 않은 상태에서 발하여진 것이므로 위법하다고 할 것이고, 비록 위 징병검사명령 후에 위 국외여행허가 취소처분의 통지가 원고에게 적법하게 고지되었다고 하더라도 이미 위법하게 된 이 사건 징병명령이 적법하게 되는 것은 아니다. 원심이 피고의 원고에 대한 이 사건 징병검사명령을 취소한 조치는 옳다고 여겨지므로 거기에 상고이유의 주장과 같은 위법이 있을 수가 없다.

Ⅱ. 평 석

1. 쟁점정리

대상판결은 두 가지 쟁점을 다루고 있다. 첫 번째는 행정처분의 효력발생시점이 문제되고 있는바, 상대방 있는 처분은 상대방에게 고지됨으로써 효력을 발생한다. 이러한 고지는 우편 · 교부 또는 정보통신망 이용 등의 방법에 의하되 송달받을 자의 주소, 거소, 영업소 또는 사무소로 한다(행정절차법 제14조 제1항). 우편에 의한 송달은 다른 법령에 특별한 규정이 있는 경우를 제외하고는 송달받을 자에게 도달함으로써 그 효력이 발생한다(행정절차법 제15조 제1항). 여기서 도달이라 함은 판례와 학설의 일반적인 견해에 따르면, 반드시 상대방이 수령하여 요지(了知)하여야 함을 의미하는 것이 아니고 상대방이 알 수 있는 상태에 놓여지는 것을 의미한다(대법원 1976. 6. 8. 선고 75누63 판결). 한편 판례는 행정처분이 상대방에게 고지되지는 않았으나, 고지 이외의 방법으로 그 처분이 있은 사실을 알았다는 사실만으로는 상대방에 대하여 효력발생이 되지 않는다고 판시를 하여왔다(대법원 1972. 4. 11. 선고 71누201 판결; 대법원 1987. 11. 10. 선고 87누776 판결). 대상판결은 국외여행허가 취소처분은 원고에게 정식으로 고지됨이 없이 상대방의 부(夫)에게 구두 또는 질의에 대한 회신의 형식을 통하여 알려진 것이고, 원고도 영사관을 통하여 자신에 대한 위 국외여행허가 취소처분이 발하여졌음을 알았던 것으로 추정될 뿐이라는 이유로 그 효력발생을 부인하고 있는바, 이는 종전 판례의 입장을 재확인하는 것이라고 보아야 할 것이다.

두 번째는 취소소송에 있어서 행정처분의 위법성판단기준시에 관련된 문제인바, 대상판결에서는 종래의 판례의 입장에 따라 처분의 위법성 여부는 특별한 사정이 없는 한 처분 당시를 기준으로 판단하여야 하고, 처분청이 처분 이후에 추가한 새로운 사유를 보태어 처분 당시의 치유시킬 수 없다고 판시하고 있다(대법원 1987. 8. 18. 선고 87누235 판결). 취소소송에 있어서 처분의 위법성판단시점에 관한 논의는 취소소송의 목적과 기능뿐만 아니라 행정과 사법과의 관계에 대한 근본적인 문제에 해당한다. 취소소송에 있어서 처분의 근거가 되는 법적 · 사실적 상황이 처분시점과 사실심변론종결시점 사이에 변화가 없는 경우에는 문제가 발생될 소지가 전혀 없다. 그러나 처분이 발하여진 이후에 이들 사정이 변경된 경우에 법원이 어느 시점을 기준으로 처분의 위법성을 판단하여야 하는지는 법도그마틱뿐만 아니라 실무적으로도 아주 난해한 문제를 야기시키고 있으며 학설의 논란의 대상이 되고 있다(정하중, "취소소송에서 처분의 위법성판단기준시", 95면 이하). 우리 문헌에서는 이와 관련하여 처분시설, 판결시설(사실심변론종결시설), 절충설로 대립되고 있으나 처분시설이 다수설이며 판례의 일관된 입장이다. 다음에서는 우리 학설에 상당한 영향을 미치고 있는 독일에서의 논의를 비교적 상세하게 살펴본 후에 우리의 학설과 판례의 입장을 검토하여 보기로 한다.

2. 취소소송에 있어서 처분의 위법성판단기준시

(1) 독일에서의 논의

취소소송에 있어서 처분의 위법성 판단기준시에 대하여는 처분시설, 판결시설, 절충설로 대립되어 왔다.

(가) 처분시설

처분시설은 독일에서 1960년대까지 지배적인 견해였으며, 오늘날도 여전히 상당수의 학설에 의하여 지지를 받고 있다. 이러한 처분시설은 자신의 입장을 이른바 소송물이론, 권력분립의 원칙, 행정행위의 본질 및 위법성개념으로부터 도출하고 있다.

1) 소송물이론   취소소송의 소송물은 매우 논쟁이 되는 개념이나 순수한 소송법적 개념에 따르면 원고의 청구취지에 표현된 처분의 취소요구로 이해되고 있다(Lerche, BayVBL 1956, S. 295; Schweiger, DVBL 1964, S. 206). 이러한 소송법적인 소송물개념에 있어서는 청구취지의 해석이 결정적인 의미를 갖게 된다. 부담적 행정행위에 대한 취소소송의 경우 원고의 청구취지는 행정행위를 소급적으로 취소하라는 요구로 해석된다. 왜냐하면 원고는 시간적으로 확정된 이전에 발급된 행정처분을 취소소송의 대상으로 하여 그의 법적 효과를 소급적으로 제거하기를 원하기 때문이다. 원고는 향후에 발생될 법적·사실적 상황의 변경을 인식할 수 없기 때문에, 이들을 자신의 청구취지에 포함시킬 수 없으며, 만일 그가 자신의 취소청구를 불확실한 장래에 의존시킨다면 권리보호의 필요가 결여되어 그의 제소는 부적법하게 될 것이다. 이에 따라 취소소송에 있어서 처분의 위법성판단은 본질적으로 처분시의 법적·사실적 상황에 기초할 수밖에 없다.

원고가 취소소송의 계속 중에 법적·사실적 상황이 변경된 경우에, 단지 장래의 방향으로 행정행위의 효과를 제거하기를 원한다면, 그는 지금까지의 절차를 종결시키고 행정청에 행정행위의 철회를 요구하는 새로운 청구를 하고, 행정청이 이에 대하여 거부처분을 하는 경우에는 이에 대하여 의무이행소송을 제기하여야 한다. 행정청 역시 취소소송의 계속 중에 법적·사실적 상황이 변경된 경우에 새로운 결정을 내릴 수 있으며, 원고는 처분변경에 따른 소의 변경을 할 수 있을 것이다.

예를 들어 영업허가의 철회에 대하여 취소소송을 제기한 원고가 취소소송의 계속 중에 법적·사실적 상황의 변경으로 자신의 영업허가를 재발급받을 수 있다면, 그는 행정청에 다시 허가신청을 하여야 하며, 이에 대하여 행정청이 거부한다면 의무이행소송을 제기하여야 할 것이다. 이른바 원고의 단순한 취소청구를 소급효+장래효적인 취소청구로 확장해석하여 사실심변론종결시를 기준으로 철회처분의 위법성을 판단하여 장래의 방향으로 취소하는 경우, 법원은 철회가 적법하게 행하여졌는지 여부에 대하여 판단하는 것이 아니라, 영업허가가 재발급되어야 하는지 여부에 대하여 판단하게 되는바, 이는 결과적으로 원고의 청구취지에 벗어나게 된다(Ule, Verwaltungsprozeßrecht, 1986, 9. Aufl., S. 304).

2) 권력분립의 원칙 및 행정의 선결권 처분시설은 또한 그 논거를 권력분립의 원칙에서 찾고 있다. 권력분립국가에서 행정은 법 집행이라는 시원적 임무를 갖고 있는 반면에, 사법은 이에 대한 사후적 통제기능을 갖고 있다. 행정행위가 적법하게 발급된 이후, 사후적으로 법적 · 사실적 상황이 변경되어 상대방이 새로운 결정에 대한 청구권을 갖는 경우에 이를 원래의 취소소송의 대상으로 할 수 없다는 것은 궁극적으로 권력분립의 원칙에 상응된다고 한다(Reinhardt, DVBL 1967, S. 712 ; Kopp, Verfassungsrecht und Verwaltungs- verfahrensrecht, S. 153 ff.). 헌법에 의하여 집행임무는 행정부에 위임되었기 때문에, 행정권은 모든 행정사안에 있어서 선결권이 유보되어야 하고, 사법권은 단지 행정결정에 대한 사후적인 통제권한만을 갖는다(Kopp, aaO, S. 247 ff.) 취소소송의 계속중에 법원으로 하여금 후발적 사정변경을 직접 고려하는 것을 허용한다면, 이를 통하여 행정의 선결권은 포기되어진다. 법원은 실질적으로 행정작용을 하게 될 것이며, 실체법에 의하여 행정권에 부여된 결정을 내리게 된다. 위법성판단을 처분시로 하는 것은 행정과 사법의 관할권을 유지하고 법원으로부터 이질적인 행정임무의 부담을 제거하는 데 기여한다. 후발적으로 발생되었기 때문에 행정청이 행정절차과정에서 전혀 심사할 수 없었던 법적 · 사실적 상황을 근거로 법원이 행정행위를 취소한다면 이는 바로 이러한 이질적인 부담에 해당된다고 한다.

3) 행정행위의 위법성개념 취소소송에서 행정행위의 위법성판단의 기준시가 처분시가 되어야 한다는 것은 또한 취소소송 및 행정행위의 성격으로부터 나온다고 한다. 취소소송에서는 법률관계가 아니라 행정행위의 적법성 여부가 심사대상이 된다. 행정행위의 적법성 여부가 심사되는 모든 경우에 행위시점이 판단의 기준이 되어야 한다. 행정행위가 적법하게 발하여지는 경우, 그것은 완결된 사실로서 사후적으로 위법하게 된다는 것은 아주 예외적인 경우(예: 개정된 법령에 소급효가 인정되는 경우)를 제외하고는 개념적으로 배제된다고 한다. 예를 들어 신뢰성상실을 이유로 영업금지처분을 받은 영업자가 제기한 취소소송절차에서 다시 신뢰성을 회복한 경우에도 여전히 금지처분은 적법하며, 단지 원고는 영업허가를 재발급신청을 할 수 있을 뿐이다. 마찬가지로 아주 예외적인 경우를 제외하고는 원래의 위법한 행위는 이후에 적법하게 될 수가 없다(Ule, aaO, S. 288; Kopp, aaO, S. 700).

행정행위는 그의 발급에 있어서 법을 잘못 적용한다든지 또는 부정확한 사실관계에 기초한다면 위법하게 된다. 입법자가 경과규정에서 달리 규정하고 있지 않는 한 특정한 사실관계에 적용될 법은 사실관계가 실현된 시간과 공간으로부터 주어진다. 이에 따라 행정행위의 위법성판단에 대한 결정적인 시점은 그가 근거하고 있는 법적 · 사실적 상황에 의하여 결정된다. 다수설에 의하여 위법성판단기준시가 처분시로 되어야 한다고 주장되는 이른바 지속적 행정행위나 또는 미집행행정행위의 경우일지라도 처분시의 법률에 따라 적법하게 발급된 경우에는 이후의 법적 상황의 변경에 따라 더 이상 유지되어서는 안 된다고 할지라도 그의 적법성에는 변화가 없다(Ule, aaO, S. 288; Kopp, aaO, S. 700). 행정행위의 위법성은 그의 유지여부의 위법성과는 원칙적으로 다른 것이다. 비록 사실적 · 법적 상황의 변경으로 인하여 행정행위의 계속적인 유지가 개인의 기본권침해에 해당된다고 할지라도 그로부터 행정행위 자체가 위법하다는 것을 의미하는 것은 아니다. 위법한 것은 오히려 상대방의 신청에 대한 행정청의 철회의 거부나 부작위이며, 이들은 취소소송의 대상이 아니라 의무이행소송의 대상이 된다고 한다.

이러한 관점은 제3자효 행정행위에 대한 취소소송에도 마찬가지로 적용된다. 예를 들어 건축관계법령에 의하여 적법하게 발급된 시설허가에 대하여 제3자는 후발적 사정의 발생으로 철회청구권을 가질 수 있다. 그럼에도 불구하고 처분시에 존재하는 법적 · 사실적 상황을 근거로 발급한 시설허가는 적법하다. 이에 따라 사실심변론종결시점에서 원고가 실체법적으로 철회청구권을 갖는지 여부는 행정행위의 적법성 판단의 기초가 되서는 안 된다고 한다.

(나) 판결시설

이에 대하여 근래 일부학자들은(Schenke, NVwZ 1986, S. 522; Czmerk, BayVBL 1985, S. 784). 취소소송의 위법성판단기준시를 사실심변론종결시로 주장하고 있다. 이러한 견해는 다음의 논거에 기초하고 있다.

1) 소송법적인 관점과 실체법적인 관점의 분리 이들은 취소소송의 위법성판단 문제를 소송법적인 문제와 실체법적인 문제로 엄격하게 구분하고 있다. 소송법적인 관점에서는 취소소송의 위법성판단기준시는 의무이행소송과 마찬가지로 사실심변론종결시점이 되어야 하는 반면, 취소소송의 제기 후에 법적 · 사실적 상황의 변화로 인한 행정청의 취소의무 및 이에 상응한 원고의 취소청구권의 존재여부는 실체법에 따라 판단되어야 하는 문제로 보고 있다.

이들은 소송의 본안판단에 있어서 법적 · 사실적 상황을 고려하여야 한다는 것은 민사소송에서 관철되고 있는 바와 같이, 소송법에서 일반적으로 인정된 법원칙이라고 주장한다. 취소소송에서 처분의 위법성판단기준시를 처분시로 보는 견해는 취소소송을 우선적으로 객관소송으로 이해하는 입장에 의하여 조성되었는바, 이러한 입장은 오늘날 주관적 소송의 성격을 갖는 취소소송제도에 있어서 타당성을 상실하였다고 한다.

2) 행정행위의 위법성개념 취소소송의 위법성판단기준시가 판결시가 되어야 한다는 입장은 "적법하게 발급된 행정행위가 사후적으로 위법하게 될 수 없으며, 또한 위법하게 발급된 행정행위가 사후적으로 적법하게 될 수 없다"는 주장에 의하여 반박될 수 없다고 한다. 이러한 주장은 실체법적인 문제에 관련되고 있기 때문에, 설사 그러한 주장이 옳다고 전제하더라도 처분의 위법성판단기준시의 소송법적인 문제에 대한 올바른 대답이 될 수 없다고 한다. 왜냐하면 행정행위의 위법성판단에 있어서 행정행위의 발급이후에 발생된 법적 · 사실적 상황의 변경이 무관하다는 것을 인정하더라도, 이것은 행정행위의 위법성판단기준시가 처분시가 되어야 한다는 것을 의미하는 것은 아니기 때문이라고 한다. 오히려 법원은 사실심변론종결시점에서 행정행위가 실체법적으로 위법하기 때문에 행정행위를 취소하거나 또는 실체법적으로 적법하기 때문에 존속시키는 판결을 내려야 한다고 주장한다(Schenke, NVwZ 1986, S. 524).

또한 법적 및 사실적 상황의 사후적 변경을 근거로 위법한 행정행위가 적법하게 될 수 없으며, 적법한 행정행위가 위법하게 될 수 없다는 전제는 타당성이 없다고 한다. 이러한 견해는 행정행위의 발급과정에 대한 법적 판단과 규율내용에 대한 법적 판단을 혼동하고 있다고 주장한다. 행정행위의 위법성판단 및 개인의 권리보호에 있어서 결정적으로 중요한 것은 발급과정이 아니라 그의 규율내용 및 그로부터 발생되는 관련자에 대한 영향이다(Lerche, DVBL 1955, S. 777). 행정행위의 발급 이후에 발생된 법적 · 사실적 상황의 변경은 그의 위법성 여부의 판단에 영향을 주게 되는바, 이는 특히 적법하게 발급된 행정행위에서 명백하게 나타난다. 비록 소급효를 갖는 법적 변경을 제외하고, 일반적으로 이미 적법하게 발급된 행정행위가 소급적으로 위법하게 될 수 없다는 견해는 타당하다. 그러나 행정행위는 그의 발급에 기초가 되는 법적 · 사실적 상황의 변경 후에는 장래의 방향으로 위법하게 될 수가 있는 것이다. 왜냐하면 행정행위의 '위법성'은 행정행위를 발하여서는 안 되거나 또는 제거하여야 함에도 불구하고 행정청이 이를 위반한 경우에 주어지기 때문이다. 행정행위의 위법성은 행정행위가 위법하게 발급되었다는 관점에서뿐만 아니라, 이후의 법적 · 사실적 상황의 변경으로부터도 발생한다. 행정행위의 유지가 법적 · 사실적 상황의 변경 때문에 위법하다면, 바로 이 시점부터 위법하다는 것을 의미한다(Bähr, Die maßgebliche Rechts- und Sachlage für die gerichtliche Beurteilung von Verwaltungsakten, 1967, S. 50; Ossenbühl, JZ 1970, S. 348). 물론 모든 행정행위가 법적 · 사실적 상황의 변경 때문에 바로 그 시점부터 위법하게 되지는 않는다. 법적 · 사실적 상황의 변경에 따라 적법하게 발급될 수 있다는 이유만으로, 위법하게 발급된 행정행위가 적법하게 되지 않는 행정행위가 오히려 더 많이 존재한다. 이러한 사정은 행정행위가 적법하게 발급된 이후에 그의 근거가 되는 사실 내지 법적 상황이 변경되는 경우에도 마찬가지로 적용된다. 사후적인 법적 · 사실적 상황의 변경에도 불구하고 실체법질서에서는 비례의 원칙 및 신뢰보호의 원칙을 이유로 행정행위를 장래의 방향으로 폐지시키는 행정청의 의무를 배제시키는 경우가 빈번히 발견되며, 이러한 경우에 행정행위를 유지시키는 것은 위법한 것은 아니다. 그러나 이러한 사실로 인하여 행정행위의 위법성판단기준시가 사실심변론종결시점이라는 소송법상의 일반원칙이 무너지는 것을 의미하는 것은 아니다.

원고의 청구취지와 관련하여 위법성판단을 판결시를 기준으로 할 경우에 법원은 당사자간에 다툼의 대상이 되지 않는, 즉 변화된 사실 또는 법적 상황에 기초하여 행정청이 행정행위를 발하여야 하는지 여부에 대하여 판단하게 될 것이라는 비판 역시 타당성이 없다. 여기서는 이미 발급된 행정행위가 변화된 법적 · 사실적 상황을 근거로 유지될 수 있는지 여부만을 심사할 뿐이며, 이는 사실심변론종결시점에서 행정청이 행정행위를 새로이 발급하여야 하는지의 문제와 완전히 별개의 문제이다. 예를 들어 음주벽으로 면직된 공무원이 법원의 심리 중에 치유되었다고 할지라도 그의 취소청구는 기각되어야 한다. 왜냐하면 행정청은 공무원의 치유시점 이후부터는 그를 더 이상 면직시켜서는 안된다고 할지라도, 공무원은 면직의 철회 또는 재임용에 대한 청구권을 갖고 있지 않기 때문이다. 그는 다시 신청에 따라 공무원 재임용절차를 거쳐야 한다. 행정행위의 성립당시의 위법성에 기초한 취소청구가 인용될 경우에 법원에 의한 행정행위의 취소는 소급효를 갖게 된다. 그러나 행정행위가 행정절차의 종결 후에 법적 · 사실적 변경을 근거로 위법하게 된다면, 이 시점부터 취소가 가능하다. 이 경우 소급효적 취소를 목적으로 하는 원고의 취소청구는 부분적으로 이유가 없다고 기각되어야 하는바, 이는 소송비용에서 고려되어야 한다고 주장한다(Schenke, aaO, S. 525).

3) 행정의 선결권　　또한 행정절차의 종결 후에 발생된 법적 · 사실적 상황의 변경을 본안판단에서 고려하면 행정의 선결권이 침해된다는 주장은 타당성이 없다. 왜냐하면 행정청에게는 법적 · 사실적 상황이 변경되어 적법하게 발급된 행정행위가 위법하게 된 경우에 이를 취소하거나 또는 위법하게 발급된 행정행위를 적법하게 변경하는 것이 언제든지 허용되기 때문이다. 또한 행정의 선결권이론은 과거에 주장되었던 형식적 권력분립주의에 기초하고 있는바, 이는 의무이행소송과 예방적 부작위청구소송에 의하여 근본적인 수정을 받았다. 또한 취소소송에서 법적 · 사실적 상황의 변경을 고려하는 경우 법원은 사실상 행정청 대신에 행정행위를 발하게 된다는 견해 역시 타당성이 없다. 취소소송에서도 법원은 그의 형성판결을 통하여 소극적으로 행정행위를 발하며, 의무이행소

송에 있어서도 비록 그 판결이 간접적일지라도 실질적으로는 적극적 행정행위를 발한다고 보아야 하기 때문이다.

4) 효과적인 권리보호와 소송경제의 관점 위법하게 발급된 행정행위가 법적 · 사실적 상황의 변경으로 적법하게 되었다고 할지라도, 처분시설에 따르면 법원은 행정행위를 취소하여야 한다. 이 경우 변경된 상황에 따라 행정행위를 다시 발급하여야 하고, 이에 대하여 원고가 불복하는 경우 다시 취소소송을 제기하여야 한다. 이러한 상황은 효과적인 권리보호와 소송경제의 관점에서 상당히 문제가 있다. 더욱이 원처분에 대한 법원의 취소판결은 실체법과 모순되며, 이에 따라 실체법에 대한 소송법의 도구적 기능이 현저하게 훼손된다.

마찬가지로 적법하게 발급된 행정행위가 법적 · 사실적 상황의 변경으로 위법하게 되었음에도 불구하고, 처분시설에 따라 법원이 취소청구를 기각한다는 것은 납득이 되지 않는다. 이러한 경우에 당사자에게 결정적으로 중요한 문제들, 즉 현재 행정행위가 적법한지 여부 및 강제집행의 여부가 취소소송에 의하여 해결될 수 없다는 결론이 나온다. 이에 따라 취소소송의 만족 및 평화적 기능은 제한되고 관련된 집행채무자는 빈번히 강제집행행위에 대하여 이의신청과 취소소송으로 다투도록 강제된다. 이러한 번거로운 권리구제절차는 소송경제적인 관점에서 만족스럽지 못하며 헌법에서 요구하는 효과적인 권리보호의 관점에서도 만족스럽지 못한 해결이 될 것이다(Bähr, aaO, S. 94).

5) 법적 · 사실적 상황변경의 실체법적 의미

① 사후적 상황변경의 원칙적인 실체법적 무관성

판결시설을 주장하는 학자들은 법적 · 사실적 상황의 사후적 변경에 의하여 행정행위의 적법성이 실체로 변화하는지 여부는 실체법의 문제라고 주장하고 있다. 이에 따르면 적법하게 발급된 행정행위는 처분시 이후의 법적 · 사실적 상황의 변경으로 실체법적 이유에서 대체적으로 위법하게 되지 않는다고 한다. 이는 궁극적으로 법적 안정성에 뿌리박고 있는 행정행위의 명확화 및 법변경의 미래지향성에 기인되고 있다고 한다(Schenke, NVwZ 1986, S. 528). 예를 들어 건강상의 하자를 이유로 운전면허가 적법하게 철회되는 경우, 건강상의 하자가 취소소송의 계속 중에 소멸된다고 하더라도 이러한 변화는 실체법상 면허철회의 위법성판단에 있어서 무의미하다. 왜냐하면 운전면허 철회의 근거가 되는 건강상의 하자의 치유는 운전면허 철회를 장래의 방향으로 위법하게 만들지 않기 때문이다. 원고는 도로교통법에 따라 법정의 기간이 경과된 이후에 다시 운전면허의 재발급을 위한 시험을 치러야 한다.

마찬가지로 위법하게 발급된 행정행위는 사후적 사정변경에 의하여 적법하게 되지 않는 것이 일반적이다. 이는 재량행위가 그의 요건결여로 위법하게 발급되었으나, 이후의 법적·사실적 상황의 변경을 근거로 요건이 충족되어 그의 발급이 허용되는 경우에 명백하게 나타난다. 여기서 행정청은 단지 행정행위를 새로이 발급할 가능성만을 갖게 된다. 만일 취소소송에서 법원이 행정행위의 하자를 치유하여 원고의 청구를 기각한다면, 실체법에 의하여 부여된 행정청의 재량을 부정하는 결과가 된다.

② 사후적 사정변경의 예외적인 실체법적 관련성

판결시설은 행정행위의 위법성판단에 있어서 처분시 이후에 사실 및 법적 상황의 변경은 실체법적으로 무관하다는 원칙에 대하여 일련의 의미있는 예외가 존재하며, 이를 적법하게 발급된 행정행위와 위법하게 발급된 행정행위로 나누어 설명하고 있다.

㉠ 적법하게 발급된 행정행위

예를 들어 경찰상의 이유에서 개인에게 특정한 행위가 금지되고(예 : 토지출입의 금지), 이후의 법적·사실상황의 변경에 따라 위험이 사라진다면, 관계인은 경찰법에 근거하여 침해의 폐지청구권을 갖는다. 경찰상의 이유에서 행하여진 자유권침해를 정당화하는 위험이 탈락한다면, 비례의 원칙에 따라 그러한 침해는 제거되어야 한다. 이러한 경우에는 우선적으로 적법한 행정행위가 후발적인 사정변경에 따라 위법하게 되는 것이다.

판결시설은 법적·사실적 상황변화에 따라 적법하게 발급된 행정행위가 위법하게 되는 또 다른 예외로서 미집행행위를 들고 있다. 예를 들어 건축물에 대한 철거명령이 미집행상태에 있고 후발적인 사정변경으로 건축물이 적법하게 된 경우에는 철거명령의 철회에 대한 행정청의 의무가 존재하게 된다. 철거명령은 건축물의 실체법적인 적법성이 존재하는 시점부터 취소되어야 하고, 그러한 한도에서 철거명령의 철회에 대한 취소청구는 인용되어야 한다고 주장하고 있다.

㉡ 위법하게 발급된 행정행위

위법하게 발급된 행정행위가 사후적으로 적법하게 되어 원고의 취소청구가 기각되는 경우 역시 매우 드물다. 이러한 경우로는 위법한 건축허가에 대한 隣人의 취소소송을 생각할 수 있다. 여기서 건축주가 처분시 이후에 발생된 법적·사실적 상황의 변경을 근거로 허가청구권을 갖게 된다면 원고의 취소청구는 신의성실의 원칙에 따라 기각되어야 할 것이다. 이에 따라 행정행위가 위법하게 발급되었다고 할지라도, 처분시 이후에 발생된 법적·사실적 상황의 변경에 따라 행정행위가 재발급되어야 할 경우 일반적으로 그의 취소가 배제되어야 한다고 주장한다.

(다) 절충설 — 원칙과 예외

오늘날 독일의 다수설과 판례는 여전히 처분시를 원칙으로 하고 있으며, 이에 대하여 일련의 예외를 인정하고 있다(Stelkens/Bonk/Sachs, VwVfG § 44, Rdn, 17; Hufen, VerwProzeßrecht, S. 426; Lemke, JA 1999, S. 240; Redeker/v. Oertzen, VwGO, § 108, Rdn.

16 ff.). 일부의 학자들이 주장하는 바와 같이 실체법과 소송법을 구별하고 소송법에 있어서 위법성판단기준시를 사실심변론종결시로 보는 견해는 여전히 관철되고 있지 못하다. 실체법 자체가 위법성판단의 기준시를 담고 있다면, 이에 따라 판단하여야 하며, 실체법에 판단기준시에 대한 어떠한 언급이 없는 경우에는 취소소송의 기능과 목적에서 출발하여야 한다는 것이 다수설의 입장이다. 취소소송은 행정청의 특정한 결정을 그 대상으로 하기 때문에 원칙적으로 행정결정시점의 법적 및 사실관계가 결정적이다(Wolff/Bachof/Stober, VerwR I, 10. Aufl., S. 707; Maurer, Allg. VerwR, 14. Aufl., 2002, S. 238). 이후의 법적 · 사실적 상황의 변경을 통하여 원래의 적법한 행정행위가 위법하게 될 수 없으며, 또한 위법한 행정행위가 적법하게 될 수 없다. 예를 들어 음주벽으로 인하여 면직처분을 받은 공무원이 그에 대하여 취소소송을 제기한 경우에는 위법성판단기준시는 처분시로 하여야 한다. 그가 면직처분 당시에 실제로 음주벽이 있어서 직무수행에 부적합하다면, 처분은 적법하다. 원고가 음주벽으로 면직처분을 받고 취소소송의 계속 중에 치유가 되었다고 하더라도 그의 청구는 기각되어야 할 것이다. 그는 관련공무원법에 따라 공무원 재임용에 대한 신청을 할 수 있을 뿐이다. 이와 같은 상황은 건강상의 하자로 인하여 운전면허가 철회된 경우에도 마찬가지이다. 취소소송의 계속 중에 원고의 건강상의 하자가 치유되었다고 할지라도 면허철회의 위법성판단기준시는 처분시가 된다. 이는 또한 실체법과 상응되고 있다. 개인에게 부여된 법적 지위를 박탈하는 처분에 있어서 처분의 요건이 후발적으로 탈락된다고 하여, 원고가 이에 대하여 취소청구권을 갖게 되고 자동적으로 자신의 이전의 지위를 회복하는 것은 아니다. 만일 여기서 법원이 취소판결을 내리는 경우에 이는 내용상의 법적 지위의 재부여에 해당하는바, 이는 이에 대한 모든 요건이 충족되어 원고가 이에 대한 청구권을 갖게 되는 경우에 비로소 고려가 가능하다.

그러나 다수설은 위법성판단에 대한 이러한 기본원칙에 대하여 일련의 예외를 인정하고 있다. 이러한 예외는 실체법이 위법성판단시점을 처분시와 다른 시점으로 규정하는 경우, 사후에 제정된 법률이 소급효를 갖는 경우 또는 지속적 행정행위 및 미집행 행정행위 등에서 발견된다.

1) 새로이 제정되거나 개정된 법률이 소급효를 갖는 경우 새로이 제정되거나 개정된 법률에 소급효가 인정되고 그를 통하여 적법하게 발급된 행정행위가 위법하게 되거나 또는 위법하게 발급된 행정행위가 적법하게 되는 경우에는 사실심변론종결시를 기준으로 판단하여야 한다는 데 대하여는 학설에서 이의가 존재하지 않는다.

2) 지속적 행정행위 및 미집행 행정행위 지속적 행정행위는 계속적인 법률관계를 성립시키고 이를 지속적으로 현실화하는 행정행위를 의미한다. 이러한 행정행위는 그의 법적 효과가 일회적인 명령이나 금지 또는 법적 · 사실적 상황의 일회적인 형성에

소진되지 않은 행정행위로서 다수의 개별적 행정행위가 행정경제적인 이유에서 하나의 행위로 요약되는 모습을 나타내고 있다. 그 예로서 연금지급결정, 감염병환자의 강제수용, 교통표지판에 의한 교통통제(BVerwGE 59, 291; BayVGH NVwZ 1984, 383) 등이 있다. 지속적으로 새롭게 현실화되는 이러한 행정행위는 그때 그때의 사실적 · 법적 상황에 따라 판단되어야 한다고 한다. 다른 한편 미집행 행정행위는 상대방의 의무불이행에 대하여 아직 강제집행이 되지 않은 명령적 행정행위들을 의미한다. 이러한 미집행 행정행위의 예들로는 건축법상의 철거명령, 불법체류중인 외국인의 퇴거명령 등이 있다. 이러한 미집행 행정행위는 법적 · 사실적 상황이 변경된 경우에는 집행되어서는 안 되며, 철회되어야 한다고 한다.

이들 행정행위에 있어서 법적 · 사실적 상황의 변화가 있는 경우에 원고의 이익을 청구취지의 해석에서 고려하여야 한다고 주장한다. 행정작용에 고유한 탄력적 고찰방식에 따라 지속적 행정행위를 취소하여 달라는 청구취지는 최소한도 그에게 부담적 효과를 주는 행정행위를 장래의 방향으로 제거하여 달라는 요구가 포함되어 있는 것으로 해석되어야 한다. 행정청에게는 법적 · 사실적 상황이 변경된 경우에는 행정행위를 폐지하여야 할 의무가 발생할 수 있으며, 이러한 의무가 있음에도 불구하고 행정행위를 유지하는 것은 위법하다고 한다(Bachof, JZ 1954, S. 777).

아울러 미집행 행정행위의 경우, 그것이 적법하게 발급되었으나, 법적 · 사실적 상황이 변경되어 위법하게 된 경우에(예: 건축제한구역에 설치된 건축물에 대한 철거명령이 제기된 이후에 도시관리계획의 변경으로 인하여 해당지역이 건축이 가능한 지역으로 지정된 경우 또는 불법체류 중인 외국인의 퇴거명령에 대하여 취소소송을 제기한 이후에 자국인여성과 결혼하여 국적을 취득한 경우) 그에 대한 취소청구를 기각하고 강제집행을 하는 것은 신의성실의 원칙과 공정성에 반한다고 한다. 사후적인 법적 · 사실적 상황의 변경에 있어서 이익형량의 길을 제시한 이러한 고찰방식은 다수설의 지지를 얻었으며 아울러 판례에 반영되었다(BVerwGE 3, 351; 5, 351; 66, 192).

비록 적법한 행정행위는 법적 · 사실적 상황의 변경을 통하여 위법하게 될 수 없으나 행정청의 철회의무가 발생한다면 철회의 부작위는 위법한 행정행위와 동일하게 볼 수 있다. 이 경우에 원래의 행정행위가 아니라 그의 위법한 유지가 취소소송의 대상이 된다. 이에 따라 이들 지속적 행정행위와 미집행 행정행위에 대한 취소소송에 있어서 원고의 청구취지는 이에 상응하여 해석되어야 하며, 여기서 위법성판단시점을 사실심변론종결시로 하고 별도의 소의 변경을 필요로 하지 않는다고 한다.

3) 신의성실의 원칙에 따른 예외적 사안 　　다수설과 판례는 제3자효 행정행위에 대하여 취소소송이 제기된 경우에도 사실심변론종결시점을 기준으로 위법성을 판단하고

있다. 연방행정법원은 제3자의 취소소송의 제기에 있어서 의무이행소송과 같이 사실심변론종결시에 행정행위의 상대방의 허가청구권이 존재하는지 여부에 초점을 맞추고 있다. 예를 들어 연방행정법원은 위법하게 발급된 건축허가에 대한 인인의 취소소송에서 건축주가 법적 · 사실적 변경으로 허가청구권을 갖게 되는 경우에 위법성판단을 사실심변론종결시로 하여 원고의 청구를 기각하였다(BVerwGE 4. 164; BVerwG, NVwZ -RR, 1966, S. 628). 행정행위가 위법하게 발급되었다고 할지라도 이후에 발생된 법적 · 사실적 변경에 따라 행정행위가 다시 발급될 수밖에 없는 경우에는 원고의 취소청구는 신의성실의 원칙에 따라 기각되어야 한다는 관점이 판례를 뒷받침하고 있다(Schenke, NVwZ 1986, S. 532).

신의성실의 원칙의 또 다른 중요한 적용례로서는 법적 근거가 없이 발급된 공과금부과처분에 있어서 사후적으로 법적 근거가 마련되는 경우이다. 연방행정법원은 처분시에 법적 근거가 결여되어 위법한 분담금부과처분에 있어서 사후적으로 근거조례가 제정된 경우에는, 비록 그 조례에 소급효가 부여되지 않을지라도 하자의 치유를 소급적으로 인정하고 위법성판단기준시를 사실심변론종결시로 하였다(BVerwG, NVwZ 1984, S. 648; NVwZ 1990, S. 664). 법원의 취소판결 이후에 동일한 내용의 행정행위가 새로운 조례에 따라 다시 발급될 수밖에 없는 경우에는 원고의 취소청구는 신의성실의 원칙에 위배된다. 이러한 절충설은 비록 그 논거에 있어서 현저한 차이는 있지만 결과에 있어서는 판결시설과 실질적으로 차이가 나지 않는다. 왜냐하면 판결시설을 따른다고 할지라도 법적 · 사실적 상황의 변경은 예외적인 경우에 한하여 처분의 위법성판단에 영향을 주기 때문이다.

(2) 우리의 취소소송에서 처분의 위법성판단기준시점

우리 행정소송법은 독일 행정소송법과 마찬가지로 취소소송에 있어서 처분의 위법성판단기준시에 대하여 별도의 규정을 두고 있지 않다. 이에 따라 처분의 위법성판단기준시의 문제는 학설과 실무를 통하여 해결하여 나갈 수밖에 없다. 이에 관하여 우리 학설은 독일학설의 경향에 따라 판결시설, 처분시설로 구분하여 설명하고 있다. 다만 유력설은 독일의 다수설과 판례와 같이 예외적으로 지속적 행정행위와 미집행 행정행위 등 일부의 행정행위의 경우에는 판결시설을 주장하고 있다(정하중, 행정법개론, 749면; 김남진, 808면; 박윤흔, 1013면).

판례 역시 일관되게 "취소소송에 있어서 행정처분의 위법 여부를 판단하는 기준 시점에 대하여 판결시가 아니라 처분시라고 하는 의미는 행정처분이 있을 때의 법령과 사실상태를 기준으로 하여 위법 여부를 판단할 것이며 처분 후 법령의 개폐나 사실상태의 변동에 영향을 받지 않는다는 뜻이고 처분 당시 존재하였던 자료나 행정청에 제출되었던 자료만으로 위법 여부를 판단한다는 의미는 아니므로, 처분 당시의 사실상태 등에 대한 입증은 사실심 변론종결 당시까지 할 수 있고, 법원은 행정처분 당시 행정청이 알고 있었던 자료뿐만 아니라 사실심 변론종결 당시까지 제출된 모든 자료를 종합하여 처분 당시 존재하였던 객관적 사실을 확정하고 그 사실에 기초하여 처분의 위법 여부를 판단할 수 있다"(대법원 1993. 5. 27. 선고 92누19033 판결; 대법원 1995. 11. 10, 선고 95누8641 판결).

대상 판결 역시 "행정처분의 적법여부는 특별한 사정이 없는 한 그 처분 당시를 기준으로 판단하여야 하고 처분청이 처분 이후에 추가한 새로운 사유를 보태어 처분 당시의 흠을 치유시킬 수 없다고 할 것이다"라고 판시하여 종전의 입장을 재확인하고 있으며, 이러한 입장은 이후에도 계속 유지되고 있다(대법원 2002. 7. 9. 선고 2001두10684 판결; 대법원 2002. 10. 25. 선고 2002두4464 판결; 대법원 2005. 4. 15. 선고 2004두10883 판결).

생각건대 처분의 위법성판단기준시에 있어서 전통적 견해의 주요논거 중에 하나에 해당하는 권력분립이론이나 행정의 선결권이론은 의무이행소송과 예방적 부작위청구소송이 관철되고 있는 오늘날 현실에 있어서 결정적인 기준이 될 수가 없다. 실체법이 위법성판단의 기준시에 대하여 규정하고 있다면, 이에 따라 판단하여야 하며, 실체법이 판단기준시에 대하여 어떠한 언급을 하지 않는 경우에는 취소소송의 목적과 기능에서 출발하여야 한다. 취소소송은 행정청의 특정한 결정을 대상으로 하고 있기 때문에 원칙적으로 행정결정시점의 법적 및 사실관계가 결정적이다. 그러나 독일의 다수설과 판례와 같이 예외적으로 지속적 행정행위, 미집행 행정행위 등 일련의 행정행위들에 있어서는 예외적으로 위법성 판단기준시를 사실심변론종결시로 하는 것이 바람직하다. 지속적 행정행위나 미집행 행정행위에 있어서는 법적 · 사실적 상황의 변경에 따라 행정청의 철회의무가 발생할 수 있으며, 여기서 철회의 부작위는 실질적으로 위법한 행정행위와 동일하게 볼 수 있기 때문이다. 여기서는 이미 행정행위에 대하여 원고의 이의가 제기되었기 때문에, 부작위의 위법성을 인정하기 위하여 철회에 대한 원고의 추가적인 신청을 요하지 않는다. 이 경우에 취소소송의 대상이 되는 것은 원래의 행정행위가 아니라 그의 위법한 유지이며, 법원은 이를 장래의 방향으로 취소하여야 할 것이다. 또한 근거법령의 하자로 인하여 위법한 공과금부과처분에 대한 취소소송의 제기 후에 근거법령의 하자가 치유되어 다시 동일한 공과금부과처분이 발급될 수밖에 없는 경우, 또는 위법한 제3자효 행정행위에 대한 인인의 취소소송에서 사후에 법적 · 사실적 상황의 변경으로 동일한 수익적 행정행위가 발급될 수밖에 없는 경우에는 신의성실의 원칙에 따라 사실심변론종결시를 기준으로 위법성판단을 하는 것이 바람직할 것이다.

다른 한편 우리 판례는 취소소송의 위법성판단기준시를 처분시로 하여야 한다는 원칙을 거부처분취소소송에도 고수하여 여러 가지 문제를 제기하고 있다(정하중, "취소소송에서 처분의 위법성판단기준시", 113면). 예를 들어 수익적 처분의 신청에 대한 거부처분이 처분시의 법적 · 사실적 상황에 기초하여 인용판결을 한 경우, 처분청은 처분시 이후의 변경된 법령이나 사실적 상황을 이유로 다시 거부처분을 하여도 판결의 기속력에 반하지 않는다(대법원 1988. 1. 7. 선고 97두22 판결; 대법원 2001. 9. 14. 선고 99두3324 판결). 이 경우 원고가 거부처분에 이의가 있는 경우에는 다시 거부처분취소소송을 제기할 수밖에 없어 효과적인 권리구제 뿐만 아니라 소송경제에도 현저하게 반하게 된다. 이에 따라 거부처분취소소송과 일반적인 취소소송과는 구별되어야 할 것이다. 거부처분취소소송의 경우 그 인용판결은 행정소송법 제30조 제2항과 결부하여 행정청에게 신청에 따른 처분의무를 부과한다는 점에서 실질적으로 의무이행소송과 유사한 성격을 갖고 있다. 원고가 피고에게 일정한 처분의 발급을 요구하는 의무이행소송에서는 사실심변론종결시의 법적 · 사실적 상황에서 원고의 청구권이 존재하는지 여부가 결정적인 의미를 갖고 있기 때문에 위법성판단기준시는 사실심변론종결시가 될 수밖에 없다. 피고의 신청에 대한 행정청의 거부나 부작위의 위법성판단시점은 사실심변론종결시로 판단하여야 하며, 거부처분과 사실심변론종결시점 사이의 법적 상황의 변경은 이에 따라 원고에게 유리하게 또는 불리하게 작용할 수 있다. 향후 실무적으로 거부처분취소송의 위법성판단기준시는 부작위위법확인소송과 마찬가지로 처분시로 하는 것이 바람직할 것이다.

〈참고문헌〉

김남진, 행정법 I 제6판, 법문사, 2000.

박윤흔, 최신행정법강의(상) 개정29판, 박영사, 2004.

정하중, "취소소송에서 처분의 위법성판단기준시", 인권과 정의, 대한변호사협회, 2004. 11.

정하중, 행정법개론 제3판, 법문사, 2009.

Bachof, Der maßgebliche Zeitpunkt für die gerichtliche Beurteilung von Verwaltungsakten, JZ 1954, S. 416.

Czemark, Beurteilung der verwaltungsgerichtlichen Anfechtungsklage nachder gegenwärtigen Sach- und Rechtslage, NJW 1964, 1622.

Kleinlein, Der maßgebliche Zeitpunkt für die Beurteilung von Rechmäßigkeit von Verwaltungsakten, VerwA 1990, S.149.

Kopp, Verfassungsrecht und Verwaltungsverfahrensrecht, 1971.

Maurer, Allgemeines Verwaltungsrecht, 16. Aufl., 2006.

Schenke, Die Beurteilung einer nach Abschluß des Verwaltungsverfahrens eintretenden Veränderung der Rechts- oder Sachlage für die Beurteilung eines Verwaltungsaktes,

NVwZ 1986, S. 522.
Wolff/Bachof/Stober, Verwaltungsrecht I, 11. Aufl., 1999.

96. 처분의 일부 취소

— 대법원 2004. 7. 22. 선고 2002두868 판결 —

박　현　정*

Ⅰ. 판례개요

1. 사실관계

원고들은 원고A 소유인 대구 북구 복현동 산 44-6 임야(1995. 4. 26. 같은 동 산44-1 임야에서 분할) 중 657.36㎡(이하 '이 사건 임야')와 원고B 소유인 같은 동 157-4 전(1995. 4. 26. 같은 동 산147-2 전에서 분할) 중 509.52㎡(이하 '이 사건 전')를 합한 1,166.88㎡(이하 '이 사건 토지들') 위에 근린생활시설(소매점)을 건축하기로 하였다. 원고들은 1995. 7. 31. 피고(X행정청)로부터 건축허가를 받아 근린생활시설을 신축하고 1998. 5. 28. 사용검사를 받았다.

피고는 위 개발사업이 지목변경을 수반하는 사업으로서 구 개발이익환수에 관한 법률(1997. 8. 30. 법률 제5285호로 개정되어 1998. 9. 19. 법률 제5572호로 개정되기 전의 것, 이하 '개발이익환수법') 제5조 제1항 제10호에 정한 개발부담금 부과대상사업에 해당한다고 보아 아래와 같은 방법으로 산정한 개발부담금을 부과 · 고지하는 이 사건 처분을 하였다.

(1) 이 사건 토지들의 부과종료시점(사용검사시점) 지가 1,213,162,923원[개발이익환수법 제10조 제1항, 위 법 시행규칙(1997. 7. 11. 건설교통부령 제106호로 개정되어 1998. 12. 29. 건설교통부령 제157호로 개정되기 전의 것, 이하 '시행규칙') 제4조의3 제1항에 따라 이용상황이 가장 유사한 표준지의 공시지가를 기준으로 산정한 지가에 부과종료시점까지의 정상지가상승분을 더함]

(2) 이 사건 토지들의 부과개시시점(건축허가일) 지가 234,220,138원(법 제10조 제3항에 따라 분할 전 각 토지의 1995년도 개별공시지가를 기준으로 이 사건 토지들의 지가를 각 산정한 다음 부과개시시점까지의 정상지가상승분을 더함)

---

* 한양대학교 법학전문대학원 조교수.

(3) 개발이익 779,430,278원(=①-②-사업기간동안의 정상지가상승분-개발비용)

(4) 개발부담금 총액 339,715,130원(=③×법 제13조에 의한 부담률 50%)

(5) 개발부담금 225,178,890원(원고A), 174,536,240원(원고B)(개발부담금 총액을 원고별 면적비율로 안분)

2. 소송경과

원고들은 이 사건 처분의 취소를 구하는 소송을 제기하였는데, 제1심인 대구지방법원은 원고들의 청구를 기각하였다. 원고들이 이에 항소하였고, 원심인 대구고등법원은 부과개시시점 및 부과종료시점의 지가산정이 위법하다고 보아 이 사건 처분을 전부 취소하였다. 이에 피고가 상고하였다.

3. 판결요지

[원심 판결의 요지]

(1) 부과개시시점의 지가산정에 관하여

토지는 분할로 인하여 개별공시지가 산정의 기초자료가 되는 토지이용상황, 도로접면, 면적, 형상, 고저 등 토지특성이 분할 전 토지와 다르게 되어 분할 전 토지의 개별공시지가가 분할된 토지의 지가를 제대로 반영하지 못하는 것이 일반적이고 이 사건 토지도 그러하다. 개정된 소득세법 시행령(1997. 12. 31. 대통령령 제15604호로 개정) 제164조 제1항이 '지적법에 의한 분할로 인하여 지번이 새로이 부여된 토지'는 분할 전 토지와는 별도로 개별공시지가 산정방식과 유사한 방식으로 분할된 토지의 개별지가를 산정하여 이를 기준으로 기준시가를 산정하도록 하고 있는 것도 토지분할의 경우 분할 전 토지의 개별공시지가를 기준으로 기준시가를 산정하는 것이 부당하다는 반성적 고려에서 나온 것이다. 따라서, 분할된 이 사건 토지들은 부과개시시점지가를 분할 전 공시지가를 기준으로 산정할 것이 아니라 '당해 토지의 개별공시지가가 없는 경우'에 해당한다고 보아 개발이익환수법 제10조 제5항, 시행규칙 제4조의3 제2항에 따라 별도의 감정을 거쳐 산정하여야 한다(당심, 감정인의 감정결과는 표준지 선정이나 토지특성 비교 등이 부적절하여 그대로 받아들일 수 없다).

(2) 부과종료시점의 지가산정 및 취소의 범위에 관하여

이 사건 토지들의 부과종료시점 지가는 비교표준지의 공시지가를 기준으로 하여 조정한 지가가 지나치게 높게 산정되어 현저하게 불합리하므로 위법하다. 그런데, 개발이익환수법 제10조는 부과종료시점지가 산정에 관하여 개별공시지가를 산정하는 방법과 동일한 방법으로 부과종료시점 당시의 부과대상 토지의 상태를 기준으로 한 일응의 개

별공시지가를 산정하고, 거기에 정상지가상승분을 더하도록 규정하고 있고, 이는 개발부담금산정에 있어서의 개별공시지가 적용원칙을 관철하려는 데에 그 취지가 있는 만큼, 피고가 부과종료시점지가 산정에 있어서 법 제10조 제1항 본문의 규정에 의한 일응의 개별공시지가를 산정한 데에 위법이 있다 하더라도, 개별공시지가의 결정과 마찬가지로 부과관청이 기술적 · 전문적 판단에 기하여 다시 산정하도록 함이 타당하다. 따라서 이 사건 처분 전부를 취소하여야 한다.

[대법원 판결의 요지]

(1) 부과개시시점 및 종료시점의 지가산정에 관하여

개발이익환수법 제10조 제5항, 위 법 시행령(1997. 6. 25. 대통령령 제15398호로 개정된 것, 이하 '시행령') 제9조 제6항 제1호, 시행규칙 제4조의3 제2항에 의하면, 개발부담금의 부과개시시점지가를 산정함에 있어 '당해 토지의 개별공시지가가 없는 경우'에는 지가공시 및 토지 등의 평가에 관한 법률에 의하여 감정평가한 가액으로 당해 지가를 산정하여야 하는바, 여기에서 말하는 '개별공시지가가 없는 경우'라 함은 지적법에 의한 신규등록 토지나 개별공시지가의 결정 · 고시가 누락된 토지의 경우만을 의미하는 것이 아니라, 토지의 분할로 인하여 개별공시지가 산정의 기초자료가 되는 토지 특성이 달라지는 등으로 분할 전 토지의 개별공시지가를 분할 후 토지의 지가로 보는 것이 불합리하다고 볼 특별한 사정이 있는 경우도 포함된다. 그런데, 이 사건 임야는 분할로 분할 전 토지와 면적 · 형상 등을 달리하게 되고 도시계획(도로)저촉도 문제되지 않을 뿐만 아니라 주된 이용상황도 달라지게 되었으므로 분할 전 토지의 개별공시지가를 이 사건 임야의 지가로 보는 것이 불합리하나, 이 사건 전은 분할 전후로 이용상황, 형상 및 도로접면 등에 있어서 큰 차이가 없으므로 분할 전 토지의 개별공시지가를 분할 후 토지의 지가로 보는 것이 불합리하다고 볼 특별한 사정이 있는 경우에 해당하지 않는다.

한편, 원심이 든 사실관계만으로는 이 사건 토지들에 대한 부과종료시점의 지가산정이 현저하게 불합리하다고 보기는 어렵다.

(2) 개발이익의 산정방식에 관하여

개발부담금 산정의 기초가 되는 개발이익은 소유자를 달리하는 수 필지 토지에 대하여 동일한 개발사업이 시행된 경우에도 각 토지별로 산정하여 소유자별로 합산하는 것이 원칙이라고 할 것이나, 개발비용은 개발사업 자체가 대상 토지별로 각각 시행되어 특정 · 구분이 가능하고 사업시행자도 각 토지별로 개발비용을 구분 · 산정하여 오는 등의 특별한 사정이 없는 한 각 토지면적에 따라 안분할 수밖에 없다.

(3) 취소의 범위에 관하여

개발부담금부과처분 취소소송에 있어 당사자가 제출한 자료에 의하여 적법하게 부과될 정당한 부과금액을 산출할 수 없을 경우에는 부과처분 전부를 취소할 수밖에 없으나, 그렇지 않은 경우에는 그 정당한 금액을 초과하는 부분만 취소하여야 한다.

원고A에 대한 부분(이 사건 임야)은 당사자가 제출한 자료에 의하여 부과개시시점의 지가를 산정할 수 없어 부과처분 전부를 취소하여야 하나, 원고B에 대한 부분(이 사건 전)은 제출된 자료에 의하여 위 (2)항과 같은 방식에 따라 개발부담금을 163,219,650원으로 산출할 수 있으므로, 원심이 원고B에 대한 부과처분 전부를 취소한 것은 위법하다. 원심판결 중 원고B에 대한 부과처분 전부의 취소를 명한 부분을 파기하고 원고B의 청구 중 163,219,650원을 초과하는 부분을 기각한다(파기 자판).

Ⅱ. 평 석

1. 쟁점정리

이 사건에서 대법원은 개발부담금부과처분에 있어서 개발이익환수법 및 시행령에서 말하는 '당해 토지의 개별공시지가가 없는 경우'의 의미, 소유자를 달리하는 수필지 토지에 대하여 동일한 개발사업이 시행된 경우에 개발부담금 산정의 기초가 되는 개발이익 및 개발비용의 산정방식, 그리고 개발부담금부과처분의 취소의 범위에 관하여 판단하고 있다. 이 글에서는 일반적으로 어떠한 경우에 처분의 일부 취소가 인정되는지 살펴보고, 그 기준이 개발부담금부과처분의 취소에 있어서는 어떠한 방식으로 적용되는지를 살펴보고자 한다.

2. 관련판례

(1) 대법원 1982. 9. 28. 선고 82누2 판결(일부 취소를 부인한 사례)

대법원은 재량행위인 영업정지처분에 대하여는 "행정청이 영업정지처분을 함에 있어서 그 정지기간을 어느 정도로 할 것인지는 행정청의 재량권에 속하는 사항인 것이며, 다만 그것이 공익의 원칙이나 평등의 원칙 또는 비례의 원칙 등에 위반하여 재량권의 한계를 벗어난 재량권남용에 해당하는 경우에만 위법한 처분으로서 사법심사의 대상이 되는 것이나, 법원으로서는 영업정지처분이 재량권 남용이라고 판단될 때에는 위법한 처분으로서 그 처분의 취소를 명할 수 있을 뿐이고, 재량권의 한계 내에서 어느 정도가 적정한 영업정지 기간인지를 가리는 일은 사법심사의 범위를 벗어나는 것"이라는 이유로 영업정지처분 전체를 취소한 원심에 대한 원고의 상고를 기각하였다.

(2) 대법원 1995. 4. 28. 선고 94누13527 판결

대법원은 행정청이 종합소득세 과세대상토지로 판단한 토지의 일부가 면제대상토지

로 인정된 사안에서 "과세처분취소소송에 있어 처분의 적법 여부는 정당한 세액을 초과하느냐의 여부에 따라 판단되는 것으로서, 당사자는 사실심 변론종결시까지 객관적인 과세표준과 세액을 뒷받침하는 주장과 자료를 제출할 수 있고, 이러한 자료에 의하여 적법하게 부과될 정당한 세액이 산출되는 때에는 그 정당한 세액을 초과하는 부분만 취소하여야 할 것이나, 그렇지 아니한 경우에는 과세처분 전부를 취소할 수밖에 없으며, 그 경우 법원이 직권에 의하여 적극적으로 합리적이고 타당성 있는 면제대상토지의 산정방법을 찾아내어 부과할 정당한 세액을 계산할 의무까지 지는 것은 아니라고 할 것"이라 판시하여, 처분의 일부 취소 가능성을 인정하면서도 당해 사건에서는 기록상 면제대상토지로 인정되는 부분을 명확히 구분할 수 없어 정당한 종합토지세액을 산출할 수 없다는 이유로 과세처분 전부를 취소한 원심의 조치가 정당하다고 판단하였다.

3. 판례의 검토

(1) 위법한 처분의 일부 취소

행정소송법은 제4조 제1호에서 취소소송을 '행정청의 위법한 처분 등을 취소 또는 변경하는 소송'으로 정의하고 있다. 여기서 '변경'은 처분의 일부 취소를 의미한다고 보는 것이 일반적이다.

다만 처분의 일부만이 위법한 경우에도 그 일부만의 취소가 가능하기 위해서는 일정한 요건이 필요한데, 처분이 기속행위이고 그 규율내용이 가분적이어야 한다거나(박정훈, 401면), 처분이 가분성이 있거나 일부의 특정이 가능하여야 하고 일부취소가 사법심사의 범위를 벗어나 재량권 등 처분권을 침해하지 않아야 한다(박균성, 1079면)는 등으로 설명되고 있다.

(2) 일부 취소의 가부에 관한 구체적 검토

㈎ 재량행위의 일부 취소

행정청에 재량권이 인정되는 처분이 위법한 경우에는 원칙적으로 처분 전체를 취소하여야 한다. 영업허가정지처분이 재량권 남용이라고 판단될 때 "재량권의 한계 내에서 어느 정도가 적정한 영업정지기간인지를 가리는 일은 사법심사의 범위를 벗어나는 것(대법원 1982. 9. 28. 선고 82누2 판결)"이고, 과징금부과처분의 경우도 행정청이 법위반 사업자에 대하여 "행정제재수단으로 사업정지를 명할 것인지, 과징금을 부과할 것인지, 과징금을 부과키로 한다면 그 금액은 얼마로 할 것인지에 관하여 재량권이 부여되었다 할 것(대법원 1998. 4. 10. 선고 98두2270 판결)"이기 때문이다.

그러나, 대법원이 재량행위에 대하여 "외형상 하나의 행정처분이라 하더라도 가분성이 있거나 그 처분대상의 일부가 특정될 수 있다면 일부만의 취소도 가능하고 그 일부의 취소는 당해 취소부분에 관하여 효력이 생긴다(대법원 1995. 11. 16. 선고 95누8850 판결)"는 이유로 일부 취소를 인정하는 경우가 있다. 복수의 자동차운전면허가 있는 사람이 술에 취한 상태에서 제1종 특수면허가 있어야 운전할 수 있는 차량을 운전하였다면 그 행위는 제1종 특수면허의 취소사유에 해당될 뿐이고 제1종 보통 및 대형면허의 취소사유에는 해당되지 않으므로, 위 각 운전면허 전체의 취소를 명한 처분 중 제1종 보통 및 대형면허의 취소를 명한 부분만을 취소하는 것이 가능하다는 것이다(위 95누8850 판결). 마찬가지로 법위반사실공표명령 중 광고행위에 대한 법위반사실만 인정되고 표시행위에 대한 법위반사실은 인정되지 않는다면 위 공표명령 중 표시행위에 대한 법위반사실공표명령 부분만을 취소할 수 있다(대법원 2000. 12. 12. 선고 99두12243 판결). 물론 이 경우 취소되고 남은 처분이 행정청의 재량의 범위 내에 있는 것인지는 별도로 따져보아야 할 문제이다. 다만, 위 두 가지 사안은 외형상 하나의 행정처분으로 보일지라도 사실은 복수의 운전면허취소처분 또는 복수의 법위반사실에 대한 독립적인 공표명령이 경합된 것으로 보아야 하기 때문에 하나의 처분의 일부 취소를 인정한 사례들이라고 보기는 어렵다.

(나) 금전급부를 명하는 기속행위의 일부 취소

처분의 일부 취소가 일반적으로 인정되는 분야는 과세처분취소소송이나 개발부담금부과처분취소소송과 같이 금전급부를 명하는 기속행위에 대한 취소소송이다. 행정청은 관계법령에 따라 기계적으로 금액을 산출하여 처분을 하는 것이고 그 과정에서 행정청의 재량이 개입될 여지가 없어 처분의 일부만을 취소하더라도 그것이 행정청의 권한을 침해하지 않기 때문이다.

이와 같은 경우 당사자는 사실심 변론종결시까지 객관적인 과세액 또는 부담금을 주장하고 이를 뒷받침할 자료를 제출할 수 있고, 이러한 자료에 의하여 적법하게 부과될 정당한 세액 또는 부담금이 산출되는 때에는 법원으로서는 그 정당한 금액을 초과하는 부분만을 취소하여야 한다. 그러나 당사자가 정당한 세액 또는 부담금에 대한 주장·입증을 하지 않고 있는 경우에는 처분 전부를 취소할 수밖에 없으며, 그 경우 법원이 직권에 의하여 적극적으로 합리적이고 타당성 있는 산정방법에 따라 정당한 세액 또는 부담금을 계산할 의무까지 지는 것은 아니다(대법원 1995. 4. 28. 선고 94누13527 판결 등 참조). 따라서 위와 같은 유형의 처분에 대한 취소소송에서 일부 취소가 가능하기 위해서는 '제출된 자료에 의하여 적법하게 부과될 정당한 금액을 결정할 수 있을 것'이라는 요건이 추가로 요구된다 하겠다.

(2) 이 사건 개발부담금부과처분의 일부 취소

(가) 개발부담금의 산정방식

대상판결은 개발부담금부과처분의 일부 취소를 인정한 대표적 사례라 할 것인데, 판결의 이해를 돕기 위한 한도 내에서 이 사건 개발부담금의 산정에 적용된 개발이익환수법 및 시행령, 시행규칙에 따른 부과종료시점지가와 개시시점지가의 산정 기준을 살펴보면 아래와 같다.

1) 부과종료시점지가는 부과종료시점 당시의 부과대상토지와 이용상황이 가장 유사한 표준지의 공시지가를 기준으로 구 지가공시 및 토지 등의 평가에 관한 법률(이하 '지가공시법') 제10조 제2항의 규정에 의한 비교표에 의하여 산정한 가액에 당해 연도 1월 1일부터 부과종료시점까지의 정상지가상승분을 합한 가액으로 한다(개발이익환수법 제10조 제1항).

2) 부과개시시점지가는 부과개시시점이 속한 연도의 부과대상토지의 개별공시지가에 당해 연도의 1월 1일부터 부과개시시점까지의 정상지가상승분을 합한 가액으로 한다. 다만, 납부의무자가 대통령령이 정하는 매입가액을 건설교통부령이 정하는 기간 내에 신고하는 경우에는 그 가액에 매입일부터 부과개시시점까지의 정상지가상승분을 가감한 가액으로 할 수 있다(개발이익환수법 제10조 제3항).

3) 위와 같이 종료시점지가 및 개시시점지가를 산정할 때 부과대상 토지의 개별공시지가가 없는 경우와 종료시점지가를 산정할 때 매입가격으로 개시시점지가를 산정한 경우에는 지가공시법에 의한 2 이상의 감정평가법인이 감정평가한 가액을 산술평균한 가액으로 당해지가를 산정하여야 한다(개발이익환수법 제10조 제5항, 시행령 제11조 제7항 제1호, 제2호, 시행규칙 제4조의3 제2항).

(나) 개별공시지가를 기준으로 한 지가 산정의 위법성과 취소의 범위

원심은 X행정청이 개발이익환수법 제10조 제1항에 의하여 산정한 이 사건 토지들의 종료시점지가가 지나치게 높아 현저하게 불합리하므로 위법하다고 본 후, 대법원 2000. 6. 9. 선고 99두5542 판결에서의 대법원의 판시내용을 근거로 이 사건 처분 전부를 취소하였다.

위 대법원 99두5542 판결에서 원심은 행정청의 표준지 선택이 부적절하다고 보아 제3의 토지를 표준지로 삼아 직접 부과종료시점을 산정하였다. 대법원은 행정청의 표준지 선택이 위법하다고 볼 수 없다고 판단하면서, 개발이익환수법 제10조 제1항(1993. 6. 11. 법률 제4563호로 개정된 후 1997. 1. 13. 법률 제5285호로 개정되기 전의 법)의 규정은 "부과종료시점지가에 대하여 감정인에 의한 평가방법을 배제하고, 매년 개별공시지가를 결정·공시하여 옴으로써 지가산정의 능력과 경험이 있는 부과관청으로 하여금 개별공시

지가를 산정하는 방법과 동일한 방법으로 부과종료시점 당시의 부과대상 토지의 상태를 기준으로 한 일응의 개별공시지가를 산정하고 거기에 정상지가상승분을 더하여 부과종료시점지가를 산정함으로써 개발부담금 산정에 있어서의 개별공시지가 적용원칙을 관철하려는 데에 그 취지가 있는 만큼, 피고가 부과종료시점지가 산정에 있어 개발이익환수법 제10조 제1항 본문의 규정에 의한 일응의 개별공시지가를 산정한 데에 위법이 있다 하더라도 개별공시지가의 결정과 마찬가지로 부과관청이 기술적 · 전문적 판단에 기하여 다시 산정하도록 함이 타당하고, 감정인에 의한 감정평가액을 일응의 개별공시지가로 삼을 수는 없다"고 판단하였다.

이 사건에서 대법원은 부과종료시점의 지가산정이 적법하다고 보았으므로 부과종료시점의 기준지가 산정이 위법하였을 경우의 취소의 범위에 대하여 별도의 판단을 하지 않았다. 1997. 1. 13. 법 개정으로 부과종료시점지가 산정의 방식이 일부 변경되었음에도 불구하고 '개발부담금 산정에 있어서 개별공시지가의 적용원칙'은 여전히 유지되고 있는 것으로 보이므로, 부과종료시점의 지가산정이 위법한 경우 개발이익환수법 제10조 제5항 등에 따라 감정평가가 필요한 사안이 아니라면 처분 전체를 취소할 수밖에 없을 것이다.

㈐ 감정평가에 의하여 지가를 산정하는 예외적인 경우와 취소의 범위

원심은 토지가 분할되고 분할 후의 개별공시지가가 존재하지 않는다면 분할된 토지는 개발이익환수법 제10조 제5항, 시행령 제11조 제7항 제1호의 '부과대상 토지의 개별공시지가가 없는 경우'에 해당한다고 보았다. 대법원은 이와 달리 분할된 토지라도 "분할로 인하여 개별공시지가 산정의 기초자료가 되는 토지 특성이 달라지는 등으로 분할 전 토지의 개별공시지가를 분할 후 토지의 지가로 보는 것이 불합리하다고 볼 특별한 사정이 있는 경우"에만 개별공시지가가 없는 경우로 보아 감정가에 의하여 부과개시시점의 가액을 산정하여야 한다고 판단하였다. 원고 A 소유의 이 사건 임야가 여기에 해당하는데, 이 사건 임야에 대하여 X행정청이 2 이상의 감정평가법인에 의하여 감정평가한 가액을 산술평균한 가액으로 지가를 산정하지 아니하였고 원심 감정인의 감정결과 또한 원심이 판단한 바와 같이 표준지 선정 및 토지 특성 비교에 있어 잘못이 있어 받아들일 수 없으므로, 결국 당사자가 제출한 자료에 의하여 부과개시시점의 지가를 산정할 수 없는 경우에 해당하여 처분 전체를 취소하여야 한다는 것이다.

다만, 개별공시지가가 없어 개별공시지가에 의하지 아니하고 감정가에 의하여 지가를 산정하는 경우는 개별공시지가 적용원칙이 관철될 수 없으므로, 만약 소송계속 중 당사자의 신청에 의하여 시행규칙 제4조의3 제2항에 따라 2 이상의 감정평가법인에 의한 기준지가 감정이 이루어지고, 위 감정 내용이 위법하지 않다면, 법원으로서는 이를 산술평균한 가액을 기준지가로 삼아 직접 개발부담금을 산정하고 이를 초과하는 부분에 한

하여 처분을 취소하여야 할 것이다.

(라) 이 사건에 나타난 일부 취소의 예

이 사건에서 원고B의 이 사건 전은 X행정청의 부과개시시점지가 및 부과종료시점지가 산정에 위법이 없고, 정상지가상승분이나 개발비용 등 개발부담금 산정에 필요한 모든 자료가 제출되어 있는 상황에서 단지 개발이익의 계산 방식만이 위법하였다. 대법원은 제출된 자료를 토대로 원고B에 대한 개발부담금을 재산정하여 이를 초과하는 범위 내에서 원고B에 대한 처분을 일부 취소하였다. 이는 당사자가 제출한 자료로 적법하게 부과될 정당한 부담금액을 산출할 수 있어 처분의 일부를 취소하여야 하는 전형적인 경우에 해당한다 할 것이다.

4. 판례의 의미와 전망

이 사건 대법원 판결은 원고A에 대하여는 처분을 전부 취소한 원심을 유지하고 원고B에 대하여는 원심을 파기하고 대법원이 직접 산정한 개발부담금을 초과하는 부분만을 취소하였다. 이 판결은 과세처분 등 금전의 급부를 명하는 기속행위의 취소를 구하는 소송에서 처분의 일부 취소 기준을 제시한 이전의 대법원 판례의 기본 원칙을 재확인하고 처분의 전부 취소 및 일부 취소가 요구되는 실례를 보여주었다는 점에서 의미가 있다. 개발이익환수법 및 시행령, 시행규칙은 2008년 전면개정되었으나, 개발부담금 산정의 기초가 되는 부과개시시점지가 및 부과종료시점지가 산정의 기본적인 내용에는 차이가 없으므로, 이 사건 대법원 판결의 결론은 그대로 유지될 것이다. 앞으로의 판례를 통하여 처분의 일부 취소에 대한 구체적인 사례가 축적될 것으로 기대한다.

〈참고문헌〉

김용섭, "보조금교부결정취소를 둘러싼 법적 문제", Jurist 제408호, 청림인터렉티브, 2004. 9.

박균성, 행정법론(상) 제7판, 박영사, 2008.

박정훈, 행정소송의 구조와 기능, 박영사, 2006.

박해식, "일부 취소와 재량권의 일탈 또는 남용", 행정재판실무편람, 2001.

이선희, "개발부담금의 부과개시시점 지가산정에 있어 '당해 토지의 개별공시지가가 없는 경우'에 대항하는지 여부와 개발부담금의 안분방법", 대법원판례해설 통권 제52호, 법원도서관, 2005.

97. 사정판결의 요건

—대법원 1995. 6. 13. 선고 94누4660 판결—

이 광 윤*

Ⅰ. 판결개요

1. 사실관계

제주시장은 1990. 4. 14. 토지구획정리사업을 완료한 후 환지청산을 취하여 공인평가기관인 두 감정평가업자에게 평가를 의뢰하여 각 그 감정평가액을 평균한 가액을 기준으로 청산금(교부청산금은 감정가액인 평당 금 1,230,000원, 징수청산금은 감정가액의 약 86.4%인 평당 금 850,000원)을 결정하고 같은 해 6. 30. 사업완료 공고를 하였으나 토지소유주 및 이해관계인들의 이의 제출이 없자 같은 해 8. 31. 환지처분 및 공고를 하였고, 이때 환지청산금을 공고함과 동시에 토지소유자들에게 그 내용을 등기우편으로 송달하였는데, 이에 대하여 교부청산금 대상자들(314명)은 이의를 제기하지 아니하였으나 징수청산금 대상자들이 여러 차례 이의를 제기하고 진정을 하자, 피고는 이를 9회에 걸쳐 조정하여 징수청산금을 당초의 평당 850,000원에서 금 390,000원으로 감액하여 같은 해 12. 27. 원고들을 포함한 204명에게 부과하였다. 제주시장은 위 청산금 부과 당시에는 토지평가협의에 관한 규칙이 정하여지지 않았고, 토지평가협의회마저 구성이 되지 않아 토지평가협의회의 심의를 거치지 않았으나 이의 및 행정심판 단계에서 문제가 되자 1991. 6. 28.(원심판결이 1990. 6. 28. 이라고 한 것은 오기인 것으로 보인다) 토지평가협의회를 구성하였고 위 토지평가협의회는 1991. 7. 2. 이를 심의하여 위 청산금 결정을 추인하였다. 1990년 당시의 이 사건 사업지구 내의 공시지가는 평당 금 1,400,000원 내지 1,500,000원 정도이고 실제거래가격은 평당 금 2,000,000원 이상이었으며 위 징수대상자 중 87명만이 행정심판을 제기하였고 그 중 59명만이 취소소송을 제기하였다. 원심은 제주시장이 위 청산금을 결정함에 있어서 토지평가협의회의 심의를 거치지 아니하였으므로 특별한 사

* 성균관대학교 법학전문대학원 교수.

정이 없는 한 이 사건 부과처분은 그 절차에 하자가 있어 위법하고 사후에 토지평가협의회의 심의를 거쳤다 하여 그 하자가 치유될 수는 없으나, 이 사건 부과처분은 적법한 감정기관의 평가를 거쳤고 징수대상자들이 이의를 제기하자 절반 이상을 감액하여 결정되었으며, 그 액수가 관계법령, 감정가액, 시가 등에 비추어 볼 때 일응 정당한 가액이라고 할 것임에 반하여 원고들은 위 감정가액이나 이 사건 부과금액이 지나치게 과다하다는 점에 관하여 감정 등 아무런 입증을 하지 아니할 뿐 아니라 이 사건 사업으로 인하여 도시기반 시설확충 및 지가상승 등의 이익을 얻은 반면 어떠한 손해를 입었다고 볼 자료도 없으므로 공평의 원칙에 비추어 보면 이 사건 부과처분을 취소하는 것은 현저히 공공복리에 적합하지 아니하다는 이유로 행정소송법 제28조 제1항에 의하여 원고들의 청구를 모두 기각한다고 판단하였다.

2. 소송경과

1) 취소소송 제기.
2) 항소심 기각.
3) 상고심 파기 · 환송.

3. 판결요지

행정처분이 위법한 때에는 이를 취소함이 원칙이고 그 위법한 처분을 취소 · 변경함이 도리어 현저히 공공의 복리에 적합하지 않은 경우에 극히 예외적으로 위법한 행정처분의 취소를 허용하지 않는다는 사정판결을 할 수 있으므로 사정판결의 적용은 극히 엄격한 요건 아래 제한적으로 하여야 하고, 그 요건인 현저히 공공복리에 적합하지 아니한가의 여부를 판단함에 있어서는 위법 · 부당한 행정처분을 취소 · 변경하여야 할 필요와 그 취소 · 변경으로 인하여 발생할 수 있는 공공복리에 반하는 사태 등을 비교 · 교량하여 그 적용 여부를 판단하여야 한다.

Ⅱ. 쟁점정리

1. 청산금부과처분취소의 반공익성

대상판결은 “행정처분이 위법한 때에는 이를 취소함이 원칙이고 그 위법한 처분을 취소 · 변경함이 도리어 현저히 공공의 복리에 적합하지 않은 경우에 극히 예외적으로 위법한 행정처분의 취소를 허용하지 않는다는 사정판결을 할 수”있다고 하고 있으므로 사정판결을 할 수 있기 위해서는 우선 청산금부과처분 취소가 공익에 반하는 점이 있어야 한다.

청산금부과처분이 환지처분에 포함되는 것이라면 환지처분으로 인하여 발생한 다른 이해관계인들에게 발생한 기존의 사실관계가 뒤엎어지고 새로운 사실관계가 형성되어 혼란이 생길 수 있기 때문에 청산금부과처분의 취소가 공익에 반하는 점이 있게 된다. 그러나 청산금부과처분을 환지처분과는 별도의 독립된 처분으로 보게 되면(서울고법 1993. 10. 13. 선고 92구32014 제3특별부판결) 다른 이해관계인들에게 발생한 기존의 사실관계가 뒤엎어지는 것은 아니기 때문에 청산금부과처분취소가 공익에 반한다고 볼 수는 없다. 생각건대 환지처분의 법적 근거조항(토지구획정리사업법 제61조 제4항)과 청산금부과처분의 법적근거조항(토지구획정리사업법 제68조)이 다르기 때문에 청산금부과처분이 환지처분에 포함된다고 볼 수 없다.[1) 그러므로 청산금부과처분은 환지처분과는 별도의 독립된 처분으로 기존의 사실관계에 영향이 없고 따라서 청산금부과처분의 취소가 공익에 반한다고 볼 수는 없으므로 사정판결의 대상이 아니다.

2. 청산금결정의 성질

사정판결은 취소소송에 대해서만 할 수 있는 것이므로 청산금결정은 처분이어야 하고 청산금결정액에 대한 다툼은 취소소송이어야 한다. 만약 청산금결정액에 대한 다툼이 당사자소송이나 민사소송의 대상이라면 사정판결을 할 수 없다.

토지구획정리사업법 제68조 3항은 "청산금을 납부할 자가 이를 납부하지 아니할 때에는 행정청인 시행자는 국세 또는 지방세체납처분의 예에 따라 이를 징수할 수 있다"고 하여 청산금의 결정을 처분으로 보고 있다. 그러나 금액의 결정은 공권력 행사의 적법성의 문제가 아니라 당사자의 법률관계에 대한 획정의 문제이므로 조세부과 등의 금액결정을 처분으로 보아온 그동안의 관행은 이론적으로 문제가 있다. 조세에 대한 신고납부의 경우에 복심으로서의 취소소송의 대상이 된다면 원처분이 없으므로 원처분이 있은 것으로 간주하여야 할 것인지의 여부에 대한 논란이 바로 금액 결정의 성질을 처분으로 보는 것에 대한 문제점의 단적인 예에 해당한다. 생각건대 금액 결정을 무리하게 처분으로 보기보다는 공법상의 금액결정은 당사자소송의 대상으로, 사법상의 금액결정은 민사소송의 대상으로 하는 것이 보다 논리적이라고 볼 수 있다.

---

1) 같은 취지, 김종보, "토지구획정리사업법상 환지처분의 실질", 행정법연구 4호, 행정법이론실무연구회.

3. 사정판결제도에 대한 평가

사정판결제도를 통해 기성사실을 존중할 것이 아니라 긴급절차로서의 집행정지제도의 효율적 운영을 통한 위법한 기성사실의 방지책이 필요한 것이 아닌지, 또 취소할 수 없는 것이라면 취소소송을 제기하는 목적이 무엇인지 검토해 볼 필요가 있다.

사정판결제도는 일본에서 도입한 제도를 모방한 것으로 일본에서 사정판결제도를 도입하여야 할 필요성이 있는 모델사건으로 하천사용허가를 받아서 수력발전용 댐을 건설한 후에 그 허가가 위법한 것으로 취소됨으로써 어업권자, 관개용수권자 등의 이익보호를 위하여 댐 설비를 철거하지 아니하면 안 되는 것과 같은 불합리한 결과를 회피할 필요가 있는 경우가 제시되었다.[2] 그런데 기성사실에 의한 기득권자가 발생하기 전에 위법한 처분을 취소한다면 기성사실 자체가 발생하지 않는다. 따라서 기성사실의 발생을 긴급절차인 집행정지제도를 활용하여 아예 막아 버린다면 사정판결제도의 필요성은 그만큼 감소된다.

취소소송의 대상은 처분이다. 그러나 소송경제의 측면에서 취소소송이 받아들여질 수 있기 위해서는 소송을 제기하는 자에게 소송을 제기할 만한 권리보호의 필요성이 있어야 한다. 그러나 처분을 취소하는 것이 물리적으로 불가능하거나 또는 물리적으로 가능하다 하더라도 비교형량의 원칙상 취소할 수 없는 처분을 대상으로 소송이 제기된다면 이러한 경우는 사정판결을 할 것이 아니라 아예 처음부터 '권리보호의 필요성'이 없다는 이유로 원고적격을 배척하면 된다. 따라서 사정판결의 필요성도 그만큼 감소된다. 한편, 대법원은 1995. 11. 21. 선고 94누11293 판결에서 "원고들은 이미 철거된 대상건물에 대한 이 사건 대집행계고처분의 효력을 다툴 법률상의 이익이 없게 되었다고 할 것이다. 그렇다면 이 사건은 상고심에 계속 중 대상건물의 철거로 소의 이익이 없게 되어 부적법하게 되었다고 할 것이고, 따라서 원심판결은 이 점에서 그대로 유지될 수 없으므로 이를 파기하고, 이 법원이 직접 판결하기로 하여 이 사건 소를 위와 같이 소의 이익이 없다는 이유로 각하하며, 소송총비용은 패소자들의 부담으로 한다"고 하여 처분의 집행이 완료된 경우에 소의 이익을 인정하지 아니하였다. 그런데 이런 경우는 긴급절차로서의 집행정지제도를 제대로 운영하지 못한 결과로 볼 수 있다.

---

2) 南博方 編 條解行政事件訴訟法, 1992, 688-689項. 박영하, "사정판결", 편집대표 김철용·최광률, 주석 행정소송법, 박영사, 2004, 901면 재인용.

Ⅲ. 관련판례

1. 대법원 1992. 2. 14. 선고 90누9032 판결

토지구획정리사업의 시행자가 시행지구 안의 토지 등의 가격을 평가하고자 할 때는 반드시 공인평가기관의 평가와 토지평가협의회의 심의를 거쳐서 결정하여야 하는 것이고 특별한 사정이 없는 한 이와 같은 심의를 거치지 아니하고 결정한 토지 등의 가격평가나 이에 터잡은 환지예정지지정처분은 그 절차에 하자가 있는 것으로서 위법한 것이며 여기서 말하는 특별한 사정이란 토지평가협의회가 정당한 사유 없이 회의를 소집하지 않는다든가 또는 회의를 열었어도 의견을 제시하지 않는 경우 등을 의미한다.

행정소송법 제26조, 제28조 제1항 전단의 각 규정에 비추어 행정소송에 있어서 법원이 사정판결을 할 필요가 있다고 인정하는 때에는 당사자의 명백한 주장이 없는 경우에도 일건기록에 나타난 사실을 기초로 하여 직권으로 사정판결을 할 수 있다.

환지예정지지정처분의 기초가 된 가격평가의 내용이 일응 적정한 것으로 보일 뿐만 아니라 환지계획으로 인한 환지예정지지정처분을 받은 이해관계인들 중 원고를 제외하고는 아무도 위 처분에 관하여 불복하지 않고 있으므로 원고에 대한 환지예정지지정처분을 위법하다 하여 이를 취소하고 새로운 환지예정지를 지정하기 위하여 환지계획을 변경할 경우 위 처분에 불복하지 않고 기왕의 처분에 의하여 이미 사실관계를 형성하여 온 다수의 다른 이해관계인들에 대한 환지예정지지정처분까지도 변경되어 기존의 사실관계가 뒤엎어지고 새로운 사실관계가 형성되어 혼란이 생길 수도 있게 되는 반면 위 처분으로 원고는 이렇다 할 손해를 입었다고 볼 만한 사정도 엿보이지 않고 가사 손해를 입었다 할지라도 청산금보상 등으로 전보될 수 있는 점 등에 비추어 보면 위 처분이 토지평가협의회의 심의를 거치지 아니하고 결정된 토지 등의 가격평가에 터잡은 것으로 그 절차에 하자가 있다는 사유만으로 이를 취소하는 것은 현저히 공공복리에 적합하지 아니하다고 보여 사정판결을 할 사유가 있다.

2. 서울고법 1993. 10. 13. 선고 92구32014 제3특별부판결

환지처분은 일단 공고되어 효력을 발생하게 된 이후에는 환지처분 전체의 절차를 처음부터 다시 밟지 않는 한 그 절차 중의 일부만을 따로 떼어 취소함으로써 환지확정의 효과를 변경할 수 없고, 환지청산금확정절차가 환지처분의 한 절차이기는 하지만, 환지청산금부과처분은 환지처분 후에 이루어지는 처분으로서 환지처분과는 별도의 독립한 처분성이 인정되므로 독립한 행정소송으로 그 부과처분의 취소를 구할 수 있다.

3. 대법원 2007. 6. 29. 선고 2005다48888 판결

부당이득은 법률상 원인 없이 타인의 재산 또는 노무로 인하여 이익을 얻고 이로 인하여 타인에게 손해를 가함으로써 성립되는 것이므로 그러한 요건을 구비한 때에만 부당이득반환청구가 허용될 수 있다.

그런데 위 조합은 2000. 1. 28. 법률 제1822호로 폐지된 구 토지구획정리사업법 제19조에 근거한 법인으로서 그 구성원인 조합원과 독립하여 별개로 권리의무의 주체가 된다고 할 것인바, 원고는 위 조합의 자력 유무에 불구하고 여전히 위 조합에 대하여 도급대금청구채권을 가지고 있으므로 무슨 손해를 입었다고 할 수 없고, 위 피고들을 포함한 과도지 소유자들은 위 조합의 환지확정처분에 따른 환지청산금을 납부하거나 납부해야 할 의무를 부담하고 과도지의 소유권을 취득한 것이므로 이러한 소유권 취득을 가리켜 법률상 원인이 없는 것이라고 할 수도 없으며, 위 조합이 위 피고들에게 과도지의 청산금으로 얼마를 부과하고 징수할 것인지는 위 조합과 조합원인 위 피고들 사이의 내부문제에 불과하여 제3자인 원고가 위 조합을 대위하는 등의 방법에 의하지 아니한 채 직접 개입할 여지는 없다고 할 것이므로, 설령 위 조합이 위 피고들을 포함한 과도지 소유자들에게 대하여 그 환지처분시의 시가보다 저렴한 가격을 기준으로 산정한 환지청산금을 부과 · 징수하였다고 하더라도, 위 피고들이 원고에 대한 관계에서 법률상 원인 없이 그 차액 상당의 이득을 얻었다고는 할 수 없다고 할 것이다.

Ⅳ. 판결의 검토

판결은 사정판결의 요건으로 "현저히 공공복리에 적합하지 아니"할 것을 들고 있고, "현저히 공공복리에 적합하지 아니한가의 여부를 판단함에 있어서는 위법 · 부당한 행정처분을 취소 · 변경하여야 할 필요와 그 취소 · 변경으로 인하여 발생할 수 있는 공공복리에 반하는 사태 등을 비교 · 교량하여 그 적용 여부를 판단하여야 한다"고 하고 있다. 그런데 이 사건에서 문제가 되는 것은 청산금액이지 환지처분이 아니다. 그러므로 애초부터 뒤집어져서는 곤란할 기성사실이 없다. 결론적으로는 사정판결을 하여야 할 이유가 없다는 점에서는 대상판결에 동의하지만, 환지처분과 청산금부과처분은 별개의 처분이고 청산금부과처분의 취소로 인하여 침해될 '그 취소 · 변경으로 인하여 발생할 수 있는 공공복리에 반하는 사태'는 평면적으로 비교 · 교량을 할 정도도 못되는 점을 설시하였으면 하는 아쉬움이 남는다.

Ⅴ. 판결의 의미와 전망

대법원은 절차상의 하자를 중대한 위법사유로 보고 치유를 인정하지 아니한다는 90누9032 등의 판례태도를 계속 견지하고 있으며, 사정판결의 요건으로서의 '공공복리에 적합하지 아니함'을 판단하는 데 있어 '위법 · 부당한 행정처분을 취소 · 변경하여야 할 필요와 그 취소 · 변경으로 인하여 발생할 수 있는 공공복리에 반하는 사태 등의 비교 · 교량'을 엄격하게 하는 입장을 확인하고 있다. 그러나 환지처분과 환지청산금부과처분이 별개라는 점을 명백히 하고 있지는 아니하며 아무런 설명도 없이 청산금의 결정을 처분이라고 단정하고 있는 점에서 미진한 감이 있다. 앞으로 청산금결정의 성격과 이에 대한 구제수단에 대하여 고민해 볼 필요가 있으며 아울러 사정판결제도에 대하여 적용 · 부적용만 판단 할 것이 아니라 이 제도 자체의 유용성에 대하여도 재검토할 필요가 있다.

<참고문헌>

김재호, "현행행정심판법의 문제점과 개선방향", 법학연구; 문송정종학교수 정년퇴임기념논문집 8권1호, 충남대학교 법학연구소.

리기철, "헌법재판소의 결정은 당연무효인가 폐지무효인가: 헌법재판소법 제47조 2항과 관련하여", 강의중교수정년기념논문집, 2002, 한양대학교 강의중교수정년기념논문집 간행위원회.

이기철, "공공복리 내지 공익의 개념", 토지공법연구 18집(2003. 06), 한국토지공법학회.

김만오, "주택개량재개발조합설립 및 재개발사업인가처분의 하자와 사정판결", 대법원판례해설 제24호, 법원도서관.

98. 판결의 기속력의 효과

— 대법원 1990. 12. 11. 선고 90누3560 판결 —

김 영 현*

I. 판결개요

1. 사실관계

원고는 1987. 5.경 피고(서울특별시 성동구청장)에게 토지형질변경허가를 신청하였다가 1987. 5. 22. 피고로부터 '해당지역이 서울특별시 종합토지 이용지침상 개발억제 대상지역이고, 현재 도시계획상 풍치지구 내 임상이 양호한 토지로서 녹지보존시책상 개발을 억제할 필요가 있다'는 이유로 유보(거부)처분을 하였다(이하 '1차 거부처분'이라 한다).

원고는 1987. 11. 20. 1차 거부처분에 대하여 거부처분 취소의 소를 제기하였는데(서울고등법원 87누1437호), 위 법원은 "도시계획법 제4조 제1항[1]에 의하면 도시계획구역 내에서 토지의 형질변경행위는 시장 · 군수의 허가를 받아야 하고, 같은법 시행령 제5조의2에 의하면 시장 · 군수가 법 제4조 제1항에 의한 허가를 함에 있어서 당해 토지의 합리적인 이용이나 도시계획사업에 지장이 될 우려가 있는 것으로서 건설부령이 정하는 기준에 적합하지 아니한 경우에는 이를 허가하지 아니한다고 되어 있으며, 건설부령 제328호 토지의형질변경등행위허가기준등에관한규칙 제4조 제1항 제1, 2호에 의하면 당해 사업의 시행으로 인하여 주변의 환경, 풍치, 미관 등이 크게 손상될 우려가 있는 지역, 지형조건 등에 비추어 당해 사업의 시행이 부적당한 지역 안에서는 허가를 하지 아니하도록 되어 있는데, 이 사건 토지의 주위 일대가 도시계획법상 주거지구, 풍치지구, 주차정비지구로 지정되어 폭 6m의 도로가 개설되는 등 대지조성을 위한 기본시설이 완료되었을 뿐 아니라 수도, 전기 등 기본시설이 들어와 있고, 인접지에 여러 동의 건축물이 건

---

* 서울중앙지방법원 판사.

1) 2000. 1. 28. 법률 제6243호로 개정되기 전의 것. 도시계획법은 2002. 2. 4. 법률 제6655호로 폐지되었다.

축되어 있으며 아카시아와 참나무 등이 어지럽게 산재되어 있어서 이 사건 토지상에 지상건축물을 지어 수목을 조림하면 현재보다 미관상 더욱 효과적일 것으로 보이므로, 주변 환경에 맞추어 건물을 건축케 하고 녹지를 확보하도록 함이 오히려 토지의 경제적 · 효율적 이용을 도모할 뿐만 아니라, 대지화를 위한 토지형질변경행위가 주변의 풍치, 미관을 크게 손상할 우려도 없으며 지형조건 등에 비추어 심히 부적당하다고 보여지지 아니하므로, 피고가 이 사건 토지의 형질변경행위가 위 건설부령 제328호 소정의 허가기준 및 서울특별시 토지이용종합지침에 반한다 하여 원고의 허가신청을 유보한 것은 토지의 용도에 따른 사용을 부당하게 제한하는 것이 되어 그 재량권을 현저히 일탈한 위법이 있다"는 이유로 1차 거부처분을 취소하는 내용의 원고승소판결을 선고하였다. 이에 피고가 불복상고하였으나, 대법원이 1989. 2. 14. 피고의 상고를 기각하여 위 판결이 확정되었다(이하 '확정판결'이라 한다).

그런데, 피고는 1989. 9. 12. "이 사건 토지에 관한 토지형질변경은 1988. 7. 1. 제정된 서울특별시 예규 제499호 토지형질변경행위 사무취급요령[2]에 의하여 금지되었다"는 이유로 불허가처분(이하 '이 사건 불허가처분'이라 한다)을 하였다.

2. 소송경과

이에 원고는 행정소송에 있어서 처분행정청은 확정판결에 기속되므로, 피고는 확정판결의 취지에 따라 토지형질변경을 허가하여야 함에도 불구하고 이를 다시 불허가처분을 하였는바, 이 사건 불허가처분은 확정판결의 기속력에 위배되어 중대하고 명백한 하자있는 행정행위로서 당연무효라고 주장하면서, 토지형질변경허가신청불허가처분취소의 소를 제기하였다.

원심은, 피고가 확정판결의 취지에 따라 토지형질변경을 허가하여야 할 것임에도 이에 따르지 아니하고 이 사건 불허가처분을 하였으므로, 이 사건 불허가처분의 하자가 중대하고 명백하여 무효라고 하면서, 그 무효확인판결을 하였다(서울고등법원 1990. 4. 11. 선고 89구13600 판결). 피고가 이에 불복상고하였으나, 대법원은 피고의 상고를 기각하였다.

---

2) 위 사무취급요령은 구 토지의형질변경등행위허가기준등에관한규칙(1992. 11. 19. 건설부령 제517호로 개정되기 전의 것) 제20조 위임규정에 근거를 두고 제정되었는데, 위 규칙 제4조 제1항이 정하는 바와 거의 동일한 형질변경허가 금지 대상지를 규정하는 외에 일정한 경우에만 허가가 가능한 허가규제 대상지를 별도로 규정하고 있었다{예를 들면, 죽목이 있는 산지와 이와 연접한 일단의 공지(지목상 임야)로서 입목본수도 51% 이상으로 녹지보전이 필요한 경우, 지형의 경사도가 21도 이상인 경우 등}. 대법원은 위 사무취급요령에 대하여 그 내용이나 성질에 비추어 법규로서의 효력이 없다고 판시한 바 있다(대법원 1994. 1. 14. 선고 93누13315 판결).

3. 판결요지

[원심판결의 요지]

"행정소송법 제30조 제1항, 제2항에 의하면, 처분등을 취소하는 확정판결은 그 사건에 관하여 당사자인 행정청과 그 밖의 행정청을 기속하고, 판결에 의하여 취소하는 처분이 당사자의 신청을 거부하는 것을 내용으로 하는 경우에는 그 처분을 행한 행정청은 판결의 취지에 따라 다시 이전의 신청에 대한 처분을 하여야 하도록 규정하고 있으므로 확정판결의 당사자인 행정청으로서는 그 판결의 사실심 변론종결 이전의 사유를 내세워 확정판결과 저촉되는 새로운 처분을 할 수 없고 만일 그러한 처분을 하였다면 그 새로운 처분은 명백하고도 중대한 하자가 있는 행정행위로서 당연무효라고 할 것인데, …, 위 인정사실에 의하면 피고가 앞에서 이 사건 불허가처분의 처분이유로 내세우고 있는 사유와 근거는 결국 건설부령 제328호 소정의 허가기준에 적합하지 아니하다는 것으로서 위 확정판결의 사실심 소송절차에서 피고가 이미 주장하였던 것과 동일한 내용이고 확정판결의 사실심 변론종결 이후의 새로운 사유로 볼 수 없으므로, 결국 피고는 위 확정판결의 취지에 따라 이 사건 토지의 형질변경을 허가하여야 할 것임에도 이에 따르지 아니하고 또 다시 위 확정판결에서 배척당하였던 처분사유와 근거만을 내세워 확정판결과 저촉되는 이 사건 불허가처분을 하였으니 이는 그 하자가 중대하고 명백하여 무효라고 할 것이다."

[대법원 판결의 요지]

"행정소송법 제30조 제1항, 제2항의 규정에 의하면, 행정처분을 취소하는 확정판결은 그 사건에 관하여 당사자인 행정청을 기속하고 판결에 의하여 취소되는 처분이 당사자의 신청을 거부하는 것을 내용으로 하는 경우에는 그 처분을 행한 행정청은 판결의 취지에 따라 다시 이전의 신청에 대한 처분을 하도록 되어 있으므로, 확정판결의 당사자인 행정청이 그 행정소송의 사실심 변론종결 이전의 사유를 내세워 다시 확정판결과 저촉되는 행정처분을 하는 것은 허용되지 않는 것으로서 이러한 행정처분은 그 하자가 중대하고도 명백한 것이어서 당연무효라 할 것이다."

Ⅱ. 평 석

1. 쟁점정리

행정소송법 제30조는 처분등을 취소하는 확정판결은 그 사건에 관하여 당사자인 행정청과 그 밖의 관계행정청을 기속하고(제1항), 판결에 의하여 취소되는 처분이 당사자의 신청을 거부하는 것을 내용으로 하는 경우에는 그 처분을 행한 행정청은 판결의 취지에 따라 다시 이전의 신청에 대한 처분을 하여야 한다(제2항)고 규정하고 있는바, 이를 '취소판결의 기속력'이라 한다.

권력분립의 원칙상 법원은 행정처분의 적법성 여부를 사후에 심사하는 데 그칠 뿐 직접 행정처분의 내용을 변경하거나 별도의 구체적 조치를 취할 것을 직접 명하는 것은 허용되지 아니하나, 한편 사법심사의 실효성 확보 및 당사자의 실질적 구제를 위하여 행정청에 대하여 확정판결의 취지에 따라 시정조치를 강구하도록 하는 내용의 구속력을 부여함으로써 사법과 행정의 상호 억제와 균형을 보장한다는 데 그 의의가 있다.

1951. 8. 24. 법률 제213호로 제정된 행정소송법 제13조는 "확정판결은 당해 사건에 관하여 관계행정청과 그 소속기관을 기속한다"라고만 규정하고 있었는데, 1984. 12. 15. 법률 제3753호로 전문개정되면서 위 제30조 제1, 2항과 같은 내용으로 구체화되는 한편, 제34조에서 행정청의 재처분의무 불이행시 간접강제 규정까지 추가되었다.

2. 판결의 검토

(1) 기속력의 법적 성질

취소판결의 기속력은 ① 취소판결의 대상이던 종전 행정처분과 취소판결 후 이루어진 재처분은 형식상 별개의 처분임에도, 행정청은 취소판결의 취지에 구속되어 재처분을 행하여야 한다는 점, ② 행정청은 취소판결의 주문에 표시된 사항이 아닌 판결이유 중의 판단, 즉 취소판결의 취지에도 구속된다는 점, ③ 취소판결의 당사자가 아닌 모든 관계 행정청에게도 위와 같은 효력이 통용된다는 점에서 소위 기판력과 구별된다는 견해가 통설이다.

(2) 기속력의 내용

(가) 반복금지효

취소판결이 확정되면 행정청은 동일한 사실관계 아래에서 동일한 당사자에 대하여 동일한 내용의 처분을 하여서는 아니 된다. 다만, 행정처분의 절차 내지 형식의 위법을 이유로 취소판결이 확정된 경우에 그 확정판결의 기속력은 확정판결에 적시된 절차 내지 형식의 위법사유에 한하여 미치는 것이므로, 행정청은 그 위법사유를 보완하여 동일한 재처분을 하더라도 확정판결의 기속력에 저촉되는 것은 아니다.

판례상 이와 같은 반복금지효에 위배된 재처분은 그 하자가 명백하고 중대한 경우에 해당되므로 당연무효이다.

(나) 재처분의무 및 간접강제

판결에 의하여 취소되는 처분이 당사자의 신청을 거부하는 것을 내용으로 하는 경우에는 그 처분을 행한 행정청은 판결의 취지에 따라 다시 이전의 신청에 대한 처분을 하여야 한다.

한편, 행정청이 이러한 재처분을 하지 아니하는 때에는 제1심 수소법원은 당사자의 신청에 의하여 결정으로써 상당한 기간을 정하고 행정청이 그 기간 내에 이행하지 아니하는 때에는 그 지연기간에 따라 일정한 배상을 할 것을 명하거나 즉시 손해배상을 할 것을 명할 수 있는바(행정소송법 제34조 제1항), 대법원은 거부처분에 대한 취소의 확정판결이 있음에도 행정청이 아무런 재처분을 하지 아니하거나, 재처분을 하였다 하더라도 그것이 종전 거부처분에 대한 취소의 확정판결의 기속력에 반하는 등으로 당연무효라면 이는 아무런 재처분을 하지 아니한 때와 마찬가지라 할 것이므로 이러한 경우에는 행정소송법 제30조 제2항, 제34조 제1항 등에 의한 간접강제신청에 필요한 요건을 갖춘 것으로 보고 있다(대법원 2002. 12. 11. 자 2002무22 결정).

(3) 기속력의 범위

(가) 주관적 범위

취소판결은 그 사건에 관하여 당사자인 행정청뿐만 아니라 대상이 된 행정처분에 관계되는 권한을 가지는 모든 행정청을 기속한다.

(나) 객관적 범위

행정청은 취소판결의 주문에 표시된 사항뿐만 아니라 판결이유에 나타난 판단에도 기속된다.

(다) 재처분이 취소판결의 기속력에 저촉되는지 여부의 판단기준(소위 '차단효'의 문제)

대법원은 대상판결을 포함하여 수차례에 걸쳐 '행정청이 취소소송의 사실심 변론종결 이전의 사유를 내세워 다시 확정판결과 저촉되는 행정처분을 하는 것은 허용되지 않는다'라고 판시하여 재처분의 사유가 취소소송의 사실심 변론종결 이전의 사유인지 혹은 이후의 사유인지에 따라 재처분이 취소판결의 기속력에 저촉되는지 여부를 판단하는 듯한 설시를 하여 왔다(대법원 1999. 2. 4. 자 96두70 결정 외 다수).

그러나, ① 판례상 취소소송에 있어서 위법성 판단의 기준시는 처분시라는 점(대법원 1989. 3. 28. 선고 88누12257 판결 외 다수), ② 또한 판례상 취소소송에서 처분청은 당초 행정처분의 처분사유와 기본적 사실관계에 있어서 동일성이 인정되는 한도 내에서만 새로운 처분사유를 추가하거나 변경할 수 있다는 점(대법원 1987. 7. 21. 선고 85누694 판결 외 다수), ③ 취소판결의 기속력은 당사자의 실질적 권리구제를 보장하기 위한 합목적적인 고려를 담고 있는 점 등을 고려하여 볼 때, 행정청이 취소소송의 사실심 변론종결 이전에 존재하기는 하였으나 주장할 수 없었던 사유를 내세워 종전 행정처분과 동일한 재처분을 하는 것이 일체 허용될 수 없다는 취지로 제한된 해석을 하는 것은 부당하다. 여기서 '확정된 취소판결의 기속력은 당해 취소판결에서 위법하다고 판단한 사유에 한하여 미치는 것이므로 종전 행정처분과 기본적 사실관계의 동일성이 없는 새로운 처분사유를 내세울 경우 종전 행정처분과 동일한 재처분을 할 수 있다'는 취지의 판시를 하는 일련의 대법원 판례를 주목할 필요가 있다.

대표적인 판례를 들면, ① 관계법령이 거부처분 발령시와 취소판결 확정시 사이에 개정 · 시행되었고, 행정청이 취소판결 확정 후 새로운 관계법령에 따라 다시 거부처분을 한 사례에서, '행정처분의 적법여부는 그 행정처분이 행하여진 때의 법령과 사실을 기준으로 하여 판단하는 것이므로 거부처분 후에 법령이 개정 · 시행된 경우에는 개정된 법령 및 허가기준을 새로운 사유로 들어 다시 이전의 신청에 대한 거부처분을 할 수 있으며, 그러한 처분도 행정소송법 제30조 제2항에 규정된 재처분에 해당된다'고 보았고(대법원 1998. 1. 7. 선고 97두22 판결), ② 과세처분을 취소하는 판결이 확정된 경우, 그 확정판결의 기판력은 확정판결에 적시된 위법사유에 한하여만 미친다 할 것이므로 과세처분권자가 그 확정판결에 적시된 위법사유를 보완하여 행한 새로운 과세처분은 확정판결에 의하여 취소된 종전의 과세처분과는 별개의 처분으로서 확정판결의 기판력에 저촉된다 할 수 없다(대법원 2002. 5. 31. 선고 2000두4408 판결)고 판시하였으며, ③ 개별토지가격 결정처분이 가격배율을 잘못 적용한 위법이 있다는 이유로 취소된 후, 토지 특성을 조사 · 비교하여 가격배율을 새로이 적용하는 등으로 다시 개별토지가격을 결정한 것은 종전처분과 별개의 처분이므로 확정판결의 기속력에 저촉되지 않는다(대법원 1997. 2. 11. 선고 96누13057 판결)고 보았다.

결국, 대법원의 견해는 취소소송의 사실심 종결시까지 유효하게 주장할 수 있었던 사유나 자료를 근거로 다시 동일한 재처분을 하는 것은 취소판결의 기속력에 저촉되어 허용될 수 없으나, 종전 행정처분의 처분사유와 기본적 사실관계에 있어서 동일성이 없는 새로운 처분사유를 내세울 경우 행정청은 동일한 사실관계 아래에서도 동일한 재처분을 할 수 있다는 취지로 해석될 수 있다.

4. 판결의 의미와 전망

대상판결은 종전에 판시되어 오던 행정소송법 제30조 제1, 2항에 규정된 취소판결의 기속력의 내용을 재확인하였다는 데 의미가 있다.

다만, 기속력의 객관적 범위, 특히 시적 범위에 관하여 '행정청이 취소소송의 사실심 변론종결 이전의 사유를 내세워 다시 확정판결과 저촉되는 행정처분을 하는 것은 허용되지 않는다'라고 판시하여 재처분의 사유가 취소소송의 사실심 변론종결 이전의 사유인지 혹은 이후의 사유인지에 따라 기속력 저촉 여부를 구별하는 듯한 설시를 하고 있는 점은 아쉬움으로 남는다. 결국 행정청이 취소소송에서 사실심 변론종결시까지 '당해 소송'에서 '주장할 수 있었던' 사유만이 기속력에 의하여 차단된다고 해석한다면, 종래 판례의 입장에 일관성을 더해 줄 수 있다고 본다.

〈참고문헌〉

이성훈, "행정처분을 취소하는 확정판결의 구속력", 국민과 사법; 윤관 대법원장 퇴임기념, 박영사, 1989. 2.

임시규, "행정소송에 있어서의 기판력과 기속력", 행정소송실무연구 2권, 서울고등법원.

성백현, "취소판결의 기속력", 대법원판례해설 30호, 법원도서관, 1998. 1.

박정훈, "취소판결의 기판력과 기속력—취소소송의 관통개념으로서 소송물—", 행정판례연구 Ⅸ, 박영사, 2006. 6.

박균성, "거부처분취소판결의 기속력과 간접강제—대법 2002. 12. 12. 2002무32 결정", 행정판례연구 Ⅸ, 박영사, 2006. 6.

석호철, "기속력의 범위로서의 처분사유의 동일", 행정판례연구 Ⅴ, 서울대학교출판부, 2000.

99. 거부처분취소판결의 기속력

—대법원 1998. 1. 7.자 97두22 결정—

김 용 섭*

Ⅰ. 판례개요

1. 사실관계

신청인(A)은 1995. 9. 14. X행정청(장성군수)에게 준농림지역인 토지상에 숙박시설 용도의 건축물을 신축하고자 건축허가 신청을 하였으나, X행정청은 같은 달 21일 위 토지상의 숙박시설을 건축할 경우 마을 전체의 경관, 조망 및 주민정서를 해친다는 등의 이유로 신청을 거부하는 처분(제1차거부처분)을 하였다.

그런데, 1995. 10. 19. 국토이용관리법시행령이 개정되면서 준농림지역 안에서의 행위제한에 관하여 지방자치단체의 조례로써 일정 지역에서 숙박업을 영위하기 위한 시설의 설치를 제한할 수 있도록 하는 내용이 새로이 규정되었는데, 그 부칙에서 위 시행령은 공포일부터 시행한다고 규정하고 있을 뿐 위 규정의 변경에 따른 경과조치는 두지 아니하였으며, X행정청은 해당 군의회를 설득하여 1996. 2. 16. 위 시행령 개정에 따라 취락의 중심이나 기존 주택의 조망권 및 일조권과 주민정서를 침해할 수 있는 지역등에서의 숙박시설 설치의 제한 등을 내용으로 하는 '준농림지역안에서의행위제한에관한조례'를 제정하고 같은 날 이를 공포하였다.

X행정청은 광주고등법원의 거부처분취소판결이 확정된 후인 1996. 7. 16. 이 사건 토지가 '준농림지역안에서의행위제한에관한조례' 제4조 제1항 제6호에서 정한 "취락의 중심이나 기존 주택의 조망권 및 일조권과 주민정서를 침해할 수 있는 지역" 및 같은 조 제2항 제1호 소정의 "고속도, 국도, 철로 변에 위치한 500m 이내의 가시권 지역으로서 숙박업소 등의 설치로 인하여 주변의 환경, 풍치, 미관 등이 크게 손상될 우려가 있는 구역"에 해당하여 숙박업소의 시설행위가 불가능하다는 이유로 다시 건축불허가처분(제2

* 전북대학교 법학전문대학원 교수.

차거부처분)을 하고 이를 신청인(A)에게 통지하였다.

그러자 신청인(A)는 1997. 1. 15. 위 확정판결의 취지에 따른 집행을 위해 X행정청에 대하여 간접강제신청을 하였다.

2. 소송경과

신청인(A)는 X행정청을 상대로 하여 제1차거부처분에 대하여 행정심판을 거쳐 광주고등법원에 건축불허가처분의 취소를 구하는 소송을 제기하였다. 위 법원은 1996. 5. 16. 위 불허가처분의 사유는 그 당시 시행 중이던 건축법, 국토이용관리법, 도시계획법 등 관계 법규에서 정하는 어떠한 건축제한 사유에도 해당하지 아니하므로, 이러한 이유를 들어 X행정청이 위 건축허가 신청을 불허가한 처분은 위법하다고 판단하면서 X행정청의 불허가처분을 취소하는 판결을 선고하였고, 위 판결은 같은 해 6. 13. 확정되었다.

X행정청이 취소판결이 확정된 후 제2차 거부처분(건축불허가처분)을 통지하자 신청인(A)는 1997. 1. 15. 기 확정판결의 취지에 따른 집행을 위해 X행정청에 대하여 간접강제신청을 하였고 원심법원인 광주고등법원은 제1차 거부처분을 한 후에 개정된 국토이용관리법시행령 및 장성군 조례에 따라 다시금 불허가 처분을 한 것은 확정판결에 배치되지 아니하고 재처분의무를 이행한 것이라는 취지로 신청인(A)의 간접강제신청을 기각하였다.

이에 대해 신청인(A)는 X행정청이 사실심변론종결전의 사유를 내세워 다시 불허가처분하는 것은 확정판결의 기속력의 법리에 반하고 심리미진 및 판단유탈의 잘못이 있다는 취지의 이유를 들어 대법원에 재항고하였고, 대법원은 재항고를 기각하고 원심의 판단이 옳다는 내용의 결정을 내렸다.

3. 결정요지

(1) 원심결정의 요지

행정소송법 제30조 제2항에 의하여 행정청의 거부처분을 취소하는 판결이 확정된 경우에는 당해 행정청이 판결의 취지에 따라 이전의 신청에 대하여 재처분을 하여야 할 의무가 있으나, 이때 당해 행정청은 확정판결에 저촉되지 아니하는 범위 내에서 확정판결에서 적시된 위법사유를 보완하여 새로운 처분을 하거나 새로운 사유에 의하여 당사자의 신청에 대하여 거부처분을 하는 것도 가능하고 그러한 처분도 같은 조항에 따른 재처분에 해당하며, 거부처분 후에 법령이 개정 · 시행된 경우에는 확정판결의 기속력의 내용은 원처분시의 법령을 기준으로 그 처분이 위법하다는 것이고 행정처분을 함에 있어서는 처분당시의 법령에 따라야 함이 원칙이므로 신법령 부칙에서 신법령 시행 전에 이미 허가신청이 있는 때에는 종전의 규정에 의한다는 취지의 경과규정을 두지 아니한 이상 개정된 법령 및 허가기준을 새로운 사유로 들어 다시 거부처분을 함에 있어서는 그 기속력이 미치지 아니한다는 전제하에, 1차 불허가처분 후에 국토관리법시행령이 개정되어 준농림지역 안에서의 행위제한에 대하여 지방자치단체의 조례로써 일정 지역에서 숙박업을 영위하기 위한 시설의 설치를 제한할 수 있도록 되었고, 이에 따라 이 사건 건축허가 신청 지역이 장성군 조례에서 정한 "기존 주택의 조망권 및 일조권과 주민정서를 침해할 수 있는 지역 등"에 해당한다는 이유로 다시 불허가처분을 한 것은 확정판결에 저촉되지 않는다.

(2) 대법원결정의 요지

㈎ 행정소송법 제30조 제2항의 규정에 의하면 행정청의 거부처분을 취소하는 판결이 확정된 때에는 그 처분을 행한 행정청이 판결의 취지에 따라 이전의 신청에 대하여 재처분할 의무가 있으나, 이때 확정판결의 당사자인 처분 행정청은 그 확정판결에서 적시된 위법사유를 보완하여 새로운 처분을 할 수 있다.

㈏ 행정처분의 적법 여부는 그 행정처분이 행하여진 때의 법령과 사실을 기준으로 하여 판단하는 것이므로 거부처분 후에 법령이 개정·시행된 경우에는 개정된 법령 및 허가기준을 새로운 사유로 들어 다시 이전의 신청에 대한 거부처분을 할 수 있으며 그러한 처분도 행정소송법 제30조 제2항에 규정된 재처분에 해당된다.

㈐ 건축불허가처분을 취소하는 판결이 확정된 후 국토이용관리법시행령이 준농림지역 안에서의 행위제한에 관하여 지방자치단체의 조례로써 일정 지역에서 숙박업을 영위하기 위한 시설의 설치를 제한할 수 있도록 개정된 경우, 당해 지방자치단체장이 위 처분 후에 개정된 신법령에서 정한 사유를 들어 새로운 거부처분을 한 것은 행정소송법 제30조 제2항 소정의 확정판결의 취지에 따라 이전의 신청에 대한 처분을 한 경우에 해당한다.

Ⅱ. 평 석

1. 쟁점정리

이 사건 결정과 관련하여 건축불허가처분을 취소하는 인용판결이 확정된 후 개정된 법령에서 정한 사유를 들어 한 새로운 거부처분이 재처분의무를 충족하는 적법한 재처분인지, 아니면 취소판결의 기속력에 반하는 것인지 여부가 쟁점이 된다.

거부처분취소판결은 비록 확정되었다 할지라도 거부처분만 없어지고 당사자가 신청한 것은 그대로 존속하고 있으므로 행정청의 새로운 조치가 없는 한 어떠한 만족을 얻을 수 없다. 이러한 경우에 행정청이 소극적으로 나올 경우에는 속수무책이므로 행정청에 일정한 행위의무를 부과해야 할 필요가 있다.

이 사건 결정과 관련하여서 첫째로, 거부처분취소판결의 기속력을 어떻게 이해할 것인가 둘째로, 기속력의 내용으로서의 재처분의 의무의 충족을 어떻게 파악할 것인가 셋째로, 취소판결의 기속력의 범위, 특히 시적범위와 관련하여 어느 시점을 기준으로 기속력을 판단할 것인가의 문제가 중요한 쟁점이라고 할 수 있다.

2. 관련판례

(1) 재처분의무를 충족한 것으로 보는 판례

대법원 2005. 1. 14. 선고 2003두13045 판결에서 "행정소송법 제30조 제2항의 규정에 의하면 행정청의 거부처분을 취소하는 판결이 확정된 경우에는 그 처분을 행한 행정청이 판결의 취지에 따라 이전의 신청에 대하여 재처분할 의무가 있다고 할 것이나, 그 취소사유가 행정처분의 절차, 방법의 위법으로 인한 것이라면 그 처분 행정청은 그 확정판결의 취지에 따라 그 위법사유를 보완하여 다시 종전의 신청에 대한 거부처분을 할 수 있고, 그러한 처분도 위 조항에 규정된 재처분에 해당한다"고 판시하였고, 대법원 2002. 7. 23. 선고 2000두6237 판결에서 "과세처분을 취소하는 확정판결의 기판력은 확정판결에 나온 위법사유에 대하여만 미치므로 과세처분권자가 확정판결에 나온 위법사유를 보완하여 한 새로운 과세처분은 확정판결에 의하여 취소된 종전의 과세처분과는 별개의 처분으로서 확정판결의 기판력에 저촉되지 아니한다"고 판시하고 있다.

이러한 판례의 태도는 행정소송법 제30조 제2항의 규정에 의하면 행정청의 거부처분을 취소하는 판결이 확정된 때에는 그 처분을 행한 행정청이 판결의 취지에 따라 이전의 신청에 대하여 재처분할 의무가 있으나, 이때 확정판결의 당사자인 처분 행정청은 그 확정판결에서 적시된 위법사유를 보완하여 새로운 처분을 할 수 있다. 또한 판례에 의하면 행정처분의 적법 여부는 그 행정처분이 행하여진 때의 법령과 사실을 기준으로 하여 판단하는 것이므로 거부처분 후에 법령이 개정 · 시행된 경우에는 개정된 법령 및 허가기준을 새로운 사유로 들어 다시 이전의 신청에 대한 거부처분을 할 수 있으며 그러한 처분도 행정소송법 제30조 제2항에 규정된 재처분에 해당되고, 행정소송법 제34조에서 말하는 처분을 하지 아니하는 때에 해당하지 아니하므로, 간접강제를 신청할 수 없게 된다고 보고 있다.

(2) 재처분의무를 충족하지 못한 것으로 보는 판례

대법원 2002. 12. 11.자 2002무22 결정에서 "거부처분에 대한 취소의 확정판결이 있음에도 행정청이 아무런 재처분을 하지 아니하거나, 재처분을 하였다 하더라도 그것이 종전 거부처분에 대한 취소의 확정판결의 기속력에 반하는 등으로 당연무효라면 이는 아무런 재처분을 하지 아니한 때와 마찬가지라 할 것이므로 이러한 경우에는 행정소송법 제30조 제2항, 제34조 제1항 등에 의한 간접강제신청에 필요한 요건을 갖춘 것으로 보아야 한다"고 판시하고 있는바, 이 결정은 비록 거부처분에 대한 취소의 확정판결이 있은 후 재처분을 하였다고 할지라도 그것이 종전 거부처분에 대한 취소의 확정판결의 기속력에 반하여 당연무효로 보아 간접강제신청에 필요한 요건을 갖춘 것으로 보고 있다.

또한 대법원 2001. 3. 23. 선고 99두5238 판결에서 "행정소송법 제30조 제1항에 의하여 인정되는 취소소송에서 처분 등을 취소하는 확정판결의 기속력은 주로 판결의 실효성 확보를 위하여 인정되는 효력으로서 판결의 주문뿐만 아니라 그 전제가 되는 처분 등의 구체적 위법사유에 관한 이유 중의 판단에 대하여도 인정되고, 같은 조 제2항의 규정상 특히 거부처분에 대한 취소판결이 확정된 경우에는 그 처분을 행한 행정청은 판결의 취지에 따라 다시 처분을 하여야 할 의무를 부담하게 되므로, 취소소송에서 소송의 대상이 된 거부처분을 실체법상의 위법사유에 기하여 취소하는 판결이 확정된 경우에는 당해 거부처분을 한 행정청은 원칙적으로 신청을 인용하는 처분을 하여야 하고, 사실심 변론종결 이전의 사유를 내세워 다시 거부처분을 하는 것은 확정판결의 기속력에 저촉되어 허용되지 아니한다"고 판시하여 취소소송에서 소송의 대상이 된 거부처분을 실체법상의 위법사유에 기하여 취소하는 판결이 확정된 경우에는 당해 거부처분을 한 행정청은 원칙적으로 신청을 인용하는 처분을 하여야 하고, 사실심 변론종결 이전의 사유를 내세워 다시 거부처분을 하는 것은 확정판결의 기속력에 저촉되어 허용되지 아니한다고 보았다. 이는 전향적인 해석을 통해서 의무이행소송을 인정하고 있지 아니하는 현행법제상의 권리구제의 공백을 적극적으로 메워 나간다는 점에서뿐만 아니라 행정통제의 관점에서도 바람직한 방향의 판시태도라고 할 것이다.

3. 판례의 검토

(1) 거부처분취소판결의 기속력의 의의

취소판결의 기속력이란 소송당사자인 행정청과 관계행정청이 확정판결의 내용에 따라 행동할 실체법적 의무를 지는 효력을 말한다. 이는 행정소송의 특수성에 착안하여 국민이 아닌 행정청에 대하여 법적의무를 부과하는 것으로, 거부처분의 경우에 취소판결이 확정되었다는 것만으로 국민의 실효적인 권리구제가 보장되는 것은 아니기 때문에 판결의 취지에 따라 일정한 조치를 취하도록 의무를 지우는 데 그 의의가 있다. 취소판결의 기속력에 관하여는 행정소송법 제30조에서 명문의 규정을 두고 있는바, 동조 제1항에서 "처분등을 취소하는 확정판결은 그 사건에 관하여 당사자인 행정청과 그 밖의 관계행정청을 구속한다"고 규정하고 있어 기속력의 주관적 범위에 관하여 명문의 규정을 두고 있다. 동조 제2항에서 "판결에 의하여 취소되는 처분이 당사자의 신청을 거부하는 것을 내용으로 하는 경우에는 그 처분을 행한 행정청은 판결의 취지에 따라 다시 이전의 신청에 대한 처분을 하여야 한다"고 규정하고 있고 이 규정이 바로 거부처분취소판결의 기속력에 관한 규정으로, 재처분의무와 관련한 기속력의 내용을 규정한 것으로 이해되고 있다. 동조 제3항에서 "제2항의 규정은 신청에 따른 처분이 절차의 위법을 이유로 취소되는 경우에 준용한다"고 규정하고 있는데, 일견 절차상 위법과 실체상 위법을 이유로 취소되는 경우를 동일하게 취급하는 것을 전제로 하는 규정처럼 보이나, 이 규정이 실체법상 위법과 다른 절차상의 위법을 이유로 취소되는 경우에 기속력의 정도를 달리 취급하는 것을 방해하는 것은 아니다. 이와 같은 취소판결의 기속력에 관한 규정은 무효등확인소송과 부작위위법확인소송 및 당사자 소송에 준용되고 있다(행정소송법 제38조 제1항, 제2항 및 제44조 제1항).

아울러 행정소송법 제34조에서는 거부처분취소판결의 간접강제제도를 명문화하고 있다. 즉 판결에 의하여 취소되는 행정청의 처분이 당사자의 신청을 거부하는 것을 내용으로 하는 경우에는 그 처분을 행한 행정청은 판결의 취지에 따라 다시 이전의 신청에 대한 처분을 하여야 하는데, 이 같은 처분을 하지 않은 경우에는 제1심 수소법원은 당사자의 신청에 의하여 결정으로써 상당한 기간을 정하고 행정청이 그 기간내에 이행하지 아니하는 때에는 그 지연기간에 따라 일정한 배상을 할 것을 명하거나 즉시 손해배상을 할 것을 명할 수 있는 제도를 말한다.

취소판결의 기속력의 법적성질은 기판력과 동일하다고 보는 견해도 있으나, 이와는 달리 취소판결의 실효성을 확보하기 위하여 행정소송법이 특별히 인정하는 효력으로 보는 특수효력설이 통설적 입장이다.

기속력의 내용은 소극적으로는 반복금지효와 적극적인 재처분의무로 나누어져 설명하고 있는바, 여기서는 재처분의무를 중심으로 고찰하고자 한다.

(2) 거부처분취소판결의 기속력의 내용 : 재처분의무

일반적으로 취소판결의 기속력의 내용으로 소극적 효력으로서 반복금지효, 적극적 효력으로서 원상회복의무와 재처분의무를 들고 있다. 그러나 주로 일본에서의 논의이긴 하지만, 취소판결의 기속력의 구체적 내용으로 동일과오 반복금지, 위법상태의 시정, 부정합처분의 취소, 관련 행정처분에의 영향, 재심사의무의 발생 등을 들기도 한다(김창조, 230면 이하).

이와 같은 취소판결의 기속력이란 행정청에 대하여 취소판결의 판단내용을 존중하고 그 취지에 따라 행동하여야 할 구속을 발생시키는 것을 말한다. 만약 취소판결에 의해서 법적으로 처분의 효력이 배제되더라도 행정청이 판결의 의도를 무시하고 동일한 잘못을 반복한다면 당사자는 승소하여도 현실적으로 권리구제를 받지 못하는 결과가 야기된다. 따라서 취소판결이 내려진 경우에 법률에 의하여 행정청에 취소판결의 취지를 존중하여 행동할 의무를 부과하고 이를 통한 판결의 존중의무가 바로 취소판결의 기속력이라고 할 것이다.

사실심변론종결 이후라고 할지라도 재처분 의무를 충족하였다고 보기 어려운 경우는 첫째로, 기속력회피를 위한 처리지연의 경우, 둘째로, 행정청이 스스로 새로운 거부사유를 작출한 경우, 셋째로, 취소판결후 실질적으로 동일한 처분을 한 경우를 들 수 있다.

신청인에게 불이익을 과하는 위법한 거부처분이 내려진 경우에 취소판결로서 그 행정처분의 효력을 제거하는 것만으로는 신청인의 권리가 회복되는 것은 아니며 판결의 취지에 따른 구체적인 실체적 조치가 있어야 권리구제가 가능하게 된다. 그런데 취소판결이 내려져서 거부처분이 효력이 없어지더라도 행정청에서 판결의 의도를 무시하고 사실심변론종결 이후에 생긴 새로운 이유를 들거나 아니면 새로운 법령의 변경사유 등을 내세워 재차 거듭 취소판결을 내린다면 당사자는 막대한 시간, 비용, 노력에도 불구하고 무용의 절차를 거친 것에 불과하고 이로써 실질적 권리구제가 되지 아니하는 결과가 된다고 할 것이다. 따라서 당사자의 신청은 거부한 경우 실체법적으로 위법한 경우에는 설사 취소판결확정 후에 법령의 변경이 이루어졌다는 것을 이유로 이에 기초하여 새롭게 거부처분하더라도 행정소송법 제30조의 규정에 의한 '판결의 취지에 따라 다시 이전의 신청에 따른 처분'이라고 해석할 것은 아니라고 본다.

(3) 취소판결의 기속력의 범위

(가) 주관적 범위

행정소송법 제30조 제1항에서 "처분등을 취소하는 확정판결은 그 사건에 관하여 당사자인 행정청과 그 밖의 관계행정청을 기속한다"고 규정하고 있는바, 이는 기속력의 주관적 범위에 관한 규율을 하고 있다고 할 것이다. 이 점과 관련하여, 기판력이 원고와 피고 양당사자와 동일시 할 수 있는 승계인에 한정하여 미치는 데 반하여, 기속력은 특히 행정청에 대한 효력이라고 말할 수 있다.

(나) 객관적 범위

기속력에 있어서는 취소판결의 실효성을 확보하기 위한 것이므로 판결주문 및 이유부분중에서 요건사실의 인정과 판단에까지 미치고, 결론과 직접 관련이 없는 방론이나 간접사실의 판단에는 미치지 아니한다.

일부 견해는 기속력은 위법성 일반에 대하여 생기는 것이 아니라 판결에서 위법한 것으로 판단된 개개의 처분이유에 대하여만 생긴다고 설명하면서 종전 처분시와 다른 이유를 들어서 동일한 처분을 하는 것은 무방하다고 설명한다(김의환, 433-434면). 그러나 이러한 해석은 당사자의 법적인 지위를 불안정하게 할 우려가 있다. 다른 일부 견해에 의하면 처분사유의 추가 · 변경과 기속력의 표리관계라고 보면서 기본적 사실관계의 동일성이 없는 경우에 처분사유의 추가 · 변경이 허용되지 않으므로 기본적 사실관계의 동일성이 없는 사유를 들어 거부처분을 하여도 재처분의무를 충족한 것이라고 보고 있다(석호철, 279면). 그러나, 처분사유의 추가 · 변경과 기속력과의 논리필연적인 관계가 있는 것인지 의문이다.

이와 관련하여 대법원 2001. 3. 23. 선고 99두5238 판결에서는 “행정소송법 제30조 제1항에 의하여 인정되는 취소소송에서 처분 등을 취소하는 확정판결의 기속력은 주로 판결의 실효성 확보를 위하여 인정되는 효력으로서 판결의 주문뿐만 아니라 그 전제가 되는 처분 등의 구체적 위법사유에 관한 이유 중의 판단에 대하여도 인정되고, 같은 조 제2항의 규정상 특히 거부처분에 대한 취소판결이 확정된 경우에는 그 처분을 행한 행정청은 판결의 취지에 따라 다시 처분을 하여야 할 의무를 부담하게 되므로, 취소소송에서 소송의 대상이 된 거부처분을 실체법상의 위법사유에 기하여 취소하는 판결이 확정된 경우에는 당해 거부처분을 한 행정청은 원칙적으로 신청을 인용하는 처분을 하여야 하고, 사실심 변론종결 이전의 사유를 내세워 다시 거부처분을 하는 것은 확정판결의 기속력에 저촉되어 허용되지 아니한다”고 판시하여 판결의 취지에 따른 재처분의 의무를 명확히 하였다.

㈐ 시간적 범위

기판력은 사실심변론종결시를 기점으로 발생한다. 따라서 법원의 판결이 있으면 당사자나 법원은 사실심변론종결시 이전에 생긴 이유를 내세워 당해 처분이 위법하다는 주장을 할 수 없게 된다. 그러나 사실심변론종결 이후에 생긴 사유가 고려요소가 되는 것은 아니다.

그러나 기속력의 시간적 범위에 관한 논의는 활발하지 못하다. 일부 견해에 의하면 기속력의 시간적 범위를 처분시로 보면서, 처분시 이후에 생긴 새로운 이유나 사실관계를 들어 동일한 내용의 처분을 하는 것은 무방하다고 보고 있다. 이러한 입장에서는 당초의 처분이 있은 다음에 사실상태나 사유가 변동된 경우에는 그것이 변론종결시 이전의 일이더라도 취소판결의 기속력을 받지 아니하고 동일한 내용의 처분을 새로이 할 수 있다고 본다(석호철, 277면). 그러나 처분시는 위법성 판단의 기준시가 될지언정 기속력의 시간적 범위로 보기는 어렵다고 할 것이다. 오히려 기속력의 시간적 범위는 기판력과 동일하게 사실심변론종결시를 기준으로 하는 것이 바람직하다. 만약에 처분시를 기속력의 시간적 범위로 한정한다면 가령 건축허가거부처분의 취소판결이 확정된 후 행정청에서 스스로 건축제한 공고를 내고 이에 따라 거부하는 결정을 내렸을 경우에도 재처분시의 법령을 기준으로 하게 되므로 이러한 처분도 정당화시켜주는 결과가 된다. 이에 대하여 법원의 심리권한을 형해화 하고 사법권에 대한 국민의 신뢰의 실추를 막을 수 있다고 보는 관점에서 거부처분 취소소송의 위법판단의 기준시를 처분시가 아닌 사실심 변론종결시로 보는 것이 타당하다는 견해도 있다(박정훈, 122면). 기속행위의 경우 거부처분이 실체법상의 위법으로 취소된 경우에는 판결의 취지가 행정청이 신청을 인용하지 않는 것이 위법이라는 것이므로 신청된 대로 처분을 하여야 한다. 다만, 거부처분취소의 확정판결을 받은 행정청은 사실심변론종결 이후 발생한 새로운 사유를 내세워 다시 거부처분을 할 수도 있다고 해석되므로, 재처분의무를 회피하기 위하여 처리지연이나 거부사유를 작출한 것이 아닌지를 검토할 필요가 있다.

4. 판례의 의미와 전망

이 사건 대법원 결정은 행정처분의 적법여부를 그 행정처분이 행하여진 때의 법령과 사실을 기준으로 하여 판단하는 것이라고 전제하였음에도, 거부처분 후에 법령이 개정 · 시행된 경우에는 개정된 법령 및 허가기준을 새로운 사유로 들어 다시 이전의 신청에 대한 거부처분을 할 수 있으며, 그러한 처분도 행정소송법 제30조 제2항에 규정된 재처분에 해당된다고 보고 있다. 이 결정이 종전에 불명확하고 개념적으로 혼란을 일으켰던 부분을 명쾌하게 정리하였다는 점에서 긍정적인 평가를 내리는 관점도 있다(석호철, 284면). 그러나, 새로운 사유를 들어 다시금 거부하는 것이 정당화되는 경우는 절차위반의 경우나 신청에 따라 발하려는 처분이 재량행위에 한정되는 것이고, 기속행위에 있어서는 아무리 새로운 법령을 개정하였다고 할지라도, 관계법에서 명시적으로 이를 배제하는 것이 아닌 한 판결의 기속력에 따라 행정청은 일정한 행동을 해야 할 의무를 지니게 된다고 할 것이다. 그러함에도 이 사건 대법원 결정에서는 이러한 점을 판결이유에 반영하고 있지 않아 아쉬움이 남는다.

행정청이 거부처분 후에 법령이 개정 및 시행되어 새로운 법령에 기초하여 내려진 재처분은 언제나 새로운 처분이므로 처분당시의 법령에 의하여 위법여부가 판단되어야 한다면 행정청에게 일방적으로 유리한 결정이 되며, 당사자가 그동안 비용과 노력을 들여 위법한 거부처분에 대하여 취소소송에서 승소하고도 행정청이 간단히 이를 무색하게 할 수 있다. 이러한 경우에도 재처분의무를 충족한 것이라고 보게 된다면, 실질적 법치주의 내지 신뢰보호의 원칙에 반하여 위법할 뿐만 아니라 행정청의 사후적인 보완을 광범위하게 정당화하게 해주어 국민의 권익구제에 미흡하고 사법불신을 야기할 수 있다고 할 것이다.

결국 이와 같은 문제는 현행 행정소송법상 행정청의 위법한 거부처분에 대한 권익구제가 실효적이지 못하기 때문에 발생하는 것이므로, 위법한 거부처분과 부작위에 대하여는 의무이행소송제도를 도입하여 입법적으로 해결할 필요가 있다.

〈참고문헌〉

김용섭, "취소판결의 기속력", 법조 제553호, 법조협회, 2002. 10.

김의환, "거부처분취소확정판결의 기속력과 간접강제의 요건", 경기법조 제11호, 2004.

김창조, "취소판결의 기속력", 법학논고 제13집, 경북대학교 법학연구소, 1997.

박균성, "거부처분취소판결의 기속력과 간접강제", 행정판례연구 Ⅸ, 박영사, 2004.

박정훈, "취소판결의 기판력과 기속력—취소소송의 관통개념으로서 소송물", 행정판례연구 Ⅸ, 박영사, 2004.

석호철, "기속력의 범위로서의 처분사유의 동일", 행정판례연구 Ⅴ, 서울대학교 출판부, 2000.

성백현, "취소판결의 기속력", 대법원판례해설 제30호, 법원도서관, 1998.

이경운, "거부처분취소판결의 기속력과 위법판단의 기준시", 공법논총 제1호, 2005.

장경원, "거부처분취소판결의 기속력", 행정판례연구 XVIII-1, 2013.

100. 간접강제결정에 기한 배상금의 성질

— 대법원 2004. 1. 15. 선고 2002두2444 판결 —

박　해　식*

Ⅰ. 판결개요

1. 사실관계

(1) 피고들(피고들은 당초 학교법인 ○○학원 산하 ◇◇대학교의 교수 등 교원으로서 ◇◇대학교가 사립학교에서 인천광역시 산하 시립학교로 설립자가 변경됨으로 인하여 사립학교 교원에서 교육공무원으로서의 지위변경이 있었다)은 인천광역시 산하 ◇◇대학교의 교원으로서 임기가 종료된 후 1994. 2. 28. 임용절차에서 임용거부처분을 받았으나 그 임용거부처분의 취소를 구한 행정소송에서 1997. 10. 10. 승소확정판결을 받았다.

(2) 이어 새 학기가 곧 다가오는데도 임용권자인 인천광역시장이 확정판결의 취지에 따른 새로운 임용절차를 밟지 아니하자 피고들은 1997. 12. 24. 법원으로부터 '인천광역시장은 피고들에 대하여 1998. 2. 10.까지 위 확정판결의 취지에 따른 처분을 하고 위 기한까지 처분을 하지 않을 때에는 피고들에게 각 1998. 2. 11.부터 처분시까지 1일 30만원의 비율에 의한 금원을 지급하라'는 내용의 간접강제결정을 받았고, 1998. 3. 2. 법원으로부터 집행문도 부여받았다.

(3) 인천광역시장은 서울고등법원이 정한 재처분기한 3일 전인 1998. 2. 7. 피고들에 대하여는 임용기간을 1994. 3. 1.부터 1997. 2. 28.까지 3년간으로 하여 ◇◇대학교의 교원으로 소급임용처분을 하였다.

(4) 그러나 피고들은 1998. 2. 7.자 소급임용처분이 실질적으로 교단에 복귀할 수 없게 하는 것이어서 위법하다고 주장하면서 교육부 교원징계재심위원회에 그 취소를 구하는 재심청구를 하고, 이에 위 위원회는 1998. 5. 4. 위 소급임용처분은 교육공무원임용령 제6조에 규정된 임용일자의 소급금지규정에 위반되는 중대명백한 하자가 있어 무효라는

* 법무법인 율촌 변호사.

이유로 재심청구를 인용하였다.

(5) 이에 인천광역시장은 피고들에 대한 임용심사를 다시 벌여 1998. 9. 1. 피고들 중 일부에 대하여는 1998. 9. 1.부터 2001. 8. 31.까지 3년간의 기간을 정하여 교원으로 임용처분을 하였으나, 일부에 대하여는 연구실적 심사점수가 기준에 미달한다는 이유로 임용거부처분을 하였다.

(6) 한편 피고들이 1998. 2. 20.경 이 사건 간접강제결정에서 정한 의무의 이행기간인 1998. 2. 10. 다음날부터 신청일까지 인천광역시장이 확정판결의 취지에 따른 재처분을 하지 아니하였음을 이유로 이 사건 간접강제결정에 기하여 발생한 배상금채권을 가지고 인천광역시장이 대표자인 원고(인천광역시)의 경기은행(인천광역시의 금고)에 대한 예금채권에 대하여 채권압류 및 전부명령을 신청하였고, 2008. 3. 16. 채권압류 및 전부명령이 발령되었다.

(7) 피고들이 채권압류 및 전부명령신청을 하자 원고는 1998. 2. 27. 인천광역시장이 확정판결의 취지에 따른 2008. 2. 7.자 재처분을 한 이상 이미 발생한 간접강제결정에 기한 배상금채권은 소멸하였다고 주장하면서 이 사건 청구이의의 소를 제기하는 한편 이 사건 간접강제결정에 대하여 강제집행정지신청을 하여 1998. 3. 10. 법원으로부터 이 사건 청구이의 사건의 판결 선고시까지 강제집행을 정지한다는 내용의 강제집행정지결정을 받았다(따라서 강제집행정지결정 후에 발령된 2008. 3. 16.자 채권압류 및 추심명령은 집행되지 아니하여 경기은행은 피고들에게 금원을 지급하지 않았던 것으로 보인다).

2. 소송경과

(1) 소송유형

간접강제결정은 그 자체로 집행권원이 되므로 간접강제결정의 집행력을 배제하기 위해서는 청구이의의 소(민사집행법 제44조)의 형태를 취할 수밖에 없다(대법원 2001. 11. 13. 선고 99두2017 판결 참조). 즉 간접강제결정이 행정소송법상의 것이라고 하더라도 간접강제결정의 집행력의 배제를 구하는 소는 민사집행법 소정의 청구이의의 소이므로 전적으로 민사집행법의 이론에 따른다.

그리고 청구이의의 소는 강제집행의 개시, 속행 또는 이미 개시된 개개의 집행절차의 속행에는 영향이 없으므로 간접강제결정에 기한 배상금의 강제집행의 개시, 속행 또는 이미 개시된 개개의 집행절차의 속행을 저지하기 위하여는 잠정적 제도인 강제집행정지제도를 이용할 수밖에 없다(민사집행법 제46조). 이 사건의 경우도 간접강제결정에 대한 강제집행정지결정을 받고 간접강제결정의 집행력을 배제하기 위하여 이 사건 청구이의의 소를 제기하고 있는 것이다.

(2) 손해배상

피고들은 원고를 상대로 1994. 2. 28.자 임용거부처분이 과실에 의한 위법행위라는 이유로 손해배상을 구한 사건에서 1998. 9. 1.자로 교원으로 임용이 안 된 피고에 대하여는 위자료청구가, 임용된 교원들에 대하여는 재산상 손해액 및 위자료청구가 받아들여졌다.

3. 판결요지

(1) 원심의 판단

이 사건 간접강제결정에서 정한 의무의 이행기간은 1998. 2. 10.까지임에도 인천광역시장이 그 의무를 이행한 때는 1998. 8. 31.이어서 그 이행을 다소 지연하였다고 할 것이지만, 간접강제결정에 기한 배상금의 추심은 과거의 지연에 대한 제재나 손해배상이 아니고 작위의무의 이행에 관한 심리적 강제수단에 불과하여 작위의무의 이행이 있으면 배상금을 추심함으로써 심리적 강제를 꾀할 목적이 상실되어 채권자가 더 이상 배상금을 추심하는 것은 허용되지 않는다고 보아야 할 것이므로, 그 지연기간 동안의 배상금 지급의무가 존재함을 전제로 이 사건 간접강제결정 이후의 기간 전부에 관하여 집행력의 배제를 구할 수 없다는 피고들의 주장은 받아들일 수 없다.

(2) 대법원의 판단

행정소송법 제34조 소정의 간접강제결정에 기한 배상금은 거부처분취소판결이 확정된 경우 그 처분을 행한 행정청으로 하여금 확정판결의 취지에 따른 재처분의무의 이행을 확실히 담보하기 위한 것으로서, 확정판결의 취지에 따른 재처분의무내용의 불확정성과 그에 따른 재처분에의 해당 여부에 관한 쟁송으로 인하여 간접강제결정에서 정한 재처분의무의 기한 경과에 따른 배상금이 증가될 가능성이 자칫 행정청으로 하여금 인용처분을 강제하여 행정청의 재량권을 박탈하는 결과를 초래할 위험성이 있는 점 등을 감안하면, 이는 확정판결의 취지에 따른 재처분의 지연에 대한 제재나 손해배상이 아니고 재처분의 이행에 관한 심리적 강제수단에 불과한 것으로 보아야 하므로, 특별한 사정이 없는 한 간접강제결정에서 정한 의무이행기한이 경과한 후에라도 확정판결의 취지에 따른 재처분의 이행이 있으면 배상금을 추심함으로써 심리적 강제를 꾀할 목적이 상실되어 처분상대방이 더 이상 배상금을 추심하는 것은 허용되지 않는다.

Ⅱ. 평 석

1. 쟁점정리

이 사건 쟁점은 행정청이 확정판결의 취지에 따른 새로운 처분을 하였으나 그것이 간접강제결정에서 정한 의무의 이행기간이 경과한 후에 이루어진 경우 간접강제결정에 기하여 이미 발생한 배상금에 대하여 강제집행을 할 수 있는지 여부, 즉 간접강제결정에 기하여 배상금이 발생한 이상 확정판결의 취지에 따르는 처분이 이루어졌다고 하더라도 배상금은 소멸하지 않고 그대로 유지되는지, 아니면 이미 발생한 배상금도 확정판결의 취지에 따르는 처분이 이루어짐과 함께 소멸하는지 여부이다.

2. 관련판례

(1) 우리나라의 판례와 학설

행정실무에서 간접강제결정이 더러 이루어지고는 있으나 본건 쟁점에 대해서는 아직 판례의 형성은 물론 학설상으로도 아무런 논의가 이루어지지 아니한 상태이다. 다만 민사집행에서 작위의무의 불이행의 경우 이미 발생한 배상금이 어떻게 되느냐와 관련하여 학설상으로만 논의되고 있을 뿐이다.

(2) 외국의 입법례

행정소송에서 독립적으로 간접강제제도를 정비하고 있는 나라는 독일과 프랑스이고, 일본은 행정사건절차법에 간접강제에 관한 특별한 규정을 두고 있지 않다.

독일 행정법원법 제172조는 의무이행소송에 대한 실효성을 확보하려는 취지에서 이행강제금(Zwangsgeld)제도를 채택하고 있는데, 이행강제금은 제재적 성격을 갖는 것으로 이행강제금을 신청인에게 지급하도록 하는 것이 아니라 국가가 집행할 권한을 갖는다.

반면 프랑스는 행정행위의 취소판결의 이행을 확보하기 위한 간접강제금(Astreinte)제도를 채택하고 있는데, 독일의 이행강제금과 달리 배상금은 원칙적으로 신청자인 원고에게 지급된다. 그리고 배상금은 행정청이 확정판결의 취지에 따르는 것이 판결을 무시하는 것보다 더 유리하다는 것을 느낄 수 있도록 하기 위하여 보통 국가배상의 액수보다는 더 많다고 한다. 그러나 프랑스 행정소송실무에서는 간접강제를 하기 전에 법원이 행정청에게 이행방법 등을 설명 · 조언해 주는 절차에 의해 대부분의 확정판결에 따른 재처분문제가 해결된다고 한다.

3. 판결의 검토

(1) 검토의 방향

(가) 입법취지

행정소송법은 의무이행소송을 인정하지 아니하였지만 거부처분취소판결이 확정된 경우의 재처분의무와 함께 그 의무를 이행하지 않을 경우에 판결의 실효성을 확보하기 위한 수단으로 민사집행의 경우처럼 간접강제제도를 채택하였다. 이것은 취소소송이 형성소송이라는 점에서 볼 때 극히 이례적이기는 하지만, 취소판결의 구속력의 내용인 재처분의무의 실효성을 확보해줌으로써 의무이행소송을 채택하지 아니한데 대한 하나의 제도적 보완을 기하려는 취지에서 인정된 것이다.

행정소송법이 인정하는 간접강제는 ①거부처분의 취소판결이 확정되었을 때 ②행정청이 상당한 기간 내 판결의 취지에 따른 처분을 하지 아니하는 경우 ③그 이행을 강제하기 위하여 제1심 수소법원이 당사자의 신청에 의하여 처분청에게 그 지연기간에 따라 일정한 배상이나 즉시배상을 명하는 것을 말한다(행정소송법 제34조 제1항).

(나) 검토방향

본건 쟁점에 대해서는 아직 판례의 형성은 물론 학설상으로도 특별한 논의가 이루어지지 아니한 상태이므로 민사집행법에서 작위의무의 불이행의 경우에 대한 간접강제에 관한 학설상의 논의를 기초로 하되, 그와 비교하여 행정소송법상의 간접강제의 특징을 논의하면서 대상판결의 문제점을 살펴보기로 한다.

(2) 간접강제의 성질

(가) 채무자가 임의로 작위채무를 이행하였지만 그것이 간접강제에서 정한 기간이 도과한 후에 이루어진 경우 이미 발생한 배상금 지급의무에 대하여 강제집행을 할 수 있는지에 관하여 민사집행법상 견해 대립이 있다.

1) 소극설 — 심리적 강제수단설 이 견해는 채무자가 임의로 작위채무를 이행하면 이미 발생한 배상금의 지급의무를 면할 뿐 아니라 집행이 완료된 경우에는 부당이득으로 반환청구가 가능하다는 견해이다. 즉 간접강제결정에 기한 배상금의 추심은 과거의 지연에 대한 제재나 손해배상이 아니고 작위의무의 이행에 관한 심리적 강제수단에 불과하다는 것을 이유로 작위의무의 이행이 있으면 배상금을 추심함으로써 심리적 강제를 꾀할 목적이 상실되어 버리고, 따라서 채권자가 더 이상 배상금을 추심하는 것은 허용되지 않는다는 견해이다.

2) 적극설 — 법정위약금설 이 견해는 간접강제절차와 배상금의 집행절차는 별개라는 점을 근거로 하여 채무자가 작위채무를 이행하더라도 이미 발생한 배상금 지급의무를 면하는 것은 아니라는 견해이다. 이 견해는 배상금의 법적 성질에 관하여 법정위약금설(지체책임설)을 기초로 하고 있다.

즉 배상금의 추심 전에 작위채무의 이행이 있었기 때문에 배상금을 추심할 수 없다고 한다면 추심전에 이행이 있었기 때문에 채권자에게 귀속될 수 없는 금전이 왜 작위이행 전에 추심하면 작위의 이행이 있더라도 채권자가 이를 보유할 수 있는가를 설명하기 어렵고, 금전집행절차에 시일을 요한다고 하는 채권자의 책임에 돌릴 수 없는 사유로 인하여 금전청구권이 부정되게 되며, 나아가 이행기간 경과 후라도 이행이 있으면 이미 발생한 배상금 지급의무를 면하게 된다는 것은 기간 내에 이행하여야 한다는 심리강제로서의 기능을 약화시키는 것이 된다는 점을 근거로 한다.

3) 중 립 설 　이 견해는 채무자가 임의로 작위채무를 이행하면 이미 발생한 배상금의 지급의무를 면하고, 이행이 있었는데도 집행이 완료된 때, 즉 채무자로부터 추심한 배상금은 채무자의 작위의무 불이행으로 인한 손해배상청구권에 충당되고, 배상금으로 충당하더라도 손해가 완전히 전보되지 못할 때에는 채권자가 채무자를 상대로 별도로 손해배상을 청구할 수 있으며, 채무자로부터 추심한 액이 채권자의 실손해액을 초과하는 경우 추심금의 실체법적 성격은 금액의 결정을 집행법원에 위임한 법정위약금이므로 반환할 필요가 없다는 견해이다.

4) 사 견 　간접강제의 제도적 취지, 간접강제제도의 실효성이라는 관점, 재차 간접강제결정과 재차 추심, 이행기간과 배상금의 결정, 사정변경에 의한 배상금의 변경 등에 관한 논의를 종합하여 보면, 민사집행법상 간접강제는 본래 채무자에 대한 심리적 압박에 의한 채무이행의 강제수단이기는 하지만 부수적으로 이행강제수단—장래의 의무불이행에 대한 제재로서의 성질도 아울러 가지고 있는 것으로 보아야 할 것이고, 그렇다면 간접강제에서 지급을 명하는 금원은 본래의 채권의 집행을 대신하고자 하는 금원도 아니고 채무자의 작위의무불이행에 의하여 채권자에게 실제 발생한 실손해액을 전보하기 위한 것도 아니며, 채무자의 작위의무위반에 대한 법정위약금으로서의 성질을 가진다고 보아야 할 것이므로, 기왕에 발생한 배상금을 소멸시키는 특별한 사정이 없는 한 확정판결의 취지에 따른 작위채무를 이행하였다는 사유만으로는 기왕에 발생한 배상금의 부분에는 간접강제결정의 집행력을 배제할 수 없다고 보는 것이 타당하지 않을까 생각된다.

더구나 아래에서 보는 바와 같은 행정소송법상 간접강제의 특징에 비추어 보면 행정소송법상 간접강제의 성질은 거부처분취소판결이 확정된 경우 그 처분을 행한 행정청으로 하여금 확정판결의 취지에 따른 재처분의무의 이행을 확실히 담보하기 위한 법정위약금으로 보는 것이 타당하다.

그럼에도 불구하고 대법원이 행정소송법상 간접강제에 기한 배상금의 성질이 확정판결의 취지에 따른 재처분의 지연에 대한 제재나 손해배상이 아니고 재처분의 이행에 관한 심리적 강제수단에 불과한 것으로 보아야 하므로, 간접강제결정에서 정한 의무이행기한이 경과한 후에라도 확정판결의 취지에 따른 재처분의 이행이 있으면 배상금을 추심함으로써 심리적 강제를 꾀할 목적이 상실되어 처분상대방이 더 이상 배상금을 추심하는 것은 허용되지 않는다고 한 것은 타당하지 않다고 할 것이다.

(3) 행정소송법에서의 간접강제의 성질에 비추어 본 대상판결의 문제점

(가) 간접강제의 성질에 비추어 본 대상판결의 문제점

1) 작위채무와 재처분의 범위의 차이 민사집행과 행정소송에 있어서의 민사집행의 경우에는 간접강제의 요건인 채무자의 작위채무와 그 내용은 확정된 것인 반면, 행정소송의 경우에 간접강제의 요건 중 행정청의 작위의무는 확정된 것이지만 그 내용은 확정된 것이라고 할 수 없다는 점이 있다. 즉 행정청은 확정판결의 취지에 따른 새로운 처분을 하면 되는 것으로서 행정청은 새로운 사유를 내세워 거듭 거부처분까지 할 수 있으므로 그 만큼 간접강제의 실효성은 보장되지 않으면 안 된다는 것이다. 이와 같이 행정청의 새로운 처분의 이행에는 행정청에게 넓은 재량이 부여되어 있는 것이기 때문에(반면 독일 행정소송법은 의무이행소송에 대한 간접강제이므로 행정청의 작위채무는 확정적이라는 점에서 우리의 거부처분에 대한 간접강제와 차이가 있다) 만약 이미 발생한 손해금이 새로운 처분으로 소멸한다고 해석하게 된다면 행정청은 새로운 처분을 하지 않다가 신청인이 추심단계에 이르면 새로운 처분을 함으로써 간접강제를 사실상 무력화시킬 수 있다는 점이다. 대상판결이 내세운 판결의 취지에 따른 재처분의무내용의 불확정성과 그에 따른 재처분에의 해당 여부에 관한 쟁송으로 인하여 간접강제결정에서 정한 재처분의무의 기한 경과에 따른 배상금이 증가될 가능성이 자칫 행정청으로 하여금 인용처분을 강제하여 행정청의 재량권을 박탈하는 결과를 초래할 위험성이 있다는 점은 관념적으로는 그럴 가능성을 배제할 수 없으나 행정실무와 맞지 않는 설정이라는 점에서 그다지 설득력이 높지 않다고 할 것이다. 대상판결은 작위채무와 재처분 사이의 범위의 본질적인 차이에 대하여 전혀 고려하고 있지 못하고 있다.

2) 작위채무와 재처분의 의무시한의 차이 민사집행에 있어서는 작위채무는 시간의 경과에 의하여 이행불능이 될 경우가 많겠지만, 행정소송에 있어서 작위채무인 새로운 처분의무는 이행불능이라는 관념이 들어갈 자리가 거의 없다는 점이다. 이것은 민사집행법에서의 간접강제는 이행불능일 때까지만 가능하겠지만, 행정소송법에서의 간접강제는 작위채무인 새로운 처분이 있을 때까지는 언제까지나 신청이 가능하다는 점에 차이가 있다. 따라서 행정소송법에 있어서는 간접강제가 실질적인 의미를 갖도록 해석할 필요가 있다. 그럼에도 대상판결은 작위채무와 재처분 사이의 의무시한의 본질적인 차이에 대하여 전혀 고려하고 있지 못하고 있다.

3) 작위채무불이행으로 인한 손해와 재처분불이행으로 인한 손해의 의미의 차이 민사집행의 작위채무과 재처분의 민사집행에 있어서는 채권채무관계로서 작위채무불이행으로 인한 손해액을 산정하는 것이 법률상 불가능한 것은 아니라고 할 것이지만, 행정소송에 있어서는 채권채무관계라는 대립되는 관계가 아니라 신청인의 신청에 대한 행정

청의 새로운 처분불이행으로 인한 손해액을 산정하는 것이 법률상으로나 사실상으로나 불가능한 것으로서 간접강제결정에서 정한 배상금으로 새로운 처분의 이행을 담보하지 못한다면 행정청의 새로운 처분불이행에 대한 통제는 사실상 불가능한 것으로 보아야 한다. 그럼에도 대상판결은 작위채무불이행으로 인한 손해와 재처분불이행으로 인한 손해의 의미의 본질적인 차이에 대하여 전혀 고려하고 있지 못하고 있다.

4) 행정청의 간접강제금의 실체적 사유　　행정청의 작위채무지체를 간접강제에 있어서의 손해금에 대한 실체적인 사유로 보지 않게 된다면 비록 행정청에 대하여 간접강제에 기한 손해금을 추심하여도 행정청의 작위채무의 이행이 있으면 상대방으로서는 손해금을 보유할 근거가 없어지므로 부당이득으로 반환하여야 한다는 결과가 되는데, 이러한 결론은 간접강제가 행정청에 대하여 심리적 강제수단이라는 본래의 취지마저 무색하게 하는 것이다.

5) 의무이행소송미도입에 대한 보완　　의무이행소송이 도입되면 사실상 취소소송은 예외적인 경우에만 소의 이익이 있게 될 것으로 보이는데, 의무이행의 소에 기한 확정판결의 경우에는 작위채무와 그 내용이 확정되기 때문에 행정청에 재량이 적게 되므로 간접강제의 실익은 오히려 적을 수 있으나 취소소송을 근간으로 하는 현행 행정소송법 아래에서는 간접강제의 실익이 매우 크다고 할 수 있다. 대상판결의 해석론은 의무이행소송미도입에 대한 보완적 기능마저 빼앗아 버리는 결과를 초래하였다.

(나) 소 결 론

행정소송법이 민사집행법과 별도로 간접강제제도를 특별히 두게 된 점과 간접강제에 의한 배상금은 재처분에 대한 심리적 강제수단으로서 법정위약금의 성질을 가지는 것으로 해석함으로써 의무이행소송이 도입되어 있지 않은 우리 행정소송법에 있어서의 재처분을 신속하게 촉구할 필요가 있다는 점에서 대법원이 내세운 인용재처분의 가능성을 감안하더라도 행정소송법상 간접강제에 기한 배상금의 성질을 단순히 재처분 이행에 관한 심리적 강제수단에 불과한 것으로만 본 대법원 판결은 행정소송법상의 간접강제의 독자성을 완전히 무시하는 것으로서 타당성이 없다고 할 것이다.

이러한 경우 간접강제결정의 집행력의 일부만을 배제하는 경우의 주문례는 청구이의의 소에 준하여 "피고의 원고에 대한 간접강제결정에 기한 강제집행은 ○○○원을 초과하는 부분에 한하여 이를 불허한다"라고 하면 될 것이다.

4. 판결의 의미와 전망

대상판결은 행정소송법상 간접강제를 종래 민사집행법에서의 다수 의견에 따라 확정판결의 취지에 따른 재처분의 지연에 대한 제재나 손해배상이 아니고 재처분의 이행에 관한 심리적 강제수단에 불과한 것으로 봄으로써 행정소송법상 간접강제의 독자성을 완전히 무시하고 말았다. 행정소송법은 거부처분취소판결이 확정된 경우의 재처분의무와 함께 그 의무를 이행하지 않을 경우에 판결의 실효성을 확보하기 위한 수단으로 간접강제도를 채택한 것이고, 특히 취소소송이 형성소송이라는 점에서 볼 때 극히 이례적으로 취소판결의 구속력의 내용인 재처분의무의 실효성을 확보해줌으로써 의무이행소송을 채택하지 아니한데 대한 하나의 제도적 보완을 기하려는 취지에서 인정된 것임을 도외시한 것이 되었다.

설령 거부처분에 대한 취소판결이 확정되어도 폭넓은 재처분이 가능한 행정현실에서 대상판결은 행정청의 재처분에 의한 당사자의 권리구제를 더욱 어렵게 함으로써 면죄부를 주고 있다고 할 것이다.

대상판결로 인하여 향후 행정현실에서는 간접강제신청은 사라질 것으로 보이고, 이에 대한 구제는 다른 방법으로 찾을 수밖에 없을 것이다. 즉 하루 빨리 의무이행제도가 도입됨으로써 거부처분취소소송의 유형이 의무이행소송으로 편입되도록 하는 것이 한 방법일 것이다.

101. 시립무용단원해촉의 법적 성질

— 대법원 1995. 12. 22. 선고 95누4636 판결 —

김 대 인*

Ⅰ. 판례개요

1. 사실관계

원고(A)는 1989. 1. 29. X시(市) 산하 Y문화회관 관장으로부터 위촉기간을 1989. 1. 29.부터 1년간으로 정하여 시립무용단 단원으로 위촉받아 그 단원이 되었다. 원고(A)는 위촉된 이래 시립무용단 기획담당 단원으로서 기획, 제작, 대본집필 등의 업무에 종사하여 왔고, 그 위촉기간이 만료되면 그와 동시에 재위촉을 받아 계속 같은 업무에 종사하여 왔다. 그런데 원고(A)가 시립무용단 1993년 정기공연 두레 및 1993년 분수대광장 공연에 관련하여 단원에게 지급할 급량비를 횡령하였을 뿐더러 이에 대한 경위서제출을 요구받고도 불응하였다는 이유로, Y문화회관 관장은 원고(A)를 1993. 8. 26. 해촉하였다. 원고(A)는 X시를 상대로 1993. 8. 26. 해촉의 무효확인을 구하는 공법상 당사자소송을 제기하였다.

2. 소송경과

원고(A)는 X시를 상대로 1993. 8. 26. 해촉의 무효확인을 구하는 공법상 당사자소송을 제기하였고(서울고등법원 94구4457) 원고승소판결을 받았다. 피고 X시는 상고를 제기하였으나(대법원 1995. 12. 22. 선고 95누4636 판결) 대법원에서 상고가 기각되었고 원심판결이 확정되었다.

3. 판결요지

(1) 원심판결의 요지(서울고등법원 1995. 2. 21. 선고 94구4457 판결)

공법상의 계약은 공법적 법률효과의 발생을 목적으로 하는 복수의 대등한 당사자

* 이화여자대학교 법학전문대학원 교수.

사이의 서로 반대방향의 의사표시의 합치에 의하여 성립되는 법률행위를 말하므로 공법상의 계약은 당사자 사이의 의사의 합치라는 점에서는 사법상의 계약과 동일하지만 공법적 효과발생을 목적으로 하는 공공적 성격을 가진 것이라는 점에서 사인간의 이해조절을 위한 사법적 효과발생을 목적으로 체결되는 사법상의 계약과 다르다고 할 것이다. 따라서 시립무용단 단원위촉이 공법상의 계약으로 인정되기 위하여서는 사법상의 계약과 달리, 먼저 단원으로서 수행하는 업무의 성질이 공무에 해당되어야 하고 나아가 위촉으로 인하여 창설된 단원의 지위에 공법적인 성격이 있어야 할 것이다.

단원의 업무의 성질에 관하여 보면, 시가 시립무용단을 구성하여 운영하는 것은 지방자치법 제9조 제2항 제5호 (라)목의 지방문화 예술의 진흥 혹은 같은 호 (마)목의 지방문화 예술단체의 육성에 해당한다. 따라서 시립무용단원으로 위촉된 사람이 수행하는 공연 및 이에 부수되는 보조활동은 지방자치단체의 공무에 해당하게 된다.

나아가 시립무용단원이 가지는 지위도 다음과 같은 점에서 공무원과 유사하다. 첫째, 일정한 능력요건과 자격요건을 요한다. 둘째, 계속적인 재위촉이 사실상 보장되고 있다. 셋째, 공무원연금법에 따른 연금을 지급받는다. 넷째, 단원의 복무규율이 정해져 있다. 다섯째, 정년제가 인정되며 일정한 해촉사유가 있는 경우에만 해촉된다.

위와 같은 점들을 종합하여 보면 시립무용단원의 위촉은 공법상의 근무관계의 설정을 목적으로 하여 체결된 공법상의 계약으로 보아야 할 것이고, 위와 같은 공법상의 계약의 효력에 관한 분쟁에 대한 행정소송은 행정소송법 제3조 제2호 후단 소정의 공법상의 법률관계에 관한 당사자 소송으로서 국가, 공공단체 그 밖의 권리주체를 피고로 하여 (행정소송법 제39조 참조) 제기하여야 할 것이고, 그 공법상의 계약의 해지에 관한 소송 역시 공법상의 계약의 효력에 관한 것이므로 원고로서는 그 권리주체인 피고를 상대로 하여 당사자소송을 제기할 수 있다.

운영규칙 제6조 제3호 내지 제7호 소정의 해촉사유와 위 복무규정 제28조 제5호 소정의 해촉사유는 단원이 업무상의 지시 또는 법령 및 규칙을 위반하였거나 품위를 손상하는 등 소정의 복무규정을 위반한 것을 이유로 하고 있으므로 이러한 사유로 단원을 해촉하는 것은 단원에 대하여 징계를 하는 것에 다름이 아니므로 이는 징계해촉의 일종으로 보아야 할 것이고, 따라서 위와 같은 징계해촉은 단원의 의무위반정도와 그 해촉처분으로 인하여 단원이 입게될 불이익 등 여러 사정을 비교교량하여 비례의 원칙에 적합하도록 행사되어야 할 것이다. 이 사건에서도 원고에 대한 해촉사유는 운영규칙 제6조 제3호, 제5호 소정의 사유로 인한 것임은 앞서 본 바와 같으므로 원고에 대한 해촉은 징계해촉으로 보아야 할 것인바 과연 원고에 대한 징계해촉이 위와 같은 비례의 원칙에 적합하도록 행사되었는지 여부에 관하여 살펴보면, 앞서 인정한 바와 같이 원고가 급량비가 나올 때마다 바로 지급하지 않고 이를 모아두었다가 일정액에 달하였을 때에 지급하여 온 것이 관례화되어 있었을 뿐더러 원고가 급량비를 위와 같이 유용한 것은 개인적인 목적을 위한 것이 아니고 시립무용단장의 지시에 따라 시립무용단의 다른 용도에 일시 전용한 것이라는 점, 유용한 금액이 금 1,202,500원으로서 비교적 소액이고 그것도 후에 모두 원래의 용도대로 단원들에게 지급된 점 등 이 사건 변론에 나타난 여러 사정 등을 종합하여 볼 때, 원고를 징계하기 위하여 한 이 사건 해촉은 너무 가혹하여 징계권을 남용한 것이어서 무효라고 할 것이다.

(2) 대법원판결의 요지(대법원 1995. 12. 22. 선고 95누4636 판결)

지방자치법 제9조 제2항 제5호 (라)목 및 (마)목 등의 규정에 의하면, 이 사건 시립무용단원의 공연 등 활동은 지방문화 및 예술을 진흥시키고자 하는 서울특별시의 공공적 업무수행의 일환으로 이루어진다고 해석될 뿐 아니라, 원심이 확정한 바와 같이 단원으로 위촉되기 위하여는 일정한 능력요건과 자격요건을 요하고, 계속적인 재위촉이 사실상 보장되며, 공무원연금법에 따른 연금을 지급받고, 단원의 복무규율이 정해져 있으며, 정년제가 인정되고, 일정한 해촉사유가 있는 경우에만 해촉되는 등 서울특별시립무용단원이 가지는 지위가 공무원과 유사한 것이라면, 서울특별시립무용단 단원의 위촉은 공법상의 계약이라고 할 것이고, 따라서 그 단원의 해촉에 대하여는 공법상의 당사자소송으로 그 무효확인을 청구할 수 있다.

원심은, 원고가 급량비가 나올 때마다 바로 지급하지 않고 이를 모아 두었다가 일정액에 달하였을 때에 지급하여 온 것이 관례화되어 있었을 뿐더러 원고가 급량비를 유용한 것은 개인적인 목적을 위한 것이 아니고 시립무용단장의 지시에 따라 시립무용단의 다른 용도에 일시 전용한 것이라는 점, 유용한 금액이 비교적 소액이고 그 후에 모두 단원들에게 지급된 점 등 이 사건 변론에 나타난 여러 사정 등을 종합하여 보면, 원고를 징계하기 위하여 한 이 사건 해촉은 너무 가혹하여 징계권을 남용한 것이어서 무효라고 판시하였는바, 기록에 비추어 살펴보면, 원심의 위와 같은 사실인정과 판단은 수긍이 가고, 거기에 소론이 지적하는 위법이 있다고 할 수 없다.

Ⅱ. 평 석

1. 쟁점정리

이 사건의 쟁점은 크게 다음과 같이 세 가지로 정리해 볼 수 있다. 첫째, 시립무용단원 위촉의 법적 성질을 어떻게 볼 것인가 하는 점이다. 이를 행정행위로 볼 것인지, 아니면 공법상의 계약으로 볼 것인지, 아니면 사법상의 계약으로 볼 것인지 하는 점이다.

둘째, 시립무용단원 해촉을 어떤 소송유형으로 다투어야 하는가 하는 점이다. 항고소송, 공법상 당사자소송, 민사소송 중 어느 유형으로 다투는 것이 타당한가 하는 점이다. 그리고 이러한 해촉에 대한 소송유형과 시립무용단원 위촉의 법적 성질은 어떤 관계에 있는가도 문제된다.

셋째, 시립무용단원 해촉의 무효확인을 만약 공법상 당사자소송의 형식으로 구한다고 할 때 무효의 판단기준을 어떻게 설정할 것인가 하는 점이다. 항고소송으로 소송을 할 경우의 무효와 취소의 구별에 대한 기준이 공법상 당사자소송에 의한 무효확인의 기준과는 무관한 것인지가 문제된다.

2. 관련판례

대법원은 합창단재위촉 거부처분취소소송(항고소송)의 형식으로 제기된 소송에 대해서 다음과 같이 판시한 바 있다.

> "지방자치법 제9조 제2항 제5호 (라)목 및 (마)목 등의 규정에 의하면, 이 사건 광주광역시립합창단의 활동은 지방문화 및 예술을 진흥시키고자 하는 광주광역시의 공공적 업무수행의 일환으로 이루어진다고 해석될 뿐 아니라, 원심이 확정한 바와 같이 그 단원으로 위촉되기 위하여는 공개전형을 거쳐야 하고 지방공무원법 제31조의 규정에 해당하는 자는 단원의 직에서 해촉될 수 있는 등 단원은 일정한 능력요건과 자격요건을 갖추어야 하며, 상임단원은 일반공무원에 준하여 매일 상근하고 단원의 복무규율이 정하여져 있으며, 일정한 해촉사유가 있는 경우에만 해촉되고, 단원의 보수에 대하여 지방공무원의 보수에 관한 규정을 준용하는 점 등에서는 단원의 지위가 지방공무원과 유사한 면이 있으나, 한편 단원의 위촉기간이 정하여져 있고 재위촉이 보장되지 아니하며, 단원에 대하여는 지방공무원의 보수에 관한 규정을 준용하는 이외에는 지방공무원법 기타 관계 법령상의 지방공무원의 자격, 임용, 복무, 신분보장, 권익의 보장, 징계 기타 불이익처분에 대한 행정심판 등의 불복절차에 관한 규정이 준용되지도 아니하는 점 등을 종합하여 보면, 피고의 단원 위촉은 피고가 행정청으로서 공권력을 행사하여 행하는 행정처분이 아니라 공법상의 근무관계의 설정을 목적으로 하여 광주광역시와 단원이 되고자 하는 자 사이에 대등한 지위에서 의사가 합치되어 성립하는 공법상 근로계약에 해당한다고 보아야 할 것이므로 1999. 12. 31. 광주광역시립합창단원으로서 위촉기간이 만료되는 원고들의 재위촉 신청에 대하여 피고가 실기와 근무성적에 대한 평정을 실시하여 재위촉을 하지 아니한 것을 항고소송의 대상이 되는 불합격처분이라고 할 수는 없다."(대법원 2001. 12.

11. 선고 2001두7794 판결)

위 판례는 시립합창단원 위촉계약의 법적 성질을 공법상 계약으로 보고(이 점에서는 평석대상판결과 같은 취지로 볼 수 있다) 재위촉거부는 어디까지나 공법상 계약체결을 거절하는 것에 불과한 것으로 보아 행정처분성을 인정하지 않는 것으로 볼 수 있다.

다음으로 한국산업단지관리공단과 입주기업 간에 체결된 입주계약의 해지를 다툰 사안에서 대법원은 다음과 같이 판시한 바 있다.

> "이 사건 입주계약은 구 공업단지관리법 제11조 제1항에 근거하여 체결된 것이었는데, 1990. 1. 13. 위 법률이 폐지되고 법률 제421호로 구 공업배치 및 공장설립에 관한 법률이 제정됨에 따라 그 부칙 제5조 등의 규정에 의하여 그 법률의 적용을 받아 왔고, 그 법률은 2002. 12. 30. 제명이 산업집적활성화 및 공장설립에 관한 법률(이하 '산업집적법'이라 한다)로 변경되었다.
>
> 그런데 산업집적법은 지식경제부장관을 국가산업단지의 관리권자로 규정하고(제30조 제1항 제1호), 피고를 그 관리권자로부터 관리업무를 위탁받은 관리기관으로 규정하며(같은 조 제2항 제3호), 산업단지 안에서 제조업을 영위하거나 영위하고자 하는 자는 지식경제부령이 정하는 바에 의하여 관리기관과 입주계약을 체결하여야 하고(제38조 제1항), 그 입주계약을 위반한 때에는 관리기관이 일정한 기간 내에 그 시정을 명하고 이를 이행하지 아니하는 경우 사전에 계약당사자의 의견을 듣고 그 입주계약을 해지할 수 있고, 이 경우 입주계약이 해지된 자는 잔무처리 등을 제외하고는 그 사업을 즉시 중지하여야 하고(제42조 제1항 제6호, 제2항, 제5항), 이에 위반하여 계속 그 사업을 영위하는 자는 3년 이하의 징역 또는 1천 5백만 원 이하의 벌금에 처하며(제52조 제10호), 그가 소유하는 산업용지 및 공장 등을 일정한 기간 내에 처분 또는 양도하여야 하고(제43조), 이에 위반한 때에는 관리권자가 이행강제금을 부과할 수 있고(제43조의3), 과태료에 처한다(제55조 제1항 제4호)고 규정하는 한편, 산업집적법에 의하여 행한 절차나 기타의 행위는 당해 공장의 소유자 · 점유자 기타 이해관계인의 승계인에 대하여도 그 효력이 있다(제4조)고 규정하고 있다.
>
> <u>이와 같은 규정들에서 알 수 있는 피고의 지위, 입주계약해지의 절차, 그 해지통보에 수반되는 법적 의무 및 그 의무를 불이행한 경우의 형사적 내지 행정적 제재 등을 종합적으로 고려하면, 이 사건 해지통보는 단순히 대등한 당사자의 지위에서 형성된 공법상계약을 계약당사자의 지위에서 종료시키는 의사표시에 불과하다고 볼 것이 아니라 행정청인 관리권자로부터 관리업무를 위탁받은 피고가 우월적 지위에</u>

서 원고에게 일정한 법률상 효과를 발생하게 하는 것으로서 항고소송의 대상이 되는 행정처분에 해당한다고 보아야 할 것이다."(대법원 2011. 6. 30. 선고 2010두23859 판결)

위 판례를 보면 한국산업단지공단과 입주기업간에 체결된 입주계약의 법적 성질에 대해서 명시적인 판시를 하지는 않았지만 기본적으로 공법상 계약으로서의 성질을 부인하고, 이러한 입주계약의 해지도 공법상 계약의 해지로 볼 수 없다는 견해를 취한 것으로 보인다. 그리고 대법원이 위와 같은 견해를 취한 근거로는 입주계약에 따른 각종 의무들이 단순히 계약상 의무에 그치지 않고 이행강제금 부과 등 다양한 공법상 효과를 발생시키는 공법상 의무의 성격을 갖고 있다는 점에 있는 것으로 보인다.

3. 판례의 검토

(1) 시립무용단원 위촉의 법적 성질

시립무용단원 위촉의 법적 성질에 대해서 대법원은 행정행위가 아니고 공법상 계약에 해당한다고 판시한 원심의 판단을 그대로 인정하고 있다. 원심에서 이것이 '행정행위(행정처분)'가 아닌 '계약'에 해당한다고 본 것은 행정청과 개인 간에 의사합치적인 요소가 있다고 보았기 때문이다.

다음으로 대법원은 이러한 시립무용단원 위촉이 '사법상' 계약이 아닌 '공법상' 계약에 해당한다고 판시하면서 그 이유로 크게 두 가지 점을 들고 있다. 첫째, 시립무용단원의 공연 등 활동은 지방문화 및 예술을 진흥시키고자 하는 시의 공공적 업무수행의 일환으로 이루어진다. 둘째, 시립무용단원이 가지는 지위가 공무원과 유사하다.

우선 대법원이 시립무용단원 위촉의 법적 성질을 '행정행위(행정처분)'가 아닌 '계약'에 해당한다고 판시한 것에 대해서는 다음과 같은 비판적인 견해가 제시될 수 있다. 시립무용단원으로 위촉되면서 체결되는 '계약'과 이러한 계약을 체결하는 행위로서의 '위촉'행위를 면밀하게 구분하지 않았다는 비판이 그것이다. 시립무용단원으로 위촉되면서 체결되는 계약을 '공법상 계약'으로 파악한다고 하더라도 이러한 계약을 체결하는 행위인 '위촉'행위는 공법상 계약과 분리하여 별도의 행정행위(행정처분)로 파악할 수 있으며, 비교법적으로 보더라도 프랑스의 '분리가능한 행위'이론과 같이 계약의 일부행위를 분리하여 항고소송의 대상으로 삼는 것이 가능하다는 견해가 제시될 수 있다.

그러나 이러한 견해가 타당하다고 보기는 힘들다. 민간투자법상의 실시협약의 체결 전단계에서 이루어지는 우선협상대상자 지정행위와 같이(서울고등법원 2004. 6. 24. 선고 2003누6483 판결 참조) 실시협약체결행위와 완전히 별개로 이루어지는 행위의 경우 처분성을 인정할 수 있으나, 계약체결행위 자체를 처분으로 보는 것은 '의사합치행위'로의 계약개념의 본질과 부합하는 것으로 보기 힘들기 때문이다. 이 사건에서 시립무용단원 위촉행위는 이처럼 행정청의 일방적인 의사결정으로서의 실질을 인정할 수 있을 만한 별개의 행위로 평가하기는 힘들기 때문에 이를 별도의 처분으로 인정하지 않은 대법원의 태도는 결과적으로 타당하다고 하겠다.

다음으로 대법원이 시립무용단원 위촉을 '사법상' 계약이 아닌 '공법상' 계약으로 판단한 것을 살펴보도록 하겠다. 사법상 계약과 공법상 계약의 구별에 관해서 그동안 우리나라 판례는 명확한 기준을 제시한 바가 없었고, 학계에서는 독일통설의 영향으로 '계약의 대상'을 기준으로 판단해야 한다고 보는 견해가 유력했다. 그리고 이러한 계약의 '대상'이라 함은 계약의 '내용'을 의미하는 것이고, 계약의 '내용'은 관련한 '규범의 성질'을 기준으로 판단해야 한다고 보았다. 관련된 규범을 공법으로 볼 것인가, 사법으로 볼 것인가는 결국 이익설, 권력설, 주체설 등 공사법구별의 일반론으로 돌아갈 수밖에 없는데 이들 기준들을 종합적으로 고려해야 한다는 것이 통설의 견해였다.

이러한 맥락에서 이 사건을 분석해 보면 다음과 같이 평가해 볼 수 있다. 우선 대법원에서도 계약의 대상이 되는 시립무용단원의 지위를 중시한 것을 알 수 있다. 그리고 시립무용단원과 관련된 규범의 해석을 통해 공법적인 성격을 인정한 것을 볼 수 있다. 또한 관련규범의 성질을 판단함에 있어서 '공공적 업무수행'으로서의 성격을 강조했다는 점에서는 이익설적인 요소를, '공무원과 유사한 지위'를 강조했다는 점에서는 신주체설적인 요소를 반영하고 있음을 알 수 있다.

이러한 점들을 종합해보면 대법원은 '공법상 계약'과 '사법상 계약'의 구별에 관한 학계의 견해를 반영하면서 이를 보다 명확화하려는 노력을 한 것을 볼 수 있는데, 이러한 태도는 타당하다고 하겠다.

(2) 시립무용단원 해촉에 대한 소송유형

시립무용단원 위촉을 공법상 계약으로 본 것을 근거로 하여 대법원은 시립무용단원 해촉에 대해서는 행정소송의 일종인 공법상 당사자소송으로 다투는 것이 타당하다고 보았는데 이러한 판시내용에 대해서는 다음과 같은 문제제기가 가능하다.

시립무용단원의 '위촉'행위와 시립무용단원의 '해촉'행위는 구별해서 보아야 하는 것이 아닌가 하는 점이다. 시립무용단원 위촉계약을 공법상 계약으로 본다고 하더라도 이러한 계약의 해지행위에 해당하는 해촉행위는 공법상 계약과 분리하여 행정행위(행정처분)로 보아 항고소송이 가능하다고 보는 것이 타당하지 않은가 하는 점이다.

만약 이 사건 계약해지가 계약에 편입되어 있는 일반적인 해지사유를 근거로 이루어졌다면 계약해지의 무효확인을 공법상 당사자소송으로 다투면 족하다고 할 수 있다.

이는 당사자의 의사합치에 기한 해지라고 볼 수 있기 때문이다. 반면에 앞서 본 산업단지 입주계약 판결에서 보듯이 법령상 발생하는 공법상 의무위반을 이유로 이루어진 해지는 다르게 볼 여지가 있다. 그러나 만약 계약해지의 사유에 따라 소송형식을 다르게 할 경우에는 권리구제의 복잡성을 증가시킬 위험이 있다는 점, 법령상 의무위반에 기한 계약해지의 경우에도 그 내용이 확인적 차원에서 계약에 편입되는 경우가 많다는 점 등을 고려하면 공법상 계약의 체결이후의 분쟁이라고 할 수 있는 계약해지의 효력과 관련된 소송은 일관되게 공법상 당사자소송으로 다투는 것이 바람직하다고 하겠다.

이 사건에서는 시립무용단과 관련한 운영규칙 제6조 제3호의 "정당한 사유 없이 업무상의 지시 또는 법령 및 규칙을 위반한 자"에 해당된다는 이유로 해촉이 된 것으로 볼 수 있는데 이러한 해촉사유가 계약내용에도 편입되어 있었다면 이러한 해촉을 별도의 행정처분으로 인정할 필요는 없음이 명백하다.

대법원이 시립무용단원의 '위촉'행위와 시립무용단원의 '해촉'행위를 면밀하게 구분하여 보지 못한 점, 시립무용단원의 해촉행위가 행정행위로서의 성격을 갖는지를 충분히 검토하지 못한 점, 공법상 계약해지의 원인을 충분히 검토하지 않고 공법상 당사자소송의 대상이 된다고 본 것은 부당하다고 볼 수 있다. 그러나 결과적으로 이 사건 시립무용단원의 해촉행위를 공법상 당사자소송의 대상으로 본 것은 타당하다.

(3) 시립무용단원 해촉의 무효판단기준

대법원은 원고(A)의 비위사실에 비해서 해촉행위는 지나치게 무겁다는 점을 들어 시립무용단원의 해촉행위의 무효를 인정하고 있다. 이는 공법상 당사자소송에서 공법상 계약을 해지한 행위의 무효여부를 판단함에 있어서 비례원칙을 적용하고 있는 것으로 볼 수 있다.

이러한 대법원의 태도에 대해서는 다음과 같은 의문이 제기된다. 무용단원의 해촉행위에 대해서 행정행위로서의 성질을 부인하면서, 일반적으로 행정행위로서의 성질을 부여받고 있는 공무원징계처분에 대한 항고소송에서와 마찬가지로 비례원칙을 적용하여 문제를 해결한 것이 모순되는 태도를 보인 것이 아닌가 하는 점이다.

공무원징계처분에 대해 항고소송의 경우에는 무효와 취소가 구분됨으로 인해 비례원칙위반으로 바로 무효가 인정되지 않을 가능성도 있는 데 비해, 무용단원 해촉행위에 대해서 비례원칙위반을 이유로 바로 무효를 인정한 것이 과연 타당한가 하는 의문도 제기될 수 있다.

그러나 비례원칙은 행정법의 일반원리이므로, 행정행위에만 적용되는 것이 아니라 공법상 계약에도 적용될 수 있다고 보는 것이 타당하다. 또한 공법상 계약에서는 행정행위와는 달리 쟁송취소의 개념은 존재하지 않으므로 무효와 취소의 구별에 관한 행정행위의 이론이 그대로 적용되지 않는다고 보는 것이 타당하다.

다만 비례원칙을 공법상 계약과 관련하여 적용할 때에는 행정행위에 적용할 때와 비교하여 다음과 같은 차이를 고려해야 한다. 즉, 공법상 계약은 당사자의 의사합치에 의해서 이루어진다는 점에 본질이 있으므로, 비례원칙을 적용할 때에도 이러한 당사자의 계약의사를 해석하는 맥락하에서 이루어지는 것이 바람직하다는 점이다.

따라서 이 사건에서 비례원칙을 적용하는 것이 가능하다고 볼 수 있으나, 당사자의 계약상 해촉사유는 무엇인지를 면밀하게 따져보고 이를 해석하는 맥락에서 비례원칙을 활용하는 것이 필요하다. 대법원의 판시사항에서 이 점이 분명하게 드러나지 못한 점은 아쉬운 점이라고 할 수 있다.

4. 판례의 의미와 전망

대상판례는 우선 다음과 같은 점에서 긍정적인 평가가 가능하다. 첫째, 그동안 판례상 거의 찾아보기 힘들었던 공법상 계약의 개념을 인정하고 그 인정기준을 구체적으로 제시하고자 노력했다. 둘째, 그동안 활성화되지 못했던 공법상 당사자소송이 활용될 수 있는 가능성을 열었다. 셋째, 비례원칙이 행정행위에서뿐만 아니라 공법상 계약에서도 활용될 수 있다는 가능성이 존재한다는 점을 밝혔다.

이러한 긍정적인 측면에도 불구하고 대상판례는 다음과 같은 한계를 나타내고 있다. 첫째, 시립무용단원의 '위촉'행위와 시립무용단원의 '해촉'행위를 면밀하게 구분하여 보지 못하였고, 공법상 계약의 해지사유 등을 고려하지 못했다. 둘째, 행정행위에 대해서 항고소송에서 심사를 하는 경우와 공법상 계약에 대해서 공법상 당사자소송으로 심사할 경우에 있어서의 차이(특히 무효의 인정기준)를 충분히 고려하지 못했다.

이러한 한계점을 극복하기 위해서는 앞으로 다음과 같은 점들에 대해서 대법원 판례 및 관련입법이 정비될 필요가 있다. 첫째, 공법상 계약과 관련한 일부행위(계약체결행위, 계약해지행위 등)는 원칙적으로 공법상 당사자소송의 대상으로 봄으로써 권리구제수단 선택과 관련한 혼란을 줄일 필요가 있다. 둘째, 공법상 계약에 비례원칙이 적용될 때에는 행정행위에 비례원칙이 적용되는 경우와는 어떤 차이가 있는지를 보다 분명하게 밝혀 줄 필요가 있다.

〈참고문헌〉

강지은, "프랑스 행정법상 '분리가능한 행위'이론에 대한 소고", 행정법연구 제30호, 2011.
김대인, "지방계약과 공법소송", 공법연구 제41집 제1호, 2012.

박정훈, 행정소송의 구조와 기능, 박영사, 2006.

백윤기, “전문직공무원 채용해지에 대한 쟁송”, 재판의 한길(김용준 헌법재판소장 화갑기념논문집), 박영사, 1998.

조용호, “공중보건의사 채용계약해지에 대한 쟁송”, 대법원판례해설 제25호, 법원도서관, 1996.

하명호, “공법상 당사자소송과 민사소송의 구별과 소송상 취급”, 인권과 정의 제380호, 대한변호사협회, 2008. 4.

102. 당사자소송의 대상

— 대법원 1997. 5. 30. 선고 95다28960 판결 —
(참조 판결 대법원 1996. 5. 31. 선고 95누10617 판결)

조 해 현*

Ⅰ. 판결 개요

1. 사실관계

원고는 1990. 1. 15. 석탄광산의 조광권등록을 하고 석탄광업을 운영하여 오다가 1989년 이후 생산을 개시한 광산이나 광구분리광산에 대하여는 1993. 6. 30. 이후 석탄산업법에 의한 지원을 하지 않는다는 정부의 고시가 있자 1993. 8. 18. 조광권말소등록을 하고 석탄광업을 폐업하였다. 그런데 원고는 폐광이전인 1993년 7월 말경 소외 회사와 석탄 약 2,500톤 판매계약을 구두로 맺고 1993년 8월 중순경까지 석탄을 운송해주기로 하였으나 장마로 인하여 1993. 9. 1.부터 9. 16.까지 사이에 석탄 2,139톤을 운송하였고, 그 대금으로 금 85,295,300원을 지급받았다.

이와 관련하여 원고는 1993. 8. 25. 피고에게 석탄가격안정지원금지급요령에 의한 석탄가격안정지원금의 지급을 구하는 내용의 신청을 하였으나, 피고는 1993. 9. 3. 원고에게 조광권소멸 이후의 재고량은 1993. 8. 11. 개정 · 시행된 1993년도 석탄가격안정지원금지급요령 제7조 제3항에 의하여 판매물량으로 인정할 수 없다는 이유로 석탄가격안정지원금의 지급을 거부하였다.

2. 소송경과

그러자 원고는 1994. 3. 24. 피고를 상대로 민사소송으로서 석탄가격안정지원금 28,156,190원의 지급청구소송을 제기하였고, 이에 대하여 제1심(서울지방법원 1995. 1. 18. 선고 94가단38029 판결)은 원고의 청구를 일부 인용하였으나, 항소심(서울지방법원

* 서울고등법원 부장판사.

1995. 5. 25. 선고 95나7849 판결)은 민사소송 사안이 아니라는 이유로 제1심을 취소하고 소를 각하하였다. 이에 대한 상고심 판결인 대법원 1997. 5. 30. 선고 95다28960 판결(이하 '대상판결'이라고 한다)은 항소심 판결을 파기하고 사건을 관할법원인 서울고등법원으로 이송하였다. 판결요지는 다음과 같다.

3. 판결요지

(1) 제1심 및 항소심 판결의 요지

제1심은 민사소송에 의한 원고의 청구가 적법한 것으로 보고 본안에 나아가 판단한 끝에 판매계약이 조광권소멸 이전에 이루어진 이상 피고는 원고에게 석탄가격안정지원금지급요령에 따라 석탄가격안정지원금을 지급할 의무가 있다고 판단하여 원고의 청구를 일부 인용하였으나, 항소심은 공법상 당사자소송에 의하여야 할 소송을 민사소송으로 제기한 것이어서 부적법하다는 이유로 소를 각하하였는데, 그 이유는, 피고가 석탄광업자의 석탄가격안정지원금 지급신청을 받아 석탄가격안정지원금의 지급대상 및 액수를 확인하는 행위는 행정처분일 뿐만 아니라 석탄가격안정지원금은 일종의 보상금으로서 그 지급청구권은 석탄산업법령이 특별히 인정한 공법상의 권리이므로, 석탄가격안정지원금 지급신청을 하였다가 거부당한 후 그 거부처분이 위법함을 선결문제로 하여 석탄가격안정지원금의 지급을 구하는 소송은 공법상의 당사자소송으로 하여야 하고 민사소송으로 구할 수는 없다는 것이었다.

(2) 대상판결의 요지

이에 대하여 대상판결은 「석탄가격안정지원금은 석탄의 수요감소와 열악한 사업환경 등으로 점차 경영이 어려워지고 있는 석탄광업의 안정 및 육성을 위하여 국가정책적 차원에서 지급하는 지원비의 성격을 갖는 것이고, 석탄광업자가 석탄산업합리화사업단에 대하여 가지는 지원금지급청구권은 석탄사업법령에 의하여 정책적으로 당연히 부여되는 공법상의 권리이므로, 석탄광업자가 석탄산업합리화사업단을 상대로 석탄산업법령 및 석탄가격안정지원금지급요령에 의하여 지원금의 지급을 구하는 소송은 공법상의 법률관계에 관한 소송인 공법상의 당사자소송에 해당한다」고 보면서, 다만 「원고가 고의 또는 중대한 과실없이 행정소송으로 제기하여야 할 사건을 민사사건으로 잘못 제기한 경우 수소법원이 행정소송에 대한 관할권도 가지고 있다면 이를 행정소송으로 심리판단하여야 하고 만약 행정소송에 대한 관할을 가지고 있지 아니하다면 소송요건을 결하고 있지 아니한 이상 관할법원에 이송하여야 한다」고 하여 항소심 판결을 파기하고 사건을 관할법원인 서울고등법원으로 이송하였다.

Ⅱ. 평 석

1. 쟁점정리

어떠한 법률관계에 관한 소송이 민사소송의 대상이 되는지 아니면 행정소송의 대상이 되는지, 행정소송의 대상이 되는 경우에도 그것이 항고소송의 대상이 되는지 아니면 당사자소송의 대상이 되는지가 언제나 분명한 것은 아니다. 특히 종래 대법원은 민사소송의 대상인지 아니면 공법상 당사자소송의 대상인지가 문제된 사안에서 많은 경우 민사소송 사안으로 보아 왔고, 이러한 대법원의 입장에 대하여는 여러 논의가 있어 왔는데, 대상판결은 석탄가격안정지원금의 지급에 관한 법률관계가 관련 법령의 해석상 공법상의 법률관계라는 점을 들어 공법상의 당사자소송의 대상이 된다고 본 것이다. 아래에서 대법원 판례의 전체적인 흐름을 개관한 후 이러한 대상판결이 어떠한 의미를 가지는 것인지를 살펴보기로 한다.

2. 관련 판례

(1) 공법상 당사자소송으로 본 사안

(가) 확인소송 사안

1) 대법원 2000. 9. 8. 선고 99두276 판결[납세의무 부존재확인] — 납세의무부존재확인의 소는 공법상의 법률관계 그 자체를 다투는 소송으로서 당사자소송이라 할 것이므로 행정소송법 제3조 제2호, 제39조에 의하여 그 법률관계의 한쪽 당사자인 국가 · 공공단체 그 밖의 권리주체가 피고적격을 가진다.

2) 대법원 1993. 9. 14. 선고 92누4611 판결[공무원채용계약해지 무효확인] — 현행 실정법이 지방전문직공무원 채용계약 해지의 의사표시를 일반공무원에 대한 징계처분과는 달리 항고소송의 대상이 되는 처분 등의 성격을 가진 것으로 인정하지 아니하고, 지방전문직공무원규정 제7조 각호의 1에 해당하는 사유가 있을 때 지방자치단체가 채용계약관계의 한쪽 당사자로서 대등한 지위에서 행하는 의사표시로 취급하고 있는 것으로 이해되므로, 지방전문직공무원 채용계약 해지의 의사표시에 대하여는 대등한 당사자 간의 소송형식인 공법상 당사자소송으로 그 의사표시의 무효확인을 청구할 수 있다.[1]

3) 대법원 2001. 8. 24. 선고 2001두2485 판결[항만시설의 무상사용기간에 관한 권리범위확인] — 비관리청이 당해 항만시설을 무상사용하는 것은 일반인에게 허용되지 아니

---

1) 대법원 1996. 5. 31. 선고 95누10617 판결(공중보건의사에 관한 사안), 대법원 1995. 12. 22. 선고 95누4636 판결(서울시립무용단원에 관한 사안), 대법원 2000. 9. 8. 선고 99두2765 판결(지방사무원에 관한 사안), 대법원 2001. 12. 11. 선고 2001두7794 판결(광주시립합창단원에 관한 사안), 대법원 2002. 11. 26. 선고 2002두5948 판결(국방홍보원장에 관한 사안) 등도 같은 취지이다.

하는 특별한 사용으로서, 이른바 공물의 특허사용에 해당하고, 비관리청이 당해 항만시설을 무상사용할 수 있는 기간은 총사업비에 의하여 결정되므로, 관리청이 적법한 기준에 미달하게 총사업비를 산정하였다면, 그 금액과 적법한 기준에 의한 총사업비의 차액에 따른 기간만큼 무상사용기간이 단축되므로, 그 차액에 해당하는 기간에 관하여는 비관리청이 무상사용할 수 없게 된다는 법적 불안 · 위험이 현존한다고 보아야 하고, 따라서 이를 제거하기 위하여 국가를 상대로 공법상의 당사자소송으로 권리범위의 확인을 구할 필요나 이익이 있으며, 이러한 방법이 가장 유효 · 적절한 수단이다.[2)]

(나) 이행소송 사안

1) 대법원 1999. 1. 26. 선고 98두12598 판결[석탄사업법령에 의한 재해위로금 지급청구] — 석탄산업법의 각 규정의 취지를 모아보면, 피재근로자가 석탄산업합리화사업단에 대하여 가지는 재해위로금의 지급청구권은 위 규정이 정하는 지급요건이 충족되면 당연히 발생함과 아울러 그 금액도 확정되는 것이지 위 사업단의 지급결정 여부에 의하여 그 청구권의 발생이나 금액이 좌우되는 것이 아니므로 위 사업단이 그 재해위로금의 전부 또는 일부에 대하여 지급거부의 의사표시를 하였다고 하더라도 그 의사표시는 재해위로금청구권을 형성 · 확정하는 행정처분이 아니라 공법상의 법률관계의 한쪽 당사자로서 그 지급의무의 존부 및 범위에 관하여 나름대로의 사실상 · 법률상 의견을 밝힌 것에 불과하다고 할 것이므로, 위 사업단이 표시한 재해위로금 지급거부의 의사표시에 불복이 있는 경우에는 위 사업단을 상대로 그 지급거부의 의사표시에 대한 항고소송을 제기하여야 하는 것이 아니라 직접 공법상의 당사자소송을 제기하여야 한다.[3)]

2) 대법원 2003. 9. 5. 선고 2002두3522 판결[군인연금법상의 퇴역연금 청구] — 국방부장관의 인정에 의하여 퇴역연금을 지급받아 오던 중 군인보수법 및 공무원보수규정에 의한 호봉이나 봉급액의 개정 등으로 퇴역연금액이 변경된 경우에는 법령의 개정에 따라 당연히 개정규정에 따른 퇴역연금액이 확정되는 것이지 법 제18조 제1항 및 제2항에 정해진 국방부장관의 퇴역연금액 결정과 통지에 의하여 비로소 그 금액이 확정되는 것이 아니므로, 법령의 개정에 따른 국방부장관의 퇴역연금액 감액조치에 대하여 이의가 있는 퇴역연금수급권자는 항고소송을 제기하는 방법으로 감액조치의 효력을 다툴 것이 아니라 직접 국가를 상대로 정당한 퇴역연금액과 결정, 통지된 퇴역연금액과의 차액의 지급을 구하는 공법상 당사자소송을 제기하는 방법으로 다툴 수 있다 할 것이고, 법 제5

---

2) 대법원 2001. 9. 4. 선고 99두10148 판결도 같은 취지이다. 대법원 1990. 10. 23. 선고 90누4440 판결(훈기부상 태극무공훈장을 수여받은 자임의 확인에 관한 사안), 대법원 1991. 9. 24. 선고 90누9292 판결(연금수혜대상자 확인에 관한 사안)도 같은 취지로 볼 수 있다.

3) 대법원 1998. 12. 23. 선고 97누5046 판결, 대법원 2002. 3. 29. 선고 2001두9592 판결, 대법원 1993. 10. 12. 선고 93누13209 판결도 같은 취지이다.

조 제1항에 그 법에 의한 급여에 관하여 이의가 있는 자는 군인연금급여재심위원회에 그 심사를 청구할 수 있다는 규정이 있다 하여 달리 볼 것은 아니다.[4]

3) 대법원 1992. 12. 24. 선고 92누3335 판결[광주민주화운동관련자 보상 등에 관한 법률상의 보상금 지급청구] — 광주민주화운동관련자보상등에 관한 법률 제15조 본문의 규정에서 말하는 광주민주화운동관련자보상심의위원회의 결정을 거치는 것은 보상금 지급에 관한 소송을 제기하기 위한 전치요건에 불과하다고 할 것이므로 위 보상심의위원회의 결정은 취소소송의 대상이 되는 행정처분이라고 할 수 없다. 같은 법에 의거하여 관련자 및 유족들이 갖게 되는 보상 등에 관한 권리는 헌법 제23조 제3항에 따른 재산권침해에 대한 손실보상청구나 국가배상법에 따른 손해배상청구와는 그 성질을 달리하는 것으로서 법률이 특별히 인정하고 있는 공법상의 권리라고 하여야 할 것이므로 그에 관한 소송은 행정소송법 제3조 제2호 소정의 당사자소송에 의하여야 할 것이며 보상금 등의 지급에 관한 법률관계의 주체는 대한민국이다.

4) 대법원 2006. 5. 18. 선고 2004다6207 전원합의체 판결[하천구역 편입 토지에 대한 손실보상청구] — 하천법 부칙(1984. 12. 31.) 제2조와 '법률 제3782호 하천법 중 개정법률 부칙 제2조의 규정에 의한 보상청구권의 소멸시효가 만료된 하천구역 편입토지보상에관한특별조치법' 제2조, 제6조의 각 규정들을 종합하면, 위 규정들에 의한 손실보상청구권은 1984. 12. 31. 전에 토지가 하천구역으로 된 경우에는 당연히 발생되는 것이지, 관리청의 보상금지급결정에 의하여 비로소 발생하는 것은 아니므로, 위 규정들에 의한 손실보상금의 지급을 구하거나 손실보상청구권의 확인을 구하는 소송은 행정소송법 제3조 제2호 소정의 당사자소송에 의하여야 한다.

(2) 민사소송으로 본 사안

종래 대법원은 위와 같이 공법상 당사자소송으로 인정된 사안 외에는 강학상 공법상의 법률관계로 파악되는 사안에서도 대부분 민사소송에 의하여야 하는 것으로 보았다. 즉 징발법상의 손실보상에 관한 대법원 1981. 5. 26. 선고 80다2542 판결,[5] 수산업법상의 손실보상에 관한 대법원 1996. 7. 26. 선고 94누13848 판결,[6] 과세처분의 무효를 전제로 한 과오납금환급청구소송과 같이 공법상의 부당이득청구에 관한 대법원 1995. 4. 28. 선고 94다55019 판결, 국가배상법에 기한 손해배상청구에 관한 대법원 1972. 10. 선고 69다701 판결은 모두 당해 청구가 민사소송의 대상이라고 보았다. 그 외 행정주체 상호간의 비용

---

4) 대법원 2004. 7. 8. 선고 2004두244 판결과 2004. 12. 24. 선고 2003두15195 판결(각 공무원연금법상 퇴직연금에 관한 사안)도 같은 취지이다.

5) 대법원 1969. 6. 10. 선고 68다2389 판결, 대법원 1970. 3. 10. 선고 69다1886 판결도 같은 취지이다.

6) 대법원 1998. 2. 27. 선고 97다46450 판결, 대법원 2000. 5. 26. 선고 99다37382 판결, 대법원 2001. 6. 29. 선고 99다56468 판결도 같은 취지이다.

상환청구에 관한 대법원 1998. 7. 10. 선고 96다42819 판결이나 공법상 계약에 관한 대법원 2001. 12. 11. 선고 2001다33604 판결[7]도 모두 민사소송으로 본 예이다.

3. 대상판결의 검토

대상 판결은 요컨대 석탄가격안정지원금 지급청구권의 법적 성격이 공법상의 권리인 이상 그 이행청구는 공법상의 당사자소송에 의하여야 한다고 보면서 이와 같이 공법상 당사자소송에 의하여야 할 사안을 민사소송으로 제기한 경우 특별한 사정이 없는 한 관할법원으로 이송하여야 한다고 본 것이다. 아울러 대상판결의 사안에서 항소심이 석탄가격안정지원금의 지급대상 및 액수를 확인하는 행위가 행정처분으로서 그 지원금청구소송에서 이것이 선결문제가 된다는 이유로 공법상의 당사자소송 사안이라고 본 데 대하여 대상판결은 석탄가격안정지원금의 지급에 관한 법률관계가 공법상의 법률관계여서 공법상의 당사자소송의 대상이 된다고 보아 항고소송의 대상이 아니라고 본 것인데, 종래 대법원이 항고소송 대상인지 아니면 공법상의 당사자소송의 대상인지를 구분함에 있어 문제된 행위의 처분성 유무를 기준으로 한 것에 비추어 보면 대상판결은 결국 석탄가격안정지원금의 지급대상 및 액수를 확인하는 행위가 행정처분에 해당하지 아니하고, 그 지급에 관한 법률관계는 공법상의 법률관계이므로 공법상 당사자소송의 대상이 된다고 본 것이라고 할 수 있다.

이와 관련하여 항고소송 사안과 공법상 당사자소송의 구분 기준에 관한 대법원 판례를 살펴보면, 공중보건의사 채용계약의 법적 성질과 채용계약 해지에 관한 쟁송방법이 문제된 사안인 대법원 1996. 5. 31. 선고 95누10617 판결(참조판결)에서 「전문직 공무원인 공중보건의사의 채용계약의 해지가 관할 도지사의 일방적인 의사표시에 의하여 그 신분을 박탈하는 불이익처분이라고 하여 곧바로 그 의사표시가 관할 도지사가 행정청으로서 공권력을 행사하여 행하는 행정처분이라고 단정할 수는 없고, 공무원 및 공중보건의사에 관한 현행 실정법이 공중보건의사의 근무관계에 관하여 구체적으로 어떻게 규정하고 있는가에 따라 그 의사표시가 항고소송의 대상이 되는 처분 등에 해당하는 것인지의 여부를 개별적으로 판단하여야 할 것인바, … 관련 법령의 규정 내용에 미루어보면 현행 실정법이 전문직 공무원인 공중보건의사의 채용계약 해지의 의사표시는 일반공무원에 대한 징계처분과는 달라서 항고소송의 대상이 되는 처분 등의 성격을 가진 것으로 인정되지 아니하고, 일정한 사유가 있을 때에 관할 도지사가 채용계약 관계의 한쪽 당사자로서 대등한 당사자간의 소송형식인 공법상의 당사자소송으로 의사표시의 무효확인을 구할 수 있는 것이지, 이를 항고소송의 대상이 되는 행정처분이라는 전제하에서 그 취소를 구

7) 대법원 2006. 4. 28. 선고 2004다50129 판결도 같은 취지이다.

하는 항고소송을 제기할 수 없다」고 본 바 있는데, 대상 판결도 이 같은 입장에서 석탄가격안정지원금의 지급대상 및 액수를 확인하는 행위가 행정처분에 해당하지 아니하여 항고소송의 대상이 될 수 없고, 공법상 법률관계에 관한 소송으로서 공법상 당사자소송에 의하여야 한다고 본 것이라고 할 수 있다.

결론적으로 대법원은 민사소송 사안과 공법상의 당사자소송 사안의 구분에 관하여는 문제된 법률관계 내지 권리가 공법상의 법률관계 내지 권리인지 아니면 사법상의 법률관계 내지 권리인지 여부를 그 기준으로 삼고, 항고소송 사안과 공법상의 당사자소송 사안의 구분에 관하여는 문제된 행위가 행정처분에 해당하는지 여부를 그 구분기준으로 삼고 있는데, 대상판결도 이러한 맥락에서 내려진 판결이라고 할 수 있다.

4. 판결의 의미와 전망

공법상 당사자소송과 민사소송은 그 구별의 실익이 그다지 크지 않다고 보는 견해도 없는 것은 아니지만,[8] 현행 행정소송법상으로도 피고의 경정, 관련사건의 병합, 제3자와 행정청의 소송참가, 소의 종류의 변경과 처분변경으로 인한 소의 변경, 행정심판기록의 제출명령, 직권심리, 판결의 기속력, 소송비용 등의 특칙 규정이 적용되고 관할법원도 달리하므로 민사소송에 의하는 경우보다도 공법상의 당사자소송에 의하는 편이 심리의 전문성과 효율성 등을 제고할 수 있어, 종래 제도적으로는 심급관할의 문제가 있고 실체법적으로는 공법상의 법률관계와 사법상의 법률관계의 구별 기준이 그렇게 분명하지 아니하다는 이유에서 다소 소극적으로 보아 왔던 공법상 당사자소송의 활용도를 이제는 높일 필요가 있다는 것이 대체적인 견해이다.[9] 이러한 견지에서 보면 현재 국회에 계류 중인 대법원의 행정소송법 개정안에서 당사자소송을 '행정상 손실보상, 처분 등의 위법으로 인한 손해배상 · 부당이득반환, 그 밖의 공법상의 법률관계에 관한 소송으로서 그 법률관계의 한쪽 당사자를 피고로 하는 소송'으로 정의하여 종래 대법원 판례상 민사소송의 대상으로 파악되어 왔던 소송들이 공법상의 당사자소송의 대상이 되는 것으로 법률상의 근거를 명시한 것이나, 대법원 2006. 5. 18. 선고 2004다6207 판결에서 하천구역으로 편입된 토지에 관한 손실보상청구권에의 편입에 의한 손실보상청구권은 모두 공법상의 권리임을 전제로 하여 그에 관한 이행청구 또는 확인청구는 모두 공법상 당사자소송의 대상이라고 입장을 변경한 것은 큰 의미를 가지는 것이라고 할 수 있다.

이러한 관점에서 보면 대상판결에서 일찍이 석탄가격안정지원금 지급청구권의 법적

8) 南 博方, 조해 행정사건소송법 제3판, 홍문당, 2006, 122면(山田 洋 집필부분).
9) 하명호, "공법상 당사자소송과 민사소송의 구별과 소송상 취급", 인권과 정의 통권 제380호, 대한변호사협회, 2008. 4. 62면.

성격이 공법상의 권리인 이상 그 이행을 구하는 소송은 공법상의 당사자소송이라고 본 것은 종래 대법원 판례상 공법상의 법률관계에 관한 소송도 민사소송으로 보는 예가 많은 중에서도 이를 공법상의 당사자소송으로 파악하였다는 점에서 의미를 가지는 것이라 할 것이다. 다만 공법상의 당사자소송 사안과 민사소송 사안의 구분기준을 문제된 법률관계가 공법상의 법률관계인지 아니면 사법상의 법률관계인지에 두는 한 공사법의 구분 자체가 분명하지 아니하다는 점에서 여전히 숙제는 남아 있다고 할 수 있다.

〈참고문헌〉

백윤기, "당사자소송의 대상 — 대법원 1997. 5. 30. 선고 95다28960 판결", 행정판례연구 Ⅳ, 서울대학교 출판부, 1999. 8.

안철상, "행정소송의 대상", 행정소송의 이론과 실무, 사법연구지원재단, 2008.

조용호, "공중보건의사 채용계약해지에 대한 쟁송", 대법원판례해설 제25호, 법원도서관, 1996. 11.

조용호, "전문직공무원 채용해지에 대한 쟁송 — 대법원 1993. 9. 14. 선고 92누4611 판결", 재판의 한길, 김용준 헌법재판소장 화갑기념논문집 간행위원회, 1998.

하명호, "공법상 당사자소송과 민사소송의 구별과 소송상 취급", 인권과 정의 통권 제380호, 대한변호사협회, 2008. 4.

南 博方, 조해 행정사건소송법 제3판, 홍문당, 2006.

제 3 편

행정 조직법

103. 내부위임법리위반의 효과

—대법원 1995. 11. 28. 선고 94누6475 판결—

김 민 호*

Ⅰ. 판결개요

1. 사실관계

원고는 1987년 1월 23일자로 「액화석유가스의 안전 및 사업관리법」(이하 ‘법’이라고 한다) 제3조에 의한 액화석유가스충전사업의 허가를 얻어 경남 장승포읍에서 석유가스충전사업을 하여 왔다. 그런데 소외(A)가 1987년 11월경 자신과 원고간의 위 충전사업매매계약서, 원고의 허가증, 자신의 신원증명서 등을 갖추어 자신이 위 충전사업을 원고로부터 양수하였다면서 법 제7조에 의거 거제군수에게 지위승계신고를 한바 거제군수는 1987년 11월 16일 위 신고를 적법하다고 보아 수리를 하고 곧장 위 소외(A)에게 거제군수 명의의 지위승계허가증을 발급·교부하였다.

원고는 액화석유가스 충전사업의 지위승계허가에 관한 권한은 경상남도지사에게 있고, 이 사건 지위승계허가 당시 시행되던 「경상남도 사무위임조례」에 의하면 경상남도지사의 위 권한이 시장·군수에게 내부 위임되어 있을 뿐임에도 피고는 이 사건 지위승계신고수리(허가)를 피고 명의로 하였으므로 위 신고수리로서의 허가처분은 권한 없는 자가 한 처분이어서 당연 무효라고 주장하였다.

2. 판결요지

(1) 원심판결의 요지

「경상남도 사무내부위임규정」 제1조는 “이 규정은 도지사의 권한에 속하는 사무의 일부를 시장·군수·사업소의장에게 내부 위임하여 처리케 함으로써 행정사무의 능률화와 주민의 편익을 도모함을 목적으로 한다”라고 규정하고, 이어 제2조 제1항은 “시장·

* 성균관대학교 법학전문대학원 교수.

군수에게 내부위임하는 사항은 [별표 1]과 같다"고 규정하고 있으며, 위 [별표 1]에 기재되어 있는 사항 중에는 법 제7조의 사업의 지위승계신고가 들어 있는바, 이 사건 지위승계의 신고수리행위는 양도인의 구허가를 철회함과 동시에 양수인에게 새로운 사업허가를 해주는 것으로 성질상 위 지위승계를 허가해 주는 처분으로서 그 처분 권한은 경상남도지사에게 있고 피고는 단지 위 권한을 경상남도지사로부터 내부 위임 받았을 뿐이므로 위 허가처분을 함에 있어서는 위임자인 경상남도 지사명의로 대행 처리할 수 있을 뿐이다.

결국 피고의 이 사건 지위승계허가(신고수리)처분은 권한 없는 자에 의하여 행하여진 위법무효의 처분이라고 할 것이다.

(2) **대법원 판결의 요지**

행정권한의 위임은 행정관청이 법률에 따라 특정한 권한을 다른 행정관청에 이전하여 수임관청의 권한으로 행사하도록 하는 것이어서 권한의 법적인 귀속을 변경하는 것이므로 법률이 위임을 허용하고 있는 경우에 한하여 인정된다 할 것이고, 이에 반하여 행정권한의 내부위임은 법률이 위임을 허용하고 있지 아니한 경우에도 행정관청의 내부적인 사무처리의 편의를 도모하기 위하여 그의 보조기관 또는 하급행정관청으로 하여금 그의 권한을 사실상 행사하게 하는 것이므로, 권한위임의 경우에는 수임관청이 자기의 이름으로 그 권한행사를 할 수 있지만 내부위임의 경우에는 수임관청은 위임관청의 이름으로만 그 권한을 행사할 수 있을 뿐 자기의 이름으로는 그 권한을 행사할 수 없다.

Ⅱ. 평　석

1. 쟁점정리

(1) 행정권한의 내부위임이란 무엇을 말하는 것이며, 내부위임된 권한의 행사방법 및 효과는 어떠한가?

(2) 내부위임된 권한에 대하여 수임기관이 자신의 명의로 처분을 한 경우 이에 대하여 다툴 때에는 누구를 피고로 하여야 하는 것인가?

(3) 내부위임된 권한에 대하여 수임기관이 자신의 명의로 처분을 행한 경우 당해 처분은 권한 없는 자가 행한 처분으로서 당연 무효인가? 아니면 취소할 수 있는 흠으로 보아야 하는가?

2. 판결의 검토

(1) 행정권한 내부위임의 의의

행정권한의 내부위임이란 행정청이 그의 특정사항에 관한(허가 · 허가취소 등)을 실질적으로 하급기관 또는 보조기관에 위임하면서, 대외적으로는 위임자의 명의로 권한을 행사하게 하는 것을 의미한다.

그런데 이러한 내부위임의 정의와 관련하여 내부위임을 위임전결과 동일한 것으로 이해하는 견해(박윤흔, 40면; 홍정선, 24면)와 내부위임과 위임전결을 구별하는 견해(김철용, 20면; 김동희, 20면)가 대립한다.

내부위임과 위임전결을 구별하여 이해하는 견해는 대체적으로 내부위임이나 위임전결이 그 실질에 있어서는 별반 차이가 없으나 그 형식에 있어서 내부위임은 상하 행정청간에, 위임전결은 행정청과 그 보조기관 간에 행하여지는 것이라고 설명하고 있다.

내부위임은 행정관청이 하급관청에게 외부에 표시함이 없이 내부적으로 경미한 사항을 위임하여 그것을 사실상 처리케 하는 것이며, 위임전결이란 학문적 용어라기보다는 행정작용을 대상으로 한 실천적 용어로서 행정관청이 소관사무의 일부를 보조기관(부시장, 실 · 국장, 과장, 담당자 등)으로 하여금 결제 · 처리케 하는 것으로 이해된다.

〈표〉 행정권한의 위임, 내부위임, 위임전결의 비교(금창호, 9-11면)

	권한위임	내부위임	위임전결
법적근거	▪ 헌법 제89조 ▪ 정부조직법 제6조 ▪ 지방자치법 제102조, 제104조 ▪「행정권한의 위임 및 위탁에 관한 규정」제3조 ▪ 각 개별법		▪ 사무관리규정 제16조
개 념	행정관청이 그의 권한의 일부를 다른 행정기관에 이전하여 수임기관의 권한으로 행사하도록 하는 것	행정관청이 하급관청에게 외부에 표시함이 없이 내부적으로 경미한 사항을 위임하여 사실상 처리케 하는 것	행정관청이 소관사무의 일부를 보조기관으로 하여금 결재 · 처리케 하는 것
방 법	▪ 국가사무: 개별법령 ▪ 자치(고유)사무: 조례, 규칙	훈령, 위임조례 등	사무전결처리규칙
명의표시	수임기관	위임기관	위임기관
감독권	있음	있음	있음
법적효과	수임기관	위임기관	위임기관
객 체	▪ 소속 행정기관 ▪ 관할 지방자치단체	▪ 소속 행정기관 ▪ 관할 지방자치단체	보조기관
권한변동	있 음	없 음	없 음

(2) 내부위임과 피고적격

내부위임의 경우 수임기관이 자신의 명의로 행정행위를 한 경우에 행정소송의 피고는 수임청과 위임청 중 누가 되는 것인가?

내부위임이나 대리권을 수여 받는 데 불과하여 원행정청 명의나 대리관계를 밝히지 아니하고 그의 명의로 처분 등을 할 권한이 없음에도 불구하고, 행정청이 착오 등으로 권한 없이 자신의 명의로 처분을 한 경우, 그 처분은 권한이 없는 자가 한 위법한 처분이 된다. 그러나 외부적으로 그의 명의로 행위를 한 자가 피고적격을 갖고, 그에게 실체법상의 정당한 권한이 있었는지 여부는 본안판단사항일 뿐이고 피고적격을 정함에 있어 고려해야할 사항은 아니다. 따라서 이 경우 피고는 그 처분을 행한 행정청이 되어야 한다.

판례(대법원 1980. 11. 25. 선고 80누217 판결)도 "서울특별시장은 소규모 양곡가공업의 허가사무를 관할 구청장에게 내부 위임하였음을 알 수 있는데 원고들로부터 위 시행령 개정령에 따른 무허가 가공업자의 신고를 받은 관할 구청장이 그들의 명의로 그 불수리 처분을 한 사실을 인정할 수 있으므로 서울특별시장으로부터 내부위임을 받은 데 지나지 아니하는 구청장이 그 명의로 불수리의 결정을 한 본건 행정처분은 위법하다고 할 것이다. 그렇기는 하나 한편 행정소송법 제1조 및 제3조의 규정에 의하여 보건대 행정소송은 특별한 규정이 없는 한 처분을 한 행정청을 피고로 하여 제기하도록 되어 있으므로 위 본건 신고 불수리 처분을 한 소관구청장을 상대하여 그 취소변경 또는 무효 확인을 구할 것이지 그와 같은 행정소송에서 그 처분을 하지 아니한 피고 서울특별시장이 피고가 될 수 없는 법리라 할 것이다"라고 하여 명의표시자인 수임청에게 피고적격이 있다고 판시하였다.

(3) 내부위임 법리위반(수임인 명의의 권한행사)의 효과

(가) 권한 없는 자의 처분으로서 당연무효라는 견해

내부위임의 경우에는 수임관청은 위임관청의 이름으로만 그 권한을 행사할 수 있을 뿐 자기의 이름으로는 그 권한을 행사할 수 없는 것이므로, 수임청이 위임청의 명의가 아닌 자신의 명의로 처분 등을 한 경우에는 당해 처분 등은 권한 없는 자에 의하여 행하여진 것으로서 당연히 위법무효의 처분으로 보아야 한다는 입장이다. 다수 학자들의 견해이며, 일관된 판례(대법원 1995. 11. 28. 선고 94누6475 판결)의 태도이다.

(나) 내부위임과정이 명백하지 않으면 취소할 수 있는 흠으로 볼 수 있다는 견해

하자있는 행정처분이 당연무효가 되기 위해서는 그 하자가 법규의 중요한 부분을 위반한 중대한 것으로서, 객관적으로 명백한 것이어야 하며 하자가 중대하고 명백한 것인지 여부를 판별함에 있어서는 그 법규의 목적, 의미, 기능 등을 목적론적으로 고찰함과 동시에 구체적 사안 자체의 특수성에 관하여도 합리적으로 고찰함을 요한다고 전제하면서, 내부위임의 과정이 객관적으로 “명백”한 것은 아니므로 수임청 명의의 처분을 무조건 당연무효로 보는 것은 하자에 관한 일반원칙에 비추어 지나치다는 반대 견해(김남진, 1153면)도 있다.

대법원(대법원 1995. 8. 22. 선고 94누5694 판결)은 “피고가 무효인 서울특별시행정권한위임조례의 규정에 근거하여 이 사건 처분을 한 것이므로, 이 사건 처분은 결과적으로 적법한 위임 없이 권한 없는 자에 의하여 행하여진 것과 마찬가지가 되어 그 하자가 중대하다고 할 것이나, 지방자치단체의 사무에 관한 조례와 규칙은 조례가 보다 상위규범이라고 할 수 있고, 또한 헌법 제107조 제2항의 “규칙”에는 지방자치단체의 조례와 규칙이 모두 포함되는 등 이른바 규칙의 개념이 경우에 따라 상이하게 해석되는 점 등에 비추어 보면 이 사건 처분의 위임과정의 하자가 객관적으로 명백한 것이라고 할 수 없으므로, 이로 인한 하자는 결국 당연무효 사유는 아니라고 봄이 상당하다고 할 것이다”라고 하여, 권한위임 과정상 위임의 하자가 객관적으로 명백하지 아니한 때에는 이를 당연무효로 보기 어렵다는 취지의 판결을 한 바 있다.

물론 이 판례는 내부위임과 직접 관련한 판례는 아니지만, 위임의 근거법령의 무효로 인하여 위임 자체가 무효가 된 경우 수임청이 행한 처분은 결국 권한 없는 자의 처분이 되며, 내부위임된 권한을 수임기관의 이름으로 처분하는 것 역시 권한 없는 자의 처분이므로 양자는 결과에 있어서 동일하다할 것이며, 따라서 이 판례의 취지에 따른다면 내부위임된 권한을 수임기관의 명의로 처분하였을지라도 그 위임과정이 명백하지 아니하였다면 당연무효로 보기 어렵다는 논리의 구성이 가능할 것이다.

4. 판결의 의미와 전망

행정권한의 내부위임에 대한 판례의 태도는 일관된다. 우선 내부위임의 정의에 관하여는 “법률이 위임을 허용하고 있지 아니한 경우에도 행정관청의 내부적인 사무처리의 편의를 도모하기 위하여 그의 보조기관 또는 하급행정관청으로 하여금 그의 권한을 사실상 행사하게 하는 것”으로 정의하여 내부위임과 위임전결을 동일개념 내지는 위임전결을 내부위임의 한 유형으로 이해하고 있다.

내부위임된 권한의 행사방법에 대하여는 “내부위임의 경우에는 수임관청은 위임관청의 이름으로만 그 권한을 행사할 수 있을 뿐 자기의 이름으로는 그 권한을 행사할 수 없다”는 태도를 취하고 있다.

이러한 내부위임법리위반의 처분에 대한 취소소송의 피고적격에 관하여는 “외부적으로 그의 명의로 행위를 한 자가 피고적격을 갖고, 그에게 실체법상의 정당한 권한이 있었는지 여부는 본안판단사항일 뿐이고 피고적격을 정함에 있어 고려해야할 사항은 아니므로 내부위임의 경우 피고는 그 처분을 행한 행정청이 되어야 한다"라는 입장이다.

아울러 내부위임법리를 위반하여 수임기관이 자신의 명의로 처분 등을 행한 경우의 법적 효과에 관하여는 일관되게 "내부위임의 경우에는 수임관청은 위임관청의 이름으로만 그 권한을 행사할 수 있을 뿐 자기의 이름으로는 그 권한을 행사할 수 없는 것이므로, 수임청의 처분은 권한 없는 자에 의하여 행하여진 것으로서 당연히 위법무효의 처분으로 보아야 한다"는 입장을 취하고 있다.

내부위임의 정의, 법적 효과, 피고적격 등에 관한 판례의 입장은 대다수 학자들의 견해와 크게 다르지 않다. 물론 내부위임법리를 위반한 처분의 효과에 대한 입장 역시 판례와 다수 학자들의 견해가 일치하고 있다.

그런데 하자있는 행정처분이 당연무효가 되기 위해서는 그 흠이 법규의 중요한 부분을 위반한 중대한 것이어야 할 뿐만 아니라 객관적으로도 명백하여야 한다는 것에 대해 이견이 없을 것이다. 내부위임은 그 성질상 외부에 표시되지 아니하는 까닭에 처분의 상대방은 당해 권한이 법령에 의해 규정된 행정청에게 여전히 있는 것으로 인식하여야 할 것이다. 따라서 법령이 규정하고 있는 정당한 권한을 가진 자가 아닌 보조기관이나 하급 행정기관 등이 자신의 명의로 권한을 행사하였다면 이는 분명 권한 없는 자의 행위에 해당할 것이다.

그러나 실제에 있어서는 처분의 상대방이나 제3자가 정당한 처분권자가 누구인지를 인식하기가 결코 쉽지 않다는 것이다. 특히 특정의 권한이 시 · 도지사의 권한인지 아니면 시장 · 군수 · 구청장의 권한인지를 일일이 파악하는 것은 더욱 용이하지 않다. 서울특별시장의 권한을 건축과장에게 내부위임하였는바, 이를 서울특별시장의 명의가 아닌 건축과장의 명의로 처분을 하였다면 이는 권한 없는 자의 처분이라는 것을 쉽게 알 수 있겠지만, 경상남도지사의 권한을 거제군수가 자신의 명의로 행사하였을 경우 당해 처분이 권한 없는 자에 의해 이루어진 처분이라는 사실을 쉽게 알기는 어렵다는 것이다.

이러한 현실을 고려해 볼 때, 시 · 도지사의 권한이 시장 · 군수 · 구청장에게 내부위임되었음에도 불구하고 당해 권한을 시장 · 군수 · 구청장이 자신의 명의로 처분을 하였다고 해서, 이는 권한 없는 자의 행위이므로 당연무효라고 하는 것이 과연 항상 타당한 것인지에 대해 매우 커다란 의문을 가지지 않을 수 없다.

따라서 내부위임법리를 위반한 처분에 대하여 지금까지의 판례처럼 무조건 기계적으로 당연무효를 인정하기보다는 사안의 특수한 사정을 고려하여 당연무효 여부를 결정하는 보다 신중한 판단이 요구된다 할 것이다.

〈참고문헌〉

금창호 외2인, "지방자치단체 위임전결 개선방안", 한국지방행정연구원, 2004.
김남진, 행정법의 기본문제 제3판, 법문사, 1994.
김남진/김연태, 행정법Ⅱ 제9판, 법문사, 2005.
김동희, 행정법Ⅱ 제11판, 박영사, 2005.
김철용, 행정법Ⅱ 제8판, 박영사, 2008.
박균성, 행정법론(하) 제4판, 박영사, 2005.
박윤흔, 최신행정법강의(하) 개정27판, 박영사, 2004.
정재욱, 한국 자치행정실무관리론: 이론과 실제, 도서출판 대명, 2001.
홍정선, 행정법원론(상) 제13판, 박영사, 2005.

104. 행정권한의 기관위임에 따른 배상책임

—대법원 1999. 6. 25. 선고 99다11120 판결—

금 태 환*

Ⅰ. 판결개요

1. 사실 관계

(1) X광역시장은 관내 왕복 6차선 도로에 횡단보도와 신호기를 설치하고 도로교통법시행령 제71조의2 제1항에 따라 Y지방경찰청장에게 관리를 위임하였다. 1996. 10. 2. 밤 낙뢰로 신호기가 고장이 발생하여, 보행자 신호기와 차량 신호기가 동시에 녹색등이 들어오게 되었다.

(2) 이러한 고장사실은 다음날 Y지방경찰청 교통정보센터에 신고되었으나 연락을 받은 수리업체가 고장 신호등을 찾지 못하던 중, 보행자 신호기의 녹색등을 보고 횡단보도를 건너던 원고가, 차량 신호기의 녹색등을 보고 도로를 주행하던 승용차에 충격되어 상해를 입었다.

2. 소송 경과

원고는 위임관청이 소속된 X광역시가 아닌, 위임받은 관청이 소속된 국가를 상대로 국가배상을 구하였고, 원심은 이를 인용하였으며, 대법원도 이를 인용하였다.

3. 판결 요지

도로교통법 제3조 제1항은 지방자치단체장이 도로에서의 신호기 안전표지를 설치하여 관리하게 하고 있고, 동법 시행령 제71조의2 제1항 제1호는 이러한 업무를 지방경찰청장에게 위임하게 하고 있다. 행정권한이 기관위임된 경우 권한을 위임받은 기관은, 권한을 위임한 기관이 속하는 지방자치단체의 산하 행정기관의 지위에서 그 사무를 처리하

* 영남대학교 법학전문대학원 교수.

는 것이므로 사무귀속의 주체가 달라지지 않는다. 따라서 권한을 위임한 관청이 소속된 지방자치단체가 국가배상법 제2조 혹은 제5조에 따른 책임을 져야 할 것이나, 국가배상법 제6조 제1항이 공무원의 선임·감독자 또는 설치·관리를 맡은 자와 공무원의 봉급 기타 급여의 비용 혹은 설치·관리의 비용을 부담하는 자가 동일하지 아니한 경우에는, 그 비용을 부담하는 자도 손해를 배상하여야 한다고 규정하고 있으므로, 교통 신호기를 관리하는 지방경찰청장 산하 경찰관들에 대한 봉급을 부담하는 국가도 배상책임이 있다.

Ⅱ. 평 석

1. 쟁점 정리

① 횡단보도 및 교통 신호기 설치·관리가 국가 사무인가, 자치 사무인가. 자치 사무라면 위임될 수 있는가.

② 지방자치단체장이 도로에서의 신호기 안전표지를 설치하고 관리하는 업무를 지방경찰청장에게 위임하면 그것은 기관위임인가, 단체위임인가.

③ 기관위임 사무라면 사무귀속주체가 국가배상책임을 지는 것이 당연한가. 그것은 사무귀속주체로서의 책임인가, 아니면 국가배상법 제6조 제1항의 선임·감독자로서의 책임인가. 후자가 아니라면 동 조항의 선임·감독자는 국가배상법에서 차지하는 의미가 무엇인가. 또한 사무귀속주체와 다른 사무관리주체를 인정할 수 있는가.

④ 교통 신호기와 관련하여 입은 손해에 대하여 사무의 귀속주체가 국가배상책임을 지는가, 수임관청이 속하는 국가가 책임을 지는가. 국가가 책임을 지는 근거로서 소속 공무원에 대하여 월급을 지급한다는 것만으로 충분한가. 비용 부담의 의미가 무엇인가.

2. 관련 판례

대법원 2001. 9. 25. 선고 2001다41865 판결(원고 A시, 피고 대한민국)은, 대상 판결과 거의 동일한 사실 관계에서 「교통 신호기의 관리 사무는 원고가 B경찰서장에게 그 권한을 기관위임한 사무로서 피고 소속 경찰공무원들은 원고의 사무를 처리하는 지위에 있으므로, 원고가 그 사무에 관하여 선임·감독자에 해당하고, 그 교통 신호기 시설은 지방자치법 제132조 단서의 규정에 따라 원고의 비용으로 설치·관리되고 있으므로, 그 신호기의 설치·관리의 비용을 실질적으로 부담하는 비용 부담자의 지위도 아울러 지니고 있는 반면, 피고는 단지 그 소속 경찰공무원에게 봉급만을 지급하고 있을 뿐이므로, 원고와 피고 사이에서 이 사건 손해배상의 궁극적인 책임은 전적으로 원고에게 있다고 봄이 상당하다」라고 하여 대상 판결이 다루지 않고 있는 손해배상의 최종 책임자에 대하여 판시하고 있다.

3. 판결의 검토

(1) 교통 신호기 설치의 사무 구분

교통 신호기 설치 · 관리가 국가 사무인가 자치 사무인가. 이 점에 관하여 대상 판결은 언급하지 않고 있으나 도로교통법 규정형식에 비추어 당연히 자치 사무로 인정하고 있다. 대법원은 법령상 지방자치단체의 장이 처리하도록 규정하고 있는 사무가 기관위임 사무에 해당하는지 여부를 판단함에 있어서는, 그에 관한 법령의 규정 형식과 취지를 우선 고려하여야 할 것이지만, 그 외에도 그 사무의 성질이 전국적으로 통일적인 처리가 요구되는 사무인지 여부나, 그에 관한 경비부담과 최종적인 책임귀속의 주체 등도 아울러 고려하여 판단하여야 할 것이라고 한다(대법원 1999. 9. 17. 선고 99추30 판결).

도로교통법 제3조 제1항은 "특별시장 · 광역시장 또는 시장 · 군수는 도로에서의 위험을 방지하고 교통의 안전과 원활한 소통을 확보하기 위하여 필요하다고 인정하는 때에는 신호기 및 안전표지를 설치 · 관리하여야 한다"고 하고, 지방자치법 제9조 제2항 제4호 파목은 "주차장 교통표지 등 교통편의시설의 설치 및 관리"를 지방자치단체의 사무로 예시하고 있다. 여기서의 교통편의시설의 설치는 교통 신호기의 설치도 포함된다고 보인다. 교통안전시설의 설치 · 관리가 전국적인 통일을 요하는 사무인가에 관하여는 그러한 성질을 가지는 점은 인정할 수 있으나, 그러한 설치 기준이 법령상 제정되어 있으면 족하고 반드시 국가 사무에 의해 수행될 필요는 없고 지방적 특성과 위치를 고려하여 설치될 필요가 있다(윤준병, 212면). 교통 신호기의 설치 · 관리 비용은 지방자치단체가 부담하고 있다. 이상의 점을 고려하면 교통 신호기의 설치 · 관리는 자치 사무라고 보이며 이를 전제로 하고 있는 대상 판결은 타당하다.

그러면 교통안전시설의 설치 · 관리 사무가 자치 사무인데도 국가기관에 위임될 수 있는가. 자치 사무는 지방자치단체가 주민의 복리를 위하여 스스로 행하는 사무로서 지방자치단체가 직접 수행하여야 할 것이다. 통상의 위임 사무라는 것은 국가 사무가 지방자치단체나 그 기관에게 위임되는 것을 말한다고 볼 때, 자치 사무가 국가나 국가기관에 위임되는 것은 매우 이례적이라 할 수 있다. 그런데도 도로교통법 제147조 제1항은 "시장 등은 이법에 의한 권한 또는 사무의 일부를 지방경찰청장 또는 경찰서장에게 위임 또는 위탁할 수 있다"라고 규정하고 있으며, 동법 시행령 제86조 제1항 제1호에서는 교통안전시설의 설치 · 관리에 관한 권한을, 특별시장 · 광역시장은 지방경찰청장에게 위임하고, 시장 · 군수는 경찰서장에게 위탁하도록 하고 있다.

(2) 교통 신호기의 설치 · 관리에 관한 권한 위임의 성질

도로교통법 제147조는 이러한 권한을 국가기관인 지방경찰청장에게 위임하도록 규정하고 있으므로 형식상으로는 기관위임에 해당한다. 통상의 단체위임 사무는 법령에 의해 지방자치단체의 사무에 속하게 된 사무를 말한다(지방자치법 제9조 제1항). 법령의 위임 형식만으로 기관위임 단체위임을 따질 수 없겠으나, 이러한 사무의 성질이 자치 사무이며 이례적으로 국가기관에 위임되는 점, 그 설치 · 관리 비용을 지방자치단체가 부담하는 점, 그 사무가 국가에 단체위임된다고 보면 자치 사무가 국가 사무화한다고 보아야 하는 점 등에서 교통 신호기의 설치 · 관리에 관한 권한 위임의 성질을 기관위임으로 보는데 무리가 없을 것이다. 그러나 도로의 관리에 관하여 기관위임된 경우 부당이득 반환청구권의 상대방은 수임관청이 속하는 행정주체가 될 수 있다는 대법원 판례는 도로 관리의 위임이 기관위임의 형식인데도 단체위임으로 해석할 수 있는 가능성을 열어 놓고 있다(대법원 1991. 7. 12. 선고 91다1110 판결).

위 사무의 위임을 기관위임으로 본다면 지방경찰청장은 지방자치단체의 사무를 지방자치단체의 기관의 지위에서 행하게 되는 것이므로 그 사무의 귀속주체는 지방자치단체이다. 즉 지방자치단체는 국가기관을 통하여 교통 신호기의 설치 · 관리 사무를 수행하게 되는 것이다. 그러면 사무귀속주체와 다른, 사무관리주체라는 개념을 인정할 수 있는가. 국가배상법 제2조는 공무원이 그 직무를 집행함에 당하여 손해를 가한 경우, 국가배상법 제5조는 영조물의 설치 · 관리에 하자가 있기 때문에 손해가 발생하였을 때 국가배상책임을 지게 하고 있다. 국가배상책임은 직무 중 혹은 영조물의 설치 · 관리 업무 자체에서 발생하는 과실이나 하자에 중점을 두고 있다. 사무의 관리주체가 배상책임을 지는 것은 사무 관리상의 과실이 있는 경우에 관리책임을 지는 의미를 갖는 반면에, 사무의 귀속주체가 배상책임을 지는 것은 사무의 향유주체가 그 사무로 인한 비용 및 손해도 부담하는 것이 타당하다는 데 그 이유가 있다(박균성, 638면). 국가배상법이 사무 관리상의 책임을 묻는 것이라면 배상책임은 사무관리주체가 부담하는 것이 타당할 것이다. 그런데 기관위임의 경우에 사무의 관리주체와 귀속주체는 동일하다고 볼 수밖에 없고 사무의 귀속주체가 배상책임을 진다고 표현하여도 무방할 것이다. 대상 판결은 이 점을 분명히 하고 있지는 않으나 사무의 귀속주체로서의 책임은 사무의 관리주체로서의 책임을 의미하는 것이라고 할 것이다.

(3) 기관위임된 사무의 배상책임자

국가배상법 제6조는 "국가 또는 지방자치단체가 배상책임을 지는 경우에 공무원의 선임 · 감독 또는 영조물의 설치 · 관리를 맡은 자와 공무원의 봉급 급여 기타의 비용 또는 영조물의 설치 비용을 맡은 자가 일치하지 아니한 경우에는, 그 비용을 부담하는 자도 배상책임을 진다"고 규정하고 있다. 이 규정의 취지는 직무의 관리자나 영조물의 설치 · 관리자가 누구인지 불분명한 경우에 피해자의 피해구제의 만전을 기하기 위하여, 피고 선택의 편의를 부여하기 위한 것이라는 데에는 판례나 학설이 일치하고 있다.

그런데 위 규정의 체계는 다시 검토되어야 할 필요가 있다. 이 규정은 일본 국가배상법에서 유래한 것으로, 소위 관영공비사업(지방자치단체가 운영하고 교원은 국가가 임명하는 교육사무 등)에 있어서 공무원의 선임 · 감독자와 비용 부담자가 다를 경우 비용 부담자도 책임을 진다는 의미를 가지고 있었다. 그런데 이 규정이 기관위임 사무의 경우에 적용되면(대상 판결에서의 사실 관계나 통상 국가 사무가 위임된 경우에도 같다) 사무의 귀속주체, 공무원의 선임주체, 감독주체, 비용부담주체가 각각 달라질 수 있다. 대상 판결에서는 사무의 귀속주체(관리주체)로서의 지방자치단체, 공무원의 선임주체로서의 국가, 공무원의 감독주체로서의 국가(선임자로서의 지휘 감독권자) 및 지방자치단체(기관위임자로서의 지휘 감독권자 : 지방자치단체가 국가기관을 현실적으로 지휘 감독할 수 있는가는 별론으로 하고), 비용부담주체로의 지방자치단체를 생각할 수 있다. 국가 배상법 제2조, 제5조는 사무관리주체에게 책임을 지우고자 하며, 국가배상법 제6조는 비용부담주체에게 책임을 지우려는데 그 의미가 있다. 국가배상법 제6조의 문면은 이와 달리 국가배상법 제2조, 제5조의 책임이 선임 · 감독자에게도 있는 듯한 규정 형식을 취하고 있으나, 이는 사무관리주체가 책임을 지게 하고 있는 국가배상법 제2조, 제5조와 체계가 맞지 않는다. 국가배상법 제6조의 선임 · 감독자라는 표현은 는 사무관리주체로 변경되어야 국가배상법 전체 체계가 분명할 것이다. 국가배상법 제6조가 선임 · 감독자의 문제와 관계없이, 비용 부담자에게 책임을 지우려는 조항임에는 대상 판결이나 학설이 일치하여 인정하고 있다.

(4) 비용 부담자의 의미

국가배상법 제6조에 따라 대상 판결은 비용 부담자로서의 국가 책임을 인정하고 있다. 대상 판결에서는 국가가 수임기관인 지방경찰청 공무원의 월급을 부담하고 있으므로 국가가 비용 부담자라고 판단하고 있다(같은 취지의 판결 : 대법원 1994. 1. 11. 선고 92다29528 판결). 국가배상법 제6조의 문면 상으로는 국가 배상법 제2조의 책임을 지는 경우에는 월급 급여 기타 비용을 부담하는 자, 국가배상법 제5조의 책임을 지는 경우에는 영조물의 설치 · 관리의 비용을 부담하는 자가 책임을 지게 하고 있다. 대상 판결은 그 사실 관계에서 국가배상법 제2조에 의한 책임이 발생하는지, 제5조에 의한 책임이 발생하는지 분명히 하지 않고 다만 국가가 월급을 부담하기 때문에 비용 부담자라고 판시하고 있다. 그러면 제5조에 의한 책임이 발생하는 경우에도 수임관청의 월급을 부담하고 있다는 이유만으로 비용 부담자로서의 책임이 발생하는가. 두 가지의 학설이 가능하다. 하나는 월급을 부담하고 있다는 이유만으로도 비용 부담자라고 하는 학설로서, 그렇게 해석한다면 수임관청이 속하는 행정주체는 소속 공무원에게 월급을 지급하고 있으므로, 바로 비용 부담자가 될 것이다. 반대설은 제5조의 영조물 설치 · 관리 비용은 공무원에게 월급을 주는 것만으로는 모자라고 그 이외의 영조물의 설치 · 관리의 비용을 부담해야 한다고 보는 학설이다(류지태, 59면). 제6조의 입법취지가 피해자 쪽의 피고 선택의 편의를 주고자 하는 데에 있는 만큼, 영조물의 설치 · 관리의 비용에 수임관청의 월급지급 비용을 제외하여야 한다고 해석할 필요는 없을 것이다. 대상 판결은 이 점에 관하여 명백하게 밝히지 않고 있다.

비용 부담자가 대외적인 비용 부담자인가(형식적 비용 부담자설), 실질적 비용 부담자인가에 관하여 대상 판결은 설시하지 않고 있다. 월급을 지급하고 있다고 하여 비용 부담자라고 판단하니, 형식적 비용 부담자설에 입각하여 있다고 볼 수도 있다. 그렇다고 실질적 비용 부담자를 제외한다는 의미라고 볼 수도 없다. 지금까지의 대법원 판례는 양자를 모두 의미한다고 보며(대법원 1994. 12. 9. 선고 94다38137 판결) 학설도 다르지 않다.

(5) 최종적 배상책임자

이에 관해서는 사무의 관리주체가 책임을 져야 한다는 관리주체설, 비용 부담자가 최종 책임을 져야 한다는 비용부담자설, 손해발생의 기여도에 따라 책임을 지워야 한다는 기여도설이 있다. 대상 판결에서는 이 점이 쟁점이 되고 있지 않다. 그러나 모두의 관련 판례는 대상 판결과 동일한 사실 관계(지방자치단체가 교통 신호기 관리 업무에 대하여 국가기관에 대한 기관위임)에서 최종적 배상책임자가 누구인가를 쟁점으로 하고 있다. 이에 대하여 관련 판례는 A시가 사무관리주체로서 그리고 실질적 비용 부담자로서 최종 배상책임이 있으며, 국가는 월급만을 부담하고 있어 최종적 책임을 지지 않는다고 판시하고 있다. 관련 판례의 경우에는 사무관리주체와 실질적 비용부담주체가 일치하여 위 3개의 학설 중 어느 것을 취하였는지가 불분명하다. 그러나 국가가 수임관청에 지급하는 월급을 실질적 관리 비용으로 보지 아니하는 것만큼은 분명히 하고 있다. 월급이 실질적 관리 비용에 포함될 수 없는가. 월급의 부담자가 교통 신호기의 설치 · 관리 비용 부담자가 지는 배상책임의 구상관계에서 면책되어야 하는가. 양자는 모두 부정되어야 한다. 교통 신호기의 설치 · 관리 비용은 인적 물적 비용이 있을 수 있고 인적 비용은 월급이라 할 수 있으며, 수임기관이 속하는 행정주체가 구상에서 면책된다는 것은 그러한 주체에 사실상의 권한 이전이 발생하는 점을 부인하는 것이고, 행위책임을 부정하는 결과가 되기 때문이다(설계경, 531면). 즉 대상 판결이나 관련 판례의 사실 관계에서 지방자치단체는 설치 · 관리의 사무귀속주체와 비용 부담자만 되고 그에 대한 권한 행사는 완전히 배제되게 된다. 더 더욱 지방자치단체가 국가기관을 기관위임 사무에 대하여 지휘 감독한다는 것이 거의 불가능하다는 점을 고려하면, 지방자치단체는 국가기관에 위임한 교통

신호기에 관하여는 설치해 준 후 그 뒷 책임만 부담하는 격이 된다. 이러한 결과는 물론 교통 신호기의 설치 · 관리의 강제위임을 규정한 도로교통법 시행령 제147조 제1항으로 발생하는 문제이다. 이 문제로 현재 지방자치단체와 경찰이 권한 다툼을 하고 있지만, 그러한 다툼을 떠나 관리와 책임의 사실상 일원화를 이룩할 필요가 있다고 보인다.

4. 판결의 의미와 전망

대상 판결은 행정권한이 기관위임된 경우 수임기관은 위임주체의 기관의 지위에서 권한을 행사하여 사무가 위임주체에 귀속되며, 사무관리주체와 비용부담주체가 다른 경우 국가배상법 제6조에 따라 비용부담주체도 책임을 진다는 이때까지의 기본입장을 재확인하고 있다. 좀 더 명확히 된 것이 있다면 월급부담자도 비용 부담자라는 것이다. 이러한 결론은 권한의 기관위임이 발생하는 경우 수임기관과 수임기관이 속하는 행정주체와는 그 수임사무에 관하여 아무런 연관성을 인정할 수 없고 그 사무는 위임주체로 귀속되며, 국가배상법 제6조의 입법취지가 피해자의 보호를 위하여 피고 선택의 어려움을 해결하여 주려는 데 있다고 보는 논리적 결과이다. 이러한 논리는 당분간 변경될 가능성이 없어 보인다.

이러한 점에서 대상 판결은 대단히 형식 논리적이라는 평을 들을 수 있다. 그런 만큼 대상 판결은 위임에서 발생하는 사실적 결과를 무시하고 있다. 또한 대상 판결은 그 사실 관계에서 국가배상법 제2조에 의한 책임이 발생하는지, 혹은 국가배상법 제5조에 의한 책임이 발생하는지에 대하여 분명히 하지 않고 있다. 국가배상법 제5조에 의한 책임이 발생한다면 국가는 “단순히 월급만을 지급하고 있기 때문에” 비용 부담자가 아니라고 판단될 수 있다. 관련 판례에서 국가는 “단순히 월급만을 부담하고 있기 때문에” 지방자치단체와는 달리, 국가배상의 최종 책임자가 아니라고 하였다. 물론 국가배상청구에 대한 부진정 연대 채무자로서의 국가와 최종 책임자로서의 국가사이에는 관점이 다를 수 있지만, 대상판결은 국가배상법 제5조에 의한 책임이 발생하는 경우에 국가가 월급만을 부담하고 있다면, 국가배상법 제6조의 비용 부담자가 되는지를 분명히 할 필요가 있다.

행정권한의 기관위임의 경우, 국가가 지방자치단체의 기관에 위임하는 경우와 지방자치단체가 국가기관에 대하여 위임하는 경우를 구별할 필요가 있다. 이 때까지의 기관위임의 논리적 구성은 모두 국가 사무가 지방자치단체에 위임되는 경우를 예정하고 있으며, 이 경우 지방자치단체의 기관은 국가기관의 지위에서 국가 사무를 행하는 것이 된다. 그런데 지방자치단체의 자치 사무가 국가기관에 위임된 경우 국가기관은 지방자치단체의 기관의 지위에서 자치 사무를 행하는가. 지방자치단체는 합법성 감독이던 합목적성 감독이던 국가기관을 감독할 수 있는가. 지방자치단체의 자치 사무가 그 고유권에서 유래하는 것이 아니고 국가에서 전래한 것이라면(김동희, 행정법Ⅱ, 제14판, 77면), 그것이 국가기관에 위임되면 단체위임으로 해석되지 아니하더라도 국가 사무가 되는 것이 아닐까. 그렇게 해석될 수 있다면 대상 판결은 그 논리적 구성에서 국가는 교통 신호기 설치·관리 사무관리주체로, 지방자치단체는 그 시설의 비용 부담자로서의 책임을 인정하는 것이 더욱 사실에 부합한다 할 것이다.

〈참고문헌〉

김동희, 행정법Ⅱ 제14판, 박영사, 2008.

강구철, "국가배상책임자에 관한 연구", 법학논총 제18집, 국민대학교 법학연구소, 2006. 2.

설계경, "국가배상법 제6조의 배상책임자", 공법연구 제31집 제2호, 한국공법학회, 2002. 12.

박균성, "영조물의 설치·관리의 하자로 인한 손해배상의 재검토", 헌법규범과 헌법현실 : 권영성 교수 기념논문집, 법문사, 2000.

윤준병, "교통 안전 시설 설치·관리 사무의 법리적 검토", 지방자치법연구 제7권 제4호(통권 제16호), 한국지방자치법학회, 2007. 12.

류지태, "국가배상법 제6조의 비용 부담자", 고시계 제494호, 고시계사, 1998. 4.

홍승면, "국가와 지방자치단체 간의 배상책임의 분장 관계", 민사판례연구 제18집, 민사판례연구회, 1996. 05.

홍준형 등, "국가배상법상 사무 관리자와 비용 부담자가 동일하지 않은 경우 최종적 구상의무자", 판례실무연구(Ⅱ)(비교법 실무연구회), 박영사, 1998.

室井力 編, 행정사건소송법·국가배상법, 일본평론사, 2003.

木村琢磨, 비용 부담자, 행정판례백선Ⅱ(제4판), 有斐閣, 1999.

105. 권한 없는 자가 행한 행위의 효과

—대법원 2007. 7. 26. 선고 2005두15748 판결—

변 해 철*

Ⅰ. 판결개요

1. 사실관계

X행정청 2급 이사관 내지 3급 부이사관인 망 원고 10 및 그를 제외한 나머지 원고들(이하 망 원고 10 및 그를 제외한 나머지 원고들을 합쳐 '원고들'이라 한다)은 피고인 X행정청에게 별지 목록 '명예퇴직원 또는 사직원 제출일자'란 기재 일자에 명예퇴직원 또는 사직원(이하 '이 사건 각 사직원'이라 한다)을 제출하였다.

원고들로부터 그 사직서를 제출받은 피고는 1999. 3.경 원고들 중 원고 2, 4, 5, 6, 7, 11, 12, 13, 15, 16, 18, 20 및 망 원고 10(이하 위 원고들 및 망 원고 10을 합쳐 '원고 2 등'이라 한다)에 대하여는 그들을 명예퇴직 또는 의원면직시키는 내용의 인사발령 안을 작성하여 대통령으로부터 결재를 받았으나, 원고 1, 3, 8, 9, 14, 17, 19, 21(이하 위 원고들을 합쳐 '원고 1 등'이라 한다)에 대하여는 그들에 대하여 명예퇴직 또는 의원면직시키는 내용의 인사발령 안에 대통령으로부터 결재를 받지 아니하고 피고가 스스로 '피고 인지 대(인지 대)'의 형식으로 결재를 한 후, 피고는 원고들을 명예퇴직 또는 의원면직시키는 내용의 인사명령을 각 공고하였다.

이에 원고는 두 가지 이유로 동 처분의 당연무효를 주장하였다.

첫째, X행정청직원법 제7조 제1항은 동 행정청의 5급 이상 직원은 이 사건의 피고인 X행정청장의 제청에 의하여 대통령이 임면하도록 규정하고 있으므로, 피고가 단독으로 2급 또는 3급 직원인 원고들을 의원면직할 수는 없다 할 것인데, 이 사건에 있어 피고가 원고들의 이 사건 각 사직원을 수리한 다음 원고들을 명예퇴직 또는 의원면직하는 의사결정을 하고, 원고들에게 의원면직 통보를 하였으므로, 이 사건 처분은 권한 없는

---

* 한국외국어대학교 법학전문대학원 교수.

자에 의하여 행하여진 것으로서 당연 무효이다.

둘째, 피고는 X행정청의 구조조정을 위한 직제개편이라는 명분하에 원고들에 대하여 별지 목록 '직위해제일자'란 기재와 같이 1998. 4. 1. 무보직대기발령을 한 후 거의 1년 동안 원고들의 상사 및 동료직원 등을 통하여 원고들에게 명예퇴직 또는 사직신청서를 제출할 것을 강요함으로써 원고들은 명예퇴직 또는 사직의 의사가 없었음에도 피고의 강요와 회유를 견디지 못하여 이 사건 각 사직원을 제출하게 된 것이므로, 원고들의 명예퇴직 또는 의원면직신청은 의사결정의 자유를 박탈할 정도에 이른 강박에 의한 의사표시로서 무효이고, 따라서 이에 근거한 이 사건 처분도 당연 무효이다.

이에 대하여 피고는 다음과 같이 항변하였다.

첫째, 원고들이 이 사건 각 사직원을 제출하는 등으로 명예퇴직 또는 의원면직 신청을 하자, 피고는 국가정보원의 실질적인 인사업무 수행자로서 그 사직서를 수리한 다음 이 사건 처분을 한 것이므로, 이 사건 처분은 X행정청직원법 제7조 제1항 소정의 주체상의 하자가 존재하기는 하나 그 하자가 당연 무효 사유에 이를 정도로 중대하다고 볼 수는 없다.

둘째, 원고들은 퇴직금 등을 수령하면서 별다른 이의를 제기하지 아니하였을 뿐 아니라, 이 사건 처분이 있은 후 3년이 경과한 상태에서 이 사건 소를 제기하였으므로, 이는 신의칙에 반하는 것으로서 허용될 수 없다.

2. 소송경과

원고1외 20인은 X행정청의 면직처분에 대하여 무효확인을 구하는 소를 서울행정법원에 제기하였고, 동 법원은 2004년 4월 23일 이를 인용하는 판결을 하였다.

이에 피고인 X행정청은 제1심판결의 취소와 원고들의 청구 기각을 취지로 서울고등법원에 항소하였으며, 동 고등법원은 2005년 11월 3일 명예퇴직 또는 의원면직시키는 내용의 인사발령 안에 임면권자인 대통령의 결재를 받지 아니한 원고 1 등(원고 8인)의 경우와 결재를 받은 원고 2 등(원고 망 10 포함 13인)의 경우를 구분하는 취지의 판결을 하였다.

이에 원고 2외 12인 및 피고인 X행정청은 서울고등법원의 판결에 대하여 상고하였으며, 대법원은 2007년 7월 26일,

1. 원심판결 중 망 원고 10의 소송수계인 1, 2, 3에 대한 부분을 파기한다. 원고 10과 피고 사이의 소송은 2005. 2. 5. 위 원고의 사망으로 종료되었다.
2. 원심판결 중 원고 1 등(피상고인 8인)에 대한 부분을 파기하고, 이 부분 사건을 서울고등법원에 환송한다.

3. 원고 2 등(망 원고 10을 제외한 상고인 12인)의 상고를 모두 기각한다.
4. 원고 2, 4, 5, 6, 7, 11, 12, 13, 15, 16, 18, 20 및 망 원고 10의 소송수계인 1, 2, 3과 피고 사이에 생긴 상고비용은 위 원고들 및 소송수계인들이 부담한다고 판결하였다.

3. 판결요지

(1) 원심 판결요지

(가) 원고 1 등(원고 8인)에 대하여는 그들을 명예퇴직 또는 의원면직시키는 내용의 인사발령 안에 임면권자인 대통령의 결재를 받지 아니한 채 피고가 '피고 인지 대(인지대)'의 형식으로 결재를 하고, 그 인사명령도 임면권자가 아닌 피고 명의로 작성하여 공고하였으므로, 특별한 사정이 없는 한, 원고 1 등에 대한 이 사건 처분은 그 하자가 중대하고 명백하여 무효임을 인정한 반면,

(나) 원고 2 등(원고 망 10 포함 13인)의 경우, 그들이 명예퇴직원 또는 사직원을 제출함으로써 사직의 의사표시를 하였고, 그들을 명예퇴직 또는 의원면직시키는 내용의 인사발령 안에 대통령이 결재를 함으로써 임면권자인 대통령이 원고 2 등의 사직의 의사표시를 수리하였다고 할 것이므로 임면권자인 대통령의 원고 2 등에 대한 임면행위는 성립되었으므로 무효라고 할 수 없다하고 의원면직처분은 당사자의 신청에 의하여 이루어지는 수동적 행정행위로서 엄격한 효력발생요건을 필요로 하지 않으므로 대통령명의가 아닌 행정청장 명의의 통지로 효력이 발생한다는 것이다.

또한 강박에 의한 사직원제출을 인정하지 않았다.

(2) 대법원 판결요지

(가) 망 원고 10의 소에 대하여

망인의 공무원으로서의 지위는 일신전속권으로서 상속의 대상이 되지 않으므로, 의원면직처분에 대한 무효확인을 구하는 원고 10의 이 사건 소송은 위 원고 10이 사망함으로써 중단됨이 없이 종료되었다.

(나) 권한유월행위의 효과와 관련하여

원심은 임면권자인 대통령의 결재여부를 기준으로 결재를 받지 않은 원고 1 등에 대한 의원면직처분은 당연무효로, 결재를 받은 원고 2 등의 의원면직처분은 당연 무효라고 할 수 없다고 판단하였으나, 행정처분이 당연무효로 되기 위해서는 그 처분에 위법사유가 있다는 것만으로는 부족하고 그 하자가 법규의 중요한 부분을 위반한 중대한 것으로서 객관적으로 명백한 것이어야 하며, 하자가 중대하고 명백한 것인지 여부를 판별함에 있어서는 그 법규의 목적, 의미, 기능 등을 목적론적으로 고찰함과 동시에 구체적 사

안 자체의 특수성에 관하여도 합리적으로 고찰함을 요 한다(대법원 1995. 7. 11. 선고 94누4615 전원합의체 판결, 2006. 6. 30. 선고 2005두14363 판결 등 참조).

행정청의 권한에는 사무의 성질 및 내용에 따르는 제약이 있고, 지역적 · 대인적으로 한계가 있으므로 이러한 권한의 범위를 넘어서는 권한유월의 행위는 무 권한 행위로서 원칙적으로 무효라고 할 것이나(대법원 1996. 6. 28. 선고 96누4374 판결 등 참조), 행정청의 공무원에 대한 의원면직처분은 공무원의 사직의사를 수리하는 소극적 행정행위에 불과하고, 당해 공무원의 사직의사를 확인하는 확인적 행정행위의 성격이 강하며 재량의 여지가 거의 없기 때문에 의원면직처분에서의 행정청의 권한유월 행위를 다른 일반적인 행정행위에서의 그것과 반드시 같이 보아야 할 것은 아니다.

또한, 종래 X행정청 직원에 대한 의원면직처분은 피고가 대통령으로부터 내부결재만 받고 피고의 이름으로 행함이 관행이었고, 당시 임면권자인 대통령과 피고 사이에 충분한 교감이 있었으며, 원고 1 등의 명예퇴직신청에 대해 대통령의 결재가 누락된 것도 대통령의 의사에 기한 것이거나 하급행정청인 피고의 권한유월의 의도 하에 이루어진 것이 아니라, 명예퇴직일자에 임박하여 명예퇴직원이 제출되었거나 대통령의 재가를 받은 지 얼마 되지 않은 시점에서 추가로 명예퇴직이 신청된 경우 등에 절차의 편의상 대통령에게는 메모 등의 형식으로 간이보고만 하고 피고가 대통령을 대신하여 결재를 하는 이른바 '인지 대(인지 대)' 형식의 관례에 의한 것이었거나 혹은 4급 이하 직원(원고 19의 경우)에 대한 임면권이 피고에게 내부 위임되어 있었기 때문으로 보인다.

여기에 이 사건은 감독관계에 있는 직근 상 · 하급행정청 사이의 권한위반에 관한 것으로서, 피고가 비록 5급 이상 국정원 직원에 대한 임면권자는 아니나, 그 임면에 대해 제청권이 있어 법적으로도 임면권자인 대통령의 권한행사에 실질적으로 관여할 수 있는 지위에 있었다는 점 등의 사정들을 종합적으로 고려하여 보면, 이 사건 의원면직처분은 임면권자가 아닌 피고에 의해 행해진 것으로 위법하고, 나아가 원고들의 명예퇴직원 내지 사직서 제출이 직위해제 후 1년여에 걸친 피고 측의 종용에 의한 것이었다는 사정을 감안한다 하더라도 그러한 하자가 중대한 것이라고 볼 수는 없으므로, 대통령의 내부결재가 있었는지에 관계없이 당연무효는 아니라고 봄이 상당하다.

(다) 강박에 의한 의사표시와 관련하여

원심이 증거부족을 이유로 원고의 주장을 배척한 것은 정당하다.

(라) 징계절차여부와 관련하여

징계절차를 거치지 않았으므로 무효라는 주장은 상고심에 이르러 제기된 것으로 적법한 상고이유가 될 수 없다. 뿐만 아니라 관련 면직처분은 원고 2 등의 사직의사에 터잡은 의원면직처분으로서 이를 징계면직처분으로 볼 수 없으므로, 징계절차에 의하지 아니하였다 하여 이를 무효로 볼 수 없다.

(마) 내부결재유무기준 판단과 관련하여

대통령의 내부결재유무에 따른 의원면직자 간의 차별이나 직권면직 되었다가 소송을 통해 구제된 다른 직권면직자와의 차별이 형평의 원칙에 반한다는 주장 역시 적법한 상고이유가 아니며 형평의 원칙에 반한다고 할 수도 없다.

Ⅱ. 평 석

1. 쟁점정리

행정청의 권한의 범위를 넘어서는 권한유월의 행위는 무 권한 행위로서 원칙적으로 무효이다. 다만, 행정처분이 당연 무효가 되기 위해서는 그 처분에 위법사유가 있다는 것만으로는 부족하고 그 하자가 법규의 중요한 부분을 위반한 중대한 것으로서 객관적으로 명백한 것이어야 한다.

이 사건의 경우, 임면권자가 아닌 자에 의한 의원면직처분이 과연 행정행위 주체에 관한 중대하고 명백한 하자로 당연 무효인가가 쟁점이다.

2. 관련판례

(1) 대법원 1975. 4. 8. 선고 75누41 판결

의료법 제51조, 제64조의 규정들에 의하면 의료법에 의한 권한을 하급기관에 위임할 수 있는 것은 보건사회부장관에 그치므로 도지사가 의료업정지권한을 군수에게 위임한 것은 무효이고 따라서 군수가 한 의료업정지처분은 무효이다.

(2) 대법원 1976. 2. 24. 선고 76누1 판결

유기장법 및 지방자치법 7조의 규정에 비추어 유기장영업허가는 시장이 하게 되어 있을 뿐 이 허가권을 동장에게 외부 위임할 수 있는 근거가 없고 영업허가 권한이 없는 동장이 한 영업허가는 당연무효가 될 것이므로 동장으로 부터 유기장영업허가 취소를 받은 자는 행정처분 취소를 소구할 이익이 없다.

(3) 대법원 1994. 10. 14. 선고 94다21184 판결

건축사법 제28조, 같은 법 시행규칙 제22조 및 제22조의2, 같은 법 시행령 제35조의 각 규정에 비추어 보면, 건축사에 대한 업무정지명령은 건설부장관으로부터 적법하게 위임을 받은 시 · 도지사만이 행할 수 있고 건축사협회 등의 제3자는 다른 법률의 규정에 의하여 시 · 도지사로부터 특별히 권한을 재위임 받지 아니하는 한 건축사에 대하여 업무정지를 명할 수 없다. 따라서 적법한 권한의 위임을 받지 아니한 건축사협회가 같은

법에 규정된 건축사사무소의 등록취소나 건축사에 대한 업무정지명령 등을 내리는 것은 시 · 도지사의 권한을 침해하는 것으로서 그 근거법규인 건축사법에 위반되어 무효이다.

(4) 대법원 1996. 6. 28. 선고 96누4374 판결

행정기관의 권한에는 사무의 성질 및 내용에 따르는 제약이 있고, 지역적 · 대인적으로 한계가 있으므로 이러한 권한의 범위를 넘어서는 권한유월의 행위는 무 권한 행위로서 원칙적으로 무효이고, 선행행위가 부존재하거나 무효인 경우에는 그 하자는 당연히 후행행위에 승계되어 후행행위도 무효로 된다. 그런데 주택건설촉진법 제38조 제2항은 공동주택 및 부대시설 · 복리시설의 소유자 · 입주자 · 사용자 등은 부대시설 등에 대하여 도지사의 허가를 받지 않고 사업계획에 따른 용도 이외의 용도에 사용하는 행위 등을 금지하고(정부조직법 제5조 제1항, 행정권한의 위임 및 위탁에 관한 규정 제4조에 따른 인천광역시사무위임규칙에 의하여 위 허가권이 구청장에게 재위임 되었다), 그 위반행위에 대하여 위 주택건설촉진법 제52조의2 제1호에서 1천만 원 이하의 벌금에 처하도록 하는 벌칙규정만을 두고 있을 뿐, 건축법 제69조 등과 같은 부작위의무 위반행위에 대하여 대체적 작위의무로 전환하는 규정(예컨대, 건축법 제69조, 도로법 제74조, 하천법 제67조, 도시공원법 제20조, 옥외광고물등관리법 제10조 등)을 두고 있지 아니하므로 법치주의원리에 비추어 볼 때, 위 금지규정으로부터 그 위반결과의 시정을 명하는 원상복구명령을 할 수 있는 권한이 도출되는 것은 아니다. 결국 행정청의 원고에 대한 원상복구명령은 권한 없는 자의 처분으로 무효라고 할 것이고, 위 원상복구명령이 당연무효인 이상 후행처분인 계고처분의 효력에 당연히 영향을 미쳐 그 계고처분 역시 무효로 된다.

3. 판결의 검토

(1) 법리구성 체계에 대하여;

대법원은 원심 판결이 취한 기본적인 법리구성에 대해서 동의하고 있다. 즉 인사발령권한이나 행정행위 주체에 관한 하자, 의원면직처분의 성립요건과 효력발생요건, 수동적 행정행위의 개념 등에 대한 법리구성에 동의하고 있다. 다시 말하면,

- X행정청직원법상 5급 이상 공무원의 임용권자는 대통령이므로(법 제7조) 행정청장이 행한 의원면직처분은 위법하다.

- 의원면직처분은 공무원이 사직의사표시를 하고 임면권자인 대통령이 사직의 의사표시를 수리함으로써 성립한다.

- 의원면직처분의 효력과 관련하여 엄격한 요건이 불필요하고 해당 행정청장 명의로 통지함으로써 효력이 발생한다는 것이다.

(2) 의원면직처분의 성립요건 중 대통령의 수리여부에 대하여;

원심 판결은 대통령의 내부결재여부에 따른 의원면직처분의 성립여부를 기준으로 이 사건 처분의 중대하고 명백한 하자여부 및 무효여부를 판단한 반면에, 대법원은 대통령의 내부결재만으로 의원면직처분이 성립한다는 관행을 인정하는 데에 그치지 않고 더 나아가 대통령의 내부결재가 없다하더라도 당시 사정에 비추어 당해 행정청장이 '인지대' 형식의 관례에 따라 결재함으로써 성립되거나 특히 4급 이하 직원에 대한 임면권은 피고(X행정청장)에게 내부 위임되어 있었기 때문이며, 또한 해당 행정청장이 임면권자인 대통령의 권한행사에 실질적으로 관여할 수 있는 지위에 있었다는 점 등에서 당연 무효로 볼 수 없다고 판단하였다. 이는 의원면직처분의 성립요건을 완화하기 위하여 여러 관행을 동시 다발적으로 인정하고 있다는 점에서 문제가 있고 '대통령과 피고 사이의 충분한 교감', '절차의 편의상 간이보고' 등에 근거하여 성립여부를 판단함으로써 하자의 중대성과 객관적 명백성 여부를 판별함에 있어서 '구체적 사안 자체의 특수성에 관한 합리적 고찰'이 당시의 위법사유를 정당화하는 도구로 남용될 위험성이 있다. 또한, 임면권자는 아니지만 임면제청권이 있는 자가 임면권자인 대통령의 권한행사에 실질적으로 관여하므로 그 하자가 중대하고 명백하지 않다는 결론은 헌법 해석상 문제가 있다. 헌법상 공무원임면권은 행정권의 수반인 대통령에게 속하므로 법령상 권한의 위임이 없는 경우 임면권자인 대통령의 권한행사가 명백히 이루어졌는지 여부를 근거로 판단하여야 한다. 즉 사직의사표시에 대한 수리가 객관적으로 명백할 것이 요구된다.

(3) 의원면직처분의 효력발생요건에 대하여;

원심 판결이 대통령의 내부결재를 받아 이루어진 해당 행정청장 명의의 의원면직처분의 효력발생요건을 완화하는 근거로 동 처분의 '수동적 행정행위'로서의 성격과 통지행위의 사실적 · 효과적 측면(당사자가 자신의 사직의사표시가 임면권자에 의해 수리되었다는 사실을 알 수 있는 데 아무런 지장이 없다는 점)을 들고 있는데 비해, 대법원은 동 처분이 공무원의 사직의사 수리라는 '소극적 행정행위'로서의 성격, 당해 공무원의 사직의사 확인이라는 '확인적 행정행위'로서의 성격 및 재량여지가 없음을 들고 있다.

특히, 임면권이 내부 위임되어 있는 4급 이하 직원의 경우, 내부위임을 받은 기관이 자신의 이름으로 한 처분은 무 권한의 하자로 무효라는 판례(대판 1986. 12. 9. 86누569, 1993. 5. 27. 93누6621, 1995. 11. 28. 94누6475)에도 불구하고 피고의 이름으로 한 해당 의원면직처분이 당연무효는 아니라고 판단하였다. 그 근거로는, 당해 처분의 '소극적 · 확인적 행정행위'로서의 성격과 함께 해당 행정청의 지위가 강조되었다. 즉 이 사건은 감독관계에 있는 직근 상 · 하급행정청 사이의 권한위반에 관한 것으로서, 피고가 비록 5급 이상 직원에 대한 임면권자는 아니나, 그 임면에 대해 제청권이 있어 법적으로도 임면권자인 대통령의 권한행사에 실질적으로 관여할 수 있는 지위에 있었다는 점을 강조하고 있다. 이는 판례가, 내부 위임을 받은 기관이 자신의 이름으로 처분한 경우 이를 무 권한의 하자가 아닌 권한행사의 형식의 하자로 보아 취소할 수 있는 행위로 보아야 한다는 견해를 예외적으로 수용한 것으로 이해할 수도 있으나, 그 보다는 '실질적으로 관여할 수 있는 지위' 등의 표현에 비추어 보아 '무 권한'의 의미를 상대화하여 수임기관의 지위에 따른 예외적 취소를 인정한 것으로 보는 것이 타당하다.

또한, 용어상의 문제를 제기할 수 있다. 효력발생요건을 완화하기 위하여 채택한 '소극적 행정행위'개념은 강학 상으로는 현재의 법률 상태에 변동을 가져오지 않으려는 행위를 말하며, 허가 또는 특허 등과 같이 현재의 법률 상태에 변동을 초래하는 '적극적 행정행위'에 반대되는 개념으로 사용되고 있다. 용어상의 혼란을 피하기 위해서는 원심판결에 나타난 '수동적 행정행위'라는 표현을 사용하는 것이 바람직하다.

4. 판결의 의미와 전망

당해 사건에 대한 대법원 판결은 권한유월의 행위는 무 권한 행위로서 원칙적으로 무효임을 거듭 확인하면서도 이 원칙을 모든 행정행위에 적용시키지 않고 일정한 경우 예외적으로 그 적용을 배제함으로써 기존 판례의 적용범위를 한정하고 있다. 무 권한 행위자의 지위나 관례의 존재여부 및 행정행위의 성격여하에 따라 적용 법리를 달리하고 있다.

그러나 기존의 판례에 대한 예외를 폭넓게 인정하기 위하여 다양한 근거를 동시 다발적으로 채택함으로써 앞으로 그 예외의 범위를 확정하는 데에 어려움이 예상된다.

보다 근본적으로, 법원은 공무원 임면권에 관한 명문규정에 대한 예외적 해석을 통해 원칙에 어긋나는 관행 또는 관례를 합리화하기보다는 관련 규정을 보다 엄격히 해석함으로써 법치행정의 원리를 담보하여야 한다. 또한 관련 공무원의 '업무의 특수성' 등을 고려한 입법론적 개선방안이 마련되어야 한다.

〈참고문헌〉

김남진, "행정권한의 내부위임의 법적 효과 — 대판 1986. 12. 9. 86누569", 행정법의 기본문제, 법문사, 1996.

이명구, "내부위임과 직위해제취소의 효과", 고시계 18권 9호(199호), 국가고시학회, 1973. 9.

이영범, "내부위임의 경우 수임청의 처분에 대한 행정소송의 피고적격", 대법원판례해설 1호(81 · 82년), 법원도서관, 1987. 11.

106. 조례제정권의 범위와 한계

—대법원 1995. 12. 22. 선고 95추32 판결—

조 성 규*

Ⅰ. 판례개요

1. 사실관계

(1) X도지사는 매장 및 묘지등에 관한 법률상 도의 사무인 사설묘지 등의 설치허가권을 X도사무위임조례에 의하여 시장·군수에게 위임하였고, 피고 Y군의회는 Y군묘지등설치허가시주민의견청취에관한조례안(이하 '이 사건 조례안'이라 한다)을 의결하여 원고 Y군수에게 이송하였는바, 원고는 이 사건 조례안이 기관위임사무에 대한 것이며, 법령의 위임없이 군수의 허가권을 제한하는 것이어서 법령에 위반된다는 이유로 지방자치법 제19조(현행법 제26조) 제3항에 따라 재의를 요구하였으나, 피고는 당초 원안과 동일하게 재의결함으로써 이 사건 조례안이 확정되었다.

(2) 재의결된 이 사건 조례안 제3조 및 제7조의 주요 내용

제3조(묘지 등 설치허가시 주민의견 반영) ① 군수는 묘지 등의 설치허가 민원을 처리함에 있어 제5조 의견청취 대상의 3분의 2 이상의 찬성 없이는 허가할 수 없다(밑줄 필자). 단, 양평군이 설치하는 공설이나 영리 목적이 아닌 종중과 문중 또는 자연인의 그 가족 묘지는 예외로 한다.

② [생략]

제7조(공용시설의 설치) 군수는 경영을 목적으로 하는 사설묘지 등의 관내 유치를 억제하고 불법묘지 발생방지와 화장을 제고하기 위하여 양평군 주민이 사용할 수 있는 공설 화장장과 납골당을 설치하여야 한다.

---

* 전북대학교 법학전문대학원 부교수.

2. 소송경과

원고 Y군수는 재의결된 이 사건 조례안이 법령에 위반됨을 이유로 지방자치법 제107조 제3항에 따라 대법원에 이 사건 조례안에 대한 재의결무효확인소송을 제기하였고, 대법원은 이 사건 조례안은 법령에 위반되는 것이므로 그 대한 재의결은 그 효력이 없다고 원고의 청구를 인용하였다.

3. 판결요지

(1) 지방자치단체가 조례를 제정할 수 있는 사항은 지방자치단체의 고유사무인 자치사무와 개별 법령에 의하여 지방자치단체에 위임된 이른바 단체위임사무에 한하고, 이른바 기관위임사무에 관한 사항은 조례제정의 대상이 아니다.

(2) 매장 및 묘지등에 관한 법률상 묘지 등의 허가권은 도의 자치사무이며, 도지사가 시장 · 군수에게 묘지 등의 허가권을 위임한 것은 단체위임이 아니라 기관위임이라고 보아야 할 것이므로, 특별한 위임근거 규정이 없는 한, 군의회는 기관위임사무인 묘지 등의 허가사무에 관하여 조례를 제정할 수 없다.

(3) 매장 및 묘지등에 관한 법률상 사설묘지 등의 설치허가행위는 기속재량행위라고 보아야 할 것이므로, 위 법률과 동일 또는 유사한 목적에서 법령의 근거 없이 새로운 허가요건을 가중하는 조례안은 법령에 위반되는 위법한 것이다.

(4) 매장 및 묘지등에 관한 법률상 군수에게 재량이 부여된 공설납골당의 설치와 관련하여, 공설납골당의 설치의무를 규정하는 조례안은 법령상 부여된 군수의 재량권을 박탈하는 것으로 법령에 위반되는 위법한 것이다.

Ⅱ. 평　　석

1. 쟁점정리

(1) 조례제정권의 범위

헌법 제117조 제1항에 근거한 지방자치법 제22조 본문은 조례제정권에 대한 일반적 수권조항으로, 지방자치단체는 '그 사무에 관하여' 조례를 제정할 수 있다. 따라서 조례제정권의 대상은 원칙적으로 지방자치단체의 소관 사무범위인 자치사무와 단체위임사무에 한정되며(지방자치법 제9조 제1항), 소위 기관위임사무에 대해서는 조례를 제정할 수 없다.

따라서 이 사건에서는 우선적으로 조례의 제정대상과 관련하여 자치사무와 기관위임사무의 구별 및 도지사로부터 시장 · 군수에게 묘지 등의 허가권을 위임한 것이 기관위임인지의 여부가 문제된다.

(2) 조례제정권의 한계

지방자치법 제22조 본문에 따르면 지방자치단체는 '법령의 범위 안에서'만 조례를 제정할 수 있는바, 법령에 위반한 조례는 위법한 것으로 당연히 무효이다. 따라서 이 사건에서는 조례제정권의 한계로서 법률우위의 원칙과 관련하여, 법령상 허용요건을 가중하는 조례, 즉 소위 초과조례의 허용성 및 법령상 부여된 지방자치단체장의 권한을 제한하는 조례의 법령 위반 여부가 문제된다.

(3) 조례안의 일부무효의 문제

이 사건에서 직접 쟁점으로 드러나지는 않았으나, 조례안의 일부가 조례제정권의 범위와 한계를 벗어나 무효인 경우, 나머지 부분의 효력을 어떻게 이해할 것인지도 조례제정권의 범위와 한계의 문제로서 제기될 수 있다.

2. 관련판례

대상판결에 나타난 대법원의 입장은 조례제정권의 범위와 한계에 관하여 종래의 판례의 입장을 견지하고 있는 것으로, 즉 조례제정권의 대상과 관련하여 판례는 "지방자치단체가 조례를 제정할 수 있는 사항은 지방자치단체의 고유사무인 자치사무와 개별 법령에 의하여 자치단체에 위임된 이른바 단체위임사무에 한하고, 국가사무로서 지방자치단체의 장에 위임된 이른바 기관위임사무에 관한 사항은 조례제정의 범위 밖이라고 할 것이다"는 입장이며(대법원 1992. 7. 28. 선고 92추31 판결), 대상판결 이후에도 판례의 입장은 동일하다(대법원 1999. 4. 13. 선고 98추40 판결, 대법원 1999. 9. 17. 선고 99추30 판결, 대법원 2000. 5. 30. 선고 99추85 판결, 대법원 2001. 11. 27. 선고 2001추57 판결, 대법원 2004. 6. 11. 선고 2004추34 판결, 대법원 2007. 2. 9. 선고 2006추45 판결 등).

조례제정권의 한계에 관해서도 판례의 기본적 입장은 대상판결과 마찬가지인바, "지방자치단체가 그 자치사무에 관하여 조례로 제정할 수 있다고 하더라도 상위 법령에 위배할 수는 없고, 특별한 규정이 없는 한 지방자치법이 규정하고 있는 지방자치단체의 집행기관과 지방의회의 고유권한에 관하여는 조례로 이를 침해할 수 없고, 나아가 지방의회가 지방자치단체장의 고유권한이 아닌 사항에 대하여도 그 사무집행에 관한 집행권을 본질적으로 침해하는 것은 지방자치법의 관련 규정에 위반되어 허용될 수 없다"고 보고 있다(대법원 2001. 11. 27. 선고 2001추57 판결, 대법원 1992. 7. 28. 선고 92추31 판결).

3. 판례의 검토

(1) 조례제정권의 범위

(가) 일 반 론

지방자치단체는 「그 사무에 관하여」조례를 제정할 수 있으며(지방자치법 제22조 본문), 지방자치단체는 그 관할구역에 속하는 자치사무와 법령에 의하여 지방자치단체에 속하는 사무를 처리할 수 있다는 점에서(동법 제9조 제1항), 조례제정의 대상은 원칙적으로 지방자치단체의 소관사무범위를 넘을 수 없다. 따라서 조례제정의 대상은 자치사무와 단체위임사무이며, 기관위임사무는 본질상 조례로 규율할 수 없으나, 개별법령이 기관위임사무를 조례로 규율하도록 위임한 경우에는 예외적으로 조례의 제정대상이 된다(위임조례: 대법원 2000. 11. 24. 선고 2000추29 판결). 논리적으로는 단체위임사무는 본질상 국가사무이므로 조례의 제정대상으로 하는 것은 문제가 있을 수 있으나, 단체위임사무는 실제적으로 자치사무와 마찬가지로 지방자치단체의 자율적인 처리가 어느 정도로 인정되는 사무이므로 지방자치법 제22조는 자치사무 및 단체위임사무에 대하여 조례의 의한 규율을 일반적으로 수권하고 있다.

(나) 판례의 입장

판례 역시 지방자치법의 규정 및 일반론에 충실하여 조례제정의 대상은 자치사무와 단체위임사무에 한하며, 소위 기관위임사무는 원칙적으로 그 대상이 아니라는 입장을 견지하고 있다.

따라서 조례제정권의 범위로서 그 대상의 문제는 사무의 구분에 의존하게 되는바, "지방자치단체의 장이 처리하고 있는 사무가 기관위임사무에 해당하는지 여부를 판단함에 있어서는 그에 관한 법규의 규정 형식과 취지를 우선 고려하여야 할 것이지만 그 외에도 그 사무의 성질이 전국적으로 통일적인 처리가 요구되는 사무인지 여부나 그에 관한 경비부담과 최종적인 책임귀속의 주체 등도 아울러 고려하여 판단하여야 한다"는 것이 판례의 기본적 입장이고(대법원 2001. 11. 27. 선고 2001추57 판결, 대법원 2003. 4. 22. 선고 2002두10483 판결, 대법원 2006. 7. 28. 선고 2004다759 판결, 대법원 2008. 1. 17. 선고 2007다59295 판결 등), 대상판결도 마찬가지이다.

(다) 검 토

조례제정권의 범위로서 그 대상을 자치사무와 단체위임사무에 한정하는 판례의 입장은 기본적으로 타당하다. 다만 여기에는 기관위임사무와의 구별에 관한 합리적이고 타당한 기준이 전제되어야 할 것인바, 이에 관한 우리나라 판례의 입장은 원론적으로는 타당하지만, 실제 구체적 사안의 적용에 있어서는 판례의 원론적 입장과 달리, 법령의 형식적 규정에 따라 사무구분을 판단하고 있으며, 이는 법령에 의한 사무의 선취를 기본적 기준으로 하게 된다.

대상판결도 마찬가지로, 묘지 등의 허가사무의 성격 및 기관위임의 여부를 법령의 형식적 해석을 통하여 판단하고 있는바, 대상판결은 기관위임의 근거로, ① 지방자치단체가 하급 지방자치단체에 대하여 단체위임을 하는 근거규정은 지방자치법 제95조 제2항인데 위 경기도사무위임조례는 그 근거를 기관위임의 근거규정인 지방자치법 제95조 제1항으로 명시하고 있는 점, ② 위 경기도사무위임조례의 제1조가 도지사가 관장하는 사무를 '시 · 군'이 아니라 '시장 · 군수'에게 위임한다고 규정하고 있는 점 등을 들고 있으나, 이는 결과적으로 사무구분의 선택권을 전적으로 위임자에게 맡기는 결과가 된다, 그러한 태도는 지방자치의 본질보다는 실정법령에 우선적 지위를 부여하게 됨으로써 지방자치의 헌법적 보장의 내용에 배치될 수 있다는 점에서 문제가 있다.

특히 우리나라와 같이, 지방자치단체에서 처리되는 사무 중 기관위임사무의 비율이 지나치게 높은 동시에, 기관위임사무의 처리에 있어 지방자치단체장의 지위가—이론상의 구별과 달리—실제적으로는 국가하부행정기관의 지위와 지방자치단체장의 지위의 구별이 분명하지 않고, 오히려 지역의 이해관계에 대해서는 마찬가지라는 점에서 조례의 제정대상을 반드시 사무구분과 관련하여 이해하는 것이 타당한지는 의문이다.

그러한 의문은 지방자치단체장의 권한제한을 통한 지방자치행정의 통제와 관련한 조례제정의 허용성과도 연결되는바, 조례제정대상을 사무관념에만 근거하여 파악하는 것은 행정의 담당자라는 관점만 고려되는 것으로, 조례가 지방자치에 관한 자율적 입법으로서 행정의 상대방 및 지방자치의 전반을 포괄하는 조례제정의 가능성을 보장하기에는 그 스스로 한계를 가지게 될 것이기 때문이다.

결론적으로 조례제정권은 지방자치단체의 자기책임성의 보장을 위한 자치고권의 하나이며, 따라서 기본적으로 사무수행과 일차적으로 연결되는 것은 당연하다는 점에서 대상판결이 법리적 문제가 있는 것은 아니나, 입법론적으로는 조례의 본질이 당해 지역의 자주적 입법이며, 단체위임사무와 기관위임사무의 본질적 구별이 명확한 것도 아님을 고려할 때, 직접적인 사무수행에 필요한 것이 아니더라도 지방자치단체의 지역적 이해관계에 관한 문제에 대해서는 조례제정권을 확대하는 것이 필요할 것이다. 우리 헌법 제117조 제1항 역시 '지방자치단체는 법령의 범위 안에서 자치에 관한 규정을 제정'할 수 있도록 하고 있는 것도 그러한 취지라고 할 것이다.

(2) 조례제정권의 한계

㈎ 조례와 법률우위의 원칙

자기책임성을 보장하기 위한 제도적 수단으로서의 본질을 가지는 조례제정권 역시 헌법적으로 보장된 것이기는 하지만 법률로부터 무제한의 자유를 누리는 것이 아니라, 법률우위의 원칙에 의한 구속과 제한은 당연히 존재하게 된다. 우리 헌법 제117조 제1항 역시 지방자치단체는 '법령의 범위 안에서' 자치에 관한 규정을 제정할 수 있다고 규정하고 있으며, 이에 근거한 지방자치법 제22조도 지방자치단체는 '법령의 범위 안에서' 그 사무에 관하여 조례를 제정할 수 있다고 규정하여 법치주의의 적용을 명시적으로 선언하고 있다.

다만 그럼에도 불구하고 조례 역시 민주적 정당성에 근거한 자주적 입법의 성격상, 조례와 법률과의 관계에서 조례에 적용되는 법률우위원칙의 의미와 내용을 어느 정도로 이해할지는 또 다른 문제라 할 것인바, 특히 조례로 규율하려는 사항이 이미 법령에 의하여 규율되고 있는 경우, 법령 위반 여부와 관련하여 조례제정의 허용성이 문제된다.

이와 관련하여 오늘날에는 조례의 자주입법성의 결과, 전통적 법률선점이론을 완화하여 조례제정권을 확대하는 것이 일반적 경향인바, 조례의 법령에의 위반 여부는 형식적으로 판단될 것이 아니라, 당해 법령의 취지가 전국적으로 획일적 규율을 하는 것이 아니라 각 지방의 실정에 맞게 별도로 규율하는 것을 용인하는 취지로 해석될 때에는 조례에 의한 별도의 규율이 허용된다고 보고 있다.

따라서 조례의 법령에의 저촉 여부는 형식적으로 판단될 문제가 아니라, 헌법에 의한 지방자치 보장의 취지와 내용, 국가법질서의 통일성, 지방의회의 입법능력, 조례의 침익성 여부 및 실효성 등을 종합적으로 평가하여 구체적 사안에 따라 결정되어야 할 것이다.

㈏ 판례의 입장

대상판결은 '이 사건 조례안 제3조는 법률이 정한 사설묘지 등의 허가요건에 대하여 법률과 동일 또는 유사한 목적에서 법령의 근거 없이 영향권 내 주민 3분의 2 이상의 찬성이라는 새로운 허가요건을 가중하는 것이므로 사설묘지 등의 설치허가를 기속재량행위로 규정한 법령에 위반되는 위법한 것'이라고 판시하고 있다.

그러나 조례에 대한 법률우위원칙의 원칙적 적용 및 이에 대한 완화경향은 판례에서도 마찬가지로 나타나고 있는바, "지방자치법 제15조(현행법 제22조)에서 말하는 '법령의 범위 안'이라는 의미는 '법령에 위반되지 아니하는 범위 안'이라는 의미로 풀이되는 것으로서,… 조례가 법령과 동일한 목적에서 출발한 것이라고 할지라도 국가의 법령이 반드시 그 규정에 의하여 전국에 걸쳐 일률적으로 동일한 내용을 규율하려는 취지가 아니고 각 지방자치단체가 그 지방의 실정에 맞게 별도로 규율하는 것을 용인하는 취지라고 해석되는 때에는 조례가 국가 법령에서 정하지 아니하는 사항을 규정하고 있다고 하더라도 이를 들어 법령에 위반되는 것이라고 할 수가 없다"(대법원 1997. 4. 25. 선고 96추

244 판결, 대법원 2000. 11. 24. 선고 2000추29 판결)는 것이 판례의 기본적 입장이라는 점에서, 대상판결의 입장에는 의문이 있다.

한편 판례는 지방자치단체장의 권한을 제약하는 조례에 대하여 외형상 법령위반과 달리, '법이 정한 의결기관과 집행기관 사이의 권한배분과 상호견제 및 균형의 원칙'(대법원 1992. 7. 28. 선고 92추31 판결)을 들어 법령 위반의 범주를 확대하기도 하는바, "특별한 규정이 없는 한 지방자치법이 규정하고 있는 지방자치단체의 집행기관과 지방의회의 고유권한에 관하여는 조례로 이를 침해할 수 없고, 나아가 지방의회가 지방자치단체장의 고유권한이 아닌 사항에 대하여도 그 사무집행에 관한 집행권을 본질적으로 침해하는 것은 지방자치법의 관련 규정에 위반되어 허용될 수 없다"(대법원 2001. 11. 27. 선고 2001추57 판결)는 것이 판례의 기본적 입장이다. 대상판결 역시 '이 사건 조례안 제7조는 법령상 부여된 지방자치단체장의 재량권을 제한하는 것이어서 법령에 위반된다'고 보고 있으나, 그 타당성에 대해서는 검토의 여지가 있다고 할 것이다.

㈐ 검　　토

법률우위원칙과 관련한 조례제정권의 한계에 대한 우리나라 판례의 원리적 입장은 타당하다. 그럼에도 그 구체적 판단에 있어 대상판결은 법령에 대한 실질적 판단 없이 이 사건 조례안이 법령의 근거 없이 새로운 허가요건을 가중하였다는 형식적 판단만으로 법령 위반으로 보고 있는바, 조례제정권의 본질에 대한 본질적 고려가 없는 것이라는 점에서 비판의 여지가 있다.

동시에 대상판결은 법률이 공설납골당의 설치에 대하여 지방자치단체장에게 재량을 부여하고 있음에도 조례를 통하여 설치의무를 부과하는 것은 법령상 재량권을 박탈하는 것으로 법률위반으로 보고 있으나, 지방자치단체장의 권한을 제약하는 조례에 대하여 본질적 검토 없이 우리나라 지방자치법이 기관대립형 구조를 취하고 있다는 형식적 기준만으로 법령위반 여부를 판단하는 것은 재고의 여지가 있다고 보인다.

즉, 기관대립형 구조에 따른 권한배분이 상호불가침의 절대적 권한을 보장하는 것은 아니며 상호간의 적절한 견제와 균형을 본질로 하는 점에서, 지방자치단체장의 법령상 권한을 제약하는 조례라고 하여 획일적으로 법령 위반이라고 보는 것은 바람직하지 않으며, 오히려 판례의 원론적 입장과 같이, 국가법령의 취지에 대한 실질적 판단 및 권한의 본질적 침해 여부에 대한 판단이 필요하다고 할 것이다.

따라서 법령은 조례제정권에 대한 적극적 한계라기보다는 소극적 한계라고 이해하는 것이 타당하며, 그러한 점에서 "지방자치법 제35조(현행법 제39조) 제2항에서 그 제1항이 정하고 있는 사항 이외에 지방의회에서 의결되어야 할 사항을 조례로써 정할 수 있도록 규정하고 있을 뿐만 아니라, … 국가 법령에서 공유재산의 관리행위에 관하여는 별도의 규정을 두고 있지 아니하더라도 이는 공유재산의 관리행위를 지방의회의 의결사항으로 하는 것을 일률적으로 배제하고자 하는 취지는 아니고 각각의 지방자치단체에서 그에 관하여 조례로써 별도로 정할 것을 용인하고 있는 것이라고 보아야 한다"(대법원 2000. 11. 24. 선고 2000추29 판결)는 판례의 입장은 경청할 만하다.

(3) 조례안의 일부무효의 문제

조례안의 일부 조항이 법령에 위반되어 위법한 경우에는 그 조례안에 대한 재의결은 그 전체의 효력을 부인할 수밖에 없다는 것이 판례의 입장인바(대법원 2001. 11. 27. 선고 2001추57 판결 등), 그 근거와 관련하여 "의결의 일부에 대한 효력배제는 결과적으로 전체적인 의결의 내용을 변경하는 것에 다름 아니어서 의결기관인 지방의회의 고유권한을 침해하는 것이 될 뿐 아니라, 그 일부만의 효력배제는 자칫 전체적인 의결내용을 지방의회의 당초의 의도와는 다른 내용으로 변질시킬 우려가 있으며, 또 재의요구가 있는 때에는 재의요구에서 지적한 이의사항이 의결의 일부에 관한 것이라고 하여도 의결 전체가 실효되고 재의결만이 의결로서 효력을 발생하는 것이어서 의결의 일부에 대한 재의요구나 수정재의 요구가 허용되지 않는 점에 비추어 보아도 재의결의 내용 전부가 아니라 그 일부만이 위법한 경우에도 대법원은 의결 전부의 효력을 부인할 수밖에 없다" (대법원 1992. 7. 28. 선고 92추31 판결)고 판시하고 있다.

그러나 조례안이 일부무효이더라도 나머지 부분만으로 입법취지를 달성할 수 있는 경우도 있을 수 있다는 점에서, 전부무효를 일반적 법리로 하고 있는 판례의 입장은 재고가 필요하다. 조례가 민주적 정당성에 근거한 자주입법임을 고려할 때, 일부무효를 이유로 한 조례안 자체의 존폐에 대한 궁극적 판단권은 지방의회에 유보하는 것이 타당하며, 오히려 일부무효임에도 전체를 무효로 하는 것은 지방의회의 판단권을 법원이 선취하는 결과가 되어 지방자치의 본질에도 합당한 것이 아닌바, 조례안에 대해서도 일부무효의 법리를 인정하는 것이 타당할 것이다.

4. 판례의 의미와 전망

대법원 1995. 12. 22. 선고 95추32 판결은 내용상 특별히 새로운 판례의 입장을 제시한 것은 아니지만, 그간 지방자치법 분야에서 이론적으로 논의되어 왔거나, 개별 사건에서 구체적 사안으로만 다루어지던 조례제정권의 범위와 한계에 관하여 원리적 내용을 종합적으로 정리 · 제시하였다는 점에서 의미를 가지며, 대상판결 이후의 판결에 대하여 선도적 의미를 가지는바, 오늘날까지 대상판결의 기본적 입장은 견지되고 있다.

대상판결은 조례제정권의 범위와 한계에 관하여, 조례제정의 대상을 자치사무와 단체위임사무로 국한하고 있으며, 법령상 부여된 지방자치단체장의 권한을 침해하는 조례안은 법령에 위반된다고 판시하고 있는바, 이는 종래 지방자치법 이론상으로 논의되어온 것과 같은 맥락인 점에서, 대상판결의 입장은 일단 법형식적 및 법논리적 측면에서는 특별한 문제는 없다고 할 것이다.

그럼에도 불구하고 보다 근본적인 면에서 보면 지방자치의 본질 및 조례제정권의 본질이라는 실질적 측면에서는 문제가 있다고 보이는바, 대상판결을 포함하여 그간 조례제정권의 범위와 한계에 관한 판례의 기본적 입장은 지방자치의 헌법적 보장이라는 큰 틀에서 비롯되기 보다는 실정법령의 해석을 중심으로 미시적인 관점에서만 판단함으로써, 조례의 자주입법성에 대한 고려는 전혀 행해지지 않았다는 점에서 근본적 문제가 있다.

특히 지방자치의 역사가 일천한 우리나라에서 지방자치법은 아직 형성중인 법영역이라 할 것이고, 그러한 점에서 지방자치법 분야에서 판례의 역할은 단순히 현행 법령의 해석에만 머물 수는 없으며, 지방자치법원리의 형성에도 기여하여야 함에도 아직까지 우리나라 판례는 현행법의 구체적 해석에만 치중한 채 조례제정권에 관한 기본적 방향성이 결여되어 있다는 점에서 아쉬움이 있다. 지방자치 및 조례제정권은 헌법에 의해 직접 보장된 규범적 과제인 점에서 개별법은 헌법의 구체화법으로서 기능하여야지 지방자치제도에 대한 창설적 규정일 수는 없기 때문이다.

따라서 조례제정권의 범위와 한계에 관하여 지방자치의 본질에 충실한 규범적 틀의 마련을 위한 사법적극주의가 요청되는바, 대상판결과 같이 — 기관위임사무의 폐지론은 별론으로 — 조례제정의 대상을 사무구분에 지나치게 얽매이거나, 조례에 대한 법령 위반의 여부를 지나치게 실정법의 형식적 해석에 매달려 판단하는 태도를 지양하고, 조례제정권의 범위와 한계를 헌법상 보장된 포괄적 사무에 대한 전권한성 및 자기책임성의 보장이라는 관점에서 보다 적극적으로 판단하는 전향적인 자세를 기대한다.

〈참고문헌〉

송영천, "지방자치제 시행과 관련한 각종 쟁송의 제문제", 저스티스 제69호, 한국법학원, 2002. 10.

이기우, "지방자치발전을 위한 사무배분의 과제", 지방자치연구 제8권 제2호, 한국지방자치학회, 1996. 6.

조성규, "법치행정의 원리와 조례제정권의 관계", 공법연구 제33집 제3호, 한국공법학회, 2005. 5.

홍준형, "조례제정권의 범위와 한계", 판례행정법, 두성사, 1999. 1.

107. 자치사무와 기관위임사무의 판단기준

— 대법원 2003. 4. 22. 선고 2002두10483 판결 —

문 상 덕*

Ⅰ. 판결개요

1. 사실관계

본 건은 X신용보증재단의 이사장이었던 원고(A)가 지역신용보증재단법 제15조 및 X신용보증재단의 정관 제10조 제5항의 규정에 의하여 이사장에 대한 임명 · 해임권을 가진 피고 X시장의 해임처분에 대하여 그 취소의 소를 제기한 사건으로서, 해임처분의 경위는 다음과 같다.

X시의회는 원고(A)에게 이 사건 재단에 대한 업무보고 및 현장방문을 포함한 재정경제위원회의 의사일정을 통보하고, X시의회 본회의에서 위 재단에 대한 행정사무조사를 의결하였으며, 이 사건 재단이 지역 내 중소기업에 대한 신용보증업무를 제대로 수행하지 못하고 있다는 보도 자료를 언론사에 제공하였다. 이에 대하여, 원고(A)는 시의회의 자료제출 요구, 의원들의 보증청탁, 사실을 왜곡한 언론보도 등으로 인하여 재단의 정상적 업무 수행이 곤란하다고 하면서 시의회 의사일정에 대한 거부통보와 함께 재경위의 업무보고에 불참하였으며, 시의회의 행정사무조사계획 통보 및 자료제출요구에 대하여, 이 사건 재단은 시의회의 행정사무조사의 대상기관이 아니므로 응할 수 없음을 통보하였다.

X시의회와 원고(A)가 이렇게 갈등관계로 나아가자, 피고 X시장은 이 사건 재단의 사무가 지방자치단체의 사무로서 피고의 지도 · 감독 및 시의회의 행정사무조사 대상임을 전제로 원고(A)에게 시의회에 대한 업무보고와 현장방문, 행정사무조사 등의 의사일정에 응할 것을 수차례 지시하였다. 그러나 원고(A)는 이 사건 재단의 사무가 국가사무이고 X시장의 권한 또한 재단법 및 정관이 정한 임원 임명 · 해임권과 중소기업청장으로

* 서울시립대학교 법학전문대학원 부교수.

부터 위임받은 예산 승인권 등에 한정되어 있다고 주장하면서 X시장의 수감지시에도 응하지 않았다.

그러자 이 사건 재단의 이사 4명(원래 재단의 이사는 총 6명으로서 이 4명 외에 원고(A)와 또 다른 1인이 있다)이 원고(A)에게 (이사장 해임제청을 위한) 임시이사회 소집을 요청하였고, 원고(A)가 이에 응하지 않자 위 이사들은 중소기업청장으로부터 이사회 소집승인 및 소집대행자 지정승인을 받아 임시이사회를 개최, 원고(A)를 제외한 이사 5명 중 위 4명의 찬성으로 원고(A)에 대한 해임을 의결 · 제청하였고, 피고 X시장은 이사회의 제청에 따라 원고(A)를 재단이사장에서 해임하는 처분을 하기에 이르렀다.

2. 소송경과

원고(A)는 자신에 대한 해임처분에 대하여 X시장을 피고로 하여 제1심 법원인 서울행정법원에 해임처분취소의 소를 제기하였다. 이에 대하여 서울행정법원은 2001. 11. 27. 선고 2001구24521 판결로 원고승소판결을 하였다. 이에 피고 X시장이 불복하여 서울고등법원에 항소하였으나 동 법원 역시 2002. 9. 26. 선고 2002누20 판결로 원고승소판결을 하였다. 이에 피고 X시장은 다시 대법원에 상고하기에 이르렀고, 대법원 역시 본 판결(2003. 4. 22. 선고 2002두10483 판결)로 X시장의 상고를 기각하고 원심과 같이 해임처분을 취소하는 원고승소판결을 하였다.

3. 판결요지

[원심판결의 요지]

(1) 이 사건 재단사무의 성격과 피고 X시장의 권한 범위

법령상 지방자치단체의 장이 처리하도록 규정하고 있는 사무가 자치단체의 자치사무(고유사무)인지 또는 기관위임사무에 해당하는지 여부를 판단함에 있어서는 그에 관한 법령의 규정 형식과 취지를 우선 고려하여야 할 것이지만 그 외에도 그 사무의 성질이 전국적으로 통일적인 처리가 요구되는 사무인지 여부나 그에 관한 경비부담과 최종적인 책임귀속의 주체 등도 아울러 고려하여 판단하여야 한다.

X신용보증재단의 설립과 재산, 업무, 회계, 감독 등에 관한 기본적인 사항은 지역신용보증재단법(1999. 9. 7. 법률 제6022호)의 규율을 받고 있는데, 특히 동법은 재단의 업무감독과 감독상 필요한 명령을 중소기업청장의 권한으로 규정하고(제36조), 재단설립인가(제9조 제1항), 정관변경승인(제10조 제2항), 부수업무 및 업무방법서의 승인(제17, 18조), 예산편성 및 변경의 승인(제30조 제1항), 여유금 운용방법의 승인(제31조), 합병 또는 파산의 승인(제34조)을 중소기업청장의 권한으로 규정하고 있으며, 다만 재단법 제40조 제1항

과 재단법시행령 제25조 제1항에 의하여, 위 중소기업청장의 권한 중 기본재산의 관리와 신용보증 및 구상권의 행사에 부수되는 업무의 승인, 예산편성 및 변경의 승인, 여유금 운용방법의 승인권한이 지방자치단체의 장인 피고에게 위임되어 있을 뿐이다(그 밖에 재단법 제40조 제2항에 의하여 중소기업청장은 필요하다고 인정되는 경우 재단에 대한 업무감독권의 일부를 피고에게 위임할 수 있으나, 실제 이를 위임하였다는 자료는 없다). 따라서 이 사건 재단에 대한 업무감독과 감독상 필요한 명령에 관한 사무는 국가행정기관인 중소기업청장의 고유 업무인 국가사무라 할 것이고, 피고는 위 법 규정에 의하여 중소기업청장으로부터 위임받은 권한을 가질 뿐, 일반적인 업무감독권이나 감독상 필요한 명령을 할 수 있는 권한은 가지지 못하며, 중소기업청장의 위임에 기해 피고가 가지는 권한 범위 내의 사무는 국가사무가 지방자치단체의 장에게 위임된 기관위임사무에 해당하고, 수임기관인 피고는 지방자치단체의 장이 아닌 국가기관의 지위에서 이를 처리하는 것일 뿐이다.

(2) X시의회의 행정사무조사권 발동 및 X시장의 수감지시의 위법성

X시의회의 행정사무감사 및 조사권은 원칙적으로 지방자치단체의 사무에 한정되는 것이고, 다만 행정사무감사의 경우에 지방자치단체 및 그 장이 위임받아 처리하는 국가사무, 즉 단체위임사무 및 기관위임사무에 대하여 국회가 직접 감사하기로 한 경우를 제외하고는 그 감사를 시의회가 행할 수 있는 예외가 있으나, 행정사무조사의 경우에는 이러한 예외가 인정되어 있지 않다. 따라서 X시의회는 이 사건 재단의 운영과 업무 전반에 대하여 행정사무조사를 실시할 권한도 없을 뿐더러 이 사건 재단은 지방자치법령상 X시의회의 행정사무조사대상기관도 아니라 할 것이니, X시의회의 이 사건 재단에 대한 행정사무조사 실시는 적법하다고 할 수 없고, 따라서 원고(A)가 이를 거부하였다고 하여 재단의 설립목적에 반한다거나 재단의 명예를 훼손하였다고 할 수 없어, 이 부분 해임사유는 적법하다고 할 수 없다.

한편 피고 X시장은 이 사건 재단의 설립기관이라 할 수 없고, 재단에 대한 일반적인 업무감독권 및 감독상 필요한 명령을 할 수 있는 권한도 가지고 있지 않을 뿐 아니라, 원고(A)의 해임사유와 관련된 피고의 업무지시(수감지시)는 시의회의 행정사무조사가 부적법한 것이므로, 이처럼 정당하지 못한 피고의 업무지시를 거부하였다고 하여 재단의 설립목적에 위배되는 행위를 하였다거나 재단의 명예를 훼손하였다고 할 수 없으므로 이 부분 해임사유 역시 적법하다고 할 수 없다. 따라서 원고(A)가 정관규정에 위반하여 이사회 소집을 기피하고, 사실 확인이 되지 않은 시의원 연루내용의 보도 자료를 배포하는 등의 잘못이 일부 인정된다 하더라도, 제반 정상을 종합하여 볼 때, 이 사건 해임은 원고의 잘못에 비해 지나친 것으로서 재량권을 일탈 · 남용한 위법이 있다.

(3) 이사회 소집의 절차상 하자

재단 정관 제17조 제3항은 "임시이사회는 이사장이 필요하다고 인정하거나 재적이사 과반수가 요청 또는 감사의 요구가 있을 때 이사장이 소집한다."고 규정하여 이사장의 이사회 소집권을 규정하고 있으나, 소집권자가 이사회 소집을 기피함으로써 이사회를 소집할 수 없는 경우에 관하여는 재단 정관이나 재단법 어디에도 특별한 규정이 없다. 따라서 이 사건과 같은 경우에는, 이사장의 정관 위반을 이유로 법원으로부터 이사회 소집허가를 받거나 소집대행자를 지정받는 등의 방법을 통하여 이사회를 소집하는 것이 적법, 타당한 것이다. 그런데 이 사건의 이사회는 중소기업청장의 이사회 소집승인 및 소집대행자의 지정에 기하여 이루어졌는바, 관계법률 상 중소기업청장의 업무감독권이 이사회 소집승인권까지를 포함하는 것으로 해석할 수 없기 때문에 중소기업청장의 승인에 의한 이사회 개최는 법적 근거가 없는 것으로서 적법하지 않다.

(4) 소 결 론

결국 이 사건 해임은 실체적인 면에서 그 사유가 인정되지 않거나 재량권을 일탈·남용한 위법이 있을 뿐 아니라, 절차적으로도 하자 있는 처분으로서 위법하다.

[대법원 판결의 요지]

대법원은 이와 같은 원심의 판단 중, 원고(A)가 해임처분의 취소를 구할 소의 이익이 있다는 부분, 지방자치단체의 자치사무와 기관위임사무의 판단기준, 이 사건 재단에 대한 감독업무는 중소기업청장의 권한사항인 국가사무로서 피고 X시장은 법령에 의하여 위임된 일부 권한만을 행사할 수 있을 뿐 일반적인 업무감독권이나 감독상 필요한 명령을 발할 수 있는 권한은 가지지 못한다는 점, X시의회가 이 사건 재단에 대한 행정사무조사를 의결하고 현지 확인 및 서류제출을 요구한 사안은 이 사건 재단의 운영과 업무 전반에 관한 사항으로서 이에 대한 감독은 지방자치단체의 사무가 아니라 중소기업청장의 권한에 속하는 국가사무이고, X시의회가 제출을 요구한 자료는 피고 X시장이 중소기업청장으로부터 위임받아 가지는 권한과 대부분 무관하며, 이 사건 재단은 지방자치법령상 행정사무조사 대상기관에도 해당하지 아니하므로, X시의회의 행정사무조사권 발동은 부적법하다고 판단한 점, 행정사무조사가 부적법한 이상, 원고(A)가 피고 X시장의 수감지시 등을 거부하였다고 하여 재단의 설립목적에 위배되는 행위를 하였다거나 재단의 명예를 훼손하였다고 할 수 없다고 판단한 점 등을 그대로 인정하면서, 이 사건과 같은 경우의 이사회의 소집은 특별한 사정이 없는 한 이사장의 정관 위반을 이유로 법원으로부터 이사장에 대한 직무집행정지 가처분 및 직무대행자 선임재판을 받은 다음 그 직무대행자가 하여야 하므로, 중소기업청장이 그 업무감독권에 근거하여 공익법인의 설립·운영에 관한 법률 제8조 제4항을 준용하여 이사회의 소집을 승인하고 소집대행자를 지정하여 이사회를 개최한 것은 부적법하고, 따라서 이에 근거한 이사회 결의에 따른 해임처분 역시 절차상 하자 있는 부적법 처분이라고 판단하였다. 다만, 이 사건 해임처분이 절차상 하자로 위법하다고 보는 이상 거기에 재량권의 일탈 · 남용이 있는지 여부는 판결결과에 영향이 없기 때문에 판단하지 않았다.

Ⅱ. 평 석

1. 쟁점정리

먼저 본 건과 관련하여서는 X시장의 해임처분의 절차적 하자가 다투어지고 있는바, 대법원 판결의 요지에서 보는 바와 같이, 소집절차 및 소집권자 등에 있어서 부적법한 이사회의 결의와 제청에 따른 X시장의 해임처분은 절차상 하자 있는 부적법한 처분임을 면치 못할 것으로 보인다. 즉 지역신용보증재단법이나 재단 정관에, 이사회 소집권자인 이사장이 이사회의 소집을 기피하여 이사회를 소집할 수 없을 때 어떠한 절차를 거쳐 이사회를 소집할 것인지에 관하여 아무런 규정도 두고 있지 않을 때에는, 이사회의 소집은 특별한 사정이 없는 한, 이사장의 정관 위반을 이유로 법원으로부터 이사장에 대한 직무집행정지 가처분 및 직무대행자 선임재판을 받은 다음 그 직무대행자가 하여야 할 것이다.

이러한 절차적 하자문제 외에, (대법원은 굳이 판단하고 있지 않지만) 본 건과 관련되는 실체적 쟁점들을 다음과 같은 두 가지 사항으로 압축될 수 있을 것이다.

첫째는 X시의회의 행정사무조사권 발동의 당부의 문제로서, 이 사건 해임처분은 X시의회가 행정사무조사권을 발동한 데 대하여 재단 이사장인 원고(A)가 이를 거부한 데서 비롯되었으므로, 먼저 X시의회의 행정사무조사권 발동이 정당한 것이었는지 여부에 관하여 검토해 볼 필요가 있다. 만일 X시의회의 행정사무조사권 발동이 정당한 것이었다고 한다면 이를 거부한 원고(A)의 행위는 해임의 사유가 될 수도 있었을 것이기 때문이다.

둘째는, 해임처분의 원인이 된 X시장의 수감지시에 대한 원고(A)의 거부 등과 관련하여, 이 사건 재단에 대한 업무감독과 감독상 필요한 명령에 관한 사무의 성격 및 그 권한소재에 관하여 확인해 볼 필요가 있다. 즉, X시장의 원고(A)에 대한 수감지시는 자치사무 또는 기관위임사무로서 시장의 정당한 권한의 행사였는지 아니면 위임되지 않은 국가사무로서 결과적으로 무 권한자의 행위였는지를 명확히 할 필요가 있다는 것이다. 이 과정에서 자치사무와 기관위임사무의 일반적인 판단기준에 대하여도 검토해 볼 수 있을 것이다.

2. 관련판례

이 판결과 관련해서는, 법령상 지방자치단체의 장이 처리하도록 규정하고 있는 사무의 성격 판단기준과 관련되는 대법원의 1999. 9. 17. 선고 99추30 판결, 대법원 2001. 11. 27. 선고 2001추57 판결 등의 선행판례가 참조가 되고 있다. 그리고 이 판결 이후에도 대법원 2006. 7. 28. 선고, 2004다759 판결, 대법원 2008. 1. 17. 선고, 2007다59295 판결 등이 그대로 이러한 판단기준을 답습하고 있다. 그 외, 본 사건의 사안과 관련되는, 지역신용보증재단법에 의하여 설립된 재단의 이사회 소집 내지 재단에 대한 감독권의 행사 등을 둘러싼 분쟁에 관하여는 직접적인 연관성이나 유사성을 갖는 판례를 찾아보기 어려운 것으로 보인다.

3. 판결의 검토

(1) X시의회의 행정사무조사권 발동의 위법성

지방자치법상(본 사건 당시 제36조, 현행 제41조), 지방의회의 행정사무감사 및 조사는 원칙적으로 지방자치단체의 사무에 한정되는 것이지만, 행정사무감사에 있어서는 예외적으로 지방자치단체 및 그 장이 위임받아 처리하는 국가사무 또는 시 · 도사무, 즉 단체위임사무 및 기관위임사무에 대하여 국회나 시 · 도의회가 직접 감사하기로 한 경우를 제외하고는 당해 지방의회도 감사를 행할 수 있는 데 반하여, 행정사무조사의 경우에는 위임사무에 대한 그와 같은 예외가 규정되어 있지 않다. 지방자치법이 행정사무감사의 경우에만 예외적으로 위임사무에 대한 감사를 인정하고 있는 것으로 보아, 행정사무조사의 경우에는 자치사무 외에 위임사무에 대한 조사는 허용하고 있지 않은 것으로 해석될 수 있는 것이다.

그런데, 통설에 의하면 위임사무 중 단체위임사무에 대하여는, 자치사무는 아니지만 위임에 의하여 당해 지방자치단체의 사무로 되기 때문에 일반적으로 지방의회가 단체위임사무에 대하여는 포괄적으로 관여할 수 있는 것으로 보고, 따라서 단체위임사무에 대하여는 지방의회가 특별한 제약 없이 행정사무감사 또는 조사권을 발동할 수 있다고 보고 있다(이기우 · 하승수, 155-156면 참조). 그런데 단체위임사무에 대한 지방의회의 포괄적 관여 가능성을 이론적으로 논하는 것이나 지방자치단체에 위임된 사무는 지방자치단체의 사무로 된다는 주장에 대한 법리적 분석은 별론으로 하더라도(통설과 같이 국가사무가 지방자치단체에 '위임'되면 국가사무로서의 성격이 소멸되고 지방자치단체의 사무로 변환된다는 주장에 대하여도 위임의 법리상 그 이론적 논거가 무엇인지 불분명한 것으로 보인다), 적어도 지방자치법상 지방의회가 아무런 제약 없이 단체위임사무에 대하여 행정사무조사를 할 수 있는 지에 대하여는 의문이 있다. 적어도 지방자치법의 해석을 통해서는, 행정사무조사가 허용되는 지방자치단체의 사무에 (단체위임사무를 포함하여) 위임사무가 포함될 여지는 없는 것이 아닐까.

한편 본 사례에서는, X신용보증재단이 지역신용보증재단법에 의하여 설립된 법인으로서 X시장이나 X시 자체가 동 법인의 설립주체가 될 수는 없다는 점, 후술하다시피 X신용보증재단의 업무전반에 대한 일반적인 감독과 감독상 필요한 명령에 관한 사무는 지역신용보증재단법의 관련 규정상 중앙행정기관인 중소기업청장의 고유 업무인 국가사무라는 점, 피고인 X시장의 감독권은 위 재단법 규정에 의하여 중소기업청장으로부터 위임받은 (국가기관위임사무로서의) 일부 사무처리 권한에 한정되어 있는 점, X시의회의 행정사무조사대상은 X시장의 수임사무와는 내용적으로 관련성이 거의 없다는 점 등을 고려할 때, X시의회가 결의한 행정사무조사의 대상은 국가사무를 대상으로 한 것으로서, 자치사무 이외의 국가사무(국가직접수행사무 또는 국가단체위임사무 · 국가기관위임사무)에 대하여는 지방의회의 행정사무조사권이 발동될 실정법적 근거를 찾기 어렵다고 볼 때, 본 건의 X시의회의 행정사무조사는 지방자치법에 반하는 것으로 부적법함을 면하기 어려워 보인다고 생각된다.

(2) 지역신용보증재단에 대한 포괄적 업무감독권의 문제

원심과 대법원의 분석과 같이, X신용보증재단의 설립을 비롯한 업무와 감독 등에 관한 기본적인 사항은 지역신용보증재단법의 규율을 받고 있다. 동법은 재단설립 인가, 정관변경 승인, 부수업무 및 업무방법서의 승인, 예산편성 및 변경 승인, 여유금 운용방법의 승인, 합병 또는 파산의 승인 등을 국가행정기관인 중소기업청장의 권한으로 규정하는 외에, 특히 재단의 업무감독과 감독상 필요한 명령을 포괄적으로 중소기업청장의 권한으로 규정하고 있다. 다만, 재단법 제40조 제1항과 재단법시행령 제25조 제1항에 의하여, 중소기업청장의 위 권한 중 일부를 지방자치단체의 장인 피고 X시장에게 위임하고 있을 뿐이다. 따라서 이 사건 재단에 대한 업무감독과 감독상 필요한 명령에 관한 사무는 중소기업청장의 고유 업무인 국가사무라 할 것이고, 피고 X시장은 법령에 의해 중소기업청장으로부터 위임받은 일부의 권한을 가질 뿐, 일반적인 업무감독권이나 감독상 필요한 명령을 할 수 있는 권한은 갖고 있지 않다고 새겨야 할 것이다.

그러므로 피고 X시장이 자신이 설립하지 않은 단체에 대하여, 보유하지 않은 일반적 업무감독권에 기하여 그 이사장인 원고(A)에 대하여 업무지시(수감지시)를 내린 것은 부적법한 권한 행사였고, 이러한 업무지시를 거부한 원고(A)에 대하여 해임처분을 내린 것 역시 해임권 행사에 있어서의 재량권을 일탈 · 남용한 부적법한 조치였다고 봄이 옳다고 본다.

(3) 자치사무와 기관위임사무의 구별의 판단기준

원심과 대법원은 종전의 입장을 유지하여, 법령상 지방자치단체의 장이 처리하도록 규정하고 있는 사무가 자치사무인지 아니면 기관위임사무인지를 판단함에 있어서는 그에 관한 법령의 규정 형식과 취지를 우선 고려하여야 하지만 그 외에도 그 사무의 성질이 전국적으로 통일적인 처리가 요구되는 사무인지 여부나 그에 관한 경비부담과 최종적인 책임귀속의 주체 등도 아울러 고려하여야 한다고 하고 있다. 이러한 대법원의 일관된 판시에 대하여는, 일반적 법리의 관점과 본 사안과의 관련성의 측면에서 다음과 같은 평가를 내릴 수 있다고 본다.

먼저, 법령상 지방자치단체의 장이 처리하도록 규정하는 사례는 보통 다음의 두 가지의 경우가 있을 수 있다고 본다. 하나는 법률이 직접 일정한 사무 처리의 권한을 지방자치단체의 장에게 부여한 경우이고, 다른 하나는 법률에서는 장관 등 국가기관의 사무권한으로 규정하되 위임의 근거규정을 두어 시행령 등 하위법령에서 장관의 일정한 권한을 지방자치단체의 장에게 위임하는 경우이다. 후자는 전형적인 기관위임사무로 볼 수 있는 경우로서, 동 사무의 성격을 자치사무로 보기는 어렵기 때문에 자치사무와 기관위임사무의 구별의 문제는 발생할 소지가 거의 없다고 본다. 문제는 전자의 경우인데, 법률이 일정한 사무의 처리권한을 시 · 도지사 등 지방자치단체의 장에게 직접 부여한 경우에, 대법원의 입장과 같이 이를 조금은 막연한 해석적 판단기준에 의하여 개별 사안마다 지방자치단체의 자치사무 또는 기관위임사무로 구분한다는 것이 바람직한 방식인가.

대법원은 이러한 경우에 있어서 “법령의 규정 형식과 취지”를 우선 고려하면서 그 외에 그 사무의 성질이 전국적으로 통일적인 처리가 요구되는 사무인지 여부나 그에 관한 경비의 부담과 최종적인 책임귀속의 주체 등을 아울러 고려하여야 한다고 하는데, 이러한 입장은 우리의 실정법령이 사무의 구분에 관하여 통일적인 표현형식으로 일관되어 있지 못하다는 점, 경우에 따라서는 입법자 역시 그러한 규정형식의 차이를 의식하지 못하고 입법하는 예도 있다는 점을 감안할 때 그 나름의 일리가 있는 것이라고 하겠으나, 그렇다고 하여 법률이 명백하게 지방자치단체의 장으로 하여금 처리하도록 직접 규정한 사무에 대하여, 이를 개별적으로 전국적인 통일 처리가 요구되는지의 여부 또는 경비부담이나 최종적인 책임귀속의 주체 등에 대한 고려를 통하여 자치사무 또는 (기관)위임사무 여부를 가려야 한다는 논지는 문제점도 없지 않은 것으로 본다.

그것은 먼저, 어떠한 사무가 전국적으로 통일적인 처리가 요구되는 것인지의 여부는 그 판단기준이 상당히 불확실하거나 상대적 또는 유동적인 것으로서, 국가는 그 정책적 판단에 따라 일정한 사무를 전국적 통일 처리가 필요한 국가사무(기관위임사무)로도 지방자치단체의 자치사무로도 정할 수 있다는 점에 유의하여야 한다. 실제 지방분권 추진과정에서 종전에 국가의 기관위임사무로 규정되었던 많은 사무가 법률의 개정을 거쳐 지방자치단체의 자치사무로 전환되었고 현재도 지방분권촉진위원회를 통하여 그러한 작업이 진행되고 있는 상황으로, 어떠한 사무를 전국적 통일 처리가 필요한 국가사무(기관위임사무)로 할 것인지 아니면 자치사무로 할 것인지 여부는 국가의 정책적 판단에 따라 상당히 유동적으로 변할 수 있고 그에 관한 어떤 절대적인 판단기준도 존재한다고 보기는 어렵다는 것이 현실이다. 한편 경비부담의 문제 역시 사무구분의 객관적 구별기준이라기 보다 사무구분에 따른 부수적 효과의 문제일 뿐이고, 이에 대하여는 현행 지방자치법 제141조가 국가사무나 지방자치단체사무를 위임할 때에는 이를 위임한 국가나 지방자치단체에서 그 경비를 부담하여야 한다고 규정하여, 위임사무에 대한 경비의 부담을 원칙적으로 위임자에게 부여하고 있다는 점 또한 참고할 필요가 있다.

이와 같이 법률이 지방자치단체의 장이 처리하도록 규정하고 있는 사무의 경우에 그 사무의 성격에 관한 객관적이고 명백한 사무판단기준이 존재하기 어렵다고 보는 이상, 적어도 이와 같은 경우에는 원칙적으로 이를 지방자치단체의 자치사무로 보는 것이 법체계의 통일성 확보와 사무집행과정의 혼란을 방지하는 차원에서 바람직하지 않나 생각된다. 나아가 이러한 경우를 원칙적으로 자치사무로 보는 것은, 헌법상의 지방자치의 보장 취지 그리고 보충성의 원칙을 국가와 광역 · 기초자치단체간 사무배분의 기본원칙으로 규정하고 있는 지방분권촉진에 관한 특별법(제6조 ② 국가는 제1항에 따라 사무를 배분하는 경우, 지역주민생활과 밀접한 관련이 있는 사무는 원칙적으로 시 · 군 및 자치구의 사무로, 시 · 군 · 구가 처리하기 어려운 사무는 특별시 · 광역시 · 도 및 특별자치도의 사무로, 시 · 도가 처리하기 어려운 사무는 국가의 사무로 각각 배분하여야 한다.)의 근본취지에도 부합하는 것이라고 생각된다.

바람직하기로는 자치사무에 관한 법률규정은 "… 사무는 시 · 도 또는 시 · 군 · 구가 (자치사무로) 처리한다"는 식으로 사무의 주체를 지방자치단체로 명확히 규정하는 것이 좋겠지만, 행정조직상의 '행정청'에 해당하는 지방자치단체의 장을 법령이 사무처리 기관으로 명시하는 것은, 우리나라에 있어서 종래 행정청 위주로 사무권한을 규정하는 입법관행이 전통적으로 존재하였다는 점과 자치사무에 관한 행정책임은 지방자치단체의 집행기관의 장이자 그 법적 대표인 지방자치단체의 장이 질 수밖에 없다는 점 등을 고려할 때, 자치사무에 대한 법령상의 사무규정방식으로서 그 사무처리 기관을 지방자치단체의 장으로 규정하는 방식은 충분히 가능한 입법방식으로 생각된다. 따라서 법률이 직접 해당 사무의 권한을 지방자치단체의 장으로 명시하고 있는 경우에는, '원칙적으로' 당해 사무는 지방자치단체의 자치사무로 보는 것이 바람직하다고 본다. 이러한 판단은, 법률이 지방자치단체의 장이 처리하도록 규정하는 경우에 이를 (기관)위임사무로 보기에는 관련 법령의 어디에서도 '위임'의 근거 내지 취지를 찾을 수 없는 경우가 대부분이라는 점도 감안한 것이다. 다만 아직까지는 사무배분에 관한 통일적인 규정형식(표현)이 존재하지는 않는 상황이므로 법령에 명시적인 위임근거는 없더라도, 관계 규정의 해석상 '명백하게' 지방자치단체의 장에게 위임한다는 의미로 규정한 것이라고 볼 수 있는 경우에는 예외적으로 (기관)위임사무로 볼 수도 있을 것으로 본다.

요컨대, 필자는 법령상 지방자치단체의 장이 처리하도록 규정된 경우의 사무판단기준에 관해서, 원칙적으로 이를 지방자치단체의 자치사무로 보되, 예외적으로 법령의 규정상 위임의 취지가 명백한 경우에만 (기관)위임사무로 본다는 식의 기준을 정립하는 것이 적절할 것으로 본다. 이러한 견지에서, 단순히 "법령의 규정 형식과 취지를 우선 고려하여야 할 것"이라는 조금은 모호하고 추상적인 기준을 제시하고 있는 대법원의 입장은 좀 더 명확하고 구체화될 필요가 있는 것으로 생각된다.

한편 본 사안과 관련하여서는, "법령상 지방자치단체의 장이 처리하도록 규정하고 있는 사무"는 재단법 제40조 제1항과 재단법시행령 제25조 제1항에 의하여 중소기업청장의 권한 중 X시장에게 위임된 일부 사무 등을 들 수 있는데, 이러한 사무는 본 사안에서 문제되고 있는 일반적 · 포괄적 감독사무와는 직접적인 관련성이 없고 그 사무의 성격 역시 기관위임사무임이 명백하기 때문에, 대법원이 제시하고 있는 위와 같은 사무구분기준은 본 사안의 해결에 있어서는 별다른 의미를 갖지 못하는 것으로 생각된다.

4. 판결의 의미와 전망

본 판결에 대해서는, 지역신용보증재단법에 대한 체계적인 해석을 통하여, 재단 사무에 관한 포괄적인 업무감독권이 국가행정기관인 중소기업청장에게 부여되어 있다는 점(국가사무)과 지방의회의 행정사무감사 및 조사의 대상을 명확히 하였다는 점 등에서, 향후 지역신용보증재단의 업무감독 내지 감사 및 조사를 둘러싼 국가와 지방자치단체 사이의 마찰과 분쟁을 해소하거나 예방할 수 있는 계기를 만들었다는 평가를 할 수 있다고 본다.

다만 앞서 지적한 대로, 법령상 지방자치단체의 장이 처리하도록 규정하고 있는 사무의 판단기준에 대하여, 법원이 좀 더 구체적이고 논리적인 분석 없이 종전의 판시내용을 지속적으로 답습함으로써 자치사무와 기관위임사무의 구분에 관한 명확한 기준을 제시하지 못하고 있다는 점과, 그와 같은 모호한 판단기준이 경우에 따라서는 종전에 중앙집권적 기초 위에서 형성된 법령들을 지방자치에 반하는 방향으로 해석되게 할 빌미를 제공할 수도 있다는 우려에서, 이에 관한 법원의 입장이 보다 더 객관적이고 명확하게 변화 · 조정되기를 기대하고 싶다.

〈참고문헌〉

김남곤, “자치사무와 위임사무의 구분과 합리적인 개선방향”, 국회보 2002. 6월호, 국회사무처, 2002. 6.

문상덕, “지방자치단체의 사무구분체계 : 새로운 사무구분체계의 모색”, 지방자치법연구 제4권 제2호(통권 제8호), 법영사, 2004. 12.

이기우 · 하승수, 지방자치법, 대영문화사, 2007.

조성규, “국가와 지방자치단체간의 사무배분”, 공법연구 제32집 제4호, 한국공법학회, 2004. 3.

조정찬 · 정남철, “지방자치단체 사무배분에서의 지방자치와 국가행정의 조화”, 법제 통권 제602호, 법제처, 2008. 2.

108. 국가사무에 대한 국가의 감독권

— 대법원 2007. 3. 22.선고 2005추62 판결 —

김 광 수*

Ⅰ. 판결개요

1. 사실관계

이른바 전국공무원노동조합(이하 '전공노'라 줄여 쓴다)은 2004년 10월 경 당시 국회에 계류 중에 있던 '공무원 노동조합 설립 및 운영에 관한 법률(안)'에 노동3권 중 단체행동권이 포함되어 있지 않다는 이유로 2004월 11월 15일 총파업을 예고하였다. 이에 행정자치부는 2004년 10월 25일 '공무원노조 파업 시 지방행정의 안정화 대책'을 마련하고, 같은 달 28일에는 시 · 도지사 및 시장 · 군수 · 구청장 앞으로 전공노 총파업 예고 등의 사태에 대해 공직기강과 사회 안정 확립, 서민생활 보호 및 공무원단체 불법집단행동에 대해 엄정 대처할 것을 요구하는 서한을 보냈으며, 같은 달 30일에는 시 · 도 자치행정국장들을 상대로 쟁의행위 찬반투표 단계를 원천봉쇄하는 등 소속 공무원에 대한 복무관리를 철저히 하여 줄 것을 당부하였다.

피고 광역시장은 2004년 11월 1일 관할 구 · 군 부단체장들과 불법집단행동 가담자의 신속한 징계처리, 징계 및 사법처리를 위한 채증활동 강화를 내용으로 하는 전공노 파업 대비 대책회의를 개최하였고, 정부가 같은 달 4일 행정자치부장관 및 법무부장관 공동 명의로 "총파업과 관련하여 찬반투표를 포함한 일체의 집단행동은 공무원법상 형사처벌의 대상이 되는 범죄행위로 이를 주동한 공무원은 공직에서 배제하고, 이에 가담한 공무원에 대해서도 전원 엄중 문책하는 한편 형사처벌 또한 철저히 병행해 나갈 것이니, 국민들의 이해와 협조를 바란다"는 내용의 대국민 담화문을 발표하자, 피고는 같은 달 6일부터 각급 관공서, 공공기관 민원실 등을 비롯한 인구밀집지역에 위 대국민 담화문 750부를 게시하였다.

---

* 서강대학교 법학전문대학원 교수.

그 후 피고는 2004년 11월 9일 전공노의 총파업 투쟁 결의와 관련하여 특별복무감찰계획을 수립하여 위법자에 대하여 징계업무 처리지침에 의거하여 징계할 것이라는 내용의 공문과 같은 달 6일자 행정자치부의 '전공노 파업참가자에 대한 징계업무처리지침'을 관할 구 · 군에 시달하였고, 같은 달 10일에는 집단행위와 관련한 무단결근 등 직장이탈행위자는 즉시 징계할 계획이고, 상경 집회 및 파업 등 차단, 집단행위 관련 연가 · 병가 · 외출 등을 허가하지 말 것을 관할 구 · 군에 지시하였으며, 같은 달 12일에는 '전공노 총파업 관련 징계혐의자 조치 추가지침'을 관할 구 · 군에 시달하였다.

그러나 전공노는 2004년 11월 15일 총파업을 강행하였다가 같은 달 17일 총파업을 자진 철회하였는데, 당시 전국에서 파업에 참가한 공무원은 총 2,520명으로 파악되었고, 그 중 당해 광역시 소속 공무원은 동구 312명, 북구 213명 등 총 1,152명에 이르렀으며, 당해 광역시 북구청에 근무하는 7급 공무원 소외 1, 2, 3, 9급 공무원 소외 4, 5, 6은 위 파업에 참가하였다.

이에 피고는 2004년 11월 15일 전공노의 총파업에 참여하여 복귀명령에 응하지 아니한 직원(중징계 대상)에 대하여 직위해제 조치하고 조속한 시일 내에 징계의결을 요구하라고 관할 구 · 군에 지시하였는데, 원고가 이에 응하지 아니하자 같은 달 24일에 다시 같은 달 26일까지 징계의결 요구를 할 것을 촉구하였다.

그러나 원고 구청장은 파업에 참가한 공무원들에 대하여 관할 인사위원회에 징계의결 요구를 하지 않았고, 이에 대하여 실무자들이 전원 중징계 의결요구를 하여야 한다는 내용을 기안하여 결재를 올리자 이를 결재하지 않은 채 방치하였다. 이에 피고는 2004년 12월 13일 원고에게 조속한 징계처리 이행을 재 촉구하였고, 그럼에도 불구하고 원고가 이에 응하지 아니하자, 같은 달 27일 당시 당해 광역시 북구청장이었던 A를 직무유기죄로 고발하였다.

한편, 원고는 2005년 2월 3일 전공노의 2004년 11월 15일자 파업에 참가한 공무원인 7급 공무원 소외 1, 2, 3을 6급 공무원으로, 9급 공무원 5, 6을 8급 공무원으로 각 승진임용 발령하였다.

그러자 피고는 2005년 3월 2일 1차로 원고에게 이 사건 승진처분을 취소하도록 지시하였고, 같은 해 4월 6일 및 같은 해 5월 6일에도 다시 같은 내용의 지시를 하였으나, 원고는 이 지시에 따르지 않았다. 이에 피고는 2005년 6월 7일 이 사건 공무원들의 행위는 지방공무원법 제58조의 집단행위금지의무 위반, 제49조의 복종의무 위반, 제50조의 직장이탈금지의무 위반 등의 사유에 해당하므로 지방공무원법 제69조, 지방공무원 징계 및 소청규정 제2조에 의하여 징계의결 요구되어야 함에도 원고가 이를 이행하지 않은 채 오히려 징계의결요구 대상자들을 승진임용 발령한 것은 원고의 재량권의 범위를 일탈하였고, 관계 법령을 위반하여 징계의결 요구를 하지 않음으로써 지방공무원 임용령 제34조의 승진임용 제한요건이 발생되지 않게 하여 승진임용 한 것은 위법을 기초로 한 무효행위에 해당한다는 이유로 지방자치법 제157조 제1항(현행 지방자치법 제169조 제1항, 이하 같음)에 의하여 이 사건 승진처분을 취소하였다.

이에 대하여 원고가 승진처분취소처분의 취소를 구하는 소송을 제기하였다.

2. 소송경과

이 사안의 소송은 현행 지방자치법 제169조의 위법 · 부당한 명령 · 처분의 시정에 관련된 기관소송 사건이다. 이 조문에서는 "① 지방자치단체의 사무에 관한 그 장의 명령이나 처분이 법령에 위반되거나 현저히 부당하여 공익을 해친다고 인정되면 시 · 도에 대하여는 주무부장관이, 시 · 군 및 자치구에 대하여는 시 · 도지사가 기간을 정하여 서면으로 시정할 것을 명하고, 그 기간에 이행하지 아니하면 이를 취소하거나 정지할 수 있다. 이 경우 자치사무에 관한 명령이나 처분에 대하여는 법령을 위반하는 것에 한한다. ② 지방자치단체의 장은 제1항에 따른 자치사무에 관한 명령이나 처분의 취소 또는 정지에 대하여 이의가 있으면 그 취소처분 또는 정지처분을 통보받은 날부터 15일 이내에 대법원에 소를 제기할 수 있다"고 규정하고 있다. 즉, 이 사건은 대법원이 1심이자 종심에 해당하는 사건이다.

3. 판결요지

(1) 자치사무의 감독권으로서의 법령위반에 재량권의 일탈남용이 포함되는가?

지방자치법 제157조(현행 제169조) 제1항 전문은 "지방자치단체의 사무에 관한 그 장의 명령이나 처분이 법령에 위반되거나 현저히 부당하여 공익을 해한다고 인정될 때에는 시 · 도에 대하여는 주무부장관이, 시 · 군 및 자치구에 대하여는 시 · 도지사가 기간을 정하여 서면으로 시정을 명하고 그 기간 내에 이행하지 아니할 때에는 이를 취소하거나 정지할 수 있다"고 규정하고 있고, 같은 항 후문은 "이 경우 자치사무에 관한 명령이나 처분에 있어서는 법령에 위반하는 것에 한한다"고 규정하고 있는바, 지방자치법 제157조 제1항 전문 및 후문에서 규정하고 있는 지방자치단체의 사무에 관한 그 장의 명령이나 처분이 법령에 위반되는 경우라 함은 명령이나 처분이 현저히 부당하여 공익을 해하는 경우, 즉 합목적성을 현저히 결하는 경우와 대비되는 개념으로, 시 · 군 · 구의 장의 사무의 집행이 명시적인 법령의 규정을 구체적으로 위반한 경우뿐만 아니라 그러한 사무의 집행이 재량권을 일탈 · 남용하여 위법하게 되는 경우를 포함한다고 할 것이므로, 시 · 군 · 구의 장의 자치사무의 일종인 당해 지방자치단체 소속 공무원에 대한 승진처분이 재량권을 일탈 · 남용하여 위법하게 된 경우 시 · 도지사는 지방자치법 제157조 제1항 후문에 따라 그에 대한 시정명령이나 취소 또는 정지를 할 수 있다.

(2) 징계의결요구 불이행이 바로 재량권의 일탈남용의 사유가 되는가?

지방공무원법에서 정한 공무원의 집단행위금지의무 등에 위반하여 전국공무원노동조합의 불법 총파업에 참가한 지방자치단체 소속 공무원들의 행위는 임용권자의 징계의결요구 의무가 인정될 정도의 징계사유에 해당함이 명백하므로, 임용권자인 하급 지방자치단체장으로서는 위 공무원들에 대하여 지체 없이 관할 인사위원회에 징계의결의 요구를 하여야 함에도 불구하고 상급 지방자치단체장의 여러 차례에 걸친 징계의결요구 지시를 이행하지 않고 오히려 그들을 승진 임용시키기에 이른 경우, 하급 지방자치단체장의 위 승진처분은 법률이 임용권자에게 부여한 승진임용에 관한 재량권의 범위를 현저하게 일탈한 것으로서 위법한 처분이라 할 것이다. 따라서 상급 지방자치단체장이 하급 지방자치단체장에게 기간을 정하여 그 시정을 명하였음에도 이를 이행하지 아니하자 지방자치법 제157조 제1항에 따라 위 승진처분을 취소한 것은 적법하고, 그 취소권 행사에 재량권 일탈 · 남용의 위법이 있다고 할 수 없다.

Ⅱ. 평 석

1. 쟁점정리

이 사안은 지방자치단체에 대한 국가 등 감독권의 한계에 관한 문제와 관련하여 다음의 두 가지 쟁점이 다투어진 사안이다.

(1) 자치사무의 감독권으로서의 법령위반에 재량권의 일탈남용이 포함되는가?

(2) 징계의결요구 불이행이 바로 재량권의 일탈남용의 사유가 되는가?

2. 관련판례

(1) 개 요

대상판결에서는 시정명령에 이은 취소처분의 적법성이 다투어졌다. 이와 별도로 북구청장이 관계 공무원에 대하여 징계의결요구를 즉시 하지 않은 행위가 형법상의 직무유기죄에 해당되는지 여부에 관하여 형사소송이 제기되었다(대법원 2007. 7. 12. 선고 2006도1390 판결).

(2) 판결결과

대법원은 "지방공무원 징계 및 소청규정 제2조 제1항, 제6항에서 임용권자는 징계사유에 대한 충분한 조사를 한 후 소속공무원에게 징계사유가 있다고 인정될 때에는 "지체 없이" 관할 인사위원회에 징계의결을 요구하여야 한다고 규정한 취지에 비추어 볼 때, 임용권자는 징계사유가 발생하면 이에 대한 충분한 조사를 한 다음, 특별한 사정이 없는 한 지체 없이 징계의결요구를 할 직무상 의무가 있다"고 하였다.

이어서 "… 지방자치단체장인 피고인으로서는 당시 징계에 관한 행정자치부의 지침에 다소 과한 측면이 있다고 보고 지방자치단체장으로서 소속 직원의 절반이 넘는 파업참가 공무원 전원에 대하여 징계의결 요구를 할 경우 발생할 혼란과 그에 따른 부작용을 우려하였다는 것이고, 나아가 위 파업 참가 행위가 동일사건에 해당하지 아니한다고 평가할 여지가 있다고 판단하고 나름대로 사안의 경중을 가려 가담 정도가 중한 일부 대상자에 대하여는 북구 인사위원회에 징계의결 요구를 하고 가담 정도가 가벼운 나머지 대상자에 대하여는 훈계처분을 하도록 지시한 이상, 피고인의 위와 같은 직무집행행위가 위법하게 평가되는 것은 별론으로 하고 직장의 무단이탈이나 직무의 의식적인 포기에 준하는 것으로 평가할 수는 없을 뿐 아니라, 적어도 피고인으로서는 자신이 취한 일련의 조치가 직책에 따른 정당한 직무 수행 방식이라고 믿었던 것으로 볼 수가 있다"고 하면서 직무유기죄는 성립하지 않는 것으로 결정하였다.

3. 판결의 검토

(1) 서 론

지방자치단체에 대한 국가의 관여는 지방자치단체와 국가를 연결하는 중요한 고리 가운데 하나이다(김철용, 78면). 또한 국가의 감독은 지방자치단체의 사무집행이 국가법의 통일성을 보장하는 통로로서의 기능을 한다. 국가가 지방자치단체를 감독하는 목적은 사안마다 다르겠지만 그 목적은 일반적으로 다음의 세 가지로 요약할 수 있다. 첫째로는 국민의 권익을 보호하기 위한 것이다. 둘째로는 지방정부에서 존중되지 못한 지방주민의 이익을 보호하기 위한 것이다. 셋째로는 지방의 이익과 국가의 이익이 서로 갈등하는 경우에 더 넓은 관점에서 이들을 서로 조정하기 위함이다. 이 밖에도 지방행정의 적법성보장과 합목적성의 보장이 국가감독의 주된 목적이다.

대상판결은 자치사무에 대한 국가 등 감독권의 한계에 관한 내용을 담고 있다. 이 판결에 의하여 종래 제기되어 온 자치사무에 대한 국가통제의 방법에 관한 의문점이 많이 해결되었다. 그럼에도 불구하고 동시에 국가감독권의 행사방법과 그 한계에 관한 새로운 논의를 불러일으키는 계기가 되었다.

(2) 자치사무의 감독권으로서의 법령위반에 재량권의 일탈남용이 포함되는가?

지방자치법 제169조(판결에서의 지방자치법 제157조)에서 규정하는 감독기관의 취소권과 관련하여 여기에 재량권의 일탈남용이 포함되는지의 여부가 첫 번째의 쟁점이다.

다수의견은 이에 대하여 긍정적인 판단을 하였다. 즉, 법령의 위반에는 재량의 일탈남용이 포함된다고 하였다. 이에 대하여 반대의견은 여기서의 법령위반은 현저히 부당하여 공익을 해하는 때와 대비적인 개념으로 사용되었고, 현저히 부당하여 공익을 위반하는 경우가 바로 재량권의 일탈남용이 있다고 보는 경우가 일반적이므로 법령위반에는 재량권의 일탈남용이 포함되지 않는다고 하였다.

법정의견은 소속 지방공무원에 대한 지방자치단체장의 승진처분은 재량사무이지만 그 재량의 일탈남용이 있는 경우에는 위법이라고 하고 있다. 일탈남용의 사유는 쟁점 2의 법정의견과 같이 "인사위원회에 징계의결의 요구를 하여야 함에도 불구하고 상급 지방자치단체장의 여러 차례에 걸친 징계의결요구 지시를 이행하지 않고 오히려 그들을 승진 임용시키기에 이른 경우"에는 일탈남용이 있고, 이는 위법이라고 하였다. 즉, 징계의결요구의 무시 → 재량권의 일탈남용 → 위법이라는 구조를 취한다.

그런데 그 순서는 오히려 법의 규정에 의한 징계의결의 무시 → 위법 → 재량권의 일탈남용이라고 해야 옳을 것이다. 재량권에 해당하는 처분이라고 하여도 그 재량권의 행사가 법령에 위반한 경우에는 일탈남용이 있기 때문에 위법하게 되는 것이지, 일탈남용이 있기 때문에 위법하게 되는 것은 아니다. 다시 말하면 재량권을 행사함에 있어서 실정 법조문 또는 비례, 평등, 부당결부금지 등의 행정법의 일반원칙에 위반되었을 때 이를 재량권의 일탈 남용이라고 할 수 있는 것이고, 막연히 재량권이 남용되었으니 위법하다고 하는 판단은 잘못된 것이다. 법령의 위반의 근거가 되는 법령에는 실정법 조문만이 아니고 행정법의 일반원칙까지 포함하여 이를 구체적으로 먼저 밝혀야 한다.

법정의견은 지방자치법 제169조의 규정과 달리 법령의 위반에 해당하는 구체적인 근거를 밝히지 못하고 있다. 즉, 어느 법령 혹은 행정법의 일반원칙에 위반하는지 밝히지 않고 다만 "시 · 군 · 구의 장의 사무의 집행이 명시적인 법령의 규정을 구체적으로 위반한 경우뿐만 아니라 그러한 사무의 집행이 재량권을 일탈 · 남용하여 위법하게 되는 경우를 포함한다"고 하였다.

지방자치법 제169조의 내용과는 별개로 행정소송법 제27조를 중심으로 그 취소여부에 관하여 판단한다면 법령의 위반을 따지지 않고 재량권의 일탈남용이 존재하는지의 여부만을 따지면 된다. 그런데 이 사안에서는 지방자치법 제169조의 규정에 의하여 지방자치단체장이 행한 처분을 국가 등이 감독권의 행사 차원에서 행한 시정조치의 취소를 판단하므로 그 판단구조가 반드시 행정소송법의 그것과 같다고 할 수는 없다. 따라서 통상의 항고소송과는 달리 그 판단의 범위를 '법령의 위반'에 한정하여야 하며, 법령의 위반여부는 실정법과 행정법의 일반원칙을 기준으로 결정하여야 한다. 이를 재량권의 일탈남용에 관한 판단으로 대체하는 경우에 국가 등의 지방자치에 대한 과도한 개입을 피할 수 없게 된다.

또한 이 사안에서 당해 사무의 내용을 재량의 문제라고 판단한 것은 속단이 아닌가 한다. 즉, 자치사무=재량이라는 등식은 성립하기 어렵다. 승진요건에 관한 판단이 지방자치단체장의 권한 범위 내에 있다고 하여도 그 판단이 전적으로 장의 임의적인 판단에 맡겨져 있는 것은 아니며, 관계 법령의 틀 내에서 행하여져야 한다. 즉, 승진의 요건에 관한 규정이 불확정적 개념이라고 해서 그것이 곧 재량의 대상은 아니며, 관련규정의 해석은 불확정 법 개념의 의미를 명확히 하는 일이자 곧 법적 판단의 문제라고 볼 수 있다. 다만 법원으로서는 행정청의 판단을 존중하여 그것이 숙고 끝에 내려진 것이라면 이를 자신의 판단으로 변경하지 않을 따름이다.

반대의견의 보충의견은 법령의 위반에는 재량권행사의 일탈남용도 포함되는 것이지만 자치사무의 통제범위와 관련해서는 그 범위를 '형식적인' 법령의 위반으로 하자고 제안하였다. 자치사무에 대한 국가 관여의 범위를 줄이려는 시도로 생각되지만 첫째로, 이 역시 자치사무와 재량사무를 혼동할 여지가 있고, 둘째로 형식적인 법령의 위반을 '실질적인' 법령의 위반과 차별할 수 있는 법적인 기준과 근거가 어디에 있는지 의문이다. 오히려 자치사무에 대해서는 모든 법령의 위반에 대해서 행정적 감독방법을 달리하는 것이 더욱 분명한 해결책일 것이다. 그렇다고 하여 자치사무가 완전히 국가의 감독에서 제외되는 것은 아니며 여전히 항고소송 제기나 주민소송 등에 의하여 사법적 감독 아래에 놓일 수 있다.

(3) 징계의결요구 불이행이 바로 재량권의 일탈남용의 사유가 되는가?

징계의결은 징계사유가 발생하면 이를 요구하여야 한다. 그럼에도 원고는 이를 하지 않았을 뿐만이 아니라 피고의 징계의결요구를 수차례 무시하였다. 이는 분명 위법한 조치(부작위)이다. 그런데 징계의결요구 불이행으로부터 승진처분의 위법성(재량권의 일탈남용)은 직접적으로 도출되지 않는다. 만일 징계의결의 요구가 있었다면, 관계 공무원은 지방공무원 임용령에 의하여 승진대상이 될 수 없는데, 징계의결을 하여야 하는 공무원에 대하여 징계의결을 하기는커녕 오히려 승진시켰다라고 하는 것이 재량권의 일탈남용으로 보게 되는 계기이다.

반대의견은 징계의결 요구 불이행이 바로 재량권의 일탈남용이 되는 것은 아니고 승진임용 대상자에 대한 승진요건 해당여부를 종합적으로 판단하여야 한다고 보았다. 법정의견은 징계의결요구 불이행이 바로 재량권의 일탈남용이라고 하였으나, 보충의견에서는 다수의견이 여러 사정들을 종합적으로 판단하여 재량권의 일탈남용이 있었다고 인정한 것이라 하였다.

법정의견 보충의견의 판단방법이 올바른 것이라고 생각된다. 그런데 보충의견에서도 파업에 참여한 것 이외에 소외 공무원의 어떤 점이 승진의 요건에 부족했는지 명시적으로 밝히지 않고 있다. 여기에 관해서는 승진처분의 위법성을 입증하여야 하는지 아니면 승진처분 취소처분의 위법성을 입증하여야 하는지 복잡한 문제가 발생한다. 그에 관한 상세한 논의는 생략한다. 다만 감독청이 승진처분을 취소하고 이에 대하여 처분청이 다투도록 한 것은 지방자치권 보장의 한계를 노정함을 미리 지적하여 두기로 한다.

4. 판결의 의미와 전망

대상판결은 지방자치 문제에 대한 국가 등 관여의 한계를 잘 보여주는 의미 있는 내용을 담고 있다. 현행의 입법과 법 해석론을 기준으로 할 때 법정의견은 논리적인 판단을 하고 있다. 한편 반대의견은 입법의 내용 및 법해석상의 차이 그리고 지방자치권의 보장이라는 목적 아래서 국가 통제의 범위를 줄이기 위한 노력을 하였다.

지방자치법 제169조의 해석과 관련하여 법정의견은 나름대로 명쾌한 결론을 내렸지만 이와 같은 법해석을 하는 경우에 필연적으로는 지방자치에 대한 국가개입의 여지가 넓어지고 따라서 지방자치가 크게 위축될 것이다. 앞으로 지방자치법의 개정을 통한 사무의 재배분과 통제범위의 조정을 통하여 개선될 수 있기를 기대한다.

〈관련 참고문헌〉

김남진, “국가의 권한과 지방자치단체의 권한”, 고시계, 국가고시학회, 1996. 5.

김철용, “지방자치단체에 대한 국가의 관여”, 공법연구 제18집, 한국공법학회, 1990.

이기우, “지방자치단체에 대한 국가의 감독”, 공법연구 제20집, 한국공법학회, 1992.

임영호, “지방자치단체의 자치사무에 대한 감독권 행사의 요건”, 사법창간호, 2007. 9.

鹽野 宏, “地方公共團體に對する國家關與の法律問題(2)”, 國家學會雜誌 제79호 9 · 10호, 1996.

109. 교사임용거부행위의 처분성

—대법원 2005. 4. 15. 선고 2004두11626 판결—

조 용 호*

Ⅰ. 판례개요

1. 사실관계

원고 및 선정자들(이하 '원고 등'이라 한다)은 피고(경기도교육감)가 관할하는 경기도의 각 초등학교 병설유치원에 임시강사로 채용되어 3년 이상 근무하여 온 자들로서, 피고에게 교육공무원법 제12조 제1항 및 교육공무원임용령 제9조의2에 따라 특별채용 형식으로 유치원 교사로 임용하여줄 것을 신청하였다.

이에 대하여, 피고는 2002. 11. 14. "교사의 신규임용은 교육공무원법 제11조 및 교육공무원임용령 제9조에 따라 원칙적으로 공개전형에 의하여야 하는 것이고, 교육공무원법 제12조의 특별채용에 의하여 교사를 신규 임용할 수 있다고 하나 이는 일반공개경쟁채용 원칙의 예외로서 일반공개경쟁채용으로는 교사의 적기 수급을 기하기 어려운 특수한 사정이 있는 경우와 일반공개경쟁채용 못지 않게 우수한 교직 적격자를 선정 임용할 수 있는 경우를 고려하여 설정한 제도이므로 극히 제한적으로 운영되어야 하며, 원고 등과 같은 임시강사는 공개채용절차를 거치지 않은 채 각 초등학교 학교장이 1년의 계약기간을 정하여 임용하면서 정규 교사 배치시 해임되는 조건으로 임용하였으므로 전임강사와 같이 특별채용을 요구하는 것은 무리이며, 일반 공개임용후보자경쟁시험 응시생들의 입장을 고려할 때 임시강사의 특별채용은 법적으로나 현실적으로 불가능하다."는 이유로 원고 등의 위 신청을 거부하였다(이하 '이 사건 거부행위'라 한다).

---

* 서울남부지방법원장.

2. 소송의 경과

원고 등은 피고를 상대로 이 사건 거부행위의 취소를 구하는 소송을 제기하였는바, 수원지방법원 2003. 9. 24. 선고 2002구합5086 판결은 "교사 임용권자인 피고에게 원고 등을 특별채용하여 유치원 교사로 임용하여 줄 의무가 있다거나 이에 대응하여 원고 등이 피고에게 유치원 교사로 임용하여 달라고 신청할 법규상의 권리가 없고, 따라서 이 사건 거부행위는 항고소송의 대상이 되는 행정처분이라고 할 수 없고, 행정처분이 아닌 이 사건 거부행위의 취소를 구하는 이 사건 소는 부적법하다."는 이유로 소를 각하하였고, 서울고등법원 2004. 9. 22. 선고 2003누18301 판결과 대법원 2005. 4. 15. 선고 2004두11626 판결은 원고 등의 항소와 상고를 각 기각하였다.

3. 대상판결의 요지

행정청이 국민의 신청에 대하여 한 거부행위가 항고소송의 대상이 되는 행정처분에 해당하려면, 행정청의 행위를 요구할 법규상 또는 조리상의 신청권이 그 국민에게 있어야 하고, 이러한 신청권의 근거 없이 한 국민의 신청을 행정청이 받아들이지 아니한 경우에는 그 거부로 인하여 신청인의 권리나 법적 이익에 어떤 영향을 주는 것이 아니므로 이를 항고소송의 대상이 되는 행정처분이라고 할 수 없다.

그런데 교사에 대한 임용권자가 교육공무원법 제12조에 따라 임용지원자를 특별채용할 것인지 여부는 임용권자의 판단에 따른 재량에 속하는 것이고, 임용권자가 임용지원자의 임용 신청에 기속을 받아 그를 특별채용하여야 할 의무는 없으며 임용지원자로서도 자신의 임용을 요구할 법규상 또는 조리상 권리가 있다고 할 수 없다.

이 사건에 있어, 원고 등이 피고가 관할하는 경기도의 각 초등학교 병설유치원에 임시강사로 채용되어 3년 이상 근무하여 온 자들로서 정교사 자격증을 가지고 있어 교육공무원법 제12조 및 교육공무원임용령 제9조의2 제2호의 규정에 의한 특별채용 대상자로서의 자격을 갖추고 있고, 원고 등과 유사한 지위에 있는 전임강사에 대하여는 피고가 정규교사로 특별채용한 전례가 있다 하더라도 그러한 사정만으로 임용지원자에 불과한 원고 등에게 피고에 대하여 교사로의 특별채용을 요구할 법규상 또는 조리상의 권리가 있다고 할 수는 없으므로, 피고가 원고 등의 특별채용 신청을 거부하였다고 하여도 그 거부로 인하여 원고 등의 권리나 법적 이익에 어떤 영향을 주는 것이 아니어서 그 거부행위가 항고소송의 대상이 되는 행정처분에 해당한다고 할 수 없다.

Ⅱ. 평　　석

1. 쟁점 정리

이 사건은 공립초등학교 병설유치원의 임시강사가 유치원 교사 임용권자에 대하여 유치원 교사로서의 특별채용을 요구할 권리(신청권)가 있는지가 문제되는 사안이다. 대상판결의 사안처럼 공립학교 교사로서의 임용신청권과 관련한 사건은 많지 않고, 판례에 나타난 사안들의 대부분은 국공립대학의 교원이 임용권자에게 임용신청권이 있는지가 문제된 경우였다. 공립학교 병설 유치원 교사이든 국공립대학 교원이든 그 법적 성질에 있어서 큰 차이가 있다고 보이지 않고, 대학이나 유치원을 포함한 국공립학교 교원 내지 교사로서의 임용신청권 여부라는 점에서는 쟁점을 같이 한다고 보이므로 많은 판례가 축적되어 있는 국공립대학의 교원 임용신청권을 중심으로 검토하면서 말미에 대상판결에 대한 평가를 하기로 한다.

2. 거부처분과 신청권

(1) 거부처분의 의의

거부처분이란 개인이 행정청에 대하여 공권력을 행사하여 줄 것을 신청한 경우에 그 신청에 따르는 공권력행사를 거부하는 것을 내용으로 하는 소극적 행정처분이다. 판례도, 거부처분을 "행정청이 국민의 어떤 신청을 받고서 그 신청에 따르는 내용의 행위를 하여 그에 대한 만족을 주지 아니하고 형식적 요건의 불비로 그 신청을 각하하거나 또는 이유가 없다고 하여 신청된 내용의 행위를 하지 않을 뜻을 표시하는 행위를 말한다"고 한다(대법원 1984. 10. 23. 선고 84누227 판결 등). 거부처분은 현재의 법률상태에 아무런 변동을 가져오지 않는 소극적 내용의 것이기는 하나, 부작위와는 달리 외관상 행정청의 일정한 처분이 있는 것이다.

행정소송법은 행정소송의 대상인 '처분'으로 행정청의 공권력행사의 거부를 들고 있는바(제2조 제1항 제1호), 이는 곧 거부처분을 뜻하는 것이다. 처분의 개념에 관하여 아무런 정의규정이 없던 구 행정소송법 아래에서 판례로 거부처분의 처분성을 인정하여 오다가(대법원 1961. 5. 1. 선고 4292행상55 판결, 대법원 1978. 9. 12. 선고 78누208 판결 등), 행정소송법이 개정되면서 이를 명문화한 것이다.

국민의 신청에 대하여 행정청이 거부를 하더라도 형식상은 신청 전의 법률상태가 계속되기 때문에 신청인의 법적 지위에 아무런 변동이 없다고도 할 수 있다. 그러나 신청인에게 법규상 또는 조리상 어떠한 행정행위를 하여 줄 것을 요구할 권리(신청권)가 있을 경우에는 그에 대한 거부행위로 인하여 법령에 규정된 신청인의 신청권을 침해하거나 신청의 실체에 관하여 적법여부의 판단이 내려져 신청인으로서는 동일한 조건하에서 자기가 의도한 처분을 받을 수 없는 등 불이익을 받기 때문에, 결국 거부처분은 신청인의 권리나 법적 이익에 영향을 주는 법률효과를 발생한다고 봄으로써 행정처분이 된다고 설명하여 오고 있다(대법원 1984. 10. 23. 선고 84누227 판결). 즉, 판례는 거부처분의 처분성을 신청권의 침해라는 법적 효과에서 구하고 있다. 따라서 신청권이 없는 신청에 대한 거부는 행정처분이 아니다.

국민의 일정한 행정처분을 구하는 신청에 대하여 행정청의 응답으로서는 신청의 불수리, 수리, 반려, 각하, 기각(불허가 · 불인가), 인용(허가 · 인가 · 확인) 등이 있고, 또 신청에 대하여 어떠한 응답이 없음으로써 그것이 거부처분으로 보일 때도 있다. 또 위 신청에도 법령에 기한 것과 그렇지 않은 것, 신청에 대한 행정청의 응답도 법률상 응답하여야 할 의무가 있을 때와 단순히 행정청의 직권발동을 촉구하는 것에 불과한 경우와 같이 응답의 의무가 없을 때가 있다. 따라서 그때마다 구체적으로 거부처분의 처분성이 검토되어야 할 것인바, 적어도 신청인의 신청에 대한 행정청의 거부가 항고소송의 대상이 되는 처분으로 되기 위해서는, ① 신청한 행위가 공권력의 행사이어야 하고, ② 신청인의 법률관계에 영향을 미치는 행위이어야 하며, ③ 신청인에게 그러한 신청을 할 권리가 있어야 한다. 판례도, 행정청이 국민으로부터 어떤 신청을 받고도 그 신청에 따르는 내용의 행위를 함이 없이 신청을 반려한 행위가 항고소송의 대상인 거부처분이 되기 위해서는 국민이 행정청에 대하여 그 신청에 따른 행정행위를 해 줄 것을 요구할 수 있는 법규상 또는 조리상의 권리가 있어야 하며, 그러한 신청권에 기하지 아니한 국민의 신청을 행정청이 받아들이지 아니하였다 하여 신청인의 권리나 법적 이익에 어떤 영향을 주는 것은 아니므로 이를 거부처분이라 할 수 없다고 한다(대법원 1984. 10. 23. 선고 84누227 판결, 대법원 1988. 2. 23. 선고 87누438 판결, 대법원 1989. 10. 24. 선고 89누725 판결, 대법원 1989. 12. 12. 선고 89누5348 판결, 대법원 1990. 9. 28. 선고 89누8101 판결 등).

그리고, 처분성 인정요건인 신청권에서의 '권리'는 공권의 일종으로서 종래의 전통적인 의미에서의 권리에 한정되는 것이 아니라 반사적 이익을 넘어서는 법적 이익을 말한다는 점에서 행정소송법 제12조에서 규정하고 있는 법률상 이익과 같은 개념으로 보아야 한다.

행정청의 부작위상태를 소멸시키는 행정청으로부터의 일정한 처분, 특히 거부처분이 있었다고 하기 위해서는 그 처분을 위한 의사결정이 어떠한 형식으로든 행정청의 권한 있는 자에 의하여 외부로 표시되고 그 신청이 거부 내지 각하되었다는 취지가 신청인에게 오해 없이 정확하게 전달되어 이를 알 수 있는 상태에 놓인 경우에 한한다(대법원 1990. 9. 25. 선고 89누4758 판결).

(2) 신청권과 거부처분의 유형

신청권은 절차적 신청권과 실체적 신청권으로 나누어 볼 수 있다. 전자는 행정청에 대하여 실체적 판단을 받을 권리로서 이것을 거부하는 처분은 절차적 거부처분이 되고, 이러한 절차적 거부까지 없다면 행정청의 부작위가 된다. 후자는 신청내용을 인용하여 허가 · 인가 등을 받을 권리로서, 그 내용은 수익권을 설정하는 것이거나 자유권을 회복하는 것이 될 것인데, 이에 대한 거부는 실체적 거부처분이 된다.

절차적 거부처분은 신청내용의 당부를 판단하지 않고 신청절차 · 형식의 불비 등 신청 자체의 부적법을 이유로 거부하는 처분이며, 불수리 · 각하 · 반려 등이 이에 속한다. 국민이 법규에 기해 신청을 했음에도 불구하고 행정청이 그 절차, 형식의 불비를 이유로 신청의 불수리 · 각하 · 반려를 한 경우 그것이 보정명령의 실체를 가진 경우를 제외하고는 원칙적으로 신청인의 행정절차상의 권리 내지 법률상 지위에 변동을 미친다는 점에서 처분성이 인정된다.

실체적 거부처분은 수리된 신청에 대하여 행정청이 실체적 요건을 판단하여 그 요건을 결하였다고 하여 불허가 · 불인가 등 소위 기각처분을 하는 것을 말한다. 법률상 일정 기간 내에 처분을 할 취지를 정한 경우에 그 기간 내에 처분을 하지 않을 때에도 실체적 거부처분이 있는 것으로 볼 수 있다.

법령상 · 해석상(조리상) 신청인에게 어떠한 신청권도 인정되지 않고 행정청에게도 응답의무가 없는 경우에는 절차적 거부처분 또는 실체적 거부처분이 행해져도 위법의 문제는 발생하지 않고 신청자에게 어떠한 법적 효과를 미치는 것은 아니기 때문에 행정처분에 해당하지 않는다.

(3) 판례에 나타난 신청권의 구체적 사례

대법원에서 조리상 신청권을 인정한 사안으로는, 검사 임용거부행위(대법원 1991. 2. 12. 선고 90누5825 판결), 공유재산의 관리청이 행정재산의 사용 · 수익에 대한 허가신청을 거부한 행위(대법원 1998. 2. 27. 선고 97누1105 판결), 공사중지명령의 해제신청을 거부한 행위(대법원 1997. 12. 26. 선고 96누17745 판결), 환지된 토지 소유자의 환지등기촉탁신청에 대한 거부행위(대법원 2000. 12. 22. 99두11349 판결, 대법원 2000. 12. 22. 선고 98두18824 판결) 등이 있다. 그 외 대법원은 택지개발촉진법에 따른 사업시행을 위하여 토지 등을 제공한 자에 대한 이주대책을 세우는 경우 위 이주대책은 공공사업에 협력한 자에게 특별공급의 기회를 요구할 수 있는 법적인 이익을 부여하고 있는 것이므로 그들에게는 특별공급신청권이 인정되며, 따라서 사업시행자가 위 조항에 해당함을 이유로 특별분양을 요구하는 자에게 이를 거부하는 행위는 비록 이를 민원회신이라는 형식을 통하였더라도, 항고소송의 대상이 되는 거부처분이라고 하였다(대법원 1999. 8. 20. 선고 98두17043 판결).

또한 대법원은 문화재보호법상의 도지정문화재 지정처분에 대하여 특정 개인에게 그 지정처분의 취소 또는 해제를 구할 조리상 신청권이 없으나(대법원 2001. 9. 28. 선고 99두8565 판결), 문화재보호구역 내에 있는 토지소유자 등으로서는 위 보호구역의 지정해제를 요구할 수 있는 법규상 또는 조리상의 신청권이 있다고 하였다(대법원 2004. 4. 27. 선고 2003두8821 판결).

한편, 대법원은 산림법령에는 채석허가처분을 한 처분청이 산림을 복구한 자에 대하여 복구설계서승인 및 복구준공통보를 한 경우 그 취소신청과 관련하여 아무런 규정을 두고 있지 않고, 원래 행정처분을 한 처분청은 그 처분에 하자가 있는 경우에는 원칙적으로 별도의 법적 근거가 없더라도 스스로 이를 직권으로 취소할 수 있지만, 그와 같이 직권취소를 할 수 있다는 사정만으로 이해관계인에게 처분청에 대하여 그 취소를 요구할 신청권이 부여된 것으로 볼 수는 없으므로, 처분청이 위와 같이 법규상 또는 조리상의 신청권이 없이 한 이해관계인의 복구준공통보 등의 취소신청을 거부하더라도, 그 거부행위는 항고소송의 대상이 되는 처분에 해당하지 않는다고 하였다(대법원 2006. 6. 30. 선고 2004두701 판결).

판례는, 도시계획법상 주민에게 도시계획 및 그 변경에 대하여 어떤 신청을 할 수 있음에 관한 규정이 없을 뿐 아니라 도시계획과 같이 장기성 · 종합성이 요구되는 행정계획에 있어 그 계획이 일단 확정된 후 어떤 사정변경이 있다고 하여 일일이 그 계획의 변경을 청구할 권리도 인정할 수 없다는 이유에서, 지역주민의 도시계획시설결정 변경신청에 대한 거부통지(대법원 1984. 10. 23. 선고 84누227 판결), 도시계획변경신청 거부행위(대법원 1994. 1. 28. 선고 93누22029 판결, 도시계획의 변경을 신청할 조리상의 권리도 없다), 도시계획시설인 공원 조성계획 취소신청의 거부행위(대법원 1989. 10. 24. 선고 89누725 판결), 행정청이 인가된 도시계획사업(도로개설)실시계획의 변경인가를 거부한 행위(대법원 1993. 5. 25. 선고92누2394 판결) 등에 대한 처분성을 부인하였다.

3. 판례에 나타난 교원임용신청권의 존부

(1) 신청권/처분성을 긍정한 사례

○ 대법원 1997. 10. 10. 선고 96누4046 판결 — 새로운 대학 설립자인 광역시의 집행기관인 지방자치단체장이 종전 사립대학 소속 교원의 신분에 대하여 "교육공무원으로의 임용결격사유가 없는 한 전원 교육공무원으로 임용한다."고 약정하였고, 그 후 교육행정의 최고 감독관청인 교육부장관이 위와 같은 약정을 한 지방자치단체장을 개교사무처리 취급 책임자로 임명하였으며, 교육부장관 스스로도 학교법인에 대하여 설립자변경과 관련하여 교원의 신분보장에 문제점이 있으니 이를 보완하도록 지시까지 한 사안에서, 대

학의 설립자변경 과정에서 지방자치단체장과 교육부장관이 차지하는 지위 및 임무 등에 비추어 볼 때, 위 약정과 지시에 의하여 종전 사립대학 소속 교원들은 임용권자에 대하여 조리상 교육공무원으로의 임용을 신청할 권리가 있다고 판단하였다.

○ 대법원 1998. 1. 23. 선고 96누12641 판결 — 전북대학교 사범대학 사회교육과 전임강사로의 임용신청을 하여 서류심사, 전공심사, 면접심사를 통과하고 대학인사위원회로부터 신원조사 결과 결격사유가 없을 것을 조건으로 하여 임용동의까지 받은 원고에 대하여, 국가보안법위반죄로 기소유예 처분을 받았다는 신원조사회보가 도착하자 피고가 원고를 전임강사로 임용하지 아니한 사안에서, 처분성이 인정됨을 전제로 본안판단을 하였다.

○ 대법원 2004. 6. 11. 선고 2001두7053 판결 — 충남대학교 임용규정 등에 의하면 신규임용심사는 자격심사 · 전공적격심사 · 연구실적심사 · 공개강의심사 · 면접심사 등의 5단계로 구분하여 시행되는데, 자연과학대학 생화학과의 신진 및 중간대사 분야 정원 1명의 채용에 지원하여 4단계 공개강의심사까지 거치면서 원고가 유일한 면접심사 대상자로 결정되어 마지막 5단계인 면접심사만을 남겨 두고 있던 중, 심사 결과에 대한 이의서가 제출되자 피고가 원고에 대한 면접심사를 유보하였다가 교원신규채용업무를 중단한 사안에서, 임용지원자가 당해 대학의 교원임용규정 등에 정한 심사단계 중 중요한 대부분의 단계를 통과하여 다수의 임용지원자 중 유일한 면접심사 대상자로 선정되는 등으로 장차 나머지 일부의 심사단계를 거쳐 대학교원으로 임용될 것을 상당한 정도로 기대할 수 있는 지위에 이르렀다면, 그러한 임용지원자는 임용에 관한 법률상 이익을 가진 자로서 임용권자에 대하여 나머지 심사를 공정하게 진행하여 그 심사에서 통과되면 대학교원으로 임용해 줄 것을 신청할 조리상의 권리가 있다고 판단하였다.

○ 대법원 2006. 9. 28. 선고 2004두7818 판결 — 원고가 국립대학 강릉대학교의 총장인 피고의 생명과학대학 환경조경학과 전임교원채용공고에 지원하여 서류심사, 기초심사, 전공심사, 면접심사 등을 거쳐 최고득점을 한 후 교무처 직원으로부터 임용예정자로 통보를 받았으나, 피고로부터 대학 인사위원회에 원고에 대한 임용동의안을 회부하였지만 부결되어 채용할 수 없다는 내용의 임용거부통보를 받은 사안에서, 처분성이 인정됨을 전제로 본안판단을 하였다.

(2) 신청권/처분성을 부정한 사례

○ 대법원 1998. 7. 28. 선고 98두8094 판결 — 대학전임교원공개채용시험 중 정원 1명의 이비인후과 전임교원시험에 응시하여 연구수행능력 심사 등 1차 심사, 전공적부심사 등 2차 심사, 면접심사 등 3차 심사 과정 중 1차 시험에 합격한 후 2차 시험에 응시하여 원고만이 그 공개채용전형지침에 따른 합격자로서의 요건을 갖춘 상태에서, 피고가

2차 시험에서의 전공심사위원회가 한 심사결과가 공정하지 못하다는 이유로 원고에 대하여 2차 시험 합격자의 선정을 유보한다는 통지를 한 후, 이비인후과분야의 전임교원을 임용하지 아니한 사안에서, 원고가 비록 1차시험에 합격하고 2차시험에서 피고가 내부적으로 만들어 놓은 공개채용전형지침에 따른 합격자로서의 요건을 갖추었다고 하더라도 그러한 사정만으로 임용지원자에 불과한 원고에게 피고에 대하여 대학교원으로의 임용을 요구할 권리가 있다고 할 수 없다고 판단하였다.

○ 대법원 2003. 10. 23. 선고 2002두12489 판결 — 전임교원공개채용에 지원하여 그 임용규정 등이 정하는 바에 따라 서류심사위원회, 학과심사위원회, 대학공채인사위원회의 각 심사를 최고득점자로 통과한 상태에서 피고가 교원임용을 거부한다는 통보를 하였는데, 원고가 신규교원으로 임용되기 위해서는 대학교공채조정위원회, 면접심사, 대학인사위원회의 동의 등의 절차가 남아있었던 사안에서, 국 · 공립 대학교원에 대한 임용권자가 임용지원자를 대학교원으로 임용할 것인지 여부는 임용권자의 판단에 따른 자유재량에 속하는 것이어서, 임용지원자로서는 임용권자에게 자신의 임용을 요구할 권리가 없을 뿐 아니라, 임용에 관한 법률상 이익을 가진다고 볼 만한 특별한 사정이 없는 한, 임용 여부에 대한 응답을 신청할 법규상 또는 조리상 권리가 있다고도 할 수 없다는 전제하에, 원고로서는 피고에게 자신의 임용을 요구할 권리가 없을 뿐 아니라 단순한 임용지원자에 불과하여 임용에 관한 법률상 이익을 가진다고도 볼 수 없어, 임용 여부에 대한 응답을 신청할 법규상 또는 조리상 권리도 없다고 판단하였다.

○ 대법원 2005. 4. 15. 선고 2004두11626 판결 — 대상판결의 사안으로서, 교사에 대한 임용권자가 교육공무원법 제12조에 따라 임용지원자를 특별채용할 것인지 여부는 임용권자의 판단에 따른 재량에 속하는 것이고, 임용권자가 임용지원자의 임용 신청에 기속을 받아 그를 특별채용하여야 할 의무는 없으며 임용지원자로서도 자신의 임용을 요구할 법규상 또는 조리상 권리가 있다고 할 수 없다고 판단하였다.

○ 대법원 2007. 4. 26. 선고 2006두11866 판결 — 원고는 피고가 시행한 전북대학교 2002년도 하반기 전임교원 신규채용에서 농업생명과학대학 응용생물공학부에 지원하여 그 당시 시행되던 전북대학교 전임교원 신규채용 지침이 정하는 바에 따라 서류심사를 통과한 후 전공심사에서 5명의 심사위원들의 심사결과에 있어서는 최고득점자로 집계되었으나, 강의대상자를 선발하는 전형심사위원회에서 심사위원들 사이의 의견 불일치로 심사가 중단되었고 최종적으로는 피고에 의하여 교수공채업무가 중단되었던 것이며, 원고가 신규교원으로 임용되기 위해서는 개정된 전북대학교 전임교원 신규채용 지침이 정하는 바에 따라 공개강의 및 세미나심사를 거친 후 대학전형위원회의 심사 또는 전형조정위원회의 재심사를 통과하여 면접대상자로 결정된 다음, 면접심사에 합격하여 임용예

정자로 결정되는 절차 등을 거쳐야 하는 사안에서, 아직 다수의 지원자 중의 1인으로서 공개강의 및 세미나심사를 받을 예정에 있던 자에 불과하고, 강의심사 결과 그 순위가 바뀔 가능성이 있는 원고로서는 그 임용에 관한 법률상 이익을 가진다거나 피고에 대하여 나머지 심사를 공정하게 진행하여 그 심사에서 통과되면 대학교원으로 임용해 줄 것을 신청할 조리상의 권리를 가진다고 보기 어렵다고 판단하였다.

Ⅲ. 대상판결의 의미와 전망

국공립대학의 교원임용거부행위와 관련하여, 대법원은 국공립 대학교원 임용권자가 임용지원자를 대학교원으로 임용할 것인지 여부는 임용권자의 판단에 따른 자유재량에 속하는 것이어서 신규임용지원자는 일반적으로는 임용권자에게 임용 여부에 대한 응답을 신청할 법규상 또는 조리상 권리가 없다고 보고 있다(위 2002두12489 판결과 대상판결). 그러나 검사의 임용 여부는 임용권자의 자유재량에 속하는 사항이나, 임용권자가 동일한 검사신규임용의 기회에 원고를 비롯한 다수의 검사 지원자들로부터 임용 신청을 받아 전형을 거쳐 자체에서 정한 임용기준에 따라 이들 일부만을 선정하여 검사로 임용하는 경우에 있어서 법령상 검사임용 신청 및 그 처리의 제도에 관한 명문 규정이 없다고 하여도 조리상 임용권자는 임용신청자들에게 전형의 결과인 임용 여부의 응답을 해줄 의무가 있다고 할 것이며, 응답할 것인지 여부 조차도 임용권자의 편의재량사항이라고는 할 수 없다는 판례(대법원 1991. 2. 12. 선고 90누5825 판결)에 비추어 보면, 대법원이 교원임용 거부행위의 처분성 인정에 있어서 매우 소극적인 입장을 가지고 있다고 평가할 수 있다.

그런데 다른 사안에서는 국공립대학 교원 관련 신규임용지원자에 대하여 임용신청권을 인정해 주고 있는데, 그 기준이 무엇인지가 문제된다. 이는 위에서 본 판례를 분석함으로써 그 입장을 확인할 수 있을 것인데, 대상판결의 사안인 단순한 신규임용지원자와는 달리 대학측의 임용심사가 상당 정도 이루어진 경우에는 임용신청권을 인정해 주고 있는 것으로 보이는바, 결국 임용신청권의 인정 여부는 대학측의 임용심사가 상당 정도 이루어진 것인지 여부를 기준으로 삼고 있다고 볼 수 있다. 즉, 대법원은 대학교원의 신규채용에 있어서 유일한 면접심사 대상자로 선정된 임용지원자는 임용권자에 대하여 나머지 심사를 공정하게 진행하여 그 심사에서 통과되면 대학교원으로 임용해 줄 것을 신청할 조리상의 권리가 있지만(위 2001두7053 판결), 그와 같은 지위에 이르지 않고 단순히 다수의 임용지원자 중의 하나로서 심사를 받고 있는 정도에 불과하다면 그와 같은 조리상의 권리가 있다고 볼 수는 없어, 그러한 단계에서 교원신규채용업무를 중단한 조치는 항고소송의 대상이 되는 처분 등에 해당하지 아니한다고 함으로써(위 2006두11866 판결) 그 기준을 명백히 하고 있다고 볼 수 있다.

나아가 대법원은 사립대학에서 공립대학으로 설립자변경에 따라 새로운 설립자가 된 지방자치단체장의 종전 교원들에 대한 임용약정과 감독관청인 교육부장관의 교원의 신분보장에 관한 보완지시에 의하여 위 교원들에게 조리상 교육공무원으로의 임용신청권이 인정된다고 하고 있다(위 96누4046 판결).

신규임용신청권과는 다른 측면에서 대법원은 임용기간이 만료된 국공립대학 교수에 대한 재임용과 관련하여, 임용신청권 또는 임용기대권을 인정하지 아니하다가 대법원 2004. 4. 22. 선고 2000두7735 전원합의체 판결(서울대 김민수 교수 사건)에서, 기간제로 임용되어 임용기간이 만료된 국공립대학의 조교수는 교원으로서의 능력과 자질에 관하여 합리적인 기준에 의한 공정한 심사를 받아 위 기준에 부합되면 특별한 사정이 없는 한 재임용되리라는 기대를 가지고 재임용 여부에 관하여 합리적인 기준에 의한 공정한 심사를 요구할 법규상 또는 조리상 신청권을 가진다고 판시함으로써 이와 다른 견해를 취한 대법원 판결들을 변경하였다. 이처럼 판례는 종래 교원 임용신청권을 제한적으로 인정하여 오다가 차츰 이를 넓게 인정하여 오고 있는 추세에 있다.

대상판결의 경우, 원고 등은 초등학교 병설유치원에 임시강사로 채용되어 3년 이상 근무하여 온 자들로서 피고에게 임시강사의 지위에 있는 원고 등을 교육공무원법 제12조 제1항 및 교육공무원임용령 제9조의2에 따라 특별채용 형식으로 유치원 교사로 임용하여줄 것을 신청한 사안이다. 대상판결에서는 교사에 대한 임용권자가 교육공무원법 제12조에 따라 임용지원자를 특별채용할 것인지 여부는 임용권자의 판단에 따른 재량에 속하는 것이고, 임용권자가 임용지원자의 임용 신청에 기속을 받아 그를 특별채용하여야 할 의무는 없으며 임용지원자로서도 자신의 임용을 요구할 법규상 또는 조리상 권리가 있다고 할 수 없다고 하고 있는바, 이는 대상 사건의 원고 등이 일반적인 신규임용자임을 전제로 한 판시로서 교원의 신규임용에 대한 판례의 큰 틀 내에 있는 판결이다. 다만 검사임용신청권과 대비하여 보면 대상 사건에서도 교사에 대한 신규임용신청권을 인정하여 처분성을 넓힘으로써 국민의 권리구제에 한 걸음 가까이 갈 수 있었음에도 처분성 단계에서 이를 배척한 것은 아쉬운 결론으로 생각된다.

〈참고문헌〉

백윤기, “항고소송의 대상이 되는 거부처분”, 사법연구자료 제20집, 법원행정처, 1993. 12.
조용호, “항고소송의 대상인 행정처분”, 재판자료 제67집, 법원행정처, 1995. 5.

110. 임용결격자에 대한 임용행위의 효과

— 대법원 1987. 4. 14. 선고 86누459 판결 —

이 경 운*

Ⅰ. 판결개요

1. 사실관계

원고 A는 1972년도 교정직 9급 공개채용시험에 합격하여 같은 해 8. 17. 공무원채용후보자등록을 하였고, 1973. 8. 1. 교도보로 임명된 후 1984. 8. 16. 교사로 승진하여 X교도소 보안과 공무원으로 재직하여 왔다.

A의 임용권자인 피고 X교도소장은 A가 위 임용 전인 1970. 3. 5. Y지방법원에서 반공법위반으로 징역 8월에 집행유예 2년과 자격정지 1년을 선고받고 1970. 3. 13. 그 형이 확정된 바 있다는 사실을 1985. 7. 15. 관할경찰국장의 신원조사결과통보에 의하여 발견하였다. X교도소장은 A가 위 임용당시 시행되던 구 국가공무원법 제33조 제1항 제4호 소정의 공무원임용결격자인 "금고 이상의 형을 받고 그 집행유예기간이 완료된 날로부터 2년을 경과하지 아니한 자"에 해당함에도 이것을 간과하고 임용된 것이라 하여 1985. 8. 10.자로 A에 대한 위 임용처분을 취소하였다.

2. 소송경과

원고 A는 X교도소장의 임용처분취소가 위법하므로 취소되어야 한다고 주장하고, 예비적으로는 근무한 기간에 대하여 공무원연금법에 의한 퇴직금의 지급을 청구하였으나, 원심이 이를 모두 기각하였기 때문에 원고가 상고한 것이다(상고기각).

---

* 전남대학교 법학전문대학원 교수.

3. 판결요지

(1) 원심판결(대구고등법원 1986. 4. 4. 선고 85구339 판결)의 요지

공무원임용결격자에 대하여 피고행정청이 임용처분을 취소한 것은 임용처분이 무효임을 확인하는 행위로서 정당하다.

(2) 대상판결의 요지

공무원임용결격사유의 존부는 임용당시에 시행되던 법률을 기준으로 판단되어야 한다. 임용결격사유는 공무원으로 임용되기 위한 절대적 · 소극적 요건으로서 비록 국가의 과실에 의하여 결격자임을 밝혀내지 못하였다 하더라도 그 임용행위는 당연무효다. 국가가 사후에 결격사유가 있는 자임을 발견하고 공무원 임용행위를 취소하는 것은 당사자에게 임용행위가 당초부터 당연 무효이었음을 통지하여 확인시켜 주는 행위이므로, 신의칙 내지 신뢰의 원칙을 적용할 수 없고 그 취소권은 시효로 소멸하는 것도 아니다.

임용결격자가 공무원으로 임용되어 사실상 근무하여 왔다고 하더라도, 적법한 신분취득 또는 고용관계의 성립을 전제로 하는 공무원연금법이나 근로기준법에 의한 퇴직금을 청구할 수 없다.

Ⅱ. 평 석

1. 쟁점 정리

국가공무원법은 공무원의 신규임용요건을 적극적으로 규정하지 아니하고 소극적으로 임용될 수 없는 요건(결격사유: 제33조)을 규정한다. 임용결격사유가 있음에도 불구하고 공무원으로 임용한 경우, 그 임용의 법적 효과에 대하여는 명문의 규정이 없으므로 하자이론에 따라 결정된다. 원심과 대법원 판결은 이를 무효로 판시하고 있는데, 이는 무효와 취소를 구별하는 기준으로 통설과 판례가 견지해 온 중대명백설에 의한 결론이라고는 보기 어렵다. 판례는 임용결격사유를 절대적 · 소극적 요건이라 하여 하자 내용의 중대성만 강조하고 있다.

임용결격 하자를 무효로 보는 입장을 관철하게 되면 그에 따른 법적 처리는 간명할 것이지만, 사안에 따른 구체적인 차이를 어떻게 반영할 것인지 다음 몇 가지의 경우로 나누어 볼 수 있다.

첫째는, 기간으로 정해진 결격사유가 해소된 후에 새로운 임용행위가 있는 경우에는 달리 볼 수 있는지이다.

둘째, 결격사유 있는 자를 임용한 국가 측의 과실이 있고, 임용권자가 이를 바로 잡

을 기회가 있었는데도 그러한 시정조치 없이 원고의 근무는 장기간 계속되어 왔으며 그 과정에서 임용권자의 우수공무원 표창, 승진 등을 통하여 이제는 결격사유를 이유로 불이익처분을 받지 않으리라는 신뢰가 형성됨으로써 하자의 치유가 인정될 수 있는지의 문제이다.

셋째, 임용결격자의 퇴직 이후, 현실적으로 근무를 하면서 기여금을 납부해 온 이상 공무원연금법 등에 따른 연금 또는 퇴직금을 청구할 수 있는지 여부의 문제이다.

2. 관련판례

① 대법원 1995. 7. 11. 선고 94누4615 전원합의체 판결[1)]

하자 있는 행정처분이 당연무효가 되기 위하여는 그 하자가 법규의 중요한 부분을 위반한 중대한 것으로서 객관적으로 명백한 것이어야 하며, 하자가 중대하나 객관적으로 명백한 것이라고 할 수 없는 경우 그 하자는 당연무효사유는 아니라고 봄이 상당하다. 하자가 중대하고 명백한 것인지 여부를 판별함에 있어서는 그 법규의 목적, 의미, 기능 등을 목적론적으로 고찰함과 동시에 구체적 사안 자체의 특수성에 관하여도 합리적으로 고찰함을 요한다.

② 대법원 2009. 12. 24. 선고 2009두10970 판결

학력을 위조하여 학사장교로 임관되어 현역장교로 복무하던 사람의 학력위조 사실이 밝혀지자 국방부장관이 임관무효처분을 한 경우, 장교임용 결격사유에 해당하는 자의 군복무도 군복무기간으로 인정하는 군인사법 제10조 제3항은 적용할 수 없다.

③ 대법원 1998. 10. 23. 선고 98두12932 판결

고용직공무원으로 근무하여 온 경력에 바탕을 두고 특별임용 방식으로 기능직공무원 임용이 이루어졌다면 이는 당초 임용과는 별도로 그 자체가 하나의 신규임용이라고 할 것이므로, 그 효력도 특별임용이 이루어질 당시를 기준으로 판단하여야 할 것인데, 당초 임용 당시에는 집행유예 기간 중에 있었으나 특별임용 당시 이미 집행유예 기간 만료일로부터 2년이 경과하였다면 공무원 결격사유에 해당할 수 없다.

④ 대법원 2009. 1. 30. 선고 2008두16155 판결

공무원임용 결격사유가 있어 당연무효인 시보임용처분과는 달리, 위 시보임용처분의 무효로 인하여 시보공무원으로서의 경력을 갖추지 못하였다는 이유만으로, 위 결격사유가 해소된 후에 한 별도의 정규임용처분을 취소하는 처분에도 행정절차법이 적용되므로 사전통지나 의견청취절차를 거쳐야 한다.

1) 이 책(초판) 평석대상 29번 판례(김유환, "행정행위의 무효의 판단기준" 참조).

⑤ 대법원 1984. 2. 28. 선고 81누275 전원합의체 판결

교환허가처분이 당연무효인 이상, 위 학교법인 이사회가 위 교환허가처분 후에 이 사건 부동산에 대한 교환을 추인 또는 재추인한다는 의결을 하였다는 사실만으로써 곧 당연무효인 이 사건 교환허가처분이 유효로 전환되거나 그 하자가 치유되는 것으로 볼 수는 없다.

⑥ 대법원 1998. 1. 23. 선고 97누16985 판결

공무원연금법에 의한 퇴직급여 등은 적법한 공무원으로서의 신분을 취득하여 근무하다가 퇴직하는 경우에 지급되는 것이고, 당연무효인 임용행위에 의하여 공무원의 신분을 취득할 수는 없으므로, 임용결격자가 공무원으로 임용되어 사실상 근무하여 왔다고 하더라도 적법한 공무원으로서의 신분을 취득하지 못한 자로서는 공무원연금법 소정의 퇴직급여 등을 청구할 수 없으며, 임용결격사유가 소멸된 후에 계속 근무하여 왔다고 하더라도 그 때부터 무효인 임용행위가 유효로 되어 적법한 공무원의 신분을 회복하고 퇴직급여 등을 청구할 수는 없다.

⑦ 대법원 2004. 7. 22. 선고 2004다10350 판결

임용행위가 구 국가공무원법에 위배되어 당연무효임에도 계속 근무하여 온 경우, 임용시부터 퇴직시까지의 근로는 법률상 원인 없이 제공된 부당이득이므로 임금을 목적으로 계속하여 근로를 제공하여 온 퇴직자에 대하여 퇴직급여 중 적어도 근로기준법상 퇴직금에 상당하는 금액은 그가 재직기간 중 제공한 근로에 대한 대가로서 지급되어야 한다.

3. 판결의 검토

(1) 임용결격사유의 의의와 그 판단시점

공무원의 임용이란 널리 공무원의 지위를 변동시키는 일체의 행위(공무원임용령 제2조 제1호는 이러한 의미로 정의)를 말하기도 하지만, 좁게는 공무원의 신분을 취득하게 하는 신규채용을 의미한다. 여기에서는 이러한 좁은 의미로 임용을 이해하기로 한다. 원고 A와 같은 경력직공무원 임용행위의 법적 성질은 상대방의 동의를 요하는 행정행위로 보는 것이 통설 · 판례이다.

사안에서 문제된 임용결격사유인 '수형(受刑) 또는 그 집행유예를 받은 자'에 그 형(刑)이 직무와 직접 관련이 없는 범죄까지를 포함한 것이 국민의 공무담임권을 과도하게 침해하는 것이 아닌지가 문제될 수 있다. 그러나 헌법재판소는 공무원에게는 직무의 성질상 고도의 윤리성이 요구되며, 금고 이상의 형의 집행유예 판결을 받은 공무원으로 하여금 계속 그 직무를 수행하게 하는 것은 공직에 대한 국민의 신뢰를 손상시키고 나아가 원활한 공무수행에 어려움을 초래하여 공공의 이익을 해할 우려가 적지 아니하다는

점을 들어, 이러한 제한을 합헌이라 결정(헌재 1997. 11. 27. 95헌바14, 96헌바63 · 85)한 바 있다.

또한, 특정직 공무원에 대하여 별도로 정하고 있는 법률 가운데는 임용결격사유를 국가공무원의 그것보다 더 엄격하게 규정한 경우가 있다. 경찰공무원법 제7조는 자격정지 이상의 형을 선고받은 자, 징계로 파면 또는 해임처분을 받은 자를 결격자로 규정하고 있는데, 이것은 자의적인 차별이 아니며 헌법상 과잉금지의 원칙이나 평등의 원칙에 위배되거나 공무담임권을 부당하게 침해한다고 할 수 없다(대법원 2011. 11. 10. 선고 2010두1446 판결; 헌재 2010. 9. 30. 2009헌바122 결정).

대상판결은 공무원관계란 임용행위에 의하여 설정되는 것이므로 공무원임용결격사유에 해당하는지의 여부의 판단시점은 채용후보자 명부에 등록한 때가 아닌 임용당시에 시행되던 법률을 기준으로 하여 판단할 것이라는 점을 분명히 하였다.

(2) 결격자에 대한 임용의 효과

결격사유 있는 자를 공무원으로 임용하는 것이 위법하다는 점은 의문의 여지가 없다. 그런데 결격자 임용의 효과에 관한 규정도 없기 때문에 이 문제는 결국 행정행위의 하자론으로 해결할 수밖에 없다. 하자 있는 행정행위의 효과를 무효와 취소로 나누는 종래의 통설은 하자가 내용적으로 중대할 뿐만 아니라 동시에 그것이 외관상 명백한 경우에만 무효가 되며, 중대하고 명백하지 않거나 명백하지만 중대한 내용이 아닌 하자는 취소할 수 있음에 그친다고 보아 왔다. 이러한 중대명백설은 참고판례 ①과 그에 앞선 판례들(대법원 1985. 9. 24. 선고 85다326 판결, 대법원 1997. 5. 28. 선고 95다15735 판결 등)에서도 확인된다.

사안에서 결격사유를 간과한 공무원임용행위가 중대한 하자이기는 하지만 명백성 요건을 결한 것이 아닌지가 문제된다. 임용 당시 '국가의 과실에 의하여 임용결격자임을 밝혀내지 못하였다'는 것도 하자의 존재가 명백하지 않았을 가능성이 높다 할 것이다. 그렇기 때문에 일견명백설을 일관한다면 이 임용행위는 판례에서와 같은 무효가 아니라 취소사유로 보아야 한다는 주장(홍준형, 1109면)도 제기된다.

통설이 하자의 효과로 무효와 취소를 구별하고 그 기준으로 중대명백설을 취하는 이유는 행정의 원활한 수행을 확보하면서 제3자에 대한 신뢰보호도 고려하는 법적 안정성의 필요와, 상대방 국민의 권리구제의 이익을 조화시키는 데 적합하기 때문(김철용, 278면)이라 한다. 즉, 통상의 취소쟁송으로 다툴 수 있는 쟁송제기기간을 도과하였더라도 행정행위의 구속(공정력)을 받게 하는 것이 정의나 형평의 관념에 맞지 않는 경우에, 예외적인 구제의 길이 허용되는 무효의 범위를 '중대하고 명백한' 하자로 제한한 것이다. 중대명백설 안에서도 특히 명백성 요건과 관련하여 여러 입장이 주장되고 있다. 하자의 존재가 당사자의 주관적 판단이나 법률전문가의 인식능력에 의해서가 아니라, 통상적인 주의력과 이해력을 갖춘 일반인의 판단에 따를 때 누구의 의심도 허용하지 않을 만큼 객관적으로 확실한 경우로 보는 것이 외관상 일견명백설(一見明白說)이며 또한 종래의 통설이라 할 수 있다. 이에 대하여 조사의무위반설은 행정청이 보통 기대되는 조사를 함으로써 명백하게 될 정도이면 충분하다고 하여 명백성 요건을 완화하려 한다.

판례는 일견명백설을 따르는 것으로 보이지만, 많은 경우 하자의 중대성 여부만 중시하고 명백성 여부에 관하여는 별다른 논의 없이 무효사유에의 해당 여부를 판단하여 왔다고 평가(오진환, 171면)하기도 한다. 참고판례 ①은 중대한 하자임에도 불구하고 그 명백성 요건이 흠결되면 무효 아닌 취소할 수 있는 하자에 그친다고 하여 중대명백설을 견지하고 있으나, 이 판결의 소수의견은 명백성 요건을 보충적으로만 적용하는 것이 타당하다고 보았다. 그런데, 명백성 요건완화론이 상대방 국민의 권리구제 통로를 확장하는 데 취지가 있다면, 이러한 요건완화론은 침익적 행정행위에서만 타당할 것이다. 공무원 임용과 같은 수익적 행정행위에서는 동일한 논리를 적용하여 무효의 범위를 확대하는 것이 상대방 국민에게 오히려 불리한 결과가 되기 때문이다.

공무원으로 임용될 수 없는 결격사유는 국가가 행정 조직의 정당성과 신뢰성을 유지하기 위해 불가결하게 방어해야 할 규범이라는 의미에서, 판례가 '절대적 소극적' 요건으로 보아 결격사유 있는 자의 임용을 일률적으로 무효로 보는 것이라 할 수 있다. 판례에서 보이는 행정행위의 '절대적 요건'은 대체로 자격이나 능력요건에 관한 것인데, 공무원법에서의 임용결격사유 외에 학교의 졸업이나 학위수여요건(참고판례②; 대법원 1989. 4. 11. 선고 87다카131 판결[2]; 대법원 2007. 7. 27. 선고 2005다22671 판결 등)도 그러한 예다.

국가공무원법 제69조는 공무원이 (임용 후에) 임용결격사유에 해당하면 당연퇴직한다고 규정한다. 이 경우, 공무원관계를 소멸시키기 위한 별도의 행정처분을 요하는 것이 아니며, 실무에서 행해지는 당연퇴직의 인사발령은 법률상 퇴직사유를 공적으로 확인하여 알려주는 관념의 통지에 불과하고 공무원의 신분을 상실시키는 새로운 형성적 행위가 아니므로 행정소송의 대상이 되는 독립한 행정처분이라고 할 수 없다(대법원 1995. 11. 14. 선고 95누2036 판결). 마찬가지로 결격사유 있는 자에 대한 임용도 무효이므로, 그것을 이유로 한 임용취소통지 또한 행정처분이라 할 수 없는 것이다.

2) 고등학교 2학년을 중퇴한 원고가 허위기재한 편입학원서를 제출하여 피고법인이 설치 운영하는 대학교 2학년으로 편입학이 허가되었으며 이를 바탕으로 위 대학교를 졸업한 후 대학원에서 공학석사학위를 받고 이후 위 대학교의 교수까지 되었는데, 편입학허가 · 대학졸업인정 · 대학원입학 · 공학석사학위 수여 등이 그 자격요건을 규정한 구 교육법 제111조 등에 위반되어 무효라면 이와 같은 당연무효의 학력을 기초로 한 교수자격도 당연히 부정된다고 보았다.

(3) 결격사유 소멸 후, 다른 임용행위가 개입한 경우

대상판결 이후, 고용직공무원, 시보 또는 조건부 공무원으로서의 일정기간 근무가 특별임용이나 정식공무원임용의 요건인 경우, 고용직 또는 시보 임용이 결격자에 대한 것으로서 무효가 되고 무효인 임용에 따른 근무기간이 적법한 공무원 경력으로 되지 않는 점에서 특별임용(참고판례 ③, ④)이나 정규공무원 임용(대법원 1995. 11. 14. 선고 95누2036 판결; 서울행정법원 1999. 2. 3. 선고 98구15275 판결 등)의 효력이 문제되었다. 판례는 이에 대해 하자가 있다고 하면서도, 그 하자는 결국 소정의 경력을 갖추지 못한 자에 대한 신규임용에 불과하여 취소사유에 그친다고 함으로써 결격자 임용은 무효라는 결과의 경직성을 부분적으로 완화하고 있다.

(4) 무효인 하자의 치유 인정 또는 신뢰보호 여부

하자의 치유란 성립 당시에는 하자 있는 행정처분이었지만 사후의 요건보완이나 사정의 변화가 있어 더 이상 취소할 필요가 없는 경우에는 그 하자에도 불구하고 행정처분의 효력을 유지하도록 하는 것이다. 하자치유론은 행정처분에 기초한 법률관계를 승인하여 법적 안정을 보장하고, 행정처분의 불필요한 반복을 피함으로써 행정경제를 달성하려는 취지에서 인정된다. 사안의 경우에도 임용 후에 결격사유가 소멸하였으므로 임용행위의 하자는 치유되었다고 주장할 소지가 있다.

절차와 형식상 하자만이 치유의 대상이 된다고 규정하는 독일행정절차법과 달리 우리 실정법에는 하자의 치유가 인정되는 범위에 관한 규정이 없기 때문에 어떠한 종류의 하자에 치유를 긍정할 것인지에 관하여 다양한 의견이 주장될 수 있다. 위법한 행정처분의 치유를 광범하게 인정하는 것은 행정의 법률적합성 원리를 공동화(空洞化)시킬 위험이 있다. 따라서 절차상 하자를 중심으로 경미한 하자의 치유가 인정될 수 있을 뿐 내용상 하자의 치유를 인정하기는 어렵다 하겠다.

취소할 수 있는 하자 외에 무효인 하자라 하더라도 수익적 행정행위의 경우에는 치유가 허용될 수 있다는 주장(김도창, 444면)이 있다. 이러한 견해는 취소할 수 있는 하자와 무효인 하자의 구별이 상대적이라는 관점에 바탕을 둔 것이다.

참고판례 ⑤는 하자의 치유가 취소할 수 있는 하자의 경우에만 문제될 수 있으며, 무효인 행정행위는 처음부터 효력이 발생하지 않을 뿐 아니라 시간이 경과해도 유효로 될 수 없으므로 치유될 수 없다고 보았다. 대상판결도 이에 따르고 있는 것이다.

원고 A는 임용 후 12년이나 지난 이 사건 취소처분은 신뢰의 원칙에 위배되며 설사 취소할 수 있다 하더라도 그 취소권은 시효에 의하여 소멸된 뒤에 이루어진 것으로서 위법하다고 주장하였다. 임용 이후 장기간이 경과하였고 그 사이에 승진 등을 통하여 임용권자의 행위가 누적되었으며 상대방 공무원도 이에 기초한 생활관계를 형성하였으므로 신뢰보호원칙을 침해한 것이며 임용취소가 신의칙에 반한다고 주장할 소지는 있다. 신뢰보호원칙은 헌법상 법치국가원리로부터 나온다는 점은 일반적으로 받아들여지고 있으며, 신의성실의 원칙은 공법관계에도 적용(행정절차법 제4조)되기 때문이다.

국가가 결격사유 있는 것을 알지 못하고 공무원으로 임용한 것을 선행조치로 볼 수 있으며, 이를 믿고 공무원으로 봉직하여 왔다면 선행조치에 대한 신뢰와 그에 따른 상대방의 처리도 존재하며, 그럼에도 공무원임용행위를 취소함으로써 A의 신뢰를 침해한 것이므로 신뢰보호의 요건을 갖춘 것이라는 외양(外樣)이 성립한다. 그러나 하자 있는 임용행위에 대한 귀책사유가 국가 측은 물론 원고 A에게도 있다는 점에서 신뢰보호 주장은 받아들여지기 어려울 것이다. 채용후보자명부에 등록하는 시점에서 시행되던 법령의 기준에 의할 때도 A에게는 결격사유가 있었음은 명백하며, 임용 전에 법률이 개정되어 결격기간이 연장된 것을 A가 설사 몰랐다 하더라도 법의 부지(不知)는 정당화될 수 없기 때문이다.

한편, 사안에서의 임용취소는 당사자에게 원래의 임용행위가 당초부터 당연무효이었음을 통지하여 확인시켜 주는 행위에 지나지 아니하는 것이므로, 시효로 소멸될만한 본래적 의미의 취소권도 존재하지 않아서 그 행사를 제약하는 원리로서 신의칙을 원용하는 것도 적절하지 않게 된다. 나아가, 사실상의 공무원 이론도 공무원에 대한 신뢰보호가 아니라 제3자의 신뢰를 보호하기 위한 이론이므로 이 사안에서는 문제되지 않는다.

(5) 공무원연금법상의 퇴직금청구 허용여부

원고 A는 사실상 공무원으로 근무한 기간에 대하여 공무원연금법상의 퇴직급여 등을 지급하라고 예비적으로 청구하였으나, 판시와 같이 기각되었다.

사법상 근로계약관계에서의 퇴직금의 법적 성질에 대하여는 후불(後拂)임금으로 이해되지만, 공무원연금법상의 퇴직급여에 대하여는 후불임금적 성격 외에 사회보장적 성격도 있다고 보는 것이 통설이다. 공무원연금법은 퇴직급여의 일부를 충당하기 위하여 공무원으로 하여금 재직 중 일정한 금액을 매월 기여금으로 납부하도록 하고 있지만, 통상 일반 근로자의 퇴직금보다 유리한 급여를 보장하고 있다. 이는 공무원의 퇴직에 따른 생활안정과 복리향상을 도모하여 공무원이 직무에 전념하도록 할 필요에서라고 설명된다. 공무원이 재직 중에 형(刑)을 받았거나 파면 또는 해임처분을 받은 경우에는 그 급여를 일정한 범위로 제한하도록 하고 있는 것도 사법상 근로계약관계에서 볼 수 없는 규율이다.

다만, 사안의 경우나 참고판례 ⑥에서와 같이 본인의 기여금만 반환하는 것이 정당한 해결인지는 의문스럽다. 무효인 임용행위에 기초하였지만 원고 A의 사실상 근무에 대한 보수가 대가관계였다는 점을 승인한다면, 임금후불로서의 퇴직급여 부분도 지급하는 것이 논리적이라 할 수 있기 때문이다.

그리하여 참고판례 ⑦은 근로기준법상의 퇴직금 제도는 국가 및 지방자치단체에도 최소한의 기준으로 적용되어야 하고 이는 후불적 임금으로서 근로의 대가로서의 성격을 지니고 있으므로 임금을 목적으로 피고의 지휘명령에 복종하여 계속적으로 근로를 제공해 온 원고에 대하여도 위 퇴직급여 중 적어도 근로기준법상 퇴직금에 상당하는 금액은 그가 재직기간 중 제공한 근로에 대한 대가로서 지급되어야 할 것이라 판시하였다.

4. 판결의 의미와 전망

대상 판결은 임용결격자에 대한 공무원임용행위가 '절대적 소극적' 능력요건을 결한 것으로 무효이며, 임용 후 장기간 근무하였더라도 무효인 하자는 치유될 수 없다는 점을 명백히 한 대법원의 최초 판결례로, 공무원 임용에서의 엄정성을 각성시킨 의미가 크다고 하겠다.

이 판례가 실제적으로 중요한 기능을 발휘한 것은 1998년의 이른바 IMF사태 이후의 공직구조조정 과정에서이다. 즉, 기관별 감원 목표를 달성하기 위한 주요한 수단 중의 하나로 이용되어 임용결격자 2000명 이상(지방공무원 포함)의 임용이 취소되었다. 그러나, 이후 제정된 "임용결격공무원 등에 대한 퇴직보상금 지급 등에 관한 특례법"(1999. 12. 1. 시행)은, 임용 무효라는 획일적인 기준에 의한 처리가 무리한 점이 적지 않다는 반증이라 할 수 있다.

이론적으로는 무효와 취소의 구별에 관한 이른바 일견명백설이 어떠한 경우에나 타당한 것은 아니라는 점도 드러난 하나의 예라 할 것이다.

〈참고문헌〉

김도창, 일반행정법론(上) 제4전정판, 청운사, 1992.

김철용, 행정법 I 제12판, 박영사, 2009.

박철우, "공무원 임용 및 퇴직금의 법적 성질", 판례연구 제10집, 서울지방변호사회, 1997. 1.

오진환, "조례의 무효와 그 조례에 근거한 행정처분의 당연무효 여부—지방자치단체의 사무와 조례제정권—" 특별법연구 제5권, 박영사, 1997. 6.

이강원, "공무원임용결격사유와 당연퇴직", 행정소송실무연구 제2권, 서울고등법원, 2002. 12.

이혁우, "행정행위의 무효사유—하자의 중대 · 명백성과 관련하여—", 대법원판례해설 제28호, 법원도서관, 1997. 12.

홍준형, 판례행정법, 두성사, 1999.

111. 지방공무원 전출입제도의 합헌성

—헌법재판소 2002. 11. 28. 98헌바101 전원재판부
[지방공무원법 제29조의3 위헌소원]—

김 수 진*

Ⅰ. 판결개요

1. 사실관계

청구인(A)는 1979. 9. 10. X군의 지방공무원으로 임용되어 근무하던 자이고, 청구인 (B)는 1975. 8. 1.부터 공무원으로 임용되어 당시 Y시 소속 지방공무원으로 근무하던 자이다. X군수와 Y시장은 청구인들의 사전 동의 없이 지방공무원법 제29조의3(전입) "지방자치단체의 장은 다른 지방자치단체의 장의 동의를 얻어 그 소속 공무원을 전입할 수 있다"를 근거로 청구인 (A)의 Y시로의 전입과 청구인 (B)의 X군으로의 전입에 서로 동의한 다음, X군수는 1997. 5. 3.자로 청구인(A)에게 전출명령을, 청구인(B)에게 전입임용을 하였고, Y시장도 같은 날짜로 청구인(B)에게 전출명령을, 청구인(A)에게 전입임용을 하였다.

청구인(A)와 청구인(B)는 이 사건 전출이 청구인의 동의 없이 이루어진 것으로서 위법하다고 주장하면서 임용장수여와 근무를 거부하면서 출근을 하지 않았고, 이에 대해 X군수와 Y시장이 청구인들에게 지방공무원법 제47조(복무선서), 제29조(복종의 의무), 제50조(직장이탈금지)를 위반하였다하여 도인사위원회에 징계를 요구하였고, 정직 3개월의 징계의결을 받게 되었다. 1997. 9. 19. 이에 대한 소청결과 도지방공무원소청심사위원회가 감봉 3월로 의결하고 통지하였다.

2. 소송경과

청구인 (A)와 청구인 (B)가 각각 서울고등법원에 소속 지방자치단체장의 전출발령

* 인천대학교 법과대학 부교수.

과 징계의결에 대하여 주위적으로는 무효확인, 예비적으로는 취소를 구하는 행정소송을 각 제기한 다음, 각 전출발령의 근거가 된 지방공무원법 제29조의3의 위헌 여부가 재판의 전제가 된다고 하여 1998년 1월과 4월에 위헌법률심판제청을 하였으나 기각 당하자 1998년 12월과 1999년 1월에 헌법소원을 청구하였다.

3. 결정요지

지방공무원법 제29조의3은 “지방자치단체의 장은 다른 지방자치단체의 장의 동의를 얻어 그 소속 공무원을 전입할 수 있다”라고만 규정하고 있어, 이러한 전입에 있어 지방공무원 본인의 동의가 필요한지에 관하여 다툼의 여지없이 명백한 것은 아니다. 그러나 해당 지방공무원의 동의 없이도 지방자치단체의 장 사이의 동의만으로 지방공무원에 대한 전출 및 전입명령이 가능하다고 풀이하는 것은 헌법적으로 용인되지 아니한다.

다수의견은 헌법 제7조에 규정된 공무원의 신분보장과 헌법 제15조에서 보장하는 직업선택의 자유의 의미와 효력에 비추어 볼 때 위 법률조항은 해당 지방공무원의 동의가 있을 것을 당연한 전제로 하여 그 공무원이 소속된 지방자치단체의 장의 동의를 얻어서만 그 공무원을 전입할 수 있음을 규정하고 있는 것으로 해석하는 것이 타당하므로, 헌법 합치적 해석에 의해 합헌이라고 선언하였다.

3인의 재판관은 ‘지방공무원법 제29조의3은 지방공무원 본인의 동의를 요하지 않는다고 해석하는 한 헌법에 위반 된다’는 내용의 한정위헌결정을 선고해야 하는데, 아무리 미리 내려진 대법원의 결정이 헌법재판소의 의견과 동일했다 하더라도, 법원을 비롯한 모든 국가기관 및 지방자치단체에게 기속력을 미치는 것이 아니기 때문에, 그 법률조항에 존재하는 위헌적인 부분을 반드시 제거하는 종국적인 배제결정을 선고하여야 한다고 주장하였다.

1인의 재판관은 해당조항의 문언이나 입법목적을 아무리 넓게 파악한다고 하더라도 전입대상이 되는 공무원 본인의 동의라는 요건이 내재되어 있다거나 전제되어 있는 것으로 해석하거나 적용할 수는 없는 것이고, 또한 그와 같은 해석을 도출할 만한 어떤 다른 관련규정도 찾아볼 수 없으므로 위 법률조항에 대하여는 위헌선언을 하여야 할 것이나, 지방자치단체 공무원 인사관리의 혼란 등 위헌선언으로 야기될 혼란을 방지하기 위하여, 위 조항이 헌법에 합치되도록 개정될 때까지 잠정적으로 적용할 것을 명하는 헌법불합치결정을 함이 타당하다는 의견이었다.

Ⅱ. 평 석

1. 쟁점정리

헌법재판소는 지방공무원법 제29조의3이 “지방자치단체의 장은 다른 지방자치단체의 장의 동의를 얻어 그 소속 공무원을 전입할 수 있다”라고만 규정하고 있어, 이러한 전입에 있어 지방공무원 본인의 동의가 필요한지에 관하여 다툼의 여지가 있다는 점은 인정하였다. 또 당사자인 지방공무원의 동의가 없이 지방자치단체장간의 동의에 근거해 지방공무원을 전입 · 전출시킬 경우에는 선거에 의해 선출되는 지방자치단체장의 자의적 판단에 의해 실질적으로 면직에 버금가는 불리한 인사 조치를 할 수 있게 된다는 결론에 이르게 되고, 이는 헌법이 보장하고 있는 신분보장과 정치적 중립성 등을 내용으로 하는 직업공무원제를 훼손하고, 직업선택의 자유를 침해하는 것이라는 점에는 인식을 같이하고 있다.

다만, 이 조문의 합헌성유무를 따지면서 다수의견은 헌법합치적 해석에 따라 공무원의 동의가 전제된다는 것이 당연히 이 법률조항에 내재되었다고 보아 단순합헌선언하였고, 한정위헌의견은 공무원의 동의자체가 해당 법조문의 내용으로 파악될 수도 있겠지만, 이를 해석하는 데 있어 각 기관의 통일성을 추구하기 위해서는 반대해석이 가능한 부분의 배제를 명시적으로 기재할 것을 주장하였다. 헌법불합치의견은 위 조항의 문언이나 입법목적을 아무리 넓게 파악한다고 하더라도 전입대상이 되는 공무원 본인의 동의라는 요건이 내재되어 있다거나 전제되어 있는 것으로 해석하거나 적용할 수는 없는 것이고, 또한 그와 같은 해석을 도출할 만한 어떤 다른 관련규정도 찾아볼 수 없다고 판단하였다.

이러한 헌법적 쟁점 외에, 지방자치제의 실시이전과 이후의 지방공무원의 법률관계의 생성, 변경, 소멸에 있어서 당사자인 공무원의 동의의 중요성과 필요성이 다루어지고 있다.

2. 관련판례

헌법소원이 제기된다하더라도 기존의 재판과정이 정지되지 않기 때문에, 동일 사안에 대한 소속 지방자치단체장의 전출발령과 징계의결에 대하여 주위적으로는 무효확인, 예비적으로는 취소를 구하는 행정소송이 진행되었고, 대법원의 판결이 헌법재판소의 결정 이전에 내려졌다.

(1) 서울고법 1998. 12. 17. 선고 97구48939 판결

지방공무원법 제29조의3이 당해 지방공무원의 동의를 전제로 하지 않았다 하여 헌법상 보장된 직업공무원제도의 본질을 침해하였다거나 비례의 원칙 또는 신뢰보호의 원

칙을 위반하였다고 보여 지지는 않고, 나아가 헌법상 보장된 직업선택의 자유, 행복추구권, 거주이전의 자유를 침해하였다고 할 수도 없다. 따라서 법 29조의3을 위헌의 법률조항이라고 할 수 없고, 위헌임을 전제로 하는 원고의 주위적 청구는 그 이유 없다.

(2) 대법원 2001. 12. 11. 선고 99두1823 판결

대법원은 이 사건 법률조항에 관하여, '지방자치단체의 장이 소속 공무원을 전출하는 것은 임명권자를 달리하는 지방자치단체로의 이동인 점에 비추어 반드시 당해 공무원 본인의 동의를 전제로 하는 것'이라고 해석하지만, 해당 법 규정도 본인의 동의를 배제하는 취지의 규정은 아니어서 위헌 · 무효의 규정은 아니라고 판시하였다. 그러나 공무원법 제29조의3 규정에 의한 전입은 반드시 당해 공무원의 동의를 전제로 하는 것인데도 원고의 동의가 없었기 때문에 이 사건 전출명령은 더 볼 것도 없이 위법하여 취소되어야 할 것이고, 위법한 전출명령을 이유로 들어 출근을 거부하는 원고에게 이 사건 전출명령이 적법함을 전제로 하여 내려진 이 사건 징계처분은 비록 이 사건 전출명령이 공정력에 의하여 취소되기 전까지는 유효한 것으로 취급되어야 한다고 하더라도 징계양정에 있어서는 결과적으로 재량권을 일탈한 위법이 있다고 할 것이고 이를 다투는 원고의 상고이유의 주장 또한 이유 있다고 하여, 원심법원으로 파기환송하기로 하였다.

3. 판결의 검토

(1) 지방공무원의 전입에서 해당공무원의 동의의 전제성

공무원법관계의 발생 · 변경 · 소멸과 관련하여 공무원의 의사가 임용주체의 의사가치와 반드시 대등하기는 어렵지만, 공무원의 의사는 중요하다. 공무원의 임명행위는 학설상 쌍방적 행정행위 혹은 협력을 요하는 행정행위로 보고 있는데, 공무원의 동의가 결여된 경우 취소사유로도 볼 수 있지만, 다수설은 무효사유로 보고 있다.

헌법재판소 결정 이전에는 전입에 있어서 공무원의 동의가 필요한가, 다시 말해 공무원의 동의가 없다는 이유만으로 이것이 위헌인가에 대하여 반대하는 의견들이 있었다: ① 법원의 위헌법률심판기각사유에서 지방공무원의 전입은 이미 지방공무원으로 임용받은 자에 대한 인사교류 차원에서 이루어지는 것으로서 정당한 이유가 없는 해고라고 볼 수 없어 본래의 공무원신분에 변동이 생기는 것이 아니고, 만약 그 인사교류에 의하여 지방공무원 본인의 이익이 과도하거나 부당하게 침해될 때에는 인사명령 자체가 인사권을 남용한 것이나 재량의 한계를 일탈한 것으로 사법적 통제를 받을 수 있다는 점을 강조하면서 본인의 동의를 요하지 않는다는 점이 곧 위헌으로 이끄는 것은 아니라고 판시하였다. ② 행정자치부장관도 전입제도가 지방자치단체 간의 필요인력의 재배치 내지 신속한 결원보충을 위한 개인의 능력 및 조직의 발전을 이루기 위한 것인바, 정당한

이유가 없는 해고라고 볼 수 없고, 또한 그로 인하여 공무원신분에 변동이 생기는 것도 아니라고 주장하며, 신분보장원칙에 위배되는 것은 아니라 하였다. ③ 서울고등법원도 동일한 사유로 지방공무원법 제29조의3이 당해 지방공무원의 동의를 전제로 하지 않았다 하여 헌법을 위배했다고 볼 수 없다 하였다. ④ 2001년 12월 대법원판결에서는 공무원의 동의가 없이 이루어진 전입은 위법하여 취소되어야 하는 사유이지만, 지방공무원법 제29조의3이 본인의 동의를 적극적으로 배제하는 취지의 규정은 아니기 때문에 위헌 · 무효규정은 아니라고 판시하였다.

헌법재판소는 당해사건 전입과 관련해서 해당공무원의 동의가 없어도 된다고 해석한다면, 헌법에 위배된다는 사실을 명확히 하였다. 김영일 재판관은 다른 지방자치단체로의 전입이나 전출이라는 것이 당사자에게 형식적으로는 불이익한 공무원관계의 변동이 아니어서 공무원관계에 내재하는 법률관계의 특수성으로 인하여 그 동의가 꼭 필요한 것은 아닐 수 있지만, 그 실질이 면직에 해당할 경우에 위헌이 될 수 있다고 하였다.

(2) 지방공무원법 제29조의3 '전입'의 법적 성격

헌법불합치의견을 낸 김영일 재판관은 지방공무원법 제29조의3 '전입'의 성격을 적절하게도 지방자치제의 본격적 실시이전과 이후를 구분하고 있다: 지방자치제도가 본격적으로 실시되기 전에는 '전입'이 전국 일원을 하나의 근무지로 하는 상태에서 근무지를 바꾼다는 '전임'정도의 효과이고 대상 공무원의 입장에서는 '근무지의 변경'의 의미를 가졌는데, 지방자치제의 본격적 실시 이후에는 실질적으로 전에 속한 지방자치단체와의 공무원관계의 해소와 새로운 지방자치단체에서의 임용으로 변경되었다는 것이다. '전입'을 내용상 전출명령과 전입임용으로 구분하면서, 지방공무원이 특정 지방자치단체와의 쌍방적 행위를 통하여 임용되므로 특별한 사정이 없는 한 임용된 당해 지방자치단체에 소속된 공무원으로서 그 관할구역 내에서 근무하는 것을 근무관계의 본질로 하기 때문에, 지방공무원을 그 소속 지방자치단체로부터 분리하여 다른 지방자치단체 소속으로 옮긴다는 것은 그 지방공무원의 공무원으로서의 지위에 근본적인 변동을 초래하게 된다고 보았다.

(3) 지방공무원의 신분보장과 직업선택의 자유

이 결정에서는 만일 지방공무원의 동의 없이 지방공무원의 전입이 이루어질 경우에는 헌법상 보장하고 있는 직업공무원제도와 직업선택의 자유를 침해한다는 사실을 명시하고 있다. 헌법 제7조 "공무원은 국민전체에 대한 봉사자이며, 국민에 대하여 책임을 진다. 공무원의 신분과 정치적 중립성은 법률이 정하는 바에 의하여 보장된다"는 특히나 선출직인 지방자치단체장이 인사고권을 행할 경우에도 꼭 유념해야 할 사항이다. 법률이 정한 불가피한 사정이 없는데도, 지방공무원의 의사와 관계없이 지방자치단체의 장 사이의 동의만으로 지방공무원을 전출 · 전입시킬 수 있다면, 선출직 지방자치단체의 장의 자의적 판단에 의하여 실질적으로 면직에 버금가는 불리한 인사조치를 할 수 있게 될 것이다. 이는 국민 전체에 대한 봉사자로서의 지방공무원의 역할을 위축시킴은 물론 그 공무수행을 지방자치단체의 장, 나아가 그 소속 정당 내지 정치적 세력의 교체에 따라 좌우되게 만들 위험이 다분하다는 점을 상기시켰다.

또한 지방자치단체마다 지역적 특성, 인구, 재정자립도 등이 각각 다르고, 직무의 내용, 보직관리 기준, 근무여건 등이 크게 달라질 수 있고, 소속 지방자치단체의 변경으로 근무지 및 주거지가 변경되는 것은 직업선택의 자유라는 사익과 행정의 능률성을 얻게 된다는 공익을 비교형량해 보아야 한다. 이는 공무원의 신분보장, 개인의 직장선택의 자유 등 헌법적 가치에 비하여 하위의 가치이므로, 본인의 동의를 바탕으로 한 전입이 이루어져야 할 것이다.

(4) 합헌적 법률판단과 위헌판단의 기준

다수의견은 외형상 위헌적으로 보이는 법률이라 할지라도 그것이 헌법의 정신에 맞도록 해석할 여지가 있다면 쉽사리 위헌이라고 판단해서는 안 된다는 합헌적 법률해석 원칙을 따르면서, 특이하게도 대법원의 논지가 동일하다는 점을 명시하였다. 그러나 한정위헌결정에서 언급한 것처럼 법원을 제외한 다른 국가기관, 특히 지방자치단체들이 이 사건 법률조항의 운용을 대법원의 판례와 같이 할 것이라고 확실히 보장할 수 없는 상황이라고 보이지 않는다.

특히 대법원이 지방공무원법 제29조의3을 '지방자치단체의 장이 소속 공무원을 전출하는 것은 임명권자를 달리하는 지방자치단체로의 이동인 점에 비추어 반드시 당해 공무원 본인의 동의를 전제로 하는 것'이라고 해석하기는 하지만, 해당 법 규정이 본인의 동의를 배제하는 취지의 규정은 아니어서 위헌 · 무효의 규정은 아니라고 판시한 사실, 공무원의 동의가 없는 전출명령은 위법하여 취소되어야 하고, 이에 근거한 징계처분 또한 비록 이 사건 전출명령이 공정력에 의하여 취소되기 전까지는 유효한 것으로 취급되어야 하지만 징계양정에 있어서는 결과적으로 재량권을 일탈한 위법이 있다고 결정한 점을 미루어볼 때, 이 조항의 위헌을 결정했을 경우, 입법부에 의해서도 지방공무원의 동의가 전제된다는 것을 입법화하여, 향후 모든 사건에 있어서 공무원의 사전 동의 없는 전입명령은 위헌무효로 훨씬 더 명료한 법률관계를 이루게 될 것이기 때문이다.

4. 판결의 의미와 전망

대상판결은 1988년 지방자치법 전면실시 이후 지방공무원법이 바뀌지 않은 상태에서 이전과는 달라진 문제점을 다룬 데 의의가 있다. 지방자치제도의 실시로 인해 변화된 지방공무원법관계를 결론적으로는 법률의 개정 없이도 새로운 상황에 맞춰 합헌적으로 해석하도록 하였지만, 과거 중앙집권된 행정체제에서는 전입에 있어서 공무원의 동의여부와 현재 지방자치가 실시된 이후의 전입전출에 있어서의 공무원의 동의여부의 중요도가 다름을 천명하고 있다.

지방공무원에 대한 전출 · 전입이 인사교류라는 명목으로 실질적으로 제재나 징계의 수단으로 악용되는 것으로부터 헌법재판소는 헌법 제7조의 직업공무원제도와 직업선택의 자유를 들어 막아주고 있다. 다만 당해사건을 다룬 대법원판결의 내용과 이를 통해 사회적으로도 같은 해석을 할 것이라고 인정하여 그 조문자체의 해석을 합헌적으로 이해하기 보다는, 지방자치실시로 인해 변화된 지방공무원관계에 초점을 맞춰 당사자의 동의가 꼭 필요하다는 것을 법조문을 개정하여 명시하도록 하는 헌법불합치선언이 직업공무원제도의 수호나 공무원의 직장선택의 자유를 좀더 명확히 할 수 있었을 것이라는 생각이 든다.

대상조문인 지방공무원법 제29조의3은 2008년 12월 31일에 "지방자치단체의 장은 다른 지방자치단체의 장의 동의를 받아 그 소속 공무원을 전입하도록 할 수 있다"로 개정되었다. 기존의 "… 전입할 수 있다"에서 "… 전입하도록 할 수 있다"로 개정한 것은 이러한 헌법재판소의 취지를 담아, 지방공무원의 의사를 반영하도록 한 것이라 볼 수 있겠다.

〈참고문헌〉

김하열, 헌법재판소결정해설집 2002, 헌법재판소, 2003. 10.

김중권, "공무원의 전출 · 전입과 관련한 법적 문제점에 관한 소고", 저스티스 79호, 한국법학원, 2004. 6.

최계영, "행정행위가 갖는 특별한 효력의 근거—역사적 기원과 헌법적 근거에 관한 고찰—", 법조 제55권 제5호(통권 제596호), 법조협회, 2006. 5.

112. 직업공무원제도와 공무담임권

— 헌법재판소 2002. 8. 29. 2001헌마788 등 —

신 동 승*

Ⅰ. 결정 개요

1. 사실관계[1)]

(1) 청구인들은 지방공무원으로 재직 중 2001헌마788 사건의 청구인은 허위공문서작성 및 동행사죄로, 2002헌마173 사건의 청구인은 특정범죄가중처벌등에관한법률위반(도주차량)죄로 기소되어 징역 6월의 선고유예 판결을 선고받고 그 판결이 확정됨으로써 당시 시행중이던 지방공무원법 제61조에 의하여 공무원직으로부터 퇴직되었다.

(2) 이에 청구인들은 위 지방공무원법이 청구인들의 기본권을 침해하였다는 이유로 이 사건 헌법소원심판을 청구하였다.

2. 심판대상 조문

이 사건 심판의 대상은 구 지방공무원법(2002. 12. 18. 법률 제6786호로 개정되기 전의 것) 제61조 중 제31조 제5호 부분(이하 '이 사건 법률조항'이라 한다)의 위헌 여부이며, 그 내용은 다음과 같다.[2)]

제61조(당연퇴직) 공무원이 제31조 각 호의 1에 해당할 때에는 당연히 퇴직한다.
제31조(결격사유) 다음 각 호의 1에 해당하는 자는 공무원이 될 수 없다.
5. 금고 이상의 형의 선고유예를 받은 경우에 그 선고유예기간 중에 있는 자

---

* 헌법재판소 수석부장연구관.

1) 이 사건은 2001헌마788 사건과 2002헌마173 사건이 병합된 것인데, 두 사건의 사실관계가 거의 동일하다.

2) 이 사건 법률조항은 2002. 12. 18. 법률 제6786호로 다음과 같이 개정되었다.
제61조(당연퇴직) 공무원이 제31조 각 호의 1에 해당할 때에는 당연히 퇴직한다. 다만, 동조 제5호에 해당할 때에는 그러하지 아니하다.

3. 결정 요지

(1) 헌법 제25조는 "모든 국민은 법률이 정하는 바에 의하여 공무담임권을 가진다"고 하여 공무담임권을 보장하고 있고, 공무담임권의 보호영역에는 공직취임의 기회의 자의적인 배제뿐 아니라, 공무원 신분의 부당한 박탈도 포함된다.

(2) 공무원이 금고 이상의 형의 선고유예를 받은 경우 공무원직에서 당연히 퇴직하는 것으로 규정하고 있는 이 사건 법률조항은 금고 이상의 선고유예의 판결을 받은 모든 범죄를 포괄하여 규정하고 있을 뿐 아니라, 심지어 오늘날 누구에게나 위험이 상존하는 교통사고 관련 범죄 등 과실범의 경우마저 당연 퇴직의 사유에서 제외하지 않고 있으므로 최소 침해성의 원칙에 반한다.

(3) 오늘날 사회구조의 변화로 인하여 '모든 범죄로부터 순결한 공직자 집단'이라는 신뢰를 요구하는 것은 지나치게 공익만을 우선한 것이며, 오늘날 사회국가원리에 입각한 공직제도의 중요성이 강조되면서 개개 공무원의 공무담임권 보장의 중요성이 더욱 큰 의미를 가지고 있다. 일단 공무원으로 채용된 자를 퇴직시키는 것은 공무원이 장기간 쌓은 지위를 박탈해 버리는 것이므로 같은 입법목적을 위한 것이라고 하여도 당연퇴직사유를 임용결격사유와 동일하게 취급하는 것은 타당하다고 할 수 없다.

(4) 지방공무원법 제61조 중 제31조 제5호 부분은 헌법 제25조의 공무담임권을 침해하였다. 따라서 헌법재판소가 종전에 1990. 6. 25. 89헌마220 결정에서 위 규정이 헌법에 위반되지 아니한다고 판시한 의견은 변경한다.[3)]

Ⅱ. 평 석

1. 쟁점 정리

(1) 종래 직업공무원제도는 공직에 진출한 사람의 공직수행의 독자성과 영속성을 유지하기 위한 공직구조에 대한 제도 보장으로, 공무담임권은 공직취임의 기회를 박탈당하지 않을 권리로서 이해되어 왔다. 이 사건은 공직취임이 아니라 공무원 신분의 박탈에 관한 문제가 쟁점이 된 사안이므로, 종전의 이론에 따르면 이는 직업공무원제도의 보장에 관한 문제는 될 수 있어도 공무담임권 침해에 관한 문제에는 해당하지 않는다.

그런데, 이 사건은 헌법재판소법 제68조 제1항에 의한 헌법소원(이하 '헌마사건'이라 약칭한다)으로서, 청구인들은 이 사건과 관련하여 법원에 소송을 제기하지 아니하고 기본

---

3) 이 결정에는 89헌마220 결정과 같은 취지로 이 사건 법률조항이 헌법에 위반되지 아니한다는 한대현 재판관의 반대의견이 있다.

권 침해를 이유로 직접 헌법재판소에 헌법소원을 제기한 사안이다. 따라서 이 사건에서는 청구인들에 대한 기본권 침해 사실이 있어야 비로소 심판청구가 가능한데,[4] 만일 공무원 신분을 박탈하는 것이 공무담임권 등 헌법상 기본권을 침해하는 것이 아니라면 이 사건 심판청구는 부적법한 것이 된다.

대상결정의 첫 번째 쟁점은 이 사건에서 청구인들의 기본권이 침해되었는지 여부, 즉 공무원 신분을 박탈하는 것이 공무담임권 등 청구인들의 기본권을 침해하는 것인지 여부이다.

(2) 대상결정 이전의 헌법재판소 결정들은 아래서 보는 바와 같이 이 사건 법률조항이 헌법에 위반되지 아니한다는 취지로 결정하였다. 그런데 대상결정은 종전의 결정 내용을 변경하면서 이 사건 법률조항이 헌법에 위반된다고 판시하였다. 따라서 대상결정의 두 번째 쟁점은 이 사건 법률조항, 즉 공무원이 금고 이상의 형의 선고유예를 받은 경우 당연 퇴직되도록 하는 것이 헌법에 위반되는지 여부이다.

2. 관련 결정례

(1) 헌법재판소는 대상결정이 나오기 이전까지는 이 사건 법률조항 및 이와 같은 내용의 법률조항에 관해서 합헌결정을 하였는데, 그 결정들은 다음과 같이 분류할 수 있다.

(가) 헌법재판소 1990. 6. 25. 89헌마220 결정은 이 사건 법률조항에 대해서 합헌이라는 취지로 청구인의 심판청구를 기각하였다. 이 사건은 '헌마사건'이므로 청구인의 기본권이 침해된 경우에만 헌법소원이 가능한 사안인데, 이 결정에서는 청구인이 침해당한 기본권이 어떤 것인지에 관해서 구체적으로 명시하지 아니한 채 당해 헌법소원이 적법하다고 판단한 후, 이 사건 법률조항이 직업공무원제도를 규정한 헌법 제7조 제2항에 위배되지 아니한다고 판단하였다.

(나) 헌법재판소 1997. 11. 27. 95헌바14 등 결정은 국가공무원법[5] 및 이 사건 법률조항에 대해서 합헌 결정을 한 사안이다. 이 사건은 '헌바사건'인데 이 결정문에서는 직업공무원제를 규정한 헌법 제7조에 관한 판단 없이 청구인들의 공무담임권에 대해서 판단하였다.[6]

---

4) 위헌법률심판청구사건이나 헌법재판소법 제68조 제2항에 의한 헌법소원사건(이하 '헌바사건'이라 약칭한다)에서는 관련 당사자의 기본권 침해 여부와 관계없이 심판대상 법률이 재판의 전제가 되는 경우 그 법률의 위헌 여부에 대한 심판청구가 가능하나, '헌마사건'에서는 청구인의 기본권 침해 사실이 있어야 심판청구가 가능하다.

5) 이 사건에서 심판대상이 된 국가공무원법 제69조는 이 사건 법률조항과 같은 취지이다.

6) 이 결정에서는 당해 법률조항이 청구인의 "직업선택의 자유나 공무담임권, 평등권, 행복추구권, 재산권 등을 침해하지 않는다"고 판시하였는데, 아마도 이는 당해 법률조항이 청구인들이 주장하는 헌법상의 기본권을 침해하지 않는다는 일반적이 판시일 뿐이지 구체적으로 당해 법률조항이 위 기

(다) 헌법재판소 1998. 4. 30. 96헌마7 결정은 경찰공무원법[7]에 대해서 결정한 사안이다. 이 사건은 '헌마사건'인데, 이 결정문에는 공무담임권 등에 대해서 판단하면서 헌법 제7조만을 언급하고 있을 뿐 헌법 제25조에 관한 언급은 없다.

(2) 대상결정 이후에 이 사건 법률조항과 같은 취지[8]로 규정되어 있는 법률조항에 대해서 선고된 헌법재판소의 결정은 대부분 대상결정과 동일한 판단을 하고 있다. 즉, 군인사법에 관한 사건(헌법재판소 2003. 9. 25. 2003헌마293, 437), 국가공무원법에 관한 사건(헌법재판소 2003. 10. 30. 2002헌마684 등), 향토예비군설치법에 관한 사건(헌법재판소 2005. 12. 22. 2004헌마947), 군무원인사법에 관한 사건(헌법재판소 2007. 6. 28. 2007헌가3) 등에서 헌법재판소는 대상결정을 그대로 인용하면서 공무원의 신분을 박탈하는 조항이 공무담임권을 침해하는 것이라는 취지로 판시하였다.

3. 결정의 검토

(1) 직업공무원제도와 공무담임권의 관계

(가) 직업공무원제도의 의의

직업공무원제도는 국가와 공법상의 근무 및 충성관계를 맺고 있는 직업공무원에게 국가의 정책집행기능을 맡김으로써 안정적이고 능률적인 정책 집행을 보장하려는 공직구조에 관한 제도적 보장을 말한다.

우리 헌법은 제7조에서 공무원의 책임과 신분보장 및 정치적 중립성에 관한 기본조항을 두고 있고, 그밖에 공무원의 노동3권제한(제33조 제2항), 대통령의 공무원 임면권(제78조), 국가의 손해배상책임(제29조) 등에 관한 규정을 통해 직업공무원제도의 실현을 담보하고 있다.

일반적으로 직업공무원제도의 요소에는 공무원임명 · 보직 · 승진시의 능력주의, 공무원의 정치적 중립성, 공무원의 신분보장과 징계절차의 엄격성, 공무원의 직무상 불법행위에 대한 국가의 배상책임 등이 포함되는 것으로 보고 있는데, 이러한 요소들은 공무원의 개인적 이익만을 위해 존재하는 것이 아니라 법치주의의 실현 및 단절 없고 일관된 정책집행이라는 국가적 과제를 공평무사하고 성실히 수행하게 하기 위해 필요한 것이다. 그러므로 입법자는 직업공무원제도에서 요구되는 공무원의 신분보장과 경제적 생활보장 등을 구체적으로 제도화함에 있어서 공무원의 충성의무, 정책집행의 효율성, 공무원 관계의 공법적 성격 등을 종합적으로 고려하여 이를 형성할 넓은 재량권을 가진다.

본권들과 어떤 관련이 있는지에 대해서 판단하였다고 보기 힘들다.

7) 이 사건에서 심판대상이 된 경찰공무원법도 이 사건 법률조항과 같은 취지이다.

8) 즉, 자격정지 또는 금고 이상의 형의 선고유예를 받은 경우 당연 퇴직되도록 하는 법률조항.

다만 이러한 넓은 형성권은 헌법이 지향하는 자유민주주의와 법치국가원리 및 사회국가의 이념 등과 조화될 수 있는 것이어야 한다. 결국 직업공무원제도는 통치를 위한 기관의 구성원리인 동시에 공무원에게는 공무원으로서의 일정한 권리를 보장해 주는 의미를 함께 가진다.

(나) 공무담임권의 의의

헌법 제25조는 "모든 국민은 법률이 정하는 바에 의하여 공무담임권을 가진다."라고 규정하고 있는데, 여기서 '공무'란 넓은 의미로서 입법, 사법 및 행정은 물론 지방자치단체 등을 포함하는 모든 국가사무를 말한다. 그리고 공무담임권이란 선출직 공무원을 비롯한 모든 국가기관의 공무원으로서 공무를 담당할 권리를 의미한다고 보는 것이 일반적 견해이다. 선출직 공무원의 경우 공무담임권은 선거에 입후보하여 당선될 수 있는 피선거권을 말하고, 기타 모든 국가기관의 공무원의 경우 공무담임권이란 공직에 임명될 수 있는 공직취임권을 의미한다. 즉, 공무담임권은 국민이 공무담당의 기회보장을 청구할 수 있는 권리로서 국가 및 지방자치단체 등의 기관에서 공적 직무를 담당할 수 있는 잠재적 지위 또는 자격을 보장하는 기본권이다.

우리 헌법은 모든 국민에게 이와 같은 공무담임권을 보장함으로써 주권자인 국민이 직접 국정의 담당자로서 참정권을 행사할 수 있는 길을 열어놓고 있다. 그러나 공무담임권은 현실적인 권리가 아니라 공무담임의 기회보장이라는 추상적인 성격을 가지고 있기 때문에, 선거에서의 당선, 공직채용시험의 합격 등 주관적 전제조건에 의해서 공무담임권이 제한되는 것은 공무담임권이 내포하고 있는 당연한 제약에 해당한다.

(다) 문제의 제기

이상에서 본 바와 같은 전통적 이론에 의하면, 공무원이 공직에 취임한 이후 그 신분을 유지하는 것은 직업공무원제도의 한 내용일 뿐이지 공무담임권의 범위에는 포함되지 않는다. 이에 따르면, 공무원이 그 신분을 박탈당한 경우 그에 대한 구제수단으로 행정소송을 제기할 수 있는지 여부는 별론으로 하고, 헌법소원을 제기하는 데는 약간의 제약이 따르게 된다. 즉, 공무원으로서의 신분을 박탈당한 자는 그에 관해 일반 법원에 소송을 제기한 후 그 근거법령에 관하여 위헌제청신청을 하는 방법으로 구제받을 수 있을 뿐, 기본권 침해를 이유로 직접 헌법재판소에 헌법소원을 제기할 수는 없는 것이다. 헌법재판소에 직접 헌법소원을 제기하기 위해서는 청구인의 기본권이 침해되어야 하기 때문이다.

대상결정의 사안은 이러한 사례의 하나인데, 대상결정은 이러한 문제를 해결하기 위하여 공무담임권에 공무원의 신분보장도 포함된다는 취지를 분명히 설시하였다. 이하에서는 이러한 이론구성의 타당성에 대해서 검토해 보기로 한다.

(라) 관련 헌법재판소 결정의 분석

앞서 본 바와 같이 89헌마220 결정은 '헌마사건'이므로 청구인이 침해당한 기본권이 무엇인지에 관해서 특정한 후 그것이 침해되었는지 여부에 관해서 판단하여야 함에도 불구하고, 그에 관한 구체적 설시 없이 "그러므로 지방공무원법 제31조 제5호, 제61조가 헌법 제7조 제2항의 공무원 신분보장 규정을 위배하여 심판청구인의 기본권을 침해하고 있는 것인가에 대하여 보건대 …"라고 설시한 후, 이 사건 법률조항이 헌법 제7조 제2항에 위배되지 아니한다고 판단하였다. 이 결정은 제도적 보장과 기본권의 관계 및 '헌마사건'과 '헌바사건'의 차이에 관한 정확한 분석 없이 선고된 것이 아닌가 생각된다.

그 이후에 선고된 95헌바14등 결정과 96헌마7 결정도 89헌마220 결정 내용을 그대로 따라서 판시한 것으로 보이는데, 이 결정들도 공무담임권의 내용 및 직업공무원제도와의 관계에 관한 정확한 분석 없이 당사자들이 주장하는 부분에 대해서 판단하는 방식으로 이유를 설시하였다. 따라서 청구인들이 주장하는 공무담임권의 침해 여부에 대해서 판단하면서 헌법 제25조에 대한 언급이 전혀 없을 뿐 아니라 헌법 제7조를 언급한 부분도 있는 것이다.

오히려 공무원의 정년 연장 신청에 관해서 판시한 헌법재판소 1997. 3. 27. 96헌바86 결정에서는 일반 공무원보다 정년 연령이 낮은 일부 공무원의 정년에 관한 법률조항이 헌법 제25조에 규정된 공무담임권을 침해할 소지가 있다고 판시하여, 공무담임권에 공무원의 신분보장이 포함된다는 취지로 판시하였다.[9)]

대상결정은 종전 헌법재판소 결정들의 문제점을 파악하여 관련된 이론을 명확히 한 점에서 큰 의의가 있다. 즉, 대상결정은 종전의 결정들과는 달리 공무담임권과 제도적 보장과의 구분을 명확히 하고, 공무담임권의 근거가 헌법 제25조라는 것도 명확히 하였다. 이 결정 이후 헌법재판소의 결정에서 적어도 제도적 보장과 공무담임권의 관계를 혼동하거나 이에 관한 구분을 명확히 하지 않고 한꺼번에 판시하는 일은 거의 없어진 것으로 보인다.[10)]

---

9) 그런데 이와 유사한 사안인 99헌마112 등 결정(2000. 12. 14. 선고, 교육공무원의 정년을 62세로 단축한 교육공무원법에 관한 사건)에서는 교원의 정년을 단축한 것이 공무담임권을 침해할 소지가 있다는 취지로 판시하였으나, 그 공무담임권의 근거에 관해서는 전혀 언급한 바 없다.

10) 그런데 헌법재판소 2004. 11. 25. 2002헌바8 사건(지방자치단체의 직제가 폐지된 경우 해당 공무원을 면직할 수 있도록 한 규정에 관한 사건)에서 헌법재판소는 "공무담임권이 위와 같은 내용을 가진다고 할 때 이 사건 규정을 공무담임권 침해 문제로 판단할 수 있는지를 살펴볼 필요가 있다. 그런데 직제가 폐지된 경우 임용권자가 직권으로 면직할 수 있도록 하고 있는 이 사건 규정은 공무원의 공직취임문제와는 거의 관련이 없고 이미 공무원으로 임용된 자의 그 신분 상실과 관련된다 할 것이다. 그리고 공무원의 신분상실 문제는 직업공무원제도의 중심을 이루는 공무원 신분보장의 문제로서 공무원의 신분을 박탈함에 있어서는 당해 공무원이 불합리하게 그의 권리나 이익을 침해당하지 않도록 보호해야 한다는 것을 내용으로 한다. 따라서 이 사건 규정의 직권면직에 대해서는 특별

(마) 공무담임권에 공무원의 신분 보장을 포함하는 것의 타당성

앞서 본 바와 같이 종래 공무담임권은 공직취임의 기회를 박탈당하지 않을 권리, 즉 공직취임의 기회보장청구권을 의미하는 것으로 이해되어 왔었다. 그런데, 대상결정은 이러한 공무담임권에 공직을 박탈당하지 않을 권리도 포함되는 것으로 판시하고 있다. 이에 더 나아가 헌법재판소는 공직수행의 배제 문제도 공무담임권의 보호영역으로 선언하고 있다(헌법재판소 2005. 5. 26. 2002헌마699 등).

헌법재판소가 공무담임권에 공직을 유지할 권리까지 포함하는 것으로 판단한 이유는 ① 공무원 신분의 자의적인 박탈은 공직취임 기회의 자의적인 배제보다 당해 국민의 법적 지위에 미치는 영향이 더욱 큰 것인데 이를 보호영역에서 배제한다면 기본권 보호체계에 공백이 발생할 수 있다는 점, ② 헌법 제25조의 문언상 현재 공무를 담임하고 있는 자를 그 공무로부터 배제하는 경우는 적용되지 않는다고 단정할 수 없는 점, ③ 공무담임권이 직업의 자유에 대한 특별규정의 성격을 지니고 있으므로 공무담임권의 보호영역에는 공무원 신분의 자의적인 박탈이 포함된다고 볼 수 있다는 점 등이라고 할 것이다.[11] 그리고 헌법재판소가 대상결정 등에서 이와 같은 판시를 한 결정적인 이유는 법률 규정에 의하여 당연 퇴직된 당사자가 '헌마사건'으로 헌법소원을 제기한 경우, 이에 대한 본안 판단을 할 수 있는 길을 열어놓기 위한 것으로 보인다.

그런데, 이에 대해서는 ① 공무원에 대한 신분보장은 정치세력으로부터 직업공무원을 보호함으로써 주어진 권한을 객관적이고 공정하게 안정적으로 행사할 수 있도록 하기 위한, 즉 공무집행의 안정성과 지속성을 보장하기 위한 수단에 불과하지 해당 공무원을 보호하기 위해서 인정되는 것은 아니라는 점, ② 사기업 근로자의 경우 그 신분에 관해서 보호받을 헌법상 기본권이 없는데, 공무원에 대해서만 근로관계를 유지할 헌법적 기본권이 인정되는 이유를 설명하기 어렵다는 점, ③ 제도 보장은 최소보장을, 기본권은 최대보장을 원칙으로 하는데, 공무원에 대한 신분보장이 양자에 모두 해당한다면 그 심사강도를 결정하는 데 모순이 발생한다는 점, ④ 공무원의 신분박탈에 대해서 구제할 수 있는 수단은 현행 제도에서도 충분히 찾을 수 있다는 점 등을 들어 반대하는 견해가 있다.

공무담임권의 보호영역에 신분보장에 관한 부분도 포함시키면 대상결정에서 주장하는 바와 같이 공무원의 법적 지위를 보호하는 데 편리한 점이 있음은 두말할 나위도 없다. 그러나 이론적으로 보면 이를 공무담임권의 보호영역에 포함시키는 것은 무리가 있

한 사정이 없는 한 공무담임권 침해 문제가 아닌 직업공무원제도 위반 문제만을 판단하는 것으로 족하다"라고 판시하여 대상결정과 다소 다른 입장인 듯한 판시를 하고 있다. 이 사건은 '헌바사건'이어서 구태여 기본권 침해 여부를 판단할 필요가 없기 때문에 이와 같이 판시한 것이 아닌가 생각된다.

11) 그 밖에 제도적 보장의 양면성에 의하여 직업공무원제도에서 공무담임권이 인정될 수 있다는 주장도 있을 수 있다.

다고 보이고, 단지 직업공무원제도의 내용으로 보는 것이 타당하다고 보인다.

(2) 이 사건 법률조항의 위헌성

대상결정은 다음과 같은 사유로 이 사건 법률조항이 위헌이라고 판시하였다.

(가) 입법목적을 달성함에 반드시 필요한 범죄의 유형, 내용(특히 과실범의 경우) 등으로 그 범위를 가급적 한정하거나 징계 등 별도의 제도를 이용하지 아니함으로써 최소침해성의 원칙을 위배하였다.

(나) 과거와는 달리 공직에 대한 신뢰가 높지 않은 반면 사회국가원리에 입각한 공무원 생활보장의 중요성이 더욱 큰 의미를 가지게 되었는데, 이 사건 법률조항은 공익만을 강조한 것이다.

(다) 공무원의 임용결격사유와 당연퇴직사유를 동일한 것으로 규정할 필요는 없다.

(라) 이 사건 법률조항으로 인하여 법원에서 공무원의 형사범죄에 대하여 선고형을 결정하면서 벌금형을 선택하도록 할 우려가 있다.

이에 대해서는 공무원의 직무관련범죄에 대해서는 선고유예의 경우에도 당해 공무원을 퇴직시키는 것이 타당하므로 이 사건 법률조항 중 공무원의 직무관련범죄 부분에 대해서만 한정합헌결정을 했어야 하고, 공직 분야를 너무 쉽게 민간 기업조직과 동일화시킴으로써 공직 신뢰에 관한 부분을 평가 절하하여 부패한 공직자를 구별해서 논해야 할 필요성을 놓쳤다는 주장(장철준, 177면 이하 참조[12])과 공무원은 국민전체에 대한 봉사자로서 고도의 윤리·도덕성을 갖추어야 할 뿐 아니라, 그가 수행하는 직무 그 자체가 공공의 이익을 위한 것이고 원활한 직무수행을 위해서는 공무원 개개인이나 공직에 대한 국민의 신뢰가 기본바탕이 되어야 하는데 공무원이 범죄행위로 인하여 형사처벌을 받은 경우 국민에 대한 신뢰가 손상되어 공무수행에 어려움이 생기고 이는 곧바로 공직전체에 대한 신뢰를 실추시켜 공공의 이익을 해하게 되는데, 범죄행위로 인하여 형사처벌을 받은 공무원에 대한 신분상 불이익처분을 하는 방법은 광범위한 입법재량이 인정되는 것이므로 별도의 징계절차를 거치지 않도록 하였다고 하여 헌법에 위반된다고 할 수 없다는 소수의견이 있다.

이 사건 법률조항은 과실범이나 공무와 관련 없는 범죄에 대해서도 모두 당연퇴직사유로 규정하고 있는데, 이는 공무의 공공성과 크게 관련이 있다고 생각되지 않는다. 공무원이 교통사고를 일으키거나 폭행을 했다고 해서 공직에 대한 국민의 신뢰가 손상된다고 보기는 어렵기 때문이다. 더구나 공무원의 범행이 경미하여 형의 선고유예를 받은 경우까지 당해 공무원을 공직에서 배제할 필요가 있는지는 의문이 든다. 이러한 관점

12) 이 글은 헌법재판소 2003. 10. 30. 2002헌마684 등 결정에 대한 평석으로 당해 사건의 청구인들은 뇌물수수, 마약류관리에관한법률위반 등 직무관련 범죄를 저질렀다.

에서 대상결정의 취지는 타당하다고 생각된다.

4. 결정의 의미와 전망

앞서 본 바와 같이 대상결정은 두 가지 쟁점에 대해서 모두 큰 의의를 가지는 것이라고 할 것이다.

첫째, 대상결정은 헌법 제25조에 규정된 공무담임권이 공직에 취임할 수 있는 권리를 보장하는 것뿐 아니라, 공무원 신분을 부당하게 박탈당하지 않을 권리도 포함하는 것이라는 점을 분명히 하였다. 이 결정으로 인하여 종전 결정에서 명확하게 판단되지 아니한 공무담임권에 관한 부분이 명확하게 정리되었고, 향후 공무원의 신분 보장과 관련된 사안에 관해서 '헌마사건'으로 헌법소원을 제기하는 것이 가능하게 되었다. 다만, 앞서 본 바와 같이 헌법 제25조에 규정된 공무담임권이 공직을 박탈당하지 않을 권리까지 포함하는 것인지에 관해서는 좀 더 깊은 연구가 필요할 것으로 보인다.

둘째, 대상결정은 공무원으로서 금고형의 선고유예를 받은 자들이 당연 퇴직되도록 하는 법률규정이 합헌이라는 종래의 결정을 변경하여 이를 위헌으로 결정하였다. 그리고 이 결정에 따라 이와 같은 취지로 규정된 국가공무원법, 군인사법 등에 관해서도 모두 위헌결정이 선고되었고, 당해 법률규정들은 대상결정의 취지에 부합하게 모두 개정되었다.

<참고문헌>

김진한, "지방공무원법 제61조 중 제31조 제5호 부분 위헌소원—공무원의 당연 퇴직 제도와 공무담임권—", 헌법재판소결정해설집 제1집, 헌법재판소, 2002.

지성수, "직업공무원제도와 공무담임권과의 관계—헌법재판소 판례를 중심으로—, 헌법논총 17집", 헌법재판소, 2006.

이인호, "공무담임권의 보호영역에 관한 헌법재판소의 판례 비판(결정 상호간의 모순과 부정합성 비판)", 법과사회, 법과사회이론학회, 2006. 6.

장철준, "공무담임권의 제한과 과잉금지원칙: 구 국가공무원법상 공무원의 당연퇴직사유에 대한 헌법재판소 결정 비판", 법학연구 제14권 제1호, 연세대학교 법학연구소, 2004.

113. 공무원의 복종의무의 범위

— 대법원 2001. 8. 24. 선고 2000두7704 판결 —

이 계 수*

Ⅰ. 판결개요

1. 사실관계

1999년 1월, 대전지역에서 X변호사의 사건수임 장부 및 이에 기재된 사건 소개인 및 사건 소개료 등이 언론에 공개되었다. 이 사건에 대해 검찰총장은 즉시 수사에 착수할 것을 지시하였는데, A가 위 장부에 특정 수임건의 소개인으로 기재되어 있었다. A는 이와 관련 대검찰청에 "X변호사는 전혀 모르는 사람이다"라는 내용의 해명서를 제출하였고 같은 내용의 진술도 하였다.

수사결과 소개인으로 기재되어 있는 사람들은 사건소개료를 받지 않은 것으로 밝혀졌지만, 검찰총장은 판 · 검사들의 소위 떡값 및 향응수수 부분에 대해서도 수사를 확대하였다.

A는 1997년 8월부터 당시까지 대구고등검찰청 검사장으로 근무하고 있었다. A는 1994년 9월 16일부터 1996년 9월 19일까지 대전지방검찰청 검사장으로 재직하다가 1996년 9월 20일 광주지방검찰청 검사장으로 발령받았다. 검찰은 X가 광주지검장으로 발령받은 A에게 전별금조로 100만원을 교부하였으며, 또한 X가 A에게 1995년 1월경부터 1995년 9월경까지 10여회에 걸쳐 1회 최고 약 100만원 상당의 저녁식사와 술대접을 제공하였다는 진술을 X로부터 받았다. 그러나 검찰은 이에 대한 물증을 확보하지는 못하였다.

검찰총장은 A에게 사직을 권유하였지만, A는 전별금이나 향응을 제공받은 사실을 부인하면서 사직서 제출을 거부하였다. 검찰총장은 1999년 1월 27일 10:30경에 대검찰청 차장검사를 시켜 사직을 권유하도록 하였고, 차장검사는 대구고등검찰청 차장검사에게

---

* 건국대학교 법학전문대학원 교수.

전화를 하여 구술내용을 원고에게 전달하도록 하였다. 이때 A가 전달받은 구술내용은 “오늘 중 결심을 해 주었으면 좋겠다. 그렇지 않으면 내일 X 변호사를 서울로 이송하여 대질할 수밖에 없다. 지금 X가 자서전을 써서 공개한다고 하는 실정이므로 투명하게 처리할 수밖에 없다. 결심이 서지 않으면 내일 오후에 대검에 출석하여 대질신문을 받도록 하라”였다.

위 내용을 전달받은 A는 검찰총장의 승인을 받지 않은 상태에서 1999년 1월 27일 대구고등검찰청을 출발하여 서울에 도착하였으며, 당일 오후에 대검찰청 기자실에서 “일부 검찰수뇌부는 검찰조직과 후배검사들을 담보로 권력에 영합하여 개인의 영달을 추구해 왔다. 대전사건 수사는 구속상태에 있으면서 사회의 비난을 한 몸에 받아 심리적 공황상태에 있는 X변호사의 일방적 진술에 의해 옥석을 가리지 않고 판 · 검사들을 무차별적으로 공격해대는 소위 ‘마녀사냥’ 식으로 이루어지고 있다. 이러한 과정을 두고 검찰총수와 수뇌부가 특정인을 선별하여 제거하기 위해 X변호사와 야합하여 소위 ‘빅딜’을 하고 있다는 소문도 있다”는 내용이 담긴 유인물을 배포하였다.

이러한 과정을 거친 후 검찰총장은 1999년 1월 검사징계위원회에 A에 대한 징계청구를 하였고, 검사징계위원회는 1999년 2월 3일 A에게 면직의 결정을 하였다. 이 결정에 따라서 대통령은 2월 4일 A를 면직하는 처분을 하였다.

2. 소송경과

A는 면직처분이 위법하다고 주장하면서 면직처분취소소송을 서울행정법원에 제기하였다. 1심법원은 사건 처분의 위법성은 인정하였지만, 사정판결을 하여 A의 청구를 기각하였다.

A와 법무부장관은 모두 서울고등법원에 항소하였고, 서울고등법원은 A에 대한 면직처분을 취소하고, 법무부장관의 항소는 기각하였다.

법무부장관은 2심 판결에 불복하여 대법원에 상고하였지만, 역시 기각되었다.

3. 판결요지

[제1심 판결의 요지]

(1) 검찰총장이 검사의 비위사건에 관한 내사사건의 조사를 위하여 당해 검사에게 대질신문을 받도록 출석을 명하는 것이 직무상 명령에 해당한다고 하더라도, 징계사유로 삼기 위해서는, 그 출석명령의 내용(내사사건의 조사과정의 대질신문을 위한 것)이 명백하여야 하고 출석 일시와 장소 등이 특정되어야 한다.

본 사안에서 원고에게 전달된 내용은 ‘대질신문을 위한 출석명령’이라는 점보다는

'사표 제출의 권유 내지 종용'으로 생각되었을 가능성이 높고, 출석 시간과 장소가 지나치게 막연하여(오후의 어느 시간인지, 대검찰청의 어느 호실인지 불분명함) 특정되었다고 보기 어렵다. 따라서 '직무상 명령인 출석명령에 응하지 않음으로써 직무상 의무에 위반하였다'를 징계사유로 삼을 수 없다.

(2) 다만, 근무지 무단이탈로 인한 직무상 의무 위반을 인정할 수 있고, 고등검사장 중 1인으로서 검찰권의 적정한 행사를 위하여 검찰 조직을 안정시킬 책임이 있는 원고(A)가 기자회견으로 사회적으로 엄청난 파장을 일으킨 것은 검사로서의 체면이나 위신을 손상하는 행위에 해당한다. 그러나 그 정도의 사유만으로 원고에게 면직처분까지 한 것은 재량권의 범위를 넘는 것으로 위법하다. 따라서 원고에 대한 면직처분은 징계재량권을 일탈 남용한 것으로 위법하여 취소하는 것이 마땅하나, 이를 취소하는 것이 현저히 공공복리에 적합하지 아니하므로 사정판결을 할 경우에 해당한다.

[제2심 판결의 요지]

(1) 검찰청법 제12조 제2항("검찰총장은 대검찰청의 사무를 맡아 처리하고 검찰사무를 통할하며 검찰청의 공무원을 지휘 · 감독한다")과 제7조 제1항("검사는 검찰사무에 관하여 상사의 명령에 복종한다") 그리고 검찰청사무기구에 관한 규정 제9조의2(대검찰청 감찰부에 둘 과와 그 분장사무)에 비추어 볼 때, 검찰총장은 내사사건의 조사처리에 관하여 당해 검찰 공무원에게 조사를 위한 출석 명령 등의 직무상의 명령을 발할 수 있음이 분명하다.

'사직서를 제출하지 아니하는 한, 그 다음날 오후에 대검찰청에서 대질신문을 받으라는 것'은 대질신문을 위한 출석명령으로 보아야 하고, A도 그와 같은 구술 내용의 출석명령의 취지를 정확히 인식하고 있었다고 보아야 하므로 직무명령의 명확성과 구체성 요건은 충족된다. 또한 '다음날 오후 대검찰청에서 대질신문을 받으라'는 것도 근무시간 중에 원고가 편리한 시각에 와서 대질신문을 받으라는 취지이기 때문에 출석명령의 효력을 부정하여야 할 정도로 일시와 장소가 특정되지 않은 것이 아니다.

(2) 2심 법원 또한 근무지 무단이탈로 인한 직무상 의무 위반을 인정하였으며, A의 기자회견은 검사로서의 체면이나 위신을 손상하는 행위에 해당한다고 판단하였다. 그러나 2심 법원도, 면직처분은 원고에게 인정되는 징계사유에 비추어 균형을 잃어 지나치게 무거워 징계재량권의 범위를 넘는 것으로서 위법하다고 판시하였다.

또한 이 사건 처분이 위법하다는 이유로 취소되어 원고가 복직하게 되면, 상명하복 관계를 이루는 검찰 조직의 특성과 검찰 인적 구성에 비추어 검찰 내부의 인화와 조직의 안정에 바람직하지 않은 요소로 작용할 가능성이 있다는 점을 인정하면서도, 그와 같은 사태는 검찰내부에서 슬기롭게 조정, 극복해야할 문제이지 준사법기관인 검사에 대한 위법한 면직처분을 취소할 필요성을 부정할 만큼 현저히 공공복리에 반하는 사태에 해당한다고는 볼 수 없기 때문에 사정판결을 할 경우에 해당하지 않는다고 보았다.

[대법원 판결의 요지]

(1) 상급자가 하급자에게 발하는 직무상의 명령이 유효하게 성립하려면 그 명령은 상급자가 하급자의 직무범위 내에 속하는 사항에 대하여 발하는 명령이어야 한다. 검사가 대질신문을 받기 위하여 대검찰청에 출석하는 행위는 검찰청법에서 규정하고 있는 검사의 고유한 직무인 검찰사무에 속하지 아니할 뿐만 아니라, 그 검사가 소속 검찰청의 구성원으로서 맡아 처리하는 이른바 검찰행정사무에 속하는 것도 아니다. 따라서 출석명령은 그 검사의 직무범위 내에 속하지 아니하는 사항을 대상으로 한 것이므로 그 검사에게 복종의무를 발생시키지 않는다.

(2) 나머지 점에 대해서는 제2심 법원의 판단을 그대로 인용하였다.

Ⅱ. 평 석

1. 쟁점정리

본 판례에는 공무원의 의무, 징계처분의 재량권 남용에 대한 사법심사 방식 및 그 판단 기준, 사정판결의 요건 등 여러 쟁점이 포함되어 있다. 공무원의 의무 도 이하 평석의 대상이 된 복종의무 외에 공직의 체면 · 위신 · 절도 · 신용을 유지하기 위한 의무인 품위유지의무가 판단대상이었다. 징계처분의 재량권 남용에 대한 사법심사문제라든가, 사정판결의 요건, 나아가 품위유지의무의 내용 등은 그간 판례에 의해 빈번히 혹은 여러 차례 검토되었지만, 공무원의 복종의무의 범위에 대한 검토는 거의 이루어지지 않았다. 이와 같은 사정을 감안하여 이하에서는 쟁점을 공무원의 복종의무의 범위, 즉 공무원에게 복종의무가 주어지는 명령의 개념, 그리고 그 명령이 유효하게 성립하기 위한 요건으로 한정하였다.

1심과 2심은 대질신문을 위한 출석명령이 직무명령이라는 전제 하에서, 그 직무명령이 복종의무가 주어지는 명령으로서 유효하게 성립하기 위해서는 '내용의 명확성'과 '구체성'이 필요하다고 판시하고 있다. 다만, 이 사건에서 당해 직무명령이 그와 같은 요건을 충족한 것인지와 관련해서는 의견이 갈렸다. 1심법원은 부하에게 상관의 명령내용이 명확히 전달되지 않았고, 또한 구체적인 이행 시간을 명시하지 않았기 때문에 복종의무가 존재하지 않는다고 보았지만, 2심법원은 내용을 명확히 알 수 있었고, 이행시간도 구체화되었다고 판단하였다. 반면, 대법원은 '출석명령' 자체가 검사의 고유한 직무범위에 속하지 않는다고 판단하였기 때문에 그 명령의 '명확성'이나 '구체성'에 대해 언급하지 않았다.

직무상의 명령이 유효하게 성립하기 위해서는 상급자가 하급자의 직무범위 내에 속하는 사항에 대하여 발하는 명령이어야 한다는 점에 대해서는 1, 2심과 대법원 모두 일치된 의견을 보이고 있다. 하지만 구체적으로 '대질신문을 받기 위해 대검찰청에 출석하는 행위'가 검사의 고유한 직무인가에 대해서는 견해가 갈렸다. 1, 2심 법원은 그에 대해 분명하게 밝히지는 않았지만, 그 점을 전제로 한 뒤, 당해 사안에서 직무명령이 발령될 수 있다고 보았다. 그런 연후에 그 직무명령의 내용이 특정되었는지를 각각 검토하였다. 그러나 대법원은 그러한 해석을 수용하지 않았다.

2. 관련판례

공무원에 대한 징계처분도 행정쟁송의 대상이 된다는 것은 더 이상 다툼의 여지가 없다. 그러나 징계처분의 부당·위법을 다투는 행정쟁송이 현실에서 빈번이 일어나는 것은 아니다. 징계처분 중에서도 복종의무위반을 다투는 사안은 더욱 그러하다.

공무원의 복종의무와 관련된, 대상판결 이전의 판결은 손에 꼽을 정도다. 우선 자주 인용되는 대법원 1988. 2. 23. 선고 87도2358 판결은 이른바 '박종철 고문치사사건' 관련 형사판결로서 "소속 상관의 명령이 참고인으로 소환된 사람에게 가혹행위를 하라는 것 등과 같이 명백히 위법한 때에는 그에 복종할 의무가 없다"는 판시내용으로 되어 있다. 형사사건판결이라는 점 외에도 복종의무의 내용과 한계를 따질 필요도 없을 정도로, 소속 상관의 명령의 위법성이 중대하고 명백한 사례라는 점에서 대상판결의 선례라고 보기는 어렵다. 다른 하나는 대법원 1967. 2. 7. 선고 66누168 판결로, 비록 상관의 명령에 의한 행위라고 하더라도 위법한 상관의 명령에는 복종할 의무가 없다는 매우 원론적인 내용으로 되어 있어 직무명령의 적법·유효 요건에 대해 본격적으로 판단한 것은 아니다.

3. 판결의 검토

(1) 복종의무의 의의와 내용

공무원은 직무를 수행함에 있어서 소속 상관의 직무상의 명령(=직무명령)에 복종하여야 할 의무를 진다. 이를 복종의무라고 한다. 복종의무는 공무원의 직무상 의무 중 하나로 분류되므로 "직무를 수행"하는 시간과 공간에서만 지는 의무이다. 한편, 직무명령은 본래의 직무사항 외에도 예외적으로 공무원의 생활행동도 규제할 수 있으므로(김철용, 231면), 복장과 두발에 대한 규제를 담은 직무명령에 공무원이 복종해야 하는 경우, 그의 의무는 직무시간과 장소를 넘어 사실상 확장될 수 있다. 다만, 복종의무는 어디까지나 직무상 의무이므로 그러한 확장에도 공무원의 기본권(장신구의 착용과 행복추구권) 등에 따른 제한이 필요하다(직무관련성의 엄격한 해석).

공무원의 복종의무는 계층적 조직체인 행정조직의 원리상 필수적이다. 공무원의 직무집행방법은 법령에서 직접 규정된 경우에는 그대로 따르면 될 것이다. 그러나 대체로 법령에서는 일반기준이나 원칙만 정해놓고 구체적인 집행은 권한 있는 기관의 판단과 지침에 따라 행하도록 하는 것이 통례이다(김철용, 230면). 이 경우 소속 상관은 그 구체적인 집행이 부하 공무원의 재량적 판단에 따라 이루어지도록 하거나 혹은 직무집행의 통일성을 위하여 직무명령을 발할 수 있다. 어떤 경우에 직무명령을 발하여 부하에게 직무와 관련한 복종을 요구할 것인가는 공무원의 종류, 해당 공무원의 직무의 성격 등을 고려하여 개별적 · 구체적으로 판단하여야 할 것이다.

예컨대 경력직 공무원 중 특정직 공무원으로 분류되는 검사의 경우, 소속 상관은 하급자의 직무집행이 재량적 판단(기소편의주의 등)에 따라 이루어지도록 해야 한다. 이렇게 해석하는 것이 준사법기관으로서 검사의 지위와 기능에 부합한다. 따라서 검사의 고유직무(검찰청법 제4조 제1항 참조) 수행과 관련한 검사의 재량 자체를 법령에 근거 없이 박탈하거나 본질적으로 제한하는 직무명령은 그 자체로 위법하다고 보아야 한다.

반면, 같은 특정직 공무원이라도 일반직 공무원과 비교할 때 경찰공무원, 소방공무원 및 군인의 경우, 소속 상관은 직무명령을 발령하여 직무의 통일적 · 능률적 집행을 담보해야 할 상황에 직면하게 될 가능성이 크다. 나아가 아주 예외적이겠지만 그러한 통일적 · 능률적 집행이 아주 긴요하여, 하급공무원의 명령이행을 형벌로까지 강제해야 할 경우도 있을 수 있다. 예컨대 "집단살상의 위급사태가 발생한 경우"의 경찰공무원(경찰공무원법 제31조 2항)이나 "소화업무에 동원된" 소방공무원(소방공무원법 제29조 1항)이 상관의 직무상 명령에 복종하지 않으면 형사 처벌된다. 나아가 군인의 경우에는 복종의무가 형벌에 의해 포괄적으로 강제되고 있다(군형법 제44조, 47조).

직무명령은 법규의 성질을 갖지 않는 행정규칙에 불과하기 때문에 그 위반은 내부징계의 대상이지 형벌의 대상이 되지 않는 것이 원칙이다. 국가공무원법 제57조가 소속 상관에 대한 복종의무를 규정하고 제78조에서 동법의 의무(즉 복종의무)를 위반한 경우를 징계사유로 규정하고 있는 것은 그러한 취지이다. 그런데, 경찰공무원 등에게 형벌로까지 강제되는 복종의무를 지우는 것은 이들 공무원의 '특정' 직무에서는 그 직무집행의 재량적 수행보다는 유기적 · 통일적 수행이 더 중요하기 때문으로 해석된다. 이처럼 하급자의 직무수행에 대하여 상급자가 명령을 매개로 개입해야 하느냐, 개입하는 경우, 그 명령은 어느 정도로까지 강제될 수 있는가는 직무상 독립의 범위에 대한 실질적 해석에 따라 판단할 수밖에 없다.

(2) 직무명령의 적법 · 유효성 판단기준

(가) 직무명령의 적법 · 유효요건

그러므로 복종의무의 해석에서는 어떤 명령이 직무명령이 될 수 있는지, 또한 직무명령의 범위(직무명령을 발령하여 부하에게 복종의무를 강제할 수 있는 영역의 범위)는 어디까지인지 하는 문제가 매우 중요하다. 이를 전통적으로 직무명령이 적법 · 유효하기 위한 형식적 · 실질적 요건으로 검토해왔다. 즉, 직무명령은 ① 권한이 있는 상관이 발할 것, ② 부하공무원의 직무의 범위 내에 속하는 사항일 것, ③ 부하공무원의 직무상 독립의 범위에 속하는 사항이 아닐 것, ④ 법정의 형식 · 절차가 있으면 이를 갖출 것 등의 형식적 요건을 갖추어야 한다. 또한 직무명령은 그 내용이 법령 또는 공익에 적합한 것이거나, 혹은 그 내용이 명백하고 실현가능하며 적법한 것이어야 한다. 이를 실질적 요건이라고 한다.

다만, 이러한 기준들은 다소 도식적인 면이 있고, 명령의 형식 · 절차와 관련된 형식적 요건과 명령의 내용과 관련된 실질적 요건의 구분 자체가 반드시 명확한 것은 아니라는 점에서 적절한 보완이 필요하다고 하겠다.

직무명령이 적법 · 유효하기 위한 형식적 요건들은 일단, '명령'의 의미를 풀어쓴 것으로 보면 된다. 직무명령은 징계벌로 강제되는 복종의무를 발생시키므로 당연히 권한 있는 자(주체)가 일정한 형식과 절차를 거쳐 발령한 것이어야 한다(위의 ①과 ④). 즉, 그것은 "상급자가 하급자에 대하여 문서, 구두 혹은 그 밖의 방법으로 일반적으로 혹은 개별사안별로 그 복종을 요구하면서 발령한, 특정한 행위에 대한 모든 지시"(독일군형법 제2조 제2호 참조. 현행 공무원 관련 법령 중 명령에 대해 정의하고 있는 것은 대통령령인 군인복무규율뿐이다. 그나마 그 정의는 정의라고 할 수 없을 정도로 단순하다)를 말한다. 이 경우 지시에 의해 요구된 행위는 충분히 특정되어야 한다. 다만, 지시의 내용이 부분적으로 모호하거나 불확정적일 경우, 콘텍스트 면에서 그 지시가 특정될 수 있으면 상급자의 명령은 하급자에 적법 · 유효하게 발령된 것으로 본다(BVerwG, Urteil vom 21. Juni 2005).

그런데 위의 ②와 ③의 요건은 직무명령이 적법 · 유효하기 위한 형식적 요건으로만 보기는 어렵다. "직무", "직무의 범위", "직무상 독립의 범위"는 직무의 의의에 대한 실질적 검토를 거쳐야 비로소 그 의미와 내용이 분명해 질 수 있기 때문이다. 특히 직무상 독립의 범위는 앞에서 설명하였듯이 수사와 기소 업무를 담당하는 검사와 소화 업무에 동원된 소방공무원 등에서 각각 다르게 설정될 수밖에 없다.

직무명령이 적법 · 유효하기 위한 형식적 요건은 이처럼 불명확한 점은 있으나, 그나마 그것은 복종의무의 범위(내용과 한계)를 설정하는 기준으로서 나름의 역할을 수행한다. 반면, 직무명령이 적법 · 유효하기 위한 실질적 요건은 그렇지 못하다. 직무명령의 내용은 어떠해야 하는가 혹은 그 내용적 한계는 무엇인가 라는 질문에 "직무명령은 그 내용이 법령 또는 공익에 적합한 것이어야 한다"고만 답하는 것은 이 문제에 대한 실질적 답변이 되지 못하기 때문이다. 향후 복종의무의 범위를 논함에 있어서는 이 부분을 구체화하는 작업이 이루어져야 할 것이다.

(나) 사안에 적용

제1심과 제2심은 검찰청법 제7조와 제12조 제2항에 의거 검찰총장의 구두명령을 적법한 직무명령이라고 보았지만, 대법원은 이를 부정하였다. 검찰청법 제12조 제2항은 검찰총장이 직무상의 명령을 발할 수 있는 일반적인 근거규정에 불과할 뿐이다. 따라서 검찰총장의 명령이 적법한 직무상의 명령이 되려면 하급자인 원고의 직무범위 내에 속하는 사항을 대상으로 명령이 발령되어야 한다. 대질신문을 받기 위한 대검찰청의 출석은 검사의 고유한 직무인 검찰사무에 속하지 않는다. 그러므로 출석명령은 단순히 원고의 임의적인 동의를 기대하며 행해진 출석요구에 불과하다는 것이다. 또한 대검찰청 출석은 원고가 소속 검찰청의 구성원으로서 맡아 처리하는 검찰행정사무에도 해당하지 않는다고 보았다. 검사의 상명하복관계는 검찰사무뿐만 아니라 검찰행정사무에도 적용되어야 하고, 그것이 검사동일체 원칙의 내용이기도 하지만(이재상, 90면), 이 사안은 그것과 관계가 없다. 즉, 이 사안에서의 출석명령은 검사동일체의 원칙에 따라 하급자가 복종해야 할 직무상 명령에 해당하지 않는 것이다.

상관의 어떠한 명령이 부하에게 복종의무를 발생시키는 직무명령이 되려면 복종을 요구하는 명령이 직무관련성을 갖고 발령된 직무상의 명령이어야 한다는 것이 대상판례의 취지이다. 이렇게 해석함으로써 대법원은 본문에서 살펴본, 직무명령이 적법 · 유효하기 위한 형식적 요건 중 ②번 요건을 엄격히 적용하였다.

4. 판결의 의미와 전망

대상판결은 상관의 어떠한 명령이라도, 하급자는 그에 복종해야 한다는 사고를 배척한다. 공무원 관계에서 복종의무는 어디까지나 하급자가 직무상 의무를 지는 범위 내에서만 존재한다.

1, 2심 법원은 직무명령은 존재하지만 그 명령이 특정되었는지 여부를 중심으로 논리 전개를 하여, 당해 명령이 "부하공무원의 직무의 범위 내에 속하는 사항"인지에 대한 '실질적'이고 본격적인 판단에까지 나아가지는 않았다. 법원으로서는 그러한 실질적인 판단이 행여 공무수행의 유기적 통일성을 해치는 결과로 귀결되지 않을까 우려하는 듯하다. 그러나 대법원은 당해 출석명령의 의미를 실질적으로 검토한 뒤, 이 사안의 경우 복종해야 할 직무명령은 존재하지 않는다고 적극적으로 판단하였다. 복종의무의 범위, 즉

내용과 한계를 검토하는 데 있어 1, 2심 법원보다는 적극적인 태도를 취했다고 하겠다. 공무원조직이 분화하고, 공무원의 (민주 시민으로서의) 자의식이 강화되고 있는 작금의 현실에 비추어 볼 때 대법원의 이러한 해석은 향후 복종의무론이 나아가야 할 정당한 방향을 제시하고 있다.

공무원의 복종의무는 공무수행의 유기적 통일성을 확보하기 위한 장치이다. 그러나 공무수행의 통일성을 담보하기 위해, 무조건적 복종만이 강요된다면 부하 공무원은 상관의 명령에 수동적 · 맹목적으로 복종하는 존재로 전락하고 말 것이다. 공무수행의 통일성을 해하지 않으면서도 공무원의 적법하고 정당한 공무수행을 담보하기 위해서는 양자의 적절한 조화가 필요하다. 대상판결은 복종의무의 대상이 되는 직무상의 명령이 유효하게 성립하기 위한 요건을 엄격히 해석함으로써 복종의무의 범위를 분명히 하였다는 데 그 의의가 있다. 대상판결이 공무원의 복종의무의 범위 한정(限定)을 위한 논의에 물꼬를 튼 만큼, 직무명령의 요건에 대한 심사기준을 보다 구체화하는 논의가 뒤를 이어야 할 것이다.

<참고문헌>

김중양/김명식, 공무원법, 박영사, 2000.

김철용, 행정법Ⅱ 제9판, 박영사, 2009.

이계수, "공무원의 복종의무의 내용 및 한계에 대한 규범적 · 행정법사회학적 연구", 민주법학 제40권, 2009, 125-171면.

이재상, 형사소송법 제5판, 박영사, 1998.

최관호, "명령과 복종의무의 형법규범적 내용과 한계: 군형법 제44조 항명죄를 중심으로", 건국대학교 대학원 박사논문, 건국대학교, 2008.

BVerwG, Urteil vom 21. Juni 2005.

114. 공무원의 집단행위금지의 범위

—대법원 2005. 4. 15. 선고, 2003도2960 판결—

김 선 욱*

I. 판례개요

1. 사실관계

공무원 A는 공정거래위원회 소속 공무원으로 공정거래위원회 직장협의회 회장으로 있던 중 2001. 3. 23. 전국공무원직장협의회 총연합(이하 "전공련"이라 한다)이 결성되자 전공련에 가입하여 활동하면서 전공련 수석부위원장의 신분으로 다수의 전공련가입자들과 함께 '공직사회개혁과 공무원 노동기본권쟁취를 위한 공동대책위원회'(이하 "공대위"라 한다)가 주최한 2001. 6. 9. 창원 용지공원의 노동기본권쟁취 결의대회, 2001. 7. 28. 부산역광장의 전공련탄압 규탄대회, 2001. 11. 4. 보라매공원의 전국공무원가족한마당에 각 참석하였다.

전공련은 공무원직장협의회설립·운영에관한법률 시행령 제2조 제2항을 위반하여 설립된 단체로서 공무원노조로의 조직전환을 목적으로 하는 등 노동조합의 결성을 위한 조직이다. 공대위의 주축 구성단체 중 하나가 노동조합의 결성을 목적으로 하는 전공련이고, 위 각 집회 참석자의 과반수가 전공련 소속 공무원이며, 위 각 집회의 행사장 준비를 전공련 산하의 그 지역 직장협의회가 했으며, 위 각 집회에서 공무원 구조조정을 반대하는 결의문이 낭독되고, 참석한 공무원들에게 단결을 촉구하는 연설과 전국공무원노동조합(이하 "전공노"라 한다)의 설립 준비내용의 발표가 있었다.

또한 공무원 A는 교내에서의 집회를 허용하지 않고 집회와 관련된 외부인의 출입을 금지한 고려대학교에 집회를 위하여 들어갔으며, 2002. 3. 23.부터 2002. 4. 29.까지 무단결근하였다.

---

* 이화여대 법학전문대학원 교수.

2. 소송경과

(1) 1심: 서울지방법원 2002. 7. 25. 선고 2002고단5584 판결/서울지방법원 2003. 2. 6. 선고 2002고단11037, 11828(병합판결)

공무원 A는 국가공무원법 제66조 제1항 위반으로 동법 제84조에 의하여, 그리고 추가적으로 건조물 침입 및 직무유기의 점으로 인하여 폭력행위등 처벌에 관한 법률 제2조 제2항 제1호, 형법 제319조 제1항 그리고 형법 제122조에 따라 징역 10월에 벌금 50만원을 선고받았다.

이에 공무원 A는 형량이 너무 무거워 부당하다고 검사는 형량이 너무 가볍다고 항소하였다.

(2) 2심: 서울지법 2003. 5. 13. 선고 2002노8046/2003노1767 판결

2심에서 공무원 A의 행위는 국가공무원법 제66조 제1항 소정의 "노동운동 기타 공무이외의 일을 위한 집단적 행위"에 해당한다고 판단하였고 공무원 A가 참석한 집회의 주체가 전공련이 아닌 공대위이고 근무시간이외에 이루어진 것이라 하더라도 달리 볼 것이 아니라고 판단하여 원심을 인정하였다. 그리고 이 사건 범행에 이르게 된 동기와 경위, 범행후의 정황, 기타 피고인의 연령, 성행, 환경 등 양형의 조건이 되는 형법 제51조 소정의 여러 가지 사항을 참작하여 징역 1년, 집행유예 2년을 선고하였다.

이에 공무원 A는 상고하였다.

(3) 3심: 대법원은 위 각 집회는 전공련 가입자들의 결속을 다지고 노동조합 준비과정을 홍보하는 등 공무원노동조합 결성을 위한 준비행위로서의 성격을 가지고 있는 집회였고, 공무원 A가 이에 참석한 것은 전공련의 이러한 노동조합 결성 준비행위에 동참한 것이라고 할 것이므로, 국가공무원법 제66조에 의하여 금지된 노동운동에 해당한다고 할 것이고, 위 각 집회의 주최자가 공대위이고 위 각 집회가 근무시간 이외에 이루어졌다고 하여 달리 볼 것이 아니므로 공무원 A에 대한 원심의 판단은 정당하고, 거기에 상고이유의 주장과 같은 심리미진이나 채증법칙 위반 등의 위법이 없다고 하여 상고를 기각하였다.

3. 대법원 판결요지

(1) 국가공무원법 제66조에서 금지한 '노동운동'은 헌법과 국가공무원법과의 관계 및 헌법이 근로삼권을 집회, 결사의 자유와 구분하여 보장하면서도 근로삼권에 한하여 공무원에 대한 헌법적 제한규정을 두고 있는 점에 비추어 헌법 및 노동법적 개념으로서의 근로삼권, 즉 단결권, 단체교섭권, 단체행동권을 의미한다고 해석하여야 할 것이고, 제한

되는 단결권은 종속근로자들이 사용자에 대하여 근로조건의 유지, 개선 등을 목적으로 조직한 경제적 결사인 노동조합을 결성하고 그에 가입, 활동하는 권리를 말한다.

(2) 같은 법상의 '공무이외의 일을 위한 집단적 행위'는 공무가 아닌 어떤 일을 위하여 공무원들이 하는 모든 집단적 행위를 의미하는 것은 아니고 언론, 출판, 집회, 결사의 자유를 보장하고 있는 헌법 제21조 제1항, 헌법상의 원리, 국가공무원법의 취지, 국가공무원법상의 성실의무 및 직무전념의무 등을 종합적으로 고려하여 '공익에 반하는 목적을 위하여 직무전념의무를 해태하는 등의 영향을 가져오는 집단적 행위'라고 축소 해석하여야 한다.

(3) 국가공무원인 피고인이 공무원노동조합 결성을 위한 준비행위로서의 성격을 가지는 집회에 참석한 것은 국가공무원법 제66조에서 금지한 '노동운동'에 해당한다.

4. 관련 조문 및 참조조문

(1) 국가공무원법 제66조(집단행위의 금지): ① 공무원은 노동운동이나 그 밖에 공무이외의 일을 위한 집단행위를 하여서는 아니 된다. 다만, 사실상 노무에 종사하는 공무원은 예외로 한다.

(2) 국가공무원법 제84조(벌칙): …제66조를 위반한 자는 다른 법률에 특별히 규정된 외에는 1년 이하의 징역 또는 300만 원 이하의 벌금에 처한다.

(3) 헌법 제7조 제1항: 공무원은 국민전체에 대한 봉사자이며 국민에 대하여 책임을 진다.

(4) 헌법 제21조 제1항: 모든 국민은 언론, 출판의 자유와 집회, 결사의 자유를 가진다.

(5) 헌법 제33조 제1항: 근로자는 근로조건의 향상을 위하여 자주적인 단결권, 단체교섭권 및 단체행동권을 가진다. 동조 제2항: 공무원인 근로자는 법률이 정하는 자에 한하여 단결권, 단체교섭권 및 단체행동권을 가진다.

(6) 헌법 제37조 제2항: 국민의 모든 자유와 권리는 국가안전보장, 질서유지 또는 공공복리를 위하여 필요한 경우에 한하여 법률로써 제한할 수 있으며, 제한하는 경우에도 자유와 권리의 본질적인 내용을 침해할 수 없다.

Ⅱ. 평 석

1. 쟁점정리

헌법 제33조 제2항은 "공무원인 근로자는 법률이 정하는 자에 한하여 단결권, 단체교섭권 및 단체행동권을 가진다"고 규정하여 공무원의 노동3권은 법률에 완전히 유보되어 있다.

공무원은 국민으로서 기본권주체이지만 동시에 공무담당자이므로 공무관계의 특수성에 의하여 일반국민과 다른 범위와 정도의 기본권의 제한을 받게 된다. 공무원은 직업공무원제도를 보장하고 있는 헌법 제7조에 의하여 특별한 신분상의 권리를 가지며, 국민전체의 봉사자로서 공공의 이익을 위하여 근무하는 특수한 신분과 지위에 따르는 의무를 갖는다. 이에 국가공무원법은 공무원의 직무상 의무로서 성실의무(제56조) 등과 함께 집단행위의 금지의무를 규정하고 있다.

국가공무원법 제66조 제1항(지방공무원법 제58조 제1항)에서 공무원에게 금지하고 있는 집단행위로서의 노동운동과 공무이외의 일을 위한 집단적 행위는 그 위반 시 형사처벌을 받게 되며, 이는 공무원의 기본권에 대한 제한 규정이다. 그러나 그 개념이 매우 포괄적이고 광범위하므로 이에 해당하는 행위의 범위를 어디까지 할 것인가에 대한 해석기준이 매우 중요하다.

이러한 공무원의 기본권의 제한은 헌법에 의하거나 헌법에 근거하여야 하며, 공무원법관계의 목적달성을 위하여 필요한 경우에 한하여 최소한의 범위 내에서 제한되어야 한다. 이 경우에도 인간의 존엄과 가치 그리고 자유와 권리의 본질적 내용은 침해할 수 없다(김선욱, 45면 이하).

따라서 국가공무원법 제66조 제1항이 금지하고 있는 노동운동과 공무이외의 일을 위한 집단행위를 해석함에 있어 공무원의 근로자로서의 노동기본권과 국민으로서의 집회, 결사의 자유에 대한 제한의 범위와 정도를 판단함에 있어 헌법과 헌법에 근거하여 이를 해석하는 법원칙이 쟁점이다(헌재 2007. 8. 30, 2003헌바51, 2005헌가5(병합) 참조).

2. 관련판례

대상판례가 참조하고 있는 두 판례를 본다.

(1) 대법원 1992. 2. 14. 선고, 90도 2310 판결

강원교사협의회 내지 그 산하인 동해교사협의회는 보충수업확대실시반대/스승의 날 문제/교사들의 대한 교련탈퇴촉구 등의 교육내부의 문제와 모순을 지적하고 그 개선을 주장하기 위한 임의단체로 보이고 설사 강원교사협의회가 전교조설립의 필요성을 교사에게 홍보하는 등의 활동을 하였다고 할지라도 그러한 활동만으로 그 표현행위자체가 노동조합의 설립 내지 노동조합의 통상활동이라고 볼 수 없으므로 지방공무원법 제58조 제1항의 "노동운동"에 해당하지 아니한다고 하고 강원교사협의회 대위원회 및 상임위원회 개최, 강연회에서의 연설, 동해교사협의회 소식지의 작성, 배포는 모두 휴일이나 근무시간외에 이루어졌고 달리 피고인이 공익에 반하는 목적을 위하여 한 것이고 그 집단적

행위로 인하여 직무전념의무를 태만히 하였다고 볼 자료도 찾아볼 수 없으므로 "공무이외의 일을 위한 집단적 행위"를 하였다고 해석하기 어렵다고 판단하여 공무이외의 일을 위한 집단행위에도 해당하지 아니한다고 한 사례이다.

이 판결은 대상판례가 참조하고 있는 판례로 국가공무원법 제66조의 공무원에게 금지되고 있는 "노동운동"과 "공무이외의 일을 위한 집단적 행위"의 해석 원칙을 분명히 한 판례이다.[1]

(2) 대법원 2004. 10. 15. 선고 2004도5035 판결(지방공무원법위반, 집회및시위에관한법률 위반)

지방공무원법 제58조 제1항의 "노동운동" 및 "공무이외의 일을 위한 집단행위"의 의미에 대하여 앞의 1992년 판례를 참조하고 있는 판례이다.

동해시 직장협의회소속 공무원들이 2002. 4. 27. 원주에서 개최된 "공무원노조설립의 합법적 보장을 촉구하기 위한 집회"에 참석하려 하였으나 동해경찰서 경찰관들이 방해하였다는 이유로 이를 항의하기 위하여 민주노총강원지역본부장이 개최한 "인권탄압 동해경찰서 규탄대회"에 참석하여 불법집회와 시위의 방법으로 집단행동을 한 것은 노동조합의 결성을 위한 준비행위 또는 노동조합의 설립행위 내지 노동조합의 통상활동에 속하는 집회에 참석한 것이 아니므로 노동운동에 해당한다고 볼 수는 없으나 공익에 반하는 목적을 위하여 직무전념의무를 해태하는 등의 영향을 가져오는 집단행위로서 공무이외의 일을 위한 집단행위에 해당한다고 본 판례이다.

3. 판례의 검토

(1) 공무원의 노동기본권과 그 제한

헌법 제33조 제2항에 근거하여 국가공무원법 제66조 제1항과 지방공무원법 제58조 제1항은 사실상노무에 종사하는 공무원을 제외한 모든 공무원에 대하여 노동운동 기타 공무이외의 일을 위한 집단행위를 금지하고 있다. 이에 따라 정보통신부소속의 현업기관과 국립의료원의 작업현장에서 노무에 종사하는 기능직 공무원 및 고용직 공무원으로서 일정한 업무에 종사하는 자만이 예외적으로 노동3권이 인정되었다. 이러한 획일적인 공무원의 노동기본권제한에 대한 많은 문제제기가 있어왔고 오랜 논의 끝에 2006년 공무원의노동조합설립및운영등에관한법률(이하 "공무원노동조합법"이라 한다)이 시행되게 되었다. 이제 이 법의 적용을 받는 6급 이하의 공무원에게 단결권과 단체교섭권이 주어져 2008년 9월 현재 98개 노조에 211,000명의 공무원이 가입되어 있다(행정안전부, 142면).

---

1) 본 판례의 판결요지 (1), (2)와 동일하고 그 후 이 내용은 국가공무원법 제66조 제1항과 지방공무원법 제58조 제1항 관련사건에서 계속 인용되고 있음.

공무원의 노동기본권의 제한은 직업공무원제도의 기능을 보장하기 위한 공무원의 공무담당자로서의 특수한 권리, 의무관계와 공무원의 노동기본권주체인 근로자로서의 지위와의 조정에 관한 문제이다.

이 판례는 2006년 공무원노동조합법 시행이전의 것으로 현업공무원을 제외한 모든 공무원의 단결권을 포함한 노동3권을 모두 획일적으로 제한하던 공무원법규정에 대하여 법해석의 원칙을 분명히 해준 의미를 갖는다.

(2) 국가공무원법 제66조 제1항의 "노동운동"이란?

법률이 헌법상의 기본권을 제한하고 있는 경우에는 그 기본권보장의 근본정신에 비추어 그 제한의 의미를 고찰하여야 하며, 특히 그것이 형벌법규인 경우에는 죄형법정주의 원칙에 따라 그 의미를 명확히 하여 그 처벌의 한계를 명료하게 할 것이 요구된다. 그런데 "노동운동"이라는 개념은 포괄적이고 애매한 사회 통념적 용어로서 그에 의하여 금지되는 행위의 한계가 명확하지 않다. 따라서 법원의 해석기준이 중요해진다. 대법원은 "노동운동"은 헌법과 국가공무원법과의 관계 및 우리 헌법이 근로삼권을 집회, 결사의 자유와 구분하여 보장하면서도 근로삼권에 한하여 공무원에 대한 헌법적 제한규정을 두고 있는 점에 비추어 헌법 및 노동법적 개념으로서의 근로삼권, 즉 단결권, 단체교섭권, 단체행동권을 의미한다고 해석하여야 할 것이고, 제한되는 단결권은 종속근로자들이 사용자에 대하여 근로조건의 유지, 개선 등을 목적으로 조직한 경제적 결사인 노동조합을 결성하고 그에 가입, 활동하는 권리를 말한다고 함으로써 "노동운동"의 해석의 법원칙을 분명히 하였다.

그동안 국가공무원법 제66조 제1항(지방공무원법 제58조 제1항)에서 금지하고 있는 "노동운동"과 "공무이외의 일을 위한 집단행위"를 적용함에 있어 이 두 가지를 함께 적용하거나(대법원 2008. 2. 14. 선고 2007도11045 판결, 대법원 2008. 3. 14. 선고 2007도 11044 판결) 주로 "공무이외의 일을 위한 집단행위"로 본 경우가 많은데(대법원 2007. 4. 13. 선고 2006두16991 판결, 대법원 1998. 5. 12. 선고 98도662 판결, 대법원 1992. 3. 27. 선고 91누9145 판결), 이 판례는 국가공무원이 공무원노동조합의 결성을 위한 준비행위로서의 성격을 가지는 집회에 참석한 것이 "노동운동"에 해당한다고 구별하여 판단하였다.

(3) 국가공무원법 제66조 제1항의 "공무이외의 일을 위한 집단적 행위"란?

"공무이외의 일을 위한 집단적 행위"도 개념의 포괄성, 광범위성으로 인하여 공무원의 일반국민으로서 향유하는 헌법 제21조 제1항의 집회, 결사의 자유와 관련하여 논란의 여지가 크다. 따라서 1992년 판례의 설시와 같이 "집회, 결사의 자유를 포함한 표현의 자유는 인간이 그 존엄성을 지켜나가기 위한 기본적인 권리이고 공무원에 대하여도 이는 동일한 것인바 공무원의 경우 그 지위나 직무의 성질에 비추어 일반국민보다는 이에 대한 제약의 필요성이 예상될 수 있으나 그 경우에도 그 공공성이나 필요성을 이유로 하여 일률적, 전면적으로 제한하여서는 아니 되며, 제한의 사유가 존재하는 경우에도 그 한계를 설정하여 제한되는 표현의 자유와 그 제한에 의하여 보장하려는 공익을 서로 비교, 형량 하여 제한이 불가피하다고 판단되어 제한하는 경우에도 최소한의 정도에 그쳐야 할 것이고 그 권리의 본질적인 내용을 침해하여서는 아니 된다." 따라서 "공무가 아닌 어떤 일을 위하여 공무원들이 하는 모든 집단적 행위를 의미하는 것은 아니고 언론, 출판, 집회, 결사의 자유를 보장하고 있는 헌법 제21조 제1항, 헌법상의 원리, 국가공무원법의 취지, 국가공무원법상의 성실의무 및 직무전념의무 등을 종합적으로 고려하여 '공익에 반하는 목적을 위하여 직무전념의무를 해태하는 등의 영향을 가져오는 집단적 행위'라고 축소 해석하여야 한다."고 하는 해석 원칙은 2005년 동 판결이후 대법원이 계속 유지해오고 있다(대법원 2007. 4. 13. 선고 2006두16991 판결, 대법원 2008. 2. 14. 선고 2007도11045 판결, 대법원 2008. 3. 14. 선고 2007도 11044 판결 참조). "공무이외의 일을 위한 집단적 행위"에 대하여 위의 해석원칙에 덜 미치는 판례들도 있었다.[2)]

4. 판례의 의미와 전망

헌법과 법률에 의하여 국민전체에 대한 봉사자로서 국민에 대하여 책임을 지는 공무원이 국가의 행정을 담당하는 직업공무원제도는 민주주의와 법치주의를 실현시키는 중요한 제도 중의 하나이다. 이러한 직업공무원제도의 기능이 제대로 보장되기 위해서는 무엇보다도 공무원이 그의 직무를 수행함에 있어 개인의 이익이나 외부 이익집단의 영향에 관계없이 오직 법과 공익의 합리적인 판단에 따라 전력을 다 할 수 있어야 한다.

이를 위해서는 민주적이고 다원적인 사회에서 공무원이 특정 단체나 특정 정당의 영향으로부터 독립적이고 객관적인 직무수행을 할 수 있고 의회민주주의 국가에서 정당의 교체 시에 행정의 지속성을 보장할 수 있도록 하기 위하여 헌법이 보장하고 있는 직업공무원제도의 기능을 담보할 수 있는 합리적 법원리가 그 바탕이 되어야 한다.

따라서 헌법이 보장하고 있는 헌법질서의 하나인 직업공무원제도의 보장과 헌법이 보장하고 있는 공무원개인으로서의 기본권이 헌법상의 두 가치이므로 이 충돌의 경우 헌법 일치적 해석 및 이익형량 그리고 이 두 헌법적 가치의 실제적 조화, 즉 직업공무원

2) 대법원 1992. 3. 27. 선고 91누9145 판결에서 "공무이외의 일을 위한 집단적 행위"를 "공무원으로서 직무에 관하여 기강을 저해하거나 기타 그 본분에 배치되는 등 공무의 본질을 해치는 특정목적을 위한 다수인의 행위로서 단체의 결성단계에 이르지 아니한 상태에서의 행위를 말한다"고 하여 장관주재의 정례조회에서 건설행정기구의 개편에 대한 불만의 의사표시로 한 집단퇴장행위가 이에 해당한다고 했으며, 그 후 1998. 5. 12. 선고 98도662 판결에서 군수와 군내무과장이 직원을 동원하여 군 의회에서 군수불신임결의안을 채택하려는 군 의회의원들의 직무집행을 방해하고 회의장에 난입, 회의장을 점거한 행위를 "공무이외의 일을 위한 집단행위"라고 한 바 있다.

제도의 기능보장을 불가능하게 하지도 않으면서 공무원의 기본권의 본질적 부분이 희생되지도 않는 선에서의 조화를 찾아야 한다(김선욱, 50면 이하).[3]

국가의 기능을 보장하기 위하여 특별한 신분관계를 필요로 하는 공무원의 직무상의 필요성이 있는 경우에만 공무원의 일반국민으로서 누리는 기본권이 제한될 수 있으며 제한의 경우에도 필요성의 원칙에 의하여 공무원법상의 특별한 의무관계의 본질과 목적으로 인하여 요구되는 정도와 범위를 넘어서는 안 된다. 우리 헌법재판소도 최근의 여러 결정에서 이 원칙을 분명히 하고 있다(헌재 2007. 8. 30, 2003헌바51, 2005헌가5(병합), 헌재 2005. 10. 27, 2003헌바50, 62, 2004헌바95, 2005헌바49(병합) 등).

위 판례도 국가공무원법 제66조 제1항(지방공무원법 제58조 제1항)의 "노동운동"과 "공무이외의 일을 위한 집단행위"의 해석 원칙으로 이를 분명히 하고 있다. 다만, 이러한 원칙을 적용함에 있어 이를 치밀하게 구체화하고 있지는 못하다. 이를 구체화하려면 해당행위가 구체적으로 그 공무원의 직무내용, 성질 등에 근거하여 그리고 해당 집단행위가 공무원의 직무전념의무와 직무수행에 지장을 주었는지 여부 등이 고려되어 보다 구체적으로 판단되어야 할 것 이다.

공무원의 노동기본권보장에 대한 오랜 논의 끝에 2005년 1월 공무원의노동조합설립및운영등에관한법률이 제정되어 2006년 1월부터 시행되고 있다. 이에 따라 이제 국가공무원법 제66조 제1항(지방공무원법 제58조 제1항)에 의하여 금지되는 공무원의 집단행위는 세 그룹의 공무원에 대하여 다르게 적용되게 되었다.[4] 즉 원래 국가공무원법 제66조 1항 단서규정에 의하여 이 규정의 적용을 받지 않았던 사실상노무에 종사하는 공무원과 단결권과 단체교섭권을 갖는 공무원노동조합법의 적용을 받는 6급 이하의 공무원,[5] 그리고 노동3권이 모두 제한되고 있는 그 이외의 기타 공무원이 있다.

공무원노동조합법의 시행으로 공무원에 대한 노동기본권의 획일적 제한은 다소 완화되었으나 이 법의 적용대상이 아닌 공무원의 집단행위와 이법의 적용을 받는 공무원의 단체행동권과 관련한 집단행위 등 공무원의 노동기본권 보장 및 확대를 위한 집단행위의 문제는 여전히 남아있다. 따라서 공무원의 노동기본권에 대하여 현재와 같이 단순히 직급에 따른 획일적 구분이 아닌 직무의 성질과 내용에 따라 반드시 필요한 정도와 범위의 제한이 되도록 하는 입법적 개선이 필요하고, 공무원의 노동기본권을 광범위하게

3) 이는 독일의 문헌과 판례를 통하여 헌법적 해석원칙으로 발전된 실제적 조화의 원칙(Praktische Konkordanz prinzip)으로서 공무원의 기본권행사의 제한이 없이는 공무원관계의 기능을 심히 위험하게 하거나 방해하는 때에만 공무원의 기본권을 제한할 수 있다는 것이다.

4) 공무원노동조합법 제3조 제1항에 의하면 이 법에 의한 공무원의 노동조합의 조직 및 가입과 노동조합과 관련한 정당한 활동에 대하여는 국가공무원법 제66조 제1항(지방공무원법 제58조 제1항) 본문의 규정을 적용하지 아니한다고 규정하고 있다.

5) 노동조합에 가입할 수 있는 공무원의 범위는 공무원노동조합법 제6조 참조.

제한하고 있는 국가공무원법 제66조 제1항(지방공무원법 제58조 제1항)의 집단적 행위에 대한 해석에 있어 앞에서 다룬 법원칙들이 구체적으로 실현되도록 적용되어야 할 것이다.

<참고문헌>

김선욱, "공무원법 비교 연구", 이화여자대학교 법학연구소, 1999.
최정일, 행정법의 정석 Ⅱ, 박영사, 2009.
김중량/김명식, 공무원법, 박영사, 2000
허영, 한국헌법론 제5판, 박영사, 2009.
홍정선, 행정법원론(하) 제17판, 박영사, 2009.
행정안전백서 2008, 행정안전부, 2009.

115. 공무원의 비밀준수의무의 범위

— 대법원 1996. 10. 11. 선고 94누7171 판결 —

임 재 홍*

Ⅰ. 판결개요

이 사건은 내부고발자인 이문옥 감사관 사건이다. 이 사건의 사실관계와 판결요지부터 본다.

1. 사실관계

1989. 4.말 소외 A가 감사원 제2국장으로 부임하면서 당시 토지투기가 심각한 사회문제가 되어 정부가 토지제도 개선책을 강구중에 있었으므로 그에 부응하기 위하여 법인의 비업무용 토지에 대한 국세청의 과세실태를 감사하기로 방침을 세웠다.

감사원 제2국 제4과는 국세청과 내무부의 과세자료를 근거로 기업체 36개를 실태조사대상으로 선정하고, 위 비업무용 토지과세실태감사반(이하 감사반이라고 한다)을 구성하였다. 감사반은 같은 해 8. 16.부터 8. 29.까지 2주간 예정으로 실지감사에 들어갔고, 8. 26.경까지 감사대상 기업 중 20여개 기업에 대한 실지감사를 실시하였다.

감사원 사무총장은 그 전날인 8. 25. 정부의 토지세제의 개정방침이 발표되었으므로 법개정이 있은 후에 새로운 기준에 의하여 감사를 실시하는 것이 타당하다는 이유로 현장에서 철수하여 감사를 마무리할 것을 지시하였고, 소외 B는 원고 등 감사반에게 현재 상태에서 더 이상 감사를 하지 말고 정리하라고 지시하였다.

이에 따라 감사반은 그때까지 실지감사에 착수하였던 23개 기업을 중심으로 하여 실지감사귀청보고서를 원고의 이름으로 작성하였다. 보고서는 소외 D차장에게 제출되었고, 한편 소외 C는 국장의 결재가 나자 이를 감사자료로 처리하고 이 사실을 감사사무처리부에 등재함으로써 사실상 위 감사가 종결되었다.

---

* 한국방송통신대학교 법학과 교수.

원고는 위 감사가 부당하게 중단되었고 그 자료도 사장되었다고 불만을 갖고 있던 중, 1990. 2. 초순경 한겨레신문사를 찾아가 위 감사의 부당한 처리과정을 밝힌 메모를 건네주었고, 같은 해 3.경 보고서 사본 1부를 건네주었으며, 같은 해 5. 11. 한겨레신문에 보고서 내용이 최초로 보도되었는데 그 주된 내용은 "업계의 로비에 밀려 대기업 비업무용 부동산 취득실태 감사가 중단되었다", "이는 고위 간부지시로 중단된 것이며 감사반원들이 인사조치되었다", "23개 재벌계열사의 비업무용 부동산 비율은 43%로서 은행감독원이 조사한 비율인 1.2%와 큰 차이가 난다"는 취지의 기사와 함께 감사원의 감사에서 적발된 대기업의 비업무용 토지 명세가 기업별로 게재되었다.

피고 감사원장은 원고가 위의 보고서 내용을 누설할 경우 은행감독원의 공신력이나 해당 기업에 피해를 입힐 우려가 있음을 알면서도 이를 한겨레신문 기자에게 넘겨주어 위 신문에 각 기업의 비업무용 부동산 보유실태 및 은행감독원 자료와의 대비표와 함께 재벌의 비업무용 토지의 과세현황에 대한 감사가 상사의 부당한 압력으로 처리하지 못한 것처럼 허위의 사실이 보도되게 함으로써 감사원과 은행감독원의 공신력을 손상시키고 해당기업의 평가에도 피해를 주는 등 사회적 물의를 야기하였고, 공무원의 비밀엄수의무 등 직무상 의무를 위반하였다는 이유로 제2중앙징계위원회의 의결을 거쳐 1991. 1. 16. 원고를 파면하는 처분을 하였다.

2. 소송경과

파면처분을 다투는 행정사건이 진행되기 직전에 원고는 이 사건으로 인하여 1990. 5. 15. 서울지방검찰청에 구속되었고 같은 달 25. 서울형사지방법원에 원고(형사사건에서는 피고인)에 대한 공소가 제기되었다.

서울형사지방법원은 공무상비밀누설죄로 기소된 피고에 대해서 무죄판결을 내렸다(서울지법 1993. 9. 6. 선고 90고단3615 판결). 검사는 상고를 하였고, 대법원은 상고를 기각했다(대법원 1996. 5. 10. 선고 95도780 판결).

행정사건에서도 원심은 원고에 대한 파면처분을 취소하였고(서울고법 1994. 4. 27. 91구15869 제5특별부판결), 대법원은 감사원장의 상고를 기각하였다(대법원 1996. 10. 11. 선고 94누7171 판결).

3. 판결요지

대법원은 원심판결의 요지를 그대로 수용하고 있다. 여기서는 대법원 판결의 요지만 소개한다.

대법원은 직무상 비밀개념에 대해서 다음과 같이 판결하고 있다.

"국가공무원법상 직무상 비밀이라 함은 국가 공무의 민주적, 능률적 운영을 확보하여야 한다는 이념에 비추어 볼 때 당해 사실이 일반에 알려질 경우 그러한 행정의 목적을 해할 우려가 있는지 여부를 기준으로 판단하여야 하며, 구체적으로는 행정기관이 비밀이라고 형식적으로 정한 것에 따를 것이 아니라 실질적으로 비밀로서 보호할 가치가 있는지, 즉 그것이 통상의 지식과 경험을 가진 다수인에게 알려지지 아니한 비밀성을 가졌는지, 또한 정부나 국민의 이익 또는 행정목적 달성을 위하여 비밀로서 보호할 필요성이 있는지 등이 객관적으로 검토되어야 한다."

그리고 이 사건 기업의 비업무용 부동산 보유실태에 관한 감사원의 감사보고서의 내용이 직무상 비밀에 해당하지 않는다고 보았다. 그래서 징계사유중에서 비밀준수의무 위반부분은 배척하고 있다. 나아가 파면이라는 징계에 대해서는 다음과 같이 재량권 일탈로 판시하고 있다.

"감사보고서의 내용이 직무상 비밀에 속하지 않는다고 할지라도 그 보고서의 내용이 그대로 신문에 게재되게 한 감사원 감사관의 행위는 감사자료의 취급에 관한 내부수칙을 위반한 것이고, 이로 인하여 관련 기업이나 관계 기관의 신용에 적지 않은 피해를 입힌 것으로서 공무원의 성실의무 등 직무상의 의무를 위반한 것으로서 국가공무원법 제78조 소정의 징계사유에 해당하나, 그 감사관의 경력, 감사 중단의 경위, 공개된 보고서의 내용과 영향, 법령 위반의 정도 등을 참작하여 볼 때, 그 감사관에 대한 징계의 종류로 가장 무거운 파면을 선택한 징계처분은 감사관이라는 신분을 감안하더라도 지나치게 무거워 재량권을 일탈하였다."

Ⅱ. 평 석

1. 쟁점정리

위 사건의 쟁점은 크게 두 가지이다.

하나는 국가공무원법상 직무상 비밀의 의미와 그 판단기준으로 기업의 비업무용 부동산 보유실태에 관한 감사원 감사보고서의 내용이 이에 해당하는가 이다.

다른 하나는 감사관이 직무상 비밀은 아니지만 감사보고서를 누설하여 신문에 게제된 것이 내부수칙등 직무상 의무를 위반하여 파면처분을 한 것이 재량권을 일탈한 것인지 등이다.

2. 관련판례

이 사건 대법원 판결에서 참조한 판례는 3개[1)]인데 다음과 같은 특징이 있다.

첫째, 참조 판례가 모두 비밀누설죄가 대상인 형사사건이라는 점이다. 이것은 대법원이 국가공무원법 제60조의 '직무상 알게 된 비밀'과 형법 제127조의 비밀누설죄의 '법령에 의한 직무상 비밀'을 동일하게 보고 있기 때문에 가능하다. 즉 "형법 제127조 소정의 '법령에 의한 직무상 비밀'이란 반드시 법령에 의하여 또는 인위적으로 비밀로 분류 명시된 사항뿐만 아니라 정치적, 경제적, 군사적, 외교적, 또는 사회적 필요에 따라 비밀로 된 사항은 물론 정부나 공무소 또는 국민이 객관적 일반적인 입장에서 외부에 알려지지 않는 것에 상당한 이익이 있는 사항을 포함한다"(대법원 1981. 7. 28. 선고 81도1172 판결).[2)]

둘째, 이들 판례는 직무상 비밀의 개념을 실질비로 이해하고 있다는 점이다. 즉 "위 경기도지사의 공문은 … 사전 누설이 될 경우 특정인에게 부당한 이익을 주거나 또는 부동산투기 등을 일으키게 하는 등의 우려가 있어 실질적으로 비밀성을 지닌 것"(대법원 1981. 7. 28. 선고 81도1172 판결), 혹은 "판시와 같이 가결된 도시계획시설 결정은 … 비록 도시계획사업을 규율하는 도시계획법 등에 도시계획 시설결정 사실을 비밀 사항으로 규정한 바 없다 하더라도 판시와 같은 도시계획시설결정 사실은 실질적으로 비밀성을 지녔다 할 것"(대법원 1982. 6. 22. 선고 80도2822 판결)이라 판시하고 있다.

95도780 판결은 앞의 두 판결의 연장선에서 공무상 비밀개념을 보면서도 "비밀이란 실질적으로 그것을 비밀로서 보호할 가치가 있다고 인정할 수 있는 것이어야 할 것"이라고 명확히 판시하고 있다.

3. 판결의 검토

(1) 공무원의 직무상 비밀준수의무의 내용

국가공무원법 제60조는 "공무원은 재직 중은 물론 퇴직후에도 직무상 알게 된 비밀을 엄수하여야 한다."고 규정하고 있다. 이 의무를 위반하는 경우 징계의 대상이 될뿐만 아니라(국가공무원법 제78조), 형법 제127조의 비밀누설죄에 해당하여 형사책임도 부과받게 된다.[3)] 따라서 비밀의 개념을 명확히 하는 것은 매우 중요하다.

국가공무원법은 '직무상 알게 된 비밀'을 보호대상으로 하고 있다. '직무상 알게 된

---

1) 대법원 1981. 7. 28. 선고 81도1172 판결, 대법원 1982. 6. 22. 선고 80도2822 판결, 대법원 1996. 5. 10. 선고 95도780 판결.

2) 이 사건 원심인 서울고등법원은 "형법 제127조에서 말하는 법령에 의한 직무상 비밀을 일정한 정치적, 군사적, 외교적 기타의 행정상의 필요 등에 의하여 인위적 법규적으로 비밀로 분류된 사항 예컨대 법령에 따라 1, 2, 3급 비밀 혹은 대외비라고 분류되어 있는 사항 따위에 한한다고 전제하고 … 이 경기도지사의 회시공문의 내용은 형법 제127조에서 말하는 법령에 의한 직무상 비밀이 아니라고 판시하였다"(서울고등법원 1981. 2. 27. 선고 80노1613 판결).

3) 형법 제127조(공무상비밀의 누설) 공무원 또는 공무원이었던 자가 법령에 의한 직무상 비밀을 누설한 때에는 2년 이하의 징역이나 금고 또는 5년 이하의 자격정지에 처한다.

비밀'이란 공무원 자신의 직무범위와 관련되는 비밀뿐만 아니라 직무를 수행하는 과정에서 직접 또는 간접으로 들어서 알게 된 타인 또는 타부서 소관의 비밀까지 포함하는 것으로 이해되고 있다.[4] 반면 형법상의 비밀누설죄의 경우에는 '법령에 의한 직무상 비밀'로 되어 있다.[5] '직무상 비밀'이란 국가공무원법상의 '직무상 알게 된 비밀'과 별 차이는 없다. 다만 '법령에 의한'이라는 말의 의미가 다를 뿐인데, 이에 대해서는 '법령에 의하여 비밀로 분류될 것임을 요한다는 견해'와 '법령에 의하여 비밀로 분류된 경우뿐만 아니라 객관적 · 일반적으로 외부에 알려지지 않는 것에 상당한 이익이 있는 사항을 포함한다고 해석하는 견해'로 나뉘어져 있다.[6] 판례는 앞서 보았듯이 후자의 입장이다. 이렇게 보면 국가공무원법상의 '직무상 알게 된 비밀'과 형법상의 비밀누설죄의 경우에는 '법령에 의한 직무상 비밀'은 별 차이가 없게 된다.[7]

(2) 국가공무원법상 실질적 비밀의 판단기준

국가공무원 제60조의 직무상 비밀의 개념에 대해서 종래 형식비설과 실질비설의 대립이 있었다. 최근에는 실질비로 이해하는 것이 학설,[8] 판례의 입장이었다. 형식비설은 행정관청이 정식의 절차에 의하여 비밀로 지정한 사항을 비밀로 보는 입장으로서 비밀사항의 범위, 종류, 정도 등이 형식적으로 한정되면 비밀에 대한 판단기준으로서 명확한 장점이 있으나, 일단 비밀로 지정하고자 하는 관료주의의 폐해 등이 우려된다. 더욱이 행정의 공개원칙이나 국민의 알권리에 비추어 볼 때 비밀을 실질적으로 이해하는 것이 타당하다고 본다.

실질비설은 실질적으로 비밀로 보호할 가치가 있는 것을 비밀로 이해한다. 실질비설에 의하면 실질적으로 비밀로서 보호할 가치가 있는지 여부는 법원에서 심리되어야 한다.[9] 실질비의 개념은 통상 성질상 비밀이거나 비밀로서 보호할 가치가 있는 것을 말하

4) 김철용, 행정법 Ⅱ, 박영사, 2009, 234쪽.; 김동희, 행정법 Ⅱ, 박영사, 2008, 166쪽.; 홍정선, 행정법원론(하), 박영사, 2009, 315쪽.

5) 일본 국가공무원법 제100조 제1항은 비밀준수의 대상을 '직무상 알게 된 비밀'로 하고 있으며, 이에 대한 형사처벌 조항인 동법 제109조 역시 '직무상 알게 된 비밀'로 하고 있다.

6) 최정학, "내부고발자 보호제도의 법적 문제점". 형사정책 제15권 제1호 2003, 330쪽.

7) 본고에서 이 부분을 자세히 검토하지는 않는다. 다만 그 문제점에 대한 지적에 대해서는 최정학, 앞의 글, 330쪽 이하 참조

8) 김철용, 위의 책, 234쪽; 김동희, 위의 책, 166쪽; 홍정선, 위의 책, 315쪽; 박균성, 행정법원론(하), 박영사, 2009, 266쪽.

9) 미국 판례의 경우에도 실질비설을 지지하고 있다. 실질비성을 채택하는 경우 법원이 비밀의 실질성 여부에 대한 판단이 중요해진다. 1953년의 United States v. Reynolds사건에서 미국연방대법원은 "국가가 일방 당사자인 소송에서 행정기관이 종국적으로 정부비밀에 특권을 부여하는 결정을 할 수 있다고 하는 것은 사법기능을 포기하는 것이고 정부가 헌법에 규정된 사법권 독립을 침해하는 것이 된다"고 하여 어떤 문서를 국가기밀이라고 하는 행정부의 결정이 종국적인 것이어야 한다는 의견을 배척하고 있다. United States v. Reynolds, 345 U.S. 1(1953).

는데 법원에 제출되어 심리하는 경우 비밀이 누설되지 않으면 처벌할 수 없다는 문제가 발생한다는 비판도 있으나,[10] 공무상 비밀누설의 경우 중징계와 형사처벌이 따른다는 점을 감안하면 실질비로 이해해야 한다.

문제는 실질비로 이해할 때 그 구체적 기준을 설정하는 문제이다. 이 사건에서 대법원은 "국가 공무의 민주적, 능률적 운영을 확보하여야 한다는 이념에 비추어 볼 때 당해 사실이 일반에 알려질 경우 그러한 행정의 목적을 해할 우려가 있는지 여부를 기준으로 판단"하여야 한다고 하고 있다.

또한 대법원은 "구체적으로는 행정기관이 비밀이라고 형식적으로 정한 것에 따를 것이 아니라 실질적으로 비밀로서 보호할 가치가 있는지, 즉 그것이 통상의 지식과 경험을 가진 다수인에게 알려지지 아니한 비밀성을 가졌는지, 또한 정부나 국민의 이익 또는 행정목적 달성을 위하여 비밀로서 보호할 필요성이 있는지 등이 객관적으로 검토되어야 한다"고 판시하고 있다.

이상과 같은 기준을 이 사건에 적용한 원심이나 대법원 판결은 적절하다고 평가할 수 있다. 원고가 언론사에 공개한 보고서의 내용은 크게 3부분이다.

하나는 조사결과의 개황에서 23개 법인의 부동산 총 보유면적과 사용현황을 밝히는 한편, "한국은행감독원의 국회제출자료(89. 5. 18.)와 대비"라는 제목하에 은행감독원의 조사결과는 30대 재벌 520개 법인의 비업무용 토지 비율이 총 보유면적의 1.2%이고, 감사원의 조사결과는 그 비율이 43.3%라고 기재하여 대비한 다음 "법인의 부동산투기는 관계기관의 발표내용보다 훨씬 심각한 실정임"이라고 단서를 달았다. 그리고 법인별로 비업무용 부동산에 대한 과세누락 명세를 개요와 면적, 추징세액 등을 표시하여 기재하고 있다.

둘째는 "법령상 개정이 요구되는 사항"로서 감사과정에서 드러난 법령의 모순점을 사항별로 지적하였다.

셋째는 처리의견으로 "법인에 의한 부동산투기는 관계기관의 공식적인 발표내용보다 훨씬 심각하나 이미 정부에서 토지공개념 도입을 입법 추진중이고 재무부에서도 세법개정 예정에 있으므로 차기 감사자료로 하기로 하였다"는 내용이다.

원심이나 대법원은 이 사건 보고서의 내용 중 은행감독원의 자료는 이미 국회에 제출되어 공개된 것이고, 법령상 개선사항은 추상적 의견에 불과한 것이어서 비밀이라 할 수 없으며, 개별법인의 비업무용 부동산 보유 실태 역시 오늘날과 같은 고도 정보사회에 있어서 일반인에게 알려지지 않은 비밀인지 의문일 뿐 아니라, 나아가 위 감사보고서는

10) 이상두, "공무상 비밀누설죄에 있어서 비밀의 의의", 한국법학원, 저스티스 제30권 제3호, 1997, 17쪽 참조.

감사자료로 분류된 이상 최종적으로 종결된 것이지 이를 중간단계에 있는 내부보고용 문서라고 볼 수 없어 특별한 사정이 없는 한 이에 기초한 추후의 감사를 전제로 하여 비밀로서 보호할 필요도 인정되지 않으므로 결국 이 사건 보고서는 그 내용이나 성격으로 보아 국가공무원법 제60조 소정의 직무상 비밀에 해당하지 아니한다고 판단하였다.

(3) 파면처분의 적법여부

원심이나 대법원은 원고의 행위에 대해서 비밀누설행위는 아니라고 했지만, "감사자료의 취급에 관한 내부수칙을 위반한 것이고, 이로 인하여 관련 기업이나 관계 기관의 신용에 적지 않은 피해를 입힌 것으로서 공무원의 성실의무 등 직무상의 의무를 위반한 것으로서 국가공무원법 제78조 소정의 징계사유에 해당한다"고 보고 있다.

다만 "원고의 경력과 이 사건에 이르게 된 동기와 경위, 앞서 살펴 본 감사 중단의 경위, 공개된 보고서의 내용과 영향, 법령 위반의 정도 등을 참작하여 볼 때, 원고에 대한 징계의 종류로 가장 무거운 파면을 선택한 이 사건 징계처분은 감사관이라는 원고의 신분을 감안하더라도 지나치게 무거워 재량권을 일탈한 것이라고 판단"하여 파면처분을 취소하고 있다.

이러한 판단은 "원고가 1962년 총무처에서 공직생활을 시작한 이래 약 30년간 공무원으로 근무하면서 모범공무원으로 대통령표창을 받은 사실, 원고가 이 사건 보고서를 공개한 것은 감사의 중단에 대하여 나름대로의 판단에서 감사제도 개선의 필요성을 느낀 것이 주된 동기인 사실을 인정"하였기 때문에 가능한 것으로 보인다.

4. 판결의 의미와 전망

(1) 비밀의 실질성 판단기준의 설정

이 사건 대법원 판결이 참조한 판례들과 비교할 때 두드러진 차이는 실질비의 판단기준을 구체적으로 설정했다는 점이다. 즉 대법원은 당해 사실이 외부에 알려질 경우 행정의 목적을 해할 우려가 있는지, 구체적으로 비공지성과 비닉의 필요성이 있는지 등을 객관적으로 검토할 필요가 있다고 보고 있다. 이것은 비밀로 함으로써 얻어지는 국가적 이익(공무에의 신뢰성과 능률성의 확보)과 공개에 의하여 얻어지는 국가적 이익(국민의 알 권리의 존중과 민주성의 확보)을 구체적 사실에 기하여 비교 · 교량함으로써 실질적으로 결정해야 한다[11]는 전제하에 비공지성과 비닉의 필요성이라는 구체적 기준을 거론하고 있는 것으로 보인다.

이러한 객관적 기준을 검토하게 되면 행정비밀의 무조건적 엄수[12]라는 사고에서 벗

11) 홍준형, 판례행정법, 두성사, 1999, 1087쪽.

12) "공무상 비밀누설죄의 범죄사실 적시에서 피고인 "갑"이 "병"에게 알려준 내용사실이 시험의 당

어날 수 있다. 이러한 변화는 국민의 알권리보장, 행정민주화의 산물인 「공공기관의 정보공개에 관한 법률」의 제정 등이 영향을 미친 것으로 볼 수 있다.

(2) 내부고발자의 보호

이 대법원 판결은 실질비개념을 엄격하게 해석함으로써 공익적 동기에서 비롯된 내부고발자를 보호하는 효과를 내고 있다. 그러나 아쉽게도 이 사건 판결은 사법적 결정을 통해 내부고발자를 보호하는 데에는 원천적인 한계가 있다는 것을 보여주고 있다.[13)]

원고가 내부규칙을 위반하면서까지 동보고서를 언론에 배부하게 된 경위 부분에 대한 판단은 달리 해석될 여지가 있다. "내부수칙을 위반한 점, 그리고 공개행위로 인하여 관련기업이나 관련기관의 신용에 적지 않은 피해를 입힌 점 등으로 인하여 공무원의 성실의무 등 직무상 의무를 위반한 점"을 인정한 이 이 사건 원심 및 대법원 판결에 대해서는 반론이 있을 수 없다. 그러나 이러한 공개행위가 사적인 이해관계가 아니라는 점, 즉 "이 사건 감사가 외압에 의하여 부당하게 중단되고, 감사결과마저 사장되어서 그 결과를 국민에게 알리는 것이 국가의 이익이 된다는 신념으로 보고서를 공개한 것이므로 그 행위가 가사 공무원의 직무상 의무에 위반한다 하더라도 이는 그 목적에 비추어 정당하다"는 원고의 주장에 동의한다면 나름대로의 정당성을 인정할 여지가 있다.

그럼에도 원심은 "감사의 비정상적인 종결처리과정, 사무총장의 갑작스러운 감사 종결 지시, 감사반원들에 대한 사후의 이례적인 전보조치 등을 종합하여 보면, 이 사건 감사는 정상적인 감사의 절차와 관행을 벗어나 납득할 수 없는 이유로 사실상 중단되었다고 보여진다"고 하면서도, "이러한 사유만으로 원고가 직무상 의무를 위반하면서까지 이러한 행위를 할 만한 정당성이 있다고는 보이지 아니"한다고 판단하고 있다.

락에 중요한 영향을 미칠 문제에 속하였던 사실을 적시하면 족하고, 그 내용사항이 구체적으로 출제된 여부의 점까지 밝힐 필요는 없다."(대법원 1970. 6. 30. 선고, 70도562 판결); "위 경기도지사의 공문은 성남시의 인구증가 억제조치로서 취해진 내무부장관소관의 시유지 매각중지조치와 건설부장관소관의 인구과밀지역내와 1976. 5. 4. 이후 전입자에 의한 건물의 신축 증축의 불허등 도시계획 구역내의 건축규제조치를 해제하는 것 등을 그 내용으로 담고 있어 중앙정부에 의한 성남시에 대한 각종 규제와 그 해제를 그 주요내용으로 하는 정책변경에 관한 사항으로 … 실질적으로 비밀성을 지닌 것"(대법원 1981. 7. 28. 선고 81도1172 판결); "원심이 판시한 군사자료들이 원본이 아닌 일부에 대한 복사본이고, 대부분 해외군사전문잡지나 국내외 안보관련연구소, 국방대학원 등에 공개되었다는 사정만으로는 이들이 공지의 사실로서 기밀성을 상실하였다고 볼 수 없다."(대법원 1994. 4. 26. 선고 94도348 판결) 등은 개인의 권리보다는 비밀엄수의무를 중시하는 듯한 판시를 하고 있다. 특히 81도1172 판결의 경우 원심은 "이 사건 피고인이 공소외 인에게 복사하여 건네 준 성남도시개발사업 현안문제에 대한 조치라는 제목의 경기도지사의 공문내용이 성남시의 발전을 위한 민원사항으로서 성남시가 중앙관서에 수차 건의하였던 사항의 조치내용이고 성남시가 주관한 각종 회의에서 위 해제에 대한 건의를 시민에게 홍보하여 왔던 것으로서 … 이 경기도지사의 회시공문의 내용은 형법 제127조에서 말하는 법령에 의한 직무상 비밀이 아니"라고 판시하였다(서울고등법원 1981. 2. 27. 선고 80노1613 판결).

13) 홍준형, 앞의 책, 1091쪽.

이러한 판단결과 내부고발자를 보호하고 배려할 여지가 없어져 버렸다. 미국의 내부고발자보호법(Whistleblower Protection Act of 1989)은 내부고발의 내용이 의미있고 정당하다면, 모든 내부고발과 폭로를 보호하고 있다(Sec. 4(a), 5 USC 2302(b)(8)). 우리나라의 경우에도 부패방지라는 차원에서 2002년도에 부패방지밥을 제정하여 내부고발을 보호하고 있으나 부패행위의 개념(동법 제2조), 보호조치의 미흡 등 문제점이 있다. 제도개선이 필요한 부분이다.

<참고문헌>

김동희, 행정법 Ⅱ, 박영사, 2008.

김창조, “정보공개법상 비공개사유”, 법학논고 제25집, 7권 제4호, 2006.

김철용, 행정법 Ⅱ, 박영사, 2009.

민주사회를 위한 변호사 모임, 노동판례 비평 제1권, 1997.

박균성, 행정법원론(하), 박영사, 2009.

박흥식, “내부고발자의 법적 보호: 미국의 경우”, 한국행정학보 제27권 제4호, 1993.

이상두, “공무상 비밀누설죄에 있어서 비밀의 의의”, 한국법학원, 저스티스 제30권 제3호, 1997.

최정학, “내부고발자 보호제도의 법적 문제점”, 형사정책 제15권 제1호, 2003.

홍정선, 행정법원론(하), 박영사, 2009.

홍준형, 판례행정법, 두성사, 1999.

L. Paige Whitaker, The Whistleblower Protection Act: An Overview(CRS Report for Congress), Congressional Research Service, 2007.

116. 지방자치단체장의 징계권

—대법원 2007. 7. 12. 선고 2006도1390 판결—

김 남 철*

I. 판결개요

1. 사실관계

U광역시 소속 B구청의 구청장 갑은 2004년 11월 15일 진행된 전국공무원노동조합의 총파업에 참가한 B구청 소속 공무원들에 대하여 U광역시 인사위원회에 징계의결요구를 하지 않고, 8명에 대해서는 U광역시 소속 B구 인사위원회에 경징계 의결요구를 하고, 나머지 205명에 대해서는 훈계조치하라고 지시하였다. 이에 대하여 갑이 정당한 사유 없이 직무를 유기하였다 하여 형사소송이 제기되었다.

2. 소송경과

이 사건은 구청장 갑이 정당한 사유 없이 징계의결요구를 하지 않았다고 하여 직무유기로 울산지방법원에 형사소송이 제기된 사건으로 원심 울산지방법원 2005. 11. 24. 선고 2005고단310 판결이 있었고, 이 판결에 대한 피고인 구청장 갑과 검사의 항소에 대한 울산지방법원 2006. 2. 3. 선고 2005노1065 판결을 거쳐, 피고인 갑의 상고에 의하여 대법원 2007. 07. 12. 선고 2006도1390 판결에 이르게 된 것이다.

3. 판결요지

(1) 관련 법령

지방공무원법	지방공무원징계및소청규정
제6조(임용권자)	제1조(적용범위) 지방자치단체의 일반직 및 기능직

* 부산대학교 법학전문대학원 부교수.

① 지방자치단체의 장(특별시 · 광역시 · 도 또는 특별자치도의 교육감을 포함한다. 이하 같다)은 이 법에서 정하는 바에 따라 그 소속 공무원의 임명 · 휴직 · 면직과 징계를 하는 권한(이하 "임용권"이라 한다)을 가진다.	공무원(이하 "공무원"이라 한다)에 대한 징계와 소청절차는 다른 법령에 특별한 규정이 있는 경우를 제외하고는 이 영이 정하는 바에 의한다.
제8조(인사위원회의 기능 등) ① 인사위원회는 다음 각 호의 사무를 관장한다. 1. 공무원 충원계획의 사전심의 및 각종 임용시험의 실시 2. 임용권자의 요구에 따른 보직관리 기준 및 승진 · 전보임용 기준의 사전의결 3. 승진임용의 사전심의 4. 임용권자의 요구에 따른 공무원의 징계의결 5. 지방자치단체의 장이 지방의회에 제출하는 공무원의 임용 · 교육훈련 · 보수 등 인사와 관련된 조례안 및 규칙안의 사전심의 6. 임용권자의 인사운영에 대한 개선 권고 7. 그 밖에 법령 또는 조례에 따라 인사위원회 관장에 속하는 사항	제1조의2(정의) 이 영에서 사용하는 용어의 정의는 다음과 같다. 1. "중징계"라 함은 파면 · 해임 또는 정직을 말한다. 2. "경징계"라 함은 감봉 또는 견책을 말한다.
제69조(징계사유) ① 공무원이 다음 각 호의 어느 하나에 해당하면 징계의결을 요구하여야 하고, 징계의결의 결과에 따라 징계처분을 하여야 한다. 1. 이 법 또는 이 법에 따른 명령이나 지방자치단체의 조례 또는 규칙을 위반하였을 때 2. 직무상의 의무(다른 법령에서 공무원의 신분으로 인하여 부과된 의무를 포함한다)를 위반하거나 직무를 태만히 하였을 때 3. 공무원의 품위를 손상하는 행위를 하였을 때	제1조의3(징계의 관할) ① 특별시 · 광역시 및 도(이하 "시 · 도"라 한다) 인사위원회(이하 "위원회"라 한다)에서는 다음 각 호의 징계사건을 심의 · 의결하되, 지방공무원법(이하 "법"이라 한다) 제7조 제1항의 규정에 의하여 시 · 도에 복수의 위원회를 두는 경우 제1호 내지 제3호의 징계사건은 제1위원회가, 제4호 내지 제7호의 징계사건은 제2위원회가 이를 각각 심의 · 의결한다. 다만, 제4호 · 제6호 및 제7호의 징계사건으로서 제2위원회에 회부하는 경우 공정한 심의 · 의결을 기대하기 어렵다고 특별시장 · 광역시장 및 도지사가 인정하는 징계사건은 제1위원회에 회부하여 심의 · 의결하게 할 수 있다. 1. 시 · 도 및 시 · 군 · 구(자치구를 말한다. 이하 같다)의 5급 이상 공무원, 연구관 및 지도관의 징계사건 2. 시 · 도 소속 6급 이하 공무원, 연구사 및 지도사의 중징계사건 3. 제1호 및 제2호의 징계사건과 관련된 시 · 도

	및 시 · 군 · 구 소속 6급 이하 공무원, 연구사 · 지도사 및 기능직공무원의 징계사건 6. 제3호의 징계사건을 제외한 시 · 군 · 구 소속 6급 이하 공무원, 연구사 및 지도사의 중징계사건과 이와 관련된 기능직공무원의 징계사건 7. 법 제72조 제1항 단서의 규정에 의한 소속기관(시 · 군 · 구)을 달리하는 동일사건에 관련된 공무원의 징계사건
제72조(징계절차) ① 징계는 인사위원회의 의결을 거쳐 임용권자가 한다. 다만, 5급 이상 공무원 또는 이와 관련된 하위직공무원의 징계와 소속 기관(시 · 도와 구 · 시 · 군, 구 · 시 · 군)을 달리하는 동일사건에 관련된 사람의 징계는 시 · 도의 인사위원회의 의결로 한다.	제2조(징계의결의 요구) ① 법 제7조제1항의 규정에 의한 임용권자는 소속 공무원(자치구가 아닌 구의 구청장과 지방자치단체의 장이 필요하다고 인정하여 설치한 위원회를 둔 소속기관의 장의 경우는 6급 이하 공무원)이 법 제69조 제1항 각 호의 1에 해당하는 사유가 있다고 인정될 때에는 지체 없이 당해 징계사건을 관할하는 위원회에 징계의결을 요구하여야 한다.

(2) 울산지방법원 2006. 2. 3. 선고 2005노1065 판결

(가) 쟁　　점

이 사건은 피고인 갑이 U광역시 B구청장으로 근무하면서 전국공무원노동조합의 2004. 11. 15.자 총파업에 참가한 U광역시 B구 소속 공무원 213명에 대하여 U광역시 인사위원회에 징계의결요구를 하지 않고, 위 공무원 중 8명에 대하여는 U광역시 B구 인사위원회에 경징계 의결요구를 하고 나머지 205명에 대하여는 훈계처분을 하라고 지시한 사실과 관련하여, 위와 같은 피고인 갑의 행위가 형법상 직무유기죄에 해당하는가 하는 것이 핵심적인 쟁점이다.

쟁점을 보다 구체화하면 다음과 같이 정리할 수 있다.

첫째, 지방공무원법령상 지방자치단체장에게 그 소속 공무원에게 징계사유가 발생했을 경우 징계의결요구를 하도록 규정되어 있는데, 이러한 규정의 해석상 지방자치단체장에게 징계의결요구를 하여야 할 작위의무가 있는 것인지 아니면 징계의결요구의 여부를 재량적으로 판단할 수 있는 것인지 하는 점이다.

둘째, 피고인 갑은 이 사건에서 관련 법령상 U광역시 인사위원회에 징계의결을 요구하여야 하는데, 이를 인식하고도 U광역시 B구 인사위원회에 일부 공무원만 징계의결요구를 하고, 나머지는 의결요구 없이 단순 훈계조치만 하였는데, 이와 같이 지방자치단체장이 징계관할위반을 인식하고도 그 관할에 위반하여 징계의결요구를 하고 징계의결

요구 없이 단순히 훈계조치만 지시한 경우, 이를 징계의결요구의무를 이행한 것으로 볼 수 있는가 하는 것이다.

셋째, 민선지방자치단체장이 정치적, 정책적 신념에 따라 징계의결요구를 하지 않음으로서 직무를 유기한 경우의 양형 문제이다.

(나) 피고인 주장

먼저 지방공무원법령상 지방자치단체장에게 그 소속 공무원에게 징계사유가 발생했을 경우 징계의결요구를 하여야 할 작위의무가 있는가 하는 문제와 관련하여 피고인은 지방자치단체장이 모든 사정을 종합적으로 고려하여 징계의결요구 여부를 결정하는 것이 확고한 행정의 관행이라는 점, 행정자치부는 공무원노조에서 파업에 돌입하자 파업에 참가한 조합원 모두에게 중징계 의결요구를 하라는 지침을 내렸는데 이는 파업에 참가한 공무원의 구체적인 사정을 전혀 고려하지 않은 채 일률적이고 일방적으로 내려진 부당하고 월권적인 지침이라는 점 등을 들어, 피고인은 제반사정 등을 종합적으로 고려해서 행정자치부 및 U광역시의 지침에 따르지 않고 소속 공무원에 대한 인사권한을 갖고 있는 지방자치단체장으로서 파업참가 공무원들에 대한 징계여부를 결정하게 된 것이고, 이런 피고인의 태도를 직무유기라고 볼 수 없다고 주장하였다.

나아가 양형과 관련하여, 피고인으로부터 자치단체장의 권한을 박탈하는 것은 지방자치제의 본질을 침해할 수도 있는 것이므로, 피고인이 B구의 구청장으로서 나머지 임기를 마치고 이후에도 주민들의 선택을 받아 주민의 편에서 행정을 펼칠 수 있는 기회를 가지길 원하는 점과 기타 제반사정을 고려하여 볼 때, 피고인에 대한 원심의 선고형(징역 4월, 집행유예 2년)은 너무 무거워서 그 형의 양정이 부당하다고 주장하였다.

(다) 법원의 판단

이에 대한 법원의 판단은 다음과 같다.

첫째, 법원은, 지방공무원법 등의 관계규정에 비추어 볼 때, 지방자치단체장은 그 소속 공무원의 행위가 징계사유에 해당하는지 여부에 관한 판단에 있어서만 재량이 있을 뿐 일단 그 행위가 징계사유에 해당하는 것이 명백한 경우에는 특별한 사정이 없는 한 반드시 그 징계를 관할하는 인사위원회에 징계의결요구를 해야 할 작위의무가 있고 이 사건 파업참가 공무원들의 징계사유는 그 경위, 사안의 내용, 사회적 파장 등을 종합적으로 고려하여 볼 때 중대하고 명백한 징계사유에 해당하여 피고인에게는 그들을 징계의결요구를 해야 할 의무가 있다고 판단하였다.

둘째, 법원은 직무수행과 관련하여, 지방공무원법 등의 관계규정에 비추어 볼 때, 이 사건 파업참가 공무원들에 대한 징계관할은 U광역시 인사위원회에 있고, 피고인이 이를 인식하고도 그들의 중징계를 우려하여 일부 공무원에 대해서는 U광역시 B구 인사위원회에 징계의결요구를 하고, 나머지 공무원에 대해서는 훈계조치만을 지시한 것은 정당한 이유 없이 자신에게 주어진 작위의무를 의식적으로 포기하거나 방임한 것에 다름없다고 하면서, 이로써 법령에 정해진 작위의무를 이행한 것으로 볼 수 없다고 판단하였다.

셋째, 양형과 관련하여 법원은 피고인이 징계사유가 명백한 소속 공무원들에 대한 징계의결요구를 하지 않아 다른 지방자치단체와는 달리 파업참가 공무원들에 대한 적정한 징계가 이루어지지 못하였고, 피고인은 자신의 행위가 법에 위반되는 것을 인식하였음에도 정치적 소신을 이유로 스스로 이 사건 범행에 나아간 점 등 제반사정을 고려하여 징역 4월에 집행유예 2년을 선고한 원심의 양형을 유지한다고 하였다.

(3) 대법원 2007. 07. 12. 선고 2006도1390 판결

대법원 판결의 논점은 크게 두 가지로 분류할 수 있다. 하나는 지방자치단체장이 인사위원회에 대하여 징계의결을 요구하여야 할 의무를 부담하는가 하는 것이고, 다른 하나는 광역시 인사위원회에 징계의결요구를 하지 아니하고, 일부는 자체 인사위원회에, 나머지 대상자는 훈계조치만 한 것이 형법상 직무를 유기한 경우에 해당하는가 하는 것이다.

먼저 전자의 문제와 관련하여 대법원은 소속 공무원의 구체적인 행위가 징계사유에 해당하는 것이 명백한 경우에 소속 지방자치단체장이 관할 인사위원회에 징계를 요구할 의무를 지는지 여부 및 소속 공무원들이 전국공무원노동조합이 주도한 파업에 참가한 행위가 지방공무원법 제48조 내지 제50조, 제58조 등이 규정하는 집단행위금지의무, 직장이탈금지의무 등의 직무상 의무에 위반되는 것이어서 임용권자인 소속 지방자치단체장의 징계의결요구 의무가 인정될 정도의 징계사유에 해당하는지 여부에 대하여, 지방공무원의 징계와 관련된 규정을 종합해 보면, 공무원이 징계사유에 해당하는 경우에 징계권자이자 임용권자인 지방자치단체장은 소속 공무원의 구체적인 행위가 과연 법 제69조 제1항에 규정된 징계사유에 해당하는지 여부에 관하여 판단할 재량은 있다고 할 것이지만, 징계사유에 해당하는 것이 명백한 경우에는 관할 인사위원회에 징계를 요구할 의무가 있다고 보고 있다. 나아가 대법원은 2004. 11. 15. 전국공무원노동조합의 이 사건 총파업은 치밀한 계획 아래 전국 지방자치단체에서 동시 다발적으로 이루어진 집단적 직무거부행위이고 U광역시 B구청 소속 공무원 213명이 그와 같은 파업에 참가한 행위는 법 제48조 내지 제50조, 제58조 등이 규정하는 집단행위금지의무, 직장이탈금지의무 등의 직무상 의무에 위반되는 것이어서 임용권자의 징계의결요구 의무가 인정될 정도의 징계사유에 해당한다고 하면서 이에 대한 원심의 판단은 정당하다고 하였다.

그 다음으로 형법상의 직무유기죄의 성립과 관련하여, 대법원은 "직무유기죄는 공무원이 법령 · 내규 등에 의한 추상적 충근의무를 태만히 하는 일체의 경우에 성립하는 것

이 아니라, 직장의 무단이탈이나 직무의 의식적인 포기 등과 같이 국가의 기능을 저해하고 국민에게 피해를 야기할 구체적 위험성이 있고 불법과 책임비난의 정도가 높은 법익침해의 경우에 한하여 성립하므로, 어떠한 형태로든 직무집행의 의사로 자신의 직무를 수행한 경우에는 그 직무집행의 내용이 위법한 것으로 평가된다는 점만으로 직무유기죄의 성립을 인정할 것은 아니다"라고 하면서, 이와 관련하여 지방자치단체장이 전국공무원노동조합이 주도한 파업에 참가한 소속 공무원들에 대하여 관할 U광역시인사위원회에 징계의결요구를 하지 아니하고 가담 정도의 경중을 가려 B구의 자체 인사위원회에 징계의결요구를 하거나 훈계처분을 하도록 지시한 행위가 위법하게 평가되는 것은 별론으로 하고 직장의 무단이탈이나 직무의 의식적인 포기에 준하는 것으로 평가할 수는 없을 뿐 아니라, 적어도 피고인으로서는 자신이 취한 일련의 조치가 직책에 따른 정당한 직무 수행 방식이라고 믿었던 것으로 볼 수가 있다고 하여 이 경우는 직무유기죄를 구성하지 않는다고 하였다. 이에 따라 대법원은 원심판결을 파기하고 사건을 울산지방법원 합의부에 환송하였다.

Ⅱ. 평　　석

1. 쟁점정리

대상판결과 관련된 사건은 형사사건으로서, 이미 언급한 바와 같이, 피고인 갑이 U광역시 B구청장으로서 전국공무원노동조합의 총파업에 참가한 소속 공무원 213명에 대하여 관할기관인 U광역시 인사위원회에 징계의결요구를 하지 않고, 위 공무원 중 8명에 대하여는 U광역시 B구 인사위원회에 경징계 의결요구를 하고 나머지 205명에 대하여는 훈계처분을 하라고 지시한 행위가 지방공무원법상의 징계의결요구의무를 제대로 수행하지 않은 것으로 형법상 직무유기죄에 해당하는가 하는 것이 쟁점이다. 따라서 이 사건의 행정사건이 아닌 형사사건으로서 직무유기죄의 인정 여부가 쟁점이다. 이에 따라 여기에서는 직무유기와 관련된 형사법적인 문제는 논점에서 제외하고, 지방자치단체장의 직무에 관한 행정법적인 문제만을 쟁점으로 다루기로 한다. 이 사건의 쟁점의 범위를 이와 같이 한정하면, 결국 지방자치단체 소속 공무원의 징계사유가 발생하였을 때, 지방자치단체장은 인사위원회에 징계의결을 요구하여야 할 의무를 부담하는가 하는 것이 쟁점이 된다.

이와 관련하여 지방공무원법 제69조 제1항은 "공무원이 다음 각 호의 1에 해당하는 때에는 징계의결의 요구를 하여야 하고 동 징계의결의 결과에 따라 징계 처분하여야 한다. 1. 이 법 또는 이에 의한 명령이나 지방자치단체의 조례 또는 규칙에 위반한 때, 2.

직무상의 의무에 위반하거나 직무를 태만하였을 때, 3. 공무원의 품위를 손상하는 행위를 한 때"라고 규정하고 있으며, 동법 제72조 제1항은 "징계는 인사위원회의 의결을 거쳐 임용권자가 행한다"고 규정하고 있다. 또한 지방공무원 징계 및 소청규정 제2조 제1항은 "법 제7조 제1항의 규정에 의한 임용권자는 소속공무원이 법 제69조 제1항 각 호의 1에 해당하는 사유가 있다고 인정될 때에는 지체 없이 당해 징계사건을 관할하는 위원회에 징계의결을 요구하여야 한다"고 규정하고 있다.

그렇다면 지방자치단체장은 위 규정에 의하여 징계사유가 존재할 때 반드시 징계의결요구를 하여야 할 의무가 있는지 아니면 재량적 판단에 의하여 요구할 수 있는지의 여부가 문제된다. 이 문제는 헌법이 보장하는 지방자치단체의 자치권으로서의 인사고권의 문제와도 관련된다. 한편 공무원노조의 파업과 관련하여 행정자치부 및 U광역시에서는 '불법 공무원 단체의 불법파업 기금모집행위 관련지침', '전공노 총파업 관련 징계업무 처리지침', '전공노 총파업 관련 징계업무 추가 처리지침' 등을 통해 '전공노의 기금모금 행위는 공무원의 불법적인 집단행동이며, 총파업은 국가기능을 문란하게 하고 국가안위를 위태롭게 하는 중대한 사태로서 강행시 관련자들은 전원 중징계조치하라'는 내용을 일선 자치단체에 시달하였는데, 대법원은 이를 상호 협력의 차원에서 조언 · 권고한 것이거나 단순히 '업무연락'을 한 것이라고 판단하고 있는 데 반해 피고인은 이러한 지침이 초법적이고 월권적이라고 주장하고 있으므로, 지방자치권의 관점에서 이 점에 대해서도 관련문제로서 간략하게 살펴보기로 한다.

2. 관련판례

위에서 언급한 핵심쟁점인 지방자치단체장에게 징계의결을 요구하여야 할 의무가 존재하는가 하는 문제와 관련된 판례는 없다.

다만 지방공무원법에서 정한 공무원의 집단행위금지의무 등에 위반하여 전국공무원노동조합의 불법 총파업에 참가한 지방자치단체 소속 공무원들의 행위가 임용권자의 징계의결요구 의무가 인정될 정도의 징계사유에 해당하는가 하는 문제와 관련하여 이를 긍정한 판례(대법원 2007. 3. 22. 선고 2005추62 판결)가 있었다.

그리고 지방자치단체의 권한침해 문제와 관련하여, 행정자치부장관의 「징계업무처리지침」 및 「병 · 연가불허지시」가 상호 협력의 차원에서 조언 · 권고한 것이거나 단순히 '업무연락'을 한 것이지, 각 지방자치단체를 법적으로 규제하는 강제적 · 명령적 조치를 취한 것이라 보기 어렵다는 헌법재판소의 결정도 있었다. 이 사건에서 헌법재판소는 행정자치부장관이 기자회견을 통해 '총파업가담자에 대한 처벌과 정부의 방침에 소극적으로 대처하는 지방자치단체에 대하여 특별교부세 지원중단 등의 행정적 · 재정적 불이익조치를 취할 것'이라는 것을 주된 내용으로 하는 담화문을 발표한 것은 단순한 견해의 표명에 지나지 않는 것이므로 이러한 행위들은 권한쟁의심판의 대상이 되는 처분이라 할 수 없어, 이에 대한 권한쟁의심판청구는 부적법하다고 판단하였다(헌재 2006. 3. 30. 2005헌라1).

3. 판결의 검토

(1) 징계처분 및 징계의결요구의 법적 성질

일반적으로 어떠한 행정행위가 재량행위인가 기속행위인가 하는 문제는 효과재량설이 말하는 것처럼 행위의 성질에 따라 일률적으로 정하여지는 것은 아니고, 관련규정의 규정형식과 규정취지, 행정청에 재량권을 인정하여야할 필요성, 국민의 권익보호 등을 종합적으로 고려하여 판단하여야할 문제라 할 것이다. 따라서 개인의 권익을 침해하는 성질을 가진 징계처분의 경우에도 이를 일률적으로 기속행위라고 볼 수는 없는 것이다. 예컨대, 고등교육법 제13조 제1항은 "학교의 장은 교육상 필요한 때에는 법령과 학칙이 정하는 바에 의하여 학생을 징계할 수 있다"고 규정하고 있는데, 이 경우 법령의 규정형식이나 취지 및 학생의 권익보호 등을 고려할 때, 학교장의 징계처분은 재량행위로 보는 것이 합리적일 것이다.

그런데 지방공무원법상의 징계의 경우는 법적 성질을 판단하는 문제가 단순하지는 않다. 지방공무원법 제72조 제1항은 "징계는 인사위원회의 의결을 거쳐 임용권자가 행한다"고 규정하여 공무원 징계는 인사위원회의 의결에 따르도록 하고 있고, 동법 제69조 제1항에서는 징계사유에 해당하는 경우 "징계의결의 요구를 하여야 하고 동 징계의결의 결과에 따라 징계 처분하여야 한다"고 규정하고 있다. 대법원은 이와 같이 지방공무원법이 지방자치단체장의 징계요구에 의하여 인사위원회에서 징계에 관한 의결을 하도록 하는 규정을 둔 취지를 임용권자의 자의적인 징계운영을 견제하여 지방공무원의 권익을 보호함과 아울러 징계의 공정성을 담보할 수 있도록 절차의 합리성과 공정한 징계운영을 도모하기 위한 것이라고 이해하면서, 징계권자이자 임용권자인 지방자치단체장은 소속 공무원의 구체적인 행위가 법 제69조 제1항에 규정된 징계사유에 해당하는지 여부에 관하여 판단할 재량은 있다고 할 것이지만, 징계사유에 해당하는 것이 명백한 경우에는 관할 인사위원회에 징계를 요구할 의무가 있다고 보아야 할 것이라고 판단하고 있다.

결국 대법원은 공무원의 어떠한 행위가 징계사유에 해당하는지의 여부, 즉 제69조 제1항의 요건판단의 문제에는 재량이 인정되지만, 요건(징계사유)에 해당하는 경우에는 징계를 요구하여야 할 기속을 받는다고 보고 있는 것이다.

우선, 핵심적인 쟁점은 아니지만, 재량은 효과규정에만 인정된다는 입장(김남철, 건축허가의 법적 성질에 관한 소고, 415면 이하)에서 보면, 대법원은 징계사유에 해당하는지의 여부, 즉 요건판단의 문제를 재량판단의 문제로 보고 있다. 그러나 법률요건의 판단은 법적 판단의 문제로서 이러한 판단에 공무원의 재량이 인정되는 것이 아니라 오로지 하나의 법적 판단만이 가능하며, 이러한 판단에 대해서는 전면적으로 사법심사가 가능한 것이다. 대법원도 이러한 요건판단의 문제와 관련하여 "이 사건 총파업은 집단행위금지의무, 직장이탈금지의무 등의 직무상 의무에 위반되는 것이어서 임용권자의 징계의결요구 의무가 인정될 정도의 징계사유에 해당한다"라고 요건에 해당된다는 법적 판단을 하고 있다. 따라서 이러한 요건판단에 행정청의 재량이 인정된다고 한 대법원의 판단은 재량이론을 오해하고 있는 것이라고 생각된다.

다만 대법원도 인정하고 있는 바처럼, 법률의 규정형식을 보면, 징계의결요구를 재량행위로 보기는 어렵다고 생각된다. 그러나 입법취지가 단체장의 자의적 징계권행사를 방지하는 것이라고는 하지만, 반대로 징계요구를 하여야할 사유가 "1. 이 법 또는 이에 의한 명령이나 지방자치단체의 조례 또는 규칙에 위반한 때, 2. 직무상의 의무에 위반하거나 직무를 태만하였을 때, 3. 공무원의 품위를 손상하는 행위를 한 때"라고 너무 폭넓게 규정되어 있어, 징계요구를 기속행위로 보는 경우 공무원의 권익이 제대로 보호되기 어려운 경우도 있을 것이다.

이 문제는 다른 시각에서 보면, 지방자치단체의 자치권과도 관련되는 문제로서, 입법에 의한 자치권에 대한 제한이라고도 볼 수 있다. 그렇다면 지방공무원법의 이러한 규정이 자치권에 대한 합리적인 제한인가 하는 문제도 검토해 보아야 할 것이다. 이 점에 대해서는 아래에서 보다 구체적으로 검토하기로 한다.

(2) 지방 자치권으로서의 인사고권의 보장과 한계

우리나라 헌법 제117조 제1항은 지방자치단체의 자치권보장 규정으로서 일반적으로 지방자치에 관한 제도적 보장으로 이해되고 있다. 이에 따라 지방자치단체는 자기지역내의 모든 사무를(전권한성), 자기책임으로(자기책임성) 처리할 수 있는 권한을 가진다. 따라서 지방자치단체는 법률에 특별한 규정이 없더라도 주민의 복리에 관한 그 지역의 모든 사무에 대하여 자치사무로서 우선적인 관할권을 가지며, 또 그것이 자치사무인 한 원칙적으로 국가의 어떠한 지시에도 기속되지 않고 스스로 합목적적이라고 판단되는 바에 따라 사무를 처리할 수 있는 것이다. 인사고권도 이러한 권한 가운데 하나로 언급되고 있다(홍정선, 26면 이하). 지방자치단체의 인사고권은 지방자치단체가 업무수행을 위하여 필요한 인적 시설인 지방자치단체의 공무원을 선출, 임명, 승진, 해임, 징계하고, 그 복무와 수당, 급료와 후생에 관한 인사행정을 자기책임 하에 규율할 수 있는 권한을 말한다(이기우, 126면).

다만 이러한 인사고권은 무제한적으로 인정되는 것은 아니고, 법령의 테두리 내에서만 인정되는 상대적인 것이다. 따라서 법령을 통한 자치권의 제한은 법적으로 문제될 것이 없다 할 것이다. 다만 이러한 제한에도 일정한 한계가 있다. 즉 자치권을 제한하는 법령은 제도적 보장의 취지에 따라 자치권의 본질적인 내용(핵심영역)을 침해할 수 없고, 본질적인 내용이 아니라 할지라도 반드시 자치권의 제한을 정당화할 수 있는 공익이 존재하여야 하고 비례원칙을 준수하여야 한다. 지방공무원법은 지방자치단체의 인사에 관한 일련의 규정을 두고 있는데, 이러한 규정에 의한 인사고권의 제한이 합리적인 것인 한, 자치권침해가 문제되지는 않는다. 그러나 법령에 의한 제한의 경우에도 지방자치단체에게는 인사상의 고유한 형성가능성이 보장되어야 하며, 이러한 가능성에 대한 제한은 곧 자치권의 침해를 의미하는 것이다. 이러한 관점에서 볼 때, 결국 지방자치단체의 인사고권의 보장이라는 측면에서 지방공무원의 징계에 대한 최소한의 최종적인 결정권한은 각 지방자치단체에 있다고 해야 할 것이다(김남철, 한국 지방자치단체의 조직에 관한 법적 문제, 136면 이하). 따라서 지방공무원법에서 징계의결을 요구하여야 할 의무를 부과하면서, 징계의결을 요구하여야 할 사유를 폭넓게 규정함으로써 사실상 지방자치단체장의 징계권한은 전혀 남아 있는 것이 없도록 하고 있는 것은—아무리 자의적인 징계권 행사를 방지하는 것이 중요하다고 하더라도—지방자치의 이념이나 본질에는 부합하는 것은 아니라 할 것이다. 따라서 결론적으로 징계의결요구에 관한 현행 지방공무원법상의 규정은 자치단체장의 징계권한을 제한하여야 할 공익보다는 이를 통하여 제한되는 자치권이 더 크다고 보아 이는 인사고권에 대한 지나친 제한이라 할 것이고, 이에 따라 지방공무원법은 반드시 징계의결을 요구하도록 규정할 필요가 있더라도, 징계사유를 보다 구체화하여 이 가운데 중한 징계사유만을 규정함으로써 경한 징계사유가 존재하는 경우에는 지방자치단체장의 재량적 판단에 따라 징계의결요구를 결정할 수 있도록 하는 등의 입법적 개선이 필요하다고 생각된다.

(3) 감독행정기관의 지침의 법적 성질과 법적 문제점

중요한 쟁점은 아니지만, 지방자치단체장의 징계권과 관련하여, 감독행정기관의 지침이 지방 자치권을 침해하는 것인가 하는 문제도 관련문제로서 검토해볼 필요는 있다고 생각된다.

이미 언급한 바와 같이, 공무원노조의 파업과 관련하여 행정자치부 및 U광역시는 지침을 통해 '전공노의 기금모금 행위는 공무원의 불법적인 집단행동이며, 총파업은 국가기능을 문란하게 하고 국가안위를 위태롭게 하는 중대한 사태로서 강행시 관련자들은 전원 중징계조치하라'는 내용을 일선 자치단체에 시달하였다. 이에 대하여 대법원은 이를 상호 협력의 차원에서 조언 · 권고한 것이거나 단순히 '업무연락'을 한 것이라고만 판단하고 있을 뿐이다.

그러나 이러한 지침의 사실상의 파급효과를 고려한다면, 이를 단순한 업무연락에 불과한 것이라고 평가절하 하는 데에는 문제가 있다. 오히려 이러한 지침이 행정현실에서는 사실상 구속력을 가진다는 점에서 보면 행정명령에 더 가깝다고 볼 수 있는 것이다. 만약 이러한 법적 문제를 도외시하고, 대법원의 판단대로, 이를 조언 · 권고라고 보더라도, 이는 지방자치법적으로는 감독행정기관의 감독수단으로 이해되는 것으로서 감독원칙상의 일정한 제한이 따른다고 할 것이다.

지방자치영역에도 법치주의가 타당하기 때문에, 지방자치단체도 법에 기속되어야 하고, 또한 지방자치단체는 국가의 한 구성부분을 이루고 있는 것이기 때문에, 국가는 전체로서의 법질서를 유지하기 위하여 지방자치단체의 행정이 법에 따라 이루어지는지를 감독하여야 한다. 다만 헌법상의 지방자치권의 보장 취지와 관련하여 국가의 감독은 지방자치단체가 수행하는 사무유형에 따라 달리 취급되어야 하는 것으로 이해되고 있다. 이에 따라 자치사무에 대한 국가의 감독은, 지방자치단체의 전권한성 및 자기책임성을 고려할 때, 자치사무의 수행이 법률의 범위를 벗어났는가 하는 법률적합성에 대한 감독에 그쳐야 하고, 위임사무에 대해서는 이러한 합법성통제 외에도 합목적성의 감독이 가능하다고 이해되고 있다. 그리고 지방자치단체에 대한 국가의 감독은 지방자치단체에 대하여 조언하고, 지원하며 지방자치단체의 자주적인 결정능력과 책임성을 강화하는 데 기여하는 것이어야 하는 것이지, 국가의 감독으로 인하여 지방자치단체가 자기책임으로 사무를 수행하는 것이 어렵게 되는 등 헌법상 보장되는 지방 자치권을 공허하게 하는 것이어서는 안 된다(김남철, 지방자치단체에 대한 감사의 법적 문제, 28면 이하). 이러한 의미에서의 국가의 감독에는 절제가 요구되는 것이고, 비례원칙의 준수가 중요한 의미를 가진다(홍정선, 490면).

이는 결국 지방자치단체에 대한 감독기관의 감독이 지방자치단체에 대한 적대적인 태도에서가 아니라 지방자치단체에 대한 친화적인 자세에서 이루어질 것을 요구하는 것이라 할 것이다. 이를 다른 표현으로는 지방자치단체 친화적 자세의 원칙(Das Prinzip des gemeindefreundlichen Verhaltens)이라고 할 수 있는데, 이는 헌법상의 지방자치권보장으로부터 도출할 수 있는 일반원칙으로서 국가와 지방자치단체와의 관계에서 국가는 지방자치단체에 친화적인 자세를 유지하여야 한다는 원칙을 말하는 것이다(김남철, 지방자치단체에 대한 감사의 법적 문제, 30면 이하).

이상에서 살펴본 감독권행사의 기본원칙에 비추어 볼 때, 이 사건에서 행정자치부나 U광역시의 관련 공무원들을 중징계조치하라는 내용의 지침은 단순한 조언이나 권고에 불과한 것이 아니라, 지방자치단체장의 징계권행사에 대한 합목적적인 통제로서 지나친 간섭이어서, 감독원칙을 위반한 경우라고 여겨진다.

(4) 소 결

이상에서 검토한 바를 요약해 보면 다음과 같다. 우선 지방공무원법의 입법형식이나 취지를 고려한다면, 현행법의 해석상 지방자치단체장은 인사위원회에 대한 징계의결요구 의무를 부담한다는 대법원의 판단은 타당하다고 생각된다.

그러나 입법론적으로는 징계사유가 지나치게 폭넓고 추상적으로 규정되어 있기 때문에, 이러한 징계사유에 해당되는 경우에는 징계와 관련된 복합적인 정황이나 현실적인 여건 등에 대한 종합적 고려 여부와 상관없이 무조건 인사위원회에 징계의결요구를 하여야할 의무가 있다고 보는 경우에 공무원의 신분이나 권익보호에 오히려 역행하는 결과를 초래할 수도 있다고 판단된다.

공무원에 대한 징계의 사실적 또는 법적 영향 등을 고려하면, 징계의결요구를 하여야 하는 중한 경우만을 징계의결요구사유로 규정하고, 그 밖의 나머지 사유에 대해서는 징계의결요구를 할 것인지에 대한 지방자치단체장의 재량적 판단을 인정하는 것이 지방자치단체의 인사고권의 보장이라는 측면에서도 합리적이라고 판단된다. 대법원이 지방자치단체장의 의결요구의무를 인정하면서도 징계가 가지는 여러 의미와 사정을 고려하여 직무유기죄를 인정하지 않은 것도 이와 같은 합리적인 요구를 반영한 것이라고 생각된다.

4. 판결의 의미와 전망

대상판례는 형사사건이 문제된 경우이지만, 지방자치단체장의 징계권한과 관련되어 있다는 점에서 행정법적인 의의가 있다고 할 것이다.

대상판례에서는 지방자치단체장의 인사위원회에 대한 징계의결요구를 단체장의 징계권행사의 공정성과 공무원 권익보호 등의 관점에서 파악하여 지방자치단체장에게 의무가 있는 것으로 이해하고 있는데, 여기에 지방자치단체의 자치권 보장의 측면에서의 언급이 없어 아쉽게 생각된다. 이는 지방자치권보장의 문제가 학설이나 판례상 아직 뿌리내리지 못했다는 반증이 아닌가 생각되기도 한다.

그러나 이 문제는 단순히 입법형식이나 취지에서만 파악되어야 할 문제는 아니라고 판단되고, 따라서 향후 지방공무원법의 개정을 통하여 해결되어야 할 문제라고 생각된다. 지방공무원법은 중한 징계사유에 대하여 반드시 징계의결요구를 하도록 규정함으로써, 경한 경우에는 지방자치단체장에게 징계의결요구에 대한 재량권을 인정하는 것이 지방자치단체의 자기책임성을 보장하라는 헌법의 취지에도 부합된다고 생각된다.

<참고문헌>

이기우, 지방자치행정법, 법문사, 1991.

홍정선, 지방자치법학 제2판, 법영사, 2002.

김남철, "건축허가의 법적 성질에 관한 소고", 공법학연구 제5권 제2호, 한국비교공법학회, 2004. 5.

김남철, "한국 지방자치단체의 조직에 관한 법적 문제", 지방자치법연구 제4권 제2호, 한국지방자치법학회, 2004. 12.

김남철, "지방자치단체에 대한 감사의 법적 문제", 지방자치법연구 제5권 제2호(통권 제10호), 한국지방자치법학회, 법영사, 2005. 12.

제 4 편

개별 행정법

117. 경찰권발동의 근거

— 대법원 1986. 1. 28. 선고 85도2448, 85감도356 판결 —

김 남 진*

Ⅰ. 판례개요

1. 사실관계

경상남도양산군 도시과 단속계 요원으로 근무하는 청원경찰관인 공소 외 김차성 및 이성주가 1984. 12. 29. 경상남도 양산군 장안면에 있는 피고인의 집에서 피고인의 형 외 1인이 허가 없이 창고를 주택으로 개축하는 것을 단속한 것이 경찰관직무집행법 제2조에 의거한 정당한 공무집행에 속하며, 따라서 이를 폭력으로 방해한 피고인의 소위를 공무집행방해죄로 다스린 조치가 적법한 것인가 하는 점이 문제된 사건이다.

2. 소송경과

이 사건은 원심 및 상고심의 판결문에 나타나 있는 바와 같이, 행정사건이 아니라, 형사사건이다. 즉, 허가 없이 창고를 주택으로 개축하는 것을 단속한 청원경찰을 폭력으로 방해한 피고인의 행위가 공무집행방해죄 등에 해당하는가 하는 점이 쟁점이 되어 있는 사건이다.

원심과 상고심은 모두 피고인의 유죄를 인정하였다. 허가 없이 창고를 주택으로 개축하는 것을 청원경찰이 단속한 행위를 경찰관직무집행법 제2조에 의거한 적법한 행위로 간주한 결과 경찰관직무집행법 제2조를 경찰권발동의 근거로서 인정한 것으로서 새길 수 있지 않으냐 하는 것이다.

* 대한민국학술원 회원.

3. 판결요지

(1) 원심판결

기록에 나타난 피고인의 연령, 성행, 환경, 전과, 이 사건 범행의 동기, 수단, 결과, 범행후의 전황 등 양형의 조건이 되는 여러 가지 사정을 참작하면, 원심(부산지방법원 울산지원 1985. 7. 10. 선고 85고합41 판결)이 피고인에 대하여 선고한 형은 너무 무거워서 부당하다고 생각되므로 이 점에서 피고인 및 변호인의 항소논지는 이유 있다.

따라서 감호청구사건에 대한 피고인의 항소는 이유 없으므로 사회보호법 제42조, 형사소송법 제364조 제4항에 의하여 이를 기각하고, 피고 사건에 대한 피고인의 항소는 이유 있으므로 형사소송법 제364조 제6항에 의하여 원심판결 중 피고사건 부분을 파기하고 당원은 다시 다음과 같이 판결한다.

(범죄사실 및 증거의 요지)

당원이 인정하는 피고인의 범죄사실과 이에 대한 증거의 요지는 원심판결의 각 해당란에 기재되어 있는 바와 같으므로 형사소송법 제369조에 의하여 이를 모두 그대로 인용한다.

(법령의 적용)

피고인의 판시소위 중 특수공무방해의 점은 형법 제144조 제1항, 제136조에 …

폭력의 점은 폭력행위 등 처벌에 관한 법률 제2조 제2항, 제1항, 형법 제350조 제7항에, 절도의 점은 형법 제329조에 각 해당하는바, 특수공무방해죄와 상해죄는 각 1개의 행위가 수 개의 죄에 해당하는 경우이므로 같은 법 제40조, 제50조에 의하여 형과 법정이 가장 무거운 피해자 감치상에 대한 판시 특수공무방해죄에 정한 형으로 처벌하고 … 각 소정 형 중 특수강도죄 및 특수강도미수죄에 대하여는 각 유기징역형을, 폭력행위 등 처벌에 관한 법률위반죄 및 절도죄에 대하여는 각 징역형을 선택하고 …, 피고인에게 가정사정이 딱하고 이 사건 범행에 이르게 된 동기 등 그 정상에 참작할 만한 사유가 있으므로 형법 제53조, 제55조 제1항 제3호에 의하여 작량 감경한 형기 범위 내에서 피고인을 징역 3년에 처하고, 같은 법 제57조에 의하여 원심판결 선고전의 구금일수 중 160일을 위 형에 산입한다.

(2) 대법원판결

㈎ 원심이 인용한 제1심판결 거시의 증거를 기록에 의하여 살펴보면 원심판시 피고인의 이 사건 범죄사실을 인정하기에 넉넉하고 피해자 배명수와의 차용 관계를 인정할 만한 자료를 가려낼 수가 없으므로 원심의 채증법칙 위반이나 사실오인을 비난하는 상고논지는 그 이유가 없다.

(나) 청원경찰법 제3조는 청원경찰은 청원주와 배치된 기관, 시설 또는 사업장등의 구역을 관할하는 경찰서장의 감독을 받아 그 경비구역 내에 한하여 경찰관직무집행법에 의한 직무를 행한다고 정하고 있고 한편 경찰관직무집행법 제2조에 의하면 경찰관은 범죄의 예방, 진압 및 수사, 경비요인, 경호 및 대간첩작전 수행, 치안정보의 수집 작성 및 배포, 교통의 단속과 위해의 방지, 기타 공공의 안녕과 질서유지 등을 그 직무로 하고 있는 터이므로 경상남도 양산군 도시과 단속계 요원으로 근무하고 있는 청원경찰관인 공소 외 김차성 및 이성주가 원심판시와 같이 1984. 12. 29. 경상남도 양산군 장안면에 있는 피고인의 집에서 피고인의 형 공소 외 ○○이 허가 없이 창고를 주택으로 개축하는 것을 단속한 것은 그들의 정당한 공무집행에 속한다고 할 것이므로 이를 폭력으로 방해한 피고인의 판시 소위를 공무집행방해죄로 다스린 원심조치는 정당하고 이에 소론과 같은 위법이 있다고 할 수 없다.

Ⅱ. 평 석

1. 쟁점정리

이 사건이 형사사건임에도 불구하고 행정법학자의 지대한 관심을 끌게 된 것은 다음과 같은 점에 있다. 즉, 상고심인 대법원이 판결문에서 [경찰관직무집행법 제2조에 의하면 경찰관은 범죄의 예방, 진압 및 수사, 경비요인, 경호 및 대간첩작전 수행, 치안정보의 수집 작성 및 배포, 교통의 단속과 위해의 방지, 기타 공공의 안녕과 질서유지 등을 그 직무로 하고 있는 터이므로 …, 청원경찰관인 공소 외 김차성 및 이성주가… 허가 없이 창고를 주택으로 개축하는 것을 단속한 것은 그들의 정당한 공무집행에 속한다]라고 판시하였으므로, 법원이 경찰관직무집행법 제2조를 경찰권발동의 근거로 인정한 것이 되지 않느냐 하는 것이다.

2. 관련판례

이 사건 이외에, 경찰관직무집행법 제2조를 경찰권발동의 근거로 명시하거나, 그 점이 쟁점이 된 사건은 발견되지 않는다.

3. 판례의 검토

아마도 이 사건을 "경찰권발동의 근거"와 관련시켜 평석을 하며, 부각시킨 것은 필자(김남진)가 처음이 아닌가 생각된다.

필자는 "경찰권발동의 개괄적 수권조항"이라는 제목하에 다음과 같은 요지의 평석을 행한 바 있다(김남진, 경찰권발동의 개괄적 수권조항, 11면; 김남진, 행정법의 기본문제, 1160면 이하).

[본 사건에서는 대법원이 쟁점이 되고 있는 청원경찰관의 경찰권발동의 적법성의 근거를 경찰관직무집행법 제2조에서 찾고 있는 점이 주목된다. 판지에도 인용되어 있는 바와 같이, 동조는, "경찰관은 다음 각 호의 직무를 행한다"라는 규정 밑에 1. 범죄의 예방 · 진압 및 수사, 2. 경비 · 요인경호 및 대간첩작전수행, 3. 치안정보의 수집 · 작성 및 배포, 4. 교통의 단속과 위해의 방지, 5. 기타 공공의 안녕과 질서유지 등 다섯까지 직무를 열거해 놓고 있다.

그런데, 그러한 내용의 경찰관직무집행법 제2조를 단순히 경찰의 임무(Aufgabe)를 정한 것에 불과한 것인지, 아니면, 권한(Befugnis) 또는 수권(Ermaechtigung)의 규정으로 볼 것인지가 명확한지 않은 상태에서 대법원이 동조를 수권규정으로 보고 있는 점에 본 판결의 의의가 있다고 하는 것이 필자 등의 견해이다.

경찰관직무집행법 제2조를 경찰권발동의 근거(수권)규정으로 본다는 것은 동조를 경찰권발동에 관한 개괄 또는 일반조항(Generalklausel)으로 본다는 것을 의미한다. 그 개괄조항은 개별조항(Spezialklausel)에 대한 개념이다. 후자는 우리의 경찰관직무집행법에 있어서의 불심검문(3조), 보호조치(4조) 및 그 밖의 개별적 조치에 관한 규정을 의미한다.]

그러나 위 평석에서 필자는, 경찰관직무집행법 제2조 전체를 경찰권발동의 근거로 보는 것이 아니고, 동법 제2조 제5호, 즉 "공공의 안녕과 질서유지" 조항을 개괄적 수권조항으로 볼 수 있지 않겠는가 하는 의견을 조심스럽게 제기해 놓은 바 있음을 밝혀 놓은 다음에 [··· 조심스럽게 제기하지 않을 수 없는 이유는 실정법의 규정도 미비하고, 경찰과 관련된 우리나라 풍토가 미덥지 않기 때문이다]라고 기술해 놓은 바 있다(김남진, 행정법의 기본문제, 1163면).

생각건대, 경찰권발동에 관련된 문헌의 거의 전부가 본 판례(대법원 1986. 1. 28, 85도2448 판결)를 소개하고 있는 것을 보면 판례가 경찰관직무집행법 제2조를 경찰권발동의 근거로서 인정한 사실은 부인하지 않는 것으로 보인다. 대표적으로, 최영규 교수는 본 판례(85도2448)를 소개하며, 대법원이 "동 조항의 개괄조항설을 긍정하는 것으로 해석된다"라고 기술해 놓고 있다(최영규, 181쪽).

4. 판례의 의미와 전망

(1) 본 판례의 의미

본 판례는 "경찰권발동의 법적 근거", 특히 "개괄적(일반적) 수권조항"의 문제를—아마도 최초로—부각시켰다는 점에 특별한 의미가 있다(이에 대한 이견(異見)으로서는 정하중, 1121면 참조). 종래 우리나라에서는 경찰권발동의 근거와 관련하여 개괄적 수권조항과 개별적 수권조항을 구별함이 없이 "경찰권발동의 근거 및 한계"의 문제를 논해 왔던 것이다. 그와 같은 경향은 당시 우리나라의 행정법학에 지대한 영향을 끼친 일본의 유력설(田中二朗)의 영향을 받은 것으로 여겨진다.

즉, 위 일본의 유력설은 "경찰권의 근거"와 관련하여 개괄적 수권조항과 개별적 수권조항을 구별함이 없이 [경찰권의 발동은 법규에 근거하고 그의 규정에 따르지 않으면 안 되지만, 경찰에 관한 법규의 규정은, 현실적으로 반드시 명확 일의적인 것만 있는 것이 아니라, 추상적 · 개괄적이어서 해석상의 폭을 남겨놓고 있는 규정이나, 어느 정도 경찰기관의 재량에 맡겨 놓고 있는 것으로 보이는 규정을 두고 있는 예도 적지 않다. 이것은 경찰은 원래 장래 발생할 것이 예상되는 공공의 안전과 질서에 대한 장해를 미연에 예방하거나 사후에 진압제거하기 위한 작용으로서, 사전에 장래 발생할 가능성이 있는 다종다양한 장해를 예견하여 그 대상을 구체적으로 규정하는 것이 거의 불가능하기 때문에, 현실 구체적으로 발생할 장해에 대하여, 임기에 적절한 조치를 강구할 수 있도록 경찰권발동의 대상, 조건, 방법, 태양 등에 관하여 개괄적 · 탄력적 · 재량적 규정을 정해 두는 것도 공공의 안전과 질서의 유지라고 하는 경찰의 목적에 비추어 불가피한 때문이다]라고 기술하였던 것이다(田中二郎, 272면).

위에 소개한 일본의 유력설은 근년에도 그대로 유지되고 있는 것으로 보인다(宮田三朗, 61면 이하).

다른 한편, 당시의 우리나라의 행정법학자 가운데에는 그 "개괄적 수권조항"의 존재에 대하여 부정적인 견해도 없지 않았다. [전통적인 침해유보설을 들출 것도 없이, 법치행정주의의 내용의 하나인 법률유보의 본령이 된 것은 경찰작용의 분야이었음은 의심의 여지조차 없는 일인바, 경찰권은 개별적인 작용 법에 의한 구체적인 법적 수권을 필요로 하는 것임은 법치주의의 당연한 요구라고 하겠다](이상규, 303면)라는 설명이 그에 해당한다.

현 시점에 있어서, 경찰관직무집행법 제2조를 개괄적 수권조항(일반조항)으로 볼 수 있는가에 관해서는 긍정설과 부정설이 나누어져 있는바, [경찰관직무집행법 제2조 5호는 일반조항으로 인정될 수 있다고 본다. 판례도 같은 입장이다]라는 견해(류지태, 808면)는 전자의 예이며, [경찰관직무집행법 제2조 제5호는 수권규정이 아니라 임무규정이므로 구체적인 경우에 경찰이 임무수행을 위하여 개인의 권리 · 이익에 대한 침해까지 가능하게 하는 규정으로 볼 수 없다]는 견해(김연태, 814면)는 후자의 예이다.

부정설을 취하면서도, 비침해 작용은 임무규정에 의거하여 행해질 수 있음을 긍정하는 입장도 있다(홍정선, 행정법원론, 412면. 동지: 박균성, 1260면).

(2) 전 망

경찰권발동의 개괄적 수권조항과 관련하여, 종래에는 경찰관직무집행법 제2조(특히 동조 제5호)가 그 논의의 대상이 되었다(김남진, 경찰행정법, 132면 이하 등 참조).

그런데, 근년에는 경찰관직무집행법 제5조 제1항 내지 제6조를 경찰권발동의 근거규정으로 볼 수 있는가 하는 점이 부각되어 있다. 즉, 경찰관직무집행법 제5조 제1항을 개괄적 수권조항으로 볼 수 있다는 입장(이운주, 200면 이하) 및 개인적 법익에 대해서는 경직법 제5조 1항을, 범죄를 구성하는 국가적 · 사회적 법익에 대해서는 동법 제6조를, 그리고 범죄를 구성하지 않는 국가적 · 사회적 법익 및 인명 · 신체 · 재산 이외의 개인적 법익에 대해서는 동법 제2조 5호를 각각 개괄적 수권조항으로 간주하는 견해(박정훈 · 정초영, 21면 이하)가 그에 해당한다.

그러나 위와 같은 견해에 대하여는, [우리 경찰관직무집행법 제5조 1항이 독일식의 개괄적 수권조항에 가장 근접해 있음은 확인할 수 있으나, 독일경찰법이 개괄적 수권조항과 동시에 그에 따른 재량행사의 남용 가능성을 통제하고자 한계원칙을 발전시켜 왔고 그것이 실정규범화되고 있다는 점과 결과적으로 발생한 비용 및 손실의 조정을 기하고자 여러 법 규정을 두고 있는 완비된 태도를 보이고 있다는 것과 비교할 때 동법 제5조 1항이 개괄적 수권조항으로서 일반법으로 적용되는 것은 시기상조이며, 보호이익측면과 수범자 측면, 비용 상환 및 손실보상측면 등의 법 개정을 통해 보완될 때까지 유보되어야 할 것이다]라는 비판적 견해(이기춘, 동지: 최영규, 182면)가 존재함을 적어 놓는 바이다.

(3) 맺는 말

경찰권발동과 관련하여, 우리나라에서는 일본의 유력설의 영향을 받아, 법이 광범하고 포괄적인 권한을 부여하고 있기에 남용될 우려가 있으며, 따라서 경찰권을 발동하는 경우에는 조리상의 한계(경찰소극의 원칙, 경찰공공의 원칙, 경찰책임의 원칙 경찰비례의 원칙 등)를 통하여 제약할 필요가 있음이 강조되어 왔다.

그와 같은 통설적 견해에 대하여, 필자(김남진)는 경찰권발동의 근거를 논하는 경우, 우선적으로 개괄적(일반적) 수권조항과 개별적 수권조항을 구분하여 논할 필요가 있음을 강조하는 동시에, 경찰관직무집행법 제2조 제5호를 불충분하나마 개괄적 수권조항으로 인정할 수 있음을 주장하였다. 그러는 가운데, 경찰관직무집행법 제2조를 경찰권발동의 근거로서 인정하는 본 판례(85도2448)가 출현하였기에, 필자는 좀더 적극적으로 필자의 지론을 주장하기에 이르렀으며, 당시에는 다수 학자의 동조를 얻은 바 있다.

그러나 시간이 흐름에 따라 경찰관직무집행법 제2조는 임무규정이며, 수권규정으로 볼 수 없으며, 입법을 기다려야 한다는 주장이 점차 다수를 차지해 가는 것으로 보인다(학설의 상세는, 김철용, 272면 이하; 홍정선, 경찰행정법, 263면 이하 참조).

생각건대, 임무규정과 수권규정을 엄격히 구분한다고 할 때, 경찰관직무집행법 제2조(특히 제5호)를 수권규정으로 보는 데에는 문제가 있음을 시인한다. 그러나 독일에 있어서도, 과거에는 임무규정에 의거해서 경찰권을 발동하던 시대가 있었음을 상기할 필요가 있다(류지태, 808면 참조). 따라서 현재의 독일에 있어와 같이, 임무규정과 수권규정을 명확히 구분하는 법률이 제정되기까지는 경찰관직무집행법 제2조 제5호(또는 제5조 제1항)를 경찰권발동의 개괄조항으로 인정하는 것이 의미가 있음을 밝혀놓는 바이다. 그리고 본 판례의 의미도 그곳에서 찾아야 할 것이다.

이 글을 탈고하여 교정을 보는 단계에서, 새로 출간된, 경찰법관련 논문집(서정범 · 김연태 · 이기춘, 경찰법연구)을 접하게 되었다.

위 논문집에도 본 판례가 소개되어 있는 한편으로(서정범 · 김연태 · 이기춘, 39면), [경찰관직무집행법 제2조 제5호를 개괄적 수권조항으로 보는 견해에는 찬동할 수 없다](서정범 · 김연태 · 이기춘, 43면)는 입장을 취한다. 그러면서도 [결론적으로 현행법 체계에서는 독일식의 적확한 의미의 개괄적 수권조항은 존재하지 않는 것으로 생각된다. 그러나 그렇다고 하여 우리나라의 현행법하에서 개괄적 수권조항이 없다는 선에서 논의를 그치는 것은 바람직한 해결방법이 아니며, 무엇보다도 경찰의 많은 조치를 더 이상 법적 근거조차 없는 탈법의 영역에 머무르게 할 수도 없는 것이다](서정범 · 김연태 · 이기춘, 44면)라는 대목은 필자와 생각을 같이 하는 것으로 보인다.

그러나 경찰관직무집행법 제5조 제1항을 잠정적으로 개괄적 수권조항으로 보려는 점에서는(서정범 · 김연태 · 이기춘, 45면) 필자와 입장을 달리 하고 있음을 아울러 밝혀 두는 바이다.

<참고문헌>

김남진, 신판 행정법의 기본문제 제4판, 법문사, 1994.
김연태, 행정법사례연습, 제4판, 홍문사, 2007.
최영규, 경찰행정법, 제3판, 법영사, 2007.
서정범 · 김연태 · 이기춘, 경찰법연구, 세창출판사, 2009.
홍정선, 경찰행정법, 박영사, 2007.
홍정선, 행정법원론(하) 제15판, 박영사, 2007.
이상규, 신판 신행정법론(하), 법문사, 1995.
류지태, 행정법신론, 제11판, 신영사, 2008.
박균성, 행정법강의, 제6판, 박영사, 2009.
김철용, 행정법Ⅱ, 제10판, 박영사, 2010.

김남진, "경찰권발동의 개괄적 수권조항", 법률신문 제1798호, 법률신문사, 1988.

이운주, "경찰법상의 개괄수권조항에 관한 연구", 법학박사학위논문, 서울대학교 대학원, 2005.

박정훈 · 정초영, "사권보호를 위한 경찰권 발동에 관한 연구—경찰공공의 원칙에 대한 비판적 검토—", 치안연구소 연구보고서, 경찰대학 치안연구소, 2001.

이기춘, "경찰관직무집행법 제5조 1항과 독일경찰질서법상 개괄적 수권조항간의 비교(1)", Jurist 393호, 청림인터렉티브, 2003. 6.

정하중, 행정법개론 제2판, 법문사.

田中二郎, 新版 行政法 下 Ⅱ, 1961.

宮田三朗, 警察法, 2002.

118. 경찰관의 총기사용 요건

—대법원 1999. 3. 23. 선고 98다63445 판결—

김 성 태*

Ⅰ. 판결개요

1. 사실관계

마포경찰서 망원 1파출소 소속 경장 A는 1997. 3. 18. 19:50경 소외 J로부터 서울 마포구 망원 1동 57의 102 앞길에 승용차가 불법주차되어 있다는 신고를 받고, 같은 날 20:00경 위 장소에 와 무선으로 그 승용차의 차적을 조회한 끝에 차량번호판과 차종이 다르고 부착되어 있는 번호판은 원래 다른 승용차에 부착되었던 것으로 현재 도난신고가 되어 있다는 연락을 받았다. 위 승용차는 소외 C가 절취하여 절취한 다른 차량번호판을 부착하여 운행하다가 그 곳에 주차하여 둔 것인데, A가 파출소로 돌아 간 직후 C가 그 곳에 와 이를 운전하여 가려고 하자, J가 다시 파출소에 연락하여 같은 날 20:25경 A는 순경 B와 함께 위 장소로 출동하였다. A는 도망가는 C를 노폭 약 2.5m의 골목에서 마주치게 되었고, C가 길이 약 40cm 가량의 칼을 휘두르며 접근하자 약 10m 정도 뒷걸음치다 뒤로 넘어지게 되었다. C가 넘어진 A에게 칼을 휘두르고 A가 이를 피하려는 긴박한 상황이 전개되자 C를 뒤쫓아 왔던 J는 쓰레기통과 벽돌을 C에게 집어던졌고, 이에 C가 다시 도망을 가기 시작하였으며, C가 도망가자 A는 휴대하고 있던 권총을 뽑아 들어 C를 향해 겨누면서 "칼을 버려라, 그렇지 않으면 쏘겠다"고 경고하였으나, C는 이에 응하지 아니하고 칼을 휘두르면서 A에게 접근하였다가 다시 돌아서 도망가는 행위를 반복하였다. A는 C를 제압하기 위하여 약 2m 떨어진 C의 하복부를 향해 공포탄을 발사하려고 하였으나 권총의 실린더가 열려 있어 격발이 되지 않자 실린더를 닫은 다음 도주하기 위하여 등을 돌린 C의 몸 쪽을 향하여 권총을 다시 발사하였고, 실린더를 닫을 때의 회전으로 실탄이 장전되어 공포탄 아닌 실탄이 격발되면서 C의 복부를 관통하여 C는

* 홍익대학교 법과대학 교수.

같은 날 21:05경 사망하였다.

2. 소송경과

원고(사망한 C의 처, 딸, 부모)는 서울민사지방법원에 대한민국법무부장관을 피고로 손해배상을 청구하였고, 피고는 원고인 C의 처에게 금 41,008,536원, C의 딸에게 금 26,005,690원, C의 부모에게 금 2,000,000원 및 위 각 금원에 대한 1997. 3. 19.부터 1998. 7. 7.까지는 연 5푼의, 그 다음날부터 완제일까지는 연 2할 5푼의 각 비율에 의한 금원을 지급하라는 판결이 1998. 7. 7. 선고되었다. 피고는 서울고등법원에 항소하였으나 1998. 11. 25. 제1심판결이 정당하다고 하여 항소가 기각되었다. 이에 피고는 대법원에 상고하였고, 대법원은 상고이유를 모두 받아들이지 않고 1999. 3. 23. 상고를 기각하였다.

3. 판결요지

(1) 제1심판결의 요지

C가 칼을 들고 A를 위협하면서 항거하였다고 하여도 A가 약 10m 정도 C를 뒤쫓는 동안 공포탄을 발사하여 C를 충분히 제압할 수 있는 여지가 있었다고 보이고, 또한 A는 C와의 대치과정에서 자신의 생명 · 신체상의 위협을 느꼈다 하더라도 C가 항거를 하면서도 계속 도망을 시도한 점, A가 넘어져 있는 상태에서 쉽게 A에게 위해를 가할 수 있었음에도 이에 나아가지 아니한 점 등에 비추어보면 A로서는 공중이나 땅바닥을 향하여 공포탄을 발사함으로써 C를 제압할 수 있는 여지가 충분히 있었다고 보임에도, A가 이와 같은 방법을 택하지 아니하고 C를 완전히 제압하여 체포를 쉽게 하기 위하여 공포탄을 발사할 의사로 근접한 거리에서 C의 중요한 신체부위를 향하여 권총을 발사한 행위는 경찰관직무집행법 제11조 소정의 총기사용의 허용범위를 벗어난 위법행위라고 할 수 있다. 따라서 피고는 그 소속공무원인 A가 그 직무수행 중 저지른 위와 같은 불법행위로 인하여 C 및 그와 신분관계에 있는 원고들이 입은 손해를 배상할 책임이 있다. C가 자신의 범행이 발각될 것을 두려워하여 그를 검거하려는 A에게 추적당하다가 어두운 골목길에서 그와 단둘이 정면으로 대치하여 매우 위험한 흉기인 칼을 휘두르면서 A의 신체를 위협하고 극렬하게 항거함으로써 A로 하여금 범인의 체포 내지 도주방지, 자기 신변의 보호 등을 위하여 부득이 총기를 사용하지 않을 수 없는 사태를 스스로 초래하였다고 볼 수 있는바, C의 이와 같은 행위는 이 사건 사고로 인한 손해발생 및 확대에 원인을 제공하였다고 볼 수 있으나, 이는 피고의 손해배상책임을 면하게 할 정도는 아니므로 피고가 배상할 손해액의 산정에 있어서 이를 참작하기로 하되, 그 과실비율은 앞서 본 여러 사정에 비추어 60%로 봄이 상당하다.

(2) 대법원판결의 요지

경찰관은 범인의 체포, 도주의 방지, 자기 또는 타인의 생명 · 신체에 대한 방호, 공무집행에 대한 항거의 억제를 위하여 무기를 사용할 수 있으나, 이 경우에도 무기는 목적달성에 필요하다고 인정되는 상당한 이유가 있을 때 그 사태를 합리적으로 판단하여 필요한 한도 내에서 사용하여야 하는바(경찰관직무집행법 제11조), 경찰관의 무기사용이 이러한 요건을 충족하는지 여부는 범죄의 종류, 죄질, 피해법익의 경중, 위해의 급박성, 저항의 강약, 범인과 경찰관의 수, 무기의 종류, 무기 사용의 태양, 주변의 상황 등을 고려하여 사회통념상 상당하다고 평가되는지 여부에 따라 판단하여야 하고, 특히 사람에게 위해를 가할 위험성이 큰 총기의 사용에 있어서는 그 요건을 더욱 엄격하게 판단하여야 한다. A가 근접한 거리에서 뒤돌아서 도망가는 C의 몸 쪽으로 실탄을 발사한 것은 사회통념상 총기사용의 허용범위를 벗어난 위법행위라고 판단되므로, 같은 취지의 원심 판단은 옳고, 거기에 상고이유의 주장과 같은 정당행위에 관한 법리오해의 위법이 없으며, 피고의 손해배상 범위를 정하면서 C의 과실비율을 60%로 본 원심의 조치도 불합리하다고 보이지 않으므로, 거기에 상고이유의 주장과 같은 과실상계에 관한 법리오해의 위법도 없다.

Ⅱ. 평 석

1. 쟁점정리

경찰관직무집행법 제10조의4(대상판결 당시의 구 경찰관직무집행법(1999. 5. 24. 법률 제5988호로 개정되기 전의 것) 제11조에 해당)가 무기사용에 대한 명시적인 규정을 마련하고 있음에도 불구하고 이 규정의 해석과 적용을 둘러싸고 여러 논란이 있다. 대상판결은 이러한 논란 가운데, 특히 사람에게 위해를 주는 총기의 사용과 관련된 것이다. 대상판결에서는 총기사용에 대한 제10조의4 규정체계에 대한 해석, 흉기를 들고 항거와 도주를 반복하는 과정에서 뒤돌아 도망가는 자에 대한 총기사용이 위 규정의 요건을 충족하는지의 여부 및 총기사용의 한계, 총기사용 상대방의 과실인정여부 및 그 비율이 쟁점이 된다.

2. 관련판례

대상판결은 총기사용의 허용여부와 관련하여 '사회통념상 상당하다고 평가되는지 여부에 따라 판단하여야 한다'는 기준을 제시하고 있다. 대상판결 이후 같은 기준을 들고 있는 판례로는 대법원 2004. 3. 25. 선고 2003도3842 판결, 대법원 2004. 5. 13. 선고 2003

다57956 판결이 있고, 대법원 2008. 2. 1. 선고 2006다6713 판결에서도 이와 같은 기준을 언급하고 있다. 대상판결은 도주하는 범인을 경찰관이 추격하면서 권총을 발사하여 상대방을 사망케 한 경우 사회통념상 총기사용의 허용범위를 벗어난 위법행위라고 판시한 것으로서, 대상판결과 같이 도주 시 총격으로 사망이나 상해의 결과가 발생한 경우 총기사용의 한계를 벗어난 것으로 판단한 예로는 대법원 1991. 5. 28. 선고 91다10084 판결, 대법원 1993. 7. 27. 선고 93다9163 판결, 대법원 1994. 11. 8. 선고 94다25896 판결, 대법원 1999. 6. 22. 선고 98다61479 판결이 있고, 항거를 억제할 목적으로 총기를 사용하여 사망케 한 경우에 총기사용의 한계를 벗어난 것으로 파악한 사례로는 대법원 1991. 9. 10. 선고 91다19913 판결이 있다.

3. 판결의 검토

(1) 총기사용의 적법성 판단에 대한 준거규정의 체계

경찰관직무집행법은 총기의 사용만을 별도로 규정하고 있지는 않고 제10조의4에서 인명 또는 신체에 위해를 가할 수 있도록 제작된 권총·소총·도검 등 무기의 사용을 포괄하여 규정하고 있다. 제10조의4 제1항 본문은 무기사용 일반에 대하여 범인의 체포·도주의 방지, 자기 또는 타인의 생명·신체에 대한 방호, 공무집행에 대한 항거의 억제를 위하여 필요하다고 인정되는 상당한 이유가 있을 때 필요한 한도 내에서 무기를 사용할 수 있다고 규정하고 있고, 동시에 제1항 단서에서 사람에게 위해를 주는 무기의 사용이 허용될 수 있는 경우를 별도로 열거하고 있다. 여기에서 '사람에게 위해를 주는' 총기사용은 '사람에게 위해를 주는 방법으로' 총기를 사용하는 것을 의미한다.

제10조의4 제1항 단서는 사람에게 위해를 주는 무기사용은 ① 형법상의 정당방위·긴급피난, ② 사형·무기 또는 장기3년 이상의 징역이나 금고에 해당하는 범죄자에 대한 직무집행에 있어서 범죄자 본인 또는 제3자가 항거하거나 도주하는 경우, ③ 체포·구속영장 또는 압수·수색영장의 집행 시 상대방 본인 또는 제3자가 항거하거나 도주하는 경우, ④ 범인 또는 소요행위자가 위험한 물건을 소지하고 3회 이상의 투기명령이나 투항명령에 불응하여 항거하는 경우, ⑤ 대간첩작전수행에 있어 무장간첩이 투항명령에 불응한 경우에 가능한 것으로 규정하고 있다. 이 가운데 ②-④의 경우에는 항거나 도주 시 이를 방지 또는 체포하기 위하여 무기를 사용하지 아니하고는 다른 수단이 없다고 인정되는 상당한 이유가 있을 때에만 무기사용이 허용됨을 따로 명시하고 있다.

동조 제1항 본문의 규정은 사람에게 위해를 주지 않는 총기사용(예: 총기를 들어 위력을 과시하거나 공포탄을 발사하는 것, 사람에게 위해를 미치지 않는 물건에 대한 사격)의 요건이 되며, 동시에 사람에게 위해를 주는 총기사용에 대한 단서규정의 요건과 중첩적으로 적용된다고 해석할 것이다. 대상판결 역시 무기사용에 대한 경찰관직무집행법의 규정 체계를 이와 같이 이해하고 있는 것으로 보인다. 대상판결 자체의 판단 이유에서는 "이 경우에도 무기는 목적달성에 필요하다고 인정되는 상당한 이유가 있을 때 그 사태를 합리적으로 판단하여 필요한 한도 내에서 사용하여야 하는바, … 특히 사람에게 위해를 가할 위험성이 큰 총기의 사용에 있어서는 그 요건을 더욱 엄격하게 판단하여야 한다"고 하여 '사람에게 위해를 가하는' 총기사용이 아니라 '사람에게 위해를 가할 위험성이 큰' 총기의 사용이라고 표현함으로써 총기사용 일반이 갖는 사람에 대한 특별한 위험성을 강조하고 있어 규정체계에 대한 이해가 어떠한 것인지 명확하게 드러나지 않는다. 그러나 대상판결이 정당하다고 판단한 하급심(제1심)의 판결은 "경찰관직무집행법 제11조는 경찰관이 범인의 체포 · 도주의 방지, 자기 또는 타인의 생명 · 신체에 대한 보호, 공무집행에 대한 항거의 억제를 위하여 필요하다고 인정되는 상당한 이유가 있을 때에는 그 사태를 합리적으로 판단하여 필요한 한도 내에서 무기를 사용할 수 있으나, 형법 소정의 정당방위와 긴급피난에 해당할 때 또는 체포 · 도주의 방지나 항거의 억제를 위하여 다른 수단이 없다고 인정되는 상당한 이유가 있는 때에 한하여 필요한 한도 내에서만 무기를 사용하여 사람에게 위해를 가할 수 있다고 규정하고 있는바"와 같이 설시하고 있고, 이는 총기사용을 사람에게 위해를 주지 않는 사용과 사람에게 위해를 주는 사용으로 구분하되 전자에 대한 본문의 허용요건이 후자의 경우에도 단서의 요건과 중첩적으로 적용되는 것으로 해석한 것이다.

(2) 사람에게 위해를 주는 총기사용의 요건

사람에게 위해를 주는 총기의 사용은 전술한 바와 같이 경찰관직무집행법 제10조의 4 제1항에서 정한 요건을 충족할 때 적법한 것으로 인정될 수 있다. 제1항 단서에서 정한 경우 외에 사람에게 위해를 주는 총기의 사용이 이루어지는 경우에는 제1항 본문에서 총기사용 일반에 대하여 정하고 있는 필요성의 원칙이나 협의의 비례원칙에 대한 판단 없이 곧바로 위법한 총기사용이 된다.

대상판결에서는 총기사용이 정당방위 혹은 제1항 단서 각호 가운데 어느 하나에 해당되는지의 여부가 문제되지만, 제1심판결 및 항소심을 포함하여 대상판결은 사람에게 위해를 주는 총기사용이 허용되는 각 경우에의 해당여부를 개별적으로 상세하게 분석 · 판단하고 있지 않다. 제1심판결은 흉기소지에서의 총기사용과 관련하여서는 최후수단성의 요건이, 정당방위와 관련하여서는 현재의 침해성이 결여된 것으로 판단하고 있는 것처럼 보이지만 상세하게 검토하고 있는 것이 아니어서 어느 경우와 관련하여 판단하고 있는지 분명하지 않다. 대상판결은 주로 '사회통념상 상당성'이라는 기준을 내세워 전체적으로 사람에게 위해를 주는 무기사용의 요건을 충족하지 못하고 있다는 점만을 밝히고 있을 뿐이다. 따라서 대상판결로는 사람에게 위해를 주는 총기 사용의 요건에 관한 구체적 내용을 파악하기 어렵다. 대상판결과 같은 판단 양태는 대상판결 이외의 다른 총기사용관련 대법원 판결들에서도 비슷하게 나타나고 있고, 실질적으로 법원의 기준을 충족하는 적법한 총기사용의 확보에 별 도움이 되지 못한다는 비판을 받고 있다.

(3) 정당방위의 문제

정당방위는 자기 또는 타인의 법익에 대한 현재의 부당한 침해를 방위하기 위한 상당한 이유 있는 행위를 말한다. 총기사용으로 인한 범죄성립에 있어서도 정당방위는 위법성조각사유에 해당될 수 있다고 보지만, 경찰관직무집행법은 정당방위에 해당하는 경우 사람에게 위해를 주는 무기의 사용이 허용됨을 명시하고 있다. 대상판결에서는 흉기를 사용하면서 도주하는 자에 대한 총기사용에 있어서 정당방위를 인정하고 있지 않다. 침해의 현재성을 인정하지 않고 있기 때문인 것으로 보인다.

일반적으로 형법상의 정당방위는 자기 및 타인의 생명 · 신체에 대한 방호를 위한 것으로서 방위행위의 보충성을 요하지 않는다고 설명되고 있고, 대법원은 총기사용에 대한 이전의 판결에서 "정당방위에 있어서는 반드시 방위행위에 보충의 원칙은 적용되지 않으나 방위에 필요한 한도 내의 행위로서 사회윤리에 위배되지 않는 상당성 있는 행위임을 요한다"고 설시한 바 있다(대법원 1991. 9. 10 선고 91다19913 판결).

대상판결을 비롯하여 다른 판결들(대법원 1993. 7. 27. 선고 93다9163 판결, 1994. 11. 8. 선고 94다25896 판결, 1991. 9. 10. 선고 91다19913 판결, 1991. 5. 28. 선고 91다10084 판결)에서도 대법원은 총기사용에 있어서 정당방위의 인정에 매우 신중한 모습을 보이고 있다. 경찰관직무집행법에서 정당방위로서의 총기사용을 명시적으로 규정한 것이 자칫 경찰작용 전반에 걸쳐 준수되어야 할 과잉금지원칙이나 기본권제한의 한계가 충분히 고려되지 않고 혹시라도 이를 우회하는 양상으로 나타날 가능성을 차단할 수 있다는 점에서 대법원이 정당방위에 대하여 엄격한 입장을 취하는 것은 긍정적으로 평가할 수 있다.

다만 대법원의 정당방위 인정여부에 대한 판단이 사건이 수습된 후의 사후적 관점에서 현장의 급박한 상황을 경시한 결과에 기인한 것이어서는 안 된다. 정당방위의 상당성판단은 침해에 직면한 자의 입장에 서서 객관적으로 이루어져야 하는바, 사건현장에서 생명 · 신체의 위협을 느끼는 경찰관이 긴박한 상황에서 즉각적 판단과 대처를 해야 함을 충분히 고려하여야 할 것이다. 대법원 판례 가운데에는 피의자가 넘어진 경찰관의 몸위에 올라 타 몸싸움을 하여 다른 경찰관이 공포탄 1발을 발사하였음에도 피의자가 계속 넘어진 경찰관의 몸 위에서 목을 누르고 그의 허리춤에 손을 대자 다른 경찰관이 권총을 발사하여 피의자의 흉부를 관통하였고, 피의자가 사망에 이른 사건에서 정당방위를 인정한 예가 있다(대법원 2004. 3. 25. 선고 2003도3842 판결).

(4) 도주에 있어서의 총기사용

경찰관직무집행법 제10조의4 제1항 단서 제1호와 제2호는 도주하는 자를 체포하기 위하여 사람에게 위해를 주는 무기의 사용이 가능한 것으로 규정하고 있다. 그러나 대상판결은 등을 돌려 도주하는 자에게 위해를 주는 총기의 사용은 사회통념상 총기사용의 허용범위를 벗어난 위법행위라고 판단하고 있다. 대법원은 다른 판결들(대법원 1991. 5. 28. 선고 91다10084 판결, 1993. 7. 27. 선고 93다9163 판결, 1994. 11. 8. 선고 94다25896 판결, 1999. 6. 22. 선고 98다61479 판결)에서도 도주 시 총격으로 사망이나 상해의 결과가 발생한 경우 총기사용의 한계를 벗어난 것으로 판단하고 있다. 대법원은 차량 충격음을 듣고 경찰관이 사고를 낸 자를 검문하려는 순간 그가 도망가자 총을 발사할 것을 경고하고 공포 1발을 발사하였으나 효과가 없고 경찰관에게 항거하면서 계속 도망가자 다리를 향해 1회 권총을 발사하여 상해를 입힌 사건에서 그 항거의 내용·정도 등에 비추어 소지하던 가스총과 경찰봉을 사용하거나 다시 한 번 공포를 발사하여 제압할 여지가 있다고 판단하여 총기사용의 허용범위를 벗어난 위법한 것이라고 판시한 바 있다(대법원 1993. 7. 27. 선고 93다91613 판결). 또한 다른 판결(대법원 1999. 6. 22. 선고 98다61470 판결)에서는 단순한 추격의 어려움이 사람에게 위해를 주는 총기사용의 허용요건을 충족할 수 없음을 밝히고 있다. 이 판결에서 대법원은 경찰관이 신호 위반을 이유로 한 정지명령에 불응하고 도주하던 차량에 탑승한 동승자를 추격하던 중 몸에 지닌 각종 장비 때문에 거리가 점점 멀어져 추격이 힘들게 되자 수차례에 걸쳐 경고하고 공포탄을 발사했음에도 불구하고 계속 도주하자 실탄을 발사하여 상대방이 사망한 경우, 추격에 불필요한 장비를 일단 놓아둔 채 계속 추격을 하거나 공포탄을 다시 발사하는 방법으로 충분히 상대방을 제압할 여지가 있었다고 보아 그러한 방법을 택하지 아니하고 실탄을 발사한 행위는 경찰관직무집행법에서 정한 총기사용의 범위를 벗어나 위법한 행위라고 판시하고 있다.

대상판결을 포함하여 대법원은 범죄자 체포의 실패가 가져올 사회적 비용 및 부담보다는 총기사용에 의한 범죄자의 생명·신체의 손상을 보다 중요한 가치로 파악하고 있다. 요컨대 대법원 판결들에 따르면 도주하는 자에 대하여 총기를 사용하여 생명·신체에 해를 입히는 결과는 허용되기 어려우며, 경찰관직무집행법에서 일정한 경우에 도주의 방지(체포)를 위하여 총기사용이 허용되는 것으로 정한 규정들은 이러한 한도에서 실질적으로 그 의미를 상실하게 된다. 다만 대법원의 일반적 태도와는 달리, 도난번호판을 부착한 차량을 운전하는 자가 경찰관의 정지명령을 무시하고 야간에 도심에서 인도로 진입하고 간선도로의 중앙선을 넘어 역주행하며 바리케이트를 타고 넘으려고 하고, 수차례의 경고사격에도 불구하고 필사적으로 도주하는 상황에서 추격중인 경찰관이 다리를 쏜 것에 대하여 적법성을 인정한 사례가 있다(서울고등법원 2006. 11. 16. 선고 2006나43790 판결).

(5) 비례원칙

무기사용에 대하여 경찰관직무집행법 제10조의4 제1항 본문과 단서는 "그 사태를 합리적으로 판단하여 필요한 한도 내에서 무기를 사용할 수 있다." 및 "무기를 사용하지 아니하고는 다른 수단이 없다고 인정되는 상당한 이유가 있을 때"와 같은 요건을 정하고 있다. 이는 무기사용에 대하여 비례원칙의 준수를 법률이 명시한 것이라고 할 수 있다. 대상판결은 "무기는 목적달성에 필요하다고 인정되는 상당한 이유가 있을 때 그 사태를 합리적으로 판단하여 필요한 한도 내에서 사용하여야 하는바, 경찰관의 무기사용이 이러한 요건을 충족하는지 여부는 범죄의 종류, 죄질, 피해법익의 경중, 위해의 급박성, 저항의 강약, 범인과 경찰관의 수, 무기의 종류, 무기 사용의 태양, 주변의 상황 등을 고려하여 사회통념상 상당하다고 평가되는지 여부에 따라 판단하여야 하고, 특히 사람에게 위해를 가할 위험성이 큰 총기의 사용에 있어서는 그 요건을 더욱 엄격하게 판단하여야 한다"고 하여 총기사용에 있어서 비례원칙이 준수될 것을 요구하며, 동시에 비례원칙 준수여부의 판단을 위한 기준을 제시하고 있다. 제1심판결 역시 최후수단성(보충성) 혹은 필요성과 같은 요건을 충족하지 못하고 있음을 지적하여 비례원칙적 관점에서 총기사용의 허용성 여부를 판단하고 있다.

앞서 언급한 바와 같이 대상판결은 사람에게 위해를 주는 무기사용의 각 요건에 대하여 구체적으로 정교하게 검토하기보다는 비례원칙적 관점에서의 판단에 보다 비중을 두는 듯한 모습을 보이고 있다. 이러한 모습은 총기사용에 대한 다른 판례들에서도 유사하게 나타나고 있다. 예컨대 대법원 1991. 9. 10. 선고 91다19913 판결에서 대법원은 야간에 술이 취한 상태에서 자신의 복부에 칼을 대고 할복자살하겠다고 난동을 부린 자가 출동한 2명의 경관에게 칼을 들고 항거하다가 칼빈총의 1회 발사에 의하여 왼쪽 가슴아래 부위의 관통으로 사망한 사건에서 부득이 총을 발사할 수밖에 없었다 하더라도 하체부위를 향하여 발사함으로써 그 위해를 최소한도로 줄일 여지가 있었다고 보아 경찰관직무집행법상의 총기사용의 한계를 벗어난 것이라고 판시하여 필요성원칙 내지 협의의 비례원칙의 관점을 강조하여 판단하고 있다(또한 대법원 1993. 7. 23. 선고 93다9163 판결, 1994. 11. 8. 선고 94다25896 판결, 1999. 3. 23. 선고 98다63445 판결, 2004. 5. 13. 선고 2003다57956 판결 참조). 이처럼 비례원칙적 판단을 강조하는 경우 구체적 사례에서 총기사용의 허용성 여부에 대하여 타당한 결론을 끌어낼 수 있는 장점이 있다. 다만 법에서 정한 개별적 요건에 대한 상세하고 구체적인 판단 없이 비례원칙을 강조하는 경우 경찰관이 직무집행 현장에서 총기사용의 구체적 기준 및 한계에 대하여 확실하게 인식하고 직무를 수행케 하는 데에는 별 도움이 되지 못한다.

대상판결에서도 그러하지만, 대법원은 비례원칙을 통한 총기사용의 적법성 판단에 있어 매우 엄격한 모습을 보여주고 있다. 이는 총기사용의 오 · 남용으로 인한 상대방의 생명 · 신체에 대한 위해가능성을 최소화하려는 의지로 이해할 수 있고 이 점은 긍정적이다. 다만 엄격한 비례원칙의 준수요구가 경찰관으로 하여금 총기사용을 대신하여 직접 몸싸움을 통하여 범죄자를 제압해야만 하는 현실로 이어지는 것은 경계하여야 한다. 경찰관의 법집행의지를 현저히 약화시키거나, 총기휴대 시 총기탈취 및 생명에 대한 치명적 위협으로 이어질 수도 있기 때문이다. 비례원칙의 강조는 가스총, 전자충격기, 경찰봉 등과 같은 총기보다 덜 치명적인 도구를 이용한 제압 및 체포를 우선적으로 고려할 것을 강조하는 것으로 이해하여야 할 것이다.

(6) 피해자의 과실인정

대상결정은 총기사용의 상대방에 대하여 60%의 과실을 인정하고 있는바, 이는 허용된 범위를 넘어선 경찰관의 총기사용이 불법함을 인정하더라도, 동시에 총기사용의 결과를 초래한 범죄혐의자 혹은 경찰책임자에게 그 책임을 묻기 위한 것이다. 총기사용에 대한 다른 사례들에서도 상대방에게 대개 50% 이상의 과실을 인정하고 있다. 이와 같은 경우 경찰관의 중과실은 인정되지 않게 되며, 배상책임의 상대방은 행정주체로 한정되고 경찰관개인에 대한 선택적 배상청구는 허용되지 않는다(대법원 1996. 2. 15. 선고 95다38677 판결 참조).

4. 판결의 의미와 전망

대상판결은 대법원이 경찰관의 총기사용에 대하여 비례원칙적 관점을 강조하여 그 허용범위를 판단하고 있음을 보여주고 있다. 경찰관직무집행법은 일정한 경우 범죄자가 도주하는 경우에도 사람에게 위해를 주는 총기사용이 가능한 것으로 정하고 있지만, 대상판결은 그와 같은 총기의 사용에 대하여 대법원이 부정적인 인식을 갖고 있음을 확인케 한다. 대상판결은 실제 현장에서 사람에게 위해를 주는 총기사용에 대하여 종래 학설에서 논의되는 것들을 넘어 특별히 의미 있는 기준을 제공하지는 못하고 있다.

현장에서 범죄자와 맞닥뜨려 격투나 추격상황이 긴박하게 펼쳐지는 가운데 총기사용에 앞서 경찰관이 '사회통념상 상당성'을 충족하고 있는지에 대하여 냉정하고 합리적으로 판단하기는 쉽지 않다. 대법원은 앞으로의 판결들에서 사람에게 위해를 주는 총기사용이 허용될 수 있는 경우에 대하여 관련 법 규정의 요건 및 내용을 보다 구체적으로 정교하게 밝혀줄 필요가 있다. 그렇지 않은 경우 실제 불가피하게 사람에게 위해를 주는 총기의 사용이 이루어져야 하는 경우에도 총기를 사용하지 않는, 적정한 법집행의 약화가 초래될 수도 있다.

<참고문헌>

김기재, "경찰상 무기사용의 한계와 권리구제에 관한 연구", 한국외국어대학교 박사학위논문, 한국외국어대학교대학원, 2005. 2.

김성태, "무죄인 총기사용의 국가배상책임", 경찰법연구 제8권 제1호, 한국경찰법학회, 2010. 6.

김연태, "경찰관의 무기사용의 요건 및 한계에 관한 법적 쟁점", 인권과 정의, 대한변호사협회, 2004. 7.

김재봉, "경찰관총기상용과 정당화근거", 경찰법연구 창간호, 한국경찰법학회, 2003.

김태명, "정당방위상황에서의 경찰관의 총기사용의 요건과 한계", 경찰법연구 제6권 제1호, 한국경찰법학회, 2008. 6.

김형훈, "경찰관무기사용의 법리와 형사책임", 경찰학연구 제4호, 경찰대학, 2003.

박창석, "경찰관의 총기사용규정과 해석에 대한 논의", 한양법학 제18집, 한양법학연구회, 2005. 12.

이기호, "경찰활동과 무기사용에 관한 연구", 한국형사정책연구원, 1993.

이대성, "경찰관 총기사용에 관한 연구", 한국경찰학회보 제7호, 한국경찰학회, 2004.

119. 자연공물의 성립요건

—대법원 2007. 6. 1. 선고 2005도7523 판결—

이　현　수*

Ⅰ. 판결개요

1. 사실관계

골재채취업자인 Y는 관할관청으로부터 골재채취허가를 받아 골재채취에 종사하던 중, ① 2005. 1. 9.경부터 2005. 4. 11.경까지 사이에 A시 B면 C리 소재 구거 189㎡, 같은 리 소재 농로 419㎡에서 골재를 적치하고 운반로로 사용함으로써 정당한 사유 없이 국유재산인 위 국유지를 사용·수익하고, ② 2005. 2. 하순경부터 2005. 4. 11.경까지 사이에 위 C리 소재 하천부지 2,544㎡에 컨테이너 등을 설치하여 정당한 사유 없이 국유재산을 사용·수익하고, ③ 같은 일시경 같은 리 소재 하천부지 84㎡, 같은 리 소재 하천부지 7,493㎡ 합계 7,905㎡에 채취한 골재를 적치하고, 운반로로 사용하여 정당한 사유 없이 국유재산을 사용·수익하였다. 이에 대해 검사 X는 Y의 여러 행위들 가운데 허가조건을 위배하거나 무허가로 골재를 채취한 행위는 각 골재채취법 위반죄, 같은 리 논 557㎡, 같은 리 논 1,994㎡ 중 660㎡ 상에 채취한 골재를 적치하고 운반로로 사용한 행위는 농지법 위반죄, 위 구거 및 농로의 사용행위는 국유재산법 위반죄, 위 ②, ③의 각 하천부지의 사용행위는 각 국유재산법 위반죄와 각 하천법 위반죄로 기소하였다.

2. 소송경과

이에 대해 원심법원은 검사가 제출한 모든 증거에 의하더라도 위 C리 농로, 구거 및 같은 리의 각 하천부지가 행정재산 또는 보존재산에 해당한다고 인정하기 어렵고, 그 밖에 위 농로, 구거 및 각 하천부지가 행정재산 또는 보존재산에 해당한다고 인정할 만한 아무런 증거가 없다는 이유로 국유재산법 위반의 점에 관한 공소사실은 범죄의 증명

* 건국대학교 법학전문대학원 조교수.

이 없는 경우에 해당한다고 하여 무죄로 판단하였다. 이에 대하여 검사는 국유재산법 위반 무죄의 점에 대하여 대법원에 상고하였다.

3. 판결요지

(1) 원심판결(전주지방법원 2005. 9. 16. 선고 2005노921 판결)

위 고천리 (지번 2 생략) 농로, (지번 1 생략) 구거 및 같은 리 (지번 4 생략), (지번 3 생략), (지번 5 생략) 각 하천부지가 행정재산 또는 보존재산에 해당한다고 인정하기 어렵고, 그 밖에 위 농로, 구거 및 각 하천부지가 행정재산 또는 보존재산에 해당한다고 인정할 만한 아무런 증거가 없다(통상적으로 구거, 농로 및 하천부지는 국유재산법상 행정재산 또는 보존재산이 아니라 잡종재산에 해당할 것이다)는 이유로 위 공소사실은 범죄의 증명이 없는 경우에 해당한다고 하여 무죄로 판단하였다.

(2) 대법원판결

(가) 국유하천부지의 자연공물성과 행정재산성에 관하여

국유 하천부지는 자연의 상태 그대로 공공용에 제공될 수 있는 실체를 갖추고 있는 이른바 자연공물로서 별도의 공용개시행위가 없더라도 행정재산이 되고 그 후 본래의 용도에 공여되지 않는 상태에 놓여 있더라도 국유재산법령에 의한 용도폐지를 하지 않은 이상 당연히 잡종재산으로 된다고는 할 수 없으며, 농로나 구거와 같은 이른바 인공적 공공용 재산은 법령에 의하여 지정되거나 행정처분으로 공공용으로 사용하기로 결정한 경우, 또는 행정재산으로 실제 사용하는 경우의 어느 하나에 해당하면 행정재산이 된다.

(나) 행정재산의 무단사용에 따른 국유재산법상의 범죄성립여부에 관하여

이처럼 골재채취업자가 구거, 농로와 하천부지를 골재 적치장이나 운반로로 사용한 사안에서, 위 하천부지는 자연공물로서, 위 농로와 구거는 실제 공공용으로 사용됨으로써 각 행정재산이 되었다고 볼 수 있음에도, 통상적으로 구거, 농로 및 하천부지가 국유재산법상 행정재산 또는 보존재산이 아니라 잡종재산에 해당한다고 보아 국유재산법 위반의 범죄사실을 무죄로 판단한 원심의 조치가 국유재산법상의 행정재산에 관한 법리를 오해하고 채증법칙 위배로 사실을 잘못 인정함으로써 판결 결과에 영향을 미친 위법이 있다.

Ⅱ. 평 석

1. 쟁점정리

평석대상 판결의 주된 쟁점 가운데 하나는 원고가 무단점유한 국유의 구거, 농로와

하천부지가 국유재산법상의 행정재산에 해당하는가이다. 국유재산법에서는 행정재산과 보존재산을 정당한 사유 없이 사용 수익한 자에게 징역 혹은 벌금의 형벌을 규정하고 있으므로 원고가 점유한 재산이 행정재산 혹은 보존재산에 해당하는지 아니면 잡종재산에 여부에 따라 원고의 행위가 범죄구성요건을 충족하는지에 대해 다른 결론에 이르게 된다. 국유재산법 규정에 따르면 국유재산은 그 용도에 따라 행정재산, 보존재산, 잡종재산으로 구분되며 행정재산은 공용재산, 공공용재산, 기업용재산으로 나누어진다(동법 제4조). 공용재산은 국가가 직접 그 사무용 · 사업용 또는 공무원의 주거용으로 사용하거나 사용하기로 결정한 재산을 말하며 공공용재산은 국가가 직접 그 공공용으로 사용하거나 사용하기로 결정한 재산을, 기업용재산은 정부기업이 직접 그 사무용 · 사업용 또는 당해 기업에 종사하는 직원의 주거용으로 사용하거나 사용하기로 결정한 재산을 말한다. 한편 보존재산은 법령의 규정에 의하거나 기타 필요에 의하여 국가가 보존하는 재산을 지칭하고 잡종재산은 행정재산 및 보존재산 이외의 모든 국유재산을 말한다. 평석대상 판결에서는 이처럼 무단 점유된 국유지가 행정재산인가 잡종재산인가라는, 실정법상 개념의 포섭 이외에 학문적 개념으로서의 공물, 특히 자연공물과 인공공물(판결에서는 인공적 공공용 재산이라는 용어를 사용하고 있다)의 개념, 그 성립 및 소멸요건에 관하여 설시하고 있다.

2. 관련판례

대상판결 이전에도 우리 대법원에서는 자연공물의 소멸요건과 관련하여 공용폐지라고 하는 의사적 요소를 요구하고 있는 입장이었다. 즉 공공용재산으로서 하천부지이던 토지가 하천공사로 인하여 사실상 폐천부지가 되었다거나 본래의 용도에 공여되지 않는 상태에 놓여 있더라도 국유재산법령에 의한 용도폐지를 하지 않은 이상 당연히 잡종재산이 된다 할 수 없다는 것이 대법원 1993. 4. 13. 선고 92누18528 판결인바 대상판례는 자연공물의 소멸과 관련하여 위 판결의 입장을 재차 확인하고 있다. 더 나아가 대법원 1997. 8. 22. 선고 96다10737 판결에서는 공용폐지의 의사표시는 명시적이든 묵시적이든 상관없으나 적법한 의사표시가 있어야 하며, 행정재산이 사실상 본래의 용도에 사용되고 있지 않다는 사실만으로 공용폐지의 의사표시가 있었다고 볼 수 없고, 원래의 행정재산이 공용폐지되어 취득시효의 대상이 된다는 입증책임은 시효취득을 주장하는 자에게 있다고 판시한 바 있다.

3. 판결의 검토

원심판결에서는 원고가 무단점유하였던 하천부지, 농로, 구거가 행정재산 혹은 잡종재산이라고 볼 증거가 없다고 본 반면 대상판결에서는 위 토지가 행정재산에 해당한다고 보아 원심과는 다른 견해를 취하였다. 국유재산법상 행정재산의 하위유형인 공용재산, 공공용재산, 기업용재산의 개념과 관련하여 공히 국유재산법은 사실차원으로서 사용과 의사차원으로서 사용결정을 선택적으로 규정하고 있다. 즉 문제의 토지가 공공용으로 사용되고 있다는 사실만으로도 당해 토지는 국유재산법상 행정재산에 해당하게 되는바, 대상판결은 문제의 농로, 구거가 실제 공공용으로 사용되고 있다는 점, 그리고 하천부지의 경우에는 그 자연상태 자체로 공공용에 제공될 수 있는 실체를 갖추고 있다는 점에서 행정재산으로서의 성격을 긍정하고 있다.

더 나아가 대상판결은 이러한 실정법 개념의 해석 및 포섭 이외에도 강학상 개념으로서의 공물 개념을 언급하고 있다는 점에서 주목할 만하다. 강학상의 공물개념은 "국가 · 지방자치단체 등의 행정주체에 의하여 직접 행정목적에 공용된 개개의 유체물"로 정의되는데 이는 소유권의 귀속과는 일응 무관한 개념으로서 당해 물건의 행정목적에의 제공이라고 하는 공익목적성에 착안한 개념이다.

공물은 그것이 공공목적에 제공되는 물건이므로 그 목적달성을 위하여서는 일정한 한도에서 사법의 적용이 배제되고 특수한 법적 규율을 받게 된다. 공물은 그 성립과정의 차이에 따라서 자연공물과 인공공물로 나누어지는데, 자연공물이란 하천 · 호소 등과 같이 그 자연적 상태에서 이미 공공목적에 제공될 수 있는 실체를 갖추고 있는 물건인 반면 인공공물은 도로 · 도시공원과 같이 행정주체가 그에 인공을 가하여 공공용에 제공함으로써 비로소 공물이 되는 물건을 의미한다. 이하에서 살펴 볼 자연공물의 성립요건과는 달리 인공공물의 성립요건으로서는 일반공중의 이용에 제공될 수 있는 구조, 즉 형체적 요건과 그 물건을 공중이용의 목적에 제공하려는 행정주체의 의사표시, 즉 공용개시라고 하는 의사적 요건이 필요하다는 것이 지배적 견해이다.

대상판결은 공물로서의 성립요건과 관련하여서는 문제된 하천부지와 같은 (국유의) 자연공물은 별도의 공용제공의 의사결정이 없더라도 그 자연적 상태만으로 행정재산으로서의 성격을 갖는다고 보고 있다. 이는 자연공물은 그 자연적 상태에 의하여 당연히 공물로서의 성질을 가지게 되고 그 성립에 행정주체의 특별한 의사표시를 요하지 않는다는 통설의 입장과도 일맥상통하는 견해이다. 한편 공물이 공물로서의 성질을 상실하는 것을 공물의 소멸이라고 하는데, 다수설은 자연공물은 그 자연적 상태의 영구확정적 멸실에 의하여 당연히 공물로서의 성질을 상실하며, 공물주체에 의한 특별한 의사표시를 요건으로 하지 않는다고 본다.

자연공물이 현재의 통설적 견해와 같이 행정주체의 별도의 의사적 행위 없이 당연히 공물로서의 성질을 취득한다고 한다면, 자연적 상태의 영구확정적 멸실의 경우에는 별도의 행정주체의 의사적 행위 없이도 공물로서의 성질을 상실한다고 보아야 한다는 것이 주된 논거이다. 그러나 우리의 판례는 국유의 하천부지가 대지화되어 본래의 용도에 공여되지 않고 있다거나(대법원 1997. 8. 22. 선고 96다10737 판결) 또는 갯벌이 간척에 의해서 갯벌로서의 성질을 상실하여 사실상 본래의 용도에 공여되지 아니하였다는 사실(대법원 1993. 12. 24. 선고 93다35131 판결)만으로는 공용폐지의 의사표시가 있었다고 볼 수 없으며 용도폐지처분이 없는 한 당연히 잡종재산이 되는 것은 아니라고 보고 있어 자연공물의 소멸요건을 엄격히 새기고 있다. 대상판결 또한 자연공물이 본래의 용도에 공여되지 않는 상태에 놓여 있더라도 국유재산법령에 의한 용도폐지를 하지 않은 이상 당연히 잡종재산으로 된다고는 할 수 없다고 판시함으로써 자연공물의 소멸요건과 관련한 기존의 판례의 입장을 고수하고 있다.

4. 판결의 의미와 전망

대상판결은 국유재산법상 행정재산 개념의 해석과 관련하여 강학상의 자연공물의 성립요건과 소멸 요건 및 인공공물의 성립요건을 언급하고 있는 점에서 공물법의 주요 판례로서의 의미를 가지고 있다. 다만 자연공물의 소멸요건과 관련하여서는 자연적상태의 멸실 뿐 아니라 용도폐지처분도 요구하고 있다는 점에서 소멸요건을 보다 엄격히 해석하는 기존의 입장을 재확인하는 입장에 서 있다고 볼 수 있다.

<참고문헌>

고원석, "빈지(濱地)에 대하여 국유재산법령에 의한 용도폐지를 하지 않아도 시효취득의 대상인 잡종 재산이 되는지 여부(소극)", 대법원판례해설 32호, 법원도서관, 1999. 10.

김중권, "공물의 성립 · 폐지 문제점에 관한 소고", 법률신문 제3677호, 법률신문사, 2008. 8.

류지태, "국유재산관리의 법적 문제", 토지공법연구 제12집, 한국토지공법학회, 2001. 5.

박수혁, "한국의 국유재산법", 토지공법연구 제12집, 한국토지공법학회, 2001. 5.

법제처, 주석 국유재산법, 법제처, 2006.

황경남, "자연공물의 형체적 요소의 상실과 공물의 소멸 여부", 대법원판례해설 24호, 법원도서관, 1996. 5.

120. 행정재산의 시효취득가능성

—대법원 1969. 6. 24. 선고 68다2165 판결—

정 남 철*

Ⅰ. 판결개요

1. 사실관계

원고(A)의 망부 소외인(C)은 제2목록 토지를 하상(河床)으로 하는 새 하천을 조성하여 피고 X(대한민국)에게 기부하였고, 이를 원인으로 1940. 9. 10. 피고의 명의로 소유권이전등기를 완료하였다. 당해 사건의 계쟁(係爭)토지(제1목록 토지)는 제2목록 토지 위에 흐르고 있는 하천의 하상을 이루고 있었다.

2. 소송경과

원고는 소외인(C)이 제1목록 하천부지에 대한 공유수면 매립공사를 실시하여 준공인가를 얻고 양여를 받았음을 이유로 피고 대한민국에 본건 계쟁토지의 소유권이전등기절차의 이행을 요구하는 소를 제기하여 제1심에서 승소하였으나(전주지방법원 1967. 1. 24. 선고 65가1469 판결), 원심에서 기각되었다(광주고등법원 1968. 10. 7. 선고 68나84 판결). 이에 원고는 대법원에 상고하였으나 기각되었다.

3. 판결요지

[원심판결의 요지]

"조선공유수면매립령에 규정된 매립대상지는 어디까지나 공공용에 공하는 수면·수류 등으로서 이 사건과 같이 이미 신(新)하천을 조성하였다면 구(舊)하천은 벌써 공공용에 공하는 하천으로서의 성질을 상실한 것인 만큼 당시 시행되던 국유재산법령(동법 및 동 시행령, 동 시행규칙 내지 조선총독부 소관 국유재산 취급 규정)에 따라 용도를 폐지한

* 숙명여자대학교 법과대학 교수.

후 그 소관관리청에서 잡종재산으로서 이를 처분하면 모르되 조선공유수면매립령에 규정된 매립대상지라 보기 어렵다."

[대법원판결의 요지]

공공용 재산인 하천부지가 하류의 변경으로 사실상 하천부지로서의 성질을 상실하였다 하더라도 국유재산법에 의한 용도폐지처분이 되지 않은 이상 당연히 잡종재산이 된다고 할 수 없다.

Ⅱ. 평 석

1. 쟁점정리

대상판결에서는 행정재산(특히 공공용재산)이 취득시효의 대상이 될 수 있는지가 문제되고 있다. 후술하는 바와 같이 헌법재판소는 국 · 공유재산 중 잡종재산만이 취득시효의 대상이 된다고 결정하였고, 이에 의해 국유재산법 및 구 지방재정법이 개정된 바 있다.

특히 학설은 자연공물(하천, 해변 등)의 성립에 공용지정을 요하지 않는다는 것이 지배적 견해이고, 공용지정(widmung)을 (물적) 행정행위에 제한하고 있다. 이와 관련하여 자연공물의 경우에 인공적 또는 자연적 현상에 의해 실체(형체적 요소)를 상실하면 공물로서의 성질을 상실하는지, 아니면 별도로 법적 행위로서 공용폐지를 요하는지가 문제된다.

그 밖에 대법원은 명시적 공용폐지 외에 묵시적 공용폐지를 인정하고 있어, 이에 대한 법적 검토가 필요하다.

2. 관련판례

대법원은 당해 대상판결 이전에도 공용폐지가 되지 않는 한 국 · 공유재산의 시효취득을 부인하였음은 물론(대법원 1968. 8. 30. 선고 68다1198 판결), 위 대상판결 이후에도 이러한 입장은 일관되게 유지되고 있다(대법원 1974. 2. 12. 선고 73다557 판결, 대법원 1983. 6. 14. 선고 83다카181 판결, 대법원 2007. 6. 1. 선고 2005도7523 판결). 특히 대법원은 하천부지, 빈지(바닷가), 갯벌 등 자연공물에 대해서도 공용폐지를 하지 않은 이상 당연히 시효취득의 대상인 잡종재산이 될 수 없다고 판시하였다(대법원 1995. 11. 14. 선고 94다42877 판결, 대법원 1997. 8. 22. 선고 96다10737 판결, 대법원 1999. 4. 9. 선고 98다34003 판결 참조).

한편, 헌법재판소는 구 국유재산법 제5조 제2항 및 구 지방재정법 제74조 제2항에 대해 국 · 공유의 잡종재산에 대해 시효취득을 인정하지 않는 것은 위헌이라고 결정한 바 있다. 즉 "국유잡종재산은 사경제적 거래의 대상으로서 사적 자치의 원칙이 지배되고 있으므로 시효제도의 적용에 있어서도 동일하게 보아야 하고, 국유잡종재산에 대한 시효취득을 부인하는 동 규정은 합리적 근거 없이 국가만을 우대하는 불평등한 규정으로서 헌법상의 평등의 원칙과 사유재산권 보장의 이념 및 과잉금지의 원칙에 반한다"고 결정하였다(헌재 1991. 5. 13. 89헌가97). 또한 헌법재판소는 공유재산에 대해서도 "지방재정법 제74조 제2항이 같은 법 제72조 제2항에 정한 공유재산 중 잡종재산에 대하여까지 시효취득의 대상이 되지 아니한다고 규정한 것은, 사권을 규율하는 법률관계에 있어서는 그 권리주체가 누구냐에 따라 차별대우가 있어서는 아니 되며 비록 지방자치단체라 할지라도 사경제적 작용으로 인한 민사관계에 있어서는 사인과 대등하게 다루어져야 한다는 헌법의 기본원리에 반하고, 공유재산의 사유화로 인한 잠식을 방지하고 그 효율적인 보존을 위한 적정한 수단도 되지 아니하여 법률에 의한 기본권 제한에 있어서 비례의 원칙 또는 과잉금지의 원칙에 위배된다"고 결정하였다(헌재 1992. 10. 1. 92헌가6, 7 참조).

3. 판결의 검토

(1) 행정재산과 취득시효

공물은 행정주체(또는 학설에 따라서는 관습법)에 의해 직접 공적 목적에 제공된 물건으로서 융통성의 제한, 공용수용의 제한 및 시효취득의 제한 등의 특징을 갖는다. 공물이 취득시효의 대상이 되는지 여부에 관하여 학설은 대립하고 있다. 우선 '완전시효취득설'은 공물이 법정기간 중 평온 · 공연하게 공물의 목적과는 달리 사적 목적으로 점유되었다면 묵시적인 공용폐지가 있는 것으로 볼 수 있으므로 공물에 대해서도 완전한 시효취득이 인정된다고 보고 있다. 이에 대해 '부정설'은 공물이 공적 목적을 위하여 제공된다는 점에서 취득시효의 대상이 되지 않는다고 보고 있다. 한편, '제한적 취득시효설'은 공물의 융통성이 인정되고 공적 목적에 지장이 없는 범위 내에서 취득시효의 대상이 될 수 있다고 보나, 이 경우에도 시효취득자는 공적 목적의 제한을 받는 공물의 소유권을 취득하게 된다고 보고 있다. 영리활동이 보장되고 사법상 거래의 대상이 되는 '일반재산(구 잡종재산)'은 취득시효가 가능하며, 공물법의 논의에서 배제된다고 볼 수 있다. 그러나 행정재산 및 보존재산은 공물로서 그 목적에 부합하는 한도 내에서 그 관리 및 처분에 관하여 공법적 규율이 적용된다. 따라서 행정재산은 사적 거래의 대상에서 제외되고 사권의 설정이 금지된다고 보는 것이 현행법의 해석상 타당하다(국유재산법 제27조 참조). 우리 대법원은 원칙적으로 부정설의 입장에 서 있으나, 제한적으로 소위 '묵시적' 공용폐지를 인정함으로써 유연한 해석을 하고 있다.

한편, 독일의 입법례는 법치국가원리(법률유보의 원칙)에 근거하여 법적 행위로서 '공용지정' 내지 '공용폐지'를 공물의 성립 및 소멸요건으로 보고 있으며, 행정재산의 경우에 공용폐지를 전제하지 않고는 취득시효를 인정하지 않는다. 또한 '공용지정'의 법형식을 (물적) 행정행위에 한정하는 것은 일본입법례의 영향으로 보이며, 법적 명확성과 안정성을 고려하면 독일입법례와 같이 법률, 법규명령, 행정행위 및 관습법 등 다양한 법적 행위를 매개로 하여 공물의 성립 또는 소멸을 인정하는 것이 타당하다. 그리고 공물의 성립을 위한 법적 행위로서 '공용지정'이라는 용어 외에 '공용개시'라는 용어도 사용되고 있다. 이러한 용어사용에 대해 공용개시라는 용어는 '사실행위'로서의 의미가 강하며, 다양한 법형식을 인정하고 있는 독일의 'Widmung'이라는 용어와 일치되기 어려운 측면이 있다고 비판하는 견해도 있다. 실제 '공용개시(公用開始)'라는 용어는 주로 일본의 행정법학에서 사용되고 있다.

그 밖에 국 · 공유재산의 시효취득을 부정하는 국유재산법과 「공유재산 및 물품관리법」(이하 "공유재산법"이라 한다)의 관련규정이 위헌소지가 있다는 주장도 있다. 그러나 제한적이기는 하나 묵시적 공용폐지를 통한 합리적 해결이 가능하므로 국유재산법 및 공유재산법의 관련규정을 반드시 위헌으로 단정하기는 어렵다.

(2) 자연공물의 소멸과 공용폐지

㈎ 문제의 제기

하천부지와 같은 자연공물은 형체적 요소의 소멸에 의해 공물의 성질을 상실하게 되어 공용폐지를 별도로 요구할 실익은 그다지 크지 않다는 견해가 유력하다. 이러한 주장의 배경에는 일본학설의 영향을 간과할 수 없다.

이에 반해 대상판결에서는 자연공물이 공용폐지를 하지 않은 이상 당연히 잡종재산이 될 수 없다고 판시하고 있다. 이러한 판례의 태도에 대하여 법적 행위로서 공용폐지를 지나치게 엄격하게 요구한다는 비판이 제기된다. 따라서 자연공물의 소멸에도 공용폐지가 필요한지 여부를 검토할 필요가 있다.

㈏ 학설의 입장

학설은 공물의 소멸에도 형체적 요소의 소멸만으로 공물로서의 성질을 상실하는지 여부에 대해 여전히 견해가 대립하고 있다. 우선 공공용물의 경우에 형체적 요소가 소멸되어 사회통념상 그 형체의 회복을 기대할 수 없는 경우에 당해 공물은 당연히 소멸한다고 보는 견해(긍정설)와, 자연공물에 대해서는 자연적 상태의 영구적이고 확정적인 멸실(滅失)에 의하여 당연히 공물로서의 성질을 상실하나 인공공물의 경우에는 공용폐지의 의사가 필요하다고 보는 견해(제한적 긍정설)가 대립하고 있다. 다수설은 자연공물의 소멸에 대해 공용폐지가 불필요하다는 긍정설의 입장에 서 있으나, 유력한 견해는 독일법의 영향으로 '관습법'에 의한 공용폐지의 가능성을 주장하고 있다.

㈐ 소 결

대법원은 공물의 성립 또는 소멸을 위한 요건 중 하나인 법적 행위로서 공용지정 또는 공용폐지를 강조하고 있다. 생각건대 이러한 대법원의 입장은 '법률유보'의 관점에서 오히려 타당하다고 여겨진다. 따라서 판례는 자연공물에 대해서도 공용폐지를 하지 않은 이상 당연히 잡종재산이 될 수 없다고 보며, 공물의 성립과 소멸에 있어서 '법적 행위'를 엄격히 요구하고 있다. 행정재산(특히 자연공물)에 대해 공용폐지를 요하지 않으면 취득시효를 통해 토지소유권을 얻은 소유권자에게는 이익이 되나, 제3자에게 예측하지 못한 손해를 가져다 줄 수도 있다. 따라서 대법원판례는 공물의 성립과 소멸에 있어서 법률유보의 원칙, 법적 안정성 등을 종합적으로 고려하고 있는 것으로 보인다. 그 밖에 공용폐지의 경우에도 물적 행정행위 이외에 다양한 법형식이 존재할 수 있다고 보면, 지나치게 엄격한 법적 행위를 요구한다고 보기 어렵다. 특히 대법원판례는 다른 입법례와 달리 아래에서 보는 바와 같이 묵시적 공용폐지를 인정하고 있다는 점에서 주목된다.

(3) 묵시적 공용폐지의 허용범위와 그 한계

대법원은 공용폐지의 엄격성을 완화하여 명시적 공용폐지뿐만 아니라 묵시적 공용폐지를 인정하고 있다(대법원 1999. 1. 15. 선고 98다4948 판결, 대법원 1998. 11. 10. 선고 98다42974 판결, 대법원 1995. 11. 14. 선고 94다42877 판결). 최근 대법원은 공유수면으로서 자연공물인 바다의 일부가 매립에 의해 토지로 변경된 경우에 묵시적 공용폐지를 인정할 수 있는지 여부에 대해 하나의 기준을 제시하고 있다. 즉 "공물의 공용폐지에 관하여 국가의 묵시적 의사표시가 있다고 인정되려면 공물이 사실상 본래의 용도에 사용되고 있지 않다거나 행정주체가 점유를 상실하였다는 정도의 사정만으로는 부족하고, 주위의 사정을 종합하여 객관적으로 공용폐지 의사의 존재가 추단될 수 있어야 할 것이다"라고 판시하였다(대법원 2009. 12. 10. 선고 2006다87538 판결).

그러나 대법원판례 가운데에는 묵시적 공용폐지를 매우 엄격하게 판단한 사례도 있다. 즉 갯벌이 간척에 의하여 사실상 갯벌로서의 성질을 상실한 경우에 당연히 잡종재산이 되는지 여부를 묻는 사건에서, "공유수면인 갯벌은 자연의 상태 그대로 공공용에 제공될 수 있는 실체를 갖추고 있는 이른바 자연공물로서 간척에 의하여 사실상 갯벌로서의 성질을 상실하였더라도 당시 시행되던 국유재산법령에 의한 용도폐지를 하지 않은 이상 당연히 잡종재산으로 된다고 할 수 없다"고 판시하고 있다(대법원 1995. 11. 14. 선고 94다42877 판결).

이러한 판례의 입장을 두고 묵시적 공용폐지를 매우 제한적으로 인정하고 있다고 평가하는 것이 보통이다. 묵시적 공용폐지는 공물의 취득시효를 탄력적으로 운용할 수 있는 매개체이다. 그러나 묵시적 공용지정 또는 묵시적 공용폐지의 인정은 당사자의 일방만을 고려할 수 있어 매우 신중한 접근이 필요하며, 법적 안정성과 명확성 등도 고려할 필요가 있다. 따라서 묵시적 공용폐지의 허용범위를 명확히 확정해야 한다. 판례는 대체로 행정재산이 사실상 본래의 용도에 사용되고 있지 않다는 사실만으로 부족하다고 보고 있다. 대법원 2006다87538 판결도 일응의 기준을 제시하고 있으나, 여전히 모호하고 추상적이다. 묵시적 공용폐지를 인정하기 위해서는 보다 명확하고 구체적인 기준을 제시할 필요가 있다. 예컨대 공유수면매립지의 지적공부 등재와 같은 행위는 묵시적 공용폐지를 추단할 수 있는 구체적 기준으로 볼 수 있다(박병대, 74-76면).

4. 판결의 의미와 전망

대상판결은 행정재산과 시효취득에 관한 선구적(先驅的) 판례에 해당하며, 대상판결의 입장은 이후의 대법원판결에도 지속적으로 영향을 미치고 있다. 특히 학설은 자연공물의 소멸에 있어서 공용폐지를 요하지 않는다는 견해가 압도적으로 다수이며, 국 · 공유재산의 시효취득을 부정하는 국유재산법과 「공유재산 및 물품관리법」의 관련규정에 대한 위헌주장도 유력하다. 그러나 판례는 취득시효를 통해 국 · 공유재산에 대한 소유권을 얻은 자와 제3자의 이익, 법률유보의 원칙, 법적 명확성과 안정성 등을 고려하여, 법적 행위(공용지정 또는 공용폐지)를 강조하고 있는 것으로 보인다. 다만, 대법원은 앞으로 다양한 형식의 공용폐지의 가능성, 묵시적 공용폐지의 존치 여부 등을 숙고(熟考)할 필요가 있다. 특히 2007. 4. 6. 법률 제8338호로 전면개정된 하천법은 종전에 직접 법률규정에 의한 하천구역과 하천관리청이 지정하는 하천구역으로 이원화된 것을 하천관리청에 의한 공용지정으로 일원화하고 있다. 즉 하천구역을 결정하는데 사용되었던 매년 1회 이상 물이 흐른 흔적을 나타내고 있는 토지의 구역이라는 판단기준이 명확하지 아니하여 분쟁발생의 원인이 되므로 이를 명확히 하기 위한 것이다. 따라서 개정 하천법의 입법취지를 살펴보면, 판례변경의 검토는 오히려 신중할 필요가 있다.

<참고문헌>

김남진/김연태, 행정법Ⅱ 제14판, 법문사, 2010.
김중권, "공물의 성립 · 폐지의 문제점에 관한 소고", 법률신문, 법률신문사, 2008. 3. 28.
류지태, 행정법의 이해, 법문사, 2006.
박균성, 행정법론(하) 제6판, 박영사, 2008.
박병대, "자연공물과 취득시효", 민사판례연구 제19권, 박영사, 1997. 2.
이광윤, "도로가 행정재산이 되기 위한 요건 및 잡종재산에 대한 시효취득", 행정판례연구 Ⅵ, 서울대학교출판부, 2001.

121. 정부투자기관의 입찰참가자격제한의 법적 성질

—대법원 1999. 11. 26.자 99부3 결정—

안 철 상*

I. 결정개요

1. 사실관계

한국전력공사(재항고인)는 1994. 12. 30. 주식회사인 A(집행정지 신청인, 이하 신청인이라 한다)에게 공사기간을 1995. 1. 6.부터 1996. 2. 9.까지로 하여 재항고인이 발주하는 154kV 양주-녹양 T/L 건설공사를 도급주었다.

그런데 재항고인은 신청인이 위 공사를 시행함에 있어 전기공사업법상의 하도급제한규정에 위반하여 소외 주식회사 B 등에게 하도급주었다는 이유로, 1999. 2. 1. 정부투자기관회계규정 제245조(국가를 당사자로 하는 계약에 관한 법률 시행령 제76조 제1항 제2호)를 적용하여 신청인에 대하여 1999. 2. 1.부터 2000. 1. 31.까지 1년간 입찰참가자격을 제한하는 제재조치를 취하였다.

이에, 신청인은 위 제재조치가 부당함을 내세워 그 취소를 구하는 소송을 제기한 후 그 효력정지를 구하는 이 사건 신청을 하였다.

2. 소송경과

제1심 법원은 정부투자기관의 입찰참가자격제한 조치는 행정처분이 아니라는 종래의 판례에 따라 신청인의 집행정지 신청이 부적법하다 하여 각하하였다(서울행정법원 1999. 3. 29.자 99아9177 결정).

이에 대하여 신청인이 즉시항고를 제기하자, 원심은 위와 같은 입찰참가자격제한 조치가 행정처분임을 전제로 하여 제1심 결정을 취소하고 신청인의 신청을 받아들여 제1심 본안판결 선고시까지 그 효력을 정지하는 결정을 하였다(서울고등법원 1999. 5. 7. 선고

---

* 대전지방법원장.

99루33 결정).

3. 결정요지

대법원은 다음과 같은 이유로 원심결정을 파기하고 신청인의 신청을 각하하였다(대상결정의 주문은 행정소송 2심제를 취하고 있던 때의 예에 따라 한 것으로 보이나, 행정소송 3심제에서는 대법원이 이 사건 집행정지 신청이 부적법하다고 판단하여 제2심인 원심결정을 파기하고 자판하는 경우에는 신청인의 신청을 각하한 제1심 결정을 유지하여 신청인의 항고를 기각하는 주문을 내어야 할 것이다).

가. 행정소송의 대상이 되는 행정처분이라 함은 행정청 또는 그 소속기관이나 법령에 의하여 행정권한의 위임 또는 위탁을 받은 공공단체가 국민의 권리의무에 관계되는 사항에 관하여 직접 효력을 미치는 공권력의 발동으로서 하는 공법상의 행위를 말하며, 그것이 상대방의 권리를 제한하는 행위라 하더라도 행정청 또는 그 소속기관이나 권한을 위임받은 공공단체의 행위가 아닌 한 이를 행정처분이라고 할 수는 없다.

나. 한국전력공사는 행정소송법 소정의 행정청 또는 그 소속기관이거나 이로부터 위 제재처분의 권한을 위임받았다고 볼 만한 아무런 법적 근거가 없으므로 위 공사가 정부투자기관회계규정에 의하여 행한 입찰참가자격을 제한하는 내용의 부정당업자제재처분은 행정소송의 대상이 되는 행정처분이 아니라 단지 상대방을 위 공사가 시행하는 입찰에 참가시키지 않겠다는 뜻의 사법상의 효력을 가지는 통지행위에 불과하다.

Ⅱ. 평 석

1. 쟁점정리

대상결정의 쟁점은 정부투자기관의 부정당업자에 대한 입찰참가자격제한 조치의 법적 성질, 다시 말하면 위와 같은 조치가 행정소송의 대상이 되는 처분에 해당하는지 여부라 할 수 있다.

대상결정은, 정부투자기관은 법률에서 중앙행정기관으로 규정한 바 없고, 또 예산회계법이나 정부투자기관 관리기본법에서 입찰참가자격제한을 규정한 국가를 당사자로 하는 계약에 관한 법률을 준용하는 규정도 없어, 정부투자기관 자체의 회계규정이나 정부투자기관회계규정에서 입찰참가자격제한 규정을 두고 있다 하더라도 이는 대외적인 구속력을 가지는 법규명령이 아니므로, 정부투자기관이 부정당업자에 대하여 한 입찰참가자격제한 조치는 항고소송의 대상이 될 수 없다는 것이다.

한편, 대상결정은 공공단체의 행위가 행정처분이 되기 위해서는 “국민의 권리의무에 관계되는 사항에 관하여 직접 효력을 미치는 공권력의 발동으로서 하는 공법상의 행위"로서 "행정청 또는 그 소속기관이나 법령에 의하여 행정권한의 위임 또는 위탁을 받을 것"이 요구된다고 하고 있다. 전자의 요건은 행정처분 일반에 대한 것이라 할 수 있지만, 후자의 요건은 공공단체의 행정처분에 특유한 것이라 할 수 있다. 따라서 여기서 주로 문제되는 것은 정부투자기관의 입찰참가자격제한 조치가 행정청 또는 그 소속기관이나 권한을 위임받은 공공단체의 행위에 해당하는지 여부라고 할 수 있다.

2. 관련판례

[서울고등법원 2005. 9. 7. 선고 2003누9734 판결]

(1) 사실관계 : 원고는 2001. 5. 3. 피고(대한주택공사)가 설계시공일괄입찰방식으로 발주한 용인신갈운전면허시험장 이전공사의 실시설계적격자로 선정되었다. 피고는 2002. 8. 6. 원고가 이 사건 공사의 실시설계적격자로 선정되었음에도 정당한 이유 없이 실시설계도서를 제출하지 않음으로써 계약을 체결하지 아니하였다는 이유로 정부투자기관 회계규칙 제23조에 따라 원고에게 2002. 8. 7.부터 2003. 2. 6.까지 6개월간 정부투자기관 등이 발주하는 공사에 관한 입찰참가자격을 제한하는 조치를 하였다.

(2) 판결내용 : 이 판결은 정부투자기관인 대한주택공사가 발주한 건설공사의 실시설계적격자로 선정되었을 뿐 낙찰자의 지위에 있지 않은 자에 대하여는 정부투자기관 회계규칙의 규정에 따라 입찰참가자격을 제한할 수 없다고 하여, 정부투자기관의 입찰참가자격제한 조치를 항고소송의 대상이 되는 처분으로 인정하여 이를 취소한 사례이다. 피고가 이에 대하여 상고하였으나 심리불속행 판결로 상고가 기각되었다(대법원 2006. 1. 12. 선고 2005두12367 판결).

(3) 동종사건 : 서울고등법원 2005. 10. 27. 선고 2005누2423 판결도 정부투자기관(대한주택공사, 피고)이 발주한 건설공사와 관련하여 피고가 원고에 대하여 4월의 입찰참가자격제한 조치를 한 사안에서, 제1심 법원이 위 조치를 항고소송의 대상인 처분으로 인정하여 원고 승소판결(수원지방법원 2004. 12. 15. 선고 2003구합6406 판결)을 하였는데 이에 대하여 피고가 항소하자 항소심 법원은 제1심 판결 이유를 그대로 인용하여 항소를 기각하였다. 피고가 이에 대하여 상고하였으나 심리불속행 판결로 상고가 기각되었다(대법원 2006. 1. 26. 선고 2005두15588 판결).

3. 대상결정의 검토

가. 관계법령의 변천

정부투자기관의 입찰참가자격제한 조치는 2007. 1. 19. 폐지된 정부투자기관 관리기본법(이하 "정투법"이라 한다)에 따라 정부투자기관이 체결하는 계약 과정에서 입찰참가자 또는 계약당사자의 부당한 행위에 대한 제재로서 부정당업자에 대하여 정부투자기관이 실시하는 모든 입찰에 일정기간 동안 참가를 배제하는 제도이다.

구 정투법(1999. 2. 5. 법률 제5812호로 개정되기 전의 것, 이하 "개정전 정투법"이라 한다) 제20조 제2항은 "회계처리의 기준과 절차에 관한 사항은 재정경제원장관이 정한다." 라고 규정하고, 이에 근거하여 제정된 구 정부투자기관회계규정(1999. 10. 21. 폐지되기 전의 것) 제245조 제1항은 "정부투자기관의 장은 경쟁의 공정한 집행 또는 계약의 적정한 이행을 해할 우려가 있거나 기타 입찰에 참가시키는 것이 부적합하다고 인정되는 자에 대하여는 당해 사실이 있는 후 지체 없이 1월 이상 2년 이하의 범위 내에서 당해 계약상대자 내지 입찰자의 입찰참가자격을 제한하여야 한다. 이 경우 입찰참가자격제한 사유 및 절차 등은 국가를 당사자로 하는 계약에 관한 법률 시행령 제76조 각 항의 규정을 준용한다."라고 규정하고 있었다.

개정전 정투법 아래서 입찰참가자격제한 조치의 처분성을 부인하는 대상결정과 같은 판례가 나오게 되자, 1999. 2. 5. 법률 제5812호로 정투법을 개정하였는데(이하 이를 "개정 정투법"이라 한다), 개정 정투법은 제20조 제2항에서 "정부투자기관은 계약을 체결함에 있어서 공정한 경쟁 또는 계약의 적정한 이행을 해칠 것이 명백하다고 판단되는 자에 대하여는 2년 이내의 범위에서 일정 기간 입찰참가자격을 제한할 수 있다."라고 규정하고, 같은 조 제3항을 신설하여 "제1항 및 제2항의 규정에 의한 회계처리 및 계약의 기준 · 절차 및 입찰참가자격의 제한 등에 관하여 필요한 사항은 재정경제부령이 정한다."라고 규정하여, 정부투자기관에 대하여 입찰참가자격제한의 권한을 부여하는 근거규정 및 정부투자기관회계규칙의 제정근거를 마련하였다.

한편, 정투법은 2007. 1. 19. 법률 제8258호로 「공공기관의 운영에 관한 법률」(이하 "공공기관운영법"이라 한다)이 제정됨으로써 폐지되었다. 새로이 제정된 공공기관운영법은 정부투자기관 등 공공기관을 공기업, 준정부기관, 기타공공기관으로 구분하여 기획재정부장관이 지정 · 고시하도록 하되, 공기업 · 준정부기관에 대하여는 같은 법률 제39조 제2항에서 개정 정투법 제20조 제2항과 같은 취지의 입찰참가자격제한에 관한 규정을 두고 있다.

정투법에서 규정하고 있는 "정부투자기관"과 공공기관운영법에서 규정하고 있는 "공기업 · 준정부기관 · 기타공공기관"은 그 요건이나 지정방법 등에서 다른 점이 있지만 부정당업자에 대한 입찰참가자격제한 조치의 법적 성질을 논의함에 있어서는 그 지위가 기본적으로 동일하다고 할 것이므로 여기서도 편의상 정부투자기관이라는 용어를 사용하기로 한다.

나. 행정청의 입찰참가자격제한 조치

판례는 정부투자기관이 부정당업자에 대하여 하는 입찰참가자격제한 조치에 대하여는 개정전 정투법 아래서 대상결정과 같이 그 처분성을 부인하여 왔으나, 입찰참가자격제한 조치의 주체가 정부투자기관이 아니라 행정기관인 경우에는 일찍부터 그 입찰참가자격제한 조치를 항고소송의 대상이 되는 처분으로 인정하여 왔다(대법원 1979. 10. 30. 선고 79누253 판결, 대법원 1983. 12. 27. 선고 81누366 판결 등).

그런데 위 판례에 의하면, 행정조달계약은 사법상의 계약이라고 하고 있으므로, 행정조달계약에 따른 법률관계는 기본적으로 사법관계라고 할 수 있다. 이와 같이 행정조달계약의 법적 성질을 사법관계로 본다면 정부투자기관의 공사발주계약에 따른 법률관계도 당연히 사법관계로 볼 것이다(대법원 2014. 12. 24. 선고 2010다83182 판결). 그런데 기본적 법률관계가 사법관계인 경우임에도 이로부터 파생된 입찰참가자격제한의 법률관계는 공법관계로 볼 수 있는지 문제된다. 만약 기본적 법률관계가 사법관계인 경우 이로부터 파생되는 법률관계도 사법관계로 된다고 본다면 사법상의 계약관계에서 파생된 입찰참가자격제한 조치는 사법상의 행위로서 공법상 행위인 행정처분이 될 수 없게 되므로 이 문제가 먼저 검토되어야 한다. 한편, 입찰참가자격제한 조치를 행정기관이 한 경우와 정부투자기관이 한 경우를 구별하여 처분성 인정을 달리할 것인지도 문제된다.

어떠한 계쟁사건이 공법관계인지 사법관계인지 문제되는 것은 그 대상이 되는 법률관계 전반이 아니라 어떠한 법률관계 중 특정한 부분이므로 이를 구별함에는 그 특정 부분이 공법관계인지 사법관계인지를 판단하면 족하다. 보통 일체로 된 법률관계는 그 전체가 공법관계나 사법관계가 되는 경우가 많겠지만 일부는 공법관계이고 다른 일부는 사법관계이기도 하는 법률관계도 있을 수 있다. 따라서 기본적 법률관계가 사법관계인 경우에도 이로부터 파생되는 행정기관의 행위가 사적 사치의 원칙이 배제되고 행정청의 일방적 행위로서 공익성 확보를 위하여 권력적 수단을 사용하고 있을 때에는 법률관계의 조속한 안정과 권리의 신속한 구제를 위해 항고소송의 대상이 되는 처분으로 보는 것이 타당하다. 따라서 행정청의 입찰참가자격제한 조치가 사법상의 계약관계에서 파생된 것이라고 하더라도 이러한 점만으로 처분성이 부인된다고 볼 것은 아니라고 생각한다.

다. 정부투자기관의 입찰참가자격제한 조치

(1) 개정전 정투법 아래서, 종래의 판례(대법원 1985. 1. 22. 선고 84누647 판결, 대법원 1985. 4. 23. 선고 82누369 판결, 대법원 1995. 2. 28. 선고 94두36 판결, 대법원 1998. 3. 24. 선고 97다33867 판결, 대법원 1999. 2. 9. 선고 98두14822 판결 등)는 정부투자기관인 한국전력공사, 한국토지개발공사(한국토지공사), 수도권신공항건설공단 등의 입찰참가자격제한 조치가 문제된 사안에서, 대상결정과 같은 이유를 들어 그 참가자격제한 조치가 행정처분이

아니라고 판시하여 그 처분성을 부인하였다.

이러한 판례의 태도에 따르면, 제재조치를 당한 당사자는 그 제재조치에 위법이 있다 하더라도 그 제재조치를 한 정부투자기관을 상대로 그 제재조치의 취소를 구하는 행정소송을 제기하는 것은 허용되지 않고, 또 그 제재조치의 무효확인을 구하는 민사소송을 제기하는 것도 허용되지 않으므로(대법원 1998. 3. 24. 선고 97다33867 판결 참조), 정부투자기관에 의하여 입찰참가자격을 제한받은 국민의 권리구제를 어렵게 한다. 그리고 정부투자기관의 입장에서도 그 제한조치가 공법상의 권한행사가 아니라 계약당사자 간의 사법상 의사표시에 불과하기 때문에 특히 제3자인 다른 정부투자기관, 중앙관서의 장 또는 지방자치단체의 장에 대하여는 어떠한 법적 구속력이 없다는 문제가 발생하게 되었고, 이는 입찰참가자격제한 제도의 존재의의 내지 실효성을 근본적으로 부인하는 결과가 된다.

(2) 정투법이 1999. 2. 5. 개정된 이후 정부투자기관의 입찰참가자격제한 조치가 행정처분에 해당한다고 명시적으로 판시한 대법원 판례는 보이지 않으나, 앞에 나온 관련판례의 사례에서 본 바와 같이, 정부투자기관인 대한주택공사가 공사실시설계적격자로 선정된 업체에 대하여 입찰참가자격을 제한하는 조치를 한 사안에서 제1심과 항소심 법원은 이러한 정부투자기관의 입찰참가자격제한 조치가 행정처분에 해당함을 전제로 하여 본안에 관한 판단을 하였는데, 대법원에서도 원심의 판단을 받아들여 상고를 기각함으로써 정부투자기관의 입찰참가자격제한 조치의 처분성을 인정하고 있다.

한편, 판례는 공공기관운영법상의 공공기관 중 공기업이 한 입찰참가자격제한 조치에 대하여는 처분성이 인정됨을 전제로 하여, 공공기관운영법 제39조 제3항의 위임에 따라 제정된 기획재정부령인 '공기업 · 준정부기관 계약사무규칙' 제15조 제1항의 법적 성격을 판단(대법원 2013. 9. 12. 선고 2011두10584 판결)하거나, 재량권의 일탈 · 남용 여부를 판단(대법원 2014. 11. 27. 선고 2013두18964 판결)하고 있다.

라. 정투법상 정부투자기관의 입찰참가자격제한 조치의 처분성

(1) 부 정 설

부정설은 다음과 같이 주장한다.

(가) 법인체형 공기업인 정부투자기관은 정부가 출자하며 국가의 감독을 받으며 근거법률에 의하여 성립하기도 한다는 점에서 공적인 성격을 지니지만 행정청형 공기업과는 달리 국가의 행정조직 밖에 위치하며 그 존재형식은 사법인이므로, 공법의 작용형식을 사용할 권능이 결여되고, 이런 기관은 사법적으로만 활동할 수 있다. 정투법 자체는 일종의 정부투자기관까지도 널리 포함시킨 간접적 국가조직을 규율하기 위한 내부법일 따름이다. 내부법에 불과한 정투법상의 입찰참가자격제한 규정만으로 국민에 대한 직접적

개입, 즉 공법적 효과를 성립하게 하는 근거로 삼을 수는 없다.

따라서 입찰에 따른 후속 법률관계는 사법관계이므로 이와 관련한 논의는 원칙적으로 사법차원에서 이루어져야 한다. 이런 기조는 정부투자기관이 당사자가 되는 계약의 경우에도 정부투자기관의 법적 성질을 떠나서 당연히 통용되므로 정부투자기관의 입찰참가자격제한 조치는 물론이고, 행정기관의 입찰참가자격제한 조치도 항고소송의 대상이 되는 처분에 해당하지 않는다(김중권, 15면).

(나) 한편, 예산회계법상 계약이 사법상의 계약임을 들어 행정기관의 입찰참가자격제한 조치가 사법적 성질의 행위라는 이유로 그 처분성을 부정하는 견해(이상규, 132면)도 당연히 정부투자기관의 입찰참가자격제한 조치의 처분성을 부인하는 입장을 취할 것이다.

(2) 긍 정 설

긍정설은 논자에 따라 그 근거가 조금씩 다르지만 다음과 같이 주장하고 있다.

(가) 정투법 제20조 제2항이 개정되기 전에도 "그 밖에 이에 준하는 행정작용"에 해당하는 것으로 보아 행정청이 법적 근거 없이 행한 행정작용이라 하더라도 행정처분으로서의 외관을 가지고 있고 그 행정작용으로 인하여 상대방에게 불이익 내지 불안을 제거시켜주기 위한 구제수단이 필요한 경우 개별적으로 판단하여 처분성을 인정해 주는 것이 상당하다(홍준형, 24면).

특히 위 법률이 개정되어 그 근거가 마련되었고, 정부투자기관의 입찰참가자격제한 조치가 중앙기관에서 시행하는 모든 입찰에 참가하는 자격을 제한하는 효력까지 가지게 된 이상 이러한 조치에 대해서도 처분성을 부정하지 못하게 되었다(박정훈, 210면). 비록 정부투자기관들이 그 자체로서 행정청의 지위를 가지는 것은 아니지만 적어도 정부투자기관예산회계규정에 의한 부정당업자제재조치를 하는 범위 안에서는 행정권한의 대리 또는 공무수탁사인의 법리에 의하여 일정의 행정청으로서의 지위를 가진다고 볼 여지가 있다(홍준형, 25면).

(나) 행정처분의 여부는 행정의 특권을 사용한 공권력행사로서의 일방적인 결정 여부에 있는 것이지, 처분의 근거 여부에 있는 것이 아니므로 처분의 근거 여부가 문제로 된다면 이는 처분의 위법성이 문제되어 기각의 대상이 될 수는 있으나 처분의 근거가 없다는 이유로 행정처분이 아닌 사법상의 행위라고 하는 것은 논리의 비약이다. 따라서 입찰참가자격제한 행위가 공권력의 행사인가 아닌가에 대하여 먼저 판단하였어야 한다. 그런데 한국전력공사는 정투법 제20조의 위임에 의하여 재정경제부장관이 정한 정부투자기관회계규정을 적용하여 일방적으로 입찰참가자격을 제한하였다. 이는 명백히 행정의 특권을 사용한 일방적인 공권력의 행사에 해당한다. 따라서 이러한 행위는 행정범위의 기능적 기준에 따라 행정행위로 분류되어야 하기 때문에 행정처분에 해당한다(이광윤,

366면).

(다) 오늘날 국가는 다양하고 복합적인 임무를 부여받고 있으나 이러한 모든 임무를 국가가 직접 처리하는 것은 불가능하고 또한 합목적적이지도 않다. 따라서 국가는 다양한 방식으로 그 임무수행을 민간에게 위탁하고 자신은 보장책임을 지고 뒤에 물러앉아 감독기능만 수행하는 경우가 증대되고 있다. 이와 같이 새로운 형태의 조직에 의하여 행정임무수행이 이루어지는 영역은 여전히 공적 임무영역이며, 공동체적 규범과 가치가 유지되어야 하는 영역이다. 이러한 영역에서의 분쟁을 행정소송에 의하여 해결할 필요가 있다(이원우, 444-446면).

결국, 정부투자기관 중 공법상 법인은 행정주체로서의 지위를 가진다고 보아야 한다. 즉, 공법상의 법인격을 가진 정부투자기관은 행정청에 해당한다고 봄이 타당하다(이원우, 450-451면).

(3) 결 어

대법원은 행정기관의 입찰참가자격제한 조치는 일관하여 행정소송의 대상이 되는 행정처분이라고 보고 있다. 그러나 정부투자기관이 부정당업자에 대하여 하는 입찰참가자격제한 조치에 대하여는 정투법 개정전에는 대상결정과 같이 그 처분성을 부인하여 왔다. 그 근거는 정부투자기관은 행정기관이 아니며 그러한 제재처분의 권한을 위임받은 바 없다는 것이다. 다만, 개정 정투법 이후에는 판례도 정부투자기관의 입찰참가자격제한 조치를 항고소송의 대상이 되는 처분으로 인정하고 있는데, 그 이유를 명시적으로 밝히고 있지는 않지만, 이는 개정 정투법에서 정부투자기관이 입찰참가자격제한 조치를 할 수 있는 근거를 마련하였다는 점에 있는 것으로 보인다(대법원 1998. 12. 24.자 98무10 결정 참조).

대상결정 등 종래의 판례 태도에 의하면, 국가나 지방자치단체 이외의 공공주체를 통한 공권력의 행사는 그러한 권한행사가 국가사무라고 해석될 수 있는 규정이 존재하여야 하고, 그러한 국가사무가 개별적 법률규정을 통하여 위임되었다고 볼 수 있는 위임근거가 존재하여야 처분성이 인정된다고 한다. 그런데 입찰참가자격제한 조치가 국가사무라고 해석할 수 있는 규정이 없고, 또 이를 전제로 하여 이러한 조치를 할 수 있는 권한을 정부투자기관에게 개별적으로 위임하는 규정도 없다. 입찰참가자격제한 조치가 정부투자기관 자신의 고유한 권한으로 법률이 부여한 것이라면 개정 정투법에서 정부투자기관이 입찰참가자격제한 조치를 할 수 있는 근거가 마련되었다는 사정만으로 공무수탁사인의 법리가 인정된다고 보는 것은 문제가 있다.

정부투자기관은 공공기관으로서 공적 임무를 수행하는 과정에서 공정성, 투명성, 예측가능성 등을 바탕으로 하여 비례 · 평등의 원칙, 신뢰보호의 원칙 등에 따라 사적자치의 제한을 받는 경우가 있을 수 있다. 만약 정부투자기관이 부정당행위를 한 계약 당사자에 대하여도 상대방 선택의 자유, 계약체결의 자유 등이 제한되어 이들과 계약체결이 강제된다면, 공공기관으로서의 공적 기능을 충실히 수행할 수 없게 된다. 따라서 정부투자기관도 공적 입찰방식에 의한 계약체결과 같은 사적자치가 제한되는 영역에서는 공적 임무를 충실히 수행하기 위해 부정당업자를 계약상대방에서 배제하는 조치를 취할 필요가 있고, 이러한 조치는 사법상의 행위가 아니라 공법상의 행위로서 처분성을 인정할 필요가 있다(서울고등법원 2015. 7. 15. 선고 2015누31024 판결 참조).

이러한 점에서 정부투자기관도 일정한 범위에서 공적 임무수행의 기능을 분담하고, 그 범위 안에서는 국가행정조직의 일부로서 행정기관에 해당하는 것으로 이해하는 견해를 수용하는 것이 타당하다고 생각한다. 따라서 정부투자기관인 한국전력공사의 입찰참가자격제한 조치는 행정기관의 행위로서 처분성이 인정되고, 법률상 근거 없이 이루어진 것이어서 위법한지 여부는 본안에서 판단할 사항이라 할 것이다(이원우, 453면 참조).

4. 공공기관운영법상 기타공공기관의 입찰참가자격제한 조치의 처분성

가. 문제의 소재

개정전 정투법상의 정부투자기관과 공공기관운영법상의 기타공공기관은 이들에 대하여 개정 정투법 제20조 제2항이나 공공기관운영법 제39조 제2항과 같은 제재처분의 권한을 위임한 규정이 없다는 점에서 그 법률상 지위가 유사하다고 할 수 있다. 따라서 공공기관운영법상의 기타공공기관이 입찰참가자격제한 조치를 한 경우 그 조치의 처분성을 인정할 수 있는지 여부는 대상결정에 대하여 논의한 바와 같은 문제가 제기된다.

나. 판례의 태도

대법원 2010. 11. 26.자 2010무137 결정은, “수도권매립지관리공사가 갑에게 입찰참가자격을 제한하는 내용의 부정당업자제재처분을 하자, 갑이 제재처분의 무효확인 또는 취소를 구하는 행정소송을 제기하면서 제재처분의 효력정지신청을 한 사안에서, 위 공사는 행정소송법에서 정한 행정청 또는 그 소속기관이거나 그로부터 제재처분의 권한을 위임받은 공공기관에 해당하지 않으므로, 위 공사가 한 위 제재처분은 행정소송의 대상이 되는 행정처분이 아니라 단지 갑을 자신이 시행하는 입찰에 참가시키지 않겠다는 뜻의 사법상의 효력을 가지는 통지에 불과하고, 따라서 갑이 위 공사를 상대로 하여 제기한 위 효력정지신청은 부적법함에도 그 신청을 받아들인 원심결정은 집행정지의 요건에 관한 법리를 오해한 위법이 있다.”는 취지로 판단하였다.

위 결정에서 수도권매립지관리공사의 제재처분이 행정소송의 대상이 되는 행정처분이 아니라고 판단한 이유는, 위 공사는 「수도권매립지관리공사의 설립 및 운영 등에 관한 법률」의 규정에 의하여 설립된 공공기관(법인)으로서 공공기관운영법 제5조 제4항에 의한 "기타공공기관"에 불과하여 같은 법 제39조에 의한 입찰참가자격 제한 조치를 할 수 없을 뿐만 아니라, 위 공사의 대표자는 국가를 당사자로 하는 계약에 관한 법률 제27조 제1항에 의하여 입찰참가자격 제한 조치를 할 수 있는 "각 중앙관서의 장"에 해당하지 않는다는 것이다. 이는 대상결정의 판시내용을 그대로 이어받고 있다고 할 수 있다.

요컨대, 위 결정의 취지는 공공기관의 운영에 관한 법률이 정한 공공기관 중 공기업이나 준정부기관이 한 입찰참가자격제한 조치는 행정소송의 대상이 되는 처분이라 할 수 있지만, "기타공공기관"이 한 입찰참가자격제한 조치는 개정전 정투법 아래서의 판례의 태도와 마찬가지로 행정소송의 대상이 되는 처분이 아니라는 것이다.

다. 검　토

먼저 이론적으로 보면, 공공기관운영법은 "정부투자기관"이라는 중립적 용어 대신 "공공기관, 공기업, 준정부기관, 기타공공기관"이라는 공법적 가치를 지향하는 용어를 사용함으로써 법률적용대상 기관에 대하여 정부투자기관보다 더 강한 공법적 의미를 부여하고 있다. 공공기관운영법에서 규정하고 있는 공공기관은 기획재정부장관이 공기업·준정부기관·기타공공기관으로 구분하여 이를 지정함으로써 성립하고, 별도로 국가로부터 명시적으로 행정처분을 할 권한을 부여받지 않았다고 하더라도 공적 임무를 수행하는 영역에서는 행정기관으로서의 지위를 부여받았다고 볼 수 있다. 공공기관운영법상 공기업·준정부기관과 기타공공기관은 그 직원수, 수입액 등에 따라 기획재정부장관이 지정함으로써 구분되고, 각 공공기관이 행하는 업무나 행위의 공법성 정도에 따라 구분되는 것은 아니다. 따라서 기타공공기관의 행위를 일률적으로 사법상의 행위라고 보아 민사소송의 방법으로 권리구제를 받아야 한다고 단정할 것은 아니다.

수도권매립지관리공사는 공공기관의 운영에 관한 법률에서 말하는 기타공공기관으로서 공공기관에 해당하고, 일정한 범위 안에서는 공적 임무수행의 기능을 분담하는 국가행정조직의 일부로서 행정기관에 해당한다고 볼 수 있으므로, 위 공사가 한 입찰참가자격제한 조치는 처분성이 있다고 볼 수 있다. 위 공사의 제재조치가 공공기관운영법에서 규정하고 있는 제재처분이 아니라 위 공사가 사인의 지위에서 취한 제재조치로 보면서, 그것이 사적자치의 원칙상 허용된다고 보거나 이를 다투는 경우에 공법이 아닌 사법이 적용되어야 한다고 보는 것은 공공기관의 행위의 공법적 성질을 고려하지 않은 것으로서 대상결정에 대하여 논의한 바와 같이 재검토할 여지가 있다. 그리고 공공기관 중 제재처분의 권한을 위임받은 "공기업·준정부기관"이 아니라 "기타공공기관"에 불과하여 공기업·준정부기관의 입찰참가자격제한에 관한 규정인 공공기관운영법 제39조 제2항의 규정이 적용되지 않아 입찰참가자격을 제한할 법적 근거가 있는지 문제되지만, 이것은 처분의 적법 여부인 본안에서 판단할 사항이라고 할 수 있다.

다음으로 실제적으로 보더라도, 위 결정에서 수도권매립지관리공사가 제재처분을 할 권한이 없음을 인정하고 있는 것과 같이, 제재처분의 권한이 없는 위 공사로부터 제재조치를 당한 갑(신청인)은 현실적으로 그 제재조치로 인한 불안정한 지위로부터 구제를 받을 필요가 있다. 그런데 그 제재조치가 처분성이 없어 행정소송의 대상이 되지 않는다고 하면 결국 민사소송으로 구제받으라는 의미가 된다. 민사소송으로 제재조치의 무효확인을 구하는 것은 사법상의 효력을 갖는 통지행위의 무효확인을 구하는 것이 되어 확인의 이익이 있다고 보기 어려울 뿐만 아니라 집행정지와 같은 신속한 권리구제를 받은 데에도 문제가 있다. 이 경우 그 구제방법으로는 제재조치가 무효임을 전제로 하여 입찰하기 전에 입찰자자격이 있음의 확인을 구하거나 정당한 입찰자임을 전제로 응찰한 다음 낙찰자지위가 있음의 확인을 구하면서, 임시의 지위를 정하는 가처분을 신청하는 방법 등을 상정할 수 있을 것이지만, 앞에서 본 바와 같이 "공기업·준정부기관"과 "기타공공기관"은 기본적으로 규모 등에 따라 기획재정부장관이 지정함으로써 구분되는 것이고, 각 기관의 행위의 성질이 근본적으로 다르다고 볼 것은 아니다. 그리고 공공기관이 어떠한 종류의 기관인가에 따라 법적용에 차이를 두는 것은 수긍할 수 있는 일이지만, 그 행위를 다투는 소송형태를 행정소송과 민사소송으로 이원화하여 구별하는 것은 국민의 편리하고 신속한 권리구제를 위해 바람직하다고 보기 어렵다. 또한 이와 같이 처분성을 부정하는 것은 공법관계의 조속한 안정에도 문제가 된다. 즉, 행정법원의 전문성을 살려 위와 같은 사안도 행정법원에서 다루게 하는 것이 더 바람직하고 할 수 있다.

특히 기타공공기관도 공적 임무를 수행하는 공공기관으로서 공정성, 투명성, 예측가능성 등을 바탕으로 하여 비례·평등의 원칙, 신뢰보호의 원칙 등에 따라 사적자치의 제한을 받는 경우가 있을 수 있다. 기타공공기관도 공적 입찰방식에 의한 계약체결에서 상대방 선택의 자유, 계약체결의 자유 등과 같은 사적자치가 제한되는 영역에서는 공적 임무를 충실히 수행하기 위해 부정당업자를 계약상대방에서 배제하는 조치를 취할 필요가 있다. 이 조치는 국민의 신속한 권익구제와 공법관계의 조속한 안정을 위해 사법상의 행위가 아니라 공법상의 행위에 해당하는 것으로 보아 처분성을 인정함이 타당하다. 다만, 이러한 조치는 해당 공공기관과의 계약체결의 경우에만 효력이 있는 것으로서, 그것이 적법하기 위해서는 적절한 제재기준을 설정하고 이에 합당할 것을 요한다고 할 것이다. 그리고 그 제재기준으로는 공공기관운영법 제39조 제2항의 제한 요건과 제3항에 근거한 「공기업·준정부기관 계약사무규칙」 제15조, 국가를 당사자로 하는 계약에 관한 법률 시행규칙 제76조에서 정한 기준을 차용하거나 그보다 완화된 기준을 마련하는 것도 가능하다고 판단된다(서울고등법원 2015. 7. 15. 선고 2015누31024 판결).

결론적으로, 위 결정의 사안에서 수도권매립지관리공사가 한 제재조치는 처분성이 인정되어 행정소송의 대상이 된다고 봄이 타당하다. 그리고 그 처분의 적법 여부는 해당 기타공공기관이 적절한 제재기준을 설정하고 이에 합당할 조치를 취하였는지 여부에 따라 판단할 것이다.

5. 대상결정의 의미와 전망

대상결정은 정부투자기관은 행정청이 아니고 또 그러한 구속적인 입찰참가자격제한 처분을 할 수 있는 법적 근거가 없다는 이유로 처분성을 부인하였다. 대법원의 이러한 태도는 정투법 개정 후에는 변경되었다고 할 수 있지만, 법령 개정 후에 나온 판례에서 명시적으로 처분성이 있는 근거를 밝히고 있지 않고 있다. 특히 대상결정과 같은 종래의 판례 태도에 따르는 한, 개정 정투법 규정만으로 처분성 인정 문제가 완전히 해소되었다고 보기 어려운 점이 있는데, 이 점에 대해서는 정부투자기관도 일정한 범위에서 공적 임무수행의 기능을 분담하는 것으로 이해하여 그 범위 안에서는 국가행정조직의 일부로서 행정기관에 해당하는 것으로 봄으로써 문제 해결을 시도해 보았다.

정부투자기관의 입찰참가자격제한 조치의 처분성은 국민의 권리구제라는 측면에서 실제상으로도 인정할 필요가 있고 이론상으로도 이를 인정할 근거를 제시할 수 있다고 할 것이다. 대상결정은 정부투자기관의 입찰참가자격제한 조치에 관하여 개정전 정투법에 따라 처분성 인정 문제를 다룬 마지막 판례로서 정투법 개정 이후의 이론전개에 관하여 여러 가지 연구과제를 던져주고 있다.

특히 현행 공공기관운영법상 기타공공기관은 입찰참가자격제한 조치의 문제와 관련하여 개정전 정투법상 정부투자기관과 유사한 지위에 있다고 할 수 있는데, 기타공공기관이 한 입찰참가자격제한 조치에 대하여 판례는 개정전 정투법 정부투자기관의 입찰참가자격제한 조치에 관한 대상결정의 태도를 답습하여 처분성을 부정하고 있다. 그러나 이러한 판례의 태도는 대상결정에서 논의한 바와 같이 재검토할 여지가 있다고 판단된다.

〈참고문헌〉

김중권, "정부투자기관의 입찰참가자격제한행위의 법적 성질에 관한 소고", 법률신문 제3486호 (2006. 8. 31.).

박정훈, "부정당업자의 입찰참가자격제한의 법적 제문제", 국방조달계약연구논집, 국방부조달본부 (2005).

이광윤, "공기업의 입찰참가자격제한 행위의 법적 성질(집행정지)", 행정심판연구논문집, 법제처 (2004).

이상규, “입찰참가자격제한행위의 법적성질”, 행정판례연구, 청운사(1983).

이원우, “정부투자기관의 부정당업자에 대한 입찰참가제한조치의 법적 성질”, 한국공법이론의 새로운 전개, 삼지원(2005).

홍준형, “정부투자기관의 부정당업자에 대한 입찰참가제한조치의 법적 성질”, 법제 제499호, 법제처(1999. 7.).

122. 도시계획과 행정절차

— 대법원 2000. 3. 23. 선고 98두2768 판결 —

오 준 근*

Ⅰ. 판결개요

1. 사실관계

피고(K시장)는 도시계획변경(재정비)결정을 하고 1996. 6. 11. 관보에 이를 고시하였다. 피고의 도시계획 결정 중에 원고 소유의 토지를 도로부지로 편입하는 도로신설계획이 포함되어 있다.

피고는 도시계획을 입안함에 있어 관할구역내의 전체적인 도로의 노선 수, 연장, 면적의 합계만을 기재하여 도저히 어느 토지가 어느 도로부지로 편입되는지를 알 수 없도록 공고하였다. 이에 따라 "적법한 공람공고절차를 거치지 아니하였다"는 점이 쟁점이 되었다.

피고가 도시계획의 결정을 위한 계획재량권을 행사함에 있어 토지의 이용 상황, 교통량 등 필요한 사항을 조사하지 아니한 채 도시계획시설기준에 관한규칙이 정한 토지이용계획과 교통의 상관관계 등 사항의 사항을 정당하게 고려하지 아니하였다는 점도 문제점으로 지적되었다.

피고의 도시계획변경(재정비)결정상의 도로부지편입결정은 도시계획시설기준에 관한 규칙상의 국지도로배치기준에 맞지 않은 상태이며, 피고의 재산인 동사무소의 보호를 위하여 교통상, 도시계획지역의 배치상의 혼란을 오히려 가중시키고, 도로부지에 편입된 다른 사인들에게 과도한 경제적 불이익을 줌으로써 이익형량의 원칙을 침해하였다는 점도 소송상의 쟁점이 되었다.

---

* 경희대학교 법학전문대학원 교수.

2. 소송경과

원고(A)는 K시장을 피고로 하여 광주고등법원에 피고가 1996. 6. 11. 한 도시계획변경(재정비)결정 중 ㅇ시 ㅇ동 ㅇ번지 전 210㎡를 ㅇ호 도로부지로 정한 부분의 취소를 구하는 소송을 제기하였다.

제1심에서 원고(A)는 승소하였다(제1심 광주고등법원 1997. 12. 26. 선고 96구3080 판결).

피고(K시장)는 광주고등법원의 판결에 불복하여 대법원에 항소하였으나 기각되었다.

3. 판결요지

(1) 처분의 경위

처분의 경위는 다음과 같다.

피고(K시장)가 도시계획법 제12조 제1항, 제10조 제1항에 의하여 도시계획변경(재정비)결정을 하고 위 법 제12조 제4항에 의하여 1996. 6. 11. 관보에 K시 고시 제1996-210호로 이를 고시하였는데, 그 결정 중에 원고 소유의 ㅇ시 ㅇ동 ㅇ번지 전 210㎡(이하 이 사건 토지라 한다)를 가구를 획정하고 택지와의 접근을 목적으로 하는 국지도로인 ㅇ호 도로(이하 이 사건 도로라 한다)의 부지로 편입하는 도로신설계획(이하 위 도시계획결정 중 이 사건 도로에 관한 부분을 이 사건 결정이라 한다)이 포함되었다.

(2) 당사자의 주장

당사자의 주장은 다음과 같다.

⑴ 도시계획의 입안 및 결정절차에 흠이 있다.

⑵ 도시계획결정을 위한 토지의 이용상황, 교통량 등 필요한 사항을 조사하지 아니하였고 토지이용계획과 교통의 상관관계 등 사항을 정당하게 고려하지 아니하였다.

⑶ 도시계획결정과정에서 공익과 사익간의 정당한 비교형량을 하지 아니하여 피고에게 위임된 재량권의 범위를 일탈하였으니 이 사건 결정은 위법 · 부당하다고 주장하면서, 주위적으로 그 결정의 취소를, 예비적으로 그 무효확인을 구하였다.

(3) 원심판결

위와 같은 원고의 주장에 대하여 광주고등법원은 다음과 같이 판결하였다.

첫째, 절차적 위법성에 대하여 판단한다.

원심은 "(구)도시계획법 및 시행령 등의 도시계획 입안 및 결정절차에 관한 규정들의 취지는 도시계획의 입안에 있어 다수의 이해관계자의 이익을 합리적으로 조정하여 국민의 권리자유에 대한 부당한 침해를 방지하고 행정의 민주화와 신뢰를 회복하기 위하여 국민의 의사를 그 과정에 반영시키는 데 있다 할 것이므로, 피고가 도시계획을 입안함에 있어서는 법 제15조 제1항 소정의 기초조사, 즉 도시계획예정시설주변의 인구, 산업의 현황, 토지의 이용상황, 교통량 등에 관한 조사를 거쳐야 하고, 도시계획법령의 규정과 취지에 비추어 보면 도시계획안의 내용을 관보에 고시함에 있어서는 구체적인 사항은 이를 공람절차에서 보충하더라도 최소한 도시계획의 기본적인 사항만은 밝혀야 할 것이고, 행정처분에 위와 같은 법률이 보장한 절차의 흠결이 있는 위법사유가 존재하는 이상 그 내용에 있어 재량권의 범위 내이고 변경될 가능성이 없다 하더라도 그 행정처분은 위법하다고 하여야 할 것이다."라고 전제한 후, ① 피고가 이 사건 도로계획의 입안에 있어 위와 같은 기초조사를 거쳤다는 점은 이를 인정할 아무런 증거가 없다는 점, ② 피고는 이 사건 결정을 포함한 군산도시계획 재정비(시설)계획을 공고함에 있어 도로에 관한 도시계획내용을 중로 132개 노선, 연장 85,563m, 면적 1,484,815㎡(이하 생략)라고만 표시한 사실이 인정되는데, 이러한 공고내용만으로는 어떠한 도로가 변경 및 신설되는지 전혀 알 수 없어 이 사건 결정에 관한 한에 있어서는 계획안의 공람공고절차를 제대로 하였다고 볼 수가 없다는 점, ③ 피고가 위 공고에서 지면관계상 고시문에 게재할 수 없는 관계도서는 게재를 생략하고 해당부서에 비치하고 있음을 명시하였고 그후 위 계획안의 구체적 내용을 읍 · 면 · 동사무소 게시판에 게시하여 공고하고 도시계획구역 내 일부 가구에 이를 배부하였다 하더라도 이것만으로는 원고와 같이 피고의 관할구역내에 거주하고 있지 아니한 이해관계인에게는 도달할 수 없음이 명백하므로 이로써 위 하자가 치유된다고 할 수도 없으니, 이 사건 결정에는 위 기초조사 및 공람공고절차를 위배한 위법이 있다 할 것이다"라고 판단한다.

둘째, 도시계획결정이 객관적으로 합리적이고 타당한지의 점에 관하여 판단하였다. 원심은 "① 이 사건 도로는 준공업지역으로 지정된 ○시 ○동 ○번지의 토지 및 이 사건 토지를 남쪽 경계선으로부터 2.5m 북쪽으로 긴 띠 모양의 자투리 땅을 남기면서 위 토지를 분할하게 되어 준공업지역과 일반상업지역의 가구를 획정하지도 못한다. ② 이 사건 도로가 개설되더라도 통행의 불편, 교차로 기능상의 문제점 등으로 인하여 교통상의 혼란이 가중될 수 있다는 점, ③ 도시계획시설기준에 관한 규칙상의 국지도로배치기준에 부합하지 아니한다는 점" 등을 들어 그 타당성을 부인하였다.

셋째, 이익형량의 적정성에 관하여 판단한다. 원심은 "국가 또는 지방자치단체는 도시계획결정에 따라 그 소유권 등이 제한되고 손실을 입게 된다 하더라도 어느 정도의 범위 내에서는 이를 감수함이 타당하므로 위 피고 소유의 동사무소의 부지보상비 및 이전신축비가 높이 평가된다 하여 이를 일반 사인과 같은 차원에서 단순 비교할 수는 없다 할 것이다"라는 점을 들고, "이러한 사정들에 위 도시계획시설기준에 관한 규칙의 규정내용 등을 비추어 보면 피고가 이 사건 도시계획시설결정에 이르게 된 경위, 그 필요성, 그 과정에서 고려된 여러 가지 여건 등과 이 사건 결정을 통하여 달성하고자 하는 목적 등을 고려하더라도, 이 사건 결정에 있어 이익형량이 객관적이고 정당하게 이루어졌다고 보기는 어렵다 할 것이므로, 결국 이 사건 결정은 재량권의 범위를 일탈 · 남용한 것으로 볼 수밖에 없다 할 것이다"라고 판결하였다.

(4) 대법원 판결

대법원은 원심판결과 같은 취지의 판결을 하고 있다.

대법원의 판결요지는 다음과 같이 요약될 수 있다.

행정주체는 구체적인 행정계획을 입안 · 결정함에 있어서 비교적 광범위한 형성의 자유를 가지는 한편, 행정주체가 가지는 이와 같은 형성의 자유는 무제한적인 것이 아니라 그 행정계획에 관련되는 자들의 이익을 공익과 사익 사이에서는 물론이고 공익 상호간과 사익 상호간에도 정당하게 비교교량하여야 한다는 제한이 있는 것이고, 따라서 행정주체가 행정계획을 입안 · 결정함에 있어서 이익형량을 전혀 행하지 아니하거나 이익형량의 고려 대상에 마땅히 포함시켜야 할 사항을 누락한 경우 또는 이익형량을 하였으나 정당성 · 객관성이 결여된 경우에는 그 행정계획결정은 재량권을 일탈 · 남용한 것으로서 위법하게 된다.

도시계획법 제16조의2 제2항과 같은 법 시행령 제14조의2 제6항 내지 제8항의 규정을 종합하여 보면 도시계획의 입안에 있어 해당 도시계획안의 내용을 공고 및 공람하게 한 것은 다수 이해관계자의 이익을 합리적으로 조정하여 국민의 권리자유에 대한 부당한 침해를 방지하고 행정의 민주화와 신뢰를 확보하기 위하여 국민의 의사를 그 과정에 반영시키는데 있는 것이므로 이러한 공고 및 공람 절차에 하자가 있는 도시계획결정은 위법하다.

Ⅱ. 평 석

1. 쟁점정리

원심은 당사자의 주장을 적극적으로 수용하고 이를 기초로 도시계획결정의 위법성 여부를 판단하였다. 대법원은 원심의 판단에 대하여 심리미진이나 법리오해의 위법이 없음을 확인하였다.

이 사건에 있어 검토되어야 할 쟁점은 다음과 같이 요약될 수 있다.

첫째, 행정계획, 특히 도시계획의 법적 성질을 어떻게 파악할 것인가의 문제이다. 원심과 대법원은 도시계획결정을 취소가 가능한 처분이라 판단하고 적극적으로 이를 취소하는 판결을 하였다. 이 점에 대한 검토가 필요하다.

둘째, 도시계획결정을 함에 있어 행정절차를 준수하여야 한다. 현행 행정절차법은 행정계획의 확정절차에 관한 아무런 규정을 두고 있지 아니하다. 따라서 절차의 위법성 여부를 판단하고자 할 경우 도시계획법령에 규정된 계획절차의 준수여부에 대한 판단이 필요하다. 원심과 대법원은 절차의 위법성 여부를 적극적으로 판단하고, 법령에 규정된 절차를 준수하지 아니하였음을 이유로 도시계획결정을 취소하는 판결을 하고 있다. 이 점에 대한 검토가 필요하다.

셋째, 도시계획결정을 함에 있어 이익형량의 원칙, 즉 관련된 공적 및 사적이익을 정당하게 저울질함이 필요하다. 도시계획결정에 있어 행정청에게는 광범위한 계획재량권, 즉 계획상의 형성의 자유가 부여되어 있다. 그러나 계획재량권에는 한계가 있다. 그 핵심한계 중의 하나가 "이익형량의 원칙(형량명령)"의 준수이다. 다시 말해서 공적 및 사적이익을 정당하게 저울질하지 아니한 경우 계획재량권의 한계를 일탈하였거나 남용한 것이어서 도시계획결정은 위법하다. 원심과 대법원은 이를 인정하고 있다. 이 점은 이 판결의 핵심쟁점이었다.

2. 관련판례

도시계획에 관하여는 위와 같은 각각의 쟁점별로 다양한 판례가 축적되어 있다.

첫째, 도시계획의 법적 성질을 직접적으로 판단한 시금석이 되는 판결로는 대법원 1982. 3. 9. 선고 80누105 판결을 들 수 있다. 대법원은 "도시계획법 제12조 소정의 고시된 도시계획결정은 특정 개인의 권리 내지 법률상의 이익을 개별적이고 구체적으로 규제하는 효과를 가져오게 하는 행정청의 처분이라 할 것이고, 이는 행정소송의 대상이 된다"고 판단하고 있다. 이 판결은 사례의 경우와 같은 유형의 도시계획도로결정에 관한 것이었다. 대법원은 이 판결 이후로 도시계획결정 중 특히 도로결정과 같은 도시계획사업의 결정에 대하여 일관성있게 처분성을 인정하고 있다.

둘째, 도시계획결정 절차에 흠이 있는 도시계획 결정의 효력을 판단한 판결로는 대법원 1988. 5. 24. 선고 87누388 판결을 들 수 있다. 대법원은 "도시계획법령의 취지는 도시계획의 입안에 있어 다수 이해관계자의 이익을 합리적으로 조정하여 국민의 자유권리에 대한 부당한 침해를 방지하고 행정의 민주화와 신뢰를 확보하기 위하여 국민의 의사를 그 과정에 반영시키는데 있다 할 것이므로 위와 같은 절차에 하자가 있는 행정처분은 위법하다"고 판단하고 있다. 사례의 판례는 이 판결의 "따름판례"에 해당한다.

셋째, 도시계획결정에 있어 계획재량권을 인정하되, 이익형량의 원칙의 준수를 그 한계로 제시한 판결로는 대법원 1996. 11. 29. 선고 96누8567 판결을 들 수 있다. 대법원은 "도시계획법 등 관계 법령에는 추상적인 행정목표와 절차만이 규정되어 있을 뿐 행정계획의 내용에 대하여는 별다른 규정을 두고 있지 아니하므로 행정주체는 구체적인 행정계획을 입안·결정함에 있어서 비교적 광범위한 형성의 자유를 가진다고 할 것이지만, 행정주체가 가지는 이와 같은 형성의 자유는 무제한적인 것이 아니라 그 행정계획에 관련되는 자들의 이익을 공익과 사익 사이에서는 물론이고 공익 상호간과 사익 상호간에도 정당하게 비교교량하여야 한다는 제한이 있는 것이고, 따라서 행정주체가 행정계획을 입안·결정함에 있어서 이익형량을 전혀 행하지 아니하거나 이익형량의 고려 대상에 마땅히 포함시켜야 할 사항을 누락한 경우 또는 이익형량을 하였으나 정당성·객관성이 결여된 경우에는 그 행정계획결정은 재량권을 일탈·남용한 것으로서 위법하다"고 판단하고 있다.

이와 같은 취지의 판결로 대법원 2006. 9. 8. 선고 2003두5426 판결을 들 수 있다. 이 판결은 대학시설을 유치하기 위한 광역시의 도시계획시설결정이 지역의 교육여건 개선 등의 공익과 지역 내의 토지나 건물 소유자들이 입게 되는 권리행사 제한 등의 사익의 이익형량에 정당성과 객관성을 결여한 하자가 있어 위법하다고 판단하였다.

대법원 2007. 1. 25. 선고 2004두12063 판결도 취지를 같이한다. 이 판결은 청계산 도시자연공원 인근에 휴게광장을 조성하기 위한 구청장의 도시계획결정이 공익과 사익에 관한 이익형량을 그르쳐 위법하다고 판단하고 있다.

3. 판결의 검토

(1) 행정계획의 법적 성질

원심과 대법원은 "행정계획이라 함은 행정에 관한 전문적·기술적 판단을 기초로 하여 도시의 건설·정비·개량 등과 같은 특정한 행정목표를 달성하기 위하여 서로 관련되는 행정수단을 종합·조정함으로써 장래의 일정한 시점에 있어서 일정한 질서를 실현하기 위한 활동기준으로 설정된 것"이라 정의하고 있다.

행정계획은 매우 다양하여 그 법적 성질을 일률적으로 판단할 수 없다. 그 구속력만을 기준으로 보더라도 단순정보제공적 계획, 유도적 계획, 구속적 계획 등으로 나눌 수 있으며, 각각의 계획의 법적 성질은 확연히 다르기 때문이다. 도시계획결정의 경우도 마찬가지이다. 독일의 학설은 "입법행위설", "행정행위설", "독자성설" 등으로 나뉘어져 있다(Maurer, S. 431). 그러나 위와 같은 학설의 대립은 지역·지구의 결정을 포함하는 "종합계획"의 경우와 같이 지역 전체의 입장에서 볼 때에는 일반·추상성을 갖지만, 특정 토지의 소유자 등 이해관계인의 입장에서는 개별·구체성을 갖는 경우에 한정된다. 본건 사례의 도시계획도로의 결정과 같이 특정 도시계획사업을 결정하는 "전문계획"의 경우에는 개별·구체성을 가지는 구속적 계획이므로 "행정행위"에 해당한다는 점에 이론이 없다. 이 점에서 판례도 일관성 있게 그 처분성을 인정하고 있다.

(2) 계획재량권과 그 한계

원심과 대법원이 판단한 바와 같이 도시계획법 등 관계법령에는 추상적인 행정목표와 절차만이 규정되어 있을 뿐 행정계획의 내용에 대하여는 별다른 규정을 두고 있지 아니하다. 위와 같은 도시계획결정 근거법령의 특징으로 인하여 행정주체는 구체적인 행정계획을 입안 · 결정함에 있어서 비교적 광범위한 형성의 자유를 가진다. 위와 같은 행정청의 계획재량권 내지는 계획상의 형성의 자유는 일반적인 행정행위에 있어서의 행정재량권과 다른 특징을 갖는다. 행정재량의 경우에는 그 근거법령이 "만약 … 한다면 … 할 수 있다"는 "조건프로그램"으로 구성되어 있으나, 계획재량의 경우에는 그 근거법령이 "일정한 목적 달성을 위하여 광범위한 수단을 선택할 수 있다"는 "목적 프로그램"이기 때문이다.[1)]

그러나 계획상의 목적의 달성을 위하여 필요한 수단의 선택의 자유를 부여하는 결과에 따른 행정주체가 가지는 이와 같은 형성의 자유는 무제한적인 것이 아니다. 계획재량권에는 다양한 한계가 있다. 그 중 가장 중요한 실체적 한계는 "이익형량의 원칙"(형량명령)이다. 이 원칙상 행정계획의 주체는 그 행정계획에 관련되는 자들의 이익을 공익과 사익 사이에서는 물론이고 공익 상호간, 사익 상호간에도 정당하게 비교교량하여야 한다. 이 원칙을 위반할 경우 행정계획은 위법하다. 대법원은 이 점을 다음과 같이 분명히 하고 있다. "행정주체가 행정계획을 입안 · 결정함에 있어서 이익형량을 전혀 행하지 아니하거나 이익형량의 고려대상에 마땅히 포함시켜야 할 사항을 누락한 경우 또는 이익형량을 하였으나 정당성 · 객관성이 결여된 경우에는 그 행정계획결정은 재량권을 일탈 · 남용한 것으로서 위법한 것으로 보아야 할 것이다".

(3) 도시계획과 행정절차

도시계획을 입안하는 행정청이 이익형량의 원칙을 준수하려면 관련되는 공적 및 사적이익을 조사하고 이를 저울질하는 과정을 거쳐야 한다. 따라서 도시계획결정에 있어 행정절차의 준수는 매우 중요한 의미를 가진다. 본 사례의 판결당시의 도시계획법은 행정청에게 ① 기초조사 절차, ② 주민의 의견청취절차에 관하여 규정하고 있다.[2)] 주민의 의견을 청취하려면 도시계획안의 내용을 관보에 공고하여야 한다. 예컨대 본 사례와 같은 도시계획도로결정의 경우 개별 도로의 신설 · 변경 여부나 그 위치 · 면적 등과 같은

1) 조건프로그램(Konditionalprogramm)과 목적프로그램(Finalprogramm)의 차이에 관하여는, W. Brohm, Öffentliches Baurecht, 3. Aufl., S. 212 ff.

2) 도시계획법과 국토이용계획법의 통합으로 이루어진 현행 「국토의 계획 및 이용에 관한 법률」의 경우에도 도시관리계획을 결정함에 있어 ① 입안권자의 입안(제25조), ② 기초조사절차(제27조), ③ 주민과 지방의회의 의견청취절차(제28조)에 관하여 규정한다.

최소한의 기본적인 사항이 포함되어야 한다. 만약 필수적인 기초조사를 아니하거나, 주민의 의견을 청취함에 있어 최소한의 기본적 사항을 알리지 아니한 경우 도시계획은 위법하다. 원심과 대법원은 도시계획결정에 있어 위와 같은 행정절차를 거치지 아니하였음을 이유로 그 위법성을 선언하였다.

대법원 2006. 9. 8. 선고 2003두5426 판결은 공익과 사익의 실질적인 비교 · 형량의 실시를 위법성 판단의 기초로 삼았다. 대법원은 "원고등을 비롯하여 이 사건 공공시설입지승인 지역 내의 토지나 건물 소유자들이 이 사건 공공시설입지승인에 추가하여 이 사건 처분이 이루어짐에 따라 입게 되는 권리행사의 제한과 수용 또는 사용의 가능성으로 인하여 현저한 불이익을 입을 것으로 예상되는 점, 이 사건의 경우 실제로 사업을 시행하는 과정에서 토지 소유자들과 적정한 가격에 협의되지 않는다거나 재원확보가 이루어지고 사업시행에 적절한 규모로 토지를 추가확보할 필요성이 있을 경우 원고등이 다시 도시계획시설결정을 받을 수도 있을 것이라는 점 등을 아울러 고려하여 보면, 이 사건 처분은 공익과 사익의 이익형량이 정당성과 객관성을 결여함으로써 형량에 하자가 있어 위법하다"고 판단하였다.

대법원 2007. 1. 25. 선고 2004두12063 판결의 경우 청계산 도시자연공원 인근에 휴게광장을 조성함에 있어 토지와 그 주변의 산림이 양호하고 지반이 낮은 골짜기 형태의 급경사지와 개울을 이루고 있어서 광장 조성시에 대량의 성토 및 절토가 예상되므로 이를 최소화 할 수 있도록 도로변을 중심으로 축소 조정하는 것이 바람직하다는 의견을 감안하지 아니하였음을 위법성 판단의 척도로 삼았다. 대법원은 "도시계획사업에 관한 행정계획을 입안 · 결정함에 있어서 이 사건 토지 전부를 사업부지로 편입한 것은 공익과 사익에 관한 이익형량의 고려 대상에 마땅히 포함시켜야 할 사항을 누락하였거나 정당성 내지 객관성이 결여된 상태에서 이익형량을 하였다고 할 것이므로 이 사건 도시계획결정은 형량에 하자가 있어 위법하고, 이 사건 도시계획사업에 대한 인가처분 및 변경인가처분은 위법한 이 사건 도시계획결정을 기초로 한 후속처분으로서 역시 위법하다"고 판단하였다.

4. 판결의 의미와 전망

이 판결은 도시계획결정과 관련한 중요 쟁점을 모두 포함하고 있으며, 이를 집약하여 도시계획결정의 취소를 선언하고 있다는 점에서 매우 의미가 있는 판결이다.

첫째, 이 판결은 도시계획결정의 처분성을 적극적으로 인정하고 이를 취소하고 있다.

둘째, 도시계획 결정과정에 있어 행정청에게 광범위한 계획재량권이 있음을 인정하되, 이익형량의 원칙과 행정절차를 준수할 한계가 있음을 분명히 선언하고 있다.

셋째, 도시계획결정절차의 내용을 상세히 분석한 후, 도시계획절차의 핵심요소로서 “법령이 정한 사항에 대한 기초조사”와 “필요한 최소한의 사항의 공고”를 추출해 낸 후, 절차상의 흠이 있음을 이유로 도시계획결정의 위법성을 적극적으로 판단하였다는 점이다.

다만, 한 가지 아쉬운 점을 지적한다면 대법원이 “표준적 행정절차의 필요성과 그 부재로 인한 문제점”을 적극적으로 지적하지 아니하였다는 점이다. 현행 행정절차법은 행정계획절차에 관하여 아무런 규정을 두고 있지 아니하다. 이에 따라 계획절차는 개별 법령에 맡겨져 있다. 국토의 계획 및 이용에 관한 법률의 경우 기초조사절차와 주민 및 지방의회의 의견청취절차를 규정하고는 있으나 “이익형량의 원칙”의 준수여부를 판단할 수 있을 정도의 구체성을 가지고 있지 아니하다. 행정계획을 주관하는 행정기관은 광범위한 계획재량권을 가진다. 계획재량권의 합리적 행사는 “관련된 공적 및 사적 이익의 합리적 저울질”에서 비롯된다. 따라서 관련되는 이해관계인의 폭넓은 참여를 보장할 수 있는 절차를 마련하는 한편, 계획이 이와 같은 절차를 거쳐 확정되는 경우 그 집중적 효과가 인정될 수 있어야 한다. 아울러 충분한 이해관계의 조정을 거쳐 이루어진 행정계획을 사후에 훼방하지 못하도록 한 번 검토된 이해관계는 재론하지 못하도록 하는 “이미 검토된 이해관계의 재검토 배제 효과(배제효과)”도 인정될 수 있어야 할 것이다.

행정계획에 대한 표준적 행정절차의 적극적 도입과 이를 기초로 한 행정계획의 적법성 판단이 입법과정, 법이론 및 판례에서 정착될 수 있기를 기대한다.

<참고문헌>

김연태, 독일 폐기물법상의 계획확정에 있어서 형량명령과 그 위반에 대한 제3자보호, 안암법학, 1995.

신봉기, 한국행정판례에 있어 형량하자론의 도입과 평가, 행정판례연구, 2008.

오준근, 이익형량의 원칙의 실제적 적용방안, 공법연구 제29집 제3호(2001. 5.).

오준근, “행정절차법”, 삼지원, 1998.

정남철, 도시계획결정과 사법심사기준, 한국공법학의 발견—현안과 쟁점, 2007.

Maurer, Allgemeines Verwaltungsrecht, 16.Auflage, Vertrag C.H.Beck.

123. 도시계획과 절차의 흠

— 대법원 1988. 5. 24. 선고 87누388 판결 —

김 종 보*

Ⅰ. 판결개요

1. 사실관계

김포군수가 김포읍 준 공업지역 내에 도로를 신설하기 위해 도시계획을 입안하여 변경결정신청을 하자 경기도지사가 이를 변경하기로 하는 결정을 내렸다. 하지만 김포군수가 도시계획변경결정신청을 함에 있어서 김포군 소속 공무원은 위 준 공업지역내의 교통량과 인구증가율 등에 관한 기초자료조사를 하지 않은 채, 현장답사를 하여 지형과 각종시설물의 위치 등을 종합적으로 고려하여 위 준 공업지역에 2개의 교차도로를 계획하면서 준 공업지역의 중심선을 기준으로 하는 도로망계획과 기존현황 및 제반여건을 고려한 도로망계획의 2개안을 마련하는 한편 용역회사에 의뢰하여 도시계획변경부분에 관한 조사와 계획도면작성을 하게 하였다. 신설되기로 한 도로는 이미 신청된 도시계획변경 안에 대한 도시계획위원회의 심의, 의결을 거쳐 이에 대한 보완지시가 있었다.

또한 김포군수는 도시계획변경 안을 공고함에 있어서 도시계획변경내용을 단위시설(도로, 공원, 시설녹지) 일부변경 및 신설이라고만 표시하여 그 공고내용만으로는 어떤 도시계획시설이 변경 및 신설되는지 전혀 알 수 없었다. 이에 원고는 경기도지사의 도시계획변경결정이 기초조사누락과 공람절차위반으로 인해 위법함을 이유로 취소소송을 제기하였다.

2. 소송경과

원고가 제기한 취소소송에서 원심인 서울고등법원은 1987. 3. 19. 선고 86구769 판결을 통하여 원고패소판결을 하였고, 이에 불복한 원고가 대법원에 상고하여 승소하였다.

---

* 서울대학교 법학전문대학원 교수.

3. 판결요지

[원심판결의 요지]

우선 조사 측량절차의 위배여부에 관하여, 김포군 소속 공무원이 준 공업지역내의 교통량과 인구증가율 등에 관한 기초자료조사를 한 바는 없으나 현장답사를 하여 지형과 각종시설물의 위치 등을 종합적으로 고려하여 위 준 공업지역에 2개의 교차도로를 계획하면서 준 공업지역의 중심선을 기준으로 하는 도로망계획과 기존현황 및 제반여건을 고려한 도로망계획의 2개안을 마련하는 한편 용역회사에 의뢰하여 도시계획변경부분에 관한 조사와 계획도면작성을 하게 한 사실을 인정할 수 있고 더욱이 이 사건 신설도로계획은 이미 신청된 도시계획변경 안에 대한 도시계획위원회의 심의, 의결을 거쳐 이에 대한 보완지시가 있었던 것이므로 조사 측량 등 절차에 하자가 있는 것이라 할 수 없다.

또한 공람공고절차의 위배여부에 관하여, 김포군수가 도시계획변경 안을 공고함에 있어서 도시계획변경내용을 단위시설(도로, 공원, 시설녹지) 일부변경 및 신설이라고만 표시한 사실이 인정되고 그 공고내용만으로는 어떤 도시계획시설이 변경 및 신설되는지 전혀 알 수 없어 신설 도로계획부분에 관한 한 계획안의 공개적 표명절차에 하자가 있다고 할 것이고, 따라서 전체로서의 의견청취절차를 제대로 밟았다고 볼 수 없다. 그러나 위 공고는 도시계획변경결정신청에 앞서 이루어진 공고와 밀접하게 관련되어 있어 그와 일체를 이루고 있는 것이라 할 것이고 그때에 도시계획내용을 구체적으로 공고한 사실이 인정되므로 도시계획변경 안을 전체적으로 볼 때에는 이 사건 신설도로계획 등 새로이 보완된 부분에 대한 공고가 일부 누락된 것에 지나지 아니하여 그 정도의 하자만으로는 도시계획변경결정 자체를 위법하게 하는 것은 아니며 그렇지 않다 하더라도 도시계획의 입안과 결정 등 계획행정은 그 전문성과 탄력성으로 인하여 행정청에 광범위한 재량권이 부여되고 있어 제출된 주민의견의 타당성 검토와 수용여부에 관한 권한은 계획관청에 유보되고 있는 것으로서 계획의 입안 및 이에 기한 결정의 내용이 재량권의 일탈 남용에 이르지 아니하고 그 내용이 변경될 가능성이 없는 이상 하자있는 의견청취절차에 기한 것이라 하더라도 위법하다고는 볼 수 없다.

[대법원판결의 요지]

도로신설로 인하여 도시계획변경결정신청을 함에 있어서는 도시계획법 제15조 제1항, 동 시행령 제11조 제2항, 동 시행규칙 제4조 제2항에 의하여 당해 도시계획변경결정에 관련되는 사항을 조사 측량하도록 되어 있으니 원심이 김포군수가 도로신설로 인한 도시계획변경결정을 신청하면서 위 도시계획변경결정에 관련되는 사항인 교통량과 인구

증가율 등에 관한 기초자료조사를 한 바가 없음을 인정하면서도 용역회사에 조사를 하게 하였고 도시계획위원회에 의한 이 사건 신설도로에 대한 보완지시가 있었다는 이유로 조사 측량 등 절차에 하자가 있는 것이라 할 수 없다고 판단한 것은 첫째, 용역회사가 위와 같은 기초자료조사를 하였는지 여부에 관하여 심리를 하지 아니한 위법이 있는 것이며 둘째, 이 사건 도로신설계획이 도시계획위원회의 보완지시에 따른 것이라 하여 그 절차를 생략할 수 있는 것도 아니므로 위 법령이 규정한 도시계획변경결정신청에 있어 조사 측량절차에 관한 법리를 오해한 위법이 있는 것이라고 아니할 수 없다.

또한 도시계획법 제16조의2 제2항에 의하면, 국방상 기밀을 요하거나 경미한 사항인 경우를 제외하고는 주민의견의 청취절차를 밟도록 규정하고 있고 또 도시계획안의 내용을 공고하도록 한 동 시행령 제14조의2 제6항의 규정과 공람기간 내에 의견서를 제출할 수 있는 동 제7항의 규정 그리고 시장, 군수가 도시계획의 결정신청을 한 경우 주민의 의견요지를 함께 제출하도록 한 동 제8항의 규정을 종합하여 보면 공람공고절차를 위배한 도시계획변경결정신청은 위법하다고 아니할 수 없고 행정처분에 위와 같은 법률이 보장한 절차의 흠결이 있는 위법사유가 존재하는 이상 그 내용에 있어 재량권의 범위 내이고 변경될 가능성이 없다 하더라도 그 행정처분은 위법하다고 하여야 할 것이다.

Ⅱ. 평 석

1. 논 점

이 판결의 쟁점은 도시계획수립절차 위반의 효과이며, 세부적 논점은 다시 두 개로 나뉜다. 하나는 사실관계에 관한 것으로 김포군수가 도시계획을 입안하는 과정에서 도시계획수립절차의 위반이 있었는지에 관한 판단이며, 다른 하나는 그러한 절차위반이 도시계획결정의 효력에 영향을 미치는지 여부이다. 판결을 정확히 분석하기 위해서는 도시계획과 그 수립절차에 대한 이해가 선행되어야 한다.

2. 도시계획의 개념과 수립절차

도시계획은 도시 내 토지의 합리적 이용을 위해 규율대상지역의 법적 성격을 확정하고, 대상지역내 도시계획시설, 건축단위와 건축단위별 건축 허용성 그리고 건축허가요건을 정하는 행정계획이다. 도시계획의 종류로는 용도지역제 도시계획, 개발제한제 도시계획, 지구단위계획, 도시계획시설계획이 있다.

도시계획에 대해서 규율하는 법은 국토의 계획 및 이용에 관한 법률로, 2003년에 동법이 제정되기 전에는 도시계획법에 근거를 두고 있었다. 이 사안은 도시계획법이 적용되던 당시에 내려진 판결이다.

도시계획의 수립이라는 행위는 크게 입안과 결정으로 구분된다. 입안이란 구체적으로 계획안을 확정해가는 작업을 말하는데, 그 주체는 특별시장 · 광역시장 · 시장 또는 군수이다. 특별시장 · 광역시장 또는 도지사가 이렇게 입안된 도시계획을 결정한다. 도시계획의 수립권이 입안권과 결정권으로 나뉠 뿐 아니라 수립절차도 입안권자가 진행하는 절차와 결정권자가 진행하는 절차의 두 가지로 나뉜다.

입안권자가 진행하는 절차는 기초조사, 주민참가 및 지방의회의 의견청취 절차 등이며, 결정권자가 진행하는 절차는 관계 행정기관장과의 협의, 도시계획위원회의 심의, 결정고시 등의 절차이다. 법률이 정하는 바에 따라 절차가 입안권자와 결정권자에게 엄격하게 귀속되어야 한다. 이 사안에서는 입안권자가 진행한 기초조사와 주민의견청취 절차의 흠이 문제되었다.

기초조사의 내용은 인구, 경제, 사회, 문화, 토지 이용, 환경, 교통, 주택 등이다. 도시계획의 수립에 있어 기초조사는 국민의 권익구제 자체를 직접적인 목적으로 하는 것은 아니지만 정보수집이라는 기능을 하기 때문에 간접적으로 주민참가를 보충하는 의미를 갖는다. 이 사안에서는 도로라는 도시계획시설계획을 설치하기 위한 도시계획이었기 때문에, 특히 인구증가율이나 교통에 미치는 영향 등이 중요한 의미를 갖는다.

주민참가는 도시계획이 확정되기 전에 이해관계인들이 그 안(案)에 대해 의견을 제출하는 기회를 제공하는 것을 말한다. 다수의 이해관계인과 관련되고 적용범위가 넓은 도시계획의 본질상 도시계획과 관련되는 공익과 사익에 대한 정보수집이 필수적이다. 주민참가를 통해 도시계획 수립과정에서 고려되어야 하는 각종의 이익들을 형량하기 위한 자료를 확보할 수 있다. 이처럼 주민참가는 행정의 입장에서는 정보취합의 기능을 갖지만, 도시계획과 관련되는 이해관계인의 입장에서는 이른바 사전적 권리구제를 위해 작동한다. 특히 주민참가는 도시계획의 수준을 높이고, 도시계획의 집행을 용이하게 하거나 그 성공을 보장하는 주요장치로, 주민의 의견을 계획안에 반영시킬 수 있는 기회를 제공함으로써 궁극적으로 민주주의 원리를 실현하는 제도이다.

주민참가절차를 주도하는 권한은 입안권자에게 있다. 입안권자가 도시계획의 입안에 관하여 주민의 의견을 청취하고자 하는 때에는 일간신문에 2회 이상 공고하고 일반에게 14일 이상 공람해야 한다. 공람의 대상이 완성된 도시계획일 것을 요하는 것은 아니지만, 장차 도시계획의 결정으로 담겨질 본질적인 사항들이 그 내용에 담겨야 한다.

이러한 공고 · 공람을 통해 도시계획안의 내용에 관해 의견을 갖게 된 주민은 공람기일 안에 시장 · 군수에게 의견서를 제출할 수 있다. 입안권자는 공람기간이 종료된 후 60일 이내에 제출된 의견의 도시계획안 반영여부를 검토하여 의견제출자에게 통지하여야 한다. 의견 제출의 결과 중요한 변경이 있으면 도시계획안을 재 공람해야 한다.

3. 판결의 검토

이 사안에서 절차위반으로 지적되고 있는 것은 기초조사의 누락과 주민참가를 위한 공고의 하자이다. 특이한 점은 도로신설을 위해 최초로 입안한 안이 도시계획위원회의 심의과정에서 변경되면서, 추가된 내용을 반영하기 위해 도시계획 입안절차를 다시 거치고 있었다는 점이다.

(1) 기초조사 누락

원심은 우선 담당 공무원이 기초조사 없이 도로망계획의 2개안을 마련하여 용역회사에 도시계획변경부분에 대한 조사와 도시계획도면을 작성하게 한 사실을 인정하면서 이것이 기초조사를 대체하는 기능을 하는지에 대해서는 판단하지 않았다. 또한 도시계획 변경이 도시계획위원회의 심의결과 보완지시에 따른 내용이라는 점을 이유로 기초조사에 흠이 있는 것이 아니라고 보았다. 그러나 대법원은 먼저 용역회사가 행한 것이 기초조사에 해당하는지에 대해 심리하지 않은 위법을 인정하고, 이와 동시에 도시계획위원회의 보완지시에 따른 것이라 하더라도 기초조사 절차를 생략할 수 없다고 판시하였다. 이러한 판시는 최초의 도시계획수립과정에서 기초조사를 거쳤다 하더라도 그러한 기초조사를 새롭게 추가된 부분으로 인해 기초조사의 내용이 달라질 수 있기 때문에 적어도 변경된 부분으로 인해 영향을 받는 범위에 한해서는 기초조사가 다시 행해져야 한다는 것으로 해석할 수 있다.

(2) 공고절차의 흠

주민참가절차를 마련해 두고 있는 취지가 도시계획과 관련되는 다수의 이해관계인의 의사를 반영하고 그들 상호간의 이익을 합리적으로 조정하는데 있음은 앞서 살펴본 바와 같다. 그러므로 입안권자는 법률이 정하고 있는 기준에 따라 도시계획의 안을 공고하고, 공람기간 내에 제출된 의견을 검토하여 반영여부를 결정하여야 한다. 본 사안에서 문제된 것은 공고의 방식으로, 수립되는 도시계획이 무엇인지 조차 특정되지 않은 공고의 흠이 도시계획결정을 위법하게 만드는지 여부이다. 도시계획의 안이 공고되지 않거나 부적절하게 공고되면 주민들이 의견을 제출할 기회 자체가 봉쇄되어 주민참가절차를 마련한 취지 자체가 몰각될 우려가 있기 때문이다. 이에 대해 행정청은 공고내용에 흠이 있었음을 인정하면서도 설령 의견을 청취했다 하더라도 도시계획결정의 내용에 영향을 미치지 못했을 것이라고 주장하고 있다. 이것은 곧 절차위반의 효과와 연결된다.

(3) 절차위반의 효과

절차위반의 효과에 관해서는 절차의 흠이 당해 행정처분의 독립된 위법사유가 되는

지가 핵심적인 쟁점이 된다. 즉 절차에 위반된다는 이유만으로 실체법적으로 적법한 처분을 취소할 수 있는지의 문제이다.

절차상 흠이 독립된 취소사유가 될 수 있는지에 대해 학설이 나뉜다.

㈎ 소 극 설

절차의 흠만을 이유로 행정처분이 위법해지는 것은 아니고, 실체법적 흠(내용상 하자)이 있어야만 당해 처분을 취소하거나 무효로 확인할 수 있다는 견해이다. 이 견해는 특히 절차상 위법을 이유로 행정처분이 취소된 경우에는 실체법상 위법을 이유로 취소된 경우와 달리, 적법한 절차를 거쳐 동일한 처분을 다시 내릴 수 있으므로 행정상 또는 소송상 비경제적이라는 점을 논거로 든다.

㈏ 적 극 설

반대로 절차의 흠만을 이유로 행정처분의 위법을 인정할 수 있다는 적극설은 첫째, 절차의 흠을 독립된 위법사유로 인정하지 않을 경우 절차를 규제하는 목적이 형해화 될 수 있으므로 행정절차의 실효성을 확보하기 위해 독립된 취소사유로 인정해야 한다고 본다. 둘째 재량처분의 경우 적법한 절차를 다시 거치면서 행정처분의 내용이 달라질 수 있기 때문에 반드시 무용한 절차가 반복되는 것이라고 볼 수 없다고 한다.

㈐ 절 충 설

1) 제 1 설　　절충설 중 제1설은 기속행위의 경우에는 절차의 흠을 독립된 위법사유로 보지 않고, 재량행위의 경우에만 독립된 위법사유가 된다고 본다.

2) 제 2 설　　제2설은 기속행위와 재량행위를 구분한다는 점, 기속행위의 경우에는 절차의 흠을 독립된 위법사유로 인정하지 않는다는 점에서 제1설과 같다. 다만 재량행위라 하더라도 절차의 흠이 행정청의 실체적 결정에 영향을 미칠 수 있는 경우에 한해 독립된 위법사유가 된다고 본다.

㈑ 판　　례

판례는 본 사안에서와 같이 도시계획수립절차의 흠이 도시계획결정의 내용에 영향을 미치지 않는 경우라 하더라도, 당해 처분의 위법을 이루어 독립하여 취소될 수 있다고 판결하였다.

판례는 도시계획결정과 같이 광범위한 형성의 자유가 인정되어 재량행위에 속하는 처분에 대해서뿐 아니라, 기속행위의 경우에도 절차의 흠이 독립된 위법사유가 됨을 인정하고 있다(대법원 1983. 7. 26. 선고 82누420 판결 참조).

4. 판결의 의미

(1) 재량통제와 절차위반

행정법의 분야에 행정계획이라는 의미에서 '계획'이라는 용어가 광범위하고 사용되고 있다. 그리고 계획이라는 개념이 종래 행정법의 영역에서 다루어지던 전형적인 행정행위와 상당한 차이가 있다고 하는 점도 별 이견 없이 받아들여지고 있다. 그러나 행정계획의 법적 개념이 무엇인가에 대하여는 견해가 대립되고 있지도 않고 크게 문제되고 있지도 않는 것으로 보인다. 예컨대 행정계획이란 "행정주체가 장래 일정기간 내에 도달하고자 하는 목표를 설정하고, 그를 위하여 필요한 수단들을 조정하고 통합하는 작용 또는 그 결과로 설정된 활동기준"이라고 하거나, "상호 관련된 조정적(整合的) 수단을 통하여 일정한 목표를 실현하는 것을 내용으로 하는 행정의 행위형식", "주어진 상황에서 최선의 방법으로 특정 공행정목적의 달성을 실현하기 위해 미래에 있게 될 행위들에 대한 체계적인 사전준비과정을 거쳐 나타나는 산물로서 행정활동의 기준"으로 정의되고 있다.

행정계획의 특성상 수립기준과 구체적인 내용을 법률로 모두 규정하기에는 한계가 있고 목적달성을 위한 효과적인 수단을 선택할 수 있도록 활동여지를 부여해야 하기 때문에 행정청에게는 폭넓은 재량이 인정된다. 이러한 폭넓은 재량을 일반적인 재량행위와 구분하여 '계획재량' 또는 '계획상 형성의 자유'로 표현된다.

계획재량이 폭넓게 인정되기 때문에 이에 대한 통제가 쉽지 않고, 이는 도시계획결정에 대한 행정소송이 제기되어 본안판단까지 나아간다 하더라도 원고가 승소하기 어렵다는 것으로 연결된다. 그러므로 계획재량에 대한 통제를 강화하고 그 정당성을 확보하기 위해 행정계획의 근거가 되는 법률에서 계획의 수립절차에 대한 규정을 섬세하게 마련하고 있는 것이 일반적이다. 이해관계인이나 관계 행정청 등의 의견을 청취하여 다수의 공익과 사익이 현출되도록 하고, 이익조정을 위해 여러 단계의 절차를 거치도록 함으로써 계획의 정당성을 확보하는 구조이다.

(2) 독립된 취소사유

계획절차를 섬세하게 마련해두는 것과 그러한 절차에 위반된 처분을 어떻게 취급할 것인지의 문제가 반드시 연동되는 것은 아니다. 입법례에 따라 행정계획이 절차를 위반하여 수립되었다 하더라도 실체적 결정에 영향을 미치지 못한다면 이를 위법한 것으로 취급하지 않는 경우도 있기 때문이다. 이러한 경우에는 본 사안에서와 주장된 바와 같이 절차를 다시 거치더라도 실체적 내용이 달라질 것이 없다는 점이 입증되면, 도시계획결정은 취소되지 않는다. 그러나 우리의 실정법은 그러한 절차의 흠의 효과를 별도로 구분하여 규정하고 있지 않기 때문에, 판례 역시 절차의 흠의 효과를 실체적 결정에 영향을 미치는지 여부와 무관하게 흠의 일반이론에 따라 판단하고 있을 뿐이다. 섬세하게 마련된 절차에 위반됨에도 불구하고 계획결정이 적법하다고 볼 경우, 행정청은 절차를 준수할 유인을 잃을 뿐 아니라 법률이 정하는 절차위반을 허용하게 될 위험이 있다는 점에서 절차의 흠을 독립된 위법사유로 인정하고 있는 판례의 입장이 타당한 것으로 생각된다.

<참고문헌>

김동희, 행정법 Ⅰ, 박영사, 2008.

김동희, 행정법 Ⅱ, 박영사, 2008.

김종보, "행정절차로서의 계획절차와 도시계획수립절차", 행정법연구 창간호, 행정법이론실무학회, 1997. 6.

김철용, 행정법 Ⅰ, 박영사, 2008.

김철용, 행정법 Ⅱ, 박영사, 2008.

박균성, 행정법론(상), 박영사, 2007.

박균성, 행정법론(하), 박영사, 2006.

124. 도시계획결정과 공청회

— 대법원 1990. 1. 23. 선고 87누947 판결 —

경　건*

Ⅰ. 판결개요

1. 사실관계

서울특별시장은 서울시 종로구 종로 3 · 4가, 인의동, 봉익동 및 훈정동 일대에 대한 소위 종묘 앞 광장 및 도로공사의 도시계획사업시행자로서 서울특별시 고시 제183호로 그 실시계획의 인가를 고시하였다. 그런데 당시의 도시계획법 제16조의2 제1항에 의하면 시장, 군수가 도시계획을 수립하고자 할 때에는 공청회를 열어 주민 및 관계전문가 등으로부터 의견을 청취하고 그 의견이 타당하다고 인정되는 때에는 이를 도시기본계획 수립에 반영하여야 한다고 규정하고 있음에도 불구하고, 도시기본계획 수립 및 도시계획 입안자인 서울특별시장은 공청회를 열어 주민이나 관계전문가들의 의견을 들은 바 없이 도시기본계획을 수립하였다.

서울특별시장은 위 도시계획사업시행을 위하여 해당 토지와 그 지상 건물 등에 대한 권리를 취득하려고 그 소유자들과 협의를 하였으나, 일부 토지와 건물 등에 대하여는 협의가 성립되지 아니하자 중앙토지수용위원회에 수용재결을 신청하였다. 신청을 받은 중앙토지수용위원회는 1984. 4. 17.자로 손실보상금과 수용시기를 정하여 대상 토지는 수용하고 대상 건물은 이전케 한다는 내용의 재결을 하였다. 이러한 재결에 대하여 대상 토지 및 건물의 소유자들은 1984. 5. 20. 이의신청을 하였고, 중앙토지수용위원회는 1984. 10. 15. 이의재결을 하였다.

* 서울시립대학교 법학전문대학원 교수.

2. 소송경과

수용대상 토지 및 건물의 소유자들은 중앙토지수용위원회를 피고로 이의재결처분의 취소를 구하는 소송을 제기하였으며, 그 가운데 일부는 예비적으로 위 이의재결처분의 무효확인을 구하였다. 또한, 기업자(도시계획사업시행자)인 서울특별시장이 피고보조참가인으로 소송에 참가하였다.

원고들이 주장한 이의재결처분의 위법성은 크게 세 가지이다. 첫째, 수용재결처분으로 인하여 원고들이 주거를 옮기게 된 것은 헌법상의 거주이전의 자유를 침해하는 것이며, 그 보상금이 적은 것은 헌법상의 재산권의 보장과 제한을 위반한 것이다. 둘째, 도시계획법 제16조의2 제1항에 규정된 공청회의 개최, 토지수용법 제23조에 규정된 토지조서 및 물건조서의 작성, 「공공용지의 취득 및 손실보상에 관한 특례법」 제8조에 규정된 이주대책의 수립 등이 결여되어 있으므로 도시계획 및 그 사업시행인가는 무효이고, 따라서 이를 기초로 한 이의재결처분 역시 위법하다. 셋째, 이의재결 보상금이 관계법령에 따라 보상하여야 할 금액보다 현저히 저렴하여 위법하다. 예비적으로 무효확인소송을 제기한 원고들은 재결처분이 이미 사망한 원고들의 피상속인 명의로 되었으므로 무효라고 주장하였다.

한편 피고는 도시계획 시행 공사가 86아시안게임과 88올림픽게임 등 국제적 대행사를 앞두고 역사적 유적지인 종묘 주변의 불량환경지대를 정비하는 국가적 공공사업이었으므로, 설사 그 손실보상금의 액수가 적어 부당하다 하더라도 그에 대한 재결을 취소하는 것은 토지소유자가 입은 이익의 침해보다 공공이익의 침해정도가 월등히 크므로 행정소송법에 따라 원고들의 청구를 기각하는 사정판결을 하는 것이 타당하다고 다투었다.

원심인 서울고등법원은 일부 원고에 대한 이의재결처분을 취소하였으며, 나머지 청구는 기각하였다(서울고등법원 1987. 8. 28. 선고 84구1145 판결).

패소한 원고들은 이에 불복하여 대법원에 상고하였으며, 대법원은 상고를 일부 받아들여 원심판결 중 이의재결의 취소청구를 기각한 부분을 파기하고 사건을 원심인 서울고등법원에 환송하였다(대법원 1990. 1. 23. 선고 87누947 판결).

3. 판결요지

이 사건의 핵심쟁점인 도시계획 및 그 사업시행인가의 위법성(도시계획법에 따른 공청회의 개최, 토지수용법에 따른 토지조서 및 물건조서의 작성, 「공공용지의 취득 및 손실보상에 관한 특례법」에 따른 이주대책의 수립 등 관계법령에 따른 절차적 요건 위반의 효과)과 이를 기초로 한 수용재결 및 이의재결의 위법성에 대한 원심판결과 상고심판결의 판단은 다음과 같다.

[원심판결의 요지]

"원고들 주장의 위 법조위반만으로는 이 사건 도시계획 및 그 시행인가가 무효라고는 할 수 없으므로(원고들이 그 도시계획이나 시행인가들에 관하여 관계법령에 따라 다투는 것은 별론으로 한다) 피고가 그 도시계획 시행을 위하여 한 이 사건 이의재결처분은 적법하다."

[대법원 판결의 요지]

"도시계획의 수립에 있어서 도시계획법 제16조의2 소정의 공청회를 열지 아니하고 「공공용지의 취득 및 손실보상에 관한 특례법」 제8조 소정의 이주대책을 수립하지 아니하였다 하더라도 이는 절차상의 위법으로서 취소사유에 불과하고 그 하자가 도시계획결정 또는 도시계획사업시행인가가 무효라고 할 수 있을 정도로 중대하고 명백하다고는 할 수 없으므로 이러한 위법을 선행처분인 도시계획결정이나 사업시행인가 단계에서 다투지 아니하였다면 그 쟁송기간이 이미 도과한 후인 수용재결 단계에 있어서는 위 도시계획수립행위의 위와 같은 위법을 들어 재결처분의 취소를 구할 수는 없다고 할 것이다."

Ⅱ. 평 석

1. 쟁점정리

이 사건 판결의 핵심적 쟁점은 두 가지이다. 첫 번째 쟁점은 관계법령에 규정된 절차적 요건, 특히 공청회의 개최를 결여한 도시계획수립행위의 법적 효과이다. 즉, 절차적 하자가 있는 도시계획결정이 위법한지, 또 위법하다면 그것은 도시계획결정을 무효로 만드는지 아니면 취소사유에 그치는지가 쟁점이다. 결론적으로 대법원은 절차적 하자가 독립된 위법사유가 됨을 긍정하면서, 도시계획결정의 취소사유가 된다고 판단하였다.

이 사건의 계쟁처분은 도시계획결정 또는 도시계획사업시행인가처분이 아니라, 그 도시계획사업의 시행을 위한 중앙토지수용위원회의 이의재결이다. 따라서 이 사건 판결의 또 하나의 핵심적 쟁점은 도시계획결정 또는 도시계획사업시행인가에 존재하는 하자(위법성)가 후행행위인 이의재결에 승계되어, 이의재결의 취소사유로 원용될 수 있는가이다. 이와 관련해서 대법원은 위법성(하자)의 승계를 부인하였다.

이하에서는 앞의 쟁점, 즉 절차적 하자있는 도시계획결정의 법적 효과만을 대상으로 하여 논의를 진행하기로 한다.

2. 관련판례

이 대상판결 이전에도 우리 대법원은 절차상의 하자가 있는 도시계획 수립행위에 독자적 위법성을 인정하면서도 그 구체적인 효과와 관련하여서는 취소사유에 그치는 것으로 판단하고 있었다. 아울러, 도시계획결정 내지 도시계획사업시행인가와 같은 도시계획수립행위와 그 후행처분으로서의 토지수용재결이나 중앙토지수용위원회의 이의재결 사이에는 위법성이 승계되지 아니한다고 판시해 왔다.

유사한 취지의 판결로는 "도시계획사업허가의 공고 시에 토지세목의 고시를 누락한 것은 절차상의 위법으로서 취소사유에 불과하고 그 하자가 중대하고 명백하여 사업인정 자체가 무효라고는 할 수 없으므로 이러한 위법을 선행처분인 사업인정단계에서 다투지 아니하였다면 그 쟁송기간이 이미 도과한 후인 수용재결단계에 있어서는 그 처분의 불가쟁력에 의하여 위 도시계획사업허가의 위와 같은 위법 부당함을 들어 수용재결처분의 취소를 구할 수는 없다"고 판시한 대법원 1988. 12. 27. 선고 87누1141 판결이 있다.

3. 판결의 검토

종래 행정절차의 하자의 법적 효과는 주로 (행정절차법 시행 이전에는) 행정행위 내지 (행정절차법 시행 이후에는) 처분 절차의 하자의 법적 효과의 문제로 다루어져 왔으며, 구체적으로는 절차적 하자가 존재하는 행정행위 내지 처분의 효과는 어떻게 되는지 그리고 절차적 하자가 존재하는 경우 행정청이 이를 보완함으로써 절차적 하자를 치유할 수 있는지를 중심으로 논의되어 왔다.

(1) 절차적 하자 있는 처분의 효과

처분에 절차적 하자가 존재하는 경우 처분의 효과가 어떻게 되는지의 문제는 행정절차법상 처분절차에 요구되는 개별적인 절차요건마다 따로 판단하여야 할 문제이지만, 극히 일반화하여 말하면, 첫째, 처분에 절차적 하자가 존재하는 경우, 처분에 실체적 하자가 존재하는 경우와 마찬가지로 쟁송의 원인이 되는 독립된 위법사유가 될 수 있는지 아니면 실체적 하자가 존재하지 아니하는 이상 절차적 하자의 존재만으로는 쟁송의 원인이 되는 독립된 위법사유가 될 수 없는지라는 위법 여부의 문제와, 둘째, 절차의 하자의 존재만으로 위법하게 된다고 할 때 절차적 위법이 처분의 무효원인인지 아니면 취소사유인지의 문제로 나누어 볼 수 있다.

(가) 절차적 하자가 독립된 위법사유인지

1) 학설의 입장 이와 관련해서는 이를 부정하는 견해와 긍정하는 견해로 나뉘어 있다.

부정설은 처분을 기속처분과 재량처분으로 나누고 재량처분의 경우에는 절차적 하자가 존재할 때에는 그 처분이 위법하게 되지만, 기속처분의 경우에는 처분에 실체적 하자가 없는 한 절차적 하자만으로 처분이 위법하게 되지는 않는다고 한다. 이 견해는 ① 처분에 대한 절차적 규제는 실체법적으로 올바른 결정을 위한 수단으로서의 의미를 가지므로 독자적인 의의를 인정하기 곤란하다는 점, ② 처분이 실체법적으로 적법한 경우 절차적 하자를 이유로 취소하더라도 행정청으로서는 다시 적법한 절차를 거쳐 종전과 동일한 처분을 해야 하는 경우(기속처분)에는 절차적 하자만을 이유로 당해 처분을 취소하는 것은 행정능률이나 소송경제에 반한다는 점, ③ 개인이 항고쟁송을 제기하여 절차위반을 공격하는 것은, 절차가 준수되었다면 자기에게 유리한 행정결정이 행해졌을 것을 기대하기 때문인데, 그러한 기대가 실현될지 여부는 실체법 수준의 논의에서 결정되는 것이라는 점 등을 근거로 하고 있다.

긍정설은 절차적 하자만으로, 즉 처분에 실체적 하자가 없는 경우에도 처분이 위법하게 된다고 한다. 이 견해는 ① 처분의 절차적 규제는 실체법적으로 올바른 결정을 위한 수단으로서의 의미를 지니기는 하지만, 올바른 결정은 올바른 절차를 통해서만 얻어질 수 있다는 점, ② 처분이 취소되어 절차를 다시 거치는 경우 재량처분뿐만 아니라 기속처분의 경우에도 처분에 이르기까지의 사실판단이나 포섭, 부관 등 관련사항의 판단에서 다른 결정에 이를 수 있으므로, 행정청이 종전과 동일한 처분을 행할 것이라고 당연히 전제할 수는 없다는 점, ③ 실체법적으로 적법하기만 하면 아무리 절차적 하자가 있어도 처분이 위법하지는 않다고 한다면 절차적 규제를 담보할 수단은 없어진다는 점, ④ 행정소송법 제30조 제3항이 처분이 절차적 위법을 이유로 판결로써 취소되는 경우에도 그 처분을 행한 행정청은 판결의 취지에 따라 다시 재처분을 하도록 규정한 것은 절차위반이 취소사유가 된다는 것을 전제로 한 것인 점 등을 근거로 들고 있다. 긍정설이 현재 우리나라의 다수설이다.

처분에서의 절차적 하자의 법적 효과를 부정설이나 긍정설처럼 일률적으로 정할 것이 아니라, 행정절차 및 그 하자를 세 가지 기준에 따라 유형화하고 절차적 권리의 존재여부에 따라 절차적 하자의 법적 효과를 구체적 · 개별적으로 판단해야 한다는 견해도 있다(김유환, 66면 이하 참조). 첫째, 문제되는 행정절차가 지향하는 행정작용에 따른 분류, 즉 행정처분, 신고, 행정계획, 행정입법 등 어떠한 행정작용을 지향하느냐에 따라 그 행정절차의 하자의 법적 의미가 결정된다. 둘째, 행정절차의 내용에 따른 분류, 즉 청문, 의견제출, 문서열람, 이유제시 등 주요절차의 하자인지 자문절차 등 부수적 절차의 하자인지에 따라 절차적 하자의 법적 의미가 달라진다. 셋째, 행정절차 하자의 정도에 따른 분류, 즉 절차 자체를 결한 것인지, 절차의 공정성을 해치는 결함이 있었는지, 부분적인 절차미비였는지 등에 따라 절차적 하자에 대한 법적 평가가 다르게 된다. 이에 따르면, 처분절차 가운데 고지와 의견청취절차(청문, 공청회, 의견제출), 문서열람, 이유제시, 처분기준의 설정 · 공표 등은 주요절차로 분류될 수 있으며, 당사자에게 적법절차와 관련된 절차적 권리가 부여되었다고 보이므로 독립된 위법사유를 구성한다. 반면, 자문위원회의 자문처럼, 주요절차가 아닌 부수적 절차와 관련된 하자는 그 하자가 실체적 결정에 영향을 미칠 가능성이 있는 경우를 제외하고는 독자적으로 쟁송의 원인이 되는 위법사유를 구성하지 아니하게 된다.

2) 판례의 태도　　판례상으로는 처분에 절차적 하자가 존재하는 경우 실체적 하자가 존재하지 아니하는 경우에도 그것만으로 처분이 위법하게 된다는 것이 적어도 사전통지, 의견청취, 이유제시 의무위반에 관한 한 확립되어 있다.

"구 공중위생법 및 행정절차법의 각 규정을 종합하면, 행정청이 유기장업 허가를 취소하기 위하여는 청문을 실시하여야 하고, 다만 행정절차법에서 정한 예외사유에 해당하는 경우에는 청문을 실시하지 아니할 수 있으며, 행정청이 선정한 청문주재자는 청문을 주재하고, 당사자 등의 출석 여부, 진술의 요지 및 제출된 증거, 청문주재자의 의견 등을 기재한 청문조서를 작성하여 청문을 마친 후 지체 없이 청문조서 등을 행정청에 제출하며, 행정청은 제출받은 청문조서 등을 검토하고 상당한 이유가 있다고 인정하는 경우에는 청문결과를 적극 반영하여 행정처분을 하여야 하는바, 이러한 청문절차에 관한 각 규정과 행정처분의 사유에 대하여 당해 영업자에게 변명과 유리한 자료를 제출할 기회를 부여함으로써 위법사유의 시정가능성을 고려하고 처분의 신중과 적정을 기하려는 청문제도의 취지에 비추어 볼 때, 행정청이 침해적 행정처분을 함에 즈음하여 청문을 실시하지 않아도 되는 예외적인 경우에 해당하지 않는 한 반드시 청문을 실시하여야 하고, 그 절차를 결여한 처분은 위법한 처분으로서 취소사유에 해당한다"(대법원 2001. 4. 13. 선고 2000두3337 판결).

판례는 기속처분인지 재량처분인지를 구별하지 않고 절차적 하자를 독자적인 위법사유로 보고 있는데, 현재로서는 절차적 담보수단을 확보하는 것이 중요하다고 판단한 때문으로 보인다.

(나) 절차적 위법이 처분의 무효사유인지

1) 학설의 입장　　절차적 하자의 존재만으로 처분이 위법하게 된다고 할 때 절차적 위법이 처분의 무효원인인지 아니면 취소사유인지와 관련해서, 통설은, 국가공무원법 제13조 제2항과 같은 명문의 규정이 없는 한, 이른바 중대명백설에 따라 절차적 하자가 중대하고 동시에 하자의 존재가 외관상 명백한 경우에는 무효원인이지만, 그렇지 않은 경우에는 취소사유가 됨에 그친다는 일반적 기준을 제시하고 있을 뿐이다(김철용, 417면).

구체적 행정절차와 관련해서는 견해가 나뉘는데, 예컨대 법이 정한 청문절차를 거치지 아니하고 처분을 한 경우 그 절차적 하자가 무효원인인지 취소사유인지에 대해서는, 행정의 전단 또는 경솔로부터 사인을 보호하고 처분의 내용의 정당성을 담보하기 위한 필수불가결한 절차로 보이는 한 원칙적으로 무효원인으로 보아야 한다는 견해와 행정절차는 어디까지나 실체법상의 목적을 합리적으로 달성시키기 위한 수단에 그치는 점에 비추어 취소사유에 불과하다고 보는 견해가 대립하고 있다.

2) 판례의 태도 우리 판례는 몇몇 사례를 제외하고는 절차적 하자가 위법한 경우 대체로 취소사유로 보는 것 같다. 법이 정한 청문절차를 거치지 아니한 처분이라도 법률에 명문의 규정이 없는 한 당연무효는 아니고, 취소할 수 있는 데 불과하다고 본 대법원 2001. 4. 13. 선고 2000두3337 판결 등이 그 전형적인 예이다.

(2) 절차적 하자의 치유

처분에 절차적 하자가 존재하는 경우 행정청이 처분 후 이를 보완함으로써 절차적 하자를 치유할 수 있는지가 문제된다. 다수설과 판례는 무효인 처분에 대해서는 치유를 인정하지 아니하므로, 절차적 하자가 처분의 취소사유가 되는 경우에 한해 제기되는 문제이다.

1) 학설의 입장 종래에는 절차적 하자의 치유를 원칙적으로 허용하는 견해가 지배적이었지만, 행정절차법이 제정 · 시행된 이후에는 절차적 하자의 치유는 원칙적으로 허용되지 아니하며, 절차적 하자의 보완에 의한 재처분은 예외적으로 취급되어야 한다는 견해가 지배적이다.

① 행정절차란 사전에 국민의 행정참여를 통해 행정의 공정성을 확보하자는 것인데 처분 후에 절차적 하자의 치유를 허용하는 것은 행정절차를 인정한 본래의 목적에 반한다는 점, ② 절차적 하자의 치유를 허용하는 입장은 행정절차의 기능을 처분에 대한 불복 여부의 결정 및 불복신청의 편의와 관련짓고 있는데, 행정절차법 제1조가 명백히 하고 있듯이, 행정절차법의 보다 근본적인 목적은 행정의 공정성 · 투명성 · 신뢰성의 확보에 있다는 점 등을 감안할 때 절차적 하자의 치유는 원칙적으로 허용되지 않는다고 보아야 할 것이다.

2) 판례의 태도 판례는 하자있는 행정행위와 관련해 하자의 치유는 행정행위의 성질이나 법치주의의 관점에서 볼 때 원칙적으로는 허용될 수 없으나 행정행위의 무용한 반복을 피하고 당사자의 법적 안정성을 보호하기 위하여 국민의 권리와 이익을 침해하지 아니하는 범위 내에서 구체적인 사정에 따라 예외적으로 허용될 수 있다는 입장이다.

판례는 행정절차의 종류에 따라 치유의 허용성을 달리 보고 있는데, 행정청의 이유제시와 관련해서는, “허가의 취소처분에는 그 근거가 되는 법령과 처분을 받은 자가 어떠한 위반사실에 대하여 당해 처분이 있었는지를 알 수 있을 정도의 사실의 적시를 흠결한 하자는 그 처분 후 적시되어도 이에 의하여 치유될 수 없다”(대법원 1984. 7. 10. 선고 82누551 판결)거나, “취소처분의 근거와 위반사실의 적시를 빠뜨린 하자는 피처분권자가 처분 당시 그 취지를 알고 있었다거나 그 후 알게 되었다고 하여도 이로써 치유될 수 없다”(대법원 1990. 9. 11. 선고 90누1786 판결)고 하여 매우 엄격한 태도를 취하고 있는 반면, 그 밖의 절차적 하자와 관련해서는 다수의 사건에서 그 치유를 긍정하고 있다.

하자의 치유가 가능한 시기와 관련하여 판례는, 늦어도 과세처분에 대한 불복 여부의 결정 및 불복신청에 편의를 줄 수 있는 상당한 기간 내에 하여야 한다고 하여(대법원 1984. 4. 10. 선고 83누393 판결 등 참조), 원칙적으로 행정쟁송의 제기 이전에만 가능하다는 입장인 것으로 보인다.

(3) 검 토

행정절차는 행정결정의 실체적 정당성을 확보하기 위해 존재하는 것이 원칙이다. 그러므로 행정절차 자체의 중요성을 지나치게 강조하는 것은 행정절차의 본질이나 행정경제의 관점에서 바람직하지 않다. 그렇다고 해서 실체적 결정이 정당하기만 하다면 절차적 하자는 독립하여 다투어질 수 없다고 하는 것도 일반적으로 받아들여질 수 있는 것은 아니다. 특히 우리나라의 경우, 아직 절차중시의 사고방식이 정착되지 않은 상태에서 행정의 효율성이나 절차경제의 시각이 고착화되면 행정절차를 중시하는 법률문화의 건전한 정착에 해가 되는 결과를 가져올 가능성이 높다는 점을 고려해야 할 것이다.

이러한 점에서 우리 판례가 행정절차의 하자를, 행정결정의 실체적 위법성과 대등한 정도의 독립된 위법사유로 인정한 것은 타당한 것으로 보인다. 다만, 절차적 하자 있는 행정행위의 구체적 법적 효과와 관련해서 이른바 중대명백설을 적용하여 단순위법, 즉 취소사유가 됨에 그친다고 본 것에 대해서는, 절차적 요건에 중대명백성 기준을 그대로 적용하는 것의 타당성에 대한 것 외에도 의문이 없지 않다.

우리 판례는 법이 정한 공청회를 개최하지 아니한 도시계획결정이나 법이 정한 청문절차를 거치지 아니한 영업허가취소의 경우에도 법률에 명문의 규정이 없는 한 당연무효는 아니고, 취소할 수 있는 데 불과하다고 보고 있다. 이처럼 절차 자체를 완전히 누락한 하자의 중대명백성을 부정하는 것은 하자의 존재의 외관상 명백성이 없기 때문이라기보다는 하자의 중대성을 부정한 때문이고, 이는 결국 절차요건 자체가 다른 실체적 적법요건에 비해 상대적으로 덜 중요하다는 것을 부인할 수 없었던 것으로 판단된다.

4. 판결의 의미와 전망

행정절차법 시행 이후에도 절차적 하자의 법적 효과의 문제는 학설과 판례에 맡겨져 있는 부분이라 크게 달라진 것은 아니지만, 대상판결은 행정절차법 시행 이전의 사건으로서, 법에서 정한 공청회를 거치지 않은 도시계획결정의 위법성을 인정하였다는 점에서, 종래의 통설과 판례의 입장을 충실히 따른 판결이라 평가된다.

행정절차를 거치더라도 동일한 결정을 해야 하는 경우 절차적 하자만을 이유로 당해 행정결정을 취소한다면 결국 무용한 절차의 반복이라는 결과를 가져올 것이다. 그러나 행정결정에 내용상 하자가 없는 경우에는 형식 · 절차만의 하자를 이유로 해서는 그 취소를 구할 수 없다고 한다면 그것은 행정절차의 기능을 실질적으로 부인하는 결과가 될 것이다.

결국 이 문제는 이론적 완결성의 문제라기보다는, 절차적 정의를 중시할 것인지 아니면 행정의 효율성을 중시할 것인지의 선택의 문제이며(하명호, 131면), 이 문제의 타당한 해결을 위해서는 절차규정의 연혁과 입법현황, 행정실무 · 현실 및 국민의 법 감정 등을 두루 살펴볼 필요가 있다.

<참고문헌>

김유환, "행정절차하자의 법적 효과: 유형론과 절차적 권리의 관점에서의 검토", 한국공법이론의 새로운 전개, 삼지원, 2005.

김철용, 행정법 I 제12판, 박영사, 2009.

오준근, "행정절차법 시행 이후의 행정절차관련 행정판례의 동향에 관한 몇 가지 분석", 행정판례연구 제7집, 서울대학교출판부, 2002. 12.

하명호, "처분에 있어서 절차적 하자의 효과와 치유", 행정소송(Ⅱ) 재판실무연구(4), 한국사법행정학회, 2008.

125. 토지형질변경허가의 기준

—대법원 1994. 9. 23. 선고 94누9368 판결—

정　하　명*

Ⅰ. 판결개요

1. 사실관계

A건설주식회사가 서울시 종로구 일원의 도시계획법상 용도지역은 전용주거지역이고, 용도지구는 풍치지구인 각 토지 합계 9,975㎡ 중 9,300㎡에 관하여 단독주택 건설을 위한 토지형질변경허가를 1993. 5. 12. 종로구청장에 신청하였고 이에 대하여 종로구청장은 "구도시계획위원회(區都市計劃委員會) 상정 심의결과 개발 시 자연경관의 훼손이 현저할 것이 우려되어"라는 이유로 허가신청을 1993. 6. 12. 반려처분하였다. 피고의 이 같은 처분은 서울특별시 토지의 형질변경등행위허가사무취급요령(1992. 7. 1. 개정된 서울특별시 예규 제563호 이하 '취급요령')에 따른 것으로 구도시계획위원회의 심의결과에 따른 것이었다.

A건설주식회사는 토지형질변경불허가의 요건을 취급요령 제5조 제4항에서 "지역여건에 비추어 당해 사업의 시행으로 인하여 주변의 환경, 풍치, 미관 등이 크게 손상될 우려가 있는 토지"로 규정하여, 건설부령인 토지의형질변경등행위허가기준등에관한규칙 제4조 제1항에서 "녹지지역으로서 당해사업의 시행으로 인하여 주변의 환경, 풍치, 미관 등이 크게 손상될 우려가 있는 지역"(제1호)에 대하여 형질변경허가를 할 수 없도록 한 규정의 범위를 위반했고, 제2항이 시장 또는 군수는 제1항의 규정에 의하여 허가가 제한되는 지역의 위치, 면적, 제한사유 기타 필요한 사항을 당해 지방자치단체에서 발행하는 공보에 고시하여야 한다고 규정하고 있는데, 이러한 고시가 없었다는 등을 이유로 서울고등법원에 소송을 제기하였다.

---

* 경북대학교 법학전문대학원 부교수.

2. 소송경과

서울고등법원은 문제의 반려처분이 규칙 제4조 제1항, 제2항의 규정에 위반하여 토지의 소유자인 원고의 토지의 용도에 따른 사용에 부당한 제한을 가한 것으로서, 재량권을 남용하거나 재량권의 범위를 일탈한 위법이 있다고 하여 원고 승소판결(서울고등법원 1994. 6. 17. 선고 93구27934 판결)을 하였고 이에 피고 종로구청장이 상고하여 대법원 판결에 이르게 되었다.

3. 판결요지

[원심판결의 요지]

"이 사건 토지들은 도시계획법상 용도지역이 전용주거지역이고, 용도지구는 풍치지구로서 녹지지역이 아니고, 피고가 이 사건 토지들에 대하여 규칙 제4조 제2항에 따라 허가가 제한되는 지역으로 결정, 고시 한 바도 없는 사실을 인정할 수 있고 달리 반증 없다. 따라서, 이 사건 반려처분은 규칙 제4조 제1항, 제2항의 규정에 위반하여 토지소유자인 원고의 토지의 용도에 따른 사용에 부당한 제한을 가한 것으로서, 재량권을 남용하거나 재량권의 범위를 일탈한 위법이 있다 할 것이고, … 위법한 이 사건 반려처분의 취소를 구하는 원고의 이 사건 청구는 이유 있으므로 이를 인용하여 주문과 같이 판결한다"(서울고등법원 1994. 6. 17. 선고 93구27934 판결).

[대법원 판결의 요지]

"서울특별시 토지의 형질변경등행위허가사무처리취급요령(1992. 7. 1. 개정된 서울특별시예규 제563호)은 토지의형질등행위허가기준등에관한규칙(1992. 11. 19. 건설부령517호로 개정된 것)이 정하는 바와 거의 동일한 형질변경허가 금지 대상지를 규정하는 외에 일정한 경우에만 허가가 가능한 허가규제 대상지를 별도로 규제하고 있는 바, 이 서울특별시 예규는 그 내용이나 성질에 비추어 법률로서의 효력이 없는 행정청 내부의 사무처리준칙일 뿐이므로 이에 따른 처분이라 하여 당연히 적법한 처분이라 할 수 없고, 그 처분의 적법여부는 관련법규의 규정과 취지에 따라 별도로 판단되어야 한다. …도시계획법시행령 제5조의2의 규정에 따르면 도시계획구역 안에서 건축불허가의 대상이 되는 경우는 추상적으로 당해 토지의 합리적인 이용이나 토지계획사업에 지장이 될 우려가 있다는 것만으로는 부족하고 구체적으로 건설부령인 토지의형질등행위허가기준등에관한규칙이 정하는 기준에 적합하지 아니한 경우에 한하여 불허가의 대상이 된다고 보아야 한다"(대법원 1994. 9. 23. 선고 94누9368 판결).

Ⅱ. 평　　석

1. 쟁점정리

토지의 형질변경행위란 기존의 '토지형상에 실질적 변경'을 가하는 행위를 말한다(대법원 1998. 4. 14. 선고 98도364 판결). 구체적인 토지형상변경은 성토, 절토 또는 정지 등의 방법을 통하여 이루어진다(구(舊)토지의형질변경등행위허가기준등에관한규칙 제2조의 1, 국토계획법시행령 제51조 제3호). 이 사건과 같이 도시지역 내에서 이루어지는 토지의 형질변경은 많은 경우 전, 답과 같은 지목의 토지를 대지로 전환하기 위한 전제가 되는 경우가 많다(지적법 제21조, 동법시행령 제16조 제1항 제1호, 국토계획법 제62조). 도시지역에서 지목을 대지로 전환하는 주된 목적은 그에 후속하는 건축행위와 같은 개발행위를 위한 것이다(김종보, 393-394면 참조). 건축행위 등 개발행위를 전제로 토지의 형질변경등행위허가신청에 대한 행정청의 허가의 법적 성질과 이러한 허가행위를 규율하기 위해서 행정청에서 수립하고 있는 사무처리취급요령의 법적 성질에 대해서 견해가 나누어져 있다.

2. 관련판례

이 대상판결이 있기 이전인 1993년 대법원은 토지형질변경행위허가는 기본적으로 재량행위에 속한다는 것을 전제로 서울특별시 토지의형질변경등행위허가사무취급요령에서 규정하고 있는 소정의 토지형질변경 규제대상임을 이유로 형질변경행위허가신청을 반려하는 처분은 재량권을 일탈하여 위법하다고 판결하였다(대법원 1993. 7. 27. 선고 93누2186 판결). 행정청이 수립한 토지형질변경허가사무처리취급요령의 법적 성질에 대해서 '법규로서의 효력이 없는 행정청 내부의 사무처리준칙일 뿐이라 할 것이므로 이에 따른 처분이라 하여 당연히 적법한 처분이라 할 수 없고, 그 처분의 적법 여부는 관련법규의 규정과 취지에 따라 별도로 판단되어야 한다.'라고 판시하여 행정규칙에 해당함을 명백히 하고 있다(대법원 1994. 1. 14. 선고 93누13315 판결).

3. 판결의 검토

(1) 토지형질변경허가의 성격과 내용

(가) 학설의 입장

토지형질변경허가가 재량행위에 속하는 것인가 아니면 기속행위에 속하는 것인가에 대해서는 다툼이 있다. 개발행위허가는 일단 기속행위의 성질을 가지는 것이지만 국토계획법의 관계 규정이나 그 허가의 대상인 개발행위의 다양한 내용 등에 비추어 볼 때 일률적으로 기속행위로는 보는 것은 타당하지 않고 일정한 경우 시장 · 군수 등은 허가 여부의 결정에 있어서 일정 한도의 재량권을 가지는 예외적 허가의 성질을 가지는 경우가 있고 그러한 성질을 가지는 것 중 하나가 토지형질변경허가라는 견해가 있다(김동희, 472-473면 참조). 토지형질변경행위허가를 원칙적으로 기속행위로 파악하면서도 관계법규상의 허가기준에 불확정개념이 사용되고 있어 그 허가기준에의 해당 여부를 판단함에 있어 상당 정도의 행정청의 결정여지가 개입될 수 있어 그 결정여지가 건축허가의 경우보다 크다고 하여 기속행위만의 성질과 다른 성질을 가지는 행위로 보는 견해도 있다(박정훈, 195면 참조). 토지형질변경허가는 행정관청의 허가 없이 함부로 토지형질변경행위를 하여서는 안 된다는 일반적 · 상대적 금지를 특정한 경우에 한하여 해제하여 줌으로서 국민의 토지형질변경의 자유를 회복시켜 주는 행정처분으로 강학상의 허가에 해당하지만 관계법령 등을 종합하면 허가신청을 받은 행정청은 추상적으로 당해 토지의 합리적인 이용이나 도시계획사업에 지장이 될 우려가 있다는 것만으로 부족하고 구체적으로 관계규칙의 구체적 허가기준에 있어서 불확정개념이 사용되고 있어 그 허가기준에의 해당 여부를 판단함에 있어 어느 정도 행정청의 재량이 개입될 여지가 있으므로, 토지형질변경허가 및 불허가처분은 기속재량행위의 성질을 갖는다고 보는 견해도 있다(송영천, 70면 참조). 한 걸음 더 나아가서 토지형질변경허가는 재량행위의 성격을 가지는 것으로 파악하는 견해도 있다(김종보, 419면 참조).

㈏ 판례의 입장

학설이 대체로 토지형질변경허가의 성격을 기속행위의 성격과 완전히 일치하지 않은 예외적 허가의 성질을 가지거나, 결정여지가 전통적 기속행위보다는 큰 것으로 보거나, 기속재량행위로 보거나, 재량행위로 파악하는 등으로 구분되어 있지만, 전통적 기속행위의 성격만을 가지는 것은 아니라는 것에는 일치된 견해를 피력하고 있다 할 것이다. 대법원 판례도 토지형질변경허가의 성격이 전통적 기속행위의 성격을 가지는 건축허가와는 다른 법적 성격을 가지고 있다는 것으로 보고 있다(대법원 1998. 9. 8. 선고 98두8759 판결).

대법원은 "구 도시계획법에 의한 토지형질변경허가는 허가 신청된 당해 토지의 합리적 이용이나 도시계획사업에 지장이 될 우려가 있는지 여부 등의 판단에 관하여는 일단 행정청에게 재량권이 부여되어 있다 할 것이고…"로 이어져서 구 도시계획법의 적용을 받는 지역에서의 토지형질변경허가는 재량행위에 속한다는 것을 명확히 하고 있다(대법원 2001. 9. 28. 선고 2000두8684 판결).

대법원은 토지형질변경의 허가에 관한 기준을 정하는 행위 역시 재량행위의 성격을 가지는 것으로 파악하고 있다(대법원 1999. 2. 23. 선고 98두17845 판결).

대법원은 더욱이 "국토의계획및이용에관한법률에 의하여 지정된 도시지역 안에서 토지의 형질변경행위를 수반하는 건축허가는 건축법 제8조 제1항의 규정에 의한 건축허가와 국토의계획및이용에관한법률 제56조의 제1항 제2호의 규정에 의한 토지의 형질변경허가의 성질을 아울러 갖는 것으로 보아야 할 것이고, … 토지의 형질변경허가는 그 금지요건이 불확정개념으로 규정되어 있어 그 금지요건에 해당하는지 여부를 판단함에 있어서 행정청에게 재량권이 부여되어 있다고 할 것이므로, 같은 법에 의하여 지정된 도시지역 안에서 토지의 형질변경행위를 수반하는 건축허가의 법적 성질은 재량행위"에 해당하는 것으로 파악하고 있다(대법원 2005. 7. 14. 선고 2004두6181 판결).

(2) 서울특별시예규의 성질

(가) 학설의 입장

서울특별시 토지의 형질변경등행위허가사무처리취급요령(1992. 7. 1. 개정된 서울특별시예규 제563호)의 법적 성질에 대한 견해의 대립이 있다. 행정사무의 통일성을 기하기 위한 반복적 행정사무의 처리기준 또는 법규문서 이외의 행정문서를 예규라고 하는 것이 예규에 대한 일반적 정의이다(박균성, 167면 참조). 예규는 이른바 법규성을 가지지 않은 행정규칙의 전형적 형식이라는 것이 해당한다고 하겠다. 서울시사무취급요령이 법규성을 가지는 법규명령은 아니지만 단순히 행정규칙만의 성격을 가지느냐, 아니면 행정규칙도 법규명령도 아닌 제3의 법형식이냐에 대한 다툼이 있다.

예규는 상급행정기관이 제정하는 기준이 행정집행기준으로 성격을 가지는 것으로 보고, 이러한 행정집행기준은 개별적 · 구체적 행위의 요건 · 대상 · 절차 등에 대하여 법률 등의 해석이나 행정기관에 허용된 재량권의 방침을 하급행정기관에 제시하는 것으로 법률 등의 집행에 있어서 행정기관 자신의 정책적 · 기술적 판단의 도입을 가능하게 함과 동시에 다수의 행정기관에 의한 법률 등의 집행을 통일적으로 행하게 하는 기능을 가지는 것으로 보는 견해가 있다(천병태, 63-64면). 이 견해에 의하면 행정행위 등의 구체적 권한을 가진 행정기관 스스로의 권한행사의 기준을 제정하는 경우도 있지만 대개는 상급행정기관이 하급행정기관의 권한행사를 지휘감독하기 위한 것으로 하급행정기관의 권한행사기준으로 제정된다. 행정집행기준은 법원이나 국민과의 관계에 있어서는 법적 효력을 갖지 아니한다. 즉 법규성이 부인된다. 따라서 하급행정기관의 행정행위가 행정집행기준을 위반하더라도 당연히 그 처분이 위법이 되는 것은 아니고 행정집행기준을 따랐더라도 당연히 그 처분이 적법한 것으로 추정되지도 않는다. 행정집행기준이 법률, 상위법령 등에 위반될 때에는 이에 따라 이루어진 하급행정기관의 행정행위는 비로소 위법이 된다. 또한 하급행정집행기준은 평등원칙 · 비례의 원칙 등의 헌법원칙에 적합한 것이어야 한다.

행정집행기준 가운데 행정행위의 구체적 권한행사에 즈음하여 행정기관에 대한 허용된 재량권행사의 기준 · 준칙을 제시하는 것을 일반적으로 재량준칙이라고 한다. 행정기관이 제정하는 내부적 재량준칙은 행정조직의 내부적 규범에 지나지 않는 행정규칙이다. 한편, 재량준칙은 법규성이 없는 법규명령은 아니지만 행정의 내부관계에 불과한 행정규칙과 동일한 성격을 가지는 것도 아닌 제3의 형식으로 파악하는 견해가 있다. 재량준칙이란 행정청이 개별적 처분을 할 수 있는 재량권이 있거나 미약한 조건적 제약 밖에 존재하지 않는 경우에 사전에 정한 권한행사의 기준으로 법집행자를 일정한 방향으로 유도하는 것으로 명령과 권고의 중간적 성격을 가지는 것으로 보고, 대외적으로 '직접적인' 구속력은 없으나 준칙에 근거한 처분을 매개로 '간접적' 구속력이 있다고 보고 재판의 근거규범이 된다고 보는 점에 그 특징이 있다(이광윤, 100-102면).

(나) 판례의 입장

학설이 대체로 문제의 서울특별시예규의 법적 성격에 대해서 행정규칙에 속하느냐, 혹은 행정규칙도 법규명령도 아닌 제3의 형식에 속하느냐에 다툼은 있지만, 법규성이 없다는 것에 견해가 일치한다고 할 것이다. 대법원은 "서울특별시 예규는 그 내용이나 성질에 비추어 법규로서의 효력이 없는 행정청 내부의 사무처리준칙일 뿐이라 할 것이므로 이에 따른 처분이라 하여 당연히 적법한 처분이라 할 수 없고, 그 처분의 적법여부는 관련법규의 규정과 취지에 따라 별도로 판단하여야 한다."라고 판시하여 그 법규성을 부인하고 있다(대법원 1994. 9. 23. 선고 94누9368 판결). 대법원은 다른 경우이기는 하지만 "행정관청의 인가 · 면허 등의 처리 기준 및 절차를 규정한 자동차운수사업인 · 면허사무처리요령(1993. 7. 13. 교통부훈령 제988호로 개정된 것)은 행정처분 등에 관한 사무처리기준과 처분절차를 정한 것으로서 그 규정 형식 및 내용 등에 비추어 볼 때 행정조직의 내부에 있어서의 행정명령의 성격을 지닐 뿐 대외적으로 국민이나 법원을 구속하는 힘이 없다 할 것이고 …"라고 하여 사무처리기준의 법규성을 부인하고 있다(대법원 1997. 4. 25. 선고 96누14906 판결).

(3) 검 토

토지형질변경허가가 후속하는 건축허가와 대등한 수준의 개발행위로 본다면 형질변경허가기준도 건축허가의 기준과 마찬가지의 허가요건으로 불리는 것이 타당하겠지만 형질변경허가는 그 규모와 상관없이 건축허가보다 더 종합적이고 선행적인 도시계획적 판단이라는 실질을 하나 더 포함한다고 할 것이다(김종보, 407면). 토지형질변경행위는 도시관리계획의 내용에 적합할 것, 도시계획사업의 시행에 지장이 없을 것, 주변지역의 토지이용실태 또는 토지이용계획, 건축물의 높이, 토지의 경사도, 수목의 상태, 물의 배수, 하천 · 호소 · 습지의 배수 등 주변환경 또는 경관과 조화를 이룰 것, 당해 개발행위에 따른 기반시설의 설치 또는 그에 필요한 용지의 확보계획이 적정할 것 등이 그 기준이다

(국토계획법 제58조).

4. 판결의 의미와 전망

대상판결은 2003년 국토의계획및이용에관한법률(이하 국토계획법)로 도시계획법과 국토이용관리법이 통합되어 전국의 토지형질변경 등 개발행위가 국토계획법의 체계로 단일화되기 이전 도시계획법에 따른 토지형질변경의 허가기준을 대상으로 한 판결이다. 이 판결을 통하여 도시계획법의 적용을 받는 지역에서의 토지형질변경허가의 성격은 재량행위에 속하다는 것을 명확히 하면서도 그러한 재량권행사의 근거를 설정하고 있는 서울특별시예규가 상위의 법규에서 규정하고 있는 재량의 한계를 벗어나게 규정함으로써 위임의 한계를 벗어났고 또한 그 자체가 법규성이 없는 행정규칙에 불과하기 때문에 이에 따른 처분이라고 하여 적법한 것으로 볼 수 없다는 것을 명백히 한 판결이라고 할 것이다. 이것은 결국 토지형질변경의 허가는 재량행위에 속하기는 하지만 이른바 자유재량에 해당하는지는 않고 기속재량행위에 속한다는 것을 명백히 한 판결이라고 할 것이다.

이 판결은 "도시계획법에 의한 토지형질변경허가에 있어서 허가 신청된 당해 토지의 합리적인 이용이나 도시계획사업에 지장이 될 우려가 있는지 여부 등의 판단에 관하여는 일단 행정청에게 재량권이 부여되어 있다 할 것이고, 형질변경허가가 금지된 지역에 관하여 규정하고 있는 같은 규칙 제4조 제1항 제1호 소정의 '당해 사업의 시행으로 인하여 주변의 환경 · 풍치 · 미관 등이 크게 손상될 우려가 있는 지역'인가 여부를 판단함에 있어서는 형질변경으로 인한 당해 토지의 환경 · 풍치 · 미관뿐만 아니라, 당해 토지와 인접하여 있는 주위 토지의 환경 · 풍치 · 미관 등에 미치는 영향, 나아가 미관상 당해 토지 및 주변의 환경에 대한 원형보존의 필요성 유무 및 도시 전체의 미관과도 관련하여 종합적으로 판단하여야 하며 …"로 이어졌다(대법원 2001. 9. 28. 선고 2000두8684 판결).

또한 "도시지역 안에서 토지의 형질변경행위를 수반하는 건축허가는 건축법 제8조 제1항의 규정에 의한 건축허가와 국토의계획및이용에관한법률 제56조 제1항 제2호의 규정에 의한 토지의 형질변경허가의 성질을 아울러 갖는 것으로 보아야 할 것이고, … 같은 법 제56조 제1항 제2호의 규정에 의한 토지의 형질변경허가는 그 금지요건이 불확정개념으로 규정되어 있어 그 금지요건에 해당하는지 여부를 판단함에 있어서 행정청에게 재량권이 부여되어 있다고 할 것이므로, 같은 법에 의하여 지정된 도시지역 안에서 토지의 형질변경행위를 수반하는 건축허가는 결국 재량행위에 속한다."라는 판결로 이어졌다(대법원 2005. 7. 14. 선고 2004두6181 판결). 법문언상 "허가"로 규정된 경우에도 공익상의 필요 등에 의해 기속행위가 아닌 재량행위로 파악될 수 있으며, 재량행위로 파악되는 경우에도 헌법상 비례 · 평등의 원칙, 신뢰보호의 원리 등에 의해 행정청의 재량행사를 제한하는 법리로 발전할 것이다.

<참고문헌>

김동희, 행정법Ⅱ 제14판, 박영사, 2008.
김종보, "토지형질변경허가의 법적 성질", 행정판례연구 XI, 박영사, 2006. 6.
박균성, 행정법강의 제6판, 박영사, 2009.
박정훈, "기부채납의 부담과 의사표시의 착오", 행정법연구 3호, 행정법이론실무학회, 1998. 10.
송영천, "기부채납과 토지형질변경허가", 인권과 정의, 대한변호사협회, 1998. 3.
이광윤, 행정법이론, 성균관대학교 출판부, 2000.
천병태, "지방자치단체의 행정사무처리기준", 자치행정 Vol.1. No. 2, 지방행정연구소, 1991.

126. 관리처분계획인가의 법적 성질

—대법원 1995. 8. 22. 선고 94누5694 판결—

신 봉 기*

Ⅰ. 판결개요

1. 사실관계

원고 A는 ○○주택개량재개발조합 B의 조합원들인바, B는 주택개량재개발사업을 위하여 1990. 4.경 제1차 관리처분계획을 작성하여 1990. 5. 4.부터 인가신청을 위한 공람절차에 들어갔으나, 피고 X(서울특별시 ○○구청장)는 바로 위 관리처분계획이 X의 명령을 이행하지 아니하여 무효임을 이유로 공람을 정지시켰다.

이에 따라 B는 제2차 관리처분계획을 작성하여 1991. 1. 11.부터 2. 10.까지 이에 대한 공람을 시켰고, 그 기간 중 A가 이의신청을 한바 있으며, B는 1991. 2. 13. 제2차 관리처분계획에 대하여 X에게 인가신청을 하였던바, X는 그 내용 중 일부 재검토 및 보완을 요구하여 1991. 8. 7. B로부터 내용의 일부를 수정한 제3차 관리처분계획을 제출받아 검토한 후 1991. 8. 24. 구도시재개발법 제8조, 동법시행령 제58조제1항 제12호에 따라 A에 대하여 이를 인가하는 이 사건 처분을 하였다. 그런데 동법 상 그 처분권자인 건설부장관(현 국토해양부장관)은 동법 제 … 조에 따라 위 처분권한을 서울특별시장 등에게 위임하였고, 서울특별시장은 이를 X구청장에게 재위임하여 이 사건 처분을 한 것이다.

또한 A는 X가 이 사건 관리처분계획을 인가하여 1991. 9. 2. 이를 관보에 고시하면서 그 내용으로 "1. 재개발사업의 명칭, 2. 사업시행구역, 3. 사업시행면적, 4. 주된 사무소의 소재지, 5. 시행기간, 6. 시행자의 주소 및 성명"등에 해당하는 내용을 적시하고, "7. 수용 또는 사용할 토지, 건축물의 명세 및 소유권 이외의 권리의 명세"에 관하여는 "(별첨: 게재생략)"이라고 적시한 후 마지막으로 "8. 관리처분계획인가현황: 생략"이라고 적시함으로써 그 인가고시가 관계법령의 규정에 따라 이루어지지 않아 위법이라고 주장하

* 경북대학교 법학전문대학원 교수.

고 있다.

2. 소송경과

A는 이 사건 처분에 대하여 행정소송을 제기하였는바, 원심이 A의 청구를 기각하자 (서울고등법원 1994. 3. 30. 선고 92구13075) A는 대법원에 상고하였고, 대법원은 이를 기각하였다.

3. 판결요지

[1] 도시재개발법 제8조, 같은 법 시행령 제58조 제1항 제12호에 의하면 건설부장관의 권한에 속하는 도시재개발법 제41조의 규정에 의한 관리처분계획의 인가 등 처분권한은 시·도지사에게 위임되었을 뿐 시·도지사가 이를 구청장, 시장, 군수에게 재위임할 수 있는 근거규정은 없으나, 정부조직법 제5조 제1항과 이에 기한 행정권한의 위임 및 위탁에 관한 규정 제4조에 재위임에 관한일반적인 근거규정이 있으므로, 시·도지사는 그 재위임에 관한 일반적인 규정에 따라 위임받은 위 처분권한을 구청장 등에게 재위임할 수 있다.

[2] 위 [1]의 관리처분계획의 인가 등에 관한 사무는 국가사무로서 지방자치단체의 장에게 위임된 이른바 기관위임사무에 해당하므로, 시·도지사가 지방자치단체의 조례에 의하여 이를 구청장 등에게 재위임할 수는 없고, 행정권한의 위임 및 위탁에 관한 규정 제4조에 의하여 위임기관의 장의 승인을 얻은 후 지방자치단체의 장이 제정한 규칙이 정하는 바에 따라 재위임하는 것만이 가능하다.

[3] 서울특별시장이 건설부장관으로부터 위임받은 관리처분계획의 인가 등 처분권한을 행정권한의 위임 및 위탁에 관한 규정 제4조에 의하여 규칙을 제정해서 구청장에게 재위임하지 아니하고, 서울특별시행정권한위임조례(1990. 10. 8. 서울특별시 조례 제2654호) 제5조 제1항 [별표]에 의하여 구청장에게 재위임 하였다면, 서울특별시행정권한위임조례 중 위 처분권한의 재위임에 관한 부분은 조례제정권의 범위를 벗어난 국가사무(기관위임사무)를 대상으로 한 것이어서 무효이다.

[4] 위 [3]의 무효인 서울특별시행정권한위임조례의 규정에 근거한 관리처분계획의 인가 등 처분은 결과적으로 적법한 위임 없이 권한 없는 자에 의하여 행하여진 것과 마찬가지가 되어 그 하자가 중대하나, 지방자치단체의 사무에 관한 조례와 규칙은 조례가 보다 상위규범이라고 할 수 있고, 또한 헌법 제107조 제2항의 "규칙"에는 지방자치단체의 조례와 규칙이 모두 포함되는 등 이른바 규칙의 개념이 경우에 따라 상이하게 해석되는 점 등에 비추어 보면, 위 처분의 위임과정의 하자가 객관적으로 명백한 것이라고

할 수 없으므로 결국 당연무효 사유는 아니라고 봄이 상당하다.

[5] 관리처분계획인가의 고시가 관계 법령의 규정에 따르지 아니한 것으로서 그 위법성은 명백하지만 관리처분계획의 인가를 당연무효로 할 만큼 중대한 하자에 속한다고는 할 수 없다.

Ⅱ. 평 석

1. 쟁점정리

본 사건에서는 아래와 같은 다양한 쟁점이 문제된다.

첫째, 개별 법률에서 위임에 관한 규정만을 두고 있는 경우에 그 규정을 근거로 위임을 하는 외에 재위임까지 할 수 있는지 여부(이 사건의 경우 구도시재개발법 제41조 소정의 관리처분계획인가 등 처분권한을 위임받은 시 · 도지사가 이를 구청장 등에게 재위임할 수 있는지 여부).

둘째, 재위임이 가능하다고 보는 경우에 이른바 기관위임사무를 지방자치단체의 조례에 의하여 재위임할 수 있는지 여부.

셋째, 기관위임사무를 조례로 정한 경우에 그에 기한 행정처분이 당연무효인지 여부 및 이 사건 관리처분계획인가 고시가 당연무효의 경우에 해당하는지 여부.

2. 관련판례

(1) 대법원 2000. 2. 8. 선고 97누3767 판결[과징금부과처분취소]

구 자동차운수사업법 제69조 제1항은 "교통부장관은 이 법에서 규정하는 그 권한의 일부를 대통령령이 정하는 바에 의하여 도지사 또는 소속기관의 장에게 위임할 수 있다."고, 제2항은 "도지사는 제1항의 규정에 의하여 교통부장관으로부터 위임받은 권한의 일부를 교통부장관의 승인을 얻어 시장 · 군수 또는 구청장에게 재위임할 수 있다."고 각 규정하고 있으므로, 서울특별시장은 교통부장관의 승인을 얻은 후 규칙이 정하는 바에 따라 재위임하는 것이 가능하고, 서울특별시행정권한위임규칙(규칙 제2657호) [별표] 제17호 (나)목에 의하면 동법에 의한 과징금의 부과 · 징수 권한이 서울특별시장으로부터 구청장에게 재위임되어 있으므로 구청장은 과징금을 부과할 적법한 권한이 있는 자다.

(2) 대법원 1995. 7. 11. 선고 94누4615 판결(전원합의체)[건설업영업정지처분무효확인]

[1] 하자 있는 행정처분이 당연무효가 되기 위하여는 그 하자가 법규의 중요한 부분을 위반한 중대한 것으로서 객관적으로 명백한 것이어야 하며, 하자가 중대하고 명백

한 것인지 여부를 판별함에 있어서는 그 법규의 목적, 의미·기능 등을 목적론적으로 고찰함과 동시에 구체적 사안 자체의 특수성에 관하여도 합리적으로 고찰함을 요한다.

[2] [요지4의 내용에 대한 반대의견] 구청장의 건설업영업정지처분은 그 상대방으로 하여금 적극적으로 어떠한 행위를 할 수 있도록 금지를 해제하거나 권능을 부여하는 것이 아니라 소극적으로 허가된 행위를 할 수 없도록 금지 내지 정지함에 그치고 있어 그 처분의 존재를 신뢰하는 제3자의 보호나 행정법 질서에 대한 공공의 신뢰를 고려할 필요가 크지 않다는 점, 처분권한의 위임에 관한 조례가 무효이어서 결국 처분청에게 권한이 없다는 것은 극히 중대한 하자에 해당하는 것으로 보아야 할 것이라는 점, 그리고 다수의견에 의하면 위 영업정지처분과 유사하게 규칙으로 정하여야 할 것을 조례로 정하였거나 상위규범에 위반하여 무효인 법령에 기하여 행정처분이 행하여진 경우에 그 처분이 무효로 판단될 가능성은 거의 없게 되는데, 지방자치의 전면적인 실시와 행정권한의 하향분산화 추세에 따라 앞으로 위와 같은 성격의 하자를 가지는 행정처분이 늘어날 것으로 예상되는 상황에서 이에 대한 법원의 태도를 엄정하게 유지함으로써 행정의 법적합성과 국민의 권리구제 실현을 도모하여야 할 현실적인 필요성도 적지 않다는 점 등을 종합적으로 고려할 때, 위 영업정지처분은 그 처분의 성질이나 하자의 중대성에 비추어 그 하자가 외관상 명백하지 않더라도 당연무효라고 보아야 한다.

[3] [다수의견] 하자 있는 행정처분이 당연무효가 되기 위하여는 그 하자가 법규의 중요한 부분을 위반한 중대한 것으로서 객관적으로 명백한 것이어야 하며 하자가 중대하고 명백한 것인지 여부를 판별함에 있어서는 그 법규의 목적, 의미, 기능 등을 목적론적으로 고찰함과 동시에 구체적 사안 자체의 특수성에 관하여도 합리적으로 고찰함을 요한다.

[반대의견] 행정행위의 무효사유를 판단하는 기준으로서의 명백성은 행정처분의 법적 안정성 확보를 통하여 행정의 원활한 수행을 도모하는 한편 그 행정처분을 유효한 것으로 믿은 제3자나 공공의 신뢰를 보호하여야 할 필요가 있는 경우에 보충적으로 요구되는 것으로서, 그와 같은 필요가 없거나 하자가 워낙 중대하여 그와 같은 필요에 비하여 처분 상대방의 권익을 구제하고 위법한 결과를 시정할 필요가 훨씬 더 큰 경우라면 그 하자가 명백하지 않더라도 그와 같이 중대한 하자를 가진 행정처분은 당연무효라고 보아야 한다.

[4] 통상 고시 또는 공고에 의하여 행정처분을 하는 경우에는 그 처분의 상대방이 불특정 다수인이고, 그 처분의 효력이 불특정 다수인에게 일률적으로 똑같이 적용됨으로 인하여 고시일 또는 공고일에 그 행정처분이 있음을 알았던 것으로 의제하여 행정심판 청구기간을 기산하는 것이므로, 관리처분계획에 이해관계를 갖는 자는 고시가 있었다는

사실을 현실적으로 알았는지 여부에 관계없이 고시가 효력을 발생하는 날인 고시가 있은 후 5일이 경과한 날에 관리처분계획인가 처분이 있음을 알았다고 보아야 하고, 따라서 관리처분계획인가 처분에 대한 행정심판은 그날로부터 60일 이내에 제기하여야 한다.

(3) 대법원 1995. 11. 14. 선고 94누13572[토지수용무효확인]

[1] 도시재개발법에 의한 사업시행변경인가, 관리처분계획인가 및 각 고시에 관한 사무는 국가사무로서 지방자치단체의 장에게 위임된 이른바 기관위임사무에 해당하므로, 시·도지사가 지방자치단체의 조례에 의하여 이를 구청장 등에게 재위임할 수는 없고, 정부조직법 제5조 제1항 및 이에 기한 행정권한의 위임 및 위탁에 관한 규정 제4조에 의하여 위임기관의 장의 승인을 얻은 후 지방자치단체의 장이 제정한 규칙이 정하는 바에 따라 재위임하는 것만이 가능하다.

[2] 도시재개발사업시행변경인가 및 그 고시, 관리처분계획인가 및 그 고시 등이 위법한 것이라고 할지라도 이러한 하자는 위 처분의 당연무효 사유가 아니다.

[3] 재개발사업시행변경인가처분 등의 위법은 사업시행변경인가 등의 단계에서 다투어야 하고, 이미 그 쟁송기간이 도과한 수용재결 단계에서는 그 인가처분 등이 당연무효라고 볼만한 특단의 사정이 없는 한 그 위법을 이유로 토지수용재결처분의 취소를 구할 수 없다.

3. 판결의 검토

(1) 관리처분계획인가의 법적 성질

도시재개발법 제41조에 의한 행정청의 인가는 주택개량재개발조합의 관리처분계획에 대한 법률상의 효력을 완성시키는 보충행위로서, 그 기본이 되는 관리처분계획(기본행위)에 하자가 있을 때에는 그에 대한 인가(보충행위)가 있었다 하여도 기본행위인 관리처분계획이 유효한 것으로 될 수 없다(대법원 2001. 12. 11. 선고 2001두7541【관리처분계획변경인가처분무효확인】). 기본행위인 관리처분계획이 적법유효하고 보충행위인 인가처분 자체에만 하자가 있다면 그 인가처분의 무효나 취소를 주장할 수 있지만, "인가처분에는 하자가 없고 기본행위에만 하자가 있는 경우"에는 따로 그 기본행위의 하자를 다투는 것은 별 론으로 하고, 기본행위의 무효를 내세워 바로 그에 대한 행정청의 인가처분의 취소 또는 무효확인을 소구할 법률상의 이익이 있다고 할 수 없다.

(2) 행정조직법정주의

헌법은 행정조직법정주의를 취하고 있는바, 원칙적으로 법률에 의해야 하고 행정입법의 형식에 의한 행정조직은 예외에 그치도록 하고 있다. 행정조직은 행정기관을 통해 행정사무가 집행되는바, 행정기관은 소정의 행정사무에 관하여 행정주체의 의사를 결정 · 표시하는 기관을 의미한다. 행정기관에는 행정에 관한 국가 의사의 결정 · 표시 권한을 가진 행정관청(합의제 행정관청을 포함)과 그 결정 · 표시 권한이 없는 보조기관 · 보좌기관 · 부속기관 · 자문기관 등이 있다. 행정관청의 권한은 그 대리 및 위임을 통해 업무의 효율성을 기하고 있다. 행정관청 상호간에는 상하 간에 감시 · 인가 · 훈령 등을 통한 권한의 감독이, 대등 간에 협의 · 위탁 등을 통한 협력이 이루어진다. 행정조직법은 국가행정조직법을 중심으로 논의되지만, 자치행정조직법과 공무원법, 공물 · 공기업법 등을 포함하는 광의의 개념으로 이해되기도 한다.

(3) 행정관청의 권한과 권한위임의 범위

행정조직은 행정관청을 통해 그 권한의 행사가 이루어진다. 행정관청의 권한이란 행정관청이 법령상 유효하게 국가의사를 결정 · 표시할 수 있는 범위를 말한다. 그런데 행정관청의 권한은 항상 직접 행사되는 것이 아니며, 법령상 권한의 대리 또는 위임을 통해 행사되는 경우가 많다. 권한의 대리는 수권대리와 법정대리로, 후자는 다시 협의의 법정대리와 지정대리로 구분된다. 그밖에 서리(署理)가 문제된다. 권한의 위임은 위임관청의 하급행정청 또는 보조기관에 하는 것이 보통이나, 위임관청의 직접적인 지휘 · 감독하에 있지 아니하는 행정청이나 사인에 대해서도 할 수 있다. 법률의 근거 없이 권한을 위임한 경우에는 그에 의거한 수임관청의 행위는 무 권한에 의한 행위가 되어 무효가 되기 때문에, 위임된 권한의 재위임이 현행법상 허용되는지, 기관위임사무를 조례로 재위임할 수 있는지, 처분권한의 근거 조례가 무효인 경우에 그 근거규정에 기하여 한 행정처분이 당연무효인지 등의 문제는 현실적으로 난제에 해당한다. 본 사례는 지방자치제의 도입 이후 행정현실에서 발생할 수 있는 중요한 쟁점을 내포하고 있다.

행정관청의 권한의 위임은 행정관청의 법령상 권한의 일부를 보통 그 하급관청에 이전하여 수임기관의 권한으로 행사하도록 하는 것을 말한다. 따라서 권한이 위임되면 그 권한은 위임의 범위 안에서 실질적으로 수임기관의 권한으로 이관되며, 수임기관은 자기의 권한과 같이 자기의 명의와 책임으로 수임된 권한을 행사한다. 그러나 그 권한은 법적으로는 여전히 위임관청의 것으로 유보되어 있다. 행정관청의 권한의 위임은 법령으로 정하여진 권한분배의 실질적인 변경을 뜻하기 때문에 법적 근거를 요하는바, 정부조직법 제5조는 행정관청의 권한의 위임에 관한 일반적 원칙을 정하고 있고, 이에 근거한 중앙행정기관의 권한 위임에 관하여는 권한위임규정에서, 국가행정사무의 지방자치단체장에 대한 위임은 지방자치법 제102조에, 지방자치단체장의 권한위임은 동법 제104에서 정하고 있다. 따라서 법률의 근거 없이 권한을 위임한 경우에는 그에 의거한 하급관청의 행위는 무 권한에 의한 행위가 되어 무효가 된다. 행정관청의 권한의 위임은 행정관청의 권한의 일부에 대해서만 가능하고, 재위임은 특히 필요한 때 법령이 정하는 바에 의하여 허용된다. 권한의 위임은 위임의 해제, 근거법령의 소멸에 의하여 종료되고, 종기부 또는 해제조건부 위임의 경우는 종기의 도래 또는 해제조건의 성취로도 종료된다.

(4) 본 사안의 경우

본 사안에서는 첫째, 개별 법률에서 위임에 관한 규정만을 두고 있는 경우에 그 규정을 근거로 위임을 하는 외에 재위임까지 할 수 있는지 여부(이 사건의 경우 구도시재개발법 제41조 소정의 관리처분계획인가 등 처분권한을 위임받은 시 · 도지사가 이를 구청장 등에게 재위임할 수 있는지 여부)가 문제된다. 판례는 개별 법령이 아닌, 정부조직법 제5조 제1항과 일반적 권한위임규정을 재위임의 근거로 하였지만, 이러한 판례태도에 대하여는 개별법령상의 위임 · 재위임 근거규정이 무의미해진다는 점에서 비판이 있다.

둘째, 재위임이 가능하다고 보는 경우에 이른바 기관위임사무를 지방자치단체의 조례에 의하여 재위임할 수 있는지 여부가 문제된다. 판례 · 다수설은 기관위임사무는 자치규칙으로 정할 수밖에 없어 이를 위법으로 보고 있으나, 소수설은 이 경우에도 주민의 의사를 반영하면서도 모법에 부합하는 경우에는 적법한 조례라고 본다. 뿐만 아니라 기관위임사무와 단체위임사무 및 자치사무의 구분기준이 명확하지 않은 상황에서 이를 단정적으로 판단하는 것도 무리라는 비판이 있다.

셋째, 기관위임사무를 조례로 정한 경우에 그에 기한 행정처분이 당연무효인지 여부가 문제된다. 판례 · 다수설은 무효 · 취소의 구별기준으로 중대 · 명백설을 취하고 있는바, 소수설은 명백성 입증의 난해성 · 형식논리성으로 인해 명백성보충요건설이 타당하다고 주장한다. 이러한 논쟁은 이미 앞의 [참고판례 2] 대법원 1995. 7. 11. 선고 94누4615 판결(전원합의체)의 판결요지 [3]에서 밝힌 다수의견과 반대의견으로 정리한 바 있다(또한 행정행위의 무효 · 취소 부분 참조).

한편 판례는 규칙의 개념이 다양하게 해석될 수 있다는 것을 하나의 논거로 하였으나, 규칙의 법적 지위에 대한 헌법 및 행정법상의 이론적 상황을 충분히 파악하지 못한 것이라는 비판이 있다.

4. 판결의 의미와 전망

이 사건에서 직접 대상으로 한 도시재개발법상의 관리처분계획인가의 법적 성질은 보충행위로서의 성격을 가진다는 것에는 달리 큰 의문이 없는 것으로 판단된다. 그러나 이 사건은 행정권한의 위임 및 재위임, 기관위임사무에 대한 조례제정권의 허용 여부, 무효인 조례에 기한 행정처분의 효력 등이 특히 문제된다.

이 사건은 대법원의 94누4615 사건(대법원 1995. 7. 11. 선고 94누4615 판결(전원합의체))에서 밝힌 정부조직법상의 위임 및 재위임에 관한 해석, 기관위임사무에 대한 조례에 의한 재위임의 가능성 등을 재확인하였다는 점에서 우선 그 의미를 찾을 수 있다. 그러나 이와 관련해서는 여전히 지방자치단체의 사무 구분의 문제와 권한의 위임 및 재위임의 문제는 별개의 관점에서 접근해야 한다는 반론이 강하게 제기되고 있다. 이는 자치사무와 단체위임사무 및 기관위임사무의 구분 기준이 불명확하여 자의적일 수밖에 없는 현실에서 자의적인 해석에 따라 형식 논리적으로 그 사무를 기관위임사무로 판단하고 그에 대한 위임 · 재위임을 행한 조례를 무효로 보는 것은 타당하지 못할 수 있다는 것이다. 즉, 기관위임사무에 대한 조례제정을 무효로 판단하기 위해서는 기관위임사무 그 자체가 먼저 명백히 드러날 수 있을 것을 전제로 하지만, 그렇지 못한 것이 현실이다. 이 사안에 있어 도시재개발법 제41조 소정의 관리처분계획인가 등 처분권한을 위임받은 시 · 도지사가 이를 구청장 등에게 재위임할 수 있는지 여부 및 이른바 권한위임사무를 지방자치단체의 조례에 의하여 재위임할 수 있는지 여부의 쟁점은 위임 · 재위임의 허용 여부 이전에 사무구분체계의 문제라 할 것이다. 향후 이러한 자의적인 판단을 배제할 수 있도록 사무구분 체계의 정비가 신속히 요청된다.

또한 이 사건은 하자 있는 행정처분이 당연무효인지를 판별하는 기준을 밝힌 후 이미 대법원의 94누4615 사건에서 밝힌 바 있는 다수의견(중대명백설)과 반대의견(명백성보충요건설)에 대한 언급 없이 다수의견에 입각하여 판시함으로써 여전히 대법원의 입장이 중대명백설임을 우회적으로 밝히고 있다. 그러나 판례의 다수의견에 입각하여 무효인 조례에 근거한 구청장의 관리처분계획인가 처분은 그 하자가 중대하나 명백하다고는 할 수 없으므로 당연무효가 아니라고 한 이 사건을 보면, 과연 당해 사무가 기관위임사무인가, 기관위임사무에 대하여 조례로 정하면 항상 무효인가, 이러한 조례에 근거하여 한 행정처분이 당연무효가 되는가, 가사 기관위임사무라 하더라도 이를 반드시 지방자치단체의 규칙으로써만 정해야 하는가 아니면 그 기관위임사무에 대하여 단체장이 자기의 규칙제정권한을 양보하여 주민의 의사가 반영된 조례로 정하겠다고 한다면 그리고 그렇게 조례를 정한다면 그것을 당연무효로 할 것인가 등 앞으로 해결해야 할 많은 쟁점들이 있다. 앞으로 이러한 각 쟁점에 대하여 시급히 논의가 정리되어야 할 필요가 있다.

<참고문헌>

오진환, "조례의 무효와 그 조례에 근거한 행정처분의 당연무효 여부: 지방자치단체의 사무와 조례제정권", 특별법연구 제5권, 법문사 1997. 6.

김성태, 무효인 조례에 근거한 권한 없는 행정청의 행정행위의 효력, 행정법연구 창간호(1997.상반기), 행정법이론실무연구회, 1997. 6.

신봉기, "법률 근거규정 없는 조례안에 기한 허가취소와 권리구제", 고시계, 국가고시학회, 2003. 7.

홍준형, “위법한 조례에 의한 처분의 효력”, 판례행정법, 두성사, 1999.

박해식, “행정사무배분의 기준, 문제점 및 개선방향, 지방자치법제의 현안과 발전과제”, 제11회 학술발표대회, 한국지방자치법학회, 2006.

조성규, “국가와 지방자치단체간의 사무배분”, 공법연구 제32집 제4호, 한국공법학회, 2004. 3.

김남진, “자치사무 · 공관사무의 구별과 승인유보”, 고시연구 23권 10호(271호) 고시연구사, 1996. 9.

127. 군사시설보호구역 설정행위의 법적 성격

—대법원 1985. 1. 22. 선고 83누279 판결—

박 영 만*

Ⅰ. 판결의 개요

1. 사실관계

1963. 12. 19.경부터 서울 도봉구 쌍문동 소재 토지들은 원고가 취득하여 소유하여 왔었고, 1972. 2.경부터 군사시설보호법에 의하여 군사시설보호구역으로 설정되어 건축이 금지되어 왔었다. 그 후 위 토지들은 1979. 3. 15.부터는 2층 이하의 건물에 대해서는 금지조치가 해제되어 건축이 가능하게 되었다.

원고의 토지들 위에는 건물이 건축되어 있지 않은 상태에서 1974년경부터 석재회사에게 임대되어 석재회사가 생산한 석물의 적재용 장소로 활용되어 왔었지만, 과세관청은 군사시설보호법에 의하여 건축금지가 해제된 위 1979. 3. 15.부터 1년 6개월이 경과되었는데 그 지상에 건축물이 없고 사실상 사용하지 아니하는 토지인 '공한지'로 판단하여 조세를 부과하였다. 이에 원고는 위 토지들에 대하여 군사시설보호법에 의하여 건축금지가 해제되었다는 사실을 알지 못하였고 알 수도 없는 상태에 있었으므로 건축금지가 해제된 때로부터 1년 6월이 경과되었다고 하여 위 토지들을 공한지로 판단하여 과세처분을 한 것은 위법하다고 주장하면서 위 과세처분의 취소소송을 제기하였다.

2. 판결요지

서울고등법원 1983. 4. 19. 선고 82구330 판결과 대법원 1985. 1. 22. 선고 83누279 판결은 모두 다음과 같은 이유로 원고의 청구를 기각하였다.

"군사시설보호법에 의한 군사시설보호구역의 설정, 변경 또는 해제와 같은 행위는 행정입법행위 또는 통치행위로서 이와 같은 행위는 그 종류에 따라 관보에 게재하여 공

---

* 서울지방변호사회 변호사.

포하거나 또는 대외적인 공고, 고시 등에 의하여 유효하게 성립되고 개별적 통지를 요하지 아니하므로, 이 사건 대지에 대한 조세채무는 법률이 정하는 과세요건이 충족되는 때에는 그 조세채무의 성립을 위한 과세관청이나 납세의무자의 특별한 행위가 필요 없이 당연히 자동적으로 성립하는 것이므로 이 사건 과세요건의 충족사실인 이 사건 대지에 대한 건축금지조치가 해제된 때로부터 1년 6월이 경과됨으로써 납세의무자가 건축금지의 해제사실을 알지 못하였거나 알 수 없었는지의 여부에 구애됨이 없이 이 사건 조세채무가 당연히 성립한다."

Ⅱ. 평 석

1. 쟁 점

사실 위 대법원 판결은 군사시설보호구역설정행위의 법적 성격을 직접적으로 다룬 판결은 아니다. 그러나 위 토지에 대한 조세부과처분을 판단함에 있어 군사시설보호구역의 설정, 변경 또는 해제와 같은 행위는 행정입법행위 또는 통지행위 임을 전제로 판단하고 있는 것은 분명해 보인다. 즉 위 대법원 판례는 군사시설보호법에 의한 군사시설보호구역의 설정·변경 또는 해제와 같은 행위는 '행정입법' 또는 '통치행위'라는 이론적 전제하에서 과세요건의 충족여부를 판단하고 있는 것이다.

군사시설보호법에 의한 군사시설보호구역의 설정행위는 국민의 토지재산권을 직접적이고도 광범위하게 제한하고 있다는 점에서 위와 같은 취지의 판례가 지금에 와서도 계속 타당할 것인지는 의문이라는 것이 필자의 생각이다. 군사시설보호구역설정행위가 기본적으로는 넓은 의미에서의 행정행위의 성격을 띠고 있고 대외적 고시 내지는 공고에 의하여 유효하게 성립하고 효력을 발생한다는 점에서는 의견을 같이 하지만, 마치 항고소송의 대상이 되는 직접적인 '처분성'을 원칙적으로 부정하는 듯한 의미의 '행정입법' 내지는 '통치행위'라고 단정을 한 점에 대해서는 의견을 달리한다.

2. 관련판례

위와 같은 취지의 판결로 대법원 1983. 6. 14. 선고 83누43 판결에서도 "… 군사시설보호법에 의한 군사시설보호구역의 설정·변경 또는 해제와 같은 행위는 행정청에 의한 공법행위라는 점에서는 광의의 행정행위라고 할 것이나, 이는 행정입법행위 또는 통치행위라는 점에서 협의의 행정행위와 구별되며 따라서 이와 같은 행위는 그 종류에 따라 관보에 게재하여 공포하거나 또는 대외적인 공고·고시 등에 의하여 유효하게 성립하고 개별적 통지를 요하지 않는다. …"고 한 바 있다. 위 판결 또한 이 사건 판례와 마찬가지로 군사시설보호법에 의하여 건축금지가 해제된 토지에 대하여 토지소유주가 건축금지의 해제사실을 알았는지의 여부와 관련 없이 1년 6월이 경과하였음에도 건축이 되지 않은 토지에 대하여 공한지로 판단하여 과세처분을 한 사건에 대한 것이었다. 그러나 위와 같은 판결들 외에 토지재산권 침해행위인 군사시설보호구역 설정행위 그 자체가 분쟁이 되어 사법심의 대상이 된 사례는 아직까지 발견되지 않고 있다.

3. 군사시설보호구역의 설정범위

일반적으로 군사시설보호법은 군사시설보호구역의 설정범위에 관하여 군사분계선 인접지역과 그 외의 지역으로 구분하여 정하고 있는데, 군사 분계선 이남 지역으로서 군사분계선 남방 10km에서 25km 사이에서 설정되는 선의 이북지역을 군사시설보호구역으로 설정하되, '통제보호구역'은 민통선 이북지역에 설정하도록 하고 있고 '제한보호구역'은 민통선 이남지역에 설정하도록 하고 있다. 군사분계선 이외의 지역에 대하여는 군사시설의 최 외곽의 경계선으로부터 1km의 범위 내에서 제한보호구역을 설정할 수 있도록 있으나 통제보호구역은 민통선 안의 제한보호구역 내뿐만 아니라 그 외의 지역에 대해서도 당해 군사시설의 최 외곽 경계선으로부터 500m를 초과하지 않는 범위 내에서 설정할 수 있도록 하였다(동법 제4조 제4항). 동법 제4조 제5항은 "군사시설보호구역의 설정은 군사시설보호와 군사목적 달성을 위하여 필요한 최소한의 범위 내에서 하여야 한다"는 법적 제한을 가하고 있고, 동 항의 '필요한 최소한의 범위'를 해석함에 있어 동법 시행령 제6조 제2항은 군사분계선 인접지역 외의 지역에서 군사시설보호구역을 설정하는 경우에만 특정하여 '필요한 최소한의 범위'를 구체적으로 (i) 진지 · 장애물 등과 같은 전투시설물이 있는 지역은 관측과 사계 및 개인화기의 유효사거리 등을 고려하여 정하되 전투시설물의 최 외곽에 설치된 유자재 시설물로부터 500m 이내 (ii) 대공방호시설과 통신시설이 있는 지역은 장비운영과 시설보호에 지장이 없는 최소한의 범위 (iii) 군용운동장과 비상활주로 및 사격장이 있는 주변 지역은 항공기 운용과 사격안전에 지장이 없는 최소한의 범위 (iv) 폭발물 관련시설이 있는 지역은 폭발물의 안전거리를 초과하지 아니하는 범위 (v) 기타 군사시설이 있는 지역은 취락지역의 경우 당해 울타리로부터 300m 이내, 이외의 지역은 500m 이내로 한정하고 있다.

또한, 군사시설보호구역의 설정 · 변경 · 해제권자로서 국방부장관은 각 군 참모총장 또는 합동참모의장의 건의에 따라 보호구역 또는 민간인 통제선을 설정하거나 이를 변경할 수 있고 군사시설의 철거 · 작전환경의 변화 기타의 사유로 보호구역 또는 민통선을 유지할 필요가 없게 된 때에는 지체 없이 이를 해제하여야 하며, 이러한 경우 국방부장관은 군사시설보호구역 심의위원회의 심의를 거쳐야 하며 이를 관계 행정기관이 장에게 지체 없이 통보하여야 한다(동법 제4조 제6항, 제7항).

4. 유사사례의 검토

군사시설보호법에 의한 군사시설보호구역의 설정·고시행위의 법적 성격에 대하여 견해를 밝히고 있는 대법원 판례는 과세요건의 충족여부를 판단하기 위한 위 판결들만이 유일하고, 최근의 판결례 또한 전혀 보이지 않아 위 대상만을 기준으로 본격적으로 평석을 논하기에는 조금은 적절치 않아 보인다.

과거 구 도시계획법에 의한 '개발제한구역의 결정'과정은 '군사시설보호구역의 설정'과 유사한 구조를 띠고 있다. 그럼에도 개발제한구역의 결정에 대해서는 여타 용도지역이나 지구와는 달리 다른 법적성격의 측면이 있음이 지적되어 왔었고, 많은 학자들에 의하여 도시계획구역결정의 법적 성질에 관하여 '입법행위설'('법규설', '집행규범설'), '행정행위설', '독자성설'('이물설') 등이 주장되고 왔었다. 즉 개발제한구역에 대한 행위제한 기간은 무제한이고 규제 완화지역을 도시계획법시행령에서 구체적으로 명시하고 있을 뿐만 아니라 건설교통부훈령인 '도시계획수립지침'은 변경불가를 전제로 하고 있음에 비추어 용도지역 및 지구의 상위규범으로 존재한다고 해도 과언이 아니며 실제로 개발제한구역으로 지정된 토지에 대해서는 용도지역이나 지구가 지정되지 아니하고 건축법에서 별도로 정한 건폐율 및 용적률, 대지면적의 최소한도를 적용하고 있다. 따라서 개발제한구역의 결정은 '일반처분'임에 분명하나 지적고시가 있을 경우에는 지적고시와 불가분의 관계를 이루어 구체적인 처분성을 띠는 것을 보아 항고소송의 대상이 된다는 것이 통설로 인정되어 왔었다.

대법원 1985. 12. 10. 선고 85누186 판결에서도 구도시계획법 제7조(1971. 1. 19. 전문개정되기 전의 것, 현재는 제13조)의 '고시'는 도시계획결정 등의 효력발생요건이라 해석하고 있고, 위 도시계획 결정이 고시되면 도시계획 구역 안의 토지나 건물소유자의 토지형질변경, 건축물의 신축·개축 또는 증축 등 권리행사가 일정한 제한을 받게 되므로 고시된 도시계획결정은 특정 개인의 권리 내지는 법률상의 이익을 개별적이고 구체적으로 규제하는 효과를 가져 오게 하는 행정청의 처분이라 할 것이고 따라서 행정소송의 대상이 되는 것이라고 하였다. 마찬가지로 도시재개발법에 의한 도시재개발구역의 지정·변경행위에 대해서도 대법원은 도시재개발사업의 결정 또는 변경은 관계 행정청이 법령의 범위 내에서 도시의 건전한 발전과 공공복리의 증진을 위한 도시정책상의 전문적·기술적 판단을 기초로 하여 그 재량에 의하여 이루어지는 행정처분이라고 하고 재량권의 일탈·남용이 없는 한 그 처분을 위법하다고 할 수 없다고 하였다.

헌법재판소도 다소 간접적이지만 헌재 1991. 6. 3. 89헌마46에서 "… 건설부장관의 개발제한구역의 지정 · 고시는 공권력의 행사로서 헌법소원의 대상이 됨은 물론이나 헌법소원은 다른 법률에 구제절차가 있는 경우에는 그 절차를 모두 거친 후에 비로소 제기할 수 있는 것인 바, 개발제한구역 지정행위에 대하여는 행정심판 및 행정소송 등을 제기할 수 있으므로 청구인으로서는 우선 그러한 구제절차를 거친 후에 헌법소원심판을 청구하여야 한다. …"고 판시함으로써, 도시계획법 제21조 및 그에 의거한 개발제한구역 지정처분으로 인하여 헌법상 보장된 기본권을 침해당하였다는 이유로 제기된 헌법소원 심판청구에 대하여 도시계획법 제21조의 규정자체에 의하여 직접 청구인이 기본권이 침해된 것으로 볼 수 없고 건설부장관의 개발제한구역의 지정 · 고시라는 별도의 구체적인 집행행위에 의하여 비로소 재산권 침해여부의 문제가 발생하는 것이라고 보아 사실상 위 개발제한구역 지정행위에 대하여 처분성을 인정한 바 있다.

5. 군사시설보호법의 개별규정 검토

(1) 일반적 행위제한

일단 군사시설보호구역이 설정되면 그 구역의 기능유지를 위하여 군사시설보호구역 내에서 관계 행정기관의 장은 보호구역 안에서의 동법 제10조가 규정하고 있는 일정한 사항에 관한 허가, 기타의 처분을 하고자 할 때에는 대통령령이 정하는 바에 따라 국방부장관 또는 관할부대장 등과 협의하여야 하고, 국가기관 또는 지방자치단체 기타 공공단체가 사업을 하고자 하는 경우에도 군사시설보호구역의 보호 · 관리 및 작전활동에 지장이 없는 대통령령이 정하는 사항을 제외하고는 동 협의를 거쳐야 한다(동법 제10조). 국방부장관 또는 관할 부대장 등은 관계 행정기관의 장이 협의를 거치지 아니하거나 협의조건을 이행하지 아니하고 동법 제10조에 해당하는 사항에 관하여 허가 기타의 처분을 한 경우에는 당해 행정기관의 장에게 그 허가 기타의 처분의 취소, 행위의 중지, 시설물의 철거 등 원상회복에 필요한 조치를 할 것을 요구할 수 있고 그 요구를 받은 행정기관의 장은 특별한 사유가 없는 한 이에 응하여야 한다(동법 시행령 제11조 제2항).

또한 군사시설보호구역은 (ⅰ) 통제보호구역과 (ⅱ) 제한보호구역으로 구분하여 설정되고 있는데(동법 제2조, 제3조), 먼저 '통제보호구역'은 고도의 군사 활동 보장이 요구되는 군사분계선에 인접한 지역 기타의 중요한 군사시설의 기능보전이 요구되는 구역에 설정되고, '제한보호구역'은 군 작전의 원활한 수행을 위하여 필요한 지역과 기타 군사시설의 보호 또는 지역주민의 안전이 요구되는 지역에 설정되는 것으로 개념이 구분되나, 양자 간의 중대한 차이는 그 설정범위와 군사시설보호구역내에서의 작전활동 등의 보장을 달성하기 위한 행위제한의 정도에서 찾아 볼 수 있다. 대체로 군사시설보호구역내에는 일정한 행위가 전혀 금지되거나 허가를 받아야 가능하도록 하고 있고, 군사상 특수한 경우로 군부대의 협의를 거쳐 관계 행정기관으로부터 허가 등의 처분을 얻도록 함으로써 사인의 재산권 행사에 중대한 제한이 가해지고 있다. 즉, 동법 제7조는 (ⅰ) 통제보호구역이나 (ⅱ) 울타리 또는 출입통제표찰이 설치된 부대주둔지 안에 출입하고자 하는 자는 관할 부대장 또는 주둔지 부대장의 허가를 받도록 하고 있고, 이에 따라 동법 시행령 제9조 제1항은 거주 또는 영농을 위하여 위 지역을 출입하고자 하는 자는 거주지를 관할하는 읍 · 면 · 동의 장을 거쳐 관할 부대장 또는 주둔지 부대장에게 출입허가 신청을 하도록 하고 있으며 그 외의 특별한 사유로 일일 출입하고자 하는 자는 직접 관할 부대장 등에게 출입허가를 신청할 수 있도록 하고 있다.

또한, 군사시설보호구역내에서는 동법 제8조 제2호에 의해 군사시설의 촬영 · 묘사 · 녹취 · 측량 및 이에 관한 문서나 도화 등의 발간 또는 복제가 금지되고 있고, 특히 그 중 '통제보호구역'안에서는 주택 기타 구조물의 신축 또는 증축이 금지될 뿐만 아니라(동조 제3호) 출입자체가 통제된다(동법 제7조).

(2) 제10조에 의한 협의권한을 통한 제한

그 무엇보다도 군사시설보호법상의 특수한 제도로 관할 군부대에의 협의절차로서의 작전성 검토를 들 수 있다. 속칭 관할 군부대의 작전성 검토절차는 군사시설 등을 보호하기 위하여 군사시설보호구역내의 각 종 건축물을 신 · 개축하는 행위에 대해 군부대가 이를 직접적인 통제방식을 채택하고 있지 아니하고 관계 행정기관의 허가 등에 간접적으로 관여하는 형식으로 그 목적을 달성하고 있다. 즉 군사시설보호법 제10조는 "관계 행정기관의 장은 보호구역 안에서의 다음 각 호의 1에 해당하는 사항에 관한 허가, 기타의 처분을 하고자 할 때에는 대통령이 정하는 바에 따라 국방부장관 또는 관할부대장 등과 협의하여야 한다. 국가기관 또는 지방자치단체 기타 공공단체가 사업을 하고자 할 때에도 또한 같다. …"고 규정하고 있는데, 동 규정의 의미상으로는 협의절차가 군부대의 작전성 검토를 의미하는지는 명확하지 않아 현재 관행적으로 이루어지고 있는 관할 군부대의 작전성 검토 후 제시하는 동의 내지는 부동의 의견의 법적 근거가 문제될 수 있다. 그러나 '작전성 검토'는 당해 군사시설보호구역내에서의 일정한 건축물 등의 증 · 개축, 형질의 변경 등의 행위에 대하여 군사시설보호 및 군사작전의 원활한 수행을 저해하지 아니하는가를 관할 군부대의 작전계획에 비추어 판단하는 것이므로 군사시설보호법 제1조의 목적규정과의 합리적인 해석에 비추어 그 법적 근거 및 한계의 문제는 후술하는 바와 같이 군사시설보호법의 관계규정 내에서 해결이 가능한 것으로 생각된다.

(3) 소 결

군사시설보호구역 설정 · 고시행위는 위 토지구역내의 소유자 등에게 개별적인 통지를 요하지는 아니한다는 점에서 행정입법 내지는 일반처분적인 성격이 있다고 하더라도,

위 설정행위에 의하여 군사시설보호구역 내에서의 일정한 행위가 금지되거나 토지나 건물소유자들의 주택 구조물의 신축 또는 건축이 금지되고 군부대의 작전성 검토를 거쳐야 하며(군사시설보호법 제8조 제2호, 제3호, 제10조), 심지어 위 제한사항에 위반하는 행위에 대하여는 행정형벌을 가할 수 있도록 하고 있는 등(동법 제14조 내지 17조), 특정 개인의 권리 내지는 법률상의 이익을 개별적이고 구체적으로 규제하는 효과를 가져 온다는 점에서 도시계획법상의 '도시계획결정고시'와 그 성격을 달리한다고 볼 수는 없다고 생각한다. 또한, 양자는 그 목적 내지는 취지의 차이에 불과하고, 군사시설보호구역에 대한 보호의 중요성을 인정한다고 하더라도 오로지 군사상의 목적이라는 이유만으로 그 법적 성격을 달리 볼 이유는 없다고 보아야 한다.

6. 사법심 판단의 범위—'군사시설보호와 군작전의 원활한 수행보장'

(1) 판례상 확립된 법적 개념으로서의 '군사상 필요'

군사상의 필요라는 개념은 지금까지 관련 특별법에 법률요건의 하나로 사용되어 왔었고, 사법부에서도 법적 개념으로써 법률효과를 발생시키기 위한 요건의 하나로 오랫동안 직접적인 판단을 받아왔었다는 사실을 주목할 필요가 있다.

'징발재산정리에관한특별조치법'(이하 징특법이라고만 한다) 및 '국가보위에관한특별조치법제5조제4항에의한동원대상지역내의토지의수용 · 사용에관한특별조치령에의하여수용 · 사용된토지의정리에관한특별조치법'(이하 보위특별조치령정리법이라고만 한다)에서 규정하고 있는 '군사상 필요가 없게 된 때'라는 개념은 환매권의 실체적 성립요건으로서 판례의 의하여 오랫동안 축적되어 그 내용이 사실상 확립되어 온 개념이다. 군사상 필요라는 개념에 관한 해석은 재산권의 최종적인 존속보장제도로서의 환매권의 인정범위를 결정짓는 가장 핵심적인 과제로서 환매기한에 대한 논의와 더불어 환매권에 대한 2대 쟁점 중의 하나였었다. 종국적으로 '군사상 필요가 없어진 때'에 관한 해석은 그 사회가 처한 국방 및 군사안보적 상황에 따라 달리 해석될 수 있는 것이었음에도 불구하고 사법부에 의하여 최종적인 심사의 대상이 되어 왔었다.

(2) 군사시설보호구역 설정요건에 대한 분석

군사시설보호법상 보호의 대상이 되는 군사시설이라 함은 진지 · 장애물 기타 군사목적에 직접 공용되는 시설물을 말하고, 군사시설보호법시행령 제2조에 의하면 "기타 군사목적에 직접 공용되는 시설이라 함은 군의 주요지휘시설, 대공방호시설, 전쟁장비 및 물자의 연구 · 생산 또는 저장시설, 군용비행장 및 비상활주로, 군용 및 군용부두, 군용사격장 및 훈련장을 말한다."고 규정하고 있다.

실제 군사시설보호구역의 보호대상으로 동 구역을 설정할 수 있는지의 여부를 결정하는데 중요한 기준이 되는 '군사시설'의 개념을 확정함에 있어 몇 가지 문제가 있다. 무엇보다도 군사시설보호법시행령 제2조의 '전쟁장비 및 물자의 연구 · 생산 또는 저장시설'에 '방위산업체'가 포함되는지 여부는 지금까지 계속 문제가 되고 있음에도 관련 판례나 학설은 보이지 아니한다. 다만, 1982년 국방부 유권해석은 "… 방위산업체는 국가적 차원의 보호가 요구된다는 점을 감안하면 동 조항의 진지방책 및 장치는 아니라고 하더라도 이에 버금갈 정도의 중요한 군수물자의 생산을 목적으로 설치된 방위산업시설 —예컨대, 소총 · 대포 · 폭탄 등 중요 무기류 및 탄약류 전문 생산시설— 은 동법상의 군사시설로 보아야 한다. …"고 하였으나(국방관계법령해석질의응답집 제15집, 259쪽), 1987년 유권해석에서는 "… 방위산업체인 박격포 · 훈련탄 생산 공장은 탄약관련 생산시설이라고 볼 수 있으나 군이 관장하는 탄약생산시설이 아니므로 동법 소정의 군사시설에 해당하지 아니한다. …"고 함으로써(국방관계법령해석질의응답집 제17집, 158쪽), 국방부 내부의 의견에서도 그 견해가 일치하지 아니하고 있다. 사견으로는 군사시설보호법 제2조의 군사시설은 군사목적에 직접 공용되는 시설로서 그 입법취지에 비추어 볼 때 군사시설보호법상의 군사시설은 국가 혹은 군이 그 소유 혹은 관리주체로서 되어 있는 것만을 보호하기 위한 것이지 사유시설까지 보호하기 위한 것은 아니라고 판단되므로, 위 방위산업체가 동법 시행령 제2조 정하는 '전쟁장비 및 물자의 연구 · 생산 또는 저장시설'에 해당된다고 해석되더라도 그 시설이 국가가 직접 소유하거나 관리하는 것을 요건으로 하지 않는 한 군사시설보호법상의 군사시설은 될 수 없다고 생각된다. 따라서 흔히 문제되는 '예비군 훈련장'도 국가 혹은 군이 소유 혹은 관리주체로 되어 있는 훈련장은 동법상의 군사시설로 볼 수 있으나 개인 혹은 민간 기업이 관리주체로 된 훈련장은 동법상의 군사시설로 볼 수는 없는 것이다(예비군 훈련장에 대한 같은 취지의 국방부 유권해석으로, 국방관계법령해석질의응답집, 제19집, 176쪽). 또한 '육군사관학교'가 군사시설인지의 여부에 관하여 최근의 육군본부 유권해석은 "… 한편 육군사관학교는 사관학교설치법 및 동법 시행령에 의하여 설립되어 국방의 간성인 육군의 정규 장교를 양성하는 특수교육기관으로서 무형의 중대한 정신적 · 군사적 가치를 가진 시설이자 각 종 군사훈련이 시행되고 있는 무형의 전투력 배양을 위한 훈련장으로 보호 필요성이 크다고 할 것이다. 따라서 육군사관학교는 군사시설보호법상의 군사시설이며 이에 대해 동법상의 군사시설보호구역을 설정하여 보호할 수 있다고 판단 …"된다고 하고 있으나(군사법령질의응답집, 200쪽). 육군사관학교가 국가 내지는 군이 소유 및 관리주체로 되어 있는 것은 사실이나 군사시설보호법상의 진지 · 장애물과 같이 '군사목적에 직접 공용되는 시설'이라고 단정내리기에는 다소 의문이 있다.

Ⅲ. 판결의 의미와 전망

사실 군사시설보호법에 의한 군사시설보호구역 설정행위로 인한 개인의 토지재산권에 대한 제한은 여타의 사유에 의한 토지재산권 제한의 경우보다 매우 일반적이고 광범위하게 행해지고 있는 것으로 파악되고 있다. '군사시설보호'와 더불어 '군 작전의 원활한 수행의 보장'을 목적으로 하는 군사시설보호법에 의한 보호구역의 설정에 대해서는 지금까지 지나치게 광범위하고 포괄적인 제한과 규제를 가지고 군 작전 용이성을 위주로 방만하게 설정되고 있다는 비판이 끊임없이 대두되어 왔었지만, 국민의 재산권 보장과 지역발전 등을 위하여 군사시설보호구역의 설정범위를 축소 · 완화하고 국민생활의 불편을 해소하기 위하여 협의절차를 간소화하는 등의 개정조치가 계속적으로 있었던 것도 사실이다. 이 사건 판결들에서 보여준 태도는 종래 군사시설보호구역에 관한 문제는 통치행위의 한 단면으로서 혹은 자유재량행위의 관점에서 사법심사의 대상으로 삼기를 주저해 왔던 것으로 보인다. 그러나 '군사적 필요' 혹은 '국가안보의 목적'이라는 개념은 법률의 규정안에서 작동하는 법적 개념인 것이므로 법적 통제의 범위 안으로 끌어 들여야 한다는 것이 필자의 생각이고 그 이유는 관련 사례와 비교하여 충분히 그 근거를 제시해 보았다. 그렇다고 해서 필자는 '군의 고도의 전문적 · 기술적 재량'의 판단 여지가 매우 크다고 볼 수 있는 군사시설보호구역을 설정 · 변경 · 해제행위에 대하여 예외 없이 전면적으로 사법적 통제를 가할 수 있다는 것을 전제하고 있는 것은 아니며 오히려 현대에 들어서서 더더욱 작전환경이 고도화되고 전문화됨에 따라 다른 재량행위에 비해 사법적 판단이 더욱 더욱 어려워질 수밖에 없는 엄연한 현실 또한 인정하고 있다. 다만 사법적 판단의 회피가 과거와 달리 그 차원을 달리하고 있다는 것을 강조하고자 할 뿐이다. 무릇 재량이라는 것도 주어진 재량적 판단여지가 인정되는 범위가 넓어지면 넓어질수록 그 재량의 일탈 및 남용의 가능성도 커지는 것이므로 군사상 필요의 개념도 '공공의 필요'의 하위개념이라는 것이고 그 정도의 차이는 있을지언정 사법심사에의 통제가능성 여부와 그 범위를 심도 있게 논의하는 것 자체로써 재산권의 민주적 보장이라는 헌법 정신의 구현에도 일조하는 것이 될 것이다.

<참고문헌>

고종주, "징발재산정리에 관한 특별조치법 제20조 제1항 소정의 '군사상 필요가 없어진 때'에 해당 여부의 판단기준—1994. 9. 23. 선고 93다57674 판결: 공1994, 2790—", 대법원판례해설 1994 하반기 통권 제22호, 법원도서관, 1995.

김남진, "도시재개발사업계획의 변경계획취소청구사건(판례연구—대판 1985. 7. 23. 83누727—)", 판례연구(고려대) 제4호, 고려대학교법학연구소, 1986.
김남진, 행정법 I, 법문사, 1998.
김홍엽, "공공용지의 취득 및 손실보상에 관한 특례법상 환매권 행사요건의 각 의미 및 판단기준" —1995. 11. 28. 선고 94다61441 판결: 공1996상, 155/1995. 11. 28. 선고 95다24845 판결: 공1996상, 169—", 대법원판례해설 1995 하반기 통권 제24호, 법원도서관, 1996.
이정민, "군내 부동산 환매소송법리의 쟁점별 고찰", 공군법률논집, 제3집, 공군본부, 1998. 11.
김주현, "징발재산정리에 관한 특별조치법상 환매권에 관한 고찰", 90년도 병과원 전공별 세미나, 육군본부 법무감실, 116쪽.
안병희, "군사시설보호관련 법규에 대한 고찰—개정된 군사시설보호법을 중심으로—", 군사법연구 제12집, 육군본부, 1994. 11. 30.
이주희, "행정계획의 법적 성질에 관한 고찰—도시계획을 중심으로—", 지방행정연구, 제5권 제1호, 한국지방행정연구원, 1990. 2.
군사법령질의응답집 제3집, 육군본부, 1995.
국방관계법령해석질의응답집 제8집, 국방부, 1972.
국방관계법령해석질의응답집 제15집, 국방부, 1982.
국방관계법령해석질의응답집 제17집, 국방부, 1987.
국방관계법령해석질의응답집 제19집, 국방부, 1991.
국방행정규정집 제5권 제3편 제1장, 국방부.

128. 표준지공시지가결정과 흠의 승계

— 대법원 2008. 8. 21. 선고 2007두13845 판결 —

최 계 영*

Ⅰ. 판례개요

1. 사실관계

피고 화성시는 도시계획시설사업인 조암공원 조성사업의 수행을 위하여 원고 소유의 이 사건 토지를 수용하고자 하였다. 지방토지수용위원회는 2004. 12. 20. 손실보상금을 711,549,870원으로 하는 수용재결을 하였다. 이에 대해 원고가 이의신청을 하자, 중앙토지수용위원회는 2005. 6. 15. 손실보상금을 849,117,750원으로 증액하는 이의재결을 하였다.

2. 소송경과

원고는 이의재결의 근거가 된 감정평가가 비교표준지 선정을 그르쳤다고 주장하면서 보상금의 증액을 구하는 소송을 제기하였다. 제1심 법원인 수원지방법원은 원고의 청구를 일부 인용하는 판결을 선고하였다(수원지방법원 2006. 10. 25. 선고 2005구합5209 판결). 원고는 비교표준지의 공시지가가 낮게 평가되었다는 주장을 추가하여 항소를 제기하였으나, 제2심 법원인 서울고등법원은 항소를 기각하였고(서울고등법원 2007. 5. 15. 선고 2006누30043 판결), 상고 역시 기각되었다(이 사건 판결).

3. 판결요지

[원심판결의 요지]

비교표준지로 선정된 토지의 공시지가에 대하여 불복하기 위해서는 '부동산가격공시

---

* 서울대학교 법학대학원 조교수.

및 감정평가에 관한 법률' 제8조 제1항 소정의 건설교통부장관을 상대로 이의신청절차를 거쳐 공시지가결정의 취소를 구하는 행정소송을 제기하여야 할 것이지, 그러한 절차를 밟지 아니한 채 수용보상금의 증액을 구하는 소송에서 그 수용대상토지 가격 산정의 기초가 된 비교표준지 공시지가의 위법성을 다툴 수 없다.

[대법원 판결의 요지]

표준지공시지가결정은 이를 기초로 한 수용재결 등과는 별개의 독립된 처분으로서 서로 독립하여 별개의 법률효과를 목적으로 하는 것이나, 표준지공시지가는 이를 인근 토지의 소유자나 기타 이해관계인에게 개별적으로 고지하도록 되어 있는 것이 아니어서 인근 토지의 소유자 등이 표준지공시지가결정 내용을 알고 있었다고 전제하기가 곤란할 뿐만 아니라 결정된 표준지공시지가가 공시될 당시 보상금 산정의 기준이 되는 표준지의 인근 토지를 함께 공시하는 것이 아니어서 인근 토지 소유자는 보상금 산정의 기준이 되는 표준지가 어느 토지인지를 알 수 없으므로(더욱이 표준지공시지가가 공시된 이후 자기 토지가 수용되리라는 것을 알 수도 없다) 인근 토지 소유자가 표준지의 공시지가가 확정되기 전에 이를 다투는 것은 불가능하다. 더욱이 장차 어떠한 수용재결 등 구체적인 불이익이 현실적으로 나타나게 되었을 경우에 비로소 권리구제의 길을 찾는 것이 우리 국민의 권리의식임을 감안하여 볼 때 인근 토지소유자 등으로 하여금 결정된 표준지공시지가를 기초로 하여 장차 토지보상 등이 이루어질 것에 대비하여 항상 토지의 가격을 주시하고 표준지공시지가결정이 잘못된 경우 정해진 시정절차를 통하여 이를 시정하도록 요구하는 것은 부당하게 높은 주의의무를 지우는 것이라 아니할 수 없고, 위법한 표준지공시지가결정에 대하여 그 정해진 시정절차를 통하여 시정하도록 요구하지 아니하였다는 이유로 위법한 표준지공시지가를 기초로 한 수용재결 등 후행 행정처분에서 표준지공시지가결정의 위법을 주장할 수 없도록 하는 것은 수인한도를 넘는 불이익을 강요하는 것으로서 국민의 재산권과 재판받을 권리를 보장한 헌법의 이념에도 부합하는 것이 아니라고 할 것이다. 따라서 표준지공시지가결정에 위법이 있는 경우에는 그 자체를 행정소송의 대상이 되는 행정처분으로 보아 그 위법 여부를 다툴 수 있음은 물론 수용보상금의 증액을 구하는 소송에서도 선행처분으로서 그 수용대상 토지 가격 산정의 기초가 된 비교표준지공시지가결정의 위법을 독립된 사유로 주장할 수 있다.

Ⅱ. 평 석

1. 쟁점정리

이 사건에서 원고의 크게 세 가지 주장을 하였다. ① 비교표준지 선정이 잘못되었다. ② 비교표준지 공시지가가 낮게 평가되었다. ③ 가격시점은 수용재결 시점이 아닌 이의재결 시점이 되어야 한다. 세 주장 모두 배척되었는데, 특히 주목할 부분은 주장 ②에 대한 원심법원과 대법원의 판단의 차이이다.

원심법원인 서울고등법원은 수용보상금의 증액을 구하는 소송에서 비교표준지공시지가의 위법성을 다툴 수 없다는 이유로 원고의 주장을 배척하였다. 반면 대법원은 수용보상금의 증액을 구하는 소송에서도 비교표준지공시지가결정의 위법을 독립된 사유로 주장할 수 있다고 하였다. (다만 당해 사건에서의 결론은 일치하였다. 대법원은 원고가 표준지공시지가가 낮게 책정되었다고만 주장하였을 뿐 하자의 승계를 인정하지 않는다면 수인한도를 넘는 불이익이 있다거나 표준지공시지가의 구체적인 위법사유에 대하여 아무런 주장도 하지 않고 있으므로 원고의 청구를 배척한 원심은 정당하다고 결론지었다.)

수용재결에 관한 소송에서 표준지공시지가결정의 위법을 주장할 수 있는지에 관해 원심과 대법원의 견해가 엇갈린 것이다. 이는 흠의 승계, 즉 표준지공시지가결정의 흠이 수용재결에 승계되는지의 문제이다. 그런데 흠의 승계 문제는 표준지공시지가결정을 처분이라고 볼 때에야 비로소 발생하는 문제이다. 표준지공시지가결정이 처분이 아니어서 그 자체를 행정소송으로 다툴 수 없다면, 수용재결 등 후속처분에서 언제나 선결문제로 표준지공시지가결정의 위법성을 주장할 수 있기 때문이다. 이와 같이 처분성 여부와 흠의 승계 문제는 긴밀하게 맞물려 있다.

그리하여 표준지공시지가결정의 위법성을 다투는 방법으로는 다음과 같은 세 가지 방법을 생각할 수 있다. 첫째, 표준지공시지가결정의 위법성은 후속처분에 대한 소송에서만 다툴 수 있도록 하는 방법이 있다. 표준지공시지가결정의 처분성을 부정하는 대신 그 위법성을 후속처분에 대한 소송에서 언제나 선결문제로 주장할 수 있도록 한다. 둘째, 표준지공시지가결정의 위법성은 그 결정 자체에 대한 소송에서만 다툴 수 있도록 하는 방법이 있다. 표준지공시지가결정의 처분성을 긍정하는 대신 흠의 승계를 부정한다. 셋째, 표준지공시지가결정의 위법성을 그 결정 자체에 대한 소송과 후속처분에 대한 소송에서 모두 다툴 수 있도록 하는 방법이 있다. 표준지공시지가결정의 처분성과 후속처분에 대한 흠의 승계를 모두 긍정한다.

첫 번째 방법과 두 번째 · 세 번째 방법은 처분성 인정 여부에서, 두 번째와 세 번째 방법은 흠의 승계 인정 여부에서 차이가 나는 것이다. 아래에서는 관련판례를 먼저 소개한 후, 표준지공시지가의 의의[3.(1)], 표준지공시지가결정의 처분성 여부[3.(2)], 흠의 승계 인정 여부[3.(3)]를 차례로 검토할 것이다.

2. 관련판례

대법원은 원칙적으로, 선행처분과 후행처분이 서로 결합하여 하나의 법률효과를 목적으로 하는 경우에는 흠의 승계를 인정하고, 서로 독립하여 별개의 효과를 목적으로 하는 경우에는 흠의 승계를 부정한다. 그러나 후자의 유형에서도 예외적으로 흠의 승계를 인정하는데, 이른바 수인한도론에 근거하고 있다.

수인한도론은 대법원 1994. 1. 25. 선고 93누8542 판결에서 처음으로 등장하였다. 이 사건에서 대법원은 개별공시지가결정과 과세처분은 별개의 독립된 처분으로서 서로 독립하여 별개의 법률효과를 목적으로 하는 것이지만 과세처분 등 후속처분에서 개별공시지가결정의 위법을 주장할 수 없도록 하는 것은 수인한도를 넘는 불이익을 강요하는 것이므로 과세처분 등 행정처분의 취소를 구하는 행정소송에서 선행처분인 개별공시지가결정의 위법을 독립된 위법사유로 주장할 수 있다는 법리를 새로이 전개하였다. 그리하여 개별공시지가결정의 위법성은 그 결정 자체에 대한 소송과 후속처분에 대한 소송에서 모두 다툴 수 있게 되었다. 그 근거로는 다음의 세 가지를 제시하였다. 첫째, 개별공시지가는 이를 토지소유자나 이해관계인에게 개별적으로 고지하도록 되어 있는 것이 아니어서 토지소유자 등이 개별공시지가결정 내용을 알고 있었다고 전제하기도 곤란하다. 둘째, 결정된 개별공시지가가 자신에게 유리하게 작용될 것인지 또는 불이익하게 작용될 것인지 여부를 쉽사리 예견할 수 없다. 셋째, 장차 어떠한 과세처분 등 구체적인 불이익이 현실적으로 나타나게 되었을 경우에 비로소 권리구제의 길을 찾는 것이 우리 국민의 권리의식이다.

대법원은 수인한도라는 비교적 넓고 포괄적인 개념을 사용하였지만 이 사건 대상판결 이전까지 대법원이 이에 해당한다고 인정한 예는 선행처분이 개별공시지가결정인 사례(후속처분이 과세처분인 사안으로는 위 판결 등, 개발부담금부과처분인 사안으로는 대법원 1997. 4. 11. 선고 96누9096 판결 등)에 한정되어 있었다. 선행처분이 개별공시지가결정일지라도, 재조사청구에 따른 감액조정결정을 통지받고서도 더 이상 다투지 아니한 경우(대법원 1998. 3. 13. 선고 96누6059 판결)에는 수인한도를 넘는 가혹한 것이라고 볼 수 없다는 이유로 흠의 승계를 부정하기도 하였다.

한편 표준지공시지가결정에 대해서는 처분성을 긍정하는 것을 전제로 일관되게 흠의 승계를 부정하였다. 표준지로 선정된 토지의 공시지가에 대하여 불복하기 위해서는 지가공시 및 토지 등의 평가에 관한 법률 제8조 제1항 소정의 이의절차를 거쳐 처분청을 상대로 공시지가결정의 취소를 구하는 행정소송을 제기하여야 하고, 그러한 절차를 밟지 아니한 채 개별공시지가결정(개별토지가격결정 포함, 대법원 1994. 3. 8. 선고 93누10828

판결, 대법원 1995. 3. 28. 선고 94누12920 판결 등)이나 과세처분(대법원 1995. 11. 10. 선고 93누16468 판결 등)에 대한 소송에서 표준지공시지가결정의 위법성을 주장할 수 없다는 것이다. 그리고 표준지공시지가에 대하여 개별공시지가의 경우와 달리 흠의 승계를 인정하지 아니하고 불복방법을 제한하는 것은 목적 · 대상 · 결정기관 · 결정절차 · 금액 등 여러 가지 면에서 서로 다른 성질의 것이라는 점을 고려한 것이므로, 헌법상 평등의 원칙, 재판권 보장의 원칙에 위반된다고 볼 수는 없다고 하였다(대법원 1997. 9. 26. 선고 96누7649 판결). 이 사건 이전에 직접적으로 표준지공시지가결정과 수용재결 사이의 흠의 승계 문제를 다룬 대법원 판례는 없었지만, 원심법원은 앞서의 대법원 판결들의 연장선상에서 수용재결에 대한 흠의 승계를 부정한 것이다.

3. 판례의 검토

(1) 표준지공시지가의 의의

국토해양부장관은 토지이용상황이나 주변환경 그 밖의 자연적 · 사회적 조건이 일반적으로 유사하다고 인정되는 일단의 토지 중에서 대표성 있는 필지를 표준지로 선정하여, 매년 1. 1. 현재의 적정가격을 조사 · 평가하여 공시한다. 이와 같이 공시한 표준지의 단위면적당 가격이 표준지공시지가이다(부동산 가격공시 및 감정평가에 관한 법률 제2조 제5호, 제3조 제2항, 같은 법 시행령 제3조 제1항, 제4조).

표준지공시지가는 토지시장의 지가정보를 제공하고 일반적인 토지거래의 지표가 되며, 국가 · 지방자치단체 등의 기관이 그 업무와 관련하여 지가를 산정하거나 감정평가업자가 개별적으로 토지를 감정평가하는 경우에 그 기준이 된다(같은 법 제10조). 구체적으로는 국가 · 지방자치단체 등이 공공용지의 매수 및 토지의 수용 · 사용에 대한 보상, 국 · 공유토지의 취득 또는 처분 등을 위하여 토지의 가격을 산정하는 경우에 기준이 된다(같은 법 제9조). 또한 시장 · 군수 또는 구청장이 개별공시지가를 결정 · 공시하는 경우에도 표준지의 공시지가를 기준으로 지가를 산정하게 된다(같은 법 제11조).

(2) 표준지공시지가결정의 처분성

(가) 학 설

표준지공시지가결정이 항고소송의 대상인 처분인지에 관해서는 견해가 나뉘어 있다(이에 대한 자세한 소개는 임영호, 104-107면 참조). 처분성을 긍정하는 견해는 표준지공시지가는 조세 등의 산정기준이 되어 국민의 권리 · 의무에 영향을 미치고, 법률에서 이의 제도도 마련하고 있으므로(부동산 가격공시 및 감정평가에 관한 법률 제8조) 행정행위의 성질을 가진다고 한다. 처분성을 부정하는 견해는 그 성질을 행정계획이라 보는 견해, 행정규칙 또는 법규명령이라 보는 견해, 사실행위라 보는 견해로 나뉜다. 초점은 조금씩 다르지만, 결국은 표준지공시지가결정이 그 자체로 직접적으로 구체적인 권리 · 의무를 변동시키는 것이 아니라 과세 등을 위한 가격산정의 기준이 될 뿐이라는 점에 근거하는 것으로 보인다.

(나) 판 례

판례는 앞서 본 바와 같이 이 사건 대상판결 이전부터 처분성을 긍정하고 있었고, 이 사건 판결에서도 이러한 입장은 그대로 유지되었다. 적극적으로 구체적인 논거를 제시하고 있지 않으나, 법률에 이의제도가 마련되어 있다는 점이 언급되고 있는 점에 비추어, 이의제도의 존재가 처분성 인정에 큰 영향을 미친 듯하다.

(다) 검 토

표준지공시지가결정은 그 자체로는 개별 · 구체적으로 국민의 권리 · 의무를 변동시키지 않으므로 최협의의 행정행위 관념에는 포함되지 않는다. 과세처분, 수용재결 등을 위한 가격산정의 기준이 된다는 점에서 어느 정도 일반 · 추상적인 성격을 갖는다. 또한 가감조정을 할 수 있다는 점에서(부동산 가격공시 및 가격조정에 관한 법률 제9조 제1항 단서) 법적 구속력이 없다고 볼 여지도 있다.

그러나 행정행위가 아니라는 이유로 바로 처분성이 부정되는 것은 아니다. 우리 행정소송법상 처분 개념은 최협의의 행정행위 관념보다 넓게 정의되어 있고(행정소송법 제2조 제1항 제1호), 판례 역시 권리 · 의무를 직접 변동시키지 않더라도 권리관계에 영향을 미치는 경우에는 처분성을 긍정하고 있다(대표적으로는 지목정정 · 변경에 관한 대법원 2004. 4. 22. 선고 2003두9015 판결 참조). 표준지공시지가결정 역시 납세의무의 범위, 수용보상금의 액수 등의 기준이 되어 권리 · 의무에 영향을 미친다는 점에서 처분성을 긍정할 수 있을 것이다.

(라) 권리구제의 실효성 문제

문제는 표준지공시지가결정의 처분성을 인정하는 것이 권리구제의 실효성을 오히려 저해한다고 볼 수도 있다는 점이다. 처분성이 부정된다면 후속처분에 대한 소송에서 언제나 선결문제로 위법성을 주장할 수 있다. 반면 처분성이 인정된다면, 흠의 승계가 인정되는지에 따라 후속처분에서의 위법성 주장이 가능한지가 달라진다. 그런데 대법원이 처분성을 긍정한 사안은 모두, 표준지공시지가결정 그 자체에 대해 항고소송이 제기된 사안이 아니라, 후속처분에 대한 소송에서 원고가 표준지공시지가결정의 위법성을 주장한 사안이다. 후속처분에서의 위법성 주장을 차단하기 위한 전제로 표준지공시지가결정의 처분성이 인정되었다.

이와 같은 현상이 나타난 이유는 현실적으로 표준지공시지가결정 그 자체를 제소기간 내에 다툴 가능성은 거의 없고 후속처분인 과세처분이나 수용재결 단계에 이르러서야 비로소 다툴 가능성이 훨씬 높기 때문이다{뒤의 (3)(다)2) 참조}. 그리하여 처분성을 인정한 뒤에 다시 흠의 승계를 예외적으로 인정하는 우회적인 수단보다는, 처분성을 부정하고 후속처분에서 표준지공시지가의 위법성을 주장할 수 있도록 하는 길을 택하는 것이 타당하다는 주장이 제기되기도 한다(임영호, 107-109면).

(3) 흠의 승계

(가) 두 가지 시각

여기에서는 흠의 승계에 관한 학설의 큰 흐름만을 살펴보고자 한다. 법적 안정성을 중시하는 입장과 국민의 권리구제를 중시하는 입장으로 대별할 수 있다.

제소기간을 제한하여 행정법관계의 조속한 안정을 도모하고자 한 법률의 취지에 좀 더 비중을 둔다면, 제소기간이 지난 후에는 후속처분에서 다툴 수 있는 가능성도 원칙적으로 제한해야 한다고 보게 된다. 흠의 승계를 예외적으로만 인정하는 판례(2. 관련 판례 참조)와 통설의 입장은 기본적으로 이러한 논리에 기초하고 있다. 행정행위의 규준력이 미치는 범위에서는 선행처분의 위법을 이유로 후행처분의 위법을 논할 수 없다는 규준력이론(김남진, 129-130면)도, 인정범위에서는 다소 차이가 있으나, 원칙적으로 선행처분의 구속력을 인정한다는 점에서는 법적 안정성을 중시하는 입장이다. 흠의 승계 이론이든 규준력이론이든, 후속처분에서 위법을 주장할 수 없도록 하는 것이 수인한도를 넘어 가혹한 경우에는 예외를 인정한다.

반면 행정의 적법성 확보나 국민의 권리구제의 이익에 좀 더 비중을 둔다면, 제소기간 내에 다투지 않았다는 것만으로 후속처분에서의 위법성 주장이 원칙적으로 차단되어서는 안 된다는 주장도 가능할 것이다. 법적 안정성과 권리구제의 필요성을 개별·구체적으로 비교형량하여 판단해야 한다는 견해(박윤흔, 422-423면; 류지태, 39-41면)나 절차의 신속성이 요청되는 예외적인 경우를 제외하고는 흠의 승계를 원칙적으로 인정해야 한다는 견해(박정훈, 70면)가 이러한 입장에 서 있다. 이에 따르면 흠의 승계가 인정되는 사례는 예외적인 경우에 국한되지 않게 된다.

(나) 처분성의 확대와 흠의 승계

표준지공시지가결정의 하자가 후속처분에 승계되는지의 문제는, 앞서 본 바와 같이, 전형적인 행정행위가 아닌 표준지공시지가결정에까지 처분성이 확대되면서 비로소 발생하게 된 문제이다. 처분성을 넓게 인정하는 것은 두 가지 상반된 의미를 갖는다. 한편으로는 국민이 직접 다툴 수 있는 행정작용의 범위를 넓힘으로써 국민의 권리구제에 기여하게 된다. 그러나 다른 한편으로는 제소기간의 제한 역시 받게 되기 때문에 불가쟁력이 발생하는 행정작용의 범위 역시 확대된다.

어떠한 행정작용이 처분에 해당한다는 것은 이를 직접 다툴 수 있다는 의미를 갖는 것과 동시에 제소기간 내에 다투어야 한다는 의미도 갖는 것이다. 그런데 여기에서 더 나아가 제소기간을 제한한 취지가 존중되도록 흠의 승계도 원칙적으로 부정해야 한다고 보게 되면, 처분성의 확대는 권리구제의 장애물이 되고 만다.

그러므로 처분성의 확대가 그 본래의 뜻에 부합하게 실질적으로 권리구제의 확대에 기여하기 위해서는 흠의 승계의 인정범위를 넓히지 않으면 안 된다. 구체적인 방식은 두 방향으로 생각해 볼 수 있다. 보다 점진적인 방식은 통설 · 판례의 틀을 유지하되 수인한도의 예외를 확장하는 것일 것이다. 보다 급진적인 방식은 기존의 틀 자체를 바꿔 흠의 승계 여부를 개별 · 구체적으로 판단하도록 하거나 또는 흠의 승계를 원칙적으로 인정하는 것일 것이다.

(다) 수인한도론의 확장

이 사건에서 대법원은 흠의 승계를 예외적으로만 인정하는 큰 틀을 유지하면서도, 기존의 입장을 바꾸어 표준지공시지가결정의 흠의 승계를 인정하였다. 앞서 본 바와 같이 판례는 이 사건 이전까지 선행처분이 개별공시지가결정인 경우에 한해서만 수인한도론을 적용하고 있었는데, 표준지공시지가결정에 대해서까지 수인한도론의 적용범위를 확장한 것이다.

1) 법적 안정성의 문제 기존의 대법원 판례가 개별공시지가와 표준지공시지가를 달리 보았던 이유는, 양자가 국민의 권리관계에 영향을 미치는 범위에 큰 차이가 있기 때문인 것으로 추측할 수 있다. 보통 1개의 표준지공시지가를 기준으로 인근에 있는 70여 필지의 개별공시지가가 결정되고 그에 따라 각종 세금 등이 부과되기 때문이다(임영호, 111면 참조). 그러나 흠의 승계가 인정된다고 하더라도 후속처분에 대해 제소기간 내에 소송을 제기하여 표준지공시지가결정의 위법성을 주장한 자에 대해서만 변경된 표준지공시지가가 적용되는 것이므로 법적 안정성이 크게 훼손된다고 보기 어렵다(임영호, 112면).

2) 제소가능성의 문제 또한 표준지공시지가결정은 그 자체에 대해 제소기간 내에 소송을 제기하여 다툴 가능성이 개별공시지가결정만큼 낮거나 그 보다 더 낮다. 첫째, 양자 모두 개별적으로 고지하도록 되어 있는 것이 아니어서 결정 내용을 알고 있었다고 전제하기 곤란하다. 이 점은 개별공시지가에 관한 93누8542 판결과 대상판결에서 모두 언급되고 있다. 다만, 실제를 보면 개별공시지가에 대해서는 필요한 경우 개별적으로 통지할 수 있는 법적 근거가 마련되어 있고(부동산 가격공시 및 감정평가에 관한 법률 시행령 제20조 제2항 단서), 이에 따라 통지하고 있다고 한다(임영호, 104면 참조). 이 점에서 표준지공시지가를 다툴 가능성이 더 낮다고 할 것이다.

둘째, 양자 모두 공시 당시를 기준으로 보면 유리하게 작용할 것인지 불이익하게 작용할 것인지 예측하기 어렵다. 과세처분의 기초가 되는지 수용보상금 산정의 기초가 되는지에 따라 또는 개발부담금의 개시시점지가의 기초가 되는지 종료시점지가의 기초가 되는지에 따라, 높은 것이 유리할 수도 있고 낮은 것이 유리할 수도 있다. 이 점은 개별공시지가에 관한 93누8542 판결에서만 언급되고 있으나 표준지공시지가의 경우에도 마찬가지일 것이다. 특히 표준지공시지가결정은 개별공시지가결정을 거쳐 과세처분이나 개발부담금부과처분에 영향을 미치게 되므로 어떠한 영향을 미칠지 판단하기 더욱 어렵다.

셋째, 표준지공시지가가 공시될 당시 개별공시지가나 과세처분, 보상금 산정의 기준이 되는 표준지의 인근 토지를 함께 공시하는 것이 아니어서, 토지소유자는 인근에 있는 표준지 중 어느 표준지가 기준이 될지 알 수 없으므로, 표준지공시지가가 확정되기 전에 미리 다투는 것은 불가능하다. 대상판결에서 이 점을 언급하고 있는데, 표준지공시지가에 특유한 것이다. 덧붙여 나중에 비교표준지가 될 가능성이 있다는 사유만으로 다른 사람 소유 토지인 표준지의 공시지가의 취소를 구할 법률상 이익(행정소송법 제12조)이 있다고 보기도 어려울 것이다(임영호, 112면).

요컨대 대법원은 표준지공시지가결정에 대한 현실적인 제소가능성이 매우 낮다는 점을 근거로 기존의 태도를 변경하여 수인한도론을 확장하여 적용하고 있는 것이다.

4. 판례의 의미와 전망

대법원은 표준지공시지가결정은 그 자체를 다투어야 하고 후속처분에 대한 소송에서는 다툴 수 없다는 기존의 입장을 변경하여, 그 자체를 다툴 수도 있고 후속처분에 관한 소송에서도 다툴 수 있다는 법리를 제시하였다. 다만 기존 판례 사안은 후속처분이 수용재결이 아니어서 굳이 폐기하지는 않은 것으로 보인다. 그러나 표준지공시지가결정에 대해 현실적인 제소가능성이 없다는 것을 주된 근거로 삼고 있는 이상, 후속처분이 개별공시지가결정이거나 과세처분인 경우에도 마찬가지의 법리가 적용될 것으로 예상된다. 대상판결은 1994년 등장한 이후 오로지 개별공시지가결정에 대해서만 적용되었던 수인한도론의 인정범위를 확장하였다. 이 점에서 국민의 권리구제의 범위를 한층 넓힘과 동시에 흠의 승계에 관한 새로운 논의의 계기를 마련한 판결로 평가할 수 있을 것이다.

<참고문헌>

김남진, “행정행위의 하자승계론과 규준력이론”, 행정법연구 제2호, 행정법이론실무학회, 1998. 4.
류지태, “행정행위의 효력으로서의 존속력”, 저스티스 제32권 제3호, 한국법학원, 1999. 9.
박정훈, “행정소송법 개정의 주요 쟁점”, 공법연구 제31집 제3호, 한국공법학회, 2003. 3.

박윤흔, 최신 행정법강의(上) 제29판, 박영사, 2004.
임영호, “하자 있는 표준지 공시지가 결정과 그에 대한 쟁송방법”, 인권과 정의 378호, 대한변호사 협회, 2008. 2.

129. 환매권의 인정근거 및 제한[1)]

— 대법원 1992. 4. 28. 선고 91다29927 판결 —

김 연 태*

Ⅰ. 판례개요

1. 사실관계

건설부장관(현 국토해양부장관)이 「도시계획법」 제12조에 의하여 원고 소유의 이 사건 토지를 포함한 곳에 근린공원을 조성하기로 하는 내용의 도시계획결정을 한 후 1984. 10. 30. 이를 고시하였다. 이에 따라 서울특별시는 「공공용지의 취득 및 손실보상에 관한 특례법」(1990. 1. 13. 법률 제4206호로 개정되기 전의 것)에 의거하여 원고로부터 이 사건 토지를 1984. 11. 29.부터 1986. 4. 21.까지 보상금을 지급하고 취득한 후 소유권이전등기를 마쳤다. 그 후 공원조성사업의 시행자인 서울특별시장은 도시계획에 따른 내용대로의 공원조성공사를 완료하고 1987. 5. 말경부터 공중의 공동사용에 제공하였다.

한편, 이 사건 토지를 포함한 주변 일대의 토지가 1990. 3. 21. 택지개발촉진법에 의거 건설부장관에 의하여 택지개발예정지구로 지정되고, 3. 27. 지정고시가 된 후 1991. 1. 16. 그 택지개발계획이 승인고시 되었다. 이에 택지개발사업의 시행자인 서울특별시는 이 사건 토지 위의 공원시설을 철거하고 그 지상에 아파트건축공사를 착수하였다.

원고는 이 사건 토지가 택지개발예정지구로 지정고시 되자 「공공용지의 취득 및 손실보상에 관한 특례법」 제9조 제1항 소정의 환매대상이 되었다고 보고 1990. 8. 24. 당해 토지에 대하여 지급받은 보상금에 상당한 금액을 변제공탁하고, 서울특별시에 대하여 환매의 의사표시를 하였다.

---

* 고려대학교 법학전문대학원 교수.

1) 이 글은 졸고, 환매권과 공익사업의 변환에 관한 소고, 송윤 강구철 교수 화갑기념논문집, 2007에 실린 글을 기초로 하여 작성된 것임을 밝힌다.

2. 소송경과

원고는 서울지방법원 남부지원에 이 사건 토지에 관한 소유권이전등기절차의 이행을 구하는 소송을 제기하였으나 기각되었으며(90가합1757 판결), 이에 불복하여 서울고등법원에 항소하였다. 이에 서울고등법원은 1991. 7. 10. 이 사건 토지가 택지개발예정지구로 지정되어 택지개발사업이 시행되고 있는 것은 「공공용지의 취득 및 손실보상에 관한 특례법」 제9조 제1항 소정의 "당해 공공사업(이 사건의 경우 공원조성사업)의 폐지 · 변경으로 인하여 취득한 토지가 필요 없게 되었을 때"에 해당된다고 볼 수 없다고 하여, 항소를 기각하였다(91나8380 판결).

원고는 서울고등법원의 판결에 대하여 대법원에 상고하였고, 대법원은 1992. 4. 28. 원심판결은 환매권의 요건에 관한 법리를 오해한 위법이 있다고 보아 원심판결을 파기하고 이 사건을 원심법원에 환송하였다(대법원 1992. 4. 28. 선고 91다29927 판결).

3. 판결요지

(1) 「공공용지의 취득 및 손실보상에 관한 특례법」 제9조 제1항이 환매권을 인정하고 있는 입법이유는, 토지 등의 원소유자가 사업시행자로부터 토지 등의 대가로 정당한 손실보상을 받았다고 하더라도 원래 자신의 자발적인 의사에 기하여 그 토지 등의 소유권을 상실하는 것이 아니어서, 그 토지 등을 더 이상 당해 공공사업에 이용할 필요가 없게 된 때, 즉 공익상의 필요가 소멸한 때에는 원소유자의 의사에 따라 그 토지 등의 소유권을 회복시켜 주는 것이 공평의 원칙에 부합한다는 데에 있다고 할 것이므로, 사업시행자가 「공공용지의 취득 및 손실보상에 관한 특례법」 소정의 절차에 따라 취득한 토지 등이 일정한 기간 내에 그 취득목적사업인 공공사업의 폐지 · 변경 등의 사유로 그 공공사업에 이용될 필요가 없어졌다고 볼 만한 객관적 사정이 발생하면, 사업시행자의 주관적인 의사와는 관계없이 환매권자가 토지 등을 환매할 수 있다고 보아야 한다.

(2) 원래 국민의 재산권을 제한하는 토지수용권 등의 발동은 공공복리의 증진을 위하여 긴요하고도 불가피한 특정의 공익사업의 시행에 필요한 최소한도에 그쳐야 하는 것이므로, 사정의 변경 등에 따라 그 특정된 공익사업의 전부 또는 일부가 폐지 · 변경됨으로써 그 공익사업을 위하여 취득한 토지의 전부 또는 일부가 필요 없게 되었다면, 설사 그 토지가 새로운 다른 공익사업을 위하여 필요하다고 하더라도 환매권을 행사하는 환매권자(원소유자나 그 포괄승계인)에게 일단 되돌려 주었다가 다시 협의취득하거나 수용하는 절차를 밟아야 되는 것이 원칙이라고 할 것이나, 당초의 공익사업이 공익성의 정도가 높은 다른 공익사업으로 변경되고 그 다른 공익사업을 위하여 토지를 계속 이용할

필요가 있을 경우에는, 환매권의 행사를 인정한 다음 다시 협의취득이나 수용 등의 방법으로 그 토지를 취득하는 번거로운 절차를 되풀이하지 않게 하기 위하여 이른바 '공익사업의 변환'을 인정함으로써 환매권의 행사를 제한하려는 것이 토지수용법 제71조 제7항의 취지이므로 사업인정을 받은 당해 공익사업의 폐지 · 변경으로 인하여 수용한 토지가 필요 없게 된 때에는, 같은 법 조항에 의하여 공익사업의 변환이 허용되는 같은 법 제3조 제1호 내지 제4호에 규정된 다른 공익사업으로 변경되는 경우가 아닌 이상, 환매권자가 그 토지를 환매할 수 있는 것이라고 보지 않을 수 없다.

(3) 계쟁토지의 취득목적사업인 공원조성사업이 시행되어 그 토지를 포함한 그 일대의 토지들 위에 공원조성공사가 완료되고 공중의 공동사용에 제공되었다가, 그 후 위 토지를 포함한 그 일대의 토지들이 택지개발예정지구로 지정되고 이에 대한 택지개발계획이 승인되자, 위 토지 위의 공원시설을 철거하고 그 지상에 아파트건축공사를 착수하여 현재에 이르기까지 그 공사를 시행하고 있다면, 위 토지는 당초의 취득목적사업인 위 공원조성사업에는 더 이상 필요 없게 된 것임이 객관적으로 명백하다고 하지 않을 수 없고, 당초의 목적사업인 공원조성사업은 토지수용법 제3조 제3호에 해당하는 공익사업인 반면, 그 후 시행한 택지개발사업은 같은 법 제3조 제5호에 해당하는 공익사업임이 법문상 명백하므로, 토지수용법 제71조 제7항과 「공공용지의 취득 및 손실보상에 관한 특례법」 제1조 · 제2조 · 제9조 등 관계법령의 규정취지로 미루어 볼 때, 위 토지 위에 택지개발사업이 새로 시행되고 있다는 이유만으로는 공원조성사업에 필요 없게 된 위 토지의 원소유자가 위 특례법 제9조 제1항에 따라 위 토지를 환매할 수 없는 것이 아니다.

Ⅱ. 평 석

1. 쟁점정리

환매권이란 공익사업을 위하여 취득한 토지 등이 당해 공익사업에 필요 없게 되었거나 그것이 현실적으로 당해 공익사업에 이용되지 아니하는 경우에 원래의 토지소유자 또는 그 포괄승계인이 일정한 요건하에 다시 매수하여 소유권을 회복할 수 있는 권리를 말한다.

따라서 특정 공익사업의 전부 또는 일부가 폐지 · 변경됨으로써 당해 공익사업을 위하여 취득한 토지의 전부 또는 일부가 필요 없게 되었다면, 설사 그 토지가 새로운 공익사업을 위하여 필요하다고 하더라도 일단 환매권을 행사하는 환매권자에게 되돌려 주었다가 다시 협의취득하거나 수용하는 절차를 밟아야 하는 것이 원칙이다. 그러나 「공익사업을 위한 토지 등의 취득 및 보상에 관한 법률」(아래에서는 '토지보상법'이라 한다) 제91

조 제6항은 당초 공익사업이 공익성의 정도가 높은 다른 공익사업으로 변경되고 다른 공익사업을 위하여 그 토지를 계속 이용할 필요가 있는 경우, 환매권의 행사를 인정한 다음 다시 협의취득하거나 수용 등의 방법으로 그 토지를 취득하는 번거로운 절차를 되풀이하지 않기 위해 제한된 범위 내에서 공익사업의 변환을 인정하여 환매권의 행사를 제한하고 있다.

이러한 공익사업의 변환제도에 대하여는 행정편의라는 공익과 환매권이라는 사익이 충돌하고 있으므로 이러한 제도가 환매권을 부당하게 제한하는 것은 아닌지 문제가 된다. 특히 사업시행자가 달라진 경우에도 공익사업의 변환이 인정되는지 여부가 쟁점이 되고 있으며, 더 나아가 제91조 제6항의 공익사업의 변환 규정 자체의 문제점에 대하여 살펴보기로 한다.

2. 판례의 검토

(1) 환매권의 근거

공용수용 등에 따른 정당한 보상이 있은 후 사후의 일정한 사정에 의하여 원래의 토지소유자나 그 포괄승계인에게 환매권을 인정하는 이론적 근거는 어디에 있으며, 환매권을 행사하기 위해서는 그러한 이론적 근거만 있으면 되는지, 아니면 실정법적 근거가 있어야 하는지가 문제된다.

㈎ 이론적 근거

1) 대법원의 입장 대법원은 "토지수용법 제71조 제1항의 취지는 토지 등의 원소유자가 사업시행자로부터 토지 등의 대가로 정당한 손실보상을 받았다고 하더라도 원래 자신의 자발적인 의사에 기하여 그 토지 등의 소유권을 상실하는 것이 아니어서 그 토지 등을 더 이상 당해 공공사업에 이용할 필요가 없게 된 때, 즉 공익상의 필요가 소멸한 때에는 원소유자의 의사에 따라 그 토지 등의 소유권을 회복시켜 주는 것이 공평의 원칙에 부합한다"(대법원 1993. 12. 28. 선고 93다34701 판결)고 판시하여 공평의 원칙에서 그 근거를 구하고 있으며, 이후 토지보상법상의 환매권의 입법취지에 대해서는 "… 원소유자의 의사에 따라 그 토지 등의 소유권을 회복시켜 주는 것이 원소유자의 감정을 충족시키고 동시에 공평의 원칙에 부합한다는 데에 있는 것이며 …"(대법원 2001. 5. 29. 선고 2001다11567 판결)라고 판시하여 감정의 존중과 공평의 원칙의 결합에서 찾고 있다.

2) 헌법재판소의 입장 헌법 제23조의 재산권보장과 환매권의 관계에 관하여 헌법재판소는 "헌법 제23조의 근본취지에 비추어 볼 때, 일단 공용수용의 요건을 갖추어 수용절차가 종료되었다고 하더라도 그 후에 수용의 목적인 공공사업이 수행되지 아니하거나 또는 수용된 재산권이 당해 공공사업에 필요 없게 되었다고 한다면, 수용의 헌법상

정당성과 공공필요에 의한 재산권 취득의 근거가 장래를 향하여 소멸한다고 보아야 한다. 따라서 수용된 토지 등이 공공사업에 필요 없게 되었을 경우에는 피수용자가 그 토지 등의 소유권을 회복할 수 있는 권리, 즉 환매권은 헌법이 보장하는 재산권의 내용에 포함되는 권리라고 보는 것이 상당하다"(헌재 1998. 12. 24. 97헌마87 · 88병합)고 판시하고, 특히 「공공용지의 취득 및 손실보상에 관한 특례법」(아래에서는 '공특법'이라 한다)상의 환매권에 대해서도 "토지수용법 제71조 소정의 환매권과 마찬가지로 헌법이 보장하는 재산권의 내용에 포함되는 것이다"(헌재 1994. 2. 24. 92헌가15 내지 17, 20 내지 24)고 판시하여, 환매권의 인정근거를 헌법상의 재산권보장에서 찾고 있음을 보여 주고 있다.

3) 검 토 환매권을 인정하는 이유는 공용수용 등에 대하여 정당한 보상을 해준다고 하더라도 재산권의 침해가 없었던 것과 완전히 같은 결과를 가져오는 것은 아니므로, 수용 등의 전제인 공익사업의 폐지 · 변경 또는 기타의 사유로 수용 등의 목적물이 더 이상 필요하지 않게 되었을 경우에 원소유자에게 그 소유권을 회복할 수 있는 기회를 주는 것이 재산권의 존속보장의 사상과 합치된다고 볼 수 있다. 재산권보장은 일차적으로 재산권 그 자체의 존속보장이며, 공공필요를 위하여 개인의 재산권의 침해가 불가피할 경우에만 예외적으로 재산권자는 보상을 조건으로 침해행위를 수인해야 하고, 이 경우에 재산권보장의 내용은 이차적으로 그 경제적 가치의 보장으로 전환되는 것이다. 그런데 재산권의 침해를 정당화하는 공익상의 필요가 소멸된 경우에는 다시 일차적 재산권보장으로서의 존속보장이 회복되어야 하는바, 이와 같은 존속보장의 사상에서 환매권을 인정하는 근거를 찾을 수 있다. 그 밖에 환매권의 인정근거로 제시되는 공평의 원칙, 피수용자의 감정의 존중 등은 재산권보장의 원칙에 기반을 둔 것으로 재산권보장과 결부됨으로써 그 의미를 갖는다고 볼 것이다(김해룡, 29면).

(나) 법적 근거

종전 환매권에 관한 법률규정은 공특법과 토지수용법에 분산 · 중복되어 규정되고 있었다. 즉 공특법상의 환매는 사업인정의 고시 전에 사업시행자가 협의 취득한 토지 등(토지 · 물건 및 권리)에 대해서만 적용되고, 토지수용법에 의한 환매는 사업인정의 고시 이후 사업시행자가 협의취득하거나 또는 재결에 의하여 취득한 토지에 대하여 적용되었다. 두 법률은 환매권에 관하여 일부 상이하게 규정하고 있어 그 해석 · 적용에 있어 어려움과 불합리한 결과를 가져오는 등 문제점이 있었다. 토지보상법은 환매권을 협의취득 및 수용의 경우에 동일하게 규율하여 두 법률의 불균형을 해소하였다(제91조).

위에서 환매권의 이론적 근거는 헌법상의 재산권보장에서 찾을 수 있다고 보았는바, 환매권이 개별법적 근거가 없더라도 헌법상 재산권 보장규정으로부터 직접 도출될 수 있는 권리인지, 아니면 환매권의 행사를 위하여 실정법적 근거가 필요한지가 문제된다.

헌법재판소는 환매권을 헌법상의 재산권 보장조항으로부터 도출되는 것으로서, 헌법이 보장하는 재산권의 내용에 포함되는 권리로 보고 있다(헌재 1994. 2. 24. 92헌가15 내지 17, 20 내지 24).

이에 대하여 대법원은 "재산권 보장규정인 헌법 제23조 제1항, 제3항의 근본취지에 비추어 볼 때, 어느 토지에 관하여 공공필요에 의한 수용절차가 종료되었다고 하더라도 그 후에 수용의 목적인 공공사업이 수행되지 아니하거나 또는 수용된 토지를 당해 공공사업에 이용할 필요가 없게 된 경우에는 특별한 사정이 없는 한 피수용자에게 그의 의사에 따라 수용토지의 소유권을 회복할 수 있는 권리를 인정하여야 할 것이다. 그러나 한편, 국가가 공공필요에 의하여 보상금을 지급하고 토지 소유권을 수용함으로써 이를 취득한 마당에 사후적으로 그 토지에 대한 수용목적이 소멸하였다고 하여 피수용자가 오랜 세월이 지난 후에도 언제든지 일방적으로 수용토지의 소유권을 회복할 수 있다고 한다면 수용 토지를 둘러싼 권리관계를 심히 불안정하게 하고 이로 인하여 그 토지의 효율적인 이용이나 개발을 저해하는 등의 불합리한 결과를 초래할 수 있다고 할 것인바, 이러한 결과는 헌법이 기본원리로 하고 있는 법치주의의 요소인 법적 안정성 등에는 반하는 것이라고 할 것이다. 뿐만 아니라 수용된 토지에 국가나 기업자가 투자하여 개발한 이익이 있는 경우 그 이익이 공평하게 분배될 수 있도록 하는 조치도 필요하다. 그러므로 입법자는 수용 토지에 대한 수용 목적이 소멸한 경우에 피수용자가 그 토지의 소유권을 회복할 수 있는 권리의 내용, 성립요건, 행사기간 · 방법 및 소유권 회복 시 국가나 기업자에게 지급하여야 할 대금 등을 규정함으로써 그 권리를 구체적으로 형성하여 보장함과 동시에 이를 법적 안정성, 형평성 등 다른 헌법적 요청과 조화시키는 내용의 법령을 제정하여야 할 것이고, 피수용자로서는 입법자가 제정한 법령에 의하여 수용토지 소유권의 회복에 관한 권리를 행사할 수 있는 것이라고 해석함이 상당하다. 따라서 입법자가 법령을 제정하지 않고 있거나 이미 제정된 법령이 소멸하였다고 하여 피수용자가 곧바로 헌법상 재산권 보장규정을 근거로 하여 국가나 기업자를 상대로 수용목적이 소멸한 토지의 소유권 이전을 청구할 수 있는 것은 아니라고 보아야 할 것이다"(대법원 1998. 4. 10. 선고 96다52359 판결)라고 판시하여, 피수용자가 법령에 의하지 아니하고 헌법 제23조를 근거로 하여 곧바로 수용토지의 소유권 회복에 관한 권리를 행사할 수 없다고 본다.

생각건대, 환매권이 헌법상의 조항으로부터 직접 도출되는 권리인지의 문제는 환매권을 인정하는 것이 재산권보장의 본질적 내용에 해당하는지에 따라 판단하여야 할 것이다. 개별법에서 재산권의 내용이 구체화되지 않은 경우에 헌법조항이 직접 적용되기 위해서는 재산권에 대한 본질적인 침해에 해당하여야 하는데, 재산권의 수용에 대하여 정당한 손실보상이 지급된 상황에서 환매권을 인정하지 않는 것이 재산권에 대한 본질적 침해라고 볼 수는 없을 것이다.

헌법상의 재산권보장에 환매의 이념이 내포되어 있다고 보더라도, 재산권보장으로부터 바로 행사 가능한 환매권이 도출된다고 볼 수는 없다. 그와 같은 결론은 헌법해석의 한계를 벗어나는 것이며, 동시에 법원의 권한을 넘는 것이다. 환매의 행사요건, 기간, 방법 등은 다양하기 때문에 그에 대한 일반원칙을 관련 규정으로부터 도출할 수는 없다. 결론적으로 환매권은 개별 법률에 의하여 구체적으로 형성되고 보장되어야 행사할 수 있는 권리라고 해석하여야 할 것이다.

(2) **환매권의 행사요건**

환매권은 ① 토지의 협의취득일 또는 수용의 개시일(취득일)부터 10년 이내에 당해 사업의 폐지 · 변경 그 밖의 사유로 인하여 취득한 토지의 전부 또는 일부가 필요 없게 된 경우 또는 ② 토지의 취득일부터 5년 이내에 취득한 토지의 전부를 당해 사업에 이용하지 아니한 경우에 행사할 수 있다(토지보상법 제91조 제1항, 제2항).

①에서 말하는 '필요 없게 된 경우'라 함은 단순히 사업의 이용에 제공하지 아니한 경우에 그치지 아니하고, 사업의 이용에 제공할 필요가 없어진 경우를 뜻하는데 그 중에는 취득 당시부터 이미 필요 없는 경우와 취득 후에 필요 없게 된 경우가 있다. 어떠한 경우에나 그 필요성 여부는 객관적인 기준으로 판단하여야 할 것이지 사업시행자의 주관적인 의사를 기준으로 판단해서는 안 된다(대법원 1998. 3. 27. 선고 97다39766 판결).

②에서 말하는 '사업에 이용하지 아니한 경우'란 사실상 사업의 이용에 제공하지 아니한 상태를 의미하는 것이다. 따라서 사업이 폐지 · 변경된 것은 아니지만 단순히 그 실시가 지연되어 사업의 목적에 공하여지지 아니한 경우에도 환매가 가능하게 된다. ①의 경우에는 당해 사업에 필요 없게 된 부분에 대하여 환매권을 행사할 수 있는 데 대하여, ②의 경우에는 사업시행자가 취득한 토지의 전부가 사업에 제공되지 아니한 경우에 한한다. 취득한 토지의 일부가 당해 사업에 이용되고 있으면 나머지 부분에 대하여도 장차 당해 사업이 시행될 가능성이 있는 것으로 보아 환매권의 행사를 허용하지 않는다(대법원 1995. 2. 10. 선고 94다31310 판결).

환매권자는 사업시행자에 대한 환매의 의사표시와 함께 지급받은 보상금에 상당한 금액을 지급 또는 공탁함으로서 환매권을 행사하고 사업시행자의 의사와 관계없이 환매가 성립한다. 즉 환매금액의 지급 또는 공탁은 소유권이전과 동시이행의 관계에 있는 것이 아니고, 환매권의 행사요건의 하나로서 선 이행 되어야 할 것이다. 환매권을 환매권자의 일방적 의사표시를 통해 법률효과가 발생하는 형성권으로 볼 때, 환매권자에게 동시이행의 항변권까지 인정한다면 이는 지나치게 환매권자를 유리하게 취급하는 것이 된다(김유환, 601면).

(3) 환매금액

환매금액은 원칙적으로 당해 토지에 대하여 지급받은 보상금에 상당한 금액이나(토지보상법 제91조 제1항), 그 토지의 가격이 취득일 당시에 비하여 현저히 변동된 경우 사업시행자 및 환매권자는 환매금액에 대하여 서로 협의하되, 협의가 성립되지 아니한 때에는 그 금액의 증감을 법원에 청구할 수 있다(토지보상법 제91조 제4항).

여기서 '당해 토지에 대하여 지급받은 보상금에 상당한 금액'이라 함은 사업시행자가 토지의 소유권과 소유권 이외의 권리에 지급한 보상금액을 말하며, 환매권 행사 당시까지의 법정이자를 가산하지 아니한다. 환매의 대상이 토지에 한하고, 정착물은 환매의 대상이 되지 않기 때문에 사업시행자가 공공용지를 취득할 당시 그 위에 건축물 등 정착물이 있었던 경우로서 그 정착물에 대하여 보상한 경우에도 그 정착물에 대한 보상금은 환매금액에 포함되지 않는다.

'토지의 가격이 취득일 당시에 비하여 현저히 변동된 경우'의 의미는 환매권 행사 당시의 토지가격이 지급한 보상금에 환매 당시까지의 당해 사업과 관계없는 인근 유사토지의 지가변동률을 곱한 금액보다 초과되는 경우를 말한다(토지보상법 시행령 제48조).

법원은 환매권 행사 당시의 토지가격이 지급한 보상금에 환매 당시까지의 당해 사업과 관계없는 인근 유사토지의 지가변동률을 곱한 금액 보다 적거나 같을 때에는 지급한 보상금의 상당금액이 그 환매가격이 되고, 이를 초과할 때에는 보상금에다 환매 당시의 감정평가금액에서 보상금에 인근 유사토지의 지가변동률을 곱한 금액을 공제한 금액을 더한 금액, 즉 보상금+{환매 당시의 감정평가금액-(보상금×지가변동률)}이 환매가격이 된다고 판시하고 있다(대법원 2000. 11. 28. 선고 99두3416 판결).

그러나 실제에 있어서 인근 유사토지의 선정, 그 토지의 지가변동률을 산정하는 데 어려움이 많을 것이다. 인근 유사토지의 지가변동률이란 환매대상토지와 지리적으로 인접하고 공부상 지목과 대지의 이용 상황 등이 유사한 토지의 지가변동률을 의미하므로 당해 행정구역 전체의 지가변동률이나 지목별 평균 지가변동률과는 구별된다.

(4) 공익사업의 변환과 환매권의 제한

(가) 공익사업변환의 의의

1) 의 의 토지보상법은 제91조 제6항에서 「국가 · 지방자치단체 또는 정부투자기관이 사업인정을 받아 공익사업에 필요한 토지를 협의취득 또는 수용한 후 당해 공익사업이 제4조 제1호 내지 제4호에 규정된 다른 공익사업으로 변경된 경우 제1항 및 제2항의 규정에 의한 환매권 행사기간은 관보에 당해 공익사업의 변경을 고시한 날부터 기산한다. 이 경우 국가 · 지방자치단체 또는 정부투자기관은 공익사업의 변경사실을 대

통령령이 정하는 바에 따라 환매권자에게 통지하여야 한다」고 규정하여 공익사업의 변경에 따른 환매권행사를 제한하고 있다.

2) 인정취지 특정 공익사업의 폐지 · 변경 그 밖의 사유로 인하여 취득한 토지의 전부 또는 일부가 필요 없게 되었다면 설사 그 토지가 새로운 다른 공익사업을 위하여 필요하다고 하더라도 환매권자에게 환매하도록 한 후 새로운 공익사업의 시행을 위하여 다시 협의취득하거나 수용하는 것이 원칙이라 할 것이다. 그러나 당초의 공익사업이 공익성의 정도가 높은 다른 공익사업으로 변경되고 그 다른 공익사업을 위하여 토지를 계속 이용할 필요가 있을 경우에는 토지에 대한 환매를 인정하여 사유화한 다음에 다시 같은 토지를 협의취득 또는 수용하는 번거로운 절차를 피하기 위하여 이러한 조항을 둔 것이다.

(나) 공익사업변환의 요건

이 규정은 사업인정을 받은 공익사업이 공익성의 정도가 높은 법 제4조 제1호 내지 제4호의 다른 공익사업으로 변경된 경우에만 적용된다. 따라서 법 제4조 제5호 내지 제7호에 해당하는 다른 공익사업으로 변경되는 경우에는 공익사업의 변환은 인정되지 않고 해당 토지를 일단 환매권자에게 돌려주었다가 다시 협의취득하거나 수용하는 절차를 밟아야 한다. 대법원도 공원조성사업(법 제4조 제3호)을 위해 수용된 토지를 택지개발사업(법 제4조 제5호)을 위해 제공하는 것과 같은 경우에는 공익사업의 변환이 인정되지 않으며, 환매 후 다시 수용하는 등의 절차를 거쳐야 한다고 판시하였다(대법원 1992. 4. 28. 선고 91다29927 판결).

또한 공익사업의 변환은 사업시행자가 국가 · 지방자치단체 또는 정부투자기관인 경우에 한하여 허용된다. 이들의 경우 남용의 우려가 크지 않다는 데에 허용이유가 있으나, 공익사업 추진상의 행정편의를 고려한 규정이라 생각된다.

(다) 공익사업변환의 쟁점사항과 문제점

1) '사업시행자가 다른 경우'의 적용 여부

① 문제의 소재: 공익사업의 변환과 관련하여 문제되는 것은 변경된 공익사업의 시행자가 변경되기 전의 사업시행자와 동일한 자이어야 하는가이다. 공익사업의 변환에 관한 토지보상법 제91조 제6항에서는 사업시행자가 바뀌는 경우에 대하여 명확한 규정을 두고 있지 않아, 이러한 경우에도 공익사업의 변환이 인정될 것인지에 관하여 견해의 대립이 있다.

② 학 설: 학설은 사업시행자가 바뀌는 경우에도 공익성의 정도가 높은 토지보상법 제4조 제1호 내지 제4호 소정의 사업범위로 변경되는 경우라면 변환이 인정된다는 견해와 사업시행자가 바뀌는 경우에는 공익사업의 변환이 허용되지 아니한다는 견해로 나누

어진다. 긍정설은 변경되는 사업의 범위가 제한되어 있으므로 남용의 우려가 없다는 점을 근거로 한다. 이에 대하여 부정설은 사업시행자를 달리하는 경우까지 공익사업의 변환을 인정하는 것은 공평의 원칙에 반한다는 점(석종현, 156면), 폐지된 공익사업의 시행자가 아무런 이유 없이 토지가액의 변동으로 인한 차익을 얻을 수 있다는 점에서 불합리하다는 점(김시현, 93면) 등을 논거로 제시한다.

③ 판 례: 대법원은 "'공익사업의 변환'이 국가 · 지방자치단체 또는 정부투자기관이 사업인정을 받아 토지를 협의취득 또는 수용한 경우에 한하여, 그것도 사업인정을 받은 공익사업이 공익성의 정도가 높은 토지수용법 제3조 제1호 내지 제4호에 규정된 다른 공익사업으로 변경된 경우에만 허용되도록 규정하고 있는 같은 법 제71조 제7항 등 관계법령의 규정내용이나 그 입법이유 등으로 미루어 볼 때, 같은 법 제71조 제7항 소정의 '공익사업의 변환'이 국가 · 지방자치단체 또는 정부투자기관 등 기업자(또는 사업시행자)가 동일한 경우에만 허용되는 것으로 해석되지는 아니한다"(대법원 1994. 1. 25. 선고 93다11760, 11777, 11784 판결)고 판시하여 사업시행자가 바뀐 경우에도 공익사업의 변환을 인정하여 환매권을 제한하였다.

④ 검 토: 생각건대, 토지보상법 제91조 제6항의 문언 상 공익사업의 변환을 사업시행자가 동일한 경우로 명백히 한정하고 있지 않으며, 수용에서 중요한 것은 사업의 공익성이지 그 주체가 아니라는 점 등에 비추어 대법원의 해석이 일견 타당하다고 할 수 있다.

한편, 사업시행자가 동일하지 않는 경우에 공익사업의 변환이 허용된다고 하더라도 변경 전 · 후의 사업시행자가 모두 국가 · 지방자치단체 또는 정부투자기관이어야 하는지, 아니면 변경 후의 사업시행자가 누구인지는 아무런 제한이 없는 것인지가 문제된다. 법문 상 변경 전의 사업시행자가 국가 · 지방자치단체 또는 정부투자기관일 것을 규정하고 변경 후의 사업에 대하여는 공익성의 정도가 높은 사업에 해당할 것을 요구할 뿐이므로 변경 후의 사업시행자가 누구인지에 대하여는 제한하고 있지 않은 것으로 해석된다.

2) '공익사업변환' 규정 자체의 위헌성 여부 법원에 대하여 공익사업 변환규정의 위헌제청을 신청하고 이에 대하여 법원이 신청을 기각한 데 대하여 헌법재판소법 제68조 제2항에 따라 헌법소원심판을 청구한 사건에서, 헌법재판소는 "이 사건 심판대상조항은 공익사업의 원활한 시행을 확보하기 위한 목적에서 신설된 것으로 우선 그 입법목적에 있어서 정당하고 나아가 변경사용이 허용되는 사업시행자의 범위를 국가 · 지방자치단체 또는 정부투자기관으로 한정하고 사업목적 또한 상대적으로 공익성이 높은 토지수용법 제3조 제1호 내지 제4호의 공익사업으로 한정하여 규정하고 있어서 그 입법목적 달성을 위한 수단으로서의 적정성이 인정될 뿐 아니라 피해최소성의 원칙 및 법익균형의 원칙에도 부합된다 할 것이므로 위 법률조항은 헌법 제37조 제2항이 규정하는 기

본권 제한에 관한 과잉금지의 원칙에 위배되지 아니한다"(헌재 1997. 6. 26. 96헌바94)고 판시하였다.

그러나 공익사업의 변환을 인정하는 것은, 환매와 수용 등 절차의 반복으로 인해 재산권보장에 실익이 없으면서도 공익사업의 추진에 지장만 초래하게 되는 결과를 피할 수 있다는 긍정적인 면이 없는 것은 아니나, 만약 남용된다면 환매권제도를 실질적으로 폐지하는 결과를 가져온다는 점에서 문제가 있다. 더욱이 공익사업의 변환은 재수용과 동일한 의미를 갖는 것인데, 단지 사업시행자가 국가 · 지방자치단체 또는 정부투자기관인지, 그리고 변경되는 대상사업이 법 제4조 제1호 내지 제4호에 규정된 공익사업에 해당하는지 여부만이 문제될 뿐, 공용수용의 다른 요건(예컨대 필요성과 비례성)의 충족에 대한 아무런 판단도 거치지 않고 재수용과 동일한 효과를 발생케 한다는 점에서 '공공필요'의 요건(이는 공공성, 필요성, 비례성으로 구성된다)을 충족한 경우에만 재산권침해를 허용하고 있는 헌법상의 재산권보장규정에 반한다고 볼 수 있다. 또한 공익사업의 변환을 인정하기 위하여 공익사업의 변경고시를 하는 것 이외에 아무런 절차규정을 두고 있지 않은 것은 공익사업의 추진이라는 행정편의만을 고려하고 제도의 남용을 방지하는 장치를 마련하는 데 있어서는 부족하다는 문제가 있다.

3. 판례의 의미와 전망

환매권의 인정근거와 그 요건, 그리고 공익사업의 변환에 관한 대법원 판례는 현행법의 해석 · 적용에 충실한 입장으로서 그 타당성이 인정된다. 그런데 토지수용은 특정한 공익사업을 위하여 개인의 토지소유권을 강제적으로 박탈하는 것인바, 이러한 재산권의 침해는 수용된 당해 토지가 최초의 사업인정을 받은 공익사업에 제공될 때에만 정당화된다. 사업이 폐지 · 변경된 경우는 위와 같은 재산권 침해의 정당성이 없어졌으므로 환매권을 인정하여 피수용자가 소유권을 회복할 가능성을 부여하는 것이 재산권보장의 일차적 원리인 재산권의 존속보장에 부합하며 기본권 제한에 있어서 비례원칙에도 맞는 것이다.

토지보상법은 제91조 제6항에 의해 공익사업의 변환이 인정되는 경우 환매권을 제한하고 있는바, 공익사업의 변환이 남용된다면 재산권의 존속보장을 실현하는 환매권제도를 실질적으로 폐지하는 결과를 가져올 수 있다. 따라서 궁극적으로는 동 규정을 폐지하고 절차의 반복이 있더라도 다시 수용하는 절차를 밟는 것이 타당하다고 생각한다. 동 규정을 유지한다면 최소한 새로운 공익사업 및 그의 실현을 위한 토지의 필요성, 관련이익의 형량 등, 공용수용의 요건충족 여부에 대한 심사절차와 제도의 남용을 방지하기 위한 장치를 마련하는 것이 필요할 것이다. 입법적 개선을 촉구하는 바이다.

<참고문헌>

김남진, “공특법상의 환매권 발생의 요건”, 법률신문 2189호, 법률신문사, 1993.
김시현, “환매권에 있어서 공익사업의 변경”, 판례연구 제8집, 서울지방변호사회, 1995.
김유환, “환매권의 법리”, 박윤흔 박사 화갑기념논문집, 박영사, 1997.
김해룡, “토지법상 환매권의 법리”, 계명법학 제2집, 계명대학교 법학연구소, 1998.
석종현, “공익사업의 변환과 환매권”, 고시연구, 1995. 7.

130. 환지계획의 처분성

—대법원 1999. 8. 20. 선고 97누6889 판결—

김　종　보*

Ⅰ. 판결개요

1. 사실관계

甲(충청남도 예산군수)은 이 사건 토지구획정리사업을 시행하기 위하여 환지계획안을 작성하여 14일간(1991. 9. 27. ~ 1991. 10. 10.) 일반에 공람하였다. 공람이 종료된 후 甲은 공람과정에서 이의를 제기한 일부 토지소유자들의 의견서와 그 일부 의견을 환지계획에 반영하겠다는 자신의 의견서를 첨부하여 A(충청남도지사)에게 인가신청을 하였다. A는 같은 해 12. 7. 甲의 일부 의견에 따라 환지계획안(案)을 수정하되 그 외는 원래의 환지계획안에 따라 처리하라는 처리의견을 붙여 인가를 하였다. 그 후 甲은 A의 처리의견에 따라 당초의 환지계획안을 일부 수정하였고, 이로 인해 乙(원고) 소유의 이 사건 토지에 대한 환지의 위치가 공람 당시(의 환지계획)에 비하여 10m가량 이동되었다. 이후 甲은 1991. 12. 21.경 일부 수정된 환지계획에 따라 환지예정지지정처분을 하였다.

이에 乙은 다단계로 진행된 토지구획정리사업법상의 모든 처분에 대하여 무효확인 및 취소소송을 병합 제기하였다. 乙이 제기한 소송은 환지계획의 무효확인 및 취소소송, 환지예정지지정처분 무효확인 및 취소소송, 환지처분 무효확인 및 취소소송이다.

2. 대법원 판결의 요지

(1) 환지계획

토지구획정리사업법상 환지예정지지정이나 환지처분은 그에 의하여 직접 토지소유자 등의 권리의무가 변동되므로 이를 항고소송의 대상이 되는 처분이라고 볼 수 있으나, 환지계획은 위와 같은 환지예정지 지정이나 환지처분의 근거가 될 뿐 그 자체가 직접

* 서울대학교 법학전문대학원 교수.

토지소유자 등의 법률상의 지위를 변동시키거나 또는 환지예정지지정이나 환지처분과는 다른 고유한 법률효과를 수반하는 것이 아니어서 이를 항고소송의 대상이 되는 처분에 해당한다고 할 수가 없다(소 각하).

(2) **환지예정지지정**

법 제47조, 제33조 등의 규정에서 환지계획의 인가신청에 앞서 관계 서류를 공람시켜 토지소유자 등의 이해관계인으로 하여금 의견서를 제출할 기회를 주도록 규정하고 있는 것은 환지계획의 입안에 토지구획정리사업에 대한 다수의 이해관계인의 의사를 반영하고 그들 상호간의 이익을 합리적으로 조정하는 데 그 취지가 있다고 할 것이므로, 최초의 공람과정에서 이해관계인으로부터 의견이 제시되어 그에 따라 환지계획을 수정하여 인가신청을 하고자 할 경우에는 그 전에 다시 수정된 내용에 대한 공람절차를 거쳐야 한다고 봄이 위와 같은 제도의 취지에 부합하는 것이라고 할 것이다. 그렇다면 피고가 1991. 12. 7.자 인가 후에 수정한 내용에 따른 이 사건 환지예정지지정처분은 환지계획에 따르지 아니한 것이거나 환지계획을 적법하게 변경하지 아니한 채 이루어진 것이어서 당연무효라고 할 것이다.

3. 정 리

이 사건에서 乙(원고)은 처음으로 공람된 환지계획상으로는 유리한 지역에 환지를 받기로 확정된 자였던 것으로 추측된다. 이러한 환지계획은 A(충청남도지사)에게 인가를 받아 확정되었으며, 乙은 자신의 환지위치가 공람된 환지계획에 표시된 바대로 확정되었다고 믿었을 것이다. 다만 공람된 환지계획이 인가되었다는 사실이 乙에게 통지되었는지 또는 공고되었는지 여부에 대하여 법원이 사실관계를 밝히지 않고 있다. 그 후 사업시행자인 甲(예산군수)은 최초의 공람절차에서 이의를 제기했던 이해관계인들의 의견을 참작하여 인가된 환지계획을 변경하였으나, 그 변경을 위해 새로운 공람절차를 거치지 않았다. 사실관계만으로는 선명하지 않으나 이러한 환지계획변경은 A에게 인가를 받지도 않은 것으로 보인다. 여기서도 역시 환지계획의 변경이 乙에게 통지되었는지 여부에 대하여 법원이 사실관계를 해명하지 않고 있다. 이에 의해 두 개의 환지계획이 존재하게 되었는데, 처음 공람에 제공되고 인가를 받은 환지계획(舊計劃)과 공람절차를 거치지 않고 인가도 받지 않은 새로운 환지계획(新計劃)이 그것이다. 사업시행자 甲은 구 계획이 신 계획에 의해 유효하게 변경되었다고 믿었으므로, 환지예정지의 지정이나 환지처분을 하면서 신 계획의 내용에 따랐다.

판결에 나타난 사실관계만 보면 환지면적에 있어서는 신 계획과 구 계획간에 아무런 차이도 없는 것으로 보이며, 다만 乙에 대한 환지의 위치가 10미터 변경되었을 뿐이다. 甲이 신 계획에 따라 환지예정지를 지정하고, 환지처분을 한 것에 乙이 소송을 제기한 것으로 보아 을의 입장에서 보면 구 계획상의 환지위치가 신 계획상의 환지위치보다 더 유리했을 것이다. 乙이 불리한 위치로 환지를 받게 된 근본적인 원인은 갑이 신 계획을 유효한 것으로 보고 이를 집행했기 때문이다.

Ⅱ. 평 석

1. 논 점

대법원은 환지계획에 대한 항고소송에서는, 환지계획이 국민의 권리의무에 영향을 주지 않는 행정내부적인 것이기 때문에 처분성이 인정되지 않는다고 판결하고 있다. 다른 한편 환지예정지지정에 대한 항고소송에서는 환지계획에 따르지 아니한 환지예정지지정은 무효라 선언하고 있다. 다시 정리하면 환지계획은 처분성이 없다는 원칙과 환지계획에 따르지 않은 환지예정지지정이 무효라는 원칙이 대법원에 의해 채택되고 있다.

대법원이 두 개의 항고소송에서 채택하고 있는 이 두 원칙은, 환지계획과 관련된 것이므로 내용상 긴밀히 연결되어 있는 것이다. 그러나 이 두 원칙이 양립할 수 있는 것인지 서로 모순되는 것인지 하는 점은 선명하게 드러나지 않는다. 이 두 개의 결론은 어떠한 관계에 있는 것일까?

환지예정지지정이 환지계획의 내용과 달라지는 경우에 무효가 된다는 것은, 환지예정지지정이 무효가 아니려면 환지계획에 따라야 한다는 뜻이다. 이에 따르면 환지예정지지정은 무엇인가를 새롭게 정하는 것이 아니라, 이미 정해진 바를 그대로 집행하는 행위에 불과하다. 이는 환지계획을 통해서 이미 변동될 수 없는 권리관계가 확정되며, 환지계획에 의해 확정된 권리관계는 환지예정지지정에 의해 단지 집행되기만 할 뿐 변동될 수 없다는 결론으로 이어진다. 그러므로 환지예정지지정이 환지계획에 반하면 무효라는 것은, 환지계획에서 이미 국민의 권리의무가 구속적으로 확정된다는 것을 전제로 한다. 그러나 앞서 살펴본 바와 같이 대법원은 환지계획 자체에 대한 소송에서 환지계획은 행정내부적인 것으로 토지소유자의 법률상지위에 변동을 초래하지 않는다는 입장을 명시적으로 취하고 있다. 대법원의 견해처럼 환지계획에 의해 확정되는 국민의 권리의무에 관한 사항이 행정내부적인 것에 불과한 것이고 이에 대하여 다툴 수 없다면, 환지계획은 국민의 권리의무를 구속적으로 확정하지 않는 것이어야 한다. 그러나 대법원은 환지예정지지정은 환지계획의 집행에 불과한 것이고 환지계획의 내용에 반하면 무효라 판단하고 있으므로, 환지계획 속에 일정한 권리의무가 이미 구속적으로 결정된다고 선언하고 있다.

결론적으로 보면 이 사건의 해결과 관련하여 대법원의 판결 속에는 서로 모순되는 두 개의 입장이 있다. 환지계획이 행정 내부적이며, 권리의무에 영향을 주지 않는 것이라는 명제와 환지예정지지정이 환지계획에 반하면 무효라는 명제, 즉 환지계획에 의해 권리의무가 확정되는 것이라는 명제가 하나의 판결 속에 공존하고 있는 것이다. 그러나 이 두 개의 명제는 서로 모순되므로, 남는 과제는 무엇이 틀렸는가를 찾아내는 일이다. 이를 위해서는 우선 토지구획정리사업의 절차와 환지계획, 환지예정지, 환지처분의 관계 등을 간단히 살펴보아야 한다.

2. 토지구획정리사업과 환지계획의 의의

(1) 토지구획정리사업의 의의와 근거

토지구획정리사업은 기존의 시가지로서, 획지와 도로망을 재정비할 필요성이 높은 지역에서 시행되는 공법적 개발 사업이다. 이와 같은 공법적 개발 사업은 사적자치에 의한 시장 기능만으로는 회복이 불가능한 도심의 문제 지역을 정비하기 위한 수단으로 발전해왔다. 1962년 제정된 도시계획법에 근거를 두고 있다가 1976년 토지구획정리사업법이라는 별개의 법률로 분리되어 입법되고, 2000년에는 도시개발법으로 명칭을 바꾸면서 수용방식의 사업방식이 추가되는 등의 전면개정을 겪는다. 현행 도시개발법에는 환지방식, 수용방식, 혼용방식이라는 3종류의 사업방식이 규정되어 있는데, 이 중에서 환지방식의 개발 사업이 토지구획정리사업법상 토지구획정리사업과 동일한 것으로 평가해도 좋다.

토지구획정리사업은 수용방식과 달리 토지소유권을 박탈하지 않고 구토지의 소유권을 새롭게 조성되는 토지(환지)의 소유권으로 변경하는 방식으로, 공공시설을 설치하고 필지경계선을 정돈하는 것을 목적으로 한다. 이처럼 구 토지소유자의 소유권이 새로운 환지에 대한 소유권으로 전환되는 방식으로 권리배분이 이루어지는 토지구획정리사업의 특성상 소유권의 변경에 대한 계획인 환지계획의 존재가 필연적으로 요구된다.

(2) 환지계획의 의의와 수립절차

환지계획이란 토지구획정리사업으로 인하여 조성된 대지를 어떻게 분배할 것인가에 초점을 맞추어, 사업시행자가 입안하고 시장 · 군수의 인가를 통하여 확정되는 행정계획이다. 환지계획을 입안함에 있어서, 토지의 가액은 감정평가를 거쳐 규약 · 정관 등에 의하여 구성 · 운영되는 토지평가협의회의 심의를 거쳐 결정되어야 한다. 시장 · 군수가 환지계획의 인가를 신청하고자 하는 경우 이를 14일간 일반에 공람하고, 이해관계인의 의견을 묻는데, 이 때 공람에 제공되는 것이 바로 환지계획안(案)이다. 이러한 환지계획안은 아직 구속력을 갖지 않으며, 후술하는 인가를 통하여 비로소 환지계획으로 확정된다.

환지계획을 통하여 토지구획정리사업의 결과로 확보될 도로망과 그를 중심으로 정리된 구획에 따라 새로운 토지의 소유자를 확정하는 사항이 담겨지게 된다. 환지계획을 변경하는 경우에도 동일한 절차가 적용되는 것이 원칙이다.

(3) 집행행위로서 환지처분과 환지예정지지정

환지계획을 실현하는 집행행위로서 환지처분이 있는데, 환지처분은 시행지구 내 기존토지의 소유권을 소멸시키고 법률상 전혀 새로운 것으로 간주되는 토지상에 새로운 권리의무관계를 창설하는 시행자의 처분이다. 환지계획에서 환지를 받기로 정해진 자는 환지처분의 공고가 있은 다음날 토지에 대한 소유권을 취득하고, 구 토지에 대한 소유권을 상실한다.

구역지정에서 사업완료까지 오랜 시간이 소요되는 토지구획정리사업의 특성상 환지계획을 최종적으로 집행하는 환지처분 외에 중간단계의 집행행위로서 환지예정지지정이라는 처분이 마련되어 있다. 환지계획만으로 아직 토지소유권이 변동되지 않지만, 대상지역 내 토지소유자들에게는 새롭게 받게 될 토지가 법적으로 확정되므로 이를 확인하기 위한 단계가 필요하다. 여기서 구 토지의 사용수익권을 새로운 토지의 사용수익권으로 이전시키는 기능을 하는 것이 바로 환지예정지지정처분이다. 환지예정지지정처분은 시기적으로 환지처분에 선행한다.

환지계획을 통해 확정된 환지의 위치와 면적은 후속하는 집행행위인 환지처분이나 환지예정지지정처분을 내용적으로 구속한다. 그러므로 이러한 집행행위가 환지계획에서 정해진 환지의 위치와 면적을 변경시키게 되면 무효가 되고, 환지계획상의 환지위치와 면적은 집행행위가 없었던 것과 같이 계속 효력을 유지한다. 다만 환지계획에서 정해진 환지의 위치와 면적이 반드시 최종적인 것은 아니며, 적법한 절차에 따라 변경될 수 있다.

3. 판결의 검토

이 사건에서 다툼의 대상이 된 행정작용은 환지계획의 변경 또는 변경된 환지계획이고, 대법원이 일차적으로 처분성을 부인하고 있는 것도 변경된 환지계획이다. 대법원은 오래 전부터 환지처분이나 환지예정지지정은 환지계획의 집행행위에 불과한 것으로 파악하고 환지계획의 내용에 반하는 집행행위의 효력을 지속적으로 부인해 왔다(환지예정지지정의 무효에 대해서는 대법원 1987. 3. 10. 선고 85누603 판결, 환지처분에 대해서는 대법원 1978. 8. 22. 선고 78누170 판결, 대법원 1990. 10. 10. 선고 89누4673 판결, 대법원 1991. 4. 26. 선고 90다11295 판결, 대법원 1992. 6. 26. 선고 91누11728 판결, 대법원 1992. 11. 10.선고 91누8227 판결 등). 이를 보면 대법원이 간접적으로나마 환지계획을 통하여 권리의무가 확정된다는 사실을 받아들여 왔다는 점을 엿볼 수 있다. 또한 토지구획정리사업법상의 환지계획에 대응하는 도시재개발법(현행 도시 및 주거환경정비법)상의 관리처분계획에 대하여 대법원이 그 처분성을 인정하고 있다는 점은 이러한 추측을 더욱 강하게 뒷받침해준다(대법원 1995. 8. 22. 선고 94누5694 판결 등).

다른 한편 이 사건은 토지구획정리사업법상 환지계획의 처분성이 최초로 문제된 사안이었다는 점에서 중요한 의의를 갖는다. 여기서 대법원은 환지계획의 처분성을 명시적으로 부인하는 입장을 취하고 있다. 물론 이 사건에서 심판대상이 된 것은 甲이 임의로 수정한 환지계획이며 대법원은 이러한 환지계획이 처분이 아니라고 하고 있다. 부연한다면, 이 사건에서 乙은 甲이 임의로 수정한 환지계획만을 다투었을 뿐 최초의 환지계획에 대하여는 다투지 않았다. 乙은 최초의 환지계획에 대하여는 이의도 없었을 뿐 아니라, 오히려 최초의 환지계획이 유효하다고 주장해야 하는 입장이었기 때문이다. 따라서 이 사건에서 항고소송의 대상이 된 환지계획은 갑이 임의로 수정한 환지계획이었으며, 대법원이 일차적으로 처분성을 부인하고 있는 것도 바로 수정된 환지계획이다. 이처럼 이 사건을 해결하기 위한 한도에서라면 대법원이 수정된 환지계획에 대하여 그 처분성을 부인하는 것으로 충분하였을 것이다. 그러나 대법원은 이에서 더 나아가 환지계획일반의 처분성을 부인하는 견해를 밝히고 있다. 즉 대법원의 판결문을 보면 이 사건의 환지계획뿐 아니라 앞으로 나타날 유사한 사건에서도 환지계획은 처분이 아닌 것으로 취급하겠다는 확고한 입장이 표명되어 있다.

이하에서는 환지계획의 처분성에 관한 대법원의 입장을 항목을 나누어 검토해보기로 한다.

(1) 환지계획의 효력과 처분성

이 사안에서는 변경된 환지계획이 실제로 위력을 발휘하여 환지예정지지정의 내용을 결정하고 있다. 대법원에서 사후에 무효인 것으로 판단된 환지계획의 변경이 사업시행자에게는 유효한 것으로 오해되었으며, 사업시행자는 변경된 환지계획에 따라 환지예정지지정을 했다. 그러므로 변경된 환지계획은 비록 무효였다고 하여도 환지예정지지정을 사실상 구속했고, 그렇다면 환지계획은 국민의 권리의무에 영향을 주었던 것으로 평가된다. 다만 대법원의 입장에 따르면 최초의 환지계획이 유효했고, 후속한 환지계획변경행위가 무효였기 때문에 최초의 환지계획이 변경되지 않은 채 효력을 갖게 된다.

대법원이 환지예정지지정의 무효확인소송에서 "환지계획이 공람절차를 거치지 않아서 무효"라고 판단하는 것은, "환지계획의 변경이, 효력발생요건인 통지절차를 거치지 않았고 더 나아가 공람절차 등도 거치지 않아 효력을 발생하지 않고, 최초의 환지계획이 변경되지 않은 채 존재한다"는 취지로 해석되어야 한다. 따라서 환지예정지지정은 최초의 환지계획에 따라 행해져야 하는 것이며, 변경된 환지계획에 따라 행해진 환지예정지

지정은 대법원의 입장과 같이 당연히 무효로 해석되어야 한다.

대법원의 심판대상이 되었던 환지계획의 변경은 효력요건을 구비하지 못한 것으로 무효 또는 부존재 상태이며 국민에 대하여 효력을 갖지 못하도록 이론구성 되어도 문제가 없다. 그러나 어떠한 행정작용이 효력요건을 갖추지 못하여 무효라 하여도 그 처분성이 모두 부인되는 것은 아니며, 무효등확인소송을 통해 무효 또는 부존재임이 확인될 수 있다. 만약 어떠한 행정작용이 무효일 경우 무조건 그 처분성이 없는 것으로 해석한다면, 무효등확인소송의 가능성을 정면으로 부인하는 것이 되므로, 무효등확인소송제도를 두고 있는 현행 행정소송법에 정면으로 반하는 해석이 된다.

이 사건에서는 환지계획 변경처분이 무효여서 이론적으로는 아무런 효력을 발휘하지 못하는 것이지만, 사실관계에서 알 수 있는 바와 같이 후속하는 집행행위를 통해 사실상 효력을 발생시키고 있다. 이처럼 무효인 행정작용도 국민의 권리의무에 사실상의 영향을 미치고 있으므로, 항고소송으로 그 사실상의 효력을 배제할 필요가 있는 처분에 해당하는 것이다. 그러므로 이 사건 환지계획(의 변경)은 그것이 비록 무효였다 하여도 처분으로서의 성격은 갖는 것이며, 대법원이 이에 대한 항고소송을 부적법 각하한 것은 옳지 않다. 더 나아가 대법원이 그 결론을 일반화하면서 환지계획의 처분성을 정면으로 부인하는 선례를 내놓은 것은 앞으로 토지구획정리사업과 관련된 분쟁에서 조기의 권리구제를 봉쇄하는 효과를 갖는다는 점에서 매우 유감스러운 일이다. 특히 환지처분으로 모든 권리의무의 변동이 종결되면 개별적인 환지처분의 취소를 구하는 것은 소의 이익이 없다는 것이 대법원의 일관된 입장이므로, 대법원의 견해처럼 환지계획의 처분성까지 부인하게 되면 환지계획 이후에는 환지예정지지정에 대해서만 취소소송을 제기할 수 있다는 결론에 이르게 된다. 그러나 환지예정지지정에 대한 항고소송도 환지처분이 행해지고 나면 소의 이익을 잃게 된다는 것이 이 판결 후반부에 피력된 대법원의 견해이므로 환지예정지지정에 대한 소송 중에 환지처분이 행해지면 그 소송 역시 각하될 것이다. 이렇게 보면 토지구획정리사업과 관련된 행정법적 분쟁해결의 길은 실제로 존재하지 않는 것과 마찬가지이다.

(2) 처분의 효력요건으로서 통지

원심법원을 포함하여 대법원에서도 사실관계를 해명함에 있어서 환지계획의 효력요건으로서 고시(告示) 또는 국민에 대한 개별적 통지행위가 존재했는가를 점검하지 않고 있다. 법원은 환지계획이 대국민적인 효력이 없는 행정내부적인 행위에 불과한 것으로 이론구성하고 있지만 환지계획은 앞서 본 바와 같이 국민의 권리의무를 구속적으로 확정하는 것을 내용으로 한다. 토지구획정리사업법상으로도 환지계획은 인가를 받도록 정해져 있는데, 이를 대법원의 견해처럼 행정내부적인 결재절차(決裁節次)인 것으로 해석하는 것은 무리이다. 만약 환지계획이 행정 내부적 결재사항에 불과한 것이라면 이를 법에서 특별히 인가절차로 규율하는 것 자체가 매우 이례적인 것이다. 오히려 환지계획의 인가를 명시적으로 정하고 있는 토지구획정리사업법의 취지는 환지계획이 다수의 이해관계인에 영향을 주는 일반처분(一般處分)이고, 이는 상급관청의 승인대상이므로 이를 작성한 행정주체가 상급관청에 승인을 받도록 정하고 있는 것으로 이해하여야 한다. 이러한 일반처분의 승인행위는 물론 그 승인만으로 효력을 발생하는 것은 아니고 대외적으로 공고되거나 최소한 국민에게 개별적으로 통지되어야 효력을 갖게 된다. 행정법상 이에 해당되는 처분으로는 예컨대 국토의 계획 및 이용에 관한 법률상의 도시관리계획결정(법 제30조 제6항), 공익사업을 위한 토지 등의 취득 및 보상에 관한 법률상의 사업인정(법 제22조), 주택법상의 사업승인(법 제16조), 택지개발예정지구의 지정(법 제3조), 도시 및 주거환경정비법상 사업시행계획과 관리처분계획의 인가(법 제28조, 제44조), 도시개발법상 실시계획의 인가(법 제18조) 등을 들 수 있다. 만약 국토의 계획 및 이용에 관한 법률상 도시계획결정을 다투는 소송에서 원고가 도시관리계획결정의 무효확인소송을 제기하면 우선 도시계획이 결정되었는가, 또 고시되었는가를 살펴야 한다. 그 결과 만약 결정이 고시되지 않았다면 처분을 무효로 확인하여야 할 것이지 이를 처분이 아니라고 각하하여서는 안 될 것이다. 이는 법률이 대외적 효력요건으로서 고시에 관한 규정을 누락한 경우에도 역시 마찬가지로 해석되어야 한다. 환지계획의 인가에 대한 이 사안이 바로 그러한 경우인데, 가장 바람직한 해결책은 우선 그 처분이 다수인(多數人)의 물권에 영향을 미치는 일반처분에 해당되는 것으로 보고 이와 유사한 여타의 법률에서 고시에 관한 규정을 유추적용 하는 것이다. 그러나 이러한 유추적용을 통해 처분의 무효를 확정하기 곤란한 경우라 하더라도, 최소한 그 효력요건으로서 국민에 대한 개별적 통지는, 규정의 유무에 불구하고 반드시 행해져야 하는 것으로 해석하여야 한다. 국민에 대한 통지가 처분의 효력발생요건이라는 것은 의문 없이 받아들여지는 행정법의 일반원리이기 때문이다.

대법원과 원심법원은 환지계획인가의 고시에 관한 조문이 없다는 점, 환지계획(의 변경)이 무효라는 점 등에 근거하여 그 처분성을 부인하여 소를 각하하고 있다. 법원의 이런 결론이 옳다면 환지계획이 국민에게 고시되었는지 또는 통지되었는지 여부는 전혀 중요한 사실이 아니다. 그러나 환지계획은 국민의 권리의무를 구속적으로 확정하는 행정작용이며, 이는 법에서 고시에 관한 절차를 정하든 그렇지 않든 간에 변화하지 않는다. 그러므로 고시에 관한 절차가 법에 누락되었다는 점만으로 행정작용의 법적 성격을 판단한 것이라면 이는 앞뒤가 바뀐 것이다. 이 사건에서도 고시에 관한 절차가 누락되어 있다는 점은 환지계획의 성격을 파악한 후 해석을 통해 보충했어야 할 입법상 불비였을 뿐 환지계획의 성격을 좌우하는 요인은 아니다.

(3) 결 론

토지구획정리사업은 구역지정, 사업시행인가, 환지계획인가의 다단계 절차를 거쳐 시행된다. 이 중에서도 특히 환지계획은 구토지의 소유권을 소멸시키고 새로운 토지의 소유권을 발생시키고 토지소유자들의 권리의무관계를 확정한다는 점에서 중요한 의미를 갖는다. 환지처분을 통해 구체적인 권리변환의 효과가 발생하기는 하지만, 환지처분의 내용이 환지계획에서 확정된다는 점에서 환지계획 그 자체만으로 국민의 권리와 의무에 영향을 미치는 처분의 성격을 갖는 것으로 평가되어야 한다. 통지절차로서 고시에 관한 규정이 흠결되어 있는 것은 처분의 성립과 효력 자체가 부인될 수 있는 치명적인 입법의 불비이므로, 유추해석을 통해 보충되거나 궁극적으로는 법률에 고시에 관한 규정을 신설하는 방안을 고려해야 한다. 이러한 맥락에서 여전히 고시에 관한 규정을 두고 있지 않은 도시개발법의 규정은 시급히 개정되어야 할 것이다(법 제29조).

<참고문헌>

김동희, 행정법 Ⅰ, 박영사, 2008.
김동희, 행정법 Ⅱ, 박영사, 2008.
김종보, "환지계획의 처분성", 공법연구 제 28집 제 3호, 한국공법학회, 2000. 3.
김철용, 행정법 Ⅰ, 박영사, 2008.
김철용, 행정법 Ⅱ, 박영사, 2008.
박균성, 행정법론(상), 박영사, 2007.
박균성, 행정법론(하), 박영사, 2006.

131. 금융산업의 구조개선법상 계약이전결정 등 처분에 대한 취소소송

— 대법원 2005. 1. 27. 선고 2002두5313 판결 —

권 순 일*

Ⅰ. 판결개요

1. 사실관계

(1) 금융통화위원회가 1998. 2. 구 은행법(1998. 1. 13. 법률 제5499호로 전문 개정되기 전의 것) 제18조 제5항에 기하여 경영개선권고를 함에 따라, 경기은행은 1998. 4. 1. 경영정상화계획을 제출하였다.

(2) 피고(금융감독위원회)는 은행경영정상화계획평가위원회(이하 '경평위'라 한다)의 평가, 은행감독원 실사팀의 실사 등을 거쳐 1998. 6. 29. '경영정상화계획 불승인, 영업의 정지 및 인 · 허가 취소요청, 계약이전결정, 임원 전원의 업무집행정지 및 관리인선임 등'의 조치를 취하였는데, 경기은행의 주주인 원고들은 위 조치 가운데 영업의 정지, 계약이전결정, 임원 전원의 업무집행정지 및 관리인선임 처분(이하 '이 사건 각 처분'이라 한다)의 취소를 구하는 이 사건 소를 제기하였다.

(3) 재정경제부장관은 1998. 9. 30. 경기은행에 대한 인 · 허가 취소처분을 하였고, 경기은행은 1998. 10. 26. 파산선고를 받아 파산절차가 진행되었다.

2. 소송경과

제1심(서울행정법원 2001. 3. 28. 선고 98구29731 판결)은, 법인에 대한 행정처분이 법인의 존속 자체를 직접 좌우하는 처분인 경우에는 그 주주라 할지라도 당해 처분에 관하여 직접적이고 구체적인 법률상 이해관계를 가지므로 그 무효 확인 등을 구할 원고적격

---

* 대법관.

이 있지만, 위와 같은 경우가 아니라면 법인의 주주로서는 당해 법인에 대한 행정처분에 관하여 제3자로서 사실상이나 간접적인 경제적 이해관계를 가질 뿐이어서 스스로 그 처분의 취소나 무효 확인 등을 구할 원고적격이 없다고 할 것인데, 경기은행의 존속 자체를 직접 좌우하는 처분은 이 사건 각 처분이 아닌 이 사건 인 · 허가취소처분이고, 이 사건 각 처분 자체는 경기은행의 존속 자체를 직접 좌우하는 효력을 가진다고 할 수 없으므로 주주인 원고들에게는 이 사건 각 처분의 취소를 구할 원고적격이 없다는 이유로 이 사건 소를 모두 각하하였다.

원심(서울고등법원 2002. 5. 8. 선고 2001누5981 판결) 역시 같은 취지로 원고들의 항소를 모두 기각하였다.

3. 판결요지

법인의 주주는 법인에 대한 행정처분에 관하여 사실상이나 간접적인 이해관계를 가질 뿐이어서 스스로 그 처분의 취소를 구할 원고적격이 없는 것이 원칙이라고 할 것이지만, 그 처분으로 인하여 법인이 더 이상 영업 전부를 행할 수 없게 되고, 영업에 대한 인 · 허가의 취소 등을 거쳐 해산 · 청산되는 절차 또한 처분 당시 이미 예정되어 있으며, 그 후속절차가 취소되더라도 그 처분의 효력이 유지되는 한 당해 법인이 종전에 행하던 영업을 다시 행할 수 없는 예외적인 경우에는 주주도 그 처분에 관하여 직접적이고 구체적인 법률상 이해관계를 가진다고 보아 그 효력을 다툴 원고적격이 있다.

Ⅱ. 평 석

1. 쟁점정리

이 사건 각 처분의 직접적인 상대방은 경기은행인데, 처분의 상대방이 아닌 주주들이 그 취소를 구할 원고적격이 있는지 여부가 이 사건의 쟁점이다. 법인의 주주를 비롯한 제3자의 원고적격에 대한 일반론을 간략하게 살펴본 다음, 이 사건에서 주주인 원고들에게 원고적격을 인정할 수 있는지 여부를 검토한다.

2. 제3자의 원고적격

(1) 항고소송에서의 소의 이익

항고소송에서 소의 이익이란 개념은 광의로는 원고가 취소소송을 제기할 자격을 가지고 있는가 하는 '원고적격의 문제' 및 구체적 사안에 있어서 계쟁처분에 대하여 취소 또는 무효 확인 등 판단을 행할 구체적 현실적 필요성이 있는가 하는 '권리보호의 필요성'

을 포함하는 것이다. 이 중 후자만을 협의의 소의 이익으로 보는 것이 일반적 견해이다.

행정소송법 제12조(원고적격)는 "취소소송은 처분 등의 취소를 구할 법률상 이익이 있는 자가 제기할 수 있다. 처분 등의 효과가 기간의 경과, 처분 등의 집행 그 밖의 사유로 인하여 소멸된 뒤에도 그 처분 등의 취소로 인하여 회복되는 법률상 이익이 있는 자의 경우에는 또한 같다"고 규정하고 있으므로, 원고적격이 있으려면 처분 등의 취소를 구할 법률상 이익이 있는 자이어야 하고, 동시에 그 이익이 직접 침해되었거나 침해될 것이 확실한 경우이어야 한다.

현행 행정소송법상 '법률상 이익'의 개념에 관해서는 학설상 권리구제설(권리회복설), 법률상 보호된 이익구제설(법적 이익구제설), 법률상 보호가치가 있는 이익구제설, 적법성 보장설 등이 대립되고 있다.

판례는 '행정처분의 상대방이 아닌 제3자도 그 처분으로 인하여 법률상 보호되는 이익을 침해당한 경우에는 그 처분의 취소 또는 변경을 구하는 행정소송을 제기하여 그 당부의 판단을 받을 법률상 자격이 있다'고 하면서, 법률상 이익에 관하여는 '당해 처분의 근거 법률에 의하여 보호되는 직접적이고 구체적인 이익이 있는 경우를 말하고, 제3자가 당해 행정처분과 관련하여 간접적이거나 사실적 · 경제적 이해관계를 가지는 데 불과한 경우는 여기에 포함되지 아니한다'는 입장을 취하고 있다(대법원 2002. 10. 25. 선고 2001두4450 판결, 대법원 2004. 5. 14. 선고 2002두12465 판결, 대법원 2007. 1. 25. 선고 2006두12289 판결 등).

(2) 주식회사의 주주 또는 이사의 제3자 원고적격

법인의 주주 또는 이사 등은 법률상 직접적이고 구체적인 이익을 가지지 않는 자이므로 당해 법인에 대한 행정처분 또는 당해 법인이 제3자 원고적격을 가지고 있는 소외인에 대한 행정처분에 대하여 그 취소 · 무효 확인의 소를 제기할 당사자적격이 없다는 것이 종래 판례의 입장이다(대법원 1971. 3. 23. 선고 70누164 판결, 대법원 1992. 9. 1. 선고 92누5805 판결, 대법원 1995. 8. 22. 선고 94누8129 판결 등). 이는 일반적으로는 법인에 대한 행정처분은 당해 법인으로 하여금 다투도록 하면 되고, 이와 별도로 그 주주에게 이를 다툴 수 있는 원고적격을 인정할 필요가 없다는 취지로 이해할 수 있다. 다만 예외적으로 주식회사의 해산처분 또는 해산되는 결과를 가져오는 처분의 경우에는 대표이사나 주주 등에게 원고적격을 인정하고 있다(대법원 1962. 7. 19. 선고 62누49 판결, 대법원 1997. 12. 12. 선고 96누4602 판결 등).

(3) 구 금융산업의 구조개선에 관한 법률상의 처분과 주주의 원고적격

㈎ 사건의 배경

우리 법제에서 부실금융기관의 정비를 위한 법적 장치가 도입된 것은 1997. 1. 13.

종전의 '금융기관의 합병 및 전환에 관한 법률'이 구 '금융산업의 구조개선에 관한 법률'(이하 '금산법'이라 한다)로 전문 개정되면서부터였다. 1997년 금산법은 금융기관의 부실화를 예방하고 부실금융기관 발생 시 이를 원활히 수습할 수 있는 제도적 장치를 마련하는 데 그 입법취지가 있었다. 그리하여 이 법은 해당 금융기관에 대한 주의 · 경고 또는 경영개선계획의 제출요구 등 '조기시정장치'를 도입하는 한편, 재정경제부장관에게 부실금융기관에 대하여 자본금증액 등 '경영개선조치'를 명하거나 합병 · 영업양도 또는 제3자 인수 등을 권고할 수 있도록 하였다.

금산법에 의한 계약이전결정은 금융감독위원회의 일방적인 결정에 의하여 금융거래상의 계약상 지위가 이전되는 사법상의 법률효과를 가져오는 행정처분으로서, 부실금융기관의 자산 및 부채 중 일부만을 선택적으로 제3자인 인수금융기관에게 양도 및 인수하게 함으로써 부실금융기관을 정리하는 방법이다. 따라서 계약이전결정이 있다고 하더라도 그 자체만으로 당해 금융기관이 바로 해산되는 것은 아니고, 금감위가 재정경제부장관에게 그 영업에 관한 인 · 허가의 취소를 요청하여 그 인가 및 허가가 모두 취소되면, 비로소 해산사유가 된다.

이 사건에서 처분에 의하여 이전되는 계약은 경기은행이 가지고 있는 은행업 · 신용카드업 · 신탁업 · 증권투자업 관련 자산 및 부채 등이고, 경기은행에 잔류하는 자산은 고정 이하의 부실자산 중에서도 성업공사가 인수할 가치가 없는 자산과 직원들의 봉급 · 퇴직금에 관련된 자산, 비업무용 고정자산 정도이므로, 이 사건 각 처분에 따른 계약이전이 이루어지면 경기은행이 다시 종전과 같이 은행업 및 그 부대업무를 한다는 것은 사실상 불가능하다. 즉 위와 같이 처분 자체가 법률상으로 해산사유가 되지는 아니하나, 이러한 처분이 있으면 인 · 허가 취소를 거쳐 해산에 이를 수밖에 없고 사실상 다시 종전과 같은 업무를 행할 수 없게 되는 경우에 이를 주주의 지위에 중대한 영향을 초래하거나 회사의 존속 자체를 좌우하는 처분으로 보아 주주가 그 인 · 허가 취소 처분을 다투는 외에 이를 다툴 수 있다고 할 것인지 여부가 문제된다.

㈏ 종래 판례의 태도

종래 판례의 태도는 나뉘어 있었다. 첫째 유형은, 구 금산법 제14조 제2항에 따라 이 사건 처분과 같은 계약이전의 결정, 영업정지 등을 명한 처분을 한 다음 재정경제부장관이 같은 법 제14조 제3항에 따라 은행업의 인가 · 허가 등을 취소하는 처분을 하였다면, 설사 계약이전결정 등의 처분이 취소된다 하더라도 이를 원상태로 회복시켜 은행이나 그 임원들로 하여금 이전결정의 대상이 된 계약 등 영업이나 기타 업무를 다시 수행하게 할 방법이 없고, 따라서 이와 같은 경우에는 더 이상 피고를 상대로 계약이전의 결정 등의 처분의 취소를 구할 소의 이익이 없게 되었다고 보는 입장이다. 계약이전결정이 취소되면 은행의 청산절차에서 주주에 대한 잔여재산분배에 영향을 미친다는 사유만으로는 위와 같은 소의 이익이 인정될 수 없다는 것을 그 논거로 한다(대법원 2002. 4. 28. 선고 2004두480 판결, 대법원 2002. 6. 25. 선고 2001두5132 판결, 대법원 2003. 3. 28. 선고 2002두10759 판결 등). 이러한 입장에 선 판결들은 모두 금융위기 때 퇴출된 동남은행 · 대동은행 · 동화은행 등에 관한 사건에서 계약이전결정 등의 처분이 이루어진 후 재정경제부장관이 금산법 제14조 제3항에 따라 은행업의 인가 · 허가 등을 취소하는 처분을 하였는데, 주주 등이 계약이전결정 등의 처분만을 다투고 은행업의 인 · 허가 등을 취소한 처분에 대하여는 이를 다투지 아니하여 확정된 사안에 관한 것이다.

둘째 유형은, 일반적으로 법인의 주주는 당해 법인에 대한 행정처분에 관하여 사실상이나 간접적인 이해관계를 가질 뿐이어서 스스로 그 처분의 취소를 구할 원고적격이 없는 것이 원칙이라고 할 것이지만, 그 처분으로 인하여 궁극적으로 주식이 소각되거나 주주의 법인에 대한 권리가 소멸하는 등 주주의 지위에 중대한 영향을 초래하게 되는데도 그 처분의 성질상 당해 법인이 이를 다툴 것을 기대할 수 없고 달리 주주의 지위를 보전할 구제방법이 없는 경우에는 주주도 그 처분에 관하여 직접적이고 구체적인 법률상 이해관계를 가진다고 보아 그 취소를 구할 원고적격이 인정된다는 입장이다(대법원 2004. 12. 23. 선고 2000두2648 판결).

(다) 대상판결의 검토

대상판결의 사안에 관하여는 일응 긍정설과 부정설의 견해의 대립을 상정해 볼 수 있다. 먼저 긍정설의 입장에서는, 이 사건 계약이전결정은 경기은행이 당시까지 가지고 있던 계약 중 실질적인 가치가 있는 계약의 거의 전부를 다른 은행 또는 성업공사에 이전하는 것을 내용으로 하는 것이므로, 위와 같은 계약이전이 이루어지면 더 이상 은행업무를 계속할 수 없게 되어 영업의 인 · 허가 취소로 경기은행이 해산되는 결과가 사실상 예정되어 있다고 볼 수 있다는 점을 중시한다. 회사가 영업의 중요한 일부를 양도하는 내용의 계약을 체결하려면 상법 제374조 제1항에 따른 주주총회의 특별결의가 있어야 하는데, 이 사건과 같은 계약이전결정이 있으면 주주의 의사에 의하지 아니하고 영업의 대부분이 양도되는 효과가 발생하므로, 주주에게 이를 다툴 수 있는 기회를 제공하여야 한다고 한다. 경기은행에 대한 영업의 인 · 허가 취소처분이 취소된다고 하더라도 이 사건 각 처분의 효력이 상실되지 않는 한 종전과 같은 영업을 할 수도 없는데, 이 사건 각 처분으로 인하여 경기은행의 종전 임원들 모두의 직무집행이 정지되었으므로, 경기은행 스스로 이 사건 각 처분을 다툴 것을 기대하기는 어렵기 때문에 주주들에게 원고적격을 인정하지 않으면 이러한 처분을 다툴 자가 사실상 없게 되는 결과가 발생한다는 점을 그 논거로 한다. 대상판결이 취하고 있는 입장이다.

부정설은, 경기은행이 해산되는 결과를 발생하게 하는 처분은 이 사건 각 처분이 아니라 재정경제부장관의 영업에 관한 인 · 허가의 취소처분이므로, 이 사건 각 처분이 경기은행의 존속 자체를 직접 좌우하는 효력을 가진 처분이라고 할 수 없다는 점을 논거로 한다. 또 이 사건 각 처분이 증자 및 감자명령과 같이 주주의 회사에 대한 권리를 침해하는 처분이라고 할 수도 없다는 점도 들 수 있다. 경기은행의 주주 등 이해관계인은 행정소송법 제8조 제2항, 민사소송법 제64조 · 제62조의 규정에 따라 법원에 특별대리인 선임 신청을 하여 경기은행으로 하여금 위 처분의 취소를 구하는 소송을 제기할 수 있으므로(대법원 1997. 12. 12. 선고 97누10284 판결 참조), 이와 별도로 주주에게 원고적격을 인정할 실익도 없을 뿐만 아니라, 주주에게 이 사건과 같은 처분에 대해서도 원고적격을 인정하게 되면, 주주의 소권남용에 의하여 부실금융기관의 정비절차가 과도하게 지연될 염려가 있다고 본다.

3. 대상판결의 의의

이상의 검토에서 보듯이, 판례는 항고소송에서의 제3자의 원고적격의 인정 범위를 꾸준히 넓혀 오고 있다. 대상판결은 이러한 입장에서, 법인에 대한 행정처분이 이루어진 경우 당해 법인의 주주 등이 그 처분에 관하여 가지는 법률상 이해관계의 범위를 종전 판례의 주류적 입장보다 확대하였다는 데에 그 의의가 있다. 대상판결은 원고적격의 허용 여부를 결정하는 기준으로서 그 처분이 주주의 지위에 중대한 영향을 초래하는지 여부, 법인의 대표기관 등을 비롯한 주주 이외의 자가 그 처분의 효력을 용이하게 다툴 수 있는지 여부 등 제반 사정을 구체적 · 실질적으로 검토할 것을 제시하고 있다.

<참고문헌>

권순일, “부실금융기관의 처리에 관한 쟁송”, 기업소송연구, 기업소송연구회, 2005. 3.
노철우, “금산법상의 계약이전제도의 문제점”, 금융법연구 2권 1호, 한국금융법학회, 2005. 9.
서규영, “주식회사에 대한 침익적 행정처분과 주주의 원고적격”, 판례연구 19집(1), 서울지방변호사회, 2005. 9.
하종대, “금산법에 기한 계약이전결정 등 처분과 주주의 원고적격”, 특별법연구 제7권, 특별소송실무연구회, 2005. 12.

132. 잡종재산의 무단점유와 변상금부과의 위헌 여부

— 대법원 2008. 5. 15. 선고 2005두11463 판결 —

권 순 일*

Ⅰ. 판결개요

1. 사실관계

(1) 이 사건 토지 및 그 지상 건물은 원래 A의 소유인데, A가 1998. 6.경 국가에 이를 상속세로 물납함으로써 국가 소유가 되었다. 피고(한국자산관리공사)는 1998. 11. 3. 재정경제부장관으로부터 국유재산법상 잡종재산인 이 사건 토지 및 건물의 관리 · 처분에 관한 사무를 위탁받았다.

(2) 원고는 1997. 5. 26.경부터 이 사건 토지 및 건물에 접해 있는 토지와 지상 건물에서 자동차정비공장을 운영하고 있었다.

(3) 피고는 2002. 10. 10. 원고가 1998. 11. 18.부터 2002. 4. 17.까지 이 사건 토지 및 지상 건물을 무단 점유 · 사용하였다는 이유로 통상의 대부료에 20%를 할증한 변상금 6억 원 상당을 부과하는 변상금부과처분(이하 '이 사건 처분'이라 한다)을 하였다.

2. 소송경과

제1심(서울행정법원 2003. 7. 8. 선고 2002구합41968 판결)은, 원고가 이 사건 토지와 건물의 일부를 무단 점유 · 사용한 사실은 인정되지만 정당한 변상금의 액수를 산정할 수 없다는 이유로 이 사건 처분 전부를 취소하였다.

원심(서울고등법원 2005. 8. 25. 선고 2003누15340 판결)은, 원고가 무단 점유 · 사용하는 면적 및 기간을 확정하여 정당한 변상금의 액수를 산정한 다음 이 사건 처분 중 그 액수를 초과하는 부분을 취소하였다.

대법원은 원고의 상고를 기각하였다.

---

* 대법관.

3. 판결요지

국유재산법 제51조 제1항이 대부계약 등을 맺지 아니하고 국유 잡종재산을 무단 점유한 자에 대하여 통상의 대부료에 20%를 할증한 변상금을 부과 · 징수하도록 하고 있는 데에는 국유재산의 효율적인 보존 · 관리라는 합리적인 이유가 있다고 할 것이므로 헌법 제11조 제1항의 평등원칙에 반한다고 볼 수 없고, 이 사건 법률조항으로 인하여 잃게 되는 무단 점유자의 재산권이라는 사익보다 그로 인하여 얻게 되는 국유재산의 효율적인 관리 · 보존이라는 공익이 크다고 할 것이므로 헌법 제23조 제1항 및 제37조 제2항에 위반하여 재산권을 과도하게 침해하였다고 볼 수도 없다.

Ⅱ. 평 석

1. 쟁점정리

구 국유재산법(1994. 1. 5. 법률 제4698호로 개정되기 전의 것) 제51조 제1항은 국유재산을 무단 점유한 자에 대하여 대부료 또는 사용료의 100분의 120에 해당하는 변상금(辨償金)을 징수하도록 규정하고 있다. 또한 위 법 제5조 제2항은, 국유재산은 민법 제245조의 규정에 불구하고 시효취득의 대상이 되지 아니한다고 규정하고 있었다.

그런데 헌법재판소는, 후술하는 바와 같이, 국유재산 중 잡종재산에 대하여 매각 또는 대부하는 행위 자체는 국가가 사경제적인 법인의 주체로서 하는 사법행위이고 행정처분이라고 할 수 없거니와 그 권리관계 역시 공법관계가 아닌 사법상의 권리관계로서 일반 민사법의 적용을 받는 것이라면 국유재산 중 잡종재산에 대하여까지 시효취득의 대상이 되지 아니한다고 하는 것은 입법상의 비례원칙과 과잉제한금지의 원칙에 반한다는 이유로, 위 법 제5조 제2항을 국유재산 중 잡종재산에 대하여 적용하는 것은 헌법에 위반된다고 결정하였다. 이러한 논리를 관철한다면 국유재산 중 잡종재산의 무단 점유에 대하여 변상금을 징수하도록 규정한 위 법 제51조 제1항 역시 국가와 일반 국민 간에 합리적인 근거 없이 차별대우를 하는 것으로서 과잉금지의 원칙에도 반하여 헌법에 위반되는 것으로 볼 여지가 있다.

대상판결은 이 문제에 관한 대법원의 입장을 명시적으로 밝힌 판결이다.

2. 판결의 검토

(1) 국유재산 사용 · 수익의 법률관계

국유재산은 그 용도에 따라 행정재산 · 보존재산 및 잡종재산으로 구분된다. 행정재산이라 함은 국가가 공용, 공공용 및 기업용 재산으로 사용하거나 사용하기로 결정한 재산으로서 직접 행정목적에 공하는 재산이고, 보존재산은 법령의 규정에 의하거나 기타 필요에 의하여 국가가 보존하는 재산으로 잠재적 행정재산이라고 할 수 있다. 잡종재산은 행정재산과 보존재산에 포함되지 아니한 모든 국가 소유의 재산을 말한다.

대법원 판례는, 국유재산 등의 관리청이 하는 행정재산의 사용·수익에 대한 허가는 순전히 사경제주체로서 행하는 사법상의 행위가 아니라 관리청이 공권력을 가진 우월적 지위에서 행하는 행정처분으로서 특정인에게 행정재산을 사용할 수 있는 권리를 설정하여 주는 강학상 특허에 해당하는 데 반하여(대법원 1996. 2. 13. 선고 95누11023 판결, 대법원 2006. 3. 9. 선고 2004다31074 판결, 공유재산에 대하여는 대법원 1998. 2. 27. 선고 97누1105 판결, 대법원 2001. 6. 15. 선고 99두509 판결), 국유잡종재산에 관한 관리 처분의 권한을 위임받은 기관이 국유잡종재산을 대부하는 행위는 국가가 사경제 주체로서 상대방과 대등한 위치에서 행하는 사법상의 계약이고, 행정청이 공권력의 주체로서 상대방의 의사 여하에 불구하고 행하는 행정처분이라고 볼 수 없으며(대법원 1983. 8. 23. 선고 83누239 판결, 대법원 1993. 12. 7. 선고 91누11612 판결, 대법원 1995. 5. 12. 선고 94누5281 판결, 대법원 2000. 2. 11. 선고 99다61675 판결), 지방자치단체장이 국유잡종재산을 대부하여 달라는 신청을 거부한 것은 항고소송의 대상이 되는 행정처분이 아니므로 항고소송으로 그 취소를 구할 수 없다고 한다(대법원 1998. 9. 22. 선고 98두7602 판결).

(2) 국유재산법상의 변상금부과처분

대법원은, 구 국유재산법 제51조 제1항은 위 법 또는 다른 법률에 의하여 국유재산의 대부 또는 사용, 수익허가 등을 받지 아니하고 국유재산을 점유하거나 이를 사용, 수익한 자에 대하여는 대통령령이 정하는 바에 의하여 당해 재산에 대한 대부료 또는 사용료의 100분의 120에 상당하는 변상금을 징수하도록 하고 있어 이는 무단점유자에 대하여는 대부 또는 사용, 수익허가 등을 받은 경우에 납부하여야 할 대부료 또는 사용료 상당액 외에도 징벌적 의미에서 국가측이 일방적으로 그 2할 상당액을 추가하여 징수토록 하고 있으며, 같은 조 제2항은 그 변상금을 체납하는 때에는 행정재산 등의 사용, 수익허가를 받은 자가 사용료를 체납하는 때에 관리청은 관할세무서장 또는 지방자치단체의 장에게 위임하여 국세징수법 중 체납처분에 관한 규정을 준용하여 이를 징수할 수 있도록 규정한 같은 법 제25조 제3항을 준용하도록 하고 있어 변상금을 체납하면 국세징수법에 의하여 강제징수토록 하고 있는 점 등에 비추어 보면, 국유재산의 관리청이 그 무단점유자에 대하여 하는 변상금부과처분은 순전히 사경제 주체로서 행하는 사법상의 법률행위라고 할 수 없고 이는 관리청이 공권력을 가진 우월적 지위에서 행한 것으로서 행정소송의 대상이 되는 행정처분이라고 보아야 한다고 판시하였다(대법원 1988. 2. 23. 선고 87누1046, 1047 판결). 그리하여 부과처분에 의한 변상금징수권은 공법상의 권리로서 사법상의 채권과는 그 성질을 달리 하므로 국유재산의 무단점유자에 대하여 국가가 민법상의 부당이득금반환청구를 하는 경우 구 국유재산법 제51조 제1항이 적용되지 않고(대법원 1992. 4. 14. 선고 91다42197 판결), 변상금 부과처분을 근거로 한 변상금의 청구를 민사소송의 방법에 의할 수는 없다는 것이 판례이다(대법원 2000. 11. 24. 선고 2000다28568 판결).

(3) 헌법재판소의 결정례

헌법재판소는 1991. 5. 13. 구 국유재산법 제5조 제2항에 대하여 국유잡종재산에 대해 시효취득을 인정하지 않는 것은 위헌이라고 결정하였다. 즉 "국유잡종재산은 사경제적 거래의 대상으로서 사적 자치의 원칙이 지배되고 있으므로 시효제도의 적용에 있어서도 동일하게 보아야 하고, 국유잡종재산에 대한 시효취득을 부인하는 동 규정은 합리적 근거 없이 국가만을 우대하는 불평등한 규정으로서 헌법상의 평등의 원칙과 사유재산권 보장의 이념 및 과잉금지의 원칙에 반한다."고 결정하였다(헌재 1991. 5. 13. 89헌가97). 또한 헌법재판소는 1992. 10. 1. 구 지방재정법 제74조 제2항에 대하여도 공유 잡종재산까지 시효취득의 대상이 되지 아니한다고 규정한 것은 "사권을 규율하는 법률관계에 있어서는 그 권리주체가 누구냐에 따라 차별대우가 있어서는 아니 되며 비록 지방자치단체라 할지라도 사경제적 작용으로 인한 민사관계에 있어서는 사인과 대등하게 다루어져야 한다는 헌법의 기본원리에 반하고, 공유재산의 사유화로 인한 잠식을 방지하고 그 효율적인 보존을 위한 적정한 수단도 되지 아니하여 법률에 의한 기본권 제한에 있어서 비례의 원칙 또는 과잉금지의 원칙에 위배된다"고 결정하였다(헌재 1992. 10. 1. 92헌가6,7(병합)).

(4) 변상금 부과의 위헌 여부

(가) 평등원칙의 관점에서

위헌론은, 잡종재산의 사용 · 수익의 법률관계는 사적 자치의 원칙이 지배하는 사경제적 거래의 대상이므로 원칙적으로 사법의 적용을 받아야 함에도 불구하고 사경제 주체의 지위에 있는 국가에 대하여 일방적으로 변상금이라는 징벌적 의미의 금전납부의무인 행정처분을 부과할 수 있는 권한을 부여한 것은 사인에 비하여 특별히 국가를 우대한 것으로서 평등원칙에 위배된다고 한다.

이에 대하여 합헌론은, 국유의 잡종재산이라 할지라도 그 관리규율을 국가 공익의 실현 내지는 국가 재정의 원칙에 입각하여 그 관리의 적정 등을 위하여 공법적 규율을 가할 필요가 있고 그러한 공법적 통제가 합리적이라면 평등원칙에 위배된다고 볼 수 없다고 한다.

(나) 재산권보장의 관점에서

위헌론은, 국유잡종재산을 효율적으로 관리하고 보전해야 할 필요가 있다고 하더라도 일반 민법의 부당이득의 법리에 의하여 그 목적을 달성하는 데 별다른 어려움이 없을 것이므로 여기에까지 고권적 수단을 동원하는 것은 그 수단이 지나치게 과도하여 목적과 수단 사이의 비례관계가 성립하지 않으며, 가사 국유잡종재산의 무단 점유자에 대하여 변상금 및 강제징수라는 공법적 규율을 할 필요가 있다고 하더라도 징벌적 의미에서 대부료 또는 사용료에 2할 상당액을 추가하여 부과하는 것은 과잉금지의 원칙에 위배된다고 한다.

이에 대하여 합헌론은, 국유의 잡종재산은 전국적으로 광범위하게 분포되어 있고, 물납, 교환, 매각, 양여, 신탁 등으로 권리의 취득 · 상실이 수시로 변동되기 때문에 관리청이 일상적으로 점검 · 관리하는 것이 사실상 곤란할 뿐만 아니라, 국유잡종재산의 적정한 관리를 위하여 많은 인력과 비용을 들이는 것은 국가재정에도 부담이 된다는 점을 감안하여 볼 때, 무단점유자에 대한 변상금 징수는 일응 그 정당성이 인정되고, 그 입법목적을 달성하기 위한 피해의 최소성의 원칙에도 반한다고 할 수 없다고 한다. 아울러 변상금 징수로 인하여 사인이 입게 될 불이익과 이와 같은 방법으로 국유재산의 잠식방지 내지 국유재산의 효율적 보존 · 관리를 기할 수 있다는 공익을 서로 비교 · 형량해 볼 때, 전자보다 후자가 크다고 할 것이어서 법익 균형성의 원칙에 위배된다고 볼 수 없다는 점을 그 논거로 든다.

3. 판결의 의의

대상판결은 국유재산법이 국유잡종재산의 무단점유에 대하여 변상금을 부과하도록 한 것이 헌법에 위배되지 않는다는 대법원의 입장을 명백히 한 데에 그 의의가 있다. 이러한 대법원의 입장은 국유재산법이 국유잡종재산의 시효취득을 금지한 것은 헌법에 위반된다는 헌법재판소 결정례와 대비된다. 대법원 판례는 국유잡종재산의 사용 · 수익의 법률관계가 사법관계라 하더라도 이에 대하여 공법적 규제를 할 필요가 있고 그러한 규제가 합리적이라면 허용된다는 입장을 취함으로써 사법과 공법의 관계에 관하여 보다 실용적이고 기능적인 태도를 취하고 있는 것으로 평가할 수 있다.

<참고문헌>

김남진 · 김연태, 행정법 Ⅱ 제14판, 법문사, 2010.
김동희, 행정법 Ⅱ 제17판, 박영사, 2011.
박균성, 행정법론(하) 제9판, 박영사, 2011.

박윤흔, 최신 행정법 강의(하) 개정 27판, 박영사, 2004.
홍정선, 행정법원론(하) 제19판, 박영사, 2011.
김백진, 국유재산법 초판, 한국학술정보, 2008.
최대권, “국유재산법 제5조 제2항의 위헌여부”, 헌법재판자료(헌법재판제도의 발전) 제5집, 헌법재판소, 1992.

133. 보조금교부결정의 취소

—대법원 2007. 3. 30. 선고 2006두16984 판결—

김 병 기*

Ⅰ. 판결개요

1. 사실관계

산업별 연합단체 또는 전국 규모의 산업별 단위 노동조합을 구성원으로 하는 H노동조합총연맹(이하 '이하 H노총'이라 칭함)은 1999년경 그 소유의 H노총회관의 협소·노후화로 인하여 이용에 불편을 겪게 되자 기존건물을 철거하고 그 부지 위에 중앙근로자복지센터를 건립하기로 하면서 그에 필요한 건축자금 585억 원 중 H노총이 자체 부담하기로 한 203억 원을 제외한 공사대금 382억 원을 노동부장관에게 지원하여 달라고 요청하였다. 이에 노동부장관은 총공사비를 516억 원으로 산정하고 H노총 소유의 기존 건물부지를 165억 원으로 평가하여, 국회의 예산결의를 거쳐 H노총에게 334억 원을 연차적으로 지급하기로 하면서 2001년 11월경 설계비 10억 원의 보조금을 교부한 이래 2005년 3월까지 합계 297억 원의 보조금을 철거·감리 및 건축비로 지급하였다.

그런데 노동부장관은, H노총이 보조금을 신청·교부받는 과정에서 시공업체로부터 소위 '발전기금' 명목으로 사실상 공사대금 일부를 되돌려 받는다는 사실을 장관에게 알리지 아니하였고, 발전기금에 대한 특약사항을 제출하지 아니하였을 뿐만 아니라 시공업체 등과 공사금액을 협의함에 있어 발전기금 액수만큼 공사금액을 감액할 수 있었음에도 발전기금을 받기 위하여 공사금액을 낮추지 않고 2002. 8. 6.부터 2005. 4. 8.까지 시공업체 등으로부터 총 2,957,004,315원의 발전기금을 교부받았고, 이것은 '보조금의 예산 및 관리에 관한 법률' 제30조 제1항의 '부정한 방법으로 보조금의 교부를 받은 때'에 해당한다고 판단하여 2005. 7. 7. 자로 H노총에게 그 금액에 대한 보조금의 교부결정을 취소하고 그 반환을 명하는 처분을 하였다.

---

* 중앙대학교 법학전문대학원 교수.

2. 소송경과

H노총은 노동부장관의 이러한 처분이 위법하다고 보아 보조금교부결정취소 및 반환명령처분의 취소를 소송상 청구하였고, 1심과 항소심의 관할법원인 서울행정법원(서울행정법원 2006. 1. 19. 선고 2005구합29075 판결)과 서울고등법원은 각각 노동부장관의 보조금결정취소처분과 반환명령은 위법하다는 취지의 판결을 하였다. 이에 대해 노동부장관은 대법원 2006두16984로 상고하였으나,[1] 대법원은 2007. 3. 30. 상고기각 판결을 하였다.

한편, 이 사건 원고인 H노총에 대한 동법 위반의 형사사건 상고심에서도 대법원은 "원고가 복지센터 건립비용으로 국가로부터 교부받은 보조금은 보조금을 교부받을 자격이 있는 사업에 대하여 정당한 금액의 교부를 받은 경우에 해당하고, 원고가 그 보조금을 공사업체에게 실제로 공사대금으로 지급하였다가 그 중 일부를 발전기금으로 복지센터 건립사업의 간접비용으로 사용하였다는 이유만으로 당초의 보조금 중 발전기금 상당액이 '허위의 신청이나 기타 부정한 방법'에 의하여 교부받은 것이라고 할 수는 없다"고 판시하여 무죄판결이 확정된 바 있다(대법원 2006. 11. 23. 선고 2006도906 판결).

3. 판결요지

(1) 원심판결

서울고등법원은 ① 원고는 보조금의 교부대상인 복지센터 건립사업을 위한 설계·감리업체, 철거업체 및 시공업체의 선정과 공사계약 과정에 있어 적법한 절차를 준수한 점, ② 원고가 설계·감리대금과 공사대금을 결정하면서 감액 등의 절차를 거치거나 입찰가격에 의하여 보조금의 예산 범위 내에서 그 금액을 정한 점, ③ 발전기금 전체를 원고의 법인계좌로 교부받아 나름대로 투명하게 처리한 점, ④ 피고가 원고에게 보조금을 교부함에 있어 보조금 교부조건에서 보조사업인 복지센터 건립사업과 관련하여 기부금을 교부받지 아니하도록 명시하지 아니한 점, ⑤ 복지센터는 예정대로 준공되어 특별한 하자가 없는 점 등에 비추어 볼 때, 원고가 보조금을 교부받은 것은 보조금을 교부받아야 할 자격이 있는 사업 등에 대하여 정당한 금액의 교부를 받은 경우에 해당한다 할 것이고, 원고가 피고에게 보조금 교부신청을 하면서 시공업체 등으로부터 발전기금과 관련

---

1) 상고이유의 요지는 다음과 같다. 원고가 복지센터 건립을 위한 설계·감리업체 등과 공사계약을 체결함에 있어서 발전기금의 액수만큼 공사금액을 더 낮출 수 있음에도 그러하지 아니한 점, 원고가 시공업체 등에게 지급한 공사대금인 보조금으로부터 되돌려 받은 금액인 점 등에 비추어 볼 때, 발전기금의 본질은 보조금이고, 따라서 원고가 발전기금을 복지센터 건립에 수반되는 간접비용에 사용하였다고 하더라도 이는 당초 건축비 이외에 다른 목적으로 사용할 수 없도록 한 보조금교부조건을 불이행한 것이거나 사실상 보조금 지급대상에 해당되지 않는 간접비용에 대하여 보조금을 지급받은 것이다.

한 내용을 보고하지 아니하였거나, 위 업체들과 공사계약 체결 시 발전기금 만큼의 공사대금 감액 노력을 하지 아니하였고, 위 업체들로부터 받은 발전기금을 복지센터 건립에 수반되는 간접비용에 사용하였다 하더라도 이를 들어 원고가 법 소정의 부정한 방법으로 보조금의 교부를 받은 것이라고 할 수는 없다고 판시하였다(서울고등법원 2006. 10. 20. 선고 2006누5085 판결).

(2) 대법원판결

[1] 보조금의 예산 및 관리에 관한 법률 제30조 제1항에서 정한 '부정한 방법으로 보조금의 교부를 받은 때'라 함은 보조금의 교부대상이 되지 아니하는 사무 또는 사업에 대하여 보조금을 받거나 당해 사업 등에 교부되어야 할 금액을 초과하여 보조금을 교부받는 것을 가리키며, 보조금을 교부받음에 있어 다소 정당성이 결여된 것이라고 볼 여지가 있는 수단이 사용되었더라도 보조금을 교부받아야 할 자격이 있는 사업 등에 대하여 정당한 금액의 교부를 받은 경우는 여기에 해당하지 아니한다.

[2] 한국노동조합총연맹이 보조금의 예산 및 관리에 관한 법률상 보조금 교부대상이 되는 복지센터 건립사업과 관련하여, 시공업체로부터 발전기금 명목의 돈을 받기로 하고서도 보조금 신청과정에서 그에 대한 보고를 하지 않았고 공사계약 체결 시 발전기금 만큼의 공사대금 감액 노력을 하지 않은 채 이를 교부받았다 하더라도, 같은 법 제30조에 정한 '부정한 방법으로 보조금의 교부를 받은 때'에 해당하지 않는다.

Ⅱ. 평 석

1. 쟁점정리

민간의 경제활동에 대한 국가의 관여행위는 일반적으로 규제와 지원이라는 두 가지 수단으로 이루어진다. 후자는 강학 상 급부행정의 일환으로서의 자금지원(조성)행정으로 발전되어 왔는데, 그 중 가장 중요한 수단이 보조금이라 할 수 있다. 보조금제도는 개인이나 기업이 시장경제상의 계획을 수립하여 시행하는 것을 조력한다는 점에서 수혜자에게 유익한 측면이 있지만, 그와 동시에 수혜자와 비수혜자 간의 관계를 왜곡하여 비수혜자의 시장경쟁능력을 약화시키는 등 경쟁기업의 자유를 제한하는 이중적 성격을 지닌다. 결국 기업의 경제활동의 자유에 대한 촉진과 침해의 두 가지 성격을 겸유한 보조금제도를 수단으로 국가 등은 보조금수혜자의 행동을 조종하여 그의 자율적 · 자기 책임적 의사형성 내지 기업경영활동을 침해할 수 있으며, 이런 의미에서 보조금행정을 위한 적정한 법적 규율의 필요성이 강하게 대두된다. 또한 보조금교부를 통한 과도한 민간보호는 국가 재원의 적정 배분을 해할 뿐만 아니라 비효율적이고 방만한 보조금행정을 초래하여 거시적 경제 정책적 목표의 달성을 어렵게 만들 수 있다는 우려의 목소리도 비등(沸騰)하다.

한편, 이 같은 문제 인식의 공유는 법제상 보조금행정에 관한 실체법적 및 절차법적 조항들을 정비하여 개별법에 산재(散在)해 있는 보조금관련 규정들을 통일적으로 규율하기 위한 일반법으로서 '보조금의 예산 및 관리에 관한 법률'[2]을 제정하는 것으로 입법적으로는 귀결되었다. 아래에서는 동법의 규정 내용과 대상판결 및 관련 판례들을 매개로 하여 보조금교부결정의 취소사유를 둘러싼 법적 쟁점을 논증하기로 한다.

2. 관련 판례에 나타난 보조금교부결정 취소사유

(1) 입법 취지

보조금의예산및관리에관한법률은 보조금지급의 목적 실현을 확보하기 위한 여러 제도적 장치를 규정하고 있다. 특히 제22조는 "보조사업자는 법령의 규정, 보조금의 교부결정의 내용 또는 법령에 의한 중앙관서의 장의 처분에 따라 선량한 관리자의 주의로 성실히 그 보조 사업을 수행하여야 하며 그 보조금을 다른 용도에 사용하여서는 아니된다"고 규정하여, 보조금의 용도 외 사용금지를 천명하였다.

이에 더하여 동법 제30조 제1항은 교부결정의 취소에 대해 규정하고 있는데,[3] 취소사유별 법적 효과를 일람하면 '보조금을 다른 용도에 사용한 때'라 함은 보조금 교부를 결정할 때에는 하자가 없었다는 점에서 후발 적 사유에 의한 보조금교부결정의 철회사유에 해당하고,[4] '허위의 신청이나 기타 부정한 방법으로 보조금의 교부를 받은 때'에는 보조금교부결정의 성립 자체에 원시적 하자가 있음을 의미하므로 보조금교부결정의 취소라 할 수 있으며, '법령의 규정, 보조금의 교부결정의 내용 또는 법령에 의한 중앙관서의 장의 처분에 위반한 때'의 경우에는 구체적 사안에 따라 철회사유나 취소사유에 해당한다(대법원 2003. 5. 30. 선고 2003다6422 판결 참조).

---

2) 동법은 1963. 11. 1. 법률 제1431호로 제정된 보조금관리법을 전문 개정하여 출발한 보조금의 예산 및 관리에 관한 법률(1986. 12. 31. 법률 제3874호)을 기점으로 하여, 총 6차례의 일부개정 끝에 현재의 법률(2008. 2. 29. 법률 제8852호)에 이르고 있다.

3) "중앙관서의 장은 보조사업자가 보조금을 다른 용도에 사용하거나 법령의 규정, 보조금의 교부결정의 내용 또는 법령에 의한 중앙관서의 장의 처분에 위반한 때 및 허위의 신청이나 기타 부정한 방법으로 보조금의 교부를 받은 때에는 보조금의 교부결정의 전부 또는 일부를 취소할 수 있다."

4) 이와 더불어 동법 제21조는 〈사정변경에 의한 교부결정의 취소〉라는 제목하에 '중앙관서의 장은 보조금의 교부를 결정한 경우에 있어서 그 후에 발생한 사정의 변경으로 특히 필요하다고 인정한 때에는 보조금의 교부결정의 내용을 변경하거나 그 교부결정의 전부 또는 일부를 취소할 수 있다'고 규정한다(제1항).' 여기서의 취소가 그 법문상의 표현에도 불구하고 강학 상 철회에 해당함은 의문의 여지가 없다. 행정행위의 철회에 관한 자세한 내용으로는 拙稿, 수익적 행정행위의 철회의 법적 성질과 철회사유, 86면 이하 참조.

특히, 취소사유 중 하나인 '허위의 신청이나 기타 부정한 방법으로 보조금의 교부를 받은 때'라는 항목은 1986. 12. 31. 동법이 법률 제3874호로 전문 개정되면서 새롭게 추가되었는데, 이러한 취지의 규정은 보조금이나 보조금 지급에 관한 다수의 법률들에서 발견된다.[5] 보조금교부결정 취소를 위한 구체적으로 타당한 범위를 정하고자 함에 입법취지가 있는 것으로 보이는데, 보조금교부결정 자체가 허위의 신청 또는 기타 부정한 방법에 의하여 이루어졌더라도 보조금을 보조금교부결정의 내용과 조건에 따라 사용한 부분에 대하여 까지 취소하는 경우에는 재량권 남용에 해당할 여지가 있다. 따라서 보조사업자가 '허위의 신청이나 기타 부정한 방법'으로 보조금의 교부를 받았음을 이유로 보조금의 교부결정을 취소함에 있어서 전부를 취소할 것인지 일부를 취소할 것인지 여부와 일부를 취소하는 경우 그 범위는 보조사업의 목적과 내용, 보조금을 교부받음에 있어서 부정한 방법을 취하게 된 동기, 보조금의 전체액수 중 부정한 방법으로 교부받은 보조금의 비율과 교부받은 보조금을 그 조건과 내용에 따라 사용한 비율 등을 종합하여 개별적으로 결정하여야 한다(대법원 2005. 1. 28. 선고 2002두11165 판결).

(2) '허위의 신청이나 기타 부정한 방법'의 의미

일반적으로 사위(詐僞) 기타 부정한 방법이란 사회 통념상 사위 · 부정으로 인정되는 모든 행위를 말한다. 거기에는 적극적 행위(작위)뿐만 아니라 소극적 행위(부작위)도 포함되며, 구체적 판단에 있어서 각 개별법규의 입법 목적, 비난의 정도, 조사의 용이성 등에 비추어 합목적적인 해석을 함에 따라서 그 행위의 태양 내지 개념의 범위가 상이하고, 판례도 각 개별법규마다 해석을 달리하고 있음은 물론이다. 이에 의할 때 동법 제30조 제1항의 '허위의 신청이나 기타 부정한 방법'이란 보조금 수급자격이 없는 사람이 수급자격을 가장하는 등 주관적으로 허위 또는 부정한 방법임을 인식하면서 적극적인 방법으로 보조금을 지급받은 경우를 의미한다. 대법원 판결에 나타난 전형적인 예로는, 군(郡)새마을 양식계의 총회 회의록을 위조하여 도(道)에 양식어업 면허신청을 하고 도(道)로부터 보조금을 교부받아 위 보조금을 실제로 양식시설을 하는데 투자하였다 하더라도 이러한 행위는 허위의 신청이나 부정한 방법으로 보조금의 교부를 받은 경우에 해당한다고 판시한 경우(대법원 1990. 6. 8. 선고 90도400 판결)와 보조금수급인이 보조금지급신청을 하면서 실제 공사대금보다 공사금액이 과다하게 허위 기재된 공사도급계약서를 관할 관청에 제출하여 이를 기준으로 산정한 보조금을 지급받은 경우에는 허위의 신청이나 기타 부정한 방법으로 보조금을 교부받은 것이라고 한 사례를 들 수 있다(대법원 2005. 3. 25. 선고 2005도573 판결).

한편, 동법 제30조 제1항 소정의 '허위의 신청이나 기타 부정한 방법으로 보조금의

---

5) 예컨대 남녀고용평등과 일 · 가정 양립 지원에 관한 법률 제35조 제2항, 영유아보육법 제40조 등.

교부를 받은 때'는 벌칙조항인 동법 제40조에서도 발견되는데,[6] 후자의 의미와 관련하여 판례는 "정상적인 절차에 의해서는 보조금을 교부받을 수 없음에도 불구하고 위계 기타 사회 통념상 부정이라고 인정되는 행위로서 보조금 교부결정에 영향을 미칠 수 있는 적극적 · 소극적 행위를 의미한다"고 하였다(대법원 2005. 3. 25. 선고 2005도573 판결; 대법원 2001. 1. 5. 선고 99도4101 판결). 동법 제30조와 제40조는 교부처분의 취소라는 행정처분의 근거 규정과 형벌부과의 근거 규정이라는 점에서 구체적인 수단이 다를 뿐, 규정의 취지와 목적이 국가의 재정적 이익의 보호라는 점에서는 동일하므로 양 조항에서 표현된 '부정한 방법'의 해석에 있어 기준을 달리 할 특단의 사유를 발견하기 힘들다. 이런 점에서 교부금교부결정 취소사유로서의 '허위의 신청이나 기타 부정한 방법'의 의미를 동일한 문구의 형벌부과 사유와 합일적 잣대로 판단한 대법원의 입장은 타당하다.

즉, 동법 제40조에 규정된 '허위의 신청 기타 부정한 방법'이라 함은 정상적인 절차에 의해서는 같은 법에 의한 보조금을 지급받을 수 없음에도 위계 기타 사회통념상 부정이라고 인정되는 행위로서 보조금 교부에 관한 의사결정에 영향을 미칠 수 있는 적극적 및 소극적 행위를 뜻하고, 동조는 보조금 등을 실제로 교부받은 경우만을 처벌하는 내용이고 달리 같은 법에 그 미수죄를 규정하지 않고 있는 점 및 동법 제42조에서 개별적인 보조금 행정상의 절차 위반에 대하여 별개의 처벌규정을 두고 있는 점 등에 비추어, 그 취지는 국가의 재정적 이익을 보호법익으로 하여 그 침해를 처벌함에 있고 추상적으로 보조금 행정의 질서나 공정성에 대한 위험 또는 보조금 행정상 개개 절차의 위반 자체를 처벌하는 것은 아니므로, 동조 소정의 '부정한 방법으로 보조금의 교부를 받은' 경우라 함은 보조금의 교부 대상이 되지 아니하는 사무 또는 사업에 대하여 보조금을 받거나 당해 사업 등에 교부되어야 할 금액을 초과하여 보조금을 교부받는 것을 가리키며(대법원 2008. 2. 1. 선고 2007도8651 판결)[7] 보조금을 교부받음에 있어 다소 정당성이 결여된 것이라고 볼 여지가 있는 수단이 사용되었더라도 보조금을 교부받아야 할 자격이 있는 사업 등에 대하여 정당한 금액의 교부를 받은 경우는 여기에 해당하지 아니

6) "허위의 신청이나 기타 부정한 방법으로 보조금의 교부를 받은 자와 간접보조금의 교부를 받은 자 또는 그 사실을 알면서 보조금이나 간접보조금을 교부한 자는 5년 이하의 징역 또는 500만 원 이하의 벌금에 처한다."

7) "보조금법 제40조는 '허위의 신청이나 기타 부정한 방법으로 보조금의 교부를 받은 자와 간접보조금의 교부를 받은 자 또는 그 사실을 알면서 보조금이나 간접보조금을 교부한 자는 5년 이하의 징역 또는 500만 원 이하의 벌금에 처한다'고 규정하고 있는바, 여기서 '허위의 신청 기타 부정한 방법'이라 함은 정상적인 절차에 의해서는 법에 의한 보조금을 지급받을 수 없음에도 위계 기타 사회통념상 부정이라고 인정되는 행위로서 보조금 교부에 관한 의사결정에 영향을 미칠 수 있는 적극적 및 소극적 행위를 뜻한다 할 것이며, 한편 '부정한 방법으로 보조금의 교부를 받은' 경우라 함은 보조금의 교부대상이 되지 아니하는 사무 또는 사업에 대하여 보조금을 받은 경우뿐만 아니라 당해 사업 등에 교부되어야 할 금액을 초과하여 보조금을 교부받는 경우도 여기에 해당한다."

한다(대법원 2007. 12. 27. 선고 2006도8870 판결; 대법원 2001. 1. 5. 선고 99도4101 판결).

또한 보조금교부결정 취소사유가 교부 내용 및 조건의 일부에 한정됨에도 불구하고 그 보조금교부결정 전부에 대하여 취소한 것은 위법하다는 판결도 주목을 끈다(대법원 1986. 12. 9. 선고 86누276 판결).[8)]

(3) 보조금교부결정취소의 법적 효과

보조금을 위법한 방법으로 지급 받았거나 목적에 위반하여 사용한 경우에는 보조금 취소와 더불어 보조금 반환의 문제가 제기된다. 즉, 동법 제30조의 규정에 의하여 보조금교부결정이 취소된 경우에는 취소된 부분의 보조 사업에 대하여 이미 보조금이 교부되어 있을 때에는 기한을 정하여 그 취소한 부분에 해당하는 보조금의 반환을 중앙관서의 장이 명하여야 한다(제31조 제1항). 반환 명령에도 불구하고 보조금을 반환하지 않는 경우에는 그 보조사업자에 대하여 동종의 사무 또는 사업에 대하여 교부하여야 할 보조금이 있을 때에는 그 교부를 일시 정지하거나 그 미반환액과 상계할 수 있으며(제32조), 국세징수의 예에 따라 강제징수 할 수도 있다(제33조).

이들 규정들은 보조금의 지급이 행정행위를 통하여 이루어진 경우 이를 취소 내지 철회하는 경우에 한정하여 적용된다. 그러나 이와는 달리 보조금 지급이 공법상 계약의 형식에 의하여 행해지고 동법 제30조 소정의 사유가 발생한 경우 그에 대한 법적 처리 내지 효과에 대해서는 논란의 여지가 있다. 근본적으로는 입법적 해결을 기다려야 할 것이지만, 대개 계약관계 해제조건의 유보조항에 의하거나, 무효 또는 해제된 경우에 부당이득반환의 형태로 보조금 반환이 이루어질 것이다. 또한, 보조금교부의 법적 성질에 관한 학설인 공법상 계약설 및 이단계설의 관점에서도 보조금교부결정의 취소가 곧바로 사법상 계약에 직접적인 효력을 발생케 하는 것이 아니라 단지 보조금교부결정의 취소가 계약의 해제사유가 되는 데 그친다 할 것이다(Achterberg/Püttner(Hrsg.), S. 62.).

8) “지방자치단체로부터 국고보조조림목으로 1983년에 180,000본, 1984년에 114,000본의 보조묘목을 받아 조림작업을 실행함에 있어, 1983년에 88,500본을 조림하지 않고 폐기, 미식재 등으로 훼손 처분하고, 1984년분 52,000본을 그 조건대로 식재 조림하지 않아 지방자치단체로부터 보조금관리법 제17조 제1항, 제19조 제1항에 의거, 국고보조조림조치 모두를 취소하고 그 묘목대금 상당금원의 변상을 명받은 경우, 비록 조림계약자들이 보조묘목의 조림을 실행함에 있어 그 일부분을 보조결정내용과 조건에 따라 조림하지 않고 폐기 등 훼손 처분하거나 보조조건에 위반하여 식재하였더라도 그 이외의 부분은 보조결정 내용과 조건에 따라 정당하게 조림하였다고 보이므로, 이러한 사정과 국고보조조림결정의 경위 등을 고려하면 국고보조조림결정 중 정당하게 조림한 부분까지 합쳐 그 전체를 취소한 것은 위법하다고 보아야 할 것이다.”

3. 판결의 검토

(1) 이 사건 발전기금이 보조금에 해당하는지 여부

이 사건 원심판결이 채택한 증거를 종합해보건대, 우선 원고가 시공업체 등에게 발전기금의 기부를 요청하고 이를 승낙 받은 시점이 이미 용역대금이 결정된 이후이며, 공사금액은 업체들이 제시한 견적금액에서 감액되었거나 노동부에서 적정금액이라고 제시한 금액보다 감액되어 계약이 체결되었음이 인정된다. 즉, 시공업체들이 계약체결 과정에서 발전기금의 기부를 고려하여 공사대금을 부풀려서 계약에 임한 것이 아닐뿐더러 시공업체들이 원고로부터 지급 받은 공사대금의 일부를 발전기금으로 반환한 것도 아니며, 단지 자신의 이익의 일부를 원고에게 발전기금으로 기부한 것에 불과하다고 판단된다.

따라서 동법 제2조 제1호에 규정된 보조금의 본질을 고려할 때 이 사건에 나타난 발전기금은 보조금 내지 보조금의 반환은 아니라 할 것이고 이런 점에서 원고의 발전기금 수령행위가 보조금 교부조건 불이행에 해당함을 이유로 하는 상고이유는 타당치 않다. 또한 피고 노동부장관이 원고에게 보조금을 교부함에 있어 보조금 교부조건에서 보조사업인 복지센터 건립사업과 관련하여 기부금을 교부받지 아니하도록 명시하지 아니한 점에서 볼 때, 원고가 위와 같이 받은 발전기금을 간접비용으로 사용하였다고 하더라도 보조금 교부조건을 불이행한 것이라 할 수는 없다고 설시한 대상 판결은 정당하다.

2. 부정한 방법으로 보조금을 과다하게 교부받은 것인지 여부

동법 제30조 제1항 상의 '허위의 신청이나 기타 부정한 방법'의 해석과 관련하여, 보조금수혜자가 주관적으로 허위 또는 부정한 수단임을 인식하면서 적극적인 방법을 통하여 받을 수 없는 보조금을 수령한 경우를 의미함은 전술한 바와 같다. 그렇다면 이 사건으로 돌아와 판단하건대, 원고가 발전기금을 받은 사실을 피고에게 보고할 의무가 있는지 여부와 만약 이를 긍정한다면 보고를 해태한 원고의 행태가 동법 제30조 제1항 상의 보조금교부결정의 취소사유, 특히 '허위의 신청이나 기타 부정한 방법'에 해당하는지를 검토하여야 한다.

앞에서 언급한 이 사건 관련 형사판결(대법원 2006. 11. 23. 선고 2006도906 판결)에서 현출된 노동부의 2005. 8. 29.자 사실조회 회신에 의하면, 노동조합, 노동관련 단체가 개인이나 기업으로부터 기부금, 후원금, 발전기금 등의 명목으로 금전 등을 기부 받은 경우 주무관청인 노동부에 보고할 법적인 의무는 없다고 하였으며, 이 점은 과거 원고의 수차례 유사한 경우를 비롯하여 관련 실무상 확고히 자리매김한 관행임에 다툼이 없다. 나아가 피고 노동부장관이 원고에게 보조금교부결정을 하면서 복지센터 건립과 관련하여 기부금을 받지 않아야 한다는 교부조건을 부과하지 아니한 사실도 함께 감안하여야 할 것이다. 물론 시공업체 중 일부가 발전기금의 교부를 계약상의 특약사항으로 삼은 점은 인정되지만, 이는 동 시공업체가 소위 비용처리를 하기 위하여 단지 형식적으로 계약 내용에 삽입한 것으로서, 그 실질이 발전기금인 이상 여전히 보고사항은 아니다. 결국 보고의무의 대상이 아닌 특약사항을 노동부에 제출하지 않은 것뿐이지 기부 받은 사실을 은폐하려는 주관적 의도는 없었다고 판단함이 타당하다.

설령, 이상의 입론과는 반대로 발전기금의 수령이 보고의무의 대상이라 하더라도 그 의무위반을 곧바로 '허위의 신청이나 기타 부정한 방법'이라 할 수 있는지는 또 다른 검토를 요한다. 다른 법률에서의 '허위 기타 부정한 방법'의 의미와 관련하여 대법원의 주류적 입장은 주관적인 인식 하에서의 적극적인 방법은 포함하면서도 신고의무를 게을리 한 것 등 소극적인 방법은 이에 해당하지 않는 것으로 보고 있다. 예를 들어, 조세범처벌법에서는 부작위도 부정한 행위에 해당하지만 조세포탈범을 처벌하는 이유가 조세의 부과징수를 불능 또는 현저히 곤란하게 하는 데 있음에 비추어 단순히 세법상의 신고를 하지 아니하는 것은 실질적 납세윤리의 위배 정도 및 가벌 적 위법성이 약하다는 이유로 사기 기타 부정한 행위에 해당하지 않는다고 좁게 해석하고 있다(대법원 2003. 2. 14. 선고 2001도3797 판결). 물론 위의 판결은 형사사건에 대한 것이지만, 이 사건 대상 판결이 동법 제30조 제1항 상의 '허위의 신청이나 기타 부정한 방법'을 동법 제40조의 처벌규정의 그것과 동일한 의미로 해석하므로, 위의 논의는 보조금교부결정의 취소의 경우에도 일응의 준거라 할 것이다. 또한, 퇴직연금환수에 관한 판결에서도 구 군인연금법(1994. 1. 5. 법률 제4705호로 개정되기 전의 것) 제15조 제1항의 '허위 기타 부정한 방법으로 급여를 받은 경우'라 함은 급여를 받은 사람이 주관적으로 부정한 수단임을 인식하면서 적극적인 방법으로 받을 수 없는 급여를 받은 경우를 말하고, 퇴직연금의 지급정지사유가 생긴 것을 알면서도 그 신고의무를 게을리 한 것은 이에 해당하지 않는다고 판시하였다(대법원 2001. 6. 12. 선고 2001두458 판결).[9]

일련의 대법원 판결들과 일건 현출된 증거를 종합하건대, 이 사건의 경우 원고는 보조금의 교부대상인 복지센터 건립사업을 위한 설계 · 감리업체, 철거업체 및 시공업체의 선정과 공사계약 과정에 있어 적법한 절차를 준수한 점, 원고가 설계 · 감리대금과 공사

9) 경우에 따라 이와는 다른 취지의 판결도 발견되는데, 구 고용보험법상 고용보험 추가징수와 관련하여 대법원은, '허위 기타 부정한 방법'이라고 함은 일반적으로 수급자격 없는 사람이 수급자격을 가장하거나 취업사실 또는 소득의 발생사실 등을 감추기 위하여 행하는 일체의 부정행위를 말하는 것으로서 명백히 근로소득이 있는 자가 구직급여를 받기 위하여 법이 정하는 소득의 신고를 하지 아니하는 행위도 이에 해당한다고 판단하였다(대법원 2003. 9. 5. 선고 2001두2270 판결).

대금을 결정하면서 감액 등의 절차를 거치거나 입찰가격에 의하여 보조금의 예산 범위 내에서 그 금액을 정한 점, 시공업체 등으로부터 받은 발전기금 전체를 차명계좌가 아닌 원고의 법인계좌로 교부받아 나름대로 투명하게 처리한 점, 피고가 원고에게 보조금을 교부함에 있어 보조금 교부조건에서 보조사업인 복지센터 건립사업과 관련하여 기부금을 교부받지 아니하도록 명시하지 아니한 점, 복지센터는 예정대로 준공되어 특별한 하자가 없는 점 등에 비추어 볼 때, 원고가 보조금을 교부받은 것은 보조금을 교부받아야 할 자격이 있는 사업 등에 대하여 정당한 금액의 교부를 받은 경우에 해당한다. 따라서 원고가 피고에게 보조금 교부신청을 하면서 발전기금과 관련한 내용을 보고하지 아니하였거나, 위 업체들과 공사계약 체결 시 발전기금 만큼의 공사대금 감액 노력을 하지 아니하였고, 위 업체들로부터 받은 발전기금을 복지센터 건립에 수반되는 간접비용에 사용하였다 하더라도 이를 들어 원고가 동법 제30조 제1항 소정의 부정한 방법으로 보조금의 교부를 받은 것이라고 할 수는 없으며, 이런 점에서 대상 판결 상 법리오해의 위법은 없다.

4. 판결의 의의

이상의 논의를 요약하면 다음과 같다. 원고가 시공업체들로부터 받은 발전기금은 동법상의 보조금과는 무관하며, 기업경영이익의 일부를 시공업체가 원고에게 기부한 것으로 보아야 한다. 관련 판례의 흐름과 이 사건 사실관계에 비추어 원고가 시공업체로부터 발전기금을 받는다는 특약을 체결하였음에도 이를 피고에게 보고하지 않은 것은 법적 보고의무의 위반이 아니며, 또한 부정한 방법으로 보조금을 과다하게 교부받은 것도 아니라 할 것이다. 더불어 대상판결이 그러하듯이 행정처분의 근거규정으로서의 동법 제30조와 형벌부과의 근거규정인 제40조에서 공히 규정하는 '허위의 신청 또는 기타 부정한 방법'을—양 규정의 취지와 목적이 국가의 재정적 이익의 보호를 추구함에는 일치한다는 인식 하에—동일 잣대에 의하여 해석하는 대법원의 주류적 입장에 전제한다면, 이 사건 형사판결에서 배임수재죄에 대한 공소사실과 관련하여 대법원이 무죄로 확정한 점도 상고기각의 결론이 타당하였음을 뒷받침한다. 물론, 원고가 발전기금을 받으면서도 결과적으로 보조금 전액을 교부받은 것이 부적절하다는 지적이 제기될 수 있다. 생각건대 이런 입장을 긍정하더라도 동법 제21조 제1항 소정의 사정변경에 의한 일부 취소(철회)에 의하는 것은 별론, 부정한 방법으로 보조금을 교부받았음을 이유로 보조금교부결정 자체를 취소한 것은 부당하다.

<참고문헌>

김병기, “수익적 행정행위의 철회의 법적 성질과 철회사유”, 행정판례연구 Ⅸ, 서울대학교출판부 2004.

오준근/신유균/김정순, “보조금제도 관련법제의 현황과 개선방안”, 한국법제연구원, 1994.

정하중, “자금조성행정의 법적 성질과 행위형식”, 공법연구 제28집 제1호, 한국공법학회, 1999. 10.

한견우, “‘보조금의예산및관리에관한법률’상의 보조금행정”, 저스티스 제31권 제2호, 한국법학원, 1998. 6.

Achterberg/Püttner(Hrsg.), Besonderes Verwaltungsrecht, Bd.I., 1990.

U. Stelkens, Verwaltungsprivatrecht zur Privatrechtsbindung der Verwaltung, deren Reichweite und Konsequenzen, 2005.

H. Wall, Die Anwendbarkeit privatrechtlicher Vorschriften im Verwaltungsrecht, 1999.

134. 소득금액변동통지의 처분성

— 대법원 2006. 4. 20. 선고 2002두1878 판결 —

강 석 훈*

Ⅰ. 판례개요

1. 사실관계

원고는 1993사업연도부터 1997사업연도까지 계약추진비 합계 40억 77,542,958원을 필요경비로 계상하여 이를 손금에 산입하였는데, 세무서장은 위 금액 중 30억 22,974,031원은 증빙서류에 의하여 지출이 확인되지 않는다는 이유로 이를 익금에 산입하는 한편, 그 중 부과제척기간이 경과하지 않은 1995사업연도부터 1997사업연도까지의 해당 금액 23억 16,344,926원은 사외로 유출된 것이 분명하나 그 귀속이 불분명한 경우에 해당한다는 이유로 대표자 인정상여로 소득처분을 한 다음, 1999. 5. 19. 그러한 내용이 기재된 소득금액변동통지서를 원고에게 송달하였다.

원고는 1999. 6. 10. 위와 같은 소득금액변동통지에 따라 위 인정상여로 소득처분된 금액(23억 16,344,926원)에 대한 소득세 9억 27,988,930원을 원천징수하여 납부하였다.

2. 소송경과

(1) 전심절차

원고는 이 사건 소득금액변동통지를 처분으로 보고 소득금액변동통지 자체를 불복대상으로 삼아 1999. 8. 13. 국세청장에게 심사청구를 하였으나, 국세청장은 같은 해 10. 18. 소득금액변동통지는 부과처분의 성격을 갖는 독립된 행정처분으로 볼 수 없다는 이유로 심사청구를 각하하는 결정을 하였다.

그 후 원고가 청구한 국세심판청구에서 국세심판원은 2000. 7. 20. 소득금액변동통지가 외형상 통지의 형식을 취했으나 그 실질은 납세자에게 원천징수 소득세의 납세의무

* 법무법인 율촌 변호사.

를 확정시키는 처분의 성격을 가지므로 이를 불복대상으로 삼을 수 있다고는 판단하였으나, 그 본안 심리 결과 피고가 한 상여처분이 정당하다는 이유로 결국 원고의 심판청구를 기각하는 결정을 하였다.

(2) 소송절차

원고는 2000. 10. 17. 세무서장인 피고를 상대로 이 사건 소득금액변동통지처분의 취소를 구하는 소를 제기하였는데, 1심 및 2심은 소득금액변동통지는 취소소송의 대상이 되는 처분에 해당하지 않는다는 이유로 원고의 청구를 모두 부적법 각하하는 판결을 선고하였다. 그 후 원고가 불복한 상고심에서 대법원은 원심 판결을 파기하는 한편, 종전 판례를 변경하여 소득금액변동통지의 처분성을 인정하는 전원합의체 판결을 선고하였다.

3. 판결요지

(1) 원심판결의 요지

소득금액변동통지는 소득금액의 지급시에 납세의무가 자동적으로 성립 · 확정하는 원천징수 소득세에 관하여 지급시기를 의제하여 과세관청이 징수처분에 나아가기 위한 절차적 요건을 규정한 것에 불과하고, 그로 인하여 원천징수의무자의 실체상 납세의무의 존부나 범위에 어떠한 변동을 가져오는 것이 아니므로 항고소송의 대상이 되는 독립된 행정처분이라고 할 수 없다.

원천징수의무를 진 원고가 자동확정방식의 조세인 '원천징수 소득세'를 자진납부한 후 그 세액에 관하여 다툼이 있는 경우에, 원고에게 조리상 인정되는 경정청구권을 이 사건 소득금액변동통지로부터 상당한 기간 내에 행사하여 피고에게 정식으로 경정청구를 할 권리가 인정되므로, 만일 피고가 이를 거부하거나 상당한 기간 내에 아무런 응답을 하지 않는 경우에는 그 거부처분에 대한 항고소송이나 부작위위법확인소송을 제기할 수 있다고 보아야 한다. 따라서 원고에게 구 국세기본법 제45조의2 제1항 소정의 통상적 감액경정청구권을 직접 적용할 수 없다거나 소득금액변동통지가 항고소송의 대상이 되는 처분으로 인정되지 아니한다고 하더라도 이를 가지고 재판청구권을 침해하거나 조세법률주의 및 재산권 보장에 위반된다고 볼 수는 없다.

(2) 대법원 판결의 요지

과세관청의 소득처분과 그에 따른 소득금액변동통지가 있는 경우 원천징수의무자인 법인은 소득금액변동통지서를 받은 날에 그 통지서에 기재된 소득의 귀속자에게 당해 소득금액을 지급한 것으로 의제되어 그 때 원천징수하는 소득세의 납세의무가 성립함과 동시에 확정되고, 원천징수의무자인 법인으로서는 소득금액변동통지서에 기재된 소득처분의 내용에 따라 원천징수세액을 그 다음달 10일까지 관할 세무서장 등에게 납부하여야 할 의무를 부담하며, 만일 이를 이행하지 아니하는 경우에는 가산세의 제재를 받게 됨은 물론이고 형사처벌까지 받도록 규정되어 있는 점에 비추어 보면, 소득금액변동통지는 원천징수의무자인 법인의 납세의무에 직접 영향을 미치는 과세관청의 행위로서 항고소송의 대상이 되는 조세행정처분이라고 봄이 상당하다(다수의견).

Ⅱ. 평 석

1. 쟁점의 정리

지금까지 대법원은 소득금액변동통지의 처분성을 인정하지 않았기 때문에 소득금액변동통지 자체를 쟁송의 대상으로 삼아 불복청구를 할 수는 없었고, 다만 납세자가 소득금액변동통지에 따른 원천징수의무를 이행하지 않는 경우 과세관청이 징수처분을 하면 그 징수처분을 쟁송대상으로 삼아 그 징수처분에 대한 취소소송절차에서 소득처분의 당부(원천징수의무의 존부 및 그 범위)에 관해서도 함께 다툴 수 있다는 태도를 취하고 있었다. 따라서 납세자가 소득금액변동통지에 따른 원천징수의무를 이행하여 해당 소득세를 자진 납부하는 경우에는 과세관청의 징수처분 자체가 존재할 여지가 없어, 이 경우에는 납세자가 원천징수의무의 존부나 그 범위 등에 관하여 다툴 수 있는 불복수단이 전혀 없다는 결론에 이르게 된다. 이와 같은 판례의 태도에 관하여는 그동안 납세자의 권리구제에 소홀하다는 비판이 있었다.

원심은 소득금액변동통지의 처분성을 인정하지 아니하는 기존 판례의 입장을 고수하면서, 다만 그 대안으로 원고에게 조리상의 경정청구권을 인정할 수 있다고 판단하였다. 그러나 대법원은 이 사건 소득금액변동통지에 대하여 처분성을 인정하고, 원고가 소득금액변동통지 자체에 대하여 항고소송으로 불복할 수 있다고 판단함으로써 기존의 견해를 변경하였다. 결국 이 사건에서의 쟁점은 소득금액변동통지에 의하여 법인에게 원천징수의무가 성립·확정되는 경우 가장 합당한 권리구제수단이 무엇인지를 검토해 보는 것이 될 것이다.

2. 기존 판례의 태도

종전의 대법원 판례는, “소득금액변동통지는 소득금액의 지급시에 납세의무가 자동적으로 성립·확정하는 원천징수의 소득세에 관하여 지급시기를 의제하여 과세관청이 징수처분에 나아가기 위한 절차적 요건을 규정한 것에 불과하고 그로 인하여 원천징수의무자의 실체상 납세의무의 존부나 범위에 어떠한 변동을 가져오는 것이 아니므로 항고소송의 대상이 되는 독립된 행정처분이라고 할 수 없다”(대법원 1993. 6. 8. 선고 92누

12483 판결 등 다수)고 판시하여 소득금액변동통지의 처분성을 인정하지 아니하였다.

다만 그로 인한 납세자 권리구제의 미비점을 해결하기 위하여 "원천징수의무에 관한 조세채권이 자동확정방식에 의하여 그 납입할 세액이 자동적으로 확정된다 하더라도 원천징수할 세액을 정하여 납입을 고지한 때에 세무관청의 의견이 비로소 대외적으로 공식화되는 터이므로 그 고지내용과 견해를 달리하는 원천징수의무자로서는 그 고지된 세액으로 인한 징수를 방지하기 위하여 전심절차와 행정소송을 함으로써 구제를 받을 수 있다"(대법원 1974. 10. 8. 선고 74다1254 판결)는 입장을 취하였다. 결국 납세자로서는 소득금액변동통지에 따라 원천징수세액을 자진 납부하는 경우에는 아무런 불복방법을 가질 수가 없었고, 원천징수의무의 존부나 그 범위에 관하여 다투기 위해서는 반드시 원천징수의무 불이행에 뒤따르는 징수처분이 있기를 기다렸다가 그 징수처분에 대한 불복청구절차에서 그 전제가 되는 원천징수의무의 존부나 범위에 관하여 다툴 수 있었다.

3. 판례의 검토

(1) 소득처분의 의의

법인은 매 사업연도가 종료하면 기업회계기준에 의하여 산출된 당해 사업연도의 당기순이익을 주주총회 등을 통하여 배당 · 상여 등으로 사외로 유출하는 처분을 하거나 또는 준비금의 적립 · 잉여금의 차기이월 등과 같이 사내에 유보하는 처분을 함으로써 당해 사업연도의 경영성과에 대한 회계업무를 종결하게 된다. 그런데 법인세 과세대상소득을 산정함에 있어서는 기업회계와 세무회계의 차이로 인하여 발생하는 세무조정소득뿐만 아니라 매출누락, 가공경비 등과 같은 허위 · 오류 등으로 인하여 어느 정도 차액이 발생하기 마련이고, 이와 같은 차액은 법인세 과세대상 소득으로 추가로 익금에 가산되게 되는데, 이와 같이 추가로 익금 산입된 익금 가산 액에 대하여는 법인세를 과세하는 것과는 별도로 그 소득의 귀속자와 소득의 종류 등을 확정하여 소득세를 과세(원천징수)하여야 할 필요성이 생긴다(기업회계 상의 당기순이익 중 적립금을 제외한 나머지는 상법상의 이익처분에 의하여 주주배당 또는 임원의 상여금 등으로 처분되어 사외로 유출되는데, 이 경우 우리 세법은 법인소득에 대하여 법인세를 과세하는 것과는 별도로 사외유출에 의하여 발생한 배당소득 또는 상여소득 등에 대하여 다시 소득세를 과세하는 이른바 이중과세(중복과세)의 세제를 취하고 있다). 즉, 매출누락 등으로 인하여 익금에 가산하여야 할 금액이 사외로 유출된 경우 법인이 이를 정상적으로 이익처분(배당 · 상여 등) 하였더라면 원천징수하였어야 할 소득세 등을 징수하지 못한 셈이 되고, 이 때 원천징수할 세목 · 세율 · 세액 등은 ① 귀속자가 누구인지(출자자 · 임원 · 사용인 등), 또 ② 소득의 종류(배당소득 · 근로소득 · 기타소득 등)가 무엇인지 등에 따라 달라지므로, 사외 유출된 금액의 귀속자와 소득의 종류 등을 명확하게 결정해 주어야 할 필요가 있게 된다.

소득처분은 위와 같이 사외 유출된 익금 가산 액에 대하여 과세관청의 엄격한 증명을 요구하지 아니하고 그 귀속자와 소득의 종류 등을 확정하는 세법상의 절차를 말하는데, 그 처분방법에 관하여 법인의 임의적 선택권이 인정되지 않고 법인세법의 관련규정이 정하는 바에 따라 획일적으로 처분되도록 규정하고 있으므로 일종의 강제된 이익처분이라고 할 수 있다(조인호, 251-252면).

(2) 소득처분의 대상 및 내용

법인세는 신고납세방식의 국세이므로 법인이 과세표준을 신고하면서 스스로 세무조정을 하여 익금에 가산한 금액을 소득처분할 수도 있고, 법인의 신고가 없거나 신고내용에 오류 · 탈루가 있는 경우 과세관청이 과세표준과 세액을 결정 또는 경정하면서 익금에 산입한 금액을 소득처분할 수도 있다. 소송실무에서 주로 문제되는 것은 과세관청이 법인세 과세표준과 세액을 결정 또는 경정하면서 익금에 추가 산입한 금액에 대하여 소득처분을 하는 경우이다.

법인세법 제67조의 위임에 의하여 소득처분의 구체적인 방법에 관하여 규정한 법인세법 시행령 제106조는 과세관청이 실지조사방법에 의하여 결정 또는 경정하는 경우(제1항)와 추계조사방법에 의하여 결정하는 경우(제2항)를 나누어 소득처분의 내용을 달리 규정하고 있는데, 실지조사결정하는 경우에는 익금에 산입한 금액이 사외로 유출되었는지 여부에 따라 사외유출된 경우에는 '사외유출'로 처분하고(제1항 제1호, 제3호), 유출되지 아니한 경우에는 '사내유보'로 처분하며(제1항 제2호), 사외유출된 금액은 다시 그 귀속자에 따라 ① 배당(출자자), ② 상여(임원 또는 사용인), ③ 기타 사외유출(법인 또는 사업을 영위하는 개인 등의 경우와 제3호 각목의 경우), ④ 기타소득(귀속자가 그 외의 자인 경우) 등으로 처분한다. 그리고 익금가산액이 사외로 유출된 것이 분명함에도 누구에게 귀속된 것인지가 분명하지 아니한 경우에는 대표자에게 귀속된 것으로 간주하여 소득처분을 하게 된다(대표자 인정상여).

(3) 소득금액변동통지

과세관청이 익금에 가산된 금액에 대하여 법인세법 제67조 및 동법 시행령 제106조가 정하는 바에 소득처분을 하게 되면, 법인의 원천징수의무 이행과 관련된 처분내용(상여 · 배당 · 기타소득으로 처분한 금액)은 '소득금액변동통지서'라는 서식에 기재되어 납세자에게 고지되는데, 소득금액변동통지서에는 ① 당해 소득의 종류(배당 · 상여 · 기타소득), ② 사업연도, ③ 귀속연도, ④ 소득금액, ⑤ 소득자의 성명 · 주소 · 주민등록번호 등이 기재되고, 부동문자로 ⑥ "소득금액변동통지서를 받은 원천징수의무자는 통지받은 소득에 대한 소득세를 원천징수하여 통지서를 받은 달의 다음달 10일까지 납부하여야 한다"고 기재되어 있다. 즉 '소득금액변동통지서'는 과세관청이 사외 유출된 소득에 대하여 소득의 귀속자와 소득의 종류 등을 확정하는 소득처분을 한 다음, 그 소득처분의 내용 중 법인의 원천징수의무 이행과 관련된 사항을 기재하여 원천징수의무자에게 고지하는 서면으로 이해할 수 있을 것이다.

(4) 소득처분에 의한 소득에 대한 과세근거 및 그 귀속시기

과세관청이 소득처분을 하게 되면 그 소득의 원천은 현실귀속소득이 아니라 의제소득(여기서 '의제소득'이라 함은 실재하지 않는 소득이 법령이나 과세관청의 처분에 의하여 실재하는 것으로 의제된다는 의미가 아니라, 그 소득의 종류나 귀속자 등이 구체적인 증거에 의하여 사실로서 입증되는 것이 아니고 과세관청의 소득처분에 의하여 소득의 종류와 귀속자 등이 그 소득처분의 내용대로 결정된다는 의미이다. 마찬가지로 '현실귀속소득'이라는 의미도 소득처분에 의하여 소득의 종류와 귀속자 등이 결정되는 것이 아니라 구체적인 증거에 의하여 사실관계로서 소득의 종류와 귀속자 등이 입증된다는 의미이다)으로서 소득세법 제17조 제1항 제4호, 제20조 제1항 제1호 (다)목, 제21조 제1항 제20호에 근거하여 소득세의 과세대상이 된다(소득원천설 · 열거주의). 위와 같이 소득세법에 개별적으로 과세대상 소득으로 열거된 소득처분에 의한 소득은 권리확정주의의 원칙에 따라 그 귀속시기가 정해진다(소득세법 제39조). 권리확정주의란 소득의 원인이 되는 권리의 확정시기와 소득의 실현시기 사이에 시간적 간격이 있을 때 과세 상 소득이 구체적으로 실현된 때가 아닌 권리가 발생한 때를 기준으로 하여 그 때 소득이 있는 것으로 보고 당해 연도의 소득을 산정하는 방식으로서 실질적으로는 불확실한 소득에 대하여 장래 그것이 실현될 것을 전제로 하여 미리 과세하는 것을 허용하는 원칙이다(대법원 1984. 3. 13. 선고 83누720 판결). 따라서 현실적으로 소득이 지급되지 않은 경우에도 권리로서 성숙 · 확정되면 그때가 소득의 귀속시기가 된다.

이에 따라 소득세법 시행령 제45조 내지 제50조는 권리확정주의의 원칙에 따라 소득의 귀속시기를 소득의 종류에 따라 개별적으로 규정하고 있는데, 구체적으로 살펴보면, 상여처분에 의한 근로소득은 소득세법 시행령 제49조 제1항 제3호가 정하는 바에 따라 '당해 사업연도 중의 근로를 제공한 날'이 귀속시기가 되고, 배당소득과 기타소득의 경우에는 소득세법 시행령 제46조 제6호, 제50조 제1항 제2호가 정하는 바에 따라 '당해 사업연도의 결산확정일'이 그 귀속시기가 된다.

(5) 법인의 원천징수의무

배당소득 · 갑종근로소득 · 기타소득금액은 소득세법 제127조 제1항이 정하는 바에 따라 원천징수의 대상이 되므로, 소득처분에 의한 소득의 경우에도 소득의 지급자인 법인은 그 지급된 소득금액에 대하여 원천징수의무를 부담하게 된다(이 점에 대하여 소순

무, 443면은 원천징수제도는 과세요건 사실이 단순하고 원천징수 액이 명확하게 즉시 확정될 수 있는 조세에 타당한 것인데, 소득처분에 따른 대표자 인정상여 등과 같이 소득의 현실적 지급이 따르지 않는 경우에까지 원천징수의 법리를 그대로 적용하는 것은 위헌의 소지가 있다고 본다). 한편 원천징수하는 소득세는 그 소득금액을 지급하는 때에 납세의무(원천징수의무)가 성립함과 동시에 확정되는데(국세기본법 제21조, 제22조), 소득처분에 의한 소득의 경우 그 소득금액의 지급 시기는 소득세법 제132조 제2항, 제135조 제4항 및 동법 시행령 제191조 제2호, 제192조 제2항에 의하여 소득금액변동통지서가 송달된 날에 소득금액을 지급한 것으로 의제되므로, 법인의 원천징수의무는 소득금액변동통지서가 송달된 때에 성립함과 동시에 확정되는 것이다.

다시 말하면 소득세법에 과세대상 소득으로 개별적으로 열거된 소득처분에 의한 소득(상여 · 배당 · 기타소득)은 권리확정주의의 원칙에 따라 실제로 당해 소득이 지급되지 않더라도 권리로서 성숙 · 확정된 때(근로를 제공한 날 또는 결산확정일)가 당해 소득의 귀속시기가 되므로, 이때(귀속시기가 속하는 사업연도가 종료한 때) 소득세의 납세의무가 성립하는 것이지만, 원천징수의무는 권리로서 성숙 · 확정된 것만으로는 부족하고 실제로 당해 소득금액이 지급된 때에 납세의무가 성립함과 동시에 확정되므로, 원천징수의무를 성립시키기 위해서는 소득금액의 지급시기를 확정하여 줄 필요가 있다. 그런데 소득처분의 경우에는 당해 소득금액의 지급시기가 증거에 의하여 구체적으로 확정되지 않으므로, 앞서 본 바와 같이 소득세법 관련규정은 소득금액변동통지서가 송달된 날에 소득금액을 지급한 것으로 의제하여 이때 원천징수의무가 성립한 것으로 보게 되는 것이다.

소득금액변동통지서를 받은 법인은 그 통지서에 기재된 소득처분의 내용에 따라 원천징수세액을 산정하여 그 다음달 10일까지 이를 납부하여야 하고, 만일 징수하였어야 할 세액을 기간 내에 납부하지 아니하거나 미달하게 납부한 때에는 그 납부하지 아니한 세액 또는 미달한 세액의 최대 10%에 상당하는 금액을 가산세로 납부하여야 하고(소득세법 제158조 제1항), 또 원천징수의무자가 정당한 사유 없이 그 세금을 징수하지 아니하거나 징수한 세금을 납부하지 아니하는 경우에는 1년 이하의 징역 또는 그 징수하지 아니하였거나 납부하지 아니한 세액에 상당하는 벌금형에 처하게 된다(조세범처벌법 제11조).

(6) 소득금액변동통지를 받은 납세자의 권리구제수단

(가) 종래의 대법원 판례 하에서는, 소득금액변동통지에 따라 소득세를 원천징수 · 납부하여야 하는 납세자로서는 이를 자진 납부한 후에는 더 이상 불복청구를 할 방법이 없었으므로, 가산세의 부담을 안고 징수처분이 있기를 기다렸다가 그 징수처분에 대한 항고소송절차에서 선행행위인 원천징수의무의 존부 및 범위에 관하여 다투는 방법밖에 없었다. 이러한 결론은 본안(실체적 과세요건)에 관한 판단을 하기에 앞서 납세자에게 불

복 청구할 방법(권리구제수단)조차도 인정하지 않는다는 점에서 문제가 있었다.

원천징수하는 소득세를 자진 납부한 납세자에게도 불복 청구할 방법을 마련하여 주는 것이 타당하고 바람직한 것이라고 인정된다면, 그에 대한 권리구제수단으로 생각할 수 있는 것으로는, ① 소득금액변동통지의 처분성을 인정하고 소득금액변동통지 자체를 취소소송의 대상으로 삼아 다툴 수 있게 하는 방법(대법원 다수의견)과 ② 소득금액변동통지의 처분성을 부인하는 기존 판례를 유지하면서 새로운 권리구제수단으로 조리 상의 경정청구권을 인정하는 방법(원심판결), ③ 소득금액변동통지의 처분성을 부인하고 조리 상의 경정청구권도 인정하지 않는 종전의 판례를 그대로 유지하면서 민사상 부당이득반환청구를 허용하는 방법(대법원 반대의견) 등을 생각해 볼 수 있을 것이다.

(나) 그런데 부당이득반환청구를 인정하는 방법에는 다음과 같은 문제가 있다고 생각된다.

① 소득처분에 의한 소득의 경우 그 소득세의 과세근거나 원천징수의 근거가 소득세법의 관련규정에 개별적 · 구체적으로 분명하게 규정되어 있을 뿐만 아니라, 원천징수하는 소득세는 그 소득금액을 지급하는 때에 납세의무가 성립함과 동시에 특별한 절차 없이 바로 확정되는 것인데(자동확정방식), 소득처분에 의한 소득의 경우 소득세법 관련규정은 소득금액변동통지서가 송달된 때에 당해 소득금액을 지급한 것으로 의제한다고 규정하고 있으므로, 소득금액변동통지의 송달에 의하여 당해 원천징수 소득세의 납세의무가 성립 · 확정되는 것이다. 과세관청이 법인세법과 소득세법의 관련규정이 정하는 바에 따라 법인이 자진하여 원천징수 · 납부한 세액을 보유하는 것임에도, 국가에서 그 납부된 세액을 보유하는 것이 '법률상의 원인'이 없는 것에 해당한다고 보기는 어렵다. ② 신고납세방식의 조세에 있어서는 납세의무자의 과세표준 신고가 있는 때, 부과과세방식의 조세에 있어서는 과세관청의 부과처분이 있는 때 구체적으로 조세채무가 확정되어 그 확정력이 발생하고, 구체적 조세채무로서 확정력이 발생하면 납세의무자는 그 신고납부행위나 부과처분에 중대 · 명백한 하자가 있는 등 당연무효의 사유가 없는 한, 부당이득반환청구를 할 수 없다는 것이 확립된 판례의 태도이다. 소득금액변동통지가 송달되면 법률이 정하는 바에 따라 그때 소득금액이 지급된 것으로 의제되고, 당해 소득금액에 대한 법인의 원천징수의무가 그때 구체적으로 성립 · 확정되는 것임에도, 항고소송으로 그 조세채무의 확정력을 깨뜨리지 않은 채로 곧바로 민사상 부당이득반환청구의 방법으로 기납부 세액의 반환을 청구할 수 있다는 것은 기존의 확립된 판례의 태도에 반한다(대법원 1974. 10. 8. 선고 74다1254 판결 등).

(다) 다음 조리 상의 경정청구권을 인정하는 방법에 관하여 살펴본다.

① 2003. 12. 30. 개정된 국세기본법이 원천징수의무자에 대하여 경정청구권을 인정

하는 것은 근로소득, 퇴직소득, 연금소득 등에 한정되고, 소득금액변동통지에 따라 원천징수의 대상이 되는 배당소득이나 기타소득 등에는 경정청구권이 인정되지 않고 있다. 이는 입법자의 의도가 경정청구권의 인정범위를 제한하겠다는 취지를 반영한 것으로 이해된다. ② 소득금액변동통지에 의하지 아니한 다른 원천징수 소득세도 불복수단이 제한되어 있다는 점에서는 아무런 차이가 없는데 굳이 소득금액변동통지에 의한 원천징수 소득세에 대하여만 조리 상의 경정청구권을 인정하여야 할 합리적인 차이점을 찾기 어렵고, 세법에 명문의 규정이 없는 한 조리 상의 경정청구권을 인정할 수 없다는 기존 판례의 태도(대법원 1987. 9. 8. 선고 85누565 판결 등)에도 저촉된다. ③ 현재 명문의 규정이 있는 감액경정청구제도에 관해서도 그 법률규정의 해석을 둘러싸고 많은 논란이 있는데 '조리'상의 경정청구권의 구체적인 내용과 요건이 무엇인지, 또 조세법률주의가 지배하는 세법의 영역에서 실정법에 아무런 근거가 없는 '조리'를 새로운 법원(法源)으로 끌어들여 불복청구권을 인정하는 것이 타당한지 등에 대하여 의문이 있다. 경우에 따라서는 '조리' 상의 경정청구권을 인정하는 것이 문제의 해결방법이 되기보다는 오히려 보다 큰 새로운 문제를 야기하게 될 수도 있다.

(라) 앞서 살핀 바와 같이 소득금액변동통지는, ① 그 송달된 때에 소득금액을 지급한 것으로 의제되어 그때 법인의 원천징수의무가 성립 · 확정되는 등 납세자의 권리의무에 직접적인 영향을 미치고, ② 원천징수의무자인 법인은 소득금액변동통지서에 기재된 소득처분의 내용에 따라 원천징수세액을 산정하여 그 수령일이 속하는 다음달 10일까지 이를 납부하여야 할 의무를 부담하게 되는데, 만일 이를 이행하지 아니하면 가산세의 제재는 물론이고 형사처벌까지 받을 수 있으며, ③ 우리 세법에는 소득처분과 그 소득처분의 내용을 원천징수의무자에게 고지하는 소득금액변동통지 제도가 있으므로 소득금액변동통지가 원천징수의무자에게 도달한 때에 과세관청의 견해가 공식적으로 표명된 것으로 볼 수 있어, 과세관청의 견해에 불복하는 자에게는 이 단계에서 불복청구를 할 수 있는 수단을 마련하여 주는 것이 타당하고, ④ 조세의 부과처분과 징수처분은 별개의 효과를 목적으로 하는 독립한 처분으로서 선행행위인 부과처분이 당연무효가 아닌 한 그 하자가 후행행위인 징수처분에 승계되지 않는 것이 행정법상의 기본원칙임에도, 종전의 판례는 원천징수의무자에게 불복수단을 마련하여 준다는 취지에서 그 원칙을 변경하여 징수처분에 대한 항고소송에서도 선행행위인 원천징수의무의 존부나 범위에 관하여 다툴 수 있다는 예외를 인정하게 된 것인데, 소득금액변동통지 자체를 직접 항고소송의 대상으로 삼아 그 쟁송절차에서 원천징수의무의 존부나 범위에 관하여 다툴 수 있게 된다면 이와 같은 변칙적인 운영을 시정할 수 있다는 점 등에 비추어 보면, 소득금액변동통지는 항고소송의 대상이 되는 조세행정처분이라고 봄이 타당하고, 이것이 납세자의 권리보호

에 보다 충실하고 조세형평과 정의에도 부합하는 것이라고 생각된다.

4. 판례의 의미와 전망

대법원 2006. 4. 20. 선고 2002두1878 전원합의체 판결은, 소득금액변동통지의 처분성을 부인하던 종전 판례의 태도를 변경하여, 소득금액변동통지는 원천징수의무자인 법인의 납세의무에 직접 영향을 미치는 과세관청의 행위로서 항고소송의 대상이 되는 조세행정처분으로 보아야 한다고 판시하였다.

본 판결을 통하여, 종전에 납세자들이 소득금액변동통지에 따른 원천징수의무의 존부나 그 범위에 대하여 다투기 위해서는 이를 자진 징수 납부하여서는 안 되고, 반드시 원천징수의무를 이행하지 않고 가산세의 부담을 안고서 징수처분이 있기를 기다렸다가 징수처분에 대한 불복청구로 다투어야만 하는 관행이 바뀌게 되었다. 나아가 징수처분에 대한 항고소송에서 선행행위인 원천징수의무의 존부나 그 범위를 다툴 수 있다는 기존의 변칙적 운영을 막을 수 있고, 납세자는 소득금액변동통지에 따른 원천징수의무의 존부와 그 범위에 관하여는 소득금액변동통지 자체를 처분으로 보고 그에 대한 항고소송에서 다투고, 징수처분에 대한 항고소송에서는 징수처분의 고유한 하자에 대하여만 다툴 수 있게 되어 다시 원칙으로 되돌아갈 수 있게 되었다.

<참고문헌>

소순무, 조세소송 개정4판, 영화조세통람, 2008.
신동윤, “익금산입액의 소득처분”, 재판자료집(제61집), 법원행정처, 1993.
조인호, “소득처분에 의한 의제소득과 현실귀속소득”, 특별법연구 제6집, 박영사, 2001.
강석훈, “소득처분과 소득금액변동통지에 관하여”, 조세법연구(12-21), 한국세법학회, 2006.

135. 신의성실의 원칙과 비과세관행

—대법원 1995. 11. 14. 선고 95누10181 판결—

신 동 승*

Ⅰ. 판결개요

1. 사실관계

① 1962. 4. 10. 이 사건 공장 취득, 1968. 4. 15.부터 정부양곡도정공장 운영

② 정부관리양곡도정업자는 정부의 승인 없이 정부관리양곡 이외의 양곡을 가공할 수 없는데, 정부가 양곡가공물량을 충분히 배정해 주지 아니한다는 사유로 1985. 1. 26.부터 휴업신고하고 공장 가동을 중단

③ 1988. 4. 6. 이 사건 공장 양도 후 새로 취득한 도정공장에서 양곡 가공

④ 1988. 5. 10. 이 사건 공장의 양도와 관련하여 국세청장에게 양도소득세부과대상인지 여부를 질의

⑤ 1988. 5. 18. 국세청장 회신 : 법령 또는 행정명령 등에 의한 부득이한 사유로 폐업 또는 휴업한 상태에서 공장용 건물과 토지를 양도한 사실이 객관적으로 명백하게 확인된 경우에는 계속하여 가동하던 공장의 이전으로 봄

⑥ 1988. 5. 30. 이 사건 공장의 양도에 대한 양도소득세 등의 감면신청서를 첨부하여 자산양도차익예정신고

⑦ 1988. 7.경 의정부세무서장이 원고의 감면신청을 받아들여 예정결정함

⑧ 감사원 감사에서 위 감면결정이 잘못되었다고 지적하자, 의정부세무서장이 감면세액을 추징하는 것으로 경정결정하여 이 사건 과세처분을 함

⑨ 원고가 이에 불복하여 이 사건 소송 제기

* 헌법재판소 수석부장연구관.

2. 소송경과

① 서울고등법원 1994. 8. 23. 선고 94구998 판결(원고 승소): 정부에서 양곡가공물량을 충분히 배정해 주지 아니함으로 인해 부득이 원고가 휴업하게 되었으므로, 이 사건 공장은 양도소득세 면제대상인 2년 이상 계속하여 가동한 공장에 해당한다.

② 대법원 1995. 3. 10. 선고 94누12074 판결(파기환송): 관련 법령의 입법취지와 조세법상의 엄격해석의 원칙에 비추어 볼 때, 이 사건 공장은 양도일부터 소급하여 2년 동안 전혀 가동하지 않았으므로 양도소득세 면제대상인 2년 이상 계속하여 가동한 공장에 해당하지 아니한다.

③ 서울고등법원 1995. 6. 15. 선고 95구9589(파기환송심): 대상판결과 같은 취지로 원고 청구 기각.

④ 대상판결: 상고 기각

3. 판결요지

① 공장이 양도일로부터 소급하여 2년 동안은 전혀 가동을 하지 않았다면, 구 소득세법(1988. 12. 26. 법률 제4019호로 개정되기 전의 것, 이하 구 소득세법이라 한다) 제6조 제2항 제2호가 규정하는 양도소득세 면제대상인 "2년 이상 계속하여 가동한 공장"에 해당한다고 볼 수 없고, 위 공장을 가동하지 못한 데에 부득이한 사정이 있었는지 여부는 위 규정 소정의 면제대상 공장 해당 여부를 좌우하는 예외사유가 되지 아니한다.

② 일반적으로 조세 법률관계에서 과세관청의 행위에 대하여 신의성실의 원칙이 적용되기 위하여는 과세관청이 납세자에게 신뢰의 대상이 되는 공적인 견해표명을 하여야 하고, 또한 국세기본법 제18조 제3항에서 말하는 비과세 관행이 성립하려면 상당한 기간에 걸쳐 과세를 하지 아니한 객관적 사실이 존재할 뿐만 아니라 과세관청 자신이 그 사항에 관하여 과세할 수 있음을 알면서도 어떤 특별한 사정 때문에 과세하지 않는다는 의사가 있어야 하며, 위와 같은 공적 견해나 의사는 명시적 또는 묵시적으로 표시되어야 하지만, 묵시적 표시가 있다고 하기 위하여는 단순한 과세누락과는 달리 과세관청이 상당기간의 불과세 상태에 대하여 과세하지 않겠다는 의사표시를 한 것으로 볼 수 있는 사정이 있어야 하고, 이 경우 특히 과세관청의 의사표시가 일반론적인 견해표명에 불과한 경우에는 위 원칙의 적용을 부정하여야 할 것이다.

③ 세법상 가산세는 과세권의 행사 및 조세채권의 실현을 용이하게 하기 위하여 납세자가 정당한 이유 없이 법에 규정된 신고, 납세 등 각종 의무를 위반한 경우에 개별세법이 정하는 바에 따라 부과되는 행정상의 제재로서 납세자의 고의, 과실은 고려되지 않

는 반면, 이와 같은 제재는 납세의무자가 그 의무를 알지 못한 것이 무리가 아니었다고 할 수 있어서 그를 정당시할 수 있는 사정이 있거나 그 의무의 이행을 당사자에게 기대하는 것이 무리라고 하는 사정이 있을 때 등 그 의무해태를 탓할 수 없는 정당한 사유가 있는 경우에는 이를 과할 수 없다.

Ⅱ. 평 석

1. 쟁점정리

대상판결의 쟁점은 판결요지에서 보는 바와 같이 3가지이다.

첫 번째 쟁점은, 구 소득세법 제6조 제2항 제2호가 규정하는 양도소득세 면제대상인 "2년 이상 계속하여 가동한 공장"의 해석과 관련하여 부득이한 사유로 공장을 가동하지 못한 경우도 이에 해당하는지 여부에 관한 것이다. 대상판결은 위 법조문의 입법취지와 엄격해석의 원칙에 비추어, 부득이한 사유로 가동을 하지 못하던 공장을 양도한 경우에는 양도소득세를 면제받을 수 없다는 취지로 판시하였는데, 양곡가공물량을 충분히 배정받지 못하였다는 사정이 부득이한 사유에 해당하는지 여부는 논의의 여지가 있겠으나, 만일 당사자가 책임질 수 없는 사유(가령 행정명령에 의한 경우)로 인하여 공장을 가동하지 못하였다면 단지 공장을 계속하여 가동하지 아니하였다는 사유만으로 양도소득세를 부과하는 것은 부당한 결과를 초래할 수 있다. 따라서 대상판결과 같이 공장을 가동하지 못한 데에 부득이한 사정이 있는 경우에도 양도소득세 면세대상에 포함되지 않는다는 취지의 설시를 한 것은 적절하지 않다고 생각된다.

두 번째 쟁점은 조세법상 신의성실의 원칙과 비과세관행에 관한 것인데, 이에 대해서는 아래에서 자세히 살펴보도록 한다.

세 번째 쟁점은 가산세의 과세요건에 관한 것이다. 가산세는 과세권 행사 및 조세채권의 실현을 용이하게 하기 위하여 납세자가 정당한 이유 없이 법에 규정된 각종 의무를 위반한 경우 부과되는 행정상 제재이므로 납세자에게 정당한 사유가 있는 경우에는 이를 부과할 수 없다. 대상판결은 과세관청인 의정부세무서장도 이 사건 공장의 양도가 양도소득세 면세대상에 해당한다고 판단하였다는 점을 근거로 납세의무자가 이를 면세대상으로 판단한 것에 대하여 제재를 가하는 것은 부당하다는 취지로 판시하였는데, 이러한 사유가 정당한 이유에 해당하는지 여부는 별론으로 하고 이러한 경우에 가산세를 부과하는 것이 부당하다는 결론은 타당한 것으로 보인다.

이하에서는 조세법상 신의성실의 원칙과 비과세관행에 관한 부분에 대해서만 보기로 한다.

2. 관련 판례

조세법상 신의성실의 원칙과 비과세관행에 관한 판례는 특별한 변경 없이 일관된 판지를 유지하고 있다. 이에 관한 판례를 하나씩만 소개하기로 한다.

* 신의성실의 원칙

대법원 1985. 4. 23. 선고 84누593 판결[법인세부과처분취소]

일반적으로 조세법률관계에 있어서 과세관청의 행위에 대하여 신의성실의 원칙이 적용되기 위한 요건으로서는, 첫째로 과세관청이 납세자에게 신뢰의 대상이 되는 공적인 견해 표명을 하여야 하고, 둘째로 과세관청의 견해 표명이 정당하다고 신뢰한 데 대하여 납세자에게 귀책사유가 없어야 하며, 셋째로 납세자가 그 견해표명을 신뢰하고 이에 따라 무엇인가 행위를 하여야 하고, 넷째로 과세관청이 위 견해표명에 반하는 처분을 함으로써 납세자의 이익이 침해되는 결과가 초래되어야 한다.

* 비과세관행

대법원 1987. 11. 10. 선고 87누475 판결[부가가치세부과처분취소]

비과세관행이 성립하려면 단순한 과세누락이 있는 것으로는 부족하고, 명시적이든 묵시적이든 과세관청의 비과세 의사표시가 있어야 하며, 이러한 의사표시는 과세관청이 과세대상임을 알면서도 어떠한 필요에 의해서 과세하지 않기로 태도를 정함에 따른 것이어야 한다.

3. 판결의 검토

가. 조세법상 신의성실의 원칙

신의성실의 원칙은 상대방의 합리적인 기대나 신뢰를 배반할 수 없다는 법원칙으로서 본래 사법관계를 적용대상으로 하여 발전하였다. 그러나 이것은 법의 근본이념인 정의와 형평의 원리를 바탕으로 한 것이어서 국가와 국민 사이의 신뢰관계를 전제로 하는 공법관계에 있어서도 그 적용을 부정할 이유가 없다.

국세기본법 제15조는 “납세자가 그 의무를 이행함에 있어서는 신의에 좇아 성실히 하여야 한다. 세무공무원이 그 직무를 수행함에 있어서도 또한 같다”고 규정하고 있고, 학설과 판례는 이를 신의성실의 원칙을 명문화한 규정으로 보고 있다.

신의성실의 원칙은 국세기본법 제15조의 규정에 따라 과세관청 뿐 아니라 납세자에게도 적용되는 것이다. 과세관청에 대한 신의성실의 원칙의 적용 요건은 앞서 본 84누593 판결에서 구체화된 이래 특별한 변화는 없는 것으로 보이고, 현재는 납세자에 대한 신의성실의 원칙의 적용 요건에 대한 논의가 활발하게 진행되고 있다. 이 사건과 관련된 문제인 과세관청에 대한 신의성실의 원칙의 적용 요건은 다음과 같다.

① 과세관청의 공적 견해 표명 과세관청의 공적 견해는 원칙적으로 책임 있는 지위에 있는 세무공무원에 의하여 표명되어야 한다. 공적 견해의 표명은 일반 납세자에 대한 것이든 특정 납세자에 대한 것이든 불문하고, 과세요건 규정의 해석, 적용에 관한 것 뿐 아니라 과세요건 사실의 인정에 관한 것도 포함된다. 또한, 행정처분에 한하지 않고 행정지도, 확약, 질의회신 등 다양한 형태의 행정작용이 모두 해당한다.

② 보호가치 있는 납세자의 신뢰 납세자가 과세관청의 견해 표명이 정당하고 존속될 것이라고 믿는 것이 정당하여야 한다. 과세관청의 견해 표명이 착오에 의한 것이거나 잘못된 것이라는 사실을 납세자가 알았거나, 납세자의 사실은폐, 허위보고, 배신행위 등에 기하여 이루어진 경우, 또는 세무공무원이 납세자와 결탁하여 견해 표명을 한 경우에는 납세자에게 정당한 사유가 없다고 할 것이다.

③ 신뢰에 기한 납세자의 행위 납세자가 과세관청의 언동을 신뢰하고 그 신뢰를 바탕으로 하여 어떤 행위를 하였어야 한다. 즉, 납세자의 신뢰와 행위 간에 상당인과관계가 있어야 한다. 납세자의 행위는 사법행위일 수도 있고, 세무상의 처리일 수도 있다.

④ 견해표명에 어긋나는 처분 과세관청이 표명한 공적 견해에 어긋나는 처분을 하고, 그로 인하여 납세자가 경제적으로 불이익을 받아야 한다. 과세관청의 처분은 반드시 과세처분임을 요하지 아니한다.

나. 비과세관행

국세기본법 제18조 제3항은 "세법의 해석 또는 국세행정의 관행이 일반적으로 납세자에게 받아들여진 후에는 그 해석 또는 관행에 의한 행위 또는 계산은 정당한 것으로 보며, 새로운 해석 또는 관행에 의하여 소급하여 과세되지 아니한다."고 규정하고 있는데, 이를 비과세관행이라고 하며, 신의성실의 원칙의 파생원칙 또는 예시적인 특별규정으로서 소급과세금지원칙의 특수한 영역으로 인정된다.

신의성실의 원칙은 구체적 사안에 대하여 개별적으로 판단하여 적용되는 것임에 반하여, 비과세관행은 객관적인 상황을 설정하고 그에 대한 납세자의 신뢰를 일반적으로 보호하는 것이다. 신의성실의 원칙은 과세관청의 언동이 일반성을 가진 경우에도 특정한 납세자와의 관계에서 개별적으로 판단되나, 비과세관행은 불특정의 납세자를 그 대상으로 한다. 또한 신의성실의 원칙은 납세자에게도 적용되나, 비과세관행 규정은 과세관청만을 적용대상으로 한다.

비과세관행의 적용요건은 다음과 같다.

① 상당한 기간에 걸쳐 과세하지 아니하는 객관적 사실 비과세관행이 성립하려면 상당한 기간에 걸쳐 과세하지 아니하는 객관적 사실이 존재해야 한다. 따라서 일시

적, 우발적인 비과세는 비과세관행에 해당하지 않는다.

② 과세관청이 그 사항에 관하여 과세할 수 있음을 알면서도 특별한 사정 때문에 과세하지 않는다는 의사를 가짐 과세관청이 과세할 수 있음을 알면서도 어떤 특별한 사정 때문에 과세하지 않아야 한다. 과세관청이 요건사실이 있음을 알지 못했기 때문에 과세하지 않는 경우, 즉 과세누락이 있는 경우에는 그것이 장기간 계속되었다 하더라도 비과세관행이 성립하지 않는다.

③ 과세하지 않는다는 공적 견해나 의사를 명시적 또는 묵시적으로 표명 단지 과세관청이 과세를 하지 않는다는 사실 만으로는 부족하고, 그것이 과세관청의 공적 견해나 의사를 표시한 것으로 볼 수 있어야 한다. 그 의사표시의 방법은 묵시적으로도 가능하나, 단지 과세누락이 있다는 사실만으로는 의사표시를 한 것으로 볼 수 없다.

④ 과세관청의 견해나 의사가 일반적으로 납세자에게 받아들여짐 이러한 과세관청의 견해나 의사의 표시가 불특정의 납세자에게 받아들여져야 한다는 점에서 신의성실의 원칙과 차이가 있다. 따라서 과세관청이 특정 납세자에게만 과세를 하지 않았다는 사정만으로는 비과세관행이 성립하였다고 보기 어렵다.

⑤ 과세관청의 공적 견해나 의사를 신뢰한 납세자의 행위 또는 계산 비과세관행을 신뢰하고 납세자가 어떤 행위나 계산을 한 경우에 이러한 납세자의 신뢰를 보호하기 위하여 과세권의 행사를 제한하는 것이므로, 납세자가 과세관청의 공적 견해나 의사를 전혀 모르고 행위나 계산을 한 경우에는 비과세관행으로 보호받을 수 없다.

다. 대상판결의 검토

(1) 신의성실의 원칙의 적용 여부

앞서 사실관계에서 본 바와 같이 이 사건은 원고가 이 사건 공장을 양도한 이후 국세청장에게 이 사건 공장의 양도가 양도소득세부과대상인지 여부를 질의하였고, 국세청장으로부터 회신을 받은 후 양도소득세 감면신청을 한 사안이다. 따라서 원고가 국세청장의 언동을 신뢰하였다는 점을 근거로 신의성실의 원칙을 주장할 수 있는 것은 국세청장의 회신을 받은 이후에 한 행위에 국한되는데, 원고가 국세청장의 회신을 받은 이후에 한 행위는 양도소득세에 대한 감면신청을 한 것뿐이다.[1] 즉, 원고가 이 사건 공장을 양도한 것은 국세청장의 언동과 무관한 것이므로, 그에 대하여는 국세청장의 언동을 문제삼아 신의성실의 원칙 또는 신뢰보호의 원칙을 주장할 수 없는 것이다. 따라서 이 사건은 적어도 일반적인 신의성실의 원칙이 적용될 사안은 아니다.[2]

---

1) 대상판결이 이 사건 과세처분 중 가산세에 관해서 원고에게 정당한 사유가 있다고 한 것은 국세청장의 회신 및 그 이후의 과세관청의 감면처분을 신뢰한 원고를 보호하기 위한 것으로 보인다.

2) 대상판결이 이 사건에서 일반적인 신의성실의 원칙에 관해서 자세히 다루지 않은 것은 이와 같은 이유 때문일 것이다.

(2) 비과세관행의 적용 여부

앞서 사실관계에서 본 바와 같이 이 사건에서 국세청장은 원고의 질의에 1회 회신을 하였고 의정부세무서장도 원고의 감면신청을 받아들였을 뿐, 그 이외에 이와 같은 내용의 비과세처분이 과세관청에 의하여 상당한 기간에 걸쳐 행해졌다는 사실이 전혀 주장된 바 없다. 따라서 일단 비과세관행의 요건으로서 "상당한 기간에 걸쳐 과세를 하지 아니한 객관적 사실"이 존재한다고 할 수 없다. 또한, 앞에서 본 바와 같이 원고가 과세관청의 어떠한 공적 견해나 의사를 신뢰하고 이 사건 공장을 양도한 것도 아니다.

따라서 원고의 주장 자체에 의하더라도 이 사건에서 어떠한 비과세관행이 존재한다고 할 수 없고, 같은 취지의 대상판결은 정당하다고 할 것이다.

4. 판결의 의미와 전망

대상판결은 종래 유지되어 왔던 조세법상 신의성실의 원칙과 비과세관행에 관한 법리를 다시 한 번 확인하고 정리한 판결로서, 그 이후에 선고된 판결들도 이 판지를 그대로 유지하고 있다. 오히려 이 판결 이후에는 납세자에 대하여 신의성실의 원칙을 어떻게 적용할 것인가가 쟁점이 된 판결들이 논의의 대상이 되고 있다.

〈참고문헌〉

김완석, 세법상의 신의성실의 원칙, 세무사 19권 3호(2001. 11.), 한국세무사회
김백영, 세법상 신의성실원칙에 관한 판례, 공법학연구 제3권 제1호, 영남공법학회
김영란, 납세의무자에 대한 신의성실의 원칙의 적용, 대법원판례해설 1997년 상반기(28호), 법원도서관
성열우, 부가가치세의 면세와 소급과세금지 및 신의성실의 원칙, 대법원판례해설 2003년 상반기(45호), 법원도서관

136. 환경권의 법적 성질[1)]

— 대법원 1995. 9. 15. 선고 95다23378 판결 —

김 연 태*

Ⅰ. 판례개요

1. 사실관계

신청인(대한민국) 산하의 A대학교 부지와 인접한 토지(이하 이 사건 토지라 한다) 소유자인 피신청인은 1993. 12. 2. X구청장으로부터 위 지상에 24층의 아파트 1개동 277세대, 건축면적 31,945.86㎡의 건축에 관한 사업시행승인을 받고, 그 무렵 건축공사에 착수하여 현재 기초공사가 완료되고 17층 부분의 골조공사가 진행 중인바, 이보다 앞서 A대학교는 이 사건 토지로부터 불과 20m 내지 40m 떨어진 거리에 5층 높이의 첨단과학원의 건축을 시작하여 이미 완공하였다. 만일 피신청인이 건설 중인 위 24층 높이의 아파트가 완공되는 경우에는 그 건물의 높이가 A대학교 교내 전체를 위에서 내려다 볼 수 있어 A대학교의 경관 및 교육환경, 교육활동을 현저하게 해할 우려가 있는 등 교육환경권을 침해하고, 또한 위 과학관 옥상 위에 설치될 자동기상관측장비를 비롯한 최신 과학장비가 제대로 작동되지 아니함으로써 이와 관련된 교수들의 연구 활동이나 학생들의 수업에 막대한 지장이 예상될 뿐만 아니라 아파트의 상주인구의 증가로 인한 통행차량, 생활소음 등으로 연구 활동에도 심각한 지장을 초래할 것이고, 이러한 침해는 금전적 보상만으로 회복하기 어려운 손해가 될 것이므로 위 아파트를 적어도 16층 이상의 높이로 건축하여서는 아니 된다고 하여 공사중지 가처분이 신청되었다.

---

* 고려대학교 법학전문대학원 교수.

1) 이 글은 졸고, 헌법상 환경권의 보호대상과 법적 효력, 고려대 판례연구 9집, 1998에 실린 글을 기초로 수정·보완한 내용임을 밝힌다.

2. 소송경과

신청인은 피신청인을 상대로 부산지방법원 동부지원에 공사중지 가처분 신청을 하였는바, 위 법원이 신청인의 가처분신청을 기각하는 결정을 하였고, 이에 신청인이 불복항고한 결과 위 법원이 이를 받아들여 1995. 4. 17. 가처분결정을 하였다.

부산고등법원은 가처분결정 인가신청에 대하여 대학교의 교육환경 침해를 이유로 그 인접 대지 위에 건축 중인 24층 아파트 중 18층 초과부분에 대한 건축공사를 금지하는 범위 내에서 가처분결정을 인가하였다.

피신청인은 이에 대하여 대법원에 상고하였는데, 대법원은 신청인이 환경권에 기하여 방해배제를 청구할 수 있는 것처럼 설시한 원심에 잘못이 있지만 원심이 소유권에 기한 방해배제청구권을 이 사건 가처분의 피보전권리로 삼은 부분만큼은 정당하기 때문에 그와 같은 잘못은 결과에 영향을 미치지 않는다고 하여 상고를 기각하였다.

3. 판결요지

(1) 원심판결(부산고등법원 1995. 5. 18. 선고 95카합5 판결)의 요지

부산고등법원은 이 사건 토지 위에 건축 중인 건물 중 18층을 초과하는 건물부분에 대한 일체의 공사를 하여서는 안 된다는 가처분결정을 인가하면서 그 이유를 다음과 같이 설명하고 있다:

“헌법 제35조 제1항은 「모든 국민은 건강하고 쾌적한 환경에서 생활할 권리를 가지며, 국가와 국민은 환경보전을 위하여 노력하여야 한다」라고 규정하고 있는바, 위 헌법상 규정된 ‘환경권’은 사람이 인간다운 생활을 영위함으로써 인간으로서의 존엄을 유지하기 위하여 필요적으로 요구되는 것이기 때문에 인간의 생래적인 기본권의 하나로서 인간다운 생활을 위한 필수적인 절대권이며, 모든 사람에게 다 같이 보장되는 보편적인 권리로서의 성질을 가진다 할 것이고, 이러한 환경권의 내용인 환경에는 자연적 환경은 물론이고, 역사적 · 문화적 유산인 문화적 환경도 환경권의 대상인 환경의 범주에 포함시켜야 하며, 그뿐만 아니라 사람이 사회적 활동을 하는 데 필요한 사회적 시설도 인간의 생활에 필요 불가결한 사회적 환경으로서 이에 포함됨은 당연하며, 신청인이 내세우는 주장의 요지 또한 교육환경의 일종으로서 역시 위 사회적, 문화적 환경의 범주에 속한다고 할 것이다.”

“… 현재 환경이익을 누리는 구성원은 그 환경이 명백히 부당하게 파괴될 우려, 다시 말하면 환경이익이 명백히 부당하게 침해될 위험이 발생한 경우에는 그와 같은 부당한 침해를 사전에 거절하거나 미리 방지할 수 있는 권리, 이른바 ‘환경이익의 부당침해방지권'을 가진다고 봄이 상당하고, 따라서 현실적으로 부당한 침해의 위험이 있거나 이미 부당한 침해가 발생하고 있는 경우에는 특단의 사정, 예를 들면 금전적 보상에 의한 해결을 수인할 수 있는 사유 등이 없는 한 위 방지권에 기하여 위험방지를 위한 충분하고 필요한 한도 내에서 구체적인 금지청구권을 취득하고 이를 행사함으로써 환경이익을 보전할 수 있는 것으로 해석함이 상당하다 할 것이다."

(2) 대법원판결의 요지

대법원은 피신청인의 상고를 다음과 같은 이유로 기각하였다:

"환경권에 관한 헌법 제35조의 규정이 개개의 국민에게 직접으로 구체적인 사법상의 권리를 부여한 것이라고 보기는 어렵고, 사법상의 권리로서의 환경권이 인정되려면 그에 관한 명문의 법률규정이 있거나 관계법령의 규정취지 및 조리에 비추어 권리의 주체, 대상, 내용, 행사방법 등이 구체적으로 정립될 수 있어야 한다."

"그러나 원심 판시와 같이 피신청인이 건축하는 이 사건 아파트가 24층까지 완공되는 경우 신청인 산하 A대학교 구내의 첨단과학관에서의 교육 및 연구 활동에 커다란 지장이 초래되고, 위 첨단과학관 옥상에 설치된 자동기상관측장비 등의 본래의 기능 및 활용성이 극도로 저하되며, 위 A대학교의 대학교로서의 경관, 조망이 훼손되고, 조용하고 쾌적한 교육환경이 저해되며, 소음의 증가 등으로 교육 및 연구 활동이 방해받게 된다면, 위 A대학교의 부지 및 건물을 교육 및 연구시설로서 활용하는 것을 방해받게 되는 그 소유자인 신청인으로서는 위와 같은 방해가 사회통념상 일반적으로 수인할 정도를 넘어선다고 인정되는 한 그것이 민법 제217조 제1항 소정의 매연, 열기체, 액체, 음향, 진동 기타 이에 유사한 것에 해당하는지 여부를 떠나 그 소유권에 기하여 그 방해의 제거나 예방을 청구할 수 있다 할 것이므로, 적어도 원심이 소유권에 기한 방해배제청구권을 이 사건 가처분의 피보전권리로 삼은 부분만큼은 정당하고(신청인의 신청원인사실 주장 속에는 이러한 취지의 주장도 포함되어 있는 것으로 보인다), 따라서 헌법 제35조의 규정이 구체적인 사법상의 권리를 부여한 것이 아니고 달리 사법상의 권리로서의 환경권을 인정하는 명문의 법률규정이 없는데도 원심이 마치 신청인이 환경권에 기하여 방해배제를 청구할 수 있는 것처럼 설시하고 … 있는 데에 설령 소론과 같은 잘못이 있다 하더라도, 그와 같은 잘못은 판결 결과에 영향을 미치지 못한다 할 것이다."

Ⅱ. 평 석

1. 쟁점정리

부산고등법원은 헌법 제35조 제1항에 의한 환경권의 내용인 환경에는 자연적 환경

뿐만 아니라 역사적 · 문화적 환경까지 포함하는 것으로 보고 있으며, 또한 헌법상의 환경권조항으로부터 직접 사법상 환경이익의 침해방지 청구권이 도출되는 것으로 해석하고 있다.

그에 대하여 대법원은 환경권에 관한 헌법 제35조의 규정이 개개의 구체적인 사법상의 권리를 부여한 것이 아니고 그를 위해서는 사법상의 권리로서 환경권을 인정하는 명문의 법률규정을 요구하고 있다. 다만 대법원이 A대학교의 교육환경이 침해되었음을 인정하고 있는 것으로 볼 때 교육환경을 환경권의 보호대상에 포함시키는 것을 전제하고 있는 것으로 판단된다.

따라서 이 사건에서 주요쟁점으로 우선 헌법상 환경권의 보호대상으로서의 환경개념을 어떻게 이해할 것인지에 대하여 살펴보고, 그 다음에 헌법상 환경권의 법적 효력에 대하여 고찰해 보기로 한다.

2. 관련판례

서울지방법원은 봉은사 사건에서 환경권의 내용인 환경에는 자연적 환경은 물론이고, 역사적 · 문화적 환경도 환경권의 대상인 환경의 범주에 포함시켜야 하며, 그뿐만 아니라 사람이 사회적 활동을 하는 데 필요한 사회적 시설도 인간의 생활에 필요불가결한 사회적 환경으로서 이에 포함된다고 하여 넓은 의미로 환경개념을 파악한 바 있다(서울지방법원 1995. 9. 7. 선고 94카합6253 판결).

한편, 환경권의 법적 성질에 대하여 대법원은 "헌법 제35조 제1항은 환경권을 기본권의 하나로 승인하고 있으므로, 사법의 해석과 적용에 있어서도 이러한 기본권이 충분히 보장되도록 배려하여야 하나, 헌법상의 기본권으로서의 환경권에 관한 위 규정만으로는 그 보호대상인 환경의 내용과 범위, 권리의 주체가 되는 권리자의 범위 등이 명확하지 못하여 이 규정이 개개의 국민에게 직접으로 구체적인 사법상의 권리를 부여한 것이라고 보기는 어렵고, 사법적 권리인 환경권을 인정하면 그 상대방의 활동의 자유와 권리를 불가피하게 제약할 수밖에 없으므로, 사법상의 권리로서의 환경권이 인정되려면 그에 관한 명문의 법률규정이 있거나 관계 법령의 규정취지나 조리에 비추어 권리의 주체, 대상, 내용, 행사방법 등이 구체적으로 정립될 수 있어야 한다"(대법원 1995. 5. 23. 자 94마2218 결정)는 입장을 견지하고 있다.

3. 판례의 검토

(1) 환경권의 보호대상으로서의 환경개념

㈎ 법 정책적 측면에서의 환경개념

넓은 의미의 환경은 생명체의 생존 및 생활에 영향을 주는 외부조건의 전체를 의미한다. 환경은 이와 같이 매우 포괄적 개념인데, 그것은 학문적 관심분야에 따라 상이한 의미로 사용된다. 예컨대 사회적 환경이란 인간관계, 사회적 · 문화적 · 경제적 시설 및 국가제도를 의미하고, 자연적 환경이란 동 · 식물, 미생물과 그의 생활공간, 토양, 대기, 수자원을 말한다. 또한 인간으로부터 창조된 대상으로서의 환경이란 예를 들면 주택, 공장, 도로, 기계, 자동차 등을 말한다.

헌법은 환경권을 기본권의 하나로 명시하고 있는바, 환경권의 대상이 되는 환경의 개념에 대하여 학설은 크게 세 가지 관점에서 파악하고 있는 것으로 분류할 수 있다. 즉 환경을 대기, 물, 바다, 산, 호수, 하천, 자연경관 등의 자연환경에 한정시켜 이해하는 견해(허영, 439면; 홍성방, 62면)와 자연환경과 문화적 · 역사적 유산을 의미한다는 견해(김영훈, 31면), 그리고 자연환경과 문화적 유산은 물론 도로, 공원, 교육, 의료 등 사회적 환경까지 포함하는 것으로 이해하는 견해(김철수, 777면)로 나눌 수 있다.

그러나 광범위한 환경개념을 환경법영역에서 받아들이는 것은 법 정책적으로 문제가 있다. 국가의 의사결정과정에서 환경보전이 충분히 고려되고 있지 않는 것이 현실이고 그것이 당면한 환경문제라고 볼 때, 환경보전에 대한 고려를 강화하기 위해서는 인간 및 동 · 식물의 자연적 생활근거에 대한 배려에 중점을 두어야 한다. 환경개념에 사회 · 경제적 관점까지 포함시킨다면 생태계의 문제는 다른 다양한 이익과 연결되어 특별한 취급을 받지 못하게 된다. 따라서 포괄적인 환경개념을 받아들이는 것은 환경보전 노력을 공허하게 할 우려가 있다. 자연적 생활근거의 보전에 한정하는 것이 환경보전의 목적달성을 위해 효과적이고 실현가능성이 큰 것이다. 결국 좁은 의미의 환경개념을 받아들이는 것이 법 정책적으로 필요하다.

㈏ 실정법상의 환경개념

헌법은 환경권을 기본권의 하나로 열거하고 있으나 그의 보호대상인 환경의 개념에 대하여 아무런 규정도 두고 있지 않다. 따라서 실정법상의 환경개념에 대하여는 환경보전에 관한 개별법과 관련하여 살펴보아야 한다. 환경정책기본법은 제3조 용어의 정의에서 환경에는 자연환경과 생활환경이 포함되는데, 자연환경은 지하 · 지표(해양을 포함) 및 지상의 모든 생물과 이들을 둘러싸고 있는 비생물적인 것을 포함한 자연의 상태(생태계 및 자연경관을 포함)라고 정의하고, 생활환경이라 함은 대기, 물, 폐기물, 소음 · 진동, 악취, 일조 등 사람의 일상생활과 관계되는 환경을 말한다고 하였다.

환경정책기본법 제3조의 생활환경을 인간에 의하여 만들어진 물리적 인공 환경과 동의어로 보아서는 안 된다. 여기서의 생활환경은 오염매체 또는 오염원으로부터 인간의 건강 및 생활을 보호하기 위하여 환경개념에 포함시킨 것이지 인공이 가해진 시설로서의 환경을 의미하는 것은 아니다. 환경정책기본법 제3조에 있어서 자연환경에 대한 정의는 보호대상의 관점에서 환경을 정의내린 것이고, 생활환경에 대한 정의는 오염매체 및 오염원과 관련하여 환경을 정의내린 것에 불과하다.

결국 우리 실정법상 물적 요소가 없는 사회적 환경과 인간에 의하여 인위적으로 제조된 물건은 여기서의 환경개념에서 배제된다고 보아야 한다.

(다) 소 결

환경정책 내지 환경법의 영역에 있어서 모든 생활조건을 포함하는 포괄적인 환경개념을 사용하는 것은 적합하지 않다. 그와 같이 넓은 개념으로 환경개념을 파악한다면 환경정책은 모든 정책분야를 포함할 것이고 환경법은 모든 법질서를 포괄하게 될 것이다. 사회적 · 문화적 영역에서 삶의 질의 보장 · 향상이라는 목표를 환경보전의 수단으로 실현하려는 것은 환경보전의 영역을 모호하게 하여 오히려 환경보전의 실효성을 저해하게 될 우려가 있다. 결국 환경정책, 환경법학적 측면에서는 자연적 생활근거에 한정된 환경개념을 논의의 출발점으로 삼아야 할 것이다.

그러나 자연적 생활근거를 인간중심적으로 파악하여 인간의 자연적 생활근거의 보전을 환경보전이라고 파악하는 것은 너무 편협하다. 환경보전에는 모든 생물체의 보전이 포함되어야 한다.

인간은 상호간에 영향을 미치는 관계에 있다. 이와 관련하여 인간관계, 즉 사회적 환경을 환경개념에 포함시킬 것인지가 문제될 수 있다. 그러나 포괄적으로 개념정의를 내리는 것은 그 효과에 있어서 아무런 정의도 내리지 않는 것과 다름없으므로, 그와 같은 무의미한 개념정의를 피하기 위해서는 자연적 매체가 개입되지 않는 인간 사이의 관계는 환경개념에서 제외하는 것이 바람직할 것이다.

결론적으로 환경은 인간의 자연적 생활근거와 환경매체인 대기, 토양, 물 및 생물계와 그들 사이의 관계 및 그들과 인간과의 관계를 의미한다고 보아야 할 것이다.

이러한 관점에서 헌법상 환경권의 내용인 환경에는 자연적 환경은 물론이고, 역사적, 문화적 유산인 문화적 환경, 사람이 사회적 활동을 하는 데 필요한 사회적 시설 등 사회적 환경 등도 이에 포함된다는 부산고등법원의 견해에는 찬동할 수 없다. 구체적으로 부산고등법원은 첨단과학관 바로 정면에 24층 높이의 아파트가 완성될 경우 교수의 연구 활동이나 학생들의 학습활동에 커다란 지장을 초래하며, 대학교로서의 전체적인 경관을 크게 훼손할 우려가 있고, 조용하고 쾌적한 환경을 필수불가결로 하는 대학의 교육환경을 현저하게 저해하게 된다고 한다. 그러나 이러한 주장은 민법상의 소유권에 기한 방해제거 내지 방해예방청구 또는 상린관계규정에 의해서 해결할 사안이지 헌법상의 환경권이 문제되는 것은 아니다.

또한 대법원이 위 사안에서 원심과 달리 헌법상의 환경권에 의한 방해배제청구권은 인정하고 있지 않지만, 교육환경이 환경권의 보호대상에 포함되는 것으로 전제하고 있는 것은 비판될 수 있다.

(2) 환경권의 법적 효력

(가) 환경권의 헌법상 보장

우리 헌법은 환경권을 기본권의 하나로 명시적으로 규정하고 있는바, 헌법상 환경권의 법적 성질에 대하여 환경권은 건강하고 쾌적한 환경에서 생활할 권리로서 자유권적 성격뿐만 아니라 인간의 존엄과 가치, 행복추구권으로부터 도출되는 생존권 또는 사회적 기본권으로서의 성격을 갖는 종합적 기본권이라고 보는 것이 다수의 견해이다. 즉 환경권은 환경에 대한 침해가 있을 때 그 배제를 직접 청구할 수 있는 구체적 권리로서의 측면(자유권적 침해배제청구권)과 건강하고 쾌적한 환경의 조성 · 유지에 대한 추상적 권리로서의 측면이라는 양면성을 지닌다고 보는 것이다(구체적 권리 · 추상적 권리의 양면적 권리설).

생각건대, 헌법상의 환경권조항에 의하면 환경권의 내용은 입법자에 의하여 구체화되어야 하며, 그것은 입법자의 의무이기도 하다. 그러나 헌법이 규정한 환경권의 본질적 내용을 침해하는 환경에 대한 침해가 있을 때에는 환경권을 구체화하는 개별 규정이 없더라도 직접 헌법규정을 근거로 침해배제를 청구할 수 있는 것이다. 다만 본질적 내용을 침해하는 정도를 넘지 않는 범위 내에서는 입법자에게 입법적 형성의 여지가 있는 것이다. 따라서 환경권의 본질적 내용을 침해하지 않는 범위 내에서는 입법자에 의한 환경권의 내용이 구체화되어야만 그에 근거하여 구체적 권리를 주장할 수 있게 되지만, 본질적 내용을 침해하는 경우에는 헌법상 환경권이 구체적 청구권의 근거로 기능할 수 있는 것이다.

(나) 방어권으로서의 기본권

기본권은 우선적으로 침해배제청구권을 의미한다. 또한 그것은 국가의 작용에 의한 침해의 배제를 구하는 것이다. 예컨대 도로의 건설, 공공단체에 의한 폐기물처리시설의 운영, 그 밖에 환경오염을 배출하는 공공시설의 운영 등과 같이 국가에 의한 직접적인 환경침해행위에 대한 방어권이 기본권으로부터 도출될 수 있다.

그런데 대부분의 환경오염은 국가가 아닌 제3자의 행위로부터 발생한다고 볼 수 있다. 기본권은 위에서 언급한 바와 같이 국가의 작용에 의한 침해의 배제청구권을 의미하는 것으로, 사인에 의한 침해에 대하여는 기본권이 직접적으로 작용하지 않는다고 보는 것이 일반적인 견해이다. 이에 따르면 환경보전의 영역에서 기본권의 전통적인 방어권으로서의 기능은 국가에 의하여 기본권이 침해되었을 때에만 발휘되는 것이다. 따라서 방어권으로서의 기본권은 제3자의 환경오염행위에 대하여 대처하는 데에 문제가 있게 된다.

㈐ 기본권보호의무

기본권은 두 가지 측면에서 개인을 보호하는 기능을 발휘한다. 그 하나는 직접적인 주관적 권리로서, 다른 하나는 개별 법규를 해석함에 있어서 기본권규정에 내포된 객관적 가치결정을 존중해야 하는 것으로 나타난다. 주관적 방어권으로서의 기본권은 개인을 국가의 침해로부터 보호한다. 기본권의 객관적 내용에서는 제3자의 환경오염행위로부터 개인을 보호해야 할 국가의 의무가 도출된다. 즉 기본권이 객관적인 가치결정을 포함하고 있다는 사실로부터 국가의 기본권보호의무가 도출되는데, 기본권보호의무에 따라 국가는 기본권에 의하여 보호된 법적 지위가 제3자에 의해 침해되는 것을 방지해야 할 의무를 부담하게 된다.

이와 같이 헌법상의 기본권조항은 주관적인 방어청구권뿐만 아니라 객관적인 가치결정을 포함하고 있으며, 이러한 가치결정은 입법자, 행정부 및 법원에게 해석 · 결정의 기준을 제공하고 있는 것이다. 따라서 국가에게는 기본권에 의하여 보호되는 법적 가치, 예컨대 생명, 신체 및 재산권을 보호하며 이를 위하여 필요한 환경조건을 보장해야 할 헌법상의 의무가 있다.

㈑ 대 사인간의 효력

대법원은 환경권에 관한 헌법 제35조의 규정이 개개의 국민에게 직접으로 구체적인 사법상의 권리를 부여한 것이라고는 보기 어렵다는 것을 밝히고 있다. 이러한 대법원의 결론은 사인간의 기본권효력에 관하여 기본권은 원칙적으로 사법상의 일반조항을 통하여 간접적으로만 사인 간에 적용될 수 있다는 간접적 효력설을 따른 것으로 볼 수 있다.

기본권은 공권력에 의한 침해에 대한 방어권 이외에 사법영역을 포함하여 모든 법분야에 적용되는 객관적인 가치질서를 포함하고 있는데, 간접적 효력설에 의하면 기본권은 사법영역에서 일반조항 및 사법의 개념을 해석함에 있어서 기본권보장의 취지에 입각하여야 한다는 점에서 그의 기능을 발휘하게 된다고 한다.

또한 대법원은 위 사안에서 헌법 제35조의 규정이 구체적인 사법상의 권리를 부여한 것이 아니고 달리 사법상의 권리로서 환경권을 인정하는 명문의 법률규정이 없으므로 환경권에 기한 방해배제를 청구할 수 없다고 하였다. 이러한 대법원의 입장은 기본권의 대 사인간의 효력 내지 제3자효 문제를 해결하기 위하여 알렉시(R. Alexy)가 제시한

3차원 모델, 즉 국가의무의 차원, 국가에 대한 권리의 차원 및 사법상 권리주체 사이의 법적 관계의 차원 중 세 번째 차원의 문제에 한정하여 기본권의 제3자효 문제를 파악하고 있는 데 기인한다. 물론 사인이 다른 사인과의 관계에서 기본권의 침해를 주장할 수 있는지 여부는 사법질서 내에서의 기본권 효력에 관한 핵심적인 문제이다. 또한 사법상 법률관계에 기본권을 직접 적용하기 위해서는 법원이 분쟁을 해결함에 있어서 판단의 기준이 되는 내용을 기본권이 내포하고 있거나 또는 다른 실정법적 근거가 있어야 한다.

그러나 기본권의 제3자효 문제는 국가와 기본권 주체인 사인과 또 다른 사인 사이의 3각 관계에서 발생하는 문제이기 때문에 사인 상호간의 기본권의 효력뿐만 아니라 그 외에도 국가의 보호의무의 차원과 국가에 의한 권리침해의 차원에서 살펴보아야 한다.

위에서 언급한 바와 같이 공공단체가 오염물질을 배출하는 기업을 운영하는 경우는 그리 많지 않아 그에 의하여 환경권이 침해되는 경우도 제한적일 것이다. 오히려 환경오염은 사인에 의한 배출행위 또는 그의 집적에 의하여 발생하는 것이 대부분인데, 간접적 효력설에 의하면 사인의 활동에 대하여 기본권은 직접적인 제3자적 효력의 결여로 직접 적용될 수 없게 된다.

이에 대하여 헌법상 환경권의 직접적 제3자효를 주장하는 견해도 있다. 즉 헌법 제35조 제1항은 명문으로 국민의 환경보전의무를 규정하고 있으므로, 환경권은 사인 상호간의 관계에도 직접 적용되며, 따라서 사인에 의한 환경권의 침해에 대하여 직접 헌법규정을 근거로 오염의 배제 또는 손해배상을 청구할 수 있다고 한다(권영성, 690-691면).

생각건대, 헌법상의 환경권이 환경에 대한 침해가 있을 때 그 배제를 직접 청구할 수 있는 구체적 권리로서의 자유권적 침해배제청구권의 성격을 갖는다고 할 때, 이는 국가에 대한 권리를 의미하는 것이지, 사인에 대한 권리를 말하는 것은 아니다. 기본권으로서의 자유권은 국가의 침해와 간섭을 전제로 하는 것이다. 헌법이 국민의 환경보전의무를 규정하고 있다는 것으로부터 그에 대한 개인의 권리가 직접 도출될 수 있는 것은 아니다.

헌법이 기본권의 하나로 환경권을 보장하고 있다면 기본권을 통하여 보호되는 가치가 국가가 아닌 사인이나 사회적 집단에 의하여 침해되는 경우에도 국가는 이에 개입하여 기본권에 의하여 보장된 법익을 보호해야 한다. 다시 말하면 기본권에서 제3자의 침해로부터 기본권에 의하여 보장된 법익을 보호해야 할 국가의 의무가 도출된다. 이러한 기본권보호의무는 우선적으로 입법자에 지워진다. 즉 입법자는 제3자로부터 기본권을 보호해야 할 책임을 부담하게 된다. 그에 따라 입법자는 형사법 또는 제3자보호효를 갖는 행정법을 통하여 보호법익을 제3자의 침해로부터 방어해야 한다. 그 밖에 입법자는 민사책임법 등 민사관련법에 의하여 기본권보호의무를 이행할 수 있음은 물론이다. 기본권보호의무에 의하여 기본권내용이 확장됨으로써 기본권의 간접적 제3자효는 그 본래의 의미를 많은 부분 상실하게 되었다. 왜냐하면 기본권에서 도출되는 보호의무는 법원에도 미치기 때문이다. 더욱이 기본권보호의무는 사법상의 법률관계에 있어서의 법적용에 한정되지 않으며 입법자 스스로도 이를 준수해야 한다. 이러한 이유로 기본권의 간접적 제3자효는 기본권보호의무의 특별한 경우에 해당하는 것으로 이해될 수 있다.

한편, 기본권의 제3자효가 문제되는 경우에 국가에 의한 기본권침해가 항상 배제되는 것은 아니다. 오염물질을 배출하는 시설물 등은 관계법에 의하여 행정청의 허가 등을 받아야 한다. 배출시설의 허가는 사업자에게 일정한 한계 내에서 배출시설운영의 자유를 보장하는 반면에 인근 주민에게는 자유의 제한을 가져온다. 그러나 이 경우에 국가는 인근 주민에게 법적인 하명을 행하는 것은 아니며, 사업자에게 배출시설의 운영의 자유를 보장할 뿐이다. 배출시설의 허가에 의하여 배출시설의 정상적인 운영에 대한 인근 주민의 수인의무가 발생한다. 명령에 있어서는 국가의 행위에 의해 바로 개인의 자유가 제한되지만, 수인의무에 있어서는 사인의 활동에 의하여 직접 자유 또는 법익의 제한이 발생된다는 점에서 양자는 차이가 있다. 배출허용기준을 초과하지 않는 범위 내에서 배출시설의 사업자는 일정한 오염물질의 배출이 허용되며, 인근 주민은 그로 인한 불이익을 감수해야 한다. 즉, 인근 주민에게 오염배출에 대한 방어청구권은 발생하지 않는다. 기본권에 의하여 보호된 법익은 수인할 수 없는 정도의 '침해'로부터 보호되는 것이다. 법률에 의해 사실상의 부담이나 불이익의 수인의무가 부과되는 것은 기본권의 보호영역에 대한 침해라고 할 수 없다. 다만 국가는 배출시설의 허가 등을 함에 있어서 기본권에 의하여 보호된 법적 지위가 배출시설의 운영에 의하여 침해되는 것을 방지해야 할 의무를 부담한다.

그런데 행정청의 허가에 의하여 기본권에 의하여 보호된 법익이 수인할 수 없을 정도로 침해된다면 행정청의 허가를 바로 국가의 침해행위로 보아야 한다. 기본권보호의무는 중대한 법익의 침해가 있다면 적극적인 행위의무로 변환된다. 다시 말하면 기본권에 의하여 보호된 법익이 제3자에 의해 수인할 수 없을 정도로 침해된다면 기본권보호의무에 따라 허가의 거부 내지 취소 또는 개선명령 등의 발동으로 이를 방어할 국가의 의무가 발생하는데, 이를 이행하지 않은 것은 국가에 의한 기본권침해로 볼 수 있다. 이러한 경우에는 행정청의 허가 또는 부작위(예컨대 개선명령의 부작위) 등에 의한 사법관계에의 국가의 개입을 인정할 수 있기 때문에 대사인간에 대한 기본권의 효력이 아니라 국가에 대한 기본권의 효력이 문제되는 것이다.

4. 판례의 의미와 전망

환경권의 보호대상으로서의 환경개념에서 살펴본 바와 같이 위 사안의 경우 헌법상의 환경권의 침해가 문제되는 경우는 아니므로, 대법원이 소유권에 기한 방해배제청구권을 인정한 결론에 대하여는 이론이 없다. 그러나 대법원은 환경권에 기한 방해배제청구권을 부인하는 논거로서 헌법 제35조의 규정이 구체적인 사법상의 권리를 부여한 것이 아니며, 달리 사법상의 권리로서 환경권을 인정하는 명문의 법률규정이 없음을 들고 있다.

사인간의 기본권효력에 관하여 기본권은 원칙적으로 사법상의 일반조항을 통하여 간접적으로만 사인 간에 적용될 수 있다는 간접적 효력설을 따를 때 대법원의 결론에 이의를 제기할 수는 없다. 그러나 대법원의 입장이 기본권의 대 사인간의 효력 내지 제3자효 문제를 사법상 권리주체 사이의 법적 관계에 한정하여 파악하는 것이라면 이는 타당하지 않다. 기본권의 제3자효 문제는 그 외에도 국가의 보호의무의 차원과 국가에 의한 권리침해의 차원에서 살펴보아야 한다.

헌법이 기본권의 하나로 환경권을 보장하고 있다면 기본권을 통하여 보호되는 가치가 국가가 아닌 사인이나 사회적 집단에 의하여 침해되는 경우에도 국가는 이에 개입하여 기본권에 의하여 보장된 법익을 보호해야 한다. 즉 헌법상의 기본권으로부터 국가에 의한 침해의 방어권뿐만 아니라 제3자에 의한 기본권의 제한을 방어해야 할 국가의 의무가 도출된다. 물론 그러한 보호의무의 위반이 항상 기본권의 침해를 의미하지는 않는다. 국가가 기본권보호의무를 이행함에 있어서는 국가기관에 평가우위 내지 형성의 여지가 인정된다. 이러한 결정여지를 벗어나는 기본권보호의무 위반이 있고 개별적이고 구체적인 위험이 존재하는 경우에 국가의 기본권보호의무에 상응하여 기본권주체의 주관적 권리가 발생한다고 보아야 한다. 다시 말하면 기본권에 의하여 보호된 법익이 제3자에 의해 수인할 수 없을 정도로 침해되는 경우에 국가는 이에 개입하여 침해를 방어해야 하는데, 이를 이행하지 않는다면 그것은 국가에 의해 기본권이 침해되는 것으로 보아야 한다.

<참고문헌>

권영성, 헌법학원론, 법문사, 2007.
김상영, "부산대학교 대 (주)강암주택 사건 판결에 관한 검토", 법학연구 38권 1호, 부산대학교 법과대학 법학연구소, 1997.
김영훈, "환경권과 공법상 구제", 법학논총, 숭전대학교 법학연구소, 1985.
김철수, 헌법학개론, 박영사, 2008.

방승주, “사법질서에 있어서 기본권의 효력, 법과 인간의 존엄”, 청암 정경식 박사 화갑기념논문집, 박영사, 1997.

허 영, 한국헌법론, 박영사, 2008.

홍성방, “환경 기본권, 환경오염의 법적 구제와 개선책”, 한림과학원 총서 47, 1996.

137. 환경영향평가의 흠의 효과[1)]

— 대법원 2001. 6. 29. 선고 99두9902 판결 —

박 균 성*

Ⅰ. 판결 개요

1. 사실의 개요

(1) 한국고속철도건설공단은 경부고속철도 서울차량기지 정비창을 건설하기 위하여 환경영향평가대행업체가 작성한 환경영향평가서 초안에 대하여 주민의견수렴절차를 거친 후 그 결과를 반영하여 환경영향평가서를 작성한 후 1996년 3월 피고 건설교통부장관에게 이를 제출하였다.

(2) 피고 건설교통부장관은 같은 해 4. 6. 소외 공단이 제출한 환경영향평가서에 대하여 소외 환경부장관에게 협의를 요청하였고, 소외 환경부장관은 같은 해 5. 14. 지형 · 지질, 동 · 식물상, 토지이용, 수질, 대기질, 폐기물, 소음 · 진동, 위탁 · 경관, 사후환경영향조사 9개 항목에 관하여 미비점을 지적하고, 다음과 같이 보완자료 제출을 요청하였다. 즉, 소외 환경부장관은 토지이용과 관련하여, 사업지역 내 완충녹지지역은 소음차단, 경관, 휴식공간제공 등의 효과를 나타낼 수 있도록 도시계획 결정부지 이외에 추가로 확대하는 방안을 검토 · 제시하되 과학적으로 분석한 마운딩 높이, 수종선정, 주민 휴게시설 종류, 출입구(미관을 고려한 아치형 다리 등), 산책로 등 시설 설치방안을 구체적으로 수립 · 제시할 것과 사후환경영향조사와 관련하여 본 사업부지 인근에 대단위 주거지역이 위치하고 있고, 공사 시 1,280,000㎡의 부지를 약 4m 높이로 성토할 계획인바, 비산먼지, 토사유출, 소음 · 진동으로 인한 주변 환경에 영향이 우려되므로 성토공사 기간 중에는 대기질, 수질, 소음 · 진동 등에 대한 조사주기를 분기 1회에서 월 1회로 강화하는 방안을 검토 · 제시할 것을 요청하였다.

---

* 경희대학교 법학전문대학원 교수.

1) 이 글은 행정판례연구에 게재된 판례평석을 기초로 재작성한 것임.

(3) 이에 소외 공단은 같은 해 6. 토지이용과 관련하여 완충녹지는 도시계획시설 결정시 배선계획을 고려하여 최대한 확보한 부지로 추가확대는 어려운 상태이나 현재 확보된 녹지로 소음이나 경관 상에 큰 문제가 없을 것으로 판단되고, 지구 내에서 발생되는 소음을 최소화하고 토공계획을 고려하여 행신지구변 완충녹지의 마운딩 높이는 3.5m로 설치하며, 완충녹지지역에 주민들의 이용에 불편이 없도록 산책로를 계획하고 주민들이 녹지지역에 접근이 용이하도록 북서 측의 승무관리사무소 및 행신역 직원 출입구 측면, 동측 매화정마을 진입도로에 보도 및 출입구 등 총 3개소를 설치하겠으며, 사후환경영향조사와 관련하여 위 요청대로 본 사업시행 시 공사기간(성토기간)에는 대기질, 수질, 소음 · 진동에 대하여 조사주기를 월 1회로 강화하겠다는 등의 내용으로 당초의 평가서를 보완한 후 같은 해 7. 12. 피고에게 사업실시계획승인을 신청하였다.

(4) 소외 공단은 위 환경영향평가서를 작성함에 있어 호남고속철도 등에 대하여는 아직 기본계획도 수립되어 있지 않은 상황이어서 경부고속철도 차량기지만으로 사용되는 것을 전제로 작성하였고, 기상상태 파악을 함에 있어 이 사건 지역과 가장 인접한 지역인 서울측후소의 1985년부터 1994년까지 10년간의 기상자료를 조사하였으며, 대안 검토와 관련하여 피고와 소외 공단이 타당성 조사 단계에서 검토한 다른 지구에 대한 타당성 검토는 환경영향평가의 범위를 넘는다고 판단하여 이를 한 바가 없고, 환경 침해시설물의 배치를 행신지구쪽으로 하는 경우 고속철도의 차량특성상 궤도배선의 효율성 및 부지사용의 효율성이 저하되고 봉래산 근린공원의 훼손 등의 문제가 있어 이를 대안으로 검토하지 않았으며, 침수피해와 관련하여 구체적인 설계내용을 환경영향평가단계에서 반영할 수 없다고 보고, 우수 배수방안을 고양시와 협의할 계획이며, 실시 설계 및 공사 시 최대한 반영하여 침수피해를 최대한 억제할 계획이라고만 하였을 뿐 피해를 막을 수 있는 구체적인 계획에 대하여 언급하지는 않았다.

(5) 피고는 같은 해 7. 26. 소외 환경부장관과 위와 같은 내용으로 환경영향평가 협의를 완료한 후 같은 해 10. 17. 이 사건 경부고속철도서울차량기지정비창건설사업실시계획승인처분을 하고, 같은 해 10. 25. 이를 고시하였다.

2. 소송의 경과

원고들은 첫째, 이 사건 사업 지역 앞 행신지구에 대규모 아파트 단지(1997. 8. 현재 약 11,000세대, 인구 약 53,000명)가 건축 중이었음에도 불구하고 사업부지 결정 당시에 현실적인 입주민이 없었다는 이유로 원고들을 포함한 주민들에게 미칠 여러 영향에 관하여 아무런 고려 없이 이 사건 사업지역을 부지로 선정한 잘못이 있고, 둘째 환경영향평가대행기관이 한 이 사건 환경영향평가에는 ① 소외 환경영향평가대행기관이 1993. 3. 2.

부터 1995. 11. 27.까지 사이에 5차에 걸쳐 매회 며칠간 현장조사를 하였다고 하나 1994년에는 현장조사를 전혀 하지 않는 등 현장조사가 극히 미비하고 주민 의견 수렴절차 역시 요식행위였을 뿐 진정한 의사를 반영하지 않은 점, ② 소외 공단은 현재 계획 중인 경부고속철도만을 예상하여 환경영향을 평가하였을 뿐 추가 공사가 확실한 호남고속철도의 차량기지, 정비창 등에 대한 사항은 전혀 고려하지 않은 점, ③ 기상 상태 파악을 위하여 가장 인접한 지역에 위치한 서울측후소의 1985년부터 1994년까지 10년간의 기상자료를 조사하였을 뿐 환경오염과 밀접한 영향이 있는 풍향과 풍속에 대하여 이 사건 사업지역에서 직접 측정하여 그 결과를 반영하지 않은 점, ④ 현행 환경영향평가작성규정(환경부 고시 제1995-70호)에 의하면 환경영향평가서에서는 대안 설정 및 평가를 하도록 되어 있으므로 피고와 소외 공단이 타당성 조사 단계에서 검토한 화전, 일산, 상암, 행주내동, 능곡, 곡산, 백마, 신평, 파주 등 지구에 대하여 어떤 안이 가장 환경적으로 타당한지 정밀하게 검토하여야 하고, 설령 이 사건 사업지역이 타당하다고 하더라도 토지이용계획도상 환경 침해 시설물의 배치를 인구가 집중되어 있는 행신 지구 쪽으로 할 것인지 아니면 그 반대쪽으로 할 것인지 역시 대안으로 검토하였어야 함에도 이에 대하여 아무런 언급이 없이 궤도배선체계가 직열식이 좋은지 병렬식이 좋은지만을 검토한 점, ⑤ 이 사건 사업지역은 대표적인 상습 침수 지역으로서 소외 공단의 계획대로 약 4미터 정도 성토하면 집중호우 시 주변 지역의 마을과 농경지의 침수가 예상되어 적절한 저감대책을 마련하여야 함에도 막연히 우수배수계획을 고양시와 협의할 계획이며, 실시설계 및 공사 시 최대한 반영하여 침수피해를 최대한 억제할 계획이라고만 하고 있는 점 등의 잘못이 있어 이 사건 환경영향평가는 그 형식만을 갖춘 것으로 법상 요구되는 요건을 갖춘 평가라고 할 수 없으므로 이를 기초로 한 이 사건 처분은 위법하다고 주장하였다.

대법원은 원심판단을 정당하다고 보고 원고들의 상고를 모두 기각하였다.

3. 판결요지

(1) 원심판결 요지

원심판결은 다음과 같이 기각판결을 내렸다: 원고들이 주장하는 위 환경영향평가가 잘못되었다는 점 중 ① 현장조사나 주민의견 수렴이 미비하였다는 주장은 위 인정사실에 의하면 소외 공단이 환경영향평가서를 작성함에 있어 적법한 현장조사 및 의견수렴을 한 것으로 인정되므로 이유 없고, ② 호남고속철도의 차량기지, 정비창 등에 대한 사항을 고려하지 않았다는 주장도 앞서 본 바와 같이 위 고속철도에 대한 기본계획 조차 수립되지 않은 상태에서 이를 고려하지 않았다고 하여 위 환경영향평가가 잘못된 것이라 볼 수 없으므로 이 역시 이유 없으며, ③ 환경오염과 밀접한 영향이 있는 풍향과 풍속에 대하여 직접 측정하지 않고 최인접지역인 서울측후소의 10년간의 기상자료를 활용한 것만으로 위 환경영향평가가 잘못된 것으로 볼 수 없으므로 위 주장 역시 이유 없고, ④ 그 밖에 입지나 환경 침해 시설물의 배치와 관련된 대안 검토를 하지 않았다거나 침수 피해 방지를 위한 구체적인 계획이 없다는 점은 위 환경영향평가법상의 환경영향평가제도의 취지에 비추어 어느 정도 한계가 있을 수밖에 없으며, 원고들 주장대로 그것이 다소 미흡하다고 하더라도 적법한 절차에 따라 환경부장관의 협의를 거친 이상 그 부실 정도가 환경영향평가제도를 둔 입법취지를 달성할 수 없을 정도이어서 환경영향평가를 하지 아니한 것과 다를 바 없는 정도의 것은 아니라면 그 때문에 이 사건 처분이 위법하다고 할 수도 없으므로(대법원 1998. 9. 22. 선고 97누19571 판결 참조), 위 주장도 이유 없다.

(2) 대법원판결의 요지

구 환경영향평가법(1997. 3. 7. 법률 제5302호로 개정되기 전의 것)(이하 "구 환경영향평가법"이라 한다) 제4조에서 환경영향평가를 실시하여야 할 사업을 정하고, 그 제16조 내지 제19조에서 대상사업에 대하여 반드시 환경영향평가를 거치도록 한 취지 등에 비추어 보면, 같은 법에서 정한 환경영향평가를 거쳐야 할 대상사업에 대하여 그러한 환경영향평가를 거치지 아니하였음에도 승인 등 처분을 하였다면 그 처분은 위법하다 할 것이나, 그러한 절차를 거쳤다면, 비록 그 환경영향평가의 내용이 다소 부실하다 하더라도, 그 부실의 정도가 환경영향평가제도를 둔 입법 취지를 달성할 수 없을 정도이어서 환경영향평가를 하지 아니한 것과 다를 바 없는 정도의 것이 아닌 이상 그 부실은 당해 승인 등 처분에 재량권 일탈·남용의 위법이 있는지 여부를 판단하는 하나의 요소로 됨에 그칠 뿐, 그 부실로 인하여 당연히 당해 승인 등 처분이 위법하게 되는 것이 아니다.

Ⅱ. 평 석

1. 쟁점정리

이 사건에서 환경영향평가의 흠 특히 환경영향평가서의 부실이 어떠한 경우에 사업계획승인처분의 위법사유가 되는가 하는 것이 주된 쟁점이었다.

이 사건에서 원고는 환경영향평가의 흠을 주장하고 있다. 환경영향평가의 흠에는 ① 절차상 흠과 ② 실체상 흠으로 나누어 볼 수 있는데, 원고가 한 주장 중 ①에서는 의견수렴절차가 부실하였다는 환경영향평가의 절차상 흠을 주장하고 ②이하에서는 누적영향평가의 결여, 대안평가의 불충분, 환경저감방안의 불충분 등 환경영향평가의 내용이 부실하였다는 환경영향평가의 실체상 흠을 주장하고 있다.

이에 대하여 원심판결과 대법원 판결은 의견수렴절차에 흠이 있다는 주장을 받아들이지 않고, 원고가 주장한 환경영향평가의 부실에 대하여는 "환경영향평가의 내용이 다소 부실하다 하더라도, 그 부실의 정도가 환경영향평가제도를 둔 입법 취지를 달성할 수 없을 정도이어서 환경영향평가를 하지 아니한 것과 다를 바 없는 정도의 것이 아닌 이상 그 부실은 당해 승인 등 처분에 재량권 일탈 · 남용의 위법이 있는지 여부를 판단하는 하나의 요소로 됨에 그칠 뿐, 그 부실로 인하여 당연히 당해 승인 등 처분이 위법하게 되는 것이 아니다"라고 판시하고 있다.

이하에서는 환경영향평가의 흠(절차상 흠과 실체상 흠)이 사업계획승인처분에 어떠한 효력을 미치는가를 살펴보고 특히 환경영향평가의 부실이 사업계획승인처분의 위법사유가 되는 기준에 관한 판례의 입장을 검토하기로 한다.

2. 판례의 흐름

판례는 법상 요구되는 환경영향평가절차를 거치지 않았음에도 사업계획승인처분을 한 하자는 환경영향평가의 중요성에 비추어 중대한 하자이고, 환경영향평가가 요구되는 사업이 명확히 열거되고 있는 점에서 객관적으로도 명백한 것이므로 당해 행정처분은 무효라고 한다(대법원 2006. 6. 30, 2005두14363).

또한 판례는 환경영향평가절차를 이행하였으나 환경영향평가의 내용이 부실한 경우, 그 부실의 정도가 환경영향평가제도를 둔 입법 취지를 달성할 수 없을 정도이어서 환경영향평가를 하지 아니한 것과 다를 바 없는 정도의 것인 경우에는 승인처분의 위법사유가 되지만, 그러한 정도가 아닌 경우 그 부실은 당해 승인 등 처분에 재량권 일탈 · 남용의 위법이 있는지 여부를 판단하는 하나의 요소로 됨에 그칠 뿐, 그 부실로 인하여 당연히 당해 승인 등 처분이 위법하게 되는 것이 아니라고 보고 있다(대법원 2001. 6. 29. 선고 99두9902 판결, 대법원 2006. 3. 16. 선고 2006두330 전원합의체 판결). 이러한 취지의 판시로 대법원 1998. 9. 22. 선고 97누19571 판결은 "녹지자연도의 등급평가와 희귀식물의 서식분포에 관한 조사를 다소 잘못하였다고 하더라도 그 후 환경부장관과의 협의를 거친 이상 그 때문에 이 사건 승인처분이 위법하다고 할 수 없다"고 하였다.

그리고, 판례는 승인기관의 장이 환경부장관의 협의를 거친 이상 승인기관의 장이 환경부장관의 환경영향평가에 대한 의견에 반하는 처분을 하여도 그 처분이 위법하게 되는 것은 아니라고 판시하고 있다(대법원 2001. 7. 27. 선고 99두2970 판결). 즉, 판례는 환경부장관의 환경영향평가에 대한 협의의견은 승인기관의 장을 구속하지 않는다고 본 것이다.

3. 판결의 검토

(1) 환경영향평가의 흠의 의의, 종류 및 성질

환경영향평가의 흠이라 함은 환경영향평가를 함에 있어서 실체상 또는 절차상 흠이 있는 경우를 말한다.

환경영향평가의흠에는 ① 법령상 환경영향평가가 행해져야 함에도 환경영향평가가 행해지지 않고 대상사업계획승인처분이 내려진 경우, ② 환경영향평가가 내용상 부실한 실체상의 흠, ③ 환경영향평가절차상 위법이 있는 절차상 흠이 있다.

환경영향평가의 실체상 흠이라 함은 환경영향평가서가 부실하게 작성되어 제출되고 그 부실이 환경부장관의 협의과정에서 보완되지 않은 것을 말한다.

환경영향평가의 절차상 흠이라 함은 환경영향평가에 있어 의견수렴절차가 행해지지 않은 것, 의견수렴이 부실한 것, 의견수렴절차상 흠, 환경부장관과의 협의가 없었던 것, 환경부장관과의 협의상 흠 등을 말한다.

환경영향평가는 환경영향평가의 대상이 되는 사업의 실시를 위한 사업계획승인처분의 절차로서의 성질을 갖는다. 따라서 환경영향평가의 흠은 실체상 흠이든 절차상 흠이든 사업계획승인처분의 절차상 흠으로서의 성질을 갖는다.

(2) 환경영향평가의 실체상 흠과 사업계획승인처분의 효력

이 판결에서는 환경영향평가의 흠, 특히 그 중에서 실체상의 흠, 즉 환경영향평가의 부실이 환경영향평가대상사업의 실시계획에 대한 승인처분의 효력에 어떠한 영향을 미치는가하는 것이 특히 다투어지고 있다.

환경영향평가가 내용상 부실하다는 것은 환경에 대한 영향을 조사 · 평가하여야 할 사항을 누락하였거나 조사 · 평가하기는 하였으나 그 내용이 부실한 것을 말한다. 문제는 환경영향평가의 부실이 어느 정도인 경우에 사업계획승인처분의 위법사유가 되는가 하는 것이다.

(가) 일반적 기준

대법원은 환경영향평가의 부실을 ① "그 부실의 정도가 환경영향평가제도를 둔 입법 취지를 달성할 수 없을 정도이어서 환경영향평가를 하지 아니한 것과 다를 바 없는 정도의 것인 경우"에는 그것만으로 사업계획승인처분의 위법사유가 된다고 보고, ② "그 부실의 정도가 환경영향평가제도를 둔 입법 취지를 달성할 수 없을 정도이어서 환경영향평가를 하지 아니한 것과 다를 바 없는 정도의 부실이 아닌 경우"에는 그 부실은 당해 승인 등 처분에 재량권 일탈 · 남용의 위법이 있는지 여부를 판단하는 하나의 요소로 됨에 그칠 뿐, 그 부실로 인하여 당연히 당해 승인 등 처분이 위법하게 되는 것이 아니라고 보고 있다.

대법원의 판결은 다음과 같은 점에서 재검토를 요한다. 첫째로 환경영향평가의 부실의 정도가 "환경영향평가제도를 둔 입법 취지를 달성할 수 없을 정도이어서 환경영향평가를 하지 아니한 것과 다를 바 없는 정도의 것인 경우"에 한하여 사업계획승인처분의 독자적인 위법사유가 된다고 본 것은 지나치게 엄격하다고 할 수 있다. 환경영향평가는 사업계획승인처분의 절차이므로 환경영향평가의 부실은 사업계획승인처분의 절차상 흠이다. 따라서 절차의 흠을 처분의 독자적인 취소사유로 보는 판례의 입장에 따른다면 환경영향평가의 부실이 경미하지 않는 한 사업계획승인처분의 독자적인 취소사유로 보는 것이 일관성이 있다. 환경영향평가의 흠을 일반적인 절차의 흠과 구별한다고 하는 경우에는 환경영향평가의 부실이 사업계획의 승인 여부에 영향을 미칠 수 있는 정도의 중요한 것인 경우에는 취소사유로 보아 환경영향평가를 제대로 하도록 한 후 그에 기초하여 다시 사업계획의 승인 여부를 결정하도록 하는 것이 타당할 것이다. 둘째로, "환경영향평가의 부실의 정도가 환경영향평가제도를 둔 입법 취지를 달성할 수 없을 정도이어서 환경영향평가를 하지 아니한 것과 다를 바 없는 정도의 부실이 아닌 경우"에는 그 부실은 당해 승인 등 처분에 재량권 일탈·남용의 위법이 있는지 여부를 판단하는 하나의 요소에 불과하다고 하고 있는데 그 의미가 모호하다.

생각건대, 환경영향평가의 내용이 환경영향평가제도의 취지에 비추어 충실하게 작성되었는지 여부를 기준으로 환경영향평가의 실체상 흠이 사업계획승인처분의 위법사유가 되는지 여부를 결정하는 것이 타당하다. 환경영향평가는 승인기관이 환경영향평가의 대상이 되는 사업계획의 승인 여부를 판단함에 있어서 필요한 정보를 제공하여 의사결정을 지원하는 기능을 갖는 것이므로 환경영향평가의 내용상 부실이 중대하여 승인처분 여부의 결정에 중대한 영향을 미치는 정도의 것인 경우에는 승인처분의 위법사유가 된다고 보는 것이 타당하다. 달리 말하면 환경영향평가가 부실하게 됨으로써 승인기관이 사업계획승인 여부의 판단에 있어 중요한 고려사항을 고려하지 못하게 된 경우에는 당해 환경영향평가의 부실은 사업계획승인처분의 위법사유가 되는 환경영향평가의 실체상 흠이 된다고 보아야 한다.

다만, 환경영향평가의 전문성·기술성을 고려하면 환경부장관의 환경영향평가에 대한 검토를 존중하여야 하고, 환경영향평가의 부실이 사업계획승인처분의 위법사유가 되는 정도로 중대한 것인지 여부를 법원이 판단한다는 것은 쉽지 않을 것이며 법원은 신중한 판단을 내려야 할 것이라는 것은 타당하다.

(나) 실체상 흠의 유형별 고찰

실체상의 흠을 논함에 있어서는 실체상 흠의 유형별로 구체적인 검토를 하여야 할 것이다. 환경영향평가서에 포함될 중요한 사항으로는 환경현황에 대한 조사, 환경에 대한 영향의 예측 및 평가, 대안의 제시와 평가, 환경영향저감방안, 사후환경영향조사계획 등이 있다.

환경영향평가를 함에 있어서는 원칙상 개발 사업으로 인하여 야기될 수 있는 환경에 대한 영향이 모두 고려되어야 하는 것은 아니지만 합리적으로 예견될 수 있는 악영향은 모두 검토되어야 한다. 현장조사를 하여야 할 것인지 여부, 어느 정도로 현장조사를 하여야 할 것인지는 현장조사의 필요성, 기존의 과학적인 연구 자료의 존재 여부, 현장조사의 여려움 및 비용 등을 고려하여 결정하여야 한다. 이와 관련하여 원고는 건축중인 대규모 아파트 단지에 입주할 주민들에 대한 영향을 고려하지 않았다는 주장, 현장조사가 미비하였다는 주장, 기존의 서울측후소의 기상자료를 조사하였을 뿐 직접 측정환경 오염과 밀접한 영향이 있는 풍향과 풍속에 대하여 직접 측정하여 그 결과를 반영하지 않은 점 등을 주장하였지만 법원은 이를 인정하지 않고 있다.

이와 관련하여 누적영향평가를 하지 않은 것은 적법한 것인가 하는 문제가 제기되었는데, 원심판결은 호남고속철도에 대한 기본계획 조차 수립되지 않은 상태에 있었으므로 이를 고려하지 않았다고 하여 위 환경영향평가가 잘못된 것이라 볼 수 없다고 하였다. 현행 환경영향평가법도 누적경향평가에 관한 규정을 두고 있지 않는데, 이는 입법의 불비로 조속히 보완되어야 한다. 누적영향평가에 관한 명문의 규정이 없더라도 누적적 개발의 개연성이 있는 경우에는 그 누적영향을 평가하여야 하는 것으로 해석하여야 할 것이다.

그리고, 환경영향평가에서 가장 중요한 것이 대안평가이다. 이 사건 당시의 환경영향평가작성규정(환경부 고시 제1995-70호)은 환경영향평가서에서는 대안 설정 및 평가를 하도록 규정하고 있다. 문제는 대안을 어느 정도까지 검토하여야 하는가이다. 대안이 합리적인 것인 경우에는 실행 가능한 한도 내에서는 모두 검토되어야 하고, 그 대안에 대한 검토는 적정하게 행해져야 한다. 그리고 대안의 검토에서는 개발이익과 환경에 대한 침해를 적절하게 이익형량 하여야 할 것이다. 환경적 가치를 금전으로 환산하는 것은 어려운 것이므로 사업으로 인한 이익과 환경 상 불이익을 반드시 정량적으로 이익형량 하여야 하는 것은 아니며 정성적인 이익형량을 하여도 무방하다고 보아야 할 것이다.

이 사건에서 원고는 토지이용계획도상 환경 침해 시설물의 배치를 인구가 집중되어 있는 행신 지구 쪽으로 할 것인지 아니면 그 반대쪽으로 할 것인지 역시 대안으로 검토하였어야 한다고 하였지만 법원은 그러한 대안의 검토가 없는 것은 사업계획승인처분의 취소사유가 되지 않는다고 하였다.

문제는 사업부지의 타당성 검토에 있어 사업지의 대안검토가 환경영향평가의 범위에 들어가는가 하는 것이다. 대법원은 사업입지 대안에 대한 검토는 환경영향평가의 범위를 넘는 것으로 본 원심판결을 지지하고 있는데 이러한 입장은 이 사건 당시 시행중인 환경영향평가법 하에서는 타당할 수 있을지 모른다. 왜냐하면, 구 환경영향평가법은 사업의 시행을 전제로 환경오염저감방안을 강구하는 것이 환경영향평가의 본질인 것 같이 환경영향평가를 정의하고 있었기 때문이다(구 환경영향평가법(1997. 3. 7. 법률 제5302호로 개정되기 전의 것) 제2조).

그러나 사업입지 대안평가는 환경영향평가의 핵심적 내용으로서 환경영향평가의 내용에 포함되는 것으로 보아야 한다. 현행 환경영향평가서작성에 관한 환경부의 고시도 사업입지 대안평가를 환경영향평가의 내용으로 보고 있다. 다만, 환경영향평가서가 구체적인 사업계획이 수립된 후 제출된다는 점에서 사업입지의 타당성 검토 및 사업입지 대안평가가 부실하게 행해질 가능성이 크다. 따라서 사업입지의 타당성 검토는 사업부지 선정단계에서 미리 별도로 행하여지도록 환경영향평가법을 개정하여야 할 것이다.

그리고 환경저감방안이 충분히 검토되어야 한다. 환경오염저감방안을 전혀 행하지 않은 환경영향평가는 부적절한 것으로 취소사유가 된다고 보아야 한다. 환경오염저감방안을 나열할 뿐이며 환경오염저감방안을 전혀 설명하고 있지 않은 경우, 환경오염저감방안이 심히 모호한 경우, 오염저감방안이 기초한 정보가 부적절하거나 부실한 경우에도 오염저감방안은 부적절한 것으로 보아야 한다. 그리고 환경오염저감방안에는 현실가능성이 있어야 하므로 현실가능성이 없는 환경오염저감방안으로 인하여 환경에 대한 오염이 완화된다는 사업자의 주장은 사업계획승인처분 시 고려하여서는 안 될 것이다. 이 사건에서 원고는 주변 지역의 마을과 농경지의 침수에 대한 저감대책이 막연하고 모호하여 적절하지 않다는 주장을 하였지만, 법원은 이러한 원고의 주장을 받아들이지 않았다.

(3) 환경영향평가의 절차상 흠과 사업계획승인처분의 효력

의견수렴절차나 환경부장관의 협의절차 등 환경영향평가절차가 전혀 행해지지 않은 경우 사업계획승인처분은 절차상 위법한 처분이 될 것이다.

의견수렴절차 등 환경영향평가절차가 행해졌지만 그 절차에 흠이 있거나 의견수렴이 부실하였던 경우에는 사업계획승인처분은 위법하게 되는가? 의견수렴절차와 같은 환경영향평가절차의 절차상 흠이 경미한 경우에는 당해 흠은 사업계획승인처분의 취소사유는 되지 않고 그 절차상 흠이 중대한 경우에 한하여 사업계획승인처분의 독립된 취소사유가 된다고 보아야 할 것이다.

이 사건에서 원고는 의견수렴절차가 부실하였다는 것을 주장하였지만, 원심판결은 의견수렴절차를 거쳤으므로 사업계획승인처분은 위법하지 않다고 보고 대법원은 이에 관한 판단을 하고 있지 않다. 생각건대, 의견수렴절차는 환경영향평가에서 중요한 사항

이므로 의견수렴절차의 흠이 심히 중대하였던 경우에는 사업계획승인처분의 위법사유가 된다고 보아야 한다.

4. 판례의 의미 및 전망

판례는 일동송전선로건설사건에서 주민의견수렴절차를 거치지 아니한 채 이루어진 승인처분은 위법하다고 보았다(대법원 2011. 11. 10. 선고 2010두22832 판결 〈전원개발사업실시계획승인처분취소〉). 환경영향평가의 부실을 제한적이나마 사업계획승인처분의 독자적인 위법사유로 인정한 것에 대상판결의 의의가 있다. 다만, 환경영향평가의 부실의 정도가 "환경영향평가제도를 둔 입법 취지를 달성할 수 없을 정도이어서 환경영향평가를 하지 아니한 것과 다를 바 없는 정도의 것인 경우"에 한하여 사업계획승인처분의 독자적인 위법사유가 된다고 본 것은 지나치게 엄격한 것이고, "환경영향평가의 부실의 정도가 환경영향평가제도를 둔 입법 취지를 달성할 수 없을 정도이어서 환경영향평가를 하지 아니한 것과 다를 바 없는 정도의 부실이 아닌 경우"에는 그 부실은 당해 승인 등 처분에 재량권 일탈 · 남용의 위법이 있는지 여부를 판단하는 하나의 요소에 불과하다고 하고 있는데 그 의미가 모호하다. 또한, 환경영향평가의 사업계획승인처분과의 관계에 비추어 본 환경영향평가의 부실의 성질과 의미를 명확히 할 필요가 있다.

앞으로 판례가 환경영향평가의 흠의 유형에 따라 환경영향평가의 절차상 또는 실체상 흠의 효력을 판시할 것을 기대한다.

<참고문헌>

박균성, "행정상 즉시강제의 통제—비례원칙, 영장주의, 적법절차의 원칙과 관련하여—", 행정판례연구 Ⅶ, 박영사, 2002.

박균성 · 함태성, 환경법 제3판, 박영사, 2008.

한귀현, 환경영향평가의 하자와 제3자의 권리보호, 법제연구 제35호, 2008, 한국법제연구원.

138. 환경행정소송에서의 주민의 원고적격

— 대법원 1998. 9. 4. 선고 97누19588 판결 —

김 현 준*

I. 판례개요

1. 사실관계

피고보조참가인(B)은 1992. 12.경 확정된 정부의 장기전력 수급계획에 따라 전남 소재 원자력발전소 부지에 건설 중이던 3.4호기에 추가하여 5.6호기를 건설할 계획을 수립하고, 1994. 11. 30. 원자력법 제11조 제3항(1996. 12. 30. 법률 제5233호로 개정되어 1997. 7. 1. 부터 시행되기 전의 것)에 의하여 X행정청에 대하여 영광 원자력발전소 5.6호기 부지사전승인신청을 하였다.

위 신청을 받은 X행정청은 환경영향평가법(1997. 3. 7. 법률 제5302호로 개정되기 전의 것) 제16조에 의하여 참가인이 제출한 환경영향평가서의 내용에 관하여 1995. 12. 2.경 Y행정청에게 협의를 요청하여 Y행정청과의 협의를 거치고, 피고 산하 원자력안전전문위원회는 1996. 2. 8. 참가인의 위 부지사전승인신청을 최종 심의하여 ① 사업자는 환경영향평가서에 대해 환경부와 협의한 이행계획을 성실히 이행할 것과 ② 영광 원자력 5.6호기의 제한구역은 560m 이상을 확보할 것을 조건으로 영광 원자력 발전소 5.6호기에 대한 부지사전승인을 의결하였다.

이에 따라 X행정청은 1996. 2. 10. 원자력법 제11조 제3항에 의하여 B에 대하여, 부지의 위치는 "전남 ○○(현재 가동중인 영광원자력 3.4호기 인접부지)", 면적은 "252,000㎡", 설치할 원자로는 "가압경수형 원자로(PWR) 2,815MWt(1,000MWe) 2기", 제한공사의 범위는 "원자력법 제11조 제4항 및 원자력법시행규칙 제5조 제1항의 규정에 의한 원자로 및 관련시설을 설치할 지점의 굴착 및 그 지점의 암반보호를 위한 무근콘크리트공사", 승인조건은 "영광 원자력5.6호기의 제한구역은 560m 이상을 확보할 것"으로 하여 영광 원자

* 영남대학교 법학전문대학원 교수.

력 5.6호기 부지사전승인처분을 하였다.

1996. 2. 10. 원고(A)는 피고(X행정청)가 B에 대하여 한 원자력발전소 제5.6호기의 건설공사 부지사전승인처분을 취소하라는 취지의 소송을 서울고등법원에 제기하였다.

2. 소송의 경과

행정소송 2심제(고등법원, 대법원)를 채택했던 당시로선 제1심이기도 했던 원심(서울고법 1997. 10. 30. 선고 96구14472 판결)은 원고들이 가지는 이익은 근거법률 및 환경영향평가법의 규정들이 보호하고자 하는 직접적·구체적 이익이라고 할 수 없어 취소를 구할 원고적격이 없다고 보아 소를 부적법하다 하여 각하하였다.

원고는 동 판결에 상고했고, 대법원은 소송요건문제에서는 긍정적으로 판단했지만, 본안문제에서는 상고를 기각했다.

3. 판결의 요지

(1) 원심판결

이 사건 '원자로등건설사업' 부지 인근의 주민인 원고들이 방사성물질에 의한 재해를 받지 아니할 이익은 이 사건 부지사전승인처분의 근거 법률인 원자력법의 건설허가 및 부지사전승인의 기준에 관한 규정들이 보호하고자 하는 구체적 · 직접적 이익이라고 할 수 있지만, 원고들이 원전냉각수 순환 시 발생되는 온배수로 인한 해양환경침해를 받지 아니할 이익은 이 사건 부지사전승인처분의 근거 법률인 원자력법의 건설허가 및 부지사전승인의 기준에 관한 규정과 환경영향평가법의 환경영향평가에 관한 규정들이 보호하고자 하는 직접적 · 구체적 이익이라고 할 수 없으므로, 원고들이 온배수로 인한 해양환경침해를 이유로 이 사건 부지사전승인처분의 취소를 구할 원고적격이 없다.

(2) 대법원판결

원자력법 제12조 제2호(발전용 원자로 및 관계 시설의 위치 · 구조 및 설비가 대통령령이 정하는 기술수준에 적합하여 방사성물질 등에 의한 인체 · 물체 · 공공의 재해방지에 지장이 없을 것)의 취지는 원자로 등 건설 사업이 방사성물질 및 그에 의하여 오염된 물질에 의한 인체 · 물체 · 공공의 재해를 발생시키지 아니하는 방법으로 시행되도록 함으로써 방사성물질 등에 의한 생명 · 건강상의 위해를 받지 아니할 이익을 일반적 공익으로서 보호하려는 데 그치는 것이 아니라 방사성물질에 의하여 보다 직접적이고 중대한 피해를 입으리라고 예상되는 지역 내의 주민들의 위와 같은 이익을 직접적 · 구체적 이익으로서도 보호하려는 데에 있다 할 것이므로, 위와 같은 지역 내의 주민들에게는 방사성물질 등에 의한 생명 · 신체의 안전침해를 이유로 부지사전승인처분의 취소를 구할 원고적격이 있다.

원자력법 제12조 제3호(발전용 원자로 및 관계시설의 건설이 국민의 건강 · 환경상의 위해방지에 지장이 없을 것)의 취지와 원자력법 제11조의 규정에 의한 원자로 및 관계 시설의 건설 사업을 환경영향평가대상사업으로 규정하고 있는 환경영향평가법 제4조, 환경영향평가법시행령(1993. 12. 11. 대통령령 제14018호로 제정되어 1997. 9. 8. 대통령령 제15475호로 개정되기 전의 것) 제2조 제2항 [별표 1]의 다의 (4) 규정 및 환경영향평가서의 작성, 주민의 의견 수렴, 평가서 작성에 관한 관계 기관과의 협의, 협의내용을 사업계획에 반영한 여부에 대한 확인 · 통보 등을 규정하고 있는 위 법 제8조, 제9조 제1항, 제16조 제1항, 제19조 제1항 규정의 내용을 종합하여 보면, 위 환경영향평가법 제7조에 정한 환경영향평가대상지역 안의 주민들이 방사성물질 이외의 원인에 의한 환경침해를 받지 아니하고 생활할 수 있는 이익도 직접적 · 구체적 이익으로서 그 보호대상으로 삼고 있다고 보이므로, 위 환경영향평가대상지역 안의 주민에게는 방사성물질 이외에 원전냉각수 순환시 발생되는 온배수로 인한 환경침해를 이유로 부지사전승인처분의 취소를 구할 원고적격도 있다.

Ⅱ. 평 석

1. 쟁점정리

환경행정소송에서 주민의 원고적격이 오늘날 자주 문제되는 가운데, 특히 대상판결에서와 같이 환경영향평가 대상지역이 설정된 경우 대상지역 안팎을 기준으로 한 주민의 원고적격문제가 쟁점으로 되고 있다. 이는 곧 행정소송법 제12조에서 규정하는 취소를 구할 '법률상 이익'을 가지는 자의 범위에 대한 해석문제로 귀결된다.

원심 및 대상판결에서는 원고적격의 문제 이외에도 부지사전승인처분의 대상적격성이 또 다른 쟁점이었지만, 환경행정소송에서 주민의 원고적격을 검토하는 이 글에서는 이 점은 별론으로 한다.

2. 관련판례

본 판례에서와 같이 행정소송법 제12조의 '법률상 이익' 해석에 있어서 환경영향평가법의 원용은 대상판례보다 몇 달 앞서 선고된 대법원 1998. 4. 24. 선고 97누3286 판결(용화지구사건)에서 이미 나타난 바가 있다.

대상판결 이후의 판례를 보자면, 대법원 1998. 9. 22. 선고 97누19571 판결은 발전소 건설사업 승인처분취소를 구한 인근주민의 원고적격을 판단함에 있어서, 처분근거법령과 환경영향평가법을 함께 고려하여 환경영향평가대상지역 안의 주민에게는 개개인에 대하여 개별적으로 보호되는 직접적 · 구체적 이익이 있는 것으로 보고 있다. 그러나 환경영향평가대상지역 밖의 주민의 환경상 이익은 일반국민 · 산악인 · 사진가 · 학자 · 환경보호단체가 가지는 이익과 같은 수준(?)이 되어 환경영향평가대상지역 안과 밖의 차이가 큰 위력을 발휘하고 있다.

이러한 판례의 법리는 대법원 2006. 3. 16. 선고 2006두330 판결(이른바 새만금사건)에서는 대상지역 내의 주민들의 환경상 이익의 침해(우려)는 사실상 추정되고, 그렇지 않는 대상지역 밖의 주민들은 수인한도를 넘는 환경피해(우려)를 입증함으로써 원고적격을 인정받을 수 있다고 하여, 대상지역 밖의 주민들도 원고적격을 터주는 듯 한 논리로 전개된다. 그 이후로 이 '영향권범위 안팎구분의 기준'은 대법원이 환경행정소송 원고적격판단의 대원칙이 되어, 굳이 이 원칙이 나올 필요가 없는 사안에서도 이 기준이 언급되기도 한다(대법원 2007. 6. 1. 선고 2005두11500 판결). 나아가, 환경영향평가와 마찬가지로 그 대상지역이 설정되는 사전환경성검토의 경우에도 같은 취지의 기준을 원고적격 판단에 적용하고 있다(대법원 2006. 12. 22. 선고 2006두14001 판결).

마찬가지로 영향을 받는 지역을 기준으로 원고적격을 판단하고 있는 대법원 2005. 3. 11. 선고 2003두13489 판결(쓰레기소각장입지지역결정고시취소사건)에서의 '주변영향지역'은 처분근거법률에 규정된 것이라는 점에서 대상판결의 환경영향평가대상지역의 경우와는 문제의 양상이 다소 다른 면이 있다.

3. 판결의 검토

(1) 환경행정소송 원고적격과 헌법상 환경권

국가의 행정작용으로부터 권익을 침해당한 자에게는 소송을 통하여 구제받을 수 있는 길이 열려있어야 한다. 이는 법치주의원리나 우리 헌법 제27조의 재판받을 권리를 근거로 인정될 수 있다. 따라서 지나치게 엄격한 소송요건으로 국민들의 재판받을 권리가 막히고 있다면 이를 개선할 의무가 입법부, 사법부에게도 있는 것이다.

환경행정소송의 경우 일반 행정소송과는 다른 특성을 가지고 있다는 점을 원고적격 문제에서 고려해야 한다. 환경권을 명시적으로 두고 있는 우리나라에서는 환경재판을 받을 권리가 입법부 · 사법부에 의해 보장되어야 할 필요성은 더욱 요청된다. 입법론상 조치의 필요성은 별론으로 하더라도(김현준, 환경법연구32-2, 133쪽 이하 참조), 행정소송법 제12조의 '법률상 이익'의 해석이 이러한 환경사법액세스를 구현하는 방향으로 이루어져야 함은 헌법 제27조의 규정만이 아니라, 헌법 제35조 1항의 규정으로부터도 요구된다. 최근 국제적으로 헌법에 기본권으로서의 환경권을 두고 있지 않는 국가들에서도 일종의 환경인권으로서 이른바 환경사법(司法)액세스(Access to Justice in Environmental Matters)권에 대한 요구가 높아지고 있음도 주목된다. '환경사법액세스권'이란 환경법에 위반하는 작용 및 부작위에 대해서 다투기 위해 사법절차에 접근할 수 있는 권리를 말한다(김현준, 행정판례연구14, 275쪽 이하 참조).

한편, 대법원은 헌법 제35조 제1항에서 정하고 있는 환경권에 관한 규정만으로는 그 권리의 주체 · 대상 · 내용 · 행사방법 등이 구체적으로 정립되어 있다고 볼 수 없다는 이유로 헌법상 환경권으로부터 원고적격을 인정할 수 없다고 보고 있다(2006. 3. 16. 선고 2006두330 판결).

(2) 환경영향평가 대상지역 내외 기준의 적절성

대상판결은 환경영향평가법에서 정한 환경영향평가대상지역 안의 주민들이 방사성물질 이외의 원인에 의한 환경침해를 받지 아니하고 생활할 수 있는 이익을 직접 · 구체적 이익으로서 그 보호대상으로 삼고 있다고 보아, 환경영향평가대상지역 안의 주민에게는 방사성물질 이외에 원전냉각수 순환시 발생되는 온배수로 인한 환경침해를 이유로 부지 사전승인처분의 취소를 구할 원고적격이 있다고 판시하고 있다. 처분의 근거법률만이 아니라 관련법률인 환경영향평가법도 '법률상 이익'에서의 '법률'로 삼았다는 점은 긍정적으로 평가할 부분이지만, 그 범위를 획일적으로 정함으로써 자칫 불합리하게 원고적격이 배제될 수 있는 경우가 생길 수 있지 않을까 우려스럽다.

최근 대법원 2006. 3. 16. 선고 2006두330 판결, 대법원 2006. 12. 22. 선고 2006두14001 판결 등이 대상판례의 취지를 발전시켜, 대상지역 밖의 주민들의 경우 당해 처분으로 인하여 그 처분 전과 비교하여 수인한도를 넘는 환경피해를 받거나 받을 우려가 있다는 자신의 환경상 이익에 대한 침해 또는 침해 우려가 있음을 증명하여야만 법률상 보호되는 이익으로 인정되어 원고적격을 긍정하고 있다. 그러나 인과관계의 불명확성이라는 환경 분쟁의 특성을 감안하면, 이러한 논리로는 대상지역 밖의 주민의 경우 항고소송의 원고가 될 매우 어렵게 된다는 문제점이 있다. 또한, 여기서의 지역구분은 환경영향평가법의 규정에 의한 대상지역은 일반적으로 사업주체의 용역의뢰에 따라 환경영향평가대행업자들에 의해 환경영향평가보고서가 작성되면서, 그 내용으로 대상범위가 획정된다는 점도 문제이다. 환경부장관은 평가서의 검토 · 보완할 수도 있지만 여기에 행정행위가 개입되는 것도 아니며, 대상범위의 설정은 용역 업자에 의해 결정되는 일종의 사실행위에 불과하다. 실제 환경영향평가보고서나 사전환경성검토보고서를 보더라도, 대상사업을 기준으로, 대상범위는 다양하며, 이에 대한 어떤 법적 효력을 가지는 지침도 없다. 대행업자가 대상범위의 원을 어떻게 그리느냐에 의해 어떤 주민들이 원고적격을 가질 수도 있고, 어떤 주민들은 본안판단을 받기 위해서 '환경피해의 입증'이라는 고난도의 허들을 또 넘어야 한다. 구체적 타당성을 결한다고 하지 않을 수 없는 부분이다.

이를 두고, 환경영향평가 대상지역 내의 주민들에게 원고적격을 인정한 것은 —비록 대상지역의 범위는 사업자 또는 환경영향평가대행자에 의해 결정되지만, 법원이 그 타당성을 전제로 한 것이기 때문에— 실질적으로는 인근주민에게 미치는 환경피해의 위험정도와 관련이익의 개별성 · 직접성 · 구체성을 판단기법 및 환경영향평가대상지역은 그 형식적인 기준으로 삼은 것이고, 환경영향평가에 불과한 것이라고 보면서 대체로 긍정적으로 보는 입장(박정훈, 499쪽)도 있다. 그러나 대상판결 등에서 볼 수 있는 우리 법원의 입장은 대상지역을 형식적 기준으로 보고 사안별로 구체적인 검토를 행하는 것이 아니라, 대상지역의 기준에 지나치게 의존하는 경향이 있다. 대상지역 선정이 자의적으로 결정될 우려가 있음에도 불구하고, 대상지역 선정이 법원에서 다투어질 가능성은 여전히 희박한 상태라고 생각된다(조홍식, 461쪽 참조).

이와 관련하여, 다음과 같은 견해(김용찬, 110쪽)는 특기할 만하다.

"원고적격 유무를 판정함에 있어서 사용한 도구개념인 환경영향평가대상지역은, '대상사업의 시행으로 인하여 영향을 받게 되는 지역'을 의미할 뿐이고, 사업자 등이 환경영향평가서나 그 초안을 작성함에 있어서 임의로 환경영향평가대상지역이라고 설정한 지역을 의미하는 것은 아니라고 할 것이며, 특히 환경영향평가서 작성의 현실에 있어서 사업자 등은 환경영향평가대상지역을 가능한 한 좁게 설정할 가능성이 있음을 생각한다면 환경영향평가대상지역의 설정이 사업자 등에 의하여 좌우된다는 것은 있을 수 없는 것이다. 그러므로 환경행정소송에 있어서 법원이 제3자 원고적격의 유무를 판단함에 있어서 환경영향평가서의 내용에 구속되는 것이 아님은 당연하고, 소송자료와 증거자료 등을 종합하여 원고가 대상사업의 시행으로 인하여 영향을 받게 되는 지역 안의 주민인지 여부를 판단하여야 하는 것이다(다만 실제에 있어서는 사업자등이 작성한 환경영향평가서가 유력한 자료가 될 것이다)."

이러한 견해는 형식적 기준에 법원이 얽매여서는 안 된다는 취지로 볼 수 있으며, 이는 후술하는 필자의 법률상 '이익'을 중시하는 입장과 유사한 결과를 가져올 수 있다는 점에서 긍정적이다. 그러나, 종래 판례의 입장이 '법률상 이익'의 해석과 관련한 '법률'로서의 '환경영향평가법'을 바탕으로 나타난 해석론이라는 점을 생각하면, 환경영향평가법 제7조(현행법 제9조) 등의 규정에서 나타난 '환경영향평가대상지역'의 의미를 지나치게 확대해석하고 있는 것으로 보인다. 이렇게 본다면, 굳이 관련법령으로서 '환경영향평가법'을 매개로 하여 해석론을 전개할 필요도 없지 않았는가? 즉, 처분근거법률이 아닌 관련법률로서의 환경영향평가법이 법률상 이익에서의 '법률'이 된 점을 어떻게 보아야 하는가 하는 문제가 생긴다고 할 수 있다.

법원의 입장에서는 다양한 개별사안에서 소송자료와 증거자료 등을 종합하여 구체적 원고판단 기준을 만들어가는 작업이 있어야 하며, 이는 원고적격이 직권조사사항이라는 점에서도 요청된다. 특히 환경행정소송의 경우에는 환경권의 내용으로 볼 수 있는 환경사법액세스권을 보장해야 한다는 점에서도 더욱 그러하다.

(3) 환경행정소송에서 '법률상 이익'의 해석

환경행정소송에서 '법률상 이익'을 해석할 때, 헌법 제27조와 헌법 제35조를 제대로 구현할 수 있기 위해서는, ① '법률상 이익'에서 말하는 '법률'은 무엇이며, ② '법률상 이익'에서 말하는 '이익'이란 무엇인가를 나누어 살펴보고자 한다.

첫째, 여기서 '법률(法律)'은 넓게 해석하는 것이 일반적인 경향으로 되고 있다. 국회에서 제정한 형식적 의미의 법률만이 아니라, 명령까지 포함한 넓은 의미의 법령으로 새겨야 함은 물론이다. 또한, 처분의 근거법령만이 아니라 근거법령과 목적을 공통으로 하는 관계법령까지 포함하는 것으로 보아야 한다. 그런데 이 사안에서의 환경영향평가법령을 근거법령으로 보아야 하는지, 관계법령으로 보아야 하는지에 대해서는 대상판결에서는 명확한 언급이 없지만, 대법원 1998. 4. 24. 선고 97누3286 판결에서는 환경영향평가법령 소정의 환경영향평가를 거쳐서 그 환경영향평가의 협의내용을 사업계획에 반영시키도록 하여야 하는 것이니 만큼 환경영향평가법령도 당해 변경승인 및 허가처분에 직접적인 영향을 미치는 근거 법률이 된다고 보고 있다. 그러나 환경영향평가법을 '근거 법률'로 본 것은 적절하지 않다. 대상판결에서의 환경영향평가법을 처분의 근거법령과 목적을 공통으로 하는 '관계법령'으로 보는 것이 보다 정확할 뿐만 아니라, 해석론 상 바람직한 결과를 도출할 수도 있기 때문이다. 반드시 처분의 근거법률에 얽매이지 않고 '관계법령'이 사익보호성을 가지는 경우 원고적격을 인정할 수 있기 위해서는 이른바 '관련법령성'을 보다 부각시키는 것은 의미가 있다고 할 것이다.

둘째, 여기서의 '이익(利益)'부분에도 초점을 맞추어야 한다. 즉, 처분에 있어서 고려되어야 하는 이익의 내용 및 성질을 고려할 필요가 있으며, 처분이 위법하게 될 경우에 침해될 우려가 있는 이익의 내용 · 성질 및 이것이 침해되는 태양 · 정도까지를 고려하는 것이 바람직하다(김현준, 공법학연구8-2, 465쪽 이하 참조). 대상판례에서와 같이 고려되어야 할 '이익'이 방사성물질 등에 의한 생명 · 신체의 안전인 경우에는 특히 중요하게 고려되어야 한다. 또한, 당해 처분이 위법하게 될 경우 침해될 우려가 있는 이 생명 · 신체의 안전문제의 내용 · 성질, 그리고 어느 정도까지, 어떻게 침해될 수 있을까 하는 문제까지도 감안해야 할 것이다. 이렇게 보면 원자력소송의 경우에는 원고적격의 인정범위가 매우 넓어지게 될 것임은 자명하다. 중요한 것은 환경사법액세스권이라는 환경권이 보장될 수 있어야 한다는 점이다.

요컨대, 환경사법액세스권의 보장을 위해 평가대상지역 밖의 주민들이 불합리하게 배제되지 않도록 하면서, '이익'의 측면까지 고려한 '법률상 이익'의 해석론이 전개될 필요가 있다. 이로써, '법률상 보호되는 이익설'을 취하면서도 해석론을 통해 '보호가치 있는 이익설'에서와 같은 효과를 기대할 수 있을 것이다.

4. 판례의 의미와 전망

대상판례는 환경행정소송에서의 주민의 원고적격을 판단함에 있어서 환경영향평가법까지 고려한 초기판례로서 '법률상 이익'의 개념을 확대시켰다는 점에서 의미가 있음은 부인할 수 없다. 그러나 대상판례의 취지가 구체적으로 응용 · 발전되지 않고 있는 점은 비판의 여지가 있다고 생각된다.

원고적격의 해석론상 '법률상 이익'의 그늘에서 벗어날 수 없다면, 동 조문을 해석할 때 '법률'과 '이익' 모두에 주목할 필요가 있다. '법률'부분에서는 반드시 처분의 근거법령에만 얽매여서는 안 되며, '이익'부분에서는 처분 시 고려되어야 하는 이익의 내용 · 성질과 처분이 위법하게 될 경우에 침해될 우려가 있는 이익의 내용 · 성질 및 그 태양 · 정도까지를 고려하는 것이 환경사법액세스권을 보장하는 것이다.

환경행정소송에서의 원고적격에 대한 많은 관심과 연구가 이루어지고 있는 상황을 보면서 종래 판례의 반복을 넘어 획기적이고 해석론을 통한 선진적인 판례를 기대해 본다. 이러한 해석론은 환경행정소송의 원고적격은 '헌법상 재판받을 권리'와 '환경권'으로부터 동시에 요청되는 것이며, 여기서 소개한 환경사법액세스권은 이 양 권리가 중첩되는 것이라는 점에서 특히 의미가 있다.

나아가, 환경사법액세스권의 우리 헌법상 근거규정이기도 한 헌법 제35조 1항의 환경권규정이 '법률상 이익'의 해석에서 어떠한 의미를 가지는가? 환경권에 관한 규정만으로는 그 권리의 주체 · 대상 · 내용 · 행사방법 등이 구체적으로 정립되어 있다고 볼 수 없어 이를 원고적격의 근거로 삼을 수 없다는 판례의 태도(2006. 3. 16. 선고 2006두330 판결)가 앞으로도 계속될 것인지 여부, 그리고 이를 극복하기 위해서는 어떠한 법리가 필요한 것인가의 문제도 향후 대상판결과 같은 환경행정소송에서 그 전망이 기대되는 부분이다.

<참고문헌>

김용찬, "환경행정소송에 있어서의 원고적격", 조해현(편), 재판실무연구(4), 행정소송(Ⅰ), 2008.

김현준, "일본의 행정사건소송법 개정과 환경행정소송의 원고적격", 공법학연구 제8권 2호, 한국비교공법학회, 2007.

김현준, 환경사법액세스권과 행정소송법 제12조의 '법률상 이익'의 해석, 행정판례연구 14, 한국행정판례연구회 2009.

김현준, 환경司法액세스권과 환경단체소송, 환경법연구 제32권제2호, 한국환경법학회, 2010.

박정훈, "환경위해시설의 설치·가동 허가처분을 다투는 취소소송에서 인근주민의 원고적격", 판례실무연구(Ⅳ), 박영사, 2000.

조홍식, "분산이익소송에서의 당사자적격", 판례실무연구(Ⅳ), 박영사, 2000.

139. 환경단체의 원고적격

—대법원 1998. 9. 22. 선고 97누19571 판결—

이 은 기*

Ⅰ. 판결개요

1. 사실관계

피고보조참가인 한국전력공사는 강원도 인제군 기린면 진동리 방대천 최상류 해발 920m 지점의 상부댐과 강원도 양양군 서면 영덕리 남대천 안쪽 지류 후천 135m지점의 하부댐으로 구성되는 777m의 유효낙차를 갖는 양수발전소 1 내지 4호기(발전시설용량 100만kw=25만kw×4기)를 건설하기로 계획을 세웠다.

이를 위하여 1989. 7. 18.부터 1990. 12. 5.까지 사이에 구 환경보전법(환경정책기본법 시행으로 1991. 2. 2. 폐지되기 전의 것) 제5조 및 제5조의3에 의하여 환경영향평가대행기관인 소외 한국전력기술주식회사에게 의뢰하여 1989. 7. 18.부터 1990. 5. 26.까지 사이에 사업기간이 1992. 3.부터 1998. 6.까지로 예정된 양양양수발전소건설계획에 따라 환경영향을 받게 되는 강원도 인제군 기린면과 양양군 서면 일대의 자연환경(기상, 지형 및 지질, 생태계, 천연자원), 생활환경(토지이용, 대기질, 수환경, 토양 및 토양오염, 폐기물, 소음·진동 및 악취, 전파장해, 일조장해, 위락 및 경관, 위생 및 공중보건), 사회경제환경(인구, 주거, 산업, 공공시설, 교육시설, 교통, 문화재)에 관한 환경영향평가를 마쳤다.

피고보조참가인은 1994. 3. 18. 피고 통상산업부장관에게 전원개발사업 실시계획승인 신청을 하여 1995. 7. 6. 피고로부터 구 전원개발사업에관한특례법(1996. 12. 30. 법률 제5215호로 개정되기 전의 것) 제5조의 규정에 의하여 전원개발사업실시계획승인(이하 '이 사건 승인처분'이라 함)을 받았다.

원고1.박태수 등 5인은 양수발전소건설사업구역 내에 토지와 주택을 소유한 자들이고 원고6. 등 16인은 하부댐 소재지 후천의 하류인 남대천에서 연어 등을 포획하는 자들

---

* 서강대학교 법학전문대학원 교수.

이며, 원고22. 등 47인은 양수발전소건설사업에 관한 환경영향평가대상지역 안의 주민들이고 원고69. 등 47인은 상부댐과 하부댐 소재지 산에서 송이를 채취하는 주민 또는 자연을 찾아 즐기거나 연구 · 보전하려는 산악인 · 생물학자 · 생태연구가 · 사진가 · 일반시민 · 환경보호단체(우이령보존회) 등이다. 원고들 127인은 피고를 상대로 서울고등법원에 이 사건 승인처분의 취소를 구하는 행정소송을 제기하였다.

2. 소송경과

원고1.박태수 등 127인은 1996. 1. 17. 당시 행정사건 관할 제1심인 서울고등법원에 피고 통상산업부장관을 상대로 전원개발사업실시계획승인처분취소청구소송을 제기하였고 동사건은 제7행정부에 배당되어 1996. 8. 29.부터 1997. 9. 11.까지 9회의 변론기일이 열린 끝에 1997. 10. 23. 원고 패소 판결이 선고되었다.

이에 불복하여 원고1.박태수 등 113인이 1997. 11. 17. 상고하여 상고사건이 1997. 12. 9. 대법원에 접수되어, 특별2부에 배당되었고 심리한 후 1998. 9. 22. 상고기각 판결이 선고되었다.

3. 판결요지

(1) 제1심(서울고등법원) 판결요지

이 사건 양수발전소 하부댐 부지인 남대천이 바다로 유입되는 인근 어장에서 어업권을 등록하고 있거나 어업권은 가지고 있지 않으나 남대천 하구 연근해에서 남대천으로 회귀하는 연어 등 회귀성어류를 포획하여 소득을 얻어 온 원고6. 내지 21, 이 사건 양수발전소건설사업의 환경영향평가대상구역 내인 강원도 인제군과 양양군일대의 주민들로서 하천인 남대천을 상수원으로 사용하고 그 지역에서 서식하는 산채, 송이 등을 채취해 온 자들로서 댐건설로 인하여 기후가 변화되면 그 영향을 받을 수 있는 양양군 및 인제군의 주민인 원고 22. 내지 68, 대학교수로서 연어의 연구학자인 원고69, 점봉산일대의 산과 계곡을 즐겨 찾는 일반시민인 원고 70. 내지 111, 환경시민단체로서 이사건 처분으로 건설될 상부댐이 소재하는 점봉산 일대의 산과 계곡을 평소 회원들과 자주 찾아다니며 남대천 내수면 연구소와 협력하여 연어홍보를 위한 '연어생태학교'라는 생태관광을 연례적으로 벌여왔고 겨울에는 점봉산의 설피밭 눈밟기 행사를 주관해 왔고, 사단법인 자연보호중앙협의회의 회원단체로서 남대천의 생태계를 보존할 목적으로 모인 사람들의 단체인 원고113. 우이령보존회 등은 이사건 처분의 근거 법률인 전원개발에 관한 특례법 및 구 환경보존법의 어디에도 원고6. 내지 113.이 주장하는 위 인정의 각종이익을 개개인의 구체적이고 직접적인 이익으로 보호하는 규정이 없으므로 동 원고들(산악인 · 생물학자 · 생태연구가 · 사진가 · 일반시민 · 환경보호단체 등)이 얻은 이익은 사업대상구역 및 그 주변지역에 대한 자연환경과 생활환경 등의 보존이라는 공공의 이익이 달성됨에 따라 반사적으로 얻게 되는 이익에 불과하다 할 것이고 이사건 승인처분의 근거법률에 의하여 보호되는 직접적이고 구체적인 이익을 갖고 있지 아니하므로 이사건 승인처분에 대하여 다툴 수 있는 원고적격이 없다.

(2) **대법원 판결요지**

(가) 원고1.박태수 내지 5.는 양수발전소 건설사업구역 내에 토지와 주택을 소유한 자들인 바, 환경영향평가법 등 규정들의 취지는 환경영향평가대상사업에 해당하는 발전소건설사업이 환경을 해치지 아니하는 방법으로 시행되도록 함으로써 당해 사업과 관련된 환경공익을 보호하는데 그치는 것이 아니라 당해 사업으로 인하여 직접적이고 중대한 환경피해를 입으리라고 예상되는 환경영향평가대상지역 안의 주민들이 전과 비교하여 수인한도를 넘은 환경침해를 받지 아니하고 쾌적한 환경에서 생활할 수 있는 개별적 이익까지도 이를 보호하려는 데 있으므로 주민들이 이 사건 처분과 관련하여 갖고 있는 위와 같은 환경상 이익은 단순히 환경공익 보호의 결과로서 국민일반이 공통적으로 갖게 되는 추상적 · 평균적 · 일반적 이익에 그치지 아니하고 환경영향평가대상지역 안의 주민 개개인에 대하여 개별적으로 보호되는 직접적 · 구체적 이익이라고 보아야 하고 따라서 이 사건 양수발전소 건설사업으로 인하여 직접적이고 중대한 환경침해를 받게 되리라고 예상되는 환경영향평가대상지역 안의 주민에게는 이 사건 승인 처분의 취소를 구할 원고적격이 있다.

(나) 한편 원고68. 내지 113.은 상부댐과 하부댐 소재지 산에서 송이를 채취하는 주민 또는 자연을 찾아 즐기거나 연구 · 보전하려는 산악인 · 생물학자 · 생태연구가 · 사진가 · 일반시민 · 환경보호단체 등인바, 환경영향평가대상지역 밖의 주민 · 일반국민 · 산악인 · 사진가 · 학자 · 환경보호단체 등의 환경상 이익이나 전원개발사업구역 밖의 주민 등의 재산상 이익에 대하여는 위 근거 법률에 이를 그들의 개별적 · 직접적 · 구체적 이익으로 보호하려는 내용 및 취지를 가지는 규정을 두고 있지 아니 하므로 이들에게는 위와 같은 이익 침해를 이유로 이 사건 승인처분의 취소를 구할 원고적격이 없다.

(다) 원심이 이 사건 양수발전소 하부댐 소재지 후천의 하류인 남대천에서 연어 등을 포획하는 자인 원고5. 내지 20. 또는 환경영향평가대상지역 밖의 주민 · 일반국민 · 산악인 · 사진가 · 학자 · 환경보호단체 등인 원고68. 내지 113.이 그들의 어업권 등의 재산상 이익 또는 환경상의 침해를 이유로 이 사건 승인처분의 취소를 구할 원고적격이 없다고 판단한 부분은 정당하지만 원고21. 내지 67.은 양수발전소건설사업에 관한 환경영향평가대상지역 안의 주민인바, 원고21. 내지 67.까지도 환경상 이익침해를 이유로 이 사건 승

인처분의 취소를 구할 원고적격이 없다고 판단한 부분에는 당사자 적격에 관한 법리를 오해한 위법이 있다.

Ⅱ. 평 석

1. 쟁점정리

대상판결의 법적 쟁점은 ① 이건 양양양수발전소건설사업의 환경영향평가대상지역 안의 (인근)주민들이 대상사업인 전원개발사업 실시계획승인처분과 관련하여 갖는 환경상 이익이 주민 개개인에 대하여 개별적으로 보호되는 직접적 · 구체적 이익인지 여부 및 위 주민들에게 그 침해를 이유로 위 처분의 취소를 구할 원고적격이 있는지가 문제되고, ② 환경영향평가대상지역 밖의 주민 · 일반국민 · 산악인 · 사진가 · 학자 · 환경보호단체 등의 환경상 이익이나 전원개발사업구역 밖의 주민 등의 재산상 이익이 그들의 개별적 · 직접적 · 구체적 이익인지 여부 및 위 주민들에게 그 침해를 이유로 전원개발사업 실시계획승인처분의 취소를 구할 원고적격이 있는지가 문제되며, ③ 환경영향평가대상사업에 있어서 환경영향평가를 마친 후 사업기간을 변경하였을 뿐 사업규모를 변경한 바 없는 이상 다시 환경영향평가를 시행하여야 하는지 여부, ④ 양수발전을 위한 이건 전원개발사업실시계획 승인처분이 재량권을 일탈 · 남용한 위법이 있는지 여부 등이다. 그러나 본고의 평석에서는 논제에 부합하는 위 ①, ② 논점에 국한해서 살펴보기로 한다.

2. 관련판례

대상 판결에서 살펴볼 쟁점은 행정소송에 있어서 처분의 직접 상대방이 아닌 제3자인 인근주민이나 환경단체 등에게 그 처분의 취소를 구할 법률상 이익을 인정하고 있는가 여부인바, 단체에 대해 원고적격을 인정한 판례는 아직 없으므로 제3자인 개인들에게 원고적격을 인정한 판례들을 살펴보면 아래와 같다.

대법원 1998. 4. 24. 선고 94누3286 판결에서 대법원은 "환경영향평가에 관한 위 법령의 규정들의 취지는 집단시설지구 개발사업이 환경을 해치지 아니하는 방법으로 시행되도록 함으로써 집단지구개발사업과 관련된 환경공익을 보호하는 데 그치는 것이 아니라 그 사업으로 인하여 직접적이고 중대한 환경피해를 입으리라고 예상되는 환경영향평가대상지역 안의 주민들이 개발 전과 비교하여 수인한도를 넘는 환경침해를 받지 아니하고 쾌적한 환경에서 생활할 수 있는 개별적 이익까지도 이를 보호하는 데 있다 할 것이므로, 위 주민들이 이 사건 변경승인처분과 관련하여 갖고 있는 위와 같은 환경상의 이익은 단순히 환경공익 보호의 결과로 국민일반이 공통적으로 가지게 되는 추상적 · 평균적 · 일반적 이익에 그치지 아니하고 주민 개개인에 대하여 개별적으로 보호되는 직접적 · 구체적인 이익이라고 보아야 할 것이다"라고 판시하여 처분의 당사자 아닌 제3자인 인근주민들에게 원고적격을 인정하였다.

대법원 1998. 9. 4. 선고 97누19588 판결에서도 "원자력법 제12조 제2호의 취지는 원자로 등 건설사업이 방사성물질 및 그에 의하여 오염된 물질에 의한 인체 · 물체 · 공공의 재해를 발생시키지 아니하는 방법으로 시행되도록 함으로써 방사성 물질 등에 의한 생명 · 건강상의 위해를 받지 아니할 이익을 일반적 공익으로서 보호하려는 데 그치는 것이 아니라 방사성물질에 의하여 보다 직접적이고 중대한 피해를 입으리라고 예상되는 인근 주민들의 위와 같은 이익을 직접적 · 구체적 이익으로서도 보호하려는 데 있다 할 것이므로(다만 공익보호의 결과로 국민 일반이 공통적으로 가지는 일반적 · 간접적 · 추상적 이익이 생기는 경우에는 법률상 보호되는 이익이라고 할 수 없다), 위와 같은 지역 내의 주민들인 원고들에게는 영광원자력발전소 5 · 6호기 건설에 의한 방사성물질 등에 의한 생명 · 신체의 안전침해를 이유 및 원전냉각수 순환시 발생되는 온배수로 인한 환경침해를 이유로 원자로 건설사업을 위해 피고보조참가인 한국전력공사에게 한 피고 과학기술처 장관의 부지사전승인처분의 취소를 구할 원고적격이 있다"고 판시하여 제3자의 원고적격을 인정하고 있다.

또한 대법원 2006. 3. 16. 선고 2006두330 판결(속칭 새만금사건)에서도 "행정처분의 직접 상대방이 아닌 제3자라 하더라도 당해 행정처분으로 인하여 법률상 보호되는 이익을 침해당한 경우에는 그 처분의 무효확인을 구하는 행정소송을 제기하여 그 당부의 판단을 받을 자격이 있다고 할 것이며, 여기서 말하는 법률상 이익이라 함은 당해 처분의 근거 법규 및 관련 법규에 의하여 보호되는 개별적 · 직접적 · 구체적 이익이 있는 경우를 말하고, 공익보호의 결과로 국민 일반이 공통적으로 가지는 일반적 · 간접적 · 추상적 이익이 생기는 경우에는 법률상 보호되는 이익이라고 할 수 없다. 환경영향평가 대상지역 밖의 주민이라 할지라도 공유수면매립면허처분 등으로 인하여 그 처분 전과 비교하여 수인한도를 넘는 환경피해를 받거나 받을 우려가 있는 경우에는, 공유수면매립면허처분으로 인하여 환경상 이익에 대한 침해 또는 침해우려가 있다는 것을 입증함으로써 그 처분 등의 무효확인을 구할 원고적격을 인정받을 수 있다"고 판시함으로써 처분의 직접 상대방이 아닌 제3자인 환경영향평가대상지역 밖의 주민이라 할지라도 처분으로 인하여 수인한도를 넘는 피해를 입증하면 원고적격이 인정될 가능성을 열어 두고 있다(제3자의 원고적격에 대해서는 대법원 2012. 7. 5. 선고 2011두13187, 대법원 2013. 3. 14. 선고 2012두24474, 대법원 2014. 9. 4. 선고 2014두2164, 대법원 2015. 10. 29. 선고 2013두27517 판결 등 참조).

3. 판결의 검토

(1) 원고적격의 개념과 기능

원고적격은 구체적 사건에 있어서 원고가 될 수 있는 자격을 말한다. 모든 국민은 헌법 제27조에 의하여 재판을 받을 권리가 있으므로 법률에 특별한 규정이 없더라도 법률상 쟁송에 대해서는 제소가 가능하다. 그러나 아무런 법적 가치가 없는 제소까지 허용하면 법원으로서는 사건의 홍수 속에서 보호할 가치가 있는 소송조차 적정하게 심판할 수 없을 뿐만 아니라 제소당한 피고도 부당하게 강요된 소송에 응소하여야 하는 남소의 폐단을 막기 위하여 도입된 것이 원고적격의 개념이다. 즉 원고적격은 행정소송을 제기함에 있어 일정한 자격을 요구하여 법원의 재판에 적합한 소송과 적합하지 않은 소송을 구별하여 법원에 의하여 보호받을 만한 이익을 가지지 않은 자를 소송에서 배제하고 보호를 받을 이익을 가진 자에게 소송에 의하여 구제받을 기회를 부여하는 기능을 한다.

구 행정소송법에서는 어떤 사람이 자신의 권리 또는 이익을 구제받을 수 있는가에 관하여 구체적 규정을 두지 않았으나 행정처분 취소를 구할 원고적격에 대해 1984년에 제정된 현행 행정소송법 제12조 제1문은 "취소소송은 처분 등의 취소를 구할 법률상 이익이 있는 자가 제기할 수 있다"고 규정하고 있는바, 환경행정소송에서 과연 행정처분 등의 취소를 구할 '법률상 이익이 있는 자가 누구인가'에 대해 학설상 다툼(권리회복설, 법률상 보호이익설, 보호가치있는 이익구제설, 적법성보장성)이 있으나 통설, 판례는 법률상 보호이익설에 따르고 있다.

(2) 환경영향평가 대상지역 내 주민과 대상지역 밖 주민의 원고적격

문제는 환경관련 행정처분이 행하여진 지역의 인근주민 등이 원고 적격을 가지는가 여부이다. 이에 관해 적지 않은 판례가 축적되어 있는바, 관련판례에서 보는 바와 같이 우리 대법원은 환경영향평가 대상지역 내의 주민은 물론이고 환경영향평가 대상지역 밖의 주민이라 할지라도 어떤 처분 등으로 인하여 그 처분 전과 비교하여 수인한도를 넘는 환경피해를 받거나 받을 우려가 있는 경우에는, 그 처분으로 인하여 환경상 이익에 대한 침해 또는 침해우려가 있다는 것을 주장 입증하는 경우에 그 처분 등의 취소나 무효확인을 구할 원고적격을 인정하고 있다.

여기서 말하는 법률상 이익이라 함은 당해 처분의 근거 법규 및 관련 법규에 의하여 보호되는 개별적 · 직접적 · 구체적 이익이 있는 경우를 말하고, 공익보호의 결과로 국민 일반이 공통적으로 가지는 일반적 · 간접적 · 추상적 이익이 생기는 경우에는 법률상 보호되는 이익이라고 할 수 없으므로 원고적격이 인정되지 않는다고 보고 있다.

프랑스의 경우 시설설치허가에 대한 인근주민의 원고적격은 근접성, 시설설치계획안

이나 건축의 중요성, 부지의 성질, 지형, 피해자의 법적 상황 등 사안의 구체적 상황을 고려하여 개별적으로 판단하고 있는바, 참고할 필요가 있다.

(3) 단체의 원고적격에 대한 판례와 학설의 태도

우리나라의 경우 현행법상 단체소송은 매우 제한적으로 인정되고 있다. 소비자단체소송(소비자기본법 제70조-제76조)과 증권관련집단소송법에 의해 법원의 허가를 얻어 제한적으로 단체소송을 인정하는 것 외에는 단체소송이 인정되지 않고 판례도 인정한 사례가 없다. 그러므로 부득이 외국의 경우를 살펴보기로 한다.

환경소송의 경우 미국 SCRAP사건(United States v. Students Challenging Regulatory Agency Proceedings(SCRAP), 412 U.S. 669 1973)에서는 환경보호운동을 벌이는 학생단체의 원고적격을 인정하였다. 미국의 경우 소송을 제기하는 단체의 구성원 중 1인 또는 수인이 피해를 입고 있다는 사실을 적시하면 원고적격이 인정되는바, 예컨대 환경보호단체의 회원 수 명이 배출시설부근에 살고 있는데 수질오염으로 인하여 건강이 악화되고 주위의 휴양적 · 미적 · 환경적 가치가 저하되었다고 주장한 사건에서도 원고적격을 인정하였다. 미국에서도 Sierra Club 대 Morton판결에서는 "원고적격에 관해서 볼 때 피고의 행정처분이 Sierra Club의 회원들에게 개인적인 불쾌감을 주는 데 그치지 않고 그 처분에 의해서 악영향을 받는다는 주장이 있어야 하는바, 원고의 진술에 그러한 주장이 없다"는 이유로 원고 청구를 기각하였다. 다만 연구나 휴양관련 활동 등 특별한 이익(special interest)을 향유하고 있었다면 원고적격을 인정할 수도 있었다고 판시하고 있다(Sierra Club은 1892년 샌프란시스코에서 창립된 이래 샌프란시스코만 지역 거주회원 28,000명 등 전국회원 약 78,000명으로 조직된 비영리 환경단체로서 Sierra Nevada Mountains 국립공원의 자연자원을 보존하는 것을 주목적으로 하고 있었는바, 이 소송에서 이 클럽 소속 회원들이 Mineral King계곡과 Sequoia National Park 등으로 정기적으로 캠핑 등 레크리에이션 목적으로 자연공원을 계속적으로 이용해 왔다고 주장하였다. Rogers C.B. Morton은 자연인과 내무부장관의 지위에서 피고로 지정되었다. www.westlaw.com 참조).

독일 행정소송에서는 원칙적으로 처분과 직접적 이해관계가 없는 제3자나 시민단체는 원고적격을 인정받을 수 없다. 이러한 문제점을 시정하기 위해 독일은 단체소송제도를 도입하고 있는바, 단체소송이란 일정한 자격을 가진 단체에게 일정한 분쟁에 있어서 불이익을 받은 자들을 위하여 소송을 제기할 자격을 부여하는 제도로서, 개별법에 의하여 법률상 일정한 요건을 구비한 단체에 대해 원고적격을 인정하는 것이다. 독일에서는 부정경쟁방지법, 약관규제법 등 소비자보호법, 주의 자연환경보호법 등에서 단체소송을 인정하고 있다. 이들 법률에서 ① 단체의 정관에서 특정한 공익목적추구를 단체의 목적으로 규정하고, ② 일정한 지역적 범위에서 활동하며, ③ 일정수 이상의 구성원을 가지고 있을 것 등의 요건을 구비한 단체에 대하여 관할관청이 승인을 하면 원고적격이 인정된다.

독일에서는 환경인인(環境隣人)소송의 경우 학설상 환경영행평가법상의 절차규정, 특히 주민참가규정에 의하여 인근주민의 원고적격을 인정하고자 하는 견해가 있으나, 그러한 절차적 규정만으로는 보호규범이론에 따른 사익보호성이 없고 환경영향평가의 절차를 위반함으로써 실체법적 규정을 준수하지 못하는 결과를 초래할 때에만 그 실체법적 규정을 근거로 원고적격이 인정된다는 것이 통설 · 판례이다.

프랑스에서도 환경단체 등 사단은 사단의 정관(statut)에서 정하는 사단이 옹호할 임무를 갖는 이익이 침해된 경우 단체의 재산이나 지위 또는 단체가 옹호하고자 하는 집단적 이익(intéret collectif)을 침해하는 처분을 다툴 원고적격(qualité à agir)을 가진다. 그러나 최근 환경단체에 의한 소송제기가 급증하고 있기 때문에 판례는 환경단체의 소의 이익을 엄격하게 해석하는 경향이 있다.

프랑스의 월권소송은 적법성통제를 주된 목적으로 하는 공익적 소송이므로 국민의 권리구제를 일차적 목적으로 하는 우리나라의 취소소송에서보다 소의 이익을 넓게 인정하고 있다. 월권소송에서는 권리침해를 요구하지 않고 이익의 침해나 침해가능성을 요건으로 하고 있는바, 이익은 물질적 이익뿐만 아니라 정신적 이익 및 집단적 이익도 포함한다.

대상판결에서는 아주 미약하게나마 환경단체의 원고적격에 대해 언급하고 있다. 즉 환경영향평가대상 지역 밖의 주민 등(일반국민 · 산악인 · 사진가 · 학자 · 환경보호단체)의 환경상 이익이나 전원개발사업구역 밖의 주민 등의 재산상 이익에 대하여는 근거법률(전원개발에 관한 특례법, 구 환경보전법령, 구 환경정책기본법령 및 환경영향평가법령)에 이를 그들의 개별적 · 직접적 · 구체적 이익으로 보호하려는 내용 및 취지를 가지는 규정을 두고 있지 아니하므로 이들에게는 위와 같은 이익 침해를 이유로 이 사건 승인처분의 취소를 구할 원고적격이 없다고 판시하고 있다.

그러나 미국의 Sierra Club판결에서 보는 바와 같이 판시이유에서나마 이 사건의 원고였던 학자, 사진가, 일반국민 및 환경보호단체의 회원들이 사업대상지역에서 연구나 휴양관련 활동 등 특별한 이익(special interest)을 향유하고 있었다면 원고적격을 인정할 수 있다는 내용의 전향적인 판시를 할 수도 있지 않았나 하는 아쉬움이 남는다. 우리 헌법상 환경권을 추상적 권리로 보는 것이 다수설이지만 위 환경관련개별법의 취지에 비추어 볼 때 사업지역에서의 연구활동이나 휴양, 레저활동을 특별한 이익으로서 사실적 · 추상적 이익이 아닌 법률상 보호해야 할 직접적 · 구체적 이익으로 못 볼 바도 아니기 때문이다.

우리 대법원은 아직 항고소송에서 단체일반의 원고적격을 인정한 사례가 없었으나 (환경상 이익을 단체 아닌 개인적 이익으로 봄), 학자들은 행정소송법개정논의 때마다 단체소송이나 집단소송제도의 도입필요성을 제기해 오고 있다. 대상판결에 이은 2006년 소위 새만금사건판결에서도 여전히 "공익보호의 결과로 국민 일반이 공통적으로 가지는 일반적 · 간접적 · 추상적 이익이 생기는 경우에는 법률상 보호되는 이익이라고 할 수 없다"고 판시하고 있다. 이러한 대법원 판결에도 불구하고 환경의식의 고취로 향후 환경보호단체에 의한 공익적 환경소송의 제기는 점점 늘어날 것으로 예상되는바, 자연환경의 공공재적 성격을 감안하고 환경보전과 지속가능한 개발을 조화시키기 위해 환경관련소송에서는 법률상 보호이익의 인정에 있어 좀 더 전향적인 판결이 나왔으면 하는 바람이다.

4. 판결의 의미와 전망

대법원 1998. 9. 22. 선고 97누19571 판결은 환경영향평가 대상지역 안의 주민들과 환경영향평가 대상지역 밖의 주민들이 그 대상사업인 전원개발사업실시계획승인처분과 관련하여 갖는 환경상 이익이 직접적 · 구체적 이익으로 볼 수 있는지 여부와 위 각 주민들에게 그 침해를 이유로 위 처분의 취소를 구할 수 있는지 여부에 대한 판결로서 인근주민과 그 외 사람들의 원고적격의 인정여부에 대한 판결이다. 또한 이 판결에서는 환경영향평가대상 지역 밖의 인근주민뿐만 아니라 일반국민 · 산악인 · 사진가 · 학자 · 환경보호단체 등에 대해서는 환경상 이익을 전원개발사업실시계획승인처분의 근거법률인 전원개발에 관한 특례법, 구 환경보전법령, 구 환경정책기본법령 및 환경영향평가법령에서 그들의 개별적 · 직접적 · 구체적 이익으로 보호하려는 내용 및 취지를 가지는 규정을 두고 있지 아니하므로 이들에게 환경상 이익의 침해를 이유로 전원개발사업실시계획승인처분의 취소를 구할 원고적격이 없다고 판결하였다. 환경보호단체의 원고적격 인정여부에 관하여 명시적으로 언급한 최초의 대법원 판결이라는 점에서 그 의의가 있다. 그러나 자연환경의 공공재적 특성과 환경단체에 의한 공익소송적 성격을 감안해야 하고 소비자소송 및 증권관련소송에서 제한적이나마 단체소송을 도입하고 있는 현행법에 비추어 볼 때 환경관련소송에서는 다른 항고소송에서와는 달리 자기관련성을 넓게 해석하여(당해 단체의 목적과 활동범위가 당해 처분과 연관성을 갖는지 여부 즉 발전소건설사업이 승인된 지역에서 환경보전활동을 했는지 여부를 검토함) 적극적으로 환경단체의 원고적격을 인정할 수 없었을까 하는 아쉬움이 남는다. 아울러 행정소송법개정시 소비자소송이나 증권소송에서와 같이 공익적 환경소송에 한해 환경단체의 원고적격을 인정하는 방식의 입법적 해결도 가능하다고 본다. 다만 그럴 경우 주관소송인 환경소송을 직접 자기의 법률상 이익과 관계없는 객관소송화한다는 비판을 면하기 어렵고 주관소송에 대한 원고적격의 확대 논의에 대해서도 “사법의 정치화”라는 비판에서 자유로울 수 없다는 한계가 있는 것은 사실이다.

비록 대상판결은 미국 연방대법원 Sierra Club v. Morton 판결에서와 같이 환경단체의 원고적격을 인정하지는 않았지만, 향후 환경단체의 대상지역에서의 활동이 일정한 사실적 요건을 갖추면 환경단체에도 원고적격을 인정할 수 있는 여지를 보여준 바 있는 Sierra Club v. Morton 판결에 비견되는 판결이라는 점에서는 그 의미가 있다. 머지않아 우리나라에서도 일정한 사실요건을 갖춘 환경단체에게도 원고적격이 인정되는 판결이 나올 것을 기대해 볼 수 있을 것 같다. 대상판결은 환경관련소송에서의 환경단체에 대한 원고적격 인정의 가능성이 아직은 멀지만 자연환경보호를 위한 미국의 공공신탁이론(Public Trust Doctrine)과 같이 법률상 이익개념의 확대를 통해 그 가능성을 조심스럽게 점쳐 볼 수 있는 판결이 아닌가 한다.

<참고문헌>

김해룡, “독일과 유럽 환경법상의 단체소송제도에 관한 고찰”, 환경법연구 제23권 제2호, 한국환경법학회, 2001. 12.

박균성, “프랑스법상 시설설치허가에 대한 취소소송에서 인근주민 및 환경단체의 원고적격”, 판례실무연구(Ⅳ), 박영사, 2000. 9.

박정훈, “환경위해시설의 설치, 가동허가처분을 다투는 취소소송에서 인근주민의 원고 적격”, 판례실무연구(Ⅳ), 박영사, 2000. 9.

이원우, “시민과 NGO에 의한 행정통제 강화와 행정소송—항고소송의 원고적격 문제를 중심으로—”, 법과 사회 제23호, 박영사, 2002. 12.

이은기, 환경단체의 원고적격 부여문제, 서강법학 제11권 1호, 2009. 6.

이한성, “미국 환경법 집행제도에 관한 연구—집행의 완전성을 위한 비교법적 모색—”, 서울대 대학원 박사학위 논문, 서울대학교, 2002. 2.

정남철, “환경소송과 인인보호—소위 새만금판결과 관련하여—”, 환경법연구 제28권 1호, 한국환경법학회, 2006. 5.

140. 도롱뇽의 당사자적격

— 대법원 2006. 6. 2.자 2004마1148, 1149 결정 —

김 태 호*

Ⅰ. 사안의 개요

1. 사실관계

(1) 경부고속철도건설 사업을 위해 한국고속철도건설공단법에 따라 설립된 한국고속철도건설공단(甲)은 서울-부산 경부고속철도의 구간 중 제13공구 내에 위치한 천성산 관통 원효터널의 공사(약 13.5km)를 실시할 계획이었다(이후 한국철도시설공단이 소송을 수계한다). 건설교통부장관은 이 사건 터널을 관통하는 고속철도 노선 공사의 실시계획을 승인한 상태였다.

(2) 이 사건 터널이 포함된 고속철도 기본노선은 1990. 6. 확정되었고 환경영향평가서는 1992. 4. 작성되어 1994. 11. 2. 협의절차를 마친 상태였다. 그런데 이후 천성산 일원에 환경영향평가서의 내용과 달리 더 많은 보호대상 동·식물이 존재하고 있다는 점이 밝혀지고, 터널 건설예정지 밑에 활성단층이 존재한다는 의견이 제기되었다. 또 이 사건 터널에서 900m 떨어진 곳에 있는 무제치늪이 1998. 12. 31. 자연생태계특별보호구역으로 지정되었고, 이 사건 터널에서 2,700m 떨어진 곳에 있는 화엄늪이 2002. 2. 1. 습지보전법 제8조 제1항에 의하여 습지보호구역으로 지정되기도 하였다. 이 사건 청구인들은 이러한 사유들로부터 환경보전의 필요성 및 사정변경의 사유가 생겼다고 주장하며 공사 반대 운동을 펼쳤다.

(3) 그러나 국무총리 주재의 국정현안정책조정회의는 2003. 9. 19. 2개의 대안노선과 기존노선을 비교 검토한 끝에 환경상 문제가 크지 않다고 보고 기존노선대로 고속철도를 건설하기로 최종 결정하였다.

(4) 이에 이 사건 신청인들, 즉 천성산 일원에 서식하는 양서류인 도롱뇽(A)과 환경

* 서울대학교 법학전문대학원 강사.

운동 · 생명운동에 이바지함을 목적으로 설립된 비법인사단인 ‘도롱뇽의 친구들’(B), 그리고 이 사건 터널이 통과하는 천성산에 소재한 전통사찰들(C)은 원효터널공사를 반대하면서 甲을 피신청인으로 하여 2003. 11. 3. 원효터널 공사착공금지가처분신청을 하게 된 것이다.

2. 소송경과

제1심인 울산지방법원은 2004. 4. 8.자 2003카합982 결정, 2003카합959 결정을 통해 A의 신청을 각하하고, B, C의 신청을 기각하였다. 신청인들이 항고하였으나 항고심인 부산고등법원은 2004. 11. 29. 자 2004라41, 2004라42(병합) 결정으로 신청인들의 항고를 모두 기각하였다. 대상결정인 대법원 결정도 신청인의 재항고를 모두 기각하였다.

3. 결정의 요지

(1) 제1심 및 항고심 결정의 요지

민사소송법 제51조는 당사자능력에 관하여 민법과 그 밖의 법률에 따르도록 정하고 있고, 같은 법 제52조는 대표자나 관리인이 있는 경우 법인 아닌 사단이나 재단에 대하여도 소송상의 당사자능력을 인정하고 있으나, 자연물인 도롱뇽 또는 그를 포함한 자연 그 자체에 대하여는 현행법의 해석상 당사자능력을 인정할 만한 근거를 찾을 수 없다. 또 B가 피보전권리로 주장하는 헌법 제35조 제1항에 기한 환경권 내지 ‘자연방위권’으로부터 직접적 · 구체적인 사법상의 권리가 생긴다고 볼 수 없다. C에 대해서는 수인한도를 넘는 환경이익의 침해가 있다고 보기 어려우므로 보전의 필요성을 인정할 수 없다.

(2) 대법원 결정의 요지(이하 “대상결정”이라 한다)

A는 천성산 일원에 서식하고 있는 도롱뇽목 도롱뇽과에 속하는 양서류로서 자연물인 도롱뇽 또는 그를 포함한 자연 그 자체로서는 사건을 수행할 당사자능력을 인정할 수 없다. 한편 B · C가 피보전권리로서 헌법 제35조 제1항에 의한 환경권이나 자연방위권을 주장하나 이들 권리에 의하여 甲에 대하여 직접 고속철도 중 일부 구간의 공사 금지를 청구할 수 없으며, 환경정책기본법 등 관계 법령의 규정 역시 그와 같이 구체적인 청구권원을 발생시키는 것으로 해석할 수 없다.

Ⅱ. 평　　석

1. 대상결정 선정의 의의와 쟁점의 정리

(1) 환경침해를 이유로 공공사업의 중지를 구하는 경우 행정소송의 형식을 통한 구

제제도는 좀처럼 이용되지 않는다. 행정소송보다는 유지청구(留止請求), 즉 환경 상 이익을 침해하는 행위의 중지 또는 예방을 위하여 그 침해를 유발한 상대방에게 일정한 작위 또는 부작위를 청구하는 민사소송을 제기하는 것이 실무상 일반적이다. 이 때문에 대상결정의 사안도 그 본질적 성격이 공공사업의 적법성을 다투는 공법상 분쟁임에도 민사소송상의 공사금지 가처분을 구하는 형식으로 다투어진 것이다.

이 사안의 경우 신청인들이 건설교통부장관을 상대로 고속철도 노선 공사의 실시계획 승인 처분에 대한 무효확인소송을 하거나, 공법상의 법인이기도 한 민사소송상의 피고 甲을 상대로 행정소송을 제기할 가능성을 생각해 볼 수도 있었을 것이다. 그러나 행정소송으로는 공사 중지의 실효성을 담보하기가 어렵고, 특히 후자의 경우에는 甲의 '행정청'으로서의 지위 인정에 어려움이 있다. 따라서 현재로서 甲의 공사착공을 중지하기 위해서는 민사상의 유지청구 소송과 그에 대한 가처분신청을 활용하지 않을 수 없다. 대상결정 사안 역시 행정소송의 제도적 흠결로 인해 그 공법적 성격에도 불구하고 민사소송 신청 사건의 형식으로 제기된 것인바, 이 점을 감안하여 행정판례의 평석 대상이 된 것이다.

(2) 또 이 사건에서 제기된 핵심 쟁점, 즉 인간 이외의 자연의 일부가 제기하는 소송을 허용할 것인가의 문제는 행정소송과 민사소송에서 공통적으로 제기되는 당사자능력 내지 당사자적격의 쟁점이다. 대상결정의 핵심쟁점은 행정소송으로 제기되었더라도 쟁점이 되었을 문제인 것이다. 이는 이하 Ⅱ. 2.의 비교대상 행정판결에서 자연의 일부에 대한 당사자능력 인정 여부가 쟁점이 되었다는 점에서 확인할 수 있는 바이기도 하다.

(3) 이상의 맥락과 관련하여 본 대상결정 평석에서는 도롱뇽(A)에게 과연 민사소송 및 행정소송의 당사자능력 또는 당사자적격을 인정할 수 있는가 하는 문제에만 초점을 맞추어 쟁점을 검토해 보기로 한다. 그 외에도 대상결정에서는 인간인 도롱뇽의 친구들(B)이 환경권 등 헌법상 권리로부터 직접 공사금지를 청구할 수 있는가, 천성산 소재 전통사찰들(C)이 환경영향평가 등에 관한 법령상 절차위반으로 인하여 환경이익을 침해받고 있는가 등이 문제되고 있으나, 이는 핵심 쟁점과 관련된 범위 내에서만 간략히 언급하기로 한다.

2. 관련 판결

청주지방법원 2008. 11. 13. 선고 2007구합1212 판결(이하 '비교판결'이라고 한다)

(1) 사건의 개요

비교판결은 화성-평창(가금-칠금) 간 도로 공사를 위하여 내린 도로구역결정처분 등의 무효를 구한 항고소송이다. 이 사건의 원고로는 인근지역 주민, 인근지역 외부의 환경운동가 외에 도로 공사 예정지역에 서식하고 있는 황금박쥐, 관코박쥐, 수달 등이 원고로 등장하였다.

(2) 판결의 요지

(가) 황금박쥐에게는 민사소송법상의 당사자능력을 인정할 수 없고, 설사 당사자 능력을 인정하려고 해도 "쇠꼬지 폐갱도 내에는 여러 개체의 황금박쥐 등이 서식하고 있는데 그 중 어느 황금박쥐 등이 이 사건 소송을 제기하는 것인지 특정되지 아니하고, 그 황금박쥐 등이 위 쇠꼬지 폐갱도 내의 황금박쥐 종 전부를 대표한다고 볼 근거도 없다." 그렇다고 인근지역 주민이나 환경운동가들이 "황금박쥐를 대리하여 이 사건 소송을 수행할 있다는 어떠한 법률적 근거도 없으므로 이에 관한 원고들의 주장은 받아들일 수 없다."

(나) 환경영향평가지역 내의 주민의 경우에도 "그들에게 사실상 추정되는 법률상 이익은 전과 비교하여 수인한도를 넘는 환경침해를 받지 아니하고 쾌적한 환경에서 생활할 수 있는 개별적 이익이라고 할 것이므로, 그 거주인의 주장 자체가 해당 처분으로 인하여 자신의 구체적이고 개별적인 환경상 이익이 침해되었다는 것이 아니라, 자신의 개별적인 이익과는 무관하게 천연기념물이 파괴되거나 자연 및 환경이 훼손되었다는 주장인 경우에는, 그 거주인이 처분의 취소로 얻고자 하는 것 역시 법률에 의해 보호되는 자신의 개별적인 환경에 대한 이익이 아니라, 환경파괴를 막고 자연을 보호하고자 하는 일반적이고 객관적인 이익에 있는 것이므로, 이를 법률상 보호되는 직접적이고 구체적인 이익이라고 볼 수 없다."

3. 판결의 검토

(1) '도롱뇽'의 당사자적격이 왜 문제인가?—소송구조와 환경윤리, 그리고 도롱뇽의 권리능력

(가) '자연의 권리' 소송

인간이 아닌 자연의 일부를 소송상 당사자로서 인정하게 하려는 시도는 현대사회의 환경문제를 법원의 장으로 가져와 해결해 보려는 시도라고 이해할 수 있다. 우리는 이러한 소송을 '자연의 권리' 소송이라고 부를 수 있을 것이다. 그러나 인간이 아닌 자연의 일부에 대해서까지 당사자적격을 인정하는 방법이 소송구조에서 자연의 이익을 대변할 수 있도록 하는 유일한 방법이 아닌 것 또한 사실일 것이다. 그럼에도 청구인들은 왜 도롱뇽을 청구인으로 하는 낯선 방법으로 소송을 제기한 것일까?

이른바 '자연의 권리' 소송 시도는 생태계의 일부를 구성하는 인간들의 법체계 내에서 생태계의 다른 구성원인 자연의 일부가 발언권을 가질 수 있어야 한다는 생태주의적 환경사상 · 이론적 관심이 법 문제에 투영된 결과라 할 수 있다. 이와 같은 이해에 따르면 인간을 자연의 지배자인 주체로, 자연을 그 객체로서 이해하는 것은 근대적 사고의 소산이고, 기실 인간은 전체 생태계를 구성하는 일부 구성원에 지나지 않는 것이므로 인간중심적 사회체계, 법체계가 바뀌어야 한다고 보게 된다. 그러므로 '자연의 권리' 소송은 이와 같은 변화의 필요성을 상징적으로 드러내는 목적을 가진다.

(나) '자연의 권리' 소송의 유용성 주장

'자연의 권리' 소송이 상징적인 의미만을 의도하고 있는 것은 아니다. '자연의 권리' 소송은 자연의 일부가 인간과 완전히 동일한 권리의무의 주체가 될 수는 없다고 할지라도 불완전하나마 자신의 권리를 주장할 수 있는 가능성을 열려고 하는 구체적인 목적을 갖고 있다. '자연의 권리' 소송의 가능성을 구체적으로 처음 언급하였다고 하는 크리스토퍼 스톤 교수 역시 자연보호가 '인간의 권리' 소송을 통해 우회적으로 보호되는 차원과 별도로 '자연의 권리' 고유의 소송을 따로 인정할 필요성 또는 유용성을 주장하고 있다.

가령 환경오염 피해로 인한 국가배상소송이나 민사소송을 예로 들어 보자. 손해배상청구에는 당사자의 피해액만이 산정의 근거가 될 뿐이지 환경파괴로 인한 자연 자신의 손해액은 산정 기준이 되지 아니하고, 나아가 당사자가 승소하더라도 그 배상액이 반드시 환경피해의 복구에 사용되는 것은 아니다. "시내 하류지역 주민이 환경오염소송에서 승소한다고 하더라도 한 푼의 손해배상액도 오염된 시내 자체를 회복시키는 데에 들어가지 않는다는"(Stone, 39면) 것이다. 물론 이는 사후적 손해전보제도에 한정된 유용성이기는 하다. 그러나 '인간의 권리'를 통해 우회적으로 보호되는 자연의 이익을 '자연의 권리' 소송을 통해 자연 자신의 이름으로 제기할 경우 자연 자체의 보호에 더 충실을 기할 수 있는 측면이 있음을 알 수 있다.

나아가 '자연의 권리' 소송의 필요성 및 유용성은 소송구조의 주관적 '자기관련성' 요구와도 관련이 있다. 예를 들어 분명히 환경보전을 목적으로 하는 법률이 있는데도 이 법률이 잘 지켜지지 않는 경우(이른바 '집행결함'의 문제 상황이다), 특정 개인은 그 위법상태를 다투기 위해 '자신의' 권리 또는 이익이 침해됨을 주장해야 한다. 따라서 가령 사람이 거주하지 않는 그린벨트 내의 불법적 자연 파괴에 대해서는 '자신의' 권리 또는 이익 침해를 다툴 '인간'을 찾기는 쉽지 않게 될 것이다. 그러므로 이와 같은 위법적 상황으로 인해 '자신이' 피해를 입고 있다는 주장을 법원에 하려면 자연이 직접 권리 또는 이익을 다툴 수 있게 할 필요가 있다는 주장이 제기되는 것이다.

(다) 비 판

그러나 위와 같은 주장에 대해서는 민주주의적 관점에서의 비판이 제기될 수 있다. 즉 우리가 적어도 인간을 중심으로 하는 법체계 내에서 사고하는 이상, 환경사상 내지 환경이론적 관심과 그러한 세계관의 타당성은 결과적으로 그와 같은 세계관이 다수적 지위를 확보하여 법률로써 관철될 때 확정될 수 있는 것이므로, 이에 대한 실정법적 근거가 마련되지 않은 상태에서 법원이 '자연의 권리'를 적극적으로 해석하여서는 아니 된다는 것이다.

우리 실정헌법을 보더라도 국가와 국민은 환경보전을 위하여 노력하여야 할 의무를 갖기는 하지만, 국민이 갖는 환경권은 '인간'이 쾌적한 환경에서 생활할 권리를 일컫는 것이다(헌법 제35조 제1항). 그러므로 우리 실정헌법상의 해석을 통해 보더라도 환경권은 '인간'의 권리로서 고안된 것인바, 환경권으로부터 곧바로 '자연의 권리'를 도출하기도 어렵다고 할 것이다. "헌법이나 법률의 특별한 배려 없이 또는 특정생물종의 멸종위기와 그에 따른 생태계의 균형파괴 위험 같은 급박한 위기 상황을 고려한 불문헌법적인 이론구성에 입각하지 않은 채, 막 바로 자연의 고유 가치와 자연 고유의 권리를 인정해야 할 공공성의 요청을 근거로 그 권리주체성을 도출해 내는 견해가 광범위한 동조를 얻을 수 있을지는 의문"(홍준형, 655면)이라는 비판이 제기되고 있는 것도 그와 같은 실정법의 해석론에 터 잡은 민주주의적 관점의 비판이라고 생각된다.

㈃ 전망—제한적 '권리능력'의 인정 가능성

그런데 우리 법체계에서도 점점 환경보호의 목적을 가지고 제정된 입법이 늘어가고 있음이 사실이다. 특히 생명을 가진 동식물의 경우에는 해당 동·식물 자체의 보호를 목적으로 삼고 있는 야생 동·식물보호법 등이 제정되어 있다. 이 법은 야생 동식물의 멸종을 예방하고, 생물의 다양성을 증진시켜 생태계의 균형을 유지함을 목적으로 하며, 사람과 야생 동식물이 공존하는 건전한 자연환경을 확보하는 데 취지를 두고 있다고 하고 있다(법 제1조). 그렇다면 이와 같은 법률로부터 입법자가 직접 멸종위기에 놓인 동식물 자신들의 생명보호 법익을 긍정한 것으로 해석할 수 있고, 그 범위 내에서는 자연의 일부가 법적으로 보호되는 이익, 즉 권리를 향유하는 것이라고 보지 못할 것이 없다(같은 취지 신용인, 151면 이하). 이러한 해석은 입법자의 의사에 반하는 것이 아니기 때문이다.

그러나 보다 큰 어려움은 설령 자연의 일부에 대해 권리능력을 인정한다고 하더라도 자연이 갖는 권리를 어떻게 행사할 것인지, 특히 소송을 통해 권리행사가 가능한 것인지 여부이다. 대상결정과 비교결정에서도 그와 같은 문제를 지적하고 있다. 이하에서 이를 보다 자세히 살펴보기로 한다.

(2) 도롱뇽의 당사자능력 등

대상결정의 경우 도롱뇽의 가처분 신청이 인정되려면 먼저 그 전에 도롱뇽이 당사자로서 확정되고, 소송법상으로 당사자능력 및 당사자적격, 소송능력이 인정되어야 한다.

(가) '자연의 권리' 소송에서 당사자 확정

생명이 없는 자연의 일부(예: 강)나 특정 생태계(예: 백두대간)가 소를 제기할 경우 '자연의 권리' 소송에서의 당사자에 포함할 것인가에 대해서는 이를 긍정하는 견해도 있으나, "자연의 권리는 인간과 동일한 권리를 가지는 것을 의미하는 것이 아니라 특정의 지역에 생식하는 야생생물이 진화의 과정을 거쳐 형성하여 온 자연환경 중에서 특정 종이나 지역개체군으로서, 당해 지역에서 생태를 유지할 수 있는 권리 내지 권능을 포함하는 것"(이동준, 도롱뇽, 자연물의 권리소송, 58면)이라고 보는 것이 옳다고 생각된다. 이는 자연의 권리의 핵심은 '생명권'의 보호에 있다고 볼 수 있기 때문이다(협의).

다음으로 생명을 가진 자연에 대해 당사자로서의 자격을 부여한다고 할 때 개별 개체를 당사자로서 특정할 것인가, 아니면 특정 종이나 지역개체군을 특정할 것인가 하는 의문이 제기된다. 구체적 소송에서는 소장에 당사자의 표시가 불분명한 경우 소장심사 후에 재판장이 당사자 기재를 보정하라고 명하여야 하는데, '자연의 권리' 소송에서는 자연의 일부 중 누구를 당사자로 확정할 것인지가 분명하지 않은 측면이 있는 것이다. 대상결정에서도 천성산 지역에 서식하는 도롱뇽이라는 것만으로 당사자가 특정되는 것인지 의문이 제기되었고, 비교판결에서도 문제된 폐갱도 내에 여러 개체의 황금박쥐 등이 서식하고 있는데 그 중 어느 황금박쥐 등이 이 사건 소송을 제기하는 것인지 특정되지 아니하고, 황금박쥐 등을 특정할 수 있다고 하더라도 폐갱도 내 황금박쥐 종 전부를 대표한다고 볼 근거가 없다는 점을 지적하고 있다. 그러나 이는 어느 정도 기술적 방법으로 해결이 가능한 것으로 보인다. 자연의 권리 소송의 특수성을 감안할 때, 지역적 범위가 특정되고 그 범위 내 서식하는, 동일한 이해관계를 가지는 개체군 또는 군집이 있다면 이를 당사자로서 특정하면 될 것으로 보인다.

(나) 도롱뇽의 당사자능력 및 당사자적격

당사자능력이란 일반적으로 소송당사자가 될 수 있는 소송법상의 권리능력(자격)을 뜻하는 것으로, 자기의 이름으로 재판을 청구하거나 또는 소송상의 효과를 받을 수 있는 자격을 말한다. 일반적인 민사소송에서는 당사자능력의 문제는 민사소송법에 따라 소송사건의 성질이나 내용과 관계없이 일반 추상적으로 정해지는 능력이다. 그리고 민사소송법 제51조는 당사자능력, 소송능력, 법정 대리권 등에 관하여 민사소송법에 특별한 규정이 없는 경우에 민법과 그 밖의 법률에 따르도록 정하면서, 같은 법 제52조에서 대표자나 관리인이 있는 경우 법인 아닌 사단이나 재단에 대하여도 소송상의 당사자능력을 인정하는 특별규정을 두고 있다. 이를 통해 보면 민사소송법상의 특칙이 없는 자연의 일부에 대해 민사소송법상의 당사자능력을 인정하려면 민법, 그밖에 당사자능력을 인정하고 있는 현행 법률 또는 관습법이 존재해야 할 것이다. 그러나 그와 같은 법률은 현재 없는 것으로 보인다.

한편 행정소송의 경우에는 당사자능력 및 소송능력에 대해 행정소송에 관한 특별법이나 일반법에 별다른 규정이 없는 한 민사소송법에 따르도록 되어 있고(행정소송법 제8조), 당사자적격 요건에 관련하여 항고소송을 제기할 수 있는 법률상 이익이 있는 '자'라 함은 통상 자연인 또는 법인격 주체를 의미하는 것이므로, 자연의 일부의 당사자능력은 행정소송에서도 민사소송과 마찬가지로 부정된다고 보는 것이 일반적인 견해일 것이다. 대상결정과 비교판결의 설시도 이와 같은 취지이다.

다만 위에서 살핀 바와 같이 야생동식물보호법이 도롱뇽에게 일정한 범위에서 권리능력을 인정하였다고 볼 경우, 그 범위 내에서 당사자능력도 인정할 여지는 없는 것인지 검토해볼 수는 있을 것이다(신용인, 157면). 특히 행정소송의 경우 "권리능력 없는 사단·재단으로도 인정할 수 없는 단체일지라도 각종 행정 특별법이 행정처분의 객체가 되는 지위를 인정하고 있다면 그 한도 내에서는 그 단체에게도 당사자능력이 인정된다"(주석행정소송법, 157면)는 해석론이 있는바, 행정소송의 당사자능력을 민사소송법의 그것과 별도로 취급할 여지가 있다. 그렇게 본다면 실체법이 멸종위기 생물의 이익을 보호하려는 취지이고 소를 제기하는 도롱뇽이 그 생물에 해당한다면, 행정소송의 독자적 의미에서 도롱뇽은 법률상 이익이 있는 '자'에 해당한다고 볼 여지가 생기게 될 것이다.

(다) 도롱뇽의 소송능력 등

도롱뇽의 경우 당사자능력이 인정되더라도 다시 소송능력 및 법정대리의 가능성이 문제된다. 소송능력이 없는 행위무능력자는 법정대리인에 의해서 소송행위를 할 수 있다. 도롱뇽의 경우 민사소송법 제55조에 열거된 행위무능력자에 해당하지 않고, 그렇다고 민사소송법 제55조를 도롱뇽에게 유추적용하기도 어려울 뿐만 아니라, 설령 유추적용을 긍정하더라도 도롱뇽의 소송을 대리할 수 있는 현행법상의 법정대리인이 존재하지 않는다. 대상결정의 경우 당사자능력 단계에서 이를 부정하였기 때문에 도롱뇽의 친구들(B)이 법정대리권을 갖는지 여부에 대해서 명시적인 판단을 하지 않았으나, 이를 판단하였다고 해도 쉽사리 긍정하기 어려우리라고 생각된다.

다만 만의 하나 도롱뇽에 대해 당사자능력을 인정하기로 한다면 소송능력이 없는 도롱뇽을 대신하여 소송을 수행할 대리인이 필요함은 필연적일 것인바, 그 경우에 인간에 의한 대리권, 즉 후견가능성이 없다고 하여 소송을 허용하지 않는 것은 궁색한 면이 없지 않아 있을 것이다. 그럼에도 이는 자연의 권리를 충실히 보호할 수 있는 후견적 지위를 갖는 사람(이른바 best friend theory)에게 소송대리권을 긍정하는 입법을 함으로써 해결되어야 할 문제이다.

(라) 소 결

이상의 점들을 볼 때 천성산 도롱뇽의 경우 당사자로서 확정은 가능하나, 당사자능력을 인정할 여지가 낮고, 소송을 수행하기 위해 필요한 법정대리에 관한 입법 규율이 미비하다고 볼 수 있다. '자연의 권리' 소송을 긍정하려면 환경단체 등에게 법정대리권을 부여하는 입법이 필요한 것으로 보인다.

(3) '도롱뇽의 친구들'의 당사자적격—도롱뇽과의 관계

도롱뇽의 친구들의 경우 당사자능력 자체는 당연히 문제되지 않는다. 문제는 도롱뇽의 친구들이 당사자적격을 인정받기 위해서 자신들의 권리 침해 내지는 법률상 이익의 침해를 다투어야 한다는 점이다. 그리고 대상결정은 헌법상 환경권이 법률상 이익 침해 주장의 근거로 사용될 수는 없으며, 법률에 의해 자신의 개별적이고 구체적인 이익이 침해되어 있어야 한다고 보고 있다. 따라서 객관소송인 단체소송제도가 도입되어 있지 않은 이상, 도롱뇽의 친구들이 도롱뇽을 '위한' 소송을 제기한다고 할지라도 그들은 느슨하게나마 '자신들의' 이익 침해가 있음을 드러내 보여야 한다.

비교판결의 경우 이러한 점이 잘 드러난다. 비교판결은 황금박쥐의 서식지 인근에 살고 있는 주민의 경우에 그 주장의 내용이 황금박쥐의 서식지 파괴를 걱정하는 것이므로 주민들의 법률상 이익과는 무관하다고 보고 있다. 주민들의 경우에는 관련 법률의 해석에 의해 황금박쥐를 감상한다거나 이를 향유할 '자신의' 개별적이고 구체적인 이익이 있음을 좀 더 구체적으로 주장하였어야 할 것이다.

4. 결정의 의미와 전망

자연의 권리 소송이 매우 이질적으로 느껴지는 것은 우리가 근본적으로 주체와 객체, 인간과 비인간, 사회와 자연이라는 이분법적 구도를 전제로 세계를 인식하고 있기 때문이다. 이 각각의 이분법에서 전자들에게만 가치의 비중을 두는 근대적 법체계라는 매트릭스 내에서 사법적 해결책을 궁리하는 '자연의 권리' 소송 주장은 그 이질적인 성격으로 인해 필연적으로 배척되지 않을 수 없는 주장인지도 모르겠다. 자연이 인간의 향유대상으로서 객체로만 취급되는 한 인간과 자연이 공생해야 한다는 환경보전의 주장은 설 자리가 넓을 수 없다. 결국 다수의 인간이 공생의 문제를 근본적이고 반성적으로 성찰하여 자연의 권리가 입법으로 수용되기까지는 환경보호와 관련된 법률과 인간 자신의 관련성을 넓게 인정하거나 객관소송의 보장을 통해 환경보전 법률들의 준수를 담보할 필요가 있을 것이다.

<참고문헌>

강재규, "자연의 권리", 환경법연구 제30권 제3호, 한국환경법학회, 2008. 11.
신용인, "자연의 권리", 부산법조논집 창간호, 부산지방변호사회, 2006. 12.
이동준, "도롱뇽, 자연물의 권리소송" 부산법조 21호, 부산지방변호사회, 2004. 1.
이동준, "도롱뇽, 자연의 권리와 환경권" 부산법조 22호, 부산지방변호사회, 2005. 1.
조홍식, "유지청구 허용 여부에 관한 소고", 민사판례연구 제22권, 민사판례연구회, 박영사, 2000.
홍준형, "도롱뇽소송의 적법 여부에 대한 고찰", 현대공법학이론의 새로운 전개, 삼지원, 2005.
김철용/최광률, 주석 행정소송법, 박영사, 2004.
Stone, Christopher, Do Trees Have Standing? 1996(허범 역, 법정에 선 나무들, 2003).

141. 새만금사업 관련처분의 취소청구에 대한 거부의 적법 여부

— 대법원 2006. 3. 16.선고 2006두330 전원합의체 판결 —

홍 준 형*

Ⅰ. 판례개요

1. 사실관계

1.1. 사업개시

농림수산부장관[1] X는 1989. 11. 6. '새만금간척종합개발사업'(이하 '새만금사업'이라 한다)을 시작하면서, 간척농지개발, 수자원확보, 지역종합개발, 복지농어촌건설을 위한 사업목적으로 하고, 사업구역 전라북도 부안군, 김제군, 옥구군(1도 3군 17읍면), 사업소요기간 1991년부터 2004년까지(외곽공사: 1991년~1998년, 내부개발: 1999년~2004년)로 하는 '새만금지구 간척사업'의 기본계획을 확정하였다.

그 후 X는 1991. 8. 13. 구 「농촌근대화촉진법」(1994. 12. 22. 법률 제4823호로 개정되기 전의 것, 이하 '구 농근법'이라 한다) 제93조에 의하여 사업시행자를 농림부장관으로, 사업목적을 간척종합개발 · 수자원개발로, 사업지구명을 새만금사업으로, 사업구역을 전라북도 군산시 · 부안군 · 김제군 · 옥구군으로, 사업면적(매립면적)을 40,100㏊로, 사업개요를 방조제 4개조 33㎞, 배수갑문 2개소, 토지개발 28,300㏊, 담수호 11,800㏊, 관개배수 양 · 배수장 13개소로 하여 새만금사업시행계획을 수립하고, 같은 달 19. 위 같은 법 제94조에 의하여 새만금사업시행계획을 고시하였다.

이후 X는 구 「행정권한의 위임 및 위탁에 관한 규정」(1994. 12. 23. 대통령령 제14438호

---

* 서울대학교 행정대학원 교수.

1) 정부조직법 개정(1995. 1. 5. 법률 제4892호)으로 '농림부장관'으로 변경되고, 그에 따라 업무도 승계되었다. 이하 농지개량사업의 시행자인 국가의 주무장관으로서의 구 농림수산부장관을 '농림부장관'이라 하고, 구 농림수산부를 '농림부'라 한다.

로 개정되기 전의 것) 제41조 제9항에 따라 건설부장관의 권한을 위임받아, 1991. 10. 17. 구 「공유수면매립법」(1997. 4. 10. 법률 제5337호로 개정되기 전의 것, 이하 '구 공수법'이라 하고, 1999. 2. 8. 법률 제5911호로 전문 개정된 공유수면매립법은 '공수법'이라 한다.[2] 이하 같다) 제4조, 제29조 및 동법시행령(1998. 12. 31. 대통령령 제16073호로 개정되기 전의 것) 제34조의 규정에 의하여 농림부장관에게 새만금사업과 관련하여 공유수면매립면허처분(이하 '이 사건 공유수면매립면허처분'이라 한다)을 하고, 같은 달 22. 구 공수법 제7조 및 동법시행령 제12조 제1항의 규정에 의하여 위 공유수면매립을 면허하였음을 고시하였다. 그리고 X는 사업시행자의 지위에서 1991. 11. 13. 구 농근법에 의한 사업시행인가권자인 농림부장관에게 새만금사업의 시행인가를 신청하여, 위 같은 법 제96조, 구 공수법 제9조의 2에 의한 농림부장관의 새만금사업 시행인가처분(이하 '이 사건 시행인가처분'이라 하고, 이 사건 공유수면매립면허처분과 이 사건 시행인가처분을 모두 합하여 '이 사건 각 처분'이라 한다)이 있었고, 같은 달 16. 그 시행인가가 고시되었다. 1991. 11. 28. 새만금사업의 공사가 착공된 이래 1992. 6. 10. 제2 · 3 · 4호 방조제 공사가 착공되었고, 1994. 7. 25. 제1 · 3호 방조제 사석제 끝막이 공사가 완공되었으며, 1998. 12. 30. 제1호 방조제가 완공되는 등 1999년까지 방조제 33㎞ 중 19.1㎞가 완공되었다.

1.2. 사업계획의 수정 등

감사원은 1998. 4. 27.부터 1998. 6. 13.까지 새만금 사업의 추진실태에 대한 특별감사를 실시하고, 1998. 9. 25. 감사결과를 발표하였다. 감사원의 특별감사에서 여러 가지 문제점들이 지적되고, 다른 한편 1998년부터 녹색연합, 환경운동연합 등 환경관련 시민사회단체들로부터 새만금사업의 시행에 따른 환경영향, 수질, 경제성 등과 관련한 문제들이 제기되자, 정부는 일단 공사를 잠정적으로 중단한 상태에서 민관공동조사단을 구성하여 1999. 5. 1.부터 14개월간 환경대책, 경제성, 수질보전대책 등 3개 분과로 나누어 조사를 실시한 후 종합의견을 작성하여 2000. 8. 18. 정부에 제출하였다.

그 후 제1심 공동피고 국무총리는 2001. 5. 25. 위 민관공동조사결과, 관계부처의 검토내용, 토론회 및 평가회의 결과를 참고로 하여 새만금사업에 대한 정부조치계획을 확정 · 발표하고 관계부처에 지시사항을 시달하였으며, 피고 X도 이에 응하여 2001. 8. 6. 새만금사업 후속 세부실천계획을 발표하기에 이르렀다.

1.3. 정부조치계획 · 세부실천계획의 주요내용

피고의 새만금사업 후속 세부실천계획의 주요내용은 먼저 그 기본방향으로 정부조

2) 공유수면매립법은 이후에도 수차례 개정되었다. 가장 최근의 법개정은 2005년 8월 4일의 법률 7678호로 2006년 8월 5일부터 시행된다. 그 전까지는 2005년 3월 31일이 개정법률(법률 7482호)이 적용된다.

치계획에 따라 수질보전 및 친환경적 대책을 마련한 후 사업을 추진한다는 점 등을 밝히고, 다음으로 그 세부실천계획을 크게 수질 보전대책, 새만금 내부 친환경 간척계획, 해양환경 보전대책 등으로 나누어 추진사업과 사업비 등을 정하고 있으며, 그 밖에 '과학적인 물 관리체계 구축', '사업추진 체계 구축', '재원조달 계획' 등에 관한 사항을 밝히면서, 세부실천계획은 국무조정실 내 민관공동으로 구성된 새만금환경대책위원회에 상정 · 평가될 계획이라는 점과 향후 세부실천계획 시행과정에서 환경단체 등 시민단체, 전문가의 조사 · 연구와 새로운 환경처리기술 등을 반영하여 계속 보완, 발전시켜 나간다는 점을 덧붙이고 있다.

1.4. 새만금사업의 진행경과

이 사건 판결 당시 새만금사업은 1991. 11. 28. 방조제공사 착공 이래 약 1조 9,000억 원의 비용을 투입하여 총 33㎞의 길이로 예정된 새만금 방조제 중 30.3㎞의 구간이 완공되어 2.7㎞의 구간만 남아 있었고, 담수호 수위 조절 등을 위한 가력배수갑문과 신시배수갑문이 모두 완공되어 있었다.

2. 소송경과

원고들(A)은 2001. 3. 21. 새만금사업에 대한 사업목적, 환경영향평가, 경제성 분석 등에 있어 감사원 특별감사에서 지적된 문제점을 근거로 공수법 제32조, 농어촌정비법 제98조 제1항 소정의 취소사유가 발생하였음을 들어 피고에게 이 사건 각 처분, 즉 공유수면매립면허처분과 새만금사업시행인가처분을 취소해 줄 것을 신청하였다.[3] 이에 대하여 피고 행정청 X는 2001. 5. 24. 아래와 같은 이유로 원고들의 위 취소신청에 대하여 거부하는 회신을 하였다(이하 '이 사건 거부처분'이라 한다). 이에 원고(A)들은, 피고 X가 한 이 사건 각 처분의 무효확인과(청구부분 Ⅰ), 이와 선택적으로, 피고 X가 2001. 5. 24.에 한 이 사건 거부처분의 취소(청구부분 Ⅱ), 그리고 공동피고 국무총리가 2001. 5. 25.에 한 정부조치계획의 취소 및 이와 선택적으로, 피고 X가 2001. 8. 6.에 한 정부조치계획에 대한 세부실천계획의 취소(청구부분 Ⅲ)를 구하는 소송을 서울행정법원에 제기하였고, 서울행정법원은 새만금간척종합개발사업이 시행되는 환경영향평가대상지역 내에 거주하는 주민으로부터 이 사건 각 처분의 취소 등 행정권 발동요구를 받은 피고 X가 그 취소 · 변경 등 필요한 처분의 행사를 거부한 것은 재량권을 일탈 · 남용한 것으로서 위법하다고 판시하여 원고들의 청구 일부를 인용하였다.[4]

---

3) 다만, 이 사건 소송에서는 원고들 중 원고 97.(신○○)과 원고 3537. 내지 원고 3539.(문○○, 윤○, 최○)만이 피고 농림부장관에 대하여 이 사건 거부처분 취소청구를 유지하고 나머지 원고들은 제1심에서 그 부분의 소를 취하하였다.

4) 서울행정법원 2005. 2. 4. 선고 2001구합33563 판결(정부조치계획취소등: 항소 각공 2005. 4. 10.(20),

항소심에서는 피고 X와 원고 신○○을 제외한 나머지 원고들이 항소한 부분, 즉 이 사건 각 처분이 무효라는 확인을 구하는 청구 및 이와 선택적으로 피고 X가 2001. 5. 24.에 원고 신○○, 원고 3537. 내지 원고 3539.에 대하여 한 이 사건 거부처분의 취소를 구하는 청구[5]만이 심판대상으로 남게 되었다. 항소심에서 서울고등법원은 위 제1심 판결을 취소하고 원고들의 선택적 청구 및 항소 모두를 기각하였다.

3. 판결의 쟁점과 요지

3.1. 쟁 점

원고들은 이 사건에서 새만금사업은 새만금 갯벌의 상실 및 해양환경상의 피해 등과 같은 손실을 고려할 때 사업성 내지 경제성이 없고, 새만금담수호의 수질기준의 달성이 불가능하다는 등의 사유를 들어 새만금사업의 시행을 위한 이 사건 각 처분의 무효확인을 구하는 한편, 농지의 필요성 감소, 새만금 갯벌 및 해양환경에 대한 예상치 못한 심대한 피해 발생가능성 등과 같은 새만금사업을 중단하여야 할 사정변경이 발생하였다는 사유를 내세워 이 사건 각 처분을 취소해 달라는 원고들 중 일부의 신청에 대해 피고가 한 이 사건 거부처분의 취소를 구하고 있다.

원고들의 상고이유에 비추어 쟁점은 다음 세 가지로 집약된다. 첫째, 원고 조○○ 등 143명의 원고를 제외한 나머지 원고들(원고 144. 내지 3539)에게 원고적격을 인정할 수 있는지 여부가 문제된다. 이들은 이 사건 각 처분의 직접적인 상대방이 아니고 또 이 사건 공유수면매립과 농지개량사업에 관한 환경영향평가 대상 지역(군산시, 김제시, 부안군) 내의 주민이 아니어서 원고적격 유무가 다투어졌다.

둘째, 원고들은 피고를 상대로 이 사건 각 처분, 즉 공유수면매립면허 및 시행인가처분의 무효확인을 구하고 있으므로, 처분 무효의 요건과 기준, 이 사건 각 처분에 관한 무효사유의 유무가 문제된다.

셋째, 원고들중 일부(원고 97. 및 원고 3537. 내지 원고 3539.)는 위 무효확인청구와 선택적으로 이 사건 거부처분의 취소를 구하고 있다. 따라서 이 사건 각 처분의 취소여부와 관련하여 공수법 제32조 각호 소정의 매립면허 취소사유들을 인정할 수 있는지, 그

584). 한편, 이에 앞서 서울행정법원은 2003년 7월 15일 피신청인 농림부장관이 1991. 10. 17.에 한 공유수면매립면허처분 및 1991. 11. 13.에 한 새만금사업시행인가처분에 근거한 방조제공사를 법원 2001구33563 사건의 판결선고시까지 그 집행을 정지한다는 결정을 내렸으나(서울행정법원 2003. 7. 15.자 2003아1142 결정), 이에 대한 항고심에서 서울고등법원(제7특별부)은 원심결정을 취소하고 신청인들의 신청을 모두 기각하였다(서울고등법원 2004. 1. 29.자 2003루98 결정),

5) 다만, 이 사건 소송에서는 원고들 중 원고 97.(신○○)과 원고 3537. 내지 원고 3539.(문○○, 윤○○, 최○)만이 피고 농림부장관에 대하여 이 사건 거부처분 취소청구를 유지하고 나머지 원고들은 제1심에서 그 부분의 소를 취하하였다.

경우 위 원고들의 신청을 거부한 것을 위법하다고 할 수 있는지 등이 문제된다.

3.2 주요 쟁점에 대한 대법원의 판단

3.2.1. 원고적격

대법원은 이 사건 각 처분의 근거 법규 또는 관련 법규인 구 공수법, 농근법, 구 환경보전법(1990. 8. 1. 법률 제4257호로 폐지되기 전의 것), 구 환경정책기본법(1993. 6. 11. 법률 제4567호로 개정되기 전의 것) 등 각 관련 규정의 취지는, '공유수면매립과 농지개량사업 시행으로 인하여 직접적이고 중대한 환경피해를 입으리라고 예상되는 환경영향평가대상지역 안의 주민들이 전과 비교하여 수인한도를 넘는 환경침해를 받지 아니하고 쾌적한 환경에서 생활할 수 있는 개별적 이익까지도 이를 보호하려는 데에 있다고 할 것이므로, 위 주민들이 공유수면매립면허처분 등과 관련하여 갖고 있는 위와 같은 환경상의 이익은 주민 개개인에 대하여 개별적으로 보호되는 직접적 · 구체적 이익으로서 그들에 대하여는 특단의 사정이 없는 한 환경상의 이익에 대한 침해 또는 침해우려가 있는 것으로 사실상 추정되어 공유수면매립면허처분 등의 무효확인을 구할 원고적격이 인정된다'고 판단하였다.

한편, 대법원은 환경영향평가대상지역 밖의 주민이라 할지라도 공유수면매립면허처분 등으로 인하여 그 처분 전과 비교하여 수인한도를 넘는 환경피해를 받거나 받을 우려가 있는 경우에는, 공유수면매립면허처분 등으로 인하여 환경상 이익에 대한 침해 또는 침해우려가 있다는 것을 입증함으로써 그 처분 등의 무효확인을 구할 원고적격을 인정받을 수 있다고 판시하였다. 원고적격이 인정된 새만금사업의 환경영향평가 대상지역에 거주하는 원고 143명을 제외한 나머지 환경영향평가 대상지역 밖에 거주하는 원고들에 대해서는, '환경영향평가 관련 법령에 의하여 일반 국민이 공통적으로 가지는 추상적 · 간접적인 환경상 공익을 넘어 개별적 · 직접적 · 구체적 이익이 있다는 점에 대하여 아무런 입증이 없으므로', 환경상 이익의 침해를 이유로 이 사건 각 처분의 무효확인소송을 제기할 법률상 이익이 없다고 판시하였다.

3.2.2. 무효사유 관련 상고이유에 관한 판단

대법원은 행정처분이 당연무효라고 하기 위하여는 처분에 위법사유가 있다는 것만으로는 부족하고 그 하자가 법규의 중요한 부분을 위반한 중대한 것으로서 객관적으로 명백한 것이어야 한다는 것이 대법원의 확립된 판례라고 판시하면서, 원고적격이 인정된 원고들이 상고이유에서 내세운 행정처분의 하자가 객관적으로 명백하지 않더라도 그 하자가 중대하면 행정처분이 당연무효로 된다는 주장을 배척하였다.

대법원은 첫째, 사업의 경제성 결여에 관한 상고이유에 대하여, 농근법과 구 공수법의 규정을 종합하여 보면, 새만금사업을 시행하기 위해서는 그 사업에 경제성 내지 사업성이 있어야 한다고 전제하고 나서, 그러한 경제성 내지 사업성을 갖추지 못하였다는 법률요건상의 하자를 이유로 이 사건 처분을 무효로 인정하려면, 그 하자가 중대하고 객관적으로 명백하여야 하며, 구체적으로는, 새만금사업을 시행함으로 인하여 얻는 이익에 비하여 그 사업에 소요되는 비용이 훨씬 커서 사회통념에 비추어 사업 목적을 실질적으로 실현할 수 없는 정도로 과다한 비용과 희생이 요구되어야 그 하자가 중대하다고 할 수 있는데, 새만금사업에 경제성 내지 사업성이 있는지 여부는 평가 당시의 모든 관련 법률의 목적과 의미, 내용 그리고 학문적 성과가 반영된 평가기법에 따라 가장 객관적이고 공정한 방법을 사용하여 평가되었는지 여부에 따라 판단되어야 하며, 국가의 특별한 정책적 필요에 의하여 시행되는 공공사업의 경우에는 국가경제 및 사회경제적으로 미치는 영향과 갯벌과 생태계 및 해양환경 등 자연환경에 미치는 영향도 매우 크므로, 이를 빠짐없이 고려하여야 하고, 공공사업의 투자분석 이론 등에 따라 전문가들에 의하여 객관적이고 공정한 방법을 사용하여 편익과 비용을 분석하여 평가하여야 한다고 설시하였다. 그러나 이러한 위 법리에 비추어 볼 때, 원심이 이 사건 각 처분시 이루어진 한국산업경제연구원의 경제성 분석이 충분하지 아니한 하자가 있다고 인정하면서도, 새만금사업의 경제성에 관하여, 환경단체 등이 추천한 위원 등 21명의 민간위원과 9명의 정부관계기관 인사 등 30명의 공공투자분석 전문가들로 구성된 민관공동조사단에서 약 1년 2개월 동안 회의를 계속하여 조사하고 위원들의 견해차를 반영하여 분석한 결과, 경제적 타당성이 있는 것으로 평가된 사정 등을 참작하여, 법규의 중요한 부분을 위반한 중대한 하자로서 객관적으로 명백하다고 할 수 없다고 판단한 것은 정당하다고 판시하였다.

둘째, 사업의 필요성 결여에 관한 상고이유에 대해서는, 농지개량사업의 시행을 인가함에 있어서는 농촌근대화촉진법에 따라 농지개량사업을 시행할 필요가 있어야 하며, 사업의 필요성 결여로 인하여 사업이 무효라고 보기 위하여는 그 하자가 중대하고 객관적으로 명백하여야 한 경우라야 하는데, 새만금 사업의 토지이용계획이 잘못되었다 할 수 없고, 간척 중인 다른 토지의 면적을 고려한다고 하더라도, 새만금사업의 필요성이 없다거나 새만금사업을 당연무효라고 할 만큼 흠이 중대 명백하다고 할 수 없으므로 같은 취지의 원심판단은 정당하다고 판시하였다.

셋째, 적법한 환경영향평가의 결여에 관한 상고이유에 대해서는, 이 사건 각 처분 당시 농림부장관이 환경영향평가서를 작성함에 있어서는 수질예측에 관한 일부 하자가 있었지만, 그 후 그 하자를 보완하였고, 생태계, 해양환경 및 수질에 대한 각 환경영향의 저감방안을 강구하고 있으며, 새만금사업에 대한 환경영향평가가 부실하고, 그 부실의 정도가 환경영향평가 제도를 둔 입법취지를 달성할 수 없을 정도여서, 환경영향평가를 하지 않은 것과 다를 바 없는 정도의 것이라고 인정할 수는 없으므로 같은 취지의 원심 판단은 정당하다고 판시하였다.

끝으로 담수호 수질기준 및 사업목적 달성이 불가능해졌다는 주장에 대해서는, 새만금사업으로 조성되는 담수호가 농업용수로서의 수질기준을 달성하지 못할 경우에는 농지 및 담수호를 조성하려는 사업목적을 달성할 수 없게 될 것이므로 그 경우에는 위 각 처분이 무효로 될 수 있다고 전제하면서도, 수질대책 수립 당시의 과학적 수준과 수질예측에 관한 각종 상황 등에 비추어 보아 수질대책이 실현가능하고, 또한 수질대책비용이 사회통념상 감당할 수 없는 정도에 이르지 않은 경우라면, 새만금사업으로 조성되는 담수호가 농업용수로서의 수질기준을 달성하지 못함으로써 사업목적을 달성할 수 없는 경우에 해당한다고 볼 수 없으며, 따라서, 원심이 새만금사업 기본계획이나 환경영향평가 당시에는 수질대책이 미흡한 상태에서 사업을 시행하는 등의 하자가 있었다고 보면서도, 그 후 정부가 환경부 수질보전종합대책 시안과 민관공동조사단의 수질 분석결과 및 환경부의 수질예측결과를 반영하여 정부조치계획을 수립함으로써 그 하자를 보완하였고, 또한 정부조치계획에서는 당초 수질대책으로 들어가 있지 않았던 제반대책을 강구하고 있고, 새만금환경대책위원회의 평가결과 2004년 현재 소관부처별 정부실천계획에 나오는 과제들이 모두 정상적으로 추진되고 있다고 한 사실을 인정하여, 새만금 담수호 목표 수질 달성이 실현 불가능하다고 할 수 없어 무효사유에 해당하지 아니한다고 판단한 것은 정당하다고 판시하였다. 이와 같이 대법원은 원고들의 무효주장에 대하여 상고이유에서 주장하는 바와 같은 판단유탈, 심리미진, 채증법칙 위배 또는 법리오해 등의 위법이 없다는 결론을 내리면서 이 부분 상고를 기각하였다.

3.2.3. 공수법 제32조 소정의 매립면허 취소여부

⑴ 공수법 제32조 소정의 매립면허 취소

이 사건 거부처분(이 사건 각 처분에 관한 취소 신청을 거부한 처분)이 취소되어야 한다는 상고이유에 관한 법적 판단은 이 사건의 핵심을 이루는 쟁점이었다. 대법원 판결의 요지를 공수법 제32조 제1호, 제2호, 제5호의 사유와 관련된 부분과 공수법 제32조 제3호와 관련하여 예상하지 못한 사정변경으로 공익상 특히 필요한 경우에 관한 부분으로 나누어 살펴보면 다음과 같다.

⑵ 공수법 제32조 제1호, 제2호, 제5호 해당여부

먼저, 대법원은, 원심이 농림부장관이 허위 또는 부정한 방법으로 새만금사업의 사업성 또는 경제성을 인정받았다거나, 새만금사업이 예정공정에 현저히 미달된 것이 단순히 농림부장관의 귀책사유로 인한 것이라거나 또는 농림부장관이 보상에 관한 구 공수법을 위반하였다고 인정할 수 없다고 판단한 것은 정당하다고 판단함으로써 상고이유와 같은 심리미진, 채증법칙 위배 등의 위법이 없다고 판시하였다.

(3) 공수법 제32조 제3호: 예상 못한 사정변경으로 공익상 특히 필요한 경우 해당여부

① 공유수면매립면허의 취소사유로서 사정변경 및 공익상 필요성 공수법 제32조 제3호, 제40조, 공수법 시행령(2005. 9. 30. 대통령령 제19080호로 개정되기 전의 것, 이하 같다) 제40조 제4항, 제1항의 규정을 종합하면, 농림부장관은 매립공사의 준공인가 전에 공유수면의 상황 변경 등 예상하지 못한 사정변경으로 인하여 공익상 특히 필요한 경우에는 공수법에 의한 면허 또는 인가 등을 취소·변경할 수 있도록 되어 있다. 대법원은, 여기서 사정변경이라 함은 공유수면매립면허처분을 할 당시에 고려하였거나 고려하였어야 할 제반 사정들에 대하여 각각 사정변경이 있고, 그러한 사정변경으로 인하여 그 처분을 유지하는 것이 현저히 공익에 반하는 경우를 말하며, 그와 같은 사정변경이 생겼다는 점에 관하여는 그것을 주장하는 자에게 입증책임이 있다고 전제하였다. 이러한 토대위에서 원고들이 새만금사업의 사업목적, 농지의 필요성, 수질관리, 해양환경상의 사정변경을 이유로 이 사건 각 처분을 취소해야 한다고 주장한 데 대하여 다음과 같은 판단을 내렸다.

② 사업목적상의 사정변경 여부 사업시행계획서의 토지이용계획과, 정부조치계획 및 세부실천계획 등에서 처음의 계획대로 농지조성 및 용수개발이라는 주된 사업목적이 유지되어 왔고, 그 동안 농업기반공사나 전라북도에서 복합 산업단지 개발을 검토하였다는 사정이나, 향후 사업목적이 변경될 가능성이 있다는 사정만으로는, 현재의 사업 목적달성이 불가능하다거나 법률적·실질적으로 사업목적이 변경되었다고 볼 수 없다는 이유에서 같은 취지의 원심판단은 정당하다고 판시하였다.

③ 농지의 필요성에 대한 사정변경 여부 대법원은 일정수준의 식량자급을 유지하기 위한 우량농지의 확보 필요성이 줄어들었다고 할 수 없으므로 같은 취지의 원심판단은 정당하다고 보았다.

④ 경제적 타당성에 대한 사정변경 여부 대법원은 무효사유 중 경제성 부분에 관한 판단에서 인정된 사정에 비추어 보면, 원고가 주장하는 갯벌 내지는 환경 보전의 중요성을 참작한다고 하더라도 새만금 사업을 통하여 이루려고 하는 국가 발전이라는 실질적인 목적을 달성할 수 없는 정도로 과다한 비용과 희생이 요구되어 경제성 내지는 사업성이 없다고 인정하기에는 부족하므로, 이 사건 처분을 취소하여야 할 만큼 예상하지 못한 사정변경이 있다고 할 수 없으며 따라서 같은 취지의 원심 판단은 정당하다고 판시하였다.

⑤ 수질관리상의 사정변경 여부 수질관리상의 사정변경에 관해서도 대법원은

앞서 무효사유에서 살펴 본 바와 같은 사정에 비추어 보면, 피고의 수질개선대책 수립의 실현가능성이 불확실하다거나 그 수질개선대책을 시행하더라도 목표수질을 달성할 수 없는 사정변경이 생겼다고 할 수는 없다고 판단하였다. 또 방조제 완공 이전에 오염원 처리시설 갖추도록 한 환경영향평가 협의 내용을 지키지 않았더라도 순차개발방식 등의 수질 개선 대책이 마련된 사정 등에 비추어 보면, 수질관리에 예상하지 못한 사정변경이 발생하였다거나, 이 사건 처분 등을 취소할 정도로 중대하다고 할 수 없으므로 같은 취지의 원심 판단은 정당하다고 판시하였다.

⑥ 해양환경상의 사정변경 여부 대법원은 새만금 사업과 같은 대규모 개발사업을 수립함에 있어서는 처음부터 해양환경에 미치는 영향을 면밀하게 조사하는 절차를 선행하고, 해양환경의 변화를 최소화하기 위한 모든 대책을 강구하여야 하며 과학수준으로도 예측이 불가능하거나 예측한 것 이상의 환경이 악화될 수 있으므로, 향후 개발사업을 시행함에 있어서도 해양환경의 변화를 주시하고, 해양환경에 미치는 영향을 최소화하도록 노력하며, 날로 발전해 가는 환경보전대책을 반영하는 등 해양환경의 변화에 대한 대책을 수립하여야 한다고 전제한 후 그러나 사후에 발생한 해양환경상의 사정변경으로 인하여 공유수면매립면허처분을 취소하기 위하여는, 당초부터 개발사업으로 인한 해양환경의 변화를 예상하지 못하였거나, 당초에 예상한 것 이상으로 현저한 해양환경의 변화가 있고, 그로 인한 해양환경의 피해가 공유수면매립면허처분 전과 비교하여 수인한도를 넘는 경우라는 것이 입증되어야 한다고 설시하였다. 그런데 방조제 축조로 생길 수 있는 해양환경상의 영향은 대부분이 사업시행계획 당시부터 예상하였던 것이고, 일부 사업시행계획 당시 충분히 예상하지 못하였던 사정변경 사유가 있다고 하더라도, 그 피해정도를 인정할 증거가 없으므로, 원심이 같은 취지에서 중대한 사정변경이나 공익상 필요성이 있다는 취소 주장을 배척한 것은 정당하다고 판시하였다.

3.3. 반대의견 및 보충의견

대법원의 이 사건 판결 중 공수법 제32조 제3호 사정변경을 이유로 한 취소에 관한 판단 부분에 관하여는 반대의견과 보충의견이 각각 붙어 있다.

(1) 다수의견에 대한 반대의견

생활환경 및 자연환경을 그 침해 및 훼손으로부터 보호하고, 나아가 모든 국민에게 건강하고 쾌적한 환경을 보장하여 인간다운 생활을 영위할 수 있도록 해주어야 한다는 것이 시대적 요청이며, 헌법 제35조 제1항과 환경정책기본법에서 정한 7개의 자연환경보전기본원칙 등에 의하면, 자연환경보전의 가치가 개발에 따른 가치보다 우선적으로 보호되어야 할 가치이므로, 공수법 제32조 제3호에 의하여 사업을 취소하기 위한 사정변경이 발생되었는지의 여부 및 사업을 취소하는 것이 공익상 특히 필요한지 여부를 판단함에 있어서도 자연환경이 가지는 특수성을 우선적으로 배려하여야 한다. 그런데 이 사건 새만금 사업에 관하여는, 현재 세대뿐만 아니라 미래 세대에게 귀중한 자원인 새만금 갯벌을 희생하면서까지 농지를 확보할 필요성이 크게 감소하였고, 새만금사업 시작 당시 농림부가 환경영향평가나 경제성검토를 부실하게 하거나 과장한 사실이 나중에 드러났으며 증거자료 등을 검토하여 본 결과, 새만금 담수호의 농업용수 수질기준 달성이 사실상 매우 어렵거나 그 대책에 막대한 비용이 들 것으로 예상되고, 사업의 경제성 내지 사업성이 있다고 보기 어려우며, 방조제를 완공할 경우 인근 해양환경에 심각한 피해를 입힐 가능성이 있다고 인정된다. 따라서, 농지의 필요성, 수질관리, 해양환경, 사업의 경제성 내지 사업성 등에 있어서 예상하지 못했던 중대한 사정변경이 있고, 담수호 목표 수질이 달성되지 못할 경우에 예상되는 환경적 재앙, 갯벌의 가치의 중요성, 갯벌에 도래하는 철새들의 보호와 같은 국제적인 환경보호의 가치, 새만금사업이 실패할 경우에 초래될 수 있는 국고의 손실, 새만금사업을 취소하더라도 현재까지 완성된 방조제를 활용하는 대안을 찾을 수 있는 길이 열려 있는 사정을 참작하면, 이 사건 새만금사업에서의 여러 사정변경은 공수법 제32조 제3호 소정의 공유수면매립면허처분 취소사유에 해당할 뿐만 아니라 나아가 이와 동일한 취지의 규정인 농어촌정비법 제98조 제1항 제3호 소정의 시행인가처분 취소사유에도 해당한다고 보아야 할 것이고, 그와 같은 상황에서 피고가 환경영향평가대상지역 주민인 원고 신○○으로부터 이 사건 각 처분을 취소해 달라는 신청을 받았음에도 필요한 처분을 하지 아니한 채 이를 거부한 것은 재량권을 일탈·남용한 것으로 위법하다.

(2) 다수의견에 대한 보충의견

보충의견은 먼저, 이 사건 재판이 새만금사업의 추진과 관련된 이 사건 각 처분에, 중대하고 명백한 하자가 있어 당연 무효인지 여부 내지 사정변경으로 인하여 새만금사업을 취소하여야 할 공익상의 필요가 생겼는지 여부, 즉 행정처분의 무효 내지 취소 사유의 존부를 법적인 관점에서 평가·판단하는 것이지, 새만금사업 추진의 타당성 여부에 대한 정책적인 관점에서 평가·판단하는 것이 아님을 분명히 했다. 보충의견은 환경이 헌법에 의하여 보호되어야 하는 가치이기는 하지만, 개발 역시 소홀히 할 수 없는 헌법상의 가치로서, 새만금사업 시행에 수반되는 개발과 환경보호 사이의 가치충돌의 문제를 해결하기 위해서는 균형감 있는 합리적·이성적 접근방식이 필요하다고 강조하면서, 다수의견은 이 사건 새만금사업의 수질환경, 해양환경 등의 측면에서 사정변경이 있다고 할 수 없거나, 사정변경이 있다고 하더라도 이 사건 새만금사업의 실질적 목적을 달성할 수 없을 정도라고 인정할만한 증거가 없다는 취지에서 원고들의 이 부분 상고이유를 배척한 것이므로 타당하며, 다수의견이 반대의견과 달리, 개발의 가치에 비하여 자연환경의 가치의 중요성을 낮게 평가하는 입장을 취하였다거나 자연환경 보전에 관한 배려를 소홀히 한 것은 아니라고 해명하였다. 나아가 보충의견은 이 사건 새만금사업을 추진하는 데에는 상당한 시간과 비용이 소요될 것이고, 예상하지 못한 자연적 · 사회적 여건의 변화와 새로운 기술의 발전이 뒤따를 수 있으며, 특히 수질문제나 해양환경상의 영향으로, 이 사건 사업을 계속 시행함이 적절하지 아니할 정도의 사정변경이 발생할 가능성도 배제할 수는 없으므로, 이 사건 판결로써 새만금사업의 정당성이 확보되었다고 만족할 것이 아니라, 변화하는 여건에 맞추어, 어떻게 하는 것이 진정으로 국가경제의 발전에 도움이 되며, 아울러 환경친화적인 것인지를 꾸준히 검토하여 반영하는 지혜와 노력이 필요하다는 사실에도 주의를 환기시켰다.

Ⅱ. 평 석

1. 법리적 검토

1.1. 사법적극주의의 소극적 귀결

대법원의 이 사건 판결은 훗날 건국 최대의 환경관련 정책갈등 사례로 기록될 새만금사업의 속행에 녹색신호를 보냈다는 점에서 이 사건 소송의 원고들은 물론이고 원고로 가담하거나 소송을 직 · 간접으로 지지하고 관심을 보여 온 많은 환경운동가들이나 환경단체들에게는 최악의 반환경적 판결로 지탄을 받았다. 그러나 다수의견에 가담한 대법관들, 특히 다수의견에 대한 보충의견을 낸 대법관들은 이 사건 판결이 그렇게 오해(?)되는 것만은 어떻게든 막고 싶었을 것이다. 이 사건 판결의 다수의견에 대한 보충의견에서 '경제성장과 산업발전 등을 위하여 추진되는 무분별한 개발사업으로 인한 환경침해가 심각해지고 있는 현 상황에서 우리의 생존의 토대인 자연환경을 그 침해 및 훼손으로부터 보호하여야 할 필요성은 아무리 강조하여도 지나침이 없고', '자연환경은 그 속성상 한번 파괴되면 이를 회복하는 것이 어려울 뿐만 아니라, 자연환경은 현재 세대의 생존의 기초가 되는 동시에 장래 세대에 대하여도 역시 생존의 기초로 유지되어야 할 자산이기 때문에 더욱 그러하며', '우리 헌법 역시 이러한 인식을 반영하여 제35조 제1항에서 환경권을 헌법상의 기본권으로 명시함과 동시에 국가와 국민에게 환경보전을 위하여 노력할 의무를 부과하고 있다는 점'을 '결코 가볍게 여기지 아니 하며, 이 점에 있어서 반대의견의 지적에 공감하는 바'라고 한 것이나, 다수의견이 앞에서 본 바와 같은 법리 및 사실인정에 따라 원고측의 상고 이유에 관한 주장을 받아들이지 아니하는 것일 뿐, "개발의 가치에 비하여 자연환경의 가치의 중요성을 낮게 평가하는 입장을 취하였다거나 자연환경 보전에 관한 배려를 소홀히 하는 것은 아니다"라고 강조한 것도 바로 그런 맥락에서 이해된다. 그러나 보충의견은 이와 같은 반대의견과 다를 바 없는 '환경에의 헌신'을 천명하는데 머물지 않고, 다수의견의 결론이 나오게 된 경위를 분명히 하였다. 즉, 이 사건 각 처분의 취소청구가 가지는 법적 특이성, 즉 사업이 시행되기 전에 그 위법성을 다투는 것이 아니라 이미 상당한 정도로 진행된 대규모의 공공사업에 대하여 사정변경 및 공익상의 필요 등을 이유로 그 사업의 전면적 중단을 요구하고 있다는 특이성에 주의를 환기하였다. 그렇기 때문에, '이 사건에 있어서는 사업시행 전에 사업의 타당성이나 적법성을 심리하는 경우와는 달리, 그 사업을 계속함으로 인하여 초래될 수 있는 환경상의 피해와 사업에 소요되는 비용 못지않게 그 사업을 중단시킴으로써 달성할 수 없게 되는 국가 · 사회적인 편익 내지는 국민 경제적인 가치뿐 아니라 이미 사업을 위하여 지출된 막대한 비용에 따른 손해에 대하여도 고려하여야 하며, 이와 같은 모든 손해들을 감수하고서라도 사업을 중단시켜야 할 정도로 환경상의 피해와 비용이 든다는 점이 충분히 입증되어야만 비로소 사업을 중단시켜야 할 사정변경 및 공익상의 특별한 필요가 있다 할 것이고, 이에 대한 입증책임은 사업을 중단시켜야 할 사정변경 및 공익상의 특별한 필요가 있다고 주장하는 측에게 있다 할 것인데, 원심은 원고측이 그러한 입증에 실패하였음을 이유로 이 사건 청구를 기각한 것'이고 다수의견은 바로 그러한 원심의 판단을 받아들였다는 것이다.

이러한 보충의견의 변론을 경청한다면 다수의견의 결론은 그에 가담한 대법관들의 환경에 대한 문제의식보다는 법리적 판단, 특히 비단 환경관련 사업이 아니더라도 널리 일반화될 수 있는 '이미 결정되어 시행된 사업이나 정책'의 취소 · 철회(사후중단)의 제한에 대한 법리적 판단에서 나온 것이라고 이해된다. 굳이 환경에 대한 태도를 문제 삼자면 다수의견 역시 반대의견 못지않게 환경가치를 중시한다고도 보이고, 환경문제의 법적 해결가능성에 관한 한, 후술하겠지만, 사법적극주의적 경향을 보이고 있다고 해도 틀리지 않다. 다만, 심리는 사법적극주의적이었으되, 결론은 보수, 즉 기성상태의 존중으로 귀결되었을 뿐이다.

보충의견은 반대의견이 자칫 여론의 향배에 따라 '위대한 소수의 환경옹호론'으로 신성화되거나 추앙되는 것을 경계했음인지, 반대의견에 대한 정면 반박을 감행함으로써 다시 한 번 다수의견의 논지를 명료하게 드러내 주었다. 보충의견은, "반대의견도 적시하고 있는 것처럼 자연환경의 보전의 필요성 못지않게 국민경제의 균형 있는 발전을 위하여 개발사업을 추진할 필요성과 중요성 또한 부인할 수 없고, 우리 헌법도 이러한 개발의 필요성을 반영하여 제120조 제2항에서 '국토와 자원은 국가의 보호를 받으며, 국가는 그 균형 있는 개발과 이용을 위하여 필요한 계획을 수립한다'라고 규정하고, 제122조에서 '국가는 국민 모두의 생산 및 생활의 기반이 되는 국토의 효율적이고 균형 있는 이용 · 개발과 보전을 위하여 법률이 정하는 바에 의하여 그에 관한 필요한 제한과 의무를 과할 수 있다.'라고 규정하고 있다"고 지적하면서, "환경이 헌법에 의하여 보호되어야 하는 가치이기는 하지만 개발 역시 소홀히 할 수 없는 헌법상의 가치라고 할 것이므로, 반대의견과 같이 자연환경보호의 가치가 언제나 개발에 따른 가치보다 우선적으로 보호되어야 한다고 할 수는 없다. 그러므로 국가 정책적인 필요에 따라 대규모의 공공사업이 시행되는 경우 필연적으로 따르기 마련인 개발과 환경보호 사이의 가치 충돌 문제를 해결하기 위해서는 신중한 절차와 지혜로운 판단이 요구되는데, 이와 관련하여 우리가 견지하여야 할 태도는 균형감 있는 합리적 · 이성적 접근방식이지, 결코 이상에 치우친 감성적인 접근방식이어서는 아니 된다고 생각한다"고 갈파하였다.

위 반대의견은 오로지 공수법 제32조 제3호와 관련하여 예상하지 못한 사정변경으로 공익상 특히 필요한 경우에 관한 채증법칙 위배 등 부분에 국한된 것이었다. 이 사건 판결의 또 다른 두 개의 쟁점에 관한 한, 의견의 불일치는, 적어도 공식적으로는 없는 것으로 보아도 무방할 것이다. 후술하듯이, 원고적격이나 이 사건 각 처분의 무효여부에 대한 판단 자체도 검토해 보아야 할 문제가 없지 않지만, 반대의견을 낸 대법관들 또한 이 두 가지 쟁점에 대해 보수적 판단을 내렸다는 점이 눈에 띈다. 그러나 그 보다 더 의미 있는 사실은 대법원이 이 사건 판결에서, 심지어는 반대의견이 나온 쟁점에 관해서조차도, 대단히 적극적인 판단을 내리고 있다는 점이다. 즉, 이 사건 재판이 새만금사업의 추진과 관련된 행정처분의 무효 내지 취소 사유의 존부를 법적인 관점에서 평가 · 판단하는 것이지, 새만금사업의 추진의 타당성 여부에 대한 정책적인 관점에서 평가 · 판단하는 것이 아니라고 전제하면서도 실은 원고들이 상고이유에서 주장하는 정책문제 어디에도 판단을 회피하지 않았다. 소극적 · 방어적 또는 보수적 결론을 내렸지만, 그 결론에 이르는 과정에서 대법원이 과시한 것은 사법적극주의적 의지였으며, 이러한 의지가 오히려 후술하는 바와 같은 정책에 대한 사법적 결정의 한계와 관련하여 의욕과잉의 우려를 불러일으킬 정도이다.

1.2. 원고적격

대법원은 원고적격에 관한 한 기존의 판례를 재확인하면서도, 환경영향평가대상지역 밖의 주민이라 할지라도 공유수면매립면허처분 등으로 인하여 그 처분 전과 비교하여 수인한도를 넘는 환경피해를 받거나 받을 우려가 있는 경우에는, 공유수면매립면허처분 등으로 인하여 환경상 이익에 대한 침해 또는 침해우려가 있다는 것을 입증함으로써 그 처분 등의 무효확인을 구할 원고적격을 인정받을 수 있다고 판시함으로써, 일견 환경영향평가대상지역 밖에 거주여부를 기준으로 원고적격 유무를 판단한 듯한 인상을 주었던 기존의 판례에 비해 한층 진일보한 전향적 뉘앙스를 보였다.

한편 대법원의 97누3286 판결(용화온천 사건), 97누19571 판결(남대천양수발전소 사건), 97누19588 판결(영광원자력발전소 사건)에 대해서는 즉, 환경영향평가대상지역 밖의 주민들도 환경영향평가대상지역 안의 주민들 못지않게 「전과 비교하여 수인한도를 넘는 환경침해를 받지 아니 하고 쾌적한 환경에서 생활할 수 있는 개별적 이익」을 가질 수 있어 현실적으로 전혀 피해를 입거나 입을 가능성이 있는 경우도 있을 수 있는데, 대법원이 이러한 사실을 도외시 한 채 환경영향평가법상 '환경영향평가대상지역 주민'이라는 기준을 그대로 수용한 것은 형식논리에 치우친 것이라는 비판을 면하기 어려우며, 따라서 환경영향평가 대상지역 밖의 주민은 당해 사업의 시행으로 인하여 환경에 해로운 영향을 받거나 받을 우려가 있다는 사실을 입증하면 원고적격을 인정받을 수 있다고 보아야 한다는 비판이 제기되었다. 원심법원 역시 그와 같은 맥락에서 판시한 바 있다.

대법원은 원심의 판지를 수용했다. 즉, 환경영향평가 대상지역 안에 거주하는지 여부에 구애되지 않고 '환경상 이익에 대한 침해 또는 침해우려가 있다는 것을 입증하면' 원고적격을 인정할 수 있다고 밝힘으로써 환경영향평가 대상이 되는 공공사업으로 영향을 받는 지역주민들에게 공공사업 관련 행정처분을 다툴 수 있는 원고적격을 그 거주지역이라는 형식적 기준이 아니라 '환경상 이익에 대한 침해 또는 침해우려'라는 실질적 기준에 의해 판단하겠다는 개방적인 자세를 취한 것이다. 이 점은 환경관련 행정소송에서의 원고적격에 관하여 전향적인 자세를 견지해 왔던 대법원의 판례경향을 재확인시켜 주며, 그 연장선상에서 대법원이 앞으로도 적극적으로 법발견에 나설 것이라는 전망을 뒷받침해 주고 있다.

그러나 정작 주목해야 할 숨은 그림은, 상고심 판단의 대상이 되지 못해 이 사건 대법원 판결에서 다루어지지는 못했던, 거부처분 취소소송에서의 원고적격과 관련된 쟁점이었다. 사실 원심에서 가장 핵심적인 관건이 되었던 것은 이 사건 원고들이 공수법 제32조 등 관련법령에 의거하여 이 사건 거부처분의 취소를 구할 법률상 이익을 가지는지 여부였다. 먼저, 원심판결의 관련 판시 부분을 살펴보면, 원심은 공유수면매립면허 등 취소신청의 신청권이 없다는 피고의 주장에 대하여, 우선 처분성 인정여부를 판단하였다.

원심은, 원고 신○○등 4인이 피고에게 신청한 행위는 행정청에 대한 이 사건 공유수면매립면허 등 처분의 취소행위이므로 공권력의 행사 또는 이에 준하는 행정작용임이 분명하며, 앞에서 본 바와 같이 환경영향평가 대상지역 안의 주민의 환경상의 이익은 환경영향평가 대상사업의 시행으로 인하여 수인한도를 넘는 환경침해를 받지 아니하고 쾌적한 환경에서 생활할 수 있는 이익으로서 환경영향평가 관련 법령에 의하여 개별적으로 보호되는 직접적 · 구체적인 이익이라 할 것이므로, 적어도 새만금사업의 환경영향평가 대상지역 안에 거주하는 원고 신○○의 경우는 환경영향평가 관련 법령에 의하여 법률상 보호되는 이익이 있고, 따라서 피고가 이 사건 공유수면매립면허 및 시행인가처분의 취소신청에 대하여 거부한 행위는 원고 신○○의 실체적인 권리관계에 직접적인 변동을 일으키는 것으로 봄이 옳고, 따라서 그 처분성도 인정된다고 판시하였다. 다만, 새만금사업의 환경영향평가 대상지역 밖에 거주하는 원고 3537. 내지 3539.의 환경상 이익은 단순히 공익보호의 결과로 국민 일반이 공통적으로 가지게 되는 추상적 · 평균적 · 일반적인 이익에 그칠 뿐이고 환경영향평가 관련 법령상 보호되는 개별적 · 직접적 · 구체적 이익은 아니므로, 위 원고들의 경우 피고의 위와 같은 거부행위로 인하여 그들의 법률관계, 즉 실체상의 권리관계에 어떠한 변동이 생겼다고 볼 수 없으므로 그 거부행위의 처분성을 인정할 수 없다고 판시하였다.

이어서 원심은 취소 신청권의 존부를 판단하면서, 제1심인 서울행정법원과 마찬가지로, 국민에게 제3자에 대한 이 사건 각 처분의 취소를 요구할 권리가 있다고 인정할만한 근거가 없고, 공수법 제32조 소정의 취소 등의 조치가 재량행위임을 확인하였다. 즉, 공수법 등 관계 법령에 국민이 행정청에 대하여 제3자에 대한 공유수면매립면허 등의 취소를 요구할 수 있다는 취지의 규정이 없고, 면허의 취소 · 변경 등을 규정한 공수법 제32조도 그 소정의 사유가 있는 경우에 피고 등 처분청이 공유수면매립면허처분 등을 취소 · 변경하거나 공사의 중지 · 물건의 개축 등 필요한 조치를 명할 수 있다고 규정하고 있을 뿐 그와 관련한 처분청의 의무를 규정하고 있지는 않다는 점을 확인한 것이다. 그러면서도 원심은 다음과 같이 판시함으로써 사건이 원고적격의 결여, 특히, 취소 신청권의 결여라는 허들에 걸려 본안판단에 이르지 못하게 되는 결과를 저지했다.

> "① 앞서 본 바와 같이 … 중략 … 공유수면매립법은 매 5년마다 매립기본계획의 타당성을 검토하여 기본계획의 변경 · 폐지 등 조치를 취할 의무를 부과하고 있으며, 공유수면 매립면허는 그와 같은 매립기본계획에 적합한 범위에서만 부여하여야 하므로, 어떤 구체적인 매립면허에 의하여 매립사업이 진행되는 과정에서 환경 및 생태계 또는 경제성에 있어 예상하지 못한 변화가 발생하였다면, 처분청은 '공유수면을 환경 친화적으로 매립하여 합리적으로 이용하게 함으로써 공공의 이익을 증진'하기 위하여 그 매립면허 자체를 취소 · 변경하는 등의 조치까지 검토하는 등의 방법으로 매립기본계획의 타당성을 검토하여야(새만금사업은 우리나라에서 여태껏 가장 거대한 간척사업인 만큼 그 사업의 타당성 여부는 매립기본계획의 타당성 여부와 직결된다고 할 것이다.) 함이 공유수면매립법의 취지에 부합하는 점, ② 헌법과 환경정책기본법은 인간의 삶의 요소인 건강 · 안전 · 행복을 달성하는 방편으로 환경권을 규정하고 있으면서 국가와 지방자치단체에게 환경 보전을 위한 노력 의무를 부여하고 있는바, 이와 같은 환경권은 인간으로서의 존엄과 가치로부터 도출되는 인격권적 기본권으로 볼

것이며, 한편 공유수면은 그 매립이 일단 완료된 후에는 그 원상회복이 불가능하고, 특히 환경 및 생태계 변화는 그 성격상 국가가 매립기본계획을 수립할 때나 면허처분을 할 당시에는 예측하지 못한 상황으로 진행될 가능성이 높은 반면에 당초의 예측을 고정된 좌표로 삼아 사업을 진행하게 될 경우 자칫 환경 및 생태계 변화에 회복할 수 없는 위험을 초래할 수 있고, 그와 같은 위험은 광범위한 점(환경침해의 회복 불가능성 및 광역성)에 비추어, 공유수면매립면허에 의하여 환경영향평가 대상지역 안에 거주하는 주민이 수인할 수 없는 환경침해를 받거나 받을 우려가 있어 개별적 · 구체적 환경이익을 침해당하였다면, 그 매립면허의 처분청에 대하여 그 이익 침해의 배제를 위하여 면허의 취소 · 변경 등을 요구할 위치에 있다고 봄이 법치행정 원리에 비추어 상당한 점, ③ 환경영향평가 대상지역 안에 있어 환경상의 이익을 침해당한 개인이 공유수면매립면허가 취소되거나 변경됨으로써 그 이익을 회복하거나 침해를 줄일 수 있다고 주장하면서 그 주장의 당부를 판단하여 주도록 요구하는 재판 청구에 대하여 소송요건 심리에서 이를 배척할 것이 아니라 그 본안에 나아가 판단함이 개인의 권리구제를 본질로 하는 사법국가 원리에도 부합하는 점 등을 종합하면, 적어도 원고 신형록과 같이 새만금사업의 환경영향평가 대상지역 안에 거주하는 주민에게는 환경영향평가 관련 법령에 의하여 수인한도를 넘는 환경침해를 받지 아니하고 쾌적한 환경에서 생활할 수 있는, 개별적 · 구체적 · 직접적 이익이 있다고 할 것이어서, 그 이익 침해의 배제를 위하여서도 이 사건 공유수면매립면허의 처분청인 피고에게 공유수면매립법 제32조 소정의 취소 · 변경 등의 사유가 있음을 내세워 면허의 취소 · 변경을 요구할 조리상의 신청권이 있다고 보아야 함이 상당하다. (서울고법 2005. 12. 21. 선고 2005누4412 판결."

이와 같이 원심이 사정변경 시 매립기본계획의 타당성을 검토해야 한다는 공유수면매립법의 취지에 대한 목적론적 해석, 환경권 및 수인할 수 없는 환경침해의 배제를 위하여 공유수면매립면허의 취소 · 변경 등을 요구할 수 있는 환경영향평가 대상지역 거주 주민들의 지위 등을 이유로 이 사건 환경영향평가 대상지역에 거주하는 원고의 취소 신청권을 인정한 것은 행정감독권 행사의 일환으로 규정된 행정처분의 취소 등 조치를 촉구하는 신청에 대하여 법규상 또는 조리상 신청권이 없다는 이유로 처분성을 부인해온 대법원의 기존 판례경향에 비추어 볼 때, 대단히 파격적인 결과라고 할 수 있다. 그러나 행인지 불행인지 이에 관한 쟁점은 (이 사건 거부처분의 처분성 인정과 관련하여) 원고적격이 부인된 원고들이 적극적으로 다투지 않은 탓에 대법원의 법적 판단을 받을 기회를 누리지 못했다. 그 결과 이 부분 원심법원의 판단이 이 사건 대법원 판결을 견뎌 살아남게 된 셈이다. 그런데 이 부분 원심판결이 특히 주목되는 것은 이 사건을 원고적격이나 취소 신청권의 결여 등을 이유로 각하시키지 아니하고 본안판단을 거치도록 함으로써 새만금 사건에 대한 사법적 판단을 회피하지 않겠다는 법원의 의지를 엿볼 수 있기 때문이다. 이 점은 원심이, 원고 신○○에게 취소 신청권을 인정하는 근거 중 하나로서 "환경영향평가 대상지역 안에 있어 환경상의 이익을 침해당한 개인이 공유수면매립면허가 취소되거나 변경됨으로써 그 이익을 회복하거나 침해를 줄일 수 있다고 주장하면서 그 주장의 당부를 판단하여 주도록 요구하는 재판 청구에 대하여" 이를 '소송요건 심리에서 배척할 것이 아니라 그 본안에 나아가 판단함이 개인의 권리구제를 본질로 하는 사법국가 원리에도 부합하는 점'을 든 데서도 여실히 드러난다(이 점은 제1심 판결에서는 언급되지 않았다). 필경, 원심은 사건이 본안 판단에 들어가지 아니 하고 소송요건 심리 단계에서 청구를 배척하는 방식으로 귀결될 경우, 국론분열의 지경에 이른 새만금 사건의 법적 종식은 커녕 그에 대한 사법적 결정의 의미조차 크게 손상될 것으로 우려했을지 모른다. 아닌 게 아니라 그런 분위기는 비단 제1심이나 원심의 판결들에서뿐만 아니라 이 사건 대법원 판결에서도 일관되게 관측되고 있다.

1.3. 이 사건 각 처분의 무효여부

대법원은 이 사건 각 처분의 무효여부를 판단함에 있어 종래 대법원이 견지해 온 무효이론, 즉 중대명백성의 법리를 재확인하였다.

그러나 문제는 이 사건 판결에서 이 사건 각 처분의 무효여부를 판단함에 있어 그와 같은 중대명백성의 요건이 다소 모호하게 포괄적으로만 판단되고 있어, 그 판단의 기준시점, 어떤 기준으로 명백성여부를 판단할 것인지, 각각 검토된 무효사유들을 배척하는 이유가 중대성 결여인지 아니면 명백성 결여인지, 양자 모두라면 어느 부분에서 중대하지 못하고 어느 부분에서 명백하지 않은지 그렇게 명료하지만은 않다는 데 있다.

물론 대법원은 다음에서 보는 바와 같이 경제성 내지 사업성 결여로 인한 무효에 관해서는 비교적 명료한 기준을 제시하였다. 즉, 하자의 중대성은 '공공사업의 경제성 내지 사업성의 결여로 인하여 위 각 처분이 무효로 되기 위하여는 공공사업을 시행함으로 인하여 얻는 이익에 비하여 공공사업에 소요되는 비용이 훨씬 커서 이익과 비용이 현저하게 균형을 잃음으로써 사회통념에 비추어 위 각 처분으로 달성하고자 하는 사업 목적을 실질적으로 실현할 수 없는 정도에 이르렀다고 볼 정도로 과다한 비용과 희생이 요구되는 등'의 경우이며, 명백성이란 그러한 사정이 객관적으로 명백한 경우라야 한다는 것이다.

그리고 위와 같은 공공사업에 경제성 내지 사업성이 있는지 여부는 공공사업이 그 시행 당시 적용되는 법률의 요건을 모두 충족하고 있는지 여부에 따라 판단되어야 함은 물론, 경제성 내지 사업성 평가와 관련하여서는 그 평가 당시의 모든 관련 법률의 목적과 의미, 내용 그리고 학문적 성과가 반영된 평가기법에 따라 가장 객관적이고 공정한 방법을 사용하여 평가되었는지 여부에 따라 판단되어야 할 것이다.

특히, 새만금사업과 같이 사업시행의 범위가 광범위하고 국가의 특별한 정책적 필요에 의하여 시행하는 공공사업의 경우에는 그러한 공공사업이 국가경제 및 사회경제적으로 끼치는 영향도 클 뿐만 아니라 갯벌과 생태계 및 해양환경 등 자연환경에 미치는 영향도 매우 크다고 할 것이므로, 그러한 공공사업에 경제성 내지 사업성이 있는지 여부를 판단함에 있어서는 위와 같은 요소들을 빠짐없이 고려하여야 할 것이다. 또한 위와 같은 간척지의 매립사업과 같이 어떠한 항목을 편익이나 비용항목에 넣을 수 있는지 여부와 그러한 항목에 대한 평가방법이나 기법에 관하여 확립된 원칙이나 정설이 존재하지 아니한 경우에는, 경제성 내지 사업성 평가 당시의 공공사업의 투자분석이론이나 재정학 또는 경제학 이론 등에 따라 그 분야의 전문가들에 의하여 가능한 한 가장 객관적이고 공정한 방법을 사용하여 편익과 비용을 분석한 후 공공사업에 경제성 내지 사업성이 있는지 여부를 평가하는 것이 바람직하다고 할 것이다.

대법원은 민관공동조사단에서 새만금사업의 경제성 분석을 하면서 설정한 10개의 시나리오에서 편익항목으로 본 국토확장효과, 식량안보가치, 담수호창출효과, 수질개선편익, 고군산도 재산가치 증가 등은 이중계산 문제 등으로 인하여 편익항목에서 제외되어야 함에도 이를 편익항목에 넣었으므로 민관공동조사단의 경제성 분석은 잘못된 것이라는 원고들의 상고이유에서의 주장에 대하여 판단하면서, “장래 시행할 사업에 대한 경제성 분석이란 그 분석방법이나 고려요소 여하는 물론 분석을 담당한 전문가의 견해 차이에 따라 분석결과가 크게 달라질 수 있고, 앞서 본 바와 같이 간척지 매립사업의 경우 편익항목과 비용항목의 요소와 각 항목에 대한 평가방법에 관하여 확립된 기준이 없고 어느 이론이 특히 우월하다고 볼 수 없는 상황에서, 공공투자분석 전문가들이 편익과 비용항목들에 관한 이견을 고려하여 편익과 비용 중 일부 항목을 포함시키거나 제외시키는 등의 여러 가지의 경우를 조합하여 각종 시나리오를 만들어 일정한 원칙에 따라 경제성을 분석하였다면, 위 시나리오의 설정 자체나 위 시나리오의 전부가 합리성을 결여하였음을 입증하지 아니하는 한 그 중 어느 한 시나리오에 포함된 특정 일부 항목이 편익이나 비용에 잘못 산입되었다거나 그 평가방법이 잘못되었다고 지적하여 사업 전체에 관하여 경제성이 없다고 주장하는 것은 올바른 탄핵방법이 될 수 없다”고 지적하면서 상고이유와 같은 주장만으로 민관공동조사단의 경제성 분석이 잘못되었다고 단정할 수는 없다고 판시하였다. 대법원은 원고들의 경제성 결여 주장을 배척하면서 염두에 둔 것은 경제성 결여 자체의 인정여부에 대한 오류였고 그 오류가 객관적으로 명백하다고 볼 수 있는가 하는 것은 아니었다. 그런데, 대법원 스스로 ‘공공사업의 경제성 내지 사업성의 결여로 인하여 위 각 처분이 무효로 되기 위한 기준을 명료하게 제시하고도 정작 그 기준에 따라 판단하지 아니 하고, 경제성 분석 시나리오의 설정 자체나 전부가 합리성을 결여하였음을 입증하지 못하는 한 일부 오류가 있다 하더라도 경제성을 부정할 수 없다는 다소 무리한 논리를 내세워 원고들의 주장을 배척하고 있다. 차라리 그러한 부분적인 오류가 중대하지 않다거나, 아니면 가사 중대하다고 하더라도 객관적으로 명백하지 않아 처분을 무효에 이르게 하지는 못한다는 점을 확인하는 것이 훨씬 용이했을지도 모른다.

담수호 수질기준 및 사업목적 달성 불능 여부에 관한 판단에 있어서도 대법원은 이 사건 각 처분에 의하여 조성되는 담수호가 농업용수로서의 수질기준을 달성하지 못함으로써 사업목적을 달성할 수 없는 경우에 해당한다고 볼 수는 없다고 판시하여 주로 하자의 중대성 유무만 판단하였다.

이 처럼 대법원이 이 사건 각 처분의 무효여부에 대한 판단에 있어 하자의 중대성 유무에 집중한 것은 아마도 원고들의 각종 주장들을 명백성 결여로 피해 간다는 인상을 주기보다는 정면에서 판단해 보이겠다는 사법적극주의적 의지가 반영된 것이 아닐까 추정해 본다. 한편, 대법원은 적법한 환경영향평가의 결여에 관한 판단에 있어서는 환경영향평가의 내용이 다소 부실하다 하더라도, 그 부실의 정도가 환경영향평가 제도를 둔 입법취지를 달성할 수 없을 정도이어서 환경영향평가를 하지 아니한 것과 다를 바 없는 정도의 것이 아닌 이상, 그 부실은 당해 승인 등 처분에 재량권 일탈 · 남용의 위법이 있는지 여부를 판단하는 하나의 요소로 됨에 그칠 뿐, 그 부실로 인하여 당연히 당해 승인 등 처분이 위법하게 되는 것이 아니라는 기존의 판례를 재확인하는 선에서 원고들의 주장을 배척하였다.

이미 앞에서 지적했듯이 대법원은 이 사건 각 처분의 무효여부에 대한 판단에 관한 한 의견의 일치를 보았다. 앞서 본 공수법 제32조 제3호와 관련하여 예상하지 못한 사정변경으로 공익상 특히 필요한 경우에 관하여 다수의견에 반대의견을 낸 대법관들이 역설한 주목할 만 한 논지, 즉 비용편익분석의 한계 또는 위험에 대한 경고 및 환경가치의 우월론을 무효여부에 대한 판단에서 개진하지 않은 까닭은 무엇인지, 의문이 생긴다.

> "환경 변화를 수반하는 대규모 개발행위를 결정함에 있어, 물질문명의 편리함에 깊이 빠져든 오늘날의 사람들은 물질적 필요의 충족에 우선적 가치를 두고 당장 눈에 보이고 금전으로 계산이 가능한 경제적인 이해타산과 수치 비교만으로 개발행위에 나아가고 있다. 그러나 자연환경의 기능과 영향 중 많은 부분이 아직 밝혀지지 않고 있는 현 상황에서 그러한 금전적 비교와 경제적 이해타산만으로 환경 변화를 감행하는 것이 얼마나 위험한 일인가 하는 것은 더 설명할 필요가 없다.
>
> 자연환경은 경제적 이익이나 금전적 가치와 동일한 평면에서 비교되고 대체될 수 있는 가치가 아니다. 물론 환경 변화를 수반하는 대규모 개발행위를 결정함에 있어서 희생되는 환경의 가치를 포함한 손실과 개발로 인한 이득(편익)을 비교하여 결정하는 것이 부득이할 것이겠지만, 그 가치를 산정함에 있어서는 당시까지 밝혀진 환경의 기능과 효용 중 금전으로 환

산할 수 있는 가치만을 평가하여 그 손실보다 이득이 큰 경우에는 환경을 희생시키는 것으로 개발 여부를 결정하는 방식은 허용되어서는 아니 된다. 환경의 가치 중 아직 밝혀지지 않은 부분이 많고 환경의 훼손이 인간의 생존에 심각한 영향을 미칠 수 있는 가능성이 항상 잠재하고 있다는 점을 고려하면, 환경의 변화나 훼손은 이를 감수하고서라도 반드시 확보하여야 할 필수불가결한 가치를 얻기 위한 것이거나 아니면 적어도 환경의 희생을 대가로 얻을 수 있는 가치가 월등히 큰 경우에만 허용될 수 있는 것이며, 그 경우에도 필요한 최소한의 범위 내에서만 훼손이 가능한 것으로 보아야 할 것이다."

아마도 이미 오래 전에 행해진 이 사건 각 처분을 대법원 스스로가 확립된 판례라고 지칭한 중대명백설에 따라 무효사유를 인정하기 어렵고, 무효라고 볼 경우 그 소급효 등으로 인하여 생길 수 있는 기성질서의 혼란이나 대안 부재의 문제 등의 사정이 있었을 것으로 이해되지만, 무효여부에 대한 판단과정에서 이루어진 법익형량의 내용 중 사정변경으로 인한 취소사유에 대한 것과 중첩되는 부분이 있다는 점에서 그 논리적 일관성에 대한 의문으로부터 완전히 자유로운 것은 아니다.

1.4. 예상 못한 사정변경으로 인한 이 사건 각 처분의 취소여부

공수법 제32조 제3호 등 관련규정에 따라 농림부장관은 매립공사의 준공인가 전에 공유수면의 상황 변경 등 예상하지 못한 사정변경으로 인하여 공익상 특히 필요한 경우에는 공수법에 의한 면허 또는 인가 등을 취소·변경할 수 있도록 되어 있다. 여기서 사정변경이란, 대법원이 설시한 바에 따르면, 공유수면매립면허처분을 할 당시에 고려하였거나 고려하였어야 할 제반 사정들에 대하여 각각 사정변경이 있고, 그러한 사정변경으로 인하여 그 처분을 유지하는 것이 현저히 공익에 반하는 경우를 말한다. 이러한 법규정에 비추어 이 사건 거부처분을 위법하다고 볼 것인지 여부가 문제되는데, 이는 새만금 사건 판결에 있어 가장 핵심적인 쟁점으로 다루어졌다. 대법원은 이 점을 판단함에 있어 예의 무효사유 유무에 대한 판단에서와 마찬가지로 원고들이 상고이유에서 주장한 사유들을 일일이 정면 대응하려고 시도하여 사업목적, 농지의 필요성, 경제적 타당성, 수질관리 및 해양환경상의 사정변경 여부를 검토한 끝에 원고들의 주장을 모두 배척하기에 이르렀다. 그러나 다수의견이 이들 요인들을 판단함에 있어 공통적인 동일 기준에 의거한 것은 아니다. 즉, 향후 사업목적이 변경될 가능성이 있다는 사정만으로는, 현재의 사업목적달성이 불가능하다거나 법률적·실질적으로 사업목적이 변경되었다고 볼 수 없고, 우량농지의 확보 필요성이 줄어들었다고 할 수 없으며, 새만금 사업을 통하여 이루려고 하는 국가 발전이라는 실질적인 목적을 달성할 수 없는 정도로 과다한 비용과 희생이 요구되어 경제성 내지는 사업성이 없다고 인정하기에는 부족하고, 피고의 수질개선대책 수립의 실현가능성이 불확실하다거나 그 수질개선대책을 시행하더라도 목표수질을 달성할 수 없는 사정변경이 생겼다고 할 수 없다는 것을 이유로 취소사유를 부정하였으면서도, 해양환경상의 사정변경 여부에 관해서는 현저히 엄격한 기준을 정해 취소 주장을 배척했다. 그런데 다수의견이 과연 어떠한 법적 근거로 그와 같은 판단을 내렸는지는 분명치 않다. 한 가지 가능한 해석은 위 공수법 제32조 제3호 등 관련법조항들에 의한 면허 또는 인가 등의 취소 · 변경 등이 재량행위라고 본 데 따른 것이라고 생각된다. 그렇게 보지 않을 경우, 각 사정변경 사유를 이렇다 할 법적 근거도 없이 차별화하여 판단할 수는 없었을 것이기 때문이다.

아닌 게 아니라 공수법 제32조의 규정은 행정청에게 재량권을 부여한 것으로 해석된다. "이 법에 의한 면허 또는 인가 등을 취소 · 변경하거나 매립공사의 시행구역 안에 있는 공작물 기타 물건의 개축 · 제거 또는 원상회복 기타 필요한 처분을 할 수 있다."고 규정하고 있는 것으로 보아 결정재량과 선택재량 모두가 부여되어 있음을 알 수 있다. 이 사건 각 처분, 즉, 공유수면매립면허 및 사업시행인가처분 역시 재량행위라는데 이론의 여지가 없을 것이다. 문제는 대법원의 이 사건 판결 다수의견이나 반대의견을 막론하고, 마치 원고들이 상고이유에서 주장하는 사유들이 인정된다면 의당 피고가 당해 처분을 취소해야 할 기속을 받으며, 따라서 이를 거부한 이 사건 거부처분은 위법을 면치 못할 것이라는 입장에 선 듯 한 인상을 준다는데 있다. 다수의견은 '농림부장관은 매립공사의 준공인가 전에 공유수면의 상황 변경 등 예상하지 못한 사정변경으로 인하여 공익상 특히 필요한 경우에는 공수법에 의한 면허 또는 인가 등을 취소 · 변경할 수 있다'고 전제하면서도 그런 인상을 풍기고 있고, 반대의견은 아예 상고이유에서 원고들이 주장한 사유들이 '개발사업을 취소하여야 할 정도의 사정변경'이지를 판단하면서 사실상 입증책임을 피고에게 지우려는 듯한 태도를 보이는 한편, 한 걸음 더 나아가 "이 사건 새만금 사업에는 농지의 필요성, 수질관리, 해양환경 및 경제적 타당성과 사업성 등의 측면에서 당초 예상하지 못한 사정변경이 생겼다고 할 것인데, 그와 같은 사정변경은 아래에서 보는 바와 같이 사업 자체를 취소하지 않으면 안 될 공익상 필요가 있는 사유에 해당한다"고 결론짓고 있다.

그러나 문제의 공수법 제32조의 규정은 어디까지나 재량권을 부여한 것이므로, 매립공사의 준공인가 전에 공유수면의 상황변경 등 예상하지 못한 사정변경으로 인하여 공익상 특히 필요한 경우라 할지라도 농림부장관은 의연 '이 법에 의한 면허 또는 인가 등을 취소 · 변경하거나 매립공사의 시행구역 안에 있는 공작물 기타 물건의 개축 · 제거 또는 원상회복 기타 필요한 처분을 할 수 있는' 재량을 행사할 수 있다고 해석하지 않을 수 없다. 그렇다면, 어떤 근거로 다수의견과 반대의견은, 원고들이 주장하는 사유가 인정된다고 가정할 때, 이 같은 재량권 수권규정으로부터 취소 · 변경의 의무를 도출하여 이 사건 거부처분이 위법을 면치 못하리라고 판단한 것일까. 다수의견의 경우, 단지 원고들이 상고이유에서 주장한 취소사유를 배척하였을 뿐이어서, 그러한 비판으로부터 자유로울 것도 같지만, “원고가 이 사건 거부처분의 취소청구 사유로 주장하는 공수법 제32조 소정의 각 사유들은 모두 인정되지 아니한다 할 것이고, 결국 피고의 이 사건 거부처분이 재량권을 일탈 · 남용하였다고 할 수 없어 원고의 주장은 이유 없다.”고 판시한 원심판결과 연관 지어 볼 때, 다수의견 역시 마찬가지라 할 수 있다. 사실, 이 사건 판결의 다수의견이나 반대의견, 그리고 원심판결 및 제1심판결 모두가 공유수면매립면허 및 시행인가처분의 취소 등 행정권 발동요구를 받은 농림부장관이 원고가 주장하는 공수법 제32조 소정의 각 사유들이 전부 또는 일부 인정되는데도 그 취소 · 변경 등 필요한 처분의 행사를 거부한 경우, 그 거부처분이 재량권을 일탈 · 남용한 것으로서 위법하다는 공식을 적용하고 있는 것으로 판단된다. 실제로 이러한 공식은 비단 이 사건 판결에서만 적용된 것이 아니라 다음에 보는 바와 같이 나름대로 일관된 대법원의 판례를 통해 뒷받침되어 온 것이다.

실제로 관광지조성사업시행 허가처분에 오수처리시설의 설치 등을 조건으로 하였으나 그 시설이 설치되더라도 효능이 불확실하여 오수가 확실하게 정화 처리될 수 없어 인접 하천 등의 수질이 오염됨으로써 인근 주민들의 식수 등도 오염되어 주민들의 환경이익 등이 침해되거나 침해될 우려가 있고, 그 환경이익의 침해는 관광지의 개발 전과 비교하여 사회통념상 수인한도를 넘는다고 보이며, 주민들의 환경상의 이익은 관광지조성사업시행 허가처분으로 인하여 사업자나 행락객들이 가지는 영업상의 이익 또는 여가생활향유라는 이익보다 훨씬 우월하다는 이유로, 그 환경적 위해 발생을 고려하지 않은 관광지조성사업시행 허가처분은 사실오인 등에 기초하여 재량권을 일탈 · 남용한 것으로서 위법하다고 본 사례(대법원 2001. 7. 27. 선고 99두8589 판결), 그리고 공원사업시행 허가처분에 의하여 인근 주민들의 환경상의 이익 등이 침해되거나 침해될 우려가 있고 그 환경침해는 공원의 개발 전과 비교하여 사회통념상 수인한도를 넘는다고 보이며, 주민들의 환경상의 이익은 공원사업시행 허가처분으로 인하여 그 사업자나 행락객들이 가지는 영업상의 이익 또는 여가생활향유라는 이익보다 훨씬 우월하다는 이유로, 그 환경적 위해 발생을 고려하지 않은 공원사업시행 허가처분은 재량권을 일탈 또는 남용한 것으로서 위법하다고 본 사례(대법원 2001. 7. 27. 선고 99두5092 판결)를 들 수 있다.

이러한 판례들은 ‘법원의 심사결과 행정청의 재량행위가 사실오인 등에 근거한 것이라고 인정되는 경우에는 이는 재량권을 일탈 · 남용한 것으로서 위법하여 그 취소를 면치 못한다’는 법리에 입각한 것인데, 모두 재량행위로서의 허가처분이 인근 주민들의 환경이익을 수인한도를 넘어 침해하는 경우에 관한 것이었다. 그렇다면 마찬가지로 이 사건 거부처분 역시 그와 같은 관계에 놓여 있다고 볼 수 있을까. 혹시 최초의 처분이었던 이 사건 각 처분, 즉 공유수면매립면허 및 사업 시행인가처분이었다면 그러한 결론이 가능했을지도 모른다. 그 경우 재량행위라 할지라도 관계제이익을 형량해야 할 의무는 성립할 수 있기 때문이다. 그러나 문제의 공수법 제32조 소정의 재량행위로서의 '면허 또는 인가 등의 취소 · 변경처분'에 관한 한, 오히려 정반대의 결과를 인정하지 않을 수 없을 것이다. 왜냐하면, 그 경우, 이미 면허 또는 인가 등이 발급되었고 사업이 시행된 이상, 면허나 인가를 받은 사업자의 입장에서는, 설사 그것이 재량행위라 할지라도, 수익적 행위의 취소 · 철회의 제한 법리에 따라 함부로 취소할 수 없는 제한을 받는다고 보아야 할 것이기 때문이다. 따라서 이 사건 거부처분을 사실오인에 근거하여 재량권을 일탈 · 남용한 것으로서 위법하다고 볼 수 있으려면, 관계법조항에 비추어 통상의 경우보다 더 엄격한 재량권수축여부에 대한 심사를 거치지 않으면 아니 된다. 위 관계법령의 취지는 그와 같은 사정변경이 있는 경우에도 여전히 법익교량을 하여 재량권을 행사하도록 하는데 있다고 보아야 하기 때문이다. 위 법조항에 의거하여 본다면, 공유수면의 상황변경 등 예상하지 못한 사정변경으로 인하여 공익상 특히 필요하다고 인정되는 경우, 그것도 특히 그 사유의 급박성이나 중대성 등으로 인하여 농림부장관이 가졌던 '이 법에 의한 면허 또는 인가 등을 취소 · 변경하거나 매립공사의 시행구역 안에 있는 공작물 기타 물건의 개축 · 제거 또는 원상회복 기타 필요한 처분을 할 수 있는' 재량이 수축되어 당해 처분의 취소라는 대안만이 유일한 대안으로 인정될 수 있는 경우에 한하여 그 거부처분을 위법이라고 볼 수 있게 되는 것이다. 그 밖의 경우, (이 사건 거부처분과 관련하여) 공수법 제32조의 규정에 의해 이 사건 각 처분의 취소를 신청한 원고가 가질 수 있는 권리는 하자 없는 재량행사청구권을 넘을 수 없을 것이다.

사실 이 사건 제1심법원인 서울행정법원은 이 사건 거부처분의 위법성에 대하여 그와 같은 재량권의 일탈 · 남용 및 하자없는 재량권행사청구권의 법리에 입각하여 판시한 바 있다.

그러나 제1심판결에서도 재량권 수축에 관한 엄밀한 논증을 거친 흔적은 찾아보기 어렵다. 제1심판결은 하자있는 재량권 행사의 거부 자체의 위법을 탓하면서도, 실은 환경영향평가대상지역 안에 거주하는 주민인 원고로부터 행정권 발동요구를 받은 피고 농림부장관이 이 사건 공유수면매립면허 및 시행인가처분의 취소 · 변경 등 필요한 처분을 하지 아니 하였다는 것을 이유로 들었다. 피고농림부장관이 '새만금사업의 사업목적, 수질관리, 경제성평가 등의 사정이 사후적으로 전혀 변경되지 않았다는 전제 하에 필요한 처분을 하지 아니한 채 거부처분을 한 것' 자체를 재량권을 전혀 행사하지 않았다거나 하자 없는 재량권 행사 신청에 대하여 전혀 응답을 하지 아니한 것으로 볼 수 있을지는 의문이다. 반면, 단순히 하자 없는 재량행사에 의한 응답을 거부한 것이 위법이라고 전제하면서도, 응답거부의 위법판단에 머물지 않고, 정작 법이 허용하는 재량의 범위 안에서 고려할 수 있는 여러 가지 대안들을 비교검토하지 아니 한 채, 막 바로 거부처분이 위법하다는 판단으로 나아간 것은 논리적 비약이라는 비판을 면하기 어렵다.

요컨대, 이 사건 대법원 판결의 다수의견이 일일이 배척한 사정변경 사유들이 인정된다 하더라도, 막 바로 재량권 일탈 · 남용을 이유로 이 사건 거부처분을 취소할 수 있는 것이 아니라, 여전히 재량권 수축의 심사를 거쳐 이 사건 각 처분의 취소만이 유일한 대안으로 인정되는 때에 한하여, 이 사건 거부처분을 취소할 수 있다고 보아야 할 것이다. 그런 이유에서 이 점에 관한 한, 좀 더 설득력 있는 논증이 있었어야 하지 않을까 생각한다.

4. 판례의 의미와 전망

2006년 3월 16일 선고된 이 사건 판결은 새만금사업을 둘러싼 지루하면서도 첨예한 법적 공방을 일단락시켰다는 의미를 가진다. 다수의견과 반대의견, 다수의견에 대한 보충의견에서 엿볼 수 있듯이 판결문 곳곳에 험준한 법과 정책의 문제를 둘러사고 갖은 애를 다 쓴 흔적이 역력하다. 새만금 사건 판결은 여러 모로 우리나라 사법의 역사에서 뚜렷한 변화를 말해주는 이정표로 기억될 것이다. 무엇보다도 그것은 공공정책에 대한 사법적 결정의 가능성과 효용, 그리고 법리적 한계와 위험성을 함께 보여주었다.

1. 새만금사건 판결과 공공정책에 대한 사법적 결정

대법원은 오랜 논란과 우여곡절을 거쳐 최종 판단에 도달했다. 새만금 사건 판결은 오래된 사안일수록, 그리고 관계된 이해관계상황의 복합성, 사정변경등 정책환경의 불확실성이 클수록 사법이 과거와의 투쟁에서 승리할 확률은 낮아지게 마련이라는 사실을 증명해 주었다. 반면 이와는 전혀 다른 맥락에서, 이 사건 판결은 중요한 국책사업 관련 사건을 적기에 해결하겠다는 대법원의 사법정책적 의지를 엿볼 수 있게 해주는 동시에 이미 앞서 지적했듯이 그 사법적극주의 경향을 드러낸 대표적 사례로 기억될 것이다. 실제로 이 사건 판결을 선고하면서 대법원 공보관실에서 배포한 보도자료 「새만금사건(대법원 2006두330 정부조치계획취소 등 사건)에 대한 대법원 판결 관련 보도자료」에 따르면 이 사건 판결은 첫째, 새만금사건은 대규모 공공사업과 환경보전이 문제되는 소송으로서, 이해관계인이 다수인데다가 사회적 파장이 크고, 선례적 가치가 있는 중요사건이므로, 전원합의체에서 심리하였다는 점, 그리고 대법원에서 적시처리 사건으로 지정된 첫 사건으로 집중 심리의 선례가 된 점, 그리고 그 결과 대규모 공공사업에 대한 사법심사의 기준을 제시하였다는 점에서 우리나라 사법사에 한 획을 긋는 계기가 되었다고 한다. 특히 대법원은 법원이 정책적인 관점이 아닌 법률적인 관점에서 평가 · 판단한다는 전제하에 대규모 공공사업에 관한 행정처분의 무효사유에 관한 법률적인 기준을 밝히고 대규모 공공사업의 경제성 및 사업성을 판단하기 위한 기준, 그리고 대규모 공공사업의 사업계획 수립 단계에서 환경에 대한 영향을 충분히 배려하여야 함을 밝힘으로써 환경보호의 가치를 중시하면서도, 사후에 발생된 사정변경을 이유로 사업을 취소하기 위한 법률적인 기준을 밝혔다는데 의의가 있다고 역설하고 있다.

이처럼 대법원이 새만금사건 판결의 의의까지 친절하게 설명하기에 이른 것은 그 동안 단절되거나 제한되어 온 국민과의 소통을 확대하고 사회경제적으로 중요한 사법적 결정의 설득력을 높임으로써 적극적으로 사회갈등을 해소해 나가겠다는 대법원의 전향적 태도를 반영한 결과로서 크게 환영받아 마땅하다고 본다. 그러나 새만금사건 판결처럼 공공정책에 대한 사법적 결정이 국민들에게 설득력 있게 받아들여지고 그 역할과 성과가 정착되기 위해서는 정책문제에 대한 사법적 판단의 적실성과 타당성을 확보하기 위한 지식지반을 구축하는 일이 급선무이다. 주지하듯이 사법부는 본래 정책의 심급이 아니었다는 점에서 날로 복잡하게 교착하는 정책의 변화와 정책논변들을 제대로 파악하고 적절한 법을 발견하여 적용할 수 있도록 정책에 대한 학습기회와 판단능력을 법조인 양성 및 재교육의 틀을 통해 차질 없이 배양해 나가야 할 것이다.

2. 새만금사건 판결과 공공정책에 대한 사법적 결정의 법리적 한계

새만금 사건 판결은 공공정책에 대한 사법적 결정의 가능성과 효용뿐만 아니라 그 법리적 한계와 위험을 동시에 보여준 사례이기도 했다. 이 사건 판결의 다수의견에 대한 보충의견에서 강조했듯이 '이 사건 재판은 새만금사업의 추진과 관련된 이 사건 공유수면매립면허처분과 이 사건 시행인가처분에 중대하고 명백한 하자가 있어 당연무효인지 여부 내지 사정변경으로 인하여 새만금사업을 취소하여야 할 공익상의 필요가 생겼는지 여부, 즉 행정처분의 무효 내지 취소 사유의 존부를 법적인 관점에서 평가 · 판단하는 것이지, 새만금사업의 추진의 타당성 여부에 대한 정책적인 관점에서 평가 · 판단하는 것이 아니지만,' 그러한 법적 평가와 판단이 정치한 법이론적 논증에 의해 뒷받침되지 못하면 자칫 사법의 정치화나 정책과잉현상을 초래할 우려가 있기 때문이다. 인기영합적 사법정치나 사법의 정략적 이용은 절대 절대 금물이다. 앞에서 본 바와 같이 공공정책에 대한 사법적 결정에 법률적 쟁송 등 사법의 본질이나 권력분립원리 등에서 오는 한계가 따른다면 마찬가지로 그러한 한계요인들을 적절한 수준에서 준수하는 것이 그 결정의 설득력과 존속력을 확보하는 조건이 된다. 마찬가지로 환경변화로부터 동떨어진 사법만을 위한 사법의 논리에 사로잡혀 편협한 고식적 법이론만을 앵무새처럼 읊조린다면 법치주의의 최후 보루로서의 사법부의 존재이유와 위상마저 위협받게 될 것이다.

공공정책에 대한 사법적 결정의 법리적 한계와 관련하여 이번 새만금 사건 판결이 던져주는 화두는 좀 더 구체적이고 현실적이다. 새만금 사건 판결이 대규모 공공사업의 경제성 및 사업성을 판단하기 위한 기준, 그리고 대규모 공공사업의 사업계획 수립 단계에서 환경에 대한 영향을 충분히 배려하여야 함을 밝힘으로써 환경보호의 가치를 중시하면서도, 사후에 발생된 사정변경을 이유로 사업을 취소하기 위한 법률적인 기준을 밝혔다는 의의를 가진다면, 반면에 행정부에게 그러한 중요한 공공사업이나 정책의 형성여지를 어떠한 기준과 논거에 의해 확보해 줄 것인가를 함께 고민할 필요가 있을 것이다. 우리나라 대법원의 재량심사는, 그 결과와는 상관없이, 세계적으로도 가장 실질적이고 엄격하다고 할 수 있는데, 앞에서도 지적했지만, 사안의 경중이나 대상을 가리지 아니하고 일률적으로 모든 재량을 행정일상적 재량처럼 취급하면서 그에 대한 엄격심사형 통제방식(hard look type scrutiny)으로 일관한다면, 이는 결코 현명한 일이 아니다. 사안의 경중이나 대상의 특성을 고려한 정교한 재량통제의 판례이론의 형성을 생각해 볼 시점이 되었다. 새만금 사건 판결은 일견 소관부처나 관할 지방자치단체의 입장에서는 숙원을 풀어준 고무적인 이벤트이지만, 그 판결문을 세심히 검토해 본 공무원들로서는 아마도 진땀을 흘릴 수 있을 정도로 강력한 환경정책적 재량통제 의지가 꿈틀거리고 있다. 대규모 공공정책, 국책사업 등에 대한 사법적 통제의 미래를 전망하며 '쿠오바디스'란 말이 뇌리를 떠나지 않는 것도 바로 그 때문이다.

〈참고문헌〉

강현호, "국책사업에 대한 공격수단으로서의 행정개입청구권에 대한 고찰", 『토지공법연구』 37집 제2호(2007. 8), 한국토지공법학회.

김경호, "조망이익의 침해와 수인한도론", 『판례연구 19집 (2008. 2) 부산판례연구회.

김유환, "영미에서의 공익개념과 공익의 법문제화", 『법학 47권 3호』(140호) (2006. 09) 서울대학교 법학연구소.

김유환, "공공갈등의 사법적 해결: 의미와 한계", 『행정판례연구』 12집(2007. 6) 박영사.

박강회, "구 오수 · 분뇨 및 축산폐수의 처리에 관한 법률과 같은 법 시행령상 업종을 분뇨와 축산폐수 수집 · 운반업 및 정화조청소업으로 하여 분뇨 등 관련 영업허가를 받아 영업을 하고 있는 기존업자의 이익이 법률상 보호되는 이익이라고 한 사례", 『대법원판례해설』 64호 (2006 하반기), 2007. 7, 법원도서관.

이은기, "주거환경침해의 한 형태로서의 일조침해에 대한 행정규제와 법적구제에 관한 고찰", 『행정법연구』 15호(2006. 상반기), 2006. 5, 행정법이론실무학회.

윤종구, “사법판단과 국가재정의 상호 관계”, 『재판과 판례』 16집(2007. 12) 대구판례연구회.

정남철, “환경소송과 인인보호”, 『환경법연구』 제28권 1호, 한국환경법학회.

허상수, “도롱뇽의 당사자능력과 환경소송”, 『판례연구』 18집(2007. 2) 부산판례연구회.

홍준형, “공공정책에 대한 사법적 결정의 법이론적 한계(Ⅱ)”, 『법제』 통권 제581호(2006. 5) 법제처.

홍준형, “환경분쟁조정제도의 실효성 및 실효성 제고방안에 대한 고찰”, 『환경법연구』 제28권 1호 한국환경법학회.

142. 통근재해와 업무상 재해[1)]

— 대법원 2007. 9. 28. 선고 2005두12572 전원합의체 판결 —

임 영 호*

Ⅰ. 판례개요

1. 사실관계

원고의 남편인 소외 망 갑(이하 '망인'이라 한다)은 2002. 3. 9. 08:10경 망인 소유의 엑셀 승용차를 이용하여 출근하다가 이천시 부발읍 마암리 소재 복하2교 교차로에서 소외 을이 운전하는 차량에 좌측 충격막이(fender) 및 운전석 문짝을 충격 당하는 교통사고를 당하였다.

위 사고로 인하여 2002. 3. 9. 09:20경 이천시에 있는 이천 00병원에서 선행사인 늑간동맥 출혈(의증), 중간선행사인 좌측 외상성 혈흉 등, 직접사인 저혈량성 쇼크 등(의증)으로 사망하였다.

원고는 2002. 4. 10. 망인의 사망이 업무상 재해에 해당한다는 이유로 피고에게 유족보상 및 장의비 지급을 청구하였다.

피고는 2002. 4. 23. 망인이 망인 소유의 승용차를 이용하여 출근하던 중 교통사고가 발생하여 사망하였으므로 망인의 사망이 업무상 재해에 해당하지 않는다는 이유로 유족보상 및 장의비 지급을 거부하는 이 사건 처분을 하였다.

원고는 망인의 사망이 업무상 재해에 해당하므로 이 사건 처분은 위법하여 취소되어야 한다고 주장하면서 위 처분의 취소를 구하는 이 사건 소송을 제기하였다.

---

* 법무법인 다담 변호사.

1) 이는 필자가 발표한 논문인 '판례를 중심으로 본 근로자의 통근재해'(인권과 정의, 통권 제355호)를 수정 · 보완한 것임.

2. 소송경과

원고는 서울행정법원 2003구합29286호로 피고 근로복지공단을 상대로 이 사건 처분의 취소를 구하는 소송을 제기하였으나 위 교통사고는 사업주가 출·퇴근용으로 제공한 교통수단의 이용 중에 발생한 사고라고 할 수 없고, 망인이 업무수행 중 교통사고를 당하였다거나 망인의 출·퇴근 과정이 사용자의 지배나 관리를 받는 상태였다고 인정할 증거도 없다는 이유로 원고 패소 판결을 받았고, 원고는 이 판결에 불복하여 서울고등법원 2004누25665호로 항소하였다. 이에 서울고등법원은 2005. 9. 2. 1심 판결을 원용하여 원고의 항소를 기각하였다.

원고는 서울고등법원의 위 판결에 대하여 대법원 2005두12572호로 상고하였으나, 대법원은 2007. 9. 28. 상고를 기각한다는 판결을 하였다.

3. 판결요지

구 산업재해보상보험법(2007. 4. 11. 법률 제8373호로 전문 개정되기 전의 것) 제4조 제1호에 정한 '업무상의 재해'란 근로자와 사업주 사이의 근로계약에 터 잡아 사업주의 지배·관리 하에서 당해 근로업무의 수행 또는 그에 수반되는 통상적인 활동을 하는 과정에서 이러한 업무에 기인하여 발생한 재해를 말한다. 그런데 비록 근로자의 출·퇴근이 노무의 제공이라는 업무와 밀접·불가분의 관계에 있다 하더라도, 일반적으로 출·퇴근 방법과 경로의 선택이 근로자에게 유보되어 있어 통상 사업주의 지배·관리 하에 있다고 할 수 없고, 산업재해보상보험법에서 근로자가 통상적인 방법과 경로에 의하여 출·퇴근하는 중에 발생한 사고를 업무상 재해로 인정한다는 특별한 규정을 따로 두고 있지 않은 이상, 근로자가 선택한 출·퇴근 방법과 경로의 선택이 통상적이라는 이유만으로 출·퇴근 중에 발생한 재해가 업무상의 재해로 될 수는 없다.

따라서 출·퇴근 중에 발생한 재해가 업무상의 재해로 되기 위하여는 사업주가 제공한 교통수단을 근로자가 이용하거나 또는 사업주가 이에 준하는 교통수단을 이용하도록 하는 등 근로자의 출·퇴근 과정이 사업주의 지배·관리 하에 있다고 볼 수 있는 경우라야 한다.

이 사건에서, 망인의 근무시간은 08:30부터 18:00까지(토요일은 15:00까지)로 정해져 있고, 망인이 회사에 입사한 후 위 교통사고가 발생한 때까지 직접 자신의 승용차를 운전하여 출·퇴근하였는데, 위 교통사고는 사업주가 출·퇴근용으로 제공한 교통수단의 이용 중에 발생한 사고라고 할 수 없고, 나아가 망인이 업무수행 중 교통사고를 당하였다거나 망인의 출·퇴근 과정이 사용자의 지배나 관리를 받는 상태였다고 인정할 수도 없으므로 망인이 입은 재해는 업무상 재해에 해당한다고 할 수 없다.

Ⅱ. 평 석

1. 쟁점정리

산업현장에서 발생하는 모든 통근재해를 업무상 재해로 인정할 것인지 아니면 어느 정도 범위를 넓히되 일정한 한계를 둘 것인지가 문제된다. 산업재해보상보험법(이하 '산재보험법'이라 한다) 시행규칙이나 판례가 통근재해를 당한 근로자의 보호에 지나치게 인색하다는 비판론이 대두되고 있는 상황에서 통근재해를 어느 정도까지 현행 법령의 테두리 내로 흡수할 수 있을 것인가가 최근의 화두로 떠오르고 있다. 그런 가운데 통근재해 보호에 있어서 적극적인 입장을 취하는 일부 하급심 판결들이 나오고 있다.

궁극적으로는 산재보험법을 개정하여 통근의 정의 및 보호되는 통근재해의 인정범위를 명문화하여 종래의 산재보험에 포함하는 것이 바람직할 것이다. 다만 통근재해를 전면적으로 업무상 재해로 인정하고 있지 않는 현행법 하에서도 통근재해의 산재보험화가 입법적으로 이루어질 때까지 단순한 통근재해로부터 사업주의 지배관리 하에 있다고 볼 여지가 있는 부분을 점차 확대하여 인정하거나 아니면 전면적으로 인정하는 방향의 해석론이 필요하다고 생각한다.

이하에서는 통근재해의 개념, 통근재해에 대한 판례의 입장 등을 살펴보고 시행규칙의 법적 성질을 규명한 다음, 이 사건 판결의 의의에 대하여 논하는 방식으로 논의를 전개하고자 한다.

2. 판결의 검토

(1) 통근재해

통근이라 함은 근로자가 자신이 거주하는 거주지와 노무를 제공하는 근무지간을 왕복하는 단순한 사실행위이고 이러한 통근 중에 입게 되는 재해를 통근재해라고 하는 것이 일반적이다. 공무상 재해에 관한 판례의 태도에 비추어 보면(대법원 1995. 4. 21. 선고 94누5519 판결 등 참조) 통근재해란 근로자가 업무와 관련하여 주거와 근무장소 사이를 순리적인 경로 및 방법에 의하여 왕복하는 행위로 인해 발생한 재해라고 하게 된다.

영국, 미국 등 영미법계 국가에서는 기본적으로 손실보상설에 입각하여 '업무상'의 개념에 비중을 두어 통근재해를 취급하고 있고, 독일, 프랑스, 일본 등 대륙법계 국가의 경우에는 피재자의 생존권보장을 지도이념으로 하는 사회보장적인 측면에서 명문의 입법을 통한 보호를 하고 있다. 영국이나 미국에서는 형평의 원칙에 입각하여 손실을 공정하게 분배하려는 데에 주안점을 두어 통근재해를 예외적으로 보호하고 있지만, 이러한 나라에서도 세계적인 추세에 따라 보호범위를 확대하려고 하고 있고 또한 여타의 사회보장, 사회복지제도가 잘 정비되어 있다.

우리나라의 경우, 공무원은 공무원연금법에 따라, 사립학교 교직원은 사립학교교원연금법에 따라, 군인은 군인연금법에 따라, 합리적인 통근경로상에서 발생한 재해는 통근수단의 종류를 묻지 아니하고 통근재해로 인정되어 보호를 받는다. 반면, 산재보험법은 통근재해에 관하여는 원칙적으로 업무외의 재해로 취급하고 있어서 일반 근로자의 경우 그 보호를 받는 범위가 제한되어 있다. 산재보험법시행규칙 제35조 제4항에서 극히 예외적으로 일정한 경우에만 통근재해를 업무상 재해로 간주하고 있다. 즉 "근로자가 출·퇴근하는 도중에 발생한 사고로 인하여 사상한 경우로서 다음 각호의 요건에 해당되는 경우에는 이를 업무상 재해로 본다. 다만, 업무와 사고 간에 상당인과관계가 없음이 명백한 경우에는 그러하지 아니하다. 1. 사업주가 소속 근로자들의 출·퇴근용으로 제공한 교통수단의 이용 중에 발생한 사고일 것, 2. 사업주가 제공한 교통수단에 대한 관리·이용권이 근로자 측에 전담되어 있지 아니할 것"인 경우에만 국한하여 통근재해를 인정하고 있다. 따라서 사업주가 교통수단을 제공하지 않는 근로자들의 교통재해에 대하여는 일반적인 사상병으로 취급되어 자동차손해배상보장법이나 의료보험법, 국민연금법 등에 의존할 수밖에 없다.

(2) **통근재해에 관한 판례의 동향**

근로자의 출·퇴근시에 발생한 재해는, 비록 출퇴근이 노무의 제공이라는 업무와 밀접·불가분의 관계에 있다 하더라도, 일반적으로 출퇴근 방법과 경로의 선택이 근로자에게 유보되어 있어 통상 사업주의 지배, 관리 하에 있다고 할 수 없으므로, 출퇴근 중에 발생한 재해가 업무상의 재해가 되기 위하여는 사업주가 제공한 교통수단을 근로자가 이용하거나 또는 사업주가 이에 준하는 교통수단을 이용하도록 하는 등 근로자의 출퇴근과정이 사업자의 지배, 관리 하에 있다고 볼 수 있는 경우여야 한다고 함이 확립된 판례이다(대법원 2004. 4. 23. 선고 2004두121 판결, 대법원 2002. 7. 9. 선고 2002두3256 판결, 대법원 1999. 12. 24. 선고 99두9025 판결, 대법원 1996. 2. 9. 선고 95누16769 판결, 대법원 1995. 9. 15. 선고 95누6946 판결, 대법원 1995. 3. 14. 선고 94누15523 판결 등). 또한 판례는, 근로자가 그 소유의 승용차나 오토바이를 운전하여 출·퇴근하는 경우에는 비록 회사에 등록되어 있고, 회사에서 차량구입비 또는 유지비를 보조한다고 하더라도 업무상 재해에 해당하지 않는다는 견해가 거의 확립되어 있는 것으로 보인다. 위와 같은 판례의 태도는, 산재보험법시행규칙 제35조 제4항의 해석론으로 불가피한 면이 있어 보인다.

대표적인 판결들을 몇 개 보면, 대법원 2005. 9. 29. 선고 2005두4458 판결(일용직 산불감시원 사건—자기 소유의 오토바이를 타고 출근하다가 산불감시업무 담당구역과 상당히 떨어진 곳에서 중앙선을 침범하여 교통사고로 사망), 대법원 2005. 2. 18. 선고 2004두1766 판결(등록 명의만 망인 명의로 이전하고 사실상 사업주 소유 차량으로 사용되면서 망인 개인 용도로 사용된 적이 없는 차량), 대법원 2004. 11. 25. 선고 2002두12298 판결(농협 경비당번 사건—아침 일찍 농약을 배달해 달라는 주문을 받고 평소보다 이른 시간에 자신의 승용차로 농협으로 가던 중 사고), 대법원 2004. 4. 23. 선고 2004두121 판결(고천건설 사건—망인이 사건 당일 오토바이를 타고 현장사무실을 거쳐 06:20경 식당에 도착하여 식사를 마치고 06:50경 현장사무실로 되돌아오던 중에 사고), 대법원 2004. 11. 25. 선고 2002두10124 사건 판결(청소용역차량 운전기사 사건—전날 회사 이사로부터 평상시보다 1시간 이른 새벽 5시까지 출근하도록 지시받고 승용차로 출근하다 재해) 등에서는 업무상 재해를 인정하였다. 그러나 업무상 재해를 인정하지 아니하던 종래의 판례에 나타난 사안과 크게 다르지 아니한 사안들에서도 업무상 재해를 인정한 사례가 보이는바, 이는 종전의 판시를 유지하면서 구체적인 사안별로 업무상 재해의 폭을 넓게 인정한 사례로 해석된다.

그 외 대법원 2004. 12. 10. 선고 2004두817 판결(버스운전기사 사건—업무의 속성상 대중교통의 이용이 불가능한 시간대인 경우), 대법원 1997. 7. 11. 선고 97누6322 판결(한국중공업 사건—휴일근무를 지시받고 출근한 경우), 대법원 1999. 12. 24. 선고 99두9025 판결(대중교통의 이용이 불가능한 새벽 1시에 퇴근하였고 아침출근시간에 늦지 말라고 지시까지 한 경우) 등에서는 업무상 재해성을 부정하였다.

이처럼 기존의 판례는 사용자가 제공한 통근버스를 타고 출퇴근하다가 재해를 입은 경우에 국한해서만 업무상 재해를 인정하였다고 말해도 거의 무방할 정도로 업무상 재해 인정에 소극적이다.

(3) 통근재해의 업무상 재해로의 편입에 따른 효과

통근재해를 산재보험에서 폭넓게 인정하게 된다면 통근자인 근로자들은 자동차종합보험 구매를 줄이게 될 것이고, 그와 같은 대체효과가 크면 클수록 사용자가 부담하게 되는 비용은 증가하고, 산재보험급여 재정과 보험요율에 지대한 영향을 미쳐 산재보험요율의 상승으로 이어지게 된다. 또한 산재보험료 상승에 따른 사업주 부담 가중으로 사업주 단체의 엄청난 반발이 예상되며, 단기적으로 사업주가 보험료 비용을 부담할지 모르나 결국에는 조세전가로 일반 국민이 그 생산물 가격의 일부로서 지불하게 되어 고스란히 국민의 부담으로 되돌아가게 될 것이고 국제경쟁력 약화로 작용할 수 있다. 그리고 매년 약 8만 명 정도의 신규 재해자가 발생하는 것을 감안할 때 추가로 연간 통근재해자 39,421명이 증가하여 업무량이 약 50% 늘어나고 그에 따른 행정관리비용의 증가가 예상되고, 통근재해를 업무상 재해로 인정할 경우 구상업무를 수행할 인적자원의 추가와 구상권 행사를 위한 소송제기 및 그에 따른 소송비용 등 상당한 정도의 관리비용이 추가로 소요될 것이다. 그 외 자동차보험의 면책약관과 관련한 문제점과 통근재해가 교통사고율에 미치는 도덕적 해이 현상도 발생할 수 있다.

반면, 판례의 입장에 대하여는 다음과 같은 비판이 가능하다. 판례는(대법원 1993. 10. 8. 선고 93다16161 판결) 공무원 등의 통근재해에 대하여 원칙적인 보호의 입장을 취하고 있는바, 기본적으로 업무와 공무는 그 직무의 성격에 있어서 공공성 유무에 차이가 있을 뿐, 다른 면에 있어서는 그 개념상 사실적 · 규범적 요소를 달리 하지 않는다. 그럼에도 판례는 사실적 측면에서는 똑같은 통근행위에 대하여 당해 통근행위자가 일반근로자이냐 공무원 등이냐에 따라 그에 대한 규범적 평가를 달리하고 있는데, 이는 기본적으로 법해석에 있어서 논리의 일관성을 결하는 것으로 그 차별해석의 합리성에 의문이 가는 면이 있다. 한편, 일반근로자의 통근재해가 문제된 사안에서 대법원 1995. 3. 14. 선고 94누15523 판결, 대법원 2004. 2. 26. 선고 2003두13588 판결에서는, 공무원연금법상의 공무상 재해에 관하여는 출근 중의 부상을 공무상 재해로 인정하고 있다 하더라도, 공무원연금법의 경우는 공무원이 상당한 액의 기여금을 불입하게 되는 데 비하여 산업재해의 경우는 그와 같은 근로자의 부담이 없는 점 등 그 성질을 같이하는 것이 아니므로, 그 재해 기준을 같이하지 않는다고 하여 헌법상의 평등의 원칙에 위배된다고 할 수 없다고 판시하고 있다. 이처럼 판례는 사실상 양 사회보장제도의 재정구조상의 차이를 이유로 양 요건에 대한 해석을 달리하고 있다. 그러나 과연 재정구조의 문제가 양 요건에 대한 해석론과 원칙적으로 어떠한 관련성을 맺고 있는가라는 문제가 생긴다. 즉 업무상이나 공무상의 개념의 해석에 있어서 재원의 문제는 기본적으로 이 요건에 대한 해석상 어떠한 결정적인 의미를 가질 수가 없다. 재정적인 측면만을 강조하여 원칙적으로 국민에게 구속력이 없는 행정규칙을 근거로 하여 양 영역에 있어서 통근재해에 대한 평가를 달리하는 것은 일반근로자의 보호의 필요성 및 형평의 원칙상 합리적인 법해석이라고 할 수 없다. 또한 사업주가 제공한 교통수단이나 이에 준하는 교통수단을 이용토록 한 경우에 한하여만 업무상 재해로 인정하고 대중교통수단이나 자가용승용차를 이용하거나 도보로 출퇴근하는 경우에는 업무상 재해로 인정하지 않는다면, 이는 그 자체로 불공평할 뿐만 아니라, 근로자의 복지를 위하여 통근차량을 제공한다든지 차량유지비를 지급한 사업주가 그렇지 않은 사업주보다 업무상 재해로 인한 책임부담이 많아진다는 이상하고 불합리한 결과를 초래한다. 나아가 일반적으로 출퇴근용 통근버스는 영세기업 근로자보다는 대기업 근로자에게 보다 많이 제공되는 현실에 비추어 볼 때, 이러한 해석기준에 따르면 통근버스조차도 이용할 수 없는 열악한 근로환경에 처한 근로자는 그 보호의 필요성이 큼에도 불구하고 오히려 통근재해의 보상을 받을 수 없게 되는 모순적인 결과를 초래하게 된다. 그리고 통근행위와 출장 내지 출장에 준한 통근을 비교해 보면, 이들은 우선 사업장외성 및 구속성에서 그 특질을 같이 하고 있다. 그런데, 우리나라의 통설 및 판례는 출장 및 출장에 준한 통근(대법원 1993. 11. 9. 선고 93다25851 판결)에 대하여는 원칙적으로 업무수행성을 인정하고 있다. 왜냐하면 이러한 경우에는 사용자의 근로자에 대한 지배관계가 인정될 수 있기 때문이라고 한다. 그러나 통근도 그 실태를 보면 사업 · 종업의 시각이 정해짐에 따라 이에 필요상당한 시간대를 사이에 두고 이루어지는 개별기업의 근로자로서의 구속된 행동이고 노무수행에 불가결한 행위이므로 사용자의 지배의 유무라는 관점에서 특별히 출장과 구별해야 할 필요성은 없다. 또한 보험재원과 관련하여서는, 통근재해를 산재보험화하는 것은 기업에 무리한 부담을 가하는 것이라는 반론이 제기될 수도 있지만, 기본적으로 제3자의 행위에 의한 통근재해의 경우 제3자에 대하여 보험자가 구상할 수 있고(산재보험법 제54조 참조), 또한 통근재해의 상당수가 교통사고의 형태로 발생하고 있으며, 이와 관련하여 자동차손해배상보장법에 의한 책임보험제도가 실시되고 있는 점에 비추어 보아, 보험자가 구상권을 적극적으로 행사한다면 우려하는 만큼의 기업부담의 증대가 따르는 것을 아닌 측면이 있다.

(4) 산재보험법 시행규칙의 법적 성질과 통근재해

통근재해를 전면적으로 업무상 재해로 인정하고 있지 않는 현행법 하에서도 통근재해의 산재보험화가 입법적으로 이루어질 때까지 단순한 통근재해로부터 사업주의 지배관리 하에 있다고 볼 여지가 있는 부분을 점차 확대하여 인정하거나 아니면 전면적으로 인정하는 방향의 해석론이 필요하다고 생각한다. 이러한 해석은 실정법의 해석을 전제로 하여야 할 것이고, 해석으로 해결되지 않는 부분은 입법적으로 해결할 수밖에 없을 것이다. 논의의 큰 흐름은 ① 시행규칙에 법규성이 없다고 보는 경우, ② 시행규칙에 법규성이 있다고 보는 경우로 나눌 수 있을 것이다. ①의 경우는 법규성이 인정되지 않는 시행규칙을 행정청 내부의 내부적인 사무처리준칙 내지는 법령해석규칙으로 보고 산재보험법 제4조 제1호에 따라 업무상 재해의 개념을 분석하게 될 것이고, 그 경우 모든 통근재해를 업무상 재해로 보게 될 가능성이 많게 될 것이다. ②의 경우는 시행규칙의 내용을 확장하여 해석하거나, 시행규칙의 내용은 예시적인 것으로 보고 그 범위를 확장하게 될 것이고, 정책적 판단에 따라 그 범위를 넓히거나 좁히는 것이 가능할 것이다.

대법원은 업무상재해인정기준에 관한 노동부 예규는 그 규정의 성질과 내용이 행정기관 내부의 사무처리준칙을 규정한데 불과한 것이어서 국민이나 법원을 구속하는 것이 아니라는 이유로(대법원 1990. 9. 25. 선고 90누2727 판결, 대법원 1990. 6. 12. 선고 90누1588 판결, 대법원 1990. 1. 25. 선고 89누3564 판결, 대법원 1989. 12. 22. 선고 89누5133 판결 등), 법규성을 부인하였고, 업무상재해인정기준이 산재보험법시행규칙으로 흡수된 이후에도 이는 입법형식상 상위법령에 근거를 두지 아니한 것으로서 그 성질 및 내용으로 보아 행정청 내부의 사무처리준칙을 정하고 있는 것에 불과하여 대외적으로 일반 국민이나 법원을 기속하는 효력은 없는 것이라고 하였다(대법원 1995. 9. 15. 선고 94누12326 판결, 대법원 1997. 3. 28. 선고 96누18755 판결). 위와 같은 판결 이후, 1999. 12. 31. 법률 제6100호로 산재보험법을 개정하면서 산재보험법 제4조 제1호 후단에 업무상 재해인정기준에 관한 근거규정을 마련하였다. 이와 같이 산재보험법시행규칙상의 업무상재해인정기준에 관하여 산재법에 그 위임과 근거를 두었다는 이유로 업무상재해인정기준이 일반 국민과 법원을 기속하는 효력이 있는 것이라는 견해가 있으나, 업무상재해인정기준이 일반 국민이나 법원을 기속하느냐, 않느냐 여부의 문제는 그 성질 및 내용에 의하여 결정되는 것이고 상위법령에 근거가 있느냐의 여부는 일반 국민이나 법원에 대한 기속력이 있느냐 그렇지 않느냐의 여부를 판단하기 위한 하나의 징표에 불과한 것이므로 비록 업무상재해인정기준에 관하여 산재법에 근거규정을 마련하였다 하더라도 그 성질과 내용이 업무상재해인정기준 등의 행정청 내부의 사무처리준칙을 정하고 있는 것에 불과하여 이것은 노동부장관이 관계행정기관 및 직원에 대하여 그 직무권한행사의 지침을 정하여 주기 위하여 발한 행정조칙 내부에 있어서의 행정명령의 성질을 가지는 것이어서 대외적으로는 일반 국민이나 법원을 기속하는 효력은 없는 것이라고 볼 여지가 많다. 판례는 이처럼 산재보험법 개정 이후에도 종래와 같이 "업무상 재해인정기준"에 기속되지 아니하고 업무상 재해의 인정여부를 판단하고 있음에 비추어 "업무상 재해인정기준"이 사무처리준칙에 불과하다는 것을 전제하고 있는 것으로 보인다. 예컨대, 근로자가 과로로 인하여 뇌혈관질환이나 심장질환에 이환되거나 그로 인하여 사망한 경우에 업무상 재해 여부를 판정함에 있어서 시행규칙의 내용과 관계없이 법원은 독자적인 기준을 설정하여 업무상 재해 여부를 판단하여 왔다. 또한 대법원이 명시적으로 설시하고 있지는 아니하지만 '업무상재해 인정기준'에서 말하는 '만성적인 과로'에 해당하는 경우는 물론, 그 정도에 이르지 아니하는 경우에도 당해 근로자의 건강과 신체조건에 비추어 과로를 인정하고 있다는 점에서 업무상재해인정기준과도 차이가 있다. 대법원 2005. 10. 28. 선고 2005두6423 판결, 대법원 2004. 12. 24. 선고 2004두6549 판결(이상 공보 불게재)에서는, 휴게시간 중의 재해에 관한 규정인 시행규칙 제35조의2는 업무상 재해의 요건으로 사업장 내에서 발생한 사고일 것을 요구하고 있으나, 위 규정은 그 성질과 내용에 비추어 행정기관 내부의 사무처리준칙을 규정한 것에 불과한 것이므로 결국 휴게시간 중의 행위로 근로자가 사망한 경우 그 사망이 업무상 재해로 인정되기 위하여는, 사업장 내외를 불문하고 그 행위 과정이 사업주의 지배 · 관리하에 있다고 볼 수 있는가에 달려 있다고 할 것이라고 하였다. 이와 같은 판례의 태도는 산재보험법 제4조 제1항이 "업무상의 재해"라 함은 업무상의 사유에 의한 근로자의 부상·질병·신체장해 또는 사망을 말한다고 하여 법 규정 자체에서 업무상 재해의 요건을 충족적, 완결적으로 규정하고 있으므로, '업무상 재해의 인정 기준'은 그야말로 산재보험법의 '업무상 사유에 의한 재해이냐'의 여부를 구체화한 하나의 해석기준에 불과한 것으로 볼 수 있다는 측면에서 이해될 수 있다.

결국 판례의 태도는 산재보험법 시행규칙에서 규정하고 있는 '업무상 재해의 인정 기준'은 그야말로 산재보험법의 '업무상 사유에 의한 재해이냐'의 여부를 구체화한 하나의 해석기준에 불과한 것으로 보고 시행규칙을 행정청 내부의 내부적인 사무처리준칙이라는 태도를 취하고 있다고 보인다. 판례의 태도에 따라 시행규칙의 법규성을 부인하더라도 시행규칙을 행정청 내부의 내부적인 사무처리준칙 내지는 법령해석규칙으로 보고 산재보상법 제4조 제1호에 따라 업무상 재해의 개념을 분석하게 될 것이고, 그 경우 모든 통근재해를 업무상 재해로 보는 것도 가능할 것이다. 통근재해를 과거보다 더 보호하는 방향으로 대법원의 입장을 바꾸더라도 산재보험법 시행규칙의 법규성이 없다는 기존의 판례 입장까지 바꿀 필요는 없다고 보인다. 다만, 이 경우 통근재해에 관한 기존의 판결들은 대부분 폐기 대상이 될 것이다. 왜냐하면 통근재해에 관한 기존 판례가 시행규칙에 법규성이 있는지 여부를 명확하게 선언하지는 않았지만 ㉠ 기존 판례가 통근재해에 관한 산재보험법 시행규칙에 마치 법규성이 있음을 전제로 판시한 것으로 오인되기도 하였으므로 법규성을 부인하는 마당에 법규성이 있는 것으로 오인받은 기존의 판결은 폐기하여야 할 것이고, ㉡ 가사 법규성이 없음을 전제로 하여 법령해석규칙으로 보았더라도 통일적인 법령적용의 기준을 대법원이 그동안 좁게 해석해 왔던 것을 이제는 넓히는 것이므로 역시 기존 판결은 대부분 폐기하여야 하며, ㉢ 가사 법률대위적규칙으로 보더라도 산재보험법의 흠결을 보충하는 기준을 기존에는 좁게 해석해왔던 것을 이제는 넓히는 것이므로 역시 좁게 해석해 왔던 기존의 판결들은 거의 폐기대상이 될 것이다.

시행규칙의 법규성을 부인하더라도, 시행규칙을 법령해석규칙으로 보고 사업주가 제공한 교통수단 또는 이에 준하는 교통수단인지 여부에 관계없이 근로자가 통근 중에 입은 재해에 대하여는 법 제4조 제1호 소정의 업무상 재해로 쉽게 인정할 수 있을 것이다. 이는 정책적인 판단의 문제로 보인다. 시행규칙의 법규성을 인정한다면, 어느 범위까지를 통근재해로 인정할 수 있는가가 문제된다. 이는 판례에서 말하는 '사업주가 제공하는 교통수단 또는 이에 준하는 교통수단'의 범위 확정 문제라고 할 것이다. 결론적으로 시행규칙에 법규성을 인정하거나 인정하지 않거나 관계없이 시행규칙은 그 자체로 의미를 가지는 것이므로, 이하에서는 문제가 되는 통근재해를 유형별로 나누어 각각의 경우 업무상 재해로 인정할 수 있을지 여부와 그 경우 저촉되는 판례 등을 알아보기로 한다.

(5) 통근재해의 유형별 고찰

업무상재해인정기준이 대외적으로 일반 국민이나 법원을 기속하는 효력은 가지지 않는다고 하더라도 그 기준이 객관적으로 합리적인 것이 아니라거나 타당하지 않다고 볼만한 다른 특별한 사정이 없는 한 거기에 표시된 행정청의 의사는 가급적 존중되어야 하는바(대법원 1998. 4. 28. 선고 97누21086 판결, 대법원 1998. 9. 8. 선고 98두8759 판결), 특히 업무상재해인정기준은 기존의 의학적 연구 성과에 의하여 어느 정도 확립된 견해와 대법원 판례를 일부 반영하여 제정되고 개정되어 온 것이므로 업무상 재해의 인정 여부를 판단함에 있어서 가급적 존중하여야 한다고 하겠다. 우리 판례 역시 산재보험법시행규칙 제35조 제4항의 틀 안에서 통근재해 문제를 해결하려고 하고 있고, 그 판례의 취지를 보면 일정 부분의 통근재해를 업무상 재해로 인정할 여지도 있을 것이다.

판례는, 일반적으로는 통근재해가 업무상의 재해가 아니지만, 사업주가 제공한 교통수단을 근로자가 이용하거나 또는 사업주가 이에 준하는 교통수단을 이용하도록 하는 등 근로자의 출퇴근과정이 사업자의 지배, 관리 하에 있다고 볼 수 있는 경우에는 출퇴근 중에 발생한 재해가 업무상의 재해가 된다고 한다. 과거 노동부예규에서 '이에 준하는 교통수단'이라는 표현을 사용한 적이 있었고, 그 때 위 예규를 적용한 판결에서도 '이에 준하는 교통수단'이라는 표현을 사용하였다. 이후 개정된 예규나 산재법시행규칙에서는 '이에 준하는 교통수단'이라는 규정이 삭제되었는데, 위와 같이 삭제된 표현이 여전히 판례에 의하여 언급되는 것이 이전의 판례를 무비판적으로 답습한 것인지, 아니면 판례법 자체로 독자적으로 발전된 이론인지는 모호하기는 하지만, 근로복지공단도 이러한 판례이론을 원용하고 있고, 학자들이나 하급심, 대법원에서도 계속 이런 표현을 사용하고 있으므로 굳이 이제 와서 이를 폐기할 것은 아니고 판례법으로 발전된 이론으로 삼아도 무방하다고 보인다.

이러한 판례이론을 원용하여 사업주가 제공하는 교통수단의 의미와 통근방법 및 경로에 대한 사용자의 지배관리하의 의미를 완화하여 해석하는 것이 가능하다고 보인다. 즉, 구체적인 사안에서, 사용자측에서 유류비를 지급하거나 차량구입비를 보조하거나 차량유지비를 전보하여 주는 것과 같은 경우나 업무의 속성상 대중교통이 운행하는 시간 이전에 시작되거나 대중교통이 운행되는 시간 이후에 업무가 종료하기 때문에 자가용 승용차의 이용이 부득이하다고까지는 할 수 없더라도 거의 상례화되어 있는 경우에는 이러한 판례이론을 적용하여 비록 사업주가 직접 제공한 교통수단이 아니라고 하더라도 사업주가 이에 준하는 교통수단을 이용하도록 하는 것으로 해석하여 통근재해의 업무상 재해 인정요건에 관하여 신축성을 가질 수가 있을 것이다. 물론 이 경우 다른 요건들(합리적 경로)도 갖추어야 보호됨은 당연할 것이다. 업무상 재해로 인정될 수 있는 통근재해의 범위를 넓히기 위한 이론적 시도로서 특별사정론이나 산재보험법시행규칙 제35조 제4항의 해석 완화론 등이 있으나 여기에서는 이론적 고찰은 놔두고 통근재해를 유형별로 고찰하기로 한다.

통근재해를 업무상 재해로 인정하기 위한 특별한 사정으로 볼만한 사안으로서 일반적으로 거론되는 것으로는, ① 업무의 속성상 대중교통이 운행하는 시간 이전에 시작되거나 대중교통이 운행되는 시간 이후에 업무가 종료하는 경우의 자동차 이용 ② 출퇴근 도중에 용무를 행하는 경우 ③ 예정 외의 긴급의 출근의 경우 ④ 기타 근로자의 통근로의 임의 선택이 사회통념상 불가능하였다고 볼 수 있는 사정이 있는 경우 ⑤ 사용자가 근로자에게 유류비 등을 지급하고 근로자가 자동차로 출퇴근하는 것을 묵인한 경우 등 5가지가 있다. ⑥ 그 외 사용자가 근로자에게 유류비 등을 지급하지 아니한 일반적인 경우의 통근재해가 대부분일 것이다.

위 ①의 경우와 관련하여 대법원 2004. 12. 10. 선고 2004두817 판결은, 버스운전사가 대중교통이 운행하는 시간 이전인 새벽에 자전거로 출근하다가 빙판길에 넘어져 추락한 사안에서, 원고가 소외 회사로부터 지급받는 교통보조비로는 영업용택시나 승용차를 이용하기에 부족하고 다른 대체 교통수단도 없어 부득이 자전거를 이용하여 출·퇴근하여 왔다 하더라도 위 자전거에 대한 관리·사용권한이 원고에게 있을 뿐만 아니라 출·퇴근 방법이나 경로의 선택 등이 원고에게 맡겨져 있는 상황에서 사업장 밖에서 발생한 이 사건 사고가 사업주의 지배·관리 하에서 발생한 사고라고는 할 수 없다고 판단하였다. 위 사건과 유사하다고 볼 수 있는 대법원 1993. 5. 11. 선고 92누16805 판결, 대법원 1993. 9. 14. 선고 93누5970 판결, 대법원 1994. 6. 14. 선고 93누24155 판결 등은 출퇴근시간이 통근버스를 이용하기에 적당하지 않은 시간대에 이루어져서 부득이 근로자 소유의 승용차(93누5970, 2002두10124), 오토바이(93누24155)를 이용하거나 시내버스를 이용(92누16805)하던 중에 발생한 사고였다. 다만 대법원 2004. 11. 25. 선고 2002두10124 판결에 나타난 사안도 출퇴근시간이 통근버스를 이용하기에 적당하지 않은 시간대에 이루어져서 부득이 근로자 소유의 승용차를 이용하던 중에 발생한 사고였는데 통근재해로 인정하였다.

현재 위 ②③④의 경우를 업무상 재해로 보기 위한 특별한 사정으로 포함시키는 데 대하여는 산업계나 근로복지공단도 큰 무리가 없이 받아들이고 있는 것으로 보인다. 특히 산업재해보상보험심사위원회의 재결도, 조기 출근 지시를 받고 새벽에 자기 소유 승용차로 출근 중 교통사고로 부상한 경우에 관하여, 상사의 적극적이고도 구체적인 업무지시를 이행하는 과정에서 발생하였으므로 업무상 재해에 해당한다고 하였다(96재결 제1456호). 대법원 2004. 2. 26. 선고 2003두13588 판결에 나타난 사안(전화국에 근무하던 근로자가 조기출근 지시를 받고 평상시보다 이른 시각에 자신의 승용차를 운전하여 출근하던 도중 교통사고로 사망)에서는 위 ③의 경우에 관하여 이를 부정하고 있는 듯이 판시하고 있다. 한편, 통근재해를 인정한 판례 중 ②에 해당하는 것으로 볼 수 있는 것은 대법원 2003두2809 사건(기계톱을 작업현장으로 운반하던 중 일어난 사고. 2003. 6. 13. 심리불속행)이 있고, ③에 해당하는 것으로 볼 수 있는 것은 대법원 2004. 11. 25. 선고 2002두12298 판결(농협 경비당번 사건), 2004. 11. 25. 선고 2002두10124 사건이 있으며, ④에 해당하는 것으로 볼 수 있는 것은 대법원 2005. 9. 29. 선고 2005두4458 판결(일용직 산불감시원 사건), 2004. 4. 23. 선고 2004두121 판결(고천건설 사건)이 있다.

위 ⑤의 경우까지 업무상 재해로 보게 되면 통근재해의 상당부분을 업무상 재해로 포섭하게 될 것이다. 이 견해에 따라 사용자가 근로자에게 유류비 등을 지급하고 근로자가 자동차로 출퇴근하는 것을 묵인한 경우도 업무상 재해로 볼 경우, 근로자가 그 소유의 자동차 등으로 출퇴근하다가 재해를 당하였고, 회사가 차량구입비 또는 유지비 등을 보조해 준 사안에 관한, 대법원 1993. 9. 14. 선고 93누5970 판결, 대법원 1995. 9. 15. 선고 95누6946 판결, 대법원 1996. 9. 20. 선고 96누8666 판결, 대법원 1996. 11. 15. 선고 96누10843 판결, 대법원 1997. 7. 11. 선고 97누5251 판결, 대법원 1997. 7. 11. 선고 97누6322 판결, 대법원 1997. 9. 12. 선고 97누6339 판결, 대법원 1997. 11. 14. 선고 97누13009 판결, 대법원 1999. 12. 24. 선고 99두9025 판결, 대법원 2002. 7. 9. 선고 2002두3256 판결 등은 모두 폐기대상이 될 것이다.

그 외 근로자의 통근로의 임의 선택이 사회통념상 불가능하였다고 볼 수 있는 사정이 있다면 그 통근과정은 회사의 지배 · 관리 하에 있다고 볼 수 있을 것이다(일용직 산불감시원 사건에 관한 대법원 2005. 9. 29. 선고 2005두4458 판결도 이러한 유형에 속하는 것으로 볼 수 있다). 또한, 사업주가 제공하는 전용의 교통기관에 의하지 않는 경우에도 사업부속기숙사와 사업장과의 사이의 통근도상에서 특정한 교통기관을 이용하는 이외에 왕복하는 방법이 없는 것과 같은 경우에는 그 교통기관의 이용에 기인하는 재해는 업무상으로 해석된다. 위 ⑥의 경우까지 업무상 재해로 보게 되면 거의 모든 통근재해를 업무상 재해로 포섭하게 될 것이고, 통근재해를 부정하였던 기존의 판례는 모두 변경되어야 한다.

(6) 대상 판결의 사안의 경우

대상 사건은 사용자측에서 유류비를 지급한 것도 아니고 차량구입비를 보조해 준 사안도 아닌 전형적인 통근재해사건이다. 이 판결에서 전원합의체 다수의견은 위 교통사고는 사업주가 출 · 퇴근용으로 제공한 교통수단의 이용 중에 발생한 사고라고 할 수 없고, 나아가 어떤 이유로든 소외 망인이 업무수행 중 교통사고를 당하였다거나 소외 망인의 출 · 퇴근 과정이 사용자의 지배나 관리를 받는 상태였다고 인정할 수도 없다는 이유로 소외 망인이 입은 재해를 업무상 재해에 해당한다고 할 수 없다고 판단하였다. 이에 대하여는 사회통념상 합리적인 방법과 경로에 의한 반복적 출·퇴근 행위라면, 그것은 사업주가 정한 출·퇴근 시각과 근무지에 의해 구속되는 것이며, 그러한 이상 그 출·퇴근 과정은 사업주의 지배·관리 하에 있다고 보아야 한다는 반대의견이 개진되었다.

대상 사건을 업무상 재해로 보게 되면 모든 통근재해는 업무상 재해로 인정되어야 하고, 이 경우 앞서 본 바와 같은 제반 문제점이 노정되게 될 것이다. 다만 판례가 지금까지 업무상 재해를 엄격하게 해석해 온 부분에 대하여 사안에 따라 차츰 차츰 그 인정범위를 넓혀가고 있는 추세에 있으므로 사안에 따라 신축적으로 해결하는 것이 마땅하다고 보이고, 그러한 관점에서 대상판결은 타당한 결론을 내린 것으로 평가할 수 있을 것이다.

3. 판례의 의미와 전망

위에서 통근재해에 대한 현행법의 태도와 근로자의 통근재해에 관한 판례의 입장, 통근재해에 대한 새로운 해석론 등에 관하여 살펴보았다. 통근재해를 업무상 재해로 인정하는 데 있어 소극적인 기존의 판례의 입장에 대하여 위와 같은 새로운 해석론은 통근재해를 보호하는데 있어 많은 시사점을 준다고 하겠다. 그런데 통근재해를 업무상 재해로 인정할 것인지는 다분히 정책적인 문제로서 산재보험제도의 운영과 사업주들의 보험료 부담능력, 근로자의 보호의 필요성 등 여러 가지 측면을 고려하여 결정하여야 할 것이다.

또한 특별한 사정 하에서 보호의 필요성이 있는 통근재해의 경우 이를 업무상 재해로 인정함에 있어서 해석론에만 의존하기에는 여러 가지 한계가 있다. 따라서 업무상 재해 인정기준과 관련하여 해석론상 생겨날 수 있는 논쟁의 여지를 없애고 통근재해에 있어서 사회보험수급권을 제도적으로 보장해 주기 위하여 기본적으로 독일, 프랑스 및 일본 등과 같이 통근재해보호에 관한 입법의 제정이 요구된다고 하겠다. 이러한 입법이 행해지기 전까지는 앞에서 본 바와 같은 해석론에 의한 보호 및 단체협약을 통한 보호확보에 노력을 기울일 필요가 있을 것이다.

대법원은 대상판결을 통하여 통근재해에 대한 종전의 판례를 유지하고 있음을 확인함으로써 하급심에서 나타나고 있는 보다 진전된 판결의 흐름에 어느 정도 제동을 걸었다고 평가할 수 있다. 그러나 대상판결의 다수의견의 보충의견 등을 통하여 통근재해의 업무상 재해성을 현재의 입장보다는 더 넓혀 갈 수 있다는 뜻을 표명하고 있기 때문에 대상판결이 종전의 판례를 맹목적으로 확인하였다고 보는 것은 곤란할 것이다. 앞으로 사례의 축적을 기대해 본다.

<참고문헌>

김복기, "통근재해 보호의 근거 및 범위", 노동법연구 9호, 서울대학교 노동법연구회, 2000. 12.
김유성, 한국사회보장법론, 법문사, 1997.
이상국, "통근재해의 법리에 관한 연구", 노동법학 제6호, 한국노동법학회, 1996. 12.
임영호, "판례를 중심으로 본 근로자의 통근재해", 인권과 정의 제355호, 대한변호사협회, 2006. 3.

143. 약가고시의 처분성

—대법원 2003. 10. 9. 자 2003무23 결정—

이 선 희*

Ⅰ. 사안의 개요

1. 사실관계

신청인은 다국적제약회사의 자회사인 한국법인으로 모회사가 제조하는 의약품을 한국에 수입하여 판매하는 영업활동을 하고 있는데, 이와 같이 신청인이 수입판매하는 의약품 가운데 올라자핀(Olanzapine, 이하 '이 사건 약물'이라고 함)은 정신분열증 환자에게 나타나는 양성적 증상(착란, 환각, 사고장애, 적개심, 불신감 등)과 음성적 증상(감정의 단순화, 정서적 사회적 위축, 언어결핍 등)에 대하여 모두 약효를 보이는 이른바 비정형적 항정신병약물이다.

이 사건 약물은 1997. 7. 31. 품목허가되고 1999. 1.경 건강보험심사평가원(구 의료보험연합회)의 심의를 거쳐 1차 약물(대체 가능한 가격이 저렴한 유사약물을 먼저 사용한 후 효과가 없거나 부작용이 나타나는 때에 비로소 사용할 경우에만 보험급여를 인정하는 약물을 편의상 2차 약물이라고 하고, 그러한 제한이 없는 약물을 2차 약물에 대비하여 1차 약물이라고 통칭한다)로 결정되어 그 무렵부터 요양기관에 공급되어 왔으나 피신청인(보건복지부장관)이 2002. 8. 14. 보건복지부고시인 "요약급여의 적용기준 및 방법에 관한 세부사항" Ⅱ. 약제 2. 약제별 세부인정기준 및 방법 중 이 사건 약물에 대하여 '소요비용이 저렴한 타 비정형약품 투여로 효과가 없는 경우에 투여시 요양급여를 인정하며, 허가사항 범위이지만 동 인정기준 이외에 투여한 경우에는 약값의 100분의 100을 본인부담하도록 함'으로 개정하여 고시(이하 '이 사건 고시'라고 함)함에 따라 2차 약물로 변경되었다.

이에 신청인은 이 사건 고시가 시행될 경우 매출감소 및 기업이미지와 신용에 훼손을 입게 될 소지가 있다는 점 등을 들어 법원에 이 사건 고시의 집행정지를 신청하였다

* 법무법인 율촌 변호사.

(박해식, 643-645면).

2. 사안의 경과

제1심인 서울행정법원은 2003. 1. 29. 자 2002아1650 결정을 통하여 신청인의 집행정지 신청을 인용하였고, 이에 피신청인이 항고하였으나 원심인 서울고등법원은 2003. 5. 26. 자 2003루22 결정으로 피신청인의 항고를 모두 기각하였다.

3. 결정요지

(1) 이 사건 고시는 불특정의 항정신병 치료제 일반을 대상으로 한 것이 아니라 특정 제약회사의 특정 의약품을 규율 대상으로 하는 점 및 의사에 대하여 특정 의약품을 처방함에 있어서 지켜야 할 기준을 제시하면서 만일 그와 같은 처방기준에 따르지 않은 경우에는 국민건강보험공단에 대하여 그 약제비용을 보험급여로 청구할 수 없고 환자 본인에 대하여만 청구할 수 있게 한 점 등에 비추어 볼 때, 위 고시는 다른 집행행위의 매개 없이 그 자체로서 제약회사, 요양기관, 환자 및 국민건강보험공단 사이의 법률관계를 직접 규율하는 성격을 가진다고 할 것이므로, 이는 항고소송의 대상이 되는 행정처분으로서의 성격도 갖는다.

(2) 국민건강보험 관련 법령상 피신청인은 제약회사의 신청 또는 직권으로 모든 의약품에 대하여 요양급여대상 또는 비급여대상의 결정을 할 수 있는데, 이 때 요양급여대상으로 결정된 당해 의약품은 원칙적으로 보험가입자에게 비급여대상으로 공급할 수 없도록 되어 있는 점, 전국의 모든 의료기관 · 약국이 요양기관으로 강제편입되어 있고 모든 국민이 국민건강보험에 편입되어 있기 때문에 의사의 처방이 필요 없는 일반의약품을 제외하고는 국민건강보험상의 요양급여로 공급되는 것만이 판로라 할 수 있는 점, 국민건강보험요양급여의기준에관한규칙에서 약제의 제조 · 수입업자에 대하여도 이미 고시된 요양급여대상 또는 비급여대상의 조정신청권을 부여하고 있고, 또 약제의 제조 · 수입업자 등이 요양급여대상 여부의 결정을 신청하고자 하는 경우 판매예정가 산출근거 및 내역이나 동일 또는 유사 약제와의 장 · 단점 및 판매가의 비교 등 비용효과에 관한 자료를 제출하도록 하고 있는 점, 실질적으로 위 고시로 인하여 이해관계를 가지는 자는 그 판시의 약품을 판매하는 신청인과 이미 이 사건 약품으로 치료를 받고 있거나 처음부터 이 사건 약품으로 치료를 받을 필요가 있는 환자일 뿐이고 그 중에서도 신청인이 더 직접적인 이해관계인이라고 할 수 있는 점 등에 비추어 보면, 신청인은 그가 공급하는 이 사건 약품에 대하여 국민건강보험 관련 법규 등에 의하여 보호되는 직접적이고 구체적인 이익을 향유하므로 이 사건 고시의 효력을 다툴 수 있는 신청인 적격이 인정

된다(행정소송법 제23조에서 정하는 집행정지요건 중 '기타 회복하기 어려운 손해 발생' 및 '공공복리에 중대한 영향을 미칠 우려'에 관련된 결정요지는 생략).

Ⅱ. 평 석

1. 이 사건의 쟁점

이 사건 결정의 쟁점은 크게 (ⅰ) 이 사건 고시 자체를 항고소송의 대상이 되는 행정처분으로 볼 수 있는지, (ⅱ) 제약회사인 신청인에게 이 사건 고시의 효력을 다툴 수 있는 신청인 적격이 인정되는지, (ⅲ) 이 사건 고시의 효력이 계속 유지되는 경우 신청인에게 회복하기 어려운 손해가 발생하는지, (ⅳ) 이 사건 고시의 효력을 정지시킬 경우 공익에 중대한 해를 입힐 우려가 발생하는지 등 크게 네 가지로 구분할 수 있다.

이 글에서는 그 중 (ⅰ) '이 사건 고시의 처분성 여부'에 대하여 주로 다루면서 이 사건 이외에 고시의 처분성이 문제되었던 사례들을 아울러 살펴보고, (ⅱ) 신청인 적격과의 관계에 대하여 간단히 언급하고자 한다.

2. 관련 판례 및 학설

(1) 판 례

(가) 대법원은 일찍이 대법원 1953. 8. 19. 선고 53누37 판결(거제군의 위치에 관한 대통령령이 위법하다고 하여 그 취소를 구한 사건에 대한 것임)에서, "법령의 효력을 가진 명령이라도 그 효력이 다른 행정행위를 기다릴 것 없이 직접적으로 또 현실적으로 그 자체로서 국민의 권리훼손 기타 이익침해의 효과를 발생케 하는 성질의 것이라면 행정소송법상 처분이라 보아야 할 것이고 따라서 그에 관한 이해관계자는 그 구체적 관계사실과 이유를 주장하여 그 명령의 취소를 법원에 구할 수 있을 것"이라고 판시하였으나, 결론에 있어서는 당해 대통령령의 구체적 처분성이 인정되지 아니한다는 이유로 부적법 각하하였다.

이처럼 대법원은 이미 1953년에 행정법규라도 그 자체가 직접적으로 국민의 권리 · 이익을 침해하는 것인 때에는 직접 취소소송의 대상이 될 수 있는 것임을 원칙적으로 인정하였으나, 이러한 원칙의 선언에도 불구하고 이후 40여 년이 경과하는 동안에 대통령령, 부령이나 조례 등에 처분성을 인정한 대법원 판례는 없었다.

그러나 대법원은 대법원 1996. 9. 20. 선고 95누8003 판결에서 조례가 집행행위의 개입 없이도 그 자체로서 직접 국민의 구체적인 권리의무나 법적 이익에 영향을 미치는 등의 법률상 효과를 발생하는 경우 그 조례는 항고소송의 대상이 되는 행정처분에 해당한다고 하면서, 경기 가평읍 상색국민학교 두밀분교를 폐지하는 내용의 경기도립학교설치조례는 위 두밀분교의 취학아동과의 관계에서 영조물인 특정의 국민학교를 구체적으로 이용할 이익을 직접적으로 상실하게 하는 것이므로 항고소송의 대상이 되는 행정처분이라고 판시하였다(다만 대법원은 위 대법원 1996. 9. 20. 선고 95누8003 판결과 같은 사안에 대하여 제기된 다른 사건에 대한 판결인 대법원 1996. 9. 20. 선고 95누7994 판결에서 두밀분교의 폐지로 인한 교육조건 및 통학조건의 변화, 학교의 적정규모, 폐교로 인하여 지역사회에 미치는 영향 등의 제반 사정을 검토한 후, 두밀분교의 아동들이 상색초등학교에서 교육을 받음으로써 발생하는 긍정적인 교육효과를 고려한다면 분교의 폐지로 인한 통학조건이 다소 악화되는 등의 부정적인 효과는 그다지 크다고 할 수 없으므로, 두밀분교 통폐합에 관한 조례는 재량권의 범위를 일탈한 것이라거나 분교 학생들의 교육을 받을 권리 또는 의무교육을 받을 권리를 침해한 것이라고 볼 수 없다고 하였다).

한편 헌법재판소는 헌재 2000. 12. 14. 2000헌마659에서 보건복지부고시인 의료보험진료수가 및 약제비산정기준 중 개정규정에 대하여 헌법소원의 대상이 된다고 판시하고 본안판단에 들어감으로써 이 사건 결정에 앞서 고시의 처분성을 사실상 인정한 바 있다.

(나) 그런데 판례가 행정규칙의 처분성을 인정하는 경우에도 그 인정기준은 다양한 형식으로 제시되고 있다.

이 사건 결정에서는 '다른 집행행위의 매개 없이 그 자체로서 직접 국민의 구체적인 권리의무나 법률관계를 규율하는 성격을 가질 때에 항고소송의 대상이 되는 행정처분에 해당한다'고 판시하고, 대법원 1996. 9. 20. 선고 95누8003 판결에서 '조례가 집행행위의 개입 없이도 그 자체로서 직접 국민의 구체적인 권리의무나 법적 이익에 영향을 미치는 등의 법률상 효과를 발생하는 경우 그 조례는 항고소송의 대상이 되는 행정처분이 됨'을 인정하였으며, 헌법재판소는 헌재 1998. 4. 30, 97헌마141을 통하여 '고시가 일반 추상적 성격을 가질 때에는 법규명령 또는 행정규칙에 해당하지만 고시가 구체적인 규율의 성격을 갖는다면 행정처분에 해당한다'고 판시하고 있다.

(2) 학 설

위에서 살펴본 바와 같이 이 사건 결정이 나오기 전에는 '고시(행정기관이 법령이 정하는 바에 따라 일정한 사항을 일반에게 알리기 위한 문서로서, 연도표시 일련번호를 사용한다.-사무관리규정 제7조 제3호, 동 시행규칙 제3조 참조)의 형식을 가진 행정규칙이 다른 행정처분의 근거로서 법규성을 가지는가의 관점에서 주로 논의될 뿐이고 그 자체로서 처분성이 있느냐의 여부에 대하여는 학계에서 그 동안 별로 논의되지 아니한 것으로 보인다.

다만 행정규칙 자체에 관하여는 그 일반적 · 추상적 성격으로 인하여 그 자체가 직접 항고소송의 대상은 되지 아니하는 것이 원칙이나, 행정규칙 중에서 구체적인 처분을 매개로 하지 아니하고도 직접적으로 국민의 권리의무에 변동을 가져오는 사항을 규정하고 또한 그러한 규칙에 의거하여 국민의 권익이 침해되고 국민이 행정규칙 그 자체를 다투지 아니하고는 도저히 구제받을 수 없는 특별한 사정이 있는 경우에는 처분성을 인정하여 이를 직접 다투는 행정소송을 제기할 수 있다는 견해, 법규명령에는 고시의 형식을 띤 것도 있고, 처분성을 띄는 법규명령은 행정소송법이 취소소송의 대상으로 규정하였다고 보는 것이 타당하다는 견해 등이 주장되고 있었다.

최근에 들어서 항고소송의 대상이 되는 처분적 행정규칙을 인정함에 있어서 신중을 기하여야 한다는 견해(김중권, 15면은, 두밀분교폐교조례가 처분으로서의 성질을 갖는다고 하더라도 문제된 규율의 외부적 형식이 조례에 해당하므로 항고소송의 대상으로 삼기 보다는 규범통제의 대상으로 보는 것이 타당하고, 다만 그 형식이 다의적이거나 권리보호를 제한하기 위한 명백한 형식남용이 있는 경우에만 규율의 실질을 목표로 삼아야 하며, 권리구제의 확대를 도모하기 위한 처분성의 확대 인정 자체는 이론이 있을 수 없지만 법집행행위를 무색케 만드는 과도한 처분성 인정은 규범통제의 항고소송화를 가져온다는 점에 우려를 표시한 것으로 보인다)가 일부 있지만, 행정규칙 중에서도 실질적 내용이 행정처분의 성질을 가지는 것은 항고소송의 대상으로서의 처분성이 인정된다고 보는 것이 학설의 일반적 입장이다. 그러나 처분성의 인정하는 경우에도 그 기준에 대하여는 아래와 같이 다양한 견해가 존재한다(박균성, 277-278면).

㈎ 최협의설

행정규칙이 별도의 집행행위 없이 국민의 권익에 대하여 직접적이고 구체적인 법적 효과를 미치는 경우, 즉 국민의 권리의무에 직접 구체적인 변동을 야기하는 경우에 한하여 처분성을 인정하는 견해이다.

이 견해는 처분적 법규명령과 집행적 법규명령을 구별하면서, '처분적 법규명령'은 형식은 법규명령이나 실질적으로는 개별적, 구체적 규율로서 행정행위에 해당하는 것으로서 항고소송의 대상이 되고, 반면 '집행적 법규명령'은 일반적, 추상적 규율이기는 하나 다만 집행행위가 없이 직접 국민의 권리나 의무를 규율하는 법규명령으로서 항고소송의 대상이 되지 않고 규범통제의 대상이 되어야 한다고 본다(정하중, 14면).

㈏ 협 의 설

국민의 권리의무에 직접 구체적인 변동을 야기하는 명령(처분적 법규명령)뿐만 아니라 집행행위의 매개 없이 직접 국민의 권리의무를 규율하는 명령(집행적 법규명령)도 항고소송의 대상이 된다는 견해이다.

(다) 광 의 설

별도의 집행행위 없이 직접 권리의무관계에 변동을 가져오는 명령을 포함하여 별도의 집행행위 없이 국민의 권익에 직접 영향을 미치는 행정규칙에 대하여 처분성을 인정하는 견해이다. 이 견해에 의하면 법규명령의 처분성을 법규명령에 의한 개인적 권익침해의 직접성, 구체성을 기준으로 판단한다.

(3) 소 결

행정규칙 중에서도 실질적 내용이 행정처분의 성질을 가지는 것은 항고소송의 대상으로서의 처분성이 인정된다고 보는 것이 학설 및 판례의 일반적 입장으로 보이는바, 특정 고시가 처분성을 가지는가의 여부는 일률적으로 판단할 것이 아니라 고시에 담겨진 내용에 따라 구체적으로 판단되어야 할 것이다.

다만 판례가 그 인정기준과 관련하여 앞서 본 학설 중 어느 견해를 취하느냐와 관련하여, 판시문언만을 보면 이 사건 결정은 협의설을, 위 대법원 1996. 9. 20. 선고 95누8003 판결은 광의설을 취한 것으로 보이나, 그것만으로 어떤 특정한 견해를 취하였다고 단정하기는 어렵다.

사견으로는 '국민의 권리 또는 이익에 직접 영향을 미치는지 여부'는 원고적격의 요소에 해당하는 것으로 보이고, 고시의 처분성과 관련하여서는 고시가 일반 · 추상적 성격을 가질 경우에는 법규명령 또는 행정규칙에 해당하지만, 고시가 구체적인 규율의 성격, 즉 집행행위의 개입 없이도 그 자체로서 직접 국민의 구체적인 권리의무를 직접 규율하는 경우에는 행정처분에 해당한다고 보는 협의설이 타당한 것으로 보인다. 그러나 실제에 있어서는 협의설과 광의설 중 어느 설을 취하더라도 그리 큰 차이가 발생할 것 같지는 않다.

3. 이 사건 결정의 검토

(1) 이 사건 고시의 성격

이 사건 고시는 국민건강보험법 제39조 제1항, 제2항, 제3항, 제41조, 같은법 시행령 제22조 제1항 [별표 2], 같은법 시행규칙 제10조 [별표 5], 국민건강험요양급여의 기준에 관한 규칙(보건복지부령 제207호) 제5조 제1항, 제2항의 위임에 따른 보건복지부고시인 "요양급여의 적용기준 및 방법에 관한 세부사항"의 Ⅱ. 약제 2. 약제별 세부인정기준 및 방법 중 이 사건 약물에 대한 요양급여기준에 관한 규정으로서 상위법령의 한계를 벗어나지 아니하고 상위법령의 내용을 보충하는 기능을 하면서 그와 결합하여 대외적으로 구속력이 있는 법규명령으로서의 효력을 가진다.

(2) 이 사건 고시의 처분성

이 사건 고시는 앞서 본 바와 같이 이 사건 약물에 관하여 '소요비용이 저렴한 타 비정형약품 투여로 효과가 없는 경우에 투여시 요양급여를 인정하며, 허가사항 범위이지만 동 인정기준 이외에 투여한 경우에는 약값의 100분의 100을 본인부담하도록 함'을 내용으로 하는바, 특정 제약회사의 특정 약물에 대하여 1차적으로 투여할 경우 공단이 요양기관에게 요양급여를 지급하지 않고 그럼에도 불구하고 1차적으로 투여한 경우에는 그 요양급여에 상응한 금액을 환자가 전액 부담하여야 한다는 것으로, 한편으로는 일반적, 추상적인 내용으로 요양기관(국민건강보험법 제40조에 의하면, 요양기관은 의료법에 의하여 개설된 의료기관, 약사법에 의하여 등록된 약국, 지역보건법에 의한 보건소 · 보건의료원 및 보건지소, 농어촌 등 보건의료를 위한 특별조치법에 의하여 설치된 보건진료소를 말한다)과 보험자인 공단 및 환자 등 장래에 불특정다수인을 적용대상으로 하는 일반적 · 추상적인 법규명령의 성질을 갖는다.

그러나 다른 한편으로는 이 사건 결정이 언급한 바와 같이, '특정 제약회사'의 '특정 약물'을 규율 대상으로, 요양기관에 대하여 '특정 약물'을 처방함에 있어서 지켜야 할 기준을 제시하면서 만일 그와 같은 처방기준에 따르지 않은 경우에는 공단에 대하여 그 약제비용을 보험급여로 청구할 수 없고 환자 본인에 대하여만 청구할 수 있게 함으로써, 별도의 집행행위의 개입 없이도 그 자체로서 요양기관과 공단 및 환자의 구체적인 권리의무에 변동을 일으키는 경우에 해당하므로 그러한 한도 내에서는 구체적인 법집행으로서의 성격, 즉 특정인의 구체적 권리의무를 직접 규율하는 행정행위와 다름없는 행정처분으로서의 성질도 갖는 것으로 보인다.

결국 이 사건 고시는 법규명령의 효력을 가짐과 동시에 그 법규명령의 효력에 의하여 요양기관 및 공단 사이의 법률관계를 구체적으로 규율하는 것으로서 요양기관, 공단 및 환자의 권리 · 의무에 직접 영향을 미치는 행위의 성질도 가지므로 이 사건 고시에 처분성이 인정된다고 보는 이 사건 결정의 결론은 타당한 것으로 보이고, 이는 고시에 관하여도 실질적 내용이 행정처분의 성질을 가지는 것은 항고소송의 대상으로서의 처분성이 인정된다고 보는 학설의 일반적 입장을 재확인한 것으로 보인다.

다만, 이 사건 결정문에는 '제약회사, 요양기관, 환자 및 국민건강보험공단 사이의 법률관계를 직접 규율한다'고 판시하고 있으나 제약회사는 신청인 적격에서 구체적 권리의무 내지 법률상 이익에 직접 영향을 미치는 당사자로 언급하는 것으로 족하고 굳이 처분성과 관련하여 구체적 권리의무에 변동을 일으키는 당사자로 언급할 필요는 없지 않을까 생각된다(이 사건 결정에 관한 평석인 박해식, 652면에 의하더라도 구체적인 권리 의무에 변동을 일으키는 당사자로서 제약회사를 포함시키고 있지는 않다). 한편 대법원 2006.

9. 22. 선고 2005두2506 판결에도 계쟁 고시가 다른 집행행위의 매개 없이 그 자체로서 국민건강보험가입자, 국민건강보험공단, 요양기관 등의 법률관계를 직접 규율하는 성격을 가지므로 항고소송의 대상이 되는 행정처분에 해당한다'고 판시하고 있다.

(3) 신청인적격과의 관계

(가) 일 반 론

행정청의 행위에 대하여 처분성을 인정할 것인지의 문제와 특정인이 그 행위의 효력을 다툴 수 있는 적격이 있는지의 문제는 구분되는 개념이다. 즉, 전자는 소송의 대상에 관한 것이고, 후자는 원고적격 또는 신청인적격(이 사건에서는 신청인적격이 문제되므로 이하 '신청인적격'이라고만 한다)에 대한 것이다. 특정한 행정청의 행위가 처분성이 인정된다고 하더라도 그 행위의 효력을 다툴 적격이 있는 자에 의한 제소(또는 신청)가 아니라면 그 제소 또는 신청은 부적법 각하된다.

이 사건과 같이 일반적 · 추상적인 성격을 가지는 행정법규의 처분성이 인정될 경우에, 당해 행정법규의 수범자가 신청인적격을 가지는 것에는 별다른 의문이 없다. 그런데 이 사건 고시의 수범자는 그 내용에 비추어 원칙적으로 요양기관, 공단 및 환자이라고 봄이 상당한데, 그 수범자의 범위에 포함되지 않는 경우에도 신청인적격을 인정할 것인지가 문제될 수 있다.

그러나 당해 행정법규의 직접 수범자가 아니라고 하더라도 행정규칙이 별도의 집행행위의 개입 없이 수범자와 제3자간의 법률관계를 직접 규율한다면, 그 제3자의 구체적 권리의무 내지 법률상 이익에 직접 영향을 미치게 되는 것이므로, 통상의 행정행위에 관한 원고적격에 관하여 논의되는 '법률상 이익설' 또는 '법률상 보호가치이익설'에 따라 제3자도 신청인적격을 가진다고 할 것이다(박해식, 655면에 의하면, 대통령령, 부령, 고시 또는 조례 등과 같이 불특정 다수인에 대한 처분적 법규에 있어서는 당사자적격의 범위는 특정된 자에 대한 처분의 경우에 있어서의 그것보다는 좀 더 유연하게 해석되어야 할 것이라고 한다).

(나) 이 사건 결정의 내용

대상결정은 신청인(제약회사)이 이 사건 고시의 효력을 다툴 신청인 적격이 인정된다고 판시하고 있다.

신청인 적격을 인정할 근거로서 1) 국민건강보험 관련 법령상 피신청인(보건복지부장관)은 제약회사의 신청 또는 직권으로 모든 의약품에 대하여 요양급여대상 또는 비급여대상의 결정을 할 수 있는데, 이 때 요양급여대상으로 결정된 당해 의약품은 원칙적으로 보험가입자에게 비급여대상으로 공급할 수 없도록 되어 있는 점, 2) 전국의 모든 의료기관 · 약국이 요양기관으로 강제편입되어 있고 모든 국민이 국민건강보험에 편입되어 있기 때문에 제약회사로서는 의사의 처방이 필요 없는 일반의약품을 제외하고는 국민건강보험상의 요양급여로 공급되는 것만이 판로라 할 수 있는 점, 3) '국민건강보험요양급여의 기준에 관한 규칙'에서 약제의 제조 · 수입업자에 대하여도 이미 고시된 요양급여대상 또는 비급여대상의 조정신청권을 부여하고 있고, 또 약제의 제조 · 수입업자 등이 요양급여대상 여부의 결정을 신청하고자 하는 경우 판매예정가 산출근거 및 내역이나 동일 또는 유사 약제와의 장 · 단점 및 판매가의 비교 등 비용효과에 관한 자료를 제출하도록 하고 있는 점, 4) 실질적으로 위 고시로 인하여 이해관계를 가지는 자는 그 판시의 약품을 판매하는 신청인(제약회사)과 이미 이 사건 약품으로 치료를 받고 있거나 처음부터 이 사건 약품으로 치료를 받을 필요가 있는 환자(어느 환자에게 이미 적응된 항정신병 치료제 약물을 다른 약물로 변경할 경우 치료에 어려움이 따르거나 환자에게 상당한 고통을 줄 수 있다)일 뿐이고 그 중에서도 신청인이 더 직접적인 이해관계인이라고 할 수 있는 점 등을 들고 있다.

즉, 당초 '1차 약물'로 결정되어 공급되고 있던 이 사건 약물을 '2차 약물'로 변경하는 내용의 이 사건 고시는, 제약회사에 대한 관계에서 판매의 감소 등으로 재산권을 제한하는 결과가 되는 점 등을 종합할 때, 신청인은 그가 공급하는 이 사건 약품에 대하여 국민건강보험 관련 법규 등에 의하여 보호되는 '직접적이고 구체적인 이익'을 향유하므로 이 사건 고시의 효력을 다툴 수 있는 신청인적격이 인정된다는 것이다.

(4) 이 사건 결정의 의의

앞서 관련 판례 및 학설 부분에서 살펴본 바와 같이, 이 사건 결정은 대법원이 대법원 1996. 9. 20. 선고 95누8003 판결에서 '조례가 집행행위의 개입 없이도 그 자체로서 직접 국민의 구체적인 권리의무나 법적 이익에 영향을 미치는 등의 법률상 효과를 발생하는 경우 그 조례는 행정처분이 된다는 점'을 인정한 이래, 구체적인 처분을 매개로 하지 아니하고도 직접적으로 국민의 권리의무에 변동을 가져오는 처분적 행정법규는 행정처분이 된다는 원칙이 고시에 대하여도 그대로 적용된다는 점을 명확히 인정한 본격적인 판례라고 할 것이다.

실무적인 입장에서 보더라도, 이 사건 결정 취지에 의하면 처분적 내용이 포함된 고시에 대하여는 행정기관의 구체적인 집행행위를 기다리지 않고 고시 자체의 효력을 직접 다투는 것이 가능하게 되므로, 그 고시의 영향을 받는 당사자의 권리구제가 보다 간편하고 용이해질 뿐만 아니라 적절한 견제 수단 없이 즉각적인 필요에 의하여 이루어지고 있는 행정기관의 고시 제정 및 개정을 간접적으로나마 견제하는 효과도 가져올 수 있을 것으로 보인다.

4. 결 론

이 사건 고시를 비롯한 약가고시의 경우 그 특성상 고시 자체로 당사자의 권리의무에 직접적으로 또한 기계적으로 영향을 미치는 경우가 적지 않은데, 이러한 고시에 대하여 처분성을 인정하지 않는다면 차후 고시에 기한 행정기관의 집행행위로 인한 결과가 명백히 예견되는 경우에도 당사자는 실제 집행행위가 있은 후에야 비로소 이를 다툴 수 있는 불합리한 결과가 발생한다. 그런데 이 사건 결정 취지에 따르면 당사자는 자신의 권리의무에 직접적으로 영향을 미치는 약가고시 자체의 적법성 및 타당성을 직접 다툴 수 있다는 점에서 이 사건 결정은 당사자의 권리구제 측면에서 보다 진일보한 판결이라고 할 것이다.

실제로 이 사건 결정 이후 대법원은 일련의 판결에서 약가고시에 관하여 고시의 처분성을 인정한 후 본안에서 고시의 적법성 및 타당성을 구체적으로 판단하고 있는데("건강보험요양급여 및 그 상대가치점수 개정안"에 관한 대법원 2006. 5. 25. 선고 2003두11988 판결, "약제급여 · 비급여목록 및 급여상한 금액표"에 관한 대법원 2006. 9. 22. 선고 2005두2506 판결 등 참조), 이와 같이 앞으로 약가고시로 인하여 권리의무에 영향을 받는 당사자가 고시 자체의 효력을 다툼으로써 고시의 적법성 및 타당성 자체가 문제되는 사례가 많아짐에 따라 약가고시를 제정하는 보건복지부 또한 고시 제정에 있어 합법성 제고를 위하여 보다 노력할 수밖에 없을 것이라는 점에서, 이로 인한 긍정적인 효과도 기대해 볼 수 있을 것이다.

〈참고문헌〉

김중권, "이른바 처분적 시행규칙의 문제점에 관한 소고", 법률신문 3478호, 법률신문사, 2006. 7.
박균성, "명령 · 규칙에 대한 항고소송", 사법 2호, 사법연구지원재단, 2007. 12.
박평균, "고시가 항고소송의 대상이 되는 행정처분에 해당하기 위한 요건 등", 대법원판례해설 64호, 법원도서관, 2007. 7.
박해식, "고시의 처분성과 제약회사의 당사자적격", 대법원판례해설 47호, 법원도서관, 2004. 7.
정하중, "집행적 법규명령과 처분적 법규명령의 개념", 법률신문 3482호, 법률신문사, 2006. 8.

판례색인

개정판
행정판례평선

초판발행 2011년 6월 30일
개정판인쇄 2016년 10월 1일
개정판발행 2016년 10월 15일

편저자 (사) 한국행정판례연구회
발행인 안종만

편 집 이승현
기획/마케팅 조성호
표지디자인 권효진
제 작 우인도 · 고철민

발행처 (주) 博英社
서울특별시 종로구 새문안로3길 36, 1601
등록 1959. 3. 11. 제300-1959-1호(倫)
전 화 02)733-6771
f a x 02)736-4818
e-mail pys@pybook.co.kr
homepage www.pybook.co.kr
ISBN 979-11-303-2893-5 93360

정 가 64,000원